2024

부가가치세 실무

VALUE ADDED TAX

원용대 · 이성복

Business & Management Books
비앤엠북스

2024 부가가치세 실무 개정증보판을 저술하면서…

국가 재정은 경제 주체들의 행동 조절 및 균형 유지를 위한 핵심 도구로 경제의 순환과 변동을 안정적으로 향상하는 데 기여하고 있다.

부가가치세는 1977년 도입된 이후 소득세와 법인세의 선행조세 성격을 가지고 국가 세수에 중요한 비중을 차지하는 세목이다.

경제규모가 성장함에 따라 다양한 사회활동 발달로 인해 전문화, 복잡화, 다양화되는 거래행위에 대해 부가가치세 법령 정비가 후행되는 것이 현실이다. 이에 따라 경제주체는 법령 적용과 더불어 판례, 심사·심판례, 질의응답 사례를 적용하여 왔다.

저자는 세무행정 경험과 이론을 배운 바탕으로 미진하나마 이를 접목한 책을 집필하고자 하는 마음을 먹게 되었다. 원용대 세무사의 권유로 부가가치세 실무서에 공저자로 참여하면서 긴 여정을 가벼운 마음으로 시작하였다. 생업과 병행하며 여러 서적과 방대한 판례·사례를 탐독하면서 시련이 찾아왔고 고뇌를 거듭하면서 어려운 길을 걸었지만 주위 분들의 응원 덕분에 마무리를 할 수 있었다. 두 저자가 합심하여 이 책의 독자에게 최적의 내용을 참고·적용할 수 있는 충실한 실무서를 만들자는 목적에 부합하도록 13백여 쪽을 집필하였다.

이 책은 부가가치세를 다룰 국세공무원, 세무대리인, 경영인, 소상공인, 재무인, 세무 직원, 납세자들에게 실질적인 도움이 될 수 있는 실무서가 되고자 다음의 사항을 중점을 두었다.

첫째, 부가가치세법 조문 순서와 달리 과세거래와 영세율, 면세 순서로 소개하고, 공급시기, 공급장소, 거래징수, 세금계산서를 함께 소개하여 이해하기 쉽게 배치하였다. 독자의 이해를 돕기 위해 인용되는 세법 외 다른 법은 조문보다는 해당 조문 전체를 인용하였다.

둘째, 2024년 개정된 법령을 반영하고, 대법원 판례, 심판례와 과세관청의 입장이 다른 것을 중립적으로 서술하였고, 기존 해석례가 폐지되고 새로운 입장의 사전질의, 질의응답 등을 모두 반영하였다.

셋째, 세무현장의 경험을 바탕으로 모호한 사례보다는 핵심적인 설명과 그림·도표를 통해 변형하였다. 독자가 혼동하기 쉬운 사례를 막고자 최대한 이해하기 쉽게 방대한 여러 사례를 담았다.

넷째, 개별 사례에서 구체적 타당성을 중시하여 판례·사례 요지와 함께 배경이 되는 사실관계를 함께 실어 독자의 고찰이나 비교법적 검토에 필요한 판례·사례에 중립적인 관점으로 평석을 부기하였다.

머리말을 적으면서

이제 저서를 마무리하면서 지식과 사고의 한계로 인해 미비한 내용과 오류가 있지 않을까 하는 자책과 부끄러움이 앞선다. 부가가치세법 등 세법에 관하여 투철한 국가관과 헌신적인 사명감으로 판례·사례를 축적한 국세청, 조세심판원, 검찰청, 법원 및 세무법인, 회계법인, 법무법인, 개인 세무회계 · 법률사무소 등 전문가들에게 감사드린다.

국세청, 서울지방국세청, 세무서 등에서 25년간 근무한 기간 동안 저자에게 인생의 나침반, 정신적 응원 및 많은 깨달음과 가르침을 주신 분들은 헤아릴 수 없다. 은혜 입은 분들 덕분에 미천한 실력으로 저서를 마무리할 수 있게 되어 남은 인생 동안 보답하기로 다짐해 본다.

이 책의 출간을 위해 힘써주신 비앤엠북스 정광식 발행인, 편집부 및 선구, 완구, 종순, 종성 원우 등 여러분께 감사의 말씀을 전한다.

마지막으로, 행정사무관 승진부터 집필 기간까지 남편과 아버지의 부재를 참아주면서 응원해 주고, 힘든 시기임에도 불구하고 대입도 잘 마무리해 준 가족에게 뜨거운 고마움과 따뜻한 사랑을 보낸다.

늘 감사하고 존경했던 하늘에 계신 장인어른께 이 책을 드립니다.

2024년 3월
저자 배상

2022년 개정판을 출판하며…

2021년 부가가치세 실무서 초판을 발행하고 감사하게도 주변의 많은 분들께 격려와 조언을 들었고 그 격려와 조언을 원동력 삼아 2022년 개정판을 출판하게 되었다. 저자는 2022 최신 부가가치세 실무해설을 다음과 같은 점에 주안점을 두고 집필하였다.

첫째, 2021년에 공개된 예규 및 판례 중에서 실무상 중요한 예규·판례를 신규로 반영하였다. 특히 2021년에 생산된 예규들은 부가가치세에서 실무상 논란이 되었던 사항들을 정리하는 의미의 예규들이 대거 생산되었으므로 해당 예규들은 사실관계 도식화를 하면서 본 저서에 빠짐없이 수록하였다.

둘째, 2021년까지 정비된 해석사례는 본 저서에 반영하여 실무 적용 시 혼선이 되지 않도록 하였고, 정비 후 유지되는 예규는 상세한 해설을 첨부하여 신고 실무에 도움이 되도록 하였다.

세법 도서는 초판을 발행할 때보다 개정판을 발행 할 때 더 많은 공과 정성이 들어간다. 저자는 이러한 이유가 개정작업 시에는 초판을 낼 때의 설레임보다는 개정작업을 실수 없이 해야 한다는 책임감이 더 많이 생기기 때문에 그런 점에서 그런 기분이 들 수도 있다는 생각을 해본다. 그리고 개인적으로는 개정을 거듭할수록 그 책임감이 더 단단해져서 앞으로도 매년 계속 될 개정작업이 무사히 끝나길 기원하고 싶다.

2022년 개정판이 나올 때 까지 많은 분들의 도움이 있었다. 먼저 이 책이 나올 때 까지 물심양면으로 도움을 주신 주식회사 좋은책 임직원 분들과 저자의 막대한 원고분량을 불평 없이 편집해주신 김지영님께 감사의 말을 전한다. 그리고 내가 가는 길을 묵묵히 응원하고 있는 가족 및 세무법인 해안 직원들에게도 고맙다는 인사를 전하며 2022 최신 부가가치세 실무해설 개정판 머리말을 마칠까 한다.

2022년 2월 겨울이 끝나가는 어느날 집필실에서

저자 원용대

들어가며

부가가치세는 법인세와 소득세를 과세하기 위하여 거래 주체들의 거래 내용을 상호대사하는 역할을 하는 중요한 세목이다. 또한 부가가치세의 과세여부가 법인세와 소득세에 영향을 미치는 사전조세의 기능도 하기 때문에 부가가치세 관련 예규 및 판례, 심판례는 57,800여개에 달하고 있다. 따라서 부가가치세 실무 시 법인세와 소득세에 비해 상대적으로 적은 조문과 이를 해석하기 위한 방대한 예규 및 판례 등을 조화롭게 적용하는 것이 부가가치세 실무의 화두가 되고 있다. 저자는 다음과 같은 점에 주안점을 두고 본 저서를 집필하였다.

첫째, 예규 및 판례는 가급적 실무에서 중요하게 적용하는 순서로 선택하여 본 저서에 수록하였고, 중요한 사례의 경우에는 거래의 흐름을 도식화시킴으로써 사례의 심도있는 이해를 돕도록 하였다.
둘째, 조문의 정확한 해석을 돕기 위하여 철저하게 예규와 판례를 근거로 조문을 해석하였으며, 예규 및 판례번호를 전부 주석으로 표기하여 실제 부가가치세 신고 시 적용을 용이하게 하였다.
셋째, 본 저서의 서술 방식은 조문의 부분 부분을 분설하여 해석하는 주석서 방식을 채택하였다. 이는 법조문의 이해도를 높이기 위한 목적으로 목차별 분량이 많아질 수 있겠으나, 해당 부분에 대한 심도 있는 이해가 가능할 것으로 기대하고 있다. 저자는 이를 위하여 가능한 상세한 목차를 구성하여 본 저서를 집필하였으며, 차례 역시 가능한 많은 목차를 수록하기 위하여 노력하였다.

저자는 본 저서의 출판을 앞두고 머리말을 쓰는 이 순간에도 혹여나 출판 후 이 책의 완성도가 떨어져서 먼저 부가가치세를 집필하신 선배 저자님들에게 누가 되지 않을까 하는 걱정이 앞선다. 앞으로 판을 거듭할수록 질책과 건의 사항을 겸허히 받아들여 더욱 발전하는 실무서를 펴낼 것을 약속드린다.

이 책이 나올 때까지 많은 분들의 도움이 있었다. 언제나 응원을 보내주시는 도서출판 어울림 허병관사장님 및 편집하느라 고생하신 최선숙과장님, 그리고 빠듯한 집필 일정과 강의일정으로 많이 챙겨주지 못해도 믿고 따라와 주는 세무법인 해안 임직원들에게 감사의 말을 전한다. 그리고 힘든 고비마다 든든한 힘이 되어주는 가족들에게 사랑한다는 말을 전하며 초판 머리말을 마칠까 한다.

2021년 4월 봄기운이 완연한 어느 날 집필실에서
저자 원용대

CONTENTS 목 차

PART I 총칙

CHAPTER 02 _ 재화의 공급

CONTENTS 목 차

PART Ⅳ 면세

CHAPTER 01 _ 총설

CHAPTER 02 _ 재화 또는 용역의 공급에 대한 면세

CHAPTER 02 _ 과세표준 산정

CONTENTS 목 차

PART Ⅶ 납부세액 및 세액공제

PART Ⅷ 거래징수 및 세금계산서

PART Ⅸ 신고·납부·결정·경정 등

CHAPTER 01 _ 신고·납부

PART X 간이과세자

PART I

총칙

CHAPTER 01

부가가치세 기본개념

제1절 부가가치세의 개념 및 목적

1. 부가가치세의 개념

부가가치세(Value Added Tax)란 재화 또는 용역이 생산되거나 유통되는 모든 거래단계에서 기업이 새로이 창출한 가치의 증가분인 부가가치(Value Added)에 대하여 과세하는 조세를 말한다. 즉, 기업이 자기가 생산하거나 제공한 재화 또는 용역의 산출가치(Out-put Value)에서 기업이 전단계의 기업으로부터 구입하여 사용한 재화 또는 용역의 투입가치(In-put Value)를 차감한 잔액이 자기가 새로이 창출한 부가가치인 것이며, 이는 생산요소인 지대·임금·이자 및 이윤을 합계한 것과 동일한 것인 바, 부가가치세란 이러한 부가가치를 과세대상으로 하는 조세인 것이다. 또한 부가가치세란 재화나 용역이 생산 또는 제공되거나 유통되는 모든 단계에서 기업이 창출한 부가가치를 과세표준으로 하여 과세하는 조세이며 그 부담은 거래 상대자에게 전가되어 최종적으로는 소비자가 그 부담을 지도록 하는 일반 소비세이다.

2. 목적

이 법은 부가가치세의 과세(課稅) 요건 및 절차를 규정함으로써 부가가치세의 공정한 과세, 납세의무의 적정한 이행 확보 및 재정수입의 원활한 조달에 이바지함을 목적으로 한다(부법 1).

제2절 부가가치세의 유형

1. 개요

부가가치세라 함은 재화 또는 용역의 생산·유통단계에서 창출된 부가가치를 과세대상으로 하는 조세를 말한다. 이때 부가가치는 「생산 또는 유통단계에 있는 사업자가 독자적으로 새로이 창출한 가치의 증가분」으로 정의하며 그 구성요소에는 임금, 이자, 지대, 이윤, 감가상각비 등이 있다. 그런데 부가가치를 계산함에 있어 자본재구입액을 어떻게 취급하느냐에 따라 부가가치세는 국민총생산형, 소득형, 소비형으로 나누어진다. 국민총생산형은 자본재구입액을 과세대상에 포함시키는 형태를 말하고 소득형은 자본재구입액에서 감가상각분을 제외한 나머지, 즉 순투자액만을 포함시키는 형태를 말하며, 소비형은 자본재구입액을 과세대상에서 제외시키는 형태를 말한다.

참 고　부가가치 창출 과정

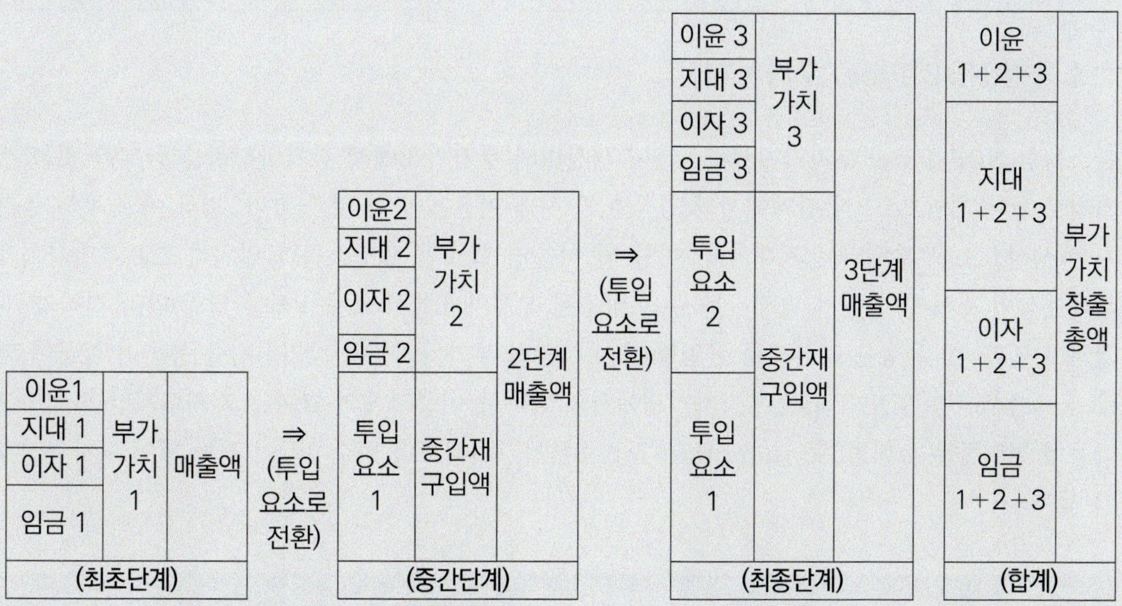

2. 국내총생산형(GDP Type) 부가가치세

국내총생산형(GDP Type) 부가가치세는 일정기간의 모든 최종재와 용역이 생산·판매된 총수입금액에서 중간재 투입금액을 차감한 국민총생산액을 부가가치로 보며, 각 단계에서의 임금·이자·지대·이윤·감가상각비를 합한 것과 같다. 이 유형은 이론적으로는 과세범위가 가장 광범위하므로 동일한 세율 구조하에서 최대의 조세수입을 올릴 수 있는 장점이 있으나, 자본재에 대하여 과세를 함으로써 투자를 억제시키는 결과를 가져온다. 또한 일반적으로 소비재의 가격은 자본재의 사용분이 고려되어 결정되는 것이므로 이 유형은 부가가치세가 과세된 자본재에 대하여 소비단계에서 다시 과세함에 따라 자본재에 대하여 이중으로 과세하는 결과를 가져오게 된다.

구분	부가가치 내용	장·단점
지출 측면	소비재구입액 + 자본재구입액	과세범위가 넓은 장점이 있으나 투자를 억제하고 누적효과가 발생하는 단점이 있다.
소득 측면	총매출액 – 중간재구입액	
분배 측면	임금 + 이자 + 지대 + 이윤 + 감가상각비	

3. 순소득형(NDP Type) 부가가치세

순소득형(NDP Type) 부가가치세란 국민총생산형의 부가가치에서 감가상각비를 공제한 것을 부가가치로 보는 개념으로, 각 단계에서의 임금·이자·지대·이윤을 합한 것과 같다. 결국 이 경우의 부가가치는 생산요소에 분배되는 지대·임금·이자 및 이윤의 합계인 요소소득과 일치하므로 부가가치세의 과세대상이 소득에 대해서 과세하는 수득세(조세 분류체계에서의 수득세를 말함)와 유사하게 되는 결과가 된다. 이 유형은 자본재를 구입할 당시 부담한 부가가치세가 감가상각을 통하여 환급이 되므로 국내총생산형(GDP Type) 부가가치세에서 나타나는 이중과세의 효과는 제거되지만 상대적으로 다음에 설명하는 소비형(Consumption Type) 부가가치세보다 회수기간이 길게 되어 투자촉진효과가 작다.

구분	부가가치 내용	장·단점
지출 측면	소비재구입액 + 자본재구입액(자본재구입액 – 감가상각비)	감가상각비 계산에 있어 기술적인 어려움이 있다.
소득 측면	총매출액 – 중간재구입액 – 감가상각비	
분배 측면	임금 + 이자 + 지대 + 이윤	

4. 소비형(Consumption Type) 부가가치세

소비형(Consumption Type) 부가가치세는 과세되는 부가가치를 최종생산물의 가치의 합계액인 국내총생산액(GDP)에서 총투자액(자본재구입액)을 차감한 총소비액으로 보는 것이다. 이 유형은 자본재를 구입할 당시 부담한 부가가치세를 전술한 순소득형(NDP)과 달리 과세기간 단위로 즉각 전액이 환급되므로 투자촉진의 효과가 크고 과세기술상 소비지출에 한하여 과세하므로 세액의 계산이 용이하다는 장점이 있어 부가가치세 제도를 시행하는 대부분의 국가가 이 유형을 채택하고 있다.

구분	부가가치 내용	장·단점
지출 측면	소비재구입액	범위가 협소한 단점이 있으나 투자촉진적인 장점이 있다.
소득 측면	총매출액 – 중간재구입액 – 자본재구입액	
분배 측면	① 임금 + 이자 + 지대 + 이윤 – 자본재구입액 ② 임금 + 이자 + 지대 + 이윤 – 순자본재구입액	

제3절 부가가치세의 과세방식

1. 개요

부가가치세의 과세를 위해서는 부가가치를 정확하게 계산해 내어야 하는 바, 생산·유통과정에서 창출된 부가가치는 사업자의 산출액에서 투입액을 차감하여 계산하는 방법인 공제법과 부가가치의 구성요소인 임금·이자·지대·이윤·감가상각비를 합계하여 계산하는 가산법이 있다. 부가가치로부터 부가가치세액을 산출하는 방법에는 공제법과 가산법이 있고, 공제법은 다시 전단계거래액공제법(직접공제법)과 전단계세액공제법(간접공제법)으로 분류하고 가산법은 직접 가산법과 간접 가산법으로 분류한다. 이를 도식화해보면 다음과 같다.

구분	가산법	전단계거래액공제법	전단계거래세액공제법
GDP형	유형[1]	유형[2]	유형[3]
NDP형	유형[4]	유형[5]	유형[6]
소비형	유형[7]	유형[8]	유형[9]

그러나 본서에서는 상기의 9가지 유형 중 의미가 있는 3가지(유형[4], 유형[8], 유형[9])에 대하여만 그 내용을 살펴보기로 한다.

2. 직접법[NDP형에서의 가산법(유형④)과 소비형에서의 전단계거래액공제법(유형⑧)]

(1) 가산법

가산법이란 한 과세기간에 사업자가 지급한 임금·이자·지대·이윤의 총액에서 순투자액을 차감한 금액에 세율을 곱하여 계산하는 직접가산법과 지급한 임금·이자·지대·이윤에 각각 세율을 곱한 금액의 합계액(매출세액)에서 순투자액에 각각 세율을 곱하여 계산한 금액의 합계액(매입세액)을 차감하여 계산하는 간접가산법이 있으나 실무상 적용하기에 불편한 점이 많기 때문에 이 제도를 채택한 나라는 거의 없다.

직접가산법	부가가치세 = (임금 + 이자 + 지대 + 이윤 − 순투자액) × 세율
간접가산법	부가가치세 = (임금 × 세율) + (이자 × 세율) + (지대 × 세율) + (이윤 × 세율) − (순투자액 × 세율)

(2) 전단계거래액공제법

1) 의의

전단계거래액공제법이란 해당 과세기간의 공급가액에서 중간재 매입액을 공제한 금액에 세율을 곱하여 납부세액을 산정하는 방법이다.

2) 산식

매출액 − 매입액 = 부가가치액

부가가치액 × 세율 = 납부세액 또는 환급세액

3) 장단점

전단계거래금액 공제방식은 과세물건이 부가가치라는 부가가치세의 이론에 가장 충실한 과세방법이라고 할 수 있지만 다음과 같은 단점을 지니고 있다. 이러한 문제 때문에 부가가치세 과세방법으로서 전단계거래액공제법을 채택한 나라는 거의 없다.

① 과세기간 단위로 총매출액에서 총매입액을 차감하는 방법에 의해 과세표준인 부가가치를 산출하기 때문에 업종별로 부가가치세의 면제 또는 경감세율 조정이 가능하지만 품목별로 재화나 용역의 특성에 의하여 개별적으로 면세하거나 경감세율을 설정할 수 없다.

② 전단계와 거래한 금액이 세포함 가격인지의 여부를 확인하기 어렵다.

③ 재화나 용역의 개별품목 내지 거래에 대하여 산정, 부과한 부가가치세액이 명확하지 못하다.

3. 간접법

(1) 의의

전단계세액공제방식은 당해 과세기간 중의 매출액에 소정의 세율을 적용하여 계산한 세액에서 전단계 매입액에 포함된 부가가치세액을 공제한 금액을 납부세액으로 하는 방식을 말한다.

(2) 산식

① 공급가액 × 세율 − 매입가액 × 세율 = 납부세액 또는 환급세액 ② 공급가액 × 세율 − 수취세금계산서상 세액 = 납부세액 또는 환급세액

(3) 수정된 전단계세액공제방식

이론상으로는 ①의 산식을 적용하여 납부세액을 산출해야 하지만 실제로는 ②의 산식을 이용한다. 이는 매입한 금액이 객관적으로 입증된다고 하더라도 세금계산서를 수취하지 않으면 매입세액공제를 받지 못한다는 의미이다. 이를 수정된 전단계세액공제법이라고 한다. 즉, 위의 산식에서 매출세액에서 공제하는 매입세액은 단순히 매입가액에 세율을 곱하여 계산하는 것이 아니라, 사업자로부터 재화 또는 용역을 공급받을 때 발급받은 세금계산서에 의하여 거래징수당한 사실이 확인되는 금액을 매입세액으로 하여 매출세액에서 공제하여 납부세액을 계산하도록 규정하고 있다.

(4) 장단점

전단계세액공제법은 다음과 같은 장·단점이 있다.

1) 장점

① 거래가 있을 때마다 세액을 계산하므로 각 품목별 부담세액을 정확히 알 수 있고, 이로 인해 수출입에 대한 국경세의 조정이 편리하다.

② 각 품목별로 면세 또는 경감세율을 설정하기 편리하다.

③ 세금계산서에 세액이 별도로 표시되므로 세액의 전가과정이 명료하다.

④ 수입하는 재화에 사업자 비사업자를 불문하고 용이하게 부가가치세를 과세할 수 있다.

⑤ 매입세액공제를 받기 위해서는 세금계산서를 교부받아야 하므로 세금계산서의 수수가 자발적으로 이루어질 수 있다.

2) 단점

① 거래발생 시마다 세금계산서를 교부해야 하고 이를 처리해야 하므로 사업자의 업무가 증가된다.

② 세금계산서를 교부받지 않아 매입세액을 공제받지 못하면 과세표준금액이 창출한 부가가치를 초과하는 모순이 발생한다.

③ 부가가치세의 과세물건이 부가가치라고 하는 논리를 불투명하게 한다.

참 고 전단계거래세액공제법에 의한 부가가치세 과세방식의 예시

예컨대, "甲사업자 → 乙사업자 → 丙사업자 → 최종소비자"의 거래단계를 가정하여 살펴보면 다음과 같다.

[甲 사업자]

재화의 공급 시[1)	(차) 현금 1,100	(대) 매출 1,000 VAT예수금 100
VAT 납부 시[2)	(차) VAT예수금 100	(대) 현금 100

1) 편의상 사업자 甲이 최초로 부가가치를 창출하였다고 가정하고, 사업자 甲은 재화를 공급할 때 乙로부터 부가가치세 100원을 거래징수하면서 세금계산서를 발급한다.
2) 거래징수한 부가가치세를 사업장관할세무서장에게 납부한다.

[乙 사업자]

재화의 매입 시[1)	(차) 매입 1,000 VAT대급금 100	(대) 현금 1,100
재화의 공급 시[2)	(차) 현금 2,200	(대) 매출 2,000 VAT예수금 200
VAT 납부 시[3)	(차) VAT예수금 200	(대) VAT대급금 100 현금 100

1) 사업자 乙은 재화를 공급받으면서 부가가치세 100원을 거래징수당하고, 세금계산서를 발급받는다.
2) 사업자 乙은 재화를 공급할 때 사업자 丙으로부터 부가가치세 200원을 거래징수하면서 세금계산서를 발급한다.
3) 거래징수한 부가가치세 200원에서 사업자 甲으로부터 재화를 공급받을 때 발급받은 세금계산서에 의하여 거래징수당한 사실이 확인된 부가가치세 100원을 공제한 후의 금액인 100원을 사업장관할세무서장에게 납부한다.

[丙 사업자]

재화의 매입 시[1)	(차) 매입 2,000 200 VAT대급금	(대) 현금 2,200
재화의 공급 시[2)	(차) 현금 3,300	(대) 매출 3,000 VAT예수금 300
VAT 납부 시[3)	(차) VAT예수금 300	(대) VAT대급금 200 현금 100

1) 사업자 乙과 같다.
2) 사업자 丙은 최종소비자에게 재화를 공급하면서 부가가치세 300원을 거래징수하게 된다. 따라서 최종소비자는 각 거래단계에서 발생한 부가가치 3,000원에 대한 부가가치세 300원을 전액 부담하게 되는 것이다.
3) 사업자 乙과 같다.

[결론]

구분	甲(과세사업자)	乙(과세사업자)	丙(과세사업자)	결과
(1) 매출액	1,000	2,000	3,000	① 최종소비자가 부담한 재화의 가격은 3,300원이며, 이 중 재화의 가격은 3,000원이고 부가가치세는 300원인 것이다. ② 정부가 징수한 부가가치세는 300원이다.
(2) 매입액	–	1,000	2,000	
(3) 부가가치	1,000	1,000	1,000	
1 매출세액	100	200	300	
2 매입세액	–	100	200	
3 납부세액	100	100	100	

제4절 국경세 조정

1. 개요

국경세 조정이란 국제거래의 대상이 되는 재화에 대한 간접세의 과세권을 조정하는 것으로 만일 국가 간의 물류이동에 대해서 양 국가에서 모두 부가가치세를 획일적으로 과세한다면 국가 간의 이중과세문제가 발생하게 되며, 다른 조건을 무시한다면 외국에서 수입한 재화의 소비자 가격이 자국에서 생산한 재화의 소비자 가격보다 높게 책정될 수밖에 없게 되어 결국 국가 간의 물류이동은 위축될 수 밖에 없는 사태를 초래할 것이다. 이는 결코 바람직한 결과가 아니므로 이러한 국가 간의 이중과세문제를 해결하여야 하는 것이며, 그 해결방식을 이론적으로는 생산지국 과세원칙과 소비지국 과세원칙으로 나누어 볼 수 있다.

2. 생산지국 과세원칙과 소비지국 과세원칙

(1) 생산지국 과세원칙

생산지국 과세원칙이란 원산지국 과세원칙(origin principle of taxation)이라고도 하며, 생산지국에서만 부가가치세의 과세를 하고 소비지국에서는 부가가치세의 과세를 하지 않는 방식이다. 이 방식은 국가 간 이중과세의 문제는 해결하지만 생산지국과 소비지국의 부가가치세 세율이 서로 다른 경우에 수입한 재화와 자국에서 생산한 재화에 대한 부가가치세가 달라지게 되어 결국 각 국가별 부가가치세제의 운영에 직접적인 영향을 미치게 되는 문제점을 내포하고 있다.

(2) 소비지국 과세원칙

소비지국 과세원칙이란 행선지국 과세원칙(destination principle of taxation)이라고도 하며, 생산지국에서는 부가가치세의 과세를 하지 않고 소비지국에서 부가가치세의 과세를 하는 방식이다. 이 방식은 생산지국 과세원칙과는 달리 생산지국과 소비지국의 부가가치세 세율이 서로 다른 경우에도 수입한 재화와 자국에서 생산한 재화에 대한 부가가치세가 동일하게 되어 각 국가는 독자적으로 자국의 상황에 맞는 부가가치세 제도를 운영할 수 있는 장점을 갖고 있다.

3. 현행 부가가치세법상 국경세 조정제도

(1) 영세율제도

「부가가치세법」상 영의 세율이 적용되는 재화 또는 용역을 공급하는 때에는 거래상대방으로부터 거래 징수하여야 할 세액이 영이 되므로 실질적으로 거래 징수할 금액은 없게 되며, 거래상대방은 부가가치세의 부담이 전혀 없이 당해 재화 또는 용역을 사용·소비할 수 있게 된다. 또한 납부세액의 계산에 있어서도 매입세액의 공제가 허용되므로 항상 부(負)의 납부세액이 되며, 이는 환급세액으로서 정부로부터 환급받게 되므로 당해 사업자도 부가가치세를 전혀 부담하지 아니하게 된다. 따라서 영세율이 적용되는 재화 또는 용역의 공급에 대하여는 부가가치세가 완전면세된다.

(2) 재화의 수입에 대한 과세

국외에서 재화를 공급하는 자에 대해서는 국내에서 부가가치세를 과세할 수 없는 것이 원칙이지만 소비지국 과세원칙을 실현하기 위하여 재화의 수입에 대해서는 부가가치세 과세대상에 포함시킨다.

제5절 부가가치세의 경제적 효과

1. 긍정적 효과

(1) 수출의 촉진 및 국제수지의 개선

수출에 대해서는 소비지국 과세원칙에 따라 수출물품에 과세되었던 부가가치세에 대하여 환급받기 때문에 완전면세 효과가 발생하는 한편 수입재화에 대해서는 국내물품과 동일하게 과세됨으로써 수출촉진과 함께 상대적으로 수입억제 효과를 발생시킨다.

(2) 투자유인 효과

투자재에 대해서는 매입세액이 공제됨으로써 부가가치세에 대한 부담이 없으므로 투자촉진 효과와 함께 기술혁신, 자본집약적 산업의 발전 등 경제성장에 기여한다.

(3) 세수확보 및 예측의 용이성

대부분의 부가가치세 과세대상 거래는 세금계산서의 교부에 의하여 확인되므로 세액의 자동 검증이 가능하고 조세의 누락 및 포탈의 여지도 줄어들게 되므로 국가의 입장에서는 세수확보 및 세수의 예측이 용이하게 된다.

2. 부정적 효과

(1) 조세부담의 역진성

부가가치세는 원칙적으로 모든 재화와 용역의 공급에 대하여 단일세율로 적용되고 세부담 전액이 소비자에게 전가되므로 소득에 대하여 부담이 역진적으로 된다.

(2) 물가상승 요인

부가가치세는 최종소비자에게 조세부담이 전가되므로 재화 및 용역의 가격은 부가가치세액만큼 상승하게 된다.

(3) 납세협력비용 및 징세비용 문제

전단계세액공제를 채택하고 있는 현행 부가가치세는 세금계산서의 수수를 기본전제요건으로 하고 있기 때문에 이에 따른 세무당국 및 기업의 업무량 증대와 경비지출이 불가피하다.

제6절 현행 부가가치세의 주요 특징

현행 부가가치세의 특징을 살펴보면 다음과 같다.

1. 일반소비세

「부가가치세법」은 특정한 재화 또는 용역에 대해서만 선별적으로 과세하는 개별소비세가 아니라 원칙적으로 모든 재화 또는 용역의 공급에 대하여 과세하는 일반소비세이다.

2. 다단계거래세

부가가치세는 재화와 용역의 생산과정에서 소비과정에 이르는 전체의 거래단계에 모두 과세하는 다단계거래세에 해당한다.

3. 소비형 부가가치세

현행 「부가가치세법」은 소비지출에 해당하는 부가가치를 과세대상으로 하는 반면에 투자지출에 해당하는 부가가치에 대해서는 과세하지 아니하는 소비형 부가가치세 제도를 채택하고 있다.

4. 전단계거래세액공제법

현행 「부가가치세법」은 부가가치세액의 계산에 있어 거래징수한 매출세액에서 거래징수당한 매입세액을 공제하여 산출하는 전단계거래세액공제법을 채택하고 있다.

납부세액 = 매출세액 − 매입세액[1)2)]

1) 현행 부가가치세법상 납부세액 계산에 있어 공제되는 매입세액은 "재화 또는 용역을 매입함에 있어 발급받은 세금계산서에 의하여 확인된 매입세액"이라는 점에 유의하여야 한다.
2) 부가가치세법은 전단계거래세액공제법을 채택하고 있으므로 부가가치세의 과세대상을 부가가치가 아닌 거래, 즉 재화 또는 용역의 공급과 재화의 수입으로 규정하고 있다.

5. 간접세

현행 부가가치세는 다음과 같이 납세의무자와 담세자가 불일치할 것을 예견하고 제정한 간접세에 해당한다.

납세의무자:부가가치세법상 사업자 및 재화를 수입하는 자
담세자:최종소비자

6. 물세

부가가치세는 납세의무자와 담세자의 인적사정을 고려하지 않고, 단지 재화 또는 용역의 소비행위에 대하여 과세하는 물세에 해당한다.

7. 소비지국 과세원칙

현행 「부가가치세법」에서는 국가 간의 이중과세를 조정하기 위하여 소비지국 과세원칙을 채택하고 있다. 이와 관련하여 「부가가치세법」은 수출하는 재화와 국외에서 제공하는 용역에 대해서는 영세율을 적용하도록 규정하는 한편, 수입하는 재화에 대하여는 수입자가 사업자인지 여부에 관계없이 부가가치세를 과세하되, 수입하는 재화에 대한 부가가치세는 세관장이 거래징수하도록 규정하고 있다.

8. 면세제도의 도입

현행 「부가가치세법」에서는 일반소비세의 가장 큰 단점인 조세부담의 역진성을 완화하고 각종 정책을 구현하기 위하여 특정 재화 또는 용역의 공급에 대해서는 부가가치세의 과세대상에서 제외시키는 면세제도를 운용하고 있다.

CHAPTER 02

총칙

2024 부가가치세 실무

제1절 목적과 용어의 정의

Ⅰ 목적

부가가치세법은 부가가치세의 과세(課稅) 요건 및 절차를 규정함으로써 부가가치세의 공정한 과세, 납세의무의 적정한 이행 확보 및 재정수입의 원활한 조달에 이바지함을 목적으로 하고 있다.(부법 1)

Ⅱ 용어의 정의

이 법에서 사용하는 용어의 뜻은 다음과 같다(부법 2).

1. 재화

"재화"란 재산 가치가 있는 물건 및 권리를 말하며, 과세대상이 되는 물건과 권리의 구체적 범위는 다음과 같다(부령 2).

구분	구체적 범위
물건	상품, 제품, 원료, 기계, 건물 등 모든 유체물
	전기, 가스 열 등 관리할 수 있는 자연력
권리	광업권, 특허권, 저작권 등 물건 외에 재산 가치가 있는 모든 것

2. 용역

"용역"이란 재화 외에 재산 가치가 있는 모든 역무(役務)와 그 밖의 행위를 말하며, 다음의 사업에 해당하는 역무(役務)와 그 밖의 행위로 한다(부령 3 ①).

① 건설업 ② 숙박 및 음식점업 ③ 운수 및 창고업 ④ 정보통신업(출판업과 영상·오디오 기록물 제작

및 배급업은 제외) ⑤ 금융 및 보험업 ⑥ 부동산업. 다만, 전·답·과수원·목장용지·임야 또는 염전 임대업으로서 지적공부상의 지목에 관계없이 실제로 경작하거나 해당 토지의 고유 용도에 사용하는 것은 제외한다. ⑦ 전문, 과학 및 기술 서비스업과 사업시설 관리, 사업지원 및 임대서비스업 ⑧ 공공행정, 국방 및 사회보장 행정 ⑨ 교육 서비스업 ⑩ 보건업 및 사회복지 서비스업 ⑪ 예술, 스포츠 및 여가 관련 서비스업 ⑫ 협회 및 단체, 수리 및 기타 개인서비스업과 제조업 중 산업용 기계 및 장비 수리업 ⑬ 가구 내 고용활동 및 달리 분류되지 않은 자가소비 생산활동 ⑭ 국제 및 외국기관의 활동

3. 사업자

"사업자"란 사업목적이 영리이든 비영리이든 관계없이 사업상 독립적으로 재화 또는 용역을 공급하는 자를 말한다.

4. 간이과세자

"간이과세자"(簡易課稅者)란 제61조 제1항에 따라 직전 연도의 재화와 용역의 공급에 대한 대가(부가가치세가 포함된 대가를 말한다. 이하 "공급대가"라 한다)의 합계액이 8천만원에 미달하는 사업자로서, 제7장에 따라 간편한 절차로 부가가치세를 신고·납부하는 개인사업자를 말한다.

5. 일반과세자

"일반과세자"란 간이과세자가 아닌 사업자를 말한다.

6. 과세사업

"과세사업"이란 부가가치세가 과세되는 재화 또는 용역을 공급하는 사업을 말한다.

7. 면세사업

"면세사업"이란 부가가치세가 면제되는 재화 또는 용역을 공급하는 사업을 말한다.

8. 비거주자

"비거주자"란 「소득세법」 제1조의 2 제1항 제2호에 따른 비거주자를 말한다. 여기서 비거주자란 거주자가 아닌 개인을 말한다.

9. 외국법인

"외국법인"이란 외국에 본점 또는 주사무소를 둔 단체(국내에 사업의 실질적 관리장소가 소재하지 아니하는 경우만 해당한다)로서 다음 어느 하나에 해당하는 단체를 말한다.

① 설립된 국가의 법에 따라 법인격이 부여된 단체

② 구성원이 유한책임사원으로만 구성된 단체

③ 그 밖에 해당 외국단체와 동종 또는 유사한 국내의 단체가 「상법」 등 국내의 법률에 따른 법인인 경우의 그 외국단체

10. 외항선박 및 원양어선

외국을 항행하는 선박과 원양어선의 정의는 다음과 같다.[1)]

① 외국을 항행하는 선박(이하 "외항선박"이라 한다)이란 외국의 선박과 「해운업법」에 따라 사업면허를 얻은 외국항행사업자가 운항하는 선박으로서 외국을 항행하는 우리나라의 선박을 말한다.

② 원양어선이란 「수산업법」에 따라 원양어선으로 허가를 얻어 주로 해외수역에서 조업을 하는 선박을 말한다.

1) 부가집 2-0-1

제2절 사업의 구분

I 개요

1. 사업구분

재화나 용역을 공급하는 사업의 구분은 「부가가치세법 시행령」에 특별한 규정이 있는 경우를 제외하고는 통계청장이 고시하는 해당 과세기간 개시일 현재의 한국표준산업분류에 따르며, 용역을 공급하는 경우 「소득세법 시행령」 제3조 제1항에 따른 사업과 유사한 사업은 한국표준산업분류에도 불구하고 같은 항의 사업에 포함되는 것으로 본다. 또한 「소득세법 시행령」 제9조 제1항에 따라 소득세가 과세되지 아니하는 농가부업은 사업을 구분할 때에 독립된 사업으로 보지 아니하므로 해당 사업을 하는 농·어민은 부가가치세를 납부할 의무가 없다. 다만, 민박, 음식물 판매, 특산물 제조, 전통차 제조 및 그 밖에 이와 유사한 활동은 그러하지 아니한다.[2)]

2. 사업구분의 필요성

부가가치세 일반과세자는 사업의 구분과 관계없이 단일세율이 적용되어 세액이 계산되므로 실익이 없으나, 세금계산서 발급 의무, 의제매입세액 계산 및 간이과세자의 부가가치율 적용, 간이과세 적용 배제, 사업장, 공급시기 등의 판단에 있어서 사업구분이 필요하다.

II 한국표준산업분류

한국표준산업분류(KSIC:Korea Standard Industrial Classification)는 산업 관련 통계자료의 정확성과 비교성을 확보하기 위하여 작성된 것으로 유엔의 국제표준산업분류에 기초하여 제정하였으며, 생산단위(사업체단위, 기업체단위 등)가 주로 수행하는 산업활동을 그 유사성에 따라 체계적으로 유형화한 것으로서 산출물(생산된 재화 또는 제공된 서비스)의 특성, 투입물의 특성, 생산활동의 일반적인 결합형태에 의해 분류하였다. 현재 적용되고 있는 제10차 한국표준산업분류는 산업구조의 변화를 반영하기 위하여 2017년 1월 13일 제10차 개정 고시(통계청 고시 2017-13호)되어 2017년 7월 1일부터 시행되고 있다.[3)]

---

2) 부가집 2-4-1
3) 부가집 2-4-2

KSIC 9	KSIC 10
A. 농업 및 임업	A. 농업, 임업 및 어업
B. 어업	
C. 광업	B. 광업
D. 제조업	C. 제조업
E. 전기, 가스 및 수도사업	D. 전기, 가스, 증기 및 공기조절공급업
	E. 하수·폐기물처리, 원료재생업
F. 건설업	F. 건설업
G. 도매 및 소매업	G. 도매 및 소매업
H. 숙박 및 음식점업	H. 운수 및 창고업
I. 운수업	I. 숙박 및 음식점업
J. 통신업	J. 정보통신업
K. 금융보험업	K. 금융 및 보험업
K. 부동산 및 임대업	L. 부동산업
M. 사업서비스업	M. 전문, 과학 및 기술서비스업
	N. 사업시설관리 및 사업지원 및 임대서비스업
N. 공공행정, 국방 및 사회보장행정	O. 공공행정, 국방 및 사회보장행정
O. 교육 서비스업	P. 교육서비스업
P. 보건 및 사회복지사업	Q. 보건업 및 사회복지서비스업
Q. 오락, 문화 및 운동관련산업	R. 예술, 스포츠 및 여가관련서비스업
R. 기타 공공, 수리 및 개인서비스업	S. 협회 및 단체, 수리 및 기타 개인서비스업
S. 가사 서비스업	T. 가구 내 고용활동 및 달리 분류되지 않은 자가소비생산활동
T. 국제 및 외국기관	U. 국제 및 외국기관

III 재화를 공급하는 사업의 구분 사례[4)]

1. 제조업

(1) 의의

제조업이란 원재료에 물리적, 화학적 작용을 가하여 투입된 원재료를 성질이 다른 제품으로 전환시키는 산업활동을 말한다. 다만, 단순히 상품을 선별·정리·분할·포장·재포장하는 경우 등과 같이 그 상품의 본질적 성질을 변화시키지 않는 처리활동은 제조활동으로 보지 아니한다.

(2) 제조업 예시

사업자가 새로운 재화를 제조·가공하는 인적·물적설비를 갖춘 장소에서 다음 예시하는 행위를 계속적으로 하는 경우에는 제조업에 해당된다(부기통2-4-1).

① 광업권 소유자가 광구 외의 지역에 제련 또는 선광시설을 하고 자기가 채굴한 광물을 제련 또는 선광하는 경우(다만, 단순히 자기가 채굴한 광물의 순도를 높이기 위하여 광물을 분쇄하는 것은 광산업에 해당된다)

② 도정업과 제분업(떡방앗간을 포함한다)

③ 화장지 원지 및 필름 등을 구입하고 이를 절단하여 포장 판매하는 경우

④ 타인소유 제조장을 임차하여 해당 제조장을 이용하여 제조·가공업을 영위하는 경우

(3) 일시적으로 위탁제조·가공하여 공급하는 경우

계약된 수량의 일부를 약정된 기일 내에 제조·가공할 수 없어 일시적으로 위탁제조·가공하여 공급하거나, 제품 제조공정의 일부를 다른 사업자에게 위탁하여 제품을 완성하는 경우 제조업에 해당한다.

(4) 타사업과의 구분기준

1) 수탁 가공하는 사업자의 업태(부기통 2-4-2)

사업자가 주요자재의 전부 또는 일부를 부담하고 상대방으로부터 인도받은 재화에 공작을 가하여 새로운 재화를 만드는 사업은 제조업에 해당하는 것이나, 인도받은 재화에 주요자재를 부담하지 아니하고 가공만 하는 것은 용역업에 해당된다.

2) 위탁가공·판매하는 형태(부기통 2-4-3)

사업자가 제조장을 설치하지 아니하고 타 제조업자에게 위탁가공(외주가공)하여 판매하는 사업

---

4) 부가집 2-4-3

은 판매업으로서 형태에 따라 도매업 또는 소매업에 해당된다. 다만, 사업자가 특정제품을 자기가 직접 제조하지 않고 다른 제조업체에 의뢰하여 제조케 하여, 이를 판매하는 경우에도 다음의 4가지 조건이 모두 충족된다면 제조업을 영위하는 것으로 본다.

① 생산할 제품을 직접기획(고안 및 디자인, 견본제작 등)하고

② 자기소유의 원재료를 다른 계약사업체에 제공하여

③ 그 제품을 자기 명의로 제조케 하고(자기 명의로만 된 고유상표를 부착하는 경우를 말하며, 거래처의 상표를 부착하거나 O.E.M.방식 및 상표 부착 없이 판매하는 경우에는 이에 포함하지 않음)

④ 이를 인수하여 자기 책임하에 직접 판매하는 경우

3) 일부 위탁제조·가공하는 경우의 업태(부기통 2-4-4)

제조장을 설치하고 재화를 제조 · 가공하는 사업자가 다음의 행위를 하는 경우에는 제조업을 영위하는 것으로 본다.

① 계약된 수량의 일부를 약정된 기일 내에 제조 · 가공할 수 없어 일시적으로 위탁제조 · 가공하여 공급하는 경우

② 제품 제조공정의 일부를 다른 사업자에게 위탁가공하게 하여 동 제품을 완성하는 경우

4) 음식물을 공급(도시락 제조업 및 김밥 제조업)하는 경우

도시락을 제조하여 도매 또는 소매상에게 판매하는 경우는 제조업에 해당되나, 접객시설을 갖추고 구내에서 소비를 목적으로 도시락을 제조 · 판매하는 경우는 음식점업에 해당되며, 음식점업자가 주문에 의하여 일시적으로 도시락을 제조 · 판매하는 것은 음식점업의 부수수익에 포함된다.[5] 또한 사업자가 일정한 장소에 접객시설을 갖추지 아니하고 고객의 주문 없이 김밥을 만들어 직접 판매하거나 다른 도매업자 등에 판매하는 것을 주로 하는 경우에는 제조업 중 기타 식료품 제조업에 해당한다.[6]

5) 임가공형태의 업종구분

가공계약이란 자기가 주요 자재의 전부 또는 일부를 부담하고 거래상대방으로부터 인도받은 재화에 공작을 가하여 새로운 재화를 만들어 공급하는 계약을 말한다. 이 과정에서 재화의 전부 또는 일부를 부담하는 것은 재화의 공급으로 보고 제조업으로 분류하지만 타인의 의뢰에 의하여 타인이 공급한 재화에 주요자재를 해당 사업자가 전혀 부담하지 않고(일부자재를 부담하는 것은 무방) 단순히 가공만 하여주고 그에 대한 대가를 받는 경우(기준경비율 코드 : 749604) 용역의 공급으로 보고 서비스업으로 업종구분한다. 제조업으로 보는 경우 주요자재의 매입비용이

---

5) 부가1265-236, 1981.01.31

6) 부가1265-1969, 1983.09.15

임가공업자 명의로 계상되기 때문에 부가율이 낮은 편이고, 서비스업으로 보는 경우 자재구매 대금은 발생하지 않지만 인건비의 비중이 상대적으로 크다. 그러나, 절대적인 경비는 제조업에 비해 작게 계상되기 때문에 부가가치율이 상대적으로 높은 편이다.

6) 생선 등을 가공하여 냉동하는 경우의 업태(부기통 2-4-5)

사업자가 시설을 갖춘 장소에서 생선의 머리·뼈·내장 등을 제거하여 사람이 소비하기에 적합한 상태로 공급하거나 구입한 생선을 구입한 상태로 냉동하여 공급하는 때에는 제조업을 영위하는 것으로 보는 것이나 단순히 세척·포장하고 신선도를 유지하기 위하여 일정한 온도로 냉장하는 경우에는 그러하지 아니하다. 이 경우 냉동이란 제품이 전체적으로 동결될 때까지 빙점보다 아래로 냉각시킨 상태를 말한다.

7) 코일을 일정한 규격으로 절단하여 판매 시 업태

주로 구입한 상태의 코일(Coil)상으로 철판을 판매하면서, 수요자의 요구가 있을 때 요구하는 상태로 부분적으로 단순 절단하여 판매하는 경우에는 금속판재 도매업으로 분류되며, 주로 구입한 코일상의 철판을 특정규격으로 절단, 가공하여 일반규격철판을 판매하는 경우에는 달리 분류되지 않은 기타 철강 산업으로 분류된다.[7)]

2. 도매업

구입한 새로운 상품 또는 중고품을 변형하지 않고 소매업자, 산업 및 상업사용자, 단체, 기관 및 전문사용자 또는 다른 도매업자에게 재판매하는 산업활동을 말한다.

① 사업자가 제조장을 설치하지 아니하고 다른 제조업자에게 위탁가공(외주가공)하여 판매하는 사업은 판매업으로서 형태에 따라 도매업 또는 소매업에 해당한다.

② 외국에 원재료를 공급하여 위탁가공한 완제품을 국내로 들여와 판매하거나 제3국으로 직접 수출하는 경우에는 도매업 중 무역업에 해당한다.

3. 소매업

소비용 상품(신품·중고품)을 변형하지 않고 일반 대중에게 재판매하는 산업활동을 말한다.

4. 부동산매매업으로 보는 사업[8)]

① 건설업과 부동산업 중 재화를 공급하는 부동산매매업으로 보는 사업은 다음과 같다.

---

7) 부가22601-1652, 1990.12.18

8) 부가집 2-4-5

㉠ 부동산의 매매 또는 중개를 목적으로 나타내어 부동산을 판매하는 경우에는 부동산의 취득과 매매 횟수에 관계없이 부동산매매업에 해당한다.

㉡ 사업상의 목적으로 1과세기간에 1회 이상 부동산을 취득하고 2회 이상 판매하는 경우와 과세기간별 취득 횟수나 판매 횟수에 관계없이 부동산의 규모, 횟수, 태양 등에 비추어 사업 활동으로 볼 수 있는 정도의 계속성과 반복성이 있는 때에는 부동산매매업에 해당한다.

㉢ 부동산매매업을 영위하는 사업자가 분양목적으로 신축한 건축물이 분양되지 아니하여 일시적·잠정적으로 임대하다가 양도하는 경우에는 부동산매매업에 해당한다.

② 주거용 또는 비주거용 및 기타 건축물을 직접 또는 총괄적인 책임을 지고 건설하여 분양·판매하는 주택신축판매업과 건물신축판매업은 재화를 공급하는 사업에 해당한다.

③ 과세사업에 계속 사용하던 사업용고정자산인 건축물을 매각하는 경우 해당 사업과 관련하여 일시적 또는 우연히 공급하는 재화의 공급에 해당하여 부가가치세가 과세된다.

Ⅳ 용역을 공급하는 사업의 구분 사례[9)]

① 수탁가공하는 사업

사업자가 인도받은 재화에 주요 자재를 부담하지 아니하고 가공만 하는 것은 용역(사업지원서비스업)에 해당한다.

② 위탁매매업

수수료 또는 계약에 의하여 타인의 명의로 타인의 상품을 거래하는 대리판매점, 상품중개인, 무역대리 또는 중개인 및 경매인, 기타 대리도매인 등이 구매자와 판매자를 연결시켜 주어 그들의 상업적 거래를 대리하는 것은 용역의 공급(상품중개업)에 해당한다.

③ 인력공급업과 고용알선업

인력공급업이란 자기 관리하에 있는 노동자를 계약에 의하여 타인 또는 타사업체에 일정기간 동안 공급하는 산업활동을 말하고, 고용알선업이란 고용주 또는 구직자를 대리하여 일자리 및 구직자 정보를 기초로 인력을 선발, 알선 및 배치하는 산업활동으로 직업소개소가 여기에 포함된다.

9) 부가집 2-4-4

제3절 납세의무자

Ⅰ 개요

부가가치세는 간접세이므로 세법에 의하여 부가가치세를 국가에 납부할 의무가 있는 납세의무자와 부가가치세를 실제로 부담하는 담세자가 다를 것을 예정하고 있는 바, 납세의무자란 세법에 의하여 부가가치세를 부담하는 자로부터 징수하여 국가에 납부할 의무가 있는 자를 말한다. 「부가가치세법」은 재화·용역을 공급하는 경우와 재화를 수입하는 경우 및 국내사업장이 없는 외국인 등으로부터 용역을 공급받는 경우 등 과세대상에 따라 부가가치세 납세의무자를 다르게 규정하고 있다.

Ⅱ 납세의무자의 의의

1. 영리성 유무 불문

「부가가치세법」상 사업자는 영리목적의 유무와는 무관하다. 이는 부가가치세가 간접세로서 재화 또는 용역을 공급하는 사업자가 아닌 재화 또는 용역을 최종 소비하는 자가 실질적인 조세부담을 하기 때문에 사업자의 영리성 여부와는 무관한 것이다. 또한 영리를 목적으로 하는 사업자와 영리를 목적으로 하지 아니하는 사업자 간의 경쟁관계에서 부가가치세가 중립성을 유지하기 위해서는 부가가치세를 과세함에 있어 차별을 두지 않아야 할 것이다.

2. 사업성이 있어야 한다

(1) 사업의 구분

재화나 용역을 공급하는 사업의 구분은 부가가치세법 시행령에 특별한 규정이 있는 경우를 제외하고는 통계청장이 고시하는 해당 과세기간 개시일 현재의 한국표준산업분류에 따른다(부령 4 ①). 용역을 공급하는 경우 건설업과 유사한 사업은 한국표준산업분류에도 불구하고 건설업에 포함되는 것으로 본다(부령 4 ②).

(2) 사업의 범위

부가가치세는 생산 및 유통의 각 단계에서 부가되는 가치를 그 과세물건으로 하는 조세이므로 부가가치세의 납세의무자를 규정한 사업상 독립하여 재화 또는 용역을 공급하는 자라고 함은 부가가치를 창출해 낼 수 있는 정도의 사업형태를 갖추고 계속 반복적인 의사로 재화 또는 용역을 공급하는 자라고 풀이해야 할 것이다.[10] 이 경우 계속적이고 반복적인 재화 또는 용역의 공급이라 함은 재화 또는 용역의 공급이 계속하여 반복된다는 것을 의미하는 것이다. 부동산 매매업의 경우에는 부동산의 매매(주거용 또는 비거주용 및 기타 건축물을 자영건설하여 분양·판매하는 경우를 포함한다) 또는 그 중개를 사업목적으로 나타내어 부동산을 판매하거나, 사업상의 목적으로 1 과세기간 중에 1회 이상 부동산을 취득하고 2회 이상 판매하는 경우 계속 반복적인 것으로 보아 부가가치세 납세의무를 진다(부가칙 2 ②).

3. 독립성을 가져야 한다

사업상 독립적이라는 의미는 법적으로 자기책임 또는 자기계산이 충족되어야 하는 것으로 해석되고, 인적 독립성과 물적 독립성을 그 내용으로 한다. 따라서 고용계약에 의한 근로자는 인적 독립성이 없으므로 사업자가 될 수 없고, 타 사업장의 연장에 불과한 것은 물적 독립성이 없어 사업상 독립적이라 할 수 없다. 또한 소득세가 과세되지 아니하는 농가부업은 독립된 사업으로 보지 아니한다. 다만, 「소득세법 시행령」에 따른 민박·음식물판매·특산물제조·전통차 제조 및 그 밖에 이와 유사한 활동의 경우에는 이를 독립된 사업으로 본다(부가칙 2 ③).

4. 재화 · 용역을 공급할 것

(1) 개요

사업자에 해당하기 위해서는 부가가치세의 과세대상인 재화·용역을 공급해야 한다. 이는 면세되는 재화·용역을 공급하는 경우에는 부가가치세의 납세의무가 없으므로 면세대상 재화·용역만을 공급하는 면세사업자는 「부가가치세법」상 납세의무자가 아니고, 재화는 재산적 가치가 있는 모든 유체물과 무체물을 뜻하며, 용역은 재화 이외의 재산적 가치가 있는 역무 및 기타행위를 말한다.

(2) 일시우발적인 재화·용역의 공급

사업성이란 부가가치를 창출할 수 있을 정도의 실체적인 사업조직을 갖추고 계속적 반복적으로 재화 또는 용역을 공급하는 것을 말하며, 소비목적의 경제활동은 포함되지 않는다. 따라서 일시적·우발적으로 재화 또는 용역을 공급하는 경우에는 사업자로 보지 아니한다. 따라서 농민이 자기농지를 확장하거나 개량하는 작업과정에서 생긴 토사석을 판매하는 경우(부기통 2-0-6)와 같이 일시적으로 재화 또는 용역의 공급하는 경우에는 부가가치세의 납세의무가 없다.

10) 대법84누629, 1984.12.26

(3) 사업자와 공급의 의미

부가가치세는 사업자가 직접 생산하거나 그 사업과 관련하여 생산한 재화나 용역의 공급을 과세대상으로 하고 있고, 그 사업자란 부가가치를 창출해 낼 수 있는 정도의 사업형태를 갖추고 계속, 반복적인 의사로 재화 또는 용역을 공급하는 자를 뜻하는 것으로서 이러한 사업의 개시, 폐지 등은 법상의 등록신고 여부와는 관계없이 그 해당 사실의 실질에 의하여 결정되며, 한편 재화, 용역의 공급은 재화, 용역을 사용, 소비하게 하는 행위를 의미하는 것이므로 본질적으로 재화, 용역 공급대상물의 소유권이전과는 무관하다.[11)]

5. 대가의 수령 여부

「부가가치세법」에 의하면 사업상 독립적으로 재화 또는 용역을 공급하는 자는 부가가치세를 납부할 의무가 있고 용역이 공급되는 시기는 역무가 제공되거나 재화, 시설물 또는 권리가 사용되는 때로 정하여져 있으므로 대가를 받기로 하고 타인에게 용역을 공급한 이상 그 대가를 실제로 받았는지 여부는 부가가치세 납부의무의 성립 여부나 용역의 공급시기를 결정하는 데 아무런 영향을 미칠 수 없다.[12)]

Ⅲ 납세의무자의 범위 및 구분

1. 납세의무자의 범위

다음 중 어느 하나에 해당하는 자로서 개인, 법인(국가·지방자치단체와 지방자치단체조합을 포함한다), 법인격이 없는 사단·재단 또는 그 밖의 단체는 이 법에 따라 부가가치세를 납부할 의무가 있다(부법 3 ①). 이 경우 부가가치세는 간접세이므로 납세의무자인 법인에는 국가 및 지방자치단체와 지방자치단체조합을 포함하나, 이러한 국가·지방자치단체 및 지방자치단체조합이 공급하는 모든 재화 또는 용역에 대하여는 부가가치세를 면제하므로 실질적으로는 국가·지방자치단체 및 지방자치단체조합은 납세의무자에서 제외된다.

① 사업자

② 재화를 수입하는 자

11) 대법87누909, 1988.06.28

12) 대법87누863, 1989.04.25

2. 납세의무자의 범위 사례

(1) 명의자와 사실상 귀속자가 서로 다른 경우의 납세의무

과세의 대상이 되는 행위 또는 거래의 귀속이 명의일 뿐이고 사실상 귀속되는 자가 따로 있는 경우에는 사실상 귀속되는 자에 대하여 「부가가치세법」을 적용한다.[13]

(2) 개인 또는 면세사업자가 우발적 또는 일시적으로 공급하는 재화·용역

「부가가치세법」상의 사업자가 아닌 개인 또는 면세사업자가 우발적 또는 일시적으로 재화 또는 용역을 공급하는 경우에는 부가가치세 납세의무자에 해당되지 아니한다.[14]

(3) 청산 중에 있는 내국법인의 계속사업

청산 중에 있는 내국법인이 「상법」 제229조에 따른 계속등기 여부에 관계없이 사실상 사업을 계속하는 경우에는 납세의무자에 해당한다.[15]

(4) 집합건물 관리단

집합건물의 구분소유자들이 「집합건물의 소유 및 관리에 관한 법률」 제23조에 따라 관리단을 구성하여 자치적으로 집합건물을 관리하고 그 관리에 실지 소요된 비용만을 각 입주자들에게 분배하여 징수하는 경우 해당 관리단은 부가가치세 납세의무자에 해당하지 않는다. 다만, 그 관리단이 입주자들로부터 관리에 관한 사항을 일임받은 경우 또는 별도로 재화나 용역을 제공하고 대가(예:주차장 관리수입, 건물 개·보수 수입 등)를 받는 경우에는 납세의무자에 해당된다.[16]

(5) 공동주택 입주자대표회의 부대시설 운영 수익

공동주택의 입주자대표회의가 단지 내 주차장 등 부대시설을 운영·관리하면서 입주자들로부터 실비 상당의 이용료를 받는 경우 부가가치세 납세의무가 없으나, 외부인으로부터 이용료를 받는 경우에는 해당 외부인의 이용료에 대하여는 부가가치세 납세의무가 있다.[17]

(6) 농민이 모래를 판매하는 경우 납세의무자 여부

자기의 농토에서 주로 논농사에 종사하는 농민이 보유하고 있던 밭(田)을 논(畓)으로 개간하던 중 품질이 좋은 모래를 발견하여 이를 인근의 건설업자에게 1억원을 받고 판매한 경우 농민이 모래를 판매하는 것은 부가가치세 과세대상이나 농민의 지위에서 해당 모래를 일시적으로 공급하여

---

13) 부기통 3-0-2
14) 부가집 3-0-2 ②
15) 부가집 3-0-2 ③
16) 부가집 3-0-2 ④
17) 부가집 3-0-2 ⑤

「부가가치세법」상 납세의무자(사업자)로 볼 수 없기 때문에 부가가치세를 신고·납부할 의무가 없다.[18)]

(7) 새마을금고의 부대사업 운영수익

「새마을금고법」에 따라 설립된 새마을금고가 사업상 독립적으로 부가가치세가 과세되는 재화를 공급하는 경우에는 납세의무가 있다.[19)]

(8) 합병등기일 전 실제 합병한 경우의 납세의무

법인 간의 흡수합병에 있어서 합병등기일 전 실제 합병한 경우 실제 합병일로부터 합병등기일까지 피합병법인의 사업장에서 거래된 재화의 공급 및 매입분에 대하여는 피합병법인 명의로 세금계산서를 발급하거나 발급받고 부가가치세를 신고·납부한다.[20)]

(9) 공공임대주택의 잡수입에 대한 부가가치세 납세의무자

「공동주택관리법」 제2조 제1항 제20호에 따른 공공임대주택 임대사업자(이하 "위탁자")가 주택관리업자(이하 "수탁자")와 공동주택관리 위·수탁계약을 체결하고 공공임대주택을 위탁관리하는 과정에서 공용부분 및 부대시설을 활용한 장소의 임대, 재활용품 등의 매각 등으로 관리외 수익(잡수입)이 발생할 때, 위탁자로부터 포괄적으로 관리·운영을 위탁받아 수탁자의 책임과 계산하에 해당 재화나 용역을 공급한 경우 부가가치세 납세의무자는 수탁자가 되는 것이나, 해당 관리·운영을 포괄적으로 위탁받아 수탁자의 책임과 계산하에 재화나 용역을 공급하였는지 여부는 사실판단할 사항이다.[21)]

(10) 태양광발전주택 소유자의 사업자 해당 여부

태양광발전설비를 설치한 주택에서 태양광을 이용한 전기를 생산하여 소비하고 남은 잉여전력을 한전의 전력계통으로 보내는 경우, 태양광발전주택 소유자는 「부가가치세법」에 의한 사업자에 해당하지 아니한다.[22)]

3. 납세의무자의 구분

「부가가치세법」에서는 부가가치세제가 지니는 조세부담의 역진성을 완화하기 위한 면세제도와 영세사업자에 대한 간이과세 제도를 두고 있다. 이러한 면세제도와 간이과세제도로 인하여 모든 납세의

18) 부가집 3-0-3
19) 부기통 3-0-4 ①
20) 부기통 3-0-7
21) 서면-2020-법령해석부가-4902 [법령해석과-2175], 2021.06.23
22) 부가-1456, 2010.11.04

무자가 동일한 납세의무를 지는 것은 아니다. 즉, 사업자는 일반적으로 재화 또는 용역의 공급에 대하여 부가가치세가 과세되는 사업을 영위하는 사업자인 과세사업자를 의미하지만 재화 또는 용역의 공급에 대하여 부가가치세가 면세되는 사업을 영위하는 사업자인 면세사업자를 포함하는 개념으로도 사용되고 있다. 이 경우 과세되는 사업과 면세되는 사업을 겸영하는 사업자는 과세 및 면세사업겸영자라고 하고 있다. 또한 과세사업자는 다시 납부세액의 계산방법에 따라 간이과세가 적용 배제되는 일반과세자와 간이과세가 적용되는 간이과세자로 나뉘어진다.

유형	구분기준	납부세액 계산구조
일반과세자	① 법인사업자:항상 일반과세자임	납부세액=매출세액－매입세액
	② 개인사업자	
간이과세자	개인사업자로서 직전 1역년의 공급대가가 8,000만원에 미달하는 자	납부세액=공급대가×부가가치율×10%

4. 신탁 관련 납세의무

(1) 신탁재산에 대한 납세의무

1) 신탁의 정의

"신탁"이란 신탁을 설정하는 자(이하 "위탁자"라 한다)와 신탁을 인수하는 자(이하 "수탁자"라 한다) 간의 신임관계에 기하여 위탁자가 수탁자에게 특정의 재산(영업이나 저작재산권의 일부를 포함한다)을 이전하거나 담보권의 설정 또는 그 밖의 처분을 하고 수탁자로 하여금 일정한 자(이하 "수익자"라 한다)의 이익 또는 특정의 목적을 위하여 그 재산의 관리, 처분, 운용, 개발, 그 밖에 신탁목적의 달성을 위하여 필요한 행위를 하게 하는 법률관계를 말한다(신탁법 2).

2) 수탁자 납부 원칙

「신탁법」 또는 다른 법률에 따른 신탁재산(해당 신탁재산의 관리, 처분 또는 운용 등을 통하여 발생한 소득 및 재산을 포함)과 관련된 재화 또는 용역을 공급하는 때에는 「신탁법」 제2조에 따른 수탁자가 신탁재산별로 각각 별도의 납세의무자로서 부가가치세를 납부할 의무가 있다(부법 3 ②, 부령 5의2 ①).

3) 위탁자 납부 특례

다음의 어느 하나에 해당하는 경우에는 「신탁법」 제2조에 따른 위탁자가 부가가치세를 납부할 의무가 있다(부법 3 ③, 부령 5의2 ②).

① 신탁재산과 관련된 재화 또는 용역을 위탁자 명의로 공급하는 경우

② 위탁자가 신탁재산을 실질적으로 지배·통제하는 경우로서 다음에서 정하는 경우

㉠ 수탁자가 위탁자로부터 「자본시장과 금융투자업에 관한 법률」 제103조 제1항 제5호 또는 제6호의 재산을 수탁받아 부동산개발사업을 목적으로 하는 신탁계약을 체결한 경우로서 그 신탁계약에 의한 부동산개발사업비의 조달의무를 수탁자가 부담하지 아니하는 경우(수탁자가 「도시 및 주거환경정비법」 또는 「빈집 및 소규모주택 정비에 관한 특례법」에 따른 재개발사업·재건축사업 또는 가로주택정비사업·소규모재건축사업의 사업시행자인 경우는 제외)

㉡ 수탁자가 「도시 및 주거환경정비법」 또는 「빈집 및 소규모주택 정비에 관한 특례법」에 따른 재개발사업·재건축사업 또는 가로주택정비사업·소규모재건축사업의 사업대행자인 경우

③ 수탁자가 위탁자의 지시로 위탁자와 「소득세법 시행령」 제98조 제1항 또는 「법인세법 시행령」 제2조 제5항 각 호의 관계에 있는 자(특수관계인)에게 신탁재산과 관련된 재화 또는 용역을 공급하는 경우

4) 공동수탁의 경우

수탁자가 납세의무자가 되는 신탁재산에 둘 이상의 수탁자(이하 "공동수탁자"라 한다)가 있는 경우 공동수탁자는 부가가치세를 연대하여 납부할 의무가 있다. 이 경우 공동수탁자 중 신탁사무를 주로 처리하는 수탁자(이하 "대표수탁자"라 한다)가 부가가치세를 신고·납부하여야 한다(부법 3 ④).

5) 위탁자의 지위이전에 따른 납세의무

위탁자의 지위이전을 신탁재산의 공급으로 보는 경우에는 기존 위탁자가 부가가치세를 납부할 의무가 있다(부령 5의2 ③).

6) 공동사업 협약에 따라 관리형 토지신탁계약을 체결 후 건물을 건축 및 분양 시 부가가치세 납세의무자

① 사실관계

- 사업자A(또는 "위탁자")는 '20.10월 위탁자 소유의 토지(이하 "본건토지")를 사업자B와 ◎◎◎ 개발사업(이하 "본건사업") 공동사업협약을 체결하고 「부가가치세법」상 공동사업자로 사업자등록을 마침
- 본건사업에 대한 주요내용은 아래와 같음
- 현재 부동산개발이 본격화되지 않은 상태로서 토지 취득자금 조달을 위한 담보신탁이 체결되어 있으나 향후 사업부지에 대한 건설인허가가 완료된 후에는 위탁자가 부동산 건설을 위한 사업진행을 위해 기존 담보신탁계약을 해지하고 관리형 토지신탁계약을 체결할 예정임
- 본건의 경우 본건사업의 실질적인 사업주체가 공동사업자이며, 공동사업자가 본건 신탁재산을 실질적으로 지배·통제하고 있음을 전제로 질의한 건임

[개요]
협약서에 따라 사업자A는 본건토지를 신탁회사에 신탁한 뒤 그 신탁수익권 중 40%를 사업자B에게 제공하고 공동사업(사업방침, 자금조달 등 의사결정 권한 및 사업 관련 위험을 공동으로 부담) 영위를 통해 부동산을 개발 및 분양하고 그 이익금을 수익권 지분율대로 분배

[진행절차]
① 사업자A는 본건토지를 담보신탁('20.11월)
- 담보신탁의 위탁자는 사업자A
- 1순위 우선수익권은 사업자A의 대주 등에게 제공
- 2순위 우선수익권은 사업자B의 대출금융기관에게 제공
② 부동산개발에 필요한 자금대출(PF대출) 전까지 소요되는 초기 투자비는 사업자A와 사업자B가 60:40으로 현금조달하고 신탁회사에서 자금관리를 대리
③ 부동산개발을 위한 사업인허가 후 PF대출을 실행하여 기존 담보신탁을 해지하고 양사의 차입금을 상환한 후, 사업자A는 본건토지에 대한 관리형 토지신탁계약을 신규 체결하여 그 지상 건물의 건축 및 분양을 공동으로 진행
④ 사업종료 시 신탁회사는 부동산개발 및 분양사업의 이익을 공동사업자들(신탁수익권자)들에게 사업지분비율대로 배분

② 질의요지

사업자A(위탁자)가 사업자B와의 공동사업협약에 따라 공동사업자로 사업자등록 후 신탁회사(수탁자)와 사업자A 소유의 토지에 대해 '22.1.1. 이후 관리형 토지신탁 계약을 체결하여 신탁회사 명의로 건물을 건축하고 분양하는 경우 부가가치세 납세의무자가 누구인지 여부

③ 회신

사업자A(「신탁법」상 위탁자, 이하 "위탁자")가 사업자B와 위탁자 소유의 토지를 개발하기 위한 공동사업협약에 따라 공동사업자로 사업자등록 후 신탁회사(이하 "수탁자")에게 위탁자 소유의 토지를 신탁하는 관리형 토지신탁계약(이하 "신탁계약")을 '22.1.1. 이후 체결하는 경우로서 수탁자 명의로 신탁계약에 따른 건물을 건축 및 분양하는 경우 부가가치세 납세의무자는 위탁자가 등록한 공동사업자가 된다.[23)]

7) 유동화전문회사가 신탁계약에 따라 신탁사에 신탁재산을 이전하여 신탁사의 명의로 매각하는 경우 면세 여부

① 사실관계

A법인(이하 "위탁자")은 「자산유동화에 관한 법률」(이하 "자산유동화법")에 따라 설립되어 금융위원회에 등록된 자산유동화전문회사로서 「자산유동화법」 및 자산유동화 계획에 따라 자산유동화목적으로 '22.2월 부동산 신탁회사(이하 "수탁자")와 부동산처분신탁계약을 체결하

23) 서면-2020-법규부가-6097 [법규과-2161], 2022.07.20

고 '22.2월 수탁자가 매수자와 신탁재산 관련 부동산매매계약을 체결하고 같은 달에 수탁자 명의로 신탁재산을 공급함

실질적 통제권

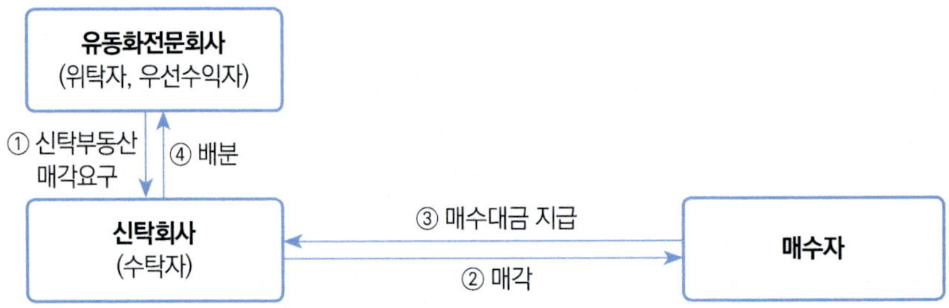

• 부동산처분신탁계약의 주요내용은 다음과 같음

[제1조](신탁목적)

이 신탁계약에 따른 신탁은 위탁자가 신탁부동산의 소유권을 수탁자에게 이전하고, 수탁자는 신탁부동산의 등기명의를 보존하고 이를 처분하여 그 처분대금을 이 신탁계약에 정해진 바에 따라 수익자에게 지급하는 것을 목적으로 한다.

[제9조](처분조건 및 처분방법 등)

① 수탁자는 다음과 같은 조건으로 신탁부동산을 처분하며, 다음 각 호의 내용을 신탁부동산 매매계약에 포함시킨다.

1. 신탁부동산에 관한 명도책임 및 하자담보책임 등은 위탁자가 부담할 것
2. 위탁자 또는 수익자 이름으로 체결된 기존의 임대차계약 및 화재보험계약 등은 위탁자의 책임하에 매수인에게 승계되도록 할 것

② 신탁부동산의 처분과 관련하여 수탁자의 책임 있는 사유 없이 수탁자가 부담한 채무나 수탁자에게 발생한 손해는 위탁자가 부담한다.

[제10조](신탁부동산의 관리)

① 수탁자는 신탁부동산에 관하여 소유권의 등기명의를 보존하는 업무를 수행하며, 위탁자는 자신의 책임과 부담으로 신탁부동산의 보존, 유지, 관리하여야 한다.(이하생략)

[제12조](신탁재산에 속하는 금전의 운용방법)

① 수탁자는 신탁재산에 속하는 금전을 「자본시장과 금융투자업에 관한 법률」 등 관계법령에서 정하는 방법에 따라 운용한다.

② 수탁자는 신탁재산을 다른 신탁재산 및 수탁자의 고유재산과 구분하여 관리하여야 한다.

[제13조](비용 등의 부담)

① 신탁재산에 관한 세금과 공과금, 유지관리비, 지료 등 그 밖의 신탁사무의 처리에 필요한 비용 그리고 신탁사무 처리에 있어서 수탁자의 고의나 과실 그 밖의 책임 없는 사유로 발생한 손실 등은 위탁자가 부담한다.(이하생략)

• 부동산처분신탁과 관련한 신탁특약의 주요내용은 다음과 같음

> **[제4조](신탁부동산의 처분 등)**
> ① 위탁자는 수익자(최선순위 수익자를 말하며, 후순위 수익자는 이에 대해 일체 이의제기를 하지 않는다)의 동의를 받아 수탁자에게 신탁부동산의 처분(일괄매각 또는 개별매각 포함)을 요청할 수 있다.
> ② 본 조 제1항에 따른 위탁자의 처분 요청이 있는 경우 수탁자는 이 신탁계약 일반조항 제9조 및 수탁자의 「부동산 매각업무규정」에 따라 신탁부동산을 처분하기로 한다.

② 질의요지

유동화전문회사가 자산유동화사업을 위해 신탁사와 부동산처분신탁계약을 체결하여 수탁자의 명의로 신탁재산을 공급함에 있어 유동화전문회사가 신탁재산을 실질적으로 지배 · 통제하는 경우로서 부가가치세 면제되는지 여부

③ 회신

「자산유동화에 관한 법률」에 따라 설립된 유동화전문회사(「신탁법」상 위탁자, 이하 "위탁자")가 자산유동화사업을 위해 '22.1.1. 이후 신탁회사(이하 "수탁자")와 부동산처분신탁계약을 체결하면서 위탁자의 매각요청에 따라 수탁자 명의로 신탁재산을 공급함에 있어 「부가가치세법」 제3조 제3항 및 「부가가치세법 시행령」 제5조의 2 제2항(위탁자 납세의무 특례)에 해당하지 아니한 경우 「부가가치세법」 제3조 제2항에 따라 수탁자가 납세의무자로서 부가가치세를 납부할 의무가 있다.[24)]

(2) 신탁 관련 제2차 납세의무 및 물적납세의무[25)]

1) 2차 납세의무(수익자)

수탁자가 납부하여야 하는 다음의 어느 하나에 해당하는 부가가치세 또는 강제징수비(이하 "부가가치세등"이라 한다)를 신탁재산으로 충당하여도 부족한 경우에는 그 신탁의 수익자(「신탁법」에 따라 신탁이 종료되어 신탁재산이 귀속되는 자를 포함한다)는 지급받은 수익과 귀속된 재산의 가액을 합한 금액을 한도로 하여 그 부족한 금액에 대하여 납부할 의무(이하 "제2차 납세의무"라 한다)를 진다(부법 3의2 ①).

① 신탁 설정일 이후에 「국세기본법」에 따른 법정기일이 도래하는 부가가치세로서 해당 신탁재산과 관련하여 발생한 것

② ①의 금액에 대한 강제징수 과정에서 발생한 강제징수비

24) 서면-2022-법규부가-1750 [법규과-1759] , 2022.06.09

25) 본 개정규정은 2022.1.1. 이후 납세의무가 성립하는 분부터 적용한다.[법 부칙(2020.12.22.) 3조]

2) 신탁재산

"신탁재산"이란 「신탁법」 또는 특별법에 따른 신탁재산(해당 신탁재산의 관리, 처분, 또는 운용 등을 통해 발생한 소득 및 재산을 포함한다)을 말한다(부령 5의2 ①).

3) 신탁재산가액의 산정

신탁의 수익자에게 귀속된 재산의 가액은 신탁재산이 당해 수익자에게 이전된 날 현재의 시가로 하며, 이 경우 시가는 제62조에 따른 가격을 말한다(부령 5의3 ①).

4) 신탁설정일

"신탁설정일"이란 「신탁법」에 따라 해당 재산이 신탁재산에 속한 것임을 제3자에게 대항할 수 있게 된 날을 말한다. 다만, 다른 법률에서 제3자에게 대항할 수 있게 된 날을 「신탁법」과 달리 정하고 있는 경우에는 그 달리 정하고 있는 날을 말한다(부령 5의2 ②).

5) 위탁자에 대한 물적납세의무 특례

부가가치세를 납부하여야 하는 위탁자가 1)의 어느 하나에 해당하는 부가가치세 등을 체납한 경우로서 그 위탁자의 다른 재산에 대하여 강제징수를 하여도 징수할 금액에 미치지 못할 때에는 해당 신탁재산의 수탁자는 그 신탁재산으로서 이 법에 따라 위탁자의 부가가치세 등을 납부할 의무(이하 "물적납세의무"라 한다)가 있다(부법 3의2 ②).

(3) 2022.1.1. 전에 설정한 신탁의 경우

2022.1.1. 전에 설정한 신탁의 경우 다음의 구분에 따른 자를 법 3조 2항 및 3항의 개정규정에 따른 납세의무자로 본다(법 부칙(2020.12.22.) 5조).

1) 다음의 처분을 하는 경우 : 수탁자

① 수탁자가 위탁자로부터 「자본시장과 금융투자업에 관한 법률」 103조 1항 5호 또는 6호의 재산을 위탁자의 채무이행을 담보하기 위하여 수탁으로 운용하는 내용으로 체결되는 신탁계약을 체결한 경우로서 그 채무이행을 위하여 신탁재산을 처분하는 경우

② 수탁자가 「도시 및 주거환경정비법」 27조 1항 또는 「빈집 및 소규모주택 정비에 관한 특례법」 19조 1항에 따라 지정개발자로서 재개발사업·재건축사업 또는 가로주택정비사업·소규모재건축사업을 시행하는 과정에서 신탁재산을 처분하는 경우

2) 1) 외의 경우 : 위탁자

3) 2022.1.1. 전에 설정된 신탁형부동산펀드가 2022.1.1. 이후에 부동산을 취득하는 경우 부가가치세 납세의무자

특정 지역 내 업무시설을 취득한 후 일정기간 임대하다가 매각하여 발생하는 투자수익을 수익

자들에게 배분하는 것을 목적으로 「자본시장과 금융투자업에 관한 법률」(이하 "자본시장법")에 따라 설립된 신탁형 부동산펀드의 집합투자업자(이하 "위탁자")가 2022.1.1. 전에 자본시장법에 따라 신탁은행(이하 "수탁자")과 체결한 신탁계약에 따라 2022.1.1. 이후에 부동산을 취득하는 경우에 있어, 수탁자가 위탁자의 채무이행을 담보하기 위하여 수탁으로 운용하는 내용의 신탁계약을 체결한 경우로서 그 채무이행을 위하여 신탁재산을 처분하는 경우에 해당하지 아니하는 때에는 「부가가치세법」 부칙제5조에 따라 위탁자를 납세의무자로 본다.[26]

(4) 신탁의 수익이 수익자에게 귀속하는 타익신탁의 경우 부가가치세 납세의무자

사업자(「신탁법」상 위탁자, 이하 "위탁자")가 2022.1.1. 전 신탁회사(이하 "수탁자")와 위탁자의 보유토지 위에 건물 등을 신축하여 임대 · 처분하는 등 관리 · 운영하는 관리형토지신탁계약을 체결하여 해당 신탁의 수익을 수익자에게 귀속하는 경우로서 수탁자가 위탁자의 채무이행을 담보하기 위하여 수탁으로 운용하는 내용의 신탁계약을 체결한 경우로서 그 채무이행을 위하여 신탁재산을 처분하는 경우에 해당하지 아니하는 때에는 「부가가치세법」(2020.12.22. 법률 제17653호로 개정된 것) 부칙 제5조에 따라 위탁자를 납세의무자로 본다.[27]

5. 국외거래에 대한 납세의무[28]

(1) 재화의 공급

부가가치세의 납세의무는 우리나라의 주권이 미치는 범위 내에서 적용되므로 사업자가 우리나라의 주권이 미치지 아니하는 국외에서 재화를 공급하는 경우에는 납세의무가 없다. 다만, 중계무역방식의 수출, 위탁판매수출, 외국인도 수출, 위탁가공무역방식의 수출로 재화를 공급하거나 원료를 대가 없이 국외의 수탁가공 사업자에게 반출하여 가공한 재화를 양도하는 경우에 그 원료를 반출하는 경우에는 그러하지 아니한다.

(2) 용역의 공급

다음의 용역에 대하여는 해당 부동산 또는 광고매체의 사용 장소가 국외이므로 부가가치세 납세의무가 없다.

① 국외에 소재하는 부동산의 임대용역

② 국내사업자가 외국의 광고매체에 광고를 게재하게 하고 의뢰인으로부터 지급받는 광고료

---

26) 서면-2023-법규부가-0922[법규과-1620](2023.06.21

27) 사전-2021-법령해석부가-1148 [법령해석과-3365] 2021.09.29

28) 부가집 3-0-4

(3) 우리나라 국적의 항공기 또는 선박에서 이루어지는 거래

우리나라 국적의 항공기 또는 선박에서 이루어지는 거래는 국외거래로 보지 아니하므로 부가가치세 납세의무가 있다.

(4) 비거주자가 오픈마켓(사이버몰)을 통하여 국내소비자에게 상품을 직배송하는 경우

비거주자가 국내의 오픈마켓(사이버몰)에 판매자로 등록한 후 그 오픈마켓을 통해 국내소비자로부터 주문을 받아 국외에서 국내소비자에게 직배송하는 방법으로 상품을 판매하는 경우 해당 오픈마켓은 그 비거주자의 「부가가치세법」상 사업장에 해당하지 아니하며, 그 오픈마켓을 통한 상품판매에 대하여 해당 비거주자는 부가가치세 납세의무를 부담하지 아니한다.

6. 부동산임대사업자의 납세의무

(1) 개요

부동산임대란 부동산의 대여를 사업목적으로 하는 것으로 임대차계약 기타의 방법으로 부동산의 권리를 사용·수익하게 하고 그 대가를 받는 것을 말하며, 현행 「부가가치세법」은 부동산임대업을 용역의 공급에 해당하는 과세거래로 규정하고 있다.

(2) 과세대상 임대사업

사업자가 부동산을 임대하는 경우 용역의 공급으로 과세대상에 해당하며, 부동산임대 및 부동산매매에 대한 과세범위는 다음과 같다.

구분	세구분	부동산임대	부동산매매
건물	상가	과세	과세
	주택(국민주택규모 초과)	면세	과세
	주택(국민주택규모 이하)	면세	면세
토지	상가 관련	과세	면세
	주택 관련(부수토지)	면세	면세
	주택 관련(부수토지 초과)	과세	면세
	나대지	과세	면세

(3) 과세대상에서 제외되는 임대사업

① 전·답·과수원·목장용지·임야·염전의 임대(지적공부상 지목과 관계없이 실제로 경작하거나 토지 고유 용도에 사용하는 것)(부령 3 ① 6 단서, 부칙 2 ①)

② 상시 주거용으로 사용하는 주택 및 그 부수토지의 임대(부령 41 ①)

– 아래 ㉠, ㉡ 중 넓은 면적 한도(2006.2.9. 공급분부터)

㉠ 건물 정착면적의 5배(도시지역 밖은 10배)를 초과하지 않는 것

㉡ 주택 연면적의 1배(지하층, 지상층의 주차장, 주민공동시설의 면적 제외)

7. 재화 수입에 대한 납세의무

재화의 수입에 대한 납세의무자는 재화를 수입하는 개인 또는 사업자이며, 재화를 수입하는 자가 관세법에 따라 관세를 신고 · 납부하는 경우에는 재화의 수입에 대한 부가가치세를 함께 신고 · 납부하여야 하며, 세관장이 관세법에 따라 징수토록 하고 있다.

제5절 과세기간

Ⅰ 개요

과세기간이란 부가가치세의 과세표준 계산에 기초가 되는 기간을 말하며 납세의무의 성립시기, 과세표준 및 납부세액의 계산기간 및 신고·납부기한을 정하는 기준이 된다.[29] 부가가치세도 법인세 및 소득세와 동일하게 기간 과세하는 세목에 해당하지만, 부가가치세는 물세로서 사업자의 인적사항을 전혀 고려할 필요가 없으므로 「법인세법」의 사업연도 또는 「소득세법」의 과세연도와는 관계없이 1년을 2개의 과세기간으로 나누어 매 6개월을 1과세기간으로 규정하고 있다. 단, 간이과세자의 경우 1년을 1개의 과세기간으로 본다.

Ⅱ 계속사업자의 과세기간

「부가가치세법」상 과세기간은 역법에 따라 일반과세자는 1년을 2개의 과세기간으로 구분하여 매 6월을 1과세기간으로 하고 간이과세자는 매 1년을 과세기간으로 한다(부법 5 ①).

① 일반과세자

㉠ 제1기:1월 1일부터 6월 30일까지

㉡ 제2기:7월 1일부터 12월 31일까지

② 간이과세자:1월 1일부터 12월 31일까지

Ⅲ 신규사업자의 과세기간

1. 개요

신규로 사업을 시작하는 자에 대한 최초의 과세기간은 사업개시일부터 그날이 속하는 과세기간의 종료일까지로 한다. 사업개시일 이전에 사업자등록을 신청한 경우에는 그 신청한 날부터 그 신청일이 속하는 과세기간의 종료일까지로 한다(부법 5 ②).

2. 사업개시일의 기준

사업개시일은 다음의 구분에 따른다. 다만, 해당 사업이 법령 개정 등으로 면세사업에서 과세사업으로 전환되는 경우에는 그 과세 전환일을 사업개시일로 한다(부령 6).[30]

29) 부가집 5-0-1
30) 부가집 5-6-1

① 제조업:제조장별로 재화의 제조를 시작하는 날
② 광업:사업장별로 광물의 채취·채광을 시작하는 날
③ 제조업과 광업 외의 사업:재화 또는 용역의 공급을 시작하는 날
④ 법령 개정 등으로 면세사업에서 과세사업으로 전환되는 경우:그 과세 전환일
⑤ 부동산임대업은 해당 임대용역의 공급을 개시하는 날이므로 전세금 또는 임대보증금의 과세표준 계산 시 기산일은 그 임대용역의 공급을 개시하는 날이 된다.
⑥ 사업규모를 확장하기 위하여 기존사업장 외의 다른 장소에 있는 사업장을 양수하였을 경우 동 사업장의 개시일은 양수인이 사업장별로 사업을 양수하여 사업을 시작하는 날이 된다.

Ⅳ 폐업자의 과세기간

사업자가 폐업하는 경우의 과세기간은 폐업일이 속하는 과세기간의 개시일부터 폐업일까지로 한다. 이 경우 폐업일은 다음의 구분에 따른다(부법 5 ③, 부령 7 ①).[31]

① 합병으로 인한 소멸법인의 경우:합병법인의 변경등기일 또는 설립등기일
② 분할로 인하여 사업을 폐업하는 경우:분할법인의 분할변경등기일(분할법인이 소멸하는 경우에는 분할신설법인의 설립등기일)
③ ① 및 ② 외의 경우:사업장별로 그 사업을 실질적으로 폐업하는 날
④ 해산으로 청산 중인 내국법인(「법인세법」 제2조 제1호에 따른 내국법인을 말한다. 이하 이 항에서) 또는 「채무자 회생 및 파산에 관한 법률」에 따라 법원으로부터 회생계획인가 결정을 받고 회생절차를 진행 중인 내국법인이 사업을 실질적으로 폐업하는 날부터 25일 이내에 납세지 관할세무서장에게 신고하여 승인을 받은 경우에는 잔여재산가액 확정일(해산일부터 365일이 되는 날까지 잔여재산가액이 확정되지 아니한 경우에는 그 해산일부터 365일이 되는 날)을 폐업일로 할 수 있다(부령 7 ②).
⑤ 사업개시일 전에 사업자등록을 한 자로서 사업자등록을 한 날부터 6개월이 되는 날까지 재화와 용역의 공급실적이 없는 자에 대해서는 그 6개월이 되는 날. 다만, 사업장의 설치기간이 6개월 이상이거나 그 밖의 정당한 사유로 인하여 사업 개시가 지연되는 경우에는 그러하지 아니하다.
⑥ 폐업한 날이 분명하지 아니한 경우에는 폐업신고서의 접수일. 다만, 폐업신고를 한 경우에도 관할세무서장이 폐업 사유, 사업장 상태, 사업의 계속 여부 등을 확인하여 실질적으로 사업을 계속 영위하는 때에는 폐업한 것으로 보지 아니한다.
⑦ 하나의 사업장에서 여러 개의 업종의 사업을 영위하는 사업자가 그중 하나의 업종을 폐지하는 경우에는 폐업에 해당하지 아니한다.

31) 부가집 5-7-1

Ⅴ 과세유형전환사업자의 과세기간

간이과세자에 관한 규정이 적용되거나 적용되지 아니하게 되어 일반과세자가 간이과세자로 변경되거나 간이과세자가 일반과세자로 변경되는 경우 그 변경되는 해에 간이과세자에 관한 규정이 적용되는 기간의 부가가치세의 과세기간은 다음의 구분에 따른 기간으로 한다(부법 5 ④).

① 일반과세자가 간이과세자로 변경되는 경우 : 그 변경 이후 7월 1일부터 12월 31일까지

② 간이과세자가 일반과세자로 변경되는 경우 : 그 변경 이전 1월 1일부터 6월 30일까지

Ⅵ 간이과세 포기자의 과세기간

간이과세자가 간이과세자에 관한 규정의 적용을 포기함으로써 일반과세자로 되는 경우 다음의 기간을 각각 하나의 과세기간으로 한다. 이 경우 ①의 기간은 간이과세자의 과세기간으로, ②의 기간은 일반과세자의 과세기간으로 한다(부법 5 ⑤).

① 간이과세의 적용 포기의 신고일이 속하는 과세기간의 개시일부터 그 신고일이 속하는 달의 마지막 날까지의 기간

② ①에 따른 신고일이 속하는 달의 다음 달 1일부터 그날이 속하는 과세기간의 종료일까지의 기간

①의 기간 동안 간이과세자 사업실적은 과세기간이 끝난 후 다음달 25일 이내에 부가가치세 확정신고를 해야 한다. 또한 재고매입세액 공제를 받기 위해서는 재고품 및 감가상각자산 신고서를 제출해야 한다.

Ⅶ 합병으로 인한 소멸법인의 최종 과세기간

합병으로 인한 소멸법인의 최종 과세기간은 법 제5조 제3항에 따라 그 과세기간의 개시일부터 합병등기를 한 날까지로 한다.[32]

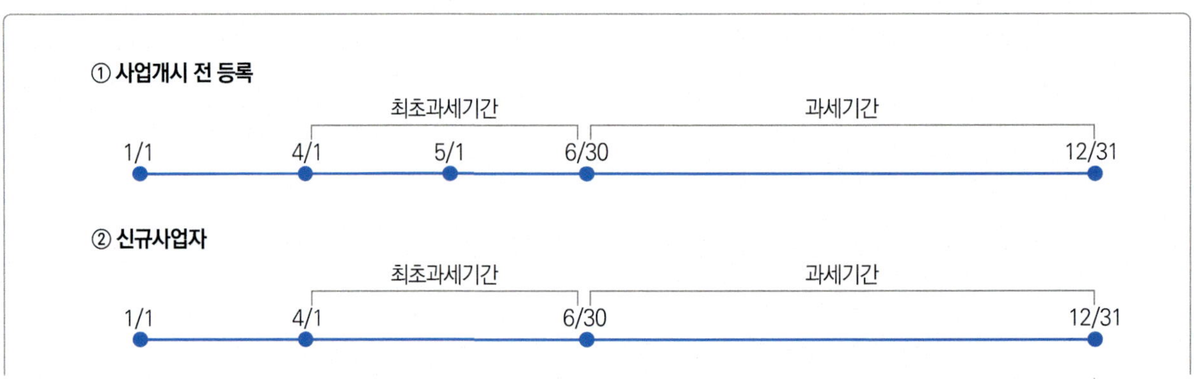

32) 부기통 5-7-1

③ **폐업자 – 피합병법인**

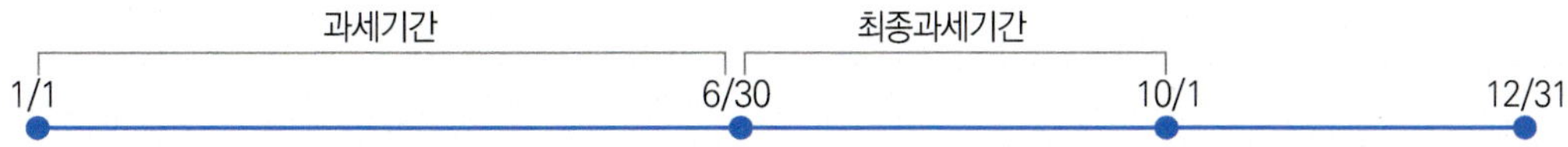

④ **간이과세포기자**

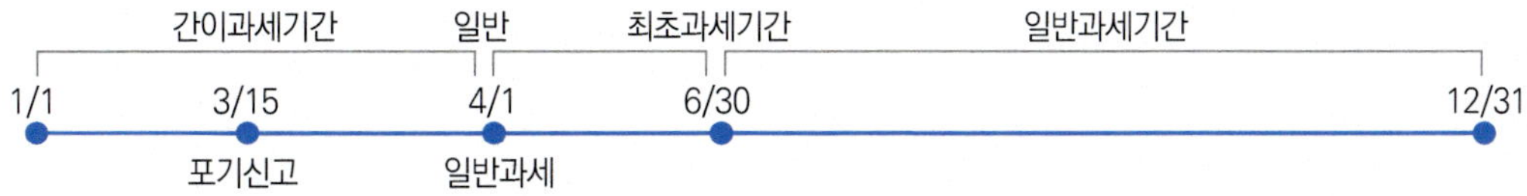

제6절 납세지

I 납세지 및 거래장소

1. 납세지의 의의

납세지라 함은 조세의 신고·납부와 관련하여 관할세무서를 결정하는 기준이 되는 장소임과 동시에 납세자에게는 납세의무를 이행하는 기준이 되는 장소를 말한다. 부가가치세는 물세로서 사업자의 인적사항을 고려함이 없이 재화 또는 용역의 공급에 대하여 과세하므로 납세지도 부가가치세 과세대상인 재화 또는 용역이 공급이 이루어지는 사업장별로 판정하도록 구정하고 있다. 따라서 한 사업자가 둘 이상의 사업장을 갖고 있는 때에도 각각의 사업장을 하나의 과세단위로 하여 각각의 사업장별로 과세표준과 납부세액을 계산하여 각각 사업장별로 신고·납부하여야 하는 것이다. 다만, 사업자의 납세편의를 위하여 사업장과세원칙의 예외로서 주사업장총괄납부 제도와 사업자단위과세 제도를 규정하고 있다. 이와 같은 사업장과세원칙에 따라 사업자와 과세관청은 각각의 사업장별로 다음과 같은 납세의무의 이행과 국세처분을 행하여야 한다. 그리고 부가가치세의 과세표준과 세액의 결정 또는 경정하는 때에 그 부가가치세의 납세지를 관할하는 과세관청의 장 외의 자가 행한 결정 또는 경정처분은 그 효력이 없다.

① 사업자등록
② 세금계산서의 발급 및 수령
③ 과세표준 및 세액의 계산
④ 신고 및 납부
⑤ 결정·경정·징수 및 환급

2. 거래장소

거래장소도 장소라는 점에서 사업장 또는 납세지와 유사하나 소비지국 과세원칙에 의거 재화나 용역이 국내에서 공급된 것인지 국외에서 공급된 것인지를 구분하여 부가가치세 과세 여부를 판단하는 기준이 되는 것으로서 사업장의 개념과는 다르다.

Ⅱ 사업장

1. 사업장의 의의

사업장이란 사업자 또는 사용인이 상시 주재하여 거래의 전부 또는 일부를 행하는 장소를 말한다. 여기서 상시라 함은 통상의 영업활동시간을 의미한다고 보아야 할 것이며, 따라서 통상의 영업활동시간에는 사업자 또는 사용인이 항상 주재하여 영업활동을 수행하여야 한다는 것을 말하는 것이다.

2. 거래의 정의

거래라 함은 부가가치세의 과세대상이 재화 또는 용역의 공급이고 부가가치의 창출은 재화 또는 용역의 공급거래에서 발생하는 점을 감안할 때 과세대상이 되는 재화 또는 용역을 공급하는 거래로 해석함이 타당하며, 따라서 단순히 재화를 매입만 하는 장소·상품 등을 단순히 보관만 하는 하치장 및 재화의 주문만을 받거나 업무의 연락만을 하는 장소 등은 사업장에 해당하지 않는다.

3. 사업장에 해당하지 않는 장소의 예시[33)]

다음에 해당하는 장소는 사업장으로 보지 아니한다.

① 제품의 판매목적이나 보관·관리를 위한 별도의 시설을 갖추지 아니하고 단순히 견본품만을 전시할 목적으로 진열시설을 갖춘 장소

② 재화 또는 용역의 공급 없이 주문만을 받는 장소

③ 물품을 판매하지 아니하고 단순히 본점의 지시에 따라 판매업무에 수반하는 상품의 수주나 대금의 영수, 신용조사 및 주문처와의 단순한 업무연락만 하는 장소

④ 사업자가 자기가 생산한 재화를 판매하지 아니하고 단순히 보관 또는 관리하는 장소

⑤ 사업자가 백화점사업자와 일반적인 또는 특정 거래조건(재고반품 및 마진율과 대금지급 등)에 의한 계약을 체결하여 백화점사업자에게 재화를 공급(납품)하고 그 공급대가는 해당 매장에서 고객에게 판매된 금액 중 일정비율에 상당하는 이윤을 차감한 금액으로 지급받기로 하는 경우 그 매장

33) 부가집 6-8-3

⑥ 단체급식사업자가 인력을 파견하여 수탁사업자로 하여금 음식용역을 제공하게 하는 장소

⑦ 직접 판매행위를 하지 않고 단순히 모바일 서비스 홍보, 가입신청자 접수, 제품의 인도 등 보조적인 업무만 하는 장소

⑧ 외국법인이 국내 보세구역 내 창고에서 다수의 다른 고객을 상대로 사업을 하는 독립적인 물류업자를 통하여 물품의 보관·인도만 하고, 주문·계약 등은 국외에서 수행함에 따라 「법인세법」 제94조에 따른 장소에 해당하지 아니하는 경우 해당 보세구역 내 창고

4. 업종별 사업장의 범위

전술한 바와 같이 「부가가치세법」상 납세지는 사업장별로 판정한다. 현행 「부가가치세법」에서는 업종별로 사업장을 구체적으로 규정하고 있는 바, 이를 살펴보면 다음과 같다(부령 8).

(1) 광업

광업의 경우 광업사무소의 소재지를 사업장으로 한다. 다만, 광업사무소가 광구 밖에 있는 때에는 그 광업사무소에서 가장 가까운 광구에 대한 광업원부의 초두에 등록된 광구소재지에 광업사무소가 있는 것으로 본다.

(2) 제조업[34)]

1) 개요

제조업을 영위하는 사업자의 사업장은 최종제품을 완성하는 장소를 말하나, 최종제품을 완성하는 장소 외의 자기사업과 관련된 매입거래만을 행하는 장소(본사·출장소 등)도 사업자의 신청에 의하여 사업장으로 등록할 수 있다. 다만, 따로 제품 포장만을 하거나 용기에 충전만을 하는 장소와 「개별소비세법」 제10조의 5에 따른 저유소(貯油所)는 제외한다.

2) 인접되어 있는 사업장의 동일 사업장 여부

제조업자의 제조장 부지가 도로 또는 하천으로 인하여 연속되지 아니하고 가까이 떨어져 있는 장소에 각각 제조장이 설치되어 있는 경우 그 제조장들을 일괄하여 한 장소에서 제조·저장·판매 등의 관리를 총괄적으로 하는 등 그 실태가 동일제조장으로 인정되는 경우에는 동일한 사업장으로 본다.[35)]

3) 재공품과 제품의 완성공장이 따로 있는 경우의 납세지

제조업에 있어서는 최종 제품을 완성하는 장소(다만, 따로 제품의 포장만을 하거나 용기에 충전만을 하는 장소는 제외)를 사업장으로 한다. 따라서 사업자가 자기의 사업과 관련하여 생산하거

34) 부가집 6-8-2
35) 부기통 6-8-1

나 취득한 재화를 자기의 다른 사업자에서 원료·자재 등으로 사용·소비하기 위하여 반출하는 경우에는 재화의 공급으로 보지 아니한다. 다만 이 경우에는 거래쌍방, 거래일자, 재화의 품명, 수량 및 금액을 확인할 수 있는 거래명세표·송장·출고지시서 등의 증표를 사용하여야 한다.[36]

4) 재공품만을 생산하는 장소를 사업자가 사업장으로 신청한 경우

제조업의 경우 사업장은 최종 제품을 완성하는 장소이므로, 자기의 다른 사업장에서 최종 제품을 완성하기 위하여 재공품만을 생산하는 장소는 사업장으로 등록하지 아니하는 것이나, 사업자의 신청에 의하여 사업장으로 등록할 수 있다.[37]

5) 해외업체에 임가공용역을 주는 행위가 영세율 적용대상 위탁가공생산의 제조업 해당 여부

① 제조업의 범위

한국표준산업분류는 "생산할 제품을 직접 기획(고안 및 디자인, 견본품 제작 등)하고, 자기계정으로 구입한 원재료를 계약사업체(이하 수탁업체라 한다)에 제공하여 그 제품을 자기 명의로 제조하게 하고 이를 인수하여 자기책임하에 직접 시장에 판매하는 경우"를 제조업에 포함하고 있으며, 업종분류의 소관부처인 통계청은 한국표준산업분류의 목적이 국내총생산액의 집계에 있는 점을 고려하여 수탁업체의 범위를 국내업체에 한정하고, "자기 명의 제조"의 의미를 "제품생산과정을 직접 관리감독하고 생산된 제품에 자기상표를 부착하는 것"으로 해석하고 있으며, 세법에서도 이에 맞추어 수탁업체의 범위를 국내업체에 한정하고 생산된 제품에 자기상표를 부착하여 판매하는 경우에만 제조업을 영위하는 것으로 해석하여 집행하고 있다(조기통 7-0-1).

② 제조업의 인정 여부

청구법인은 중국에 소재하는 청구외법인에 임가공을 위탁하였으므로 국내업체에 임가공을 위탁한 경우에 해당되지 아니하고, 실질적으로 위 한국표준산업분류에 의한 제조행위를 하였다고 보기 어려우며, 달리 청구법인이 자기 명의로 제조하였다고 인정할 만한 객관적인 입증이 없고, 국외임가공업은 한국표준산업분류상 도매업의 일종인 무역업에 해당되는 점을 고려할 때 쟁점임가공수출소득이 제조업에서 발생된 소득이라고 하는 청구법인의 주장은 받아들이기 어렵다고 판단된다.[38]

(3) 건설업·운수업과 부동산매매업

1) 개요

건설업·운수업과 부동산매매업에 있어서는 사업의 주체별로 다음의 장소를 사업장으로 한다.

---

36) 부가22601-1359, 1992.09.01
37) 부가-1523, 2011.12. 05
38) 국심2001서2953, 2002.01.15., 국심2001서988, 2001.06.04

이는 건설업에 있어서 건설현장은 사업장이 아니며, 부동산매매업을 영위하는 사업자가 매매를 위한 부동산을 일시적으로 임대하다가 판매하는 경우에도 부동산매매업에 해당하므로 부동산의 소재지가 아닌 법인의 등기부상 소재지 또는 개인의 업무총괄장소가 사업장이 된다.

① 사업자가 법인인 경우:법인의 등기부상의 소재지(등기부상의 지점소재지를 포함)를 사업장으로 한다.

② 사업자가 개인인 경우:업무를 총괄하는 장소가 사업장이 된다. 다만, 운수업에 있어서 법인의 명의로 등록된 차량을 개인이 운용하는 경우에는 그 법인의 등기부상 소재지로 하고 개인의 명의로 등록된 차량을 다른 개인이 운용하는 경우에는 그 등록된 개인이 업무를 총괄하는 장소로 한다.

③ 법인의 명의로 등록된 차량을 개인이 운용하는 경우 : 법인의 등기부상 소재지(등기부상의 지점 소재지를 포함한다)

2) 건물의 일시적·잠정적 임대 후 매매 시 납세지 판정사례

제조업을 영위하는 사업자가 자기의 사업을 확장하기 위하여 본점 이외의 장소에 사업용 건물을 신축하던 중 당초의 사업목적을 변경하여 해당 건물을 완공하여 매매하기로 하고 신축 중인 해당 건물의 일부를 가사용 승인을 받아 이를 양수하고자 하는 사업자에게 일시적·잠정적으로 임대하다가 동 건물을 준공한 후 매매하는 경우에 일시적·잠정적인 임대에 대한 부가가치세는 해당 임대건물의 등기부상의 소재지를 관할하는 세무서장에게 신고·납부하는 것이며 동 건물의 매매에 따른 부가가치세는 계약상·법률상의 원인에 의하여 해당 업무를 총괄하는 장소를 관할하는 세무서장에게 신고·납부하여야 한다.[39)]

3) 사업자등록을 하지 아니한 부동산매매업자의 납세지

사업자등록을 하지 아니하고 부동산매매업을 영위하는 개인사업자의 사업장은 그 업무를 총괄하는 장소인 것이나, 해당 사업자가 사업장을 설치하지 아니한 경우에는 사업자의 주소 또는 거소를 사업장으로 보는 것이며, 이 경우 주소 또는 거소는 해당 사업을 영위하던 당시의 주소 또는 거소를 말한다.[40)]

(4) 부동산임대업

1) 개요

부동산임대업에 있어서는 그 부동산의 등기부상의 소재지가 사업장이 된다. 다만, 부동산상의 권리만을 대여하거나 다음에 해당하는 사업자가 부동산을 임대하는 경우에는 그 사업에 관한 업무를 총괄하는 장소를 사업장으로 한다.

---

39) 부가46015-926, 1995.05.25

40) 부가46015-1994, 1995.10.28

① 「금융기관부실자산 등의 효율적 처리 및 한국자산관리공사의 설립에 관한 법률」에 의한 한국자산관리공사
② 「농업협동조합의 구조개선에 관한 법률」에 의한 농업협동조합자산관리회사
③ 「부동산투자회사법」에 의한 기업구조조정부동산투자회사
④ 「예금자보호법」에 의한 예금보험공사 및 정리금융기관
⑤ 「전기사업법」에 의한 전기사업자
⑥ 「전기통신사업법」에 의한 전기통신사업자
⑦ 「지방공기업법」에 의하여 설립된 지방공사로서 다음에 해당하는 사업자
   ㉠ 에스에이치(SH)공사
   ㉡ 부산도시공사, 대구도시공사, 인천도시공사, 광주도시공사, 대전도시공사, 울산광역시도시공사, 강원도개발공사, 전북개발공사, 경상북도개발공사, 경남개발공사, 경기도시공사, 제주특별자치도개발공사, 충북개발공사, 충청남도개발공사, 전남개발공사
   ㉢ 「한국농어촌공사 및 농지관리기금법」에 따른 한국농어촌공사
⑧ 「한국농어촌공사 및 농지관리기금법」에 따른 한국농어촌공사
⑨ 「한국도로공사법」에 의한 한국도로공사
⑩ 「한국철도시설공단법」에 의하여 설립된 한국철도시설공단
⑪ 「한국토지주택공사법」에 의한 한국토지주택공사

2) 부동산임대업자의 연접한 건물의 추가 임대 시

부동산임대업을 영위하고 있는 사업자가 연접한 장소에 소재하는 건물을 취득하여 새로이 부동산임대사업에 공하는 경우에는 「부가가치세법」 제4조 및 동법 시행령 제4조의 규정에 의거 그 건물의 등기부상 소재지를 사업장으로 하여 사업자등록을 하여야 한다.[41]

3) 동일한 건물 내에서 이종업종을 영위하는 경우

① 복합건물 내의 상가를 층별 또는 동일 층으로 2개 이상 분양받아 부동산임대업 또는 판매업을 영위하는 경우에는 상가호수별로 사업자등록을 하여야 한다. 다만, 이 경우 분양 받은 2개 이상의 상가가 바로 인접하여 있어 사실상 한 사업장으로 볼 수 있는 때에는 해당 인접하는 상가 전체를 하나의 사업장으로 등록할 수 있다.[42]
② 타인 소유의 점포를 임차하여 도·소매업을 영위하는 기존 사업자가 추후 동일상가 내의 다른 점포를 분양받아 부동산등기부상의 소재지를 사업장으로 하는 부동산임대업에 대한 사업자등록을 별개로 하여 사업을 영위하는 경우에는 이를 각각 독립된 사업장으로 본다.[43]

---

41) 소비-249, 2004.03.05
42) 부가46015-2531, 1999.08.23
43) 부가22601-853, 1989.06.20

4) 국가 등에 기부채납 후 부동산의 임대 시 납세지

사업자가 임대에 공하는 부동산을 국가 등에 기부채납한 후 부동산의 임대 시에는 그 부동산의 등기부상의 소재지(임대사업장)를 관할하는 세무서장에게 과세표준과 세액을 신고·납부하여야 한다.[44)]

5) 복합건물 내의 상가를 2개 이상 분양받아 임대하는 경우

복합건물 내의 상가를 층별 또는 동일 층으로 2개 이상 분양받아 임대업 또는 판매업을 영위하는 경우 상가 호수별로 사업자등록을 하는 것이나, 다만 분양받은 상가가 바로 인접하여 있어 사실상 한 사업장으로 볼 수 있는 때에는 전체를 1사업장으로 볼 수 있다.[45)]

(5) 전기통신사업자

「전기통신사업법」에 따른 전기통신사업자가 둘 이상의 단말기기(회선의 단말에 설치하여 전기통신에 이용되는 기기를 말한다)를 통하여 각 사업장에서 이용자에게 전기통신역무를 제공하고, 각 사업장의 업무를 총괄하는 장소에서 통신요금을 일괄하여 청구하는 전기통신사업에 있어서는 업무를 총괄하는 장소를 사업장으로 한다. 다만, 다음에 해당하는 이동통신역무를 제공하는 전기통신사업에 있어서는 사업자가 법인인 경우에는 그 법인의 본점소재지, 개인인 경우에는 그 사업에 관한 업무를 총괄하는 장소를 사업장으로 한다(부가칙 4).

① 주파수를 이용하여 이동 중에 송신·수신할 수 있는 설비를 가진 자에게 교환설비를 통하여 음성 등을 송신하거나 수신하는 이동통신역무. 다만, 「전기통신사업법 시행령」별표 2에 따른 설비미보유 재판매사업은 제외한다.

② 무선호출수신기를 휴대한 사람에게 용건을 알려주기 위하여 무선통신방식으로 신호·신호음 또는 전화번호 나 문자를 보내는 역무

③ 주파수를 공용하는 무선통신방식으로 이동체에 장착하는 송신·수신할 수 있는 설비를 가진 자에게 전용 교환설비를 통하여 주로 음성을 송신하거나 수신하는 역무

④ 데이터통신을 위한 전용 교환설비를 설치하고 무선통신방식으로 데이터를 송신하거나 수신하는 역무

(6) 다단계판매원

「방문판매 등에 관한 법률」에 의한 다단계판매원이 재화 또는 용역을 공급하는 사업에 있어서는 해당 다단계판매원이 동법 제13조의 규정에 의하여 등록한 다단계판매업자의 주된 사업장의 소재지를 사업장으로 한다. 다만, 다단계판매원이 상시 주재하여 거래의 전부 또는 일부를 행하는 별도의 장소가 있는 경우에는 그 장소를 사업장으로 한다.

44) 부가22601-1061, 1992.07.09

45) 부가46015-1851, 1997.08.11

(7) 국가·자방자치단체 또는 지방자치단체조합의 경우

국가·지방자치단체 또는 지방자치단체조합이 공급하는 「부가가치세법 시행령」 제46조 제3호에 따른 사업에 있어서는 그 사업에 관한 업무를 총괄하는 장소를 사업장으로 한다. 다만, 위임·위탁 또는 대리에 의하여 재화 또는 용역을 공급하는 경우에는 수임자·수탁자 또는 대리인이 그 업무를 총괄하는 장소가 사업장이 된다.

(8) 기타 업무총괄장소를 사업장으로 보는 경우

다음에 해당하는 사업에 있어서는 그 업무를 총괄하는 장소를 사업장으로 본다.

① 수자원을 개발하여 공급하는 사업

② 「지방공기업법」에 따른 대구시설관리공단이 공급하는 사업

③ 무인자동판매기를 통하여 재화 또는 용역을 공급하는 사업

④ 「한국철도공사법」에 따른 한국철도공사가 영위하는 사업

⑤ 「우정사업운영에 관한 특례법」에 따른 우정사업조직이 「우편법」에 규정된 부가우편역무 중 소포우편물을 방문접수하여 배달하는 용역을 공급하는 사업

⑥ 「전기사업법」에 따른 전기판매사업자가 둘 이상의 전기사용계약단위를 통하여 각 사업장에서 이용자에게 전기를 공급하고, 각 사업장의 업무를 총괄하는 장소에서 전기요금을 일괄하여 청구하는 전기판매사업

⑦ 「송유관안전관리법」 제2조 제3호에 따른 송유관설치자가 송유관을 통하여 재화나 용역을 공급하는 사업

(9) 사업자의 신청이 있는 경우

사업자는 사업장 이외의 장소도 신청에 의하여 추가로 사업장으로 등록할 수 있다. 다만, 무인자동판매기를 통하여 재화·용역을 공급하는 사업의 경우에는 그러하지 아니하다.

(10) 사업장을 설치하지 아니한 경우

1) 미등록 사업자

사업장을 설치하지 아니한 경우에는 사업자의 주소 또는 거소를 사업장으로 한다. 이 경우 사업장을 설치하지 아니하고 사업자등록을 하지 아니한 경우에는 과세표준과 세액을 결정할 당시 주소 또는 거소를 사업장으로 한다.

2) 주소 또는 거소의 사업장 해당 여부

사업자의 주소 또는 거소는 사업을 위한 고정된 장소를 두지 않은 경우에 사업장으로 등록 가능한 것이며, 주소 또는 거소를 사업장으로 하는 경우에는 그 장소를 하나의 사업장으로 하여 하

나의 사업자등록만 한다.[46)]

(11) 비거주자 또는 외국법인

1) 개요

비거주자 또는 외국법인의 경우에는 「소득세법」 제120조 또는 「법인세법」 제94조에 규정하는 장소를 사업장으로 한다.

2) 법인세법 및 소득세법상 비거주자 또는 외국법인의 국내사업장

① 개요

비거주자 및 외국법인이 국내에 사업의 전부 또는 일부를 수행하는 고정된 장소를 가지고 있는 경우에는 국내사업장이 있는 것으로 한다.

② 국내사업장에 포함하는 경우

국내사업장에는 다음의 어느 하나에 해당하는 장소를 포함하는 것으로 한다.

㉠ 지점, 사무소 또는 영업소

㉡ 상점, 그 밖의 고정된 판매장소

㉢ 작업장, 공장 또는 창고

㉣ 6개월을 초과하여 존속하는 건축 장소, 건설·조립·설치공사의 현장 또는 이와 관련되는 감독 활동을 수행하는 장소

㉤ 고용인을 통하여 용역을 제공하는 경우로서 다음의 어느 하나에 해당되는 장소

ⓐ 용역의 제공이 계속되는 12개월 중 총 6개월을 초과하는 기간 동안 용역이 수행되는 장소

ⓑ 용역의 제공이 계속되는 12개월 중 총 6개월을 초과하지 아니하는 경우로서 유사한 종류의 용역이 2년 이상 계속적·반복적으로 수행되는 장소

㉥ 광산·채석장 또는 해저천연자원이나 그 밖의 천연자원의 탐사 및 채취 장소[국제법에 따라 우리나라가 영해 밖에서 주권을 행사하는 지역으로서 우리나라의 연안에 인접한 해저지역의 해상(海床)과 하층토(下層土)에 있는 것을 포함한다]

③ 국내사업장에 포함하지 않은 경우

다음의 장소(이하 "특정 활동 장소"라 한다)가 외국법인의 사업 수행상 예비적 또는 보조적인 성격을 가진 활동을 하기 위하여 사용되는 경우에는 국내사업장에 포함되지 아니한다.

㉠ 외국법인이 자산의 단순한 구입만을 위하여 사용하는 일정한 장소

㉡ 외국법인이 판매를 목적으로 하지 아니하는 자산의 저장이나 보관만을 위하여 사용하는 일정한 장소

㉢ 외국법인이 광고, 선전, 정보의 수집 및 제공, 시장조사, 그 밖에 이와 유사한 활동만을 위

46) 기획재정부 부가가치세제과-589, 2023.8.31.

하여 사용하는 일정한 장소

㉣ 외국법인이 자기의 자산을 타인으로 하여금 가공하게 할 목적으로만 사용하는 일정한 장소

④ 국내사업장 의제

㉠ 개요

비거주자 및 외국법인이 고정된 장소를 가지고 있지 아니한 경우에도 다음의 어느 하나에 해당하는 자 또는 이에 준하는 자로서 대리인을 두고 사업을 경영하는 경우에는 그 자의 사업장소재지(사업장이 없는 경우에는 주소지로 하고, 주소지가 없는 경우에는 거소지로 한다)에 국내사업장을 둔 것으로 본다.

ⓐ 국내에서 그 외국법인을 위하여 다음의 어느 하나에 해당하는 계약(이하 "외국법인 명의계약 등"이라 한다)을 체결할 권한을 가지고 그 권한을 반복적으로 행사하는 자

㉮ 외국법인 명의의 계약

㉯ 외국법인이 소유하는 자산의 소유권 이전 또는 소유권이나 사용권을 갖는 자산의 사용권 허락을 위한 계약

㉰ 외국법인의 용역제공을 위한 계약

ⓑ 국내에서 그 외국법인을 위하여 외국법인 명의계약 등을 체결할 권한을 가지고 있지 아니하더라도 계약을 체결하는 과정에서 중요한 역할(외국법인이 계약의 중요사항을 변경하지 아니하고 계약을 체결하는 경우로 한정한다)을 반복적으로 수행하는 자

㉡ 대리인

"대리인"이란 다음의 어느 하나에 해당하는 자를 말한다.

ⓐ 외국법인의 자산을 상시 보관하고 관례적으로 이를 배달 또는 인도하는 자

ⓑ 중개인·일반위탁매매인 기타 독립적 지위의 대리인으로서 주로 특정 외국법인만을 위하여 계약체결 등 사업에 관한 중요한 부분의 행위를 하는 자(이들이 자기사업의 정상적인 과정에서 활동하는 경우를 포함한다)

ⓒ 보험사업(재보험사업을 제외한다)을 영위하는 외국법인을 위하여 보험료를 징수하거나 국내소재 피보험물에 대한 보험을 인수하는 자

㉢ 외국보험회사협회의 영업행위

외국보험회사의 공동조직인 외국보험협회가 산하업체 명의로 국내에 지점을 설치하고 자기계산하에 보험사업을 영위하면서 또한 산하 타업체 명의로 재보험계약을 체결하는 등 보험업을 영위하는 경우에는 형식상의 명의자에 불구하고 사실상의 영업자인 그 협회가 포괄적인 납세의무를 진다. 다만, 그 협회가 보험사업을 영위하지 아니하고 산하 타보험회사의 국내지점이 협회와 관계없이 자기계산하에 독자적으로 보험사업을 영위하는 경우에

는 그 보험회사의 국내지점이 자기가 영위한 사업분에 한하여 납세의무를 진다.[47)]

참 고 종속대리인[48)]

의의	국내에 자기를 위하여 계약을 체결할 권한을 가지고 그 권한을 반복적으로 행사하는 자 또는 이에 준하는 자로서 아래 유형 중 어느 하나에 해당하는 자를 두고 사업을 영위하는 경우에는 그자의 사업장소재지(사업장이 없는 경우에는 주소지로 하고, 주소지가 없는 경우에는 거소지로 함)에 국내사업장을 둔 것으로 본다.
	1. "계약"이란 외국법인의 고유사업과 관련하여 체결하는 계약을 말하며 해당 외국법인의 사무실의 임차 또는 종업원의 고용 등 기업의 내부적인 경영·관리활동과 관련하여 체결하는 계약은 포함되지 아니한다.
	2. "계약을 체결할 수 있는 권한"이란 해당 대리인이 당해 외국법인을 구속할 수 있는 계약의 중요하고 세부적인 사항에 관하여 상담 협의할 수 있는 권한을 말하며 해당 대리인이 그 계약체결권을 가지고 있는 경우에는 비록 그 외국법인이나 그 외국법인이 있는 국가의 제3자가 그 계약서에 서명 또는 날인할지라도 그 대리인이 한국에서 그 권한을 행사한 것으로 본다.
	3. "반복적 행사"에는 장기 대리계약에 의하여 계약체결권을 계속적·반복적으로 행사하는 경우뿐만 아니라 2개 이상의 단기 대리계약에 의하여 계약체결권을 계속적·반복적으로 행사하는 경우도 포함된다.
유형	외국법인*의 자산을 상시보관하고 관례적으로 이를 배달 또는 인도하는 자
	중개인·일반위탁매매인 기타 독립적 지위의 대리인으로서 주로 특정외국법인*만을 위하여 계약체결 등 사업에 관한 중요한 부분의 행위를 하는 자(이들이 자기사업의 정상적인 과정에서 활동하는 경우를 포함)
	보험사업(재보험사업은 제외)을 영위하는 외국법인*을 위하여 보험료를 징수하거나 국내소재 피보험물에 대한 보험을 인수하는 자

* 해당 외국법인의 과점주주, 해당 외국법인이 과점주주인 다른 법인 기타 해당 외국법인과 특수관계에 있는 자를 포함

47) 부가집 94-133-2
48) 부가집 94-133-1

참 고 독립대리인[49]

독립대리인 요건	어떤 자가 아래 모든 요건을 갖춘 경우에는 그자는 조세조약상 외국법인의 독립대리인에 해당하며, 그자는 그 외국법인의 국내사업장으로 보지 않는다.
	그 대리인이 본인인 외국법인으로부터 법적으로 또한 경제적으로 독립된 지위에 있어야 한다.
	그 대리인이 이행하는 그 외국법인을 위한 행위가 그 대리인 자신의 통상적인 사업으로 수행되어야 한다.
고려할 사항	대리인이 본인인 외국법인으로부터 독립된 지위에 있는지의 여부를 결정함에 있어서는 아래 사항을 고려하여 결정하여야 한다.
	업무감독의 정도 : 그 대리인이 외국법인을 위한 활동에 함에 있어 해당 외국법인으로부터 세부적인 지시나 통제를 받는 경우에는 그 대리인은 해당 외국법인에 대하여 독립적이라고 할 수 없다.
	사업상의 위험 부담 : 그 대리인의 외국법인을 위한 사업활동으로 인하여 발생하는 사업상의 위험을 해당 외국법인이 부담하는 경우에는 그 대리인은 해당 외국법인에 대하여 독립적이라고 할 수 없다.
	종속대리인인지의 여부 : 대리인이 외관상으로 독립적 지위의 대리인이라고 하더라도 그 대리인이 전적으로 또는 거의 전적으로 특정 외국법인을 위하여 활동하는 경우에는 그 대리인은 독립적 지위의 대리인으로 볼 수 없다.

(12) 백화점·소매업 관련 사업장

1) 백화점 내 수수료 매장의 사업장 등

사업자가 백화점업자로부터 백화점 내 매장을 임차하면서 임차료를 해당 매장 매출액의 일정비율에 상당하는 금액을 지급하기로 약정하고 해당 사업자의 계산과 책임하에 재화를 공급하는 경우 백화점 내 해당 매장은 해당 사업자의 사업장이 되는 것이며, 해당 사업자의 부가가치세 과세표준금액은 해당 매장에서 판매된 재화의 공급가액이 된다.[50]

* 제조장에서 백화점 입점 : 직매장 반출, 소비자 판매시 : 판매자의 과세표준

2) 특정거래조건 백화점 매장 ☞ 아래 조건의 매장은 사업장이 아님

사업자가 백화점사업자와 일반적인 또는 특정 거래조건(재고반품 및 마진율과 대금지급 등)에 의한 계약을 체결하여 백화점사업자에게 재화를 공급(납품)하고 그 공급대가는 해당 매장에서 고객에게 판매된 금액 중 일정비율에 상당하는 이윤을 차감하는 금액으로 지급받기로 하는 경

49) 법집 94-133-3
50) 부가46015- 451, 1999.02.12

우 그 매장은 사업장에 해당하지 아니한다.[51)]

* 제조장에서 백화점 납품 : 과세, 소비자 판매시 : 백화점 매출

3) 우편통신을 이용한 카탈로그 소매업자의 사업장

우편통신을 이용하여 카탈로그 소매업을 영위하는 법인사업자가 상품판매를 위한 정책수립·주문접수·출고지시 및 상품판매대금의 회수 등 사업과 관련한 총괄업무는 본사에서 수행하면서 상품의 원활한 관리·배송 등을 위하여 본사 외의 장소에 상품의 보관 및 관리를 위한 물류센터인 하치장을 설치하여 관할세무서에 하치장 설치신고를 하고 해당 하치장에서 타사의 상품을 보관·관리해 주고 이에 관한 계약·결제 등 업무총괄은 본사에서 하는 경우 해당 하치장은 「부가가치세법」 규정에 의한 사업자등록을 하여야 하는 사업장에 해당되지 아니하며, 동 법인이 전산장비의 원활한 관리 및 효율적 사용을 위해 본사 외의 장소에 전산실을 설치하고 동 장소에는 단순히 전산장비 관리를 위한 인원을 배치한 경우로서 해당 전산실에서 동일업종을 영위하는 타사에게 상품의 주문접수·운송지시·대금결재관리 등 전산용역을 제공하고 동 업무와 관련된 계약·대체결제 등 업무총괄은 본사에서 하는 경우 해당 전산실은 「부가가치세법」 규정에 의한 사업자등록을 하여야 하는 사업장에 해당되지 않는다.[52)]

(13) 비거주자·외국법인이 국내 소비자에게 상품을 판매하는 경우 사업장 판단

1) 비거주자가 국내의 사이버몰을 통해 상품을 판매하는 경우 부가가치세 과세 여부

비거주자가 국내의 오픈마켓(사이버몰)에 판매자로 등록한 후 그 오픈마켓을 통해 국내소비자로부터 주문을 받아 국외에서 국내소비자에게 직배송하는 방법으로 상품을 판매하는 경우 해당 오픈마켓은 그 비거주자의 「부가가치세법」상 사업장에 해당하지 아니하는 것이며 그 오픈마켓을 통한 상품판매에 대하여 해당 비거주자는 부가가치세 납세의무를 부담하지 아니한다.[53)]

2) 국외에서 국내소비자에게 직배송하는 방법으로 상품을 판매하는 경우

미국법인이 다수의 국내 인터넷 종합쇼핑몰에 상품판매자로 등록한 후 해당 쇼핑몰을 통하여 국내소비자로부터 주문받은 상품을 미국에서 직배송하는 방법으로 상품을 판매함에 있어, 국내에서 인터넷 종합쇼핑몰을 운영하는 내국법인이 해당 미국법인의 국내 상품판매를 위하여 대금정산, 반품처리, 고객상담, 광고, 기타 판매와 관련된 부수용역을 수행하는 장소가 「법인세법」 제94조 및 「한·미 조세조약」 제9조에 따른 국내사업장에 해당하는 경우 미국법인은 「부가가치세법」 제2조에 따른 납세의무자에 해당되는 것이며. 당해 법인이 국내에 공급하는 재화는 부가가치세가 과세된다.[54)]

---

51) 부가집 6-8-3 ⑤, 부가-1317, 2009.09.15.
52) 소비46015-87, 2003.03.31
53) 재부가-167, 2011.03.31
54) 법규부가2013-163, 2013.05.28

(14) 신탁계약이 성립된 경우

신탁계약에 따라 사업자등록을 신청하는 경우에는 해당 신탁재산의 등기부상 소재지 또는 그 사업에 관한 업무를 총괄하는 장소를 사업장으로 한다(부령 8 ⑥).[55]

5. 사례별 사업장 여부

(1) 토사석 채취업의 납세지

토사석(土砂石) 등을 채취하는 자의 사업장은 사업자 또는 그 사용인이 상시 주재하여 거래의 전부 또는 일부를 행하는 사무소의 소재지이다. 다만, 그 사무소가 토사석 채취장소의 안 또는 인근에 있지 아니한 때에는 토사석의 채취장소를 사업장으로 본다.[56]

(2) 본사 지시로 전시용 차량을 인도하는 영업소의 사업장 해당 여부

자동차를 수입하여 판매하는 법인의 본사가 영업소를 설치하고 영업소에서는 영업사원을 상시 주재시키면서 본사가 제시한 판매조건에 따라 고객과 매매계약을 체결, 계약금 및 매매대금의 수령 후 본사송금, 할부판매 시의 채권확보 등의 업무를 수행하게 하고 판매하는 자동차는 본사에서 직접 인도하는 경우 당해 영업소는 사업장에 해당하지 아니하는 것이나, 영업소에서 매매계약의 체결 등 위 업무를 수행하면서 당해 영업소만을 위한 창고, 하치장 또는 전시장 등에 보관 또는 진열된 자동차를 직접 고객에게 인도하는 경우 그 영업소는 사업장에 해당한다. 사업장에 해당하는지 여부는 영업소와 고객이 체결하는 계약내용, 상품의 인도 등 관련 거래사실에 따라 판단할 사항이다.[57]

(3) 총괄납부 사업자의 수정신고 및 경정 시의 납세지

「국세기본법」에 따른 수정신고 또는 경정청구 사유가 발생한 때에는 그 사유가 발생한 사업장 관할세무서장에게 수정신고서 또는 경정청구서를 제출함과 동시에 세액을 추가납부하여야 하며, 주사업장 총괄납부사업자가 확정신고를 하지 아니하거나 확정신고의 내용에 오류 또는 탈루가 있는 때에는 각 사업장 관할세무서장이 과세표준과 납부세액 또는 환급세액을 경정한다.[58]

(4) 연락사무소와 외국법인의 국내연락사무소

과세재화를 공급(인도)하지 아니하고 단순히 본사의 지시에 따라 대금의 영수 및 수주 활동이나 거래처의 관리 및 업무연락만을 하는 장소(연락사무소)는 사업장에 해당하지 않는 것이며,[59] 외국

55) 본 개정규정은 2022. 1. 1.부터 시행한다.[법 부칙(2020.12.22.) 1조 단서]
56) 부기통 6-8-2
57) 부가46015-1703, 1996.08.24
58) 부기통 6-8-3
59) 법규부가2008-0035, 2008.11.20

법인의 국내연락사무소 활동이 외국법인 활동의 예비적이고 보조적인 것에 해당하는 경우 국내 사업장에 해당하지 아니하는 것이므로 고유번호를 부여받아 세금계산서를 교부받을 수 있으나, 매입세액은 공제되지 아니한다.[60)]

(5) 호텔업자가 계약에 따라 회의장에 출장하여 음식용역을 제공하는 경우 해당 회의장이 사업장에 해당되는지 여부

호텔업자가 회의장 등을 운영하는 자와 케이터링 서비스 영업권 계약을 체결하고 회의장 이용자 등에게 음식용역을 제공함에 있어 해당 호텔에서 음식용역 제공에 대한 계약체결, 대금결제 등의 관리업무를 총괄하여 수행하면서 해당 회의장에 출장하여 음식용역을 제공하는 경우 해당 회의장은 사업장에 해당하지 아니한다.[61)]

(6) 외국법인이 보세구역 내 창고에서 물품의 보관·인도만 하고, 주문·계약은 국외 본사에서 수행하는 경우 국내사업장 해당 여부

외국법인이 다수의 다른 고객들을 상대로 사업을 하는 독립적 제3자인 국내 물류업자를 통하여 보세구역 내 창고에서 물품의 보관·인도만을 하고, 주문·계약 등은 국외 본사에서 수행하며, 국내에서 위 보관·인도 외에 물품의 가공 등 다른 사업행위는 하지 않는 경우로서 위 보세구역 내 창고가 동 외국법인의 「법인세법」 제94조에 규정하는 장소에 해당하지 아니하는 경우 위 보세구역 내 창고는 외국법인의 「부가가치세법」상 사업장에 해당하지 아니하는 것이며, 이 유권해석은 이건 유권해석일(2010.11.10.) 이후의 거래분부터 적용된다.[62)]

(7) 한 건물에서 층별로 업종을 달리한 경우

2층 이상의 상가건물 소유자가 1층은 소매·양약업, 2층 이상은 부동산임대업을 영위하는 경우에는 이를 하나의 사업장으로 본다.[63)]

(8) 이전목적 부동산취득에 따른 매입세액공제한 후 이전하지 아니한 경우

사업자가 사업장을 이전할 목적이나 사업규모를 확장할 목적으로 다른 장소에 부동산을 취득하면서 기존 사업장에서 매입세액을 공제받았으나 부득이한 사유로 사업장 이전 등을 하지 못하고 새로이 취득한 부동산을 다른 과세사업에 사용하기 위하여 사업자등록(일반과세자로 등록하는 경우에 한함)을 한 경우 기 공제받은 매입세액에는 영향을 미치지 않는다.[64)]

60) 부가46015-944, 1995.05.29
61) 법규부가2012-247, 2012.06.28
62) 부가가치세제과-742, 2010.11.10
63) 부가22601-812, 1985.05.01
64) 상담3팀-3203, 2007.11.28

Ⅲ 직매장 · 하치장 · 임시사업장

1. 직매장

직매장이란 사업자가 자기의 사업과 관련하여 생산 또는 취득한 재화를 직접 판매하기 위하여 특별히 판매시설을 갖춘 장소를 말한다. 이러한 직매장은 판매행위 즉, 재화의 공급행위가 이루어지므로 별개의 사업장으로 보아 여타의 사업장과 같이 사업장별로 세액계산, 세금계산서 발급, 사업자등록 등을 하게 된다. 따라서 사업자가 자기의 사업과 관련하여 생산하거나 취득한 재화를 직접 판매하기 위하여 제조장에서 직매장으로 반출하는 것은 재화의 공급으로 본다. 다만, 주사업장총괄납부 또는 사업자단위과세의 적용을 받는 사업자가 총괄납부 또는 사업자단위과세를 하는 과세기간에 직매장에 반출하는 것은 재화의 공급으로 보지 아니한다.

2. 하치장

(1) 개요

하치장이란 사업자가 재화의 보관·관리시설만을 갖춘 장소를 말한다. 여기에서 재화의 보관·관리시설이라 함은 자기 소유의 시설 또는 타인의 시설을 임차하여 자기의 책임하에 보관·관리하는 것을 말하는 것이므로 보관업을 영위하는 사업자의 보관·관리시설은 하치장이 아니다. 이러한 하치장은 판매행위인 재화의 공급행위가 이루어지지 아니하므로 별개의 사업장으로 보지 아니한다.

이 경우 하치장을 설치한 사업자는 해당 하치장을 둔 날로부터 10일 이내에 다음의 사항을 기재한 하치장설치신고서를 하치장 관할세무서장에게 제출하여야 하며, 신고를 받은 하치장 관할세무서장은 10일 이내에 사업장 관할세무서장에게 통보하여야 한다. 다만, 하치장의 요건을 갖춘 경우에는 하치장설치신고를 하지 아니하여도 이를 사업장으로 보지 아니하는 것임에 유의하여야 한다(부령 9).

① 사업자의 상호·성명(법인의 경우에는 대표자 성명)·주소·사업자등록번호·주민등록번호 및 사업장소재지와 종류 등 인적사항

② 하치장의 설치일자·소재지 및 소속구분 ③ 기타 참고사항

(2) 물류업체로부터 임차한 창고가 사업장에 해당하는지 여부

자동차를 제조하여 판매하는 사업자가 물류업체와 계약에 따라 물류창고를 임차하여 별도의 판매나 제조를 위한 인적·물적시설을 두지 아니하고 해당 물류업체로부터 완성된 자동차에 대한 분해, 포장, 컨테이너 적재 등의 용역을 제공받은 후, 그에 대한 대가로 임차료와 용역대가를 지급

하는 경우, 해당 사업자가 임차한 물류창고는 사업장에 해당하지 아니한다.[65)]

3. 임시사업장

(1) 개요

임시사업장이란 사업장이 있는 사업자가 기존사업장 외에 각종 경기대회·전람회·국제회의 기타 이와 유사한 행사가 개최되는 장소에서 임시로 개설한 사업장을 말한다. 이러한 임시사업장은 기존사업장에 포함되는 것으로 한다(부령 10 ①).

(2) 임시사업장 개설신고

임시사업장을 개설하고자 하는 자는 다음의 내용을 기재한 임시사업장개설신고서를 해당 임시사업장의 사업개시일부터 10일 이내 임시사업장의 관할세무서장에게 제출하여야 한다. 다만, 임시사업장의 설치기간이 10일 이내인 경우에는 임시사업장개설신고를 하지 아니할 수 있다. 한편, 임시사업장개설신고를 받은 세무서장은 임시사업장 설치의 타당성 여부를 확인하여 임시사업장조사확인통지서를 신고접수일로부터 7일이내에 신청인과 기존사업장의 관할세무서장에게 통지하여야 한다(부령 10 ②).

① 사업자의 인적사항 ② 임시사업장의 소재지 ③ 임시사업장의 설치기간 ④ 그 밖의 참고사항

(3) 임시사업장 폐쇄신고

사업자가 임시사업장을 폐쇄한 때에는 그 폐쇄일로부터 10일 이내에 다음의 내용을 기재한 임시사업장폐쇄신고서를 해당 임시사업장의 관할세무서장에게 제출하여야 한다(부령 10 ③).

① 사업자의 인적사항 ② 폐쇄연월일 및 폐쇄사유 ③ 그 밖의 참고사항

(4) 바자회·해수욕장 임시사업장 사례

바자회나 시장조사목적 또는 해수욕장 등에서 재화 또는 용역을 공급하기 위하여 사업장을 임시로 개설한 경우에도 임시사업장으로 신고할 수 있다.[66)]

(5) 임시사업장개설신고서 미제출

사업자가 임시사업장개설신고서를 제출하지 아니하는 때에는 임시사업장으로 보지 아니하는 것이므로 독립된 사업장으로 보아 미등록가산세 등의 가산세를 적용한다.[67)]

---

65) 부가가치세과-1430, 2011.11.18
66) 부가집 6-10-1 ⑤
67) 부가집 6-10-1 ⑥

[별지 제1호서식] (2013. 6. 28. 개정)

홈택스(www.hometax.go.kr)에서도 신청할 수 있습니다.

하치장 설치 신고서

접수번호	접수일	처리기간 즉시

신고인 인적사항	상호(법인명)	사업자등록번호
	성명(대표자)	전화번호
	사업장(주된 사업장) 소재지	
	업태	종목

신고내용

설치 연월일	하치장 소재지	소속 사업장	규모		소유구분		하치할 재화의 품목	연락 전화번호
			대지 면적 (㎡)	건물 면적 (㎡)	자가	타가		

「부가가치세법 시행령」 제9조제1항에 따라 하치장 설치를 신고합니다.

년 월 일

신고인 (서명 또는 인)

세무서장 귀하

첨부서류	없음	수수료 없 음

210mm×297mm[백상지 80g/㎡(재활용품)]

[별지 제2호서식]

홈택스(www.hometax.go.kr)에서도 신청할 수 있습니다.

임시사업장 개설 신고서

접수번호	접수일	처리기간 즉시

신고인 인적사항	상호(법인명)	사업자등록번호
	성명(대표자)	전화번호
	사업장 소재지	
	업태	종목
	총괄 납부 관리번호	

신고내용

임시사업장 명세	임시사업장 소재지					전화번호			
	사업의 종류			개설 연월일	폐쇄 예정일	소유구분		규모		
	업태	종목	업종코드			자가	타가	구조	건물면적 (㎡)	대지면적 (㎡)

임차료 지급명세		소유자명세		
전세금 (보증금)	월세	성명	생년월일	주소
만원	만원			

「부가가치세법 시행령」 제10조제2항에 따라 위와 같이 임시사업장 개설을 신고합니다.

년 월 일

신고인 (서명 또는 인)

세무서장 귀하

신고인 제출서류	사업허가증 사본, 사업등록증 사본 또는 신고확인증 사본(법령에 따른 허가·등록·신고사업인 경우) 중 1부	수수료 없음

210mm×297mm[백상지 80g/㎡(재활용품)]

Ⅳ 주사업장 총괄납부

1. 개요

주사업장 총괄납부라 함은 둘 이상의 사업장이 있는 사업자(사업장이 하나이나 추가로 사업장을 개설하려는 사업자를 포함)가 부가가치세를 사업장마다 납부하지 아니하고 주된 사업장에서 총괄하여 납부할 수 있는 제도를 말한다. 이러한 주사업장 총괄납부는 사업자의 납세편의를 도모하고, 사업장별로 납부세액과 환급세액이 각각 발생하는 경우 사업자의 불필요한 자금부담을 완화시켜주기 위한 제도이다. 또한 주사업장 총괄납부는 납부절차만의 특례이므로 부가가치세의 납부를 제외한 사업자등록·부가가치세의 신고·세금계산서의 발급 및 수령 등은 총괄납부에 불구하고 여전히 각 사업장별로 이행하여야 한다. 한편, 주사업장 총괄납부는 특정 사업자에 속하는 전체 사업장을 대상으로 함을 원칙으로 하되, 일부 사업장만의 총괄납부도 가능하다(부분총괄납부).

2. 효과

(1) 총괄납부

총괄납부라 함은 주된 사업장에서 과세표준과 매출세액 및 매입세액을 총괄하여 계산하는 것이 아니라 각 사업장으로 이를 계산하여 납부세액 또는 환급세액을 통산하여 주된 사업장에서 총괄하여 납부하여야 한다.

(2) 세금계산서 교부

각 사업장에서 교부받은 세금계산서에 의한 부가가치세를 주된 사업장의 매출세액에서 매입세액으로 공제하는 것은 아니다.[68]

[총괄납부의 효력]

① 각 사업장별 납부(환급)세액을 통산하여 주사업장에서 납부(환급) 가능
② 세액의 납부(환급)만 총괄하며, 신고는 각 사업장별로 하여야 함
③ 세금계산서 작성·교부 및 수정신고·경정결정은 각 사업장별로 하여야 함
④ 직매장 반출 등 내부거래는 재화의 공급으로 보지 않음
⑤ 신규사업자 : 신청일이 속하는 과세기간부터 총괄하여 납부(부령 92 ④)
⑥ 계속사업자의 경우 : 총괄납부하려는 해당 과세기간부터 총괄하여 납부(부령 92 ②)

68) 간세 1235-2453, 1977.08.09

참고 총괄납부사업자의 업무별 관할세무서

구분	일반신고·폐업신고·조기환급신고	수정신고·경정청구·기한후신고	경정
신고	각 사업장 관할세무서장	각 사업장 관할세무서장	각 사업장 관할세무서장
납부·환급	주된 사업장 관할세무서장	각 사업장 관할세무서장	각 사업장 관할세무서장

주사업장 총괄납부 적용 사례

서울시에 자동차부품 제조업에 대한 본점사업장을 두고 부산과 광주에 각각 제조공장(지점)을 설치하여 사업을 운영하던 백두(주)가 2012년 6월 10일 총괄납부신청을 한 후 2012년 2기 예정신고 시 각 사업장별 납부(환급)세액은 본점 7,000,000원, 부산지점은 -5,000,000원, 광주지점은 3,000,000원인 경우 부가가치세 신고방법은 다음과 같다.

☛ 백두(주)는 각 사업장 관할세무서장에게 부가가치세 예정신고서를 작성하여 제출하여야 하고, 주사업장(본점) 관할세무서장에게 '사업장별 부가가치세 과세표준 및 납부세액신고명세서'를 제출함과 함께 납부세액 5,000,000원(7,000,000-5,000,000+3,000,000)을 납부하거나 한국은행(그 대리점 포함) 또는 체신관서에 납부하여야 한다.

(3) 재화의 공급의제규정의 적용 배제

사업자에게 둘 이상의 사업장의 있는 경우 사업자가 자기의 사업과 관련하여 생산하거나 취득한 재화를 타인에게 판매할 목적으로 자기의 다른 사업장에 반출하는 경우 재화의 공급(자가공급)으로 보아 부가가치세를 과세하지만, 주사업장총괄납부사업자 또는 사업자단위과세사업자가 총괄납부 또는 사업자단위과세의 적용을 받는 과세기간에 직매장으로 반출하는 것은 이를 재화의 공급으로 보지 아니한다. 다만, 주사업장총괄납부사업자가 세금계산서를 발급하여 관할세무서장에게 신고한 경우에는 그러하지 아니하다(부법 10 ③ 2).

3. 요건

(1) 총괄납부 대상사업자

주사업장에서 부가가치세를 총괄납부 할 수 있는 사업자는 둘 이상의 사업장을 가진 사업자(사업장이 하나이나 추가로 사업장을 개설하려는 사업자를 포함)로서 법인 및 개인을 모두 포함한다.

구분	주된 사업장
법인	본점(주사무소), 지점(분사무소) 중 선택 가능
개인	주사무소만 가능(선택 불가능)

(2) 주사업장

주된 사업장은 법인의 본점(주사무소를 포함한다) 또는 개인의 주사무소로 한다. 다만, 법인의 경우에는 지점(분사무소를 포함한다)을 주된 사업장으로 할 수 있다(부령 92 ①).

4. 총괄납부 적용신청

(1) 계속사업자

주된 사업장에서 총괄하여 납부하려는 자는 그 납부하려는 과세기간 개시 20일 전에 주사업장총괄납부신청서를 주된 사업장의 관할세무서장에게 제출(국세정보통신망에 의한 제출을 포함한다)하여야 한다(부령 92 ②). 따라서 제1기부터 총괄납부를 하고자 하는 경우에는 직전연도 12월 11일까지 신청하여야 하며, 제2기부터 총괄납부를 하고자 하는 경우에는 해당연도 6월 10일까지 신청하여야 한다(부령 92 ②).

(2) 신규사업자 및 추가개설사업자

다음에 해당하는 자가 주된 사업장에서 총괄하여 납부하려는 경우에는 다음에 따른 기한까지 주사업장총괄납부신청서를 주된 사업장의 관할세무서장에게 제출(국세정보통신망에 의한 제출을 포함한다)하여야 한다(부령 92 ③). 또한 주사업장 총괄 납부를 신청한 자는 해당 신청일이 속하는 과세기간부터 총괄하여 납부한다(부령 92 ③,④).

① 신규로 사업을 시작하는 자 : 주된 사업장의 사업자등록증을 받은 날부터 20일 이내

② 사업장이 하나이나 추가로 사업장을 개설하려는 자 : 추가 사업장의 사업개시일로부터 20일 이내(추가 사업장의 사업개시일이 속하는 과세기간 이내로 한정한다)

5. 변경신청

(1) 개요

주된 사업장에서 총괄하여 납부하는 사업자(이하 “주사업장총괄납부사업자”라 한다)는 다음의 사유가 발생한 경우에는 다음의 구분에 따른 관할세무서장에게 사업자의 인적사항·변경사유 등이 적힌 주사업장총괄납부변경신청서를 제출(국세정보통신망에 의한 제출을 포함한다)하여야 한다.

이 경우 ① 및 ③에 따라 신청서를 받은 종된 사업장의 관할세무서장은 주된 사업장의 관할세무서장에게 이를 지체 없이 송부하여야 한다(부령 93 ①).

① 종된 사업장을 신설하는 경우:그 신설하는 종된 사업장 관할세무서장

② 종된 사업장을 주된 사업장으로 변경하고자 하는 경우:주된 사업장으로 변경하고자 하는 사업장 관할세무서장

③ 사업자등록 정정사유에 해당하는 경우:그 정정사유가 발생한 사업장 관할세무서장

④ 일부 종된 사업장을 총괄납부대상 사업장에서 제외하고자 하는 경우:주된 사업장 관할세무서장

⑤ 기존의 사업장을 총괄납부대상 사업장에 추가하고자 하는 경우:주된 사업장 관할세무서장

(2) 변경 효력

주사업장총괄납부 변경신청을 한 경우에는 그 변경신청서를 제출한 날이 속하는 과세기간부터 총괄하여 납부한다. 이 경우 과세기간이란 「부가가치세법」 제3조에 규정한 과세기간을 말하며 변경신청한 날 전에 이미 영세율 등 조기환급신고 또는 예정신고 한 분에 대하여는 총괄납부변경의 효력이 미치지 아니한다. 또한 총괄납부사업자의 주된 사업장 또는 종된 사업장에 등록정정사항이 발생한 경우 변경신청을 하여야 하나 이러한 변경신청을 하지 아니한 경우에는 관할세무서장의 직권취소가 없는 한 해당 총괄납부는 계속 유효하다.[69]

(3) 면세사업장 신설

총괄납부의 승인을 얻은 자가 부가가치세의 납세의무가 없는 면세사업을 영위하기 위한 장소를 신설하는 경우에, 당해 장소는 사업장에 해당하지 아니하므로 주사업장 총괄납부승인의 변경사유에 해당하지 아니한다.[70]

(4) 주사업장 총괄납부자의 일부사업장 총괄납부포기 가능 여부

총괄납부의 승인을 얻은 자가 생산·유통과정상 주·종 사업장 간의 연관관계가 없어 총괄납부가 적당하지 아니한 일부 종사업장을 총괄납부에서 제외하는 주사업장 총괄납부승인의 변경신청을 한 경우에는 신규승인절차를 준용하여 당해 종사업장을 제외하는 총괄납부 변경승인을 할 수 있다.[71]

69) 부가집 51-0-2 ③ ④
70) 부가46015-1740, 2000.07.21
71) 부가46015-1735, 1997.07.26

참 고 총괄납부 변경 사유와 제출 관서

변경사유	변경신청서 제출	비고
① 종된 사업장을 신설	신설하는 종된 사업장 관할세무서장	주사업장 총괄납부 변경신청서를 제출한 날이 속하는 과세기간부터 총괄하여 납부한다.(부령93 ②)
② 종된 사업장을 주된 사업장으로 변경	주된 사업장으로 변경하려는 사업장 관할세무서장	
③ 사업자등록 정정사유 발생(영14 ① 각 호의 정정사유)	정정사유 발생한 사업장 관할세무서장 *법인 대표자 변경은 주사업장 관할세무서장	
④ 일부 종된 사업장을 총괄납부 대상에서 제외	주된 사업장 관할세무서장	
⑤ 기존의 사업장을 총괄납부 대상 사업장에 추가	주된 사업장 관할세무서장	

* 상기 ①, ③에 해당하여 신청서를 받은 종된 사업장의 관할세무서장은 주된 사업장의 관할세무서장에게 그 신청서를 지체 없이 보내야 한다.(부령93 ①)

6. 적용 제외 및 포기

(1) 적용제외

주사업장총괄납부사업자가 다음 중 어느 하나에 해당하는 경우에는 주사업장총괄납부를 적용하지 아니할 수 있다(부령 94 ①).

① 사업내용의 변경으로 총괄납부가 부적당하다고 인정되는 때

② 주된 사업장의 이동이 빈번한 때

③ 기타 사정변경에 의하여 총괄납부가 적당하지 아니하게 된 때

(2) 적용포기

1) 포기신청

주사업장총괄납부사업자가 주사업장에서 총괄납부를 하지 아니하고 각 사업장에서 납부하고자 할 때에는 그 납부하고자 하는 과세기간 개시 20일 전에 다음의 사항을 적은 주사업장총괄납부 포기신고서를 주된 사업장 관할세무서장에게 제출하여야 한다(부령 94 ②). 이 경우 일부 사업장에 대하여만 총괄납부의 포기를 할 수 있다(부분 총괄납부의 포기). 일부 종사업장이 폐업하고 잔여 사업장의 총괄납부를 유지할 경우 「주사업장 총괄납부 변경신청서」를 제출하여야 하고, 모든 종사업장의 폐업으로 총괄납부 포기를 하고자 하는 경우 관할세무서에 총괄납부 전체 포기를 신청하여야 한다(부령 94 ②).

① 사업자의 인적사항

② 총괄납부포기사유

③ 그 밖의 참고사항

2) 통지 및 효력발생

주사업장총괄납부를 적용하지 아니하게 되거나 포기한 경우에 주된 사업장 관할세무서장은 지체 없이 그 내용을 해당 사업자와 주된 사업장 이외의 사업장 관할세무서장에게 통지하여야 한다(부령 94 ③). 이 경우 주사업장총괄납부를 적용하지 아니하게 되거나 포기한 경우에는 그 적용을 하지 아니하게 된 날 또는 포기한 날이 속하는 과세기간의 다음 과세기간부터 각 사업장에서 납부하여야 한다(부령 94 ④). 총괄납부 내용의 변경사항을 신고하지 아니한 경우에도 당초 총괄납부신청을 철회하지 않으면 당초의 총괄납부승인은 유효하다.[72]

(3) 총괄납부사업자의 일부 종된 사업장의 폐지 시

둘 이상의 사업장이 있는 사업자가 그중 한 사업장을 폐지하고 해당 사업장의 재고재화를 다른 사업장으로 이동시키는 경우, 해당 재고재화를 이동시키는 것은 사업장의 이전으로서 재화의 공급에 해당되지 아니하며 부가가치세 과세표준의 신고는 그 신고 당시 사업장 관할세무서장에게 하여야 한다.[73]

7. 수정신고·경정청구 및 기한 후 신고

주사업장 총괄납부를 하는 경우에도 수정신고·경정청구 및 기한 후 신고는 해당 사유가 발생한 사업장의 관할세무서장에게 하여야 하며, 주사업장 관할세무서장에게는 사업장별 부가가치세 과세표준 및 납부(환급)세액신고명세서를 수정하여 제출하여야 한다. 즉 주사업장 총괄납부승인을 받은 사업자가 확정신고를 하지 아니하거나 확정신고의 내용에 오류 또는 탈루가 있는 때에는 각 사업장 소관 세무서장이 과세표준과 납부세액 또는 환급세액을 경정한다.[74]

8. 과세표준 및 세액의 경정

주사업장 총괄납부의 경우에도 각 사업장을 관할하는 세무서장이 과세표준과 세액을 조사하여 경정하고 이를 주사업장 관할세무서장에게 통보하여야 한다.

9. 총괄납부사업자의 신고 관할세무서

총괄납부사업자가 예정 또는 확정신고를 함에 있어 주사업장 관할세무서장에게 종사업장분을 합산

72) 부가46015-142, 1996.01.23
73) 조법1265.2-855, 1984.08.20
74) 부가22601-1984, 1985.10.12

신고하고 종사업장 관할세무서장에게는 신고하지 아니한 경우 종사업장분은 무신고가 된다. 다만, 각 사업장별로 작성한 신고서를 관할세무서장 외의 세무서장에게 제출한 경우에는 무신고로 보지 아니한다.[75]

10. 관련 사례

(1) 총괄납부사업자의 종된 사업장분 조기환급신고와 폐업 시 관련 규정

주사업장 총괄납부사업자가 주사업장 관할세무서에 종사업장 납부(환급)세액을 총괄하여 납부함에 있어서 영세율 등 조기환급신고서와 폐업에 따른 부가가치세확정신고서를 해당 종사업장 관할세무서장에게 제출하고 주사업장 관할세무서장에게는 사업장별 부가가치세 과세표준 및 납부(환급)세액 신고명세서를 제출한 경우 해당 신고에 따른 환급과 납부는 주사업장 관할세무서에서 총괄한다. 다만, 종사업장에 대한 경정사유가 발생한 경우에는 그 사유가 발생한 사업장관할세무서장이 경정고지하고, 조사결과를 주사업장 관할세무서장에게 통지하여야 한다.[76]

(2) 총괄납부사업자의 조기환급신고

주사업장 총괄납부사업자가 조기환급신고를 할 경우에는 주사업장 및 종된 사업장별로 각각 신고를 하여야 하며, 주사업장은 주사업장 및 종된 사업장의 환급세액을 총괄한다.[77] 또한 총괄납부사업자는 영세율 등 조기환급신고 기간에 각 사업장의 납부세액과 환급세액을 차가감하여 계산한 환급세액에 대하여 신고할 수 있다.[78] 그리고 총괄납부사업자는 모든 사업장의 납부세액과 환급세액을 차가감하여 계산한다. 즉, 주된 사업장은 환급세액이 있고 종된 사업장은 납부할 세액이 발생한 경우 조기환급세액은 주된 사업장의 환급세액에서 종된 사업장의 납부세액을 차감하고 계산한다.

(3) 총괄납부사업자의 세금계산서 발급방법

본사와 제조장 등 둘 이상 사업장이 있는 총괄납부 승인을 받은 사업자(주사업장)가 제조장(종사업장)에서 생산 및 보관 중인 재화를 공급하고 공급계약, 발주, 대금수령 등 판매활동을 주사업장에서 전담하며 수송 등의 편의를 위하여 종사업장에서 직접 재화를 인도하고 당해 종사업자에서 주사업장으로 거래명세서를 교부한 경우에는 주사업장에서 거래처에 세금계산서를 교부할 수 있다.[79]

---

75) 부가집 48-90-5
76) 제도46015-11227, 2001.05.22
77) 부가1265-1966, 1981.10.12
78) 부가집 59-107-1 ②
79) 부가-837, 2012.08.01

■ 부가가치세법 시행규칙[별지 제35호서식] <개정 2023. 3. 20.>

홈택스(www.hometax.go.kr)에서도 신청할 수 있습니다.

주사업장 총괄 납부 [ ] 신청서 [ ] 포기신고서

※ [ ]에는 해당하는 곳에 √ 표시를 합니다.

접수번호	접수일	처리기간 즉시

신고(신청)인 인적사항	상호(법인명)	사업자등록번호
	성명(대표자)	전화번호
	사업장(주된 사업장) 소재지	
	업태	종목
	총괄 납부 관리번호	

주사업장 총괄 납부(신청·포기신고)를 하려는 사업장의 내용 및 사유

사업장 소재지	사업의 종류		사업자 등록번호	상호 (법인명)	사업장 관할 세무서
	업태	종목			
(주된 사업장)					

사유	

[ ] 「부가가치세법」 제51조 및 같은 법 시행령 제92조제2항·제3항에 따라 위와 같이 주된 사업장에서 총괄하여 납부할 것을 신청합니다.

[ ] 「부가가치세법 시행령」 제94조제2항에 따라 주된 사업장 총괄 납부를 포기하고 위의 각 사업장에서 부가가치세를 납부할 것을 신고합니다.

년 월 일

신고(신청)인 (서명 또는 인)

세무서장 귀하

첨부서류	없음	수수료 없음

작 성 방 법
1. 주사업장 총괄 납부를 신청하거나 이미 총괄 납부를 신청한 사업장의 총괄 납부 포기를 신고하는 경우에 작성합니다. 2. 해당되는 신청(신고)사항에 [√]표시하고 해당 사항을 적은 후 작성일자와 신청인(신고인)란에 서명 또는 날인하여 제출합니다.

210mm×297mm[백상지 80g/㎡(재활용품)]

[별지 제36호서식]

홈택스(www.hometax.go.kr)에서도 신청할 수 있습니다.

주사업장 총괄 납부 변경신청서

접수번호	접수일	처리기간 즉시

신청인 인적사항		
	상호(법인명)	사업자등록번호
	성명(대표자)	전화번호
	사업장(주된 사업장) 소재지	
	업태	종목
	총괄 납부 관리번호	

신청내용

변경사유		사업장 소재지	사업의 종류		사업자등록번호	상호 (법인명)	대표자
			업태	종목			
사업장 신설							
기존 사업장 추가							
일부 사업장 제외							
주된 사업장 변경사항	당초						
	정정						
사업자등록 변경사항	당초						
	정정						
	당초						
	정정						

「부가가치세법 시행령」 제93조에 따라 주사업장 총괄 납부의 변경을 신청합니다.

년 월 일

신청인 (서명 또는 인)

세무서장 귀하

첨부서류	없음	수수료 없음

210mm×297mm[백상지 80g/㎡(재활용품)]

[별지 제34호서식]

홈택스(www.hometax.go.kr)에서도 신청할 수 있습니다.

사업장별 부가가치세 과세표준 및 납부세액(환급세액) 신고명세서

신고기간 :　　년　제　기 (　월　일 ~　월　일)　총괄 납부 관리번호 : □□□□□□□

사업장		매출세액				매입세액				가산세	공제세액	납부세액 (환급세액)	내부거래 (판매목적)		비고
소재지	사업자등록번호	구분	과세표준	세율	세액	구분	과세표준	세율	세액				반출액	반입액	
		과 세		( ) / 100		과 세		( ) / 100							
		영세율		( ) / 100		의제등		( ) / 100							
		과 세		( ) / 100		과 세		( ) / 100							
		영세율		( ) / 100		의제등		( ) / 100							
		과 세		( ) / 100		과 세		( ) / 100							
		영세율		( ) / 100		의제등		( ) / 100							
		과 세		( ) / 100		과 세		( ) / 100							
		영세율		( ) / 100		의제등		( ) / 100							
		과 세		( ) / 100		과 세		( ) / 100							
		영세율		( ) / 100		의제등		( ) / 100							
합 계		과 세		( ) / 100		과 세		( ) / 100							
		영세율		0 / 100		의제등		0 / 100							

297㎜×210㎜[백상지 80g/㎡(재활용품)]

V 사업자단위과세제도

1. 개요

사업자단위과세제도란 둘 이상의 사업장이 있는 사업자가 사업자단위로 본점 또는 주사무소 관할세무서장에게 등록한 경우 사업자등록, 세금계산서 발급, 부가가치세 신고·납부, 경정 등의 납세의무를 본점 또는 주사무소에서 이행하는 것을 말한다. 사업자단위과세제도는 2010. 1. 1. 이후 전산시스템과(ERP) 설치 여부와 관계없이 신청 가능하다(요건·승인규정 삭제).

2. 효과

(1) 사업자등록 등 납세의무의 이행

사업자단위과세제도의 적용을 받는 사업자는 모든 지점 사업장은 사업자등록을 하지 아니하며, 세금계산서 비고란에 재화나 용역을 공급하거나 공급받는 사업장의 소재지 및 상호를 기재하여야 한다. 또한 사업자등록·세금계산서 및 영수증의 발급, 부가가치세의 신고와 납부 및 환급 등 모든 납세의무의 이행을 사업자단위과세적용사업장에서 사업자단위로 할 수 있다.

(2) 결정 등 과세권의 행사

사업자단위과세적용을 받는 사업자의 부가가치세 결정 및 경정은 물론 부가가치세를 징수하는 등의 모든 과세권은 사업자단위과세적용사업장 관할세무서장이 이를 행사한다.

(3) 직매장 반출에 따른 자가공급의 적용배제

본래 직매장반출은 재화의 공급(자가공급)에 해당하는 것이나, 사업자단위과세제도의 적용을 받는 사업자가 사업자단위과세를 적용하는 과세기간에 반출하는 것은 재화의 공급으로 보지 아니한다.

사업자단위과세사업자 적용 사례

서울시에 본점사업장을 두고 용인, 수원, 대전에 각각 직매장을 설치하여 2013년부터 의류제조업을 운영하던 인왕(주)가 2014년 6월 9일 사업자단위과세 등록신청서를 본점사업장 관할세무서장에게 제출하여 2014년 제2기부터 사업자단위과세를 적용받게 되었다. 이 경우 각 유형별 납세의무 이행방법은 다음과 같다.

- 정기신고·납부(예정·확정·조기), 수정신고, 경정청구, 결정·경정:주사업장 관할세무서장 소관
- 세금계산서 발급:본점의 인적사항을 적어 발급하되, 비고란에 종된 사업장의 상호와 소재지를 적어 발급

3. 요건

(1) 법인사업자

법인인 사업자의 경우에는 본점(주사무소 포함)을 사업자단위과세적용사업장으로 한다. 따라서 주사업장 총괄납부와 달리 지점이나 분사무소는 사업자단위과세적용사업장이 될 수 없다.

(2) 개인사업자

개인인 사업자는 주사무소만을 사업자단위과세적용사업장으로 한다.

(3) 공동사업자의 경우에도 사업자단위과세제도 적용

두 명 이상의 개인이 하나의 손익분배 비율로 둘 이상의 사업장에서 사업을 공동으로 경영하는 경우, 사업자단위로 주사무소 관할세무서장에게 등록할 수 있다.[80)]

(4) 대표자가 동일한 수 개의 법인에 대한 사업자단위과세 적용 여부

사업자가 수 개의 사업장을 가진 경우 각 사업장별로 사업자등록을 하거나 사업자단위 과세 사업자로 등록 또는 변경할 수 있으나, 대표자가 동일한 수 개의 등기된 법인은 사업자단위 과세를 적용할 수 없다. 즉, 여러 개의 본점 법인을 하나의 사업자단위로 할 수 없다.[81)]

(5) 개별소비세 납세의무가 있는 사업자에 대한 사업자단위과세 적용

2015.1.1. 이후 개별소비세법 제21조 제2항, 제3항 또는 교통·에너지·환경세법 제18조 제3항, 제4항에 따른 사업자단위 과세사업자 신고를 한 경우에는 부가가치세법에 따른 사업자단위 과세사업자 등록신청 또는 변경신청을 한 것으로 본다(부법 83).

4. 등록신청

(1) 신규사업자

신규로 사업을 시작하려는 사업자가 둘 이상의 사업장이 있는 경우에는 사업자단위로 등록할 수 있으며, 이 경우 사업개시일부터 20일 이내에 본점 또는 주사무소(이하 "사업자단위과세적용사업장"이라 함)에 대하여 사업자등록신청서를 본점 또는 주사무소 세무서장(관할 또는 그 밖의 모든 세무서장을 말함)에게 제출(국세정보통신망에 의한 제출 포함)하여야 한다. 이 경우 일부 사업장만 신청 불가하고, 사업자단위과세적용사업장에 한 개의 등록번호를 부여한다.

80) 부가-371, 2012.04.04
81) 서면2015부가-1722, 2016.04.04

(2) 기존 사업자

이미 등록한 기존 사업자가 사업자단위로 등록하려는 경우 사업자단위과세사업자로 적용받으려는 과세기간 개시 20일 전까지 사업자단위과세 등록신청서를 본점 또는 주사무소 세무서장(관할 또는 그 밖의 모든 세무서장을 말함)에게 제출(국세정보통신망에 의한 제출 포함)하여야 한다(부법 8 ③).

5. 변경등록신청

사업장이 하나인 사업자가 추가로 사업장을 개설하면서 추가 사업장의 사업개시일이 속하는 과세기간부터 사업자단위과세사업자로 적용받으려는 경우에는 추가 사업장의 사업개시일부터 20일 이내(추가 사업장의 사업개시일이 속하는 과세기간 이내로 한정한다)에 사업자의 본점 또는 주사무소 관할세무서장에게 변경등록을 신청하여야 한다(부법 8 ⑤).

6. 둘 이상의 사업장을 둔 간이과세자의 사업자단위과세 적용방법[82)]

(1) 본점·주사무소

둘 이상의 간이과세 사업장을 가지고 있는 사업자가 사업자단위과세사업자로 등록한 경우, 본점 또는 주사무소는 신고·납부와 관련하여 각 사업장으로 보는 것이므로 간이과세 적용대상 여부는 모든 사업장의 수입금액을 통산하여 판단하고, 과세유형전환은 사업자단위로 등록한 날이 속하는 과세기간의 다음 과세기간부터 적용한다.

(2) 간이과세 적용 및 납부의무 면제 여부 판단 기준

사업자단위과세제도는 신고·납부와 관련하여 본점 또는 주사무소를 각 사업장으로 보며, 개인사업자의 간이과세 적용 및 납부의무 면제 여부는 주된 사업장과 종된 사업장의 공급대가를 통산하여 판단한다.

(3) 일반과세적용대상 사업장과 간이과세 사업장을 동시에 운영하는 경우

일반과세가 적용되는 사업장과 「조세특례제한법」 제106조 제5항에 따른 업종(개인택시 운송업, 용달 및 개별 화물자동차운송업, 도로화물운송업, 이·미용업)을 운영하는 사업장을 둔 개인사업자가 사업자단위과세제도를 적용받고자 하는 경우에는 모든 사업장에 대하여 일반과세제도가 적용된다.

---

82) 부가집 8-0-3

(4) 미등록가산세 적용 여부

사업자단위과세사업자의 종된 사업장에 대한 정정신고를 이행하지 아니한 경우 미등록가산세는 적용되지 아니한다.

7. 포기

사업자단위과세사업자가 각 사업장별로 신고·납부하거나 주사업장총괄납부를 하려는 경우에는 그 납부하려는 과세기간이 시작하기 20일 전에 사업자단위과세포기신고서를 사업자단위과세적용사업장 관할세무서장에게 제출하여야 한다(부령 17 ①). 사업자단위과세적용사업장 관할세무서장은 사업자단위과세포기신고서의 처리결과를 지체 없이 해당 사업자와 종된 사업장의 관할세무서장에게 통지하여야 한다(부령 17 ②). 사업자단위과세를 포기한 경우에는 그 포기한 날이 속하는 과세기간의 다음 과세기간부터 사업자단위과세포기신고서에 적은 내용에 따라 각 사업장별로 신고·납부하거나 주사업장총괄납부를 하여야 한다(부령 17 ③).

참 고 사업장단위 VS. 주사업장 총괄납부 VS. 사업자단위 과세제도

구분	사업장단위	주사업장 총괄납부	사업자단위 과세제도
1 사업자등록	사업장별	사업장별	사업자단위
2 세금계산서 발급 등	사업장별	사업장별	사업자단위
3 신고	사업장별	사업장별	사업자단위
4 납부 또는 환급	사업장별	주사업장에서 총괄	사업자단위
5 결정·경정·징수	사업장별	사업장별	사업자단위

8. 사업자단위과세 제도와 관련된 사항

(1) 사업자등록번호 직권말소

계속사업자의 사업자단위과세 적용 시 종된 사업장의 사업자등록번호는 사업자단위과세 적용일 전일자로 자동 직권말소된다. ☞ 종사업장은 사업자등록증 부표인 「사업자단위과세 적용 종된 사업장 명세」에 종사업장 일련번호가 4자리 숫자로 부여되어 추가로 발급된다(부칙9 ④).

(2) 수정신고·경정청구 및 과세자료 처리

수정신고·경정청구 및 과세자료 처리는 주사업장에서 하며, 사업자단위과세 적용 이전분은 사업

자단위과세 적용 전 사업장 관할세무서에서 한다.

(3) 확정일자

1) 원칙

확정일자는 주사무소 관할세무서장이 종된 사업장의 임대차에 대하여 각각 확정일자를 부여한다.

2) 종된 사업장 관련 민원증명

① 종된 사업장의 사업자등록 내용 및 휴·폐업에 대하여는 전산 발급함

② 기타 종사업장의 사업자등록 이력에 대하여는 종 사업장 관할세무서에서 "사실증명원"으로 증명발급

③ 순수한 면세사업자는 사업자단위과세 대상이 아니며 과·면세 겸업자는 가능함

[별지 제5호서식] (2021. 3. 16. 개정)

사업자 단위 과세 등록신청서
(기존사업자용)

접수번호	접수일	처리기간 2일(보정기간은 산입하지 않음)

신청인 인적사항	상호(법인명)	사업자등록번호
	성명(대표자)	전화번호
	사업장(주된 사업장) 소재지	
	업태	종목

사업자 단위 과세 적용 사업장 개수		사업자 단위 과세 적용 과세기간	. . 부터

신청내용

구분	일련번호	사업자 등록번호	사업의 종류		사업장 소재지	상호 (법인명)	사업장 관할 세무서
			업태	종목			
본점 또는 주사무소	0000						
종된 사업장	0001						
	0002						
	0003						
	0004						
	0005						

신청 사유	

「부가가치세법」 제8조제4항·제5항 및 같은 법 시행령 제11조제2항·제3항에 따라 위와 같이 사업자 단위 과세 등록을 신청합니다.

년 월 일

신청인 (서명 또는 인)

세무서장 귀하

신청인 제출서류	신설되는 종된 사업장이 있는 경우에는 사업자 단위 과세 사업자의 종된 사업장 명세서 1부	수수료
담당 공무원 확인사항	주사무소 및 종된 사업장의 사업자등록증	없음

행정정보 공동이용 동의서

본인은 이 건 업무처리와 관련하여 담당 공무원이 「전자정부법」 제36조에 따른 행정정보의 공동이용을 통하여 위의 담당 공무원 확인 사항을 확인하는 것에 동의합니다. *동의하지 않는 경우에는 신청인이 직접 관련 서류를 제출해야 합니다.

신청인 (서명 또는 인)

210mm×297mm[백상지 80g/㎡(재활용품)]

[별지 제4호서식 부표 2] (2021. 3. 16. 개정)

사업자 단위 과세 사업자의 종된 사업장 명세서(개인사업자용)

※ [ ]에는 해당되는 곳에 √표를 합니다.

<table>
<tr><td rowspan="6">종된 사업장 일련번호
( )</td><td colspan="2" rowspan="2">상 호</td><td colspan="2" rowspan="2">사업장 소재지</td><td rowspan="2">종된 사업장 개설일</td><td rowspan="3">업종</td><td>주업태</td><td>주종목</td><td>업종코드</td></tr>
<tr><td></td><td></td><td></td></tr>
<tr><td colspan="2"></td><td colspan="2">층 호</td><td></td><td>부업태

</td><td>부종목

</td><td>업종코드

</td></tr>
<tr><td rowspan="2">확정일자 신청</td><td rowspan="2">도면 첨부</td><td rowspan="2">자가 면적</td><td rowspan="2">타가 면적</td><td colspan="3">사업장을 빌려준 사람 (임대인)</td><td colspan="3">임대차명세</td></tr>
<tr><td>성명
(법인명)</td><td>사업자
등록번호</td><td>주민(법인)
등록번호</td><td>임대차
계약기간</td><td>(전세)
보증금</td><td>월세</td></tr>
<tr><td>여[ ]
부[ ]</td><td>여[ ]
부[ ]</td><td>㎡</td><td>㎡</td><td></td><td></td><td></td><td></td><td>원</td><td>원</td></tr>
</table>

<table>
<tr><td rowspan="6">종된 사업장 일련번호
( )</td><td colspan="2" rowspan="2">상 호</td><td colspan="2" rowspan="2">사업장 소재지</td><td rowspan="2">종된 사업장 개설일</td><td rowspan="3">업종</td><td>주업태</td><td>주종목</td><td>업종코드</td></tr>
<tr><td></td><td></td><td></td></tr>
<tr><td colspan="2"></td><td colspan="2">층 호</td><td></td><td>부업태

</td><td>부종목

</td><td>업종코드

</td></tr>
<tr><td rowspan="2">확정일자 신청</td><td rowspan="2">도면 첨부</td><td rowspan="2">자가 면적</td><td rowspan="2">타가 면적</td><td colspan="3">사업장을 빌려준 사람 (임대인)</td><td colspan="3">임대차명세</td></tr>
<tr><td>성명
(법인명)</td><td>사업자
등록번호</td><td>주민(법인)
등록번호</td><td>임대차
계약기간</td><td>(전세)
보증금</td><td>월세</td></tr>
<tr><td>여[ ]
부[ ]</td><td>여[ ]
부[ ]</td><td>㎡</td><td>㎡</td><td></td><td></td><td></td><td></td><td>원</td><td>원</td></tr>
</table>

<table>
<tr><td rowspan="6">종된 사업장 일련번호
( )</td><td colspan="2" rowspan="2">상 호</td><td colspan="2" rowspan="2">사업장 소재지</td><td rowspan="2">종된 사업장 개설일</td><td rowspan="3">업종</td><td>주업태</td><td>주종목</td><td>업종코드</td></tr>
<tr><td></td><td></td><td></td></tr>
<tr><td colspan="2"></td><td colspan="2">층 호</td><td></td><td>부업태

</td><td>부종목

</td><td>업종코드

</td></tr>
<tr><td rowspan="2">확정일자 신청</td><td rowspan="2">도면 첨부</td><td rowspan="2">자가 면적</td><td rowspan="2">타가 면적</td><td colspan="3">사업장을 빌려준 사람 (임대인)</td><td colspan="3">임대차명세</td></tr>
<tr><td>성명
(법인명)</td><td>사업자
등록번호</td><td>주민(법인)
등록번호</td><td>임대차
계약기간</td><td>(전세)
보증금</td><td>월세</td></tr>
<tr><td>여[ ]
부[ ]</td><td>여[ ]
부[ ]</td><td>㎡</td><td>㎡</td><td></td><td></td><td></td><td></td><td>원</td><td>원</td></tr>
</table>

<table>
<tr><td rowspan="6">종된 사업장 일련번호
( )</td><td colspan="2" rowspan="2">상 호</td><td colspan="2" rowspan="2">사업장 소재지</td><td rowspan="2">종된 사업장 개설일</td><td rowspan="3">업종</td><td>주업태</td><td>주종목</td><td>업종코드</td></tr>
<tr><td></td><td></td><td></td></tr>
<tr><td colspan="2"></td><td colspan="2">층 호</td><td></td><td>부업태

</td><td>부종목

</td><td>업종코드

</td></tr>
<tr><td rowspan="2">확정일자 신청</td><td rowspan="2">도면 첨부</td><td rowspan="2">자가 면적</td><td rowspan="2">타가 면적</td><td colspan="3">사업장을 빌려준 사람 (임대인)</td><td colspan="3">임대차명세</td></tr>
<tr><td>성명
(법인명)</td><td>사업자
등록번호</td><td>주민(법인)
등록번호</td><td>임대차
계약기간</td><td>(전세)
보증금</td><td>월세</td></tr>
<tr><td>여[ ]
부[ ]</td><td>여[ ]
부[ ]</td><td>㎡</td><td>㎡</td><td></td><td></td><td></td><td></td><td>원</td><td>원</td></tr>
</table>

<table>
<tr><td rowspan="6">종된 사업장 일련번호
( )</td><td colspan="2" rowspan="2">상 호</td><td colspan="2" rowspan="2">사업장 소재지</td><td rowspan="2">종된 사업장 개설일</td><td rowspan="3">업종</td><td>주업태</td><td>주종목</td><td>업종코드</td></tr>
<tr><td></td><td></td><td></td></tr>
<tr><td colspan="2"></td><td colspan="2">층 호</td><td></td><td>부업태

</td><td>부종목

</td><td>업종코드

</td></tr>
<tr><td rowspan="2">확정일자 신청</td><td rowspan="2">도면 첨부</td><td rowspan="2">자가 면적</td><td rowspan="2">타가 면적</td><td colspan="3">사업장을 빌려준 사람 (임대인)</td><td colspan="3">임대차명세</td></tr>
<tr><td>성명
(법인명)</td><td>사업자
등록번호</td><td>주민(법인)
등록번호</td><td>임대차
계약기간</td><td>(전세)
보증금</td><td>월세</td></tr>
<tr><td>여[ ]
부[ ]</td><td>여[ ]
부[ ]</td><td>㎡</td><td>㎡</td><td></td><td></td><td></td><td></td><td>원</td><td>원</td></tr>
</table>

210㎜×297㎜[백상지(80g/㎡) 또는 중질지(80g/㎡)]

[별지 제4호서식 부표 3] (2021. 3. 16. 개정)

사업자 단위 과세 사업자의 종된 사업장 명세서(법인사업자용)

※ [ ]에는 해당되는 곳에 √표를 합니다.

종된 사업장 일련번호	상 호	대표자 성명	대표자 주민등록번호	사업장 소재지	종된 사업장 개설일	업종	주업태	주종목	업종코드
( )									
							부업태	부종목	업종코드
				층 호					

확정일자 신청	도면 첨부	자가 면적	타가 면적	사업장을 빌려준 사람 (임대인)			임대차명세		
				성명 (법인명)	사업자 등록번호	주민(법인) 등록번호	임대차 계약기간	(전세) 보증금	월세
여[ ] 부[ ]	여[ ] 부[ ]	㎡	㎡					원	원

종된 사업장 일련번호	상 호	대표자 성명	대표자 주민등록번호	사업장 소재지	종된 사업장 개설일	업종	주업태	주종목	업종코드
( )									
							부업태	부종목	업종코드
				층 호					

확정일자 신청	도면 첨부	자가 면적	타가 면적	사업장을 빌려준 사람 (임대인)			임대차명세		
				성명 (법인명)	사업자 등록번호	주민(법인) 등록번호	임대차 계약기간	(전세) 보증금	월세
여[ ] 부[ ]	여[ ] 부[ ]	㎡	㎡					원	원

종된 사업장 일련번호	상 호	대표자 성명	대표자 주민등록번호	사업장 소재지	종된 사업장 개설일	업종	주업태	주종목	업종코드
( )									
							부업태	부종목	업종코드
				층 호					

확정일자 신청	도면 첨부	자가 면적	타가 면적	사업장을 빌려준 사람 (임대인)			임대차명세		
				성명 (법인명)	사업자 등록번호	주민(법인) 등록번호	임대차 계약기간	(전세) 보증금	월세
여[ ] 부[ ]	여[ ] 부[ ]	㎡	㎡					원	원

종된 사업장 일련번호	상 호	대표자 성명	대표자 주민등록번호	사업장 소재지	종된 사업장 개설일	업종	주업태	주종목	업종코드
( )									
							부업태	부종목	업종코드
				층 호					

확정일자 신청	도면 첨부	자가 면적	타가 면적	사업장을 빌려준 사람 (임대인)			임대차명세		
				성명 (법인명)	사업자 등록번호	주민(법인) 등록번호	임대차 계약기간	(전세) 보증금	월세
여[ ] 부[ ]	여[ ] 부[ ]	㎡	㎡					원	원

종된 사업장 일련번호	상 호	대표자 성명	대표자 주민등록번호	사업장 소재지	종된 사업장 개설일	업종	주업태	주종목	업종코드
( )									
							부업태	부종목	업종코드
				층 호					

확정일자 신청	도면 첨부	자가 면적	타가 면적	사업장을 빌려준 사람 (임대인)			임대차명세		
				성명 (법인명)	사업자 등록번호	주민(법인) 등록번호	임대차 계약기간	(전세) 보증금	월세
여[ ] 부[ ]	여[ ] 부[ ]	㎡	㎡					원	원

210㎜×297㎜[백상지(80g/㎡) 또는 중질지(80g/㎡)]

제7절 사업자등록

I 개요

1. 사업자등록의 개념

사업자등록이란 「부가가치세법」상 납세의무자인 사업자의 인적사항과 사업사실 등 과세자료를 파악하는 데 적합한 사항을 신고하여 관할세무서의 대장에 등재하게 함과 동시에 사업자등록번호를 부여하는 제도를 말한다. 이는 과세관청이 납세의무자의 현황을 정확히 파악하는 등 과세행정상의 편의를 도모하면서 사업자 상호 간의 거래에 대한 검증을 통하여 조세포탈을 방지하기 위해 「부가가치세법」에 규정한 협력의무에 해당하는 것으로서, 법령에 규정된 상대적 금지를 해제하여 적법하게 사업을 영위할 수 있도록 허용하는 절차인 허가 또는 면허와는 다른 것이다.

2. 사업자등록의 효력

사업자등록이란 과세 업무의 효율적인 운영을 위하여 납세의무자의 사업에 관한 일련의 사항을 세무관서의 공부에 등재하여 납세의무자의 파악 등 과세자료의 양성화를 위한 것일 뿐 사업자등록증의 교부가 사업을 허용하거나 사업경영을 할 권리를 인정하는 것은 아니며, 사업자등록신청 및 사업자등록증 교부는 관할세무서장이 조사한 사실에 따라 실지 내용대로 교부할 수 있다.[83)]

3. 유의점

「부가가치세법」은 모든 사업장을 납세지로 하는 사업장과세원칙을 채택하고 있으므로 사업자는 각각의 사업장마다 사업자등록을 이행하여야 한다. 한편, 「부가가치세법」상 사업자등록은 부가가치세가 과세되는 재화 또는 용역을 공급하는 사업자에게만 적용되는 규정이므로 부가가치세가 과세되지 아니하는 면세대상 재화 또는 용역을 공급하는 자의 경우에는 「부가가치세법」이 아닌 「법인세법」 또는 「소득세법」의 규정에 의하여 사업자등록을 하여야 한다.

83) 서면상담3팀-2954, 2006.11.30

참 고 **사업자등록의 불이행 시 불이익**

사업자등록을 하지 아니하는 경우에는 다음과 같은 불이익이 적용된다.

종류	불이익 내용
사업자등록 전 매입세액 불공제	등록신청일 이전의 매입세액(공급시기가 속하는 과세기간이 끝난 후 20일 이내에 등록을 신청한 경우 등록신청일부터 공급시기가 속하는 과세기간 기산일까지 역산한 기간 내의 것은 제외) 불공제
미등록가산세 부과	사업개시일로부터 20일 이내에 사업자등록신청을 하지 아니한 경우에는 공급가액의 1% 상당액을 가산세로 부과

Ⅱ 사업자등록의 절차

1. 등록신청

(1) 원칙

1) 개요

사업자는 사업장마다 사업개시일부터 20일 이내에 사업장 관할세무서장에게 등록하여야 한다. 다만, 신규로 사업을 시작하려는 자는 사업개시일 이전이라도 사업자등록을 신청할 수 있다(부법 8 ①).

2) 사업개시일의 범위

신규로 사업을 개시한 자의 사업개시일은 다음과 같다. 다만, 해당 사업이 법령 개정 등으로 면세사업에서 과세사업으로 전환되는 경우에는 그 과세 전환일을 사업개시일로 한다(부령 6).[84]

① 제조업: 제조장별로 재화의 제조를 개시하는 날

② 광업: 사업장별로 광물의 채취·채광을 개시하는 날

③ 제조업과 광업 외의 사업:재화 또는 용역의 공급을 시작하는 날

④ 법령 개정 등으로 면세사업에서 과세사업으로 전환되는 경우:그 과세 전환일

⑤ 부동산임대업은 해당 임대용역의 공급을 개시하는 날이므로 전세금 또는 임대보증금의 과세표준 계산 시 기산일은 그 임대용역의 공급을 개시하는 날이 된다.

⑥ 사업규모를 확장하기 위하여 기존사업장 외의 다른 장소에 있는 사업장을 양수하였을 경우 동 사업장의 개시일은 양수인이 사업장별로 사업을 양수하여 사업을 시작하는 날이 된다.

84) 부가집 5-6-1

⑦ 상가관리용역은 용역공급을 개시한 날[85]

⑧ 주택신축판매업의 사업개시일은 재화의 공급을 개시하는 날이며, 이 날은 「부가가치세법」 제16조 제1항 및 같은 법 시행령 제29조에 따른 공급시기를 말한다.[86]

(2) 특례

1) 타 관할 접수

사업자는 사업자등록의 신청을 사업장 관할세무서장이 아닌 다른 세무서장에게도 할 수 있다. 이 경우 사업장 관할세무서장에게 사업자등록을 신청한 것으로 본다(부법 8 ②).

2) 사업장이 둘 이상인 사업자의 사업자등록

사업장이 둘 이상인 사업자(사업장이 하나이나 추가로 사업장을 개설하려는 사업자를 포함)는 사업자단위로 해당 사업자의 본점 또는 주사무소 관할세무서장에게 등록을 신청할 수 있다. 이 경우 등록한 사업자를 사업자단위과세사업자라 한다(부법 8 ③).

3) 사업자단위과세사업자 사업자등록

사업장단위로 등록한 사업자가 사업자단위과세사업자로 변경하려면 사업자단위과세사업자로 적용받으려는 과세기간 개시 20일 전까지 사업자의 본점 또는 주사무소 관할세무서장에게 변경등록을 신청하여야 한다. 사업자단위과세사업자가 사업장단위로 등록을 하려는 경우에도 또한 같다(부법 8 ④). 또한 사업장이 하나인 사업자가 추가로 사업장을 개설하면서 추가 사업장의 사업개시일이 속하는 과세기간부터 사업자단위과세사업자로 적용받으려는 경우에는 추가 사업장의 사업개시일부터 20일 이내(추가 사업장의 사업개시일이 속하는 과세기간 이내로 한정한다)에 사업자의 본점 또는 주사무소 관할세무서장에게 변경등록을 신청하여야 한다(부법 8 ⑤).

4) 신탁계약이 성립된 경우

수탁자가 납세의무자가 되는 경우 수탁자(공동수탁자가 있는 경우 대표수탁자를 말한다)는 해당 신탁재산을 사업장으로 보아 사업자등록을 신청하여야 한다(부법 8 ⑥). 이 경우 사업장은 해당 신탁재산의 등기부상 소재지 또는 그 사업에 관한 업무를 총괄하는 장소를 사업장으로 한다(부령 8 ⑦). 이 경우 수탁자가 법 제8조 제6항에 따라 사업자등록을 신청하는 경우로서 다음 각 호의 요건을 모두 갖춘 경우에는 둘 이상의 신탁재산을 하나의 사업장으로 보아 신탁사업에 관한 업무를 총괄하는 장소를 관할하는 세무서장에게 사업자등록을 신청할 수 있다(부령 11 ⑪).

① 수탁자가 하나 또는 둘 이상의 위탁자와 둘 이상의 신탁계약을 체결하였을 것

② 신탁계약이 다음의 어느 하나에 해당할 것

85) 부가22601-2412, 1986.12.02

86) 기획재정부 부가-614, 2011.10.05

㉠ 수탁자가 위탁자로부터 「자본시장과 금융투자업에 관한 법률」의 재산을 위탁자의 채무이행을 담보하기 위해 수탁으로 운용하는 내용으로 체결되는 신탁계약

㉡ 「자본시장과 금융투자업에 관한 법률」에 따른 신탁업자가 재산을 수탁하여 운용하는 신탁계약

㉢ 「저작권법」에 따른 저작권신탁관리업을 영위하는 자가 권리를 수탁하여 운용하는 신탁계약

㉣ 「기술의 이전 및 사업화 촉진에 관한 법률」에 따른 기술신탁관리업을 영위하는 자가 기술과 그 사용에 관한 권리를 수탁하여 운용하는 신탁계약

5) 부동산 담보신탁계약 체결 시 사업자등록 특례

수탁자가 위탁자로부터 「가본시장과 금융투자업에 관한 법률」 제103조 제1항 제5호 또는 제6호의 재산을 위탁자의 채무이행을 담보하기 위하여 수탁으로 운용하는 내용으로 신탁계약(이하 "부동산 담보신탁계약"이라 한다)을 체결한 경우에는 다수의 부동산 담보신탁계약의 신탁재산을 대표하여 하나의 사업자등록을 할 수 있다(부령 11 ⑬).

(3) 부동산임대업의 사업자등록 실무

1) 연접한 장소의 사업자등록

① 법정동이 다른 연접한 건물을 임대 시 사업자등록 여부

부동산임대업을 영위하고 있는 사업자가 법정동이 다른 연접한 장소에 소재하는 건물을 새로이 부동산임대사업에 공하는 경우 그 건물의 등기부상의 소재지를 사업장으로 하여 사업자등록을 한다.[87)]

② 사업장을 통합하는 경우 부가가치세 과세 여부

연접한 상가를 분양받아 각 호수별로 부동산임대업으로 사업자등록을 하고 건물분에 대한 매입세액을 각각 공제(환급)받은 사업자가 어느 한 사업장을 폐지하고 1개의 사업장으로 통합하여 부동산임대업을 계속 영위하고자 하는 경우에는 사업자등록정정신고를 하는 것이며, 이 경우 폐지한 사업장의 사업용 건물은 사업양도로 보아 재화의 공급에 해당하지 아니한다.[88)]

③ 한 개의 사업자등록으로 2개 이상 임대업을 영위하다 1개 사업장 양도 시 사업양도 해당 여부

하나의 사업자등록번호로 2개 이상의 사업장에서 부동산임대업을 영위하다가 그중 하나의 사업장에 관한 모든 권리와 의무를 포괄적으로 승계시키는 경우에는 재화의 공급으로 보지 아니하는 사업의 양도에 해당한다.[89)]

④ 부동산임대업과 판매업을 영위하는 경우 사업자등록방법

복합건물 내의 상가를 층별 또는 동일 층으로 2개 이상 분양받아 부동산임대업 또는 판매업

---

87) 재소비-249, 2004.03.05
88) 서면3팀-246, 2005.02.19
89) 서면3팀-843, 2008.04.29

을 영위하는 경우에는 상가 호수별로 사업자등록을 한다.[90]

2) 부동산임대업의 지분별 사업자등록 여부 등

부가가치세는 사업장마다 납부하여야 하는 것이며, 부동산임대업에 있어서는 그 부동산의 등기부상의 소재지를 사업장으로 하는 것이므로 당해 사업장(부동산의 등기부상의 소재지)별로 사업자등록을 하여야 한다.[91]

3) 지점의 부동산임대업 사업자등록

법인사업자가 본점 이외의 장소에서 부동산임대업을 영위하고자 하는 경우에는 당해 부동산의 등기부상의 소재지를 사업장으로 하여 사업자등록을 하여야 한다.[92]

4) 부동산임대업과 부동산전대업의 사업장

부동산임대업에 있어서는 그 부동산의 등기부상의 소재지를 사업장으로 하는 것이며, 부동산상의 권리만을 대여하는 부동산전대업의 사업장은 그 사업에 관한 업무를 총괄하는 장소로 한다.[93]

2. 신청서의 제출 및 발급

(1) 신청서의 제출

1) 개요

사업자등록 신청서에는 다음의 서류를 첨부하여야 하며 사업자등록을 신청하는 자가 미성년자인 경우에는 법정대리인의 동의를 확인할 수 있는 기획재정부령으로 정하는 서류를 추가하여 제출하여야 한다. 다만, 신규사업자의 경우에 해당 법인의 설립등기 전 또는 사업의 허가·등록이나 신고 전에 등록을 하는 때에는 법인설립을 위한 사업허가신청서 사본, 사업등록신청서 사본, 사업신고서 사본이나 사업계획서로 이에 갈음할 수 있다(부령 11 ③).

90) 제도46015-11547, 2001.06.16
91) 서면상담3팀-1180, 2006.06.21
92) 서삼46015-11663, 2003.10.23
93) 부가46015-2201, 1998.09.29

구분	첨부서류
① 법령에 의하여 허가를 받거나 등록 또는 신고를 하여야 하는 사업의 경우	사업허가증 사본·사업등록증 사본 또는 신고필증 사본
② 사업장을 임차한 경우	임대차계약서 사본
③ 「상가건물임대차보호법」 규정에 의한 상가건물을 임차한 경우	해당 부분의 도면 (상가건물의 일부분을 임차하는 경우에 한한다)
④ 「조세특례제한법」에 따른 금지금 도·소매업 및 「개별소비세법」에 따른 과세유흥장소에의 영업을 영위하려는 경우	사업자금 내역 또는 재무상황 등을 확인할 수 있는 서류로서 기획재정부령으로 정하는 서류
⑤ 사업자단위로 등록하려는 사업자	사업자단위과세적용사업장 외의 사업장(이하 "종된 사업장"이라 한다)에 대한 ①부터 ④까지의 규정에 따른 서류 및 사업장소재지·업태·종목 등 기획재정부령으로 정하는 서류
⑥ 액체연료 및 관련제품 도매업, 기체연료 및 관련제품 도매업, 차량용 주유소 운영업, 차량용 가스 충전업, 가정용 액체연료 소매업과 가정용 가스연료 소매업	사업자금 명세 또는 재무상황 등을 확인할 수 있는 서류로서 기획재정부령으로 정하는 서류
⑦ 재생용 재료 수집 및 판매업	사업자금 명세 또는 재무상황 등을 확인할 수 있는 서류로서 자금출처명세서 등 기획재정부령으로 정하는 서류

2) 인격별 사업자등록 신청 시 제출서류

구분	제출서류
① 개인	㉠ 사업자등록신청서 ㉡ 임대차계약서 사본(사업장을 임차한 경우) ㉢ 인허가 등 사업을 영위하는 경우 허가·등록·신고증 사본. 단, 허가(등록, 신고) 전에 등록하는 경우 허가(등록)신청서 등 사본 또는 사업계획서 ㉣ 동업계약서(공동사업자인 경우) ㉤ 자금출처명세서(금지금 도·소매업, 액체·기체연료 도·소매업, 재생용 재료 수집 및 판매업, 과세유흥장소 영위자) ＊ 재외국민·외국인 등의 경우(㉠~㉤은 공통) • 재외국민등록부등본, 외국인등록증(또는 여권) 사본 • 국내에 통상적 주재 않거나 6월 이상 국외체류 시 : 납세관리인 설정 신고서
② 영리법인(본점)	㉠ 법인설립신고 및 사업자등록신청서 ㉡ (법인명의)임대차계약서 사본(사업장을 임차한 경우) ㉢ 주주 또는 출자자명세서 ㉣ 사업허가·등록·신고필증 사본(해당 법인) • 허가(등록, 신고) 전에 등록하는 경우 허가(등록)신청서 등 사본 또는 사업계획서

구분	제출서류
	ⓜ 현물출자명세서(현물출자법인의 경우) ⓗ 자금출처명세서(금지금 도·소매업, 액체·기체연료 도· 소매업, 재생용 재료 수집 및 판매업, 과세유흥장소 영위자) ⓢ 사업자단위과세 적용 신고자의 종된 사업장 명세서(사업자단위과세 적용 신청한 경우)
③ 비영리 내국법인(본점)	㉠ 법인설립신고 및 사업자등록신청서 ㉡ (법인명의)임대차계약서 사본(사업장을 임차한 경우) ㉢ 사업허가·등록·신고필증 사본(해당 법인)- 허가(등록, 신고) 전에 등록하는 경우 허가(등록)신청서 등 사본 또는 사업계획서 ㉣ 주무관청의 설립허가증 사본
④ 내국법인 국내지점	㉠ 법인설립신고 및 사업자등록신청서 ㉡ 등기부에 등재되지 않은 지점법인은 지점설치 사실을 확인할 수 있는 이사회의사록 사본(직매장 설치 등 경미한 사안으로 이사회소집이 어려운 경우 대표이사 승인을 얻은 서류 사본) ㉢ (법인명의)임대차계약서 사본(사업장을 임차한 경우) ㉣ 사업허가·등록·신고필증 사본(해당 법인) • 허가(등록, 신고) 전에 등록하는 경우 허가(등록)신청서 등 사본 또는 사업계획서 ⓜ 자금출처명세서 (금지금 도·소매업, 액체·기체연료 도·소매업, 재생용 재료 수집 및 판매업, 과세유흥장소 영위자)
⑤ 외국법인 국내사업장	㉠ 법인설립신고 및 사업자등록신청서 ㉡ 외국기업 국내지사 설치신고서 사본 •외국환거래규정 별지 제9-8호 서식 ㉢ 국내사업장을 가지게 된 날의 대차대조표 ㉣ 본점 등기에 관한 서류 ⓜ 국내사업장의 사업영위 내용을 입증할 수 있는 서류 ⓗ 정관 ⓢ 허가(등록, 신고)증 사본(해당 법인) • 허가(등록, 신고) 전에 등록하는 경우 허가(등록)신청서 등 사본 또는 사업계획서 ⓞ (법인명의)임대차계약서 사본(사업장을 임차한 경우) ⓙ 자금출처명세서(금지금 도·소매업, 액체·기체연료 도·소매업, 재생용 재료 수집 및 판매업, 과세유흥장소 영위자)
⑥ 종교단체	㉠ 사업자등록신청서 ㉡ 임대차계약서 사본(사업장을 임차한 경우에 한함) ㉢ 법인설립허가증(소속단체는 소속확인서)(대표자가 소속확인서 내용과 상이한 경우 대표자 선임근거서류 추가) ㉣ 정관, 협약 등 조직과 운영 등에 관한 규정 또는 단체의 성격을 알 수 있는 서류 ⓜ 대표자 선임을 확인할 수 있는 서류 ⓗ 단체직인

구분	제출서류
⑦ 종교단체 외 비사업자 (개인으로 보는 단체)	㉠ 사업자등록신청서 ㉡ 임대차계약서 사본(사업장을 임차한 경우에 한함) ㉢ 정관, 협약 등 조직과 운영 등에 관한 규정 또는 단체의 성격을 알 수 있는 서류 ㉣ 대표자 선임을 확인할 수 있는 서류 ㉤ 단체직인
⑧ 법인으로 보는 단체	㉠ 승인신청(요건 : 1. 조직운영규정 대표자선임, 2. 수익재산독립, 3. 수익미분배) • 법인으로 보는 단체의 승인신청서 • 법인으로 보는 단체의 대표자 등의 선임신고서 • 대표자 또는 관리인 임을 확인할 수 있는 서류 • 정관 또는 조직과 운영에 관한 사항 • 단체직인 • 임대차계약서(장소를 임차한 경우) ㉡ 변경신청 시 처리 • 수익사업영위 경우 : 비영리법인의 수익사업 개시신고서를 제출받아 사업자등록증 교부(단, 새롭게 사업장을 설치하고 수익사업 개시신고를 하는 경우에는 사업자등록신청서 별도 제출) • 거주자로 변경신청 경우 : 기간경과 여부 따라 승인 또는 불승인 • 세원(법인)의 승인이 있어야 하므로 접수한 후 세원(법인)으로 서류인계

3) 「상가건물임대차보호법」에 의한 확정일자를 받고자 하는 경우

① 개요

확정일자란 임대차계약서의 작성내용을 공증하는 행위를 말하는 것으로, 「상가건물임대차보호법」은 사업자등록의 대상이 되는 건물의 임대차에 대하여 적용되며, 종교·자선단체 및 각종 친목모임 사무실 등 사업자등록 대상이 아닌 경우 적용되지 않고, 비영리법인이 수익사업을 개시하는 경우 사업자등록의 대상으로 적용한다.

② 제출서류

본인신분증 지참(대리인 신청 시 위임장, 위임받은 자의 신분증, 위임자 본인의 신분증 사본)하고, 임대차계약서 원본, 임차한 사업장이 건물의 일부인 경우 해당 부분의 도면, 확정일자 대상 보증금액(「상가건물임대차보호법 시행령」 제2조)을 제출한다.

③ 차임에 대한 적용방법[94)]

임대차계약서상 부가가치세 별도라는 약정이 있으면 부가가치세를 제외한 월세(차임)으로 환산보증금[환산보증금 : 보증금+(월세×100)]을 계산하고 약정이 없으면 기재된 월세(차임) 그대로 환산보증금을 계산한다.

94) 납세자보호담당관실-1107, 2015.11.26

참 고 지역별 환산보증금

구분	환산보증금 (2020.12.18. 개정)
서울특별시	9억원 이하
「수도권정비계획법」에 따른 과밀억제권역(서울특별시 제외) 및 부산	6억 9천만원 이하
광역시(「수도권정비계획법」에 따른 과밀억제권역에 포함된 지역과 군 지역 제외), 세종특별자치시, 안산시, 용인시, 김포시, 광주시(경기도), 화성시, 파주시	5억 4천만원 이하
그 밖의 지역	3억 7천만원 이하

(2) 발급

1) 원칙

신청을 받은 사업장 관할세무서장은 사업자의 인적사항과 그 밖에 필요한 사항을 적은 사업자등록증을 신청일부터 2일 이내(토요일, 공휴일 또는 근로자의 날은 산정에서 제외한다.)에 신청자에게 발급하여야 한다. 다만, 사업장시설이나 사업현황을 확인하기 위하여 국세청장이 필요하다고 인정하는 경우에는 발급기한을 5일 이내에서 연장하고 조사한 사실에 따라 사업자등록증을 발급할 수 있다(부령 11 ⑦).

2) 등록거부

사업자등록의 신청을 받은 세무서장은 신청자가 사업을 사실상 개시하지 아니할 것이라고 인정되는 때에는 등록을 거부할 수 있다(부령 11 ⑦).

3) 직권등록

사업자 또는 국외사업자가 사업자등록 또는 간편사업자등록을 하지 아니하는 경우에는 납세지 관할세무서장이 조사하여 등록시킬 수 있다(부령 11 ⑥).

4) 보정요구

사업장 관할세무서장은 사업자등록의 신청내용을 보정(補正)할 필요가 있다고 인정될 때에는 10일 이내의 기간을 정하여 보정을 요구할 수 있다. 이 경우 해당 보정기간은 발급 기간에 산입하지 아니한다(부령 11 ⑫).

3. 사업자등록 의제

다음에 해당하는 경우에는 「부가가치세법」상 사업자등록이 있는 것으로 본다.

(1) 개별소비세 또는 교통·에너지·환경세의 납세의무가 있는 사업자

개별소비세 또는 교통·에너지·환경세의 납세의무가 있는 사업자가 「개별소비세법」 또는 「교통·에너지·환경세법」에 따라 다음의 구분에 따른 신고를 한 경우에는 해당 구분에 따른 등록신청 또는 신고를 한 것으로 본다(부법 8 ⑩).

① 「개별소비세법」 또는 「교통·에너지·환경세법」에 따른 개업 신고를 한 경우 : 사업자등록의 신청

② 「개별소비세법」 또는 「교통·에너지·환경세법」에 따른 휴업·폐업·변경 신고를 한 경우 : 해당 휴업·폐업 신고 또는 등록사항 변경 신고

③ 「개별소비세법」 또는 「교통·에너지·환경세법」에 따른 사업자단위과세사업자 신고를 한 경우 : 사업자단위과세사업자 등록 신청 또는 사업자단위과세사업자 변경등록 신청

④ 「개별소비세법」 또는 「교통·에너지·환경세법」에 따른 양수, 상속, 합병 신고를 한 경우 : 등록사항 변경 신고

(2) 「소득세법」 및 「법인세법」에 따라 등록한 자

「소득세법」 및 「법인세법」에 따라 등록한 자로서 면세사업을 경영하는 자가 추가로 과세사업을 경영하려는 경우 사업자등록정정신고서를 제출하면 「부가가치세법」상 사업자등록신청을 한 것으로 본다(부령 11 ⑩).

(3) 다단계판매원의 사업자등록

1) 원칙

다단계판매원이 「방문판매 등에 관한 법률」에 따라 다단계판매업자에게 등록을 하고 도매 및 소매업을 경영할 목적으로 다단계판매업자에게 도매 및 소매업자로 신고한 경우 그 다단계판매원에 대하여 다단계판매업자가 그 신고일이 속하는 달의 다음 달 10일까지 사업장 관할세무서장에게 그 다단계판매원의 인적사항, 사업 개시 연월일과 그 밖에 국세청장이 정하는 사항을 신고하였을 때에는 해당 다단계판매원이 사업자등록신청을 한 것으로 본다. 다만, 간이과세자에 대한 납부의무의 면제규정에 따라 납부의무가 면제되지 아니하는 다단계판매원과 다단계판매원이 상시 주재하여 거래의 전부 또는 일부를 하는 별도의 장소가 있는 경우에 대해서는 그러하지 아니하다(부령 11 ⑧). 이 경우 사업자등록신고를 한 다단계판매원에 대하여는 다단계판매업자가 「방문판매 등에 관한 법률」의 규정에 의하여 발급한 다단계판매원등록증을 관할세무서장이 해당 다단계판매원에게 발급한 사업자등록증으로 본다(부령 11 ⑨).

2) 직접등록 특례

다음의 경우에는 다단계판매원이 직접 사업자등록을 신청하여야 한다.

① 다단계판매원이 상시 주재하여 거래의 전부 또는 일부를 행하는 별도의 장소가 있는 경우

② 직전 과세기간의 공급대가에 대하여 간이과세사업자 납부의무의 면제규정이 적용되지 아니하는 다단계판매원의 경우

참 고 다단계판매업자가 지켜야 할 사항(2021.8.24 국세청고시 제2021-46호)

「부가가치세법」 제73조, 같은 법 시행령 제118조 제1항 제2호와 관련하여 다단계판매업자가 납세관리인으로서 지켜야 할 사항을 다음과 같이 개정하여 고시합니다.

제1조【목적】

이 고시는 「부가가치세법」 제73조, 같은 법 시행령 제118조 제1항 제2호에 따라 납세관리인으로 선정된 다단계판매업자가 다단계판매원의 납세관리인으로서의 의무를 성실히 이행하고 준수하게 하기 위하여 필요한 사항을 정함을 목적으로 한다.

제2조【다단계판매업자의 납세관리인으로서의 의무】

① 다단계판매원이 「방문판매 등에 관한 법률」 제15조의 규정에 따라 다단계판매업자에게 등록을 하고 소매업을 영위할 목적으로 다단계판매업자에게 소매업자로 신고한 자에 대하여 다단계판매업자는 다단계판매업자를 납세관리인으로 하는 납세관리인선정신고서를 제출받아야 한다. 다만,「부가가치세법 시행령」 제11조 제8항 단서의 규정이 적용되는 다단계판매원은 제외한다.

② 다단계판매업자는 다단계판매원에게서 납세관리인선정신고서를 제출받은 경우 신규 등록한 다단계판매원에 대한 [다단계판매원 (등록, 폐업)현황 신고서](「부가가치세법 시행규칙」 별지 제8호 서식) 제출 시 납세관리인으로 선정된 사실을 총괄하여 관할세무서장에게 신고하고, 다단계판매원이 개별적으로 제출한 납세관리인선정신고서는 다단계판매업자가 보관·관리하여야 한다.

③ 납세관리인으로 선정된 다단계판매업자는 해당 다단계판매원의 납세관리인으로서의 의무를 성실히 이행하여야 한다.

제3조【다단계판매업자의 다단계판매원에 대한 사업자등록 및 신규자·폐업자 관리】

① 다단계판매업자는 다단계판매원이 다음의 어느 하나에 해당하는 경우에는 다단계판매업자의 주된 사업장(사업장을 별도로 둔 다단계판매원의 경우에는 그 사업장)을 해당 다단계판매원의 사업장으로 하여 사업자등록(이하 "개별등록"이라 함)을 하도록 하여야 한다.

1. 총괄등록된 다단계판매원의 직전 과세기간 공급대가가 4,800만원 이상인 경우
2. 다단계판매원이 별도의 사업장을 가지고 있는 경우
3. 다단계판매원이 다단계판매업자에게 도매업 또는 도매업과 소매업 겸업으로 신고한 경우

② 다단계판매업자는 「방문판매 등에 관한 법률」 제15조의 규정에 따라 다단계판매업자에게 등록을 하고 소매업을 영위할 목적으로 다단계판매업자에게 소매업자로 신고한 다단계판매원 중 개별등록 대상자 이외의 다단계판매원에 대하여는 해당 다단계판매원의 주소, 성명, 주민등록번호, 판매원등록 연월일 등을 기재한 [다단계판매원 (등록·폐업) 현황신고서](「부가가치세법 시행규칙」 별지 제8호 서식)를 다음 달 10일까지 관할세무서장에게 제출(이하 "총괄등록"이라 함)하여야 한다.

③ 총괄등록한 다단계판매원에 대하여는 다단계판매업자의 주된 사업장소재지를 사업장으로 하고, 다단계판매업자가 「방문판매 등에 관한 법률」 제15조의 규정에 따라 부여한 관리번호를 사업자등록번호로 본다.

④ 다단계판매업자는 총괄등록한 다단계판매원이 다단계판매원에서 탈퇴하거나 소매업을 영위하지 않게 되어 개별등록 대상자로 전환되는 경우 해당 다단계판매원의 주소, 성명, 주민등록번호, 변동연월일 등을 기재한 [다단계판매원 (등록·폐업)현황 신고서](「부가가치세법 시행규칙」 별지 제8호서식)를 다음 달 10일까지 관할세무서장에게 제출하여야 한다.

⑤ 총괄등록한 다단계판매원이 개별등록 대상자로 전환되는 경우에는 다음 기한 내에 다단계판매업자의 주된 사업장소재지(사업장이 별도로 있는 경우에는 그 사업장) 관할세무서장에게 사업자등록을 하도록 하여야 한다.

1. 총괄등록한 다단계판매원이 「부가가치세법」 제69조의 규정에 따른 납부면제에 해당하지 아니하여 개별등록하는 경우에는 납부면제에 해당되지 않는 과세기간의 확정신고 기한이 속하는 과세기간의 다음 과세기간 개시일 20일 전까지
2. 별도의 사업장을 둔 다단계판매원의 경우에는 해당 사유 발생일부터 20일 내(다만, 이미 등록된 사업장이 있는 경우에는 지체 없이 사업자등록 정정신고를 하여야 함)

⑥ 다단계판매업자는 「방문판매 등에 관한 법률 시행규칙」 제17조에 따라 다단계판매원 등록부를 작성·비치하여야 한다.

제4조 【다단계판매업자의 다단계판매원에 대한 부가가치세 신고·납부 관리】

① 다단계판매업자는 총괄등록된 다단계판매원의 부가가치세 신고를 위하여 주된 사업장 관할세무서장에게 [다단계판매원총괄용 고유번호 신청서] (별지 제2호 서식)를 제출하여 다단계판매원 총괄용 고유번호를 부여받아야 한다.

② 다단계판매업자는 총괄등록된 다단계판매원의 부가가치세 신고 시 해당 다단계판매원의 신고내용을 1장의 신고서로 총괄하여 작성, 제출하고 1장의 납부서로 납부하여야 한다.

③ 총괄신고서는 간이과세자용 부가가치세신고서 우측상단 여백에 "다단계판매원 총괄신고용"임을 표시하고 사업자등록번호란에는 다단계판매원 총괄용 고유번호를 기재하며 신고내용 및 과세표준명세란에는 총괄신고하는 다단계판매원의 총 금액을 기재한다.

④ 총괄신고할 때에는 총괄신고하는 다단계판매원의 주소·성명·주민등록번호·공급가액·공제세액·납부할 세액 등 다단계판매원별 매출명세를 [전산매체에 의한 매출명세 제출요령](별표1)에 따라 전산매체에 담아 공문(별지 제3호 서식)과 함께 제출하여야 한다. 다만, 총괄등록한 다단계판매원 중 해당 과세기간에 대한 공급대가가 2,400만원 이상인 자에 대하여는 「다단계판매원 부가가치세 신고·납부 명세서」(별지 제4호 서식)를 작성하여 제출하여야 한다.

제5조 【세금계산서 교부 및 세금계산서합계표 제출방법】

① 다단계판매업자가 다단계판매원에게 재화나 용역을 공급할 때에는 세금계산서를 교부하여야 한다.

② 개별등록한 다단계판매원 이외의 다단계판매원에게 교부하는 세금계산서상의 등록번호란에는 해당 다단계판매원이 다단계판매업자에 다단계판매원으로 등록할 때 부여받은 관리번호를 기재하여야 한다.

③ 다단계판매원에게 관리번호를 기재하여 교부한 세금계산서는 다단계판매업자가 부가가치세 신고 시 제출하는 매출처별세금계산서합계표의 "주민등록번호 발급분"란에 기재하여야 한다.

제6조 【자료의 보관 관리】

① 다단계판매업자는 다단계판매원의 납세보전을 위하여 부가가치세 신고·납부 관련자료 및 후원수당 지급 관련자료를 전산자료 등으로 보관·관리하여야 한다.

② 다단계판매업자는 각 다단계판매원별 세금계산서 교부명세를 전산자료 등으로 보관·관리하여야 한다.

제7조 【재검토기한】

「훈령·예규 등의 발령 및 관리에 관한 규정」(대통령 훈령 제334호)에 따라 이 고시 발령 후의 법령이나 현실여건의 변화 등을 검토하여 이 고시의 폐지, 개정 등의 조치를 하여야 하는 기한은 2024년 8월 23일까지로 한다.

부칙 (2021. 8. 24. 국세청 고시 제2021-46호)

제1조 【시행일】

이 고시는 발령한 날부터 시행한다.

제2조 【종전 고시의 폐지】

종전의 「다단계판매업자가 지켜야 할 사항 고시」(2018. 8. 24. 국세청 고시 제2018-43호)는 폐지한다.

4. 유형별 사업자등록방법[95]

(1) 신규사업자의 사업자등록

신규사업자는 사업개시일로부터 20일 이내에 사업장 관할세무서장에게 사업자등록을 하여야 한다. 다만, 신규로 사업을 개시하려는 자는 사업개시일 전이라도 등록할 수 있다.

(2) 미등기 지점의 사업자등록

과세사업을 영위하는 법인이 지점 또는 직매장에 대한 사업자등록신청을 하는 경우에는 해당 지점의 등기 여부와는 관계없이 사업자등록신청서에 해당 법인의 법인등기부등본 등을 첨부하여 등록할 수 있다.

(3) 겸업사업자의 사업자등록

부가가치세의 과세사업과 면세사업을 겸업하는 사업자는 「부가가치세법」에 따른 사업자등록증을 발급받아야 한다. 이 경우 해당 사업자는 「소득세법」 또는 「법인세법」에 따른 사업자등록을 별도로 하지 아니한다. 한편, 「법인세법」 및 「소득세법」의 규정에 의하여 사업자등록을 한 면세사업을 경영하는 자가 추가로 과세사업을 경영하려는 경우 사업자등록정정신고서를 제출하면 사업자등록신청을 한 것으로 본다(부령 11 ⑩). 다만, 부가가치세 면세사업을 영위하는 개인사업자가 업종변경을 통하여 부가가치세 과세사업을 영위하게 되는 경우에는 면세사업에 대하여는 폐업을 하고 과세사업에 대하여는 신규로 사업자등록을 하여야 한다.

(4) 허가사업의 사업자등록

법령에 의하여 허가를 얻어야 하는 사업을 영위하는 자가 사업허가증사본을 첨부하지 아니하고 사업자등록신청서를 제출한 경우 해당 사업장에서 사실상 사업을 영위하는 때는 실지 사업내용대로 사업자등록증을 발급할 수 있다. 이 경우 무허가 사업내용을 해당 기관에 문서로 통보한다.

(5) 공동사업자의 사업자등록

2인 이상의 사업자가 공동사업을 영위하는 경우 사업자등록신청은 공동사업자 중 1인을 대표자로 하여 신청한다. 만일 법령에 의하여 건축허가를 얻어야 하는 사업을 공동으로 경영하는 자가 공동사업자 중 1인 명의로 건축허가를 받은 경우에도 실질이 공동사업에 해당하는 경우에는 공동사업자로 사업자등록증을 교부할 수 있다.[96]

---

95) 부가집 8-11-1
96) 부가가치세과-1138, 2011.09.22

(6) 사업 개시 전 사업자등록

과세사업과 관련하여 건설 중인 공장 또는 사업장을 설치하지 아니한 자는 사업개시일 전에 사업자의 주소지를 사업장으로 하여 사업자등록을 할 수 있다.

(7) 법인과 법인, 법인과 개인 간 공동사업 시 사업자등록

둘 이상의 법인 또는 개인과 법인이 동업계약에 의하여 공동사업을 영위하는 경우 영위하는 공동사업체의 인격에 따라 법인 또는 개인으로 사업자등록을 할 수 있다.

(8) 건설업자의 미분양상가 임대 시 사업자등록

건설업을 영위하는 사업자가 신축한 아파트 단지 내의 미분양상가를 임대하는 경우 해당 상가를 사업장으로 하여 사업자등록을 하여야 한다.

(9) 대표이사가 2인 이상 등기된 법인의 사업자등록

법인등기부상 2인 이상이 대표이사로 등재되어 있는 경우(각 대표이사가 독립하여 회사대표권이 있는지 여부와 관계없음)에는 사업자등록증의 성명란에 대표이사로 등기된 자 전원을 기재한다.

(10) 조합설립추진위원회 사업자등록

「도시 및 주거환경정비법」 제13조의 규정에 해당하는 조합설립추진위원회는 「국세기본법」 제13조에 따른 법인으로 보는 단체에 해당하며, 정비사업을 시행하면서 신규로 부가가치세 과세사업을 개시하고자 하는 경우에는 사업자등록을 하여야 한다. 또한 해당 조합설립추진위원회가 행한 업무와 관련된 권리와 의무를 「조세특례제한법」 제104조의 7 제2항에 따른 정비사업조합이 포괄승계하는 경우에는 그 조직을 변경한 것으로 보므로 사업자등록정정신고를 하여야 한다.

(11) 건물주 동의 없는 전차인의 사업자등록

임차인이 임대인의 동의 없이 전차한 경우 임대차계약 해지사유에 해당하지만 그 사유만으로 전차인에 대하여 사업자등록을 거부할 수 없다.[97)]

(12) 「채무자 회생 및 파산에 관한 법률」에 따른 회생절차개시 시 사업자등록증의 정정

회사가 「채무자 회생 및 파산에 관한 법」에 따라 회생절차개시명령을 받아 관리인 또는 관리인 대리가 회사사업의 경영과 재산의 관리 및 처분을 할 경우에는 해당 관리인 또는 관리인 대리를 회사의 대표자로 보아 사업자등록을 정정할 수 있다.[98)]

---

97) 부가가치세과-1254, 2009.9.4.

98) 부기통 8-14-2

(13) 기존사업장과 인접한 지번에 건물을 신축하여 동종사업을 영위하는 경우

사업자가 부가가치세 과세사업을 영위하는 경우에 「부가가치세법」에 의한 등록은 사업장마다 하여야 하는 것이며, 동 규정에 의한 등록을 하지 아니한 때에는 미등록가산세를 납부세액에 가산하거나 환급세액에서 공제한다. 따라서 사업자(법인)가 자기 소유의 준공된 건물(이하 "기존사업장"이라 한다)에서 호텔업과 부동산임대업 등으로 사업자등록을 한 경우로서 인접한 지번에 건물을 신축하여 기존사업장에서는 부동산임대업과 서비스업을 영위하며, 신축건물에서는 호텔업 및 부동산임대업을 영위하는 경우 해당 신축건물은 기존사업장과는 다른 사업장에 해당하는 것으로 별도의 사업자등록을 하여야 한다. 이 경우 해당 신축건물을 본점으로 등기하고 기존사업장을 이전하는 때에는 사업자등록정정신고를 하여야 한다.[99)]

(14) 동일 공업단지 내에 기존 생산라인의 일부를 이전하여 다른 제품을 생산하는 공장신설 시

제조업을 영위하는 사업자가 기존의 제조장이 위치한 공업단지 내의 다른 장소에 기존제조장의 생산라인 일부를 이전하여 생산공정이 다른 별도의 제품군을 최종 완성하는 공장을 신설하는 경우 해당 신설하는 공장은 사업장의 범위에 해당하는 것이므로 사업자등록을 하여야 한다.[100)]

(15) 부동산 소유자가 부동산신탁회사에 신탁하여 임대·운영 시

부동산 소유자가 임대용부동산을 부동산신탁회사에 신탁하고, 신탁회사가 이를 임대·운영하는 경우에도 해당 부동산 소유자는 부동산 등기부상의 소재지를 사업장으로 하여 사업자등록을 하여야 한다.[101)]

(16) 제조업자의 백화점 내 직영매장

제조업자가 백화점·쇼핑센터 내부의 코너매장을 실제로 별도의 경영권(상품구입·관리·판매행위)을 가지고 독립적으로 운영하는 경우 동 코너매장은 제조업자의 직매장으로서 사업자등록을 하여야 한다.[102)]

(17) 임대부동산의 증여 시 사업자등록

임대업에 사용하던 부동산의 증여 시 증여자는 폐업신고를 하여야 하며, 수증자는 신규로 사업자등록을 하여야 한다.[103)]

---

99) 제도46015-12436, 2001.07.28
100) 부가46015-1702, 2000.07.18.
101) 부가22601-18, 1993.01.08
102) 부가22601-309, 1989.03.06
103) 서삼 - 168, 2006.01.25

(18) 사업자등록 신청 시 임대차계약서 사본을 첨부하지 아니한 경우

사업자등록을 하고자 하는 자가 사업장을 임차한 경우에는 임대차계약서 사본을 사업자등록신청서에 첨부하여야 하는 것이며, 임대차계약서 사본을 첨부하지 아니한 경우 사업자등록신청 및 사업자등록증 교부에 관한 사항은 관할세무서장이 조사한 사실에 따라 판단할 사항이다.[104)]

(19) 지방자치단체가 위임한 부동산임대업의 납세의무자

부동산임대업은 등기부상 명의인을 사업자로 보는 것이나, 임대용 부동산의 등기부상 명의인과 실제로 부동산의 임대·관리하는 소유자가 상이한 경우에는 실제 소유자 명의로 사업자등록을 하여야 한다.[105)]

(20) 사업허가증 명의자와 사실상 사업자가 다를 때 사업자등록

사업허가증상의 명의자와 사실상 사업을 영위하는 자가 다른 경우에는 사업허가증상의 명의자를 사실상 사업을 영위하는 자로 변경하여 사업허가를 받은 후 그 사실상 사업을 하는 자 명의로 사업자등록을 신청하여야 한다.[106)]

(21) 상속재산에 대해 상속인이 불분명한 경우 사업자등록정정신고방법

상속재산에 대하여 소송이 진행 중에 있어 상속인이 불분명한 경우에는 그 판결이 확정될 때까지 「민법」에서 규정된 법정상속지분에 따라 사업자등록정정신고를 하고, 그 신고내용에 따라 부가가치세를 신고 납부하여야 하는 것이며, 이 경우 판결이 확정된 후에는 판결내용에 따라 실질사업자 명의로 사업자등록을 정정하여야 한다. 다만, 이 경우 판결이 확정된 후에는 판결내용에 따라 실질사업자 명의로 사업자등록을 정정하여야 하는 것이며, 실질사업자 명의로 정정 시에는 확정판결 전의 명의로 교부받은 세금계산서의 매입세액은 매출세액에서 공제하고 당해 신고납부분에 대하여는 「부가가치세법」 제60조의 규정에 의한 가산세는 적용하지 아니한다.[107)]

(22) 미군부대 내의 사업자등록 여부

비거주자가 주한미군과 부가가치세가 과세되는 용역계약을 체결하여 미군부대 내에서 사업을 영위하는 경우 국내사업장에 해당하므로 사업자등록을 하여야 한다.[108)]

---

104) 부가-692, 2013.07.26
105) 부가-673, 2013.07.24
106) 부가-943, 2013.10.16
107) 부가-17, 2012.01.19
108) 부가가치세과-1696, 2009.11.25

(23) 본점을 지점으로 이전하여 사업장을 통합하는 경우

사업자가 본점을 지점의 소재지로 이전하여 사업장을 하나로 통합한 경우 본점은 사업장 이전으로 사업자등록정정신고를 하여야 하며, 지점은 사업자등록번호 말소를 위한 폐업신고(사유 : 본·지점 통합)를 하여야 한다. 그리고 다른 사업장으로 이전된 재고재화는 재화의 공급으로 보지 아니하며, 부가가치세는 이전 후 사업장소재지 관할세무서장에게 본지점 사업실적을 합산하여 신고하여야 한다.[109)]

(24) 토지를 소유한 특수관계자와 공동사업자로서 건물을 신축하여 임대업을 영위하는 경우

토지지분이 없는 자가 토지를 소유한 특수관계자와 함께 당해 토지에 건물을 신축하여 「소득세법」의 규정에 의한 공동사업자로서 부동산임대업을 영위하는 경우 토지소유자와 특수관계자의 관계는 「부가가치세법」에 의한 과세대상 거래에 해당하지 아니한다.[110)]

(25) 외국법인이 「법인세법」에 따른 국내사업장이 없는 경우 「부가가치세법」상 사업자등록의무가 있는지 여부

외국법인이 국내 보세구역 내에 석유저장소를 소유한 내국법인(이하 "갑법인")과 석유저장 및 관리계약을 체결하여 해당 석유저장소를 이용하면서 그 저장된 원유를 갑법인을 통해 국내 · 외 고객사에 판매함에 있어 해당 외국법인의 원유 판매와 관련된 계약체결, 대금결제 등 중요한 사업활동은 국외에서 수행하고 국내에는 소속 종업원이나 대리인을 두지 않으며 갑법인은 외국법인을 위하여 단순히 보관·인도하는 역할만 수행할 때, 갑법인과 갑법인 소유의 석유저장소가 해당 외국법인의 국내 고정사업장에 해당하지 않는 경우에는 「부가가치세법」 제8조에 따라 사업자등록의무가 없는 것이며, 부가가치세 신고 · 납부가 없다.[111)]

(26) 신탁부동산을 수탁자가 임대하는 경우 부가가치세 납세의무자가 누구인지

수탁자가 신탁계약에 따라 신탁재산의 소유권을 이전받아, 자신의 권한으로 부동산임대차 계약을 체결하고 임대료 징수 등의 권한을 행사하면서 유지 • 관리 등의 책임을 부담하는 경우 수탁자가 납세의무를 진다.[112)]

109) 부가가치세과-2091, 2008.07.18
110) 부가-641, 2013.07.12
111) 사전-2022-법규부가-0507, 2022.08.18
112) 사전-2019-법령해석부가-0587, 2019.11.8.

5. 사업자등록 신청 등 업무처리(전국 어느 세무서에서나 처리 가능)

(1) 대상 민원

사업자등록 신청, 정정, 휴·폐업, 휴업 중 재개업, 사업자등록증 재교부. 다만 「상가임대차보호법」에 의한 확정일자 신청은 관할세무서에서만 가능하며, 사업자등록증은 납세자의 선택에 따라 사업장 관할세무서나 신청한 세무서에서 발급한다.

(2) 대상 사업자

법인, 개인 모든 사업자(단, 폐업 후 기존 법인등록번호로 사업 재개하는 경우 제외)

6. 인터넷을 이용한 사업자등록 신청방법

(1) 인터넷을 이용한 사업자등록 신청·발급 가능

국세청 홈택스(http://hometax.go.kr) 신청·제출, 사업자등록 신청·정정 등을 통하여 사업자등록을 신청하고 사업자등록증도 납세자가 자신의 프린터로 직접 출력 가능하다.

(2) 이용 가능 사업자

국세청 홈택스에 가입되어 있고 공인인증서를 보유한 사업자로서, 개인사업자, 법인사업자 모두 가능하며, 세무대리인과 세무대리계약을 체결하고 국세청 홈택스에 수임납세자로 등록이 되어 있는 사업자의 세무대리인도 포함한다. 이 경우 세무대리인은 신청하는 사업자에 대한 "수임계약서"와 "사업자등록신청내용확인서"를 사업자등록신청서 첨부서류로 함께 전송하여야 한다. 또한 외국인, 1거주자로 보는 단체, 10인 초과 공동사업자는 온라인상 첨부서류 및 본인확인 등에 제한이 있어 세무서를 방문하여 신청하여야 한다.

(3) 신청 및 발급 절차

① 국세청 홈택스에 접속하여 공인인증 절차를 거친 후 신청·제출, 사업자등록 신청·정정 등에서 해당 부분을 선택하고 입력하여 전송한다.

② 제출서류는 미리 스캐너 등으로 스캔(200Dpj 이상)하여 이미지파일이나 PDF파일로 전송하되, 디지털카메라를 이용하는 경우 이미지 크기 1500·2100 이상으로 찍어야 한다.

③ 관할세무서로 전송된 사업자등록신청서는 담당자 지정 후 방문 접수한 신청서와 동일하게 실시간 처리된다.

④ 처리단계별로 진행상황은 홈택스의 신청·제출 「민원신청 처리결과 조회」에서 확인 가능하며, 휴대전화번호 입력 시 단문메시지를 별도 수신한다.

예) [국세청] "사업자등록" 신청이 접수되었습니다.

⑤ 처리완료 시 사업자등록증도 인터넷으로 직접 출력 가능하며, 프린터가 컬러 기능이 있는 경우 컬러로 프린트된다.

⑥ 이용가능 시간 : 평일 09:00~18:00까지 - 토요일과 일요일 및 법정공휴일은 이용할 수 없음

Ⅲ 사업자등록증의 발급 등

1. 발급

(1) 원칙

신청을 받은 사업장 관할세무서장은 사업자의 인적사항과 그 밖에 필요한 사항을 적은 사업자등록증을 신청일 부터 2일 이내(토요일, 공휴일 또는 근로자의 날은 산정에서 제외한다.)에 신청자에게 발급하여야 한다. 다만, 사업장시설이나 사업현황을 확인하기 위하여 국세청장이 필요하다고 인정하는 경우에는 발급기한을 5일 이내에서 연장하고 조사한 사실에 따라 사업자등록증을 발급할 수 있다(부령 11 ⑥).

(2) 등록거부

사업자등록의 신청을 받은 세무서장은 신청자가 사업을 사실상 개시하지 아니할 것이라고 인정되는 때에는 등록을 거부할 수 있다(부령 11 ⑦).

(3) 직권등록

사업자가 등록을 하지 아니하는 경우에는 관할세무서장이 조사하여 등록시킬 수 있다(부령 11 ⑥).

(4) 보정요구

사업장 관할세무서장은 사업자등록의 신청 내용을 보정(補正)할 필요가 있다고 인정될 때에는 10일 이내의 기간을 정하여 보정을 요구할 수 있다. 이 경우 해당 보정기간은 발급 기간에 산입하지 아니한다(부령 11 ⑫).

참 고 사업자등록번호의 부여기준(부가가치세 사무처리 종전규정)

① 사업자등록번호는 전산시스템에 의하여 일련번호 순서대로 자동 부여되며, 한번 부여된 번호는 준영구 코드화하여 세적이전, 과세유형전환 등의 경우에도 당초의 번호를 그대로 사용한다. 다만, 다음 각 호의 하나에 해당하는 경우에는 사업자등록번호를 새로 부여한다.

1. 순수한 신규개업자 및 폐업 후 1년 이내에 사업개시자
2. 과세사업에서 면세사업으로 전환하거나 그 반대로 전환하는 자
3. 과세사업 폐업 후 면세사업 재개업자, 면세사업 폐업 후 과세사업 재개업자

② 사업자등록번호는 10자리(×××-××-×××××)로 구성되고 다음 각 호의 기준에 의해 부여한다.

1. 청·서코드(3자리) 순수한 신규개업자(폐업 후 재개업이 아닌 자)에게만 사업자등록번호 최초 부여관서의 청·서코드를 부여하며 관서 간 세적이전, 관할구역변경의 경우에는 청·서코드 변경을 하지 아니한다.
2. 개인·법인 구분코드(2자리)
   가. 개인구분코드
      (1) 개인과세사업자 특정동 구별 없이 01부터 79까지를 순차적으로 부여
      (2) 개인면세사업자 산업구분 없이 90부터 99까지를 순차적으로 부여
      (3) 「소득세법」 제1조 제3항에 해당하는 법인이 아닌 종교단체 ········ 89
      (4) 「소득세법」 제1조 제3항에 해당하는 자로서 "(3)" 이외의 자(아파트관리사무소 등)및 영 제7조 제6항의 규정에 의하여 등록한 다단계판매업자 ········ 80
   나. 법인성격코드:법인에 대하여는 성격별 코드를 구분하여 사용한다.
      (1) 영리법인의 본점 ········ 81, 86, 87, 88
      (2) 비영리법인의 본점 및 지점(법인격 없는 사단, 재단, 기타단체 중법인으로 보는 단체를 포함) ········ 82
      (3) 국가, 지방자치단체, 지방자치단체조합 ········ 83
      (4) 외국법인의 본·지점 및 연락사무소 ········ 84
      (5) 영리법인의 지점 ········ 85
3. 일련번호코드(4자리) 과세사업자(일반과세자·간이과세자), 면세사업자, 법인사업자별로 등록 또는 지정일자순으로 사용가능한 번호를 0001~9999로 부여한다. 다만, 비영리법인의 본·지점은 등록 또는 지정일자순으로 0001~5999로 부여하고, 「국세기본법」 제13조 제2항의 규정에 의하여 법인으로 보는 단체는 6000~9999로 부여한다.
4. 검증번호(1위) 전산시스템에 의하여 사업자등록번호의 오류 여부를 검증하기 위하여 1위의 검증번호를 부여한다.

③ 폐업 후 재개업의 경우에도 종전의 사업자등록번호를 변경 없이 사용한다. 다만, 2개 이상의 사업자등록번호를 가진 사업자가 폐업하고 추후 사업자등록을 신청하는 경우에는 사업자등록신청일로부터 1년이 경과한 등록번호 중 가장 최근에 폐업한 사업장의 사업자등록번호부터 소급하여 순차적으로 부여한다. 이 경우 공동사업자에게 부여하였던 사업자등록번호는 재사용하지 아니한다.

2. 등록의 거부와 직권등록

(1) 등록의 거부

사업개시 전 사업자등록의 신청을 받은 세무서장은 신청자가 사업을 사실상 개시하지 아니할 것이라고 인정되는 때에는 사업자등록을 거부할 수 있다(부령 11 ⑦). 이러한 사업자등록의 거부는 사업개시 전에 사업자등록을 신청한 경우에만 할 수 있다.

(2) 직권등록

사업자가 사업자등록을 하지 아니하는 경우에는 관할세무서장이 조사하여 직권으로 등록시킬 수 있다(부령 11 ⑥).

[별지 제4호서식] (2022. 3. 18. 개정)

홈택스(www.hometax.go.kr)에서도 신청할 수 있습니다.

사업자등록 신청서(개인사업자용)
(법인이 아닌 단체의 고유번호 신청서)

※ 사업자등록의 신청 내용은 영구히 관리되며, 납세 성실도를 검증하는 기초자료로 활용됩니다.
아래 해당 사항을 사실대로 작성하시기 바라며, 신청서에 본인이 자필로 서명해 주시기 바랍니다.
※ [ ]에는 해당하는 곳에 √표를 합니다.

(앞쪽)

접수번호		처리기간	2일(보정 기간은 불산입)

1. 인적사항

상호(단체명)		연락처	(사업장 전화번호)
성명(대표자)			(주소지 전화번호)
주민등록번호			(휴대전화번호)
			(FAX 번호)
사업장(단체) 소재지			층 호
사업장이 주소지인 경우 주소지 이전 시 사업장 소재지 자동 정정 신청			([ ]여, [ ]부)

2. 사업장 현황

업 종	주업태		주종목		주생산 요소		주업종 코드	개업일	종업원 수
	부업태		부종목		부생산 요소		부업종 코드		

사이버몰 명칭		사이버몰 도메인	

사업장 구분	자가 면적	타가 면적	사업장을 빌려준 사람 (임대인)			임대차 명세		
			성 명 (법인명)	사업자 등록번호	주민(법인) 등록번호	임대차 계약기간	(전세) 보증금	월세(차임)
	㎡	㎡				. . . ~ . . .	원	원

허가 등 사업 여부	[ ]신고 [ ]등록 [ ]허가 [ ]해당 없음	주류면허	면허번호	면허신청
				[ ]여 [ ]부
개별소비세 해당 여부	[ ]제조 [ ]판매 [ ]입장 [ ]유흥	사업자 단위 과세 적용 신고 여부	[ ]여 [ ]부	
사업자금 명세 (전세보증금 포함)	자기자금 원	타인자금	원	
간이과세 적용 신고 여부	[ ]여 [ ]부	간이과세 포기 신고 여부	[ ]여 [ ]부	
전자우편주소		국세청이 제공하는 국세정보 수신동의	[ ]문자(SMS) 수신에 동의함(선택) [ ]전자우편 수신에 동의함(선택)	

그 밖의 신청사항	확정일자 신청 여부	공동사업자 신청 여부	사업장소 외 송달장소 신청 여부	양도자의 사업자등록번호 (사업양수의 경우에만 해당함)
	[ ]여 [ ]부	[ ]여 [ ]부	[ ]여 [ ]부	
신탁재산 여부	[ ]여 [ ]부	신탁재산의 등기부상 소재지 또는 등록부상 등록지		

210mm×297mm[백상지(80g/㎡) 또는 중질지(80g/㎡)]

3. 사업자등록 신청 및 사업 시 유의사항 (아래 사항을 반드시 읽고 확인하시기 바랍니다)

가. 다른 사람에게 사업자명의를 빌려주는 경우 사업과 관련된 각종 세금이 명의를 빌려준 사람에게 나오게 되어 다음과 같은 불이익이 있을 수 있습니다.

1) 조세의 회피 및 강제집행의 면탈을 목적으로 자신의 성명을 사용하여 타인에게 사업자등록을 할 것을 허락하거나 자신 명의의 사업자등록을 타인이 이용하여 사업을 영위하도록 한 자는 「조세범 처벌법」 제11조제2항에 따라 1년 이하의 징역 또는 1천만원 이하의 벌금에 처해집니다.

2) 소득이 늘어나 국민연금과 건강보험료를 더 낼 수 있습니다.

3) 명의를 빌려간 사람이 세금을 못 내게 되면 체납자가 되어 소유재산의 압류·공매처분, 체납명세의 금융회사 등 통보, 출국규제 등의 불이익을 받을 수 있습니다.

나. 다른 사람의 명의로 사업자등록을 하고 실제 사업을 하는 것으로 확인되는 경우 다음과 같은 불이익이 있을 수 있습니다.

1) 조세의 회피 또는 강제집행의 면탈을 목적으로 타인의 성명을 사용하여 사업자등록을 하거나 타인 명의의 사업자등록을 이용하여 사업을 영위한 자는 「조세범 처벌법」 제11조제1항에 따라 2년 이하의 징역 또는 2천만원 이하의 벌금에 처해집니다.

2) 「부가가치세법」 제60조제1항제2호에 따라 사업 개시일부터 실제 사업을 하는 것으로 확인되는 날의 직전일까지의 공급가액 합계액의 1%에 해당하는 금액을 납부세액에 더하여 납부해야 합니다.

3) 「주민등록법」 제37조제10호에 따라 다른 사람의 주민등록번호를 부정하게 사용한 자는 3년 이하의 징역 또는 3천만원 이하의 벌금에 처해집니다.

다. 귀하가 재화 또는 용역을 공급하지 않거나 공급받지 않고 세금계산서 또는 계산서를 발급하거나 발급받은 경우 또는 이와 같은 행위를 알선·중개한 경우에는 「조세범 처벌법」 제10조제3항 또는 제4항에 따라 3년 이하의 징역 또는 공급가액에 부가가치세의 세율을 적용하여 계산한 세액의 3배 이하에 상당하는 벌금에 처해집니다.

라. 신용카드 가맹 및 이용은 반드시 사업자 본인 명의로 해야 하며 사업상 결제목적 외의 용도로 신용카드를 이용할 경우 「여신전문금융업법」 제70조제3항제2호부터 제6호까지의 규정에 따라 3년 이하의 징역 또는 2천만원 이하의 벌금에 처해집니다.

창업자 멘토링 서비스	신청 여부	[ ]여 [ ]부

※ 세무대리인을 선임하지 못한 경우 신청 가능하며, 서비스 제공 요건을 충족하지 못한 경우 서비스가 제공되지 않을 수 있음

대리인이 사업자등록신청을 하는 경우에는 아래의 위임장을 작성하시기 바랍니다.

위 임 장	본인은 사업자등록 신청과 관련한 모든 사항을 아래의 대리인에게 위임합니다. 본 인: (서명 또는 인)		
대리인 인적사항	성명	주민등록번호	전화번호	신청인과의 관계

위에서 작성한 내용과 실제 사업자 및 사업내용 등이 일치함을 확인하며, 「부가가치세법」 제8조제1항·제3항, 제61조제3항, 같은 법 시행령 제11조제1항·제2항, 제109조제4항, 같은 법 시행규칙 제9조제1항·제2항 및 「상가건물 임대차보호법」 제5조제2항에 따라 사업자등록 ([ ]일반과세자[ ]간이과세자[ ]면세사업자[ ]그 밖의 단체) 및 확정일자를 신청합니다.

년 월 일

신청인: (서명 또는 인)

위 대리인: (서명 또는 인)

세무서장 귀하

신고인 제출서류	1. 사업허가증 사본, 사업등록증 사본 또는 신고확인증 사본 중 1부(법령에 따라 허가를 받거나 등록 또는 신고를 해야 하는 사업의 경우에만 제출합니다) 2. 임대차계약서 사본 1부(사업장을 임차한 경우에만 제출합니다) 3. 「상가건물 임대차보호법」이 적용되는 상가건물의 일부분을 임차한 경우에는 해당 부분의 도면 1부 4. 자금출처명세서 1부(금지금 도매 · 소매업, 과세유흥장소에서의 영업, 액체연료 및 관련제품 도매업, 기체연료 및 관련제품 도매업, 차량용 주유소 운영업, 차량용 가스 충전업, 가정용 액체연료 소매업, 가정용 가스연료 소매업, 재생용 재료 수집 및 판매업을 하려는 경우에만 제출합니다) 5. 신탁계약서 1부 6. 주택임대사업을 하려는 경우 「소득세법 시행규칙」 별지 제106호서식의 임대주택 명세서 1부 또는 임대주택 명세서를 갈음하여 「민간임대주택에 관한 특별법 시행령」 제4조제5항에 따른 임대사업자 등록증 사본 1부	수수료 없음

유의사항

사업자등록을 신청할 때 다음 각 호의 사유에 해당하는 경우에는 붙임의 서식 부표에 추가로 적습니다.
1. 공동사업자가 있는 경우
2. 사업장 외의 장소에서 서류를 송달받으려는 경우
3. 사업자 단위 과세 적용을 신청하려는 경우(2010년 이후부터 적용)

[별지 제4호서식 부표 1] (2021. 3. 16. 개정)

[ ] 공동사업자 명세
[ ] 서류를 송달받을 장소

※ [ ]에는 해당되는 곳에 √표를 합니다.

1. 인적사항

상호(단체명)	
성명(대표자)	
주민등록번호	
사업장(단체) 소재지	

2. 공동사업자 명세

출자금	원	성립일		
성명	주민등록번호	지분율	관계	출자공동사업자여부

* 소득분배비율과 지분율이 다른 경우에는 소득분배비율을 적습니다.
* 출자공동사업자란 「소득세법 시행령」 제100조제1항에 따라 경영에는 참여하지 않고 출자만 하는 공동사업자를 말합니다.

3. 서류를 송달받을 장소

「국세기본법」 제9조 및 같은 법 시행령 제5조에 따라 사업장이 아닌 다음 장소에서 서류를 송달받고자 합니다.
이 신청서로 등록신청한 사업장에 대하여 발생되는 고지서나 신고안내문 등의 송달주소로 활용됩니다.

- 구분 : [ ] 1.주민등록상 주소 [ ] 2.기타 (전화번호 :)

※ 주민등록상 주소를 선택한 경우 「주민등록법」 제16조에 따라 주소가 이전되면 송달주소가 이전된 주소로 자동으로 변경되는 것에 동의하는 경우 아래의 동의함에 체크하여 주시기 바랍니다.

[ ] 동의함 [ ] 동의하지 않음

송달받을 장소	주소	
	전화번호	
사유		

210㎜×297㎜[백상지(80g/㎡) 또는 중질지(80g/㎡)]

[별지 제73호서식] <개정 2023. 3. 20.>

홈택스(www.hometax.go.kr)에서도 신고할 수 있습니다. (앞쪽)

접수번호	[ ] 법인설립신고 및 사업자등록신청서 [ ] 국내사업장설치신고서(외국법인)	처리기간
		2일 (보정기간은 불산입)

귀 법인의 사업자등록신청서상의 내용은 사업내용을 정확하게 파악하여 근거과세의 실현 및 사업자등록 관리업무의 효율화를 위한 자료로 활용됩니다. 아래의 사항에 대하여 사실대로 작성하시기 바라며 신청서에 서명 또는 인감(직인)날인하시기 바랍니다

1. 인적사항

법 인 명(단체명)		승인법인고유번호 (폐업당시 사업자등록번호)	
대 표 자		주민등록번호	-
사업장(단체)소재지		층 호	
전 화 번 호	(사업장)	(휴대전화)	

2. 법인현황

법인등록번호	-	자본금	원	사업연도	월 일 ~ 월 일

법 인 성 격 (해당란에 ○표)

내 국 법 인							외 국 법 인			지점(내국법인의 경우)			분할신설법인	
영리일반	영리외투	신탁재산	비영리	국가지방자치	법인으로 보는 단체		지점(국내사업장)	연락사무소	기타	여	부	본점사업자등록번호	분할전 사업자등록번호	분할연월일
					승인법인	기타								

조합법인 해당 여부		사업자단위 과세 여부		법인과세 신탁재산		공 익 법 인						외국·외투법인	국 적	투자비율
여	부	여	부	여	부	해당여부		사업유형	주무부처명	출연자산여부				
						여	부			여	부			

3. 법인과세 신탁재산의 수탁자(법인과세 신탁재산의 설립에 한함)

법 인 명(상호)		사 업 자 등 록 번 호	
대 표 자		주 민 등 록 번 호	
사 업 장 소 재 지			

4. 외국법인 내용 및 관리책임자 (외국법인에 한함)

외 국 법 인 내 용

본점	상 호	대 표 자	설 치 년 월 일	소 재 지

관 리 책 임 자

성 명 (상 호)	주민등록번호 (사업자등록번호)	주 소 (사업장소재지)	전 화 번 호

5. 사업장현황

사 업 의 종 류						사업(수익사업) 개 시 일
주업태	주 종 목	주업종코드	부업태	부 종 목	부업종코드	
						년 월 일

사이버몰 명칭		사이버몰 도메인	

사업장 구분 및 면적		도면첨부		사업장을 빌려준 사람(임대인)			
자가	타가	여	부	성 명(법인명)	사업자등록번호	주민(법인)등록번호	전화번호
㎡	㎡						

임 대 차 계 약 기 간	(전세)보증금	월 세(부가세 포함)
20 . . . ~ 20 . . .	원	원

개 별 소 비 세				주 류 면 허			부가가치세 과세사업		인·허가 사업 여부			
제 조	판 매	장 소	유흥	면 허 번 호	면 허 신 청		여	부	신고	등록	인·허가	기타
					여	부						

설립등기일 현재 기본 재무상황 등

자산 계	유동자산	비유동자산	부채 계	유동부채	비유동부채	종업원수
천원	천원	천원	천원	천원	천원	명

전자우편주소		국세청이 제공하는 국세정보 수신동의 여부	[ ] 문자(SMS) 수신에 동의함(선택) [ ] 이메일 수신에 동의함(선택)

210mm×297mm[백상지 80g/㎡ 또는 중질지 80g/㎡]

(뒤쪽)

6. 사업자등록신청 및 사업 시 유의사항(아래 사항을 반드시 읽고 확인하시기 바랍니다)

가. 사업자등록 **명의를 빌려주는 경우 해당** 법인에게 부과되는 각종 세금과 과세자료에 대하여 소명 등을 해야 하며, 부과된 세금의 체납 시 **소유재산의 압류·공매처분, 체납내역 금융회사 통보, 여권발급제한, 출국규제** 등의 불이익을 받을 수 있습니다.

나. 내국법인은 주주(사원)명부를 작성하여 비치해야 합니다. 주주(사원)명부는 사업자등록신청 및 법인세 신고 시 제출되어 지속적으로 관리되므로 사실대로 작성해야 하며, 주주명의를 대여하는 경우에는 **양도소득세 또는 증여세**가 과세될 수 있습니다.

다. 사업자등록 후 정당한 사유 없이 **6개월이 경과할 때까지 사업을 개시**하지 아니하거나 **부가가치세 및 법인세를 신고하지 아니하거나 사업장을 무단 이전**하여 실지사업여부의 확인이 어려울 경우에는 **사업자등록이 직권으로 말소**될 수 있습니다.

라. **실물거래 없이 세금계산서 또는 계산서를 발급하거나 수취하는 경우** 「조세범처벌법」 제10조제3항 또는 제4항에 따라 해당 법인 및 대표자 또는 관련인은 **3년 이하의 징역 또는 공급가액 및 그 부가가치세액의 3배 이하에 상당하는 벌금에 처하는 처벌**을 받을 수 있습니다.

마. 신용카드 가맹 및 이용은 반드시 사업자 본인 명의로 해야 하며 **사업상 결제목적 이외의 용도로 신용카드를 이용할 경우** 「여신전문금융업법」 제70조제2항에 따라 **3년 이하의 징역 또는 2천만원 이하의 벌금에 처하는 처벌을 받을 수 있습니다.**

바. 공익법인의 경우 공익법인에 해당하게 된 날부터 **3개월 이내에 전용계좌를 개설**하여 **신고**해야 하며, **공익목적사업과 관련한 수입과 지출금액**은 반드시 신고한 **전용계좌를 사용**해야 합니다.(미이행시 가산세가 부과될 수 있습니다.)

사. 「정보통신망 이용촉진 및 정보보호 등에 관한 법률」 제2조제1항제1호에 따른 정보통신망을 이용하여 가상의 업무공간에서 사업을 수행하는 사업자의 경우 그 법인의 등기부에 따른 본점이나 주사무소의 소재지(국내에 본점 또는 주사무소가 있지 않은 경우에는 사업을 실질적으로 관리하는 장소의 소재지)를 "사업장(단체)소재지"란에 기재할 수 있습니다.

신청인의 위임을 받아 대리인이 사업자등록신청을 하는 경우 아래 사항을 적어 주시기 바랍니다.

대 리 인 인적사항	성 명		주민등록번호	
	주 소 지			
	전화 번호		신청인과의 관계	

신청 구분	[ ] 사업자등록만 신청 [ ] 사업자등록신청과 확정일자를 동시에 신청 [ ] 확정일자를 이미 받은 자로서 사업자등록신청 (확정일자 번호:)

신청서에 적은 내용과 실제 사업내용이 일치함을 확인하고, 「법인세법」 제75조의12제3항·제109조·제111조, 같은 법 시행령 제152조부터 제154조까지, 같은 법 시행규칙 제82조제7항제11호 및 「상가건물 임대차보호법」 제5조제2항에 따라 법인설립 및 국내사업장설치 신고와 사업자등록 및 확정일자를 신청합니다.

년 월 일

신 청 인 (인)

위 대 리 인 (서명 또는 인)

세무서장 귀하

첨부 서류	1. 정관 1부(외국법인만 해당합니다) 2. 임대차계약서 사본(사업장을 임차한 경우만 해당합니다) 1부 3. 「상가건물 임대차보호법」의 적용을 받는 상가건물의 일부를 임차한 경우에는 해당 부분의 도면 1부 4. 주주 또는 출자자명세서 1부 5. 사업허가·등록·신고필증 사본(해당 법인만 해당합니다) 또는 설립허가증사본(비영리법인만 해당합니다) 1부 6. 현물출자명세서(현물출자법인의 경우만 해당합니다) 1부 7. 자금출처명세서(금지금 도·소매업, 액체·기체연료 도·소매업, 재생용 재료 수집 및 판매업, 과세유흥장소에서 영업을 하려는 경우에만 제출합니다) 1부 8. 본점 등의 등기에 관한 서류(외국법인만 해당합니다) 1부 9. 국내사업장의 사업영위내용을 입증할 수 있는 서류(외국법인만 해당하며, 담당 공무원 확인사항에 의하여 확인할 수 없는 경우만 해당합니다) 1부 10. 신탁 계약서(법인과세 신탁재산의 경우만 해당합니다) 1부 11. 사업자단위과세 적용 신고자의 종된 사업장 명세서(법인사업자용)(사업자단위과세 적용을 신청한 경우만 해당합니다) 1부

작성방법

사업장을 임차한 경우 「상가건물 임대차보호법」의 적용을 받기 위해서는 사업장 소재지를 임대차계약서 및 건축물관리대장 등 공부상의 소재지와 일치되도록 구체적으로 적어야 합니다.
(작성 예) ○○동 ○○○○번지 ○○호 ○○상가(빌딩) ○○동 ○○층 ○○○○호

210㎜×297㎜[백상지 80g/㎡ 또는 중질지 80g/㎡]

[별지 제8호서식]

홈택스(www.hometax.go.kr)에서도 신청할 수 있습니다.

다단계판매원 (등록 · 폐업) 현황신고서

접수번호	접수일	처리기간 즉시

다단계 판매업자 인적사항		
	사업자등록번호	다단계판매원 총괄번호
	상호	성명
	사업장 소재지 (연락처:)	
	업태	종목

다단계판매원 등록 및 폐업 현황

등록번호	판매원 등록일	판매원 폐업일	성명	주민등록번호	비고

「부가가치세법 시행령」 제11조제8항에 따라 우리 업체에 다단계판매원으로 등록한 다단계판매원의 등록 및 폐업 현황을 제출합니다.

년 월 일

신고인 (서명 또는 인)

세무서장 귀하

첨부서류	없음	수수료 없음

210mm×297mm[백상지 80g/㎡(재활용품)]

[별지 제6호서식]

자금출처명세서

접수번호	접수일	처리기간 즉시

1. 사업자 인적사항

성명(법인명)	주민등록번호
주소 또는 거소	전화번호

2. 소요 자금 명세

(천원)

합계	임대보증금 (전세금포함)	권리금	시설비	기타

* 그 밖의 명세:

3. 자금 출처 명세

(천원)

합계	자기자금						타인자금		
	계	예금 등	부동산 매각대금	동산 등 매각대금	수증	기타	계	금융기관	타인자금

* 그 밖의 자금 출처:

4. 타인자금 세부 내역

(천원, %)

☐ 금융기관

연번	은행명	계좌번호	차입금액	차입일	만기일	이자율
1						
2						

☐ 타인자금

연번	대여자		차입금액	차입일	만기일	이자율	관계
	성명(상호)	주민등록번호 (사업자등록번호)					
1							
2							

「부가가치세법 시행령」 제11조제3항에 따라 자금출처명세서를 제출합니다.

년 월 일

제출자 (서명 또는 인)

세무서장 귀하

신청인(대표자) 제출서류	1. 소요 자금을 확인할 수 있는 세금계산서, 계약서, 사업계획서 등 증명서류 2. 금융기관 차입자금은 해당 금융기관이 발행한 증명서 3. 타인자금은 채권자가 확인되는 차용증서 사본 4. 예금·적금은 통장 사본과 그 예금·적금의 자금원천이 확인되는 서류 5. 부동산 매각대금은 부동산소재지·수량 및 금액이 표시된 매매계약서 사본 6. 동산 등 매각대금은 매수자의 주소, 성명, 주민등록번호가 적힌 매매계약서 사본 또는 매수자 확인서 7. 수증은 증여자의 주소, 성명, 주민등록번호를 적은 확인서 8. 기타는 자금원천이 확인되는 서류	수수료 없음

210㎜×297㎜[백상지 80g/㎡(재활용품)]

[별지 제7호 서식(1)]

사 업 자 등 록 증

(   )

등록번호 :

① 상 호 : ② 성 명 :

③ 개 업 연 월 일 : 년 월 일 ④ 생년월일 :

⑤ 사업장 소재지 :

⑥ 사업의 종류 : 업태 종목 생산요소

⑦ 발 급 사 유 :

⑧ 공 동 사 업 자 :

⑨ 주류판매신고번호 :

⑩ 사업자 단위 과세 적용사업자 여부 : 여( ) 부( )

⑪ 전자세금계산서 전용 전자우편주소 :

년 월 일

○○세무서장 직인

국세상담이 필요할 땐 ☎ 126

210mm×297mm[백상지 120g/㎡]

[별지 제7호서식(2)]

사 업 자 등 록 증

( )

등록번호:

① 법 인 명(단 체 명):

② 대 표 자:

③ 개 업 연 월 일: 년 월 일 ④ 법인등록번호:

⑤ 사업장 소재지:

⑥ 본 점 소 재 지 :

⑦ 사 업 의 종 류: 업태 종목 생산요소

⑧ 발 급 사 유:

⑨ 주류판매신고번호:

⑩ 사업자 단위 과세 적용사업자 여부: 여( ) 부( )

⑪ 전자세금계산서 전용 전자우편주소:

년 월 일

○○세무서장 직인

국세상담이 필요할 땐 ☎126

210mm×297mm[백상지 120g/㎡]

Ⅳ 사업자등록의 정정 및 휴폐업

1. 사업자등록의 정정

(1) 원칙

사업자가 다음 중 어느 하나에 해당하는 때에는 지체 없이 사업자의 인적사항, 사업자등록의 정정사항과 그 밖의 필요한 사항을 적은 사업자등록정정신고서에 사업자등록증 및 임차한 상가건물의 해당 부분의 도면(⑧에 해당하는 경우로서 임대차의 목적물 또는 그 면적의 변경이 있거나 「상가건물임대차보호법」에 따른 상가건물의 일부분을 새로 임차하는 경우에 한정한다)을 첨부하여 세무서장(관할 또는 그 밖의 모든 세무서장을 말한다)에게 제출(국세정보통신망에 따른 제출을 포함한다)하여야 하며, 「소득세법」 및 「법인세법」의 규정에 의하여 등록한 자로서 면세사업을 영위하는 자가 추가로 과세사업을 영위하고자 하는 경우에 사업자등록정정신고서를 제출한 때에는 위 규정에 의한 등록신청을 한 것으로 본다(부령 11 ⑩, 부령 14 ①). 이 경우 사업자등록의 정정신고를 받은 세무서장은 법정기한 내(신청일 당일, 2일 이내)에 정정내용을 확인하고 사업자등록증의 기재사항을 정정하여 등록증을 재발급하여야 한다(부령 11 ①,②).

정정사유	재발급기한
① 상호를 변경하는 때 ② 통신판매업자가 사이버몰의 명칭 또는 「인터넷주소자원에 관한 법률」에 따른 인터넷 도메인이름을 변경하는 때	신청일 당일
③ 법인 또는 「국세기본법」의 규정에 의하여 법인으로 보는 단체 외의 단체의 대표자를 변경하는 때 ④ 사업의 종류에 변동이 있는 때 ⑤ 사업장(사업자단위과세사업자의 경우에는 사업자단위과세적용사업장을 말한다)을 이전하는 때 ⑥ 상속으로 인하여 사업자의 명의가 변경되는 때 ⑦ 공동사업자의 구성원 또는 출자지분의 변경이 있는 때 ⑧ 임대인, 임대차 목적물·그 면적, 보증금, 차임 또는 임대차기간의 변경이 있거나 새로이 상가건물을 임차한 때(「상가건물임대차보호법」의 규정에 의한 상가건물의 임차인이 사업자등록정정신고를 하고자 하는 경우·임차인이 확정일자를 신청하고자 하는 경우 및 확정일자를 받는 임차인에게 ③의 변경 등이 있는 경우에 한한다.) ⑨ 사업자단위과세사업자가 사업자단위과세적용사업장을 변경하는 때 ⑩ 사업자단위과세사업자가 종된 사업장을 신설 또는 이전하는 때 ⑪ 사업자단위과세사업자가 종된 사업장의 사업을 휴업하거나 폐업하는 때	신청일로부터 2일

(2) 자가사업자 사업자등록 정정 특례

사업장과 주소지가 동일한 사업자가 사업자등록신청서 또는 사업자등록정정신고서를 제출하면서 「주민등록법」에 따른 주소가 변경되면 사업장의 주소도 변경되는 것에 동의한 경우에는 사업자가 「주민등록법」에 따른 전입신고를 하면 사업자등록정정신고서를 제출한 것으로 본다(부령 14 ②).

(3) 정정신고를 이행하지 아니하는 경우 제재사항

사업자등록정정신고를 이행하지 아니하거나 지연 신고한 경우에도 발급받은 매입세금계산서 관련 매입세액은 매출세액에서 공제할 수 있고, 미등록가산세를 적용하지 아니하며, 「조세범처벌법」상 처벌대상도 아니다.[113)]

(4) 사례별 사업자등록 정정 [114)]

1) 공동사업자

공동사업자 중 일부 변경 및 탈퇴, 새로운 공동사업자 추가의 경우에는 사업자등록을 정정하여야 한다.

2) 단독사업자 → 공동사업자, 공동사업자 → 단독사업자

개인 단독사업자가 공동사업자로, 공동사업자가 개인 단독사업자로 변경되는 경우에는 사업자등록을 정정하여야 한다.

3) 관리인에 의한 회사 경영

법원의 기업회생절차개시명령을 받아 관리인 또는 관리인대리가 회사사업의 경영과 재산의 관리 및 처분을 할 경우에는 해당 관리인 또는 관리인대리를 회사의 대표자로 보아 사업자등록을 정정할 수 있다.

4) 업종 변경

제조업을 영위하던 사업자가 제조업을 폐지하고 같은 장소에서 부동산임대업을 영위하는 경우에는 업종의 변경이므로 사업자등록을 정정하여야 한다.

5) 면세사업자의 과세사업 추가

부가가치세 면세사업자로 등록한 사업자가 과세사업을 추가한 경우에는 사업자등록을 정정하여야 한다.

---

113) 부가집 8-14-2
114) 부가집 8-14-1

6) 상속으로 인한 사업자의 명의 변경

사업자의 사망으로 인하여 상속이 개시되는 때에는 상속개시 후 실질적으로 사업을 영위하는 상속인의 명의로 사업자등록을 정정하여야 한다.

7) 둘 이상의 사업장에 대한 사업자등록 정정

① 둘 이상의 사업장을 가진 사업자가 그중 한 사업장을 다른 사업장으로 이전·통합하는 경우 이전 후 통합한 사업장에서 사업자등록을 정정하여야 한다.

② 둘 이상의 독립된 부동산에 대하여 하나의 사업장으로 부동산임대업 사업자등록을 하였으나 하나의 사업체로 이용되지 않고 각각의 부동산별로 임대하고 있어 부동산등기부상 소재지별로 사업장을 분리하고자 하는 경우 기존의 사업자등록은 정정신고를 하고, 다른 부동산에 대하여는 신규로 사업자등록을 하여야 한다.

③ 법인사업자가 본점을 지점 소재지로 이전하여 통합하는 경우와 사업자 2인이 공동사업을 영위하기 위하여 기존 사업장을 통합하여 하나의 사업장으로 사용하는 경우에는 사업자등록을 정정하여야 한다.

2. 휴업·폐업

(1) 휴업과 폐업 의의[115)]

1) 휴업과 폐업의 구분

휴업과 폐업의 구분은 사업자의 영업활동 재개의사 유무, 사업장의 유지·관리상태, 그 밖의 구체적인 사실 등에 따라 판단하여야 한다.

2) 휴업

사업자가 일시적으로 주된 영업활동을 정지하였으나 장래 영업활동을 재개하고자 하는 의사를 가지고 영업시설의 유지·관리 또는 개량행위 등을 하는 것

3) 폐업

사업자가 해당 영업을 계속할 의사가 없어 영업활동을 영구적으로 종료하는 것

(2) 휴업·폐업의 신고

1) 개요

사업자가 휴업 또는 폐업하거나 사업개시 전에 사업자등록을 한 자가 사실상 사업을 개시하지 아니하게 되는 때에는 지체 없이 휴업(폐업)신고서에 사업자등록증을 첨부하여 관할세무서장에게

115) 부가집 8-13-1

제출하여야 한다(부령 13 ①,②). 다만, 사업자가 부가가치세확정신고서에 폐업연월일 및 사유를 기재하고 사업자등록증을 첨부하여 제출한 경우에는 폐업신고서를 제출한 것으로 본다(부령 13 ③). 이 경우 홈택스에 의한 휴·폐업신고가 가능하고, 허가·신고 등의 사업자는 주무관청에 휴·폐업신고가 가능하며 또한, 주무관청에 신고하여야 할 휴·폐업신고서도 세무서에 신고 가능하다.

2) 휴업일

① 원칙 : 사업장별로 그 사업을 실질적으로 휴업하는 날

② 계절적인 사업에 있어서는 그 계절이 아닌 기간을 휴업기간으로 본다.

③ 휴업한 때가 명백하지 아니한 경우에는 휴업(폐업)신고서의 접수일

3) 폐업일

① 원칙 : 사업장별로 그 사업을 실질적으로 폐업하는 날

② 해산으로 인하여 청산 중에 있는 내국법인 또는 채무자 회생 및 파산에 관한 법률에 따라 법원으로부터 회생계획인가의 결정을 받고 회생절차를 진행 중인 내국법인인 사업자는 사업을 실질적으로 폐업하는 날로부터 25일 내에 사업장 관할세무서장에게 신고하여 그 승인을 얻은 경우에 한하여 잔여재산가액 확정일(해산일로부터 365일이 되는 날까지 잔여재산가액이 확정되지 아니한 경우에는 그 해산일로부터 365일이 되는 날)

③ 폐업한 때가 명백하지 아니한 경우에는 휴업(폐업)신고서의 접수일

④ 합병으로 인한 소멸법인의 경우 : 합병법인의 변경등기일 또는 설립등기일

⑤ 분할로 인하여 사업을 폐업하는 경우 : 분할법인의 분할변경등기일(분할법인이 소멸하는 경우에는 분할신설법인의 설립등기일)

⑥ 사업개시일 전에 등록한 자로서 사업자등록을 한 날로부터 6월이 되는 날까지 재화와 용역의 공급실적이 없는 자에 대하여는 그 6월이 되는 날. 다만, 사업장의 설치기간이 6월 이상이거나 기타 정당한 사유로 인하여 사업의 개시가 지연되는 경우에는 그러하지 아니하다.

4) 합병의 경우

법인이 합병할 때에는 합병 후 존속하는 법인(신설합병의 경우에는 합병으로 설립된 법인) 또는 합병 후 소멸하는 법인(이하 "소멸법인"이라 한다)이 다음의 사항을 적은 법인합병신고서에 사업자등록증을 첨부하여 소멸법인의 폐업 사실을 소멸법인의 관할세무서장에게 신고하여야 한다(부령 13 ④).

① 합병 후 존속하는 법인 또는 합병으로 설립된 법인의 인적사항

② 소멸법인의 인적사항

③ 합병연월일

④ 그 밖의 참고 사항

5) 법령에 따라 허가를 받거나 등록 또는 신고 등을 하여야 하는 사업의 경우

법령에 따라 허가를 받거나 등록 또는 신고 등을 하여야 하는 사업의 경우에는 허가, 등록, 신고 등이 필요한 사업의 주무관청에 휴업(폐업)신고서를 제출할 수 있으며, 휴업(폐업)신고서를 받은 주무관청은 지체 없이 관할세무서장에게 그 서류를 송부(정보통신망을 이용한 송부를 포함)하여야 하고, 허가, 등록, 신고 등이 필요한 사업의 주무관청에 제출하여야 하는 해당 법령에 따른 신고서를 관할세무서장에게 제출한 경우에는 관할세무서장은 지체 없이 그 서류를 관할 주무관청에 송부하여야 한다(부령 13 ⑤).

(3) 관련 사례

1) 폐업한 후에 교부받은 수입세금계산서

수입재화에 대한 매출세액을 신고·납부하고 폐업한 후에 당해 재화에 대한 수입세금계산서를 교부받은 경우 폐업일이 속하는 과세기간의 매입세액으로 공제한다.[116)]

2) 휴업기간 중 발생한 사업장의 유지관리를 위한 매입세액

사업자가 휴업기간 중 사업장의 유지관리를 위하여 일반적인 관리업무에 대한 비용을 지출하고 교부받은 세금계산서의 매입세액은 매출세액에서 공제된다.[117)]

3) 폐업 전에 공급 관련 계약이 체결되고 폐업일 이후 인도되는 재화의 공급시기

재화의 공급과 관련한 계약체결이 폐업 전에 이루어지고 폐업일 이후에 당해 재화가 인도되는 경우 당해 재화의 공급 시기는 폐업일로 본다.[118)]

4) 폐업자로부터 반품받는 경우 수정세금계산서 교부 안 됨

사업자가 폐업한 거래상대방(사업자가 아님)으로부터 재화를 반품받는 것은 당초에 거래한 거래상대방(사업자)이 아닌 자로부터 재화를 반품받는 경우이므로 수정세금계산서를 교부할 수 없다.[119)]

5) 폐업일 후에 교부받은 전기요금의 매입세액

사업자가 폐업일 전에 공급받은 전력에 대하여 폐업일 이후에 교부받은 세금계산서의 매입세액으로서 폐업일 전에 공급받은 것이 확인되는 것은 매입세액공제를 받을 수 있다.[120)]

6) 법인전환하면서 폐업한 개인사업자등록번호로 매입세금계산서를 수취한 경우

사업자가 전기사업자로부터 전력을 공급받고 세금계산서를 교부받음에 있어 당해 사업자가 법

116) 상담3팀-2003, 2008.09.05.
117) 상담3팀-2893, 2006.11.22
118) 서삼46015-11438, 2003.09.09
119) 부가1265-1634, 1983.08.01.
120) 부가1265-782, 1983.04.26

인설립이 완료되기까지 폐업한 개인사업자등록번호로 세금계산서를 발급받은 경우 전기사업자로부터 수정 세금계산서를 교부받은 때에는 당해 수정 세금계산서의 매입세액은 불공제 대상 매입세액에 해당하지 아니한다(공제가능).[121)]

3. 등록말소

사업자가 폐업하거나 다음의 사유에 따라 등록한 후 사실상 사업을 시작하지 아니하게 되는 경우에는 사업장 관할세무서장은 지체 없이 그 등록을 말소하여야 한다(부법 8 ⑧, 부령 15 ②).

① 폐업(사실상 폐업한 경우로서 대통령령으로 정하는 경우를 포함한다)한 경우

② 신규로 사업을 시작하려는 자가 사업개시일 이전에 사업자등록신청을 하였으나 사실상 폐업항ㄴ 경우 및 사실상 사업을 시작하지 아니하게 되는 경우로서 다음에 해당하는 사유로 사실상 사업을 시작하지 아니하게 되는 경우

㉠ 사업자가 사업자등록을 한 후 정당한 사유 없이 6개월 이상 사업을 시작하지 아니하는 경우

㉡ 사업자가 부도발생, 고액체납 등으로 도산하여 소재 불명인 경우

㉢ 사업자가 인가·허가 취소 또는 그 밖의 사유로 사업을 수행할 수 없어 사실상 폐업상태에 있거나 사실상 사업을 시작하지 아니하는 경우로 볼 수 있는 경우

㉣ 사업자가 정당한 사유 없이 계속하여 둘 이상의 과세기간에 걸쳐 부가가치세를 신고하지 아니하고 사실상 폐업상태에 있는 경우

㉤ 그 밖에 사업자가 ㉠부터 ㉣까지의 규정과 유사한 사유로 사실상 폐업상태에 있거나 사실상 사업을 시작하지 아니하는 경우

4. 사업자등록의 갱신

관할세무서장은 부가가치세 업무의 효율적인 처리를 위하여 필요하다고 인정하는 때에는 사업자등록증을 갱신발급할 수 있다(부령 16).

5. 법인의 사업자등록 등(법법 111)

(1) 개요

신규로 사업을 개시하는 법인은 사업장마다 당해 사업의 개시일로부터 20일 내에 관할세무서장에게 사업자등록신청서를 제출하여야 한다. 또한 사업자등록은 통상 사업개시일로부터 20일 이내에 하나, 필요한 경우는 사업개시일 전이라도 등록할 수 있다.

121) 부가-367, 2013.04.30.

(2) 법인설립 전 사업자등록

법인사업자가 당해 법인의 설립등기 전 또는 사업의 허가·등록이나 신고 전에 등록을 하는 때에는 법인설립을 위한 발기인의 주민등록표등본 또는 사업허가(등록)신청서 사본 또는 사업신고서 사본이나 사업계획서를 제출한다.[122)]

(3) 폐업법인의 사업자등록 재신청 시 처리방법

① 폐업일로부터 1년이 지난 경우 : 법인 폐업 후 재개업에 의한 신청으로 처리하며 개업일은 재개업일로 한다.

② 폐업일로부터 1년이 안 된 경우 : 폐업취소 처리 후 정정사항이 있으면 정정신고로 처리한다.

(4) 공동대표이사의 경우 사업자등록증 기재방법

법인의 등기부상에 2인 이상이 대표이사로 등재되어 있는 경우에는 사업자등록증의 대표자란에 대표이사로 등기된 자 전원을 기재하여야 하고, 2인 이상의 대표이사가 담당사무별로 사실상 대표권을 행사하고 있는 경우에는 사업자등록증의 교부사유란에 각자의 담당사무를 기재하여야 한다.[123)]

(5) 사업자등록증의 교부대상

사업자등록증은 법인세 납세의무가 있는 영리법인(지점 및 사업장을 포함한다)과 수익사업을 영위하는 비영리법인에 한하여 교부할 수 있다.[124)]

(6) 고유번호의 부여

수익사업 등이 없는 비영리법인 및 국가·지방자치단체 등은 법인세 납세대상인 사업을 수행하지 않으므로 사업자등록증을 교부할 필요가 없으나, 과세자료를 효율적으로 처리하기 위하여 등록번호에 준하는 고유번호를 부여할 수 있다.[125)]

(7) 회생절차개시 시 사업자등록증의 정정

회사가 「채무자 회생 및 파산에 관한 법」에 따라 회생절차개시명령을 받아 관리인 또는 관리인 대리가 회사사업의 경영과 재산의 관리 및 처분을 할 경우에는 해당 관리인 또는 관리인 대리를 회사의 대표자로 보아 사업자등록을 정정할 수 있다.[126)]

---

122) 서면상담3팀-585, 2005.05.02
123) 법기통 111-154-1
124) 법기통 111-154-2
125) 법기통 111-154-3
126) 법기통 8-14-2

[별지 제11호서식] (2021. 3. 16. 개정)

홈텍스(www.hometax.go.kr)에서도 신청할 수 있습니다.

[ ] 사업자등록 정정신고서
[ ] 법인이 아닌 단체의 고유번호 정정신고서

※ 뒤쪽의 작성방법을 읽고 작성하시기 바라며, [ ]에는 해당되는 곳에 √표를 합니다. (앞쪽)

접수번호	변경 연월일	처리기간 즉시(2일)

인적 사항	상호(법인명) (단체명)	사업자등록번호	
	성명(대표자)	연락처	(사업장 전화번호)
			(주소지 전화번호)
			(휴대전화번호)

정정할 사항

신고 내용

상 호(법인명) (단 체 명)	연락처	사업장 전화번호	주소지 전화번호	휴대전화번호

성 명(대 표 자)	주민등록번호 (법인등록번호)	-	본점 대표자 변경 시 지점 또는 종된 사업장 일괄정정 (법인사업자만 기재)	[ ]동의함 [ ]동의하지 않음

총괄사업장 소재지	층	호
사 업 장 소 재 지 (임 대 차 부 동 산)		
사업장이 주소지인 경우 주소지 이전 시 사업장 소재지 자동 정정 신청	([ ]여, [ ]부)	

전자우편 주소	국세청이 제공하는 국세정보 수신동의	[ ]문자(SMS) 수신에 동의함(선택) [ ]전자우편 수신에 동의함(선택)

사 업 의 종 류

구 분	주업태	주종목	주업종 코드	부 업 태	부 종 목	부업종 코드
추가할 사항						
삭제할 사항						

사이버몰 명칭		사이버몰 도메인	

사업장 구분 및 면적		도면 첨부		사업장을 빌려준 사람(임대인)		
자 가	타 가	여	부	성 명(법 인 명)	사업자등록번호	주민(법인)등록번호
㎡	㎡					

임대차 계약기간	(전 세)보 증 금	월 세(차 임)
. . . ~ . . .	원	원

주 류 면 허			개별소비세(해당란에 ○표)				부가가치세 해당 여부 ※법인사업자만 적음	
면 허 번 호	면 허 신 청		제 조	판 매	장 소	유 흥	여	부
	여	부						

공동사업자명세	출자금	원	변경일			변경 구분(해당란에 ○표)		
	성 명	주민등록번호	지분율	관 계	출자공동사업자여부	성 립	지분 변경	탈 퇴
		-						
		-						

210㎜×297㎜[백상지(80g/㎡) 또는 중질지(80g/㎡)]

(뒤쪽)

서류를 송달받을 장소 신고 (개인사업자만 기재)	「국세기본법」 제9조 및 같은 법 시행령 제5조에 따라 사업장이 아닌 다음 장소에서 서류를 송달받으려 합니다. 이 신청서로 등록 신청한 사업장에 대해 발생되는 고지서나 신고안내문 등의 송달 주소로 활용됩니다.	
	사업자 단위 과세 적용 종된 사업장 정정신고 여부	[ ]여 [ ]부
	송달받을 장소	[ ] 주소지 [ ] 기 타 ( ) ※ 주민등록상 주소를 선택한 경우 「주민등록법」 제16조에 따라 주소가 이전되면 송달주소가 이전된 주소로 자동으로 변경되는 것에 동의하는 경우 아래의 동의함에 √표를 합니다. [ ] 동의함 [ ] 동의하지 않음
	신 고 이 유	

신고 구분	[ ]사업자등록 정정만 신고 [ ]사업자등록 정정신고와 확정일자를 동시에 신청 [ ]확정일자를 이미 받은 자로서 사업자등록 정정신고(확정일자 번호:) [ ]총괄사업장을 이전 또는 변경 [ ]사업자 단위 과세 사업자로서 종된 사업장 정정 신고

납세자의 위임을 받아 **대리인이** 사업자등록 정정 신고를 하는 경우에는 아래의 **위임장을 작성하시기 바랍니다.**

위 임 장	본인은 사업자등록 정정 신고와 관련한 모든 사항을 아래의 대리인에게 위임합니다. 본인 : (서명 또는 인)	
대리인 인적사항	성 명	주민등록번호
	전화번호	납세자와의 관계

「부가가치세법」 제8조제8항, 같은 법 시행령 제14조제1항, 같은 법 시행규칙 제11조 및 「상가건물 임대차보호법」 제5조제2항에 따라 위와 같이 사업자등록 정정신고 및 확정일자를 신청합니다.

년 월 일

신고인 (서명 또는 인)

세무서장 귀하

신고인 제출서류	1. 사업자등록증 원본 2. 임대차계약서 사본(사업장을 임차한 경우에만 제출합니다) 1부 3. 「상가건물 임대차보호법」이 적용되는 상가건물의 일부분을 임차한 경우에는 해당 부분의 도면(「부가가치세법 시행령」 제14조제2항 단서에 따라 임대차 목적물 등 임대차 관련 사항의 변경 등을 이유로 정정신고를 하는 경우에만 제출합니다) 1부 4. 변경 사항이 반영된 사업허가증 사본, 사업등록증 사본 또는 신고확인증 사본 중 1부(법령에 따라 허가를 받거나 등록 또는 신고를 해야 하는 사업의 경우에만 제출합니다) 5. 자금출처명세서 1부(금지금 도매·소매업, 과세유흥장소에서의 영업, 액체연료 및 관련제품 도매업, 기체연료 및 관련제품 도매업, 차량용 주유소 운영업, 차량용 가스 충전업, 가정용 액체연료 소매업, 가정용 가스연료 소매업, 재생용 재료 수집 및 판매업을 하려는 경우에만 제출합니다)	수수료 없음
담당 공무원 확인사항	사업자등록증	

행정정보 공동이용 동의서

본인은 이 건 업무처리와 관련하여 담당 공무원이 「전자정부법」 제36조제1항에 따른 행정정보의 공동이용을 통해 위의 담당 공무원 확인 사항을 확인하는 것에 동의합니다. * 동의하지 않는 경우에는 신고인이 직접 관련 서류를 제출해야 합니다.

신고인 (서명 또는 인)

작 성 방 법

1. 「정정할 사항」란에는 사업자등록을 정정하여야 할 사항만 해당란에 적습니다.
2. 공동사업자 명세에서 소득분배비율과 지분율이 다른 경우에는 소득분배비율을 적습니다.
   출자공동사업자란 「소득세법 시행령」 제100조제1항에 따라 경영에는 참여하지 않고 출자만 하는 공동사업자를 말합니다.
3. 사업장을 임차한 경우 「상가건물 임대차보호법」의 적용을 받기 위해 사업장 소재지를 임대차계약서 및 건축물관리대장 등 공부상의 소재지와 일치되도록 구체적으로 적어야 합니다. (예시) ○○시 ○○구 ○○로 ○○ (○○(빌딩) ○○층 ○○○호, ○○동)
4. 「본점 대표자 변경 시 지점 일괄정정」 동의여부는 법인 본점사업자만 적고, 동의함을 선택하는 경우 모든 지점의 대표자가 변경 후 본점 법인대표자로 일괄 정정됩니다.(변경 전 본·지점의 대표가 동일인으로서 단독대표인 경우에만 적용됩니다)

210mm×297mm[백상지(80g/㎡) 또는 중질지(80g/㎡)]

[별지 제11호서식 부표 1] (2021. 3. 16. 개정)

사업자 단위 과세 사업자의 종된 사업장 정정신고서 (개인사업자용)

(사업자등록번호:　　　　　　　　)

※ [ ]에는 해당되는 곳에 √표를 합니다.

종된 사업장 일련번호 (　　)

상 호	사업장 소재지	종된 사업장 개설·폐업	개설일	휴업기간	폐업일
	층 호				

구 분	주 업 태	주 종 목	주업종코드	부 업 태	부 종 목	부업종코드	확정일자 신청	도면 첨부
추가할 사항								
삭제할 사항							여[ ] 부[ ]	여[ ] 부[ ]

자가 면적	타가 면적	사업장을 빌려준 사람 (임대인)			임대차명세		
		성 명 (법인명)	사업자 등록번호	주민(법인) 등록번호	임대차 계약기간	(전세) 보증금	월 세
㎡	㎡					원	원

종된 사업장 일련번호 (　　)

상 호	사업장 소재지	종된 사업장 개설·폐업	개설일	폐업일
	층 호			

구 분	주 업 태	주 종 목	주업종코드	부 업 태	부 종 목	부업종코드	확정일자 신청	도면 첨부
추가할 사항								
삭제할 사항							여[ ] 부[ ]	여[ ] 부[ ]

자가 면적	타가 면적	사업장을 빌려준 사람 (임대인)			임대차명세		
		성 명 (법인명)	사업자 등록번호	주민(법인) 등록번호	임대차 계약기간	(전세) 보증금	월 세
㎡	㎡					원	원

종된 사업장 일련번호 (　　)

상 호	사업장 소재지	종된 사업장 개설·폐업	개설일	폐업일
	층 호			

구 분	주 업 태	주 종 목	주업종코드	부 업 태	부 종 목	부업종코드	확정일자 신청	도면 첨부
추가할 사항								
삭제할 사항							여[ ] 부[ ]	여[ ] 부[ ]

자가 면적	타가 면적	사업장을 빌려준 사람 (임대인)			임대차명세		
		성 명 (법인명)	사업자 등록번호	주민(법인) 등록번호	임대차 계약기간	(전세) 보증금	월 세
㎡	㎡					원	원

210㎜×297㎜[백상지(80g/㎡) 또는 중질지(80g/㎡)]

[별지 제11호서식 부표 2] (2021. 3. 16. 개정)

사업자 단위 과세 사업자의 종된 사업장 정정신고서 (법인사업자용)

(사업자등록번호:)

※ [ ]에는 해당되는 곳에 √표를 합니다.

<table>
<tr><td rowspan="9">종된
사업장
일련번호

(   )</td><td>상 호</td><td>대표자
성명</td><td>대표자
주민등록번호</td><td>사업장 소재지</td><td rowspan="2">종된
사업장
개설・폐업</td><td>개설일</td><td>휴업기간</td><td>폐업일</td></tr>
<tr><td></td><td></td><td></td><td>층 호</td><td></td><td></td><td></td></tr>
</table>

구 분	주 업 태	주 종 목	주업종코드	부 업 태	부 종 목	부업종코드	확정일자 신청	도면 첨부
추가할 사항							여[ ] 부[ ]	여[ ] 부[ ]
삭제할 사항								

자가 면적	타가 면적	사업장을 빌려준 사람 (임대인)			임대차명세		
		성 명 (법인명)	사업자 등록번호	주민(법인) 등록번호	임대차 계약기간	(전세) 보증금	월 세
㎡	㎡					원	원

<table>
<tr><td rowspan="2">종된
사업장
일련번호

(   )</td><td>상 호</td><td>대표자
성명</td><td>대표자
주민등록번호</td><td>사업장 소재지</td><td rowspan="2">종된
사업장
개설・폐업</td><td>개설일</td><td>폐업일</td></tr>
<tr><td></td><td></td><td></td><td>층 호</td><td></td><td></td></tr>
</table>

구 분	주 업 태	주 종 목	주업종코드	부 업 태	부 종 목	부업종코드	확정일자 신청	도면 첨부
추가할사항							여[ ] 부[ ]	여[ ] 부[ ]
삭제할사항								

자가 면적	타가 면적	사업장을 빌려준 사람 (임대인)			임대차명세		
		성 명 (법인명)	사업자 등록번호	주민(법인) 등록번호	임대차 계약기간	(전세) 보증금	월 세
㎡	㎡					원	원

<table>
<tr><td rowspan="2">종된
사업장
일련번호

(   )</td><td>상 호</td><td>대표자
성명</td><td>대표자
주민등록번호</td><td>사업장 소재지</td><td rowspan="2">종된
사업장
개설・폐업</td><td>개설일</td><td>폐업일</td></tr>
<tr><td></td><td></td><td></td><td>층 호</td><td></td><td></td></tr>
</table>

구 분	주 업 태	주 종 목	주업종코드	부 업 태	부 종 목	부업종코드	확정일자 신청	도면 첨부
추가할 사항							여[ ] 부[ ]	여[ ] 부[ ]
삭제할 사항								

자가 면적	타가 면적	사업장을 빌려준 사람 (임대인)			임대차명세		
		성 명 (법인명)	사업자 등록번호	주민(법인) 등록번호	임대차 계약기간	(전세) 보증금	월 세
㎡	㎡					원	원

210㎜×297㎜[백상지(80g/㎡) 또는 중질지(80g/㎡)]

[별지 제12호서식]

사업자 단위 과세 포기신고서

접수번호	접수일	처리기간 즉시

신고인 인적사항	상호(법인명)	사업자등록번호
	성명(대표자)	전화번호
	사업장(주된 사업장) 소재지	
	업태	종목

사업자 단위 과세 적용 사업장 개수		사업자 단위 과세 포기 과세기간	.　　. 부터

신 고 내 용

구분	일련번호	사업의 종류		사 업 장 소 재 지	상 호 (법인명)
		업태	종목		
본점 또는 주사무소	0000				
종된 사업장	0001				
	0002				
	0003				
	0004				
	0005				
포기사유					

「부가가치세법 시행령」 제17조제1항에 따라 ([ ] 주사업장 총괄 납부, [ ] 각 사업장별 신고·납부)의 방법을 적용받기 위하여 사업자 단위 과세의 포기를 신고합니다.

년　　월　　일

신고인　　　　(서명 또는 인)

세무서장 귀하

첨부서류	1. 주사업장 총괄 납부의 방법을 적용받으려는 경우: 주사업장 총괄 납부 신청서 2. 각 사업장별 신고·납부의 방법을 적용받으려는 경우: 첨부서류 없음	수수료 없 음

작 성 방 법

※ 해당되는 신고사항에 [√]표시하고 작성일을 적은 후 신고인란에 서명 또는 날인하여 제출합니다.

210mm×297mm[백상지 80g/㎡(재활용품)]

[별지 제9호서식] (2022. 3. 18. 개정)

홈텍스(www.hometax.go.kr)에서도 신청할 수 있습니다.

[ ] 휴업 [ ] 폐업 신고서

접수번호	접수일	처리기간 즉시

인적사항	상호(법인명)	사업자등록번호
	성명(대표자)	전화번호
	사업장 소재지	

신고내용	휴업기간	년 월 일부터 년 월 일까지(일간)
	폐 업 일	년 월 일

휴업·폐업 사유	사업부진	행정처분	계절사업	법인전환	면세포기
	1	2	3	4	5
	면세적용	해산(합병)	양도·양수	기타	
	6	7	8	9	

사업 양도 내용 (포괄양도·양수의 경우만 적음)	양수인 사업자등록번호(또는 주민등록번호)

송달받을 장소 신고 (「국세기본법」 제9조에 따라 서류를 송달받을 장소를 신고하는 경우만 적음)	신고(변경) 후 장소
	1. 대표자 주민등록상 주소 □ 2. 기타 □ (주소: ,전화번호:)
	주민등록상 주소가 이전하는 때에 송달장소도 변경되는 것에 동의 여부 □ 동의함 □ 동의하지 않음 "주민등록상 주소"를 선택하고, 위의 동의함에 체크한 경우 대표자의 주민등록상 주소를 이전하는 때에 자동으로 송달장소가 변경됩니다(「국세기본법 시행령」 제5조제2항)

폐업자 멘토링 서비스	**신청 여부**	[ ]여 [ ]부

※ 세무대리인을 선임하지 못한 경우 신청 가능하며, 서비스 제공 요건을 충족하지 못한 경우 서비스가 제공되지 않을 수 있음

납세자의 위임을 받아 **대리인이** 휴업·폐업 신고를 하는 경우에는 아래의 **위임장을 작성하시기 바랍니다.**

위 임 장	본인은 [ ]휴업,[ ]폐업신고와 관련한 모든 사항을 아래의 대리인에게 위임합니다. 본인 : (서명 또는 인)			
대리인 인적사항	성명	주민등록번호	전화번호	신고인과의 관계

「부가가치세법」 제8조제8항 및 같은 법 시행령 제13조제1항·제2항에 따라 위와 같이([ ]휴업, [ ]폐업)하였음을 신고합니다.

년 월 일

신고인 (서명 또는 인)

세무서장 귀하

신고인(대표자) 제출서류	1. 사업자등록증 원본(폐업신고를 한 경우에만 제출합니다) 2. 사업양도·양수계약서 사본(포괄 양도·양수한 경우에만 제출합니다)	수수료 없음
담당 공무원 확인사항	사업자등록증	

행정정보 공동이용 동의서

본인은 이 건 업무처리와 관련하여 담당 공무원이 「전자정부법」 제36조에 따른 행정정보의 공동이용을 통해 위의 담당 공무원 확인 사항을 확인하는 것에 동의합니다. *동의하지 않는 경우에는 신고인이 직접 관련 서류를 제출해야 합니다.

신고인 (서명 또는 인)

참고 및 유의사항

※ 참고사항

관련 법령에 따라 허가·등록·신고 등이 필요한 사업으로서 주무관청에 제출해야 하는 해당 법령상의 신고서(예: 폐업신고서)를 함께 제출할 수 있습니다. 이 경우 세무서장은 해당 신고서를 주무관청에 보냅니다.

※ 유의사항

1. 휴업기간 중에도 제세신고 기한이 도래하면, 부가가치세 등 확정신고·납부를 해야 합니다.
2. 폐업하는 사업자는 과세기간 개시일부터 폐업일까지의 사업실적과 잔존 재화에 대해 **폐업일이 속한 달의 말일부터 25일 이내**에 부가가치세 확정신고·납부를 해야 합니다.

210mm×297mm[백상지 (80g/㎡) 또는 중질지 (80g/㎡)]

[별지 제10호서식] (2021. 3. 16. 개정)

법인합병신고서

접수번호	접수일	처리기간 즉시

신고인 인적사항	법인명(상호)	등록번호
	대표자명(성명)	주민(법인)등록번호
	사업장(주된 사업장) 소재지	전화번호
	업태	종목
	총괄 납부 관리번호	

신고내용		
존속법인 또는 신설법인	위 사업자와 같음	
피합병 법인	법인명	등록번호
	대표자명	주민(법인)등록번호
	사업장(주된 사업장) 소재지	
합병 연월일		

「부가가치세법」 제8조제8항 및 같은 법 시행령 제13조제4항에 따라 합병으로 인하여 폐업하였음을 신고합니다.

년 월 일

신고인 (서명 또는 인)

세무서장 귀하

첨부서류	사업자등록증	수수료 없음

210mm×297mm[백상지 80g/㎡(재활용품)]

PART Ⅱ

과세거래

CHAPTER 01

총설

제1절 부가가치세법상 과세거래

I 개요

부가가치세의 과세방식 중 우리나라 「부가가치세법」은 부가가치를 측정해서 세율을 적용하는 직접법이 아니라 간접법에 해당하는 전단계거래세액공제법을 채택하여 사업자가 재화 또는 용역을 공급하면서 거래징수 한 매출세액에서 해당 사업자가 재화 또는 용역의 공급을 받으면서 거래징수당한 매입세액을 차감하여 부가가치세를 계산하고 있으므로 「부가가치세법」에서는 과세대상을 부가가치가 아닌 거래, 즉 재화의 공급과 용역의 공급으로 규정하고 있다. 한편, 「부가가치세법」에서는 이 밖에도 재화의 수입을 과세대상으로 규정하고 있는데, 이는 소비지국 과세원칙에 따라 우리나라가 과세권을 행사함과 동시에 수입하는 물품과 국내에서 생산된 물품에 대하여 부가가치세의 중립성을 유지시킴으로써 국내산업을 보호하기 위한 것으로 이해할 수 있다(부법 4). 결국 「부가가치세법」상 과세대상, 즉 과세거래는 다음과 같이 요약된다.

① 재화의 공급과 용역의 공급

② 재화의 수입

II 「부가가치세법」상 과세거래 판단 시 유의사항

「부가가치세법」을 정리함에 있어 다음의 3가지 사항은 반드시 숙지하여야 한다.

① 재화 또는 용역의 공급은 사업자가 공급한 경우에만 과세대상이 된다. 물론 공급받는 자는 사업자 여부를 불문한다.

② 부가가치세의 납세의무는 대한민국의 주권이 미치는 범위 내에서 적용된다. 따라서 사업자가 국외에서 재화 또는 용역을 공급하는 경우에는 납세의무가 없다. 예컨대, 해외지점에서 제품을 판매하거나 해외현지의 건물을 취득하여 부동산임대를 하는 경우에는 납세의무가 없게 된다.

③ 재화의 수입은 그 수입주체가 사업자인지의 여부에 관계없이 과세대상에 포함한다. 즉, 재화수입의

경우에는 세관장이 수입자가 사업자인지 여부를 불문하고 부가가치세를 징수하여 과세관청에 납부한다. 이는 소비지국 과세원칙에 따른 과세권을 행사함과 동시에 수입품과 내국물품에 대한 부가가치세의 중립성을 유지시킴으로써 국내산업을 보호하기 위한 것이다.

제2절 과세거래의 구분

전술한 바와 같이 부가가치세의 과세대상(=과세거래)은 ① 국내에서 사업자가 공급하는 재화 또는 용역과 ② 재화의 수입이다. 그러나 실제로 「부가가치세법」에서는 면세제도를 두고 있어 면세되는 재화 또는 용역에 대해서는 부가가치세를 과세하지 않고 있다. 이를 정리하면 다음과 같다.

구분	공급자	과세·면세구분	부가가치세 과세 여부
재화 또는 용역의 공급	사업자	과세 재화 또는 용역	○
		면세 재화 또는 용역	×
재화의 수입	–	과세 재화	○
		면세 재화	×

CHAPTER 02

재화의 공급

제1절 실지공급과 간주공급

I 개요

재화의 공급에는 계약상 또는 법률상의 모든 원인에 의하여 재화를 사용 또는 소비할 수 있는 소유권(배타적 권리, 점유)을 이전하는 실질적 공급과 최종소비자의 지위에서 사업자 자신이 사용 또는 소비하거나 면세사업에 전용하는 등 일정한 사유에 해당하는 경우 재화의 공급으로 의제하는 간주공급이 있다.[1)]

- 실지공급
- 간주공급
  - 자가공급
    - 면세전용
    - 개별소비세 과세대상 소형승용자동차와 그 유지를 위한 재화
    - 직매장 반출(다른 사업장에의 반출 포함)
  - 개인적 공급
  - 사업상증여
  - 폐업 시 잔존재화

II 재화의 실질적 공급

1. 개요

(1) 의의

"재화"란 재산적 가치가 있는 모든 유체물(有體物)과 무체물(無體物)을 말한다(부법 1 ②). 과세대상이 되는 재화의 구체적 범위는 다음과 같다.

1) 부가집 9-0-1

구분	구체적 범위
유체물	원료, 상품, 제품, 비품, 기계장치, 건축물 등 모든 유형적 물건
무체물	전기, 열, 빛, 에너지 기타 관리할 수 있는 자연력
권리	영업권, 산업재산권, 광업권 등 재산적 가치가 있는 권리
기타	선하증권, 창고증권, 화물상환증 등

(2) 과세대상 재화의 공급

재화의 공급이란 계약상 또는 법률상의 모든 원인에 따라 재화를 인도 또는 양도하는 것을 말하며, 사업자가 행하는 "재화의 공급" 해당 여부는 곧 과세대상 여부를 판단하는 중요한 기준이 된다. 사업자, 재화를 수입하는 자로서 개인, 법인(국가·지방자치단체와 지방자치단체조합 포함), 법인격이 없는 사단·재단 또는 그 밖의 단체는 부가가치세를 납부할 의무가 있으며, 현행 부가가치세는 ① 사업자가 행하는 재화 또는 용역의 공급 및 ② 재화의 수입을 과세대상 거래로 하고 있다. 이 경우 권리의 양도는 재화의 공급으로 보는 반면, 권리의 대여는 용역의 공급으로 보는 것임에 주의해야 한다.

2. 재화·용역의 공급에 대한 주요 유형[2)]

부가가치세가 과세되는 재화·용역의 공급에는 다음의 거래가 포함된다.

(1) 매매

매매란 당사자 일방(매도인)이 어떤 재산권을 상대방에게 이전할 것을 약정하고 상대방(매수인)이 이에 대하여 그 대금을 지급할 것을 약정함으로써 성립되는 계약. 현금판매·외상판매·할부판매·장기할부판매·조건부 및 기한부판매·위탁판매·기타 매매계약에 의하여 재화를 인도 또는 양도하는 것을 말한다. 이 경우 매매계약은 계약서 등 정형화된 서류에 의하여 그 계약이 성사된 경우만을 지칭하는 것이 아니므로, 계약서가 존재하지 아니하더라도 실제 재화가 판매된 경우에는 매매가 성립된 것으로 본다.

(2) 가공

가공 계약 중 자기가 주요 자재의 전부 또는 일부를 부담하고 거래상대방으로부터 인도받은 재화에 공작을 가하여 새로운 재화를 만들어 공급하는 계약은 재화에 공급에 해당하며. 사업자가 주요자재를 전혀 부담하지 아니하고 상대방으로부터 인도받은 재화를 단순히 가공만 해주는 것은

2) 부가집 9-18-1

용역의 공급으로 본다. 이 경우 사업자가 위탁가공을 위하여 원자재를 "반입조건부"로 국외수탁가공사업자에게 무환반출하는 것은 재화의 공급으로 보지 않는다.[3)]

(3) 교환

1) 개요

교환이란 당사자 쌍방이 금전 이외에 재산권을 상호 이전할 것을 약정함으로써 그 효력이 생기는 계약을 말하며, 사업자가 자기의 사업과 관련하여 생산·취득한 재화를 거래상대방의 재화와 교환하는 것을 말한다.

2) 재화와 용역의 교환거래 사례[4)]

사업자가 타인 소유의 토지 위에 건물을 신축하여 일정기간 동안 사용하기로 약정하고 토지소유자의 명의로 신축건물을 보존등기하는 경우 해당 건축물의 이전은 재화의 공급에 해당한다. 그리고 토지소유자가 소유토지를 토지임차인에게 무상 또는 저리로 임대하고 해당 건축물을 이전받는 경우 부동산임대용역에 대한 공급가액은 임대차기간 동안 지급받는 대가와 그 건축물의 설치가액의 합계액을 그 임대차기간의 개월 수로 나눈 금액의 각 과세대상기간의 합계액으로 한다.

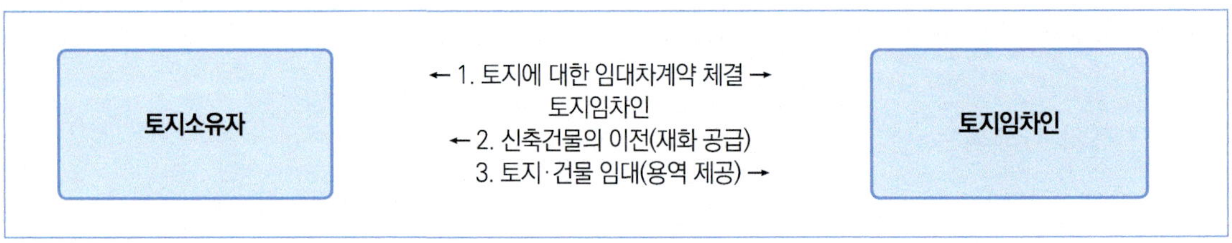

(4) 소비대차

1) 개요

소비대차란 당사자 일방(대주)이 금전 기타 대체물의 소유권을 상대방(차주)에게 이전할 것을 약정하고 상대방은 그와 같은 종류, 품질 및 수량으로 반환할 것을 약정함으로써 성립하는 계약으로, 사업자 간에 재화를 차용하여 사용·소비하고 동종 또는 이종의 재화로 반환하는 것을 말한다.

2) 재화를 차용하여 사용·소비하고 반환하는 경우

사업자 간에 상품 등의 재화를 차용하여 사용·소비하고 동종 또는 이종의 재화를 반환하는 소비대차의 경우에 당해 재화를 차용하거나 반환하는 것은 각각 재화의 공급에 해당한다.[5)]

---

3) 서삼 - 1034, 2004.05.31

4) 부가집 9-18-2

5) 부가-606, 2013.06.28

3) 제조업자가 임가공업자에게 동일 원재료를 보충해 준 경우 재화의 공급 해당 여부

원단제조업자가 원재료인 원사를 염색 임가공업체에 제공하여 염색임가공을 의뢰함에 있어 제조업자가 제공한 원재료가 부족한 경우 임가공업자 소유의 원사나 다른 제조업자가 보관해 놓은 원사로 대체하여 염색한 후에 원단제조업자가 짧은 기간내에 동일한 원사를 임가공업체에 보충해 준 경우 재화의 공급에 해당하지 아니한다.[6]

(5) 임대차

1) 개요

임대차란 당사자 일방이 상대방에게 목적물을 사용·수익하게 할 것을 약정하고 상대방이 이에 대하여 차임을 지급할 것을 약정하는 것을 말한다.

2) 임차기간 만료 시 원상복구 대가를 임대인에게 지급하는 경우

사업자가 부가가치세가 과세되는 부동산을 임차 시 임차인이 자기의 부담으로 실내장식 등을 하고 임차기간 만료 시 원상복구해 주는 조건으로 임대차 계약을 하였을 경우 임차기간 만료 시 임차인의 부담으로 원상복구를 하는 때에는 임대인에 대한 재화의 공급으로 보지 아니하는 것이나, 임차기간 만료 시 임차인이 직접 원상복구를 하지 않고 원상복구에 필요한 대가를 임대인에게 별도로 지급하는 때에는 당해 대가에 대하여 부가가치세가 과세된다.[7]

(6) 기부채납

1) 개요

기부채납이란 국가 또는 지방자치단체가 부동산 등의 소유권을 무상으로 받아들이는 것을 말하며, 기부는 「민법」상의 증여와 같고, 채납은 승낙에 해당한다. 기부채납의 대가로 일정기간 동안 재산권에 대한 무상사용·수익권을 얻는 경우에는 재화와 용역의 교환거래이다. 개인 등이 시설물을 완공하여 자기의 소유로 된 뒤에 기부채납에 의하여 비로소 소유권이 국가 등에 이전되는 경우에는 이를 재화의 공급으로 보는 것이나, 이와 달리 도시계획법 등 시설물의 기부채납 관련 법률에 의하여 그 시설물의 소유권귀속에 관한 특별규정이 있는 경우 또는 당사자 사이에 시설물의 소유권 귀속에 관한 특별한 약정이 있는 경우에는 이를 용역의 공급으로 보아야 한다.[8]

2) 기부채납의 범위(부기통 9-18-8)

① 무상사용·수익권 얻는 기부채납 : 사업자가 건물 등을 신축하여 국가 또는 지방자치단체에 기부채납하고 그 대가로 일정기간 동 건물 등에 대한 무상사용·수익권을 얻는 경우 해당 건

---

6) 법규-1557, 2011.11.25

7) 부가46015-1779, 1994.09.01

8) 대법원95누4254, 1996.05.31, 국심 2003구1166, 2003.07.16.

물 등의 공급거래는 과세대상이 된다.

② 인허가 조건부 기부채납 : 사업자가 사업을 수행하기 위한 인허가 조건에 의하여 사회기반시설 등을 국가나 지방자치단체에 기부채납하는 경우 해당 거래는 부가가치세가 면제된다.

③ 대가관계없는 기부채납 : 사업자가 생산·취득한 재화를 국가나 지방자치단체에 아무런 대가관계없이 무상으로 기부채납하는 경우 부가가치세가 면제된다.

3) 무상 사용권 연장시 기부채납

사업자가 국공유지의 토지에 건물·지하상가 등을 신축하여 국가기관 등에 소유권 이전하고 일정기간 무상으로 사용권을 취득하는 것은 물론이고, 기부채납자산의 증·개축대가로 사용수익기간을 연장받는 경우 추가로 기부채납한 부분도 재화의 공급에 해당된다.[9]

4) 법인세법상 법정기부금과의 구별

기부금이란 통상적으로 업무와 직접 관련 없이 상대방으로부터 아무런 대가를 받지 아니하고 무상으로 공여하거나 증여하는 금전 기타의 자산을 말한다. 법인세법상 기부금은 손금산입의 정도와 손금불산입에 따라 크게 법정기부금, 지정기부금, 비지정기부금으로 분류할 수 있는데, 이와 같은 기부금의 종류 중에서 법정기부금 중 국가 또는 지방자치단체에 무상으로 기증하는 금품이 기부채납과 유사하므로 기부금 중 법정기부금으로 한정하여 기부채납과의 차이점에 대해서만 살펴보기로 한다.

첫째, 법정기부금은 국가기관 등에 무상으로 기증하는 금품을 의미하고 위에서 살펴본 바와 같이 기부채납은 무상이전 또는 무상증여라는 점에서는 비슷하지만 기부채납은 기부채납의 반대급부로서 동 자산을 일정기간 독점적 배타적으로 무상사용할 수 있는 권리를 취득하는 것으로 실질적 경제적 대가관계가 있다는 점에서 경제적 대가 없이 지급하는 법정기부금과는 차이가 있다.

둘째, 「부가가치세법」상 사업자가 국가기관 등에 무상으로 공급하는 재화 또는 용역에 대하여는 부가가치세를 면제하도록 규정하고 있는 바, 사업자가 국가 등에 재화 또는 용역을 무상으로 공급하는 것이 사업성을 갖는 경우뿐만 아니라 과세사업을 영위한 자가 무상으로 국가 등에 재화 또는 용역을 공급하는 경우에도 과세하지 않겠다는 것이다. 즉 법정기부금에 대항되는 금품을 기부하는 행위에 대하여는 부가가치세가 과세되지 아니하나 기부채납자산에 해당되는 경우에는 기부채납절차가 완료된 시점에 부가가치세가 과세된다.

셋째, 손금 용인되는 한도 내의 법정기부금은 기부한 연도에 전액 손금으로 인정되지만, 기부채납은 기부채납 자산가액을 무상사용기간 동안 안분하여 감가상각비로 손금에 산입한다.

---

9) 부가22601-670, 1990.05.30

5) 기부채납자산의 손금계상

기부채납 유형	필요경비 계상방식
일정기간 무상사용	무상사용기간 안분하여 감가상각
인·허가조건부	수익비용 대응에 따라 필요경비 계상
자산취득형	자산취득가액에 가산

6) 기부채납 관련 사례

① 기부채납자산 보수공사로 무상사용수익기간이 연장된 경우 부가가치세가 과세된다.[10)]

② 사업자가 지방자치단체의 토지에 건물을 신축하여 무상사용을 조건으로 기부채납하는 경우
사업자가 지방자치단체의 토지에 건물을 신축하여 20년간 무상사용을 조건으로 기부채납하는 경우, 사업자는 지방자치단체에 재화를 공급하는 것이며, 지방자치단체는 사업자에게 부동산임대용역을 공급하는 것에 해당하여 부가가치세가 각각 과세된다.[11)]

③ 보훈단체가 보훈회관을 건립하여 지방자치단체에 무상기부 시 과세 여부 등
보훈단체가 보훈회관을 건설하여 부동산임대업에 사용하다가 해당 건물을 지방자치단체에 아무런 조건 없이 무상으로 기부채납하고, 기부채납 이후 지방자치단체가 「국가유공자 등 예우 및 지원에 관한 법률」 등 보훈 관련 법령에 따라 기부채납받은 건물 중 일부를 무상 또는 유상으로 해당 보훈단체의 사무실로 사용하도록 한 경우 해당 건물의 기부채납은 부가가치세가 면제되는 것이며, 지방자치단체의 해당 건물에 대한 유상임대는 부가가치세 과세대상에 해당한다.[12)]

④ 기부채납자산 관리운영권의 해지에 따른 해지시지급금을 지급하는 경우 부가가치세가 과세된다.[13)]

⑤ 기부채납자산이 멸실된 경우 부가가치세 신고방법[14)]

㉠ 사실관계

㉮ ○○군청은 사업시행자에게 관광지 조성사업을 목적으로 ○○군 소유토지를 무상으로 사용하게 하는 계약을 체결하고 토지의 임대용역을 제공하였음

㉯ 사업시행자는 임대 토지에 테마파크 사업시설을 BOT방식으로 건설하고 운영개시일로부터 30년간 운영 후 ○○군에 시설물을 기부채납하기로 함

㉡ 질의내용

10) 서면-2014-법령해석부가-22070[법령해석과-2097], 2015.08.26
11) 부가가치세과-1619, 2009.11.09
12) 사전-2016-법령해석부가-0146, 2016.05.23
13) 부가가치세과-313, 2012.03.22
14) 서면-2015-부가-22547[부가가치세과-2173], 2015.12.29

㉮ ○○군이 30년 후 시설물에 대한 기부채납을 받지 못할 경우 부가가치세 신고 제외 대상인지 여부

㉯ ○○군이 시설물에 대한 기부채납 시점에 천재지변 등으로 인하여 시설물이 멸실되었을 경우 기납부된 부가가치세는 환급대상인지 여부

㉰ 시설물에 대한 기부채납 시 기부되는 시점을 기준으로 가치평가액에 대한 부가가치세를 신고하는 것이 가능한지 여부

ⓒ 회신

국가 또는 지방자치단체가 「사회기반시설에 대한 민간투자법」 제2조 제7호에 따른 사업시행자로부터 사회기반시설을 무상이전받기로 하고 그 대가로 관리운영권을 부여하여 무상사용하게 하는 경우 부동산임대업에 해당하여 부가가치세를 신고납부하여야 하는 것이며, 사업시행자의 귀책으로 무상사용기간 만료 전에 해당 시설이 멸실되었더라도 수정세금계산서를 발급하지 아니한다.

⑥ 기부채납 후 면세사업에 사용하는 경우 부가가치세 과세대상 여부

부가가치세 면세사업을 영위하는 자가 그 면세사업과 관련하여 시설물을 신축하여 기부채납하고 무상사용권을 받아 그 시설물을 자기의 면세사업에 사용하는 경우 기부시설의 공급에 대하여 부가가치가 면제된다.[15]

⑦ 지방자치단체 소유 실외수영장에 시설물을 신축·사용 후 소유권이전하는 경우 과세 여부 등

지방자치단체 소유 실외수영장에 대한 관리·운영을 수탁받아 실외수영장을 자기의 책임과 계산으로 사용·수익하는 사업자가 실외수영장 편의시설인 매점, 식당으로 사용할 건물을 자기부담으로 신축하여 사용하고, 해당 수탁기간이 만료한 때에 신축한 시설물을 지방자치단체에 양도하는 경우 부가가치세가 과세되는 것이며, 그 과세표준은 시설물을 양도하는 때의 시가가 된다.[16]

⑧ 「국유철도재산의 활용에 관한 법률」 제6조의 규정에 따라 철도청장으로부터 역사부지의 점용허가를 받아 건물을 신축한 후, 건물 일부를 국가에 귀속하도록 하여 철도사업에 필요한 역무시설로 사용하게 하는 경우에 부가가치세가 과세된다.[17]

⑨ 부산 컨테이너 부두운영공사가 「항만법」 제12조에 의하여 해운항만청에 기부한 항만시설을 한국 컨테이너 「부두공단법」 제20조에 의하여 해운항만청장의 승인을 얻어 한국 컨테이너 부두공단으로부터 전대사용하는 경우에는 부가가치세가 과세된다.[18]

15) 부가가치세과-820, 2014.10.06
16) 부가가치세과-1162, 2012.11.23
17) 부가46015 - 11, 1994.01.11
18) 부가22601 - 1183, 1990.11.27

(7) 증여

1) 개요

증여란 당사자 일방이 무상으로 재산을 상대방에게 수여하는 의사를 표시하고 상대방이 이를 승낙함으로써 그 효력이 생기며, 사업자가 사업용 부동산을 타인(국가·지방자치단체·공익단체 제외)에게 증여하는 것을 말한다.

2) 구분등기된 임대사업용 건물 증여 시 과세대상 여부

두 개의 상가(201호, 204호)가 인접하여 하나의 사업자등록번호로 부동산임대업을 영위하는 사업자가 204호에 대한 임대보증금 및 대출금을 모두 승계하는 조건으로 자(子)에게 증여하고, 201호는 임대보증금 및 대출금의 2분의 1을 승계하는 조건으로 출자지분의 일부(2분의 1)를 자(子)에게 증여하고 해당 호에서 자(子)와 공동으로 사업을 영위하는 경우 201호의 증여는 출자지분의 양도로서 재화의 공급에 해당하지 아니하므로 부가가치세가 과세되지 아니하는 것이며, 사업자등록정정신고를 해야 한다.[19]

(8) 부담부증여

부담부증여란 수증자가 증여자의 채무를 인수하는 증여계약으로서 사업자가 자기 사업에 사용하던 건물을 부담부증여하는 것을 말한다.

(9) 환매조건부매매

환매조건부매매란 매도인이 매매계약과 동시에 환매할 권리를 보유한 때에는 그 영수한 대금 및 매수인이 부담한 매매비용을 반환하고 그 목적물을 돌려받을 수 있는 계약형태로서 사업자가 이러한 환매조건부계약에 따라 재화를 인도 또는 양도하는 경우에는 재화의 공급으로 본다.

(10) 경매

부가가치세 과세대상 경매거래는 「국세징수법」에 따른 공매(재화의 공급으로 보지 아니한다)·법률에 따른 경매(「민사집행법」에 따른 강제경매, 담보권실행을 위한 경매, 「민법」·「상법」 등 그 밖의 법률에 따른 경매 포함. 재화의 공급으로 보지 아니한다)을 제외한 경매로 한다,

(11) 수용

수용이란 특정한 공익사업을 위하여 개인의 재산권을 법률에 의하여 강제적으로 취득하는 것을 말한다.

19) 사전2016-0426, 2016.10.24

(12) 현물출자

1) 과세로 보는 현물출자

① 의의

현물출자란 주주가 회사설립 또는 신주발행 시에 현금 이외의 동산·부동산·채권 따위의 재산을 출자하는 것을 말한다. 회사설립 시에 현물출자를 하기 위해서는 정관에 현물출자를 하는 자의 성명과 재산의 종류·수량·가격과 이에 대하여 부여할 주식의 종류와 수를 기재하여야 한다. 현물출자로서의 재산은 동산, 부동산, 채권, 무체재산권 기타 금전적 가치가 있는 것은 무엇이든 상관없으며, 현물출자자의 경우에도 회사설립이나 신주발행의 경우에 있어서 어떠한 제한도 받지 아니하고 참여할 수 있다.

② 재화의 공급 여부 사례

사업자가 재화를 현물출자하는 것은 재화의 공급에 해당하여 부가가치세가 과세되며 사업자는 현물출자받은 업체를 공급받는 자로 하여 세금계산서를 교부하여야 하나,[20] 개인인 사업자가 법인설립을 위하여 사업장별로 그 사업에 관한 모든 권리와 의무를 포괄적으로 현물출자하는 경우(그 사업을 양수받는 자가 대가를 지급하는 때에 그 대가를 받은 자로부터 부가가치세를 징수하여 납부한 경우는 제외)에는 재화의 공급으로 보지 아니하는 '사업의 양도'로 본다(부령 23, 부칙 10-23-1 ①). 다만, 출자자가 자기의 출자지분을 타인에게 양도·상속·증여하거나 법인 또는 공동사업자가 출자지분을 현금으로 반환하는 것은 재화의 공급에 해당하지 아니하고, 법인 또는 공동사업자가 출자지분을 현물로 반환하는 것은 재화의 공급에 해당한다. 그리고 공동사업자 구성원이 각각 독립적으로 사업을 영위하기 위하여 공동사업의 사업용 고정자산인 건축물을 분할등기하는 경우 해당 건축물의 이전은 재화의 공급으로 본다(부기통 9-18-2).

2) 현물출자하는 재화의 공급시기

① 원칙

사업자가 재화를 법인에 현물출자하는 경우에는 현물출자로서의 이행이 완료되는 때를 그 공급시기로 간주한다. 이 경우 이행이 완료되는 때라 함은 「상법」 제295조 제2항의 규정에 의하여 현물출자를 하는 발기인이 출자의 목적인 재산을 인도하는 때이며, 등기·등록·기타 권리의 설정 또는 이전을 요할 경우에는 이에 관한 서류를 완비하여 교부하는 때를 말한다.[21]

② 해외 현지법인에 현물출자하는 경우

해외 자회사에 현물출자를 하기 위하여 재화를 반출하는 경우의 공급시기는 그 선적일이 된

---

20) 서면3팀-1307, 2005.08.18

21) 부가46015-3228, 2000.09.18

다.[22] 그리고 공급자가 내국신용장과 대외무역법에서 정하는 구매승인서(현행 구매확인서) 또는 수입원자재 구매승인서(현행 구매확인서)에 의하여 공급하는 재화인 경우에는 영세율이 적용되나, 그러하지 아니한 경우에는 영세율이 적용되지 아니한다. 사업자가 국내에서 외국에 소재하는 현지법인에게 현물출자하는 경우, 현물출자하는 재화에 대하여는 영의 세율이 적용되며, 동 재화의 구입에 관련된 매입세액은 자기의 매출세액에서 공제된다.[23]

③ 현물출자일이 객관적으로 확인되지 아니하는 경우

현물출자일이 객관적으로 확인되지 아니하는 경우 현물출자한 날은 당사자 간에 묵시의 합의가 성립한 날 또는 사실상 공동사업이 개시된 날 등을 밝혀 소관세무서장이 사실판단할 사항이다.[24]

3) 출자지분의 반환

출자자가 자기의 출자지분을 타인에게 양도·상속·증여하거나 법인 또는 공동사업자가 출자지분을 현금으로 반환하는 것은 재화의 공급에 해당하지 않지만, 법인 또는 공동사업자가 출자지분을 현물로 반환하는 것은 재화의 공급에 해당한다.[25] 즉, 3인의 공동사업자가 부동산임대용 건물을 신축한 후 각각 독립적으로 부동산임대업을 영위하고자 동업계약을 해지한 후 공동사업자 사업자등록증은 대표자 1인 명의로 정정하고 다른 2인은 각각 신규로 사업을 개시하는 경우에 신규로 사업을 개시하는 사업자에게 당해 부동산임대용 건물의 소유권을 분할등기하여 소유권을 이전하는 경우는 공동사업자가 출자지분을 현물로 반환하는 것에 해당하여 부가가치세가 과세되는 것이다. 이 경우 당해 공동사업자는 신규로 사업을 개시하는 2인에게 반환하는 건물의 시가 상당액을 과세표준으로 하여 세금계산서를 교부하여야 하는 것이며, 사업용 건물을 공급받는 사업자가 당해 건물을 부가가치세가 과세되는 사업에 사용할 경우에는 교부받은 세금계산서상 매입세액은 자기의 매출세액에서 공제할 수 있다.

4) 공동사업용 고정자산 건축물의 분할등기

공동사업자 구성원이 각각 독립적으로 사업을 영위하기 위하여 공동사업의 사업용 고정자산인 건축물을 분할등기하는 경우 해당 건축물의 이전은 재화의 공급으로 본다.[26]

5) 공동사업 해지로 지분반환방법에 따른 과세 여부

공동소유 건물을 갑과 을의 공동사업에 사용하다가 을이 공동사업을 탈퇴하고 을의 건물지분을 갑에게 양도하지 아니하고 무상으로 을에게 임대해 주기로 한 경우에는 건물에 대한 을의 출자

22) 서면3팀-1584, 2006.07.25
23) 부가46015-230, 1994.02.03
24) 서일46011-11709, 2003.11.25
25) 부가통 9-18-2 1,2
26) 부가통 9-18-2 3

지분을 현물로 반환한 경우에 해당하여 부가가치세가 과세된다(세금계산서 교부대상). 또한 을의 건물지분에 대해 공동사업 해지일부터 7개월 이내에 현금으로 반환(잔금청산 후 건물 소유권 이전등기)하기로 약정하고 갑이 을의 건물을 공동사업해지일부터 사용하는 경우에는 건물에 대한 을의 출자지분을 현금으로 반환하는 경우에 해당하여 부가가치세가 과세되지 않는다.[27)]

6) 부동산의 사용권만을 현물출자하는 경우

건물을 취득하여 단독으로 제조업을 영위하던 사업자 갑이 을의 출자로 공동사업을 영위하다 갑이 공동사업을 탈퇴하여 제조업은 을의 단독사업이 되고 갑은 해당 건물에서 부동산임대업을 영위하는 경우 갑이 당초에 건물을 공동사업에 현물출자하여 공동사업에 사용하다 공동사업에서 탈퇴하며 이를 현물로 반환받는 경우에는 재화의 공급으로 부가가치세가 과세되므로 공동사업자가 갑에게 세금계산서를 발급하는 것이나 갑이 건물의 소유권을 갑에게 유보한 채 그 사용권만을 공동사업에 출자한 경우에는 공동사업 탈퇴 시 현물반환으로 볼 수 없어 부가가치세가 과세되지 아니하는 것으로, 해당 사항이 어느 경우에 해당하는지는 공동사업약정 및 실제 거래내용 등을 종합적으로 고려하여 사실판단할 사항이다.[28)] 즉, 부동산에 대한 사용권을 출자하는 것은 부동산임대용역의 공급에 해당하고 출자대가를 일시에 주식으로 받는 경우 임대용역대가를 선불로 받은 경우에 해당하여 예정신고기간 종료일, 과세기간 종료일이 공급시기이며 선발행세금계산서 발급도 가능하다.[29)]

7) 출자지분의 양도

약국을 운영하는 사업자가 다른 장소에 당해 사업자의 부인과 공동으로 사업용 건물을 취득하면서 약국사업자 명의로 세금계산서를 교부받은 경우 당해 세금계산서의 매입세액은 약국사업자의 매출세액에서 공제되지 아니하는 것이고, 공동 명의로 취득한 사업용 건물의 소유지분 일부를 양도하고 새로 지분을 취득한 자와 공동으로 사업을 영위하는 경우에는 출자지분의 양도로서 재화의 공급에 해당하지 아니하는 것이나, 새로 지분을 취득한 자가 소유지분의 부동산을 공동사업에 공하지 아니하고 독립하여 별도의 사업을 영위하는 경우에는 재화의 공급에 해당되어 지분양도에 대하여는 당해 공동사업자의 명의로 세금계산서를 교부하여야 한다.[30)]

8) 출자지분의 증여

'갑'은 전자부품 제조공장을 타인 '을'과 공동으로 운영하고 있는 공동사업자(공장건물·부속토지의 등기지분율 및 소득분배율 50:50)이며, 공장건물·부속토지에 대한 '갑'의 지분 50%를 '갑'의 아들 '병'에게 증여하고자 할 때 공동사업장에서 아들 '병'에게 세금계산서를 교부하여야

---

27) 부가가치세과-894, 2010.07.14
28) 부가, 서면-2021-법령해석부가-5808[법령해석과-3919], 2021.11.11
29) 사전법령해석부가2015-25, 2015.03.20
30) 서삼46015-10984, 2003.06.20

하는지와 과세표준에 대하여 살펴보면, 사업자가 사업용 부동산을 타인에게 증여하는 경우에는 부가가치세가 과세되는 것이며, 시가를 과세표준으로 한다.[31] 한편, 공동사업의 출자자가 자기의 출자지분을 타인에게 양도하거나 증여하는 경우에는 재화의 공급에 해당하지 아니하여 부가가치세가 과세되지 아니한다.[32]

(13) 기타계약상·법률상의 원인

출자지분의 현물반환, 법인 직영차량의 개인사업면허 전환 등

3. 재화공급에 대한 부가가치세 과세 여부 판단사례

(1) 법인직영차량의 개인사업면허 전환

법인이 자기 명의로 등록하여 직영하던 차량(위장직영차량을 포함한다)을 개인사업면허로 전환함에 따라 개인차주별로 분할매도하는 경우에는 재화의 공급으로 본다.[33]

(2) 재고자산 등의 폐품처리 시 과세

사업자가 고정자산 또는 재고자산을 폐품처리하여 장부가액을 소멸시키고 장부외자산으로 소유하고 있는 경우에는 재화의 공급으로 보지 아니한다. 다만, 해당 재화가 재화의 간주공급에 해당되는 경우에는 그러하지 아니하다.[34]

(3) 화재·도난물품 등의 과세

수재·화재·도난·파손·재고감모손 등으로 인하여 재화를 잃어버리거나 재화가 멸실된 경우에는 재화의 공급으로 보지 아니한다.[35]

(4) 외국법인 등이 공급하는 재화의 과세

국내사업장이 있는 비거주자 또는 외국법인이 외국에서 자기가 생산하거나 취득한 재화를 국내의 다른 사업자에게 비거주자 또는 외국법인의 국외사업장에서 직접 공급하는 것은 비거주자 또는 외국법인의 국내사업장에서 공급하는 것으로 보지 아니한다.[36]

---

31) 서면3팀-3192, 2006.12.20
32) 부가46015-4808, 2000.12.20
33) 부가통 9-18-3
34) 부가통 9-18-4
35) 부가통 9-18-5
36) 부가통 9-18-6

(5) 보세구역에 대한 부가가치세 적용[37)]

보세구역(「관세법」에 따른 보세구역 및 「자유무역지역의 지정 및 운영에 관한 법률」에 따른 자유무역지역)에 관련된 「부가가치세법」 적용은 다음과 같이 한다.

① 외국에서 보세구역으로 재화를 반입하는 것은 재화의 수입에 해당하지 아니한다.

② 동일한 보세구역 내에서 재화를 공급하거나 용역을 제공하는 것은 재화의 공급 또는 용역의 제공에 해당한다.

③ 보세구역 외의 장소에서 보세구역으로 재화 또는 용역을 공급하는 것은 재화 또는 용역의 공급에 해당한다.

④ 사업자가 보세구역 내에서 보세구역 외의 국내에 재화를 공급하는 경우에 공급가액 중 관세가 과세되는 부분에 대하여는 세관장이 부가가치세를 거래징수하고 수입세금계산서를 발급하며 공급가액 중 관세의 과세가격과 관세·개별소비세·주세·교육세·교통·에너지·환경세 및 농어촌특별세의 합계액을 뺀 잔액에 대하여는 재화를 공급하는 사업자가 부가가치세를 거래징수하고 세금계산서를 발급하여야 한다. 다만 영 제61조 제1항 제5호 단서에 해당하는 때에는 그 선하증권의 공급가액 전체에 대하여 부가가치세를 거래징수하고 세금계산서를 발급할 수 있다.

⑤ 사업자가 보세구역 내에서 보세구역 외의 국내로 내국신용장에 의하여 재화를 공급하는 경우에 공급가액 중 관세가 과세되는 부분에 대하여는 세관장이 부가가치세를 거래징수하고 수입세금계산서를 발급하며 공급가액 중 관세의 과세가격과 관세·개별소비세·주세·교육세·교통·에너지·환경세 및 농어촌특별세의 합계액을 뺀 잔액에 대하여는 재화를 공급하는 사업자가 영의 세율이 적용되는 세금계산서를 발급하여야 한다. 다만 영 제61조 제1항 제5호 단서에 해당하는 때에는 그 선하증권의 공급가액 전체에 대하여 부가가치세를 거래징수하고 세금계산서를 발급할 수 있다.

⑥ 「자유무역지역의 지정 및 운영에 관한 법률」에서 제1항과 달리 규정하고 있는 경우에는 그 법률에 따른다.

(6) 부동산매매 후 법원의 판결에 의한 소유권 환원 시

사업자가 부동산매매와 관련하여 세금계산서를 발급하였으나, 추후에 법원의 사해행위취소 판결로 해당 부동산의 소유권이 원소유자에게 이전되는 경우 당초의 부동산매매는 재화의 공급에 해당하지 아니한다.[38)]

(7) 고정자산의 양도와 관련된 사례

37) 부가통 9-18-7

38) 서삼46015 - 1281, 2002.12.04

1) 소유권이전등기 이전에 양수자가 양도인의 승낙하에 건물을 멸실하는 경우

사업자가 토지와 그 토지에 정착된 건축물을 일괄하여 양도하기로 계약을 체결하고 소유권이전등기 또는 잔금청산 전에 양수자가 양도자로부터 승낙을 받고 건축물을 철거하는 경우에는 양도자의 명의로 해당 건축물의 멸실등기를 하였더라도 이는 해당 건축물의 실질적인 양도에 해당하여 부가가치세가 과세되는 바, 이 경우 해당 건축물의 과세표준은 매매계약서에 세액이 별도 표시되어 있지 아니하거나 부가가치세가 포함되어 있는지 불분명한 경우에는 거래금액 또는 영수할 금액의 110분의 100에 해당하는 금액이 과세표준이 된다.[39]

2) 건물을 경매로 취득하여 사용하지 아니하고 양도하는 경우

공장건물을 경매로 취득하여 사용하지 아니하고 양도하는 경우 해당 양도한 공장건물에 대하여 부가가치세가 과세된다.[40]

3) 과세사업자에 사용하던 소형승용차를 매각하는 경우

취득 당시 매입세액공제 여부와 무관하게 부가가치세 과세사업자가 사용하던 소형승용차를 매각하는 경우에는 부가가치세가 과세된다.[41]

(8) 상품권 유통

1) 개요

사업자가 상품권 발행을 대행하여 주고 수수료를 받는 경우 부가가치세가 과세되는 것이나, 상품권발행자로부터 상품권을 매입하여 판매하는 경우에는 부가가치세가 과세되지 아니한다.[42]

〈상품권과 관련된 재화, 용역 정리〉

구분	적용 예
과세재화 여부	• 상품권 자체는 과세재화가 아니며 • 상품권을 구입하여 판매하는 사업은 기타금융업이었으나 제9차 한국표준산업분류표부터는 사업지원 서비스업으로 개정됨
상품권의 판매대리 수수료	과세대상
상품권 매매에 대한 사업자등록	사업지원서비스업으로 교부
공급시기	상품권으로 재화를 구입한 때
상품권 판매에 대한 계산서 발급	계산서 및 세금계산서 발급대상이 아님
지출증빙 수취보관 대상 여부	지출증빙 수취보관 대상이 아님

39) 부가46015 - 1396, 1998.06.25
40) 부가46015 - 504, 1998.03.19
41) 부가1265 - 2673, 1982.10.12. 부가, 서면상담3팀-406, 2006.03.06.
42) 부가46015 - 4561, 1999.11.11

2) 세금계산서 및 계산서 발행의무, 지출증빙서류의 수령 및 보관의무

상품권을 자기 책임과 계산하에 구입하여 판매하는 경우에 있어서 해당 상품권은 부가가치세가 과세되지 아니하는 것으로 세금계산서를 발급할 수 없다. 한편, 상품권 발행회사의 상품권을 취득하여 일반소비자에게 판매하는 상품권유통사업자인 법인이 상품권을 판매하는 경우에 「법인세법」 제121조에 규정한 계산서의 작성 발급의무가 없는 것이며, 상품권유통법인으로부터 상품권을 구입하는 법인의 경우에도 「법인세법」 제16조(지출증빙서류의 수령 및 보관)의 규정 및 같은 법 제76조 제5항에 규정하는 지출증빙서류의 수령 관련 가산세가 적용되지 아니한다.

3) 판매대리의 경우(수수료 문제 발생)

용역의 제공으로 보아 사업서비스업으로 분류하며, 수수료 부분은 부가가치세가 과세된다.

4) 상품권을 구입하여 판매하는 사업(부가세 과세대상 아님)

상품권매매업은 업종구분을 기타금융업(659901)으로 구분하였으나, 제9차 한국표준산업분류표상 상품권매매업은 사업지원서비스업(659901)으로 개정하였다.

5) 상품권을 구입하여 접대비로 사용한 경우 법인세 손금 인정 여부

상품권을 구입하여 접대비로 사용하는 법인의 경우에 같은 법 제25조 제2항 각 호에 규정된 접대비의 지출 외에는 1회의 접대에 지출한 접대비가 3만원을 초과하는 경우 각 사업연도 소득금액의 계산에 있어서 이를 손금에 산입하지 아니한다.[43)]

6) 상품권 관련 사례

① 호텔 복합이용권 판매 시 과세 여부

호텔업을 영위하는 법인이 객실, 야외수영장, 식음료영업장의 복합이용권을 발행하여 판매하는 경우 당해 이용권의 판매자체는 부가가치세 과세대상에 해당하지 아니하여 세금계산서를 교부할 수 없는 것이며, 당해 법인이 복합이용권 판매시점에 10%의 세율을 적용한 세금계산서를 교부하여 부가가치세 신고 시 매출처별세금계산서 합계표를 제출한 경우에는 매출처별세금계산서합계표 제출 불성실가산세가 적용되지 않는다.[44)]

② 상품권으로 상품 구입 시 과세표준

사업자가 액면금액이 10만원인 상품권을 8만원에 판매한 후, 차후에 상품권소지자에게 소비자권장가격(표시가격) 10만원인 재화를 인도하고 그 대가를 위 상품권으로 받는 경우에는 과세표준은 8만원이 된다.[45)]

③ 상품권발행수수료의 과세

사업자가 상품권 발행을 대행하여 주고 수수료를 받는 경우 부가가치세가 과세되는 것이나,

43) 부가46015 - 3650, 2000.10.26
44) 부가가치세과-1032, 2010.08.09
45) 제도46015-12650, 2001.08.10

상품권발행자로부터 상품권을 매입하여 판매하는 경우에는 부가가치세가 과세되지 않는다.[46)]

④ 온라인게임 등을 이용할 수 있는 권리가 포함된 기프트카드 등을 공급하는 경우

사업자가 해외게임사 등이 발행한 온라인게임을 이용하거나 게임 관련 콘텐츠 및 애플리케이션 등을 다운받을 수 있는 포인트(사이버머니, 화폐 등)로 전환이 가능한 기프트카드 등(이하 '해당 상품')을 판매하고, 해당 상품 구매자는 해외게임사 홈페이지 등에 접속하여 포인트로 전환하고 게임 이용, 게임 관련 콘텐츠 및 음악 다운로드 등을 할 수 있는 경우 사업자의 해당 상품 판매는 부가가치세 과세대상에 해당한다.[47)]

⑤ 모바일쿠폰의 과세 여부

특정회사의 특정물품을 교환할 수 있는 모바일(휴대폰)쿠폰을 발행하는 회사로부터 모바일쿠폰을 구입하여 판매하고, 당해 모바일쿠폰을 소지한 자(휴대폰소유자)가 특정물품과 교환하게 하는 경우, 당해 모바일쿠폰은 「부가가치세법」의 과세대상에 해당하지 아니하는 것으로 세금계산서 발급대상이 아니다.[48)]

(9) 광고시설물 등의 설치금액을 지급하는 경우

사업자가 유원지관리회사의 판매시설 내에서 해당 사업자의 제품만을 독점적으로 판매할 수 있는 권리를 획득하고 동 제품의 광고내용이 기재된 광고시설물 및 지원시설물을 설치하는 조건으로 일정금액을 지급하는 경우 해당 금액은 재화 또는 용역의 제공대가에 해당하여 부가가치세가 과세되는 것이며, 이 경우 유원지관리회사는 해당 대가에 대하여 해당 사업자에게 세금계산서를 발급하여야 한다.[49)]

(10) 본사가 가맹점에 지급하는 시식회 지원금

프랜차이즈 본사에 해당하는 신청인이 프랜차이즈 가맹점을 지원하기 위하여 가맹점이 개업일 등에 시식회를 통하여 고객에게 제공한 음식용역 대가의 40%를 가맹점으로부터 받을 식재료 등의 공급대가에서 차감하는 방식으로 재화 또는 용역의 공급과 관계없이 지원금을 지급하는 경우 해당 지원금의 지급에 대하여 가맹점은 본사에 세금계산서를 발급할 수 없다.[50)]

(11) 전시회 등 주관사가 지자체로부터 받는 보조금

지방자치단체는 전시장을 건립하여 그 전시장에서 국내·외 박람회, 전시회 등 행사를 주최하고 전시회 등의 총괄계획 수립 등은 행사를 주관한 사업자가 수행하면서 그 행사주관 사업자가 참가

46) 부가46015-4561, 1999.11.11
47) 법규부가2013-279, 2013.10.25
48) 부가-1392, 2010.10.19
49) 부가46015 - 1198, 1997.05.29
50) 법규부가2012-182, 2012.05.17

비와 입장료 이외에 지자체로부터 보조금을 받는 경우 해당 보조금은 부가가치세 과세표준에서 제외되는 국고보조금에 해당하지 아니한다.[51]

(12) 보상금 및 부당이득반환금

1) 영업손실 보상금

① 개요

사업자가 지방자치단체에 소각시설 등을 계약상 또는 법률상의 원인에 의하여 양도하고 대가를 받는 경우에는 재화의 공급으로서 부가가치세가 과세되는 것이나, 당해 소각시설 등의 양도대가와는 별도로 지방자치단체의 행정조치로 정상영업을 하지 못하여 지급받는 영업손실 보상금은 부가가치세 과세대상에 해당하지 아니한다.[52]

② 제조업자의 휴업으로 인하여 부품제조업자의 영업손실에 대하여 지급하는 보상금

㉠ 사실관계

– 당법인은 자동차부품을 제조하는 중소제조업체로서 S자동차에 협력업체 등록이 되어 있지 않아 아래 도표#1과 같은 형태로 부품공급을 하여 왔음

〈도표#1〉

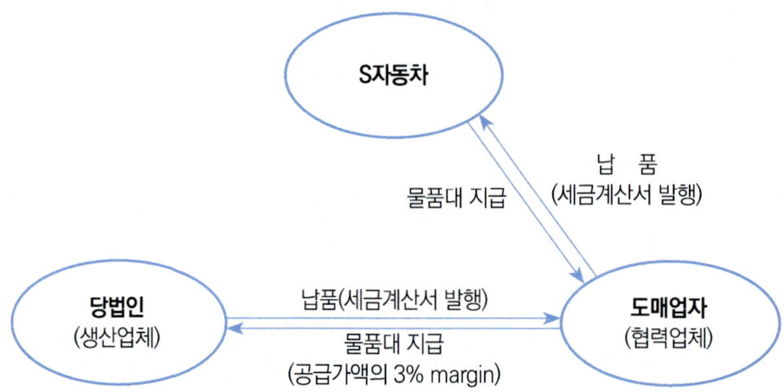

– 금번 S자동차의 휴업에 따른 협력업체의 투자 및 영업손실 보상금을 지급함에 있어 S자동차에서 생산업체인 당법인에 내사하여 직접 조사하여 사정하였으나, 생산업체인 당법인은 협력업체 등록이 되어 있지 않아 보상금 지급을 직접 지급할 수 없다 하여 부득이 아래 도표#2와 같은 형태로 손실보상금 지급 및 수령을 하였음

51) 법규-935, 2013.08.30

52) 서면3팀-136, 2006.01.19

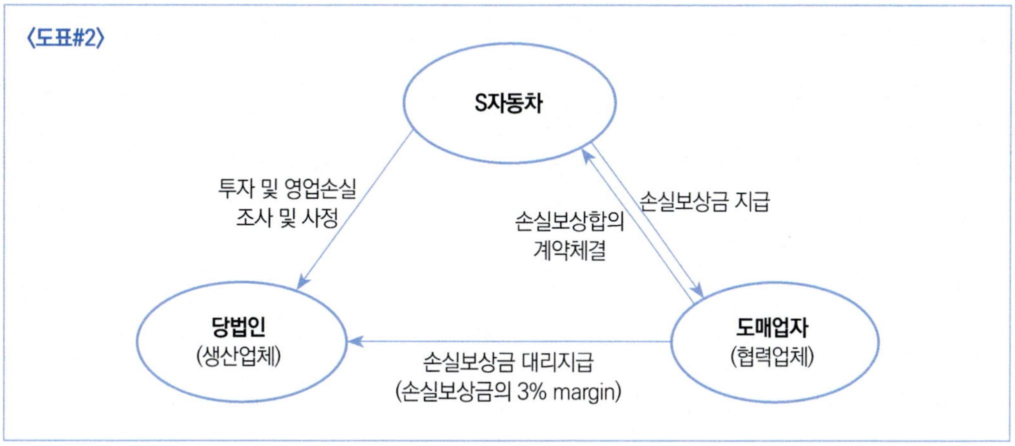

㉡ 질의사항

도매업자가 S자동차로부터 손실보상금 수령 후 당법인(생산업체)에게 대리지급함에 있어 손실보상금 상당액이 부가가치세 과세대상인지 여부

㉢ 회신

자동차부품 판매업을 영위하는 사업자가 자동차부품 제조업자로부터 자동차부품을 구입하여 자동차 제조업자에게 공급 중에 자동차 제조업자의 휴업으로 인하여 자동차부품 제조업자의 영업손실에 대한 보상금을 자동차 제조업자로부터 지급받아 자동차부품 제조업자에게 지급하는 경우에 당해 영업손실보상금은 부가가치세가 과세되지 아니한다.[53]

③ 지하도 벽체손실로 인하여 받는 손해배상금

지방자치단체(지방자치단체의 위임을 받아 지하도상가를 대행관리하는 지방공단 포함)가 지하도상가(지방자치단체 소유)로 연결되는 지하통로가 개설됨으로써 발생되는 지방자치단체의 임대료 수입 감소 및 장래에 발생할 지하도상가 관리비용 증가에 따른 손실보상금을 지하통로 개설자로부터 지급받는 경우 당해 손실보상금은 부가가치세 과세대상에 해당하지 아니하는 것이며, 당해 지하통로 개설과정에서 제공되는 공공행정 서비스용역은 부가가치세가 면제된다.[54]

2) 임대인과 임차인 간 수수하는 합의금 및 이주비

① 임차건물의 양수인으로부터 이주비 명목의 금전을 지급받은 경우

사업자가 사업장을 임차하여 사업을 영위하던 중 임차건물을 양수한 자가 임대차계약을 해지함에 따라 사업을 폐업하고 그에 대하여 양수자로부터 이주비 명목으로 금전을 지급받은 경우, 동 금전이 사업 폐업에 따른 자기의 사업과 관련이 있는 권리금 및 시설투자비에 의하여

53) 부가46015-4462, 1999.11.05

54) 서면3팀-865, 2007.03.22

형성된 영업권의 대가에 해당하는 경우에는 부가가치세가 과세되는 것이나, 당해 금전이 재화 또는 용역의 공급 없이 잔여임대기간에 대한 보상 성격으로 지급받는 손실보상금에 해당하는 경우에는 부가가치세 과세대상에 해당하지 아니하는 것으로, 이주비 명목의 금전이 영업권의 대가인지 손실보상금인지 여부는 실질에 따라 사실판단할 사항에 해당한다.[55)]

② 임대건물을 양도하기 위하여 기존 임차인들에게 합의금을 지급하는 경우

부동산임대업을 영위하는 사업자가 임대건물을 재건축사업 시행자에게 양도하기 위하여 해당 건물의 기존 임차인들에게 건물명도 협조 및 이사비용 명목의 금전(이하 "합의금")을 지급하기로 법원의 조정결정 또는 화해권고결정에 따라 합의한 경우로서 해당 합의금이 사업용 자산이나 영업권에 대한 대가에 해당하지 아니하고 재화 또는 용역의 공급과 관계없이 보상 성격으로 지급하는 손실보상금에 해당하는 경우 부가가치세 과세대상에 해당하지 아니하는 것이며, 이 경우 합의금이 사업용 자산이나 영업권에 대한 대가인지 손실보상금인지 여부는 실질에 따라 사실판단할 사항이다.[56)]

3) 공익사업 시행자로부터 지장물 이설비용을 받는 경우 부가가치세 과세 여부

공익사업을 위한 토지 등의 취득 및 보상에 관한 법률에 따라 건축물 등의 소유자가 그 건축물 등의 이전에 필요한 비용(이전비)를 보상받고 사업시행자에게 그 건축물 등의 이전용역을 제공하는 경우 그 이전비는 손실보상금이므로 부가가치세가 과세되지 않는 것으로 해당 사례가 이에 해당하는지 여부는 사실판단할 사항이다.[57)]

4) 부당이득반환금

① 개요

토지소유자가 법원의 판결에 의한 재판상 화해조항에서 정하는 바에 따라 국가에 토지를 사용하게 하고 그 사용료로써 받는 대가는 부가가치세 과세대상 및 소득세법상 부동산임대소득에 해당하는 것이며, 다만 국가로부터 토지소유자의 의사에 반하여 정당한 권원 없이 불법으로 점유하고 사용한 대가로 지급받는 금전이 부당이득반환 또는 손해배상의 성격을 가지는 경우에는 부가가치세 과세대상 및 「소득세법」상의 부동산임대소득에 해당하지 아니하는 것으로, 당해 토지사용료가 계약 기타방법에 의하여 물건이나 권리를 사용하게 하고 받는 대가인지 아니면 손해배상금 또는 부당이득금에 해당하는지 여부는 관련 사실을 구체적으로 조사하여 사실판단할 사항이다.[58)]

② 부동산임대차계약 해지 후 부동산 무상점유에 따른 부당이득금의 과세 여부

---

55) 부가가치세과-813, 2009.06.15

56) 사전-2021-법령해석부가-1754[법령해석과-4314], 2021.12.08

57) 기획재정부 부가가치세제과-296, 2013.05.06

58) 서면1팀-1354, 2005.11.08

부동산임대차계약 해지 후에도 임차인이 그 부동산을 무단점유함에 따라 세금계산서를 교부한 후 부동산명도 및 부당이득금반환청구소송을 통해 「민법」 제741조의 규정에 의한 부당이득금(손해배상금)을 받는 경우 그 부당이득금은 법률상 원인 없이 타인의 재산으로 인하여 얻은 이익을 반환받는 것으로서 계약상 또는 법률상의 원인에 의한 용역의 공급대가에 해당하지 아니하므로 부가가치세가 과세되지 아니하는 것이며, 당초 임대인이 임차인에게 교부한 세금계산서에 대해서는 공급가액의 증감사유가 발생한 날(법원판결일)을 작성일자로 기재하고 차감되는 금액은 붉은색 글씨로 쓰거나 부(負)의 표시를 하여 수정세금계산서를 교부한다.[59]

③ 법원판결로 매월 지급받는 토지무단점용료에 따른 부당이득금의 과세 여부

지방자치단체와 토지소유주 간 계약상의 원인으로 볼 수 있는 특별한 사정이 없다면 법원의 판결에 따라 지급받는 부당이득금은 계약상 또는 법률상의 원인에 의한 용역의 공급에 해당하지 아니하여 부가가치세가 과세되지 아니한다.[60]

5) 통신과금 서비스(휴대폰 소액결제 서비스)이용자에게 부가되는 가산금

콘텐츠공급자(가맹점)에게 통신과금 서비스를 제공하는 결제대행업체(PG사업자 : Payment Gateway 사업자)가 정해진 기일까지 이용요금을 납부하지 아니한 콘텐츠이용자에게 「정보통신망 이용촉진 및 정보보호 등에 관한 법률」 제56조 제1항 및 통신과금 서비스 이용약관에 따라 부과하는 "가산금"은 부가가치세 과세대상에 해당되지 아니한다.[61]

6) 공급계약 해지에 따라 지급하는 금전의 부가가치세 과세대상 여부

① 설비임대차계약 해지에 따라 배상금을 지급하는 경우

사업자가 건설기계장비 공급사업자(이하 "장비업자")와 저장탱크 등 부속설비 일체를 임차하여 사용하기로 하는 설비임대차계약을 체결하고 해당 설비의 준공 전에 사업자의 귀책 사유로 계약을 해지하는 경우로서, 합의서에 따라 당초에 사업자의 특수한 요청으로 설계 및 제작된 설비의 투자비 일체를 사업자가 장비업자에게 배상금으로 지급하는 경우 해당 손해배상금은 부가가치세가 과세되지 않는다. 다만, 장비업자가 재산적 가치 있는 설비 일체를 사업자에게 인도하는 경우 당해 재산적 가치 있는 설비 상당액은 부가가치세가 과세되는 것으로, 실제 경제적 효용가치 등을 반영한 재산적 가치가 있는지 여부는 사실판단할 사항이다.[62]

② 재화 또는 용역의 공급 없이 손실에 따른 보상금을 지급받는 경우

화장품을 수입하여 국내 소매업체 등에 판매하는 국내 사업자가 신청법인의 유통정책 변경에

59) 부가가치세과-3141, 2008.09.19
60) 재정경제부 부가가치세제과-420, 2007.06.01
61) 법규과-722, 2014.07.11., 2016.02.17
62) 사전-2022-법규부가-1085, 2023.01.09

따라 공급계약이 해지되어 자기의 비용으로 미판매 재고 및 관련 마케팅 자료를 폐기처분하고 신청법인으로부터 재화 또는 용역의 공급 없이 손실에 따른 보상금을 지급받는 경우 해당 보상금은 부가가치세 과세대상에 해당하지 않는다. 다만, 국내 사업자가 신청법인이 재매입하기로 합의한 미판매 재고 등을 신청법인의 요청에 따라 폐기처분하고 그 대가를 지급받는 경우에는 부가가치세가 과세된다.[63]

7) 매도인의 하자담보책임에 따라 매수인이 받는 대가의 부가가치세 과세 여부

매도인이 공급한 건물에 하자가 발생하였으나 해당 매도인의 사정으로 직접 하자보수를 하지 못하고 건물의 소유자로 하여금 직접 건물안전진단을 수행하게 하고 안전진단비용을 매도인이 변제하여 주는 경우 해당 매도인이 건물의 소유자에게 지급하는 건물안전진단비용에 대하여는 부가가치세가 과세되지 아니한다.[64]

8) 지방자치단체가 공유재산 사용허가 취소에 따라 징수하는 변상금의 부가가치세 과세 여부

「공유재산 및 물품관리법」에 따른 행정재산 사용허가를 받지 아니하고 행정재산을 사용한 자(사용허가기간이 만료된 후 다시 허가를 받지 아니하고 행정재산을 계속 사용한 자를 포함)에 대하여 지방자치단체장이 해당 행정재산에 대한 사용료의 100분의 120에 해당하는 금액(이하 "변상금")을 징수하는 경우 해당 변상금은 부가가치세가 과세되지 아니한다.[65]

9) 물류단지 조성사업으로 인하여 발생한 손실에 대하여 배상금을 지급받은 경우 부가가치세 과세대상인지 여부

물류단지 조성사업으로 인하여 부동산임대업에 사용하던 토지·건물이 도로로 편입됨에 따라 임대를 하지 못하여 발생한 손실에 대해 재화 또는 용역의 공급 없이 지급받은 배상금은 부가가치세 과세대상에 해당하지 않는다.[66]

10) 과거 선하지 무단 사용에 대하여 소송 없이 합의하여 지급하는 금전

과거에 정당한 권원 없이 선하지를 무단으로 점용 및 사용하여 토지소유자에게 끼친 손해를 금전으로 지급하는 경우에는 과세대상에 해당하지 않는다.[67]

11) 재화를 보관하던 중 실량과의 부족분에 대해 변상받고자 하는 경우

재화를 보관하던 중 실량과의 부족분에 대해 변상받고자 하는 경우 당해 변상금은 부가가치세가 과세되지 아니하는 것이나, 유실된 재화가 재산적 가치가 있어 창고업자에게 귀속시키고 받

---

63) 사전-2016-법령해석부가-0040, 2016.02.17
64) 사전-2021-법령해석부가-0651[법령해석과-2353], 2021.06.30
65) 서면-2021-법규부가-6629[법규과-395], 2022.01.28
66) 사전-2023-법규부가-0476[법규과-2372] 2023.09.13.
67) 사전법령해석부가2015-417, 2016.01.14

는 그 대가에 대하여는 부가가치세가 과세된다.[68)]

12) 위탁가공계약에 의한 위탁자의 재화 공급

위탁가공계약에 의해 위탁자가 수탁자에게 재화를 공급하는 것은 부가가치세가 과세되지 아니한다.[69)] 다만, 손실된 원자재를 수탁가공업자에게 인수시키고 변상금을 지급받는 경우에는 부가가치세가 과세된다.[70)]

(13) 환매조건부로 양도한 부동산의 환매가 새로운 거래인지 계약의 해제인지 여부

주택신축판매업자가 신축 중인 국민주택규모 초과 미분양주택을 환매조건부 매매계약에 따라 양도한 후 약정에 따라 계약체결일로부터 소유권이전 또는 잔금지급 후 6개월 이내에 환매하는 경우 당해 환매는 재화의 공급에 해당한다.[71)]

(14) 토지를 취득할 수 있는 권리의 양도

1) 부가가치세 과세대상이 되는 경우

한국표준산업분류가 부동산공급업에 포함되는 것으로 규정한 '구입한 부동산을 임대 또는 운영하지 않고 재판매하는 경우'의 전형적인 사례인 '부동산에 관한 매매계약을 체결하고 대금을 청산한 다음 그 부동산을 재판매하는 경우'는 물론, 그와 산업활동의 유사성의 측면에서 별 차이가 없는 '부동산에 관한 매매계약을 체결한 다음 대금의 청산 전에 재판매하는 경우, 즉 매매계약상의 매수인 지위를 양도하는 경우'도 한국 표준산업분류표상의 부동산공급업에 포함된다고 보는 것이 한국표준산업분류의 작성, 목적과 적용원칙 등에 부합하는 해석이라 할 것이다.[72)] 따라서 부동산공급업을 영위하기 위한 차원에서 토지분양권을 매수하였다가 재판매하는 행위는 재화를 공급하는 사업에 해당하여 부가가치세 과세대상이 된다 할 것이다.[73)]

2) 부가가치세 과세대상이 되지 않는 경우

사업자가 부동산 신축판매 용도의 토지매매계약을 체결하여 계약금만 지급하고 등기이전하지 아니한 상태에서 토지사용 승낙을 받아 대지조성을 위한 토목공사를 진행하다가 자금사정에 의하여 당해 토지를 취득할 수 있는 권리를 제3자에게 양도하는 경우 당해 토지를 취득할 수 있는 권리양도에 대하여는 부가가치세가 과세되지 아니한다.[74)]

---

68) 부가-602, 2013.06.28
69) 서삼 - 1933, 2006.08.28
70) 서삼 - 696, 2005.05.20
71) 부가-50, 2010.01.13
72) 대법원2010두29192, 2013.02.28
73) 서울고등법원2010누1882, 2010.11.11
74) 부가-1340, 2010.10.08

(15) 통신판매업 관련 부가가치세 과세 여부 판단 사례

1) 대금결제시스템을 이용하여 다른 사업자 간 거래대금을 영수하는 경우 과세 여부

사업자가 다른 사업자 상호 간의 거래에 대한 대금결제를 자기의 대금결제시스템을 이용하게 하면서 다른 사업자 상호 간의 거래대금을 영수하여 다른 사업자에게 지급하는 경우 당해 사업자 상호 간에 결제될 거래대금에 대하여는 부가가치세가 과세되지 아니한다. 다만, 사업자가 다른 사업자로부터 지급받기로 한 자기의 대금결제시스템 이용대가(수수료)에 대하여는 부가가치세가 과세된다.[75)]

2) 부가가치세가 면제되는 농산물 등을 전자상거래로 공급하는 경우 면세 여부

부가가치세가 면제되는 농산물·축산물·수산물을 컴퓨터·전화·인터넷 등을 통하여 공급하는 전자상거래 시에도 동일하게 부가가치세가 면세된다.[76)]

3) 컴퓨터통신망으로 교육내용을 전송하고 받는 대가의 부가가치세 면제 여부

사업자가 정부의 인가 또는 허가를 받지 아니하고 중·고등학생들을 대상으로 컴퓨터통신망을 이용하여 교육내용을 전송하고 받는 대가에 대하여는 부가가치세가 면제되지 아니한다.[77)]

4) 용역을 제공하고 상품권·예매권 등으로 공급대가를 받는 경우 부가가치세 과세표준 산정

① 사실관계

(주)○○은 인터넷홈페이지 제작 및 유지보수용역을 제공하는 회사이며, 관련 거래흐름은 아래와 같음

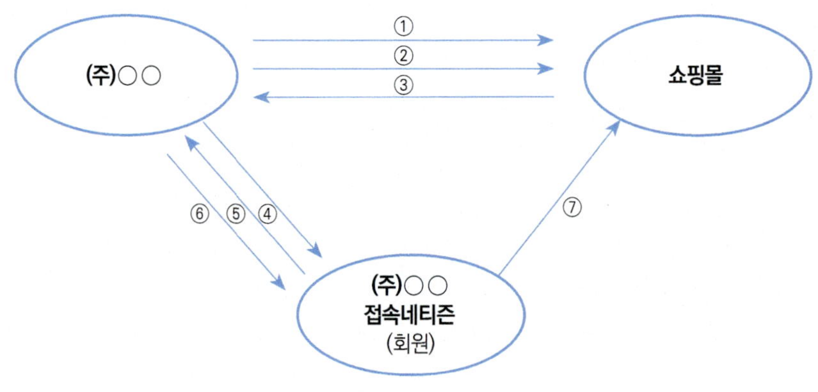

※ ① ~ ③ :
① 홈페이지제작용역 제공(무료)
② 홈페이지 유지보수용역 제공

75) 부가46015-398, 2001.02.27
76) 부가46015-565, 2001.03.24
77) 부가460105-59, 2001.01.08

③ ②에 대한 대가수령, 수령방법은 쇼핑몰이 다음 중 매월 택일함(계약기간은 통상 1년)
  ㉠ 현금 ₩ 33,000(VAT포함) 수령
  ㉡ ₩55,000(VAT포함) 상당의 쇼핑몰 상품과 교환할 수 있는 상품권(쿠폰)을 발행할 권리를(주)○○에 부여
※ ④ ~ ⑦ : 위 상황 ③ 2)의 경우 후속거래임
④ ₩55,000상당의 물품을 40%~50% 가격에 구매할 수 있는 이벤트 개최
⑤ 추첨을 통하여 당첨된 접속네트즌(회원)으로부터 ₩22,000 ~ ₩27,500을 수령함
⑥ ₩55,000상당의 상품권(쿠폰)을 접속네티즌(회원)에게 교부
⑦ 접속네티즌(회원)이 쇼핑몰에 상품권(쿠폰)을 제시하고 상품수령

② 질의사항

이 경우 상황 ③ ㉡과 관련하여

[질의1] 홈페이지 유지보수용역 제공(위 거래흐름 ②) 시 (주)○○은 「부가가치세법」상 과세표준과 법인세법상 수입금액(익금)을 얼마의 금액으로 인식하는지

[질의2] 접속네티즌(회원)으로부터 현금수령(위 거래흐름 ⑤) 시 [질의1]에서 결정된 (주)○○의 매출채권금액과 현금수령액의 차이는 「법인세법」상 전액 손금용인되는지

[질의3] 접속네티즌(회원)에게 상품권(쿠폰)을 교부(위 거래흐름 ⑥)하는 경우 「부가가치세법」상 과세거래에 해당하는지, 해당한다면 「부가가치세법」상 과세표준은 얼마로 하여야 하는지

[질의4] (주)○○은 이상의 거래와 관련하여 접속네티즌(회원)으로부터 기타소득세를 원천징수하여야 하는지, 원천징수하여야 한다면 기타소득금액은 얼마가 되어야 하며 접속네티즌(회원)으로부터의 현금수령액에 동 원천징수세액 상당액이 포함되어 있다고 해석가능한지

③ 회신

사업자가 인터넷홈페이지 보수용역을 제공하고 그 대가를 받는 경우 금전으로 대가를 받는 경우에는 그 대가가 금전 이외의 대가인 경우에는 자기가 공급한 재화 또는 용역의 시가를 부가가치세 과세표준으로 하는 것이며, 사업자가 자기의 인터넷홈페이지에 접속한 회원에게 상품권을 교부하고 그 대가를 받는 것에 대하여는 부가가치세가 과세되지 아니한다.[78)]

5) 영화예매선물권의 판매가 부가가치세 과세대상인지 여부

사업자가 인터넷 영화입장권 예매사이트를 개설하여 회원으로부터 영화입장료와 예매대행수수료를 받아 회원 명의로 영화입장권의 예매를 대행해 주는 경우에 있어서 회원으로부터 입장권 예매에 따른 입장료를 수탁받아 극장에 전액 지급하는 경우 당해 수탁경비인 입장료는 부가가치세 과세표준에 포함하지 아니하는 것이나, 회원으로부터 예매를 대행하고 지급받는 수수료에 대하여는 부가가치세가 과세되는 것이며, 이 경우 대가를 받지 아니하고 영화입장권 예매를 대

78) 부가46015-349, 2001.02.23

행해 주는 경우에는 부가가치세가 과세되지 아니한다.[79)]

6) 인터넷으로 서비스를 제공하고 수수료를 받는 경우 부가가치세 과세 여부

사업자가 인터넷(전자메일)을 매개체로 송금·청구·모금 서비스를 제공하고 그 대가를 받는 경우에는 부가가치세가 과세된다.[80)]

7) 차량중개 서비스를 제공하고 받은 대가의 부가가치세 과세 여부

차량중개 서비스업을 영위한 법인사업자가 개인전세버스 사업자들부터 차량이용수요자 간에 인터넷차량중개 서비스를 제공하고 당해 버스사업자들로부터 월정 및 실적당 운영비를 지급받는 경우 당해 대가(월정 및 실적당 운영비)에 대하여는 부가가치세가 과세된다.[81)]

(16) 주택분양보증계약에 따라 보증회사가 분양이행하는 경우 부가가치세 과세 여부 등

보증회사와 주택분양보증계약을 체결한 시행사가 수분양자들로부터 잔금을 할인선납받은 후 부도가 발생하여 보증회사가 분양을 이행하는 경우로서 선납잔금이 보증채무 이행범위에 해당하지 않는다는 법원판결에 따라 보증회사가 수분양자들로부터 잔금(할인금액 포함)을 지급받고 소유권이전등기를 해주는 경우 할인금액에 대하여 부가가치세가 과세되며, 납세의무자는 보증회사가 된다.[82)]

(17) 가상자산

1) 원칙

가상자산의 공급은 부가가치세 과세대상에 해당하지 아니한다.[83)]

2) 가상자산 채굴장비 취득 관련 매입세액공제 여부

사업자가 가상자산의 연구개발 및 사업화(보유 또는 판매) 등 부가가치세 비과세사업을 영위하기 위하여 가상자산 채굴장비 등을 취득하는 경우 해당 취득 관련 매입세액은 매출세액에서 공제하지 아니한다.[84)]

3) 가상화폐를 재화 등의 거래대가로 지불한 것이 아니라, 그 자체를 거래의 목적물로서 매매한 경우 부가가치세 과세대상에 해당하는지 여부

가상자산의 공급은 부가가치세 과세대상에 해당하지 아니한다.[85)]

---

79) 부가46015-980, 2001.07.03, 부가46015-1165, 2000.05.24
80) 제도46015-12120, 2001.07.14
81) 제도46015-10863, 2001.04.30
82) 기획재정부 부가가치세제과-94, 2021.02.09
83) 기획재정부 부가가치세제과-145, 2021.03.02
84) 기준-2018-법령해석부가-0116[법령해석과-789], 2021.03.08
85) 기획재정부 재산-814, 2022.07.25.

(18) 기술개발에 대한 비용부담 후 해당 기술개발의 결과물에 대한 권리취득 시

사업자 갑이 기술을 개발함에 있어 이에 소요되는 비용 중 일부를 다른 사업자 을이 부담하기로 약정하고 해당 기술은 갑의 책임하에 개발하여 그 개발결과물에 대한 권리를 갑과 을이 공동으로 취득하는 경우 을이 해당 개발결과물을 취득하는 것에 대하여는 재화 또는 용역의 공급에 해당되어 부가가치세가 과세되는 것이나, 단순히 을이 개발지원금만 갑에 지원하고 그 결과물에 대한 권리를 취득하지 아니하는 경우와 갑과 을이 해당 결과물을 취득하기 위해 공동으로 기술을 개발하고 갑과 을이 해당 결과물을 공동으로 취득하는 것에 대하여는 부가가치세가 과세되지 아니한다.[86)]

(19) 외상매출금의 양도

사업자가 하나의 사업장에서 둘 이상의 사업을 영위하던 중 그중 일부의 사업만을 양도하는 경우에는 사업양도에 해당하지 아니하여 부가가치세가 과세된다. 이 경우 부가가치세 과세표준에는 거래상대자로부터 받은 대금·요금·수수료 기타 명목 여하에 불구하고 대가관계에 있는 모든 금전적 가치가 있는 것을 포함하는 것이나, 외상매출금은 매매 등을 원인으로 채무자에 대하여 발생하는 금전채권에 불과하여 재산적 가치가 있는 권리에 해당하지 아니하므로 해당 외상매출금의 양도는 부가가치세 과세대상인 재화의 공급에 해당하지 아니한다.[87)]

(20) 재화의 하자로 반품 없이 동일한 재화를 공급하는 경우

사업자가 부가가치세가 과세되는 재화를 공급한 후 당해 재화의 하자로 인하여 당초 공급한 재화의 반품 없이 동일한 재화를 다시 공급하는 경우에는 부가가치세가 과세된다. 즉 당초 공급재화를 반품받고 동일한 재화를 공급하는 경우에는 과세되지 아니하는 것이나, 동종유사제품으로 교환하여 주는 경우에는 세금계산서를 교부하여야 하는 것이며, 반품받은 물품에 대하여는 수정세금계산서를 교부한다.[88)]

(21) 건물준공 전에 수분양자가 매수자의 지위를 양도하는 경우

수분양자 갑이 계약금에 대한 세금계산서를 수취한 후 을에게 매수자의 지위를 양도하여 을이 상가 등을 분양하는 사업자에게 잔금을 지급하는 경우 상가 등을 분양하는 사업자는 잔금 중 건물분에 대하여 을에게 세금계산서를 발급한다.[89)] 또한 사업자가 토지 및 건물의 구입계약을 체결하고 계약금, 중도금을 지급한 상태에서 당해 토지 및 건물에 대한 매수자의 지위를 제3자에게 매각하는 경우, 제3자로부터 지급받는 총대가 중 건물분에 대하여는 부가가치세가 과세된다.[90)]

---

86) 부가46015 - 105, 2001.01.15
87) 부가46015 - 1680, 2000.07.15
88) 상담3팀-2303, 2004.11.11
89) 부가-473, 2013.05.28
90) 부가가치세과-655, 2009.02.19

(22) 해외유전개발사업권 양도 시 부가가치세 과세 여부

내국법인이 해외에 소재하는 유전개발광구에 대한 탐사와 채굴을 할 수 있는 권리인 해외유전개발사업권을 양도하는 경우에는 부가가치세가 과세되지 않는다.[91)]

(23) 탄소배출권 과세대상 여부

탄소배출권을 외국법인으로부터 취득하여 국내의 다른 사업자에게 판매하고 그 대가를 받는 경우 부가가치세가 과세된다.[92)]

(24) 금융업자 임대건물 매각

금융업자가 임대하던 건물을 타인에게 매각 시 당초 동 건물을 취득하던 시점에 매입세액을 불공제한 경우에도 부가가치세가 과세된다.[93)]

(25) 본사에서는 면세재화를 공급하고 공장에서는 과세재화를 공급하는 경우

본사에서는 면세재화를 공급하고 공장에서는 과세재화를 공급하는 경우에는 본사와 공장 간의 재화의 이동은 부가가치세가 과세된다.[94)]

(26) 면세사업을 영위하기 위해 건물 취득하였다가 사업 개시 전 양도하는 경우

의료법인이 「노인장기요양보험법」에 따른 장기요양기관을 설립하여 면세사업을 운영할 목적으로 집합건물을 취득하였으나 인허가를 받지 못하여 해당 건물 일부를 다른 사업자에게 양도하는 경우 부가가치세가 면제되는 것이며, 의료법인이 해당 건물을 면세사업에 활용이 어려워 과세사업으로 전환하여 양도하는 경우에는 부가가치세가 과세된다.[95)]

(27) 소유권이 유보된 재화를 국내에서 국내사업자에게 공급하는 경우 부가가치세 과세 여부 등

1) 사실관계

• A법인은 반도체 장비 수입과 관련하여 계약관계 및 거래구조를 아래와 같이 변경할 예정임

91) 부가-886, 2012.08.31
92) 서면상담3팀-3448, 2007.12.31
93) 서삼 - 2229, 2004.11.02
94) 서삼 - 1390, 2005.08.26
95) 서면-2021-법령해석부가-6652[법령해석과-3936], 2021.11.11

〈본건에 대한 거래구조도〉

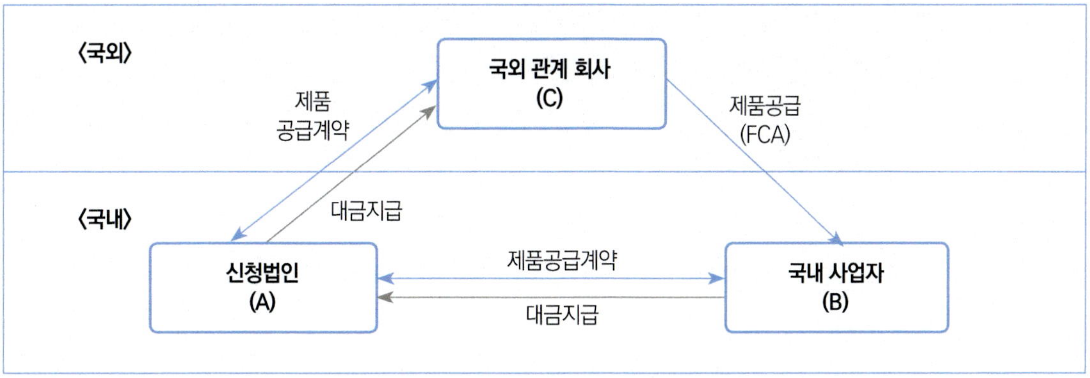

- (계약관계) A법인은 국외 관계회사(이하 "C법인")로부터 제품을 구매하는 계약을 체결하고 구매한 제품과 관련하여 국내 사업자(이하 "B법인")와 운송인 인도조건(이하 "FCA조건")으로 제품의 판매, 설치 및 판매 후 무상보증 서비스 계약을 체결 ☞ 운송인 인도조건 : 매도인이 화물을 지정된 장소에서 매수인이 지정한 운송인에게 인도하였을 때 화물에 대한 위험이전
- (거래구조) B법인이 A법인에게 제품을 발주하면 A법인은 C법인에게 제품을 발주하고, C법인은 B법인의 포워딩업체(이하 "운송인")에게 해당 제품을 인도하고, 운송인은 B법인의 국내 공장으로 제품을 운송 ☞ 이때 B법인이 선정한 운송인은 항공을 통해 운송하며 운송을 증명하는 서류로 항공화물운송장(Air Waybill)을 발행할 예정이며, B법인은 직접 수입통관을 진행하게 되고, 수입 부가가치세에 대해 매입세액공제를 받을 예정임
- 상기와 같은 제품의 인도 및 통관에도 불구하고 해당 제품의 소유권은 여전히 C법인에 유보되어 있는데 A법인은 수입한 제품을 B법인의 사업장에 설치하는 용역을 완료하는 시점에 설치완료 보고서를 작성하고 설치가 완료되었음을 통지하기 위하여 ◎◎에 서명하여 C법인에게 송부하면 제품의 소유권은 C법인에서 A법인으로 이전됨
- 한편, B법인이 제품이 인도되어 설치되었음을 확인하는 ◇◇를 발행하는 시점에 제품의 소유권은 A법인에서 B법인으로 이전되며 상기 제품의 소유권이전 이후 C법인은 A법인에 제품대가를 청구하고 A법인은 제품의 공급가액, 설치 및 판매 후 무상보증 서비스 수수료 가액을 B법인에 청구할 예정임

2) 질의요지

- A법인이 국내 B법인과 운송인 인도조건(FCA)으로 제품 공급 계약을 체결하여 제품을 공급하기로 하고 국외 관계회사 C법인과 제품 구매 계약을 체결하는 경우로서
  - A법인이 B법인의 사업장에 제품 설치완료 후 설치완료 보고서를 C법인에게 송부하는 시점에 해당 제품의 소유권이 C법인에서 A법인으로 이전되고

- B법인이 제품 설치완료를 확인하는 서류를 A법인에게 발행하는 시점에 해당 제품의 소유권이 A법인에서 B법인으로 이전되기로 계약하는 경우

① A법인과 B법인 간의 제품공급 거래에 대해 부가가치세가 과세되는지

② (질의1의 거래가 과세거래에 해당하는 경우) B법인이 A법인으로부터 수취한 매입세금계산서의 매입세액공제 여부

3) 회신

반도체 장비(이하 "제품")를 판매하는 사업자(이하 "A법인")가 국내 사업자(이하 "B법인")와 운송인 인도조건(FCA)으로 제품 공급 계약을 체결하여 제품을 공급하기로 하고 국외 관계회사(이하 "C법인")와 제품 구매 계약을 체결하는 경우로서 A법인이 B법인의 사업장에 제품 설치완료 후 설치완료 보고서를 C법인에게 송부하는 시점에 해당 제품의 소유권이 C법인에서 A법인으로 이전되고, B법인이 제품 설치완료를 확인하는 서류를 발행하는 시점에 해당 제품의 소유권이 A법인에서 B법인으로 이전되기로 계약할 때

① A법인과 B법인 간의 제품 공급 거래가 「부가가치세법 시행령」 제28조 제2항에 따른 기타 조건부 판매에 해당하는 경우 제품이 공급되는 장소가 국내이므로 부가가치세가 과세되는 것이며, 조건부 판매에 해당하는지 여부는 계약내용 및 구체적인 거래내용을 종합하여 사실판단할 사항이다.

② B법인이 A법인으로부터 수취한 매입세금계산서의 매입세액이 B법인의 사업을 위하여 사용하였거나 사용할 목적으로 공급받은 재화에 대한 매입세액인 경우 매출세액에서 공제한다.[96)]

(28) 부동산임대사업자가 건물과 그 건물에 관련된 이축권을 양도하는 경우 이축권 과세 여부

1) 사실관계

- 신청인은 부동산임대사업자로 '20.8.14. 개발제한구역 내 이축권 매매계약을 체결한 후 '22.2.14. 감정평가법인의 평가를 통해 건물(근린생활시설)과 이축권을 매도하였는데 건물은 양도소득으로 신고하고, 이축권은 기타소득으로 신고하였음
- 본건 공공사업(신도시 ◎◎지구 공공택지개발사업)의 토지보상 계획공고일은 '18.12.19.이고, 사업인정 고시일은 '19.10.15.이며 신청인의 토지는 '21.12월에 수용되었음
- 한편, 신청인은 건물 양도에 대하여 세금계산서를 발급하였고, 이축권 양도에 대하여는 세금계산서 발급 없이 진행하였음

96) 서면-2021-법규부가-5946[법규과-1668], 2022.05.30

〈본건 이축권 매매계약 주요 내용 발췌〉

개발제한구역
내 이축권리 매매계약 약정서

매도인(이하 "갑")과 매수인(이하 "을")은 아래 부동산의 표시 건축물(제1종 근린생활시설 189.63㎡)이 공공사업(신도시 ◎◎지구 공공택지개발사업)에 편입되어 철거됨으로 관계법령(개발제한구역지정 및 관리에 관한 특별조치법 제12조 개발제한구역에서의 행위제한)과 정해진 관련 행정절차에 따라 "갑"의 이축 권리를 "을"에게 매도하기로 합의한다. 따라서 본 약정체결 후 이축권리가 발생하지 않을 시 본 약정은 즉시 무효로 하고 상호손해배상 없이 받은 대금일체를 반환하기로 합의함

제1조 부동산의 표시

1) 이축부동산의 표시
소재지: ㅇㅇ도 ◇◇시 일반철골구조 제1종 근린생활시설(소매점)

2) 이축부동산 건축예정 토지 소재지: ㅇㅇ도 ◇◇시

제3조 이축권리금 지급약정
잔금: 164,000,000원은 2022.2.14. "갑"이 토지보상금 수령 후 LH공사로 토지소유권이 이전된 것을 확인 후 "을"에게 지급

제4조 계약의 조건 및 건축인허가
② 본 계약 전 "을"은 이축을 위한 해당토지의 건축조건을 확인하고 계약을 체결하며, 소유권 이전 후 이축과 관련 제반업무 인허가 절차는 "을"의 책임으로 진행한다.
④ "을"은 건축물 보상 수령 후 사업시행주체(LH)가 시행하는 당해 사업에 지장이 없게 건축물 철거에 적극 협조한다.
⑤ 건물의 명도기간은 잔금일로부터 6개월의 기한으로 정한다.
⑥ 부가세는 별도로 "갑"에게 지급한다.

2) 질의요지

부동산임대사업자가 임대건물과 관련하여 발생된 이축권을 양도 시 부가가치세 과세 여부

3) 회신

부동산임대업을 영위하는 사업자가 건물과 그 건물에 대한 「개발제한구역의 지정 및 관리에 관한 특별조치법」에 따른 이축을 할 수 있는 권리(이하 "이축권")를 양수인에게 양도하는 경우 해당 이축권은 부가가치세가 과세된다.[97]

97) 사전-2022-법규부가-0242, 2022.04.29

4. 영업권(무체재산권) 양도에 관한 소득세법상 원천징수와 「부가가치세법」상 세금계산서 발행으로 인한 이중과세 조정

(1) 영업권의 범위[98)]

무형고정자산에 속하는 영업권에는 다음의 것이 포함되는 것으로 한다.

① 사업의 양수도과정에서 양수도 자산과는 별도로 양도사업에서 소유하고 있는 허가·인가 등 법률상의 특권, 사업상 편리한 지리적 여건, 영업상의 비법, 신용·명성·거래선 등 영업상의 이점 등을 감안하여 적절한 평가방법에 따라 유상으로 취득한 가액

② 사업인가 당시 인가조건으로 부담한 기금(반환받을 수 있는 경우를 제외한다) 및 기부금 등

③ 등록된 관광사업용 버스와 이에 따른 모든 권리 등을 함께 양수함에 있어서 버스 자체의 대가 외에 관광사업에 따른 권리금을 별도로 평가하여 지급한 경우 그 가액

④ 양곡의 하역 및 보관업을 경영하는 자가 기계화로 인하여 실직되는 기존노무자의 생계를 위한 일종의 보상적 성질로 일정하역량에 달할 때까지 인가조건에 따라 지급하는 보상금

⑤ 지입차량을 직영화함에 따라 지입차주로부터 차량을 매입하는 경우 차량자체대금 외의 권리금(T.O.대금)이 포함되어 있는 경우의 그 권리금

⑥ 특정사업의 면허를 취득하기 위하여 동업자조합 또는 협회에 가입할 때 지급하는 것으로서 반환청구할 수 없는 가입 회비

⑦ 사업자가 상품권판매업을 영위하는 사업자의 일부 사업부 자산·부채를 양수하면서 기업회계기준에 따라 상품권예수금을 취득일의 공정가액으로 평가하여 장부에 계상한 경우 그 평가차액(상품권예수금 평가차액)[99)]

(2) 소득구분

1) 특허권의 양도 또는 대여로 받는 대가의 소득구분[100)]

① 특허권의 등록을 한 거주자가 당사자 간의 계약에 의하여 해당 특허권을 일정기간 동안 계속적·반복적으로 사용하도록 하고, 그 대가(실시료)를 지급받는 경우에는 그 대가의 지급방식, 지급시기와 관계없이 사업소득에 해당하는 것이며, 일시적인 특허권의 대여로 인한 대가(실시료)를 지급받는 경우에는 기타소득에 해당한다.

② 특허청에 등록된 특허권 및 개인이 신규의 발명을 고안하여 특허를 출원 중인 상태에서 특허를 받을 수 있는 권리를 양도하고 받는 대가는 기타소득에 해당한다.

---

98) 소집 33-62-2
99) 사전-2021-법규부가-1402, 2022.04.21
100) 소집 21-0-8

2) 사업성 존재유무에 따른 소득구분

소득세법에서 기타소득으로 정한 '영업권 등을 양도하거나 대여하고 그 대가로 받은 금품'은 사업소득 이외의 일시적·우발적 소득에 해당하는 경우만을 의미하는 것으로서 취득한 소득의 명목이 영업권의 양도에 따른 대가라고 하더라도 그것에 사업성이 인정되는 한 이를 사업소득으로 보아야 할 것인 바, 원고의 CCC 교육사업을 통한 소득 활동의 내용, 그 활동기간 및 범위, 태양, 거래의 상대방, 수익을 얻어온 횟수 및 규모 등을 고려할 때, 원고의 활동 자체가 수익을 올릴 목적으로 이루어져 온 것인 데다가, 사회통념상 하나의 독립적인 사업활동으로 볼 수 있을 정도의 계속성과 반복성도 갖추고 있다고 보이므로, 쟁점소득은 그 실질에 비추어 소득세법의 '교육서비스업'에서 발생하는 소득으로서 '사업소득'으로 판단된다.[101)]

3) 명도합의금(영업권) 명목으로 임차인이 임대인으로부터 받은 금액의 소득구분

임대인으로부터 점포를 임차하여 음식점을 경영하는 거주자가 해당 임대차계약 기간의 만료 전에 계약을 해지하고 임대인으로부터 받는 명도합의금(영업권) 명목의 금액이 해당 사업장 임대차계약의 위약이나 해약에 따라 받는 위약금 또는 명도합의에 대한 보상금에 해당하는 경우 사업소득의 총수입금액에 산입하는 것이나, 점포 임차인으로서 지위를 양도함으로써 얻는 경제적 이익에 해당하는 경우 기타소득에 해당하는 것으로서, 명도합의금(영업권)의 구체적인 지급이유에 따라 사업소득인지 기타소득인지 여부를 사실판단하여야 한다.[102)]

4) 공동사업 폐지로 받는 영업권 상당액의 소득구분

의료업을 경영하는 공동사업장의 구성원 중 1인이 해당 공동사업장을 탈퇴하면서 자기 지분을 양도하고 받는 영업권 상당의 금액은 기타소득에 해당하는 것이며, 해당 영업권은 무형고정자산에 해당한다.[103)]

5) 부동산임대업자가 임차인으로부터 보증금 및 월임대료 외에 영업권 명목으로 받은 대금

부동산임대업자가 임차인으로부터 보증금 및 월임대료 외에 영업권 명목으로 받은 대금은 사업소득으로 총수입금액에 산입한다.[104)]

(3) 자산계상 및 감가상각 여부

1) 단독사업장의 영업권을 공동사업장에 출자하는 경우 영업권 상당액을 공동사업장의 자산으로 계상할 수 있는지 여부

병의원을 영위하던 개인사업자 "갑"이 당해 사업장의 자산과 영업권을 적정하게 평가하여 "갑"

101) 서울행정법원2010구합46067, 2012.01.13
102) 서면법규과-148, 2013.02.08
103) 소득세과-773, 2010.07.05
104) 소득세과-0883, 2011.10.28

과 “을”을 구성원으로 하는 공동사업에 출자한 경우 공동사업에 출자된 영업권은 공동사업장의 무형고정자산(감가상각자산)에 해당하여 감가상각비로 필요경비를 계상할 수 있는 것이며, 해당 영업권 금액을 적절한 평가방법에 따라 평가하였는지 여부는 사실판단할 사항이다.[105)]

2) 영업권 및 사업용고정자산의 포괄인수 시 감가상각방법

타인으로부터 영업권 및 기타의 사업용고정자산을 포괄적으로 양수한 경우에도 영업권 및 기타 각 자산의 취득가액은 각 자산별로 구분하여 계산하여야 한다.[106)]

3) 개인사업자가 사업양도·양수방식으로 법인전환하면서 계상한 영업권의 감가상각자산 해당 여부

개인사업자가 자신이 운영하던 A사업을 사업양도·양수방식으로 법인전환하면서 해당법인이 양수하는 A사업의 자산과는 별도로 A사업에 관한 지리적 입지조건, 고객유치능력, 순이익창출능력, 명성, 신용, 영업상의 이점 등을 감안하여 적절한 평가방법에 따라 유상으로 취득한 금액은 영업권에 해당한다.[107)]

4) 전임차인에게 지급하는 비반환성 권리금

법인이 사업장용 건물의 임차를 위하여 전 임차인에게 지급하는 비반환성 권리금으로서 사업상 편리한 지리적 여건·위치 등 영업상의 이점 등을 감안하여 상관행상 적절하다고 인정되는 평가방법에 따라 유상으로 지급한 금액은(부당행위계산부인대상 제외) 영업권으로 보아 감가상각한다.[108)]

5) 상속세 과세가액에 포함된 영업권

피상속인에 대한 상속세 세무조사 시 상속세 과세가액에 포함된 영업권은 「소득세법 시행령」 제62조 제2항에 따른 감가상각자산에 해당하지 않는다.[109)]

(4) 원천징수

1) 법인이 개인사업자로부터 영업권(임차권리금)을 매입하는 경우 원천징수방법

법인이 개인사업자로부터 고정자산을 불포함한 영업권(임차권리금)을 매입하는 경우 기타소득으로 원천징수한다.[110)]

2) 영업권취득으로 세금계산서를 교부받은 경우에도 기타소득으로 원천징수함

점포 임차인인 개인사업자에게 영업권(점포임차권)에 대한 기타소득금액으로 지급하고 세금계

105) 서면법규과-1266, 2013.11.19
106) 소기통 33-62-8
107) 서면법규과-1083, 2013.10.04
108) 법인46012-2799, 1999.07.15
109) 소득세과-391, 2012.05.07
110) 원천세과-1354, 2008.07.09

산서를 교부받은 경우에도 기타소득에 대한 소득세 원천징수의무가 있다.[111]

3) 영업권대가를 분할지급하면서 약정에 따라 부가가치세 명목으로 지급한 금전의 원천징수 여부

부가가치세 과세대상 영업권을 양수한 사업자가 영업권대가를 분할하여 지급하면서 당사자 간 약정에 따라 부가가치세 명목으로 금전을 지급하는 경우 그 금액의 100/110 상당액에 대해서는 「소득세법」에 따라 원천징수하여야 한다.[112]

4) 영업권을 분할하여 지급하는 경우 원천징수 여부 등

개인사업자가 법인으로 전환할 때 영업권만 별도로 법인에게 양도하면서 해당 영업권 양도대가에 대한 세금계산서를 「부가가치세법」에 따라 발급하고 사업장소재지 관할세무서장에게 매출·매입처별 세금계산서합계표를 제출한 경우 영업권의 양도대가를 지급하는 법인은 「소득세법」에 따라 지급명세서를 제출한 것으로 본다.[113] 또한 개인사업자가 법인으로 전환할 때 법인이 영업권만을 별도로 양수하고 그 대금을 분할하여 지급하기로 하였으나 대금을 지급하기로 한 시기에 지급하지 못하고 지연지급하는 경우 개인사업자가 미지급된 영업권의 대가를 종합소득에 합산하여 신고하기 전이라면 「소득세법」에 따라 해당 법인이 영업권의 대가를 지급하는 때에 원천징수한다.[114]

5) 원천징수의 배제[115]

① 원천징수대상 소득으로서 발생 후 지급되지 아니함으로써 소득세가 원천징수되지 아니한 소득이 종합소득에 합산되어 종합소득에 대한 소득세가 과세된 경우에 그 소득을 지급할 때에는 소득세를 원천징수하지 않는다.

② '소득세가 과세된 경우'에는 해당 소득이 있는 거주자가 해당 소득을 종합소득에 합산하여 종합소득과세표준 확정신고(국세기본법에 따른 과세표준수정신고를 포함한다)를 한 경우를 포함한다.

(5) 부가가치세 과세 여부 판단

1) 점포임차권리의 양도대가에 대한 부가가치세 과세 여부

타인의 점포를 임차하여 과세사업을 하던 사업자가 그 점포의 임차권리를 양도하고 그에 따른 대가를 받는 경우, 그 대가는 재화의 공급에 대한 대가에 해당하는 것으로서 부가가치세가 과세된다.[116]

---

111) 원천세과-483, 2011.08.12
112) 사전-2018-법령해석소득-0632, 2019.01.30
113) 사전-2014-법령해석소득-22126, 2015.05.01
114) 사전-2015-법령해석소득-0088, 2015.05.01
115) 소집 155-0-1
116) 부가가치세과-3067, 2008.09.16

2) 복합운송주선업업자 사업양수도에 의한 방법으로 법인전환 시 부가가치세 과세 여부

복합운송주선업을 영위하던 개인사업자가 당해 사업에 관련된 모든 권리와 의무를 포괄적으로 양도하여 법인으로 전환함에 있어서 당해 사업에 대한 영업권을 평가하여 사업을 양수받는 법인으로부터 사업양도 대가와 함께 지급받는 경우에도 사업의 양도에 해당하여 부가가치세가 과세되지 않는다.[117]

3) 영업권을 국외에 소재하는 외국법인에게 양도 시 영세율 적용 여부

사업자가 외국법인에게 고객관계(고객과의 계약관계를 포함한 고객과 관련된 모든 권한·권리와 이익, 고객명세, 가격명세 및 계약 관련 정보 등)를 양도하고 대가를 받는 경우, 사업자가 외국법인에게 양도하는 고객관계를 영업권으로 보는 경우에는 재화의 공급에 해당되며, 수출하는 재화로 영세율을 적용한다.[118]

4) 면세사업자의 면세사업 관련 영업권 양도 시 부가가치세 과세 여부

부가가치세 면제사업자가 면세사업에 사용하던 사업용 고정자산과 면세사업 관련 영업권을 양도하는 경우 당해 고정자산 및 영업권 양도에 대하여는 부가가치세가 과세되지 아니한다.[119]

(6) 거래당사자별 세무처리

개인사업자 A가 법인사업자 B에게 영업권을 양도하면서 영업권 가액을 1억원(VAT별도)으로 책정하고 수수하기로 약정하였다. 이 경우 거래당사자 간 세무처리는 다음과 같다.

1) 개인사업자 A(양도인)의 세무처리

① 110,00,000원에 대한 세금계산서를 발행하고 B법인으로부터 기타소득 원천징수영수증을 수령한다.

② VAT신고 시 기타소득 수입금액에 대한 1억원을 신고서 하단의 수입금액 제외로 신고하고, 1천만원은 매출세액으로 신고 납부한다.

③ 종합소득세 신고 시 해당 기타소득을 다른 기타소득과 합산하여 신고한다.

2) 법인사업자 B(양수인)의 세무처리

① 지급하기로 약정되어 있는 110,000,000원 중에서 기타소득 1억원의 원천세액 8,800,000원을 제외한 101,200,000을 지급하고, 기타소득원천징수영수증을 발행한다. 본 거래의 회계처리는 다음과 같다.

---

117) 부가46015-2615, 1997.11.20

118) 기획재정부 부가가치세제과-278, 2010.04.23

119) 부가46015-2584, 1997.11.17

(차) 영업권	100,000,000	(대) 현 금	101,200,000
VAT대급금	10,000,000	예수금	8,800,000

② A사업자로부터 세금계산서를 수령하여 10,000,000원은 매입세액공제를 적용받고, 1억원은 무형자산계상 후 감가상각을 통하여 비용화를 진행한다.

③ 기타소득원천징수액은 다음 달 10일까지 신고납부를 한 후 익년 2월 말까지 해당 기타소득에 대한 지급명세서를 관할세무서에 제출한다.

5. 부동산임대에 사용하던 건물 매각 시 과세 문제

(1) 건물과 토지를 양도하기 위하여 지출한 수수료 매입세액공제 여부

부동산임대업을 영위하던 사업자가 과세사업에 사용하던 건물과 그 부속 토지를 양도하기 위하여 부동산컨설팅 및 중개수수료를 지급하면서 부담한 매입세액은 자기의 매출세액에서 공제된다.[120]

(2) 폐업 후에 양도하는 경우

1) 원칙

사업자가 사업용 건물을 매각한 후 폐업하는 경우에는 건물의 매각대금이 과세표준이 되는 것이며, 사업자가 실질적으로 폐업하는 날까지 사업용 건물이 잔존하는 때에는 「부가가치세법」상 간주시가에 의하여 과세표준을 계산한다.[121] 다만, 취득 시 매입세액이 공제되지 아니한 부동산을 양도하는 경우에는 공급으로 보지 않는다.

2) 임대에 공하고 있던 건물을 매각하고 동일자로 임대업을 폐업신고한 경우

폐업 시의 잔존재화에 해당되느냐 하는 것은 거래된 재화의 공급시기가 폐업일 이후에 도래 되었는지와 관련이 있으므로 폐업과 관련한 「부가가치세법」상의 공급시기에 대하여 살펴보면, 「부가가치세법」에서는 공급시기에 관한 원칙을 정하고 위임에 따라서 거래형태에 따른 개별적인 공급시기를 정하면서 단서에서는 폐업 전에 공급한 재화의 공급시기가 폐업일 이후에 도래하는 경우에는 그 폐업일을 공급시기로 보도록 규정하고 있는 바, 이는 폐업 전에 공급받을 자와 공급가액이 정해져서 부가가치세의 전가가 이루어질 수 있고 따라서 이러한 경우에는 당사자 간의 거래가액을 기준으로 한 과세표준이 계산되어 과세되어야 하는데도 단지 같은 항 각 호에서 정한 시기가 폐업일 이후에 도래하였다는 이유로 폐업 시 잔존재화로 과세하는 것은 폐업 시 잔존재화에 대한 과세 취지에도 어긋날 뿐만 아니라 거래실질 내용과도 부합되지 아니하기 때문에 폐업일을 공급시기로 하여 당사자 간의 거래가액을 기준으로 과세하기 위함이라고 해석된다.[122]

---

120) 서면3팀-309, 2008.02.12
121) 서면3팀-276, 2005.02.24
122) 국심97구2597, 1998.05.26, 국심90서2553, 1991.05.02

(3) 사업양도에 따라 취득한 재화의 간주공급 해당 여부

사업자가 사업을 포괄양수하면서 양도한 사업자가 매입세액을 공제받은 재화를 취득한 후 간주공급에 해당하는 경우 당해 사업자의 재화는 자기에게 공급한 것으로 보아 부가가치세 과세대상에 해당한다.[123] 이 경우 해당 재화의 취득일은 양도자가 당초 취득한 날이다.[124]

(4) 부동산임대업자가 폐업 후 부동산을 양도 시 과세 여부와 실질적인 폐업 여부

재화의 공급시기 이전에 실질적으로 부동산임대업을 폐업한 경우에는 부가가치세가 과세되는 것이며 사업장의 일부가 계속 임대되고 있는 경우에는 그 사업이 실질적으로 폐업한 것에 해당하지 아니한다.[125] 그리고 부동산임대업을 영위하던 사업자가 임대사업용 건물에 대한 매매계약을 체결하고 잔금을 수령하지 아니한 상태에서 폐업한 경우 그 폐업일에 당해 재화를 공급한 것으로 보아 실제 거래금액을 부가가치세 과세표준으로 한다.[126] 왜냐하면 폐업 전에 공급받을 자와 공급가액이 정해져서 부가가치세의 전가가 이루어질 수 있는 경우에는 당사자 간의 거래가액을 기준으로 과세표준이 계산되어 과세되어야 하는데도 단지 공급시기가 폐업일 이후에 도래하였다는 이유로 폐업 시 잔존재화로 과세하는 것은 폐업 시 잔존재화에 대한 과세 취지에도 어긋날 뿐만 아니라 거래실질 내용과도 부합되지 아니하기 때문에 폐업일을 공급시기로 하여 당사자 간의 실지거래가액을 기준으로 과세하기 위함인 것이다.[127]

(5) 상시주거용으로 임대하던 오피스텔 양도 시 부가가치세 과세 여부

주택신축판매업 및 비주거용 건물 임대업 등을 업종으로 하여 사업자등록한 사업자가 주택임대사업을 영위하기 위해 국민주택규모 이하 주택(이하 "주택")을 취득하여 상시주거용으로 임대하다 양도하는 경우 부가가치세가 면제되는 것이나, 당초 매매목적으로 취득한 주택을 일시적 · 잠정적으로 임대하다 양도하는 경우에는 부가가치세가 과세되는 것이며 어느 경우에 해당하는지는 사실판단할 사항이다.[128]

(6) 상시주거용 주택을 근린생활시설로 용도변경 후 양도한 경우 부가가치세 과세 여부

부가가치세가 면제되는 주택임대업을 영위하는 사업자가 상시주거용으로 임대하던 다가구주택을 부동산 매매계약 특약사항에 따라 잔금 지급 전 근린생활시설로 용도변경 후 근린생활시설로 임대하지 않고(주택으로 임대하다가) 양도한 경우 해당 건물의 양도는 부가가치세가 면제되는 것

123) 부가-668, 2009.05.13
124) 재소비 46015-374, 1996.12.14
125) 서삼46015-10545, 2001.10.25
126) 부가46015-77, 1997.01.11
127) 국심2000서2940, 2001.03.22., 국심1990서2553, 1991.05.02
128) 사전-2022-법규부가-0886, 2022.09.07

이나, 해당 건물의 용도변경 전 임차인이 실제 상시 주거용으로 사용하였는지 여부는 사실판단할 사항이다.[129)]

Ⅲ 재화공급의 특례(재화의 간주공급)

1. 개요

(1) 의의

재화의 공급에는 앞에서 살펴본 계약상 또는 법률상의 원인에 의하여 재화를 인도·양도하는 실지 공급뿐만 아니라 대가를 수수하지 아니하거나 재화의 이동이 없는 경우에도 일정한 요건에 해당하면 재화의 공급과 동일하게 취급되는 경우가 있는 바, 현행 「부가가치세법」에서는 다음에 해당하는 거래를 재화의 공급과 동일시하고 있다.

<table>
<tr><th colspan="2">구분</th><th>매입세액 불공제분에 대한 간주공급 제외 여부</th><th>세금계산서 발급 여부</th></tr>
<tr><td rowspan="3">(1) 자가공급</td><td>① 면세사업에 전용</td><td>매입세액 불공제분 제외</td><td>세금계산서 발급의무 면제</td></tr>
<tr><td>② 「개별소비세법」 제1조 제2항 제3호에 따른 자동차와 그 유지를 위한 재화</td><td>매입세액 불공제분 제외</td><td>세금계산서 발급의무 면제</td></tr>
<tr><td>③ 판매목적 타사업장 반출(직매장 반출 포함)</td><td>–</td><td>세금계산서 발급</td></tr>
<tr><td colspan="2">(2) 개인적 공급</td><td>매입세액 불공제분 제외</td><td>세금계산서 발급의무 면제</td></tr>
<tr><td colspan="2">(3) 사업상증여</td><td>매입세액 불공제분 제외</td><td>세금계산서 발급의무 면제</td></tr>
<tr><td colspan="2">(4) 폐업 시 잔존재화</td><td>매입세액 불공제분 제외</td><td>세금계산서 발급의무 면제</td></tr>
</table>

(2) 관련 규정

사업자가 자기의 과세사업과 관련하여 생산하거나 취득한 재화로서 다음의 어느 하나에 해당하는 재화(이하 “자기생산·취득재화”라 한다)를 자기의 면세사업 및 부가가치세가 과세되지 아니하는 재화 또는 용역을 공급하는 사업(이하 “면세사업등”이라 한다)을 위하여 직접 사용하거나 소비하는 것은 재화의 공급으로 본다(부법 10).

① 공제대상 매입세액, 그 밖에 이 법 및 다른 법률에 따른 매입세액이 공제된 재화

② 사업양도로 취득한 재화로서 사업양도자가 매입세액을 공제받은 재화

129) 사전-2022-법규부가-0026, 2022.01.20

③ 수출에 해당하여 영(零) 퍼센트의 세율을 적용받는 재화

(3) 당초 매입세액이 공제되지 아니한 경우에 재화의 공급으로 보지 않는 것

① 면세전용, ② 비영업용 소형승용차와 그 유지를 위한 재화, ③ 개인적 공급, ④ 사업상증여, ⑤ 폐업 시 잔존재화의 경우 당초 매입세액이 공제되지 아니한 경우에는 재화의 공급으로 보지 아니한다.

(4) 세금계산서 발급 여부

재화의 간주공급에 대하여는 원칙적으로 세금계산서 발급의무가 면제되나, 직매장 반출(다른 사업장에의 반출 포함)이 과세거래에 해당하는 경우에는 반드시 세금계산서를 발급하여야 한다.

2. 자가공급

(1) 의의

자가공급이란 사업자가 자기 사업과 관련하여 생산하거나 취득한 재화를 자기의 사업을 위하여 직접 사용 또는 소비하는 것을 말한다. 이러한 자가공급은 사업자의 내부거래로서 소유의 이전이 없고 대가를 수수하지도 않으며 최종소비목적의 사용 또는 소비도 아니므로 원칙적으로 재화의 공급으로 볼 수 없으나 면세전용, 비영업용 승용자동차와 그 유지를 위한 재화 및 판매목적의 다른 사업장 반출에 해당하는 경우에는 자기에게 재화를 공급하는 것으로 보아 부가가치세를 과세한다,

(2) 면세전용

1) 취지

면세전용규정의 취지는 원래 면세사업에서는 매입세액공제를 받을 수 없는데 사업자가 과세사업과 관련하여 생산하거나 취득하여 매입세액의 공제를 받은 재화를 면세사업에 사용함으로써 면세사업에서 매입세액공제를 받는 효과를 없애고자 하는 것이다.

2) 관련 규정

사업자가 자기의 과세사업과 관련하여 생산하거나 취득한 재화로서 다음 중 어느 하나에 해당하는 재화(이하 "자기생산·취득재화"라 한다)를 자기의 면세사업을 위하여 직접 사용하거나 소비하는 것은 재화의 공급으로 본다(부법 10 ①).

① 매입세액이 공제된 재화

② 사업양도로 취득한 재화로서 사업양도자가 매입세액을 공제받은 재화, 그 밖에 이 법 및 다른 법률에 따른 매입세액을 공제받은 재화

3) 관련 사례

① 근린생활시설 및 다가구 주택을 원룸으로 개조하여 양도 시 신축 중 환급세액의 납부방법

근린생활시설 및 다가구주택을 신축하여 판매하는 부동산매매업자에 해당하는 신청인이 건물 신축과 관련하여 매입세액을 공제받고 건물준공 즉시 건물 전체를 국민주택규모 이하인 원룸으로 개조하여 판매하는 경우 과세재화(상가 및 국민주택규모 초과 건물부분)를 부가가치세가 면제되는 사업을 위하여 사용(원룸으로 개조)하는 경우에 해당하여· 부가가치세가 과세되는 것이며, 이 경우 과세표준은 과세재화의 시가로 한다.[130)]

② 오피스텔을 임대하는 경우 면세전용 해당 여부

사업자가 오피스텔을 분양받아 임대하고 그 대가를 받는 경우 실제로 당해 건물을 사용하는 임차자가 사업을 위하여 사용하는 경우에는 부가가치세가 과세되는 것이나, 실제로 당해 건물을 사용하는 임차자가 상시주거용으로 사용하는 것이 확인되는 경우에는 부가가치세가 면제되는 것이며, 오피스텔을 분양받아 사업개시 전 등록을 한 자가 당해 오피스텔의 취득과 관련한 매입세액을 공제받고 2003.2.18. 이후 최초로 사업이 개시되는 경우로서 당해 오피스텔을 부가가치세가 면제되는 용역을 공급하는 사업을 위하여 사용(상시주거용으로 임대)하는 때에는 재화의 공급에 해당하는 것으로서 부가가치세가 과세된다.[131)]

③ 오피스텔 신축판매업을 운영하는 사업자가 완공한 오피스텔을 주택으로 임대한 경우

오피스텔 신축판매업을 운영하는 사업자가 완공한 오피스텔을 임대한 경우로서 임차인이 이를 상시주거용으로 사용하는 경우 해당 오피스텔은 부가가치세 과세대상이 된다.[132)]

④ 면세전환 당시 재고재화

부가가치세가 과세되었던 재화가 법령개정으로 면세로 전환된 경우 전환 당시의 재고재화는 부가가치세 과세대상이 된다.[133)]

⑤ 과세되는 주택건설 후 주택임대사업에 전용 시

부가가치세가 과세되는 주택을 건설하여 공급하는 사업자가 해당 주택을 부가가치세가 면제되는 주택임대사업에 전용한 경우에는 자가공급에 해당하는 것이며, 이 경우 과세표준은 동법 시행령 제49조에 의하여 계산한다.[134)]

⑥ 임대유형의 변경 시

사업자가 주택과 사무실 및 점포 겸용의 복합건물을 신축하여 임대함에 있어서 해당 건물 신축 후 사무실 부분이 임대되지 아니하여 동 부분을 상시주거시설로 개조하여 주택으로 임대

---

130) 법규부가2010-241, 2010.08.19
131) 서면3팀-1865, 2005.10.27
132) 부가집 10-0-4 ① 1 가
133) 부가집 10-0-4 ① 1 나
134) 서일46011 - 10186, 2002.02.14

하는 경우 해당 주택임대분에 대하여는 부가가치세가 면제되는 것이며, 해당 면제분에 대하여 착오로 부가가치세를 신고·납부한 경우에는 경정청구에 의하여 환급받을 수 있는 것이나, 동 건물 신축 전에 당초 과세사업에 사용할 목적으로 매입세액을 공제받아 신축 후 해당 주택임대에 사용한 경우에는 동 사업자가 자기의 과세사업과 관련하여 생산하거나 취득한 재화를 부가가치세가 면제되는 사업을 위하여 사용 또는 소비한 것으로 보아 과세한다.[135)]

⑦ 분양목적건물의 일시적 임대

㉠ 부동산매매업자가 부가가치세가 과세되는 주택을 분양목적으로 신축하였으나 분양이 되지 않아 그 주택분양을 포기하고 임대한 것이 아니라 사업목적을 변경하지 아니하고 분양될 때까지 일시적, 잠정적으로 주택으로 임대하는 경우에는 자가공급에 해당하지 아니한다.[136)]

㉡ 건설업자가 분양목적으로 상가를 신축하였으나 일부 분양되지 아니한 부분을 분양될 때까지 일시적으로 동 건설업자가 직접 운영하는 경우, 그 직접 운영하는 사업이 부가가치세가 과세되는 사업인 때에는 자가공급에 해당하지 아니하여 부가가치세가 과세되지 아니한다.[137)]

⑧ 다른 사업장의 기계설비 교체목적으로 반출 시

둘 이상의 사업장을 영위하는 사업자가 자기의 사업과 관련하여 생산 또는 취득한 재화를 자기의 다른 사업장에 기계설비 등을 교체할 목적으로 반출하는 것은 재화의 공급에 해당하지 아니한다.[138)]

⑨ 과세재화의 면세사업장으로의 반출 시

부가가치세가 과세되는 사업장과 면세되는 사업장이 각각 있는 사업자가 부가가치세가 과세되는 사업과 관련하여 생산·취득한 재화를 과세사업장에서 면세사업장으로 반출 시 재화의 공급으로 본다.[139)]

⑩ 주택임대사업자등록 및 취득세 감면 신고일을 면세전용(폐업)일로 볼 수 있는지 여부

청구인은 지자체에 '15.11월 주택임대사업자등록 및 취득세감면신고를 했으나, 그 이후인 '16.1 월 쟁점오피스텔에 대해 주택임대차계약을 체결하여 '16.2월에 임차인이 입주한 바, 주택임차인이 입주하여 주택으로 사용한 '16.2월을 면세전용일로 봄이 타당하다.[140)]

⑪ 국민주택규모 이하 공사에 들어가는 매입에 대한 간주공급

승강기(엘리베이터)를 제조·판매하는 사업자가 「건설산업기본법」에 따라 전문건설업(승강기설치공사업)으로 등록한 후 건설용역을 전문으로 제공하는 독립된 사업부서와 종업원을 두고 국민주택건설공사의 엘리베이터 설치공사를 수주하여 자기의 제조장에서 제작한 엘리베이터

135) 부가46015 - 1716, 1998.07.28
136) 부가22601 - 1282, 1990.09.26
137) 부가22601 - 1427, 1985.07.26
138) 부가22601 - 715, 1991.06.11
139) 소비22601 - 769, 1986.09.012
140) 심사부가2016-0103, 2016.11.29

를 해당 부서의 책임하에 국민주택에 설치·시공하는 경우에는 「조세특례제한법」 제106조 제1항 제4호에 따라 부가가치세가 면제되는 것이나, 부가가치세가 과세되는 사업과 관련하여 생산한 재화인 승강기를 부가가치세가 면제되는 용역을 공급하는 사업을 위하여 사용하는 경우에는 재화의 공급(면세전용)에 해당하여 부가가치세가 과세된다.[141)]

⑫ 미분양주택을 일시적으로 임대에 사용하는 경우 면세전용 여부

주택을 신축하여 분양하는 사업자가 미분양주택이 다수 발생함에 따라 당해 미분양주택이 분양될 때까지 일시적 또는 잠정적으로 주택의 임대에 사용하는 경우로서, 미분양주택의 원활한 분양을 위하여 사업목적(주택의 공급)의 변경 없이 분양활동을 지속하면서 주택임대차계약서에 분양목적의 재고자산임을 명시하는 등 주택의 임대사업으로 전환한 것으로 볼 수 없는 경우에는 면세전용에 따른 재화의 공급에 해당하지 아니한다.[142)]

⑬ 오피스텔의 면세전용에 따른 부가가치세 신고불성실가산세 적용 여부

오피스텔을 분양받아 적법하게 사업개시 전 등록을 한 자가 당해 오피스텔의 취득과 관련한 매입세액을 공제받고 2004년 12월 최초로 상시주거용으로 임대하는 때에는 면세전용에 따른 재화의 공급에 해당되어 부가가치세가 과세되는 것이며, 이 경우 당해 사업자가 재화의 공급으로 보아 동 오피스텔을 상시주거용 임대로 실제 사용되는 날부터 25일 이내에 부가가치세를 확정신고·납부하는 경우에는 신고불성실가산세가 적용되지 아니하는 것이나 이에 해당하는지 여부는 거래내용의 그 실질에 따라 사실판단하여 적용할 사항이다.[143)]

(3) 비영업용 소형승용자동차와 그 유지를 위한 재화

1) 취지

「개별소비세법」 제1조 제2항 제3호에 따른 자동차(운수업, 자동차판매업, 자동차임대업, 운전학원업 및 이와 유사한 업종에 직접 영업으로 사용되는 것은 제외)의 구입·유지에 관한 매입세액은 매입세액을 공제받을 수 없다. 그런데 「개별소비세법」 제1조 제2항 제3호에 따른 자동차 또는 그 유지를 위한 재화를 과세사업과 관련하여 생산 또는 취득하여 매입세액의 공제를 받은 후 이를 「개별소비세법」 제1조 제2항 제3호에 따른 자동차(운수업, 자동차판매업, 자동차임대업, 운전학원업, 기계경비업무를 하는 경비업 및 이와 유사한 업종에 직접 영업으로 사용되는 것은 제외)로 사용하거나 그 유지를 위한 재화로 사용·소비하게 되면 「개별소비세법」 제1조 제2항 제3호에 따른 자동차(운수업, 자동차판매업, 자동차임대업, 운전학원업 및 이와 유사한 업종에 직접 영업으로 사용되는 것은 제외)의 구입·유지에 관한 매입세액을 공제받은 결과를 초래하게 되는 것이다. 따라서 이를 재화의 공급으로 보아 부가가치세를 과세함으로써 부가가치세의

141) 법규부가2012-442, 2012.11.20
142) 부가가치세과-578, 2010.05.10
143) 서면3팀-85, 2005.01.18

부담이 없는 재화의 사용·소비를 방지하여 조세부담의 형평을 유지하고자 규정한 것이다.

2) 관련 규정

① 개요

다음 중 어느 하나에 해당하는 자기생산·취득재화의 사용 또는 소비는 재화의 공급으로 본다(부법 10 ②).

㉠ 사업자가 자기생산·취득재화를 매입세액이 매출세액에서 공제되지 아니하는 「개별소비세법」 제1조 제2항 3호에 따른 다음의 자동차로 사용 또는 소비하거나 그 자동차의 유지를 위하여 사용 또는 소비하는 것

ⓐ 배기량이 2천cc를 초과하는 승용자동차와 캠핑용자동차

ⓑ 배기량이 2천cc 이하인 승용자동차(배기량이 1천cc 이하인 것으로서 대통령령으로 정하는 규격의 것은 제외한다)와 이륜자동차

ⓒ 전기승용자동차

㉡ 운수업, 자동차판매업 등 업종의 사업을 경영하는 사업자가 자기생산·취득재화 중 「개별소비세법」에 따른 자동차와 그 자동차의 유지를 위한 재화를 해당 업종에 직접 영업으로 사용하지 아니하고 다른 용도로 사용하는 것

② 「개별소비세법」 제1조 제2항 3호에 따른 다음의 자동차

㉠ 「자동차관리법」 제3조에 따른 구분기준에 따라 승용자동차로 구분되는 자동차(정원 8명 이하의 자동차로 한정하되, 배기량이 1,000cc 이하의 것으로서 길이가 3.6미터 이하이고 폭이 1.6미터 이하인 것은 제외한다)

㉡ 「자동차관리법」 제3조에 따른 구분기준에 따라 이륜자동차로 구분되는 자동차(내연기관을 원동기로 하는 것은 그 총배기량이 125cc를 초과하는 것으로 한정하며, 내연기관 외의 것을 원동기로 하는 것은 그 최고정격출력이 12킬로와트를 초과하는 것으로 한정한다). 다만, 국방용 또는 경찰용으로서 해당 기관의 장이 증명하는 것은 제외한다.

㉢ 「자동차관리법」 제3조에 따른 구분기준에 따라 캠핑용자동차로 구분되는 자동차(캠핑용트레일러를 포함한다)

㉣ 「환경친화적 자동차의 개발 및 보급촉진에 관한 법률」 제2조 제3호에 따른 전기자동차로서 「자동차관리법」 제3조에 따른 구분기준에 따라 승용자동차로 구분되는 자동차(정원 8명 이하의 자동차로 한정하되, 길이가 3.6미터 이하이고 폭이 1.6미터 이하인 것은 제외한다)

③ 운수업, 자동차판매업 등 업종

"운수업, 자동차판매업 등 업종"이란 다음의 업종을 말한다(부령 19).

㉠ 운수업 ㉡ 자동차판매업 ㉢ 자동차임대업 ㉣ 운전학원업

ⓜ「경비업법」 제2조 제1호 라목에 따른 기계경비업무를 하는 경비업. 이 경우 법 제10조 제2항 제2호에서의 자동차는 「경비업법」 제16조의 3에 따른 출동차량에 한정하여 적용한다.

ⓗ ㉠부터 ⓜ까지의 업종과 유사한 업종

(4) 판매목적 직매장 반출

1) 취지

판매목적 직매장 반출의 취지는 사업자의 자금부담을 완화시켜주기 위함이다. 왜냐하면 직매장 반출(다른 사업장에의 반출 포함)을 재화의 공급으로 보지 아니하게 되면, 반출한 사업장(예컨대 공장 등)에서는 매입세액만 발생하고 반입한 사업장(예컨대 직매장 등)에서는 매출세액만 발생한다. 그런데 「부가가치세법」상 납부세액의 경우에는 예정신고 또는 확정신고와 함께 각각 납부하여야 하는 반면에 환급세액의 경우에는 예정신고와 관련해서는 환급을 해주지 않고 동 금액을 확정신고를 할 때 예정신고 미환급세액으로 납부세액에서 공제하여 주고 있으며, 확정신고와 관련해서는 확정신고기한이 지난 후 30일 이내에 환급을 해주고 있다. 따라서 이를 재화의 공급으로 보지 아니하면 예정신고 또는 확정신고를 할 때 납부세액은 먼저 납부를 하고 환급세액은 확정신고를 한 후 일정기간이 지나서 환급을 받을 수 있게 되어 사업자에게는 자금부담의 문제가 발생하게 되므로 직매장 반출(다른 사업장에의 반출 포함)을 재화의 공급으로 보도록 규정하고 있는 것이다. 다만, 주사업장 총괄납부 또는 사업자단위과세의 적용을 받는 사업자는 해당 제도에 의하여 자금부담의 문제를 해결하였으므로 재화의 공급으로 보지 않는다.

2) 관련 규정

사업장이 둘 이상인 사업자가 자기의 사업과 관련하여 생산 또는 취득한 재화를 판매할 목적으로 자기의 다른 사업장에 반출하는 것은 재화의 공급으로 본다. 이 경우 직매장 반출로서 간주공급으로 보게 되는 다른 사업장의 개념에는 자기의 다른 면세사업장에 사용 또는 소비하기 위하여 반출되는 경우를 포함하지 아니한다. 다만, 다음 중 어느 하나에 해당하는 경우는 재화의 공급으로 보지 아니한다(부법 10 ③). 그러나 주사업장 총괄납부 또는 사업자단위과세의 적용을 받는 사업자는 해당 제도에 의하여 자금부담의 문제를 해결하였으므로 재화의 공급으로 보지 않는다.

① 사업자가 사업자단위과세사업자로 적용을 받는 과세기간에 자기의 다른 사업장에 반출하는 경우

② 사업자가 주사업장 총괄 납부의 적용을 받는 과세기간에 자기의 다른 사업장에 반출하는 경우. 다만, 세금계산서를 발급하고 관할세무서장에게 신고한 경우는 제외한다.

구분	판매목적 타사업장 반출
일반적인 경우	공급의제 (○) ➜ 세금계산서교부(○)
주사업장 총괄납부의 경우	세금계산서 교부 (×) ➜ 공급의제 (×)
	세금계산서 교부 신고(○) ➜ 공급의제 (○)

3) 해외건설공사용 자재의 국외 반출

건설업을 영위하는 사업자가 자기의 사업과 관련하여 생산 또는 취득한 재화를 자기의 해외건설공사에서 건설용 자재로 사용하거나 소비할 목적으로 국외로 반출하는 경우에는 재화의 공급으로 보지 아니한다.[144)]

4) 본점소재지와 지점소재지를 변경하는 경우 재화의 공급 여부

본점과 지점 등 서로 다른 2개의 사업장을 두고 사업을 영위하던 법인사업자가 본점소재지를 지점소재지로, 지점소재지를 본점소재지로 변경하여 사업자등록정정신고를 한 경우 본·지점의 재고상품은 판매목적 타사업장 반출규정에 의하여 재화의 공급에 해당한다.[145)]

5) 과세사업장에서 생산한 재화를 자기의 다른 사업장으로 반출하여 면세사업에 사용 시 세금계산서 발급 여부

사업장을 구분하여 과세사업과 면세사업을 겸영하는 사업자가 과세사업장에서 생산한 재화를 자기의 다른 사업장으로 반출하여 면세사업에 사용하는 경우에는 재화의 공급으로 보아 세금계산서를 발급하여야 한다.[146)]

6) 식자재를 구입하여 자기의 다른 사업장에 반출하는 경우 부가가치세 과세 여부

사업장이 둘 이상인 법인사업자가 자기의 사업과 관련하여 취득한 치킨소스를 자기의 다른 사업장에서 고객에게 유상으로 판매하거나 주된 거래인 치킨의 공급과 함께 이루어지는 거래로서 무상증정하는 치킨소스의 대가가 주된 재화의 공급에 대한 대가에 포함되어 공급할 목적으로 반출하는 것은 재화의 공급에 해당한다.[147)]

(5) 자가공급에 해당되지 않는 사례[148)]

사업자가 자기의 사업과 관련하여 생산하거나 취득한 재화를 자기의 과세사업을 위하여 다음과 같이 사용·소비하는 경우에는 재화의 공급으로 보지 아니한다.

144) 부가집 10-0-2
145) 부가-1077, 2012.10.24
146) 기획재정부 부가가치세제과-498, 2016.11.09
147) 서면-2021-법령해석부가-4215[법령해석과-3029], 2021.08.31
148) 부가집 10-0-3

① 자기의 다른 사업장에서 원료·자재 등으로 사용·소비하기 위하여 반출하는 경우

② 자기 사업상의 기술개발을 위하여 시험용으로 사용·소비하는 경우

③ 수선비 등에 대체하여 사용·소비하는 경우

④ 사후 무료 서비스를 제공하기 위하여 사용·소비하는 경우

⑤ 불량품 교환 또는 광고선전을 위한 상품진열 등의 목적으로 자기의 다른 사업장으로 반출하는 경우

⑥ 건설업을 영위하는 사업자가 자기의 해외건설공사에서 건설용 자재로 사용하거나 소비할 목적으로 국외 반출하는 경우[149)]

⑦ 사업자가 위탁가공을 위하여 원자재를 국외의 수탁가공사업자에게 무환으로 반출하는 경우(원료를 대가 없이 국외의 수탁가공사업자에게 반출하여 가공한 재화를 양도하는 경우에 그 원료의 반출함에 따라 영세율이 적용되는 것은 제외[150)])

⑧ 고정자산을 자기의 다른 사업장에서 과세사업에 사용하기 위하여 반출하는 경우[151)]

3. 개인적 공급

(1) 취지

개인적 공급의 취지는 사업자가 과세사업과 관련하여 생산하거나 취득하여 매입세액공제를 받은 후 이를 개인적인 용도로 사용함으로써 소비자의 지위에서 부가가치세를 부담하지 않고 소비하는 행위를 방지함으로써 조세부담의 중립성을 유지하려는 데 있다.

(2) 관련 규정

사업자가 자기의 사업과 관련하여 생산하거나 취득한 재화를 자기나 그 사용인의 개인적인 목적 또는 그 밖의 목적으로 사용·소비하는 경우 사업자가 그 대가를 받지 아니하거나 시가보다 낮은 대가를 받는 것은 재화의 공급으로 본다(부법 10 ④). 다만 사업자가 자기의 사업과 관련하여 실비변상적이거나 복지후생적인 목적으로 자기의 사용인에게 재화를 무상으로 공급하는 것으로서 다음에 예시하는 것에 대하여는 재화의 공급으로 보지 아니한다(소령 19의2). 이 경우 실비변상적이거나 복지후생적인 목적의 범위는 「소득세법 시행령」 제12조와 「법인세법 시행령」 제45조의 규정에 따른다.

① 사업을 위해 착용하는 작업복, 작업모 및 작업화를 제공하는 경우

149) 부기통 10-0-2

150) 2014.02.21. 이후 공급하는 분부터 영 제31조 제1항 제5호에 따라 원료를 대가 없이 국외의 수탁가공사업자에게 반출하여 가공한 재화를 국내사업자에게 양도하는 경우에 그 원료만 영세율 세금계산서를 발급하도록 개정(영기 ① 4호), 이 경우에 가공한 재화 중 원료를 제외한 나머지는 부가가치세가 과세되지 아니하는 국내 공급이므로 계산서를 발급함.

151) 부가-348, 2014.04.18

② 직장연예 및 직장문화와 관련된 재화를 제공하는 경우

③ 다음의 어느 하나에 해당하는 재화를 제공하는 경우. 이 경우 각 목별로 각각 사용인 1명당 연간 10만원을 한도로 하며, 10만원을 초과하는 경우 해당 초과액에 대해서는 재화의 공급으로 본다.

㉠ 경조사와 관련된 재화

㉡ 설날·추석, 창립기념일 및 생일 등과 관련된 재화

(3) 관련 사례

1) 종업원제안제도에 의해 종업원이 쿠폰으로 구입하게 되는 금품의 공급 해당 여부

사업자가 자기의 사업에 대한 종업원의 제안제도를 실시하면서 제안서를 제출한 종업원에게 일정금액이 표기된 증표(쿠폰)를 지급하고 해당 증표를 받은 종업원이 개인적으로 사용할 금품을 해당 사업자가 지정한 자로부터 구입하게 하고 그 물품대금을 해당 사업자가 대신 지급하는 경우에는 재화의 공급에 해당하지 아니한다.[152)]

2) 재화를 종업원 또는 거래처에 무상 공급하는 경우

사업자가 자기 사업과 관련한 유니폼을 구입하여 자기 종업원들에게 무상으로 제공하는 경우는 간주공급규정에 해당하지 아니하여 재화의 공급으로 보지 않는 것이나, 다른 사업자에게 제공하는 경우에는 재화의 공급에 해당되어 부가가치세가 과세된다.[153)]

3) 「법인세법」에 따른 부당행위계산부인 대상이 아닌 종업원 할인판매의 간주공급 해당 여부

종업원할인이 일반고객에 비해 낮은 대가를 받는 것은 사실이나, 일반고객에게도 할인행사가 이루어지고 있는 상황에서 거래조건에 따른 매출에누리로 볼 수 있는 경우 개인적 공급으로 부가가치세를 과세하기는 어렵다.[154)]

4) 복리후생목적으로 임직원에게 휴양시설을 무상 사용하게 하는 경우 부가가치세 과세 여부

사업자가 임직원의 복리후생목적으로 콘도, 리조트 등의 휴양시설을 취득(건설)하여 임직원이 무상으로 사용하도록 하는 경우 재화의 간주공급에 해당하지 아니하는 것이며, 해당 무상 사용 용역이 숙박용역인 경우 용역의 공급에 대한 부당행위계산부인규정에 해당하지 않는다.[155)]

152) 부가46015 - 1552, 2000.07.03
153) 부가가치세과-2223, 2008.07.24
154) 법규-1063, 2014.10.07
155) 서면-2021-법령해석부가-4056[법령해석과-2964], 2021.08.27

4. 사업상증여

(1) 취지

사업상증여규정의 취지는 과세사업과 관련하여 생산하거나 취득하여 매입세액공제를 받은 재화를 타인에게 증여함으로써 최종소비자가 부가가치세를 부담하지 않고 재화를 사용·소비하는 것을 방지함으로써 조세부담의 중립성을 유지하려는 데 있다.

(2) 관련 규정

사업자가 자기의 사업과 관련하여 생산하거나 취득한 재화를 자기의 고객이나 불특정다수인에게 증여하는 경우 과세되는 재화의 공급으로 보는 것은 증여되는 재화의 대가가 주된 거래인 재화공급의 대가에 포함되지 아니하는 것으로 한다. 다만, 다음 중 어느 하나에 해당하는 경우에는 과세되는 재화의 공급으로 보지 아니한다(부법 10 ⑤, 부령 20).

① 사업을 위하여 대가를 받지 아니하고 다른 사업자에게 인도 또는 양도하는 견본품

② 「재난 및 안전관리기본법」의 적용을 받아 특별재난지역에 공급하는 물품

③ 사업자가 자기의 사업과 관련하여 생산하거나 취득한 재화를 자기 사업의 광고선전목적으로 불특정다수인에게 광고선전용 재화로서 무상으로 배포하는 경우[156]

④ 사업자가 자기의 제품 또는 상품을 구입하는 자에게 구입 당시 그 구입액의 비율에 따라 증여하는 기증품 등[157]

⑤ 자기적립 마일리지 등으로만 전액을 결제받고 공급하는 재화

⑥ 증여하는 재화의 대가가 주된 거래인 재화공급의 대가에 포함되는 것(= 부수재화)

(3) 광고선전물의 배포

1) 개요

사업자가 자기의 사업과 관련하여 생산하거나 취득한 재화를 자기 사업의 광고선전목적으로 불특정다수인에게 광고선전용 재화로서 무상으로 배포하는 경우(직매장·대리점을 통하여 배포하는 경우를 포함한다)에는 재화의 공급으로 보지 아니한다.[158]

2) 주유소의 광고선전용 재화 및 경품 제공 시

주유소를 운영하는 사업자가 자기 사업의 광고선전목적으로 불특정다수인에게 광고선전용 재화를 무상으로 제공하는 경우와 해당 주유소를 이용하는 고객에게 유류 구입 시 해당 사업자의 상호, 전화번호 등이 인쇄된 사은품(휴지, 장갑 등)을 판매촉진목적으로 무상으로 제공하는 경

156) 부기통 6-16-2
157) 부기통 6-16-4
158) 부기통 10-0-4

우에는 부가가치세가 과세되지 아니하며, 해당 재화의 구입과 관련된 매입세액은 공제되는 것이나 해당 주유소를 이용하는 고객 중 일정기간 동안 일정금액 이상의 유류를 구입한 고객에 대하여 이용실적에 따라 사후에 재화(매입세액이 공제되지 아니하는 것은 제외)를 무상으로 제공하는 경우에는 부가가치세가 과세된다.[159)]

3) 거래처에 진열장의 무상 공급 시

사업자가 자기의 거래처에 해당 사업자가 공급한 상품을 진열하는 진열장을 무상으로 공급하는 경우 부가가치세가 과세되는 것이나, 재화를 공급하거나 공급받은 후 판매장려금을 현금으로 수수하는 경우에는 부가가치세 과세대상이 아니다.[160)]

4) 광고·선전목적으로 특정인에게 무상으로 증여하는 경우

골프용품 등을 판매하는 사업자가 자기의 사업과 관련하여 취득(구입)한 재화를 광고·선전목적으로 특정 골프대회 또는 특정 프로골프 선수에게 무상으로 증여하는 경우에는 사업상증여로 부가가치세가 과세된다. 단, 매입세액이 공제되지 아니한 것은 과세되지 않는다.[161)]

5) 모든 거래처에 사전약정에 의하여 지급하는 할증품이 사업상증여에 해당하는지 여부

사업자가 자기의 제품 또는 상품을 구입하는 모든 거래처에 사전약정이나 공지에 의하여 구입시점에 그 구매금액 또는 구매수량에 따라 지급하기로 확정된 할증품으로서 당해 재화의 대가가 주된 거래인 재화공급의 대가에 포함되는 것은 사업상증여에 해당하지 않는다.[162)]

(4) 판매장려금품의 과세

1) 개요

사업자가 자기 재화의 판매촉진을 위하여 거래상대자의 판매실적에 따라 일정률의 장려금품을 지급 또는 공급하는 경우 금전으로 지급하는 장려금은 과세표준에서 공제하지 아니하며 재화로 공급하는 것은 사업상증여에 해당하므로 과세한다. 다만, 해당 재화가 자기생산·취득재화에 해당하지 아니하는 것은 과세하지 아니한다.[163)]

2) 판매실적이 일정액 이상인 자에게 무상 공급 시

건강보조식품을 판매하는 법인사업자가 자기 재화의 판매촉진을 위하여 거래상대자의 판매실적이 일정액 이상인 경우 동 식품을 일정량 무상으로 공급하는 경우에는 사업상증여에 해당하므로 부가가치세가 과세된다.[164)]

---

159) 부가46015 - 957, 1999.04.08
160) 부가46015 - 1205, 1999.04.24
161) 부가가치세과-656, 2009.02.19
162) 부가-1435, 2011.11.18
163) 부기통 10-0-5
164) 부가46015 - 503, 2000.03.08

(5) 기증품 및 경품의 과세

1) 기증품

사업자가 자기의 제품 또는 상품을 구입하는 자에게 구입 당시 그 구입액의 비율에 따라 증여하는 기증품 등은 주된 재화의 공급에 포함하므로 과세되는 재화의 공급으로 보지 아니한다. 다만, 당사자 간의 약정에 따라 일정기간의 판매비율에 따라 장려금품으로 공급하는 재화는 그러하지 아니하다.[165)]

2) 경품

사업자가 자기의 고객 중 추첨을 통하여 당첨된 자에게 재화를 경품으로 제공하는 경우에는 과세되는 재화의 공급으로 본다. 다만, 해당 경품이 자기생산·취득재화에 해당하지 아니하는 것은 그러하지 아니하다.[166)]

3) 신제품 판매촉진목적의 현상퀴즈 상품 등의 무상 공급 시

사업자가 신제품 판매촉진을 위하여 일간신문 등에 신제품 광고와 함께 현상퀴즈를 게재하고 현상퀴즈 정답자 중 추첨을 통하여 당첨자에게 회사상호가 부각되거나 인쇄되어 통상 그 자체로는 독립적으로 거래될 수 없는 재화를 무상으로 지급하는 경우 그 무상으로 지급하는 재화는 광고선전물로서 재화의 공급으로 보지 아니하는 것이고, 신제품 판매촉진을 위하여 신제품을 구매하는 고객에게 선착순으로 증여하는 무료피자 교환권은 부가가치세가 과세되지 아니한다.[167)]

4) 백화점의 경품부 판매 시

백화점을 운영하는 사업자가 경품부 판매를 함에 있어 추첨에 당첨된 자에게 경품을 지급하는 경우에는 사업상증여에 해당되어 부가가치세가 과세되는 것이며, 이 경우 당첨자에게 지급하는 경품은 기타소득에 해당되어 이를 지급하는 자가 지급받는 자로부터 소득세를 원천징수해야 한다.[168)]

5) 주된 재화의 공급과 함께 동종 또는 유사 재화를 별도의 대가 없이 제공하는 경우

음료 제조·판매업을 영위하고 있는 법인이 음료 도·소매점에게 음료(주된 재화)를 납품하면서 그 납품단가를 사실상 에누리하여 주기 위한 수단 등으로 주된 재화와 동종·유사음료를 재량판촉물량이라는 명목으로 별도의 대가 없이 덤으로 함께 공급하는 경우 주된 재화의 대가에 포함되는 것으로 사업상증여에 해당하지 아니한다.[169)]

---

165) 부기통 10-0-5 1
166) 부기통 10-0-5 2
167) 부가46015 - 2427, 1998. 10. 29
168) 부가46015-1882, 1998.08.22
169) 법규-1389, 2011.10.21

(6) 지사에 면세되는 재화를 공급하면서 계약에 의해 광고용역 제공

사업자가 본부나 지사에 부가가치세가 면세되는 재화를 공급하면서 계약에 의하여 광고용역을 제공하고 대가를 받는 경우 과세된다.[170)]

(7) 송전선로를 전력사업자에게 무상으로 인도하고 전력사업자는 철거되는 지장송전선로의 자재를 사업자에게 무상으로 인도

사업자가 전력사업자와 체결한 계약에 의하여 기존의 지장송전선로를 대체하는 송전선로를 전력사업자에게 무상으로 인도하고, 전력사업자는 철거되는 지장송전선로의 자재를 사업자에게 무상으로 인도하는 경우 해당 거래는 각각 「부가가치세법」의 규정에 따른 재화의 공급으로 부가가치세가 과세된다.[171)]

(8) 외국법인에 견본품배포 용역을 공급하는 경우 견본품 무환수입 관련 매입세액공제 여부

신청인이 외국법인의 거래처에 견본품을 배포하기로 외국법인과 용역계약을 체결하고, 견본품을 국외에서 무환으로 수입하는 경우 신청인이 관할세관장으로부터 발급받은 수입세금계산서의 매입세액은 신청인의 매출세액에서 공제할 수 있는 것이며, 신청인이 외국법인의 거래처에 견본품을 반출하는 것은 재화의 간주공급에 해당하지 아니한다.[172)]

5. 폐업 시 잔존재화

(1) 취지

폐업 시 잔존재화의 취지는 과세사업과 관련하여 생산 또는 취득하여 매입세액공제를 받은 재화를 폐업 후에 부가가치세를 부담하지 않고 사용·소비하는 것을 방지함으로써 조세부담의 중립성을 유지하려는 데 있다.

(2) 관련 규정

사업자가 사업을 폐업하는 경우 남아 있는 재화는 자기에게 공급하는 것으로 본다. 사업개시 전 등록한 경우 사실상 사업을 시작하지 아니하게 되는 경우에도 또한 같다(부법 10 ⑥). 만일 폐업일 전에 매매계약을 체결한 경우에는 폐업 시 잔존재화가 아니라 재화의 공급에 해당되어 실지거래가액으로 과세되며, 폐업 전에 공급한 재화의 공급시기가 폐업일 이후 도래하는 경우 폐업일이 공급시기이며 여러 업종의 사업을 영위하다 하나의 업종을 폐지하는 경우 및 부동산임대목적으

170) 부가46015-10, 1999.10.29
171) 서면3팀-987, 2007.04.02
172) 법규부가2011-0250, 2011.09.01

로 부동산을 취득하여 매입세액을 공제받은 후 다른 업종(과세사업)으로 변경하는 경우는 사업자등록 정정 사유에 해당하는 것으로 폐업 시 잔존재화로 과세되지 아니한다.

(3) 폐업 시 재고재화로서 과세하지 아니하는 경우[173)]

다음 예시의 경우에는 폐업 시 재고재화로서 과세하지 아니한다.

① 사업자가 사업의 종류를 변경한 경우 변경 전 사업에 대한 잔존재화

② 동일사업장 내에서 둘 이상의 사업을 겸영하는 사업자가 그중 일부 사업을 폐지하는 경우 해당 폐지한 사업과 관련된 재고재화

③ 개인사업자 2인이 공동사업을 영위할 목적으로 한 사업자의 사업장을 다른 사업자의 사업장에 통합하여 공동 명의로 사업을 영위하는 경우에 통합으로 인하여 폐지된 사업장의 재고재화

④ 폐업일 현재 수입신고(통관)되지 아니한 미도착재화

⑤ 사업자가 직매장을 폐지하고 자기의 다른 사업장으로 이전하는 경우 해당 직매장의 재고재화

⑥ 폐업 전에 파쇄·멸실·철거된 재화

(4) 세금계산서 발급 여부

사업자가 폐업할 때 자기생산·취득재화 중 남아 있는 재화는 자기에게 공급하는 것으로 보아 부가가치세가 과세되는 경우에는 세금계산서 발급의무가 면제된다. 또한 사업자가 사업을 폐지할 때 재고재화로서 과세된 잔존하는 재화를 실지로 처분하는 때에는 세금계산서를 발급할 수 없으며, 일반영수증을 발급하여야 한다. 다만, 휴업하는 사업자의 경우에는 전력비·난방비·불용재산 처분 등 사업장 유지관리 등에 따른 세금계산서는 발급받거나 발급할 수 있다.

(5) 관련 사례

1) 폐업 후 재개업한 법인의 폐업 시 잔존재화로 기 과세된 바 있는 건물 등 감가상각자산의 부가가치세 과세 여부

폐업 후 재개업한 법인의 폐업 시 잔존재화로 기 과세된 바 있는 건물 등 감가상각자산을 현 개업상태에서 매각하는 경우에는 재화의 공급으로 보며, 매각하지 않고 재폐업하는 경우에 대해서는 매입세액이 공제되지 아니하는 것은 자기에게 공급하는 것으로 보지 않는다.[174)]

2) 사업개시 전 사업자등록 후 사실상 사업을 시작하지 아니하게 되는 경우 잔존재화 과세 여부

오피스텔을 분양받아 부동산임대업을 영위하기 위하여 사업개시 전 등록을 한 사업자가 사실상 사업을 시작하지 아니하게 되는 경우에는 사실상 사업을 시작하지 아니하는 날을 폐업일로 보는 것이며, 사업자가 사업을 폐지하는 때에 잔존하는 재화(매입세액이 공제되지 아니한 재화는

---

173) 부기통 10-0-7

174) 부가가치세과-305, 2012.03.22

제외)는 자기에게 공급한 것으로 보아 부가가치세가 과세되는 것으로서 2011.01.01 이후 폐업하는 분부터는 폐업일이 속한 달의 말일부터 25일 이내에 사업장 관할세무서장에게 부가가치세를 신고·납부하여야 한다.[175)]

3) 기 공제받은 일부 설계용역비에 대한 매입세액을 폐업으로 인한 확정신고 시 다시 납부하여야 하는지 여부

사업자가 자기의 부동산임대사업에 사용하고자 설계용역을 일부 공급받고, 그 용역에 대한 매입세액을 공제(환급)받아 그다음 과세기간에 토지를 처분하면서 폐업한 경우, 당해 설계용역은 폐업 시 잔존재화에 해당하지 아니하므로 기 공제받은 매입세액을 다시 납부하지 않아도 된다.[176)]

4) 사업을 포괄양수한 경우 간주공급 과세 여부

사업을 포괄양수하면서 양도자가 매입세액공제받은 재화를 취득한 후 간주공급에 해당하는 경우(면세사업 전용재화, 비영업용 소형승용차와 유지를 위한 재화, 개인적 공급, 사업상증여, 폐업 시 잔존재화) 당해 사업자의 재화는 자기에게 공급한 것으로 보아 부가가치세 과세대상에 해당한다.[177)]

5) 매입세액공제 후 6월 경과 시 과세사업에 사용하지 않을 경우

사업자가 사업장 이전 또는 사업의 확장을 목적으로 다른 장소에 사업장을 신설하고 당해 사업장 신설과 관련한 매입세액을 기존사업장에서 공제받았으나 정당한 사유 없이 신설사업장 설치를 완료한 때로부터 6월이 되는 날까지 사업장을 이전하지 아니하거나 사업을 개시하지 아니하여 과세사업에 사용하지 않는 경우에는 폐업 시 잔존재화에 해당하여 과세한다.[178)]

6) 폐지한 사업장의 고정자산을 다른 사업장으로 이동시키는 경우 부가가치세 과세방법

둘 이상의 사업장이 있는 사업자가 그중 한 사업장(이하 "갑사업장"이라 한다)을 폐지하고 당해 사업장의 재고재화를 모두 다른 사업장(이하 "을사업장"이라 한다)으로 이동시키는 경우에 "갑사업장"의 종전 사업용 건물을 "을사업장"의 하치장 등 사업과 관련하여 계속 사용하는 때에는 추후 당해 건물을 실제로 제3자에게 매각하는 시기에 실지거래액에 의하여 부가가치세를 과세하며, 갑사업장"의 재고재화 이동과 함께 당해 사업용 건물을 자기의 사업에 사용하지 아니하는 때에는 그 시기에 「부가가치세법 시행령」 제49조 제1항의 규정에 의하여 계산한 금액을 과세표준으로 하여 부가가치세를 과세한다.[179)]

---

175) 부가가치세과-520, 2011.05.18
176) 부가-1269, 2009.09.09
177) 부가가치세과-668, 2009.05.13
178) 부가46015-833, 1998.04.24
179) 부가-999, 2011.09.02

6. 위탁매매 또는 대리인에 의한 매매

위탁매매 또는 대리인에 의한 매매를 할 때에는 위탁자 또는 본인이 직접 재화를 공급하거나 공급받은 것으로 본다. 다만, 위탁매매 또는 대리인에 의한 매매를 하는 해당 거래 또는 재화의 특성상 또는 보관·관리상 위탁자 또는 본인을 알 수 없는 경우에는 수탁자 또는 대리인에게 재화를 공급하거나 수탁자 또는 대리인으로부터 재화를 공급받은 것으로 본다(부법 10 ⑦, 부령 21).

7. 위탁자의 지위이전

「신탁법」 제10조에 따라 위탁자의 지위가 이전되는 경우에는 기존 위탁자가 새로운 위탁자에게 신탁재산을 공급한 것으로 본다. 다만, 신탁재산에 대한 실질적인 소유권의 변동이 있다고 보기 어려운 경우로서 다음에 해당하는 경우에는 신탁재산의 공급으로 보지 아니한다(부법 10 ⑧, 부령 21의2).

① 「자본시장과 금융투자업에 관한 법률」에 따른 집합투자기구의 집합투자업자가 그 위탁자의 지위를 다른 집합투자업자에게 이전하는 경우

② ①에 준하는 경우로서 위탁자 지위를 이전하였음에도 불구하고 신탁재산에 대한 실질적인 소유권의 변동이 없는 경우

8. 간주공급 관련 매출세액의 소득세·법인세법상 세무처리 실무[180)]

(1) 비영업용 소형승용차 관련 매출세액

비영업용 소형승용차 관련 매출세액은 해당 재화의 매입부수비용으로 처리한다.

(2) 개인적 공급·사업상증여 관련 매출세액

재고자산을 사업자 또는 종업원의 개인적 목적으로 사용·소비하는 것과 고객이나 불특정다수인에게 증여하는 것에 대한 매출세액은 다음과 같이 한다.

1) 사업자 개인적 목적으로 인한 간주공급 관련 매출세액

사업자의 개인적 목적으로 사용·소비하는 재고자산에 대한 매출세액은 해당 자산의 사용·소비로 보아 계산하는 총수입금액에는 산입하지 아니하고 별도로 계산하며 사업자 개인에 대해서는 그 총수입금액과 매출세액의 합계액으로 출자금의 인출로 한다.

2) 종업원 개인적 목적으로 인한 간주공급 관련 매출세액

종업원의 개인적 목적으로 사용·소비하는 재고자산에 대한 매출세액은 해당 재고자산의 사용·

180) 소집 33-74-3

소비로 보아 계산하는 총수입금액(부당행위계산에 의하여 계산한 금액을 포함한다)에는 산입하지 아니하고 별도로 계산하며 종업원 개인에 대해서는 다음과 같이 한다.

① 대가를 미수령한 경우

종업원의 개인적 목적으로 사용·소비하는 재고자산에 대하여 대가를 받지 아니하는 경우에는 그 총수입금액과 매출세액의 합계액을 해당 종업원의 근로소득으로 한다. 이 경우 재고자산의 사용·소비가 비과세되는 경우에는 제외한다.

② 대가를 수령한 경우

종업원의 개인적 목적으로 사용·소비하는 재고자산에 대하여 받은 대가와 부당행위계산으로 인하여 계산한 총수입금액과 그 매출세액의 합계액과 차액은 해당 종업원의 근로소득으로 한다.

3) 사업상증여 관련 매출세액

고객이나 불특정다수인에게 증여한 것에 대한 매출세액은 해당 재고자산의 증여로 인하여 계산하는 총수입금액에는 산입하지 아니하고 별도로 계산하여 그 증여된 재고자산을 접대비 또는 기부금으로 처리 시 그 총수입금액과 매출세액의 합계액으로 계산한다.

〈매입세액공제와 간주공급의 연관관계〉

구분		판정
자가공급	면세사업에의 전용	공급의제 ×
	비영업용 소형승용자동차 또는 그 유지에의 전용	공급의제 ×
	판매목적 타사업장 반출	공급의제 ○
개인적 공급, 사업상증여		공급의제 ×
폐업 시의 잔존재화		공급의제 ×

Ⅳ 미분양부동산에 대한 부가가치세 세무실무

1. 사업자등록

신규로 부동산매매업을 영위하는 자는 업무를 총괄하는 장소를 사업장으로 하여 등록하여야 하는 것이며, 매매목적으로 취득한 부동산이 분양되지 아니하여 일시적으로 임대하는 경우 각 부동산의 등기부상 소재지를 사업장으로 하여 등록하여야 한다.[181] 만일, 쟁점부동산을 분양목적으로 신축하여 매각될 때까지 일시적·잠정적으로 임대하였다고 하더라도 쟁점부동산의 소재지 관할세무서장에게

181) 서면3팀-180, 2008.01.22.

사업자등록을 하고 임대수입금액에 대한 부가가치세를 신고하였어야 하는 바, 청구법인이 이를 이행하지 않은 이상 처분청이 청구법인에게 사업자미등록가산세 및 신고불성실가산세를 부과한 처분은 달리 잘못이 없다고 판단된다.[182)]

2. 재화의 공급

(1) 건설업자가 미분양상가를 임대하다가 양도하는 경우 사업의 포괄양도에 해당하는지 여부

건물을 신축하여 판매할 것을 사업목적으로 하는 사업자가 서로 연접한 토지에 공동주택 및 근린생활시설인 건물을 신축하여 각각 별도로 등기(개별등기)를 한 후 일부 부동산은 판매하고 판매되지 아니한 부동산은 임대를 하다가 일부 부동산을 제외하고 다른 지번에 소재한 부동산만을 임대업을 하려는 사업자에게 양도한 경우에는 재화의 공급으로 보지 아니하는 사업의 양도에 해당하지 아니한다.[183)]

(2) 건물신축판매업자가 미분양상가건물을 일시적으로 임대하다 양도하는 경우

쟁점상가를 신축한 것은 임대목적이라기보다는 분양할 목적이었다고 보여지고 일부 점포에 대하여 임대를 한 것은 미분양으로 인한 일시적인 임대로 보여지므로 이 건 쟁점거래는 건물신축판매업자인 양도인이 재고자산을 양도한 것으로 판단되므로 쟁점거래를 사업의 포괄적양수·양도로 보아 부가가치세 매입세액을 불공제한 처분은 잘못이 있는 것으로 판단된다.[184)]

(3) 환매조건부로 양도한 부동산의 환매가 새로운 거래인지 계약의 해제인지 여부

주택신축판매업자가 신축 중인 국민주택규모 초과 미분양주택을 환매조건부 매매계약에 따라 양도한 후 약정에 따라 계약체결일로부터 소유권이전 또는 잔금지급 후 6개월 이내에 환매하는 경우 당해 환매는 재화의 공급에 해당한다.[185)]

3. 간주공급

(1) 건설업자가 미분양상가를 일시적으로 면세사업에 사용하는 경우 부가가치세 과세 여부

상가를 신축하여 분양하는 사업자가 상가신축 관련 매입세액을 공제받고 일부 미분양상가를 사업목적의 변경 없이 일시적·잠정적으로 면세사업을 위하여 사용하는 경우에는 자가공급에 해당하지 아니하여 부가가치세가 과세되지 아니하는 것이나, 일시적·잠정적으로 면세사업을 위하여 사용하는 경우인지 여부는 사실판단할 사항이다.[186)]

---

182) 심사부가2010-0154, 2010.10.12., 국세청적부 2003-3028, 2004.12.03
183) 부가-722, 2011.07.04
184) 조심 2011중3100, 2011.11.15
185) 부가-50, 2010.01.13
186) 부가-2715, 2008.08.26

(2) 면세전용

1) 면세전용으로 보지 않는 경우

주택을 신축하여 분양하는 사업자가 미분양주택이 다수 발생함에 따라 당해 미분양주택이 분양될 때까지 일시적 또는 잠정적으로 주택의 임대에 사용하는 경우로서, 미분양주택의 원활한 분양을 위하여 사업목적(주택의 공급)의 변경 없이 분양 활동을 지속하면서 주택임대차계약서에 분양목적의 재고자산임을 명시하는 등 주택의 임대사업으로 전환한 것으로 볼 수 없는 경우에는 재화의 공급에 해당하지 아니한다.[187)]

2) 면세전용으로 보는 경우(오피스텔을 상시주거용으로 임대하여 자가공급으로 보아 부가가치세가 과세된 오피스텔을 양도하는 경우)

오피스텔 신축판매업을 영위하는 사업자가 2003.2.18. 이후 완공한 오피스텔을 임대한 경우로서 임차인이 이를 상시주거용으로 사용하는 것이 확인되는 경우에는 간주공급 중 면세전용으로써 부가가치세가 과세되는 것이나, 당초 오피스텔을 분양을 목적으로 신축하였으나 분양이 되지 않아 일시적·잠정적으로 주거용으로 임대한 경우에는 자가공급에 해당하지 아니하는 것이다. 이 경우 주택임대업으로 등록을 하였거나, 임대계약서 등에 분양목적의 주택임을 표시함이 없이 임대기간을 2년 이상 장기로 계약하여 사실상 주택임대업을 영위하는 것으로 보는 것이 타당하다고 인정되는 경우, 분양을 위한 대외적인 의사표시 없이 임대광고만을 한 경우, 사실상 분양을 포기하고 임대사업으로 전환한 것으로 볼 수 있는 경우 등은 면세전용으로 볼 수 있는 것이며, 일시적·잠정적 임대 여부는 당초 사업목적 및 임대조건, 실제 사업내용 등에 의하여 사실판단할 사항이다. 또한, 오피스텔을 상시주거용으로 임대하여 부가가치세가 과세된 오피스텔을 양도하는 경우에는 부가가치세가 면제된다.[188)]

4. 미분양상가의 공유물 분할

청구인들은 쟁점부동산의 공유물 분할가액이 조세를 부당하게 감소시키는 것으로 볼 수 없어 시가로 보아야 한다고 주장하나, 「부가가치세법」에 따른 부당행위계산부인규정은 사업자가 특수관계자와의 거래에 있어 재화의 공급가액에 대한 조세의 부담을 부당하게 감소시킬 것으로 인정되는 경우에 적용되는 것으로서, 공동사업체에서 공동사업자인 청구인들에게 재화를 공급하는 이 건은 특수관계자와의 거래로 보기 어렵다 할 것이고, 청구인들이 2008.7.28. 공유물분할 약정서를 작성하여 공동사업 해지 시점에 평가한 각 호수별 분할가액은 쟁점부동산의 기준시가에 미치지 못하는 가액으로 나타나는 점, 쟁점부동산 중 901호~906호를 2008.8.8.에, 301호를 2008.9.23.에 제3자에게 양도하

187) 부가-578, 2010.05.10
188) 서삼46015-11786, 2003.11.14

여 실지거래가액이 등기부등본에 확인되는 점 등으로 보아, 청구인들이 임의로 산정한 쟁점부동산의 공유물분할 가액은 시가로 보기 어렵다 할 것이고, 2008.8.8. 및 2008.9.23. 거래된 쟁점부동산의 매매가액 및 매매사례가액을 시가로 보는 것이 타당하다 할 것이다.[189)]

5. 임대료의 부가가치세 신고·납부 및 공급시기

(1) 신고 및 납부

부동산매매업을 영위하는 사업자가 매매목적으로 신축한 건물에 대한 매입세액을 공제받은 후 동 건물이 매매되지 아니하여 일시적으로 임대하는 경우에는 임대업을 추가하는 사업자등록정정을 하여야 하는 것이며, 이 경우 당해 부동산매매업과 임대업을 영위하는 동 사업자는 계속하여 일반과세자로 등록된다.[190)] 그리고 수 개의 사업지(건설현장, 용역수행장소)를 가지고 건설업 및 부동산매매업을 영위하는 사업자가 준공과 동시에 판매할 목적으로 신축할 건축물(매매목적용 재고자산)을 일시적으로 부동산임대사업에 사용하다가 매각하는 경우에는 사업의 양도에 해당하지 아니하므로[191)] 세금계산서를 발행해야 하고 부가가치세 납세의무가 존재한다. 다만, 국민주택 규모 이하 주택의 공급은 면세대상이므로 세금계산서 발행을 하지 않고 부가가치세를 면제한다.

(2) 선불 또는 후불로 받는 부동산임대용역의 공급 시기

사업자가 2과세기간 이상에 걸쳐 부동산임대용역을 공급하고 그 대가를 선불 또는 후불로 받는 경우 당해 부동산임대용역의 공급시기는 용역이 제공되는 예정신고기간 또는 과세기간의 종료일로 하는 것이며, 사업자가 공급시기가 도래하기 전에 용역에 대한 대가의 전부 또는 일부를 받고 이와 동시에 그 받은 대가에 대하여 세금계산서를 교부하는 경우에는 그 교부하는 때를 당해 용역의 공급시기로 본다.[192)]

189) 조심2011중0323, 2011.04.01
190) 부가46015-1709, 1998.07.28
191) 서면3팀-2953, 2007.10.30
192) 서면3팀-2538, 2004.12.14

제2절 재화의 공급으로 보지 아니하는 경우

I 담보제공

담보제공(질권·저당권 또는 양도담보의 목적으로 동산·부동산·부동산상의 권리를 제공하는 것을 말함)은 채권담보의 목적에 불과하므로 재화의 공급으로 보지 아니한다. 다만, 담보제공된 재화가 채무불이행 등의 사유로 인하여 담보권자 또는 제3자에게 인도되는 경우에는 재화의 공급으로 본다. 이 경우 해당 담보물의 소유자인 채무자가 사업자이면 과세대상이 되나, 사업자가 아니면 과세대상이 되지 아니한다.

II 사업양도

1. 총설

(1) 입법취지

사업의 양도는 일반적으로 그 거래금액과 나아가 그에 대한 부가가치세액이 크며 그 양수자는 거의 예외 없이 매입세액으로서 공제받을 것이 예상되는 거래에 대하여 매출세액을 징수하도록 하는 것은 국고에 아무런 도움이 없이 사업의 양수자에게 불필요한 자금부담을 주게 되어 이를 지양하도록 하여야 한다는 조세 내지 경제정책상의 배려에 연유한다 할 것이다.[193)]

(2) 사업의 양도 해석의 범위

사업장별로 사업용 재산을 비롯한 물적·인적시설 및 권리·의무 등을 포괄적으로 양도하여 사업의 동일성을 유지하면서 경영주체만을 교체시키는 것을 말하며, 여기에 해당된 경우라면 외상매출금이나 외상매입금이 그 양도대상에서 제외되었다거나 종전의 종업원이 그대로 인수인계되지 아니하였다고 하여도 사업의 양도로 인정한다.[194)]

(3) 사업양도의 일반적인 적용 요건

사업의 양도는 다음의 요건을 충족하여야 한다. ① 사업장별로의 사업승계가 이루어져야 한다. ② 사업에 관한 모든 권리·의무가 포괄적으로 승계되어야 한다. ③ 그 승계가 포괄적이어야 한다.

* 상기 ② 모든 권리와 의무 중 미수금, 미지급금, 사업과 무관한 토지 및 건물, 금융기관 차입금 등은 제외한다.

---

193) 대법82누86, 1983.06.28. 대법원 2004두10593,

194) 대법원 2007두15056, 2008.07.24.

2. 사업양도 요건 - 사업장별 사업의 승계

(1) 개요

사업의 양도란 사업장별(「상법」에 따라 분할하거나 분할합병하는 경우에는 같은 사업장 안에서 사업부문별로 구분하는 경우를 포함한다)로 그 사업에 관한 모든 권리와 의무를 포괄적으로 승계시키는 것(「법인세법」의 요건을 갖춘 분할의 경우 및 양수자가 승계받은 사업 외에 새로운 사업의 종류를 추가하거나 사업의 종류를 변경한 경우를 포함한다)을 말하는 것으로 사업양도는 부가가치세 과세대상에서 제외한다(부령 23).

(2) 사업장의 의의

「부가가치세법 시행령」에 규정하고 있는 사업장이라는 의미는 단순히 건물·장소 등 위치를 말하는 개념이라기보다는 경영권과 영업권이 독립적으로 존재하고 분리하여 양도가 가능한 사업의 구분을 어떻게 하는가에 따른 의미로 보이며, 만일 규모가 큰 건물에서 업태·종목이 확연히 구분되는 수많은 사업을 영위할 경우 그 건물 전체를 1개의 사업장으로 볼 수는 없다.[195]

(3) 사업장별 사업의 승계 요건 관련 사례

1) 규모가 큰 건물에서 업태·종목이 확연히 구분되는 여러 사업(층마다 다른 사업 영위함)을 영위하는 경우

규모가 큰 건물에서 업태·종목이 확연히 구분되는 여러 사업(층마다 다른 사업 영위함)을 영위하는 경우 사업의 포괄양수도 여부는 사업별로 판단하여야 하는 것으로, 청구인은 쟁점부동산에 서비스업과 부동산임대업으로 2개의 사업자등록을 하여 별도의 사업을 영위한 반면, 매수인은 쟁점부동산의 전체를 부동산임대업에 공하고 있어 청구인이 매수인에게 쟁점부동산을 양도하면서 그 사업에 관한 모든 권리와 의무를 포괄적으로 승계시켰다고 보기 어려우나, 지하 1층과 지상 1층 및 2층은 쟁점부동산의 양도일을 전후하여 동일한 임차자와 계속 임대차 관계가 유지되고 있으므로 청구인이 부동산임대업에 공하던 쟁점부동산의 지하 1층과 지상 1층 및 2층은 부동산임대업이 포괄적으로 양도·양수되었다고 봄이 타당한 것으로 판단된다.[196]

2) 한 사업장 내에서 2개의 과세사업을 하는 법인이 그중 한 사업부문만을 양도하는 경우

한 사업장 내에서 2개의 과세사업을 영위하는 법인사업자가 그중 한 사업부문만을 양도하는 경우 또는 1개의 사업부문은 '갑'법인에게 다른 사업부문은 '을'법인에게 각각 양도하는 경우에는 사업양도·양수에 해당하지 아니하며, 이 경우 과세사업을 영위하는 '갑' 및 '을'법인이 동 자산의

195) 국심2004서0517, 2005.05.02
196) 국심2005서0958, 2005.07.13

양수와 관련하여 교부받은 세금계산서상의 매입세액은 매입세액불공제규정에 명시된 것을 제외하고는 자기의 매출세액에서 공제받을 수 있다.[197)]

3) 과세·면세 겸영사업자가 과세사업을 양도하는 경우

사업자가 건물을 신축하여 일부는 본인의 면세사업인 의료업에 사용하고 나머지는 과세사업인 부동산임대업에 사용하면서 의료업과 부동산임대업으로 별도 사업자등록을 하고 사업을 영위하던 중 동 건물 전체를 양도함에 있어 과세사업인 부동산임대업에 관한 모든 권리와 의무를 포괄적으로 승계시킨 경우 사업의 양도에 해당한다.[198)]

4) 복수의 사업을 영위하는 사업자가 한 사업부문을 이전한 후 해당 사업부문을 양도한 경우

여러 사업장에서 수종의 사업을 영위하는 사업자가 2종류의 사업을 영위하던 어느 한 사업장의 사업을 양도함에 있어 양도일 이전에 하나의 사업부문을 자기의 다른 사업장으로 이전한 후 당해 사업장의 사업에 관한 모든 권리와 의무를 포괄적으로 승계하는 경우에는 사업의 양도에 해당한다.[199)]

5) 여러 사업부문 중 하나의 사업부문의 자산·부채 등의 양도가 사업의 포괄적 양도에 해당하는지 여부 등

사업자가 3개의 사업부문을 보유한 사업장을 「상법」에 따라 사업부문별로 분할하거나 분할합병하는 경우에 해당하지 아니하고 하나의 사업부문(발전 사업부문)에 대한 자산·부채 등을 양수인에게 양도하는 경우에는 「부가가치세법」에 따른 사업의 포괄적 양도에 해당하지 않는다. 이 경우 해당 양도에 따라 신청법인이 양수인에게 선급금, 초과청구공사를 승계시키는 경우 부가가치세가 과세되는 것이며, 미청구공사를 승계시키는 경우 부가가치세가 과세되지 아니한다.[200)]

6) 구분등기되지 않은 임대용 부동산의 일부를 양도하는 경우 사업양도 해당 여부

구분등기되지 않은 부동산을 임대사업에 사용하던 자가 해당 부동산의 1/2을 타인에게 양도하고 금전으로 그 대가를 받은 경우에는 사업양도에 해당하지 않으며, 공급가액은 그 받은 대가가 된다.[201)]

7) 구분등기된 부동산 양도 시 사업양수도 판단

① 구좌별로 구분등기된 점포를 취득하여 임대하던 중 일부를 양도하는 경우 사업양도 해당 여부

구분등기된 상가쇼핑몰 320구좌를 취득하여 임대사업에 사용하던 사업자가 해당 부동산 중 일부(20구좌)는 각각 개인에게 양도하고, 나머지(300구좌)는 하나의 법인에게 양도하는 경우

197) 부가46015-1405, 1998.06.25
198) 서삼46015-11305, 2003.08.13
199) 부가46015-122, 2000.01.17
200) 사전-2016-법령해석부가-0306, 2016.08.16
201) 사전-2015-법령해석부가-0442, 2015.12.14

로서 기존의 임대차계약 및 보증금 등 해당 부동산임대사업에 대한 모든 권리와 의무를 각각 양수인에게 포괄적으로 승계시키는 경우에는 사업의 양도에 해당하는 것이나, 사업자가 해당 부동산을 부동산매매목적으로 취득하여 일시적으로 부동산임대용으로 사용하다가 각각 양도한 경우에는 사업의 양도에 해당하지 아니한다.[202)]

② 층별로 구분등기된 상가의 일부 층을 양도하는 경우 사업양도 해당 여부

사업자가 각 층별로 구분 등기된 상가를 하나의 사업자번호로 등록하여 임대하면서 3~5 층을 한 사업자에게 임대하던 중에 4층의 임대사업에 관한 모든 권리와 의무를 포괄적으로 승계시키는 경우는 사업양도에 해당한다.[203)]

③ 집합건물 내에 여러 구분점포 중 공실 상태인 일부 구분점포만 양도하는 경우 사업양도 해당 여부

집합건물 내에 2개 이상의 구분점포를 소유한 자가 이를 하나의 사업장으로 하여 사업자등록을 하고 부동산임대업을 영위하다가 그중 임대차계약기간이 만료되어 공실 상태인 하나의 구분점포를 양도하는 경우에는 사업의 양도에 해당하지 아니한다.[204)]

④ 두 개의 상가에서 하나의 사업자등록번호로 두 가지 사업을 영위하는 사업자의 사업양도 해당 여부

사업자가 구분등기된 두 개의 상가를 취득하여 납세편의상 하나의 사업자등록번호를 발급받아 하나의 상가에서는 부동산임대업을 영위하고, 나머지 상가에서는 도매업을 영위하던 중 사업을 양도함에 있어 부동산임대업을 영위하던 상가에 관한 모든 권리와 의무를 포괄적으로 승계시키나, 도매업을 영위하던 상가에 관한 모든 권리와 의무는 승계시키지 아니하는 경우 부동산임대업을 영위하던 상가양도는 사업의 양도에 해당한다.[205)]

⑤ 두 개의 상가를 분양받아 벽을 철거하여 임차인 1인에게 임대하던 건물을 매각하는 경우 사업양도 해당 여부

하나의 건물에서 구분등기된 인접 상가 두 개를 분양받아 하나로 사업자등록을 하고 부동산임대업을 경영하는 사업자가 해당 상가의 벽을 철거하여 임차인 1인에게 임대하던 중 임차인의 변경 없이 하나의 상가를 다른 사업자에게 양도하는 경우에는 재화의 공급으로 보아 사업양도의 규정을 적용할 수 없다.[206)]

⑥ 건물의 공유지분 구분 사용수익으로 부동산임대업을 영위하고 있는 사업자가 자기 지분 전체를 양도하는 경우

건물의 공유지분에 대해 구분 사용수익하여 부동산임대업을 영위하고 있는 사업자가 자기 지

202) 사전-2015-법령해석부가-0453, 2015.12.28
203) 사전-2015-법령해석부가-22406, 2015.02.17
204) 법규부가2011-0450, 2011.11.15
205) 부가가치세과-1150, 2010.09.01
206) 부가가치세과-871, 2010.07.09

분 전체를 양도하면서 그 부동산임대업과 관련된 권리와 의무를 포괄적으로 양수인에게 승계시키는 경우에는 재화의 공급으로 보지 않는 사업의 양도에 해당한다.[207)]

8) 동일 지번에 한 동의 건물만을 양도한 것이 사업양도인지 여부

부부("갑" : 남편, "을" : 배우자)가 공동으로 소유한 토지 위에 "갑" 명의로 두 동의 건물을 신축하여 부동산임대업을 영위하던 중 한 동의 건물 및 부속 토지(해당 건물부속의 "갑"과 "을" 소유의 토지를 분할한 것), 부동산임대사업에 대한 모든 권리와 의무를 매수인에게 포괄적으로 양도하는 경우에는 사업의 양도에 해당한다.[208)]

9) 개인사업자가 부동산을 제외하고 모든 권리와 의무 등을 법인에게 포괄적으로 승계하는 경우

자신의 건물(사업장)에서 세무사업과 부동산임대업을 영위하는 개인사업자가 토지와 건물을 제외하고 세무사업에 관한 모든 권리와 의무 및 종업원을 법인에게 포괄적으로 승계하는 경우, 해당 사업의 양도는 「부가가치세법」에 따른 사업의 양도에 해당하지 아니한다.[209)]

10) 임대부동산을 수인의 양수인에게 양도하는 경우 사업의 양도에 해당하는지 여부

부동산임대업을 영위하는 양도인이 부동산임대사업을 수인의 양수인에게 양도하여 양수인들이 각각 별개의 사업자로 등록하는 등 양도인의 부동산임대업에 관한 모든 권리와 의무를 포괄적으로 승계시키지 않는 경우 해당 사업의 양도는 「부가가치세법」에 따른 사업의 양도에 해당하지 아니한다.[210)]

11) 개인사업자가 한 사업장 내에서 두 개의 사업을 영위하다가 그중 한 사업부문만을 양도하는 경우 사업의 양도 여부

한 사업장에서 부동산임대업과 제조업을 영위하는 개인사업자가 부동산임대업을 제외하고 제조업만을 양도하는 경우에도 포괄적 사업양수도에 해당한다.[211)]

12) 사업자단위과세사업자의 종된 사업장 양도

주사업장 외에 종사업장을 가지고 있는 사업자단위과세사업자가 종사업장에 대한 모든 권리와 의무를 포괄적으로 승계시키는 경우 사업양도에 해당하며,[212)] 사업자단위과세사업자로 등록을 하고 두 개 이상의 사업장에서 여러 종류의 사업을 영위하던 법인사업자가 어느 한 사업장에서 독립적으로 영위하던 사업에 대한 자산과 부채 등, 모든 물적 및 인적시설과 권리와 의무를 포괄적으로 양도하는 경우 역시 재화의 공급으로 보지 아니하는 사업의 양도에 해당한다.[213)]

---

207) 부가가치세과-1906, 2009.12.31
208) 사전-2015-법령해석부가-0392, 2015.11.13
209) 법규부가2014-439, 2014.09.30
210) 법규과-985, 2013.09.10
211) 부가가치세과-700, 2012.06.20
212) 부가집 10-23-1
213) 법규부가2012-87, 2012.04.27

13) 사업양도 후 다른 사업장에서 신규로 사업을 개시하면서 종전 사업자등록번호를 이용하기 위하여 사업자등록정정신고를 하는 경우

약국을 경영하는 사업자가 약국을 양도한 후 다른 사업장에서 신규로 사업을 개시하면서 양도한 사업장의 사업자등록번호를 계속 이용하기 위하여 사업자등록정정신고를 하는 경우 동 사업자가 약국을 양도한 것은 재화의 공급으로 보지 아니하는 사업양도에 해당한다.[214)]

14) 매매업 및 여관업을 운영하다 여관만을 양도하는 경우

사업자가 판매를 목적으로 신축하였다가 미분양된 2개의 인접사업장(층·호별로 구분등기된 집합건물)에서 인적·물적 시설 및 영업활동을 각각 독립적으로 하여 부동산매매업과 여관업을 영위하던 중 여관업에 사용하던 토지·건물과 그에 부속된 인적·물적 권리와 의무를 포괄적으로 승계한 것은 사업의 양도에 해당된다.[215)]

15) 사업장의 이전이 있는 경우 사업양도 해당 여부

사업을 포괄적으로 양도하는 과정에서 사업장의 이동이 있는 경우에도 사업양도의 요건을 충족하는 경우에는 사업의 양도로 보는 것으로 사업장이전이 사업의 포괄양수도의 결격사유는 아니다.[216)]

16) 건물신축 판매업자가 일시적으로 임대하던 임대사업장 양도 시 사업양도 해당 여부[217)]

① 사실관계

본인은 2004년 7월경에 토지를 구입한 후 나대지로 가지고 있다가 2007년도에 지상5층 상가를 신축 2007년 12월경에 준공필하고 2007년 6월에 업태는 부동산업, 건설, 부동산 종목은 건물신축판매(토지보유 5년 미만), 일반건축공사, 임대로 사업자등록증을 교부받았으며, 건물신축 후 1~5층 전층이 임대가 되어 있는 상태로 2008년 2월에 매각되었음. 건물에 대한 은행차입금과 입주한 임차인은 매수인에게 그대로 승계되면서 양도가 되었으며, 양수인은 부동산임대업으로 사업자등록을 하였음. 이러한 경우 본인이 건물 신축한 후 양도한 것이 부동산매매업에 해당되는지 및 포괄적인 양도·양수가 되는지 여부

② 회신

사업자가 사업장별로 당해 사업에 관한 모든 권리와 의무를 포괄적으로 승계시키는 경우 사업의 양도에 해당하는 것이며, 건물을 신축하여 판매할 것을 사업목적으로 하는 사업자가 당해 신축건물에서 일시적으로 임대업을 영위하다가 당해 건물을 양도한 경우는 이에 해당하지 아니하는 것이나, 당해 건물을 판매할 목적으로 건물을 신축하여 일시적으로 임대업을 영위

---

214) 부가가치세과-1883, 2009.12.24

215) 법규부가2009-0032 . 2009.03.31

216) 부가가치세제과세31, 2007.06.05

217) 서면3팀-291, 2008.02.05

한 것인지 여부는 거래사실을 종합하여 판단할 사항이다.

17) 미지급공사비를 상가와 오피스텔로 대물변제한 경우 사업양도 해당 여부

상가와 오피스텔을 신축하여 분양하는 사업자가 신축공사용역을 제공한 건설업자에게 지불하지 못한 공사비를 일부 상가와 오피스텔로 대물변제한 경우는 사업양도에 해당하지 아니한다.[218)]

18) 공동사업의 지분양도가 사업양도에 해당하는지 여부

갑, 을, 병 3인이 공동소유하고 있는 토지에 갑이 건물을 신축하여 갑 명의로 임대사업을 하던 중 해당 임대사업자의 건물, 토지 지분 및 임대사업에 대한 모든 권리와 의무를 을에게 포괄적으로 양도하는 경우에는 사업의 양도에 해당한다.[219)]

19) 공동소유자 지분을 임차하여 사업 후 본인지분만 포괄승계 시 사업양도 여부

토지 및 건물의 공동소유자 중 1인이 다른 공동소유자의 토지 및 건물지분을 임차하여 사업을 영위하다가 자기 소유의 토지 및 건물과 사업시설 전부를 포함하여 사업장별로 그 사업에 관한 모든 권리와 의무를 포괄적으로 다른 공동소유자에게 승계시키는 경우 부가가치세가 과세되는 재화의 공급으로 보지 않는다.[220)]

3. 사업양도 요건 - 사업에 관한 모든 권리와 의무

(1) 개요

사업양도에 해당하기 위해서는 사업장별로 그 사업에 관한 모든 권리와 의무를 포괄적으로 승계시켜야 한다. 다만, 사업과 직접 관련이 없거나 사업의 동일성을 상실하지 아니하는 범위 내에서 다음의 일부 권리·의무를 제외하여도 사업의 양도로 본다(부령 23, 부칙 16). 이 경우 "미수금" 또는 "미지급금"은 그 명칭에 관계없이 사업의 일반적인 거래 외에서 발생한 미수채권·미지급채무를 말하는 것이며, 미수금 또는 미지급금의 포함 여부는 사업양도의 요건에 해당하지 아니한다.[221)]

① 미수금에 관한 것

② 미지급금에 관한 것

③ 당해 사업과 직접 관련이 없는 토지·건물 등에 관한 것으로서 기획재정부령이 정하는 것

㉠ 사업양도자가 법인인 경우 : 「법인세법 시행령」 제49조 제1항에 따른 자산(업무무관 동산

---

218) 부가46015-2408, 1995.12.22

219) 법규부가2013-415, 2013.09.13

220) 재부가-0615, 2011.10.06

221) 부가통 10-23-2

및 부동산)

㉡ 사업양도자가 법인이 아닌 사업자인 경우: ㉠의 자산에 준하는 자산

(2) 사업의 모든 권리와 의무 승계 요건 관련 사례

1) 미수금(외상매출금)·미지급금(외상매입금)의 일부 미승계 시 사업양수도 인정 여부

사업을 양도하는 것은 재화의 공급으로 보지 아니한다고 규정하고 있는 「부가가치세법」에서 말하는 사업의 양도는 사업용 재산을 비롯한 물적, 인적 시설 및 권리의무 등을 포괄적으로 양도하여 사업의 동일성을 유지하면서 경영주체만을 교체시키는 것을 말하고, 사업에 관한 권리와 의무에서 제외되는 것으로 되어 있는 미수금 또는 미지급금에는 사업의 주된 거래에 관한 것도 포함된다고 볼 것이므로, 사업용 재산을 비롯한 물적, 인적 설비 및 권리의무 등을 포괄적으로 양도하여 사업의 동일성을 유지하면서 경영주체가 교체된 것이라면 위에서 말한 미수금이나 미지급금에 해당하는 외상매출금채권이나 외상매입금채무가 그 양도대상에서 제외되었다거나 종전의 종업원이 그대로 인수인계되지 아니하였다고 하여 사업의 양도로 인정하는 데에 장애가 될 수 없다.[222] 따라서 양도인이 양수인에게 모든 사업시설뿐만 아니라 영업권 및 그 사업에 관한 일체의 인적, 물적 권리와 의무를 양도하여 양도인과 동일시되는 정도로 법률상의 지위를 그대로 승계시키고 동일성을 상실하지 아니하는 범위 내에서 외상매입금과 은행차입금 등의 부채를 제외하여도 사업양도로 본다.[223]

2) 종업원 승계 관련 사업양수도 인정 여부

① 종업원을 전원 미승계한 경우

종업원을 제외하고 양도하는 경우에는 포괄적 사업양도에 해당되지 않음을 원칙으로 하지만,[224] 종업원 등의 인적설비는 승계하지 않았지만 인적설비가 사업의 핵심적인 구성요소가 아닌 경우에는 사업의 양도로 인정하는 데 장애가 되지 않는다.[225] 그러나 제조업을 영위하는 사업자가 해당 사업에 관한 모든 권리와 의무를 포괄적으로 양도하면서 해당 사업에 종사하던 종업원 전체를 제외하고 사업을 승계시킨 경우 사업의 양도에 해당하지 아니한다.[226]

② 종업원을 일부 미승계한 경우

실질적으로 회사가 기존에 운위하던 사업의 동일성은 유지되면서 그 경영주체만이 회사에서 원고로 교체되고 회사의 물적·인적시설 및 권리위무 등은 포괄적으로 이전되었다고 할 것이고, 원고가 회사의 사무직원을 비롯한 일부 근로자들을 재고용하지 않았다는 사정만으로 사

---

222) 대법원91누13014, 1992.05.26
223) 부가46015-983, 1996.05.20
224) 서면상담3팀-484, 2007.02.12
225) 대법원2006두17895, 2008.12.24
226) 기준-2015-법령해석부가-0183[법령해석과-2243], 2015.09.11

업의 동일성이 유지되며 이전된 것을 부정할 수 없으므로 「부가가치세법」상 사업양수도로 보는 것이 타당하다.[227] 즉, 사업자가 영위하던 사업장을 양도하면서 해당 사업장의 외상매출채권·매입채무·미지급금·미수금 전부와 사업의 핵심적 구성요소가 아닌 일부 종업원만을 제외하고, 사업용 고정자산·상표사용권·영업비밀과 영업권 등을 포함한 주요 권리와 의무를 포괄적으로 승계시켜 사업의 동일성이 유지되는 경우에는 재화의 공급으로 보지 아니하는 사업양도에 해당하는 것이며, 외상매출채권·매입채무 및 일부 종업원을 제외하더라도 사업의 동일성이 유지되는 경우에 해당하는지는 해당 사업의 특수성 및 거래의 실질내용에 따라 사실판단할 사항이다.[228]

③ 종업원, 채권, 채무, 고객정보와 영업조직을 제외한 사업용 고정자산의 현물출자가 사업양도인지 여부

호텔과 관련된 사업용 고정자산을 감정평가하여 호텔을 위탁받아 운영하던 법인에 현물출자하면서 종업원 전부, 호텔업과 관련된 채권·채무 및 고객정보와 영업조직을 승계하지 아니하는 경우 해당 사업용 고정자산의 현물출자는 포괄적 사업양도로 볼 수 없으며, 재화의 공급에 해당한다.[229]

④ 사업과 관련된 모든 매출채권·매입채무, 본사인력 일부를 승계 제외하는 경우 사업양도 해당 여부

수입의류 도소매업을 영위하는 사업자가 수입의류 도소매업 중 아웃렛 임대매장 등 여러 사업장을 두고 영위하여 오던 일부 사업부(이하 "쟁점사업부"라 함)에 관한 양수도계약을 체결하여 해당 사업장의 사업용 고정자산과 재고자산을 양수인에게 승계시켰으나 쟁점사업부와 관련된 모든 매출채권과 매입채무 및 본사에서 근무하는 인력을 승계에서 제외한 경우 사업양도에 해당하지 아니하는 것이며, 쟁점사업부의 본사에서 관리하는 재고자산과 사업장에 해당하지 아니하는 백화점 입점매장에 관련된 계약 등의 승계도 사업양도에 해당하지 아니한다.[230]

⑤ 직원이 없는 장기휴업 상태인 호텔을 양도하는 경우 사업의 양도에 해당하는지 여부

재화의 공급으로 보지 아니하는 사업의 양도는 사업의 양도인이 양수인에게 모든 사업시설뿐만 아니라 그 사업에 관한 일체의 인적·물적 권리와 의무를 양도하여 양도인과 동일시되는 정도로 법률상의 지위를 그대로 승계시키는 것으로, 종업원을 제외하고 양도하는 경우 사업양도에 해당되지 아니한다.[231]

---

227) 대법원2007두15056, 2008.07.24
228) 사전-2015-법령해석부가-0143, 2015.05.29
229) 사전-2015-법령해석부가-0127, 2015.05.15
230) 법규부가2012-256, 2012.08.08
231) 서면3팀-48, 2008.01.08

⑥ 직원 및 선수금 등을 제외하고 체력단련업 양도 시 사업의 양도 해당 여부

사업자가 구분등기된 둘 이상의 상가에서 체력단련장업과 스피닝업을 영위하던 중 사업부진으로 인하여 직원 전원을 퇴사시키고 기존 회원에 대한 선수금을 환불한 후 체력단련장업에 관련된 사업시설 및 영업권 등을 양도하는 경우 사업양도에 해당하지 아니한다.[232)]

3) 임대차계약 승계 관련 사업양수도 인정 여부

① 전부 미승계의 경우

임대사업용 부동산을 양도·양수함에 있어 양도·양수시점에 기존 임차인과의 임대차계약이 해지되고, 양수인은 새로운 임차인과 임대차계약을 체결하여 임대사업을 영위하는 경우에는 사업의 양도에 해당되지 않는다.[233)]

② 일부 미승계의 경우

㉠ 과세관청 입장

부동산임대업자가 계약기간이 남아 있는 임차인 일부를 양수인에게 승계하지 아니하고 사업을 양도하는 경우에는 재화의 공급으로 보지 아니하는 사업의 양도에 해당하지 아니한다.[234)]

㉡ 심판원 입장

쟁점부동산의 일부분을 청구법인이 사용하기 위하여 임대차계약을 일부 승계하지 아니하였으나 이를 제외한 나머지 임차인 전부와는 임대차계약과 임대보증금을 승계한 점, 부동산매매계약서상 토지 및 건물 부분이 명백히 구분되지 아니하고 청구법인이 제시한 세금계산서상의 공급가액(건물가액)은 당사자 간에 합의한 것이 아닌 총매매대금을 감정평가서상의 건물·토지가액을 기준으로 하여 임의로 안분계산한 가액으로서 동 금액을 쟁점부동산 중 건물가액이라고 확정하기 어려운 점, 양수인의 쟁점부동산 담보대출금을 양수인인 청구법인이 승계하지는 아니하였으나, 잔금지급일에 청구법인이 쟁점부동산을 담보로 금융기관으로부터 담보대출을 받아 동 금액으로 매도인의 기존 담보대출금이 상환된 점, 또한 전기안전관리 부분을 기존 관리업체가 승계하였고, 매도인의 부가가치세확정신고 및 폐업선고 시 쟁점부동산의 폐업 사유를 사업의 양도로 기재한 점 등으로 보아 쟁점부동산의 거래는 쟁점부동산과 관련된 모든 권리와 의무를 포괄적으로 양도하는 경우인 사업의 양도에 해당하는 것으로 판단된다.[235)]

③ 양수일 이후 임차인의 보증금 및 월세가 조정된 경우

부동산임대업으로 사용되던 토지와 건물을 양수하면서 양수일 이후 종전부터 해당 토지와 건

232) 사전-2021-법령해석부가-1558[법령해석과-3888], 2021.11.08
233) 서삼46015-10778, 2003.05.13
234) 부가가치세과-117, 2009.01.08
235) 조심2010부3458, 2011.10.20

물의 일부를 무상으로 사용하던 임차인으로부터 보증금과 월세를 받기로 한 것에 대하여 해당 양도인이 신청인에게 그 밖의 다른 인적·물적 권리와 의무를 포괄적으로 승계시킨 경우, 해당 토지와 건물의 양도는 재화의 공급으로 보지 않는다.[236)]

4) 차입금 승계에 따른 사업양수도 인정 여부

① 사업자가 금융기관차입금을 부동산 양도일 전에 상환하고 사업을 양도하는 경우

금융기관 부채를 양수도일 이전에 변제한 후 소속직원 및 사업양도대상자산 등 그 사업에 관한 모든 권리와 의무를 포괄적으로 승계시켜 사업의 동일성이 유지되는 경우 사업의 양도에 해당한다.[237)]

② 부동산담보로 차입한 부채를 양도 당일 변제한 경우 사업양도 해당 여부

부동산을 담보로 차입한 금융기관 부채를 제외한 임대차계약과 이에 따른 임대(전세)보증금 기타 모든 사업용 고정자산을 포괄적으로 매수인에게 승계하는 경우 재화의 공급으로 보지 않는 사업의 양도에 해당한다(소유권이전 후 매수인이 건물을 담보대출받아 잔금청산과 동시에 매도인은 매수인으로부터 받은 잔금으로 매도인의 건물에 설정된 차입금 상환 시).[238)]

③ 임대업자가 미수임대료, 사업용고정자산 취득을 위한 차입금을 제외하고 양도하는 경우

부동산임대업자가 미수임대료 및 사업용고정자산 취득을 위한 차입금을 제외하고 사업을 양도하는 경우에는 재화의 공급으로 보지 않는 사업양도에 해당하지 아니한다.[239)]

5) 매매가 제한된 토지를 포함한 부동산 양도 시 사업양도 해당 여부

부동산임대업자가 관계법령에 따라 사업과 관련된 토지의 매매가 제한됨에 따라 토지거래 허가를 받는 시기에 토지대금을 결정하고 소유권이전등기를 하기로 한 경우에는 사업의 양도에 해당하지 않는다.[240)]

6) 개인사업자가 고정자산을 현물출자하고 이외 자산을 양도하여 법인전환 시 과세 내용

중소기업을 영위하는 개인사업자가 자기 사업장의 사업용고정자산을 현물출자하고 이를 제외한 모든 자산 및 부채 전부를 신설되는 법인에 일괄양도하여 법인전환하였을 경우에는 사업의 양도에 해당하는 것이나, 이에 해당하는지 여부는 구체적인 사실을 종합하여 판단할 사항이다.[241)]

7) 건설용역을 공급하던 중 공급받는 자가 사업을 양도하는 경우

건설업을 영위하는 갑이 건설용역을 공급하던 중에 공급받는 자 을이 공급시기가 도래하기 전

---

236) 부가-1080, 2011.9.8
237) 사전법령해석부가2015-246, 2015.07.28
238) 서면2016부가-3634, 2016.04.27
239) 법규부가2011-0213, 2011.06.28
240) 상담3팀-3000, 2007.11.05
241) 부가22601-1912, 1986.09.17

에 사업을 병에게 포괄적으로 양도하고 갑, 을, 병 3자 간에 당해 건설용역에 대한 공급받는 자의 지위승계를 합의한 경우로서 당해 건설용역의 공급시기가 을, 병 간의 사업 양도양수 후에 도래하는 경우에는 그 도래하는 공급시기에 갑은 병에게 세금계산서를 교부한다.[242)]

8) 신축 중인 부동산임대용 건물을 양도하는 경우 사업의 양도 해당 여부

신축 중인 건물을 분양받아 부동산임대업을 영위하기 위하여 사업개시 전 사업자등록을 한 자가 당해 임대용 건물이 완공되기 전에 부동산임대업 일반과세자로 사업자등록을 한 사업자에게 그 사업에 관한 권리(미수금에 관한 것을 제외)와 의무(미지급금에 관한 것 제외)를 포괄적으로 승계시키는 경우에는 사업의 양도에 해당한다.[243)]

9) 순차매매의 경우 사업양도 해당 여부

사업자가 부동산매매업과 부동산임대업을 영위할 목적으로 상가건물을 신축하던 중 토지는 먼저 양도하고 그 후 건설 중인 자산을 양도하는 경우에는 사업의 양도에 해당하지 않는다.[244)] 그리고 동일사업장 내의 부동산은 법원의 경매절차를 통하여 매각하고, 추후 당해 경락인과의 별도계약에 의하여 그 사업장의 잔여자산을 추가로 양도하는 경우 역시 재화의 공급으로 보지 아니하는 사업의 양도에 해당되지 않는다.[245)]

4. 사업양도 요건 - 과세유형의 동일성 유지

(1) 일반과세자 → 간이과세자

2006.02.09.부터 일반과세자가 간이과세자에게 사업을 양도한 경우 사업양도로 인정하되, 사업을 양수한 간이과세자는 해당 과세기간의 다음 과세기간부터 일반과세자로 과세유형이 전환되며, 차후 연간 공급대가가 8,000만원 미만이 되는 경우 간이과세자로 전환할 수 있다(부령 109 ② 8).

(2) 과세사업자 → 면세사업자(과·면세 겸영사업자 포함)

사업자가 부가가치세가 과세되는 사업을 양도함에 있어, 양수자가 그 사업을 양수하여 과세사업과 면세사업을 겸영하는 경우 해당 사업의 양도는 사업의 양도에 해당하지 아니한다.[246)]

(3) 과·면세 사업 전체를 매각 시 사업양도 해당 여부

부가가치세가 면제되는 사업과 과세되는 부동산임대업을 겸영하는 사업자가 면세사업 부문을 제외하고 과세사업인 임대업만 특정하여 임대업에 관한 모든 권리와 의무를 승계시키거나 과세·면

242) 상담3팀-903, 2007.03.27
243) 서삼46015-10423, 2003.03.13
244) 부가46015-2685, 1998.12.02
245) 부가46015-327, 1994.02.21
246) 서면-2015-부가-1725, 2015.11.25

세사업 전체를 포괄적으로 승계시키는 경우 사업의 양도에 해당한다.[247)]

5. 사업양도 요건 - 사업의 동일성 유지

(1) 개요

「부가가치세법」상 사업의 양도라 함은 양도자가 양수자에게 사업에 관한 모든 권리와 의무를 포괄적으로 승계시켜 사업의 동일성을 유지하면서 경영의 주체만을 교체하는 것으로서, "양수자가 승계받은 사업 외에 새로운 사업의 종류를 추가하거나 사업의 종류를 변경한 경우를 포함한다"는 표현 중 새로운 사업의 종류를 추가하거나 사업의 종류를 변경한 경우란 양수자가 양도자의 이전의 사업을 승계받은 경우를 전제로 하는 것으로 보아야 할 것인 바[248)] 사업의 양도에 해당하려면 최소한 사업의 양도시점에는 양도인과 양수인의 사업 간에 동일성이 유지되어야 할 것이다.[249)]

(2) 사업의 동일성 유지 요건 관련 사례

1) 부동산 임대인과 임차인 간 사업양도가 발생한 경우

① 부동산 임대업자인 양도자가 음식점업을 영위하는 임차인에게 토지와 건물만을 양도한 경우

부동산임대업자가 음식업을 영위하는 임차인에게 부동산임대업에 공하던 토지와 건물을 양도하고 임차인이 계속하여 이를 음식업으로 사용한 경우에 있어서는 양도 당시 부동산임대업자인 양도자가 음식업을 영위하는 양수인에게 토지와 건물만을 양도한 것일 뿐, 양도일 전·후의 임대차관계가 유지되지 않으므로, 부동산임대업과 관련된 모든 권리와 의무를 승계하여 사업의 동일성이 유지된 사업의 양도로 보기는 어렵다고 판단된다.[250)]

② 축산농장(건축물 및 농장시설)을 임대업에 사용하다가 임차인(면세사업자)에게 양도하는 경우 부가가치세 과세 여부

부가가치세과세사업자가 해당 사업장을 면세사업자에게 양도하는 경우에는 재화의 공급으로 부가가치세가 과세된다.[251)]

③ 임차인에게 구분등기된 부동산의 포괄적 양도가 사업의 양도에 해당하는지 여부

사업자가 구분등기된 개별점포(사업장)별로 사업자등록을 하지 아니하고 해당 임대사업장에 하나의 사업자등록번호를 발급받아 부동산임대업을 영위하다가 해당 부동산의 임차인 중 1인에게 해당 부동산임대업에 관한 모든 권리와 의무를 포괄적으로 승계시켜 임차인이 기존에 운영하던 사업과 승계받은 부동산임대업을 겸영하는 경우, 사업자가 임차인에게 해당 부동산

247) 서면-2015-부가-0733[부가가치세과-2229], 2015.12.29
248) 조심2010광0020, 2010.07.09
249) 조심2010중1105, 2010.06.24
250) 조심2010중2868, 2011.03.11
251) 사전-2015-법령해석부가-0454, 2016.01.04

(사업양수자인 임차인이 사용하던 점포를 제외한다)을 양도하는 것은 사업의 양도에 해당한다.[252)]

④ 임대인이 임차인의 사업을 포괄적으로 인수하여 사업을 계속하는 경우 사업양도 여부
사업장을 임차하여 음식점업을 영위하는 사업자가 임대인에게 음식점업에 대한 모든 권리와 의무를 포괄적으로 승계시키는 경우에는 사업의 양도에 해당하는 것이며, 이는 양수자와 양도자 사이에 체결한 기존 부동산임대차 계약에 관한 권리와 의무는 그 계약의 상대방이 임대인 자신이므로 승계할 수 없으나 사업의 양도로 인정하는 데 장애가 되지 않을 뿐 아니라 사업의 동질성 유지에 해당하기 때문이다.[253)]

⑤ 부동산임대업자가 임차하여 전대하던 당해 부동산을 양수도하는 경우 사업의 양도에 해당하는지 여부
(갑)법인이 본인의 (A)건물을 임차하여 (갑)법인 소유 (B)건물과 같이 전대하고 있다가 (갑)법인이 (A)건물을 양수하는 경우 사업의 양도에 해당하는지 않는다.[254)]

2) 상가신축분양업자가 부동산임대업을 영위하다가 양도하는 경우 사업의 양도 해당 여부

상가신축분양업자가 미분양상가를 일시적으로 임대하다가 양도하는 것은 사업의 양도에 해당하지 아니하나, 2개 이상의 당해 상가를 임대업의 고정자산으로 완전히 변경하여 하나의 사업자등록번호로 부동산임대업을 영위하다가 각 사업장을 양도하면서 각 사업장별로 모든 권리와 의무를 승계시키는 경우에는 사업의 양도에 해당한다.[255)]

3) 사업양도 이후 양수자가 업종을 변경한 경우

① 원칙
부동산임대업을 영위하는 사업자가 임대업에 사용하던 건물 및 임대보증금 등 임대사업에 관련된 모든 권리와 의무를 포괄적으로 승계시킨 후, 양수자가 승계받은 건물을 임대업에 사용하다가 건물의 일부를 양수자의 다른 사업에 직접 사용하는 때에도 당초 사업양도에는 영향을 미치지 아니한다. 다만, 임차인을 승계한 후 사업의 종류를 변경하였는지 여부 등은 거래사실을 종합하여 판단하여야 할 사항이다.[256)] 또한 자기의 건물에서 음식점업을 영위하는 사업자가 토지와 건물 및 비품, 종업원 등 당해 음식점업에 대한 모든 권리와 의무를 포괄적으로 승계시키는 경우에는 양수자가 부동산임대업으로 업종을 변경한 경우에도 사업양도에 해당하는 것으로 이에 해당하는지는 사실판단할 사항이다.[257)] 이는 사업양도 이후 양수자가 업

252) 법규과-925, 2014.08.25
253) 서면법규과-424, 2014.04.28
254) 부가가치세과-424, 2012.04.13
255) 부가가치세과-1461, 2010.11.04
256) 부가가치세과-505, 2014.05.29
257) 서면상담3팀-859, 2008.04.29

종을 변경한 경우 「부가가치세법」상 사업양도로 인정받기 위해서는 먼저 양수도시점에서 양도자의 사업이 포괄적으로 승계되어야 하고, 승계가 완료된 이후 양수자가 업종을 변경해야 한다는 의미로 해석해야 한다.

② 사업양도 직후 업종을 변경한 경우 부가가치세 과세 여부

이 사건 사업장의 양도는 「부가가치세법」의 재화의 공급으로 보지 아니하는 사업의 양도에 해당한다고 할 것이고, 피고의 주장처럼 편의점을 양수한 후 직접 편의점을 운영하지 아니하고 이를 제3자에게 임대를 주어 제3자로 하여금 편의점을 운영하게 하였다고 하여도 이는 양수인이 일단 이 사건 편의점에 대한 사업권 일체를 원고로부터 포괄적으로 양수받은 이후에 이루어진 법률관계이므로 이를 들어 이 사건 사업장의 양도가 재화의 공급으로 보지 아니하는 사업의 양도에 해당한다.[258)]

4) 부동산양수자가 면세사업용으로 사용 시

부동산임대업을 영위하는 사업자가 해당 임대사업용 부동산을 양도하는 경우에 있어 양수자가 해당 부동산을 개조하여 부가가치세가 면제되는 사업을 위하여 사용하는 경우에는 사업의 동일성이 상실된 경우에 해당하므로 사업양도에 해당하지 아니하는 것이며 부가가치세가 과세된다.[259)]

5) 중소기업통합방식에 따른 법인전환의 경우 사업양도 해당 여부

제조업과 부동산임대사업을 겸영하는 개인사업자(갑)가 해당 사업장에서 제조업을 영위하는 임차법인(을)에게 그 사업장에 관한 자산과 부채를 현물출자하여 법인전환하는 경우로서 통합법인(을)이 제조업을 위한 사업장으로 자가사용하는 경우 해당 사업장의 양도는 사업의 동일성이 유지되지 아니하여 사업양도에 해당하지 아니한다.[260)]

6) 업종이 다른 사업자 간의 분양권매매가 사업의 포괄양도·양수에 해당하는지 여부

부동산임대업으로 사업자등록을 한 사업자가 부동산중개업을 영위할 사업자에게 부동산임대업에 사용할 상가의 분양권을 양도하는 것은 사업양수도로 보지 않고, 재화의 공급으로 본다.[261)]

7) 양도인이 중개업과 임대업에 사용하던 건물을 양도하면서 중개업사업장을 임차하여 계속 사용하는 경우 사업양도 해당 여부

사업자가 부동산임대업과 부동산중개업 등에 사용하던 부동산을 양도하면서 기존 임차인과의 임대차계약을 모두 승계시키고 부동산중개업은 해당 부동산양수인과 임대차계약을 체결하여

---

258) 서울행정법원2008구합10010, 2008.07.01.

259) 부가46015 - 1288, 2000.06.02

260) 법규부가2014-561, 2015.01.07

261) 법규부가2014-183, 2014.05.14

임차인의 지위에서 계속 영위하는 경우, 해당 부동산의 양도는 재화의 공급으로 보지 아니하는 사업양도에 해당하지 않는다.[262)]

8) 지상건물의 토지 일부를 소유한 자에게 사업에 관한 모든 권리와 의무를 승계하는 경우 사업양도 해당 여부

갑, 을, 병 3인이 공동소유하고 있는 토지에 갑이 건물을 신축하여 갑 명의로 임대사업을 하던 중 해당 임대사업자의 건물, 토지 지분 및 임대사업에 대한 모든 권리와 의무를 을에게 포괄적으로 양도하는 경우에는 사업의 양도에 해당한다.[263)]

9) 토지를 현물출자한 후 건설 중인 자산 전부를 양도하는 경우

가스제조 및 공급업을 영위하는 사업자가 국내의 다른 사업자에게 보유토지를 현물출자한 이후 그 토지에 건설 중인 자산을 양도하면서 해당 업무 관련 직원을 승계하지 아니하고 파견한 경우에는 사업의 양도에 해당되지 않는다.[264)]

10) 일부 사업을 임대차계약에 따라 일정기간 영업 후 승계하는 경우 사업의 양도 해당 여부

사업자가 음식점업과 임대업에 사용하던 부동산을 양도하면서 음식점업에 대해서는 양수인과 임대차계약에 따라 일정기간 영업 후 승계하는 경우 당해 사업의 양도는 재화의 공급으로 보지 아니하는 사업양도에 해당하지 아니한다.[265)]

11) 건물신축판매업자가 신축건물을 일부 임대하고 일부는 분양을 계속하다 미분양분을 전부 양도하는 경우

사업자가 사업장별로 당해 사업에 관한 모든 권리와 의무를 포괄적으로 승계시키는 경우 사업의 양도에 해당하는 것이며, 건물을 신축하여 판매할 것을 사업목적으로 하는 사업자가 당해 신축건물에서 일시적으로 임대업을 영위하다가 당해 건물을 양도한 경우는 이에 해당하지 아니하는 것이나, 당해 건물을 판매할 목적으로 건물을 신축하여 일시적으로 임대업을 영위한 것인지 여부는 거래사실을 종합하여 판단할 사항이다.[266)]

12) 부동산임대업을 영위하는 사업자가 공실인 상태로 양도하는 경우

① 전부공실의 경우

사업자가 집합건물 내 하나의 점포를 부동산임대업에 사용하다가 기존 임차인의 임대계약기간이 만료된 후 두 개의 호(101호와 101-1호)로 분할등기하여 공실 상태인 101-1호 및 101

---

262) 법규부가2013-457, 2013.10.29
263) 법규부가2013-415, 2013.09.13
264) 법규부가2013-426, 2013.10.07
265) 부가가치세과-686, 2013.07.26
266) 서면3팀-291, 2008.02.05.

호를 각각 양도하는 경우 사업의 포괄양수도에 해당하지 아니한다.[267] 또한 부동산임대업을 운영하는 사업자가 공가 상태의 임대용 부동산을 양도하고 그 부동산양수자가 부동산임대업을 운영하지 아니하고 직접 음식점업으로 사업을 개시하여 운영하는 경우 사업양도에 해당하지 않는다.[268]

② 일부공실의 경우

처분청은 매수인이 매도인의 영위업종인 임대업 외에 공실로 있는 2~4층을 자가사용목적으로 취득함으로써 사업의 포괄적 양도에 해당되지 않는다는 의견이나, 2006.2.9. 개정된 「부가가치세법 시행령」 제17조 제2항의 개정취지로 볼 때 사업의 포괄적 양수도는 양도 당시 사업의 동일성 여부에 의하여 판단될 것이지, 취득목적에 따라 판단될 수는 없으므로 양도 당시에 사업의 동일성이 유지된 쟁점부동산의 양도는 사업의 포괄적 양수도에 해당되는 것으로 보는 것이 합리적인 점,「부가가치세 시행령」 제23조에서 양수자가 승계받은 사업 외에 새로운 사업의 종류를 추가하거나 사업의 종류를 변경한 경우에도 재화의 공급으로 보지 않는다고 규정하고 있고, 양수인은 2016.4.18. 쟁점부동산을 취득하고, 같은 날 부동산임대업으로 하여 사업자등록을 하였으며, 이후 2016.8.22. 사업자등록정정신고를 하여 ○○○의 업종을 추가하였으므로 양수자가 승계받은 사업 외에 새로운 사업의 종류를 추가한 것으로 볼 수 있는 점, 쟁점부동산의 거래당사자들은 사업자들로서 건물양도 시 발생하는 부가가치세에 대하여 충분히 인지하고 있었을 것임에도 불구하고 건물계약서에 부가가치세를 별도로 기재하지 않았으며, 매도인은 양도 당시 쟁점부동산의 임대사업을 폐업한다고 매수인에게 통지하였음에도 불구하고 매수인은 양도 당시에 세금계산서 발행에 대하여 전혀 언급하지 않다가 2개월이 경과한 시점에 세금계산서 발행을 요구한 점, 매수인은 현금으로 별도 지급한 ○○○원이 부가가치세라고 주장하나 동 금액이 부가가치세라면 매도인이 매매계약서에 첨부된 약정서의 내용과 같이 다운계약서를 작성할 이유가 없어 보이는 점 등에 비추어 쟁점거래는 사업의 포괄적 양도로 봄이 타당하다 할 것이다.[269] 또한 주상복합건물 내의 주택에서 거주하면서 당해 건물의 상가 부분을 임대하던 사업자가 양도 후에 일시적으로 계속 주택에 거주하더라도 공실을 포함한 부동산임대업에 관한 모든 권리와 의무를 포괄적으로 승계시키는 경우 역시 부가가치세가 과세되지 아니하는 사업의 양도에 해당된다.[270]

③ 부동산임대업자가 일부 공실 상태인 부동산을 양도하는 경우 사업양도 해당 여부

양수인이 부동산임대업자로부터 임대부동산을 양수하면서 해당 임대부동산 중 매매계약일 현재 임대차계약이 있는 부분은 그대로 승계하면서 공실 상태인 일부를 양수인이 영위하고

267) 사전-2018-법령해석부가-0804, 2018.12.20
268) 서면-2015-부가-1319[부가가치세과-1948], 2015.11.18
269) 조심-2017-중-0612, 2017.06.21
270) 부가가치세과-388, 2010.03.31

있는 기존 도소매업에 사용할 목적으로 임대부동산 전체를 양수한 경우 해당 임대부동산 양도는 재화의 공급으로 보지 아니하는 사업의 양도에 해당하지 아니한다.[271)]

13) 부동산임대업 해지 후 사업양도 시 포괄양수도 해당 여부

모텔임대사업자가 모텔임대계약을 해지한 상태에서 그 모텔을 양도한 경우 사업의 포괄양도·양수에 해당하지 않는다.[272)]

14) 임대용 부동산을 자가사용목적으로 취득한 경우

부동산을 취득한 것은 임대사업을 양수하여 이를 영위하기 위한 것이라기보다 주로 원고 또는 계열회사가 사무실 등으로 사용할 목적이었던 것으로 보이므로 사업의 포괄양도로 보기 어렵다.[273)] 즉, 매수자인 저축은행은 당초부터 이 사건 건물을 본점사옥으로 사용하는 것을 이 사건 매매계약의 주요한 목적으로 삼은 것으로 보이므로 이 사건 건물 전체를 임대사업에 사용하였던 원고의 사업과 동일성이 인정된다고 보기 어려워 사업의 양도로 볼 수 없다.[274)]

6. 사업양도 요건 - 사업양도신고서 작성 및 제출

(1) 개요

사업양도로 인정받기 위해서는 사업양도신고서에 계약서 사본을 첨부하여 폐업에 따른 최종 과세기간의 부가가치세확정신고서와 함께 제출하여야 한다. 사업양도신고서를 제출하지 않은 경우와 사업의 포괄양도계약서를 작성하지 않은 경우 및 양수인이 사업자등록을 하지 아니한 경우에도 실질 내용이 사업의 포괄양도양수에 해당하는지에 따라 사업양도 여부를 판단한다.[275)]

(2) 폐업 후에 사업 포괄양도 가능 여부

사업을 폐지하는 때의 잔존재화에 대하여 재화의 공급으로 의제하여 부가가치세가 과세되며 폐업일 이후에는 부가가치세 납세의무가 없으므로 폐업 이후 사업의 양수도를 적용하지 아니한다.[276)]

(3) 미등록부동산임대 지점의 양도가 사업양도에 해당하는지 여부

금융업과 부동산임대업을 영위하는 사업자가 사업자등록을 하지 아니한 부동산임대 사업장에 대한 부가가치세 신고·납부를 본점에서 이행하던 중 부동산임대업과 관련된 임차인을 포함한 해당 사업장에 대한 일체의 권리와 의무를 양도하여 해당 사업자와 동일시되는 정도로 법률상의 지위를

271) 사전-2016-법령해석부가-0453, 2016.10.24
272) 기획재정부 부가가치세제과-0487, 2012.09.28
273) 대법원2010두19133, 2010.12.23
274) 대법원2014두7657, 2014.07.17
275) 부가-366, 2011.04.07
276) 부가가치세과-725, 2014.08.28

그대로 승계시키는 경우 해당 사업장에 대한 사업자등록 여부와 관계없이 사업양도에 해당한다.[277)]

(4) 사업양도양수계약서 없이 매매계약서만으로 양도한 경우 포괄적 사업양도 해당 여부

거래당사자 간 사업양도양수계약서를 작성하지 않았거나 폐업신고 시 폐업사유에 사업양도라고 표기하지 않았더라도 실질적으로 사업장별로 모든 권리와 의무를 포괄적으로 이전하는 경우에는 사업양도에 해당하는 것이며 양수자가 승계받은 사업 외에 새로운 사업의 종류를 추가하거나 사업의 종류를 변경한 경우에도 사업양도에 해당한다.[278)]

(5) 부부에게 사업권 일체를 양도하였으나 남편 명의로만 사업자등록을 한 경우 사업의 양도 해당 여부

여관업을 영위하는 양도인이 공동소유자인 양수인에게 모든 사업시설뿐만 아니라 영업권 및 그 사업에 관한 일체의 인적, 물적 권리와 의무를 양도한 재화의 공급으로 보지 아니하는 사업의 양도에 해당한다.[279)]

7. 사업의 무상이전인 경우 사업양수도 인정 여부

(1) 개요

1) 증여의 경우

① 개요

사업자가 배우자에게 당해 과세사업에 관한 사업용 자산을 비롯한 물적·인적시설 등을 증여하고 사업을 양도함에 있어서 사업장별로 당해 사업에 관한 모든 권리(미수금에 관한 것을 제외)와 의무(미지급에 관한 것을 제외)를 포괄적으로 승계시키는 것은 부가가치세가 과세되지 아니하는 사업양도로 보는 것이나, 이 경우 당해 과세사업에 직접 사용하던 건물을 제외하고 사업을 양도하는 경우에는 사업양도규정이 적용되지 아니하는 것이며, 당해 사업에 관한 증여가 이에 해당하는지의 여부는 관련 사실을 종합하여 판단할 사항이다.[280)]

② 임대보증금을 제외하고 아들에게 증여한 경우 부가가치세 과세 여부

비거주용 부동산임대업을 영위하는 사업자(이하 “해당사업자”라 함)가 임대업에 공하던 부동산을 포함하여 그 사업의 인적·물적 시설 및 권리와 의무 등을 아들에게 증여하면서 해당 부동산임대업과 관련된 임대보증금을 제외하는 경우 사업양수도규정에 해당하지 아니하며, 해당사업자는 아들에게 세금계산서를 발급하여야 하고, 아들은 부담한 부가가치세액에 대하여

277) 법규부가2014-202, 2014.06.02
278) 법규부가2014-408, 2014.08.25
279) 법규부가2013-252, 2013.07.18
280) 제도46015-10576, 2001.04.17

매입세액을 공제받을 수 있다.[281)]

③ 임대보증금을 포함하여 아들에게 증여한 경우 부가가치세 과세 여부

비거주용 부동산임대업을 영위하는 사업자가 아들에게 임대사업에 사용하던 부동산을 증여하는 경우에는 부가가치세가 과세되는 것이며, 부가가치세 과세표준은 당해 부동산의 시가가 된다. 다만, 사업자가 부동산임대업에 대하여 사업장별로 그 사업에 관한 모든 권리(미수금에 관한 것을 제외)와 의무(미지급금에 관한 것을 제외)를 포괄적으로 승계시키는 경우에는 재화의 공급으로 보지 아니하는 것이므로 부가가치세가 과세되지 아니한다.[282)]

④ 무상임차한 토지 위에 건물을 신축하여 임대사업을 하다가 자녀에게 증여하는 경우

비거주용 부동산임대사업자가 무상으로 임차한 토지 위에 건물을 신축하여 임대사업을 영위하다가 임대업에 사용하는 건물을 아들에게 증여하면서 토지를 무상으로 임차하여 사용할 수 있는 조건을 포함하여 모든 권리와 의무를 포괄적으로 승계시키는 경우 재화의 공급으로 보지 아니하는 사업의 양도에 해당한다.[283)]

2) 상속의 경우

사업자의 사망으로 인하여 상속이 개시되는 때에는 상속개시 후 실질적으로 사업을 영위하는 상속인의 명의로 사업자등록을 정정하여야 하는 것이나, 상속인에 의하여 당해 사업이 실질적으로 계속 영위되고 있음에도 착오로 폐업신고를 한 경우 폐업신고 당시 잔존하는 재화는 재화의 공급에 해당하지 아니하는 것이며, 상속인이 당해 사업을 실질적으로 폐업을 하고 새로이 사업을 개시하였는지 착오로 폐업신고를 한 것인지는 관련 사실을 종합하여 판단할 사항이다.[284)]

(2) 구분등기된 임대사업용 건물을 증여하는 경우 과세대상 및 사업양도 해당 여부

아버지가 부동산임대업에 사용하던 건물을 자녀에게 증여하는 경우 재화의 공급으로 보지 아니하는 사업양도에 해당하는 경우를 제외하고는 당초 매입세액의 공제 여부와 관계없이 당해 건물의 증여는 부가가치세가 과세되는 것이나, 당해 건물을 층별로 구분등기한 후 각각 별개의 임차자에게 층별로 임대하다가 그중 1개층에 대해 자녀에게 증여하면서 임대차계약 및 관련된 권리와 의무를 포괄적으로 승계시키는 경우 이는 사업양도에 해당하는 것이므로 부가가치세가 과세되지 아니한다.[285)]

(3) 과세사업에 사용하던 부동산을 자녀에게 증여 시 부가가치세 과세 여부

부동산임대업을 영위하는 사업자가 과세사업에 사용하던 부동산을 도·소매업을 영위하는 자녀에

---

281) 법규부가2014-209, 2014.06.25
282) 부가46015-1510, 2000.06.29
283) 사전-2022-법규부가-0016, 2022.01.19
284) 서삼46015-10143, 2003.01.24
285) 부가가치세과-753, 2013.08.23

게 임대하다가 무상으로 증여하고 자녀는 해당 부동산에서 계속하여 도·소매업을 영위하는 경우 사업양도에 해당하지 아니하는 것으로서 부가가치세가 과세되는 것이며, 시가를 과세표준으로 하여 세금계산서를 발급해야 한다.[286)]

8. 기타 사업양도 사례

(1) 사업양도에 해당하는 경우

1) 사업양도에 해당하는 사례[287)]

재화의 공급으로 보지 아니하는 사업양도란 사업장별로 사업용 자산을 비롯한 물적·인적시설 및 권리와 의무를 포괄적으로 승계시키는 것을 말하며(미수금, 미지급금, 사업과 관련 없는 토지·건물 등 제외), 다음과 같은 사례가 포함된다.

① 개인인 사업자가 법인설립을 위하여 사업장별로 그 사업에 관한 모든 권리와 의무를 포괄적으로 현물출자하는 경우

② 과세사업과 면세사업을 겸영하는 사업자가 사업장별로 과세사업에 관한 모든 권리와 의무를 포괄적으로 양도하는 경우

③ 과세사업에 사용·소비할 목적으로 건설 중인 독립된 제조장으로서 등록되지 아니한 사업장에 관한 모든 권리와 의무를 포괄적으로 양도하는 경우

④ 사업과 관련 없는 특정 권리와 의무, 사업의 핵심적 구성요소가 아닌 일부 자산, 채권, 채무를 제외하고 사업에 관한 모든 권리와 의무를 승계시키는 경우

⑤ 사업의 포괄적 승계 이후 사업양수자가 사업자등록만을 지연하거나 사업자등록을 하지 아니한 경우

⑥ 사업을 포괄적으로 승계받은 자가 승계받은 사업 외에 새로운 사업의 종류를 추가하거나 사업의 종류를 변경한 경우(2006.02.09. 이후 사업양도분부터 적용한다)

⑦ 주사업장 외에 종사업장을 가지고 있는 사업자단위과세사업자가 종사업장에 대한 모든 권리와 의무를 포괄적으로 승계시키는 경우

⑧ 둘 이상의 사업장이 있는 사업자가 그중 한 사업장에 관한 모든 권리와 의무를 포괄적으로 양도하는 경우

⑨ 「상법」에 따라 분할하거나 분할합병하는 경우에는 같은 사업장 안에서 사업부문별로 구분하는 경우

⑩ 「법인세법」 제46조 제2항 또는 제47조 제1항의 요건을 갖춘 분할(적격분할)의 경우

---

286) 사전-2016-법령해석부가-0145, 2016.04.18

287) 부가집 10-23-1

2) 개인사업자의 법인전환 시 사업장의 이동이 발생한 경우

개인사업자가 법인사업자로 전환하는 과정에서 사업장의 이동이 동시에 발생한 경우에도 사업의 양도로 본다.[288)]

(2) 사업양도에 해당하지 않는 경우

1) 사업양도에 해당되지 아니하는 사례[289)]

① 사업과 직접 관련이 있는 토지와 건물을 제외하고 양도하는 경우

② 부동산매매업자 또는 건설업자가 일부 부동산 또는 일부 사업장의 부동산을 매각하는 경우

③ 종업원 전부, 기계설비 등을 제외하고 양도하는 경우

④ 부동산임대업자가 임차인에게 부동산임대업에 관한 일체의 권리와 의무를 포괄적으로 승계시키는 경우

⑤ 일부 과세대상 사업용 부동산을 먼저 양도하고 동일한 과세기간 경과 후 나머지 사업과 관련된 권리·의무, 종업원 등을 양도하는 경우

2) 사업의 양수도 시 리스자산을 제외한 경우

재화의 공급으로 보지 않는 사업의 양도란 사업장별로 사업양도인이 양수인에게 모든 사업시설뿐만 아니라 영업권 및 그 사업의 관한 채권, 채무 등 일체 인적·물적 권리와 의무를 양도하여 양도인과 동일시되는 정도로 법률상의 지위를 그대로 승계시키는 것을 말하는 것으로 리스자산에 대한 권리·의무를 제외하는 것은 사업의 포괄적인 양도·양수에 해당하지 아니한다.[290)]

(3) 법인전환기일 이후 개인사업자 명의 거래분을 법인의 거래로 볼 수 있는지 여부

개인사업자가 현물출자에 의해 법인을 설립하여 당해 법인에 사업을 양도함에 있어서 사업양도 이후 법인설립등기 전까지 개인 명의 거래분이 실질적으로 당해 법인에 귀속되는 경우에는 당해 법인 명의로 신고납부하여야 한다.[291)]

(4) 사업양도의 폐업일 기준 및 정산대금에 대한 세금계산서 발급방법

폐업일은 사업장별로 그 사업을 실질적으로 폐업한 날로 하는 것이며, 또한 복수의 사업부문을 영위하는 법인사업자가 일부 사업부문을 사업양도하면서 요건을 충족하지 않는 지점사업장에 대하여는 세금계산서를 발급하였으나 이후 양도대금의 변동이 있는 경우 당해 본점은 그 증감되는 금액에 대하여 세금계산서를 교부할 수 있다.[292)]

288) 부가1265 - 3260, 1981. 12. 12
289) 부가집 10-23-2
290) 부가46015 - 978, 2001. 07. 03
291) 서면-2014-부가-22026, 2015. 06. 28
292) 부가가치세과-1106, 2013. 11. 29

(5) 지방자치단체가 도시공사 소유의 호텔 인수 시 사업양도 해당 여부

지방자치단체가 관광공사를 설립하기 위하여 지방자치단체 산하 도시공사 소유의 호텔 및 관광사업본부(도시공사 내 부서)를 인수하여 곧바로 해당 호텔을 현물출자하는 경우 해당 호텔의 양수도는 「부가가치세법」 제9조에 따라 재화의 공급에 해당하는 것이며, 해당 호텔의 매매가액은 사업자가 특수관계인이 아닌 자와 해당 거래와 유사한 상황에서 계속적으로 거래한 가격 또는 제3자 간에 일반적으로 거래된 가격 또는 사업자가 그 대가로 받은 재화 또는 용역의 가격(공급받은 사업자가 특수관계인이 아닌 자와 해당 거래와 유사한 상황에서 계속적으로 거래한 해당 재화 및 용역의 가격 또는 제3자 간에 일반적으로 거래된 가격을 말한다) 및 「소득세법 시행령」 제98조 제3항 및 제4항 또는 「법인세법 시행령」 제89조 제2항 및 제4항에 따른 가격으로 한다.[293)]

(6) 부동산임대사업자의 구성원 변경 시 사업의 양도로 볼 수 있는지 여부

공동으로 부동산을 소유한 개인사업자 A와 개인사업자 B가 부동산임대업을 영위하다 A의 부동산 지분을 당해 건물의 일부를 임차하여 사용 중인 법인사업자 C에게 양도하고 B와 C가 계속하여 부동산임대업을 영위하는 경우에는 공동사업자의 구성원이 변경된 경우로서 사업장 관할세무서장에게 사업자등록정정신고를 하여야 하는 것이며, 이 경우에는 재화의 공급에 해당하지 않는다.[294)]

(7) 사업양수도 계약에 따른 특정매장 재고의 세금계산서 발급 등

백화점과 체결한 특정매입계약에 따라 백화점 특정매장에 재화를 공급하는 사업자(이하 사업양도인이라 함)가 당해 사업을 양도하면서, 사업양도인이 특정매입계약에 따라 백화점 특정매장에 인도하여 세금계산서가 발급된 재화 중 판매되지 않은 재화에 대해 백화점이 사업양도일 전에 사업양도인에게 반품하거나 사업양도인이 반품받은 재화를 사업양수도 계약에 포함하여 사업양수인에게 공급하기로 하고, 당해 재화의 현실적인 이동 없이 계약에 따라 인도의사 표시만으로 재화를 인도하는 경우에 대해서도 재화의 공급으로 보는 것이므로 세금계산서와 수정세금계산서를 발급할 수 있으나, 특정매입계약에 따른 재화의 반품인지 또는 사업양수도에 따른 재화의 공급인지 여부는 관련 사실을 종합하여 판단할 사항이다. 또한, 재화의 공급가액은 거래관계에 있는 계약당사자 간 받기로 정하여진 금액 등이 있는 경우 당해 금원을 공급가액으로 하는 것으로, 별도로 정한 금액이 없거나 당해 정하여진 금액이 특수관계인에게 조세의 부담을 부당하게 감소시킬 것으로 인정되는 경우에 대해서는 당해 공급한 재화의 시가를 공급가액으로 본다.[295)]

---

293) 서면-2015-부가-1331[부가가치세과-1126], 2015.07.28

294) 서면-2014-부가-21293, 2015.03.11. 부가46015-1628, 2000.07.10

295) 부가가치세과-1038, 2013.10.31

9. 사업양수자의 부가가치세 대리납부특례

(1) 개요

사업의 양도(이에 해당하는지 여부가 분명하지 아니한 경우를 포함한다)에 따라 그 사업을 양수받는 자는 그 대가를 지급하는 때에 그 대가를 받은 자로부터 부가가치세를 징수하여 그 대가를 지급하는 날이 속하는 달의 다음 달 25일까지 다음의 사항을 적은 부가가치세 대리납부신고서와 함께 사업장 관할세무서장에게 납부하거나 「국세징수법」에 따른 납부서를 작성하여 한국은행 또는 체신관서에 납부하여야 한다(부법 52 ④, 부령 95 ⑤). 2018.1.1. 이후 사업을 양도하는 분부터는 재화의 공급으로 보지 아니하는 사업양도에 해당하는지가 분명하지 아니한 경우에도 본 규정을 적용받을 수 있다.[296]

① 사업양수자의 인적사항

② 사업의 양수에 따른 대가를 받은 자의 인적사항

③ 사업의 양수에 따른 대가의 가액과 부가가치세액

④ 그 밖의 참고 사항

〈사업양수도에 대한 과세관청과 납세자의 판단이 다를 경우 불이익〉

구분		납세자(양도자·양수자)	
		사업양수도	재화의 공급
과세관청	사업양수도	• 양도자·양수자 : T/I미발행, 양수도신고 • 과세관청 : 사업양수도신고 시인	㉠의 경우 • 양도자 : 매출세액 환급(매출감결정), 매출처별세금계산서합계표 불성실가산세 없음 • 양수자 : 매입세액불공제, 신고불성실·납부지연가산세, 매입처별세금계산서합계표 불성실가산세 없음
	재화의 공급	㉡의 경우 • 양도자 : 매출세액 추징, T/I미발행가산세, 신고불성실·납부지연가산세 • 양수자 : 매입세액불공제	• 양도자·양수자 : T/I발행, VAT거래징수 • 과세관청 : VAT신고납부 시인

* ㉠의 경우 : 과세관청은 사업의 양도로 판단하였으나, 양도자 및 양수자는 세금계산서를 발행하고 신고, 납부한 경우
* ㉡의 경우 : 과세관청은 재화의 공급으로 판단하였으나, 양도자 및 양수자는 사업의 양도로 보아 세금계산서 미발행 및 부가가치세 미신고한 경우

296) 부가집 10-23-3 ②

(2) 세금계산서 발급 및 매입세액공제

대리납부하는 경우에도 사업양도자는 사업양수자에게 세금계산서를 발급하여야 하며, 사업양수자는 자기의 사업을 위하여 사용하였거나 사용할 목적으로 부담한 매입세액인 경우 자기의 매출세액에서 공제받을 수 있다.[297] 또한 사업을 양수받는 자는 그 대가를 지급하는 때에는 해당 거래가 부가가치세 과세대상에 해당하는지에 관계없이 그 대가를 받은 자로부터 부가가치세를 징수하여 그 대가를 지급하는 날이 속하는 달의 다음 달 25일까지(2017.12.31.까지는 대가를 지급한 달의 말일까지, 2019.12.31.까지는 대가를 지급한 달의 다음 달 10일까지) 법 제48조(예정신고와 납부) 제2항 및 법 제49조(확정신고와 납부) 제2항을 준용하여 사업장 관할세무서장에게 납부할 수 있다.[298]

(3) 대리납부하지 아니하고 세금계산서를 발급받은 경우

포괄적 사업양도에 해당함에도 불구하고 대리납부하지 아니하고 세금계산서를 발급받은 경우 관련 매입세액은 공제되지 아니하는 것이나, 사업양도에 해당하는지는 사실판단할 사항이다.[299]

(4) 사업양수도 대가를 분할지급하며 일부만 대리납부하는 경우 세금계산서 관련 가산세 적용 여부

대가의 분할지급 약정이 있는 사업의 양수도에서 양도자는 공급시기에 공급가액 전체에 대한 세금계산서를 발급하고 양수자는 양도자에게 분할된 대가를 지급하면서 각각의 대가에 해당하는 부가가치세를 대리납부한 경우, 세금계산서 관련 가산세규정은 적용되지 않고 양수자가 대가를 분할지급할 때 납부한 매입세액은 매출세액에서 공제하는 매입세액에 해당한다.[300]

(5) 사업의 양도가 분명하지 않은 경우에도 대리납부 시 매입세액공제 가능 여부

부동산개발업을 영위하는 사업자(이하 "양도인")가 물류창고 개발사업이 진행 중인 사업부지와 함께 사업 관련 권리·의무 일체를 자산운용회사(이하 "양수인")에게 양도하는 계약을 체결한 후 해당 양수인의 지위를 프로젝트금융투자회사(이하 "PFV")가 이전받기로 합의한 경우로서 재화의 공급으로 보지 아니하는 사업의 양도에 해당하는지 여부가 분명하지 아니한 경우에도 그 양수에 따른 대가를 양도인에게 지급하는 때에 그 대가에 따른 부가가치세를 관할세무서장에게 신고·납부하는 경우 PFV가 자기의 사업을 위하여 사용하였거나 사용할 목적으로 부담한 매입세액은 자기의 매출세액에서 공제받을 수 있다.[301]

297) 부가집 10-23-3 ③
298) 부가집 10-23-3 ④
299) 서면-2017-부가-2126[부가가치세과-2258], 2017.09.28
300) 기획재정부 부가가치세제과-15, 2022.01.07
301) 사전-2022-법규부가-0311, 2022.04.19

[별지 제37호의2서식] (2014. 3. 14. 신설)

부가가치세 대리납부신고서(사업양수자용)

※ 아래의 작성방법을 읽고 작성하시기 바랍니다.

접수번호	접수일	처리기간 즉시

1. 사업양수자 인적사항

① 상호(법인명)	② 사업자등록번호
③ 성명(대표자)	④ 사업장 소재지
⑤ 업태	⑥ 종목

2. 사업양도자 인적사항

⑦ 상호(법인명)	⑧ 사업자등록번호
⑨ 성명(대표자)	⑩ 사업장 소재지
⑪ 업태	⑫ 종목

3. 대리납부 신고 내용

⑬ 공급일	⑭ 공급가액	⑮ 부가가치세액

「부가가치세법 시행령」 제95조제5항에 따라 위와 같이 부가가치세 대리납부를 신고합니다.

년 월 일

신고인 (서명 또는 인)

세 무 서 장 귀하

첨부서류	없음	수수료 없 음

작 성 방 법

이 신고서는 아래의 작성방법에 따라 한글과 아라비아 숫자로 정확하게 적고, 거래금액은 원단위까지 표시합니다.

1. 사업양수자 인적사항

① ~ ⑥: 대리납부신고서를 제출하는 사업자의 인적사항을 적습니다.

2. 사업양도자 인적사항

⑦ ~ ⑫: 사업의 양도에 따른 대가를 받은 사업자의 인적사항을 적습니다.

3. 대리납부 신고 내용

⑬: 사업의 양수에 따른 대가의 지급일을 적습니다.

⑭: 사업의 양수에 따른 대가의 가액을 적습니다.

⑮: 대리납부하는 부가가치세액을 적습니다.

210㎜×297㎜[백상지 80g/㎡(재활용품)]

Ⅲ 조세의 물납

사업용 자산을 「상속세 및 증여세법」, 「지방세법」에 따라 물납하는 것은 재화의 공급으로 보지 않는다(부령 24).

Ⅳ 특정 창고증권의 양도

1. 개요

다음 중 어느 하나에 해당하는 것은 재화의 공급으로 보지 아니한다(부령 18 ② 1, 2). 다만, 국내로부터 보세구역에 있는 조달청 창고에 임치된 임치물을 국내로 다시 반입하는 것은 재화의 공급으로 보며, 세관장이 수입세금계산서 발급한다(부령 18 ① 5, 69 ⑯).

① 보세구역에 있는 조달청 창고(조달청장이 개설한 것으로서 「관세법」에 따라 세관장의 특허를 받은 보세창고를 말한다)에 보관된 물품에 대하여 조달청장이 발행하는 창고증권의 양도로서 임치물의 반환이 수반되지 아니하는 것(창고증권을 가진 사업자가 보세구역의 다른 사업자에게 인도하기 위하여 조달청 창고에서 임치물을 넘겨받는 경우를 포함한다)

② 보세구역에 있는 런던금속거래소의 지정창고에 보관된 물품에 대하여 같은 거래소의 지정창고가 발행하는 창고증권의 양도로서 임치물의 반환이 수반되지 아니하는 것(창고증권을 가진 사업자가 보세구역의 다른 사업자에게 인도하기 위하여 지정창고에서 임치물을 넘겨받는 경우를 포함한다)

2. 창고증권을 발행받은 후, 양도 및 소유권 이전 없이 반환하는 경우

사업자가 조달청 창고에 물품을 임치하고 조달청장으로부터 창고증권을 발행받은 후, 당해 창고증권과 임치된 물품에 대해 양도 및 소유권 이전 없이 당해 창고증권을 반환하고 자기 물품을 국내로 다시 반입하여 가져가는 경우에 대해서는 재화의 공급에 해당하지 아니한다.[302)]

3. 창고증권 매입 타사업자가 실물을 인취하여 국내에 반입하는 경우

런던금속거래소의 지정창고에 임치한 사업자가 동 창고로부터 받은 창고증권의 양도는 과세거래가 아니고 창고증권을 매입한 다른 사업자가 비철금속 실물을 런던금속거래소 지정창고에서 인취하여 국내에 반입 시 세관장이 그 반입자에게 수입세금계산서를 발급한다.[303)]

302) 부가-1176, 2012.11.30
303) 부가-365, 2013.04.29

Ⅴ 위탁가공을 위한 무상반출

사업자가 위탁가공을 위하여 원자재를 국외의 수탁가공사업자에게 대가 없이 반출하는 것은 재화의 공급(영세율 적용 분은 제외)으로 보지 않는다(부령 18 ② 3).

Ⅵ 특정 석유류의 소비대차(무위험차익거래방식)

「한국석유공사법」에 따른 한국석유공사가 「석유 및 석유대체연료 사업법」에 따라 비축된 석유를 수입통관하지 아니하고 보세구역에 보관하면서 국내사업장이 없는 비거주자 또는 외국법인과 무위험차익거래방식으로 소비대차하는 것은 재화의 공급으로 보지 않는다(부령 18 ② 4). 또한 한국석유공사의 무위험차익거래방식에 의한 소비대차와 관련하여 해당 무위험차익거래방식에 따른 차익 중 일부를 대여수수료로 수령하는 경우 대여수수료는 부가가치세 과세대상에 해당하지 않는다.[304)]

Ⅶ 공매, 경매, 수용에 의한 양도

다음 중 어느 하나에 해당하는 것은 재화의 공급으로 보지 아니한다(부령 18 ③).

① 「국세징수법」에 따른 공매(같은 법에 따른 수의계약에 따라 매각하는 것을 포함한다)에 따라 재화를 인도하거나 양도하는 것

② 「민사집행법」에 따른 경매(같은 법에 따른 강제경매, 담보권 실행을 위한 경매와 「민법」·「상법」 등 그 밖의 법률에 따른 경매를 포함한다)에 따라 재화를 인도하거나 양도하는 것

③ 「도시 및 주거환경정비법」, 「공익사업을 위한 토지 등의 취득 및 보상에 관한 법률」 등에 따른 수용절차에서 수용대상 재화의 소유자가 수용된 재화에 대한 대가를 받는 경우

Ⅷ 신탁재산의 소유권이전

신탁재산의 소유권이전으로서 다음의 어느 하나에 해당하는 것은 재화의 공급으로 보지 않는다(부법 10 ⑨ 4).

① 위탁자로부터 수탁자에게 신탁재산을 이전하는 경우

② 신탁의 종료로 인하여 수탁자로부터 위탁자에게 신탁재산을 이전하는 경우

③ 수탁자가 변경되어 새로운 수탁자에게 신탁재산을 이전하는 경우

Ⅸ 정비사업조합이 공급하는 토지 및 건축물

304) 서면법규과-1123, 2013.10.16

정비사업조합이 「도시 및 주거환경정비법」에 의하여 해당 정비사업에 관한 공사를 완료한 후에 그 관리처분계획에 따라 조합원에게 공급하는 것으로서 종전의 토지를 대신하여 공급하는 토지 및 건축물(해당 정비사업의 시행으로 건설된 것에 한함)은 재화의 공급으로 보지 아니한다(조특법 104의 7 ③).

X 기타 부가가치세 과세대상에서 제외하는 사례

① 건설용역 제공을 완료 후 공사도급자의 귀책사유로 인하여 중대한 하자가 발생하여 법원의 판결 또는 당사자 간 합의에 의하여 공사도급자가 공사발주처에게 지급하는 손해배상금[305]

② 법원의 판결에 의하여 확정된 공사대금과 함께 받는 법정이자와 지연손해금은 공사용역에 대한 공급가액에 포함하지 않는 것임[306]

③ 공동사업자의 지분을 같은 구성원 또는 타인에게 양도하여 공동으로 사업을 계속하는 경우[307]

④ 화폐대용증권·선불카드의 매매(상품권, 전화카드 등) 및 대가관계 없이 받는 회비 등[308]

⑤ 매도인의 임대차계약을 승계하여 부동산을 양수하면서 시가보다 낮은 임대료와의 차액을 매도인으로부터 보상받는 경우[309]

⑥ 도시가스를 공급하기로 한 사업자가 거래상대방의 사정으로 도시가스를 공급할 수 없게 되어 교차보조금 명목의 대가를 받은 경우[310]

⑦ 재화·용역의 대가관계 없이 이주보상비(이사비용) 및 영업 손실보상금을 지급받는 경우.[311] 단, 이주보상금이 사업의 폐업에 따른 사업과 관련이 있는 권리금 및 시설투자비에 의하여 형성된 영업권의 대가에 해당하는 경우에는 과세됨[312]

⑧ 소득세가 비과세되는 농가부업소득은 독립된 사업으로 보지 아니하여 과세대상이 아님. 다만 민박, 음식물 판매, 특산물 제조 및 유사한 활동은 독립된 사업으로 보아 과세대상임(부칙2조③)

⑨ 농민이 새끼 오리 및 사료 등을 제공받아 사육해 주고 사육비를 받는 사업은 축산업으로 해당 사육용역은 과세되나, 농가부업소득의 범위 내에서는 독립된 사업이 아니므로 과세되지 아니함[313]

⑩ 건설업자가 자기의 해외건설공사에 건설용 자재로 사용·소비할 목적으로 국외로 반출하는 재화[314]

---

305) 부가-1055, 2013.11.08
306) 법규부가2014-468, 2014.10.20
307) 부기통 9-18-2, 부가집 9-0-2, 부가-827, 2011.07.26
308) 부가-495, 2013.05.31
309) 법규부가2010-13, 2010.01.2
310) 법규부가2010-90, 2010.04.09
311) 부가가치세과-3001, 2008.09.09
312) 부가-441, 2012.04.19
313) 서면법규과-346, 2014.04.10
314) 부가집 9-0-2

CHAPTER 03

용역의 공급

제1절 총설

I 의의

1. 개념

계약상 또는 법률상의 모든 원인에 의하여 역무(노동력에 의한 활동 또는 서비스) 또는 그 밖의 행위(재화·시설물 및 권리를 사용하게 하는 것)를 유상으로 제공하는 경우에는 부가가치세 과세대상인 용역의 공급에 해당한다.[315)]

2. 계약

계약이란 민법상 둘 이상의 서로 대립하는 의사표시의 일치에 의하여 성립하는 법률행위를 말한다. 둘 이상의 계약당사자의 의사표시에 일치에 의하여 성립한다. 계약을 서립시키는 의사표시의 일치를 합의라고 하며, 계약 내용을 이루는 모든 사항에 관하여 합의가 있어야 하는 것은 아니지만 본질적인 구성부분에 대하여 합의가 행해져야 한다. (각주) 대법원 2004.4.16.선고, 2003다16641판결

3. 역무

역무란 일반적으로 노동력에 의한 용역 또는 서비스의 제공을 의미한다.

4. 재화·시설물 및 권리의 사용

재화·시설물 및 권리의 사용이란 기계장치*부동산 등의 재화, 테니스장*냉장창고*자동차 정류장 등의 시설물 또는 실용신안권*지하상가점용권 등의 권리를 임대하거나 대여 또는 일시적으로 사용하게 하는 것을 말한다(부기통 11-0-1).

315) 부가집 11-0-1 ①

제2절 용역의 공급

Ⅰ 개요

용역의 공급이란 계약상 또는 법률상의 모든 원인에 의하여 역무를 제공하거나 재화·시설물 또는 권리를 사용하게 하는 것을 말한다(부법 11). 이 경우 재화 중 무체물에 해당하는 권리 등의 양도는 재화의 공급으로 보지만, 권리 등의 대여는 용역의 공급에 해당함에 유의하여야 한다. 용역의 실지공급은 크게 두 가지로 구분되는데, 이를 살펴보면 다음과 같다.

① 역무를 제공하는 것

② 시설물, 권리 등 재화를 사용하게 하는 것

Ⅱ 용역공급의 범위 (부령 3, 부령25)[316)]

용역은 재화 외에 재산 가치가 있는 사업에 해당하는 모든 역무와 그 밖의 행위를 의미한다.

① 건설업 (건설자재의 전부 또는 일부를 부담한 경우도 포함),

② 숙박업 및 음식점업, 운수 및 창고업,

③ 정보통신업(출판업과 영상·오디오 기록물 제작 및 제작 및 배급업은 제외),

④ 부동산업(전·답·과수원·목장용지·임야 또는 염전임대업은 공부상 지목에 관계없이 실지로 경작하거나 고유목적에 임대하는 경우 과세대상에서 제외하며, 2019.2.12.이후 공급하는 공익사업 관련 지역권·지상권 설정 및 대여사업도 과세대상에서 제외됨),

⑤ 전문, 과학 및 기술 서비스업과 사업시설 관리, 사업지원 및 임대서비스업,

⑥ 공공행정, 국방 및 사회보장 행정, 교육 서비스업, 보건업 및 사회복지 서비스업, 금융 및 보험업

⑦ 예술, 스포츠 및 여가관련 서비스업, 협회 및 단체,

⑧ 수리 및 기타 개인서비스업과 제조업 중 산업용 기계 및 장비 수리업,

⑨ 가구내 고용활동 및 달리 분류되지 않은 자가소비 생산활동,

⑩ 국제 및 외국기관의 사업, 재화·시설물의 대여(각종 기계장치·장비, 테니스장, 창고 등 사용)

⑪ 공업소유권·특허권·광업권의 권리 대여

⑫ 단순가공 (주요자재를 전혀 부담하지 아니하는 단순 가공)

⑬ 노하우(Know-how) 제공(노하우 방식에 의한 기술공여는 용역의 공급범위에 포함되지 아니한다는 대법원 판결(대법84누168, 1986.12.)를 법령 반영하여 1991.12월부터 과세대상에 포함), 정보제공(산업상·상업상 또는 과학상의 지식·경험·숙련에 관한 정보제공)

316) 부가집 2-3-1

⑭ 소유부동산을 채무담보로 제공하고 대가를 받는 경우
⑮ 육류 판매사업자가 구내 접객시설에서 음식 부재료 등을 별도로 판매하여 고객이 구입한 육류와 함께 소비 대가를 받는 경우
⑯ 부동산 임대용역을 공급하고 그 대가를 확정한 후 해당 대가의 전부 또는 일부를 면제한 경우

Ⅲ 용역의 공급 관련 사례

1. 용역의 공급에 해당하여 과세되는 사례[317)]

① 건설업자가 건설자재의 전부 또는 일부를 부담하여 용역을 제공하고 대가를 받는 경우
② 사업자가 거래상대방으로부터 인도받은 재화에 주요 자재를 전혀 부담하지 아니하고 단순히 가공만 하여 주고 대가를 받는 경우
③ 사업자가 산업상·상업상 또는 과학상의 지식·경험 또는 숙련에 관한 정보를 제공하고 대가를 받는 경우
④ 사업자가 권리(저작권, 상표권, 특허권 등)를 대여하고 대가를 받는 경우
⑤ 사업자가 국가 또는 지방자치단체로부터 국유재산 관리 및 운영을 포괄적으로 위탁받아 자신의 명의와 계산으로 타인으로 하여금 국유재산을 사용하게 하고 대가를 받는 경우
⑥ 인터넷 등을 이용하여 반복적으로 특정 정보를 게재하고 그 정보를 이용하는 자로부터 정보이용료를 받는 경우
⑦ 공유수면 매립면허를 받은 자가 공유수면을 매립·준공한 후 그 대가로 매립지 일부의 소유권을 취득하는 경우
⑧ 사업자가 부동산임대용역을 공급하고 그 대가를 확정한 후 해당 대가의 전부 또는 일부를 면제하는 경우
⑨ 사업자가 지방자치단체로부터 놀이시설 및 노상주차장 등에 대한 유지·보수 등의 포괄적인 관리·운영을 위탁받아 자기책임과 계산하에 해당 시설의 이용자로부터 사용료를 받는 경우
⑩ 테니스장·냉장창고·자동차정류장 등의 재화·시설물 또는 권리를 사용하게 하고 그 대가를 받는 경우

2. 개인이 교육 관련 용역을 제공한 경우

부가가치세가 면제되는 교육용역은 정부의 허가 또는 인가를 받은 학교·학원·강습소·교습소 기타 비영리단체에서 학생·수강생·훈련생 또는 청강생에게 지식·기술을 가르치는 것을 말하며, 여기서 "정부의 허가 또는 인가"라 함은 관련 법령에 의하여 시설·교습과정·정원 등에 관한 일정요건을 갖추어

317) 부가집 11-0-2

주무장관으로부터 설립이 허용되는 것을 말한다. 따라서 개인이 독립적으로 기업의 인력 및 조직관리 등에 관한 교육 지도 및 관련 용역을 기업체에 제공하고 그 대가를 받는 경우에는 부가가치세가 과세된다.[318)]

3. 손해배상금 등

(1) 과세대상이 아닌 손해배상금 등

각종 원인에 의하여 사업자가 받는 다음에 예시하는 손해배상금 등은 과세대상이 되지 아니한다.[319)]

① 소유재화의 파손·훼손·도난 등으로 인하여 가해자로부터 받는 손해배상금

② 도급공사 및 납품계약서상 그 기일의 지연으로 인하여 발주자가 받는 지체상금

③ 공급받을 자의 해약으로 인하여 공급할 자가 재화 또는 용역의 공급 없이 받는 위약금 또는 이와 유사한 손해배상금

④ 대여한 재화의 망실에 대하여 받는 변상금

⑤ 부동산을 타인이 적법한 권한 없이 처음부터 계약상 또는 법률상의 원인 없이 불법으로 점유하여 법원의 판결에 따라 지급받는 부당이득금 및 지연손해금은 용역의 공급에 해당하지 아니한다.

(2) 추징금, 위법 알선용역의 과세 사례

① 벌과금 성격의 추징금을 불법소득의 반환액이 아닌 것으로 보아 부가가치세 과세대상으로 판단한 사례[320)]

② 사업자가 법령을 위반하여 알선용역을 제공하고 대가를 받는 경우 용역의 공급에 해당하여 부가가치세를 과세하는 것이다.[321)]

4. 부동산 무상점유에 관한 부가가치세 과세 문제

(1) 부동산 무상점유기간에 대한 임대료 상당액

부동산임대업을 영위하는 사업자가 부동산임대차 계약기간이 만료되었음에도 불구하고 임차인으로부터 임대한 부동산을 반환받지 못하여 소송을 제기한 경우 그 소송이 종료될 때까지 실질적으로 계속하여 임대용역을 제공하고 임차인으로부터 그 대가를 받거나 동 소송에서 승소하여 건

318) 부가46015 - 915, 1995.05.02

319) 부기통 4-0-1 ①

320) 국심2003부2602, 2003.12.18.

321) 법규과-1477, 2010.9.28.

물반환일까지의 임대료 상당액을 받는 때에는 그 대가 또는 임대료 상당액은 과세대상이 된다.[322)]

(2) 토지의 무단점용에 따른 손해배상금의 수령

토지소유자가 토지를 임대함에 있어 해당 토지에 임차인이 지상물을 설치하고 임대차계약기간 종료 시에 임차인의 부담으로 지상물을 철거하여 명도하는 조건으로 토지를 임대한 후 계약기간이 종료되어 해당 토지의 명도를 요구하였으나 임차인이 지상물을 철거하지 아니하여 토지의 명도일까지의 무단점용에 따른 손해배상금 상당액을 받는 경우에 해당 금액은 "계약상 또는 법률상의" 원인에 의한 용역의 공급에 대한 대가에 해당하지 아니하여 부가가치세가 과세되지 아니한다.[323)]

(3) 법원의 판결·화해·조정에 따라 지급받는 부당이득금

신청인 소유의 토지를 타인이 적법한 권한 없이 불법으로 점유함으로써 처음부터 계약상 또는 법률상의 원인으로 볼 수 있는 특별한 사정이 없다면 법원의 판결에 따라 지급받는 부당이득금 및 지연손해금은 계약상 또는 법률상의 원인에 의한 용역의 공급에 해당하지 아니하여 부가가치세가 과세되지 아니한다.[324)]

5. 특별회비 등

협회 등 단체가 재화의 공급 또는 용역의 제공에 따른 대가관계 없이 회원으로부터 받는 협회비·찬조비 및 특별회비 등은 과세대상이 아니다.[325)]

6. 면세재화를 운반·가공하거나 판매대행하는 등의 용역

사업자가 농산물·축산물·수산물·임산물 등의 면세재화를 운반·가공하거나 판매대행하는 등의 용역을 제공하고 그 대가를 받는 경우에는 과세대상으로 한다.[326)]

7. 분철료

광업권자가 광업권을 대여하고 그 대가로 분철료를 받는 경우에는 과세대상이 된다.[327)]

---

322) 부기통 4-0-1 ②
323) 부가46015 - 2024, 2000.08.21
324) 부가-687, 2014.08.04. 부가-1029, 2014.12.30
325) 부기통 4-0-2
326) 부기통 4-0-4
327) 부기통 4-0-5

8. 골프장 입회금 등

(1) 골프장 입회금

골프장·테니스장 경영자가 동 장소이용자로부터 받는 입회금으로서 일정기간 거치 후 반환하지 아니하는 입회금은 과세대상이 된다. 다만, 일정기간 거치 후 반환하는 입회금은 그러하지 아니한다. 사업자가 골프장·테니스장 시설이용권을 양도하는 경우에 부가가치세 과세표준은 골프장·테니스장 시설이용권의 양도가액으로 한다.[328)]

(2) 용역제공에 대응하는 자가적립마일리지

카지노와 호텔, 골프장, 스키장 등을 운영하는 사업자가 카지노 이용고객에게 그 이용실적에 따라 포인트를 적립해 주고 향후 해당 고객이 호텔, 골프장, 스키장 등을 이용하고 적립된 포인트로 이용료를 결제하는 경우 해당 포인트 상당액은 부가가치세가 과세되지 아니한다.[329)]

9. 조출료·체선료[330)]

(1) 선주 ↔ 하역회사

선주와 하역회사 간의 계약에 따라 하역회사가 조기선적을 하고 선주로부터 받는 조출료는 하역용역의 제공에 따른 대가이므로 하역용역대가에 포함하나, 지연선적으로 인하여 선주에게 지급하는 체선료는 과세대상이 아니다.

(2) 선주 ↔ 화주

선주와 화주와의 계약에 따라 화주가 조기선적을 하고 선주로부터 받는 조출료는 용역제공에 대한 대가가 아니므로 과세대상이 아니나, 선주가 지연선적으로 인하여 화주로부터 받는 체선료는 항행용역의 제공에 따른 대가이므로 항행용역대가에 포함된다.

(3) 하역회사 ↔ 화주

화주와 선주 간에 용선계약을 체결하고 화주와 하역회사 간에는 본선하역에 대한 계약이 체결되어 있는 경우 화주가 선주로부터 받은 조출료의 일부 또는 전부를 하역회사에 지불하는 경우, 하역회사가 받는 동 조출료는 하역용역의 제공에 대한 대가에 포함된다.

---

328) 부기통 4-0-6
329) 부가집 11-0-1 ④
330) 부기통 4-0-7

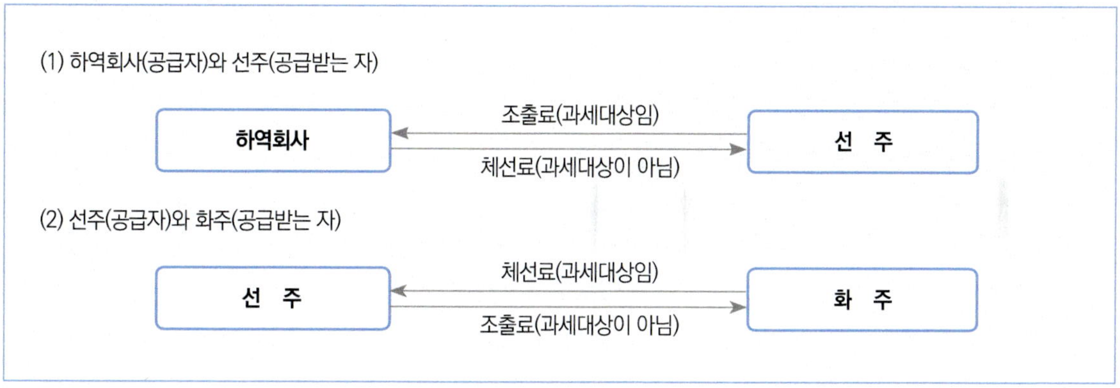

10. 항만시설의 건설용역제공 후 사용료와 상계 시

사업자가 국가소유의 토지에 항만시설을 건설하여 주고 그 대가를 해당 사업자가 동 항만시설 사용시 지급하게 되는 사용료와 상계하기로 한 경우 해당 항만시설의 건설용역에 대하여는 부가가치세가 과세된다.[331)]

11. 버스표의 판매수수료

버스표판매소가 버스표를 공급함에 있어서 타인의 의뢰에 의하지 아니하고 독립된 자격으로 자기의 계산하에 버스표를 구입하여 매입원가에 이윤을 붙여 공급하는 경우에는 부가가치세가 면제(면세재화의 공급)되는 것이나, 여객운수회사 등 타인의 의뢰에 의하여 버스표를 판매하여 주고 그 대가로 판매수수료를 받는 경우에는 부가가치세가 과세(과세용역의 공급)된다.[332)]

12. 체인점 가맹금

야채즙은 부가가치세가 과세되는 재화에 해당되는 것이며, 이를 판매하는 사업자가 체인점을 개설하고 그 가맹자로부터 광고비 및 관리비 명목으로 받는 체인가맹금에 대하여는 부가가치세가 과세된다.[333)]

13. 식당운영 적자분의 손실보전금

식당을 운영하는 사업자가 종합병원의 요청에 의해 병원 귀빈식당을 운영하여 주고 음식요금 외에

---

331) 부가46015 - 113, 1996.01.19
332) 부가22601 - 180, 1992.02.13
333) 부가46015 - 1263, 1993.07.20

해당 법인으로부터 그 대가를 받는 경우에 해당 대가는 실질적인 식당운영의 공급대가에 해당하므로 부가가치세가 과세된다.[334)]

14. 중소기업동업조합의 알선수수료

중소기업동업조합이 동 조합중앙회로부터 공동사업자금 기준한도를 배정받아 중소기업은행과 여신한도거래 약정을 하고 자금소요 조합원으로부터 자금신청을 받아 조합 명의로 중소기업은행으로부터 동 자금을 차입하여 조합원에게 그 금액대로 대부하여 주고 동 조합원으로부터 은행이자 상당액과 이와 관련된 알선수수료를 받아 은행이자 상당액은 중소기업은행에 납부하고 해당 수수료는 동 조합의 사업수익으로 하는 경우에 알선용역 제공과 관련하여 지급받은 수수료에 대하여는 부가가치세가 과세된다.[335)]

15. 인터넷 학습지도용역

사업자가 컴퓨터를 이용한 PC통신망으로 통신학습 내용을 제공하고 컴퓨터통신망의 고정대화방을 이용하여 질의응답 형태의 지도를 하여 주고 그 대가를 받는 경우에는 부가가치세가 과세된다.[336)]

16. 관광숙박업자가 초과징수한 전화사용료

관광숙박업자가 「전화세법」 제1조 제3항 제5호의 규정에 의한 전화사업 경영자의 전화시설을 투숙객에게 이용하게 하고 전화사용료를 고객으로부터 징수납부하는 경우에는 「조세특례제한법」 제106조 제1항 제6호의 규정에 의하여 부가가치세가 면제되는 것이나 초과하여 사용료를 징수한 경우에 그 초과징수한 전화사용료에 대하여는 부가가치세가 과세된다.[337)]

17. 주상복합건물 자치관리기구의 관리대가

주상복합건물의 입주자들이 주택 및 상가를 자치적으로 관리하기 위한 자치관리기구를 조직하여 주상복합건물을 자치적으로 관리하는 경우에는 부가가치세가 과세되지 아니하는 것이나, 주택의 입주자들이 주택을 자치적으로 관리하기 위하여 조직한 자치관리기구가 상가입주자에게 사업상 독립적으로 관리용역을 제공하고 그 대가를 받는 경우에 해당 관리기구는 「부가가치세법」상 납세의무자에게 해당하는 것으로 상가입주자에게 제공하는 관리용역은 부가가치세가 과세되는 것이다. 다만, 귀

334) 부가46015 - 1500, 1995.08.14
335) 부가46015 - 1218, 1996.06.21
336) 부가46015 - 1857, 1997.08.11
337) 부가46015 - 3248, 2000.09.18

질의의 경우 주택 및 상가의 입주자들이 해당 주택 및 상가를 자치관리하는 것인지 주택의 입주자들이 조직한 자치관리기구가 상가입주자에게 관리용역을 제공하는 것인지 여부는 관련 시설을 종합하여 사실판단할 사항이다.[338)]

18. 인터넷을 통한 후원회 모집 후 수령한 대행수수료

인터넷을 이용하여 후원금의 모집을 대행하는 사업자가 인터넷 대금결제서비스를 사업자와 계약에 의하여 후원자로부터 후원금을 인터넷 대금결제시스템을 통하여 지급받아 후원을 받는 자에게 지급하는 경우에 있어서 해당 후원금은 부가가치세가 과세되지 아니하는 것이나, 후원금의 모집을 대행하고 받는 수수료 및 대금결제시스템을 이용하게 하고 받는 대가(이용료)에 대하여는 부가가치세가 과세된다.[339)]

19. 통신사의 특정정보 제공

통신사가 가입회원들에게 환율·금리·주식·채권·선물·파생상품 등 특정한 정보를 제공하는 경우에는 부가가치세가 과세된다.[340)]

20. 지방자치단체의 놀이시설물 등의 포괄적 위탁 관리·운영

사업자가 지방자치단체로부터 놀이시설 및 노상주차장 등에 대한 유지·보수 등의 포괄적인 관리·운영을 위탁받아 자기책임과 계산하에 해당 시설의 이용자로부터 사용료를 받는 경우에는 부가가치세가 과세되는 용역의 공급으로 본다.[341)]

21. 부동산임대용역 관련 부가가치세 과세 여부 판단

(1) 오피스텔임대용역의 부가가치세 과세 여부

사업자가 오피스텔을 신축하여 임대하고 그 대가를 받는 경우 실제로 당해 건물을 사용하는 임차자가 상시주거용으로 사용하는 것이 확인되는 경우에는 부가가치세가 면제되는 것으로서 임차인이 사업을 위하여 사용하는 것인지 또는 상시주거용으로 사용하는 것인지의 여부는 임차인이 실제로 당해 건물을 사용한 객관적인 용도를 기준으로 하여 판단한다. 사업자가 오피스텔을 취득하여 면세사업(상시주거용으로 임대)에 사용하던 오피스텔을 양도하는 경우 당해 오피스텔은 부가

338) 부가46015 - 3219, 2000.09.18
339) 부가46015 - 469, 2000.03.04
340) 서삼46015 - 11061, 2002.06.26
341) 부기통 11-0-2

가치세가 면제된다.[342)]

(2) 고시원사용료의 과세 여부 및 신축 관련 비용의 매입세액공제 여부

사업자가 제2종근린생활시설에 해당하는 고시원 건물을 신축하여 구획된 실(室) 안에 학습자가 공부할 수 있는 시설을 갖추고 숙박 또는 숙식을 제공하는 영업(고시원업)을 하는 경우에는 부가가치세가 과세되고, 해당 건물의 신축에 관련된 매입세액은 매출세액에서 공제하는 것이나 해당 건물에 독립된 화장실, 주방설비 등을 갖추고 세대(世帶)의 구성원이 장기간 독립된 주거활동을 하도록 임대하는 경우에는 부가가치세가 면제되고, 해당 건물의 신축에 관련된 매입세액은 공제되지 아니하는 것이다. 따라서 매입세액공제 여부는 해당 건물의 구체적인 형태와 실제 사용실태 등을 종합하여 사실판단할 사항이다.[343)]

(3) 원룸을 상시주거용으로 임대하는 경우 부가가치세 과세 여부

사업자가 원룸 형태의 건물을 신축하여 상시주거용 주택으로 임대하는 경우 당해 임대분에 대하여는 부가가치세가 면제되는 것이며, 당해 건물 신축과 관련된 매입세액은 공제되지 않는다.[344)]

(4) 임차인이 지급하지 않는 임대료 부가가치세 과세 여부

임대차계약해지 사유가 발생한 후 임차인이 건물을 명도하지 않고 임대인이 보증금을 반환하지 않아 실질적인 임대용역을 제공한 경우 부가가치세가 과세된다.[345)]

(5) 명도소송에 따른 부당이득금

1) 과세대상으로 보지 않는 경우

① 법원판결로 매월 지급받는 토지무단점용료에 따른 부당이득금의 과세 여부

지방자치단체에서 개인 및 법인 소유의 토지를 도로 등으로 무단점유·사용하던 중 토지소유주로부터 그 토지 사용에 대한 부당이득금 반환청구소송이 제기되어 "토지를 점유사용하기 시작한 날 이후부터 인도완료일까지 토지 점유사용으로 인한 임대료 상당의 부당이득금을 인도완료일까지 지급하라"라는 법원의 확정판결문에 의하여 수용하지 못한 토지소유주에게 별도의 계약 없이 매월 일정금액을 지급하는 경우 토지소유자들이 지급받는 금액은 지방자치단체와 토지소유주 간 계약상의 원인으로 볼 수 있는 특별한 사정이 없다면 법원의 판결에 따라 지급받는 부당이득금으로서 계약상 또는 법률상의 원인에 의한 용역의 공급에 해당하지 아니하여 부가가치세가 과세되지 아니한다.[346)]

342) 부가-1264, 2011.10.12
343) 부가-294, 2011.03.24
344) 부가46015-1729, 1998.07.28., 서삼46015-10425, 2001.10.10
345) 제도46015-10345, 2001.03.29
346) 재부가-420, 2007.06.01

② 부당이득금반환청구소송을 통해 받는 부당이득금의 부가가치세 과세 여부

개인이나 법인이 자기의 토지를 타인에게 임대하였으나 임대계약조건 위반으로 동 계약이 해지되었음에도 임차인이 계속 무단, 불법점용으로 인해 당해 토지를 명도받지 못하여 당해 토지의 명도 및 부당이득금반환(손해배상금) 청구소송을 통해 받는 부당이득금(손해배상금)은 법률상 원인 없이 타인의 재산 또는 노무로 인해 얻은 이익으로서 이는 계약상 또는 법률상의 원인에 의한 용역의 공급에 해당하지 아니하므로 부가가치세가 과세되지 아니한다.[347)]

2) 과세대상으로 보는 경우(사실상 임대차계약으로 보는 경우)

임대인의 해지통고로 건물 임대차계약이 해지되어 임차인의 점유가 불법점유가 된다고 하더라도 임차인이 건물을 명도하지 아니하고 계속 사용하고 있고, 임대인 또한 임차보증금을 반환하지 아니하고 보유하면서 향후 월 임료 상당액을 보증금에서 공제하는 관계에 있다면 이는 부가가치세의 과세대상인 용역의 공급에 해당한다.[348)] 또한, 계약이라 함은 쌍방 간에 합의된 묵시적이거나 명시적인 사유로 확정이 된다고 볼 수 있어야 하며, 이러한 합의사항을 객관적으로 확정하는 것이 쌍방이 확인하고 서면으로 작성되는 계약서라고 보아야 하는 바, 이 청구와 관련하여 서면으로 작성한 계약서가 존재하지 아니한다고 하여도 쟁점토지 사용과 관련하여 쌍방 간에 묵시적인 계약이 있는 것으로 보아야 하므로 청구인과 쟁점 주택의 소유자 간에 토지 사용에 대한 경제적인 채권·채무의 관계가 존재하는 것으로 볼 수밖에 없다 할 것이고, 부당이득금 반환소송 판결문 내용을 검토한 바, 쟁점주택소유자가 토지를 점유한 사실에 기인하여 미지급한 토지임대료에 상당하는 금액을 지급하라는 판결로서 청구인이 침해받은 경제적 손실인 임대료 상당액에 추가하여 그 이자 상당액을 지급할 것을 결정한 판결로 문맥상으로는 부당이득금 또는 손해배상금으로 인식할 수 있지만, 「세법」상 또는 사안의 본질을 실질적으로 살펴본다면, 청구인이 제기한 부당이득금반환청구소송은 장기간에 걸친 토지임대료 수령현황 등 일련의 과정을 통찰할 때, 소송의 명칭만 "부당이득금반환청구소송"으로 보일 뿐 실제 내용에 있어서는 "토지임대료청구소송"으로 판단된다.[349)]

(6) 임차인이 대납한 재산세

1) 개요

건물 및 부속 토지 등을 임차인에게 사용케 하고 동 건물 및 부속토지에 부과되는 재산세 등을 임차인이 대납하기로 약정한 경우에는 부가가치세가 과세되는 것이며, 세금계산서 발행시기는 대납하였거나 대납키로 한 재산세의 납기일이다.[350)]

---

347) 부가46015-86, 1997.01.14

348) 대법원2002다38828, 2002.11.22, 대법원2002두8534, 2003.11.28

349) 심사부가2007-0326, 2008.10.09

350) 부가1265 - 2184, 1983.10.13

2) 재산세 중과세대상 사업자에게 임대하는 경우

① 개요

재산세 등 지방세의 납세자는 건축물 또는 토지의 소유자가 부담하도록 규정하고 있으므로 청구인이 재산세 등 중과세분 지방세의 납세의무자인 것은 사실이고, 청구인이 임대용역을 제공하면서 임차인으로 하여금 재산세 등 중과분 지방세를 부담하게 한 것은 근거법령상 청구인이 납부하여야 할 재산세 등 중과분 지방세를 임차인에게 전가시켜 경제적인 부담을 면하기 위하여 조건을 붙인 것으로 보아야 하므로 청구인의 임대용역의 제공과 임차인이 부담한 재산세 등 중과분 지방세와의 사이에는 대가관계 내지는 조건관계가 존재한다고 보아야 할 것이다.[351] 따라서 임차인이 부담한 재산세 등 중과분 지방세는 부동산임대용역의 제공에 대한 대가로 보아 청구인의 부가가치세의 과세표준에 산입한 처분은 달리 잘못이 없다고 판단된다.[352]

② 고급오락장용 건축물에 해당되는지의 여부

부동산을 취득할 당시 무도유흥음식점시설을 갖추고 그 영업허가를 받아 영업을 하였고, 그 현황이 객관적으로 영업장으로서의 실체를 갖추고 있었다면 특별한 사정이 없는 한 이는 무도유흥음식점 영업장소에 해당한다고 볼 것이고, 건물주 본인이 실지로 그 건물에서 영업을 하였는지 여부는 상관없고, 소유자가 아닌 임차인이 그 시설을 한 경우에도 중과세의 대상이 된다고 볼 것이며 가사취득자가 의류판매장으로 사용할 목적으로 건물을 취득하였다고 하여도 취득 당시의 사실상의 현황이 위와 같은 것이었다면 마찬가지라고 할 것이고, 취득자가 무도유흥음식점으로 인하여 어떠한 경제적 이익을 누린 바 없었다든가, 무도유흥음식점을 경영하던 제3자로부터 소송을 통하여 이를 명도받으면서 그동안의 밀린 임대료나 부당이득금을 받지 못하고, 돈을 더 지급하고 명도받았다고 하여도 같다.[353]

③ 취득세 중과분을 임차인이 부담하기로 한 경우 총수입금액의 산입 여부

부동산임대사업자가 납부할 의무가 있는 취득세 중과분을 임차인이 부담하기로 약정한 경우 당해 취득세 중과분은 그 납부기일이 속하는 연도의 부동산임대소득금액 계산 시 총수입금액에 산입함과 동시에 동 금액을 필요경비에 산입한다.[354]

(7) 오피스텔 신축판매업자가 오피스텔을 주택으로 임대 시 과세방법 등

오피스텔 신축판매업을 영위하는 사업자가 2003.2.18. 이후 완공한 오피스텔을 임대한 경우로서 임차인이 이를 상시주거용으로 사용하는 것이 확인되는 경우에는 부가가치세가 과세되는 것

351) 국심97중1770, 1997.12.30
352) 국심2000서2943, 2001.03.28
353) 대법원91누11889, 1992.04.28
354) 서일46011-10050, 2003.01.16

이나, 당초 오피스텔을 분양목적으로 신축하였으나 분양이 되지 않아 일시적·잠정적으로 주거용으로 임대한 경우에는 자가공급에 해당하지 아니한다.[355)]

(8) 원상회복조건으로 임차인이 부담한 실내장식

사업자가 부가가치세가 과세되는 부동산을 임차함에 있어 임차인이 자기의 부동산으로 실내장식 등을 하고 임차기간 만료 시 원상복구하여 주는 조건으로 임대차계약을 하였을 경우, 임차기간 만료 시 임차인의 부담으로 원상복구를 하는 때에는 임대인에 대한 재화의 공급으로 보지 아니하나, 임차기간 만료 시 임차인이 원상복구를 하지 아니하고 원상복구에 필요한 대가를 임대인에게 별도로 지급하는 때에는 당해 대가에 대하여 부가가치세가 과세된다.[356)]

(9) 임차인의 계산으로 건물을 신축한 경우 부가가치세 과세 여부

1) 타인소유 토지에 건물을 신축하고 무상사용 후 명의이전 시 과세재화 해당 여부

사업자가 타인 소유의 토지 위에 건물을 신축하여 일정기간 무상으로 사용 후 명도하기로 약정하고 토지소유자의 명의로 신축 건물을 보존등기하는 것은 재화의 공급에 해당하는 것으로서 당해 건물이 이용 가능한 시기에 당해 건물의 시가를 과세표준으로 하여 부가가치세를 거래징수하여야 하는 것이며, 토지소유자가 자기의 토지 위에 다른 사업자로 하여금 건물을 신축하여 일정기간 사용하게 하고 그 대가로 건물의 소유권을 취득하는 것은 토지의 임대에 해당하여 부가가치세가 과세되는 것으로서 부가가치세 과세표준은 일정기간 토지의 임대용역에 대한 대가로 건물을 선불 또는 후불로 받는 경우에 해당하여 당해 건물의 시가를 일정기간(2과세기간 이상에 걸침)의 월수로 나눈 금액의 각 과세대상기간의 합계액으로 하는 것이며, 그 공급시기는 예정신고기간 또는 과세기간의 종료일이 된다. 다만, 공급시기가 도래하기 전에 세금계산서를 교부한 경우에는 그 교부하는 때를 공급시기로 본다.[357)]

2) 토지임차인이 건물을 신축하여 사용하다 임대기간 종료 후 원상회복 반환한 경우

토지임차인이 자신의 명의로 상업용 건물을 신축하여 사용 수익하다가 토지임대기간 종료 후 동 건물을 토지임대인에 반환하기로 약정한 경우 약정내용이 사실상 원상회복(건물철거 등) 후 반환하는 것이라면 토지임대료 외 건물가액을 임대차계약기간으로 적정 배분하여 이를 임대용역으로 과세할 수 없다.[358)]

(10) 임차인이 부담한 건물 개수비

부동산(건물)임대차계약에 의하여 임차자의 책임하에 건물을 개수(자본적 지출)하여 사용하는 경

355) 서삼46015-11786, 2003.11.14
356) 부가46015-1779, 1994.09.01
357) 부가46015-1519, 2000.06.30
358) 조심2010중2516, 2010.12.31

우에는 건물주인 임대자는 동 자본적 지출에 해당하는 개수비 상당액을 부가가치세 과세표준으로 신고하여야 하는 것이며, 임차자가 부가가치세 과세사업자일 경우에는 임대자에게 개수비 상당액의 재화를 공급한 것으로 보아 그 개수종료일에 당해 재화공급에 대한 부가가치세를 거래징수한다. 또한 임차건물에 대한 개수비를 임차자가 부담하기로 약정하고 부담한 비용으로서 동 비용이 임차자산에 대한 자본적 지출에 해당하는 경우에는 이연비용으로 계상하고 임차기간에 안분계산하여 손금에 산입한다.[359)]

(11) 임차인의 부담으로 엘리베이터를 설치한 경우

음식점을 영위하는 임차인이 자신의 부담으로 임대인 소유의 건물에 승강기를 설치하여 사용하고 그 대신 임대인이 10년간 임대료를 인상하지 않고 임차인이 자신이 설치한 승강기를 임대인의 소유로 귀속시키기로 한 경우에 있어서, 임차인은 임대인에게 승강기가 이용 가능하게 되는 때에 당해 승강기의 시가를 과세표준으로 하여 부가가치세를 거래징수하여야 하며, 승강기의 취득에 관련된 매입세액은 임차인의 매출세액에서 공제하는 것이고, 임대인은 건물임대용역에 대한 대가를 선불 또는 후불로 받는 경우에 해당하여 임대인의 부가가치세 과세표준은 당해 승강기의 시가를 계약기간의 월수로 나눈 금액의 각 과세대상기간의 합계액으로 하는 것이며, 그 공급시기는 예정신고기간 또는 과세기간의 종료일로 한다.[360)]

(12) 승계한 임대차계약에 따라 발생하는 경제적 손실액을 매도인으로부터 보상받는 경우 부가가치세 과세 여부

매도인의 부동산을 양수하면서 매도인의 임대차계약을 승계하기로 합의한 후 승계한 매도인의 임대차계약에 따라 임대료를 시가보다 낮게 받게 되어 매도인으로부터 시가와의 차액을 보상받는 경우 해당 보상금은 「부가가치세법」의 과세대상에 해당하지 아니한다.[361)]

(13) 관리비·공공요금·전대수입금액에 대한 부가가치세 부과대상 여부

상가 부동산임대관리 대가인 임대료와 보험료, 수도료 및 공공요금 등과 관리비를 분명하게 구분하지 아니한 채 총액으로 받은 쟁점전대수입금액을 관리비 등으로 전용·사용한 것으로 보이는 점, 공공요금 등을 임대관리용역비와 구별하여 징수하지 아니한 경우 전체 금액을 부가가치세 과세표준으로 하여야 하는 점[362)] 등에 비추어 쟁점전대수입금액을 부가가치세 과세대상으로 보아 과세한 처분은 잘못이 없다고 판단된다.[363)]

---

359) 부가22601-1693, 1991.12.20
360) 서면3팀-284, 2005.02.24
361) 법규부가2010-13, 2010.01.29
362) 국심1998부628, 1998.09.19
363) 조심2010서0751, 2010.09.10

(14) 기지국 설치에 따른 사용료에 대한 과세 여부

건물의 옥탑에 기지국을 설치하도록 허용할 수 있는 권리와 기지국 설치에 따른 사용료를 수취할 권한은 쟁점건물의 관리인이 아닌 건물주에게 있으므로 임대수입은 건물주에게 귀속된다.[364)]

(15) 사업과 관련 없는 자산(홈시어터 및 와인냉장고) 매입 관련 부가가치세액공제

부동산임대업을 영위하는 법인이 임대에 사용하지 아니하고 있는 오피스텔 및 연립주택에 설치한 홈시어터 및 와인냉장고 매입 관련 쟁점세금계산서를 사업과 직접 관련 없는 자산(회장 개인용도) 및 면세사업 관련과 관련된 것으로 보아 매입세액을 불공제한 처분은 정당하다.[365)]

(16) 별도 수령한 시설공사비

임차인들과의 임대차계약에 따라 각 구획된 점포를 임대목적물로 제공하는 용역에 부수하여 상가홍보를 하고 상가운영에 필요한 시설을 설치하는 용역의 공급에 대한 대가라 할 것이므로, 시설공사비에 대응하는 용역의 공급은 주된 거래인 부동산임대용역의 공급에 포함된다고 볼 것이다.[366)]

(17) 법원 화해권고결정에 따른 합의금의 부가가치세 과세 여부 등

물류창고 임대사업자(이하 "임대인")가 물류서비스업을 영위하는 사업자(이하 "임차인")를 상대로 임대차계약 위반에 따른 소송을 진행하였으나 기납부한 추가임대료 명목의 금전(이하 "합의금")을 법원의 화해권고결정에 따라 임차인이 지급하기로 합의한 경우로서

① 해당 합의금이 선급임차료에 해당하는 경우 「부가가치세법」에 따른 과세대상이며 관련 매입세액은 매출세액에서 공제하는 것이나, 해당 합의금이 선급임차료인지 손해배상금인지 여부는 실질에 따라 사실판단할 사항이다.

② 해당 합의금이 선급임차료에 해당하는 경우 공급시기는 예정신고기간 또는 과세기간의 종료일이 되는 것이나, 공급시기가 되기 전에 선급임차료를 지급하고 그 지급한 대가에 대하여 세금계산서를 발급하면 그 세금계산서 등을 발급하는 때가 공급시기가 된다.[367)]

(18) 임대건물을 양도하기 위하여 기존 임차인들에게 합의금을 지급하는 경우 부가가치세 과세 여부

부동산임대업을 영위하는 사업자가 임대건물을 재건축사업 시행자에게 양도하기 위하여 해당 건물의 기존 임차인들에게 건물 명도 협조 및 이사비용 명목의 금전(이하 "합의금")을 지급하기로

364) 조심2010서0210, 2010.04.29
365) 조심2010부0640, 2010.04.20
366) 서울행정법원2009구합55539, 2010.07.15
367) 사전-2022-법규부가-0158, 2022.02.17

법원의 조정결정 또는 화해권고결정에 따라 합의한 경우로서 해당 합의금이 사업용 자산이나 영업권에 대한 대가에 해당하지 아니하고 재화 또는 용역의 공급과 관계없이 보상 성격으로 지급하는 손실보상금에 해당하는 경우 부가가치세 과세대상에 해당하지 아니하는 것이며, 이 경우 합의금이 사업용 자산이나 영업권에 대한 대가인지 손실보상금인지 여부는 실질에 따라 사실판단할 사항이다.[368)]

(19) 사설묘지구역 내 토지를 묘지 이외의 용도로 임대 시 부가가치세 과세 여부

사설묘지설치허가를 받은 재단법인이 사설 묘지구역 내의 토지를 석제품제조업자에게 사용하게 하고 그 대가를 받는 경우에는 당해 토지의 고유용도에 사용하는 것으로 볼 수 없으므로 임야임대업에 해당하지 아니하는 것이며, 이 경우 부가가치세가 과세된다.[369)]

(20) 상가분양취득 후 약정에 따라 지급받는 임대수익보장금이 부가가치세 과세대상인지 여부

신청인이 시행사로부터 상가를 분양취득하면서 비주거용 건물임대업으로 사업자등록을 하고, 시행사와 임대수익보장 약정을 체결하여 보증기간 동안 매월 지급받는 임대수익보장금 중 임대차계약 체결 전에 해당하는 보장금이 시행사에 대한 용역의 공급이 없이 지급받는 금액에 해당하는 경우 부가가치세 과세대상에 해당하지 아니한다.[370)]

22. 신용카드단말기 사용 유도 대가의 부가가치세 과세대상 여부

음식점이 여러 종류의 단말기 중 특정VAN사의 단말기를 사용할수록 당사의 매출금액이 늘어나는 거래흐름으로, 당사의 매출신장을 위하여 당사와 음식점 당초 계약 시 승인건별로 일정액의 수수료를 지급하는 내용을 포함하였고, 이는 일정기준을 초과하는 경우에 지급하는 것이 아닌 가령 1건을 결제하더라도 수수료를 지급하는 경우에 신용카드가맹점이 재화 또는 용역의 공급에 대한 대가를 신용카드로 받으면서 특정 부가통신사업자(VAN사)의 카드단말기를 이용하여 주고, 부가통신사업자의 대리점으로부터 재화 또는 용역의 공급과 관계없이 일정금액을 받는 경우 해당 거래는 부가가치세 과세대상에 해당하지 아니한다.[371)]

368) 사전-2021-법령해석부가-1754, 2021.12.08
369) 부가22601-16, 1989.01.09
370) 사전-2022-법규부가-1284, 2023.05.09
371) 부가-1774, 2009.12.07

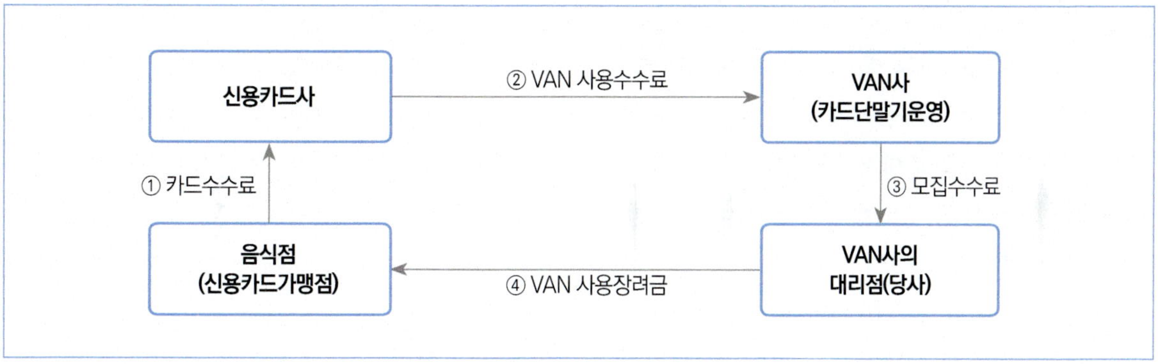

23. 정육점과 함께 운영하는 음식점의 과세 여부

(1) 의의

정육점식당이란 음식점 중 동일한 장소에서 부가가치세 면세대상인 정육점과 과세대상인 음식점을 겸업하여 운영하는 식당을 말한다. 통상 1층 정육점에서 손님이 정육을 직접 구매하고 2층 음식점에서 상차림비를 지불하고 주류, 식음료, 야채 등을 추가로 구입하여 소비하고 결제하는 형태이다.

(2) 실무상 유의사항

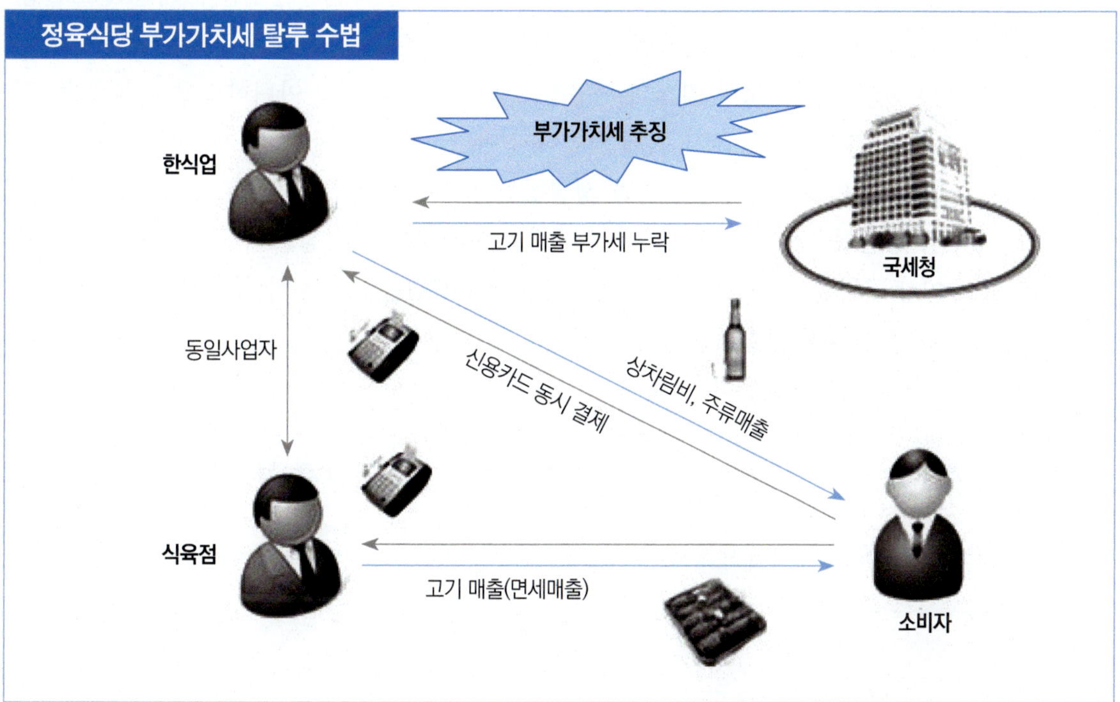

정육점의 육류판매금액은 부가가치세 면세수입에 해당하는 데 반해 고기를 먹을 수 있도록 부대시설을 제공하는 음식점은 과세수입에 해당되기 때문에 사업자와 과세관청 사이에 분쟁이 자주 발생하고 있다. 실례로 부부가 한 건물에서 정육점과 음식점을 별개로 운영하는 것처럼 사업자등록을 했지만 국세청 세무조사를 통해 해당 정육점에서 구입한 고기만 음식점에 반입이 가능하도록 하는 등의 영업형태가 드러나 상당한 금액의 부가가치세를 추징당하는 일이 발생했었다. 이는 음식점이 정육점의 고기 매출은 부가가치세가 과세되지 않는다는 점을 악용하여 부가가치세를 탈루할 목적으로 과세와 면세 사업장을 인위적으로 구분해 사업자등록을 한 것에 불과한 것이므로 명의위장 사업자등록 적발 시 부가가치세 및 국세기본법상 가산세 등을 추징당할 수 있기 때문에 사업내용의 실질에 맞게 사업자등록을 하고 사업을 영위하여야 한다.

(3) 육류판매법인이 동일 건물에 접객시설을 갖춰 음식부재료 등을 함께 공급하는 경우

육류판매법인이 동일 건물에 접객시설을 갖춰 음식부재료 등을 함께 공급하는 경우 당해 육류 및 음식부재료 등의 공급에 대하여는 부가가치세가 과세된다.[372)]

(4) 사업장이 구분되지 않는 정육점식당

청구인은 쟁점정육점은 관할관청에 축산물 판매업신고 및 등록을 하고 독립적으로 정육을 판매한 것으로서 쟁점정육점의 매출을 전부 쟁점음식점의 과세매출로 보는 것은 부당하다고 주장하며, 쟁점음식점을 소재지로 하여 시장으로부터 교부받은 축산물판매업에 대한 신고필증과 판매쇼케이스, 진공포장기, 저장고, 육절기, 골절기 등에 대한 사진을 제시하고 있으나, 쟁점정육점과 쟁점음식점이 같은 장소로서 별개의 사업장으로 구분되어 있지 아니하다고 조사된 점, 쟁점음식점의 위치가 고기만을 소매하기 위해 적합하지 아니하다고 조사된 점, 청구인의 매출현황을 관리하는 POS시스템에서도 쟁점음식점과 쟁점정육점의 수입금액을 별도로 구분하여 관리하고 있지 아니한 점, 쟁점정육점에서 매출금액이 발생된 이후 쟁점음식점의 수입금액이 직전과세기간 대비 40% 이상 급감한 점 등으로 보아 쟁점정육점과 쟁점음식점은 하나의 사업장에 해당된다고 보이므로 쟁점정육점의 매출액을 쟁점음식점의 매출액에 포함하여 이 건 부가가치세를 과세한 처분은 잘못이 없다고 판단된다.[373)]

24. 지자체가 배전선로지중화공사 협약에 따라 사업비 일부를 분담하는 경우 과세 여부

지방자치단체장(이하 "지자체")과 한국전력공사(이하 "한전")가 배전선로지중화공사 협약을 체결하여 지중화공사를 공동으로 수행하고 소요되는 사업비를 각각 분담하는 경우 해당 분담금은 부가가치

372) 부가-3411, 2008.10.02., 서면3팀-1168, 2008.06.10

373) 조심2010중3850, 2011.10.31

세 과세대상에 해당하지 아니하는 것이며, 이 경우 한전이 시공사에 도급을 주어 지중화공사를 수행하게 하고 세금계산서를 발급받은 때에는 시공사로부터 발급받은 세금계산서에 기재된 공급가액 범위 안에서 지자체에 세금계산서를 발급할 수 있다.[374)]

25. 정비사업 시행사와 업무대행계약을 체결하여 대행용역을 제공하는 경우 과세 여부 및 매입세액공제

부동산개발업을 영위하는 사업자(이하 "사업자")가 시장정비사업의 시행사(이하 "시행사")로부터 시장정비사업에 대한 제반업무를 대행하면서 시행사로부터 분양 후 잔존수익을 용역대가로 지급받는 경우 용역의 공급으로 부가가치세가 과세되는 것이며, 사업자가 자기의 과세사업과 관련하여 교부받은 매입세금계산서상의 부가가치세액은 매출세액에서 공제한다.[375)]

26. 소비자 귀책으로 재화 반품 시 소비자가 부담하는 운송비의 부가가치세 과세 여부 등

온라인쇼핑몰을 운영하는 사업자가 소비자에게 재화를 공급하는 경우 운송비를 무상으로 하였다가 재화를 공급받은 소비자의 귀책으로 재화가 반품되는 경우 사업자의 배송업체를 통하여 재화를 반품하는 소비자로부터 지급받는 반품 운송비는 운송용역 공급에 대한 대가로 부가가치세가 과세되는 것이며 그 공급시기는 역무 제공이 완료되는 때로 하는 것이나, 사업자가 공급시기가 되기 전에 반품 운송비를 지급받고 세금계산서나 현금영수증을 발급하는 경우에는 발급하는 때를 공급시기로 본다.[376)]

27. 사업자가 도로개설공사 협약에 따라 사업비 일부를 분담하는 경우 과세 여부

사업자가 다른 건설사업자와 공동주택 신축 및 분양사업을 각각 시행함에 있어 지리적으로 연접하고 있는 해당 사업지의 진입도로 개설공사 협약을 체결하여 진입도로 공사를 공동으로 수행하고 소요되는 사업비를 협약서에 합의된 분담비율에 따라 각각 분담하는 경우 해당 분담금은 부가가치세 과세대상에 해당하지 아니한다.[377)]

28. 공익사업시행자가 지장물 관리자에게 이전비를 지급하는 경우 지장물 이설공사 용역 관련 부가가치세 부담 여부

374) 서면-2021-법령해석부가-5250 [법령해석과-3585], 2021.10.15
375) 서면-2019-법령해석부가-2903 [법령해석과-3661], 2021.10.21
376) 서면-2021-법령해석부가-4328 [법령해석과-4058], 2021.11.22
377) 사전-2022-법규부가-0970, 2022.11.15

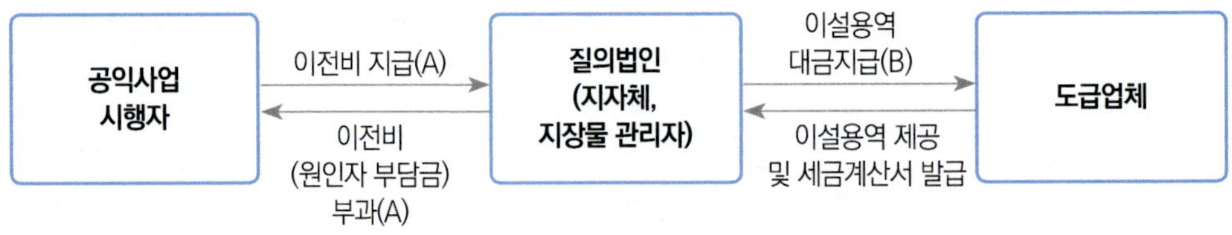

A=B+원상복구비+퇴수요금 [VAT(A×10%) 제외]
B=C+VAT[C×10%]
C=이설공사비

(1) 사실 관계

① ☆☆시 ◇◇사업소(이하 "질의법인")는 「□□-△△ 고속도로 민간투자사업」의 시행자인 ◎◎◎ ◎◎◎관리청(이하 "공익사업시행자")으로부터 사업부지 내의 지장물에 대해 이설 요청을 받고, 다른 사업자(이하 "도급업체")와 지장물 이설공사용역 계약을 체결하여 지장물 이설공사를 수행함

② 질의법인은 공익사업시행자에게 지장물 이설에 필요한 비용(이하 "이전비")을 부과(이전비에 대한 부가가치세 미포함)하여 징수함

(2) 질의요지

공익사업시행자가 사업부지 내 지장물 관리자에게 지장물의 이설을 요청하고 지장물 관리자가 지장물 이설공사 용역을 다른 사업자에게 위탁하여 수행하는 경우 공익사업시행자가 지장물 관리자에게 지장물 이전비를 지급 할 때 지장물 이설공사 용역과 관련된 부가가치세를 제외하고 지급해야 하는지 여부

(3) 회신

「공익사업을 위한 토지 등의 취득 및 보상에 관한 법률」에 따른 공익사업시행자가 사업부지 내 지장물 관리자(이하 "갑")에게 지장물 이설을 요청함에 따라 갑이 사업자(이하 "을")에게 지장물 이설공사를 위탁하여 수행하고, 같은 법 제61조 및 제75조제1항에 따라 공익사업시행자가 갑에게 손실보상금에 해당하는 지장물 이전비를 지급하는 경우 각 거래는 별개의 독립된 거래로서 공익사업시행자가 갑에게 지급하는 이전비는 「부가가치세법」 제4조에 따른 부가가치세 과세대상에 해당하지 아니하는 것이며, 을이 갑에게 제공하는 지장물 이설공사 용역은 같은 법 같은 조에 따른 부가가치세 과세대상에 해당한다.[378]

378) 서면-2022-법규부가-5722 [법규과-2074], 2023.08.10. 부가집 12-0-1

29. 부가가치세가 면제되는 수목원을 운영하는 사업자가 수목원 관람객을 위하여 휴게공간을 조성하고, 수목원 입장료와 별도로 휴게공간 입장료를 수취하는 경우 부가가치세가 과세되는지 여부

수목원을 운영하는 사업자가 휴게공간을 조성하여 관람객으로부터 수목원 입장료와 별도로 휴게공간 입장료를 수취하는 경우 휴게공간 입장 용역은 부가가치세가 과세된다.[379)]

제3절 용역의 간주공급

I 자가공급

1. 개요

사업자가 자신의 용역을 자기의 사업을 위하여 대가를 받지 아니하고 공급함으로써 다른 사업자와의 과세형평이 침해되는 경우에는 자기에게 용역을 공급하는 것으로 본다. 이 경우 그 용역의 범위는 대통령령으로 정한다(부법 12①). 그러나 현재 대통령령이 별도로 규정한 사항은 없으므로 용역의 자가공급은 현실적으로 과세되지 아니한다.

2. 용역의 자가공급에 해당되어 과세하지 않는 사례(부가집 12-0-1)

① 사업자가 자기의 사업과 관련하여 사업장 내에서 그 사용인에게 음식용역을 무상으로 제공하는 경우

② 운수업 및 차량정비 사업을 하는 자가 자기차량을 수리하는 경우

③ 사업장이 각각 다른 수 개의 사업을 겸영하는 사업자가 그중 한 사업장의 재화 또는 용역의 공급에 필수적으로 부수되는 용역을 자기의 다른 사업장에서 공급하는 경우[380)]

④ 외국법인의 국내지점이 그 외국법인의 국내 다른 지점에 부동산임대용역을 제공하고 지점별 내부 관리목적 등으로 임대료를 받는 경우

⑤ 외국본점이 공급한 장비의 설치업무 등을 국내지점이 수행하고 본점으로부터 운영경비 명목의 대가를 받는 경우 용역의 자가공급에 해당하므로 부가가치세가 과세되지 아니한다.[381)]

---

379) 사전-2023-법규부가-0283[법규과-2189] 2023.08.25.
380) 부가-575, 2014.06.17.
381) 재소비-122, 2003.10.30.

Ⅱ 무상공급

1. 개요

대가를 받지 아니하고 상대방에게 무상으로 용역을 공급하는 것은 용역의 공급으로 보지 아니한다. 다만, 사업자가 「소득세법 시행령」 제98조 제1항 또는 「법인세법 시행령」 제2조 제5항 각 호에 규정된 특수관계에 있는 자에게 사업용 부동산의 임대용역 등 대통령령으로 정하는 용역을 공급하는 경우에는 용역의 공급으로 본다(부법 12 ②).

2. 특수관계인의 범위

(1) 「법인세법 시행령」 제2조 제5항 각 호에 규정된 특수관계에 있는 자

"경제적 연관관계 또는 경영지배관계 등 대통령령으로 정하는 관계에 있는 자"란 다음 각 호의 어느 하나에 해당하는 관계에 있는 자를 말한다(법령 2 ⑤).

① 임원(제40조 제1항에 따른 임원을 말한다)의 임면권의 행사, 사업방침의 결정 등 해당 법인의 경영에 대해 사실상 영향력을 행사하고 있다고 인정되는 자(「상법」 제401조의 2 제1항에 따라 이사로 보는 자를 포함한다)와 그 친족(「국세기본법 시행령」 제1조의 2 제1항에 따른 자를 말한다)

② 제50조 제2항에 따른 소액주주 등이 아닌 주주 또는 출자자(이하 "비소액주주 등"이라 한다)와 그 친족

③ 다음의 어느 하나에 해당하는 자 및 이들과 생계를 함께하는 친족

㉠ 법인의 임원·직원 또는 비소액주주 등의 직원(비소액주주 등이 영리법인인 경우에는 그 임원을, 비영리법인인 경우에는 그 이사 및 설립자를 말한다)

㉡ 법인 또는 비소액주주 등의 금전이나 그 밖의 자산에 의해 생계를 유지하는 자

④ 해당 법인이 직접 또는 그와 제1호부터 제3호까지의 관계에 있는 자를 통해 어느 법인의 경영에 대해 「국세기본법 시행령」 제1조의 2 제4항에 따른 지배적인 영향력을 행사하고 있는 경우 그 법인

⑤ 해당 법인이 직접 또는 그와 ①부터 ④까지의 관계에 있는 자를 통해 어느 법인의 경영에 대해 「국세기본법 시행령」 제1조의 2 제4항에 따른 지배적인 영향력을 행사하고 있는 경우 그 법인

⑥ 해당 법인에 100분의 30 이상을 출자하고 있는 법인에 100분의 30 이상을 출자하고 있는 법인이나 개인

⑦ 해당 법인이 「독점규제 및 공정거래에 관한 법률」에 따른 기업집단에 속하는 법인인 경우에는 그 기업집단에 소속된 다른 계열회사 및 그 계열회사의 임원

(2) 「소득세법 시행령」 제98조 제1항에 규정된 특수관계에 있는 자

"특수관계인"이란 「국세기본법 시행령」 제1조의 2 제1항, 제2항 및 같은 조 제3항 제1호에 따른 다음의 특수관계인을 말한다(소령 98 ①, 국기령 1의2 ①,②,③ 1).

1) 「국세기본법 시행령」 제1조의 2 제1항

"혈족·인척 등 대통령령으로 정하는 친족관계"란 다음의 어느 하나에 해당하는 관계(이하 "친족관계"라 한다)를 말한다.

① 4촌 이내의 혈족

② 3촌 이내의 인척

③ 배우자(사실상의 혼인관계에 있는 자를 포함한다)

④ 친생자로서 다른 사람에게 친양자 입양된 자 및 그 배우자·직계비속

2) 「국세기본법 시행령」 제1조의 2 제2항

"임원·사용인 등 대통령령으로 정하는 경제적 연관관계"란 다음의 어느 하나에 해당하는 관계(이하 "경제적 연관관계"라 한다)를 말한다.

① 임원과 그 밖의 사용인

② 본인의 금전이나 그 밖의 재산으로 생계를 유지하는 자

③ ① 및 ②의 자와 생계를 함께하는 친족

3) 「국세기본법 시행령」 제1조의 2 제3항 1호

"주주·출자자 등 대통령령으로 정하는 경영지배관계"란 본인이 개인인 경우로서 다음의 구분에 따른 관계(이하 "경영지배관계"라 한다)를 말한다.

① 본인이 직접 또는 그와 친족관계 또는 경제적 연관관계에 있는 자를 통하여 법인의 경영에 대하여 지배적인 영향력을 행사하고 있는 경우 그 법인

② 본인이 직접 또는 그와 친족관계, 경제적 연관관계 또는 ①의 관계에 있는 자를 통하여 법인의 경영에 대하여 지배적인 영향력을 행사하고 있는 경우 그 법인

3. 사업용 부동산 임대용역의 범위

"사업용 부동산의 임대용역 등 대통령령으로 정하는 용역"이란 사업용 부동산의 임대용역 중 다음에 해당하는 것을 제외한 것으로 한다(부령 26 ②).

① 「산업교육진흥 및 산학연협력촉진에 관한 법률」 제25조에 따라 설립된 산학협력단과 같은 법 제2조 제2호 다목의 대학 간 사업용 부동산의 임대용역

② 「공공주택 특별법」 제4조 제1항 제1호부터 제4호까지의 규정에 해당하는 자와 같은 항 제6호에

따른 부동산투자회사 간 사업용 부동산의 임대용역

4. 특수관계자 간 부동산 저가 또는 무상 임대용역에 대한 부가가치세 과세에 따른 세금계산서 발급 의무 없음

사업자가 특수관계인에게 사업용 부동산의 임대용역을 공급하는 것은 용역의 공급으로 보아 부가가치세가 과세되는 것으로서, 공급한 용역의 시가를 공급가액으로 보는 것이며, 시가를 과세표준으로 하는 경우에 정상적인 거래 시가와 낮은 대가와의 차액에 대하여 세금계산서를 발급할 의무가 없다.[382)]

Ⅲ 용역의 간주공급 판단사례

1. 용역과 용역의 교환거래

(1) 부자간 부동산 무상사용 과세

아버지와 자녀간 부동산 임대용역을 상호 제공하여 무상으로 공급하였으므로 부당행위계산의 부인 규정을 적용하여 아버지가 사용한 건물사용용역은 부가가치세가 과세된다. 자녀가 사용한 토지사용 용역채무는 수입금액에서 필요경비로 공제해야 한다.[383)]

(2) 임대 및 청소용역 교환거래 과세

종합병원 소유의 장례식장을 임차하여 장의용역을 제공하는 사업자가 당해 장례식장 임차의 대가로 종합병원에 청소용역을 제공하는 경우, 종합병원이 제공하는 부동산임대용역과 당해 사업자가 제공하는 청소용역은 부가가치세가 과세되는 것이다.[384)]

2. 제품포장목적 타사업장 반출

사업장이 각각 다른 수 개의 사업을 겸영하는 사업자가 그중 한 사업장의 재화 또는 용역의 공급에 필수적으로 부수되는 용역을 자기의 다른 사업장에서 공급하는 경우. 예컨대 사업자가 본인이 제조한 제품을 지점으로 반출하여 포장한 후 해당 포장된 제품을 자기의 책임과 계산하에 수출하는 경우 제품의 포장을 위해 지점으로 반출하는 것에 대하여는 재화의 공급으로 보지 아니하는 것이며 지점이 제공하는 제품의 포장용역에 대하여는 용역의 자가공급에 해당되어 부가가치세 과세되지 아니한

382) 부가-123, 2014.02.17
383) 국심2002중0759, 2002.6.29.
384) 제도 46015-11673, 2001.6.26.

다.[385)]

3. 기계장치의 무상대여

제조업을 영위하는 사업자가 일부의 제조공정을 타인에게 도급을 주어 운영하게 하는 경우 그 타인이 도급받는 공장에 설치되어 있는 사업자의 기계 및 시설을 무상으로 사용하는 것에 대하여는 용역의 공급에 해당하지 않는다.[386)]

4. 토지를 임차하여 토지조성공사를 한 경우

(1) 무상임차의 경우

골프장 운영 과세사업자가 토지소유자로부터 임야 등을 임차하여 자기 비용으로 골프장용지 등으로 조성·개발 후 일정기간 동안 별도 차임 없이 사용수익하고 사용수익기간 종료 후 당해 토지 및 시설물 등을 토지소유자에게 기부하기로 하는 경우 골프장 운영자는 토지소유자에게 당해 토지의 조성·개발용역을 유상으로 공급하고 토지소유자는 유상의 토지 임대용역을 제공하는 것에 해당하여 부가가치세가 과세된다.[387)] 다만, 예규 변경으로 2010.02.04 이후에 토지조성공사가 완료된 분과 2010.02.03 이전에 토지조성공사가 완료된 경우로서 토지를 임차한 사업자가 관련 매입세액을 공제받은 분의 경우에만 부가가치세 과세대상에 해당한다.

(2) 저가임차의 경우

임차인이 임차한 토지에 토지조성공사를 함에 따라 토지의 가치가 현실적으로 증가한 경우로서 임차인이 일정기간 낮은 임차료로 사용하는 경우 임차인이 토지소유자에게 토지조성용역을 공급한 것으로 보아 해당 용역의 공급에 대하여 부가가치세가 과세되는 것이며, 토지 관련 매입세액은 매출세액에서 공제된다.[388)] 이 경우 부동산임대용역의 시가는 「부가가치세법 시행령」 제62조에 따른 가격에 의한다.[389)]

5. 소셜커머스 사업자의 인터넷 할인티켓 미사용액에 대한 과세 여부

가맹점의 서비스와 상품을 이용할 수 있는 할인티켓을 판매 대행하고 판매금액의 일정비율 상당액을 판매수수료로 받는 사업자가 해당 수수료와 별도로 유효기간이 경과한 할인티켓 미사용액의 전부나

---

385) 부가46015 - 256, 2001.02.07
386) 부가46015 - 53, 2000.01.06
387) 재부가-786, 2011.12.13
388) 법규과-1755, 2011.12.29
389) 서면-2014-부가-22033, 2015.05.27

일부를 해당 사업자(판매대행사업자)에게 귀속시킬 경우 그 사업자에게 귀속된 할인티켓 미사용액은 부가가치세 과세대상(용역의 공급)에 해당한다.[390)]

6. 위탁급식계약에 따라 식당의 제 설비 등을 제공하고 음식류를 제공받는 경우 부동산 임대용역 해당 여부

제조업 등을 영위하는 사업자(이하 "위탁자"라 함)가 관할시장에게 집단급식소(이하 "사원식당"이라 함)를 신고하고 위탁급식영업을 하는 사업자(이하 "수탁자"라 함)와 사원식당 운영에 대한 계약을 체결한 후 수탁자에게 사원식당의 제 설비 등을 제공하고 위탁운영 계약에 따라 수탁자의 재료비와 제경비에 적정이윤을 더한 금액을 지급하며, 수탁자는 사원식당에서 위탁자에게 음식류를 조리하여 제공하는 경우 위탁자가 수탁자에게 사업용 부동산의 임대용역을 공급한 것으로 볼 수 없다.[391)]

7. 외국법인 본사와 국내지점 간 용역공급에 대한 간주공급 적용 사례

(1) 외국법인의 국내지점이 외국법인 본점의 지시에 따라 국내에서 용역을 제공하는 경우

외국법인 'A'가 내국법인 '갑'에게 원전설비와 기술지원용역을 제공하기로 하는 계약을 체결한 다음, 외국법인 'B'가 외국법인 'A'와의 약정에 따라 내국법인 '갑'에게 해당 기술지원용역을 제공하기로 하여 외국법인 'B'의 국내지점이 국내에서 내국법인 '갑'에게 그 기술지원용역을 제공하는 경우에는 외국법인 'B'의 국내지점이 내국법인 '갑'에게 제공한 기술지원용역은 과세대상에 해당하는 것이며, 해당 국내지점은 내국법인 '갑'에게 세금계산서를 발급한다.[392)]

(2) 국내지점이 제공한 용역이 외국본점의 일괄공급계약에 대한 부수용역으로 자가공급에 해당하는지

국외 소재 외국법인(이하 "갑"이라 한다)이 다른 외국법인(이하 "을"이라 한다)에게 전력장비 공급 및 동 전력장비 설치감독·시운전 감리용역(이하 "본건용역"이라 한다)을 제공하는 계약을 체결하고, 갑의 국내지점(이하 "병"이라 한다)이 국내 보세구역에서 본건용역을 제공한 경우 병의 본건용역 제공은 「부가가치세법」에 따른 용역의 공급에 해당하고 동 계약의 대금을 을로부터 갑이 지급받은 후, 본건용역을 수행한 병이 갑으로부터 운영경비 형태로 외화를 송금받더라도 이는 국외의 비거주자 또는 외국법인으로부터 외화를 직접 송금받은 경우에 해당하지 않아 영세율이 적용되지 않는다.[393)]

---

390) 부가-1153, 2012.11.23
391) 법규부가2012-350, 2012.09.28
392) 부가-1182, 2011.10.04
393) 기획재정부 조세법령운용과-419, 2022.04.26

(3) 국내지점이 외국본점을 위하여 서비스를 제공하는 경우 국내 유지비용에 대한 매입세액공제 여부

외국법인의 국내지점이 본점과의 서비스지원 계약에 따라 국내에서 서비스지원 용역을 제공하고 본점으로부터 그 대가를 수령하는 경우, 당해 용역의 공급과 관련되어 정당하게 발급받은 매입세금계산서에 대해서는 당해 매입세액을 매출세액에서 공제할 수 있다.[394)]

(4) 외국법인 국내지점이 다른 국내지점에 부동산 임대용역을 제공하고 임대료를 수취하는 경우

국내에 (갑), (을) 지점을 두고 있는 외국법인의 국내지점 (갑)이 다른 지점인 (을)에게 부동산 임대용역을 제공하고 지점별 내부관리목적 등으로 임대료를 수취하는 경우에는 해당 임대용역은 용역의 자가공급으로 부가가치세가 과세되지 아니한다.[395)]

8. 국외모기업으로부터 포괄위임받아 국내사업자에게 용역을 공급하는 경우

국내사업자(이하 "신청인")가 국내사업장이 없는 국외모기업(이하 "외국법인")과 업무포괄위임 계약을 체결함에 따라 외국법인과 네트워크 서비스 공급계약을 체결한 외국의 다른 법인(이하 "외국법인 A")의 국내자회사(이하 "국내사업자 갑")에게 외국법인을 대신하여 신청인의 책임하에 네트워크 서비스를 제공하고 이에 대한 대가를 외국법인으로부터 외국환은행을 통하여 원화로 받은 경우 신청인이 국내사업자 갑에게 해당 용역을 제공한 것이며, 10% 세율의 세금계산서를 발급하여야 한다.[396)]

9. 지방자치단체의 놀이시설물 등의 포괄적 위탁 관리·운영

사업자가 지방자치단체로부터 놀이시설 및 노상주차장 등에 대한 유지·보수 등의 포괄적인 관리·운영을 위탁받아 자기책임과 계산하에 해당 시설의 이용자로부터 사용료를 받는 경우에는 부가가치세가 과세되는 용역의 공급으로 본다.[397)]

10. 용역의 자가공급 및 무상공급과 관련된 매입세액공제 여부

외국어학원과 음식점을 운영하는 법인사업자가 음식점(지점1)에서 외국어학원(지점2) 소속 직원에게 무상으로 음식용역을 제공하는 경우 이와 관련된 매입세액은 자기의 매출세액에서 공제받을 수 있는 것이나, 외국어학원의 거래처 직원에게 무상으로 음식용역을 제공하는 경우에는 이와 관련된 매입세액은 자기의 매출세액에서 공제받을 수 없다.[398)]

---

394) 부가-745, 2012.06.29
395) 서삼46015-11781, 2003.11.14
396) 법규부가2013-206, 2013.08.28
397) 부가-1110, 2013.11.28
398) 법규부가2012-498, 2012.12.27

11. 지방자치단체가 무상으로 건물 임대용역 제공 시에도 관련 비용의 매입세액공제가 가능한지 여부

국가, 지방자치단체 등이 부동산임대업을 영위하기 위하여 건물을 개보수하면서 매입세금계산서를 수취하였으나, 임차인에게 그 임대차부동산과 관련한 관리비 등을 지원하면서 임대료를 받지 않거나 임대료를 받는 경우에도 그 임대료가 관리비 등의 지원금보다 적어 실질적으로 임대의 대가를 받는 정도가 아닌 임대차계약을 체결한 경우에는 용역의 공급으로 보지 않으므로 관련 매입세액은 공제받을 수 없다.[399]

12. 지점 간 대가를 받고 공급하는 용역의 과세 여부 및 관련 매입세액의 공제 여부

법인의 사업과 관련하여 지점이 다른 지점에게 과세용역을 제공하고 대가를 받는 경우 해당 용역은 용역의 자가공급에 해당되므로 부가가치세가 과세되지 아니하는 것이며 해당 용역제공과 관련하여 발생한 매입세액은 불공제대상 매입세액을 제외하고는 공제가 가능하다.[400]

13. 금융지주회사가 직원을 자회사에 파견하고 대가를 받는 경우

금융지주회사가 자기와 고용관계에 있는 직원을 자회사에 파견하여 근무하게 하고 파견직원에 대한 인건비를 자회사로부터 지급받은 경우에는 부가가치세가 과세된다.[401]

14. 외국사업자의 환급신청 업무를 대리하고 받는 대가

사업자가 국내사업장이 없는 외국법인 등 외국에서 사업을 영위하는 자의 위임을 받아 당해 외국사업자 등의 환급신청 업무 등을 대리하여 수행하고 그 대가를 받는 경우에는 부가가치세가 과세되는 것이며, 이 경우 대리수령한 당해 외국사업자의 국세환급금에서 용역제공에 따른 대가를 차감하고 잔액을 송금하는 때에는 외국환은행에서 원화로 받는 것으로 보아 영세율이 적용된다.[402]

15. 공사부담금의 부가가치세 과세대상 해당 여부

「사회기반시설에 대한 민간투자법」 제2조 제8호에 따른 사업자(이하 "사업시행자")가 국가와 체결한 '△△철도 A노선 민간투자사업' 실시협약에 따라 도시철도건설공사를 하면서 ○○ 공공주택지구 사

399) 부가가치세과-952, 2013.10.16
400) 법규부가2013-456, 2013.10.31
401) 부가가치세과-682, 2010.06.01
402) 서삼46015-11142, 2003.07.16

업시행자(이하 "원인자")의 신설역 추가 설치요청에 따라 신설역 관련 도시철도건설공사를 하는 건설업자와 도급계약을 체결하여, 건설업자가 사업시행자에게 직접 공급하는 도시철도건설용역을 공급하는 경우

① 사업시행자가 원인자의 신설역 설치요청에 따라 해당 공사비를 원인자로부터 지급받는 경우에는 용역의 공급에 따른 대가관계 없이 받는 공사부담금에 해당되므로 「부가가치세법」에 따른 과세대상에 해당하지 아니한다.

② 건설업자들이 사업시행자에게 직접 공급하는 도시철도건설용역은 「조세특례제한법」 제105조 제1항 제3호에 따라 영세율을 적용하는 것이나, 도시철도건설용역의 해당 여부는 통계청장이 고시하는 과세기간 개시일 현재의 한국표준산업분류에 의한다.[403)]

16. 인터넷을 이용한 정보제공의 과세 여부

사업자가 운영하는 인터넷홈페이지에 가입된 회원들에게 구인·구직정보를 제공하고 회비 명목으로 수수료를 받는 경우 과세된다.[404)]

17. 상표권 대여에 대한 사업성 여부 및 사용료

상표권 등을 대여하고 사용기간 동안 일정액을 사용료로 계속 받은 경우, 사업성이 인정되므로 부가가치세 과세대상인 용역의 공급에 해당한다.[405)]

18. 국내사업장의 외국지점이 국내에서 용역을 공급하는 경우

국내본점이 있는 국외의 사업장이 첨단기술을 외국에 특허등록하고 국내의 다른 사업자로부터 특허권수수료를 외화로 직접 받는 경우, 국내본점이 거래징수하고 신고·납부해야 한다.[406)]

19. 쓰레기규격봉투 위탁공급

지방자치단체와 계약에 의해 쓰레기종량제 규격봉투 공급 업무를 대행해 주고 일정률의 수수료를 받는 경우에는 부가가치세가 과세된다.[407)]

---

403) 사전-2022-법규부가-0550, [법규과-1919], 2022.06.27
404) 부가46015-3582, 2000.10.23
405) 국심99서621, 2000.07.14
406) 부가46015-151, 2000.01.20
407) 부가46015-46, 2001.01.08

CHAPTER 04

재화의 수입

제1절 개요

I 수입의 개념

1. 부가가치세법상 재화의 수입

재화의 수입은 다음 중 어느 하나에 해당하는 물품을 우리나라에 반입하는 것으로 한다. 이 경우 보세구역을 거치는 것은 보세구역에서 반입하는 것을 말하는 것으로 외국에서 보세구역으로 재화를 반입하는 그 자체는 재화의 수입에 해당하지 아니한다(부법 13).

① 외국으로부터 우리나라에 들어온 물품(외국 선박에 의하여 공해[公海]에서 채취되거나 잡힌 수산물을 포함한다)으로서 수입신고가 수리되기 전의 것

② 수출신고가 수리(受理)된 물품. 다만, 선적되지 아니한 물품을 보세구역에서 반입하는 것은 재화의 수입으로 보지 아니한다.

2. 관세법상 수입

수입은 외국물품을 우리나라에 반입하거나 우리나라에서 소비 또는 사용하는 것을 말한다. (관세법 2)

II 유의점

재화의 수입과 관련하여 유의하여야 할 점은 다음과 같다.

① 수출신고가 수리된 물품으로서 선적(기적 포함)되지 아니한 것을 보세구역으로부터 인취하는 것은 수입으로 보지 아니한다.

② 재화수입의 경우에는 해당 수입자가 사업자인지 비사업자인지를 구분하지 아니하고 모두 과세한다. 왜냐하면 국가 간 재화의 이동에 대해서는 소비지국 과세원칙이 적용되기 때문이다.

상기와 같이 부가가치세법상 재화의 수입과 관세법상 수입의 개념은 유사하다. 다만, 수출신고가 수리된 물품 중 선적(기적)되지 아니한 것을 보세구역으로부터 다시 반입(인취)되는 경우, 관세법상 외국물품에 해당되지만, 부가가치세법은 재화의 수입으로 보지 아니한다. 이러한 차이는 부가가치세법상 수출재화의 공급시기를 수출신고가 수리된 날이 아닌 선적(기적)으로 보기 때문이다.

제2절 보세구역

I 보세구역의 개념

보세구역이란 외국물품과 수출신고 수리를 받고자 하는 내국물품을 장치하거나 외국물품을 외국물품 상태로 반입·장치·가공·제조·전시·건설·판매를 하기 위한 장소로서 세관장이 지정하거나 특허한 장소이며, 세관의 엄격한 통제를 받는다(예 : 보세공장에는 원재료만이 외국물품 상태로 반입될 수 있고 시설재는 내국물품만 반입 가능). 따라서 외국으로부터 재화가 보세구역으로 반입된 시점에서는 수입으로 보지 아니하고, 보세구역에서 반입된 시점에서 수입으로 본다.

① 지정보세구역 : 세관장이 지정한 보세구역으로서 주로 국가 또는 공공의 토지·시설 등의 일정구역을 지정하여 특정물품의 장치, 수출물품의 검사를 하는 곳을 말하며, 지정장치장 및 세관검사장으로 구분한다.

② 특허보세구역 : 신청을 받아 세관장이 특허한 보세구역으로서 주로 사인의 토지·시설 등의 일정구역에 대하여 특허하며, 보세창고·보세공장·보세전시장·보세건설장·보세판매장으로 구분한다.

③ 종합보세구역 : 관세청장이 직권 또는 관계행정기관의 장이나 시·도지사의 요청에 따라 지정할 수 있는 보세구역으로서 특허보세구역에서 수행되는 기능(제조·가공·전시 등)을 동일지역에서 복합적으로 수행할 수 있도록 지정된 구역을 말한다.

II 보세구역에 대한 부가가치세 적용[408]

1. 개요

보세구역(「관세법」에 따른 보세구역 및 「자유무역지역의 지정 및 운영에 관한 법률」에 따른 자유무역지역)에 관련된 「부가가치세법」 적용은 다음과 같이 한다. 다만 「자유무역지역의 지정 및 운영에 관한 법률」에서 위와 달리 규정하고 있는 경우에는 그 법률에 의한다.

408) 부기통 9-18-7

① 외국에서 보세구역으로 재화를 반입하는 것은 재화의 수입에 해당하지 아니한다.

② 동일한 보세구역 내에서 재화를 공급하거나 용역을 제공하는 것은 재화의 공급 또는 용역의 제공에 해당한다.

③ 보세구역 외의 장소에서 보세구역으로 재화 또는 용역을 공급하는 것은 재화 또는 용역의 공급에 해당한다.

④ 사업자가 보세구역 내에서 보세구역 외의 국내에 재화를 공급하는 경우에 공급가액 중 관세가 과세되는 부분에 대하여는 세관장이 부가가치세를 거래징수하고 수입세금계산서를 발급하며 공급가액 중 관세의 과세가격과 관세·개별소비세·주세·교육세·교통·에너지·환경세 및 농어촌특별세의 합계액을 뺀 잔액에 대하여는 재화를 공급하는 사업자가 부가가치세를 거래징수하고 세금계산서를 발급하여야 한다. 다만 영 제61조 제1항 제5호 단서에 해당하는 때에는 그 선하증권의 공급가액 전체에 대하여 부가가치세를 거래징수하고 세금계산서를 발급할 수 있다.

⑤ 사업자가 보세구역 내에서 보세구역 외의 국내로 내국신용장에 의하여 재화를 공급하는 경우에 공급가액 중 관세가 과세되는 부분에 대하여는 세관장이 부가가치세를 거래징수하고 수입세금계산서를 발급하며 공급가액 중 관세의 과세가격과 관세·개별소비세·주세·교육세·교통·에너지·환경세 및 농어촌특별세의 합계액을 뺀 잔액에 대하여는 재화를 공급하는 사업자가 영의 세율이 적용되는 세금계산서를 발급하여야 한다. 다만 영 제61조 제1항 제5호 단서에 해당하는 때에는 그 선하증권의 공급가액 전체에 대하여 부가가치세를 거래징수하고 세금계산서를 발급할 수 있다.

⑥ 「자유무역지역의 지정 및 운영에 관한 법률」에서 제1항과 달리 규정하고 있는 경우에는 그 법률에 따른다.

⑦ 재화의 공급가액 중 재화의 수입에 대한 부가가치세 과세표준을 제외한 잔액이 없는 경우에는 세금계산서 발급의무가 없다.[409)]

⑧ 사업자가 수입물품에 대한 선하증권을 양도하고 해당 선하증권을 양수한 자가 수입통관하는 경우로서 해당 선하증권양도에 대한 부가가치세 과세표준을 「부가가치세법 시행령」 제48조 제8항의 규정에 의하여 계산하는 경우 해당 선하증권의 양도와 관련한 공급시기는 해당 수입물품의 수입신고 수리일이 된다.[410)]

409) 서삼 - 2242, 2005.12.09

410) 서삼46015 - 11452, 2003.09.15

〈보세구역 거래형태별 적용〉

거래형태별	부가가치세법 적용
① 외국에서 보세구역으로 재화 반입	과세되지 아니함(수입에 해당 안 됨)
② 동일 보세구역 내에서 재화 ➡ 용역 공급	과세됨(재화 또는 용역의 공급에 해당)
③ 보세구역 외의 우리나라 ➡ 보세구역	과세됨(재화 또는 용역의 공급에 해당)
④ 보세구역 내에서 생산·취득 재화 ➡ ㉮ 보세구역 외의 국내에 있는 자기의 다른 사업장에서 생산되는 원료로 사용·소비하기 위해 반출하는 경우 ㉯ 재화의 수입에 해당하는 경우	㉮ 재화의 공급에 해당 안 됨 ㉯ 세관장이 부가가치세 징수
⑤ 사업자가 사업을 폐지하는 때	잔존하는 보세물품에 대해 과세
⑥ 사업자가 보세구역 내에서 보세구역 외의 장소로 공급하는 경우	세관장이 수입세금계산서 발급하고 공급가액 중 수입세금계산서상 공급가액을 뺀 잔액에 대하여 공급하는 사업자가 세금계산서 발급(내국신용장에 의하여 공급하는 경우 영세율 세금계산서를 교부함) 다만, 영61①5단서에 해당하여 세관장이 부가가치세를 징수하기 전에 같은 재화에 대한 선하증권이 양도되는 경우에는 선하증권의 공급가액 전체에 대하여 부가가치세를 거래징수하고 세금계산서를 발급할 수 있음(영61①5단서, 2013.07.01. 이후 공급분부터 「할 수 있다」를 「한다」로 개정하였고, 2014.02.21. 이후 신고하거나 결정·경정하는 분부터 「한다」를 「할 수 있다」로 재개정함)

참 고 보세구역에 대한 부가가치세 납세의무

보세구역(자유무역지역 및 관세자유지역 포함)에서 거래되는 재화 또는 용역에 대한 「부가가치세법」 적용은 다음과 같이 한다.

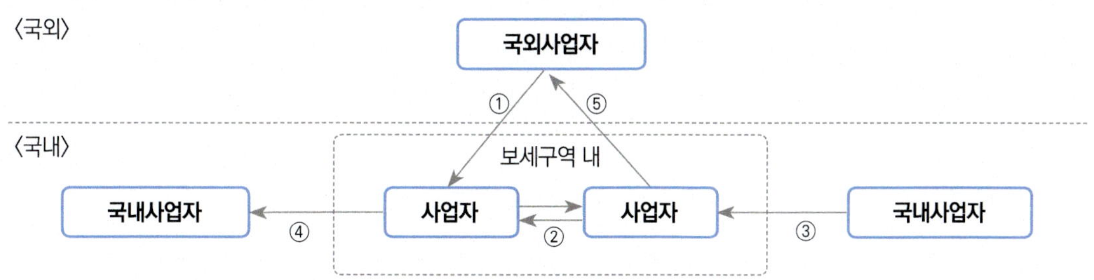

① 국외에서 보세구역으로 재화 반입 : 재화의 수입에 해당되지 않음
② 보세구역 내 거래 : 재화 또는 용역의 공급에 해당
③ 국내에서 보세구역으로 공급 : 재화 또는 용역의 공급에 해당
④ 보세구역에서 국내로 공급 : 재화의 수입에 해당
⑤ 보세구역에서 국외로 반출 : 재화의 수출에 해당

2. 과세표준

재화의 수입에 대한 부가가치세의 과세표준은 그 재화에 대한 관세의 과세가격과 관세, 개별소비세, 주세, 교육세, 농어촌특별세 및 교통·에너지·환경세의 합계액으로 한다(부법 29 ②).

과세표준 = 관세의 과세가격 + 관세 + 개별소비세 + 주세 + 교육세 + 농어촌특별세 + 교통·에너지·환경세

3. 세금계산서 발급(부기통 9-18-7)

(1) 보세구역 내에서 보세구역 외의 국내에 재화를 공급하는 경우

보세구역 내에서 보세구역 외의 국내에 재화를 공급하는 경우에 공급가액 중 관세가 과세되는 부분에 대하여는 세관장이 부가가치세를 거래징수하고 수입세금계산서를 발급하며 공급가액 중 관세의 과세가격과 관세·개별소비세·주세·교육세·교통·에너지·환경세 및 농어촌특별세의 합계액을 뺀 잔액에 대하여는 재화를 공급하는 사업자가 부가가치세를 거래징수하고 세금계산서를 발급하여야 한다. 다만, 부가가치세를 징수하기 전에 같은 재화에 대한 선하증권이 양도되는 경우에는 그 선하증권의 공급가액 전체에 대하여 부가가치세를 거래징수하고 세금계산서를 발급할 수 있다.

세관장 : 수입세금계산서(A) = 관세의 과세가격 + 관세 + 개별소비세·주세 + 교육세 + 교통·에너지·환경세 + 농어촌특별세 사업자 : 세금계산서 = 총공급가액 − A

(2) 보세구역 내에서 보세구역 외의 국내로 내국신용장에 의하여 재화를 공급하는 경우

사업자가 보세구역 내에서 보세구역 외의 국내로 내국신용장에 의하여 재화를 공급하는 경우에 공급가액 중 관세가 과세되는 부분에 대하여는 세관장이 부가가치세를 거래징수하고 수입세금계산서를 발급하며 공급가액 중 관세의 과세가격과 관세·개별소비세·주세·교육세·교통·에너지·환경세 및 농어촌특별세의 합계액을 뺀 잔액에 대하여는 재화를 공급하는 사업자가 영의 세율이 적용되는 세금계산서를 발급하여야 한다. 다만, 세관장이 부가가치세를 징수하기 전에 같은 재화에 대한 선하증권이 양도되는 경우에는 그 선하증권의 공급가액 전체에 대하여 부가가치세를 거래징수하고 세금계산서를 발급할 수 있다.

보세구역에서 공급 시 과세표준의 계산 사례

보세구역 내에서 제조업을 영위하는 이원상사는 외국에서 도착한 제품을 보세구역 밖의 영웅상회에게 다음과 같이 공급하였다. 이 경우 각각 거래징수할 부가가치세는 얼마인가? 다만, 관세의 과세가격은 5,000,000원, 관세 2,000,000원, 제조원가 1,000,000원이다.

1) 공급가액 10,000,000원인 경우
 ① 세관장이 징수할 부가가치세 = (5,000,000 + 2,000,000) × 10% = 700,000원
 ② 이원상사가 징수할 부가가치세 = (10,000,000 − 7,000,000) × 10% = 300,000원

2) 공급가액 6,800,000원인 경우
 ① 세관장이 징수할 부가가치세 = (5,000,000 + 2,000,000) × 10% = 700,000원
 ② 이원상사가 징수할 부가가치세 = (6,800,000 − 7,000,000) × 10% = (−) 20,000원
  ※ 음수(−)로 부가가치세 징수 및 세금계산서 교부의무는 없다.[412]

(3) 수입세금계산서 발급시기

수입세금계산서는 세관장이 수입신고가 수리된 날로부터 15일 이내에 부가가치세 등 세금을 징수하고 수입세금계산서를 발급한다. 다만, 사업자가 재화의 수입에 따른 수입세금계산서를 수입일이 속하는 과세기간 경과 후에 발급받은 때에는 수입세금계산서를 받은 날이 속하는 과세기간의 매출세액에서 공제받을 수 있다(부기통 38-0-7).

4. 수입물품에 대한 선하증권 양도

(1) 선하증권의 개념

선하증권은 수출입 기업(화주)과 물류사(포워더) 또는 물류사(포워딩 업체)와 선사간에 체결된 운송계약의 증빙을 말한다. 선하증권(B/L, Bill of Loading)상에 기재된 화물을 인수 또는 선적하였음을 증명하고, 정당한 소지자에게 인도할 것을 약정하는 유가증권이다. 포워더가 발행하는 House B/L과 선사가 발행하는 Master B/L로 구분한다.

(2) 선하증권을 매도하는 경우 부가가치세 과세 여부

사업자가 국외에서 구입한 물품에 대한 선하증권을 국내사업자에게 매도하는 경우, 당해 선하증권의 매도에 대하여는 부가가치세가 과세된다.[412]

(3) 선하증권 양도 시 과세표준의 계산

사업자가 보세구역 내에 보관된 재화를 다른 사업자에게 공급하고, 그 재화를 공급받은 자가 그

411) 서삼46015-10204, 2003.02.06

412) 부가46015-4037, 2000.12.14, 법규부가2012-231, 2012.06.07

재화를 보세구역으로부터 반입하는 경우에는 재화를 공급한 자의 과세표준은 그 재화의 공급가액에서 세관장이 부가가치세를 징수하고 발급한 수입세금계산서에 적힌 공급가액을 뺀 금액으로 한다. 다만, 세관장이 부가가치세를 징수하기 전에 같은 재화에 대한 선하증권이 양도되는 경우에는 해당 재화를 공급하는 자의 과세표준은 선하증권의 공급가액으로 할 수 있다.[413)]

(4) 선하증권 양도와 공급시기

사업자가 수입물품에 대한 선하증권을 양도하고 당해 선하증권을 양수한 자가 수입통관하는 경우 공급시기는 당해 수입물품의 수입신고 수리일이나,[414)] 「상법」 제133조 및 제820조의 규정에 의한 물품증권인 선하증권을 교부하거나 양도하는 경우 당해 운송물의 권리·취득에 대하여 운송물 등을 인도하는 것과 같은 법적효력이 있으므로, 사업자가 부가가치세가 과세되는 수입물품에 대한 선하증권을 수입통관 전에 양도하는 경우에는 부가가치세가 과세되는 것이며, 이 경우 당해 선하증권을 양수한 사업자가 양도한 사업자로부터 선하증권의 교부일을 공급시기로 하여 교부받은 세금계산서상의 매입세액은 매출세액에서 공제되는 것인 바, 청구인이 수입물품 수입통관일 전에 선하증권을 교부받은 날 수입물품 취득에 관하여 동 물품을 인도받은 것과 동일한 효력이 있다 할 것이다.[415)]

(5) 선하증권 매매 시 세금계산서 매입세액공제 가능 여부

사업자가 과세되는 선하증권을 매입하면서 발급받은 세금계산서의 공급가액이 동 선하증권 관련 재화의 수입통관 시 세관장으로부터 발급받은 수입세금계산서의 공급가액이 포함되어 기재된 경우 당해 선하증권 매입 시 부담한 부가가치세의 매입세액은 공제 가능하다.[416)]

(6) 선하증권 양도 시 세금계산서 발급방법

선하증권 양도 시점이 아닌 수입물품 수입신고 수리일에 양도가액에서 세관장이 발급한 금액을 뺀 나머지 금액에 대하여 사업자끼리 세금계산서를 발급한다(부령 61 ② 5).

선하증권 양도 시 과세표준의 계산 및 세금계산서의 발급 사례

04.21 수입사업자 A는 B에게 선하증권을 5천만원에 양도하고, B는 07.16 수입통관하였다. 사업자 B는 수입통관하면서 세관장으로부터 수입세금계산서를 4천5백만원에 발급받았다. 이 경우 사업자 A의 선하증권 양도와 관련하여 해당 과세표준은 다음의 두 가지 방법 중에서 선택하여 세금계산서를 발급한다.
1) 작성일자를 수입신고수리일(07.16)로 하여 5백만원(세관장이 징수한 금액을 제외)을 과세표준으로 하여 발급
2) 작성일자를 선하증권 양도일(04.21)로 하여 5천만원(양도가액)을 과세표준으로 하여 발급

413) 부가가치세과-384, 2014.04.23
414) 서면3팀-1979, 2006.09.01
415) 국심2007서2342, 2007.08.30
416) 부가가치세과-352, 2014.04.18

(7) 선하증권 재양도 시 부가가치세 과세표준 등

사업자 "갑"이 수입물품에 대한 선하증권을 "을"에게 양도(수입물품이 보세구역에 도착하기 전에 양도하는 경우를 포함)하고 "을"이 다시 당해 선하증권을 "병"에게 양도한 후 선하증권의 최종소유자인 "병"이 수입물품을 통관하는 경우, "갑"과 "을"은 「부가가치세법 시행령」에 따라 세금계산서를 교부한다.[417)]

(8) 수입통관 전 면세물품 양도에 따른 계산서 발행방법

내국법인이 수입통관 전 면세물품에 대한 선하증권을 국내의 제3자에게 양도하고 해당 선하증권을 양수한 자가 수입통관하는 경우의 계산서 교부대상 금액은 선하증권 양도가액에서 세관장이 「법인세법」에 따라 교부한 계산서 가액을 차감한 금액으로 하거나 선하증권 양도가액으로 할 수 있다.[418)]

(9) 선하증권 매매 시 발급된 세금계산서의 매입세액공제 가능 여부

사업자가 과세되는 선하증권을 매입하면서 발급받은 세금계산서의 공급가액에 동 선하증권 관련 재화의 수입통관 시 세관장으로부터 발급받은 수입세금계산서의 공급가액이 포함되어 기재된 경우 당해 선하증권 매입 시 부담한 부가가치세의 매입세액은 공제 가능하다.[419)]

5. 자유무역지역

(1) 자유무역지역의 개념

자유무역지역이란 「관세법」·「대외무역법」 등 관계 법률에 대한 특례와 지원을 통하여 자유로운 제조·물류·유통 및 무역활동 등을 보장하기 위한 지역으로서 지정된 지역을 말한다. 자유무역지역의 지정 및 운영에 관한 법률 2조

(2) 보세구역과 자유무역지역 간의 비교

보세구역은 세관의 통제를 받아 반입물품의 종류도 제한받고, 보세화물의 가공수출, 외국물품의 건설, 전시, 판매 등 목적이 다양하다. 그러나, 자유무역지역은 관세법 적용이 원칙적으로 배제되고, 주로 수출물품의 가공이나 중개무역상품의 장치가 설치 목적임에 차이가 있다.

---

417) 부가가치세과-1207, 2010.09.10
418) 법규과-1363, 2011.10.18.
419) 부가-919, 2009.07.01

Ⅲ 관련 사례

1. 외국법인의 국내지점과 계약에 따라 외국법인 본점으로부터 직접 재화를 수입하는 경우

외국법인 국내지점이 국내사업자와 계약에 따라 부가가치세 과세 재화를 국외 외국법인 본점에서 수입하여 공급하는 경우, 국내사업자가 자기 명의로 직접 당해 재화의 수입절차를 이행하고 수입세금계산서를 발급받는 경우 외국법인 국내지점은 별도의 세금계산서를 발급할 의무가 없다.[420)]

2. 보세구역 내 장치기간이 경과된 재화를 세관장이 매각하는 경우 재화의 공급에 해당하는지 여부

외국사업자가 보세구역 내로 반입한 재화를 국내사업자가 양수한 후, 국내사업자의 사정으로 수입통관이 지연되어 해당 재화의 보세구역 내 장치기간이 경과하여 세관장이 「관세법」 제210조에 따라 경매 등의 방법으로 재화를 매각하는 경우 해당 재화의 매각은 재화의 공급에 해당한다.[421)]

3. 보세구역 내에서 내국신용장 등이 없이 공급한 재화가 영세율적용 대상인지 여부

국내사업자가 외국법인으로부터 매입한 수입원자재를 미통관 상태로 보세구역 내 공장에서 가공하여 보세구역 내의 다른 국내사업자에게 판매하는 것은 재화의 공급으로 부가가치세를 과세하는 것이고, 내국신용장 또는 구매확인서 없이 공급하는 것은 영의 세율이 적용되지 아니하는 것이며, 이 경우 재화를 공급하는 국내사업자는 세금계산서를 발급하여야 한다.[422)]

4. 수입통관 전에 선하증권을 양도하는 경우

사업자가 수입통관 전에 수입물품에 대한 선하증권을 양도하는 경우 부가가치세가 과세되는 것으로, 당해 재화가 수입재화에 해당되어 세관장이 부가가치세를 징수한 때에는 공급가액 중 법 제13조 제4항에 규정하는 금액은 과세표준에 포함하지 아니하는 것이며, 공급시기는 당해 수입물품의 수입신고수리일이나, 세관장이 부가가치세를 징수하기 전에 선하증권이 양도되는 경우에는 해당 재화를 공급하는 자의 과세표준은 선하증권의 공급가액 전체에 대하여 부가가치세를 거래징수하고 세금계산서를 발급할 수 있다.[423)]

---

420) 부가-600, 2013.06.28
421) 부가-6, 2012.01.03
422) 부가가치세과 -1740, 2010.12.30
423) 상담3팀-1250, 2008.06.23

5. 커피두를 수입통관 전에 국내사업자에게 양도하는 경우 부가가치세를 면제한다.[424)]

6. 보세구역 내에서 선하증권을 양도받은 자가 재양도하는 경우 당초 양도한 선하증권의 공급가액

보세구역 내에서 사업자 "갑"이 수입물품에 대한 선하증권을 "을"에게 양도(수입물품이 보세구역에 도착하기 전에 양도하는 경우를 포함)하고 "을"이 다시 해당 선하증권을 "병"에게 양도한 후 선하증권의 최종소유자인 "병"이 보세구역으로부터 그 수입물품을 반입하는 경우, "갑"과 "을"이 공급한 선하증권의 공급가액은 「부가가치세법 시행령」 제61조 제1항 제5호에 따른 가액으로 할 수 있다.[425)]

7. 선하증권 매매 시 교부된 세금계산서의 매입세액공제 가능 여부

사업자가 과세되는 선하증권을 매입하면서 교부받은 세금계산서의 공급가액에 동 선하증권 관련 재화의 수입통관 시 세관장으로부터 교부받은 수입세금계산서의 공급가액이 포함되어 기재된 경우 당해 선하증권 매입 시 부담한 부가가치세의 매입세액은 공제 가능하다.[426)]

424) 부가-595, 2013.06.28
425) 기준-2014-법령해석부가-21939, 2015.04.30
426) 부가-880, 2011.08.04

CHAPTER 05

부수재화 및 부수용역의 공급

제1절 개요

I 의의

일반적으로 경제가 발달하면 할수록 단순한 재화 또는 용역의 공급에서 패키지(package)화된 재화 또는 용역의 공급으로 전환되는 비율이 높아지고 있는 것이 현실이다. 이런 상황에서 해당 공급거래의 내용을 각각의 세분화된 재화 또는 용역으로 구분하여 과세 여부를 판단하게 되면, 정확성은 기할 수 있으되 엄청난 비용과 더불어 과세관청·납세자 모두 부담이 따를 수밖에 없을 것이다. 따라서 상기의 규정은 주된 재화 또는 용역의 과세 여부에 따라서 부수재화 또는 용역을 획일적으로 일치시킴으로써 과세관청·납세자 모두의 효율을 제고시키기 위한 제도라 할 수 있다.

II 관련 규정

주된 거래인 재화의 공급에 필수적으로 부수되는 재화 또는 용역의 공급은 주된 거래인 재화의 공급에 포함되고, 주된 거래인 용역의 공급에 필수적으로 부수되는 재화 또는 용역의 공급은 주된 거래인 용역의 공급에 포함되는 것으로 한다(부법 14 ①). 해당 규정은 민법 제100조 주물, 종물의 규정과 유사하다.

제2절 부수재화 또는 용역의 범위

구분	독립된 거래인지 여부	과세·면세 여부
주된 거래에 부수되는 공급	주된 거래에 흡수되며 독립된 거래가 될 수 없음	주된 거래의 과세·면세에 따름
주된 사업과 관련하여 공급	독립된 거래	주된 거래의 과세·면세에 따름

I 주된 거래 관련

1. 개요

주된 재화 또는 용역의 공급에 부수되어 공급되는 것으로서 다음 중 어느 하나에 해당하는 재화 또는 용역의 공급은 주된 재화 또는 용역의 공급에 포함되는 것으로 본다(부법 14 ①).

2. 주된 거래에 부수되는 경우

(1) 공급대가에 포함

해당 대가가 주된 재화 또는 용역의 공급에 대한 대가에 통상적으로 포함되어 공급되는 재화 또는 용역을 말하며 대가의 포함성 여부는 통상성에 의하여 판단한다. 통상성이란 거래의 관행이 성립한 것을 말하므로 대가의 일시적인 포함성 여부로 판단하여서는 안 될 것이다. 상품의 포장용기 또는 운반배달용역 등이 여기에 해당된다.

(2) 거래의 관행

거래의 관행으로 보아 통상적으로 주된 재화 또는 용역의 공급에 부수하여 공급되는 것으로 인정되는 재화 또는 용역을 말하며 아이스크림 판매 시의 드라이아이스 및 화장품판매점의 피부미용서비스가 그 예이다.

범위	사례
① 해당 대가가 주된 거래인 재화 또는 용역의 공급대가에 통상적으로 포함되어 공급되는 재화 또는 용역 ② 거래의 관행으로 보아 통상적으로 주된 거래인 재화 또는 용역의 공급에 부수하여 공급되는 것으로 인정되는 재화 또는 용역	① 피아노를 공급하면서 피아노용 의자를 제공하고 이를 운반해 주는 것 ② 미술학원에서 교육용역을 공급하면서 실습자재를 제공하는 것 ③ TV수상기를 공급하고 그 A/S용역을 제공하는 것 ④ 수선용역을 제공하면서 부속품을 교체해 주는 것

3. 세무상 처리

주된 거래인 재화 또는 용역의 공급에 부수되는 재화 또는 용역의 공급의 경우에는 이를 독립된 별개의 과세대상인 재화 또는 용역의 공급으로 보지 아니한다. 따라서 그 부수되는 재화 또는 용역의 공급에 대한 대가는 주된 거래인 재화 또는 용역의 공급가액에 포함되어 있는 것으로 보며 부가가치세 과세, 면세 여부도 주된 재화 및 용역에 따른다.

주된 거래	부수 재화 또는 용역	과세·면세 여부
과세거래	과세대상 재화·용역	과세
	면세대상 재화·용역	과세
면세거래	과세대상 재화·용역	면세
	면세대상 재화·용역	면세

II 주된 사업 관련

1. 개요

주된 사업에 부수되는 다음의 어느 하나에 해당하는 재화 또는 용역의 공급은 별도의 공급으로 보되, 과세 및 면세 여부 등은 주된 사업의 과세 및 면세 여부 등을 따른다(부법 14 ②).

2. 주된 사업에 부수되는 경우

(1) 일시·우발적 공급

주된 사업과 관련하여 우연히 또는 일시적으로 공급되는 재화 또는 용역을 말하며 은행의 중고차 매각 또는 가전제품판매점의 고장수리용역이 그 예이다.

(2) 부산물 재화

주된 사업과 관련하여 주된 재화의 생산 과정이나 용역의 제공 과정에서 필연적으로 생기는 재화를 말하며, 제분회사의 밀기울 또는 제재소의 톱밥 등이 그 예이다.

범위	사례
① 주된 사업과 관련하여 우연히 또는 일시적으로 공급되는 재화 또는 용역	면세사업자의 사업용 고정자산 매각
② 주된 사업과 관련하여 주된 재화의 생산과정이나 용역의 제공 과정에서 필연적으로 생기는 재화 * 여기에는 용역이 포함되지 않음	부산물·자가업설물 등의 매각 예) 생산제조업에서 발생하는 번데기 유리도매업에서 발생되는 파유리

3. 세무상 처리

주된 사업에 부수되는 재화 또는 용역의 공급의 경우에는 이를 독립된 별개의 과세대상인 재화 또는 용역의 공급으로 보게 된다. 다만, 동 부수재화 또는 용역은 거래의 빈도 측면(일시·우발적 공급) 또는 중요성(부산물 재화)에 비추어 볼 때 독립된 사업으로는 볼 수 없으므로, 이 경우에는 "주된 거래 관련"과는 달리 과세 또는 면세의 판정은 상기와 같이 하게 되고, 만일 과세라면 이는 독립된 거래이기 때문에 동 재화 또는 용역의 공급에 따른 공급시기·과세표준의 계산·세금계산서 발행 및 거래징수 등을 주된 사업과는 별도로 이행하게 된다.

주된 사업	관련 재화 또는 용역	과세·면세 여부
과세거래	과세대상 재화·용역	과세
	면세대상 재화·용역	과세(*면세)
면세거래	과세대상 재화·용역	면세
	면세대상 재화·용역	면세

* 아래의 경우에는 부수재화 또는 부수용역으로 보지 아니하고 각각 독립된 거래로 보아 과세 또는 면세 여부를 판정한다.
  ① 상가를 신축하여 판매하는 사업자가 상가건물과 그 부속 토지를 함께 공급하는 경우 상가건물은 과세하는 것이나 그 부속 토지는 부가가치세가 면제된다. 즉, 일시·우발적인 부수재화·용역의 공급이 면세면 해당 공급은 면세를 적용한다(면세우선원칙 적용).
  ② 부가가치세가 과세되는 재화인 소시지를 제조하는 자가 돈육은 소시지의 원재료로 사용하고, 식용의 내장, 두골, 족 등 관세율표 번호 제0201호에 해당하는 식용 설육을 공급하는 경우에는 미가공 식료품으로서 부가가치세가 면제된다.[427)]

Ⅲ 관련 사례

1. 주된사업에 부수되는 경우

(1) 금융업 영위 사업자의 일시적인 골프회원권 공급의 면세 여부

부가가치세가 면제되는 금융업을 영위하는 사업자가 골프회원권을 우발적 또는 일시적으로 공급하는 경우에는 면세된다.[428)]

(2) 과세재화 제조과정에서 필수적으로 부수하여 생산되는 소금의 판매에 대한 과세 여부

부가가치세가 과세되는 소다회를 생산·판매하는 사업자가 해당 소다회를 제조하는 과정에서 필수적으로 부수하여 생산되는 소금의 판매에 대하여는 과세된다.[429)]

(3) 면세사업에 사용하던 사업용 고정자산과 면세사업 관련 영업권을 양도하는 경우

부가가치세 면세사업자가 면세사업에 사용하던 사업용 고정자산과 면세사업 관련 영업권을 양도하는 경우 해당 고정자산 및 영업권 양도에 대하여는 부가가치세가 과세되지 아니한다.[430)]

427) 간세1235-1913, 1979.06.12.
428) 부가46015 - 2647, 1998.11.28
429) 부가46015 - 113, 1998.01.20
430) 부가46015 - 2584, 1997.11.17

(4) 장의업자가 제공하는 장의물품·제례음식·문상객 제공음식

1) 개요

장의업을 영위하는 법인이 장의용역(장례식장 임대, 빈소설치, 장의차 임대, 시신의 보관 및 염습, 매장 등)과 이에 필수적으로 부수되는 장의용품(관, 수의, 상복 등)을 함께 제공하고 받는 대가에 대하여는 부가가치세를 면제하나, 장의용역에 필수적으로 부수되지 않는 장의용품만을 별도 판매 및 장의용역에 대한 거래를 단순히 주선 또는 알선하는 경우에는 부가가치세가 과세된다.[431)]

2) 장례식장 영업자가 제공하는 장례음식 공급용역의 부가가치세 면세범위

장례식장에서의 음식물 제공용역의 공급은 일반인이 아니라 특정 조문객만을 대상으로 빈소 바로 옆 공간이라는 제한된 장소에서 이루어지는 것이 일반적인 점 등에 비추어 보면, 거래의 관행상 장례식장에서의 음식물 제공용역의 공급이 부가가치세 면세대상인 장의용역의 공급에 통상적으로 부수되고 있음을 충분히 인정할 수 있으므로,[432)] 장례식장 영업자가 장례식장을 방문한 문상객에게 음식용역을 제공하는 경우 동 음식용역은 면세되는 용역에 통상적으로 부수되는 용역으로 보는 것이며, 이 경우 음식용역을 공급하면서 거래의 관행으로 보아 통상적으로 부수하여 공급되는 재화는 음식용역의 공급에 포함되는 것으로 본다.[433)]

3) 장례식장 영업자가 장례식장에서 음식물과 함께 제공하는 1회용기, 음료 등의 부가가치세 면제 여부

장례식장 영업자가 장례식장을 방문한 문상객에게 음식용역을 공급하면서 이에 부수하여 1회용기, 음료, 주류 등을 제공하는 경우 거래의 관행으로 보아 통상적으로 부수하여 공급되는 재화는 부가가치세가 면제되는 음식용역의 공급에 포함되는 것으로 본다.[434)]

4) 화장업용역 제공 시 봉안함을 함께 공급하는 경우

사설 납골시설을 설치한 사업자가 화장업 관련 용역과 이에 필수적으로 부수되는 봉안함(유골 담는 그릇)을 함께 제공하고 받는 대가에 대하여는 부수용역으로 부가가치세가 면제되는 것이나, 이 경우 화장업 관련 용역 제공과는 관계없이 봉안함만을 별도로 판매하고 받는 대가에 대하여는 부가가치세가 과세된다.[435)]

---

431) 부가집 26-35-1 ③
432) 대법원2013두932, 2013.06.28
433) 부가가치세과-85, 2014.01.28
434) 서면-2019-법령해석부가-1623[법령해석과-1740], 2019.07.03
435) 제도46013-10064, 2001.03.16

(5) 병원의 음식물 공급

1) 의료보건용역을 공급하는 사업자가 직접 공급하는 음식물의 과세 여부

의료보건용역을 공급하는 사업자가 환자에게 직접 공급(직영 구내식당)하는 음식물은 의료보건용역에 필수적으로 부수되는 것으로 부가가치세가 면제되나 임차경영자가 독립적으로 공급하는 경우에는 부가가치세가 과세된다.[436]

2) 병원 구내식당에서 의사 등 직원에게 제공한 음식용역 관련 수입금액이 부가가치세 면제대상인지 여부

의료보건용역을 공급하는 사업자가 입원환자에게 직접 공급(직영 구내식당)하는 음식물은 의료보건용역에 필수적으로 부수되는 것으로 부가가치세가 면제되는 것이나, 외래환자 및 환자의 보호자와 다른 사업자에게 제공하는 음식물은 부가가치세가 과세된다.[437]

(6) 보험가입자에게 제공하는 서비스용역

1) 보험대리점업자가 보험가입자에게 제공하는 24시간콜센터운영 서비스용역 등의 부가가치세 면세 여부

보험대리점이 보험회사를 위하여 보험계약의 체결을 대리하는 보험대리점업 업무에 부수하여 여행자보험가입자에게 24시간콜센터운영 서비스와 긴급유선통역 서비스 용역을 제공하고 그 대가를 받는 경우로서 해당 용역이 거래의 관행으로 보아 보험대리점업에 통상적으로 부수하여 공급되는 것으로 인정되는 경우에는 부가가치세가 면제된다.[438]

2) 보험가입자에게 제공하는 건강관리프로그램의 부가가치세 면제 여부

생명보험회사가 건강증진형 보험상품을 판매하면서 보험상품과 연계되어 보험료 할인 등의 혜택을 누릴 수 있는 건강관리 서비스프로그램을 공급하고 그 대가를 받는 경우 해당 서비스용역이 보험업에 통상적으로 부수되는 용역으로 볼 수 없는 때에는 부가가치세가 과세되는 것이며, 통상적으로 부수되는지 여부는 사실판단할 사항이다.[439]

(7) 지급보증용역을 제공하고 수수료를 받는 경우 부가가치세 면제 여부

공사가 주된 사업에 부수하여 해운항만사업자에게 공급하는 보증용역은 부가가치세가 면제된다.[440]

---

436) 부가46015-1131, 1999.04.16
437) 서면상담3팀-3207, 2006.12.20
438) 서면-2018-법령해석부가-1223[법령해석과-1885], 2018.07.02
439) 사전-2020-법령해석부가-0721[법령해석과-2023], 2021.06.10
440) 기획재정부 부가가치세제과-453, 2022.10.11

(8) 사이버몰에서 과·면세 재화를 판매·배송하는 경우 해당 배송용역이 주된 재화의 판매에 부수되는 용역에 해당하는지 여부

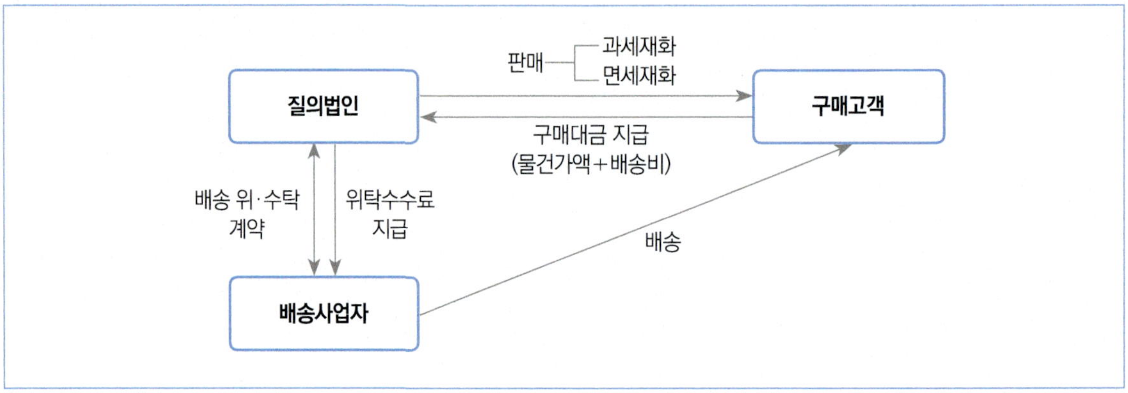

1) 사실 관계

주식회사 ◎◎(이하 "질의법인")는 인터넷 웹사이트 및 모바일 애플리케이션 등 가상의 영업장(이하 "사이버몰")을 통해 자기의 책임과 계산*으로 과·면세 재화를 판매**하고, 주식회사 □□(이하 "배송사업자")과 '배송업무 위탁 계약'을 체결하여 배송사업자를 통해 고객에게 판매한 재화를 배송하며, 배송비는 질의법인이 고객으로부터 수취함 ☞ 배송비는 일정한 요건을 갖추면 무료배송을 하는 경우가 있으나 본건은 일반적인 유료배송에 해당하는 경우임

* 질의법인은 사이버몰을 통해 자기의 책임과 계산으로 재화를 판매하거나, 다른 판매자에게 통신판매중개서비스도 제공하는 바 본건은 질의법인이 자기의 책임과 계산으로 직접 재화를 판매하는 경우로 한정함

** 과·면세 재화를 혼합하여 하나의 공급단위로 포장한 물품을 판매하는 경우가 아닌 각각의 독립된 과·면세 재화를 판매하는 경우임

2) 질의 요지

전자상거래 소매업을 영위하는 법인이 자신이 운영하는 인터넷 웹사이트 등을 통해 자신의 책임과 계산으로 과·면세 재화를 판매하고 배송사업자와 '배송업무 위탁 계약'을 체결하여 고객에게 재화를 배송하는 경우

① 해당 배송용역이 거래의 관행으로 보아 통상적으로 주된 재화의 공급에 부수하여 공급되는 용역에 해당하는지 여부

② 해당 배송용역이 주된 재화의 공급에 부수되는 용역에 해당하는 경우 그 공급가액 산정 방법

3) 회신

전자상거래 소매업을 영위하는 사업자(이하 "A법인")가 인터넷 웹사이트 등을 통해 자신의 책임과 계산으로 각각의 독립된 과·면세 재화(이하 "쟁점재화")를 함께 공급하고, 배송사업자와 '배송업무 위탁 계약'을 체결하여 고객에게 쟁점재화를 배송(이하 "쟁점용역")함에 있어 쟁점용역이 A법인의 책임과 계산으로 공급되는 것으로 볼 수 있는 경우, 쟁점용역은 쟁점재화의 공급에 부수하여 공급되는 것으로 보는 것이며, 쟁점용역이 A법인의 책임과 계산으로 공급되는 것으로 볼 수 있는지 여부는 사실판단할 사항이다. 또한 쟁점용역이 쟁점재화의 공급에 부수하여 공급되는 것으로 보는 경우, A법인이 고객으로부터 수취한 배송비를 쟁점재화의 각 공급가액 비율 등 합리적인 방법으로 안분계산한 가액이 정상적인 거래에 비추어 합당하다고 인정되는 경우 쟁점용역의 공급가액은 그 안분한 가액을 과세 또는 면세 공급가액으로 한다.[441]

2. 주된 거래에 부수되는 경우 사례

(1) 도서에 부수하여 캡션기 등을 포함하여 공급하는 경우 부수재화에 해당 여부

사업자가 도서에 부수하여 그 도서의 내용을 담은 음반·녹음테이프 또는 비디오테이프를 첨부하여 통상 하나의 공급단위로 공급하는 경우에는 도서의 범위에 포함되어 부가가치세가 면제되는 것이나, 캡션기(자막기), 보이스폰(무선헤드폰), 리핏맨(반복어학기)을 포함하여 공급하는 경우 해당 재화는 부수재화에 해당하지 아니하므로 부가가치세가 과세된다.[442]

(2) 옵션상품에 대한 부가가치세 과세 여부

국민주택 규모의 아파트를 신축하여 분양하는 사업자가 아파트 공급 시 분양가액에 가구, 가전, 위생용품 등 선택품목을 포함시키지 아니하고 동 선택품목을 원하는 계약자에 대하여는 별도의 계약을 체결하여 공급하고 그 대가를 받는 경우에는 주택공급과는 별개의 공급으로써 부가가치세가 과세되는 것이며, 주택분양 계약과는 별도로 수분양자와 발코니샤시 설치계약을 체결하고 주택공급과 함께 발코니샤시 설치용역을 제공하면서 그 대가를 주택분양가액에 포함하여 받지 아니한 경우에 있어서 당해 발코니샤시의 설치용역은 주택공급과는 별개의 공급으로써 부수재화·용역규정을 적용하지 아니한다.[443] 이 경우 공급받는 자가 최종소비자인 경우에는 영수증을 발급할 수 있다.[444]

---

441) 서면-2022-법규부가-4978 [법규과-1885], 2023.07.18.
442) 부가46015 - 3514, 2000.10.18
443) 서면3팀-1763, 2006.08.11. 상담3팀-1960, 2004.04.14.
444) 서면3팀-2870, 2006.11.21

(3) 구입액의 비율에 따라 증여하는 기증품

사업자가 자기의 제품 또는 상품을 구입하는 자에게 구입 당시 그 구입액의 비율에 따라 증여하는 기증품 등은 주된 재화의 공급에 포함하므로 과세되는 재화의 공급으로 보지 아니한다. 다만, 당사자 간의 약정에 따라 일정기간의 판매비율에 따라 장려금품으로 공급하는 재화는 그러하지 아니하다.[445)]

(4) 지장물 이설공사 후 신축시설 무상이전 시 부가가치세 과세 여부

「공익사업을 위한 토지 등의 취득 및 보상에 관한 법률」에 따라 택지 및 산업단지를 조성·공급하는 사업자가 면세사업을 영위하면서 사업부지 내 송전선로와 송전탑의 지중 이설공사가 필요하여 전기판매사업자와 '지장송전선로 지중화 공사 협약'을 체결한 후 신설 지중화 설비를 전기판매사업자에게 무상이전하는 경우 신설 지중화 설비의 무상이전은 면세사업과 관련하여 일시적 또는 우발적으로 공급하는 재화에 해당하여 부가가치세가 면제된다.[446)]

3. 부수재화 또는 부수거래로 보지 아니한 경우

(1) 추첨을 통하여 당첨된 자에게 재화를 경품으로 제공하는 경우

사업자가 자기의 고객 중 추첨을 통하여 당첨된 자에게 재화를 경품으로 제공하는 경우에는 과세되는 재화의 공급으로 본다. 다만, 해당 경품 구입에 대한 매입세액이 공제되지 아니하는 것은 그러하지 아니하다.[447)]

(2) 시내버스 차체의 광고물 부착용역에 대한 과세 여부

시내버스운영사업자가 여객운송용역을 제공하는 경우에는 부가가치세가 면제되나, 시내버스 차체에 광고물을 부착하여 주고 그 대가를 받는 경우에는 여객용역의 부수용역으로 보지 아니하는 것으로 과세된다.[448)]

(3) 과·면세 재화를 함께 포장하여 판매하는 경우

부가가치세가 과세되는 재화와 면제되는 재화를 각기 본래의 성질을 그대로 유지한 상태로 하나의 거래단위로 판매될 수 있도록 함께 포장하여 공급하는 경우에는 주된 재화의 과세재화 해당 여부에 따라 과세 또는 면세하는 것이며, 이 경우 어느 것을 주된 재화로 볼 것인가 하는 것은 사실 판단할 사항이다.[449)]

445) 부기통 6-16-4 ①
446) 서면-2021-법령해석부가-4331 [법령해석과-3769], 2021.10.28
447) 부기통 6-16-4 ②
448) 부가46015-567, 1994.03.24
449) 상담3팀-1626, 2005.09.27

PART Ⅲ

영세율

CHAPTER 01

총설

제1절 영세율제도의 개요

Ⅰ 의의

'영세율제도' 란 일정한 재화 또는 용역의 공급에 대하여 영(0)의 세율을 적용하고 그 전단계에서 부담한 부가가치세를 공제 또는 환급함으로써 부가가치세 부담을 완전히 면제하는 제도로 부가가치세는 소비세로 우리나라 내에서 소비되는 재화 또는 용역에 대해서만 부가가치세가 과세되어야 하므로(소비지국 과세원칙) 우리나라 내에서 소비되지 아니하는 수출재화 등에 대하여 기 과세된 부가가치세를 환급하기 위한 조정세율제도이며, 국내거래라 하더라도 수출 등과 관련이 있는 것에 영세율을 적용함으로써 외화획득을 장려하고 있으며 또한, 「조세특례제한법」은 수출이나 외화획득과 전혀 관계없이 정책적으로 특정한 재화나 용역의 공급에 대하여도 영세율제도를 시행하고 있다.

Ⅱ 취지

부가가치세는 소비세로서 국내에서 소비되는 재화나 용역에 대해서만 과세되어야 하는 것이 원칙이므로 영세율제도는 재화나 용역을 소비하는 나라에서 과세한다는 소비지국 과세원칙에 따라 국내에서 소비되지 아니하는 수출재화 등에 대하여 이미 과세된 부가가치세를 환급하기 위한 조정세율제도이다.[1)]

Ⅲ 목적

1. 국제적 이중과세의 방지

수출하는 재화나 용역에 관한 소비세 과세는 GATT상 일반원칙인 소비지국 과세원칙에 따라 재화를 수출하는 경우에 발생할 수 있는 동일재화에 대한 국제적 이중과세 문제를 해결하기 위하여 당해 재화를 생산·수출하는 국가에서는 과세를 하지 아니하고 수입소비국에서 과세하도록 함으로써 국제적

1) 재무부 간세1265.1-632, 1981.05.25

이중과세의 방지를 기하고 있다.

2. 수출 촉진

영세율이 적용되는 재화 등에는 부가가치세 부담이 완전히 없어지게 되므로 수출하는 재화 등의 가격조건이 그만큼 유리하게 되어 국제경쟁력이 강화되고 수출업자는 조기환급대상이 되므로 수출업자의 자금부담을 그만큼 해소할 수 있다.

3. 국가정책목적

「조세특례제한법」에서는 부가가치세의 역진성을 완화하기 위한 방법 중 하나로 수출재화가 아닌 경우에도 영세율을 적용하는 규정을 두고 있다.

Ⅳ 영세율에 대한 상호주의 적용

1. 개요

영세율은 거주자와 내국법인에만 적용하는 것을 원칙으로 하며 사업자가 비거주자 또는 외국법인인 경우에는 그 외국에서 대한민국의 거주자 또는 내국법인(內國法人)에 대하여 동일한 면세를 하는 경우에만 영세율을 적용한다(부법 25 ①). 사업자가 영세율규정에 따라 재화 또는 용역을 공급하는 경우에는 해당 외국에서 대한민국의 외교공관 및 영사기관 등의 직원에게 공급하는 재화 또는 용역에 대하여 동일하게 면세하는 경우에만 영세율을 적용한다(부법 25 ②). “동일하게 면세하는 경우”는 해당 외국의 조세로서 우리나라의 부가가치세 또는 이와 유사한 성질의 조세를 면세하는 경우와 그 외국에 우리나라의 부가가치세 또는 이와 유사한 성질의 조세가 없는 경우로 한다(부법 25 ③).

2. 상호면세국의 범위

영세율 적용에 대한 상호면세국이란 법 제21조부터 제24조까지의 규정을 적용할 때 사업자가 비거주자 또는 외국법인이면 그 해당 국가에서 대한민국의 거주자 또는 내국법인에 대하여 동일하게 면세하는 해당 국가를 말한다. 상호면세국을 예시하면 다음과 같다.[2)]

① 그리스 ② 남아공화국 ③ 네덜란드 ④ 노르웨이 ⑤ 뉴질랜드 ⑥ 덴마크 ⑦ 레바논 ⑧ 라이베리아 ⑨ 말레이시아 ⑩ 미 국 ⑪ 베네수엘라 ⑫ 벨기에 ⑬ 사우디아라비아 ⑭ 독 일 ⑮ 스웨덴 ⑯ 스위스 ⑰ 싱가포르 ⑱ 영 국 ⑲ 이 란 ⑳ 이탈리아 ㉑ 인 도 ㉒ 인도네시아 ㉓ 일 본 ㉔ 대

2) 부기통 25-0-1

만 ㉕ 칠 레 ㉖ 캐나다 ㉗ 태 국 ㉘ 파나마 ㉙ 파키스탄 ㉚ 핀란드 ㉛ 호 주 ㉜ 홍 콩 ㉝ 프랑스

V 영세율 적용대상 재화 또는 용역의 범위

1. 「부가가치세법」에 따른 영세율 적용 대상

영세율을 적용하는 재화 또는 용역은 「부가가치세법」, 「조세특례제한법」 및 그 밖의 법령 등에서 다음과 같이 규정하고 있다.

① 재화의 수출
② 용역의 국외 공급
③ 선박 또는 항공기의 외국항행 용역
④ ①부터 ③까지의 재화 또는 용역 외에 외화를 획득하는 재화 또는 용역

2. 「조세특례제한법」, 기타 법령 및 조세조약에 따른 영세율 적용대상

① 방위산업물자, 비상대비물자 및 지원동원 용역, 군납석유류
② 도시철도 건설용역, 국가 등에 귀속되는 사회기반시설 및 동 건설용역
③ 장애인 보장구 및 장애인용 특수 정보통신기기 등
④ 농민 등에게 공급하는 농업·축산업·임업·어업용 기자재
⑤ 외국인 관광객, 외국사업자, 외교관 등에 대한 특례(사후환급)

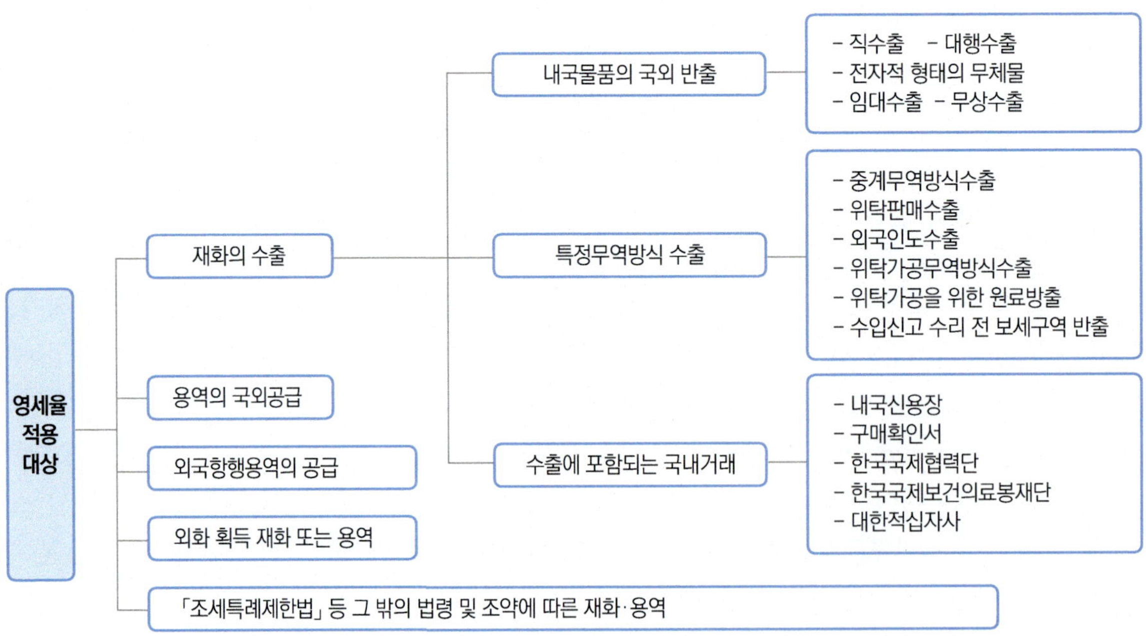

참 고 영세율 적용대상 및 공급시기 요약

<table>
<tr><th>법령</th><th>구분</th><th colspan="3">영세율 적용대상</th><th>공급시기</th></tr>
<tr><td rowspan="23">부가가치세법</td><td rowspan="10">수출하는 재화
(법21조, 영31조)</td><td colspan="3">직접수출(대행수출 포함)</td><td>선적일(기적일)
소포수령증 발급일</td></tr>
<tr><td rowspan="4">국내 사업장에서 계약과 대가수령 등 거래 수출</td><td colspan="2">중계무역방식의 수출</td><td>선적일(기적일)</td></tr>
<tr><td colspan="2">위탁판매 수출</td><td>공급가액 확정일</td></tr>
<tr><td colspan="2">외국인도수출, 위탁가공무역 수출 등</td><td>외국에서 재화 인도 시</td></tr>
<tr><td colspan="2">수입신고 수리 전 보세구역 반출</td><td>수출재화의 선(기)적일</td></tr>
<tr><td colspan="3">내국신용장·구매확인서에 의한 공급</td><td>일반적인 공급시기</td></tr>
<tr><td colspan="3">한국국제협력단에 해외반출용 재화 공급</td><td rowspan="3">일반적인 공급시기</td></tr>
<tr><td colspan="3">한국국제보건의료재단에 해외반출용 재화 공급</td></tr>
<tr><td colspan="3">대한적십자사에 해외반출용 재화 공급</td></tr>
<tr><td colspan="3">수탁가공무역 수출용으,로 공급하는 재화</td><td>일반적인 공급시기</td></tr>
<tr><td>용역의 국외 공급
(법22조)</td><td colspan="3">국외에서 공급하는 용역</td><td>일반적인 공급시기</td></tr>
<tr><td rowspan="3">선박·항공기의
외국항행 용역
(법 23조, 영32조)</td><td rowspan="2">선박·항공기에 의한 외국항행 용역</td><td colspan="2">선박에 의한 외국항행 용역</td><td rowspan="2">역무의 제공이 완료되고 공급가액이 확정되는 때</td></tr>
<tr><td colspan="2">항공기에 의한 외국항행 용역</td></tr>
<tr><td colspan="3">국제복합운송계약에 의한 외국항행 용역</td><td>일반적인 공급시기</td></tr>
<tr><td rowspan="9">기타 외화획득
재화·용역
(법 24조, 영33조)</td><td colspan="3">국내에서 비거주자·외국법인에게 공급되는 재화·용역
(국내사업장이 없는 경우, 국내사업장이 있는 경우)
① 재화 : 비거주자 등이 지정하는 국내 사업자에게 인도되는 과세사업에 사용되는 재화
② 용역 : 전문, 과학 및 기술서비스업 등 일부 업종</td><td>일반적인 공급시기
* 대금결제방법에 따라 영세율 적용됨</td></tr>
<tr><td colspan="3">수출재화 임가공용역</td><td>일반적인 공급시기</td></tr>
<tr><td colspan="2" rowspan="3">외국항행 선박·항공기 등에 공급하는 재화·용역</td><td>재화</td><td rowspan="3">일반적인 공급시기</td></tr>
<tr><td>하역용역</td></tr>
<tr><td>기타용역</td></tr>
<tr><td colspan="3">외교공관 등에 공급하는 재화·용역(2011.01.01. 공급분부터 적용대상 외국정부기관 범위 명시)</td><td>일반적인 공급시기</td></tr>
<tr><td colspan="3">관광진흥법 시행령에 따른 일반여행업자가 외국인 관광객에게 공급하는 관광알선 용역</td><td>일반적인 공급시기</td></tr>
<tr><td colspan="3">외국인전용판매장 등에서 공급하는 재화·용역</td><td>일반적인 공급시기</td></tr>
<tr><td colspan="3">외교관 등에게 공급하는 재화·용역(음식·숙박용역, 석유류, 주류, 전력, 자동차에 한함)</td><td>일반적인 공급시기</td></tr>
</table>

법령	구분	영세율 적용대상	공급시기
조세특례제한법	영세율 (법 105조 ① 121조의 13)	① 방위산업물자, ② 군부대 등에 공급하는 석유류	일반적인 공급시기
		도시철도 건설용역	일반적인 공급시기
		국가·지방자치단체에 공급하는 사회간접자본시설	일반적인 공급시기
		장애인용 보장구 및 장애인용 정보통신기기 등	일반적인 공급시기
		농민 등에게 공급하는 농·축·임업용 기자재 어민에게 공급하는 어업용 기자재	일반적인 공급시기
	사후환급 (법 105의2, 법 107, 법 107의3, 법 111의4)	농업·임업·어업용 기자재에 대한 사후환급	일반적인 공급시기
		외국인관광객 및 미군 등 구입 재화에 대한 영세율 또는 사후환급	일반적인 공급시기
		외국인관광객 미용성형 의료용역 사후환급	일반적인 공급시기
		외국사업자가 공급받은 재화·용역 사후환급	일반적인 공급시기
		외교관 등이 공급받은 재화·용역 사후환급	일반적인 공급시기
		외교관용 등 자동차 연료에 대한 환급 특례	일반적인 공급시기

제2절 영세율과 면세제도의 비교

I 영세율과 면세제도의 특성 비교

영세율제도는 재화·용역의 공급에 대하여 영세율을 적용하는 것을 말하고, 면세제도는 재화·용역의 공급과 재화의 수입에 대하여 면세하는 것을 말한다. 이러한 영세율제도와 면세제도는 운영하는 목적 등에 있어 차이가 있는 바, 양 제도의 동 이점을 비교하면 다음 표와 같다.

항목	영세율제도	면세제도
개념	• 재화 또는 용역의 공급에 대해 0의 세율을 적용하는 것	• 법령이 정한 재화 또는 용역의 공급 및 수입재화에 대해 부가가치세를 면제하는 것
목적	• 국제적 이중과세 방지 • 수출 촉진 • 특정산업 육성 등 조세정책목적	• 부가가치세의 역진성 완화 • 부가가치세 법이론 존중 • 공익목적 등 조세정책목적

항목	영세율제도	면세제도
면세정도	• 완전면세 : 최종단계에 영세율을 적용하면 각 거래단계에서 창출한 모든 부가가치에 대하여 그 전부가 면세됨(매입세액 환급, 원가산입 불가)	• 부분면세 : 모든 거래단계에 면세를 적용하면 완전히 면세되나, 최종단계에만 면세하면 면세단계에서 창출한 부가가치만 면세되고 그 이전단계에 대해서는 과세됨(매입세액을 환급하지 않고 비용 또는 원가 처리함)
거래의 성질	• 과세대상 거래(0의 세율을 적용할 뿐이므로 과세표준에 포함되고 의무이행의무가 있음)	• 과세대상 거래가 아님(그러므로 과세표준에 포함되지 아니하고 의무이행의무도 없음)
과세사업자의 여부	• 과세사업자임(그러므로 과세사업자인 간이과세자에게도 영세율을 적용할 수 있음. 다만, 간이과세자에게는 환급하지 않음)	• 과세사업자가 아니고 면세사업자임(영세율 적용대상인 재화·용역과 학술연구단체 또는 기술연구단체가 공급하는 재화·용역은 면세를 포기할 수 있음)
적용 대상자	• 내국법인과 거주자에게는 조건 없이 적용하지만 외국법인과 비거주자에게는 상호주의에 의함	• 부가가치세법상 사업자가 아니므로 제한이 없음
적용대상 재화·용역	• 수출하는 재화 • 국외에서 제공하는 용역 • 선박 또는 항공기의 외국항행용역 • 기타 외화획득 재화·용역 • 특정산업보호육성 등 조세정책상의 재화·용역(조세특례제한법 등)	• 국민기초생활필수품과 기초생활용역 • 국민후생용역 • 문화 관련 재화·용역 • 부가가치의 생산요소인 재화·용역 • 기타 공익목적 등 조세정책상의 재화·용역(조세특례제한법 등)
경제적 효과	• 중간단계에 영세율을 적용하고 그다음 단계에서 과세하면 환수효과가 발생하며, 이 경우 소비자가격은 부가가치세만큼 상승함(상세한 내용은 이론편 참조)	• 중간단계에서 면세하고 그다음 단계에서 과세하면 환수효과와 누적효과가 발생하고 이 경우 부가가치세 상당액과 누적효과 상당액의 합계액만큼 소비자가격이 상승함
의무이행	• 부가가치세법상의 제반의무 이행(사업자등록, 신고납부, 세금계산서 교부 및 그 합계표 제출, 기장의무 등). 다만, 대리납부의무는 없음	• 교부받은 세금계산서 합계표의 제출과 대리납부의무만 있고 그 외의 의무는 없음(소득세법상 계산서교부 및 그 합계표 제출의무와 사업장 현황신고 의무가 있음)
공통점	① 재화 또는 용역의 공급 시 거래징수하지 아니하며, ② 영세 또는 면세를 적용하는 당해 단계에서 창출한 부가가치에 대하여는 부가가치세를 과세하지 아니하고, ③ 매입처별세금계산서 합계표를 제출하여야 하고, ④ 원칙적으로 품목을 기준으로 적용하고 사업자를 기준으로 적용하지 않는다.	

Ⅱ 환수효과와 누적효과

1. 환수효과

환수효과는 전단계세액공제법을 채택하고 있는 부가가치세제도에 있어서 중간단계에 영세율을 적용하고 다음단계에 과세하는 경우 당해 과세단계에서 창출한 부가가치에 대한 세액을 당해 과세단계에서 징수하는 것을 말한다. 이는 영세단계에서 창출한 부가가치에 대한 세액과 그 영세단계에서 환급받은 금액(매입세액으로 공제받은 것)이 당해 과세단계에서 환수되는 효과를 말한다. 그러므로 면세 후 과세 시 환수효과에 해당하는 금액은 그 면세단계에서 창출한 부가가치에 대한 세액이 되나(누적효과에 의한 금액은 별도로 함), 영세 후 과세 시 환수효과에 해당하는 금액은 영세단계와 그 이전 단계에서 창출한 부가가치에 대한 세액이 된다.

2. 누적효과

중간거래단계에 면세를 적용하고, 다음 단계에서 과세하는 경우에는 환수효과와 누적효과가 동시에 발생한다. 여기서 '환수효과'란 면세를 적용한 중간단계에서 창출한 부가가치에 대한 세액이 최종단계에서 거래징수됨으로써 그 면제된 부가가치세가 국고로 환수되어 면제가 취소되는 것을 말한다. 그리고 '누적효과' 란 면세 전단계에서 과세된 부가가치세가 최종단계에서 다시 과세됨으로써 중복과세될 뿐만 아니라 면세 전단계의 부가가치세에 대해서도 부가가치세가 과세되는 것을 말한다. 재화 또는 용역의 공급에 대하여 면세하는 경우에는 해당 재화 또는 용역을 공급하는 면세사업자에 대하여 매입세액의 공제가 되지 아니하기 때문에 그 매입세액은 판매가격에 포함되어 거래상대방에게 전가되며 이에 따라 그 매입세액은 구입자의 매입금액의 일부를 형성하게 된다.

만약, 구입자가 과세사업자인 때에는 매입금액에 포함되어 있는 부가가치세액을 포함한 가격에 부가가치를 더하여 판매하면 면세사업자 단계에서 공제되지 아니한 부가가치세가 포함되어 있는 공급가액에 대하여 다시 부가가치세를 거래징수하여야 하므로 세금에 세금이 부과되는 현상인 누적과세(중복과세)가 일어난다. 따라서 면세는 최종소비자에 이르기까지의 모든 유통단계에 대하여 적용하거나 또는 최종소비자와 직접 거래하게 되는 소매단계에 대하여만 면세로 하여야 하며 유통단계의 중간단계에서 면세를 적용하더라도 소매단계에서 면세가 되지 아니하는 때에는 오히려 최종소비자는 누적과세에 의한 더 많은 부가가치세를 부담하게 된다.

3. 환수효과와 누적효과의 실례

(1) 중간단계에 영세율을 적용하는 경우

구분	매입액	당해거래단계에서 창출한 부가가치	매출액	부가가치세	납부한 부가가치세
제1단계	0	10,000	10,000	1,000	1,000
제2단계(영세율적용)	10,000	20,000	30,000	0(영세율)	△1,000
제3단계(과세)	30,000	40,000	70,000	7,000*1	7,000
		70,000			7,000

※ 환수효과 : 30,000 × 10% = 3,000

*1 당해 단계에서 징수한 7,000원의 내역

① 당해 단계에서 창출한 부가가치에 대한 세액 : 40,000 × 10% = 4,000

② 당해 단계 전단계에서 창출한 부가가치에 대한 세액(환수효과) : 30,000 × 10% = 3,000③ 합계 : 7,000

(2) 중간단계에 면세를 적용하는 경우

구분	매입액	당해거래단계에서 창출한 부가가치	매출액	부가가치세	납부한 부가가치세
제1단계	0	10,000	10,000	1,000	1,000
제2단계(면세)	11,000	20,000	31,000	–(면세)	–
제3단계(과세)	31,000	40,000	71,000	7,100*2	7,100
		70,000			8,100

※ 누적효과 : 8,100 – 70,000 × 10% = 1,100

*2 당해 단계(제3단계)에서 징수한 7,100원의 내역

① 당해 단계에서 창출한 부가가치에 대한 세액 : 40,000 × 10% = 4,000

② 당해 단계 전단계에서 창출하였으나 면세한 부가가치에 대한 세액(환수효과) : 20,000 × 10% = 2,000

③ 면세전단계에서 창출한 부가가치와 그 세액에 대한 세액(누적효과) : 11,000 × 10% = 1,100

④ 합계 : 7,100

4. 조세전가과정의 흐름적 분석

<table>
<tr><th>구분</th><th>내용</th></tr>
<tr><td>중간
단계
면세
적용시</td><td>
<table>
<tr><td rowspan="3">과세
사업자</td><td>공급
→</td><td>제1단계
거래</td><td>매입
→</td><td rowspan="3">면세
사업자</td><td>공급
→</td><td>제2단계
거래</td><td>매입
→</td><td rowspan="3">과세
사업자</td><td>공급
→</td><td>제3단계
거래</td><td>매입
→</td><td rowspan="5">최종
소비자</td></tr>
<tr><td colspan="3">거래내역</td><td colspan="3">거래내역</td><td colspan="3">거래내역</td></tr>
<tr><td colspan="3">물품대 : 10,000
세금 : 1,000</td><td colspan="3">물품대 : 31,000
세금 :</td><td colspan="3">물품대 : 71,000
세금 : 7,100</td></tr>
<tr><td rowspan="2">1만원
의
부가
가치
창출</td><td colspan="3">합계 : 11,000</td><td rowspan="2">2만원
의
부가
가치
창출</td><td colspan="3">합계 : 31,000</td><td rowspan="2">4만원
의
부가
가치
창출</td><td colspan="3">합계 : 78,100</td></tr>
<tr><td colspan="3">공급시 부가가치세 1,000원을 거래 징수한다.</td><td colspan="3">공급시 부가가치세를 거래징수하지 않는다. 매입시 부담한 세금을 원가처리하여 전가시킨다.</td><td colspan="3">세금징수내역
•당해단계분 : 4,000
•환수효과 : 2,000
•누적효과 : 1,100</td></tr>
</table>
</td></tr>
<tr><td>중간
단계
영세율
적용시</td><td>
<table>
<tr><td rowspan="3">과세
사업자</td><td>공급
→</td><td>제1단계
거래</td><td>매입
→</td><td rowspan="3">영세
사업자</td><td>공급
→</td><td>제2단계
거래</td><td>매입
→</td><td rowspan="3">과세
사업자</td><td>공급
→</td><td>제3단계
거래</td><td>매입
→</td><td rowspan="5">최종
소비자</td></tr>
<tr><td colspan="3">거래내역</td><td colspan="3">거래내역</td><td colspan="3">거래내역</td></tr>
<tr><td colspan="3">물품대 : 10,000
세금 : 1,000</td><td colspan="3">물품대 : 30,000
세금 :</td><td colspan="3">물품대 : 70,000
세금 : 7,000</td></tr>
<tr><td rowspan="2">1만원
의
부가
가치
창출</td><td colspan="3">합계 : 11,000</td><td rowspan="2">2만원
의
부가
가치
창출</td><td colspan="3">합계 : 30,000</td><td rowspan="2">4만원
의
부가
가치
창출</td><td colspan="3">합계 : 77,000</td></tr>
<tr><td colspan="3">공급시 부가가치세 1,000원을 거래 징수한다.</td><td colspan="3">공급시 부가가치세를 거래징수하지 않는다. 매입시 부담한 세금을 환급받는다.</td><td colspan="3">세금징수내역
•당해단계분 : 4,000
•환수효과 : 3,000</td></tr>
</table>
</td></tr>
<tr><td>최종
소비자
부담액
비교</td><td>
<table>
<tr><th colspan="4">〈중간단계 면세 적용시〉</th><th colspan="3">〈중간단계 영세율 적용시〉</th></tr>
<tr><td rowspan="4">총부담액
78,100</td><td rowspan="2">세금</td><td>세금에 대한 세금</td><td>100</td><td colspan="3" rowspan="2">면세적용시와 차액(누적효과) : 1,100</td></tr>
<tr><td>물품대에 대한 세금</td><td>7,000</td></tr>
<tr><td rowspan="2">물품대</td><td>실제는 세금이지만 물품대금에 포함된 것</td><td>1,000</td><td rowspan="2">총부담액
77,000</td><td>세금</td><td>7,000</td></tr>
<tr><td>순수한 물품대</td><td>70,000</td><td>물품대</td><td>70,000</td></tr>
</table>
</td></tr>
</table>

CHAPTER 02

재화의 수출

제1절 총설

I 개요

1. 수출의 범위

(1) 내국물품의 외국반출(직수출)

수출이라 함은 일반적으로 국내에서 외국으로 재화를 판매하는 것을 의미하고 있으나 「부가가치세법」에서 규정하고 있는 수출의 정의 및 범위는 다음과 같다. 본래 수출은 내국물품(대한민국 선박에 의하여 채집되거나 잡힌 수산물을 포함)을 외국으로 반출하는 것을 말한다(부법 21 ② 1).

(2) 신용장 등에 의한 수출

현행 「부가가치세법」에서는 내국신용장 또는 「대외무역법 시행령」에 따라 외국환은행의 장이나 전자무역기반사업자가 재화나 용역의 공급시기가 속하는 과세기간이 끝난 후 25일(그날이 공휴일 또는 토요일인 경우에는 바로 다음 영업일을 말한다) 이내에 발급하는 구매확인서에 의하여 공급하는 재화(금지금[金地金]은 제외)도 비록 국내거래지만 수출지원을 위하여 재화의 수출에 포함시키고 있다(부법 21 ② 3).

(3) 특정무역방식 수출

사업자가 한국국제협력단·한국국제보건의료재단·대한적십자사에 공급하는 재화(「부가가치세법」 제7조의 규정에 의한 사업을 위하여 당해 재화를 외국에 무상으로 반출하는 경우에 한함)도 재화의 수출의 범위에 포함시키고 있다(부령 31 ② 2, 3, 4). 따라서 사업자가 국내에서 공장건설(프랜트)용역을 제공하는 외국법인에게 해당 공장건설에 소요되는 재화 또는 용역을 공급하고 그 대가를 외국법인의 본점으로부터 받는 경우에도 영세율을 적용하지 아니한다(부기통 24-33-2). 이 경우 「무역거래법」상으로는 수출에 해당되지만 「부가가치세법」상으로는 국내에 사업장이 있는 외국법인에게 국내에서 재화 또는 용역을 공급하는 것으로 보아 영세율을 적용하지 아니한다.

(4) 수출하는 재화의 대가 유무

수출하는 재화란 국내물품을 외국으로 반출하는 것을 말하므로 유상으로 반출하든 무상으로 반출하든 외국으로 반출하는 재화는 모두 영세율 적용대상 과세거래이다. 즉, 사업자가 재화를 국외로 무상으로 반출하는 경우에는 영세율을 적용한다. 다만, 자기사업을 위하여 대가를 받지 아니하고 국외의 사업자에게 견본품을 반출하는 경우에는 재화의 공급으로 보지 아니한다(부기통 21-31-4).

따라서 사업자가 자기의 사업과 관련하여 생산하였거나 취득한 재화를 해외의 친지 또는 거래처에 무상으로 증여하는 경우 「부가가치세법」상 간주공급으로 보아 당해 재화의 시가를 영세율 과세표준으로 하여 신고하여야 하며 이를 신고하지 않을 경우에는 영세율 과세표준 신고불성실가산세가 적용된다.

2. 수출용어의 정의

(1) 수출가격 용어

1) FOB(Free On Board) : 본선인도 조건 가격(통상 수출가격임)

FOB(Free On Board)란 본선인도 조건 가격(통상 수출가격임)을 말하며 화물을 배에 선적하기까지의 제비용을 수출자가 부담한다.

2) CFR(Cost and Freight) : 운임포함 인도조건 가격

CFR(Cost and Freight)란 운임포함 인도조건 가격을 말하며, FOB 가격에 수입항까지의 해상운임을 포함한다.

3) CIF(Cost Insurance and Freight) : 운임, 보험료 포함가격(통상 수입가격임)

CIF(Cost Insurance and Freight)란 운임, 보험료 포함가격(통상 수입가격임)을 말하며, FOB 가격에 수입항까지의 해상운임 및 해상보험료를 포함한다.

(2) 결제조건 용어

1) L/C(신용장 : Letter of Credit)

L/C(신용장 : Letter of Credit)이란 무역거래에서의 대금결제를 원활히 하기 위하여 수입자가 거래하는 은행이 수출대금의 지급을 약속하는 증서를 말한다.

2) D/A, D/P거래

D/A, D/P거래는 은행의 지급확약이 없는 무신용장방식의 거래, 즉 수입상의 신용을 기초로 이루어지는 거래이며 은행이 수입자에게 무엇을 받고 선적서류를 인도해 주는가에 따라 구분된다.

① D/A거래(Documents against Acceptance, 무신용장 인수인도조건 거래)란 수출상이 발행한 환어음을 거래은행에 추심 의뢰하고, 수출상의 거래은행은 수입상의 거래은행에 추심의뢰하고, 수입상은 해당은행을 통해 선적서류를 인수받아 통관하는 조건을 말한다. 수입상은 환어음의 만기일에 대금이 결제된다.

② D/P거래(Documents against Payment, 무신용장 지급인도조건 거래)란 수출상이 수입상에게 환어음을 발행하고, 추심의뢰 은행을 통하여 수입국의 추심은행에게 전달하고, 수입상이 환어음을 결제하는 동시에 선적서류를 인수받아 통관하는 거래 조건을 말한다.

3) T/T(Telegraphic Transfer) : 전신환 송금 결제 방식의 무역거래

수출상이 선적 전(후)에 수입상이 물품대금을 수출상에게 전신환으로 보내주는 방식

<재화의 수출 대상별 공급시기, 세금계산서 발급, 첨부서류 정리>

<table>
<tr><th rowspan="2">구분</th><th rowspan="2" colspan="2">영세율 적용대상</th><th rowspan="2">공급시기</th><th rowspan="2">세금계산서 발급 여부</th><th colspan="2">첨부서류</th></tr>
<tr><th>법령에 의한 첨부서류</th><th>국세청장 지정서류</th></tr>
<tr><td rowspan="9">재화의 수출 (법21조)</td><td colspan="2">직접수출(대행수출 포함)</td><td>선적일(기적일) 소포수령증 발급일</td><td>면제</td><td>수출실적명세서, 휴대 반출시 간이 수출신고수리필증, 소포수출(소포수령증)</td><td>수출대행계약서 사본 및 수출신고필증 또는 수출대금 입금증명서</td></tr>
<tr><td rowspan="3">대외 무역 법상 수출</td><td>중계무역방식</td><td>선적일(기적일)</td><td rowspan="3">면제</td><td rowspan="3">수출계약서 사본또는 외화입금증명서</td><td></td></tr>
<tr><td>위탁판매</td><td>공급가액확정일</td><td></td></tr>
<tr><td>• 외국인도
• 위탁가공무역
• 국외수탁가공양도(국내원료)</td><td>외국에서 재화인도 시</td><td></td></tr>
<tr><td colspan="2">내국신용장, 구매확인서 에의한 공급</td><td>일반적인 공급시기</td><td>발급</td><td>내국신용장, 구매확인서 전자발급명세서 또는 내국신용장 사본</td><td>관세환급금 등 명세서(내국신용장 불포함분)</td></tr>
<tr><td colspan="2">한국국제협력단에 해외반출용 재화 공급</td><td>일반적인 공급시기</td><td>발급</td><td>한국국제협력단 발행 공급사실 증명서류</td><td></td></tr>
<tr><td colspan="2">한국국제보건의료재단에 해외반출용 재료공급</td><td>일반적인 공급시기</td><td>발급</td><td>한국국제보건의료재단 발행공급사실 증명서류</td><td></td></tr>
<tr><td colspan="2">대한적십자사에 해외반출용 재화공급 (2013.02.15.부터 적용)</td><td>일반적인 공급시기</td><td>발급</td><td>대한적십자사 발행공급사실 증명서류</td><td></td></tr>
<tr><td colspan="2">수탁가공무역 수출용으로 공급하는 재화</td><td>일반적인 공급시기</td><td>면제</td><td>수출재화입증서류 및 외화입금증명서</td><td></td></tr>
</table>

〈재화의 수출 개념 정리〉

구분		의의
국외 거래	직수출	대외무역법에 의하여 등록된 수출업자가 직접 자기가 생산한 물품을 자기 명의로 수출하는 것. 즉 수출품 생산업자와 수출업자가 동일한 경우를 말한다.
	대행 수출	대외무역법에 의하여 등록되어 있지 아니한 중소기업체가 자기의 명의로 수출할 수 없으므로 제3자(무역회사. 종합상사)의 명의를 빌려 수출하는 경우. 즉 수출품 생산업자와 수출업자가 서로 다른 경우를 말한다.
	중계 무역 등	재화의 공급은 외국에서 이루어지나 계약과 대가를 국내에서 수령하는 등 실질적인 수출에 해당하는 것으로 아래의 5가지가 있다. • 중계무역방식의 수출(수출할 것을 목적으로 물품 등을 수입하여 「관세법」 제154조에 따른 보세구역 및 같은 법 제156조에 따라 보세구역 외 장치의 허가를 받은 장소 또는 「자유무역지역의 지정 및 운영에 관한 법률」 제4조에 따른 자유무역지역 외의 국내에 반입하지 아니하는 방식의 수출) • 위탁판매 수출(물품 등을 무환으로 수출하여 해당 물품이 판매된 범위에서 대금을 결제하는 계약에 의한 수출) • 외국인도 수출(수출대금은 국내에서 영수하지만 국내에서 통관되지 아니한 수출물품 등을 외국으로 인도하거나 제공하는 수출) • 위탁가공무역방식의 수출(가공임을 지급하는 조건으로 외국에서 가공(제조, 조립, 재성, 개조를 포함한다. 이하 같다)할 원료의 전부 또는 일부를 거래상대방에게 수출하거나 외국에서 조달하여 가공한 후 가공물품 등을 외국으로 인도하는 방식의 수출) • 원료를 대가 없이 국외의 수탁가공 사업자에게 반출하여 가공한 재화를 양도하는 경우에 그 원료의 반출
국내 거래	내국 신용장	사업자가 국내에서 수출용 원자재, 수출용 완제품 또는 수출재화임가공용역을 공급받으려는 경우에 해당 사업자의 신청에 따라 외국환은행의 장이 재화나 용역의 공급시기가 속하는 과세기간이 끝난 후 25일 이내에 개설하는 신용장을 말한다.
	구매 확인서	• 「대외무역법 시행령」 제31조 및 제91조 제11항에 따라 외국환은행의 장이나 전자무역기반사업자가 제1호의 내국신용장에 준하여 재화나 용역의 공급시기가 속하는 과세기간이 끝난 후 25일 이내에 발급하는 확인서를 말한다. • 내국신용장이 은행의 지급보증이 되는 데 반하여 구매확인서는 당사자 간의 계약에 불과하여 지급보증되지 않고 차수제한이 없다.
	기타	• 한국국제협력단에 공급하는 재화로서 당해 사업을 위하여 외국에 무상으로 반출하는 경우 • 한국국제보건의료재단에 공급하는 재화(한국국제보건의료재단이 외국 및 북한의 보건의료 수준의 향상을 위한 사업을 위하여 해당 재화를 외국에 무상으로 반출하는 경우에 한한다.) • 대한적십자사에 공급하는 재화로서 당해 사업을 위하여 외국에 무상으로 반출하는 경우 • 직접계약에 의하여 외국환은행에서 원화로 받으면서 국내의 다른 사업자가 인도받은 재화를 그대로 해외반출하는 경우

Ⅱ 신용장 개설 및 대금결제 흐름

1. 신용장 개설 흐름

신용장 개설 흐름도

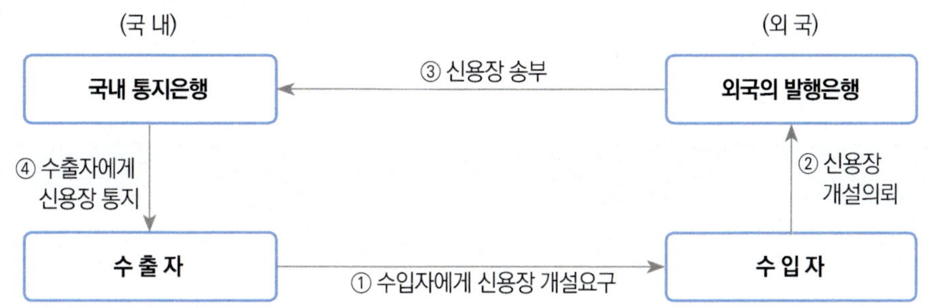

① 국내수출자가 외국수입자에게 신용장의 개설을 요구한다.
② 외국수입자가 외국의 신용장발행은행에게 신용장의 개설을 의뢰한다.
③ 외국의 신용장발행은행은 국내 신용장통지은행에게 신용장을 송부한다.
④ 국내 신용장통지은행은 국내수출자에게 신용장을 통지한다.

2. 대금결제 흐름

수출대금의 결제수단으로 현금이 직접 수송되는 일은 없으므로 무역거래에서는 환어음이나 수표가 사용되는데, 대표적인 것으로 수입자가 대금을 보내는 방식의 송금환과 수출자가 대금을 회수하는 방식의 추심환이 있다. 여기서 추심환이란 수출자가 수입자를 지급인으로 하는 화환어음을 발행하여 국내 신용장 개설은행에 제시하여 수출대금을 회수하는 방식을 말한다.

화환어음을 발행하여 수출대금 회수 흐름도

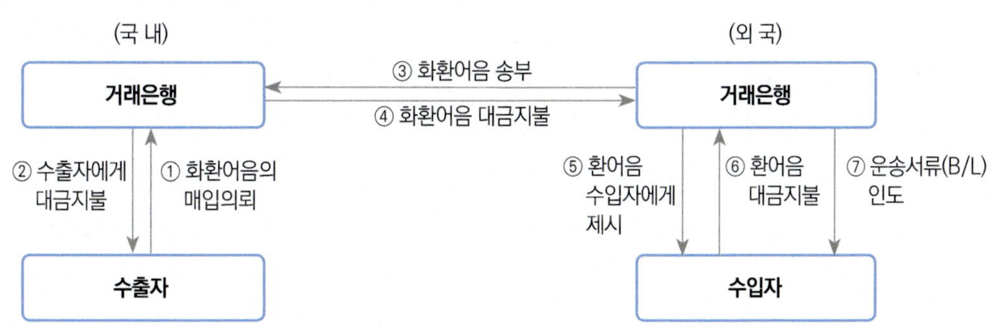

①, ② 국내수출자가 국내거래은행에게 화환어음의 매입을 의뢰하면 국내거래은행은 화환어음을 매입하고 국내수출자에게 대금을 지불한다.

③, ④ 국내거래은행은 외국거래은행에게 화환어음을 송부하면 외국거래은행은 국내거래은행에게 화환어음의 대금을 지불한다.

⑤, ⑥, ⑦ 외국거래은행은 외국수입자에게 화환어음을 제시하면 외국수입자는 외국거래은행에게 화환어음의 대금을 지불하고 운송서류(D/L)을 인도받는다.

제2절 수출하는 재화

I 개요

① 내국물품(대한민국 선박에 의하여 채집되거나 잡힌 수산물을 포함한다)을 외국으로 반출하는 것은 수출로 보아 영세율을 적용한다(부법 21 ② 1).(직수출, 대행수출)

② 전자통신망을 통한 전송

③ 특정거래무역 방식에 의한 수출 및 「부가가치세법」에서 정하는 방식의 수출로 다음에 해당하는 것

㉠ 중계무역방식의 수출

㉡ 위탁판매 수출

㉢ 외국인도 수출

㉣ 위탁가공무역 방식의 수출

II 수출하는 재화의 범위[3)]

1. 직수출

(1) 개요

직수출이란 자기 명의로 내국물품을 외국으로 반출하는 것을 말하며, 수출업자가 수입지의 보세창고로 반출하여 보관한 후 수입업자의 요청 시 현지에서 판매하는 형태, 즉 보세창고인도조건수출을 포함한다. 또한 수출하는 재화란 국내물품을 외국으로 반출하는 것을 말하므로 유상으로 반출하든 무상으로 반출하든 외국으로 반출하는 재화는 모두 영세율을 적용한다. 소포수출 및 휴대반출도 포함한다.

3) 부가집 21-31-1

1) 공급시기

① 내국물품을 외국반출하는 경우에는 선박·항공기에 선(기)적한 날을, 원양어업의 경우 수산물을 외국에서 공급가액이 확정되는 때를 공급시기로 본다.(부령 28⑥) 다만, 소포수출은 소포수령증 발급일을 공급시기로 본다.[4]

② 수출재화가 중간지급조건부, 검수조건부 거래 일지라도 공급시기는 선적일 또는 기적일이 된다. 선적일 또는 기적일이란 수출신고필증 상 수출신고일이 아니며, 선하증권 상의 선적일(기적일)을 말한다.[5]

2) 공급가액

① 수출물품을 선적(공급시기)하기 전에 수출대금을 원화로 환가한 경우에는 그 환가한 금액이 공급가액이다.

② 수출물품 공급시기까지 수출대금을 원화로 환가하지 아니하였거나 선적일 이후에 지급받은 경우에는 공급시기의 「외국환거래법」에 의한 기준환율 또는 재정환율로 환산한 금액이 공급가액이다.

③ 사업자가 재화를 수출하고 수출금액과 신용장상의 금액과의 차액을 별도로 지급받는 경우 그 금액에 대하여도 영세율을 적용한다.[6]

3) 세금계산서 발급

직수출의 경우에는 재화를 공급받는 자가 국외(해외)에 있으므로 세금계산서 발급의무가 없다.

4) 영세율 적용 첨부서류

수출실적명세서(전자계산조직을 이용하여 처리된 테이프 또는 디스켓을 포함한다). 다만, 소포우편을 이용하여 수출한 경우에는 해당 국장이 발행하는 소포수령증으로 한다(부령 101 ①). 또한 「개별소비세법」에 따른 수출면세의 적용을 받기 위하여 시행령에서 정한 영세율 첨부서류를 관할세무서장에게 이미 제출한 경우에는 기획재정부령으로 정하는 영세율 첨부서류 제출명세서로 서류를 대신할 수 있다(부령 101 ③). 이 경우 동 규정에서 정하는 서류를 제출할 수 없는 경우에는 외화획득명세서에 영세율이 확인되는 증빙서류를 첨부하여 제출하여야 된다.[7] 즉, 수출실적명세서, 소포수령증 사본, 간이수출신고수리필증, 국제특송업체(DHL, Fedex 등)를 통하여 수출하는 경우 외화획득명세서에 입증서류 첨부를 제출해야 한다(부령 101 ① 1).[8]

---

4) 부가22601-45, 1986.01.11.
5) 부가가치세과-828, 2014.10.06.
6) 부기통 21-31-7
7) 부가46015-4457, 1999.11.05
8) 부가-1157, 2010.09.02

5) 수출절차

① 수출계약 체결 (국내 수출자가 해외 수입자와 수출품, 공급가액, 결제조건 등 확정하여 수출계약 체결)

② 수출신용장(Export L/C) 접수

③ 수출 이행 (㉠ 수출제한 품목은 수출승인 받기, ㉡ 수출물품 조달, ㉢ 수출 통관)

④ 해상운송 및 해상보험계약의 체결

⑤ 물품 선적 (㉠ 보세구역 반입, ㉡ 수출신고, ㉢ 선적완료 및 통보)

⑥ 선하증권(B/L) 수령, 수출대금의 회수(네고 의뢰)

(2) 보세구역 등에서 공급하는 재화

사업자가 국제공항 보세구역 내의 외국인 전용 판매장에서 재화를 공급(위·수탁계약에 따른 위탁자 공급분 포함)하거나, 세관장으로부터 승선 또는 비행기 탑승 허가를 받아 외국을 항행하는 선박 또는 항공기 내에서 공급하는 재화는 수출하는 재화에 해당한다.[9)]

(3) 직수출 사례

1) 보세판매장에서 외국인에게 인도되는 내국물품의 영세율 적용 여부

「관세법」에 따른 시내면세점에서 출국예정 외국인에게 국산품을 현장 인도하는 경우 「관세법」 및 보세판매장의 운영에 관한 고시에 따라 이루어지는 경우(사후관리 포함) 「부가가치세법」 제21조 제2항 제1호에 따라 영세율이 적용된다(내국물품을 외국으로 반출하는 것).[10)]

2) 원자재 공급업체가 발주받은 원자재를 직접 해외로 반출할 경우 (세금)계산서 발행 여부[11)]

① 사실관계

㉠ 질의자(A사)는 미국 B사의 납품업체로 2014.4월 B사로부터 LED TV ○○대를 수주받아 국내 C사에 원자재 구매 요청을 하였고, C사는 주문한 원자재를 매입하여 A사에게 공급하고 A사는 임가공업체인 중국 내 D사에 완제품 생산을 의뢰하여 B사에 납품함

㉡ 상기 모든 거래는 중국 현지에서 이루어졌으며 국내로 들어온 제품은 없음

㉢ B사의 거래는 중국 현지 생산 완료 후 A사의 물류회사인 중국 내 E사에 제품을 공급하면 E사는 B사가 위치한 전 세계로 배송해 주는 시스템으로 A사의 역할은 중국에 위치한 B사의 물류회사인 E사까지만 물건을 전달해 주면 납품이 완료됨

㉣ C사에서 2014.5.30.자로 A사의 인천지점으로 계산서를 발행하였고 A사의 인천지점은 본점으로 이윤 없이 C사에서 매입한 계산서 금액대로 A사에 매출계산서를 발급함

---

9) 부기통 21-31-5

10) 법규부가2014-122, 2014.04.04

11) 부가가치세과-859, 2014.10.24

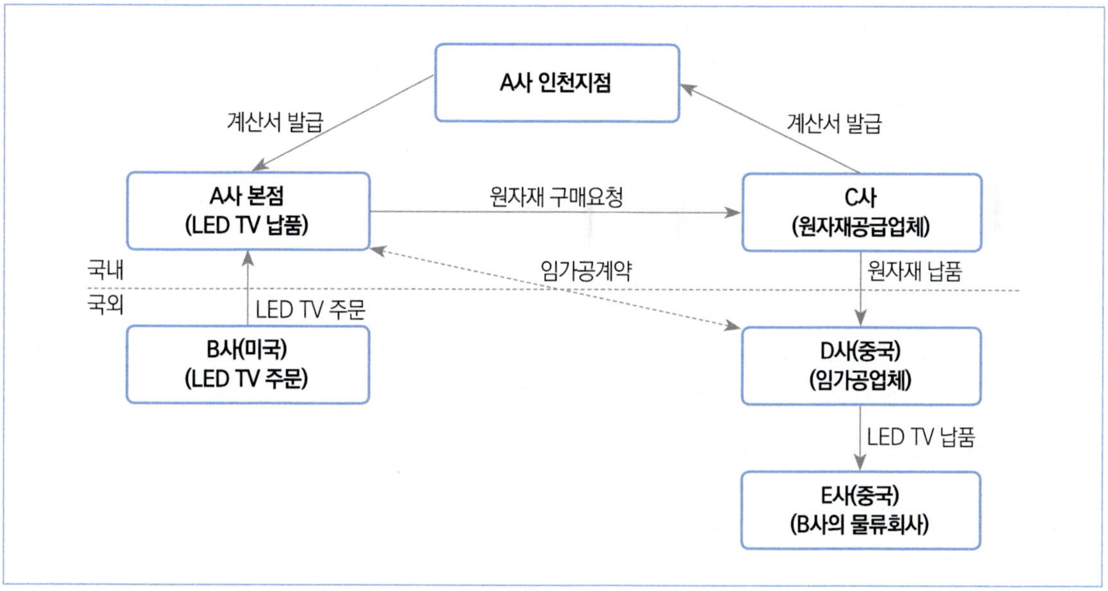

ⓜ A사 인천지점을 통해 본점에서 매입한 부분은 본점이 서울에 위치한 관계로 사업자등록증상에 제조업종을 부여받지 못하여 제조업종으로 되어 있는 A사 인천지점을 통해 매입계산서를 받음 - A사 인천지점은 A사의 공장으로 2014.6.10. 설립되었고 2014.7.1. 사업자단위과세 적용을 하고 있음

② 질의내용

원자재 공급처 C사는 A사 인천지점에 국외거래를 이유로 계산서를 발행하였으나 A사 인천지점은 A사에 세금계산서(영세율)를 발행하였는데, A사 인천지점에서 A사에 계산서를 발행하는 것이 맞는지 여부

③ 회신

국내업체(본점)와 국내 원자재공급업체 간 원자재 납품계약이 국내에서 이루어졌고 두 업체 간 계약에 따라 원자재공급업체가 직접 중국 임가공업체에 원자재를 납품해 주고 있어 국내거래로 보아 원자재공급업체는 국내업체(본점)에게 세금계산서를 발급할 의무가 있으며, 원자재공급업체와 국내업체(지점)는 과세대상에 해당하는 별도 거래계약이 없으므로 (세금)계산서 발급대상이 아니다.

3) 영업권을 외국법인에게 양도하는 경우 영세율 적용 여부

사업자가 외국법인에게 고객관계(고객과의 계약관계를 포함한 고객과 관련된 모든 권한·권리와 이익, 고객명세, 가격명세 및 계약 관련 정보 등)를 양도하고 대가를 받는 경우, 사업자가 외국법인에게 양도하는 고객관계를 영업권으로 보는 경우에는 재화의 공급에 해당되며, 수출하는 재

화에 해당되므로 영세율을 적용한다.[12)]

4) 콘텐츠를 이메일로 수출하는 경우

사업자가 방송프로그램(콘텐츠)을 전자메일(E-mail)로 외국에 수출하는 경우 수출하는 재화에 해당되어 영세율이 적용되는 것이며, 그 공급 시기는 전자메일을 발송하여 공급받는 자가 해당 문서를 수신할 수 있는 정보처리시스템(수신함)에 입력된 날이 된다.[13)]

5) 수출용 선박건조 중에 국내 선주에게 선박을 양도한 경우

사업자가 수출용 선박을 건조 중에 외국선주가 국내선주에게 선박건조계약에 따른 양도합의서를 체결하여 선박인도계약이 국내선주에게 승계된 경우, 국내선주에게 공급하는 선박은 수출재화에 해당하지 아니한다.[14)]

6) 보따리상의 휴대품 국외반출을 통한 수출

① 개요

사업 관련 취득재화를 「관세법」의 규정에 의하여 휴대품 반출(부두 보따리 아주머니)에 따른 간이수출신고를 하여 국외반출하고 그 대가를 외국환은행에서 원화로 지급받는 경우, 영세율이 적용되며 세관장 발행 간이수출신고수리필증을 영세율 첨부서류로 한다.[15)]

② 간이수출신고 없이 휴대·반출하는 경우

사업자가 간이수출신고 없이 재화를 휴대·반출하여 당해 재화를 국외에서 판매한 사실이 객관적인 증빙에 의하여 확인되는 경우 수출하는 재화로 보아 영세율을 적용한다.[16)]

7) 외국의 창고에 보관하다가 판매하는 경우 공급시기

사업자가 외국에 재화의 보관·관리시설만을 갖춘 보관창고를 설치하고 재화를 외국의 창고로 반출하여 보관하다가 판매하는 경우 당해 수출재화의 공급시기는 선(기)적일로 한다(선적일에 시가로 신고한 후 실제 판매가액과의 차액은 판매일이 속하는 과세기간에 수정 신고함). 다만, 동 수출재화의 공급이 「대외무역법」에 의한 위탁판매수출에 해당하는 경우에는 공급가액이 확정되는 때를 공급시기로 한다.[17)]

8) 국외로 현물출자하는 경우

사업자가 과세사업과 관련하여 취득한 재화를 국외로 현물출자하는 경우, 수출하는 재화로 영세율이 적용되는 것이며, 당해 재화의 반출과 관련하여 매입한 재화의 매입세액은 매입세액 불

---

12) 부가가치세과-598, 2010.05.11
13) 부가가치세과-487, 2010.04.16
14) 법규부가-0034, 2008.12.18
15) 제도46015-12562, 2001.08.06, 대법원 2004두8224, 2005.02.18.
16) 재부가-177, 2007.03.20
17) 상담3팀-3230, 2006.12.22

공제 대상이 아닌 경우 매입세액공제 가능하다.[18]

9) 외국으로 수출 후 거래금액의 변경사유 발생 시 수정이 가능한지 여부

내국물품을 외국으로 직접 반출(수출)하는 사업자가 국외의 외국법인과 수출계약에 의하여 재화를 수출한 후에 계약내용 변경사유가 발생하여 거래당사자 간에 합의에 의하여 당초 계약내용이 변경됨으로써 당초 거래금액에 증가 또는 감소되는 금액이 발생한 경우에는 그 변경사유가 발생한 날이 속하는 예정신고 또는 확정 신고 시에 신고할 과세표준에서 계약변경으로 인하여 증가 또는 감소되는 금액을 가감하여 신고하여야 한다.[19]

10) 국내 특허권을 외국법인에게 양도하고 국외에서 사용하는 경우

내국법인이 사업상 취득하여 우리나라 법률에 따라 등록한 특허권, 상표권, 저작권 등과 기타 등록되지 아니한 권리 등의 무형자산을 국내사업장이 없는 외국법인에게 양도하여 국외에서 사용, 소비하도록 하는 경우 해당 권리의 양도는 수출하는 재화에 해당한다.[20]

11) 신용장 양도 대가수령 시 영세율 적용

외국으로부터 수출신용장을 받아 수출업자에게 양도하고 받는 대가는 영세율을 적용하지 않는다.[21]

12) 외교행낭을 통해 재외공관에 재화를 공급할 경우 영세율 적용 여부

국내사업자가 재외공관으로부터 직접 주문받은 재화를 자기의 책임과 계산하에 외교행낭을 통해 공급하고 물품대금을 외화로 수취한 경우 영세율을 적용하는 것이며, 이에 해당하는지 여부는 사실판단할 사항이다.[22]

13) 수출품제조장의 영세율 적용

사업자가 본사와 제조장 등 둘 이상의 사업장이 있는 경우에 자기가 제조한 수출재화에 대한 영세율 적용 사업장은 최종제품을 완성하여 외국으로 반출하는 제조장으로 하고, 영세율 첨부서류는 수출실적명세서(전자계산조직을 이용하여 처리된 테이프 또는 디스켓을 포함한다)이다.[23]

14) 영세율 적용대상 수출로 보는 사례[24]

① 사업자가 휴대품 등을 반출하면서 「관세법」에 따른 간이수출신고 없이 해당 재화를 국외에 판매하는 경우 그 사실이 객관적인 증빙자료에 의하여 확인되는 경우에는 영세율이 적용된다.

---

18) 상담3팀-2263, 2004.11.05
19) 서삼46015-11619, 2003.10.15
20) 부가-1603, 2011.12.23
21) 부가22601-1288, 1992.08.18
22) 기획재정부 부가-146, 2015.02.12
23) 부기통 21-31-3
24) 부가집 21-31-6

② 사업자가 국내 인터넷쇼핑몰을 통하여 비거주자로부터 과세재화를 주문받아 소포우편 또는 인편으로 수출하는 경우 영세율이 적용된다.

③ 사업자가 국내에서 기계장치 등을 구입하여 외국에 소재하는 현지법인에게 현물출자하는 재화는 영세율이 적용된다.

2. 대행수출

(1) 개요

「대외무역법」은 등록된 수출입업자만이 대외거래를 할 수 있도록 하고 있으므로 통상 재화를 수출함에 있어서 「무역거래법」에 의한 수출입업자로 등록이 되어 있지 아니한 중소기업체가 자기의 명의로 수출을 할 수 없는 경우 또는 수출지역·수출품목에 대한 한도(Quata)가 적용되는 경우 등 기타 여러 가지 사정에 의하여 수출품생산업자의 명의로 직접 수출하지 아니하고 제3자의 명의를 빌려 수출하는 경우를 대행수출이라고 한다. 주의할 점은 대행수수료에 대하여는 영세율이 적용되지 아니한다는 것이다.

(2) 수출품생산업자의 영세율 적용[25)]

1) 수출품생산업자의 의의

수출품생산업자란 실제로 수출품을 생산하여 자기계산하에 외국으로 반출하는 자를 말한다. "실제로 수출품을 생산"한다 함은 자기의 제조시설을 이용하여 직접 제조하거나 타인에게 위탁제조하는 경우를 포함하며, "외국으로 반출"하는 방법에는 자기의 명의로 직접 수출하거나 또는 타인 명의로 대행수출을 하는 방법이 있다. 여기에서 "자기계산하에"란 의미는 수출에 따른 경제적 손익이 자기에게 귀속된다는 의미로 수출에 따른 이익 또는 손실을 자기가 감수한다는 의미이다.

2) 영세율 적용 여부

수출품생산업자가 수출업자와 다음과 같이 수출대행계약을 체결하여 수출업자의 명의로 수출하는 경우에 수출품생산업자가 외국으로 반출하는 재화는 영세율을 적용하며, 수출재화의 공급가액을 과세표준으로 한다. 이 경우 수출품생산업자가 완제품 내국신용장을 개설받는 경우를 포함하며, 수출품생산업자가 실제로 수출을 하였는지는 거래의 실질내용에 따라 판단한다.

① 수출품생산업자가 직접 수출신용장을 받아 수출업자에게 양도하고 수출대행계약을 체결한 경우

② 수출업자가 수출신용장을 받고 수출품생산업자와 수출대행계약을 체결한 경우

---

25) 부기통 21-31-2

(3) 수출대행업자(= 수출업자, 수출(대행)수탁자, 무역업자)

수출업자란 「대외무역법」에 의하여 수출입업자로 등록되어 있는 자를 말한다. 예를 들어, 수출입업자로 등록되지 아니한 A가 외국바이어와 수출계약을 체결하고, 제조시설이 없어 갑이라는 제조업자에게 위탁 제조하여 이를 납품받아, 수출업자인 을의 명의를 빌려 수출하였다고 하는 경우, A는 수출품생산업자에 해당하며 을은 수출업자에 해당된다. 여기서 유의할 점은 갑은 수출품을 실제로 자기가 생산하였다 하더라도, 다만 자기계산하에 외국으로 반출하는 수출품생산업자(외국바이어와 직접 공급계약을 체결한 자, 여기서는 A에게 공급하는 국내거래)에 해당될 뿐 수출품생산업자에는 해당하지 않는다는 점이다. 수출대행업자는 영세율이 적용되지 아니하며, 수출대행수수료를 과세표준으로 하여 부가가치세를 과세한다.

(4) 대행수출의 범위

수출품생산업자가 수출업자와 다음과 같이 수출대행계약을 체결하여 수출업자의 명의로 수출하는 경우에는 대행수출로 본다(부기통 21-31-2).

① 수출품생산업자가 직접 수출신용장을 받아 수출업자에게 양도하고 수출대행계약을 체결한 경우

② 수출업자가 수출신용장을 받고 수출품생산업자와 수출대행계약을 체결한 경우

③ 위 ①과 ②의 경우 수출품생산업자가 완제품내국신용장을 개설받는 경우를 포함한다.

④ 위 ①과 ②를 적용함에 있어서 수출품생산업자가 실제로 수출을 하였는지는 거래의 실질내용에 따라 판단한다.

(5) 대행수출과 관련한 영세율 적용

1) 세금계산서 발급(부기통 33-71-2)

① 수출품생산업자 : 세금계산서 발급의무가 없다.

② 수출대행업자인 수출업자 : 수출대행수수료에 대하여 세금계산서를 발급한다.

2) 영세율 적용 첨부서류

사업자가 대행수출하는 경우에는 영세율 첨부서류로서 수출실적명세서(전자계산조직을 이용하여 처리된 테이프 또는 디스켓을 포함한다)를 제출하여야 하며(부기통 21-101-1), 부득이한 경우 수출대행계약서 사본과 수출실적명세서를 제출해야 한다.[26]

3) 대행수출의 총수입금액 계산(소기통 24-51-2)

① 당해 사업자의 경우는 수출금액(영세율 적용)

② 수출업자의 경우 사업자로부터 받은 대행수수료(과세)

---

26) 국세청고시 2017-34호, 2017.12.26

(6) 대행수출 관련 사례

① 수출품생산업자가 수출업자와 수출대행계약을 체결하고 수출업자명의로 수출하는 경우로서 수출계약서, 선적관계서류, 송장, 수출대금의 수취 등에 의하여 수출품생산업자가 실제로 수출한 것이 확인되는 때는 수출품생산업자에게 영세율이 적용된다.[27)]

② 대행수출의 경우 수출품생산업자는 수출재화에 대한 수입금액 전액을 계상하여 영세율을 적용받고, 수출업자인 종합무역상사는 수출대행 수수료를 수입금액으로 계상한다.[28)]

③ 수출품생산업자가 자신의 계산과 책임으로 수출업자의 명의로 대행수출하는 경우에는 세금계산서 교부의무가 없는 것이나, 내국신용장에 의하여 재화를 공급받아 수출하는 경우에는 세금계산서를 교부하여야 한다.[29)]

④ 내국신용장에 의하여 재화를 공급하는 자의 책임 하에 수출품을 선적시키는 경우인 대행수출 시 공급시기는 선적일이 공급시기이다.[30)]

3. 전자적 형태 무체물의 수출

(1) 개요

전자적 형태의 무체물이란 소프트웨어, 영상물 등 전자적 형태의 무체물을 전송하거나 정보처리장치에 저장하여 외국으로 반출하는 것을 말한다.

(2) 영세율 적용

1) 세금계산서 발급 의무가 없다.

2) 영세율 적용 기준

사업자가 소프트웨어를 비거주자에게 전자통신망을 통한 전송 방법으로 국외로 공급하는 경우, 법정 수출재화에 해당하며 부가가치세 영세율이 적용된다.[31)]

3) 관련 사례

사업자가 외국광고주와 연예인을 모델로 활용하여 광고영상물을 제작하여 납품하는 계약을 체결하면서 A사를 통해 광고물을 제작받아 외국광고주에게 광고영상물을 공급함에 있어 전자적 형태의 무체물을 대외무역관리규정에 따른 방법으로 국외로 공급하는 경우에는 수출하는 재화에 해당하여 영세율이 적용되는 것이다.[32)]

---

27) 상담3팀-3061, 2007.11.08.
28) 부가1265.1-1542, 1983.07.24.
29) 부가22601-2739, 1987.12.31.
30) 부가1265-2780, 1983.12.29.
31) 서삼46015-10208, 2003.02.06., 법규부가2012-450, 2012.12.26.
32) 서면-2021-법규부가-3705, 2022.05.25.

4. 임대수출

(1) 개요

임대수출이란 임대계약에 의하여 물품 등을 수출하여 임대기간 후 다시 수입하거나 그 기간의 만료 전 또는 만료 후 해당 물품 등의 소유권을 이전하는 형태를 말한다.

(2) 임대수출의 영세율 적용시기

사업자가 건설장비 등을 임대할 목적으로 국외로 반출하는 경우 소유권의 이전 없이 반출하는 해당 건설장비 등은 재화의 공급에 해당하지 않지만, 임대기간 만료 전·후에 건설장비 등의 소유권이 외국에서 이전되는 경우에는 해당 재화가 인도되는 때를 공급시기로 하여 영세율이 적용된다.[33)]

5. 무상수출

(1) 개요

무상수출이란 물품에 대한 외환결제가 이루어지지 않고 외국으로 반출하는 것을 말한다.

(2) 재화의 공급에 해당하지 않는 무상수출[34)]

재화의 외국 반출에 따른 외환결제가 이루어지지 않는 무상수출도 재화의 수출에 해당되어 영세율이 적용되나, 다음의 사례는 자기사업을 위하여 대가를 받지 아니하고 국외의 사업자에게 견본품을 반출하는 경우로 보아 재화의 공급으로 보지 아니한다.

① 국외사업자에게 견본품을 반출하는 경우
② 위탁가공무역방식으로 원자재 등을 무환으로 외국에 반출하는 경우(단, 원료를 대가 없이 국외의 수탁가공사업자에게 반출하여 가공한 재화를 양도하는 경우에 그 원료의 반출에 대하여 영세율이 적용되는 경우 제외)
③ 당초 반출한 재화의 하자로 인하여 반품된 재화를 수리하여 재수출하거나 동일제품으로 교환하여 재수출하는 경우
④ 수입업자가 수입 또는 판매된 재화의 하자로 인하여 수리할 목적으로 외국에 반출하는 경우
⑤ 외국사업자 소유의 전시물을 무환으로 수입하여 전시한 후 반환하기 위하여 외국에 반출하는 경우
⑥ 수입업자가 재화의 수입과 관련된 반환조건의 수입재화 용기를 반환하기 위하여 외국에 반출하는 경우

---

33) 부가집 21-31-2
34) 부가집 21-31-5

Ⅲ 영세율 적용시기

1. 개요

직수출의 경우 영세율 적용시기는 수출재화 선(기)적일이며, 원양어업의 경우는 수출재화의 공급가액 확정일이며, 중간지급조건부 및 장기할부 수출인 경우에도 공급시기는 선(기)적일로 한다. 또한 대행수출을 하는 경우 수출재화의 공급시기는 선적일이 되며, 내국신용장에 의하여 수출품을 수출업자에게 공급하는 경우 공급시기는 재화의 인도시기이나 내국신용장에 의해 재화를 공급하는 자의 책임하에 수출품을 선적시키는 경우에는 선적일이 공급시기가 된다.[35] 따라서, 수출대행의 유형 중 수출위탁자는 생산만 하고 대행자가 선적절차 등을 맡아서 하는 경우에는 수출대행자로부터 선적일을 신속히 파악하여 과세표준계산과 부가가치세 신고시기 적용에 차질이 없도록 하여야 한다.

2. 공장인도조건으로 수출하는 경우

사업자가 생산한 재화를 공장인도조건으로 수출하는 경우 당해 재화의 수출은 직수출에 해당하는 것이며 그 공급시기는 선(기)적일로 한다.[36]

3. 소포수출

소포수출은 소포수령증 발급일로 한다.[37]

Ⅳ 반품거래 관련 세무실무

1. 국내거래

(1) 하자로 인한 반품

1) 거래처로부터 물품을 반품받는 경우 세금계산서 교부 여부

거래처로부터 변질된 물품을 반품받은 경우, 동종(유사)제품이 아닌 동일제품으로 교환하여 주는 경우에는 재화의 공급으로 보지 아니하므로, 수정세금계산서를 교부하지 아니한다.[38]

2) 동종(유사)제품으로 교환하여 주는 경우 세금계산서 교부 여부

35) 부가1265-2780, 1983.12.29
36) 부가-828, 2014.10.06
37) 부가22601-45, 1986.01.11
38) 부가46015-4797, 2000.12.20

사업자가 동일제품이 아닌 동종(유사)제품으로 교환하여 주는 경우 동종(유사)제품에 대하여는 세금계산서를 교부하여야 하는 것이고, 반품받는 물품에 대하여는 수정세금계산서를 교부하여야 한다.[39]

(2) 당초 공급한 재화의 반품 없이 동일한 재화를 다시 공급하는 경우

사업자가 부가가치세가 과세되는 재화를 공급한 후 당해 재화의 하자로 인하여 당초 공급한 재화의 반품 없이 동일한 재화를 다시 공급하는 경우에는 부가가치세가 과세된다.[40]

(3) 반품 후 현금으로 환불하는 경우

판매된 제품을 반품받은 후 현금으로 환불하는 경우 계약의 해제로 보아 소급하여 재화의 공급이 없는 것으로 보는 것이므로 음의 수정세금계산서를 발급한다.

2. 국외거래

(1) 수출재화

1) 원칙

수출재화가 반품되는 경우 반품되는 과세기간에 당초 공급가액을 (−)영세율로 매출신고하며, 반품 없이 동일재화가 재수출되는 경우 당초 매출 변동 없이 재수출분에 대하여 영세율 매출로 추가 신고한다.[41] 또한 수출재화의 하자로 반품되어, 수리하거나 동일제품을 재수출하는 경우 당초 매출을 차감하지 않으며, 재수출 시에도 과세하지 않는다.

2) 반품 없이 폐기 처분한 재화

사업자가 재화를 공급함에 있어 사전약정에 의하여 당초 공급한 재화가 일정기간 내에 품질불량 등으로 하자가 발생하여 자기의 책임과 계산하에 공급받는 자가 직접 폐기처분하는 경우 당해 사업자는 당초 공급한 재화가 환입된 것으로 보아 공급받는 자에게 수정세금계산서를 발급할 수 있는 것이며, 사업자가 재화를 수출한 후 당초 수출한 재화의 하자로 인하여 무환으로 동일한 종류의 재화를 국외로 반출하는 경우에는 재화의 수출에 해당한다.[42]

3) 하자물품을 동일제품으로 재공급 시 과세 여부

사업자가 재화를 수출한 후 하자로 인하여 당해 수출한 재화를 반입하면서 세관장으로부터 수입세금계산서를 교부받고 반입된 재화를 수리하여 재수출하거나 동일제품으로 교환하여 재수

---

39) 서면3팀-1303, 2007.05.01
40) 서면3팀-2303, 2004.11.11
41) 부가-1054, 2013.11.08
42) 부가-1030, 2013.10.31

출하는 경우 당해 재화의 반입일이 속하는 예정신고기간 또는 확정신고 기간에 대한 예정 또는 확정신고 시 부가가치세 과세표준에서 반입재화의 공급가액을 차감하지 아니하고 반입 시 교부받은 수입세금계산서의 매입세액은 매출세액에서 공제하며, 당해 수리된 재화 등의 재수출 시에는 부가가치세가 과세되지 아니한다.[43)]

4) 수출재화 클레임에 대한 변상금의 과세표준 공제 여부

사업자가 부가가치세가 과세되는 재화를 수출하고 일부 수출한 재화의 하자로 인하여 물품은 반품되지 아니하고 하자에 대하여 현금으로 변상한 경우 당해 변상금은 부가가치세 과세표준에서 공제하지 않는다.[44)]

5) 과세표준 계산

수출재화가 하자로 인하여 반입되면서 세관장으로부터 수입세금계산서를 교부받는 경우 반입일이 속하는 예정 또는 확정 신고 시 부가가치세 과세표준에서 반입재화의 공급가액을 차감하여 과세표준을 계산하며, 당해 수입세금계산서상의 매입세액은 공제 가능하다.[45)] 또한 교환하여 주는 제품에 대하여는 영세율 과세표준을 계상한다.[46)]

(2) 수입재화

1) 개요

사업자가 수입한 재화를 반품하는 경우에는 수출하는 재화에 해당되어 영세율을 적용하는 것이며,[47)] 신고 시 이를 누락한 경우에는 영세율 과세표준 신고불성실가산세가 부과된다.[48)] 다만, 세관장으로부터 부가가치세를 징수당한 수입재화가 「관세법」에 규정하는 위약물품에 해당하는 경우에는 관할세관장은 부가가치세를 지체 없이 환급하여야 하는 것이며, 이 경우 세관장은 수정수입세금계산서를 수입자에게 교부하고 이를 관할세무서장에게 제출하여야 한다(제품의 하자로 인한 반품도 위약물품에 해당됨).[49)]

2) 계약내용과 상이한 물품 등에 대한 관세환급

수입신고가 수리된 물품이 계약내용과 상이하고 수입신고 당시의 성질 또는 형태가 변하지 않은 물품을 1년 이내에 실제 수출할 때(보세구역에 다시 반입한 때)에는 그 관세를 환급한다(관세법 106).

---

43) 부가46015-2284, 1999.08.03
44) 부가46015-2537, 1996.11.28
45) 상담3팀-586, 2005.05.02
46) 서면3팀-1686, 2005.10.05
47) 서면3팀-526, 2005.04.22
48) 상담3팀-526, 2005.04.22
49) 부가46015-2750, 1996.12.23

3) 수입된 재화를 수리 등 목적으로 반품하는 경우

기계장치를 수입하여 판매하는 사업자가 판매된 기계장치를 보증수리기간 내에 하자가 발생하여 수리목적으로 반출하는 경우와 수입된 기계장치의 하자로 반품처리(환불)하기 위하여 외국으로 반출하는 경우 재화의 공급에 해당하지 아니하며, 국내에서 전시목적으로 무환수입한 재화를 전시가 끝난 후 반환하기 위하여 반출하는 경우 역시 재화의 공급에 해당하지 않는다.[50)]

제3절 특정무역방식에 의한 수출

I 개요

중계무역방식의 거래 등 「부가가치세법 시행령」 제31조 제1항 각 호에서 정하는 것으로서 수출하는 재화에 대하여 국내사업장에서 계약과 대가수령 등 거래가 이루어지는 것은 수출로 보아 영세율을 적용한다(부법 21 ② 2).

II 「부가가치세법 시행령」 제31조 제1항 각 호에 따른 수출

1. 중계무역방식의 수출

(1) 개요

중계무역(中繼貿易, Intermediate Trade)이란 수출할 것을 목적으로 물품 등을 수입하여 「관세법」 제154조에 따른 보세구역 및 같은 법 제156조에 따라 보세구역 외 장치의 허가를 받은 장소 또는 「자유무역지역의 지정 등에 관한 법률」 제4조에 따른 자유무역지역 이외의 국내에 반입하지 아니하고 수출하는 수출입을 말한다(부령 31①1, 대외무역관리규정 2 11). 이와 같이 국내의 사업장에서 계약과 대가수령 등 거래가 이루어지는 중계무역은 수출하는 재화에 포함된다.[51)] 즉, 수출할 목적으로 물품 등을 수입하여 원상태를 변경시키지 않은 상태로 수출하여 수입대금과 지급액과의 차액, 즉 중계수수료를 취하는 거래를 말한다. 여기서 유의할 것은 중계무역은 거주자의 책임하에 수입하여 수출하고 대금결제도 거주자의 책임하에 이루어지는 경우를 의미하므로, 거주자가 수출입의 주체가 되지 않고 단순히 중개수수료만 취득하는 중개무역(Merchandising Trade)과는 다르며, 계약의 당사자가 누구인지를 가지고 구분한다.

---

50) 상담3팀-3425, 2007.12.27

51) 대법원 2021두51331, 2022.01.14

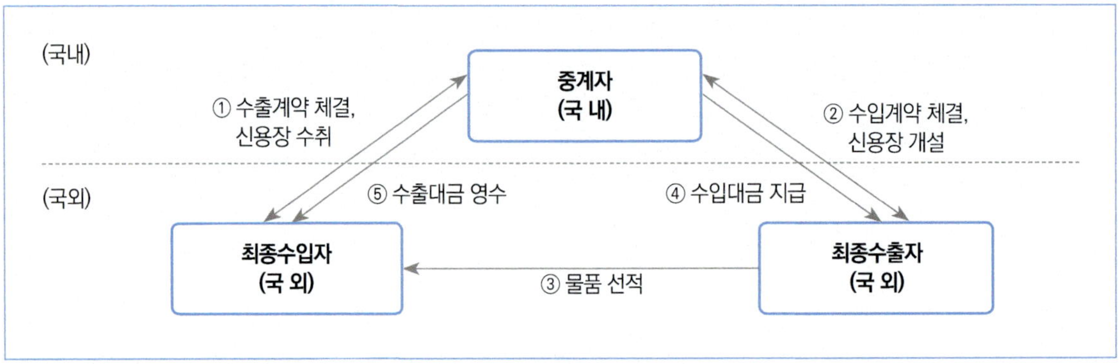

(2) 공급시기

중계무역의 공급시기는 수출재화의 선(기)적일로 한다(부령 28⑥).

(3) 공급가액

① 공급시기(선적일)가 도래하기 전에 수출대금을 원화로 환가한 경우에는 그 환가한 금액이 공급가액이다.

② 수출물품 공급시기까지 수출대금을 원화로 환가하지 아니하였거나 선적일 이후에 지급받은 경우에는 공급시기의 「외국환거래법」에 의한 기준환율 또는 재정환율로 환산한 금액이 공급가액이다.

(4) 세금계산서 발급

세금계산서 발급의무가 없다(부령 71①4).

(5) 영세율 첨부서류

수출계약서 사본 또는 외국환은행이 발행하는 외화입금증명서 또는 「개별소비세법」에 의한 수출면세의 적용을 받기 위하여 영세율 첨부서류를 관할세무서장에게 이미 제출한 경우에는 영세율 첨부서류제출명세서로 수출실적명세서 및 소포수령증을 갈음할 수 있다. 그리고 사업자가 수출계약서 사본 또는 외국환은행이 발행하는 외화입금증명서를 복사하여 저장한 테이프 또는 디스켓을 영세율 첨부서류제출명세서(전자계산조직에 의하여 처리된 테이프 또는 디스켓을 포함한다)와 함께 제출하는 경우에는 수출계약서 사본 또는 외국환은행이 발행하는 외화입금증명서를 제출한 것으로 본다. 이 경우 동 규정에서 정하는 서류를 제출할 수 없는 경우에는 외화획득명세서에 영세율이 확인되는 증빙서류를 첨부하여 제출한다.[52]

52) 부가46015-4457, 1999.11.05

(6) 중계무역방식 수출 관련 사례

1) 국외구매자로부터 개설된 신용장을 제3국의 국외사업자에게 양도하여 수출하는 경우

국내사업자를 수익자로 하여 국외구매자로부터 개설된 신용장(Master L/C)을 국내사업자가 수취한 후 동 신용장을 국내지정은행에서 제3국의 국외사업자에게 양도하여 제3국의 국외사업자가 수출재화를 국외구매자에게 직접 인도하는 경우로서 국내사업자가 계산과 책임하에 수출계약에 따른 거래가 이루어지고 국내사업자가 원신용장의 금액보다 낮은 금액으로 원신용장의 조건을 변경하여 양도함으로써 원신용장 금액과 양도통지서 금액과의 차액을 가득액으로 획득하는 경우 국내사업자의 신용장 국외양도에 의한 거래는 중계무역방식에 의한 수출에 해당되므로 영세율이 적용된다.[53)]

2) 보세구역 내에서 외국물품을 외국법인에 양도 시 영세율 적용 여부

국내사업자가 수입한 재화를 보세구역 내에서 미통관 상태로 다른 사업자에게 공급하는 경우 「부가가치세법」 제14조에 따른 세율을 적용하여 부가가치세를 거래징수하여야 하는 것이나, 국내사업자가 외국에서 수입하여 보세구역에 보관하던 외국물품을 국내사업장이 없는 외국법인에게 양도하고 그 대가를 외국환은행에서 원화로 받는 경우로서 해당 외국물품의 국외반출이 중계무역방식의 수출에 해당하거나, 국내사업자가 외국물품을 국내사업장이 없는 외국법인에게 공급하고 그 외국법인이 지정하는 국내의 다른 사업자에게 인도하여 과세사업에 사용되는 경우에는 영세율이 적용되는 것이므로 국내사업자가 공급한 외국물품의 국외반출 여부 및 그 경위, 국내의 다른 사업자에게 인도되어 과세사업에 사용되었는지를 추가 조사하여 사실판단할 사항이다.[54)]

3) 인터넷을 통한 외국사업자 간 재화공급을 중개한 경우

사업자가 국내에서 인터넷을 통하여 국외의 외국사업자 간의 재화공급을 중개하고 그 대가(수수료)를 외국환은행에서 원화로 받는 경우에는 영세율이 적용된다.[55)]

2. 위탁판매수출

(1) 개요

위탁판매수출이란 물품 등을 무환으로 수출하여 해당 물품이 판매된 범위 안에서 대금을 결제하는 계약에 의한 수출을 말한다(대외무역관리규정 2 4). 이와 같이 국내의 사업장에서 계약과 대가 수령 등 거래가 이루어지는 위탁판매수출은 수출하는 재화에 포함된다. 즉, 물품 등을 무환으로

53) 부가가치세과-1026, 2012.10.09

54) 기준-2015-법령해석부가-0101[법령해석과-1654], 2015.07.10

55) 부가46015-731, 2000.04.03

수출하여 당해 물품이 판매된 범위 내에서 대금을 결제하고 판매잔량을 수출국으로 송부하는 방식의 수출을 말한다. 위탁자는 매매계약을 체결하지 않고 자신의 계산과 위험부담으로 외국의 수탁자에게 물품을 송부하지만 소유권은 위탁자에게 있으며, 수탁자는 물품을 판매한 후 판매대금에서 경비와 수수료를 공제한 금액을 위탁자에게 송금한다.

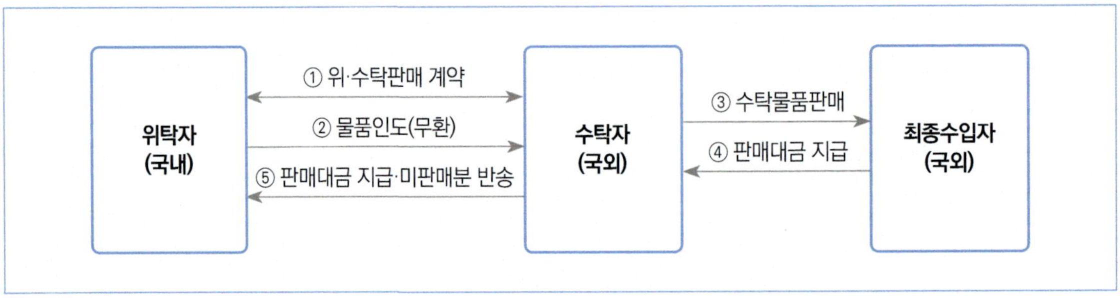

(2) 공급시기

위탁판매수출의 공급시기는 수출재화의 공급가액이 확정되는 때로 한다(부령 28⑥).

(3) 공급가액

① 공급시기(수출재화의 공급가액이 확정되는 때)가 도래하기 전에 수출대금을 원화로 환가한 경우에는 그 환가한 금액이 공급가액이다.

② 수출물품 공급시기까지 수출대금을 원화로 환가하지 아니하였거나 선적일 이후에 지급받은 경우에는 공급시기의 「외국환거래법」에 의한 기준환율 또는 재정환율로 환산한 금액이 공급가액이다(부령 59).

(4) 세금계산서 발급

공급받는 자가 국외의 외국법인 또는 비거주자이므로 세금계산서 발급의무가 없다(부령 71①4).

(5) 영세율적용첨부서류

수출계약서 사본 또는 외국환은행이 발행하는 외화입금증명서 그리고 사업자가 수출계약서 사본 또는 외국환은행이 발행하는 외화입금증명서를 복사하여 저장한 테이프 또는 디스켓을 영세율첨부서류제출명세서(전자계산조직에 의하여 처리된 테이프 또는 디스켓을 포함한다)와 함께 제출하는 경우에는 수출계약서 사본 또는 외국환은행이 발행하는 외화입금증명서를 제출한 것으로 본다. 이 경우 동 규정에서 정하는 서류를 제출할 수 없는 경우에는 외화획득명세서에 영세율이 확인되는 증빙서류를 첨부하여 제출하는 것이다(부령 101③).[56]

56) 부가46015-4457, 1999.11.05

3. 외국인도수출

(1) 개요

외국인도수출이란 수출대금은 국내에서 영수하지만 국내에서 통관되지 아니한 수출물품 등을 외국으로 인도하거나 제공하는 수출을 말한다. 이와 같이 국내의 사업장에서 계약과 대가수령 등 거래가 이루어지는 외국인도 수출은 수출하는 재화에 포함된다. 이러한 방식의 수출은 산업설비 수출과 해외에서 물품을 사용하고 매각하든지, 항해 중이거나 어로작업 중인 선박을 현지에서 매각하는 거래 등에 이용된다. 중계무역과 외국인도 수출은 물품이 외국에서 외국으로 이동한다는 점에서는 동일하지만 중계무역은 수입, 수출 2건의 거래가 각각 발생하나 외국인도 수출은 1건의 수출행위만이 발생한다는 점에서 차이가 있다.

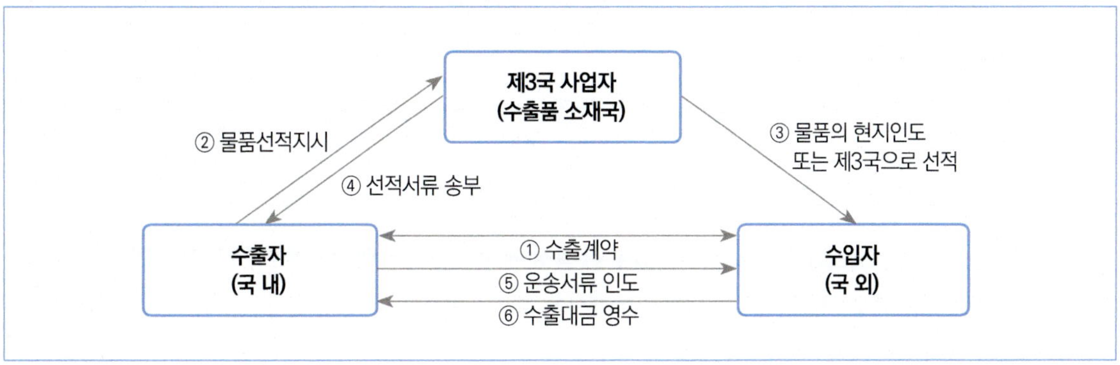

(2) 공급시기

외국인도 수출의 공급시기는 외국에서 수출재화가 인도되는 때로 한다.

(3) 공급가액

① 공급시기(외국에서 재화가 인도되는 때)가 도래하기 전에 수출대금을 원화로 환가한 경우에는 그 환가한 금액이 공급가액이다.

② 수출물품 공급시기까지 수출대금을 원화로 환가하지 아니하였거나 선적일 이후에 지급받은 경우에는 공급시기의 「외국환거래법」에 의한 기준환율 또는 재정환율로 환산한 금액이 공급가액이다(부령 59).

(4) 세금계산서 발급

세금계산서 발급의무가 없다.

(5) 영세율 첨부서류

수출계약서 사본 또는 외국환은행이 발행하는 외화입금증명서 그리고 사업자가 수출계약서 사본 또는 외국환은행이 발행하는 외화입금증명서를 복사하여 저장한 테이프 또는 디스켓을 영세율 첨부서류제출명세서(전자계산조직에 의하여 처리된 테이프 또는 디스켓을 포함한다)와 함께 제출하는 경우에는 수출계약서 사본 또는 외국환은행이 발행하는 외화입금증명서를 제출한 것으로 본다. 이 경우 동 규정에서 정하는 서류를 제출할 수 없는 경우에는 외화획득명세서에 영세율이 확인되는 증빙서류를 첨부하여 제출하는 것이다.[57] 또한 외국인도 수출을 적용받는 사업자가 위탁가공무역방식의 수출을 적용받는 사업자로부터 매입하는 경우는 매입계약서를 추가로 첨부한다.

(6) 외국인도수출 관련 사례

1) 거래장소를 국외로 보는 경우

국외에서 인도되는 재화에 대하여 외국인도 수출인지 과세대상이 아닌지의 주요판단기준은 국내의 사업장에서 계약과 대가수령 등 거래가 이루어지고 수출대금을 국외에서 국내로 영수하는 경우이어야 한다. 즉 수출대금을 국내에서 국내의 다른 사업자에게 받는 경우에는 외국인도 수출로 보지 아니한다. 또한, 국외의 사업장에서 계약과 대가수령 등이 이루어지는 경우에는 외국인도수출로 보지 않는다. 만일 국내사업자가 국외에서 물품을 구입하여 국외의 비거주자 등에게 양도하는 경우에는 외국인도 수출에 해당하여 영세율 신고대상이 되는 것이나, 국내사업자(갑)이 다른 국내사업자(을)와의 계약에 의하여 국외에서 물품을 구입하여 국외에서 국내사업자(을) 또는 (을)이 지정하는 국외의 비거주자 등에게 인도하는 경우는 국외거래에 해당하여 부가가치세 신고대상 거래에 해당하지 아니하며 세금계산서 발급의무가 없고, 계산서를 교부하여 소득·법인세는 신고해야 한다.[58]

2) 국내에서 외국업체와 계약 및 대가수령 등이 이루어지는 국외거래의 경우 수출의 범위

국내사업자가 외국업체(A)로부터 주문을 받아 주문물품의 생산을 외국업체(B)에게 의뢰하여 생산하게 한 후, 완성된 물품을 국내에 수입하지 아니하고 외국업체(B)가 외국업체(A)에게 직접 인도하게 하고 수출대금은 국내사업자가 외국업체(A)로부터 영수하는 경우에는 외국인도수출에 해당하는 것으로 영세율을 적용한다.[59]

57) 부가46015-4457, 1999.11.05
58) 소득세과-4348, 2008.11.24, 부가-1173, 2013.12.26
59) 부가가치세과-977, 2012.09.27, 서삼46015-11314, 2002.08.12

3) 국내 반입없이 국외에서 국외로 이동하는 재화에 대한 선하증권을 양도한 경우

① 과세관청 종전 입장[60]

㉠ 사실관계

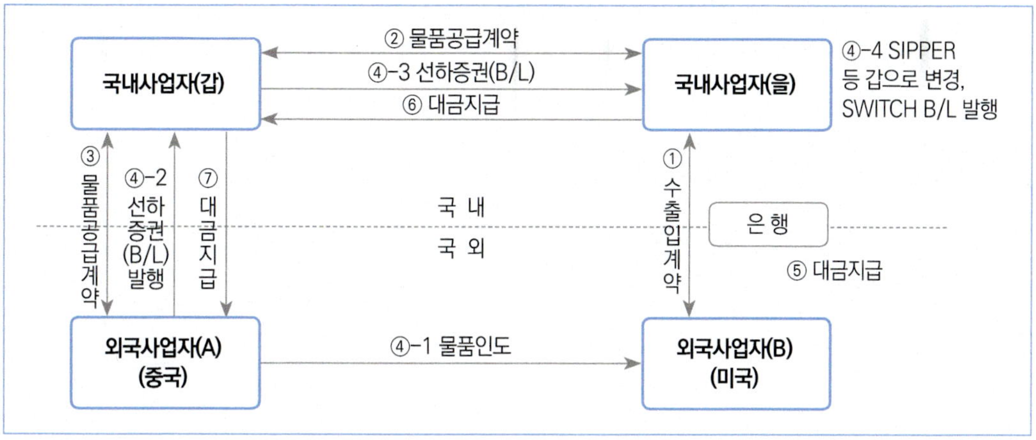

㉮ 을은 갑에게 대금을 국내에서 지급하기로 하고

㉯ 갑이 을에게 납품할 제품은 중국 소재의 외국법인 A로부터 구입(A가 갑에게 선하증권을 발행함. SHIPPER : A, CONSIGNEE : 갑, NOTIFY : 을)하여

㉰ 국내로 반입하지 않고 A로 하여금 을이 지정하는 미국 소재의 외국법인 B에게 인도(갑은 을에게 선하증권을 양도하고 을은 SHIPPER를 을로 하는 SWITCH B/L을 발행)하는 조건으로 계약납품하는 거래

㉡ 질의내용

국내사업자 갑의 관점에서 국내사업자 을에게 물품공급계약에 따라 국외거래와 선하증권 거래가 함께 이루어지는 경우 당해 거래가 「부가가치세법」상 과세거래에 해당하는지 여부

㉢ 회신

국내사업자 갑이 국외사업자 A로부터 물품을 매입하면서 발급받은 선하증권을 국내사업자 을에게 양도하고, 국내사업자 을은 해당 선하증권을 국외사업자 B에게 다시 양도함으로써 실질적으로 물품의 이동이 국외사업자 A로부터 B에게 직접 인도되는 경우, 국내사업자 갑과 을의 선하증권 양도거래는 부가가치세 과세거래에 해당한다.

② 변경된 과세관청 입장

비록 쟁점거래가 국내사업자 간에 국내에서 쟁점○○○을 양수도한 것이지만, 쟁점○○○의 대상이 되는 물품(알루미늄)이 국내반입 없이 국외에서 생산되어 국외로 이동하여 국외에서 소비되는 그 실질이 국외거래라고 보이는 점, 「부가가치세법」상 과세대상이 되는 ○○○

60) 부가-907, 2012.09.04. 부가-1035, 2012.10.15 (삭제 사례), 기준-2019-법령해석부가-0445, 2019.05.31.(유지 사례)

의 양도란 국외에서 국내로의 반입이 예정되어 해상운송 중에 있거나 보세구역에 반입되어 수입신고 수리되기 전의 물품에 대한 ○○○의 양도 등으로 한정되어야 할 것으로 보이는 점, 국외에서 국외로 이전되는 물품과 관련된 ○○○까지 과세대상의 범위에 포함시킨다면 국외거래에 대하여 부가가치세를 과세하여 「부가가치세법」의 대전제인 소비지국 과세원칙에 어긋나는 점 등에 비추어 쟁점거래는 부가가치치세 과세거래에 해당하지 아니한다고 할 것이다.[61]

(7) 외국인도수출이 아닌 사례

1) 국내외 다자 간 거래의 국외거래 또는 영세율 적용 여부 등[62]

① 사실관계

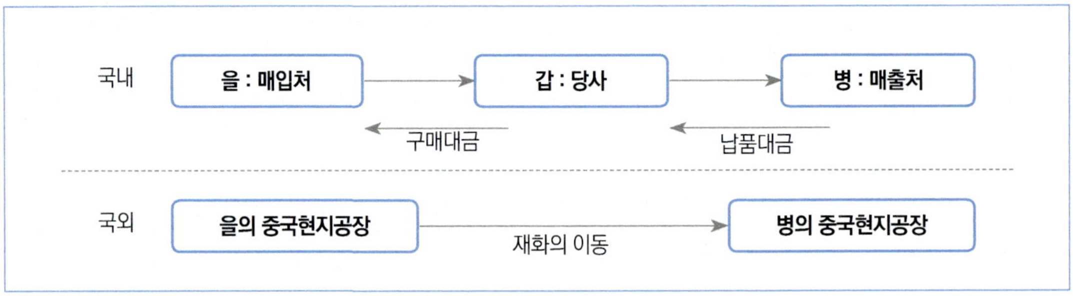

본인 갑은 국내의 을로부터 재화를 구입하여 국내의 사업자 병에게 납품하고, 대금도 국내에서 원화로 결재되지만, 재화의 인도로 을의 중국공장에서 병의 중국공장으로 인도된다.

② 질의

본인(갑)과 매입처(을) 및 매출처(병)의 거래가 모두 국외거래로서 부가가치세 과세거래에 해당하는지 여부

③ 회신

사업자(갑)가 국내에서 사업자(을)로부터 재화를 구입하여 사업자(병)에게 공급하는 계약을 각각 체결하여 재화는 (을)의 해외현지법인에서 (병)의 해외현지법인으로 이동시키고, 그 물품대금은 (병)사로부터 지급받는 경우 (갑)사의 행위는 외국인도 수출에 해당하지 아니하는 것이며, 재화의 이동이 국외에서 이루어진 것이므로 부가가치세 과세되는 거래에 해당하지 아니하는 것이나, (갑)사가 (을)사 또는 (병)사를 위하여 단순히 거래를 중개한 경우에 해당하는 때에는 부가가치세가 과세된다.

61) 조심-2016-부-1068, 2016.08.17
62) 상담3팀-940, 2007.03.30

2) 국내사업자 간에 국외에서 재화를 인도하는 경우

전자부품을 제조하는 국내사업자(갑)이 중국 임가공업체(A)에 원재료로 제공할 목적으로 국내사업자(을)와의 계약에 의하여 물품을 공급받기로 하고 “을”은 당해 물품을 중국 소재 다른 사업자(B)로부터 구입하여 국내에 반입하지 아니하고 “갑”이 지정하는 “A”에게 인도하는 경우 “을”의 행위는 수출에 해당하지 아니하는 것이며 재화의 이동이 국외에서 이루어진 것이므로 부가가치세 과세거래에 해당하지 아니한다.[63)]

3) 국외에서 구입한 재화를 국외에서 국내사업자에게 공급하는 경우 영세율세금계산서 발급 여부

① 사실관계

신청법인(또는“갑법인”)은 무역업을 영위하는 사업자로 2022년 10월부터 인도네시아 델**스사(이하 “D사”)로부터 공장인도조건*(EXW)으로 구입한 제품(목재연료)을 (주)와이****(이하 “국내거래처” 또는 “을법인”)에 현지창고에서 EXW 조건으로 판매하며, 이 경우 해당 제품에 대한 직접운송, 수입 · 통관을 을법인에서 진행할 예정임 ☞ EXW(EX-Work) : 매도인이 화물을 수출통관하지 아니하고 공장, 창고 등에서 지정된 날짜에 인도가 완료되는 조건

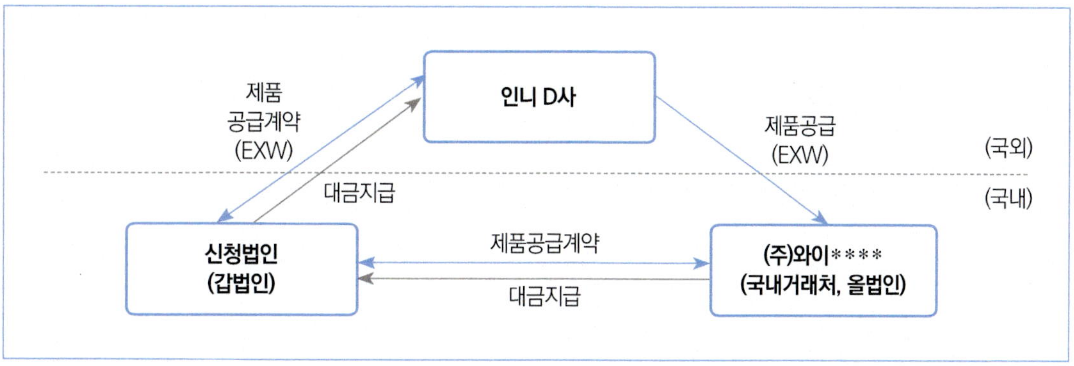

② 질의요지

국내사업자가 국외에서 공장인도조건으로 구입한 재화를 국외에서 현지판매하는 조건으로 국내 다른 사업자에게 공급하는 경우 영세율세금계산서 발급대상 여부

③ 회신

무역업을 영위하는 국내 갑법인이 외국법인으로부터 국외에서 공장인도조건으로 재화를 구입함과 동시에 국외에서 공장인도조건으로 국내 을법인에게 공급하고 을법인이 해당 재화에 대한 수입 • 통관 등 수입절차를 이행하여 국내 반입하는 경우 갑법인이 을법인에게 공급하는 재화는 부가가치세 과세대상에 해당하지 아니하며, 「법인세법」에 따라 계산서를 작성 · 발급하여야 한다.[64)]

63) 상담3팀-400, 2005.03.23
64) 사전-2022-법규부가-1147, 2022.12.02

4. 위탁가공무역방식의 수출

(1) 개요

1) 위탁가공무역의 정의

위탁가공무역이란 가공임을 지급하는 조건으로 외국에서 가공(제조, 조립, 재생, 개조를 포함)할 원료의 전부 또는 일부를 거래상대방에게 수출하거나 외국에서 조달하여 이를 가공한 후 가공물품 등을 수입하거나 외국으로 인도하는 수출입을 말한다(대외무역관리규정 2 6). 이와 같이 국내의 사업장에서 계약과 대가수령 등 거래가 이루어지는 위탁가공무역방식 수출은 수출하는 재화에 포함된다.

위탁가공무역방식에 의한 수출

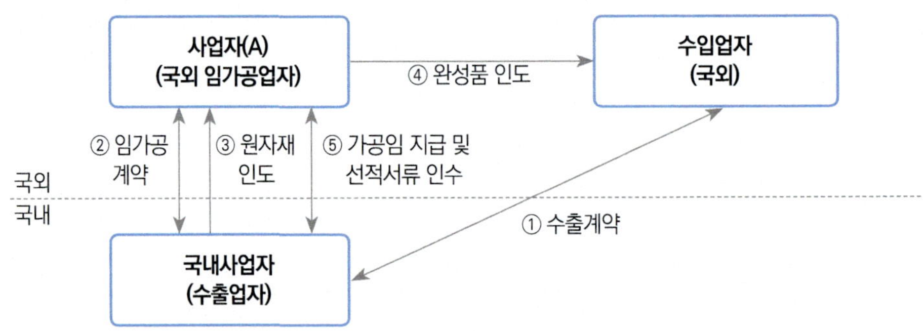

2) 위탁가공무역방식의 수출의 정의

「부가가치세법」에 따르면, 위탁가공무역방식의 수출이란 ① 가공임을 지급하는 조건으로 외국에서 가공(제조, 조립, 재생, 개조를 포함)할 원료의 전부 또는 일부를 거래상대방에게 수출하거나 ② 외국에서 조달하여 이를 가공한 후 가공물품 등을 외국으로 인도하는 방식의 수출을 말하며, 사업자가 원자재를 국외의 수탁가공사업자에게 대가 없이 반출하여 가공한 재화를 국내로 반입하지 아니하고 다른 사업자에게 양도하는 경우로서 양수한 사업자가 해당 재화를 외국인도수출의 방식으로 수출하는 경우를 포함한다고 정의하고 있다.

3) 가공의 범위

가공의 범위는 원자재, 부자재는 물론 재생, 개조를 위한 완제품도 포함되며, 원자재의 수출은 유환 또는 무환의 구별 없이 가능하며, 가공을 위한 원재료를 외국에서 조달하는 외국인수수입은 물론, 생산된 제품을 외국에 판매하는 외국인도수출도 가능하다.

(2) 공급시기

위탁가공무역방식의 수출의 공급시기는 외국에서 수출재화가 인도되는 때로 한다(부령 28⑥3).

(3) 공급가액

위탁가공무역방식으로 수출하는 경우에는 완성된 제품의 인도가액을 공급가액으로 하며, 다음과 같이 환가한 가액으로 한다(부령 28⑥3).

① 공급시기(외국에서 당해 재화가 인도되는 때)가 도래하기 전에 수출대금을 원화로 환가한 경우에는 그 환가한 금액이 공급가액이다.

② 수출물품 공급시기까지 수출대금을 원화로 환가하지 아니하였거나 선적일 이후에 지급받은 경우에는 공급시기의 「외국환거래법」에 의한 기준환율 또는 재정환율로 환산한 금액이 공급가액이다.

(4) 세금계산서 발급

세금계산서 발급의무가 없다.

(5) 영세율 첨부서류

위탁가공무역방식의 수출의 영세율 첨부서류는 수출계약서 사본 또는 외국환은행이 발급하는 외화입금증명서로 한다.

(6) 위탁가공무역방식의 수출에서 대금을 국외에서 수령하는 경우 수출거래 해당 여부

위탁가공무역방식의 수출에서 수출대금을 외국에서 외화로 수령한 후 이를 국내로 반입하여 외국환은행에서 원화로 환전하는 경우는 실질적으로 국내사업장에서 대가를 수령하는 것으로 볼 수 있으므로, "국내사업장에서 대가수령" 요건을 충족하는 것이나, 다만, 실질적으로 국내사업장에서 대가를 수령하였는지 여부는 해당 외화반입 시 세관신고 내용, 외국환은행에서의 환전 여부 등 관련 사실관계를 종합하여 판단할 사항이다.[65]

5. 위탁가공을 위한 원료를 대가없이 반출 시 영세율 적용

(1) 개요

위탁가공을 위한 원료반출이란 국외의 수탁가공사업자에게 원료를 대가 없이 반출하여 가공한 재화를 양도하는 경우 그 원료의 반출을 말한다. 사업자가 원료를 대가없이 국외의 수탁가공 사업자에게 반출하여 가공한 재화를 양도하는 경우 그 원료의 반출에 대하여 영세율을 적용한다(부령 31①5).

65) 기획재정부 조세법령운용과-468[, 2021.05.27

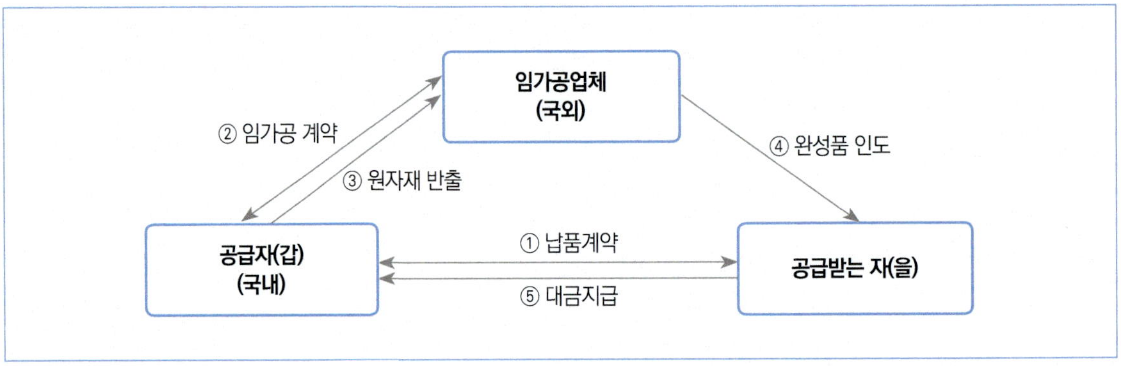

(2) 공급시기

위탁가공을 위한 원료반출의 수출 공급시기는 외국에서 수출재화가 인도되는 때로 한다.

(3) 영세율 첨부서류

위탁가공을 위한 원료반출의 수출의 영세율 첨부서류는 수출계약서 사본 또는 외국환은행이 발급하는 외화입금증명서로 한다.

(4) 세금계산서 발행

2013.2.15. 이후 공급하는 분부터 원료를 대가 없이 국외의 수탁가공사업자에게 반출하여 가공한 재화를 국내사업자에게 양도하는 경우에 그 원료만 영세율세금계산서를 발급하도록 한다.[66] 이 경우에 가공한 재화 중 원료를 제외한 나머지는 부가가치세가 과세되지 아니하는 국내공급이므로 계산서를 발급한다.

(5) 원재료 무상반출 관련 사례

1) 국외 수탁가공업체에 원자재를 무상반출하여 가공한 재화를 국외에서 국내사업자에게 인도하는 경우 영세율 적용 여부 등[67]

① 사실관계

(주)◇◇산업(이하 "신청법인"이라 함)은 "을"과 체결한 제품공급계약에 따라 현지법인A로 원자재를 무상반출 및 국외(대만 및 중국)에서 원자재를 조달(외국인수수입)하여 현재법인A로 하여금 가방부자재를 임가공하여 "을"이 지정한 현지법인B에 인도하고 그 대금을 국내에서 "을"로부터 원화로 수취함.

66) 법규부가2013-245, 2013.09.05
67) 서면-2015-법령해석부가-1372[법령해석과-3367], 2015.12.15

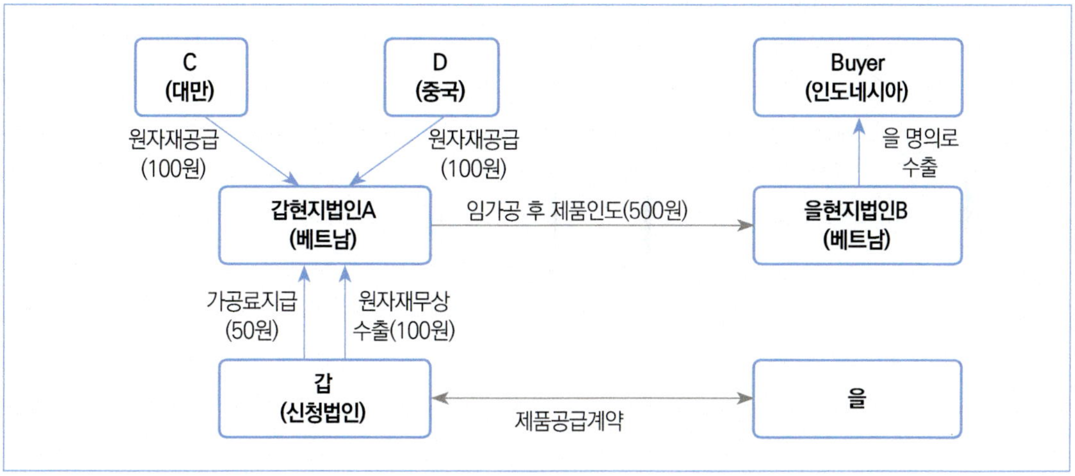

② 질의내용

- 신청법인이 "을"과 제품공급계약을 체결함에 따라 현지법인A에 원자재를 무상반출하거나 국외에서 원자재를 조달하여 가공한 재화를 "을"이 지정한 현지법인B에 인도하고 그 대가를 "을"로부터 받는 경우

[질의1] 해당 재화의 공급이 수출의 범위에 해당하는지 여부, 공급시기, 세금계산서 발급방법 등

[질의2] 국외수탁가공업자에게 원자재를 무상반출하거나 국외에서 원자재를 조달하는 경우 영세율 적용 여부, 공급시기, 세금계산서 발급방법 등

③ 회신

사업자(갑)이 "을"과 제품공급계약을 체결함에 따라 현지법인A에 원자재를 무상반출하거나 국외에서 원자재를 조달하여 가공한 재화를 "을"이 지정한 현지법인B에 인도하고 그 대가를 "을"로부터 받는 경우에는 사업자(갑)의 경우 해당 재화의 이동이 국외에서 이루어진 것이므로 부가가치세 과세거래에 해당하지 아니하는 것이며, 이 경우 사업자(갑)이 위탁가공을 위하여 현지법인A에게 원자재를 대가 없이 국내에서 국외로 반출하는 경우는 영세율이 적용되는 것으로서 해당 원자재에 대하여는 외국에서 해당 재화가 인도되는 때를 공급시기로 하여 사업자(갑)이 "을"에게 영세율 세금계산서를 발급해야 한다.

(6) 원재료를 무환반출하여 임가공 용역을 공급받는 과정에서 발생한 부산물을 국외에서 공급시 부가가치세 과세 여부 등[68)]

1) 사실관계

- (주)☆☆테크(이하 "신청법인" 또는 "A법인")는 자동차 부품 제조업을 영위하는 국내법인으로서 베트남 소재 국외법인(신청법인의 자회사, 이하 "B법인")과 체결한 임가공 용역 계약에 따

68) 사전-2023-법규부가-0313, [법규과-1618] 2023.06.21

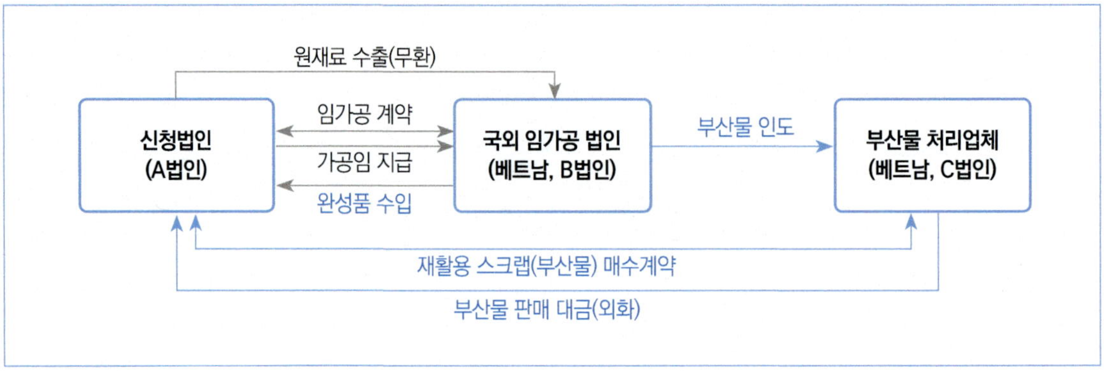

라 B법인에 원재료를 무환반출하여 임가공용역을 공급받고 임가공비*를 지급함 ☞ B법인이 국외에서 직접 조달한 원재료 비용 포함

- 신청법인은 임가공용역을 통해 완성된 제품을 B법인으로부터 수입하여 국내 거래처에 판매하며, 제품 임가공 과정에서 발생한 부산물(이하 "본건 부산물")은 국외 부산물처리 업체(이하 "C법인")와 체결한 '재활용 스크랩 매수 계약'에 따라 C법인에 공급(이하 "쟁점거래")하고 C법인으로부터 그 대가를 신청법인의 국내 계좌로 지급받음
- 본건과 관련한 '신청법인의 거래 전반에 관한 구조'와 '임가공 용역 계약' 및 '재활용 스크랩 매수 계약' 내용은 위 도표와 같음

2) 질의내용

국내법인이 국외법인에 원재료를 무환반출하여 임가공용역을 공급받는 과정에서 발생한 부산물(플라스틱, 고철 스크랩 등)을 국외에서 공급하고 그 대가를 지급받는 경우 부가가치세 과세대상인 수출에 해당하여 부가가치세 신고의무가 있는지 및 그 공급시기가 언제인지에 대하여 질의함

3) 회신

국내사업자(이하 "A법인")가 국외임가공업자(이하 "B법인")에 원재료를 무환반출하여 임가공용역을 공급받는 과정에서 발생한 부산물을 A법인과 국외 부산물 처리업자(이하 "C법인")가 체결한 '재활용 스크랩 매수 계약'에 따라 C법인에 공급하고 판매대금을 C법인으로부터 국내에서 지급받는 경우 해당 부산물의 공급은 「부가가치세법」 제21조 및 같은 법 시행령 제31조에 따른 수출에 해당하므로 부가가치세 과세대상으로서 부가가가치세를 신고·납부해야하는 것이며, 해당 거래의 공급시기는 외국에서 재화가 인도되는 때가 된다.

6. 보세구역 등에서 공급하는 재화

「관세법」에 따른 수입신고 수리 전의 물품으로서 보세구역에 보관하는 물품을 외국으로 반출하는 경우로서, 사업자가 국제공항보세구역 내의 외국인전용판매장에서 재화를 공급(위수탁계약에 따른 위탁자공급분을 포함한다)하거나 세관장으로부터 승선 또는 비행기 탑승 허가를 받아 외국을 항행하는 선박 또는 항공기 내에서 공급하는 재화는 수출하는 재화에 해당하는 것으로 본다.[69]

〈보세구역 거래형태별 적용〉

거래형태별	부가가치세법 적용
① 외국에서 보세구역으로 재화반입	과세되지 아니함(수입에 해당 안 됨)
② 동일 보세구역 내에서 재화·용역 공급	과세됨(재화 또는 용역의 공급에 해당)
③ 보세구역 외의 우리나라 ➡ 보세구역	과세됨(재화 또는 용역의 공급에 해당)
④ 보세구역 내에서 생산·취득 재화 ➡ ㉮ 보세구역 외의 국내에 있는 자기의 다른 사업장에서 생산되는 원료로 사용·소비하기 위해 반출하는 경우 ㉯ 재화의 수입에 해당하는 경우	㉮ 재화의 공급에 해당 안 됨 ㉯ 세관장이 부가가치세 징수
⑤ 사업자가 사업을 폐지하는 때	잔존하는 보세물품에 대해 과세
⑥ 사업자가 보세구역 내에서 보세구역 외의 장소로 공급하는 경우	세관장이 수입세금계산서 발급하고 공급가액 중 수입세금계산서상 공급가액을 뺀 잔액에 대하여 공급하는 사업자가 세금계산서 발급(내국신용장에 의하여 공급하는 경우 영세율세금계산서를 교부함) 다만, 영61①5단서에 해당하여 세관장이 부가가치세를 징수하기 전에 같은 재화에 대한 선하증권이 양도되는 경우에는 선하증권의 공급가액 전체에 대하여 부가가치세를 거래징수하고 세금계산서를 발급할 수 있다. (영61①5단서, 2013.7.1. 이후 공급분부터 「할 수 있다」를 「한다」로 개정하였고, 2014.2.21. 이후 신고하거나 결정·경정하는 분부터 「한다」를 「할 수 있다」로 재개정함)
⑦ 「관세법」에 따른 수입신고 수리 전의 물품으로서 보세구역에 보관하는 물품의 외국으로의 반출하는 경우	수출로 보아 영세율 적용

69) 부기통 21-31-5

제4절 수출의 범위에 포함되는 국내거래

Ⅰ 개요

영세율이 적용되는 수출하는 재화에는 다음의 재화를 포함한다.(부법 21 ②, 부령 31 ②).

① 사업자가 내국신용장 또는 구매확인서에 의하여 공급하는 재화(금지금은 제외한다)

② 사업자가 한국국제협력단에 공급하는 재화(한국국제협력단이 사업을 위하여 당해 재화를 외국에 무상으로 반출하는 경우에 한한다)

③ 사업자가 한국국제보건의료재단에 공급하는 재화(한국국제보건의료재단이 사업을 위하여 해당 재화를 외국에 무상으로 반출하는 경우만을 말한다)

④ 사업자가 「대한적십자 조직법」에 따른 대한적십자사에 공급하는 재화(대한적십자사가 사업을 위하여 당해 재화를 외국에 무상으로 반출하는 경우만을 말한다)

⑤ 수탁가공무역 수출용으로 공급하는 재화

㉠ 국외의 비거주자 또는 외국법인(이하 "비거주자 등"이라 한다)과 직접 계약에 의하여 공급할 것

㉡ 대금을 외국환은행에서 원화로 받을 것

㉢ 비거주자 등이 지정하는 국내의 다른 사업자에게 인도할 것

㉣ 국내의 다른 사업자가 비거주자 등과 계약에 의하여 인도받은 재화를 그대로 반출하거나 제조·가공 후 반출할 것

Ⅱ 내국신용장 또는 구매확인서에 의하여 공급하는 재화

1. 내국신용장 및 구매확인서의 정의

(1) 내국신용장

1) 의의

내국신용장이란 한국은행총재가 정하는 바에 따라 외국환은행의 장이 발급하여 국내에서 통용되는 신용장으로 수출이행에 필요한 완제품 또는 원자재를 국내에서 조달하기 위하여 수입상으로부터 받은 원신용장을 담보로 원신용장의 개설 통지은행이 국내의 공급자를 수혜자로 하여 개설하는 제2의 신용장을 말한다.[70] 「부가가치세법」상 영세율 적용대상 내국신용장이란 사업자가 국내에서 수출용 원자재, 수출용 완제품 또는 수출재화임가공용역을 공급받으려는 경우에

70) 부가집 21-31-7 ①

해당 사업자의 신청에 따라 외국환은행의 장이 재화나 용역의 공급시기가 속하는 과세기간이 끝난 후 25일(그날이 공휴일 또는 토요일인 경우에는 바로 다음 영업일을 말한다) 이내에 개설하는 신용장을 말한다(부칙 21 1). 구매확인서에 이어 내국신용장도 2013.2월부터 전자발급만 한다. 2013.1.31.까지는 내국신용장 발급에 대하여 전자·수동 병행하였으나, 2013.2월부터는 전자발급만 된다. 또한, 2014.2.14.부터 추심(매입) 관련 업무까지 은행방문 없이 전자무역기반 시설을 통해 전자적으로만 처리하고 있다.[71)]

2) 내국신용장 개설절차

〈내국신용장 개설 절차 요약〉

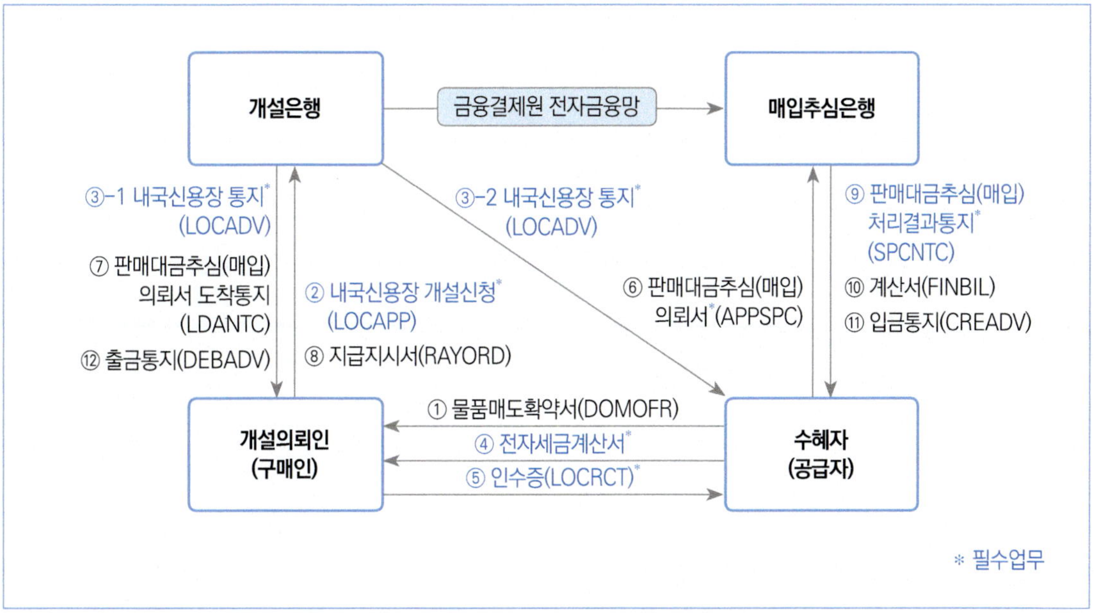

3) 내국신용장 용도

개설의뢰인(구매자)	수혜자(공급자)
• 수출용 구매자금 대출 등 무역금융 수혜 • 은행의 지급 보증 • 수출용 원자재의 확실한 조달 보장 • 관세환급 신청 가능	• 대외무역법상 수출실적으로 인정 • 부가가치세영세율 적용 • 은행의 지급보증으로 물품공급대금의 안전한 회수 보장 • 무역금융 융자대상 증빙으로 인정(무역금융 수혜 가능)

71) 한국은행 무역금융 운용세칙 제12, 15, 16조

4) 내국신용장 개설대상

① 수출용 수입원자재와 국내에서 생산된 수출용 원자재, 완제품을 구매(임가공위탁 포함)하는 업체

② 국내사업자간에 매매계약에 따라 국외에서 수집한 어획물을 직접 수출하는 경우

③ 수출입업자가 원자재, 완제품을 임가공계약에 의하여 위탁 생산하는 경우

④ 내국신용장 수혜자는 해당 내국신용장을 근거로 수출용 원자재를 구매하기 위한 다른 내국신용장을 개설하는 경우

〈내국신용장을 이용한 수출 흐름도〉

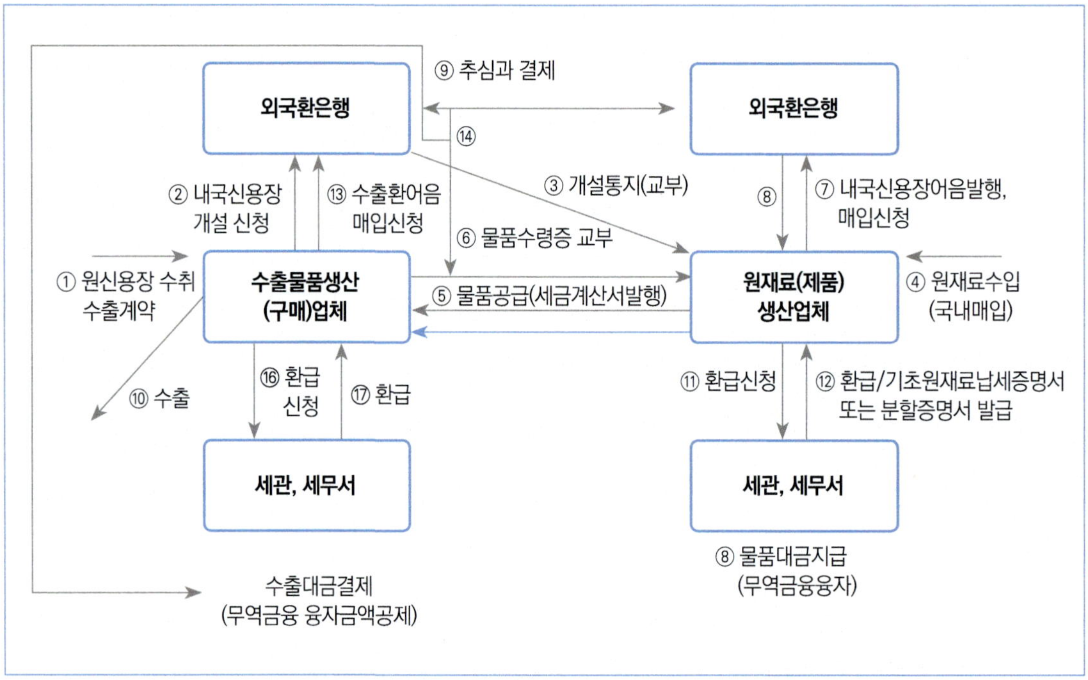

(2) 구매확인서

1) 의의

구매확인서란 내국신용장을 개설할 수 없는 상황에서 물품 등을 외화획득용 원료, 외화획득용 용역, 외화획득용 전자적 형태의 무체물 또는 물품으로 사용하기 위하여 국내에서 구매하려는 경우 외국환은행의 장이 내국신용장에 준하여 발급하는 증서를 말한다.[72] 영세율 적용대상 구매확인서란 「대외무역법 시행령」 제31조 및 제91조 제11항에 따라 외국환은행의 장이나 전자무역기반사업자가 내국신용장에 준하여 재화나 용역의 공급시기가 속하는 과세기간이 끝난 후 25

72) 부가집 21-31-7 ②

일(그날이 공휴일 또는 토요일인 경우에는 바로 다음 영업일을 말한다) 이내에 발급하는 확인서를 말한다(부칙 21 2). 이때 "내국신용장을 개설할 수 없는 상황"이라 함은 내국신용장 개설한도나 수출금융 융자한도를 초과하는 경우와 단순송금방식으로 수출하는 경우를 말한다.

2) 구매확인서 거래절차

① 수출품생산(구매)업체(수출업자)는 수입업자와 수출계약 체결
② 수출품생산(구매)업체와 공급자(원재료(제품)생산업체)와 수출용 원재료(제품)공급계약
③ 수출품생산(구매)업체가 외국환은행에 구매확인서 발급신청
④ 외국환은행이 수출품생산(구매)업체에게 구매확인서 발급
⑤ 수출품생산(구매)업체는 공급자(원재료(제품)생산업체)에게 구매확인서 교부
⑥ 공급자(원재료(제품)생산업체)는 수출품생산(구매)업체에게 물품 공급 및 세금계산서 교부
⑦ 수출품생산(구매)업체는 공급자(원재료(제품)생산업체)에게 대금 지급
⑧ 수출품생산(구매)업체가 국외로 물품 수출

<구매확인서를 이용한 수출 흐름도>

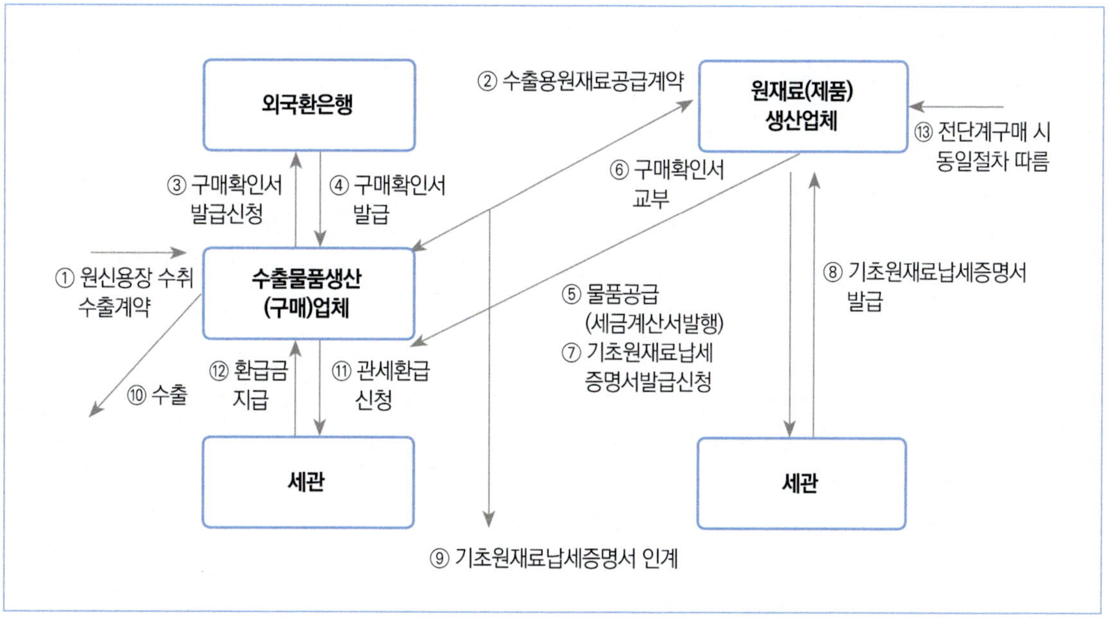

3) 구매확인서 서식

[별지 제13호 서식]

외화획득용원료·기재구매확인신청서

① 구매자 (상호)
(주소)
(성명)
(사업자등록번호)

② 공급자 (상호)
(주소)
(성명)
(사업자등록번호)

1. 구매원료·기재의 내용

③ HS부호	④ 품명 및 규격	⑤ 단위 및 수량	⑥ 구매일	⑦ 단가	⑧ 금액	⑨ 비고

2. 외화획득용 원료·기재라는 사실을 증명하는 서류

⑩ 서류명 및 번호	⑪ HS부호	⑫ 품명 및 규격	⑬ 금액	⑭ 선적기일	⑮ 발급기관명

3. 세금계산서(외화획득용 원료·기재를 구매한 자가 신청하는 경우에만 해당)

⑯ 세금계산서 번호	⑰ 작성일자	⑱ 공급가액	⑲ 세액	⑳ 품목	㉑ 규격	㉒ 수량

㉓ 구매원료·기재의 용도명세 : 원자재구매, 원자재 임가공위탁, 완제품 임가공위탁, 완제품구매, 수출대행 등 해당용도를 표시하되, 위탁가공무역에 소요되는 국산원자재를 구입하는 경우는 "(위탁가공)" 문구를 추가표시

* 한국은행 총액한도대출관련 무역금융 취급절차상의 용도표시 준용

위의 사항을 대외무역법 제18조에 따라 신청합니다.

신청일자 년 월 일
신 청 자
전자서명

* ⑳ 내지 ㉒은 1. 구매원료·기재의 내용과 금액이 다른 경우에는 반드시 기재하여야 합니다.

210㎜ × 297㎜
일반용지 60g/㎡

1/총페이지수

[별지 제13-1호 서식]

외화획득용원료·기재구매확인서

※ 구매확인서번호 :

① 구매자	(상호) (주소) (성명) (사업자등록번호)
② 공급자	(상호) (주소) (성명) (사업자등록번호)

1. **구매원료.기재의 내용**

③ HS부호	④ 품명 및 규격	⑤ 단위 및 수량	⑥ 구매일	⑦ 단가	⑧ 금액	⑨ 비고

2. **세금계산서**(외화획득용 원료·기재를 구매한 자가 신청하는 경우에만 해당)

⑩ 세금계산서 번호	⑪ 작성일자	⑫ 공급가액	⑬ 세액	⑭ 품목	⑮ 규격	⑯ 수량

⑰ 구매원료.기재의 용도명세 : 원자재구매, 원자재 임가공위탁, 완제품 임가공위탁, 완제품구매, 수출대행 등 해당 용도를 표시하되, 위탁가공무역에 소요되는 국산원자재를 구입하는 경우는"(위탁가공)"문구를 추가표시

* 한국은행 총액한도대출관련 무역금융 취급절차상의 용도표시 준용

위의 사항을 대외무역법 제18조에 따라 확인합니다.

확인일자 년 월 일
확인기관
전자서명

이 전자무역문서는「전자무역 촉진에 관한 법률」에 따라 전자문서교환방식으로 발행된 것으로서 출력하여 세관 또는 무역유관기관 등 제3자에게 제출하려는 경우 업체는 동 법률 시행규정 제12조제3항에 따라 적색고무인을 날인하여야 합니다.

210㎜ × 297㎜
일반용지 60g/㎡

1/총페이지수

2. 영세율 적용

(1) 적용방법

내국신용장 등이 공급일 이전에 개설된 경우 및 공급일의 다음 달 10일까지 개설된 경우에는 공급일자로 영세율세금계산서 발행하고, 내국신용장 등이 공급시기가 속하는 당해 과세기간이 끝난 후 25일(그날이 공휴일 또는 토요일인 경우에는 바로 다음 영업일을 말함) 이내 개설된 경우에는 다음에 따라 영세율세금계산서를 발행한다.

① 공급시기에 일반매출세금계산서 발행

② 내국신용장 개설된 날에 당초 공급일자로 일반매출(−)수정세금계산서를 발행하고 같은 날 영세율세금계산서 발행(비고란에 내국신용장 등 개설일을 표기)

③ 과세기간을 달리하여 공급시기 이전에 발급받은 구매확인서 또는 내국신용장에 의하여 해당 과세기간 중에 재화를 공급하는 경우 영세율이 적용된다.[73]

④ 선발급된 구매확인서에 의해 과세기간 경과 후 공급하여도 선발급이 유효하다. 예를 들어 제1기 과세기간 중에 발급받은 구매확인서에 의하여 제2기 과세기간 중에 재화를 공급하는 경우에 영세율이 적용된다.[74]

⑤ 내국신용장이 지연개설되는 경우 신고방법은 사업자가 재화를 공급하면서 공급시기에 내국신용장이 개설되지 않아 과세분(10%)으로 예정신고한 후 과세기간 경과 후 25일이내에 내국신용장이 개설되어 수정세금계산서를 교부한 경우에는 확정신고에 포함하여 신고가능하다.[75]

(2) 공급시기

내국신용장(구매확인서)에 의하여 공급하는 재화는 수출재화에 포함하여 영세율을 적용하지만, 거래시기 적용에 있어서는 국내거래이므로 수출하는 재화의 공급시기인 선적일을 적용하지 아니하고, 국내에서 거래되는 재화의 공급시기와 같이 재화를 인도하는 때이다(부기통 15-28-6).

(3) 공급가액

내국신용장상의 금액(공급시기 현재의 기준환율 또는 재정환율로 환산한 금액)을 공급가액으로 계산한다. 만일 내국신용장에 의하여 재화를 공급하고 그 대가의 일부(관세환급금 등)를 내국신용장에 포함하지 아니하고 별도로 받는 경우 해당 금액이 대가의 일부로 확인되는 때에는 영세율을 적용하며,[76] 내국신용장의 유효기간 경과 후에 재화를 공급한 것으로서 해당 신용장의 효력이

73) 부가집 21-31-8 ⑨
74) 부가46015-4100, 1999.10.08
75) 부가46015-5048, 1999.12.27
76) 부기통 21-31-8

소멸되지 아니하여 그 대가를 외국환은행에서 원화로 받는 때에는 영세율을 적용한다.[77]

(4) 세금계산서 교부

내국신용장 또는 구매확인서에 의하여 수출용 원자재 등을 공급하는 사업자는 공급받는 사업자가 재화를 인수하는 때에 해당 일자의 「외국환거래법」에 따른 기준환율 또는 재정환율에 의하여 계산한 금액을 공급가액으로 하여 세금계산서를 발급한다(부기통 32-67-2).

(5) 영세율 첨부서류

1) 개요

내국신용장 또는 구매확인서가 전자무역기반시설을 통하여 개설되거나 발급된 경우에는 내국신용장·구매확인서 전자발급명세서를 제출하며 기타로 발급된 경우에는 내국신용장 사본을 제출한다.

2) 내국신용장 등 전자문서 제출방법

① 수출자가 전자무역기반사업자[한국무역정보통신(KTNET)]의 전자무역기반시설(U-Trade Hub)을 통하여 은행에 신용장 개설을 의뢰하여 은행이 수출자 및 공급자에게 신용장 개설 통지

② 공급자는 전자무역기반사업자에게 기 중계한 내역을 국세청에 제출하도록 의뢰

③ 전자무역기반사업자는 국세청장에게 전산매체로 내역 제출

④ 공급자는 부가가치세 신고 시 "내국신용장·구매확인서 전자발급명세서"를 작성 제출

(6) 영세율 적용이 되지 아니한 사례

① 외국으로 반출되지 아니한 재화의 공급과 관련하여 주한미군 군납계약서 또는 국제공공차관 사업계약서 등을 근거로 개설된 내국신용장에 의한 공급(부기통 21-31-12)[78]

② 외국으로 반출되지 아니하는 재화를 국외사업자를 통해 국외에서 국외로 인도되는 거래에 대해 구매확인서를 발급받아 공급한 경우 영세율이 적용되지 아니한다.

77) 부기통 21-31-13

78) 부가집 21-31-8①

참고 내국신용장과 구매확인서의 비교

구분	내국신용장	구매확인서
발급규정	한국은행 총액한도 대출 관련 무역금융 취급세칙	대외무역관리규정
발급목적	국산수출용 원자재 및 완제품의 구매	좌동(외화획득용)
발급대상	국산원자재(완제품)를 구매하거나, 수입원자재를 구매하는 수출기업	수입·국산원자재(완제품)를 구입하는 수출기업
금융혜택 및 지급보증	• 수출금융의 융자대상임 • 지정외국환은행이 대금지급보증	융자혜택·지급보증 없음
결제방법	은행에서 개설관리 및 내국신용장 환어음결제	당사자 간 협의에 따른 결정
발급신청 시 첨부서류	① 수출신용장 ② 수출계약서 ③ 외화표시물품공급계약서 ④ 내국신용장 ⑤ 당해업체의 과거 수출실적	① 수출신용장 ② 수출계약서 ③ 외화매입증명서 ④ 내국신용장 ⑤ 구매확인서 ⑥ 외화획득용 물품을 생산하기 위한 경우임을 입증하는 서류
발급제한	융자범위 내에 발급횟수 제한 없음(완제품 내국신용장은 3차까지 가능)	발급횟수 제한 없음. 단, 1차 구매확인서 수혜자가 유통사업자인 경우 추가로 1차에 한해 발급 가능
발급방법	2013.2월부터 전자적 방법으로만 발급	2011.7월부터 전자적 방법으로만 발급

3. 내국신용장, 구매확인서에 따른 재화 등의 영세율 적용 사례

(1) 해외미반출 재화 관련 내국신용장

외국으로 반출되지 아니하는 재화의 공급과 관련하여 개설된 내국신용장(주한미국군 군납계약서 등)에 의한 재화 또는 용역의 공급은 영세율을 적용하지 아니한다(부기통 21-31-12). 수출은 내국물품을 외국으로 반출하는 것으로 하고 있고, 또한 수출하는 재화에는 내국신용장에 의하여 공급하는 재화를 포함한다고 하고 있기 때문에 외국으로 반출되지 아니하는 재화의 공급과 관련하여 개설된 내국신용장은 영세율 적용이 되지 아니하며, 만일 이를 영세율을 적용할 경우 후술하는 기타외화획득사업 중 미국군이나 국제공공차관사업에 직접 공급하지 아니하는 재화(내국신용장에 의하여 직접 공급하는 자에게 공급하는 재화를 말함)가 영세율이 적용되는 모순이 발생하기 때문이다.[79]

79) 부가집 21-31-8 ①

(2) 내국신용장 유효기간 경과 후 재화공급 시 영세율 적용

사업자가 내국신용장의 유효기간 경과 후에 재화를 공급한 것으로서 해당 신용장의 효력이 소멸되지 아니하여 그 대가를 외국환은행에서 원화로 받는 때에는 영세율이 적용된다.[80]

(3) 수출품제조용 수입원자재의 전용

사업자가 수출품제조용 수입원자재의 사후관리를 관장하는 은행의 장으로부터 전용승인을 받아 다른 수출품생산업자에게 공급하는 경우에는 영세율을 적용하지 아니한다. 다만, 내국신용장 또는 구매확인서에 의하여 전용하는 경우에는 영세율이 적용된다.[81]

(4) 수탁자 명의로 내국신용장을 개설하여 위탁수출을 하는 경우

수탁자가 자기 명의로 내국신용장을 개설받아 위탁자의 재화를 공급하는 경우에는 위탁자가 영세율을 적용받으며, 이때 영세율붙임서류는 수탁자 명의의 내국신용장 사본과 위수탁매매임을 입증할 수 있는 서류로 한다.[82]

(5) 수출용도 확인 사후관리 여부

내국신용장 또는 구매확인서에 의하여 정당하게 공급된 경우에는 해당 재화를 수출용도에 사용하였는지의 여부에 관계없이 영세율이 적용된다.[83]

(6) 전자무역기반시설에 입력하고 구매확인서를 전자발급받은 경우

사업자가 「대외무역관리규정」 제36조에 따라 수출용 재화 또는 용역에 관한 수출신용장 등의 근거서류 및 그 번호, 유효기일, 선적기일 등에 대한 정보를 「전자무역촉진에 관한 법률」 제12조에 따른 전자무역기반시설에 입력하고 정상적으로 구매확인서를 전자발급받은 경우에 대해서는 부가가치세 영세율 적용대상이 된다.[84]

(7) 무환수탁가공무역업자에게 구매확인서에 의하여 임가공용역을 공급하는 경우

무환수탁가공무역사업자로부터 구매확인서를 발급받아 임가공용역을 공급하는 경우에는 영세율이 적용되는 것이며, 부가가치세 신고 시 구매확인서 사본을 영세율 첨부서류로 제출해야 한다.[85]

---

80) 부기통 21-31-13
81) 부가집 21-31-8 ③
82) 부기통 21-31-10 ①
83) 부가집 21-31-8 ⑧
84) 부가-839, 2012.08.01
85) 부가-1291, 2010.09.30

(8) 수출재화로 구매확인서에 의하여 공급 중 수출재화가 국내사업자에게 양도된 경우

사업자가 수출용 선박에 대하여 구매확인서에 의하여 임가공용역을 제공하던 중 외국선주가 선박을 국내사업자에게 양도한 경우 양도가액의 잔금청산일까지 구매확인서에 의하여 공급하는 재화 또는 임가공용역은 영세율이 적용되는 것이며, 그 후의 거래에 대하여는 영세율이 적용되지 않는다.[86)]

(9) 구매확인서의 주요기재사항 누락 시 영세율 적용 여부

사업자가 수출용 재화 또는 용역에 관한 수출신용장 등의 근거서류 및 그 번호, 선적기일 등에 대한 기재사항의 전부나 일부가 기재되지 아니한 구매확인서에 의하여 수출용 재화나 용역을 공급하는 경우에는 영세율이 적용되지 아니한다.[87)]

(10) 본사에서 내국신용장을 개설하고 재화는 공장에서 인도받는 경우 세금계산서 수취방법

본사와 공장 등 둘 이상 사업장이 있는 법인사업자가 재화수출을 위한 원자재매입거래를 함에 있어서 계약, 발주, 대금결제 등 거래가 본사에서 이루어지고 본사 명의로 내국신용장이 개설된 후 재화는 운송편의를 위해 실질적으로 사용 또는 소비하는 공장으로 인도받은 경우 내국신용장에 의한 영세율세금계산서는 본사 또는 지점에서 교부받을 수 있다.[88)]

(11) 매입세액공제받은 후 내국신용장 개설로 교부받은 수정세금계산서 제출 누락한 경우

예정신고 시 매입세액을 공제받은 후 동 과세기간 내에 재화·용역의 공급에 대한 내국신용장이 개설되어 수정세금계산서를 교부받았으나 부가가치세 확정신고 시 수정세금계산서를 제출 누락하여 수정신고하는 경우 매입처별세금계산서합계표에 관련된 가산세는 적용되지 아니하는 것이나 신고납부 불성실가산세는 적용된다.[89)]

(12) 법인전환하고 과세기간 종료 후 25일 이내 내국신용장이 개설된 경우 수정세금계산서

사업자가 다른 개인사업자에게 과세재화를 공급한 대가에 대하여 영세율이 적용되지 않는 세금계산서를 교부하고 당해 공급받는 자가 포괄적인 사업양도방식으로 법인전환된 후 당해 거래의 공급시기가 속하는 과세기간 종료 후 25일 이내에 법인전환되기 전의 개인사업자 및 법인사업자 명의로 각각 내국신용장이 개설된 경우 영세율이 적용되는 수정세금계산서로 교부 가능하다.[90)]

86) 법규부가-0034, 2008.12.18
87) 서삼46015-12160, 2002.12.14
88) 상담3팀-2956, 2006.11.30
89) 부가46015-290, 1996.02.13
90) 서삼46015-11215, 2002.07.24

(13) 구매확인서에 근거한 납품업자의 분할합병으로 당초 수익자가 변경된 경우 영세율 적용 여부

분할로 인하여 설립되는 회사는 「상법」 규정에 의하여 분할계획서에서 정하는 바에 따라 분할하는 회사의 권리와 의무가 승계되는 것으로, 분할법인 및 분할신설법인 간 구매확인서의 수익자 변경기준은 분할계획서상의 승계내용 등에 따라 사실판단할 사항이다.[91)]

(14) 수출품제조장의 영세율 적용

사업자가 본사와 제조장 등 둘이상의 사업장이 있는 경우에 자기가 제조한 수출재화에 대한 영세율적용 사업장은 최종제품을 완성하여 외국으로 반출하는 제조장으로 하고, 영세율 첨부서류는 수출실적명세서(전자계산조직을 이용하여 처리된 테이프 또는 디스켓을 포함)이다.

(15) 외국법인에 공급하는 광고물 및 구매확인서에 의하여 공급하는 광고영상제작물의 영세율 적용 여부

사업자가 외국광고주와 연예인을 모델로 활용하여 자기의 책임과 계산으로 광고영상물을 제작하여 납품하는 계약을 체결하고 연예인의 소속사(이하 "A사")를 통해 광고영상물을 제작받아 외국광고주에게 공급함에 있어 「대외무역법 시행령」 제4조의 규정에 의한 전자적 형태의 무체물을 컴퓨터 등 정보처리능력을 가진 장치에 저장한 상태로 반출·반입한 후 인도·인수하는 전송방법으로 국외로 공급하는 경우에는 「부가가치세법」에 따른 수출하는 재화에 해당하여 부가가치세 영세율이 적용되는 것이며, 전자무역기반사업자로부터 내국신용장에 준하여 재화 또는 용역의 공급시기가 속하는 과세기간이 끝난 후 25일 이내에 발급된 구매확인서에 의하여 A사가 재화를 공급하는 경우에는 부가가치세 영세율을 적용한다. 다만, 본건 광고영상물이 전자적 무체물에 해당하는지는 구체적 사실관계에 따라 판단할 사항이다.[92)]

4. 내국신용장의 사후개설에 대한 수정세금계산서 발행 실무

(1) 개요

영세율이 적용되는 내국신용장·구매확인서는 국내에서 수출용원자재 등을 공급받고자 하는 경우 당해 사업자의 신청에 의하여 외국환은행장이 재화 또는 용역의 공급시기가 속하는 과세기간 종료 후 25일 이내에 개설하는 내국신용장 또는 구매확인서를 말한다. 내국신용장 및 구매확인서는 그 개설시기에 따라서 세금계산서의 과세 또는 영세율의 차이가 발생한다.

① 공급시기가 속하는 달의 다음 달 10일까지 개설되는 경우 : 영세율세금계산서 발행

② 공급시기가 속하는 달의 다음 달 10일 이후 과세기간 종료 후 25일 이내 개설되는 경우 : 공급

91) 부가-752, 2013.08.23

92) 서면-2021-법규부가-3705[법규과-1620], 2022.05.25

시 과세분세금계산서 발행, 내국신용장 개설 시 영세율세금계산서로 수정발급, 과세분(−)수정 세금계산서 발행(총 3장의 세금계산서)(부령 70 ① 4)

③ 과세기간 종료 후 25일 후 개설되는 경우 : 과세분세금계산서 발행(영세율 적용 불가).

(2) 내국신용장이 개설되기 이전에 재화를 공급하는 경우

내국신용장이 개설되기 이전에 재화를 공급하는 때에는 그 공급시기에 일반세율(10%)을 적용한 세금계산서를 발급한 후, 그 공급시기가 속하는 과세기간 종료 후 25일 이내에 내국신용장(구매확인서)이 개설되는 경우에는 수정세금계산서를 발급하여야 한다. 이때에는 작성일자란에 당초 세금계산서상의 작성일자를, 비고란에는 내국신용장(구매확인서)의 개설일자를 부기하여야 한다.

1) 공급시기가 속하는 달의 다음 달 10일 이전에 개설된 경우 영세율세금계산서 발급

사업자가 재화를 공급한 후 당해 재화의 공급일이 속하는 달의 다음 달 10일 이전에 내국신용장이 개설된 경우(재화의 공급시기가 속하는 과세기간 종료 후 25일 이내에 개설된 것)로서 관계증빙서류 등에 의하여 실제 거래사실이 확인되는 경우에는 당해 재화의 공급일을 발행일자로 하여 그 공급일이 속하는 달의 다음 달 10일까지 영세율세금계산서를 발급할 수 있다.[93] 즉, 세금계산서 발급시기는 그다음 달 10일까지이다. 따라서 공급시기 이후에 사후 개설되는 내국신용장(구매확인서)이라 하더라도 법에 정한 발급시기 이전에 개설된 경우 10%로 발급한 후 영세율을 적용한 수정세금계산서 발급을 면제함으로써 납세자의 불편을 해소하고자 함이다.

2) 공급시기가 속하는 예정 또는 확정신고기간 내(같은 월이 아닌 경우) 개설된 경우(수정신고대상 아님)

예정신고기간 내에 공급하고 예정신고기간 내에 내국신용장이 개설된 경우 또는 확정신고기간 내에 공급하고 확정신고기간 내에 내국신용장이 개설된 경우에는 재화공급 시 일반세율세금계산서를 발급하고, 내국신용장 개설 시 영세율세금계산서로 수정발급한다. 그리고 예정 또는 확정신고 시에는 영세율 적용대상으로 과세표준을 신고하며, 일반세율세금계산서와 영세율수정세금계산서를 세금계산서합계표에 함께 기재하여 제출한다.

3) 예정신고기간 내 공급하고 확정신고기간 내 개설된 경우(수정신고대상 아님)

① 재화공급 시

재화공급 시에 일반세율세금계산서를 발급하고, 내국신용장 개설 시에 영세율세금계산서로 수정발급한다. 그리고 예정신고 시에 공급자는 일반세율을 적용하여 과세표준을 신고하며(일반세율세금계산서 기재하여 제출), 공급받는 자는 매입세액으로 공제할 수 있다(일반세율세금계산서 기재하여 제출).

---

93) 제도46013-617, 2000.12.22., 서면3팀-3001, 2006.12.05

② 내국신용장 개설 시

원칙적으로 내국신용장이 개설되는 경우 공급자는 예정신고에 대한 경정청구를 하여 예정신고납부한 부가가치세를 환급받고(영세율수정세금계산서 기재하여 제출) 공급받는 자는 예정신고에 대한 수정신고를 하여 당초 매입세액공제분을 추가납부한다(영세율수정세금계산서 기재하여 제출). 그러나 행정력 절감 등의 사유로 수정신고를 하지 않아도 되는 것으로 과세관청에서는 해석하고 있으나, 내국신용장 사후개설이 아닌 경우의 사업자와 형평성을 고려할 때 문제점을 내포하고 있다.

③ 조기환급신고 사업자의 내국신용장이 지연개설되는 경우

매월별로 영세율 등 조기환급신고를 하는 사업자가 재화를 공급하면서 당해 재화의 공급시기에 내국신용장이 개설되지 아니하여 과세세금계산서를 교부하여 신고한 후 당해 재화의 공급시기가 속하는 예정신고기간 내에 내국신용장이 개설되어 수정세금계산서를 교부한 경우 당해 수정세금계산서를 부가가치세 예정신고에 포함하여 신고한다.[94] 또한, 과세세금계산서를 교부한 다음 동일 과세기간 종료 후 25일 이내에 내국신용장이 개설된 경우 영세율세금계산서로 수정교부, 수정신고하는 경우 가산세 해당 없다.[95]

(3) 구매확인서를 발급받은 후 수정세금계산서 미발급 시 가산세 적용 여부

사업자가 「관세법」에 따른 보세판매장에 재화를 공급하고 10%의 세율이 기재된 세금계산서를 발급한 후 공급시기가 속하는 과세기간 종료 후 25일 이내에 구매확인서를 발급받은 경우에는 0%세율이 기재된 세금계산서로 수정발급할 수 있는 것이나, 사업자가 구매확인서를 발급받았음에도 (영세율)수정세금계산서를 발급하지 아니한 경우로서 당초 발급한 세금계산서에 의해 부가가치세 예정·확정 신고·납부를 이행한 경우에는 해당 거래에 대하여 세금계산서 지연발행 및 미발행 가산세를 적용하지 않는 것이며, 공급시기가 속하는 과세기간 종료 후 25일이 경과한 뒤에는 수정세금계산서를 발급할 수 없다.[96]

5. 관세환급금

(1) 의의

관세환급금이라 함은 사업자가 수출용원자재를 수입할 때 관세를 과세하거나 또는 징수유예 하였다가 수입한 원자재 등으로 제품을 제조·가공하여 이를 수출하면 납부하였거나 징수유예받은 관세를 환급하여 주는 무역지원제도를 말한다.

94) 부가46015-5048, 1999.12.27
95) 서면3팀-895, 2004.05.08
96) 기획재정부 부가가치세제과-585, 2017.11.16

(2) 영세율 적용 여부 및 부가가치세 과세 여부

내국신용장에 의하여 재화를 수출업자 또는 수출품생산업자에게 공급하고 해당 수출업자 또는 수출품생산업자로부터 그 대가의 일부로 받는 관세환급금은 영세율을 적용한다.[97] 또한 수출업자 또는 내국신용장에 의하여 완제품을 수출업자에게 공급한 자가 세관장으로부터 직접 받은 관세환급금과 수출품생산업자가 수출대행자로부터 받는 관세환급금은 과세하지 아니한다.[98]

(3) 영세율세금계산서 교부시기

관세환급금을 수출업자가 환급받아 그 대가의 일부로 내국신용장에 의하여 공급한 납품업자에게 지급하는 경우 영세율세금계산서를 교부하여야 하며 세금계산서의 교부시기는 원칙적으로 재화의 공급시기에 교부하여야 하는 것이나 그 금액 중 일부가 확정되지 아니한 때에는 세관으로부터 관세환급금이 통지되었을 때 교부할 수 있다.

97) 부기통 21-31-8, 21-31-9

98) 부기통 21-31-9 단서

[별지 제41호 서식(1)]

홈택스(www.hometax.go.kr)에서도 신청할 수 있습니다.

내국신용장 · 구매확인서 전자발급명세서(갑)

년 제 기 (월 일 ~ 월 일)

※ 아래의 작성방법을 읽고 작성하시기 바랍니다.

접수번호	접수일	처리기간 즉시

1. 제출자 인적사항

① 상호(법인명)	② 사업자등록번호
③ 성명(대표자)	④ 사업장 소재지
⑤ 업태	⑥ 종목
⑦ 거래기간 년 월 일 ~ 월 일	⑧ 작성일

2. 내국신용장 · 구매확인서에 의한 공급실적 합계

구분	건 수	금액(원)	비고
⑨ 합 계(=⑩+⑪)			
⑩ 내 국 신 용 장			
⑪ 구 매 확 인 서			

3. 내국신용장 · 구매확인서에 의한 공급실적 명세서

⑫ 번호	⑬ 구분	⑭ 서류번호	⑮ 발급일	⑯ 공급받는 자의 사업자등록번호	⑰ 금액(원)	⑱ 비고

「부가가치세법 시행령」 제101조제1항의 표 제3호가목에 따라 내국신용장 · 구매확인서 전자발급명세서를 제출합니다.

년 월 일

제출자 (서명 또는 인)

세 무 서 장 귀하

작성방법

이 명세서는 전자무역문서(「전자무역 촉진에 관한 법률」 제12조에 따른 전자무역기반시설을 이용한 전자문서를 말함)로 발급된 내국신용장 · 구매확인서에 의해 공급하는 재화 또는 수출재화임가공용역에 대하여 영세율을 적용받는 사업자가 작성하며, 해당 서류는 전자무역문서로 대체되고 그 사본은 제출하지 않습니다.

①~⑥: 제출자(공급자)의 사업자등록증에 적힌 내용을 적습니다.

⑦,⑧: 제출대상기간과 이 명세서의 작성일을 적습니다.

⑨~⑪: ⑨~⑪ 아래 ⑫~⑱에 작성된 내국신용장과 구매확인서 제출대상기간의 건수 및 금액의 합계를 적습니다.

⑫~⑱: 내국신용장과 구매확인서를 구분하여 서류번호, 발급일을 작성하며, 공급받는 자(내국신용장 개설업체, 구매확인서 신청업체)의 사업자등록번호 및 신고대상기간의 발급 또는 개설 금액을 각각 적습니다.

※ 『내국신용장 · 구매확인서 전자발급명세서(갑)』 서식을 초과하는 공급실적분에 대해서는 『내국신용장 · 구매확인서 전자발급명세서(을)』 [별지 제41호서식(2)]에 이어서 작성합니다.

210㎜×297㎜[백상지 80g/㎡(재활용품)]

[별지 제42호서식] (2013. 6. 28. 개정)

홈택스(www.hometax.go.kr)에서도 신청할 수 있습니다.

영세율 첨부서류 제출명세서

년 제 기 (월 일 ~ 월 일)

※ [ ]에는 해당하는 곳에 √ 표시를 합니다. 뒤쪽의 작성방법을 읽고 작성하시기 바랍니다. (앞쪽)

제출자 인적사항	① 사업자등록번호	② 상호(법인명)
	③ 성명(대표자)	④ 사업장 소재지 및 연락처
	⑤ 업태(종목)	

⑥ 거래기간	⑦ 작성일자
⑧ 제출사유	

⑨ 일련번호	⑩ 서류명	⑪ 발급자	⑫ 발급일자	⑬ 선적일자	⑭ 통화코드	⑮ 환율	당기제출금액		당기신고해당분		⑳ 비고
							⑯ 외화	⑰ 원화	⑱ 외화	⑲ 원화	

210㎜×297㎜[백상지 80g/㎡(재활용품)]

영세율적용사업자가 제출할 영세율적용첨부서류 지정 고시(별지 제1호 서식)

관세환급금 등 명세서

(년 제 기)

1. 인적사항

(1) 성 명		(2) 사업자등록번호	
(3) 상 호		(4) 사업장소재지	
(5) 거 래 기 간	년 월 일 ~ 월 일	(6) 작 성 일	

2. 환급금 내용

(7) 공급일자	(8) 금 액	공급받는자		(11) 내국신용장번호	비 고
		(9) 상 호	(10)사업자등록번호		

「영세율적용사업자가 제출할 영세율적용첨부서류 지정 고시」에 따라 관세환급금 등 명세서를 제출합니다.

년 월 일

제출인 (서명 또는 인)

세 무 서 장 귀하

작 성 방 법

(1)~(4): 제출자(공급자)의 사업자등록증에 기재된 내용을 적습니다.
(5), (6): 제출대상기간과 이 명세서의 작성일을 적습니다.
(7)~(11): 내국신용장에 포함되지 않은 관세환급금 등에 대해 적습니다.

Ⅲ 한국국제협력단·한국국제보건의료재단·대한적십자사에 공급하는 재화

1. 적용범위

(1) 개요

사업자가 「한국국제협력단법」에 의한 한국국제협력단에 공급하는 재화(한국국제협력단이 「한국국제협력단법」의 규정에 의한 협력사업을 위하여 외국에 무상으로 반출하는 재화에 한한다) 및 「한국국제보건의료재단법」에 따른 한국국제보건의료재단에 공급하는 재화(한국국제보건의료재단이 「한국국제의료재단법」의 규정에 따른 사업을 위하여 해당 재화를 외국에 무상으로 반출하는 경우에 한한다)그리고 「대한적십자사 조직법」에 따른 대한적십자사에 공급하는 재화(대한적십자사가 같은 법 제7조에 따른 사업을 위하여 외국에 무상으로 반출하는 재화로 한정한다)는 영세율을 적용한다.

(2) 도입 취지

사업자가 한국국제협력단에 공급하는 재화, 한국국제보건의료재단에 공급하는 재화, 「대한적십자사 조직법」에 따른 대한적십자사에 공급하는 재화는 특별법에 의하여 주로 개도국 및 후진국의 경제·사회 발전을 지원하기 위하여 설립된 단체로 동 단체가 해외 무상원조하는 물품은 국내에서 소비되지 않고 실질적으로 모두 수출됨에도 불구하고 과세되는 문제가 있으므로 영(0)의 세율을 적용하여 협력단의 원활한 원조사업을 지원하고자 하는 데 취지가 있다.

2. 공급시기

한국국제협력단·한국국제보건의료재단에 공급하는 재화는 수출하는 재화에 포함하여 영세율을 적용하지만, 거래시기 적용에 있어서는 국내거래이므로 수출하는 재화의 공급시기인 선적일을 적용하지 아니하고, 국내에서 거래되는 재화의 공급시기와 같이 적용한다.

3. 세금계산서 발급

공급받는 자에게 영세율을 적용하여 세금계산서를 발급하여야 한다.

4. 영세율 첨부서류

한국국제협력단·한국국제보건의료재단·대한적십자사가 발급한 공급사실을 증명할 수 있는 서류

5. 북한으로 반출할 물품을 대한적십자사에 공급하면서 영세율 적용 후 국내 사용 시 부가가치세 과세 여부 등

사업자가 「대한적십자사 조직법」에 따른 대한적십자사에 적십자사 사업을 위하여 외국에 무상으로 반출할 목적으로 공급하는 재화는 영세율이 적용되는 것이나, 외국에 무상반출할 재화를 국내에서 공급한 때에는 내국신용장 또는 구매확인서에 의하지 아니하고는 부가가치세 영세율이 적용되지 아니한다. 그리고 당초 일반세율이 적용되는 거래에 대하여 영세율세금계산서를 발급한 경우 수정세금계산서는 처음에 발급한 세금계산서 작성일을 작성일자로 하여 발급한다. 다만, 사업자가 공급한 재화를 대한적십자사가 묵시적 합의해지에 따라 국내에 공급한 경우 증감사유가 발생한 날을 작성일로 하여 수정세금계산서를 발급하는 것이나, 사업자가 공급한 재화를 대한적십자사가 묵시적 합의해지에 따라 국내에 공급하였는지 여부는 사실관계에 따라 판단할 사항이다.[99)]

Ⅳ 수탁가공무역 방식으로 공급하는 재화

1. 의의

수탁가공무역이란 가득액을 영수(領收)하기 위하여 원자재의 전부 또는 일부를 거래상대방의 위탁에 의하여 수입하여 이를 가공한 후 위탁자 또는 그가 지정하는 자에게 가공물품 등을 수출하는 경우를 말한다. 다만, 위탁자가 지정하는 자가 국내에 있음으로써 보세공장 및 자유무역지역에서 가공한 물품 등을 외국으로 수출할 수 없는 경우 「관세법」에 따른 수탁자의 수출·반출과 위탁자가 지정한 자의 수입·반입·사용은 이를 「대외무역법」에 따른 수출·수입으로 본다(대외무역관리규정 2 7). 따라서 원자재의 전부가 수입절차 없이 국내에서 조달되는 경우에는 수탁가공무역이 아니다.

2. 위탁자가 지정하는 국내의 다른 사업자에게 인도하는 경우

(1) 영세율 적용요건

사업자가 다음의 요건에 의하여 공급하는 재화(수탁가공무역 수출용으로 공급하는 재화)는 해당 사업자와 비거주자 등이 지정하는 국내의 다른 사업자 모두 영세율을 적용한다(부령 31②5).

① 국외의 비거주자 또는 외국법인(이하 "비거주자 등"이라 한다)과 직접 계약에 의하여 공급할 것

② 대금을 외국환은행에서 원화로 받을 것

③ 비거주자 등이 지정하는 국내의 다른 사업자에게 인도할 것

④ 국내의 다른 사업자가 비거주자 등과 계약에 의하여 인도받은 재화를 그대로 반출하거나 제

---

99) 서면-2021-법규부가-8134[법규과-1690], 2022.05.31

조·가공 후 반출할 것

(2) 공급시기

거래시기 적용에 있어서는 국내거래이므로 수출하는 재화의 공급시기인 선적일을 적용하지 아니하고, 국내에서 거래되는 재화의 공급시기와 같이 적용한다. 즉, 가공된 재화를 인도(입고)하는 때가 된다(부법 15①1).[100)]

(3) 공급가액

① 공급시기(가공재화 인도)가 도래하기 전에 수출대금을 원화로 환가한 경우에는 그 환가한 금액이 공급가액이다.

② 수출물품 공급시기까지 수출대금을 원화로 환가하지 아니하였거나 선적일 이후에 지급받은 경우에는 공급시기의 「외국환거래법」에 의한 기준환율 또는 재정환율로 환산한 금액이 공급가액이다.

(4) 세금계산서 발급

세금계산서 발급의무가 없다.

(5) 영세율 적용 첨부서류

다음의 서류를 제출하여야 한다.

① 국내의 다른 사업자가 비거주자 등과 계약에 의하여 인도받은 재화를 그대로 반출하거나 제조·가공 후 반출한 사실을 입증할 수 있는 관계증빙서류

② 외국환은행이 발행하는 외화입금증명서. 「개별소비세법」에 의한 수출면세의 적용을 받기 위하여 영세율 첨부서류를 관할세무서장에게 이미 제출한 경우에는 영세율 첨부서류제출명세서로 수출실적명세서 및 소포수령증을 갈음할 수 있다. 그리고 사업자가 당해 서류를 복사하여 저장한 테이프 또는 디스켓을 영세율 첨부서류제출명세서(전자계산조직에 의하여 처리된 테이프 또는 디스켓을 포함)와 함께 제출하는 경우에는 수출계약서 사본 또는 외국환은행이 발행하는 외화입금증명서를 제출한 것으로 본다. 이 경우 동 규정에서 정하는 서류를 제출할 수 없는 경우에는 외화획득명세서에 영세율이 확인되는 증빙서류를 첨부하여 제출한다.[101)]

100) 재소비 46015-212, 2001.08.20

101) 부가46015-4457, 1999.11.05

3. 외국의 위탁자에게 반출하는 경우

(1) 과세대상 및 과세표준

원자재의 조달방법에 따라 유환수탁가공무역과 무환수탁가공무역으로 구분되며, 일반적으로 무환수탁가공무역방식을 택하고 있다. 원자재의 가공 후 외국의 위탁자에게 반출하는 경우에는 수출하는 재화로 보아 직수출과 같이 업무처리를 한다.

1) 유환(有換)수탁가공무역

원자재의 수입대금과 가공제품의 수출대금이 별도로 지급 또는 수취되는 것을 말한다.

2) 무환(無換)수탁가공무역

대상 원재료를 무환으로 수입하여 가공 후 가공료만을 받고 수출하는 것으로서 보세공장의 설영특허를 받아 무환수탁가공무역을 하는 사업자가 수탁보세가공한 물품을 국외로 반출하는 경우에는 수출하는 재화로서 영세율을 적용한다(부기통 21-31-6). 이 경우는 보세임가공으로서 「부가가치세법」상 용역의 공급에 해당하나 기획재정부장관의 유권해석에 따라 재화의 공급으로 처리하고 있다. 부가가치세 업무처리요령은 자기 명의 직수출의 경우와 같으며 과세표준은 가공수수료이다.

(2) 공급시기

수출재화 선(기)적일이 공급시기이다수출재화(완성된 수탁가공물품)의 선(기)적일이 공급시기이다. (부령 28⑥).

(3) 세금계산서 발급

세금계산서 발급의무가 없다.

(4) 영세율 적용 첨부서류

수출실적명세서(전자계산조직에 의하여 처리된 테이프 또는 디스켓을 포함한다). 또한 「개별소비세법」에 의한 수출면세의 적용을 받기 위하여 영세율 첨부서류를 관할세무서장에게 이미 제출한 경우에는 영세율 첨부서류제출명세서로 수출실적명세서 및 소포수령증을 갈음할 수 있다. 이 경우 동 규정에서 정하는 서류를 제출할 수 없는 경우에는 외화획득명세서에 영세율이 확인되는 증빙서류를 첨부하여 제출한다.[102)]

102) 부가46015-4457, 1999.11.05

4. 입증서류

(1) 사업자

외화입금증명서 및 국내에서 재화를 인도받은 자가 비거주자 등에게 반출하는 사실을 입증할 수 있는 계약서 사본 또는 확인서 등 관계증명서류(계약서 사본 또는 확인서 등)

(2) 비거주자 등이 지정하는 국내의 다른 사업자

직수출에 해당하는 것으로서 대가의 영수방법(원화 또는 외화)에 관계없이 영세율이 적용되므로 영세율 첨부서류로는 "수출실적명세서"를 제출해야 한다.

5. 관련 사례

(1) 수출용 재화를 공장인도조건으로 공급하는 경우

사업자가 외국법인과 직접 계약에 따라 공급하는 재화 (이하 '해당 재화')를 공장인도조건(Ex-Works)으로 외국법인에게 인도하고 그 외국법인은 해당 재화에 추가가공 없이 보세구역 내 다른 사업자에게 인도하며 보세구역 내 해당 사업자가 외국법인과 계약에 따라 해당 재화를 그대로 반출하거나 제조·가공한 후 반출하는 것으로서 대금을 외국환은행에서 원화로 받는 경우, 「부가가치세법」에 따라 영세율이 적용되는 수출에 해당한다.[103)]

(2) 무환수탁가공수출에서 발급받은 수입세금계산서의 매입세액공제

국내사업자가 외국회사(위탁자)로부터 계약에 의해 인도받은 원재료를 사용하여 가공한 재화를 수출(무환수탁가공수출)하고 가공비만을 대금결제하는 경우에 해당 원재료수입 시 세관장으로부터 발급받은 수입세금계산서의 매입세액은 자기책임과 계산하의 수입인 경우 자기의 매출세액에서 공제받을 수 있는 것이나, 수입주체가 실질적으로 외국법인인 경우에는 사업자가 수취한 수입세금계산서의 매입세액은 공제할 수 없다.[104)]

103) 법규과-1141, 2013.10.19

104) 부가-27, 2014.01.13

V 4자간 무역거래

1. 의의

「부가가치세법」 시행령 제31조 제1항 제5호의 개정으로 4자간 무역거래시 영세율 적용 및 계산서 발급에 대해 이해를 돕기 위해서 사례를 통해 설명한다.

2. 4자간 거래무역 사례[105)]

(1) 거래형태

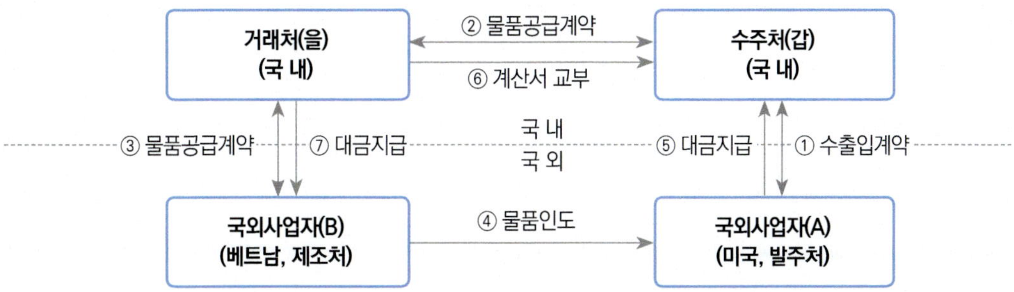

- "갑"은 외국인도수출에 해당
- "을"은 국내에서 계약과 대가수령이 이루어지고, 국외에서 재화가 이동된 경우로서 국내사업자인 "갑"과의 거래이므로 외국인도수출에 해당하지 아니함(과세거래 아니지만 계산서 발급 대상)

① 국내사업자인 수주처 "갑"과 거래처 "을"을 국내에서 물품공급계약을 체결하고, "갑"은 물품공급대가를 원화를 지급하고, 물품을 미국의 발주처 "A"사업자에게 인도하는 조건으로 계약함.

② 거래처 "을"은 베트남 소재 국외사업자가 제조처 "B"로부터 물품을 구입하여 "B"로 하여금 미국의 발주처 "A"사업자에게 물품을 인도하도록 함.

〈거래 요약〉

- 재화의 흐름 : 국외사업자(B) → 국외사업자(A)
- 매출의 흐름 : 국외B(베트남) → 거래처(을) → 수주처(갑) → 발주처(A)

(2) 부가가치세 신고 요령

1) 국내사업자 수주처 "갑"의 경우

수출 계약과 외화 수령이 있으므로 외국인도수출에 해당되어 영세율이 적용된다.

105) 부가가치세과-666, 2012.06.08. 사전-2015-법령해석부가-0344, 2015.11.13.

2) 국내사업자 거래처 "을"의 경우

① 외화획득용 물품을 국내에서 구매한 사실이 없고, 물품이 국외에서 이동하므로 구매확인서 발급대상이 아니므로 대외무역법령상의 수출로 볼 수 없다.

② "을"은 국내에서 계약과 대가수령이 이루어지고, 국외에서 재화가 이동된 경우로서 국내사업자인 "갑"과의 거래이므로 외국인도수출에 해당하지 아니하고, 과세거래는 아니지만 계산서 발급대상이 된다. 이에 따라 "을"은 "갑"에게 계산서를 발급해야 한다.

③ "을"은 계산서 발급으로 인한 공통매입세액 안분계산 대상이 될 수 있다는 점을 유의해야 한다.

〈신고 요약〉

- 국내거래처(을) : 과세거래 아니므로 계산서 발행
- 국내수주처(갑) : 영세율 적용

CHAPTER 03

영세율 적용대상 용역

제1절 용역의 국외공급

I 개요

1. 의의

국내에 사업장을 가지고 있는 사업자가 국외에서 용역을 제공하는 경우에는 해당 용역을 제공받는 자, 대금결제수단에 관계없이 영세율이 적용된다(부집 22-0-1). 즉, 재화나 용역이 국외에서 공급되는 경우에는 원칙적으로 납세의무가 없는 것이지만 「부가가치세법」상의 납세지가 국내일 경우에 납세지를 기준한 속지주의원칙에 따라 부가가치세 납세의무가 있다. 그러므로 여기에서 말하는 '국외에서 제공하는 용역'이란 당해 용역을 제공하는 사업의 사업장이 국내에 소재하는 경우를 말한다.[106]

2. 영세율 적용 방법

국내 사업자가 비거주자 또는 외국법인과 계약하여 국외에서 용역을 공급하는 경우에는 그 대가의 수령방법 또는 계약체결 장소에 불구하고 영세율이 적용된다.[107]

3. 세금계산서 발급

① 국내사업자로부터 국외에서 용역을 공급받는 자가 국내에 사업장이 없는 비거주자 또는 외국법인이면 세금계산서 발급의무가 면제하고 있다(부령 71 ① 4).

② 국외에서 건설공사를 도급받은 사업자로부터 하도급을 받아 국외에서 건설용역을 제공하고 대가를 원도급자인 국내사업자로부터 받는 경우, 하도급자는 원도급자에게 영세율세금계산서를 발급해야 한다.[108]

106) 부가세과-1074, 2011.09.08., 소비 22601-1333, 1989.12.08
107) 부가가치세과-471, 2013.05.28.
108) 서면3팀-1684, 2005.10.05. 서면3팀-1705, 2006.08.04.

4. 영세율 첨부서류

① 외국환은행이 발급하는 외화입금증명서 또는 국외제공용역에 관한 계약서(하도급계약서)이다(부령 101①8).

② 다만, 장기해외건설공사인 경우, 해당 건설용역에 대한 최초의 과세표준신고 시에 공사도급계약서 사본을 제출하고 그 이후의 신고에 있어서는 해당 신고기간의 용역제공실적을 영세율 규정에 따른 외화획득명세서를 제출한다(부기통 22-101-1).

5. 세금계산서 교부의무

국외에서 용역을 제공받는 자가 국내에 사업장이 없는 비거주자 또는 외국법인인 경우에 한하여 세금계산서 발급의무가 면제된다. 따라서 국내사업자가 외국의 건설공사를 도급받아 내국법인인 사업자에게 하도급하고 하도급받은 당해 사업자가 국외에서 건설용역을 공급하고 그 대가를 하도급자인 국내사업자로부터 국외에서 외화로 받는 경우에는 외국에서 제공하는 용역에 해당되어 영세율이 적용되는 것이며, 하도급받은 사업자는 하도급자인 국내사업자에게 영세율세금계산서를 교부하여야 한다.[109)]

6. 국외에서 제공하는 용역의 영세율 첨부서류

국외에서 용역을 제공하는 사업자의 영세율 첨부서류는 외화입금증명서 또는 국외에서 제공하는 용역에 관한 계약서(하도급의 경우에는 하도급계약서)사본이다. 다만, 장기해외건설공사인 경우에는 해당 건설용역에 대한 최초의 과세표준 신고 시에 공사도급계약서 사본을 제출하고 그 이후의 신고에 있어서는 해당 신고기간의 용역제공 실적을 영세율규정에 따른 외화획득명세서에 의하여 제출할 수 있다.[110)]

7. 영세율이 적용된 국외제공용역에 대한 현금영수증 의무발급 여부

현금영수증 의무발급사업자가 국내사업장이 없는 외국법인에게 변리용역을 공급하고 대금을 외국환은행에서 원화로 받아 부가가치세 신고시 외화입금증명서를 첨부하여 제출한 경우로서 영세율이 적용된 경우 현금영수증 의무발급대상이 아니다. 이 경우 외화입금증명서를 제출한 경우만 현금영수증 의무발급대상으로 보지 않는다.[111)]

---

109) 부가22601-1014, 1985.06.04

110) 부기통 22-101-1

111) 재소득-0549, 2011.12.21. 소득집 162의3-0-1 ①3

8. 용역의 국외공급 범위

(1) 용역의 국외공급 해당 여부 사례[112)]

용역의 국외공급에 해당되는 것	용역의 국외공급에 해당되지 아니하는 것
• 국외에서 건설공사를 도급받은 사업자로부터 건설공사를 하도급받아 국외에서 건설용역을 제공하는 경우	• 국내에서 외국법인에게 용역을 제공하고 그 대가를 외화로 받는 경우
• 광고물의 제작설치 및 유지보수용역을 제공하는 사업자가 광고대행업자의 주선으로 국내광고주와 해외광고계약을 체결하고 국외에서 광고물을 제작, 설치한 후 해당 광고물의 유지보수용역을 공급하는 경우	• 국외에 소재하는 건설공사에 사용되는 건설장비 임대용역 • 국외건설공사를 수주한 국내건설업자에게 국내에서 제공하는 설계용역
• 사업자가 외국기업과 국외에 설립한 합작법인에 해당 사업자의 기술을 이전하여 주고 합작법인으로부터 출자지분을 취득하는 경우	• 세관의 보세구역에서 외국인이 입국 시 예치품을 일시보관하였다가 출국 시 인출하여 주고 외국인으로부터 경비료를 받는 경우

(2) 국내법인의 미등기 해외지점이 해외에서 공급한 건설용역은 부가가치세 과세(영세율) 대상 아님

건설업을 영위하는 사업자가 조세조약이 체결되지 아니한 국외에서 건설업을 영위하기 위하여 현지법률에 따라 지점을 설립하고 국내 법인등기부상 지점으로 등기하지 아니한 경우로서 국외 건설용역을 제공하기 위한 인적자원과 물적시설을 모두 갖추고 자기책임과 계산하에 국외에서 독립적으로 사업을 영위하는 때에는 별도사업장인 국외지점이 국외에서 공급한 용역이므로 「부가가치세법」에 따른 과세대상에 해당하지 않는다.[113)]

(3) 국외에서 제공하는 용역이 부가가치세 과세대상이 아닌 경우

다음의 용역은 해당 부동산 또는 광고매체가 사용되는 장소가 국외이므로 부가가치세가 과세되지 아니한다(부기통 22-0-1 ②).

① 국외에 있는 부동산의 임대용역

② 외국의 광고매체에 광고게재를 의뢰하고 지급하는 광고료

112) 부가집 22-0-2

113) 서면-2022-법규부가-0736[법규과-660], 2022.02.23

Ⅱ 관련 사례

1. 용역의 국외공급으로 보아 영세율이 적용되는 사례

(1) 애플리케이션을 오픈마켓에 등재하고 국내·외 소비자가 이를 유상으로 다운로드받아 사용하는 경우 영세율 적용 여부

국내사업자가 개발한 스마트폰용 응용프로그램(애플리케이션)을 인터넷상의 오픈마켓에 등재하고 오픈마켓운영자의 중개하에 국내·외 소비자가 이를 유상으로 다운로드받아 사용하는 경우, 동 거래는 용역의 공급으로서 부가가치세 과세대상이고, 국외소비자가 다운로드받는 분은 국외에서 제공하는 용역으로서 영세율이 적용되며, 영세율을 적용하여 신고할 경우 국세청장이 정하는 바에 따라 외화획득명세서 및 영세율이 확인되는 증빙서류 등을 제출하여야 한다. 또한 동 거래와 관련하여 소비세 등의 명목으로 외국에서 납부한 금액은 과세표준에 포함되지 아니하고, 공급가액과 세액이 별도 표시되어 있지 아니하는 경우 거래금액의 110분의 100에 해당하는 금액을 과세표준으로 보되, 영세율이 적용되는 경우에는 전체 거래금액을 영세율 과세표준으로 보며, 동 거래의 대가를 외국통화 기타 외국환으로 지급받는 경우 국내개발자와 오픈마켓운영자 간 정산일 등 역무의 제공이 완료되고 그 공급가액이 확정되는 때를 공급시기로 하여 과세표준을 산정한다.[114)]

(2) 해외현지법인의 지급(이행)보증 대가수수료의 영세율 여부

사업자가 국외에서 해외현지법인의 채무지급보증 및 이행보증을 제공하고 대가를 해외현지법인으로부터 외국환은행을 통하여 외화로 받는 경우 사업자(보증의 주체)가 국외에서 국외소재 은행 또는 법인에 대하여 국외현지법인에 대한 보증을 제공하는 것은 국외에서 제공하는 용역에 해당한다.[115)]

(3) 북한에 건설용역 제공

북한에 제공하는 용역은 「남북교류협력에 관한 법률」에 의하여 국외제공용역에 해당되므로 영세율이 적용된다.[116)]

(4) 국외기업에 제공하는 장비임대용역의 영세율 적용 여부 등

국내기업A(이하 "A사"라 함)가 다른 국내기업B(이하 "B사"라 함)로부터 건설장비를 임차하여 국

114) 기획재정부 부가가치세 제고-388, 2010.06.10
115) 재부가-279, 2010.04.23
116) 부가46015-449, 1999.02.12

외기업에 건설장비임대용역을 제공하는 경우 A사의 국외기업에 대한 장비임대용역은 영세율이 적용되는 것이며, 이때 B사가 A사에 제공하는 건설장비임대용역에 대해서는 영세율 적용 대상이 아니다.[117)]

(5) 국외사업자로부터 특허권사용료를 받는 경우 국외제공용역 해당 여부

개별원시 특허권을 보유한 사업자가 원시 특허권사용계약에 의하여 국외에 소재하는 통합 특허권자에게 당해 특허권에 대한 사용용역을 국외에서 제공하고 그 대가를 받는 경우 당해 용역의 제공은 영세율을 적용하는 것이며, 이에 해당하는지 여부는 당사자 간 계약내용, 특허권 사용방법 등을 종합적으로 고려하여 사실판단하여야 한다.[118)]

2. 용역의 국외공급에 해당되지 아니하여 영세율이 적용이 되지 않는 사례

(1) 국외지점을 둔 사업자가 공급하는 해외건설용역의 영세율 적용 여부

국내에 사업장을 둔 사업자가 국외에서 건설용역을 제공하는 경우에는 영세율을 적용하는 것이며, 다만 법인사업자가 국외에 지점을 설치(법인등기부등본에 지점등기)하고 해당 지점의 책임과 계산으로 해외건설용역을 제공하는 경우에는 부가가치세가 과세되지 아니한다.[119)]

(2) 임가공용역을 국외에서 제공한 경우 영세율 적용 여부

국내사업자"을"이 국내사업자"갑"과 임가공계약을 체결하고, "을"은 국내사업장이 없는 외국법인"병"으로 하여금 "갑"이 외국에서 구매하거나 국내에서 "갑" 명의로 국외로 반출한 주요자재를 인도받아 임가공하게 한 후 "갑"으로부터 임가공용역의 대가를 받는 경우 당해 대가에 대하여는 부가가치세가 과세되지 아니한다.[120)]

(3) 국내건설업자와 주문계약하고 건설자재공급업자 명의로 지정된 해외건설현장에 인도하는 경우

국내건설업자가 건설자재공급업자와 주문계약을 체결하여 건설자재를 공급받고 당해 건설자재를 공급업자 명의로 반출하게 하여 지정된 해외건설현장에 인도하게 하는 경우로서, 국내건설업자가 국내에서 건설자재공급업자로부터 공급받은 건설자재에 대하여는 영세율이 적용되지 아니한다.[121)] 이는 동 건설자재를 구매한 자와 외국으로 반출할 권한과 책임을 가진 자 및 동 건설자재

117) 부가가치세과-814, 2012.07.27, 부가46015-288, 1993.03.10
118) 부가-1103, 2009.08.04
119) 부가가치세과-439, 2010.04.07
120) 상담3팀-1325, 2008.06.26
121) 서면3팀-31, 2005.01.06, 부가-28, 2013.01.10

를 실제 수출한 자는 국내건설사업자이며, 건설자재공급업자는 동 건설자재를 수출과정에서 계약에 따라 업무를 대행한 것에 불과하기 때문이다.[122)]

(4) 건설장비 등을 임대목적으로 국외로 반출 후 소유권이 외국에서 이전되는 경우

사업자가 건설장비 등을 임대(국외제공용역)목적으로 「대외무역법」에 규정하는 임대수출방식으로 국외로 반출하는 경우 소유권의 이전 없이 반출하는 당해 건설장비 등은 재화의 공급에 해당하지 아니하는 것이나, 임대계약기간 만료 전 또는 만료 후 당해 건설장비 등의 소유권이 외국에서 이전되는 경우에는 당해 재화가 인도되는 때를 공급시기로 하여 영세율규정을 적용하며, 이 경우 부가가치세의 과세표준은 「부가가치세법」 제13조 제1항의 규정에 의한다.[123)]

(5) 유튜브 광고수익을 국내 MCN 사업자를 거쳐 외국법인으로부터 원화로 지급받는 경우 영세율 적용 여부

국내 제3자가 외국법인 등으로부터 외화를 송금받고, 사업자가 그 제3자로부터 원화로 지급받는 경우 영세율이 적용되지 않는다.[124)]

(6) 구매대행용역 중 해외현지법인에 위탁한 부분이 국외제공용역 해당 여부

국내소비자에게 제공하는 구매대행용역이 국내공급부분과 해외현지법인에 위탁한 국외공급부분이 외형상 구분될 수 있더라도 이는 유기적인 결합하여 실질적으로 하나의 용역으로 공급된 것으로서 그 중요하고도 본질적인 부분이 국내에서 이루어졌으므로 전체적으로 국내에서 공급된 용역으로 보아 영세율을 적용할 수 없다.[125)]

---

122) 국심2000서0157, 2002.12.26, 대법원2000두6466, 2002.09.02
123) 서면3팀-1883, 2007.07.03
124) 기획재정부 부가가치세제과-462, 2022.10.13
125) 대법원 2018두46049, 2018.09.13.

제2절 선박 또는 항공기의 외국항행 용역

I 개요

1. 의의

외국항행용역이란 선박 또는 항공기에 의하여 여객이나 화물을 국내에서 국외로, 국외에서 국내로, 국외에서 국외로 수송하는 것으로 대금결제수단에 관계없이 영세율이 적용된다.[126]

〈외국항행 용역의 공급 대상별 공급시기, 세금계산서 발급, 첨부서류 정리〉

<table>
<tr><th rowspan="2">구분</th><th rowspan="2" colspan="2">영세율 적용대상</th><th rowspan="2">공급시기</th><th rowspan="2">세금계산서 발급 여부</th><th colspan="2">첨부서류</th></tr>
<tr><th>법령에 의한 첨부서류</th><th>국세청장 지정서류</th></tr>
<tr><td rowspan="3">외국항행 용역의 공급</td><td rowspan="2">선박, 항공기에 의한 외국항행 용역</td><td>선박에 의한 외국항행용역</td><td rowspan="2">역무의 제공이 완료되고 공급가액이 확정되는 때</td><td>공급받는 자가 국내사업장 없는 경우 발급 면제</td><td>외화입금증명서</td><td>선박에 의한 운송용역 공급가액 일람표</td></tr>
<tr><td>항공기에 의한 외국항행용역</td><td>면제</td><td>공급가액확정 명세서</td><td>다른 외국항행사업자의 탑승권을 판매, 화물운송계약 체결:송장집계표</td></tr>
<tr><td colspan="2">국제복합운송계약에 의한 외국항행용역</td><td>일반적인 공급시기</td><td>국내사업장 없는 경우 및 상업서류 송달용역 발급면제</td><td>–</td><td>선박, 항공기에 의한 외국항행용역 입증서류</td></tr>
</table>

2. 외항선박 및 원양어선[127]

외국을 항행하는 선박과 원양어선의 정의는 다음과 같다.

① 외국을 항행하는 선박(이하 “외항선박”이라 한다)이란 「외국의 선박과 해운업법」에 따라 사업면허를 얻은 외국항행사업자가 운항하는 선박으로서 외국을 항행하는 우리나라의 선박을 말한다.

126) 부가집 23-32-1
127) 부가집 24-33-3

② 원양어선이란 「원양산업 발전법」에 따라 원양어선으로 허가를 얻어 주로 해외수역에서 조업을 하는 선박을 말한다.

3. 외국항행용역의 범위

외국항행용역은 선박 또는 항공기에 의하여 여객이나 화물을 국내에서 국외로, 국외에서 국내로 또는 국외에서 국외로 수송하는 것을 말하며, 외국항행사업자가 자기의 사업에 부수하여 공급하는 재화 또는 용역으로서 다음의 것을 포함한다(부법 23 ②).

① 다른 외국항행사업자가 운용하는 선박·항공기의 탑승권 판매, 화물운송계약을 체결하는 것

② 외국을 항행하는 선박 또는 항공기 내에서 승객에게 공급하는 것

③ 자기의 승객만이 전용(專用)하는 버스에 탑승하게 하는 것

④ 자기의 승객만이 전용하는 호텔에 투숙하게 하는 것

4. 외국항행용역에 포함되는 경우

다음 중 어느 하나에 해당하는 용역은 외국항행용역의 범위에 포함된다(부령 32 ②).

① 운송주선업자가 국제복합운송계약에 의하여 화주(貨主)로부터 화물을 인수하고 자기책임과 계산으로 타인의 선박 또는 항공기 등의 운송수단을 이용하여 화물을 운송하고 화주로부터 운임을 받는 국제운송용역

② 「항공사업법」에 따른 상업서류송달용역

5. 일정요건 충족 시 외국항행용역에 포함되는 경우

국내 및 국외에 걸쳐 용역이 제공되는 국제운송의 경우 사업자가 비거주자 또는 외국법인이면 여객이 탑승하거나 화물이 적재되는 장소를 거래장소로 보기 때문에(부법 20 ① 2), 비거주자 또는 외국법인이 제공하는 외국항행용역은 여객이 탑승하거나 화물이 적재되는 장소가 국내인 경우에 한하여 부가가치세 납세의무가 있다. 또한 국내사업장이 있는 외국법인이 제공하는 외국항행용역에 대한 영세율은 해당 외국법인이 상호면세국의 사업자에 해당하는지 여부에 따라 다음과 같이 적용한다(부기통 23-32-2).

(1) 상호면세국일 경우

우리나라에서 여객이나 화물이 탑승 또는 적재되는 것만 영세율을 적용한다.

(2) 상호면세국이 아닐 경우

우리나라에서 여객이나 화물이 탑승 또는 적재되는 것만 과세하며, 영세율을 적용하지 아니한다. 즉, 일반세율(10%)을 적용한다.

(3) 상호주의 적용 예시

상호면세국인 프랑스의 에어프랑스 항공사가 국내에서 여객 탑승 또는 화물 적재하는 경우, 부가가치세가 영세율이 적용되나, 회항시 파리 등 해외에서 여객 탑승, 화물 적재할 경우에는 국외 거래로 보아 부가가치세 납세의무가 없다.

Ⅱ 외항선박 등에 공급되는 재화·용역의 영세율 적용

① 외국항행사업자가 선용품 등을 다른 외항선박·원양어선에 공급하는 경우에는 영세율이 적용되지만, 국내의 다른 사업자에게 공급하는 경우에는 영세율이 적용되지 아니한다.

② 외국을 항행하는 선박 또는 항공기에 직접 하역용역 등을 제공하고 그 대가를 받는 경우에는 영세율이 적용된다.

③ 외항선박의 콘테이너수리용역은 외항선박에 제공하는 용역으로 보지 아니한다.

④ 사업자가 국내사업장이 없는 외국선박회사의 국내와 외국을 운항하는 선박 내의 일정공간을 임차하여 편의점을 운영하면서 선박 내에서 물품을 판매하는 것은 영세율이 적용되는 것이며 업무를 총괄하는 장소를 사업장으로 본다.[128)]

Ⅲ 용선과 이용운송[129)]

1. 개요

다음의 용역은 외국항행용역에 해당하므로 영세율을 적용한다.

① 사업자가 외국항행선박으로 면허를 받은 선박을 선원 부 용선계약에 의하여 타인에게 임대하여 자기책임하에 자기의 선원이 그 선박을 국제 간에 운항하도록 하고 용선자로부터 용선료를 받는 경우의 선원 부 선박임대용역

② 사업자가 선원 부 용선계약에 의하여 임차한 선박으로 자기계산하에 여객이나 화물을 국제 간에 수송해 주고 여객 또는 화주로부터 운임을 받는 경우의 운송용역

③ 운송주선업을 영위하는 사업자가 국제복합운송계약에 의하여 화주로부터 화물을 인수하고 타인

128) 부가가치세과-3843, 2008. 10. 27

129) 부기통 23-32-1

의 운송수단을 이용하여 화주에 대하여는 자기책임과 계산하에 외국으로 화물을 수송해 주고 화주로부터 운임을 받는 경우의 국제간이용운송용역

2. 외국항행사업자가 국내 외국항행사업자에게 나용선으로 선박을 대여한 경우

외국항행사업자가 국내의 외국항행사업자에게 나용선으로 선박을 대여하고 그 대가를 받는 경우에는 영세율을 적용하지 아니한다.

3. 해외 SPC가 매수한 선박을 BBCHP 계약에 따라 용선하는 경우 세금계산서 수취 여부[130)]

(1) 사실관계

- 신청법인은 외항화물운송업을 영위하는 법인으로 해외에 SPC-A를 설립하여 해외 SPC-B 소유의 쟁점선박을 매수하게 한 후 신청법인이 SPC-A와 소유권취득조건부 나용선계약을 체결하는 형태로 쟁점선박을 취득할 예정임
  * SPC-A : 신청법인 직원 1인이 주주(자본금 1달러)이며 인적 · 물적 시설 없는 페이퍼컴퍼니
- 현재 SPC-B와 국내용선사(이하 "용선사")는 쟁점선박을 대상으로 BBCHP 계약을 체결하여 용선사가 선박을 사업에 사용하고 있으며 용선사는 쟁점선박의 최초 입항 시에 「관세법」에 따라 수입신고를 하고 BBCHP계약 조건에 따라 용선료를 지급하고 있음
- 법률상 쟁점선박 소유자인 SPC-B는 SPC-A와 매매계약을 체결하고 신청법인이 SPC-A를 대신하여 계약금을 지급한 후 선급금으로 계상하였으며 선박 인수시점에 선박으로 대체할 예정임
- SPC-A는 국내계좌를 통해 매매대금을 SPC-B의 국내계좌로 외화 송금하고 SPC-B는 매매대금 중 선박 관련 차입금을 상환한 후 잔액을 용선사에 외화로 송금하며 잔금 정산 후 신청법인이 부산항에서 용선사로부터 쟁점선박을 인도받을 예정임

(2) 질의내용

국내해운사가 해외에 SPC를 설립한 후 국내 다른 용선사가 BBCHP 계약에 따라 취득하여 사용하던 선박을 매수하게 하고 SPC가 매수한 선박에 대하여 SPC와 BBCHP 계약을 체결하여 국내해운사가 선박을 취득하는 경우 국내해운사가 용선사로부터 세금계산서를 수취하는 것인지

(3) 회신

국내해운사 갑이 해외에 선박취득을 위한 특수목적회사(이하 "SPC-A")를 설립하여 국내 다른 해운사 을이 해외 다른 SPC로부터 소유권취득조건부 나용선계약에 따라 용선(수입) 후 국내에서

---

130) 사전-2021-법령해석부가-1257[법령해석과-3319], 2021. 09. 28

사용하던 선박을 취득하게 한 후 갑이 SPC-A와 소유권취득조건부 나용선계약에 따라 해당 선박을 용선하기로 하여 을로부터 선박을 국내에서 인도받는 경우로서 SPC-A가 조세회피 등의 부당한 목적으로 설립되지 아니하여 「국세기본법」 제14조 제3항이 적용되지 아니하는 경우 SPC-A의 선박취득에 대하여 갑이 을로부터 「부가가치세법」 제32조에 따른 세금계산서를 수취하지 아니하는 것이며, 귀 질의가 이에 해당하는지 여부는 사실판단할 사항이다.

Ⅳ 운송주선에 의한 외국항행용역

운송주선업자가 국제복합운송계약에 의하여 화주(貨主)로부터 화물을 인수하고 자기책임과 계산으로 타인의 선박 또는 항공기 등의 운송수단을 이용하여 화물을 운송하고 화주로부터 운임을 받는 국제운송용역과 「항공사업법」에 따른 상업서류송달용역에 대하여는 외국항행용역으로 보아 영세율을 적용한다(부령 32 ②). 이 경우 국제복합운송주선업자의 외국항행용역의 영세율 적용범위는 다음과 같다.

1. 국제복합운송용역 중 일부를 다른 복합운송주선업자에게 위탁하여 화물을 운송하고 화주로부터 그 대가를 받는 경우

복합운송주선업자(갑)가 화주로부터 수출용 제품을 인수하여 운송과 관련된 업무를 포괄적으로 위탁받아 수행(전체 운송과정에서 발생한 제품의 파손 또는 납기일의 미준수에 따른 손실 등에 대한 책임을 짐)하는 경우로서 화주의 공장(창고)에서 국내공항까지는 "갑"이 직접 운송업자에게 의뢰하여 운송하며 국내공항에서 외국의 수입국까지의 운송 중 일정부분은 "갑"이 운송업자에게 의뢰하여 운송하나, 나머지 일정부분은 "갑"이 다른 복합운송주선업자(을)에게 재위탁하고 당해 "을"은 운송업자와 국외운송계약을 체결하고 운송하는 경우 외국항행용역에 해당하는 것이다.[131)]

2. 운송주선업자가 제공하는 해외운송대행용역의 영세율 적용 여부

운송주선업자(이하 "사업자")가 해외인터넷쇼핑몰에서 물품을 구입한 국내소비자로부터 물품의 운송을 의뢰받아 자기책임과 계산으로 운송용역 중 일부 또는 전부를 다른 국외운송주선업자들에게 재위탁하여 해외에서 국내로 물품을 운송하고 국내소비자로부터 대가(대행수수료, 운송료, 관세 등)를 받는 경우 외국항행용역으로서 영세율이 적용된다. 이 경우 사업자가 「물류정책기본법」에 따라 국토교통부장관에게 국제물류주선업자로 등록하지 아니한 경우에도 영세율이 적용된다.[132)]

131) 서삼46015-11548, 2003.10.02, 재소비 46015-169, 2000.06.02
132) 사전-2022-법규부가-0114, 2022.02.21

3. 국제복합운송용역과는 별도로 국내에서 국내로 화물운송용역을 제공하는 경우

운송주선업자가 국제복합운송계약에 의하여 국내 출발지부터 도착지까지의 운송용역을 하나의 용역으로 연결하여 국제 간의 화물을 운송하여 주고 화주로부터 그 대가를 받는 경우에는 영세율세금계산서를 교부하는 것이나, 국제복합운송용역과는 별도로 국내에서 국내로 화물운송용역을 제공하는 경우에 당해 국내운송용역에 대하여는 일반세금계산서를 교부하여야 한다.[133)]

V 대가유무, 공급시기, 세금계산서 발급

1. 대가의 유무

외국항행용역의 경우에는 그 용역의 대가를 외화로 받든지 또는 원화로 받든지에 상관없이 모두 영세율 적용대상이 된다(부법 23).

2. 공급시기

선박에 의한 외국항행용역의 공급시기는 역무의 제공이 완료되거나 시설물, 권리 등 재화가 사용되는 때를 거래시기로 한다. 항공기에 의한 외국항행용역의 공급시기는 역무의 제공이 완료되고 공급가액이 확정되는 때를 거래시기로 한다(부법 16).

3. 세금계산서 발급(부령 71 ①)

① 항공기에 의한 외국항행용역 : 교부의무 면제

② 「항공법」에 의한 상업서류송달용역 : 교부의무 면제

③ 선박에 의한 외국항행용역 및 국제복합운송용역 : 공급받는 자가 국내사업장이 없는 비거주자 또는 외국법인인 경우에 한해서 세금계산서 교부의무가 면제됨

VI 외국항행용역의 영세율 첨부서류[134)]

1. 외국항행용역[135)]

① 항공기에 의한 외국항행용역 : 공급가액 확정명세서

133) 재소비-213, 2004.02.25
134) 부기통 23-101-1
135) 국세청고시 2017-34호, 2017.12.26

② 외국항행선박에 의한 여객·화물 운송용역 : 외화입금증명서, 부득이한 경우 선박에 의한 운송용역 공급가액 일람표(외화입금증명서로 제출한 공급가액을 포함하여 작성)

③ 다른 외국항행사업자의 탑승권을 판매하거나 화물운송계약을 체결하여 주고 받는 대가 : 외화입금증명서, 부득이한 경우 공급자와 공급받는 자 간의 송장집계표 또는 대금청구서

2. 국제복합운송용역[136)]

외화입금증명서, 법령 또는 훈령에 정하는 서류를 제출할 수 없는 경우 외화획득명세서에 영세율이 확인되는 증명서류(선박, 항공기에 의한 외국항행용역 입증서류 등)를 첨부하여 제출하며, 화주가 내국인 경우 외화획득명세서에 영세율임을 입증하는 서류(B/L 등)를 추가한다.

Ⅶ 관련 사례

1. 국제물류주선업자가 통관업무를 포함한 운송용역 제공 시 세금계산서 발급방법

국제물류주선업자가 국제복합운송계약에 따라 화주로부터 화물을 인수하고 자기책임과 계산으로 타인의 운송수단을 이용하여 화물을 운송하는 과정에서 관세사로부터 제공받은 통관용역에 대하여는 해당 관세사가 국제물류주선업자를 공급받는 자로 하여 세금계산서를 발급한다.[137)]

2. 외국항행용역으로 보아 영세율이 적용되는 사례

(1) 외국항행용역 제공 사업자가 크루즈 상품을 판매하는 경우

크루즈 선박으로 외국항행용역을 제공하는 사업자가 여행객에게 크루즈 상품과 기항지가 국외인 투어상품을 판매하는 경우 및 선박 내에서 재화를 공급하거나 자기사업에 부수하여 용역을 제공하는 경우 영세율을 적용하는 것이나, 기항지가 국내인 투어상품을 판매하는 경우와 선박 내 일부 매장을 외부업체에 임대하고 받는 수수료 및 자기사업에 부수하지 않는 용역을 제공하는 경우에는 영세율이 적용되지 아니하는 것이며, 외부입점업체가 재화를 공급하는 경우 영세율을 적용하는 것이나, 용역을 제공하는 경우에는 영세율이 적용되지 않는다.[138)]

(2) 국제운송주선업자의 해외배송대행사업에 대한 영세율 적용 여부

국제물류주선업 등록을 한 사업자가 해외인터넷쇼핑몰사이트에서 물품을 구입한 국내거주자로

136) 부가집 56-101-1
137) 재부가-354, 2014.05.20
138) 법규부가2012-267, 2012.08.14

부터 동 물품의 국내운송을 의뢰받아 해외의 지정된 창고에서 인수하여 자기의 책임과 계산하에 타인의 항공기를 이용하여 국내로 운송된 물품의 수입통관절차를 대행한 후 국내거주자에게 동 물품을 운송해 주는 경우에는 영세율이 적용되는 것이다. 이 경우 국제물류주선업자의 부가가치세 영세율 과세표준에는 국내거주자로부터 받는 항공운송료, 수입통관대행료, 국내운송료 등 명목 여하에 불구하고 대가관계에 있는 모든 금전적 가치가 있는 것을 포함한다.[139] 만일, 사업자가 「물류정책기본법」에 따라 국토교통부장관에게 국제물류주선업자로 등록하지 아니한 경우에도 영세율이 적용되는 것이며, 국내사업자가 국제운송용역과 별도로 해외인터넷쇼핑몰사이트에서의 구매대행용역을 제공하는 경우, 구매대행용역을 제공하고 받는 수수료에 대하여 10% 세율로 부가가치세를 신고·납부하여야 한다.[140]

(3) 복합운송주선업자로 미등록한 자의 복합운송주선용역

운송주선업자가 국제복합운송계약에 의해 화주로부터 화물을 인수하고 타인의 운송수단을 이용하여, 화주에 대하여는 자기책임과 계산하에 외국으로 화물을 운송해주고 화주로부터 받는 대가는 '외국항행용역'으로 영세율이 적용된다.[141]

(4) 국제구간과 국내구간의 항공운송사업자가 다른 경우 영세율 적용 여부

국내운송구간이 국제운송구간에 연결된 하나의 항공권으로 발행되어 국내운송구간이 국제운송의 일환이라는 것이 명백히 나타나는 경우에는 당해 국제항공운송사업자와 국내항공운송사업자가 서로 다른 경우에도 영세율이 적용된다.[142]

3. 외국항행용역에 해당되지 아니하여 영세율이 적용이 되지 않는 사례

(1) 사업자가 수출입화물의 운송 및 보관(CY, CFS, THC 등)용역을 제공하고 그 대가를 받는 경우에는 영세율이 적용되지 아니한다.[143]

(2) 여행서비스업자가 외국법인이 운영하는 크루즈의 탑승권을 국내에서 판매하고 수수료를 수령하는 경우 부가가치세 영세율 적용대상 외국항행용역에 해당하지 아니한다.[144]

139) 법규부가2012-360, 2012.10.17
140) 법규부가2014-132, 2014.04.28
141) 재소비 46015-169, 2000.06.02
142) 기획재정부 부가가치세제과-56, 2016.01.21
143) 부가-989, 2012.09.27
144) 기준-2015-법령해석부가-0174, 2015.09.18

(3) 화물운송사업자가 국내에서 외국법인과 계약에 따라 화물운송용역을 제공하는 경우

화물운송사업자가 국내에서 국내사업장이 없는 비거주자 또는 외국법인에게 화물운송용역을 공급하는 경우 그 대금을 외국환은행에서 원화로 받더라도 영세율이 적용되지 않으므로 부가가치세를 거래징수하여야 하는 것이며, 이 경우 공급받는 자가 국내에 사업장이 없는 비거주자 또는 외국법인인 경우에는 세금계산서를 발급하지 아니할 수 있다.[145)]

(4) 운수업자가 남한에서 북한 간 관광객 또는 화물을 운송하고 대가를 받는 경우 영세율이 적용되지 아니한다.[146)]

145) 부가-711, 2013.08.05
146) 재소비 -1244, 2004.11.20

CHAPTER **04**

외화 획득 재화 또는 용역의 공급

제1절 총설

Ⅰ 개요

<table>
<tr><th rowspan="2">구분</th><th rowspan="2" colspan="2">영세율 적용대상</th><th rowspan="2">공급
시기</th><th rowspan="2">세금계산서
발급 여부</th><th colspan="2">첨부서류</th></tr>
<tr><th>법령에 의한 첨부서류</th><th>국세청장 지정서류</th></tr>
<tr><td rowspan="5">외화
획득
재화
또는
용역의
공급
(법24조)</td><td colspan="2">1. 국내에서 비거주자, 외국법인에게 공급되는 재화 및 일부용역(국내사업장 無, 有)
• 재화:비거주자 등이 지정하는 국내사업자에게 인도되는 과세사업사용재화
• 용역:사업서비스업 외 일부용역</td><td>일반적인
공급시기</td><td>면제</td><td>• 외화입금증명서
(일부용역범위:임대업 중 무형재산권임대업, 통신업, 컨테이너수리업, 운수업 중 해운대리점업 및 해운중개업, 상품종합중개업 등)</td><td>• 용역공급계약서 사본
• 외화매입증명서 또는 외국환매각증명서는 외화입금증명서 같음
• 외화입금 안 된 경우:외화획득명세서에 외화획득사실증명서류 첨부</td></tr>
<tr><td colspan="2">2. 수출재화 임가공용역
• 일반매출로 세금계산서 발급가능</td><td>일반적인
공급시기</td><td>발급</td><td>• 임가공계약서 사본과 납품사실증명서 또는 수출대금입금증명서
• 내국신용장·구매확인서 전자발급명세서</td><td>(장기계약의 경우)
• 최초 신고 시 임가공계약서 사본 제출
• 그 후 신고기간:납품사실증명서만 제출</td></tr>
<tr><td rowspan="3">3. 외국항행 선박, 항공기 등에 공급하는 재화, 용역
• 일반매출로 세금계산서 발급가능(07.2.28) 속하는 과세기간 공급분부터)</td><td>재화</td><td rowspan="3">일반적인
공급시기</td><td rowspan="3">공급받는
자가
국내사업장
없는 경우
발급면제</td><td rowspan="3">• 선(기)적완료증명서(다만, 전기통신사업에 있어서는 용역공급기록표)</td><td>• 세관장 발행 물품, 선(기)용품 적재허가서</td></tr>
<tr><td>하역
용역</td><td>• 세관장에게 제출한 작업신고 및 교통허가서 또는 작업보고필증이나 선박회사 대금청구서</td></tr>
<tr><td>기타</td><td>• 하역 외의 용역 : 세관장 발행 승선허가증 사본
• 원양어선에 공급하는 재화, 용역:입출항신고필증 사본과 선장발행확인서 또는 용역공급계약서 사본</td></tr>
</table>

구분	영세율 적용대상	공급시기	세금계산서 발급 여부	첨부서류	
				법령에 의한 첨부서류	국세청장 지정서류
외화 획득 재화 또는 용역의 공급 (법24조)	4. 국내 주재 외교공관 등에게 공급하는 재화, 용역	일반적인 공급시기	면제	• 수출(군납)대금입금증명서 또는 군납완료증명서 또는 외국정부기관 등이 발급하는 납품 또는 용역사실증명서류 단, 전력 등 계속공급: 재화공급기록표, 전기통신사업법:용역공급기록표	• 외화입금증명서
	5. 외국인전용판매장 등에서 공급하는 재화, 용역	일반적인 공급시기	면제	• 외화입금증명서 또는 외화매입증명서	–
	6. 외교관 등에게 공급하는 재화, 용역	일반적인 공급시기	발급	• 외교관 면세판매기록표(당해 국가에서 동일하게 면세하는 경우)	–

Ⅱ 외화 획득 재화·용역의 구분

외화를 획득하는 재화 또는 용역은 대가를 외국환은행에서 원화로 받는 경우에만 영세율이 적용되는 것과 대금결제수단에 관계없이 영세율이 적용되는 것이 있으며, 그 사례는 다음과 같다.[147)]

대금결제요건 필요	대금결제요건 불필요
• 국내사업장이 없는 비거주자 또는 외국법인에게 공급되는 특정 재화 또는 용역	• 수출업자와의 도급계약에 따라 공급하는 수출재화 임가공용역
• 비거주자 또는 외국법인의 국내사업장이 있는 경우 국내에서 국외의 비거주자 또는 외국법인과 직접 계약에 의하여 공급되는 특정 재화 또는 용역	• 우리나라에 상주하는 외교공관, 영사기관, 국제연합과 이에 준하는 국제기구(우리나라가 당사국인 조약과 그 밖의 국내법령에 따라 특권과 면제를 부여받을 수 있는 경우만 해당) 등 외교공관 등에 공급하는 재화 또는 용역
• 국내사업장이 없는 비거주자 또는 외국법인에게 제공하는 수출알선용역	• 외국을 항행하는 선박, 항공기 및 원양어선에 공급하는 재화 또는 용역
• 일반여행업자가 외국인관광객에게 공급하는 관광알선용역	• 내국신용장 또는 구매확인서에 의하여 공급하는 수출재화 임가공용역
• 외국인전용판매장을 영위하는 사업자와 주한외국군인 및 외국인선원 전용의 유흥음식점을 영위하는 사업자가 공급하는 재화 또는 용역	• 외교관 등이 외관면세점에서 외교관면세판매기록표에 의하여 공급받는 음식·숙박용역, 석유류, 보석제품 등의 물품, 주류, 자동차

147) 부가집 24-33-1

제2절 외교공관·국제연합군 등에 직접 공급하는 재화 또는 용역

I 총설

1. 개요

우리나라에 상주하는 외교공관, 영사기관(명예영사관원을 장으로 하는 영사기관은 제외한다), 국제연합과 이에 준하는 국제기구(우리나라가 당사국인 조약과 그 밖의 국내법령에 따라 특권과 면제를 부여받을 수 있는 경우만 해당한다)(이하 "외교공관 등"이라 한다) 및 우리나라에 상주(常住)하는 국제연합군 또는 미합중국군대(「대한민국과 아메리카합중국 간의 상호방위조약에 의한 시설과 구역 및 대한민국에서의 합중국군대의 지위에 관한 협정」에 따른 공인조달기관을 포함)에 재화 또는 용역을 공급하는 경우 외화를 획득하기 위한 재화 또는 용역의 공급으로 보아 영세율을 적용한다(부법 24 ① 1, 부령 33 ② 6). 본 규정은 대금수령방법에 관한 규정이 없으므로 대금수령방법(외화 또는 원화)에 관계없이 해당되면 영세율이 적용되며, 세금계산서 교부의무가 면제된다.

2. 해석의 범위

이는 외국정부기관에 직접 공급하는 재화 또는 용역에 대하여만 영세율이 적용되므로 사업자가 국내에 주재하는 미국군과 하역용역 공급계약을 체결한 사업자와 하도급계약을 체결하여 하역용역을 공급하는 경우에는 영세율을 적용하지 아니한다.[148)]

3. 세금계산서 발급

외교공관 등에 재화, 용역을 공급하는 경우, 세금계산서 발급의무가 면제된다. (부령 71①5)

4. 대금 결제 요건

외교공관 등으로부터 그 대금을 외화 또는 원화로 수령하는 지에 관계없이 영세율이 적용된다.

5. 영세율 첨부서류

(1) 부령에서 규정하는 서류(부령 101①13)

① 외국환은행이 발급하는 수출(군납)대금입금증명서 또는 관할세무서장이 발급하는 군납완료증

148) 부가1265-797, 1984.04.27

명서 또는 해당 외교공관 등이 발급한 납품 또는 용역 공급사실을 증명할 수 있는 서류

② 전력, 가스 또는 그 밖에 공급단위를 구획할 수 없는 재화를 계속적으로 공급하는 경우 재화공급기록표

③ 전기통신사업 : 용역공급기록표

(2) 국세청 고시에서 규정하는 서류[149)]

재화·용역 공급기록표

Ⅱ 관련 사례

1. 초청계약자가 계약에 따른 사업만을 이행하기 위하여 부동산임대용역 등을 제공받는 경우

「대한민국과 아메리카합중국 간의 상호방위조약」 제4조에 의한 시설과 구역 및 「대한민국에서의 합중국군대의 지위에 관한 협정」(이하 "SOFA 협정"이라 함) 제15조에 따른 초청계약자가 같은 조 제1항에서 규정된 합중국과의 계약이행만을 목적으로 사무실을 임차한 것이 합중국군대의 권한 있는 대표에 의하여 증명되는 경우 해당 사무실에 대한 부동산임대용역과 인테리어용역의 공급에 대하여는 「SOFA 협정」 제15조 제5항에 따라 그 대가수령방법(외화 또는 원화)에 불구하고 영세율을 적용한다.[150)]

〈참고법령〉

▶ 「대한민국과 아메리카합중국 간의 상호방위조약」 제4조에 의한 시설과 구역 및 「대한민국에서의 합중국군대의 지위에 관한 협정」 제15조(초청계약자)

1. (가) 합중국의 법률에 따라 조직된 법인, (나) 통상적으로 합중국에 거주하는 그의 고용원 및 (다) 전기한 자의 가족을 포함하여 합중국군대 또는 동 군대로부터 군수지원을 받는 통합사령부 산하 주한외국군대를 위한 합중국과의 계약 이행만을 위하여 대한민국에 체류하고 또한 합중국정부가 하기 제2항의 규정에 따라 지정한 자는, 본조에 규정된 경우를 제외하고는 대한민국의 법령에 따라야 한다.

5. 이러한 자가 제1항에 규정된 계약 이행만을 위하여 보유하고 사용하며 또한 이전하는 감가상각자산(가옥을 제외한다)에 대하여는, 합중국군대의 권한 있는 대표의 증명이 있는 때에는, 대한민국의 조세 및 이에 유사한 과징금을 부과하지 아니한다.

---

149) 국세청 고시 2023-14호, 2023.06.23.

150) 법규부가2013-31, 2013.02.18

2. 미군기지 내 건설용역을 국외민간사업시행자에게 공급하는 경우

국내건설회사가 초청계약자의 지위를 얻은 국외민간사업시행자에게 평택 주한미군기지 내에 합중국 군대의 구성원, 군속 및 그들의 가족이 임차하여 사용할 군용주택에 대한 건설용역을 제공하는 경우에는 영세율을 적용하는 것이며, 이 경우 당해 건설용역이 합중국군대의 최종 소비 사용을 위한 것이라는 사실을 합중국군대가 사전에 증명하여야 한다.[151)]

3. 미군기지 이전 관련 용역을 국방부에 제공하는 경우 영세율

사업자가 미군기지 이전에 관한 협정에 근거하여 대한민국(국방부)이 현물부담하기로 한 평택기지의 소요시설 및 운송용역 등을 국방부에 제공하고 그 대가를 받는 경우 영세율이 적용된다.[152)]

4. 미국군의 공인조달기관을 통하여 공급하는 경우

사업자가 미국군의 물품조달을 대리하고 있는 공인된 조달기관을 통하여 미국군에게 재화를 공급하는 경우, 동 조달기관이 종국적으로 미국군의 사용을 위하여 재화를 조달하는 것이라는 사실을 미국군이 사전에 증명하는 경우에 영세율 적용이 가능하다.[153)]

5. 미군과의 계약에 의하여 공급하고 대금을 국방부로 받는 경우 영세율 적용

주한미군과의 계약에 의하여 공급한 용역대가를 「한·미 협정」에 의하여 국방부로부터 방위비 분담금으로 받는 경우 영세율이 적용되며 세금계산서 교부의무가 면제된다.[154)]

6. 독일문화원의 외국정부기관에 해당 여부

사업자가 외국정부기관에 해당하지 아니하는 주한독일문화원에 재화 또는 용역을 공급하는 경우에는 영세율을 적용하지 아니한다.[155)]

7. 외국대사관에 부동산임대용역 제공 시 영세율 적용 여부

부동산임대업을 영위하는 사업자가 외국대사관 또는 영사관에 부동산임대용역을 제공하고 그 대가를 받는 경우에는 영세율을 적용한다.[156)]

---

151) 부가세과-1754, 2009.12.03
152) 상담3팀-1924, 2007.07.09
153) 상담3팀-122, 2005.01.25
154) 부가46015-496, 2000.03.16
155) 부가46015-1109, 1996.06.07
156) 부가46015-2312, 1998.10.13

영세율적용사업자가 제출할 영세율적용첨부서류 지정 고시(별지 제5호 서식)

재화·용역 공급기록표
(년 제 기)

1. 인적사항

(1) 성 명		(2) 사업자등록번호	
(3) 상 호		(4) 사업장소재지	
(5) 거 래 기 간	년 월 일 ~ 월 일	(6) 작 성 일	

2. 공급내용

(7) 공급일자	공급받는자		(10) 품목	(11) 금액	(12) 비고
	(8) 기관명	(9) 대표자			

「영세율적용사업자가 제출할 영세율적용첨부서류 지정 고시」에 따라 재화공급기록표를 제출합니다.

년 월 일

제출인 (서명 또는 인)

세 무 서 장 귀하

작 성 방 법

(1)~(4): 제출자(공급자)의 사업자등록증에 기재된 내용을 적습니다.
(5), (6): 제출대상기간과 이 명세서의 작성일을 적습니다.
(7)~(12): 외교공관 등에 공급하는 재화 또는 용역에 대해 적습니다. 금액은 원화로 적되 원단위 미만은 절사합니다.

제3절 외교관 등에게 공급하는 재화 또는 용역

I 총설

1. 개요

외교공관 등의 소속직원(이하 외교관 등이라 한다)으로서 해당 국가로부터 공무원 신분을 부여받은 자 또는 외교부장관으로부터 이에 준하는 신분임을 확인받은 자 중 내국인이 아닌 자에게 대통령령으로 정하는 방법에 따라 재화 또는 용역을 공급하는 경우 재화 또는 용역의 공급으로 보아 대금결제방법을 불문하고 영세율을 적용한다(부법 24 ① 2).

2. 영세율 적용 방법

(1) 사전면세 적용 (「부가가치세법」 상 적용)

1) 개요

"대통령령으로 정하는 방법에 따라 재화 또는 용역을 공급하는 경우"란 국세청장이 정하는 바에 따라 관할세무서장으로부터 외교관면세점으로 지정받은 사업장(「개별소비세법 시행령」에 따라 지정받은 판매장을 포함한다)에서 외교부장관이 발행하는 외교관면세카드를 제시받아 다음 중 어느 하나에 해당하는 재화 또는 용역을 공급하는 경우로서 외교관 등의 성명, 국적, 외교관면세카드 번호, 품명, 수량, 공급가액 등이 적힌 외교관면세 판매기록표에 의하여 외교관 등에게 공급한 것이 확인되는 경우를 말한다(부령 33 ①). 본 규정은 대금수령방법에 관한 규정이 없으므로 대금수령방법에 관계없이 요건에 해당되면 영세율을 적용한다.

① 음식·숙박용역

② 개별소비세가 면제되는 석유류 및 외국인전용판매장에서 판매하는 면세물품

③ 외교공관용 석유류에 대한 면세특례에 따른 석유류

④ 「주세법」에 따른 주류

⑤ 전력

⑥ 외교부장관의 승인을 받아 구입하는 자동차

2) 외교관면세카드

외교관면세카드란 「외교관계에 관한 비인협정」 제34조에 따라 외교관에 대하여 우리나라의 부가가치세 부담을 배제하기 위하여 외교부장관이 발행하는 증표를 말한다.

(2) 사후면세 적용 (「조세특례제한법」상 적용)

1) 개요

우리나라에 주재하는 외교관 및 이에 준하는 자로서 대통령령으로 정하는 자(이하 "외교관 등"이라 한다)가 면세점으로부터 재화 또는 용역(사전면세규정을 적용받는 재화 또는 용역은 제외)을 구입하거나 제공받는 경우에 부담하는 부가가치세는 연간 200만원을 한도로 하여 그 외교관 등에게 환급할 수 있다(조특법 107 ⑦). 이 경우 부가가치세의 환급은 해당 외국에서 우리나라의 사업자, 외교관 또는 외교사절에게 동일하게 환급하는 경우에만 적용한다.

2) 대통령령으로 정하는 자

"대통령령으로 정하는 자"란 우리나라에 상주하는 외교공관, 영사기관(명예영사관원을 장으로 하는 영사기관은 제외한다), 국제연합과 이에 준하는 국제기구(우리나라가 당사국인 조약과 그 밖의 국내 법령에 따라 특권과 면제를 부여받을 수 있는 경우만 해당)의 소속직원으로 해당 국가로부터 공무원 신분을 부여받은 자 또는 외교부장관으로부터 이에 준하는 신분임을 확인받은 자 중 내국인이 아닌 자(이하 "외교관 등"이라 한다)를 말한다(조특령 108 ①).

3) 면세점

"대통령령으로 정하는 면세점"이란 국세청장이 정하는 바에 따라 관할세무서장의 지정을 받은 사업장(「개별소비세법 시행령」 제28조의 규정에 의하여 지정을 받은 판매장을 포함하며, "외교관면세점"이라 한다)을 말한다(조특령 108 ②).

4) 물품구입

외교관면세점은 외교관에게 재화 또는 용역을 공급하는 경우에는 외교관면세카드를 통하여 외교관 신분을 확인한 후 판매확인서를 3매 작성하여 그중 2매를 외교관에게 발급하여야 한다.

5) 환급방법

위의 외교관이 당해 공급받은 재화나 용역과 관련된 부가가치세를 환급받고자 하는 경우에는 판매확인서 1매를 외교부장관의 확인(외교관의 환급한도액 연간 2백만원 초과 여부 확인)을 받아, 외교관면세점에 제출하여야 하며, 외교관면세점은 20일 내에 판매확인서상 기재된 부가가치세를 외교관에게 환급하여야 한다.

6) 부가가치세 신고방법

외교관면세점은 당해 부가가치세를 환급한 날이 속하는 과세기간에 대한 신고 시 외교관에게 환급한 판매분과 부가가치세를 과세되는 과세표준과 세액에서 차감(신고서상 ① ②란)하고 영세율 과세표준에 가산(신고서상 ③ ④란)하여 신고할 수 있다.

3. 세금계산서 발급

외교관 등은 사업자가 아니므로 세금계산서 발급의무가 면제되며, 영수증 발급의무만 있다.

4. 대금 결제 요건

외교관 등으로부터 외교관면세카드를 제시받아 재화 또는 용역의 대금을 외화든 원화든 관계없이 수령하면 영세율이 적용된다.

5 영세율 첨부서류

외교관면세판매기록표(부령101조①17), 외국인 물품판매·외교관면세판매 기록표(국세청 고시 제2023-14호)

외교관 면세판매 기록표
(년 제 기)

1. 인적사항

(1) 성 명		(2) 사업자등록번호			
(3) 상 호		(4) 사업장소재지			
(5) 거 래 기 간	년 월 일 ~ 월 일		(6) 작 성 일		

2. 공급내용

(7) 공급일자	공급받는자				(12) 품 목	(13) 금액(원화)	(14) 비 고 (외화 등)
	(8) 성 명	(9) 국 적	(10) 근무처	(11) 외교관면세카드번호			

「영세율적용사업자가 제출할 영세율적용첨부서류 지정 고시」에 따라 외교관 면세판매기록표를 제출합니다.

년 월 일

제출인 (서명 또는 인)

세 무 서 장 귀하

작 성 방 법
(1)~(4): 제출자(공급자)의 사업자등록증에 기재된 내용을 적습니다. (5), (6): 제출대상기간과 이 명세서의 작성일을 적습니다. (7)~(14): 부가가치세법 시행령 제33조제1항에 따라 공급하는 경우 적습니다. 금액은 원화로 적되 원단위 미만은 절사하며, 외화 등은 비고란에 참고로 적을 수 있습니다.

제4절 국내에서 비거주자·외국법인에게 공급하는 재화·용역

I 국내사업장이 없는 경우

1. 개요

국내에서 국내사업장이 없는 비거주자(국내에 거소를 둔 개인, 외교공관 등의 소속직원, 우리나라에 상주하는 국제연합군 또는 미합중국군대의 군인 또는 군무원은 제외) 또는 외국법인에 공급되는 다음의 어느 하나에 해당하는 재화 또는 사업에 해당하는 용역으로서 그 대금을 외국환은행에서 원화로 받거나 기획재정부령으로 정하는 방법으로 받는 것에 대해서는 영세율을 적용한다. 다만, ② 중 전문서비스업과 ⑧ 및 ⑨에 해당하는 용역의 경우에는 해당 국가에서 우리나라의 거주자 또는 내국법인에 대하여 동일하게 면세하는 경우(우리나라의 부가가치세 또는 이와 유사한 성질의 조세가 없거나 면세하는 경우를 말한다)에 한정한다(부령 33 ② 1, 부칙 23). 본 규정은 영세율의 적용목적이 외화획득인 바 외화획득임이 입증되어야 적용할 수 있다.

① 비거주자 또는 외국법인이 지정하는 국내사업자에게 인도되는 재화로서 해당 사업자의 과세사업에 사용되는 재화

② 전문, 과학 및 기술 서비스업[수의업(獸醫業), 제조업 회사본부 및 기타 산업 회사본부는 제외한다]

③ 사업지원 및 임대서비스업 중 무형재산권 임대업

④ 통신업

⑤ 컨테이너수리업, 보세구역 내의 보관 및 창고업, 「해운법」에 따른 해운대리점업, 해운중개업 및 선박관리업

⑥ 정보통신업 중 뉴스 제공업, 영상·오디오 기록물 제작 및 배급업(영화관 운영업과 비디오물 감상실 운영업은 제외한다), 소프트웨어 개발업, 컴퓨터 프로그래밍, 시스템 통합관리업, 자료처리, 호스팅, 포털 및 기타 인터넷 정보매개서비스업, 기타 정보 서비스업

⑦ 상품중개업 및 전자상거래 소매중개업

⑧ 사업시설관리 및 사업지원 서비스업(조경 관리 및 유지 서비스업, 여행사 및 기타 여행보조 서비스업은 제외한다)

⑨ 「자본시장과 금융투자업에 관한 법률」 제6조 제1항 제4호에 따른 투자자문업

⑩ 교육 서비스업(교육지원 서비스업으로 한정한다)

⑪ 보건업(임상시험용역을 공급하는 경우로 한정한다)

⑫ 그 밖에 ①부터 ⑪까지의 규정과 유사한 재화 또는 용역으로서 「관세법」에 따른 보세운송업자가

제공하는 보세운송용역

2. 대금을 외국환은행에서 원화로 받거나 기획재정부령으로 정하는 방법으로 받아야 함

(1) 대금을 외국환은행에서 원화로 받는 것

대금을 외국환은행에서 원화로 받는 것이란 국외의 비거주자 또는 외국법인으로부터 외국환은행의 구좌로 직접 송금받아 외국환은행에서 매각(원화로 인출)하는 경우를 말한다.

(2) 기재부령으로 정하는 방법

기획재정부령으로 정하는 방법이란 다음 어느 하나에 해당하는 방법을 말한다(부칙 22).

① 국외의 비거주자 또는 외국법인으로부터 외화를 직접 송금받아 외국환은행에 매각하는 방법

② 국내사업장이 없는 비거주자 또는 외국법인에 재화 또는 용역을 공급하고 그 대가를 해당 비거주자 또는 외국법인에 지급할 금액에서 빼는 방법

③ 국내사업장이 없는 비거주자 또는 외국법인에 재화 또는 용역을 공급하고 그 대가를 국외에서 발급된 신용카드로 결제하는 방법

④ 국내사업장이 없는 비거주자 또는 외국법인에 재화 또는 용역을 공급하고 그 대가로서 국외금융기관이 발행한 개인수표를 받아 외국환은행에 매각하는 방법

⑤ 국내사업장이 없는 비거주자 또는 외국법인에 재화 또는 용역을 공급하고 그 대가로서 외화를 외국환은행을 통하여 직접 송금받아 외화예금계좌에 예치하는 방법 (외국환은행이 발급한 외화입금증명서에 따라 외화입금 사실이 확인되는 경우에 한정한다)

(3) 대금결제요건을 충족하는 경우

대금결제요건을 충족하기 위해서는 다음 중 하나의 방법에 의하여 대금을 결제받아야 한다(부령 33 ②, 부칙 22).

① 국외의 비거주자 또는 외국법인으로부터 외화를 직접 송금받아 외국환은행에 매각하는 방법

② 국내사업장이 없는 비거주자 또는 외국법인에 재화 또는 용역을 공급하고 그 대가를 해당 비거주자 또는 외국법인에 지급할 금액에서 빼는 방법

③ 국내사업장이 없는 비거주자 또는 외국법인에 재화 또는 용역을 공급하고 그 대가를 국외에서 발급된 신용카드로 결제하는 방법

④ 국내사업장이 없는 비거주자 또는 외국법인에 재화 또는 용역을 공급하고 그 대가로서 국외금융기관이 발행한 개인수표를 받아 외국환은행에 매각하는 방법

⑤ 국내사업장이 없는 비거주자 또는 외국법인에 재화 또는 용역을 공급하고 그 대가로서 외화를 외국환은행을 통하여 직접 송금받아 외화예금계좌에 예치하는 방법(외국환은행이 발급한 외

화입금증명서에 따라 외화입금사실이 확인되는 경우에 한정한다)

⑥ 외국환은행에서 원화로 대가를 수령하는 방법

⑦ 국내에서 국내사업장이 없는 외국법인에게 용역을 제공하고 그 대가를 외화로 송금받아 외국환은행에 매각하지 않고 외화계좌에 예치하고 있다가 종업원의 급여 지급 시 동 외화를 사용하는 경우[157]

⑧ 국내에서 국내사업장이 없는 비거주자 또는 외국법인에게 재화 또는 용역을 공급하고 그 대금을 외국환은행을 통하여 외화로 송금받아 수입결제자금 또는 대외지급채무 등에 사용할 목적으로 동 외국환은행에 외화예금구좌로 예치하는 경우[158]

⑨ 사업자가 국내사업장이 없는 비거주자 또는 외국법인에게 재화 또는 용역을 공급하고 그 대금을 '비거주자자유원계정'을 통해 원화로 지급받는 경우[159]

＊ 비거주자자유원계정 : 비거주자가 국내 외국환은행에 원화로 돈을 예치할 수 있는 예금계좌를 말한다. 한국 원화의 국제결제를 가능하도록 하기 위해 1993년 도입되었고, 외화환전 및 해외송금이 자유로운 반면 한국내에서 원화로의 인출은 제한된다.

⑩ 외국법인과 직접계약에 의하여 사업서비스용역을 제공하고 국내사무소의 계좌로 송금된 외화를 외국환은행을 통하여 원화로 받는 경우[160]

⑪ 국내대리점이 비거주자 등으로부터 국내대리점의 계정으로 송금된 외화를 매각하거나, 비거주자 등에게 송금할 국내대리점계정상의 외화를 매각하여 원화로 지급한 경우[161]

⑫ 국내사업장이 없는 외국법인에게 재화 또는 용역을 제공하고 그 대가를 국내사업장이 없는 외국법인의 비거주자 외화계정으로부터 당해 법인통장계좌(외환계좌)에 외화로 입금되고 외국환은행에 매각하는 경우[162]

(4) 대금결제요건을 미충족하는 경우

다음의 경우에는 대금결제요건을 미충족한 것으로 보아 영세율을 적용하지 아니한다.

① 국내에서 국내사업장이 없는 비거주자(외국학생)에게 용역(예절교육 등)을 공급하고 그 대가를 비거주자로부터 원화 또는 외화로 직접 지급받는 경우[163]

② 국내에서 국내사업장이 없는 외국법인에게 공급되는 용역으로서 그 대금을 외국법인으로부터 원화로 직접 받거나 국내대리점 등 제3자로부터 원화로 지급받는 경우[164]

---

157) 부가가치세과-200, 2009.01.14
158) 부가46015-185, 1998.01.31
159) 부가가치세과-876, 2013.09.26
160) 서면3팀-194, 2004.02.09
161) 부가46015-53, 1998.01.10
162) 부가가치세과-928, 2014.11.24
163) 부가46015-4920, 1999.12.14
164) 서면3팀-2333, 2007.08.21

③「소득세법」 또는 「법인세법」상 국내사업장을 둔 비거주자 또는 외국법인은 국내에 사업장이 있는 것이므로 당해 장소에서 용역을 공급하는 경우에는 부가가치세가 과세되는 것임[165)]

④ 외국환은행으로부터 원화로 인출하지 아니하고 직접 외화, 여행자수표로 받는 경우[166)]

⑤ 외국환은행에 외국법인이 개설한 비거주자 원화계정으로부터 원화로 받은 경우[167)]

* 비거주자원화계정 : 비거주자가 국내에서 취득한 원화를 예치하기 위한 계좌를 말한다. 원화로의 인출은 자유로운 반면 외화환전 및 해외송금은 제한된다.

⑥ 국내에서 취득한 내국지급수단의 예치 등을 위한 비거주자 원화계정으로부터 지급된 것이므로 영세율 적용대상이 아님

⑦ 외국법인이 개설한 국내은행 해외지점의 비거주자 원화계정으로부터 원화로 받은 경우[168)]

3. 영세율 첨부서류

구분	영 제101조 제1항의 첨부서류	국세청장 지정서류
부가가치세법 시행령 제33조 제2항 제1호 및 제2호에서 규정하는 거래 경우	외화입금증명서	• 용역공급계약서 사본 • 외환매입증명서 또는 외국환매각증명서는 외화입금증명서에 갈음한다. • 직접 외화가 입금되지 아니하는 경우에는 영세율규정에 의한 외화획득명세서에 외화획득사실을 증명하는 서류를 첨부하여 제출하여야 한다.

4. 세금계산서 발급

비거주자 또는 외국법인에게 재화 또는 용역을 공급하는 것은 세금계산서 발급의무가 없다.

Ⅱ 국내사업장이 있는 경우

1. 개요

비거주자 또는 외국법인의 국내사업장이 있는 경우에 국내에서 국외의 비거주자 또는 외국법인과 직접 계약하여 공급하는 재화 또는 용역 중 Ⅰ의 어느 하나에 해당하는 재화 또는 사업(Ⅰ의 ② 중 전문서비스업과 ⑧ 및 ⑨에 해당하는 용역의 경우에는 해당 국가에서 우리나라의 거주자 또는 내국법인

165) 서면3팀-194, 2005.02.11

166) 부가46015-4920, 1999.12.14.

167) 재부가-372, 2010.06.08

168) 재부가-373, 2010.06.08

에 대하여 동일하게 면세하는 경우에 한정한다)에 해당하는 용역. 다만, 그 대금을 해당 국외 비거주자 또는 외국법인으로부터 외국환은행에서 원화로 받거나 Ⅰ에서 정하는 방법으로 받는 경우로 한정한다(부령 33 ② 2, 부칙 22).

2. 외국법인의 국내사업장에 용역을 공급하는 경우

사업자가 국내사업장이 있는 외국법인과 직접계약에 의하여 국내에서 「부가가치세법 시행령」 제33조 제2항 제1호 각 목에 규정된 용역을 공급하고 그 대금을 외국환은행에서 원화로 받거나 같은 법 시행규칙 제22조에서 정하는 방법으로 받는 경우 영세율을 적용하는 것이나, 사업자가 국내사업장이 있는 외국법인과 직접계약에 의하여 용역을 공급하는 경우에도 해당 용역이 그 외국법인의 국내사업장에 공급되는 경우에는 해당 규정에 의한 영세율을 적용하지 아니한다.[169]

3. 세금계산서 발급

비거주자 또는 외국법인에게 재화 또는 용역을 공급하는 것에 대하여는 세금계산서 발급의무가 없다.

Ⅲ 관련 사례

1. 영세율 적용 범위에 해당하지 아니하는 용역을 제공하는 경우

사업자가 국내에서 국내사업장이 없는 비거주자 또는 외국법인에게 「부가가치세법 시행령」 제33조 제2항 제1호 각 목의 1에 해당하지 아니하는 용역(영세율 적용 범위에 해당하지 아니하는 용역)을 제공하는 경우에는 그 대금을 외국환은행에서 원화로 받더라도 영세율이 적용되는 기타 외화획득용역의 범위에 포함되지 아니한다.[170]

2. 국내에서 외국선주의 선박을 위탁받아 관리 서비스를 제공하는 경우

사업자가 국내에서 국내사업장이 없는 외국법인에게 「부가가치세법 시행령」 제33조 제2항 제1호 각 목의 1에 해당하는 용역을 공급하고 그 대금을 외국환은행에서 원화로 받는 경우에는 부가가치세 영세율이 적용된다.[171] ☞ 선박관리 서비스는 사업시설관리 및 사업지원 서비스업으로 판단한다.

169) 사전-2016-법령해석부가-0148, 2016.04.22
170) 부가-969, 2012.09.24
171) 부가-687, 2013.07.26

3. 외국사업자의 상품판매를 전자상거래로 중개하고 수수료 수취

사업자가 국내에서 외국에 소재하는 사업자에게 계약상 또는 법률상의 원인에 따라 역무를 제공하고 수수료 등을 지급받는 경우 당해 수수료에 대해서는 용역의 공급으로 보는 것이며, 당해 수수료가 그 대금을 외국환은행에서 원화로 받거나 기재부령에서 정하는 방법에 따라 받는 경우 영세율을 적용한다. 이 경우 해당 수수료가 상품종합중개업에 해당하는지 여부 등에 대해서는 계약내용과 통계청장이 고시하는 당해 과세기간 개시일 현재의 한국표준산업분류에 따른다.[172)]

4. 국내사업장이 없는 외국법인에게 전시 및 행사대행업을 공급하는 경우

통계청장이 고시한 한국표준산업분류의 '전시 및 행사대행업'(분류코드 75992)을 영위하는 사업자가 국내에서 국내사업장이 없는 외국법인에게 당해 용역을 공급하고 그 대금을 외국환은행에서 원화로 받는 경우에는 영세율이 적용되는 것이나, 해당 사항이 '전시 및 행사대행업'에 해당하는지 여부는 각각의 거래내용 등 사실관계를 종합적으로 고려하여 판단할 사항이다.[173)]

5. 외국법인과 계약에 따라 연구개발용역을 제공하는 경우

내국법인이 국내에서 국내사업장이 없는 외국법인과 연구개발용역 위탁계약을 체결함에 따라 연구개발에 따른 인건비, 기타 경비 등 연구개발용역에 대한 대가를 외국법인으로부터 외국환은행에서 원화로 받는 경우 영세율이 적용되는 것이며, 해당 연구개발에 필요한 기계 등을 임차하거나 직접 구입하여 사용하고 세금계산서를 발급받은 경우 매출세액에서 공제할 수 있다.[174)]

6. 국내에서 외국법인에게 설계용역을 제공하고 해외계좌로 대가를 받는 경우 영세율 적용 여부

사업자가 국내에서 국내사업장이 없는 외국법인에게 설계용역을 제공하고 그 대가를 해당 국가에 있는 연락사무소의 해외계좌로 입금받은 후, 현지에서 발생한 외주비 및 기타 경비로 일부금액을 지급하고 잔액을 국내의 외국환은행계좌로 재송금하는 경우에는 국내의 외국환은행계좌로 입금된 금액에 대하여만 영세율을 적용한다.[175)]

172) 부가-1131, 2012.11.16
173) 부가-1146, 2012.11.22
174) 법규부가2012-265, 2012.08.24
175) 부가-1547, 2010.11.24

7. 국내사업장이 있는 외국법인과 직접계약으로 그 국내사업장에 재화를 공급하는 경우

사업자가 국내사업장이 있는 외국법인과 직접계약에 의하여 국내에서 「부가가치세법 시행령」 제33조 제2항 제2호 가목에 따른 재화를 공급하고 그 대금을 해당 국외의 외국법인으로부터 외국환은행을 통하여 원화로 받는 경우에는 영세율을 적용하는 것이나 사업자가 국내사업장이 있는 외국법인과의 직접계약에 의하여 같은 법 시행령 제33조 제2항 제2호 가목에 따른 재화를 공급하더라도 동 재화가 그 외국법인의 국내사업장에 공급된 경우에는 영세율을 적용하지 아니한다.[176] 그리고 용역의 공급 또한 외국법인의 국내사업장(지사, 계열회사 등)에 공급되는 경우에도 영세율을 적용하지 않는다.[177]

8. 국내사업장 없는 외국법인에게 용역을 제공한 경우 영세율 적용 여부

사업자가 국내에서 국내사업장이 없는 비거주자 또는 외국법인에게 사업서비스용역을 공급하고 그 대금을 외국환은행에서 원화로 받는 경우에는 영세율이 적용되는 것으로, 당해 사업자가 제공하는 용역이 현재 한국 표준산업분류표상 "그 외 기타 분류 안 된 전문, 과학 및 기술서비스업"으로 분류되어 개정 전 8차 분류표의 "사업서비스업-그 외 기타 분류 안 된 전문, 과학 및 기술서비스업"에 해당하는 경우에는 위 영세율규정의 "사업서비스용역"에 해당한다.[178]

9. 국내사업장 없는 외국법인에게 임가공용역을 제공하는 경우 영세율 적용 여부

국내사업자 "갑"이 국내사업장이 없는 외국법인인 "A"와 가공계약에 따라 인도받은 재화에 주요자재를 부담하지 아니하고 단순히 가공만 하여 주어 용역을 제공하는 것에 해당하는 경우, 해당 용역을 제공하는 사업은 영세율 적용대상 사업서비스업에 해당한다.[179]

10. 사업자가 국내에서 외국법인에게 금형을 공급하는 경우

사업자가 국내에서 국내사업장이 없는 외국법인의 요청에 따라 금형을 제작하여 당해 외국법인의 소유로 하면서, 그 금형을 당해 사업자의 사업장에서 과세사업(수출)에 사용하고, 대금은 외국환은행을 통하여 원화로 지급받는 경우에는 영세율이 적용되는 것이며, 이 경우 금형의 공급시기는 금형을 이용 가능한 때이다.[180]

---

176) 부가-1317, 2010.10.05
177) 법령해석과-1337, 2016.04.22
178) 부가-895, 2010.07.14
179) 부가 -756, 2010.06.18
180) 부가-564, 2012.05.18

11. 국내법인이 해외법인에게 제공하는 경영자문용역의 영세율 적용 여부

모회사인 국내법인이 손자회사인 해외법인에게 경영자문용역을 제공하고 이에 대한 대가를 외화로 수령하는 경우 영세율 적용대상에 해당한다.[181]

12. 국외의 외국법인과 계약에 의하여 미군부대에 공급하는 재화

사업자가 국외의 외국법인과 계약에 의하여 당해 외국법인이 지정하는 미군부대에 재화를 인도하는 경우, 그 대금을 외국환은행을 통해 지급받더라도 미군부대가 동 재화를 과세사업에 사용하지 아니하므로 영세율이 적용되지 않는다.[182]

13. 외화 수령방법에 따른 영세율 적용 여부

국내에서 국내사업장이 없는 외국법인에게 사업서비스용역을 공급하고 대가를 국내 비거주자 원화계정으로부터 원화로 입금하는 경우, 비거주자 외화계정에서 출금하여 원화로 환전한 후 원화로 입금하는 경우 및 해외에서 직접 당사 통장계좌로 원화로 입금하는 경우에는 영세율이 적용되지 않는 것이며, 비거주자 외화계정으로부터 당사 통장계좌(외환계좌)에 외화로 입금하는 경우에는 영세율이 적용된다.[183]

14. 페이팔 계정을 통하여 대금을 원화로 입금받는 경우 영세율이 적용되는지 여부

국내사업자가 국내에서 국내사업장이 없는 외국법인 등에 용역을 공급하고 그 대금을 외국법인 등으로부터 직접 원화로 입금받거나 페이팔 계정(미국의 대표적 전자결제 서비스)을 통하여 원화로 입금받는 경우 영세율이 적용되지 아니한다.[184]

15. 광고용역 관련 영세율 적용 여부 판단

(1) 책임과 계산이 광고사업자에게 있는 경우

광고매체를 운영하는 사업자가 자기의 책임과 계산하에 외국광고주에게 광고용역을 제공하는 국내광고대행사와 광고매체계약을 체결하여 용역을 제공하는 경우, 그 대가를 외국광고주로부터 직접 받는지 여부와 관계없이 영세율이 적용되지 아니하는 것이며, 광고대행사에게 세금계산서

181) 재부가-47, 2015.01.15
182) 상담3팀-190, 2005.02.07
183) 부가가치세과-4392, 2008.11.25
184) 서면2016 법령해석부가-3979, 2016.07.07

를 교부한다.[185)]

(2) 책임과 계산이 광고사업자에게 있지 않은 경우

사업자가 광고대행사를 통하여 외국광고주에게 광고용역을 제공하고 그 대가를 외국광고주로부터 외국환은행을 통하여 원화로 받는 경우에는 영세율이 적용이 되는 것이나, 대가를 광고대행사를 통하여 원화로 받는 경우에는 영세율이 적용되지 않는다.[186)]

16. 국내지점이 외국본점에 용역을 제공하고 대가를 받는 경우

국내사업장이 있는 외국법인이 국외소재 본점에서 기계장비를 직접 공급한 후 외국법인의 국내지점이 본점을 대신하여 동 기계장비에 대한 설치 및 무상보증수리용역을 제공하고 본점으로부터 운영경비 명목으로 대가를 수령하는 경우, 국내지점이 제공하는 용역은 용역의 자가공급에 해당되어 부가가치세가 과세되지 아니한다.[187)]

17. 외국법인과 계약에 의하여 국내사업자에게 재화를 인도하는 경우

국내사업자(A)가 국내사업장이 없는 외국법인(C)에게 제품을 주문하고 C사는 국내의 다른 사업자(S)와의 계약을 체결하여 A로부터 주문받은 제품을 제작하게 하여 제작된 제품을 A사에게 직접 인도하게 하고 S사가 그 대금을 외국환은행에서 원화로 받고 A사가 동 제품을 부가가치세가 과세되는 사업에 사용하는 경우에 S사는 영세율 적용대상이 되는 것이며, 세금계산서 교부의무는 면제된다.[188)]

18. 국내사업장이 없는 외국법인에 제공하는 반도체장비 업그레이드용역의 영세율 적용 여부

사업자가 국내에서 국내사업장이 없는 △△△국 소재 외국법인에 외국법인의 국내 고객을 위한 반도체 제조장비의 업그레이드 용역을 제공하고 그 대가를 외국법인으로부터 외국환은행을 통하여 원화로 받는 경우, 해당 용역이 「부가가치세법 시행령」 제33조 제2항 제1호 아목에 열거된 사업지원 서비스업에 해당하고 △△△국에서 우리나라의 거주자 또는 내국법인에 대하여 동일하게 면세하는 경우에는 「부가가치세법」제24조 제1항 제3호에 따라 영세율이 적용된다.[189)]

---

185) 부가세과 - 2319, 2008.07.29
186) 상담3팀-1782, 2005.10.17
187) 상담3팀-326, 2007.01.30
188) 상담3팀-1139, 2006.06.19
189) 서면-2023-법규부가-1649[법규과-1640]2023.06.22.

19. 수입한 재화를 외국법인의 국내사업장에 공급 시 세금계산서 교부방법

사업자가 국내사업장이 없는 외국법인으로부터 재화를 수입하여 판매업을 영위하던 중에 외국법인이 국내에 사업장을 설치한 경우, 당초 외국법인으로부터 수입한 재화를 외국법인의 국내사업장에 반품하는 경우에는 외국법인의 국내사업장을 공급받는 자로 하여 세금계산서를 교부하여야 한다.[190)]

20. 해외자동차제조사와 위탁계약에 따라 무상보증수리용역을 공급하는 경우

국내사업자가 국내사업장이 없는 해외자동차제조회사(이하 "제조사")와 체결한 계약에 따라 제조사의 국내 사후서비스 공식업체로 지정되어 자동차구매고객에게 수리용역 및 부품 등을 공급하는 경우로서 제조사의 보증서에 따라 고객이 보증수리 요구 시 사업자와 별도 계약을 체결한 정비업체를 통하여 무상으로 자동차를 수리하고 그 비용을 제조사로부터 외화로 수취하는 경우 용역의 공급으로 부가가치세 과세대상이며, 해당 용역이 「부가가치세법 시행령」 제33조 제2항 각 목에 열거된 사업에 해당하는 경우 영세율이 적용되는 것으로 사업의 구분은 한국표준산업분류를 따른다. 또한 정비업체가 수리용역을 공급하고 사업자에게 발급한 세금계산서의 매입세액은 사업자의 매출세액에서 공제한다.[191)]

21. 국외호텔예약서비스 오픈마켓을 통해 호텔을 알선하는 경우 영세율 적용 여부

일반여행업을 영위하는 국내사업자(이하 "사업자")가 국외호텔예약서비스 오픈마켓과 체결한 계약에 따라 오픈마켓에 국내호텔을 등재(알선)하고 국외고객이 해당 호텔 예약 시 오픈마켓으로부터 수수료를 받는 경우 또는 사업자가 국외관계회사와 체결한 판매위탁계약에 따라 해당 관계회사의 국외호텔오픈마켓 알선 업무를 대행하고 관계회사로부터 수탁수수료를 받는 경우로서 사업자가 제공하는 각각의 용역이 한국표준산업분류상 기타 여행보조서비스업에 해당하는 경우 「부가가치세법 시행령」 제33조 제2항에 따라 영세율이 적용되지 아니하는 것이나, 국외관계회사에 제공하는 대행용역이 관계회사에 대한 재무회계 감사 및 관리, 마케팅, 해외영업, 시스템교육 등 사업지원서비스업에 해당하고 그 대가를 외국환은행에서 원화로 받거나 같은 법 시행규칙 제22조에 따른 방법으로 받는 경우 대행용역의 공급은 영세율이 적용되는 것이며, 해당 사항이 어느 경우에 해당하는지는 한국표준산업분류 및 실제 거래내용 등에 따라 사실판단할 사항이다.[192)]

190) 부가46015-530, 2000.03.08
191) 사전-2021-법령해석부가-0328[법령해석과-3618], 2021.10.20
192) 서면-2021-법령해석부가-3012[법령해석과-4161], 2021.11.29

제5절 수출재화임가공용역

Ⅰ 개요

수출업자와 직접도급(임가공)계약에 의하여 공급하는 수출재화임가공용역(수출재화염색임가공용역 포함)과 내국신용장 또는 구매확인서에 의하여 공급하는 수출재화임가공용역에 대해서는 영세율을 적용한다. 이 경우 수출재화임가공용역은 수출업자와 직접계약에 의하여 공급하는 임가공용역에 한하여 영세율이 적용되며, 수출업자에게 납품하는 사업자와 임가공계약에 의하여 공급하는 임가공용역은 영세율이 적용되지 아니한다.

참 고 수출재화임가공용역의 흐름

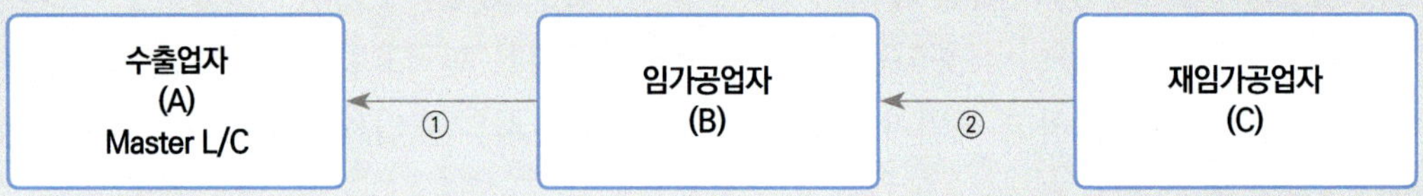

이하에서는 임가공용역의 흐름을 분설하기로 한다.

(상황1) 수출업자(A)가 임가공업자(B)에게 수출재화에 대한 임가공을 의뢰

- 임가공업자(B)가 수출업자(A)에게 수출재화임가공용역 공급 시
  - 주요자재를 전혀 부담하지 않고 단순 임가공만 한 경우에는 직접 도급계약에 의하여 공급할 수 있으며 내국신용장(구매확인서) 개설은 하지 않아도 된다.
  - 주요자재의 전부 또는 일부를 부담한 경우에는 재화의 공급이므로 반드시 내국신용장 또는 구매확인서에 의하여 공급하여야 영세율 적용한다.

(상황2) 수출업자(A)에게 의뢰받은 임가공업자(B)가 다시 재임가공업자(C)에게 수출재화에 대한 임가공을 의뢰

- 재임가공업자(C)가 임가공업자(B)에게 임가공용역 제공 시(②)에는 반드시 내국신용장 또는 구매확인서에 의하여 공급하여야 영세율 적용받는다.
- 즉, C는 A와 B가 직접도급계약인 경우 영세율 적용이 안 되며, A와 B가 Local L/C인 경우 2차 Local L/C나 구매확인서에 의해 공급한 경우에만 영세율 가능하다.

Ⅱ 수출재화임가공용역

1. 총설

(1) 개념

수출업자와 직접 도급계약에 의하여 수출재화의 부분품, 반제품 및 포장재를 임가공하는 용역은 직접 도급계약을 체결한 사업자 자신이 임가공하였는지의 여부에 불구하고 수출재화임가공용역

으로 본다. 다만, 사업자가 부가가치세를 별도로 적은 세금계산서를 발급한 경우는 이를 인정하여 영세율을 적용하지 않는다. 즉, 과세분 세금계산서 교부도 가능하다(부령 33 ② 3).

(2) 입법 취지

재화의 경우에는 내국거래라 할지라도 내국신용장·구매확인서에 의한 거래는 수출할 것이 전제가 되기 때문에 영세율을 적용하였으나, 용역의 경우에는 내국신용장에 의한 용역의 공급뿐만 아니라 행정적으로 관리가 가능한 수출업자와 수입업자와의 수출계약에 의하여 수출재화로 인정받은 재화에 임가공용역을 제공하는 경우에도 영세율을 적용받을 수 있도록 하여 수출업자 및 수출재화임가공업자의 자금부담을 덜어주고자 한 것이다.

2. 직접도급계약

(1) 도급(Subcontract)계약

도급계약이란 당사자의 일방(수급인)이 어느 일을 완성할 것을 약정하고 상대방(도급인)이 그 일의 결과에 대하여 보수를 지급할 것을 약정함으로써 성립하는 계약(민법 제664조)을 말한다.

(2) 직접도급계약

영세율이 적용되기 위한 요건으로 직접도급계약에 의한 임가공용역의 제공을 정하고 있으므로, 수출업자와 도급계약한 자와 다시 도급계약을 체결한 하도급자는 해당되지 않는다.[193)]

3. 수출재화임가공용역에 있어서의 수출업자의 범위

직접도급계약에 의하여 제공하는 임가공용역에 대하여 영세율을 적용할 수 있는 거래당사자는 수출업자이어야 한다. 여기에서 수출업자라 함은 「대외무역법」에 의하여 수출입업자로 등록되어 있는 수출업자 이외에 수출품을 수출업자를 통하여 대행수출을 시키는 수출품생산업자(대행수출의 경우임)를 포함하며, 내국신용장 또는 구매확인서에 의하여 수출재화를 수출업자(직수출의 경우임)에게 공급하는 사업자는 포함하지 아니한다(부기통 24-33-3).

결국 용어를 어떻게 사용하든지 간에 외국수입업자와 직접 수출계약을 체결한 자를 말하는 것이다. 그러므로 단순히 「대외무역법」에 의하여 수출업자로 등록되어 있는 자라 할지라도 자기가 직접 외국의 수입업자와 계약을 체결하지 않았다면 이러한 수출업자와 직접도급계약에 의하여 수출재화를 임가공하는 경우에는 영세율 적용대상이 되지 않는다. 또한 무역금융규정에 따라 수출신용장 없이 내국신용장을 개설할 수 있는 비축한도를 인정받은 수출업자와 직접 임가공도급계약을 체결하고 수출용재화를 임가공하는 때에는 영세율을 적용한다(부기통 24-33-5).

193) 대법 88누2182, 1988.12.20

4. 수출재화임가공의 범위

(1) 임가공의 의의

임가공이란 타인의 의뢰에 의하여 타인이 공급한 재화에 주요자재를 전혀 부담하지 아니하고 (일부 부자재는 부담) 단순히 가공만 하여 주고 그 대가를 받는 것을 말한다.

(2) 주요자재를 전혀 부담하지 않은 경우

주요자재를 전혀 부담하지 아니하고 단순가공에 대한 대가를 수령하는 경우 수출업자와 직접 도급계약에 의하여 공급하는 경우에 한하여 영세율 적용이 가능하다. 즉, 수출업자와 직접도급계약에 의하여 수출재화를 임가공하는 수출재화임가공용역(수출재화염색임가공을 포함)과 내국신용장 또는 구매확인서에 의하여 공급하는 수출재화임가공용역에 대하여는 영세율을 적용한다(부령 33 ② 3, 4). 따라서 영세율 적용 수출재화임가공용역은 ① 수출품생산업자와는 직접도급계약에 의하여 공급하거나 내국신용장(구매확인서)에 의하여 공급하면 된다. 그러나 ② 수출품생산업자가 아닌 자에게는 내국신용장(구매확인서)에 의하여 공급하여야 한다.

(3) 주요자재의 전부 또는 일부를 부담한 경우

사업자가 주요 자재의 전부 또는 일부를 부담하고 일부 자재는 상대방으로부터 인도받아 공작을 가하여 생산한 재화를 거래상대방이 수출하는 경우에 해당 사업자간의 거래는 재화의 공급에 해당하므로 내국신용장 또는 「대외무역법」에서 정하는 구매확인서에 의하여 공급하는 경우(금지금은 제외한다) 영세율을 적용한다. (부기통 21-31-11)

(4) 본점 명의로 수출하는 지점(제조장)에 공급하는 임가공용역

사업자와 수출업자가 직접 도급계약에 의하여 수출재화임가공용역을 제공함에 있어서 당해 임가공용역을 제공받는 사업장은 수출업자의 제조장이나 수출은 본사 명의로 이루어지는 경우 영세율이 적용된다.[194]

5. 대가의 영수방법 및 공급가액

(1) 대가의 영수방법

수출재화임가공용역의 경우에는 대가를 원화로 받든지 외화로 받든지 내국신용장에 의하여 받든지에 불구하고 영세율을 적용한다.

194) 서삼46015-10904, 2003.06.05

(2) 공급가액

내국신용장에 의하여 공급하는 임가공용역은 내국신용장(구매확인서)에 의한 재화의 공급 시와 같이 계산하고, 내국신용장이 없는 수출재화임가공용역은 계약상 약정된 금액으로 한다.

6. 세금계산서 발급의무

수출업자와 직접 도급계약에 의하여 수출재화를 임가공하는 수출재화임가공용역을 공급하는 경우에, 거래상대방이 국내사업장이 없는 비거주자·외국법인이 아니면 영세율세금계산서를 발급해야 한다. 만일 수출업자와 직접 도급계약에 의하여 수출재화를 임가공하는 수출재화임가공용역의 경우 사업자가 부가가치세를 별도로 적은 세금계산서를 발급한 경우에는 영세율을 적용하지 않는다(부령 33 ② 3).

7. 영세율 첨부서류

(1) 수출업자가 직접 도급계약을 한 경우(부령 101①11, 부기통 24-101-2)

수출재화임가공용역을 제공한 사업자의 영세율 첨부서류는 임가공계약서 사본(수출재화임가공용역을 해당 수출업자와 동일한 장소에서 제공하는 경우를 제외한다)과 해당 수출업자가 발급한 납품사실을 증명할 수 있는 서류(수출업자와 직접 도급계약을 한 분에 한한다) 또는 수출대금입금증명서이며, "임가공계약서 사본"이란 명칭 여하에 불구하고 「영세율규정」 제3조 제3항에 규정하는 수출재화임가공 내용이 기재되어 있는 것으로 한다.

(2) 내국신용장 또는 구매확인서에 의한 임가공용역의 경우

내국신용장 및 구매확인서 전자발급명세서, 기타의 경우에는 외국신용장의 사본을 첨부해야 한다(부령 101①3).

(3) 장기임가공계약의 경우(부기통 24-101-2)

해당 임가공용역에 대한 최초의 과세표준 신고 시에 임가공계약서 사본을 제출하고 그 이후의 신고에 있어서는 수출업자가 발급한 납품사실을 증명할 수 있는 서류만을 제출할 수 있다.

제6절 외국 항행 선박·항공기·원양어선에 공급하는 재화·용역

I 개요

1. 적용범위

외국을 항행하는 선박, 항공기 및 원양어선에 공급하는 재화 또는 용역에 대하여는 영세율을 적용한다. 다만, 사업자가 부가가치세를 별도로 적은 세금계산서를 발급한 경우는 제외한다(부령 33 ② 5).

2. 용어의 정의

외국을 항행하는 선박과 원양어선의 정의는 다음과 같다.[195)]

① 외국을 항행하는 선박(이하 "외항선박"이라 한다)이란 「외국의 선박과 해운법」에 따라 사업면허를 얻은 외국항행사업자가 운항하는 선박으로서 외국을 항행하는 우리나라의 선박을 말한다.

② 원양어선이란 「원양산업발전법」에 따라 원양어선으로 허가를 얻어 주로 해외수역에서 조업을 하는 선박을 말한다.

3. 영세율 적용여부 사례

(1) 영세율이 적용되는 경우

1) 도선선박 등에 의하여 제공하는 용역

도선선박·예인선박 또는 통선 등에 의한 용역을 외항선박에 제공하고 그 대가를 받는 것은 영세율을 적용한다.[196)] 다만, 도선선운영사업자가 외국항행사업자 등과 도선선 전용사용계약을 맺고 외국항행사업자 등에게 빌려준 도선선을 도선사에게 제공하여 항구에 입·출항하는 외국항행선박 등에 도선용역을 공급하도록 하고 외국항행사업자 등으로부터 도선선료를 직접 받는 경우에는 도선선운영사업자가 외국항행사업자 등을 공급받는 자로 도선선료에 대한 세금계산서를 발급한다.[197)]

2) 외항선박 등에 제공하는 하역용역 등의 영세율

외국을 항행하는 선박 또는 항공기에 직접 하역용역 등을 제공하고 그 대가를 받는 것은 영세율을 적용한다. (부기통 24-33-9)

---

195) 부기통 24-33-6
196) 부기통 24-33-8
197) 부가가치세과-1097, 2012.11.02

3) 외국항행사업자가 공급하는 선용품 등

외국항행사업자가 선용품 등을 다른 외항선박·원양어선에 공급하는 경우에는 영세율을 적용하나 국내의 다른 사업자에게 공급하는 경우에는 영세율을 적용하지 아니한다.[198] 그리고 외국항행사업자가 사무실에서 사용하기 위하여 공급받는 재화 등은 영세율 적용대상이 아니다.

(2) 영세율이 적용되지 않는 경우

① 외항선박의 컨테이너수리용역은 외항선박에 제공하는 용역으로 보지 않는다.[199]

② 외항선을 예인하는 예인선박에 소모되는 재화의 공급은 영세율이 적용되지 않는다.[200]

③ 화투를 제조하여 외국항행사업자에게 납품하는 사업자가 재화를 공급하는 경우에는 영세율이 적용되지 않는다.[201]

④ 침몰된 외국항행선박으로부터 유출된 유류제거를 위한 용역은 영세율이 적용되지 않는다.[202]

4. 세금계산서 교부의무 및 대가의 영수방법

당해 재화 또는 용역을 공급받는 자가 국내사업장이 없는 비거주자 또는 외국법인인 경우에는 세금계산서 교부의무가 면제되지만, 국내사업장이 있는 경우에는 영세율세금계산서를 교부해야 한다. 이 경우 원화 또는 외화로 받느냐, 누구에게서 받느냐 등의 영수조건에 관계없이 영세율이 적용된다.

198) 부기통 24-33-10
199) 부기통 24-33-7
200) 간세1235-2924, 1977.09.03
201) 부가22601-478, 1991.04.18
202) 부가1265.1-1541, 1982.06.24

5. 영세율 첨부서류 (부기통 24-101-3)

<table>
<tr><th>구분</th><th>영 제101조 제1항의 첨부서류
(2014. 12. 30. 개정)</th><th>국세청장 지정서류</th></tr>
<tr><td>1. 외항선박 또는 항공기에 공급하는 재화</td><td rowspan="4">선(기)적 완료증명서
(관할 세관장이 발급)

* 용역공급기록표
(전기통신사업의 경우)

* 유류공급명세서
(외항선박, 원양어선에 공급하는 석유류)</td><td>• 세관장이 발급하는 물품·선(기)용품 적재허가서. 다만, 물품·선(기)용품 적재허가서상에 물품수량 및 금액 등이 합계로 기재되고 물품명세서는 별첨된 경우로서 사업자가 당해 물품명세서를 보관하여 확인이 가능한 경우에는 당해 물품명세의 제출을 생략할 수 있음.</td></tr>
<tr><td>2. 외항선박 또는 항공기에 공급하는 하역용역</td><td>• 세관장에게 제출한 수출(입)품목적재(하선)에 관한 작업신고 및 교통허가서 또는 작업보고필증이나 선박회사 대금청구서</td></tr>
<tr><td>3. 외항선박 또는 항공기에 공급하는 하역용역 이외의 용역</td><td>• 세관장이 발급한 승선허가증 사본</td></tr>
<tr><td>4. 원양어선에 공급하는 재화 또는 용역</td><td>• 항만청장에게 제출한 입출항신고필증 사본과 선장이 발행하는 확인서. 다만, 외항선박·항공기 또는 원양어선에 공급한 용역에 대한 지정서류를 제출할 수 없는 경우에는 용역제공계약서 사본</td></tr>
</table>

* 외국항행선박에 제공하는 선박수리용역의 경우, 승선 허가증 사본 또는 용역계약서 사본 또는 외화 획득 명세서를 제출해야 한다.[203]

II 관련 사례

1. 원양어선에 외국인선원을 송입하여 주는 경우

인력송출업을 영위하는 사업자가 해외인력송출회사로부터 외국선원을 송출받아서 국내의 원양어선에 승선시키고 대가를 수령하는 경우 영세율이 적용되는 것이며, 선원급여를 대신 수령하여 선원에게 지급하는 금액은 부가가치세 영세율 과세표준에 포함되지 아니한다.[204]

2. 외국항행항공기에 제공하는 항공기 지상조업서비스의 영세율 적용 여부

사업자가 외국항행사업자와 계약을 체결하여 외국항행사업자에게 여객서비스(공항 내 탑승권 발권

203) 부가22601-181, 1985.06.13.
204) 부가-754, 2013.08.23

및 티켓확인, 수하물처리 등 서비스)를 제공하는 경우 용역의 공급으로 부가가치세가 과세되는 것이며, 외국항행항공기에 지상조업용역을 제공하는 경우 영세율이 적용된다.[205]

3. 국외에서 구입한 재화를 외항선박에 공급하는 경우

무역업을 영위하는 사업자가 국외에서 구입한 재화를 국내에 반입하지 아니하고 국외에서 항행하는 내국적 외항선박에 공급하고 그 대가를 국내에서 받는 경우에는 「부가가치세법」에 의한 과세대상에 해당되지 아니한다.[206]

4. 외항선박으로부터 영해에서 화물을 인수하여 국내로 운송하는 경우

선박에 의한 화물운송업자가 영해에서 외항선박으로부터 화물을 인수하여 연안으로 운반·저장하는 환적용역을 제공하고 대가를 받는 경우 영세율이 적용된다.[207]

5. 외항선박에 공급하는 사업자와 계약에 의하여 납품하는 경우

외항선박에 선용품을 공급하기로 한 갑이 을과 납품계약을 체결하여, 을이 세관장으로부터 적재허가를 받아 외항선박에 직접 공급하는 경우 을이 갑에게 영세율세금계산서를 발행해야 한다.[208]

6. 비거주자 등에게 제공하는 컨테이너 수리용역

비거주자 등에게 컨테이너수리용역을 제공하고 외화로 대가를 받는 경우 2002.1.1. 이후 공급분부터 영세율을 적용한다.[209]

205) 서면-2014-부가-22060, 2015.03.11
206) 부가-817, 2012.07.30
207) 법규과-5399, 2008.12.24
208) 상담3팀-746, 2004.04.14
209) 상담3팀-2310 , 2004.11.12

제7절 외국인관광객에게 제공하는 관광알선용역

Ⅰ 개요

「관광진흥법 시행령」에 따른 일반여행업자가 외국인관광객에게 공급하는 관광알선용역으로서, 그 대가를 다음의 어느 하나의 방법으로 받는 경우 영세율을 적용한다(부령 33 ② 7). 이 경우 「관광사업법」이 「관광진흥법」으로 바뀌었으나 여전히 등록을 요건으로 하므로, 「관광사업법」에 의한 관광숙박업 등록을 하지 아니한 숙박업자가 공급하는 음식 및 숙박용역은 영세율이 적용되지 아니한다.[210)]

① 외국환은행에서 원화로 받는 것

② 외화현금으로 받은 것 중 국세청장이 정하는 관광알선수수료명세표와 외화매입증명서에 의하여 외국인관광객과의 거래임이 확인되는 것

Ⅱ 외국인관광객의 범위

세계관광기구(UNWTO)에서 정한 국제관광객의 정의를 보면 "1박 이상의 숙박이나 24시간 이상의 체재를 목적으로 상주국 아닌 타국에서 여행하는 자"로 되어 있고 이에는 1) 여가목적(오락·휴가·건강·교육·종교·운동), 2) 사업·가족방문·사무연락 등의 각종 회합, 3) 재외교포, 4) 승무원(방문국의 숙박시설을 이용)까지를 포함시킨다고 되어 있는 바, 우리나라는 세계관광기구의 회원국으로 문화체육관광부장관이 위 국제관광객의 정의를 준용하고 있으므로 「부가가치세법」상 "외국인관광객"에 대한 정의가 별도 규정되어 있지 아니하는 한 "외국인관광객"을 광의로 해석하여야 할 것이다.[211)]

Ⅲ 여행업자가 기획한 여행상품 판매에 따른 공급가액 산정방법, 영세율 적용 여부

「관광진흥법」에 따른 일반여행업자가 관광상품을 기획하여 자기의 계산과 책임하에 관광용역을 제공하면서 여행객으로부터 여행객이 부담하여야 할 비용의 종류별 금액과 여행알선수수료를 구분하지 아니하고 대가를 받는 경우 「부가가치세법」에 따라 용역의 공급으로 부가가치세가 과세되는 것으로 영세율 적용대상에 해당하지 아니한다.[212)]

Ⅳ 영세율 첨부서류

일반여행업자가 공급하는 관광알선용역은 외국환은행이 발급하는 외화입금증명서를 원칙으로 하며, 다만, 외화(현금)로 받는 경우에는 관광알선수수료명세표와 외화매입증명서를 제출하여야 한다.

---

210) 부가가치세과 1265.1-953, 1982.04.16
211) 국심 79서1346, 1980.02.27
212) 사전-2015-법령해석부가-0134, 2015.05.20

제8절 외국인전용판매장 및 유흥음식점을 영위하는 사업자

I 개요

1. 적용요건

(1) 개요

다음의 어느 하나에 해당하는 사업자가 국내에서 공급하는 재화 또는 용역으로서, 그 대가를 외화로 받고 그 외화를 외국환은행에서 원화로 환전하여 받는 경우 영세율을 적용한다(부령 33 ② 9).

① 「개별소비세법」 제17조 제1항에 따른 지정을 받아 외국인전용판매장을 경영하는 자

② 「조세특례제한법」 제115조에 따른 주한외국군인 및 외국인선원 전용 유흥음식점업 경영자

(2) 지정사업자

「개별소비세법」 제17조 제1항의 규정에 의하여 외국인전용판매장으로 지정을 받거나 「조세특례제한법」 제115조의 규정에 의한 주한외국군인 및 외국인선원 전용의 유흥음식점업을 영위하는 자이어야 한다.

(3) 대가의 영수방법

반드시 그 대가를 외화로 받고 그 외화를 외국환은행에서 원화로 환전하는 것에 한하여 영세율이 적용된다. 따라서 외국인에게 공급한 경우라 하더라도 대가를 원화로 받는 경우에는 영세율이 적용되지 아니한다.[213] 이 경우 외국환관리규정에 의하여 국내에 본점을 두고 있는 외국환은행이 발행하는 비거주자용 원화표시 여행자수표는 "외화"에 해당하며,[214] 외국신용카드로 대금수령하여 외국카드사로부터 외화가 입금된 경우에도 영세율이 적용된다.[215]

2. 세금계산서 발급

국내사업장이 없는 비거주자 또는 외국법인에게 공급하는 경우 세금계산서 발급의무가 면제된다.

3. 영세율 첨부서류

외국환은행이 발급하는 외화입금증명서 또는 외화매입증명서를 첨부한다(2002.1.1 공급분부터는

213) 부기통 24-33-1, 서면3팀-2386, 2007.08.24
214) 소비22601-243, 1986.03.21
215) 서삼46015-11864, 2003.11.27

환전상이 발행하는 것은 제외). 또한 서류를 제출할 수 없는 경우에는 「영세율적용사업자가 제출할 영세율 첨부서류 지정 고시」 별지 제7호 서식의 외화획득명세서에 영세율이 확인되는 증거서류를 첨부하여 제출하여야 한다.

Ⅱ 「개별소비세법」에 따른 외국인전용판매장 면세

1. 개요

"외국인전용판매장 면세"란 비거주자 또는 주한외교관 등에게 외화를 받고 판매하기 위하여 정부가 지정하는 장소에 특정한 과세물품을 판매 또는 반출하는 경우 세액을 부담시키지 아니하는 제도를 말한다.[216)]

2. 관련 규정

관할세무서장이 지정하는 외국인전용판매장에서 비거주자(非居住者) 또는 국내에 주소나 거소(居所)를 둔 주한외교관 등에게 판매할 목적으로 그 판매장에 반입하게 하기 위하여 제조장 또는 판매장에서 반출하는 물품에 대해서는 대통령령으로 정하는 바에 따라 개별소비세를 면제한다(개소법 17 ①). 외교관전용판매장에서 개별소비세를 면제받을 수 있는 물품은 아래와 같다.

① 보석과 이를 사용한 제품 ② 귀금속 제품 ③ 골패(骨牌)와 화투류 ④ 고급 가구 ⑤ 방향용 화장품 ⑥ 고급 융단

Ⅲ 주한외국군인 및 외국인선원 전용 유흥음식점업 경영하는 자

주한외국군인 및 외국인선원 전용 유흥음식점업 경영하는 자란 「관광진흥법」에 따른 관광객이용시설업 중 주한외국군인 및 외국인선원 전용 유흥음식점업을 경영하는 자를 말한다.

216) 개소집 17-0-1 ①

CHAPTER 05

조세특례제한법에 따른 재화, 용역

제1절 개요

I 영세율 적용 취지

「부가가치세법」의 영세율 제도는 간접세의 이중과세를 배제하는 것이 주된 목적이었으나, 「조세특례제한법」에서는 조세정책의 효율적인 수행과 국민경제의 건전한 발전에 기여할 목적으로 국내 거래 중 다음(Ⅱ)과 같은 재화 및 용역의 공급에 대해 영세율 적용이 되는 것을 적용하고 있다.[217)]

Ⅱ 관련 규정

다음의 어느 하나에 해당하는 재화 또는 용역의 공급에 대한 부가가치세의 경우에는 대통령령으로 정하는 바에 따라 영(零)의 세율을 적용한다. 이 경우 ③ 및 ④는 2026년 12월 31일까지 공급한 것에 대해서만 적용하고, ⑥ 및 ⑦는 2025년 12월 31일까지 공급한 것에 대해서만 적용한다(조특법 105 ①).

① 「방위사업법」에 따라 지정을 받은 방산업체가 공급하는 같은 법에 따른 방산물자(경찰이 작전용으로 사용하는 것을 포함한다)와 「비상대비에 관한 법률」에 따라 중점 관리대상으로 지정된 자가 생산공급하는 시제품(試製品) 및 자원 동원으로 공급하는 용역

② 「국군조직법」에 따라 설치된 부대 또는 기관에 공급(「군인복지기본법」 제2조 제4호에 따른 체육시설 중 군 골프장과 그 밖에 이와 유사한 시설로서 대통령령으로 정하는 것에 공급하는 경우는 제외한다)하는 석유류

③ 다음의 어느 하나에 해당하는 자에게 직접 공급하는 도시철도건설용역

㉠ 국가 및 지방자치단체(제106조 제1항 제7호의 2[218)]에 따라 공급받는 경우는 제외한다)

㉡ 「도시철도법」의 적용을 받는 도시철도공사(지방자치단체의 조례에 따라 도시철도를 건설할 수 있는 경우로 한정한다)

217) 대법 2011두2774, 2011.05.28.

218) 「사회기반시설에 대한 민간투자법」 제2조 제8호에 따른 사업시행자가 부가가치세가 면제되는 사업을 할 목적으로 같은 법 제4조 제1호부터 제3호까지의 규정에 따른 방식으로 국가 또는 지방자치단체에 공급하는 같은 법 제2조 제1호에 따른 사회기반시설 또는 사회기반시설의 건설용역

㉢ 「국가철도공단법」에 따른 국가철도공단

㉣ 「사회기반시설에 대한 민간투자법」 제2조 제7호에 따른 사업시행자

④ 「사회기반시설에 대한 민간투자법」 제2조 제7호에 따른 사업시행자가 부가가치세가 과세되는 사업을 할 목적으로 같은 법 제4조 제1호부터 제3호까지의 규정에 따른 방식으로 국가 또는 지방자치단체에 공급하는 같은 법에 따른 사회기반시설 또는 사회기반시설의 건설용역

⑤ 장애인용 보장구, 장애인용 특수 정보통신기기 및 장애인의 정보통신기기 이용에 필요한 특수 소프트웨어로서 「장애인·노인 등을 위한 보조기기 지원 및 활용촉진에 관한 법률」 제3조 제2호에 따른 보조기기 또는 「의료기기법」 제2조에 따른 의료기기로서 별표 9의 2에 따른 장애인용품

⑥ 대통령령으로 정하는 농민 또는 임업에 종사하는 자에게 공급(국가 및 지방자치단체와 「농업협동조합법」, 「엽연초생산협동조합법」 또는 「산림조합법」에 따라 설립된 각 조합 및 이들의 중앙회와 「농업협동조합법」에 따라 설립된 농협경제지주회사 및 그 자회사를 통하여 공급하는 것을 포함한다)하는 농업용·축산업용 또는 임업용 기자재로서 다음의 어느 하나에 해당하는 것

㉠ 「비료관리법」에 따른 비료로서 대통령령으로 정하는 것

㉡ 「농약관리법」에 따른 농약으로서 대통령령으로 정하는 것

㉢ 농촌 인력의 부족을 보완하고 농업의 생산성 향상에 기여할 수 있는 농업용 기계로서 대통령령으로 정하는 것

㉣ 축산 인력의 부족을 보완하고 축산업의 생산성 향상에 기여할 수 있는 축산업용 기자재로서 대통령령으로 정하는 것

㉤ 「사료관리법」에 따른 사료(「부가가치세법」 제26조에 따라 부가가치세가 면제되는 것은 제외한다)

㉥ 산림의 보호와 개발 촉진에 기여할 수 있는 임업용 기자재로서 대통령령으로 정하는 것

㉦ 「친환경농어업 육성 및 유기식품 등의 관리·지원에 관한 법률」에 따른 유기농어업자재로서 대통령령으로 정하는 것

⑦ 연근해 및 내수면어업용으로 사용할 목적으로 대통령령으로 정하는 어민에게 공급(「수산업협동조합법」에 따라 설립된 각 조합 및 어촌계와 「농업협동조합법」에 따라 설립된 각 조합 및 이들의 중앙회를 통하여 공급하는 것을 포함한다)하는 어업용 기자재로서 다음의 어느 하나에 해당하는 것

㉠ 「사료관리법」에 따른 사료(「부가가치세법」 제26조에 따라 부가가치세가 면제되는 것은 제외한다)

㉡ 그 밖에 대통령령으로 정하는 것

Ⅲ 조기환급 가능 여부

「조특법」 제105조에 따라 부가가치세 영세율이 적용되는 경우 「부가가치세법」 제59조 제2항을 준용하여 조기환급의 대상이 된다.[219)]

219) 조특칙 105-0-4

제2절 영세율 적용대상 재화·용역

I 방위산업물자, 비상대비물자 및 자원동원용역

1. 개요

「방위사업법」에 따라 지정을 받은 방산업체가 공급하는 같은 법에 따른 방산물자(경찰이 작전용으로 사용하는 것을 포함한다)와 「비상대비자원 관리법」에 따라 중점 관리대상으로 지정된 자가 생산공급하는 시제품(試製品) 및 자원 동원으로 공급하는 용역에 대하여는 영세율을 적용한다(조특법 105 ① 1).

2. 방위산업물자의 범위[220)]

방위산업체가 방위산업물자를 공급하는 경우에는 영세율을 적용하나, 방위산업체 상호 간의 거래 시에는 영세율을 적용하지 아니한다. 또한 방위산업체로 지정받은 사업자가 건설업자로부터 하도급을 받아 공급하는 방위산업물자에 대하여도 영세율을 적용하지 아니한다.

3. 영세율 첨부서류

공급받는 기관장이 발행하는 납품증명서 또는 용역공급사실 증명서류를 제출한다.(조특령 1061) 이와 함께 영세율 매출 명세서를 함께 제출한다(부령 90③9, 부령 91②12).

II 국군부대납품 석유류

1. 개요

「국군조직법」에 따라 설치된 부대 또는 기관에 공급하는 석유류에 대하여는 영세율을 적용한다(조특법 105 ① 2). 이 경우 「군인복지기본법」 제2조 제4호에 따른 체육시설 중 군 골프장과 골프연습장에 공급하는 경우는 2013.1.1.부터 부가가치세를 과세한다.

2. 국군부대납품 석유류의 범위

「국군조직법」에 따라 설치된 부대 또는 기관에 공급하는 석유류로서 영세율이 적용되는 석유류란

220) 조특집 105-0-1

「석유 및 석유대체연료 사업법」 제2조 제1호 및 제2호에 따른 원유·천연가스(액화한 것을 포함한다) 및 석유제품을 말한다.[221)]

3. 영세율 첨부서류

공급받는 기관장이 발행하는 납품증명서 또는 용역공급사실 증명서류를 제출한다.(조특령 1061) 이와 함께 영세율 매출 명세서를 함께 제출한다(부령 90③9, 부령 91②12).

Ⅲ 도시철도건설용역

1. 개요

다음의 어느 하나에 해당하는 자에게 직접 공급하는 도시철도건설용역에 대하여는 영세율을 적용한다(조특법 105 ① 3).

① 국가 및 지방자치단체(「사회기반시설에 대한 민간투자법」에 따른 사업시행자가 부가가치세가 면제되는 사업을 할 목적으로 BOT, BTO, BTL 방식으로 국가 또는 지방자치단체에 공급하는 사회기반시설 또는 사회기반시설의 건설용역)

② 「도시철도법」의 적용을 받는 도시철도공사(지방자치단체의 조례에 따라 도시철도를 건설할 수 있는 경우로 한정한다)

③ 「국가철도공단법」에 따른 국가철도공단

④ 「사회기반시설에 대한 민간투자법」 제2조 제7호에 따른 사업시행자

⑤ 「한국철도공사법」에 따른 한국철도공사

위에 열거된 자에게 직접 공급하는 도시철도 건설용역의 공급만 해당한다. 도시철도 건설과 관련된 재화의 공급은 영세율이 적용되지 않는다. 예를 들어 도시철도공사에 엘리베이터를 제공하는 경우 도시철도 건설 용역에 부수되는 재화라고 보기가 어렵다. 왜냐하면 해당 제조업자가 엘리베이터를 독립적이고 단독으로 공급할 수 있기 때문이다.

221) 조특집 105-0-2

2. 도시철도건설용역의 범위[222)]

(1) 도시철도의 제반시설물

도시철도건설용역에 대하여 부가가치세 영세율을 적용함에 있어 도시철도의 범위에는 도시철도의 선로 등 도시철도의 제반시설물이 포함된다.

(2) 기존 도시철도의 개량, 증설

도시철도건설용역의 범위에는 새로운 도시철도의 건설뿐만 아니라 기존 도시철도의 개량, 증설도 포함된다.

(3) 도시철도건설용역에 해당 여부 판단 기준

도시철도건설용역에 해당 여부는 「도시철도법」 제2조 제5호의 도시철도건설규정에 따르지 않고, 통계청장이 고시하는 해당 과세기간 개시일 현재의 한국표준산업분류에 따른다.

(4) 하도급받아 공급하는 도시철도건설용역

영세율이 적용되는 도시철도건설용역을 제공하는 사업자로부터 하도급받아 공급하는 도시철도건설용역에 대하여는 영세율을 적용하지 아니한다.

(5) 설계, 감리 등의 용역

도시철도건설용역을 제공하는 사업자가 국가 및 지방자치단체 등에 도시철도건설용역에 부수하여 설계, 감리 등의 용역을 함께 공급하는 경우에는 영세율이 적용되나, 도시철도건설용역과는 별도로 설계, 감리 등의 용역만을 공급하는 경우에는 영세율을 적용하지 아니한다.

(6) 사업자가 도시철도공사에 직접 공급하는 도시철도건설용 재화

사업자가 도시철도공사에 직접 공급하는 도시철도건설용 재화에 대하여는 영세율을 적용하지 아니한다.

3. 영세율 첨부서류

공급받는 기관장이 발행하는 납품증명서 또는 용역공급사실 증명서류를 제출한다.(조특령 1061) 이와 함께 영세율매출명세서를 함께 제출한다.(부령 90③9, 부령 91②12)

222) 조특집 105-0-3

4. 관련 사례

(1) 도시철도건설용역으로 보는 사례

1) 한국철도시설공단에서 한국도로공사에 위탁하여 공급받는 시설물에 대한 영세율 적용 여부

「한국철도시설공단법」에 따른 한국철도시설공단에 직접 공급하는 도시철도건설용역은 부가가치세 영세율이 적용되므로, 한국철도시설공단이 한국도로공사에 위탁하여 건설하는 시설물이 도시철도운행 관련 시설물(라멘교)로서 도시철도시설에 해당하는 경우에는 도시철도건설용역으로 영세율을 적용한다. 이 경우 한국도로공사는 도시철도의 시설물 건설과 관련한 매입세액을 공제받을 수 있는 것이며, 관련 매입세액의 실지귀속을 구분할 수 없는 경우에는 매입세액을 안분계산한다.[223]

2) 전철역사와 상업시설 사이의 지하연결통로건설용역

사업자가 「한국철도시설공단법」에 따라 한국철도시설공단에 영세율이 적용되는 도시철도건설용역을 공급하면서 전철역사와 상업시설 사이에 지하연결통로건설용역을 직접 공급하는 경우에는 도시철도건설용역에 필수적으로 부수되는 용역의 공급으로 보아 영세율을 적용한다.[224]

3) 도시철도건설용역과 관련된 대체시설건설용역의 영세율 적용 여부

「한국철도시설공단법」에 의한 한국철도시설공단에 도시철도건설용역을 공급함에 있어 도시철도건설공사 구간 내의 시설물을 함께 철거하여 이전하고, 직접 공급하는 대체시설건설용역은 도시철도건설용역에 필수적으로 부수되는 용역의 공급으로 영세율을 적용한다.[225]

4) 완전소실로 원상복구하는 도시철도공사용역의 영세율 적용

사업자가 도시철도 운행을 위한 도시철도의 선로 등 제반시설물이 재해로 완전 소실되어 이를 원상복구하기 위한 도시철도의 선로 등 도시철도의 제반시설물의 설치공사용역을 국가·지방자치단체 또는 「도시철도공사법」의 적용을 받는 도시철도공사에 직접 공급하는 경우 부가가치세 영세율이 적용된다.[226]

5) 복선전철사업에 따른 공사구간의 지장전주 이설공사를 도급받은 '갑'이 '을'에게 하도급을 주어 제공하는 경우, 갑은 영세율을 적용되나 을은 적용하지 않는다.[227]

(2) 도시철도건설용역으로 보지 아니한 사례

1) 도시철도에 에스컬레이터를 공급한 경우 영세율 적용 여부

「도시철도법」의 적용을 받는 도시철도공사에 승강기(에스컬레이터)를 공급하면서 설치공사용역

223) 부가-1850, 2009.12.21
224) 부가-1850, 2009.12.21
225) 재부가-197, 2007.03.06
226) 서삼46015-11051, 2003.07.01
227) 부가46015-1791, 2000.07.28

을 제공한 경우 「조세특례제한법」 제105조 제1항에 따른 영세율이 적용되지 아니한다.[228]

2) 도시철도역사 시설을 준공하여 기부채납하는 경우

사업자 '갑'이 다른 사업자 '을, 병'과 도시철도역사 재개발사업의 시행자가 되기 위한 컨소시엄을 구성하고 해당 컨소시엄이 도시철도역사 재개발사업의 사업시행자가 되어 부산교통공사와의 사업실시협약을 체결함에 따라, 컨소시엄이 도시철도역사와 상가 등 부대시설을 준공하여 부산교통공사에 그 소유권을 이전한 다음, 그 대가로 소유권이전한 시설 중 상가에 대한 20년간의 관리운영권을 부여받는 경우 부가가치세 과세대상이며 영세율을 적용할 수 없다. 또한, 사업자 갑·을·병이 상가시설에 대한 관리운영권을 공동으로 부여받아 그 손익을 출자비율에 따라 분배하는 경우 사업자 갑·을·병은 공동사업을 영위하는 것으로서 도시철도역사시설 공급에 대한 세금계산서는 그 공동사업자의 명의로 발급한다. 즉, 도시철도건설용역이 아닌 재화의 공급으로 보아 영세율을 적용하지 아니한다.[229]

3) 도시철도공사에 공급한 조명설비 등의 설치공사 영세율 적용 여부

한국표준산업분류표상 건설업자가 「도시철도법」의 적용을 받는 도시철도공사에 도시철도건설용역을 직접 제공하는 경우 부가가치세는 영세율이 적용되는 것이며, 한국표준산업분류표상 건설업자가 「도시철도법」 제3조 제3호의 도시철도시설에 해당되고 도시철도건설규칙에 의하여 설치가 의무화된 조명설비, 역사 내의 CCTV, 「교통약자 이동편의 증진법」의 시행에 따른 시각장애인용 음성유도기의 설치공사를 「도시철도법」의 적용을 받는 도시철도공사에 직접 공급하는 경우 부가가치세 영세율이 적용되는 것이나, 동 공사용역이 도시철도의 건설, 증설, 개량에 해당하지 아니하는 경우 부가가치세 영세율이 적용되지 않는다.[230]

4) 한국철도시설공단에 공급하는 일반철도역사건설용역의 영세율 적용 여부

건설업자가 일반철도시설(역사)에 대한 건설용역을 한국철도시설공단에 공급하는 경우 해당 건설용역의 공급에 대하여는 영세율을 적용받을 수 없다.[231]

5) 「민투법」에 따른 사업시행자가 도시철도시설 일체를 건설하여 지방자치단체에 기부채납하고 운영권을 취득한 거래는 영세율이 적용되지 아니한다.[232]

6) 영세율이 적용되는 도시철도건설용역 해당 여부

사업자가 국가·지방자치단체 또는 「도시철도법」의 적용을 받는 도시철도공사에 도시철도건설과 관련된 건설폐기물처리용역을 제공하는 경우 당해 용역은 영세율이 적용되는 도시철도건설용역에 해당하지 않는다.[233]

---

228) 기획재정부부가-214, 2015.03.06

229) 법규부가2012-292, 2012.10.05

230) 부가가치세과 - 592, 2010.05.11

231) 부가-213, 2012.02.29

232) 기획재정부 부가가치세제과-431, 2016.09.07

233) 서삼46015-11149, 2003.07.18

Ⅳ 국가 등에 공급하는 사회기반시설 및 해당 건설용역

1. 개요

공공부문 외의 자로서 사업시행자의 지정을 받아 민간투자사업을 시행하는 법인이 부가가치세가 과세되는 사업을 할 목적으로 같은 법 제4조 제1호부터 제3호까지의 규정에 따른 방식으로 국가 또는 지방자치단체에 공급하는 같은 법에 따른 사회기반시설 또는 사회기반시설의 건설용역에 대하여는 영세율을 적용한다(조특법 105 ① 3의 2). 다만 이는 기부채납에 한하여 영세율을 적용한다는 것으로 기부채납자산을 과세사업에 사용하는 경우는 부가가치세 과세대상에 해당한다.

2. 「사회기반시설에 대한 민간투자법」 제4조 제1호부터 제3호까지의 규정에 따른 방식

「사회기반시설에 대한 민간투자법」에 따른 사업시행자가 부가가치세가 과세되는 사업을 영위할 목적으로 국가 또는 지방자치단체에 공급하는 사회기반시설 또는 해당 시설의 건설용역으로서 부가가치세 영세율이 적용되는 민간투자사업 추진방식은 다음과 같다.

① 사회기반시설의 준공과 동시에 해당 시설의 소유권이 국가 또는 지방자치단체에 귀속되며, 사업시행자에게 일정기간의 시설관리운영권을 인정하는 방식(②에 해당하는 경우는 제외한다)(BTO 방식 : Build Transfer Operate 방식)

② 사회기반시설의 준공과 동시에 해당 시설의 소유권이 국가 또는 지방자치단체에 귀속되며, 사업시행자에게 일정기간의 시설관리운영권을 인정하되, 그 시설을 국가 또는 지방자치단체 등이 협약에서 정한 기간 동안 임차하여 사용·수익하는 방식(BTL방식 : Build Transfer Lease 방식)

③ 사회기반시설의 준공 후 일정기간 동안 사업시행자에게 해당 시설의 소유권이 인정되며 그 기간이 만료되면 시설소유권이 국가 또는 지방자치단체에 귀속되는 방식(BOT방식 : Build Own·Operate Transfer 방식)

3. 사회기반시설 등의 공급에 대한 영세율 적용[234)]

부가가치세 영세율이 적용되는 사회기반시설이란 각종 생산활동의 기반이 되는 시설, 해당 시설의 효용을 증진시키거나 이용자의 편의를 도모하는 시설 및 국민생활의 편익을 증진시키는 시설로서 다음(「사회기반시설에 대한 민간투자법」 제2조 제1호)에 열거된 다음의 어느 하나에 해당하는 시설을 말한다.

① 도로, 철도, 항만, 하수도, 하수·분뇨·폐기물처리시설, 재이용시설 등 경제활동의 기반이 되는 시설

234) 조특집 105-0-4

② 유치원, 학교, 도서관, 과학관, 복합문화시설, 공공보건의료시설 등 사회서비스의 제공을 위하여 필요한 시설

③ 공공청사, 보훈시설, 방재시설, 병영시설 등 국가 또는 지방자치단체의 업무수행을 위하여 필요한 공용시설 또는 생활체육시설, 휴양시설 등 일반 공중의 이용을 위하여 제공하는 공공용 시설

4. 공급시기 및 영세율 첨부서류

① 기부채납의 절차가 완료된 때를 공급시기로 본다.

② 사회기반시설 또는 해당 건설용역을 공급받는 국가 또는 지방자치단체의 장이 발행하는 납품증명서 또는 용역공급사실 증명서류를 제출해야 한다(조특령 106 1).

5. 관련 사례

(1) 사회간접자본시설의 건설용역 관련 매입세액은 조기환급이 되지 아니한다.[235]

(2) 기부채납자산 관리운영권의 해지에 따른 해지 시 지급금

하수도 민간투자사업 실시협약에 따라 사업시행자로부터 하수도시설물을 기부채납받고 시설물 관리운영권을 부여한 주무관청이 사업시행자에게 해당 시설물관리운영에 대한 대가를 지급하던 중 해당 실시협약 해지로 시설물관리운영권을 회수하고 그 대가로 사업시행자에게 해지 시 지급금을 지급하는 경우에는 부가가치세 과세대상에 해당된다.[236]

235) 상담3팀-2672, 2004.12.30.

236) 부가-313, 2012.03.22

V 장애인용 보장구 등 장애인용품

1. 개요

(1) 관련 규정

장애인용 보장구, 장애인용 특수 정보통신기기 및 장애인의 정보통신기기 이용에 필요한 특수 소프트웨어로서 「장애인·노인 등을 위한 보조기기 지원 및 활용촉진에 관한 법률」 제3조 제2호에 따른 보조기기 또는 「의료기기법」 제2조에 따른 의료기기로서 조특칙 별표 9의 2에 따른 장애인용품에 대하여는 영세율을 적용한다(조특법 105 ① 4).

(2) 장애인용품의 범위 (조특칙 47의4, 별표 9의2)

1) 「장애인·노인 등을 위한 보조기기 지원 및 활용촉진에 관한 법률」 제3조 제2호 및 같은 법 시행규칙 제2조에 따른 보조기기로서 장애인용으로 특별히 제작된 다음의 것

① 팔의지(義肢), 다리의지(義肢) ② 수동휠체어, 전동휠체어 ③ 청각보조기기(청각보조기용 액세서리를 포함한다) ④ 점자 교육용 보조기기 ⑤ 점자 읽기자료 ⑥ 휴대용 점자 기록기 ⑦ 프린터(점자프린터로 한정한다) ⑧ 표준 네트워크 전화기(청각 장애인용 골도전화기로 한정한다) ⑨ 특수 출력 소프트웨어 ⑩ 특수키보드 ⑪ 컴퓨터 포인팅용 장치 ⑫ 다리 보조기 ⑬ 척추 및 머리 보조기 ⑭ 팔 보조기 ⑮ 보행용 막대기 및 지팡이 ⑯ 촉각 막대기 또는 흰 지팡이 ⑰ 팔꿈치 목발 ⑱ 아래팔 목발 ⑲ 겨드랑이 목발 ⑳ 양팔 조작형 보행용 보조기기 ㉑ 욕창방지 방석 및 커버 ㉒ 욕창 예방용 등받이 및 패드 ㉓ 와상용 욕창 예방 보조기구 ㉔ 침대 및 침대장비(욕창방지용으로 한정한다) ㉕ 대소변 흡수용 보조기구 ㉖ 비디오 자막 및 자막 텔레비전 해독기(국가·지방자치단체 또는 「방송법」 제90조의 2에 따라 설립된 시청자미디어재단이 시·청각장애인에게 무료로 공급하기 위하여 구매하는 것으로 한정한다) ㉗ 시각 신호 표시기 ㉘ 음성 출력 읽기 자료 ㉙ 영상 확대 비디오 시스템

2) 「의료기기법」 제2조에 따른 의료기기로서 장애인용으로 특수하게 제작되거나 제조된 다음 각 목의 것

① 보청기 ② 인공달팽이관장치(연결사용하는 외부 장치 및 배터리를 포함한다) ③ 인공후두

2. 영세율 적용 대상

사업자가 영세율 적용대상 장애인용 보장구·특수정보통신기기, 장애인의 정보통신기기 이용에 필요한 특수 소프트웨어를 공급하는 경우에는 공급받는 자가 누구(장애인, 사업자, 의료기관 등)인지 여부에 관계없이 부가가치세 영세율이 적용된다.[237)]

3. 영세율 첨부서류

월별 판매액 합계표(조특령 106제12항2)와 세율 매출 명세서를 함께 제출한다(부령 90③9, 부령 91②12).

4. 관련 사례

(1) 정형외과용 구두가 영세율이 적용되는 장애인용 보장구에 해당하는지 여부

사업자가 정형외과, 재활외과 등에서 처방전을 받은 자에게 처방전의 내용대로 정형외과용 구두를 제작하여 판매하는 경우, 해당 정형외과용 구두는 부가가치세 영세율이 적용된다.[238)]

(2) 장애인 청각보조기용 액세서리의 공급에 대한 영세율 적용 범위 등

장애인 청각보조기용 액세서리의 공급에 대한 영세율 적용 범위는 「보조기기 품목분류 등에 관한 고시」에서 열거된 것을 모두 포함하는 것이며, 「보조기기 품목분류 등에 관한 고시(보건복지부고시 제2020-207호)」시행일부터 적용된다.[239)]

---

237) 조특집 105-0-6
238) 서면법규-103, 2014.02.04
239) 서면-2022-법규부가-1610[법규과-757], 2023.03.24

VI 농민 등에게 공급하는 농업·축산업·임업용 기자재

1. 개요

〈농민, 임업인에게 공급하는 농업용·축산업·임업용 기자재 흐름〉

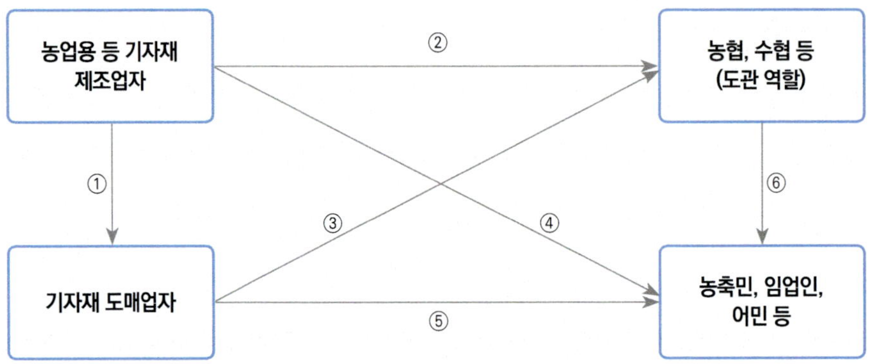

① : 세금계산서 10% 과세 교부
②③④⑤⑥ : 영세율 적용
다만, 농협, 수협 등이 조특법 105①5호에 규정된 농약 등을 판매 목적(도매업)을 영위하면, ②도 부가가치세 10%를 과세한 세금계산서를 수취해야 함.[240]

(1) 개념

대통령령으로 정하는 농민 또는 임업에 종사하는 자에게 공급(국가 및 지방자치단체와 「농업협동조합법」, 「엽연초생산협동조합법」 또는 「산림조합법」에 따라 설립된 각 조합 및 이들의 중앙회와 2017.1.1. 이후 공급분부터는 「농업협동조합법」에 따라 설립된 농협경제지주회사 및 그 자회사를 통하여 공급하는 것을 포함한다)하는 농업용·축산업용 또는 임업용 기자재로서 다음의 어느 하나에 해당하는 것에 대하여는 영세율을 적용한다(조특법 105 ① 5).

① 「비료관리법」에 따른 비료(비료와 육묘용 흙이 혼합된 것을 포함한다)

② 「농약관리법」에 따른 농약으로서 「농약관리법」 제8조에 따라 농촌진흥청장에게 등록된 농약. 다만, 저독해충약(貯穀害蟲藥), 고독성 농약 및 어독성(魚毒性) 1급인 보통독성 농약을 제외한다.

③ 농촌 인력의 부족을 보완하고 농업의 생산성 향상에 기여할 수 있는 농업용 기계로서 대통령령으로 정하는 것

④ 축산 인력의 부족을 보완하고 축산업의 생산성 향상에 기여할 수 있는 축산업용 기자재로서 대통령령으로 정하는 것

240) 부가-934, 2010.07.19.

⑤「사료관리법」에 따른 사료(「부가가치세법」 제26조에 따라 부가가치세가 면제되는 것은 제외한다)

⑥ 산림의 보호와 개발 촉진에 기여할 수 있는 임업용 기자재로서 대통령령으로 정하는 것

⑦「친환경농어업 육성 및 유기식품 등의 관리·지원에 관한 법률」에 따른 유기농어업자재로서 대통령령으로 정하는 것

(2) 농민 또는 임업에 종사하는 자

"대통령령으로 정하는 농민"이란 「통계법」 제22조에 따라 통계청장이 고시하는 한국표준산업분류(이하 "한국표준산업분류"라 한다)상의 농업 중 작물재배업·축산업 또는 작물재배 및 축산복합농업에 종사하는 자로서 「농·축산·임·어업용 기자재 및 석유류에 대한 부가가치세 영세율 및 면세 적용 등에 관한 특례규정」 제2조에서 규정하는 자(이하 "농민"이라 한다)를 말한다. 다만, 한국표준산업분류상 시설작물재배업 중 기획재정부령으로 정하는 업종에 종사하는 자를 제외한다.

1) 농민의 범위

한국표준산업분류상의 농업 중 작물재배업 · 축산업 또는 작물재배 및 축산복합농업에 종사하는 자로서 아래에 해당하는 자를 말한다. 다만, 시설작물재배업 중 콩나물재배업은 제외한다.

① 개인(「농어업경영체 육성 및 지원에 관한 법률」 제4조제1항에 따라 농어업경영정보를 등록한 자만 해당한다)

②「농어업경영체 육성 및 지원에 관한 법률」에 따라 설립된 영농조합법인과 농업회사법인. 다만, 법 제105조제1항제5호 각 목의 어느 하나에 해당하는 것을 공급받아 직접 사용하거나 소비하는 경우만 해당한다.

③ 축산업을 주업으로 하는 법인으로서 당해 사업연도 개시일을 기준으로 당해 법인의 총발행주식 또는 총출자지분의 3분의 2 이상을 다음 각목의 1에 해당하는 자가 출자하고 있는 법인. 이 경우 사업연도중에 출자지분의 변경으로 다음 각목의 1에 해당하는 자의 출자지분이 총발행주식 또는 총출자지분의 3분의 2 이상이 되는 경우에는 당해 출자지분변경일을 기준으로 한다.

㉠「농업 · 농촌 및 식품산업 기본법」 제3조제2호에 따른 농업인

㉡ 당해 법인의 임원 또는 직원으로서 상시 근무하고 있는 자

④「농업협동조합법」에 따른 조합 및 중앙회(같은 법에 따라 설립된 농협경제지주회사 및 그 자회사를 포함한다). 다만, 가축용 사료를 공급받거나 농작업대행 또는 임대용으로 제3조제3항에 따른 농업기계를 공급받는 경우만 해당한다.

⑤「축산계열화사업에 관한 법률」 제2조제4호에 따른 축산계열화사업(이하 이 호에서 "축산계열화사업"이라 한다)을 영위하는 법인으로서 농림축산식품부장관이 고시하는 같은 조 제5호

에 따른 축산계열화사업자(이하 이 호에서 "축산계열화사업자"라 한다). 다만, 축산계열화사업자가 축산계열화사업을 위하여 가축용 사료를 공급받는 경우에만 해당한다.

⑥ 「축산법」에 의하여 농림축산식품부장관이 지정한 비영리가축검정기관. 다만, 가축검정용 사료를 공급받는 경우에 한한다.

⑦ 「사립학교법」에 따른 학교법인과 「고등교육법」에 따른 국공립학교. 다만, 사립학교와 국공립학교의 축산실습농장에 가축용 사료를 공급받는 경우만 해당한다.

⑧ 「초·중등교육법 시행령」 제90조제1항제10호에 따른 산업계(농업계에 한정한다)의 수요에 직접 연계된 맞춤형 교육과정을 운영하는 고등학교(제7호에 따른 학교법인에서 운영하는 고등학교는 제외한다. 이하 제9호에서 같다). 다만, 해당 고등학교의 축산실습농장에 가축용 사료를 공급받는 경우만 해당한다.

⑨ 「초·중등교육법 시행령」 제91조제1항에 따른 특정분야(농업분야에 한정한다)의 인재양성을 목적으로 하는 교육 또는 체험위주의 교육을 전문적으로 실시하는 고등학교. 다만, 해당 고등학교의 축산실습농장에 가축용 사료를 공급받는 경우만 해당한다.

⑩ 「엽연초생산협동조합법」에 따른 조합과 중앙회. 다만, 농작업대행 또는 임대용으로 제3조제3항에 따른 농업기계를 공급받는 경우만 해당한다.

2) 임업인의 범위

① 한국표준산업분류상의 임업 중 영림업 벌목업에 종사하는 자(법인은 제외한다)와 ② 「삼림조합법」에 따른 조합 및 중앙회. 다만, ①의 임업인에 대한 임대용으로 별표3의 임업용 기자재 중 제5호(윈치) 및 제7호부터 제9호까지의 임업용 기자재(집재기, 타워야더)를 2013.2.15. 이후 공급받는 경우부터 해당한다.

2. 영세율 적용대상 농업용 기자재 등의 범위[241)]

(1) 개요

영세율이 적용되는 농업용 기자재란 「농·축산·임·어업용 기자재 및 석유류에 대한 부가가치세 영세율 및 면세 적용 등에 관한 특례규정」(이하 "특례규정"이라 한다) 제3조 별표 1에 열거되어 있는 것에 한정하며, 이 경우 해당 농업용 기자재에는 신제품뿐만 아니라 중고품을 포함한다.

(2) 영세율이 적용되는 농업용 기계[242)]

① 동력경운기 및 부속작업기 ② 농용트랙터 및 부속작업기 ③ 관리기 및 부속작업기 ④ 동력이앙기 및 부속작업기 ⑤ 목책기(농작물 보호용만 해당한다) ⑥ 스피드스프레이 ⑦ 콤바인 ⑧ 곡물건

241) 조특집 105-0-7

242) 농·축산·임·어업용 기자재 및 석유류에 대한 부가가치세 영세율 및 면세 적용 등에 관한 특례규정 시행령【별표 1】

조기 ⑨ 동력중경제초기 ⑩ 동력수확기 ⑪ 농산물 건조기 ⑫ 동력상토조제기 ⑬ 동력이식기 ⑭ 농업용 난방기 ⑮ 잎담배건조레이크이송기 ⑯ 농업용 병충해방제기 ⑰ 동력탈곡기 ⑱ 동력휴립기 ⑲ 동력시비기 ⑳ 동력탈피기 및 박피기 ㉑ 농산물 결속기 ㉒ 농산물 운반대 및 운반차 ㉓ 농산물 세척기 ㉔ 동력심경기 ㉕ 동력구굴기 ㉖ 동력가지절단기 및 파쇄기 ㉗ 동력수피기 및 파쇄기 ㉘ 동력비닐피복기 및 동력피복개폐기 ㉙ 육묘상자 ㉚ 파종기 ㉛ 농업용 스프링클러 ㉜ 버섯재배소독기 ㉝ 농산물 선별기 및 정선기

(3) 영세율이 적용되는 축산업용 기자재[243)]

① 육추기 ② 양계용케이지 ③ 축산급이기 ④ 자동급수기 ⑤ 니플 ⑥ 부리절단기 ⑦ 포유기 ⑧ 양돈케이지 ⑨ 이표기 ⑩ 임신진단기 ⑪ 음수투약기 ⑫ 목책기 ⑬ 집란기 ⑭ 계란선별기 ⑮ 집란벨트 ⑯ 부화기 ⑰ 착유기 ⑱ 원유냉각기 ⑲ 사료배합기 ⑳ TMR배합기 ㉑ 사료절단기 ㉒ 싸이로 ㉓ 사료저장탱크 ㉔ 축산분뇨제거기 ㉕ 축산용 정화조 ㉖ 축산분뇨용 교반기 ㉗ 축산용 분뇨펌프 ㉘ 축산분뇨고액분리기 ㉙ 축산분뇨발효건조기 ㉚ 축산분뇨살포기 ㉛ 축산분뇨저장탱크 ㉜ 축산분뇨포장기 ㉝ 산란상 ㉞ 난좌 ㉟ 바닥재(플라스틱, 콘스라트재에 한함) ㊱ 사료통 ㊲ 벌통 ㊳ 채밀기 ㊴ 소초세트[소초광·사양기 및 격리판으로 구성된 것을 말한다]

(4) 영세율이 적용되는 임업용 기자재[244)]

① 임업용 동력천공기 ② 임업용 약제주입기 ③ 산불진화용 펌프(등짐펌프를 포함한다) ④ 임업용 동력기계톱(동력가지절단기를 포함한다) ⑤ 임업용 윈치 ⑥ 임업용 물받이형 미끄럼틀 ⑦ 트랙터부착형 집재기 ⑧ 굴삭기부착형 집재기 ⑨ 타워야더(Tower yarder) ⑩ 포워더(Forwarder) ⑪ 목재파쇄기 ⑫ 톱밥제조기 ⑬ 동력임내차 ⑭ 밤수집기 ⑮ 자동지타기

(5) 영수증 발급 및 판매기록부 작성

부가가치세 영세율이 적용되는 농·축산·임·어업용 기자재의 제조업자가 해당 기자재를 사업자가 아닌 농·어민에게 직접 공급하는 경우에는 「부가가치세법」 제36조 제1항에 따라 영수증을 발급할 수 있다.[245)] 이 경우에는 구매자의 인적사항과 판매물품 내역을 기재한 농업·축산업·임업·어업용 기자재 판매기록부를 작성 비치하여야 한다(특례규정 5).

(6) 농민이 아닌 자가 부정하게 영세율로 공급받는 경우

농민에 해당하지 않는 자가 축산업용 기자재 및 사료를 부정하게 영세율을 적용하여 공급받은 경우, 공급받은 자로부터 공급가액의 10%에 해당하는 부가가치세와 그 세액의 10%에 해당하는 가

243) 농·축산·임·어업용 기자재 및 석유류에 대한 부가가치세 영세율 및 면세 적용 등에 관한 특례규정 시행령【별표 2】
244) 농·축산·임·어업용 기자재 및 석유류에 대한 부가가치세 영세율 및 면세 적용 등에 관한 특례규정 시행령【별표 3】
245) 조특집 105-0-8

산세를 추징한다(조특령 105 ②).

3. 영세율 첨부서류

농·축산·임·어업용 기자재를 농민·어민 또는 임업인에게 직접 공급하는 경우 월별판매액합계표를 제출해야 하고, 특례 제3조 제5항의 경우에는 「산림조합법」에 의하여 설립된 조합 또는 중앙회의 장의 임업용 기자재 구매확인서를 함께 제출해야 한다. 그리고 농·축산·임·어업용 기자재를 국가기관 및 지방자치단체와 「농업협동조합법」·「엽연초생산협동조합법」·「산림조합법」에 따라 설립된 조합 및 중앙회 또는 「수산업협동조합법」에 따라 설립된 수산업협동조합과 어촌계를 통하여 공급하는 경우 해당 기관장의 납품확인서를 제출한다.

4. 관련 사례

(1) 농민에게 사료판매 시 대금결제방법 등 영세율 적용요건

사업자가 배합사료를 농민에게 공급하고 농민 본인(종업원 및 가족 포함)의 신용카드로 그 대금을 결제받는 경우에 한하여 영세율이 적용된다.[246)]

(2) 목책기를 작물재배업을 영위하는 농민에게 공급하는 경우

사업자가 축산 인력의 부족을 보완하고 축산업의 생산성 향상에 기여할 수 있는 축산업용 기자재로서 목책기를 축산업이 아닌 작물재배업을 영위하는 농민에게 공급하는 경우에는 영세율을 적용할 수 없다.[247)]

(3) 농업회사법인이 축산업에 직접 사용하거나 소비할 난좌를 공급받는 경우

「농어업경영체 육성 및 지원에 관한 법률」에 따라 설립된 농업회사법인이 난좌를 구입하여 축산업에 직접 사용하거나 소비하는 경우, 해당 난좌의 공급은 영세율 적용대상에 해당하는 것이나, 해당 난좌를 도매업에 사용하거나 소비하는 경우에는 영세율 적용대상에 해당하지 않는다.[248)]

(4) 사료제조업체가 영농조합법인에게 영세율세금계산서를 발급할 수 있는지 여부

사료제조업체가 영농조합법인의 주주 또는 조합원인 농민에게 사료를 공급하면서 해당 영농조합법인을 공급받는 자로 하여 영세율세금계산서를 발급하고 그 영농조합법인은 주주나 조합원 간의 사료 공동구매를 통한 염가구매 또는 판매장려금 수령목적으로 그 영세율세금계산서를 발급

246) 서면법령해석부가2015-1367, 2015.12.15
247) 부가-921, 2012.09.07
248) 부가-1293, 2011.10.20

받은 경우 해당 사료제조업체의 그 농민에 대한 사료공급은 영세율이 적용되는 것으로 해당 사료제조업체는 해당 영농조합법인에게 영세율세금계산서를 발급하고 해당 영농조합법인은 발급받은 영세율세금계산서의 공급가액 범위 안에서 사료를 실제 공급받은 그 농민에게 영세율세금계산서를 발급할 수 있다.[249]

(5) 영농조합법인과 농업회사법인이 판매용으로 공급받는 사료의 영세율 적용 여부

사업자가 「사료관리법」에 의한 사료를 작물생산업, 축산업 또는 복합농업에 종사하는 개인 및 「농어촌 발전 특별조치법」에 의하여 설립된 영농조합법인과 농업회사법인에 공급하는 경우에는 영세율이 적용되는 것이나 당해 영농조합법인과 농업회사법인이 사료를 판매하는 경우 판매용으로 동 법인에 공급하는 사료는 영세율이 적용되지 않는다.[250]

(6) 사료를 농민에게 공급하는 경우 영세율이 적용되는 것으로, 이 경우 위탁사육계약에 의하여 수수료를 받고 가축을 키워주는 위탁사육업자도 농민의 범위에 포함한다.[251]

(7) 사료제조업을 영위하는 농업회사법인이 관련 매입세액을 공제받고 자기가 생산한 사료를 자기소유의 상품(소)을 위탁한 농가에 무상으로 공급하는 경우 자가공급이므로 부가가치세가 과세되는 것이며 영세율이 적용된다.[252]

(8) 농업용 기계의 공급에 부수하여 설치용역을 제공하는 경우

영세율이 적용되는 농업용 기계를 공급하면서 농업용 기계의 공급에 부수하여 설치용역을 제공하는 경우 영세율이 적용되는 것이나, 농업용 기계의 공급에 부수하지 아니하고 별도로 공급하는 설치용역 등은 영세율이 적용되지 아니한다.[253]

(9) 축산분뇨 정화처리설비와 건설용역을 함께 공급하는 경우 영세율 적용 확대

1) 과세관청의 현재 입장

축산분뇨 정화처리설비를 농민에게 제조 · 공급하며 이에 부수하여 직접 조립 · 설치하는 건설용역을 함께 공급하는 경우 영세율이 적용되는 것이나 축산분뇨 정화처리설비의 설치공사용역을 공급하며 통상적으로 부수하여 해당 설비 등을 공급하는 경우에는 영세율이 적용되지 아니하는 것이다.[254]

---

249) 부가가치세과-11, 2011.01.04
250) 부가46015-1081, 1998.05.22
251) 부가가치세과-2067, 2008.07.17
252) 법규부가2014-458, 2014.10.31
253) 상담3팀-1207, 2008.06.17
254) 사전-2018-법령해석부가-0574, 2018.09.27.

2) 종전 입장

예전에는 기획재정부 해석(기획재정부 부가가치세제과-50, 2012.02.01. 삭제 사례) 및 과세관청 질의회신(부가가치세과-586, 2012.05.24. 등)에서는 농어민이 건설업자로부터 축사분뇨저장탱크 등 농어업용 시설공사를 제공받는 경우, 해당 공사를 재화의 공급이 아닌 건설용역의 공급으로 보아 「조세특례제한법」 제105조에서 규정하는 부가가치세 환급대상의 농어업용 기자재에 해당하지 아니하는 것으로 해석하였다.

3) 대법원 판결

대법원 판례(대법원 2013두25078, 2014.03.13.)에서 축산용 기자재 판매업만을 하는 경우와 축산용 기자재 판매업 및 건설업을 함께 하는 경우를 구분하여 달리 취급할 이유가 없는 점 등을 고려하면 영세율 적용이 타당하다고 판결하였다.

(10) 영세율이 적용되는 농약의 범위 및 매입세액공제 가능 여부

「조세특례제한법」 제105조 제5호와 「농·축산·임·어업용 기자재 및 석유류에 대한 부가가치세 영세율 및 면세 적용 등에 관한 특례규정」 제3조 제2항에서 규정하는 영세율이 적용되는 농약은 「농약관리법」 제8조의 규정에 의하여 농촌진흥청장에게 등록된 농약을 말하는 것이며, 부가가치세가 면제되는 재화를 공급하는 사업에 관련된 매입세액은 매출세액에서 공제하지 아니한다.[255)]

(11) 농업용 기자재를 위탁판매하는 경우

농업용 기자재 등을 위탁판매하는 경우, 수탁자가 농민에게 공급하는 경우에는 위탁자가 공급하는 것으로 보는 것이므로 영세율이 적용된다.[256)]

(12) 지방자치단체가 농업용 기자재를 일괄 공동구매하여 농어민에게 공급하는 경우

농민이 지방자치단체에 구매와 설치(설계, 발주, 감독)를 의뢰하고 지방자치단체에서 다시 사업자에게 위탁하여 구매발주와 설치공사에 대한 감독이 이루어진 후 공급되는 경우 해당 농업용 난방기는 농민이 지방자치단체를 통하여 사업자에게 위탁하여 매입하는 것으로 영세율 적용대상이며 위탁판매의 세금계산서 발급규정을 적용한다.[257)]

(13) 농어업경영정보 등록하지 하지 아니한 개인에게 영세율로 공급하는 경우

농어업경영정보를 등록하지 아니한 자에 대해서는 영세율 적용을 배제하여 과세한 과세처분은 정상으로 판단되나, 농어업경영정보에 의한 사육시설 소재지가 동 주소지의 연접토지에 위치하

---

255) 서삼46015-11620, 2002.09.25

256) 부가46015-2122, 2000.09.01. 사전-2017-법령해석부가-0152, 2017.03.13.

257) 법규부가2010-377, 2011.01.18, 부가-806, 2011.07.21

고 있는 농민에 대해서는 「조세특례제한법」제105조 제1항 제5호 마목에 따라 영세율을 적용하는 것이 타당한 것으로 판단된다.[258] ☞ 농어업경영정보 등록 여부 미확인 시 사료제조업자에게 부가가치세액과 가산세를 추징함.

(14) 농민에게 농업용 기계 등의 부수자재 및 설치용역을 제공하는 경우

사업자가 농민에게 별표1의 농업기계를 공급하면서 농업기계의 구성품으로 공급되는 부수자재나 필수적으로 부수하여 직접 조립·설치를 위한 인적용역을 공급하는 경우 당해 부수자재나 인적용역 당해 농업기계에 포함되어 영세율이 적용되는 것이나 별도로 공급하는 경우에는 적용되지 않는다.[259]

(15) 농약살포용으로 사용되는 드론의 영세율 적용 여부

농약살포용으로 사용되는 드론은 농림특례규정에 따라 영세율이 적용되는 농업기계인 농업용 병충해방제기에 해당한다.[260]

(16) 콩 색채선별기 등이 농협에 공급 시 영세율 적용대상 농업용 기자재에 해당하는지 여부

농협 등이 콩 색채선별기를 농작업 대행용으로 공급받는 경우 영세율이 적용되는 것이나 농협 등 자기소유 농산물 등의 선별작업을 수행하기 위하여 해당 선별기를 공급받는 경우에는 영세율이 적용되지 않는다.[261]

(17) 축산주업법인에게 공급하는 경우 세금계산서 교부의무

배합사료판매사업자가 축산농가에 공급하는 경우에는 세금계산서 교부의무는 면제하는 것이나, 축산업을 주업으로 하는 법인 등(농협, 축협, 영농조합법인, 농업회사법인, 일반법인 등 포함)에게 배합사료를 공급하는 경우에는 세금계산서를 교부하여야 한다.[262]

---

258) 조심-2015-전-0228, 2015.08.24. 법규팀-449, 201404.30.
259) 부가-472, 2013.05.28
260) 기획재정부 부가가치세제과 366, 2017.07.20
261) 서면-2014-법령해석부가-22017, 2015.05.13
262) 부가46015-1767, 1997.07.30

Ⅶ 어민에게 공급하는 어업용 기자재

1. 개요

연근해 및 내수면어업용으로 사용할 목적으로 대통령령으로 정하는 어민에게 공급(「수산업협동조합법」에 따라 설립된 각 조합 및 어촌계와 「농업협동조합법」에 따라 설립된 각 조합 및 이들의 중앙회를 통하여 공급하는 것을 포함한다)하는 어업용 기자재로서 다음의 어느 하나에 해당하는 것에 대하여는 영세율을 적용한다(조특법 105 ① 6).

① 「사료관리법」에 따른 사료(「부가가치세법」 제26조에 따라 부가가치세가 면제되는 것은 제외한다)

② 그 밖에 대통령령으로 정하는 것

2. 어민의 범위

한국표준산업분류상의 어업에 종사하는 자로서 다음 각 호의 어느 하나에 해당하는 자를 말한다.

① 개인

② 「농어업경영체 육성 및 지원에 관한 법률」 제16조에 따라 설립된 영어조합법인 및 같은 법 제19조에 따라 설립된 어업회사법인

③ 「수산업협동조합법」에 따른 수산업협동조합과 수산업협동조합중앙회 및 어촌계. 다만, 다음 각 목의 어느 하나에 해당하는 것을 공급받는 경우만 해당한다.

　㉠ 양어용사료

　㉡ 별표 4 제42호 또는 제43호의 어업용 기자재

④ 어업을 주업으로 하는 법인으로서 해당 사업연도 개시일을 기준으로 해당 법인의 총 발행주식 또는 총 출자지분의 3분의 2 이상을 다음 각 목의 어느 하나에 해당하는 자가 출자하고 있는 법인(이하 "어업주업법인"이라 한다). 이 경우 사업연도 중에 출자지분의 변경으로 다음 각 목의 어느 하나에 해당하는 자의 출자지분이 총 발행주식 또는 총 출자지분의 3분의 2 이상이 되는 경우에는 그 출자지분 변경일을 기준으로 한다.

　㉠ ① 내지 ③에 해당하는 자. 다만, ③ 중 수산업협동조합 및 수산업협동조합중앙회를 제외한다.

　㉡ 해당 법인의 임원 또는 직원으로서 상시 근무하고 있는 자

3. 영세율이 적용되는 어업용 기자재

① 어망 ② 부자 ③ 집어등(집어용 안정기·소켓 및 지지대를 포함한다) ④ 자동조상기 ⑤ 양망기 ⑥ 양승기 ⑦ 통발 ⑧ 초호 ⑨ 낚시 ⑩ 연승 ⑪ 발장 ⑫ 해녀용 잠수복·잠수복지·물안경 및 태왁 ⑬ 폴리에틸렌로프, 폴리에스테르로프 및 폴리프로필렌로프(「수산업협동조합법」에 의하여 설립된 수산업협

동조합 또는 어촌계의 장으로부터 연근해 및 내수면 어업에 사용되는 것임을 확인받은 것에 한한다) ⑭ 총톤수 20톤 미만의 어업용 선박 ⑮ 선박용 무선전화기 ⑯ 선박용 기관 ⑰ 선외내연기관(전기추진기를 포함하며, 「수산업협동조합법」에 따라 설립된 수산업협동조합중앙회를 통하여 공급되는 것에 한한다) ⑱ 어선용 레이더 ⑲ 위성항법장치 ⑳ 비디오 플로터(Video Plotter) ㉑ 어군탐지기 ㉒ 어선용 냉동기 ㉓ 어망감시기 ㉔ 샤클(Shackle) ㉕ 코스(Course) ㉖ 전개판 ㉗ 물돛(Sea Anchor) ㉘ 양식용수차 ㉙ 김양식용유기산 ㉚ 팜사 ㉛ 진주양식용핵 ㉜ 양식용양수기 ㉝ 양식용 약품(「약사법」에 따른 동물용 의약품은 제외한다) ㉞ 패각분쇄기 ㉟ 어선용 호종 ㊱ 어선용 기적 ㊲ 어선용 수온계 ㊳ 어업용 면세유 착색제(「수산업협동조합법」에 따른 수산업협동조합중앙회를 통하여 공급되는 것으로 한정한다) ㊴ 고정식 크레인이 포함된 다목적 해상작업대(어작업 대행 또는 임대의 용도로 「수산업협동조합법」에 따른 수산업협동조합과 수산업협동조합중앙회 및 어촌계가 공급받는 경우로 한정한다) ㊵ 양식장 관리용 선박(어작업 대행 또는 임대의 용도로 「수산업협동조합법」에 따른 수산업협동조합과 수산업협동조합중앙회 및 어촌계가 공급받는 경우로 한정한다) ㊶ 김양식용 김발지지대

4. 관련사례

(1) 철근과 종패망이 부가가치세 영세율이 적용되는 어업용 기자재에 해당하는지 여부

굴 양식용 구조물인 "가상세트 식 굴양식 구조물의 프레임 브랫킷"의 설치에 사용되는 철근과 종패망은 「농·축산·임·어업용 기자재 및 석유류에 대한 부가가치세 영세율 및 면세 적용 등에 관한 특례규정」 제3조 및 동 규정 별표4에 규정된 영세율이 적용되는 어업용 기자재에 해당하지 아니하며, 부가가치세 환급이 적용되는 어업용 기자재에 해당하지 아니한다.[263)]

(2) 부자와 부자의 사용에 필수 부품을 하나의 단위로 공급하는 경우 영세율 적용 여부

사업자가 「농·축산·임·어업용 기자재 및 석유류에 대한 부가가치세 영세율 및 면세 적용 등에 관한 특례규정」 제3조 제7항 및 [별표4]에 따라 영세율이 적용되는 부자와 부자의 사용을 위하여 필수적으로 부수되는 부품(깔판, 연결파이프, 부레, 부레망, 코너블럭, 고정볼트, 고정너트 등)을 하나의 공급단위로 연근해 및 내수면어업용으로 사용할 목적으로 어민에게 공급하는 경우에는 영세율이 적용된다. 다만, 해당 부품을 별도로 공급하는 경우에는 영세율이 적용되지 않는다.[264)]

(3) 미역채묘틀이 영세율 적용대상 어업용 기자재에 해당하는지 여부

미역양식에 사용되는 미역채묘틀(미역망)은 「조세특례제한법」 제105조 제1항 제6호에 따라 영세율이 적용되는 어업용 기자재에 해당한다.[265)]

---

263) 서삼46015-11488, 2003.09.23

264) 서면법령해석부가2015-1220, 2015.10.05

265) 재부가-498, 2012.10.08

Ⅷ 농업·임업·어업용 기자재에 대한 부가가치세의 환급에 관한 특례

1. 총설

관할세무서장은 농·어민이 농·어업에 사용하기 위하여 부가가치세 환급대상 기자재(일반과세자로부터 구입하는 기자재에 한한다)를 구입 또는 수입한 때에 부담한 부가가치세액을 해당 농·어민에게 환급할 수 있으며, 조합원인 농민이 부가가치세 사후환급이 적용되는 농업용 기자재를 자기의 농업에 사용하기 위하여 영농조합을 통하여 위탁매입하거나 공동구매하고 해당 기자재 구입 관련 세금계산서를 발급받는 경우에는 부가가치세 환급특례를 적용받을 수 있다. 또한 농·어민이 사후환급 신청기한 경과 후에 농·어업용 기자재에 대한 부가가치세의 환급을 「국세기본법」 제45조의 2(경정청구)에서 규정하는 기한까지 신청하는 경우에도 부가가치세 환급특례를 적용받을 수 있다.[266)]

2. 사후환급 개요

(1) 사후환급 관할 및 농어민 등 범위

1) 개요

다음에 해당하는 세무서장(이하 "관할세무서장"이라 한다)은 대통령령으로 정하는 농민, 임업에 종사하는 자와 어민(이하 "농어민 등"이라 한다)이 농업·임업 또는 어업에 사용하기 위하여 구입하는 기자재(일반과세자로부터 구입하는 기자재만 해당한다) 또는 직접 수입하는 기자재로서 대통령령으로 정하는 것에 대해서는 기자재를 구입 또는 수입한 때에 부담한 부가가치세액을 해당 농어민 등에게 대통령령으로 정하는 바에 따라 환급할 수 있다(조특법 105의 2 ①).

① 환급대행자를 통하여 환급을 신청하는 경우에는 환급대행자의 사업장 관할세무서장

② ① 외의 경우에는 해당 농어민 등의 사업장 관할세무서장

2) 부가가치세 환급대상 농어민 등의 범위

"대통령령으로 정하는 농민, 임업에 종사하는 자와 어민"이란 다음의 어느 하나에 해당하는 자(이하 "농어민 등"이라 한다)를 말한다(농림특례규정[267)] 6).

① 다음(제2조 제1항 제1호부터 제3호까지 및 제6호)에 따른 농민

㉠ 개인 (「농어업경영체 육성 및 지원에 관한 법률」 제4조 제1항에 따라 농어업경영정보를 등록한 자만 해당한다)

㉡ 「농어업경영체 육성 및 지원에 관한 법률」에 따라 설립된 영농조합법인과 농업회사법인.

---

266) 조특집 105의 2-0-2

267) 농·축산·임·어업용 기자재 및 석유류에 대한 부가가치세 영세율 및 면세 적용 등에 관한 특례규정

다만, 법 제105조 제1항 제5호 각 목의 어느 하나에 해당하는 것을 공급받아 직접 사용하거나 소비하는 경우만 해당한다.

㉢ 축산업을 주업으로 하는 법인으로서 당해 사업연도 개시일을 기준으로 당해 법인의 총발행주식 또는 총출자지분의 3분의 2 이상을 다음 각 목의 1에 해당하는 자가 출자하고 있는 법인. 이 경우 사업연도 중에 출자지분의 변경으로 다음 각 목의 1에 해당하는 자의 출자지분이 총발행주식 또는 총출자지분의 3분의 2 이상이 되는 경우에는 당해 출자지분 변경일을 기준으로 한다.

ⓐ 「농업·농촌 및 식품산업 기본법」 제3조 제2호에 따른 농업인 (2015.12.22. 개정 ; 수산업·어촌 발전 기본법 시행령 부칙)

ⓑ 당해 법인의 임원 또는 직원으로서 상시 근무하고 있는 자

② 「농업협동조합법」에 따른 조합, 조합공동사업법인 및 중앙회(같은 법에 따라 설립된 농협경제지주회사 및 그 자회사를 포함한다). 다만, 농업용 무인헬리콥터를 공급받는 경우만 해당한다.

③ 제2조 제3항 제1호(한국표준산업분류상의 임업 중 영림업 또는 벌목업에 종사하는 자(법인은 제외한다))에 따른 임업인

④ 다음(제2조 제4항)의 규정에 의한 어민(동항 제3호 중 「수산업협동조합법」에 의한 수산업협동조합과 수산업협동조합중앙회를 제외한다)

㉠ 개인

㉡ 「농어업경영체 육성 및 지원에 관한 법률」 제16조에 따라 설립된 영어조합법인 및 같은 법 제19조에 따라 설립된 어업회사법인

㉢ 「수산업협동조합법」에 따른 수산업협동조합과 수산업협동조합중앙회 및 어촌계. 다만, 다음의 어느 하나에 해당하는 것을 공급받는 경우만 해당한다.

ⓐ 양어용사료

ⓑ 별표 4 제42호 또는 제43호의 어업용 기자재

㉣ 어업을 주업으로 하는 법인으로서 해당 사업연도 개시일을 기준으로 해당 법인의 총발행주식 또는 총출자지분의 3분의 2 이상을 다음의 어느 하나에 해당하는 자가 출자하고 있는 법인(이하 "어업주업법인"이라 한다). 이 경우 사업연도 중에 출자지분의 변경으로 다음의 어느 하나에 해당하는 자의 출자지분이 총발행주식 또는 총출자지분의 3분의 2 이상이 되는 경우에는 그 출자지분 변경일을 기준으로 한다.

ⓐ ㉠ 내지 ㉢에 해당하는 자. 다만, ㉢ 중 수산업협동조합 및 수산업협동조합중앙회를 제외한다.

ⓑ 해당 법인의 임원 또는 직원으로서 상시 근무하고 있는 자

(2) 부가가치세 환급대상 농업·임업·어업용 기자재의 범위

부가가치세 환급대상 농업·임업·어업용 기자재는 「농·축산·임·어업용 기자재 및 석유류에 대한 부가가치세 영세율 및 면세 적용 등에 관한 특례규정」 제7조에서 정하는 것(별표5, 별표6)을 말한다.

1) 부가가치세 환급이 적용되는 농·임업용 기자재 【별표 5】

1. 농업·임업용 필름[비닐하우스용, 보온못자리용, 작물피복용, 과수 또는 수실류(樹實類) 재배용에 한정한다]과 그 부속자재(비닐 고정용 패드 및 클립, 파이프조리개, 고정구 및 연결핀, 파이프꽂이에 한정한다)
2. 농업·임업용 파이프(작물재배용 및 축산업용 비닐하우스와 과수 또는 수실류 재배용에 한정한다)
3. 농업·임업용 포장상자(종이재질의 농산물·임산물·축산물 포장용에 한정한다)
4. 농업·임업용 폴리프로필렌 포대(곡물 포장용에 한정한다)
5. 과일 봉지(과일의 병충해 방지 및 상품성 향상을 위해 열매에 씌우는 봉지에 한정한다)
6. 인삼재배용 지주목·광망·차광지 및 은박지
7. 차광망(연초·표고버섯 건조용 또는 과수·화훼·채소·야생화·산채 재배용에 한정한다)
8. 농업·임업용 부직포(작물·수실류 재배용 및 축산업용에 한정한다)
9. 농업·임업용 배지(양액·버섯 재배용에 한정한다) 및 양송이 재배용 복토
10. 축산업용 톱밥(「농림축산식품부 소관 친환경농어업 육성 및 유기식품 등의 관리·지원에 관한 법률 시행규칙」 별표 1에 따른 사용기준을 충족한 것에 한정한다)
11. 이앙기용 멀칭종이(논농사 피복용에 한정한다)
12. 농업·임업용 방조망(防鳥網) 및 방풍망(과수·수실류·작물 재배용 및 축산업용에 한정한다)
13. 농업·임업용 양수기 14. 볍씨발아기 15. 동력배토기 16. 동력예취기
17. 가축급여(家畜給與) 조사료(粗飼料) 생산용 필름 18. 화훼·야생화용 종자류
19. 채소봉지(애호박·오이용에 한정한다) 20. 버섯재배용기 21. 축산업용 차량방역기
22. 폐사축처리기 23. 축사세척기 24. 카우브러쉬 25. 축산 악취제거기
26. 「약사법」에 따른 동물용 의약품 27. 작물 지주대 28. 농업·임업용 무인헬리콥터
29. 농업·임업용 로더(2톤 미만) 30. 농업·임업용 굴삭기(1톤 미만) 31. 동력제초기
32. 농업·임업용 고압세척기 33. 농산물 및 임산물 저온저장고(바닥면적이 17㎡ 이하인 것에 한정한다)
34. 농업·임업·축산용 환풍기(컨트롤러를 포함하며, 시설하우스용 또는 축사용에 한정한다)
35. 축산용 인공수정 주입기 36. 축산용 인공수정 주입용기 37. 축산용 정액 희석제
38. 축산용 인큐베이터 39. 축산용 출하돈 선별기 40. 축사용 보온등 컨트롤러
41. 축사용 쿨링 패드 42. 축사용 워터컵 43. 축사용 바닥재[철재(鐵材) 바닥재에 한정한다]
44. 농산물·임산물 수확용 상자(플라스틱 재질에 한정한다) 45. 화훼·야생화 재배용 배지
46. 화훼·야생화 재배용 화분(폴리에틸렌, 플라스틱 및 고무 재질에 한정한다)
47. 유해동물(해충을 포함한다) 포획기 48. 농업용 양파망·마늘망 49. 축산 착유용 라이너
50. 축산용 분만실 깔판 51. 축산용 대인소독기 52. 축산용 방역복 53. 조사료 생산용 네트
54. 팽연왕겨 55. 탈봉기 56. 소문망 57. 조사료 생산용 종자류
58. 점적(點滴)호스(점적테이프 및 분수호스를 포함한다) 59. 농업용수 처리기 60. 농업용 제습기

2) 부가가치세 환급이 적용되는 농업용 기자재【별표 6】

1. 양어장용 필름(비닐하우스용에 한한다) 2. 양어장용 파이프(비닐하우스용에 한한다) 3. 어상자(목재, 플라스틱 및 종이로 만들어진 것으로 수산물 포장용에 한한다) 4. 와이어로프(어선용에 한한다) 5. 어업용발전기(어선 및 양식장용에 한한다) 6. 양어장용 초파기(혼합사료 제조용에 한한다) 7. 활어냉각기(어선용에 한한다) 8. 육상수조식 양식장의 취·배수관 시설 및 가두리양식장의 그물고정용 파이프 9. 구명 부기·동의(어선용에 한한다) 10. (삭제, 2014. 2. 21.) 11. 어업용 자동미끼세절기 12. 양어장용 차광막 13. 양식장용 공기공급장치 14. 자동조타장치 15. 어선 및 어망용 방오도료(유기주석을 함유하지 아니한 것에 한한다) 16. 양식장용 사료살포기 17. 「약사법」에 따른 동물용 의약품 18. 수산물 선별기 19. 어업용 얼음 20. 수산물 건조기 21. 어업용 소라껍데기 22. 양식장 관리기 23. 유류절감장치 및 고효율촉매기기 24. 젓갈용 숙성용기(플라스틱 및 철재 재질만 해당한다) 25. 수산물 건조용 건조발 26. 어업용 산소발생기 27. 양식장용 액화산소 28. 수산물 양식용 파판(播板) 29. 전복 양식용 쉘터(shelter)(고정틀 및 하부틀을 포함한다) 30. 채롱망(조개류 양식용만 해당) 31. 통발착탈기 32. 홍합부착기(친환경 합성수지 재질만 해당) 33. 김 종자 생산용 굴껍데기 34. 굴 양식용 가리비껍데기

3. 환급절차

(1) 농·어업용 기자재의 부가가치세 사후환급절차 개요

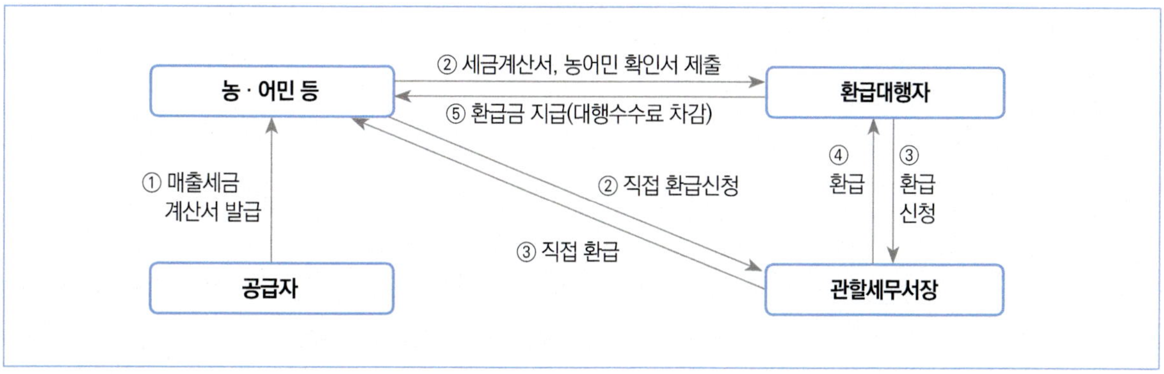

(2) 환급대행자

1) 개요

환급을 받으려는 농어민 등은 다음의 어느 하나에 해당하는 자(이하 "환급대행자"라 한다)를 통하여 환급을 신청하여야 한다. 다만, 대통령령으로 정하는 자는 사업장 관할세무서장에게 직접 환급을 신청할 수 있다(조특법 105의 2 ③).

① 「농업협동조합법」에 따른 조합

② 「수산업협동조합법」에 따른 조합

③ 「엽연초생산협동조합법」에 따른 엽연초생산협동조합

④ 「산림조합법」에 따른 조합

2) 관할세무서장에게 직접 환급신청할 수 있는 자의 범위

"대통령령으로 정하는 자"란 제6조 제1항(부가가치세 환급대상 농어민)의 어느 하나에 해당하는 자 중 「부가가치세법」·「소득세법」 또는 「법인세법」의 규정에 따라 사업자등록을 한 개인 또는 법인을 말한다(농림특례규정 8).

(3) 환급신청 절차

1) 대행환급신청

① 환급신청

농어민 등은 법 제105조의 2 제3항의 규정에 의한 환급대행자(이하 "환급대행자"라 한다)를 통하여 환급을 받고자 하는 경우에는 기자재의 구입일 또는 수입신고일이 속하는 분기 말 또는 그다음 분기 말의 다음 달 10일까지 기획재정부령이 정하는 농·임·어업용 기자재 부가가치세환급대행신청서에 다음의 서류를 첨부하여 기획재정부령이 정하는 자[268)]에게 신청하여야 한다(농림특례규정 9 ②).

㉠ 세금계산서

㉡ 다음의 규정에 따른 농어민등확인서(매년 최초로 환급을 신청하는 경우에 한한다)

㉮ 제2조 제1항 제3호의 법인인 경우에는 국세청장이 고시하는 바에 따라 교부하는 농어민등확인서

㉯ 개인인 경우에는 통·이장 또는 어촌계장의 확인을 받은 농어민등확인서(환급대행자의 조합원인 경우에는 제외한다)

② 환급대행자

환급신청을 받은 환급대행자는 농어민 등의 환급대행신청기한 종료일부터 15일 이내에 기획재정부령이 정하는 농·임·어업용 기자재 부가가치세환급신청서에 다음의 서류를 첨부하여 환급대행자의 관할세무서장에게 환급을 신청하여야 한다(농림특례규정 9 ③).

㉠ 환급신청자가 「부가가치세법」·「소득세법」 또는 「법인세법」에 의한 사업자인 경우에는 「부

268) 농·축산·임·어업용 기자재 및 석유류에 대한 부가가치세 영세율 및 면세 적용 등에 관한 특례규정 시행규칙 제5조【환급대행자】
제5조【환급대행자】
영 제9조 제2항 각 호 외의 부분에서 "기획재정부령이 정하는 자"란 다음 각 호의 어느 하나에 해당하는 자를 말한다.
1. 환급을 받고자 하는 자가 개인(「부가가치세법」 또는 「소득세법」의 규정에 따라 사업자등록을 한 자를 제외한다)인 경우에는 다음 각 목의 구분에 따른 「농업협동조합법」에 의한 조합, 「수산업협동조합법」에 의한 수산업협동조합 또는 「엽연초생산협동조합법」에 의한 엽연초생산협동조합(이하 이 조에서 "조합 등"이라 한다)
가. 환급을 받고자 하는 자가 조합 등에 조합원으로 등록되어 있는 경우에는 그 조합원으로 등록된 조합 등
나. 가목 외의 경우에는 환급받고자 하는 자의 주소지 또는 거주지 관할 조합 등(2001. 12. 31. 개정)
2. 환급을 받고자 하는 자가 제1호 외의 자인 경우에는 그 자의 사업장 소재지 관할 조합 등

가가치세법」 제54조에 따른 매입처별세금계산서합계표

㉡ 환급신청자가 ㉠ 외의 자인 경우에는 기획재정부령이 정하는 매입세금계산서합계표

㉢ 기획재정부령이 정하는 환급신청명세서

2) 직접환급 신청

직접환급 신청을 하고자 하는 농어민이 관할세무서장에게 직접 환급을 신청하고자 하는 경우에는 기자재의 구입일 또는 수입신고일이 속하는 분기 말 또는 그다음 분기 말의 다음 달 25일까지 기획재정부령이 정하는 농·임·어업용 기자재 부가가치세환급신청서에 다음의 서류를 첨부하여 사업장 관할세무서장에게 신청하여야 한다(농림특례규정 9 ④).

① 「부가가치세법」 제54조에 따른 매입처별세금계산서합계표

② 통·이장, 어촌계장 또는 업종별 수산업협동조합장의 확인을 받은 경작확인서 또는 조업확인서(개인인 사업자로서 매년 최초로 환급을 신청하는 경우에 한한다)

(4) 관할세무서장의 환급

환급신청을 받은 관할세무서장은 환급신청기간 종료일부터 20일 이내에 환급하여야 한다(농림특례규정 9 ⑤).

(5) 환급대행자의 환급세액 지급 및 수수료 징수

환급대행자는 환급세액을 받은 날부터 5일 이내에 환급대행을 신청한 농어민 등에게 이를 지급하여야 한다(농림특례규정 9 ⑥). 이 경우 환급대행자는 부가가치세의 환급대행과 관련하여 환급신청서의 작성 및 제출, 환급관리대장의 비치, 환급금의 배분 등에 드는 비용에 충당하기 위하여 환급받는 자로부터 1회 1인당 부가가치세 환급세액의 100분의 5에 상당하는 금액(1회 1인당 5만원을 초과하여서는 안 되며, 이하 "환급대행수수료"라 한다)을 수수료로 징수할 수 있다(조특법 105의 2 ⑧, 농림특례규정 13).

(6) 부가가치세환급관리대장 작성·비치

환급대행자는 부가가치세 환급신청을 하는 때에는 기획재정부령이 정하는 부가가치세환급관리대장을 작성·비치하여야 하며, 동 관리대장 및 각 호의 서류를 5년간 보관하여야 한다(농림특례규정 9 ⑦).

4. 사후관리

(1) 환급대행자의 부정환급행위 통보 의무

1) 부정환급 신청자의 통보

환급대행자는 환급을 신청한 자가 다음의 어느 하나에 해당하는 경우에는 관할세무서장에게 이를 알려야 한다(조특법 105의 2 ④).

① 농어민 등이 아닌 것으로 판단되는 경우

② 농어민 등의 경작면적, 시설규모 등을 고려할 때 거짓이나 그 밖의 부정한 방법으로 환급을 신청한 것으로 판단되는 경우

2) 환급대행자에 대한 미통보가산세

관할세무서장은 환급대행자가 통보를 하지 아니함에 따라 환급받은 세액의 100분의 10에 상당하는 금액을 그 환급대행자로부터 가산세로 징수한다(조특법 105의 2 ⑥).

(2) 환급세액 추징

1) 개요

관할세무서장은 부가가치세액을 환급받은 자가 다음의 어느 하나에 해당하는 경우에는 그 환급받은 부가가치세액과 대통령령으로 정하는 바에 따라 계산한 이자 상당 가산액을 부가가치세로 추징한다(조특법 105의 2 ⑤).

① 농어민 등이 부가가치세액을 환급받은 기자재를 본래의 용도에 사용하지 아니하거나 농어민 등 외의 자에게 양도한 경우

② 농어민 등이 다음의 어느 하나에 해당하는 세금계산서에 의하여 부가가치세를 환급받은 경우

㉠ 재화의 공급 없이 발급된 세금계산서

㉡ 재화를 공급한 사업장 외의 사업장 명의로 발급된 세금계산서

㉢ 재화의 공급시기가 속하는 과세기간 후에 발급된 세금계산서

㉣ 정당하게 발급된 세금계산서를 해당 농어민 등이 임의로 수정한 세금계산서

㉤ 그 밖에 사실과 다르게 적힌 대통령령으로 정하는 세금계산서

③ 농어민 등에 해당하지 아니하는 자가 부가가치세액을 환급받은 경우

2) 이자 상당 가산액 계산

"대통령령으로 정하는 바에 따라 계산한 이자 상당 가산액"이란 다음 산식에 따라 계산한 금액으로 한다(농림특례규정 10 ①).

이자 상당 가산액 =

환급받은 부가가치세액 × 환급받은 날의 다음 날부터 추징세액의 고지일까지의 기간(일) × 22/100,000

(3) 부정환급자에 대한 제제

농어민 등이 다음의 어느 하나에 해당하는 경우에는 해당 요건을 충족하는 추징세액의 고지일부터 2년간 환급을 받을 수 없다(조특법 105의 2 ⑦, 농림특례규정 12).

① 부정환급자에 해당하여 최근 2년 이내에 3회 이상 부가가치세를 추징당한 경우

② 부정환급자에 해당하여 당해 추징일로부터 소급하여 5년 이내의 추징세액의 합계액이 300만원을 초과하는 경우

5. 관련 사례

(1) 철재 재질의 인삼재배용 지주대가 부가가치세 환급대상인지 여부

철근 또는 플라스틱 재질의 인삼재배용 지주목도 재질에 관계없이 지주목에 해당된다는 농림축산식품부의 회신에 따라 사후환급대상 인삼재배용 지주목에 해당된다.[269)]

(2) 영농조합법인이 농민에게 공급하기 위하여 자재를 매입한 경우

영농조합법인이 환급대상 농업용 기자재를 조합원인 농민에게 공급하기 위하여 조합 명의로 구입하여 세금계산서를 수취한 경우에는 부가가치세 사후환급대상이 아니다. 참고로 조합원인 농민이 농업용 기자재를 영농조합에 위탁하여 구매하거나 공동구매하는 경우에는 농민 명의로 세금계산서를 수취하여야 환급신청이 가능하다.[270)]

(3) 농업용 기자재 구입 시 신용카드 결제분 세금계산서 교부

부가가치세 환급을 받고자 하는 농어민이 농어업용 기자재 구입 시 신용카드로 대금을 결제하고 공급자에게 세금계산서 교부를 요구하는 경우 세금계산서를 교부하여야 한다.[271)]

(4) 농어업용 기자재의 환급신청기한이 경과한 경우 환급 가능 여부

농·어민이 「농·축산·임·어업용 기자재 및 석유류에 대한 부가가치세 영세율 및 면세 적용 등에 관한 특례규정」 제9조 제2항에 규정하는 기한 후에 농·어업용 기자재에 대한 부가가치세의 환급신청을 하는 경우 「조세특례제한법」 제105조의 2에 따른 부가가치세 환급특례를 적용받을 수 있는 것이며, 해당 부가가치세는 「국세기본법」 제45조의 2에서 정하는 기간이 경과하기 전까지 환급을 신청할 수 있다.[272)]

(5) 축산 악취제거용으로 사용되는 악취저감시설(안개분무시스템)의 부가가치세 사후환급 적용 여부

축산 악취제거를 위한 용도로만 제작되고 실제 축산 악취제거에 사용되는 경우에는 사후환급이 적용되는 '축산 악취제거기'에 해당한다.[273)]

---

269) 법규-1190, 2014.11.12
270) 상담3팀-610, 2006.03.29
271) 상담3팀-334, 2004.02.25
272) 서면2016부가-2682, 2016.07.15
273) 기획재정부 부가가치세제과-310, 2022.07.14.

[별지 제5호서식]

농 · 임 · 어업용기자재부가가치세환급대행신청서

(앞쪽)

처리기간	15일

환급 대상자	성명(대표자)	주민(사업자)등록번호
	상호(법인명)	전화번호
	주소(본점 소재지)	

기자재구입 및 환급신청내용

구입연월일	품목	수량	금액		
			① 구입가액	② 환급신청액 (부가가치세)	합계 (①+②)
합계					

환급금계좌신고	거래은행	은행 지점	계좌번호	

위와 같이 「조세특례제한법」 제105조의2제1항에 해당하는 농·임·어업용기자재를 구입하였으니 같은 조 제3항 및 「농.축산.임.어업용 기자재 및 석유류에 대한 부가가치세 영세율 및 면세 적용 등에 관한 특례규정」 제9조제2항에 따라 환급대행하여 주시기 바랍니다.

년 월 일

신청인 (서명 또는 인)

협동조합장 귀하

첨부서류	1. 세금계산서 2. 다음의 농어민등확인서(매년 최초로 신청하는 경우에 한정합니다) 가. 「농.축산.임.어업용 기자재 및 석유류에 대한 부가가치세 영세율 및 면세 적용 등에 관한 특례규정」 제2조제1항제3호의 법인인 경우에는 국세청장이 고시하는 바에 따라 교부하는 농어민등확인서 나. 개인인 경우에는 통.이장 또는 어촌계장의 확인을 받은 농어민등확인서(환급대행자의 조합원인 경우에는 제외합니다)	수수료 없음

210mm×297mm[백상지 80g/㎡ 또는 중질지 80g/㎡]

제4절 외국사업자 등에 대한 간접세의 특례

I 외국인관광객 등에 대한 간접세 특례

1. 특례내용

(1) 부가가치세 영세율 적용

외국인관광객 등이 국외로 반출하기 위하여 면세판매장을 경영하는 사업자(이하 "면세판매자"라 한다)로부터 구입하는 재화에 대해서는 대통령령으로 정하는 바에 따라 부가가치세 영세율(零稅率)을 적용하거나 해당 재화에 대한 부가가치세액을 환급할 수 있다(조특법 107 ①).

(2) 개별소비세의 환급

외국인관광객 등이 국외로 반출하기 위하여 관할세무서장의 지정을 받은 외국인관광객면세판매장(이하 "면세판매장"이라 한다)에서 구입하는 물품에 대해서는 대통령령으로 정하는 바에 따라 개별소비세를 면제하거나 해당 물품에 대한 개별소비세액을 환급할 수 있다(조특법 107 ②).

2. 외국인관광객 등의 범위

「조세특례제한법」(이하 "법"이라 한다) 제107조 제4항에서 규정하는 외국인관광객 등의 범위는 「외국환거래법」에 따른 비거주자(이하 "외국인관광객"이라 한다)로 한다. 다만, 다음의 자를 제외한다(외국인관광객 특례규정[274] 2).

① 법인

② 국내에 주재하는 외교관(이에 준하는 외국공관원을 포함한다)

③ 국내에 주재하는 국제연합군 및 미국군의 장병 및 군무원. 다만, 주한국제연합군 또는 미국군이 주둔하는 지역 중 「관광진흥법」에 의한 관광특구 안에서 소매업·양복점업·양장점업 및 양화점업을 영위하는 사업자(제4조 제1항의 규정에 의한 면세판매자에 한한다)로부터 재화를 구입하는 경우에는 외국인관광객으로 본다.

3. 대상재화의 범위

대상재화의 범위는 다음의 재화를 제외한 물품(이하 "면세물품"이라 한다)으로 한다(외국인관광객 특례규정 3).

274) 외국인관광객 등에 대한 부가가치세 및 개별소비세 특례규정

① 「총포·도검·화약류 등의 안전관리에 관한 법률」에 따른 총포·도검 및 화약류
② 「문화재보호법」에 따라 문화재로 지정을 받은 물품
③ 「약사법」에 따른 중독성·습관성의약품
④ 부가가치세 및 개별소비세(개별소비세에 부과되는 교육세 및 농어촌특별세를 포함한다)를 포함한 1회 거래가액이 기획재정부령이 정하는 금액(3만원)에 미달하는 물품
⑤ 법령에 의하여 거래가 제한되는 물품
⑥ 외화도피 또는 부정유통 방지 등의 사유로 판매의 제한이 필요한 것으로서 기획재정부령이 정하는 물품

4. 면세판매장의 지정 및 취소·변경 등

(1) 지정신청

면세판매장의 지정을 받으려는 자는 기획재정부령으로 정하는 지정신청서를 관할세무서장에게 제출하여야 한다. 이 경우 다른 법령에 의하여 허가 또는 지정을 받거나 등록을 하여야 하는 사업의 경우에는 해당 허가증·지정증 또는 등록증 사본을 첨부하여야 한다(외국인관광객 특례규정 5 ①).

(2) 면세판매장의 지정

1) 지정요건

관할세무서장은 신청인이 다음의 요건을 모두 갖춘 경우에만 면세판매장을 지정할 수 있다. 다만, 주한국제연합군 또는 미국군이 주둔하는 지역 중 「관광진흥법」에 따른 관광특구 안에서 소매업·양복점업·양장점업 및 양화점업을 영위하는 사업자의 경우에는 ①의 요건을 적용하지 아니한다(외국인관광객 특례규정 5 ②).

① 간이과세자가 아닐 것
② 외국인관광객의 예상이용도, 판매인원 및 시설의 규모, 면세판매장의 경영에 필요한 자금력 및 신용 등을 감안하여 국세청장이 정하는 기준에 적합할 것

2) 지정증 교부

신청을 받은 관할세무서장은 신청일부터 7일 이내에 면세판매장의 지정 여부를 결정하여야 하며, 면세판매장의 지정을 한 때에는 기획재정부령으로 정하는 면세판매장 지정증(이하 "지정증"이라 한다)을 신청인에게 교부하여야 한다. 다만, 지정하지 아니하는 경우에는 그 사유를 지체없이 신청인에게 통지하여야 한다(외국인관광객 특례규정 5 ③).

(3) 지정취소

관할세무서장은 면세판매자가 다음의 어느 하나에 해당하는 경우에는 그 지정을 취소할 수 있다. 이 경우 관할세무서장은 그 사실을 지체 없이 해당 사업자에게 통지하고 지정증을 회수하여야 한다. ③부터 ⑤까지 및 ⑩의 사유로 면세판매장의 지정이 취소된 때에는 그 지정이 취소된 날부터 2년간 면세판매장의 지정을 받을 수 없다(외국인관광객 특례규정 5 ④,⑤).

① 관계 법령에 따른 허가·지정 또는 등록이 취소된 경우
② 당해 면세판매장을 양도 또는 대여한 때
③ 국세 또는 지방세를 50만원 이상 포탈하여 처벌 또는 처분을 받은 경우
④ 면세판매자가 송금을 하지 아니하여 「조세범 처벌법」에 따라 「부가가치세법」에 따른 1과세기간에 2회 이상 처벌을 받은 경우
⑤ 「외국환거래법」에 따라 처벌을 받은 경우
⑥ 면세판매장 지정요건에 해당되지 아니하게 된 경우
⑦ 면세판매자가 면세판매장의 지정의 취소를 요구한 경우
⑧ 면세판매장의 지정을 받은 후 6월이 되는 날까지 외국인관광객에게 면세물품을 판매한 실적이 없는 경우
⑨ 「부가가치세법」에 따른 1과세기간 동안의 제8조 제1항 후단에 따른 물품판매 수기확인서의 발급건수가 제10조 제1항에 따른 판매확인서 총발급건수의 100분의 10 이상인 경우. 다만, 해당 과세기간 중에 면세판매장의 지정을 받았거나 해당 과세기간 동안의 제10조 제1항에 따른 판매확인서 총발급건수가 20건 미만인 경우는 제외한다.
⑩ 하나의 면세물품 가액을 분할하여 2개 이상의 다음 각 목의 확인서로 발급한 사실이 「부가가치세법」에 따른 1과세기간 동안 2회 이상인 경우
　㉠ 제8조 제4항에 따른 즉시환급전자판매확인서
　㉡ 제10조 제1항에 따른 판매확인서

(4) 휴업 또는 폐업 및 지정증의 기재사항 변경

면세판매자가 휴업 또는 폐업하거나 지정증의 기재사항에 변경이 있는 경우에는 「부가가치세법」 제8조 제6항 또는 「개별소비세법」 제21조를 준용하여 신고하여야 하며, 신고를 하는 때에는 기획재정부령으로 정하는 외국인관광객 면세판매장의 휴업·폐업 또는 지정사항 변경신고서에 지정증을 첨부하여 관할세무서장(면세판매장을 이전한 때에는 이전 후의 면세판매장 관할세무서장을 말한다)에게 제출하여야 한다. 그리고 신고서를 받은 관할세무서장은 변경내용을 확인하고 지정증의 기재사항을 정정하여 재교부하여야 한다(외국인관광객 특례규정 5 ⑥ ⑦).

5. 환급창구운영사업자

(1) 개요

관할지방국세청장은 외국인관광객이 면세물품을 구입한 때에 부담한 부가가치세 및 개별소비세 상당액(이하 "세액 상당액"이라 한다)을 환급 또는 송금하는 사업을 영위하는 자(이하 "환급창구운영사업자"라 한다)를 지정할 수 있다(외국인관광객 특례규정 5의 2 ①).

(2) 지정신청

환급창구운영사업자의 지정을 받고자 하는 자는 기획재정부령이 정하는 지정신청서를 관할지방국세청장에게 제출하여야 한다. 이 경우 다른 법령에 의하여 허가 또는 지정을 받거나 등록을 하여야 하는 사업에 있어서는 당해 허가증·지정증 또는 등록증 사본을 첨부하여야 한다(외국인관광객 특례규정 5의 2 ②).

(3) 환급창구운영사업자의 지정

1) 지정요건

신청을 받은 관할지방국세청장은 신청인이 다음의 요건을 모두 갖춘 경우에 한하여 환급창구운영사업자로 지정할 수 있다(외국인관광객 특례규정 5의 2 ③).

① 당해 사업에 필요한 자력 및 신용이 있을 것

② 환급에 필요한 인원 및 시설을 갖출 것

③ 기타 환급창구의 운영에 필요한 것으로서 기획재정부령이 정하는 요건을 갖출 것

2) 지정증 교부

신청을 받은 관할지방국세청장은 신청일부터 30일 이내에 환급창구운영사업자의 지정 여부를 결정하여야 하며, 환급창구운영사업자로 지정을 한 경우에는 환급창구운영사업자지정증을 교부하여야 한다(외국인관광객 특례규정 5의 2 ④).

(4) 지정 취소

관할지방국세청장은 다음에 해당하는 경우에는 환급창구운영사업자의 지정을 취소할 수 있다(외국인관광객 특례규정 5의 2 ⑤).

① 다음(제5조 제4항 제1호·제3호 또는 제5호)에 해당하게 된 경우

㉠ 관계 법령에 따른 허가·지정 또는 등록이 취소된 경우

㉡ 국세 또는 지방세를 50만원 이상 포탈하여 처벌 또는 처분을 받은 경우

㉢ 「외국환거래법」에 따라 처벌을 받은 경우

② 환급창구운영사업자 지정요건에 해당하지 아니하게 된 경우
③ 환급창구운영사업자가 당해 사업을 하지 아니하게 된 경우
④ 환급창구운영사업자가 지정취소를 요청한 경우
⑤ 환급절차 또는 송금절차를 위반한 경우

6. 영세율 적용 및 개별소비세 환급

(1) 영세율 적용 신고

면세판매자는 면세판매장에서 외국인관광객에게 면세물품을 세액 상당액을 포함한 가격으로 판매한 후 다음의 규정에 해당하는 경우에는 부가가치세영세율을 적용받거나 당해 면세물품에 대한 개별소비세액을 환급받을 수 있다(외국인관광객 특례규정 6 ①).

① 외국인관광객이 면세물품을 구입한 날로부터 3월 이내에 국외로 반출한 사실이 확인되는 경우
② 면세판매자가 당해 세액 상당액을 외국인관광객에게 송금하거나 환급창구운영사업자를 통하여 환급 또는 송금한 것이 확인되는 경우

(2) 즉시환급 특례

1) 원칙

면세판매자는 외국인관광객이 다음의 요건을 모두 충족하여 면세물품을 구입하는 경우에는 면세판매장에서 외국인관광객에게 면세물품을 세액 상당액을 차감(이하 “즉시환급”이라 한다)한 가격으로 판매한 후 부가가치세영세율을 적용받거나 해당 면세물품에 대한 개별소비세액을 환급받을 수 있다(외국인관광객 특례규정 6 ②). 면세판매자는 세액 상당액을 즉시환급하는 경우 해당 세액 상당액에서 환급에 따른 제비용 등으로서 환급창구운영사업자가 국세청장의 승인을 얻은 금액을 공제할 수 있다(외국인관광객 특례규정 6 ③).

① 세액 상당액을 포함한 1회 거래가액이 50만원 미만일 것
② 입국 후 즉시환급을 받은 세액 상당액을 포함한 총거래가액이 100만원 이하일 것

2) 적용배제

외국인관광객이 입국 후 면세물품을 구입한 날부터 3개월(이하 “면세물품반출기간”이라 한다) 이내에 국외로 반출하지 아니한 물품이 있는 경우에는 그 면세물품반출기간 후에 구입하는 면세물품에 대해서는 즉시환급의 규정을 적용하지 아니한다(외국인관광객 특례규정 6 ④).

(3) 영세율 및 환급 적용 배제

1) 영세율 적용 배제

면세판매자가 면세물품을 판매한 날로부터 3월이 되는 날이 속하는 과세기간(예정신고기간 및

영세율 등 조기환급기간을 포함)의 종료 후 20일까지 판매확인서나 환급·송금증명서를 송부(정보통신망을 이용한 전송을 포함)받지 못한 경우에는 부가가치세영세율을 적용하지 아니한다(외국인관광객 특례규정 7 ①).

2) 개별소비세 환급 배제

면세판매자가 면세물품을 판매한 날로부터 3월이 되는 날이 속하는 달의 다음 달 20일까지 판매확인서나 환급·송금증명서를 송부받지 못하거나 개별소비세환급신청을 하지 아니한 경우(첨부서류를 제출하지 아니한 경우 이와 관련된 환급세액을 포함)에는 개별소비세액의 환급을 하지 아니한다(외국인관광객 특례규정 7 ②).

7. 외국인관광객 등에 대한 부가가치세 사후환급절차[275)]

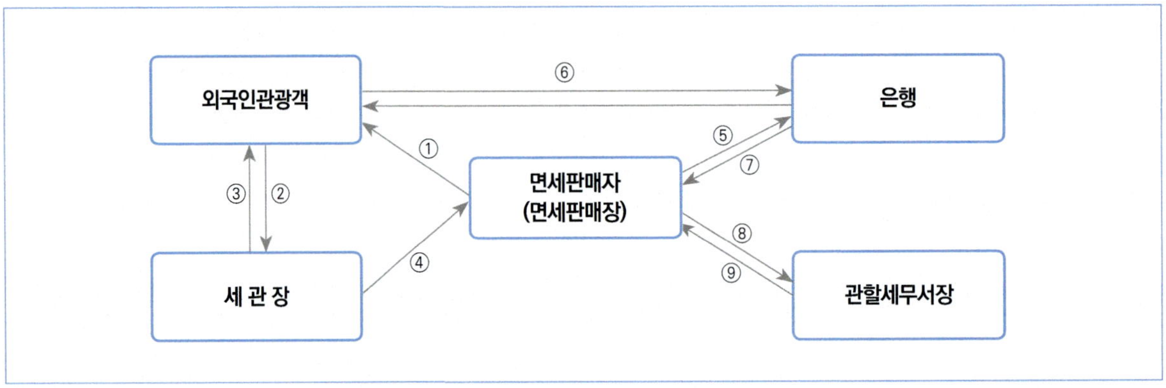

① 관할세무서장의 지정을 받은 면세판매자는 면세대상 재화를 외국인관광객 등(「외국환거래법」에 따른 비거주자)에게 부가가치세 등 포함 가격으로 판매하면서 면세물품판매확인서 2부, 반송용 봉투 및 송금절차 등에 대한 안내문을 발급한다.

② 외국인관광객 등이 출국할 때 세관장에게 구입물품을 제시하고 물품판매확인서 1부를 제출한다.

③ 세관장은 면세물품 등을 확인하고 구입자보관용 물품판매확인서를 발급한다.

④ 세관장은 날인한 물품판매확인서를 면세판매자에게 우송한다.

⑤ 면세판매자는 물품판매확인서를 세관장으로부터 송부받은 날로부터 20일 이내에 거래은행에 송금신청

⑥,⑦ 거래은행은 외국인관광객 등에게 세액 상당액을 우편송금하고 송금증명서를 면세판매자에게 발급한다.

⑧,⑨ 면세판매자는 물품판매확인서 또는 환급·송금증명서를 송달받은 날이 속하는 과세기간의 과세표준과 납부세액 또는 환급세액을 관할세무서에 신고·납부(환급)한다.

---

275) 조특집 107-0-1

8. 환급창구운영사업자를 통한 부가가치세 사후환급절차[276)]

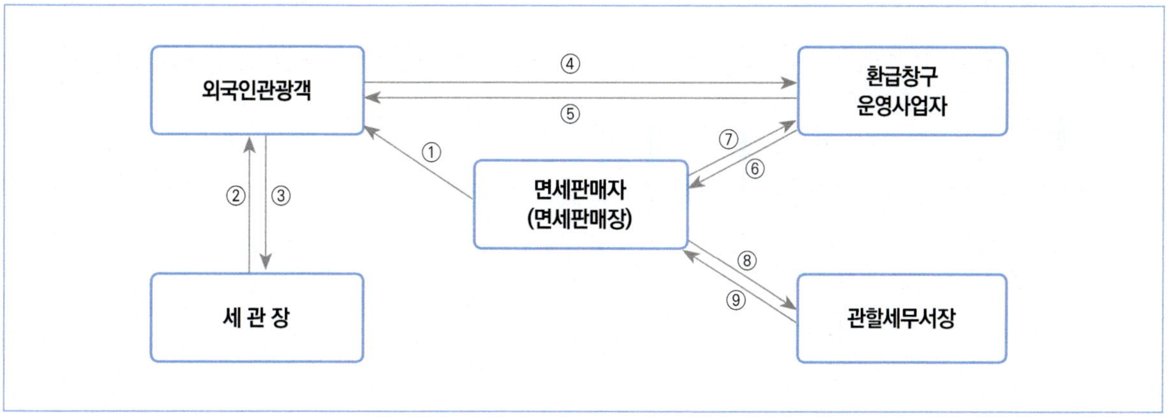

① 면세판매자는 면세대상 재화를 외국인관광객 등에게 판매하면서 물품판매확인서 2부를 발급한다.

②,③ 외국인관광객 등은 세관장에게 구입물품 및 물품판매확인서를 제시하고 이를 확인받는다.

④,⑤ 외국인관광객 등은 환급창구운영사업자에게 물품판매확인서를 제시하고, 환급창구운영사업자는 면세판매자를 대리하여 세액 상당액을 환급 또는 송금한다.

⑥,⑦ 환급창구운영사업자는 환급 또는 송금사실을 증명하는 서류를 송부하고, 면세판매자는 송금에 따른 모든 비용을 차감한 금액을 송금한다.

⑧,⑨ 면세판매자는 물품판매확인서 또는 환급·송금증명서를 송달받은 날이 속하는 과세기간의 과세표준과 납부세액 또는 환급세액을 관할세무서에 신고·납부(환급)한다.

9. 사후관리

정부는 부가가치세 및 개별소비세를 면제(부가가치세영세율의 적용을 포함한다) 또는 환급받은 재화를 국외로 반출하지 아니하는 경우에는 대통령령으로 정하는 바에 따라 부가가치세 및 개별소비세를 징수하여야 한다(조특법 107 ③).

10. 관련 사례

(1) 면세판매자가 다른 면세판매자를 통해 물품을 위탁판매하는 경우 영세율 적용 여부

면세판매장을 경영하는 사업자(위탁자)가 다른 장소에서 면세판매장을 경영하는 사업자(수탁자)와 위탁판매계약에 따라 수탁자의 면세판매장에서 면세물품을 위탁판매하는 경우 위탁자에게 부가가치세영세율을 적용한다.[277)]

276) 조특집 107-0-2
277) 기획재정부 부가가치세제과-546, 2017.10.26.

(2) 환급창구운영사업자 간 업무대행계약에 따라 환급창구업무와 관련된 용역을 제공하고 그 대가를 수취한 경우 과세 여부

「외국인관광객 등에 대한 부가가치세 및 개별소비세 특례규정」 제5조의 2에 따라 환급창구운영사업자로 지정을 받은 "A"와 "B"가 각자의 환급업무를 대행하는 업무대행용역 계약을 체결하고 그 계약에 따라 "A"가 "B"에게 용역을 제공하고 그 대가를 "B"로부터 수취하는 경우에는 면세대상 금융·보험용역에 해당하지 아니하므로 부가가치세 과세대상이 된다.[278)]

(3) 면세물품 판매일과 국외반출일이 다른 경우 부가가치세 신고방법

면세판매자가 외국인관광객 등에게 면세물품을 판매한 날과 면세물품의 국외반출일이 다른 경우 영세율 적용 여부 및 부가가치세 신고방법은 「외국인관광객 등에 대한 부가가치세 및 개별소비세 특례규정」 제11조를 참고하기 바란다. ☞ 외국인관광객 등에 대한 부가가치세 및 개별소비세 특례규정 제11조 ④ 면세판매자가 제7조 제1항에 해당하는 경우에는 면세물품을 판매한 날로부터 3월이 되는 날이 속하는 과세기간의 신고기한까지 부가가치세의 과세표준과 세액을 신고납부하여야 한다.[279)]

278) 부가-271, 2013.03.22
279) 서면법령해석부가2015-1701, 2015.11.26

[별지 제1호 서식] (2021. 10. 28. 개정)

외국인관광객 면세판매장 지정신청서

접수번호	접수일	발급일	처리기간 7일

판매자	① 성명(대표자)		② 생년월일	
	③ 주 소 (본점 소재지)	(전화번호:)		
판매장	④ 상 호 (법인명)		⑤ 사업자등록번호 (신청 중인 자는 신청일)	
	⑥ 소 재 지			
	⑦ 업 태		⑧ 종 목	
	⑨ 구 분	□백화점 □쇼핑센터 □대형점 □기타		

⑩ 주요 면세물품명				
월평균 외국인 이용실적 (신규 개업자는 예상치)	⑪ 인 원	명		
	⑫ 공급가액	원		
종 업 원	⑬ 총 인 원	명	⑭ 외국어사용가능자	명
시 설	⑮ 소유구분	□자가 □타가	⑯ 판매장 면적	㎡
자 본 금	⑰ 자기자본		⑱ 타인 자본	

「외국인관광객 등에 대한 부가가치세 및 개별소비세 특례규정」 제5조제1항에 따라 외국인관광객 면세판매장의 지정을 받기 위하여 신청합니다.

년 월 일

신청인: (서명 또는 인)

세무서장 귀하

첨부서류	1. 다른 법령에 따라 허가 또는 지정을 받거나 등록을 해야 하는 사업의 경우 그 허가증, 지정증 또는 등록증 사본 2. 부가가치세법 제8조제3항에 따른 사업자 단위 과세사업자가 사업자 단위로 일괄하여 신청하는 경우에는 판매장 목록	수수료 없 음

210㎜×297㎜(백상지 80g/㎡)

[별지 제2호 서식]

제　　　호

외국인관광객 면세판매장 지정증

○ 성　　명: 　　　　　　　　　　(생년월일: 　　　　　　)
(대표자 성명)

○ 상　　호:
(법인명)

○ 사업자등록번호:

○ 판매장 소재지:

○ 판 매 장 구 분:

「외국인관광객 등에 대한 부가가치세 및 개별소비세 특례규정」 제5조제3항에 따라 면세판매장으로 지정합니다.

년　　　월　　　일

세무서장 직인

210㎜×297㎜(인쇄용지(특급) 120g/㎡)

[별지 제4호의 2 서식]

환급창구운영사업자 지정신청서

관리번호	접수일	발급일	처리기간 30일

사업자 기본사항	성 명	
	주 소(본점 소재지) (전 화 번 호 :)	
	상 호(법인명)	사업자등록번호
	소재지	
	업 태	종 목

가맹점 현황		
종업원	총 인원	외국어 사용 가능자
자본금	자기 자본	타인 자본
시 설	소유 구분 [ ] 자가 [ ] 타가	환급창구 면적(㎡)

「외국인관광객 등에 대한 부가가치세 및 개별소비세 특례규정」 제5조의2제2항에 따라 위와 같이 환급창구운영사업자의 지정을 신청합니다.

년 월 일

신청인 (서명 또는 인)

지방국세청장 귀하

첨부서류	「관세법」 제222조제1항제5호에 따른 등록증 사본 1부	수수료 없 음

210㎜×297㎜[백상지 80g/㎡(재활용품)]

[별지 제4호의 3 서식]

제　　호

환급창구운영사업자 지정증

○ 성　명:
(대표자명)

○ 법인등록번호:

○ 상　호:
(법 인 명)

○ 사업자등록번호:

○ 사업장 소재지:

「외국인관광객 등에 대한 부가가치세 및 개별소비세 특례규정」 제5조의2에 따라 환급창구운영사업자로 지정합니다.

년　　월　　일

지방국세청장 [직인]

210㎜×297㎜(인쇄용지(특급) 120g/㎡)

※ 같은 서식으로 판매자 보관용, 제출용, 구입자 보관용이 있음.

[별지 제5호 서식] (제1장)

외국인관광객 물품판매확인서(판매자 보관용) Certificate of Selling Goods for Overseas Visitor (for Retailer's Keeping)	책번호	권	호
	일련번호		

판매자 Re- tailer	지정번호 Certificate No.	사업자등록번호 Registration No.	상호(법인명) Name of Company	성명 Name	판매자 주소 Address	전화번호 Telephone No.

구입자 Cus- tomer	성명 Name in full	국적 Nationality	여권 등의 번호 Passport or ID Card No.	본국 주소 Address for Refund

일련 번호 NO.	물품 내용 Description of Goods	수량 Quan- tity	단가 Unit Price	세금 포함 판매가격 Price Including Tax	부가가치세 V.A.T.	개별 소비세 I.C.T.	교육세 E.T.	농어촌 특별세 S.T.R.D.
1								
2								
3								
4								
5								
6								
7								
8								
9								
10								

판매 연월일 Date of Sale			구입자 서명 Customer's Signature	세관의 반출 확인 난 Stamp for Verification of Export
합계 Total	판매가격 Total Payment Including Tax			
	부가가치세 V.A.T.			
	개별소비세 I.C.T.			
	교육세 E.T.			
	농어촌특별세 S.T.R.D.			
세액계 Total Tax				바코드 Barcode
송금비용 등 Administrative Charge				
송금세액 Amount of Refund				

유의사항

※ 바코드란에는 판매내역 정보 등이 포함된 바코드 등을 표시합니다.

210㎜×297㎜(백상지 80g/㎡)

[별지 제6호의 2 서식] (2013. 2. 23. 신설)

외국인관광객 면세물품 판매 및 환급실적명세서(갑)

(년 기(월))

(앞쪽)

1. 제출자 인적사항

사업자	① 성 명		② 사업자등록번호			
	③ 상 호		④ 사업장소재지			
	⑤ 거래기간	년 월 일 ~ 월 일		⑥면세판매장 지정번호		

2. 물품판매 총합계

구분	⑦건수	⑧판매금액	⑨부가가치세	⑩개별소비세	⑪교육세	⑫농어촌특별세
합계						

3. 물품판매 명세

⑬ 일련번호	⑭ 구매 일련번호	⑮ 판매 일자	⑯ 반출 일자	⑰ 반출 승인번호	⑱ 환급(송금) 일자	⑲ 환급액	금액⑳				
							판매 금액	부가 가치세	개별 소비세	교육세	농어촌 특별세

210mm×297mm(일반용지 60g/㎡)

[별지 제7호 서식]

외국인관광객 면세판매장 개별소비세 환급신청서

관리번호	접수일		처리기간 20일

신청인	성 명(대표자명)	
	상 호(법인명)	사업자등록번호
	주 소(본점 소재지) (전화번호 :)	
	판매장 소재지	종 목

신 청 내 용

품 명	규 격	수 량	세금제외단가	반 출 가 격	세 율	개별소비세	교육세	농어촌특별세	판매확인서번호

「외국인관광객 등에 대한 부가가치세 및 개별소비세 특례규정」 제12조제1항에 따라 위와 같이 환급을 신청합니다.

년 월 일

신청인 (서명 또는 인)

세무서장 귀하

첨부서류	1. 판매확인서 및 송금증명서(세액상당액을 외국인관광객에게 송금한 경우로 한정합니다) 2. 판매확인서 및 환급·송금증명서(환급창구운영사업자를 통하여 환급 또는 송금한 경우로 한정하며, 환급창구운영사업자로부터 환급·송금증명서를 전송받은 경우에는 면세물품 판매 및 환급실적명세서를 말합니다) 3. 즉시환급 전자판매확인서(세액상당액을 외국인관광객에게 즉시환급한 경우로 한정합니다) 4. 개별소비세 과세물품 반출(판매) 명세서(별지 제8호서식을 말합니다)	수수료 없 음

210㎜×297㎜[백상지 80g/㎡(재활용품)]

[별지 제8호 서식]

개별소비세 과세물품 반출(판매) 명세서

구 분	제조자(수입자)	반 입 자
① 성 명(대 표 자 명)		
② 주 민 등 록 번 호		
③ 상 호(법 인 명)		
④ 주소(본점 소재지)		
⑤ 제조장(판매장) 소재지		
⑥ 사 업 자 등 록 번 호		

과 세 물 품 반 출 (판 매) 명 세 서

⑦반 출 (판매) 연월일	⑧ 품 명	⑨ 규 격	⑩ 수 량	⑪세 제외 단가	⑫반 출 (판매) 가 격	⑬ 세 율	⑭ 개별 소비세	⑮ 교육세	⑯ 농어촌 특별세

210㎜×297㎜[일반용지 60g/㎡(재활용품)]

Ⅱ 외국사업자가 공급받는 재화·용역의 사후환급

1. 개요

국내에 사업장이 없는 외국법인 또는 비거주자로서 외국에서 사업을 하는 자(이하 "외국사업자"라 한다)가 국내에서 사업상 다음의 어느 하나에 해당하는 재화 또는 용역을 구입하거나 제공받았을 때에는 대통령령으로 정하는 바에 따라 그 재화 또는 용역과 관련된 부가가치세를 해당 외국사업자에게 환급할 수 있다. 다만, 그 외국사업자의 한 해(1월 1일부터 12월 31일까지로 한다)의 환급금액이 30만원 이하인 경우에는 그러하지 아니하다(조특법 107 ⑥, 조특령 107 ①, 조특칙 49 ①).

① 음식·숙박용역

② 광고용역

③ 그 밖에 대통령령으로 정하는 다음의 재화 또는 용역

㉠ 전력·통신용역

㉡ 부동산임대용역

㉢ 외국사업자의 국내사무소의 운영 및 유지에 필요한 재화 또는 용역으로서 「부가가치세법」 상 매입세액 불공제 대상이 아닌 다음의 것

ⓐ 국내사무소용 건물·구축물 및 당해 건물·구축물의 수리용역

ⓑ 사무용 기구·비품 및 당해 기구·비품의 임대용역

2. 환급절차

(1) 환급신청

부가가치세를 환급받고자 하는 외국사업자는 매년 1월 1일부터 12월 31일까지 공급받은 재화 또는 용역에 대한 부가가치세를 다음 해 6월 30일까지 다음의 서류를 첨부하여 국세청장이 지정하는 서울지방국세청장(부가가치세과장)(이하 "지방국세청장"이라 한다)에게 직접 또는 국세청장이 지정하는 대리인을 통하여 신청하여야 한다(조특령 107 ②).

① 사업자증명원(영문표기 또는 한글표기에 한한다)

② 거래내역서 및 부가가치세 환급신청서

③ 세금계산서 원본(「부가가치세법」 제46조 제3항에 따라 신용카드매출전표 등에 공급받는 자와 부가가치세액을 별도로 기재하고 확인한 것을 포함한다)

④ 대리인을 통하여 신청하는 경우 그 위임장

⑤ 질문표(국세청 고시 2019-29, 2020.01.10.) 및 당해 외국사업자의 사업관련성 인증서류

(2) 환급

환급신청을 받은 지방국세청장은 신청일이 속하는 연도의 12월 31일까지 거래내역을 확인한 후 당해 거래와 관련된 부가가치세를 외국사업자에게 환급하여야 한다(조특령 107 ③).

(3) 세금계산서 원본 반환

외국사업자가 환급일 이후 6월 이내에 제2항 세금계산서 원본의 반환을 신청한 때에는 지방국세청장은 이를 반환하여야 한다(조특령 107 ④).

3. 상호주의 적용

본 규정에 따른 부가가치세의 환급은 해당 외국에서 우리나라의 사업자, 외교관 또는 외교사절에게 동일하게 환급하는 경우에만 적용한다(조특법 107 ⑧). 이 경우 "동일하게 환급하는 경우"란 해당 외국의 조세로서 우리나라의 부가가치세 또는 이와 유사한 조세를 환급하는 경우와 그 외국에 우리나라의 부가가치세 또는 이와 유사한 조세가 없는 경우로 한다(조특령 109).

4. 관련 사례

(1) 외국사업자가 조특법 제107조 제6항에 따른 환급신청기한을 경과한 경우

국세기본법 제45조의2(경정 등의 청구) 규정에서 정하는 기간이 경과하기 전까지 환급을 신청할 수 있다.[280)]

280) 부가-853, 2013.09.17.

[별지 제68호서식] (2018. 3. 21. 개정)

※ 뒤쪽의 작성방법을 읽고 작성하여 주시기 바랍니다. (앞쪽)

외국사업자거래내역 및 부가가치세환급신청서

접수번호	접수일	처리기간

신청인			
신청인	상호(법인명)	등록번호	
	성명(대표자)	연락처	
	소재지	이메일	

환급신청내용		
환급신청내용	신청기간	년 월 일부터 년 월 일까지
	신청금액	

환급금 은행이체				
환급금 은행이체	은행명		예금주명	
	지점명		BIC(SWIFT)	
	계좌번호		은행주소	

거래내역

일련번호	거래일자	거래품목	거래사유	부가가치세액	공급자	
					상호	사업자등록번호

「조세특례제한법」 제107조제6항 및 같은 법 시행령 제107조제2항의 규정에 의하여 위와 같이 부가가치세 환급을 신청합니다.

년 월 일

신청인 (서명 또는 인)

지방청장 귀하

신청인 제출서류	1. 사업자등록증명원(한글 또는 영문에 한함) 1부 2. 세금계산서 원본 또는 신용카드매출전표 원본(외국사업자가 세금계산서 등의 원본을 반환받고자 하는 경우에는 환급일 이후 6월 이내에 관할지방국세청장에게 반환신청을 하시기 바랍니다.) 3. 대리인을 통하여 신청하는 경우 위임장	수수료 없음

210mm×297mm[백상지 (80g/㎡) 또는 중질지 (80g/㎡)]

Ⅲ 외교관 등에 대한 부가가치세의 환급

1. 개요

우리나라에 주재하는 외교관 및 이에 준하는 자로서 대통령령으로 정하는 자(이하 “외교관 등”이라 한다)가 대통령령으로 정하는 면세점으로부터 재화 또는 용역(「부가가치세법」 제21조부터 제25조까지의 규정을 적용받는 재화 또는 용역은 제외한다)을 구입하거나 제공받는 경우에 부담하는 부가가치세는 대통령령으로 정하는 바에 따라 연간 200만원을 한도로 하여 그 외교관 등에게 환급할 수 있다(조특법 107 ⑦). 앞서 제4장 제3절 외교관 등에게 공급하는 재화·용역 중 사후면세에서 설명하였다. 다만, 상호주의에 따라 해당 외국에서 우리나라의 외교관 등에게 동일하게 환급하는 경우에 한하여 적용한다.

① 외교관 등

“대통령령으로 정하는 자”란 우리나라에 상주하는 외교공관, 영사기관(명예영사관원을 장으로 하는 영사기관은 제외한다), 국제연합과 이에 준하는 국제기구(우리나라가 당사국인 조약과 그 밖의 국내 법령에 따라 특권과 면제를 부여받을 수 있는 경우만 해당한다)의 소속 직원으로 해당 국가로부터 공무원 신분을 부여받은 자 또는 외교부장관으로부터 이에 준하는 신분임을 확인받은 자 중 내국인이 아닌 자(이하 “외교관 등”이라 한다)를 말한다(조특령 108 ①).

② 외교관면세점

“대통령령으로 정하는 면세점”이란 국세청장이 정하는 바에 따라 관할세무서장의 지정을 받은 사업장(「개별소비세법 시행령」 제28조의 규정에 의하여 지정을 받은 판매장을 포함하며, 이하 “외교관면세점”이라 한다)을 말한다(조특령 108 ②).

2. 외교관 등에 대한 부가가치세 사후환급절차

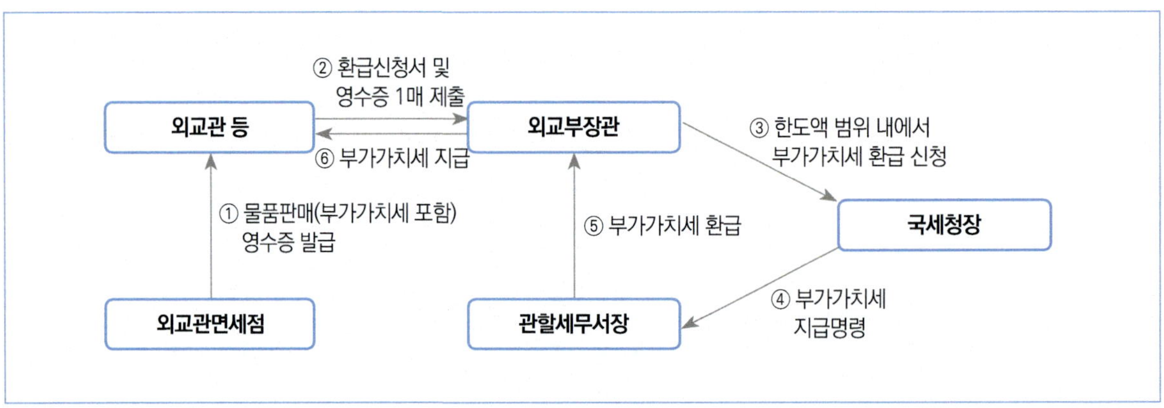

①,② 외교관 등이 구입한 재화 또는 용역에 대한 부가가치세를 환급받으려는 경우에는 환급신청서와 함께 외교관면세점에서 발급받은 영수증 1매를 외교부장관에게 제출하여야 한다.

③,④ 외교부장관은 외교관 등이 제출한 환급신청서의 내용을 확인하고 환급할 수 있는 한도금액 내에서 국세청장에게 부가가치세 지급을 요청할 수 있으며, 외교부장관의 요청을 받은 국세청장은 관할세무서장에게 해당 금액의 지급을 명할 수 있다.

⑤,⑥ 관할세무서장은 해당 금액을 외교부장관에게 지급하여야 하며, 외교부장관은 관할세무서장으로부터 지급받은 금액을 외교관 등에게 지급할 수 있다.

제5절 외국인관광객에 대한 부가가치세의 특례

I 외국인관광객의 특례적용관광호텔 숙박용역에 대한 사후환급

1. 개요

외국인관광객 등이 2018년 1월 1일부터 2025년 12월 31일까지 「관광진흥법」에 따른 호텔로서 대통령령으로 정하는 요건을 갖춘 관광호텔(이하 "특례적용관광호텔"이라 한다)에서 30일 이하의 숙박용역(이하 "환급대상 숙박용역"이라 한다)을 공급받은 경우에는 해당 환급대상 숙박용역에 대한 부가가치세액을 환급받을 수 있다(조특법 107의 2 ①).

2. 과세특례 적용요건

(1) 외국인관광객

외국인관광객 등이란 「외국인관광객 등에 대한 부가가치세 및 개별소비세 특례규정」 제2조 제1항에 따른 「외국환거래법」에 따른 비거주자(이하 "외국인관광객"이라 한다)로 한다. 다만, 다음의 자를 제외한다(조특령 109의 2 ①, 외국인관광객 특례규정[281] 시행령 2).

① 법인

② 국내에 주재하는 외교관(이에 준하는 외국공관원을 포함한다)

③ 국내에 주재하는 국제연합군 및 미국군의 장병 및 군무원

281) 외국인관광객 등에 대한 부가가치세 및 개별소비세 특례규정

(2) 특례적용관광호텔

"대통령령으로 정하는 요건을 갖춘 관광호텔"이란 다음의 요건을 모두 갖춘 호텔로서 문화체육관광부장관이 정하여 고시한 호텔("특례적용관광호텔"이라 한다)을 말한다(조특령 109의 2 ②).

① 「관광진흥법」 제3조제1항제2호가목에 따른 호텔업을 영위하는 관광숙박시설[282)]

② 해당 호텔의 외국인관광객 등에 대한 숙박용역의 객실 종류별 공급가액 평균을 해당 호텔의 전년 또는 전전 연도 같은 기간별 외국인관광객 등에 대한 숙박용역의 객실 종류별 공급가액 평균의 100분의 110보다 높게 공급하지 아니하는 호텔. 다만, 2022년의 경우 "전년 또는 전전 연도"를 "직전 4개연도 중 1개연도"로 본다.

3. 환급절차

(1) 숙박용역 환급창구 운영사업자의 환급업무대행

외국인관광객 등은 특례적용관광호텔에서 숙박용역을 공급받은 경우 해당 숙박용역에 따른 부가가치세액을 환급창구운영사업자로부터 환급받을 수 있다. 이 경우 환급창구운영사업자의 부가가치세액의 환급에 관하여는 「외국인관광객 등에 대한 부가가치세 및 개별소비세 특례규정」 제6조제2항·제3항 및 제10조의 2를 준용하되, "면세물품을 구입하는 경우" 또는 "면세물품을 구입한 때"는 "숙박용역을 공급받은 때"로 본다(조특령 109의 2 ④).

(2) 즉시환급 및 요건

면세판매자는 외국인관광객이 다음의 요건을 모두 충족하여 면세물품을 구입하는 경우에는 면세판매장에서 외국인관광객에게 면세물품을 세액 상당액을 차감(이하 "즉시환급"이라 한다)한 가격으로 판매한 후 부가가치세 영세율을 적용받거나 해당 면세물품에 대한 개별소비세액을 환급받을 수 있다. 이 경우 해당 세액 상당액에서 환급에 따른 제비용 등으로서 환급창구운영사업자가 국세청장의 승인을 얻은 금액을 공제할 수 있다(외국인관광객 특례규정 시행령 6 ②,③, 10의 2).

① 세액 상당액을 포함한 1회 거래가액이 50만원 미만일 것

② 입국 후 즉시환급을 받은 세액 상당액을 포함한 총거래가액이 100만원 이하일 것

(3) 숙박용역공급확인서 교부

특례적용관광호텔 사업자는 외국인관광객 등에게 숙박용역을 공급한 때에는 숙박용역을 공급받은 외국인관광객 등에게 그 숙박용역 공급 사실을 증명하는 서류(이하 "숙박용역공급확인서"라 한다) 2부를 교부하여야 한다. 다만, 특례적용관광호텔 사업자가 외국인관광객 등이 숙박용역을

282) 관광호텔업 : 관광객의 숙박에 적합한 시설을 갖추어 관광객에게 이용하게 하고 숙박에 딸린 음식·운동·오락·휴양·공연 또는 연수에 적합한 시설 등(이하 "부대시설"이라 한다)을 함께 갖추어 관광객에게 이용하게 하는 업(業)

공급받은 때에 부담한 부가가치세액을 환급하는 사업을 영위하는 자(「외국인관광객 등에 대한 부가가치세 및 개별소비세 특례규정」 제5조의 2를 준용하여 지정한 자를 말하며, 이하 "환급창구운영사업자"라 한다)에게 정보통신망을 이용하여 전자적 방식의 숙박용역공급확인서를 전송한 경우에는 숙박용역공급확인서를 교부하지 아니할 수 있다(조특령 109의 2 ③).

(4) 환급증명서 송부

외국인관광객 등에게 부가가치세액을 환급한 환급창구운영사업자는 그 환급사실을 증명하는 서류(이하 "환급증명서"라 한다)를 특례적용관광호텔 사업자에게 송부하여야 한다(조특령 109의 2 ⑤).

(5) 특례적용관광호텔 사업자의 부가가치세 환급 절차

① 특례적용관광호텔 사업자가 부가가치세액을 공제받을 경우, 숙박용역의 공급시기에 정상적으로 부가가치세를 과세(10%)로 신고한 후,

② 특례적용관광호텔 사업자는 외국인 관광객이 숙박용역을 공급받은 날부터 3개월 이내에 부가가치세액을 환급받은 사실을 환급창구운영사업자로부터 확인되는 경우에 환급증명서 송부받은 날이 속하는 과세기간의 부가가치세를 신고할 때, 기획재정부령이 정하는 외국인관광객 숙박용역 환급실적명세서를 첨부하여 제출해야 한다(조특령 109의 2 ⑥ ⑦).

③ 특례적용관광호텔 사업자는 일반과세자 부가가치세 신고서 서식 상 '그 밖의 공제매입세액 명세'란에 '외국인 관광객에 대한 환급세액'으로 공제받을 수 있다.

4. 사후관리

(1) 환급제한

다음의 어느 하나에 해당하는 경우에는 특례적용관광호텔 사업자가 납부할 부가가치세액에서 제4항에 따라 외국인관광객 등이 환급받은 해당 부가가치세액을 공제하지 아니한다(조특령 109의 2 ⑧).

① 숙박용역의 공급가액에 관한 제2항 제2호의 요건을 갖추지 못한 경우

② 숙박용역공급확인서를 허위로 적어 교부한 경우

(2) 환급세액 추징

특례적용관광호텔 관할세무서장은 환급대상이 아닌 숙박용역에 대하여 외국인관광객 등이 부가가치세를 환급받은 경우에는 「부가가치세법」 제57조, 제58조 및 제60조에 따라 해당 외국인관광객 등에게 숙박용역을 공급한 특례적용관광호텔 사업자에게 부가가치세액을 징수하여야 한다

(조특법 107의 2 ②, 조특령 109의 2 ⑩).

5. 명령사항

국세청장, 관할지방국세청장 또는 관할세무서장은 부정환급 방지를 위하여 필요하다고 인정하면 대통령령으로 정하는 바에 따라 특례적용관광호텔에 대하여 필요한 명령을 할 수 있으며, 특례적용관광호텔의 선정과 환급창구운영사업자의 환급 관련 절차 등에 관하여 필요한 사항은 문화체육관광부장관이 기획재정부장관과 협의하여 고시한다(조특법 107의 2 ③, 조특령 109의 2 ⑫).

[별지 제68호의4서식(1)] (2020. 3. 13. 신설)

외국인관광객 숙박용역 환급실적명세서(갑)

년 제 기(월 일 ~ 월 일)

※ 뒤쪽의 작성방법을 읽고 작성하시기 바랍니다.

(앞쪽)

1. 관광호텔 사업자

① 상호(법인명)		② 사업자등록번호	
③ 성명(대표자)		④ 전화번호	
⑤ 거래기간	년 월 일 ~ 월 일	⑥ 관광사업 등록번호	
⑦ 사업장 소재지			

2. 환급창구운영사업자

⑧ 상호(법인명)		⑨ 사업자등록번호	
⑩ 성명(대표자)		⑪ 전화번호	

3. 환급 실적 총합계

구분	⑫ 건수	⑬ 공급금액(세금포함)	⑭ 부가가치세	⑮ 환급액
합계				

4. 숙박용역 공급 명세

⑯ 숙박용역 일련번호	⑰ 공급일자	⑱ 환급일자	⑲ 환급 증명서를 송부 받은 일자	⑳ 금액			㉑ 투숙객	
				공급금액(세금포함)	부가가치세	환급액	국적	여권번호

210mm×297mm[백상지 80g/㎡ 또는 중질지 80g/㎡]

Ⅱ 외국인관광객의 미용성형 의료용역에 대한 사후환급

1. 개요

대통령령으로 정하는 외국인관광객(이하 "외국인관광객"이라 한다)이 「의료 해외진출 및 외국인환자 유치 지원에 관한 법률」 제6조 제1항에 따라 보건복지부장관에게 등록한 의료기관(이하 "특례적용 의료기관"이라 한다)에서 2025년 12월 31일까지 공급받은 대통령령으로 정하는 의료용역(이하 "환급대상 의료용역"이라 한다)에 대해서는 대통령령으로 정하는 바에 따라 해당 환급대상 의료용역에 대한 부가가치세액을 환급할 수 있다(조특법 107의 3 ①).

〈외국인 환자 미용성형 부가가치세 환급 절차〉

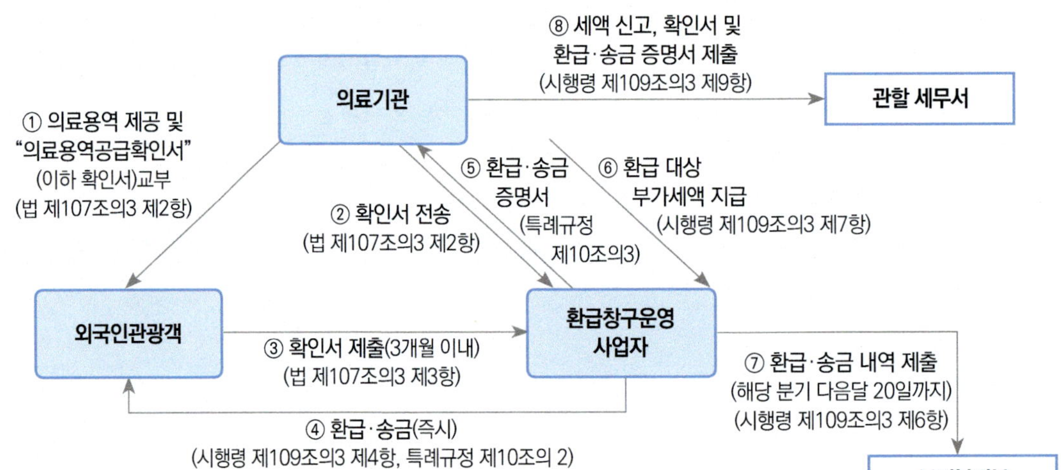

* 법: 조세특례제한법
시행령: 조세특례제한법 시행령
특례규정: 외국인관광객 등에 대한 부가가치세 및 개별소비세 특례규정

자료: 보건복지부, 「외국인 환자 미용성형 의료용역 부가가치세 환급 안내」, 2016. 3, P.9 인용

2. 환급요건 및 절차

(1) 외국인관광객

"대통령령으로 정하는 외국인관광객"이란 「외국인관광객 등에 대한 부가가치세 및 개별소비세 특례규정」 제2조 제1항에 따른 외국인관광객(이하 "외국인관광객"이라 한다)을 말한다(조특령 109의 3 ①).

(2) 환급대상 의료용역

"대통령령으로 정하는 의료용역"이란 다음의 어느 하나에 해당하는 경우로서 특례적용의료기관에서 공급받은 의료용역 중 부가가치세가 면제되지 아니하는 의료용역(이하 "환급대상 의료용역"이라 한다)을 말한다(조특령 109의 3 ②).

① 「의료 해외진출 및 외국인환자 유치 지원에 관한 법률」 제6조 제1항에 따라 등록한 의료기관 또는 같은 조 제2항에 따라 등록한 외국인환자 유치업자가 직접 외국인 관광객을 유치한 경우

② 외국인관광객이 직접 특례적용의료기관에 방문한 경우

(3) 환급절차

① 특례적용의료기관은 외국인관광객에게 의료용역공급확인서를 발급한다.

② 외국인관광객은 3개월이내 환급창구운영사업자에게 해당 의료용역공급확인서를 제출하고 환급받는다.

③ 환급창구운영사업자는 환급· 송금증명서를 특례적용의료기관에 송부하고, 부가가치세 환급·송금 내역을 환급한 날이 속하는 분기의 종료일의 다음 달 20일까지 국세청장과 보건복지부장관에게 통보한다.

(4) 특례적용의료기관의 부가가치세 신고절차 및 첨부서류 (조특법 107의3⑤, 조특령 109의3⑧,⑨)

특례적용의료기관은 환급·송금증명서를 송부받은 날이 속하는 과세기간의 납부세액 또는 환급세액에서 환급대상 부가가치세를 공제받을 수 있다. 첨부서류는 외국인관광객 미용성형 의료용역 환급실적명세서를 제출해야 한다. 이는 영세율 적용이 아닌 과세매출 신고 후 부가가치세액을 공제받는 방식으로 개정된 것이다. 다만, 특례적용의료기관이 환급대상 의료용역을 공급한 날부터 3개월이 되는 날이 속하는 달의 다음 달 20일까지 환급·송금증명서를 송부받지 못한 경우에는 환급대상 부가가치세 공제를 적용하지 아니한다(조특령 109의3 ⑪).

(5) 환급창구운영사업자 (조특법 107의3⑤, 조특령 109의3③)

환급창구운영사업자는 외국인관광객이 특례적용의료기관에서 환급대상 의료용역을 제공받은 때에 부담한 부가가치세를 환급하는 사업을 영위하는 자를 말하며, 요건 및 지정 절차는 제5장 ☞ 제4절 외국사업자 등에 대한 간접세의 특례 ☞ Ⅰ 외국인관광객 등에 대한 간접세 특례규정 ☞ 5. 환급창구운영사업자의 규정(외국인관광객 등에 대한 부가가치세 및 개별소비세 특례규정 제5조의2)을 준용한다.

(6) 사후관리

특례적용의료기관 관할세무서장은 환급대상 의료용역이 아닌 의료용역에 대하여 외국인관광객

이 부가가치세를 환급받은 경우나 특례적용의료기관이 사실과 다른 의료용역공급확인서를 교부 또는 전송하는 등 다음에 해당하는 사유에 해당하는 경우에는 해당 특례적용의료기관으로부터 해당 부가가치세액 및 가산세를 징수하여야 한다. 이 경우 부가가치세액의 결정과 징수 등에 관하여는 「부가가치세법」 제57조(결정·경정), 제58조(징수) 및 제60조(가산세)를 따른다(조특법 107의 3 ④, 조특령 109의 3 ⑫).

① 특례적용의료기관이 사실과 다른 법 제107조의 3 제2항에 따른 의료용역공급확인서(이하 "의료용역공급확인서"라 한다)를 교부 또는 전송하여 외국인관광객이 부가가치세액을 환급받은 경우

② 환급대상 의료용역에 해당하지 아니함에도 불구하고 특례적용의료기관이 의료용역공급확인서를 교부 또는 전송하여 외국인관광객이 부가가치세액을 환급받은 경우

■ 조세특례제한법 시행규칙[별지 제68호의2서식] (2016. 3. 14. 신설)

의료용역공급확인서 Certificate of Selling Medical Service for Overseas Patient						일련번호 Serial No.	
의료기관 Medical Institution	의료기관 명칭 Name of Institution		사업자 등록번호 Registration No.	외국인환자 유치기관 등록번호 Registration No.	대표자 명 Representative's Name	의료기관 소재지 Address	전화번호 Telephone No.
외국인환자 유치업자 Facilitator of Foreign Patient (거래한 경우)	유치업자 명칭 Name of Facilitator	사업자 등록번호 Registration No.	외국인 환자 유치기관 등록번호 Registration No.	환자 Patient	성명 Name in full	생년월일 Date of Birth	국적 Nationality	여권 등의 번호 Passport or ID Card No.

의료보건 용역 공급 내역 Types of Medical Service	공급가격(부가가치세 포함) Total Payment Including V.A.T	부가가치세 V.A.T.
① 쌍커풀수술 Double Eye-lid		
② 코성형수술 Rhinoplasty		
③ 유방수술 Breast Surgery		
④ 지방흡인술 Liposuction		
⑤ 주름살제거술 Face Lift		
⑥ 안면윤곽술 Facial bone contouring		
⑦ 치아성형술 Teeth Whitening, Laminate, gingivoplasty		
⑧ 악안면 교정술 Orthognathic surgery		
⑨ 색소모반·주근깨·흑색점·기미치료술 Nevus pigmentosus, Freckles, Lentigo, Chloasma		
⑩ 여드름 치료술 Pimple		
⑪ 제모술 Hair removal		
⑫ 탈모치료술, 모발이식술 Hair loss , Hair transplantation		
⑬ 문신술 및 문신제거술, 피어싱 Tatoo, Tattoo removal, piercing		
⑭ 지방융해술 Lipolysis		
⑮ 피부재생술, 피부미백술, 항노화치료술 및 모공축소술 Skin regeneration, Skin Whitening, Anti-aging, Pore tightening		
⑯ 기타(　　　　) Others		
합계 Total		

의료보건용역 공급일 Date of Sale		결제금액 Payment	현금 Cash		환급액 Amount of Refund	구입자 서명 Consumer's Signature	
			신용카드 Credit Card				

210㎜×297㎜[백상지(80g/㎡) 또는 중질지(80g/㎡)]

[별지 제68호의5서식(1)] (2020. 3. 13. 신설)

외국인관광객 미용성형 의료용역 환급실적명세서(갑)

년 제 기(월 일 ~ 월 일)

※ 뒤쪽의 작성방법을 읽고 작성하시기 바랍니다.

(앞쪽)

1. 의료기관 사업자

① 상호(법인명)		② 사업자등록번호	
③ 성명(대표자)		④ 전화번호	
⑤ 거래기간	년 월 일 ~ 월 일	⑥ 유치기관 등록번호	
⑦ 사업장 소재지			

2. 환급창구운영사업자

⑧ 상호(법인명)		⑨ 사업자등록번호	
⑩ 성명(대표자)		⑪ 전화번호	

3. 환급 실적 총합계

구분	⑫ 건수	⑬ 공급금액(세금포함)	⑭ 부가가치세	⑮ 환급액
합계				

4. 의료용역 공급 명세

⑯ 의료용역 일련번호	⑰ 공급일자	⑱ 환급·송금 일자	⑲ 환급·송금 증명서를 송부 받은 일자	⑳ 금액			㉑ 외국인환자	
				공급금액(세금포함)	부가가치세	환급액	국적	여권번호

210mm×297mm[백상지 80g/㎡ 또는 중질지 80g/㎡]

제6절 외교관용 등 자동차 연료에 대한 개별소비세 등의 환급 특례

I 개요

대통령령으로 정하는 주한외교공관, 주한외교관 등(이하 "환급대상자"라 한다)이 유류구매카드를 사용하여 환급대상자의 자동차에 사용되는 석유류를 구입하는 경우 신용카드업자는 대통령령으로 정하는 바에 따라 세액 환급을 신청하여 해당 석유류에 부과되는 개별소비세액, 교통·에너지·환경세액, 교육세액, 자동차 주행에 대한 자동차세액 및 부가가치세액을 환급받거나 납부할 세액에서 공제받을 수 있다. 이 경우 해당 석유류에 대해서는 「개별소비세법」 제16조 제1항 제3호 또는 「교통·에너지·환경세법」 제14조 제1항에 따른 면세 및 「부가가치세법」 제24조 제1항에 따른 영세율을 적용하지 아니한다(조특법 111의 4 ①).

II 적용요건

1. 환급대상자(주한외교공관, 주한외교관)

"대통령령으로 정하는 주한외교공관, 주한외교관 등"이란 다음의 어느 하나에 해당하는 자를 말한다. 이 경우 「개별소비세법」 제16조 제5항[283] 또는 「교통·에너지·환경세법」 제14조 제3항[284] 및 「부가가치세법」 제25조(영세율에 대한 상호주의 적용)를 준용한다(조특령 112의 4 ①).

① 우리나라에 상주하는 외교공관, 영사기관(명예영사관원을 장으로 하는 영사기관은 제외한다), 국제연합과 이에 준하는 국제기구(우리나라가 당사국인 조약과 그 밖의 국내 법령에 따라 특권과 면제를 부여받을 수 있는 경우만 해당한다)

② ①에 따른 기관의 소속직원으로서 해당 국가로부터 공무원 신분을 부여받은 자 또는 외교부장관으로부터 이에 준하는 신분임을 확인받은 자 중 내국인이 아닌 자

---

283) 개별소비세법 제16조【외교관 면세】
⑤ 제1항과 제2항은 해당 국가에서 우리나라의 공관 또는 외교관 등에게 그 국가의 조세로서 우리나라의 개별소비세 또는 이와 유사한 성질의 조세를 면제하는 경우(제2항 단서는 해당 국가에서 우리나라의 공관 또는 외교관 등에게 동일하게 징수를 면제하는 경우로 한정한다)와 해당 국가에 우리나라의 개별소비세 또는 이와 유사한 성질의 조세가 없는 경우에만 적용한다.

284) 교통·에너지·환경세법 제14조【외교관면세】
③ 제1항은 해당 국가에서 우리나라의 공관 또는 외교관 등에게 그 국가의 조세로서 우리나라의 교통·에너지·환경세 또는 이와 유사한 성질의 조세를 면제하는 경우와 해당 국가에 우리나라의 교통·에너지·환경세 또는 이와 유사한 성질의 조세가 없는 경우에만 적용한다.

2. 유류구매카드

(1) 발급사업자 지정

국세청장은 환급을 위한 유류구매카드를 발급할 「여신전문금융업법」 제2조 제2호의 2에 따른 신용카드업자를 지정한다. 이 경우 국세청장은 신용카드업자를 지정할 때 유류구매카드에 대하여 연회비를 받지 아니할 것을 조건으로 할 수 있다(조특령 112의 4 ②).

(2) 발급신청·발급

환급을 받으려는 자(이하 "환급대상자"라 한다)는 외교부장관이 환급대상자에 해당됨을 확인하는 서류를 첨부하여 신용카드업자에게 유류구매카드의 발급을 신청하여야 하며, 신용카드업자는 신청을 받은 경우 그 신청을 받은 날로부터 15일 이내에 신청인에게 유류구매카드를 발급하여야 한다(조특령 112의 4 ③,④). 신용카드업자는 환급대상자에게 유류구매카드를 발급할 때 부당하게 발급받거나 부정사용할 경우 받을 수 있는 불이익에 대하여 상세히 설명하여야 한다(조특령 112의 4 ⑩).

(3) 환급 · 공제 절차

1) 국세환급·공제

환급세액을 환급받거나 납부할 세액에서 공제받으려는 신용카드업자는 매월 환급대상자가 유류구매카드를 통하여 구입한 환급대상 석유류의 종류, 수량(기획재정부령으로 정하는 계산방법에 따라 산출한다) 및 환급세액 등을 적은 신청서 및 증거서류를 다음 달 10일까지 관할세무서장에게 제출하여야 한다. 이 경우 신청서 및 증거서류는 기획재정부령으로 정한다. 그리고 신청을 받은 세무서장은 그달 말일까지 신용카드업자에게 환급세액을 환급하거나 납부할 세액에서 공제한다(조특령 112의 4 ⑤,⑥).

2) 지방세 환급·공제

세무서장이 환급 또는 공제를 한 경우에는 기획재정부령으로 정하는 자료를 환급일의 다음 달 10일까지 울산광역시장에게 통보하여야 하고, 울산광역시장은 환급신청한 날의 다음 달 20일까지 자동차 주행에 대한 자동차세액을 신용카드업자에게 환급하여야 한다(조특령 112의 4 ⑦).

3. 사후관리

(1) 개요

다음의 어느 하나에 해당하는 자에 대해서는 다음에 해당하는 자의 주소지 관할세무서장이 징수한다. 다만, 자동차 주행에 대한 자동차세액의 환급세액은 울산광역시장이 징수한다. 그러나, ②의 경우에는 환급세액의 100분의 40에 상당하는 금액의 가산세를 포함하여 징수한다(조특법 111의 4 ③, 조특령 112의 4 ⑧).

① 환급대상자가 유류구매카드로 구입한 석유류를 환급대상자의 자동차에 대한 연료 외의 용도로 사용하는 경우

② 환급대상자가 아닌 자가 유류구매카드를 발급받거나 양수하여 그 유류구매카드로 석유류를 구입하는 경우

(2) 상호통보의무 및 유류구매카드 기능 정지

외교부장관, 국세청장, 울산광역시장 및 신용카드업자는 다음의 어느 하나에 해당되는 경우 즉시 서로 통보하여야 하고, ① 또는 ②에 해당되는 경우 신용카드업자는 유류구매카드의 기능을 정지하여야 한다(조특령 112의 4 ⑨).

① 유류구매카드를 발급받은 자가 환급대상자에 해당되지 아니하게 된 경우

② 환급대상자가 아닌 자가 유류구매카드를 발급받거나 양수하여 사용한 경우

③ 환급대상자가 유류구매카드로 구입한 유류를 해당 자동차 연료 외의 용도로 사용하는 경우

(3) 사기·부정한 행위에 대한 징수

신용카드업자 사업장의 관할세무서장은 신용카드업자가 거짓이나 그 밖의 부정한 방법으로 제1항에 따른 환급세액을 과다하게 환급받거나 공제받은 경우에는 과다환급세액과 과다환급세액의 100분의 40에 상당하는 금액의 가산세를 합친 금액을 징수한다(조특법 111의 4 ④).

4. 협력의무

국세청장은 환급대상자에 대한 관리를 효율적으로 수행하기 위하여 관계 행정기관 등으로 하여금 필요한 자료를 국세청장 또는 신용카드업자에게 제공할 것을 요청할 수 있으며, 요청받은 관계행정기관 등은 정당한 사유가 없으면 이에 따라야 한다(조특법 111의 4 ⑤).

[별지 제69호의 6 서식] (2014. 3. 14. 개정)

신용카드업자에 대한 교통ㆍ에너지ㆍ환경세 환급내역 통보서

년 월 신고분 신용카드업자에 대한 주한외교관ㆍ외교공관용 교통ㆍ에너지ㆍ환경세 환급 결정내역

※ 법령개정 등 세율 변경시 변경전ㆍ후 구분 작성

일련번호	환급세액					환급세액
	법 인 명	사업자등록번호	전화번호	환급계좌		
				계좌번호	금융기관명	

「조세특례제한법」 제111조의4제1항 및 같은 법 시행령 제112조의4제7항에 따라 신용카드업자에 대한 주한외교관ㆍ외교공관용 교통ㆍ에너지ㆍ환경세 환급세액을 위와 같이 통보합니다.

년 월 일

세무서장 (서명 또는 인)

울산광역시장 귀하

※ 울산광역시장은 신용카드업자가 환급신청한 날의 다음달 20일까지 자동차 주행에 대한 자동차세액을 신용카드업자에게 환급하여야 한다(조세특례제한법 시행령 제112조의4제7항)

210㎜×297㎜[백상지 80g/㎡ 또는 중질지 80g/㎡]

제7절 제주도여행객 면세점에 대한 간접세 특례

I 제주도여행객에 대한 간접세 특례

1. 개요

대통령령으로 정하는 제주도여행객(이하 "제주도여행객"이라 한다)이 「제주특별자치도 설치 및 국제자유도시 조성을 위한 특별법」 제255조에 따른 면세품판매장(이하 "지정면세점"이라 한다)에서 대통령령으로 정하는 물품(이하 "면세물품"이라 한다)을 구입하여 제주도 외의 다른 지역으로 휴대하여 반출하는 경우에는 그 물품에 대한 부가가치세, 개별소비세, 주세, 관세 및 담배소비세(이하 "부가가치세 등"이라 한다)를 면제(부가가치세의 경우에는 영세율을 적용하는 것을 말한다)한다(조특법 121의 13 ①).

2. 적용요건

(1) 제주특별자치도여행객의 범위

"대통령령으로 정하는 제주도여행객"이란 제주특별자치도에서 제주특별자치도 외의 지역으로 다음의 어느 하나에 해당하는 항공기 또는 선박에 의하여 출항하는 내국인 및 외국인(제주특별자치도에 주소 또는 거소를 두고 있는 자를 포함하며, 이하 "제주특별자치도여행객"이라 한다)을 말한다(제주여행객특례규정[285] 2).

① 「항공법」 제112조 또는 제132조에 따라 항공운송사업의 면허를 받거나 등록을 마친 자가 운항하는 항공기

② 「해운법」 제4조에 따라 해상여객운송사업의 면허를 받은 자가 운항하는 여객선

(2) 지정면세점

1) 지정면세점운영사업자

「제주특별자치도 설치 및 국제자유도시 조성을 위한 특별법」 제170조 제1항 제4호 가목에 따른 면세품판매장(이하 "지정면세점"이라 한다)을 운영하는 자는 같은 법 제250조에 따라 설립된 지방공사와 같은 법 제166조에 따라 설립된 제주국제자유도시 개발센터(이하 "면세점운영자"라 한다)가 된다(제주여행객특례규정 3). 또한, 지정면세점은 「관세법」 제174조의 규정에 의하여 특허를 받은 보세판매장으로 본다. 이 경우 당해 보세판매장에서는 「관세법」 제196조 제1

285) 제주특별자치도 여행객에 대한 면세점 특례규정

항의 규정에 불구하고 본 조 제1항의 규정에 의하여 제주도 외의 다른 지역으로 휴대하여 반출하는 면세물품을 판매할 수 있다(조특법 121의 13 ②).

2) 면세물품

"대통령령이 정하는 물품"이라 함은 다음에 해당하는 물품(이하 "면세물품"이라 한다)을 말한다(제주여행객특례규정 4).

주류, 담배, 시계, 화장품, 향수, 핸드백, 지갑, 벨트, 선글라스, 과자류, 인삼류, 넥타이, 스카프, 신변장식용 액세서리, 문구류, 완구류, 라이터, 기획재정부장관이 정하여 고시하는 신변잡화류, 그 밖에 제주특별자치도 조례가 정하는 물품

Ⅱ 사업자가 지정면세점에 공급하는 물품에 대한 간접세 특례

1. 개요

사업자가 면세물품을 지정면세점에 공급하는 경우에는 대통령령으로 정하는 바에 따라 부가가치세, 개별소비세, 주세 및 담배소비세를 면제한다(조특법 121의 13 ③).

2. 면세물품의 공급(제주여행객특례규정 7)

(1) 원칙

외국물품은 지정면세점에 반입된 물품에 한하여 부가가치세·개별소비세·주세·관세 및 담배소비세(이하 "부가가치세 등"이라 한다)를 면제(부가가치세의 경우에는 영세율을 적용하는 것을 말한다)한다. 만일 사업자가 제조장에서 제조·가공한 물품(이하 "내국물품"이라 한다)을 지정면세점에 직접 반출한 경우에는 부가가치세·개별소비세·주세 및 담배소비세를 면제한다(제주여행객특례규정 7 ①,②).

(2) 의무 이행사항

지정면세점에 내국물품을 공급하는 사업자는 당해 내국물품의 공급과 관련하여 다음 각 호의 의무를 이행하여야 한다(제주여행객특례규정 7 ③).

① 「부가가치세법」 제48조 및 제49조에 따라 부가가치세 과세표준과 납부세액 또는 환급세액을 신고하는 때에는 국세청장이 정하는 제주특별자치도여행객 면세점 공급실적 명세서에 당해 신고기간의 면세물품의 공급실적을 기록·작성하여 면세점운영자의 확인을 받아 사업장 관할 세무서장에게 제출하여야 한다.

② 개별소비세 과세대상물품의 경우에는 「개별소비세법 시행령」 제26조, 주류의 경우에는 「주세

법 시행령」 제30조 제1항 및 제2항, 담배의 경우에는 「지방세법」 제55조를 각각 준용하여 처리하여야 한다.

(3) 제주특별자치도여행객 지정면세점 주류반입신고서 제출

면세점운영자는 부가가치세 및 주세가 면제된 주류를 지정면세점에 반입한 때에는 반입한 날부터 5일 이내에 국세청장이 정하는 제주특별자치도여행객 지정면세점 주류반입신고서를 관할세무서장에게 제출하여야 한다(제주여행객특례규정 7 ④).

Ⅲ 면세물품 판매가격 및 금액한도·수량

1. 면세물품 판매가격

지정면세점에서 판매할 수 있는 면세물품은 판매가격이 미합중국 화폐 800달러에 상당하는 금액으로서 한 품목당 판매가격이 미합중국 화폐 800달러 이하의 것으로 한다(조특법 121의 13 ④, 제주여행객특례규정 5 ①).

2. 면세물품의 구입 금액한도·수량

(1) 개요

제주도여행객이 지정면세점에서 구입할 수 있는 면세물품의 금액한도는 1회당 미합중국 화폐 800달러에 상당하는 금액으로서 1인 미합중국 화폐 800달러 이하의 금액으로 한다. 이 경우 대통령령으로 정하는 범위 내의 면세물품은 금액한도 계산에서 제외한다(조특법 121의 13 ⑤, 제주여행객특례규정 5 ②). 그리고 제주도여행객은 지정면세점에서 면세물품을 연도별로 6회까지 구입할 수 있다(조특법 121의 13 ⑥).

(2) 한도계산 시 제외대상 면세물품

"대통령령으로 정하는 범위 내의 면세물품"이란 다음 표의 주류 및 담배를 말한다(제주여행객특례규정 5 ③).

<table>
<tr><th>구분</th><th colspan="3">수량</th><th>비고</th></tr>
<tr><td>주류</td><td colspan="3">2병</td><td>2병 합산하여 용량은 2리터 이하이고, 미합중국 화폐 400달러 이하인 것으로 한정한다.</td></tr>
<tr><td rowspan="6">담배</td><td colspan="2">궐련</td><td>200개비</td><td rowspan="6">1회에 한 가지 종류로 한정한다.</td></tr>
<tr><td colspan="2">엽궐련</td><td>50개비</td></tr>
<tr><td rowspan="3">전자
담배</td><td>궐련형</td><td>200개비</td></tr>
<tr><td>니코틴용액</td><td>20밀리리터</td></tr>
<tr><td>기타유형</td><td>110그램</td></tr>
<tr><td colspan="2">그 밖의 담배</td><td>250그램</td></tr>
</table>

Ⅳ 면세물품의 판매 및 인도절차 등

면세점운영자가 제주특별자치도여행객에게 면세물품을 판매하는 때에는 주민등록증(신분을 확인할 수 있는 각종 신분증을 포함한다) 또는 여권 등에 의하여 당해 물품을 구입하는 자의 신분을 확인한 후 판매하여야 하며, 면세물품의 판매 및 인도절차 등에 관하여 필요한 사항은 「관세법 시행령」 제213조 제2항 및 제5항의 규정에 의하여 정한 보세판매장에서 판매하는 물품의 판매 및 인도방법, 반입·반출의 절차 등에 준하여 관세청장이 정한다(제주여행객특례규정 8).

Ⅴ 사후관리

1. 부정유출자에 대한 감면세액의 징수

다음의 어느 하나에 해당하는 경우에는 외국물품은 관할세관장이, 내국물품은 관할세무서장이 감면받거나 환급받은 부가가치세·개별소비세·주세 및 관세를 그 행위를 한 자로부터 징수하여야 한다(제주여행객특례규정 10).

① 지정면세점에서 타인의 명의로 면세물품을 구입하는 경우

② 면세점운영자가 면세물품을 부정유출하는 경우

③ 제주특별자치도여행객이 면세물품을 타인에게 판매하는 경우

④ 제주특별자치도여행객으로부터 면세물품을 구입하는 경우(면세물품을 판매한 제3호의 여행객이 외국에 거주하는 외국인인 경우에 한한다)

2. 부정구매자의 지정면세점 이용제한

면세점운영자는 다음과 같은 부정구매자 등에 대하여는 당해 면세물품 구입일로부터 1년간 지정면세점의 이용을 제한하여야 하며, 부정구매자 등에 대한 인적사항 등을 기록·관리하여야 한다(제주여행객특례규정 14).

① 타인의 명의로 면세물품을 구입한 자
② 면세물품의 구입을 위하여 타인에게 명의를 대여한 자
③ 지정면세점에서 구입한 면세물품을 타인에게 판매한 자
④ 제주특별자치도여행객으로부터 면세물품을 구입한 자

3. 기록·보관

면세점운영자는 면세물품의 구입·판매사항 등과 관련하여 관세청장이 정하는 바에 의하여 장부를 기록하고 5년간 이를 보관하여야 한다(제주여행객특례규정 15).

제8절 입국경로에 설치된 보세판매장의 내국물품에 대한 간접세의 특례

I 개요

1. 입국자의 보세판매장 이용 시 부가가치세 등 면세

우리나라로 입국하는 자가 「관세법」 제196조 제2항의 보세판매장(공항 및 항만 등의 입국경로에 설치된 보세판매장)에서 같은 조 제4항 단서의 물품 중 내국물품(이하 "내국물품"이라 한다)을 구입하여 국내로 반입하는 경우에는 그 물품에 대한 부가가치세 및 주세(이하 "부가가치세 등"이라 한다)를 면제(부가가치세의 경우에는 영세율을 적용하는 것을 말한다)한다(조특법 121의 14 ①).

2. 사업자가 보세판매장에 공급하는 내국물품의 영세율 적용

(1) 개요

사업자가 내국물품을 보세판매장에 공급하는 경우에는 대통령령으로 정하는 바에 따라 부가가치세 등을 면제한다(조특령 116의 19 ①).

(2) 영세율 적용 첨부서류

부가가치세를 면제받으려는 자는 「부가가치세법」 제48조 및 제49조에 따라 부가가치세 과세표준과 납부세액 또는 환급세액을 신고하는 때에 국세청장이 정하는 보세판매장 공급실적명세서에 해당 신고기간의 내국면세물품 공급실적을 기록·작성하여 「관세법」 제176조의 2 제1항 단서에 따라 특허를 받은 자(이하 이 조에서 "보세판매장 운영자"라 한다)의 확인을 받아 사업장 관할세무서장에게 제출해야 한다(조특령 116의 19 ②).

(3) 보세판매장 주류반입신고서 제출

보세판매장 운영자는 제1항에 따라 부가가치세 및 주세가 면제된 주류를 보세판매장에 반입한 때에는 반입한 날부터 5일 이내에 국세청장이 정하는 보세판매장 주류반입신고서를 관할세무서장에게 제출해야 한다(조특령 116의 19 ④).

Ⅱ 사후관리

부가가치세 및 주세를 면제받는 내국물품이 다음의 어느 하나에 해당하는 경우에는 관할세무서장이 감면받거나 환급받은 부가가치세 및 주세를 그 행위를 한 자로부터 징수해야 한다(조특령 116의 19 ⑤).

① 보세판매장에서 타인의 명의로 내국물품을 구입하는 경우
② 보세판매장 운영자가 내국물품을 부정유통하는 경우
③ 국내입국자가 구입한 내국물품을 타인에게 판매하는 경우
④ 국내입국자로부터 내국물품을 구입하는 경우(내국물품을 판매한 ③의 국내입국자가 외국에 거주하는 외국인인 경우에 한정한다)

제9절 조약 및 그 밖의 법령에 의한 영세율

1. 「자유무역지정의 지정 및 운영에 관한 법률」에 따른 간주수출

「자유무역지정의 지정 및 운영에 관한 법률」제45조의 규정에 의해 자유무역지역으로의 반입신고 한 내국물품과 자유무역지역에서 입주업체 간에 공급하거나 제공하는 외국물품과 용역에 대해서는 부가가치세 영세율을 적용한다.

2. 남한과 북한간에 반입·반출하는 재화 등에 대한 수출간주(남북교류협력에 관한 법률 시행령 제42조)

① 북한으로 반출되는 물품 등(해당 선박 또는 항공기에서 판매되는 물품은 제외한다)은 수출품목으로 보아 「지방세법」, 「부가가치세법」, 「개별소비세법」, 「주세법」 및 「교통·에너지·환경세법」을 준용한다. 다만, 물품 등 중 제3조에 따른 용역 및 전자적 형태의 무체물은 「지방세법」, 「부가가치세법」만 준용한다.

② 북한에 제공되는 용역 및 선박·항공기의 북한항행용역은 이를 각각 국외제공용역 또는 외국항행용역으로 보아 「지방세법」, 「부가가치세법」을 준용한다. 다만, 해당 선박 또는 항공기에서 운행요금 외에 별도로 대가를 받고 제공되는 용역에 대하여는 그러하지 아니하다.

③ 북한으로부터 반입되는 물품 등은 「부가가치세법」에 따른 재화 또는 용역의 공급으로 보아 같은 법을 준용한다. 이 경우 물품 등(용역은 제외한다)에 대해서는 세관장이 관세 징수의 예에 따라 부가가치세를 징수하고, 용역에 대해서는 「부가가치세법」제52조 대리납부 규정을 준용한다.

④ 북한으로부터 반입되는 물품이 개별소비세·주세 및 교통·에너지·환경세의 과세대상인 경우 출입장소로부터 해당 물품이 반출되는 때를 보세구역으로부터 반출되는 것으로 보아 「개별소비세법」·「주세법」또는 「교통·에너지·환경세법」을 준용한다.

3. 「SOFA」에 따른 재화 또는 용역

「대한민국과 아메리카합중국간의 상호방위조약 제4조에 의한 시설과 구역 및 대한민국에서의 합중국군대의 지위에 관한 협정(SOFA)」에 따른 영세율 적용 대상 재화 또는 용역

4. 영세율 첨부서류

해당 법률에 첨부서류에 관한 규정이 없으므로 영세율 규정의 외화획득명세서에 공급실적을 기재하고 증빙서류를 제출한다.

CHAPTER 06

영세율 첨부서류

제1절 개요

I 제출대상 서류

1. 개요

영세율이 적용되는 재화 또는 용역을 공급하는 사업자는 예정신고 및 확정신고를 할 때 예정신고서 및 확정신고서에 수출실적명세서 등 법으로 정하는 서류를 첨부하여 제출하여야 한다. 이 경우 첨부서류 중 "…사본"이라고 명기되어 있지 않은 경우 원본을 제출해야 한다.

2. 예외적인 경우 영세율 첨부서류

(1) 국세청장이 정하는 서류

다음에 해당하는 부득이한 사유로 해당 서류를 첨부할 수 없을 때에는 국세청장이 정하는 서류(국세청 고시 2023-14호, 2023.06.23.)로 대신할 수 있다(부법 56 ①, 부령 101 ①, 영세율규정 2 ①).

① 신고기한 내 서류발급관서의 사정으로 제출할 수 없을 때

② 영세율 적용대상 거래로서 시행령 제101조 제1항 각 호에 정한 서류가 없는 때

③ 그 밖의 영세율적용사업자에게 귀책사유가 없는 때

(2) 법인전환 후 법인설립등기 전까지 거래분에 대한 귀속과 명의

개인사업자가 현물출자에 의한 법인을 설립하여 당해 법인에 포괄적인 사업양도를 함에 있어서 사업양도 이후 법인설립등기 전까지 개인 명의 거래분이 실질적으로 당해 법인에 귀속되는 경우에는 당해 법인 명의로 신고·납부하여야 한다. 이 경우 당해 거래분 중 수출재화분에 대해 영세율 첨부서류상의 명의가 법인설립 미등기로 인해 법인 명의로 변경이 불가능하여 개인 명의로 당해

서류를 제출하는 경우에도 영세율을 적용한다.[286)]

3. 법령 또는 훈령에 정하는 서류를 제출할 수 없는 때

법령 또는 훈령에 정하는 서류를 제출할 수 없는 때에는 「영세율규정」에 따른 "외화획득명세서"에 해당 "외화획득내역을 입증할 수 있는 증명자료"를 첨부하여 제출하여야 한다.[287)] 즉, 영세율 적용대상 과세표준을 예정신고 또는 확정신고 시에 신고를 하지 아니한 경우, 신고한 과세표준이 신고하여야 할 과세표준에 미달한 경우 또는 영세율 첨부서류를 제출하지 아니한 경우(제출하여야 할 2가지 서류 중 1가지 서류를 제출하지 아니한 경우를 포함한다)에도 해당 과세표준이 영세율 적용대상임이 확인되는 때에는 영세율을 적용한다. 이 경우 「국세기본법」에 따른 영세율 과세표준 무신고가산세 또는 영세율 과세표준 과소신고가산세는 적용한다.[288)]

4. 영세율 붙임서류 미제출에 따른 가산세

영세율 붙임서류 없이 영세율 과세표준을 신고한 경우 해당 과세표준이 영세율 적용대상임이 확인되는 때에는 영세율을 적용하나, 영세율 과세표준 신고불성실가산세를 적용한다.[289)] 그러나 법정신고기한 내에 영세율 과세표준을 기재하여 예정신고 및 확정신고를 하면서 영세율 첨부서류를 제출하지 않은 사업자가 2009.1.1 이후 영세율 첨부서류를 제출하여 수정신고하는 경우 「국세기본법」 제48조 제2항에 따라 영세율 과세표준 신고불성실가산세가 감면된다.[290)]

5. 외화획득명세서의 제출

「부가가치세법」 제21조부터 제24조까지 및 시행령 제31조부터 제33조까지 규정한 영세율적용사업자가 제3조 제1항의 지정서류를 제출할 수 없는 경우에는 「영세율적용사업자가 제출할 영세율 첨부서류 지정 고시」 별지 제7호 서식의 외화획득명세서에 영세율이 확인되는 증거서류를 첨부하여 제출하여야 한다. 그리고 외화획득명세서를 제출한 사업자는 시행령 제101조 제1항 각 호에 정한 서류를 실질적으로 발급받을 수 있는 날이 속하는 과세기간의 예정신고 또는 확정신고기한 내에 제출하여야 하며 서류를 제출하지 아니한 때에는 당초부터 「부가가치세법」및 시행령에 의한 서류를 제출하지 아니한 것으로 본다(영세율규정 4 5).

286) 부가46015-566, 1996.03.23
287) 부기통 24-101-5
288) 부기통 24-101-6
289) 부가집 60-0-16
290) 조세정책과-121, 2011.02.01

Ⅱ 세무서장의 제출서류 확인 및 조사

1. 제출서류 확인

영세율 적용을 위한 첨부서류를 제출받은 사업장 관할세무서장은 「부가가치세법」 제59조의 규정에 의한 부가가치세 환급 전에 다음과 같이 그 제출서류를 확인하여야 한다(영세율규정 6 ①).

① 시행령 제101조 제1항 각 호 및 제3조의 규정에 의하여 제출된 서류가 사본인 경우에는 그 원본과 대조 확인하여 제출서류에 다음과 같은 모형의 고무인을 찍고 확인자를 기록하여야 한다.

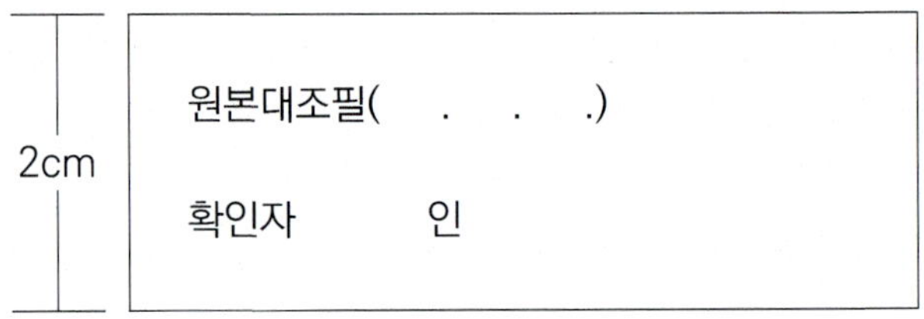

② 다만, 부득이한 사유로 원본을 확인할 수 없는 경우에는 다음 모형의 고무인을 찍고 사후에 대조 확인하여야 한다.

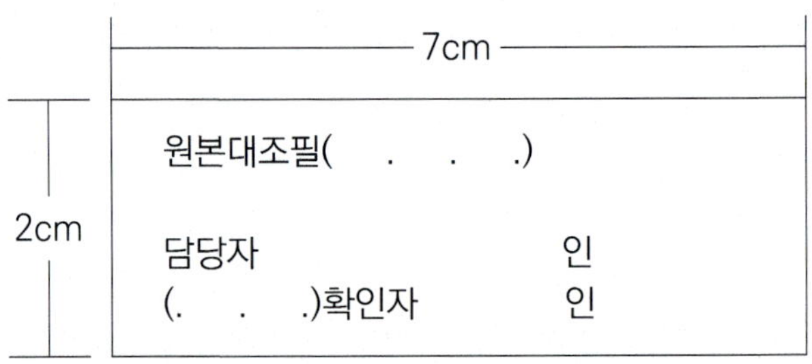

확인자는 제출서류 접수 이후 원본을 확인한 연월일을 하단 (　.　.　)내에 기재

2. 제출서류 조사

관할세무서장은 부가가치세경정조사·법인세조사·소득세조사 및 범칙조사 등 각종 세무조사 시 병행하여 영세율 적용 및 제출서류의 정당성 여부를 조사하고 특히 다음 사항을 중점적으로 확인하여야 한다(영세율규정 6 ③).

① 「영세율적용사업자가 제출할 영세율 첨부서류 지정 고시」 제2조에서 정한 지정서류 중 선박에 의한 운송용역공급가액 일람표를 제출한 경우

② 「영세율적용사업자가 제출할 영세율 첨부서류 지정 고시」 제2조에서 정한 지정서류 중 용역공급계약서사본 및 제조·가공·역무제공계약서 사본을 제출한 경우

③ 사후관리 중인 제출서류가 있는 경우

④ 원본이 확인되지 않은 제출서류가 있는 경우

⑤「영세율적용사업자가 제출할 영세율 첨부서류 지정 고시」 제2조에서 정한 지정서류 중 세관장이 발행하는 선(기)용품 적재허가서만 제출하고 해당 물품명세서는 사업자가 보관한 경우

3. 영세율 첨부서류 제출기한

부가가치세를 전자신고하는 사업자가 영세율 적용으로 조기환급을 받고자 하는 경우에는 영세율 첨부서류를 「부가가치세법」에서 규정하는 신고기한에 관할세무서에 제출하여야 한다(국세청고시 제2022-10호, 2022.05.27.) 다만 조기환급신고 외에 전자신고하는 부가가치세 과세표준신고 중 수출실적명세서, 내국신용장·구매확인서 전자발급명세서 및 영세율 첨부서류 제출명세서를 제외한 영세율 첨부서류는 신고기한 경과 후 10일 이내에 제출할 수 있다(국세청고시 제2021-41호, 2021.08.24.). 신고서류별로 전자신고 시 제출기한을 연장하는 서류의 범위는 다음 표와 같다.

세 목	신고서류	연장대상서류
부가가치세	영세율 첨부서류	수출실적명세서, 내국신용장·구매확인서 전자발급명세서, 영세율 첨부서류 제출명세서를 제외한 영세율 첨부서류(단, 「부가가치세법」 제59조 제2항의 규정에 의한 조기환급신고의 경우에는 제외)
	대손세액공제(변제)신고서	대손사실 또는 변제사실을 증명하는 서류

제2절 영세율 적용 첨부서류

영세율 적용대상	첨부서류	
	법령에 의한 첨부서류	국세청장 지정서류, 집행기준(56-101-1)
직접수출(대행수출 포함)	수출실적 명세서, 휴대반출 시 간이수출신고서 사본, 소포수출의 경우 소포수령증	대행수출 : 수출대행계약서 사본과 수출실적명세서
중계무역방식 수출, 위탁판매 수출 외국인도수출, 위탁가공무역 수출, 수입신고 수리 전 보세구역에서 외국 반출 등	수출계약서 사본 또는 외화입금증명서(위탁가공무역방식 수출자로부터 매입하여 외국인도수출하는 경우 매입계약서 추가첨부)	–
내국신용장·구매확인서에 의한 공급	내국신용장 사본이나 내국신용장·구매확인서 전자발급명세서(전자무역기반시설을 통하여 개설되거나 발급된 경우)	관세환급금 등 명세서 (내국신용장 불포함분)
한국국제협력단에 재화 공급	한국국제협력단 발행 공급사실 증명서류	–
한국국제보건의료재단에 재화 공급	한국국제보건의료재단 발행 공급사실 증명서류	–
대한적십자사에 재화 공급	대한적십자사 발행 공급사실 증명서류	–
수탁가공무역 수출용 재화공급	수출재화 입증서류 및 외화입금증명서	–
국외에서 공급하는 용역	외화입금증명서 또는 용역공급계약서	장기 해외공사의 경우 최초 신고 시 공사도급계약서 사본을 제출하고 당해 신고기간에는 외화획득명세서 제출
선박에 의한 외국항행용역	외화입금증명서	『선박에 의한 운송용역 공급가액일람표』(외화입금증명서로 제출한 공급가액 포함 작성)
항공기에 의한 외국항행용역	공급가액 확정명세서	공급가액 확정명세서
다른 외항사업자의 선박 또는 항공기의 승선(탑승)권 판매하거나 화물운송계약 체결 대가	외화입금증명서	공급자와 공급받는 자 간의 송장집계표 또는 대금청구서
국제복합운송계약에 의한 외국항행용역	외화입금증명서	외화획득명세서에 선박·항공기에 의한 외국항행용역 입증서류[화주가 내국인인 경우 외화획득명세서에 영세율임을 입증하는 서류(B/L)]
국내에서 비거주자·외국법인에게 공급되는 재화 및 일부 용역	• 외화입금증명서 • 해당 국가에서 우리나라의 거주자 또는 내국법인에 대하여 동일하게 면세한다는 사실을 입증할 수 있는 관계 증명서류(제33조 제2항 제1호 나목 중 전문서비스업과 같은 호 아목에 해당하는 용역의 경우에 한정한다)	용역공급계약서 사본 또는 대금청구서 • 외환매입증명서 또는 외국환매각증명는 외화입금증명서에 갈음 • 직접 외화가 입금되지 아니한 경우 → 외화획득명세서에 외화획득사실 증빙 첨부

<table>
<tr><th colspan="2" rowspan="2">영세율 적용대상</th><th colspan="2">첨부서류</th></tr>
<tr><th>법령에 의한 첨부서류</th><th>국세청장 지정서류, 집행기준(56-101-1)</th></tr>
<tr><td rowspan="2">수출재화 임가공용역</td><td>수출업자와 직접 도급계약</td><td>임가공계약서 사본과 납품사실증명서 또는 수출대금입금증명서</td><td>–</td></tr>
<tr><td>내국신용장 구매확인서</td><td>내국신용장 사본이나 내국신용장·구매확인서 전자발급명세서(전자무역기반시설을 통하여 개설되거나 발급된 경우)</td><td>–</td></tr>
<tr><td rowspan="5">외항 선박·항공기 등에 공급하는 재화·용역</td><td>재화</td><td rowspan="5">선(기)적완료증명서(다만, 전기통신사업은 용역공급기록표, 개별소비세법 시행령 제20조 제2항 제3호 및 교통·에너지·환경세법 시행령 제17조 제2항 제2호에 따른 석유류 면세의 경우에는 유류공급명세서)</td><td>외항 선박 등에 제공한 재화·용역일람표와 세관장 발행 선(기)용품 등 적재허가서</td></tr>
<tr><td>하역용역</td><td>외항 선박 등에 제공한 재화·용역일람표와 세관장에게 제출한 수출입물품 적재·하선(기)작업 확인 신청 및 증명원 또는 대금청구서</td></tr>
<tr><td>기타 용역</td><td>외항 선박 등에 제공한 재화·용역일람표와 세관장 발급 승선(탑승) 신고수리서 또는 선장이 발행하는 확인서나 대금청구서</td></tr>
<tr><td>원양어선에 공급하는 재화·용역</td><td>외항 선박 등에 제공한 재화·용역일람표와 세관장 발급 승선수리신고서 또는 선장이 발행하는 확인서나 대금청구서</td></tr>
<tr><td>지정서류를 제출할 수 없는 경우</td><td>외항 선박 등에 제공한 재화·용역일람표와 용역공급계약서 사본 또는 대금청구서</td></tr>
<tr><td colspan="2">외교공관 등에 공급하는 재화·용역, 상시 주둔 국제연합군 또는 미군에 공급하는 재화 또는 용역</td><td>수출(군납)대금입금증명서 또는 군납완료증명서 또는 법24 ① 1에 따른 해당 외교공관 등이 발급한 납품 또는 용역 공급사실을 증명하는 서류(다만, 전력 등 계속 공급하는 경우 재화공급기록표 또는 용역공급기록표)</td><td>재화·용역 공급기록표</td></tr>
<tr><td colspan="2">관광알선용역</td><td>일반여행업은 외화입금증명서(다만, 외화현금으로 받는 경우 관광알선수수료 명세표와 외화매입증명서)</td><td>–</td></tr>
<tr><td colspan="2">외국인전용판매장 등에서 공급하는 재화·용역</td><td>외화입금증명서 또는 외화매입증명서</td><td>–</td></tr>
<tr><td colspan="2">외교관 등에게 공급하는 재화·용역</td><td>–</td><td>외국인 물품판매·외교관면세판매기록표</td></tr>
<tr><td colspan="2">영세율적용사업자가 위 지정서류를 제출할 수 없는 경우</td><td>–</td><td>• 외화획득명세서
• 영세율이 확인되는 증빙서류</td></tr>
</table>

영세율 적용대상	첨부서류	
	법령에 의한 첨부서류	국세청장 지정서류, 집행기준(56-101-1)
영세율 대상이 되는 제조·가공·역무의 제공이 2과세기간 이상 소요되어 외화입금증명서 또는 수출신고필증을 발급받을 수 없을 때	–	제조·가공·역무제공계약서 사본
방위산업물자 군부대 등에 공급하는 석유류	납품증명서	–
도시철도 건설용역	납품받는 기관장 발행 용역공급사실 증명서류	–
국가·지방자치단체에 공급하는 사회간접자본시설	『사회간접시설에 대한 민간투자법』에 의한 공급 입증서류	–
장애인용 보장구 및 정보통신기기	월별판매액합계표	–
농민 등에게 공급하는 농·축·임·어업용 기자재	• 월별판매액합계표, 산림조합·중앙회의장의 임업용 기자재구매확인서 • 농협 등을 통한 공급의 경우 기관장의 납품확인서	–
농·어업 기자재 등에 대한 사후환급	환급신청서, 농·어민 확인서, 매입처별세금계산서합계표(비사업자는 매입세금계산서합계표), 환급신청명세서	–
외국인관광객에 대한 사후환급	• 세관장이 확인한 판매확인서와 송금명세서 또는 환급증명서 • 외국인관광객 면세물품 판매 및 환급실적명세서	–
외국인관광객 미용성형 의료용역에 대한 사후환급	• 의료용역공급확인서 및 환급·송금명세서	–
외교관 등에게 공급하는 재화 또는 용역에 대한 사후환급	외교관면세판매기록표	–
외국사업자가 공급받은 재화 또는 용역에 대한 사후환급	외국사업자 증명원, 거래내역서, 세금계산서 원본, 위임장(대리인에 의한 신청시)	–
제주특별자치도 여행객 면세점 이용 특례	제주특별자치도 여행객 면세점 공급실적명세서	–
입국경로에 설치된 보세판매장의 내국물품에 대한 간접세의 특례	입국경로에 설치된 보세판매장 공급실적명세서	–

PART IV

면세

CHAPTER 01

총설

제1절 총칙

I 면세의 의의

부가가치세는 국내에서 소비되는 부가된 가치에 대한 세금이다. 다르게 말하면, 부가가치가 최종소비자에게서 소비되는 것을 상정하여 과세되는 일반소비세이므로 소비자가 궁극적으로 당해 부가가치세를 부담하게 된다. 그러나 소비세의 역진부담을 완화하기 위하여 또는 사회·문화·공익 및 조세제도의 여러가지 정책목적상 혹은 소비되는 재화와 용역의 성격상 이러한 재화·용역에 대하여 부가가치세를 부과하지 아니하는 경우가 있는데 이를 면세제도라고 일컫는다.

II 면세의 효과

재화 또는 용역의 공급에 대하여 면세가 되는 때에는 거래상대방에 의하여 거래징수 당한 부가가치세가 당해 매입거래의 원가에 포함되어 판매가격으로서 거래상대방에게 전가되게 되므로 이러한 면세의 효과는 그 면세되는 재화 또는 용역을 공급하는 사업자단계에서 창출되는 부가가치에 상당하는 부가가치세만 면세하게 되고, 이로 인해 당해 사업자로부터 그 면세되는 재화 또는 용역을 공급받는 최종소비자가 그만큼의 부가가치세 부담을 경감받게 된다. 이와 같이 최종소비자의 조세부담을 줄여 조세부담의 역진성을 완화하기 위한 것이므로 면세대상은 주로 기초생활 필수품, 국민후생용역 등에 국한되어 있다.[1] 또한 부가가치세의 면세란 면세대상 재화 또는 용역의 공급에 대하여 납세의무가 면제되는 것을 말하므로 면세사업자는 「부가가치세법」에서 정하는 등록, 거래징수, 신고·납부 등 제반 의무가 없으나 재화 또는 용역을 공급받으면서 매입세액은 부담하여야 한다.[2]

1) 대법 2012두28636, 2015.01.29.

2) 부가집 26-0-1

Ⅲ 면세사업자의 의무

면세사업자는 매입처별 세금계산서합계표 제출, 대리납부 및 「조세특례제한법 시행령」제106조 제12항 제3호에 따른 면세공급명세서 제출 등 의무가 있다. 그리고, 「부가가치세법」상 과세사업과 관련된 부분은 의무를 이행해야 한다.

Ⅳ 면세와 영세율의 차이점

구분	면세	영세율
목적	소득대비 세부담의 역진성 완화	① 국제적 이중과세의 방지 ② 수출산업의 지원·육성
대상	기초생활필수품 등	수출 등 외화획득 재화
면세정도	불완전면세	완전면세
거래중간단계에서 적용 시	환수효과와 누적효과 발생	환수효과만 발생
과세대상 여부	부가가치세 과세대상에서 제외	부가가치세 과세대상에 포함
사업자 여부	부가가치세법상 사업자가 아님	부가가치세법상 사업자에 해당
의무이행 여부	부가가치세법상 각종 의무를 이행할 필요가 없으나 다음의 협력의무는 있다. ① 매입처별세금계산서합계표 제출의무 ② 대리납부의무	영세율적용사업자는 부가가치세법상 과세사업자에 해당하므로 부가가치세법상 제반의무를 이행하여야 한다.

제2절 면세의 구분 및 면세대상

부가가치세의 면세는 「부가가치세법」에 구체적으로 열거한 재화에 한하여 적용한다. 따라서 실무상 특정재화의 공급이 과세대상인지 면세대상인지의 여부를 판정할 때에는 「부가가치세법」에 열거된 면세재화에 정확하게 부합되는 경우에만 면세로 판정하여야 하는 것이며, 기타의 것은 전부 과세대상으로 보는 것이 바람직하다. 다음은 현행 「부가가치세법」상 면세대상 재화를 개괄적으로 요약한 것이다.

구분	부가가치세 면세 대상
기초생활 필수품	① 미가공식료품, 농·축·수·임산물 ② 수돗물, 연탄 및 무연탄 ③ 여객운송용역 ④ 주택과 그 부수토지의 임대용역 ⑤ 여성용 생리처리 위생용품 등 ⑥ 주택법에 따른 공동주택 관리규약에 따라 관리주체 또는 입주자대표회의가 제공하는 복리시설인 공동주택 어린이집의 임대용역
국민후생	① 의료보건용역, 혈액 ② 교육용역 등
문화	① 도서·신문·잡지·통신 및 방송 등(광고 제외) ② 예술창작품·예술행사·문화행사·아마추어운동경기 ③ 도서관·과학관·박물관·동물원 또는 식물원에의 입장 등
부가가치 생산요소	① 토지 ② 금융·보험용역 ③ 인적용역
조세정책	① 우표, 인지, 증지, 복권 및 공중전화, 담배
공익목적	① 자선 등 공익단체가 무상 또는 실비로 공급하는 재화 ② 국가 등이 공급하는 재화 또는 용역 ③ 국가 등에 무상으로 공급하는 재화 등
관세면세 (수입 시)	① 미가공식료품 ② 도서·신문·잡지 ③ 과학·교육·문화용 수입품 ④ 공익목적으로 기증되는 재화 ⑤ 여행자 휴대품, 외교관 물품 등 ⑥ 재수입재화 및 수출조건의 일시수입재화 ⑦ 기타 관세가 무세이거나 감면되는 재화 등
「조세특례 제한법」	① 특수용도 석유류 ② 공장, 광산, 학교 등의 구내식당 음식용역 ③ 농·어업 대행용역 ④ 국민주택 및 국민주택 건설용역·리모델링용역 ⑤ 관리주체, 경비업자 또는 청소업자가 공동주택에 공급하는 일반관리용역·경비용역 및 청소용역 ⑥ 정부업무대행단체가 공급하는 재화 또는 용역 ⑦ 한국철도시설공단이 국가에 공급하는 철도시설 ⑧ 학교시설관리운영권, 학교시설을 이용하여 제공하는 용역 ⑨ 천연가스를 연료로 사용하는 시내버스 및 마을버스운송사업용으로 공급되는 버스 ⑩ 간이과세자에게 제공되는 개인택시 ⑪ 희귀병 치료제 ⑫ 영유아용 기저귀와 분유 등 ⑬ 시내버스 운수종사자에게 위탁형태로 제공되는 음식용역 ⑭ 행복기숙사의 시설관리운영권 및 기숙용역 ⑮ 전기자동차 또는 연료전지자동차로서 시내버스 및 마을버스 운송사업용으로 공급하는 버스

CHAPTER 02

재화 또는 용역의 공급에 대한 면세

〈부가가치세법상 면세의 구분 및 면세 대상〉

구분			면세 대상	
부가가치세법	재화 용역의 공급 (법26①)	기초생활필수품 및 용역	• 미가공식료품(1호) •수돗물(2호) • 여성용 생리처리 위생용품(4호) • 주택과 부수토지의 임대용역(12호)	• 국내산 농·축·수·임산물(1호) • 연탄 및 무연탄(3호) • 대중교통 여객운송용역(7호) • 공동주택 어린이집의 임대용역(13호)
		국민후생용역, 문화관련 재화·용역	• 의료보건용역과 혈액(5호) • 도서·신문 등 언론매체(8호) • 도서관 등의 입장용역(17호)	• 교육용역(6호) • 문화·체육·예술분야(16호)
		부가가치 생산요소	• 금융·보험용역(11호) • 인적용역(15호)	• 토지(14호)
		기타 목적의 공급	• 우표·인지·증지·복권·공중전화(9호) • 종교·자선·학술·구호 등 공익단체의 공급(18호) • 국가조직 및 공익단체에 무상공급 (20호)	• 담배(10호) • 국가조직의 공급(19호)

제1절 기초생활 필수품 및 용역

I 미가공식료품, 농·축·수·임산물

1. 개요

가공되지 아니한 식료품[식용(食用)으로 제공되는 농산물, 축산물, 수산물과 임산물을 포함한다] 및 우리나라에서 생산되어 식용으로 제공되지 아니하는 농산물, 축산물, 수산물과 임산물로서 대통령령으로 정하는 것은 면세규정을 적용한다(부법 26 ① 1). 면세하는 미가공식료품은 식료품에 해당하는 것을 무

한정 대상으로 하는 것이 아니고, 일반적인 의미에서 식료품이라고 할 수 있는 것을 열거하여 규정하고 있는 바, 시행령 제34조 제1항 및 제2항에 규정되어 있는 것에 한하여 면세되는 것이며, 상식적으로는 식료품에 해당된다고 하더라도 열거된 범위에 해당하지 않으면 면세되지 않는다(부령 34 ①,②). 시행령 제34조 제1항에 규정된 곡류 등에 대하여는 시행규칙 별표1에서 구체적으로 분류하여 규정하고 있으며, 보다 구체적인 적용에 대하여는 「관세법」 별표의 관세율표에 따른 분류명세를 참조하도록 규정하고 있다.

2. 면세대상 미가공식료품

(1) 개요

가공되지 아니한 식료품(이하 "미가공식료품"이라 한다)은 다음의 것으로서 가공되지 아니하거나 탈곡·정미·정맥·제분·정육·건조·냉동·염장·포장이나 그 밖에 원생산물 본래의 성질이 변하지 아니하는 정도의 1차 가공을 거쳐 식용으로 제공하는 농·축·수·임산물로 한다. 이 경우 다음에 따른 미가공식료품의 범위에 관하여 필요한 사항은 기획재정부령으로 정한다(부령 34 ①). 미가공식료품은 국내산, 외국산 구분하지 않고 제조, 도매, 소매, 수출 등 어떠한 거래 단계에서도 모두 면세 규정을 적용한다.

① 곡류 ② 서류 ③ 특용작물류 ④ 과실류 ⑤ 채소류

⑥ 수축류 ⑦ 수육류 ⑧ 유란류(우유와 분유를 포함한다)

⑨ 생선류(고래를 포함한다) ⑩ 패류 ⑪ 해조류

⑫ ①부터 ⑪까지의 것 외에 식용으로 제공되는 농산물, 축산물, 수산물 또는 임산물

⑬ 소금[「식품위생법」 제7조 제1항에 따라 식품의약품안전처장이 정한 식품의 기준 및 규격에 따른 천일염(天日鹽) 및 재제(再製)소금을 말한다]. 공업용 소금·천일염, 맛소금, 히말라야 소금은 과세한다.

* 식용이란, 현실적·별적인 용도를 말하는 것이 아니고, 일반적·추상적 개념(식용에 적합한지 여부)의 용도를 말한다(부기통 26-34-12).

(2) 미가공식료품에 포함하는 것

미가공식료품에는 다음의 것을 포함한다(부령 34 ②).

① 김치, 두부 등 기획재정부령으로 정하는 단순 가공식료품

② 원생산물 본래의 성질이 변하지 아니하는 정도로 1차 가공을 하는 과정에서 필수적으로 발생하는 부산물

③ 미가공식료품을 단순히 혼합한 것

④ 쌀에 식품첨가물 등을 첨가 또는 코팅하거나 버섯균 등을 배양한 것으로서 기획재정부령으로

정하는 것

(3) 농산물, 축산물, 수산물 또는 임산물

농산물, 축산물, 수산물과 임산물은 다음의 것으로 한다(부령 34 ③).

① 원생산물

② 원생산물 본래의 성상(性狀)이 변하지 아니하는 정도의 원시가공을 거친 것

㉠ 냉동처리한 어류의 면세

신선한 어류의 껍질·머리·뼈·내장 등을 제거하고 냉동한 순살코기와 조미하지 아니하고 단순히 분쇄·냉동한 어육으로서 식용에 사용하는 것은 면세한다.

㉡ 도살·해체한 축산물의 면세

축산물인 돼지·소·닭 등을 도살·해체하여 정육·건조·냉장 등 본래의 성질이 변하지 아니하는 정도의 1차 가공을 거쳐 식용에 사용하는 것은 면세한다.

③ ②에 따른 원시가공을 하는 과정에서 필수적으로 발생하는 부산물

(4) 데친 채소류, 김치, 젓갈류 등에 대한 특례규정

데친 채소류, 김치, 젓갈류, 단무지, 장아찌, 게장, 두부, 메주, 간장, 된장, 고추장에 대하여는 제조시설을 갖추고 판매목적으로 독립된 거래단위로서 포장하여 공급하는 경우에는 과세한다. 다만, 2022.7.1. ~ 2025.12.31.까지 공급분에 대해서는 포장유무와 관계없이 면세된다(부가칙 별표12호⑤).

〈단순가공식품에 대한 과세·면세 적용〉 (기획재정부 부가가치세제과)

구분	품목	면세	과세	비고
김치	볶음김치		○	가열조리식품은 과세
단무지	쌈무	○		단순 절임식품 판매
	피클(오이, 무 등)	○		
	우엉(김밥용)		○	삶은 채소(김밥용 삶은 우엉)는 과세
짱아찌	무말랭이	○		다만, 조미식품(양념과 혼합한 무말랭이 무침)은 과세
	연근조림		○	가열조리식품은 과세
	우엉절임	○		단순 절임식품 면세
	명이절임	○		

구분	품목	면세	과세	비고
두부	두류가공품 (양념두부, 밀키트 등)		△	양념두부 : 조미식품은 과세 밀키트 : 과세재화와 면세재화가 각기 본래의 성질을 유지한 상태로 혼합 포장된 경우 주된 재화에 따라 과세·면세 판단
	두부가 들어간 기타 가공식품		○	가공식품은 과세
간장	–	○		식품공전상 한식간장, 양조간장, 산분해간장, 효소분해간장, 혼합간장
된장	쌈장	○		된장, 고추장 주원료이며, 시장규모가 큰 점을 감안 예외적으로 면세
	청국장		○	식품공전에서 된장과 달리 조미된 장으로 분류(혼합장)
	간편양념류 (된장찌개 등 간편양념류)		○	고춧가루, 마늘, 액젓, 설탕 등을 배합한 양념류(추가적 가공품)는 과세
고추장	초장		○	식품공전에서 고추장과 다른 조미된 장으로 분류(혼합장)
밀키트 등	김밥밀키트, 묶음상품(면세+과세)		△	과세재화와 면세재화가 각기 본래의 성질을 보유한 상태로 혼합포장된 경우 주된 재화에 따라 과세·면세 판단

(5) 과세하는 가공행위(본래의 성질이 변하였다고 보는 경우)

① 열을 가하기(가열, 삶기, 찌기, 굽기, 볶기, 튀기기)

② 맛을 내기(조미, 양념가하기, 향미)[3] (㉠ 맛김, ㉡ 볶거나 조미한 멸치, ㉢ 조미하여 건조한 쥐치포 등의 어포류, ㉣ 생크림·유당·카제인·우유향 등을 배합하여 제조한 가공 우유 등 제품. 다만, 영유아용 분유는 제외)

③ 특정요소만 뽑기(앙금, 침전, 엑기스, 묵 등의 응고상태)[4]

④ 숙성, 발효, 여러 원생산물의 혼합 및 배합하기(멸치, 다시다 등 혼합)[5]

⑤ 단순가공식품을 소비자에게 직접 공급할 수 있도록 거래단위포장하기[6]

(6) 미가공식료품의 면세·과세 사례

1) 면세되는 사례

① 건조한 채소는 원상의 것, 절단한 것, 얇게 썬 것, 파쇄한 것 또는 분상의 것에 한하여 미가공

3) 부기통 26-34-3
4) 부기통 26-34-4
5) 상담3팀-358, 2005.03.15.
6) 부기통 26-34-5

식료품에 해당되는 것임[7)]

② 절임배추를 씰링 또는 진공 포장하여 판매하는 경우[8)]

③ 국내산 녹용을 냉동한 후 이를 절단하여 공급하는 경우[9)]

④ 김치·단무지·장아찌·젓갈류·게장·두부·메주·간장·된장·고추장(판매목적으로 독립된 거래단위로 관입·병입 등의 포장을 하는 경우는 과세됨)

⑤ 극소량의 효모추출물, 식용건조효모를 첨가한 우유[10)]

⑥ 난백(유란류) 및 게장(단순가공식품) 추가[11)]

⑦ 양봉사료용 화분(꽃가루)를 수입 판매하는 경우[12)]

⑧ 쌀에 인삼추출물, 아미노산 등 식품첨가물을 첨가·코팅하거나 버섯균을 배양시킨 것으로 쌀의 원형을 유지하고(쌀을 분쇄한 후 식품첨가물을 혼합하여 다시 알곡 모양을 낸 것을 제외한다)

⑨ 쌀의 함량이 90% 이상인 식료품[예 : 현미(99%)에 유산균 발효액(1%) 묻혀 발효시킨 발효현미]

2) 과세되는 사례

① 생물반응기에서 배양 생산하는 산삼류[13)]

② 생과일을 믹서기로 단순 분쇄한 경우에는 면세되나, 생과일을 압착하여 얻은 주스류는 과세됨[14)]

③ 동충하초균과 배양원료의 혼합물[15)]

④ 깻묵을 분쇄하여 공급하거나 다른 가공제품으로 판매[16)]

⑤ 한약재를 첨가한 도계한 닭[17)]

⑥ 내장을 제거하고 훈증, 건조한 붕어를 포장하여 공급[18)]

(7) 관련 사례

1) 데친 채소의 면세 여부

삶은 채소는 「부가가치세법」 제12조 제1항의 미가공식료품에 해당하지 아니하여 과세되는 것이나, 같은 법 시행규칙 [별표 1]의 미가공식료품 분류표상 데친 채소는 면세된다. 다만, 데친 채

7) 부가-433, 2013.05.16
8) 부가가치세과-3504, 2008.10.08
9) 서삼 46015-11224, 2002.07.25
10) 서삼 46015-10082, 2001.08.31
11) 2004.07.01 공급분부터
12) 상담3팀-1745, 2005.10.11
13) 서삼 46015-11328, 2002.08.12
14) 부가-1205, 2011.10.06. 부가-59, 2013.01.18
15) 제도 46015-10662, 2001.04.19
16) 서삼 46015-10702, 2001.11.17
17) 제도 46015-12586, 2001.08.08
18) 제도 4015-11138, 2001.05.18

소의 경우 제조시설을 갖추고 판매목적으로 독립된 거래단위로 관입·병입 기타 이와 유사한 형태로 포장하여 공급하는 것은 과세된다.[19] 데친 채소류는 앞에서 설명한 (4) 데친 채소류 등에 대한 특례규정을 준용한다.

2) 삶은 고사리 수입 시 부가가치세 면세 여부

원생산물의 본래의 성질이 변하지 아니하는 정도의 1차 가공을 거쳐 식용에 공하는 것은 부가가치세가 면제되는 것으로 데친 채소류는 부가가치세를 면제하는 미가공식료품에 해당(제조시설을 갖추고 판매목적으로 독립된 거래단위로 관입·병입 기타 이와 유사한 형태로 포장하여 공급하는 것은 제외함)하는 것이며, 끓는 물에 삶은 고사리는 부가가치세를 면제하는 미가공식료품에 해당하지 아니하여 부가가치세가 과세된다.[20]

3) 분말로 혼합한 제품 판매 시 부가가치세 과세 여부

사업자가 면세되는 미가공식료품을 건조하여 각각 분말로 개별로 판매 시에는 면세되나 이 분말을 배합하여 하나의 제품으로 공급하는 경우 포장 여부에 상관없이 미가공식료품에 해당하지 아니하여 부가가치세가 과세된다.[21]

4) 천일염가루와 솔잎가루를 혼합한 제품은 과세됨

저온 건조·분쇄한 천일염가루와 솔잎가루를 혼합·가공하여 제조한 솔잎소금을 소포장단위로 공급하는 경우 해당 솔잎소금은 미가공식료품에 해당하지 아니하여 부가가치세가 과세된다.[22]

5) 민물장어를 훈제기에 훈연하여 공급하는 경우 부가가치세 면세 여부

관세율표 제0305호로 분류되는 훈제장어를 다른 첨가물 없이 판매하는 경우에는 미가공식료품의 범위에 해당되어 부가가치세가 면세되는 것이다. 다만, 훈제 과정에서 그 고유의 특성을 손실하는 정도의 가공을 거친 것이라면 같은 법§9에 따라 과세되는 것으로서 이에 해당하는 지 여부는 사실판단할 사항이다.[23]

6) 과실수 인공수정용으로 수입하는 화분의 면세 여부

외국으로부터 '과실수 인공수정용'으로 사용하기 위하여 수입하는 화분이 주로 식용에 적합한 것이 아닌 경우에는 부가가치세가 면세되는 수입미가공식료품에 해당하지 않는다.[24]

7) 고구마와 직화냄비를 하나의 상품으로 구성하여 판매 시 면세 적용 여부

홈쇼핑에 고구마를 판매할 때, 고구마와 직화냄비를 하나의 상품으로 구성하여 판매하는 경우

---

19) 부가-1437, 2010.10.28
20) 서면-2015-부가-22387, 2015.04.19.
21) 서면 2016부가-2715, 2016.05.31
22) 부가가치세과-1095, 2010.08.20
23) 사전-2022-법규부가-0304, 2022.03.15.
24) 상담3팀-998, 2008.05.19

에는 부가가치세가 과세되는 재화와 면세되는 재화를 각각 본래의 성질을 유지한 상태로 하나의 거래단위로 판매하는 경우로서, 혼합판매하는 재화 중 주된 재화의 과세재화 해당 여부에 따라 과세 또는 면세가 되는 것이며, 이 상품의 주된 재화에 대한 판단은 사실판단할 사항이다.[25)]

8) 개별포장된 생닭과 양념을 전체포장 판매 시 부가가치세 과·면세 여부

부가가치세가 과세되는 재화와 면제되는 재화를 각기 본래의 성질을 그대로 유지한 상태로 하나의 거래단위로 판매될 수 있도록 함께 포장하여 공급하는 경우에는 주된 재화의 과세·면세 재화 해당 여부에 따라 과세 또는 면세한다.[26)]

9) 계육을 구입하여 보존성 증진을 위하여 염장액을 투입한 후 공급하는 경우 과·면세 여부

유통과정상 변질을 방지하고 보존성을 증대하기 위하여 소량의 조미액이 포함된 염장액을 투입한 계육이 「관세법」 관세율표 제207호 또는 제210호에 해당하는 경우에는 면세대상이다.[27)]

10) 건조한 멸치와 다시마를 단순혼합하여 판매하는 경우

건조한 멸치와 다시마를 별도의 가공 또는 첨가물을 넣거나 열을 가하는 행위 등이 없이 단순혼합하여 판매하는 경우, 이는 포장유무에 관계없이 부가가치세가 면세된다.[28)]

11) 계란을 설탕 등 첨가 후 개별 포장하여 냉동 수입 공급하는 경우 부가가치세 면세 여부[29)]

12) 수삼을 외주업체를 통하여 세척 후 공급하는 경우 수삼과 세척용역 등의 면세 여부

농산물 제조, 유통업을 영위하는 농업회사법인(이하 “갑”)이 농민으로부터 관세율표 제1211호에 해당하는 수삼 형태의 인삼을 구매하여 다른 농업회사법인(이하 “을”)을 통해 단순세척한 후 그대로 판매하는 경우 부가가치세가 면제되는 것이며 을이 갑에게 제공하는 수삼의 이물질 제거, 세척, 선별, 포장, 운송용역은 부가가치세가 과세된다.[30)]

13) 면세품목과 과세품목을 혼합하여 하나의 거래단위로 포장판매 시 면세 여부

사업자가 면세재화인 참외와 과세재화인 참외청세트 등을 혼합하여 하나의 거래단위로 포장하여 판매하는 경우 그중 어느 재화가 주된 재화인지 구분이 어렵고 함께 공급되는 각 재화가 독립된 재화로 판매가능하여 사실상 별개의 재화의 공급으로 간주될 수 있는 경우에는 각각 구분하여 과세재화는 부가가치세가 과세되는 것이고, 면세재화는 부가가치세가 면세된다.[31)]

---

25) 서면부가 2015-22389, 2015.06.28
26) 부가-929, 2014.11.24
27) 사전법령해석부가 2015-269, 2015.09.09
28) 부가-488, 2012.04.30
29) (면세) 사전-2021-법규부가-1922, 2022.01.20
30) 사전-2021-법령해석부가-1481[법령해석과-3660], 2021.10.22
31) 사전-2021-법령해석부가-0911[법령해석과-2410], 2021.07.07

14) 폴리에틸렌 재질의 이중지퍼 파우치 방식으로 공급하는 포장김치 면세 여부 (과세)

사업자가 기존에 부가가치세가 과세되는 폴리에틸렌 재질의 열처리 파우치 타입의 포장김치를 동일 재질의 이중개폐형 지퍼 파우치 타입의 새로운 형태의 포장으로 공급하는 경우로서 판매 목적의 독립된 거래단위로 안전성 및 보관성 향상 등 상품가치증진이 이루어지는 김치는 부가가치세가 면제되는 단순가공식료품에 해당하지 아니한다.[32)]

〈미가공식료품의 과세 및 면세 판단 요약〉

구분	국내산·수입산 여부	재화	면세 여부	비고
식용 농·축·수·임산물 (【별표 1】 포함, 【별표 2】 제외)	국내산 및 북한산	• 원생산물 • 탈미, 정미, 정맥, 냉동, 냉장, 포장 등의 본래의 성질이 변치 않는 1차 가공을 거친 것과 기능성쌀 • 1차 가공과정에서 필수적으로 발생한 부산물 • 미가공식료품의 단순 혼합	면세 (면세 요건)	
		본래의 성질이 변한 것 (숙성, 발효, 조미 등 화학적 반응을 거친 것, 가열한 것)	과세	
	수입산	수입 시	면세	
		국내 판매(위 면세 요건 충족)	면세	
수입농산물 중 【별표 2】에 해당하는 것	수입산	수입 시	과세	
		국내 판매(위 면세 요건 충족)	면세	
단순가공식료품 (데친 채소, 김치 등)	–	단순운반 목적의 포장하여 공급	면세	
		판매목적으로 독립된 거래단위로 포장하여 공급	과세	
비식용 농·축·수·임산물	국내산 및 북한산	• 원생산물 • 성상의 변화가 없는 정도의 원시가공을 거친 것과 가공과정에서 필수적으로 발생한 부산물	면세	
		성상(성질과 모양)이 변화되는 것	과세	
	수입산	수입 시	과세	
		국내에서 재배, 사육 후 공급	면세	
		수입품을 그대로 내수공급	과세	

32) 사전-2021-법령해석부가-0557, 2021.05.13.

3. 비식용 농산물, 축산물, 수산물 또는 임산물

(1) 개요

우리나라에서 생산되어 식용으로 제공되지 아니하는 농산물, 축산물, 수산물과 임산물로서 원생산물 및 원생산물 본래의 성상(性狀)이 변하지 아니하는 정도의 원시가공(껍질벗기기, 단순건조하기, 소금에 절이기, 자르기, 벌목 등)을 거친 것, 원시가공을 하는 과정에서 필수적으로 발생하는 부산물은 면세규정을 적용한다(부령 34 ③).

(2) 식용에 사용하지 않는 농·축·수·임산물의 면세 범위[33)]

1) 사례별 과세·면세 구분

비식용 농·축·수·임산물	면세	과세
① 관상용 새, 열대어, 금붕어, 갯지렁이	국내산만 면세	수입산은 과세
② 화초, 수목	국내산만 면세	조경공사용역의 부수된 재화는 과세
③ 크로레라(이끼)	국내산으로 단순히 건조하여 공급	벌꿀 등을 가미하거나 정제한 크로레라제품의 공급은 과세
④ 조개껍질(패각)	국내산 공급분 면세	패각을 분쇄한 패분의 공급은 과세
⑤ 상묘, 잠종, 잠아, 치잠 등 잠견류와 누에고치	열처리하여 건조시킨 마른 누에고치(건견) 및 누에가루(식용에 적합한 것에 한한다)	제사공정에서 부산물로 산출되는 번데기
⑥ 짚, 왕골, 청올치(갈저)	내국산만 면세	이를 재료로 하여 제조한 돗자리, 공예품 등의 공급은 과세

2) 농·축·수·임산물의 구분이 어려운 것(과세대상)

① 이엉(마름), 광강, 탈지강 및 왕겨, 계분, 닭 또는 오리의 털

② 식용에 적합하지 아니한 가축의 뼈

③ 제목림, 제재 후 생기는 폐목, 목탄(숯)

④ 흙, 자연석, 인뇨 등

* 상기의 경우에도 면세사업에서 필수적으로 발생하는 부산물은 면세됨

33) 부가집 26-34-1

(3) 우리나라에서 생산된 것으로서 식용에 공하지 아니하는 것

국경 내에서 생산된 것에 한하여 면세하며, 외국에서 수입된 것으로 비식용 농·축·수·임산물 등은 과세한다.

① 수입하는 경주마, 승용마, 번식용 말은 과세됨[34]

② 수입 생화의 경우 수입 시 과세되며 국내 유통 시 과세됨[35]

(4) 비식용 국산 농·축·수·임산물의 면세 사례

① 수입한 묘목·동물을 일정기간 재배·사육하여 성목·성육으로 판매[36]

② 국내산 강아지(개)는 면세, 수입한 강아지(개)는 과세

③ 북한지역에서 생산된 활갯지렁이 공급[37]

(5) 관련 사례

1) 종마를 암말과 교배를 시키고 교배료를 받는 경우

경주마를 생산 및 판매하는 목장을 운영하는 사업자가 보유하고 있는 종마를 타 목장 소유 암말과 교배를 시키고 교배료를 받는 경우에는 부가가치세가 면세된다.[38]

2) 사료용 미생물을 배양하여 판매하는 경우

사업자가 사료에 첨가하여 가축의 발육과 소화를 촉진시키는 데 사용되는 사료용 미생물을 배양하여 판매하는 경우 제조업에 해당되어 면세되지 않는다.[39]

3) 인공배양하여 생산한 스피루리나를 양식장에 공급하는 경우

사업자가 인공배양하여 생산한 스피루리나를 양식장 치어들의 먹이로 이용하도록 공급하는 경우 면세대상에 해당되지 않는다.[40]

4) 액자화분·액자엽서화분·액자카드화분의 판매

식물을 재배할 수 있는 인공토양을 개발하여 응용제품을 판매하는 사업자가 사진이나 메시지카드, 명함을 넣을 수 있고 식물이 심어진 액자 형태의 화분 등을 공급하는 경우 부가가치세가 과세된다.[41]

---

34) 부가-1158, 2013.12.19
35) 부가-218, 2014.03.24
36) 부가 46015-2328, 1994.11.18
37) 제도 46015-12215, 2001.07.18
38) 서면법규과-1142, 2013.10.21
39) 법규과-626, 2012.06.04
40) 부가-816, 2012.07.30
41) 부가가치세과-4218, 2008.11.14

5) 가리비패각을 공급하는 경우

사업자가 가리비패각을 국내양식업자에게 공급하는 경우 당해 가리비패각이 우리나라에서 생산된 것인 때에는 부가가치세가 면세되는 것이나, 수입한 것인 때에는 부가가치세가 과세된다.[42)]

Ⅱ 수돗물

1. 개요

수돗물은 「수도법」 상의 수도사업자가 도관에 의하여 공급하는 물과 「수도법」 상의 수도사업자에게 직접 공급하는 수도사업(공업용 수도사업 및 전용수도를 포함한다)용 물(원수)을 말하며, 항계 내에서 선박 등에 물을 공급하는 것에 대하여는 과세한다.[43)]

2. 수돗물의 면세 기준

① 「수도법」상의 수도사업자가 도관을 통하여 공급하는 물
② 「수도법」상의 수도사업자에게 직접 공급하는 수도사업용 물
③ 원수의 취수, 집수, 정수, 급수, 배수를 일관된 도관·공작물에 의해 공급
④ 국가조직뿐만 아니라 민간업자가 공급하여도 면세

3. 물 공급의 면세·과세 사례

(1) 면세되는 사례

① 산간벽지 도서지방의 주민자치조직이 공급[44)]
② 「공중위생법」상의 간이급수시설에 의하여 도관을 통하여 공급하는 물
③ 민간투자사업의 시행자로 지정받은 사업자가 수도사업의 인가를 받아 수돗물을 공급하는 경우[45)]

(2) 과세되는 사례

① 항계 내에서 선박 등에 공급하는 물

42) 부가가치세과-3269, 2008.09.25
43) 부가집 26-0-4
44) 국심 86중436, 1986.05.27
45) 부가가치세과-779, 2011.07.19.

② 원수업자가 직접 골프장에 공급

③ 개인이 사업상 공급한 농업용수 대가[46)]

④ 수돗물에 해당하지 아니하는 해양심층수의 공급[47)]

Ⅲ 연탄과 무연탄

1. 개요

연탄은 석탄, 코르크, 목탄 등의 분말가루에 피치, 해조, 석회 등의 점결제를 혼합하여 고체로 만든 연료를 말한다. 무연탄은 석탄 중 탄소분함량이 85% ~ 95%인 석탄을 말한다.

2. 연탄 및 무연탄 등의 면세 판정

(1) 면세되는 사례

① 관세율표 번호 제2701.11호에서 규정하는 무연탄[48)]

② 하향식연결점화연탄[49)]

③ 조개탄(마세크탄)[50)]

(2) 과세되는 사례

① 착화탄, 유연탄, 갈탄, 인조장작, 톱밥, 왕겨, 연탄용 불쏘시개

② 목탄, 인조술, 왕겨탄, 토탄

③ 코크스연탄[51)]

46) 부가 1265.1-2440, 1979.09.17
47) 상담3팀-333, 2008.02.14.
48) 서면3팀-1879, 2005.10.27
49) 조법 1265-92, 1983.01.28
50) 간세 1265.1-4211, 1979.11.21
51) 부가1265-1381, 1983.07.12

Ⅳ 여성용 생리처리 위생용품

1. 개요

보건복지부장관이 '의약외품의지정고시'에 의하여 의약외품으로 지정고시한 위생상의 용도에 제공되는 면류제 및 이와 유사한 물품으로서 여성의 분비물을 흡수처리하기 위한 용도의 제품으로 「약사법」 제26조 및 제34조의 규정에 의하여 '의약외품'으로 제조 또는 수입 품목허가를 받은 제품은 "여성용 생리처리 위생용품"에 해당하여 2004. 4. 1. 이후 공급분부터 부가가치세가 면제된다.[52] 그러나 여성용 생리처리 위생용품의 수입에 대하여는 부가가치세가 과세되며, 국내공급 시 면세된다.[53]

2. 여성용 생리컵의 부가가치세 면세 여부

식품의약품안전처장이 '의약외품 범위 지정' 고시에 의하여 의약외품 중 '생리혈 위생처리 제품'으로 지정한 생리컵으로서 「약사법」 제31조 및 제42조에 따라 제조 또는 수입 품목허가를 받은 제품은 「부가가치세법」 제26조 제1항 제4호의 '여성용 생리처리 위생용품'에 해당하여 부가가치세가 면세된다.[54]

3. 산모전용패드 공급의 부가가치세 면세 여부

산모전용패드는 여성용 생리처리 위생용품에 해당하지 않아 부가가치세가 과세된다.[55]

52) 서면3팀-653, 2004.04.01
53) 재정경제부 소비세제과-892, 2004.08.24
54) 서면-2018-부가-1859[부가가치세과-1347], 2018.06.27
55) 기획재정부 부가가치세제과-407[], 2022.09.07

V 여객운송용역

1. 개요

시내버스, 시외버스, 철도, 지하철도, 전철, 일반여객선, 일반고속버스 등의 여객운송용역은 부가가치세를 면제한다. 다만, 다음의 어느 하나에 해당하는 여객운송용역은 부가가치세가 과세된다. 면세기준은 여객운송 목적, 대중성, 필수성 및 비용 등이 모두 충족하는 요건이다(부법 26 ① 7, 부령 37).

(1) 항공기, 고속버스, 전세버스, 택시, 특수자동차, 특종선박(特種船舶), KTX운송용역

항공기, 고속버스, 전세버스, 택시, 특수자동차, 특종선박(特種船舶) 또는 고속철도에 의한 여객운송용역의 경우 다음의 어느 하나에 해당하는 것

① 「항공사업법」에 따른 항공기에 의한 여객운송용역

② 「여객자동차 운수사업법」에 따른 여객자동차운수사업 중 다음의 여객자동차운수사업에 제공되는 자동차에 의한 여객운송용역

㉠ 시외우등고속버스 및 시외고급고속버스를 사용하는 시외버스운송사업

㉡ 전세버스운송사업

㉢ 일반택시운송사업 및 개인택시운송사업

㉣ 자동차대여사업

③ 다음의 선박에 의한 여객운송용역. 다만, 자동차운송 겸용 여객선 중 차량탑재구역이 상시 개방되어 있고 주로 선수문(船首門)을 통하여 승객이 타고 내리거나 차량을 싣고 내리게 되어 있는 여객선(차도선형여객선)에 의한 여객운송용역은 제외한다(부칙 25).

㉠ 수중익선(水中翼船)

㉡ 에어쿠션선

㉢ 자동차운송 겸용 여객선

㉣ 항해시속 20노트 이상의 여객선

④ 「철도의 건설 및 철도시설 유지관리에 관한 법률」에 따른 고속철도에 의한 여객운송용역

(2) 삭도, 유람선 등 관광 또는 유흥목적의 운송수단에 의한 여객운송용역

삭도, 유람선 등 관광 또는 유흥목적의 운송수단에 의한 여객운송용역의 경우에는 다음의 어느 하나에 해당하는 것

① 「궤도운송법」에 따른 삭도에 의한 여객운송용역

② 「관광진흥법 시행령」 제2조에 따른 관광유람선업, 관광순환버스업 또는 관광궤도업에 제공되

는 운송수단에 의한 여객운송용역

③ 관광사업을 목적으로 운영하는 「철도의 건설 및 철도시설 유지관리에 관한 법률」에 따른 일반철도에 의한 여객운송용역(「철도사업법」 제9조에 따라 철도사업자가 국토교통부장관에게 신고한 여객 운임·요금을 초과해 용역의 대가를 받는 경우로 한정한다)

2. 여객용역의 면세·과세 사례

(1) 면세되는 사례

① 사업허가 받은 마을버스 유상운수용역[56)]

② 대중운송 대책상 불가피하게 전세관광버스 등을 일반정기노선에 일시적으로 운행하고 일반정기노선버스에 준하는 요금을 받는 경우[57)]

③ 도선업자가 제공하는 여객운송용역[58)]

④ 서울-개성공단 간 직행형 시외버스 여객운송용역[59)]

⑤ 차도선형여객선에 의한 여객운송용역

(2) 과세되는 사례

① 시외버스를 이용하여 화물운송용역을 제공하는 경우[60)]

② 차도선형 여객선에 의한 자동차 및 화물운송용역[61)]

③ 시내순환관광버스운송용역[62)]

④ 관광유원지 운영자의 선박여객운송용역[63)]

⑤ 시내버스에 광고물을 부착하고 대가를 받는 경우[64)]

⑥ 해상관광목적의 여객운송용역[65)]

⑦ 전세버스를 이용하여 시내버스 정기노선을 운행하고 그 대가로 전세버스 임차료를 받는 경우[66)]

⑧ 여객운송사업자를 위하여 버스표를 위탁판매하여 주고받는 판매수수료

---

56) 부가 22601-909, 1988.06.01
57) 부기통 26-37-1
58) 부가 22601-857, 1989.06.20
59) 상담3팀-2333, 2005.12.21
60) 상담3팀-1309, 2008.06.26
61) 부가 46015-1300, 2000.06.02
62) 서삼 46015-11674, 2002.10.07
63) 국심 85중310, 1985.05.23
64) 부가 22601-1798, 1996.09.03
65) 부가-422, 2013.05.14
66) 법규과-3838, 2007.08.09

VI 주택과 그 부수토지의 임대용역

1. 개요

(1) 관련규정

주택과 이에 부수되는 토지의 임대용역으로서 상시주거용(사업을 위한 주거용의 경우는 제외한다)으로 사용하는 건물(이하 "주택"이라 한다)과 이에 부수되는 토지로서 다음의 면적 중 넓은 면적을 초과하지 아니하는 토지의 임대로 하여 부가가치세를 면제하며, 이를 초과하는 부분은 토지의 임대로 보아 부가가치세를 과세한다(부법 26 ① 12, 부령 41 ①).

① 주택의 연면적(지하층의 면적, 지상층의 주차용으로 사용되는 면적 및 「주택건설기준 등에 관한 규정」에 따른 주민공동시설의 면적은 제외한다)

② 건물이 정착된 면적에 5배(「국토의 계획 및 이용에 관한 법률」 제6조에 따른 도시지역 밖의 토지의 경우에는 10배)를 곱하여 산정한 면적

(2) 사업을 위한 주거용 건물의 의미

사업을 위한 주거용 건물이라 함은 사업장에 부대적으로 설치되어 있는 주거시설을 말한다. 예를 들어 오피스텔을 임차한 법인의 종업원이 단체로 거주하는 기숙사로 사용되는 경우[67], 분양지연으로 연수원 숙소로 사용되는 경우[68], 학교법인에 임대하여 학생 기숙사로 사용하는 경우[69] 등은 부가가치세 과세한다.[70]

2. 주택임대용역의 면세 판단기준

(1) 면세 판단 시 고려할 사항

부가가치세 면세대상인 주택의 임대에 해당하는지 여부는 임차인이 실제로 당해 건물을 사용한 객관적인 용도를 기준으로 하여 상시주거용으로 사용하는 것인지 여부에 따라 판단하여야 하고, 공부상의 용도구분이나 임대차계약서에 기재된 목적물의 용도와 임차인이 실제로 사용한 용도가 다를 경우에는 후자를 기준으로 하여 그 해당 여부를 가려야 한다. 그리고 주택의 임대용역을 부가가치세 면세대상으로 규정한 취지가 사회정책적인 차원에서 소비자인 임차인의 부가가치세의 부담을 경감시켜 주려는 데에 있는 점 등을 고려하여 보면, 주택의 임차인이 그 임차한 주택을 직접 사용하지 아니하고 이를 이용하여 다시 최종소비자에게 임대한 경우 주택의 임차인이 제공받

67) 부가가치세과-386, 2014.04.23.
68) 부가46015-1875, 1995.10.10.
69) 부가46015-586, 2001.03.30.
70) 부가1265-1472, 1982.06.08.

은 용역이 부가가치세 면세대상에 해당하는지 여부는 최종적인 임대용역의 소비자가 실제로 사용한 용도를 기준으로 하여 판별하여야 할 것이다.[71)]

(2) 상시주거용으로 사용하는 건물·사업을 위한 주거용 건물

주택임대로 부가가치세가 면제되는 "상시주거용으로 사용하는 건물"이라 함은 공부상 용도에 관계없이 실제로 그 건물을 사용하는 임차자가 상시주거용으로 사용하는지 여부에 의해 판단한다.[72)]

(3) 임대사업을 위해 취득한 부동산을 주택임대용으로 사용한 경우

임대사업을 위해 취득한 재화인 쟁점건물을 면세사업인 주택임대용으로 전용한 경우 자가공급으로 보아 관련 공급가액을 과세표준으로 하여 부가가치세를 과세하여야 한다.[73)]

3. 겸용주택의 임대

(1) 개요

임대주택에 부가가치세가 과세되는 사업용 건물(이하 "사업용 건물"이라 한다)이 함께 설치되어 있는 경우에는 주택과 이에 부수되는 토지의 임대의 범위는 다음에 따른다(부령 41 ②).

① 주택 부분의 면적이 사업용 건물 부분의 면적보다 큰 경우에는 그 전부를 주택의 임대로 본다.

② 주택 부분의 면적이 사업용 건물 부분의 면적과 같거나 그보다 작은 때에는 주택 부분 외의 사업용 건물 부분은 주택의 임대로 보지 아니한다. 이 경우 그 주택에 부수되는 토지의 면적은 총토지면적에 주택 부분의 면적이 총건물면적에서 차지하는 비율을 곱하여 계산한다.

구분	건물분 면세 범위	부수토지분 면세 범위
주택면적 > 사업용건물면적	주택면적 + 사업용 건물면적	MIN(㉮, ㉯) ㉮ : 부수토지 총면적 ㉯ : MAX[건물연면적, 건물정착면적×5배(도시지역 외 10배)]
주택면적 ≤ 사업용건물면적	주택면적	MIN(㉮, ㉯) ㉮ : 토지총면적×(주택연면적 / 건물연면적) ㉯ : MAX[주택연면적, (건물정착면적×주택연면적 / 건물연면적)× 5배(도시지역 외 10배)]

71) 대법원2013두1225, 2013.06.13
72) 부가집 26-41-1 ④
73) 대법원2010두1682, 2012.05.10

(2) 임대인이 2층 이상의 주택과 사업용 건물을 임대하는 경우 면세되는 부수토지범위

임대인이 임차인 1인에게 2층 이상의 주택과 사업용 건물을 함께 임대하는 경우 면세되는 주택과 이에 부수되는 토지의 임대용역의 범위를 계산함에 있어 주택용 건물에 부수되는 토지면적의 계산은 당해 건물이 차지하는 토지에 대한 정착(바닥)면적에 주택부분의 연면적이 건물 전체의 연면적에서 차지하는 비율을 곱하여 계산한다.[74)]

(3) 겸용건물 임대 시 주택부분의 면적이 사업용 건물부분의 면적보다 큰 경우

겸용건물 임대 시 주택부분의 면적이 사업용 건물부분의 면적보다 큰 경우 부가가치세 면제되는 주택부수토지의 면적은 주택부분의 면적과 사업용 건물부분의 정착면적을 합하여 계산한다.[75)]

(4) 부동산을 2인 이상의 임차인에게 임대한 경우

부동산을 2인 이상의 임차인에게 임대한 경우에는 임차인별로 주택부분의 면적(사업을 위한 거주용인 경우 제외)이 사업용 건물부분의 면적보다 큰 때에는 그 전부를 주택의 임대로 본다.[76)]

4. 토지소유자가 토지임대부 분양주택의 토지를 임대하는 경우

「주택법」 제78조에 따라 토지소유자가 토지임대부 분양주택(국민주택규모로 한정)을 공급받은 자에게 토지임대부 분양주택의 토지를 임대하는 경우 주택과 이에 부수되는 토지의 임대로 본다. 이 경우 토지 임대의 범위는 전술한 1. 또는 3.에 따른다(부령 41 ③).

5. 오피스텔 임대용역의 면세 여부 판단

(1) 판단기준

사업자가 오피스텔을 신축하여 임대하고 그 대가를 받는 경우 실제로 당해 건물을 사용하는 임차자가 사업을 위하여 사용하는 경우에는 부가가치세가 과세되는 것이며, 실제로 당해 건물을 사용하는 임차자가 상시주거용으로 사용하는 것이 확인되는 경우에는 부가가치세가 면제되는 것으로서 해당 사항은 임차인이 실제로 당해 건물을 사용한 객관적인 용도를 기준으로 하여 판단한다.[77)]

(2) 사업장으로 등록된 주거용 오피스텔을 양도하는 경우 부가가치세 과세 여부

사업자가 별도의 사업장을 설치하지 아니하고 공급받는 자가 마련한 특정 장소에서 역무를 제공

74) 서삼 46015-10413, 2003.03.12
75) 재소비 46015-259, 2003.08.18
76) 상담3팀-799, 2005.06.10
77) 서면-2016-부가-4447[부가가치세과-1742], 2016.08.19

하는 사업을 영위하면서 상시주거용으로 사용하는 주택(주거용 오피스텔 포함)을 사업장으로 하여 사업자등록을 하고 사업을 영위하다가 해당 주택을 양도하는 경우 사업자가 해당 주택을 사업용으로 사용하지 아니한 사실이 객관적으로 명백한 경우에는 해당 주택의 양도에 대하여는 부가가치세가 과세되지 아니한다.[78]

6. 주택과 부수토지 임대용역의 면세·과세 사례

(1) 면세되는 사례

① 회사가 사원용 사택으로 임차하는 주택[79]

② 종업원 복지후생을 위한 임대주택[80]

③ 임차한 주택을 주택으로 전대차한 경우[81]

④ 고시원 신축 관련 매입세액공제 여부

사업자가 「건축법 시행령」 제3조의 4 [별표 1] 제4호 파목의 제2종 근린생활시설에 해당 하는 고시원 건물을 신축하여 구획된 실(室) 안에 학습자가 공부할 수 있는 시설을 갖추고 숙박 또는 숙식을 제공하는 영업(고시원업)을 하는 경우에는 부가가치세가 과세되고, 해당 건물의 신축에 관련된 매입세액은 매출세액에서 공제하는 것이나, 해당 건물에 독립된 화장실, 주방설비 등을 갖추고 세대(世帶)의 구성원이 장기간 독립된 주거활동을 하도록 임대하는 경우에는 부가가치세가 면제되고, 해당 건물의 신축에 관련된 매입세액은 공제되지 아니한다.[82]

⑤ 쉐어하우스 등에 대한 임대용역의 부가가치세 면세 여부

민간사업자가 공급하는 상시주거용 일반 단독주택에 대한 임대용역은 부가가치세가 면제되나, 입주자가 거실, 주방 등 일부 공간을 공유하는 형태의 단독주택(쉐어하우스)과 일반 방문객의 스마트기술 체험장소로 사용하는 단독주택(게스트하우스) 및 커뮤니티센터에 대한 임대용역은 부가가치세가 과세된다.[83]

(2) 과세되는 사례

① 서비스드레지던스 업종의 임대[84]

② 상시주거용이 아닌 전원주택(별장)의 임대 부가[85]

---

78) 법규부가 2011-109, 2011.05.04
79) 부가 1265-1472, 1982.06.08
80) 부가 1265-762, 1983.04.22
81) 부가집 26-41-1 ⑤
82) 부가-294, 2011.03.24
83) 기획재정부 부가가치세제과-317, 2022.07.15
84) 2007.10.01.까지 면세로 신고한 사업자 제외
85) 22601-471, 1989.04.06

③ 숙박에 필요한 공간만을 개별 사용하는 기숙사 임대 [86)]

④ 고시원(숙박업 중 하숙업에 해당)[87)]

⑤ 임대주택관리용역대가[88)]

⑥ 주택임차인이 주택을 가정보육시설로 사용하는 경우 임대용역 공급에 대한 과세 여부[89)]

⑦ 사업자에게 임대한 오피스텔이 임차사업자의 종업원 숙소로 사용되는 경우[90)]

⑧ 사업자에게 임대한 오피스텔을 임차사업자가 기숙사로 임대하는 경우[91)]

Ⅶ 공동주택 어린이집 임대용역

「공동주택관리법」 제18조 제2항에 따른 관리규약에 따라 같은 법 제2조 제1항 제10호에 따른 관리주체 또는 같은 법 제2조 제1항 제8호에 따른 입주자대표회의가 제공하는 「주택법」 제2조 제14호에 따른 복리시설인 공동주택 어린이집의 임대용역은 2012. 1. 1.이후 결정 및 경정하는 분부터 부가가치세를 면세한다(부법 26 ① 13).

제2절 국민후생·문화 관련 재화 및 용역

Ⅰ 의료보건용역과 혈액

1. 개요

(1) 도입 취지

의료보건용역은 국민후생용역으로 분류되고 생존을 위해 최종소비자가 아무런 중간단계를 거치지 않고 직접 소비하는 용역이므로 면세로서 보호할 필요가 있는 데에서 면세의 취지를 찾을 수 있다.[92)]

86) 부가 46015-1530, 1998.07.08
87) 재소비 46015-61, 1997.02.19
88) 부가 22601-1094, 1985.06.14
89) 부가가치세과-463, 2011.05.04
90) 법규부가 2012-306, 2012.10.15
91) 서면-2017-부가-0428[부가가치세과-2858], 2017.12.26
92) 대법원2011두5834, 2013.05.09

(2) 적용기준

면세대상 국민후생용역은 생존을 위해 최종소비자가 중간단계를 거치지 않고 직접 소비하는 용역을 말하며, 면세되는 의료보건용역의 범위는 열거된 자격 및 면허가 있는 자가 공급하는 것만 면세된다. 즉, 「의료법」에 따라 개설된 의료기관이 아닌 자가 제공하는 용역은 과세한다.[93)]
즉, '「의료법」에 규정하는 의사·치과의사·한의사·조산사 또는 간호사가 제공하는 용역'이란 「의료법」에 규정하는 의사 등의 의료인이 제공하는 모든 용역을 의미하는 것이 아니라, 「의료법」상의 의료행위, 즉 질병의 예방과 치료행위뿐만 아니라 의학적 전문지식이 있는 의료인이 행하지 아니하면 사람의 생명·신체나 공중위생에 위해를 발생시킬 우려가 있는 행위와 그에 필수적으로 부수되는 용역의 제공만을 의미한다.[94)] 따라서, 피부과의원 내에 별도 설치한 피부관리실에서 미용사 자격증을 가진 피부관리사를 통해 고객들에게 제공한 피부관리 등의 용역은 「의료법」상 의료인이 아닌 피부관리사가 제공한 용역으로서, 비록 피부과 의사의 지도·감독하에 이루어진 행위라 하더라도 「부가가치세법」에서 부가가치세 면제대상으로 규정하고 있는 의료보건용역이나 그에 필수적으로 부수되는 용역에 해당하지 않는다.[95)]

2. 면세대상 의료보건용역

의료보건용역은 다음에서 규정하는 것(「의료법」 또는 「수의사법」에 따라 의료기관 또는 동물병원을 개설한 자가 제공하는 것을 포함한다)으로 한다(부령 35).

(1) 「의료법」에 따른 의료인이 제공하는 의료·보건용역

1) 개요

부가가치세가 면제되는 의료보건용역에는 다음과 같은 용역이 포함된다(부령 35 1).

① 「의료법」에 따른 의사, 치과의사, 한의사, 조산사 또는 간호사가 제공하는 용역
② 「의료법」에 따른 접골사(接骨士), 침사(鍼士), 구사(灸士) 또는 안마사가 제공하는 용역
③ 「의료기사 등에 관한 법률」에 따른 임상병리사, 방사선사, 물리치료사, 작업치료사, 치과기공사 또는 치과위생사가 제공하는 용역
④ 「약사법」에 따른 약사가 제공하는 의약품의 조제용역은 부가가치세를 면제하며, 의약품조제용역 중 조제란 일정한 처방에 따라서 두 가지 이상의 의약품을 배합하거나 한 가지의 의약품을 그대로 일정한 분량으로 나누어서 특정한 용법에 따라 특정인의 특정된 질병을 치료하거나 예방하는 등의 목적으로 사용하도록 약제를 만드는 것을 말한다.[96)]

93) 부가-699, 2014.08.12
94) 대법원2008두11594, 2008.10.09
95) 부가-699, 2014.08.12.
96) 부기통 26-35-1 ②

⑤ 장의업자가 제공하는 장의용역. 다만, 장의업자가 제공하는 장의용역은 부가가치세를 면제하나, 장의용역에 필수적으로 부수되지 않는 장의용품만을 별도 판매 및 장의용역에 대한 거래를 단순히 주선 또는 알선하는 경우에는 부가가치세가 과세된다.[97)]

⑥ 「장사 등에 관한 법률」 제14조 및 제15조 및 제16조에 따라 사설묘지, 사설화장시설, 사설봉안시설 또는 사설자연장지를 설치·조성한 자가 제공하는 화장, 묘지분양, 자연장지분양 및 관리업 관련 용역

⑦ 지방자치단체로부터 공설묘지, 공설화장시설, 공설봉안시설 또는 공설자연장지의 관리를 위탁받은 자가 제공하는 화장, 묘지분양, 자연장지분양 및 관리업 관련 용역

⑧ 「응급의료에 관한 법률」 제2조 제8호에 따른 응급환자이송업자가 제공하는 응급환자이송용역

⑨ 「하수도법」 제45조에 따른 분뇨수집·운반업의 허가를 받은 사업자와 「가축분뇨의 관리 및 이용에 관한 법률」 제28조에 따른 가축분뇨수집·운반업 또는 가축분뇨처리업의 허가를 받은 사업자가 공급하는 용역

⑩ 「감염병의 예방 및 관리에 관한 법률」 제52조에 따라 소독업의 신고를 한 사업자가 공급하는 소독용역

⑪ 「폐기물관리법」 제25조에 따라 생활폐기물 또는 의료폐기물의 폐기물처리업 허가를 받은 사업자가 공급하는 생활폐기물 또는 의료폐기물의 수집·운반 및 처리용역과 같은 법 제29조에 따라 폐기물처리시설의 설치승인을 받거나 그 설치의 신고를 한 사업자가 공급하는 생활폐기물의 재활용용역

⑫ 「산업안전보건법」 제21조에 따라 보건관리전문기관으로 지정된 자가 공급하는 보건관리용역 및 같은 법 제126조에 따른 작업환경측정기관이 공급하는 작업환경측정용역

⑬ 「노인장기요양보험법」 제2조 제4호에 따른 장기요양기관이 같은 법에 따라 장기요양인정을 받은 자에게 제공하는 신체활동·가사활동의 지원 또는 간병 등의 용역

⑭ 「사회복지사업법」 제5조의 2 제2항에 따라 보호대상자에게 지급되는 사회복지서비스 이용권을 대가로 국가 및 지방자치단체 외의 자가 공급하는 용역

⑮ 「모자보건법」 제2조 제10호에 따른 산후조리원에서 분만 직후의 임산부나 영유아에게 제공하는 급식·요양 등의 용역

⑯ 「사회적기업 육성법」 제7조에 따라 인증받은 사회적기업 또는 「협동조합기본법」 제85조 제1항에 따라 설립인가를 받은 사회적협동조합이 직접 제공하는 간병·산후조리·보육용역

⑰ 「정신건강증진 및 정신질환자 복지서비스 지원에 관한 법률」 제15조 제6항에 따라 국가 및 지방자치단체로부터 같은 법 제3조 제3호에 따른 정신건강증진사업 등을 위탁받은 자가 제공하는 의료보건 용역

97) 부가집 26-35-1 ③

(2) 「수의사법」에 따른 수의사가 제공하는 용역

「수의사법」에 규정하는 수의사가 제공하는 용역으로 면세되는 동물진료용역은 다음 어느 하나에 해당하는 진료용역으로 한정한다(부령 35 5).

① 「축산물위생관리법」에 따른 가축에 대한 진료용역

② 「수산생물질병관리법」에 따른 수산동물에 대한 진료용역

③ 「장애인복지법」 제40조 제2항에 따른 장애인보조견 표지를 발급받은 장애인보조견에 대한 진료용역

④ 「국민기초생활 보장법」 제2조 제2호에 따른 수급자가 기르는 동물의 진료용역

⑤ 질병 예방 및 치료를 목적으로 하는 동물의 진료용역으로서 농림축산식품부장관 또는 해양수산부장관이 기획재정부장관과 협의하여 고시하는 용역

〈부가가치세 면세대상인 동물의 진료용역〉

진료용역의 분류	당초 (질병 예방 목적의 진료용역)	확대 (질병 예방 목적외 치료 목적 추가)	추가 항목수
진찰 및 입원	–	• 진찰, 입원관리	2개
접종 및 투약	• 예방접종 : - DHPPL(종합백신), 광견병, 신종플루, 전염성기관지염, 코로나장염, FVRC(고양이 종합백신), 전염성복막염, 고양이백혈병바이러스,고양이ringworm백신 • 약 : - 심장사상충, 회충약 등 예방약 투약, 옴, 진드기, 벼룩, 사상균증 등 피부질환 및 외부기생충 예방제 도포	• 예방접종, 조제/투약 ※ 예방접종, 조제/투약은 항목 신설로 산정(현행 제한적 범위를 삭제)	2개
검사	• 검사 : 병리학적 검사	• 병리학적 검사(혈액, 조직, 세포, 뇨, 분변, 항생제감수성, 전염병키트검사 등) • 영상진단의학적 검사(X-ray, 초음파, CT, MRI 등) • 계통별 기능검사(순환기계, 신경계, 안과계, 근골격계 등) • 내시경검사(내시경, 검이경 등)	3개

진료용역의 분류	당초 (질병 예방 목적의 진료용역)	확대 (질병 예방 목적외 치료 목적 추가)	추가 항목수
증상에 따른 처치	–	• 구토, 설사, 기침, 소양증, 발작, 황달, 파행, 호흡곤란, 혈변, 혈뇨, 마비 증상에 따른 처치	11개
질병의 예방 및 치료	• 수술 : 중성화 수술	• 내과/피부과 : 외이염, 아토피성 피부염, 위장염, 식이 알러지, 기관지염, 방광염, 췌장염, 피부사상균증, 점액성 이첨판막변성, 만성신부전, 비심인성 폐수종, 부신피질기능항진증, 고혈압, 당뇨병, 단두종증후군, 간질, 폐렴, 급성신부전, 심장사상충증	19개
		• 안과 : 결막염, 유루증, 고양이 허피스 각막염, 각막궤양, 백내장, 건성각결막염, 안검염, 각막염(비궤양성), 포도막염, 녹내장, 각막이상증, 제3안검 탈출증, 고양이 호산구성 각결막염, 첩모중생, 초자체변성, 상공막염, 안검종양, 첩모난생, 안검내번 · 외번	19개
		• 외과 : 중성화 수술, 무릎뼈 탈구, 고양이 회음 요도루 창냄술, 유선 종양, 추간판 질환, 위내 이물, 제대 탈장, 자궁축농증, 전방십자인대 파열, 항문낭염, 고관절 이형성증, 장내 이물, 담낭점액낭종, 비장종양, 골절, 방광결석, 식도 이물, 담석증, 드레싱	18개
		• 응급중환자의학과 : 위장관 출혈(혈토, 혈변), 심인성 폐수종, 빈혈, 백혈구 이상, 고양이 비대성 심근병증, 고혈당, 복막염, 흉수, 혈소판 감소증, 중독, 저혈당, 위장관 폐색, 핍뇨, 부정맥, 급성호흡곤란증후군, 응고장애, 혈전질환, 심폐소생술, 쇼크처치, 산소공급	20개
		• 치과 : 구내염, 치은염, 고양이치아흡수성병변, 치근단농양, 발치, 스케일링	6개
추가 항목수 합계			100개

* 2023.10.1. 부터 질병 예방 목적외에 질병 치료 목적 용역을 면세 대상으로 확대하였다.

3. 면세되는 의료보건용역 사례

① 진료용역과 함께 공급되는 조제약품, 치과의사의 보철

② 장의용역 그 자체와 부수되는 재화를 포함하여 공급하는 경우

㉠ 분묘이장처리용역[98]

㉡ 장례식장의 임대용역[99]

㉢ 장례의식의 거행, 시신의 염습[100]

㉣ 공원묘지합장용역[101]

㉤ 장의자동차운송 사업자의 시신운반용역[102]

③ 장례식장 영업자가 장례식장을 방문한 문상객에게 음식용역을 제공하는 경우 동 음식용역은 면세되는 용역에 통상적으로 부수되는 용역으로 본다.[103] -재부가-640(2013.10.30)의 적용시기와 관련하여 동 예규 시행일(2013.10.30.) 전 공급분에 대하여도 동 예규를 적용한다.[104]

④ 소독용역

㉠ 소독업 신고를 한 사업자가 공급하는 소독용역[105]

㉡ 「감염병의 예방 및 관리에 관한 법률」 제52조에 따라 소독업의 신고를 한 사업자가 같은 법 제54조 및 같은 법 시행규칙 제40조 및 [별표 6] 에서 정한 방법으로 소독용역을 제공하는 경우[106]

⑤ 분뇨 등의 수집·운반·처리 및 정화조 청소용역

㉠ 오수·분뇨 등의 관련 영업의 허가를 받은 사업자가 공급하는 분뇨 등(분뇨, 축산폐수)의 수집·운반·처리 및 정화조 청소용역[107]

㉡ 「하수도법」 제45조에 따른 분뇨수집·운반업의 허가를 받은 사업자와 「가축분뇨의 관리 및 이용에 관한 법률」 제28조에 따른 가축분뇨수집·운반업 또는 가축분뇨처리업의 허가를 받은 사업자가 공급하는 용역(부령 35 10).

4. 과세되는 의료보건용역 사례

① 주택관리업자가 공동주택에 위탁관리용역과 함께 직접 제공하는 소독용역[108]

---

98) 부가 22601-1846, 1985.09.20
99) 부가 1265.1-2202, 1983.10.17
100) 부가 22601-2561, 1986.12.18
101) 부가 22601-2561, 1986.12.18
102) 부가 1265.1-2248, 1981.08.25
103) 재부가-640, 2013.10.30 ☞ 2013.10.30. 이후 공급하는 분부터 적용(해석 변경)
104) 재부가-92, 2015.01.26, 법령해석과-89, 2015.01.29
105) 제도 46015-12583, 2001.08.06.
106) 부가-1146, 2013.12.16.
107) 제도 46015-12564, 2001.08.07
108) 서삼 46015-11474, 2002.08.30

② 한의사가 아닌 한약방의 도소매[109)]

③ 병원이나 장례식장을 운영하는 사업자가 주차장을 직접 운영하면서 주차요금을 받는 경우에는 면세되는 의료용역에 통상적으로 부수되는 용역의 공급에 해당하지 아니하므로 부가가치세가 과세되는 것임[110)]

④ 장의용역과는 별도로 공급되는 장의용품[111)]

⑤ 장의업자가 아닌 사업자가 장례식장에서 음식물제공용역[112)]

⑥ 하수종말처리장을 통하여 공급하는 하수종말처리용역[113)]

⑦ 묘지이용권 분양 시 비석, 상석 등의 시설물공급[114)]

⑧ 의료업자가 입원환자에게 직접 공급(직영 구내식당)하는 음식물은 면세되나 외래환자, 환자의 보호자, 다른 사업자에게 공급분은 과세됨[115)]

⑨ 병원의 시설을 임차하여 식당을 운영하면서 입원환자, 직원에게 음식용역제공은 과세됨[116)]

⑩ 「의료법」에 따른 면허나 자격이 없는 자가 제공하거나 「의료법」 상 업무범위를 벗어나서 제공하는 의료용역

⑪ 피부과의원에 부설된 피부관리실에서 제공하는 피부관리용역

⑫ 안마사가 아닌 자와 안마사가 공동으로 안마시술소를 개설하여 공급하는 안마용역

⑬ 「폐기물관리법」, 「하수도법」 및 「가축분뇨의 관리 및 이용에 관한 법률」에 따라 허가를 얻은 사업자가 수거한 폐기물, 분뇨 등으로 과세되는 재화를 제조하여 공급하는 경우

⑭ 「폐기물관리법」 제29조에 따라 폐기물처리시설을 설치·운영하는 사업자 및 「하수도법」 제45조 및 「가축분뇨의 관리 및 이용에 관한 법률」 제28조에 따라 등록한 사업자가 폐기물처리시설이나 분뇨처리시설, 오수정화시설, 정화조 또는 축산폐수정화시설의 설계·시공용역을 공급하거나 정화조를 공급하는 경우

⑮ 사업자가 타인에게 임대하거나 사용하게 한 공장 또는 사업장에 폐기물 또는 분뇨 등의 수거와 청소용역을 제공하는 경우

⑯ 부가가치세 과세대상 의료용역

의료용역 중 질병치료에 관한 의료용역에 대해서만 면세한다는 취지를 살리기 위하여 치료목적이 아닌 미용목적의 성형수술, 외모개선목적의 악안면교정술, 피부시술 등 「국민건강보험법」 제39조 제3항에 따라 요양급여의 대상에서 제외되는 진료용역은 2011.7.1. 이후 공급분부터 부가가

109) 간세 1235-1972, 1977.07.16
110) 법규부가 2013-518, 2013.12.09
111) 간세 1235-2132, 1977.07.21
112) 부가-944, 2013.10.16
113) 제도 46015-12564, 2001.08.06
114) 제도 46015-12403, 2001.07.26
115) 서면3팀-3207, 2006.12.20
116) 부가 46015-382, 1999.02.06

치세를 과세한다. 다만, 성형수술로 인한 후유증 치료목적이거나 선천적 기형의 재건수술목적, 종양제거에 따른 재건수술의 목적의 경우에는 과세대상 의료용역에 대해서도 면세를 적용한다.

◆ 성형수술의 범위

구 분	해당 의료용역
눈	쌍꺼풀수술, 상안검성형술, 하안검성형술, 몽고주름성형술, 외안각성형술, 애교수술, 눈매교정술, 눈미백수술 등 * (면세 대상) 눈 기능 개선을 위한 상안검성형술, 사시교정, 안와격리증 교정 등 시각계 수술, 안경·콘택트렌즈 등을 대체하기 위한 시력교정술
코	융비술, 매부리코·긴코축소술, 휜코성형술, 비첨(코끝)성형술, 비익(콧볼)성형술 등
안면윤곽	사각턱축소술, 턱끝성형술, 광대뼈축소술, 광대확대술, 이마성형술 등
입 술	입술확대술, 입술축소술 등
귀	귓불성형술, 누운귀성형술 등
체 형	지방흡인술, 엉덩이성형술, 팔다리근육확대·축소술, 복부성형술, 배꼽성형술, 종아리퇴축술, 유방성형술, 성기확대술, 소음순성형술, 사지연장술 등 (부가-236, 2014.04.02.) * (면세 대상) 유방암 수술에 따른 유방재건술, 발기부전·불감증 또는 생식기 선천성기형 등의 비뇨생식기 질환 치료, 포경수술, 외상후 재건술, 성기능 개선을 위한 시술
치 아	치아미백, 라미네이트, 잇몸성형술 * (면세 대상) 충치치료에 사용되는 라미네이트, 치아교정치료
기 타	주름살제거술, 지방이식수술 등
면 세	성형수술로 인한 후유증 치료, 선천성 기형의 재건수술, 종양제거에 따른 재건수술

◆ 악안면 교정술의 범위 : 양악수술, 주걱턱수술, 무턱수술, 돌출입수술 등

* (면세 대상) 치아교정치료가 선행되는 악안면 교정술

◆ 피부 관련 시술의 범위

구 분	해당 의료용역
색소질환	색소모반, 주근깨, 흑색점, 기미치료술 * (면세 대상) 검버섯, 오타모반, 염증후 색소침착, 편평모반 등 기타 색소질환
여드름	여드름치료술 * (면세 대상) 약에 대한 처방전만 발급하는 경우
모(털)	제모술, 탈모치료술, 모발이식술 * (면세 대상) 약에 대한 처방전만 발급하는 경우
문 신	문신술, 문신제거술, 피어싱
지 방	지방융해술
피 부	피부재생술1), 황노화치료술2), 피부미백술, 모공축소술 1) 피부개선 목적으로 콜라겐, 엘라스틴 등의 생성을 촉진하거나 피부의 일부를 벗겨내어 새로운 피부층의 생성을 유도하는 등 피부 재생을 위한 시술로 자기혈소판풍부혈장수술, PDRN(Polydeoxyribonucleotide)주사술, PLLA(Poly-L-Lactic-Acid)주사술, 조직 수복용 재료(예, 히알루론산) 주사술, 레이저·필링제를 이용한 시술 등을 말한다.

구 분	해당 의료용역
	2) 주름살 완화 또는 피부탄력(피부처짐) 개선을 위한 시술로 보톡스(보툴리눔 톡신), 레이저, 초음파, 화학물질 등을 이용한 시술로 보툴리눔 톡신 주사술, 조직 수복용 재료(예, 히알루론산) 주사술, 실을 이용한 안면거상술, 성장 호르몬 주사술 및 남성호르몬 주사술, 자하거(태반) 추출물 주사술, 항산화제 주사술 등을 말한다.
면 세	화상흉터, 수두흉터 등 반흔제거술, 상처치료, 튼살치료 체내단백질합성과 지방분해 촉진 등 신체기능 개선을 주목적으로 한 항노화치료 사마귀, 백반증, 딸기코, 대상포진, 아토피 피부염 치료

5. 관련 사례

(1) 과세되는 진료용역의 범위, 과세표준 산정방법 및 영수증 발급 가능 여부

과세되는 진료용역에는 직접적인 수술비용뿐만 아니라 그 수술에 관련된 진찰료, 입원료, 처치료, 검사료, 진단료, 식대 등 모든 비용에 대한 용역이 포함되는 것이며, 그 실지귀속을 구분할 수 없는 때에는 공급 당시 구분되는 과세공급가액과 면세공급가액의 비율에 따라 산정된 가액으로 하여 각각 계산한다. 의료보건용역을 제공하는 사업자가 과세되는 진료용역을 제공하고 그 대가를 받은 경우에는 공급을 받은 자에게 영수증을 발급하는 것이나, 그 공급받은 사업자가 사업자등록증을 제시하고 세금계산서의 발급을 요구하는 때에는 해당 규정에 따른 세금계산서를 발급하여야 한다.[117)]

(2) 장의용역 및 관련 부수재화·용역

1) 자연장지 조성자가 공급하는 수목장림 분양 및 관리용역의 부가가치세 면세 여부

「장사 등에 관한 법률」에 따라 자연장지를 조성한 사업자가 수목장림 분양 및 관리용역을 공급하는 경우 면세하는 의료보건용역의 범위에 포함되지 아니하여 부가가치세가 과세된다.[118)]

2) 회원으로부터 받은 회비로 장의용역 제공 시 부가가치세 과·면세 여부

상조회사가 회원으로 모집하여 월정회비를 징수하고 동 회원에게 제공하는 용역의 내용이 주선 또는 알선용역인 경우 부가가치세를 과세하는 것이나, 단순 주선용역이 아닌 사업자의 책임과 계산하에 장의 등의 용역을 제공하는 경우에는 부가가치세를 면세한다.[119)]

3) 다른 장의업자와의 외주용역계약을 통하여 장의용역 제공

장의업자 갑이 고객과의 계약에 따라 제공하는 장의용역 중 중요부분을 다른 장의업자 을과의

117) 부가가치세과-692, 2011.06.30
118) 서면-2021-법령해석부가-4058[법령해석과-2243], 2021.06.29
119) 서면부가 2014-22028, 2015.06.28, 재소비 46015-337, 2000.11.24

장의행사용역계약에 따라 을이 수행하도록 하고 고객으로부터 받은 대가 중 일정비율에 해당하는 금액을 을에게 지급하는 경우 갑과 을이 제공하는 용역에 대해서는 면세한다.[120]

4) 유골을 성형하는 용역이 면세인지 여부

장의업자가 제공하는 장의용역, 「장사 등에 관한 법률」 제14조 및 제15조에 따라 사설묘지·사설화장시설, 또는 사설봉안시설을 설치한 자가 제공하는 화장, 묘지분양 및 관리업 관련 용역은 부가가치세가 면제되는 것이나, 그 이외의 용역에 대해서는 부가가치세가 과세된다.[121]

5) 납골시설 판매 시 면세 여부

「장사 등에 관한 법률」에 의하여 사설묘지·사설화장장·사설납골시설을 설치한 자가 제공하는 묘지 및 화장업 관련 용역에 대하여는 부가가치세가 면세되는 것이나, 사설납골시설을 설치한 자로부터 당해 시설을 이용할 수 있는 권리(납골당 분양권)를 취득하여 타인에게 공급하는 경우에는 부가가치세가 과세된다.[122]

6) 동물의 사체를 처리하는 동물장묘업

사람의 시신을 장사지내는 의식과 관련하여 장의업자가 제공하는 장의용역, 사설묘지·사설화장시설, 또는 사설봉안시설을 설치한 자가 제공하는 화장, 묘지분양 및 관리업 관련 용역은 부가가치세가 면제되는 것이나, 그 이외의 용역인 「동물보호법」 제32조 규정에 의한 동물장묘업은 이에 해당되지 아니하여 부가가치세가 과세된다.[123]

(3) 산후조리원 관련 용역

1) 산후조리원에서 제공하는 마사지의 부가가치세 면세 여부

「모자보건법」 제2조 제11호에 따른 산후조리원에서 분만 직후의 임산부나 영·유아에게 제공하는 급식·요양 등의 용역에 대하여 부가가치세를 면세한다.[124]

2) 산모·신생아 돌보미 용역을 제공하고 사회복지서비스이용권 외에 본인 부담으로 받는 대가에 대한 면세 여부

산모·신생아 돌보미 용역을 제공하는 사업자가 일정액의 비용을 지원받는 보호대상자(산모·신생아)에게 해당 용역을 제공하고 그 대가를 사회복지서비스이용권으로 받는 가액에 대하여는 면세하나, 보호대상자의 부담으로 하는 가액에 대하여는 해당 면세규정을 적용하지 아니한다.[125]

☞ 2012.2.2. 이후 공급분부터 산후조리원에서 급식·요양 등의 용역 면세로 전환

---

120) 법규부가 2012-29, 2012.05.09
121) 부가-982, 2012.09.27
122) 서삼 46015-10003, 2004.01.05
123) 부가-927, 2013.10.08
124) 부가-967, 2014.12.08
125) 부가가치세과-1657, 2010.12.14

(4) 폐기물처리용역

1) 의료폐기물 처리비용에 대한 부가가치세 면세 여부

「폐기물관리법」 제25조의 규정에 의하여 생활폐기물 또는 의료폐기물의 폐기물처리업 허가를 받은 사업자가 공급하는 생활폐기물 또는 의료폐기물의 수집·운반 및 처리용역은 부가가치세가 면제되는 것이나, 혼합재활용품 처리 후 발생하는 잔재폐기물은 사업장폐기물에 해당하므로 이는 부가가치세 면제대상에 포함되지 아니한다.[126)]

2) 폐기물처리업자가 지방자치단체 폐기물처리시설을 위탁운영하고 받는 대가의 면세 여부

「폐기물관리법」에 따라 폐기물중간처리업 허가를 받은 사업자가 지방자치단체의 음식물류 폐기물처리시설(당해 폐기물중간처리업의 허가 사업장이 아님)을 위탁운영하고, 당해 시설의 위탁운영에 따른 소요경비(운영비)를 지방자치단체로부터 받는 경우에는 부가가치세가 과세된다.[127)]

3) 생활폐기물 수집·운반 및 처리용역을 제공하는 경우

「폐기물관리법」 제25조에 따라 폐기물처리업 허가를 받은 사업자가 생활폐기물 수집·운반 및 처리용역을 제공하는 경우 부가가치세를 면제하는 것이나 사업장생활폐기물 수집·운반업 허가를 받은 사업자가 지방자치단체와 위탁계약을 체결하고 사업장생활폐기물 처리대행용역을 제공한 경우에 대해서는 이에 해당하지 아니한다.[128)] ☞ 「폐기물관리법」의 개정으로 일반폐기물이 생활폐기물과 사업장폐기물로 구분됨에 따라 1997.5.31. 시행규칙 개정 시 생활폐기물 처리용역은 면세하고, 사업장폐기물 처리용역은 과세로 전환되었다.[129)]

4) 일반폐기물수수료 종량제 실시에 따른 규격봉투 판매 시

「폐기물관리법」 및 지방자치단체의 조례에 의거 일반폐기물수수료 종량제 실시에 따라, 지방자치단체에 규격봉투 판매소로 지정을 받은 자가 지방자치단체 또는 일반폐기물처리업 허가를 받은 자로부터 규격봉투를 구입하여 일반폐기물관리조례에서 규정한 가격으로 당해 규격봉투를 판매하는 경우에는 부가가치세가 면제된다.[130)] 그러나 종량제 쓰레기봉투를 판매하고 판매수수료를 받는 경우 동 판매수수료에 대하여는 부가가치세가 과세된다.[131)]

5) 축산폐수의 해양배출 처리용역의 면세 여부

「해양오염방지법」 제18조 규정에 의하여 폐기물해양배출업 등록을 한 자가 축산폐수를 수집·운

126) 부가-836, 2012.08.01
127) 부가-475, 2013.05.28
128) 부가-264, 2013.03.22
129) 부가-217, 2014.03.24
130) 부가 46015-84, 1995.01.11
131) 부가-690, 2012.06.15

반하여 이를 공해상에 해양배출 처리하는 처리용역은 의료보건용역에 해당하여 부가가치세가 면세된다.[132]

6) 재활용 선별잔재물 위탁처리용역의 면세 여부

「폐기물관리법」 제25조에 따라 폐기물 종합재활용업 허가를 받은 사업자가 지방자치단체와 체결한 재활용 선별잔재물(이하 "폐합성수지") 위탁처리 용역계약에 따라 폐합성수지를 운반·처리하는 경우 해당 폐합성수지 운반·처리용역은 생활폐기물의 운반·처리용역이나 재활용용역에 해당하지 않아 의료보건용역이 아니므로 부가가치세가 면세되지 않는다.[133]

(5) 수의용역

1) 수의사가 지자체와 위탁계약 유기동물의 진료용역 면세 여부

동물병원을 개설한 수의사가 지방자치단체와 위탁계약을 체결하여 제공하는 유기동물(개, 고양이 등)에 대한 보호, 관리와 진료용역은 면세대상에 포함되지 않는다.[134]

2) 동물의 혈장, 농축적혈구, 기타 혈액제제 등이 부가가치세법 제26조 제1항 제5호에 따라 부가가치세가 면세되는 혈액에 해당하지 않는다.[135]

3) 가축에 해당하지 아니하는 애완동물에 대한 진료용역

「축산물 위생관리법」에 따른 '가축'에 해당하지 아니하는 애완동물('토끼' 포함)에 대한 수의사의 진료용역은 부가가치세 면세를 적용할 수 없다.[136]

4) 국립병원이 공급하는 애완동물 진료용역의 부가가치세 과세 여부

국립병원이 공급하는 애완동물 진료용역의 경우 2011.7.1 이후 최초로 개시되는 의료보건용역부터 부가가치세가 과세된다.[137]

(6) 한의사가 제공하는 의료용역

1) 한의사가 제공하는 주름살제거술 등 면세 여부

한의사가 유방확대·축소 또는 주름살제거를 목적으로 하는 침술이 요양급여의 대상에서 제외되는 미용목적 성형수술에 해당되는 경우에는 2011.7.1. 이후 공급하는 분부터 부가가치세 면세대상에서 제외된다.[138]

---

132) 부가가치세제과-503, 2007.06.27
133) 사전-2021-법령해석부가-1019[법령해석과-2809], 2021.08.17
134) 부가-628, 2012.05.31
135) 기획재정부 부가가치세제과-527, 2023.08.09.
136) 법규부가 2011-275, 2011.07.08
137) 부가-683, 2011.06.30
138) 부가-1037, 2011.08.31

2) 한약사가 제공하는 조제용역의 면세 여부

한약사가 한의사의 처방전에 의하여 한약을 조제하는 것(보건복지부장관이 정하는 한약처방의 종류 및 조제방법에 따라 조제하는 경우를 포함)은 부가가치세가 면제된다.[139] ☞ 한약사들은 보건복지부 고시 제1995-15호(1995.3.15)「한약처방의 종류 및 조제방법에 관한 규정」에 따라 (별표1)의 100가지 처방에 대해서는 한의사의 처방에 의하지 아니하고 직접 조제할 수 있다.

3) 한약업사가 한약을 조제하여 판매하는 것이 부가가치세 면세대상인지 여부

「약사법」 제2조 제2항에 의하면, 약사(藥師)라 함은 한약에 관한 사항을 제외한 약사에 관한 업무(한약조제에 관한 사항을 포함한다)를 담당하는 자이고, 한약사(漢藥師)라 함은 한약 및 한약조제에 관련된 약사에 관한 업무를 담당하는 자로서 보건복지부장관의 허가를 받은 자를 말한다고 규정하고 있는데, 그렇다면 한약업사가 한약을 조제하여 판매하는 것이 "「약사법」에 의한 약사가 제공하는 의약품 조제용역에 해당된다"는 청구인의 주장은 받아들이기가 어려운 것으로 판단된다.[140] 따라서, 과세관청이 면세사업자용 사업자등록증을 교부하고 여러 차례에 걸쳐 이를 검열한 사실이 있다거나 사업 개시 이후 부가가치세를 과세하지 아니하였다는 사정만으로는 신의성실의 원칙에 위배되거나 비과세관행이 성립하였다고 볼 수는 없다.[141]

4) 한약재를 농업진흥청의 지정을 받아 판매 시 부가가치세 면세 여부

국내에서 재배한 약초를 단순히 건조하여 공급하는 경우에는 농산물이나 임산물에 해당되어 면세되나, 사실상 한약재로 가공하여 독립된 거래단위로 포장공급하는 경우에는 부가가치세가 면제되지 아니한다.[142]

5) 한약재를 본래 성상이 변하는 정도의 가공을 거쳐 공급하는 경우 부가세 과세 여부

우리나라에서 생산된 식용에 공하지 아니하는 농산물·임산물을 원생산물의 본래 성상이 변하지 아니하는 정도의 원시가공을 거쳐 공급하는 경우에는 부가가치세가 면제되는 것이나, 작약 등 20여 종의 한약재를 본래 성상이 변하는 정도의 가공을 거쳐 독립된 거래단위로 포장하여 공급하는 경우에는 부가가치세가 과세된다.[143]

6) 북한산 녹용을 미세 절단하여 소량 포장판매하는 경우 부가가치세 면세 여부

북한 지역에서 생산된 농산물·축산물·수산물·임산물로서 원생산물 또는 원생산물의 본래 성상이 변하지 아니하는 정도의 원시가공을 거친 것은 부가가치세가 면제되고, 부가가치세가 면제되는 북한산 녹용을 원생산물의 본래 성상이 변하지 아니하는 정도로 절단하여 단순히 소량으

139) 부가가치세과-859, 2011.08.02
140) 국심 2003부3110, 2003.12.30
141) 국심 2003부846, 2003.05.12
142) 부가 46015-1507, 1994.07.20
143) 부가 46015-2576, 1993.10.29, 재소비 46015-182, 1996.06.19

로 포장하여 판매하는 경우에는 부가가치세가 면세된다.[144)]

7) 원외탕전실 관련 세무사항

서울 시내에 개원하고 있는 한의사가 「의료법」에 따라 원외탕전실을 경기도 남양주에 설치하여 주무관할관청에 인허가 후, 공동이용하는 한의원과 공동이용계약을 체결하고, 원외탕전실을 공동이용하는 한의사가 준 처방전대로 원외탕전실에 배치된 한약사가 한약을 조제하여 공동이용하는 한의사에게 공급하고 계약에 의거 관련 제비용을 청구하는 경우, 한의원이 원외탕전실을 설치하고, 그 원외탕전실이 다른 한의원의 처방전에 의하여 그 다른 한의원에게 조제용역을 공급하고 대가를 받는 경우 당해 원외탕전실은 사업장에 해당하는 것이며, 그 조제용역의 공급은 부가가치세가 면세된다.[145)]

(7) 임상용역

1) 의료기관 등의 임상시험용역 부가가치세 과세 여부

「약사법」 제34조의 2에 따른 임상시험실시기관이 임상시험용역을 의약품제조업자 등에게 공급하는 경우 의료보건용역의 공급에 해당하지 않으며, 시행규칙 제32조에 따른 새로운 이론·방법·공법 또는 공식 등에 관한 연구용역의 공급에 해당하지 않는다. 이는 2014.3.17. 이후 최초로 임상시험용역계약을 체결하는 분부터 과세한다(국세예규심사위원회 결정).[146)]

(8) 약사가 제공하는 의약품 조제용역

1) 약국유통체인망 사업자가 받는 가입비 및 별도로 지원하는 물품의 과세 여부

약국유통체인망을 구축한 사업자가 회원제계약을 체결하여 약국에서 필요한 의약품 외의 물품과 용역을 제공함에 있어서 약국사업자에게 당해 사업자의 상표·디자인·경영매뉴얼 사용 및 영업지도·교육 등의 용역을 제공하고 가입비를 받는 경우 당해 가입비에 대하여는 부가가치세가 과세되는 것이며, 이 경우 동 계약에 따라 당해 용역공급과는 별도로 약국에서 필요한 일부 재화를 무상 지원하기로 한 경우 당해 재화의 공급에 대하여는 사업상증여로 보아 부가가치세가 과세된다.[147)]

2) 약사가 의사의 처방전에 의한 소모성재료 판매 시 부가가치세 면세 여부

의료보건용역으로서 「약사법」에 따른 약사가 제공하는 의약품의 조제용역은 부가가치세가 면제되는 것으로 의약품의 조제용역 및 그에 필수적으로 부수되는 재화인 의약품만을 포함한다. 즉, 소모성재료인 채혈검, 인슐린주사기 또는 주사바늘은 「의료기기법」에 따른 의료기기로서 의약

144) 서삼 46015-10249, 2003.02.13
145) 부가가치세과-1034, 2009.07.21
146) 재부가-236, 2014.03.17
147) 재소비 46015-119, 1998.06.08

품에 해당하지 아니하므로 의약품 조제용역을 공급하는 것으로 보기 어렵다.[148)]

(9) 의료 및 보건 용역

1) 병원에서 의사가 자연치유교육 등을 제공하고 대가를 받는 경우

의사가 병원 내에서 내원 환자들 중 신청자를 대상으로 자연치유교육과 건강체크프로그램 등을 별도로 제공하고 대가를 수령하는 경우에는 부가가치세가 면제되는 의료보건용역, 교육용역의 범위에 포함되지 않는다.[149)]

2) 「노인요양보험법」에 따른 수급자의 일상생활 및 신체활동 지원에 필요한 용구공급

의료기기 도·소매사업자가 「노인장기요양보험법」 제32조 및 같은 법 시행규칙 제12조에 따라 재가장기요양기관으로 관할구청에 설치 신고를 하고 「노인장기요양보험법」 제23조 제1항 제1호 바목에 따른 수급자의 일상생활·신체활동 지원에 필요한 용구로서 보건복지부장관이 정하여 고시하는 것(이하 "복지용구")을 장기요양인정을 받은 자에게 공급하는 경우, 해당 복지용구 중 「조세특례제한법 시행령」 제105조 각 호에 열거된 품목의 공급에 대하여는 영세율을 적용하는 것이나, 열거되지 아니한 품목의 공급에 대해서는 「부가가치세법」 제30조에 따른 세율(10%)을 적용한다.[150)]

3) 입원환자의 보험적용 수술과 성형수술 병행 시 부가가치세 적용방법

과세분과 면세분에 대한 공급가액은 실지귀속에 따라 계산하되, 그 실지귀속을 구분할 수 없는 때에는 공급 당시 구분되는 과세공급가액과 면세공급가액의 비율에 따라 산정된 가액으로 하여 각각 계산한다.[151)]

4) 유방절제술을 받은 환자에게 제공하는 유방재건술의 면세 여부

유방절제수술을 한 후 이와 병행하는 유방재건술은 유방확대·축소술의 범위에 포함된다.[152)] ☞ 2013.2.15. 이후 공급하는 분부터 유방암 수술에 따른 유방재건술은 면세된다.

5) 휜다리 교정을 위하여 지방흡인을 하는 경우 면세 여부

휜다리를 교정하기 위한 필수적 시술의 일부로 지방을 흡인하는 부분이 포함된 진료용역을 제공하는 때에는 면세대상이다. 시술의 목적, 방법, 대가 산정방법 등 제반 사실관계를 종합적으로 고려하여 판단하여야 할 사항이다.[153)]

---

148) 사전법령해석부가 2016-4125, 2016.09.22
149) 부가-850, 2013.09.17
150) 서면법규과-1122, 2013.10.15
151) 부가-178, 2012.02.20
152) 부가-724, 2011.07.04
153) 부가-1035, 2011.08.31

6) 보톡스, 필러와 같이 일시적으로 주름을 완화하는 제거술의 면세 여부

엔도타인 리프팅 등 영구적인 주름살제거수술뿐 아니라 보톡스, 필러와 같이 일시적으로 주름살을 완화하는 간단한 약물투여(주사) 시술의 경우에도 「국민건강보험법」 제39조 제3항에 따라 요양급여의 대상에서 제외되는 미용목적 성형수술(주름살제거술 등)에 해당되는 경우 2011.7.1. 이후 공급분부터 부가가치세 면세되지 아니한다(과세전환 : 비급여항목의 미용목적 성형수술과 그로 인한 후유증치료).[154)]

7) 청소용역의 면세 여부

소독업의 신고를 한 사업자가 공급하는 소독용역은 부가가치세가 면세되는 것이나, 사업자가 면세되는 소독용역에 해당하지 아니하는 청소용역을 제공하는 경우에는 부가가치세가 과세된다.[155)]

8) 노인의료복지시설의 면세 여부

「노인복지법」에 규정하는 유료노인전문요양시설을 설치하고 치매·중풍 등 중증환자들을 입소시켜 급식·요양·재활치료 및 기타 일상생활에 필요한 편의를 제공하고 받는 대가는 의료보건용역에 해당하지 않아 과세되는 것이나, 중증환자에 대한 재활치료 등의 용역을 제공하는 유료노인전문요양시설을 설치한 사업자가 「의료법」에 의한 의료기관에 해당하여 의료보건용역을 제공하는 경우에는 부가가치세가 면세된다. ☞ 2008.7.1. 이후 공급분부터 「노인장기요양법」에 의한 장기요양기관이 장기요양인정을 받은 자에게 공급하는 가사활동의 지원 및 간병 등의 용역에 대하여 면세를 적용한다.[156)]

9) 제대혈 보관용역의 면세 여부

「의료법」에 의하여 설립된 의료기관이 제대혈을 채취하여 일정기간 동안 초저온 상태로 냉동보관하여 주고 그 대가를 받는 경우 의료보건용역에 해당되지 아니하여 부가가치세가 과세된다.[157)]

10) 양방병원 사업자가 병원 일부를 한방병원으로 임대하였을 경우 부가세 과세 여부

양방병원 사업자가 한방병원 사업자와 협약에 의하여 자기의 병원건물 일부분을 한방병원에 임대함에 있어서 쌍방이 상호 독립된 자격으로 각각 운영하되 자기의 의료기자재 이용 및 검사와 환자음식 제공 등을 포함하는 조건으로 하여 별도의 보증금이나 임대료를 받는 대신 한방병원의 외래 및 입원환자에 대한 월별 의료수입금액의 일정비율로 받기로 한 경우 당해 용역제공 대

154) 부가-397, 2011.04.14
155) 상담3팀-1272, 2008.06.25
156) 상담3팀-38, 2005.12.16
157) 서면3팀-446, 2004.03.08

가에 대하여는 부가가치가 과세되는 것이다. 다만, 이 경우 제공하는 용역 중 의료검사용역이 면세하는 의료보건용역범위 및 이에 필수적으로 부수되는 용역에 해당하는 경우에는 부가가치세가 면제된다.[158] 또한 이 경우 회계처리는 기업회계기준과 일반적으로 공정하고 타당한 회계관습에 의한다.

11) 면세사업자의 과세재화 공동구매 시 세금계산서 교부 가능 여부

부가가치세가 면제되는 의료업을 영위하는 자가 부가가치세가 과세되는 재화인 의료용소모품 및 의료용품 등을 다른 의료업자와 공동으로 구입하고 세금계산서를 교부받은 경우 당해 의료업을 영위하는 자는 교부받은 세금계산서에 기재된 공급가액의 범위 내에서 동 의료용소모품 및 의료용품 등을 실지로 사용·소비하는 다른 의료업자를 공급받는 자로 하여 세금계산서를 교부할 수 있다.[159]

12) 병·의원에서 불법적인 의약품 판매행위를 할 경우 부가가치세 면세 여부

「의료법」의 규정에 의하여 의료기관을 개설한 자가 의사의 처방 없이 영양제나 빈혈약 등 의약품을 단순히 판매하는 경우에는 부가가치세가 면제되지 아니한다.[160]

13) 「의료법」에 따라 개설된 의료기관이 아닌 자가 제공하는 의료용역

「의료법」상의 의료기관 또는 「약사법」상의 약국을 개설하지 않은 자가 의료용역 또는 조제용역 등을 제공하고 "평생진료금" 또는 "건강관리비" 명목으로 그 대가를 받는 경우에는 부가가치세가 과세된다.[161]

14) 사무장병원의 부가가치세 면세 여부 등

「의료법」에 따른 의사, 치과의사, 한의사 등이 아닌 자(이하 "비의료인"이라 한다)가 의료인 명의로 병원을 개설하여 비의료인의 책임과 계산하에 공급하는 의료용역은 부가가치세가 면제되는 의료보건용역에 해당하지 아니하는 것이며, 이 경우 면세사업자명의로 발급받은 세금계산서의 매입세액은 등록 전 매입세액에 해당하여 비의료인의 매출세액에서 공제되지 아니한다.[162]

158) 제도 46015-11295, 2001.06.02
159) 서면3팀-41, 2005.01.10
160) 부가 46015-715, 2000.04.03
161) 부가 46015-3921, 2000.11.28
162) 기준-2016-법령해석부가-0039[법령해석과-1172], 2016.04.08

Ⅱ 교육용역

1. 면세대상 교육용역

(1) 면세 취지

교육이념상 교육은 홍익인간의 이념아래 모든 국민으로 하여금 인격을 도야하고 자주적 생활능력과 민주시민으로서 필요한 자질을 갖추게 함으로써 인간다운 삶을 영위하게 하고 민주국가의 발전과 인류공영의 이상을 실현하는 데에 이바지하게 함을 목적으로 한다.(교육기본법 제2조) 「부가가치세법」은 이러한 교육과 관련된 재화 또는 용역을 제공할 경우 일정 요건에 대해 부가가치세를 면세하고 있다.

(2) 개요

교육용역으로서 다음의 어느 하나에 해당하는 시설 등에서 학생, 수강생, 훈련생, 교습생 또는 청강생에게 지식, 기술 등을 가르치는 것은 부가가치세를 면세한다(부법 26 6, 부령 36 ①). 이 경우 교육용역을 인·허가 등 없이 제공하는 경우 및 인·허가 등 대상이 아닌 교육용역은 과세되고, 교육용역의 수강료에 포함된 교재, 실습교재, 교육용구의 대금도 면세되며, 별도로 받는 경우도 부수되는 재화와 용역대가로 면세를 적용한다.

① 주무관청의 허가 또는 인가를 받거나 주무관청에 등록되거나 신고된 학교, 학원, 강습소, 훈련원, 교습소 또는 그 밖의 비영리단체
② 「청소년활동진흥법」 제10조 제1호에 따른 청소년수련시설
③ 「산업교육진흥 및 산학연협력촉진에 관한 법률」 제25조에 따른 산학협력단
④ 「사회적기업 육성법」 제7조에 따라 인증받은 사회적기업
⑤ 「과학관의 설립·운영 및 육성에 관한 법률」 제6조에 따라 등록한 과학관
⑥ 「박물관 및 미술관 진흥법」 제16조에 따라 등록한 박물관 및 미술관
⑦ 「협동조합기본법」 제85조 제1항에 따라 설립인가를 받은 사회적 협동조합
⑧ 영유아보육법」 제10조에 따른 어린이집(국공립어린이집이나 직장어린이집이 위탁하여 운영하는 경우를 포함한다)

(3) 과세대상 교육용역

1) 개요

다음의 어느 하나에 해당하는 학원에서 가르치는 것은 부가가치세 면세대상 교육용역에서 제외한다(부령 36 ②).

① 「체육시설의 설치·이용에 관한 법률」 제10조 제1항 제2호의 무도학원

② 「도로교통법」 제2조 제32호의 자동차운전학원

2) 무도학원

「체육시설의 설치·이용에 관한 법률」 제10조 제1항 제2호의 무도학원은 과세하되, 수강료를 받고 국제표준무도(볼룸댄스)를 교습하는 것으로 평생교육시설 및 노인복지시설에서 교양강좌로 하는 경우와 「학원의 설립·운영 및 과외교습에 관한 법률」에 따른 무용학원은 기존대로 면세를 유지한다. 본 규정은 2011.7.1. 이후 용역 제공이 개시되는 분부터 적용한다.

3) 자동차운전학원

자동차운전학원이란 자동차 등의 운전에 관한 지식·기능을 교육하는 시설로서 자동차 등에는 「도로교통법」 제80조에 따라 운전면허를 받아야 하는 건설기계(건설기계관리법 시행규칙 제73조)를 포함한다. 본 규정은 2012.7.1. 이후 최초로 용역의 제공이 개시되는 분부터 적용한다.

2. 정부의 허가 또는 인가의 개념

(1) 허가·인가의 해석범위

부가가치세가 면세되는 교육용역은 주무관청의 허가·인가 또는 승인을 얻어 설립하거나 주무관청에 등록 또는 신고한 학원·강습소 등 및 「청소년기본법」에 의한 청소년 수련시설에서 지식·기술 등을 가르치는 것을 말하는 것으로, 이 경우 정부의 허가 또는 인가라 함은 관련 법령의 규정에 의하여 시설·교습과정·정원 등에 대한 일정한 자격을 갖추어 주무관청으로부터 그 설립이 허용되는 경우로서, 신고나 등록에 관한 관련 법령에 따라 주무관청의 지휘·감독의 범위 내에 포함되거나 실제 지휘·감독을 받는 경우를 포함한다.[163)]

(2) 비영리단체가 제공하는 교육용역에 대한 면세 적용요건

「부가가치세법」에서 면세대상 교육용역의 요건으로 '정부의 허가나 인가'를 요구하고 있는 이유는 정부가 당해 학교나 학원 등의 교육기관을 지도·감독하겠다는 것인 점, '기타 비영리단체'를 학원·강습소·훈련원·교습소와 병렬적으로 나열하고 있는 점 등을 종합하면, '기타 비영리단체'라 함은 정부의 허가나 인가를 받아 설립된 모든 비영리단체를 의미하는 것이 아니라, 「초·중등교육법」, 「고등교육법」, 「영유아보육법」, 「유아교육법」, 「학원의 설립·운영 및 과외교습에 관한 법률」, 「체육시설의 설치·이용에 관한 법률」, 「평생교육법」 등과 같이 학교나 학원 등에 대한 구체적 시설 및 설비의 기준을 정한 법률에 따른 허가나 인가를 받아 설립된 비영리단체를 의미한다.[164)]

---

163) 부가 46015-681, 1997.03.28
164) 대법원2007두23255, 2008.06.12

(3) 교육기관 등이 주무관청 등에 신고나 등록한 것이 정부의 허가 또는 인가로 볼 수 있는 지

「부가가치세법」 제12조 제1항 제5호는 교육용역 중 대통령령이 정하는 것을 면세대상으로 규정하고 있고, 그 위임을 받은 시행령 제30조는 정부의 허가 또는 인가를 받은 학교·학원·강습소·훈련원·교습소 기타 비영리단체 및 「청소년활동진흥법」 제10조 제1호의 규정에 의한 청소년수련시설에서 학생·수강생·훈련생·교습생 또는 청강생에게 지식·기술 등을 가르치는 것을 면세대상으로 규정하고 있는바, 위와 같은 학원에 대하여 면세사업의 요건으로 정부의 허가 또는 인가를 받도록 한 취지가 교육기관을 정부의 지도·감독 하에 두겠다는 취지이므로, 형식적인 허가 또는 인가가 없었다고 하더라도 당해 교육기관 등이 주무관청 등에의 신고나 등록에 의하여 지휘·감독의 범위 내에 포함된다면 이는 정부의 허가 또는 인가라는 개념을 둔 소기의 목적이 달성된 것으로 볼 수 있어 '정부의 허가 또는 인가'라 함은 학원법에 따라 '주무관청에의 등록 또는 신고'한 경우도 포함하고 있는 것으로 보아야 할 것이고, 그 교육기관이 제공한 교육용역도 면세대상에 포함된다고 봄이 상당하다(대법원 1985. 9. 10. 선고 84누391 판결 등 참조).[165] .

3. 교육용역의 면세 범위[166]

(1) 부가가치세가 면제되는 교육용역의 공급에 통상적으로 부수되는 재화 또는 용역의 공급

면세하는 교육용역은 주무관청의 허가·인가 또는 승인을 얻어 설립하거나 주무관청에 등록 또는 신고한 학원·강습소 등과 「청소년활동진흥법」에 따른 청소년수련시설 등에서 지식·기술 등을 가르치는 것을 말하며, 그 지식 또는 기술의 내용은 관계없다. 이 경우 부가가치세가 면제되는 교육용역의 공급에 통상적으로 부수되는 재화 또는 용역의 공급은 면세용역의 공급에 포함된다.

(2) 교재·실습자재 그 밖에 교육용구의 대가

교육용역 제공 시 필요한 교재·실습자재 그 밖에 교육용구의 대가를 수강료 등에 포함하여 받거나, 별도로 받는 때에는 주된 용역인 교육용역에 부수되는 재화 또는 용역으로서 면세된다.

(3) 일반이용자에게 교육시설만 대여하는 경우

「청소년활동진흥법」에 따른 청소년수련시설에서 학생·수강생·훈련생 등이 아닌 일반이용자에게 해당 교육용역과 관계없이 음식·숙박용역만을 제공하거나 실내수영장 등의 체육활동시설을 이용하게 하고 받는 대가는 과세된다.

165) 조심2013중1762, 2013.11.18
166) 부가집 26-36-1

(4) 사실상 지휘·감독의 범위 내에 포함되어 있는 경우

허가 또는 인가 등이 없었다고 하여도 해당 교육기관이 주무관청 등에 신고·등록하여 관련 법령에 따라 지휘·감독의 범위 내에 포함되거나 실제 지휘·감독을 받은 사실이 있는 때에는 정부의 허가 또는 인가 등을 받은 것으로 본다.

(5) 노하우(Know-How) 등을 제공하는 경우

면세되는 학원을 운영하는 사업자가 다른 학원운영자에게 상호, 상표, 교육프로그램, 학원경영 노하우(Know-How) 등을 제공하고 그에 대한 대가를 받는 경우에는 과세된다.

(6) 평생교육시설 사업자가 출강하여 교육용역을 제공하는 경우

「평생교육법」에 따라 지식·인력개발사업 관련 평생교육시설로 신고한 사업자가 신고한 내용의 범위 내에서 기업체 등과 계약을 체결하고 출장하여 외국어 등에 대한 교육용역을 제공하는 경우에는 부가가치세가 면제되는 교육용역에 해당한다.

(7) 과학관·박물관·미술관 교육용역의 제공대가는 면세용역이다.

4. 교육용역의 면세·과세 사례

(1) 면세되는 사례

① 인·허가 등을 받은 체육도장(권투·레슬링·태권도·유도·검도·우슈)의 교습용역.[167] 합기도 등 체육시설 신고대상이 아닌 곳의 교습용역은 과세됨

② 학원의 운영자가 기업체에 일시적 출장교육용역[168]

③ 「평생교육법」 규정에 의한 시설을 갖추고 교육부장관에게 신고 필 후 공급하는 교육용역[169]

④ 교통안전공단이 제공하는 교통사고분석사 교육용역[170]

⑤ 청소년 수련시설에서 교육용역과 부수하여 제공하는 음식·숙박용역[171]

⑥ 면세되는 학습지를 주된 재화로 하고 진도관리 서비스 및 전화영어말하기 회화 서비스를 당해 학습지와 함께 통상 하나의 공급단위로 공급하는 경우에는 부가가치세가 면제되는 것임[172]

⑦ 지방자치단체가 설립한 교육시설로서 「학원의 설립·운영 및 과외교습에 관한 법률」이나 「평생

167) 재부가 22601-1182, 1990.11.27
168) 부가 46015-131, 2000.01.18
169) 제도 46015-11172, 2001.05.18
170) 제도 46015-12403, 2001.07.26
171) 부가 46015-2031, 2000.08.21
172) 부가가치세과-1259, 2010.09.28

교육법」 등에 따라 주무관청에 등록할 대상이 아닌 영어센터를 같은 법률에 따라 주무관청에 등록한 민간교육기관이 수탁받아 운영하면서 교육용역을 제공하는 경우 해당 교육용역의 제공은 면세되는 것임[173]

(2) 과세되는 사례

① 인·허가 없이 제공하는 방문교육[174]

② 기업의 인력·조직관리 등에 관한 교육지도용역[175]

③ 대한요가협회 및 그 지부에서 제공하는 요가 교습용역[176]

④ 에어로빅장의 시설·운동기구의 사용료[177]

⑤ 주무관청의 허가·인가대상이 아닌 에어로빅장은 과세[178]

⑥ 승마장을 운영하는 사업자가 농림축산식품부에 신고한 승마시설은 주무관청의 허가 또는 인가를 받거나 주무관청에 등록되거나 신고된 학교, 학원, 강습소 등에 해당하지 아니하므로 해당 승마시설에서 학생들에게 재활치료 및 승마기술을 가르치는 교육용역은 부가가치세가 면제되는 교육용역에 해당하지 아니하는 것임[179]

⑦ 별도로 공급하는 학습보조도구인 차시별 학습자료[180]

5. 관련 사례

(1) (원격)평생교육시설을 통해 공급하는 용역의 면세 해당 여부

1) 원격평생교육시설로 신고하지 아니한 학원사업자

학원사업자(원격 평생교육시설 미신고사업자)가 원격 평생교육시설로 신고한 사업자와의 업무제휴를 통하여 학원사업자가 제공한 온라인교육용역에 대하여 수강료중 일부를 지급 받는 경우 면세되는 교육용역에 해당하지 않는다.[181]

2) 평생교육시설로 신고하고 인터넷 교육용역(인터넷방송강의 유료서비스) 제공 시 면세 여부

「평생교육법」에 의하여 원격교육 형태의 평생교육시설(10명 이상의 불특정 학습자에게 30시간 이상의 교습과정에 따라 화상강의 또는 인터넷강의 등을 통하여 지식·기술·기능 및 예능에 관

173) 서면법규과-1333, 2013.12.09
174) 부가 46015-2398, 1999.08.10
175) 부가 46015-916, 1995.05.22
176) 소비세제과-471, 2005.11.16
177) 부가 46015-4110, 1999.10.09
178) 상담3팀-3079, 2007.11.12
179) 법규부가 2013-564, 2014.02.04
180) 제도 46015-10787, 2001.04.25
181) 법령해석과-1830, 2016.06.03

한 교육을 실시하는 시설) 등을 갖추어 교육부장관에게 신고를 필한 후 인터넷을 이용하여 교육용역을 제공하고 그 대가를 받는 경우에는 부가가치세가 면제된다.[182] 또한, 정부의 허가 또는 인가를 받은 학교 및 기타 비영리단체의 인터넷 수강생에게 지식·기술 등을 가르치는 교육용역은 부가가치세가 면제되는 것이며, 대학교 산하단체인 비영리법인이 교육서비스인 인터넷방송강의 대가로 인한 계속적인 수입은 수익사업에서 제외되는 "원격대학을 경영하는 사업"에 해당되지 않으므로 각 사업연도 소득금액에 대한 법인세 과세표준 등의 신고를 하여야 한다.[183]

3) 학교부설 평생교육시설의 사회체육교육과정

학교부설 평생교육시설을 설치한 학교의 장이 「평생교육법」 규정에 의하여 당해 시설의 운영규칙 및 교육과정 등의 내용을 관할관청에 보고하고 당해 운영규칙 및 교육과정 등에 따라 사회체육교육과정을 운영하는 경우에는 부가가치세가 면세된다.[184]

4) 언론기관부설 평생교육시설 운영업

「평생교육법」에 의해 설치된 '언론기관부설 평생교육시설'이 제공하는 교육용역은 소득세 과세대상에서 제외하는 「소득세법」의 교육서비스업의 범위에 포함되지 아니한다.[185]

5) 전화통신 교육용역이 부가가치세 면세대상인지 여부

전화로 영어를 교육하는 용역은 한국표준산업분류표상 '방문 및 통신교육 학원(80933)'의 내용을 보면 ① 방문교육 ② 학습지활용 방문교육 ③ 통신이용 교육 ④ 인터넷이용 교육으로 되어 있고, 청구법인이 제공한 쟁점용역은 ③ 통신이용 교육에 해당함을 알 수 있다. 또한, 청구법인이 제공한 쟁점용역은 한국표준산업분류표상 '방문 및 통신교육 학원(80933)' 중 통신이용 교육에 해당하는 것으로, 이는 「학원의 설립·운영 및 과외교습에 관한 법률」 제2조 및 제8조에 규정하고 있는 학원의 형태에서 제공되지 않는 미인가 교육용역에 해당하여 부가가치세 면세대상에 해당하지 아니한다 하겠다.[186] 다만 「평생교육법」에서 정한 원격평생교육시설로 신고하고, 성인 및 어린이를 대상으로 필리핀에 거주하는 필리핀 강사를 고용하여 전화로 영어를 교육하는 용역은 2008.11.18. 이전 분에 대하여도 부가가치세가 면세된다.[187]

6) 원격평생교육시설 미인가 교육용역 해당 여부

부가가치세신고서류 및 대리점계약서 등에 의하면, 청구인은 2001.3.1 ○○○인 청구외법인과 매출액의 20% 상당금액을 지급하는 조건으로 ○○○ 제공에 관한 대리점계약을 체결하고 일반

182) 부가 46015-3991, 2000.12.12
183) 서면2팀-1219, 2005.07.27
184) 서삼 460145-10464, 2003.03.19
185) 소득-1296, 2010.12.31
186) 국심2002서0915, 2003.04.23
187) 서울고등법원2010누38174, 2011.09.15

수강생을 모집하여 쟁점교육용역을 제공한 후 계약조건에 따른 사용수수료를 청구외법인에게 지급하고 수취한 매입계산서를 근거로 「평생교육법」에 의하여 원격평생교육시설을 신고한 자가 정보통신매체를 통하여 교육용역을 제공하고 그 대가를 받는 경우에는 부가가치세가 면제되는 교육용역에 해당되는 것이나, 주무관청에 원격평생교육시설을 신고하지 아니한 자가 신고한 자와 지사계약을 체결하고 교육 및 자료, 기술 등을 지원받아 교육용역을 제공하고 그 대가를 받는 경우에는 부가가치세가 과세되는 것이므로, 이 건 과세기간에 주무관청에 신고한 사실이 없는 청구인이 제공한 쟁점교육용역을 미인가 교육용역으로 보아 부가가치세를 과세한 이 건 처분은 잘못이 없는 것으로 판단된다.[188]

(2) 부수재화·용역

1) 영어강의를 태블릿 PC에 저장판매시 부가가치세 과·면세 여부

부가가치세가 면제되는 전자출판물과 전자출판물을 재생하여 주는 단말기를 부수하여 통상 하나의 공급단위로 공급하는 경우로서 당해 단말기를 독립적으로 활용이 가능한 경우에는 전자출판물은 면세, 단말기는 과세된다.[189]

2) 도서 및 CD 판매 시 면세 여부

학원을 영위하는 사업자가 도서 및 CD를 제작하여 판매하는 경우에 있어서 도서의 판매는 부가가치세가 면제되는 것이나, CD의 경우에는 도서에 부수하여 그 도서의 내용을 담은 CD를 첨부하여 통상 하나의 공급단위로 공급하는 때에는 부가가치세가 면제되는 것이나, 도서와 별개로 CD를 공급하는 경우에는 부가가치세가 과세된다. 다만, 당해 CD를 별도로 판매하는 경우에 있어 당해 CD가 전자출판물의 범위에 해당하는 때에는 부가가치세가 면세된다.[190]

3) 교육용역에 부수되는 연수비 해당 여부

「평생교육법」에 의한 교육용역을 제공하는 면세사업자가 수강생을 대상으로 해외영어교육 연수를 실시함에 있어 부가가치세가 면제되는 교육용역의 제공에 필수적으로 부수되는 연수비용(인터넷영어교육 사용권, 항공료, 숙박비 및 식대, 현지 강사료, 교제, 인솔 강사비, 교통비, 관광비 및 레크리에이션비)은 부가가치세가 면제되는 용역의 공급에 포함하는 것이나, 당해 교육용역 제공과는 관계없이 단순히 관광 및 음식·숙박용역 등만을 제공하고 그 대가를 받는 경우에는 부가가치세가 과세된다.[191]

188) 국심2005서0864, 2005.07.27
189) 부가-3387, 2016.07.10
190) 서면3팀-367, 2005.03.16
191) 서면3팀-1340, 2005.08.22

4) 입시학원의 기숙사용역·음식물제공용역

① 기숙사용역의 부가가치세 과세 여부

정부의 허가 또는 인가를 받은 학원에서 제공하는 교육용역에 필수적으로 부수되는 재화 또는 용역(식대 및 기숙사비)의 공급은 부가가치세가 면세되는 것이나, 다만 필수적으로 부수되는지의 여부는 구체적 사실에 따라 판단할 사항이다.[192)]

② 기숙사업을 영위하는 사업자가 공급하는 음식용역의 의제매입세액공제방법

입시학원생을 대상으로 기숙사업을 영위하는 사업자가 면세농산물을 공급받아 과세되는 음식용역을 제공하는 경우에, 동 음식용역은 숙박업에 부수하여 공급되는 것이므로 의제매입세액공제 시 음식업의 공제율을 적용하지 아니한다.[193)]

5) 일일학습지 판매 시 면세 여부

학생들의 교양 또는 지식의 보급을 위하여 일일학습지를 판매하는 경우는 도서의 공급에 해당되어 부가가치세가 면세된다.[194)]

6) 사업자가 교육콘텐츠를 임대하면서 도서를 함께 공급하는 경우 도서의 과세 여부

사업자가 다른 사업자에게 교육용 콘텐츠를 임대하면서 부가가치세 면세대상 도서를 함께 공급하는 경우로서 해당 도서가 교육용역을 제공받기 위해 필수적으로 부수되는 교재에 해당하지 아니하고 교육용 콘텐츠 임대용역의 대가와 구분되는 경우 해당 도서의 공급에 대해서는 부가가치세를 과세하지 아니한다.[195)]

7) 교육용역 공급과정에서 생기는 폐전선을 공급하는 경우 세금계산서 발급 여부 등

부가가치세가 면제되는 교육용역을 공급하는 학원사업자가 수강생에게 전기 관련 교육용역을 제공하는 과정에서 필연적으로 생기는 폐전선을 공급하는 경우 부가가치세가 면세되는 것으로 학원사업자는 폐전선의 공급에 대하여 계산서를 발급하는 것이며, 이 경우 「조세특례제한법」 제106조의 9 '스크랩 등에 대한 부가가치세 매입자 납부특례' 적용대상에 해당하지 아니한다.[196)]

(3) 박물관 및 과학관에서 제공하는 수강료(해설관람료 및 심화교육비)

「과학관의 설립·운영 및 육성에 관한 법률」에 따른 사립과학관이나 「박물관 및 미술관진흥법」에 따른 사립박물관을 설립·운영하는 자가 각각 동 법에 따라 수행하는 사업의 범위 내에서 과학기술자료·박물관자료 등에 대한 해설이나 교육프로그램에 따른 교육용역을 제공하고 그 대가를 받는 경우 부가가치세가 면세된다.[197)]

---

192) 부가22601-1237, 1990.12.12., 부가46015-149, 1997.01.21
193) 부가46015-1177, 2000.05.25
194) 부가1265-1388, 1983.07.13
195) 법규부가2011-0339, 2011.09.21
196) 서면-2021-법령해석부가-7223 [법령해석과-4315], 2021.12.08
197) 기준법령해석부가2014-20045, 2015.04.20

(4) 학원이 제공하는 진학상담·지도용역

「학원의 설립·운영 및 과외교습에 관한 법률」에 따라 등록한 학교교과 교습학원으로서 같은 법 시행령 별표2에 따른 입시·검정 및 보습 분야의 진학상담·지도를 하는 학원이 학생 등에게 제공하는 진학상담·지도용역은 부가가치세가 면제된다.[198] ☞ 「학원의 설립·운영 및 과외교습에 관한 법률」(2011.07.25. 개정, 부칙에 따라 개정일 이후 3개월 경과 후부터 적용)과 같은 법 시행령 별표2가 2011.10.25. 개정(부칙에 2011.10.26.부터 시행)되어 상급학교 진학에 필요한 진학상담 및 지도(이하 입시컨설팅지도)용역의 경우에도 학원의 학습과정에 포함되었음

(5) 방문체험교육용역 부가가치세 과·면세 여부

주무관청의 허가 또는 인가를 받거나 주무관청에 등록되거나 신고된 학교에서 학교장의 책임하에 일정요건을 갖추어 교육용역을 제공하는 사업자에 대해서는 면세되는 교육용역으로 본다.[199] 그러나 관련 법령에 의하여 시설·교습과정 및 정원 등에 관한 일정한 요건을 갖추어 주무관청으로부터 허가 또는 인가를 받지 아니한 사업자가 각 가정을 방문하여 아동을 교육하는 사업은 교육용역에 해당되지 아니하여 부가가치세가 과세된다.[200]

(6) 지방자치단체가 노인종합문화회관을 설치하여 수영교습용역을 제공하는 경우

지방자치단체가 「노인복지법」 제37조에 따라 노인종합문화회관을 설치하여 평생교육프로그램의 일환으로 수영교습영역을 제공하는 경우 부가가치세가 면제된다.[201] ☞ 면세 근거 : 학부 등의 교육과정에 포함된 실습과정으로 보아 교육용역으로 볼 뿐만 아니라, 노인복지회관의 다른 교육과정과 더불어 있기 때문에 독립된 스포츠시설운영업을 영위한다고 볼 수 없다.

(7) 한국산업안전보건공단에 건설업 교육기관으로 등록한 사업자가 교육용역을 제공하는 경우

한국산업안전보건공단에 건설업 기초안전·보건교육기관으로 등록한 사업자가 건설근로자를 대상으로 건설업 안전보건교육용역을 제공하는 경우, 해당 용역은 부가가치세가 면세된다.[202]

(8) (사)한국수상레저안전연합회가 제공하는 조종면허연수교육의 부가가치세 면세

구 「수상레저안전법」 제39조의 2 및 같은 법 시행규칙 제31조의 2에 따라 부산해양경비안전서 장에게 동력수상레저기구 조종면허 실기시험 연수교육사업신고를 한 후 조정면허시험을 보는 응시자에게 조정면허 실기연수 교육용역을 제공하고 그 대가를 받는 경우 부가가치세가 면세된다.[203]

---

198) 재부가-279, 2013.04.24
199) 부가-317, 2014.04.11
200) 부가46015-2398, 1999.08.10
201) 법규부가2014-139, 2014.05.15
202) 법규부가2013-129, 2013.04.22
203) 사전2017-법령해석부가-0495, 2017.08.29

(9) 인사혁신처로부터 전문교육훈련기관으로 지정받아 공급하는 교육용역의 면세 여부

인사혁신처로부터 교육내용 및 교육과정·정원 등에 대하여 실질적인 관리감독을 받는 경우에는 면세되는 교육용역에 해당한다.[204]

(10) 출장강의가 면세대상 교육용역에 포함되는지 여부

「평생교육법」 제38조 및 같은 법 시행령 제67조에 따라 지식·인력개발사업 관련 평생교육시설로 신고한 사업자가 신고한 내용의 범위 내에서 기업체 등과 계약을 체결하고 출장하여 외국어 등에 대한 교육용역을 제공하는 경우에는 부가가치세가 면제된다.[205] 그러나, 「학원의 설립·운영 및 과외교습에 관한 법률」(이하 "학원법")에 따라 학원으로 등록한 개인사업자가 「학원법」에 따라 등록한 법인사업자와 교육용역계약을 체결하고, 개인사업자의 책임하에 소속강사를 파견하여 「학원법」에 등록한 교육과정 범위 내에서 상대 법인사업자의 수강생에게 출장교육용역을 제공하는 경우 해당 출장교육용역은 부가가치세가 면제되는 것이나, 해당 교육용역계약이 단순한 인력파견에 해당하여 법인사업자의 책임하에 수강생에게 교육용역을 공급하는 경우 개인사업자는 법인사업자에게 인력을 공급하는 것이므로 부가가치세가 과세된다.[206]

(11) 부가가치세가 면제되는 교육용역에 해당하는지 여부

사업자가 정부의 허가 또는 인가를 받은 학교 내에서 당해 학교의 학생을 대상으로 학교장의 책임하에 시설·수입금액관리·교육과정·정원 등에 관한 일정한 요건을 갖추어 제공하는 교육용역에 대하여는 교육용역의 범위에 포함되어 부가가치세가 면세된다.[207]

(12) 노동부장관으로부터 지정받아 교육용역을 제공하는 경우

사업자가 「근로자직업능력 개발법」 제28조 제1항에 따라 노동부장관으로부터 직업능력개발훈련시설로 지정받은 후 식품전문교육과정을 개설하여 근로자에게 교육용역을 제공하고 그 대가를 받은 경우, 해당 교육용역은 부가가치세가 면제되는 교육용역에 해당한다.[208]

(13) 입학검사비의 면세 여부

정부의 허가 또는 인가를 받은 학원을 운영하는 사업자가 입학을 희망하는 자에게 학원 교육과정의 수학능력검사 및 능력별 반 편성을 위한 입학검사용역을 제공하고 실비수준의 검사비를 받는 경우 해당 검사용역의 공급에 대하여는 부가가치세를 면세한다.[209]

---

204) 사전법령해석부가2015-340, 2015.11.02
205) 재부가-25, 2012.01.17
206) 사전-2022-법규부가-0048, 2022.01.27
207) 부가-457, 2011.05.03. 부가-457, 2011.05.03
208) 법규부가2010-103, 2010.04.30
209) 부가-228, 2010.02.24

(14) 체대입시학원의 면세 여부

체대입시학원은 「학원의 설립·운영에 관한 법률」이 적용되지 아니한다고 하며, 관할구청에서는 「체육시설의 설치 및 이용에 관한 법률」에도 적용되지 않는다고 하는 바, 면세하는 교육용역은 주무관청의 허가·인가 또는 승인을 얻어 설립하거나 주무관청에 등록 또는 신고한 학원·강습소 등 및 「청소년기본법」에 의한 청소년 수련시설에서 지식·기술 등을 가르치는 것을 말하는 것으로, 주무관청에 등록 또는 신고하지 아니한 학원·강습소 등에서 지식·기술 등을 가르치고 받는 대가는 부가가치세가 면제되는 교육용역에 해당되지 아니한다.[210]

(15) 사립박물관 승인내용에 따라 도자기공방 체험교실을 운영하는 경우

지방자치단체의 승인을 받아 사립박물관을 운영하는 자가 지방자치단체의 승인내용에 따라 박물관 내에 도자기공방 체험교실을 운영하면서 입장료와는 별도의 대가를 받는 경우 면세되는 교육용역에 해당된다.[211]

(16) 학원에서 상호·상표 등을 대여하고 대가를 받는 경우

부가가치세가 면제되는 학원을 운영하는 사업자가 다른 학원 운영사업자에게 자기의 상호, 상표 등의 사용 및 자체 개발한 교육프로그램, 학원경영 노하우 등을 제공하고 가맹비 및 월회비를 받는 경우 부가가치세가 과세된다.[212]

(17) 「체육시설의 설치·이용에 관한 법률」에 신고한 수영장에서 어린이들에게 수상안전교육 등을 공급하는 경우 부가가치세 면세

사업자가 「체육시설의 설치·이용에 관한 법률 시행규칙」 별표 4에 따른 수영장업시설 기준에 의한 어린이용 수영조를 갖추어 「체육시설의 설치·이용에 관한 법률」 제20조에 따라 주무관청(구청장)에 신고한 수영장에서 어린이들에게 수상안전교육, 생존수영교육, 영법교육 등 교육을 주된 용역으로 공급하면서 수영장 등 시설을 부수적으로 이용하게 하고 그 대가를 받는 경우에는 부가가치세가 면세된다.[213]

(18) 테니스 레슨용역이 부가가치세가 면세되는 교육용역인지 여부

「체육시설의 설치·이용에 관한 법률」의 체육시설에 해당하는 테니스장을 운영하면서 시설을 사용하게 하고 대가를 받는 경우에는 면세되는 교육용역에 해당하지 아니하여 부가가치세가 과세된다.[214]

---

210) 부가-1562, 2010.11.29
211) 상담3팀-2725, 2007.10.01
212) 상담3팀-1804, 2005.10.18
213) 기획재정부 부가가치세제과-673, 2017.12.20
214) 부가-299, 2013.04.05

(19) 심리상담연구소의 장애아동에 대한 상담 및 언어치료·심리발달교육

심리상담연구소는 「의료법」에 의한 의료기관에 해당하지 아니하고, 학원 등으로 정부의 인가 또는 허가를 받지 아니한 자가 인적·물적 설비를 갖추고 언어·행동 등에 장애가 있는 아동에 대한 상담·언어치료·심리발달교육 등의 용역을 제공함에 있어 동 상담용역은 「부가가치세법 시행령」 등의 규정에 의한 인생상담에 해당되나, 언어치료 및 심리발달 교육용역은 부가가치세가 과세되는 용역의 공급에 해당되므로, 동 상담용역을 위주로 공급하는 경우에는 부가가치세가 과세되지 아니하는 것이나 언어치료 및 심리발달 교육용역을 제공하는 경우 과세된다.[215)]

(20) 장애인직업재활시설 보호작업장의 면세

장애인직업재활시설로 주무관청에 신고된 장애인보호사업장을 운영하는 자가 장애인에게 「장애인복지법 시행규칙」 제42조에 따른 직업재활훈련프로그램을 제공하는 경우 부가가치세가 면세되는 교육용역에 해당하는 것이며, 그 운영자가 해당 직업재활훈련과정에 필수적으로 부수되어 생산된 제품을 공급하는 경우에는 부가가치세를 면세한다.[216)]

(21) 법인명의로 허가 변경 없이 운영한 교육용역의 부가가치세 면세

법인명의로 인가 또는 허가를 받은 입시전문학원을 개인이 임차하여 실질적으로 운영하면서 입시생에게 제공하는 교육용역은 부가가치세가 과세되나,[217)] 학원을 임차하여 교육용역을 제공하는 경우에도 당해 학원이 시설, 교습과정, 정원, 강사자격 등 일정한 요건을 갖추어 정부로부터 인가를 받았고 주무관청으로부터 지도·감독을 받고 있다면, 설립자의 자격에 대해 제한규정을 두고 있지 않은 점 등으로 보아 임차인이 별도의 인가를 받았는지 여부에 불구하고 당해 학원에서 제공하는 교육용역에 대하여는 부가가치세를 면세함이 타당하다.[218)]

(22) 주무관청의 허가 또는 인가 대상이 아닌 에어로빅장의 과세 여부

한국표준산업분류상 기타 운동시설 운영업(8839)[219)]에 속하는 체육시설을 설치·운영하고 그 사용료를 받는 경우에는 부가가치세가 과세되는 것이나, 기타 운동시설 운영업에 속하지 아니하는 각종 교육·문화강좌를 주민들에게 제공하고 받는 대가는 부가가치세가 과세되지 아니한다.[220)]

---

215) 서면3팀-1199, 2005.07.27, 재소비-698, 2004.07.05
216) 부가-571, 2012.05.22
217) 부가46015-262, 1997.02.01, 부가46015-45, 1997.01.08
218) 국심97중1437, 1997.10.23
219) 기타운동시설운영업 : 무술도장, 에어로빅시설, 헬스클럽, 단전호흡시설, 관람석이 없는 수영장 운영업, 볼링장, 당구장, 스쿼시장, 골프연습장, 탁구장, 테니스장, 롤러스케이트장, 승마연습장, 요트장, 조정장, 카누장, 야구연습장, 종합사회체육시설, 복합체육시설 등을 말함.
220) 재경부 부가가치세과-186, 2007.03.22

에어로빅장은 「체육시설의 설치·이용에 관한 법률」[221]의 신고·등록 대상으로 규정되어 있으나, 2006년 3월에 관련법의 개정으로 말미암아 체육시설업의 건전한 육성·발전과 행정규제 완화를 위하여 자유업으로 전환되어 신고·등록 없이 자유롭게 설치 운영할 수 있게 됨에 따라 부가가치세가 면제되는 교육용역에 해당되지 아니한다.[222]

(23) 고시원 운영의 과세사업 해당 여부

1) 독서실과 고시원 과면세 판단기준

원룸 형태의 고시원을 설치하여 각종 고시준비생을 입주시켜 매월 일정액의 사용료를 받거나 혹은 일부는 매 1년 단위로 전세금을 받아 운영하고 있는 경우 「학원의 설립·운영 및 과외교습에 관한 법률」 규정에 의하여 등록한 독서실은 부가가치세가 면제되는 도서관에 포함되는 것이나, 고시준비생에게 독립된 방을 제공하거나 독립된 방과 음식을 함께 제공하는 형태의 고시원은 부가가치세가 면제되는 도서관에 포함되지 아니하여 부가가치세가 과세되는 사업에 해당한다.[223] 즉, 이용자들로부터 일정기간의 대실료를 받아 책상 등의 기본적인 가구가 비치된 방을 제공하여 숙박하도록 하고 이에 부수하여 식사의 편의도 제공하는 고시원 영업은 전체로서 숙박업에 해당할 뿐 부가가치세 면제대상으로 규정하고 있는 도서관 입장용역에 해당하지 아니한다.[224] 다만, 「사설강습소설치법」 규정에 의하여 인가받은 독서실은 부가가치세가 면제되는 도서관에 포함된다.[225]

2) '독서실'과 '고시원'을 구분운영하고 이용요금도 구분산정하면서 이용료를 함께 받는 경우

공급대가 측면에서 보면, △△독서실의 이용료 15만원과 △△고시원의 이용료 20만원은 별도로 구분하여 가격산정이 되어 있고, 청구인은 다만 편의상 각각의 이용료를 함께 받고 있는 것으로 고시원의 이용료에 독서실의 이용료가 포함된 것으로 보기 어렵다. 또한, 일반적으로 고시원은 동일장소에서 숙식과 함께 책상 등의 시설을 이용하는 형태이고, 독서실은 숙식시설 없이 책상 등의 시설만을 이용하는 것으로서 서로 독립된 용역의 공급으로 볼 수 있고, 이 건의 경우, 고시원의 이용자가 독서실을 이용하고 있으나, 이는 거래의 성격상 고시원 제공용역의 부수용역을 제공하는 것이라기보다는 고시원용역과 독서실용역을 동시에 제공하는 것으로 보아야 할 것이다. 독서실과 고시원의 이용자는 사전에 각각 독립된 용역의 대가를 지급하고 각각의 시설을 이용하고 있으므로 독서실의 제공용역이 우발적 또는 일시적으로 제공하는 것으로도 볼 수 없

221) 체육시설의 설치·이용에 관한 법률 제10조(체육시설업의 구분·종류) ① 체육시설업은 다음과 같이 구분한다.
1. 등록 체육시설업 : 골프장업, 스키장업, 자동차 경주장업
2. 신고 체육시설업 : 요트장업, 조정장업, 카누장업, 빙상장업, 승마장업, 종합 체육시설업, 수영장업, 체육도장업, 골프연습장업, 체력단련장업, 당구장업, 썰매장업, 무도학원업, 무도장업, 야구장업, 가상체험 체육시설업

222) 서면3팀-3079, 2007.11.12

223) 서면3팀-265, 2005.02.23

224) 대법원2002두4330, 2002.05.17

225) 간세1235-4693, 1977.12.24

다. 따라서 청구인은 독서실을 고시원과 구분하여 운영하고 있고, 이용요금도 고시원의 이용료와 구분하여 산정하고 있으며, 관계기관으로부터 학원설립·운영등록증을 발급받아 부가가치세 면세사업자로 사업자등록을 하였고, 위에서 본 바와 같이 독서실의 제공용역이 고시원의 제공용역에 필수적으로 부수되는 것으로 볼 수 없으므로 독서실과 고시원은 각각 독립된 용역을 동시에 제공하는 것으로 보이는 바, 단순히 각각의 이용료를 함께 징수한다는 사실만으로 독서실의 제공용역을 고시원 용역의 부수용역으로 보아 이 건 부가가치세를 과세한 처분은 관련 법규와 사실을 오인한 부당한 처분으로 판단된다.[226)]

(24) 생산성향상에 대한 교육용역 및 컨설팅용역

사업설비(인적, 물적설비)를 갖춘 개인 또는 법인이 정부의 허가 또는 인가를 받지 아니하고 계약에 의해 다른 회사의 생산성향상에 대한 이론 및 실기 등에 관한 교육용역을 제공하거나 생산시스템 분석·기획 등에 관한 컨설팅용역을 제공하고 그 대가를 받는 것은 부가가치세가 과세된다.[227)]

(25) 수영장운영 사업자가 공급하는 수영강습용역의 면세 여부

사업자가 「체육시설의 설치이용에 관한 법률」에 따라 수영장운영업을 신고한 후 이용객들에게 수영강습용역을 제공하고 대가를 받는 경우, 수영강습용역은 부가가치세가 과세된다.[228)]

(26) 정규대학교의 시간제등록제 학생에게 제공하는 용역

교육용역을 운영규칙과 다르게 제공한 것으로 보기 어렵고 학생들의 교육시간관리, 학점관리 등을 제공하였으며, 설령 대학에 교육용역을 제공하였다고 하더라도 그 최종소비자는 시간제등록제 학생으로 불특정다수인에게 교육을 제공한 것으로 그에 따른 교육비도 ○○○대학교 등이 일괄 수령하여 청구인에게 해당 교육용역비를 지급한 것이므로 부가가치세 면세대상 교육용역이라고 볼 수 있다.[229)]

226) 국심2002서1037, 2002.06.19
227) 부가46015-1552, 1996.07.31
228) 부가-1417, 2010.10.22
229) 조심2010서3490, 2010.12.29

III 도서·신문·잡지·통신 및 방송 등

1. 개요

(1) 관련 규정

도서(도서대여용역 및 실내 도서열람용역을 포함한다), 신문, 잡지, 관보(官報), 「뉴스통신 진흥에 관한 법률」에 따른 뉴스통신 및 방송으로서 도서에 부수하여 그 도서의 내용을 담은 음반, 녹음테이프 또는 비디오테이프를 첨부하여 통상 하나의 공급단위로 하는 것과 기획재정부령으로 정하는 전자출판물을 포함하는 것은 부가가치세를 면제한다. 다만, 광고는 과세하며(부법 26 ① 8, 부령 38 ①), 2023.1.1. 이후 공급분부터 실내 도서열람용역은 면세한다.

(2) 신문, 잡지, 관보

신문, 잡지는 「신문 등의 진흥에 관한 법률」 제2조 제1호 및 제2호에 따른 신문 및 인터넷신문과 「잡지 등 정기간행물의 진흥에 관한 법률」에 따른 정기간행물로 한다(부령 38 ②). 또한 관보(官報)는 「관보규정」의 적용을 받는 것으로 한다(부령 38 ③). 그리고 인터넷신문은 2015.2.3. 이후 신고하거나 결정·경정하는 분부터 면세 대상임을 명확히 하였다.

(3) 뉴스통신·방송

뉴스통신은 「뉴스통신 진흥에 관한 법률」에 따른 뉴스통신(뉴스통신사업을 경영하는 법인이 특정회원을 대상으로 하는 금융정보 등 특정한 정보를 제공하는 경우는 제외한다)과 외국의 뉴스통신사가 제공하는 뉴스통신용역으로서 「뉴스통신 진흥에 관한 법률」에 따른 뉴스통신과 유사한 것을 포함한다(부령 38 ④).

(4) 전자출판물

도서나 정기간행물의 형태로 출간된 내용 또는 출간될 내용이 음향이나 영상과 함께 전자적 매체에 수록되어 컴퓨터 등 전자장치를 이용하여 그 내용을 보고 듣고 읽을 수 있는 것으로서 문화체육관광부 고시 제2018-36호(2018.10.16.)의 가~다 항목의 기준에 충족하는 출판물(외국 전자출판물 포함)도 부가가치세가 면세된다.

<전자출판물에 대한 부가가치세 면세 대상 기준 고시>

구분	내용
가. 형태 및 내용	「출판문화산업 진흥법」 제2조 제4호(단, 외국 전자출판물은 「출판문화산업진흥법」에 따라 신고한 출판가가 아닌 출판사도 허용) 및 「부가가치세법 시행규칙」 제26조, 제38조의 규정에 의한 전자출판물 ※ 다만, 「음악산업진흥에 관한 법률」, 「영화 및 비디오물의 진흥에 관한 법률」 및 「게임산업진흥에 관한 법률「의 적용을 받는 것은 제외함
나. 기록 사항	「출판문화산업진흥법」 제2조 제3호, 제22조 제3항(외국 전자출판물은 제외), 동법 시행령 제3조의 기록사항(저자, 발행인, 발행일, 정가, 출판사, 자료번호)
다. 자료 번호	「콘텐츠산업진흥법」 제23조의 "콘텐츠 식별체계"의 식별번호(사단법인 한국전자출판협회가 인증 시 부여) 또는 「도서관법」 제21조의 "국제표준자료번호" ※ 다만, 외국 전자출판물은 국립중앙도서관이 아닌 기관으로부터 부여받은 국제표준자료번호도 허용

2. 도서 대중매체의 면세·과세 사례

(1) 면세되는 사례

① 출판업자의 출판권양도[230)]

② 출판업자가 전자출판물에 해당하는 PDF 형식의 전자파일을 출판사에 공급하고 전자파일 공급가액 및 사업성과 배분금액을 받는 경우 해당 전자출판물의 공급[231)]

③ 지도·해도 및 서지, 족보[232)]

④ 출판업자가 전자출판물을 공급하는 경우에는 그 전자출판물의 공급방식(다운로드방식 또는 스트리밍방식)에 관계없이 부가가치세가 면세된다.[233)]

⑤ 사업자가 외국의 출판사와 도서납품계약을 체결하고 당해 외국의 출판사로부터 도서의 원고를 제공받아 이를 국내인쇄업자에게 인쇄·제본을 의뢰하여 제작한 후 제작된 도서를 납품하는 경우에는 재화공급에 해당하여 부가가치세를 면세한다.[234)]

⑥ 공급되는 도서를 통해서만 본래의 기능을 하고 독립적으로 활용이 불가능한 매직펜은 도서에 부수되는 재화로서 면세되는 것임[235)]

230) 부가1265-2262, 1984.10.25
231) 법규부가2013-240, 2013.07.05
232) 간세1235-1710, 1997.07.05
233) 부가가치세과-3254, 2008.09.24
234) 부가46015-2309, 1998.10.13
235) 재부가-346, 2014.05.14

(2) 과세되는 사례

① 연하장·청첩장을 제작하여 판매하는 경우 면제되는 도서의 범위에 포함하지 아니함[236)]

② 어린이학습용 플래시 단어카드(앞면에는 그림이 뒷면에는 단어가 적힌 학습용 카드)와 직소퍼즐(그림이나 단어를 조각내어 맞춘 학습도구)을 제작하여 판매하는 경우[237)]

③ 어린이 학습용 플래시 단어카드(앞면에는 그림이 뒷면에는 단어가 적힌 학습용 카드임)와 직소퍼즐(그림이나 단어를 조각내어 맞춘 학습도구)을 제작하여 판매하는 경우 당해 재화는 면세하는 도서에 해당하지 아니한다.

④ 학습도구 공급[238)]

⑤ 인쇄, 제본 등의 용역을 제공하는 것과 특정인과의 계약에 의하여 수집한 정보 및 자료를 도서의 형태로 공급하는 것[239)] ☞ 외관상으로는 도서의 형태를 취했어도 실제는 용역의 공급으로 보아 과세됨

⑥ 시력측정검사표[240)]

⑦ 지류로 표면이 제작된 지구의[241)]

⑧ 노래 등을 담은 CD-ROM음반 ☞ 「음악산업 진흥에 관한 법률」, 「영화 및 비디오물의 진흥에 관한 법률」, 「게임산업 진흥에 관한 법률」의 적용을 받는 전자출판물은 과세됨(부칙26 단서)

⑨ 특정인에게 원고·사진 등을 제공받아 편집·인쇄·제본 등의 용역공급[242)]

⑩ 종이에 특수재료를 이용하여 복사해 만든 수맥차단마크[243)]

⑪ 면세되는 도서의 범위에 고서가 포함되는 것이나, 고서가 관세율표 번호 제9706호의 골동품(제작 후 100년이 초과된 것)에 해당하는 경우에는 과세됨[244)]

⑫ 면세되는 전자출판물과 전자출판물을 재생하여 주는 단말기를 부수하여 통상 하나의 공급단위로 공급하는 경우로서 당해 단말기를 독립적으로 활용이 가능한 경우에는 전자출판물은 면세, 단말기는 과세됨[245)]

---

236) 서삼46015-10822, 2003.05.19
237) 부가46015-1860. 1997.08.11.
238) 상담3팀-391, 2008.02.22
239) 부기통 26-38-1
240) 소비22601-386, 1987.05.13
241) 간세1235-3825, 1978.12.23
242) 재소비46015-250, 2001.09.21
243) 제도46015-11493, 2001.06.14
244) 재소비46015-324, 2002.12.02
245) 부가-769, 2014.09.11

3. 관련 사례

(1) 신문사업자가 신문콘텐츠를 다른 사업자에게 공급하는 경우

신문사업자가 자신이 제작한 신문콘텐츠를 전자적 형태(XML파일)로 다른 사업자에게 계속, 반복적으로 공급하는 경우 해당 신문콘텐츠의 공급은 부가가치세 면제대상에 해당하지 않는다.[246)]

(2) (인터넷)신문사업자 외의 자가 인터넷 신문을 재구성하여 독자에게 구독하게 하고 받는 구독료는 과세함

「신문 등의 진흥에 관한 법률(이하 "신문법"이라 한다)」에 따른 (인터넷)신문사업자(이하 "신문사업자등"이라 한다)가 컴퓨터 등 정보처리능력을 가진 장치와 통신망을 이용하여 종이신문을 PDF 등의 형식으로 제공하고 받는 인터넷 신문구독료는 2015. 2. 3. 이후 신고하거나 결정·경정하는 분부터 부가가치세를 면제하는 것이나, 신문법에 따른 신문사업자등에 해당하지 아니하는 사업자가 신문사업자등으로부터 신문구독료를 지급하고 구입한 PDF 형식 등의 기사를 가공한 후, 인터넷신문의 요건을 충족하지 아니하는 가공된 기사를 자기의 고객에게 열람, 검색, 스크랩서비스를 제공하고 구독료를 받는 경우 해당 용역의 공급에 대하여는 부가가치세가 과세됨다.[247)]

(3) 전자출판물 형태의 콘텐츠 공급 및 번역할 수 있는 권리 등을 공급하는 경우 부가가치세 과세

문화체육관광부장관이 정하는 기준에 맞는 전자출판물을 공급하는 경우 부가가치세가 면세되는 것이나, 저작권을 번역 출판할 수 있는 권리를 포괄위임 받아 제3자에게 당해 권리를 사용하게 하고 그 대가를 받는 경우 도서의 공급에 부수되는 용역의 공급에 해당하지 않아 부가가치세가 과세된다.[248)]

(4) 페인트 색상을 보여주기 위한 '도료용 표준색 견본'은 과세됨

페인트 색상과 관련된 실용색 위주로 528색을 선정하고 종이에 페인트 색을 칠해 색상의 구성, 배역, 색 번호의 구성 등을 감안하여 편철한 '도료용 표준색 견본(컬러북)'은 도서에 해당하지 않는다.[249)]

(5) 비영리출판물에 대한 부수 광고용역 등 면세의 범위

비영리법인이 발행하는 기관지 또는 이와 유사한 출판물로서 판매를 목적으로 하지 않고 그 기관의 명칭이 당해 출판물의 명칭에 포함되어 있는 기관지 또는 이와 유사한 출판물의 광고용역은

246) 부가-484, 2012.04.30
247) 사전-2015-법령해석부가-0084, 2015.04.28
248) 서면-2019-부가-3377 [부가가치세과-600], 2020.04.03.
249) 상담3팀-684, 2008.03.31

부가가치세가 면세되는 용역의 공급에 필수적으로 부수되는 용역으로 보아 부가가치세가 면세된다.[250)]

(6) 비영리단체가 발행하는 인터넷기관지의 광고용역 면세 여부

비영리단체가 인터넷을 통해 회원들에게 무상으로 발행하는 기관지(그 기관의 명칭 · 별칭이 해당 기관지의 명칭에 포함된 경우에 한정)가 전자출판물에 해당하는 경우 그 기관지와 관련되는 용역의 공급은 부가가치세가 면세된다.[251)]

Ⅳ 예술창작품·예술행사·문화행사·비직업운동경기

1. 개요

예술창작품, 예술행사, 문화행사 또는 아마추어 운동경기로서 다음에 해당하는 것은 부가가치세를 면세한다(부법 26 ① 16, 부령 43).

① 예술창작품 : 미술, 음악, 사진, 연극 또는 무용에 속하는 창작품. 다만, 골동품(「관세법」 별표 관세율표 번호 제9706호의 것을 말한다)은 제외한다. 또한 예술품은 창작행위로 인한 작품이어야 면세를 적용하며, 관세율표 번호 제9706호의 골동품(제작 후 100년이 초과된 것)은 예술창작품이라도 면세되지 않는다.

② 예술행사 : 영리를 목적으로 하지 아니하는 발표회, 연구회, 경연대회 또는 그 밖에 이와 유사한 행사

③ 문화행사 : 영리를 목적으로 하지 아니하는 전시회, 박람회, 공공행사 또는 그 밖에 이와 유사한 행사

④ 아마추어 운동경기 : 대한체육회 및 그 산하단체와 「태권도 진흥 및 태권도공원 조성 등에 관한 법률」에 따른 국기원이 주최, 주관 또는 후원하는 운동경기나 승단·승급·승품 심사로서 영리를 목적으로 하지 아니하는 것

2. 예술창작품 등의 면세 범위[252)]

(1) 예술행사 및 문화행사의 범위

예술행사 및 문화행사는 행사주최에 관계없이 영리를 목적으로 하지 아니하는 문학·미술·음악·연

250) 부가46015-3672, 2000.11.01
251) 서면-2021-법령해석부가-4326 [법령해석과-3320], 2021.09.28
252) 부가집 26-43-1

극 및 문화 등의 발표회·연주회·연구회·경연대회 등을 말하는 것으로 다음의 어느 하나에 해당하는 행사를 말한다.

① 사전행사계획서에 따라 이익금을 이익배당 또는 잔여재산의 분배 등의 형식을 통해 주최자에게 귀속시키는 것이 아닐 것

② 정부 또는 지방자치단체 등 공공단체가 공식 후원하거나 협찬하는 행사

③ 사전행사계획서에 의해 입장료 수입이 실비변상적이거나 부족한 경비를 협찬에 의존하는 행사

④ 자선목적의 예술행사로서 사전계획서에 따라 이익금의 전액을 공익단체에 기부하는 행사

⑤ 비영리단체가 공익목적으로 개최하는 행사

⑥ 그 밖에 이와 유사한 행사로서 영리성이 없는 행사

(2) 행사 또는 직업운동경기를 주최·주관하는 자와 흥행단체 등이 받는 입장료

예술행사나 문화행사에 해당하지 아니하는 행사 또는 직업운동경기를 주최·주관하는 자(프로모터를 포함한다)와 흥행단체 등이 흥행 또는 운동경기 등과 관련하여 받는 입장료·광고료·방송중계권료 및 그 밖에 이와 유사한 수수료는 과세한다.

3. 문화·예술·체육 분야의 면세·과세 사례

(1) 면세되는 사례

① 박람회 기간 동안에 운영되는 어린이 놀이정원과 탑승하여 박람회장을 관람할 수 있는 관람차는 박람회에 부수되는 용역에 해당하여 면세를 적용[253)]

② 동창회 등이 연예인축구대회 개최하고 당해 수익을 모교에 기증한 경우[254)]

③ 신문사와 야구협회가 주최하는 고교야구대회 입장료[255)]

(2) 과세되는 사례

① 골동품 및 미술품 등의 창착품을 모방하여 대량생산한 모조품·예술창작품[256)]

② 사업자가 원판을 이용하여 복제한 판화를 공급하는 경우에는 예술창작품으로 보지 아니하므로 과세되는 것이나, 사업자가 예술가의 손에 의하여 원판으로부터 직접 제작된 판화를 구입하여 판매하는 경우에는 면세됨[257)]

③ 비영리목적으로 운동경기를 주관하면서 광고물 등을 설치하여 주고 받은 대가[258)]

253) 서면법규과-1057, 2013.09.27
254) 소득1264-2664, 1980.09.18
255) 제도46015-11377, 2001.06.08
256) 부가22601-566, 1987.03.28
257) 부가46015-3245, 2000.09.19
258) 부가46015-709, 2001.04.30

4. 관련 사례

(1) 사업자가 예술창작 오르간 연주회 및 뮤지컬 공연용역을 제공하는 경우 부가가치세 면세

공연을 기획 • 제작하는 사업자가 예술창작품에 해당하는 오르간 연주회 또는 뮤지컬 공연용역을 제공하는 경우에는 부가가치세가 면세된다.[259)]

(2) 뮤지컬공연 시 공연장소 등을 제공하고 대가를 받는 경우

비영리재단법인인 갑 문화재단(이하 "갑"이라 함)이 (주)을(이하 "을"이라 함)과 뮤지컬공연을 공동으로 주최·주관하면서 공연장소 제공, 홍보, 입장권 판매 등의 업무를 수행하는 경우에는 부가가치세 과세되는 것이며, 부가가치세 과세표준은 을로부터 받기로 한 금액이 된다. 또한, 부가가치세가 면제되는 예술창작품은 미술·음악 또는 사진에 속하는 창작품을 말하는 것이므로 관람료를 받고 뮤지컬을 공연하는 것은 같은 규정에 따라 부가가치세가 면제되는 예술창작품의 공급에 해당하지 아니한다.[260)]

(3) 행사주체에 관계없이 영리를 목적으로 하지 아니하는 문화행사

행사주체에 관계없이 영리를 목적으로 하지 아니하는 문화행사는 부가가치세가 면제되는 문화행사에 해당하여 동 문화행사에의 입장료는 부가가치세가 면세된다.[261)]

V 도서관·과학관·박물관·미술관·동물원 또는 식물원에의 입장 등

1. 개요

도서관, 과학관, 박물관, 미술관, 동물원, 식물원, 민속문화자원을 소개하는 장소, 「전쟁기념사업회법」에 따른 전쟁기념관에 입장하게 하는 것은 부가가치세를 면세한다(부법 26 ① 17, 부령 44). 이는 해당 시설을 열람·관람하기 위한 입장료에 대해서만 부가가치세가 면세되며, 조문에서 영리목적 유무 및 공공시설 여부를 규정하고 있지 아니하므로, 영리목적이 있어도 면세되고, 공공시설이 아니어도 면세를 적용받는다. 다만, 해당 시설에 오락 및 유흥시설이 있어 그 목적이 문화홍보 등보다는 오락·유흥목적이라면 면세되지 않는다.

259) 서면-2016-법령해석부가-4999 [법령해석과-4064], 2016.12.14.
260) 법규부가2012-515, 2013.01.14
261) 부가-1049, 2012.10.15

2. 도서관·과학관·박물관·미술관·동물원 또는 식물원의 정의

(1) 도서관

도서관이란 도서 등의 도서관자료를 수집·정리·분석·보전·축적하여 공중 또는 특정인의 이용에 제공함으로써 정보이용·조사·연구·학습·교양 등 평생교육 및 문화발전에 기여하는 시설로서 국립중앙도서관·공공도서관·대학도서관·학교도서관·전문도서관 및 특수도서관 등으로 구분된다(도서관법 2, 3). 이 경우 「사설강습소 설치법」 규정에 의하여 인가받은 독서실은 전문도서관 및 특수도서관으로 분류되어 부가가치세가 면세되는 도서관에 포함된다.[262)]

(2) 과학관

「과학관의 설립·운영 및 육성에 관한 법률」에 따른 사립과학관을 설립·운영하는 자가 각각 동 법에 따라 수행하는 사업의 범위 내에서 과학기술자료 등에 대한 해설이나 교육프로그램에 따른 교육을 제공하고 그 대가를 받는 경우 부가가치세가 면세된다.[263)]

(3) 박물관

박물관이란 문화·예술·학문의 발전과 일반 공중의 문화향유 증진에 이바지하기 위하여 역사·고고·인류·민속·예술·동물·식물·광물·과학·기술·산업 등에 관한 자료를 수집·관리·보존·조사·연구·전시·교육하는 시설을 말하는 것으로 국립·공립·사립박물관 및 대학박물관이 있으며, 박물관을 운영하려는 자는 그 시설을 갖추어 시·도지사에게 등록하여야 하므로, 박물관으로 등록한 경우에 한하여 그 입장행위를 면세한다(박물관 및 미술관 진흥법 2, 4, 16). 그리고 박물관에는 「문화재보호법」에 따라 지정을 받은 문화재로서 민속문화자원에 해당하는 것을 소개하는 장소·고분·사찰 및 「전쟁기념사업회법」에 따른 전쟁기념관을 포함한다.[264)]

(4) 미술관

미술관이란 문화·예술의 발전과 일반 공중의 문화향유 증진에 이바지하기 위하여 박물관 중에서 특히 서화·조각·공예·건축·사진 등 미술에 관한 자료를 수집·관리·보존·조사·연구·전시·교육하는 시설을 말하는 것으로 국립·공립·사립미술관 및 대학미술관이 있다. 미술관을 운영하려는 자는 그 시설을 갖추어 시·도지사에게 등록하여야 하므로, 미술관으로 등록한 경우에 한하여 그 입장행위를 면세한다(박물관 및 미술관 진흥법 2, 4, 16).

262) 간세1235-4693, 1977.12.24
263) 기획재정부 부가가치세제과-314, 2015.04.15
264) 부기통 26-0-5 ①

(5) 동물원 또는 식물원

부가가치세 면세대상 동물원·식물원에는 지식의 보급 및 연구에 그 목적이 있는 해양수족관 등을 포함하나, 오락 및 유흥에 그 목적이 있는 유희시설과 함께 있는 동물원·식물원 및 해양수족관만은 유희시설의 일종으로서 부가가치세가 과세된다.[265)]

3. 입장용역의 면세·과세 사례

(1) 면세되는 사례

① 준박물관도 부가가치세가 면제되는 박물관에 포함[266)]
② 오락 및 유흥시설이 없고 지식의 보급 및 연구에 그 목적이 있는 해양수족관[267)]

(2) 과세되는 사례

① 동식물원·수족관의 입장료에 오락·유흥시설의 대가가 포함되어 있는 경우[268)]
② 개인자연휴양림 운영은 자연공원 운영업으로서 식물원에 해당하지 아니하여 해당 입장료에 대하여는 면세하지 아니함[269)]
③ 오락 및 유흥시설과 함께 있는 해양수족관[270)]

제3절 부가가치세 생산요소 및 인적용역

Ⅰ 금융·보험용역

1. 개요

금융용역은 부가가치 생산 3요소인 토지·노동·자본 중 자본공급행위를 의미하는 바, 부가된 가치라기보다는 가치를 창출하기 위한 기본인자 혹은 총생산가치 중 불변적인 구성요소이므로 금융보험용역은 부가가치세가 면세된다. 또한 보험이라는 것은, 발생이 불확실한 사고의 위험에 대비하기 위하여 다수인이 보험료를 지급함으로써 사고 발생의 경우에 생기는 경제적 부담을 회피 또는 분산하고

265) 부기통 26-0-5 ②
266) 부가 22601-179, 1989.02.04
267) 부기통 26-0-5
268) 간세 1235-4869, 1977.12.27
269) 사전-2015-법령해석부가-0297, 2015.11.13.
270) 부기통 26-0-5

자 하는 제도이고 그 방법으로 이른바 대수의 법칙을 응용한 확률계산에 의하여 급부와 반대급부의 균형을 유지하도록 하는 제도이며, 보험용역에 대하여 부가가치세를 면제하고자 하는 입법목적은, 국민후생용역의 일종이라고 할 보험용역의 최종소비자인 일반국민의 세부담을 감경시킨다는 데 있다.[271)]

2. 금융·보험용역 면세 요건

① 「부가가치세법」에 열거된 금융·보험업자일 것.

② 관련법에 의하여 인·허가를 받아 설립된 정당한 사업자일 것.

③ 관련법에 의한 고유업무범위에 해당되는 사업을 영위하면서 그 사업이 「부가가치세법」에 열거된 용역을 제공하거나 그 금융보험업에 필수적으로 부수하여 공급되는 용역이어야 한다.

④ 다음에 열거된 용역에 해당하지 않아야 한다(부령 40 ④).

㉠ 복권·입장권·상품권·지금형주화 또는 금지금에 관한 대행용역(다만, 수익증권 등 금융업자의 금융상품판매대행용역, 유가증권의 명의개서대행용역, 수납·지급대행용역 및 국가·지방자치단체의 금고대행용역은 제외함)

㉡ 기업합병 또는 기업매수의 중개·주선·대리, 신용정보서비스 및 은행업에 관련된 전산시스템과 소프트웨어의 판매·대여용역

㉢ 부동산의 임대용역

㉣ ㉠ 및 ㉡에 규정된 것과 유사한 용역 및 「소득세법」 또는 「법인세법」에 규정된 감가상각자산의 대여용역(「여신전문금융업법」에 의한 시설대여업자가 제공하는 시설대여용역을 제외하되, 동 시설대여업자가 「자동차관리법」의 규정에 의한 자동차를 대여하고 정비용역을 함께 제공하는 경우를 포함함)

⑤ 금융기관의 부수업무와 관련된 면세범위에 열거된 것 중 과세되는 용역이 아니어야 한다.

271) 2001헌바66,85[병합], 2002.04.25

〈인가받은 금융업의 본질적인 요소 (금융기관 업무위탁 등에 관한 규정 별표2)〉

구분	본질적 요소
1.「은행법」에 따른 은행의 업무 주) 위탁자가 은행업감독규정 제102조에 따른 인터넷전문은행인 경우, 금융위원회가 업무의 성격상 불가피한 것으로 인정하는 경우 이외에는 가목 또는 나목의 각 단서 업무를 전자금융거래법 제2조제1호에 따른 전자금융거래의 방법으로만 위탁가능	가. 예금 · 적금의 수입 또는 유가증권, 그 밖의 채무증서의 발행과 그에 따른 계좌의 개설 · 해지 및 입금 · 지급 업무. 다만, 다음의 업무는 제외한다. (1) 예금잔액 증명서의 발급, 잔액 조회 등 해당 입금 · 지급 업무에 따라 금융이용자에게 부가적으로 제공되는 업무 (2) 현금자동지급기(ATM)를 통한 입금 · 지급, 계좌이체 등에 관한 업무 (3) 원거리 고객 편의 등을 위해「은행법」에 따른 은행(지방은행은 제외한다) 및「우체국 예금 · 보험에 관한 법률」에 따른 체신관서에 위탁하는 입금 · 지급 업무. 다만, 이 경우 위탁자는 업무위수탁 계약서에 일일 입출금 한도 등 업무건전성 유지를 위한 보완장치를 명시하여야 한다. (4) 그 밖에 (1), (2), (3)과 유사한 업무로서 금융위원회가 정하는 업무
	나. 자금의 대출 또는 어음의 할인 업무. 다만, 대출잔액증명발급, 금융기관에 의한 원리금 수납 업무는 제외한다. (1) 대출 및 어음의 할인의 심사 및 승인 (2) 대출 및 어음의 할인계약의 체결 및 해지 (3) 대출 및 어음의 할인의 실행
	다. 내국환 · 외국환 (1) 환거래 관련 심사 및 승인 (2) 환거래계약의 체결 및 해지
	라. 채무의 보증 또는 어음의 인수 (1) 채무보증 또는 어음인수의 심사 및 승인 (2) 채무보증 및 어음인수를 위한 계약의 체결 및 해지
2.「보험업법」에 따른 보험회사의 업무	가. 보험의 인수 여부에 대한 심사 및 결정. 다만, 보험업법 시행령 제10조제2항에 따른 보험계약 심사를 위한 조사업무는 제외한다.
	나. 보험계약의 체결. 다만, 보험업법 제83조제1항제1호부터 제3호까지에 해당하는 자에 의한 보험계약의 모집은 제외한다.
	다. 보험계약의 변경, 해지 및 부활처리, 다만, 다음의 각 행위는 제외한다. (1) 해지 및 부활처리를 위한 신청접수, 전산 입력 등 절차적 행위 (2) 보험업법 제115조제1항제3호에 따라 보험계약의 유지 · 해지 · 변경 또는 부활 등을 관리하는 자회사에 해당업무를 위탁하는 행위 (3) 별도의 심사를 요하지 않는 부활처리 행위
	라. 보험금 지급 여부에 대한 심사 및 결정. 다만, 다음의 각 행위는 제외한다. (1) 보험업법 시행령 제10조제2항에 따른 보험사고 조사 및 손해사정 업무 (2) 보험업법 제185조에 따라 손해사정업무를 위탁받은 손해사정사 또는 손해사정업자에 대하여 보험금 산정·지급관련 구체적 기준 및 적정성 점검방안을 수립하여 위탁하는 보험금 지급여부 심사·결정 업무. 다만, 이 경우 보험회사는 업무위수탁 보고시 보험금 산정기준 적정성 점검방안을 포함한 관리계획을 함께 제출하여야 한다.

구분	본질적 요소
	마. 재보험(재공제 포함) 출 · 수재 (1) 재보험 계약 체결 (2) 재보험 정산업무 중 입 · 송금 업무
	바. 대출의 심사 및 승인, 대출계약의 체결 및 해지, 대출의 실행 업무. 다만, 대출잔액증명 발급, 금융기관에 의한 원리금 수납 업무는 제외한다.
	사. 채무보증 업무 - 채무보증의 심사 및 승인 - 채무보증 계약의 체결 및 해지
3.「여신전문금융업법」에 따른 여신전문금융업자의 업무	가. 공통 (1) 대출 또는 어음의 할인 업무. 다만, 대출잔액증명 발급, 금융기관에 의한 원리금 수납 업무는 제외한다. - 대출 및 어음 할인의 심사 및 승인 - 대출 및 어음 할인계약의 체결 및 해지 - 대출 및 어음 할인의 실행 (2) 지급보증업무 - 지급보증의 심사 및 승인 - 지급보증 계약의 체결 및 해지
	나. 신용카드업 (1) 회원자격심사 및 발급승인. 단, 신용위험을 수반하지 않는 단순업무(모집, 기재사항 확인 등)는 제외한다. (2) 이용한도 부여 및 변경 (3) 신용카드 이용 관련 대금결제 (4) 거래의 승인. 단, 전산장애, 해외거래 승인 등 기술적으로 불가피한 경우는 제외한다.
	다. 시설대여업 (1) 시설대여 및 연불판매의 심사 및 승인 (2) 시설대여 및 연불판매 계약(변경계약 포함) 체결 및 해지
	라. 할부금융업 (1) 할부금융 심사 및 승인 (2) 할부금융이용자 및 매도인과의 할부금융 계약의 체결 및 해지
	마. 신기술사업금융업 (1) 투자 및 융자대상에 대한 심사 및 승인 (2) 투자 및 융자 계약의 체결 및 해지 (3) 이익환수(주식상장 및 지분매각) (4) 신기술사업투자조합의 설립 및 자금의 관리
	가. 예금 · 적금(신용계 · 신용부금을 포함한다)의 수입 및 그에 따른 계좌의 개설 · 해지와 입금 · 지급 업무. 다만, 다음의 업무는 제외한다.

구분	본질적 요소
4. 「상호저축은행법」에 따른 상호저축은행의 업무	(1) 예금잔액 증명서의 발급, 잔액조회 등 해당 입금 · 지급 업무에 따라 금융이용자에게 부가적으로 제공되는 업무 (2) 현금자동지급기(ATM)를 통한 입금 · 지급, 계좌이체 등에 관한 업무 (3) 원거리 고객 편의 등을 위해 「은행법」에 따른 은행(지방은행은 제외한다) 및 「우체국 예금 · 보험에 관한 법률」에 따른 체신관서에 위탁하는 입금 · 지급 업무, 다만, 이 경우 위탁자는 업무위수탁 계약서에 일일 입출금 한도 등 업무건전성 유지를 위한 보완장치를 명시하여야 한다. (4) 그 밖에 (1), (2), (3)과 유사한 업무로서 금융위원회가 정하는 업무
	나. 자금의 대출 또는 어음의 할인. 다만, 대출잔액증명 발급, 금융기관에 의한 원리금 수납 업무는 제외한다. (1) 대출 및 어음할인의 심사 및 승인 (2) 대출 및 어음할인 계약의 체결 및 해지 (3) 대출 및 어음할인의 실행
	다. 내국환 · 외국환 (1) 환거래 관련 심사 및 승인 (2) 환거래계약의 체결 및 해지
5. 「신용협동조합법」에 따른 신용협동조합의 업무	가. 예탁금 · 적금의 수납 및 그에 따른 계좌의 개설 · 해지와 입금 · 지급 업무. 다만, 다음의 업무는 제외한다. (1) 예금잔액 증명서의 발급, 잔액 조회 등 해당 입금 · 지급 업무에 따라 금융이용자에게 부가적으로 제공되는 업무 (2) 현금자동지급기(ATM)를 통한 입금 · 지급, 계좌이체 등에 관한 업무 (3) 원거리 고객 편의 등을 위해 「은행법」에 따른 은행(지방은행은 제외한다) 및 「우체국 예금 · 보험에 관한 법률」에 따른 체신관서에 위탁하는 입금 · 지급 업무. 다만, 이 경우 위탁자는 업무위수탁 계약서에 일일 입출금 한도 등 업무건전성 유지를 위한 보완장치를 명시하여야 한다. (4) 그 밖에 (1), (2), (3)과 유사한 업무로서 금융위원회가 정하는 업무
	나. 자금의 대출 및 어음의 할인. 다만, 대출잔액증명 발급, 금융기관에 의한 원리금 수납 업무는 제외한다. (1) 대출 및 어음할인의 심사 및 승인 (2) 대출 및 어음할인 계약의 체결 및 해지 (3) 대출 및 어음할인의 실행
	다. 내국환 (1) 환거래 관련 심사 및 승인 (2) 환거래계약의 체결 및 해지
	라. 공제 및 재공제. 다만, 신용협동조합법 제97조제1항에 따라 금융위원회의 인가를 받은 공제규정에서 위탁을 허용하고 있는 업무는 제외한다. (1) 공제의 인수 여부에 대한 심사 및 결정 (2) 공제계약의 체결

구분	본질적 요소
	(3) 공제계약의 해지 및 부활처리. 다만, 다음의 각 행위는 제외한다. - 해지 및 부활처리를 위한 신청접수, 전산 입력 등 절차적 행위 - 별도의 심사를 요하지 않는 부활처리 행위 (4) 공제금 지급 여부에 대한 심사 및 결정. 다만, 신용협동조합법 제97조제1항에 따라 금융위원회의 인가를 받은 공제규정에 따라 손해사정업무를 위탁받은 손해사정사 또는 손해사정업자에 대하여 공제금 산정·지급 관련 구체적 기준 및 적정성 점검방안을 수립하여 위탁하는 공제금 지급여부 심사 · 결정 업무는 제외한다. 이 경우 신협중앙회는 업무위탁 보고시 공제금 산정기준 적정성 점검방안을 포함한 관리계획을 함께 제출하여야 한다. (5) 재공제 - 재공제 계약 체결 - 재공제 정산업무 중 입 · 송금 업무
	마. 가목 내지 라목에도 불구하고, 농업협동조합법 제57조제1항제7호, 제106조제7호, 제111조제6호, 제161조의11제2항제4호, 수산업협동조합법 제60조제1항제8호, 제107조제1항6호, 제112조제1항6호, 제141조의9제1항4호 산림조합법 제46조제1항제9호, 신협법 제39조제1항제1호라목 · 제5호에 따라 각 조합 간, 조합-은행간, 조합-중앙회 간에 이루어지는 업무위수탁의 경우에는 다음의 업무만을 본질적 요소로 한다. (1) 가목 중 예탁금 · 적금 계좌의 개설 (2) 나목 중 대출 및 어음할인 계약의 체결 및 실행 (3) 다목 중 환거래계약의 체결 (4) 라목의 업무

3. 면세대상 금융·보험용역(부법 26 ① 11, 부령 40 ① 1~19)

(1) 「은행법」에 따른 은행업무 및 부수업무로서 다음의 용역

① 예금·적금의 수입 또는 유가증권 및 그 밖의 채무증서 발행

② 자금의 대출 또는 어음의 할인

③ 내국환·외국환

④ 채무의 보증 또는 어음의 인수

⑤ 상호부금

⑥ 팩토링(기업의 판매대금 채권의 매수·회수 및 이와 관련된 업무)

⑦ 수납 및 지급 대행

⑧ 지방자치단체의 금고대행

⑨ 전자상거래와 관련한 지급대행

(2) 「자본시장과 금융투자업에 관한 법률」에 따른 다음의 사업

① 집합투자업(다만, 집합투자업자가 투자자로부터 자금 등을 모아서 부동산, 실물자산, 지상권·전세권·임차권 등 부동산 관련 권리, 어업권, 광업권, 그 밖에 이와 유사한 재산 가치가 있는 자산에 운용하는 경우는 제외함)

② 신탁업(다만, 다음의 구분에 따른 업무로 한정함)

㉠ 신탁업자가 위탁자로부터 「자본시장과 금융투자업에 관한 법률」 제103조 제1항 제1호부터 제4호까지 또는 제7호의 재산(같은 법 제9조 제20항의 집합투자재산을 포함함. 이하 같음)을 수탁받아 운용(집합투자업자의 지시에 따라 보관·관리하는 업무를 포함함. 이하 같음)하는 업무(다만, 같은 법 제103조 제1항 제1호의 재산을 수탁받아 부동산, 실물자산, 지상권·전세권·임차권 등 부동산 관련 권리, 어업권, 광업권, 그 밖에 이와 유사한 재산가치가 있는 자산에 운용하는 경우는 제외함)

㉡ 신탁업자가 위탁자로부터 「자본시장과 금융투자업에 관한 법률」 제103조 제1항 제5호 또는 제6호의 재산을 수익자에 대한 채무이행을 담보하기 위하여 수탁받아 운용하는 업무

㉢ 신탁업자가 위탁자로부터 「자본시장과 금융투자업에 관한 법률」 제103조 제1항 제5호 또는 제6호의 재산을 수탁받아 같은 조 제4항에 따른 부동산개발사업을 하는 업무

③ 투자매매업 및 투자중개업과 이와 관련된 다음의 구분에 따른 업무

㉠ 「자본시장과 금융투자업에 관한 법률」 제8조의 2 제5항의 다자간매매체결회사의 업무

㉡ 「자본시장과 금융투자업에 관한 법률」 제283조에 따라 설립된 한국금융투자협회의 같은 법 제286조 제1항 제5호에 따른 증권시장에 상장되지 아니한 주권의 장외매매거래에 관한 업무

㉢ 「자본시장과 금융투자업에 관한 법률」 제294조에 따라 설립된 한국예탁결제원의 업무

㉣ 「자본시장과 금융투자업에 관한 법률」 제373조의 2 제1항에 따라 허가를 받은 한국거래소의 업무

④ 일반사무관리회사업(집합투자기구 또는 집합투자업자에게 제공하는 용역으로 한정함)

⑤ 투자일임업(다만, 투자일임업자가 투자자로부터 자금 등을 모아서 부동산, 실물자산,지상권·전세권·임차권 등 부동산 관련 권리, 어업권, 광업권, 그 밖에 이와 유사한 재산 가치가 있는 자산에 운용하는 경우는 제외함)

⑥ 기관전용 사모집합투자기구에 기관전용 사모집합투자기구 집합투자재산의 운용 및 보관·관리, 기관전용 사모집합투자기구 지분의 판매 또는 환매 등 용역을 공급하는 업무(기관전용 사모집합투자기구의 업무집행사원이 제공하는 용역으로 한정함)

⑦ 단기금융업

⑧ 종합금융투자사업자의 사업(기업에 대한 신용공여 업무로 한정함)

(3) 「외국환거래법」에 따른 전문외국환업무취급업자의 외국환 업무용역

(4) 「상호저축은행법」에 따른 상호저축은행업

(5) 「신용보증기금법」에 따른 신용보증기금업

(6) 「주택도시기금법」에 따른 주택도시보증공사의 보증업무 및 주택도시기금의 운용·관리 업무

(7) 「보험업법」에 따른 보험업(보험중개·대리와 보험회사에 제공하는 손해사정용역, 보험조사 및 보고용역을 포함하되, 보험계리용역 및 근로자퇴직급여 보장법에 따른 연금계리용역은 제외함)

(8) 「여신전문금융업법」에 따른 여신전문금융업(여신전문금융업을 공동으로 수행하는 사업자 간에 상대방 사업자의 여신전문금융업무를 위임받아 수행하는 경우를 포함함)

(9) 「자산유동화에 관한 법률」 제2조 제5호에 따른 유동화전문회사가 하는 자산유동화사업

(10) 「자산유동화에 관한 법률」 제10조 제1항에 따른 자산관리자가 하는 자산관리사업

(11) 「주택저당채권유동화회사법」에 따른 주택저당채권유동화회사 및 채권관리자가 하는 채권유동화와 관련한 사업과 주택저당채권의 관리·운용 및 처분 사업

(12) 「한국주택금융공사법」에 따른 채권관리자가 하는 주택저당채권·학자금대출채권의 관리·운용 및 처분 사업

(13) 요건을 충족한 자산관리·운용용역

다음의 어느 하나에 해당하는 자산관리·운용용역. 다만, 「벤처투자 촉진에 관한 법률」 제50조 제1항 제1호부터 제5호까지의 규정의 어느 하나에 해당하는 자가 자금을 부동산, 실물자산 및 그 밖에 기획재정부령으로 정하는 자산에 운용하는 경우는 제외한다(부령 40 ① 13).

① 「벤처투자 촉진에 관한 법률」 제50조 제1항 제1호에 따른 창업기획자가 같은 법 제2조 제8호에 따른 개인투자조합에 제공하는 자산관리·운용용역

② 다음의 어느 하나에 해당하는 자가 「벤처투자 촉진에 관한 법률」 제2조 제11호에 따른 벤처투자조합에 제공하는 자산관리·운용용역

㉠ 「벤처투자 촉진에 관한 법률」 제50조 제1항 제1호에 따른 창업기획자

㉡ 「벤처투자 촉진에 관한 법률」 제50조 제1항 제2호에 따른 중소기업창업투자회사

㉢ 「벤처투자 촉진에 관한 법률」 제50조 제1항 제4호에 따른 신기술사업금융업자 등

㉣ 「벤처투자 촉진에 관한 법률」 제50조 제1항 제5호에 따른 회사

③ 「벤처투자 촉진에 관한 법률」 제50조 제1항 제3호에 따른 한국벤처투자가 같은 법 제70조 제

1항에 따른 벤처투자모태조합에 제공하는 자산관리·운용용역

(14) 「한국투자공사법」에 따른 한국투자공사가 같은 법에 따라 제공하는 위탁자산관리·운용용역

(15) 「농림수산식품투자조합 결성 및 운용에 관한 법률」에 따른 투자관리전문기관 또는 업무집행조합원이 같은 법에 따른 농식품투자모태조합, 농식품투자조합에 제공하는 자산관리·운용용역(다만, 투자관리전문기관 또는 업무집행조합원이 자금을 부동산, 실물자산, 지상권·전세권·임차권 등 부동산의 사용에 관한 권리, 어업권, 광업권 그 밖에 이와 유사한 재산 가치가 있는 자산에 운용하는 경우는 제외함)

(16) 「민법」 제32조에 따라 설립된 금융결제원이 「한국은행법」 제81조 제2항에 따른 지급결제제도의 운영기관으로서 수행하는 지급결제제도 운영업무

(17) 금전대부업(어음 할인, 양도담보, 그 밖에 비슷한 방법을 통한 금전의 교부를 업으로 하는 경우를 포함함)

(18) 「중소기업협동조합법」에 따른 중소기업중앙회의 공제사업계약 체결을 대리하는 용역

(19) 「한국해양진흥공사법」에 따른 한국해양진흥공사가 같은 법에 따라 수행하는 보증업무

4. 면세 금융·보험용역 관련 부수재화·용역

(1) 관련규정

면세되는 재화 또는 용역의 공급에 통상적으로 부수되는 재화 또는 용역의 공급은 그 면세되는 재화 또는 용역의 공급에 포함되는 것으로 본다(부법 26 ②). 이는 금융·보험업과 업종이 다른 사업을 주된 사업으로 하는 업체라도 주된 사업에 부수하여 금융기관과 동일·유사한 용역을 제공할 경우 금융기관과의 경쟁의 중립성이나 과세형평성을 도모하기 위하여 면세대상으로 정하는 취지로 해석된다.[272)]

(2) 부수재화·용역의 공급 주체에 따른 면세판단

'보험업'의 본질적 부분이 포함되지 아니한 부수적인 업무는 이를 '보험업'을 하는 자가 하는 경우에는 필수적인 부수성의 법리에 따라 면세되지만, 부수적인 업무를 제3자가 독립적으로 영위하는 경우에는 면세대상인 보험용역에 포함되지 아니한다고 할 것이다.[273)]

272) 서울행법2012구합23136, 2012.11.16
273) 대법원94누13381, 1995.02.14., 대법원83누172, 1985.11.12

(3) 공급하는 용역의 요건

면세대상 금융·보험용역을 적용하기 위하여는 면세대상 금융·보험용역과 동일 또는 유사한 용역을 제공할 것을 요구하고 있어, 비록 부수적으로 사업을 하더라도 금융·보험업의 본질적인 부분을 포함하는 사업을 하는 경우에 한하여 면세규정이 적용된다고 봄이 타당하다.

(4) 면세되는 금융·보험업 부수용역의 범위[274)]

금융·보험용역을 제공하는 사업자가 다음의 재화 또는 용역을 금융·보험용역에 통상적으로 부수하여 제공하는 때에는 면세한다.

① 담보재화 등 자산평가용역
② 투자조사 및 상담용역
③ 면세용역제공에 사용하는 유가증권용지 등 업무용 재화
④ 금융·보험업무에서 취득한 재화
⑤ 유가증권의 대체결제업무·명의개서대행업무 등
⑥ 보험의 보상금 결정에 관련된 업무

(5) 지급보증용역의 과세 및 면세 여부

1) 해외 현지법인 등에 대한 외화차입에 따른 채무지급보증용역

기획재정부는 과세사업을 영위하는 사업자가 해외 현지법인 등의 외화차입에 따른 채무지급보증용역을 공급하고 이에 상당하는 대가를 해외 현지법인 등으로부터 외국환은행을 통해 외화로 입금받는 경우 해외현지기업에 대한 지급보증은 현지 법률에 따라 체결하고 국외 소재 은행 또는 사업자에 대해 보증용역을 제공하는 것으로 보증용역에 대한 효익은 현지법인의 소재지에서 발생하여 국외에서 제공하는 용역에 해당하므로 영세율이 적용된다고 해석하였다.[275)]

이와 달리 조세심판원은 위의 용역이 「부가가치세법」 시행령 제40조 제2항에 따라 국내 사업자가 주된 사업에 부수하여 「부가가치세법」 시행령 제40조 제1항 제1호 라목의 채무의 보증 또는 어음의 인수와 같거나 유사한 용역을 제공하는 경우로 보아 면세되는 금융·보험용역에 포함되는 것으로 결정하였다.[276)]

2) 국내기업에 대한 지급보증용역

위 1)과 같이 금융·보험업 외의 사업을 영위하는 사업자가 국내 기업에게 지급보증용역을 제공하는 경우 기획재정부 해석에 따르면 해당 용역에 대해 부가가치세가 과세된다. 반면에 조세심

274) 부가집 26-40-1 ⑥
275) 재부가-279, 2010.04.23.
276) 조심2012구4575, 2014.08.11.

판원의 결정에 따르면, 부가가치세 과세사업을 영위하는 사업자가 주된 사업에 부수하여 국내 다른 기업의 차입금에 대한 채무지급보증을 하고 수수료를 수취하는 경우 "제조업을 영위하는 청구법인이 주된 사업인 제조업과 관련하여 국내 관계회사 등에 대출 시 제공한 지급보증용역은 채무자에 대한 보증 또는 채무보증을 위하여 채권자와 보증계약을 체결하는 등의 금융보험업의 본질적인 사업과 관련된 것으로서, 관계회사 등이 지급보증을 통해 대출받은 자금으로 제조업을 영위하기 위한 공장 신설 및 기계장치 등의 유형자산의 취득에 사용한 것이므로 주된 사업에 부수하여 금융보험용역과 동일 또는 유사한 용역을 제공한 것으로 보는 것이 타당하다"고 결정하였다.[277)]

3) 해외기업이 국내기업에 제공한 지급보증용역

기획재정부는 내국법인 및 면세사업자인 금융보험업자가 국내사업장이 없는 외국의 모법인(금융기관이 아님)으로부터 지급보증용역을 제공받고 그 대가를 지급하는 경우 해당 금융보험업자가 그 대가를 지급하는 때에 대리납부의무가 있는 것으로 회신함으로써 외국법인에 제공하는 지급보증용역을 과세되는 용역으로 해석하였다.[278)] 조세심판원도 해외 모법인이 제공한 지급보증용역이 제조업을 영위하는 데 필수적인 부수용역이라고 보기 어렵고, 위 내국법인은 "국내사업장이 없는 외국의 모법인으로부터 지급보증용역을 제공받고 그 대가를 지급하는 경우"에 해당하여 내국법인이 제공받은 지급보증용역에 대하여 부가가치세 대리납부의무가 있다고 결정하였다.[279)] 여기서 기획재정부의 해석은 일관성이 보이나, 조세심판원은 1) 및 2)의 결정과 3)의 결정이 서로 다름을 알 수 있다. 이에 대해 법원은 「부가가치세법」 시행령 제40조 제2항의 면세가 적용되는 요건은 금융·보험업 외의 사업을 하는 자가 주된 사업에 부수하여(「부가가치세법」 제14조 제2하에 한정하지 아니함) 「부가가치세법」 시행령 제40조 제1항과 같거나 유사한 용역을 제공할 것을 충족하면 되므로 위 모법인의 지급보증용역은 해당 요건을 충족함에 따라 부가가치세 대리납부의무가 없다고 판시하였다.[280)]

277) 조심2012구4575, 2014.08.11.
278) 기획재정부 부가가치세제과-294, 2015.04.07.
279) 조심2015서5750, 2017.01.09.
280) 서울행법2017구합60703, 2018.04.05.

<금융기관의 부수업무 과·면세 범위>

부수업무	과세 여부
1. 채무의 보증 또는 어음인수	면세
2. 상호부금	면세
3. 유가증권 투자 및 대여·매출, 다만 매출대상 유가증권은 상업어음 및 무역어음에 한함	면세
4. 증권업무 중 유가증권의 인수·매출, 유가증권의 모집 또는 매출의 주선, 국공채 및 회사채의 매매	면세
5. 환매조건부 채권매매	면세
6. 국공채 창구매매	면세
7. 팩토링(기업의 판매대금채권의 매수, 회수 및 이와 관련된 업무)	면세
8. 보호예수	면세
9. 수납대행, 지급대행	면세
10. 지방자치단체 금고대행	면세
11. 기업합병 및 매수(M&A)의 중개·주선 또는 대리	과세
12. 지금형주화(금화 및 금화모양 메달)의 수탁판매 및 금지금의 판매대행	과세
13. 금지금의 소비대차, 금 적립계좌 등의 개발 및 판매(조세특례제한법상 면세되는 금지금에 한함)	면세
14. 신용정보업자의 신용정보의 조사·조회 업무, 부동산 임대조사 등 민원업무 대행용역, 채권평가기법 제공 및 자문 등	과세
15. 부동산임대	과세
16. 복권 및 산품권 등의 판매대행, 홈페이지 등을 활용한 광고대행	과세
17. 파생금융상품거래	면세
18. 전자세금계산서 교부대행 및 인증 등 관련 서비스	과세
19. 은행업과 관련된 전산시스템 및 소프트웨어의 판매, 은행업과 관련된 전산시스템 및 소프트웨어의 대여	과세
20. 보험업법에 의한 보험대리점 업무	면세
21. 수익증권 등 금융업자의 금융상품 판매대행	면세
22. 전자화폐 등 선불·직불수단의 발행·판매, 대금결제	면세
23. 간접투자기구와 관련된 일반 사무의 수탁	면세
24. 증권거래법에 의한 유가증권 명의개서 대행	면세

부수업무	과세 여부
25. 자산유동화에 관한 법률 및 주택저당채권 유동화 회사법상 유동화 전문회사 등의 자산관리 및 채권추심 수탁	면세
26. 신용카드업자가 고객에게 신용카드 사용 즉시 사용자에게 휴대폰을 통하여 사용내역을 문자서비스를 제공하는 용역	면세
27. 금융업 관련 연구, 도서 및 간행물 출판 업무	면세
28. 금융 · 경제 관련 조사 및 연구 업무	면세

5. 금융·보험용역 과세 또는 면세 판정 사례

(1) 면세되는 사례

① 수탁한 신탁자산의 기준가격계산업무

② 평가·조사·상담·보상금 결정 등의 업무·경영상담 등 금융보험용역에 필수적으로 부수되어 제공되는 용역[281)]

③ 신용카드 관련 용역과 보험대리용역[282)]

④ 인가받은 부동산신탁전업금융업자가 신탁업 역무 제공[283)]

⑤ 인허가를 받지 아니한 자의 금전대부업도 면세함[284)]

⑥ 수익증권 등 금융업자의 금융상품 판매대행용역, 유가증권의 명의개서 대행용역, 수납, 지급대행용역 및 국가·지방자치단체의 금고대행용역(부령 40 ④ 1단서)

(2) 과세되는 사례

① 「여신전문금융업법」에 따른 시설대여업자가 「자동차관리법」 제3조에 따른 자동차를 대여하고 정비용역을 함께 제공하는 경우의 대가[285)]

② 복권, 입장권, 상품권, 지금형주하, 금지금에 관한 대행용역, 기업합병 또는 기업매수의 중개·주선·대리, 신용정보서비스 및 은행업에 관련된 전산시스템과 소프트웨어의 판매·대여용역, 부동산의 임대용역(부령 40 ④)

③ 기업매도를 위한 주식매각의 중개주선대리용역[286)]

④ 유동화전문회사가 기계장치를 구입하여 대여하는 대여용역[287)]

281) 간세1235-1303, 1979.04.25., 통칙 26-40-1
282) 통칙 26-40-3, 26-40-4
283) 서삼46015-10141, 2001.09.06
284) 부가46015-2303, 1998.10.13
285) 서삼46015-10659, 2002.04.24
286) 서면법규과-650, 2014.06.25
287) 서삼46015-10071, 2001.08.30

⑤ 허가받지 아니한 신용카드이용 관련 용역(발행, 관리, 대금결제, 가맹점모집 등)[288)]

⑥ 은행의 대여금고 제공용역[289)]

⑦ 보험대리점이 상조회사에 제공하는 상조상품의 중개대리용역[290)]

⑧ 「여신전문금융업법」에 따라 시설대여업을 등록한 자가 렌탈업을 영위하는 경우

⑨ 현금인출기 설치·사용수수료 및 관리용역[291)]

⑩ 업무위탁약정을 체결하고 수행한 대출모집대행용역 ☞ 상호저축은행 등과 업무위탁약정을 체결하고 수행한 대출모집대행용역은 부가가치세가 면제되는 '금융상품 판매대행용역', '「상호저축은행법」에 의한 상호저축은행업' 내지 '그 밖의 금전대부업'에 해당하지 아니하며, 대출모집대행용역의 객관적 성질이 금융·보험용역에 해당한다고 볼 수도 없다.[292)]

(3) 금융보험용역의 과세·면세 판정 사례

면세대상인 금융·보험용역	면세되는 금융·보험용역에서 제외되는 것
금융·보험용역을 제공하는 사업자가 다른 금융사업자의 금융상품을 판매대행하는 경우, 금융위원회가 고시하는 「금융회사의 업무위탁 등에 관한 규정」 제3조 제1항 각 호에 해당하는 사항을 제외한 해당 금융상품판매와 관련된 모든 업무를 일괄적으로 수행하고 받는 대행수수료는 부가가치세가 면세	금융보험 외의 사업자(법인 포함)가 여신전문금융기관과 계약에 의하여 여신전문금융기관의 금융상품판매대행만을 주업으로 하고 그 대가를 받는 경우
금융위원회에 등록한 보험대리점 소속의 고용관계 없는 사용인(금융위원회에 신고된 자)이 보험모집용역을 제공하는 경우 해당 보험모집용역	「자본시장과 금융투자업에 관한 법률」에 따른 유사투자자문업자에 해당하는 사업자가 증권 ARS라이브 방송시설을 갖추고 인터넷 방송을 통하여 주식 시황 추이 등 증권투자에 대한 정보를 불특정다수인에게 제공하는 용역
관련 법령에 따라 인·허가를 받지 아니한 자가 금전을 대부하고 이자 등의 대가를 받는 사업을 운영하는 경우	여신전문금융업자가 여신전문금융용역과는 별도로 자문용역을 제공하는 경우

1) 채권보전목적으로 경매를 통하여 담보부동산을 취득하여 매각하는 경우

금융·보험업자가 대출을 받은 자의 채무변제불이행으로 인한 채권보전목적으로 경매를 통하여 담보부동산을 취득하여 매각하는 경우에는 부가가치세가 면제되나, 해당 부동산을 과세사업에 사용·수익하다가 매각하는 경우 부가가치세가 과세된다.[293)]

---

288) 제도46015-10242, 2001.03.24
289) 상담3팀-228, 2005.02.16
290) 서면법규과-725, 2014.07.10
291) 서삼46015-12209, 2002.12.20
292) 대법원2012두24443, 2013.02.15
293) 부가집 26-40-1 ④

2) 금융업자가 담보재화를 처분하는 경우

금융업을 영위하는 사업자가 대출을 받은 자의 채무변제불능으로 인하여 담보재화(면세재화 또는 면세사업에 관련된 재화는 제외한다)를 공매처분하는 경우 해당 재화의 소유권이 대출받은 자에게 있는 때에는 다음과 같이 처리한다.[294]

① 대출을 받은 자가 사업자인 경우에는 부가가치세를 과세한다.

② 대출을 받은 자가 사업자가 아닌 때(폐업자를 포함한다)에는 과세하지 아니한다.

6. 관련 사례

(1) 보험용역에 해당되는 사례

1) 자금대여업 사업자가 지급보증용역을 제공하는 경우 면세 여부

부가가치세가 면제되는 자금대여업을 영위하는 사업자가 그 사업과 관련하여 지급보증용역을 제공하고 그 대가를 받는 경우, 당해 용역에 대해서는 부가가치세가 면세된다.[295]

2) 대부업자가 대부업을 영위하는 특수목적법인에 채권관리 위탁용역을 제공하는 경우 면세 여부

「대부업 등의 등록 및 금융이용자 보호에 관한 법률」에 따라 금전대부업 및 대부채권매입추심업으로 등록한 사업자가 같은 법률에 따라 대부업자로 등록한 특수목적법인이 여신전문금융기관으로부터 매입한 부실 대부채권에 대해 채권관리 업무위탁계약을 체결하여 대부채권관리용역을 제공하고 수수료를 지급받는 경우 해당 수수료는 부가가치세가 면세된다.[296]

3) 매출채권을 양도받아 회수하면서 보증보험료 및 수수료 등을 받는 경우 해당 용역의 면세 여부

이동통신사업자가 고객에게 이동통신단말기를 판매한 대리점으로부터 단말기 판매채권을 매입하여 해당 고객과의 별도 약정에 따라 단말기 판매채권을 관리·회수하는 업무(팩토업 또는 「상법」상 채권매입업)로서 해당 업무에 통상적으로 부수되는 용역대가(해당 고객 등으로부터 받는 보증보험료 및 각종 관리수수료 등)를 받는 경우 해당 용역에 대하여는 부가가치세가 면세된다.[297]

4) 인가된 공제사업을 영위하는 사업자에게 제공하는 손해사정용역

손해사정업을 영위하는 사업자가 관련 법령에 따라 주무장관의 인가·허가 등을 받아 설립된 공제사업을 영위하는 사업자에게 제공하는 손해사정용역은 부가가치세가 면세된다.[298]

---

294) 부가집 26-40-1 ⑤
295) 부가가치세과-623, 2010.05.17
296) 서면-2022-법규부가-0231 [법규과-1053], 2022.03.30
297) 사전법령해석부가2015-432, 2016.01.06
298) 부가-838, 2013.09.17

5) 시설대여업자가 대여시설이용자에게 자동차리스용역과 정비쿠폰을 함께 제공하는 경우

「여신전문금융업법」에 의한 시설대여업자가 「자동차관리법」 제3조에 따른 자동차를 시설대여하면서 자동차정비용역업자로부터 자동차정비쿠폰을 구입하여 당해 쿠폰의 사용 여부 및 정비용역의 제공 책임에 대하여 관여하지 않기로 하고 시설대여용역과 당해 쿠폰을 함께 공급하는 경우에는 「부가가치세법 시행규칙」 제28조의 정비용역을 함께 제공하는 경우에 해당하지 아니하는 것이며, 자동차정비쿠폰 발행자로부터 정비쿠폰을 구입하여 고객에게 판매하는 경우에는 부가가치세 과세대상에 해당하지 아니한다.[299)]

6) 종합금융회사가 등록취소 후 기존 시설대여계약에 따라 용역 공급

「여신전문금융업법」에 따른 시설대여업을 영위하는 종합금융회사가 영업인가가 취소되어 구 「종합금융회사에 관한 법률」(2009.2.4. 법률 제8635호로 폐지된 것) 제22조 제4항에 따라 해산되는 경우 시설대여업 등록취소 전에 이미 체결한 시설대여계약에 따라 등록취소 이후에 공급하는 시설대여용역은 부가가치세가 면세된다.[300)]

7) 금전대부업자의 금융상품 판매대행용역의 면세 여부

금전대부업자가 보험업자의 금융상품을 판매대행하는 경우, 금융위원회가 고시하는 「금융회사의 업무위탁 등에 관한 규정」 제3조 제1항 각 호에 해당하는 사항을 제외한 해당 금융상품 판매와 관련된 모든 업무를 일괄적으로 수행하고 받는 대행수수료는 부가가치세가 면세된다.[301)] (집행기준 26-40-2 : 금융·보험용역을 제공하는 사업자가 제공하는 경우)

8) 할부금융업자가 미회수대출금을 해당업체의 제품판매로 회수하는 경우 과세 여부

부가가치세가 면제되는 할부금융업을 영위하는 사업자가 대출처의 부도로 인하여 회수하지 못한 대출금을 업체소유 제품을 판매하여 회수하는 경우 동 제품 판매에 대하여는 주된 거래인 면세되는 재화의 공급에 필수적으로 부수되는 재화의 공급으로 보아 부가가치세가 면제된다.[302)]

9) 비금융회사가 매출채권 팩토링서비스를 제공하는 경우 면세되는 금융용역 여부

사업자가 다른 사업자로부터 매출채권을 할인매입하여 채무자로부터 회수하는 매출채권 팩토링업을 영위하는 경우 부가가치세가 면세된다.[303)]

10) 한국자산관리공사의 체납액 위탁징수용역이 부가가치세 면제대상인지 여부

한국자산관리공사가 「국세징수법」에 따라 관할세무서장으로부터 체납액 징수 관련 사실행위를 위탁받아 수행하고 위탁수수료를 받는 경우에는 부가가치세가 면세된다.[304)]

---

299) 부가-1052, 2013.11.08
300) 재부가-128, 2011.03.04
301) 부가가치세과-1621, 2009.11.09
302) 부가46015-233, 1998.02.10
303) 사전-2021-법령해석부가-0040 [법령해석과-232] 2021.01.22
304) 서면-2021-법령해석부가-2467 [법령해석과-4454], 2021.12.17., 기획재정부 부가가치세제과-522, 2021.12.14.

(2) 면세대상인 금융·보험용역에 해당되지 않는 사례

1) 은행이 사채관리회사에 자문용역을 제공한 경우

외국은행의 국내지점이 예금·적금의 수입, 대출업무 등 「은행법」 제27조에서 정한 은행 업무에 부수됨이 없이 사채관리회사의 업무에 관한 자문용역을 제공하고 대가를 받는 경우 부가가치세 면제대상에 해당하지 않는다.[305)]

2) 은행이 공인인증서 저장매체 및 일회용 비밀번호생성기를 공급하는 경우 과세

은행업을 영위하는 사업자가 보안성이 강화된 공인인증서 저장매체(스마트카드, 보안토큰)와 일회용 비밀번호생성기를 발급하고 대가를 받는 경우 면세되는 금융·보험용역에 해당하지 아니하므로 부가가치세가 과세된다.[306)]

3) 다른 금융회사의 금융상품 판매대행용역을 제공하는 경우 부가가치세 과세

금융지주회사가 계열금융사의 금융상품 판매업무를 통합 수행하기 위하여 설립한 금융상품 판매대행 법인이 계열금융사에게 금융상품 판매대행용역을 제공하는 경우 부가가치세 면제를 적용할 수 없다.[307)] (집행기준 26-40-2 : 금융보험 외의 사업자가 금융상품 판매대행만을 주업으로 하는 경우)

4) 대부업을 영위하는 사업자의 대출중개 및 대출모집 대행용역 과세

대부업을 영위하는 사업자가 대출중개 및 대출모집 대행용역을 제공하고 그 대가를 받는 경우 부가가치세가 과세된다.[308)]

5) 공인인증서 발급을 대행하고 받는 대가의 과세

은행업을 영위하는 사업자가 공인인증서 발급을 대행하여 주고 그 대가를 받는 경우에는 면세되는 금융·보험용역에 해당하지 아니하는 것이므로 부가가치세가 과세되는 것이며, 동 용역의 공급에 대하여는 영수증을 교부할 수 있다. 다만, 당해 용역을 공급받는 사업자가 사업자등록증을 제시하고 세금계산서의 교부를 요구하는 때에는 세금계산서를 교부하여야 한다.[309)]

6) 금융기관이 파산절차업무를 수행하면서 본점 건물을 매도하는 경우 면세 범위

「금융산업의 구조개선에 관한 법률」에 따라 영업정지된 금융기관의 「채무자 회생 및 파산에 관한 법률」에 따른 파산관재인이 당해 퇴출된 금융기관의 잔여재산 처분업무 등 파산절차상 업무를 수행하는 경우 부가가치세 면세 여부는 당해 금융기관이 공급하던 금융업의 범위와 동일하게 적용하는 것으로, 임대용 부동산을 공매에 의하여 양도하는 경우의 해당 부동산의 양도는 면

305) 법규부가2012-403, 2012.10.31
306) 부가-1243, 2010.09.17
307) 부가가치세과-1366, 2011.11.03
308) 상담3팀-1249, 2007.04.27
309) 서삼46015-11141, 2003.07.16

세되는 재화 또는 용역에 부수되는 재화 또는 용역이 아니므로 부가가치세가 과세된다.[310)]

7) 카드사가 금융사로부터 제공받은 카드회원모집 및 체크카드 발급대행용역의 부가가치세 과세

「여신전문금융업법」에 따른 신용카드업자가 금융사와 신용카드업무 위수탁 협약을 체결하여 금융사로부터 제공받는 신용카드 회원모집 및 체크카드 발급대행용역은 부가가치세 과세대상 용역에 해당한다.[311)]

8) 온라인투자연계금융업자가 이용자에게 수수료를 수취하는 경우 세금계산서 발급대상 해당

「온라인투자연계금융업 및 이용자 보호에 관한 법률」에 따른 온라인투자연계금융업자가 이용자에게 온라인투자연계금융용역 등을 제공하고 수수료를 수취하는 경우에는 부가가치세가 과세되는 것이며, 세금계산서 발급대상에 해당한다.[312)]

9) 보험대리점이 고객정보를 보험회사에 제공하는 경우 부가가치세 과세

「보험업법」에 따라 등록한 보험대리점이 보험회사와 "광고 컨설팅 계약"을 체결하여 인터넷 배너 광고를 통해 얻은 고객의 정보를 데이터베이스로 구축(이하 "고객DB")한 후 보험회사에게 고객DB를 이용하도록 제공하고 보험회사로부터 수수료를 받는 경우 「부가가치세법」에 따른 면세하는 금융·보험용역에 해당하지 아니한다.[313)]

(3) 금융·보험용역 중 면세대상인지, 과세대상인지 사실판단할 사례

1) 금융결제원의 지로EDI, 실시간조회, 등록·해지 서비스의 면세 여부

금융결제원이 「한국은행법」 제81조 제2항에 따른 지급결제제도의 운영기관으로서 수행하는 지급결제제도 운영업무에 대하여는 부가가치세가 면제되는 것이나, 지급결제제도 운영업무인 소액금융결제업무에 통상적으로 부수하지 아니하는 지로EDI 서비스, 출금이체를 신청한 고객계좌의 존재 여부에 대한 실시간 조회 및 지로자동이체 이용기관의 고객의 출금이체 계좌에 대한 실시간 등록 또는 해지 서비스용역에 대하여는 부가가치세가 면세되지 아니한다.[314)]

2) 미등록사업자가 제공하는 지급보증용역

「부가가치세법 시행령」 제40조 제1항 각 호의 법률에 따라 등록하지 아니한 사업자가 제공하는 지급보증용역은 면세대상에 해당하지 않는다.[315)] 따라서 「한국해양진흥공사법」에 따라 설립된 한국해양진흥공사(이하 "공사")가 해운항만사업자의 자금 차입에 대한 채무보증용역을 제공하고 수수료를 받는 경우 면세되는 금융 · 보험용역에 해당하지 아니하는 것이나, 공사가 주된 사

310) 부가-896, 2013.09.27., 부가-117, 2014.02.17

311) 서면-2021-부가-4392 [부가가치세과-2140], 2021.12.28

312) 서면-2021-법규부가-8349 [법규과-2661], 2022.09.15., 기획재정부 부가가치세제과-419, 2022.09.14.

313) 사전-2021-법령해석부가-1489, 2021.12.09

314) 서면-2015-법령해석부가-0651, 2015.06.20

315) 서면-2014-법령해석부가-21791, 2015.06.18

업에 부수하여 보증용역을 공급하는 경우에는 면세되는 것이며, 주된 사업에 부수하여 공급하는지 여부는 사실판단할 사항이다.[316]

3) 상호저축은행이 PF대출 시 컨설팅 업무수행 명목으로 별도로 받는 PF수수료 면세 여부

「상호저축은행법」에 의한 인가를 받은 상호저축은행이 PF대출 시 사업성 검토, 사업 관련 정보 제공 등의 컨설팅 업무를 수행하는 명목으로 자금대출이자와는 별도로 받는 PF수수료의 경우, 자금대출 여부 결정 및 대출금의 원활한 회수 등 자금대출 업무에 필수적으로 부수하여 공급하는 용역에 대한 대가에 해당하는 경우에는 부가가치세가 면세되는 것이나, 별도로 공급되는 용역에 대한 대가에 해당하는 경우에는 부가가치세가 과세된다.[317]

4) 에프엑스 마진거래 관련 부가가치세 과세 여부

관련 법령에 따라 인가·허가·등록 등을 거치지 아니한 사업자가 금융·보험 영업과 유사한 용역을 제공하는 경우 해당 용역의 공급에 대하여는 부가가치세가 과세되나, 이에 해당되는지 여부는 실지내용에 따라 사실판단할 사항이다.[318]

5) 유동화전문회사가 경매로 취득한 담보부동산을 매각하는 경우 부가가치세 과세 여부

유동화전문회사가 유동화자산으로 A업체에 대한 담보부채권을 보유하던 중 A업체의 부도발생으로 채권을 회수하기 위하여 담보부동산을 법원에 경매 신청한 후 직접 경매에 참여하여 낙찰받아 제3자에게 매각하는 경우, 해당 담보부동산의 매각에 대해서는 부가가치세가 면제되지만, 취득한 담보부동산을 임대하는 경우에는 부가가치세가 과세되고, 부동산임대업에 사용하던 부동산(건물)을 양도하는 경우에도 부가가치세가 과세된다.[319]

6) 금융업을 영위하지 아니하는 사업자의 금융용역 면세 여부

은행업을 영위하지 아니하는 사업자가 은행, 보험, 카드사 등과 제휴로 사업자 소유의 CD/ATM 기기를 공공장소에 설치하여 예금인출서비스를 제공하고 동 기기의 이용자인 고객으로부터 수수료를 받는 업무는 「은행법」에 의한 은행업무의 범위에 포함되는 것으로 금융용역을 제공하는 경우 부가가치세가 면제되는 것이나, 주된 사업에 부수하여 동 용역을 제공하는지의 여부는 사실판단할 사항이다.[320]

7) 복권의 공급은 면세되나, 복권의 판매수수료는 과세됨

복권의 발행주체 등이 복권 그 자체를 공급하는 것은 면세되나, 복권판매인이 복권을 제공받아

---

316) 서면-2021-법령해석부가-0735 [법령해석과-4740], 2021. 12. 29
317) 재부가-266, 2012. 05. 24
318) 부가-430, 2012. 04. 17
319) 부가-314, 2012. 03. 22. 법규부가2012-239, 2012. 09. 14
320) 재소비-555, 2006. 05. 09

판매하고 판매수수료를 받는 것은(Lotto 등) 용역의 공급으로 과세된다.[321)]

8) 이동통신사의 휴대폰 보험과 관련된 용역이 부가가치세 면제대상인지 여부

이동통신사가 제공하는 휴대폰 보상서비스(분실·도난·파손 시 기기변경, 수리비 지원)는 금융·보험용역으로 면세되나, 잔존물 보상서비스(무사고 기간 만료 시 기기변경 포인트 제공, 보상매입서비스)는 과세된다.[322)]

9) 대출모집인 등록업무를 위탁받은 단체가 수취하는 등록수수료의 부가가치세 면제 여부

「여신전문금융업법」 및 「금융위원회 소관 비영리법인의 설립 및 감독에 관한 규칙」에 따라 금융위원회로부터 법인설립허가를 받은 단체가 「금융소비자 보호에 관한 법률」에 따라 금융상품 판매대리·중개업자(이하 "대출모집인")의 등록업무를 위탁받아 대출모집인 등록심사 및 관리용역을 제공하고 수수료를 받는 경우 해당 용역이 그 단체 고유의 사업목적을 위하여 실비로 공급하는 용역에 해당하는 때에는 부가가치세가 면제된다. 다만, 해당 단체가 「부가가치세법 시행규칙」 제34조 제1항에 따른 사업을 하는 단체에 해당하는지, 실비로 공급하는지 여부는 사실판단할 사항이다.[323)]

10) 은행이 신용카드업자에게 제공하는 신용카드 회원모집 등 용역의 부가가치세 면제 여부

「은행법」에 따른 은행이 「여신전문금융업법」에 따른 신용카드업자에게 제공하는 신용카드 회원모집 등의 용역은 해당 신용카드 회원모집 및 관련된 업무를 포괄적으로 대행하는 경우에 부가가치세가 면제되는 것이며, 은행이 신용카드 회원모집 및 관련된 업무를 포괄적으로 수행하는지 여부는 사실판단할 사항이다.[324)]

11) 보험회사 등이 증권회사에 제공하는 실명확인 · 계좌개설 대행용역

보험회사 등이 증권회사에 제공하는 실명확인 · 계좌개설 대행용역은 당해 보험회사 등의 본질적 금융 · 보험용역 제공에 필수적으로 부수된 용역의 제공으로 볼 수 없고 '수익증권 등 금융업자의 금융상품 판매대행용역'은 해당 금융상품 판매와 관련된 모든 업무를 일괄적으로 수행하는 경우에 부가가치세가 면제되는 것으로, 증권회사에 제공하는 실명확인 · 계좌개설 대행용역은 「자본시장과 금융투자업에 관한 법률 시행령」 제45조 제2호에 의하여 단순한 업무의 대행용역으로 부가가치세 과세대상 용역에 해당한다.[325)]

321) 부가46015-349, 2003.05.01
322) 기획재정부 부가가치세제과-566, 2016.12.26
323) 서면-2021-법령해석부가-4335 [법령해석과-3367], 2021.09.29
324) 기획재정부 부가가치세제과-460, 2022.10.12
325) 기획재정부 부가가치세제과-255, 2010.04.16.

Ⅱ 토지

1. 개요

토지는 부가가치를 창출하는 본원적 생산요소로서, 토지의 공급으로 새로운 부가가치가 창출되는 것은 아닐 뿐만 아니라 통상의 생산요소와 달리 상품을 생산하는 과정에서 그 가치가 상품으로 이전되지 않고 생산 후에도 가치가 유지된다는 특성이 있으므로, 토지의 공급(임대는 과세)에 대하여 부가가치세를 면세하는 것으로 규정하고 있다.[326)]

2. 토지의 면세·과세 사례

(1) 부피나 무게의 개념으로 재화처럼 거래되는 흙은 과세

재화라 함은 재산적 가치가 있는 모든 유체물과 무체물을 말하므로 물·흙 등은 재화에 포함되는 것으로서, 사업자가 흙을 공급하는 경우에는 부가가치세가 과세된다.[327)]

(2) 토지를 취득할 수 있는 권리양도는 면세

사업자가 부동산 신축판매 용도의 토지매매계약을 체결하여 계약금만 지급하고 등기이전하지 아니한 상태에서 토지사용 승낙을 받아 대지조성을 위한 토목공사를 진행하다가 자금사정에 의하여 당해 토지를 취득할 수 있는 권리를 제3자에게 양도하는 경우 당해 토지를 취득할 수 있는 권리양도에 대하여는 부가가치세가 면세된다.[328)]

(3) 부지와 별도 양도하는 사업권의 부가가치세 과세 여부

부동산매매업자가 사업부지에 대한 모든 권리와 의무를 포괄적으로 승계시키는 경우 사업양도에 해당하나 사업양도에 해당하지 아니하는 경우 해당 사업권의 양도는 과세대상이다.[329)]

(4) 담장 및 구축물 등이 부가가치세가 면세되는 토지의 범위에 미포함

구조와 형태가 물리적으로 토지와 구분되어 독립적인 경제적 가치를 가진 것으로서 건축물의 부속설비 및 구축물에 해당하는 담장(철망펜스, 벽돌타일), 도로, 주차장, 전기지중화시설, 인공연못 및 조경시설 등은 부가가치세가 면세되는 토지의 범위에 해당하지 않는다.[330)]

---

326) 헌법재판소2007헌바125, 2010.06.24
327) 부가46015-1022, 2001.07.06
328) 부가가치세과-1340, 2010.10.08
329) 부가-826, 2014.10.06
330) 사전-2015-법령해석부가-22454, 2015.04.21

Ⅲ 인적용역

1. 개요

개인이 물적시설 없이 고용계약이나 도급계약, 위임계약 등 그 명칭이나 형식에 관계없이 근로자 등을 고용하지 아니하고 독립된 자격으로 제공하는 문화·예술·창작 및 연예활동, 학술용역 등의 인적용역에 대하여는 면세하는 것으로, 저술가·작곡가나 그 밖의 자가 직업상 제공하는 인적(人的)용역으로서 독립된 사업으로 공급하는 일정용역은 부가가치세를 면제한다(부법 26 ① 15, 부령 42). 이 경우 독립된 사업에는 여러 개의 사업을 겸영하는 사업자가 과세사업에 필수적으로 부수되지 아니하는 용역을 독립하여 공급하는 경우를 포함한다.

2. 물적시설 및 인적설비의 범위[331)]

(1) 물적시설의 범위

물적시설이란 계속적·반복적으로 사업에만 이용되는 건축물·기계장치 등의 사업설비(임차한 것을 포함)를 말하며, 인적용역의 실현에 있어 보조적 수단에 불과한 것이라면 물적시설을 갖춘 것으로 보지 아니한다.

(2) 인적설비의 범위

근로자를 고용하지 아니하였다는 의미는 인적용역 실현을 위한 본질적인 업무를 수행하는 근로자(일용근로자를 포함)를 고용한 경우를 말하므로 인적용역 제공과 직접 관련 없이 보조역할만 수행하는 업무보조원을 고용한 경우는 제외한다.

3. 면세대상 인적용역의 범위

(1) 개요

독립된 사업으로 공급하는 용역이란 부가가치세 면세대상 용역만을 별도로 공급하는 것을 뜻하며 따라서 부가가치세가 과세되는 사업을 겸영하더라도 부가가치세가 과세되는 사업과 관련하여 공급되지 않고 별도로 공급되는 용역은 독립된 사업으로 공급되는 용역이므로 부가가치세가 면제된다.[332)]

331) 부가집 26-42-1
332) 간세1265.1-763, 1980.03.19

(2) 개인이 물적시설 없이 독립된 자격으로 공급하는 인적용역

개인이 기획재정부령으로 정하는 물적시설 없이 근로자를 고용하지 아니하고 독립된 자격으로 용역을 공급하고 대가를 받는 다음의 인적용역은 부가가치세를 면세한다(부법 26 ① 15, 부령 42 1).

① 저술·서화·도안·조각·작곡·음악·무용·만화·삽화·만담·배우·성우·가수 또는 이와 유사한 용역

② 연예에 관한 감독·각색·연출·촬영·녹음·장치·조명 또는 이와 유사한 용역

③ 건축감독·학술용역 또는 이와 유사한 용역

④ 음악·재단·무용(사교무용을 포함한다)·요리·바둑의 교수 또는 이와 유사한 용역

⑤ 직업운동가·역사·기수·운동지도가(심판을 포함한다) 또는 이와 유사한 용역

⑥ 접대부·댄서 또는 이와 유사한 용역

⑦ 보험가입자의 모집, 저축의 장려 또는 집금(集金) 등을 하고 실적에 따라 보험회사 또는 금융기관으로부터 모집수당·장려수당·집금수당 또는 이와 유사한 성질의 대가를 받는 용역과 「방문판매 등에 관한 법률」에 따른 서적·음반 등의 외판원이 판매실적에 따라 대가를 받는 용역. 다만, ㉢의 경우에는 후원수당을 지급받는 부분으로 한정한다(부칙 30).

㉠ 방문판매원 또는 후원방문판매원

㉡ 방문판매업자 또는 후원방문판매업자로부터 사업장 관리·운영의 위탁을 받은 자

㉢ 다단계판매원

⑧ 저작자가 저작권에 의하여 사용료를 받는 용역

⑨ 교정·번역·고증·속기·필경(筆耕)·타자·음반취입 또는 이와 유사한 용역

⑩ 고용관계 없는 사람이 다수인에게 강연을 하고 강연료·강사료 등의 대가를 받는 용역

⑪ 라디오·텔레비전 방송 등을 통하여 해설·계몽 또는 연기를 하거나 심사를 하고 사례금 또는 이와 유사한 성질의 대가를 받는 용역

⑫ 작명·관상·점술 또는 이와 유사한 용역

⑬ 개인이 일의 성과에 따라 수당이나 이와 유사한 성질의 대가를 받는 용역 (예) 각종 회원모집용역, 방문학습 지도용역, 대리운전 용역 등

(3) 개인·법인 또는 법인격 없는 사단·재단 기타 단체가 독립된 자격으로 공급하는 인적용역

개인, 법인 또는 법인격 없는 사단·재단, 그 밖의 단체가 독립된 자격으로 용역을 공급하고 대가를 받는 다음의 인적용역은 부가가치세를 면세한다(부법 26 ① 15, 부령 42 2).

① 「형사소송법」 및 「군사법원법」 등에 따른 국선변호인의 국선변호, 「국세기본법」에 따른 국선대리인의 국선대리 및 기 「법률구조법」에 따른 법률구조 및 「변호사법」에 따른 법률구조사업(부칙 31)

② 새로운 학술 또는 기술 개발을 위하여 수행하는 새로운 이론·방법·공법 또는 공식 등에 관한

학술연구용역과 기술연구용역(부칙 32) ☞ (유의) 학술용역은 개인이 인적·물적시설 없이 공급하는 경우에 한하여 면세되나, 학술연구용역은 개인, 법인에 관계없이 면세됨.

③ 직업소개소가 제공하는 용역 및 상담소 등을 경영하는 자가 공급하는 용역으로서 다음의 어느 하나에 해당하는 용역(부칙 33)

㉠ 인생상담, 직업재활상담 및 그 밖에 이와 유사한 상담(결혼상담은 제외한다)용역

㉡ 「중소기업창업 지원법」에 따른 중소기업상담회사가 제공하는 창업상담용역

④ 「장애인복지법」 제40조에 따른 장애인보조견 훈련용역

⑤ 외국 공공기관 또는 「국제금융기구에의 가입조치에 관한 법률」 제2조에 따른 국제금융기구로부터 받은 차관자금으로 국가 또는 지방자치단체가 시행하는 국내사업을 위하여 공급하는 용역(국내사업장이 없는 외국법인 또는 비거주자가 공급하는 용역을 포함한다)

⑥ 「민법」에 따른 후견인과 후견감독인이 제공하는 후견사무용역(2019.2.12. 이후 공급분부터)

⑦ 「가사근로자의 고용개선 등에 관한 법률」에 따른 가사서비스 제공기관이 가사서비스 이용자에게 제공하는 가사서비스용역(2022.6.16.이후 공급분부터)

⑧ 「파견근로자 보호 등에 관한 법률」에 따른 근로자파견 용역 및 「직업안정법」에 따른 근로자공급 용역

⑨ 물건의 제조 · 건설 · 수리 또는 이와 유사한 것으로서 기획재정부령으로 정하는 용역을 계약에 의하여 다른 사업자의 사업장(다른 사업자가 제공하거나 지정한 경우로서 그 사업자가 지배 · 관리하는 장소를 포함한다)에서 그 사업자의 생산시설을 이용하여 제공하는 용역

4. 인적용역의 면세·과세 사례

(1) 면세되는 사례

① 사업설비를 갖추지 아니한 검침원의 전기계기검침용역 공급[333)]

② 직업운동가의 매니저용역[334)]

③ 개인이 제공하는 리스이용자 모집용역[335)]

④ 개인이 제공하는 금융기관의 연체대금 회수 및 변제독려용역[336)]

⑤ 고용관계 없는 자동차영업사원[337)]

333) 서삼46015-10673, 2002.04.25

334) 간세1235-3556, 1978.10.30

335) 부가46015-2051, 1995.11.03

336) 부가46015-672, 1997.03.27

337) 부가46015-2514, 1999.08.23

(2) 과세되는 사례

① 소사장제는 면세되는 인적용역의 범위에 해당되지 않음[338)]

② 농작물 피해를 조사하여 전산처리하는 조사용역[339)]

③ 시추용역·기업진단·원단위 조사용역[340)]

④ 운동지도가가 운영하는 유기장·운동설비운영업[341)]

⑤ 판매알선 및 집금용역·문예진흥기금모금용역[342)]

⑥ 업무전산처리수수료·컴퓨터대여금[343)]

⑦ 키펀치용역[344)]

⑧ 컴퓨터 소프트웨어 개발용역

⑨ 법인이 제공하는 연예에 관한 녹음용역[345)]

5. 관련 사례

(1) 면세되는 인적용역 사례

1) 다른 사업자의 사업장에서 독립적으로 판매대행용역 제공

인적, 물적 사업설비를 갖추지 아니한 개인이 다른 사업자의 사업장에서 계약에 의하여 독립적으로 판매대행용역을 제공하고 그 판매실적에 따라 일정수수료를 받는 경우, 당해 용역은 부가가치세가 면제되는 것이며, 원천징수대상 사업소득(원천징수세율 3%)에 해당한다.[346)]

2) 개인소유 승합차량을 이용하여 상품을 배달·설치하는 경우

개인이 방문판매업자와의 계약을 통하여 근로자를 고용하지 아니하고 본인 소유의 승합차량을 이용하여 독립적으로 상품을 배달, 설치, 사후관리, 판매대행의 대가로 수당을 받는 경우 부가가치세가 면세되는 것이며, 면세사업자등록증을 교부받을 수 있다.[347)]

3) 파산관재인이 받는 보수의 부가가치세 면세 여부

전문자격사인 변호사가 법원으로부터 파산관재인으로 선임되어 「채무자 회생 및 파산에 관한 법률」에서 정하는 파산관재인의 직무를 수행하고 그 보수를 받는 경우 해당 직무 수행용역에 대

338) 서삼46015-11560, 2002.09.13
339) 간세1235-2729, 1977.08.24
340) 간세1235-4511, 1977.12.31
341) 부가22601-1447, 1986.07.21
342) 간세1265.1-1903, 1980.06.25
343) 부가1235-2576, 1978.06.30
344) 간세1235-3187, 1977.09.17
345) 부가46015-1694, 1994.08.18
346) 부가-968, 2012.09.24
347) 부가가치세과-2221, 2008.07.24

하여는 부가가치세가 면세된다.[348)]

4) 법령에 따라 위법행위 · 사실을 신고하고 포상금 등을 받는 경우 용역의 공급 해당 여부

개인이 「부패방지 및 국민권익위원회의 설치와 운영에 관한 법률」에 따른 부패행위를 국민권익위원회에 계속적 · 반복적으로 신고하고 보상금을 지급받는 경우 용역의 공급에 해당하는 것이며 물적시설 없이 근로자를 고용하지 아니하고 독립된 자격으로 용역을 공급하고 그 성과에 따라 대가(보상금)를 받는 경우에는 부가가치세가 면세된다.[349)]

5) 인터넷 개인방송을 진행하는 경우 부가가치세 과세 여부 및 관련 비용 매입세액 공제 여부

개인이 독립된 자격으로 주소지에서 물적 시설없이 근로자를 고용하지 아니하고 인터넷 개인방송 용역을 공급하면서 그 성과에 따라 대가를 받는 경우 부가가치세를 면세되는 것이며, 「소득세법」에 따라 면세사업자로 등록할 수 있는 것이나 해당 면세사업과 관련하여 부담한 부가가치세액은 공제(환급)받을 수 없다.[350)]

(2) 과세되는 인적용역 사례

1) 주식의 중개 및 자문용역이 부가가치세 과세대상인지 여부

원고의 노동력 자체에 의하여서만 부가가치가 창출된 것이 아니라 원고의 노동력 외의 여러 가지 요소가 결합하여 부가가치가 창출된 것으로 판단되므로, 이 사건 용역은 노동력을 제공하는 근로유사용역이라고 볼 수 없고, 원고가 사업이라고 할 만한 규모에 이르지 못하는 수준에서 인적용역을 제공하였다고 볼 수도 없어 부가가치세 면세대상이라고 볼 수 없다.[351)]

2) 취업정보은행 수탁용역의 면세 여부

사업자가 「직업안정법」 제4조의 2(지방자치단체의 국내직업소개 업무 등)의 규정에 의하여 취업정보은행을 운영하고 있는 지방자치단체와 취업정보은행의 운영위탁용역을 체결하고 취업정보은행의 수탁운영용역을 제공하는 것은 부가가치세가 과세된다.[352)]

(3) 과세 또는 면세되는 인적용역 사례

1) 학술·기술연구용역의 부가가치세 면세대상 용역 범위

부가가치세가 면제되는 학술 또는 기술연구용역이란 새로운 학술 또는 기술을 개발하기 위하여 행하는 새로운 이론·방법·공법 또는 공식 등에 관한 연구용역을 말하는 것이며, 학술·기술의 연

---

348) 법규과-1198, 2014.11.14
349) 사전-2020-법령해석부가-1015 [법령해석과-448], 2021.02.04
350) 서면-2018-법령해석부가-2159, 2019.3.4.
351) 대법2014두38828, 2014.10.24
352) 상담3팀-2881, 2007.10.24

구결과를 단순히 응용 또는 이용하여 제공하는 용역은 과세된다.[353)]

2) 업무보조원을 고용하여 제공하는 인적용역의 면세 여부

독립적인 용역제공자가 업무보조원을 고용한 경우 업무보조원이 수행하는 업무가 주된 용역업무에 직접적으로 관련 있는 용역 제공 또는 주된 용역 제공에 필수적으로 부수되는 업무보조는 과세되는 것이나, 주된 용역 제공에 필수적으로 부수되는 업무에 해당하지 않는 경우에는 면세된다.[354)]

3) 인력고용에 관련된 서비스업의 면세 여부

사업자가 계약에 의하여 고용자와 구직자를 대리하여 인력고용에 관련된 인력조사, 선발, 조회, 알선 등의 서비스를 제공하는 것은 직업소개소에 해당하여 부가가치세가 면제되는 것이나, 노동력을 확보하고 계약에 의하여 타사업체에 임시로 수요인력을 수시로 제공하는 사업은 인력공급업에 해당되어 부가가치세가 과세되는 것으로, 인력을 공급하는 사업에 해당하는지 또는 단순히 인력고용에 관련하여 알선하는 직업소개업에 해당하는지는 계약내용 및 실제사업내용 등 관련 사실을 종합하여 판단하여야 한다.[355)]

4) 부가가치세가 면제되는 직업소개소에 해당하는지 여부

사업자가 수수료 또는 계약에 의거 고용자 또는 일자리를 찾고 있는 실업자를 대리하여 인력고용에 관련된 인력조사, 선발, 조회, 알선 등의 서비스를 제공하는 것은 직업소개소에 해당되어 부가가치세가 면제되는 것이나, 사업자가 운영하는 인터넷홈페이지에 가입된 회원들에게 구인·구직정보를 제공하고 회비 명목으로 수수료를 받는 경우는 부가가치세가 과세된다.[356)]

5) 인적용역 제공자가 사업소득자인 업무보조원을 고용하는 경우 면세되는 인적용역 해당 여부

업무보조원의 업무가 주된 용역 제공에 필수적으로 부수되는 업무보조인지 여부에 의하여 과세 여부를 판단하는 것이다. 따라서, 업무보조원의 배경그리기와 채색 등이 이에 해당하는 지 여부는 사실 판단할 사항이다.[357)]

---

353) 상담3팀-3441, 2007.12.28
354) 재부가-472, 2007.06.20
355) 상담3팀-523, 2006.03.20
356) 부가-804, 2011.07.21
357) 서면-2021-법규부가-7062, 2022.9.7.

6) 과세 또는 면세되는 인적용역 판정 사례[358)]

면세 대상인 인적용역	면세 대상에서 제외되는 인적용역
물적시설 없이 근로자를 고용하지 아니한 대출상담사가 독립된 자격으로 저축은행에 제공하는 대출주선용역	새로운 사업의 타당성 조사, 실시설계 또는 이들을 포함한 종합계획을 작성하는 용역은 면세되는 학술·기술연구용역에 해당하지 아니한다.
사업설비를 갖추지 아니한 개인이 독립된 자격으로 리스회사와의 계약에 의하여 차량리스이용자의 모집 또는 집급 등의 활동을 하고 그 실적에 따라 리스회사로부터 수당을 받는 경우	출판사에 삽화용역을 제공하는 개인이 계속적·반복적으로 사업에만 이용되는 건축물·기계장치 등의 사업설비(임차한 것을 포함)를 갖추고 출판사에 제공하는 삽화용역
골프연습장에서 고용관계 없이 골프운동지도자가 근로자를 고용하지 않고 독립된 자격으로 제공하는 운동지도용역	사업자가 발주자의 사업장 내에서 발주자로부터 공장기계시설 및 자재를 제공받아 자기의 책임하에 제조하여 주고 대가를 받는 경우
개인이 독립된 자격으로 근로자를 고용하지 아니하고 본인 소유의 오토바이를 이용하여 운송용역을 공급하고 수당 또는 이와 유사한 성질의 대가를 받는 경우	노동력을 확보하고 계약에 의하여 타사업체에 수요인력을 수시로 제공하는 사업은 인력공급업에 해당한다.

제4절 조세정책 공익목적 면세

I 우표, 인지, 증지, 복권 및 공중전화

1. 개요

우표(수집용 우표는 제외한다), 인지(印紙), 증지(證紙), 복권 및 공중전화에는 부가가치세를 면세한다(부법 26 ① 9).

2. 복권

(1) 복권의 면세요건

복권 공급에 해당하여 부가가치세 면세대상이라고 하기 위하여는 복권발행자인 재단 및 공제회로부터 복권을 매입하여 매입한 복권에 대한 소유권을 가지고 원고가 독자적인 계산과 책임 아래

358) 부가집 26-42-2

판매하는 복권판매업을 하여야 한다.[359)]

(2) 복권판매 대행용역

복권(LOTTO 포함)의 판매업무에 관한 계약을 체결하고 액면가에서 할인된 가격으로 인수하여 중간판매인 등에게 공급한 것은 부가가치세 면세대상인 복권판매업이 아니라 복권 액면가와 인수가액 차액 상당을 수수료로 지급받은 것으로 복권판매 대행용역에 해당하여 부가가치세 과세대상에 해당한다.[360)]

3. 우표

(1) 수집용 우표의 부가가치세 과세 여부

체신부장관으로부터 국내 우표류 판매업무 또는 국내 우체 보급업무의 허가를 받은 국내판매인 또는 국내보급인이 우표의 표면에 표시된 금액으로 판매하는 통신용으로 사용 가능한 우표에 대하여는 부가가치세가 면세되는 것이나, 외국우정청(외국정부기관 포함), 외국우표상인, 국내우표상인 등이 우표전시회를 개최하고 그 전시장에서 '수집용 우표'를 판매하는 경우에는 부가가치세가 과세된다.[361)]

(2) 수입 시 관세가 무세이거나 감면되는 우표의 부가가치세 면세 여부

수입 시 관세가 무세이거나 감면되는 우표는 부가가치세가 면세되는 것이며 관세가 경감되는 경우에는 경감되는 분에 한한다.[362)]

4. 공중전화

(1) 개요

부가가치세 과세사업자가 OO공사로부터 위임을 받은 자와 자급공중전화 이용약정을 체결한 후 공중전화를 사업장에 설치하여 불특정다수인에게 공중전화를 이용하게 하고 이용자로부터 받는 사용요금은 부가가치세가 면세된다.[363)]

(2) 사업자가 광고문안 등을 삽입, 제작하여 공중전화카드 공급하는 경우

사업자가 고객의 주문을 받아 공중전화카드에 광고문안 등을 삽입·제작하여 공급하는 경우 공중

359) 서울고등법원2010누7316, 2010.12.22
360) 대법원2002두10391, 2004.01.29
361) 부가가치세과-1068, 2012.10.19
362) 부가46015-2444, 1996.11.16
363) 부가46015-905, 2001.06.20

전화는 부가가치세가 면세되므로 사업자가 계약에 의하여 ○○전기통신공사에게 지급하는 공중전화요금 상당액은 과세표준에 포함되지 아니한다.[364)]

5. 우표·인지·증지·복권·공중전화의 면세·과세 사례

(1) 면세되는 사례

① 복권당첨금 지급업무의 대행용역[365)]

② 승마투표권 및 복표 발행[366)]

③ 기간통신사업자가 발행한 전화카드 판매

(2) 과세되는 사례

① 면세되는 주택복권(Lotto복권 포함), 승마투표권의 위탁판매수수료

② 수집용 우표는 면세대상우표에서 제외

③ 전화카드 위탁판매수수료

④ 관광숙박업자가 초과 징수한 전화사용료[367)]

II 담배

「담배사업법」 제2조에 따른 담배로서 다음의 어느 하나에 해당하는 것은 부가가치세를 면세한다(부법 26 ① 10, 부령 39).

① 「담배사업법」 제18조 제1항에 따른 판매가격이 200원 이하인 것 (20개비 기준)

② 「담배사업법」 제19조에 따른 특수용 담배 중 「부가가치세법」 제21조부터 제24조까지의 규정에 따라 영세율이 적용되는 것을 제외한 것을 말한다.

III 공익단체가 무상 또는 실비로 공급하는 재화 또는 용역

1. 개요

종교, 자선, 학술, 구호(救護), 그 밖의 공익을 목적으로 하는 단체가 공급하는 일시적·실비변상적 재화 또는 용역은 부가가치세를 면제한다(부법 26 ① 18, 부령 45, 부칙 34). 여기서 '실비'란 '재화 또

364) 재부가22601-1021, 1991.07.26

365) 서삼46015-10441, 2003.03.17

366) 간세1235-2241, 1977.07.27

367) 부가46015-3248, 2000.09.18

는 용역을 공급받은 자로부터 받은 공급대가가 그 공급에 필요한 비용을 초과하지 않는 경우'를 의미한다는 전제하에 "실비로 공급하는 용역"이란 용역의 제공에 실지로 드는 재료비, 인건비, 감가상각비 등의 비용 또는 그 이하의 금액만을 대가로 받고 공급하는 용역을 말하는 것으로,[368] 재화 또는 용역이 실비로 공급되어 부가가치세 면세대상에 해당하는지 여부는 개별 재화 또는 용역을 기준으로 판단하여야 하고, 각 사업분야 전체를 기준으로 판단할 수 없다.[369]

2. 공익단체의 일시적·실비적 재화와 용역

(1) 개요

주무관청의 허가 또는 인가를 받거나 주무관청에 등록된 단체(종교단체의 경우에는 그 소속단체를 포함)로서 「상속세 및 증여세법 시행령」 제12조 각 호의 어느 하나에 따른 사업 또는 비영리법인의 사업으로서 종교, 자선, 학술, 구호, 사회복지, 교육, 문화, 예술 등 공익을 목적으로 하는 사업을 하는 단체가 그 고유의 사업목적을 위하여 일시적으로 공급하거나 실비(實費) 또는 무상으로 공급하는 재화 또는 용역은 부가가치세를 면세한다(부령 45 1, 부칙 34 ①).

(2) 공익단체 등이 일시적으로 공급하는 재화 또는 용역의 면세범위[370]

1) 일시적·실비 또는 무상 공급

주무관청에 등록된 종교·자선·학술·구호·그 밖의 공익을 목적으로 하는 단체가 그 고유의 사업목적을 위하여 일시적으로 공급하거나 실비 또는 무상으로 공급하는 것으로서 다음에 예시하는 재화 또는 용역에 대하여는 면세한다.

① 한국반공연맹 등이 주관하는 바자(Bazaar)회 또는 의연금모집자선회에서 공급하는 재화

② 마을문고 본부에서 실비로 공급하는 책장 등 재화

2) 계속적 수익사업

주무관청에 등록된 종교 등 공익단체의 경우에도 다음과 같이 계속적으로 운영·관리하는 수익사업과 관련하여 공급하는 재화 또는 용역에 대하여는 면세하지 아니한다.

① 소유 부동산의 임대 및 관리사업(다만, 지정문화재를 소유 또는 관리하고 있는 주무관청에 등록된 종교단체의 경내지 및 경내지 내의 건물과 공작물의 임대용역은 면세)

② 자체기금조성을 위하여 생활필수품, 고철 등을 공급하는 사업

368) 법규부가 2012-355, 2012.09.28
369) 대법원2017두69908, 2022.03.17
370) 부가집 26-45-1 ①

3. 학술 등 연구단체의 연구와 관련하여 실비 또는 무상으로 공급하는 재화 또는 용역

학술 및 기술 발전을 위하여 학술 및 기술의 연구와 발표를 주된 목적으로 하는 단체(이하 "학술 등 연구단체"라 한다)가 그 연구와 관련하여 실비 또는 무상으로 공급하는 재화 또는 용역은 부가가치세를 면세한다(부령 45 2).

4. 등록된 종교단체의 경내지 등의 임대용역

(1) 개요

「문화재보호법」에 따른 지정문화재(지방문화재를 포함하며, 무형문화재는 제외한다)를 소유하거나 관리하고 있는 종교단체(주무관청에 등록된 종교단체로 한정한다)의 경내지(境內地) 및 경내지 안의 건물과 공작물의 임대용역은 부가가치세를 면세한다(부령 45 3).

(2) 경내지의 범위

"종교단체의 경내지"라 함은 종교단체가 불교단체인 경우 「불교재산관리법」 제4조 제2항의 규정에 의한 경내지를 말하며, 불교단체 이외의 종교단체인 경우에는 동법 동조 동항의 규정을 준용하여 사회통념에 따라 인정되는 토지를 말한다.[371)]

5. 학생·근로자용의 공익성 음식·숙박용역

(1) 개요

공익을 목적으로 기획재정부령으로 정하는 기숙사를 운영하는 자가 학생이나 근로자를 위하여 실비 또는 무상으로 공급하는 음식 및 숙박용역은 부가가치세를 면세한다(부령 45 4).

(2) 기획재정부령으로 정하는 기숙사를 운영하는 자

"기획재정부령으로 정하는 기숙사를 운영하는 자"란 다음의 자를 말한다(부칙 34 ②).

① 교육부장관이나 교육부장관이 지정하는 자의 추천을 받은 자로서 학생을 위하여 기숙사를 운영하는 자

② 고용노동부장관이나 고용노동부장관이 지정하는 자의 추천을 받은 자로서 근로자를 위하여 기숙사를 운영하는 자

---

371) 조법1265.2-1031, 1983.09.28

6. 저작권위탁관리업자의 신탁관리용역

(1) 개요

「저작권법」 제105조 제1항에 따라 문화체육관광부장관의 허가를 받아 설립된 저작권위탁관리업자로서 기획재정부령으로 정하는 사업자가 저작권자를 위하여 실비 또는 무상으로 공급하는 신탁관리용역은 부가가치세를 면세한다(부령 45 5).

(2) 기획재정부령으로 정하는 사업자

“기획재정부령으로 정하는 사업자”란 다음의 사업자를 말한다(부칙 34 ③).

① 사단법인 한국음악저작권협회 ② 사단법인 한국문예학술저작권협회 ③ 사단법인 한국방송작가협회 ④ 사단법인 한국음악실연자연합회 ⑤ 사단법인 한국음반산업협회 ⑥ 사단법인 한국복제전송저작권협회 ⑦ 사단법인 한국시나리오작가협회 ⑧ 사단법인 한국방송실연자협회 ⑨ 재단법인 한국문화정보원 ⑩ 사단법인 한국영화배급협회 ⑪ 재단법인 한국언론진흥재단 ⑫ 사단법인 함께하는음악저작인협회 ⑬ 사단법인 한국영화제작가협회

7. 비영리교육재단의 교육환경 개선 관련 용역

「법인세법」 제24조 제3항 제4호 나목에 따른 비영리교육재단이 「초·중등교육법」 제60조의 2 제1항에 따른 외국인학교의 설립·경영 사업을 하는 자에게 제공하는 학교시설 이용 등 교육환경 개선과 관련된 용역은 부가가치세를 면세한다(부령 45 6).

8. 「저작권법」상 보상금 수령단체의 보상금 수령 관련 용역

「저작권법」 제25조 제7항, 제31조 제6항, 제75조 제2항, 제76조 제2항, 제76조의 2 제2항, 제82조 제2항, 제83조 제2항 및 제83조의 2 제2항에 따라 문화체육관광부장관이 지정하는 보상금수령단체로서 기획재정부령으로 정하는 사업자((사)한국음악신연자연합회, (사)한국문학예술저작권협회, (사)한국연예제작자협회)가 저작권자를 위하여 실비 또는 무상으로 공급하는 보상금수령 관련 용역은 2022.03.07. 공급분부터 부가가치세를 면세한다. (부령 45 6)

9. 공익단체가 공급하는 재화·용역의 면세·과세 사례

(1) 면세되는 사례

① 주무관청의 허가를 받아 설립된 비영리법인이 그 고유의 사업목적을 위하여 국내기업 및 국내사업장이 없는 해외기업들에게 전시부스 임대용역을 일시적으로 공급하거나 실비로 공급하는

경우[372]

② 축산물등급판정소가 제공하는 축산물등급 판정용역[373]

③ 종교단체의 연주회 회원권 수입[374]

④ 사찰 경내의 사진용역 제공[375]

⑤ 선교단체의 무인가 교육용역[376]

⑥ 농지개량조합의 농지개량 관련 용역[377]

⑦ 대한체육회의 선수촌개방 사용료[378]

⑧ 등록된 종교단체 경내지의 건물 등 임대용역(부령 45 3)

⑨ 학생·근로자용의 공익성 음식·숙박용역(부령 45 4)

⑩ 면세사업을 위한 기부채납은 면세사업에 부수되는 재화의 일시적·우발적 공급에 해당하여 부가가치세가 면제되고, 관련 매입세액은 공제대상이 아님[379]

(2) 과세되는 사례

① 학술연구단체 또는 기술연구단체가 제공하는 인성·적성검사 용역[380]

② 민간정보기술자격 검정수수료[381] (다만, 시행령 45조의 규정을 적용할 수 있는 때에는 면세임)

③ 공익단체가 계속적으로 공급하는 부동산임대 및 관리사업[382]

④ 공익단체에서 양도받은 관람료징수권에 의한 관람료[383]

10. 관련 사례

(1) 비영리사회복지법인이 노인전문병원에 간병용역을 제공하는 경우 부가가치세 면세 해당 여부

주무관청의 허가를 받아 설립된 사회복지사업을 영위하는 비영리법인이 그 고유의 사업목적을 위하여 노인전문병원 등에 간병용역을 제공하고 그 대가를 실비로 지급받는 경우에는 부가가치세가 면제되는 것이며, 덧붙여, 면세요건으로 정한 "실비로 공급하는 용역"이란 용역의 제공에 실지로 드는 재료비, 인건비, 감가상각비 등의 비용 또는 그 이하의 금액만을 대가로 받고 공급하는

372) 법규부가2013-209, 2013.06.12., 법규부가2013-434, 2013.10.10
373) 서삼46015-10350, 2003.02.26
374) 간세1235-3809, 1977.10.20
375) 부가1265.1-2498, 1979.09.22
376) 국심83서1280, 1984.01.30
377) 대법83누712, 1984.05.29
378) 간세1265.1-621, 1980.03.06
379) 부가-607, 2014.07.04
380) 대법원2011두3913, 2012.12.13
381) 서삼46015-10789, 2002.5.14
382) 부기통 26-45-2
383) 부가1265-115, 1981.01.15

용역을 말한다.[384)]

(2) 사회복지법인이 장애인보호작업장에서 공급하는 재화 또는 용역의 면세 여부

주무관청의 허가를 받아 설립된 사회복지법인이 주무관청에 장애인 직업재활시설로 신고된 장애인보호사업장을 운영하면서 직업재활훈련프로그램의 일환으로 실비로 재화 또는 용역을 공급하는 경우 면세대상이다.[385)]

(3) 정부에서 설립한 비영리공익법인의 직업체험프로그램 운영수입 등에 대한 면세 여부

정부(고용노동부장관)에서 청소년과 어린이에게 다양한 직업세계에 대한 정보를 제공할 목적으로 공익법인인 신청인이 그 고유의 사업목적으로 직업세계관, 체험관, 진로설계관을 운영하여 청소년 등에게 이용하게 하면서 그 운영에 관련된 인건비, 감가상각비, 체험재료비 등 운영원가에 상당하거나 미달하는 입장료·체험료를 이용자들에게 받는 경우 면세대상 용역의 공급에 해당한다.[386)]

(4) 공익재단의 고유목적사업 공원의 실비 수준의 입장료 수입은 부가가치세 면세

공익을 목적으로 하는 재단이 해양공원의 운영을 자기 고유의 목적사업으로 하고 있고 해당 해양공원 부지 내에 부속된 시설물에 대하여 입장료를 실비 수준으로 받는 경우에는 부가가치세가 면제되는 것이나, 실비에 해당되는지 여부는 사실판단할 사항이다.[387)]

(5) 공익단체가 공급하는 재화 또는 용역의 면세 범위

공익을 목적으로 하는 단체(이하 "공익단체"라 함)가 그 고유의 목적사업을 위하여 일시적으로 공급하거나 실비 또는 무상으로 공급하는 재화 또는 용역은 부가가치세가 면제되는 것으로, 해당 사항의 부가가치세 면제 여부는 공익단체 해당 여부, 제공하는 용역이 고유사업목적인지 여부 및 그 대가가 실비에 해당하는지 등의 구체적인 사실에 따라 판단할 사항이다.[388)]

(6) 공익법인이 고유의 사업목적을 위하여 실비로 공급하는 경우

사업자가 계약상 또는 법률상의 모든 원인에 의하여 역무를 제공하고 그 대가를 받는 경우에는 부가가치세가 과세되는 것이나, 「경기도 중소기업 종합지원센터 설립 및 운영에 관한 조례」에 따라 설립된 '경기중소기업종합지원센터'가 사업을 수행하고 수수료를 받는 경우가 그 고유의 사업목적을 위하여 실비로 공급하는 용역에 해당하는 때에는 부가가치세가 면제되는 것이며, 해당 사

384) 부가가치세과-125, 2014.02.17
385) 서면법령해석부가2015-379, 2015.08.31
386) 법규부가 2012-355, 2012.09.28
387) 부가가치세과-862, 2014.10.24
388) 서면상담3팀-1176, 2008.06.12

항이 고유의 사업목적인지와 실비에 해당하는지 여부는 관련 사실을 종합적으로 고려하여 판단할 사항이다.[389)]

(7) 비영리법인이 발행한 기관지 등에 관련되는 광고용역의 부가가치세 면세 여부

비영리사업을 목적으로 하는 법인이 불특정인에게 판매를 목적으로 하지 아니하고 발행하는 기관지로서, 기관의 명칭이나 별칭이 당해 출판물의 명칭에 포함되어 있는 경우, 당해 기관지 등과 관련되는 광고용역은 부가가치세가 면세된다.[390)]

(8) 산학협력단이 보유한 기술의 권리 양도 시 부가가치세 과세 여부

주관기관인 ○○대학 산학협력단이 정부출연금을 지원받아 참여기업과 공동기술개발을 수행하고 개발된 기술개발결과물 중 정부출연금 지분에 상당하는 부분을 주관기관에 귀속시킨 후, 참여기업으로부터 정액의 기술료를 받고 당해 주관기관이 소유한 기술결과물의 소유권을 이전하는 것은 부가가치세 과세대상에 해당한다.[391)]

(9) 연구용역을 수행하면서 세미나 개최비 등을 연구용역 대가에 포함하여 받는 경우

신청법인이 「부가가치세법 시행령」 제37조 제1의 2호에 따라 부가가치세가 면제되는 연구용역을 공급함에 있어 연구용역 공급에 포함되는 비용인 회의비, 운영비 등을 구분·계상하여 받는 경우 공급받는 자로부터 받는 해당 연구용역 대가 전체에 대하여 부가가치세가 면세된다.[392)]

(10) 국내기업 및 국내사업장이 없는 해외기업에게 전시부스 임대용역을 공급하는 경우

주무관청의 허가를 받아 설립된 비영리법인이 그 고유의 사업목적을 위하여 국내기업 및 국내 사업장이 없는 해외기업들에게 전시부스 임대용역을 일시적으로 공급하거나 실비로 공급하는 경우에는 부가가치세가 면세된다.[393)]

(11) 비영리법인이 국가에게 공급하는 법정위탁사업 관련 용역의 부가가치세 면세 여부

「중소기업창업 지원법」에 따라 설립된 비영리법인이 그 고유목적사업을 위하여 중소벤처기업부와 「벤처투자 촉진에 관한 법률」에 따른 수탁사업에 대한 위·수탁협약을 체결하고 수탁받은 업무수행을 위해 민간위탁금 예산을 교부받아 운영비 등으로 지출한 후 남은 금액을 반환하는 경우 부가가치세가 면세된다.[394)]

---

389) 부가가치세과-1236, 2012.12.18., 부가-1236, 2012.12.18
390) 부가46015-343, 2001.02.23
391) 부가가치세과-180, 2012.02.20
392) 법규부가2012-406, 2012.10.31
393) 법규부가2013-209, 2013.06.12
394) 사전-2022-법규부가-0568, 2022.06.20

(12) 비영리법인이 사업자와 업무협약에 따라 사업장 내 전시체험관을 공급받고 광고용역을 공급하는 경우

「박물관 및 미술관 진흥법」에 따라 주무관청에 등록된 비영리법인이 사업자와 업무협약을 체결하고, 사업장 내 전시체험관을 설치하면서 이와 관련한 시설장치 및 관련 용역을 공급받고 이에 대한 반대급부로서 광고용역을 공급하는 경우 해당 거래는 재화와 용역의 교환거래로서 재화의 공급에 해당하나, 비영리법인이 광고용역을 그 고유의 사업목적을 위하여 실비로 공급하는 경우 부가가치세가 면제된다. 다만, 해당 광고용역을 실비로 공급하는지 여부는 사실판단할 사항이다.[395)]

(13) 산학협력단이 다른 연구기관이 수행하는 연구개발사업에 참여하는 경우 과면세 여부

대학교 산학협력단이 고용관계에 있는 소속 연구원을 다른 기술원(연구기관)이 수행하는 연구개발사업에 참여하도록 하고 기술원으로부터 인건비 상당액을 수령하는 경우 「부가가치세법」 제11조에 따른 용역의 공급으로 부가가치세가 과세되는 것이나 해당 용역이 새로운 학술 또는 기술 개발을 위하여 수행하는 새로운 이론•공법•방법 또는 공식 등에 관한 연구용역에 해당하는 경우 같은 법 제26조 제1항 제15호 및 같은 법 시행령 제42조 제2호에 따라 부가가치세가 면세된다.[396)]

Ⅳ 국가, 지방자치단체 또는 지방자치단체조합이 공급하는 재화·용역

1. 개요

국가, 지방자치단체, 지방자치단체조합(이하 "국가 등"이라 한다)이 공급하는 재화 또는 용역의 공급에 대하여는 원칙적으로 부가가치세를 면세한다(부법 26 ① 19).

2. 부가가치세 과세대상 재화·용역

국가 등이 다음에 해당하는 재화 또는 용역을 공급하는 경우에는 부가가치세를 과세한다(부령 46).

① 「우정사업 운영에 관한 특례법」에 따른 우정사업조직이 제공하는 다음의 용역

㉠ 「우편법」 제1조의 2 제3호의 소포우편물을 방문 접수하여 배달하는 용역. 단, 우체국에 방문하여 우편물을 직접 접수하는 경우 면세

㉡ 「우편법」 제15조 제1항에 따른 선택적 우편역무 중 우편주문판매를 대행하는 용역(2017.02.17. 이후 공급분부터)

② 고속철도에 의한 여객운송용역

395) 사전-2022-법규부가-1174, 2023.02.09

396) 사전-2021-법령해석부가-1375, 2021.10.22.

③ 부동산임대업, 도·소매업, 음식·숙박업, 골프장·스키장 운영업, 기타 운동시설 운영업. 다만, 다음의 어느 하나에 해당하는 경우는 면세된다.

㉠ 국방부 또는 「국군조직법」에 따른 국군이 군인(군인사법 §2), 일반군무원(군무원인사법 3 ①), 그 밖에 이들과 생계를 같이하는 배우자 또는 직계존속·비속에게 제공하는 소매업, 음식점업·숙박업, 기타 스포츠시설 운영업(골프연습장 운영업은 제외함) 관련 재화 또는 용역

㉡ 국가·지방자치단체 또는 지방자치단체조합이 그 소속직원의 복리후생을 위하여 구내에서 식당을 직접 경영하여 공급하는 음식용역

㉢ 국가 또는 지방자치단체가 사업시행자(사회기반시설에 대한 민간투자법 2조 8호)로부터 BTL방식 및 BTO방식(사회기반시설에 대한 민간투자법 4조 1호 및 2호)에 따라 사회기반시설 또는 사회기반시설의 건설용역을 기부채납받고 그 대가로 부여하는 시설관리운영권(2018.02.13.이후 공급분부터)

* 기타 운동시설 운영업의 범위(과세대상) : 무술도장, 에어로빅시설, 헬스클럽, 단전호흡(신체기공)시설, 관람석이 없는 수영장, 볼링장, 탁구장, 당구장, 스쿼시장, 테니스장, 요트장, 조정장, 카누장, 롤러스케이트장, 골프연습장, 승마연습장, 야구연습장, 종합사회체육시설, 복합체육시설 등[397]

④ 시행령 제35조 제1호 단서에 따른 미용목적의 성형수술 등 부가가치세 과세대상인 진료용역 및 시행령 제35조 제5호에 해당하지 아니하는 동물의 진료용역

3. 지방자치단체 등이 관리·운영하는 시설의 면세 범위[398]

(1) 공원입장료

국가 등이 직접 관리 또는 운영하는 공원의 이용자로부터 받는 입장료에 대하여는 면세하나, 해당 공원 안의 시설물인 유희기장이나 수영장 등의 관리를 위임받은 사업자가 자기의 책임으로 그 시설의 이용자로부터 받는 입장료 및 사용료에 대하여는 과세한다.

(2) 가산세 적용 여부

국가 등이 「부가가치세법」상 각종 의무를 이행하지 아니하는 경우에는 「부가가치세법」 제60조 및 「국세기본법」 제47조의 2부터 제47조의 5에 규정하는 가산세를 적용한다.

(3) 방과 후 또는 주말에 학교시설을 대여하는 경우

국·공립학교가 학교시설(교실, 운동장, 체육관 등)을 방과 후 또는 주말을 이용하여 일시적 또는 계속적·반복적으로 일반인에게 사용하게 하는 경우 부가가치세가 과세되지 아니한다.

397) 재부가-186, 2007.03.22.

398) 부가집 26-46-1

(4) 사실상 무상임대용역

국가 등이 임차자에게 그 임대차부동산과 관련한 관리비 등을 지원하면서 임대료를 받지 않거나 임대료를 받는 경우에도 그 임대료가 관리비 등의 지원금보다 적어 실질적으로 임대의 대가를 받는 정도가 아닌 임대차계약을 체결한 경우에는 용역을 공급하는 것으로 보지 아니한다.

(5) 불용결정 자산 매각

국가 등이 부가가치세가 과세되는 사업과 관련 없이 국가 또는 지방자치단체의 업무용으로 사용하던 자산 중 불용결정된 자산을 매각하는 것은 부가가치세 과세대상에 해당하지 아니한다.

4. 관련 사례

(1) 지방자치단체가 일시적으로 문화시설 대관료를 받는 경우 부가세 과세 여부

지방자치단체가 자기의 시설물을 계속적·반복적으로 사용하게 하고 그 대가를 받는 경우에는 부동산임대업에 해당하여 부가가치세가 과세되는 것이나, 공연시설을 공연시설운영업의 목적에 적합하도록 직접 운영관리하면서 공연이 없는 시간(기간)대에 일시적으로 대여하고 대관료를 받는 경우에는 부가가치세가 면세된다.[399]

(2) 지방자치단체가 생활폐기물을 수집·처리하는 과정에서 재활용품을 분류하여 판매하는 경우 면세 여부

지자체가 독립된 사업이 아닌 지방공공행정의 일환인 생활폐기물을 수집처리하는 과정에서 발생하는 재활용품을 판매하는 경우 부가가치세가 면제된다.[400]

(3) 국가기관의 위탁을 받아 운영하는 사업과 관련하여 수탁사가 지급받는 용역의 대가가 부가가치세 과세대상인지 여부

국가기관으로부터 그 시설의 관리 및 운영에 관하여 위탁을 받은 수탁자의 책임과 계산으로 용역을 공급하는 경우 수탁자가 납세의무자가 되는 것이며, 국가기관의 책임과 계산으로 용역을 공급하는 경우에는 위탁자인 국가기관이 납세의무자가 된다.[401]

(4) 교부받은 운영지원금으로 문화행사를 위한 한복체험전시관을 운영하는 경우

공사가 지방자치단체와 체결한 관광진흥사업 대행 위탁계약에 따라 지방자치단체로부터 한복체험전시관 시설물 유지, 인건비 및 프로그램 운영 관련 예산을 지원받아(이하 "운영지원금"이라

---

399) 서면-2016-부가-3903[부가가치세과-1130], 2016.05.31
400) 서면법규과-297, 2014.03.31
401) 부가-170, 2014.03.07. 부가-129, 2014.02.17

함) 수탁업무인 한복체험전시관 운영을 위한 교육·해설 인력투입 및 전시기획 등을 진행하는 경우 해당 운영지원금은 공사가 지방자치단체에게 한복체험전시관 운영 대행용역을 제공하고 받는 대가에 해당하므로 부가가치세 과세대상에 해당한다.[402]

(5) 지방자치단체가 농지임대, 준설토매각 등에 따라 대가를 받는 경우

지방자치단체가 지목은 하천이나 실제 사용용도가 농지인 토지를 임대하는 경우에는 농지임대로 보아 부가가치세가 과세대상에서 제외되는 것이며, 지방자치단체가 준설공사 후 발생한 모래 등을 매각하는 것은 도매업으로 보아 부가가치세가 과세되는 것이나, 준설공사를 위해 사용된 장비·장소 등과 관련된 매입세액은 도매업에 관련된 매입세액으로 볼 수 없어 매출세액에서 공제할 수 없는 것으로 관련 매입세액이 도매업과 관련된 것인지는 사실관계를 종합적으로 검토하여 판단할 사항이다. 또한, 지방자치단체가 한옥시설을 건축하여 직접 관리하면서 이용객들에게 숙박체험을 하도록 하고 숙박시설 이용요금을 수납하는 경우, 이는 숙박업에 해당되어 부가가치세가 과세된다.[403]

(6) 국립대학에서 주차장을 운영하는 경우 부가가치세 과면세 여부

국립대학교가 부설주차장을 설치하여 이용자로부터 주차요금을 받는 경우 부가가치세가 면제되는 것으로 대가수령방법에 따라 달리 적용하지 아니한다.[404]

(7) 지방자치단체가 축구경기장의 운영 등 업무를 프로축구단에게 대행하는 경우

지방자치단체가 축구전용경기장을 취득하고 이를 운영하는 경우에는 '경기장운영업'에 해당되어 과세대상으로 보지 아니하는 것이며, 당해 시설의 사용자로부터 사용기간에 따른 경기장 사용료를 징수하는 것은 주된 사업인 '경기장운영업'에 부수되는 것이므로 경기장 시설에 대한 취득·관리비용의 매입세액은 공제되지 않는다.[405]

(8) 국가 또는 지자체가 각종 경기장을 운영하는 경우

국가 또는 지방자치단체가 실내 또는 실외를 불문하고 일반대중이 경기를 관람할 수 있는 시설을 갖춘 경마장, 자동차경주장, 야구장, 축구장 등 각종 경기장을 운영하는 경우에는 '경기장운영업'에 해당되어 부가가치세가 면제되는 것이며, 경기장을 경기가 없는 시간(기간)대에 경기장을 운동 등을 위한 공간으로 사용하게 하고 사용료를 받는 산업활동은 주된 사업인 '경기장운영업'에 포함되는 것으로 주된 사업(부가가치세 면제)에 부수되는 것으로 보아 사용료에 대하여 부가가치

402) 법규부가2013-488, 2013.12.09
403) 부가가치세과-1031, 2013.10.31
404) 서면-2014-부가-22014, 2015.02.17
405) 부가가치세과-982, 2013.10.23

세 면제함이 타당하다. 다만, 경기장의 대여가 아닌 경기장 내외에 부속된 사무실(점포)의 임대와 관람을 위한 경기장과는 별도 시설물로서 에어로빅장, 헬스장을 설치·운영하는 산업활동은 '경기장운영업'의 부수적인 활동으로 볼 수 없어 부동산임대업으로 부가가치세 과세대상이 된다.[406]

(9) 사립대학교의 학교기업이 공급하는 재화용역

교육용역을 제공하는 사립대학교가 「산업교육진흥 및 산학연협력촉진에 관한 법률」 제36조에 따라 학생 및 교원의 현장실습교육과 연구에 활용하고 산업교육기관에서 개발된 기술을 민간부문에 이전하여 사업화를 촉진하기 위하여 특정의 학과 또는 교육과정과 연계하여 물품의 제조·가공·수선·판매, 용역의 제공 등(이하 재화·용역 등)을 행하는 부서(이하 학교기업)를 직접 운영하는 경우 해당 학교기업이 공급하는 재화·용역 등은 면세되지 않는다.[407]

(10) 지방자치단체가 유통센터를 건립하여 관리비에 현저히 부족한 위탁비용을 징수하는 경우 부동산임대업에 해당하는지 여부

지방자치단체가 농산물의 안정적 판로 확보와 지역주민의 농가소득 증대 등을 위하여 농산물산지유통가공센터를 건립하여 운영하면서 민간사업자에게 해당 시설을 사용하도록 하고 받는 이용료가 당해 시설의 유지·관리비용에도 현저히 부족한 경우에는 부가가치세가 과세되는 부동산임대업에 해당하지 아니하므로 해당 시설의 취득과 유지·관리비용에 관련된 매입세액은 공제(환급)되지 아니하는 것이며, 해당 사항이 부동산임대업에 해당하는지 여부에 대해서는 계약관계, 유지·관리비용의 부족 여부 등을 종합적으로 고려하여 사실판단할 사항이다.[408]

(11) 주차장 위탁관리용역에 대한 계산서 발급의무 여부

「지방공기업법」 제76조 규정에 의하여 설립된 지방공단이 지방자치단체로부터 그 시설의 관리 및 운영에 관하여 위탁을 받아 지방자치단체의 명의와 계산으로 사업을 하는 경우 그 사업은 지방자치단체가 공급하는 것에 해당하여 부가가치세가 면세되는 것이며, 주차장운영업으로서 부가가치세가 면제되는 사업의 경우 영수증을 발급하며, 다만, 재화 또는 용역을 공급받은 사업자가 사업자등록증을 제시하고 계산서의 발급을 요구하는 때에는 계산서를 발급하여야 한다.[409]

(12) 수익이 발생되지 않아 계속적으로 보조금만 지급하는 경우 부가가치세가 과세되는 부동산임대업에 해당하는지 여부

지방자치단체(이하 "위탁자")가 국민체육센터(이하 "수영장")를 건립하여 사회복지개발회(이하 "수탁자")에 운영을 위탁함에 있어 위·수탁협약에 따라 수영장의 수익이 발생되는 경우 위탁자와

406) 재정경제부 부가가치세제과-306, 2007.04.25
407) 서면법규과-984, 2013.09.10
408) 부가가치세과-867, 2013.09.23
409) 부가가치세과-931, 2014.11.24

수탁자 간 3:7로 배분하고 해당 시설운영에 따른 비용은 위탁자가 보조하기로 한 경우로서, 수영장에 대하여 계속적으로 수익은 발생하지 아니하고 시설운영비만 발생되는 경우 부동산임대업에 해당되지 아니한다.[410)]

(13) 지방자치단체가 기타 운동시설운영업을 운영하고 받는 사용료

기독교청년회가 지자체로부터 위임을 받아 지방자치단체 명의로 종합체육시설을 운영함에 있어 기타 운동시설운영업에 속하는 체육시설을 설치·운영하고 그 사용료를 받는 경우에 대해서는 부가가치세가 과세된다.[411)]

(14) 한국철도공사가 국토해양부 소유 철거 발생품을 매각대행 시 과세 여부

국가 또는 지방자치단체가 부가가치세가 과세되는 사업과 관련 없이 국가 또는 지방자치단체의 업무용으로 사용하던 자산 중 불용결정된 자산을 매각하는 것은 부가가치세 과세대상이 아니다.[412)]

(15) 직원 복리후생목적의 구내식당 위탁운영을 위한 임대용역의 과세 여부

비영리공익법인이 소속 직원의 복리후생을 목적으로 구내식당을 운영하면서 위탁운영업체에게 급식·조리장소 등을 무상 사용하게 하고 급식·조리장소에 대한 관리비 등을 비영리공익법인이 부담하는 경우 구내식당 임대용역의 공급에 대해서는 부가가치세가 과세되지 아니하고 관련 매입세액도 매출세액에서 공제할 수 없다.[413)]

(16) 지방자치단체에서 공유수면 및 어항시설 점·사용료를 징수하는 경우 부가가치세 과세대상 여부

지방자치단체가 「공유수면관리법」에 따른 공유수면 점용 또는 사용 허가를 받은 자로부터 점·사용료를 징수하는 경우 당해 용역은 부가가치세를 면제하는 것이나, 지방자치단체가 「어촌·어항법」에 따른 어항시설 점용 또는 사용 허가를 받은 자로부터 점·사용료를 징수하는 경우 당해 용역은 부가가치세가 과세된다.[414)]

(17) BTL방식 민간투자사업에서 시설관리운영권의 부여가 부동산임대 용역 공급에 해당하는지 여부

국가, 지방자치단체가 「사회기반시설에 대한 민간투자법」에 따른 사업시행자로부터 BTL방식으로 사회기반시설을 기부채납 받고 그 대가로 시설관리운영권을 부여하는 것은 부가가치세가 과세되는 부동산임대업에 해당하지 아니하는 것이며, 위 회신내용은 회신일 이후 최초로 신고 또는

410) 서면법규과-512, 2013.05.07
411) 부가-306, 2012.03.22
412) 부가-1432, 2011.11.18
413) 법규부가2011-116, 2011.05.03
414) 부가가치세과-599, 2010.05.11

결정·경정하는 분부터 적용된다.[415]

(18) 지방자치단체가 기부채납받은 정보통신망의 관리운영권을 사업시행자에게 부여하는 경우

「사회기반시설에 대한 민간투자법」에 따른 사업시행자가 임대형 민자사업(BTL)방식으로 정보통신망(사회기반시설)을 건설하여 지방자치단체(이하 "신청인"이라 한다)에 기부채납하고 신청인은 사업시행자에게 일정기간(10년) 동안 해당 정보통신망의 관리운영권을 부여하여 사업시행자가 정보통신망 사용대가의 지급 없이 임차하는 경우 관리운영권의 부여는 신청인의 부동산임대업에 해당하지 아니하는 것으로 부가가치세가 면제되는 것이며, 이에 대해서는 세금계산서를 발급할 수 없다.[416]

(19) 「공유재산 및 물품관리법」에 따른 변상금의 부가가치세 과세 여부

국유재산의 대부 또는 사용수익허가 등을 받지 않고 무단으로 점유하거나 이를 사용수익한 자에게 부과하는 징벌적 성격의 행정처분인 변상금 등은 계약상 또는 법률상의 원인에 의한 재화 또는 용역의 공급에 해당하지 아니하므로 부가가치세 과세대상이 아니다.[417]

(20) 국가, 지방자치단체 등의 수익사업 등에 대한 부가가치세 과세 여부[418]

[질의1] 국가 소유의 토지에 개인이 주택을 지어 거주하는 경우 및 지방자치단체가 (공동)주택을 신축하여 주택임대사업을 영위하는 경우 - 국가가 개인 및 지방자치단체를 통하여 징수하는 토지의 사용대가에 대하여 2007.1.1. 이후 부가가치세가 과세되는지 여부

(회신1) 국가 소유의 토지에 지방자치단체가 주택을 신축하여 동 주택을 임대하고 토지 및 주택에 대한 대부료를 받는 경우 및 국가 또는 지방자치단체의 소유 토지에 개인이 주택을 신축하여 주거용으로 사용하면서 당해 토지(국·공유지)에 대한 대부료(사용료)를 납부하는 경우 당해 대부료(사용료)에 대하여는 부가가치세를 면세함

[질의2] 체육공원(시민공원) 내에 설치된 축구장, 배구장 등 운동시설을 주민들에게 대여하고 지급받는 사용료가 '기타운동시설운영업'에 해당되어 부가가치세가 과세되는지 여부

(회신2) 국가 또는 지방자치단체가 설치·운영하는 체육공원(시민공원)은 한국표준산업분류상 '체육공원 및 유사공원운영업(88993)'에 해당되어 당해 공원 내 설치된 운동시설의 이용료에 대하여는 부가가치세를 면제하는 것임. 다만, 동 체육공원 내 운동시설의 운용주체가 다른 경우에는 부가가치세가 과세되는 것

415) 기획재정부 부가가치세제과-501, 2017.10.12
416) 부가가치세과-565, 2012.05.18
417) 부가가치세과-970, 2014.12.08
418) 재정경제부 부가가치세제과-306, 2007.04.25

[질의3]

1. 지방자치단체가 경기를 위한 시설로서 일반대중에게 관람을 목적으로 관람석을 갖춘 테니스장, 승마연습장, 롤러스케이트장, 축구장, 씨름장 등을 운영하는 경우 부가가치세 과세 여부
2. 당해 경기장을 경기가 없는 기간에 운동선수, 운동단체에 대여하거나, 일반인에게 개방하여 사용하게 하고 그 사용료를 받는 경우 부가가치세 과세 여부
3. 경기장을 체육행사 이외의 단체행사, 집회, 모임으로 사용하도록 하고 받는 사용료의 부가가치세 면제 여부
4. 당해 경기장 내의 부속시설물로서 점포 임대, 에어로빅장, 헬스장을 설치·운영하면서 이용자로부터 받는 대가의 부가가치세 과세 여부

(회신3) 국가 또는 지방자치단체가 실내 또는 실외를 불문하고 일반대중이 경기를 관람할 수 있는 시설을 갖춘 경마장, 자동차경주장, 야구장, 축구장 등 각종 경기장을 운영하는 경우에는 '경기장운영업'에 해당되어 부가가치세가 면제되는 것이며 - 경기장을 경기가 없는 시간(기간)대에 경기장을 운동 등을 위한 공간으로 사용하게 하고 사용료를 받는 산업활동은 주된 사업인 '경기장운영업'에 포함되는 것으로 주된 사업(부가가치세 면제)에 부수되는 것으로 보아 사용료에 대하여 부가가치세 면제함이 타당함. 다만, 경기장의 대여가 아닌 경기장 내외에 부속된 사무실(점포)의 임대와 관람을 위한 경기장과는 별도 시설물로서 에어로빅장, 헬스장을 설치·운영하는 산업활동은 '경기장운영업'의 부수적인 활동으로 볼 수 없어 부동산임대업으로 부가가치세 과세대상임

[질의4] 국·공립학교가 학교의 운동장, 체육시설, 교실을 일반인에게 대여하고 실비로 받는 대가에 대하여 부가가치세가 과세되는지의 여부

[운영실태]

- 학교가 방과 후 학생들의 과외활동을 지원코자 교실을 학원 등에 빌려주어 학생들에게 컴퓨터 등을 강습하게 하고 학원으로부터 전기료 상당액을 수수하고 있음
- 교내 체육시설 및 운동장을 방과 후 또는 주말에 일반인에게 개방하여 전기료, 청소비 등 실비 명목으로 사용료를 받고 있음

(회신4) 국·공립학교가 학교시설(교실, 운동장 등)을 방과 후 또는 주말에 일반인에게 대여하고 받는 사용료는 부가가치세가 면제되는 것임

(21) 지방자치단체로부터 경기장 관리·운영을 위탁받은 협회가 일반인들로부터 받은 강습료의 면세 여부

지방자치단체가 자기 소유의 시설물을 민간에 위탁운영하도록 하면서 지방자치단체로부터 그 시

설의 관리 및 운영에 관하여 위탁을 받은 수탁자가 수탁자의 책임과 계산으로 용역을 공급하지 아니하고 지방자치단체의 책임과 계산으로 용역을 공급하는 경우에는 당해 용역의 공급에 대하여는 위탁자인 지방자치단체가 납세의무자가 되는 것이며, 경기를 관람할 수 있는 시설을 갖춘 경기장을 운영하는 경우 '경기장운영업'에 해당되어 부가가치세가 면제되는 것으로 경기가 없는 시간(기간)대에 운동 등을 위한 공간으로 사용하게 하고 사용료를 받는 산업활동은 주된 사업인 '경기장운영업'에 포함되는 것으로 주된 사업(부가가치세 면제)에 부수되는 것으로 보아 사용료에 대하여도 부가가치세가 면세된다.[419]

(22) 국가가 수출컨소시엄사업 등을 수탁사업자에게 위탁하여 운영하는 경우 부가가치세 면세 여부

중소기업중앙회 및 대 · 중소기업 · 농어업협력재단(이하 "수탁사업자")이 「중소기업제품 구매촉진 및 판로지원에 관한 법률」에 따른 사업인 '수출컨소시엄사업협약' 및 '대 · 중소동반진출사업협약'에 따라 중소벤처기업부(이하 "국가")로부터 사업을 각각 위탁받아 수행함에 있어 해당 사업에 필요한 예산을 국가의 부담으로 하여 국가의 승인을 받아 국가예산에서 지출하고, 사업에서 발생한 수입금 전액 및 사업비 잔액을 국가가 지정하는 계좌에 입금하여 해당 사업이 국가의 명의와 계산으로 수행되는 것으로 볼 수 있는 경우 해당 용역의 공급에 대하여는 부가가치세가 면제된다.[420]

V 국가, 지방자치단체 등에 무상(無償)으로 공급하는 재화·용역

1. 개요

국가, 지방자치단체, 지방자치단체조합 또는 대통령령으로 정하는 공익단체에 무상(無償)으로 공급하는 재화 또는 용역은 부가가치세를 면세한다(부법 26 ① 20). 무상이란 반대급부나 화폐적 대가가 전혀 없는 것을 의미하며, 유상으로 공급시 과세된다.

2. 공급받는자와 공급의 목적

① 공급받는 자는 국가, 지방자치단체, 지방자치단체조합 및 공익단체이다. 공익단체의 범위에는 ⓐ 주무관청의 허가 또는 인가를 받거나 주무관청에 등록된 단체로서 「상속세 및 증여세법 시행령」 제12조 각 호의 어느 하나에 해당하는 사업을 하는 단체와 ⓑ 공익사업을 위하여 주무관청의 승

419) 부가가치세과-251, 2013.03.19
420) 사전-2022-법규부가-1236, 2022.12.29

인을 받아 금품을 모집하는 단체로 앞 ⓐ에 해당하지 아니하더라도 공익단체로 본다.(부령 47)

② 공급의 목적은 기부채납, 검사용, 징발, 몰수 등 용도 또는 목적에 관계없다.

3. 국가 등에 무상공급의 면세·과세 사례

(1) 면세되는 사례

① 교육연구시설을 공립고등학교에 무상증여[421)]

② 국립생사검사소에 검사용으로 무상공급한 생사[422)]

③ 부가가치세 면세사업을 영위하는 자가 그 면세사업과 관련하여 시설물을 신축하여 기부채납하고 무상사용권을 받아 그 시설물을 자기의 면세사업에 사용하는 경우 기부시설의 공급에 대하여 부가가치세가 면제되는 것임[423)]

④ 사업자가 사업을 수행하기 위한 인허가 조건에 의하여 사회기반시설 등을 국가나 지방자치단체에 기부채납하는 경우 해당 거래는 부가가치세가 면세된다.(부기통 9-18-8 2)

⑤ 사업자가 생산·취득한 재화를 국가나 지방자치단체에 아무런 대가관계없이 무상으로 기부채납하는 경우 부가가치세가 면세된다.(부기통 9-18-8 3)

(2) 과세되는 사례(반대급부 있는 기부채납)

① 일정기간 무상사용·수익 조건부의 기부채납[424)]

② 기부채납으로 인한 무상점유기간의 연장[425)]

③ 기부채납에 따른 관리운영권의 위탁[426)]

④ 기부채납에 따른 사용수익권의 허가[427)]

⑤ 사업자가 건물 등을 신축하여 국가 또는 지방자치단체에 기부채납하고 그 대가로 일정기간 동 건물 등에 대한 무상사용 · 수익권을 얻는 경우 해당 건물 등의 공급거래는 과세대상이 된다.(부기통 9-18-8 1)

(3) 국가 · 공익단체 등에 무상으로 공급하는 재화의 매입세액 공제

자기의 사업과 관련하여 생산하거나 취득한 재화를 국가 · 지방자치단체 등에 무상으로 공급하는 경우 해당 재화의 매입세액은 매출세액에서 공제하나, 자기의 사업과 관련없이 취득한 재화를 국

421) 부가22601-1388, 1992.09.07
422) 간세1235-2156, 1977.07.21
423) 부가-820, 2014.10.06
424) 부기통 9-18-8, 부가-1156, 2013.12.19
425) 국심88세22, 1988.04.27
426) 국심88서83, 1988.05.13
427) 국심88세263, 1989.01.14

가 · 지방자치단체 등에 무상으로 공급하는 경우 해당 재화의 매입세액은 공제하지 아니한다.(부가통 38-0-6)

4. 관련 사례

(1) 「부가가치세법」에서 정하는 공익단체에 무상으로 공급하는 의약품의 부가가치세 면세 여부 등

사업자가 국가·지방자치단체·지방자치단체조합에 무상으로 공급하거나, 주무관청의 허가·인가 또는 주무관청에 등록된 단체로서 「상속세 및 증여세법 시행령」 제12조 제4호에 규정된 「의료법」의 규정에 의한 의료법인에게 무상으로 공급하는 의약품은 「부가가치세법」 제12조 제1항 제18호*의 규정에 의하여 부가가치세가 면제되는 것이며,[428] 자기의 사업과 관련하여 생산하거나 취득한 재화를 국가·지방자치단체 등에 무상으로 공급하는 경우 해당 재화의 매입세액은 매출세액에서 공제하나, 자기의 사업과 관련 없이 취득한 재화를 국가·지방자치단체 등에 무상으로 공급하는 경우 해당 재화의 매입세액은 공제하지 아니한다.[429]

(2) 국가에 무상 기부채납하는 경우 면세 및 매입세액공제 여부

사업자가 부가가치세 과세사업목적으로 건물을 신축하던 중에 당해 신축 중인 건물을 준공하여 지방자치단체에 무상으로 기부(증여)하기로 결정하여 준공 즉시 기부채납하는 경우에 당해 무상 기부채납은 부가가치세가 면제되는 것으로서 당해 사업자의 과세사업과 관련하여 교부받은 세금계산서의 매입세액(당초 과세사업목적을 변경하여 무상으로 기부하기로 결정된 날 이전에 공급받은 분)은 매출세액에서 공제하는 것이나, 자기의 과세사업과 관련 없이 교부받은 세금계산서의 매입세액은 그러하지 아니한다. 다만, 당해 건물을 과세사업목적으로 신축하던 중에 기부결정을 한 것인지 또는 당초부터 기부할 목적으로 신축하였는지는 사실판단할 사항이다.[430] 그러나 당초부터 국가 등에 기증을 목적으로 취득한 재화의 매입세액은 공제하지 아니한다.[431]

(3) 공익법인에 사업용 부동산을 부담부증여하는 경우 부가가치세 과세표준

사업자가 공익단체인 의료법인에게 채무를 인수하는 조건으로 기부하는 경우 그 채무액에 상당하는 부분은 부가가치세가 과세되는 것이며, 이 경우 부가가치세 과세표준은 당해 의료법인이 인수하는 채무액으로 한다.[432]

---

428) 서면3팀-228, 2007.01.23
429) 부기통 17-0-9
430) 부가46015-3814, 2000.11.24
431) 서면-2015-부가-0244, 2015.06.28
432) 법규과-3774, 2007.08.02., 재부가-382, 2014.05.28

(4) 인허가를 받기 위해 시설을 무상공급하는 경우 부가가치세 과세대상 여부 등

전력사업자가 발전소 건설 인허가 취득을 위하여 주민복지시설을 건립하여 지방자치단체가 지정하는 사업자에게 무상공급하는 경우 부가가치세 과세대상에 해당하며, 이 경우 세금계산서 발급의무가 면세된다.[433)]

(5) 과·면세 겸영사업자의 기부채납 관련 부가가치세 과세표준 및 매입세액 안분계산

사업자가 과세 및 면세사업과 관련하여 지방자치단체 소유의 토지에 건물을 신축·준공하여 당해 자치단체에 귀속(기부채납)시키고 동 시설에 대한 무상사용수익권을 얻어 과세 및 면세사업에 사용함에 있어 당해 건물신축에 관련된 매입세액을 사용면적비율에 의하여 계산한 경우 당해 기부채하는 신축건물 중 과세사업에만 사용되는 면적분에 대하여는 부가가치세가 과세되고 이와 관련된 매입세액은 전액 공제하며, 면세사업에만 사용되는 면적분에 대하여는 부가가치세가 면제되고 이와 관련된 매입세액은 전액 불공제한다.[434)]

(6) 지자체 기부채납 진입도로 건설 관련 비용의 매입세액공제 여부 질의에 대한 회신

사업자가 과세사업을 하기 위한 사업계획 승인 또는 인·허가조건으로 사업장 인근에 진입도로를 건설하여 지방자치단체에 무상으로 귀속시킨 경우 진입도로 건설비용 관련 매입세액은 토지의 조성 등을 위한 자본적 지출에 관련된 매입세액에 해당하므로 매출세액에서 공제하지 아니한다.[435)]

433) 법규부가2014-447, 2014.10.02., 사전법령해석부가2015-362, 2015.11.12
434) 부가가치세과-1167, 2013.12.26., 서면상담3팀-2669, 2006.11.06
435) 기획재정부 부가가치세제과-801, 2011.11.23

CHAPTER 03

재화의 수입에 대한 면세

제1절 총설

재화의 수입은 외국으로부터 국내로 재화가 공급되는 것이므로 부가가치가 창출되는 경우로 보아 부가가치세가 과세하는 것이 원칙이지만, 외국으로부터의 수입 중 부가가치 창출 재화의 공급으로 볼 수 없는 것 또는 조세 정책적 목적이 있는 경우에는 재화의 수입에 대하여는 면세를 적용하고 있는 바, 이러한 재화의 수입에 대하여는 재화를 수입하는 자가 부가가치세를 신고·납부하지 않거나 세관장이 부가가치세를 징수하지 않는다.

제2절 면세되는 재화의 수입

I 수입 미가공식료품

1. 총설

(1) 개요

가공되지 아니한 식료품(식용으로 제공되는 농산물, 축산물, 수산물 및 임산물을 포함한다)으로서 대통령령으로 정하는 것은 부가가치세를 면세한다(부법 27 1). 이 경우 수입 미가공식료품은 농산물·축산물·수산물과 임산물 등 1차 산업 생산물 및 원생산물 자체 또는 일차적 단순가공단계까지만 거친 것을 말한다. 면세하는 미가공식료품의 범위는 시행령 제34조 및 시행규칙 제24조에서 규정한 별표 1(면세하는 미가공식료품 분류표)에 따르고 분류표에 열거된 것만 면세하는 바, 열거된 범위에 해당하지 않는 타피오카 칩(Tapioca Chips)을 수입하는 때에는 부가가치세가 과세된다.[436]

436) 간세1235-2552, 1978.08.21

(2) 면세 적용 기준시점

「부가가치세법 시행규칙」 별표 1에 열거하는 미가공식료품의 국내 공급 및 수입에 대하여 부가가치세를 면제한다. 그러나 규칙 별표 2에 열거하는 커피두·코코아두 등의 수입에 대하여는 면세하지 아니하며 다만, 부가가치세를 과세한 커피두 등이 미가공의 상태로 국내에서 공급하는 때에는 면세한다.[437)]

(3) 북한으로부터 갯지렁이를 반입하여 판매하는 경우 부가가치세 면세 여부

북한지역에서 생산된 활갯지렁이 공급에 대하여는 부가가치세가 면제되는 것이며, 북한산 활갯지렁이의 면세 : [438)] 북한에 제공되는 용역은 「남북교류협력에 관한 법률 시행령」에 의하여 부가가치세가 영세율이 적용된다.[439)]

2. 면세하는 수입 미가공식료품의 범위

「부가가치세법 시행규칙」 별표 1에 열거하는 미가공식료품의 수입에 대하여는 면세하나, 「부가가치세법 시행규칙」 별표 2에 열거하는 커피두·코코아두 등의 수입에 대하여는 면세하지 아니한다. 다만, 부가가치세를 과세한 커피두 등이 「부가가치세법 시행령」 제34조에 따른 미가공의 상태로 국내에서 공급하는 때에는 면세한다. 또한「부가가치세법 시행규칙」 별표 1 미가공식료품분류표에 열거되고 식용에 한하는 것으로 한정하는 등의 별도 규정을 두지 않은 농산물·축산물·수산물·임산물을 수입한 때에는 해당 농산물·축산물·수산물·임산물의 구체적인 용도(종축용 닭·돼지 또는 씨앗 등)에 관계없이 미가공식료품으로 보아 면세한다.[440)]

3. 수입 미가공식료품의 면세·과세 사례

(1) 면세되는 사례

① 수입 타조(식용)[441)]

② 냉동상태의 식용악어고기(관세율표 0208로 분류되는 것)[442)]

---

437) 부기통 27-49-1
438) 제도46015-12215, 2001.07.18
439) 서면3팀-1214, 2005.07.29
440) 부가집 27-49-1
441) 재소비46015-195, 2000.06.30
442) 서삼46015-10464, 2001.10.15.

(2) 과세되는 사례

① 커피·코코아두 등 미가공식료품(규칙37 별표2) 단, 2022.6.29. ~ 2025.12.31. 수입신고분 면세

② 수입 시 면세되더라도 국내공급상 면세되지 않으면 과세[443]

③ 한약재·우황·사향·감초·계피[444]

④ 식용으로 수입한 개·뱀·거북·캥거루(규칙24 별표1에 미열거 됨)

⑤ 면세물품인 미가공식료품과 과세물품인 가공식료품이 혼합된 제품을 하나의 단위로 포장한 재화의 수입은 면세되는 미가공식료품에 해당하지 아니하는 것임[445]

〈면세하는 미가공식료품 분류표(제24조 제1항 관련)〉

구분	관세율표 번호	품명
1. 곡류	1001 1002 1003 1004 1005 1006 1007 1008 1101 1102 1103 1104 1106	① 밀과 메슬린(meslin) ② 호밀 ③ 보리 ④ 귀리 ⑤ 옥수수 ⑥ 쌀(벼를 포함한다) ⑦ 수수 ⑧ 메밀·밀리트(millet)·카나리시드(canary seed)와 그 밖의 곡물 ⑨ 밀가루나 메슬린(meslin) 가루 ⑩ 곡물가루[밀가루나 메슬린(meslin) 가루는 제외한다] ⑪ 곡물의 부순 알곡, 거친 가루, 펠릿(pellet) ⑫ 그 밖의 가공한 곡물[예: 껍질을 벗긴 것, 압착한 것, 플레이크(flake) 모양인 것, 진주 모양인 것, 얇은 조각으로 만든 것, 거칠게 빻은 것(관세율표 제1006호의 쌀은 제외한다)], 곡물의 씨눈으로서 원래 모양인 것, 압착한 것, 플레이크(flake) 모양인 것, 잘게 부순 것 ⑬ 관세율표 제1106호에 해당하는 물품 중 건조한 채두류(菜豆類)(관세율표 제0713호의 것)의 거친 가루, 가루
2. 서류	0714	① 매니옥(manioc)·칡뿌리·살렙(salep)·돼지감자(Jerusalem artichoke)·고구마와 그 밖에 이와 유사한 전분이나 이눌린(inulin)을 다량 함유한 뿌리·괴경(塊莖)[자른 것인지 또는 펠릿(pellet) 모양인지에 상관없으며 신선한 것, 냉장·냉동한 것, 건조한 것으로 한정한다], 사고야자(sago)의 심(pith)

443) 부가1265.1-2470, 1981.09.16
444) 부가22601-1572, 1988.09.02
445) 부가-449, 2014.05.15

구분	관세율표 번호	품명
	1106	② 관세율표 제1106호에 해당하는 물품 중 사고(sago)·뿌리나 괴경(塊莖)(관세율표 제0714호의 것)의 고운 가루 및 거친 가루
	0701	③ 감자(신선한 것이나 냉장한 것으로 한정한다)
	1105	④ 감자의 고운 가루, 거친 가루, 가루, 플레이크(flake), 알갱이, 펠릿(pellet)
3. 특용작물류	0901	① 관세율표 제0901호에 해당하는 물품 중 커피(원래 모양이나 분쇄한 것으로서 볶은 것은 제외한다) 및 커피의 껍데기·껍질과 웨이스트(waste)
	0902	② 차류(소매용으로 포장한 것은 제외한다)
	0904	③ 후추[파이퍼(Piper)속의 것으로 한정한다], 건조하거나 부수거나 잘게 부순 고추류[캡시컴(Capsicum)속]의 열매나 피멘타(Pimenta)속의 열매
	1201	④ 대두(부수었는지에 상관없다)
	1202	⑤ 땅콩(볶거나 그 밖의 조리를 한 것은 제외하며, 껍데기를 벗겼는지, 부수었는지에 상관없다)
	1206	⑥ 해바라기씨(부수었는지에 상관없다)
	1207	⑦ 그 밖의 채유(採油)에 적합한 종자와 과실[팜너트(palm nut)와 핵(核), 목화씨, 피마자, 잇꽃 종자, 양귀비씨는 제외하며, 부수었는지는 상관없다]
	1208	⑧ 채유(採油)에 적합한 종자와 과실의 고운 가루 및 거친 가루(겨자의 고운 가루 및 거친 가루는 제외한다)
	1212	⑨ 관세율표번호 제1212호에 해당하는 물품 중 사탕무와 사탕수수(신선한 것·냉장이나 냉동한 것·건조한 것으로서 잘게 부수었는지에 상관없다)
	1211	⑩ 관세율표 제1211호에 해당하는 물품 중 인삼류
	1801	⑪ 코코아두(원래 모양이나 부순 것으로 한정한다)
	1802	⑫ 코코아의 껍데기와 껍질, 그 밖의 코코아 웨이스트(waste)
	2401	⑬ 잎담배와 담배 부산물
	0910	⑭ 관세율표 제0910호에 해당하는 물품 중 생강
4. 과실류	0801	① 코코넛·브라질너트·캐슈너트(cashew nut)(신선한 것이나 건조한 것으로 한정하며, 껍데기나 껍질을 벗겼는지에 상관없다)
	0802	② 그 밖의 견과류(신선하거나 건조한 것으로 한정하며, 껍데기나 껍질을 벗겼는지에 상관없다)
	0803	③ 바나나[플랜틴(plantain)을 포함하며, 신선하거나 건조한 것으로 한정한다]
	0804	④ 대추야자·무화과·파인애플·아보카도(avocado)·구아바(guava)·망고(mango)·망고스틴(mangosteen)(신선하거나 건조한 것으로 한정한다)
	0805	⑤ 감귤류의 과실(신선하거나 건조한 것으로 한정한다)
	0806	⑥ 포도(신선한 것으로 한정한다)

구분	관세율표 번호	품명
	0807	⑦ 멜론(수박을 포함한다)과 포포(papaw)[파파야(papaya)](신선한 것으로 한정한다)
	0808	⑧ 사과·배·마르멜로(quince)(신선한 것으로 한정한다)
	0809	⑨ 살구·체리·복숭아[넥터린(nectarine)을 포함한다]·자두·슬로(sloe)(신선한 것으로 한정한다)
	0810	⑩ 그 밖의 과실(신선한 것으로 한정한다)
	0811	⑪ 냉동 과실과 냉동 견과류(물에 삶거나 찐 것과 설탕이나 그 밖의 감미료를 첨가한 것은 제외한다)
	0812	⑫ 일시적으로 보존하기 위하여 처리(예: 이산화유황가스·염수·유황수나 그 밖의 저장용액으로 보존처리)한 과실과 견과류(그 상태로는 식용에 적합하지 않은 것으로 한정한다)
	0813	⑬ 건조한 과실(관세율표 제0801호부터 제0806호까지에 해당하는 것은 제외한다)과 관세율표 제8류의 견과류나 건조한 과실의 혼합물
5. 채소류	0702	① 토마토(신선한 것이나 냉장한 것으로 한정한다)
	0703	② 양파·쪽파·마늘·리크(leek)와 그 밖의 파속의 채소(신선한 것이나 냉장한 것으로 한정한다)
	0704	③ 양배추·꽃양배추·구경(球莖)양배추·케일(kale)과 그 밖에 이와 유사한 식용 배추속(신선한 것이나 냉장한 것으로 한정한다)
	0705	④ 상추[락투카 사티바(Lactuca sativa)]와 치커리(chicory)[시커리엄(Cichorium)종](신선한 것이나 냉장한 것으로 한정한다)
	0706	⑤ 당근, 순무, 샐러드용 사탕무뿌리, 선모(仙茅), 셀러리액(celeriac), 무와 그 밖에 이와 유사한 식용 뿌리(신선한 것이나 냉장한 것으로 한정한다)
	0707	⑥ 오이류(신선한 것이나 냉장한 것으로 한정한다)
	0708	⑦ 채두류(菜豆類)(꼬투리가 있는지에 상관없으며 신선한 것이나 냉장한 것으로 한정한다)
	0709	⑧ 그 밖의 채소(신선한 것이나 냉장한 것으로 한정한다)
	0710	⑨ 냉동채소(조리한 것은 제외한다)
	0711	⑩ 일시적으로 보존하기 위하여 처리(예: 이산화유황가스·염수·유황수나 그 밖의 저장용액으로 보존처리)한 채소(그 상태로는 식용에 적합하지 않은 것으로 한정한다)
	0712	⑪ 건조한 채소(원래 모양인 것, 절단한 것, 얇게 썬 것, 부순 것, 가루 모양인 것으로 한정하며, 더 이상 조제한 것은 제외한다)
	0713	⑫ 건조한 채두류(菜豆類)(꼬투리가 없는 것으로서 껍질을 제거한 것인지 또는 쪼갠 것인지에 상관없다)
6. 수축류	0101	① 말(경주마, 승용마 및 번식용 말은 제외한다), 당나귀, 노새와 버새
	0102	② 소(물소를 포함한다)
	0103	③ 돼지
	0104	④ 면양과 산양
	0105	⑤ 가금(家禽)류(닭·오리·거위·칠면조 및 기니아새로 한정한다)

구분	관세율표 번호	품명
	0106	⑥ 그 밖의 살아 있는 동물(식용에 적합한 것으로 한정한다)
7. 수육류	0201	① 쇠고기(신선한 것이나 냉장한 것으로 한정한다)
	0202	② 쇠고기(냉동한 것으로 한정한다)
	0203	③ 돼지고기(신선한 것, 냉장하거나 냉동한 것으로 한정한다)
	0204	④ 면양과 산양의 고기(신선한 것, 냉장하거나 냉동한 것으로 한정한다)
	0205	⑤ 말·당나귀·노새·버새의 고기(신선한 것, 냉장하거나 냉동한 것으로 한정한다)
	0206	⑥ 소·돼지·면양·산양·말·당나귀·노새·버새의 식용 설육(屑肉)(신선한 것, 냉장하거나 냉동한 것으로 한정한다)
	0207	⑦ 관세율표 제0105호의 가금(家禽)류의 육과 식용 설육(屑肉)(신선한 것, 냉장하거나 냉동한 것으로 한정한다)
	0208	⑧ 그 밖의 육과 식용 설육(屑肉)(신선한 것, 냉장하거나 냉동한 것으로 한정한다)
	0209	⑨ 살코기가 없는 돼지 비계와 가금(家禽)의 비계(기름을 빼지 않은 것이나 그 밖의 방법으로 추출하지 않은 것으로서 신선한 것, 냉장하거나 냉동한 것, 염장하거나 염수장한 것, 건조하거나 훈제한 것으로 한정한다)
	0210	⑩ 육과 식용 설육(屑肉)(염장하거나 염수장한 것이나 건조하거나 훈제한 것으로 한정한다), 육이나 설육(屑肉)의 식용 고운 가루 및 거친 가루
	0504	⑪ 동물(어류는 제외한다)의 장·방광·위의 전체나 부분(식용에 적합한 것으로 한정한다)
	0511	⑫ 관세율표 제0511호에 해당하는 물품 중 건(腱)·근(筋)과 원피의 웨이스트(waste) 및 누에가루(식용에 적합한 것으로 한정한다)
	0506	⑬ 뼈와 혼코어(horn-core)[가공하지 않은 것, 탈지(脫脂)한 것, 단순히 정리한 것(특정한 형상으로 깎은 것은 제외한다), 산(酸)처리를 하거나 탈교한(degelatinised) 것], 이들의 가루와 웨이스트(waste)
8. 유란류	0401	① 밀크(관세율표 제0401호에 해당하는 물품 중 신선한 것으로 한정하며 농축·건조·가당 또는 발효된 것은 제외한다)
	0402	② 관세율표 제0402호에 해당하는 물품 중 농축유·연유와 분유
	0407	③ 새의 알(껍질이 붙은 것으로서 신선하거나 저장에 적합한 처리를 한 것으로 한정한다)
	0408	④ 새의 알(껍질이 붙지 않은 것)과 알의 노른자위(신선한 것, 건조한 것, 그 밖의 저장에 적합한 처리를 한 것으로 한정한다)
	1901	⑤ 관세율표 제1901호에 해당하는 물품 중 유아용 조제 분유로 한정한다.
	3502	⑥ 알의 흰자위(egg albumin)(신선한 것, 건조한 것, 그 밖의 저장에 적합한 처리를 한 것으로 한정한다)
9. 생선류	0301	① 활어(관상용은 제외한다)
	0302	② 신선하거나 냉장한 어류[관세율표 제0304호의 어류의 필레(fillet)와 그 밖의 어육은 제외한다]

구분	관세율표 번호	품명
	0303 0304 0305 0306 0307 0308 0309 0511	③ 냉동어류[기름치 (Oilfish, 학명 Ruvettus pretiosus)와 관세율표 제0304호의 어류의 필레(fillet)와 기타 어육은 제외한다] ④ 어류의 필레(fillet)와 그 밖의 어육(잘게 썰었는지에 상관없으며 신선한 것, 냉장·냉동한 것으로 한정한다) ⑤ 건조한 어류, 염장이나 염수장한 어류, 훈제한 어류(훈제과정 중이나 훈제 전에 조리한 것인지에 상관없다) ⑥ 갑각류(껍데기가 붙어 있는 것인지에 상관없으며 살아 있는 것과 신선한 것, 냉장이나 냉동한 것, 건조한 것, 염장이나 염수장한 것으로 한정하며, 껍데기가 붙어 있는 상태로 물에 찌거나 삶아서 냉장이나 냉동한 것, 건조한 것, 염장이나 염수장한 것을 포함한다) ⑦ 연체동물(껍데기가 붙어 있는지에 상관없으며 살아 있는 것과 신선한 것, 냉장이나 냉동한 것, 건조한 것, 염장이나 염수장한 것을 포함한다) ⑧ 수생(水生) 무척추동물(갑각류와 연체동물은 제외하며, 살아 있는 것과 신선한 것, 냉장이나 냉동한 것, 건조한 것, 염장이나 염수장한 것을 포함한다) ⑨ 어류 · 연체동물 및 수생(水生) 무척추동물(갑각류는 제외한다)의 고운 가루 및 거친 가루와 펠릿(pellet)(식용에 적합한 것으로 한정한다) ⑩ 관세율표 제0511호에 해당하는 물품 중 어류의 웨이스트(waste)(식용에 적합한 것으로 한정한다)
10. 패류	0307	관세율표 제0307호에 해당하는 물품 중 조개·바지락·백합·홍합·전복과 그 밖의 패류(살아 있는 것과 신선한 것, 냉장이나 냉동한 것, 건조한 것, 염장이나 염수장한 것으로 한정한다)
11. 해조류	1212	관세율표 제1212호에 해당하는 물품 중 김·미역·톳·파래·다시마와 그 밖의 식용에 적합한 해조류(신선한 것과 냉장이나 냉동한 것, 건조한 것, 염장이나 염수장한 것으로 한정한다)
12. 그 밖에 식용으로 제공되는 농산물, 축산물, 수산물 또는 임산물과 단순가공 식료품	0409 0410 1212 2501 1209	① 천연꿀 ② 따로 분류되지 않은 식용인 동물성 생산품 ③ 관세율표 제1212호에 해당하는 물품 중 주로 식용에 적합한 과실의 핵(核)과 그 밖의 식물성 생산품으로서 따로 분류되지 아니한 것(산채류를 포함한다) ④ 관세율표 제2501호에 해당하는 물품 중 소금 ⑤ 데친 채소류 · 김치 · 단무지 · 장아찌 · 젓갈류 · 게장 · 두부 · 메주 · 간장 · 된장 · 고추장(제조시설을 갖추고 판매목적으로 독립된 거래단위로 관입 · 병입 또는 이와 유사한 형태로 포장하여 2026년 1월 1일부터 공급하는 것은 제외하되, 단순하게 운반편의를 위하여 일시적으로 관입 · 병입 등의 포장을 하는 경우를 포함한다) ⑥ 관세율표 제1209호에 해당하는 물품 중 채소 종자 ⑦ 쌀에 인산추출물·아미노산 등 식품첨가물을 첨가·코팅하거나 버섯균 등을 배양시킨 것으로서 쌀의 원형을 유지하고 있어야 하고(쌀을 분쇄한 후 식품첨가물을 혼합하여 다시 알곡모양을 낸 것은 제외한다), 쌀의 함량이 90% 이상인 것

〈면세하지 아니하는 수입 미가공식료품 분류표(제37조 제1항 관련)〉[446)]

관세율표 번호	품목
0901	관세율표 제0901호에 해당하는 물품 중 커피 및 커피의 껍데기·껍질과 웨이스트(waste)
1801	코코아두(원래 모양이나 부순 것으로서 볶은 것을 포함한다)
1802	코코아의 껍데기와 껍질과 코코아 웨이스트(waste)

다만, 수입 커피 및 코코아두 등에 대한 부가가치세를 2022.6.29. ~ 2025.12.31. 수입신고하는 분에 대해 부가가치세 면세한다.

Ⅱ 국민후생용품의 수입재화

1. 국민후생용품의 수입재화 면세

(1) 도서 · 신문 · 잡지

도서(도서대여 및 실내 도서열람용역을 포함), 신문 및 잡지로서 「관세법」 별표 관세율표 제49류의 인쇄한 서적, 신문, 잡지나 그 밖의 정기간행물, 수제(手製)문서 및 타자문서와 기획재정부령으로 정하는 전자출판물은 국내공급과 수입 시 부가가치세를 면세한다(부법 27 2, 부령 50).

(2) 과학·교육·문화용 재화

학술연구단체, 교육기관, 「한국교육방송공사법」에 따른 한국교육방송공사 또는 문화단체가 과학용·교육용·문화용으로 수입하는 재화로서 일정범위의 것은 부가가치세를 면세한다(부법 27 3).

2. 과학용 등으로 수입하는 재화로서 면세하는 것의 범위

과학용·교육용·문화용으로 수입하는 재화는 다음의 어느 하나에 해당하는 재화로 한다. 이 경우 ①부터 ⑤까지의 재화는 관세가 감면되는 것으로 한정하여 적용하되, 관세가 경감되는 경우에는 경감되는 부분으로 한정하여 적용한다(부령 51).

① 학교(「서울대학교병원 설치법」에 따라 설립된 서울대학교병원, 「국립대학병원 설치법」에 따라 설립된 국립대학병원, 「서울대학교치과병원 설치법」에 따라 설립된 서울대학교치과병원 및 「국립대학치과병원 설치법」에 따라 설립된 국립대학치과병원을 포함한다), 박물관 또는 다음으로 정하는 시설에서 진열하는 표본 및 참고품·교육용의 촬영된 필름, 슬라이드, 레코드, 테이프 또는 그 밖에 이와 유사한 매개체와 이러한 시설에서 사용되는 물품. 여기에는 시설에서 사용하기 위하여 소관 중앙행정기관의 장이 수입하는 것을 포함한다(부칙 39).

446) 부가가치세법 시행규칙 [별표 2]

㉠ 「정부조직법」 제4조 또는 지방자치단체의 조례에 따라 설치된 기관이 운영하는 시험소, 연구소, 공공직업훈련원, 공공도서관, 동물원, 식물원 및 전시관

㉡ 「대한무역투자진흥공사법」에 따른 대한무역투자진흥공사의 전시관

㉢ 「산업집적활성화 및 공장설립에 관한 법률」 제31조 제2항에 따라 설립된 산업단지관리공단의 전시관

㉣ 「정부출연연구기관 등의 설립·운영 및 육성에 관한 법률」에 따라 설립된 산업연구원과 「과학기술분야 정부출연연구기관 등의 설립·운영 및 육성에 관한 법률」에 따라 설립된 한국생산기술연구원 및 한국과학기술정보연구원

㉤ 수출조합의 전시관. 다만, 산업통상자원부장관이 면세를 추천한 부분으로 한정한다.

㉥ 「중소기업진흥에 관한 법률」에 따라 설립된 중소기업진흥공단이 개설한 전시관 및 연수원

㉦ 「소비자기본법」에 따른 한국소비자원

㉧ 디자인 및 포장에 관한 연구개발사업을 추진하기 위하여 비영리법인이 개설한 전시관

㉨ 「과학관의 설립·운영 및 육성에 관한 법률」에 따른 과학관(사립과학관의 경우에는 같은 법에 따라 등록한 것으로 한정한다)

② 연구원, 연구기관 등 다음으로 정하는 과학기술 연구개발 시설에서 과학기술의 연구개발에 제공하기 위하여 수입하는 물품(부칙 40)

㉠ 「관세법 시행규칙」 제37조 제2항 제22호부터 제24호까지 및 제27호의 기관과 같은 조 제3항 제2호의 산업기술연구조합

㉡ 「과학기술분야 정부출연연구기관 등의 설립·운영 및 육성에 관한 법률」에 따라 설립된 한국생산기술연구원, 한국건설기술연구원, 한국철도기술연구원, 한국한의학연구원 및 한국식품연구원

㉢ 「국방과학연구소법」에 따라 설립된 국방과학연구소

③ 과학기술의 연구개발을 지원하는 단체에서 수입하는 과학기술의 연구개발에 사용되는 시약류

④ 「정부출연연구기관 등의 설립·운영 및 육성에 관한 법률」 제8조에 따라 설립된 한국교육개발원이 학술연구를 위하여 수입하는 물품

⑤ 「한국교육방송공사법」에 따른 한국교육방송공사가 교육방송을 위하여 수입하는 물품

⑥ 외국으로부터 다음으로 정하는 영상 관련 공익단체에 기증되는 재화로서 그 단체가 직접 사용하는 것(부칙 41)

㉠ 「방송통신위원회의 설치 및 운영에 관한 법률」에 따른 방송통신위원회

㉡ 「영화 및 비디오물의 진흥에 관한 법률」 제4조에 따른 영화진흥위원회

㉢ 「영화 및 비디오물의 진흥에 관한 법률」 제71조에 따른 영상물등급위원회

㉣ 「민법」 제32조에 따라 설립된 재단법인 한국영상자료원, 재단법인 한국방송진흥원 및 사단법

인한국영상미디어협회

3. 국민후생용품의 수입재화의 면세·과세 사례

(1) 면세되는 사례

① 한국교육개발원이 수입한 진열용 표본·참고품, 교육용 필름·슬라이드 등[447)]

② 국립건설연구소의 연구개발용 물품으로 관세가 면제되는 것[448)]

(2) 과세되는 사례

① 학교 등에서 학술연구용으로 수입하는 소프트웨어[449)]

② 행정기관이 그 소관 사무를 위하여 과학용 등으로 수입하는 재화는 과학용 등으로 수입하는 재화로서 면세하는 것에 해당되지 아니하는 것임[450)]

Ⅲ 기증되는 수입재화

1. 종교·자선·구호단체에 기증하는 재화

종교의식, 자선, 구호, 그 밖의 공익을 목적으로 외국으로부터 종교단체·자선단체 또는 구호단체에 기증되는 재화로서 다음으로 정하는 것은 부가가치세를 면세한다(부법 27 4).

① 사원(寺院)이나 그 밖의 종교단체에 기증되는 물품으로서 관세가 면제되는 것

② 자선이나 구호의 목적으로 기증되는 급여품으로서 관세가 면제되는 것

③ 구호시설 및 사회복리시설에 기증되는 구호 또는 사회복리용에 직접 제공하는 물품으로서 관세가 면제되는 것

2. 국가조직 등에 기증하는 재화

외국으로부터 국가, 지방자치단체 또는 지방자치단체조합에 기증되는 재화는 부가가치세를 면제한다(부법 27 5). 이 경우 외국에서 직접 국가 등에 기증되어야 면세되므로 사업자가 본인명의로 수입허가를 받아 외국에서 동물을 수입하여 보세구역 내에서 지방자치단체에 기증하고 지방자치단체명의로 수입면장을 발급받았을 시 부가가치세 과세대상이 된다.[451)]

---

447) 간세1235-1766, 1979.05.29
448) 간세1235-1567, 1979.05.11
449) 부가46015-2077, 1997.09.08
450) 기재부부가-345, 2014.05.14
451) 조법1265.2-960, 1983.09.12

Ⅳ 관세가 면제·감면·경감되는 수입재화

1. 관세가 면제되는 소액물품

거주자가 받는 소액물품으로서 관세가 면제되는 재화는 부가가치세를 면세한다(부법 27 6). 이 경우 관세가 감면되는 소액물품은 다음과 같다(관세법 94, 관세칙 45 ②).

① 물품가격이 미화 150달러 이하의 물품으로서 자가사용물품으로 인정되는 것. 다만, 반복 또는 분할하여 수입되는 물품으로서 관세청장이 정하는 기준에 해당하는 것을 제외한다.

② 박람회 기타 이에 준하는 행사에 참가하는 자가 행사장 안에서 관람자에게 무상으로 제공하기 위하여 수입하는 물품(전시할 기계의 성능을 보여주기 위한 원료를 포함한다). 다만, 관람자 1인당 제공량의 정상도착가격이 미화 5달러 상당액 이하의 것으로서 세관장이 타당하다고 인정하는 것에 한한다.

2. 이사·이민·상속으로 인한 수입재화

(1) 개요

이사, 이민 또는 상속으로 인하여 수입하는 재화로서 관세가 면제되거나 「관세법」 제81조 제1항에 따른 간이세율이 적용되는 재화는 부가가치세를 면세한다(부법 27 7).

(2) 관세가 면제되는 재화

우리나라로 거주를 이전하기 위하여 입국하는 자가 입국할 때 수입하는 이사물품으로서 거주 이전의 사유, 거주기간, 직업, 가족 수, 그 밖의 사정을 고려하여 「관세법 시행규칙」 제48조 제4항부터 제6항에 의해 세관장이 타당하다고 인정하는 물품에 대해서는 관세를 면제한다(관세법 96 ①).

(3) 간이세율이 적용되는 재화

다음의 어느 하나에 해당하는 물품 중 대통령령으로 정하는 물품에 대하여는 다른 법령에도 불구하고 간이세율을 적용할 수 있다(관세법 81 ①).

① 여행자 또는 외국을 오가는 운송수단의 승무원이 휴대하여 수입하는 물품

② 우편물(다만, 수입신고를 하여야 하는 것은 제외함)

③ 탁송품 또는 별송품

3. 여행자 휴대품·별송 물품·우송 물품

여행자의 휴대품, 별송(別送) 물품 및 우송(郵送) 물품으로서 관세가 면제되거나 「관세법」 제81조 제

1항에 따른 간이세율이 적용되는 재화는 부가가치세를 면세한다(부법 27 8).

4. 상품의 견본·광고용 물품

수입하는 상품의 견본과 광고용 물품으로서 관세가 면제되는 다음의 재화는 부가가치세를 면세한다(부법 27 9, 관세칙 45 ①).

① 물품이 천공 또는 절단되었거나 통상적인 조건으로 판매할 수 없는 상태로 처리되어 견품으로 사용될 것으로 인정되는 물품

② 판매 또는 임대를 위한 물품의 상품목록·가격표 및 교역안내서 등

③ 과세가격이 미화 250달러 이하인 물품으로서 견품으로 사용될 것으로 인정되는 물품

④ 물품의 형상·성질 및 성능으로 보아 견품으로 사용될 것으로 인정되는 물품

5. 박람회, 전시회, 품평회, 영화제 등의 행사출품용 재화

국내에서 열리는 박람회, 전시회, 품평회, 영화제 또는 이와 유사한 행사에 출품하기 위하여 무상으로 수입하는 물품으로서 관세가 면제되는 박람회·전시회·공진회·품평회 기타 이에 준하는 행사에 출품 또는 사용하기 위하여 그 주최자 또는 행사에 참가하는 자가 수입하는 물품 중 당해 행사의 성격·규모 등을 감안하여 세관장이 타당하다고 인정하는 물품은 부가가치세를 면세한다(부법 27 10, 관세칙 50 ① 6).

6. 국제관례상 관세면제 재화

조약·국제법규 또는 국제관습에 따라 관세가 면제되는 재화로서 다음에 해당하는 것으로 정하는 것은 부가가치세를 면세한다(부법 27 11, 부령 53).

① 대한민국을 방문하는 외국의 원수와 그 가족 및 수행원이 사용하는 물품

② 국내에 있는 외국의 대사관·공사관, 그 밖에 이에 준하는 기관의 업무용품

③ 국내에 주재하는 외국의 대사·공사, 그 밖에 이에 준하는 사절 및 그 가족이 사용하는 물품

④ 국내에 있는 외국의 영사관, 그 밖에 이에 준하는 기관의 업무 용품

⑤ 국내에 있는 외국의 대사관·공사관·영사관, 그 밖에 이에 준하는 기관의 직원과 그 가족이 사용하는 물품

⑥ 정부와의 사업계약을 수행하기 위하여 외국계약자가 계약조건에 따라 수입하는 업무용품

⑦ 국제기구나 외국정부로부터 정부에 파견된 고문관·기술단원, 그 밖에 이에 준하는 자가 직접 사용할 물품

7. 재수입재화

(1) 개요

수출된 후 다시 수입하는 재화로서 관세가 감면되는 것은 사업자가 재화를 사용하거나 소비할 권한을 이전하지 아니하고 외국으로 반출하였다가 다시 수입하는 재화로서 「관세법」 제99조에 따라 관세가 면제되거나 같은 법 제101조에 따라 관세가 경감되는 재화는 부가가치세를 면제한다. 다만, 관세가 경감(輕減)되는 경우에는 경감되는 비율만큼만 면세한다(부법 27 12, 부령 54).

(2) 「관세법」 제99조에 따라 관세가 면제되는 재화

다음의 어느 하나에 해당하는 물품이 수입될 때에는 그 관세를 면제할 수 있다.

① 우리나라에서 수출(보세가공수출을 포함한다)된 물품으로서 해외에서 제조·가공·수리 또는 사용(장기간에 걸쳐 사용할 수 있는 물품으로서 임대차계약 또는 도급계약 등에 따라 해외에서 일시적으로 사용하기 위하여 수출된 물품이나 박람회, 전시회, 품평회, 국제경기대회, 그 밖에 이에 준하는 행사에 출품 또는 사용된 물품 등 기획재정부령으로 정하는 물품의 경우는 제외한다)되지 아니하고 수출신고 수리일부터 2년 내에 다시 수입(이하 "재수입"이라 한다)되는 물품. 다만, 다음의 어느 하나에 해당하는 경우에는 관세를 면제하지 아니한다.

㉠ 해당 물품 또는 원자재에 대하여 관세를 감면받은 경우

㉡ 이 법 또는 「수출용원재료에 대한 관세 등 환급에 관한 특례법」에 따른 환급을 받은 경우

㉢ 이 법 또는 「수출용 원재료에 대한 관세 등 환급에 관한 특례법」에 따른 환급을 받을 수 있는 자 이외의 자가 해당 물품을 재수입하는 경우. 다만, 재수입하는 물품에 대하여 환급을 받을 수 있는 자가 환급받을 권리를 포기하였음을 증명하는 서류를 재수입하는 자가 세관장에게 제출하는 경우는 제외한다.

㉣ 보세가공 또는 장치기간경과물품을 재수출조건으로 매각함에 따라 관세가 부과되지 아니한 경우

② 수출물품의 용기로서 다시 수입하는 물품

③ 해외시험 및 연구를 목적으로 수출된 후 재수입되는 물품

(3) 「관세법」 제101조에 따라 관세가 경감되는 재화

1) 경감대상 재화

다음의 어느 하나에 해당하는 물품이 수입될 때에는 그 관세를 경감할 수 있다.

① 원재료 또는 부분품을 수출하여 기획재정부령으로 정하는 물품으로 제조하거나 가공한 물품. 이 경우 관세가 감면되는 물품은 법 별표 관세율표 제85류 및 제90류 중 제9006호에 해당하는 것으로 한다(관세칙 56 ①).

② 가공 또는 수리할 목적으로 수출한 물품으로서 기획재정부령으로 정하는 기준에 적합한 물품. 이 경우 "기획재정부령으로 정하는 기준에 적합한 물품"이란 가공 또는 수리하기 위하여 수출된 물품과 가공 또는 수리 후 수입된 물품의 품목분류표상 10단위의 품목번호가 일치하는 물품을 말한다. 다만, 수율·성능 등이 저하되어 폐기된 물품을 수출하여 용융과정 등을 거쳐 재생한 후 다시 수입하는 경우와 제품의 제작일련번호 또는 제품의 특성으로 보아 수입물품이 우리나라에서 수출된 물품임을 세관장이 확인할 수 있는 물품인 경우에는 품목분류표상 10단위의 품목번호가 일치하지 아니하더라도 법 제101조 제1항 제2호에 따라 관세를 경감할 수 있다(관세칙 56 ②).

2) 경감배제대상 재화

다음의 어느 하나에 해당하는 경우에는 그 관세를 경감하지 아니한다.

① 해당 물품 또는 원자재에 대하여 관세를 감면받은 경우. 다만, (1)-②의 경우는 제외한다.

② 이 법 또는 「수출용원재료에 대한 관세 등 환급에 관한 특례법」에 따른 환급을 받은 경우

③ 보세가공 또는 장치기간경과물품을 재수출조건으로 매각함에 따라 관세가 부과되지 아니한 경우

(4) 관련 사례

1) 수리 또는 가공하기 위하여 일시적으로 수출되었다가 재수입되는 경우

우리나라에서 미합중국으로 수리 또는 가공하기 위하여 일시적으로 수출되었다가 다시 수입되는 물품의 경우, 「부가가치세법」 제12조 제2항 제12호와 같은 법 시행령 제44조, 「부가가치세법」 제12조 제2항 제15호와 같은 법 시행령 제46조 제15호 모두를 적용하여 부가가치세를 면제받을 수 있다.[452] ☞ 「자유무역협정의 이행을 위한 관세법의 특례에 관한 법률 시행규칙」상 일시수출입 물품 관세면제대상 국가는 미국, 페루, 칠레, 싱가포르임

2) 재수입재화의 부가가치세 면세 여부 및 수정수입세금계산서 발급 여부

사업자가 재화를 사용하거나 소비할 권한을 이전하지 아니하고 외국으로 반출하였다가 다시 수입하는 재화로서 「관세법」 제101조에 따라 관세의 경감대상에 해당하는 때에는 부가가치세가 면세된다.[453]

3) 수출 후 재수입하는 재화에 대한 부가가치세 면세 범위

사업자가 재화를 사용·소비할 권한을 이전함이 없이 외국으로 반출하였다가 그 재화를 다시 수입하여 재화의 공급에 해당하지 아니하는 경우로서 해당 재화의 재수입에 대하여 관세가 면제

452) 부가-560, 2012.05.18

453) 기획재정부 부가가치세제과-334, 2016.06.29

되는 경우 그 재수입재화는 부가가치세 면제대상에 해당한다. 이하 4가지 모두 관세가 경감되거나 면제되는 범위 내에서만 부가가치세를 면세한다.[454)]

① 수출계약상 포장용기를 반환받는 조건으로 포장용기의 대가를 차감한 가액으로 제품을 수출한 경우 해당 포장용기의 재수입

② 위탁가공목적으로 외국의 수탁가공사업자에게 대가를 받지 않고 반출한 원자재 중 품질이 불량한 것 재수입

③ 항공운송업을 영위하는 사업자가 외국공항에 보관하여 사용할 항공기 보수장비 등을 외국으로 반출한 다음 이를 교체하기 위해 다시 국내로 반입하는 경우

④ 외국에서 개최되는 전시회 참가하여 판매할 목적으로 재화를 반출한 다음 현지에서 미판매된 재화를 다시 국내로 반입하는 경우

4) 반출한 후 계약의 취소 등의 사유로 다시 국내로 반입되는 경우

내국물품을 영세율을 적용받아 외국으로 반출한 후 외국 구매자와의 계약의 취소 등의 사유로 다시 국내로 반입되는 경우 같은 법 제27조 제12호 및 같은 법 시행령 제54조의 규정을 적용하지 아니한다.[455)]

5) 행정기관의 과학용 수입재화에 대한 부가가치세 면세 여부

행정기관이 그 소관 사무를 위하여 과학용 등으로 수입하는 재화는 과학용 등으로 수입하는 재화로서 면세하는 것에 해당되지 아니한다(「정부조직법」 제2조 또는 제3조에 따라 설치된 행정기관이 그 소관사무를 위해 과학용 등으로 수입하는 재화는 「부가가치세법 시행령」 제51조 제1호 및 같은 법 시행규칙 제39조 제1항 제1호의 규정이 적용되지 않는다).[456)]

8. 일시수입재화

다시 수출하는 조건으로 일시 수입하는 재화로서「관세법」 제97조에 따라 관세가 감면되는 것은 부가가치세를 면세한다. 다만, 관세가 경감되는 경우에는 경감되는 비율만큼만 면제한다(부법 27 13, 부령 55).

9. 제조담배

「부가가치세법」 제26조 제1항 제10호에 따라 부가가치세가 면세되는 담배의 수입에 대하여는 부가가치세를 면세한다(부법 27 14).

---

454) 부가-325, 2012.03.27

455) 부가-999, 2013.10.24

456) 기획재정부 부가가치세제과-345, 2014.05.14

10. 기타 관세 감면 대상재화

앞 Ⅳ 1.부터 8.까지의 규정에 따른 재화 외에 관세가 무세(無稅)이거나 감면되는 재화로서 다음으로 정하는 것은 부가가치세를 면세한다. 다만, 관세가 경감되는 경우에는 경감되는 비율만큼만 면세한다(부법 27 15).

① 정부에서 직접 수입하는 군수품(정부의 위탁을 받아 정부 외의 자가 수입하는 경우를 포함함)
② 국가원수 경호용으로 사용할 물품
③ 국내 거주자에게 수여된 훈장·기장 또는 이에 준하는 표창장과 상패
④ 기록문서와 그 밖의 서류
⑤ 외국에 주둔하거나 주재하는 국군 또는 재외공관으로부터 반환된 공용품
⑥ 대한민국의 선박 또는 그 밖의 운수기관이 조난으로 인하여 해체된 경우 그 해체재 및 장비품
⑦ 대한민국 수출물품의 품질·규격·안전도 등이 수입국의 권한 있는 기관이 정하는 조건을 충족하는 것임을 표시하는 수출물품 첨부용 라벨
⑧ 항공기의 제작·수리 또는 정비에 필요한 부분품
⑨ 항공기의 제작·수리 또는 정비에 필요한 원재료로서 소관 중앙행정기관의 장이 국내 생산이 곤란한 것으로 확인하는 것
⑩ 국제 올림픽 및 아시아 운동경기대회 종목에 해당하는 운동용구(부분품을 포함한다)로서 대회참가선수의 훈련에 직접 사용되는 물품
⑪ 대한민국과 외국 간의 교량, 통신시설, 해저통로, 그 밖에 이에 준하는 시설의 건설 또는 수리에 쓰이는 물품
⑫ 국제적십자사, 그 밖의 국제기구 및 외국적십자사가 국제평화봉사활동 또는 국제친선활동을 위하여 기증하는 물품
⑬ 박람회, 국제경기대회, 그 밖에 이에 준하는 행사에 사용하기 위하여 그 행사참가자가 수입하는 물품
⑭ 과학기술정보통신부장관이 국가안전보장에 긴요하다고 인정하여 수입하는 비상통신용 및 전파관리용 물품
⑮ 수입신고한 물품으로서 수입신고 수리 전에 변질 또는 손상된 것
⑯ 「관세법」 외의 법령(조세특례제한법은 제외함)에 따라 관세가 감면되는 물품
⑰ 지도, 설계도, 도안, 우표, 수입인지, 화폐, 유가증권, 서화, 판화, 조각, 주상, 수집품, 표본 또는 그 밖에 이와 유사한 물품
⑱ 시각·청각 및 언어의 장애인, 지체장애인, 만성신부전증 환자, 희귀난치성 질환자 등을 위한 용도로 특수하게 제작되거나 제조된 물품 중 시행규칙 별표 2의 2의 부가가치세가 면제되는 장애인용

품(협정관세율이 0인 것을 포함)(부가칙 42)

⑲ 국가정보원장 또는 그 위임을 받은 자가 국가안전보장목적의 수행에 긴요하다고 인정하여 수입하는 물품

⑳ 그 밖에 관세의 기본세율이 무세인 물품으로서 시행규칙 별표 3의 물품(규칙 §43)과 관세의 협정세율이 무세인 철도용 내연기관, 디젤기관차 및 이식용 각막

CHAPTER 04

조세특례제한법에 의한 면세 등

제1절 총설

I 개요

부가가치세 면세제도는 당해 사업자로부터 공급받는 최종소비자가 면세되는 재화·용역으로 인해 세부담 경감을 받기 위한 것이다. 「부가가치세법」에서는 기초생활 필수품, 국민후생용역 등을 면세대상으로 규정하고 있으며, 「조세특례제한법」에서는 조세정책 목적에 따라 다음과 같이 재화 또는 용역의 공급에 대해 면세대상을 규정하고 있다.

II 조세특례제한법에 의한 면세 대상

<table>
<tr><th colspan="3">구분</th><th>면세 대상</th></tr>
<tr><td rowspan="4">조세특례제한법</td><td rowspan="4">재화 용역의 공급
(법106 ①)</td><td>'23.12.31.까지</td><td>• 천연가스 사용하는 시내버스 및 마을버스(9호)</td></tr>
<tr><td>'24.12.31.까지</td><td>• 개인택시운소사업용으로 간이과세자에게 공급하는 자동차(9의3호)</td></tr>
<tr><td>'25.12.31.까지</td><td>• 공장, 여객운수사업장, 학교 등의 구내식당(위탁 포함)에서 공급 음식용역(2호)
• 농·어업경영 및 농·어작업의 대행용역(3호)
• 영구임대주택에 공급하는 난방용역(4의5호)</td></tr>
<tr><td>'25.12.31.까지</td><td>• 도서지방의 자기발전용 석유류(1호)
• 공동주택(국민주택초과)의 일반관리, 경비 및 청소용역(4의2호)
• 온실가스 배출권, 감축량 및 상쇄배출권(5호)
• 시내버스, 농어촌버스 및 마을버스용 전기버스, 수소전기버스(9의2호)
• 목재팰릿(12호) ➡ 2018.1.1. 이후 공급분부터는 농민, 임업인 등에게 공급하는 난방용 또는 농업·임업용에 한함
• 한국주택금융공사(수탁자)가 주택연금 보증채무 이행을 위해 처분하는 담보주택 (13호) ➡ 2022.1.1. 이후 공급분부터</td></tr>
</table>

구분			면세 대상
		'14.12.31.까지 실시협약 체결된 것	• BTO방식의 민자로 건설하는 학교시설에 대하여 학교의 시설관리운영권과 사업시행자가 학교시설을 이용하여 제공하는 용역(8호) • 특수목적법인이 BTO방식으로 건설한 기숙사 관련 국가 등의 시설관리운영권 및 특수목적법인의 기숙사 이용 제공용역(8의2호)
		'15.1.1.~ '25.12.31. 까지 협약체결된 것	• 특수목적법인이 BTO방식을 준용하여 건설한 기숙사에 대하여 국가 등의 시설관리운영권 및 특수목적법인의 기숙사 이용 제공용역(8의3호)
		종료기한이 없는 면세	• 국민주택의 공급, 건설 및 설계용역(4호) • 공동주택(국민주택 이하) 일반관리, 경비 및 청소용역(4의3호) • 국민주택규모 노인복지주택 일반관리, 경비 및 청소용역(4의4호) • 정부업무대행단체가 제공하는 재화·용역(6호) • 국가철도공단이 철도시설에 대한 관리권을 설정받는 방식으로 국가에 공급하는 철도시설(7호) • 민간투자법에 따른 사업시행사가 면세사업 목적으로 국가 또는 지자체에 공급하는 사회기반시설 또는 사회기반시설의 건설용역(7의2호) □ 2022.1.1.. 이후 공급분부터 • 희귀병 치료를 위한 치료제 등(10호) • 영·유아용 기저귀 및 분유(11호)
	수입 재화 (법 106②)	'24.12.31.까지	• 2024 강원동계청소년올림픽대회 제작, 건설 및 관련물품(22호)
		'25.12.31.까지	• 농어민이 직접 수입하는 농업, 축산업, 어업용 기자재(9호)
		종료기한이 없는 면세	• 무연탄(1호) • 과세사업용 선박(3호) • 보세건설물품(4호)
	법126의 7	종료기한이 없는 면세	• 금거래소 이용 금지금
	법140	'25.12.31.까지	• 해저광물자원 개발을 위한 수입하는 기계, 장비, 자재
	법106 의2①	'23.12.31.까지	• 농·임·어업용 공급 석유류(1호)
		'25.12.31.까지	• 연안여객선박용(관광사업목적 여객선박 제외) 석유류(2호)
부수재화·용역			• 면세되는 주된 재화·용역에 부수되는 재화·용역 면세

제2절 조세특례제한법에 의한 면세대상 재화 · 용역

Ⅰ 한시적으로 적용하는 면세대상 재화·용역

1. 도서지방의 자가발전에 사용할 석유류

「전기사업법」 제2조에 따른 전기사업자가 전기를 공급할 수 없거나 상당한 기간 전기공급이 곤란한 도서(島嶼)로서 산업통상자원부장관(같은 법 제98조에 따라 위임을 받은 기관을 포함한다)이 증명하는 도서지방의 자가발전에 사용할 목적으로 「수산업협동조합법」에 따라 설립된 수산업협동조합중앙회에 직접 공급하는 석유류는 부가가치세를 면세한다(조특법 106 ① 1).

2. 공장, 운송사업자, 학교 등의 경영자가 직영 구내식당 및 위탁급식에 의하여 공급하는 음식용역

(1) 총설

1) 개요

다음의 어느 하나에 해당하는 음식용역(식사류로 한정한다)은 부가가치세를 면세한다(조특법 106 ① 2). 이 경우 위탁급식 공급가액의 증명 등 위탁급식의 부가가치세 면세에 필요한 사항은 대통령령으로 정한다(조특법 106 ① 2).

① 공장, 광산, 건설사업현장 및 「여객자동차 운수사업법」에 따른 노선여객자동차운송사업장의 경영자가 그 종업원의 복리후생을 목적으로 해당 사업장의 구내에서 식당을 직접 경영하여 공급하는 음식용역

② 「여객자동차 운수사업법」 제11조에 따른 공동운수협정을 체결한 노선여객자동차운송사업자로 구성된 조합이 그 사업자의 종업원에게 제공하기 위하여 다음의 요건을 모두 충족하는 위탁 계약을 통하여 공급받는 음식용역(조특령 106 ②)

㉠ 음식용역을 공급하는 사업자(이하 “수탁사업자”라 한다)와 「여객자동차 운수사업법」 제11조에 따른 공동운수협정을 체결한 노선여객자동차운수사업자(이하 “운송사업자”라 한다)로 구성된 조합(이하 “조합”이라 한다) 또는 운송사업자(각 조합과 운수사업자의 임원 및 사용인을 포함한다)는 「국세기본법」 제2조 제20호에 따른 특수관계인이 아닐 것

㉡ 수탁사업자는 조합에 소속된 운송사업자의 종업원에게만 음식용역을 제공할 것

③ 「초·중등교육법」 제2조 및 「고등교육법」 제2조에 따른 학교의 경영자가 학생의 복리후생을 목적으로 학교 구내에서 식당을 직접 경영하여 공급하는 음식용역

④ 「학교급식법」 제4조 각 호의 어느 하나에 해당하는 학교의 장의 위탁을 받은 학교급식공급업자가 같은 법 제15조에 따른 위탁급식의 방법으로 해당 학교에 직접 공급하는 음식용역

2) 위탁급식 방법으로 학교에 음식용역 제공

학교의 장의 위탁을 받은 학교급식공급업자가 위탁급식의 방법으로 당해 학교에 직접 공급하는 음식용역(식사류에 한함)에 대하여는 부가가치세가 면제되는 것이고, 부가가치세가 면제되는 학교급식용역을 공급하는 사업에 관련된 매입세액은 공제하지 아니하는 것이며, 이와 관련된 면세 원재료에 대하여는 의제매입세액을 공제받을 수 없는 것이다. 이 경우 공제되지 아니하는 매입세액은 당해 면세사업의 소득금액 계산상 당해 과세기간의 필요경비로 산입한다.[457)]

(2) 구내식당에서 공급하는 음식용역

1) 개요

사업자가 직접 경영하는 것과 비용을 공동으로 부담하여 하나의 구내식당을 직접 경영하거나, 당해 사업장의 종업원단체(사우회·교직원 단체 등) 또는 학생단체가 직접 경영하여 모든 종업원·교직원 및 학생에게 공급하는 분에 대하여만 면세한다. 다만, 임대경영의 경우는 제외한다.[458)]

2) 구내의 범위

사업장 등의 구내란 사업장 등과 떨어져 있더라도 해당 사업과 관련되는 기숙사, 하치장 등 시설의 구내를 포함한다.[459)] 사업자의 공장, 본사, 직매장 등이 각각 별개의 사업장으로 되어 있는 경우에는 공장 구내식당에서 제공되는 음식용역에 대하여만 부가가치세가 면제된다.[460)]

3) 사립학교 구내식당

① 개요

사립학교에서 구내식당을 직접 경영하거나 또는 위탁경영하는 경우 학생을 대상으로 공급하는 음식용역에 한하여 부가가치세가 면제되고, 교직원 및 선생님에게 공급하는 음식용역은 부가가치세가 과세된다.[461)]

* 고등교육법 제2조(학교의 종류): 대학, 산업대학, 교육대학, 전문대학, 방송대학·통신대학·방송통신대학 및 사이버대학(이하 "원격대학"이라 한다), 기술대학, 각종학교

② 위탁을 받은 학교급식공급업자

「학교급식법」 제4조 각 호의 어느 하나에 해당하는 학교의 장의 위탁을 받은 학교급식공급업

---

457) 부가46015-2422, 1999.08.12
458) 조법1265-402, 1983.04.13
459) 조통칙 106-0-4
460) 부가46015-1199, 1994.06.16
461) 부가-111, 2012.02.01

자가 같은 법 제15조에 따른 위탁급식의 방식으로 해당 학교에 직접 공급하는 음식용역이 면세 대상이며, 이는 식사류로 한정하고 학생에게 공급하는 분에 한한다(교직원을 대상으로 공급하는 음식용역은 부가가치세가 과세되는 것임)(조특법 106 ① 2).

〈학교별 급식용역 과·면세 구분〉

구분		학생	교직원
국·공립학교 (대학교 제외)	직영	면세	면세
	위탁(전체·일부 위탁)		과세
사립학교	직영		
	위탁(전체·일부 위탁)		

3. 위탁급식공급가액증명서 제출

부가가치세가 면세되는 위탁급식의 방법으로 음식용역을 공급하는 학교급식공급업자는 사업장현황신고(부가가치세 과세사업을 겸영하는 학교급식공급업자인 경우에는 부가가치세 예정신고 및 확정신고)를 할 때에 위탁급식을 공급받는 학교의 장이 확인한 위탁급식공급가액증명서를 사업장 관할세무서장에게 제출하여야 한다(조특령 106 ⑬).

(1) 관련 사례

1) 발전소 내 직영 구내식당에서 임직원에게 제공하는 음식용역의 부가가치세 면제 여부

발전소 내 직영 구내식당에서 임직원에게 직접 제공하는 음식용역은 「조세특례제한법」 제106조 제1항 제2호의 규정에 따른 부가가치세 면제대상에 해당하지 아니하며, 발전업은 전기, 가스 증기 및 공기조절 공급업으로 분류되므로 "공장"(제조업을 영위하는 사업장)으로 보기 어렵다.[462)]

2) 여러 법인의 직원자치회가 공동으로 구내식당을 운영하는 경우

하나의 법인에서 분할된 여러 법인의 직원이 공동으로 구성한 직원자치회가 구내식당을 운영하면서 소속 직원이 이용하도록 하고 그 비용을 공동 부담시키는 경우 과세대상에 해당하지 않는 것이나, 해당 구내식당을 운영하는 직원자치회가 소속 직원 외의 사람에게 음식용역을 제공하고 대가를 받는 경우 부가가치세 과세대상에 포함된다.[463)]

3) 학교급식공급자가 위탁급식의 방법으로 공급하는 음식용역에 대한 면세범위

「학교급식법」에 해당하는 학교장의 위탁을 받은 학교급식공급자가 위탁급식의 방법(학교 안에

462) 기획재정부 부가가치세제과-476, 2017.09.19
463) 부가-767, 2012.07.06

학교급식을 위한 시설과 설비를 갖추지 못한 학교의 경우 학교급식공급업자와 계약을 통하여 학교급식을 위한 시설의 설치·운영을 위탁하거나 조리·가공한 식품을 운반하여 위탁급식을 실시)으로 당해 학교에 직접 공급하는 음식용역(식사류에 한함)은 부가가치세가 면제되는 것이나, 학생을 대상으로 공급하는 식사류에 한한다.[464]

4) 국가·지방자치단체 또는 지방자치단체조합이 구내에서 식당을 직접 경영하는 경우

국·공립 학교에서 학교 교직원 및 학생들의 복리후생을 목적으로 구내식당을 직접 경영하는 경우 당해 국·공립학교가 제공하는 음식용역은 부가가치세가 면세된다.[465]

5) 학교급식업자가 학교가 제공하는 식재료로 조리용역 등을 제공하는 경우 면세 여부

위탁급식영업의 신고를 한 사업자가 학교의 장과 학교급식에 대한 위탁계약을 체결하고 학교급식과정 중 조리, 운반, 배식 등의 용역을 해당 학교에 제공하는 경우, 해당 학교의 학생을 대상으로 제공하는 음식용역(식사류로 한정함)은 면세된다.[466]

4. 농어업경영 및 농어작업의 대행용역

농어업 경영 및 농어업 작업의 대행용역으로서 「농어업경영체 육성 및 지원에 관한 법률」 제16조에 따라 설립된 영농조합법인 및 같은 법 제19조에 따라 설립된 농업회사법인이 공급하는 농업경영 및 농작업의 대행용역과 「농어업경영체 육성 및 지원에 관한 법률」 제16조에 따라 설립된 영어조합법인 및 같은 법 제19조에 따라 설립된 어업회사법인이 공급하는 어업경영 및 어작업의 대행용역은 부가가치세를 면세한다(조특법 106 ① 3, 조특령 106 ③).

5. 영구임대주택에 공급하는 난방용역

「공공주택 특별법」 제50조의 2 제1항에 따라 영구적인 임대를 목적으로 건설한 임대주택에 공급하는 난방용역은 부가가치세를 면세한다(조특법 106 ① 4의 5).

6. 온실가스 배출권과 외부사업 온실가스 감축량 및 상쇄배출권

「온실가스 배출권의 할당 및 거래에 관한 법률」 제2조 제3호의 배출권과 같은 법 제29조 제1항에 따른 외부사업 온실가스 감축량 및 같은 조 제3항에 따른 상쇄배출권은 부가가치세를 면세한다(조특법 106 ① 5).

---

464) 부가46015-821, 2000.04.14
465) 재정경제부 부가가치세제과-186, 2007.03.22
466) 부가-1019, 2011.08.30., 부가-833, 2011.07.26

7. 민자건설 고등교육기관 학교시설 운영사업

교육부장관의 추천이나 교육부장관이 지정하는 자의 추천을 받은 자가 「사회기반시설에 대한 민간투자법」 제4조 제1호의 방식을 준용하여 건설한 학교시설(「고등교육법」 제2조에 따른 학교의 시설로서 대통령령으로 정하는 것으로 한정한다)에 대하여 학교가 제공하는 시설관리운영권 및 그 추천을 받은 자가 그 학교시설을 이용하여 제공하는 용역은 부가가치세를 면세한다(조특법 106 ① 8).

〈기부채납 관련 영세율 및 면세 비교〉

<table>
<tr><th>사업목적</th><th>대상 재화 또는 용역</th><th>제공방식</th><th>공급받는 자</th><th>VAT</th><th>적용기간</th></tr>
<tr><td rowspan="4">면세
사업</td><td>사회기반시설</td><td rowspan="2">BTO(1호)
BTL(2호)
BOT(3호)</td><td rowspan="2">국가,
지방자치단체</td><td rowspan="4">면세</td><td rowspan="2">'21.1.1.이후
공급분부터</td></tr>
<tr><td>사회기반시설 건설용역</td></tr>
<tr><td>학교가 제공하는 시설관리운영권</td><td rowspan="2">BTO(1호)</td><td>시설관리운영권
획득자</td><td rowspan="2">'14년도까지
실시협약이
체결된 것</td></tr>
<tr><td>학교시설을 이용하여 제공하는 용역</td><td>용역을 공급받는 자</td></tr>
<tr><td rowspan="2">과세
사업</td><td>사회기반시설</td><td rowspan="2">BTO(1호)
BTL(2호)
BOT(3호)</td><td rowspan="2">국가,
지방자치단체</td><td rowspan="2">영세율</td><td rowspan="2">'23.12.31.까지</td></tr>
<tr><td>사회기반시설 건설용역</td></tr>
</table>

(설명) BTO방식 : 한시적 면세, BTL, BOT방식 : 과세, 조특법 105 ① 3의2(BTO, BTL, BOT)에 해당할 경우 '23.12.31.까지 영세율
* 『사회기반시설에 대한 민간투자법』 제4조 제1호(BTO), 제2호(BTL), 제3호(BOT)

8. 기숙사

(1) 개요

다음의 기숙사 제공용역은 부가가치세를 면제한다(조특법 106 ① 8의 2, 8의 3).

① 「한국사학진흥재단법」에 따른 한국사학진흥재단이 설립한 특수목적 법인이 「사회기반시설에 대한 민간투자법」 제4조 제1호의 방식을 준용하여 건설한 기숙사에 대하여 국가 및 지자체가 제공하는 시설관리운영권 및 그 법인이 그 기숙사를 이용하여 제공하는 용역

② 다음의 법인이 「사회기반시설에 대한 민간투자법」 제4조 제1호에 따른 방식을 준용하여 건설한 기숙사에 대하여 국가, 지방자치단체 또는 「고등교육법」 제2조에 따른 학교(이하 "학교"라 한다)가 제공하는 시설관리운영권 및 그 법인이 그 기숙사를 이용하여 제공하는 용역

㉠ 「한국사학진흥재단법」에 따른 한국사학진흥재단이 설립한 특수목적 법인

㉡ 「한국사학진흥재단법」에 따른 한국사학진흥재단과 학교가 공동으로 설립한 특수목적 법인

(2) 관련 사례

1) BTO방식 대학교기숙사 시설을 이용하여 제공 면세범위

「한국사학진흥재단법」에 따른 한국사학진흥재단이 설립한 특수목적 법인(이하 "사업자")이 「사회기반시설에 대한 민간투자법」 제4조 제1호의 방식(BTO방식)을 준용하여 기숙사를 학교에 기부채납하고 시설관리운영권을 부여받아 기숙사 운영사업을 하는 경우 학교가 제공하는 시설관리운영권 및 사업자의 기숙사운영용역은 2020.1.1. 공급분부터 부가가치세가 면제되는 것이며, 시설관리운영권의 부여는 부동산임대용역의 공급에 해당하므로 면세전용 간주공급 규정이 적용되지 아니한다.[467)]

2) 사업시행자가 BTL방식으로 학교를 건설하여 교육청에 기부채납하는 경우 영세율 여부

「사회기반시설에 대한 민간투자법」에 따른 사업시행자가 부가가치세가 과세되는 사업을 할 목적으로 같은 법 제4조 제2호에 따른 임대형 민자사업(BTL)방식으로 사회기반시설을 건설하여 국가기관에 기부채납하는 경우 동 기부채납에 대하여는 기부채납의 절차가 완료되는 때에 영세율세금계산서를 발급한다(한시적 영세율).[468)]

3) 사립대학이 기숙사를 BTL방식으로 기부채납받고 관리운영권을 부여하는 경우 과세 여부

사업시행자가 기숙사로 사용하기 위한 건물을 신축하여 사립대학교에 「사회기반시설에 대한 민간투자법」 제4조 제2호에 따른 BTL방식을 준용하여 기부채납하고 그 대가로 일정기간 그 기숙사에 대한 관리운영권을 부여받아 해당 대학교에 임대하는 경우 해당 대학교가 사업시행자에게 부여하는 관리운영권은 부동산임대용역을 제공한 것이므로 부가가치세가 과세되는 것이며, 그 부동산임대업과 관련하여 기부채납받은 기숙사에 관련된 매입세액은 매출세액에서 공제한다.[469)]

9. 천연가스를 연료로 하는 버스의 공급에 대한 면세

「여객자동차 운수사업법」 및 같은 법 시행령에 따른 시내버스 및 마을버스운송사업용으로 공급하는 버스로서 천연가스를 연료로 사용하는 것은 부가가치세를 면세한다(조특법 106 ① 9).

10. 전기버스 및 수소버스

「환경친화적 자동차의 개발 및 보급 촉진에 관한 법률」 제2조 제3호에 따른 전기자동차 또는 같은 조 제6호에 따른 수소전지자동차로서 같은 조 제2호 각 목의 요건을 갖춘 자동차 및 「여객자동차 운수사업법」 및 같은 법 시행령에 따른 시내버스 및 마을버스 운송사업용으로 공급하는 버스는 부가가

467) 상담3팀-1440, 2006.07.13
468) 부가가치세과-1240, 2010.09.17
469) 부가가치세과-89, 2011.01.21

치세를 면세한다(조특법 106 ① 9의 2).

11. 개인택시운송사업용으로 간이과세자에게 공급하는 자동차

「여객자동차 운수사업법」 및 같은 법 시행령에 따른 개인택시운송사업용으로 「부가가치세법」 제61조 제1항에 따른 간이과세자에게 공급하는 자동차는 부가가치세를 면세한다(조특법 106 ① 9의 3).

12. 농민·임업인에게 공급하는 난방용 또는 농·임업용 목재펠릿

농민 또는 임업에 종사하는 자에게 난방용 또는 농업용·임업용으로 공급하는 목재펠릿으로서「산림자원의 조성 및 관리에 관한 법률」 제2조 제7호에 따른 임산물 중 목재펠릿은 부가가치세를 면세한다(조특법 106 ① 12, 부령 106 ⑮).

13. 농협 ·수협 등이 공급하는 명칭사용용역 및 전산용역

(1) 농업협동조합중앙회 등이 2023.12.31.까지 공급하는 명칭사용용역 및 전산용역

① 농업협동조합중앙회가 공급하는 명칭사용용역 (조특법 121의23⑨)

② 농업협동조합중앙회, 농협은행이 자회사 등에 공급하는 전산용역 (조특법 121의23⑩)

(2) 수산업협동조합중앙회 등이 2023.12.31.까지 공급하는 명칭사용용역 및 전산용역

① 수산업협동조합중앙회가 공급하는 명칭사용용역 (조특법 121의25⑦)

② 수산업협동조합중앙회, 수협은행이 조합 등에 공급하는 전산용역 (조특법 121의25⑧)

Ⅱ 국민주택과 당해 주택의 건설 및 리모델링용역

1. 개요

(1) 관련 규정

대통령령으로 정하는 국민주택 및 그 주택의 건설용역(대통령령으로 정하는 리모델링 용역을 포함한다)은 부가가치세를 면세한다(조특법 106 ① 4 ④).

(2) 국민주택의 범위

면세되는 국민주택이라 함은 국민주택기금에 의한 자금을 지원받았는지의 여부에 불구하고 주거전용면적이 1호 또는 1세대당 85제곱미터(수도권을 제외한 도시지역이 아닌 읍 또는 면 지역은

100제곱미터) 이하인 주택을 말하는 것이며, 주거용으로 사용이 가능한 오피스텔을 신축하여 분양하는 경우에 있어 1호당 전용면적이 85제곱미터 이하인 경우에도 당해 건물의 공급에 대하여는 부가가치세가 면제되는 국민주택의 공급에 해당되지 않는다.[470] 이 경우 다가구 및 다세대 주택은 가구(세대)당 면적, 단독주택 및 다중주택은 1동 전체 면적으로 판단하며, 수도권은 서울, 인천광역시, 경기도(수도권정비계획법 제2조 및 같은 법 시행령 제2조)를 말한다. 그리고 도시지역이란 인구와 산업이 밀집되어 있거나 밀집이 예상되어 그 지역에 대하여 체계적인 개발·정비·관리·보전 등이 필요한 지역(주거·상업·공업·녹지지역)을 말한다(국토의 계획 및 이용에 관한 법률 제6조 제1호의 용도구분에 따른 도시지역).

(3) 국민주택 공급 등 면세 의의

① 국민생활 필수재화로 소비자의 부담 경감
② 주택공급 원활화 활성화 촉진
③ 리모델링으로 부동산 투기요인 제거 및 불필요한 폐기물 발생 억제 등

(4) 국민주택 공급에 대한 면세기준

국민주택규모 이하의 상시주거용 주택에 대하여 면세를 적용하는 것을 원칙으로 하며, 공급의 주체와 완공정도 여부는 불문한다.[471] 또한 부대시설·복리 시설비를 분양가액에 포함하는 경우 부수재화로 간주하며 과세 여부를 판정한다.[472]

2. 국민주택 및 그 주택의 건설용역

(1) 개요

"대통령령으로 정하는 국민주택 및 그 주택의 건설용역"이란 다음의 것을 말한다(조특령 106 ④).

① 「조특법」 제51조의 2 제3항에 규정된 규모 이하의 주택
② ①의 규정에 의한 주택의 건설용역으로서 「건설산업기본법」·「전기공사업법」·「소방시설공사업법」·「정보통신공사업법」·「주택법」·「하수도법」 및 「가축분뇨의 관리 및 이용에 관한 법률」에 의하여 등록을 한 자가 공급하는 것. 다만, 「소방시설공사업법」에 따른 소방공사감리업은 제외한다. 또한 면허(등록)없이 제공한 국민주택건설용역은 과세한다.[473]
③ ①의 규정에 의한 주택의 설계용역으로서 「건축사법」, 「전력기술관리법」, 「소방시설공사업법」, 「기술사법」 및 「엔지니어링산업 진흥법」에 따라 등록 또는 신고를 한 자가 공급하는 것

470) 부가가치세과-742, 2011.07.07., 서면-2015-부가-22264, 2015.05.14
471) 조통칙 106-0-2
472) 조통칙 106-0-1
473) 부가22601-1484, 1985.08.01

(2) 등록·면허 유무에 따른 면세 여부 판단

「건설산업기본법」제9조에 따라 일반건축공사업으로 등록한 일반건설업자가 국민주택규모 이하의 주택건설용역을 공급하는 경우 해당 사업자가 관련 법령에 따라 등록한 범위 내의 일반건축공사용역에 대해서만 부가가치세가 면제되는 것이며,[474] 「건설산업기본법」, 「전기공사업법」, 「소방법」, 「정보통신공사업법」, 「주택건설촉진법」에 의하여 등록을 하지 아니한 사업자가 제공하는 국민주택건설용역은 부가가치세가 면제되지 아니한다.[475]

3. 리모델링 용역

"대통령령으로 정하는 리모델링용역"이란 「주택법」·「도시 및 주거환경정비법」 및 「건축법」에 의하여 리모델링하는 것으로서 다음의 어느 하나에 해당하는 용역을 말하며, 당해 리모델링을 하기 전의 주택 규모가 제4항 제1호의 규정에 의한 주택에 해당하는 경우(리모델링 후 당해 주택의 규모가 제4항 제1호의 규정에 의한 규모를 초과하는 경우로서 리모델링하기 전의 주택규모의 100분의 130을 초과하는 경우를 제외한다)에 한한다(조특령 106 ⑤). 본 규정은 공급받는 자가 누구이든, 공급받는 자의 사용용도를 불문하고 적용하며(임대용, 사택용 등), 법령에 의하여 등록한 자가 도급·하도급·재하도급받아 공급하는 경우를 포함한다.[476]

① 「건설산업기본법」·「전기공사업법」·「소방시설공사업법」·「정보통신사업법」·「주택법」·「하수도법」 및 「가축분뇨의 관리 및 이용에 관한 법률」에 의하여 등록을 한 자가 공급하는 것

② 당해 리모델링에 사용되는 설계용역으로서 「건축사법」에 의하여 등록을 한 자가 공급하는 것

4. 국민주택 공급 등 면세·과세 사례

(1) 면세되는 사례

① 국민주택건설을 위한 기존건물 철거용역.[477] 다만, 일괄계약에 의하여 국민주택건설을 위한 기존건물 철거용역과 함께 공급하는 경우에도 건설폐기물의 수집·운반 및 처리용역은 과세한다.[478]

② 부대설비·복리시설비를 분양가격에 포함하여 받는 경우[479]

③ 국민주택 건설용역에 부수되는 도시가스 배관공사용역[480]

474) 사전-2021-법령해석부가-1760, 2021.12.08
475) 부가46015-3894, 2000.11.28
476) 조통칙 106-106-2
477) 부가46015-1611, 1997.07.15.
478) 부가-300, 2013.04.05
479) 조통칙 106-0-1
480) 부가22601-904, 1989.06.29

④ 국민주택 건설용역에 부수되는 조경공사용역[481)]

(2) 과세되는 사례

① 「건설산업기본법」에 의하여 등록한 자가 일괄계약에 의하여 「도시 및 주거환경정비법」에 따라 국민주택건설을 위한 기존건물 등의 이주관리업무 및 건설폐기물의 수집·운반 및 처리용역[482)]

② 선수촌으로 활용예정인 국민주택규모 이하의 주택에 대해 국민주택 건설용역과 별도로 선수촌 사용에 따른 본마감 손망실 방지를 목적으로 임시로 설치하는 마감공사를 제공하는 때에는 과세됨[483)]

③ 국민주택 건설을 위한 감리용역[484)]

④ 별도로 공급되는 인터폰·장식장·신발장 등[485)]

⑤ 기부채납한 진입도로의 도로포장공사용역[486)]

⑥ 주택단지 밖 도로면에 가로등 설치용역[487)]

⑦ 국민주택규모 이하 기존 아파트를 보수하는 경우[488)]

⑧ 기존에 완성된 국민주택규모 이하 아파트 입주자들에게 주택공급과는 별도로 공급하는 배관공사용역[489)]

⑨ 전기공사 허가받은 사업자가 제공하는 소방용역은 과세

⑩ 별장, 콘도, 종업원들의 근로의 편의를 위한 합숙소나 기숙사에 대한 건설용역은 국민주택 건설용역이 아니므로 과세[490)]

5. 관련 사례

(1) 국민주택 공급 등으로 보지 아니한 사례

1) 국민주택규모에 해당하지 않는 건축물 공급 시 과세

「조세특례제한법」 제106조 제1항 제4호에 따라 부가가치세가 면제되는 국민주택은 「주택법」에 따른 국민주택규모 이하의 주택을 말하는 것으로 「주택법」에 따른 주택에 해당하지 않는 건축물에 대하여는 면세를 적용할 수 없다.[491)]

---

481) 서면3팀-2653, 2007.09.20
482) 부가-300, 2013.04.05
483) 부가-949, 2013.10.16
484) 부가-701, 2014.08.12
485) 국심86서427, 1986.05.29
486) 부가22601-204, 1985.01.29
487) 부가22601-1298, 1985.07.10
488) 서삼46015-10851, 2002.5.23
489) 서삼46015-10807, 2003.05.15
490) 부가22601-1403, 1990.10.29
491) 기획재정부 부가가치세제과-608, 2015.11.12.

2) 교수아파트의 리모델링 공사가 국민주택건설용역에 해당하는지 여부

교수아파트의 각 세대가 취사시설을 갖추지 아니하여 세대구성원이 장기간 독립된 주거생활을 영위할 수 없으며 「건축법」상 해당 교수아파트의 용도를 교육연구시설로 허가받은 경우로서 해당 교수아파트에 대하여 리모델링용역을 공급받는 경우에는 면세대상에 해당하지 않는다.[492)]

3) 주거전용주택으로 신축된 오피스텔을 분양하는 경우 부가가치세 면세 여부

「조세특례제한법」 제106조 제1항 제4호에 따라 부가가치세가 면제되는 국민주택의 공급은 「주택법」에 따른 국민주택규모 이하의 공급에 한해 적용되는 것으로 오피스텔은 「주택법」에 따른 주택에 해당하지 아니하므로 이를 적용할 수 없다.[493)] ☞ 그간 기획재정부의 해석에도 불구하고 조세심판원에서는 수차례 면세 대상 국민주택의 공급은 공부상 용도가 아닌 건축물의 실제 용도를 기준으로 판단하여야 한다는 입장을 취해 왔으나[494)] 2017.12.20. 심판관합동회의를 통해 「주택법」에 따른 주택에 해당하지 아니하는 오피스텔의 공급은 부가가치세가 면제되는 국민주택의 공급으로 볼 수 없는 것으로 결정한 바, 「조특법」에 따라 부가가치세가 면제되는 국민주택의 공급은 「주택법」에 따른 국민주택규모 이하의 주택공급에 한해 적용함이 타당하다.

4) 생활숙박시설의 임대 및 공급 시 부가가치세 과·면세 여부

사업자가 「건축법」상 숙박시설로 허가받은 건물을 분양하는 경우로서 해당 건물의 각 호별 면적이 국민주택규모이고 방, 주방, 화장실 및 욕실 등을 구비하고 있더라도 해당 건물의 공급은 국민주택의 공급에 해당하지 않는다.[495)]

5) 국민주택규모 이하 노인복지주택(부대시설 포함) 건설용역이 부가세 면세 대상인지 여부

부가가치세가 면제되는 국민주택은 「주택법」에 따른 국민주택규모 이하의 주택을 말하는 것으로 「주택법」에 따른 주택에 해당하지 않는 건축물에 대하여는 면세를 적용할 수 없다.[496)]

6) 국민주택, 합숙소, 기숙사에 대한 건설용역의 부가가치세 과세 여부

「건설산업기본법」 등에 의하여 등록을 한 건설업자가 세대별로 독립된 주거생활을 영위하도록 하기 위한 주택으로서 국민주택(1세대당 전용면적이 85제곱미터 이하인 주택)의 건설용역을 공급하는 경우에는 부가가치세가 면제되는 것이나, 종업원들의 복리 및 근로의 편의를 위한 합숙소나 기숙사에 대한 건설용역은 국민주택건설용역이 아니므로 부가가치세가 과세된다. 사업자가 국민주택건설용역을 제공하는 경우에는 해당되는 전체 도급금액에 대하여 부가가치세가 면제되는 것이며 다른 사업자로부터 부가가치세가 과세되는 재화나 용역을 공급받으며 세금계산

492) 사전-2015-법령해석부가-0175, 2015.07.24
493) 서면법규과-1020, 2014.09.25., 기획재정부 부가가치세제과-563, 2014.09.24
494) 조심-2016-구-0288, 2016.05.17., 조심-2015-중-4517, 2015.06.29
495) 서면-2017-부가-2043[부가가치세과-2256], 2017.09.28
496) 기획재정부 부가가치세제과-308, 2016.06.15

서를 교부받은 경우에 당해 세금계산서상 매입세액은 공제되지 아니하는 것으로 국민주택의 건설용역 공급을 위한 공사원가에 산입한다.[497)]

(2) 국민주택 건설용역에 해당하는 사례

1) 국민주택에 설치되는 엘리베이터 제작·설치공사가 면세되는 건설용역에 해당하는지 여부

「건설업법」에 의하여 면허를 얻은 자가 공급하는 국민주택건설용역은 부가가치세가 면제되는 것이며, 이 경우 건설용역의 해당 여부는 통계청장이 고시하는 한국표준산업분류표상의 사업의 분류에 따라 판단하는 것으로, 조립식건물 구성품 또는 구조물 등의 제조 또는 판매를 주로 하는 사업체에서 직접 이들을 조립·설치하는 경우에는 그 주된 활동에 따라 제조 또는 판매업으로 본다. 다만, 조립·설치업만을 전문적으로 하는 독립된 별도의 사업장을 개설하여 사업자등록을 하고 회계처리, 부가가치세 신고 등 제반업무가 별도로 독립적으로 이루어지는 경우는 건설업으로 분류된다.[498)] 즉, 승강기(엘리베이터)를 제조·판매하는 사업자가 승강기설치공사업으로 등록한 후 건설용역을 전문으로 제공하는 독립된 사업부서와 종업원을 두고 국민주택건설공사의 엘리베이터 설치공사를 수주하여 자기의 제조장에서 제작한 엘리베이터를 해당 부서의 책임하에 국민주택에 설치·시공하는 경우로서 「건설산업기본법」에 따라 등록한 승강기 설치공사업체가 하도급을 받아 건설용역을 공급하는 때에는 부가가치세가 면제된다.[499)] 본 사항의 경우 부가가치세가 면제되는 국민주택건설용역을 제공받은 것인지 여부는 용역의 공급자가 「건설산업기본법」에 따라 등록을 하였는지, 별도의 독립된 건설용역을 제공하는 사업부서가 있는지, 등록된 범위 내의 용역을 제공한 것인지 등 관련 사실을 종합적으로 검토하여 사실판단할 사항이다.[500)]

2) 국민주택건설의 인허가조건부로 공급하는 도로, 방음벽, 상하수도시설 등의 면세 여부

국민주택을 공급하는 사업자가 국민주택 사업인가조건에 따라 주택단지 경계에 위치하는 방음벽의 설치용역 및 전기·가스 인입공사용역을 공급하는 경우 부가가치세가 면제되나, 주택단지의 밖에 방음벽을 설치하여 공급하는 경우 부가가치세가 면제되지 아니한다. 또한 국민주택사업의 인가조건에 따라 도로 및 상하수도시설을 개설하여 지방자치단체에 기부채납하는 경우 부가가치세가 면세된다.[501)]

3) 하도급에 의한 국민주택설계용역의 면세 여부

「건축사법」에 의하여 등록을 한 자가 하도급 또는 재하도급을 받아 제공하는 국민주택설계용역은 부가가치세가 면세된다.[502)]

---

497) 부가46015-3577, 2000.10.23
498) 부가46015-1048, 1994.05.23
499) 서면-2018-부가-1077, 2018.09.18
500) 부가가치세과-195, 2011.03.02
501) 서면법규과-110, 2015.02.02
502) 서면상담3팀-2223, 2004.11.01

4) 국민주택건설용역 및 자재 구입 관련 부가가치세 면제 여부

국민주택의 건설용역으로서 「건설산업기본법」·「전기공사업법」·「소방시설공사업법」·「정보통신공사업법」·「주택법」·「하수도법」 및 「가축분뇨의 관리 및 이용에 관한 법률」에 의하여 등록을 한 자가 공급하는 것은 부가가치세가 면제되는 것이며, 사업자가 면세로 공급하는 재화 또는 용역과 관련하여 부담한 부가가치세는 공급원가를 구성하며,[503] 여기서 국민주택의 규모는 「주택법」에 따른 국민주택규모를 말하며 이에 해당하는지 여부는 「주택법」 등 관련 법률에 의하여 판단할 사항이다.[504]

5) 국민주택건설 관련 철거용역 및 철거물 공급의 부가가치세 면세 여부 등

「건설산업기본법」에 의하여 등록을 한 자가 국민주택건설을 위한 철거용역을 제공하는 경우에는 부가가치세가 면세되는 것이며, 이 경우 용역대가는 실직적 대가관계에 있는 모든 금전적 가치가 있는 것이므로 철거공사비 총액(지급받은 현금과 고철회수금액)이 된다. 또한, 국민주택건설업자가 국민주택을 신축하기 위하여 취득한 토지에 부착된 건물의 철거물을 공급하는 경우 면세사업에 부수되는 재화의 공급에 해당되므로 부가가치세가 과세되지 아니한다.[505] 「건설산업기본법」에 의하여 등록을 한 자가 일괄계약에 의하여 국민주택건설을 위한 기존건물 등의 철거용역과 건설폐기물 수집·운반 및 처리용역을 함께 공급하는 경우 국민주택 건설을 위한 철거용역에 대하여는 부가가치세가 면세되는 것이나 건설폐기물의 수집·운반 및 처리용역에 대하여는 부가가치세가 과세된다.[506]

6) 국민주택규모인 아파트를 재건축하는 경우 부가가치세 과세 여부

법률에 의하여 등록을 한 자가 국민주택규모 이하의 주택건설용역을 제공하는 때에는, 하도급계약에 관계없이 부가가치세가 면세된다.[507]

7) 「주택법」상 등록의무가 면제되는 사업자가 공급하는 국민주택건설용역의 부가가치세 면세 여부

「주택법」 제4조 제1항의 각 호에 해당하는 사업자(「주택법」상 등록의무가 면제되는 사업자)가 제공하는 국민주택건설용역은 부가가치세 면제가 적용되나, 건설용역이 아닌 개별사업 대행용역과 관련된 대행수수료의 경우에는 부가가치세가 과세된다.[508]

(3) 국민주택 건설용역에 해당하지 아니한 사례(과세)

1) 건설업자가 국민주택건설용역과 함께 도급받아 공급하는 발코니확장공사의 과세 여부

503) 서면-2018-부가-4016[부가가치세과-2427], 2020.01.03
504) 서면3팀-499, 2008.03.06
505) 부가가치세과-702, 2010.06.07., 부가1265.1-2068, 1981.08.03
506) 재소비46015-42, 2001.02.22
507) 서삼46015-11001, 2001.12.28
508) 기획재정부 부가가치세제과-207 , 2023.03.13

발코니확장공사금액을 공사도급금액에 포함하여 공사계약을 체결하면서 입주예정자가 발코니 확장공사를 선택하지 아니한 경우에 해당 발코니확장공사금액만큼 공사도급금액에서 차감하도록 상호 계약한 경우, 당해 발코니확장건설용역은 부가가치세가 면제되는 국민주택건설용역에 필수적으로 부수되지 아니한다.[509)]

2) 국민주택건설용지 내 철탑이설공사 용역의 면세 여부

전기공사업을 영위하는 사업자가 국민주택규모의 주택건설업을 영위하는 자에게 주택건설 부지 내의 지장전주 이설용역을 공급하는 경우 당해 이설용역은 「조세특례제한법」 제106조 제1항 제4호에 따른 국민주택건설용역에 해당하지 않는다.[510)]

3) 국민주택단지에 전력공급을 위한 한전 수탁공사가 국민주택건설용역에 해당하여 면세되는지 여부

한국전력이 국민주택단지 경계로부터 원거리에 떨어져 있는 전력을 국민주택단지 경계까지 연결하기 위한 전기시설공사는 국민주택건설용역에 해당하지 않는다.[511)]

4) 사원용 아파트 수선비 등을 사업자가 지출하는 경우 매입세액

제조업을 영위하는 사업자가 자기의 종업원이 거주하는 국민주택규모의 사택을 수리하는 경우에 당해 사택수리와 관련하여 발생한 매입세액은 매출세액에서 공제되며, 당해 사택에 거주하는 종업원의 생활과 관련된 사적비용인 전기료·수도료·가스료 등을 사업자가 지출한 경우 당해 지출과 관련하여 발생한 매입세액은 동 규정에 의하여 매출세액에서 공제되나, 이 경우에는 부가가치세가 과세된다.[512)]

5) 지분제계약방식에 의한 국민주택 공급 시 분양대행 및 분양광고용역

국민주택건설용역을 공급하는 사업자가 주택공급업자와의 계약에 의하여 국민주택건설용역과 함께 동 주택의 분양대행용역을 제공하는 경우, 당해 분양대행용역에 대하여는 부가가치세가 면제되지 아니한다.[513)]

6) 건설작업용 리프트 임대 및 설치·해체용역의 부가가치세 면세 여부

「건설산업기본법」에 따라 승강기설치공사업으로 등록한 사업자가 국민주택건설업자와 하도급계약을 체결하고 건설작업용 리프트를 임대하면서 이에 부수하여 설치·해체용역을 공급하는 경우 부가가치세가 과세되는 것이나 여기에 해당하는지 여부는 거래당사자 사이의 공급의 목적과

509) 법규부가2014-266, 2014.03.25
510) 부가가치세과-793, 2013.09.02
511) 서면법령해석부가2015-776, 2015.07.17
512) 서삼46015-11099, 2003.07.10
513) 서면3팀-2171, 2007.07.31

의도, 계약내용 등을 종합하여 사실판단할 사항이다.[514)]

(4) 국민주택 설계변경, 사업권 양도 등 상황별 면세 여부

1) 국민주택을 설계변경으로 과세되는 근린생활시설로 건축·완공하는 경우 공급한 건설용역에 대하여 수정세금계산서 교부가능 여부

사업자가 건축 중에 있는 국민주택을 설계변경 등에 의하여 부가가치세가 과세되는 근린생활시설로 건축·완공하는 경우에 설계변경 건축허가시점 이전에 공급한 건설용역에 대하여는 「부가가치세법 시행령」 제59조의 규정에 의하여 수정세금계산서를 교부할 수 없다.[515)]

2) 중도에 설계변경으로 과세에서 면세하는 건설용역 제공 시

건설업자가 발주자에게 당초 부가가치세가 과세되는 주상복합건물을 신축하기로 계약을 체결하고 당해 건설용역을 제공하던 중 주택부분에 대한 발주자의 설계변경으로 인하여 부가가치세가 면제되는 국민주택규모 이하의 주택건설용역 제공으로 변경되는 경우 설계변경에 따른 건축허가시점 이전의 과세되는 건설용역에 대하여는 설계변경을 이유로 소급하여 면세를 적용하는 수정세금계산서를 교부할 수 없는 것이며, 설계변경에 따른 건축허가 시점에서 발생한 면세전용에 해당하는 재화에 대하여는 부가가치세가 과세된다.[516)]

3) 건설 중인 국민주택 양도 시 부가가치세 면제 여부

국민주택규모의 주택신축판매업 사업자가 당해 면세사업에 관련하여 사업권을 양도하고 그 대가를 받는 경우에는 부가가치세면세사업에 관련된 권리의 양도에 해당되어 부가가치세가 면세된다.[517)]

4) 사업권 양도 시 부가가치세 과세 여부

아파트 및 상가를 신축하여 판매하는 사업자가 해당 사업과 관련된 사업권을 양도하고 그 대가를 받는 경우 국민주택규모의 아파트 부분에 대하여 부가가치세를 면세하며, 국민주택초과의 아파트와 상가 부분에 대하여 부가가치세를 과세하는 것이며,[518)] 분양권 양도는 과세되나 분양권 중 토지를 취득할 수 있는 권리는 면세되는 것으로 과세표준은 분양권 양도가액 중 건물분의 양도가액이 된다.[519)]

514) 사전-2021-법령해석부가-0815 [법령해석과-3619], 2021.10.19
515) 서면상담3팀-1302, 2007.05.01
516) 부가46015-44, 1997.01.08
517) 서면3팀-70, 2005.01.14
518) 서면-2016-부가-4405[부가가치세과-792], 2017.03.30
519) 서면3팀-2854, 2007.10.19

Ⅲ 공동주택 및 노인복지주택의 일반관리용역·경비용역·청소용역

1. 공동주택의 관리용역 면세

(1) 개요

「공동주택관리법」 제2조 제1항 제10호에 따른 관리주체(이하 "관리주체"라 한다), 「경비업법」 제4조 제1항에 따라 경비업의 허가를 받은 법인(이하 "경비업자"라 한다) 또는 「공중위생관리법」 제3조 제1항에 따라 건물위생관리업의 신고를 한 자(이하 "청소업자"라 한다)가 「주택법」 제2조 제3호에 따른 공동주택 중 국민주택을 제외한 주택으로서 다음의 주택에 공급하는 일반관리용역·경비용역 및 청소용역은 부가가치세를 면세한다(조특법 106 ① 4의 2).

① 수도권을 제외한 「국토의 계획 및 이용에 관한 법률」 제6조 제1호에 따른 도시지역이 아닌 읍 또는 면 지역의 주택

② ① 외의 주택으로서 1호(戶) 또는 1세대당 주거전용면적이 135제곱미터 이하인 주택

〈공동주택의 일반관리용역·경비용역·청소용역 과·면세 기준〉

구분	적용 대상 공동주택	면세 적용 기간
국민주택규모 이하	국민주택규모 이하의 공동주택	종료기한 없는 면세
국민주택규모 초과~ 135㎡ 이하	국민주택규모 초과부터 135㎡ 이하의 공동주택	2025.12.31.까지 면세
135㎡ 초과	수도권을 제외한 도시지역이 아닌 읍 또는 면지역의 공동주택	2025.12.31.까지 면세
	그 외의 공동주택	2015.1.1.부터 과세로 전환

(2) 일반관리용역·경비용역·청소용역

"일반관리용역·경비용역 및 청소용역"이란 다음에 해당하는 용역을 말한다(조특령 106 ⑥).

① 관리주체 또는 「노인복지법」 제32조 제1항 제3호에 따른 노인복지주택(이하 "노인복지주택"이라 한다)의 관리·운영자가 각각 공동주택 또는 노인복지주택에 공급하는 경비용역 및 청소용역과 다음에 해당하는 비용을 받고 제공하는 일반관리용역을 말한다.

㉠ 「공동주택관리법 시행령」 제23조의 규정을 적용받는 공동주택의 경우: 같은 시행령 별표 2 제1호에 따른 일반관리비(그 관리비에 같은 법 시행령 별표 2 제2호부터 제10호까지에 따른 관리비 및 이와 유사한 비용이 포함되어 있는 경우에는 이를 제외한다)

㉡ 「공동주택관리법 시행령」 제23조의 규정을 적용받지 아니하는 공동주택 및 노인복지주택

의 경우: ㉠에 따른 일반관리비에 상당하는 비용

② 경비업자가 공동주택 또는 노인복지주택에 공급하거나 관리주체 또는 노인복지주택의 관리·운영자의 위탁을 받아 공동주택 또는 노인복지주택에 공급하는 경비용역

③ 청소업자가 공동주택 또는 노인복지주택에 공급하거나 관리주체 또는 노인복지주택의 관리·운영자의 위탁을 받아 공동주택 또는 노인복지주택에 공급하는 청소용역

2. 노인복지주택에 공급하는 일반관리용역·경비용역·청소용역

(1) 개요

「노인복지법」 제32조 제1항 제3호에 따른 노인복지주택(이하 "노인복지주택"이라 한다)의 관리·운영자, 경비업자 및 청소업자가 「주택법」에 따른 국민주택규모 이하의 노인복지주택에 공급하는 일반관리용역·경비용역 및 청소용역은 부가가치세를 면세한다(조특법 106 ① 4의 4).

(2) 면세대상 일반관리용역

노인복지주택 관리·운영자가 노인복지주택에 공급하는 일반관리용역은 공동주택에 공급하는 일반관리용역과 같은 범위에서 면세를 적용하는 것으로 공동주택시설에 없는 노인복지주택의 부대시설(의무시설, 체육시설, 문화시설 등)을 관리·운영하는 데 소요되는 인건비는 면세되는 일반관리비의 범위에 포함되지 않는다.[520]

(3) 노인복지주택

「노인복지법」 제32조 제1항 제3호의 노인복지주택이란 노인에게 주거시설을 임대하여 주거의 편의·생활지도·상담 및 안전관리 등 일상생활에 필요한 편의를 제공함을 목적으로 하는 시설을 말한다.

3. 공동주택 관리용역·경비용역 등에 대한 과세 사례

① 주거용으로 사용하는 오피스텔의 관리용역[521]

② 업무시설인 오피스텔에 공급하는 경비용역, 청소용역[522]

③ 주택관리업자가 공동주택에 직접 제공하는 소독용역은 과세하나,[523] 소독업 신고를 한 사업자가 공급하는 소독용역은 면세한다.[524]

520) 부가가치세과-464, 2011.05.04
521) 부가-864, 2014.10.24
522) 부가-1105, 2009.08.04
523) 서삼46015-11474, 2002.08.19
524) 제도46015-12583, 2001.08.06

④ 공동주택의 개별세대와 독립 계약하여 제공하는 경비용역[525)]

참 고 **관리비의 비목별 세부명세 (공동주택관리법 시행령 제23조)**

관리비 항목	세부명세
1. 일반관리비	가. 인건비: 급여, 제수당, 상여금, 퇴직금, 산재보험료, 고용보험료, 국민연금, 국민건강보험료 및 식대 등 복리후생비 나. 제사무비: 일반사무용품비, 도서인쇄비, 교통통신비 등 관리사무에 직접 소요되는 비용 다. 제세공과금: 관리기구가 사용한 전기료, 통신료, 우편료 및 관리기구에 부과되는 세금 등 라. 피복비 마. 교육훈련비 바. 차량유지비: 연료비, 수리비, 보험료 등 차량유지에 직접 소요되는 비용 사. 그 밖의 부대비용: 관리용품구입비, 회계감사비 그 밖에 관리업무에 소요되는 비용
2. 청소비	용역시에는 용역금액, 직영시에는 청소원인건비, 피복비 및 청소용품비 등 청소에 직접 소요된 비용
3. 경비비	용역시에는 용역금액, 직영시에는 경비원인건비, 피복비 등 경비에 직접 소요된 비용
4. 소독비	용역시에는 용역금액, 직영시에는 소독용품비 등 소독에 직접 소요된 비용
5. 승강기유지비	용역시에는 용역금액, 직영시에는 제부대비, 자재비 등. 다만, 전기료는 공동으로 사용되는 시설의 전기료에 포함한다.
6. 지능형 홈네트워크 설비 유지비	용역시에는 용역금액, 직영시에는 지능형 홈네트워크 설비 관련 인건비, 자재비 등 지능형 홈네트워크 설비의 유지 및 관리에 직접 소요되는 비용. 다만, 전기료는 공동으로 사용되는 시설의 전기료에 포함한다.
7. 난방비	난방 및 급탕에 소요된 원가(유류대, 난방비 및 급탕용수비)에서 급탕비를 뺀 금액
8. 급탕비	급탕용 유류대 및 급탕용수비
9. 수선유지비	가. 법 제29조제1항에 따른 장기수선계획에서 제외되는 공동주택의 공용부분의 수선 · 보수에 소요되는 비용으로 보수용역시에는 용역금액, 직영시에는 자재 및 인건비 나. 냉난방시설의 청소비, 소화기충약비 등 공동으로 이용하는 시설의 보수유지비 및 제반 검사비 다. 건축물의 안전점검비용 라. 재난 및 재해 등의 예방에 따른 비용
10. 위탁관리수수료	주택관리업자에게 위탁하여 관리하는 경우로서 입주자대표회의와 주택관리업자간의 계약으로 정한 월간 비용

525) 재소비46015-267, 2002.10.19

4. 관련 사례

(1) 공동주택 관리용역 관련 사례

1) 등기부등본과 재산세 과세대장에 등재된 주택면적이 상이한 경우 주거전용면적 판정방법

「조세특례제한법」 제106조 제1항 제4의 2호 규정을 적용함에 있어 해당 주택이 1호 또는 1세대당 주거전용면적이 135제곱미터 이하인지 여부는 「주택법 시행규칙」 제2조 제2항 제2호에 따른 주거전용면적 산정방법에 따라 판단한다.[526)]

2) 사업계획 승인을 받지 아니한 법인의 관리주체 해당 여부

「주택법」 제16조의 규정에 의한 사업계획 승인을 받지 아니한 법인은 「주택법」 제2조 제14호의 관리주체에 해당하지 아니하므로 동 법인이 공동주택에 공급하는 경비용역과 일반관리용역에 대해서는 「조세특례제한법」 제106조 제1항 제4의 2호의 규정이 적용되지 아니한다.[527)]

3) 집합건물을 관리하는 사업자가 관리용역을 제공하는 경우

집합건물을 관리대행하는 사업자가 약정에 의하여 당해 집합건물의 관리용역을 제공하고 대가를 받는 경우이거나 관리용역을 제공하고 관리비를 받는 경우에 대해서는 부가가치세가 과세되는 것이며, 그 대가에 대하여는 실제 관리용역을 공급받는 입주자를 공급받는 자로 하여 세금계산서를 교부하는 것이다. 또한 건물관리사업자가 「집합건물의 소유 및 관리에 관한 법률」 제23조에 규정한 당해 건물의 관리단과의 계약에 의하여 건물관리와 관리비 징수 대행용역을 제공하고 받는 대가에 대하여도 부가가치세가 과세된다.[528)] 다만, 위 법률에 규정한 당해 건물의 관리단이 자치적으로 건물을 관리하고 그 관리에 소요된 비용만을 각 입주자 등에게 분배하여 징수하는 경우 당해 징수비용에 대하여는 부가가치세가 과세되지 아니한다.[529)]

4) 공동주택의 저수조 및 오배수관 청소용역은 과세됨

「공중위생관리법」 제3조 제1항에 따라 위생관리용역업의 신고를 한 청소업자가 「수도법」에 따른 저수조 청소용역과 「하수도법」에 따른 오배수관 청소용역을 공동주택에 공급하는 경우 당해 청소용역은 부가가치세가 과세된다.[530)]

5) 공동주택관리업자가 용역공급계약에 의하여 승강기 유지보수 등을 공급받는 경우 세금계산서 발급방법

공동주택관리업자가 외부용역제공업자로부터 공동주택의 관리에 필요한 용역을 제공받는 경우

---

526) 사전-2015-법령해석부가-0053, 2015.03.16
527) 부가-1154, 2012.11.23
528) 부가-577, 2012.05.22
529) 서면-2014-부가-21597, 2015.06.28
530) 부가가치세과-1106, 2009.08.04

외부용역 제공업자는 공동주택관리업자를 공급받는 자로 하여 세금계산서를 발급하고, 공동주택관리업자는 그 발급받은 세금계산서에 기재된 공급가액의 범위 안에서 용역을 실지로 제공받는 입주자대표회의를 공급받는 자로 하여 세금계산서를 발급한다.[531)]

6) 공동주택관리업체가 일반관리용역 제공 시 인건비의 과세표준 포함 여부

「주택법」에 따른 관리주체가 아파트 입주자대표회의와 위·수탁관리계약을 체결하여 부가가치세가 과세·면세되는 일반관리용역을 함께 공급하는 경우로서 일반관리비 항목 중 해당 관리업체 소속 인력 인건비에 대해 부가가치세 과세·면세 공급가액의 구분이 불분명한 경우 부가가치세 공급가액은 면세면적과 과세면적의 총면적 비율에 따라 계산한다.[532)]

(2) 입주자대표회의 관련 사례

1) 입주자대표회의가 제공하는 복리시설이용료 및 전기검침료를 받는 경우 부가가치세납세의무 여부

입주자대표회의가 건물관리에 소요되는 비용을 배분·징수하여 관리비용 등에 충당하는 경우 부가가치세 납세의무가 없으나, 외부인·외부 거래처와의 계약 등에 따라 재화 또는 용역을 계속적으로 제공하는 경우에는 부가가치세 납세의무를 진다.[533)]

2) 입주자대표회의가 이용자로부터 받는 아파트 부대시설 등 이용료의 부가가치세 과세 여부

공동주택의 입주자대표회의가 단지 내 주차장, 운동시설, 승강기 등 공동주택 부대시설을 운영·관리하면서 해당 시설을 입주자 및 외부인들이 이용하도록 하고 입주자들로부터 받는 실비 상당액의 이용료는 부가가치세가 과세되지 아니하는 것이나, 외부인들로부터 받는 이용료에 대하여는 부가가치세가 과세된다.[534)]

3) 아파트입주자대표회의 납세의무

영리목적의 유무에 불구하고 사업상 독립적으로 재화 또는 용역을 공급하는 자는 부가가치세 납부의무가 있는 것이며, 아파트 입주자대표회의에서 아파트 내에 광고물을 부착하도록 하고 대가를 받는 경우 및 이동통신사에 통신중계기를 설치하도록 하고 사용료를 받는 경우 부가가치세 납부의무가 있다.[535)]

4) 아파트 입주민에 대하여 1세대 2차량 세대가 납부한 주차료 과세대상 여부

집합건물의 구분소유자들이 「집합건물의 소유 및 관리에 관한 법률」 제23조의 규정에 의해 관

531) 서면법규-267, 2013.03.11
532) 서면-2015-부가-0252, 2015.04.28
533) 서면-2015-법령해석부가-0304, 2015.06.19
534) 기획재정부 부가가치세제과-631, 2017.12.04.
535) 상담3팀-2184, 2006.09.18., 부가가치세과-643, 2009.05.07

리단을 구성하여 자치적으로 집합건물을 관리하고 그 관리에 실지 소요된 비용만을 각 입주자들에게 분배하여 징수하는 경우에는 부가가치세를 면제한다. 다만, 그 관리단이 입주자들로부터 관리에 관한 사항을 일임받은 경우나 별도로 재화나 용역을 제공하고 받는 대가(예: 주차장 관리수입, 건물개·보수 수입 등)의 경우에는 부가가치세를 과세한다.[536)]

5) 입주자대표회의가 주택관리업자 소속직원에게 4대 보험료 및 인건비를 직접 지급하는 경우 공동주택관리업자의 부가가치세 과세표준에 포함되는지 여부

주택관리업자가 공동주택관리업무 위수탁계약에 따라 자기와 고용관계에 있는 직원을 입주자대표회의에 파견하여 근무하게 하고 자기가 부담하여야 할 파견 직원에 대한 인건비와 4대 보험료를 입주자대표회의가 직접 지급하게 하는 경우 해당 인건비와 4대 보험료는 주택관리업자의 부가가치세 과세표준에 포함된다.[537)]

Ⅳ 정부업무를 대행하는 단체가 제공하는 재화 또는 용역

1. 개요

대통령령으로 정하는 정부업무를 대행하는 단체가 공급하는 재화 또는 용역으로서 대통령령으로 정하는 것은 부가가치세를 면세한다(조특법 106 ① 6).

2. 정부업무를 대행하는 단체

"대통령령으로 정하는 정부업무를 대행하는 단체"란 다음의 어느 하나에 해당하는 자를 말한다(조특령 106 ⑦).

① 「별정우체국법」에 의한 별정우체국
② 「우체국창구업무의 위탁에 관한 법률」에 의하여 우체국창구업무를 위탁받은 자
③ 「한국농어촌공사 및 농지관리기금법」에 따른 한국농어촌공사
④ 「농업협동조합법」에 의한 조합, 조합공동사업법인 및 중앙회(같은 법에 따라 설립된 농협경제지주회사 및 그 자회사를 포함한다)
⑤ 「수산업협동조합법」에 따른 수산업협동조합·중앙회, 조합공동사업법인 및 어촌계
⑥ 「엽연초생산협동조합법」에 의한 엽연초생산협동조합 및 중앙회
⑦ 「인삼산업법」에 의한 백삼 및 태극삼의 지정검사기관
⑧ 「한국토지주택공사법」에 따른 한국토지주택공사

536) 부가-872, 2014.10.24
537) 부가-1338, 2016.06.20

⑨ 「한국도로공사법」에 의한 한국도로공사
⑩ 「한국산업인력공단법」에 의한 한국산업인력공단
⑪ 「한국조폐공사법」에 의한 한국조폐공사
⑫ 「산림조합법」에 의한 조합·중앙회 및 산림계
⑬ 「농수산물유통 및 가격안정에 관한 법률」에 따라 농수산물도매시장의 개설자로부터 지정을 받은 도매시장법인, 시장도매인, 비상장품목 취급 중도매인 및 대금정산조직
⑭ 「지방공기업법」에 의하여 농수산물도매시장사업을 수행하기 위하여 지방자치단체가 설립한 지방공사
⑮ 「지방공기업법」 제76조의 규정에 의하여 설립된 지방공단
⑯ 다음의 요건을 모두 갖춘 「지방공기업법」 제49조에 따라 설립된 지방공사
㉠ 시·군 또는 자치구인 지방자치단체가 설립하였을 것
㉡ 제21호에 따른 지방공사를 제외할 경우 해당 지방자치단체가 설립한 유일한 지방공사일 것
㉢ 해당 지방자치단체에 제22호에 따른 지방공단이 없을 것
⑰ 「한국농수산식품유통공사법」에 따른 한국농수산식품유통공사
⑱ 「한국해양교통안전공단법」에 따라 설립된 한국해양교통안전공단
⑲ 「전파법」 제66조에 따른 한국방송통신전파진흥원
⑳ 「한국산업안전보건공단법」에 따른 한국산업안전보건공단
㉑ 「집행관법」에 의하여 집행관의 업무를 수행하는 자
㉒ 「공증인법」에 의한 공증인의 업무를 수행하는 자
㉓ 「상공회의소법」에 따른 대한상공회의소, 「원자력안전기술원법」에 따른 한국원자력기술원, 「영화 및 비디오물의 진흥에 관한 법률」에 따른 영화진흥위원회, 「문화산업진흥 기본법」에 따른 한국콘텐츠진흥원 및 「광산피해의 방지 및 복구에 관한 법률」에 따른 한국광해관리공단
㉔ 「한국수자원공사법」에 의한 한국수자원공사
㉕ 「항만공사법」 제4조 제2항의 규정에 의하여 설립된 항만공사
㉖ 「사회기반시설에 대한 민간투자법」 제2조 제10호의 규정에 의한 공공부문중 도로의 건설이나 운영에 대한 전문성을 보유한 법인과 장기적 투자자금을 제공하는 재무적 투자자가 각각 100분의 40 이상을 공동으로 출자하여 설립된 동조 제7호의 사업시행자
㉗ 「중소기업협동조합법」에 따른 중소기업중앙회
㉘ 「국세기본법」 제46조의 2에 따른 국세납부대행기관
㉙ 「국제경기대회 지원법」에 따라 설립된 조직위원회로서 기획재정부장관이 효율적인 준비와 운영을 위하여 필요하다고 인정하여 고시하는 조직위원회
㉚ 「건설산업기본법」 제50조에 따라 설립된 건설사업자단체인 대한건설협회

㉛ 「한국환경공단법」에 따른 한국환경공단
㉜ 「도로교통법」 제120조에 따른 도로교통공단
㉝ 「지방회계법 시행령」 제62조 제3호에 해당하는 자
㉞ 「2018 평창 동계올림픽대회 및 동계패럴림픽대회 지원 등에 관한 특별법」 제5조에 따른 2018 평창 동계올림픽대회 및 동계패럴림픽대회 조직위원회
㉟ 「포뮬러원 국제자동차경주대회 지원법」 제4조에 따른 포뮬러원국제자동차경주대회조직위원회
㊱ 「2015세계물포럼 지원 특별법」 제3조에 따른 2015세계물포럼조직위원회
㊲ 「2015경북문경세계군인체육대회 지원법」 제3조에 따른 2015경북문경세계군인체육대회조직위원회
㊳ 「수입인지에 관한 법률」 제9조 제2항에 따라 전자수입인지의 관리와 판매계약의 체결 등에 관한 업무를 위탁받은 전문기관
㊴ 「산업재해보상보험법」 제10조에 따른 근로복지공단

3. 정부업무를 대행하는 단체의 과세 사업

정부업무를 대행하는 단체가 그 고유의 목적사업으로서 공급하는 재화 또는 용역이 다음의 어느 하나에 해당하면 부가가가치세를 과세하며, ⑦의 규정은 「부가가치세법 시행령」 제45조 제1호에도 불구하고 과세한다.

① 소매업·음식점업·숙박업·욕탕업 및 예식장업
② 「부가가치세법 시행령」 제3조 제2항에 규정된 사업
③ 부동산임대업
④ 골프장·스키장 및 기타 운동시설 운영업
⑤ 수상오락서비스업
⑥ 유원지·테마파크운영업
⑦ 주차장운영업 및 자동차견인업

V 조특법상 기타 영구적 면세대상 재화 또는 용역

1. 국가철도공단이 국가에 공급하는 철도시설

「국가철도공단법」에 따른 국가철도공단이 「철도산업발전기본법」 제3조 제2호에 따른 철도시설(이하 "철도시설"이라 한다)을 국가에 귀속시키고 같은 법 제26조에 따라 철도시설관리권을 설정받는 방식으로 국가에 공급하는 철도시설은 부가가치세를 면세한다(조특법 106 ① 7).

2. 면세사업 목적으로 공급하는 사회기반시설 및 동 시설의 건설용역

「사회기반시설에 대한 민간투자법」 제2조 제8호에 따른 사업시행자가 부가가치세가 면세되는 사업을 할 목적으로 같은 법 제4조 제1호부터 제3호까지의 규정에 따른 방식으로 국가 또는 지방자치단체에 2021.1.1. 이후 공급하는 같은 법 제2조 제1호에 따른 사회기반시설 또는 사회기반시설의 건설용역은 부가가치세를 면세한다(조특법 106 ① 7의 2).

3. 희귀병 치료를 위한 치료제 등

「관세법」 제91조 제4호 및 제5호에 따른 물품 중 희귀병치료 등을 위한 것으로서 다음의 것은 부가가치세를 면제한다(조특법 106 ① 10).

① 세레자임 등 고셔병환자가 사용할 치료제 및 로렌조오일 등 부신이영양증환자가 사용할 치료제
② 혈우병으로 인한 심신장애자가 사용할 열처리된 혈액응고인자농축제
③ 근육이양증환자의 치료에 사용할 치료제
④ 윌슨병환자의 치료에 사용할 치료제
⑤ 후천성면역결핍증으로 인한 심신장애자가 사용할 치료제
⑥ 장애인의 음식물 섭취에 사용할 삼킴장애제거제
⑦ 장기이식 후 면역억제제의 합병증으로 생긴 림파구증식증 환자의 치료에 사용할 치료제
⑧ 니티시논 등 타이로신혈증환자가 사용할 치료제
⑨ 발작성 야간 헤모글로빈뇨증 및 비정형 용혈성 요독증후군 환자의 치료에 사용할 치료제

4. 영유아용 기저귀와 분유

영유아용 기저귀와 분유(액상 형태의 분유를 포함하되, 「부가가치세법」 제26조에 따라 부가가치세가 면제되는 분유는 제외한다)는 부가가치세를 면제한다(조특법 106 ① 11).

5. 한국주택금융공사가 주택담보 보증채무 이행을 위해 처분하는 담보 대상주택

「한국주택금융공사법」에 따른 한국주택금융공사가 같은 법 제43조의 4에 따라 주택담보노후연금채권을 행사하거나 주택담보노후연금보증채무 이행으로 인한 구상권을 행사하기 위하여 처분하는 주택담보노후연금채권 담보 대상주택

Ⅵ 면세재화의 수입

우리나라에서 생산되지 않거나 제작이 곤란한 것으로 소비자의 부담경감 등 정책목적으로 다음의 어느 하나에 해당하는 재화의 수입에 대해서는 부가가치세를 면세한다. 이 경우 ④는 2025년 12월 31일까지 수입신고하는 분에만 적용하고, ⑤는 2024년 12월 31일까지 수입신고하는 분에만 적용한다(조특법 106 ②).

① 무연탄

② 과세사업에 사용하기 위한 선박(제3자에게 판매하기 위하여 선박을 수입하는 경우는 제외한다)

③ 과세사업에 사용하기 위한 「관세법」에 따른 보세건설물품

④ 제105조 제1항 제5호에서 규정하는 농민 또는 임업에 종사하는 자가 직접 수입하는 농업용·축산업용 또는 임업용 기자재와 제105조 제1항 제6호에서 규정하는 어민이 직접 수입하는 어업용 기자재로서 대통령령으로 정하는 것

⑤ 「국제경기대회 지원법」 제9조에 따라 설립된 2024강원동계청소년올림픽대회조직위원회 또는 지방자치단체가 2024강원동계청소년올림픽대회의 경기시설 제작·건설 및 경기운영에 사용하기 위한 물품으로서 국내제작이 곤란한 것

⑥ 부가가치세 간이과세가 적용되는 개인택시운송업, 용달 및 개별 화물자동차운송업, 그 밖의 도로화물운송업, 이용업, 미용업, 그 밖에 이와 유사한 것으로서 대통령령으로 정하는 사업에 대해서는 「부가가치세법」 제61조 제1항 단서를 적용하지 아니한다.

Ⅶ 농업·임업·어업용 및 연안여객선박용 석유류에 대한 부가가치세 등의 감면 등

1. 개요

농어민 등의 생산원가 절감 및 기계화에 따른 연료비 부담을 경감할 목적으로 다음의 어느 하나에 해당하는 석유류(「석유 및 석유대체연료 사업법」에 따른 석유제품을 말한다. 이하 “면세유”라 한다)의 공급에 대해서는 부가가치세와 제조장 또는 보세구역에서 반출되는 것에 대한 개별소비세, 교통·에너지·환경세, 교육세 및 자동차 주행에 대한 자동차세(이하 “자동차세”라 한다)를 따라 면제한다. 이 경우 ①은 2026년 12월 31일까지 공급하는 것에만 적용하고, ②는 2025년 12월 31일까지 공급하는 것에만 적용한다(조특법 106의 2 ①).

① 대통령령으로 정하는 농민, 임업에 종사하는 자 및 어민(이하 “농어민 등”이라 한다)이 농업·임업 또는 어업에 사용하기 위한 석유류로서 대통령령으로 정하는 것

② 연안을 운항하는 여객선박 (「관광진흥법」 제2조에 따른 관광사업목적으로 사용되는 여객선박은 제외한다)에 사용할 목적으로 「한국해운조합법」에 따라 설립된 한국해운조합에 직접 공급하는 석유류

2. 감면요건

(1) 농민, 임업에 종사하는 자 및 어민(농어민)

"대통령령으로 정하는 농민, 임업에 종사하는 자 및 어민"이란 다음의 어느 하나에 해당하는 자(이하 "농어민 등"이라 한다)를 말한다(농림특례규정[538]) 다만, 콩나물재업업자는 제외한다.

① 통계청장이 고시하는 한국표준산업분류상의 농업 중 작물재배업·축산업·작물재배 및 축산복합농업 또는 농산물건조장운영업에 종사하는 다음의 어느 하나에 해당하는 자(이하 "농민"이라 한다). 다만, 한국표준산업분류상 시설작물재배업 중 기획재정부령으로 정하는 업종에 종사하는 자를 제외한다.

㉠ 개인(「농어업경영체 육성 및 지원에 관한 법률」 제4조 제1항에 따라 농어업경영정보를 등록한 자만 해당하되, 농산물건조장운영업에 종사하는 자는 그러하지 아니하다)

㉡ 「농어업경영체 육성 및 지원에 관한 법률」에 따라 설립된 영농조합법인과 농업회사법인

㉢ 「농업협동조합법」에 따른 조합, 조합공동사업법인 및 중앙회(같은 법에 따라 설립된 농협경제지주회사 및 그 자회사를 포함한다)

㉣ 「엽연초생산협동조합법」에 따른 조합과 중앙회

② 한국표준산업분류상의 임업 중 영림업 또는 벌목업에 종사하는 다음의 어느 하나에 해당하는 자(이하 "임업인"이라 한다)

㉠ 개인

㉡ 「산림조합법」에 의한 조합

③ 통계청장이 고시하는 한국표준산업분류상의 어업 또는 수산물 자숙(煮熟)·건조장운영업에 종사하는 다음의 어느 하나에 해당하는 자(이하 "어민"이라 한다)

㉠ 개인

㉡ 「농어업경영체 육성 및 지원에 관한 법률」 제16조에 따른 영어조합법인

㉢ 「수산업협동조합법」에 의한 수산업협동조합과 어촌계

㉣ 어업주업법인

(2) 농업·임업·어업용 면세석유류의 범위

"농업·임업 또는 어업에 사용하기 위한 석유류로서 대통령령으로 정하는 것"이란 다음의 어느 하나에 해당하는 시설에 사용할 목적으로 「수산업협동조합법」에 의하여 설립된 수산업협동조합중앙회를 통하여 공급하는 석유류를 말한다(농림특례규정 15).

① 다음의 어느 하나에 해당하는 시설에 사용할 목적으로 「수산업협동조합법」에 의하여 설립된 수산업협동조합중앙회를 통하여 공급하는 석유류

㉠ 연근해 및 연안구역 어업용 선박(「어선법」 제3조에 따른 어선의 설비를 포함한다)

538) 농·축산·임·어업용 기자재 및 석유류에 대한 부가가치세 영세율 및 면세 적용 등에 관한 특례규정

㉡ 나잠어업(裸潛漁業) 종사자의 탈의실용 난방시설 및 수송용 선박(「수산업법」에 따른 관리선 및 어업허가를 받은 어선만 해당한다)

㉢ 어민이 직접 운영하는 수산물생산기초시설·양식어업용 시설 및 수산종자생산시설로서 기획재정부령이 정하는 것

㉣ 「어선법」 제2조 제1호에 따른 선박으로서 어민이 직접 포획·채취한 어획물을 어업장으로부터 양육지까지 운반하는 용도로 사용하는 해당 어민 소유의 선박(같은 법 제3조에 따른 어선의 설비를 포함한다)

㉤ 「낚시 관리 및 육성법」에 의하여 신고한 낚시어선업용 선박(「수산업·어촌 발전 기본법」 제3조 제3호에 따른 어업인이 「어선법」 제13조 제1항에 따라 등록한 선박만 해당한다)

② 기획재정부령으로 정하는 농업기계, 임업기계, 어업기계, 내수면어업용 선박 및 내수면육상양식어업용 시설(수온유지용 및 양수용에 한한다)로서 「농업협동조합법」에 따른 조합·중앙회, 「산림조합법」에 따른 조합·중앙회 또는 「수산업협동조합법」에 따른 조합·중앙회(이하 "면세유류관리기관"이라 한다)에 신고된 것에 사용할 목적으로 공급하는 석유류. 이 경우 내수면어업용 선박은 「내수면어업법」에 의한 내수면어업에 사용되는 선박으로서 「어선법」에 따라 동력어선으로 지방자치단체에 등록된 선박을 말하고, 동호의 내수면육상양식어업용시설은 「내수면어업법」에 따른 양식어업에 사용되는 시설 또는 「수산종자산업육성법」에 따른 수산종자생산업에 사용되는 시설 중 육상에 인공적으로 조성된 내수면에서 양식어업 또는 수산종자생산업에 사용되는 시설을 말한다.

(3) 농기계 등 보유현황 및 변동내용 신고

농어민 등이 면세유를 공급받기 위해서는 「농업협동조합법」에 따른 조합, 「산림조합법」에 따른 조합 및 「수산업협동조합법」에 따른 조합(이하 "면세유류관리기관인 조합"이라 한다)에 농업기계, 임업기계 및 어업기계 또는 선박 및 시설(이하 "농기계 등"이라 한다)의 보유현황과 영농·영림 또는 어업경영 사실을 신고하여야 하며, 농기계 등의 취득·양도 또는 농어민 등의 사망, 이농(離農) 등으로 그 신고내용에 달라진 사항이 있으면 그 사유 발생일부터 30일 이내에 그 변동내용을 신고하여야 한다(조특법 106의 2 ③).

(4) 면세유류구입카드 또는 출고지시서 발급

1) 개요

면세유류관리기관인 조합은 농어민 등의 농기계 등 보유현황, 영농·영림 또는 어업경영 규모 등을 고려하여 면세유류구입카드 등을 발급하여야 하며, 농어민 등이 면세유를 공급받으려면 면세유류관리기관인 조합으로부터 면세유류구입카드 또는 출고지시서(이하 "면세유류구입카드 등"이라 한다)를 발급받아야 한다(조특법 106의 2 ④,⑥).

2) 면세유류구입카드 등

"면세유류구입카드 또는 출고지시서"란 다음의 어느 하나에 해당하는 것(이하 "면세유류구입카드 등"이라 한다)을 말한다(농림특례규정 16).

① 다음의 어느 하나에 해당하는 자가 면세유류관리기관이 배정하는 한도 내에서 면세유를 공급받을 수 있도록 면세유류관리기관으로부터 「여신전문금융업법」에 따라 교부받은 직불카드 또는 신용카드(이하 "면세유류구입카드"라 한다)

㉠ 농민

㉡ 「농업협동조합법」에 따른 조합에 내수면어업용 선박 및 내수면육상양식어업용 시설을 신고한 어민

㉢ 직전연도에 면세유(「수산업협동조합법」에 따른 조합이 직영하는 주유소 또는 그 조합과 공급대행계약이 체결된 주유소가 공급한 면세유에 한한다)를 40킬로리터(휘발유의 경우에는 20킬로리터) 이상 공급받은 어민. 다만, 「신용정보의 이용 및 보호에 관한 법률」 제25조 제2항 제1호에 따른 종합신용정보집중기관에 약정한 기일 내에 채무를 변제하지 아니한 자로 관리되고 있거나 이와 비슷한 경우에 해당하여 해양수산부장관이 정하여 고시하는 자는 제외한다.

② 어민(①에 해당하는 자는 제외한다) 및 임업인이 면세유를 공급받을 수 있도록 면세유류관리기관이 교부하는 출고지시서 또는 구입권으로서 국세청장이 그 서식 등을 정한 것

(5) 면세유 사용실적 확인장치의 부착 및 신고

농어민 등이 면세유를 농기계 등에 사용하려는 경우에는 다음의 구분에 따른 사항을 준수하여야 한다. 이 경우 농어민 등이 ①의 ㉡ 및 ②에 따른 서류를 매 반기 마지막 달의 다음 달 말일(이하 "제출기한"이라 한다)까지 제출하지 아니한 경우에는 면세유류관리기관인 조합은 농어민 등에게 제출기한부터 1개월이 되는 날(이하 "최종 제출기한"이라 한다)까지 해당 서류를 제출할 것을 요구하여야 한다(조특법 106의 2 ⑤).

① 대통령령으로 정하는 농업기계, 어업기계 및 선박의 경우: 다음의 사항

㉠ 사용실적 등을 확인할 수 있는 대통령령으로 정하는 장치를 부착할 것

㉡ 사용실적 등을 확인할 수 있는 대통령령으로 정하는 서류를 제출기한까지 면세유류관리기관인 조합에 제출할 것

② 대통령령으로 정하는 농업기계, 어업기계 및 농어업용 시설의 경우: 생산실적 등을 확인할 수 있는 대통령령으로 정하는 서류를 제출기한까지 면세유류관리기관인 조합에 제출할 것

3. 석유판매업자의 지정·지정취소

(1) 개요

「농업협동조합법」에 따른 농업협동조합중앙회, 「산림조합법」에 따른 산림조합중앙회 및 「수산업협동조합법」에 따른 수산업협동조합중앙회(이하 "면세유류관리기관인 중앙회"라 한다)는 면세유관리업무의 효율화 및 부정 유통 방지를 위하여 필요하면 석유판매업자의 신청을 받아 농어민 등에게 면세유를 판매할 수 있는 석유판매업자를 지정할 수 있다(조특법 106의 2 ⑦).

(2) 지정절차

1) 지정신청

석유판매업자가 법 제106조의 2 제7항에 따라 면세유를 판매할 수 있는 석유판매업자로 지정을 받으려면 기획재정부령으로 정하는 시설기준, 그 밖의 요건을 갖추어 같은 항에 따른 면세유류관리기관인 중앙회에 지정신청서를 제출하여야 한다(농림특례규정 20의 2 ①).

2) 지정증 교부

신청받은 면세유류관리기관인 중앙회는 신청일부터 30일 이내에 지정 여부를 결정하고 기획재정부령으로 정하는 면세유류판매업자 지정증을 신청인에게 교부하여야 한다. 석유판매업자가 농어민 등에게 면세유를 판매하기 위하여는 제2항에 따라 면세유류판매업자 지정증을 교부받아야 한다(농림특례규정 20의 2 ②,③).

4. 면세유에 대한 부가가치세 등의 환급절차[539)]

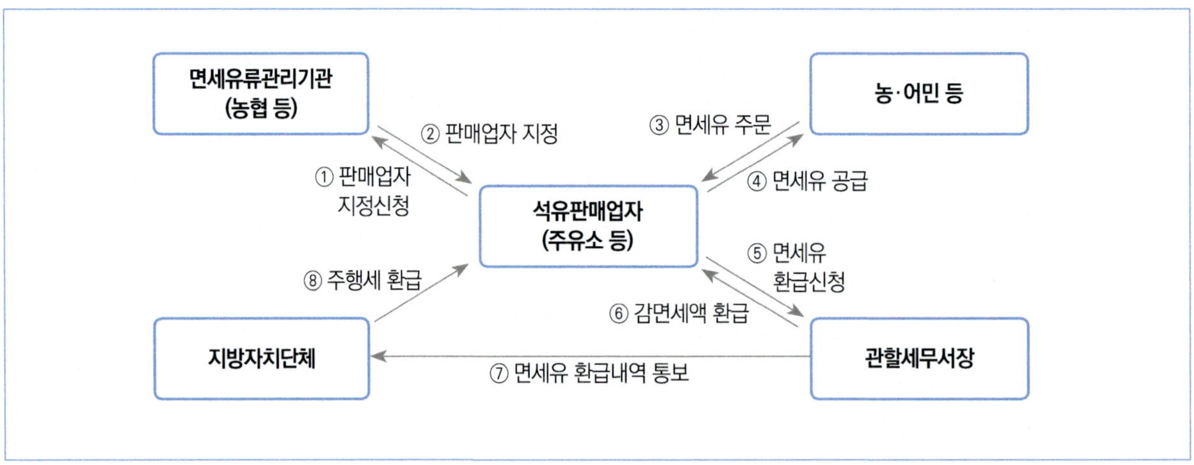

① 면세유류관리기관인 중앙회는 다음 사업자의 신청을 받아 농·어민 등에게 면세유를 판매할 수 있는 석유판매업자를 지정할 수 있다.

㉠ 석유정제업자, 석유수출입업자, 석유판매업자, 액화석유가스 수출입업자

㉡ 액화석유가스 충전사업자, 액화석유가스 판매사업자, 액화석유가스 특정사용자

539) 조특집 106의 2-0-3

㉢ 고압가스 제조자

② 지정된 석유판매업자가 부가가치세 등이 과세된 석유류를 공급받아 농·어민 등에게 공급하여 해당 석유류가 면세유에 해당하는 경우에는 관할세무서장에게 환급을 신청하여 환급받을 수 있다.

5. 용도외 전용 등에 대한 제재

(1) 농어민 등에 대한 제재

1) 감면세액과 가산세 추징

농어민 등이 발급받은 면세유류구입카드 등으로 공급받은 석유류를 농업·임업·어업용 외의 용도로 사용한 경우에는 대통령령으로 정하는 바에 따라 다음에 따라 계산한 금액의 합계액을 추징한다(조특법 106의 2 ⑨).

① 해당 석유류에 대한 부가가치세, 개별소비세, 교통·에너지·환경세, 교육세 및 자동차세의 감면세액

② ①에 따른 감면세액의 100분의 40에 해당하는 금액의 가산세

1) 면세유 공급금지

농어민 등이 다음의 어느 하나에 해당하는 경우에는 그 농어민 등(그 농어민 등과 공동으로 생산활동을 하는 배우자 및 직계존비속으로서 생계를 같이하는 자를 포함)은 면세유류관리기관이 그 사실을 안 날부터 2년간(③의 경우에는 1년간, ④의 경우로서 용도 외 전용에 따른 추징세액을 2년이 지난날까지 납부하지 아니한 경우에는 그 추징세액을 납부하는 날까지) 면세유를 사용할 수 없다. 다만, 천재지변 등 대통령령으로 정하는 사유로 변동신고를 하지 못하거나 사용실적 및 생산실적 등을 확인할 수 있는 서류를 최종 제출기한까지 제출하지 못한 경우에는 면세유를 사용할 수 있다(조특법 106의 2 ⑩).

① 보유현황 등 신고를 거짓이나 그 밖의 부정한 방법으로 하거나 변동신고를 하지 아니한 경우

② 발급받은 면세유류구입카드 등과 그 면세유류구입카드 등으로 공급받은 석유류를 타인에게 양도한 경우

③ 사용실적 및 생산실적 등을 확인할 수 있는 서류를 최종 제출기한까지 제출하지 아니하거나 거짓으로 제출한 경우

④ 용도 외 전용에 따른 감면세액의 추징 사유가 발생한 경우

(2) 조합에 대한 제재

면세유류 관리기관인 조합이 ①에 해당하는 경우에는 해당 석유류에 대한 부가가치세, 개별소비세, 교통·에너지·환경세, 교육세 및 자동차세의 감면세액의 100분의 40에 해당하는 금액을, ②에 해당하는 경우에는 해당 석유류에 대한 부가가치세, 개별소비세, 교통·에너지·환경세, 교육세 및

자동차세의 감면세액의 100분의 20에 해당하는 금액을 대통령령으로 정하는 바에 따라 가산세로 징수한다(조특법 106의 2 ⑪).

① 거짓이나 그 밖의 부정한 방법으로 면세유류구입카드 등을 발급하는 경우

② 관련 증거서류를 확인하지 아니하는 등 관리 부실로 인하여 농어민 등에게 면세유류구입카드 등을 잘못 발급하거나 농어민 등 외의 자에게 면세유류구입카드 등을 발급하는 경우

(3) 면세유류구입카드 부정발급받거나 양수한 자에 대한 제재

농어민 등이 아닌 자가 면세유류구입카드 등을 발급받거나 농어민 등 또는 농어민 등이 아닌 자가 농어민 등으로부터 면세유류구입카드 등 또는 그 면세유류구입카드 등으로 공급받은 석유류를 양수받은 경우 또는 석유판매업자가 신청한 환급·공제세액이 신청하여야 할 환급·공제세액을 초과하는 경우에는 다음에 따라 계산한 금액을 추징한다(조특법 106의 2 ⑫).

① 면세유류관리기관인 조합으로부터 면세유류구입카드 등을 발급받거나 농어민 등으로부터 면세유류구입카드 등을 양수받은 경우에는 다음에 따라 계산한 금액을 합친 금액

㉠ 발급 또는 양수 당시 면세유류구입카드 등으로 석유류를 공급받을 경우의 부가가치세, 개별소비세, 교통·에너지·환경세, 교육세 및 자동차세의 감면세액 상당액

㉡ ㉠에 따른 감면세액 상당액의 100분의 40에 해당하는 금액의 가산세

② 농어민 등으로부터 면세유류구입카드 등으로 공급받은 석유류를 양수받은 경우에는 다음에 따라 계산한 금액을 합친 금액

㉠ 해당 석유류에 대한 부가가치세, 개별소비세, 교통·에너지·환경세, 교육세 및 자동차세의 감면세액

㉡ ㉠에 따른 감면세액의 100분의 40에 해당하는 금액의 가산세

(4) 석유판매업자에 대한 제재

1) 감면세액과 가산세

석유판매업자가 신청한 환급·공제세액이 신청하여야 할 환급·공제세액을 초과하는 경우에는 다음에 따라 계산한 금액을 합친 금액. 다만, ㉡은 부당한 방법으로 신청하는 경우에만 적용한다.

① 해당 석유류에 대한 부가가치세, 개별소비세, 교통·에너지·환경세, 교육세 및 자동차세의 감면세액

② ①에 따른 감면세액의 100분의 40에 해당하는 금액의 가산세

2) 석유판매업자의 지정취소

석유판매업자가 다음의 어느 하나에 해당하는 경우에는 면세유류관리기관인 중앙회는 면세유를 판매할 수 있는 석유판매업자의 지정을 취소할 수 있으며, 지정취소된 석유판매업자는 다음

에서 정하는 기간 동안 지정신청을 할 수 없다(조특법 106의 2 ⑬).

① 부정사용 및 타인양도에 따른 감면세액의 추징 사유가 생긴 경우: 지정취소일부터 5년간

② 직전 2회계연도의 기간 동안 면세유류 판매실적이 없는 경우: 지정취소일부터 1년간

감면세액의 추징 사유가 생긴 석유판매업자와 다음의 관계에 있는 자에 대하여도 위 규정을 적용한다. 다만, 그 양수인(해당 석유판매업자와 대통령령으로 정하는 특수관계에 있는 자는 제외한다) 또는 법인이 종전 석유판매업자의 감면세액 추징 사유가 생긴 것을 알지 못하였음을 증명하는 경우에는 그러하지 아니하다(조특법 106의 2 ⑭).

① 석유판매업자가 사망한 경우 그 상속인

② 석유판매업자가 그 석유판매업의 전부를 양도한 경우 그 양수인

③ 법인인 석유판매업자가 다른 석유판매업자와 합병을 한 경우 합병 후 존속하는 법인이나 합병에 의하여 설립되는 법인

(5) 농업협동조합중앙회 등이 관리의무를 위반한 경우

면세유류관리기관인 중앙회는 제15항에 따른 석유류의 연간 한도량(이하 "면세유류한도량"이라 한다)의 범위에서 면세유류구입카드 등이 발급되고 사용되도록 관리하여야 하며, 면세유류한도량을 초과하여 면세유류구입카드 등이 발급되어 석유류가 공급되었을 경우에는 그 면세유류한도량을 초과하는 석유류에 대해서는 면세유류관리기관인 중앙회가 공급받은 것으로 보아 면세유류관리기관인 중앙회로부터 부가가치세, 개별소비세, 교통·에너지·환경세, 교육세 및 자동차세의 감면세액을 추징한다(조특법 106의 2 ⑯).

6. 행정자료의 요청 등

면세유류관리기관은 면세유 관리업무를 효율적으로 수행하기 위하여 행정기관 등에 다음 각 호의 자료를 요청할 수 있으며, 요청받은 행정기관 등은 정당한 사유가 없으면 면세유류관리기관에 요청받은 자료를 제출하여야 한다(조특법 106의 2 ⑳).

① 농어민 등의 「가족관계의 등록 등에 관한 법률」 제9조에 따른 사망에 관한 자료

② 농어민 등의 「주민등록법」 제16조에 따른 전입신고에 관한 자료

③ 「어선법」 제5조의 2에 따른 어선위치발신장치의 선박위치 관련 자료

④ 추징세액의 납부 여부에 관한 자료

⑤ 농어민 등이 보유한 화물자동차의 「자동차관리법」 제69조에 따른 전산자료(자동차등록번호, 소유자 성명 및 주민등록번호를 포함한 자동차의 신규등록·이전등록·변경등록·말소등록에 관한 자료)

제3절 금 현물시장에서 거래되는 금지금에 대한 과세특례

I 금 현물시장에서 거래되는 금지금에 대한 부가가치세 특례

1. 금지금 공급에 대한 면세

(1) 개요

이 규정은 금괴·골드바 등 원재료 상태로서 순도 99.99% 이상인 금지금 현물시장의 활성화 및 거래 투명성을 통해 귀금속 산업의 발전을 지원하고 탈세를 방지하고자 2007.12.31. 매입자납부제도로 신설한 규정이다. 대통령령으로 정하는 금지금(이하 "금지금"이라 한다)으로서 다음의 어느 하나에 해당하는 금지금의 공급에 대해서는 부가가치세를 면세한다(조특법 126의 7 ①).

① 금지금을 공급하는 대통령령으로 정하는 사업자(이하 "금지금공급사업자"라 한다)가 대통령령으로 정하는 보관기관(이하 "보관기관"이라 한다)에 금지금을 임치한 후 「자본시장과 금융투자업에 관한 법률」 제373조의 2 제1항에 따라 허가를 받은 한국거래소(이하 "한국거래소"라 한다)가 개설하여 운영하는 대통령령으로 정하는 금 현물시장(이하 "금 현물시장"이라 한다)에서 매매거래를 통하여 최초로 공급하는 금지금

② ①에 따라 공급된 후 금 현물시장에서 매매거래되는 금지금

(2) 관련 용어

1) 금지금

"대통령령으로 정하는 금지금"이란 금괴(덩어리)·골드바 등 원재료 상태로서 순도가 1만분의 9999 이상인 금(이하 "금지금"이라 한다)을 말한다(조특령 121의 7 ①).

2) 금지금공급사업자

"대통령령으로 정하는 사업자"란 금지금을 공급하거나 수입하려는 사업자로서 「자본시장과 금융투자업에 관한 법률」 제373조의 2 제1항에 따라 허가를 받은 한국거래소(이하 "한국거래소"라 한다)의 약관으로 정하는 자(이하 "금지금공급사업자"라 한다)를 말한다(조특령 121의 7 ②).

3) 보관기관

"대통령령으로 정하는 보관기관"이란 금지금의 보관·인출과 관련된 업무를 수행하는 자로서 한국거래소의 약관으로 정하는 자(이하 "보관기관"이라 한다)를 말한다(조특령 121의 7 ③). 보관기관은 「부가가치세법」에 따른 사업자로 보며, 보관기관이 금거래계좌를 사용하여 금지금의 공급가액 또는 부가가치세액을 결제하거나 결제받는 경우 제106조의 4 제1항에 따른 금사업자로

본다(조특법 126의 7 ⑥, 조특령 121의 7 ⑬).

4) 금 현물시장

"대통령령으로 정하는 금 현물시장"이란 보관기관에 임치된 금지금을 매매거래하기 위하여 금융위원회의 승인을 받아 한국거래소가 개설한 시장(이하 "금 현물시장"이라 한다)을 말한다(조특령 121의 7 ④).

2. 금지금공급사업자가 부담한 부가가치세 매입세액공제 등

(1) 개요

금 현물시장에서 매매거래를 통하여 최초로 공급하는 금지금공급사업자가 금지금을 공급하는 경우 해당 금지금에 대하여 금지금공급사업자가 부담한 부가가치세 매입세액은 공제되는 매입세액으로 본다. 이 경우 대통령령으로 정하는 바에 따라 제106조의 4에 따른 금거래계좌를 사용하여 부가가치세 매입세액의 공제 또는 환급에 대한 특례를 적용받을 수 있다(조특법 126의 7 ②).

(2) 환급특례

제106조의 9 제5항(금 관련 제품에 대한 부가가치세 매입자납부 특례)에 따른 국세청장이 지정한 자는 매입자가 입금한 부가가치세액의 범위에서 다음의 어느 하나에 해당하는 부가가치세액을 국세청장이 정하는 바에 따라 금지금공급사업자에게 환급할 수 있다(조특법 126의 7 ⑥).

① 금지금공급사업자가 공제받는 매입세액으로서 금거래계좌를 사용하여 입금한 부가가치세액

② 금지금공급사업자가 공제받는 매입세액으로서 금지금을 수입할 때 세관에 납부한 부가가치세액

3. 세금계산서 발행

금지금공급사업자는 금 현물시장에서 매매거래를 통하여 최초로 공급하는 금지금을 공급하는 때에 보관기관을 공급받는 자로 하여 세금계산서(월합계세금계산서 포함)를 발급하여야 한다. 이 경우 공급가액은 결제가 완료된 매매가액으로 하고, 부가가치세액은 영(零)으로 한다. 이 경우 금 현물시장에서 매매거래를 통하여 최초로 공급하는 금지금의 대금을 결제하는 경우 보관기관은 부가가치세액을 제외하고 금 관련 제품의 가액만을 입금하는 방법으로 금지금의 가액을 결제하여야 한다(조특법 126의 7 ③, 106의 4 ③, 조특령 121의 7 ⑦,⑧).

4. 금지금의 인출

(1) 개요

보관기관에 임치된 금지금을 금 현물시장에서 매매거래를 통하여 공급받아 보관기관으로부터 인출하는 경우 해당 금지금의 인출은 재화의 공급으로 본다. 다만, 금 현물시장에서 자기 외의 자로부터 금지금 매매거래를 위탁받아 그 위탁의 중개를 할 수 있는 자격을 한국거래소로부터 부여받은 자(이하 "금지금 중개회원"이라 한다)가 위탁자의 요구에 따라 금지금을 인출하는 경우에는 위탁자가 금지금 중개회원에게 금지금의 인출을 요구하는 때에 재화를 공급한 것으로 본다. 이 경우 보관기관은 금지금을 인출하는 자에게 대통령령으로 정하는 공급가액을 과세표준으로 하여 10% 세율을 적용한 금액(이하 "부가가치세액"이라 한다)을 거래징수하여 납부하여야 한다(조특법 126의 7 ④, 조특령 121의 7 ⑩).

(2) 대통령령으로 정하는 공급가액

"대통령령으로 정하는 공급가액"이란 「소득세법 시행령」 제92조 제2항 제5호에 따른 이동평균법을 준용하여 산출한 평균단가에 인출하는 금지금의 수량을 곱한 금액을 말한다(조특령 121의 7 ⑨).

(3) 거래징수

보관기관으로부터 금지금을 인출하는 경우에는 보관기관은 직접 금지금을 인출하는 자로부터 부가가치세액을 거래징수하여 납부하여야 한다. 다만, 금지금중개회원이 위탁자의 요구에 따라 금지금을 인출하는 경우에는 금지금중개회원이 위탁자로부터 받은 부가가치세액을 보관기관이 거래징수하여 납부하여야 한다(조특령 121의 7 ⑪).

(4) 자료제공

금지금중개회원이 위탁자로부터 금지금의 인출을 요구받아 보관기관으로부터 금지금을 인출하는 경우에 금지금중개회원은 공급받는 자의 인적사항, 금지금의 공급가액과 부가가치세액 등 세금계산서 발급에 필요한 자료를 보관기관에 제공하여야 한다(조특령 121의 7 ⑫).

5. 계산서발급의무 면제

거래소에 공급된 후 금 현물시장에서 매매거래되는 금지금에 대해서는 「소득세법」 제163조 또는 「법인세법」 제121조에 따른 계산서를 발급하지 아니한다(조특법 126의 7 ⑦).

참 고 금 현물시장에서 거래되는 금지금 거래 흐름[541)]

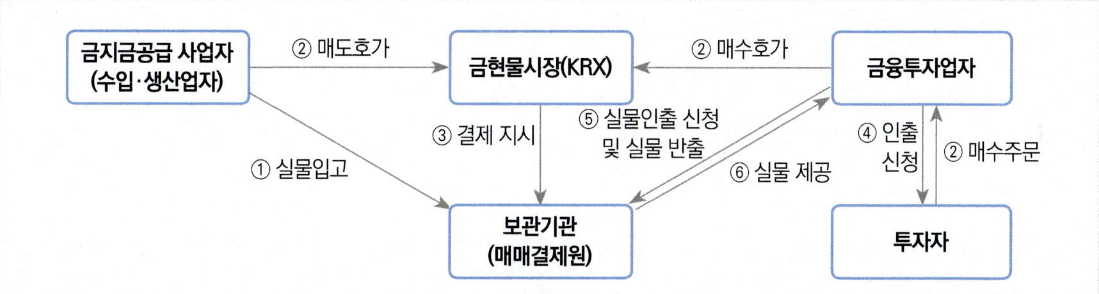

① 금지금공급사업자는 보관기관에 금지금을 임치한다.
② 금공급사업자는 금 현물시장에서 금지금을 매도주문하고 투자자의 매수주문을 받은 금융투자업자가 금현물시장에서 매수주문하여 금현물시장에서 거래가 이루어지며, 이 경우 금지금공급사업자는 보관기관을 공급받는 자로 하여 세금계산서를 발급하여야 한다.
③ 금현물시장에서 금지금을 매입한 자는 보관기관에 결제를 하여야 한다.
④ 금지금 실물을 인출하고자 하는 경우 보관기관에 인출신청을 하여야 하며, 해당 금지금의 인출은 재화의 공급에 해당하므로 보관기관은 금지금을 인출하는 자에게 부가가치세를 거래징수하여야 한다.

6. 수입신고하는 금지금에 대한 관세 면세

(1) 개요

금지금공급사업자 중 한국거래소의 약관에 따라 금지금을 수입하여 금 현물시장에서 매매할 수 있는 자격을 부여받은 자로서 한국거래소의 장의 추천을 받은 자가 금 현물시장에서 매매거래를 하기 위하여 2023년 12월 31일까지 수입신고하는 금지금에 대하여는 그 관세를 면제한다(조특법 126의 7 ⑨, 조특령 121의 7 ⑯). 이 경우 관세를 면제받은 자는 관세를 면제받은 자는 해당 금지금을 수입신고수리일의 다음 날(해당일이 다음의 어느 하나에 해당하는 경우에는 그다음 날)까지 보관기관에 임치하여야 하고, 수입신고수리일부터 3년 이내에 금 현물시장에서 매매거래를 하여야 한다(조특법 126의 7 ⑩, 조특령 121의 7 ⑰).

① 「관공서의 공휴일에 관한 규정」 제2조 및 제3조에 따른 공휴일

② 토요일

③ 「근로자의 날 제정에 관한 법률」에 따른 근로자의 날

540) 조특집 126의 7-121의 7-2

(2) 면세받은 관세의 징수

1) 개요

관세를 면제받은 자가 요건을 충족하지 아니하거나 관세를 면제받은 금지금을 보관기관에 임치한 후에 금 현물시장에서 매매거래를 하지 아니하고 양도(임대를 포함한다)하거나 인출하는 경우 세관장은 대통령령으로 정하는 바에 따라 면제받은 관세를 징수한다(조특법 126의 7 ⑪).

2) 세관장의 관세 면세 사실 통보의무

세관장은 위 (1)에 따라 금지금에 대하여 관세를 면세한 경우에는 그 사실을 한국거래소 및 보관기관에 지체없이 알려야 한다.(조특령 121의7)

3) 한국거래소, 보관기관의 관세 징수 사실 통보의무

세관장으로부터 관세의 면제사실을 통보받은 한국거래소 및 보관기관은 해당 금지금에 대하여 면제받은 관세를 징수하여야 하는 사유가 발생하는 경우에는 그 사실을 세관장에게 즉시 알려야 한다(조특령 121의 7 ⑲).

4) 징수금액

면제받은 관세를 징수할 경우 그 금액은 다음 각 호의 구분에 따라 계산한 금액으로 한다. 이 경우 제2호에 따른 경우로서 관세를 면제받은 자로부터 징수할 수 없는 경우에는 양수인(임차인을 포함한다) 또는 인출자로부터 징수한다(조특령 121의 7 ⑳).

① 법 제126조의 7 제10항에 따른 요건을 충족하지 아니한 경우
면제받은 관세 × 요건을 충족하지 아니한 금지금 ÷ 관세를 면제받은 금지금

② 관세를 면제받은 금지금을 보관기관에 임치한 후 금 현물시장을 통한 매매거래를 하지 아니하고 양도(임대를 포함)하거나 인출(금지금의 품질검사를 위하여 한국거래소 또는 보관기관의 확인을 받고 인출한 후 재반입하는 경우는 제외한다)하는 경우
면제받은 관세 × 양도하거나 인출한 금지금 ÷ 관세를 면제받은 금지금

CHAPTER 05

면세포기

제1절 개요

면세포기란 부가가치세가 면제되는 재화 또는 용역을 공급하는 자가 면세적용을 받지 아니하고 부가가치세 과세적용을 받는 것을 말하며, 영세율이 적용되는 재화 또는 용역의 공급이 「조세특례제한법」 제106조에 따라 면세되는 경우 역시 해당 재화 또는 용역의 공급에 대하여 면세포기신고를 하는 때에는 영세율을 적용한다(부가집 28-57-1 ①,③). 면세사업자는 누적과세현상 및 매입세액 불공제 등 원가상승으로 가격경쟁력면에서 불리하고, 최종비자가는 조세부담측면에서 단점이 있다. 자기의 의사표로 면세사업 포기를 할 수 있으나, 소비자의 조세부담 경감을 위한 면세 제도 특성상 일정한 범위 내에서만 면세포기가 인정되고 있다.

제2절 면세포기대상 재화 및 용역

Ⅰ 개요

1. 본법에서 규정하는 면세포기의 범위

사업자는 제26조 또는 「조세특례제한법」 제106조 등에 따라 부가가치세가 면제되는 재화 또는 용역의 공급으로서 다음에 해당하는 것에 대하여는 대통령령으로 정하는 바에 따라 면세의 포기를 신고하여 부가가치세의 면제를 받지 아니할 수 있다(부법 28 ①).

(1) 영세율 적용대상인 재화 또는 용역

영세율이 적용대상인 재화 또는 용역에는 재화의 수출(부법 21), 용역의 국외공급(부법 22), 외국항행용역의 공급(부법 23), 외화 획득 재화 또는 용역의 공급 등(부법 24)이 있다.

(2) 기초생활필수품 및 용역·국민후생 중 일정용역

「부가가치세법」 제26조 제1항 제12호·제15호 및 제18호에 따른 재화 또는 용역의 공급

① 주택과 이에 부수되는 토지의 임대용역(부법 26 ① 12)

② 저술가·작곡가나 그 밖의 자가 직업상 제공하는 인적(人的)용역(부법 26 ① 15)

③ 종교, 자선, 학술, 구호(救護), 그 밖의 공익을 목적으로 하는 단체가 공급하는 재화 또는 용역(부법 26 ① 18)

2. 시행령에서 규정하는 면세포기의 범위

부가가치세가 면제되는 재화 또는 용역의 공급이 영세율 적용대상에 해당하는 경우와 학술 등 연구단체가 그 연구와 관련하여 실비 또는 무상으로 공급하는 재화 또는 용역에 대하여 부가가치세의 면제를 받지 아니하려는 사업자는 면세포기를 할 수 있다(부령 57). 「부가가치세법」 제28조 제1항에 따라 면세포기를 할수 있는 사업자에는 조특령 106⑦에서 규정하는 정부업무를 대행하는 단체를 포함한다.(부기통 28-57-3)

3. 조문의 적용

현행 「부가가치세법」 제28조에서는 면세포기 대상을 4가지로 규정하고 있다. 그러나 구체적인 면세포기 대상 및 절차는 시행령 제57조에서 위임하여 적용하도록 하고 있는 바, 시행령에서는 영세율의 적용대상이 되는 것과 학술 등 연구단체가 그 연구와 관련하여 실비 또는 무상으로 공급하는 재화 또는 용역에 대하여만 면세포기의 대상으로 국한하여 규정하고 있으므로, 현행 법령상 면세포기할 수 있는 거래대상은 「부가가치세법 시행령」 제57조에서 규정하는 거래에 한한다.[541] 따라서 본법에 규정되어 있고 실질적으로 면세의 포기가 가능한 것이라도 시행령에 위임되어 규정되지 않은 것은 면세포기할 수 없다고 본다.

4. 주택임대용역의 면세포기 해석의 범위

「부가가치세법」상의 면세제도는 세부담의 역진성을 완화하여 소비자의 부가가치세 부담을 경감시키는 데 그 근본적인 취지가 있는 것으로서 영세율제도처럼 사업자의 부가가치세 부담을 덜어주는 제도가 아니므로, 법이 면세대상 중 일부에 한정하여 이를 면세포기대상으로 규정한 것은 면세사업자의 일방적인 면세포기로 인하여 소비자의 세부담을 증가시키는 것을 방지하기 위하여 법이 정한 면세포기대상 범위를 초과하여 면세포기제도를 시행할 수 없도록 한정하되, 그 범위 내에서 행정입법

541) 제도46015-10475, 2001.04.09

을 통하여 면세포기제도가 시행되도록 배려한 취지로 보아야 한다. 물론 면세사업자의 경우 면세재화를 생산하기 위하여 사용된 원재료 등 매입 시에 거래상대방으로부터 거래징수 당한 매입세액이 있을 수 있어 경우에 따라서는 사업자의 입장에서 면세를 포기하는 것이 더욱 유리한 경우도 발생할 수 있으나, 이는 소비자의 세부담을 완화하기 위한 면세제도의 반사적 효과에 불과하고, 위에서 살핀 면세제도의 취지에 비추어 볼 때 법 시행령은 법이 정한 면세포기대상의 범위 내에서 임차인이 최종 소비자가 될 수밖에 없는 주택과 이에 부수되는 토지의 임대용역은 사업자에 의한 면세포기대상에서 제외한 것으로 보아야 한다.[542)]

II 면세포기의 효력 및 절차

1. 개요

(1) 효력 발생시기

시기의 제한 없이 면세포기신고를 하고 상당기간 경과한 후 사업자가 「부가가치세법」 규정에 의한 사업자등록을 하였을 경우 그 사업자등록은 유효한 것이며, 이 경우 면세포기의 효력은 사업자등록을 한 이후 거래분부터 적용된다.[543)]

(2) 면세포기신고 시 면세적용 제한

면세의 포기를 신고한 사업자는 신고한 날부터 3년간 부가가치세를 면제받지 못한다(부법 28 ②). 또한, 면세포기신고를 한 사업자가 면세포기신고를 한 날로부터 3년이 경과한 후 다시 면세 적용을 받기 위해서는 면세적용신고서와 함께 사업자등록증을 제출하여야 하며, 이 경우 면세적용신고서를 제출하지 아니한 경우에는 계속하여 면세를 포기한 것으로 본다(부법 28 ③).

(3) 면세포기의 효력

1) 면세포기한 사업자가 국내에 공급하는 재화 또는 용역

영세율 적용의 대상이 되는 것만을 면세포기한 사업자가 면세되는 재화 또는 용역을 국내에 공급하는 경우에는 면세포기의 효력이 없다(부기통 28-57-2). 즉, 부가가치세가 면세되는 재화 또는 용역의 공급으로서 「부가가치세법」의 규정에 의하여 영세율 적용의 대상이 되는 경우에는 면세포기할 수 있으며, 영세율 적용의 대상이 되는 것만을 면세포기한 사업자가 면세되는 재화 또는 용역을 국내에 공급하는 때에는 면세포기의 효력이 없다.[544)]

542) 대법원2010두1682, 2012.05.10
543) 간세1235-1189, 1978.04.20
544) 부가46015-2560, 1996.12.04

2) 사업양도 시 및 사업자등록 정정시의 면세포기효력

면세포기신고를 한 사업자가 사업을 포괄양도양수하는 경우에 면세포기의 효력은 사업을 양수한 사업자에게 승계된다. 또한 사업장을 이전한 경우 등 사업자등록 정정사유가 발생한 때에는 해당 사유의 정정신고 여부에 관계없이 면세포기의 효력이 있다(부기통 28-57-4). 즉, 사업자등록 정정사유가 발생한 경우에는 즉시 정정신고하는 것이 원칙이나 이를 이행하지 아니하였다 하더라도 사업자등록은 그대로 유효한 것이며 다만, 「조세범처벌법」에 의한 질서범에 해당된다.

3) 2 이상의 사업 중 일부만 면세포기

면세되는 2 이상의 사업 또는 종목을 영위하는 사업자는 면세포기대상이 되는 재화 또는 용역의 공급 중에서 면세포기하고자 하는 재화 또는 용역의 공급만을 구분하여 면세포기할 수 있다(부기통 28-57-1).

4) 「조세특례제한법」상 영세율과 면세가 중복되는 경우

「부가가치세법」에 의하여 영세율이 적용되는 재화 또는 용역의 공급이 「조세특례제한법」에 따라 면세되는 경우 해당 재화 또는 용역의 공급에 대하여 「부가가치세법」에 따라 면세포기신고를 하는 때에는 영세율을 적용한다(부칙 28-57-5). 통칙에 의한 규정은 「조세특례제한법」이 「부가가치세법」에 대한 특별법의 위치에 있으므로 「조세특례제한법」이 우선 적용되어 「부가가치세법」에 의하여 영세율이 적용되는 것이 아니고, 「조세특례제한법」에 의하여 면세되는 재화 또는 용역으로 적용되므로 사업자가 영세율을 적용받기 위하여는 「부가가치세법」에 의하여 면세포기를 하여야 되는 것이다.

5) 면세포기한 사업자의 매입세액공제

수산업 등 면세사업을 영위하는 사업자가 면세포기를 하는 경우에 면세포기한 사업에 대하여 당해 과세기간에 영세율이 적용되거나 부가가치세가 면제되는 재화·용역의 공급이 없는 때에도 그 과세기간의 면세포기사업과 관련된 매입세액은 공제한다. 다만, 면세포기한 사업에 대하여 당해 과세기간에 면세되는 재화의 공급만이 있는 경우에는 공제하지 아니한다(부집 38-0-1).

6) 의제매입세액공제 문제

면세농산물 등을 그대로 또는 단순(1차)가공을 거쳐 수출하여 법 제21조에 따라 영세율이 적용되는 경우에 해당 사업자가 면세포기하더라도 면세농산물 등은 법 제42조에 따른 의제매입세액공제대상에 해당하지 아니하나, 면세농산물 등을 제조·가공한 후 수출하여 영세율이 적용되는 경우에 해당 사업자가 면세포기하면 의제매입세액공제대상에 해당한다.

2. 면세포기 절차

(1) 면세포기 신고

부가가치세의 면제를 받지 아니하려는 사업자는 다음의 사항을 적은 면세포기신고서를 관할세무서장에게 제출(국세정보통신망에 의한 제출을 포함한다)하여야 한다. 이 경우 법 제8조에 따라 지체 없이 사업자등록을 하여야 한다(부령 57). 이 경우 직접적인 용역제공대가 수취자가 면세포기를 해야 효력이 있고,[545] 면세포기신고서 제출은 부가가치세가 면제되는 물품을 공급받아 최종제품을 완성하는 사업장 소관세무서장에게 제출해야 한다.[546]

① 사업자의 인적사항

② 면세를 포기하려는 재화 또는 용역

③ 그 밖의 참고사항

(2) 면세 재적용신고의 절차

면세포기를 신고한 날로부터 3년간은 면세 적용을 받지 못한다.(부법 28②) 면세포기 신고일 후 3년의 기간이 지난 뒤 다시 부가가치세를 면제받으려면 다음의 사항을 적은 면세적용신고서를 시행령 제11조 제5항에 따라 발급받은 사업자등록증과 함께 소관세무서에 제출하여야 한다(부령 58). 이 경우 면세적용신고서는 시행규칙 별지 제13호 서식과 같다(부칙 45).

① 사업자의 인적사항

② 면세를 받으려는 재화 또는 용역

③ 그 밖의 참고사항

3. 관련 사례

(1) 면세포기한 수산업자의 선박 매각 시 면세 여부

수산물을 원양에서 채취하여 수출하는 사업자가 면세포기를 하여 과세사업을 영위하다가 동 과세사업에 사용되는 선박을 매각하는 경우에는 부가가치세가 과세된다.[547]

(2) 「한국국제협력단법」에 의해 국제협력사업의 일환으로 해외반출하는 재화의 영세율 여부

「한국국제협력단법」에 의하여 설립된 ○○이 국제협력사업의 일환으로 해외에 무상반출하는 재화에 대하여는 영세율을 적용받을 수 있다.[548]

---

545) 간세1265.2-253, 1982.02.24

546) 부가22601-984, 1989.07.13

547) 부가22601-1316, 1989.09.11

548) 재부가46015-829, 1993.06.01

(3) 면세포기를 한 사업자가 수출용 재화를 구매확인서에 의하여 공급 시 영세율 여부

사업자가 외국환은행의 장이 내국신용장에 준하여 재화 또는 용역의 공급시기가 속하는 과세기간 종료 후 25일 이내에 발급하는 구매확인서에 의하여 재화를 공급하는 경우에는 부가가치세 영세율을 적용하는 것이며, 첨부서류는 구매승인서 사본 또는 외국환은행이 발급하는 수출대금입금증명서로 한다.[549)]

(4) 면세포기사업자가 내국신용장에 의해 수출용 재화를 공급하는 경우

영세율 적용대상이 되는 재화 또는 용역의 공급에 대하여 면세포기신고를 한 사업자가 내국신용장에 의하여 수출용 재화를 공급하는 경우에는 세금계산서를 발급하여야 한다.[550)]

(5) 과세기간 종료 후 25일 이내에 발급하는 '구매확인서'에 의한 재화 공급

사업자가 외국환은행의 장이 내국신용장에 준하여 재화 또는 용역의 공급시기가 속하는 과세기간 종료 후 25일 이내에 발급하는 구매확인서에 의하여 재화를 공급하는 경우에는 부가가치세 영세율을 적용하는 것이며, 첨부서류는 구매승인서 사본 또는 외국환은행이 발급하는 수출대금입금증명서로 한다.[551)]

549) 서면3팀-2495, 2007.09.04
550) 부가22601-1414, 1988.08.11
551) 제도46015-12119, 2001.07.14

[별지 제13호서식]

홈택스(www.hometax.go.kr)에서도 신청할 수 있습니다.

면세 [ ] 포기 / [ ] 적용 신고서

※ [ ]에는 해당하는 곳에 √ 표시를 합니다.

접수번호	접수일	처리기간 즉시

신고인 인적사항		
	상호(법인명)	사업자등록번호
	성명(대표자)	전화번호
	사업장(주된 사업장) 소재지	
	업태	종목

신고내용

[ ]면세 포기 신고	「부가가치세법 시행령」 제57조에 따라 아래 재화 또는 용역에 대한 면세를 포기할 것을 신고합니다.	
	면세 포기를 하려는 재화 또는 용역의 종류	면세 포기 사유

[ ]면세 적용 신고	「부가가치세법 시행령」 제58조에 따라 아래 재화 또는 용역에 대한 면세를 적용 받을 것을 신고합니다.			
	면세를 포기한 재화 또는 용역의 종류	면세 포기 연월일	면세를 적용받으려는 재화 또는 용역의 종류	면세를 적용 받으려는 사유

년 월 일

신고인 (서명 또는 인)

세무서장 귀하

첨부서류	없음	수수료 없음

작 성 방 법

※ 해당되는 신고사항에 [√]표시하고 해당 사항과 작성일을 적은 후 신고인란에 서명 또는 날인하여 제출합니다.

210mm×297mm[백상지 80g/㎡(재활용품)]

PART V

공급시기 및 공급장소

CHAPTER 01

총설

제1절 공급시기의 의의

부가가치세는 과세기간 단위로 신고·납부하는 세목으로 재화 또는 용역의 공급이 어느 과세기간에 이루어진 것으로 할 것인지를 결정하는 시간적 기준이 필요하다. 공급시기는 재화 또는 용역의 공급이 어느 시점에서 이루어진 것으로 결정하는 시간적 기준으로서 세금계산서의 교부 의무가 발생되고, 과세기간이 경과되어 신고기한이 도래한 때에는 과세거래에 대한 공급가액을 과세표준으로 신고·납부하여야 한다. 공급시기를 잘못 판단한 경우에는 세금계산서 교부 및 신고·납부분에 대해 매입세액 불공제 및 가산세의 부과 등 불이익이 뒤따르게 된다.

제2절 공급시기의 결정기준

Ⅰ 공급시기의 일반적인 기준

부가가치세는 법인세·소득세와 마찬가지로 기간과세하는 세목에 해당한다. 따라서 특정 재화의 공급이 어느 과세기간에 귀속되는지를 결정하는 일정한 기준이 필요한 바, 「부가가치세법」상 공급시기는 공급계약 내용상 공급하는 자의 물권적 권리의 이동이 공급받는 자에게로 확정적이고 공급받는 자가 공급받은 재화·용역의 사용에 따른 효익을 누릴 수 있는 시점을 원칙으로 삼고 있다.

Ⅱ 거래형태별 공급시기 필요성

경제행위의 다양성으로 인하여 재화 또는 용역의 공급시기에 대한 기본원칙을 적용하기 어려운 경우가 있다. 예를 들어 재화·용역의 계속적인 공급으로 시간적 구분이 어려워서 공급시기를 명확히 구분하기 어려운 경우이거나 재화·용역의 공급시기와 대가의 지급시기가 현저한 차이를 보이는 경우(장기할부판매, 중간지급조건부판매 등)에는 재화·용역의 공급시기에 대한 기본원칙을 적용하기 어려우므로 거래시기의 결정에 관한 별도의 추가적인 규정을 두고 있다.

Ⅲ 공급시기와 세금계산서 발급 시점별 분석

세금계산서는 과세사업자가 재화나 용역을 공급하고 거래상대방으로부터 부가가치세를 징수하였음을 증명하는 증빙자료이다. 공급시기에 맞춰 세금계산서를 제때 교부하지 않을 경우 불이익을 받을 수 있는 데, 세금계산서 발급시점별 문제에 대해 설명코자 한다. 공급시기를 기준으로 세금계산서를 먼저 발급하는 것을 선발급, 사전발급으로 구분하고, 공급시기 경과 후 세금계산서를 나중에 발급하는 것을 지연발급, 사후발급, 미발급으로 아래 그림과 같이 구분코자 한다.

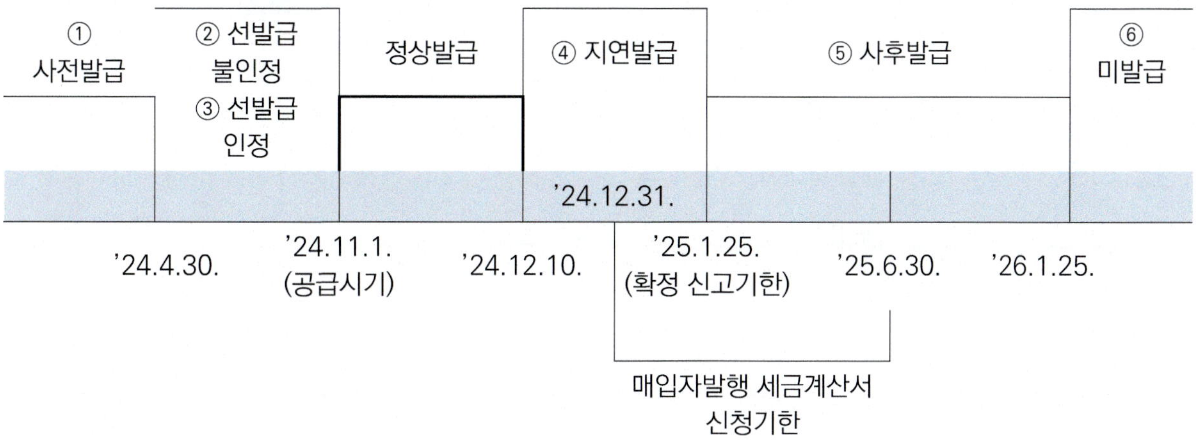

① 사전발급 : 위 그림과 같이 대가를 받지 아니한 세금계산서가 발급일로부터 6개월('22.2.15. 이전은 30일)이 초과한 후 공급시기가 도래한 경우 해당 사전발급된 세금계산서는 사실과 다른 세금계산서로 간주되어 공급자에게 가산세가 부과되고, 공급받는 자는 매입세액이 불공제된다.

② 선발급 불인정 : 선발급 세금계산서 발급일로부터 6개월 이내에 공급시기가 도래한 경우 공급받는 자는 매입세액이 공제되나, 공급자에게 공급가액의 1%, 공급받는 자에게 공급가액의 0.5% 가산세가 각각 부과된다.

③ 선발급 인정 : 공급시기가 도래하기 전에 대가의 전부 또는 일부를 수령하고 세금계산서를 선발급하는 경우와 세금계산서를 발급한 후 7일 이내에 대가를 수령한 경우, 세금계산서를 그 발급한 때를 공급시기로 간주한다.

④ 지연발급 : 세금계산서 발급 시기가 지난 후 공급시기가 속한 과세기간의 확정 신고기한까지 세금계산서를 발급한 경우, 공급자에게 세금계산서 지연발급가산세 공급가액의 1%, 공급받는 자에게 세금계산서 지연수취 가산세 0.5%가 적용되며, 공급받는 자의 매입세액은 공제된다.

⑤ 사후발급 : '22.2.15.이후 공급분부터 공급시기가 속하는 과세기간의 확정 신고기한의 다음 날부터 1년이내에 발급한 경우, 공급받는 자는 매입세액이 공제된다. 다만, 공급자는 세금계산서 미발급가산세 2%, 매입자는 가산세 0.5%가 적용된다.

⑥ 미발급 : 공급시기가 속하는 과세기간의 확정 신고기한의 다음 날부터 1년이내까지 미발급한 경우, 세금계산서 수수 여부와 관련없이 공급자는 세금계산서 미발급가산세 2%가 적용되고, 공급받는 자는 매입세액이 불공제된다.

<세금계산서 발급시기별 적법, 가산세, 매입세액 공제 정리>

<table>
<tr><th colspan="3" rowspan="2">구 분</th><th rowspan="2">적법 여부</th><th rowspan="2">공급자</th><th colspan="2">공급받는 자</th></tr>
<tr><th>매입세액 공제</th><th>가산세</th></tr>
<tr><td rowspan="3">선발급</td><td>① 사전발급</td><td>대가 수령 없이 세금계산서 교부 후 공급시기가 6개월 초과한 경우</td><td>부적법</td><td>가산세
(1%, 2%)</td><td>불공제</td><td>–</td></tr>
<tr><td>② 선발급 불인정</td><td>세금계산서 교부 후 공급시기가 6개월 이내에 도래한 경우</td><td>부적법</td><td>가산세
(1%, 2%)</td><td>공제</td><td>0.5%</td></tr>
<tr><td>③ 선발급 인정</td><td>대가를 받고 세금계산서 발급한 경우와 세금계산서 발급 후 7일이내 대가 수령</td><td>적법</td><td>–</td><td>공제</td><td>–</td></tr>
<tr><td rowspan="3">후발급</td><td>④ 지연발급</td><td>공급시기가 속하는 과세기간의 확정 신고기한까지 발급한 경우</td><td>부적법</td><td>가산세
(1%)</td><td>공제</td><td>0.5%</td></tr>
<tr><td>⑤ 사후발급</td><td>공급시기가 속하는 과세기간의 확정 신고기한의 다음 날부터 1년이내에 발급한 경우</td><td>부적법</td><td>가산세
(2%)</td><td>경정청구,
경정시 공제</td><td>0.5%</td></tr>
<tr><td>⑥ 미발급</td><td>공급시기가 속하는 과세기간의 확정 신고기한의 다음 날부터 1년이 초과된 후 발급 또는 미발급한 경우</td><td>부적법</td><td>가산세
(2%)</td><td>불공제</td><td>–</td></tr>
</table>

CHAPTER 02

재화의 공급시기

제1절 재화 공급시기의 일반적 기준

재화가 공급되는 시기는 다음에 해당하는 때로 하는 것을 원칙으로 한다(부법 15 ①).

① 재화의 이동이 필요한 경우 재화가 인도되는 때 : 이동이 필요한 재화에는 상품, 원료, 기계장치 등 동산을 말하며, 대가의 수령여부와 관계없이 거래상대방에게 인도되는 때가 원칙적인 공급시기이다.

② 재화의 이동이 필요하지 아니한 경우 재화가 이용가능하게 되는 때 : 이동이 필요하지 아니한 재화에는 건물, 권리 등이 있으며, 이를 거래상대방이 이용가능한 때가 원칙적인 공급시기이다. 재화가 이용가능하게 된 때란 배타적인 이용 및 처분을 실질적으로 이용한 때 또는 실제로 사용·수익이 가능한 때이다.[1)]

③ 위의 규정을 적용할 수 없는 경우 재화의 공급이 확정되는 때 : 재화의 공급이 확정되는 때란 각종 조건이 성취되는 때를 의미한다.

제2절 거래형태별 재화의 공급시기

I 거래형태별 공급시기

1. 개요

(1) 거래형태별 공급시기 판단

거래형태별 구분	재화의 공급시기
① 현금판매 · 외상판매 또는 단기할부판매의 경우	재화가 인도되거나 이용가능하게 되는 때
• 상품권 등에 의하여 공급하는 재화의 공급시기	• 재화가 실제로 인도되는 때
• 내국신용장 등에 의한 재화의 공급시기	• 재화를 인도하는 때

1) 제도46015-12252, 2001.07.19.

거래형태별 구분	재화의 공급시기
② 장기할부판매의 경우	대가의 각 부분을 받기로 한 때. 다만, 공급시기가 되기 전에 세금계산서 또는 영수증을 발급하는 경우에는 그 발급한 때를 공급시기로 봄(법 17 ④, 영30조 1호)
③ 조건부판매·기한부판매의 경우	조건이 성취되거나 기한이 지나 판매가 확정되는 때
④ 완성도기준지급, 중간지급조건부의 경우	대가의 각 부분을 받기로 한 때. 단, 재화가 인도되거나 이용가능하게 되는 날 이후에 받기로 한 대가의 부분에 대해서는 재화가 인도되거나 이용가능하게 되는 날을 그 재화의 공급시기로 봄
⑤ 전력이나 그 밖에 공급단위를 구획할 수 없는재화를 계속적으로 공급하는 경우	대가의 각 부분을 받기로 한 때. 다만, 공급시기가 되기 전에 세금계산서 또는 영수증을 발급하는 경우에는 그 발급한 때(법 17④, 영30조 2호)
⑥ 재화의 공급으로 보는 가공의 경우	가공된 재화를 인도하는 때
⑦ 자가공급(판매목적 타 사업장 반출 제외),개인적공급에 따라 재화의 공급으로 보는 경우	재화를 사용하거나 소비하는 때
⑧ 자가공급 중 판매목적 타 사업장 반출	재화를 반출하는 때
⑨ 사업상증여에 따라 재화의 공급으로 보는 경우	재화를 증여하는 때
⑩ 폐업 시 잔존재화의 경우	영7조에 따른 폐업일
⑪ 무인판매기	당 사업자가 무인판매기에서 현금을 꺼내는 때
⑫ 수출재화의 경우 • 내국물품의 국외반출 및 중계무역방식의 수출	• 수출재화의 선(기)적일
• 원양어업 및 위탁판매수출	• 수출재화의 공급가액이 확정되는 때
• 외국인도수출, 위탁가공무역방식의 수출 및 원료를 대가 없이 국외의 수탁가공사업자에게 반출하여 가공한 재화를 양도하는 경우에 그 원료의 반출	• 외국에서 해당 재화가 인도되는 때
⑬ 보세구역에서의 수입재화 공급시기	수입신고 수리일(세관장의 부가가치세 징수일)
⑭ 폐업 전에 공급한 재화의 공급시기가 폐업일 이후에 도래하는 경우	그 폐업일
⑮ 위탁매매 또는 대리인에 의한 매매의 경우	수탁자 또는 대리인이 재화를 공급할 때. 단, 위탁자 또는 본인을 알 수 없는 경우에는 위탁자와 수탁자 또는 본인과 대리인 사이에도 별개의 공급이 이루어진 것으로 보아 영28 ①~⑨의 규정을 적용함
⑯ 납세의무 있는 사업자가 공급자 또는 세관장으로부터 직접 인도받은 리스거래의 경우	직접 공급받거나 직접 수입한 것으로 보아 영28 ①~⑨의 규정을 적용함
⑰ 통신판매 및 전자상거래의 경우	우편 또는 택배로 발송한 날[2]

2) 부가-2555, 2008.08.13

(2) 세금계산서 발급한 때가 공급시기인 경우

1) 공급시기가 되기 전에 대가를 받고 세금계산서를 발급한 경우 공급시기(부법 17 ①~③)

공급시기가 되기 전에 대가를 받는 경우	공급시기
① 재화 또는 용역의 공급시기가 되기 전에 대가의 전부 또는 일부를 받고, 그 받은 대가에 대해 세금계산서 또는 영수증(신용카드매출전표, 현금영수증)을 발급한 경우	세금계산서 또는 영수증을 발급하는 때
② 재화 또는 용역의 공급시기가 되기 전에 세금계산서를 발급하고 그 세금계산서 발급일부터 7일 이내에 대가를 받는 경우	해당 세금계산서를 발급한 때
③ 재화 또는 용역의 공급시기가 되기 전에 세금계산서를 발급하고 그 세금계산서 발급일부터 7일이 지난 후 대가를 받더라도 아래 ㉠, ㉡에 해당하는 경우 ㉠ 거래 당사자 간의 계약서 · 약정서 등에 대금 청구시기(세금계산서 발급일을 말한다)와 지급시기를 따로 적고, 대금 청구시기와 지급시기 사이의 기간이 30일 이내인 경우 ㉡ 재화 또는 용역의 공급시기가 세금계산서 발급일이 속하는 과세기간 내(공급받는 자가 조기환급을 받은 경우에는 세금계산서 발급일부터 30일 이내)에 도래하는 경우	해당 세금계산서를 발급한 때

2) 공급시기가 되기 전에 대가 수령과 관계없이 세금계산서를 발급한 경우 공급시기(부령 30)

대가 수령과 관계없이 공급시기 되기 전에 세금계산서를 발급한 거래형태	공급시기
① 장기할부판매로 재화를 공급하거나 장기할부조건부로 용역을 공급하는 경우	공급시기가 되기 전에 세금계산서 또는 영수증을 발급하는 경우에는 발급한 때
② 전력이나 그 밖에 공급단위를 구획할 수 없는 재화를 계속적으로 공급하는 경우	
③ 그 공급단위를 구획할 수 없는 용역을 계속적으로 공급하는 경우	

2. 장기할부판매

(1) 개요

"장기할부판매"란 재화를 공급하고 그 대가를 월부, 연부 또는 그 밖의 할부의 방법에 따라 받는 것 중 다음의 요건을 모두 갖춘 것을 말한다(부가칙 17).

① 2회 이상으로 분할하여 대가를 받는 것

② 해당 재화의 인도일의 다음 날부터 최종 할부금 지급기일까지의 기간이 1년 이상인 것

(2) 장기할부판매의 공급시기

장기할부판매의 경우 공급시기는 대가의각부분을받기로한때이나,공급시기가되기전에세금계산서또는영수증을발급하는경우에는그발급한때를공급시기로봅니다. 또한, 거래상대방에게 재화를 인도한 때에 세금계산서를 발급한 경우에는 그 발급하는 때를 공급시기로 본다.[3)]

장기할부판매 공급시기

북스상사(주)는 다음과 같은 조건으로 제품가격(공급가액) 12,000원 상당의 재화를 판매하였다. 다음의 경우 2024. 1기 과세기간 중 공급시기 및 과세표준은?

(조건 ①) 인도일 2024.1.10., 대금결제는 1월말부터 매월 말일 12개월 할부로 결제 조건임

(답) 2024년 1기 공급시기는 2024.1.31., 2.28., 3.31., 4.30., 5.31., 6.30.,이며, 2024년 1기 과세표준은 6,000원이다.

(해설) 인도일의 다음날(2024.1.11.)부터 최종 할부금 지급기일(2025.1.31.)까지의 기간이 1년 이상이고, 2회 이상 분할하여 그 대가를 받는 경우 장기할부조건에 해당하므로 각 부분을 받기로 한 때가 공급시기이다.

(조건 ②) 인도일 2024.1.30., 대금결제는 1월말부터 매월 말일에 12개월 할부로 결제 조건이고, 세금계산서를 인도일인 2024.1.30.에 제품가액 상당으로 발급함

(답) 2024년 1기 공급시기는 2024.1.30.이며, 2024년 1기 과세표준은 12,000원이다.

(해설) 장기할부판매의 경우 공급시기는 대가의 가 부분을 받기로 한 때가 되나, 공급시기가 되기 전에 재화를 인도하고 세금계산서를 발급한 경우에는 그 발급한 때를 공급시기로 본다.(부령 30)

사례2 : 공급시기 도래 전에 세금계산서가 발급된 장기할부판매 조건의 재화 매입시 공제

북스반도체(주)가 반도체 장비를 다음과 같은 조건으로 매입하였다. 해당 매입 거래의 경우 북스반도체(주)는 매입세액 공제를 받을 수 있는 공급시기와 매입금액은?

(조건) 계약일 2024.2.10., 제품가격(공급가액) 25백만원(계약금 1백만원), 대금지급은 2024년 3월말부터 매달 말일에 24개월 할부로 결제 조건이고, 2024.2.10. 계약금을 지급하였다. 북스반도체(주)는 2024.3.10. 거래상대방으로부터 공급가액 25백만원 상당의 매입세금계산서를 교부받았다.

(답) 북스반도체(주)는 2024.3.10.를 공급시기로 보아 2024.1기에 2,500,000원 상당의 매입세액을 공제를 받을 수 있고, 2024.1기 매입금액은 25백만원이다.

3) 부가-492, 2013.05.31.

(3) 재화를 장기할부로 판매하고 매출채권을 인도시점에 다른 사업자에게 양도하는 경우 공급시기

휴대폰단말기 판매업자가 통신사로부터 단말기를 구입하여 휴대통신가입자에게 2~3년간 할부판매 조건으로 단말기를 공급하고, 해당 매출채권은 단말기 인도시점에 통신사에 양도하여 실제 단말기 공급대가를 인도시점에 일시에 회수하는 경우, 단말기의 공급시기는 매출채권을 통신사에 양도한 재화의 인도시점이 된다.[4)]

(4) 중도금 납부 시 인도 후 2년 후 잔액을 분할로 납부하는 경우 공급시기

사업자가 계약금과 1차중도금을 지급받은 후 아파트를 인도하고 나머지 중도금과 잔금을 약정에 따라 3년에 걸쳐 분할하여 지급받기로 한 경우, 당해 아파트의 계약금과 1차중도금의 공급시기는 재화가 이용가능한 때가 되는 것이며, 나머지 중도금과 잔금의 공급시기는 장기할부판매에 해당되어 대가의 각 부분을 받기로 한 때가 된다.[5)]

3. 중간지급조건부 재화의 공급

(1) 개요

1) 중간지급조건부 재화의 공급 개요

"중간지급조건부로 재화를 공급하는 경우"란 다음의 어느 하나에 해당하는 경우를 말한다(부칙 18).

① 계약금을 받기로 한 날의 다음 날부터 재화를 인도하는 날 또는 재화를 이용가능하게 하는 날까지의 기간이 6개월 이상인 경우로서 그 기간 이내에 계약금 외의 대가를 분할하여 받는 경우

② 「국고금 관리법」 제26조에 따라 경비를 미리 지급받는 경우

③ 「지방회계법」 제35조에 따라 선금급(先金給)을 지급받는 경우

2) 중간지급조건부 용역의 공급

중간지급조건부 용역의 공급은 계약금을 받기로 한 날의 다음날부터 용역의 제공을 완료한 날까지의 기간이 6개월 이상인 경우로서 그 기간 이내에 계약금 외의 대가를 분할하여 받는 경우를 말한다(부칙 20). 또한 '계약금 외의 대가를 분할하여 받는 경우'라함은 중간지급조건부 재화 또는 용역의 공급 요건을 충족하려면 계약금, 중도금, 잔금 등 최소한 3회 이상 분할 지급 조건이 되어야 한다는 것을 의미한다.

3) 중간지급조건부 공급의 공급시기

중간지급조건부 공급의 경우 공급시기는 대가의각부분을받기로한때이나,지급시기 중간에 거래상대방에게 재화를 인도한 경우 공급시기는 해당 재화를 인도한 때로 본다.

---

4) 법규과-1330, 2011.10.11

5) 부가가치과-875, 2009.06.25

(2) 중간지급조건부 공급시기 판단 사례

H중공업(주)가 다음 조건과 같이 거래상대방에게 기계장치를 공급할 경우, 공급시기와 공급가액은 얼마인가?

(조건 ①) 계약금 2024.5.2. 1억원, 중도금 2024.7.31. 1억원, 잔금 2024.9.30. 1억원 및 인도일
(답) 공급시기 2024.9.30., 공급가액 3억원
(해설) 중간지급조건부 요건인 3회 이상 분할에 해당되나, 계약금과 잔금일 또는 인도일까지 기간 이 6개월 미만이므로 인도일이 공급시기가 된다.

(조건 ②) 계약금 2024.3.20. 1억원, 중도금 2024.7.31. 1억원, 잔금 2024.9.30. 1억원 및 인도일
(답) 공급시기 2024.3.20., 2024.7.31., 2024.9.30., 공급가액 각 1억원
(해설) 중간지급조건부 요건을 충족하므로 대가의 각 부분을 받기로 한 때가 공급시기이다.

(조건 ③) 계약금 2024.3.20. 1억원, 잔금 2024.9.30. 2억원 및 인도일
(답) 공급시기 2024.9.30., 공급가액 3억원
(해설) 중간지급조건부 요건인 계약금과 잔금일 또는 인도일까지 기간 이 6개월이상 이나, 3회 이상 분할에 해당하지 아니하므로 인도일이 공급시기가 된다.

(조건 ④) 거래상대방이 미국에 소재한 기업으로 계약금 2024.3.20. 1억원, 중도금 2024.7.31. 1억원, 잔금 2024.9.30. 1억원 및 선적일
(답) 공급시기 2024.9.30., 공급가액 3억원
(해설) 수출하는 재화(직수출)의 공급시기는 중간지급조건부, 장기할부조건부인 경우에도 선적일이 공급시기이다. (각주) 부가가치세과-434, 2009.03.30.

(3) 중간지급조건부인 당초 계약변경 시의 공급시기[6]

사업자가 중간지급조건부에 의한 재화 또는 용역의 공급계약을 체결하였으나 그 내용이 변경된 경우의 공급시기는 다음과 같다.

1) 당초 계약의 지급일자 변경

당초 계약의 지급일을 변경한 경우에는 계약의 변경내용에 따라 대가의 각 부분을 받기로 한 때로 한다.

2) 계약금 외의 대가를 일시에 지급하는 경우

중간지급조건부에 의한 당초 계약내용을 변경하여 대가의 각 부분을 일시에 지급하기로 한 경

6) 부가집 15-28-5 ①

우에는 재화의 인도 또는 용역의 제공이 완료된 때로 한다.

3) 지급기간 중에 재화를 인도한 경우

중간지급조건부로 재화를 공급하기로 하였으나 지급기간 중에 거래상대방에게 재화를 인도하는 경우 나머지 중도금 및 잔금의 공급시기는 해당 재화를 인도한 때로 한다.

(4) 중간지급조건부계약의 잔금에 대한 공급시기

중간지급조건부로 재화를 공급하기로 하였으나 지급기간 중에 거래상대방에게 재화를 인도하는 경우 나머지 중도금 및 잔금의 공급시기는 해당 재화를 인도한 때로 한다.[7)]

(5) 조기 준공으로 인하여 계약금지급일부터 준공예정일까지의 기간이 6월 미만이 된 경우

중간지급조건부로 제공하는 건설용역이 조기 준공으로 인하여 계약금지급일부터 준공예정일까지의 기간이 6월 미만이 된 경우 이미 발행한 세금계산서는 적법하며, 나머지 용역대가는 준공일을 공급시기로 본다.[8)]

(6) 당초 계약조건을 변경하여 중간지급조건부계약으로 변경된 경우

당초 재화의 공급계약이 중간지급조건부에 해당하지 아니하였으나, 당사자 간에 계약조건을 변경하여 중간지급조건부계약으로 변경된 경우 계약변경 이전에 지급한 계약금은 변경계약일을, 변경계약일 이후에는 변경된 계약에 의하여 대가의 각 부분을 받기로 한 때를 각각 공급시기로 본다.[9)]

중간지급조건부로 변경된 경우 공급시기

공급자 A와 거래상대방 B는 아래와 같은 재화 공급계약을 체결하였다. 공급시기와 공급가액은?

(당초계약) 계약일 1.1., 인도일 5.30., 계약금 1억원 지급약정일은 계약일, 중도금 2억원 지급약정일은 자재반입일(납기일 이전), 잔금 3억원 지급약정일은 재화인도일

(계약 변경내용) 계약 이행 중 A의 자재반입 및 재화인도일이 지연되어 당초 계약을 수정하여 중도금 지급약정일과 잔금 지급약정일을 5.10.경 계약을 변경하였다. 중도금 2억원 지급약정일은 변경된 자재반납일(9.25. 반입될 것으로 예상), 잔금 3억원 지급약정일은 변경된 납기일(재화인도 예정일)인 10.10.이다.

(답) 계약금 공급시기 5.10. 공급가액 1억원, 중도금의 공급시기 9.25. 공급가액 2억원, 잔금 공급시기 10.10. 공급가액 3억원이다.

(해설) 당초 계약상 거래시기는 재화의 인도일인 5.30.이나, 변경된 계약에 의해 중간지급조건부로 변경되어 각 부분을 대가로 받기로 한 때를 각각의 공급시기로 보아 세금계산서를 발급해야 한다. 이때 1.1.에 지급한 계약금 1억원은 5.10. 변경계약일을 공급시기로 본다.

---

7) 부가집 15-28-5 ②
8) 부가집 15-28-5 ③
9) 부가집 15-28-5 ④

(7) 계약해제 시 위약금 부담 없는 아파트 매매 시 공급시기

사업자가 아파트를 매매하면서 그 매매대금을 계약금, 중도금 및 잔금으로 나누어 받되 계약금 수수일부터 잔금수수일까지의 기간이 6월 이상이고, 매입자가 중도금을 완불하면 입주할 수 있되 잔금을 완불해야 소유권을 이전해 주며, 매입자가 매매계약 내용을 지키지 않는 경우 위약금을 부담하되 잔금일 이전 일정기간에 매매계약 해제를 요청하는 경우 위약금을 부담하지 않는다는 매매계약을 체결한 경우, 사업자의 아파트 매매에 따른 공급시기는 대가의 각 부분을 받기로 한 때이다. [과세대상 주택의 분양계약에서 계약금과 중도금을 납부한 수분양자가 소유권이전등기 없이 주택에 입주하여 사용한 후 잔금지급일(입주 후 21개월 경과)이 도래하면 분양계약을 해제하거나 잔금을 납부하고 주택구입하는 것 중 하나를 선택할 수 있는 권리부여 시 공급시기][10)]

(8) 매도인의 계약위반으로 계약상 잔금일 이후 잔금을 공탁한 경우 잔금의 공급시기

중간지급조건부 재화의 공급에 해당하는 경우로서 매도인이 잔금지급기일까지 명도를 하지 아니하여 매수인이 잔금을 변제 공탁하면서 임의적으로 소유권이전등기에 필요한 서류의 교부시기를 연장하여 준 경우에는 잔금정산일(공탁일)을 해당 잔금의 공급시기로 한다.[11)]

4. 완성도기준지급조건부 재화의 공급

완성도기준지급조건부 재화의 공급이란 재화가 인도되기 전 또는 재화가 이용 가능하게 되기 전에 그 대가를 해당 재화의 완성도에 따라 분할하여 받기로 하는 약정에 의하여 공급하는 것을 말하며, 이는 계약기간에 관계없이(6월 이내 공급계약 포함) 적용한다. 따라서, 공급자가 해당 재화의 완성도를 측정하고 기성고를 청구하며, 공급받는 자는 기성고를 확인하고 그 대가를 확정하는 일련의 행위가 있어야 완성도기준지급의 공급으로 볼 수 있다. 기성고 청구(확정) 등이 없는 경우 완성도기준지급이라고 볼 수 없다.

5. 창고증권의 양도

「부가가치세법 시행령」 제28조 제8항 제1호 및 제2호, 제3호와 관련하여 임치물의 반환이 수반되는 경우로서 다음 중 어느 하나에 해당되는 때를 재화의 공급시기로 한다(부령 28 ⑧).

① 창고증권을 소지한 사업자가 해당 조달청 창고 또는 거래소의 지정창고에서 실물을 넘겨받은 후 보세구역의 다른 사업자에게 해당 재화를 인도하는 경우 해당 재화를 인도하는 때

② 해당 재화를 실물로 넘겨받는 것이 재화의 수입에 해당하는 경우에는 그 수입신고수리일

10) 재부가-190, 2013.03.14

11) 사전-2015-법령해석부가-0123, 2015.06.30

③ 국내로부터 조달청 창고 또는 거래소의 지정창고에 임치된 임치물이 국내로 반입되는 경우에는 그 반입신고수리일

6. 리스의 경우

납세의무 있는 사업자(과세사업자만)가 「여신전문금융업법」에 의하여 등록을 한 시설대여업자(리스회사)로부터 시설 등을 임차하고, 해당 시설 등을 공급자 또는 세관장으로부터 직접 인도받은 경우에는 해당 사업자가 공급자로부터 재화를 직접 공급받거나 외국으로부터 재화를 직접 수입한 것으로 보아 공급시기를 적용한다(부령 28 ⑪).

7. 위탁판매의 경우

사업자가 수탁자와 위수탁계약을 체결하여 재화를 판매함에 있어서 수탁자가 구매자에게 재화를 판매하는 경우 사업자의 공급시기는 수탁자가 구매자에게 재화를 판매하여 인도하는 때가 된다.[12)]

8. 조건부 판매의 경우

(1) 검수조건부 판매

1) 개요

공급받는 자의 검수를 필수적인 인도조건으로 하는 재화의 공급인 경우에 이동되는 재화의 공급시기는 당해 인도조건이 성취되는 때인 것으로 매매계약서상 검수조건을 부기하지 아니하였다 하더라도 관련 증빙서류에 의거 검수가 이루어져야만 인도가 가능한 경우에는 당해 재화의 공급시기는 당해 인도조건이 성취되는 때로 한다.[13)]

2) 계약일로부터 6월이 경과한 검수조건부 재화 공급의 경우

기계기구 제작을 주문하여 제작완료 시에 검사 후 가격을 확정해 지급키로 하고 선수금 지급 후 6월을 경과해 공급받는 경우, 공급시기 및 세금계산서 교부시기는 완성도기준지급 또는 중간지급조건부 공급에 해당하지 아니하는 경우로서 공급받는 자의 검사를 필수적인 인도조건으로 하는 재화의 공급인 경우의 거래시기는 당해 인도조건이 성취되는 때(공급이 확정되는 때)로 한다.[14)]

3) 검수불합격 재화를 반환거부하는 경우 공급시기

본 건 검수조건부 금형공급의 계약서에 따르면, 계약발주자는 완료통보일로부터 3일 이내에 검

12) 부가가치세과-1057, 2010.08.13
13) 서면2015부가-22427, 2016.06.20
14) 제도46015-10561, 2001.04.14

사결과를 통지하도록 되어 있고 검수에 합격하지 못한 경우 재화의 공급이 이루어지지 않은 것이므로 반환하여야 할 것이나 계약발주자가 반환을 거부하고 점유한 경우에는 해당 재화의 반환을 거부한 시점에 재화의 공급이 이루어졌다고 보아야 한다.[15)]

4) 검수조건부 수출계약을 체결하고 실제 검수를 이행한 경우의 공급시기(검수완료일)

검사에 합격하여 공급이 확정되는 검수조건부 판매의 계약은 계약당사자 간의 약정에 의하여 재화의 종류에 관계없이 계약이 가능한 것이고,[16)] 쟁점재화와 같이 외국인도수출에 해당하는 경우의 공급시기는 「부가가치세법」에서 외국에서 당해 재화가 인도되는 때로 규정되어 있는 바, 인도되는 때에 대하여 부가가치세법령에서 별도의 명문 규정이 없으므로 「법인세법」의 규정을 준용하여야 할 것인 바, 법인세법령에서 인도한 날을 판정함에 있어 물품을 수출하는 경우에는 수출물품을 계약상 인도하여야 할 장소에 보관한 날로 규정되어 있고, 수출물품을 계약상 인도하여야 할 장소에 보관한 날이라 함은 계약상 별단의 명시가 없는 한 선적을 완료한 날을 뜻하는 것이나,[17)] 미국의 ○○○와 검수조건부 판매로 재화를 공급하는 별단의 검수조건부계약을 체결한 경우에는 계약내용에 따라 검수가 완료된 날을 공급시기로 보아야 하는 것으로,[18)] 선적일 이후 청구법인의 거래상대방인 ○○○가 쟁점재화를 2011.1.3.자에 검수한 사실이 나타나고 있어, 쟁점재화의 공급시기는 검수완료일인 2011.1.3.로 보아야 할 것으로 판단되며, 처분청이 쟁점재화의 공급시기를 선적일로 보아 영세율 과세표준 신고불성실가산세를 과세한 처분은 부당한 것으로 판단된다.[19)]

(2) 재화를 공급하고 대가를 4회에 걸쳐 분할 지급

사업자가 이동이 필요한 재화를 공급하고 그 대가를 4개월 동안 분할하여 지급받기로 약정한 경우 이는 동의조건부판매가 아니라 외상판매 및 할부판매의 경우에 해당하므로 재화가 인도되는 때를 공급시기로 하는 것이며, 해당 재화를 공급받는 자는 공급시기에 세금계산서를 발급받아야 한다.[20)]

(3) 소유권이전 유보계약에 의하여 공급하는 재화의 공급시기

사업자가 대리점에 의류 등을 판매하고 그 대리점은 대금의 지급 여부에 관계없이 구매한 의류 등을 자기의 책임과 계산하에 제3자에게 판매하는 등 처분권한이 있는 경우에는 사업자가 채권회수를 위하여 의류 등의 소유권이전을 대금회수시점까지 유보시키는 경우에도 당해 의류 등이

15) 부가가치세과-549, 2010.05.03
16) 대법원79누135, 1979.10.30., 소비 22601-441, 1986.05.29
17) 법기통 40-68-2
18) 서면 3팀-1928, 2004.09.20
19) 조심2011서3753, 2012.02.22
20) 법규부가2013-234, 2013.07.10

대리점에 인도되는 때를 공급시기로 본다.[21]

(4) 공급자에게 소유권이 유보된 재화를 판매점에 인도하는 경우 공급시기

이동통신사 대리점(이하 "사업자")이 판매점과 위탁매매계약을 체결하여 판매점을 통하여 소비자에게 물품을 공급하여 오다 소비자가 일시불 구매를 원하는 물품에 대하여는 판매점과 매매거래계약을 체결하여 판매점에 물품을 공급하는 경우로서 사업자가 판매점에 물품을 반출한 후에도 소유권을 가지고 물품 소유에 대한 위험과 책임을 부담하다 판매점이 해당 물품을 소비자에게 일시불로 판매 시 사업자에게 매매를 요청하면 사업자와 판매점 간의 매매가 성립되어 판매점이 자신의 권한과 책임으로 소비자에게 물품을 판매할 수 있는 것으로 약정한 거래가 기타 조건부판매에 해당하는 경우 사업자의 물품 공급시기는 조건이 성취되어 판매가 확정되는 때인 판매점의 소비자판매시점이 되는 것이며, 조건부판매에 해당하는지 여부는 계약내용 및 구체적인 거래내용을 종합하여 사실판단할 사항이다.[22]

9. 전자상거래 시 공급시기

사업자가 온라인 쇼핑몰에서 재화를 판매하는 경우로서 「전자상거래 등에서의 소비자보호에 관한 법률」 제17조에 따라 일정기간 내에 소비자가 청약철회 할 수 있으나 계약상 그 외 다른 조건이나 기한의 약정이 없는 경우 재화의 공급시기는 해당 재화가 인도되는 때로 하는 것이며 온라인 쇼핑몰의 약관에 따라 재화를 수령한 소비자가 일정기간 내에 구매결정(확정)이나 교환, 반품 등의 의사표시를 하도록 하고 의사표시가 없는 경우 일정기간 경과시 자동으로 구매결정(확정) 되는 경우 해당 재화의 공급시기는 약관상 조건이 성취되거나 기한이 지나 판매가 확정되는 때로 하는 것이다.[23]

10. 공급가액을 결정하지 아니한 상태에서 재화를 인도하는 경우

사업자가 공급가액을 결정하지 아니한 상태에서 재화를 인도하고 사후에 공급가액이 결정되는 경우 재화의 공급시기는 재화가 인도되는 때인 것이며, 이 경우 공급가액은 인도 당시의 시가로 하고 사후에 결정된 공급가액이 시가와 차이가 있을 때에는 수정세금계산서를 교부하는 것이나, 조건부 및 기한부판매인 경우에는 그 조건이 성취되거나 기한이 경과되어 판매가 확정되는 때를 공급시기로 한다.[24]

---

21) 부가가치세과-1273, 2009.09.09
22) 사전-2021-법령해석부가-0779 [법령해석과-3020], 2021.08.31
23) 서면-2019-법령해석부가-1949 [법령해석과-2611], 2019.10.08.
24) 부가-825, 2012.07.30

11. 선하증권을 양도하고 양수자가 수입통관하는 경우

사업자가 수입물품에 대한 선하증권을 양도하고 당해 선하증권을 양수한 자가 수입통관하는 경우 당해 선하증권 양도와 관련한 공급시기는 당해 수입물품의 수입신고수리일로 한다.[25)]

12. 현물출자 재화의 공급시기

사업자가 재화를 법인에 현물출자하는 경우에는 현물출자로서의 이행이 완료되는 때를 그 공급시기로 본다. 이 경우 이행이 완료되는 때란 「상법」 제295조 제2항에 따라 출자의 목적인 재산을 인도하는 때이며, 등기·등록 그 밖의 권리의 설정 또는 이전을 요할 경우에는 이에 관한 서류를 완비하여 발급하는 때를 말한다.[26)]

13. 상품권 등에 의하여 공급하는 재화의 공급시기

상품권 등을 현금 또는 외상으로 판매하고 그 후 해당 상품권 등에 의하여 현물과 교환하는 경우에는 재화가 실제로 인도되는 때를 그 공급시기로 본다.[27)]

구분	적용방법
상품권의 판매	과세대상 거래가 아님
상품권의 판매대리 및 발행대행	대행수수료 과세
상품권 판매 관련 공급시기	재화가 실제로 인도되는 때
상품권 판매 시 세금계산서 등 발급	세금계산서 · 계산서 발급의무 없음

14. 부동산 양도에 따른 공급시기[28)]

(1) 원칙

부동산을 양도하는 경우의 공급시기는 해당 부동산이 이용가능하게 되는 때이며, 이용가능하게 되는 때란 원칙적으로 소유권이전등기일을 말하지만, 당사자 간 특약에 따라 소유권이전등기일 전에 실제 양도하여 사용·수익하거나 잔금 미지급 등으로 소유권이전등기일 이후에도 사용·수익할 수 없는 사실이 객관적으로 확인되는 때에는 실제로 사용·수익이 가능한 날을 말한다.

25) 서삼46015-11452, 2003.09.15
26) 부가집 15-28-1
27) 부기통 15-28-2
28) 부가집 15-28-3

(2) 중간지급조건부 계약 후 잔금청산 전에 미리 사용하는 경우

중간지급조건부로 부동산을 공급하기로 계약하였으나 소유권이전 및 잔금지급 전에 이를 이용가능하게 하는 경우 해당 부동산을 이용가능하게 한 때를 공급시기로 본다.

(3) 잔금청산 전 폐업하는 경우

사업자가 부동산임대사업에 사용하던 건물을 매각하는 계약을 체결하여 계약금과 중도금을 받고 잔금을 받지 않은 상태에서 폐업한 경우 그 폐업일을 해당 건물의 공급시기로 본다.

(4) 건축 중인 건물을 양도하는 경우

건축 중인 건물을 양도하는 경우 양수인이 그 건축 중인 건물을 이용가능하게 된 때를 공급시기로 본다.

(5) 기부채납에 의한 공급

부동산을 기부채납하기로 약정함에 따라 사회기반시설을 신축하여 일정기간 사용·수익한 후에 기부채납하는 경우 그 기부채납절차가 완료된 때를 공급시기로 본다.

15. 임차토지에 설치한 시설물의 공급 시[29)]

(1) 타인 소유 토지 위에 건물 신축 후 토지소유자 명의로 신축건물을 보존등기하는 경우

1) 토지임차인의 처리

사업자가 타인 소유의 토지 위에 건물을 신축하여 일정기간 동안 무상 또는 저리로 사용하기로 약정하고 토지소유자 명의로 신축건물을 보존등기하는 경우 재화와 용역의 교환거래로서 해당 건축물의 이전은 재화의 공급에 해당하며, 당해 건물이 이용가능한 시기에 당해 건물의 시가를 과세표준으로 하여 부가가치세를 거래징수하여야 한다.

2) 토지임대인의 처리

토지소유자가 자기의 토지 위에 다른 사업자로 하여금 건물을 신축하여 일정기간 사용하게 하고 그 대가로 건물의 소유권을 취득하는 것은 토지의 임대에 해당하여 부가가치세가 과세되는 것으로 부가가치세 과세표준은 일정기간 토지의 임대용역에 대한 대가로 건물을 선불 또는 후불로 받는 경우에 해당하여 당해 건물의 시가를 일정기간(2과세기간 이상에 걸침)의 월수로 나눈 금액의 각 과세대상기간의 합계액으로 하는 것이며, 공급시기는 예정신고기간 또는 과세기간의 종료일인 것이다. 다만, 공급시기가 도래하기 전에 세금계산서를 교부한 경우에는 그 교부하는 때를 공급시기로 본다.

29) 부가집 15-28-6

(2) 타인 소유 토지 위에 건물 신축 후 임대차계약 종료 시 해당 건물의 소유권을 임대인에게 이전하는 경우

타인의 토지 위에 임차인이 건물을 신축하여 자기의 명의로 등기하여 토지를 무상 또는 저리로 사용하던 중에 임대차계약 종료 시 토지를 명도하면서 해당 건물의 소유권을 임대인에게 이전하는 경우 그 건물에 대한 소유권을 이전하는 때에 재화의 공급으로 부가가치세가 과세된다. 이 경우 임대인은 토지의 임대에 따른 대가를 금전 외의 것으로 받은 것으로서 「부가가치세법 시행령」 제65조 제5항에 따라 공급가액을 계산하여 부가가치세 신고납부의무를 진다.

(3) 임차기간 종료 후 임차인의 비용으로 철거하도록 약정한 경우

임차인이 임차토지 위에 자신의 계산과 책임으로 건물을 신축하여 적정한 토지임대료를 지급하고 사용한 후 임대기간 만료 또는 해지 시 임차인의 비용으로 철거하도록 약정되었다면 해당 건축물의 취득가액을 임대인의 토지임대료에 포함하지 아니한다.

(4) 미경과 선수임대료의 부가가치세 과세 여부

사업자가 부동산임대사업자와 임대차계약을 체결한 후 건물을 개축하여 기부하고 임대차계약기간 동안 사용함에 있어 사업자의 귀책사유로 인하여 임대차계약기간의 만료 전에 퇴거하게 되어 임대차계약기간의 미경과분에 대한 선수임대료 상당액이 부동산임대사업자에게 귀속되는 경우 당해 선수임대료 상당액은 부가가치세 과세대상에 해당하지 아니한다.[30)]

16. 소포우편에 의한 수출재화의 공급시기

사업자가 소포우편에 의하여 재화를 수출하는 경우 해당 재화에 대한 소포수령증의 발급일을 공급시기로 본다.[31)]

17. 기부채납 관련 재화의 공급시기

(1) 개요

철도화물기지 내의 일부 토지에 양회저장시설을 지어 이를 철도청에 기부채납하기로 한 자가 시설부지의 사용권을 따로 취득하고 토지사용료를 위 시설물의 기부채납 시까지 철도청에 계속 지급하여 오면서 사실상 완공일 이후 그 지상에 건설된 위 시설물을 기부 당시까지 약 3년간에 걸쳐 사업용 고정자산으로 사용하여 왔을 뿐 아니라, 위와 같이 사실상 완공된 후에도 기부범위 등

---

30) 법규과-5137, 2007.11.01

31) 부가집 15-28-7

에 관한 여러 차례의 협의를 거쳐 절차가 모두 마무리된 다음에야 비로소 철도청이 위 시설물을 국가 소유로 관리하기 시작하게 된 점과 기부채납 전의 소유권귀속에 관한 특별한 약정이 없는 상태에서 기부채납자가 도시계획사업시행 등의 허가를 받음이 없이 자기의 비용과 책임으로 위 시설물을 완공한 점 등에 비추어 기부채납자가 위 시설물의 소유권을 일단 원시취득한 후 다시 이를 철도청에 기부채납하는 절차를 거쳐 그 소유권을 국가에 이전한 것으로 보는 것이 타당하고 (사실상 완공 이후의 건축협의는 후속절차 진행을 위한 편의적인 조치에 지나지 아니하여 이로 인하여 결론이 달라지는 것은 아니다), 그 공급시기는 기부채납절차가 완료된 때이거나 국가명의로 보존등기가 된 때이다.[32)]

(2) BTO방식 기부채납의 경우

항만공사가 항만시설을 국가에 귀속시키고 그 대가로 당해 시설을 일정기간 무상사용할 수 있는 권리를 취득하는 경우, 「항만법」에 따른 기부채납이 완료되는 때에 항만공사는 국가로부터 부가가치세를 거래징수하여야 한다.[33)]

(3) BTL방식 기부채납의 경우

사업자가 「사회간접자본 시설에 대한 민간투자법」 제4조 제2호의 방식으로 국가 또는 지방자치단체에 기부채납하기로 약정하고, 동법에 의한 사회간접자본 시설물을 신축하여 준공한 후 일정기간 동안 사용·수익하다가 기부채납하는 경우 당해 시설물의 공급에 대한 거래시기는 기부채납절차가 완료된 때이다.[34)]

18. 대물변제로 받은 건물을 다시 분양하는 경우

건물이 완성되지 않은 상태에서 대물변제로 받아 이를 실수요자에게 다시 분양하는 경우의 공급시기는 재화가 이용가능하게 되는 때로 한다.[35)]

19. 전력 등 공급단위를 구획할 수 없는 재화를 공급하는 경우

전력 등 기타 공급단위를 구획할 수 없는 재화를 계속적으로 공급하는 경우 공급시기는 각 대가를 받기로 한 때이다. 단, 공급시기 도래 전에 세금계산서 등을 교부한 경우에는 세금계산서 등을 교부하는 때를 공급시기로 본다.[36)]

---

32) 대법원94누15752, 1996.04.26
33) 부가가치세과-1090, 2010.08.19
34) 상담3팀-2966, 2006.12.01
35) 서삼46015-10597, 2003.04.09
36) 상담3팀-836, 2005.06.16

CHAPTER 03

용역의 공급시기

제1절 용역 공급시기의 일반적 기준

용역이 공급되는 시기는 다음의 어느 하나에 해당하는 때로 한다.

① 역무의 제공이 완료되는 때 : 역무가 현실적으로 제공되어 역무제공의 산출물을 사용할 수 있는 상태[37)]

② 시설물, 권리 등 재화가 사용되는 때

③ 대가의 각 부분을 받기로 한 때 : 받기로 한 날을 의미[38)]

〈일반적인 거래형태별 공급시기〉

구분	공급시기
① 통상적인 공급의 경우(법16①)	• 역무의 제공이 완료되는 때 • 시설물, 권리 등 재화가 사용되는 때
② 완성도기준지급조건부 · 중간지급조건부 · 장기할부조건부 또는 그 밖의 조건부로 용역을 공급하거나 그 공급단위를 구획할 수 없는 용역을 계속적으로 공급하는 경우(영29①)	• 대가의 각 부분을 받기로 한 때 • 다만, 완성도기준지급조건부 · 중간지급조건부로 용역을 공급하는 경우 역무의 제공이 완료되는 날 이후 받기로 한 대가의 부분에 대해서는 역무의 제공이 완료되는 날 • 또한, 장기할부조건부 또는 공급단위를 구획할 수 없는 용역을 계속적으로 공급하는 경우 공급시기가 되기 전에 세금계산서 또는 영수증 발급하는 경우에는 그 발급한 때(법17④, 영30조 1호,3호)
③ 역무의 제공이 완료되는 때 또는 대가를 받기로 한 때를 공급시기로 볼 수 없는 경우 (영29② 1호)	역무의 제공이 완료되고 그 공급가액이 확정되는 때

37) 대법원 2014두35553, 2016.04.12.

38) 국심 2006서3746, 2007.06.12.

제2절 거래형태별 용역의 공급시기

Ⅰ 대가의 각 부분을 받기로 한 때를 공급시기로 보는 경우

1. 개요

(1) 관련 규정

다음의 어느 하나에 해당하는 경우에는 대가의 각 부분을 받기로 한 때를 법 제16조 제2항에 따른 할부 또는 조건부로 용역을 공급하는 경우 등의 용역의 공급시기로 본다. 다만, ②와 ③의 경우 역무의 제공이 완료되는 날 이후 받기로 한 대가의 부분에 대해서는 역무의 제공이 완료되는 날을 그 용역의 공급시기로 본다(부령 29 ①).

① 장기할부조건부 또는 그 밖의 조건부로 용역을 공급하는 경우

② 완성도기준지급조건부로 용역을 공급하는 경우

③ 중간지급조건부로 용역을 공급하는 경우

④ 공급단위를 구획할 수 없는 용역을 계속적으로 공급하는 경우

(2) 대가의 각 부분

1) 계약금의 대가성

"대가의 각 부분"에는 대가의 일부로서 받는 계약금을 포함하며, 대가의 일부로 계약금을 거래상대자로부터 받는 경우에는 해당 계약조건에 따라 계약금을 받기로 한 때를 그 공급시기로 본다. 이 경우 착수금 또는 선수금 등의 명칭으로 받는 경우에도 해당 착수금 또는 선수금이 계약금의 성질로 인정되는 때에는 계약금으로 본다.[39)]

2) 계약상 관계 없는 선수금

계약상 조건에 관계없이 용역공급자의 편의를 위한 선수금은 완성도기준에 의한 대가수령이 아니므로 당해 선수금을 대가로 볼 수 없다.[40)]

3) 공사 기성고에 충당한 선급금

공사도급계약서상의 대금지불방법이 공사가 25% 진척될 때마다 기성고의 90%까지 지불하고 계약선급금으로 일정액을 지급키로 된 경우 공사진행 기성고에 충당한 당해 계약선급금은 용역공급대가의 일부인 계약금적 성질이라기보다 공사이행을 확실히 하고 약정기간 내에 공사의 완

39) 부기통 15-28-3

40) 국심86서1859, 1987.01.20

공을 추진하기 위한 착수금 내지 자금지원목적의 자금으로 보는 것이 더 합당하다 할 것이다.[41)]

(3) 받기로 한 때

받기로 한 때란 받기로 약정된 날을 의미하며, 실지 대가를 지급받지 못하더라도 받기로 한 때에 세금계산서를 교부해야 한다. 계약서상 공사기간이 6개월 미만이고 공사기성고에 따라 대금을 청구한 경우 완성도지급조건부 거래로 공사용역의 공급시기는 그 대가의 각 부분을 받기로 한 날이 속하는 과세기간이 타당하다.[42)]

2. 장기할부조건부 용역의 공급

장기할부조건부로 용역을 공급하는 경우는 용역을 공급하고 그 대가를 월부, 연부 또는 그 밖의 할부의 방법에 따라 받는 것 중 다음의 요건을 모두 갖춘 것으로 한다(부가칙 19).
① 2회 이상으로 분할하여 대가를 받는 것
② 해당 용역의 제공이 완료되는 날의 다음 날부터 최종 할부금 지급기일까지의 기간이 1년 이상인 것

3. 그 밖의 조건부 용역 공급

(1) 개요

"기타 조건부 용역 공급"이란 그에 관한 특별한 규정이 없는 한 역무의 제공 등이 완료되기 전에 그 대가를 완성도기준 등이 아닌 다른 기준에 따라 나누어 지급하기로 약정한 경우를 말한다.[43)]

(2) 기술개발용역계약

사업자가 기술개발용역계약을 체결하여 기술개발기간 중 계약조건에 따라 계약금 등 대가를 분할하여 받기로 하고 기술개발이 실패하는 경우 이미 지불한 대가의 일부 또는 전부를 반환하는 계약은 그 밖의 조건부 용역의 공급에 해당되어 그 대가의 각 부분을 받기로 한 때를 공급시기로 본다.[44)]

(3) 수출대행용역의 대가를 수출대금 회수 후 받기로 한 경우

수출대행용역을 공급함에 있어, 수출대행업자가 수출대금을 회수하여 수출위탁자에게 지급한 경우에 수출대행용역의 대가를 지급하기로 한 경우의 용역제공은 기타 조건부 용역공급에 해당하는 것으로 그 대가의 각 부분을 받기로 한 때가 공급시기가 된다.[45)]

41) 국심87부1146, 1987.09.12
42) 조심2010중3593, 2011.05.09.
43) 대법원98두3952, 1999.05.14
44) 부가집 16-29-3
45) 부가가치세과-3106, 2008.09.18

4. 완성도기준지급조건부 용역의 공급

(1) 개요

완성도기준지급조건부 용역의 공급이란 용역의 제공이 완료되기 전에 그 대가를 해당 용역의 완성도에 따라 분할하여 받기로 하는 약정에 의하여 공급하는 것을 말하는 것으로, 계약기간에 관계없이 적용된다.[46] 일반적으로 볼 때 완성도기준지급 또는 중간지급조건부 거래라고 하는 것은 장기건설용역의 제공, 신축건물의 분양, 규모가 큰 기계나 가구의 제작납품 등의 경우와 같이 재화나 용역의 완성될 때까지에는 오랜 시일이 필요하고 기성부분의 측정, 일의 진척도에 따라 재화의 공급이나 용역의 제공에 대한 대가를 분할하여 지급하는 것이 합리적이며 기성부분 또는 일의 진척도를 측정하기가 어렵다거나 그럴 필요가 없는 경우에 다만 시간적으로 분할하여 대가를 지급하는 거래를 가리키는 것이다. 완성도기준지급이나 중간지급조건부 거래의 이면에는 양자 공히 완성된 재화의 공급이나 일회적인 용역의 제공이 아니라 완성된 재화를 공급하기 위한 과정에 있어서 그 완성된 정도에 따른 대가의 지급 또는 계속적인 용역의 제공에 있어서 제공완료된 용역에 대한 대가의 지급 같은 개념이 내포되어 있다고 보아야 한다.[47]

(2) 원칙적인 공급시기

완성도지급조건부 거래는 완성도를 확인하여 그 비율에 상응하는 만큼 대가를 지급하는 거래를 말하는 것으로서 공급자가 일의 완성도를 측정하고 기성고를 청구하면, 공급받는 자는 기성고를 확인하고 대가를 확정하는 일련의 행위가 있어야 하는 것인 바,[48] 사업자가 완성도기준지급 또는 중간지급조건부 건설용역의 공급계약서상 특정내용에 따라 해당 건설용역에 대하여 검사를 거쳐 대가의 각 부분의 지급이 확정되는 경우에는 검사 후 대가의 지급이 확정되는 때를 그 공급시기로 본다.[49]

(3) 집행기준상 완성도기준지급조건부 용역의 공급시기 사례[50]

1) 당사자의 약정에 의하여 준공검사일 이후 잔금을 받기로 한 경우

완성도기준지급조건부로 건설용역을 공급함에 있어 당사자의 약정에 의하여 준공검사일 이후 잔금을 받기로 한 경우 해당 잔금에 대한 공급시기는 건설용역의 제공이 완료되는 때로 한다.

2) 기성금이 법원의 판결에 의하여 대가가 확정되는 경우

완성도기준지급조건부로 건설용역을 공급하면서 당사자 간 기성금 등에 대한 다툼이 있어 법원

46) 법규부가2014-265, 2014.03.02
47) 국심88서969, 1988.11.03
48) 심사부가2012-0046, 2012.05.25
49) 부기통 16-29-4
50) 부가집 16-29-1

의 판결에 의하여 대가가 확정되는 경우 해당 건설용역의 공급시기는 법원의 판결에 의하여 대가가 확정되는 때로 한다.

3) 기성금을 확정일까지 미수령한 경우

완성도기준지급조건부 건설용역을 공급함에 있어 기성부분에 대한 공급시기는 기성청구 후 대가의 지급이 확정되어 그 대가를 실제로 받은 날이 되지만, 기성부분에 대한 대가를 기성고 확정일로부터 약정된 날까지 지급받지 못한 때에는 그 약정일의 종료일이 된다.

(4) 지급일을 명시하지 아니한 완성도기준지급조건부 용역의 공급시기

1) 건설공사기간에 대한 약정만 체결하고 대금지급기일에 관한 약정이 없는 경우

건설용역을 공급함에 있어 건설공사기간에 대한 약정만 체결하고 대금지급기일에 관한 약정이 없는 경우의 공급시기는 다음과 같다.

① 해당 건설공사에 대한 건설용역의 제공이 완료되는 때. 다만, 해당 건설용역 제공의 완료 여부가 불분명한 경우에는 준공검사일

② 해당 건설공사의 일부분을 완성하여 사용하는 경우에는 그 부분에 대한 건설용역의 제공이 완료되는 때. 다만, 해당 건설용역 제공의 완료 여부가 불분명한 경우에는 그 부분에 대한 준공검사일

2) 기성계약은 체결하였으나 지급일을 명시하지 않은 경우

건설공사 계약 시 완성도에 따라 기성고 대금을 나누어 받기로 하였으나, 그 지급일을 명시하지 아니한 경우에는 공사기성고가 결정되어 그 대금을 받을 수 있는 때를 그 공급시기로 한다.

3) 계약에 따라 검사를 거쳐 대가의 각 부분의 지급이 확정되는 경우

사업자가 완성도기준지급 또는 중간지급조건부 건설용역의 공급계약서상 특정내용에 따라 해당 건설용역에 대하여 검사를 거쳐 대가의 각 부분의 지급이 확정되는 경우에는 검사 후 대가의 지급이 확정되는 때를 그 공급시기로 본다.

(5) 공사선급금(선금)

1) 선금의 법적요건

계약금과 선(급)금의 의미를 보면, 계약금은 '계약을 할 때 계약과 동시에 지급하는 금액으로 계약금액의 약 10%의 금액으로 거래하고, 계약이 해약될 경우 해약의 책임 있는 자가 그 배액의 해약금을 지급한다'라는 뜻으로, 선(급)금은 '공사자금 지원목적의 선지급액으로 계약서상 정산규정이 있고, 계약 취소 시 배액상환이 아니라 100% 반환해야 할 대상이며 반환하는 자가 손해배상을 청구할 수 있다'라는 의미로 사용된다. 일반적으로 계약금액의 10% 상당액을 계약체결일에 수수하는 계약금과 달리, 쟁점금액은 계약체결 후 7일 이내 선금의 명목으로 계약금액의

20%를 지급하기로 하였고, 변경계약서에는 선금에 대한 정산규정이 있으므로 쟁점금액은 건설공사계약의 '선(급)금'에 해당할 뿐 '계약금'이 아니다.[51)]

구분	계약금	선금
반환의무	배액상환(200%)	전액상환(100%)

2) 선금의 공급시기

사업자가 완성도기준지급조건부로 「예산회계법」 제68조의 적용을 받지 아니하는 건설용역을 공급함에 있어 도급인으로부터 공사자금의 지원목적으로 선수금을 지급받고 동 선수금 중 작업진행률에 상당하는 부분을 확정된 기성고대금에 순차로 충당하기로 한 경우 동 선수금의 공급시기는 계약에 따라 확정된 기성고대금에 충당되는 때이다.[52)]

3) 관급공사에 있어서 선금의 공급시기

다음에 해당하는 경우에는 대가의 각 부분을 받기로 한 때를 용역의 공급시기로 본다. 다만, 역무의 제공이 완료되는 날 이후 받기로 한 대가의 부분에 대해서는 역무의 제공이 완료되는 날을 그 용역의 공급시기로 본다(부령 29 ①, 부칙 20).

① 「국고금 관리법」 제26조[53)]에 따라 경비를 미리 지급받는 경우

② 「지방회계법」 제73조에 따라 선금급을 지급받는 경우

선금의 세금계산서 발행 : 선금수령 시 세금계산서 미발행(Ⅰ)

(주)해안건설과 (주)위더스개발산업의 계약내용은 다음과 같다.
계약금액 20억, 선금 5억, 1차 기성 20% 지급, 2차 기성 70% 지급, 준공 시 잔금 지급
① 1차 기성 확정(20%) : 세금계산서 발행 400,000,000
  * 대금청구금액 [20억×20% - (5억×20%)] = 3억
② 2차 기성 확정(70% - 20%) : 세금계산서 발행 1,000,000,000
  * 대금청구금액 [20억×(70% - 20%) - (5억×(70% - 20%))] = 7.5억
③ 준공 시 : 세금계산서 발행 600,000,000
  * 대금청구금액 [20억×(100% - 70%) - (5억×(100% - 70%))] = 4.5억

구분	세금계산서	선금	청구액
선금	-	-	-
1차기성	4억	1억	3억
2차기성	10억	2.5억	7.5억
준공	6억	1.5억	4.5억

51) 조심-2018-중-0584, 2018.05.03
52) 부가46015-1088, 1995.06.15
53) 국고금관리법 제26조【선급과 개산급】지출관은 운임, 용선료(傭船料), 공사·제조·용역 계약의 대가, 그 밖에 대통령령으로 정하는 경비로서 그 성질상 미리 지급하지 아니하거나 개산하여 지급하지 아니하면 해당 사무나 사업에 지장을 가져올 우려가 있는 경비의 경우에는 이를 미리 지급하거나 개산하여 지급할 수 있다.

선금의 세금계산서 발행 : 선금수령 시 세금계산서 발행(Ⅱ)

(주)해안건설과 (주)위더스개발산업의 계약내용은 다음과 같다.
계약금액 20억, 선금 5억, 1차 기성 20% 지급, 2차 기성 70% 지급, 준공 시 잔금 지급

① 선급지급시 : 세금계산서 발행금액 500,000,000

(차) 예금	550,000,000	(대) 공사선수금	500,000,000
		부가세 예수금	50,000,000

② 1차 기성 확정(20%) : 세금계산서 발행금액 300,000,000

(차) 예금	330,000,000	(대) 공사선수금	300,000,000
		부가세 예수금	30,000,000

* 세금계산서 발행금액 [20억 × 20% − (5억 × 20%)] = 3억

③ 2차 기성 확정(70%) : 세금계산서 발행금액 750,000,000

(차) 예금	825,000,000	(대) 공사선수금	750,000,000
		부가세 예수금	75,000,000

* 세금계산서 발행금액 [20억 × (70% − 20%) − (5억 × (70% − 20%))] = 7.5억

④ 준공 시 : 세금계산서 발행금액 450,000,000

(차) 예금	495,000,000	(대) 공사선수금	450,000,000
		부가세 예수금	45,000,000

* 대금청구금액 [20억 × (100% − 70%) − (5억 × (100% − 70%))] = 4.5억

(6) 기성금

1) 의의

기성금이란 건설공사에 있어서 실제로 자재를 사용하여 이루어진 분량을 기성부분이라 하며 기성부분(공사진척도)에 대하여 계약서·설계서 기타 관계서류에 의하여 검사를 한 후 발주자가 원사업자의 자금공급을 원활하게 하기 위하여 그 대가를 지급하는 것을 말한다.

2) 기성금의 공급시기 및 세금계산서 발행시기

건설업을 영위하는 일반과세자가 건설용역을 공급하고 계약금을 지급받기로 한 날로부터 잔금을 지급받기로 한 날까지의 기간이 6월 미만인 경우로서 용역의 제공이 완료되기 이전에 완성도에 따라 그 완성비율에 해당하는 대가를 받기로 하는 경우의 공급시기는 그 대가의 각 부분을 받기로 한 때가 되는 것으로 선금의 경우도 계약금을 받기로 한 때가 공급시기가 되는 것이며, 그 공급시기에 세금계산서를 공급받는 자에게 교부하여야 한다. 다만, 당해 용역의 공급시기가 도래하기 전에 그 대가의 일부 또는 전부를 받고 세금계산서를 교부하는 경우에는 그 교부하는 때를 공급시기로 하는 것으로서 이 경우 용역에 대한 대가의 지급일과 세금계산서의 발행일은 동일하여야 한다.[54]

54) 서면3팀-1485, 2005.09.08

공사기성금 청구서

■문서번호 : 제　－　호

공사명					
회사명					
계약일	20 년 월 일(　요일)				
청구금액	일금　　원정 (₩　　)				
공 정	계 약 금	선급금(20%)	1차청구금액(30%)	청구사유	잔 액
계					

1. 귀사의 일익 번창하심을 기원하오며
2. 상기 내역의 1차 중도금 지급을 요청하오니 검토 지급하여 주시기 바랍니다.

20 년 월 일

주소 :
상호 :
대표 :　　　(인)
전화번호 :

○○○귀하

(7) 잔금(준공금)

1) 원칙적인 공급시기

용역공급은 준공일에 역무의 제공이 완료되고 공급가액이 확정되었다고 할 것이므로, 공사대금을 3회 이상에 걸쳐 지급하기로 약정하였더라도 그 약정 당시 미지급한 공사대금을 역무의 제공이 완료되고 공급가액이 확정된 준공 후에 지급하기로 한 이상 준공일을 공급시기로 보아야 한다.[55]

2) 사용승인 후 마무리공사가 진행되는 경우

처분청은 쟁점호텔이 2011.5.30. ○○○구청으로부터 사용승인되었고 개업일(2011.6.10.) 이후 신용카드 및 현금영수증 매출이 발생되었으며, 모텔의 영업특성상 개업일 이전에 영업과 직접적인 관련 있는 공사가 100% 완공되었기 때문에 가능한 것이며, 그 이후 공사는 단순한 하자보수공사로 쟁점세금계산서를 공급시기 이후에 발행된 사실과 다른 세금계산서로 보아 매입세액을 불공제한 처분은 정당하다는 의견이나, 청구인은 이자비용을 절약하고, 영업을 조기에 개시하기 위해 준공검사에 필요한 투숙과 관련된 주요 내·외시설 및 나무식재 등을 하여 준공검사를 받았다는 청구주장은 상당한 이유가 있다 할 것이며, 쟁점법인의 작업일보에도 개업일 이후인 2011.7.25.~2011.11.22.까지 공사의 진행내용이 기록되어 있어 영업개시 이후(2011.7.25.)부터 다시 공사가 재개된 것으로 보이고, 쟁점공사의 감리자가 제출한 추가공사 후 사진을 보면 영업개시일 이후의 공사진행사실을 알 수 있어 쟁점공사가 2011.11.22.에 완료되었다는 청구인의 주장이 신빙성이 있어 보인다.[56] 그리고 건물신축공사는 사용승인일이 용역의 공급시기이나, 사용승인 후 마무리 및 보완공사를 진행한 것이 확인되는 경우에는 실제 공사완료일을 용역의 공급시기로 본다.[57]

3) 검사합격통보일

건설용역에 대하여 검사를 거쳐 대가의 각 부분의 지급이 확정되는 경우에는 검사 후 대가의 지급이 확정되는 때를 공급시기로 보아야 할 것인 바, 준공검사담당공무원이 현장에 나가 준공검사를 시행한 후 관련 검사 및 내부결재를 거쳐 검사합격사실을 통지하고, 청구법인의 대금청구에 대하여 대금청구의 타당성을 검토하여 대금지급 청구내용을 수락한 시기를 대가의 지급이 확정된 때로 보아야 할 것이다.[58] 공사계약서 제20조에서는 준공에 관련된 내용을 특별히 규정하고 있는데 동 규정에 의하면 을(수급인)은 공사를 완성한 때에는 갑(청구인)에게 통지하여야 하며, 갑은 을의 입회하에 검사를 하여야 하고, 검사에 합격하지 못한 때에는 지체 없이 보수 또는 개조하여 다시 검사를 받도록 규정되어 있어 검사합격 여부가 준공의 조건이 된다고 볼

---

55) 부산고등법원2013누338, 2013.09.11
56) 조심2012서4140, 2012.12.31
57) 국심2007부3785, 2008.06.20
58) 심사부가2006-0005, 2006.12.27., 국심88중189, 1988.05.09, 국심2001구2617, 2002.03.11

수 있고, 따라서 위 공사계약서 제7조 제3항에 규정한 '허가기관에 검사를 의뢰한 날'을 「부가가치세법」상의 용역제공완료일로 보기보다는 외형적인 공사를 완료한 날로 볼 수 있고, 이 건 공사용역의 경우는 일정기간의 시운전이나 기초검사를 거쳐서 공사용역의 가장 중요한 요건인 폐·오수 기준치가 적정수준 이하로 나타나서 허가기관에 검사를 의뢰할 경우 합격할 수 있는 상태에 도달한 시점을 용역의 공급시기로 보는 것이 합당하다 할 것이다.[59)]

4) 사용승인 후 도급금액 변경 소송을 진행하는 경우

용역의 제공대가에 대하여 당사자 간에 다툼이 있어 법원의 판결에 의하여 확정되는 경우 당해 용역의 공급시기는 법원의 판결에 의하여 대가가 확정되는 때이다.[60)] 다만, 사업자가 완성도기준지급조건으로 건설용역을 제공함에 있어 용역의 공급시기는 계약에 의하여 기성고가 결정되어 그 대가를 지급받을 수 있는 때로 하는 것이나, 발주자와 공사기성고 또는 총공사금액 등에 대한 다툼으로 동 기성고 등이 결정되지 아니하여 그 대가의 각 부분을 받기로 한 때가 확정되지 않은 경우에는 당해 건설용역의 제공이 완료되고 그 공급가액이 확정되는 때로 한다.[61)]

5) 사용승인 후 하자보수공사

공사대금을 공사도급계약 체결일과 이 사건 건물의 사용승인일 이후에 각 지급받기로 한 이 사건 건물 신축용역은 용역제공 완료 시 공급가액이 확정되는 통상적인 용역공급에 해당하므로 역무의 제공이 완료되는 이 사건 건물의 사용승인일을 용역의 공급시기로 보아야 할 것이고, 이미 공사도급계약에 따라 받기로 한 공사대금이 정하여진 상태에서 이 사건 건물이 완공되어 사용승인까지 받은 이상, 공사대금 정산에 관한 분쟁으로 소까지 제기되어 그에 관한 판결에서 공사잔금이 확정되었다고 하더라도 이는 공급이 완료된 용역의 하자에 관한 문제일 뿐이므로 이를 이유로 역무제공의 완료 시 공급가액이 확정되지 아니한 경우에 적용되는 것은 아니라고 할 것이다.[62)]

(8) 완성도기준지급조건부 거래에서 검수 후 대금을 지급하기로 한 경우

건설업을 영위하는 사업자가 완성도기준지급조건부로 건설용역을 공급함에 있어 발주자에게 기성부분에 대한 검사를 필한 후 대가의 지급을 청구하고 발주자는 기성부분에 대한 검사를 완료하여 그 대가를 지급하기로 한 경우 공급시기는 그 대가를 받기로 한 때(기성부분이 확정되어 그 대가의 지급이 확정되는 때)인 것이나, 준공검사일 이후 잔금을 지급하기로 한 경우 당해 잔금의 공급시기는 건설용역의 제공이 완료되는 때로 한다.[63)]

---

59) 국심2000전2062, 2000.10.19
60) 서삼46015-11442, 2003.09.09
61) 부가-1001, 2014.12.24
62) 대법원2010두7314, 2010.08.19., 서울행정법원2008구합21089, 2009.07.08
63) 상담3팀-792, 2008.04.21

(9) 공사 지연으로 단기공사의 공사기간이 6월 이상이 된 경우

당초 중간지급조건부나 완성도기준기급조건부에 해당하지 않는 용역공급계약이 공사기간의 지연으로 계약금을 지급하기로 한 날로부터 준공일까지의 기간이 6월 이상이 된 경우 계약의 변경 없이 공사가 이루어진 경우에는 완료일이 공급시기가 되는 것이며, 계약조건을 변경한 경우에는 변경계약 내용에 따라 공급시기를 결정한다.[64)]

(10) 공사기성금의 일부를 건설용역공급에 대한 하자보증금으로 유보 시 공급시기 판단

사업자가 완성도기준지급조건부로 건설용역을 공급하면서 결정된 기성금의 일부를 당해 건설용역의 공급에 대한 하자보증금으로 유보하는 경우 당해 하자보증금의 공급시기는 당해 건설용역의 공급에 대한 기성고가 확정되어 대가의 각 부분에 받기로 한 때인 것으로, 건설업을 영위하는 사업자 갑이 국외건설공사를 수주한 다른 건설업자 을로부터 당해 공사의 일부를 하도급받아 완성도기준지급조건부로 건설용역을 공급하며 그 대가를 국내에서 원화로 받기로 하였으나 당해 건설용역의 공급시기가 도래하기 전에을 사업자로부터 외화로 선수금을 지급받은 후 당해 선수금을 건설용역의 공급에 대한 기성고대금에 충당한 경우에 외화로 지급받은 선수금은 당해 건설용역의 공급에 대한 각 부분의 대가(기성금)가 결정되어 충당한 때에 당해 대가(기성금)를 과세표준으로 하여 세금계산서를 교부하여야 한다.[65)]

5. 중간지급조건부 용역의 공급

(1) 원칙적인 공급시기

1) 개요

"중간지급조건부로 용역을 공급하는 경우"란 다음의 어느 하나에 해당하는 경우를 말한다(부칙 20). 다만, 재화가 인도되거나 이용가능하게 되는 날 이후에 받기로 한 대가의 부분에 대해서는 재화가 인도되거나 이용가능하게 되는 날을 그 재화의 공급시기로 본다(부령 29 ①, 부칙 20).

① 계약금을 받기로 한 날의 다음 날부터 용역의 제공을 완료하는 날까지의 기간이 6개월 이상인 경우로서 그 기간 이내에 계약금 외의 대가를 분할하여 받는 경우

② 「국고금 관리법」 제26조에 따라 경비를 미리 지급받는 경우

③ 「지방재정법」 제73조에 따라 선급금을 지급받는 경우

2) 6개월의 의미

중간지급조건부로 재화를 공급하는 경우라 함은 재화가 인도되기 전 또는 재화가 이용가능하게

64) 법규과 662, 2006.02.23., 상담3팀-1009, 2005.07.01

65) 부가46015-3949, 1999.09.28

되기 전이거나 용역의 제공이 완료되기 전에 계약금 이외의 대가를 분할하여 지급하는 경우로서 계약금을 지급하기로 한 날부터 잔금을 지급하기로 한 날까지의 기간이 6월 이상인 경우를 가리키는 바, 중간지급조건부거래가 되기 위해서는 우선 계약 당시 약정된 기간이 그 해석상 6월 이상인 경우에 해당하여야 하고, 약정내용과는 무관하게 실제로 6월의 기간이 소요되기만 하면 중간지급조건부거래에 해당한다고 위 조항을 확장해석할 수는 없다. 만약 실제 잔금이 지급된 시점을 기준으로 6월의 기간 도과 여부를 결정한다고 하며, 당사자의 임의적인 사정(특히 대금을 지급하는 쪽)에 따라 그 잔금지급시기가 불안정해지고, 결과적으로 중간지급조건부거래의 해당 여부도 달라지게 되는 바, 이는 과세요건의 명확화를 요구하는 조세법률주의에도 반한다. 한편, 계약 당시 반드시 연월일로 그 잔금지급시기를 특정해야 하는 것은 아니므로, 비록 구체적인 일시로 특정하지는 않았더라도 계약당사자의 의사해석상 계약금지급일로부터 6월이 경과한 시점을 잔금지급일로 정하였다고 해석할 수 있으면 이는 중간지급조건부거래의 요건을 갖춘 것으로 볼 수 있다.[66]

3) 약정일 기준 인식

중간지급조건부는 완성도기준지급조건부와는 달리 재화가 각 대가에 상응하는 비율만큼 완성되지 않더라도 계약이 취소·해제되는 등으로 그 효력을 중도에 상실하는 사정이 없는 한 대가의 각 부분을 받기로 한 때에 공급시기가 도래하여 부가가치세 납부의무가 성립한다고 보아야 하고, 또한 실제로 그 대가를 받았는지 여부는 부가가치세 납부의무의 성립 여부를 결정하는 데 아무런 영향을 미칠 수 없다.[67]

(2) 대금수령 조건변경에 따른 공급시기 간주 및 세금계산서 교부

1) 공사기간의 단축으로 대가수령기간이 6개월 미만으로 변경되는 경우

사업자가 당초 중간지급조건부로 건설용역을 제공하면서 계약금 등에 대하여 대가의 각 부분을 받기로 한 때에 세금계산서를 교부하고 부가가치세를 신고·납부하였으나, 조기준공으로 인하여 계약금을 지급하기로 한 날부터 준공예정일까지의 기간이 6월 미만이 되는 경우, 당해 사업자가 계약금 등에 대하여 기 발행한 세금계산서는 적법한 것이며, 기 발행된 세금계산서의 금액을 제외한 용역대가에 대한 세금계산서는 준공일을 공급시기로 하여 교부한다.[68]

2) 약정일 이전에 대금을 선납하는 경우

사업자가 공급시기가 도래하기 전에 재화 또는 용역에 대한 대가의 전부 또는 일부를 받고 이와 동시에 그 받은 대가에 대하여 세금계산서를 교부하는 경우에는 그 교부하는 때를 각각 당해 재

---

66) 대구고등법원2008누1185, 2009.04.03
67) 대법원94누11446, 1995.11.28
68) 부가-509, 2009.04.10

화 또는 용역의 공급시기로 본다.[69] 그리고 사업자가 사전약정에 의하여 공사대금의 각 부분을 계약서상의 지급일 이전에 납부하는 때에 일정금액을 차감하여 준다는 약정이 있는 경우, 그 차감된 금액을 과세표준으로 하여 공사대금을 수령하는 때에 세금계산서를 교부한다.[70]

(3) 중간지급조건부인 당초 계약변경 시의 공급시기[71]

사업자가 중간지급조건부에 의한 재화 또는 용역의 공급계약을 체결하였으나 그 내용이 변경된 경우의 공급시기는 다음과 같다

1) 당초 계약의 지급일자 변경

당초 계약의 지급일을 변경한 경우에는 계약의 변경내용에 따라 대가의 각 부분을 받기로 한 때로 한다.

2) 계약금 외의 대가를 일시에 지급하는 경우

중간지급조건부에 의한 당초 계약내용을 변경하여 대가의 각 부분을 일시에 지급하기로 한 경우에는 재화의 인도 또는 용역의 제공이 완료된 때로 한다.

3) 지급기간 중에 재화를 인도한 경우

중간지급조건부로 재화를 공급하기로 하였으나 지급기간 중에 거래상대방에게 재화를 인도하는 경우 나머지 중도금 및 잔금의 공급시기는 해당 재화를 인도한 때로 한다.

중간지급조건부인 경우 거래시기 판단 사례

사업자 '갑'은 '을'에게 건물 신축에 대한 건설공사용역을 제공하여 주기로 하면서 아래와 같이 중간지급조건부로 도급공사계약을 체결하였다.

- 도급금액 : 30억원
- 계약금 : 4억원 (2015. 2. 20.),
- 1차 중도금 : 6억원 (2015. 4. 20.)
- 2차 중도금 : 6억원 (2015. 6. 20.)
- 잔금 : 14억원 (준공 후 지급)
- 준공일 : 2015. 10. 20.
- 잔금 수령일 : 2015. 11. 15.

이 경우 '갑'이 제공한 건설용역 공급시기 판단

☛ 중간지급조건부 건설용역 공급계약에 따라 2015. 2. 20, 2015. 4. 20, 2015. 6. 20.을 각각 공급시기로 보아 세금계산서를 발급하고, 잔금은 2015. 11. 15. 받았더라도 건설용역 제공완료일인 2015. 10. 20.을 공급시기로 하여 14억원에 대하여 세금계산서를 발급하여야 한다.

69) 서면상담3팀-1126, 2004.06.14
70) 서삼46015-10941, 2002.06.03
71) 부가집 15-28-5 ①

(4) 사용승인일 이후 시공하자로 확정판결을 받고 공사대금을 지급한 경우 공급시기

공사도급계약에 따라 받기로 한 공사대금이 정하여진 상태에서 건물이 완공되어 사용승인까지 받은 이상 용역의 공급이 완료되고 공급가액이 확정되었다고 볼 수 있으며, 용역의 하자로 인한 분쟁으로 판결에 의해 공사잔금이 확정되었다 하더라도 이는 하자에 관한 문제일 뿐이다.[72)]

(5) 중재판정에 의하여 증액된 도급금액에 대한 용역의 공급시기

사업자가 건설용역을 제공한 후 도급금액 증액변경에 대한 다툼이 있어 대한상사중재원의 중재판정에 따라 도급금액이 증액되는 경우 당해 증액된 도급금액에 대한 세금계산서는 중재판정의 정본(정본)이 각 당사자에게 정당하게 전달된 때를 공급시기로 하여 발급한다.[73)]

(6) 각 단계별로 공급받는 자의 검사 후 대가를 지급받기로 한 용역의 공급시기

사업자가 용역을 공급하고 각 단계별로 공급받는 자의 검사 후 대가를 지급받기로 한 경우, 용역의 공급시기는 검사일이 아닌 그 대가의 각 부분을 받기로 한 때가 된다.[74)]

(7) 도급금액이 확정되지 않거나 대금지급기일 등에 관한 약정이 없는 건설용역의 공급시기

사업자가 건설용역을 공급함에 있어 건설공사기간과 도급총액에 대한 약정은 있으나, 대금지급기일 및 조건에 관한 약정이 없는 경우 공급시기는 건설용역의 제공이 완료되는 때로 하는 것이며, 총도급금액을 정하지 아니하고 건설용역을 공급하는 경우 공급시기는 용역의 제공이 완료되고 그 공급가액이 확정되는 때로 한다.[75)]

(8) 건설용역 제공 시 지급되는 인센티브의 공급시기

아파트 분양사업을 영위하는 시행사로부터 아파트의 설계, 시공, 분양업무 등을 포괄적으로 위탁받은 건설업자가 당해 시행사가 책정한 분양예정가액을 초과하여 선(先)분양함으로써 발생되는 수익금의 일부(이하 "인센티브")를 아파트 건설공사금액에 추가하여 총도급금액을 결정하고 완성도기준지급조건에 따라 결정된 기성금을 그 청구일의 익월 20일까지 지급받기로 하면서 기성금에 포함된 인센티브는 단순히 그 지급을 유보한 후 위탁사업이 종료된 때에 일괄지급받기로 한 경우 당해 인센티브에 대한 공급시기는 기성금의 청구일의 익월 20일이 되는 날이 된다.[76)]

(9) 기성고를 확인할 수 없는 공사용역의 공급시기

쟁점공사의 경우는 공사 착공일이 2002.3.20.이고 용역제공의 결과물인 쟁점건물 사용승인일이

72) 대법원2010두7314, 2010.08.19
73) 부가-1723, 2010.12.28
74) 부가-1217, 2010.09.13
75) 부가-582, 2010.05.10.
76) 서면3팀-3060, 2007.11.08

2002.9.9.인 6월 미만의 단기건설공사로서, 용역의 공급자인 청구인이 건설용역의 완성도를 측정하여 기성금을 청구한 사실이 확인되지 않고 있으며, 당해 용역을 공급받는 자인 A가 그 완성도를 확인하여 대가를 확정하였다는 사실 또한 확인되지 않고 있다. 또한, 쟁점공사에 대한 도급계약서를 보아도 청구인은 준공검사에 합격한 후 공사대금의 지급을 청구할 수 있도록 되어 있어, 당해 공사는 기성부분금 지급조건이 아닌 것으로 확인된다. 6월 미만의 단기건설공사이고 기성고를 확인할 수 없는 쟁점공사를 완성도기준지급조건부공사로 볼 수는 없다 할 것이므로, 쟁점공사에 대한 용역의 공급시기는 당해 건설용역의 제공이 완료된 때인 쟁점건물 준공일(사용승인일, 2002.9.9.)로 봄이 타당하다 할 것이다.[77)]

(10) 대금지급일이 미기재된 공사용역의 공급시기

공사도급계약서에 의하면 건설공사기간이 6개월 미만이지만, 완성도기준에 따라 매월 공사대금을 지급하기로 약정하였으므로 완성도지급조건부에 해당한다 할 것이며, 또한 청구인이 공사대금을 매월 쟁점거래처에 지급한 사실이 금융계좌 등에 의하여 확인되고 있으므로, 계약서의 내용대로 대가의 각 부분을 받기로 한 때를 그 공급시기로 본다.[78)]

(11) 중간지급조건부 건물을 잔금지급 전에 사실상 이용가능하게 된 경우 잔금의 공급시기

중간지급조건부 건물을 잔금지급 전에 매수인이 실제 사용·수익하고 있는 경우 사실상 이용가능하게 된 때가 잔금의 공급시기이므로 잔금을 지급받기로 한 때를 공급시기로 보아 교부받은 매입세금계산서의 매입세액은 공제받을 수 없다.[79)]

6. 공급단위를 구획할 수 없는 계속적 공급

사업자가 계약기간과 계약금액이 확정된 상태에서 용역을 계속하여 공급하는 경우 “완성도기준지급·중간지급·장기할부 또는 기타 조건부로 용역을 공급하거나 그 공급단위를 구획할 수 없는 용역을 계속적으로 공급하는 경우에는 그 대가의 각 부분을 받기로 한 때”의 규정에 의하여 대가를 받기로 한 때를 공급시기로 본다. 또한 사업자가 계약상의 원인으로 공급단위를 구획할 수 없는 용역을 계속적으로 공급하는 경우로 그 대가가 당해 용역의 공급이 완료된 후에 확정되어, 확정된 후에 그 대가를 받기로 한 경우의 공급시기는 공급가액이 확정되어 대가를 받기로 한 때로 한다.[80)]

77) 심사부가2010-0051, 2010.05.28
78) 심사부가2008-0144, 2008.10.31
79) 조심2010부2758, 2010.11.19
80) 부가46015-3692, 2000.11.02

Ⅱ 예정신고기간 또는 과세기간의 종료일을 공급시기로 보는 경우

1. 부동산임대 관련 용역의 공급시기

(1) 개요

사업자가 부동산임대용역을 공급하는 경우로서 다음의 어느 하나에 해당하는 경우에는 예정신고기간 또는 과세기간의 종료일을 공급시기로 한다(부령 29 ② 2).

① 법 제29조 제10항 제1호에 따른 경우(사업자가 부동산임대용역을 공급하고 전세금 또는 임대보증금을 받는 경우)

② 법 제29조 제10항 제3호에 따른 경우(사업자가 둘 이상의 과세기간에 걸쳐 부동산임대용역을 공급하고 그 대가를 선불 또는 후불로 받는 경우)

③ 사업자가 부동산을 임차하여 다시 임대용역을 제공하는 경우로서 제65조 제2항에 따라 과세표준을 계산하는 경우(전대차보증금에 대한 간주임대료 계산)

(2) 대가를 월별, 분기별 또는 반기별로 기일을 정하여 받기로 한 경우

부동산임대업자가 부동산임대용역을 계속적으로 공급하고 그 대가를 월별, 분기별 또는 반기별로 기일을 정하여 받기로 한 경우 그 대가의 각 부분을 받기로 한 때를 공급시기로 본다.[81]

(3) 공급시기 도래 전 선불로 받은 대가에 대하여 세금계산서 등을 발급하는 때

부동산임대업자가 공급시기가 도래하기 전에 선불로 받은 대가에 대하여 임차인에게 세금계산서 또는 영수증을 발급하는 때에는 그 발급한 때를 공급시기로 본다.[82]

(4) 임차인의 각 반기별 사업실적에 따라 임대료를 확정하는 경우

부동산임대료를 임차인의 각 반기별 사업실적에 따라 확정하는 경우에는 임대료가 확정되는 해당 반기 말일(매년 6월 30일 및 12월 31일)을 공급시기로 본다.[83]

(5) 부동산의 사용권만을 현물출자하는 경우 공급시기

부동산에 대한 사용권을 출자하는 것은 부동산임대용역의 공급에 해당하고 출자대가를 일시에 주식으로 받는 경우 임대용역대가를 선불로 받은 경우에 해당하여 예정신고기간 종료일, 과세기간 종료일이 공급시기이며 선발행세금계산서 발급도 가능하다.[84]

---

81) 부가집 19-26-5 ②
82) 부가집 19-26-5 ②
83) 부가집 19-26-5 ②
84) 사전-2015-법령해석부가-0025, 2015.03.20.

(6) 간주임대료의 경우

전세금 또는 임대보증금에 대한 공급가액은 임차인이 해당 부동산을 사용하거나 사용하기로 한 때를 기산일로 하며, 보증금 또는 전세금의 반환 여부에 관계없이 부동산임대용역의 제공이 완료되거나 완결될 날을 종료일로 한다.[85] 그리고 간주임대료에 대한 부가가치세를 임대인과 임차인 간의 약정에 의해 임차인이 부담하더라도, 간주임대료에 대하여는 세금계산서 교부가 면제되므로, 임차인의 매출세액에서 공제받을 수 없다.[86] 또한 부동산임대업자가 2 과세기간 이상에 걸쳐 부동산임대용역을 공급하고 그 대가를 선불 또는 후불로 받는 경우 예정신고기간 또는 과세기간의 종료일을 공급시기로 본다.[87]

(7) 부동산임대료에 대한 법정 다툼에 있어 부가가치세 거래징수시기

부동산임대업을 영위하는 사업자가 임차인과 임대료에 대한 다툼이 있어 그 임대료 상당액이 법원의 판결에 의하여 확정되는 경우에는 당해 임대료 상당액이 법원의 판결에 의하여 확정되는 때를 공급시기로 하여 부가가치세를 거래징수한다.[88] 다만, 임차인이 임대인을 대신하여 납부한 대출이자 상당액은 실제로 임대료로 지급받은 것으로 이 부분은 공급가액이 확정된 것으로 봄이 타당하다.[89]

(8) 명도소송 중 보증금이 소진되어 임대료를 받지 못하는 경우 부동산임대용역의 공급시기

부동산임대업을 영위하는 사업자가 당초 부동산임대차 계약기간이 종료되고 임대보증금이 월 임대료에 충당되어 잔액이 없어 임차인에게 계약해지 통보 후 명도소송을 진행 중이나 임차인이 해당 부동산을 명도하지 아니하고 계속 사용하여 실질적으로 임대용역을 제공하는 경우로서 해당 사업자가 소송에 승소하여 임대료 상당액에 해당하는 대가를 받기로 한 경우 해당 임대료에 대한 공급시기는 법원의 판결에 의하여 확정되는 때인 것이다.[90]

(9) 임차인이 대납한 부동산의 재산세에 대한 공급시기

건물 및 부속토지 등을 임차인에게 사용케 하고 동 건물 및 부속토지에 부과되는 재산세 등을 임차인이 대납하기로 약정한 경우에는 부가가치세가 과세되는 것이며, 세금계산서 발행시기는 대납하였거나 대납키로 한 재산세의 납기일이고,[91] 임대차계약의 존부의 계쟁 등으로 임대료 상당액이 판결에 의하여 확정되는 경우는 임대료 상당액이 판결에 의하여 확정되는 때 부가가치세를

---

85) 부가가치세과-940, 2014.11.24
86) 제도46015-11989, 2001.07.09
87) 부가집 16-29-5
88) 서삼46015-10313, 2003.02.20
89) 조심2009서3826, 2010.07.20. 사전-2023-법규부가-0053, 2023.03.23
90) 법규부가2013-508, 2013.12.17
91) 부가1265-2184, 1983.10.13

거래징수한다.[92]

(10) 경과한 기간에 대응하는 임대료 상당액의 수입시기

임대차계약 및 지역권·지상권 설정에 관한 쟁송(미지급임대료 및 미지급 지역권·지상권의 설정대가의 청구에 관한 쟁송은 제외한다)에 대한 판결·화해 등으로 소유자 등이 받게 되어 있는 이미 지난 기간에 대응하는 임대료 상당액(지연이자와 그 밖의 손해배상금을 포함한다)의 수입시기는 판결·화해 등이 있은 날로 한다. 다만, 임대료에 관한 쟁송의 경우에 그 임대료를 변제하기 위하여 공탁된 금액에 대해서는 가목에 따른 날로 한다(소령 48 10의 4).

(11) 판결에 의한 미수임대료의 공급시기 및 귀속시기

미수임대료의 거래시기는 이에 대한 청구소송의 여부에 불구하고 계약에 의하여 정하여진 지급일을 수입시기로 하여 수입금액에 산입한다.[93]

(12) 재화의 공급시기 이전에 폐업한 재화의 공급시기

부동산임대업을 영위하던 사업자가 임대사업에 공하던 건물을 매각하는 계약을 체결하여 계약금과 중도금을 받고 잔금을 받지 않은 상태에서 폐업한 경우 당해 건물의 공급시기는 그 폐업일로 본다.[94]

(13) 본인부담분 취득세중과분의 필요경비 산입시기

부동산임대업자가 임차인의 유흥시설 설치·운영으로 인하여 취득세중과분을 자진 신고·납부하는 경우, 해당 취득세중과분은 자진신고납부일이 속하는 과세기간의 필요경비로 산입할 수 있다.[95]

(14) 약정에 의하여 변동부임대료를 월단위로 선납하고 연단위로 정산하는 경우 공급시기

사업자가 임차인의 매출액과 연계한 변동부임대료를 받기로 하고, 매월 매출액을 연간 예상매출액으로 환산하여 선납임대료 명목으로 익월 6영업일 이내에 받은 후, 기준사업연도 종료 시 1년간의 임대료를 확정하여 선납임대료를 차감하는 방법으로 정산하는 경우 당해 임대료의 공급시기는 대가의 각 부분을 받기로 한 때가 된다.[96]

92) 부가1265-1489, 1982.06.09
93) 국심2004부1873, 2004.10.05
94) 재소비-136, 2003.11.04
95) 소득세과-580, 2010.05.18
96) 부가-111, 2010.01.28

2. 선결제 수수료 등의 공급시기

(1) 개요

사업자가 다음 중 하나에 해당하는 용역을 둘 이상의 과세기간에 걸쳐 계속적으로 제공하고 그 대가를 선불로 받는 경우의 공급시기는 예정신고기간 또는 과세기간의 종료일로 한다(부령 29 ② 3).

① 헬스클럽장 등 스포츠센터를 운영하는 사업자가 연회비를 미리 받고 회원들에게 시설을 이용하게 하는 것

② 사업자가 다른 사업자와 상표권 사용계약을 할 때 사용대가 전액을 일시불로 받고 상표권을 사용하게 하는 것

③ 「노인복지법」에 따른 노인복지시설(유료인 경우에만 해당한다)을 설치·운영하는 사업자가 그 시설을 분양받은 자로부터 입주 후 수영장·헬스클럽장 등을 이용하는 대가를 입주 전에 미리 받고 시설 내 수영장·헬스클럽장 등을 이용하게 하는 것

④ 그 밖에 ①에서 ③까지의 규정과 유사한 용역

(2) 독점공급권 부여에 따른 과세 여부 및 공급시기

사업자가 수년간 특정 재화를 독점적으로 공급하기로 약정하고 당해 재화의 공급대가와 별도로 독점적 공급에 대한 대가를 일시에 지급받는 경우 용역의 공급으로 과세되는 것이며, 당해 용역의 공급시기는 용역의 공급이 이루어지는 예정신고 또는 과세기간의 종료일로 한다.[97]

3. BOT방식을 준용하여 설치한 시설의 이용용역에 대한 공급시기

사업자가 2013.2.15. 이후 공급하는 분부터 「사회기반시설에 대한 민간투자법」 제4조 제3호의 방식(사회기반시설의 준공 후 일정기간 동안 사업시행자에게 해당 시설의 소유권이 인정되며, 그 기간이 만료되면 시설소유권이 국가 또는 지방자치단체에 귀속되는 방식)을 준용하여 설치한 시설에 대하여, 둘 이상의 과세기간에 걸쳐 계속적으로 시설을 이용하게 하고 그 대가를 받는 경우의 공급시기는 예정신고기간 또는 과세기간의 종료일로 한다(부령 29 ② 4).

Ⅲ 기타 해당 사유가 발생한 날(용역제공 완료일)을 공급시기로 보는 경우

1. 폐업 시 공급시기의 의제

전술한 용역의 공급시기 규정에도 불구하고 폐업 전에 공급한 용역의 공급시기가 폐업일 이후에 도래하는 경우에는 폐업일을 공급시기로 본다(부령 29 ③).

97) 상담3팀-2520, 2006.10.24

2. 물품매도확약서 발행용역의 공급시기

물품매도확약서 발행용역의 공급시기는 계약조건에 따라 역무의 제공이 완료되는 때이나, 해당 역무의 제공이 완료되는 때에 그 대가가 확정되지 아니한 경우에는 대가가 확정된 때를 그 공급시기로 본다.[98)]

3. 공유수면매립 건설용역을 제공하는 경우의 공급시기

공유수면매립면허를 받은 자가 「공유수면매립법」 제25조의 규정에 의한 준공인가 전에 매립지의 일부를 사용하는 경우 용역의 공급시기는 준공인가를 받은 때로 하는 것이나, 준공인가 전에 당해 매립지 사용이 가능한 때에는 사용목적에 따라 매립지를 사실상 사용하는 때가 당해 용역의 공급시기가 된다.[99)]

4. 정비사업조합의 조합원에 대한 세금계산서 발급시기

정비사업조합이 조합원을 위하여 시공자, 법무사 등으로부터 용역을 공급받고 정비사업조합 명의로 세금계산서를 교부받은 경우에는, 그 정비사업조합은 교부받은 세금계산서의 공급가액 범위 내에서 실제 비용을 부담한 조합원들에게 세금계산서를 교부할 수 있는 것이며, 이 경우 조합원에게 세금계산서를 발행하는 시기는 정비사업조합이 교부받은 세금계산서상의 발행일자로 한다.[100)]

5. 법원에 의하여 공급시기가 확정되는 경우

(1) 효력 유무에 대한 소송이 진행 중인 계약에 따라 용역을 공급하는 경우 및 판결에 의해 계약 취소가 확정되는 경우

집단상가 수분양자의 분양계약취소 통보로 분양계약의 무효 여부에 대한 소송이 진행 중인 경우 해당 분양계약에 따른 상가관리용역을 공급하는 경우 해당 거래시기에 세금계산서를 발급하고, 판결에 의해 계약의 취소가 확정되는 경우 계약해제한 때에 수정세금계산서를 발급한다.[101)]

(2) 중재판정에 의하여 증액된 도급금액에 대한 세금계산서 발급시기

사업자가 건설용역을 제공한 후 도급금액 증액변경에 대한 다툼이 있어 대한상사중재원의 중재판정에 따라 도급금액이 증액되는 경우 당해 증액된 도급금액에 대한 세금계산서는 중재판정의 정본(정본)이 각 당사자에게 정당하게 전달된 때를 공급시기로 하여 발급한다.[102)]

---

98) 부기통 16-29-1
99) 부가-1298, 2011.10.21., 조심2013부0096, 2013.05.14
100) 부가-1436, 2011.11.18
101) 법규-1530, 2011.11.22
102) 부가가치세과-1723, 2010.12.28

(3) 법원의 결정으로 용역의 공급대가 등이 확정되는 경우 공급시기

건물관리업체(갑)가 법원 결정으로 전 관리업체(병)로부터 건물관리권을 인계받은 후 병과 건물관리용역계약을 체결한 용역제공업체(을)의 용역계약에 대하여 계약해지를 통보한 후 당사자 간(갑, 을, 병)에 용역의 제공기간 및 용역대가에 대하여 다툼이 있어 을이 소송을 제기하여 법원이 동 소송건에 대하여 조정에 갈음하는 결정(강제결정)을 하는 경우, 건물관리권을 인계받은 날 이후 갑에 대한 용역의 공급시기는 역무의 제공이 완료되고 그 공급가액이 확정되는 때인 조정에 갈음하는 결정에 대한 이의신청기간의 다음 날이 된다.[103)]

(4) 임대차 관련 소송 중인 부동산임대용역의 공급시기

임차인이 임대인에게 귀책사유가 있음을 이유로 임대차계약의 해지 및 임대보증금 반환소송을 제기하여 법원에 계류 중인 경우 그 해지 후의 부동산임대용역에 대한 공급시기는 법원의 판결에 의하여 임대차계약의 유효 여부, 임대료 가액 등이 확정된 때로 한다.[104)]

(5) 법원의 확정판결에 의하여 대가가 확정되는 경우 공급시기

건설용역을 제공함에 있어 공사금액에 대하여 당사자 간에 다툼이 있어 법원의 확정판결에 의하여 건설공사의 공급가액이 확정되는 경우 당해 용역의 공급시기는 법원의 확정판결이 있는 날이 된다.[105)]

(6) 소송이 용역대금의 정산과 관련된 법정 다툼에 불과한 경우

용역계약에 의하여 역무에 대한 대가가 정해진 상태에서 해당 역무의 제공이 완료된 후 제기된 약정금 소송이 용역대금의 정산과 관련된 다툼에 불과한 경우에는 역무제공이 완료되는 때를 공급시기로 보며, 이에 해당하는지는 계약내용 등을 고려하여 사실판단할 사항이다.[106)]

(7) 법원의 중재하에 화해함에 있어 지급받지 못하는 공사대금의 부가세 과세 여부

건설업을 영위하는 사업자가 계약상의 원인으로 건설용역의 공급을 완료한 후 그 대가의 일부를 지급받지 못하여 관할법원에 공사대금지급 청구소송을 제기한 경우로서 당해 법원의 중재 아래 건설용역의 공급에 대한 대가의 일부를 지급받지 아니하는 화해를 하는 경우에 있어 당초 계약상의 원인으로 확정된 공사대금에서 화해로 인하여 지급받지 못하는 금액은 당해 사업자의 부가가치세 과세표준에서 공제되지 아니한다.[107)]

---

103) 부가가치세과-1645, 2010.12.10
104) 부가가치세과-731, 2009.05.28
105) 부가-1132, 2012.11.16
106) 사전-2015-법령해석부삭-0279[법령해석과-2823], 2015.10.29.
107) 부가 46015-3884, 2000.11.28

6. 납골당을 건설해 주고 그 대가를 분양실적에 따라 분할하여 받기로 한 경우 공급시기

사업자가 타인의 토지에 납골당을 건설해 주고 그 대가를 분양실적에 따라 분할하여 받기로 한 경우, 납골당 건설용역의 공급시기는 건설용역이 완료되는 때가 되는 것이며, 사업자가 분양대행용역을 계속적으로 공급하고 그 대가를 분양이 이루어질 때마다 정산하여 받기로 한 경우, 분양대행용역의 공급시기는 그 대가의 각 부분을 받기로 한 때가 된다.[108)]

7. 공급가액에 추가 또는 차감되는 금액이 발생한 경우

사업자가 부가가치세가 과세되는 용역을 공급하고 세금계산서를 교부한 후 당초의 공급가액에 추가되는 금액이 발생한 경우에는 그 사유가 발생한 날(법원의 확정 또는 조정판결 받은 때)에 세금계산서를 수정교부할 수 있다.[109)]

8. 음성정보사업(ARS) 사업자 용역 공급시기

음성정보사업(ARS) 영위사업자가 다른 통신사업자 을의 전화회선 등을 이용해 음성정보용역을 제공하고 을을 통해 그 대가를 받는 경우 공급시기는 당해 통신사업자와 정보이용료의 징수결정액에 대한 정산에 의하여 공급가액이 확정된 때로 한다.[110)]

9. 변호사가 소송진행 중인 법률서비스의 용역 제공 시 공급시기

변호사가 소송진행 중인 법률서비스의 용역을 제공하고 월단위 또는 기간별로 대금을 청구하는 경우, 역무의 제공이 완료된 때가 공급시기이다.[111)]

10. 반환되지 아니하는 승마클럽 입회금 공급시기

승마장을 경영하는 자가 동 장소이용자로부터 일정기간이 지난 후 반환하지 아니하는 입회금을 받는 경우에는 부가가치세가 과세되는 것이고, 둘 이상의 과세기간에 걸쳐 승마장을 이용하게 하고 그 대가를 선불로 받는 경우에는 예정신고기간 또는 과세기간의 종료일을 공급시기로 하는 것이나, 선불로 받은 대가에 대하여 세금계산서 또는 영수증을 발급하는 경우에는 그 발급하는 때를 공급시기로 본다.[112)]

---

108) 부가가치세과-1092, 2010.08.19
109) 부가가치세과-1497, 2011.11.30
110) 부가46015-1252, 2000.05.30
111) 부가46015-685, 2000.03.30
112) 법규부가2012-419, 2012.10.31

11. 공급시기 도래 전에 신용카드매출전표를 발행한 경우

공급시기가 도래하기 전에 재화나 용역의 공급대가를 신용카드로 지급받고 신용카드매출전표를 발행한 경우 신용카드매출전표를 교부하는 때가 공급시기이다.[113)]

12. 용역의 공급으로 보는 기부채납의 공급시기

(1) 개요

행정청이 아닌 도시계획사업 시행자가 지하도 및 상가시설 등을 완성하여 지방자치단체에 기부채납하고 그 지하상가의 무상사용권 등을 취득하는 경우, 행정청이 아닌 자가 관계규정에 의한 실시계획의 인가 또는 허가를 받아 새로 설치한 공공시설은 그 시설을 관리할 행정청에 무상으로 귀속된다고 규정하고 있으므로, 도시계획사업의 시행으로 공공시설이 설치되면 그 사업완료와 동시에 당해 공공시설을 구성하는 토지와 시설물의 소유권이 그 시설을 관리할 국가 또는 지방자치단체에 직접 원시적으로 귀속된다 할 것이고, 이때 사업완료 시는 준공검사를 마친 때라고 볼 것이지만, 사업자가 자기의 비용을 투입하여 공공시설인 지하도 및 상가시설 등을 완성하여 기부채납하고 그에 대한 반대급부로 일정기간 무상사용권 등을 취득하는 것을 부가가치세 과세대상이 되는 용역의 공급에 해당한다고 보는 것은 그 기부채납과 무상사용권 등 사이에 실질적·경제적 대가관계가 있다는 데 있으므로, 「부가가치세법」에서 용역의 공급시기로 규정한 '역무의 제공이 완료되는 때'를 정함에 있어서는, 서로 대가관계에 있는 기부채납과 무상사용권 등에 관한 구체적 사정을 종합적으로 살펴 판단하여야 하고, 기부채납의 대상이 도시계획사업의 시행에 따른 공공시설이라고 하여 그 공급시기를 일률적으로 사업완료 시인 준공검사를 마친 때라고 단정할 것은 아니다.[114)]

(2) 임시사용승인받은 기부채납자산가액의 공급시기

청구법인이 중간 가결산을 통하여 2차례 기부채납가액을 정하여 기부채납하고 세금계산서를 수수하여 부가가치세를 신고하였으므로 각각 그 기부채납한 때를 공급시기로 봄이 타당하고, 쟁점건물에 대하여 관할 ○○시장으로부터 1999.1.28.에 쟁점건물에 대한 임시사용승인을 받았다 하더라도 1999.1.28. 당시에는 기부채납의 당사자인 청구법인과 철도청장 사이에 대가 총액이 확정되지 아니한 상태에 있어 대가를 수수하거나 세금계산서를 교부할 수도 없는 것이므로, 나머지 기부채납가액(1,367,766,278원)의 공급시기는 가액을 정산·확정한 2000.10.13.을 공급시기로

113) 상담3팀-2508, 2007.09.05

114) 대법원2001두9950, 2003.03.28

보는 것이 타당하고, 1999.1.28.을 공급시기로 본 처분은 부당하다고 판단된다.[115)]

13. 용역공급 후 추가보수를 지급받는 경우 추가보수에 대한 용역의 공급시기

건설업을 영위하는 사업자가 태양광발전사업을 영위하고자 하는 사업자(이하 "도급인")와 체결한 도급계약에 따라 발전소의 준공 등 역무 제공을 완료하고 계약상 도급금액과 별도로 일정요건 충족 시 추가보수를 지급받기로 약정한 경우로서 매 회계연도별로 도급인의 배당가능금액 중 일정비율 상당액을 지급받기로 한 추가보수에 대한 용역의 공급시기는 역무 제공이 완료되고 그 공급가액이 확정되는 때로 한다.[116)]

115) 국심2002중2655, 2002.12.13

116) 사전-2021-법령해석부가-0545 [법령해석과-1591], 2021.05.06

CHAPTER 04

재화 및 용역의 공급시기의 특례

제1절 공급시기 특례 총설

세금계산서는 「부가가치세법」 제15조, 제16조 및 제34조, 같은 법 시행령 제28조 및 제28조에 따른 공급시기에 교부한다. 앞서 설명한 공급시기가 도래하기 전에 세금계산서를 발급하고 대가를 받거나 몇일 내 받기로 약정하거나 과세기간이 도래하는 경우, 해당 세금계산서를 발급한 때를 공급시로 볼 수 있는 특례규정을 두고 있다.

Ⅰ 대가를 받고 세금계산서 등을 발급하는 경우

사업자가 재화 또는 용역의 공급시기가 되기 전에 재화 또는 용역에 대한 대가의 전부 또는 일부를 받고, 그 받은 대가에 대하여 제32조에 따른 세금계산서 또는 제36조에 따른 영수증을 발급하면 그 세금계산서 등을 발급하는 때를 각각 그 재화 또는 용역의 공급시기로 본다(부법 17 ①).

Ⅱ 용역대가 선지급 후 과세기간을 달리하여 세금계산서를 교부받은 경우

용역에 대한 대가의 일부를 미리 지급한 후 그 공급시기가 도래하기 전에 세금계산서를 교부받은 경우로서 용역에 대한 일부 대가지급시기와 세금계산서 교부시기가 과세기간이 다르다 하여도 세금계산서 교부가 이루어진 시기를 공급시기로 본다.[117)]

예) 다음의 경우 공급시기는? (대금지급) '24.3.30. 100만원, '24.4.30. 200만원, '24.5.31. 300만원, (세금계사서 발급) '24.7.1. 600만원, (용역공급받은 날) '24.10.30.의 경우, 세금계산서 발급일인 '24.7.1.임

Ⅲ 세금계산서 발급일로부터 7일 이내에 대가를 받은 경우

사업자가 재화 또는 용역의 공급시기가 되기 전에 제32조에 따른 세금계산서를 발급하고 그 세금계산

117) 재정경제부 부가가치세제과-634, 2007.09.03, 부가-4937, 2008.12.22.

서 발급일부터 7일 이내에 대가를 받으면 해당 세금계산서를 발급한 때를 재화 또는 용역의 공급시기로 본다(부법 17 ②).

Ⅳ 세금계산서 발급일로부터 7일이 지난 후 대가를 받은 경우

다음의 어느 하나에 해당하는 경우에는 재화 또는 용역을 공급하는 사업자가 그 재화 또는 용역의 공급시기가 되기 전에 세금계산서를 발급하고 그 세금계산서 발급일부터 7일이 지난 후 대가를 받더라도 해당 세금계산서를 발급한 때를 재화 또는 용역의 공급시기로 본다(부법 17 ③).

① 거래당사자 간의 계약서·약정서 등에 대금 청구시기(세금계산서 발급일을 말한다)와 지급시기를 따로 적고, 대금 청구시기와 지급시기 사이의 기간이 30일 이내인 경우

예1) 다음의 경우 공급시기는? (세금계산서 발급, 대금 청구일) '24.6.10. 100만원, (대금 지급일) '24.7.5. (지급시기) '24.7.9.일 경우, 공급시기는 지급시기와 청구일 30이내인 '24.6.10.이 공급시기임.

② 재화 또는 용역의 공급시기가 세금계산서 발급일이 속하는 과세기간 내(공급받는 자가 조기환급을 받은 경우에는 세금계산서 발급일부터 30일 이내)에 도래하는 경우

예2) 다음의 경우 공급시기는? (세금계산서 발급, 대금 청구일) '24.9.30. 200만원, (공급시기) '24.12.31.일 경우, 공급시기는 '24.9.30.이 공급시기임.

Ⅴ 공급시기가 세금계산서 발행일로부터 6개월 이내 도래한 경우

공급시기가 세금계산서 발행일로부터 6개월 이내 도래하고, 해당 거래 사실이 확인되어 「부가가치세법」 제57조에 따라 납세지 관할 세무서장이 결정 또는 경정하는 경우 매입세액 공제가 가능하다. (부령 75 8)

예) 다음의 경우 공급시기는? (세금계산서 발급일) '24.5.1. (공급받는날) '24.10.20. (거래사실 확인) '25.2.1.

→ 공급시기가 세금계산서 발행일로부터 6개월 이내 도래하고, 거래 사실이 확인되어 「부가가치세법」 제57조에 따라 납세지 관할 세무서장이 결정 또는 경정하는 경우 매입세액 공제가 가능

* 다만, 공급자는 세금계산서 불실기재가산세 1%, 공급받는자는 공급시기 오류기재 가산세 0.5%

CHAPTER 05

공급장소

제1절 개요

공급장소는 소비지국 과세원칙에 의거 재화나 용역이 국내에서 공급된 것인지 국외에서 공급된 것인지를 구분하여 부가가치세 과세 여부를 판단하기 위한 기준이 되는 것이며, 부가가치세는 우리나라가 과세권을 행사할 수 있는 곳에서 이루어지는 거래에 대하여 과세하는 것이 원칙이다.[118] 다만, 조세 정책적 목적으로 공급장소가 국외인 경우에도 부가가치세가 과세되나 영의 세율로 과세되도록 예외규정을 두고 있다.

〈공급장소의 판단기준〉

구분	판단기준	공급장소
재화	재화의 이동이 필요한 경우	재화의 이동이 시작되는 장소
	재화의 이동이 필요하지 아니한 경우	재화가 공급되는 시기에 재화가 있는 장소
용역	일반적인 경우	역무가 제공되거나 시설물, 권리 등 재화가 사용되는 장소
	사업자가 비거주자·외국법인인 국제운송용역	여객이 탑승하거나 화물이 적재되는 장소

제2절 재화의 공급장소

재화가 공급되는 장소는 다음의 구분에 따른 곳으로 한다(부법 19 ①).

① 재화의 이동이 필요한 경우: 재화의 이동이 시작되는 장소

② 재화의 이동이 필요하지 아니한 경우: 재화가 공급되는 시기에 재화가 있는 장소

118) 부가집 19-0-1

제3절 용역의 공급장소

I 개요

용역이 공급되는 장소는 다음의 어느 하나에 해당하는 곳으로 한다(부법 20 ①).

① 역무가 제공되거나 시설물, 권리 등 재화가 사용되는 장소

② 국내 및 국외에 걸쳐 용역이 제공되는 국제운송의 경우 사업자가 비거주자 또는 외국법인이면 여객이 탑승하거나 화물이 적재되는 장소

③ 전자적 용역의 경우 용역을 공급받는 자의 사업장 소재지, 주소지 또는 거소지

II 공급장소가 국외인 경우[119)]

1. 개요

부가가치세의 납세의무는 우리나라의 주권이 미치는 범위 내에서 적용되므로 사업자가 우리나라의 주권이 미치지 아니하는 국외에서 재화를 공급하는 경우에는 납세의무가 없다. 다만, 중계무역방식의 수출, 위탁판매수출, 외국인도수출, 위탁가공무역방식의 수출로 재화를 공급하거나 원료를 대가 없이 국외의 수탁가공사업자에게 반출하여 가공한 재화를 양도하는 경우에 그 원료를 반출하는 경우에는 그러하지 아니한다. 그러나 다음의 용역에 대하여는 해당 부동산 또는 광고매체의 사용장소가 국외이므로 부가가치세 납세의무가 없다.

① 국외에 소재하는 부동산의 임대용역

② 국내사업자가 외국의 광고매체에 광고를 게재하게 하고 의뢰인으로부터 지급받는 광고료

2. 우리나라 국적의 항공기 또는 선박에서 이루어지는 거래

우리나라 국적의 항공기 또는 선박에서 이루어지는 거래는 국외거래로 보지 아니하므로 부가가치세 납세의무가 있다.

3. 비거주자가 오픈마켓을 통하여 국내소비자에게 재화를 공급하는 경우

비거주자가 국내의 오픈마켓(사이버몰)에 판매자로 등록한 후 그 오픈마켓을 통해 국내소비자로부터 주문을 받아 국외에서 국내소비자에게 직배송하는 방법으로 상품을 판매하는 경우 해당 오픈마켓은

119) 부가집 3-0-4

그 비거주자의 「부가가치세법」 상 사업장에 해당하지 아니하며, 그 오픈마켓을 통한 상품판매에 대하여 해당 비거주자는 같은 법에 따른 납세의무를 부담하지 아니한다.

Ⅲ 공급장소를 국외로 보는 경우 판단사례

1. 집행기준에서 공급장소를 국외로 보는 경우[120)]

① 북한지역에서 근무하는 국내건설업체 직원에게 제공하는 음식용역

② 사업자 “갑”이 국외에서 재화를 사업자 “을”에게 양도하고 사업자 “을”이 자기명의로 재화를 수입하면서 세관장으로부터 수입세금계산서를 발급받은 경우 사업자 “갑”이 국외에서 사업자 “을”에게 인도하는 재화

③ 제조업체 “갑”이 중국임가공업체 “A”에게 원재료를 인도할 목적으로 국내사업자 “을”과의 계약에 의하여 물품을 공급받기로 하고 국내사업자 “을”은 해당 물품을 중국의 사업자 “B”로부터 구입하여 국내에 반입하지 아니하고 제조업체 “갑”이 지정하는 중국임가공업체 “A”에게 인도하는 경우 국내사업자 “을”의 거래는 수출에 해당하지 아니하고 재화의 이동이 국외에서 이루어진 것이므로 부가가치세 과세대상에 해당하지 아니한다.

④ 국내사업자가 국내에서 수출업체인 내국법인과 임가공용역을 제공하여 주기로 하는 계약을 체결하고 국내사업장이 없는 국외에서 외국법인으로 하여금 임가공하게 한 후 내국법인으로부터 임가공용역의 대가를 받는 경우 국내사업자가 내국법인에게 제공한 임가공용역은 부가가치세가 과세되지 아니한다.

2. 내국법인을 통하여 구매하기로 한 재화를 직접 수입하는 경우

내국법인(이하 “쟁점법인”이라 한다)이 국내의 다른 내국법인(이하 “갑 법인”이라 한다)에게 국외의 A법인이 생산한 재화(이하 “쟁점상품”이라 한다)를 국외에서 인도하여 갑 법인 명의로 항공화물운송장을 교부받은 경우로서 갑 법인이 쟁점상품의 국내 수입·통관 등 제반 수입절차를 이행하여 관할세관장으로부터 수입세금계산서를 발급받는 경우 쟁점법인과 갑 법인의 거래는 국외거래에 해당하여 부가가치세가 과세되지 아니하는 것이나, 쟁점상품 공급에 대하여 쟁점법인은 갑 법인에 계산서를 발급하여야 한다.[121)]

---

120) 부가집 20-0-2
121) 법규부가2012-310, 2012.09.10

3. 국외영화제작사와 공동투자하여 수익금배당 수령권리 양도

사업자가 국외에서 국외영화제작사들과 영화제작경비를 공동으로 투자하여 투자지분에 대한 수익금(수익금의 내역 : 극장개봉, 비디오판매, Cale TV, 해외 판권판매 등)을 배당으로 받는 경우와 배당받을 수 있는 당해 지분에 대한 권리를 국외에서 양도한 경우 부가가치세가 과세되지 아니한다.[122)]

4. 해외유전개발사업권 양도 시 부가가치세 과세 여부

내국법인이 해외에 소재하는 유전개발광구에 대한 탐사와 채굴을 할 수 있는 권리인 해외유전개발사업권을 양도하는 경우에는 부가가치세가 과세되지 않는다.[123)]

5. 국외에 등록, 사용소비되는 무형자산을 국외에서 양도하는 경우

국내사업자가 국외에 등록되어 국외에서 사용, 소비되는 특허권 등 무형자산을 국내사업장이 없는 외국법인에게 국외에서 양도하는 경우 부가가치세 과세대상거래가 아니다.[124)]

6. 국외거래에 대하여 세금계산서를 수수한 경우 가산세

국내외 다자 간 거래 시 국외거래에 해당하는 거래에 대하여 영세율세금계산서를 교부하여 신고한 경우 매출·매입합계표 불성실가산세는 적용되지 않는다.[125)]

7. 국내고객사가 외국법인의 소프트웨어를 직접 다운로드받는 경우 국외에서 공급한 것인지, 국내사업장에서 공급한 것인지 여부

「법인세법」 제94조의 국내사업장이 있는 외국법인이 국내 사업자에게 소프트웨어를 공급할 때, 해당 용역이 국내사업장을 통해 제공되었는지 여부는 외국법인이 제공한 해당 용역의 중요하고도 본질적인 부분이 국내사업장을 통해 이루어졌는지를 근거로 판단하는 것이며, 이는 계약내용·계약체결 경위·실제 용역제공방식 등을 종합적으로 감안하여 사실판단할 사항이다.[126)]

---

122) 부가46015-1808, 2000.07.26
123) 부가-886, 2012.08.31
124) 부가-437, 2012.04.17
125) 부가가치세과-4449, 2008.11.27
126) 기획재정부 부가가치세제과-242 , 2023.03.30

PART Ⅵ

과세표준 및 세율

CHAPTER 01

총설

제1절 과세표준의 의의

과세표준이란 과세기간이 경과함으로써 추상적으로 발생한 납세의무를 구체화하기 위하여 해당 과세기간에 대한 세액산출의 기준이 되는 과세물건의 가액을 말하며, 전단계세액공제방식을 택하고 있는 부가가치세의 과세표준은 매출세액의 산출기준인 재화 또는 용역의 공급가액이 된다.

제2절 과세표준과 매출세액의 계산구조

부가가치세 과세표준은 일정 과세기간에 공급한 재화·용역의 공급가액을 합산한 금액으로 하며, 부가가치세 매출세액은 과세표준에 세율을 곱하여 계산한 금액으로 한다. 한편, 대손세액이 발생한 경우에는 매출세액에서 공제하며, 대손세액을 회수한 경우에는 매출세액에 가산한다. 과세표준과 매출세액의 계산구조는 다음과 같다.

구분	과세표준	세율	세액
① 과세	×××	10%	○○○
② 영세율	×××	0%	
③ 예정신고누락분주)	×××		○○○
④ 대손세액가감			○○○
매출세액	①＋③±④		○○○

주) 사업자가 예정신고 시 누락한 매출세액이 있는 경우에는 확정신고 시 동 금액을 본 란에 기재하여 납부하여야 한다.

제3절 공급가액 및 공급대가

공급가액에는 부가가치세가 포함되지 아니한다(부법 29 ③). 한편, 부가가치세를 포함한 금액을 공급대가라 하는데, 이는 간이과세자의 과세표준 계산에 있어서 적용되는 개념이다. ☞ 공급가액 + 부가가치세 = 공급대가

〈공급가액과 공급대가의 비교〉

구분	부가가치세 포함 여부	비고
공급가액	부가가치세가 포함되지 않은 금액	일반과세자의 과세표준
공급대가	부가가치세가 포함된 금액	간이과세자의 과세표준

재화 또는 용역을 공급하고 그 대가로 받은 금액에 부가가치세가 표함되어 있는지가 분명하지 아니한 경우에는 그 대가로 받은 금액에 110분의 100을 곱한 금액을 공급가액으로 한다(부법 29⑦).

CHAPTER 02

과세표준 산정

제1절 과세표준 산정 일반원칙

I 개요

재화 또는 용역의 공급에 대한 부가가치세의 과세표준은 해당 과세기간에 공급한 재화 또는 용역의 공급가액을 합한 금액으로 한다(부법 29 ①).

II 재화의 수입에 대한 부가가치세 과세표준

1. 원칙

재화의 수입에 대한 부가가치세의 과세표준은 그 재화에 대한 관세의 과세가격과 관세, 개별소비세, 주세, 교육세, 농어촌특별세 및 교통·에너지·환경세를 합한 금액으로 한다(부법 29 ②).

2. 수입재화에 대한 부가가치세액 계산방법[1)]

재화의 수입에 대한 부가가치세액은 다음 산식에 의하여 계산한다.

① 「부가가치세법」 제27조 및 「부가가치세법 시행령」 제51조 등에 따라 관세가 경감되는 분에 한하여 부가가치세를 면제하는 경우

[(관세의 과세가격) + {관세율표상의 해당 관세율에 의한 관세액(경감 전의 관세액)} + (징수하는 개별소비세) + (징수하는 주세) + (징수하는 교육세, 교통·에너지·환경세, 농어촌특별세)] × (1 − 관세경감률) × (세율) = 부가가치세액

1) 부가집 29-0-3

② 기타의 경우

$$\left\{\begin{array}{l}\text{(관세의 과세가격)} + \text{(징수하는 관세)} + \text{(징수하는 개별소비세)} + \text{(징수하는 주세)} + \text{(징수하는 교육세, 교통·에너지·환경세, 농어촌특별세)}\end{array}\right\} \times \text{(세율)} = \text{부가가치세액}$$

향수 수입 시 과세표준 계산 사례

박통일이 프랑스에서 개별소비세 과세물품을 1,000,000원에 구입하여 세관장에게 수입신고하는 경우 부가가치세액 계산 사례

구분	가액	계산근거
① 과세(물품) 가격	1,000,000원	
② 관세	80,000원	①×8%
③ 개별소비세	75,600원	(①+②)×7%
④ 교육세	22,680원	③×30%
⑤ 농어촌특별세	7,560원	③×10%
⑥ 부가가치세 공급가액	1,185,840원	①+②+③+④+⑤
⑦ 부가가치세액	118,584원	⑥×10%

3. 세금계산서 발행대상 가액이 음수(−)가 발생하는 경우

보세구역 내에 위치한 사업자(갑)가 외국에서 물건을 들여와서 통관 전에 당해 물품을 국내의 다른 사업자(을)에게 공급하는 경우(수입대행은 아님) 관세의 과세가격과 관세 등에 추가로 더하는 가액은 없으나(외국통화로 표시된 금액은 같음) "갑"은 "을"과의 계약에 의하여 통관 전에 공급하는 당해 물품에 대한 대가를 재정환율에 의하여 환산한 금액으로 하여 원화로 받기로 약정한 경우로서, 당해 물품이 「부가가치세법」 제8조에 규정하는 수입재화에 해당하여 세관장은 외국통화로 표시된 가격에 대하여 「관세법」 제18조(과세환율)의 규정에 의한 환율을 적용하여 환산한 과세가격으로 수입세금계산서를 "을"에게 교부하는 바, 이 경우 세관장이 "을"로부터 부가가치세를 거래징수하고 교부한 수입세금계산서의 과세표준과 "갑"이 당해 물품의 대가로 받기로 원화금액이 적용환율의 차이로 차액(음수도 발생할 수 있음)이 발생하는 경우 재화의 공급가액 중 재화의 수입에 대한 부가가치세 과세표준을 제외한 잔액이 없는 때에는 세금계산서 교부의무가 없다.[2)]

2) 서삼46015-10204, 2003.02.06

제2절 거래형태별 과세표준(공급가액)

I 공급가액 산정

공급가액은 다음의 가액을 말한다. 이 경우 대금, 요금, 수수료, 그 밖에 어떤 명목이든 상관없이 재화 또는 용역을 공급받는 자로부터 받는 금전적 가치 있는 모든 것을 포함하되, 부가가치세는 포함하지 아니한다(부법 29 ③).

1. 금전으로 대가를 받는 경우

금전으로 대가를 받는 경우 그 대가를 공급가액으로 한다. 다만, 그 대가를 외국통화나 그 밖의 외국환으로 받은 경우에는 다음의 구분에 따라 환산한 금액을 그 대가로 한다(부법 29 ③ 1, 부령 59).

① 공급시기가 되기 전에 원화로 환가(換價)한 경우 : 환가한 금액

② 공급시기 이후에 외국통화나 그 밖의 외국환 상태로 보유하거나 지급받는 경우 : 해당 공급시기의 「외국환거래법」에 따른 기준환율 또는 재정환율에 따라 계산한 금액

2. 금전 외의 대가를 받는 경우

(1) 개요

금전 외의 대가를 받는 경우 자기가 공급한 재화 또는 용역의 시가를 공급가액으로 한다(부법 29 ③ 2).

(2) 시가의 기준

시가(時價)는 다음의 가격으로 한다(부령 62).

① 사업자가 특수관계인이 아닌 자와 해당 거래와 유사한 상황에서 계속적으로 거래한 가격 또는 제3자 간에 일반적으로 거래된 가격

② ①의 가격이 없는 경우에는 사업자가 그 대가로 받은 재화 또는 용역의 가격(공급받은 사업자가 특수관계인이 아닌 자와 해당 거래와 유사한 상황에서 계속적으로 거래한 해당 재화 및 용역의 가격 또는 제3자 간에 일반적으로 거래된 가격을 말한다)

③ ①나 ②에 따른 가격이 없거나 시가가 불분명한 경우에는 「소득세법 시행령」 제98조 제3항 및 제4항 또는 「법인세법 시행령」 제89조 제2항 및 제4항에 따른 가격(감정가액·기준시가)

3. 간주공급의 경우

(1) 폐업 시 잔존재화의 공급가액

폐업하는 경우 폐업 시 남아 있는 재화의 시가를 공급가액으로 하며, 사업자가 사업을 폐업할 때 남아 있는 재화의 시가는 사업자와 특수관계가 없는 자와의 정상적인 거래에 있어서 형성되는 가격으로서 사업자의 업태별 시가(제조업자의 제조장가격, 도매업자의 도매가격, 소매업자의 소매가격 등)를 말하며, 겸업자의 경우에는 업태별 과세표준의 비율에 따라 각각 업태별 시가를 적용한다.[3)]

(2) 면세전용 등 규정에 의하여 재화 또는 용역을 공급한 것으로 보는 경우

1) 개요

「부가가치세법」 제10조 제1항(면세전용)·제2항(비영업용 소형자동차 관련 재화의 공급)·제4항(개인적 공급)·제5항(사업상증여) 및 제12조 제1항(용역의 무상공급)에 따라 재화 또는 용역을 공급한 것으로 보는 경우 자기가 공급한 재화 또는 용역의 시가를 공급가액으로 한다(부법 29 ③ 4).

2) 부당행위계산 부인대상이 아닌 종업원 할인판매의 간주공급 해당 여부

종업원할인이 일반고객에 비해 낮은 대가를 받는 것은 사실이나, 일반고객에게도 할인행사가 이루어지고 있는 상황에서 거래조건에 따른 매출에누리로 볼 수 있는 경우 개인적 공급으로 부가가치세를 과세하기는 어렵다.[4)]

3) 미분양상가 면세전용으로 과세하는 경우 시가의 기준

상가를 신축하여 판매하는 사업자가 상가신축 관련 매입세액을 공제받은 후, 미분양상가를 면세사업에 사용하는 경우 과세표준은 그 분양상가의 시가(승인받은 분양가액을 시가로 볼 수 있는 경우 분양가액)로 하는 것으로, 감가상각자산에 해당하지 아니한다.

(3) 판매목적 타사업장 반출 규정에 의하여 재화를 공급하는 것으로 보는 경우

1) 원칙

제10조 제3항(판매목적 타사업장 반출)에 따라 재화를 공급하는 것으로 보는 경우 해당 재화의 취득가액 등을 기준으로 「소득세법 시행령」 제89조 또는 「법인세법 시행령」 제72조 제2항 및 제4항에 따른 취득가액을 공급가액으로 본다. 다만, 취득가액에 일정액을 더하여 공급하여 자기의 다른 사업장에 반출하는 경우에는 그 취득가액에 일정액을 더한 금액을 공급가액으로 본다

3) 부기통 29-62-1
4) 법규-1063, 2014.10.07

(부법 29 ③ 5, 부령 60 ①).

2) 간접세가 부과되는 재화

개별소비세, 주세 및 교통·에너지·환경세가 부과되는 재화에 대해서는 개별소비세, 주세 및 교통·에너지·환경세의 과세표준에 해당 개별소비세, 주세, 교육세, 농어촌특별세 및 교통·에너지·환경세 상당액을 합계한 금액을 공급가액으로 한다(부령 60 ②).

(4) 간주공급에 따른 감가상각자산의 공급가액 계산 특례

1) 감가상각자산의 전부전용

과세사업에 사용한 재화가 「소득세법」 또는 「법인세법」에 규정된 감가상각자산에 해당하는 경우에 당해 재화를 간주공급(자가공급·개인적 공급·사업상증여·폐업 시 잔존재화)으로 보는 때에는 다음의 산식에 의하여 계산한 금액을 당해 재화의 시가로 본다. 이 경우 경과된 과세기간의 수는 과세기간 단위로 계산하되, 건물 또는 구축물의 경과된 과세기간의 수가 20을 초과하는 때에는 20으로, 기타의 감가상각자산의 경과된 과세기간의 수가 4를 초과하는 때에는 4로 한다. 또한 재화의 취득가액은 매입세액을 공제받은 해당 재화의 가액으로 하며 경과된 과세기간의 수를 계산할 때 과세기간의 개시일 후에 감가상각자산을 취득하거나 해당 재화가 공급된 것으로 보게 되는 경우에는 그 과세기간의 개시일에 해당 재화를 취득하거나 해당 재화가 공급된 것으로 본다(부령 66). 만일 사업자가 사업양수도계약에 따라 양수한 감가상각자산이 간주공급에 해당하여 공급가액을 계산하는 경우 해당 재화의 경과된 과세기간의 수는 해당 사업의 양도자가 당초 취득하여 사업에 사용한 날을 기준으로 산정한다.[5]

① 건물 또는 구축물

$$\text{해당 재화의 취득가액} \times (1 - \frac{5}{100} \times \text{경과된 과세기간 수}) = \text{시가(과세표준)}$$

② 기타의 감가상각자산

$$\text{해당 재화의 취득가액} \times (1 - \frac{25}{100} \times \text{경과된 과세기간 수}) = \text{시가(과세표준)}$$

2) 감가상각자산의 일부전용

과세사업에 제공한 감가상각자산을 면세사업에 일부 사용하는 경우에는 다음의 계산식에 따라 계산한 금액을 공급가액으로 하되, 그 면세사업에 의한 면세공급가액이 총공급가액 중 5% 미만인 경우에는 공급가액이 없는 것으로 본다. 이 경우 경과된 과세기간의 수에 관하여는 1) 후단의

5) 부가집 29-66-1 ⑤

규정을 준용한다(부령 66 ③).

① 건물 또는 구축물

$$\text{해당 재화의 취득가액} \times \left(1 - \frac{5}{100} \times \text{경과된 과세기간 수}\right) \times \frac{\text{면세사업에 일부 사용한 날이 속하는 과세기간의 면세공급가액}}{\text{면세사업에 일부 사용한 날이 속하는 과세기간의 총공급가액}}$$

② 기타의 감가상각자산

$$\text{해당 재화의 취득가액} \times \left(1 - \frac{25}{100} \times \text{경과된 과세기간 수}\right) \times \frac{\text{면세사업에 일부 사용한 날이 속하는 과세기간의 면세공급가액}}{\text{면세사업에 일부 사용한 날이 속하는 과세기간의 총공급가액}}$$

경과된 과세기간 계산 사례[6]

음식점업자 (주)치악은 2018년 12월 26일 음식 조리용으로 사용할 싱크대를 취득하였으나 개업 준비관계로 2019년 1월 20일부터 사용하였다. 그 후 사업부진으로 (주)치악은 2020년 4월 20일 음식점업을 폐업하였다. 이 경우 간주공급에 따른 공급가액 계산 시 경과된 과세기간 계산방법

☛ 경과된 과세기간 : 2(2019년 제1기, 제2기)

폐업 시 잔존재화 공급가액 계산 사례[7]

[거래 사례]

부동산매매업 및 제조업을 영위하는 사업자가 2020.6.15. 폐업하였으며, 폐업 시 잔존재화의 내역이 다음과 같을 때 부가가치세 공급가액 계산방법

구분	취득(사용)일	취득·제조원가	잔존재화 가액	비고
건물1	2018.2.1	500,000,000원	700,000,000원 (매매가액) 425,000,000원 (장부가액)	사업용 고정자산 (제조장 사용)
구축물	2019.4.30	100,000,000원	120,000,000원 (매매가액) 90,000,000원 (장부가액)	사업용 고정자산 (제조장 사용)
건물2	2019.6.1	300,000,000원	400,000,000원 (폐업당시 시가)	재고자산 (매매용)
기계장치	2019.7.30	250,000,000원	100,000,000원 (장부가액)	사업용 고정자산 (제조장 사용)
제품	2020.6.1	200,000,000원	240,000,000원	제조장 생산물

* 매매가액은 폐업일 이후 매매된 가액임

6) 부가집 29-66-1
7) 부가집 29-66-1

[계산방법]

구분	경과된 과세기간 계산	계산근거	공급가액
건물1	2018.1.1. ~ 2019.12.31	500,000,000×(1－5%×4)	400,000,000원
구축물	2019.1.1. ~ 2019.12.31	100,000,000×(1－5%×2)	90,000,000원
건물2	－	재고자산은 폐업 당시 시가	400,000,000원
기계장치	2019.7.1. ~ 2019.12..31	250,000,000×(1－25%×1)	187,500,000원
제품	－	재고자산의 경우 폐업 시 시가	240,000,000원
합 계			1,317,500,000원

간주공급의 경우 과세표준 사례

[유형 1] 다음 자료에 의하여 2011년 제1기 과세기간(1.1~6.30)의 부가가치세 과세표준을 계산하면?

1. 거래내역은 다음과 같다.

일자	거래내용	금액
2월 11일	직매장 반출액	24,000,000원
2월 18일	신용판매액	82,000,000원
3월 13일	과세재화의 원재료로 사용한 제품가액	12,000,000원
4월 14일	사업자 자신의 개인적 목적으로 사용한 제품(시가 : 3,500,000원)	2,000,000원
5월 19일	하치장 반출액	33,000,000원
6월 17일	장려금조로 거래처에 증정한 상품(시가 : 2,500,000원)	1,800,000원

2. 사업자 김갑동씨는 주사업장 총괄납부사업자이다.

[유형 2] 김갑동씨는 제조업을 영위하다 2011년 2월 10일에 사업을 폐업하였다. 다음 자료에 의하여 부가가치세 확정신고 시 신고하여야 할 과세표준을 계산하면?

1. 제품매출액(매출에누리 2,000,000원, 매출할인 3,000,000원 차감) : 50,000,000원
2. 직매장반출액(주사업장 총괄납부승인을 얻지 못함) : 3,000,000원(시가 4,000,000원)
3. 하치장반출액 : 2,500,000원
4. 폐업 시 잔존재화인 제품 : 4,500,000원(시가 6,000,000원)
5. 폐업 시 잔존재화인 기계장치 : 2008년 4월 10일에 취득(취득가액 60,000,000원)하였으며, 폐업일 현재 시가와 장부가액은 다음과 같다.
   ① 시　　가 : 20,800,000원
   ② 장부가액 : 20,000,000원

[유형 3] 다음 자료에 의하여 사업자 김갑동씨의 부가가치세 과세표준을 계산하면?
1.사업자 김갑동씨는 고속버스업에 사용하던 정비기계를 시내버스에도 공통사용하기로 하였다.
2. 정비기계 취득일 : 2010년 4월 3일
3. 정비기계 공통사용일 : 2011년 4월 22일
4. 정비기계 취득가액 : 120,000,000원(시가 : 90,000,000원)
5. 공급가액 자료

구분	고속버스사업	시내버스사업
2010년 제2기	500,000,000원	250,000,000원
2011년 제1기	750,000,000원	500,000,000원

| 해답 |

[유형 1]

(1) 신용판매액	82,000,000원
(2) 개인적 공급	3,500,000원 주)
(3) 사업상 증여	2,500,000원 주)
과세표준	88,000,000원

주) 개인적 공급과 사업상 증여의 과세표준은 시가에 의한다.

[유형 2]

과세표준 = 50,000,000원 + 3,000,000원 + 6,000,000원 + 60,000,000원 × (1 − 25% × 2)
= 92,000,000원

[유형 3]

$$\text{과세표준} = 120{,}000{,}000\text{원} \times (1 - 25\% \times 2\text{과세기간}^{1)}) \times \frac{500{,}000{,}000\text{원}}{1{,}250{,}000{,}000\text{원}} = 24{,}000{,}000\text{원}$$

1) 경과된 과세기간은 2010년 제1기, 제2기가 경과하였으므로 2과세기간이 된다.
2) 공통사용일이 속하는 과세기간의 공급가액비율에 의한다.

4. 외상판매 및 할부판매

외상판매 및 할부판매의 경우 공급한 재화의 총가액(이자상당액 포함)을 공급가액으로 한다(부령 61 ② 1).

5. 장기할부판매·완성도기준지급조건부·중간지급조건부 판매

(1) 개요

다음의 어느 하나에 해당하는 경우에는 계약에 따라 받기로 한 대가의 각 부분(이자상당액 포함)

을 공급가액으로 한다(부령 61 ② 2).

① 장기할부판매의 경우

② 완성도기준지급조건부 또는 중간지급조건부로 재화나 용역을 공급하는 경우

③ 계속적으로 재화나 용역을 공급하는 경우

(2) 장기도급계약에 따른 공급시기와 금융비용의 과세표준 계산

사업자가 용역의 제공이 완료된 후 그 대가를 월부·연부·기타의 부불방법에 따라 2회 이상 분할하여 대가를 받는 것으로 당해 용역의 공급의 완료일 다음 날부터 최종 할부금 지급기일까지의 기간이 1년 이상인 장기할부조건에 해당하는 경우에는 각 대가를 수령한 시기에 세금계산서를 발급하여야 하는 것이고, 사업자가 재화 또는 용역을 공급하고 그 대가를 받을 경우 과세표준은 재화 또는 용역을 공급받는 자로부터 받은 대금, 요금, 수수료, 기타 명목 여하에 불구하고 대가관계에 있는 모든 금전적 가치가 있는 것을 포함하는 것으로, 금융이자에 상당하는 금액을 공사도급금액에 포함하여 공사도급계약을 체결한 경우에 당해 금융이자에 상당하는 금액은 부가가치세 과세표준에 포함한다.[8]

(3) 중간지급조건부 공급에서 사전약정에 의한 선납할인액

사업자가 중간지급조건부로 재화를 공급함에 있어서 계약당사자 간의 사전약정에 의하여 대금의 각 부분을 계약서상의 지급일 이전에 납부하는 때에는 일정금액을 차감하여 준다는 내용을 계약서상에 명시하고 지급일 이전에 납부받음으로써 당해 금액을 차감해 준 경우에는 그 차감된 금액을 과세표준으로 하여 그 대금을 지급받는 때에 세금계산서를 교부하여야 한다.[9]

(4) 공사 기성고 청구 시 지급 유보된 금액의 과세표준 포함 여부

사업자가 완성도기준지급조건부로 건설용역을 공급하면서 결정된 기성금 중 일정금액을 유보금 명목으로 공제하여 지급받고, 건설용역 제공이 완료된 후 하자이행보증증권 제출 시 유보금을 지급받기로 한 경우 부가가치세 과세표준은 각 대가의 각 부분을 받기로 한 때 결정된 기성금이 된다.[10]

6. 기부채납

(1) 개요

기부채납의 경우 해당 기부채납의 근거가 되는 법률에 따라 기부채납된 가액(지자체장이 결정한 시가 또는 감정평가액)을 공급가액으로 한다. 다만, 기부채납된 가액에 부가가치세가 포함된 경

8) 부가-688, 2013.07.26
9) 상담3팀-100, 2008.01.14
10) 상담3팀-1269, 2006.06.28

우 그 부가가치세는 제외한다(부령 61 ② 3).

(2) 사용기간 종료 후 건물 등의 소유권이 무상이전되는 경우 부가가치세 과세표준 계산 시 시가 산정방법

사업자가 다른 사업자에게 일정시설을 설치하게 한 후 동 시설에 대한 사용권한을 부여하고 계약기간이 종료한 후 소유권을 무상으로 이전받는 경우에 소유권이전 시점의 시가는 감정평가액 또는 해당 자산의 처분 시 다시 취득할 수 있는 가액이나 장부가액을 기준으로 산정하여야 한다.[11]

(3) BOT방식을 준용한 사업에서 시설물 준공 전에 토지사용료를 받는 경우 과세표준 산정방법

BOT방식 사업에서 시설물 준공 전에 토지사용료를 받는 경우 토지임대용역의 과세표준은 시설물준공일 전까지는 토지사용료를 해당 기간의 개월 수로 나눈 금액, 준공일 이후에는 토지사용료와 시설물설치가액을 해당 기간의 개월 수로 나눈 금액의 각 과세대상기간 합계액으로 한다.[12]

(4) 자기 부담한 기부채납자산 부가가치세액의 건설비 포함 여부

기부채납자산에 대한 부가가치세를 부담한 경우에는 그 총액을 기부금으로 보는 것이므로, 이때 부담한 부가가치세는 건설비 상당액에 포함한다.[13]

(5) 공공용지를 조성하여 기부채납하는 조건으로 사업용 건물을 신축분양하는 경우

사업자가 소유한 토지 위에 지식산업센터를 신축·분양하는 경우 분양가액 중 토지와 건물가액의 구분은 분양계약상 합의된 실지거래가액에 따르는 것이며 실지거래가액으로 구분한 토지의 가액과 건물의 가액이 건물의 규모와 형태, 제3자 간에 일반적으로 거래된 가격 등 사회통념에 비추어 합당하다고 인정되지 아니하여 불분명한 경우에는 그 건물의 가액은 안분계산한다. 이 경우, 사업자가 토지와 건물의 가액을 구분하기 위하여 총분양가액을 안분계산할 때에 적용되는 토지의 기준시가는 건축허가 조건으로 공공용지로 기부채납되는 토지를 제외한 지식산업센터 건설용 토지의 기준시가가 된다.[14]

(6) 기부채납자산 건설원가 중 일부를 채납관청이 부담하는 경우

사업자(이하 "A법인")가 지방자치단체(이하 "지자체") 및 교육청과 '복합문화도서관(이하 "복합건축물") 건립 사업시행협약'을 체결하여 지자체는 복합건축물 건립부지를 제공하고, 교육청은 건물공사비 중 일부(이하 "쟁점사업비")를 부담하며, 잔여사업비는 A법인이 부담하여 복합건축물을

11) 서면법규과-352, 2013.03.28
12) 기획재정부 부가가치세제과-650, 2017.12.11
13) 부가22601-902, 1990.07.14
14) 법규부가 2012-264, 2012.09.03

준공한 후 복합문화시설은 지자체에, 도서관시설은 교육청에 기부하는 경우 쟁점사업비는 부가가치세가 과세되지 않는다. 한편, 복합건축물의 건축과 관련하여 건설업자가 A법인과의 공사도급계약에 따라 건설용역을 제공하고 대가를 받는 경우 건설업자가 A법인을 공급받는 자로 하여 세금계산서를 발급하거나, 건설업자가 A법인과 교육청에 각각 발급할 수 있다.[15]

7. 공유수면 매립용역

(1) 개요

사업자가 국가로부터 「공유수면매립법」에 의한 면허를 받아 공유수면매립공사를 시행하여 그 준공인가를 얻은 후 매립으로 인하여 조성된 토지 중 일부 또는 전부에 대한 소유권을 취득하였다면, 그 사업자는 국가에 토지매립공사의 용역을 제공하고 그 대가로 토지의 소유권을 취득한 것으로서 사업자의 용역제공과 매립토지에 대한 소유권취득 사이에는 대가관계가 있다고 봄이 상당하므로 매립지조성공사는 부가가치세 과세대상이 되는 용역의 공급에 해당한다 할 것인 바,[16] 해당 용역의 공급에 해당하여 부가가치세가 과세되는 것이며, 당해 공사와 관련한 매입세액은 공제된다.[17] 또한 「공유수면 관리 및 매립에 관한 법률」에 따라 제공하는 공유수면의 매립용역의 공급가액은 「공유수면 관리 및 매립에 관한 법률」에 따라 산정한 해당 매립공사에 든 총사업비(순공사비·조사비·보상비 기타 당해 매립에 관한 공사에 소요된 비용을 포함[18])를 공급가액으로 한다(부령 61 ② 4).

(2) 조선소에서 배타적으로 사용하는 선박제조시설

선박제조 전용시설에 해당하는 것으로 청구법인이 배타적으로 사용하는 드라이도크 및 호안·안벽의 조성에 소요된 비용은 부가가치세 과세대상이 되는 「공유수면매립법」상 매립공사에 소요된 사업비로 보기는 어렵다 할 것이고, 부지조성공사비와 어업보상비는 일반적인 매립공사에서도 발생하는 비용으로 선박제조시설과 관련하여 발생한 비용이라고 볼 수 없다.[19]

8. 보세구역에서 국내로 재화를 반입하는 경우

사업자가 보세구역 내에 보관된 재화를 다른 사업자에게 공급하고, 그 재화를 공급받은 자가 그 재화를 보세구역으로부터 반입하는 경우 그 재화의 공급가액에서 세관장이 부가가치세를 징수하고 발급한 수입세금계산서에 적힌 공급가액을 뺀 금액을 공급가액으로 한다. 다만, 세관장이 부가가치세를

15) 사전-2021-법령해석부가-1207, 2021.12.30
16) 대법원 95누15308, 1996.03.12
17) 서삼46015-10609, 2002.04.15
18) 부가46015-1144, 1998.05.27
19) 조심2012광0874, 2013.01.30

징수하기 전에 같은 재화에 대한 선하증권이 양도되는 경우에는 선하증권의 양수인으로부터 받은 대가를 공급가액으로 할 수 있다(부령 61 ② 5).

9. 둘 이상의 과세기간에 걸쳐 용역을 제공하고 그 대가를 선불로 받는 경우

(1) 개요

사업자가 다음과 같이 둘 이상의 과세기간에 걸쳐 용역을 제공하고 그 대가를 선불로 받는 경우 해당 금액을 계약기간의 개월 수로 나눈 금액의 각 과세대상기간의 합계액을 공급가액으로 한다. 이 경우 개월 수의 계산에 관하여는 해당 계약기간의 개시일이 속하는 달이 1개월 미만이면 1개월로 하고, 해당 계약기간의 종료일이 속하는 달이 1개월 미만이면 산입하지 아니한다(부령 61 ② 6, 부령 29 ② 3).

① 헬스클럽장 등 스포츠센터를 운영하는 사업자가 연회비를 미리 받고 회원들에게 시설을 이용하게 하는 것

② 사업자가 다른 사업자와 상표권 사용계약을 할 때 사용대가 전액을 일시불로 받고 상표권을 사용하게 하는 것

③ 「노인복지법」에 따른 노인복지시설(유료인 경우에만 해당한다)을 설치·운영하는 사업자가 그 시설을 분양받은 자로부터 입주 후 수영장·헬스클럽장 등을 이용하는 대가를 입주 전에 미리 받고 시설 내 수영장·헬스클럽장 등을 이용하게 하는 것

④ 그 밖에 ①부터 ③까지의 규정과 유사한 용역

(2) 둘 이상의 과세기간에 걸쳐 부동산임대용역을 공급하고 그 대가를 현재가치로 할인된 금액을 선불로 받는 경우

사업자가 둘 이상의 과세기간에 걸쳐 부동산임대용역을 공급하고 그 대가를 현재가치로 할인된 금액을 선불로 받은 경우 "해당금액"은 실제 받는 금액으로 한다.[20]

(3) 장기 용역제공에 대한 선불이용료를 신용카드로 지급받은 경우의 공급시기

사업자가 장기간 용역제공에 대한 대가를 일시불로 지급받고 신용카드매출전표를 발급한 경우에는 사업자가 신용카드매출전표를 발급한 때를 해당 용역의 공급시기로 본다.[21]

10. BOT방식으로 설치한 시설의 이용용역

사업자가 제29조 제2항 제4호(BOT방식)에 따라 둘 이상의 과세기간에 걸쳐 용역을 제공하는 경우

20) 사전-2016-법령해석부가-0010[법령해석과-231], 2016.01.26.

21) 법규부가2011-0268, 2011.07.29

그 용역을 제공하는 기간 동안 지급받는 대가와 그 시설의 설치가액을 그 용역제공기간의 개월 수로 나눈 금액의 각 과세대상기간의 합계액을 공급가액으로 한다. 이 경우 개월 수의 계산에 관하여는 해당 용역제공기간의 개시일이 속하는 달이 1개월 미만이면 1개월로 하고, 해당 용역제공기간의 종료일이 속하는 달이 1개월 미만이면 산입하지 아니한다(부령 61 ② 7).

11. 위탁가공무역방식 수출

제31조 제1항 제4호에 따른 위탁가공무역방식으로 수출하는 경우 완성된 제품의 인도가액을 공급가액으로 한다. 이 경우 위탁가공무역방식의 수출이란 가공임(加工賃)을 지급하는 조건으로 외국에서 가공(제조, 조립, 재성, 개조를 포함)할 원료의 전부 또는 일부를 거래상대방에게 수출하거나 외국에서 조달하여 가공한 후 가공물품 등을 외국으로 인도하는 방식의 수출을 말한다(부령 61 ② 8).

12. 마일리지 등으로 대금의 전부 또는 일부를 결제받은 경우

(1) 마일리지의 의의

"마일리지 등"이란 재화 또는 용역의 구입실적에 따라 마일리지, 포인트 또는 그 밖에 이와 유사한 형태로 별도의 대가 없이 적립 받은 후 다른 재화 또는 용역 구입 시 결제수단으로 사용할 수 있는 것과 재화 또는 용역의 구입실적에 따라 별도의 대가 없이 교부받으며 전산시스템 등을 통하여 그 밖의 상품권과 구분 관리되는 상품권(이하 "마일리지 등"이라 한다)을 말한다(부령 61 ①).

(2) 실제 수령한 대가에 대하여 공급가액을 인식하는 경우

1) 개요

마일리지 등으로 대금의 전부 또는 일부를 결제받은 경우((3)에 해당하는 경우는 제외) 다음의 금액을 합한 금액을 공급가액으로 한다(부령 61 ② 9).

① 마일리지 등 외의 수단으로 결제받은 금액

② 자기적립마일리지 등외의 마일리지 등으로 결제받은 부분에 대하여 재화 또는 용역을 공급받는 자 외의 자로부터 보전(補塡)받았거나 보전받을 금액. 따라서, 자기적립마일리지 등으로 결제받은 금액은 공급가액 범위에서 제외된다.

2) 자가적립마일리지

자가적립마일리지란 당초 재화 또는 용역을 공급하고 마일리지 등을 적립(다른 사업자를 통하여 적립하여 준 경우를 포함한다)하여 준 사업자에게 사용한 마일리지 등(여러 사업자가 적립하여 줄 수 있거나 여러 사업자를 대상으로 사용할 수 있는 마일리지 등의 경우 다음의 요건을 모두 충족한 경우로 한정한다)을 말한다.

① 고객별·사업자별로 마일리지 등의 적립 및 사용실적을 구분하여 관리하는 등의 방법으로 당초 공급자와 이후 공급자가 같다는 사실이 확인될 것

② 사업자가 마일리지 등으로 결제받은 부분에 대하여 재화 또는 용역을 공급받는 자 외의 자로부터 보전받지 아니할 것

(3) 공급한 재화 또는 용역의 시가에 대하여 공급가액을 인식하는 경우

자기적립마일리지 등 외의 마일리지 등으로 대금의 전부 또는 일부를 결제받은 경우로서 다음의 어느 하나에 해당하는 경우 공급한 재화 또는 용역의 시가를 공급가액으로 한다(부령 61 ② 10).

① (2)-1)-②에 따른 금액을 보전받지 아니하고 자기생산·취득재화를 공급한 경우

② (2)-1)-②과 관련하여 특수관계인으로부터 부당하게 낮은 금액을 보전받거나 아무런 금액을 받지 아니하여 조세의 부담을 부당하게 감소시킬 것으로 인정되는 경우

(4) 전액 자기적립마일리지로 결제한 경우

자기적립마일리지 등으로만 전부를 결제받고 공급하는 재화는 사업상증여로 보지 아니한다.[22)]

(5) 할인액 보전 여부에 따른 공급가액 산정

1) 마일리지 결제분을 타 사업자로부터 보전받는 경우 해당 보전액의 공급가액 포함 여부

신청법인이 조합회원에게 연간물품이용금액, 지역조합 가입연수 및 지역조합출자금 납입실적 등에 따라 일정률 또는 일정액의 마일리지를 적립해 주고 해당 조합원이 신청법인과 업무제휴한 타 지역의 공동사업법인이 운영하는 매장에서 물품구입 시 물품대금의 전부나 일부를 해당 마일리지로 결제하면 신청법인이 해당 공동사업법인에 마일리지결제액을 보전해 주는 경우, 물품을 공급한 해당 공동사업법인이 신청법인으로부터 그 보전받은 금액은 「부가가치세법」 제29조 제3항 제1호에 따라 해당 물품의 공급가액에 포함된다.[23)]

2) 신용카드사 적립포인트를 신용카드사가 운영하는 쇼핑몰에서 사용하는 경우 공급가액

하나의 사업장에서 소매업과 「여신전문금융업법」에 따른 신용카드업을 겸영하는 사업자가 고객이 제휴가맹점에서 재화 또는 용역 구매 시 자기 책임과 계산으로 자사의 신용카드로 결제한 금액의 일부를 마일리지 등으로 적립하여 주고, 추후 고객이 해당 사업자의 소매업장에서 마일리지 등을 사용한 금액만큼 재화를 할인하여 공급한 경우 해당 할인금액은 공급가액에서 제외한다.[24)]

---

22) 부가집 29-0-12 ③

23) 사전-2018-법령해석부가-0779, 2019.04.22

24) 서면-2020-법규부가-3071 [법규과-796], 2022.03.11., 기획재정부 부가가치세제과-128, 2022.03.04

3) 수탁자가 고객에게 적립해준 적립금을 위탁자의 상품구매 시 사용하는 경우 위탁자의 공급가액

판매자(위탁자)가 위수탁판매대행계약에 따라 판매대행업자(수탁자)로부터 마일리지 등을 부여받은 고객에게 2017년 4월 1일 이후에 마일리지 등 사용금액만큼 재화를 할인하여 공급하고 할인금액을 위탁자가 수탁자에게 지급하는 판매수수료에서 차감하는 경우 해당 할인금액은 재화의 공급가액에 포함된다.[25)]

(6) 가맹본부가 가맹점의 판촉비용을 포인트로 정산하고 가맹점이 포인트로 제품매입하는 경우

화장품 제조, 판매 및 가맹점사업을 영위하는 사업자(이하 "가맹본부")가 소비자를 대상으로 한 판촉행사(할인, 증정, 쿠폰행사 등)의 비용분담 및 정산방식을 전 가맹점과 사전약정하여 가맹점이 실시한 판촉행사비용 중 가맹본부부담분을 가맹점에 포인트로 적립하여 주고 향후 가맹점이 가맹본부로부터 제품매입 시 해당 포인트로 결제할 수 있도록 하는 경우 가맹점이 제품매입 시 사용한 포인트 상당액은 공급가액에 포함하지 아니하는 에누리액에 해당한다.[26)]

(7) 그룹통합멤버십포인트로 결제한 금액 상당액

그룹 내 계열사들이 그룹통합멤버십포인트 제도를 운영하면서 고객에게 포인트를 적립해 주고 향후 고객은 물품 구매 시 물품대금의 일부를 해당 포인트로 결제하며 각 계열사는 적립 및 사용된 포인트를 정산하는 경우 2017.3.31. 이전에 고객으로부터 결제받은 포인트 상당액은 과세표준에 포함되지 않는다.[27)]

(8) 당사 포인트몰에서 적립된 포인트를 고객이 사용하는 경우 매출에누리에 해당하는지 여부[28)]

1) 사실관계

- ◎◎카드(주)(이하 "당사")는 「여신전문금융업법」상 할부금융업, 신용카드업을 주된 사업으로 하는 법인으로서 개인 또는 법인에게 일정 신용한도 내에서 물품 및 용역 구입에 대한 지불대금 및 자금을 대여해 주는 사업을 주사업으로 하고 있음
- 당사는 당사의 신용카드를 보유한 개인 또는 법인(이하 "고객")이 제휴가맹점에서 물품을 구매하거나 용역을 제공받으면 구매금액의 일정률을 "M포인트"라는 포인트로 적립시켜주며, 고객들이 추후 적립된 포인트를 이용하여 제휴가맹점에서 제품을 구매하거나 제휴사의 상품권으로 교환할 수 있는 포인트시스템을 운영하고 있음
- 한편, 당사는 고객의 포인트 사용을 용이하게 하고 카드사용률을 높이기 위한 목적에서 ◎◎카드 M포인트몰(이하 "M포인트몰")이라는 온라인쇼핑몰을 직접 운영하고 있음

---

25) 기획재정부 부가가치세제과-64, 2022.01.27
26) 서면-2018-법령해석부가-3495[법령해석과-1036], 2019.04.25
27) 기획재정부 부가가치세제과-568, 2017.11.13
28) 서면-2016-법령해석부가-5983[법령해석과-546], 2017.02.24

• M포인트몰에서는 가전제품, 식품, 화장품, 스포츠레저용품 등 다양한 유형의 제품이 제공되고 있으며 당사의 고객은 M포인트몰의 제품을 적립된 포인트로 전액결제하거나 포인트와 당사 카드를 복합결제(전액 카드결제도 가능)하여 구매할 수 있음
• 본건 거래 관련 거래구조 요약

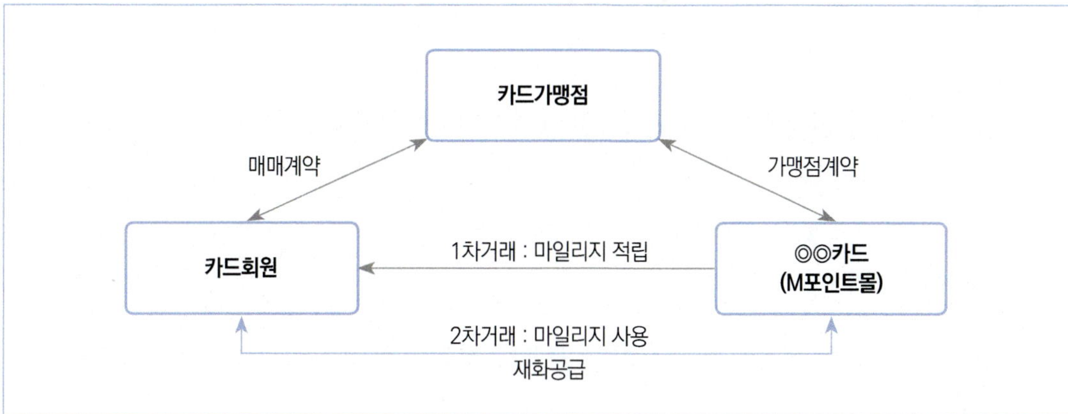

– 1차 거래 : 당사는 고객들이 당사의 가맹점에서 제품 또는 서비스를 당사 신용카드로 구매·이용하는 거래를 하면, 구매액의 일정비율에 해당하는 M포인트를 해당 고객에게 적립하여 줌 ☞ 이후 고객이 M포인트를 사용하는 시점에 가맹점과의 분담비율에 따라 M포인트 사용에 따른 구매대금 정산
– 2차 거래 : 1차 거래 이후 고객들은 당사의 가맹점이나 M포인트몰에서 물품 등을 구매하고, 적립된 M포인트의 전부 또는 일부를 사용하여 결제(전액 카드결제도 가능)

2) 질의내용

신용카드사가 당사 신용카드 사용에 따른 포인트를 고객에게 적립하여 주고, 이후 당사 포인트몰에서 고객이 제품을 구매할 때 적립된 포인트를 사용하는 경우 매출에누리에 해당하는지 여부

3) 회신

하나의 사업장에서 「여신전문금융업법」에 따른 여신전문금융업(신용카드업)과 소매업(M포인트몰)을 겸영하는 사업자가 자사의 신용카드를 보유한 고객이 제휴가맹점에서 해당 신용카드를 사용하는 경우 사용액의 일정률을 M포인트로 적립하여 주고, 추후 해당 고객이 자사 M포인트몰에서 재화를 구매하면서 그 대가의 전부 또는 일부를 적립된 M포인트를 사용하여 결제하는 경우 2017.3.31. 이전에 사용된 해당 M포인트는 구 「부가가치세법 시행령」 제61조 제4항(대통령령 제27838호로 개정되기 이전의 것)을 적용하지 아니하는 것으로 부가가치세 과세표준에 포함하지 아니한다.

(9) 제휴포인트 사용액 및 비구매포인트 사용액은 에누리에 해당함

포인트를 사용하여 결제대금을 할인받은 것은 미리 정해진 사용조건에 따라 공급가액을 직접 공제받은 것이므로 그 포인트 사용액 전액은 공급가액에 포함되지 않는 에누리에 해당한다. 회사가 제3자 사업자들로부터 지급받게 되는 정산금은 회사와 고객들 사이의 상품 거래와 대가관계에 있다고 볼 수 없고, 회사가 지급받은 정산금과 고객들의 포인트 사용분은 모두 에누리에 해당한다.[29]

(10) 고객이 최종 할인받은 금액은 그 정산여부와 관계없이 그 전액을 에누리액으로 봄

고객이 재화를 구입하면서 사업자와의 사이에 사전 약정에 따라 그 대가의 일부를 할인받은 경우에 이는 통상의 공급가액에서 직접 공제되고 차감되는 에누액에 해당하므로 그 할인액은 과세표준에 포함되지 아니한다.[30]

(11) 고객할인액 중 제조사가 보전하는 금액의 부가가치세 공급가액 포함 여부 등

1) 사실관계

- 질의법인은 담배제조업체로 전자담배매출의 대부분이 편의점에서 발생함에 따라 편의점 본사와의 약정을 체결하여 ‘○○○○’(이하 “전자담배기기”)를 편의점 본사에103,290원에 공급하고, 편의점 본사는 이를 각 편의점에 동일한 금액으로 공급하여 최종적으로 각 편의점은 고객에게110,000원에 판매함 ☞ 질의법인은 전자담배기기를 벤더사로부터 93,900원(VAT 9,390원)에 매입
- 고객은 질의법인으로부터 전자담배기기 할인쿠폰(22,000원)을 발급받아 편의점에서 가격을 할인받아 88,000원(부가세 별도)에 구매함
- 질의법인은 편의점 본사, 편의점과의 약정에 따라 고객이 할인쿠폰으로 할인받은 금액을 편의점 결제대행업체를 통해 편의점에 지급함으로써 전자담배기기 구매 시 할인금액을 부담함
- 위 할인쿠폰 등 거래구조를 도식화하면 다음과 같음

29) 대법원 2021두38123, 2021.08.19.
30) 서울행정법원 2019구합79688, 2020.08.13.

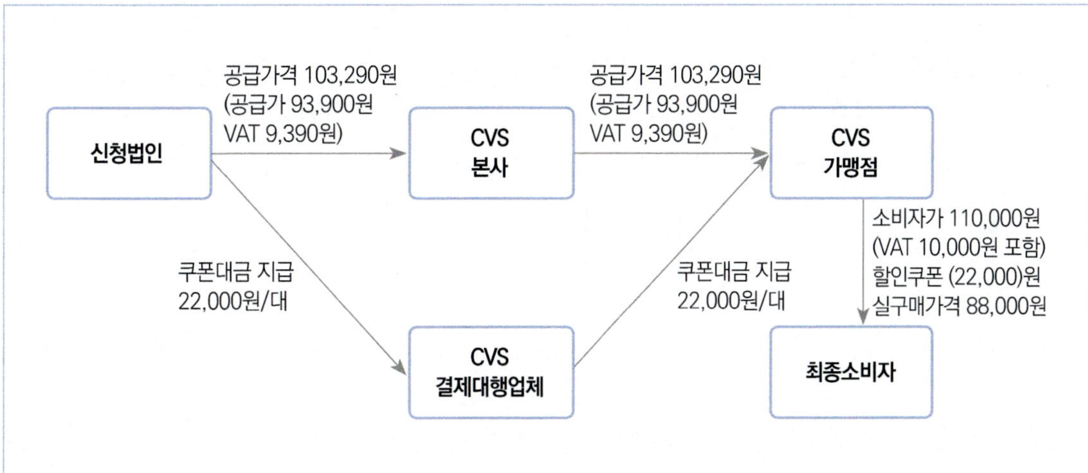

2) 질의요지

질의법인과 편의점 본사 간 약정에 따라, 고객이 질의법인으로부터 발급받은 전자담배기기 할인쿠폰으로 편의점에서 할인구매(쟁점할인) 시 질의법인이 편의점에 할인쿠폰 상당액을 지급(보전)하는 경우

① 쟁점할인액이 편의점의 공급가액에 포함하는지 여부

② 쟁점할인액이 질의법인의 공급가액에 포함하는지 여부

3) 회신

제조사업자가 판매사업자 본사, 판매사업자(이하 "편의점")와의 제휴계약에 따라 제조사업자의 특정 제품을 구매하는 조건으로 고객에게 할인쿠폰을 발급함에 있어, 고객이 편의점에서 특정 제품을 구입하면서 정상가격에서 해당 쿠폰에 기재된 할인액(이하 "쿠폰할인액")을 차감하여 결제할 때 제조사업자가 편의점에 쿠폰할인액에 상당하는 금액을 보전하기로 사전에 약정한 경우 해당 쿠폰할인액은 제조사업자 및 편의점의 특정 제품 공급가액에 각각 포함하지 아니한다.[31)]

(12) 제휴사가 고객에게 적립해준 포인트를 사업자의 전기충전서비스에 사용하는 경우 사업자의 공급가액

1) 사실관계

- 질의법인(이하 "A법인")은 전기차충전기 설치 · 판매 및 전기차충전서비스를 운영하는 사업자로 전기차충전서비스의 판매촉진 및 마케팅의 일환으로 대형 유통회사(이하 "B법인")와 업무제휴를 맺고 포인트의 부여 및 교환 협약을 체결함 ☞ A법인이 공용장소 등에 설치한 또는 관리하는 전기충전기를 통하여 전기자동차사용자에게 전기충전서비스를 제공하고, A법인은 홍

31) 서면-2022-법규부가-1286 [법규과-1587], 2022.05.23

보물 작성 시 필요한 정보 등을 B법인에 제공하고, B법인은 직접 홍보 업무를 수행함

• B법인의 회원이 A법인의 전기차충전서비스를 이용하고, 충전요금 결제 시 B법인이 적립해준 포인트로 일부 또는 전부를 사용할 수 있으며 B법인의 회원이 충전 시 사용한 포인트 금액에 대해 A법인은 B법인으로부터 현금으로 정산받음
• 본건 제휴업무협약서의 주요내용 요약은 다음과 같음

> B법인-A법인 법인 제휴업무 협약서
>
> 제1조 (목적)
> 본 협약은 "B법인"과 "A법인" 양자 간의 제휴를 통해 B법인의 고객에게 A법인의 전기차충전서비스를 제공함에 있어 전기차충전의 효율적 운영을 위한 상호역할과 제반 조건을 규정하는 데 그 목적이 있다.
>
> 제2조 (서비스 상품)
> 본 계약의 대상은 A법인에서 운영하는 전기차충전서비스로 한정한다.
>
> 제3조 ("B법인"의 권리와 의무)
> 1. B법인은 **자동차의 △△멤버스의 대행 운용사로서 △△멤버스 회원을 대상으로 하는 멤버십마케팅을 통하여 A법인의 전기차충전서비스정보를 △△멤버스 회원에게 홍보함으로써 A법인의 전기차충전서비스 판매에 협조한다.
> 2. B법인은 A법인의 판매활동을 극대화할 수 있도록 전기차충전서비스 및 행사에 필요한 B법인의 자체 제작물이나 B법인에게 사용이 허가된 정보를 A법인에게 제공한다.(§4(2)호 A법인 내용 동일, 이하 단서생략)
> 3. B법인은 본 협약에 의해 A법인으로부터 무상 제공받은 전기차충전서비스 관련 컨텐츠를 B법인의 책임하에 운영하는 각종 고객 커뮤니케이션 매체를 통해 서비스에 활용할 수 있다.(§4(3)호 A법인 내용 동일, 이하 단서생략)
>
> 제4조 ("A법인"의 권리와 의무)
> 1. A법인은 △△멤버스 회원에게 전기차충전서비스를 제공함에 있어, **자동차의 "△△포인트"로 구매할 수 있는 혜택을 제공한다.(이하생략)
>
> 제6조 (대금결제 및 정산)
> 1. 대금결제
>   1) A법인은 △△멤버스 회원이 전기차충전서비스 이용 시 이용금액 중 일부를 B법인과 정한 결제수단에 의해 결제하도록 하고 해당 금액을 차감한 잔액을 고객에게 청구한다.
>   2) △△멤버스 회원은 A법인의 전기차충전서비스에서 이용금액 결제 시 월 최대 2만 포인트(연간 24만 포인트 사용 가능)까지 사용할 수 있다.
>
> 2. 정산
>   1) A법인은 B법인에게 매월 합의한 기간인 전월21일~당월20일까지(이하 "M-1월21일~M월20일") △△멤버스 회원들이 A법인의 전기차충전서비스를 이용하여 발생된 △△포인트 차감내역을 취합하여 익월 22일까지 B법인에게 전달한다. B법인은 △△포인트 차감액(VAT 포함)을 M+1월 말일 이내 사전 지정된 A법인 명의의 계좌로 지급한다.

> 2) B법인은 △△멤버스 회원들이 전기차충전서비스에서 사용한 포인트 금액의 2.5%(VAT 별도)를 "B법인"의 수수료로써 A법인에게 매월 말일 이내 세금계산서로 청구한다.
> 3) A법인은 B법인에게 사전 지정된 B법인 명의의 계좌로 △△포인트 수수료(포인트 사용액의 2.5%)를 M+1월 20일 이내에 지급한다.
>
> 제12조 (손해배상)
> 본 계약이 해제(해지)되거나 당사자 일방이 본 계약을 위반하는 경우, 귀책사유가 있는 당사자는 이로 인하여 상대방에게 발생하는 모든 손해를 배상하여야 한다.

2) 질의요지

사업자가 제휴사와 체결한 업무제휴계약에 따라 제휴사의 고객이 사업자의 전기차충전서비스를 이용하면서 충전요금을 제휴사의 포인트로 결제하는 경우 충전요금에서 할인해주고 해당 할인액을 사업자가 제휴사로부터 현금 보전받는 경우 해당 할인액이 사업자의 공급가액에 포함되는지 여부

3) 회신

사업자가 제휴사와 체결한 전기차충전서비스 제휴업무 협약에 따라 포인트를 부여받은 고객에게 2017.4.1. 이후에 전기차충전 시 포인트 사용금액만큼 요금을 할인하여 공급하고, 할인금액을 제휴사로부터 보전받는 경우 해당 할인금액은 재화의 공급가액에 포함된다.[32)]

13. 세액이 별도 표시되지 아니한 대가의 공급가액[33)]

(1) 원칙

사업자가 재화 또는 용역을 공급하고 그 대가로 받은 금액에 공급가액과 세액이 별도 표시되어 있지 아니한 경우와 부가가치세가 포함되어 있는지가 분명하지 아니한 경우에는 그 대가로 받은 금액에 110분의 100을 곱한 금액을 공급가액으로 한다.

(2) 무자료거래를 위하여 공급가액만을 수령한 경우

부가가치세를 별도로 수수할 수 있음에도 거래당사자 간 무자료거래를 위하여 공급가액만을 수령하여 부가가치세를 포기한 경우 공급가액과 세액이 불분명한 것으로 볼 수 없으므로 해당 매출누락금액은 부가가치세가 포함되지 않는 경우에 해당한다.

(3) 과세거래를 면세거래로 오인하여 공급가액만 수수한 경우

부가가치세 과세대상거래를 오인하여 영세율 또는 면세거래로 보아 공급가액만을 수수한 경우

32) 서면-2022-법규부가-0616 [법규과-1524], 2022.05.16
33) 부가집 29-0-4

공급가액과 세액이 불분명한 것으로 볼 수 없다.

14. 업종별 과세표준 산정

(1) 게임장의 과세표준

게임기이용자의 부가가치세 과세표준은 게임기의 이용대가인 게임기투입금액 총액이 되는 것이며, 게임기사업자가 게임기에서 정한 요건 충족 시 이용자에게 지급하는 상품권 등은 단순한 시상금(장려금)에 해당되는 것으로 당해 상품권가액은 과세표준에서 공제하지 아니한다.[34)]

(2) 여행업자의 부가가치세 과세표준 계산

1) 개요

여행알선업자가 여행객에게 여행의 목적지와 여행기간만을 제시하고 여행객으로부터 여행자가 부담하여야 할 비용의 종류별 금액과 여행알선수수료를 구분하지 아니하고 대가를 받는 경우에는 그 대가 전액이 부가가치세 과세표준이 되는 것이나, 여행알선업자가 교통비, 숙박비, 주요 방문지의 입장료, 식대 등의 소요비용과 여행알선수수료를 각각 구분하여 받는 경우에는 여행알선수수료에 대하여만 부가가치세를 과세한다.[35)]

2) 여행사가 다른 여행사에게 항공권을 판매하는 경우

여행사가 항공사로부터 구입한 항공권을 다른 여행사에게 판매하는 경우, 당해 항공권의 매매거래는 「부가가치세법」에서 규정하는 과세대상에 해당하지 아니한다.[36)]

3) 국제여행알선용역의 부가가치세 영세율 적용 여부

사업자가 국외에서 제공하는 용역에 대하여 영세율을 적용하는 것이나 국내에서 내국인에게 국제여행알선용역을 제공하는 경우에는 부가가치세가 과세된다.[37)]

(3) 전시대행용역 제공 시 부가가치세 과세표준 계산

전시대행용역을 제공하면서 계약에 따라 전시대행수수료와 행사진행에 지출한 비용을 구분하지 않고 함께 받는 경우에는 해당 거래시기에 대행수수료에 행사진행에 지출한 비용을 포함한 가액으로 세금계산서를 발급하는 것이나, 전시대행수수료와 전시대행의뢰자가 부담하여야 할 경비를 구분계약하고 각각 지급받아 당해 경비를 납입대행하는 경우 당해 경비는 부가가치세 과세표준에 포함하지 않는다.[38)]

34) 상담3팀-1963, 2005.11.07., 재정경제부 부가가치세제과-748, 2007.10.23
35) 부가-958, 2012.09.18
36) 부가-1351, 2010.10.12
37) 서면-2014-부가-21286, 2015.03.11
38) 부가-95, 2013.01.30

(4) 축제대행용역 제공 시 세금계산서 발급 범위

축제 등 행사를 대행하는 사업자의 행사대행용역에 대한 부가가치세 공급가액은 계약에 의하여 지급받기로 한 모든 대가를 포함하는 것이므로 부가가치세가 면제되는 용역의 대가가 행사대행용역의 원가에 포함되었다 하더라도 이를 차감하지 아니한 행사대행용역의 모든 대가가 부가가치세 공급가액이 된다.[39]

(5) 예식장업자의 예식 관련 일괄계약 시 과세표준

예식장업을 영위하는 사업자가 고객과 예식 관련 일괄계약을 체결하고 자기책임과 계산하에 당해 용역 중 일부를 다른 사업자에게 의뢰하여 용역을 제공받고 다른 업체에 지급할 용역대가를 포함하여 그 대가를 지급받는 경우 당해 사업자가 공급하는 예식 관련 용역에 대한 부가가치세 과세표준은 고객으로부터 계약서상 지급받기로 한 당해 용역의 전체 대가가 된다.[40]

(6) 정보통신설비 설치공사업

정보통신설비의 설치공사업을 영위하는 사업자 갑이 다수의 사업장이 있는 정보통신업자와 통신설비설치공사 또는 통신망의 유지보수에 대한 계약을 체결하고 자기의 책임과 계산하에 통신설비의 설치 또는 유지보수용역을 제공함에 있어 정보통신업자의 각 사업장소재 지역에서 정보통신설비의 설치공사업을 영위하는 다른 사업자 을에게 의뢰하여 당해 용역을 공급하는 경우에 당해 용역의 공급에 대하여 을은 갑에게 세금계산서를 교부하고 갑은 정보통신업자에게 세금계산서를 교부하여야 한다.[41]

(7) 헬기수리용역 제공업

사업자가 헬기소유자와 헬기수리용역계약을 체결하고 자기책임과 계산하에 수리용역을 하면서 수리용역 중 일부를 외국업체에 의뢰하여 용역을 제공받고 외국업체에 지급할 용역대가를 포함하여 그 대가를 지급받는 경우 당해 사업자가 공급하는 당해 헬기의 수리용역에 대한 부가가치세 과세표준은 헬기소유자로부터 계약서상 지급받기로 한 수리용역의 전체 대가가 된다.[42]

(8) 카지노의 부가가치세 과세표준

카지노의 부가가치세 과세표준은 입장자의 입장행위에 과세되는 개별소비세와 방위세(종전의 방위세는 교육세로 대체됨)의 합계액으로 한다.[43]

---

39) 서면2015부가-0472, 2016.7.10
40) 서면3팀-620, 2007.02.23
41) 부가46015-1728, 1999.06.22
42) 부가46015-1656, 1999.06.11
43) 조법1265-283, 1982.03.04

(9) 자동차정비용역

자동차정비업을 영위하는 사업자가 자동차정비용역을 제공함에 있어서 당해 사업자가 자기의 책임과 계산하에 구입한 수리용 부품을 사용하여 정비하는 경우에는 당해 수리용역을 제공받는 자로부터 지급받는 모든 금전적 대가의 합계액이 부가가치세 과세표준이 되는 것이나, 자동차소유주가 직접 구입하여 공급한 수리용 부품을 사용하여 정비하는 경우 당해 부품에 대한 가액은 부가가치세 과세표준에 포함하지 아니하는 것이나, 해당 사항의 경우 자동차소유주가 별도로 구입하여 제공한 부품을 사용하여 정비용역을 제공한 것인지 사업자의 책임과 계산하에 구입한 부품을 사용하여 정비한 것인지 여부는 관련 사실을 종합하여 판단할 사항이다.[44]

(10) 상조회사의 주선 또는 알선용역

결혼·장례행사 등을 대행하는 사업자(귀 질의의 “상조회사”)가 장차 예식장이나 장의사 등을 이용하고자 하는 자를 회원으로 모집하여 월정회비(특별회비 포함)를 징수하고 동 회원에게 제공하는 용역의 내용이 주선 또는 알선용역인 경우 부가가치세 과세표준은 회원으로부터 받은 회비 등의 전체금액에서 예식장사업자 등에게 지급하고 남은 수수료 상당액이 되는 것이고 그 공급시기는 역무의 제공이 완료되는 때인 것이나, 단순 주선용역이 아닌 사업자의 책임과 계산하에 결혼·장의·관광행사 등의 역무를 제공하는 경우에는 회원으로부터 받는 회비 등의 전체금액을 과세표준으로 하는 것이며 그 공급시기는 원칙적으로 역무의 제공이 완료되는 때이나 중간지급조건부에 해당하는 경우에는 대가의 각 부분을 받는 때를 공급시기로 한다.[45]

(11) 광고 관련 업종

1) 광고대행사업자

광고대행업을 영위하는 사업자가 광고주의 의뢰를 받아 광고대행용역을 제공하고 광고주로부터 광고료와 광고대행용역에 대한 대가를 구분하여 수령한 후 당해 광고료를 광고매체사에 지급하는 경우 당해 사업자의 부가가치세 과세표준은 광고대행용역을 제공하고 받은 대가로 한다.[46]

2) 광고물의 제작설치 및 유지보수용역을 제공하는 사업자

광고물의 제작설치 및 유지보수용역을 제공하는 사업자가 광고대행업자의 주선으로 국내사업자(광고주)와 해외광고계약을 체결하고 국외에서 광고물을 제작설치한 후 당해 광고물의 유지·보수용역을 공급하고 그 대가(제작비 및 광고수수료)를 국내사업자로부터 지급받아 광고대행업자에게 수수료를 지급하는 경우에 당해 광고물의 제작자가 국내사업자로부터 지급받는 대가에

44) 부가46015-2712, 1997.12.02
45) 재소비46015-337, 2000.11.24
46) 서삼46015-10097, 2001.09.03

대하여는 영의 세율이 적용되는 것이나, 광고대행업자가 지급받는 수수료에 대하여는 부가가치세가 과세된다.[47)]

(12) 폐기물 수집·운반용역 사업자

건설사업장 폐기물 수집·운반용역을 제공하는 사업자가 당해 폐기물배출자로부터 그 대가를 받음에 있어 당해 폐기물 수집·운반용역 공급대가와 함께 수도권매립지 또는 소각장에 반입 시 자기가 부담하여야 하는 반입수수료 상당액을 받는 경우 부가가치세 과세표준은 당해 반입수수료 상당액을 포함한 전체 대가가 되는 것이며, 이 경우 당해 대가에 대하여 세금계산서를 교부하여야 한다.[48)]

(13) 선용품 구입주선사업자

사업자가 국내에서 국내사업장이 없는 외국선박회사의 의뢰를 받아 당해 외국선박회사의 선박에 사용할 선용품 등의 구입과 관련된 주선용역을 제공하고 선용품 등의 대가와 주선용역에 대한 수수료를 구분하여 지급받은 후 선용품 등을 공급한 다른 사업자에게 그 대가의 지급을 대행하는 경우 당해 사업자의 부가가치세 과세표준은 주선용역을 제공하고 받은 대가인 수수료가 된다.[49)]

(14) 화장품판매업자

화장품판매업자가 「방문판매 등에 관한 법률」에 의한 방문판매원을 모집하여 화장품을 판매하게 하고 그 대가로 판매실적에 따라 수수료를 지급하는 경우에 방문판매원의 매출금액은 화장품판매업자의 과세표준에 포함되는 것이며 방문판매원에게 지급되는 수수료는 화장품판매업자의 과세표준에서 차감되거나 공제되지 아니한다.[50)]

(15) 연예기획사

1) 연예인 매니저

연예의 기능을 가진 자(연예인)의 매니저가 독립된 자격으로 당해 연예인을 대신하여 연예인의 연예활동을 위한 출연교섭, 계약체결, 홍보 등의 용역을 제공하는 경우 당해 용역은 부가가치세가 면제되는 것이나 인적·물적 사업설비를 갖춘 사업자가 여러 명의 연예인을 확보하고 자기의 계산과 책임하에 동 연예인들의 연예활동에 필요한 제반 용역을 제공하는 경우 당해 용역은 부가가치세가 과세된다.[51)]

---

47) 부가46015-3943, 1999.09.28
48) 제도46015-12525, 2001.08.02
49) 부가46015-891, 2001.06.20
50) 부가46015-430, 2001.03.08
51) 부가46015-354, 1998.02.27

2) 연예인에게 제공하는 홍보 등의 용역대가로 받는 전속료

법인사업자가 연예의 기능을 가진 자(연예인)와 전속계약에 의하여 당해 연예인의 출연교섭·계약체결 및 홍보 등의 용역을 제공하고 전속료를 받는 경우에 있어 당해 연예인이 직접 계약한 분에 대한 출연료에 대하여도 전속계약상의 원인으로 일정액을 전속료로 받는 경우 당해 전속료는 부가가치세 과세표준에 포함된다.[52)]

(16) 건물관리사업자

건물관리사업자가 「집합건물의 소유 및 관리에 관한 법률」 제23조에 규정한 관리단과의 계약에 의하여 건물관리와 관리비징수 대행용역을 제공하고 받는 당해 용역제공대가에 대하여는 부가가치세가 과세되는 것이나, 당해 관리단이 입주자들로부터 징수할 자치비용을 당해 건물관리사업자가 단순히 징수대행하여 주는 금액(특별수선충당금)은 당해 건물관리사업자의 과세표준에 포함하지 아니한다.[53)]

(17) 백화점입점사업자

1) 수수료매장인 경우의 부가가치세 과세표준

사업자가 백화점사업자와 일반적인 또는 특정 거래조건(재고반품 및 마진율과 대금지급 등)에 의한 계약을 체결하여 백화점사업자에게 과세재화를 공급(납품)하고 그 공급대가는 당해 매장에서 고객에게 판매된 금액 중 일정비율에 상당하는 마진금액을 차감한 금액으로 지급받기로 한 경우에는 당해 지급받는 금액으로 백화점업자에게 세금계산서를 교부한다.[54)]

2) 임차매장(임대 을 매출)인 경우 부가가치세 과세표준

사업자가 백화점사업자(유통업체)로부터 매장을 임차하면서 당해 매장매출액의 일정비율에 상당하는 금액을 임차료(수수료)로 지급하기로 약정하고 동 매장을 직접 운영(상품구입, 재고관리, 판매관리 등)하면서 자기의 책임과 계산하에 고객에게 과세되는 재화를 판매한 후 당해 판매금액의 일정비율에 상당하는 임차료(수수료)를 차감하고 지급받는 경우 당해 매장은 별도의 사업장(직매장)에 해당하며, 이 경우 당해 매장의 사용료(수수료)에 대하여는 백화점사업자로부터 세금계산서를 교부받는 것이다.[55)]

(18) 담배제조업자

부가가치세 과세표준은 거래상대자로부터 받은 대가관계에 있는 모든 금전적 가치가 있는 것을

52) 부가46015-3686, 2000.11.02
53) 부가46015-851, 2002.11.21, 제도 46015-10739, 2001.03.16
54) 부가-1317, 2009.09.15
55) 서면3팀-341, 2006.02.23

포함하는 것이므로 담배제조업자가 자기가 부담하여야 하는 국민건강증진기금, 연초생산안정화기금 및 폐기물분담금 상당액을 거래처로부터 담배판매가액과 함께 받는 경우 담배의 공급가액의 일부로 보아 부가가치세 과세표준에 포함한다.[56)]

(19) 자동차매매업자

「자동차관리법」에 의하여 자동차매매업 등록을 한 사업자가 자동차소유자로부터 자동차의 매도를 의뢰받아 단순히 매매를 알선하고 당해 자동차의 매수인으로부터 자동차매매대금 및 알선수수료 신용카드로 결재받아 매도인에게 자동차매매대금을 지급하는 경우에 자동차매매대금은 자동차매매업자의 부가가치세 과세표준에 포함되지 아니하는 것이나, 알선수수료 및 카드수수료 등은 당해 사업자의 부가가치세 과세표준에 포함되는 것으로 해당 사항의 경우에 자동차매매업자가 자동차를 직접 매매한 것인지 또는 단순히 자동차의 매매를 알선한 것인지 여부는 거래내용 등을 종합하여 사실판단할 사항이다.[57)]

(20) 고용알선용역

고용알선용역을 제공하는 사업자가 인력이 필요한 사업자와 고용원관리계약을 체결하고 그 필요한 인력을 고용알선하고 그와 관련된 급료, 알선수수료, 기타 관련 제비용을 지급받을 경우 부가가치세 과세표준은 알선수수료인 것이나, 동 사업자가 당해 고용인원을 자기책임과 계산하에 모집하여 알선하고 그 대가를 금전으로 받는 경우에 있어서 부가가치세 과세표준은 그 인력을 고용한 사업자로부터 받는 인건비, 알선수수료 등의 전체금액을 과세표준으로 하는 것이며, 그 과세표준에 대하여 「부가가치세법」에 의한 공급시기에 세금계산서를 당해 용역의 공급을 받는 자에게 교부한다.[58)]

(21) 건설업자 등

1) 둘 이상의 국내사업자가 컨소시엄을 결성, 해외건설용역 제공 시 과세표준의 결정

둘 이상의 국내사업자가 컨소시엄(기업연합)을 결성하여 외국정부와 용역계약을 체결하고 해외건설용역을 제공하는 경우 부가가치세 과세표준은 각 사업자별로 약정된 도급금액의 비율에 따라 받기로 한 대가로 한다.[59)]

2) 공사대금으로 체비지를 받은 경우 부가가치세 과세표준

사업자가 「토지구획정리사업법」 또는 기타 법률에 의하여 구획정리사업을 시행하고 공사대금 상당액을 사업구역 내의 체비지로 받는 경우 동 건설공사용역에 대해서는 부가가치세가 과세되

56) 서삼46015-11004, 2002.06.19
57) 부가46015-525, 2000.03.08
58) 서면3팀-509, 2005.04.19
59) 부가22601-641, 1992.05.18

며, 이 경우 과세표준은 자기가 공급하는 용역의 시가로 한다.[60)]

3) 건설업면허와 건설공제조합출자증권의 일괄양도 시 과세표준의 계산방법

건설업을 영위하는 사업자가 건설업면허를 양도함에 있어 건설업면허 대가와 건설공제조합출자증권의 가액을 구분하지 아니하고 일괄양도한 경우에 건설업면허 양도에 대한 부가가치세 과세표준은 총양도대가에서 건설업면허 양도 당시에 건설공제조합이 평가한 건설공제출자증권의 가액을 공제한 금액으로 한다.[61)]

4) 각종 보험료의 건설용역에 대한 부가가치세 과세표준 포함 여부

건설용역에 대한 부가가치세 과세표준은 계약에 의하여 지급받기로 한 모든 대가를 포함하는 것이므로 건설업을 영위하는 사업자가 관공서에서 시행하는 건설공사에 있어 원가계산에 반영하는 산재보험료, 고용보험료 및 건설공사보험료 등의 각종 보험료와 각종 시험료 상당액은 단지 건설회사의 원가구성요소일뿐이고 건설용역에 대한 부가가치세 과세표준에서 차감하지 않는다.[62)]

5) 공사계약내용 중 일정보장수익금액 내용이 변동된 경우의 부가세 과세표준

○○시가 건설회사와 지주이행 공동방식(시는 대지를 제공하고 건설회사는 분양·설계·시공·감리 등의 업무를 추진하는 조건)으로 공동주택 건립사업을 시행함에 있어 당초 계약상 건설회사의 공사대가는 총분양 수입금액에서 대지비(이자포함) 및 일정보장수익금을 차감하는 잔액으로 계산하기로 한 바, 추후 일정보장수익금액 내용(상호합의된 추정수익 등 포함)에 변동이 있어 이를 감안하여 공사대가를 정산, 변경계약서를 체결한 경우 당해 건설회사의 도급공사용역에 대한 부가가치세 과세표준은 당해 계약에 의하여 받기로 한 대가인 것이며 당해 대가 산정에 대해서는 계약당사자 간에 해결할 사항이다.[63)]

6) 이주대여금에 대한 이자 상당액

① 상가재건축 시 이주대여금에 대한 이자의 과세표준 포함 여부

건설업을 영위하는 사업자가 상가재건축공사를 수행함에 있어 공사계약과는 별도의 약정에 의하여 기존입주상인들에게 이주비를 대여하고 입주 시 동 이주비에 대한 이자와 원금을 함께 받는 경우 당해 이자는 건설공사의 부가가치세 과세표준에 포함하지 않는다.[64)]

② 무상이주비 대여금의 이자 상당액을 공사도급액 포함 시 과세표준에 포함 여부

건설업자가 재건축조합에 부가가치세가 과세되는 건설용역을 공급함에 있어 당해 재건축조

60) 부가22601-156, 1976.02.01
61) 부가46015-630, 2000.03.21
62) 부가46015-362, 1998.02.28
63) 서삼46015-10629, 2001.11.07
64) 부가46015-114, 1997.01.17

합원에게 이주비를 무상으로 대여하고 당해 무상대여금의 이자에 상당하는 금액을 공사도급 금액에 포함하여 당해 재건축조합과 공사도급계약을 체결한 경우에 당해 무상대여금의 이자 상당액은 부가가치세 과세표준에 포함한다.[65)]

7) 공사도급금액 변경 시 과세표준 계산방법

건설업을 영위하는 사업자가 공사도급계약 체결 시 도급금액과 부가가치세를 별도로 지급받기로 계약체결 후 다시 부가가치세를 포함하는 것으로 계약내용을 변경한 경우에는 변경된 계약의 내용에 따라 부가가치세를 계산한다.[66)]

8) 공사기간 중 이자비용 대납분 과세표준 포함 여부

건설업자가 공급받는 자가 부담하여야 할 금융기관의 차입금에 대한 이자를 대납하고 당해 금융이자에 상당하는 금액을 공사도급금액에 포함하여 공사도급계약을 체결한 경우에 당해 금융이자에 상당하는 금액은 부가가치세 과세표준에 포함한다.[67)]

9) 공사계약서상 간접공사비의 부가가치세 과세표준 포함 여부

재화 또는 용역의 공급에 대한 부가가치세 과세표준에는 거래상대자로부터 받은 대금·요금·수수료 기타 명목 여하에 불구하고 대가관계에 있는 모든 금전적 가치가 있는 것을 포함하는 것으로, 발주처와 재도급자 간 체결한 (학)○○학원 M. T. S. 빌딩 신축공사 도급계약서의 공사계약금액을 5,895백만원으로 하고 계약특수조건으로 그 금액 중 880백만원을 전 시공사의 하도급업체 등의 문제해결을 위한 용도로 사용하도록 한 경우 부가가치세 과세표준은 도급계약서의 공사계약금액인 5,895백만원이 된다.[68)]

10) 법원의 판결에 의하여 확정된 공사대금과 함께 받는 법정이자와 지연손해금

하도급업자가 신청인에게 제공한 초순수시스템 설치공사와 관련하여 해당 공사계약의 해제 여부에 대한 소송이 제기되어 법원의 판결로 공사대금이 확정된 경우로서 신청인이 공사대금과 함께 지급하는 법정이자 또는 지연손해금은 하도급업자의 공사용역에 대한 공급가액에 포함하지 아니한다.[69)]

(22) 항만하역용역법인

항만하역업을 영위하는 법인이 화주가 부담하여야 할 공과금의 실비를 대납하여 주고 화주로부터 하역료와 함께 받는 공과금 상당액은 거래의 실질내용에 따라 「법인세법」을 적용하는 것이며,

---

65) 부가46015-4238, 1999.10.20., 서면-2022-법규부가-2944 [법규과-2966], 2022.10.17
66) 재소비46015-82, 2002.03.27
67) 서면3팀-323, 2006.02.21
68) 부가가치세과-785, 2013.08.30, 법규부가 2008-0041, 2008.11.21
69) 법규부가2014-468, 2014.10.20

공과금을 하역업체명의로 납부하고 화주로부터 하역료에 동 공과금을 포함하여 받는 경우 부가가치세 과세표준은 화주로부터 받은 하역료와 공과금을 합계한 금액으로 한다.[70)]

(23) 자동차대여사업자

「여객자동차운수사업법」 제28조 제1항에 따라 등록한 자동차대여사업자가 자동차임차인이 선택한 보험조건으로 「자동차손해배상보장법」 제5조에 따라 자신을 피보험자로 하고, 임차인을 승낙피보험자로 하는 책임보험(책임공제) 및 자동차종합보험(이하 "책임보험 등")에 가입하고 자동차를 대여하는 경우, 자동차대여사업자가 임차인으로부터 받는 책임보험 등의 보험료 상당액이 포함된 자동차대여료 전체가 「부가가치세법」 제11조 제1항 제2호에 따라 부가가치세가 과세되는 공급가액에 해당한다.[71)] ☞ 임차인으로부터 받는 보험료 상당액이 포함된 자동차대여료 전체가 자동차대여사업자의 부가가치세 공급가액에 해당하는 것임

(24) 경비용역업

경비용역업을 영위하는 사업자가 고용한 인력을 상대방에게 파견하여 경비용역을 제공하고 그 대가를 금전으로 지급받는 경우에, 부가가치세 과세표준은 대가관계에 있는 모든 금전적 가치있는 것을 포함한다.[72)]

(25) 통신판매사업자

1) 원칙

대금결제시스템을 갖춘 사업자 갑이 인터넷쇼핑몰을 이용하여 재화 또는 용역을 공급하는 사업자 을과 계약에 의하여 을로부터 당해 재화 또는 용역을 공급받는 자인 쇼핑몰의 이용자로부터 신용카드를 통하여 대금을 결제받아 을이 공급한 재화 또는 용역의 공급에 대한 대가를 정산(갑이 을에게 제공하는 전자지불서비스에 대한 수수료를 차감)하여 을에게 지급하는 경우에 있어서 갑의 부가가치세 과세표준은 을에게 전자지불서비스를 제공하고 받는 대가(정산 시 차감하는 수수료)인 것이다.

70) 법인22601-1541, 1988.05.31
71) 기획재정부 부가가치세제과-493, 2019.08.13
72) 서삼46015-10651, 2002.04.19

에스크로 서비스 흐름도

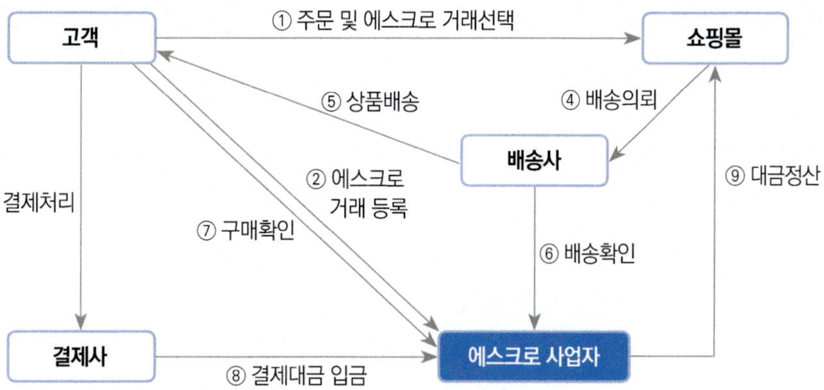

자료 : 우리은행

2) 신용카드 결재업무를 대행(중개사업자)하면서 신용카드매출전표를 발행할 수 있는지 여부

사업자가 통신판매업자나 인터넷쇼핑몰 운영기업과 위수탁계약에 의하여 신용카드 결재업무를 대행하면서 수탁자명의로 신용카드 매출전표를 발행할 수 있는 경우는 위수탁판매계약 시 명시적인 내용이 확인되고 세금계산서 및 관련 장부의 기장내용과 증빙서류에 의하여 위·수탁 매매대가임이 확인되는 경우에 한하는 것이다. 이 경우 수탁자의 부가가치세 과세표준은 위탁자로부터 받기로 한 수수료가 되는 것이며, 위탁자의 부가가치세 과세표준은 당해 수수료를 포함한 전체 신용카드매출전표 발행금액이다.[73]

3) 인터넷쇼핑몰 운영사업자의 부가가치세 과세표준 산정 등

인터넷쇼핑몰 운영사업자가 인터넷상에서 판매자와 구매자 사이의 상품거래를 중개하고 약관에 따라 실제 상품판매가격에 수수료율을 적용하여 계산한 판매수수료를 판매자로부터 지급받는 경우 당해 인터넷쇼핑몰 운영사업자의 부가가치세 과세표준은 당해 판매수수료로 한다.[74]

4) TV홈쇼핑사업자의 ARS할인액에 대한 부가가치세 과세표준

ARS할인액이 비록 위탁상품을 판매하는 과정에서 발생하는 것이나 거래당사자 간에 체결한 약정에서 그 부담주체를 홈쇼핑사로 명백히 규정하고 있는 이상, 쟁점 ARS할인액을 상품판매위탁자에 불과한 청구법인의 부가가치세 과세표준에서 차감할 수 있는 매출에누리 또는 매출할인으로 볼 수는 없다.[75]

73) 부가46015-4388, 1999.10.28
74) 부가가치세과-775, 2010.06.24
75) 조심2008중2354, 2009.02.27

(26) 이동통신대리점

1) 거래형태 및 단말기의 공급시기

이동통신대리점은 이동통신사와 대리점계약을 체결하고 이동통신사로부터 단말기를 구매하여 가입자를 유치하고 '가입자유치수수료' 및 '가입자관리수수료'를 지급받는다. 이동통신대리점의 주 수입원은 가입자관리수수료이다. 이동통신대리점은 이동통신사로부터 단말기를 외상구입하며, 고객들에게 장기할부판매 형식으로 단말기를 공급하고 이동통신사에 대한 단말기매입채무는 가입자에 대한 장기할부매출채권을 양도하여 상계처리하고 있다. 이와 같이 장기할부판매함과 동시에 이동통신사에 매출채권을 양도하는 경우 해당 단말기의 공급시기는 매출채권을 통신사에 양도한 시점이 되는 것으로,[76] 이동통신대리점의 장기할부판매에 대한 재화의 공급시기는 대가의 각 부분을 받기로 한 때가 아니라 매출채권을 양도한 시점(장기할부매출채권이 단말기 판매와 동시에 통신사에 양도되므로 매출채권을 양도한 시점은 재화의 인도시점과 같다)이 된다.[77]

2) 할부잔금 대납의 경우 매입세액 불공제

고객 부담의 할부 잔금을 대납한 경우 월별신용카드 거래명세서에 확인된다 하더라도 과세거래에 해당하지 아니하여 매입세액 공제가 불가능하다.[78] 또한 이동통신대리점이 고객들에게 지급한 대납지원금은 단말기를 공급함에 있어서 일정한 조건에 따라 공급가액에서 직접 공제되는 금액으로 볼 수 없으므로 에누리액에 해당한다고 할 수 없다.[79]

3) 과세표준의 계산

① 매출과세표준

이동통신사로부터 수령하는 수수료(가입·유치·관리) + 제조사로부터 수령하는 판매수수료 + 고객의 단말기 판매대금

② 매입과세표준

단말기 구입대금 + 광고선전비 등 일반 판매관리비

③ 이동통신사로부터 보조금을 지급받는 경우 과세표준의 계산

㉠ 이동통신사 등의 단말기보조금 관련 과세표준 계산 및 세금계산서 교부 등

이동통신대리점이 고객에게 단말기를 공급함에 있어 공시지원금의 15%내에서 지급하는 지원금(이하 '추가지원금'이라 한다)을 단말기 정상 판매금액에서 차감하여 공급하고, 이동통신사로부터 지급받는 동 보조금에 대하여는 이동통신사에게 세금계산서를 교부하지

---

76) 법규과-1330, 2011.10.11
77) 심사부가2012-0076, 2012.06.25
78) 심사부가2012-0076, 2012.06.25.
79) 서울고법 2020누69085, 2022.08.18.

아니하는 것이며, 대리점은 단말기를 공급받은 고객으로부터 지급받은 금액과 이동통신사로부터 지급받는 보조금을 더한 가액을 과세표준으로 하여 고객에게 세금계산서(영수증)를 교부하는 것이다. 다만, 이 경우 고객에게 「조세특례제한법」에 의한 현금영수증 발급 시 기재하는 금액은 고객으로부터 '현금영수한 금액'이 된다. 또한 이동통신사가 단말기를 고객에게 직접 공급하는 경우의 부가가치세 과세표준은 정상 판매금액에서 당사가 부담하는 보조금을 차감한 금액이 된다.[80)]

㉡ 지원금별 비교

구분	내용	적법 여부	에누리 여부
공시지원금	이동통신사업자가 지급하는 지원금으로 방송통신위원회가 「이동통신장치 유통구조 개선에 관한 법률」제4조 제1항에 따라 고시한 금액의 상한액	적법	매출에누리
추가지원금	이동통신단말기 대리점 또는 판매점이 위 공시지원금의 15%내에서 지급하는 지원금	적법	매출에누리
초과지원금 (과다지원금)	이동통신단말기 대리점 또는 판매점이 이동통신단말기 구매 고객에게 현금 지급, 해지위약금 및 할부금 대납 등의 방법으로 공시지원금과 추가지원금의 합계 금액이 「이동통신장치 유통구조 개선에 관한 법률」의 지원금 지급 상한 조항을 위반하여 초과하여 지출하는 지원금	위법	매출에누리 및 경비 부인 (㉢ 과세관청, ㉣ 판례 입장)

㉢ 초과지원금, 불법보조금 등의 필요경비 인정 여부에 대한 기획재정부, 국세청 입장

기획재정부와 국세청은 이동통신 단말기 대리점 또는 판매점이 「이동통신장치 유통구조 개선에 관한 법률」 제3조(지원금의 차별 지급 금지) 및 제4조(지원금의 과다 지급 제한 및 공시)에 따른 지원금의 범위를 초과하여 추가로 소비자에게 현금 지급, 해지위약금 및 할부금 대납 등의 방법으로 보조금을 제공하여 해당 법률을 위반한 경우, 일반적으로 용인되는 통상적인 비용으로 보기 어려우므로 필요경비에 산입할 수 없다고 하였다.[81)]

㉣ 초과지원금, 불법보조금 등의 필요경비 인정 여부에 대한 판례 입장

법원의 판례를 살펴보면, 단말기 판매업자가 「이동통신장치 유통구조 개선에 관한 법률」상의 추가지원금 지급 상한 조항을 위반하여 지출한 추가지원금 부분은 휴대폰단말기 불법보조금으로 통상적으로 지출하였을 필요경비에 해당한다고 보기 어렵다는 판례[82)]과 「이동통신장치 유통구조 개선에 관한 법률」을 위반하여 지급한 초과지원금을 지급하기로 약정한 것은 단말기 출고가격에서 초과지원금을 바로 차감하여 약정하는 것과 실질이 같으

80) 서면3팀-810, 2006.05.02

81) 기획재정부 소득세제과-77, 2017.02.10., 기준-2015-법령해석소득-0248, 2017.02.16.

82) 대법원 2021두49963, 2021.12.30

므로 수익에서 제외되는 매출에누리로 봄이 타당하다는 판례[83]가 공존하고 있다.

(27) 통신판매점 및 이동통신단말기 판매업자의 과세표준

1) 통신판매점

통신판매점이 이동통신대리점과 단말기 판매와 가입대행용역을 제공하기로 함에 있어, 단말기는 자기책임과 계산하에 매입하여 판매하고 이동전화 가입대행용역은 이동전화가입 실적에 따라 수수료를 받기로 한 경우 세금계산서 교부는 통신판매점(2차점)의 이동통신대리점과의 부가가치세 거래는 단말기 매입(재화의 공급)과 가입대행용역 제공(용역의 공급)으로 구분하여 세금계산서를 교부·수취해야 한다.[84]

2) 이동통신단말기 판매업자

이동통신단말기를 판매하는 사업자(이하 "대리점"이라 한다)가 이동통신회사로부터 구입한 이동통신단말기를 고객에게 할부계약에 의하여 판매함에 있어 할부판매금액 중 일부를 대리점이 대신 부담하는 경우 동 대리점의 부가가치세 과세표준은 할부판매금액에서 당해 대리점이 대신 부담하는 금액을 차감한 금액으로 한다.[85]

(28) 제조업

1) 개요

「부가가치세법」상 제조업의 과세표준은 공급한 재화의 시가를 적용함을 원칙으로 한다. 다만, 특수관계자에게 제품을 무상으로 공급하거나 시가보다 낮은 가액으로 공급한 경우에도 시가를 과세표준으로 한다. 또한, 전술한 바와 같이 간주공급에 해당하게 된다면 이 역시 해당 재화의 시가를 과세표준으로 한다.

2) 거래처로부터 자료통보된 금액

청구인은 쟁점거래처 대표의 허위진술을 토대로 쟁점금액을 청구인이 매출누락한 것으로 보아 과세한 처분은 근거과세 원칙에 위배되는 위법한 처분이라고 주장하고 있다. 이에 대하여 살펴보면, 쟁점거래처의 "일일 고철 입고내역"에 청구인으로부터 고철을 매입한 내역이 구체적으로 기재(입고일, 입고금액, 중량, 단가 등)되어 있는 점, 쟁점거래처의 대표가 조사청 조사공무원에게 청구인과의 무자료거래에 대하여 구체적으로 진술한 점, 청구인이 제기한 이의신청에 대한 재결청의 재조사 결정에 따라 처분청이 청구인에 대하여 재조사를 실시하였음에도 청구인은 청구주장을 입증할 만한 객관적인 증빙을 제시하지 못한 것으로 확인된 점 등을 감안할 때, 처분

83) 서울고법 2021누36624, 2022.06.24.
84) 서면3팀-1072, 2008.05.28
85) 재소비-295, 2004.03.15

청이 쟁점금액을 청구인이 매출누락한 것으로 보아 부가가치세를 과세한 당초 처분은 달리 잘못이 없는 것으로 판단된다.[86]

3) 부산물 판매금액(매출누락 해당 여부)

첫째, 청구법인은 부산물로 동신주가루만을 거론하고 있으나, 동신주가루뿐만 아니라 제조 과정에서 발생하는 작업설물과 반품된 불량품 중 재생 불가능한 제품을 포함하는 것이며, 밸브 제조에 사용되는 주물은 밸브의 종류별로 성형이 완료된 상태로 중국에서 수입한 것을 사용하고 있는 사실이 처분청 조사기록에 의하여 확인된다.

둘째, 월평균 부산물 판매금액은 청구법인이 보관하고 있는 현금출납부와 같이 1일(6월12일) 2,621,900원으로 확인되는 바 청구법인이 주장하는 월평균 600,000원에 불과하다는 주장은 신빙성이 없는 것으로 판단된다. 처분청이 위 매출누락에 대하여 익금산입하는 등 법인세 등을 과세한 처분청의 당초 처분은 잘못이 없는 것으로 판단된다.[87]

4) 매수자지위 양도 시 과세표준의 계산

제조업을 영위하는 법인사업자가 금융기관으로부터 공장을 경락받아 그 대금을 중간지급조건부로 지급하기로 하고 계약을 체결하였으나, 사정에 의하여 계약금만 지급한 상태에서 다른 사업자에게 대가(계약금과 기타비용의 합계)를 받고 당해 공장에 대한 매수자지위 양도양수에 관한 계약(재계약)을 체결한 경우의 부가가치세 과세표준에는 거래상대자로부터 받은 그 지위 양도에 따른 대가관계에 있는 모든 금전적 가치가 있는 것(계약금과 기타비용의 합계)을 포함한다.[88]

5) 제조업자가 재고반품조건으로 판매특약점에 제품을 납품하는 경우

제조업자가 특약점으로 하여금 제조업자의 책임과 계산으로 수탁판매하는 경우 제조업자 과세표준은 총판매가액이며, 특정거래조건(재고반품 및 마진율과 대금지급)인 경우 특약점의 판매마진을 차감한 금액이 과세표준이다. 특정매입거래에서는 제조업자가 납품하고 해당 제품을 특약점이 외상매입(재고자산) 처리하며 제품에 대한 법적 소유권과 실질적 통제권을 특약점이 갖고 있다.[89]

(29) 과세유흥업소의 「부가가치세 · 개별소비세법」상 과세표준과 「소득세법」상 총수입금액의 산정

1) 부가가치세 과세표준

재화 또는 용역의 공급에 대한 부가가치세의 과세표준은 해당 과세기간에 공급한 재화 또는 용

86) 심사부가2013-0088, 2013.07.23
87) 국심2000중2636, 2001.05.31.
88) 부가22640-1683, 1991.12.18
89) 법규과-458, 2011.04.19

역의 공급가액을 합한 금액으로 한다(부법 29 ①). 이 경우 대금, 요금, 수수료, 그 밖에 어떤 명목이든 상관없이 재화 또는 용역을 공급받는 자로부터 받는 금전적 가치가 있는 모든 것을 포함하되, 부가가치세는 포함하지 아니하고, 개별소비세와 교통·에너지·환경세 및 주세가 과세되는 재화 또는 용역에 대하여는 해당 개별소비세와 교통·에너지·환경세 및 주세와 그 교육세 및 농어촌특별세 상당액은 포함한다(부기통 29-61-2).

부가가치세 과세표준 + 부가가치세(10%) = 유흥음식요금(총공급대가)

∴ 부가가치세 과세표준 = 유흥음식요금 / 1.1

2) 개별소비세 과세표준

과세유흥장소에서의 유흥음식행위에 있어서의 개별소비세의 과세표준은 유흥음식행위를 할 때의 그 요금으로 한다(개소법 8 ① 6).

개별소비세 과세표준(X) + 개별소비세(A = X × 10%) + 교육세(B = A × 30% = X × 3%)

= 부가가치세 과세표준

= 유흥음식요금 / 1.1

개별소비세 과세표준(X) × (1 + 0.1 + 0.03) = 유흥음식요금 / 1.1

∴ 개별소비세의 과세표준 = 유흥음식요금 / 1.243

3) 「소득세법」상 총수입금액

개별소비세 및 주세의 납세의무자인 거주자가 자기의 총수입금액으로 수입하였거나 수입할 금액에 따라 납부하였거나 납부할 개별소비세 및 주세는 해당 과세기간의 소득금액을 계산할 때 총수입금액에 산입하지 아니한다. 다만, 원재료, 연료, 그 밖의 물품을 매입·수입 또는 사용함에 따라 부담하는 세액은 그러하지 아니하다(소법 26 ⑦).

소득세법상 총수입금액 = 부가가치세 과세표준 − (개별소비세(A) + 교육세(B))

= 부가가치세 과세표준 − (부가가치세 과세표준 − 개별소비세 과세표준)

= 개별소비세 과세표준

∴ 소득세법상 총수입금액 = 유흥음식요금 / 1.243

4) 유흥음식요금 수령 시의 회계처리

(차) 현금및현금성자산	×××	(대) 매　출	×××
		부가세예수금	×××
		개별소비세(교육세)예수금	×××

5) 부가가치세, 개별소비세, 종합소득세 신고서 작성 종합사례

① 부가가치세 신고서 작성

과세표준 및 매출세액	과 세	세금계산서 발급분	(1)		$\frac{10}{100}$	
		매입자발행세금계산서	(2)		$\frac{10}{100}$	
		신용카드·현금영수증 발행분	(3)	90,909,091	$\frac{10}{100}$	9,090,909
		기타(정규영수증 외 매출분)	(4)		$\frac{10}{100}$	
	영세율	세금계산서 발급분	(5)		$\frac{0}{100}$	
		기 타	(6)		$\frac{0}{100}$	
	예 정 신 고 누 락 분		(7)			
	대 손 세 액 가 감		(8)			
	합 계		(9)	90,909,091	㉮	9,090,909

② 개별소비세 신고서의 작성

❷ 신고내용					
구 분			금 액	세 율	세 액
개별소비세	(1) 과세표준 및 산출세액	과 세	80,450,523	10	8,045,052
		면 세			
		합 계	80,450,523		8,045,052
	납 부 세 액				㉮ 8,045,052
	(2) 신고불성실 가산세	무신고(일반)			
		무신고(부당)			
		과소·초과환급신고(일반)			
		과소·초과환급신고(부당)			
	(3) 납부지연가산세				
	가 산 세 합 계				㉯
	총 납 부(환 급) 세 액(㉮ + ㉯)				
교육세	(4) 과세표준 및 산출세액		8,045,052	30	2,413,515
	(5) 납부지연가산세				
	납 부 세 액				2,413,515

③ 종합소득세 조정 후 수입금액명세서의 작성

1. 업종별 수입금액명세서							
① 업 태	② 종 목	코드	※ ③ 표준소득률코드	총 수 입 금 액			
				④ 계 (⑤+⑥+⑦)	내 수		⑦수출
					⑤국내생산품	⑥수입상품	
(101)음숙	유흥주점	01		80,450,523	80,450,523		
(102)		02					
(103)		03					

2. 부가가치세 과세표준과 수입금액 차액검토						
구 분		금 액	수입금액 조정내역			
부가가치세 과세표준	⑧ 일 반	90,909,091	(증)	과 목	금 액	적 요
	⑨ 영 세 율					
	⑩ 계 (⑧+⑨)	90,909,091				
⑪ 면세사업수입금액						
⑫ 합 계 (⑩+⑪)		90,909,091	(감)	과 목	금 액	적 요
수입금액 조정	⑬ 증					
	⑭ 감	10,458,568		개별소비세	8,045,052	
⑮ 조정후총수입금액(⑫+⑬−⑭=④)		80,450,523		교육세	2,413,515	

(30) 사무장병원

① 국민건강보험공단의 환수처분결정 시 사무장병원의 부가가치세 과세표준 공제금액은 환수결정금액이며, 이 경우 환수결정금액은 귀속 과세기간별 과세표준에서 공제한다.[90]

② 이른바 '사무장병원'이라는 이유로 이미 지급받은 급여비용을 환수처분으로 반환하는 경우 그 급여비용은 결국 재화 또는 용역의 공급대가로 지급받는 것이 아니어서 부가가치세가 과세대상이 될 수 없다.[91]

(31) 해외구매대행업

1) 사실관계

- 신청인은 '19.12월 개업하여 해외직구대행업을 영위하는 사업자로 **, ***스토어 등 온라인 상품중개플랫폼(이하 "오픈마켓")에 입점(가입)하여 오픈마켓 사이트에 상품 및 판매가격 정

90) 기획재정부 부가가치세제과-178, 2021.03.16
91) 서울고법(춘천) 2014누1302, 2015.10.21

보, 해외구매대행업을 영위한다는 사실 등을 공시하고 있으며, 이를 구매자가 확인할 수 있음

- 신청인은 구매자가 오픈마켓에서 원하는 상품을 주문하면 해외판매업자에게 주문요청*하면서, 구매자로부터 물품대금(상품가격+배송비+관세 · 부가세+구매대행수수료 구분)을 받아 해외판매업자에게 상품구입금액을 송금하고 배송대행업체인 ####(이하 "배송대행업체")과 물품배송대행에 관한 약정을 하면서, 구매자로부터 개인통관고유번호를 수집하여 배송대행업체에 인계하고, 배송비, 관세, 부가가치세를 송금하며 구매자로부터 주문 시 입금받는 물품구매대금은 해외상품구입가격, 배송비, 관세, 부가가치세, 구매대행수수료 등이 구분되어 있음

  * 구매자가 주문한 상품은 결제 완료 후 신청인이 개별로 해외주문요청하고 있어, 별도의 재고를 보유하지 아니함

- 배송대행업체는 구매자명의의 개인통관고유번호를 근거로 해외판매업자로부터 상품을 일괄적으로 통관수입하여 구매자에게 배송하고 있으며 배송 중 발생하는 재화의 멸실 등의 사고 발생 시 배송업체에서 구매자에게 보상하고 있음
- 주문과실 등 구매자의 귀책사유로 인한 교환 및 반품 시에는 통관비용 및 운송료 등 제반비용은 구매자가 부담하고 있으며, 신청인이 부담하는 금액이나 책임은 없고 구매자의 결제시점과 판매자의 인도시점의 차이로 소액의 외환차손익이 발생하여 신청인이 부담하고 있으나 기간이 단기로 금액은 미미함
- 향후 신청인은 경쟁력 제고를 위하여 구매자들에게 '배송비 무료'라는 내용을 오픈마켓에 공지한 후 신청인의 부담으로 배송비를 배송업체에 송금할 예정임

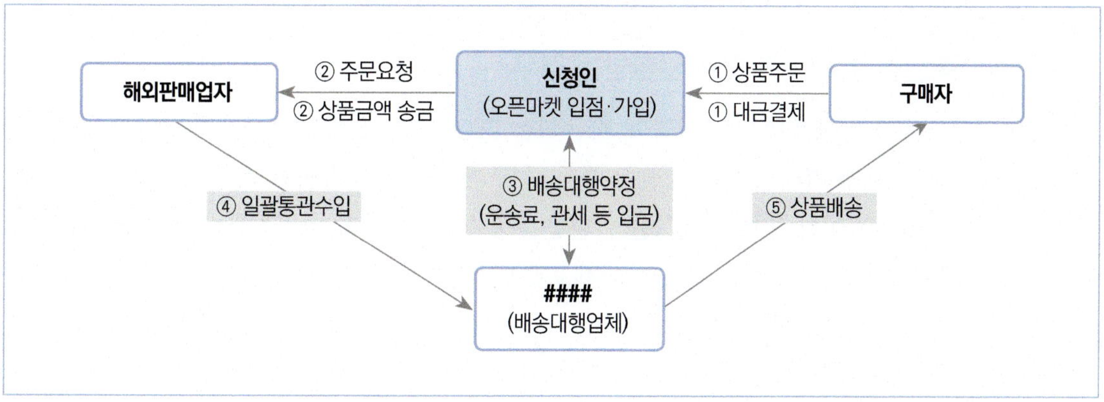

2) 질의요지

사업자가 구매자에게 해외구매대행용역을 제공하고 물품대금을 받는 경우 부가가치세 공급가액 및 물품배송비를 직접 부담하는 경우 매출에누리 여부

3) 회신

해외직구대행업을 영위하는 사업자가 온라인 상품중개플랫폼(이하 "오픈마켓")에 입점하여 해

당 오픈마켓에서 해외상품 구매를 원하는 자로부터 상품의 구매대행을 의뢰받아 단순히 구매를 대행하고 그 대가로 대행수수료를 지급받는 경우 대행수수료가 공급가액이 되며, 사업자가 용역의 공급에 있어서 그 품질이나 수량, 인도조건 또는 공급대가의 결제방법이나 그 밖의 공급조건에 따라 용역공급 당시 통상의 대가에서 일정액을 직접 공제하는 금액은 공급가액에 포함하지 아니하나, 이에 해당하는지는 구매자와 계약내용 등 사실관계를 종합하여 사실판단할 사항이다.[92]

(32) 위탁개발사업

지방자치단체가 해당 사업을 공사에게 위탁하여 공사가 해당 사업을 단순히 대행한 경우에는 개발보수만 공급가액에 포함되며, 개발비용에 대한 매입세금계산서는 지방자치단체명의로 발급받는 것이나, 공사가 해당 사업을 자기의 책임과 계산으로 수행한 경우에는 개발비용을 포함한 개발수수료가 공급가액이 되며, 개발비용에 대한 매입세금계산서는 공사명의로 발급받는다.[93]

15. 기타 부가가치세 산정 사례

(1) 의료법인에 사업용 부동산을 부담부증여하는 경우 부가가치세 과세표준

사업자가 「의료법」의 규정에 의한 의료법인(공익단체)에 임대사업용 부동산을 부담부증여 한 경우 동 사업자의 부가가치세 과세표준은 해당 의료법인이 인수한 채무액(유상양도에 해당하는 부분) 중 건물가액 상당액으로 한다.[94]

(2) 판매 후 일정량 사용한 것을 반환받는 경우

평판디스플레이 제품의 박막가공에 사용되는 ITO Target 제품(이하 “해당 제품”)을 거래처에 공급하는 사업자가 거래처와의 약정에 따라 해당 제품의 일정량만을 사용한 후 잔량이 남은 상태에서의 해당 제품(이하 “잔여제품”)을 반환받을 것을 조건으로 그 잔여제품의 가액 상당액을 공제한 금액으로 공급하는 경우 사업자의 과세표준은 해당 잔여제품의 가액 상당액은 포함하지 아니한다.[95] 이는 “반환할 것을 조건으로 용기대금을 공제한 금액으로 공급하는 경우”의 용기대금으로 보는 해석 사례이다.

(3) 만기가 더 긴 어음으로 공급대가를 지급하는 대신 현금을 추가 지급하는 경우

사업자가 원재료 구매대금의 지급방법을 변경하기로 공급자와 사전에 약정하여 종전보다 만기가

---

92) 사전-2020-법령해석부가-0923[법령해석과-3990], 2020.12.04., 서면-2022-법규부가-3073[법규과-3229], 2022.11.09
93) 기획재정부 부가가치세제과-56, 2023.01.27
94) 재부가-382, 2014.05.28
95) 법규부가2013-390, 2013.11.10

긴 어음을 지급하는 대신 만기연장에 따른 이자 상당액을 당초 어음만기일에 공급자에게 현금으로 지급하는 경우 해당 이자 상당액은 부가가치세 과세표준에 포함되는 것이며, 이 경우 원재료 공급에 따른 세금계산서는 원재료 인도시점에 어음의 액면금액과 이자 상당액을 합한 금액을 공급가액으로 하여 발급하고, 사업자가 지급하는 이자 상당액이 변경되어 공급가액에 증감 사유가 발생하는 경우에는 수정세금계산서를 발급한다.[96)]

(4) 주택 및 상가로 된 겸용주택 양도 시 부가가치세가 면제되는지 여부

주택 및 상가로 된 겸용주택을 임대하는 경우에는 임차인별로 임대면적을 계산하여 주거용 부분의 면적이 사업용 부분의 면적보다 큰 경우에는 그 전부를 주택의 임대로 보아 부가가치세가 면제되는 것이며 이 경우 당해 임대업에 공하던 건물을 양도하는 때에는 주택의 양도로 보아 부가가치세가 과세되지 아니하는 것이나 임차인이 동 주택부분을 상시주거용으로 사용하였는지 여부는 관련 사실에 따라 사실판단할 사항이다.[97)]

(5) 선하증권을 양도하는 경우 과세표준

사업자가 수입물품에 대한 선하증권을 양도(보세구역 도착 전 양도 포함)하고 당해 선하증권을 양수한 자가 수입통관하는 경우, 해당 재화가 수입재화에 해당되어 세관장이 부가가치세를 징수한 때에 과세표준 계산은 동 수입재화에 대한 과세표준액을 제외하고 계산하는 것이며, 2010.2.18. 이후 세관장이 부가가치세를 징수하기 전에 선하증권이 양도되는 경우 선하증권의 가액으로도 할 수 있다.[98)]

(6) 공급가액을 결정하지 아니한 상태에서 재화 인도하는 경우

공급가액을 결정하지 아니한 상태에서 재화를 인도하고 사후에 공급가액이 결정되는 경우 재화의 공급시기는 재화가 인도되는 때이며, 이 경우 공급가액은 인도 당시의 시가로 하고 사후에 결정된 공급가액이 당초 시가와 차이가 있는 경우 수정세금계산서를 교부한다.[99)]

(7) 전자제품 통합서비스상품 판매대가에 보험료를 포함하여 받는 경우 공급가액 포함 여부

전자제품 도소매업을 영위하는 사업자(이하 "사업자")가 자신이 판매하는 전자제품의 보증기간 연장, 우발적 손상 보상, 우선적 기술지원 등을 하나의 통합서비스 상품(이하 "서비스상품")으로 고객에게 판매하는 경우로서 서비스상품 중 우발적 손상 보상을 위해 사업자 자신을 보험계약자, 고객을 피보험자로 하는 단체보험계약을 체결하여 보험회사에 보험료를 납입하고 해당 고객에게

96) 부가-1149, 2012.11.22
97) 부가-1331, 2011.10.26
98) 서삼46015-10204, 2003.02.06
99) 상담3팀-877, 2007.03.23

우발적 손상 발생 시 사업자가 고객에게 전자제품의 수리 또는 교환서비스 제공 후 보험회사에 보험금을 청구하여 수취하는 경우 사업자가 고객으로부터 받는 보험료 상당액이 포함된 서비스 상품 대가 전체가 부가가치세가 과세되는 공급가액에 해당한다.[100]

(8) 기계임대보증금에 대한 간주임대료 과세 여부

동산인 기계를 대여하고 받은 임대보증금에 대하여는 부가가치세 과세표준 계산 시 간주임대료를 계산하지 않는다.[101]

(9) 리스재화를 리스회사의 동의 없이 형식상으로 수급자에게 제공하는 경우 과세표준 산정

플랜트건설 도급계약 시 자재의 일부를 발주자가 직접 구입하여 수급자에게 제공하고 그 자재대금을 도급금액에서 차감하여 정산하기로 계약을 체결한 경우로서, 동 자재 제공이 수급자의 건설용역에 대한 대가의 지불로 간주되는 때에는 발주자가 수급자에게 제공한 동 자재는 '재화의 공급'에 해당하므로 발주자는 부가가치세를 그 거래상대자(수급자)로부터 거래징수를 하여야 하는 것이나, 발주자가 동 자재에 해당하는 리스재화를 리스회사(「시설대여육성법」에 의해 인가받은 시설대여회사)의 동의 없이 형식상으로 수급자에게 제공하는 것으로 하는 것은 수급자의 건설용역에 대한 대가의 지불로 간주되는 '재화의 공급'으로 볼 수 없으므로 당해 자재대금 상당액은 수급자 및 발주자의 과세표준에 각각 포함하지 아니한다.[102]

(10) 공동연구 개발계약에 의한 연구비 지급 시 과세표준

사업자(갑)·(을)이 기술개발을 함에 있어 소요비용을 공동으로 부담하고 개발결과물을 공동으로 소유하는 공동연구개발계약을 체결하고 (갑)이 (을)로부터 지급받는 (을)의 부담의 비용은 재화나 용역의 공급에 해당하지 않으나, 연구개발비용에 일정율을 가산하여 받는 경우 그 대가는 용역의 공급대가에 해당되어 부가가치세가 과세된다.[103]

(11) 협찬품 고지방송용역의 시가 산정

협찬품 고지방송의 시가로서의 광고료는 프로그램 광고의 경우와는 달리 프로그램 광고료에서 방송물 제작비 상당의 금액을 제외하고, 광고방송지역 및 광고시간대별 구분에 따라 초당 가격으로 정해진 방송순서전파료에 국한된다고 봄이 상당하며, 이 사건 협찬품 고지방송의 용역시가를 위 방송순서전파료를 기준으로 하여 계산하고, 이를 초과하는 피고의 이 사건 부과처분은 위법하다고 판단한다.[104]

---

100) 사전-2020-법령해석부가-0119 [법령해석과-889], 2020.03.25
101) 부가1265.2-506, 1982.02.26
102) 부가46015-797, 1995.04.29
103) 상담3팀-1965, 2005.11.07
104) 대법원99두8169, 2001.07.27

(12) 보상판매 시 과세표준

사업자가 구형제품을 일정금액으로 구입, 회수하는 조건으로 신형제품을 정상 판매하고 그 대가를 당해 신형제품의 정상 판매가액에서 구형제품 구입대금을 차감하여 받기로 한 경우 과세표준은 당해 신형제품의 정상 판매가액으로 하는 것이며, 이 경우 구형제품을 구입, 회수 시 세금계산서를 교부받은 경우 교부받은 세금계산서의 매입세액은 자기의 매출세액에서 공제 가능하다.[105)]

(13) 위탁판매장과 직영매장의 결정기준

식재료를 청구법인의 책임하에 구입·관리하고 종업원의 채용 및 관리를 책임지고 있는 점, 계약서의 약정내용, 약정기간 종료 후 본사가 사업장을 임대차 형식으로 변경하여 임대수수료를 인식하는 점 등으로 보아 직영매장을 운영한 것으로 보아 발생한 총판매액이 부가가치세 과세표준에 해당한다.[106)]

(14) 한전과 태양광발전시설 설치자 간 전력거래 시 공급가액

전기소비자와 전력의 송전 및 수전거래를 함께 하는 경우 한국전력공사의 과세표준은 「부가가치세법」 제13조 제1항 각 호에 따른 가액의 합계액으로 하는 것이므로, 당해 전기소비자와 주고받을 금액을 상계하지 아니한 금액으로 한다.[107)]

(15) 일정률의 수수료 외에 대리점 운영경비를 받는 경우의 과세표준

외국항공회사의 한국총대리점으로서 항공권 판매실적에 따라 일정률의 수수료와 직원들의 급료, 사무실 임차료 및 관리비를 받을 경우 과세표준은 거래상대방으로부터 받은 대금, 요금, 수수료 기타 명목 여하에 불구하고 대가관계가 있는 모든 금전적 가치가 있는 것을 포함한다.[108)]

(16) 토사석 채취업자의 하천사용료의 과세표준 공제 여부

지방자치단체와 토사석 채취대행계약을 체결한 토사석 채취업자가 토사석을 채취하여 실수요자에게 판매하고 채취물량에 따라 계산한 하천사용료 등을 지방자치단체에 납부하는 경우 그 납부한 금액은 토사석 채취업자의 부가가치세 과세표준에서 공제하지 아니한다.[109)]

(17) 위탁판매 시 운송비의 수탁판매자 과세표준 포함 여부

수탁판매자가 위탁자로부터 위탁받은 상품을 판매함에 있어 동 판매행위에 부대하여 자기책임과

105) 부가46015-675, 1998.04.09
106) 조심2009서4171, 2010.05.20
107) 부가-939, 2014.11.24
108) 부가1265.2-2747, 1981.10.21
109) 부가1265.2-1272, 1983.07.01

계산하에 운송용역을 제공하고 그 대가를 당해 판매수수료와 함께 위탁자로부터 받는 경우에는 그 대가는 수탁판매자의 과세표준이 포함하는 것이나, 당해 위탁판매물품의 운송에 대한 계약상 법률상의 거래당사자가 위탁자이고 수탁자는 단순히 운송비를 위탁자에게 청구하여 운송업자에게 대행지급하는 경우 수탁자가 지급대행한 동 운송비는 수탁판매자의 과세표준에 포함하니 아니한다.[110]

(18) 할부금융사에 지급하는 할부이자 상당액의 과세표준 포함 여부

사업자가 자기의 재화를 구입하는 자에게 구입자금을 금융기관(할부금융사)으로부터 융자받도록 알선하여 당해 재화에 대한 대가를 지급받고 재화를 구입한 자의 책임하에 금융기관에 융자금을 분할하여 상환하는 경우 재화를 구입한 자가 금융기관에 지급하는 할부이자 상당액은 재화를 판매한 사업자의 부가가치세 과세표준에 포함하지 않는다.[111]

(19) 사업자가 용역을 공급한 후 대가를 면제하는 경우 부가세 과세표준 공제 여부

사업자가 타인에게 대가관계 있는 용역을 공급한 후에 그 대가의 일부 또는 전부를 면제하여 주는 경우 그 면제하여 주는 공급가액에 대하여는 부가가치세 과세표준에서 공제하지 아니하는 것이나, 사업자가 용역의 공급에 있어서 공급조건에 따라 그 용역공급 당시 통상의 공급가액에서 일정액을 직접 공제하는 금액(에누리)은 부가가치세 과세표준에 포함하지 아니한다.[112]

(20) 할부구입 자동차의 양도 시 할부금잔액의 부가가치세 과세표준 포함 여부

사업자가 자동차를 할부로 구입하고 세금계산서를 교부받은 경우로서 할부조건을 포괄적으로 승계하는 조건으로 당해 자동차를 제3자에게 양도하는 경우 당해 자동차의 양도에 대한 과세표준은 거래상대자로부터 받은 대금 및 할부잔액을 포함한다.[113]

(21) 재개발조합의 주택분양 시 옵션선택형에 대한 분양 추가금액 과세표준

재개발구역 안에 재개발사업을 시행하는 재개발사업조합이 국민주택규모 이상의 아파트를 조합원이 아닌 일반인에게 분양함에 있어 당해 분양가액을 기본형과 옵션선택사양형으로 구분하고 옵션선택사양형에 대하여는 기본형의 분양가액에 선택사양분에 대한 대가를 추가하여 받는 경우 부가가치세 과세표준은 옵션선택사양형의 추가분을 포함한 분양가액(토지가액은 제외)으로 한다. 이 경우 당해 건물신축용역을 제공하는 건설업자가 옵션선택사양형에 대한 공사대금을 추가하여 받는 때에는 당해 추가분을 포함한 계약금액이 당해 건설업자의 부가가치세 과세표준이 된다.[114]

---

110) 부가22601-1280, 1989.09.04
111) 부가46015-1937, 1995.10.20
112) 부가46015-199, 1993.02.24
113) 재소비46015-309, 1994.10.27
114) 부가46015-494, 1997.03.07

(22) 대리점의 일정목표초과분에 대한 별도의 약정수수료 과세표준 포함 여부

무선호출가입 위탁대리점이 이동통신사업자와의 계약에 의하여 일정목표 이상의 가입자를 가입시켜 주고 당해 목표초과분에 대하여 별도의 약정수수료를 추가로 지급받는 경우 동 수수료는 부가가치세 과세표준에 포함한다.[115]

(23) 게임선불카드(인터넷정보제공카드)의 부가가치세 과세표준

카드제작·판매를 대행하는 사업자가 정보제공자로부터 수수료를 받기로 하고 인터넷을 통하여 정보 등을 제공받을 수 있는 카드(○○○카드)를 제작하여 판매한 후 당해 카드소지자가 이용한 정보이용료를 정보제공자에게 정산하여 지급하는 경우에 있어, 당해 카드의 판매에 대하여는 부가가치세가 과세되지 아니하는 것이며, 정보제공자가 당해 카드소지자에게 정보 등을 제공하는 때에 부가가치세가 과세된다. 이 경우, 정보제공자의 부가가치세 과세표준은 카드소지자가 정보 등을 제공받은 정보이용료 상당액(귀 질의에 있어 카드소지자가 10,000원권 카드를 전액 사용한 경우는 10,000원)이 되는 것이며, 카드제작·판매자는 정보제공자로부터 받기로 한 수수료(정보이용금액이 10,000원이고 수수료율이 30%인 경우는 3,000원)를 부가가치세 과세표준으로 하여 정보제공자에게 「부가가치세법」에 의하여 세금계산서를 교부하여야 한다.[116]

(24) 북한 측에 임가공료 지급 시 부가가치세 과세표준

상대방으로부터 인도받은 재화에 주요 자재를 전혀 부담하지 아니하고 단순히 가공만 하여 주는 것은 용역의 공급에 해당하는 것이며, 이때의 부가가치세 과세표준은 임가공료로 한다. 한편, 국내의 의류제조업자가 북한으로부터 공급받는 임가공용역에 대한 부가가치세 징수에 대하여는 「남북교류협력에 관한 법률 시행령」 제51조 제1항에 의하여 「부가가치세법」 제52조(대리납부)의 규정을 준용한다.[117]

(25) 용역공급 시 교통비·부대비용 등을 대가의 일부로 받은 경우 과세표준 포함 여부

재화 또는 용역의 공급에 대한 부가가치세 과세표준에는 거래상대자로부터 받는 대금·요금·수수료·기타 명목 여하에 불구하고 실질적 대가관계에 있는 모든 금전적 가치가 있는 것이 포함되는 것으로 일반과세자인 사업자가 용역을 공급하면서 일비·교통비·부대비용 등 당해 용역제공에 소요되는 비용을 대가의 일부로서 받는 경우 당해 금액은 부가가치세 과세표준에 포함된다.[118]

115) 부가46015-816, 1996.05.02
116) 소비46015-608, 2000.03.16
117) 재소비46015-127, 1997.04.22
118) 부가46015-549, 2001.03.22, 부가46015-1289, 1999.05.03

(26) 장례식장을 임차하여 사용하고 청소용역을 제공하는 경우 부가가치세 과세 여부

종합병원 소유의 장례식장을 임차하여 장의용역 등을 제공하는 사업자가 당해 장례식장 임차의 대가로 종합병원에 청소용역을 제공하는 경우 종합병원이 제공하는 부동산임대용역과 당해 사업자가 제공하는 청소용역에 대하여는 부가가치세가 과세되는 것으로, 부가가치세의 과세표준은 같은 법 제13조 제1항 제2호의 규정에 의하여 각각 자기가 공급한 용역의 시가로 한다.[119)]

(27) 소프트웨어개발용역의 결과물이 담긴 CD-ROM을 국내 반입하는 경우

사업자가 국내에 사업장이 없는 비거주자 또는 외국법인에게 개발 의뢰하여 완성된 프로그램의 결과물을 CD-ROM 등의 매체에 수록하여 국내에 반입함에 있어서 당해 프로그램개발용역의 대가가 수입물품인 CD-ROM 등의 가격에 구현되어 있는 경우 그 대가는 수입물품의 부가가치세 과세표준에 포함된다.[120)]

(28) 부동산 증여 시 과세표준

부동산임대업을 영위하는 사업자가 당해 사업에 공하던 부동산의 일부를 증여하는 경우에는 부가가치세가 과세되는 것으로 부가가치세 과세표준은 당해 증여하는 부동산의 시가로 한다. 이 경우 당해 증여하는 부동산에 대하여는 수증자에게 세금계산서를 교부하여야 하는 것이며, 수증자가 교부받은 당해 세금계산서의 매입세액은 매입세액불공제 항목에 해당되는 때를 제외하고는 수증자의 매출세액에서 공제할 수 있다. 또한 시가는 사업자와 특수관계 있는 자(「소득세법 시행령」 제98조 제1항 각 호 또는 「법인세법 시행령」 제87조 제1항 각 호에 규정된 자) 외의 자와의 정상적인 거래에 있어서 형성되는 가격으로 한다.[121)]

(29) 항공화물창고 이용 관련 투자금·주식 양도 시 과세 여부 및 과세표준 범위

타 법인의 주식소유로 인해 타 법인창고의 배타적 이용권을 갖게 되어 그 임대료 등을 선급하여 취득한 창고시설물 이용권을 당해 주식과 함께 양도한 경우, '창고시설물 이용권'에 대해 부가가치세는 과세된다.[122)] 따라서 항공화물창고에 대한 주식과 투자금(보증금+임차료)을 포함하여 창고시설물 이용권을 양도하는 경우 부가가치세 과세표준은 당해 양도대금의 총액으로 한다.[123)]

(30) 중개용역의 과세표준

사업자가 전용회선 설치 및 유지관리사업을 영위하는 외국법인과 계약에 의하여 외국법인의 사

119) 제도46015-11673, 2001.06.26
120) 서삼46015-11310, 2002.08.07
121) 부가46015-3503, 2000.10.17
122) 대법2004두11299, 2005.09.09
123) 재정경제부 부가가치세제과-482, 2007.06.22

업을 중개하고 외국법인에게 지급할 사용료를 전용회선 사용업체로부터 단순히 징수대행하여 외국법인에게 송금하는 경우 사업자의 과세표준은 중개에 대한 수수료가 된다. 다만, 사업자가 본인의 책임과 계산하에 전용회선의 설비 및 유지관리용역을 제공하고 그 대가를 받는 경우에는 그 대가로 지급받는 금액 전체가 과세표준이 되는 것으로 해당 사항의 경우 전용회선의 설비 및 유지관리 용역을 제공함에 있어 중개를 한 것인지 또는 자기책임하에 공급한 것인지의 여부는 계약내용 및 거래형태 등 그 실질내용에 따라 판단하여야 할 사항이다.[124)]

(31) 용역대가에 포함된 재화의 수입세금계산서 교부에 따른 용역대가의 세금계산서 교부

외국법인의 국내지점이 국내사업자에게 발전설비에 대한 유지보수용역을 공급함에 있어 국내사업자가 외국법인의 본점으로부터 무상으로 제공받는 발전설비부품을 수입·통관하면서 수입세금계산서를 교부받은 경우, 외국법인의 국내지점은 국내사업자에게 공급한 유지보수용역의 전체 공급가액에 대하여 세금계산서를 교부한다.[125)]

(32) 외국법인의 국내사업장에서 외국법인 자문용역 업무의 일부를 수행하면서 받는 대가

「외국법자문사법」에 따라 국내에 설립하는 외국법자문법률사무소는 「법인세법」 제94조에 따라 외국법인의 국내사업장(이하 국내사업장)에 해당되는 것이며 해당 외국법인이 국내의 고객과 직접 외국법자문법률서비스에 관한 자문계약(이하 자문계약)을 체결하고 그 외국법인의 국내사업장이 자문계약에 따른 외국법자문법률 서비스용역의 일부를 제공하면서 국내의 고객으로부터 받는 대가에 대하여는 「부가가치세법」에 따라 해당 국내사업장의 부가가치세 과세표준에 포함한다. 다만, 그 외국법인의 본사가 국내사업장과 관련없이 국내의 고객에게 외국법자문법률 서비스용역을 제공하고 받는 대가에 대하여는 국내사업장의 부가가치세 과세표준에 포함하지 아니한다. 국내사업장이 없거나 또는 국내사업장이 있는 외국법인(외국법인의 국내사업장과 관련없이 용역을 공급하는 경우로서 해당 용역 등의 제공이 국내사업장에 귀속되지 아니하는 경우만 해당)으로부터 국내에서 용역을 공급받는 자(공급받은 용역을 과세사업에 제공하는 경우는 제외하고 매입세액이 공제되지 아니하는 용역 등을 공급받는 경우는 포함)는 「부가가치세법」 제52조에 따라 그 대가를 지급하는 때에 그 대가를 받은 자로부터 부가가치세를 징수·납부하여야 한다.[126)]

(33) 지자체의 신청사를 건립하여 주고 구청사를 대물변제받는 경우 공급가액 등[127)]

1) 사실관계

• BB구청장(이하 “지자체장”)과 AAAA공사(이하 “공사”)는 복합청사 건립사업을 위한 실시협약

124) 서면3팀-2469, 2007.09.03
125) 서면3팀-437, 2008.02.27
126) 서면법규과-957, 2013.09.05
127) 서면-2021-법령해석부가-6656 [법령해석과-4419], 2021.12.16

을 체결하여 공사가 지자체의 복합청사를 조성하고 지자체장은 그 대가로 현 청사시설을 대물변제 및 현금정산하기로 함

• 협약에 따라 공사는 자신의 비용을 투입하여 복합청사를 조성하게 되는데 투입된 총사업비는 용지대, 공사비, 그 외 비용으로 구분되며 지자체장의 대가지급방법은 다음과 같음

구분	내용	지급방법
용지대	토지·지장물·영업 등 보상비 및 부대비용(감정평가수수료, 측량수수료, 법무사수수료, 등기 및 지적공부정리·수용재결 신청에 따른 증·인지대 등)	구청사 대물변제 (차액 현금정산)
공사비	조성공사 시행을 위해 직접 소요되는 인건비, 재료비, 경비 등과 간접 소요되는 용역비, 감리비, 측량 및 조사비 등	
그 외 비용	금융이자, 시공·보상수수료	현금정산

2) 질의사항

공사가 지자체장과 체결한 협약에 따라 지자체의 복합청사를 조성하고 투입한 총사업비(용지대, 공사비, 그 외 비용) 중 용지대와 공사비는 대물변제로, 그 외 비용은 현금으로 정산받는 경우

① 용지대, 공사비, 그 외 비용의 LH 부가가치세 공급가액 포함 여부

② 지자체장이 대물변제로 공급하는 구청사의 부가가치세 과세 여부

3) 회신

AAAA공사(이하 "공사")가 지방자치단체장(이하 "지자체")과 체결한 협약에 따라 지자체에 복합청사를 건립하여 주고 그 대가로 현금 및 지자체의 구청사를 대물변제받기로 한 경우로서

① 공사가 시공사 선정 등 시공 관련 업무 전반, 보상 협의·계약체결 및 보상비 지급 등 복합청사 건립을 위한 용역을 자신의 비용으로 수행하고 용지대(보상비 및 관련 부대비용), 공사비, 그 외 비용(수수료 및 금융이자)으로 구성된 총사업비를 지자체로부터 받는 경우 「부가가치세법」 제29조 제3항에 따라 해당 총사업비가 용역의 공급가액이 되는 것이나, 지자체가 부담하여야 할 토지매입비를 별도로 구분수취하여 단순히 납입만을 대행하는 경우 해당 토지매입비는 공급가액에 포함하지 아니하는 것이며, 귀 질의가 어느 경우에 해당하는지는 사실판단할 사항임

② 지자체가 과세사업과 관련없이 업무시설로 사용하던 구청사를 용역대가로 대물변제하는 경우 해당 구청사의 공급은 같은 법 제26조 제1항 제19호에 따라 부가가치세가 면제되는 것임

Ⅱ 부가가치세법상 부당행위계산 부인

1. 총설

(1) 개요

부당행위계산이라 함은 납세자가 정상적인 경제인의 합리적 거래형식에 의하지 아니하고 우회행위, 다단계행위, 그 밖의 이상한 거래형식을 취함으로써 과세권자의 입장에서 그 거래행위가 「조세법」적 측면에서 부당하다고 판단되어 객관적으로 타당하다고 여겨지는 소득을 의제하여 과세할 수 있는 근거를 제공함으로써 조세회피를 방지하고 공평과세를 실현함에 있다. 다만 「부가가치세법」에서는 소득의 재계산을 하는 효과가 있는 것이 아니라 간접세이면서 다단계거래세인 관계로 공급가액을 재계산하는 것이며, 부당행위계산분인의 규정을 적용하여 법인의 각 사업연도 소득금액을 재계산하는 경우에도 그 거래상대방에 대해서는 대응조정이 허용되지 아니하는 것과 같이 공급가액이 부당행위계산으로 증액된다고 하여 그 거래상대방이 그 증액 상당액만큼 추가로 매입세액공제를 받을 수 없다. 「부가가치세법」에서 부당하게 낮은 대가를 받은 경우란 대가를 전혀 받지 아니하는 경우와는 달리 이를 전체적으로 파악하여 그것만으로도 부가가치의 창출이 있게 되나, 그 대가를 시가보다 부당하게 낮게 하여 거래의 실질을 숨기는 경우여서 시가와 실제 대가와의 차액을 용역의 무상공급과 같이 볼 수 없다.

(2) 적용요건

특수관계인에 대한 재화 또는 용역(수탁자가 위탁자의 특수관계인에게 공급하는 신탁재산과 관련된 재화 또는 용역을 포함한다)의 공급이 다음 각 호의 어느 하나에 해당하는 경우로서 조세의 부담을 부당하게 감소시킬 것으로 인정되는 경우에는 공급한 재화 또는 용역의 시가를 공급가액으로 본다(부법 29 ④).

① 재화의 공급에 대하여 부당하게 낮은 대가를 받거나 아무런 대가를 받지 아니한 경우
② 용역의 공급에 대하여 부당하게 낮은 대가를 받는 경우
③ 용역의 공급에 대하여 대가를 받지 아니하는 경우로서 사업자가 특수관계인에게 사업용 부동산의 임대용역 등 대통령령으로 정하는 용역을 공급하는 것

2. 특수관계인의 범위

(1) 개요

특수관계인이란 본인과 혈족·인척 등 친족관계, 임원·사용인 등 경제적 연관관계, 주주·출자자 등 경영적 지배관계에 있는 자를 말하며, 어느 일방이 타방(본인)의 특수관계인에 해당되는 경우 「국

세기본법」 및 「세법」을 적용할 때 타방(본인)도 그 일방(특수관계인)의 특수관계인으로 간주한다. "특수관계인"이란 「소득세법 시행령」 제98조 제1항 또는 「법인세법 시행령」 제2조 제5항 각 호에 따른 자(이하 "특수관계인"이라 한다)를 말한다(부령 26 ①).

(2) 「소득세법 시행령」 제98조 제1항에 따른 특수관계인

「소득세법 시행령」 제98조 제1항에 따른 특수관계인이란 「국세기본법 시행령」 제1조의 2 제1항, 제2항 및 같은 조 제3항 제1호에 따른 특수관계인으로서 다음의 자를 말한다(소령 98 ①).

1) 혈족·인척 등 대통령령으로 정하는 친족관계

"혈족·인척 등 대통령령으로 정하는 친족관계"란 다음의 어느 하나에 해당하는 관계(이하 "친족관계"라 한다)를 말한다.

① 4촌 이내의 혈족

② 3촌 이내의 인척

③ 배우자(사실상의 혼인관계에 있는 자를 포함한다)

④ 친생자로서 다른 사람에게 친양자 입양된 자 및 그 배우자·직계비속

⑤ 본인이 「민법」에 따라 인지한 혼외자의 생부 또는 생모(본인의 금전이나 그 밖의 재산으로 생계를 유지하는 사람 또는 생계를 함께 하는 사람을 말한다.)

2) 임원·사용인 등 대통령령으로 정하는 경제적 연관관계

"임원·사용인 등 대통령령으로 정하는 경제적 연관관계"란 다음의 어느 하나에 해당하는 관계(이하 "경제적 연관관계"라 한다)를 말한다.

① 임원과 그 밖의 사용인

② 본인의 금전이나 그 밖의 재산으로 생계를 유지하는 자

③ ① 및 ②의 자와 생계를 함께하는 친족

3) 주주·출자자 등 대통령령으로 정하는 경영지배관계

"주주·출자자 등 대통령령으로 정하는 경영지배관계"란 본인이 개인인 경우로서 다음의 구분에 따른 관계(이하 "경영지배관계"라 한다)를 말한다.

① 본인이 직접 또는 그와 친족관계 또는 경제적 연관관계에 있는 자를 통하여 법인의 경영에 대하여 지배적인 영향력을 행사하고 있는 경우 그 법인

② 본인이 직접 또는 그와 친족관계, 경제적 연관관계 또는 위①의 관계에 있는 자를 통하여 법인의 경영에 대하여 지배적인 영향력을 행사하고 있는 경우 그 법인

(3) 「법인세법 시행령」 제2조 제8항 각 호에 따른 특수관계인

「법인세법 시행령」 제2조 제8항 각 호에 따른 특수관계인이란 다음의 어느 하나에 해당하는 관계

에 있는 자를 말한다(법법 2②, 법령 2⑧).

① 임원의 임면권 행사, 사업방침의 결정 등 해당 법인의 경영에 대해 사실상 영향력을 행사하고 있다고 인정되는 자(「상법」 제401조의 2 제1항에 따라 이사로 보는 자를 포함한다)와 그 친족(「국세기본법 시행령」 제1조의 2 제1항에 따른 자를 말한다)

② 소액주주 등이 아닌 주주 또는 출자자(이하 "비소액주주 등"이라 한다)와 그 친족

③ 다음의 어느 하나에 해당하는 자 및 이들과 생계를 함께하는 친족

㉠ 법인의 임원·직원 또는 비소액주주 등의 직원(비소액주주 등이 영리법인인 경우에는 그 임원을, 비영리법인인 경우에는 그 이사 및 설립자를 말한다)

㉡ 법인 또는 비소액주주 등의 금전이나 그 밖의 자산에 의해 생계를 유지하는 자

④ 해당 법인이 직접 또는 그와 ①부터 ③까지의 관계에 있는 자를 통해 어느 법인의 경영에 대해 「국세기본법 시행령」 제1조의 2 제4항에 따른 지배적인 영향력을 행사하고 있는 경우 그 법인

⑤ 해당 법인이 직접 또는 그와 ①부터 ④까지의 관계에 있는 자를 통해 어느 법인의 경영에 대해 「국세기본법 시행령」 제1조의 2 제4항에 따른 지배적인 영향력을 행사하고 있는 경우 그 법인

⑥ 해당 법인에 100분의 30 이상을 출자하고 있는 법인에 100분의 30 이상을 출자하고 있는 법인이나 개인

⑦ 해당 법인이 「독점규제 및 공정거래에 관한 법률」에 따른 기업집단에 속하는 법인인 경우에는 그 기업집단에 소속된 다른 계열회사 및 그 계열회사의 임원

3. 시가

(1) 개요

시가(時價)는 다음의 가격으로 한다(부령 62).

① 사업자가 특수관계인이 아닌 자와 해당 거래와 유사한 상황에서 계속적으로 거래한 가격 또는 제3자 간에 일반적으로 거래된 가격

② ①의 가격이 없는 경우에는 사업자가 그 대가로 받은 재화 또는 용역의 가격(공급받은 사업자가 특수관계인이 아닌 자와 해당 거래와 유사한 상황에서 계속적으로 거래한 해당 재화 및 용역의 가격 또는 제3자 간에 일반적으로 거래된 가격을 말한다)

③ ①나 ②에 따른 가격이 없거나 시가가 불분명한 경우에는 「소득세법 시행령」 제98조 제3항 및 제4항 또는 「법인세법 시행령」 제89조 제2항 및 제4항에 따른 가격(감정가액·기준시가)

〈부당하게 낮은 대가 또는 무상으로 공급하는 경우 과세표준 구분〉

구분	부당하게 낮은 대가를 받은 경우		대가를 받지 않는 경우	
	특수관계자	특수관계 없는 자	특수관계자	특수관계 없는 자
재화	시가	저가(거래금액)	시가	시가(간주공급)
용역	시가	저가(거래금액)	① 부동산임대용역 : 시가, ② 위 ①외의 용역 : 공급 아님	공급 아님

※ 부당하게 낮은 대가를 받는 경우 : 시가보다 낮은 대가를 받는 경우를 말함

(2) 「법인세법」 및 「소득세법」상 과세안전대 적용 가능 여부

1) 원칙

사업자가 그와 특수관계에 있는 자에게 용역을 공급하고 조세의 부담을 부당하게 감소시킬 것으로 인정되는 시가보다 낮은 대가를 받는 경우 과세표준은 「부가가치세법」 제13조 제1항 제3의 2에 따라 자기가 공급한 용역의 시가로 하는 것이며, 이 경우 부당하게 낮은 대가를 판단할 때 「소득세법 시행령」 제98조 제2항 단서 또는 「법인세법 시행령」 제88조 제3항을 적용할 수 없다.[128)]

2) 부당하게 낮은 대가의 의미

부동산의 임대업자가 특수관계에 있는 자에게 부동산의 임대료를 부당하게 낮게 받는 경우에 이를 부인하고 부인된 임대료 상당 소득금액을 추계의 방법으로 계산함에 있어서는 부동산의 임대업자가 그와 특수관계에 있지 아니한 자와의 정상적인 거래를 하는 경우에 형성되는 가격을 기준으로 하여 산정하여야 하고, 그와 같은 실례가 없는 경우라 하더라도 당해 토지의 지목, 위치, 주위환경, 이용상황, 사용범위 등 제반여건을 고려하고 부동산의 가격을 형성하는 지역 및 개별요인, 인접 및 유사지역 내의 유사물건에 대한 적정거래가능가격을 조사·검토하는 등의 합리적인 방법으로 산정한 가격을 기준으로 삼으면 족하다.[129)] 만일, 부동산임대업에 있어서 임대료를, 일부는 임대보증금으로, 일부는 월 차임으로 각 받기로 한 경우에, 임대보증금과 월 차임은 상호 대체관계에 있어 임대보증금이 많을수록 월 차임은 적어지고 임대보증금이 적을수록 월 차임은 많아지는 것이며, 이때 월 차임과 임대보증금 상호 간 환산비율의 문제는 당사자 사이의 약정에 달려 있으므로,[130)] 임대료의 일부를 월 차임으로 받기로 한 경우에는, 전세금 또는 보증금은 명목상 전세금 또는 보증금이 아니라 월 차임을 당사자 사이의 약정 등에 따라 보증금으로 환산한 금액이라고 보아야 한다.[131)]

128) 부가가치세과-1536, 2009.10.21
129) 대법원91누7637, 1992.01.21.
130) 대법원2000두1799, 2002.01.11
131) 대법원2007두24883, 2008.02.28

3) 종업원 할인판매의 경우

① 개요

종업원 할인판매가 부가가치세 과세표준에 포함되는지 여부는 「부가가치세법」 제10조 제4항에 따라 사업자가 그 사용인에게 시가보다 낮은 대가를 받는 경우에 해당하는지 여부에 따르는 것으로서 귀 질의의 경우 유사한 상황에서의 계속적 거래가격과 종업원 할인이 거래조건에 따른 매출에누리에 해당하는지 등 구체적인 사실관계에 따라 판단할 사항이다.[132)]

② 임직원들에게 피자할인 쿠폰을 제공하는 경우

원고가 1998년부터 2002년까지 매월 원고 소속의 임직원들에게 50%가 할인되는 피자할인 쿠폰을 1인당 1~5장씩 지급한 것에 대하여, 그 할인쿠폰의 수량·지급목적 및 국세심판원이 이를 「법인세법」의 부당행위로 보지 않은 점 등의 사정과 피자의 실제 매출원가는 그 판매비를 제외하면 재무제표상에 나타난 판매금액의 74.5%보다 적은 점 등의 사정을 함께 고려하여 보면, 그 할인쿠폰 제공에 있어서 원고가 조세의 부담을 부당하게 감소시킬 만큼 현저하게 낮은 대가를 받아 왔다거나, 건전한 사회통념이나 상 관행에 비추어 경제적 합리성을 결한 비정상적인 것이라고 보이지는 아니하고, 따라서 피고가 원고의 이 사건 쿠폰에 의한 용역제공 행위가 부당행위계산 부인의 대상이 된다고 보고한 이 사건 부가가치세 부과 처분은 위법하다고 판단하였다.[133)]

③ 특수관계자에게 유류공급 시 할인된 요율을 적용하는 경우

원심은, 원고에 합병되기 전의 주식회사 A항공(아래에서는 'A항공'이라 한다)이 1993.1.1.부터 1997.12.31.까지 사이에 특수관계 있는 자인 주식회사 B항공(아래에서는 'B항공'이라 한다)에 급유용역을 제공하면서 다른 거래업체에 비하여 10%가량 할인된 요율을 적용한 데 대해, A항공이 위 기간 중 A항공의 총급유량의 50%를 넘는 급유량을 점하여 왔고, 할인율인 10%가 과다하다고 보이지 않으며, A항공이 이러한 차등가격을 적용하고서도 적정수준을 상회하는 이윤을 획득하여 온 점 등의 여러 사정을 참작하면, A항공이 B항공에 대하여 다른 업체에 비해 저렴한 요율을 적용하여 급유용역을 제공한 행위가 경제적 합리성을 무시한 부당행위에 해당하지 아니하고, 구 「부가가치세법」 제13조 제1항 제3호에서 말하는 부당하게 낮은 대가를 받은 경우에도 해당하지 않는다고 판단하였다. 앞서 든 법리 및 기록에 비추어 살펴보면, 원심의 위와 같은 판단은 정당하고, 거기에 상고이유에서 드는 바와 같은 채증법칙 위배나 부당행위계산 등에 관한 법리오해의 위법이 없다.[134)]

④ 의류제조업자가 자기가 생산한 의류를 종업원 등에게 할인하여 판매하는 경우 매출에누리 해당 여부

---

132) 기획재정부 법인세제과-787[기획재정부법인세제과-787], 2014.10.02

133) 대법원2007두2364, 2007.06.14

134) 대법원2002두1922, 2003.09.23

사업자가 카드사와 제휴계약을 체결하여 특정 신용카드를 사용하는 종업원에게 자기의 제품이나 상품 등을 통상 일반소비자에게 판매하는 가액에 비하여 현저하게 낮은 가액이 아닌 사업자가 취득한 가액 이상으로 할인판매하는 「법인세법」에 따른 부당행위계산 부인대상에 해당하지 아니하는 종업원 할인판매의 경우, 사업자가 종업원 할인한도 내 지원금 범위에서 부담하는 금액은 「부가가치세법」에 따라 부가가치세 공급가액에 포함하지 아니하는 것이며, 다만, 종업원할인이 거래조건에 따른 매출에누리에 해당하는지는 구체적인 사실관계에 따라 판단할 사항이다.[135]

(3) 시가산정 시 감정가액 적용 가능 여부

부당하게 낮은 대가를 받은 경우에 공급한 용역의 시가를 부가가치세의 과세표준으로 삼도록 규정한 것은 사업자가 특수관계에 있는 자와의 거래를 빌미로 부당하게 조세의 회피를 도모하는 것을 막고자 함에 있고, 부당하게 낮은 대가를 받은 경우란 대가를 전혀 받지 아니하는 경우와는 달리 이를 전체적으로 파악하여 그것만으로도 부가가치의 창출이 있게 되나, 그 대가를 시가보다 부당하게 낮게 하여 거래의 실질을 숨기는 경우여서 시가와 실제 대가와의 차액을 용역의 무상공급과 같이 볼 수 없다 할 것이므로, 용역의 무상공급을 과세대상으로 보지 아니하도록 규정하고 있다고 하여 해당 규정이 형평성을 잃어 무효이거나 실효된 규정이라고 할 수 없고, 부당하게 낮은 대가를 받은 경우를 사업자와 특수관계 있는 자와의 거래로 한정한 것은 비과세대상의 범위를 확대하고 과세대상의 범위를 축소하는 것이므로, 이를 가지고 모법의 규정에 위반된다고 할 수 없다. 그리고 사업자가 특수관계 있는 자에게 부당하게 낮은 대가를 받고 부동산을 임대한 경우에 있어서 과세표준이 되는 부동산임대용역의 시가는 사업자와 특수관계 없는 자와의 정상적인 거래에서 형성되는 가격을 기준으로 하여야 하고, 그와 같은 거래의 실례가 없는 경우에는 부동산의 위치, 주위환경, 이용상황, 인접 및 유사지역 내의 부동산에 대한 적정거래가능가격 등을 참작하여 산정한 가격을 기준으로 삼아야 하며, 이는 객관적이고 합리적인 방법으로 평가한 가액도 포함하는 개념이므로 공신력 있는 감정기관의 감정가액도 시가로 볼 수 있다.[136]

(4) 임대용역의 무상공급에 대한 시가의 적용

특수관계인에게 공급하는 재화 또는 용역에 대한 조세의 부담을 부당하게 감소시킬 것으로 인정되는 경우로서 사업자가 특수관계인에게 사업용 부동산의 임대용역 등 대통령령으로 정하는 용역을 공급하면서 용역의 공급에 대하여 대가를 받지 아니하는 경우에는 용역의 시가를 공급가액으로 본다(부법 29 ④).

---

135) 서면-2020-법령해석부가-6229 [법령해석과-3175], 2021.09.09
136) 대법원97누1570, 1997.09.09

(5) 시가 및 정기예금이자율 변동 시 적정임대료 산정방법

개인이 특수관계자에게 부동산을 무상 또는 저가임대하는 경우 부당행위계산의 유형에 해당하는지 여부는 임대차 계약일을 기준으로 판단하는 것이며, 임대차 계약체결시점에서 산출한 시가를 임대차 계약기간에 속하는 과세기간에 계속하여 적용한다.[137)]

(6) 부당하게 낮은 대가를 받은 경우에 공급한 용역의 시가

용역의 무상공급을 과세대상으로 보지 아니하도록 규정하고 있다고 하여 법 제13조 제1항 제3호가 형평성을 잃어 무효이거나 실효된 규정이라고 할 수 없고, 부당하게 낮은 대가를 받은 경우를 사업자와 특수관계 있는 자와의 거래로 한정한 것은 비과세대상의 범위를 확대하고 과세대상의 범위를 축소하는 것이므로, 이를 가지고 모법의 규정에 위반된다고 할 수 없다.[138)]

(7) 세금계산서 발급과 매입세액공제

1) 의의

재화 또는 용역을 고가양도하거나 저가양도하여 부당행위계산부인계산대상에 해당하더라도 이러한 부당행위계산부인이 특수관계인 사이에 적법·유효하게 성립된 법률행위의 사법상 효력을 부인하거나 실지거래를 재구성하는 효력을 가지는 것은 아니라고 할 것이고, 「소득세법」이나 「법인세법」상 소득금액을 재계산하는 것과는 별론으로 부가가치세가 거래상대방으로부터 부가가치세를 거래징수하는 간접세이므로 그 실지거래가액에 따라 발급된 세금계산서는 정당한 세금계산서이고 단지 공급가액만을 재계산한다. 다만, 세금계산서 불성실가산세만 부과대상이 아닐 뿐 거래금액과 시가와의 차액의 과소신고에 따른 과소신고·초과환급신고가산세 및 영세율과세표준 신고불성실가산세는 부과된다.

2) 특수관계자로부터 고가매입한 경우 매입세액공제

사업자가 가기의 과세사업을 위하여 사용되었거나 사용될 재화 또는 용역을 특수관계에 있는 자로부터 시가보다 고가로 매입하고 그에 따른 세금계산서를 발급받은 경우 해당 매입세액은 매출세액에서 공제되는 것이나, 동 매입세액이 불공제되는 것인지는 사실판단할 사항이다.[139)]

3) 특수관계자 저가공급 시 사실과 다른 세금계산서 및 합계표 불성실가산세 해당 여부

부당하게 낮은 대가로 공급한 것이 부당행위계산부인대상에 해당하는 경우, 차액에 대해 세금계산서를 교부할 의무가 있다고 보기 어렵고, 당사자 합의에 따라 실제거래금액으로 교부된 세금계산서가 시가를 공급가액으로 하지 않았다는 이유로 사실과 다른 세금계산서라 할 수 없다.[140)]

---

137) 소득세과-329, 2009.01.28, 서면1팀-1332, 2007.10.01
138) 대법원97누1570, 1997.09.09
139) 법규과-1464, 2010.09.24
140) 대법원2002두1588, 2004.09.23

4. 고가·저가 공급에 대한 공급가액 계산 사례[141]

(1) 거래 사례

도매업 및 서비스업을 겸영하는 사업자 “갑”이 2016 제1기 과세기간 중 매출처 “을”에게 아래와 같이 재화 또는 용역을 공급한 경우 공급가액 계산방법

(2) 계산방법

(단위: 원)

과세대상	시가	거래금액	“을”과의 관계	과세표준
재화1	10,000,000	5,000,000	특수관계인	10,000,000
재화2	10,000,000	5,000,000	특수관계인 외	5,000,000
재화3	10,000,000	15,000,000	특수관계인	15,000,000
재화4	10,000,000	15,000,000	특수관계인 외	15,000,000
재화5	10,000,000	(무상공급)	특수관계인	10,000,000
재화6	10,000,000	(무상공급)	특수관계인 외	10,000,000
용역1	10,000,000	5,000,000	특수관계인	10,000,000
용역2	10,000,000	5,000,000	특수관계인 외	5,000,000
용역3	10,000,000	15,000,000	특수관계인	15,000,000
용역4	10,000,000	15,000,000	특수관계인 외	15,000,000
용역5	10,000,000	(무상공급)	특수관계인	0
용역6	10,000,000	(무상공급)	특수관계인 외	0

141) 부가집 29-0-2

Ⅲ 과세표준에 포함하지 아니하는 금액

다음의 금액은 공급가액에 포함하지 아니한다(부법 29 ⑤).

1. 매출에누리

(1) 의의

1) 국세청 해석

매출에누리란 재화나 용역을 공급할 때 그 품질이나 수량, 인도조건 또는 공급대가의 결제방법이나 그 밖의 공급조건에 따라 통상의 대가에서 일정액을 직접 깎아 주는 금액을 말한다(부법 29 ⑤ 1). 매출에누리는 재화나 용역공급 당시 매출에서 공제하는 것을 원칙으로 하므로 사업자가 재화를 공급한 후 거래상대방의 일정기간 판매수량에 따라 일정률의 금액을 외상매출금에서 공제하여 주는 경우, 그 공제금액은 에누리에 해당하지 아니한다.[142]

2) 법원 해석

재화나 용역의 공급과 관련하여 그 품질·수량이나 인도·공급대가의 결제 등의 공급조건이 원인이 되어 통상의 공급가액에서 직접 공제·차감되는 에누리액은, 그 발생시기가 재화나 용역의 공급시기 전으로 한정되지 아니하고 그 공제·차감의 방법에도 특별한 제한이 없다.[143] 따라서 공급자가 재화나 용역의 공급 시 통상의 공급가액에서 일정액을 공제·차감한 나머지 가액만을 받는 방법뿐만 아니라, 공급가액을 전부 받은 후 그중 일정액을 반환하거나 또는 이와 유사한 방법에 의하여 발생할 수 있다.[144]

(2) 사전약정에 의한 매출차감 사유가 발생한 경우

1) 개요

사업자가 거래처와의 약정에서 정한 거래조건에 따라 당초 공급단가를 인하하는 조건으로 재화를 공급하고 약정내용에 따라 공급단가를 변경시키는 조정사유가 발생한 때에 조정한 가액은 에누리에 해당하여 수정세금계산서를 발급할 수 있으며, 월합계세금계산서를 발급하는 경우에는 해당 월의 조정된 판매단가에 의한 공급가액의 합계액으로 한다.[145]

2) 사전약정한 가격할인액을 익월 초에 지급하는 경우 에누리액에 해당함

사업자가 재화를 공급할 때 그 품질이나 수량, 인도조건 또는 공급대가의 결제방법이나 그 밖의

142) 부가집 29-0-9 ④
143) 대법원2001두6586, 6593, 6609, 6616, 6623, 6630, 6647, 6654, 666, 2003.04.25
144) 대법원2013두19615, 2015.12.23
145) 부가집 29-0-9 ②

공급조건에 따라 통상의 대가에서 일정액을 직접 깎아 주기로 사전약정을 체결하고 그 공급시기마다 깎아 주기로 약정한 금액을 월별로 합산하여 다음 달 초에 지급하는 경우 공급받는 자에게 지급하는 해당 금액은 공급가액에 포함하지 아니하는 에누리액에 해당한다.[146)]

3) 사전약정에 의한 할인액, 월합계 세금계산서 교부 시 에누리에 해당함

사업자가 재화를 공급함에 있어 사전약정에 의하여 동일 종류의 새로운 재화가 출시되면 구형의 재화에 대한 공급단가를 인하하고 인하일로부터 소급하여 일정기간 내에 공급된 구형 재화에 대한 공급단가도 인하하여 조정하기로 한 경우 당해 인하 조정된 가액에 대하여는 그 사유가 발생한 때에 세금계산서를 수정하여 교부할 수 있는 것이며, 당해 사업자가 그 거래처에 대하여 월합계세금계산서를 교부하고 있는 경우에는 당해 월의 재화공급에 대한 총공급가액에서 동 인하조정된 가액을 차감한 금액으로 월합계세금계산서를 교부할 수 있다.[147)]

4) 거래처와 사전약정에 의하여 인하한 금액 상당액의 부가가치세 과세표준 포함 여부

부가가치세 과세표준에 포함하지 아니하는 에누리액은 재화 또는 용역의 공급조건에 따라 그 재화 또는 용역의 공급 당시 통상의 공급가액에서 일정액을 직접 공제하는 금액으로, 거래처와 사전약정에 의하여 전월 판매목표달성비율에 따라 당월 공급분에 대하여 당월 공급 전 또는 공급일에 판매단가를 인하하는 경우 인하한 금액 상당액은 에누리액에 해당하여 부가가치세 과세표준에 포함하지 아니하는 것이나, 전월의 판매목표달성비율에 따라 지급하는 판매장려금을 당월 공급가액에서 공제하는 경우 공제금액 상당액은 동 규정의 에누리액에 해당하지 아니하여 부가가치세 과세표준에서 공제하지 아니한다.[148)]

5) 가격소급인하 조건으로 제품 판매 시 인하금액의 과세표준에서의 공제 여부

제조업을 영위하는 법인이 사전약정에 의하여 제품을 공급하고 대리점으로부터 제품을 구매한 소비자의 정보를 제공받는 때 당초 제품가격에서 소급하여 인하하는 조건으로 판매하는 경우 동 인하되는 금액은 부가가치세 과세표준에서 공제하지 아니하는 것이며, 이 경우 대리점이 소비자의 정보를 제공하고 대가를 받는 경우 부가가치세가 과세된다.[149)]

(3) 할인쿠폰 및 할인포인트 등에 의한 매출에누리

1) 구매할인쿠폰 적용에 따라 상품판매가에서 직접 할인되는 금액이 에누리에 해당함

상품판매를 위수탁하고 판매대행수수료를 수수하는 판매대행계약에 따라 판매대행업자가 판매자의 상품 판매가격을 할인받을 수 있는 쿠폰을 발행하여 쿠폰 적용에 대한 판매자의 동의하에

146) 사전-2015-법령해석부가-0181[법령해석과-1682], 2015.07.14.
147) 부가46015-2031, 1998.09.09
148) 부가46015-2445, 1997.10.28
149) 제도46015-12639, 2001.08.10

구매회원에게 상품을 할인판매하고 판매자로부터 지급받는 판매대행수수료에서 쿠폰 적용에 다른 할인금액을 직접 차감하기로 약정한 경우, 판매자의 상품 판매가격에서 직접 할인되는 금액은 매출에누리액으로 판매자의 부가가치세 과세표준에 포함하지 아니한다.[150)]

2) 에누리쿠폰 적용에 따른 서비스이용료 할인액이 사이버몰 운영업자의 매출에누리에 해당함

사이버몰 운영업자(이하 "신청인"이라 한다)가 사이버몰에서 판매자와 구매자 간의 과세물품 거래를 알선·중개하고 중개수수료를 지급받는 거래를 함에 있어서 신청인이 구매자에게 판매자의 상품을 할인받을 수 있는 에누리쿠폰(이하 "쿠폰"이라 한다)을 발행하면 쿠폰을 발급받은 구매자는 상품 구매 시 판매자에게 쿠폰에 의한 할인판매를 요청하고 판매자가 이를 승인하면 신청인이 판매자로부터 받을 중개수수료에서 쿠폰할인금액을 차감하기로 이용약관을 정한 경우, 신청인의 중개수수료 매출에 대한 부가가치세 과세표준은 당초 지급받기로 한 중개수수료에서 쿠폰할인금액을 차감한 금액으로 한다.[151)]

3) 사업자가 상품권, 할인쿠폰으로 대가를 받는 경우

대형할인점을 운영하는 사업자가 고객에게 상품권을 할인판매하거나 할인쿠폰을 일괄적으로 제공한 후 해당 고객에게 물품을 판매하고 그 대가의 일부를 상품권 또는 할인쿠폰으로 받음에 따라 공급가액의 일정액을 할인하여 주는 경우 해당 할인하여 준 가액은 에누리액에 해당하여 부가가치세 과세표준에 포함하지 아니하는 것이며, 해당 사업자가 고객에게 과세되는 물품과 면세되는 물품을 함께 판매하고 대가를 받으면서 일정액을 에누리액으로 공제하는 경우 과세표준은 거래 당시 당사자 간 약정에 따라 받거나 받기로 한 대가로 한다. 다만, 약정이 없는 경우에는 객관적이고 합리적인 방법으로 에누리액을 과세공급가액과 면세공급가액에서 공제하는 것이며, 거래 당시 할인 전 과세공급가액과 면세공급가액의 비율에 따라 산정된 가액으로 공제한다.[152)]

4) 홈쇼핑업체 발행의 할인쿠폰 등에 의한 상품의 할인판매와 이에 따른 수수료의 차감은 에누리에 해당함

홈쇼핑업체 발행의 할인쿠폰 등에 의한 상품의 할인판매와 이에 따른 수수료의 차감은 위·수탁자 사이의 포괄적인 사전약정 또는 개별약정에 따라 이루어졌으므로, 이 사건 할인액은 상품공급조건에 따라 그 재화의 공급대가인 통상의 상품가격에서 직접 공제되는 금액으로서 '에누리액'에 해당한다.[153)]

5) 마일리지 사용액은 에누리에 해당함

고객이 재화를 구입하면서 사업자와 사이의 사전약정에 따라 그 대가의 일부를 할인받은 경우

150) 법령해석과-2502, 2016.07.29
151) 법규부가2013-1, 2013.01.17
152) 부가가치세과-21, 2011.01.05
153) 서울고등법원2013누14254, 2013.11.27

에 이는 통상의 공급가액에서 직접 공제·차감되는 에누리액에 해당하므로 그 할인액은 과세표준에 포함되지 않는다.[154)]

6) 통신판매업자가 오픈마켓사업자의 광고용역에 대한 대가를 무상으로 적립된 포인트로 결제할 경우 에누리에 해당함

통신판매업자가 오픈마켓사업자로부터 광고용역을 공급받고 무상으로 적립된 포인트로 결제하는 경우 해당 포인트 상당액은 오픈마켓사업자의 과세표준에 포함하지 않는다.[155)]

7) 용역의 공급에 대해 무상으로 적립된 포인트로 결제할 경우

용역의 공급에 대해 그 대가를 별도로 받지 아니하고 적립된 포인트에 의하여 당해 용역을 제공하는 경우에는 「부가가치세법」 제7조 제3항의 규정에 의하여 부가가치세가 과세되지 않는다.[156)]

8) 아이템 할인, 바이어쿠폰은 과세표준에 포함되지 않는 매출에누리에 해당함

① BBB를 통한 거래구조는 판매회원과 구매회원 사이의 판매회원이 등록한 상품에 관한 매매 등 거래계약(이하 '이 사건 상품거래계약'이라고 한다)과 원고와 판매회원 사이의 이 사건 용역계약이라는 두 가지 법률관계에 따라 형성되어 있는데, 이 두 가지 법률관계는 경제적 이해관계가 중첩되는 최소한의 영역을 제외하면 각 계약당사자의 의사에 따라 자율적으로 규율되는 것으로 보아야 하므로, '아이템 할인'이나 '바이어쿠폰'의 사용에 따른 거래의 실질은 판매회원의 동의 아래 원고에 의하여 프로모션이 기획·시행되어 이 사건 상품거래계약에서 상품가격의 할인이 이루어지면 그와 연동되어 같은 금액만큼 이 사건 용역계약에서 서비스이용료의 할인이 이루어진 것으로 봄이 상당하다.

② 원고와 판매회원 사이의 BBB 판매서비스 이용약관의 내용과 거래관행 등에 비추어 보면, 판매회원들은 위 약관에 대한 동의, 이 사건 용역계약의 체결 및 그 활용을 통한 이 사건 상품거래계약 등의 과정에서 원고가 '아이템 할인'이나 '바이어쿠폰' 등의 프로모션을 시행할 수 있고 그러한 프로모션이 적용되는 구매회원과의 거래에서 해당 할인액만큼 자신의 상품판매가격이 인하되며 다시 그에 상응하는 이 사건 공제액이 원고에게 지급하여야 할 서비스이용료에서 차감된다는 데에 명시적 또는 묵시적으로 동의한 것으로 봄이 상당하므로, 원고와 판매회원들 사이에서 이 사건 공제액의 발생근거, 적용사유, 공제액수 등 용역제공의 조건에 관한 사전적 합의가 있었다고 할 것이다.

③ 장려금은 일반적으로 개별거래나 그 대가와 연계됨이 없이 사업의 진작을 위하여 거래상대방에게 지급되는 금품인 데 비하여, 이 사건 공제액은 원고가 판매회원의 동의 아래 시행한 프

154) 대법원2015두58959, 2016.08.26
155) 부가-406, 2012.04.08
156) 부가-947, 2012.09.14

로모션에 따라 판매회원과 구매회원 사이에서 이루어지는 상품거래에서 할인된 금액만큼 원고와 판매회원 사이에서 이루어지는 이 사건 용역계약의 서비스이용료에서 직접 공제되는 것이다.

④ '아이템 할인'과 '바이어쿠폰' 모두 결제 전의 가격조율단계에서 할인이 적용되고, 판매회원과 구매회원 사이에서 할인된 판매대금이 BBB 시스템상 '고객할인구매가' 또는 '할인적용금액'으로 표시되어 이를 기초로 최종적으로 이 사건 상품거래계약의 체결 여부가 결정되며, 그에 따라 상품의 판매가격이 할인되고 그 금액만큼 서비스이용료가 할인되는 등 '아이템 할인'과 '바이어쿠폰'은 상품판매가격 및 서비스이용료의 할인에 미치는 과정 및 효과가 거의 동일하므로, 이를 서로 달리 볼 근거가 없다.[157)]

9) 할인쿠폰을 배포하고 재화를 공급한 경우 그 할인액을 공제하여 대금수령 시 과세표준 계산

사업자가 불특정다수인에게 일정한 금액을 할인한다는 내용이 인쇄된 할인쿠폰을 배포한 후 할인쿠폰소유자에게 재화를 공급하고 그 대금은 할인액을 공제한 금액으로 지급받는 경우 그 할인액은 부가가치세 과세표준에 포함하지 아니하는 것이며, 또한 주문한 상품과 다른 상품이 배달되면 상품을 무상으로 공급한다는 내용을 광고한 후 광고내용에 따라 무상공급하는 재화는 부가가치세가 과세된다.[158)] 그리고 사업자가 자기의 고객에게 VIP카드를 발행하고 그 카드 소유자에게 재화 또는 용역을 공급할 때 공제하는 에누리액은 과세표준에 포함되지 아니하며, 「법인세법」에 의한 접대비에도 해당되지 아니한다.[159)]

10) 상품권 할인판매 과세표준 산정

사업자(갑)가 액면금액 100원인 상품권을 사업자(을)에게 90원에 판매한 후, 을에게 100원 상당의 재화를 공급하고 그 대가로 당해 상품권을 받는 경우에는 90원을 과세표준으로 하는 것으로 당해 재화의 공급에 대하여는 공급가액을 90원으로 하는 세금계산서를 교부하여야 한다. 이 경우 당해 사업자(갑)가 100원으로 세금계산서를 교부한 때에는 공급가액의 일부가 사실과 다르게 기재된 것이므로 사실과 다르게 기재된 매입세액은 사업자(을)의 매출세액에서 공제되지 아니한다.[160)]

11) 상품권에 대한 회계처리방법

① 매출수익의 인식시기

매출수익은 상품권을 회수한 때, 즉 물품 등을 제공하거나 판매한 때에 인식하며 상품권 판매 시는 선수금(상품권선수금계정 등)으로 처리한다.

---

157) 대법원 2014두298, 2016.06.23.
158) 부가46015-2169, 1998.09.24
159) 부가1265-2664, 1980.10.12.
160) 제도46015-12650, 2001.08.10.

② 상품권의 할인판매 시 회계처리

상품권을 할인판매한 경우에는 액면가액 전액을 선수금으로 계상하고 할인액은 상품권할인액계정으로 하여 동 선수금계정에서 차감하는 형식으로 표시하며, 상품권할인액은 추후 물품 등을 제공하거나 판매한 때 매출에누리로 대체한다.

③ 상품권의 잔액환급 시 회계처리

물품상품권 또는 용역상품권의 물품 또는 용역의 제공이 불가능하거나 지체됨으로 인하여 현금으로 상환하여 주는 경우 또는 금액상품권의 물품 등을 판매한 후 잔액을 환급하여 주는 경우에는 현금을 상환하는 때 또는 물품판매 후 잔액을 환급하여 주는 때에 선수금과 상계한다.

④ 장기미회수 상품권의 회계처리

상품권의 유효기간이 경과하였으나 「상법」상의 소멸시효가 완성되지 않은 경우에는 유효기간이 경과된 시점에서 상품권에 명시된 비율(즉 현금, 물품 또는 용역을 상환 또는 제공하겠다는 비율을 제외하고)에 따라 영업외수익으로 인식함을 원칙으로 하고, 「상법」상의 소멸시효가 완성된 경우에는 소멸시효가 완성된 시점에서 잔액을 전부 영업외수익으로 인식하여야 한다.

(4) 의무사용기간을 약정하고 할인판매하는 경우 과세표준

사업자가 당초 단말기를 판매하면서 사전약정에 의하여 일정기간 이동전화서비스의 의무사용을 조건으로 할인한 가액은 당해 단말기 공급 시의 과세표준에 포함되지 아니하는 것이나, 공급받는 자가 의무사용기간을 준수하지 아니하여 당초 할인된 금액의 일정액을 받는 경우 당해 가액은 해지사유가 발생한 과세기간의 과세표준에 가산하여야 한다.[161)]

(5) 이동통신사 단말기지원금·위약금 및 회원카드 할인액 관련

1) 「단통법」에 따라 공시되는 단말기지원금이 용역대가 및 에누리액에 해당하는지 여부

「단통법」에 따라 이동통신사업자가 대리점에 지급하는 이동통신단말장치 지원금은 대리점의 이동통신사업자에 대한 용역대가에 해당하며, 대리점이 해당 지원금을 자기계산과 책임하에 이동통신단말장치 출고가에서 차감하여 판매하는 경우 해당 지원금은 이동통신단말장치의 매출에누리액에 해당한다.[162)]

2) 이동통신사에서 대리점에 공급하는 단말기의 공급가액에서 차감하기로 한 「단통법」상 지원금이 에누리인지 여부

이동통신사업자와 대리점이 이동통신단말장치 공급계약을 체결하면서 이동통신사업자가 대리

161) 상담3팀-2191, 2006.09.20

162) 기획재정부 부가-46, 2015.01.14

점에 공급한 이동통신단말장치를 대리점이 일정요건(가입기간 및 요금제)을 갖춘 이용자에게 판매하면 사전에 약정한 지원금 상당액(「이동통신단말장치 유통구조 개선에 관한 법률」 제2조 제9호에 따른 지원금을 말함)을 당초 공급가액에서 차감하기로 하는 판매방식을 공급계약서 및 이용약관에 명시하고 미래창조과학부의 승인을 받아 홈페이지 등에 사전공시한 경우 당초 공급가액에서 차감하기로 하는 지원금에 대하여는 수정세금계산서를 발급할 수 있으며, 대리점이 이동통신사업자가 공시한 지원금의 15% 범위 내에서 이용자에게 지원금을 추가로 지급하는 경우 대리점의 이동통신단말장치 공급에 대한 공급가액은 이용자로부터 실제 지급받는 금전(부가가치세 제외)이 된다. 즉, 대리점이 사전약정에 따른 조건에 따라 고객에게 단말기를 판매한 경우 당초 공급가액에서 제외하기로 한 금액은 에누리이고, 대리점의 단말기 판매에 대한 공급가액은 고객으로부터 실제 지급받은 금액이다.[163)]

3) 이동통신회사가 고객으로부터 수취하는 이동통신단말기의 할부수수료에 대한 부가가치세 과세 여부

이동통신대리점이 구입한 이동통신단말기를 고객에게 할부판매하면서 이동통신단말기에 대한 할부채권과 할부수수료(이하 "할부채권 등"이라 함)를 고객이 가입한 이동통신사에 매각하고, 이동통신사는 해당 할부채권 등을 이동통신 전화요금과 함께 고객에게 청구하여 회수하는 경우 해당 할부채권 등의 매각과 할부채권 등의 회수는 각각 부가가치세 과세대상에 해당하지 않는다.[164)]

4) 이동통신요금 위약금에 대한 부가가치세 과세 여부

공급받는 자가 사전약정에 따라 약정기간 내 일정금액 할인을 받아 오다가 중도 해지함에 따라 약정기간 내 이미 할인받은 제 이용요금과 모뎀변상금을 사업자가 지급받는 경우, 재화 또는 용역을 공급하지 않고 받는 위약금은 부가가치세 과세대상에 해당하지 아니하나, 당초 사업자가 재화(용역)를 공급한 후 중도해지에 따라 공급받는 자로부터 지급받는 가액은 부가가치세 과세표준에 포함한다.[165)]

5) 이동통신사가 고객 대신 변제한 할부금

이동통신사가 대납한 휴대폰 할부금 및 가입비는 일정한 조건에 따라 공급 당시의 가액에서 직접 공제되는 금액으로 볼 수 없고, 영업지침에 따라 지급하는 것도 아니며, 판매촉진을 위해 지출하는 금원으로서 가입고객과의 약정에 의한 것인지 여부가 불명확하므로, 이를 부가가치세 과세표준에 산입하여 과세한 처분은 정당하다.[166)]

163) 법규부가2014-460, 2014.12.19
164) 서면법규과-962, 2014.09.02
165) 부가-538, 2014.06.05
166) 조심2013서4633, 2014.11.18

6) 제휴사와 공동프로모션 시행 시 세금계산서 발급방법

자동차 제조회사 "갑"이 통신사업자 "을"과의 공동프로모션에 따라 행사기간 중 "을"의 특정상품 또는 특정요금제에 신규로 가입한 고객에게 자동차 판매 시 일정금액을 할인하여 주고 "을"로부터 할인액 중 일부(50%)를 정산하여 지급받는 경우 "갑"은 자기의 정상 판매가격에서 해당 자동차를 구입한 고객에게 할인하여 준 일정금액을 차감한 후 제휴 통신사업자로부터 지급받기로 한 금액을 더한 가액을 과세표준으로 하여 해당 고객에게 세금계산서를 발급한다.[167)]

7) 멤버십포인트 사용에 따른 통신료할인액이 매출에누리에 해당하는지

정보통신사업을 영위하는 사업자가 이동통신서비스 이용에 관한 계약을 체결한 고객 중 멤버십서비스에 가입한 고객에게 이용실적에 따라 멤버십포인트를 부여하고 포인트 범위 내에서 할인 등의 혜택을 제공하는 멤버십포인트 제도를 운영하는 경우로서 사업자가 고객과의 사전약정에 따라 고객에게 이동통신용역을 제공하고 받는 대가(이하 "통신료")의 일부 또는 전부를 멤버십포인트에서 차감하는 방식으로 통신료를 할인하는 경우 해당 통신료할인액은 부가가치세 공급가액에 포함하지 아니한다.[168)]

8) 사전약정에 의하여 일정기간 특정 이동전화서비스의 의무사용을 조건으로 할인한 가액

사업자가 당초 "단말기"를 판매하면서 사전약정에 의하여 일정기간 특정 이동전화서비스의 의무사용을 조건으로 할인한 가액은 당해 "단말기" 공급 시의 과세표준에 포함되지 아니하는 것이나, 공급받은 자가 의무사용기간 내에 사용을 중도 해지함에 따라 당초 할인된 금액의 일정액을 사업자가 지급받기로 한 경우 당해 가액은 해지사유가 발생한 과세기간의 과세표준에 가산(포함)하여야 한다.[169)]

(6) 부동산거래 관련 에누리

1) 부동산매매계약 시 매수인에게 지급하는 임대공실보증금이 에누리액에 해당하는지 여부

사업자가 부동산임대업에 사용하던 건물 등을 매각하면서 매매 당시 건물의 일부 공실을 감안하여 건물 등의 매매가액에서 일정액(임대공실보상금)을 직접 깎아 주는 조건으로 매매계약을 체결한 경우 해당 임대공실보상금은 건물 등의 공급가액에 포함하지 아니하는 것이나, 건물 등의 매매가액에서 직접 깎아 주지 아니하고 매매거래가 종결된 후 별도로 지급하는 임대공실보상금은 건물 등의 과세표준에서 공제하지 않는다.[170)]

---

167) 부가가치세과-664, 2010.05.28
168) 사전-2020-법령해석부가-0972, 2021.01.06
169) 서삼46015-10011, 2003.01.03
170) 법령해석부가2015-39, 2015.02.06

2) 추첨을 통해 분양대금 중 일부를 할인하는 경우가 매출에누리인지 여부

재화나 용역을 공급할 때 그 품질이나 수량, 인도조건 또는 공급대가의 결제방법이나 그 밖의 공급조건에 따라 통상의 대가에서 일정액을 직접 깎아 주는 금액은 과세표준에 포함하지 아니하는 것으로 공제하는 금액이 여기에 해당하는지 여부는 계약내용 및 거래의 사실관계를 종합적으로 고려하여 판단할 사항이다.[171)]

3) 부동산임대용역 하자로 그 공급 후에 면제된 것

부동산임대차계약에서 정한 부동산 임대용역을 제대로 공급하지 못하였음을 이유로 그 공급 후에 면제된 것은 과세표준에서 제외되는 에누리액에 포함되며, 임차목적물 원상회복의무의 이행에 갈음하여 손해배상금 명목으로 받은 것으로 별도의 부동산임대용역 또는 철거용역을 제공한 사실이 없으므로 용역의 공급이 아니다.[172)]

4) 임대수익보장지원액 및 대출이자지원액이 매출에누리인지 여부

오피스텔을 분양하는 사업자가 분양촉진정책의 일환으로 분양시점에 분양계약서와 별도로 수분양자와 체결한 합의서에 따라 분양이 완료된 후 임대사업을 영위하는 수분양자에게 일정한 임대수익을 보장하는 차원에서 임대수익보장금액과 실제 임대료와의 차액을 별도로 지급하거나, 오피스텔을 자가사용하는 수분양자에게 임대수익보장 혜택을 받지 않는 부분에 대한 보상차원에서 오피스텔 중도금 대출이자를 별도로 지급하는 경우 해당 임대수익보장지원액과 대출이자지원액은 에누리에 해당하지 아니한다.[173)]

(7) 신용카드 할인액의 매출에누리 판단

1) 신용카드 청구할인금액이 매출에누리에 해당하는지 여부

사업자가 신용카드사업자와 "소비자가 사업자의 특정상품을 신용카드사업자의 특정카드로 결제하면 일정금액을 신용카드 결제대금 청구시점에 할인하여 주는 청구할인 제도를 운영하되, 할인대금은 사업자와 신용카드사업자가 함께 분담하는 약정"(이하 "약정")을 체결한 뒤 사업자가 소비자에게 청구할인 조건을 사전에 제시하고 상품을 판매하는 경우, 약정에 따라 사업자가 부담한 청구할인금액은 부가가치세 공급가액에 포함하지 아니한다.[174)]

2) 신용카드 할인분담금 및 신용카드 즉시할인의 매출에누리 해당 여부

① 신용카드 할인분담금

제조업체로부터 구입한 가전제품을 대형할인점 내 가전매장에서 판매하는 사업자(이하 "당

171) 부가가치세과-995, 2013.10.24
172) 대법원2011두8178, 2013.04.11
173) 서면-2017-법령해석부가-0865[법령해석과-2723], 2017.09.27
174) 기획재정부 부가가치세제과-800, 2018.12.20

사")가 각 대형할인점별 가전매장에 가전제품군에 대한 총할인가능금액을 매주 배정해 주고, 각 가전매장은 총할인가능금액이 소진(또는 차주 배정 전 소멸)될 때까지 해당 가전제품을 구입하는 소비자에게 소비자 판매가격에서 일정금액의 할인혜택을 제공하는 경우 해당 할인액은 에누리액에 해당하므로 부가가치세 과세표준에 포함하지 아니한다.

② 신용카드 즉시할인

당사가 국내 신용카드사들과의 공동마케팅 약정에 따라 소비자가 마케팅 행사기간 동안 당사의 대형할인점 또는 기업형 슈퍼마켓에서 특정상품을 구매하면서 약정을 체결한 신용카드사의 카드로 결제하는 경우로서 소비자 판매가액에서 일정액(또는 일정률)을 직접 가격할인하여 주고 그 가격할인액을 신용카드사와 일정비율로 분담하기로 한 경우 해당 할인액 중 당사가 부담하는 금액은 에누리액에 해당하므로 부가가치세 과세표준에 포함하지 아니한다.[175)]

(8) 도금액으로 사용 후 남은 원료금을 반환하기로 약정한 경우 반환하는 원료금에 대한 과세 여부

실리콘웨이퍼의 금도금 표면처리에 사용되는 금(Au) 도금액 제품(액체상태로 이하 '쟁점제품'이라 함)을 공급하는 사업자가 거래처와의 사전약정에 따라 해당 쟁점제품을 도금공정에 사용한 후 남은 잔여금(당초 인도된 금(Au) 중량의 60%로 사전약정)을 매매대상에서 제외하고 인도 후 1달 이내에 반환받을 조건으로 잔여금의 가액 상당액을 공제한 금액으로 공급하는 경우 쟁점제품의 공급가액에는 반환되는 잔여금 상당액은 포함하지 아니한다.[176)]

(9) 국외거래처 판매수익을 국내거래처에 판매 시 반영하여 할인하는 경우 매출에누리 여부

내국법인이 특수관계 있는 국내 ▽▽제조업체에 제조 관련 부품 등을 공급함에 있어 당사자 간 상호합의에 따라 내국법인이 해외 특수관계법인에 수출하여 발생한 이익 중 일부를 국내 ▽▽제조업체에 공급하는 판매단가에 반영하여 사후적으로 할인하여 주기로 한 경우로서 조세의 부담을 부당하게 감소시킬 만큼 현저하게 낮은 대가를 받은 경우에 해당하지 아니하는 경우 해당 가격할인은 에누리에 해당하는 것이나, 해당 가격할인이 조세의 부담을 부당하게 감소시킬 만큼 현저하게 낮은 대가를 받은 경우에 해당하는지 여부는 국내 제조업체의 생산계획 및 가격인하 계획 내용 등 사실관계를 종합하여 사실판단할 사항이다.[177)]

(10) 판매실적에 관계 없이 모든 대리점에 동일하게 판매가격을 인하하여 판매하도록 한 경우

대리점공급가격과 소비자판매가격을 통제하고 있는 유통업을 운영하는 사업자가 매출 활성화를 위해 판매실적에 관계없이 모든 대리점에 동일하게 대리점공급가격과 소비자판매가격을 인하하

175) 서면-2016-법령해석부가-5333[법령해석과-282], 2017.01.25
176) 법규부가2014-264, 2014.07.22
177) 서면-2016-법령해석부가-3244[법령해석과-1265], 2016.04.18

여 판매하도록 한 경우 그 사유가 발생한 때에 수정한 세금계산서를 발급할 수 있다.[178)]

(11) 공급가액의 차감 사유가 발생하였으나 수정세금계산서를 미발급한 경우 경정청구 가능 여부

사업자가 재화 또는 용역을 공급하고 에누리액이 발생한 경우 그 사유가 발생한 날이 속하는 과세기간의 과세표준에서 에누리액을 차감하여 부가가치세 신고·납부를 하여야 하는 것이나, 해당 과세기간의 과세표준에서 에누리액을 차감하지 아니한 경우에는 에누리액에 대하여 경정청구 할 수 있다.[179)]

(12) 구형제품 보상판매 시 부가가치세 과세표준

사업자가 신형제품을 공급하면서 공급받은 자로부터 회수한 구형제품의 보상액을 신형제품의 판매가격에 할인하여 주고 당해 회수한 구형제품 또는 그 부품을 판매하거나 사업용으로 사용하지 아니하고 전량 폐기처분하는 경우 소비자에게 할인해주는 금액은 매출에누리로서 부가가치세 과세표준에 포함하지 아니하는 것이나 당해 회수한 구형제품 또는 그 부품을 차후에 재판매하거나 자기의 사업에 사용하는 경우에는 신형제품의 할인 전 정상가액이 부가가치세 과세표준이 된다.[180)]

(13) 인터넷을 통한 광고 등의 용역제공을 하면서 영화예매권을 인도하는 경우

사업자가 특수관계가 없는 국내기업에 인터넷 홈페이지를 통하여 용역을 제공(광고 등의 역무를 제공하거나 이에 부수되는 서비스)하고 그 대가를 금전으로 받음에 있어서 그 국내기업 또는 당해 사업자의 홈페이지에 회원으로 가입하는 고객에게 영화예매권을 인도하는 경우 당해 용역의 제공은 부가가치세가 과세되는 것이며, 이 경우 부가가치세 과세표준은 그 대가에서 영화예매권 가액을 공제하지 아니한 금액(다만, 부가가치세를 제외)으로 한다.[181)]

(14) 결제기일을 단축하여주면 거래단가를 인하하는 사전약정이 있는 경우

용역을 계속적으로 공급하는 사업자가 그 대가의 지급약정일을 변경하면서 변경된 지급약정일에 대가를 지급하면 일정금액을 차감하기로 사전약정하는 경우 부가가치세 과세표준은 당해 일정금액을 차감한 금액이 되는 것으로 차감금액을 포함하여 세금계산서를 교부한 경우에는 차감금액 상당액에 대하여는 가산세(세금계산서 기재불성실가산세)가 부과된다.[182)]

(15) 사전에 약정된 요금보다 적게 받은 용역제공 대가

우리나라 국적의 항공기에 의하여 내국법인이 외국항행(화물운송)용역을 공급하는 경우로서 항

178) 부가가치세과-1028, 2014.12.30
179) 서면-2018-법령해석부가-3916[법령해석과-978], 2019.04.22
180) 부가46015-1790, 1998.08.10
181) 서면3팀-1935, 2006.08.28
182) 부가46015-2700, 1998.12.08

공화물운송장에 형식적으로 기재된 금액과 당해 용역공급에 따른 대가로서 실질적으로 받는 금액이 다른 경우로서 당해 용역공급 당시의 통상 공급가액에서 공급받는 자에게 일정액을 직접 공제하는 것이 명백하게 확인된 경우 그 직접 공제하는 금액은 부가가치세 과세표준에 포함하지 아니하는 것이나, 이는 구체적인 거래의 형태 및 내용 등에 따라 사실 판단할 사항이다.[183)]

(16) 이동통신사의 제휴할인 제도를 업무대행하는 사업자의 세금계산서 수수 여부 등

이동통신사업자의 할인형 멤버십 제휴계약에 따라 제휴사가 멤버십에 가입한 회원에게 재화 또는 용역을 판매금액에서 일정액을 할인하여 공급하고, 이동통신사업자로부터 할인형 멤버십 운영을 위탁받은 법인이 제휴사에게 판촉활동 등 별도 용역을 공급받고 해당 할인금액의 전부 또는 일부를 그 대가로 지급하는 경우, 제휴사는 이동통신사업자로부터 할인형 멤버십 운영을 위탁받은 법인에게 세금계산서를 발급하여야 한다.[184)]

(17) 소매상에 공급하는 가격에서 기본마진 외에 판촉활동 등에 소요될 비용 상당액을 차감하여 결정하기로 계약한 경우

담배를 제조하는 법인 "갑"이 도매상 "을"에게 담배를 공급하면서 담배공급가액을 결정함에 있어 "을"이 소매상에 공급하는 가격에서 기본마진 외에 "을"의 소매상을 상대로 한 판촉활동 등에 소요될 비용 상당액(이하 "쟁점금액"이라 함)을 차감하여 결정하기로 계약한 경우 쟁점금액은 사전약정에 의하여 기타 공급조건에 따라 공급 당시 통상의 공급가액에서 일정액을 직접 공제하는 금액으로서 「부가가치세법」 제13조 제2항 제1호에 의한 에누리액에 해당하여 "갑"의 과세표준에 포함하지 아니하는 것이며, 쟁점금액 상당액과 관련하여 "을"이 "갑"에게 별도의 용역을 제공한 것으로 보지 아니한다.[185)]

(18) 법원의 중재하에 화해함에 있어 지급받지 못하는 공사대금

건설업을 영위하는 사업자가 계약상의 원인으로 건설용역의 공급을 완료한 후 그 대가의 일부를 지급받지 못하여 관할법원에 공사대금지급청구소송을 제기한 경우로서 당해 법원의 중재 아래 건설용역의 공급에 대한 대가의 일부를 지급받지 아니하는 화해를 하는 경우에 있어 당초 계약상의 원인으로 확정된 공사대금에서 화해로 인하여 지급받지 못하는 금액은 당해 사업자의 부가가치세 과세표준에서 공제되지 아니한다.[186)]

---

183) 부가46015-3886, 2000.11.28
184) 서면-2022-법규부가-3867 [법규과-291], 2023.02.01., 기획재정부 부가가치세제과-75, 2023.01.31.
185) 서면3팀-2544, 2004.12.14
186) 부가46015-3884, 2000.11.28

(19) 가맹본부가 가맹점의 판촉비용을 포인트로 정산하고 가맹점이 포인트로 제품매입 시 에누리 여부

화장품 제조, 판매 및 가맹점사업을 영위하는 사업자(이하 "가맹본부")가 소비자를 대상으로 한 판촉행사(할인, 증정, 쿠폰행사 등)의 비용분담 및 정산방식을 전 가맹점과 사전약정하여 가맹점이 실시한 판촉행사비용 중 가맹본부 부담분을 가맹점에 포인트로 적립하여 주고 향후 가맹점이 가맹본부로부터 제품매입 시 해당 포인트로 결제할 수 있도록 하는 경우 가맹점이 제품매입 시 사용한 포인트 상당액은 공급가액에 포함하지 아니하는 에누리액에 해당한다.[187)]

(20) 사업자가 가맹점의 매장지원정책상 시행하는 할인

농산물가공식품 도매업을 주업으로 하는 사업자가 모집한 가맹점과 가맹계약을 체결하고 물품을 공급하면서 해당 가맹점에 대하여 경상수익률·매출수익률, 매출상승률, 매장관리 등을 기준으로 산정한 일정비율을 물품의 공급가액에서 직접 공제하여 주는 경우, 해당 공제된 가액은 부가가치세 과세표준에 포함하지 아니하는 에누리액에 해당한다.[188)]

(21) 총판업자에게 가격할인예정액을 차감하여 공급하는 경우 공급가액 및 세금계산서 발급방법

사업자가 총판업자에게 재화를 공급하면서 총판업자의 소매가격에서 일정률의 마진액과 거래당사자 간의 사전약정에 따라 수시로 변동되는 가격할인액을 반영하여 해당 재화의 공급가액을 결정하기로 사전약정하고 해당 재화를 총판업자에게 공급하는 경우, 총판업자의 소매가격에서 마진액과 가격할인예정액을 차감하여 세금계산서를 발급하고 그 공급가액이 확정되는 때에 수정세금계산서를 발급한다.[189)]

(22) 유선통신서비스사업자가 가입유치 등을 위해 유선상품 구매고객에게 지급하는 상품권의 에누리 여부

유선통신서비스 사업자가 일정기간 서비스이용약정(기간약정)을 조건으로 서비스에 가입한 고객에게 지급하는 사은품(상품권 등) 상당액은 재화나 용역을 공급할 때 공급조건에 따라 통상의 대가에서 일정액을 직접 깎아주는 금액에 해당하지 아니하는 것으로 부가가치세 과세표준에서 차감하지 아니한다.[190)]

(23) 계약이 해지되어 당초 할인받았던 금액을 반환하는 경우 부가가치세 과세대상인지 여부

공급자와 공급받는 자가 계약에 의하여 일정기간 계약이 유지되는 조건으로 공급가액에서 일정

---

187) 서면-2018-법령해석부가-3495[법령해석과-1036], 2019.04.25
188) 법규부가 2011-0432, 2011.11.15
189) 사전-2015-법령해석부가-0055, 2015.03.16
190) 기획재정부 부가가치세제과-131, 2018.02.21

금액을 할인하여 용역을 공급하는 경우로서 해당 계약이 중도 해지되어 공급받는 자가 그 할인금액을 공급자에게 반환하는 경우 부가가치세 과세대상에 해당한다.[191)]

(24) 신용카드 청구할인금액이 매출에누리에 해당하는지 여부

사업자가 신용카드사업자와 "소비자가 사업자의 특정상품을 신용카드사업자의 특정카드로 결제하면 일정금액을 신용카드 결제대금 청구시점에 할인하여 주는 청구할인 제도를 운영하되, 할인대금은 사업자와 신용카드사업자가 함께 분담하는 약정"(이하 "약정")을 체결한 뒤 사업자가 소비자에게 청구할인 조건을 사전에 제시하고 상품을 판매하는 경우, 약정에 따라 사업자가 부담한 청구할인금액은 부가가치세 공급가액에 포함하지 아니한다. [192)]

2. 매출할인

(1) 개요

매출할인이란 공급에 대한 대가를 약정기일 전에 받았다는 이유로 사업자가 당초의 공급가액에서 할인해 준 금액을 말한다(부법 29 ⑤ 6). 매출할인의 경우 매출항목에서 차감하는 시기는 당초 매출이 이루어진 시기가 아닌 실제 매출이 이루어진 회계연도(사업연도, 귀속연도)에서 차감한다.

(2) 중간지급조건부 재화의 공급 시 대금 조기지급에 따른 할인액

중간지급조건부로 재화를 공급함에 있어서 계약당사자 간의 사전약정에 의하여 대금의 각 부분을 계약서상의 지급일 이전에 납부하는 때에는 일정금액을 차감하여 준다는 내용을 계약서상에 명시하고 지급일 이전에 납부받음으로써 당해 금액을 차감해 준 경우에는 그 차감된 금액을 과세표준으로 하여 그 대금을 지급받는 때에 세금계산서를 교부하여야 한다.[193)]

(3) 완성도기준지급조건부 용역의 공급 시 대금 조기지급에 따른 할인액

사업자가 완성도기준지급조건부로 건설용역을 제공함에 있어 계약당사자 간의 사전약정에 따라 대가의 각 부분을 기성고확정일 이전에 지급받는 때에는 일정금액을 할인하여 주기로 하고 선납일수에 따른 할인료의 합계액을 최종기성고가액에서 차감하여준 가액은 할인액(에누리액)으로 본다.[194)]

191) 서면-2018-법령해석부가-3071[법령해석과-2952], 2018.11.08
192) 기획재정부 부가가치세제과-800, 2018.12.20
193) 서면상담3팀-100, 2008.01.14
194) 부가집 29-0-9 ③

(4) 표지어음의 공정가액과 외상매출금의 차액

재화 또는 용역에 대한 외상판매의 대가로 수령한 표지어음의 공정가액과 외상매출금의 차액은 할인액으로 보지 아니한다.[195]

〈매출에누리와 환입 및 매출할인의 구분〉

구분	기업회계기준	법인(소득) 세법	부가가치세법
매출에누리와 환입	매출차감 항목	매출차감 항목	과세표준에 불포함
매출할인	매출차감 항목	매출차감 항목	과세표준에 차감함

(5) 위·수탁 물품판매 할인액의 과세표준 포함 여부

「전자상거래 등에서의 소비자보호에 관한 법률」에 의한 통신판매업자(이하 수탁자라 한다)가 물품판매위탁자와의 위·수탁계약에 따라 물품판매를 하는 경우, 동 계약에 따라 수탁자가 판매가격을 직접 할인한 금액은 「부가가치세법」에 따른 에누리액으로 물품판매위탁자의 부가가치세 과세표준에 포함하지 아니하는 것이나, 수탁자의 책임과 계산으로 할인판매를 하는 금액이나 수탁자가 부담하는 할인금액은 물품판매위탁자의 부가가치세 과세표준에 포함한다.

그리고 수탁자가 물품판매위탁자와의 위·수탁계약에 따라 물품을 판매하고 그 대가로 수수료를 받는 경우, 해당 판매수수료 금액이 수탁자의 부가가치세 과세표준이 된다. 다만, 수탁자가 물품판매위탁자와의 계약에 따라 할인판매를 하고 그 할인금액을 수탁자의 판매수수료에서 공제하기로 하는 경우(실질적으로 위탁자의 판매수수료 비용이 줄어드는 경우)에는 수탁자의 판매수수료 에누리액에 해당하는 것이며, 수탁자가 자기의 책임과 계산으로 할인판매를 하거나 부담하기로 한 경우[196]의 할인금액은 그러하지 않다.[197]

(6) 각종 판매장려금이 부가가치세 과세표준에서 제외되는 매출할인 여부

부가가치세 과세표준에 포함하지 아니하는 매출할인이란 외상판매에 대한 공급대가의 미수금을 결제하거나 공급대가의 미수금을 그 약정기일 전에 영수하는 경우에 일정액을 할인하는 금액을 말하는 것이나, 거래처와 사전약정에 따라 일정기간의 거래수량, 거래금액, 단순한 수금(현금결제) 실적에 따라 거래처에 현금으로 지급하거나 외상매출금에서 차감하는 장려금은 부가가치세의 과세표준에서 공제하지 아니한다.[198]

195) 부가집 29-0-9 ⑤
196) 부가가치세과-1407, 2009.09.29
197) 기획재정부 부가-71, 2011.02.08
198) 서면3팀-1900, 2007.07.04

3. 환입된 재화의 가액(매출환입)

(1) 개요

환입재화라 함은 매출한 재화가 품질불량, 품질차이, 수량부족, 파손, 계약의 취소 등의 이유로 매입처로부터 반송되어 온 재화를 말한다. 매출환입재화는 매출의 취소부분이므로, 그 환입재화의 가액은 수익에서 차감되는 비용이 아니라 매출액의 조정항목으로서 그 금액은 매출에누리와 같이 매출액에서 직접 상계처리된다. 이러한 매출환입품액은 손익계산서 작성에 있어 총액주의의 원칙에 따라 총매출액에서 차감하는 형식으로 기재하도록 기업회계기준에서 규정하고 있다.

(2) 수입물품이 외국으로 반품되는 경우 신고방법

1) 사실관계

- 당사는 수입물품에 하자가 있어 국외로 반품하는 경우 세관에서는 일정한 기준으로 위약수출을 할 수 있는 건과 할 수 없는 건으로 구분하고 있음

> ※ 반품의 개념
> ▶ 수출입업체의 입장
> a. 반품가능기간 : 1년~4년(제품 상품에 따라 다름)
> b. 사용에 대한 개념 : 물품을 사용하다가 하자가 발견되는 경우가 많음
> c. 처리 : 고장 난 물품을 신제품으로 교환해 줌
> ▶ 관세청의 입장
> a. 반품가능기간 : 수입신고수리일로부터 1년 이내에 보세구역에 반입하여 위약수출
> b. 사용에 대한 개념 : 사용한 물품은 위약수출의 대상이 아님
> c. 처리 : 위약수출인 경우는 (-)세금계산서 발급

- 수입한 지 1년이 넘은 물품, 사용 등으로 성질 형태가 변경된 물품은 위약수출이 진행되지 않음. 따라서, 국외반품물품 중 위 조건에 부합하지 않는 반품건은 부득이하게 일반(무환)결제 형태의 수출신고를 할 수밖에 없음

2) 질의요지

수입된 물품의 국외 반품건의 신고방법

3) 회신

사업자가 수입물품에 하자가 발생하여 외국으로 반품함에 있어서, 당해 재화가 「관세법」 제106조에 규정하는 위약물품에 해당하는 경우에는 관할세관장은 부가가치세를 지체 없이 환급하여야 하는 것이므로 수출하는 재화에 해당하지 아니하는 것이며, 반품하는 수입재화가 「관세법」에 규정하는 위약물품에 해당되지 아니하는 경우에는 수출하는 재화에 해당한다.[199)]

---

199) 부가가치세과-1438, 2010.10.28

(3) 수출재화가 외국으로부터 반입되는 경우 신고방법

1) 원칙

사업자가 재화를 수출한 후 하자로 인하여 당해 수출한 재화를 반입하면서 세관장으로부터 수입세금계산서를 교부받은 경우에는 반입일이 속하는 예정신고 또는 확정신고 시 부가가치세 과세표준에서 반입재화의 공급가액을 차감하여 과세표준을 계산하며, 당해 수입세금계산서상의 매입세액은 반입일이 속하는 예정신고 또는 확정신고 시 매입세액으로 공제할 수 있다.[200]

2) 수출한 재화의 하자로 인한 재수출 시 과세표준

사업자가 재화를 수출한 후 하자로 인하여 당해 수출한 재화를 반입하면서 세관장으로부터 수입세금계산서를 교부받고 반입된 재화를 수리하여 재수출하거나 동일제품으로 교환하여 재수출하는 경우 당해 재화의 반입일이 속하는 예정신고기간 또는 확정신고기간에 대한 예정 또는 확정신고 시 부가가치세 과세표준에서 반입재화의 공급가액을 차감하지 아니하고 반입 시 교부받은 수입세금계산서의 매입세액은 매출세액에서 공제하며, 당해 수리된 재화 등의 재수출 시에는 부가가치세가 과세되지 아니한다.[201]

3) 제품불량으로 공급한 재화의 반품 없이 동일한 재화를 무상공급 시 과세표준

사업자 A가 사업자 B로부터 제품을 공급받아 수출한 후 제품의 불량으로 인하여 당초 공급한 제품의 반품 없이 B로부터 동종의 제품 및 불량제품의 수리용 자재를 무상으로 공급받아 국외로 무상으로 반출하는 경우에는 수출하는 재화에 해당되어 영세율이 적용되는 것이며, 이 경우 B가 A에게 동종의 제품을 무상으로 공급하는 것은 재화의 공급에 해당하나, 불량제품의 수리용 자재를 무상으로 공급하는 것은 재화의 공급으로 보지 아니한다.[202]

4) 수출재화 클레임에 대한 변상금의 과세표준 공제 여부

사업자가 부가가치세가 과세되는 재화를 수출하고 일부 수출한 재화의 하자로 인하여 물품은 반품되지 아니하고 하자에 대하여 현금으로 변상한 경우 당해 변상금은 부가가치세 과세표준에서 공제하지 않는다.[203]

(4) 국내거래 중 반품 사유가 발생하는 경우

1) 공급한 재화의 하자로 인하여 동일한 재화를 재공급하는 경우 부가세 과세 여부

사업자가 부가가치세가 과세되는 재화를 공급한 후 당해 재화의 하자로 인하여 당초 공급한 재화의 반품 없이 동일한 재화를 다시 공급하는 경우에는 부가가치세가 과세된다.[204]

---

200) 서면3팀-586, 2005.05.02
201) 부가46015-2284, 1999.08.03
202) 부가46015-3533, 2000.10.20
203) 부가46015-2537, 1996.11.28
204) 부가46015-2210, 1999.07.30

2) 당초 공급하자로 인한 재공급 시 과세표준

사업자가 공급한 재화가 파손되어 공급받는 자와의 합의나 법원의 판결에 의하여 당초에 공급한 재화보다 고가의 재화를 다시 공급해 주고 공급가액과 세액을 구분하지 아니한 대가를 추가로 받는 경우에는 그 대가에 대한 10/110이 재화의 공급가액이 된다.[205)]

3) 품질불량으로 반품된 재화의 대체 공급

사업자 간의 계약에 의하여 재화를 공급하였으나 당해 재화가 품질규격 등의 불량으로 반품되어 다시 품목, 규격, 수량이 동일한 다른 재화로 대체 공급하는 때에는 과세거래로 볼 수 없다.[206)]

(5) 재매입약정 반품의 경우

1) 원칙

사업자가 대리점에 재화를 공급하였으나 대리점의 판매부진 등으로 당해 재화를 재매입하기로 거래약정한 경우에는 재매입한 재화에 대하여 대리점의 매출로 보는 것이나, 당초 거래를 취소하고 당해 재화를 반품받는 경우에는 수정세금계산서를 교부하는 것으로 해당 사항의 경우가 재매입한 것인지 또는 반품받은 것인지 여부는 관련 거래 사실을 종합하여 사실판단할 사항이다.[207)]

2) 분양계약상 특약에 따라 공급한 주택을 재매입하는 경우 과세표준

국민주택규모를 초과하는 주택을 분양하는 사업자가 분양계약의 특약에서 입주 후 2년이 경과한 때에 분양주택의 시가가 분양가액에 미달하면 분양받은 자가 분양공급자에게 당초 분양가액으로 분양주택의 재매입을 요구할 수 있도록 하는 조건으로 주택을 분양하고 그 잔금청산과 소유권이전 등기를 마쳐 공급을 완료한 다음, 특약에 따라 입주 2년이 경과한 때에 주택을 재매입하는 경우 수정세금계산서 발급사유에 해당하지 아니하는 것이며 그 재매입가액을 과세표준에서 차감할 수 없다.[208)]

(6) 매출처 부도로 공급 완료된 재화를 반품받는 경우

사업자가 매출처의 부도로 인하여 당초 공급이 완료된 재화의 외상매출금을 회수하기 위한 방법으로 상당기간 사용한 재화를 회수하는 것은 재화의 환입에 해당되지 아니하는 것으로, 이 경우에 재화를 회수 당한 사업자는 이를 회수한 사업자를 공급받는 자로 하여 그 회수한 날을 공급시기로 하는 세금계산서를 교부하여야 한다.[209)]

---

205) 부가1265-1061, 1983.06.03
206) 부가1265-83, 1982.01.09
207) 서면3팀-1919, 2004.09.17
208) 법규부가 2012-421, 2012.12.28
209) 부가46015-1631, 1994.08.06

(7) 사용중지 및 회수조치 요청을 받은 의약품을 반품 없이 폐기처분하는 경우

사업자(수탁사)가 위·수탁계약(OEM방식)에 따라 특정 제조사의 수입산 원료를 사용하여 제조한 의약품을 위탁사에 공급하였으나 정부에서 해당 원료를 사용하여 생산한 의약품의 안정성 문제로 해당 의약품의 전량 수거 및 폐기를 요청함에 따라 위탁사가 해당 의약품을 직접 수거하여 폐기처분함에 따라 수탁사가 동종 또는 유사한 의약품을 다시 공급하는 경우로서 해당 의약품의 반품 및 폐기에 대한 합의나 약정이 있는 경우에는 당초 공급한 재화가 환입된 것으로 보아 위탁사에 수정세금계산서를 발급하여야 하며 동종 또는 유사한 의약품의 공급에 대하여는 세금계산서를 발급하여야 한다. 다만, 수탁사와 위탁사 간에 반품 및 폐기에 대한 명시적 또는 묵시적 합의나 약정이 있었는지는 사실판단할 사항이다.[210)]

(8) 보세판매장으로부터 반품받는 행위가 재화의 수입에 해당하는지 여부

보세구역이 아닌 국내에 사업장을 가진 사업자가 외국으로부터 물품을 수입하여 관세 및 수입부가가치세를 납부하고 국내에 반입한 후 국내사업장에 보관하면서 해당 물품을 보세판매장에 공급하고 「수출용 원재료에 대한 관세 등의 환급에 관한 특례법」 제4조 제3호에 따라 관세를 환급받은 후 보세판매장에서 판매되지 아니한 물품을 반품받는 것은 「부가가치세법」에 따른 '처음 공급한 재화가 환입된 경우'에 해당하여 수정세금계산서를 교부하여야 하는 것이며, 위 회신내용은 회신일 이후 보세판매장에서 판매되지 아니하여 국내사업장으로 환입되는 분부터 적용한다.[211)]

(9) 렌탈료환불액의 부가가치세 공급가액 포함 여부

사업자와 소비자 간의 계약에 있어서 「소비자기본법」 제48조 또는 「제품안전기본법」 제10조에서 정하는 사유가 발생하여 사업자가 제품을 회수(수거)하고 판매(사용)대금을 환급하는 경우에 해당 환급액은 공급가액에 포함하지 아니하는 것이며, 당초 공급시기에 세금계산서 등을 발급한 경우에는 공급가액의 증감사유가 사유가 발생한 날에 수정세금계산서를 발급할 수 있다.[212)]

(10) 카드매출분에 대하여 현금환불 시 수정세금계산서 발급 여부

사업자가 「소비자보호법」 및 「소비자피해보상규정」에 의한 소비자에게 현금으로 환불하여 주는 경우 수정세금계산서를 교부하여야 하며, 사업자가 소비자에게 물품을 공급한 때에 세금계산서를 교부하지 아니하여 수정세금계산서를 교부할 수 없는 경우에는 환불일이 속하는 과세기간의 부가가치세 과세표준에서 반품받는 물품의 당초 공급가액을 차감하여 신고하고, 환불사실을 증명하는 서류를 보관하여야 한다.[213)]

---

210) 사전-2019-법령해석부가-0069, 2019.03.14
211) 기획재정부 부가가치세제과-250, 2017.05.12
212) 기획재정부 부가가치세제과-210, 2017.04.17
213) 서면2017부가2954[부가가치세과-2868], 2017.12.26, 부가46074-363, 1994.12.22

(11) 수출한 소프트웨어를 반품받고 최신버전으로 교환하여 주는 경우

소프트웨어를 개발하여 판매한 내국법인(갑)이 일본소재 “A”사에게 당해 소프트웨어에 대한 독점판매권을 부여한 후 “A”사가 일정량의 주문을 해 오면 그 주문량에 대한 인증번호(구입자가 당해 소프트웨어를 사용하기 위한 번호)를 이메일로 공급하고 당해 인증번호가 부여된 제품에 대해 로열티를 수취하여 당해 로열티에 대하여는 영세율 과세표준으로 신고하고 있는 경우로서, “A”사가 인증번호를 부여받은 후 미판매된 제품을 반품하는 경우에 “갑”은 당해 반품제품(재사용 및 판매가 불가함)과 동일가격을 가지는 최신버전의 제품으로 교환하여 주는 경우 반품제품에 대하여는 반품되는 시점에 영세율 과세표준을 차감하는 것이며, 교환하여 주는 제품에 대하여는 영세율 과세표준을 계상한다.[214)]

(12) 자동차수입판매사가 하자차량을 소비자에게 교환·환불하는 경우[215)]

1) 사실관계

- 신청법인은 자동차수입판매사로 차량을 수입(주문제작방식)하여 국내딜러사를 통해 소비자에게 판매하고 있음

  ☞ 차량의 유통 프로세스

소비자가 딜러사에 차량 주문 ⇒ 딜러사가 신청법인에 주문 ⇒ 신청법인이 외국법인에 주문 ⇒ 외국법인이 차량 생산, 수출 ⇒ 신청법인이 차량 수입, 딜러사에 인도 ⇒ 딜러사가 소비자에게 인도

- 「자동차관리법」상 ‘자동차의 교환 또는 환불’에 관한 규정(이하 “본건 규정”)이 신설되어 2019.1.1.부터 시행 중에 있으며, 본건 규정에 따르면 일정 요건을 충족한 소비자는 국토교통부 자동차안전·하자심의위원회에 중재를 신청하여 중재판정에 따라 자동차제작자 등(수입차의 경우 수입판매사)으로부터 자동차를 교환·환불받을 수 있음
- 신청법인은 본건 규정에 따라 차량 유통 시 딜러사 및 소비자와 ‘자동차 교환·환불 보장에 관한 추가계약’을 체결하는 한편, 딜러사와는 ‘딜러 및 서비스 계약에 대한 추가계약’(이하 두 계약을 합하여 “추가계약”)을 체결하였으며, 추가계약에서 소비자의 교환·환불 요구의 상대방을 신청법인으로 규정하고 신청법인은 딜러사를 통하여 본건 규정에 따른 교환·환불의무를 이행할 수 있도록 규정함

---

214) 서면3팀-1686, 2005.10.05

215) 사전-2019-법령해석부가-0581, 2019.11.11

☞ 신차 교환 프로세스

> [신차 배정]
> 중재판정 ⇒ 신청법인이 신차를 주문·수입하여 하자차량을 판매한 딜러사에 인도 ⇒ 딜러사는 하자차량 소유자에게 인도
>
> [하자차량 회수]
> 중재판정 ⇒ 신청법인이 하자차량 판매한 딜러사에 회수 요청 ⇒ 딜러사는 하자차량소유자로부터 차량 회수 ⇒ 딜러사는 자신의 비용으로 하자차량을 수선하여 재판매하고 대금을 신청법인에게 지급 ⇒ 신청법인은 딜러사에 저장·보관료 지급

☞ 환불 프로세스

> [하자차량 회수 및 환불]
> 중재판정 ⇒ 신청법인이 하자차량 판매한 딜러사에 차량 회수 및 환불금 지급 요청 ⇒ 딜러사는 하자차량소유자로부터 차량 회수하고 환불금 지급 ⇒ 딜러사는 자신의 비용으로 하자차량을 수선하여 재판매하고 재판매대금을 신청법인에게 지급 ⇒ 신청법인은 딜러사에 환불금 및 저장·보관료 지급

• 이에 따라 「교환·환불에 대한 법률」상 의무는 신청법인에 있으나 신청법인과 딜러사 간의 추가계약에 따라 하자차량의 회수 및 신차의 인도, 환불금 지급은 딜러사가 수행함

2) 질의요지

「자동차관리법」상 하자차량에 대한 교환·환불규정이 신설됨에 따라 자동차수입판매사가 딜러사를 통하여 소비자에게 하자차량을 교환·환불하는 경우로서 소비자로부터 하자차량을 반품받고 환불금을 지급하는 경우와 하자차량을 반품받고 신차를 인도하는 경우 부가가치세 과세 여부 및 세금계산서 발급방법

3) 회신

자동차수입판매사가 딜러사를 통하여 소비자에게 자동차를 판매(주문제작 수입방식)한 후 소비자가 자동차의 하자로 인하여 「자동차관리법」 제47조의 6에 따라 수입판매사로부터 교환 또는 환불을 받는 경우로서

1. 수입판매사가 소비자로부터 하자차량을 반품받고 환불금을 지급하는 경우 수입판매사는 소비자에게 수정세금계산서를 발급하지 아니하고 반품일이 속하는 과세기간의 부가가치세 과세표준에서 당초 공급가액을 차감하여 신고하는 것임
2. 수입판매사가 소비자로부터 하자차량을 반품받고 소비자가 당초 주문한 차량과 동일차량을 주문제작 수입하여 교환하여 주는 경우 재화의 공급으로 보지 아니하고 반품차량에 대하여 수정세금계산서를 발급하지 아니하는 것이나, 동종(유사)차량으로 교환하여 주는 경우는 동종(유사)차량의 공급에 대하여 소비자에게 영수증을 발급하거나 소비자가 사업자등록증을 제

시하고 세금계산서 발급요구 시 세금계산서를 발급하는 것이며 반품차량에 대하여는 수정세금계산서의 발급 없이 반품일이 속하는 과세기간의 과세표준에서 당초 공급가액을 차감하여 신고하는 것임

4. 파손·훼손·멸실된 재화의 가액

공급받는 자에게 도달하기 전에 파손되거나 훼손되거나 멸실한 재화의 가액은 공급가액에 포함하지 않는다. 이는 사업자 본인의 귀책사유로 인한 파손 등의 경우에 한하여 공급가액에 포함하지 않는 것이며, 사업자가 운송의뢰한 재화를 운송자의 귀책사유로 파손, 훼손 또는 멸실된 경우 운송자로부터 받는 변상금(현금)에 대하여는 부가가치세가 과세되지 아니하나, 변상에 따라 파손 또는 훼손된 재화가 운송자에게 귀속되는 경우에는 재화의 공급으로 보아 부가가치세가 과세된다.[216)]

5. 국고보조금·공공보조금

(1) 개요

재화 또는 용역의 공급과 직접 관련되지 아니하는 국고보조금과 공공보조금은 공급가액에 포함하지 않는 것으로, 사업자가 국고보조금 교부대상이 되는 재화 또는 용역을 공급하고 국가 등으로부터 그 대가를 직접 교부받는 국고보조금은 부가가치세 과세표준에 포함되지 아니하는 것이나, 재화나 용역을 공급받는 자가 국고보조금을 재원으로 하여 그 대가를 지급하는 경우에는 부가가치세 과세표준에 포함한다.[217)] 예컨대, 재화의 공급자가 1,000원에 공급을 하고 국고보조금 200원을 수령한 경우 과세표준은 1,000원이 되는 것이며, 재화의 공급을 받는 자가 수령한 국고보조금과 보유현금으로 재화를 1,200원에 구입한 경우 해당 재화의 공급자의 과세표준은 1,200원이 된다.

(2) 재화 또는 용역의 공급과 직접 관련된 국고보조금과 공공보조금(부가가치세 과세대상)

1) 국고보조사업에 참여한 민간기관이 지급받는 보조금의 부가가치세 과세 여부 등

국토교통부와 ○○시(이하 "○○시")가 "2022년 지역거점 스마트시티 조성사업"(이하 "협약사업") 추진을 위하여 협약을 체결하고 이와 관련하여 ○○시·○○시 △△구·◎◎공사·민간참여기관이 체결한 협약에 따라 민간참여기관이 ○○시로부터 협약사업과 관련된 보조금(이하 "보조금")을 사업비로 지급받는 경우로서

① 민간참여기관이 협약사업에 대한 단위사업을 수행하고 보조금이 사용되어 도출되는 사업성

216) 부가가치세과1265.1-1440, 1980.07.22
217) 부가46015-3851, 2000.11.27

과물은 ○○시에 귀속되는 경우 ○○시에 용역을 공급하는 것으로서 부가가치세가 과세되는 것이며, 이 경우 부가가치세 과세표준은 민간참여기관이 해당 단위사업을 수행함에 있어 ○○시로부터 지급받는 보조금 전부가 된다.

② 이 경우 민간참여기관은 ○○시를 공급받는 자로 하여 세금계산서를 발급한다.[218)]

2) 국고보조금 지급받은 기관에게 용역을 공급하고 대가를 받는 경우

사업자가 정부의 위임을 받은 기관(이하 주관기관이라 함)과의 계약에 따라 용역을 수행하고 그 결과물을 주관기관에 귀속시키기로 하면서 당해 주관기관으로부터 국고보조금을 지급받는 경우, 당해 국고보조금은 용역의 공급에 따른 대가로 보아 부가가치세가 과세되는 것이며, 그 결과물의 소유권이 누구에게 있는지는 계약내용에 따라 당사자가 결정할 사항이다.[219)]

3) 기업의 온실가스 감축실적에 대하여 지급한 국고보조금의 과세표준 포함 여부

정부가 기업의 온실가스 감축실적에 대하여 지급한 국고보조금은 재화의 공급에 직접 관련되는 보조금이므로 과세표준에 포함한다.[220)]

4) 공사대금으로 받은 국고보조금의 과세표준 제외 여부

부가가치세의 과세표준에 포함하지 아니하는 것의 하나로 국고보조금을 들고 있는 바, 위 규정은 재화 또는 용역을 공급함으로써 부가가치세 납세의무를 지는 사업자가 국고보조금의 교부대상이 되는 보조사업의 수행자로서 재화 또는 용역을 공급하고 국고보조금을 지급받은 경우에는 당해 사업자가 재화 또는 용역의 공급에 따른 부가가치세 과세표준에 위 국고보조금 상당액을 포함시키지 않는다는 것으로 해석된다. 따라서 주민대표들로 구성된 농경지복구추진위원회가 지방자치단체로부터 받은 국고보조금으로 수해로 인해 유실된 농경지 복구공사를 한 공사업자에게 공사대금을 지급한 경우, 그 공사대금이 국고보조금으로서 부가가치세 과세표준에서 제외될 수 없다.[221)]

5) 주관기관이 기술개발결과물의 소유권을 참여기업에게 이전하는 경우 부가가치세 과세 여부

주관기관인 ○○대학 산학협력단이 정부출연금을 지원받아 참여기업과 공동기술개발을 수행하고 개발된 기술개발결과물 중 정부출연금 지분에 상당하는 부분을 주관기관에 귀속시킨 후, 참여기업으로부터 정액의 기술료를 받고 당해 주관기관이 소유한 기술결과물의 소유권을 이전하는 것은 부가가치세 과세대상에 해당한다.[222)]

---

218) 사전-2022-법규부가-1001, 2023.01.19
219) 부가-1148, 2012.11.22
220) 기획재정부 부가가치세제과-433, 2016.09.08
221) 대법원2000두369, 2001.10.09
222) 부가가치세과-718, 2009.05.26

6) 정부출연금을 지급받는 경우 재화나 용역공급 대가로 보아 과세하는지 여부

사업자가 「중소기업진흥 및 제품구매촉진에 관한 법률」 규정에 의하여 중소기업청장의 지정을 받은 제조업체에게 해외유명규격을 승인받아 주는 업무를 대행해주고 그 대가 중 일부를 동 법률의 규정에 의하여 당해 제조업체에 지급될 국가출연금을 국가로부터 직접 받는 경우 당해 지급받는 금액은 부가가치세 과세표준에 포함하는 것이며, 이 경우 세금계산서는 해외유명규격승인 대행용역을 제공받는 제조업체에게 교부한다.[223)]

7) 사업자가 별도의 협약에 의하여 수령한 관리용역대가의 부가가치세 과세 여부

사업자가 주관기관으로서 정부의 위임을 받은 기관(전담기관)과 기술개발협약서를 체결하여 기술개발 과제업무를 수행하고 그 결과 개발된 지적소유권 등을 동 사업자에게 귀속시키는 경우와 관련하여 지원받는 국가연구개발사업출연금(국고보조금)과는 달리 사업자가 별도의 협약에 의하여 총괄주관기관으로서 당해 기술개발사업의 세부주관기관 및 세부과제를 총괄 관리하여 주고 지급받는 금액은 과세되는 용역공급대가에 해당하여 부가가치세 과세표준에 포함된다.[224)]

8) 공공보조금을 지급함에 있어 부수적으로 의무를 부과한 경우 과세표준에 포함되는지 여부

공공보조금이라 함은 공공단체가 사인에 대하여 산업의 육성이나 사회공공사업의 조성 등 행정상 목적을 위하여 교부하는 현금을 말하는 것으로, 그 성질상 보조금수혜자에게 반대급부 없이 무상으로 지급된다. 따라서 부가가치세의 과세원리, 공공보조금의 성격, 과세표준에서 제외되는 다른 것들의 성격 등에 비추어 보면, 위 법 규정은 공공단체에 필요하거나 유익한 산업 또는 사회공공사업 등과 관련한 재화 또는 용역을 공급하는 사업자에게 사업의 조성 또는 재정상의 원조 등을 목적으로 공공보조금이 지급되는 경우(이 경우 사업자가 보조금수혜자가 되고 사업자로부터 재화 또는 용역을 공급받는 자가 간접적으로 지원을 받게 된다) 사업자의 재화 또는 용역의 공급에 따른 부가가치세 과세표준에 위 공공보조금 상당액을 포함시키지 않는다는 것이고, 나아가 공공보조금이 보조금수혜자를 통하여 사업자에게 재화 또는 용역의 공급에 대한 대가로 지급되거나 보조금수혜자를 통하지 않고 직접 사업자에게 재화 또는 용역의 공급에 대한 대가로 지급되는 등, 재화 또는 용역의 공급과 직접 관련하여 지급되는 경우에는 그 재원이 공공보조금이라 하더라도 사업자의 재화 또는 용역의 공급에 따른 부가가치세 과세표준에 포함되는 것으로 해석된다.[225)]

9) 연구개발용역을 제공하고 그 대가를 출연금으로 지급받는 경우

신청법인이 ◇◇연구원과 연구개발 협약을 체결하여 "전동차 구조조사 및 미세먼지 제거장치

---

223) 부가46015-2261, 1999.08.03

224) 서면3팀-231, 2006.02.03

225) 강릉지원2009구합158, 2009.11.13., 대법원2010두12699, 2010.10.14

자료조사, 전동차 구조 및 요구사양 연구, 시제품 제작 및 실험적 검증지원, 전동차 성능 검증을 위한 현차 시험지원 등" 전동차 부착형 오염물질 제거장치를 개발하여 그 결과물을 ◇◇연구원에 귀속시키고 받는 정부출연금은 국고보조금 또는 공공보조금에 해당하지 아니하는 것이며 다만, 연구용역수행 결과물의 소유권이 누구에게 있는지 여부는 무형적 결과물 소유에 대한 협약내용, 기술료의 징수 및 사용을 위한 기술실시계약 체결내용 등 거래의 실질내용을 종합적으로 판단하여 결정할 사항이다. 또한 해당 전동차 부착형 오염물질 제거장치 연구용역이 기존의 나노기술, 집진기술, 유동해석기술 등 연구결과를 응용 또는 이용하여 공급하는 용역에 해당하는 경우에는 부가가치세가 면제되는 학술연구용역과 기술연구용역에 해당하지 아니한다.[226]

10) 드라마 제작협찬 지원금의 부가가치세 과·면세 여부

드라마를 제작하는 사업자가 지방자치단체와 협찬계약서에 따라 보조금을 지원받아 드라마 제작 방영 시 지방자치단체의 제작지원 배너광고를 삽입하고 해당 사업자의 드라마 홈페이지 등에 지방자치단체 협찬 명시, 특산품 홍보 등을 하도록 하는 경우 해당 보조금은 부가가치세 과세표준에 포함된다.[227]

(3) 재화 또는 용역의 공급과 직접 관련되지 않는 국고보조금과 공공보조금(부가가치세 과세제외대상)

1) 정부로부터 고속도로통행료 차액보전금을 지급받는 경우 부가가치세 과세표준 포함 여부

사업시행자가 고속도로를 준공하여 국가에 기부채납하고 시설관리운영권을 인정받아 사용·수익하면서 국가의 물가정책 등에 따라 적기에 통행료를 조정하지 못하여 발생하는 손실을 국가가 그 사업시행자에게 보상하는 경우 그 보상금은 "재화 또는 용역의 공급과 직접 관련되지 아니하는 국고보조금과 공공보조금"에 해당한다.[228]

2) 연구개발사업 및 기술개발사업을 수행하는 기관에 국가 또는 그 위임을 받은 자로부터 지급되는 출연금

「과학기술기본법」 제11조 제1항 및 「산업기술혁신촉진법」 제11조 제1항에 따른 연구개발사업 및 기술개발사업을 수행하는 기관에 국가 또는 그 위임을 받은 자로부터 지급되는 출연금은 「부가가치세법」 제29조 제5항 제4호의 국고보조금에 해당하고 ,「과학기술기본법」 제11조의 4 제1항 및 「산업기술혁신촉진법」 제12조 제1항에 따라 지급하는 기술료의 부가가치세 과세 여부는 실시권의 대가인지 여부, 지급받는 기관 등 기술료의 구체적인 성격에 따른다.[229]

---

226) 사전-2015-법령해석부가-0076, 2015.07.23
227) 서면-2016-부가-3542[부가가치세과-1049], 2016.05.18
228) 기획재정부 부가가치세제과-104, 2016.02.25
229) 법규부가2012-468, 2014.06.20

3) 보조사업의 수행자로서 공공보조금을 지급받는 경우

재화 또는 용역을 공급함으로써 부가가치세 납세의무를 지는 사업자가 국고보조금의 교부대상이 되는 보조사업의 수행자로서 재화 또는 용역을 공급하고 국고보조금을 지급받은 경우에는 당해 사업자가 재화 또는 용역의 공급에 따른 부가가치세 과세표준에 국고보조금 상당액을 포함시키지 않는다.[230)]

4) 기술연구개발을 위한 정부출연금이 과세표준에 포함되는지 여부

공사와 정부의 위임을 받은 ○○평가원이 기술연구개발협약을 체결한 후 공사 단독 또는 다른 기업('참여기업'이라 함)과 공동으로 기술연구개발을 수행하고 그 연구개발의 결과물(지적재산권, 실시권 등)을 귀 공사 또는 참여기업에 귀속시키는 경우 당해 기술연구개발과 관련하여 국토해양부 또는 ○○평가원으로부터 지급받는 정부출연금은 부가가치세 과세표준에 포함하지 아니한다.[231)]

5) 손실보전 목적으로 수령하는 보조금

① 정부로부터 고속도로통행료 차액보전금을 지급받는 경우 부가가치세 과세표준 포함 여부

「사회기반시설에 대한 민간투자법」 제2조 제7호에 따른 사업시행자가 고속도로를 준공하여 국가에 기부채납하고 시설관리운영권을 인정받아 사용·수익하면서 실시협약에 따라 소비자물가지수변동분을 감안하여 매년 통행료를 조정하여야 하나, 국가의 물가정책 등에 따라 적기에 통행료를 조정하지 못하여 발생하는 손실을 국가가 그 사업시행자에게 보상하는 경우 그 보상금은 "재화 또는 용역의 공급과 직접 관련되지 아니하는 국고보조금과 공공보조금"에 해당한다.[232)]

② 통신사가 교육용 모바일데이터 무상제공에 따른 손실 일부를 보상받는 경우 공급가액 포함 여부

이동통신사업자가 교육부와 체결한 협약에 따라 특정 교육용 사이트에 접속하는 이용자에게 모바일데이터를 무상으로 제공하고 그에 따른 손실의 일부를 교육부로부터 보상받는 경우 해당 보상금은 용역의 공급과 직접 관련되지 아니하는 국고보조금으로서 이동통신사업자의 공급가액에 포함하지 아니한다.[233)]

(4) 국가연구개발사업출연금의 과세 여부[234)]

1) 사실관계

☞ 정부는 「전기사업법」, 「원자력법」, 「기술개발촉진법」 등의 법률에 따라 조성된 기금으로 공

---

230) 대법2000두369, 2001.10.09
231) 법규부가2008-0010, 2008.11.10
232) 기획재정부 부가가치세제과-104, 2016.02.25
233) 서면-2020-법령해석부가-3657 [법령해석과-2224], 2021.06.24
234) 서면3팀-759, 2005.06.01

공의 목적을 위하여 필요한 경우 과제를 선정하여 이에 대해 연구개발비의 일부를 지원하고 있음

☞ 영리법인의 부설연구소(이하 "갑"이라 함)는 선정된 과제에 대해 전담기관과 기술개발협약서를 체결하고 당해 기술개발협약서에서 정한 정부출연금을 수령하여 과세연구를 수행하고 있으며, 연구는 갑이 단독으로 수행할 수도 있으나 주로 참여기업과 공동으로 수행함

☞ 국책연구과제의 업무흐름도는 아래와 같음

① 정부가 연구개발사업계획서 검토, 협약체결, 정부출연금의 지급 및 정산, 기술료 징수 및 사후관리 등의 업무를 수행하도록 관련 업무를 전담기관에 위임하고 예산지원

② 관계법령에 근거하여 과제연구를 선정하고, 주관기관과 기술개발협약서를 체결하고 협약서에 정한 바에 따라 정부출연금을 지급하고 정산

③ 정부출연금 중 참여기업 해당분 지급, 정부출연금은 별도의 계정을 설정하여 관리하고 잔액(이자 포함)이 있는 경우 반납

④ 전담기관의 장이 성공으로 평가하여 기술료징수대상으로 확정된 경우에는 주관기관이 참여기업으로부터 기술료를 징수함

⑤ 정부출연금 상당액의 기술료를 납부함

⑥ 연구수행에 필요한 원재료, 기자재 등을 외부로부터 구입

☞ 각 기관별 역할

① 전담기관(또는 전문기관) : 정부 또는 정부의 위임을 받는 기관으로 주관기관의 연구개발사업계획서 검토, 협약체결, 정부출연금의 지급 및 정산, 기술료 징수 및 사후관리 등의 업무를 수행함

② 주관기관 : 관계법령에 근거하여 과제연구를 신청하고 선정된 연구개발사업을 주관하여 수행함

③ 참여기업 : 과제연구 결과물을 사용할 목적으로 총연구개발비 중 민간부담금의 일부를 부담하는 자로서 주관기관과 공동연구개발을 수행하는 경우도 있으며, 통상적으로 과제연구 완료 시 기술료를 납부하고 실시권을 부여받음

④ 실시기업 : 연구개발 결과를 실시하는 기업. 기술료를 납부하여야 함

☞ 산업재산권(지적재산권)의 귀속

① 유형 1 : 연구개발 완료 시까지는 정부출연금 지분상담은 정부소유로 하고 개발완료 후 기술료 납부시점부터 주관기관이 소유하거나 협약에 따라서는 참여기업과 공동소유함. 이 경우 주관기관이 비영리인 경우에는 처음부터 주관기관이 소유함

② 유형 2 : 정부지분 상당부분도 처음부터 주관기관이 소유. 다만, 어느 경우에도 국가안보상 필요한 경우, 공익적 목적에 활용하기 위하여 필요한 경우, 기타 주관기관의 소유가 부적합한 경우 국가, 전담기관 또는 공동소유로 할 수 있음

☞ 유형적 결과물의 귀속 : 원칙적으로 주관기관의 소유로 함. 다만, 참여기업이 소유의 조건으로 부담한 연구기자재 및 연구시설은 참여기업의 소유로 함

☞ 참여기업과의 공동연구 수행 시의 자금흐름 : 참여기업과 공동으로 과제연구 수행 시 협약에서 정하는 바에 따라 민간부담액 중 일부를 분담시키며, 연구활동은 참여기업이 수행하는 경우와 수행하지 않는 경우로 분류됨

2) 질의내용

① 주관기관이 전담기관으로부터 수령하는 정부출연금이 「부가가치세법」상 국고보조금으로 보아 과세표준에서 제외하는 것인지 용역의 공급거래에 해당하는지 여부

② 국책연구과제 수행에 있어서 참여기업이 연구비의 일부를 부담하되 연구활동을 수행하는지 여부 및 소유권을 취득하는지 여부에 따라 「부가가치세법」상 과세거래에 해당하는지 여부

③ 주관기관이 참여기업이 부담할 연구비와 정부출연금을 일괄관리하면서 참여기업이 필요한 연구비를 배분하는 경우에 있어서 당해 연구비 배분이 「부가가치세법」상 과세거래에 해당하는지의 여부

④ 참여기업이 부담하는 기술료가 「부가가치세법」상 과세거래에 해당하는지의 여부

⑤ 국책연구과제를 수행함에 있어서 필요한 재료 및 기자재 등을 구입함에 있어서 발생하는 부가가치세를 공제받을 수 있는지 여부

3) 회신

재화 또는 용역의 공급과 직접 관련되지 아니하는 국고보조금과 공공보조금은 부가가치세 과세표준에 포함하지 아니한다.

① 질의 1의 경우 사업자가 정부 또는 정부의 위임을 받은 기관과 기술개발협약서를 체결한 후 정부 또는 정부의 위임을 받는 기관으로부터 국가연구개발사업출연금을 받아 기술개발을 수행하고 그 결과 개발된 지적소유권 등을 사업자에게 귀속시키는 경우에 있어서 당해 기술개발과 관련하여 지원되는 국가연구개발사업출연금은 부가가치세 과세표준에 포함하지 아니한다.

② 질의 2 내지 4의 경우 용역공급 해당 여부, 과세 또는 면세 여부, 과세표준 포함 여부는 계약상 또는 법률상의 모든 원인과 공급의 주체, 거래주체별 책임과 의무 등 구체적인 사실관계를 종합하여 개별적으로 판단할 사항이며, 공동으로 기술을 개발하는 사업에 대한 그 결과물의 취득형태, 연구활동 수행 여부 등에 따른 부가가치세 과세 여부와 관련한 기존의 질의회신사례(부가46015-105, 2001.01.15.[235])의 내용으로 그 판단을 함에 있어서 참고하기 바란다.

---

235) 사업자 "갑"이 기술을 개발함에 있어 이에 소요되는 비용 중 일부를 다른 사업자 "을"이 부담하기로 약정하고 당해 기술은 "갑"의 책임하에 개발하여 그 개발결과물에 대한 권리를 "갑"과 "을"이 공동으로 취득하는 경우 "을"이 당해 개발결과물을 취득하는 것에 대하여는 재화 또는 용역의 공급에 해당되어 부가가치세가 과세되는 것이나, 단순히 "을"이 개발지원금만 "갑"에 지원하고 그 결과물에 대한 권리를 취득하지 아니하는 경우와 "갑"과 "을"이 당해 결과물을 취득하기 위해 공동으로 기술을 개발하고 "갑"과 "을"이 당해 결과물을 공동으로 취득하는 것에 대하여는 부가가치세가 과세되지 아니한다(부가46015-105, 2001.01.15).

③ 질의 5의 경우 사업자가 자기의 사업을 위하여 사용되었거나 사용될 재화 또는 용역의 공급에 대한 매입세액은 매출세액에서 공제되는 것이나, 매입세액 불공제대상에 해당하는 매입세액은 매출세액에서 공제되지 아니한다.

(5) 보험사무대행용역을 제공한 후 그 대가로 지급받는 보험사무대행지원금

1) 보험사무대행기관이 수령하는 경우

「고용보험 및 산업재해보상보험의 보험료 징수 등에 관한 법률」에 의거 근로복지공단으로부터 인가를 얻은 보험사무대행기관이 회원사인 사업주와 보험사무위임처리규약을 체결하고 보험사무대행용역을 수행한 후 근로복지공단으로부터 지급받은 지원금·장려금은 부가가치세 과세표준에서 제외된다.[236)]

2) 보험사무조합이 수령하는 경우

「고용보험법」 및 「산업재해보상보험법」 규정에 의하여 인가를 받은 보험사무조합이 사업주의 위임을 받아 피보험자에 관한 신고, 사업주가 납부하여야 할 보험료 기타 징수금의 납부와 기타 보험에 관한 사무를 수행하고 근로복지공단으로부터 징수비용교부금, 사무촉진지원금, 추가징수비용 등의 명목으로 그 대가를 받는 경우에는 용역의 공급에 해당하여 부가가치세가 과세된다.[237)]

(6) 위·수탁계약에 의하여 수령한 보조금

1) 위·수탁계약에 따라 공급하는 용역에 대한 부가가치세 공급가액

○○공단이 지방자치단체와 어촌·어항재생사업인 '어촌뉴딜 300사업업무 위·수탁 협약(계약)'을 체결하여 지방자치단체의 책임과 계산으로 위·수탁계약에 따른 업무를 수행하고 지방자치단체로부터 위탁수수료를 포함한 사업비를 받는 경우 해당 위탁수수료가 공단의 부가가치세 공급가액에 해당한다.[238)] 또한 사업자가 지방자치단체와의 위·수탁협약에 의해 정신건강복지센터(「정신건강증진 및 정신질환자 복지서비스 지원에 관한 법률」 제15조 및 관련 조례에 따라 설치) 또는 고혈압·당뇨병등록교육센터(「지역보건법」 제11조·제30조,「보건의료기본법」 제41조 및 관련 조례에 따라 설치)를 운영하고, 동 위탁용역의 제공 대가로 지방자치단체로부터 지급받는 사업비 및 운영경비(지급 재원은 보건복지부의 기금 및 지방자치단체의 시·도비 등)는 「부가가치세법」 제29조 제5항 제4호에 따라 부가가치세 과세표준에서 제외되는 "재화 또는 용역의 공급과 직접 관련되지 아니하는 국고보조금과 공공보조금"에 해당하지 않는다.[239)]

---

236) 재정경제부 부가가치세제과-264, 2007.04.19
237) 서삼46015-10621, 2003.04.14
238) 사전-2019-법령해석부가-0291, 2019.07.22
239) 기획재정부 부가가치세제과-441, 2017.08.31

2) 위탁사업계약에 의하여 지급받은 국고보조금 및 공공보조금을 재원으로 그 대가를 받는 경우

사업자가 위탁사업계약에 의하여 부가가치세가 과세되는 용역을 제공하고 용역을 공급받는 자가 지급받은 국고보조금 및 공공보조금을 재원으로 그 대가를 받는 경우에는 부가가치세 과세표준에 포함하는 것이며, 사업자가 용역을 공급하고 금전으로 대가를 받는 경우에 부가가치세 과세표준에는 거래상대자로부터 받은 대금·요금·수수료 기타 명목여하에 불구하고 대가관계에 있는 모든 금전적 가치가 있는 것을 포함하는 것으로 직·간접비 등으로 그 대가를 구분하여 받은 경우에도 거래상대자로부터 받은 전체대가로 한다.[240)]

3) 위탁기관으로부터 유형자산 취득비를 선지급받아 설비공사를 완료하고 다음연도에 정산이 확정되는 경우

「지방공기업법」제49조에 따라 설립된 지방공사(이하 "공사")가 지방자치단체(이하 "위탁기관")와 서울지하철 7호선 연장구간 운영추가협약에 따라 공기질 개선장치 설치공사 및 유형자산의 취득비를 선지급받아 집행하는 용역의 위탁계약을 체결하고 위탁기관을 대신하여 해당 업무를 수행하는 경우 용역의 공급에 해당하는 것으로서 공사가 해당 용역을 제공하고 받는 보조금 등의 대가는 부가가치세가 과세되는 것이며, 공사가 위탁계약에 따라 위탁기관으로부터 유형자산 취득비를 선지급 받아 설비공사를 완료하고 다음연도에 정산이 확정되는 경우 용역의 공급시기는 역무의 제공이 완료되고 그 공급가액이 확정되는 때가 된다. 다만, 공사가 용역의 공급시기가 되기 전에 용역에 대한 대가의 전부 또는 일부를 받고, 그 받은 대가에 대하여 세금계산서를 발급하면 그 세금계산서 등을 발급하는 때를 용역의 공급시기로 본다.[241)]

4) 공단이 비급여진료비용 등을 보고한 의료기관에 「의료법」에 따라 보조금을 지급하는 경우 공급가액 포함 여부

국민건강보험공단이 「의료법」에 따라 국가로부터 비급여진료비용 등의 보고, 조사 및 분석, 결과 공개 등 업무를 위탁받으면서 국가로부터 지원받은 보조금을 「비급여 진료비용 등의 보고 및 공개에 관한 기준」에 따라 비급여진료비용 등을 보고한 의료기관에 지급하는 경우 해당 보조금은 용역의 공급과 직접 관련되지 아니하는 국고보조금에 해당한다.[242)]

(7) 공연단체가 공연티켓 1+1 지원사업에 의하여 수령하는 지원금

1) 사실관계

- 메르스로 인해 침체된 공연예술계에 활력을 불어넣고 국민들의 공연장 유입을 유도하기 위한 목적으로 문화체육관광부 및 한국문화예술위원회 주관으로 2015년 8월부터 2016년 2월까지

---

240) 서면-2015-부가-2308[부가가치세과-1955], 2015.11.18

241) 사전-2022-법규부가-0556, 2022.12.15

242) 사전-2023-법규부가-0214, 2023.05.04

"공연티켓 1+1 지원사업"을 시행하였음

• 사업추진체계 및 사업진행절차

- 사업추진체계

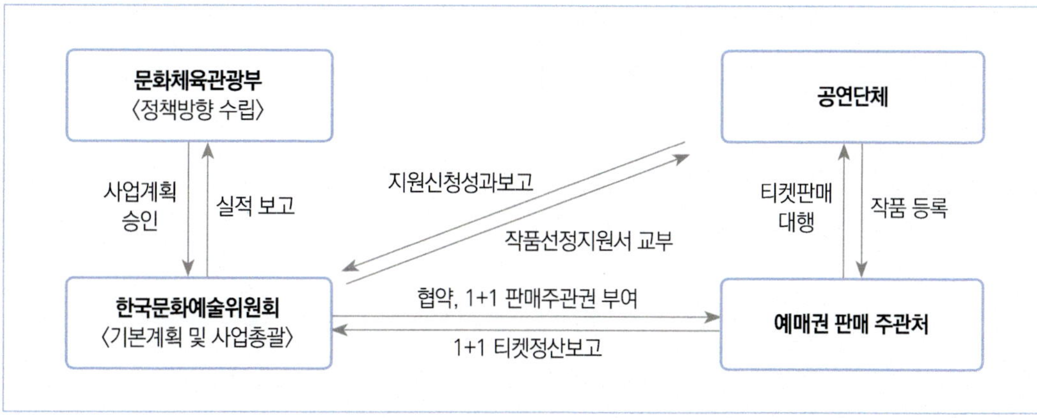

- 진행절차

1 공연티켓 1+1 참가신청	2 작품선정 및 승인	3 약정 체결
4 작품 정보 제공	5 주관 예매처 등록	6 공연 예매 및 수령
7 공연티켓 판매 결과보고	8 공연별 교부신청서 제출	9 예매처 판매금 정산
10 교부신청서 검수 및 지원금 교부	11 공연별 정산 완료	

• (주)★★(이하 "자문대상법인"이라 함)은 한국문화예술위원회와 약정을 체결하고 예매권판매 주관처(인터파크)를 통해 "1+1티켓"을 판매하였으며, 이 티켓은 소비자가 총 2매의 티켓을 1장의 가격으로 구입하는 것으로 나머지 1장의 티켓가격은 공연단체가 사후에 한국문화예술위원회에 지원신청하여 지원금(이하 "쟁점지원금"이라 함)으로 수령하였음

• 지원사업은 5만원(부가가치세 포함) 이하(2015년 10월 이후에는 7만원 이하)의 공연티켓에 한하여 지원되었으며, 티켓가격이 부가가치세를 포함하여 5만원인 경우 5만원을 지원금으로 지급하였음(티켓가격 × 판매장수)

2) 질의내용

[질의1] 공연티켓 1+1 지원사업에 의하여 한국문화예술위원회로부터 수령하는 지원금이 공연

단체의 부가가치세 과세표준에 포함되는지 여부

[질의2] (과세표준에서 제외하는 경우) 수령한 지원금을 비과세공급가액으로 보아 공통매입세액 안분계산을 하여야 하는지 여부

3) 회신

공연단체가 한국문화예술위원회와의 약정에 따라 예매권판매주관처를 통해 “1+1티켓”을 소비자에게 판매하고, 1장의 티켓가격은 해당 소비자로부터 받고 나머지 1장의 티켓가격은 사후에 한국문화예술위원회로부터 지원받는 경우 해당 지원금은 용역의 공급과 직접 관련된 보조금으로서 부가가치세 과세표준에 포함한다.[243)]

6. 공급에 대한 대가의 지급이 지체되었음을 이유로 받는 연체이자

(1) 연체이자의 소득구분

외상매입금을 약정기일 전에 지급함으로써 받는 할인액과 외상매출금의 지급기일을 연장하여 주고 추가로 지급받는 금액은 이자소득으로 보지 않고 사업소득으로 보는 것이나, 외상매출금이 소비대차로 전환된 경우에는 이자소득으로 본다.[244)]

(2) 부가가치세 과세표준 포함 여부

사업자가 부가가치세가 과세되는 재화 또는 용역을 공급하고 당해 공급에 대한 확정된 대가를 어음으로 지급받은 후 대가의 지급지연에 따른 별도의 어음할인료 상당액 또는 연체이자를 지급받는 경우에 당해 어음할인료 상당액 또는 연체이자는 부가가치세 과세표준에 포함하지 아니하는 것이나, 지급받는 금액이 재화의 공급에 대한 대가인지 어음할인료 상당액인지의 여부는 관련사실을 종합하여 판단할 사항이다.[245)]

7. 반환하기로 한 포장용기

통상적으로 용기 또는 포장을 해당 사업자에게 반환할 것을 조건으로 그 용기대금과 포장비용을 공제한 금액으로 공급하는 경우에는 그 용기대금과 포장비용은 공급가액에 포함하지 아니한다(부령 61 ③). 또한 사업자가 용기 또는 포장의 회수를 보장하기 위하여 받는 보증금 등은 공급가액에 포함하지 않지만, 반환조건으로 공급한 용기 및 포장을 회수할 수 없어 그 용기대금과 포장비용을 변상금 형식으로 변제받을 때에는 공급가액에 포함한다.[246)]

243) 기준-2016-법령해석부가-0038[법령해석과-1297], 2016.04.20
244) 제도46013-10091, 2001.03.17
245) 부가46015-1156, 2000.05.24
246) 부가집 29-61-6

8. 봉사료

(1) 봉사료의 의의

사업자가 종업원의 봉사료를 자신의 용역공급에 대한 대가와 구분하여 신용카드매출전표 등에 기재한 경우 그 봉사료는 원칙적으로 부가가치세 및 개별소비세 과세표준에 포함되지 않고, 이 경우 '종업원의 봉사료'라 함은 사업자의 용역공급에 대한 대가와는 별도로 고객이 사업자의 용역공급에 수반하여 제공되는 종업원의 언행, 친절, 배려 등 무형의 용역에 대한 대가로서 당해 용역을 제공한 종업원에게 직접 귀속시킬 의도로 지급하는 금액을 의미한다고 할 것이다. 따라서 사업자가 음식·숙박용역이나 개인서비스용역을 공급하고 그 대가와 함께 받는 종업원의 봉사료를 신용카드매출전표 등에 그 대가와 구분하여 기재한 경우로서 그 봉사료를 당해 종업원에게 지급한 사실이 확인되는 경우에는 그 봉사료는 부가가치세 및 개별소비세의 과세표준에 포함되지 않는다고 할 것이나, 신용카드매출전표 등에 실제 지급된 금액보다 부풀려진 금액의 봉사료가 기재되고, 그에 맞춰 형식적으로 봉사료 지급대장이 작성되었다면 이를 부가가치세 및 개별소비세 과세표준에서 제외되는 봉사료로 볼 수 없다.[247)]

(2) 봉사료를 지급하는 사업자 수입금액 제외 요건

① 사업자(음식·숙박 및 개인서비스용역 제공업자)가 공급하는 과세재화 또는 과세용역의 대가관계와는 상관없이 독립된 봉사용역(면세용역, 기타용역)을 제공하는 것이다.

② 봉사용역의 대가를 사업주가 단순히 접대부의 위임을 받아 수금대행만을 행해야 한다.

③ 봉사료가 음식료 등과 구분기재되어 있어야 한다. 신용카드매출전표상에 봉사료와 음식료 등이 구분기재되지 아니한 경우에는 당해 봉사료는 부가가치세 과세대상으로 보아 과세표준에 포함시켜야 한다.

④ 봉사료 지급사실을 확인할 수 있는 봉사료 지급대장을 비치 기장하여야 한다. 신용카드매출전표상에 봉사료와 음식료 등이 구분되어 기재되어 있다 하더라도 봉사료가 종업원에게 지급된 사실이 확인되지 아니한 경우에는 부가가치세 과세표준에 포함시켜야 한다.[248)]

⑤ 봉사료 수령자의 친필확인서, 수령자의 인적사항을 확인할 수 있어야 한다. 신용카드매출전표상에 봉사료와 음식료 등이 구분기재되어 있는 경우에도 구분기재된 봉사료가 종업원들에게 지급되었다는 사실을 구체적으로 확인할 수 있어야 하는 바, 봉사료를 수령한 자의 인적사항, 친필확인서, 무통장입금증 등에 의하여 지급사실이 확인되는 경우에 동 봉사료는 부가가치세 과세표준에 포함하지 않는다.

247) 서울고등법원2019누38979, 2019.10.11

248) 국심2003서3083, 2003.12.19

구분	일괄수령 후 봉사료 지급	구분수령 후 봉사료 배분
수입금액 포함 여부	수입금액에 포함	봉사료 수입금액 제외
과세표준 포함 여부	과세표준에 포함	과세표준 제외
필요경비	종업원 인건비 해당	필요경비에 해당 안 됨
원천징수	근로소득으로 원천징수	음식료의 20% 초과 시 원천징수

(3) 봉사료 원천징수 사례

구분	사례 1	사례 2	사례 3
음식대(VAT별도)	600,000원	600,000원	600,000원
봉사료	200,000원	100,000원	200,000원
봉사료 점유율	33%	16.7%	33%
구분기재 여부	구분기재	구분기재	구분기재 않음
원천징수대상	○	×	○
원천징수세액 10,000원	(200,000원×5%)	0원	종업원인 경우 간이세액표에 의한 세액

※ 간이과세자의 경우에는 음식대에 VAT를 포함하여 계산하는 것임.

(4) 부가가치세 과세표준 포함 여부

사업자가 음식·숙박용역이나 개인서비스용역을 공급하고 그 대가와 함께 받는 종업원(자유직업소득자를 포함한다)의 봉사료를 세금계산서, 영수증 또는 신용카드매출전표 등에 그 대가와 구분하여 적은 경우로서 봉사료를 해당 종업원에게 지급한 사실이 확인되는 경우에는 그 봉사료는 공급가액에 포함하지 아니한다. 다만, 사업자가 그 봉사료를 자기의 수입금액에 계상하는 경우에는 그러하지 아니하다(부령 61 ④).

(5) 무급웨이터와 유급웨이터의 봉사료 인정 여부

처분청은 쟁점봉사료가 웨이터들이 성과급 형태로 지급받은 보수(급여)에 해당한다는 의견이나, 쟁점봉사료를 성과급 형태의 급여로 보려면 성과급과 함께 최소한도의 급여가 책정 내지 지급되었어야 할 것이나 그러한 사실이 없으므로 쟁점봉사료를 통상적인 급여로 보기는 어려운 점, 「부가가치세법」에는 사업자가 음식·숙박용역이나 개인서비스용역을 공급하고 그 대가와 함께 받는 종업원(자유직업소득자 포함)의 봉사료를 세금계산서·영수증 또는 신용카드매출전표 등에 그 대가와 구분하여 기재한 경우로서 당해 종업원에 지급한 사실이 확인되는 경우에는 그 봉사료는 과세표준에 포함하지 아니한다고 규정되어 있는 바, 청구인은 쟁점사업장에서 유흥음식요금을 영수함에 있어 웨이터에 대한 봉사료를 포함하여 청구하고 대금영수 시 봉사료금액을 신용카드매출전표상 구분기재하였고, 처분청도 쟁점봉사료가 당해 웨이터에게 지급된 사실을 인정하고 있으며, 봉사료지급대장의 내용과 다르게 웨이터에게 지급된 사실도 확인되지 않으므로 쟁점봉사료는 「부가가치세법」 및 「개별소비세법」상 과세표준에서 제외되는 봉사료의 형식적 요건을 모두 갖춘 점 등을 고려하면, 쟁점봉사료를 웨이터가 고용사업주로부터 지급받는 성과급 형태의 급여로 보기는 어렵다고 하겠다. 다만, 쟁점사업장에는 유급의 웨이터들이 근무하고 있었던 것으로 나타나는 바, 유급웨이터들은 일반웨이터들과 달리 청구인과 독립된 지위에 있는 별도의 사업자라기보다는 청구인과 종속적인 관계에서 업무를 수행하는 종업원의 지위에 있다고 보아야 하므로 이들에게 지급된 봉사료는 성과급 형태의 급여로 봄이 타당하다 하겠다. 따라서 쟁점봉사료 중 유급웨이터들에게 지급한 봉사료 금액을 재조사하여 이를 제외한 나머지 봉사료금액을 부가가치세 및 개별소비세의 과세표준에서 제외하는 것이 타당하다고 판단된다.[249)]

(6) 관련 사례

1) 봉사료를 지급받아 종업원들에게 내부 지급기준에 의거 일괄지급하는 경우

사업자가 음식·숙박용역을 공급하고 그 대가의 일정률의 금액을 봉사료 명목으로 직접 고객에게 청구하여 지급받아 당해 서비스를 제공한 종업원이 누구인지를 불문하고 종업원들에게 일정한 지급기준에 의거 지급하는 경우 당해 봉사료 명목으로 지급받은 금액은 세금계산서·영수증·신용카드매출전표에 용역의 대가와 구분하여 기재하더라도 부가가치세 과세표준에 포함한다.[250)]

2) 종업원봉사료를 사업자 자신의 수입금액에 계상 시 과세표준 포함 여부

사업자가 음식·숙박용역이나 개인서비스용역을 공급하고 그 대가와 함께 받은 종업원(자유직업소득자를 포함한다)의 봉사료를 세금계산서·영수증 또는 신용카드매출전표 등에 그 대가와 구분하여 기재한 경우 그 봉사료는 과세표준에 포함하지 아니하는 것이나, 그 봉사료를 자기의 수입금액에 계상하는 경우에는 과세표준에 포함하는 것으로 구분기재된 봉사료를 사업자의 수입금액에 계상하였는지 여부에 따라 부가가치세 과세표준 포함 여부를 결정한다.[251)]

3) 봉사료의 「소득세법」 상 총수입금액 산입 여부

당해 봉사료가 「개별소비세법 시행령」 및 「부가가치세법」의 규정에 의한 봉사료에 해당되어 동 봉사료가 유흥음식요금 또는 부가가치세 과세표준에 포함되지 아니하는 경우에는 당해 사업자

249) 조심2013부4746, 2014.07.01, 조심2013부4654, 2014.05.26., 조심2013부4673, 2014.06.18
250) 부가46015-553, 1999.02.26
251) 부가46015-255, 2001.02.07

의 사업소득금액 계산 시 총수입금액에 산입하지 아니한다.[252)]

4) 유흥주점봉사료의 개별소비세 및 부가가치세 과세표준 포함 여부

유흥주점을 영위하는 사업자가 음식용역을 공급하고 그 대가와 함께 받는 종업원(자유직업소득자를 포함한다)의 봉사료를 신용카드매출전표에 그 대가와 구분하여 기재한 경우 당해 봉사료는 「개별소비세법」 및 「부가가치세법」의 규정에 의하여 개별소비세 및 부가가치세의 과세표준에 포함하지 아니하는 것이나, 당해 봉사료를 자기의 수입금액에 계상하는 경우에는 이를 포함한다.[253)]

5) 주민등록증 사본 등에 자필서명한 대장을 미작성한 경우 봉사료 인정 여부

종업원들에게 쟁점봉사료 지급 시 쟁점고시내용에 따라 주민등록증 또는 운전면허증 등의 사본 여백에 자필로 서명한 대장을 비치하지는 않았지만, 주류판매 시 음식요금과 봉사료를 구분하여 기장하였고, 봉사료지급대장에 자필서명을 받아 매월 소득세를 원천징수하여 신고하면서, 신용카드매출금액명세서 및 봉사료지급대장, 원천징수이행상황신고서를 증빙서류로 제출한 경우, 주류를 판매하면서 그 공급대가와 봉사료를 구분하여 신용카드매출전표를 교부한 후 쟁점봉사료를 지급하면서 봉사료지급대장에 수령자의 성명, 주민등록번호 등을 기재한 사실이 확인되며, 봉사료지급금액에 대하여 소득세를 원천징수하여 신고한 사실이 확인됨에도 불구하고, 처분청은 청구인이 국세청장이 고시한 쟁점고시사항에 따라 봉사자의 주민등록증 또는 운전면허증 등의 사본 여백에 봉사자 자필로 서명한 대장을 비치하지 아니하였다 하여 쟁점봉사료를 부가가치세 등의 과세표준에 산입하였으나, 국세청장의 위 고시의 근거법령은 종업원에게 지급한 봉사료가 부가가치세의 과세표준에서 제외되는 요건을 규정하고 있는 규정이 아니라 부가가치세의 납세보전을 위한 질문·조사를 위하여 납세의무자에 대하여 필요한 사항을 명할 수 있다고 규정한 조문에 근거한 것으로서, 동 명령(고시)에 위반될 경우 세법상 규정된 불이익을 부과하는 것은 별론으로 하더라도 납세의무자가 종업원에게 봉사료를 지급하면서 정해진 요건을 충족하고 있는 경우에는 이를 과세표준에서 제외하여야 한다.[254)]

6) 봉사료가 구분기재되지 아니한 경우에도 봉사료가 구분기재된 신용카드매출전표를 교부하고 봉사료에 대한 사업소득 원천징수영수증을 제출하는 등의 경우

청구인은 「소득세법」 등의 규정 및 국세청의 고시를 준수하였으며, 처분청에서 반드시 준수해야 할 사항이 아닌 요금청구서의 봉사료가 구분기재되지 않았다는 등의 이유로 봉사료의 구분기재 사실을 전액 부인하는 것은 재량의 범위를 벗어난 것으로 보이며, 관련 국세심판례(국심2003전

252) 서이46013-12366, 2002.12.30
253) 부가46015-2682, 1998.12.02
254) 국심2004서1322, 2004.10.14

0382, 2003.07.28. 등)의 판단과 같이 유흥주점에서 통상 봉사료가 발생하고 청구인이 필요한 증빙들을 작성·제출하고 있는 점에 근거하면 이 건의 경우에도 실제로 봉사료가 발생되어 종업원들에게 지급된 것으로 보인다. 또한, 비록 심리과정에서 종업원들에게 개별적으로 연락하여 봉사료의 지급사실을 확인할 수는 없지만, 유흥업 종사자들이 대부분 주거와 신분이 불안정하여 개별적인 연락이 곤란하고, 연락이 된다 하더라도 지급받은 금액을 구체적으로 기억하기는 어려운 것으로 보이므로, 일자별 봉사료지급대장 등의 내용이 개인별로 상세하게 기재되어 있고 매월 13~31명의 사업소득 원천징수영수증을 개인별로 작성·제출한 이 건의 경우에도 봉사료의 지급사실을 인정해야 할 것으로 보이고, 따라서 청구인의 주장과 같이 봉사료를 과세표준에 포함시키지 않는 것이 정당한 것으로 판단된다.[255)]

7) 사회통념 이상의 봉사료금액의 부가가치세 과세표준 해당 여부

청구인은 종업원들과 당초 계약 시부터 매출액의 50% 정도를 지급하고 별도의 급여를 지급하지 아니하였으며 총매출액의 절반을 상회하는 금액이 사회통념상의 진정한 봉사료에 해당한다고 보기 어려운 현실을 감안하면, 쟁점봉사료는 명목상의 봉사료에 불과하고 종업원의 근로의욕을 고취하여 매출을 신장하기 위한 성과급 성격의 급여로 봄이 상당하다. 따라서, 처분청이 쟁점봉사료를 부가가치세 과세표준에 산입하여 부가가치세를 과세한 이 건 처분은 잘못이 없다고 판단된다.[256)]

8) 구분기재한 봉사료금액이 공급가액의 100분의 20을 초과하는 경우

나이트클럽을 운영하는 사업자가 용역을 제공하고 그 공급가액과 함께 용역을 제공하는 자(접대부·댄서와 이와 유사한 용역을 제공하는 자)의 봉사료를 계산서·세금계산서·영수증 또는 신용카드매출전표 등에 그 공급가액과 구분기재하여 받은 경우(봉사료를 자기의 수입금액으로 계상하지 아니한 경우에 한한다)로서 그 구분기재한 봉사료금액이 공급가액의 100분의 20을 초과하는 경우에는 당해 사업자가 봉사료를 지급할 때 봉사료 수입금액의 5%를 원천징수하는 것이며, 그 구분기재한 봉사료금액은 당해 사업자의 총수입금액에 산입하지 않는다.[257)]

9) 미용실 사업자의 봉사료 처리

① 헤어디자이너에게 지급하는 봉사료의 부가가치세 과세표준 제외 여부

미용서비스업을 영위하는 사업자가 미용용역을 공급하고 고객으로부터 그 용역대가와 함께 자유직업소득자인 헤어디자이너에 대한 봉사료 명목으로 결제대금의 일정률 상당액을 신용카드매출전표 등에 구분기재하여 수령한 후 해당 금액과 대응되지 아니하는 내부기준에 따라 산정한 금액을 헤어디자이너에게 지급하는 경우 해당 봉사료 명목으로 지급받은 금액은 신용

255) 심사소득2005-0087, 2005.06.13
256) 국심2005서3439, 2005.10.28
257) 서면1팀-209, 2006.02.16

카드매출전표 등에 구분하여 기재하더라도 부가가치세 과세표준에 포함한다.[258)]

② 미용실 운영사업자가 매출분리결제서비스에 가입한 후 용역공급 시 부가가치세 공급가액

미용실 운영사업자(이하 “사업자”)가 자유직업소득자인 미용사(이하 “미용사”)와 계약을 체결하여 사업자는 미용사에게 시설물 등을 제공하고 미용사는 독립적으로 용역을 제공하며 성과에 따라 수당 등의 대가를 받는 경우로서 사업자가 매출분리결제서비스에 가입하여 고객이 미용용역의 대가를 신용카드로 결제 시 사업자에게 귀속될 금액과 미용사에게 귀속될 금액이 분리결제되는 경우 사업자의 부가가치세 공급가액은 고객이 결제한 대가 전체(부가가치세 제외)가 된다.[259)]

10) 음식배달 앱을 운영하는 사업자가 배달용역을 제공한 자에게 지급하는 금액

음식배달 앱(App)을 운영하는 사업자가 자기의 책임과 계산에 따라 고객이 요청한 음식, 물품 등을 대신 구매하여 배달하는 용역을 제공하고 그 대가를 받는 경우에 있어서 그 대가 중 배달용역을 제공한 자에게 지급하는 금액은 공급가액에 포함하지 않는 봉사료에 해당하지 않는다.[260)]

258) 사전-2017-법령해석부가-0811, 2018.01.30
259) 사전-2019-법령해석부가-0394, 2019.08.19
260) 기획재정부 부가가치세제과-199, 2017.04.11

참고 봉사료에 대한 원천징수 요령 안내(국세청 부가 46415-46, 1999.1.12)

① 원천징수대상

- 사업자(개인, 법인)가 음식·숙박용역, 「개별소비세법 시행령」 규정에 의한 과세유흥장소에서 제공하는 용역, 기타 재정경제부령이 정하는 용역을 제공하고, 그 공급가액(간이과세자의 경우 공급대가)과 함께
- 접대부·댄서와 이와 유사한 용역을 제공하는 자의 봉사료를 계산서·세금계산서·영수증 또는 신용카드 매출전표 등에
- 그 공급가액과 구분하여 기재하는 경우로서(해당 봉사료를 자기의 수입금액으로 계상하지 아니한 경우에 한함) 그 구분기재한 봉사료금액이 공급가액의 20%를 초과하는 경우의 봉사료

※ 공급가액의 100분의 20을 초과하는 봉사료 판정은- 계산서·세금계산서·영수증 또는 신용카드 매출전표 등에 기재된 금액기준

② 원천징수요령

- 원천징수의무자
  - 원천징수대상 봉사료를 해당 소득자에게 지급하는 해당 사업자(법인 포함)
- 원천징수세율
  - 봉사료 수입금액의 5%
- 원천징수·납부방법
  - 원천징수대상 봉사료금액에 원천징수세율 5%를 적용하여 봉사료를 지급하는 때에 사업소득세를 원천징수하고 사업소득원천징수영수증을 지급받는 자에게 발급
- 사업소득원천징수영수증은 발행자 보고용·발행자 보관용·소득자 보관용 3매 1조로 되어 있으므로 작성한 3매 중에서 지급받는 자에게 소득자보관용 원천징수영수증 발급
  - 매월 원천징수한 세액은 이를 합계하여 납부서에 기재한 후 원천징수한 달의 다음 달 10일까지 은행이나 우체국 등 금융기관에 자진납부
  - 월별 원천징수사항은 원천징수이행상황신고서(1)서식과 사업소득원천징수영수증 발행자 보고용을 첨부하여 원천징수한 달의 다음 달 10일까지 관할세무서에 제출

③ 원천징수 무신고·불성실 신고에 대한 불이익

- 원천징수·납부불이행자 또는 불성실 이행자에 대하여는 경정조사 실시
- 원천징수·납부불성실가산세 부과
  - 원천징수의무자가 징수하였거나 징수하여야 할 세액을 소정기간 내에 납부하지 아니한 때에는 그 납부하지 아니한 세액의 10%에 상당하는 금액을 가산세로 부과

④ 원천징수세액 계산사례

〈사례 1〉

- 음식대 : 100만원(부가가치세 등 제외)
- 봉사료 : 30만원(구분기재)
- 원천징수 해당 여부 : 해당됨
  - 봉사료(30만원)가 음식대(100만원)의 20%(20만원)를 초과하므로 사업주는 봉사료 수입금액의 5%를 원천징수하여 납부하여야 함
- 원천징수세액 : 15,000원
  - 30만원(봉사료) × 5%(원천징수세율)

〈사례 2〉

- 음식대 : 100만원(부가가치세 등 제외)
- 봉사료 : 15만원(구분기재)
- 원천징수 해당 여부 : 해당 안 됨
  - 봉사료(15만원)가 음식대(100만원)의 20%(20만원) 미만이므로 사업주는 봉사료 수입금액에 대하여 원천징수의무가 없음

참 고 봉사료를 과세표준에서 제외하고자 하는 사업자가 지켜야 할 사항(2021. 8. 24. 국세청고시 제2021-38호)

「부가가치세법」 제29조 제12항, 같은 법 시행령 제61조 제4항과 관련하여 「부가가치세법」 제74조 제2항, 같은 법 시행령 제119조의 위임에 따라 봉사료를 구분 기재하고 과세표준에서 제외하고자 하는 사업자가 지켜야 할 사항을 다음과 같이 개정하여 고시합니다.

2021년 8월 24일

국 세 청 장

제1조【목적】

이 고시는 「부가가치세법」 제29조 제12항, 같은 법 시행령 제61조 제4항에 근거하여 「부가가치세법」 제74조 제2항, 같은 법 시행령 제119조에서 국세청장에게 위임한 바에 따라 봉사료를 구분 기재하여 공급가액에서 제외하려는 사업자가 지켜야 할 사항을 명확히 규정함을 그 목적으로 한다.

제2조【봉사료의 구분기재】

「부가가치세법」시행령 제61조 제4항에 따라 봉사료를 매출액에서 제외하고자 하는 사업자는 공급받는 자에게 신용카드매출전표 등을 교부하는 시점에서 이미 봉사료가 구분 기재된 상태로 교부하여야 한다.

제3조【봉사료지급대장 작성 등】

「소득세법」 제127조 제1항 제8호 및 「소득세법 시행령」 제184조의 2에 따라 봉사료에 대한 소득세를 원천징수하여야 하는 사업자는 붙임서식 1에 따른 봉사료지급대장을 작성하여야 하며,「소득세법」 제164조 제1항 제7호에 따른 봉사료에 대한 사업소득 원천징수 영수증과 함께 5년간 보관하여야 한다.

제4조【수령사실의 확인 및 서명 등】

위 봉사료지급대장에는 봉사료를 수령하는 자가 직접 수령사실을 확인하고 서명하여야 하며, 수령자 본인의 서명임을 확인할 수 있도록, 붙임서식 2의 예시와 같이 봉사료 수령인별로 주민등록증 또는 운전면허증 등 신분증 사본의 여백에 봉사료 수령자 본인이 성명, 생년월일, 연락처, 주소 등을 자필로 기재한 뒤 봉사료지급대장에 사용할 서명을 기재하여 5년간 보관하여야 한다.

제5조【수령사실확인의 서명거부 시 대체증명】

봉사료를 수령하는 자가 봉사료지급대장에 서명을 거부하거나 제4조의 확인서 작성 등을 거부하는 경우에 사업자는 무통장입금영수증 등 지급사실을 직접 확인할 수 있는 다른 증빙을 대신 첨부하여야 한다.

제6조【재검토기한】

「훈령·예규 등의 발령 및 관리에 관한 규정」(대통령 훈령 제431호)에 따라 이 고시 발령 후의 법령이나 현실여건의 변화 등을 검토하여 이 고시의 폐지, 개정 등의 조치를 하여야 하는 기한은 2024년 8월 23일까지로 한다.

부칙 (2021. 8. 24. 국세청 고시 제2021-38호)

제1조【시행일】

이 고시는 2021년 8월 24일부터 시행한다.

제2조【종전 고시의 폐지】

종전의 「봉사료를 과세표준에서 제외하고자 하는 사업자가 지켜야 할 사항」((2018. 8. 24. 국세청 고시 제2018-44호)은 폐지한다.

봉사료를 과세표준에서 제외하고자 하는 사업자가 지켜야 할 사항 서식1

봉사료지급대장

<table>
<tr><td rowspan="3">사 업 자
인적사항</td><td>사업장소재지</td><td colspan="4"></td></tr>
<tr><td>상 호</td><td colspan="2"></td><td>사 업 자
등록번호</td><td></td></tr>
<tr><td>대 표 자</td><td colspan="2"></td><td>주민등록번호</td><td></td></tr>
<tr><td colspan="6">봉사료 수령사실 확인(수령인 기재)</td></tr>
<tr><td>연월일</td><td>수령인성명</td><td>주민등록번호</td><td>봉사료 금액</td><td>원천징수액</td><td>수령확인</td></tr>
<tr><td></td><td></td><td></td><td></td><td></td><td></td></tr>
<tr><td></td><td></td><td></td><td></td><td></td><td></td></tr>
<tr><td></td><td></td><td></td><td></td><td></td><td></td></tr>
</table>

※ 봉사료금액 및 수령확인란은 반드시 수령자 본인이 기재하고 서명하여야 하며, 서명에 대한 실명확인을 별첨서식 2와 같이 첨부하여야 함

친필서명 확인서(예시)

주민등록증 또는 운전면허증 복사

지급업소 상호 : 　　　　　　　　　　사업자등록번호 :

수령인 성명 : ____________________ 　주민등록번호 : ________________________

주 소 : ____

위 본인 ________이(가) 봉사료지급대장에 봉사료 수령사실을 확인하는 데 사용하는 서명은 아래와 같습니다.

서 명	

20　　년　　월　　일

성 명 ______________

※ 위 사항은 반드시 봉사료수령자가 자필로 기재해야만 합니다.

9. 개별소비세의 환급에 따른 과세표준

석유류판매업자가 석유류제조업자로부터 개별소비세 및 교통·에너지·환경세가 과세된 석유류를 구입하여 외국공관에 판매하고 개별소비세 및 교통·에너지·환경세를 환급받은 경우 해당 환급세액은 석유류제조업자의 과세표준에서 공제되고, 해당 석유류제조업자는 석유류판매업자에게 공급가액을 수정하여 세금계산서를 발급하여야 한다.[261)]

10. 공급받는 자가 부담한 원자재 등의 공급가액

거래상대방으로부터 인도받은 원자재 등을 사용하여 제조·가공한 재화를 공급하거나 용역을 제공하는 경우 해당 원자재 등의 가액은 공급가액에 포함되지 아니한다. 다만, 재화 또는 용역을 공급하고 그 대가로 원자재 등을 받는 경우에는 그러하지 아니한다.[262)]

11. 제조업자가 특정매입조건으로 백화점 등에 재화를 공급하는 경우 공급가액

제조업자가 백화점·할인점 등을 운영하는 사업자와 특정거래조건(재고반품, 마진율과 대금지급 등)으로 계약을 체결하여 재화를 공급(납품)하고 소비자에게 판매한 금액 중 일정비율에 상당하는 마진금액을 차감한 금액을 대가로 지급받는 경우 제조업자의 공급가액은 백화점·할인점 등의 사업자로부터 지급받는 금액으로 한다.[263)]

12. 자원순환보증금의 부가가치세 공급가액 포함 여부

「자원의 절약과 재활용촉진에 관한 법률」의 판매자(이하 "보증금대상사업자")가 1회용컵을 사용하여 자원순환보증금이 포함된 음료류를 판매하는 경우 해당 자원순환보증금은 보증금대상사업자의 음료류 공급가액에 포함하지 아니한다.[264)]

261) 부가집 29-0-6
262) 부가집 29-0-7
263) 부가집 29-0-14
264) 서면-2022-법규부가-2380 [법규과-1943], 2022.06.28

Ⅳ 과세표준에서 공제하지 않는 금액

1. 장려금

(1) 개요

장려금이란 일정기간에 걸쳐 판매물품을 대량으로 구매한 거래처나 계속적으로 다량의 거래를 하는 단골거래처에 대하여 매출신장에 기여한 공로를 고려하여 매출액이나 판매수량에 대한 장려의 의미로 지급하는 것으로서, 「법인세법」상 사업소득 계산 시에는 판매수익에서 직접 차감할 수 있으나(기업회계기준에서는 매출액에서 직접 차감하도록 되어 있다), 「부가가치세법」상 부가가치세의 과세표준에서 공제될 성질의 것은 아니다. 따라서 장려금의 의미에 비추어 장려금이란 ① 보상의 실시 또는 내용이 임의적이고, ② 매출액이나 거래수량의 많고 적음에 따라 적용내용이나 적용대상에 제한이나 차등이 있어야 하며, ③ 해당 금액의 지급으로 인하여 판매물품의 가격에 미치는 영향이 간접적이어야 한다.[265] 또한 부가가치세 과세표준을 계산함에 있어 장려금지급액은 그와 관련된 매출의 과세표준에서 공제하지 않으며, 장려금수령액은 부가가치세가 과세되지 않는다.

(2) 「법인세법」 및 기업회계상 처리

1) 「법인세법」상 처리

인터넷 상품중개업을 영위하는 내국법인이 매출 증대를 위해 그 내국법인의 판매촉진활동 내부규정에 따라 선정된 고객사업자에게 지급조건 충족 시 약정에 따라 지급하는 판매장려금으로서, 건전한 사회통념과 상관행에 비추어 정상적인 거래라고 인정될 수 있는 범위 내의 금액은 판매부대비용에 해당한다.[266]

2) 기업회계상 처리

판매촉진을 목적으로 구매자(중간판매자)에게 제공하는 현금할인·현금보조방식의 현금판매인센티브는 판매자의 매출에서 직접차감하고, 무료현물·무료서비스 등 현물판매인센티브는 판매거래의 일부로 보아 비용처리한다. 단, 구매자에게 지급할 대가가 구매자에게서 받은 구별되는 재화나 용역에 대한 지급이라면 매출에서 차감하지 아니한다. 구매자에게 지급할 대가가 구매자에게서 받은 구별되는 재화나 용역의 공정가치를 초과한다면, 그 초과액은 매출에서 차감한다. 구매자에게서 받은 재화나 용역의 공정가치를 합리적으로 추정할 수 없다면, 구매자에게 지급할 대가 전액을 매출에서 차감하여 회계처리한다.[267]

---

265) 광주지방법원-2014-구합-10875, 2015.07.09
266) 법규법인2014-55, 2014.04.29
267) 일반기업회계기준 16장 실 16.23

3) 접대비계정 처리 시 유의사항

「법인세법」에서는 판매장려금을 매출에서 직접 차감하지 않고 판매부대비용 등 별도계정에서 차감하는 총액법을 적용하는 반면, 일반기업회계기준에서는 매출액에서 직접 차감하도록 하여 순액법을 채택하고 있다. 이는 법인세 세무조정 시 익금산입 및 손금산입 등 세무조정을 발생하지는 않지만, 접대비한도시부인 계산 시 매출액 산정에 있어서는 주의를 요한다. 왜냐하면, 접대비한도시부인 계산 시 매출액은 「법인세법」상 수입금액(결산상 매출액)이 아닌 기업회계상 매출액을 의미하므로 결산상 매출액에서 판매장려금을 차감한 금액을 적용해야 접대비한도시부인 계산 시 오류를 방지할 수 있다.

(3) 사전약정에 의하여 일정판매목표 초과 시 장려금을 지급하고 미달 시 장려금 중 일정부분을 회수하기로 한 경우

제조업을 영위하는 사업자가 자기가 생산한 제품을 판매하는 도매업자에게 재화를 공급한 후 사전약정에 의하여 당해 도매업자가 일정판매목표 초과 시 일정기간의 목표초과 판매실적비율에 따라 장려금을 지급하고, 차후 기간의 목표판매실적 미달 시에는 기 지급한 장려금 중 일정부분을 회수하기로 한 경우 당해 지급 또는 회수한 판매장려금은 부가가치세 과세표준에서 공제 또는 가산되지 아니하는 것이나, 해당 사항의 경우, 판매장려금의 지급 또는 회수 여부는 계약내용, 거래관계 등 관련 사실을 종합하여 사실판단할 사항이다.[268)]

(4) 전력절감량에 따라 지급하는 에너지캐시백이 에누리인지 장려금인지 여부

전기판매사업자가 공동주택 부분 에너지절약 실천제도를 도입하여 아파트별, 세대별 비교를 통해 전기소비자의 절전을 유도하고자 에너지캐시백을 지급하는 경우로서, 전기의 공급과 별개로 전기사용절감량에 따라 전기소비자에게 에너지캐시백을 금전으로 지급하는 경우(익월 전기요금 청구 시 차감하는 방식으로 지급하는 경우 포함) 해당 금액은 장려금에 해당하므로 과세표준에서 공제하지 아니한다.[269)]

2. 대손금

대손금이란 거래처가 파산하거나 행방불명되는 등의 사유로 채권을 회수할 수 없게 된 경우로 외상매출금·받을 어음·대여금 등의 회수불능채권을 말한다. 「법인세법」상 대손금도 그 법인의 순자산을 감소시키는 거래로 인하여 발생하는 손비의 범주에 든다. 대손에 대한 일반적인 회계처리방법은 기말의 채권잔액에 대하여 예상대손액을 추정하여 대손충당금을 설정하고 차변에 그 추정액을 대손상

---

268) 부가46015-2000, 1997.08.28

269) 서면-2022-법규부가-2830 [법규과-2817], 2022.10.04., 사전-2023-법규부가-0335, 2023.06.09

각 또는 대손충당금 전입액 등으로 비용계상하고 차후 실제 대손이 발생하면 동 충당금과 상계하고 이미 설정해 놓은 대손충당금을 초과하는 대손발생액은 이것을 대손으로 직접 비용계상한다. 그러나 기 설정충당금 기말잔액은 환입하여 영업외수익으로 계상하게 되거나 이러한 환입방식에 의하지 아니하고 당기 말에 보충설정하기도 한다. 따라서 외상매출금 등에 대하여 대손이 발생한 경우 대손원금은 「법인세법」 및 「소득세법」에서 대손상각비로 손비를 계상하고 대손세액은 「부가가치세법」상 대손세액공제대상에 해당하므로 대손세액을 공제받는 대손금액은 과세표준에서 공제하지 아니한다.

3. 기본통칙상 공급가액에 포함하는 금액[270)]

공급가액에는 거래상대자로부터 받는 대금·요금·수수료 그 밖에 어떤 명목이든 상관없이 실질적 대가관계에 있는 모든 금전적 가치가 있는 것으로서 다음의 어느 하나에 해당하는 것을 포함한다.

① 현물로 받는 경우에는 자기가 공급한 재화 또는 용역의 시가

② 장기할부판매 또는 할부판매 경우의 이자 상당액

③ 대가의 일부로 받는 운송보험료·산재보험료 등

④ 대가의 일부로 받는 운송비·포장비·하역비 등

⑤ 개별소비세와 교통·에너지·환경세 및 주세가 과세되는 재화 또는 용역에 대하여는 해당 개별소비세와 교통·에너지·환경세 및 주세와 그 교육세 및 농어촌특별세 상당액

4. 하자보증금의 공급가액

사업자가 완성도기준지급 또는 중간지급조건부로 재화 또는 용역을 공급하고 계약에 따라 대가의 각 부분을 받을 때 하자보증을 위하여 공급받는 자에게 보관시키는 일정액의 하자보증금은 공급가액에서 공제하지 아니한다.[271)] 만일 사업자가 완성도기준지급조건부로 건설용역을 제공하고 결정된 기성검사에 의하여 확인한 금액의 10%를 유보금으로 차감한 잔액을 지급받고 동 건설용역의 제공이 완료되기 전에 동 유보금의 일부(계약금액의 5%)는 조건부인수증을 첨부한 대가지급청구서 접수 후 14일 이내에 지급받고, 나머지는 최종인수증을 첨부한 대가지급청구서 접수 후 14일 이내에 지급받은 경우에 동 유보금의 공급시기는 대가의 각 부분을 받기로 한 때가 된다.[272)]

5. 여행업자 수탁경비의 공급가액

여행업자의 부가가치세 공급가액은 관광객으로부터 받는 알선수수료와 알선용역에 필수적으로 부수

270) 부기통 29-61-2
271) 부가집 29-0-10
272) 재정경제부 부가가치세제과-163, 2007.03.13

하여 발생되는 대가관계에 있는 모든 금전적 가치가 있는 것을 포함하고 관광객으로부터 단순히 수탁받아 지급하는 숙박비, 운송비 등은 포함하지 아니한다. 다만, 관광객에게 여행의 목적지와 기간만을 제시하고 관광객이 부담하여야 할 비용의 종류별 금액과 알선수수료를 구분하지 아니하고 받는 대가는 그 대가 전액이 공급가액이 된다.[273)]

6. 게임장의 공급가액

게임장을 운영하는 사업자가 게임기를 이용하게 하고 이용자로부터 대가를 받는 경우 부가가치세 공급가액은 게임기의 사용대가인 게임기 투입금액이 되며, 게임에서 정한 요건에 따라 사업자가 이용자에게 지급하는 상품권의 가액은 공급가액에서 공제되지 아니한다.[274)]

7. 우편요금

사업자가 부가가치세 과세되는 도서 등의 인쇄제작용역을 제공하고 그 결과물의 배송에 필요한 우편요금을 당해 인쇄제작용역의 공급에 대한 대가의 일부로 받는 경우 당해 우편요금은 부가가치세 과세표준에 포함한다.[275)]

V 과세면세 겸영사업자의 과세표준 안분계산

1. 원칙(공급가액 기준으로 안분)

사업자가 과세사업과 면세사업등에 공통적으로 사용된 재화를 공급하는 경우에는 대통령령으로 정하는 바에 따라 계산한 금액을 공급가액으로 한다. 다만, 휴업 등으로 인하여 직전 과세기간의 공급가액이 없는 경우에는 그 재화를 공급한 날에 가장 가까운 과세기간의 공급가액에 의하여 계산한다(부령 63 ①).

$$(\text{해당 재화의 공급가액}) \times \frac{\text{재화를 공급한 날이 속하는 과세기간의 직전과세기간의 과세되는 공급가액}}{\text{재화를 공급한 날이 속하는 과세기간의 직전과세기간의 총공급가액}} = \text{과세표준}$$

273) 부가집 29-0-11
274) 부가집 29-0-13
275) 부가가치세과-1739, 2010.12.30

2. 특례(사용면적 기준으로 안분)

다음에 따라 납부세액이나 환급세액을 사용면적비율에 따라 재계산한 재화로서 과세사업과 면세사업에 공통으로 사용되는 재화를 공급하는 경우에 그 과세표준은 (1)에 불구하고 다음 산식에 의하여 계산한다. 이 경우 휴업 등으로 인하여 직전과세기간의 사용면적비율이 없는 경우에는 그 재화를 공급한 날에 가장 가까운 과세기간의 사용면적비율에 의하여 계산한다(부령 63 ②).

① 당해 과세기간 중 과세사업과 면세사업의 공급가액이 없거나 그 어느 한 사업의 공급가액이 없는 경우로서 예정사용면적비율에 따라 공통매입세액을 계산하는 경우

② 토지를 제외한 공통사용건물의 신축·취득과 관련된 공통매입세액을 계산하는 경우

③ 공통매입세액을 정산하는 경우

④ 납부세액 및 환급세액을 사용면적비율에 따라 재계산한 경우

$$(\text{해당 재화의 공급가액}) \times \frac{\text{재화를 공급한 날이 속하는 과세기간의 직전과세기간의 과세사용면적}}{\text{재화를 공급한 날이 속하는 과세기간의 직전과세기간의 총사용면적}} = \text{과세표준}$$

3. 적용배제

다음 중 어느 하나에 해당하는 경우에는 원칙적인 규정에도 불구하고 해당 재화의 공급가액을 전액 과세표준으로 한다(부령 63 ③).

① 재화를 공급하는 날이 속하는 과세기간의 직전 과세기간의 총공급가액 중 면세공급가액이 5% 미만인 경우. 다만, 해당 재화의 공급가액이 5천만원 이상인 경우는 제외한다.

② 재화의 공급가액이 50만원 미만인 경우

③ 재화를 공급하는 날이 속하는 과세기간에 신규로 사업을 개시하여 직전과세기간이 없는 경우

4. 과·면세 겸영사업자가 사업 개시 전 사업권을 양도하는 경우 과세표준 등

사업자(이하 "양도인")가 국민주택규모 이하 및 초과 아파트를 신축하여 분양하는 과 · 면세 겸영사업을 영위하기 위해 사업부지를 매입하고 사업계획승인을 신청하는 등 사업을 진행하다 분양개시 전에 해당 사업부지 및 사업권을 다른 사업자(이하 "양수인")에게 양도하는 경우 양도인은 사업권의 공급가액 전부를 과세표준으로 하여 양수인에게 세금계산서를 발급하는 것이며 양수인은 법 제40조 및 시행령 제81조에 따라 공통매입세액을 안분계산한다.[276)]

276) 부가46015-4048, 2000.12.16., 부가46015-180, 1998.01.30., 서면-2021-법령해석부가-1717, 2021.08.17

공통사용재화를 공급하는 경우의 공급가액 사례

농산물을 수출 및 국내에 판매하고 있는 (주)미래가 농산물의 포장에 사용하던 포장기계를 30,000,000원에 매각하였다. 다음 자료에 의하여 동 기계매각에 대한 부가가치세 공급가액을 계산하면?

1. 포장용 기계의 매매일자 : 2011년 12월 10일
2. 2011년 과세기간의 공급가액

구분	수출	국내판매
제1기 과세기간	6억원	4억원
제2기 과세기간	8억원	2억원

3. (주)미래는 수출하는 농산물에 대하여는 영세율을, 국내판매 농산물에 대하여는 면세를 적용하고 있다.

| 해답 |

$$\text{공급가액} = \text{해당 재화의 공급가액} \times \frac{\text{과세공급가액(직전 과세기간)}}{\text{총공급가액(직전 과세기간)}}$$

$$= 30{,}000{,}000\text{원} \times \frac{6\text{억}}{10\text{억}} = 18{,}000{,}000\text{원}$$

참 고 공통사용재화의 과세표준과 공통매입세액 안분계산의 생략

구분	공급가액	공통매입세액
① 규정	전액을 공급가액으로 함	전액을 공제받는 매입세액으로 함
② 사유	① 직전 과세기간의 총공급가액 중 면세공급가액이 5% 미만인 경우. 다만, 해당 재화의 공급가액이 5천만원 이상인 경우는 제외	① 해당 과세기간의 총공급가액 중 면세공급가액이 5% 미만인 경우. 다만, 공통매입세액이 5백만원 이상인 경우는 제외
	② 거래단위별 재화의 공급가액이 50만원 미만인 경우	② 해당 과세기간의 공통매입세액이 5만원 미만인 경우
	③ 재화를 공급하는 날이 속하는 과세기간에 신규로 사업을 개시하여 직전 과세기간이 없는 경우	③ 재화를 공급하는 날이 속하는 과세기간에 신규로 사업을 개시하여 직전 과세기간이 없는 경우

Ⅵ 토지와 건물을 함께 공급하는 경우 과세표준 안분계산

1. 과세구분

부동산의 경우 토지의 공급은 면세대상이나, 일반 건축물의 공급은 과세대상으로 사업자가 이러한 부동산 즉, 건축물 및 부수 토지를 함께 공급하는 경우에 통상 건축물 및 토지의 가액을 구분하지 않고 일괄하여 공급가액을 정하는 경우가 대부분이다. 따라서 전체 부동산의 공급가액 중 부가가치세 과세대상인 건축물 및 구축물 등의 공급가액과 부가가치세 면세대상인 토지의 가액을 구분해야 하는 문제가 발생하게 된다.

2. 과세표준의 계산

(1) 실지거래가액에 의한 안분

사업자가 토지와 그 토지에 정착된 건물 및 그밖의 구축물 등(이하 "건물 등"이라 한다)을 함께 공급하는 경우에 그 건물 등의 공급가액은 실지거래가액에 의한다(부령 64). 이 경우 실지거래가액이라 함은 일반적으로 매매계약서상의 매매금액이 실지거래가액임이 확인되고 계약서상에 토지와 건물의 가액이 구분표시되어 있으며 구분표시된 토지와 건물의 가액이 정상적인 거래 등에 비추어 합당하다고 인정되는 경우이거나, 비록 매매계약서상에는 토지와 건물의 가액이 구분표시되어 있지는 않다 하더라도 계약서상에 기재된 매매금액이 실지거래가액임이 확인되고 매매계약 체결 전에 계약당사자 간 토지와 건물의 가액을 합의한 사실이 관련증빙 등에 의하여 확인할 수 있는 경우로서 구분된 토지와 건물의 가액이 정상적인 거래 등에 비추어 합당하다고 인정되는 경우를 말한다.[277)]

(2) 실지거래가액에 의한 안분을 할 수 없는 경우

1) 개요

다음의 어느 하나에 해당하는 경우에는 아래 표에 따라 안분계산한 금액을 공급가액으로 한다(부령 64 단서).

① 실지거래가액 중 토지의 가액과 건물 또는 구축물 등의 가액의 구분이 불분명한 경우

② 사업자가 실지거래가액으로 구분한 토지와 건물 또는 구축물 등의 가액이 아래 표에 따라 안분계산한 금액과 30% 이상 차이가 있는 경우. 다만, 다른 법령에서 정하는 바에 따라 가액을 구분한 경우 등 다음에 해당하는 사유에 해당하는 경우는 제외한다.

㉠ 다른 법령에서 정한 토지 또는 건물 등의 양도가액에 따라 실지거래가액을 구분한 경우

㉡ 건물 등이 있는 토지를 취득하여 그 건물 등을 철거하고 토지만 사용하는 경우

---

277) 부가46015-230, 1999.01.26., 서삼46015-10522, 2001.10.23

구분	과세표준 계산방법
① 실거래가액이 모두 있는 경우	• 구분된 건물 등의 실지거래가액 • 구분한 실지거래가액이 아래(②~⑥) 방법으로 안분계산한 금액과 100분의 30 이상 차이가 있는 경우 해당 안분계산한 금액
② 감정평가액이 모두 있는 경우	• 감정평가업자가 평가한 감정평가액에 비례하여 안분계산
③ 기준시가가 모두 있는 경우	• 공급계약일 현재 기준시가에 비례하여 안분계산
④ 기준시가가 일부 있는 경우	• 먼저 장부가액(장부가액이 없는 경우 취득가액)에 비례하여 안분계산 • 기준시가가 있는 자산에 대하여는 그 합계액을 다시 기준시가에 비례하여 안분계산
⑤ 기준시가가 모두 없는 경우	• 장부가액(장부가액이 없는 경우 취득가액)에 비례하여 안분계산
⑥ 국세청장이 정한 과세표준 안분계산방법	• 토지와 건물 등의 가액을 일괄 산정·고시하는 오피스텔 등의 경우 → 토지의 기준시가와 국세청장이 고시한 건물의 기준시가에 비례하여 안분계산 ※ 국세청장이 고시한 건물의 기준시가 : 신축가격, 구조, 용도, 위치, 신축연도 등을 고려하여 매년 1회 이상 국세청장이 산정·고시하는 가액
	• 건축 중에 있는 건물과 토지를 함께 양도하는 경우 → 해당 건물을 완성하여 공급하기로 한 경우에는 토지의 기준시가와 완성될 국세청장이 고시한 건물의 기준시가에 비례하여 안분계산 • 미완성 건물 등과 토지를 함께 공급하는 경우 → 토지의 기준시가와 미완성 건물 등의 장부가액(장부가액이 없는 경우 취득가액)에 비례하여 안분계산

2) 감정평가가액의 개념

감정평가가액이란 공급시기(중간지급조건부 또는 장기할부판매의 경우에는 최초 공급시기)가 속하는 과세기간의 직전 과세기간 개시일부터 공급시기가 속하는 과세기간의 종료일까지 「지가공시 및 토지 등의 평가에 관한 법률」에 의한 감정평가업자가 평가한 가액을 말한다. 이와 같이 "과세기간의 직전 과세기간 개시일부터 공급시기가 속하는 과세기간의 종료일까지 감정평가가액"으로 감정평가가액의 인정 범위를 명확히 규정함으로써 과세관청과 납세자 간 마찰을 줄일 수 있게 되었다.

3) 안분기준이 불분명한 경우 안분계산순서

감정평가가액 ⇨ 기준시가 ⇨ 장부가액(장부가액이 없으면 취득가액을 적용하며, 기준시가가

있는 자산에 대해서는 그 합계액을 다시 기준시가로 안분계산함)

4) 기준시가에 의한 과세표준 안분산식

① 양도가액에 부가가치세가 포함된 경우(별도 언급이 없는 경우 포함)

$$건물의\ 과세표준 = 토지 \cdot 건물의\ 총공급가액 \times \frac{건물가액}{토지가액 + 건물가액 + (건물가액 \times 10\%)}$$

② 양도가액에 부가가치세가 포함되지 아니한 경우(부가가치세가 별도 포함된 경우)

$$건물의\ 과세표준 = 토지 \cdot 건물의\ 총공급가액 \times \frac{건물가액}{토지가액 + 건물가액}$$

참 고 **토지와 건물 등의 가액구분이 불분명한 경우 과세표준 안분계산방법 고시(2021. 8. 24. 국세청고시 제2012-43호)**

「부가가치세법」 제29조 제9항, 같은 법 시행령 제64조 제3호의 위임에 따라 사업자가 토지와 건물 등을 함께 공급하는 경우로서 실지거래가액 중 토지의 가액과 건물 등의 가액의 구분이 불분명한 경우에 대한 과세표준 안분계산방법에 관한 사항을 다음과 같이 개정하여 고시합니다.

2021년 8월 24일
국세청장

제1조【목적】
이 고시는 「부가가치세법」 제29조 제9항, 같은 법 시행령 제64조 제3호에서 국세청장에게 위임한, 사업자가 토지와 건물 등을 함께 공급하는 경우로서 실지거래가액 중 토지의 가액과 건물 등의 가액의 구분이 불분명한 경우에 대한 과세표준 안분계산방법에 관한 사항을 정함을 목적으로 한다.

제2조【토지와 건물 등의 가액을 일괄 산정·고시하는 오피스텔, 상업용 건물 및 주택을 공급하는 경우】
사업자가 「소득세법」 제99조 제1항 제1호 다목 및 라목에 규정하는 오피스텔, 상업용 건물, 주택을 공급하는 경우로서 실지거래가액 중 토지의 가액과 건물 등의 가액의 구분이 불분명한 경우에는 다음 각 호와 같이 과세표준을 계산한다.

1. 토지 및 건물 등의 기준가액 산정
   토지의 기준가액은 「소득세법」 제99조 제1항 제1호 가목에 따른 토지의 기준시가로 하고, 건물 등의 기준가액은 같은 법 제99조 제1항 제1호 나목의 규정에 따라 국세청장이 고시한 건물의 기준시가의 산정방법을 준용하여 계산한 가액으로 한다.

2. 과세표준의 안분계산

$$과세표준 = \frac{실지거래가액}{(부가가치세\ 불포함)} \times \frac{제1호에\ 따른\ 건물\ 등의\ 기준가액}{제1호에\ 따른\ 토지의\ 기준가액과\ 건물\ 등의\ 기준가액의\ 합계액}$$

제3조【건물의 건축 중에 토지와 건물을 함께 공급하는 경우】
사업자가 건물의 건축 중에 토지와 건물의 공급계약을 체결하면서 해당 건물을 완성하여 공급하기로 한 경우로서 실지거래가액 중 토지의 가액과 건물 등의 가액의 구분이 불분명한 경우에는 다음 각 호의 순서에 따라 과세표준을 계산한다.

1. 토지 및 건물 등의 기준가액 산정

토지는 제2조 제1호에 따른 토지의 기준가액에 의하고, 건물 등은 공급계약일 현재에 건축법상의 건축허가조건에 따라 건물이 완성된 것으로 보아 제2조 제1호에 따른 건물 등의 기준가액에 의한다. 다만, 당초의 건축허가조건이 변경되거나 건축허가조건과 다르게 건물이 완성되는 경우에는 해당 건물 등이 완성된 날(완성된 날이 불분명한 경우에는 준공검사일)에 정산하여야 한다.

2. 과세표준의 안분계산

$$\text{과세표준} = \frac{\text{실지거래가액}}{\text{(부가가치세 불포함)}} \times \frac{\text{제1호에 따른 건물 등의 기준가액}}{\text{제1호에 따른 토지의 기준가액과 건물 등의 기준가액의 합계액}}$$

3. 과세표준의 정산

제1호의 단서규정에 따라 토지와 건물 등의 기준가액을 정산하는 경우에는 제2호의 규정에 따른 과세표준을 정산하여야 한다.

제4조【미완성된 건물 등을 토지와 함께 공급하는 경우】

사업자가 토지와 미완성된 건물 등을 함께 공급하며 실지거래가액 중 토지의 가액과 건물 등의 가액의 구분이 불분명한 경우, 토지는 제2조 제1호의 기준가액으로 하고, 미완성된 건물 등은 장부가액(장부가액이 없는 경우에는 취득가액)으로 하여 그 가액에 비례하여 실지거래가액을 안분계산한다.

제5조【재검토기한】

「훈령·예규 등의 발령 및 관리에 관한 규정」(대통령 훈령 제431호)에 따라 이 고시 발령 후의 법령이나 현실여건의 변화 등을 검토하여 이 고시의 폐지, 개정 등의 조치를 하여야 하는 기한은 2024년 8월 23일까지로 한다.

부칙 (2021. 8. 24. 국세청 고시 제2021-43호)

제1조【시행일】

이 고시는 발령한 날부터 시행한다.

제2조【종전 고시의 폐지】

종전의 「토지와 건물 등의 가액구분이 불분명한 경우 과세표준 안분계산방법 고시」(2018. 8. 24. 국세청 고시 제2018-36호)는 폐지한다.

토지와 건물의 공급 시 과세표준 사례

다음 자료에 의하여 부가가치세 과세표준을 계산하면?

1. (주)미래는 토지와 건물을 일괄하여 1,590,000,000원(VAT 제외)에 매각하였는 바, 그 가액의 구분은 불분명하다. 한편, 대금은 2010년 9월 20일 계약 시 전액 수령하였으며, 동 일자로 소유권이전등기를 완료하였다.
2. 부동산 공급계약일 현재의 기준시가 및 시가표준액은 다음과 같다.

구분	면적	기준시가	시가표준액
건물	2,400m^2	561,600,000원	504,000,000원
토지	600m^2	288,000,000원	168,000,000원
구축물	500m^2	–	–

3. 감정가액은 없고, 장부가액(취득가액)은 다음과 같다.
   ① 건물 : 750,000,000원(900,000,000원)
   ② 토지 : 500,000,000원(500,000,000원)
   ③ 구축물 : 200,000,000원(240,000,000원)

| 해답 |

1. 1차 안분계산(장부가액)
   ① 건물(VAT 제외)·토지의 가액

$$= 1{,}590{,}000{,}000\text{원} \times \frac{750{,}000{,}000\text{원} + 500{,}000{,}000\text{원}}{750{,}000{,}000\text{원} + 500{,}000{,}000\text{원} + 200{,}000{,}000\text{원}}$$

= 1,370,689,655원

   ② 구축물의 공급가액

$$= 1{,}590{,}000{,}000\text{원} \times \frac{200{,}000{,}000\text{원}}{750{,}000{,}000\text{원} + 500{,}000{,}000\text{원} + 200{,}000{,}000\text{원}}$$

= 219,310,345원

2. 2차 안분계산(기준시가)
   건물의 공급가액

$$= 1{,}370{,}689{,}655\text{원} \times \frac{561{,}600{,}000\text{원}}{561{,}600{,}000\text{원} + 288{,}000{,}000\text{원}}$$

= 906,049,093원

3. 과세표준
   219,310,345원 + 906,04,093원 = 1,125,359,438원

| 보충 |

만일 일괄양도가액 1,590,000,000원이 VAT 포함 금액이라면 과세표준은 다음과 같이 계산된다.

1. 1차 안분계산(장부가액)
   ① 건물(VAT 포함)·토지의 가액

$$= 1{,}590{,}000{,}000\text{원} \times \frac{750{,}000{,}000\text{원} \times 110\% + 500{,}000{,}000\text{원}}{750{,}000{,}000\text{원} \times 110\% + 500{,}000{,}000\text{원} + 200{,}000{,}000\text{원} \times 110\%}$$

= 1,363,592,233원

② 구축물의 가액

$$= 1{,}590{,}000{,}000원 \times \frac{200{,}000{,}000원 \times 110\%}{750{,}000{,}000원 \times 110\% + 500{,}000{,}000원 + 200{,}000{,}000원 \times 110\%}$$

$$= 226{,}407{,}766원$$

2. 2차 안분계산(기준시가)

건물의 가액

$$= 1{,}363{,}592{,}233원 \times \frac{61{,}600{,}000원 \times 110\%}{561{,}600{,}000원 \times 110\% + 288{,}000{,}000원}$$

$$= 930{,}017{,}596원$$

3. 과세표준

$$(226{,}407{,}766원 + 930{,}017{,}596원) \times \frac{100}{110} = 1{,}051{,}295{,}783원$$

3. 철거예정 건물 공급 시 부가가치세 과세 여부

사업자가 토지와 그 토지에 정착된 건물을 일괄양도하면서 계약서상에 토지 및 건물가액을 구분표시하되 건물가액은 없는 것으로 하고 양수인이 양도받은 건물을 철거한 경우 매매계약 당시 건물철거가 예상되어 있고, 실제 철거되었으며, 계약서에 구분표시된 건물의 가액(0원)이 정상적인 거래 등에 비추어 합당하다고 인정된 경우에는 건물의 과세표준은 '0'이고, 이에 해당하지 않는 경우에는 실지거래가액을 토지와 건물의 기준시가 등에 비례하여 안분계산하는 것이며, 건물의 과세표준이 '0'에 해당하는지 여부는 매매계약서, 건물의 노후화 상태, 사용 여부, 철거 현황 등 제반 사정을 종합하여 판단할 사항이다.[278] 그러나 사업자가 2019.1.1.부터 2021.12.31. 사이에 토지와 그 토지에 정착된 사업용 건물을 일괄양도하는 경우 건물의 실지거래가액을 공급가액으로 하는 것이나, 사업자가 실지거래가액으로 구분한 토지와 건물 가액이 「부가가치세법 시행령」 제64조에 따라 안분계산한 금액과 100분의 30 이상 차이가 있는 경우에는 안분계산한 금액을 공급가액으로 한다.[279]

4. 토지의 기부채납을 조건으로 사업용 건물을 건축하는 경우

사업자가 토지와 건물의 가액을 구분하기 위하여 총분양가액을 안분계산할 때에 적용되는 토지의 기준시가는 건축허가 조건으로 공공용지로 기부채납되는 토지를 제외하고 산정한다.[280]

278) 재부가267, 2012.05.24., 국세청 법규부가 2012-492, 2012.12.24
279) 서면-2020-법령해석부가-3074[법령해석과-3429], 2020.10.27
280) 부가-163, 2013.02.18

5. 신축건물의 일부만을 분양하는 경우 안분계산 기준

과·면세 겸영사업자가 건물을 신축하여 1~2층은 분양하고 3~7층은 자기의 면세사업에 사용하는 경우로서 분양하는 건물의 토지가액과 건물가액은 분양계약상 합의된 실지거래가액에 따르는 것이며, 그 가액이 건물의 규모와 형태, 제3자 간에 일반적으로 거래된 가격 등 사회통념에 비추어 합당하다고 인정되지 아니하여 불분명한 경우에는 「부가가치세법 시행령」 제48조의 2 제4항 각 호에 따라 계산하는 것이며, 신청인의 경우 분양하는 건물의 실지거래가액을 산정하기 위하여 기준시가 비율로 안분계산하는 경우 적용되는 기준시가는 자기가 사용하는 건물을 제외한 건물의 기준시가가 된다.[281)]

6. 임대인이 2층 이상의 주택과 사업용 건물을 임대하는 경우 면세되는 부수토지 범위

임대인이 임차인 1인에게 2층 이상의 주택과 사업용 건물을 함께 임대하는 경우 면세되는 주택과 이에 부수되는 토지의 임대용역의 범위를 계산함에 있어 주택용 건물에 부수되는 토지면적의 계산은 당해 건물이 차지하는 토지에 대한 정착(바닥)면적에 주택부분의 연면적이 건물전체의 연면적에서 차지하는 비율을 곱하여 계산한다.[282)]

7. 제안공모방식으로 부동산 매각 시 기존 건물가액 및 개발수익금에 대한 부가가치세 과세표준

(1) 사실관계

- 신청법인은 전력판매 및 전력수급의 안정화를 통한 국민경제발전 기여를 목적으로 설립된 공기업으로 용도가 폐지되어 사용목적이 종료된 부동산을 적극 매각하여 재무건전성을 제고하고 있음
- 신청법인은 보유 부동산(사택 및 부지)을 '제안공모형*' 매각방식을 도입하여 매각할 예정으로 일반경쟁의 원칙을 준수하는 범위 내에서 입찰자들의 매수의향서 또는 개발계획서를 제출받아 미리 정한 공모지침에 따라 평가하고 우선협상대상자를 선정하여 최종 계약(협약) 후 약 1년 이내 잔금 수납 후 부지소유권을 사업자에게 이전하고자 함

  * '제안공모형' 매각방식 : 부동산 매각 시 공모를 통해 매수희망자에게 개발사업을 전제로 한 사업계획서와 매각가격(부동산가액+개발수익금)을 제출받아 종합평가를 통해 낙찰자를 선정하는 방식
- 개발수익금은 민간사업자가 개발사업을 통해 얻을 이익 일부를 신청법인에 지불하는 비용으로, 지역의 공공 온비드* 낙찰률 등을 고려하여 개발수익금 요율 결정표에 따라 결정**

281) 법규부가2012-500, 2013.01.02

282) 서삼46015-10413, 2003.03.12

* 한국자산관리공사(캠코)가 운영하는 온라인 입찰(Online Bidding) 시스템

** 개발수익금= [토지감정평가 금액 × 개발수익금 요율] - [토지감정평가 금액]

〈일반매각과 비교〉

구분	일반 매각(가격평가)	제안공모형 매각(사업계획+가격평가)
예정가	감정평가액	감정평가액+개발수익금
입찰자격	개인, 법인 등 불특정다수	건설회사, 대형시행사 등 법인사업자
장점	업무절차 단순, 낙찰 후 대금수납 60일, 민원 및 이권 개업 리스크 작음	우량사업자의 참여 활성화 및 최저 개발 수익금 제시로 낙찰가 상승 유도
단점	불특정 다수입찰로 우량업체 참여 저조 감정평가액이 예정가로 기대 낙찰률 낮음	대금수납 18개월 이내 개발사업 수준의 전문가 역량 요구
효과	감정가 대비 낙찰률 100~110%	감정가 대비 낙찰률 120~150%

(2) 질의요지

사업자가 제안공모방식으로 보유 부동산(사택 및 부지)을 일괄양도하는 경우

① 철거가 전제된 사택건물가액을 “0”으로 볼 수 있는지

② 개발수익금이 토지가액의 일부에 해당하여 부가가치세가 면제되는지

(3) 회신

사업자가 제안공모방식으로 토지·건물을 일괄양도함에 있어 입찰자들의 매수의향서 또는 개발계획서를 제출받아 공모지침에 따라 평가하고 우선협상대상자를 선정하여 최종 계약(협약) 후 소유권을 매수인에게 이전하고 그 대가로 매각대금(토지, 건물, 개발수익금)을 받는 경우로서

① 매수인이 토지와 건물 등을 함께 공급받은 후 건물 등을 철거하고 토지만 사용하는 경우 건물의 공급가액은 실지거래가액으로 하는 것이나 이에 해당하는지 및 해당 건물의 실지거래가액이 “0”인지 여부는 사실판단할 사항이다.

② 개발수익금이 토지의 공급에 대한 대가에 해당하는 경우 부가가치세가 면제된다.[283)]

8. 매수자 지위이전 대가에 대한 부가가치세 공급가액 계산방법

(1) 사실관계

• 신청법인(또는 “매수인”)은 건설서비스 및 부동산개발사업을 영위하는 법인으로 ’20.12월 주식

283) 서면-2021-법규부가-6959 [법규과-1107], 2022.04.06

회사 ◎◎◎(이하 "◎◎◎" 또는 "매도인")와 △△시에 소재한 토지(이하 "쟁점토지")와 지상건물(이하 "쟁점건물")을 총 990억원에 매입하는 부동산매매계약*(이하 "쟁점부동산계약")을 체결

* 토지 923.3억원(93.26%), 건물 66.7억원(6.74%)(부가령 §64에 따라 기준시가로 안분), 계약금(10%), 잔금(90%) 지급조건이며 계약 시 99억원 지급 ☞ '21.7월 쟁점부동산계약의 매매대금 지급조건을 계약금(10%), 중도금(40%), 잔금(50%)으로 변경하고 '21.9월 중도금 396억원 지급

- 신청법인은 신규물류센터 건립을 자체적으로 진행하고자 하였으나 외부자금조달 등을 위해 별도의 펀드를 세워 사업을 진행하기로 하고 □□□자산운용(주)(이하 "□□□")와 ◆◆◆부동산사모투자회사(이하 "지위승계인" 또는 "◆◆◆펀드*")를 '21.12월 설립 ☞ 신청법인 지분 50%, 해외투자자 지분 50%
- '22.1.24. 신청법인은 지위승계인과 '계약상 지위이전계약'(이하 "지위이전계약")을 체결하여 신청법인이 매도인과 체결하였던 쟁점부동산계약의 매수인 지위와 쟁점토지 인허가 관련 용역계약상 용역을 공급받는 자의 지위*를 지위승계인에게 이전하기로 약정 ☞ 용역 관련 지위이전금액은 계약상 33.4억원이었으나 '22.2.24. 47억원으로 정산
- 지위이전계약일 현재 쟁점토지 지상에 설립된 쟁점건물은 철거 중으로 지위승계인은 쟁점토지에 대한 감정평가 결과를 근거로 쟁점건물이 철거된 토지의 가치를 1,322.9억원으로 판단하여 아래 표와 같이 지위이전대가(이하 "쟁점대가")를 산정함

지급인	수령인	금액	비고
지위승계인	신청법인	495억원	부동산매매계약상 계약금 및 중도금 (지위이전계약상 1차 양수도대금)
지위승계인	신청법인	332.9억원	지위이전대가 (지위이전계약상 2차 양수도대금)
지위승계인	매도인	495억원	부동산매매계약상 잔금
합계	–	1,322.9억원	토지 감정평가액('22.1.17. 기준)

- 지위승계인은 신청법인에게 지급해야 할 쟁점대가를 자금조달일정(약 33개월)에 따라 지급할 예정이고 신청법인과 지위승계인은 쟁점대가에 대한 부가가치세를 별도 산정*하여 계약상 최종 양수도대금 869.1억원**에 포함하였으며 '22.2.24. 지위이전대가를 제외한 쟁점부동산계약상 잔금 등은 지급완료되었고 쟁점토지 및 쟁점건물은 지위승계인에게 소유권이전등기됨

* 쟁점대가에 대한 부가가치세 과세 여부에 대해 이견이 있어 각각 50%씩 부담하기로 결정하였으며 쟁점부동산계약시점('20.12.18.)의 토지·건물 기준시가로 안분

** 1차 및 2차 양수도대금(827.9억원)+ 용역 관련 지위이전금액(33.4억원)+ 관련 VAT(7.8억원)

〈본건 지위이전계약 주요 내용 요약〉

양수도대금 산정방법

Ⅰ. 본건 토지에 대한 2022년 1월 17일자 감정평가에 따른 감정가액 : 132,291,402,000원

Ⅱ. 위 Ⅰ.의 감정가액을 근거로 당사자들이 합의한 본건 토지의 現 가치금액 : 132,290,000,000원

Ⅲ. 위 Ⅱ.의 본건 토지 現 가치금액(132,290,000,000)에서 본건 부동산매매계약의 매매대금(99,000,000,000)을 차감한 금액 : 33,290,000,000원

Ⅳ. 본건 양도대상계약에 따라 양도인이 거래종결일 전까지 계약상대방에게 실제로 지급한 아래 기재금액의 합계액 : 52,842,998,400원 (관련 표 생략)

Ⅴ. 양수인이 양도인에게 지급하여야 하는 부가가치세 금액
- 아래 (1) 내지 (3)의 합계액 : 779,943,426원
  (1) 335,500,000원 (본건 부동산매매계약에 따라 양도인이 매도인에게 계약금 및 중도금을 지급하면서 기 지급한 건물분 부가가치세 금액을 의미
  (2) 112,143,586원 (제2조 제3항에 따라 계산되는 부동산가치증가분VAT의 50%에 해당하는 금액)
  (3) 334,299,840원 (별지 3.2.에 기재된 부수계약들에 따라 양도인이 계약상대방에게 기 지급한 부가가치세 금액의 합계)

최종 양수도 대금(=Ⅲ+Ⅳ+Ⅴ) : 86,912,941,826원

〈본건 지위이전계약 별지4. 주요 내용 요약〉

전문

2. 본 계약에 따라, 양도인은, 본건 부동산매매계약(괄호내용생략)에 따른 양도인의 권리, 의무 및 계약 당사자의 지위 일체(괄호내용생략)를 양수인에게 양도하고, 양수인은 양도인이 보유하는 본건 양도대상권리등을 양도인으로부터 양수하고자 한다.(이하생략)

제2조(계약상지위 등의 이전 및 양수도대금)
③ (중략) 양도인은 별지4.Ⅲ에 따라 산정된 금액인 33,290,000,000(이하 "부동산가치증가분")에 대하여 부가가치세법 시행령 제64조를 적용하여 부동산가치증가분 중 건물분에 해당하는 금액을 계산한 후, 그 건물분 금액의 10%에 해당하는 금액(이하 "부동산가치증가분 VAT")을 과세관청에 부가가치세로 신고 및 납부하기로 하며, 이를 위하여 양수인은 위 부동산가치증가분VAT의 50%에 해당하는 금액(즉, 별지 4.Ⅴ(2). 기재금액)을 양수도대금에 포함하여 지급하기로 한다.

제3조(거래종결 등)
① 본건 거래의 종결(괄호내용 생략)은 2022년 2월 24일 또는 당사자들이 별도로 합의하는 날(이하 총칭하여 "거래종결예정일")에 당사자들이 합의하는 장소에서, 본 계약 제6조의 모든 조건이 충족되었거나 포기할 권리가 있는 당사자에 의하여 포기되었을 것을 조건으로, 이루어진다. 본 계약에서 거래종결이 실제로 이루어지는 날을 "거래종결일"이라 한다.
② 거래종결일에, 양도인은, 양수인으로부터 본 계약 제5조 제1항에 따라 산정된 1차 양수도대금(괄호내용 생략)을 지급받음과 동시에, 본 계약에 따라 (ⅰ)양수인에게 본건 양도대상권리등을 이전하여야 하고(이하생략)
③ 거래종결일에, 양수인은, 본 조 제2항에 따른 양도인의 거래종결행위와 동시에, 양도인에게 본 계약 제5조 제1항에 따라 산정된 1차 양수도대금을 지급하기로 한다.

(2) 질의요지

사업자가 매도인과 부동산(토지, 건물)매매계약 체결 후 부동산사모투자회사에게 매수인의 지위를 이전하는 경우로서 지위이전계약 시 건축물이 철거 중으로 지위이전대가를 토지감정평가액에서 부동산매매대금을 차감한 가액으로 계약한 경우 해당 지위이전대가에 대한 부가가치세 공급가액 계산방법

(3) 회신

사업자(이하 "매수인")가 토지와 건물(이하 "쟁점부동산")을 다른 사업자로부터 매수하기로 계약한 후 부동산사모투자회사와 쟁점부동산의 매수인지위이전계약(이하 "지위이전계약")을 체결(체결 당시 건물은 철거 중)하여 매수인지위를 이전하는 경우에, 지위이전계약에 따른 매수인지위이전대가에 토지를 취득할 수 있는 권리가 포함되어 있는 경우 해당 토지를 취득할 수 있는 권리의 양도는 부가가치세가 과세되지 아니하는 것이고, 매수인지위이전대가 중 토지와 건물 상당액의 구분이 불분명한 경우에는 안분계산한 금액으로 하는 것이며 이때 "공급계약일"은 지위이전계약일로 본다.[284]

284) 사전-2022-법규부가-0336, 2022.03.28

Ⅶ 부동산임대용역의 과세표준 계산

1. 과세표준의 범위

부동산임대용역의 경우에는 임대료에 전세금 또는 임대보증금에 대한 간주임대료와 관리비를 합한 금액을 과세표준으로 한다.

과세표준 = 임대료 + 간주임대료 + 관리비

2. 임대료

(1) 원칙

임대료는 해당 과세기간에 수입할 임대료로 하며, 일반적인 임대료의 공급시기는 대가의 각 부분을 받기로 한 때로 한다.

(2) 선불·후불 시

사업자가 2과세기간 이상에 걸쳐 부동산임대용역을 공급하고 그 대가를 선불 또는 후불로 받는 때에는 다음의 금액을 과세표준으로 한다(부령 65 ⑤).

$$\text{과세표준(임대료)} = \text{선불·후불로 받는 임대료 총액} \times \frac{\text{해당 과세기간 중 임대월수}^{주)}}{\text{총임대계약기간의 월수}^{주)}}$$

주) 월수는 역에 의해 계산하되, 개시일이 속하는 월이 1개월 미만인 경우에는 1개월로 하고, 종료일이 속하는 월이 1개월 미만인 경우에는 이를 산입하지 아니한다(초월산입, 말월불산입).

(3) 부동산임대에 따른 공공요금의 공급가액

1) 개요

사업자가 부가가치세가 과세되는 부동산임대료와 해당 부동산을 관리해 주는 대가로 받는 관리비 등을 구분하지 아니하고 영수하는 때에는 전체 금액에 대하여 과세하나, 임차인이 부담하여야 할 보험료·수도료 및 공공요금 등을 별도로 구분·징수하여 납입을 대행하는 경우 해당 금액은 부동산임대관리에 따른 대가에 포함되지 아니한다.[285)]

285) 부가집 29-0-5

2) 부동산임대사업자가 전기요금에 대한 세금계산서를 교부받고 임차인에게 세금계산서를 교부하는 경우

부동산임대사업자가 전기요금에 대한 세금계산서를 교부받고 전력을 실지로 소비하는 자인 임차인에게 세금계산서를 교부하는 경우 임차인에게 교부한 세금계산서상의 공급가액은 부동산임대사업자의 과세표준에 포함하는 것이며, 부동산임대사업자가 당해 전기요금 매입세액을 공제받을 수 있다.[286] 이 경우 임차인은 교부받은 세금계산서상의 매입세액을 공제받을 수 있다. 또한 부동산임대사업자가 간이과세자 또는 면세사업자 등인 경우에도 세금계산서를 교부할 수 있으며 세금계산서를 교부받은 세입자는 매입세액공제가 가능하고 간이과세자나 면세사업자 등은 교부하였거나 교부받은 세금계산서에 대하여 매출·매입처별세금계산서합계표를 작성·제출해야 한다(부령 69 ⑭,⑮).

(4) 임차인 부담 개량수선비용의 공급가액 계산

건물임차인의 책임하에 임차건물을 개량수선(자본적 지출)하여 사용하는 경우 임대인은 해당 개량수선비용을 임대료에 포함하여 부가가치세 공급가액으로 신고하여야 하며, 임차인이 과세사업자인 경우에는 임대인에게 개량수선비 상당액의 재화를 공급한 것으로 보아 그 개량수선 종료일에 부가가치세를 징수하여야 한다.[287]

3. 부동산 임대 시 전세금 또는 임대보증금을 받는 경우(간주임대료 계산)

(1) 개요

사업자가 부동산임대용역을 공급하고 전세금 또는 임대보증금을 받는 경우에는 금전 이외의 대가를 받는 것으로 보아 다음 산식에 의하여 계산한 금액을 과세표준으로 한다(부령 65 ①).

$$\text{전세금·임대보증금} \times \text{과세대상기간의 일수} \times \frac{\text{(1년 정기예금이자율)}}{\text{365(윤년 366)}} = \text{과세표준}$$

(2) 전세금이나 임대보증금으로 보지 아니하는 건설비

부동산임대용역을 공급하고 받는 전세금 또는 임대보증금으로 하되, 국가나 지방자치단체의 소유로 귀속되는 지하도의 건설비를 전액 부담한 자가 지하도로 점용허가(1차 무상점용기간으로 한정한다)를 받아 대여하는 경우 다음에 해당하는 지하도의 건설비 상당액은 해당 전세금 또는 임대보증금에서 차감한다. 또한, 사업자가 계약에 따라 전세금 또는 임대보증금을 임대료에 충당한 경우

286) 부가-160, 2013.02.18
287) 부가집 29-0-3

에는 그 금액을 제외한 가액을 전세금 또는 임대보증금으로 한다(부령 65 ① 단서, 부칙 46).

$$건설비 = 지하도의\ 건설비 \times \frac{임대한\ 면적}{임대가능면적}$$

(3) 1년 정기예금이자율

정기예금이자율이란 해당 예정신고기간 또는 과세기간 종료일 현재 서울특별시에 본점을 둔 은행의 계약기간 1년의 정기예금이자율의 평균을 감안하여 정하는 율을 말하며, 현재 계약기간 1년의 정기예금이자율은 3.5%로 한다(부칙 47).

〈간주임대료 기간별 이자율〉

적용과세기간	이자율	공포일
2024.1 예정~	3.5%	2024.3.
2023.1 예정 ~ 2023.2 확정	2.9%	2023.3.20
2021.1 예정 ~ 2022.2 확정	1.2%	2021.3.16
2020.1 예정 ~ 2020.2 확정	1.8%	2020.3.13
2019.1 예정 ~ 2019.2 확정	2.1%	2019.3.20
2018.1 예정 ~ 2012.2 확정	1.8%	2018.3.19
2017.1 예정 ~ 2017.2 확정	1.6%	2017.3.10
2016.1 예정 ~ 2016.2 확정	1.8%	2016.3.9

(4) 관련 사례

1) 부동산임대에 따른 전세금 등에 대한 세부담

과세되는 부동산을 임대하고 받은 전세금 또는 임대보증금의 이자 상당액(이하 "간주임대료"라 한다)에 대한 부가가치세는 원칙적으로 임대인이 부담하나, 임대인과 임차인 간의 약정에 의하여 임차인이 부담하는 것으로 할 수 있다. 이 경우 임차인이 부동산임차의 대가로서 월세 등의 형태로 지급하는 금액이 있는 때에는 임차인이 부담하는 간주임대료에 대한 부가가치세를 월세와 별도로 구분하여 지급하여야 한다.[288]

2) 임대보증금에 포함된 보증보험증권 가액의 간주임대료 계산

부동산임대업자가 임대보증금 중 일부를 보증보험증권으로 받는 임대차계약을 체결한 경우 그 증권에 상당하는 금액은 간주임대료 계산 시 임대보증금에 포함되지 않는다.[289]

288) 부가집 29-65-2
289) 부가집 29-65-4

3) 전세금이나 임대보증금을 임대료에 충당한 경우

임대차 또는 전대차 계약 시 사업자가 계약에 따라 전세금이나 임대보증금을 임대료에 충당하였을 때에는 그 금액을 제외한 가액을 전세금 또는 임대보증금으로 한다(부령 65 ④).

4) 간주임대료의 계산 특례

부동산임대에 따른 간주임대료에 대한 부가가치세를 임대인·임차인 중 어느 편이 부담하는지에 관계없이 「부가가치세법 시행령」 제71조에 따라 세금계산서를 발급하거나 발급받을 수 없으며,[290] 임차인으로부터 임대료를 지급받지 못하여 임대료가 연체된 경우에도 간주임대료 계산 시 지급받지 못한 동 임대료를 임대보증금에서 차감하지 아니하는 것이나 (연체 중인 경우) 약정에 의하여 임대보증금에서 차감하기로 한 경우에는 차감하여 간주임대료를 계산한다(부령 65).

5) 간주임대료 기간 기산일

임대보증금에 대한 과세표준 기산일은 부동산을 사용하거나 사용하기로 한 때를 기준으로 계산하는 것이며, 보증금 또는 전세금의 반환 여부에 관계없이 부동산임대용역의 제공이 완료되거나 완결될 날을 종료일로 한다. 이 경우 선수금·계약금 등은 계산하지 아니한다.[291]

6) 임대보증금을 기업어음증권으로 수취하는 경우 금전 외의 대가를 받은 것으로 보아 간주임대료를 공급가액으로 한다.[292]

4. 부동산전대 시 전세금 또는 임대보증금을 받는 경우(간주임대료 계산)

(1) 개요

사업자가 부동산을 임차하여 다시 임대용역을 제공하는 경우에는 3-(1)의 계산식 중 "해당 기간의 전세금 또는 임대보증금"을 "해당 기간의 전세금 또는 임대보증금 또는 임차 시 지불한 전세금 또는 임차보증금"으로 한다.

$$\text{과세표준(간주임대료)} = \left(\text{해당 기간의 전세금} - \text{임차 시 지불한 전세금 또는 임차보증금}\right) \times \text{과세대상 기간 일수} \times \frac{\text{1년 정기예금이자율}}{\text{365(윤년 366)}}$$

(2) 전대차부동산 중 자기의 사업에 사용하는 부분이 있는 경우

임차한 부동산 중 직접 자기의 사업에 사용하는 부분이 있는 경우 임차 시 지불한 전세금 또는 임차보증금은 다음 계산식에 따른 금액을 제외한 금액으로 한다.

290) 부기통 33-71-1
291) 부가-940, 2014.11.24., 부가 22601-808, 1991.06.25
292) 서면-2021-법령해석부가-0737 [법령해석과-1524], 2021.04.29

$$\text{임차 시 지불한 전세금 또는 임차보증금} \times \frac{\text{예정신고기간 또는 과세기간 종료일 현재 직접 자기의 사업에 사용하는 면적}}{\text{예정신고기간 또는 과세기간 종료일 현재 임차한 부동산의 총면적}}$$

5. 과세·면세 부동산임대용역을 함께 공급하는 경우

(1) 개요

과세되는 부동산임대용역과 면세되는 주택임대용역을 함께 공급하여 그 임대구분과 임대료 등의 구분이 불분명한 경우에는 다음의 산식을 순차로 적용하여 과세표준을 계산한다(부령 65 ④).

단계별	내용
제1단계	총임대료를 산출한다.
제2단계	예정신고기간 종료일 또는 과세기간 종료일 현재의 시가표준액을 기준으로 총임대료를 건물분과 토지분으로 안분한다. ① 토지분임대료 = (임대료 + 간주임대료) × $\frac{\text{토지의 기준시가}}{\text{토지의 기준시가+건물의 기준시가}}$ ② 건물분임대료 = (임대료 + 간주임대료) × $\frac{\text{건물의 기준시가}}{\text{토지의 기준시가+건물의 기준시가}}$
제3단계	토지분과 건물분 각각에 대하여 과세분(주택 외의 건물과 그 부속토지)과 면세분(주택과 그 부속토지)으로 안분하여 과세분만 과세표준으로 산출하는 바, 이 경우 임대면적을 안분기준으로 한다. 예정신고기간 또는 과세기간 중 면적이 변동된 경우에는 면적을 적수로 계산하여 산출한다(부칙 48). ① 과세토지분 임대료 = 토지임대료 × $\frac{\text{과세토지 임대면적}}{\text{총토지 임대면적}}$ ② 건물분임대료 = 건물임대료 × $\frac{\text{과세건물 임대면적}}{\text{총건물 임대면적}}$ ③ 과세표준 = 과세토지분 임대료 + 과세건물분 임대료

(2) 임대면적이 과세기간 중에 변동된 경우

토지임대면적 및 건물임대면적이 예정신고기간 또는 과세기간 중에 변동된 경우에는 그 예정신고기간 또는 과세기간 중의 해당 면적의 적수(積數)에 따라 계산한 면적으로 한다.[293)]

293) 부가집 29-65-1 ④

부동산임대용역 공급가액 계산 사례[294]

【거래 사례】

부동산임대업자(개인) 김치국이 상가·주택 겸용건물을 다음과 같이 임대하는 경우 2016년 제1기(1.1.~6.30.) 부가가치세 공급가액 계산방법

임대차계약 내용 : 보증금 301,648,350원, 월임대료 3,000,000원(부가가치세 별도)

기준시가 : 건물 2억원, 토지 3억원

건물(단층) 임대면적 : 상가 300m², 주택 200m²

건물 부속토지 면적 : 800m²

도시구역 내이고, 정기예금이자율은 1.8%

【계산방법】

① 총임대료 계산 : 20,700,000원

월세수입 : 3,000,000원 × 6개월 = 18,000,000원

간주임대료 : 301,648,350원 × 1.8% × 182일/366일 = 2,700,000원

② 건물 및 토지임대료 구분

건물분 : 20,700,000원 × 2억원/(2억원 + 3억원) = 8,280,000원

토지분 : 20,700,000원 − 8,280,000원 = 12,420,000원

③ 과세대상 부속토지 계산

과세분 토지면적 : 800m² × 300m²/(300m² + 200m²) = 480m²

④ 신고대상 공급가액 : 12,420,000원

상가건물 : 8,280,000원 × 300m²/(300m² + 200m²) = 4,968,000원

상가토지 : 12,420,000원 × 480m²/800m² = 7,452,000원

6. 부동산임대 사업자에게 부과된 재산세 중과세분을 임차인이 부담하는 경우

부동산임대업자가 부담하여야 할 재산세를 임차인에게 부담시킨 경우, 당해 재산세 상당액은 임대용역에 대한 대가로서 부가가치세가 과세되는 것으로, 재산세 중과세분(공급대가)을 1.1로 나눈 금액을 부동산임대용역의 과세표준에 포함한다.[295]

7. 일반과세자가 임대료를 지급받지 못한 경우

그 대가를 실제 받았는지 여부에 관계없이 그 대가의 각 부분을 받기로 한 때에 세금계산서를 교부하여야 하며 당해 임대용역에 대한 매출채권의 전부 또는 일부가 대손되어 회수할 수 없는 경우에는 그 대손이 확정된 과세기간의 매출세액에서 차감할 수 있다(대손세액공제 가능).

294) 부가집 29-65-1
295) 서삼46015-11592, 2003.10.14

8. 특수관계자에게 무상·저가로 임대하는 경우

사업자가 아들, 처 등 특수관계인에게 사업용 부동산의 임대용역을 무상 또는 저가로 제공하는 경우, 2012.7.1. 이후 공급분부터 부가가치세가 부동산임대용역의 시가로 과세되는 것이며, 「소득세법」 규정에 의한 부당행위계산을 할 수 있다. 이 경우 시가라 함은 사업자와 특수관계인이 아닌 자와 해당 거래와 유사한 상황에서 거래한 가격 또는 제3자 간에 일반적으로 거래된 가격을 말한다.

9. 임차인의 영업정지기간 부동산임대용역 부가가치세 과세 여부

계약상 또는 법률상의 모든 원인에 의하여 실질적으로 부동산임대용역이 계속 제공되고 있는 때에는 당해 용역의 공급자가 그 확정된 대가의 전부 또는 일부를 받지 못하는 경우에도 부가가치세가 과세된다.[296)]

10. 직원 복리후생 목적의 구내식당 위탁운영을 위한 임대용역의 과세 여부 및 관련 매입세액공제 여부

비영리공익법인이 소속 직원의 복리후생을 목적으로 구내식당을 운영하면서 위탁운영업체에게 급식·조리장소 등을 무상사용하게 하고 급식·조리장소에 대한 관리비 등을 비영리공익법인이 부담하는 경우 구내식당 임대용역의 공급에 대해서는 부가가치세가 과세되지 아니하고 관련 매입세액도 매출세액에서 공제할 수 없다.[297)]

11. 타인소유 부동산의 리모델링 비용을 분담하고 일정기간 무상사용하는 경우

신청인이 타인소유 부동산의 리모델링 공사비를 분담하고 해당 부동산을 일정기간 동안 무상으로 사용하는 경우 그 분담한 공사비는 신청인이 부동산소유자로부터 공급받은 부동산임대용역에 대한 선급임차료에 해당하는 것이고, 부동산소유자는 해당 용역을 공급받는 신청인으로부터 부가가치세를 징수하여야 한다.[298)]

12. 임차인에게 지급하는 손실보전금이 과세대상인지 등

부동산임대사업자가 임대차계약을 체결하면서 임대료를 임차인의 해당 월 총수입에서 운영비용을 차감하여 다음 달의 월 확정임대료로 산정하여 지급받고, 임차인의 특정 월 운영비용이 총수입을 초과하는 때에는 그 초과금액(이하 "손실보전금"이라 함)을 임대인이 임차인에게 보전하기로 약정한 경우 해당 손실보전금은 장려금이나 이와 유사한 금액으로서 과세표준에서 공제하지 아니하는 것이므로 수정세금계산서 발급대상에 해당하지 아니한다.[299)]

---

296) 부가-793, 2011.07.20
297) 법규부가2011-116, 2011.05.03
298) 법규부가-390, 2012.11.01
299) 서면-2015-법령해석부가-22426, 2015.05.28

13. 기초지자체로부터 분담금을 받고 공유자산 사용을 허가한 경우

기초지자체로부터 분담금을 받고 공유자산을 사용할 수 있도록 허가한 경우, 해당 분담금에 대해서는 부가가치세 과세대상에 해당하지 아니하는 것이며, 기초지자체가 사용한 건물부분과 관련된 매입세액은 공제되지 아니한다.[300]

14. 국가·지방자치단체 등이 국·공유재산인 토지, 건물 등을 임대하면서 임차인으로부터 받는 보증금

국가·지방자치단체 등이 국·공유재산인 토지, 건물 등을 임대하면서 임차인으로부터 받는 보증금은 세외수입으로 보관되거나 또는 활용(다른 곳에 투자)이 제한되는 등 일반적인 보증금 활용과는 다른 성격으로 간주임대료 규정이 적용되지 아니한다.

15. 의료장비와 부동산(토지·건물)을 함께 임대하는 경우 부가가치세 과세 범위

의료업을 영위하는 사업자가 당해 의료업을 폐업하고 의료장비와 동 장비가 설치된 부동산(토지·건물)을 함께 임대하고 임대료와 임대보증금을 받는 경우 전부를 부동산임대로 보아 임대료와 간주임대료의 합계액이 부가가치세 과세표준이 된다.[301]

Ⅷ 외화환산

1. 개요

대가를 외국통화나 그 밖의 외국환으로 받은 경우에는 다음 금액을 과세표준으로 한다.

구분	외화환산액
공급시기가 되기 전에 원화로 환가한 경우	그 환가한 금액
공급시기가 되기 전에 외화로 사용한 경우	그 사용한 날의 기준환율 또는 재정환율에 의하여 계산한 금액[302]
공급시기 이후에 외국통화나 그 밖의 외국환 상태로 보유하거나 지급받는 경우	공급시기의 외국환거래법에 따른 기준환율 또는 재정환율에 따라 계산한 금액

300) 서면법규과-275, 2013.03.12
301) 부가46015-2122, 1997.09.11
302) 부가가치세과-1122, 2009.08.11

2. 기준환율 및 재정환율

기준환율이란 미화($)의 매매기준율을 말하며, 매일 영업개시 30분 전까지 금융결제원 산하 서울외국환중개(주)에서 기획재정부, 한국은행, 각 외환은행장에게 통보한다. 그리고 재정환율이란 미화($) 이외의 모든 통화에 적용되는 환율로서 기준환율을 통해서 간접적으로 계산된 원화와 기타 통화 사이의 환율을 말한다. 기준환율·재정환율 조회: 서울외국환중개주식회사(www.smbs.biz)

3. 외환차액의 과세표준 계산

재화 또는 용역의 공급시기 이후에 그 대가를 외국통화 또는 외국환으로 지급받는 경우 과세표준은 「부가가치세법 시행령」 제59조 제2호에 따라 계산한 금액이므로 공급시기 이후에 환율변동으로 인하여 증감되는 금액은 해당 과세표준에 영향이 없다.[303)]

4. 관련 사례

(1) 공급시기가 공휴일인 경우

공급시기가 공휴일인 경우 전날 고시된 환율을 적용한다.[304)]

(2) 사전약정에 의하여 환율이 고정된 경우

사전약정에 의하여 고정된 환율을 적용한 원화가액으로 대가를 확정하고 외국통화로 지급받는 경우 확정된 원화가액을 공급가액으로 한다.[305)]

(3) 공급시기 도래 전에 수출대금을 미리 받은 경우

수출하는 사업자가 공급시기 도래 전에 수출대금을 외국환으로 미리 받아 외화차입금의 상환 또는 외화물품대금의 결제에 사용한 경우, 부가가치세 과세표준은 상환 또는 결제한 때의 「외국환거래법」에 따른 기준환율 또는 재정환율에 의하여 계산한 금액으로 한다.[306)]

(4) 내국신용장에 의한 재화공급 시 환율 적용

1) 사전약정에 의하여 고정된 환율을 적용한 원화가액을 공급가액으로 확정하고, 당초 원화로 확정된 금액을 공급가액으로 하여 세금계산서를 교부한다.[307)]

---

303) 부기통 29-59-1
304) 서삼46015-11986, 2002.11.19
305) 서면상담3팀-1031, 2004.05.31
306) 부가가치세과-1122, 2009.08.01
307) 부가46015-456, 1998.03.16

2) 내국신용장에 의해 재화를 공급하고 외화로 수령한 경우 과세표준 계산

사업자가 원화표시 외화부기 내국신용장에 의하여 재화를 공급한 후 재화의 공급시기 이후에 외국환은행을 통하여 그 대금을 회수한 경우에는 당해 외화금액을 당해 재화의 공급시기의 「외국환거래법」에 의한 기준환율 또는 재정환율에 의하여 계산한 금액을 부가가치세 과세표준으로 한다.[308)]

(5) 외화로 지급받는 대가에 대한 차감사유 발생 시 적용하는 환율

사업자가 대가를 외화로 지급받기로 약정하여 용역을 공급하고 공급시기 이후에 외화로 지급받아 동법 시행령 제59조 제2호의 규정에 의하여 계산한 금액을 과세표준으로 하여 세금계산서를 교부한 후 당초 용역대가의 차감사유가 발생하여 당해 용역을 공급받는 자에게 차감되는 금액을 외화로 지급한 경우에는 당해 차감되는 외화금액에 대하여는 당초 세금계산서 교부 시 적용한 환율로 계산한 금액을 차감되는 공급가액으로 하여 수정세금계산서를 교부한다.[309)]

(6) 영세율 과세표준의 수정이 가능한지 여부

내국물품을 외국으로 직접 반출(수출)하는 사업자가 국외의 외국법인과 수출계약에 의하여 재화를 수출한 후에 계약내용 변경사유가 발생하여 거래당사자 간에 합의에 의하여 당초 계약내용이 변경됨으로써 당초 거래금액에 증가 또는 감소되는 금액이 발생한 경우에는 그 변경사유가 발생한 날이 속하는 예정신고 또는 확정신고 시에 신고할 과세표준에서 계약변경으로 인하여 증가 또는 감소되는 금액을 가감하여 신고하여야 한다.[310)]

308) 부가46015-1220, 1999.04.24
309) 부가46015-1388, 1999.05.15
310) 서삼46015-11619, 2003.10.15

CHAPTER 03

세율

부가가치세의 세율은 10%로 한다(부법 30).

PART Ⅶ

납부세액 및 세액공제

CHAPTER 01

총설

「부가가치세법」상 납부세액과 매입세액의 계산구조를 살펴보면 다음과 같다.

구분	내용	
(1) 납부세액	납부세액＝매출세액－매입세액	
(2) 매입세액		세금계산서 수령분 매입세액 ← 매입처별 세금계산서합계표 제출
	(+)	예정신고누락분
	(+)	매입자발행세금계산서 수령분 매입세액
	(+)	신용카드매출전표수령명세서제출분 매입세액
	(+)	의제매입세액 ← 매입가액 × $\frac{2}{102}(\frac{4}{106}, \frac{8}{108}, \frac{6}{106})$
	(+)	재고매입세액 ← 간이과세자가 일반과세자로 변경된 경우
	(+)	변제대손세액 ← 신용매입액을 결제한 경우
	(+)	면세사업용 감가상각자산의 과세사업용 전환시 매입세액
	(−)	공제받지 못할 매입세액 ← 사업과 관련이 없는 지출에 대한 매입세액 등
	(−)	공통매입세액 면세사업분 ← 공통매입세액 × 면세비율
	(−)	대손처분받은 세액 ← 공급자가 대손세액공제를 받은 경우
		매출세액에서 차감되는 매입세액

CHAPTER 02

납부세액의 계산

2024 부가가치세 실무

제1절 납부세액·환급세액 계산

매출세액은 제29조에 따른 과세표준에 제30조의 세율을 적용하여 계산한 금액으로 하고, 납부세액이란 사업자가 부가가치세 과세표준신고와 함께 정부에 납부하여야 할 부가가치세액을 말하며, 공급한 재화 또는 용역에 대한 매출세액에서 매입세액을 공제한 금액으로 한다. 다만, 매출세액을 초과하는 매입세액은 환급세액으로 한다(부법 37 ①,②).

① 납부세액 = 매출세액 − 매입세액(매출세액≥매입세액)

② 환급세액 = 매입세액 − 매출세액(매출세액<매입세액)

제2절 납부할 세액·환급받을 세액 계산

납부세액은 그대로 정부에 납부할 세액이 되는 것이 아니라 가산세를 가산하고 예정신고기간의 미환급세액 등을 공제한 금액이 실제로 납부하여야 할 세액이 된다(부법 37 ③).

납부하거나 환급받을 세액 = A − B + C

A: 납부세액 또는 환급세액

B: 제46조【신용카드 등의 사용에 따른 세액공제 등】, 제47조【전자세금계산서 발급 전송에 대한 세액공제 특례】 및 그 밖에 이 법 및 다른 법률에서 정하는 공제세액

C: 제60조 및 다음(「국세기본법」 제47조의 2부터 제47조의 5까지의 규정)에 따른 가산세

① 제47조의 2【무신고가산세】

② 제47조의 3【과소신고·초과환급신고가산세】

③ 제47조의 4【납부지연가산세】

④ 제47조의 5【원천징수납부 등 불성실가산세】

제3절 공제하는 매입세액

I 기본개념

1. 공제하는 매입세액의 개요

매출세액에서 공제하는 매입세액은 다음의 금액을 말한다(부법 38 ①). 이 경우 매입세액이 공제되기 위해서는 발급받은 세금계산서에 의하여 매입거래사실이 확인되어야 한다. 이 경우 비록 영수증에 해당하지만 신용카드매출전표(직불카드영수증·기명식 선불카드영수증·현금영수증 포함)를 받은 경우에도 2007.1.1. 이후 최초로 신고하는 분부터는 별도의 이면 확인 없이 세금계산서를 발급받은 것으로 보아 매입세액공제를 받을 수 있다.

① 사업자가 자기의 사업을 위하여 사용하였거나 사용할 목적으로 공급받은 재화 또는 용역에 대한 부가가치세액(대리납부한 부가가치세액을 포함한다)

② 사업자가 자기의 사업을 위하여 사용하였거나 사용할 목적으로 수입하는 재화의 수입에 대한 부가가치세액

2. 간주공급 및 안분계산 병행

미사용분에 대해서 매입세액공제를 적용받은 후 추후 사업을 위하여 사용하게 되면 아무런 문제가 없으나, 면세사업에 투입하거나 최종소비의 목적 등 사업과 관련이 없는 용도로 사용하게 되면 본래 매입세액공제를 적용하지 않는 분에 대하여 매입세액공제를 허용하게 되는 불합리한 결과가 초래된다. 따라서 「부가가치세법」에서는 이를 시정하기 위하여 다음과 같은 제도를 병행하여 운용하고 있다.

① 면세전용·개인적 공급에 대하여 공급으로 보아 과세하는 간주공급제도

② 공통매입세액의 안분계산 후 납부·환급세액의 재계산제도

3. 부가가치세 매입세액에 대한 「법인세법」상 손금 해당 여부

구분		법인세법상 처리
공제대상 매입세액		손금불산입
불공제대상 매입세액	① 면세사업(비과세사업 및 토지 포함) 관련 매입세액	자본적 지출 : 자산 취득가액 그 이외 지출 : 손금산입
	② 비영업용 소형승용자동차의 구입, 임차 및 유지 관련 매입세액	구입 : 자산 취득가액 유지 및 임차 : 손금산입
	③ 접대비 관련 매입세액	접대비로 보아 시부인계산
	④ 영수증 관련 매입세액	자본적 지출 : 자산 취득가액 그 이외 지출 : 손금산입
불공제대상 매입세액	⑤ 간주임대료 매입세액	실부담자가 손금산입
	⑥ 사업자의 귀책사유로 인한 불공제 매입세액(사업자등록 전 매입세액, 사업과 관련 없는 매입세액, 세금계산서 미수취 및 미제출분 등의 매입세액)	손금불산입

II 매입세액의 공제시기[1)]

1. 일반적인 매입세액 공제시기

재화 또는 용역의 공급에 따른 매입세액은 해당 재화 또는 용역의 사용·소비 또는 생산된 제품의 공급 여부와 부가가치세액의 지급 여부에 관계없이 그 공급시기가 속하는 예정 또는 확정신고기간의 매출세액에서 공제한다.

2. 재화의 수입에 따른 매입세액 공제시기

(1) 원칙

사업자가 자기의 사업과 관련하여 발급받은 수입세금계산서는 그 수입일이 속하는 예정신고기간 또는 과세기간의 매출세액에서 공제받을 수 있다.

(2) 수입세금계산서를 수입일이 속하는 과세기간 경과 후에 발급받은 경우

사업자가 자기의 사업과 관련된 재화의 수입에 따른 수입세금계산서를 수입일이 속하는 과세기간 경과 후에 발급받은 때에는 수입세금계산서를 발급받은 날이 속하는 과세기간의 매출세액에

1) 부가집 38-0-2

서 공제받을 수 있다.

3. 사업의 양도 시 발급받지 못한 수입세금계산서의 매입세액

사업양도자가 수입재화에 대한 수입세금계산서를 사업양도 시까지 발급받지 못하고 사업양도 후 사업양수자가 사업양도자 명의로 발급받은 경우에는 사업양수자가 해당 수입세금계산서를 발급받은 과세기간에 매입세액으로 공제받을 수 있다.

Ⅲ 공제대상 매입세액의 범위[2)]

1. 일반적인 매입세액공제는 자기사업과 관련하여 공제하고 적격증빙 필요

사업자가 재화 또는 용역을 공급받거나 재화를 수입하면서 부담한 부가가치세액으로서 자기의 사업을 위하여 사용되었거나 사용될 매입세액은 자기의 매출세액에서 공제할 수 있다. 이때 자기가 부담한 매입세액이 있는 경우라도 세금계산서, 매입자발행세금계산서, 신용카드매출전표 등이 아니면 공제받을 수 없다.[3)]

2. 사업자등록정정 의무를 이행하지 아니한 사업자의 매입세액

사업자가 사업장 이전·상호변경 등 사업자등록증 정정사유가 발생하였으나 이를 정정하지 아니하고 세금계산서를 발급받은 경우 해당 세금계산서의 필요적 기재사항 또는 임의적 기재사항에 의하여 그 거래사실이 확인되는 때에는 그 세금계산서의 매입세액을 매출세액에서 공제하거나 환급할 수 있다. 다만, 비영리법인이 수익사업 관련 재화를 공급받으면서 과세사업자로 별도로 등록하지 아니하고 사업자등록번호가 아닌 비영리법인의 고유법호로 세금계산서를 교부받은 경우 해당 세금계산서의 매입세액은 매출세액에서 공제되지 아니한다.[4)]

3. 공동시설에 관련된 매입세액은 자기부담분 만큼 공제 가능

둘 이상의 사업자가 공동으로 사용할 사업부대설비 공사를 그중 한 사업자의 명의로 계약을 체결한 경우 해당 설비건설용역을 제공하는 사업자는 각 사업자를 공급받는 자로 하여 세금계산서를 발급할 수 있으며, 그 용역을 공급받은 각 사업자는 자기가 부담한 매입세액을 공제받을 수 있다.[5)]

---

2) 부가집 38-0-1
3) 부가집 38-0-1 ①
4) 부가집 38-0-1 ②
5) 부가집 38-0-1 ③

4. 면세포기한 사업자의 매입세액

면세사업자가 면세포기를 하는 경우 면세포기한 사업에 대하여 해당 과세기간에 영세율이 적용되거나 부가가치세가 면제되는 재화·용역의 공급이 없는 때에도 그 과세기간의 면세포기사업과 관련된 매입세액은 자기의 매출세액에서 공제한다. 다만, 면세포기사업에 대하여 해당 과세기간에 면세되는 재화의 공급만이 있는 경우에는 면세사업에 관련된 매입세액으로 공제하지 아니한다.[6)]

5. 손해를 입힌 타인 재산에 대한 복구와 관련된 매입세액 공제 가능

사업자가 자기사업과 관련하여 타인의 재산에 손해를 입혀 해당 피해재산의 수리에 관련된 매입세액은 매출세액에서 공제한다.[7)]

6. 공급시기 이후 동일 과세기간 확정신고기한까지 발급받은 세금계산서 매입세액 공제 가능

재화 또는 용역의 공급시기 이후 그 공급시기가 속하는 과세기간에 대한 확정신고기한까지 세금계산서를 발급받은 경우 해당 세금계산서의 매입세액은 매출세액에서 공제한다.[8)]

7. 거래일 이후 공급자가 체납 또는 폐업·행방불명된 경우의 매입세액은 공제 가능

사업자가 자기의 사업을 위하여 정당한 세금계산서를 발급받았으나 거래일 이후 공급자가 체납 또는 폐업·행방불명된 경우에도 매입세액을 공제받을 수 있다.[9)]

8. 인·허가조건 기부채납자산의 취득과 관련된 매입세액

사업자가 과세되는 사업을 위하여 사회기반시설 등을 신축하여 지방자치단체에 기부채납하는 조건으로 인·허가를 얻은 경우, 해당 기반시설의 건설과 관련된 매입세액은 자기의 매출세액에서 공제할 수 있다. 다만, 해당 매입세액이 토지의 조성 등을 위한 자본적 지출과 관련된 매입세액에 해당하는 경우에는 매출세액에서 공제하지 아니한다.[10)] 또한 부동산임대업과 금융보험업을 겸영하는 법인사업자가 부동산임대업과 금융보험업에 사용할 본점 건물을 신축함에 있어, 본점 건물에 대한 인허가의 조건(건축법상 용적률의 상향 조정)으로 기존 지점 사업장 및 공원부지 일부에 대한 추가공사를

6) 부가집 38-0-1 ④
7) 부가집 38-0-1 ⑤
8) 부가집 38-0-1 ⑥
9) 부가집 38-0-1 ⑦
10) 부가집 38-0-1 ⑧

시행하여 지방자치단체에 이를 기부채납하기로 하고 지방자치단체로부터 무상사용권을 부여받는 등 경제적 대가관계 없이 무상으로 인도하는 해당 시설물에 대하여는 부가가치세가 면제되는 것이며, 해당 기부채납 시설물의 공사에 소요된 비용이 본점 건물에 대한 취득원가를 구성하는 경우로서 본점 건물의 과세사용면적과 면세사용면적이 객관적으로 구분되는 경우, 관련 매입세액은 공통매입세액안분계산 및 정산한다. 다만, 공원부지 일부의 조성 등에 관련된 매입세액이 토지의 자본적 지출에 해당하는 경우에는 매출세액에서 공제되지 아니한다. 또한 기부채납과 관련된 추가공사에 관한 발주 및 대금지급 등의 업무를 수행하는 본점에서 해당 세금계산서를 수취한 경우 해당 본점에서 매입세액공제 및 공통매입세액안분계산 등을 수행한다.[11)]

9. 화재 등으로 멸실된 재고상품의 매입세액은 공제 가능

과세사업에 사용 또는 소비하기 위하여 구입한 재화가 화재, 도난, 파손, 부패 등으로 멸실된 경우 해당 재화의 취득과 관련된 매입세액은 자기의 매출세액에서 공제한다.[12)]

10. 복리후생, 판촉 목적으로한 용역의 무상 공급은 매입세액 공제 가능

사업자가 사용인에 대한 복리후생, 고객에 대한 판매 확대를 위하여 용역을 무상으로 공급하는 경우 해당 용역의 공급에 관련된 매입세액은 매출세액에서 공제한다.[13)]

11. 공급시기 이후 6개월 이내 발급받은 세금계산서 관련 매입세액은 공제 가능

재화 또는 용역의 공급시기가 속하는 과세기간에 대한 확정신고기한 다음 날부터 6개월 이내에 세금계산서를 발급받고 수정신고·경정청구하거나 관할세무서장 등이 결정·경정하는 경우 해당 세금계산서의 매입세액은 매출세액에서 공제한다.[14)]

12. 공급시기 전 발급받은 세금계산서 관련 매입세액은 공제 가능

공급시기 전 세금계산서를 발급받고 발급일부터 30일 이내에 공급시기가 도래하며 해당 거래사실이 확인되어 과세관청이 결정·경정하는 경우 해당 세금계산서의 매입세액은 매출세액에서 공제한다.[15)]

11) 법규부가2014-76, 2014.04.10
12) 부가집 38-0-1 ⑨
13) 부가집 38-0-1 ⑩
14) 부가집 38-0-1 ⑪
15) 부가집 38-0-1 ⑫

13. 위탁매매·일반매매 착오인식 관련 매입세액은 공제 가능

다음의 경우 거래사실이 확인되고 부가가치세를 신고·납부한 경우 관련 매입세액은 매출세액에서 공제한다.

① 거래당사자 간 선택한 매매형식(위탁 또는 일반)에 따라 세금계산서를 발급받은 경우

② 거래당사자 간 선택한 용역의 공급방식(중개·주선 또는 일반)에 따라 세금계산서를 발급받은 경우

③ 위수탁용역에서 위탁자로부터 받은 사업비를 계약에 따라 수탁자의 공급가액에 포함 또는 제외하여 세금계산서를 발급받은 경우

14. 국가·공익단체 등에 무상으로 공급하는 재화의 매입세액공제

자기의 사업과 관련하여 생산하거나 취득한 재화를 국가·지방자치단체 등에 무상으로 공급하는 경우 해당 재화의 매입세액은 매출세액에서 공제하나, 자기의 사업과 관련 없이 취득한 재화를 국가·지방자치단체 등에 무상으로 공급하는 경우 해당 재화의 매입세액은 공제하지 아니한다.[16)]

15. 여행업의 매입세액공제 범위

「관광진흥법」에 따른 여행업을 영위하는 사업자의 공급가액은 여행알선용역을 제공하고 받는 수수료이므로 해당 여행알선용역의 공급에 직접 관련되지 아니한 관광객의 운송·숙박·식사 등에 따른 매입세액은 공제하지 아니한다.[17)]

16. 공급계약 취소에 따른 매입세액 납부

사업자가 중간지급조건부로 재화를 공급받기로 약정하고 계약금 및 중도금에 대한 세금계산서를 발급받아 매입세액으로 공제받았으나, 거래상대방의 폐업으로 당초 계약이 취소되어 재화를 공급받지 못한 경우에는 그 사유가 발생한 때가 속하는 과세기간에 당초에 공제받은 매입세액을 납부세액에 가산하여 정부에 납부하여야 한다.[18)]

17. 사업의 양도 시까지 발급받지 못한 수입세금계산서 처리

사업양도자가 수입재화에 대한 수입세금계산서를 사업양도 시까지 발급받지 못하고 사업양도 후 사업양수자가 사업양도자명의로 발급받은 경우에는 해당 수입세금계산서를 발급받은 과세기간에 매입

16) 부가집 38-0-4
17) 부가집 38-0-5
18) 부가집 38-0-6

세액으로 공제받을 수 있다.[19]

18. 수입세금계산서에 의한 매입세액공제

사업자가 자기의 사업과 관련된 재화의 수입에 따른 수입세금계산서를 수입일이 속하는 과세기간 경과 후에 발급받은 때에는 수입세금계산서를 발급받은 날이 속하는 과세기간의 매출세액에서 공제받을 수 있다.[20]

19. 과세·면세 사업자등록 정정 전에 면세사업자번호로 수취한 세금계산서 매입세액공제

면세사업자가 2016.7.19. 과세·면세경업자로 사업자등록 정정신청을 한 경우 1월~6월까지 재화 또는 용역을 공급받고 면세사업자등록번호로 발급받은 세금계산서는 매출세액에서 공제 가능한 것이며, 이 경우 과세사업과 면세사업 등에 공통으로 사용되어 실지귀속을 구분할 수 없는 공통매입세액은 안분계산한다.[21]

20. 국내사업장이 없는 외국법인과 공동기술개발을 하면서 발생한 비용의 매입세액공제

국내과세사업자가 국내사업장이 없는 외국법인과 국내사업장에서 공동으로 기술개발을 하면서 비용을 공동으로 분담하고 개발결과물을 외국법인과 공동으로 소유하는 계약을 체결하고 이와 관련하여 국내의 다른 사업자로부터 재화 또는 용역을 공급받고 관련 세금계산서를 전부 발급받는 경우 자기지분을 초과하는 매입세액은 매출세액에서 공제할 수 없다.[22]

21. 사업장을 보유한 사업자가 다른 사업장을 타인명의로 등록한 경우 매입세액공제 여부

타인의 명의로 사업자등록을 하여 사업을 하는 것으로 확인되는 경우로서 그 타인의 명의로 등록된 사업장에서 재화 또는 용역을 공급받고 해당 사업장의 사업자등록번호가 기재된 세금계산서를 발급받은 경우에는 발급받은 세금계산서의 필요적 기재사항이 사실과 다르게 적힌 경우로 보지 아니하는 것이며 위 회신내용은 회신일 이후 경정·결정하는 분부터 적용한다.[23]

---

19) 부기통 38-0-3
20) 부기통 38-0-7
21) 사전-2016-법령해석부가-0320[법령해석과-2472], 2016.07.28.
22) 부가가치세과-970, 2012.09.24
23) 기획재정부 부가가치세제과-519, 2017.10.12

22. 소송비용

(1) 과징금 부과 및 고발에 대한 법률비용의 매입세액공제 여부

기업의 가격담합행위에 대한 감독기관의 과징금 부과 및 고발로 인하여 지출하는 법률비용이 자기의 사업을 위하여 지출된 경우에는 매출세액에서 공제한다.[24)]

(2) 사업장 수용 보상금과 관련하여 소송을 진행하는 경우 소송비용 관련 매입세액공제 여부

제조업 및 부동산임대업을 영위하는 사업자가 「도시 및 주거환경정비법」에 따른 재개발정비사업지구 내 소재한 사업장이 같은 법에 따라 수용되었으나 그 보상가격에 이의가 있어 정비사업조합과 사업시행인가 무효확인소송 및 명도소송을 진행하며 지출한 소송비용 관련 매입세액은 업무무관비용에 해당하여 공제하지 아니한다.[25)]

23. 할인하여 구입한 상품권으로 재화를 구입하고 현금영수증을 발급받는 경우 매입세액공제 범위

사업자가 할인하여 구입한 상품권으로 대형할인점에서 재화를 구입하면서 해당 상품권의 액면금액 상당액이 기재된 현금영수증을 발급받는 경우로서 상품권을 구입한 거래와 재화를 구입한 거래가 연속된 하나의 거래에 해당하는 경우에는 그 재화를 구입하기 위해 실지로 지출한 금액(상품권 구입가액)을 초과하여 발급받은 현금영수증에 대한 매입세액은 매출세액에서 공제하지 아니한다.[26)]

24. 임대업자의 등록세 중과처분에 대한 소송비용 매입세액공제 가능

부동산임대업자가 지방자치단체의 임대부동산 등록세 중과처분에 대하여 법무법인과 소송수행계약을 체결한 후 법원으로부터 해당 등록세 부과처분 취소통보를 받음에 따라 법무법인에게 소송비용을 지출하면서 세금계산서를 발급받은 경우 매입세액을 공제할 수 있다.[27)]

25. 건설용역 제공대가를 대물로 변제받은 경우 매입세액 공제 가능

건설업자가 건물신축판매업자와 건물신축 공사도급계약을 체결하고 공사대금을 신축건물 중 일부로 대물변제받는 경우 건설업자는 자기가 공급한 건설용역대가 전체를 공급가액으로 하고 건물신축판매업자는 대물변제하는 부동산 가액을 공급가액으로 하여 각각 세금계산서를 교부하여야 하는 것이

24) 기획재정부 부가가치세제과-19, 2017.01.10
25) 서면-2020-법령해석부가-6271 [법령해석과-1698], 2021.05.13
26) 부가-150, 2012.02.15
27) 법규과-634, 2010.04.19

며, 세금계산서를 교부받은 사업자는 교부받은 세금계산서상의 매입세액을 각각 자기의 매출세액에서 공제(환급)받는다.[28)]

26. 국내외 특수관계자와의 거래시 매입세액 공제 사례

(1) 매출세액을 초과하는 매입세액의 공제 가능 여부

1) 사실관계

- 주식회사 AA코리아(이하 "신청법인"이라 한다)는 고가의 의료장비(MRI, CT 등)를 수입하여 국내병원에 판매하는 사업을 영위하고 있음
- 신청법인이 국내병원에 판매하는 의료장비(세트)는 다양한 물품으로 구성되어 있으며 대부분의 물품은 신청법인의 홍콩지점이 국외제조법인으로부터 구입(이하 "해외조달물품"이라 한다)하여 공급하고, 일부 품목에 대해서는 신청법인(본점)이 국내에서 조달(이하 "국내조달물품"이라 한다)하여 공급하기도 함
- 공급계약은 신청법인(본점)과 국내병원이 체결하며, 의료장비세트의 공급가액은 구성품목별로 구분되지 아니하고 일괄하여 정해짐
  - 의료장비 공급가격에는 의료장비의 가격뿐만 아니라 설치용역 및 보증(유지보수)용역의 대가가 포함된 것이며, 보증기간 이후에는 별도의 계약에 따라 유지보수용역을 제공하게 됨
- 계약의 유형은 통상 다음과 같은 세 가지 경우로 나뉨

유형 ①	병원이 100% 은행 L/C를 개설하여 외화로 구매하는 경우로서 이 경우는 모든 구매물품이 해외조달물품으로 구성되며, 병원이 직접 수입·통관함
유형 ②	100% 원화자금으로 구매하는 경우로서 이 경우는 신청법인이 해외조달물품을 직접 수입·통관하여 국내병원에 공급
유형 ③	상기 유형①과 유형②가 혼합된 경우

- 계약의 유형별로 세금계산서는 다음과 같이 발급되었음

유형 ①	수입 시 국내병원은 세관장으로부터 수입세금계산서를 발급받고(수입신고 금액에는 설치용역과 유지보수용역의 대가가 포함), 국내본점은 병원에 별도의 세금계산서를 발급하지 아니함
유형 ②	신청법인(본점)이 해외조달물품 수입 시 세관장으로부터 수입세금계산서를 발급받고, 국내병원에 공급가액 전체에 대하여 세금계산서를 발급
유형 ③	유형①과 유형②가 혼합된 경우

- 대금지급은 유형①의 경우 국내병원이 L/C 개설하여 외화로 신청법인 홍콩지점에 송금하고, 유형②의 경우는 신청법인에 원화로 지급

28) 상담3팀-93, 2008.01.10

• 신청법인(본점)은 의료장비 공급에 따른 설치용역과 유지보수용역을 제공(보증기간)

☞ MRI(자기공명영상) 장비를 설치(Install)하는 경우의 예

> ① 여러 덩어리로 분해되어 수입된 주요 장비를 병원 내에 설치(케이블 연결, 마그넷에 자장을 걸어주는 작업, 시스템안정화 작업)
> ② 장비가 설치될 공간에 대한 차폐장치 설치(MRI의 경우 자기장 내에서 고주파를 사용하므로 고주파차폐와 자장차폐시설 필요)
> ③ MRI의 마그넷 냉각과 영상을 만들기 위한 경사자장장치에서 발생하는 열을 식혀주기 위한 수냉각시설의 설치
> ④ 기타 설치공간 내부의 일정 온도와 습도 유지를 위한 에어컨 시스템 설치 등이 포함됨

2) 질의사항

의료장비 판매업을 하는 신청법인(본점:국내, 지점:홍콩)이 국내외에서 의료장비를 구입(수입)하여 국내병원에 공급하는 경우로서

[질의1] 국내병원에 공급하는 의료장비의 공급가액을 매입가격보다 낮게 책정함에 따라 매입세액이 매출세액을 초과하는 경우 매출세액을 초과하는 매입세액을 공제받을 수 있는지 여부

☞ [질의1] 관련 내용

신청법인이 공급하는 의료장비는 가격이 높고 업체 간 경쟁이 심하여 때로는 시장확보를 위하여 의료장비 매입가격보다 낮은 가격으로 판매가격을 책정하는 경우가 있는데 이 경우는 의료장비의 보증기간이 지난 후에 유지보수계약을 통하여 손실을 보전할 수 있기 때문에 전체적으로는 신청법인의 수익이 발생하는 구조임

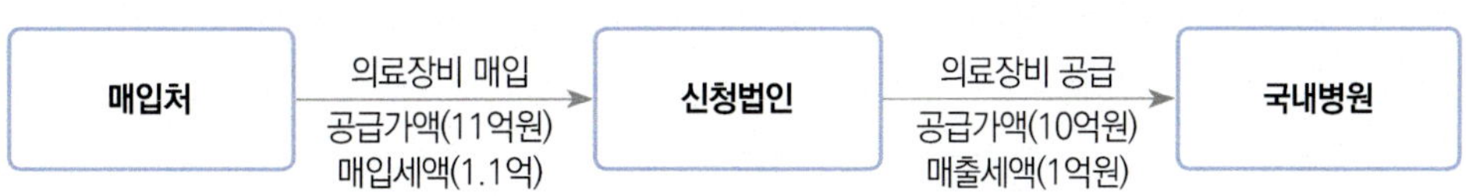

[질의2] 국내병원이 의료장비 세트(여러 가지 품목으로 구성됨)를 신청법인의 홍콩지점으로부터 수입(설치용역 포함)하기로 하였으나 일부 구성품목을 국내 본점이 동일한 국내조달물품으로 대체하여 공급하는 경우 대체하여 공급하는 물품의 매입세액을 매출세액에서 공제받을 수 있는지 여부

☞ [질의2] 관련 내용

• 신청법인은 병원이 모든 물품(MRI세트 50개 품목)을 해외조달물품으로 수입하기를 원하여

그와 같은 계약을 체결(유형①)한 경우라도 수입하기로 한 물품 중 일부 구성품목(10개 품목)이 국외보다 국내에서 저렴한 비용으로 조달 가능하면 그 품목을 수입품목에서 제외하여 신청법인이 국내에서 조달한 물품으로 대체(이하 "국내대체물품"이라 한다)하여 공급하는 경우가 있음

- 이 경우 신청법인은 대체 공급하는 물품의 대가가 이미 수입가액에 포함되어 있으므로 국내대체물품의 공급에 대하여 별도의 세금계산서는 발급하지 아니함(신청법인 본점의 매출로 신고를 하지 않음)
- 국내대체물품의 매입세액은 불공제로 신고하였음

• 국내병원은 계약상 공급받기로 한 물품이 모두 제공되었기 때문에 신청법인이 수입물품의 일부를 국내조달물품으로 대체한 것에 대하여 지금까지 문제 삼지 않았음. 또한, 수입신고 과정에서도 병원이 수입하기로 한 해외조달물품이 모두 실제 수입되었는지 또는 일부 제외된 것이 있는지 여부는 세관에서 확인하지 아니함

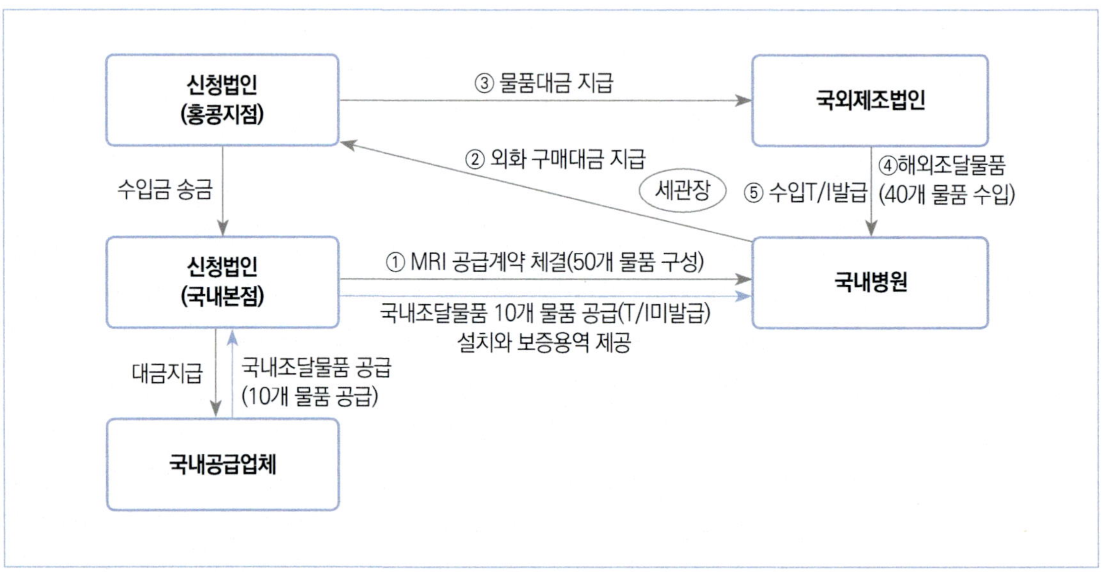

3) 답변

의료장비 도·소매업을 영위하는 신청법인이 판매전략상의 이유로 매입가격보다 낮은 가격으로 의료장비를 판매함에 따라 의료장비 공급에 따른 매출세액이 매입세액에 미달하는 경우 해당 매입세액은 신청법인의 매출세액에서 공제되는 것이며, 신청법인이 홍콩지점을 통하여 국외조달한 의료장비(여러 가지 품목으로 구성된 물품으로서 이하 "쟁점장비"라 한다)를 국내병원에 공급하기로 하고 쟁점장비를 국내병원이 직접 수입·통관함에 따라 국내병원이 관할 세관장으로부터 수입세금계산서를 발급받은 경우로서 쟁점장비의 구성품목 중 일부 품목을 신청법인이 임

의로 국내에서 조달한 물품(이하 "국내조달물품"이라 한다)으로 대체하여 공급하고 수입물품에서 제외하는 경우 신청법인은 국내조달물품의 공급에 대하여 국내병원에 매출세금계산서를 발급해야 하는 것이며, 국내병원은 수입물품에서 제외된 쟁점장비의 구성품목에 대하여 관할세관장으로부터 수정 수입세금계산서를 발급받아야 한다. 이 경우 신청법인이 국내조달물품의 매입시 부담한 부가가치세액이 매입세액 불공제 항목 중 어느 하나에 해당하지 아니하는 경우에는 매출세액에서 공제할 수 있다.[29]

(2) 특수관계자로부터 재화 또는 용역을 고가매입한 경우

특수관계자로부터 재화 또는 용역을 고가매입한 경우 원칙적으로 해당 매입세액은 공제된다.[30] 그러나 이는 해당 거래가격이 조세회피의사가 없는 상태에서 결정된 경우에만 적용하는 것으로 당사자 간 거래에 있어서 이를 입증하지 못하면 매입세액공제를 적용받지 못할 수도 있다. 즉, 처분청에서 관내 2011년도 건물신축공사 내역을 표본 확인하여 비교(시공사와 특수관계자가 아닌 자)한 바, 일반적으로 근린생활시설 건축물 신축공사비는 면적과 공사기간에 따라 공사비용이 다소간 차이가 날 뿐인데, 쟁점건물은 표본업체 평균 신축건물 공사비용에 비하면 3.6배나 높다고 조사된 점, 공사도급자인 코오롱글로텍과 특수관계자인 코오롱건설이 시공한 쟁점건물 공사금액은 현저하게 과다 책정한 것으로 나타나므로 쟁점건물 신축에 소요된 비용 상당액을 시가로 보기에 부적정한 것으로 조사된 점, 청구인이 신고한 매입가액이 적정한 거래가격임을 입증할 신빙성 있는 증빙자료를 제시하지 못하고 있는 점을 감안하면, 청구인이 당초 신고한 매입가액은 쟁점건물의 거래 당시 시가를 적정하게 반영한 가액이라고 인정하기는 어려운 것으로 판단되며 해당 매입세액을 불공제한 처분은 잘못이 없는 것으로 판단한다.[31]

(3) 국외특수관계자와의 거래에 있어서 정상가격에 의한 과세조정을 적용하는 경우

국외특수관계자와의 재화 또는 용역의 거래에 있어서 「국제조세조정에 관한 법률」 제4조에 따라 정상가격에 의한 과세조정을 적용하는 경우라고 하여 「부가가치세법」에 따라 재화 또는 용역의 공급에 대하여 부당하게 낮은 대가를 받은 경우에 해당된다고 판단할 수 없다. 다만, '재화 또는 용역의 공급에 대하여 부당하게 낮은 대가를 받은 경우'에 해당하는지 여부와 관련하여 '시가'를 판단하는 경우에 「국제조세조정에 관한 법률」 제4조에 따른 정상가격을 고려할 수 있다. 따라서 국외특수관계자와의 재화 또는 용역의 거래에 있어서 정상가격에 의한 과세조정을 적용하는 경우라고 하여 「부가가치세법」에 따라 재화 또는 용역의 공급에 대하여 부당하게 낮은 대가를 받은 경우에 해당된다고 판단할 수 없다.[32]

---

29) 법규부가2012-262, 2012.09.07
30) 법규과-1464, 2010.09.24
31) 조심2012구2902, 2012.10.24
32) 기획재정부 부가가치세제과-607, 2011.09.30

27. 선하증권 매매 시 세금계산서 매입세액공제 가능

사업자가 과세되는 선하증권을 매입하면서 교부받은 세금계산서의 공급가액이 동 선하증권 관련 재화의 수입통관 시 세관장으로부터 교부받은 수입세금계산서의 공급가액이 포함되어 기재된 경우, 동일한 보세구역 내에서의 선하증권의 매매는 재화의 공급에 해당하여 당해 거래시기에 교부받은 세금계산서는 정당하므로 매입세액공제가 가능하다.[33)]

28. 국고보조금 관련 매입세액공제

(1) 국고보조금을 수령하여 취득한 자산 관련 매입세액공제 가능 여부

사업자는 자기의 사업을 위하여 사용되었거나 사용될 재화 또는 용역의 공급에 대한 매입세액은 불공제되는 매입세액을 제외하고는 자기의 매출세액에서 공제할 수 있는 것으로 당해 매입세액과 관련된 공급대가를 지급함에 있어서 그 재원에 정부출연금이 포함되어 있는지의 여부와는 무관하다.[34)]

(2) 보조금을 재원으로 재화 또는 용역을 공급받는 경우 관련 매입세액의 공제 가능 여부

부동산임대사업 등 과세사업을 영위하는 사업자(이하 "신청인"이라 함)가 지방자치단체로부터 받는 보조금을 재원으로 과세사업을 위한 재화 또는 용역을 공급받고 발급받은 세금계산서상의 매입세액은 매입세액 불공제 항목에 해당하는 경우를 제외하고는 자기의 매출세액에서 공제할 수 있는 것이며, 신청인이 재화 또는 용역의 공급과 직접 관련되지 않는 공공보조금을 지급받아 과세사업을 영위하는 경우 매입세액의 안분계산 시 해당 보조금은 비과세사업의 공급가액에 포함되지 않는다.[35)]

(3) 보조금과 자체자금으로 건물을 신축하고 해당 건물을 과세·면세사업에 공통 사용하는 경우

비영리단체가 지방자치단체로부터 받은 보조금과 자체자금으로 건물을 신축하고 해당 신축건물을 과세사업과 면세사업 등에 사용하는 경우 신축 관련 매입세액은 공통매입세액 안분계산 규정에 따라 안분계산한다.[36)] 즉, 사업자가 과세사업과 면세사업 등을 겸영(兼營)하는 경우에 과세사업과 면세사업 등에 관련된 매입세액의 계산은 실지귀속(實地歸屬)에 따라 하되, 실지귀속을 구분할 수 없는 매입세액(이하 "공통매입세액"이라 한다)은 총공급가액에 대한 면세공급가액의 비율 등 대통령령으로 정하는 기준(이하 "공통매입세액 안분기준"이라 한다)을 적용하여 대통령령으로

33) 부가가치세과-352, 2014.04.18
34) 부가가치세과-1623, 2011.12.26
35) 서면법규과-608, 2013.05.28
36) 서면-2016-부가-2956[부가가치세과-291], 2016.02.15

정하는 바에 따라 안분하여 계산한다.

29. 주택신축판매업자의 매입세액공제 및 환급

(1) 모델하우스 건립비용

국민주택규모 이하 아파트와 국민주택규모 초과 아파트를 건설하여 분양하는 사업자가 당해 신축아파트 분양 등을 위하여 모델하우스를 건립하는 경우 동 모델하우스 관련 매입세액은 당해 사업자가 신축하는 부가가치세가 과세되는 아파트와 면세되는 아파트의 연면적비율로 안분계산하여 과세사업 관련 매입세액과 면세사업 관련 매입세액으로 구분한다.[37] 또한, 국민주택 건설용역에 부수하여 관련 모델하우스 건설용역을 함께 제공하는 경우에는 면세하는 것이나, 모델하우스 건설용역만을 별도로 제공하는 경우에는 과세된다.[38]

(2) 오피스텔 분양 광고선전비

사업자가 토지와 그 토지 위에 오피스텔을 신축하여 공급하는 경우 토지에 대하여는 부가가치세가 면제되며, 오피스텔 신축과 관련된 매입세액은 매출세액에서 공제되는 것이나 오피스텔 분양을 위한 광고선전에 관련된 매입세액은 안분계산한다.[39]

(3) 분양대행수수료 등 제반경비

과세사업과 면세사업을 겸영하는 경우 당해 부동산에 관련된 분양대행수수료 매입세액의 계산은 실지귀속에 따라 하되, 과세사업과 면세사업에 공통으로 사용되어 실지귀속을 구분할 수 없는 때에는 안분계산한다.[40]

(4) 상가분양 관련 개발비의 과세 여부 등

상가를 신축·분양하는 사업자가 토지 및 건물의 분양대금과는 별도로 분양, 상가홍보, 인테리어 등을 위한 명목으로 개발비를 받는 경우 동 개발비는 과세되는 것이며, 개발비 명목으로 받은 금액을 재원으로 지출한 비용 중 인테리어비 등 그 귀속이 건물에 해당하는 비용에 관련된 매입세액은 공제되는 것이나, 당해 상가의 분양 및 홍보를 위한 분양대행료, 광고료 등의 지급에 관련된 매입세액은 과세·면세 공급가액 비율로 안분계산하여야 한다.[41]

37) 부가46015-770, 1998.04.18
38) 서면3팀-616, 2005.05.06
39) 부가22601-266, 1991.03.04
40) 부가가치세과-1697, 2009.11.25
41) 서삼46015-11116, 2003.07.11

(5) 시행사가 시공사에 지급하는 인센티브의 매입세액공제 여부

건설용역을 제공하는 사업자가 시행사에게 각종 시공용역, 광고, 분양대행업무 등의 업무를 포괄적으로 제공하는 도급계약을 체결하면서 당해 사업이 종료된 후 시행사가 얻게 되는 일정목표 초과이익 중 일부를 인센티브 형식으로 지급받거나, 일정목표 초과이익에 미달하는 경우 그 미달액 중 일부를 당초 공사도급금액에서 차감하기로 약정한 경우 당해 사업자가 지급받거나 지급할 금액이 확정되는 때에 수정세금계산서를 교부한다.[42)]

(6) 매매목적 건물의 신축과 관련된 매입세액의 조기환급대상 여부

사업자가 사업설비를 신설·취득·확장 또는 증축하는 때에는 조기환급대상이 되는 것이나, 부동산매매업을 영위하는 사업자가 매매목적의 건물을 신축하는 경우 신축과 관련된 매입세액은 조기환급대상에 해당되지 아니한다.[43)]

(7) 상가분양 관련 개발비의 과세 여부 등

상가를 신축·분양하는 사업자가 토지 및 건물의 분양대금과는 별도로 분양, 상가홍보, 인테리어 등을 위한 명목으로 개발비를 받는 경우 동 개발비는 과세되는 것이며, 개발비 명목으로 받은 금액을 재원으로 지출한 비용 중 인테리어비 등 그 귀속이 건물에 해당하는 비용에 관련된 매입세액은 공제되는 것이나, 당해 상가의 분양 및 홍보를 위한 분양대행료, 광고료 등의 지급에 관련된 매입세액은 과세·면세 공급가액 비율로 안분계산하여야 한다.[44)]

30. 음식점업 관련 매입세액공제

(1) 용역의 자가공급 및 무상공급과 관련된 매입세액공제 범위

음식점업은 용역의 제공이므로 자가공급에 대한 간주공급 규정이 적용되지 아니하므로 해당 세금계산서 수취분에 대한 매입세액은 공제 가능하다. 또한, 과세대상인 음식점업을 영위하는 사업자가 면세 미가공농산물 등을 매입하여 수취한 계산서 해당분은 법에서 정하는 일정금액을 의제매입세액으로 공제한다. 외국어학원과 음식점을 운영하는 법인사업자가 음식점(지점1)에서 외국어학원(지점2) 소속직원에게 무상으로 음식용역을 제공하는 경우 이와 관련된 매입세액은 자기의 매출세액에서 공제받을 수 있는 것이나, 외국어학원의 거래처직원에게 무상으로 음식용역을 제공하는 경우에는 이와 관련된 매입세액은 자기의 매출세액에서 공제받을 수 없다.[45)]

42) 서면-2015-부가-0382[부가가치세과-1470], 2016.07.10
43) 부가46015-1732, 1998.07.28
44) 서삼46015-11116, 2003.07.11
45) 법규부가2012-498, 2012.12.27

(2) 사업상 가해재산의 복구와 관련된 매입세액 공제가능

음식점업을 영위하는 사업자가 손님의 재산에 손해를 입혀 당해 피해재산을 수리한 때에 이와 관련된 매입세액은 매출세액에서 공제할 수 있다.[46]

(3) 고속도로휴게소 내 미등록사업장에 대한 매입세액 불공제

고속도로휴게소 내에 1년 이상 입점하여 자기책임하에 고객에게 국수 등을 공급하고 매장수수료를 제외한 나머지를 수수료로 받았으므로 이는 단순히 납품만 하였다고 볼 수 없고, 별개의 미등록사업장으로 보아 사실과 다른 세금계산서로 보아 관련 매입세액을 불공제한 것은 정당하다.[47]

31. 비영리법인이 출연금을 재원으로 취득한 장비를 임대하고 사용료를 받는 경우

「한국과학기술원법」에 따라 설립된 한국과학기술원이 나노기술의 발전을 위하여 「나노기술개발 촉진법」에 따라 나노종합기술원을 부설기관(지점)으로 설립하여 정부출연금을 재원으로 나노장비를 취득한 후 고유의 목적사업을 위하여 장비를 임대하고 실비 상당의 사용료를 받는 경우 부가가치세가 면제되므로 장비취득 관련 매입세액은 불공제되는 것이며, 이 경우 장비사용료가 실비인지 여부는 사실판단할 사항이다. 또한 위 장비임대가 과세사업인 경우로서 해당 장비를 비과세사업에 공통으로 사용하여 장비취득 관련 매입세액의 실지귀속을 구분할 수 없는 경우에는 안분계산하는 것이며, 비과세사업에 공통으로 사용하는지 여부는 실제 사업내용 및 장비이용현황에 따라 사실판단할 사항이다.[48]

32. 용역대가와 별도로 소요경비를 실비 지급하는 경우 세금계산서 수취 및 매입세액공제 가능

과세사업을 영위하는 사업자가 거래처로부터 용역을 공급받고 용역대가와 별도로 거래처의 용역 수행 과정에서 소요되는 교통비, 문서비 등의 경비를 실비로 지급하는 경우 거래처는 해당 경비를 부가가치세 공급가액에 포함하여 사업자에게 세금계산서를 발급하는 것이며, 사업자는 관련 매입세액을 공제받을 수 있다.[49]

33. 콘도미니엄을 신축 · 분양할 수 있는 사업권을 매입하는 경우 매입세액 안분계산

콘도미니엄을 신축 · 분양하는 사업을 영위하고자 하는 사업자(이하 "양수인")가 기존에 해당 사업을

---

46) 부가1265-1934, 1980.09.16
47) 조심2010전0350, 2010.03.19
48) 서면-2021-법령해석부가-1344 [법령해석과-1167], 2021.04.01
49) 사전-2021-법령해석부가-0919 [법령해석과-2419], 2021.07.09

위해 보유토지의 개발행위 및 인허가 업무, 관련 용역계약 체결 등 사업을 진행해 오던 다른 사업자로부터 토지와 사업권을 매입하는 경우 사업권 관련 매입세액은 양수인의 매출세액에서 공제하는 것이나 해당 사업권대가에 토지에 대한 자본적 지출에 관련된 비용이 포함되어 있는 경우 관련 매입세액은 실지귀속으로 구분하여 공제하지 아니하는 것이며 실지귀속이 구분되지 아니하는 경우에는 총매입가액(공통매입가액 제외)에 대한 토지의 취득 · 조성과 관련된 매입가액의 비율에 의하여 안분계산한다. 또한 콘도미니엄의 신축 · 분양사업이 토지와 건물의 공급으로서 과면세 겸영사업에 해당하는 경우 사업권 관련 매입세액(토지에 대한 자본적 지출 관련 매입세액 차감 후의 세액) 중 면세사업 관련 매입세액은 실지귀속으로 구분하여 공제하지 아니하는 것이며 실지귀속이 구분되지 아니하는 경우에는 안분계산한다.[50)]

34. 플랫폼사가 발급한 신용카드매출전표에 대해 구매자가 신용카드매출전표 수취분에 대한 매입세액은 불공제함

온라인 중개플랫폼을 운영하는 사업자(이하 “수탁자”)가 실제 판매자(이하 “위탁자”)의 재화를 판매대행하는 형태로 수탁자가 재화를 인도하고 위탁자가 아닌 수탁자명의로 부가가치세액이 별도로 구분 가능한 신용카드매출전표 등을 발급하는 경우, 해당 신용카드매출전표 등을 발급받은 사업자는 매입세액으로 공제받을 수 없다.[51)]

35. 토지임대목적 건물철거비용 관련 매입세액

사업자가 상가건물 임대업을 영위하던 중 주차장 운영사업자에게 상가건물 부지를 임대하고자 임대업에 사용하던 상가건물을 철거하는 경우 해당 상가건물의 철거비용 관련 매입세액은 토지 관련 매입세액에 해당하지 않는다.[52)]

36. 부동산임대업의 포괄양도를 위해 지급한 중개수수료 관련 매입세액공제 가능

부가가치세 과세대상인 부동산임대업을 영위하던 사업자가 임대사업을 양도하면서 부담한 중개수수료 관련 매입세액은 매출세액에서 공제된다.[53)]

---

50) 사전-2021-법령해석부가-0900 [법령해석과-2420], 2021.07.09
51) 서면-2022-법규부가-1413 [법규과-2933], 2022.10.13
52) 서면-2021-법규부가-5277 [법규과-1586], 2022.05.23
53) 기획재정부 부가가치세제과-10 , 2022.01.07

Ⅳ 둘 이상의 사업장에 관련된 매입세액공제

1. 법인의 사업장 신설과 관련된 매입세액

① 사업자가 사업장을 확장하거나 이전하기 위하여 기존사업장 외의 장소에 건물을 취득하면서 매입세금계산서를 기존사업장 명의로 발급받는 경우 해당 신설사업장이 과세사업을 영위하는 때에는 기존사업장의 매출세액에서 공제할 수 있다.

② 신설사업장의 사업자등록일 이후에도 신설사업장의 건설용역에 대한 세금계산서를 기존사업장 명의로 발급받은 경우 해당 세금계산서의 매입세액은 기존사업장에서 공제받을 수 있다.

③ 신설사업장의 건설이 완료된 경우에도 기존사업장에서 신설사업장으로 세금계산서를 발급하지 아니한다.

④ 사업장 이전목적으로 매입한 건물로 이전하지 못하고 매각하는 경우에도 해당 건물의 구입과 관련된 매입세액은 추징하지 않는다.

2. 개인사업자의 사업장 신설에 따른 매입세액

① 개인사업자가 사업장을 확장하거나 이전하기 위하여 기존사업장 외의 장소에 건물을 취득하면서 매입세금계산서를 기존사업장 명의로 발급받는 경우 해당 신설사업장이 과세사업을 영위하는 때에는 기존사업장의 매출세액에서 공제할 수 있다.

② 과세사업을 영위하는 개인사업자가 다른 지역에 기존 사업내용과 관련 없는 사업장을 설치하는 경우 해당 신설사업장의 설치와 관련된 매입세액은 기존사업장에서 공제되지 않는다.

③ 개인사업자가 기존사업장의 업종과 다른 사업을 영위하기 위하여 기존사업장 외의 장소에서 건물을 신축하는 경우 사업자등록정정신고 또는 별도의 사업자등록을 하지 아니하고 건물신축 관련 매입세액을 기존사업장에서 공제받을 수 없다.

3. 계약·발주·대금결제하는 사업장과 인도받은 사업장이 다른 경우

계약·발주·대금결제하는 사업장과 인도받은 사업장이 다른 경우의 매입세액본사와 공장 등 둘 이상의 사업장이 있는 사업자가 거래를 함에 있어서 계약, 발주, 대금결제 등 거래는 본사에서 이루어지고 재화는 운송편의를 위하여 실질적으로 사용, 소비하는 공장으로 인도받는 경우 세금계산서는 본사 또는 공장 어느 쪽에서도 발급받을 수 있으며, 발급받은 사업장에서 매입세액으로 공제받을 수 있다.

4. 관련 사례

(1) 제조업 영위 법인이 부동산임대업을 추가한 경우 사업자미등록 시 불이익

제조업을 영위하는 법인이 정관을 개정하여 사업목적에 부동산임대를 추가한 후 기존사업장 이외의 다른 장소에 건물을 신축하여 부동산임대업에 공한 경우, 당해 건물의 신축과 관련하여 기존사업장 명의로 교부받은 세금계산서의 매입세액은 기존사업장의 매입세액으로 공제받을 수 있는 것이며, 당해 건물소재지를 관할하는 세무서장에게 부동산임대업에 대한 사업자등록을 하지 아니하고 부동산임대에 대한 부가가치세를 제조업의 사업장을 관할하는 세무서장에게 신고. 납부한 경우 건물소재지를 관할하는 세무서장은 부동산임대에 따른 매출세액과 미등록가산세 및 신고·납부 불성실가산세를 추징하는 것이며, 제조업의 사업장을 관할하는 세무서장은 당해 사업자의 과세표준과 납부세액 또는 환급세액을 경정하여 당해 사업자가 이미 신고·납부한 부동산임대에 따른 매출세액을 환급하여야 한다.[54)]

(2) 음식점업자가 부동산임대업을 위해 건물 신축 시 사업자등록 정정 미신고 시 불이익

「부가가치세법」은 사업자를 납세의무자로 규정하면서, 사업장마다 따로 사업자등록을 하도록 정하여 사업장을 실질적인 납세단위로 삼아 사업장마다 부가가치세를 신고·납부하도록 하고 있으므로, 「부가가치세법」에서 공제 가능한 매입세액으로 규정하고 있는 '자기의 사업을 위하여 사용되었거나 사용될 재화 또는 용역의 공급에 대한 세액'은 동일한 사업장 내에서 그 사업장의 사업상 필요에 의하여 사용되었거나 사용될 재화 또는 용역의 공급에 대한 세액을 의미한다 할 것이다.[55)] 따라서 음식업을 영위하는 개인사업자가 부동산임대업을 영위하기 위하여 기존사업장 이외의 다른 장소에서 건물을 신축하는 경우 당해 건물의 신축과 관련하여 기존사업장 명의(사업자등록증상 사업의 종류를 추가하는 사업자등록정정신고를 하지 아니함)로 교부받은 세금계산서상의 매입세액은 기존사업장의 매입세액으로 공제받을 수 없다.[56)]

(3) 사업장을 이전할 목적으로 건물을 매입하여 제조업에 사용될 예정인 경우

제조업을 영위하는 사업자가 사업장을 이전할 목적으로 기존사업장에서 다른 장소에 있는 건물을 매입하여 제조업에 사용될 예정인 경우에는 당해 건물 매입세금계산서를 기존사업장 명의로 받은 경우에는 기존사업장 매입세액으로 공제받을 수 있는 것이나, 사업장을 이전하기 전에 건물을 임대하는 경우에는 당해 부동산임대사업에 대하여 사업자등록을 하고 부가가치세를 신고·납부하여야 한다.[57)]

---

54) 부가2651.-12242, 1984.10.22. 부가46015-2590, 1996.12.07
55) 대법원2008두8956, 2008.08.21
56) 부가22601-314, 1985.02.14
57) 부가22601-1281, 1988.07.22

(4) 사업확장목적 신규부동산을 취득하여 간이과세자로 등록한 경우 매입세액 불공제

신규부동산 취득과 관련하여 기존사업장 명의로 교부받은 매입세금계산서상의 매입세액을 공제하여 주는 경우는 신설사업장이 일반과세자로 신규등록하는 경우에 한하는 것이므로 신설사업장을 과세특례자(현 간이과세자)로 신규등록한 경우에는 기존사업장 명의로 교부받은 매입세액은 공제받을 수 없다.[58)]

(5) 신설사업장 건설 관련 매입세액의 공제 및 세금계산서 교부 여부

제조업을 영위하는 사업자가 기존의 사업장(최종제품 완성장소)과는 별도로 다른 장소에 자기가 제조하는 제품의 원재료를 생산하기 위한 공장을 건설함에 있어 당해 장소의 사업자등록일 이후에도 당해 공장의 건설용역에 대한 세금계산서를 기존사업장에서 교부받은 경우 당해 세금계산서의 매입세액은 기존사업장에서 공제받을 수 있으며, 당해 공장의 건설이 완료된 경우에도 기존사업장에서 신설사업장으로 세금계산서를 교부하지 아니한다.[59)]

(6) 공동사업장 취득 관련 매입세액을 기존사업장에서 공제받는 경우 불공제됨

제조업과 부동산임대업을 단독으로 영위하는 사업자가 기존의 사업장과 다른 장소에 당해 사업자의 부인과 공동으로 사업용 건물을 취득하면서 기존사업장 명의로 세금계산서를 교부받은 경우 당해 세금계산서의 매입세액은 기존사업장의 매출세액에서 공제되지 아니한다.[60)]

(7) 사업장 이전목적으로 취득한 부동산에 대한 매입세액공제 후 이전이 이루어지지 않은 경우

사업자가 사업장을 이전할 목적이나 사업규모를 확장할 목적으로 다른 장소에 부동산을 취득하면서 기존사업장에서 매입세액을 공제받았으나 부득이한 사유로 사업장 이전 등을 하지 못하고 새로이 취득한 부동산을 다른 과세사업에 사용(하치장설치신고)하는 경우 기 공제받은 매입세액에는 영향을 미치지 않는 것으로, 해당 사항이 과세사업에 사용하는 것인지 여부는 거래행위 및 사실에 대하여 종합적으로 사실판단하여 적용하여야 한다.[61)]

---

58) 부가22601-165, 1992.02.11
59) 부가46015-1071, 2000.05.18
60) 서삼46015-11981, 2003.12.18
61) 서면3팀-331, 2006.02.21

제4절 공제하지 아니하는 매입세액

I 개요

사업자가 자기의 사업을 위하여 사용하였거나 사용할 목적으로 공급받은 재화 또는 용역 및 재화의 수입에 대한 부가가치세액은 매출세액에서 공제되지만, 다음에서 후술하는 사례의 경우에는 거래징수 당한 사실이 세금계산서 등에 의하여 입증된다 하더라도 그 매입세액은 자기의 매출세액에서 공제하지 아니한다.

II 매입처별세금계산서합계표 미제출 등의 경우의 매입세액

1. 개요

매입처별세금계산서합계표를 제출하지 아니한 경우의 매입세액(미제출) 또는 제출한 매입처별세금계산서합계표의 기재사항 중 거래처별 등록번호 또는 공급가액의 전부 또는 일부가 적히지 아니하였거나 사실과 다르게 적힌 경우 그 기재사항이 적히지 아니한 부분 또는 사실과 다르게 적힌 부분의 매입세액(불분명)은 매출세액에서 공제하지 아니한다(부법 39 ① 1).

2. 매입세액공제하는 경우

다음에 해당하는 경우의 매입세액은 제외한다(부령 74).

① 발급받은 세금계산서에 대한 매입처별세금계산서합계표 또는 신용카드매출전표 등의 수령명세서(정보처리시스템으로 처리된 전산매체를 포함하며, 이하 "신용카드매출전표 등 수령명세서"라 한다)를 「국세기본법 시행령」에 따라 과세표준수정신고서와 함께 제출하는 경우

② 발급받은 세금계산서에 대한 매입처별세금계산서합계표 또는 신용카드매출전표 등 수령명세서를 「국세기본법 시행령」에 따라 경정청구서와 함께 제출하여 경정기관이 경정하는 경우

③ 발급받은 세금계산서에 대한 매입처별세금계산서합계표 또는 신용카드매출전표 등 수령명세서를 「국세기본법 시행령」에 따른 기한 후 과세표준신고서와 함께 제출하여 관할세무서장이 결정하는 경우

④ 발급받은 세금계산서에 대한 매입처별세금계산서합계표의 거래처별 등록번호 또는 공급가액이 착오로 사실과 다르게 적힌 경우로서 발급받은 세금계산서에 의하여 거래사실이 확인되는 경우

⑤ 경정에 있어서 사업자가 발급받은 세금계산서 또는 발급받은 신용카드매출전표 등을 경정기관의 확인을 거쳐 정부에 제출하는 경우(매입처별세금계산서합계표 불성실가산세 적용대상)

Ⅲ 세금계산서 미수취 및 부실기재

1. 개요

세금계산서를 발급받지 아니한 경우(미수취) 또는 발급받은 세금계산서 또는 수입세금계산서에 필요적 기재사항의 전부 또는 일부가 적히지 아니하였거나 사실과 다르게 적힌 경우의 매입세액(공급가액이 사실과 다르게 적힌 경우에는 실제 공급가액과 사실과 다르게 적힌 금액의 차액에 해당하는 세액을 말한다)은 매출세액에서 공제하지 아니한다(부법 39 ① 2).

2. 매입세액공제하는 경우

다음에 해당하는 경우의 매입세액은 제외한다(부령 75).

① 사업자등록을 신청한 사업자가 사업자등록증발급일까지의 거래에 대하여 해당 사업자 또는 대표자의 주민등록번호를 적어 발급받은 경우

② 발급받은 세금계산서의 필요적 기재사항 중 일부가 착오로 적혔으나 해당 세금계산서의 그 밖의 필요적 기재사항 또는 임의적 기재사항으로 보아 거래사실이 확인되는 경우

③ 재화 또는 용역의 공급시기 이후에 발급받은 세금계산서로서 해당 공급시기가 속하는 과세기간에 대한 확정신고기한까지 발급받은 경우

④ 발급받은 전자세금계산서로서 국세청장에게 전송되지 아니하였으나 발급한 사실이 확인되는 경우

⑤ 전자세금계산서 외의 세금계산서로서 재화나 용역의 공급시기가 속하는 과세기간에 대한 확정신고기한까지 발급받았고, 그 거래사실도 확인되는 경우

⑥ 실제로 재화나 용역을 공급하거나 공급받은 사업장이 아닌 사업장을 기재한 세금계산서를 발급하거나 발급하였더라도 그 사업장이 총괄납부하거나 사업자 단위로 등록된 범위 내에 있는 사업장인 경우로 그 재화나 용역을 실제로 공급한 사업자가 그 재화나 용역을 공급한 과세기간에 대한 납부세액을 사업장 관할세무서장에게 신고하고 납부한 경우

⑦ 재화 또는 용역의 공급시기가 속하는 과세기간에 대한 확정신고기한이 지난 후 세금계산서를 발급받았더라도 그 세금계산서의 발급일이 확정신고기한 다음 날부터 6개월 이내이고 다음의 어느 하나에 해당하는 경우

㉠ 「국세기본법 시행령」에 따른 과세표준수정신고서와 경정청구서를 세금계산서와 함께 제출하는 경우

㉡ 해당 거래사실이 확인되어 납세지 관할세무서장, 납세지 관할지방국세청장 또는 국세청장(이하 "납세지 관할세무서장 등"이라 한다)이 결정 또는 경정하는 경우

⑧ 재화 또는 용역의 공급시기 전에 세금계산서를 발급받았더라도 재화 또는 용역의 공급시기가 그

세금계산서의 발급일부터 30일 이내에 도래하고 해당 거래사실이 확인되어 납세지 관할세무서장 등이 결정 또는 경정하는 경우

⑨ 다음의 경우로서 그 거래사실이 확인되고 거래당사자가 납세지 관할세무서장에게 해당 납부세액을 신고하고 납부한 경우

㉮ 거래의 실질이 위탁매매 또는 대리인에 의한 매매에 해당함에도 불구하고 거래당사자 간 계약에 따라 위탁매매 또는 대리인에 의한 매매가 아닌 거래로 하여 세금계산서를 발급받은 경우

㉯ 거래의 실질이 위탁매매 또는 대리인에 의한 매매에 해당하지 않음에도 불구하고 거래당사자 간 계약에 따라 위탁매매 또는 대리인에 의한 매매로 하여 세금계산서를 발급받은 경우

㉰ 거래의 실질이 용역의 공급에 대한 주선·중개에 해당함에도 불구하고 거래당사자 간 계약에 따라 용역의 공급에 대한 주선·중개가 아닌 거래로 하여 세금계산서를 발급받은 경우

㉱ 거래의 실질이 용역의 공급에 대한 주선·중개에 해당하지 않음에도 불구하고 거래당사자 간 계약에 따라 용역의 공급에 대한 주선·중개로 하여 세금계산서를 발급받은 경우

㉲ 다른 사업자로부터 사업(용역을 공급하는 사업으로 한정한다. 이하 이 호에서 같다)을 위탁받아 수행하는 사업자가 위탁받은 사업의 수행에 필요한 비용을 사업을 위탁한 사업자로부터 지급받아 지출한 경우로서 해당 비용을 공급가액에 포함해야 함에도 불구하고 거래당사자 간 계약에 따라 이를 공급가액에서 제외하여 세금계산서를 발급받은 경우

㉳ 다른 사업자로부터 사업을 위탁받아 수행하는 사업자가 위탁받은 사업의 수행에 필요한 비용을 사업을 위탁한 사업자로부터 지급받아 지출한 경우로서 해당 비용을 공급가액에서 제외해야 함에도 불구하고 거래당사자 간 계약에 따라 이를 공급가액에 포함하여 세금계산서를 발급받은 경우

㉴ 매출에누리 및 할인에 따른 금액을 공급가액에 포함하지 않아야 함에도 불구하고 거래당사자 간 계약에 따라 해당 금액을 장려금이나 이와 유사한 금액으로 보고 이를 공급가액에 포함하여 세금계산서를 발급받은 경우

⑩ 부가가치세를 납부해야 하는 수탁자가 위탁자를 재화 또는 용역을 공급받는 자로 하여 발급된 세금계산서의 부가가치세액을 매출세액에서 공제받으려는 경우로서 그 거래사실이 확인되고 재화 또는 용역을 공급한 자가 법 납세지 관할세무서장에게 해당 납부세액을 신고하고 납부한 경우

⑪ 부가가치세를 납부해야 하는 위탁자가 수탁자를 재화 또는 용역을 공급받는 자로 하여 발급된 세금계산서의 부가가치세액을 매출세액에서 공제받으려는 경우로서 그 거래사실이 확인되고 재화 또는 용역을 공급한 자가 법 납세지 관할세무서장에게 해당 납부세액을 신고하고 납부한 경우

3. 공급시기 후에 발급받은 세금계산서의 매입세액 불공제

공급시기 후에 발급받은 세금계산서의 매입세액은 매출세액에서 공제 또는 환급하지 아니한다. 다

만, 재화 또는 용역의 공급시기 후에 발급받은 세금계산서로서 해당 공급시기가 속하는 과세기간에 대한 확정신고기한까지 발급받은 경우에는 그러하지 아니한다.[62]

4. 관련 사례

(1) 계약 체결 및 해제를 착각하여 수차례 수정세금계산서를 발급한 경우 매입세액공제가 가능한지 여부[63]

1) 사실관계

- ★★(주)(이하 "양수자"라 함)은 (주)◎◎(이하 "양도자"라 함)로부터 부동산을 매입하였고 등기부등본상 이전일은 2014.5.27.이고 대금청산일은 2014.9.23.임
- 양도자가 해당 부동산을 양도하면서 세금계산서를 발급한 내역을 일자별로 정리하면 다음과 같음

구분	작성일자 (공급시기)	발급일자	공급가액	수정사유	비고
①	2014.6.16.	2014.6.16.	440백만원	–	–
②	2014.6.23.	2014.6.23.	–440백만원	계약해제	① 세금계산서의수정
③	2014.9.23.	2014.9.23.	440백만원	–	잔금청산일에 발급 양수자 : 조기환급신청 → 거부처분
④	2014.9.23.	2014.11.3.	–440백만원	–	③ 세금계산서의 수정
⑤	2014.6.23.	2014.11.3.	440백만원	착오정정	양도자 : 수정신고 양수자 : 경정청구

– 양도자는 2014.6.16.에 공급가액 440백만원으로 세금계산서(①)를 발급하였으나 2014.6.23. 계약이 해제된 것으로 보아 부의 수정세금계산서(②)를 발급하였으나, 계약이 해제되지 않고 잔금이 청산되어 잔금청산일인 2014.9.23.에 다시 부동산 매각에 따른 세금계산서(③)를 발급하였고 양수자는 발급받은 세금계산서로 2014.10.27.에 조기환급신청을 하였음

– 그러나, 처분청은 해당 거래에 대한 공급시기가 속하는 과세기간은 '14.1기(등기한 날이 공급시기이므로)로서 해당 세금계산서는 과세기간을 달리하여 발급되었다는 이유로 환급거부처분을 하였고 양도자는 처분청의 거부처분 이후인 2014.11.3.에 2014.6.23.을 공급시기로 수정하여 세금계산서(⑤)를 발급함

62) 부기통 39-75-1
63) 기준-2014-법령해석부가-21827, 2015.02.27

2) 질의내용

당초 계약이 해제된 것으로 판단하여 수정세금계산서를 발급하였으나 실제로 계약이 해제되지 않아 재차 세금계산서를 발급하는 경우 최종 발급받은 세금계산서에 따라 매입세액공제가 가능한지 여부

3) 회신

사업자가 부동산공급계약을 체결하고 공급시기에 전자세금계산서를 발급하였으나, 착오로 당초 계약이 해제된 것으로 보아 음(陰)의 표시를 한 수정전자세금계산서를 발급한 후 다시 공급시기를 달리하여 전자세금계산서를 발급한 경우에 부동산을 공급받은 자는 당초 공급시기에 발급받은 전자세금계산서의 매입세액을 「부가가치세법」 제38조 제1항에 따라 매출세액에서 공제받을 수 있다.

(2) 위탁매매와 일반매매거래가 혼재된 거래에 있어 세금계산서의 수수방법

위탁매매임이 명백히 확인되는 경우 위탁자를 공급자로 하여 세금계산서를 발급하는 것이나, 위탁매매인지 일반매매거래인지가 불분명하지만 거래당사자가 법적거래형식을 매매거래로 약정하고 일반매매형식에 따라 세금계산서가 수수되어 조세탈루나 거래사실이 왜곡되지 않았다면 해당 세금계산서를 사실과 다른 세금계산서로 봄은 부당하다.[64)]

Ⅳ 사업과 직접 관련이 없는 지출(업무무관비용)에 대한 매입세액

1. 개요

사업과 직접 관련이 없는 지출로서 「소득세법 시행령」 제78조 또는 「법인세법 시행령」 제48조, 제49조 제3항 및 제50조에서 정하는 비용 관련 매입세액은 매출세액에서 공제하지 아니한다(부법 39 ① 2, 부령 77).

2. 「소득세법」상 업무무관비용의 범위

「소득세법 시행령」 제78조에서 정하는 비용이란 다음의 비용을 말한다(소령 78).

① 사업자가 그 업무와 관련 없는 자산을 취득·관리함으로써 발생하는 취득비·유지비·수선비와 이와 관련되는 필요경비

② 사업자가 그 사업에 직접 사용하지 아니하고 타인(종업원을 제외한다)이 주로 사용하는 토지·건물

64) 서면-2015-법령해석부가-2429[법령해석과-3345], 2015.12.14.

등의 유지비·수선비·사용료와 이와 관련되는 지출금

③ 사업자가 그 업무와 관련 없는 자산을 취득하기 위하여 차입한 금액에 대한 지급이자

④ 사업자가 사업과 관련 없이 지출한 접대비

⑤ 사업자가 공여한 「형법」에 따른 뇌물 또는 「국제상거래에 있어서 외국공무원에 대한 뇌물방지법」상 뇌물에 해당하는 금전과 금전 외의 자산 및 경제적 이익의 합계액

⑥ 사업자가 「노동조합 및 노동관계 조정법」 제24조 제2항 및 제4항을 위반하여 지급하는 급여

⑦ ①부터 ⑥까지에 준하는 지출금으로서 사업자가 업무와 관련 없는 자산을 취득하기 위한 자금의 차입에 관련되는 비용

3. 「법인세법」상 업무무관비용의 범위

「법인세법」상 업무무관비용이란 「법인세법 시행령」 제48조, 제49조 제3항 및 제50조에서 정하는 비용을 말한다(소령 78).

(1) 공동경비의 손금불산입(법령 48)

법인이 해당 법인 외의 자와 동일한 조직 또는 사업 등을 공동으로 운영하거나 영위함에 따라 발생되거나 지출된 손비 중 다음의 기준에 따른 분담금액을 초과하는 금액은 해당 법인의 소득금액을 계산할 때 손금에 산입하지 아니한다.

① 출자에 의하여 특정사업을 공동으로 영위하는 경우에는 출자총액 중 당해 법인이 출자한 금액의 비율

② ① 외의 경우로서 해당 조직·사업 등에 관련되는 모든 법인 등(이하 "비출자공동사업자"라 한다)이 지출하는 비용에 대하여는 다음에 따른 기준

㉠ 비출자공동사업자 사이에 제2조 제5항 각 호의 어느 하나의 관계(특수관계)가 있는 경우: 직전 사업연도 또는 해당 사업연도의 매출액 총액과 총자산가액(한 공동사업자가 다른 공동사업자의 지분을 보유하고 있는 경우 그 주식의 장부가액은 제외) 총액 중 법인이 선택하는 금액(선택하지 아니한 경우에는 직전 사업연도의 매출액 총액을 선택한 것으로 보며, 선택한 사업연도부터 연속하여 5개 사업연도 동안 적용하여야 한다)에서 해당 법인의 매출액(총자산가액 총액을 선택한 경우에는 총자산가액을 말한다)이 차지하는 비율. 다만, 공동행사비 및 공동구매비 등 기획재정부령으로 정하는 손비에 대하여는 참석인원수·구매금액 등 기획재정부령으로 정하는 기준에 따를 수 있다.

㉡ ㉠ 외의 경우: 비출자공동사업자 사이의 약정에 따른 분담비율. 다만, 해당 비율이 없는 경우에는 ㉠의 비율에 따른다.

(2) 업무무관자산을 취득·관리함으로써 생기는 비용, 유지비, 수선비 및 관련 비용

"업무무관자산"이란 다음의 자산을 말한다.

1) 업무무관 부동산

다음에 해당하는 부동산. 다만, 법령에 의하여 사용이 금지되거나 제한된 부동산, 「자산유동화에 관한 법률」에 의한 유동화전문회사가 동법 제3조의 규정에 의하여 등록한 자산유동화계획에 따라 양도하는 부동산 등 기획재정부령이 정하는 부득이한 사유가 있는 부동산을 제외한다.

① 법인의 업무에 직접 사용하지 아니하는 부동산. 다만, 기획재정부령이 정하는 기간(이하 "유예기간"이라 한다)이 경과하기 전까지의 기간 중에 있는 부동산을 제외한다.

② 유예기간 중에 당해 법인의 업무에 직접 사용하지 아니하고 양도하는 부동산. 다만, 기획재정부령이 정하는 부동산매매업을 주업으로 영위하는 법인의 경우를 제외한다.

2) 업무무관 동산

① 서화 및 골동품. 다만, 장식·환경미화 등의 목적으로 사무실·복도 등 여러 사람이 볼 수 있는 공간에 상시 비치하는 것을 제외한다.

② 업무에 직접 사용하지 아니하는 자동차·선박 및 항공기. 다만, 저당권의 실행 기타 채권을 변제받기 위하여 취득한 선박으로서 3년이 경과되지 아니한 선박 등 기획재정부령이 정하는 부득이한 사유가 있는 자동차·선박 및 항공기를 제외한다.

③ 기타 ① 및 ②의 자산과 유사한 자산으로서 당해 법인의 업무에 직접 사용하지 아니하는 자산

3) 유예기간 산정

"유예기간"이란 다음의 어느 하나에 해당하는 기간을 말한다(법칙 26 ①).

① 건축물 또는 시설물 신축용 토지 : 취득일부터 5년(「산업집적활성화 및 공장설립에 관한 법률」 제2조 제1호의 규정에 의한 공장용 부지로서 「산업집적활성화 및 공장설립에 관한 법률」 또는 「중소기업 창업지원법」에 의하여 승인을 얻은 사업계획서상의 공장건설계획기간이 5년을 초과하는 경우에는 당해 공장건설계획기간)

② 부동산매매업[한국표준산업분류에 따른 부동산 개발 및 공급업(묘지분양업을 포함한다) 및 건물건설업(자영건설업에 한한다)을 말한다]을 주업으로 하는 법인이 취득한 매매용부동산 : 취득일부터 5년

③ ① 및 ② 외의 부동산 : 취득일부터 2년

(3) 업무무관비용

1) 의의

"업무무관비용"이란 다음의 어느 하나에 해당하는 지출금액을 말한다(법령 50 ①).

① 해당 법인이 직접 사용하지 아니하고 다른 사람(주주 등이 아닌 임원과 소액주주 등인 임원 및 직원은 제외한다)이 주로 사용하고 있는 장소·건축물·물건 등의 유지비·관리비·사용료와 이와 관련되는 지출금. 다만, 법인이 「대·중소기업 상생협력 촉진에 관한 법률」 제35조에 따른 사업을 중소기업(제조업을 영위하는 자에 한한다)에 이양하기 위하여 무상으로 해당 중소기업에 대여하는 생산설비와 관련된 지출금 등은 제외한다.

② 해당 법인의 주주 등(소액주주 등은 제외한다)이거나 출연자인 임원 또는 그 친족이 사용하고 있는 사택의 유지비·관리비·사용료와 이와 관련되는 지출금

③ 제49조 제1항 각 호의 어느 하나에 해당하는 자산(업무무관자산)을 취득하기 위하여 지출한 자금의 차입과 관련되는 비용

④ 해당 법인이 공여한 「형법」 또는 「국제상거래에 있어서 외국공무원에 대한 뇌물방지법」에 따른 뇌물에 해당하는 금전 및 금전 외의 자산과 경제적 이익의 합계액

⑤ 「노동조합 및 노동관계조정법」 제24조 제2항 및 제4항을 위반하여 지급하는 급여

2) 소액주주

"소액주주 등"이란 발행주식총수 또는 출자총액의 100분의 1에 미달하는 주식 등을 소유한 주주 등(해당 법인의 국가, 지방자치단체가 아닌 지배주주 등의 특수관계인인 자는 제외하며, 이하 "소액주주 등"이라 한다)을 말한다(법령 50 ②).

4. 복리후생비 관련 매입세액

(1) 개요

사업자가 자기의 사업과 관련하여 사업장 내에서 복지후생목적으로 사용 소비하기 위하여 자기의 사용인에게 무상으로 공급하는 작업복, 작업모, 작업화, 면장갑, 고무장갑, 음식물에 대하여는 매입세액이 공제되는 것이며, 이 경우 복지후생목적의 범위는 「소득세법」 및 「법인세법」의 규정에 의한다.[65)]

(2) 종업원 복리후생목적으로 취득한 콘도미니엄 매입세액의 공제 여부

사업자가 종업원의 복리후생을 목적으로 콘도회원권을 취득하여 부가가치세 과세사업에 사용한 경우 이와 관련된 매입세액은 매출세액에서 공제받을 수 있으나, 이 경우 콘도회원권을 사업과 관련하여 직접 사용하는지 여부는 자신의 구입목적과 실제 이용상태에 따라 소관세무서장이 사실을 조사하여 판단할 사항이다.[66)]

---

65) 부가1265-2266, 1982.08.30

66) 부가22601-1190, 1991.09.10

(3) 사원의 소형승용차 유지비 지원 시 매입세액공제 여부

부가가치세 과세사업자가 사원의 복리후생을 위하여 사원의 소형승용차 유지관리비를 지원하는 경우에는 당해 지원비에 관련된 매입세액은 비영업용 소형승용차의 유지에 관한 매입세액이므로 매출세액에서 공제하지 아니한다.[67)]

(4) 회사 직영 식당건물 취득과 식당운영관리와 관련된 매입부가가치세의 공제 여부

공장, 광산, 건설사업현장 및 「자동차운송사업법」에 의한 자동차운송사업 중 노선여객자동차운송자의 사업장과 각급 학교의 경영자가 그 종업원 또는 학생의 복리후생을 목적으로 당해 사업장 등의 구내에서 식당을 직접 경영하여 무상 또는 유상으로 공급하는 음식용역에 관련하여 발생하는 매입세액은 매출세액에서 공제되지 않지만, 무상으로 공급하는 음식용역이 자가공급에 해당될 경우에는 당해 음식용역에 관련하여 발생한 매입세액은 매출세액에서 공제한다.[68)]

(5) 사업자가 여직원단체에게 무상대여하는 자동판매기 구입·운영과 관련된 매입세액공제

1) 사실관계 및 질의사항

직원들의 업무능률 향상 및 복리후생 증진을 도모하고자 회사에서 자동판매기를 구입하여 설치하고 이를 여직원들에게 무상대여하며 그 운영 및 관리는 여직원 전체가 관장하여 처리하고 그에 따른 운영결과의 수익금이 생길 경우(판매가액은 시중보다 월등히 싼 @씩이며 총판매가액에서 비용을 차감한 수익금임)는 여직원들이 전 직원들의 복리후생을 위하여 사용하고자 함. 이 경우 「부가가치세법」상 다음과 같은 의문이 있어 질의함

[질의1] 자동판매기 구입에 따른 부가세는 매입세액을 공제받을 수 있는지의 여부

[질의2] 직원들의 업무능률과 복지증진을 위한 자동판매기를 사업자용으로 보아 사업자등록을 해야 하는지의 여부

2) 회신

[질의1]의 경우 사업자가 여직원들의 복리후생을 위하여 자동판매기를 구입하여 법인이 아닌 여직원단체에게 무상으로 대여하는 경우 동 자동판매기 구입에 관련된 매입세액은 매출세액에서 공제하는 것임

[질의2]의 경우 여직원단체가 자동판매기를 이용하여 계속적으로 재화를 공급하는 경우에는 부가가치세 납세의무가 있는 것이므로 사업자등록을 하여야 하는 것임[69)]

---

67) 부가22601-1326, 1988.07.29

68) 재무부 소비22601-54, 1985.01.15

69) 부가22601-1629, 1988.09.13.

(6) 복리후생목적으로 체육시설을 임차하여 임직원에게 사용하게 하고 일정금액을 지원하는 경우

1) 사실관계

- 신청법인은 임직원의 복리후생을 위하여 '체력단련지원프로그램'을 도입하면서 체육시설 관련 온라인 플랫폼회사(이하 "A사)와 A사가 제휴한 '휘트니스시설 이용에 관한 약정'을 체결하고, 임직원에 대한 휘트니스시설 멤버십 비용을 지원함에 있어 매월 임직원의 전월 실제 사용분에 대해서 계약상 지원금액 한도범위에서 정산하여 A사에 이용료를 지급함
- 임직원은 A사의 멤버십 그룹 중에서 하나를 선택 가입하고, A사가 제휴한 전국의 약 1천여 개 체력단련시설을 이용할 수 있음
- 본건 체력단련지원프로그램 구조도는 다음과 같음

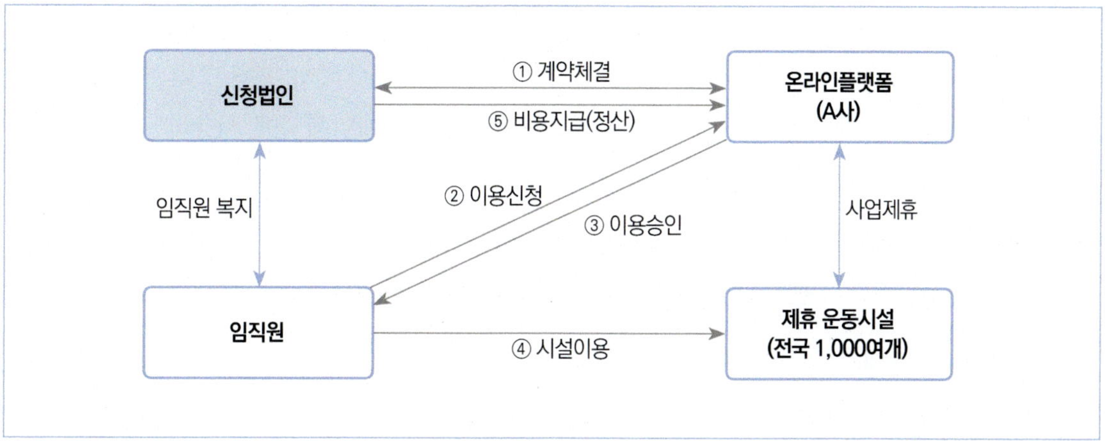

2) 질의요지

사업자가 임직원의 복리후생을 위하여 외부업체와 체육시설을 이용할 수 있는 약정을 체결하여 임직원에게 사용하게 하고 일정금액을 지원하는 경우 해당 비용의 매입세액공제 여부

3) 회신

부가가치세가 과세되는 사업을 영위하는 사업자가 사회통념상 타당하다고 인정되는 범위에서 자기 임직원의 복리후생을 목적으로 외부업체와 체육시설을 이용할 수 있는 약정을 체결하고 임직원에게 시설 등 재화를 사용하게 하는 경우로서 부가가치세 과세사업과 직접 관련이 있는 경우 이와 관련된 매입세액은 매출세액에서 공제할 수 있다.[70]

---

70) 사전-2022-법규부가-0671, 2022.07.21

5. 관련 사례

(1) 이동통신 대리점이 고객가입비를 통신회사에 대납하고 받은 신용카드매출전표상의 매입세액

이동통신단말기 판매대리점을 운영하는 사업자가 단말기 판매촉진을 위해 이동통신 가입고객이 해당 통신회사에 납부할 가입비를 대신 납부하기로 하고 그 가입비 상당금액을 해당 사업자의 신용카드로 결제하는 경우 그 신용카드매출전표에 적힌 매입세액은 매출세액에서 공제하지 않는다.[71]

(2) 인허가조건으로 기부채납하는 시설에 관련된 매입세액의 공제 여부

사업자가 부가가치세가 과세되는 주택(도시)개발사업을 수행하기 위해 기반시설 등을 신축하여 지방자치단체에 기부채납하는 조건으로 인·허가를 득한 경우, 자기 사업과 관련이 있는 것으로 보아 동 시설의 건설과 관련된 매입세액은 자기의 매출세액에서 공제할 수 있는 것이나, 당해 매입세액이 토지의 조성 등을 위한 자본적 지출과 관련된 매입세액에 해당하는 경우에는 매출세액에서 공제하지 아니하는 것이며, 이 해석은 이 해석 시행일 이후 재화 또는 용역을 공급받는 분부터 적용된다.[72]

(3) 외국수출업자가 부가가치세 대납 시 매입세액공제 여부

수입자인 국내사업자가 외국법인과 계약에 의거 원자재를 무환조건으로 수입통관하여 제조가공 후 외국법인에게 수출하는 경우에 원자재를 무환으로 수입하면서 부가가치세를 외국법인이 부담하는 경우 동 원자재 수입의 실질적인 주체가 해당 사업자이고 수입한 부품이 해당 사업자의 사업을 위하여 사용되었거나 사용될 경우에는 매출세액에서 공제할 수 있다.[73]

---

71) 서면법규과-147, 2013.02.08
72) 재정경제부 부가가치세제과-534, 2007.07.13
73) 부가가치세과-823, 2014.10.06

(4) 외국법인에 용역을 공급하기 위하여 수입 또는 반출하는 견본품의 매입세액공제 및 과세 여부[74)]

1) 사실관계

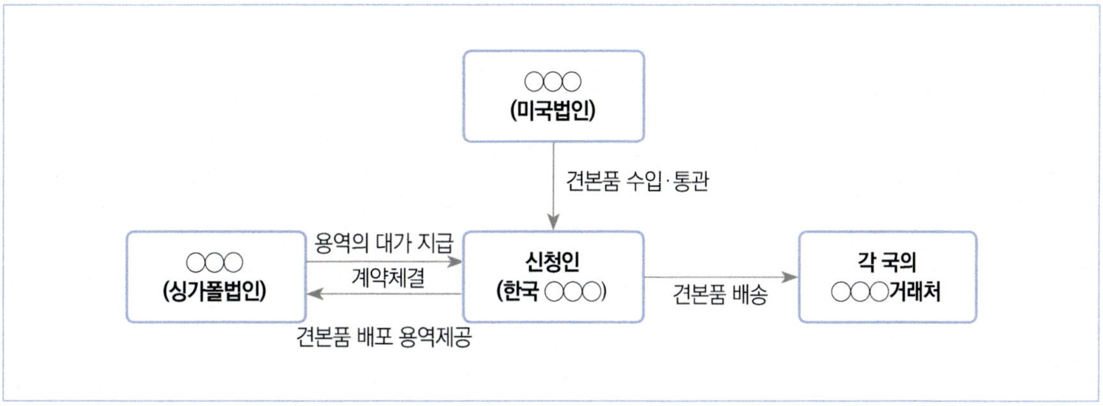

- (주)○○○(이하 "신청인")는 외국법인이 100% 투자한 외국인투자기업으로 국내의 여수, 군산, 울산, 안산에 공장을 설치하고 화학제품을 생산 및 판매하고 있음
- 외국법인은 당초 견본품을 미국법인에서 아시아 각국의 거래처로 직접 제공하였으나 배송시간이 많이 소요되는 문제점이 발생
- 외국법인은 거래처의 요청에 신속히 대응하기 위해 신청인의 사업장에 견본품을 보관해 두고 외국법인의 거래처가 요구할 때마다 신청인이 견본품을 제공하도록 신청인과 용역 계약을 체결
- 신청인은 미국법인으로부터 견본품을 무환으로 수입하여 울산공장에 보관해두었다가 외국법인 거래처의 요청에 따라 아시아 각 지역에 견본품을 배송
  - 신청인은 견본품 수입 시 발생하는 수입부가가치세와 배포용역 제공 시 발생하는 운반비 등을 우선 부담한 후 발생한 비용에 일정한 이윤을 더하여 싱가폴 법인에 용역대가로 청구

2) 질의내용

신청인이 외국법인(신청인의 모회사)의 견본품을 배포하기로 계약을 체결하고 국외에서 견본품을 무환으로 수입하여 보관하고 있다가 거래처의 요청에 따라 견본품을 반출하는 경우로서

[질의1] 신청인이 견본품을 국내에 수입·통관하면서 세관장으로부터 발급받은 수입세금계산서의 매입세액공제 여부

[질의2] 신청인이 견본품을 모회사의 거래처에 반출하는 것이 재화의 공급에 해당하는지 여부

3) 회신

신청인이 외국법인의 거래처에 견본품을 배포하기로 외국법인과 용역계약을 체결하고, 견본품

74) 법규부가2011-0250, 2011.09.01

을 국외에서 무환으로 수입하는 경우 신청인이 관할세관장으로부터 발급받은 수입세금계산서의 매입세액은 신청인의 매출세액에서 공제할 수 있는 것이며, 신청인이 외국법인의 거래처에 견본품을 반출하는 것은 재화의 공급에 해당하지 않는다.

(5) 유지보수서비스 부품수입부가가치세에 대한 매입세액공제 여부

내국법인이 국내사업장이 없는 국외관계사와의 계약에 따라 국외관계사가 그 국내파트너사에게 제공하는 유지보수서비스를 지원하기로 하고 국외로부터 수리용 부품을 무환으로 수입하면서 부담한 부가가치세액은 유지보수서비스의 주체가 무환으로 부품을 수입통관한 내국법인이 아닌 경우에는 내국법인의 매출세액에서 공제할 수 없는 것이나, 당해 수입된 수리용 부품이 내국법인의 사업을 위하여 사용되었거나 사용될 재화에 해당하는 경우에는 그러하지 아니하다. 이 경우 내국법인의 사업을 위하여 사용되었거나 사용될 재화인지 여부는 사실판단할 사항이다.[75] ☞ 유지보수계약이 국외사업자와 된 것이라면 용역대행 매출세액에서 공제되지 않고, 유지보수계약을 구매자와 하였고 관련 부품에 대하여 원가계상 등 구매자에 대한 유지보수책임이 국내사업자에게 있는 경우 공제 가능함

(6) 고객의 차량을 망실하여 수리해 주고 받는 세금계산서의 매입세액공제 여부

음식점을 영위하는 사업자가 음식점 이용고객의 주차를 대행하는 과정에서 당해 차량을 망실하여 당해 사업자의 책임과 계산하에 수리해 주고 세금계산서를 받은 경우 당해 세금계산서의 매입세액은 매출세액에서 공제받을 수 있다.[76]

(7) 사업장이전목적으로 공장 취득 후 부동산임대업으로 별도 사업자등록을 한 경우

사업장을 임차하여 음식업을 영위하던 사업자가 사업장을 이전하기 위하여 다른 장소에 건물을 신축 중에 법인을 설립하여 신축 중인 건물과 토지를 제외하고 음식업을 법인에게 양도한 후 신설사업장은 부동산임대업으로 전환하는 경우에 당해 신설사업장은 신규로 사업자등록을 하고, 이 경우 기존사업장에서 공제받은 신설사업장 관련 매입세액에 대하여는 부가가치세가 과세되지 아니한다.[77]

75) 부가가치세과-976, 2012.09.27. 기획재정부 부가가치세제과-467, 2010.07.12
76) 부가46015-3861, 2000.11.28
77) 부가가치세과-417, 2011.04.19

V 비영업용 소형자동차의 구입과 임차 및 유지에 관한 매입세액

1. 개요

「개별소비세법」 제1조 제2항 제3호에 따른 자동차(운수업, 자동차판매업 등 대통령령으로 정하는 업종에 직접 영업으로 사용되는 것은 제외한다)의 구입과 임차 및 유지에 관한 매입세액은 매출세액에서 공제하지 아니한다(부법 39 ① 5).

2. 불공제 승용자동차의 범위

(1) 개요

매입세액불공제 대상 자동차란 「개별소비세법」 제1조 제2항 제3호에 따른 다음의 자동차 즉, 개별소비세가 과세되는 승용자동차를 말한다.

① 배기량이 2천씨씨를 초과하는 승용자동차와 캠핑용자동차

② 배기량이 2천씨씨 이하인 승용자동차(배기량이 1천씨씨 이하인 것으로서 대통령령으로 정하는 규격의 것은 제외한다)와 이륜자동차

③ 전기승용자동차(「자동차관리법」 제3조 제2항에 따른 세부기준을 고려하여 대통령령으로 정하는 규격의 것은 제외한다)

(2) 대통령령으로 정하는 규격

대통령령으로 정하는 규격의 것이란 다음에 해당하는 자동차를 말한다.

①「자동차관리법」 제3조에 따른 구분기준에 따라 승용자동차로 구분되는 자동차(정원 8명 이하의 자동차로 한정하되, 배기량이 1,000씨씨 이하의 것으로서 길이가 3.6미터 이하이고 폭이 1.6미터 이하인 것은 제외한다)

②「자동차관리법」 제3조에 따른 구분기준에 따라 이륜자동차로 구분되는 자동차(내연기관을 원동기로 하는 것은 그 총배기량이 125씨씨를 초과하는 것으로 한정하며, 내연기관 외의 것을 원동기로 하는 것은 그 최고정격출력이 12킬로와트를 초과하는 것으로 한정한다). 다만, 국방용 또는 경찰용으로서 해당 기관의 장이 증명하는 것은 제외한다.

③「자동차관리법」 제3조에 따른 구분기준에 따라 캠핑용자동차로 구분되는 자동차(캠핑용 트레일러를 포함한다)

④「환경친화적 자동차의 개발 및 보급촉진에 관한 법률」 제2조 제3호에 따른 전기자동차로서 「자동차관리법」 제3조에 따른 구분기준에 따라 승용자동차로 구분되는 자동차(정원 8명 이하의 자동차로 한정하되, 길이가 3.6미터 이하이고 폭이 1.6미터 이하인 것은 제외한다)

3. 불공제 사업의 범위

영업용이라 함은 운수업에서와 같이 승용자동차를 직접 영업에 사용하는 것을 말하므로 그러하지 아니한 것은 비영업용에 해당한다. 따라서 경비용역을 제공하는 사업자가 사용하는 경비용 출동차량은 영업용에 해당하지 아니하므로 해당 차량의 구입·유지에 관련된 매입세액은 매출세액에서 공제되지 아니하며,[78] 운수업, 자동차판매업, 자동차임대업, 운전학원업, 「경비업법」 제2조 제1호 라목에 따른 기계경비업무를 하는 경비업 및 이와 유사한 업종을 제외한 사업과 관련된 비영업용 승용자동차의 구입·임차·유지 관련 매입세액 역시 공제하지 아니한다(부령 77).

4. 관련 사례

(1) 소형승용차 전용주차장 임차료의 매입세액공제 여부

사업자가 비영업용 소형승용자동차 전용주차장을 임차하여 사용하고 주차장임차료 또는 주차장관리비를 지급하는 경우 이와 관련된 매입세액은 매출세액에서 공제하지 아니한다.[79]

(2) 사원의 소형승용차 유지비 지원 시 매입세액공제 여부

부가가치세 과세사업자가 사원의 복리후생을 위하여 사원의 소형승용차 유지관리비를 지원하는 경우에는 당해 지원비에 관련된 매입세액은 비영업용 소형승용차의 유지에 관한 매입세액이므로 매출세액에서 공제하지 아니한다.[80]

(3) 제조업자가 시험연구용으로 구입하는 소형승용차의 매입세액공제 여부

차량용 네비게이션 등을 제조하는 사업자가 제품의 성능을 시험하기 위하여 「개별소비세법 시행령」 [별표 1]에 해당하는 소형승용자동차를 구입 또는 임차하는 경우 그 구입과 임차 및 유지에 관한 매입세액은 매출세액에서 공제하지 아니한다.[81]

(4) 고객대여용 소형승용자동차의 매입세액공제 여부

자동차 제조·판매 및 차량정비사업을 영위하는 사업자가 구매고객에게 판매한 자동차에 대해 수리용역을 제공하는 기간 동안 대체 사용할 소형승용자동차를 제조 또는 구입하는 경우, 당해 소형승용자동차와 그 유지를 위한 재화는 자가공급에 해당하지 아니하는 것으로 관련 매입세액은 공제받을 수 있다.[82]

---

78) 부가46015 - 354, 2000.02.17
79) 부가22601-290, 1989.02.28
80) 부가22601-1326, 1988.07.29
81) 부가가치세과-1277, 2010.09.29
82) 상담3팀-1156, 2008.06.10

(5) 렌트카업자로부터 임차한 승용차를 대가를 받고 대여하는 경우

해운대리점업을 영위하는 사업자가 자동차 대여업자로부터 비영업용 소형자동차를 임차하여 타인에게 대여하고(자기가 업무용으로 사용하는 경우 제외) 그 대가를 받는 경우 동 임차료에 대한 매입세액은 공제 가능하다.[83)]

(6) 시승·전시용으로 구입한 승용자동차의 매입세액공제 가능 여부

승용자동차를 판매하는 사업자가 당해 차량의 판매촉진을 위하여 시승 및 전시용으로 구입한 승용자동차와 관련된 매입세액은 자기의 매출세액에서 공제할 수 있다.[84)]

〈영업용이 아닌 업무용 승용자동차 예시〉

회사별	명칭	정원	공제 여부	차종	종류
현대	갤로퍼	5, 6	×	승용	–
	갤로퍼-밴	2	○	화물	–
	그레이스-미니버스	9, 12	○	승용, 승합	–
	그레이스-밴	3, 6	○	화물	–
	베라크루즈	7	×	승용	–
	산타모	5, 6, 7	×	승용	–
	산타모	9	○	승용	–
	산타페	7	×	승용	–
	스타렉스	7	×	승용	–
	스타렉스	9	○	승용	–
	스타렉스-밴	6	○	화물	–
	아토스	4	○	승용	경차
	테라칸	7	×	승용	–
	투싼	5	×	승용	–
	트라제 XG	7	×	승용	–
	트라제 XG	9	○	승용	–
	포타	3	○	화물	–
	베라나, 엑센트, 엑셀, 아반떼 i30, 엘란트라, 쏘나타(YF, NF, EF), 쏘나타2, 마르샤, 에쿠스, 제네시스, 그랜져, 디이너스티, 제네시스쿠페, 투스카니, 티뷰론, 스쿠프	4, 5	○	승용	–

83) 상담3팀-120, 2008.01.15
84) 서삼46015-11912, 2002.11.07

회사별	명칭	정원	공제 여부	차종	종류
기아	레토나, 록스타	5	×	승용	–
	레토나-밴, 모닝-밴	2	○	화물	–
	모닝	5	○	승용	경차
	모하비	5	×	승용	–
	비스토	5	○	승용	경차
	쏘렌토	7	×	승용	–
	스포티지	5, 7	×	승용	–
	스포티지-밴	2	○	화물	–
	카니발, 카렌스	7	×	승용	–
	그랜드 카니발	11	○	승합	–
	카니발	9	○	승용	–
	카니발-밴	6	○	화물	–
	타우너-코치, 밴, 트럭	7, 2	○	승용, 화물	경차
	프레지오	9, 12, 15	○	승용, 화물	–
	프레지오 - 밴	6	○	화물	–
	프라이드. 리오, 쏘울, 포르테, 쎄라토, 스펙트라, 슈마, K5, 로체, 옵티마, 크레도스, 오피러스, K7, 엔터프라이즈	5	×	승용	–
쉐보래 (GM 대우)	다마스-밴	2	○	화물	경차
	다마스-코치	7	○	승용	경차
	라보	2	○	화물	경차
	레조	7	×	승용	–
	마티즈	5	○	승용	경차
	마티즈-밴	2	○	화물	경차
	윈스돔	5, 7	×	승용	–
	티코	5	○	승용	경차
	젠트라, 칼로스, 라노스, 라세티, 누비라, 에스페로, 토스카, 매그너스, 레간자, 프린스, 슈퍼살롱, 브로엉, 알페온,베리타스, 스테이츠맨	5	×	승용	–
KG 모빌리티 (쌍용)	렉스턴	5, 7	×	승용	–
	로디우스	9, 11	○	승용, 승합	–
	무쏘	5	×	승용	–

회사별	명칭	정원	공제 여부	차종	종류
	무쏘 - 밴, 스포츠	2, 5	○	화물	-
	액티언	5	×	승용	-
	액티언 스포츠	5	○	화물	-
	카이런	7	×	승용	-
	코란도 - 밴, 토레스 밴	2, 3	○	화물	-
	코란도(패밀리), 토레스, 티볼리	4, 5, 6	×	승용	-
	이스타나	11, 12, 14, 15	○	승합	-
	이스타나 - 밴	2, 6	○	화물	-
	체어맨	5	×	승용	-
르노 코리아	QM5	5	×	승용	-
	SM7, SM5, SM3	5	×	승용	-

VI 접대비 등의 지출에 관련된 매입세액

1. 개요

접대비 및 이와 유사한 비용으로서 「소득세법」 제35조 및 「법인세법」 제25조에 따른 접대비 및 이와 유사한 비용의 지출에 관련된 매입세액은 매출세액에서 공제하지 아니한다(부법 39 ① 6).

2. 골프회원권 양도의 과세 여부 및 골프회원권 취득 시 매입세액공제 여부

사업자가 골프장회원권을 양도하는 경우의 부가가치세 과세표준은 골프장 회원권의 양도가액으로 하는 것이며, 사업자가 골프회원권을 취득한 경우, 그 회원권의 사용실태 등을 고려하여 사업상 종업원의 복리후생을 목적으로 취득한 때에는 매입세액공제가 가능한 것이나, 거래처 등을 접대하기 위하여 취득한 경우에는 사업과 직접 관련이 없는 지출에 대한 매입세액으로 공제되지 아니한다.[85)]

3. 거래처에 간판을 제작하여 제공하는 경우

의류 제조판매업자가 광고선전목적으로 자기의 상호·로고·상품명 등이 표시된 일정규격의 간판과 실내장식 등 광고선전용 물품을 대리점에 제공하고 이를 제공받은 대리점과 사전약정에 의하여 당해 간판 등에 당해 사업자의 자산으로 계상하여 감가상각을 하며, 대리점에는 일정기간 동안 관리책임

85) 서면상담3팀-1640, 2007.06.01., 서면3팀-721, 2005.10.21

만 부여하는 경우에는 당해 광고선전용 자산의 취득과 관련한 매입세액은 접대비 및 이와 유사한 비용과 관련한 매입세액에 해당하지 아니하므로 당해 사업자의 매출세액에서 공제할 수 있다.[86)]

Ⅶ 면세사업 등에 관련된 매입세액

1. 개요

면세사업 등에 관련된 매입세액(면세사업 등을 위한 투자에 관련된 매입세액을 포함한다)과 토지에 관련된 매입세액은 매출세액에서 공제하지 아니한다(부법 39 ① 7).

2. 면세 관련 매입세액

(1) 개요

면세 관련 매입세액은 부가가치세가 면제되는 재화 또는 용역을 공급하는 사업(부가가치세가 과세되지 않는 재화 또는 용역을 공급하는 사업포함)에 관련된 매입세액(투자에 관련된 매입세액을 포함한다)을 말한다.[87)] 면세사업자는 부가가치세 납부의무가 없는 사업자이므로 공급받을 때 거래징수 당한 매입세액을 공제받지 못하며, 면세사업자의 경우 매입세액은 취득원가를 구성하여 감가상각을 통해 제조원가 또는 매출원가에 산입하여 최종소비자에 전가된다.

(2) 면세·비과세 재화·용역을 공급받고 세금계산서를 발급받은 경우

과세대상이 아닌 거래에 대한 매입세액사업자가 면세되거나 비과세되는 재화 또는 용역을 공급받고 과세거래로 오인하여 부가가치세를 부담하고 발급받은 세금계산서의 매입세액은 매출세액에서 공제하지 아니한다.[88)]

(3) 과세사업자가 면세재화를 구입하면서 발생한 부대비용 관련 매입세액

면세사업을 위한 재화의 구입과 관련된 매입세액은 공제되지 아니하는 것이나, 부가가치세 과세사업에 사용하기 위하여 면세재화를 구입하면서 발생한 부대비용 관련 매입세액은 자기의 매출세액에서 공제된다.[89)]

---

86) 부가46015-1393, 1998.06.25
87) 부가집 39-0-1 ① 6
88) 부가집 39-0-1 ④
89) 부가집 39-0-1 ⑤

3. 토지에 관련된 매입세액

(1) 개요

"토지에 관련된 매입세액"이란 토지의 조성 등을 위한 자본적 지출에 관련된 매입세액으로서 다음의 어느 하나에 해당하는 경우를 말한다. 토지 관련 매입세액을 불공제하는 취지는 토지가 「부가가치세법」상 면세재화여서 그 자체의 공급에 대해서는 매출세액이 발생하지 않으므로 그에 관련된 매입세액도 공제하지 않는 것이 타당하다는 데 있고, 일반적으로 토지의 조성 등을 위한 자본적 지출은 당해 토지의 양도 시 양도차익을 산정함에 있어 그 취득가액에 가산하는 방법으로 회수되는 점 등이 고려되었다고 볼 수 있다.[90)]

① 토지의 취득 및 형질변경, 공장부지 및 택지의 조성 등에 관련된 매입세액

② 건축물이 있는 토지를 취득하여 그 건축물을 철거하고 토지만 사용하는 경우에는 철거한 건축물의 취득 및 철거비용과 관련된 매입세액

③ 토지의 가치를 현실적으로 증가시켜 토지의 취득원가를 구성하는 비용에 관련된 매입세액

(2) 자본적 지출의 의미

'자본적 지출이라 함은 자신이 소유하는 감가상각자산의 내용연수를 연장시키거나 당해 자산의 가치를 현실적으로 증가시키기 위하여 지출한 수선비를 말한다'라고 규정하고 있는 바, 자기 소유가 아닌 토지에 관련된 매입세액을 자본적 지출로 보아 불공제함은 타당하지 아니하다고 할 것이다.[91)]

(3) 토지의 취득 및 형질변경, 공장부지 및 택지의 조성 등에 관련된 매입세액

토지의 취득 및 형질변경, 공장부지 및 택지의 조성 등에 관련된 매입세액은 매출세액에서 공제하지 아니한다. 다만, 주차장 운영업을 영위하던 사업자가 당해 과세사업에 사용하던 토지를 양도하기 위하여 중개수수료를 지급하면서 부담한 매입세액은 자기의 매출세액에서 공제된다.[92)]

(4) 건축물이 있는 토지를 취득하여 그 건축물을 철거하고 토지만을 사용하는 경우 철거한 건축물의 취득 및 철거비용에 관련된 매입세액

1) 매입세액불공제되는 경우

아파트 재건축조합인 청구법인은 새로운 아파트를 신축하기 위하여 기존아파트를 철거한 것이므로 기존아파트의 철거는 새로운 아파트의 신축을 위한 토지를 사용하기 위한 것이라 할 것이

90) 대법2007두20744, 2010.01.14
91) 국심99서137, 1999.09.30
92) 서면3팀-877, 2008.05.01., 서면3팀-309, 2008.02.12

고 이는 토지만을 사용하기 위한 것이므로 종전아파트의 철거비용에 관련된 매입세액은 토지 관련 매입세액에 해당된다 하겠다. 다음으로 재건축아파트의 신축과 관련하여 안전진단용역비·교통영향평가비용·신탁등기수수료 등의 비용과 관련한 매입세액은 새로운 아파트를 건축하기 위한 일련의 비용이기는 하나 새로운 아파트의 신축을 위한 토지사용을 위하여 구 건물의 철거 여부를 판단하거나 조합원의 토지지분을 신탁등기하는 것이고, 소송과 관련한 변호사비용 등도 역시 건물신축을 위한 토지확보를 위해서 소요되는 비용으로 볼 수 있으므로 이와 같은 비용들에 대한 부가가치세 매입세액은 토지 관련 매입세액으로 보는 것이 타당하다 하겠다. 따라서, 처분청이 이 건 철거비용과 안전진단비용 등에 대한 부가가치세 매입세액을 토지 관련 매입세액으로 보아 매입세액을 공제부인하고 부가가치세를 경정한 처분은 잘못이 없는 것으로 판단된다.[93)]

2) 매입세액공제되는 경우

청구법인이 쟁점건물을 취득한 후 총부가가치세 3과세기간에 걸쳐 임대업에 공하다가 건축물을 철거한 것으로 확인되고, 반드시 쟁점건물을 철거할 수밖에 없었다고 보기는 어려운 점 등에 비추어 쟁점매입세액을 불공제하여 이 건 부가가치세를 과세한 처분은 잘못이 있다고 판단된다.[94)]

건축물이 있는 토지를 취득하여 그 건축물을 철거하고 토지만을 사용하는 경우

1. (주)해안건설은 상가를 신축할 목적으로 건축물이 있는 토지를 취득하여 철거하는데 다음과 같은 비용이 발생하였다.

• 토지가액 50억(영수증 수취), 건물가액 20억(부가세별도, 세금계산서 수취), 철거비용 1억(세금계산서 수취)

(차)		(대)	
(차) 토지	7,310,000,000	(대) 현금 등	7,310,000,000

2. (주)해안건설은 부동산임대 목적으로 건축물이 있는 토지를 취득하여 임대업에 사용하다가 상가신축 목적으로 철거하고 다음과 같은 비용이 발생하였다.

• 건축물 취득시 : 토지가액 50억(영수증 수취), 건물가액 20억(부가세별도, 세금계산서 수취)

(차)		(대)	
(차) 토지	5,000,000,000	(대) 현금 등	7,200,000,000
건물	2,000,000,000		
부가세 대급금	200,000,000		

• 건물철거시 : 건물감가상각누계액 500,000,000 철거비용 1억(부가세별도, 세금계산서 수취)

(차)		(대)	
(차) 감가상각누계액	500,000,000	(대) 건물	2,000,000,000
철거비용	100,000,000	현금 등	110,000,000
부가세 대급금	10,000,000		
유형자산폐기손실	1,500,000,000		

93) 국심2005광3712, 2006.04.19

94) 조심2016중341, 2016.05.19, 조심2017서1086, 2017.06.22

(5) 토지의 가치를 현실적으로 증가시켜 토지의 취득원가를 구성하는 비용에 관련된 매입세액

1) 타인 소유 토지에 지출한 자본적 지출

토지의 조성 등을 위한 자본적 지출은 토지소유자인 사업자가 당해 토지의 조성 등을 위하여 한 자본적 지출을 의미한다고 봄이 타당하므로, 본인의 토지에 투입하는 자본적 지출은 매입세액 불공제대상이 되지만, 토지의 소유자 아닌 사업자가 토지의 조성 등을 위한 자본적 지출의 성격을 갖는 비용을 지출한 경우 그에 관련된 매입세액은 특별한 사정이 없는 한 매입세액 불공제대상인 토지 관련 매입세액에 해당하지 않는다.[95)]

2) 건축물 조성을 위한 옹벽 시설

건축에 필요한 토지의 성토 및 절토면을 보호하기 위한 철근콘크리트 구조물인 옹벽시설은 감가상각 대상자산인 구축물에 해당하므로 매출세액에서 공제하는 것이 타당하다.[96)]

3) 토지조성을 위한 옹벽시설

건물신축과 직접 관련이 없고 건물과 분리되어 있거나, 저지대에 흙을 돋아 대지를 조성하거나 공장부지를 조성하기 위한 목적으로 한 옹벽공사에 지출된 비용은 토지의 가치를 현실적으로 증가시켜 토지의 취득원가를 구성하는 비용으로 보아 관련 매입세액을 불공제하는 것이 타당하다.[97)]

4) 개발용역비용

쟁점임야를 준산업단지로 지정받기 위한 상담, 서류작성 및 기타설계와 감리 등의 업무에 관한 것으로서 장차 쟁점임야가 준산업단지로 지정되면 그 가치를 현실적으로 증가시키는 효과를 가져올 것이므로 쟁점용역대금에 관련된 매입세액은 토지 관련 매입세액에 해당한다.[98)]

5) 사전평가용역비용

재건축정비조합이 재건축사업을 시행함에 있어 공급받은 사전평가용역에 대한 부가가치세 매입세액이 일관되게 토지 관련 매입세액으로 해석되고 있는 점에 비추어, 쟁점용역을 사전용역평가비로서 종국에는 토지의 가치를 현실적으로 증가시키는 토지 관련 매입세액이므로 관련 매입세액을 불공제 처분한다.[99)]

95) 대법2007두20074, 2010.01.14
96) 심사부가2010-0206, 2010.12.23
97) 조심2010중2060, 2010.09.17
98) 심사부가2009-0074, 2009.07.20
99) 조심2009서4256, 2010.12.21

(6) 집행기준상 토지 관련 매입세액의 범위[100)]

1) 공제대상토지 관련 매입세액 예시

① 건축물이 있는 토지를 취득하여 그 건축물을 철거하고 토지만을 사용하는 경우에는 철거한 건축물의 취득 및 철거비용에 관련된 매입세액

② 토지의 취득을 위한 직접적인 비용으로 발생한 매출주선수수료 등 토지의 취득에 소요된 것이 명백한 대출금 관련 매입세액

③ 사업자가 금융자문용역을 공급받고 발급받은 세금계산서상의 매입세액 중 토지의 취득과 관련된 매입세액

④ 공장건물 신축을 위하여 임야에 대지조성공사를 하는 경우 해당 공사비용 관련 매입세액

⑤ 토지의 조성과 건물·구축물 등의 건설공사에 공통으로 관련되어 그 실지귀속을 구분할 수 없는 매입세액 중 총공사비(공통비용 제외)에 대한 토지의 조성 관련 공사비용의 비율에 따라 계산한 매입세액

⑥ 토지의 취득을 위하여 지급한 중개수수료, 감정평가비, 컨설팅비, 명의이전비용에 관련된 매입세액

⑦ 과세사업을 하기 위한 사업계획 승인 또는 인·허가조건으로 사업장 인근에 진입도로를 건설하여 지방자치단체에 무상으로 귀속시킨 경우 진입도로건설비용 관련 매입세액

2) 불공제대상토지 관련 매입세액 예시

① 공장 또는 건물을 신축하면서 건축물 주변에 조경공사를 하여 정원을 만든 경우 해당 공사 관련 매입세액

② 과세사업에 사용하기 위한 지하건물을 신축하기 위하여 지하실 터파기에 사용된 중기사용료, 버팀목 및 버팀 철근 등에 관련된 매입세액

③ 토지와 구분되는 감가상각자산인 구축물(옹벽, 석축, 하수도, 맨홀 등) 공사 관련 매입세액

④ 공장 구내의 토지 위에 콘크리트 포장공사를 하는 경우 해당 공사 관련 매입세액

⑤ 과세사업에 사용하여 오던 자기 소유의 노후건물을 철거하고 신축하는 경우 해당 철거비용과 관련된 매입세액

4. 관련 사례

(1) 지하공공보도시설을 설치 완료한 후 기부채납하는 경우

「도시 및 주거환경정비법」 제48조의 규정에 의하여 인가받은 관리처분계획에 따라 건축물을 건

100) 부가집 39-80-1

설하여 공급하는 자(이하 "사업시행자"라 함)가 관할구청으로부터 도시환경정비사업 시행인가를 받으면서 그 인가조건에 따라 사업시행자의 부담으로 지하공공보도시설(이하 "해당 시설물"이라 함)을 설치 완료한 후 해당 구청에 기부채납하는 경우 해당 시설물 공사와 관련한 매입세액 중 토지의 취득원가를 구성하는 비용에 관련된 매입세액은 매출세액에서 공제하지 아니한다.[101)]

(2) 지방자치단체 기부채납 진입도로 건설 관련 비용의 매입세액공제 여부

사업자가 과세사업을 하기 위한 사업계획 승인 또는 인·허가조건으로 사업장 인근에 진입도로를 건설하여 지방자치단체에 무상으로 귀속시킨 경우 진입도로 건설비용 관련 매입세액은 토지의 조성 등을 위한 자본적 지출에 관련된 매입세액에 해당하므로 매출세액에서 공제하지 아니한다.[102)]

(3) 철거 예정 건축물 취득 후 부득이한 사유로 상당기간 부동산임대업에 공하는 경우

사업자가 부동산개발업과 부동산임대업을 사업목적으로 사업자등록 후 부동산개발을 위해 철거 예정 건축물을 취득하고 부동산개발사업 절차가 확정될 때까지 상당기간이 소요되어 그 기간까지 부동산임대에 사용하면서 실제 임대차계약 내용대로 임대업에 공하는 경우, 당해 건축물을 취득하면서 지출한 매입세액에 대해서는 불공제대상 매입세액을 제외하고는 자기의 매출세액에서 공제할 수 있는 것이며, 부동산개발목적을 위한 토지 관련 매입세액인지 부동산임대용역 제공에 사용될 매입세액인지는 관련 내용 등을 종합하여 사실판단하여야 할 사항이다.[103)]

(4) 조경의 유지 및 관리용역에 대한 매입세액공제 여부

1) 사실관계

- 과세사업을 영위하는 법인인 당 업체는 지점사업장 및 사택의 쾌적한 환경조성과 직원들의 복리후생 차원에서 신축 당시 조경공사를 시행함
- 조경공사 시행 후 기존 식재된 수목 및 잔디 등 일상적인 조경의 유지 및 관리를 위해 조경관리 전문업체와 조경관리 도급계약을 체결하고 매입세금계산서를 발급받음
- 조경관리 도급계약 내용은 다음과 같음
  - 기존 식재된 수목의 전정, 시비, 시약, 월동 작업
  - 잔디의 시비, 배토, 예지, 시약 및 제초 작업

2) 질의요지

조경의 유지 및 관리용역에 대한 매입세액공제 여부

101) 법규부가2013-427, 2013.10.31
102) 부가가치세과-183, 2012.02.22
103) 부가가치세과-313, 2013.04.09

3) 회신

과세사업을 영위하는 사업자가 사업장 및 사택(주주 등이 아닌 임원과 소액주주 등인 임원 및 사용인이 사용하는 것에 한함)에 조경공사를 완료한 후 기존 식재된 수목과 잔디에 대한 조경 유지 및 관리용역과 관련된 매입세액은 토지 관련 매입세액에 해당하지 아니하므로 매입세액공제가 가능하다.[104)]

(5) 임차한 토지에 조성한 골프코스 관련 매입세액의 공제 가능 여부

사업자가 타인이 소유한 토지 및 공유수면상에 공유수면매립, 부지조성, 골프장의 건설, 토지사용료의 납부 등 당사자 간 협약에서 정한 제반역무를 이행하는 대가로 일정기간 동안 골프장의 관리운영권을 취득하는 경우 잔디식재 등 골프장 코스 조성과 관련된 비용에 대한 매입세액공제가 가능하다.[105)] 본 예규는 예규 의결일 이후 최초로 신고 또는 경정·결정하는 분부터 적용되는 것이며,[106)] 토지소유자는 임차인으로부터 발급받은 세금계산서 매입세액을 토지 관련 매입세액으로 불공제한다.[107)]

(6) 임차인이 부담한 토지의 자본적 지출과 관련된 매입세액의 공제 여부

내국법인이 특수관계인으로부터 토지를 임차하고, 당해 토지를 임대차계약이 만료(또는 중도해지)되는 때에 매수하기로 계약한 경우로서 당해 내국법인이 골프장 조성을 위해 임차한 토지에 대하여 임대차기간 중 토지 조성을 위한 자본적 지출을 하는 경우 동 자본적 지출과 관련된 매입세액은 토지에 관련된 매입세액에 해당하여 매출세액에서 공제하지 아니한다.[108)]

(7) 골프장 개장 후 잔디 교체 공사비에 대한 부가가치세 매입세액공제대상 여부

골프장을 운영하는 사업자가 골프장을 개장하여 운영하면서 티그라운드에 식재된 잔디의 원상회복을 위한 잔디 교체 등의 작업을 하는 경우 당해 작업과 관련된 매입세액은 토지 관련 매입세액에 해당하지 아니하며, 공제대상에 해당한다.[109)]

(8) 골프장 사업을 위한 소요자금의 대출주선용역과 관련한 매입세액공제 범위

금융기관으로부터 자금을 대출받는 데 수반되는 자문용역의 성격은 조달자금의 사용용도에 따라 정해진다고 봄이 상당하고, 이 사건 수수료는 원고가 이 사건 사업의 시행에 필요한 이 사건 토지를 취득하는 과정에서 토지취득목적의 금융조달을 위한 금융자문수수료로 지출한 것이므로, 궁

104) 부가가치세과-1063, 2010.08.13
105) 기획재정부 부가가치세제과-72, 2010.02.04
106) 기획재정부 부가가치세제과-126, 2010.03.09
107) 부가-126, 2014.02.17
108) 기획재정부 부가가치세제과-306, 2015.04.14
109) 부가가치세과-3080, 2008.09.16

극적으로는 원고가 이 사건 토지를 취득하기 위하여 지출한 직·간접적인 비용이라고 봄이 타당하다. 따라서 이 사건 수수료에 대한 매입세액 부분은 이 사건 차입금 중 이 사건 토지의 취득을 위하여 사용된 비율만큼 '면세사업에 관련된 매입세액'에 해당하여 매출세액에서 공제될 수 없으며, 원고가 ○○○○투자증권으로부터 대출을 받지 않았다고 하더라도, 원고가 ○○○○투자증권에 지급한 금융자문수수료의 성격이 토지취득목적의 금융조달을 위하여 지출된 것임은 변함이 없으므로, 이 사건 수수료에 대한 매입세액을 매출세액에서 공제하지 아니한 이 사건 처분은 정당하다.[110]

(9) 부동산취득 시 중개수수료 등에 대한 매입세액공제

토지 및 건물 취득 시 사업자가 지급한 부대비용(중개수수료 등)의 매입세액 중 토지취득에 관련한 매입세액은 공제되지 아니하는 것이며, 토지 관련 매입세액이 구분되지 아니하는 경우에는 공통매입세액으로 안분계산한다.[111]

(10) 부동산매각 시 중개수수료 등에 대한 매입세액공제

부동산임대업자가 과세사업에 사용하던 건물과 부속토지를 양도하기 위하여 부동산컨설팅 및 중개수수료를 지출하면서 부담한 매입세액은 공제된다.[112]

(11) 문화재 지표조사 및 시·발굴용역을 제공받고 지출한 매입세액의 공제 여부

사업자가 택지의 조성과 관련하여 「문화재보호법」 제74조의 2 규정에 따라 문화재 지표조사 및 시·발굴용역을 제공받고 지출한 매입세액은 토지 관련 매입세액으로서 매출세액에서 공제되지 아니한다.[113]

(12) 교통영향평가용역비 매입세액공제 가능 여부

부가가치세에서 토지 관련 매입세액은 토지에 대한 자본적 지출이므로 매입세액불공제이나 건물 관련 매입세액은 공제하는 것이 기본원칙이며, 토지의 조성이 완료된 ○○토지공사의 토지를 분양받아 과세사업에 사용될 건물을 신축하는 것과 관련하여 지출하는 교통영향평가용역비는 매출세액에서 공제된다.[114]

(13) 진입도로 개설 및 포장(개선) 관련 매입세액이 토지 관련 매입세액인지 여부

사업자가 목장용지, 임야, 건축물 등을 취득하여 해당 토지에 대한 표토제거, 절토, 면고르기, 흙

110) 조심2017중3857, 2017.11.16
111) 부가가치세과-2552, 2008.08.13
112) 상담3팀-309, 2008.02.12
113) 서면상담3팀-743, 2007.03.08
114) 재정경제부 부가가치세제과-421, 2007.06.01

운반 등 토목공사를 실시하고 급경사면을 평평하게 하거나 메우기 공사를 통하여 풍력발전단지 부지조성공사를 하는 경우 해당 부지조성공사와 관련된 매입세액은 토지 관련 매입세액에 해당하는 것이나, 사업자가 토지 위에 진입도로 공사를 하고 이와 관련된 비용이 토지와 구분되는 감가상각대상 자산인 별도의 구축물에 해당하는 경우 당해 비용에 대한 매입세액은 토지에 관련된 매입세액에 해당하지 아니하는 것이며, 이 경우 진입도로 공사비용이 별도의 구축물에 관련된 자본적 지출인지 여부는 공사내용 등 사실관계를 종합적으로 고려하여 판단할 사항이다.[115]

(14) 토지만 사용하기 위한 건축물 철거 과정에서 제공받은 토양정밀조사용역 관련 매입세액

부동산매매업자가 건축물이 있는 토지를 취득하여 토지만을 사용하기 위하여 그 건축물을 철거하는 과정에서 관할지방자치단체의 요구로 토양정밀조사용역과 오염토양반출정화용역을 제공받고 대가를 지급하면서 부담한 매입세액은 매출세액에서 공제되지 않는다.[116]

(15) 주차장 조성공사 및 진입도로 포장공사 비용 공제 여부

주차장 운영업을 영위하기 위하여 임차한 토지에 콘크리트 포장공사를 한 경우 당해 공사에 관련된 매입세액 및 사업장에 진입하는 도로 건설을 위하여 타인의 토지 위에 포장공사를 하고 지출한 공사비에 대한 매입세액은 공제 가능하다.[117]

(16) 지방자치단체가 무상으로 건물임대용역 제공 시에도 관련 비용의 매입세액공제가 가능한지 여부

국가, 지방자치단체 등이 부동산임대업을 영위하기 위하여 건물을 개보수하면서 매입세금계산서를 수취하였으나, 임차자에게 그 임대차부동산과 관련한 관리비 등을 지원하면서 임대료를 받지 않거나 임대료를 받는 경우에도 그 임대료가 관리비 등의 지원금보다 적어 실질적으로 임대의 대가를 받는 정도가 아닌 임대차계약을 체결한 경우에는 용역의 공급으로 보지 않으므로 관련 매입세액은 공제받을 수 없다.[118]

(17) 목욕탕 운영을 위한 지하수개발 관련 매입세액의 공제 여부

목욕탕을 운영하고자 하는 일반과세자가 목욕탕에 사용될 지하수를 개발하기 위하여 개발업체로부터 지하수 개발용역을 공급받고 세금계산서를 발급받은 경우 해당 세금계산서에 적힌 매입세액은 매출세액에서 공제된다.[119]

---

115) 기획재정부 부가가치세제과-161, 2015.02.24
116) 부가-584, 2012.05.24
117) 상담3팀-748, 2005.05.31. 상담3팀-1263, 2005.08.08
118) 부가가치세과-952, 2013.10.16
119) 사전-2015-법령해석부가-0098, 2015.04.28

(18) 금융기관 대출을 목적으로 지급된 금융자문수수료, 감정평가수수료, 신용평가수수료, 법률자문수수료 등의 매입세액공제 가능 여부[120)]

1) 용역비

PM용역비는 당초 미등록인 사업자에게 용역을 제공받고 사업자등록 후 계약서를 작성하고, 세금계산서를 교부받았으므로 실제용역공급자와 세금계산서상의 용역공급자가 다른 경우에 해당하여 사실과 다른 세금계산서로서 매입세액을 불공제함이 타당하다.

2) 토지매입 관련 수수료

수수료 중 토지매입 관련 비용은 금융기관 대출을 목적으로 지급된 금융자문수수료, 감정평가수수료, 신용평가수수료, 법률자문수수료 등으로서 금융자문용역 등의 성격(과세, 면세)은 자문용역의 결과로 조달되는 자금의 성격에 의하여 정해지고 조달자금의 성격은 자금의 용도에 따라 정해진다고 할 것이므로, 자문용역의 성격은 조달자금의 사용용도에 따라 정해진다 할 것인 바, 위 수수료 등과 관련된 대출자금이 토지취득에 전부 또는 일부가 사용되었으므로, 토지취득에 사용된 비율에 따라 계산된 쟁점용역비는 토지의 취득과 관련된 매입으로 봄이 타당하다 할 것이며, 지구단위계획 수립 관련 용역비도 토지를 취득하기 전 또는 취득과정에서 지구단위계획 수립용역, 교통영향평가 등을 제공받는 경우 동 용역비는 토지 관련 매입으로 봄이 상당하다.

(19) 진입로 관련 옹벽공사비용

「부가가치세법」은 토지의 취득 및 형질변경, 공장부지 및 택지의 조성 등에 관련된 매입세액은 토지의 조성 등을 위한 자본적 지출에 관련된 매입세액으로 매출세액에서 공제하지 아니하는 것으로 규정하고 있으며, 처분청이 당초 청구법인의 부가가치세 신고에 대하여 건물 후면의 옹벽공사비는 구축물공사로 보아 관련 매입세액의 공제를 인정하였고, 이후 청구법인이 한 이의신청의 심리과정에서 진입로 개설을 위한 옹벽공사비 관련 매입세액의 공제를 인정한 사실이 있으며, 건물신축과 직접 관련이 없고 건물과 분리되어 있거나, 저지대에 흙을 돋아 대지를 조성하거나 공장부지를 조성하기 위한 목적으로 한 옹벽공사에 지출된 비용은 토지의 가치를 현실적으로 증가시켜 토지의 취득원가를 구성하는 비용으로 보아 관련 매입세액을 불공제하는 것이 타당한 바, 처분청이 쟁점공사비 중 진입로 개설과 관련된 옹벽공사 오이의 옹벽공사로 조성된 공간은 현재도 공장건물의 주차장 또는 정원으로 사용하고 있음을 확인하고, 이에 지출된 비용을 공장부지를 넓히기 위하여 공장 앞쪽 저지대를 흙으로 돋아 옹벽을 설치하는 데 소요된 비용으로 토지의 조성 등을 위한 자본적 지출에 해당한다고 보아 관련 매입세액을 불공제하여 부과한 이 건 부가가치세 처분은 달리 잘못이 없는 것으로 판단된다.[121)]

---

120) 조심2009중0129, 2010.07.14

121) 조심2010중2060, 2010.09.17

(20) 토지의 조성 관련 구축물 공사비용

「부가가치세법」은 매출세액에서 공제하지 아니하는 매입세액의 하나로 '부가가치세가 면제되는 재화 또는 용역을 공급하는 사업에 관련된 매입세액(투자에 관련된 매입세액을 포함한다)과 대통령령이 정하는 토지 관련 매입세액'을 들고 있고, '대통령령이 정하는 토지 관련 매입세액'이라 함은 '토지의 조성 등을 위한 자본적 지출에 관련된 매입세액'을 말한다고 규정하고 있는 바, 토지의 조성 등을 위한 자본적 지출이란 토지의 가치를 현실적으로 증가시키는 데에 소요된 비용을 말한다.[122] 따라서, 골프장을 운영하는 사업자인 원고가 골프장 조성공사를 하면서 이 사건 잔디수목식재공사와 그린·티·벙커 조성공사를 한 것은 골프장 용지의 조성에 필수불가결한 것으로 그 공사로 식재 또는 조성된 잔디·수목과 그린·티·벙커는 당해 골프장 토지에 부합되어 토지와 일체를 이룸으로써 골프장 용지의 구성부분이 되는 것이고, 실제로도 이 사건 잔디수목식재공사와 그린·티·벙커 조성공사 등으로 인하여 골프장 토지의 가격이 5배 이상 상승한 사실 등을 인정한 다음, 이 사건 잔디수목식재공사와 그린·티·벙커 조성공사에 소요된 공사비용은 원고가 골프장 조성을 위한 토지의 개량 등을 위하여 지출한 비용으로 그 지출로 인하여 토지의 가치가 현실적으로 증가되었으므로 이는 토지의 조성을 위한 자본적 지출에 해당하고, 따라서 이에 관련된 매입세액은 매출세액에서 공제할 수 없고, 나아가 ○○골프장사업협회가 자체적으로 마련한 '골프장사업표준회계처리준칙'이 코스를 토지와는 구별되는 별도의 자산 항목으로 회계처리하도록 정하고 있다고 하더라도 그러한 사정이 '토지의 조성 등을 위한 자본적 지출에 관련된 매입세액'의 범위를 달리 결정할 사유가 되지는 못한다.[123]

(21) 발전시설공사를 위한 수목공사비용

청구법인은 발전시설 설치를 위해서는 수목의 이전이 반드시 필요하였기 때문에 쟁점조경이식공사가 발전시설공사와 직접 관련된 공사로서 동 공사비는 자본적 지출이 아니라 수익적 지출에 해당한다고 주장하고 있으며, 발전시설공사를 위한 산지전용을 승인하면서, 부지조성 시 기존 지형을 최대한 이용하고 주변 환경과 조화로운 조경계획을 수립·시행하라고 요구함과 동시에 임상이 양호한 수목을 사업지역 내 이식하라고 요구한 것에 대하여 청구법인이 이를 수용하여 수목을 이식하였고, 수목이식공사비용이 발전시설공사의 원가를 구성하는 점 등에 비추어, 쟁점조경이식공사를 토지조성을 위한 공사라기보다는 발전시설공사에 필수적으로 수반되는 조경공사로 판단되므로, 처분청이 쟁점세금계산서 해당 매입세액을 토지 관련 매입세액으로 보아 청구법인에게 부가가치세를 경정·고지한 처분은 잘못이 있는 것으로 판단된다.[124]

---

122) 대법원98두15290, 1999.11.12

123) 대법원2004두13844, 2006.07.28

124) 조심2010전1251, 2011.05.18

(22) 기존건축물 안전진단비용

종전 「주택건설촉진법」에 의하여 인가를 받은 재건축조합이 재건축사업을 시행함에 있어 기존건축물의 철거 여부를 진단하고 지급하는 안전진단용역비 및 조합원의 토지지분을 조합명의로 신탁등기하고 법무사에게 지급하는 수수료, 교통영향평가용역비의 지출에 관련된 매입세액은 토지 관련 매입세액에 해당한다.[125)]

(23) 도시계획 관련 용역수행대가 및 토지측량용역대가

사업자가 관광휴양지(골프·스키장 및 숙박시설 등 부대시설)를 건설하기 위하여 도시계획 관련 용역수행계약(도시기본계획 반영, 도시관리계획 확정, 각종 영향평가 수행, 사업계획의 승인)을 체결하고 그 대가를 지급하면서 부담한 부가가치세와 관관휴양지 조성 관련 토지측량용역 및 토목설계용역을 제공받고 그 대가를 지급하면서 부담한 부가가치세는 토지 관련 매입세액에 해당하는 것이며, 관광휴양지 내 숙박시설 등 부대시설의 건축설계용역을 제공받고 그 대가를 지급하면서 부담한 부가가치세는 매출세액에서 공제된다.[126)]

(24) 콘도미니엄 신축을 위한 대지조성비용

콘도미니엄을 신축하기 위하여 지하층 건설에 필요한 터파기 및 잔토붕괴를 막기 위한 흙막이 공사에 관련된 매입세액은 매출세액에서 공제하는 것이나 각층의 건축물 건설을 위한 대지조성과 관련된 매입세액은 매출세액에서 공제하지 아니한다.[127)]

(25) 과세사업을 위해 토지·건물을 취득하였으나 사업중단으로 매각하는 경우

부동산개발업을 영위하는 사업자(이하 "사업자")가 지식산업단지를 조성하여 분양하는 과세사업을 영위할 목적으로 토지 및 철거목적의 건물(이하 "부동산")을 취득하며 거래가액을 전액 토지가액으로 하여 취득한 후 사업을 진행하던 중 사업이 중단되어 건물을 철거하지 아니하고 해당 부동산을 매각한 경우로서 당초 사업시행에 필요한 자금조달을 위한 금융자문 수수료, 사업성평가용역에 대한 수수료, 설계비, 신축공사 타절비 등을 지급하고 세금계산서를 수취한 경우 과세사업을 위하여 공급받은 용역에 대한 매입세액은 매출세액에서 공제되는 것이나 해당 비용 중 부동산의 취득 및 토지 조성을 위한 자본적 지출에 관련된 비용, 용역을 공급받지 아니하고 계약해지에 따른 위약금(합의금) 성격으로 지급한 비용 관련 매입세액은 공제하지 아니하는 것이며 부동산 매각을 위한 자문수수료 관련 매입세액이 부가가치세가 과세되는 건물과 면세되는 토지의 공급에 공통되는 매입세액인 경우 토지의 공급에 관련된 매입세액은 공제하지 아니한다.[128)]

125) 서면상담3팀-2124, 2004.10.18
126) 서면3팀-7, 2005.01.04
127) 부가46015-65, 1998.01.10
128) 사전-2020-법령해석부가-1162 [법령해석과-4146], 2020.12.17

(26) 건축물 관련 매입세액

1) 전소유자가 지출한 건물설계용역비 및 컨설팅비 등 용역결과물을 인수하는 대가

청구법인이 ○○식품(주)로부터 설계용역결과물을 인수하여 그 설계도대로 쟁점건물을 신축하지 아니하였다고 하더라도 새로운 쟁점건물의 설계도 작성 시 당초의 설계용역 결과물 중 상당 부분을 활용한 사실이 확인되는 점, 청구법인이 (주)△△종합건축사사무소로부터 추가로 제공받은 쟁점건물의 설계용역에는 각종 기초조사 및 환경영향평가 등의 용역 제공부분이 포함되어 있지 아니한 점, 청구법인이 ○○식품(주)로부터 부동산(토지 및 건물)을 인수한 계약과는 별도의 계약을 체결하고 인수한 설계용역 결과물을 아무런 법적근거도 없이 토지에 대한 자본적 지출로 보는 것은 경험칙에 부합하지 아니하는 점, 더구나 매입세액공제 여부는 인수한 용역 결과물의 활용 여부에 따라 적용 여부가 달라지는 것은 아니라고 판단되는 점 등을 종합하여 볼 때 쟁점1세금계산서의 매입세액을 토지 관련 매입세액으로 보아 매출세액에서 공제하지 아니한 처분은 부당하다고 판단된다.[129)]

2) 모델하우스 설립 관련 매입세액

「주택건설촉진법」의 규정에 의한 국민주택규모를 초과하는 아파트를 신축분양하는 사업자가 당해 아파트 분양을 위한 광고선전에 관련된 매입세액은 안분계산하는 것이나, 당해 아파트의 분양 등을 위하여 모델하우스를 설치한 경우 모델하우스 설치와 관련된 매입세액은 매출세액에서 공제된다.[130)]

3) 기존건축물 철거 시 해당 건축물 취득 및 철거비용과 관련된 매입세액

사업자가 건축물이 있는 토지를 취득하여 해당 건축물을 부동산임대업에 사용하다가 철거한 경우로서 철거한 건축물의 취득 및 철거비용과 관련된 매입세액은 토지의 조성 등을 위한 자본적 지출에 관련된 매입세액에 해당하지 아니한다.[131)]

4) 건물 주변의 조경공사(정원설치) 및 포장공사

사업자가 부가가치세가 과세되는 건물을 신축·판매하기 위하여 당해 건물 지하층 건설에 필요한 터파기공사, 동 건물주변에 조경공사, 포장공사를 한 경우 당해 공사와 관련된 매입세액은 자기의 매출세액에서 공제 가능하다.[132)]

5) 국가소유토지에 기부채납(寄附採納)한 진입도로의 개설 및 포장공사 관련 비용

부가가치세 과세사업을 영위하기 위한 사업장을 신설하면서 국가 또는 지방자치단체 소유의 토

---

129) 국심2004중2027, 2005.04.02
130) 부가46015-3998, 1999.09.30
131) 기획재정부 부가가치세제과-371, 2017.07.24
132) 서삼46015-10267, 2001.09.19

지에 당해 사업장까지의 진입도로를 개설·포장하여 기부채납한 경우 당해 진입도로의 개설·포장공사에 관련된 매입세액은 토지 관련 매입세액에 해당하지 않는다(당해 예규변경일 이후 최초로 공급받는 분부터 적용함).[133)]

6) 사업자소유토지에 진입도로를 건설하여 기부채납(寄附採納)하는 경우의 매입세액공제

사업자가 과세사업을 하기 위한 사업계획 승인 또는 인·허가조건으로 사업장 인근에 진입도로를 건설하여 지방자치단체에 무상으로 귀속시킨 경우 진입도로 건설비용 관련 매입세액은 토지의 조성 등을 위한 자본적 지출에 관련된 매입세액에 해당하므로 매출세액에서 공제하지 아니한다.[134)]

Ⅷ 등록 전 매입세액

1. 개요

사업자등록을 신청하기 전의 매입세액은 매출세액에서 공제하지 아니한다. 다만, 공급시기가 속하는 과세기간이 끝난 후 20일 이내에 등록을 신청한 경우 등록신청일부터 공급시기가 속하는 과세기간 기산일(제5조 제1항에 따른 과세기간의 기산일을 말한다)까지 역산한 기간 내의 것은 제외한다(부법 39 ① 8).

2. 등록 전 매입세액의 범위

「부가가치세법」에 의하면 신규로 사업을 개시하는 자는 사업장마다 사업개시일로부터 20일 내에 정부에 등록하여야 하며, 적법한 등록신청에 대하여 소관세무서장은 이를 수리할 뿐 재량에 의하여 등록의 허부를 결정할 권한이 없는 점과 사업자로 하여금 일정기간 내에 등록을 하게 한 것은 과세관청으로 하여금 부가가치세의 납세의무자로 파악하고 그 과세자료를 확보케 하라는 데에 그 입법취지가 있는 점 등에 비추어 보면 「부가가치세법」에서 규정하는 등록이라 함은 적법한 등록신청의 수리를 의미함이 분명하다고 할 것이므로, 매출세액으로부터 공제하지 아니할 매입세액으로 들고 있는 등록을 하기 전의 매입세액이라 함은 적법한 등록신청의 수리가 되기 전의 매입세액이란 뜻으로 이해하여야 할 것이고, 사업개시일로부터 20일 내에 등록을 마친 이상 사업개시일 이후의 매입세액을 모두 매출세액에서 공제하여야 한다는 것은 「부가가치세법」 규정의 문리상 무리한 해석일 뿐 아니라 입법취지에 비추어 보아도 그와 같이 해석할 근거가 박약하므로 받아들일 수 없다.[135)]

133) 서삼46015-11428, 2002.08.28
134) 기재부 부가가치세제과-801, 2011.11.23
135) 대법원83누0228, 1983.07.26

3. 월합계매입세금계산서 중 사업자등록 전 매입세액의 공제

사업자가 재화나 용역을 공급한 자로부터 등록 전 매입분이 포함된 월합계에 의한 세금계산서를 발급받은 때에는 해당 월합계매입세금계산서에 포함된 등록 전 매입세액은 공제하지 아니한다. 다만, 공급시기가 속하는 과세기간이 끝난 후 20일 이내에 등록을 신청한 경우 등록신청일부터 공급시기가 속하는 과세기간 기산일까지 역산한 기간 내의 것은 그러하지 아니하다.[136)]

4. 관련 사례

(1) 면세포기신고일로부터 역산하여 20일 이내에 매입한 재화의 매입세액공제 여부

과세·면세사업을 겸영하는 사회복지법인이 그 고유의 사업목적을 위하여 북한으로 무상반출하는 재화에 대하여 면세포기신고를 하고 부가가치세 영의 세율을 적용받는 경우에는 면세포기신고를 한 날부터 영세율이 적용되는 것이며, 면세포기신고서를 제출하기 전에 발생한 당해 무상반출하는 재화와 관련된 매입세액은 공제받을 수 없다.[137)]

(2) 소급하여 작성된 세금계산서의 매입세액공제 여부

「부가가치세법」에서는 세금계산서의 교부특례에 관하여 규정하면서, 제증빙서류에 의하여 실제 거래사실이 확인되는 경우로서 당해 거래일자를 발행일자로 하여 세금계산서를 교부하는 경우에는 재화 또는 용역의 공급일이 속하는 달의 다음 달 10일까지 세금계산서를 교부할 수 있는 특례를 규정하고 있는 바, 위 특례규정은 과세기간이 경과된 후에도 적용되므로(예컨대 12월의 거래에 대하여 다음 해 1.10.까지 세금계산서를 정당한 공급시기로 소급작성·교부한 경우) 동일과세기간이 경과된 후에 소급작성된 세금계산서라 하여 예외 없이 매입세액의 공제를 배제하는 것은 아니라고 할 것이다. 따라서 비록 쟁점세금계산서가 과세기간이 경과한 후 소급하여 작성되었다 하더라도 실제 공급일자를 발행일자로 하여 그 공급일이 속하는 달의 다음 달 10일 이내에 교부받은 세금계산서이므로 정당한 세금계산서에 해당하므로 당해 매입세액은 공제하는 것이 타당하다.[138)]

(3) 과세·면세사업등록 정정 전에 면세사업자번호로 발급받은 세금계산서의 매입세액공제 여부

면세사업자로 사업자등록을 한 자가 2016.7.19. 과세·면세겸업자로 사업자등록 정정신청을 한 경우 2016.1월부터 6월까지 재화 또는 용역을 공급받고 면세사업자등록번호로 발급받은 세금계산서의 매입세액은 매출세액에서 공제 가능한 것이며, 이 경우 과세사업과 면세사업 등에 공통으로 사용되어 실지귀속을 구분할 수 없는 공통매입세액은 안분계산한다.[139)]

---

136) 부기통 39-0-2
137) 법규부가 2009-0121, 2009.04.23
138) 국심2006부3089, 2006.12.28(유지사례), 서면3팀-2064 (삭제사례)
139) 사전-2016-법령해석부가-0320, 2016.07.28

(4) 공동사업자등록 전에 법인사업자번호로 발급받은 세금계산서의 매입세액공제 여부 등

갑, 을 법인사업자가 자기의 임대사업에 사용할 목적으로 재화를 취득하고, 이후 공동사업계약에 따라 사업자등록을 함에 있어 갑, 을 법인사업자가 발급받은 세금계산서의 매입세액은 공동사업자의 등록 전 매입세액으로 공제할 수 없는 것이며 갑, 을 법인사업자가 자기의 임대사업에 사용할 목적으로 재화를 취득하고 발급받은 세금계산서의 매입세액은 매출세액에서 공제할 수 있는 것이나, 이 경우 부가가치세가 과세되는 사업과 관련이 있는지 여부는 구체적으로 구입목적, 사업의 연관성, 사용실태 등을 확인하여 종합적으로 사실판단할 사항이다.[140]

140) 사전-2021-법령해석부가-0224 [법령해석과-787], 2021.03.08

[별지 제22호서식]

홈택스(www.hometax.go.kr)에서도 신청할 수 있습니다.

공제받지 못할 매입세액 명세서

년 제 기(월 일 ~ 월 일)

※ 뒤쪽의 작성방법을 읽고 작성하시기 바랍니다. (앞쪽)

1. 제출자 인적사항

상호(법인명)	성명(대표자)	사업자등록번호

2. 공제받지 못할 매입세액 명세

매입세액 불공제 사유	세금계산서			비고
	매수	공급가액	매입세액	
① 필요적 기재사항 누락 등				
② 사업과 직접 관련 없는 지출				
③ 비영업용 소형승용자동차 구입・유지 및 임차				
④ 접대비 및 이와 유사한 비용 관련				
⑤ 면세사업등 관련				
⑥ 토지의 자본적 지출 관련				
⑦ 사업자등록 전 매입세액				
⑧ 금·구리 스크랩 거래계좌 미사용 관련 매입세액				
⑨ 합계				

3. 공통매입세액 안분 계산 명세

일련번호	과세・면세사업등 공통매입		⑫ 총공급가액 등	⑬ 면세공급가액 등	⑭ 불공제 매입세액 [⑪×(⑬÷⑫)]
	⑩ 공급가액	⑪ 세액			
1					
2					
3					
4					
5					
합계					

4. 공통매입세액의 정산 명세

일련번호	⑮ 총공통매입세액	⑯ 면세사업등 확정비율	⑰ 불공제 매입세액 총액(⑮×⑯)	⑱ 기 불공제 매입세액	⑲ 가산 또는 공제되는 매입세액(⑰-⑱)
1					
2					
합계					

5. 납부세액 또는 환급세액 재계산 명세

일련번호	⑳ 해당 재화의 매입세액	㉑ 경감률[1-(5/100 또는 25/100×경과된 과세기간의 수)]	㉒ 증가 또는 감소된 면세공급가액(사용 면적) 비율	㉓ 가산 또는 공제되는 매입세액 (⑳×㉑×㉒)
1				
2				
합계				

210㎜×297㎜[백상지 80g/㎡(재활용품)]

제5절 과세·면세 겸영사업자의 공통매입세액 안분계산

I 개요

1. 의의

공통매입세액의 안분계산이란 과세사업과 면세사업 등을 겸영하는 사업자가 과세사업과 면세사업 등에 공통으로 사용되어 그 실지귀속을 구분할 수 없는 매입세액을 과세사업에 관련된 매입세액과 면세사업 등에 관련된 매입세액으로 안분계산하는 일련의 과정을 말한다.[141]

2. 실지귀속에 따라 매입세액 공제

(1) 실지귀속이 분명하면 안분계산 없이 매입세액 공제

사업자가 과세사업과 면세사업을 겸영하면서 발생된 매입세액이더라도 발생된 모든 매입세액이 안분계산대상이 되는 것이 아니라 그 발생 건별, 금액으로 세분하여 과세사업에 실지귀속되면 자기의 매출세액에서 전액 공제하고, 면세사업에 실지귀속되면 면세사업 관련 매입세액으로 전액 불공제한다.[142]

(2) 실지귀속이 불분명하면 실지귀속에 따라 매입세액 공제

과·면세 겸영사업자가 부가가치세가 과세되는 재화(이하 "과세재화")와 부가가치세가 면제되는 재화 모두에 가격할인 적용이 가능한 쿠폰을 고객에게 발행하고 해당 쿠폰이 적용된 과세재화를 고객에게 판매하는 경우로서 쿠폰이 적용된 과세재화에 대한 매입세액이 과세사업에 실지귀속되는 매입세액인 경우 해당 매입세액의 계산은 실지귀속에 따라 적용한다.[143]

3. 공통매입세액 안분계산의 요건

공통매입세액의 안분계산 규정을 적용하여야 할 사업자는 다음의 요건을 모두 충족하여야 한다.[144]

(1) 과세사업과 면세사업(비과세사업 포함)을 겸영하는 사업자일 것

여러 사업장이 있는 사업자의 경우 공통매입세액의 안분계산은 사업장 단위로 하되, 각 사업장

141) 부가집 40-81-1
142) 부가집 40-81-2
143) 서면-2022-법규부가-0665 [법규과-1757], 2022.06.09
144) 부가집 40-81-3

에 공통적으로 사용되는 것은 사업장의 공급가액의 합계액으로 안분계산하는 것으로 하고,[145] 과세사업과 면세사업을 겸영하는 사업자가 과세사업과 면세사업 등에 사용할 지점건물을 신축함에 있어 매입세액의 안분계산 및 공통매입세액의 정산은 본점과 지점 중 세금계산서를 발급받은 어느 쪽에서도 가능하다.[146]

(2) 과세사업과 면세사업에 공통으로 사용되거나 사용될 것

부가가치세가 과세사업과 면세사업에 공통으로 사용되어 그 귀속이 분명하지 아니한 재화를 공통사용재화라 한다. 공통사용재화의 범위는 구입 당초부터 공통사용목적이고, 그 후에도 공통사용된 경우, 구입 시에는 과세사업용으로 사용하고 그 후 면세사업에 공통으로 사용한 경우, 구입 시에는 면세사업에 사용하다가 그 후 과세사업에 공통으로 사용한 경우 등 모두를 포함한다.

(3) 실지귀속이 불분명한 매입세액일 것

사업자가 과세사업과 면세사업을 겸영하면서 발생된 매입세액이더라도 발생된 모든 매입세액이 안분계산대상이 되는 것이 아니라 그 발생 건별, 금액으로 세분하여 과세사업에 실지귀속되면 자기의 매출세액에서 전액 공제하고, 면세사업에 실지귀속되면 면세사업 관련 매입세액으로 전액 불공제 한다(부가집 40-81-2). 이 경우 공통매입세액이란 세금계산서상의 매입세액으로 그 실지귀속이 과세사업 또는 면세사업 등에 사용·소비될 것인지가 불분명한 경우의 매입세액을 말한다. 즉 과세사업과 면세사업 등에 공통으로 사용되거나 사용될 예정인 매입세액, 장래의 실지귀속이 불분명한 경우의 매입세액을 말한다. 그리고 '과세사업과 면세사업에 공통으로 사용되어 실지귀속을 구분할 수 없는 때'의 판단기준에는 매입재화의 공통사용 당시뿐만 아니라 재화매입 당시도 고려되어야 할 것이므로 제반실태를 고려하여 전체적으로 구분할 수 있는지 여부를 결정하여야 하고, 재화의 사용량을 구분할 수 없을 때는 물론 사용량은 구분 가능하더라도 그 사용량의 공급가액을 알 수 없는 경우에도 실지귀속을 구분할 수 없다고 보아야 한다.[147]

(4) 공제요건을 갖춘 매입세액일 것

안분계산의 대상이 되는 매입세액은 과세사업과 면세사업 등에 사용할 목적이거나 사용한 재화 또는 용역에 대한 매입세액으로서 「부가가치세법」에 의하여 매출세액에서 공제할 수 있는 요건을 구비하고 있는 것이어야 한다. 따라서 법 제39조에 따라 불공제대상에 해당하는 매입세액은 안분계산의 대상이 될 수 없다. 이는 공통매입세액의 안분계산이 공제대상에 해당하는 매입세액 중 과세사업과 관련된 부분을 구분하기 위한 것이기 때문이다.

145) 서면3팀-3250, 2006.12.26
146) 부가집 40-82-2
147) 대법86누251, 1987.06.09

4. 공통매입세액 안분계산에 따른 용어 정의[148)]

(1) 과세사업에 대한 공급가액

과세사업에 대한 공급가액이란 공급시기가 도래된 재화 또는 용역의 공급에 대한 부가가치세 과세표준(영세율 과세표준 포함)의 합계액을 말한다. 이 경우 총공급가액 및 면세공급가액이라 함은 공통매입세액에 관련된 당해 과세기간의 총공급가액 및 면세공급가액을 말하는 것으로서 공통매입세액과 관련이 없는 고정자산의 매각에 따른 공급가액은 총공급가액 및 면세공급가액에 포함되지 아니한다.[149)]

(2) 면세사업 등에 대한 공급가액

면세사업 등에 대한 공급가액이란 해당 과세기간 내에 부가가치세가 과세되지 아니하는 「소득세법」 또는 「법인세법」의 규정에 따른 수입금액과 비과세사업에 대한 수입금액의 합계액을 말한다.

(3) 공통매입세액

공통매입세액이란 매입세액의 공제대상이 되는 세금계산서상의 매입세액으로 그 실지귀속이 과세사업 또는 면세사업 등에 사용·소비될 것인지가 불분명한 경우의 매입세액을 말한다. 즉 과세사업과 면세사업 등에 공통으로 사용되거나 사용될 예정인 매입세액, 장래의 실지귀속이 불분명한 경우의 매입세액을 말한다.

(4) 예정

예정이란 사업자가 각 과세기간의 공통매입세액을 안분계산함에 있어서 공통매입세액과 관련된 공급가액 또는 사용면적이 실제로 확정될 과세기간에 과세·면세사업 등으로부터 발생이 예상되거나 과세·면세사업으로 사용이 예상되는 것을 말한다.

(5) 예정공급가액

'예정공급가액'이라 함은 건물을 완공 후 사업을 개시하여 공통매입세액과 관련된 공급가액이 확정될 과세기간에 당해 과세·면세사업으로부터 발생이 예상되는 공급가액(과거 사업실적, 현재의 시황 등을 근거로 한 사업계획서 등에 따른 합리적인 추정금액)을 말한다.[150)]

(6) 총예정사용면적

총예정사용면적이란 공통매입세액과 관련하여 과세사업과 면세사업 등에 사용예정인 총면적을 말하며, 면세예정사용면적은 그중 면세사업에 사용예정인 면적을 말한다.

---

148) 부가집 40-81-4
149) 서삼46015-11127, 2002.07.05
150) 부가46015-1169, 1994.06.10

II 안분계산방법

1. 공급가액이 존재하는 경우

(1) 원칙

과세사업과 면세사업 등을 겸영(兼營)하는 경우로서 실지귀속(實地歸屬)을 구분할 수 없는 매입세액(이하 "공통매입세액"이라 한다)이 있는 경우 면세사업 등에 관련된 매입세액은 인원수 등에 따르는 등 기획재정부령으로 정하는 경우를 제외하고 다음 계산식에 따라 안분하여 계산한다. 다만, 예정신고를 할 때에는 예정신고기간에 있어서 총공급가액에 대한 면세공급가액*의 비율에 따라 안분하여 계산하고, 확정신고를 할 때 정산한다(부령 81 ①).

* 면세사업 등에 대한 공급가액과 사업자가 해당 면세사업 등과 관련하여 받았으나 과세표준에 포함되지 않는 국고보조금과 공공보조금 및 이와 유사한 금액의 합계액을 말한다.

$$\text{면세사업에 관련된 매입세액} = \text{공통매입세액} \times \frac{\text{해당 과세기간 면세공급가액}}{\text{해당 과세기간 총공급가액}}$$

$$\text{과세사업 관련된 매입세액} = \text{공통매입세액} - \text{매입사업에 관련된 매입세액}$$

(2) 동일 과세기간에 매입·공급 시

과세사업과 면세사업에 공통으로 사용되는 재화를 공급받은 과세기간 중에 해당 재화를 공급하여 과세표준을 계산한 경우에는 그 재화에 대한 매입세액의 안분계산은 다음 산식에 의하여 계산한다(부령 81③). 이는 동일한 과세기간에 매입하여 공급한 공통사용재화의 경우 과세표준은 앞에서 살펴본 바와 같이 직전 과세기간의 공급가액을 기준으로 안분계산하므로, 이와 형평을 유지하기 위하여 직전 과세기간의 공급가액을 기준으로 공통매입세액을 안분계산한다.

$$\text{면세사업에 관련된 매입세액} = \text{공통매입세액} \times \frac{\text{직전 과세기간 면세공급가액}}{\text{직전 과세기간 총공급가액}}$$

(3) 전기통신사업자 및 한국철도공사의 경우

1) 개요

「전기통신사업법」에 따른 전기통신사업자 및 「한국철도공사법」에 따른 한국철도공사는 실지귀속을 구분하기 어려운 재화 또는 용역에 대해서만 다음 산식에 따라 공통매입세액을 안분계산할 수 있다(부령 81 ③).

$$\text{면세사업에 관련된 매입세액} = \text{공통매입세액} \times \frac{\text{전 사업장 면세공급가액}}{\text{전 사업장 총공급가액}}$$

2) 전 사업장 총공급가액

전 사업장의 총공급가액은 해당 과세기간의 모든 사업장(「전기통신사업법」에 따른 전기통신사업자의 경우에는 공통매입세액과 관련된 해당 과세기간의 모든 사업장)의 과세사업에 대한 공급가액과 면세사업 등에 대한 수입금액의 합계액으로 하고, 같은 항의 계산식에 따른 전 사업장의 면세공급가액은 해당 과세기간의 모든 사업장(「전기통신사업법」에 따른 전기통신사업자의 경우에는 공통매입세액과 관련된 해당 과세기간의 모든 사업장)의 면세사업 등에 대한 수입금액으로 한다(부칙 54 ④).

(4) 안분계산 단위의 판단

여러 업종의 사업 및 여러 곳의 건설현장 등이 있는 경우 특정 사업부문 또는 건설현장에 사용된 공통매입세액은 해당 사업부문 및 건설현장별로 안분계산하고, 전체 사업장에 관련된 공통매입세액은 전체 사업장의 공급가액 등으로 안분계산한다.

2. 공급가액이 존재하지 않는 경우

(1) 안분계산 특례(추정비율)*

공통매입세액의 안분계산 규정을 적용함에 있어서 해당 과세기간 중 과세사업과 면세사업 등의 공급가액이 없거나 그 어느 한 사업의 공급가액이 없는 경우에 해당 과세기간에 대한 안분계산은 다음의 순서에 따른다. 다만, 건물 또는 구축물을 신축하거나 취득하여 과세사업과 면세사업 등에 제공할 예정면적을 구분할 수 있는 경우에는 ③를 ① 및 ②에 우선하여 적용한다(부령 81 ④).

① 총매입가액(공통매입가액을 제외한다)에 대한 면세사업 등에 관련된 매입가액의 비율

② 총예정공급가액에 대한 면세사업 등에 관련된 예정공급가액의 비율

③ 총예정사용면적에 대한 면세사업 등에 관련된 예정사용면적의 비율

* 토지를 제외한 건물 등에 대하여 공통매입세액 안분계산을 하였을 때에는 그 후 과세사업과 면세사업의 공급가액이 모두 있게 되어 공급가액에 따라 공통매입세액을 계산할 수 있는 경우에도 과세사업과 면세사업의 사용면적이 확정되기 전의 과세기간까지는 예정사용면적의 비율을 적용하고, 과세사업과 면세사업의 사용면적이 확정되는 과세기간에 과세기간의 사용면적 비율에 따라 공통매입세액을 정산한다(부령 81 ⑤).

(2) 예정신고 시에는 공통매입세액 안분계산을 하였으나, 확정신고 시 면세공급가액 비율이 5% 미만인 경우

예정신고 시에 면세공급가액 비율이 5% 이상이어서 공통매입세액 안분계산을 하였으나, 확정신고 시 과세기간에 대한 면세공급가액 비율이 5% 미만이 된 경우 당초 신고 시 불공제한 공통매입세액은 납부세액에서 공제하거나 경정청구를 통하여 환급받을 수 있다.

3. 공통매입세액의 정산

(1) 개요

사업자가 매입가액 또는 예정공급가액 비율에 의하여 매입세액을 안분계산한 경우에는 당해 재화취득으로 과세사업과 면세사업의 공급가액이 확정되는 과세기간에 총공급가액에 대한 면세공급가액의 비율에 의해 정산하는 것이며, 이 경우 '확정되는 과세기간'이라 함은 당해 재화를 실제로 과세사업과 면세사업에 사용하여 총공급가액에 대한 면세공급가액 비율이 발생하는 과세기간을 말한다.[151]

(2) 관련 규정

사업자가 매입세액을 안분하여 계산한 경우에는 해당 재화의 취득으로 과세사업과 면세사업 등의 공급가액, 과세사업과 면세사업 등의 사용면적이 확정되는 과세기간에 대한 납부세액을 확정신고할 때 다음의 계산식에 따라 정산한다. 다만, 예정신고를 할 때에는 예정신고기간에 있어서 총공급가액에 대한 면세공급가액의 비율, 총사용면적에 대한 면세 또는 비과세 사용면적의 비율에 따라 안분하여 계산하고, 확정신고를 할 때 정산한다(부령 82).

1) 총매입가액 및 총예정공급가액에 의하여 매입세액을 안분계산한 경우

$$\text{가산 또는 공제되는 세액} = \text{총 공통매입세액} \times \left(1 - \frac{\text{면세공급가액}}{\text{총공급가액}}\right) - \text{기공제세액}$$

2) 총예정사용면적에 의하여 매입세액을 안분계산한 경우

$$\text{가산 또는 공제되는 세액} = \text{총 공통매입세액} \times \left(1 - \frac{\text{면세사용면적}}{\text{기공제세액}}\right) - \text{총사용면적}$$

151) 부가가치세과-99, 2011.01.25

공통매입세액 안분계산 및 정산 사례

【문제】

개인사업자가 과세사업과 면세사업을 겸영하기 위하여 2015.3.1.부터 사업을 개시하여 각 과세기간 동안 발생된 공통매입세액, 수입금액이 아래와 같은 경우 각 과세기간별 공통매입세액에 대한 안분계산 및 정산방법

(단위 : 천원)

구분	공통매입세액	예정공급가액		실제공급가액	
		과세분	면세분	과세분	면세분
2015년 1기	8,000	120,000	40,000	0	0
2015년 2기	16,000	120,000	40,000	50,000	0
2016년 1기	10,000	150,000	50,000	0	40,000
2016년 2기	4,000	–	–	180,000	60,000
2017년 1기	2,000	–	–	120,000	80,000

【계산 방법】

1. 각 과세기간별 공통매입세액 안분계산

(단위 : 천원)

귀속	안분계산방법	계산 내역	공제가능매입세액
2015년 1기	예정공급가액	8,000×120,000/160,000	6,000
2015년 2기	예정공급가액	16,000×120,000/160,000	12,000
2016년 1기	예정공급가액	10,000×150,000/200,000	7,500
2016년 2기	공통매입세액 정산	아래 정산내역 참조	3,000
2017년 1기	당해공급가액	2,000×120,000/200,000	1,200

2. 공통매입세액 : 공통매입세액은 과세사업과 면세사업의 공급가액이 모두 발생한 2016년 2기에 정산함
   - 공급가액이 확정되는 과세기간까지의 공통매입세액 합계액
     8,000천원 + 16,000천원 + 10,000천원 + 4,000천원 = 38,000천원
   - 2016년 2기 공급가액에 대한 과세·면세비율
     180,000천원 / (180,000천원 + 60,000천원) = 0.75
   - 공급가액이 확정되는 과세기간 전까지 공제세액 합계액
     6,000천원+12,000천원+7,500천원 = 25,500천원
   - 당해 과세기간 공통매입세액 정산액
     38,000천원 × 0.75 – 25,5000천원 = 3,000천원

공통매입세액(I) 사례

과세사업과 면세사업을 겸영하는 사업자의 2011년 제2기 과세기간의 납부세액은?

(1) 제2기 과세기간(2011. 7. 1~12. 31)

① 매입세액의 내용

• 공통매입세액	180,000,000원
• 과세사업관련 매입세액	360,000,000원
• 면세사업관련 매입세액	120,000,000원

② 공급가액

• 과세공급가액	9,000,000,000원
• 면세공급가액	3,000,000,000원

(2) 제1기 과세기간(2011 1. 1~6. 30)

• 과세공급가액	1,800,000,000원
• 면세공급가액	1,200,000,000원

| 해답 |

(1) 공통매입세액의 안분계산

$$\text{공통매입세액} \times \frac{\text{과세공급가액(해당 과세기간)}}{\text{총공급가액(해당 과세기간)}} = 180{,}000{,}000\text{원} \times \frac{9{,}000{,}000{,}000\text{원}}{12{,}000{,}000{,}000\text{원}} = 135{,}000{,}000\text{원}$$

(2) 공제매입세액의 계산

① 과세사업관련 매입세액	360,000,000원
② 과세사업관련 공통매입세액	135,000,000원
③ 공제되는 매입세액	495,000,000원

(3) 납부세액의 계산

① 매출세액	900,000,000원
② 매입세액	495,000,000원
③ 납부세액	405,000,000원

(3) 본점에서 공제받은 공통매입세액의 정산사업장

과세사업과 면세사업을 겸영하는 사업자가 과세사업과 면세사업 등에 사용할 지점건물을 신축함에 있어 매입세액의 안분계산 및 공통매입세액의 정산은 본점과 지점 중 세금계산서를 발급받은 어느 쪽에서도 가능하다.[152)]

152) 부가집 40-81-2

4. 안분계산의 배제

다음 중 어느 하나에 해당하는 경우에는 해당 재화 또는 용역의 매입세액은 전액 공제되는 매입세액으로 한다(부령 81 ②). 이 경우 공통매입세액 안분계산 및 안분계산 생략방법은 사업(현장)단위별 과세기간단위별로 적용한다.[153)]

① 해당 과세기간의 총공급가액 중 면세공급가액이 5% 미만인 경우의 공통매입세액. 다만, 공통매입세액이 5백만원 이상인 경우는 제외한다.

② 해당 과세기간 중의 공통매입세액이 5만원 미만인 경우의 매입세액

③ 재화를 공급하는 날이 속하는 과세기간에 신규로 사업을 시작하여 직전 과세기간이 없는 경우

5. 사업자단위과세사업자의 공통매입세액 안분계산

사업자단위과세사업자가 각 사업장에서 동일한 업종의 과세사업과 면세사업을 겸영하는 경우 공통매입세액의 안분계산은 각 사업장별로 계산한 후 본점 또는 주사업장에서 이를 합산하여 신고·납부한다.[154)]

6. 과세·면세 사용면적이 있는 건축물의 매입세액 계산방법[155)]

매입세액의 계산은 먼저 실지귀속에 따라 산정하며, 사업자가 건축물을 취득하거나 신축하면서 발생된 매입세액과 관련하여 과세사업과 면세사업 등에 사용될 면적 및 과세·면세사업에 공통으로 사용될 면적이 객관적으로 구분되어 있는 경우 다음과 같이 매입세액을 안분계산한다.

(1) 건축물의 취득 관련 매입세액

건축물의 취득 관련 매입세액에 대하여 과세사업에만 전적으로 사용되는 면적이 전체 면적에서 차지하는 비율을 곱하여 계산한 매입세액은 전액 공제하고, 면세사업에만 전적으로 사용되는 면적이 차지하는 비율을 곱하여 계산한 매입세액은 전액 불공제한다.

(2) 과세·면세 공통사용면적 관련 매입세액

과세사업과 면세사업에 공통으로 사용되는 면적에 관련된 매입세액에 대하여는 그 사업부문에서 발생된 총공급가액에 대한 면세공급가액의 비율에 의하여 안분계산한 가액을 불공제한다.

---

153) 부가집 40-81-5 ⑦
154) 부가집 40-81-5 ⑥
155) 부가집 40-81-6

(3) 공용시설 관련 매입세액

해당 건축물에서 운영하는 전체 사업에 공통으로 사용되는 면적(주차장, 기계실, 보일러실, 관리사무실 등)에 관련된 매입세액이 있는 경우 불공제되는 매입세액의 계산은 전체 사업에서 발생된 총공급가액에 대한 면세공급가액의 비율에 의하여 안분계산한다.

7. 건물의 자본적 지출에 관한 공통매입세액 안분계산방법

사업자가 과세사업과 면세사업에 공통으로 사용할 건물을 신축하면서 과세·면세사업에 제공할 면적이 구분되어 건물 신축 관련 공통매입세액 중 면세사업에 관련된 매입세액을 총예정사용면적에 대한 면세사업에 관련된 예정사용면적 비율로 안분계산하고, 과세·면세사업의 사용면적이 확정되는 과세기간에 사용면적 비율로 정산한 다음 해당 건물을 과세사업과 면세사업에 사용하면서 건물의 취득원가를 구성하는 자본적 지출에 관련된 매입세액이 발생한 경우 그 자본적 지출에 대한 매입세액 중 실지귀속을 구분할 수 없는 공통매입세액에 대해서는 해당 과세기간의 총건물사용면적에 대한 면세사업에 관련된 사용면적의 비율에 따라 안분하여 계산한다.[156)]

8. 관련 사례

(1) 기준을 달리한 합리적인 안분계산 사례

수 개의 단체급식 사업장을 영위하는 사업자가 원재료 등을 일괄구입하여 당해 단체급식 사업장을 지원하기 위한 물류센터를 신축·매입 또는 운영하는 경우로서 당해 물류센터에서 구입한 원재료 등의 대부분은 자기의 다른 사업장인 수 개의 단체급식 사업장에서 원재료 등으로 사용·소비하기 위하여 반출하고 일부는 당해 물류센터에서 제3자에게 공급하는 경우에 있어 당해 물류센터의 면세사업에 관련된 매입세액 계산은 실지귀속에 따라 하되, 물류센터 또는 수 개의 단체급식 사업장의 과세·면세사업에 공통으로 사용되어 실지귀속을 구분할 수 없는 매입세액은 당해 물류센터에서 제3자 또는 각 단체급식 사업장에 공급·반출한 원재료의 가액(매입원가)을 기준으로 하여 그 공통매입세액을 먼저 구분하고 구분된 공통매입세액을 물류센터 또는 각 단체급식 사업장의 과세사업과 면세사업의 공급가액의 비율에 따라 안분계산하여야 하는 것이며, 이 경우 당해 사업자의 총괄납부승인 여부와는 관계없이 적용한다.[157)]

(2) 공통매입세액 안분계산 시 보조금을 공급가액에 포함하는지 여부 등

비영리재단법인이 지방자치단체 또는 민간사업자(이하 "지방자치단체 등"이라 함)로부터 위탁받

156) 부가집 40-81-7
157) 부가46015-450, 2001.03.10. 부가가치세과-1080, 2012.10.24

은 사업(이하 "해당 사업"이라 함)을 수행하면서 지방자치단체 등으로부터 보조금을 받아 사용한 후 남는 보조금을 반환하는 경우 해당 보조금은 공통매입세액 안분계산 시 총공급가액에 포함하는 것이며, 해당 사업이 면세사업에 해당되는 경우에는 면세공급가액에도 포함한다.[158)]

(3) 지주회사가 자회사로부터 받은 배당금은 매입세액 안분계산 적용대상이 아님[159)]

(4) 이전·확장목적 과면세 겸용 부동산 안분공제 후 과세사업 사용의 경우 매입세액공제

과세·면세사업을 함께 영위하는 약국사업자가 사업장 이전·확장을 위해 취득하기로 한 상가와 관련하여 계약금과 중도금에 대한 세금계산서를 발급받아 매입세액을 안분계산한 후, 해당 상가에 대하여 부동산임대업을 영위하기로 하고 사업자등록을 한 경우 공제되지 않은 매입세액은 기존 겸영사업장에서 매출세액에서 공제할 수 있다.[160)]

(5) 사업자단위과세사업자의 사업장별 공통매입세액 안분계산방법

사업자단위과세사업자가 각 사업장에서 동일한 업종의 과세사업과 면세사업을 겸영하는 경우 공통매입세액의 안분계산은 각 사업장별로 안분계산한 후, 본점 또는 주사업장에서 이를 합산하여 신고한다.[161)]

(6) 당해 과세기간 중에 공급가액이 음수인 경우 공통매입세액 안분계산방법

과세사업과 면세사업을 겸영하는 사업자가 과세사업과 면세사업에 공통으로 사용될 건물을 신축하면서 그 실지귀속을 알 수 없는 매입세액에 대하여 매입세액의 안분계산을 하였으나, 당해 과세기간 중에 계약의 해지 및 반품으로 인하여 과세사업과 면세공급가액이 모두 없거나(공급가액이 음수인 경우 포함) 어느 한 사업의 공급가액이 없는 경우 당해 과세기간에 발생된 과세사업과 면세사업에 공통으로 사용될 매입세액은 면세사업에 관련된 매입가액의 비율, 예정공급가액의 비율, 예정사용면적의 비율에 의하여 안분계산하고, 과세사업과 면세사업의 공급가액(사용면적)이 확정되는 과세기간에 정산한다. 다만, 건물신축 관련 매입세액이 아닌 준공 이후 분양광고비, 사무실유지비, 기장수수료 등 분양과 관련된 공통매입세액은 매입가액의 비율, 예정공급가액의 비율, 예정사용면적의 비율로 안분하지 않는다.[162)]

(7) 준공 전 설계변경으로 면세비율 변경 시 공통매입세액 안분계산

아파트를 신축분양하는 사업자가 과세사업과 면세사업에 제공할 예정사용면적을 구분할 수 있는

158) 법규부가2013-446, 2013.10.29
159) 기획재정부 부가가치세제과-23, 2012.01.17.
160) 부가가치세과-597, 2010.05.11
161) 부가가치세과-814, 2009.06.15
162) 서면상담3팀-96, 2007.01.10

경우 부가가치세 매입세액의 안분계산은 예정사용면적의 비율에 의하는 것이며, 당해 건물의 준공 전에 설계변경으로 인하여 당초 예정사용면적비율이 변경된 경우에는 당해 변경일이 속하는 과세기간 분부터 동 변경비율을 근거로 하여 관련 공통매입세액을 안분계산한다.[163)]

(8) 면세사업 등을 겸영하기 위한 건물을 신축하는 경우 매입세액의 안분계산방법

사업자가 면세사업과 과세사업인 부동산임대업 등에 사용하기 위한 건물을 신축함에 있어 과세사업과 면세사업, 과세·면세 공통사업에 제공할 예정면적을 구분할 수 있는 경우에는 해당 건물의 신축에 관련된 매입세액은 총예정사용면적(각각의 사업에 공통으로 사용되는 공유면적은 제외함)에 대한 과세사업, 면세사업 또는 과세·면세 공통사업에 관련된 예정사용면적비율로 안분계산하여 매입세액을 구분한 다음, ① 과세사업에 관련된 매입세액은 공제하고 ② 면세사업에 관련된 매입세액은 불공제하는 것이며 ③ 과세·면세 공통사업에 관련된 매입세액은 총예정공급가액에 대한 과세사업 또는 면세사업에 관련된 예정공급가액의 비율로 안분계산하여 과세사업에 관련된 매입세액은 공제하고, 면세사업에 관련된 매입세액은 불공제한다.[164)]

(9) 과세·면세사업에 공통 사용목적 건물을 사업개시 전에 양도한 경우

사업자가 면세사업과 과세사업에 사용하기 위하여 건물을 신축함에 있어 매입세액을 예정사용면적비율에 따라 공제받고 당해 건물을 준공 후 사업개시 전에 양도한 경우에는 건물 양도가액 전액을 과세표준으로 하고 당해 신축건물의 매입세액은 전액 공제되므로 확정신고 시 정산한다.[165)]

(10) 병원 직영주차장 관련 공통매입세액 안분 여부

병원 직영주차장 관련 공통매입세액은 병원의 면세사업인 의료사업과 과세사업인 주차장업에 공통으로 사용되어 실지귀속을 구분할 수 없는 공통매입세액에 해당하므로, 면세사업에 관련된 불공제매입세액은 주차장업의 공급가액과 의료사업 수입금액의 합계액 중 의료사업 수입금액이 차지하는 비율에 따라 공통매입세액을 안분하여 계산한다.[166)]

(11) 사업자가 과·면세사업을 겸영하는 경우 기부채납 관련 매입세액의 안분계산 여부 등

사업자가 과세사업과 면세사업을 겸영하는 경우 기부채납과 관련된 매입세액은 안분하여 계산하는 것이며, 해당 매입세액이 토지의 조성 등을 위한 자본적 지출과 관련된 매입세액인 경우 공제하지 아니한다.[167)]

---

163) 서면3팀-2166, 2005.11.30
164) 부가가치세과-768, 2013.08.28
165) 부가46015-4048, 2000.12.16
166) 서울행정법원2012구합18936, 2012.12.14., 서울고등법원2013누3254, 2014.07.03
167) 기획재정부 부가가치세제과-471 [], 2022.10.21

제6절 공통매입세액 재계산(납부세액 또는 환급세액의 재계산)

I 개요

1. 의의

납부세액 또는 환급세액의 재계산이란 과세사업과 면세사업에 공통으로 사용되는 감가상각자산의 취득과 관련하여 발생한 매입세액을 안분계산한 후의 과세기간에 과세·면세비율이 증감한 경우 면세사업에 관련된 매입세액을 재계산하여 증감 사유가 발생된 과세기간의 납부세액 또는 환급세액에 공제하거나 가산하는 것을 말한다.[168]

2. 도입 취지

본 규정의 입법 취지는 과세사업과 면세사업을 겸영하는 사업자가 그 사업용 감가상각대상 자산을 취득하여 과세사업과 면세사업에 공통으로 사용하는 경우, 과세사업과 면세사업 간의 구성비율변화에 따라 과세사업이 면세사업으로 또는 면세사업이 과세사업으로 전환되는 경제적 효과가 발생하여 자산의 매입세액 중 매출세액에서 공제할 수 있는 세액의 증감액이 발생하므로 납부(환급)세액의 재계산제도를 두어 그 증감액을 정산하기 위함이다.

3. 납부세액 또는 환급세액의 재계산 요건

납부세액 또는 환급세액을 재계산하여야 하는 대상은 다음의 요건에 모두 해당되어야 한다.[169]

① 공통매입세액을 안분계산한 경우일 것

② 면세공급가액 또는 면세사용면적의 비율이 증감(그 차이가 5% 이상)된 경우일 것. 이 경우 면세비율이 5%에 미달하여 안분계산을 생략하고 공통매입세액 전액을 공제받은 후 다음 과세기간 이후에 면세비율을 산정할 때 과세기간의 면세비율은 0%임

③「소득세법 시행령」제62조 제2항 또는「법인세법 시행령」제24조 제1항에 따른 감가상각자산일 것

168) 부가집 41-83-1

169) 부가집 41-83-2, 재소비 46016-313, 2003.09.19.

Ⅱ 계산방법

납부세액 또는 환급세액의 재계산에 따라 납부세액에 가산 또는 공제하거나 환급세액에 가산 또는 공제하는 세액은 다음의 계산식에 따라 계산한 금액으로 한다. 이 경우 경과된 과세기간의 수에 관하여는 감가상각자산 자가공급 등의 공급가액 계산 규정을 준용한다(부령 83 ②).

1. 건물 또는 구축물

$$\text{해당 재화의 매입세액} \times \left(1 - \frac{5}{100} \times \text{경과된 과세기간 수}\right) \times \begin{matrix}\text{증감 면세공급가액비율}\\ \text{또는 면세사용면적비율*}\end{matrix}$$

2. 기타의 감가상각자산

$$\text{해당 재화의 매입세액} \times \left(1 - \frac{25}{100} \times \text{경과된 과세기간 수}\right) \times \begin{matrix}\text{증감 면세공급가액비율}\\ \text{또는 면세사용면적비율*}\end{matrix}$$

* 해당 취득일이 속하는 과세기간의 총공급가액에 대한 면세공급가액의 비율로 안분하여 계산한 경우에는 증가되거나 감소된 면세공급가액의 비율에 따라 재계산하고, 해당 취득일이 속하는 과세기간의 총사용면적에 대한 면세사용면적의 비율로 안분하여 계산한 경우에는 증가되거나 감소된 면세사용면적의 비율에 따라 재계산한다(부령 83 ③).

당초 적용된 비율	재계산 시 적용되는 비율
면세공급가액비율	면세공급가액비율
면세사용면적비율	면세사용면적비율

납부환급세액의 재계산

월간잡지를 발행하는 (주)여성은 2011년 2월 5일 과세사업(광고사업)과 면세사업(잡지발행사업)에 공통으로 사용하기 위하여 사업용 건물을 10억원(VAT 별도)에 구입하였다. 다음 자료에 의하여 2011년 제1기의 공통매입세액 불공제분과 차기 이후 각 과세기간의 납부세액에 가산 또는 차감할 세액을 계산하면?((주)여성은 항상 납부세액이 있다고 가정할 것)

구 분	면세공급가액비율
2011년 제1기	40%
2011년 제2기	60%
2012년 제1기	64%
2012년 제2기	56%
2013년 제1기	50%
2013년 제2기	55%

| 해답 |

구 분	내 용
2011년 제1기	100,000,000원×40% = 40,000,000원(공통매입세액 불공제분)
2011년 제2기	100,000,000원×(1 - 5%×1)×(60% - 40%) = 19,000,000원(납부세액에 가산)
2012년 제1기	4%(= 64% - 60%)로서 5%에 미달하므로 재계산 생략
2012년 제2기	Δ4%(= 56% - 60%)로서 5%에 미달하므로 재계산 생략
2013년 제1기	100,000,000원×(1 - 5%×4)×(50% - 60%) = Δ8,000,000원(납부세액에서 차감)
2013년 제2기	100,000,000원×(1 - 5%×5)×(55% - 50%) = 3,750,000원(납부세액에 가산)

Ⅲ 재계산 시기

공통매입세액 재계산은 그 증감되는 비율의 계산을 해당 재화에 관련된 과세기간의 총공급가액에서 면세공급가액이 차지하는 비율 또는 총사용면적에서 면세사용면적이 차지하는 비율에 의하여 하도록 함으로써 과세기간 단위로 하게 되어 있다. 따라서 예정신고 시에는 공통매입세액 재계산을 할 필요가 없으며, 확정신고 시에만 재계산하여 해당 과세기간의 확정신고와 함께 관할세무서장에게 신고·납부하여야 한다.

Ⅳ 적용배제

1. 감가상각자산의 자가공급 등

과세사업에 사용하던 감가상각자산이 자가공급·개인적 공급·사업상 증여 또는 사업의 폐지 등으로 공급이 의제되면 기간경과에 따른 체감률을 적용하여 과세표준을 산정한다. 따라서 매출세액이 발생하고 이것이 이미 공제받은 매입세액을 회수하는 기능을 하는 것이다. 그러므로 이러한 경우에는 납부세액 등의 재계산을 하지 아니한다(부령 83 ④).

2. 공통사용 감가상각자산의 공급

과세사업과 면세사업에 공통으로 사용하던 감가상각자산을 공급하게 되면 그 공급일이 속하는 과세기간의 직전 과세기간공급가액의 비율에 따라 그 공급가액을 면세와 과세로 안분계산하여 과세표준을 계산한다. 이때에도 안분계산에 의해 공제받은 매입세액과 과세표준의 안분계산에 의해 발생시킨 매출세액은 서로 대응 관련을 가지게 되는 것이다. 따라서 이러한 경우에도 납부세액 등의 재계산은 할 필요가 없게 된다.

V 관련 사례

1. 아파트형공장 분양 시 공통매입세액 안분계산 및 재계산방법[170)]

(1) 사실관계

- 당사는 아파트형 공장을 건설하여 분양하는 시행사로서 2008년 10월에 토지를 매입하여 2008년 12월에 공사를 착공하였고 2009년 3월부터 분양이 시작되었음
- 공사의 완료는 2010년 1월로 예정되어 있으며, 분양은 2009년 2기에 완료될 예정임
- 당사의 사업은 아파트형 공장의 건설 및 분양뿐으로 2008년 2기에는 공통매입세액에 대하여 예정공급가액비율에 의하여 안분계산함

2008년 2기	토지매입, 공사착공, 분양률 0%, 예정공급가약비율로 공통매입세액 안분계산
2009년 1기	아파트형 공장 건설 중 공통매입세액 발생, 분양률 40%
2009년 2기	아파트형 공장 건설 중 공통매입세액 발생, 분양률 100%
2010년 1기	공사완료 및 준공, 공통매입세액 발생

(2) 질의

① 「부가가치세법 시행령」 제61조의 2 규정에 따라 공통매입세액을 정산하여야 하는 바, 과세사업과 면세사업의 공급가액이 "확정되는 과세기간"은 언제인지?

(갑) 분양이 완료된 과세기간

(을) 건설이 완료되어 준공을 받은 날이 속하는 과세기간

② 「부가가치세법 시행령」 제61조의2 규정에 따라 공통매입세액을 정산하여야 하는 바, 과세사업과 면세사업의 공급가액이 확정되는 과세기간의 "총공급가액"은 어떠한 금액인지?

(갑) 전체 건물에 대한 총분양 확정가액('09년 1기 + '09년 2기 공급가액)

(을) 해당 과세기간에 발생한 총공급가액('09년 2기 공급가액)

170) 부가가치세과-1043, 2010.08.11

(3) 회신

1) 안분

건물의 준공 전에 분양이 완료된 아파트형공장 건설분양의 경우 분양이 완료되면 공급가액이 확정된 것으로 볼 수 있으므로 '확정되는 과세기간'은 분양이 완료된 과세기간이 된다.

2) 재계산

과세·면세사업의 공급가액이 계속적으로 여러 과세기간에 걸쳐 발생되어 그 비율이 변동되는 경우의 '총공급가액'은 공급가액이 발생된 전체과세기간의 공급가액 합계액을 말하는 것이므로 건물의 준공 전에 분양이 완료된 경우, 분양이 완료된 과세기간에 각 사업현장별 총공통매입세액에 대하여 전체과세기간의 총공급가액과 총면세공급가액의 비율에 의하여 정산한다.

〈보론〉 겸영사업자의 안분계산 흐름도

1. 일반적인 경우

공통매입세액 안분계산	납부·환급세액 재계산	과세표준의 안분계산
$\text{매입세액 불공제분} = \text{공통매입 세액} \times \frac{\text{면세공급가액(해당)}}{\text{총공급가액(해당)}}$	증감된 면세비율에 의해서 재계산	$\text{과세표준} = \text{공급가액} \times \frac{\text{과세공급가액(직전)}}{\text{총공급가액(직전)}}$

2. 공급가액이 없는 경우

공통매입세액 안분계산	공통매입 세액정산	납부·환급세액 재계산	과세표준의 안분계산
1) 일반적인 경우 ① 매입가액비율 ② 예정공급가액비율 ③ 예정사용면적비율 2) 건축물의 신축시 ① 예정사용면적비율 ② 매입가액비율 ③ 예정공급가액비율	1) 가액으로 계산 ➡ 가액으로 정산	1) 가액으로 계산 증감된 면세가액비율에 의해서 재계산	1) 가액으로 계산 $\text{과세표준} = \text{공급가액} \times \frac{\text{과세공급가액(직전)}}{\text{총공급가액(직전)}}$
	2) 면적으로 계산 ➡ 면적으로 정산	2) 면적으로 계산 증감된 면세면적비율에 의해서 재계산	2) 면적으로 계산 $\text{과세표준} = \text{공급가액} \times \frac{\text{과세사용면적(직전)}}{\text{총사용면적(직전)}}$

3. 동일 과세기간에 매입하여 공급시

공통매입세액 안분계산		과세표준의 안분계산
매입세액 불공제분	$= \text{공통매입세액} \times \frac{\text{면세공급가액(직전)}}{\text{총공급가액(직전)}}$	$\text{과세표준} = \text{공급가액} \times \frac{\text{과세공급가액(직전)}}{\text{총공급가액(직전)}}$

4. 안분계산 생략

구분	공통매입세액	과세표준
적용	전액을 공제받은 매입세액으로 함	전액을 과세표준으로 함
사유	① 해당 과세기간의 총공급가액 중 면세공급가액이 5% 미만인 경우. 다만, 공통매입세액이 5백만원 이상인 경우는 제외	① 직전 과세기간의 총공급가액 중 면세공급 가액이 5% 미만인 경우. 다만, 해당 재화의 공급가액이 5천만원 이상인 경우는 제외
	② 해당 과세기간의 공통매입세액이 5만원 미만인 경우	② 거래단위별 재화의 공급가액이 50만원미만인 경우
	③ 재화를 공급한 날이 속하는 과세기간에 신규로 사업을 개시하여 직전 과세기간이 없는 경우	③ 재화를 공급한 날이 속하는 과세기간에 신규로 사업을 개시하여 직전 과세기간이 없는 경우

제7절 의제매입세액공제

I 개요

1. 도입 취지

의제매입세액을 공제하여 주는 취지는 첫째, 중복과세를 배제하기 위한 조치로서 농산물가격 등에 포함된 매입세액을 공제하기 위한 것이며, 둘째, 농산물 등에 대한 면세효과를 최종소비자의 부담에까지 그대로 유지시키기 위한 것이라고 볼 수 있다. 외식산업의 경우 식자재의 많은 부분을 차지하는 원재료가 주로 미가공식료품으로 면세로 공급받기 때문에 세금계산서상의 매입세액을 공제받을 수 없어 부가가치세의 부담이 큰 편이다. 따라서 이러한 부가가치세의 중복과세 효과를 완화하기 위하여 의제매입세액공제를 두고 있다.

2. 의의

의제매입세액공제란 부가가치세가 면제되는 농산물·축산물·수산물 또는 임산물을 공급받아 이를 원재료로 하여 제조 또는 가공한 재화 또는 창출한 용역의 공급이 과세되는 경우 면세로 공급받은 농산물 등의 가액의 일부를 매입세액으로 보아 매출세액에서 공제하는 것을 말한다.[171] 다만, 면세를 포기하고 영세율을 적용받는 경우는 의제매입세액공제를 적용하지 아니한다. 이는 거래의 최종단계 이전에 면세제도를 적용함에 따라 발생하는 환수효과와 누적효과를 제거하거나 완화하기 위한 제도이다.

3. 의제매입세액공제 요건

의제매입세액의 공제요건은 다음과 같다.[172]

① 등록된 부가가치세 과세사업자이어야 한다.

② 면세로 공급받은 농산물·축산물·수산물 또는 임산물이어야 한다.

③ 농산물 등을 원재료로 하여 재화를 제조·가공 또는 용역을 창출하여야 한다.

④ 제조·가공한 재화 또는 창출한 용역의 공급이 과세되어야 한다.

171) 부가집 42-84-1

172) 부가집 42-84-2

Ⅱ 공제액의 계산

1. 공제율

의제매입세액공제 규정에 의하여 매입세액으로서 공제할 수 있는 금액은 부가가치세를 면제받아 공급받은 농산물, 축산물, 수산물 또는 임산물(1차 가공을 거친 것, 미가공식료품 및 소금을 포함하며, 이하 “면세농산물 등”이라 한다)의 가액에 다음의 구분에 따른 율(이하 “공제율”이라 한다)을 곱한 금액으로 한다(부법 42 ①, 부령 84 ①).

(1) 음식점업 : 다음의 구분에 따른 율

① 「개별소비세법」에 따른 과세유흥장소의 경영자 : 102분의 2(2018.1.1.~2019.12.31.에는 104분의 4)

② 과세유흥장소의 경영자 외의 음식점을 영위하는 개인사업자 : 개인사업자인 경우에는 108분의 8 (과세표준 2억원 이하인 경우에는 2026년 12월 31일까지 109분의 9). 이 경우 ‘과세유흥장소’란 실제로 개별소비세가 부과되는지 여부에 관계없이 「개별소비세법」에서 규정하는 범위의 것(유흥주점, 외국인전용 유흥음식점, 유흥주점과 사실상 유사한 영업을 하는 장소)을 말한다.[173)]

③ 위 ①과 ② 외의 사업자 : 106분의 6

(2) 제조업 : 다음의 구분에 따른 율

① 과자점업, 도정업, 제분업 및 떡류 제조업 중 떡방앗간을 경영하는 개인사업자 : 106분의 6

② ① 외의 제조업을 경영하는 사업자 중 「조세특례제한법」 제6조 제1항에 따른 중소기업 및 개인사업자 : 104분의 4

③ ①, ② 이외의 사업자 :102분의 2

(3) (1), (2)이외의 사업 : 102분의 2

(4) 관련 사례

1) 기숙사업을 영위하는 사업자가 공급하는 음식용역의 의제매입세액공제방법

입시학원생을 대상으로 기숙사업을 영위하는 사업자가 면세농산물을 공급받아 이를 원재료로 하여 과세되는 음식용역을 제공하는 경우에, 동 음식용역은 숙박업에 부수하여 공급되는 것이므로 의제매입세액공제 시 음식업의 공제율(6/106, 8/108)을 적용하지 아니한다.[174)] 따라서,

---

173) 부가집 42-84-3 ③

174) 부가46015-1177, 2000.05.25

적용 가능한 공제율은 음식점업과 제조업 이외의 사업에서 사업 영위 시 적용하는 의제매입세액공제율(2/102)을 적용한다.

2) 식당과 구분되지 않는 예식장을 고객에게 무상으로 임대함에 있어 생화를 구입하여 예식장을 장식하고 그 대가를 받는 경우

호텔사업자가 식당과 구분되지 않는 예식장을 고객에게 무상으로 임대함에 있어 생화를 구입하여 예식장을 장식하고 그 대가를 받는 경우 당해 생화의 구입가액에 대하여 의제매입세액공제 시 음식점업의 공제율을 적용하지 아니한다.[175)]

3) 사업장을 달리하여 제조업과 음식점업을 겸업하는 경우 의제매입세액공제율 적용방법

다수의 사업장에서 제조업 및 음식점업 등을 영위하는 사업자가 부가가치세의 면제를 받아 공급받은 농산물 등을 원재료로 하여 과세 재화를 제조하여 일부는 외부에 판매하고 일부는 자기의 다른 사업장에 반출하여 음식용역의 원재료로 사용하는 경우 당해 음식용역에 소비된 농산물 등의 의제매입세액공제율은 음식점업의 공제율을 적용하는 것이며, 이 경우 외부에 판매하거나 음식용역의 원재료로 사용·소비된 농산물 등의 가액구분은 실지 사용된 수량 또는 금액이 각각 구분되는 경우에는 그 구분되는 실지귀속에 의하는 것이나, 실지귀속이 불분명한 경우에는 안분계산 규정을 준용한다.[176)]

4) 면세포기로 영세율이 적용되는 경우 의제매입세액공제대상 여부

사업자가 부가가치세의 면제를 받아 공급받은 수산물을 원재료로 하여 제조·가공한 재화 또는 창출한 용역의 공급이 과세되는 경우에는 의제매입세액공제를 받을 수 있는 것이나, 면세포기 규정에 의하여 부가가치세 면제를 받지 아니하기로 하고 영세율이 적용되는 경우에는 의제매입세액공제를 받을 수 없다.[177)]

2. 의제매입세액공제 대상 원재료[178)]

(1) 개요

의제매입세액의 공제대상이 되는 원재료는 다음과 같다.

① 재화를 형성하는 원료와 재료

② 재화를 형성하지는 아니하나 해당 재화의 제조·가공에 직접적으로 사용되는 것으로서 화학반응을 하는 물품

---

175) 서면3팀-1876, 2007.07.02

176) 부가-1821, 2008.07.07

177) 서면3팀-2654, 2007.09.20

178) 부가집 42-84-4

③ 재화의 제조·가공과정에서 해당 물품이 직접적으로 사용되는 단용원자재

④ 용역을 창출하는 데 직접적으로 사용되는 원료와 재료

(2) 면세포기에 의하여 영세율이 적용되는 경우

면세포기에 의하여 영세율이 적용되는 경우에는 의제매입세액공제를 적용하지 않는 바, 그 이유는 다음과 같다. 현재 「부가가치세법」에서 면세로 규정하고 있는 농산물 등은 가공되지 않은 원생산물(원생산물의 본래의 성질이 변하지 아니하는 정도의 1차 가공을 거친 것 포함)일 것을 요구하고 있으며, 이것이 영세율이 적용된다는 것은 원생산물 그대로 수출하는 경우이다. 그런데 의제매입세액공제는 면세로 공급받은 농산물 등을 원재료로 하여 제조·가공이 되어야 하는 것을 필수적 요건으로 하고 있다. 따라서 면세포기에 의하여 영세율이 적용되는 경우에는 의제매입세액공제를 적용할 여지가 없는 것이다.

3. 의제매입세액공제 대상 원재료의 매입가액

의제매입세액의 공제대상이 되는 원재료의 매입가액은 운임 등의 부대비용을 제외한 매입원가로 하며, 과세사업과 면세사업을 겸영하는 사업자가 제조·채취·채굴·재배·양식 그 밖에 이와 유사한 방법으로 취득한 면세원재료가액은 「소득세법 시행령」 제89조 제1항 또는 「법인세법 시행령」 제72조 제2항에 따라 계산된 취득가액으로 한다.[179)]

의제매입세액의 계산 사례

【거래 사례】

과세표준이 2억원을 초과하는 개인사업자인 "갑"은 정육점과 음식점을 겸영하고 있다. 2015년 제2기 과세기간 동안 축산물 2,000 를 24,400,000원("갑"이 지급한 운임 400,000원 포함)을 구입한 경우 의제매입세액공제액 계산방법

1. 축산물 사용내역축산물 사용내역 : 판매분 600 , 음식조리분 1,000 , 재고분 400 (기초재고는 없음)
2. 2015년 2기 과세기간 공급가액 명세(부가가치세 제외)
   축산물 공급가액 : 12,000,000원　　　　음식용역 공급가액 : 40,000,000원

【계산 방법】

1. 의제매입세액공제대상 원재료 가액 : 24,400,000원 − 400,000원 = 24,000,000원
2. 의제매입세액공제액 계산
   - 음식용역에 사용된 부분 : 24,000,000원 × (1,000kg/2,000kg) × (8/108) = 888,889원
   - 재고 부분 : 24,000,000원 × (400kg/2,000kg) × (8/108) × 40,000,000원/52,000,000원 = 273,504원
   - 의제매입세액 공제액 : 1,162,393원

179) 부가집 42-84-5

의제매입세액공제(Ⅰ)

(주)미래는 과세사업과 면세사업을 겸영하고 있는 바, 다음 자료에 의하여 2010년 제2기 의제매입세액공제액을 계산하면?

1. (주)미래가 2011년 제1기 과세기간(1.1.~6.30.)에 면세로 공급받은 농산물의 매입가액은 680,000,000원(부대비용 30,000,000원 포함)이다.
2. (주)미래는 100여 년만의 대홍수로 농산물의 가격이 급등하자 매입가액기준 100,000,000원에 해당하는 농산물을 230,000,000원에 양도하였다.
3. 매입가액기준 80,000,000원에 상당하는 농산물이 과세기간 종료일 현재 재고자산에 계상되어 있다.
4. (주)미래의 업종은 음식점업이 아니다.

| 해답 | 의제매입세액 $= (680{,}000{,}000\text{원} - 30{,}000{,}000\text{원} - 100{,}000{,}000\text{원}) \times \frac{2}{102} = 10{,}784{,}313\text{원}$

| 해설 | 의제매입세액공제는 매입시점을 기준으로 적용하므로 위의 문제자료 중 과세기간 종료일 현재 사용하지 않고 보관하고 있다는 자료는 비관련 자료에 해당한다.

의제매입세액공제(Ⅱ)

(주)미래는 과세사업과 면세사업을 겸영하고 있는 바, 다음 자료에 의하여 2010년 제2기 의제매입세액 공제액을 계산하면?

1. 공급가액의 내역

구 분	2010년 제2기	2011년 제1기
과세사업	1,930,000,000원	1,140,000,000원
면세사업	1,245,000,000원	1,710,000,000원

2. 2011년 제1기 과세기간(1. 1~6. 30)에 과세사업에 사용할 목적으로 면세로 공급받은 농산물의 매입가액은 510,000,000원(부대비용 47,000,000원 제외)이다.
3. (주)미래는 농산물의 가격이 급등하자 매입가액기준 180,000,000원에 상당하는 농산물을 그대로 양도하였다.
4. (주)미래에는 매입가액기준 135,000,000원의 농산물이 과세기간 종료일 현재 재고자산에 계상되어 있다.
5. (주)미래의 업종은 음식업이 아니다.

| 해답 |

1. 과세사업에 사용한 부분

$$(510{,}000{,}000\text{원} - 180{,}000{,}000\text{원} - 135{,}000{,}000\text{원}) \times \frac{2}{102} = 3{,}823{,}529\text{원}$$

2. 기말재고분

$$135{,}000{,}000\text{원} \times \frac{1{,}140{,}000{,}000\text{원}}{2{,}850{,}000{,}000\text{원}} \times \frac{2}{102} = 1{,}058{,}823\text{원}$$

3. 의제매입세액 공제대상액

$$3{,}823{,}529\text{원} + 1{,}058{,}823\text{원} = 4{,}882{,}352\text{원}$$

| 해설 | 위의 문제는 겸영사업자인 경우로서 과세기간 종료일 현재 농산물을 사용하지 않고 보관하고 있는 경우에 일반과세자와는 달리 해당 과세기간의 공급가액비율로 안분계산하여야 한다는 점을 강조하고 있다.

Ⅲ 공제한도

1. 원칙

매입세액으로서 공제할 수 있는 금액의 한도는 해당 과세기간에 해당 사업자가 면세농산물 등과 관련하여 공급한 과세표준에 30%(개인사업자에 대해서는 과세표준이 2억원 이하인 경우에는 50%, 과세표준이 2억원 초과인 경우에는 40%)을 곱하여 계산한 금액에 공제율을 곱한 금액으로 한다. 다만, 2026년 12월 31일까지는 법인사업자와 음식점업을 경영하는 개인사업자가 매입세액으로서 공제할 수 있는 금액의 한도는 다음에 따라 계산한 금액으로 한다(부령 84 ②).

〈의제매입세액 공제한도〉

구분	기별 과세표준	공제한도(공제율)			
		2018.2기 ~ 2021.2기		2022.1기 ~ 2026.2기	
		음식점업	음식점 이외 업종	음식점업	음식점 이외 업종
개인	1억원 이하	65%	55%	75%	65%
	1억원 초과 2억원 이하	60%	55%	70%	65%
	2억원 초과	50%	45%	60%	55%
법인		40%		50%	

2. 농수산물 매입시기가 집중되는 제조업에 대한 공제한도 계산특례

위 규정에도 불구하고 다음의 요건을 모두 충족하는 사업자는 제2기 과세기간에 대한 납부세액을 확정신고할 때, 해의 1월 1일부터 12월 31일까지 공급받은 면세농산물 등의 가액에 공제율을 곱한 금액에서 제1기 과세기간에 ① 및 ②에 따라 매입세액으로 공제받은 금액을 차감한 금액을 매입세액으로 공제할 수 있다. 이 경우 해의 1월 1일부터 12월 31일까지의 매입세액으로서 공제할 수 있는 금액의 한도는 해의 1월 1일부터 12월 31일까지 면세농산물 등과 관련하여 공급한 과세표준 합계액에 30% [개인사업자에 대해서는 과세표준 합계액이 4억원 이하인 경우에는 50%, 과세표준 합계액이 4억원 초과인 경우에는 40% (과세표준 합계액이 4억원 이하인 경우에는 2024년 1월 1일부터 2025년 12월 31일까지는 65%(2019년 1월 1일부터 2023년 12월 31일까지는 55%), 과세표준 합계액이 4억원 초과인 경우에는 2024년 1월 1일부터 2025년 12월 31일까지는 55%(2019년 1월 1일부터 2023년 12월 31일까지는 45%), 법인사업자에 대해서는 2024년 1월 1일부터 2025년 12월 31일까지는 50%((2019년 1월 1일부터 2023년 12월 31일까지는 40%)] 을 곱하여 계산한 금액에 공제율을 곱한 금액으로 한다(부령 84 ③).

① 제1기 과세기간에 공급받은 면세농산물 등의 가액을 해의 1월 1일부터 12월 31일까지 공급받은 면세농산물등 의 가액으로 나누어 계산한 비율이 75% 이상이거나 25% 미만일 것
② 해당 과세기간이 속하는 해의 1월 1일부터 12월 31일까지 계속하여 제조업을 영위하였을 것

Ⅳ 의제매입세액의 안분계산

1. 개요

과세사업과 면세사업을 겸업하는 사업자가 면세원재료를 매입한 경우에는 그 과세기간 종료일까지 해당 원재료의 실지귀속에 따라 의제매입세액공제대상 원재료 여부를 구분하고 차기이월 원재료에 대하여는 그 용도가 불분명하므로 공통매입세액 안분계산 규정을 준용한다.[180)]

2. 적용산식

공통매입세액 안분계산 규정을 준용할 때 적용하는 산식은 해당 사업장에서 매입한 면세원재료로서 제조·가공한 과세재화 또는 창출한 과세용역과 면세재화 또는 면세용역과의 총공급가액에 대한 과세재화 또는 과세용역 공급가액이 차지하는 비율에 따라 의제매입세액공제대상 원재료를 구분한다. 의제매입세액의 안분계산은 공통매입세액 안분계산 규정을 준용하며(부가칙 56 ④, 부기통 17-62-4), 안분계산은 다음의 계산식에 따른다.

$$\text{면세농산물 등의 매입가액} \times \frac{\text{과세공급가액(해당 과세기간)}}{\text{총공급가액(해당 과세기간)}} \times \text{적용공제율}\left(\frac{2}{102}, \frac{4}{104}, \frac{6}{106}, \frac{8}{108}\right)$$

위 산식에서 총공급가액이란 해당 사업장에서 공통매입농산물 등에 관련된 해당 과세기간의 의제매입세액이 공제되는 재화의 공급가액과 의제매입세액이 공제되지 아니하는 재화의 공급가액 또는 수입금액의 합계액을 말하며, 의제매입세액이 공제되는 재화의 공급가액이란 해당 사업장에서 공통매입농산물 등에 관련된 해당 과세기간의 의제매입세액이 공제되는 재화의 공급가액의 합계액을 말한다.

3. 안분계산의 정산

의제매입세액의 안분계산은 공통매입세액 안분계산 규정을 준용하여 예정신고 시에는 우선 예정신고기간의 공급가액을 기준으로 의제매입세액을 계산·공제하고 확정신고 시에는 당해 과세기간 전체의 공급가액을 기준으로 다시 정산하여야 하며, 원칙적으로 당해 과세기간의 공급가액을 기준으로 계산하기 때문에 예정신고 시 공급가액을 기준으로 계산하지 아니한 경우에도 확정신고 시 공급가액

180) 부가집 42-84-9 ①

을 기준으로 계산할 수 있는 경우에는 공급가액을 기준으로 정산하여야 한다.

4. 의제매입세액 재계산

면세로 공급받은 농산물·축산물·수산물 또는 임산물 구입 시에 의제매입세액을 공제받은 후 해당 재화의 구성부분의 일부만을 과세재화의 제조·가공 또는 과세용역의 창출에 사용하고 나머지 부분은 그대로 양도 또는 인도하는 경우에는 그 공제한 의제매입세액을 납부세액에 가산하거나 환급세액에서 공제하여야 한다. 이 경우 양도한 부분의 취득가액을 구분할 수 없거나 합리적인 구분 기준이 없는 때에는 양도한 부분의 양도가액을 기준으로 하여 계산할 수 있다.[181]

5. 의제매입세액의 추징

의제매입세액공제 규정에 따라 매입세액으로서 공제한 면세농산물 등을 그대로 양도 또는 인도하거나 부가가치세가 면제되는 재화 또는 용역을 공급하는 사업, 그 밖의 목적에 사용하거나 소비할 때에는 그 공제한 금액을 납부세액에 가산하거나 환급세액에서 공제하여야 한다(부령 84 ④).

V 공제시기

의제매입세액의 공제시기는 면세농산물 등을 공급받은 날이 속하는 예정신고 또는 확정신고 시 매입세액으로 공제하는 것을 원칙으로 하며, 사업자가 면세원재료 등을 직접 재배·사육 또는 양식을 하거나 타인이 재배·사육 또는 양식 중에 있는 원재료 등을 구입한 때의 의제매입세액공제 시기는 해당 농산물·축산물·수산물 또는 임산물을 생산·채취 또는 벌목 등을 하여 과세재화의 제조·가공 또는 과세용역의 창출에 사용하거나 사용할 수 있는 때로 한다.[182]

VI 의제매입세액의 공제 신고

매입세액을 공제받으려는 사업자는 기획재정부령으로 정하는 의제매입세액공제신고서와 다음의 어느 하나에 해당하는 서류를 관할세무서장에게 제출(국세정보통신망에 의한 제출을 포함한다)하여야 한다. 다만, 제조업을 경영하는 사업자가 농어민으로부터 면세농산물 등을 직접 공급받는 경우에는 의제매입세액공제신고서만 제출한다(부령 84 ⑤, 부칙 56 ②,③).

① 「소득세법」 제163조 또는 「법인세법」 제121조에 따른 매입처별 계산서합계표

② 기획재정부령으로 정하는 신용카드매출전표 등 수령명세서(별지 제16호서식에 의함)

181) 부가집 42-84-8

182) 부가집 42-84-10

Ⅶ 공제받지 못한 의제매입세액의 구제방법[183)]

1. 정상적인 시기에 공제받지 못한 의제매입세액

사업자가 예정신고 시에 의제매입세액공제 관련 서류를 제출하지 못하여 공제받지 못한 의제매입세액은 확정신고 시에 제출하여 공제받을 수 있으며, 예정 또는 확정신고 시에 공제받지 못한 의제매입세액은 해당 서류를 다음과 같이 제출하는 경우 의제매입세액을 공제받을 수 있다.

① 과세표준수정신고서와 함께 제출하는 경우

② 경정청구서와 함께 제출하여 경정기관이 경정하는 경우

③ 기한 후 과세표준신고서와 함께 제출하여 관할세무서장이 결정하는 경우

④ 과세관청의 경정 시 발급받은 계산서 또는 신용카드매출전표 등 수취명세서를 경정기관의 확인을 거쳐 정부에 제출하는 경우

2. 사업자등록증 발급일 전에 주민등록번호로 발급받은 계산서

사업자등록을 신청한 사업자가 사업자등록증 발급일까지의 거래에 대하여 해당 사업자 또는 대표자의 주민등록번호를 기재하여 발급받은 계산서는 의제매입세액을 공제할 수 있는 계산서로 본다.

3. 착오발급 계산서

발급받은 계산서의 필요적 기재사항 중 일부가 착오로 기재되었으나 해당 계산서의 그 밖의 필요적 기재사항 또는 임의적 기재사항으로 보아 거래사실이 확인되는 경우의 계산서는 의제매입세액을 공제할 수 있는 계산서로 본다.

4. 공급시기 후에 발급받은 계산서

면세되는 농산물 등의 공급시기 후에 발급받은 계산서로서 해당 공급시기가 속하는 부가가치세 과세기간 내 발급받은 계산서는 의제매입세액을 공제받을 수 있는 계산서로 본다.

5. 본점구입 농산물의 판매목적 타사업장 반출

본점에서 구입한 농산물 등을 음식점업을 영위하는 다른 사업장으로 반출하는 경우 본점에서 의제매입세액을 공제하며, 공제율은 음식점업의 공제율을 적용한다.

---

183) 부가집 42-84-11

Ⅷ 재활용폐자원 등에 대한 매입세액공제

1. 개요

재활용폐자원 및 중고자동차를 수집하는 사업자가 세금계산서를 발급할 수 없는 자 등 부가가치세 과세사업을 영위하지 아니하는 자(면세사업과 과세사업을 겸영하는 경우를 포함한다)와 「부가가치세법」 제61조에 규정된 간이과세자로부터 재활용폐자원을 2025년 12월 31일까지, 중고자동차를 2025년 12월 31일까지 취득하여 제조 또는 가공하거나 이를 공급하는 경우에는 취득가액에 다음의 값을 곱하여 계산한 금액을 「부가가치세법」 제37조 제1항 및 같은 법 제38조에 따라 매출세액에서 매입세액으로 공제할 수 있다(조특법 108 ①).

① 재활용폐자원: 103분의 3. 다만, 2014년 1월 1일부터 2015년 12월 31일까지 취득하는 경우에는 105분의 5로 한다.

② 중고자동차: 110분의 10. 다만, 2018.12.31. 공급분까지 109분의 9로 한다.

2. 재활용폐자원을 수집하는 사업자의 매입세액 공제한도

재활용폐자원을 수집하는 사업자는 부가가치세 확정신고 시 다음 산식에 의한 금액을 한도로 하여 재활용폐자원의 매입세액을 공제한다.

$$\frac{\text{매입세액}}{\text{공제한도}} = \frac{\text{해당 과세기간에 공급한}}{\text{재활용폐자원 과세표준}} \times 80\% - \frac{\text{세금계산서를 교부받고 매입한}}{\text{재활용용폐자원 매입가액}}$$

* 매입가액에는 고정자산, 일반관리비를 제외하고, 중고자동차는 매입세액 공제한도 계산이 적용되지 아니한다.

3. 재활용폐자원 및 중고품을 수집하는 사업자

재활용폐자원 및 중고품을 수집하는 사업자는 다음의 사업자를 말한다.[184)]

① 「폐기물관리법」에 의하여 폐기물중간처리업 허가를 받은 자(폐기물을 재활용하는 경우에 한한다) 또는 폐기물재활용신고를 한 자

② 「자동차관리법」에 따라 중고자동차매매업 등록을 한 자

③ 「한국환경공단법」에 따른 한국환경공단

④ 중고자동차를 수출하는 자(내국신용장 또는 구매확인서에 의하여 수출업자에게 공급하는 자 포함)

⑤ 재생재료 수집 및 판매를 주된 사업으로 하는 자

184) 조특집 108-110-1 ③

4. 재활용폐자원 매입세액공제대상의 범위

재활용폐자원의 범위에는 고철, 폐지, 폐유리(공병 제외), 폐합성수지, 폐합성고무, 폐금속캔, 폐건전지(폐밧데리, 축전지 제외), 폐타이어(중고타이어 제외), 폐비철금속류(폐전선 포함), 폐섬유(폐의류 포함), 폐유(폐식용유 포함)가 있다. 재활용폐자원 등에 대한 부가가치세 매입세액이 공제되는 고철·폐비철금속류란 파손, 절단 기타 사유로 원래의 용도대로 사용할 수 없는 것을 의미하므로 물품이 본래 용도대로 재사용이 가능한 것이라면 재활용폐자원에 해당되지 아니한다.[185)]

5. 중고품 매입세액공제대상 중고자동차의 범위

중고품 매입세액공제대상 중고자동차란 다음을 제외한 「자동차관리법」에 따른 자동차 중 중고자동차(운행한 사실이 없는 것 제외)를 말한다.[186)]

이 경우 「자동차관리법」에 따른 중고자동차란 자동차의 제작·조립 또는 수입을 한 자로부터 자동차를 취득한 때부터 사실상 그 성능을 유지할 수 없을 때까지의 자동차를 말한다.[187)]

① 중고자동차를 수출하는 경우로서 「자동차등록령」 제8조에 따른 자동차등록원부에 기재된 제작연월일부터 같은 영 제32조에 따른 수출이행여부신고서에 기재된 수출신고수리일까지의 기간이 1년 미만인 자동차

② 세금계산서를 발급할 수 없는 자가 자동차 구입과 관련하여 매입세액공제를 받은 후(간이과세자가 매입세액공제를 받은 경우 제외) 중고자동차를 수집하는 사업자에게 매각한 자동차

6. 폐자원 등을 공급하는 자의 범위

① 세금계산서를 발급할 수 없는 경우의 국가·지방자치단체

② 부가가치세 과세사업을 영위하지 않는 자(개인·면세사업자·비영리단체·폐업한 사업자 등)

③ 간이과세자

7. 공제방법

매입처별 계산서합계표 또는 영수증을 첨부하여 "재활용폐자원 및 중고자동차 매입세액공제신고서"를 제출하여 매입세액으로 공제한다.

---

185) 조특집 108-110-2

186) 조특집 108-110-3

187) 조특통 108-110…3

8. 공제하지 아니한 재활용폐자원 등의 매입세액공제는 추후 수정신고, 경정청구 등 가능

당초 신고 시 공제하지 아니한 재활용폐자원 등의 매입세액은 수정신고·경정청구·기한 후 신고 및 경정결정 시 공제 가능하다.

9. 폐차 관련 절차를 지점에서 한 경우에도 본점에서 재활용폐자원 매입세액공제 가능

재활용폐자원을 수집하는 사업자로서 재생재료수집 및 판매를 주된 사업으로 하는 자가 본점에서 폐차매입 관련 계약 체결, 대금결제 및 모든 의사결정을 수행하고 폐차 관련 절차(폐차인수·등록말소)는 폐차장이 있는 지점에서 하는 경우로서 수집한 폐차를 본점에서 가공 없이 그대로 판매하는 경우 본점에서 재활용폐자원 매입세액공제(103분의 3)가 가능하다.[188)]

IX 의제매입세액과 재활용폐자원 등 매입세액의 회계처리 및 「법인세법」의 입장

1. 회계처리

의제매입세액과 재활용폐자원의 매입세액은 해당 원재료의 매입가액에서 이를 공제함과 동시에 VAT대급금으로 회계처리하게 된다. 왜냐하면 위에서 살펴본 바와 같이 동 의제매입세액 등의 금액은 부가가치세 납부세액 계산 시 공제되기 때문이다. 예컨대, 면세로 공급받은 원재료의 가액이 1,020원이고, 이에 대한 의제매입세액이 20원이라면 원재료의 취득 시 다음과 같은 회계처리를 하게 된다.

(차) 원 재 료	1,000	(대) 현 금	1,020
VAT대급금	20		

2. 「법인세법」

「법인세법」에서도 의제매입세액과 재활용폐자원 등 매입세액은 해당 원재료의 매입가액에서 공제하도록 규정하고 있다.

188) 사전-2022-법규부가-1020, 2022.12.08

X 관련 사례

1. 단순가공식료품 구입에 따른 의제매입세액공제

면세로 공급받은 김치, 단무지, 장아찌 등 단순가공식료품을 원재료로 하여 제조·가공한 재화 또는 창출한 용역의 공급이 과세되는 경우에는 의제매입세액으로 공제할 수 있다.[189)]

2. 부패재화의 의제매입세액공제

면세로 공급받은 농·축·수·임산물을 원재료로 하여 제조·생산된 부가가치세 과세재화가 부패하여 폐기되거나 화재로 소실된 경우 의제매입세액으로 공제할 수 있다.[190)]

3. 사업자단위과세사업자의 의제매입세액공제율 적용방법 등

사업자단위과세사업자인 경우 한도액 계산 시 면세농산물 등과 관련하여 공급한 과세표준은 각 사업장마다 계산하는 것이 아닌 전체사업장의 과세표준을 한도로 한다.[191)]

4. 연간매출액이 확정되기 전의 과세기간에 대한 의제매입세액공제율 적용방법 등

제조업을 영위하는 사업자가 면세농산물 등을 구입한 과세기간에 중소기업으로 보는 매출액 범위에 해당하는지가 확정되지 아니한 경우에는 면세농산물 구입일이 속하는 과세기간에 해당 사업연도 개시일부터 과세기간(또는 예정신고기간) 종료일까지 매출액 합계액을 연간매출액으로 환산하여 중소기업 해당 여부를 판정한 후 의제매입세액공제액을 계산하고, 중소기업 해당 여부가 확정된 과세기간에 해당 과세기간과 직전 과세기간의 의제매입세액을 정산한다.[192)]

5. 총괄납부사업자의 의제매입세액공제 한도액 계산방법

「부가가치세법」 제51조 제1항에 따른 주사업장 총괄납부사업자가 부가가치세가 면제되는 원재료를 자기의 제조사업장(이하 "제조장"이라 한다)에서 과세재화인 사료를 생산하여 일부를 타인에게 판매할 목적으로 자기의 다른 사업장(이하 "직매장 등"이라 한다)으로 반출하는 경우 제조장에서 의제매입세액을 공제받을 수 있는 것이며, 이 경우 제조장의 의제매입세액공제 한도액을 계산함에 있어

189) 부가집 42-84-6
190) 부가집 42-84-7
191) 사전-2016-법령해석부가-0086, 2016.03.16
192) 사전-2015-법령해석부가-0205, 2015.07.20

"해당 과세기간에 해당 사업자가 면세농산물 등과 관련하여 공급한 과세표준"에는 제조장에서 직접 제조하여 판매한 사료의 공급가액과 직매장 등으로 반출되어 판매된 사료의 공급가액을 합산하여 계산한다.[193)]

6. 떡을 제조하여 판매하는 사업자의 의제매입세액공제

「부가가치세법」상 재화 또는 용역을 공급하는 사업의 구분은 통계청장이 고시하는 당해 과세기간 개시일 현재의 '한국표준산업분류'에 의하는 것으로서, 떡을 제조하는 산업활동은 제조업 중 떡제조업(분류코드 10711)에 해당하는 것이고, 이에 부수하여 공급되는 재화 및 용역의 공급에 대해서는 주된 거래인 떡 제조업에 포함된다. 다만, 접객시설을 갖추고 고객에게 떡을 제공하는 경우에 대해서는 음식점업 중 제과점업(분류코드 56191)에 해당하며, 의제매입세액의 계산에 대해서는 의제매입세액공제율을 적용한다.[194)]

7. 생화를 구입하여 예식장을 장식하는 경우

생화를 구입하여 예식장 장식에 사용하는 경우에는 기타업종의 의제매입세액공제율을 적용하는 것이며, 음식점업을 영위하는 사업자가 음식용역과 함께 공급하는 경우에는 음식점업의 공제율을 적용한다.[195)]

8. 제조업자의 의제매입세액공제 시 첨부서류 및 지출증빙가산세 해당 여부

낙농품 제조업을 영위하는 사업자가 농가부업소득의 범위를 초과하는 축산업을 영위하는 자로부터 원유를 공급받아 의제매입세액을 공제받는 경우 당해 사업자는 매입처별 계산서합계표를 제출하여야 한다. 법인이 한국표준산업분류상 농업 중 축산업에 종사하는 농·어민(법인은 제외)으로부터 재화 또는 용역을 직접 공급받고 그 대가를 지급함에 있어서 계산서 등을 수취·보관하지 아니하는 경우 같은 법 제76조 제5항에 규정된 지출증빙가산세를 적용하지 않는다.[196)]

9. 음식업자 등이 농민으로부터 직접 구입한 경우 공제 불가

의제매입세액공제를 받고자 함에 있어서, 제조업을 영위하는 사업자가 농·어민 등으로부터 면세농산물 등을 직접 공급받는 경우에는 의제매입세액공제신고서에 농산물 등 구입내역을 기재하여 제출하

193) 서면법규과-422, 2014.04.28. 법규부가2014-90, 2014.03.25. 법규부가2014-100, 2014.03.25. 법규부가2014-249, 2014.07.10
194) 부가-1143, 2012.11.22
195) 상담3팀-1876, 2007.07.02. 상담3팀-528, 2007.02.13
196) 서삼46015-10524, 2002.03.29

면 되는 것이나, 제조업 이외의 사업을 영위하는 사업자는 의제매입세액공제신고서에 매입처별 계산서합계표·신용카드매출전표수취명세를 첨부하여 제출하여야 하는 것으로 농민 등으로부터 구입하는 경우 계산서 등을 받을 수 없으므로 의제매입세액을 공제받을 수 없다.[197](2005.1.1. 이후 간이과세 음식업자가 농민 등으로부터 직접 농산물 등을 구입한 경우에도 매출액의 5% 이내 금액을 한도로 의제매입세액공제 가능함)

10. 조경공사업자가 조경공사용 수목을 공급받는 경우

조경공사업을 영위하는 사업자가 조경공사에 사용하기 위하여 면세사업자로부터 부가가치세가 면제되는 수목을 공급받고 매입처별 계산서합계표 또는 영수증을 관할세무서장에게 제출하는 경우에는 의제매입세액을 공제받을 수 있는 것이나, 이 경우 거래상대방이 사업자가 아닌 농민인 경우에는 계산서 또는 영수증을 교부받을 수 없으므로 동 면세원재료에 대한 의제매입세액을 공제받을 수 없다.[198]

11. 주사업장 총괄납부사업자의 재활용폐자원 매입세액공제한도액 계산방법

「부가가치세법」 제51조 제1항에 따른 주사업장 총괄납부사업자가 재활용폐자원을 매입하여 "자기의 다른 사업장"(이하 "A사업장"이라 한다)으로 반출하여 가공 등을 거쳐 판매하는 경우 재활용폐자원 매입세액공제는 해당 재화를 매입한 사업장에서 공제받을 수 있는 것이며, 「조세특례제한법」 제108조 제2항에 따른 "해당 과세기간에 해당 사업자가 공급한 재활용폐자원과 관련한 부가가치세 과세표준"의 계산은 해당 재화를 구입한 사업장과 A사업장의 해당 과세기간의 과세표준 합계액 중 재활용폐자원과 관련하여 발생한 과세표준을 말한다.[199]

12. 일반과세자 규모에 해당하는 미등록사업자로부터 중고자동차를 취득한 경우 재활용폐자원 공제

일반과세자 규모에 해당하는 미등록사업자로부터 중고자동차를 취득하여 공급하는 경우에는 재활용폐자원 등에 대한 부가가치세 매입세액공제규정을 적용하지 아니한다.[200]

13. 개인으로부터 48백만원이 넘는 중고자동차를 매입하는 경우

「자동차관리법」에 따라 자동차매매업등록을 한 사업자가 부가가치세 과세사업을 영위하지 아니하는

197) 상담3팀-1727, 2006.08.09
198) 부가46015-2921, 1997.12.27
199) 서면법규과-452, 2014.04.30
200) 부가-1578, 2010.11.30

개인으로부터 취득하는 중고자동차에 대해서는 그 취득가액이 4천8백만원 이상인 경우에도 재활용폐자원매입세액으로 공제할 수 있다.[201)]

14. 공매로 취득한 중고자동차에 대한 재활용폐자원 공제

중고자동차 매매업 등록을 한 자가 「국세징수법」 제61조의 규정에 따른 공매로 폐업자의 중고자동차를 취득하는 경우에는 재활용폐자원 매입세액을 공제받을 수 있는 것이나, 계속사업 중인 일반과세자의 사업용 중고자동차(비사업용은 제외)를 공매로 취득하는 경우에는 동 매입세액공제 특례를 적용할 수 없다.[202)]

15. 중고자동자 수출업자가 중고자동차를 국내에 판매한 경우

중고자동차 매매업 등록을 하지 아니한 무역업자가 개인으로부터 구입한 자동차를 수출하지 아니하고 국내 개인에게 재판매한 경우에는 재활용폐자원 등에 대한 매입세액을 공제받을 수 없는 것이며, 이 경우 당해 세액을 공제받은 경우에는 관련 가산세 적용대상이 된다.[203)]

16. 신차를 바로 구매하여 수출한 경우 재활용폐자원 공제 안 됨

형식상 중간취득자로부터 매수하여 수출하였다 하더라도 그 실체가 신차를 수출한 경우에는 재활용폐자원 등에 대한 부가가치세 매입세액을 공제받을 수 없다.[204)]

17. 중고이륜차(오토바이)를 구입하여 수출하는 경우

사업자가 중고이륜차를 사업자가 아닌 개인으로부터 구입하여 판매하는 경우 당해 이륜자동차를 수출하는 경우를 제외하고는 재활용폐자원 등에 대한 매입세액공제를 적용하지 아니한다.[205)]

18. 고철·폐비철금속류의 범위

매입세액공제 특례대상인 고철·폐비철금속류란 파손, 절단 기타사유로 원래의 용도대로 사용할 수 없는 것을 의미하는 것으로, 물품이 본래 용도대로 재사용이 가능한 것이라면 재활용폐자원에 해당하지 않는다.[206)]

---

201) 법규부가2012-270, 2012.07.31
202) 상담3팀-915, 2008.05.07. 부가-649, 2011.06.22
203) 상담3팀-2962, 2006.11.30
204) 인천지방법원2005구합4964, 2006.09.07, 심사부가2005-0146, 2005.06.27
205) 부가46015-990, 2001.07.04
206) 조특통칙 108-110-2

[별지 제15호서식]

홈텍스(www.hometax.go.kr)에서도 신청할 수 있습니다.

의제매입세액 공제신고서

※ 뒤쪽의 작성방법을 읽고 작성하시기 바랍니다. (앞쪽)

접수번호	접수일	처리기간 즉시

1. 신고인 인적사항

① 상호(법인명)	② 사업자등록번호
③ 업태	④ 종목

2. 면세농산물등 매입가액 합계

구 분		⑤ 매입처 수	⑥ 건 수	⑦ 매입가액	⑧ 공제율	⑨ 의제매입세액
⑩ 합 계						
사업자로부터의 매 입 분	⑪ 계 산 서					
	⑫ 신용카드 등					
⑬ 농어민 등으로부터의 매입분						

3. 면세농산물등 의제매입세액 관련 신고내용

가. 과세기간 과세표준 및 공제 가능한 금액 등

과세표준			대상액 한도계산		⑲ 당기 매입액	⑳ 공제대상금액 (=⑱과 ⑲의 금액 중 적은 금액)
⑭ 합계	⑮ 예정분	⑯ 확정분	⑰ 한도율	⑱ 한도액		

나. 과세기간 공제할 세액

공제대상세액		이미 공제받은 세액			㉖ 공제(납부)할 세액 (=㉒-㉓)
㉑ 공제율	㉒ 공제대상세액	㉓ 합계	㉔ 예정 신고분	㉕ 월별 조기분	

4. 매입시기 집중 제조업 면세농산물등 의제매입세액 관련 신고내용

가. 1역년 과세표준 및 제2기 과세기간 공제 가능한 금액 등

과세표준			대상액 한도계산		1역년 매입액			㉟ 공제대상금액 (=㉛과 ㉜의 금액 중 적은 금액)
㉗ 합계	㉘ 제1기	㉙ 제2기	㉚ 한도율	㉛ 한도액	㉜ 합계	㉝ 제1기	㉞ 제2기	

나. 제2기 과세기간 공제할 세액

공제대상세액		이미 공제받은 세액					㊸ 공제(납부)할 세액 (=㊲-㊳)
㊱ 공제율	㊲ 공제대상세액	㊳ 총 합계	㊴ 제1기	제2기			
				㊵ 합계	㊶ 예정 신고분	㊷ 월별 조기분	

5. 농어민 등으로부터의 매입분에 대한 명세(합계금액으로 작성함)

일련 번호	㊹ 면세농산물등을 공급한 농어민 등		㊺ 건수	㊻ 품 명	㊼ 수 량	㊽ 매입가액
	성명	주민등록번호				
합계						
1						
2						
3						

「부가가치세법 시행령」 제84조제5항에 따라 의제매입세액을 공제받기 위해 위와 같이 신고합니다.

년 월 일

신고인 (서명 또는 인)

세 무 서 장 귀하

첨부서류	1. 제조업을 경영하는 사업자가 농어민으로부터 면세농산물등을 직접 공급받는 경우: 첨부서류 없음 2. 그 밖의 경우: 매입처별 계산서합계표 또는 신용카드매출전표등 수령명세서	수수료 없음

210㎜×297㎜[백상지(80g/㎡) 또는 중질지(80g/㎡)]

■ 조세특례제한법 시행규칙 [별지 제69호서식(1)] <개정 2021. 3. 16.>

재활용폐자원 및 중고자동차 매입세액 공제신고서(갑)

(년 기)

※ 뒤쪽의 작성방법을 읽고 작성하시기 바랍니다. (앞쪽)

	처리기간	즉시

1. 신고자 인적사항

① 성 명(법 인 명)	② 사업자등록번호
③ 업 태	④ 종 목

2. 재활용폐자원 등 매입 합계

구분	매입처수	건수	취득금액	매입세액 공제액
⑤ 합 계				
⑥ 영 수 증 수 취 분				
⑦ 계 산 서 수 취 분				

3. 재활용폐자원 매입세액공제 관련 신고내용

가. 과세기간 과세표준 및 공제가능한 금액 등

매출액			대상액 한도계산		당기 매입액			⑯ 공제가능한 금액 (=⑫-⑭)
⑧ 합계	⑨ 예정분	⑩ 확정분	⑪ 한도율	⑫ 한도액	⑬ 합계	⑭ 세금 계산서	⑮ 영수증 등	

나. 과세기간 공제할 세액

⑰ 공제대상금액 (=⑮과 ⑯의 금액 중 적은 금액)	공제대상세액		이미 공제받은 세액			㉓ 공제 (납부)할 세액 (=⑲-⑳)
	⑱ 공제율	⑲ 공제대상 세액	⑳ 합계	㉑ 예정 신고분	㉒ 월별 조기분	

4. 영수증 수취분에 대한 매입처 명세(합계금액으로 기재, 단 중고자동차는 거래건별로 기재)

일련 번호	㉔ 공급자		㉕ 구분 코드*	㉖ 건수	㉗ 품명	㉘ 수량	㉙ 차량번호 (중고자동차)	㉚ 차대번호 (중고자동차)	㉛ 취득금액
	성명 또는 상호(기관명)	주민등록번호 또는 사업자등록번호							
합계									
1									
2									
3									
4									
5									

* 구분코드 : 1. 중고자동차, 2. 기타 재활용폐자원

「조세특례제한법 시행령」 제110조제5항에 따라 재활용폐자원 및 중고자동차에 대한 매입세액을 공제받기 위해 신고합니다.

년 월 일

신고인 (서명 또는 인)

세무서장 귀하

첨부서류	* 구비서류: 매입처별계산서합계표 * 공급자가 5곳을 초과하는 경우(중고자동차의 경우 거래건수가 5건을 초과하는 경우)에는 별지 제69호서식(2)에 이어서 작성합니다.	수수료 없음

210㎜×297㎜[백상지 80g/㎡ 또는 중질지 80g/㎡]

제8절 면세사업 등을 위한 감가상각자산의 과세사업 전환 시 매입세액공제 특례

Ⅰ 개요

면세사업 등을 위한 감가상각자산의 과세사업 전환 시 매입세액공제 특례란 당초 면세사업에 사용 또는 소비되어 매입세액이 공제되지 아니한 감가상각자산을 과세사업용으로 전환하여 사용 또는 소비하는 경우 당초 공제받지 못한 매입세액 중 일부를 매입세액으로 공제하는 것을 말한다(부법 43).

Ⅱ 과세전환 감가상각자산의 매입세액공제 요건

면세사업용 감가상각자산을 과세사업용으로 전환함에 따른 매입세액을 공제받기 위해서는 다음의 요건을 모두 충족하여야 한다.

① 면세사업에 사용하기 위한 자산에 해당하여 면세사업 관련 매입세액으로 불공제된 감가상각자산일 것

② 해당 감가상각자산의 취득일이 속하는 과세기간 이후에 과세사업에 전용하거나 과세사업과 면세사업에 겸용으로 사용 또는 소비할 것

③ 과세사업 또는 과세사업과 면세사업에 공통으로 사용·소비하는 날이 속하는 과세기간에 대한 확정신고 시 '과세사업전환 감가상각자산신고서'에 의해 사업장 관할세무서장에게 신고할 것

Ⅲ 매입세액공제액의 계산

1. 과세사업으로 전부 전환하는 경우

사업자가 매입세액이 공제되지 아니한 감가상각자산을 과세사업에 사용하거나 소비하는 때에 공제하는 세액은 다음의 산식에 따라 계산한 금액으로 한다(부령 85 ①).

(1) 건물 또는 구축물

$$\text{전환 매입세액} = \frac{\text{취득시 면세사업 관련}}{\text{불공제매입세액}} \times \left(1 - \frac{5}{100} \times \text{경과된 과세기간 수}^{*}\right)$$

(2) 기타 감가상각자산

$$\text{전환 매입세액} = \frac{\text{취득시 면세사업 관련}}{\text{불공제매입세액}} \times \left(1 - \frac{25}{100} \times \text{경과된 과세기간 수*}\right)$$

※ 경과된 과세기간의 수는 법 제5조에 따른 과세기간 단위로 계산하되, 건물 또는 구축물의 경과된 과세기간의 수가 20을 초과할 때에는 20으로, 그 밖의 감가상각자산의 경과된 과세기간의 수가 4를 초과할 때에는 4로 한다. 또한 경과된 과세기간의 수를 계산할 때 과세기간 개시일 후에 감가상각자산을 취득하는 경우에는 그 과세기간 개시일에 그 재화를 취득한 것으로 본다.

2. 과세사업과 면세사업에 공통으로 사용·소비하는 경우

사업자가 매입세액이 공제되지 아니한 감가상각자산을 과세사업과 면세사업에 공통으로 사용하거나 소비하는 때에 공제하는 세액은 다음의 산식에 따라 계산한 금액으로 하되, 그 과세사업에 의한 과세공급가액이 총공급가액 중 5% 미만인 경우에는 공제세액이 없는 것으로 본다(부령 85 ②).

(1) 공급가액이 존재하는 경우

$$\text{공제세액} = \text{전환 매입세액} \times \frac{\text{과세사업에 사용한 날이 속하는 과세기간의 과세공급가액}}{\text{총공급가액}}$$

(2) 공급가액이 존재하지 않는 경우

1) 안분계산 특례(추정비율)

해당 과세기간 중 과세사업과 면세사업의 공급가액이 없거나 그 어느 한 사업의 공급가액이 없는 경우에 그 과세기간에 대한 안분계산은 다음의 순서에 의한다. 다만, 취득 시 면세사업과 관련하여 매입세액이 공제되지 아니한 건물에 대하여 과세사업과 면세사업에 제공할 예정면적을 구분할 수 있는 경우에는 ③을 ① 및 ②에 우선하여 적용한다(부령 85 ③).① 총매입가액에 대한 과세사업에 관련된 매입가액의 비율

② 총예정공급가액에 대한 과세사업에 관련된 예정공급가액의 비율

③ 총예정사용면적에 대한 과세사업에 관련된 예정사용면적의 비율

2) 공통매입세액의 정산

안분하여 계산한 매입세액을 공제한 경우에는 면세사업용 감가상각자산의 과세사업용 사용 또는 소비로 과세사업과 면세사업 등의 공급가액 또는 과세사업과 면세사업의 사용면적이 확정되는 과세기간에 대한 납부세액을 확정신고할 때 다음의 계산식에 따라 정산한다(부령 85 ④).

가산 또는 공제되는 세액 = 전환 매입세액 − 기 공제 매입세액

Ⅳ 신고

매입세액이 공제되지 아니한 감가상각자산을 과세사업에 사용하거나 소비할 때에는 그 과세사업에 사용하거나 소비하는 날이 속하는 과세기간에 대한 확정신고와 함께 과세사업전환 감가상각자산신고서를 작성하여 각 납세지 관할세무서장에게 신고하여야 한다(부령 85 ⑤). 따라서 예정신고 시에는 매입세액을 공제하지 않고 확정신고하는 때에만 공제한다.

Ⅴ 관련 사례

1. 미용목적 성형수술 등의 과세사업 전환사업자가 전환 전 구입한 감가상각자산 관련 매입세액공제 여부

사업자가 영위하던 면세사업이 과세사업으로 전환된 경우 개정된 「부가가치세법 시행령」(2010.12.30. 대통령령 제22578호로 개정된 것)의 시행일인 2011.7.1. 이전에 매입하여 매입세액이 공제되지 아니한 재화를 과세전환된 해당 사업에 사용하거나 소비하는 경우에는 같은 조 제6항에 따라 매입세액으로 공제할 수 있다.[207)]

2. 면세사업등록 전 취득한 감가상각자산의 과세전용 매입세액공제

면세사업에 사용할 감가상각자산을 매입하면서 면세사업자 등록신청일로부터 역산하여 20일 이내에 대표자 주민등록번호로 세금계산서를 발급받은 경우에 있어, 매입세액이 공제되지 아니한 감가상각자산을 과세사업에 사용하는 때에는 일정금액을 그 과세사업에 사용하는 날이 속하는 과세기간의 매입세액으로 공제할 수 있는 것이며, 매입세액 계산 시 경과된 과세기간의 수를 산정함에 있어 감가상각자산을 취득한 날이라 함은 당해 재화가 실제로 사업에 사용되는 날을 말한다.[208)]

3. 비사업자가 취득한 부동산을 과세사업에 사용하는 경우

비사업자가 본인의 주거목적으로 오피스텔을 취득하여 사용하다가 과세사업인 부동산임대용으로 전환하는 경우, 당해 오피스텔의 취득과 관련된 매입세액은 과세사업전환에 따른 공제가능매입세액에

207) 재부가-342(7), 2011.05.30
208) 부가-1205, 2010.09.10

해당하지 아니한다. ☞ 고유번호로 구입한 부동산을 과세사업에 사용하는 경우에도 공제 안 됨[209)]

4. 면세전용으로 과세한 감가상각자산을 과세사업에 공하는 경우 매입세액공제

면세전용으로 과세된 감가상각자산을 2007.1.1. 이후 과세사업에 사용·소비하는 경우 시행령 제63조의 규정에 의하여 과세사업에 사용·소비하는 날이 속하는 과세기간의 매입세액으로 공제할 수 있다.[210)]

5. 주거용 임대하던 오피스텔을 상업용으로 임대 시 매입세액공제

오피스텔을 취득하면서 부동산임대업으로 사업자등록을 신청하여 관련 매입세액을 공제받고 오피스텔을 상업용으로 임대한 자가 오피스텔을 주거용 임대로 전환하면서 면세전용에 따른 자가공급에 해당하는 것으로 보아 부가가치세를 신고·납부한 후, 해당 오피스텔을 상업용으로 임대하는 경우 신청인은 과세사업전환 감가상각자산에 대하여 그 과세사업에 사용한 날이 속하는 과세기간의 매입세액으로 공제할 수 있다.[211)]

6. 과·면세 겸영사업자가 과세사업으로 전환하는 경우 당초 안분계산한 공통매입세액의 재계산방법

과세사업과 면세사업을 겸영하는 사업자가 과세사업과 면세사업에 공통으로 사용되는 감가상각자산을 취득하면서 발생한 매입세액을 안분계산하고 이후 과세기간에 과세사업으로 전환한 경우로서, 공통매입세액의 안분계산에 따라 매입세액이 공제된 후 공통매입세액 안분기준에 따른 비율과 감가상각자산의 당초 취득일이 속하는 과세기간(그 후의 과세기간에 재계산한 때는 그 재계산한 과세기간)에 적용되었던 공통매입세액 안분기준에 따른 비율이 5% 이상 차이가 나는 경우 당초 안분계산한 공통매입세액은 재계산한다. [212)]

---

209) 부가가치세과-4239, 2008.11.07
210) 상담3팀-1869, 2007.07.02
211) 법규부가2013-43, 2013.02.15
212) 서면-2022-법규부가-5730 [법규과-1202], 2023.05.09

[별지 제17호서식] (2013. 6. 28. 개정)

홈텍스(www.hometax.go.kr)에서도 신청할 수 있습니다.

과세사업전환 감가상각자산 신고서

접수번호	접수일	처리기간 즉시

1. 과세사업 전환 후 과세사업자 인적사항

상호(법인명)	사업자등록번호
성명(대표자)	전화번호
사업장(주된 사업장) 소재지	
업태	종목
과세사업 사용·소비시기 년 월 일부터	

2. 과세사업 전환 전 면세사업자 인적사항

상호(법인명)	사업자등록번호
사업장 소재지	전화번호

3. 감가상각자산명세서

구 분 (건물·구축물·기타)	수량	취득일	면세사업등 관련 불공제세액	과세사업 전환 공제매입세액	보관장소

「부가가치세법 시행령」 제85조제5항에 따라 과세사업에 사용·소비된 감가상각자산을 신고합니다.

년 월 일

신고인 (서명 또는 인)

세 무 서 장 귀하

첨부서류	없음	수수료 없음

210㎜×297㎜[백상지 80g/㎡(재활용품)]

제9절 일반과세자로 변경 시 재고품 등에 대한 매입세액공제 특례(재고매입세액)

I 의의

재고매입세액공제란 간이과세자가 일반과세자로 과세유형이 전환되는 경우 그 전환일 현재 해당 사업장에서 보유하고 있는 재고품, 건설 중인 자산 및 감가상각자산의 가액에 포함되어 있다고 추정되는 부가가치세 상당액을 매입세액으로 하여 일반과세자로 전환된 후에 납부하여야 할 세액에서 공제하는 것을 말한다.[213] 한편, 일반과세자가 간이과세자로 과세유형이 전환되는 경우에는 재고납부세액으로 하여 납부세액에 가산한다. 재고매입세액과 재고납부세액의 자세한 내용은 간이과세자(Part X) - 과세표준·세액 계산 및 납세절차(Chapter03) - 제2절 재고매입세액과 재고납부세액에서 기술하고자 한다.

II 재고매입세액공제대상 재화

재고매입세액의 공제대상이 되는 재화는 간이과세자에서 일반과세자로 전환되는 날 현재 재고품, 건설 중인 자산 및 감가상각자산으로서 반드시 매입세액공제대상인 것이어야 한다.[214]

III 관련 사례

1. 과세기간 중 간이과세포기신고로 재고매입세액 계산 시 경과된 과세기간의 계산방법

간이과세자가 간이과세포기신고로 인하여 일반과세자로 변경되어 재고매입세액을 공제함에 있어 '경과된 과세기간이 수'는 과세기간 단위로 계산한다.[215] (개시일로부터 간이과세포기일이 속하는 달의 말일까지를 1과세기간으로 계산) 예) 2024.1.20.자로 간이과세포기 신고서 제출. 2024.1.1. ~ 2024.1.31. 기간을 1 과세기간으로 본다.

2. 일반과세에서 간이과세 전환 후 간이과세 포기로 다시 일반과세자로 변경된 경우

일반과세 사업자가 직전 1역년의 공급대가가 4,800만원에 미달하여 2009.7.1.에 간이과세자로 전환되는 경우에는 재고납부세액을 납부세액에 가산하여 신고하는 것이며, 동사업자가 간이과세 포기신청을 하여 2009.8.1부터 다시 일반과세자가 되는 경우에는 재고매입세액을 공제한다.[216]

---

213) 부가집 44-86-1
214) 부가집 44-86-2
215) 상담3팀-1586, 2007.05.25
216) 서삼46015-10399, 2002.03.13

제10절 대손세액의 공제 특례

Ⅰ 개요

대손세액공제란 사업자가 부가가치세가 과세되는 재화 또는 용역을 공급하고 외상매출금이나 그 밖의 매출채권(부가가치세를 포함한 것을 말한다)의 전부 또는 일부가 공급을 받은 자의 파산·강제집행이나 그 밖에 사유로 대손되어 회수할 수 없는 경우에는 법소정금액(이하 "대손세액"이라 한다)을 그 대손이 확정된 날이 속하는 과세기간의 매출세액에서 빼는 것을 말한다(부법 45 ①).

Ⅱ 공제대상

1. 대손세액공제가 가능한 매출채권의 범위

(1) 원칙

대손세액공제의 대상이 되는 외상매출금 그 밖의 매출채권은 부가가치세가 과세되는 재화 또는 용역에 대한 것으로서 각 과세기간의 과세표준에 계상되어 있는 것을 말하며, 대손세액의 공제는 사업자가 부가가치세가 과세되는 재화 또는 용역을 공급한 후 공급일로부터 10년이 경과된 날이 속하는 과세기간에 대한 확정신고기한까지 확정되는 대손세액으로 하는 것이므로 재화 또는 용역의 공급일로부터 10년이 경과한 날이 속하는 과세기간의 확정신고기한까지 소멸시효 중단으로 대손이 확정되지 않는 경우에는 대손세액공제를 받을 수 없다. 그리고 부도수표 또는 부도어음의 범위에는 재화 또는 용역을 공급받은 자가 배서한 수표 또는 어음이 포함된다.[217)]

(2) 결정·경정에 의하여 산입된 매출채권

사업자가 부가가치세가 과세되는 재화 또는 용역을 공급한 후 부가가치세 확정신고 누락으로 과세관청이 과세표준과 부가가치세액을 경정·결정하였으나, 경정결정일 이후에 공급을 받는 자의 파산, 강제집행 등의 사유로 인하여 경정·결정한 과세표준에 대한 매출채권의 전부 또는 일부가 대손되어 회수할 수 없는 경우 대손세액공제를 적용할 수 있다.[218)]

---

217) 부가집 45-87-4
218) 부가가치세과46015-306, 2002.05.01

2. 사업양도자 매출채권에 대한 대손세액공제

(1) 원칙

개인사업자가 자기의 과세사업을 법인으로 전환하기 위하여 법인을 설립하고 개인사업에 관한 모든 권리와 의무를 해당 신설법인에 포괄적으로 양도함에 있어서 사업양도 전에 발생한 매출채권에 대한 「상법」 상의 소멸시효가 법인전환 후 완성됨으로 인해 해당 매출채권(부가가치세 포함)의 전부 또는 일부가 대손되어 회수할 수 없는 경우에는 그 대손이 확정된 날이 속하는 과세기간의 매출세액에서 대손세액을 차감할 수 있다.[219)]

(2) 사업의 포괄양도대상에서 제외된 매출채권

사업의 포괄양도·양수 당시 양도·양수대상에서 제외된 매출채권에 대하여는 사업을 폐업한 이후에 대손세액공제 사유가 확정된 경우에 해당되어 대손세액공제를 받을 수 없다.[220)]

3. 부도수표·어음

(1) 대손세액공제대상 근저당채권 최고액을 초과하는 부도수표·어음의 범위

부도수표·어음에 대한 대손세액공제 적용 시 채무자의 재산에 근저당이 설정되어 있는 경우 설정된 채권최고금액을 초과하는 부도수표·어음금액에 대하여는 대손세액공제가 가능하다.[221)]

(2) 금융기관에서 할인한 부도어음 등의 대손세액공제

부도수표·어음에 대한 대손세액공제 적용 시 재화나 용역의 대가로 받은 어음을 금융기관에서 할인한 후 해당 어음이 부도발생하여 대출금으로 전환하였으나 해당 부도어음을 금융기관이 소지하고 있는 때에도 수표 또는 어음의 부도발생일로부터 6월이 경과한 경우에는 대손세액공제가 가능하다.[222)]

(3) 대손세액공제대상 부도수표·어음의 부도발생일

법인이 보유하고 있는 채권으로서 부도발생일로부터 6월 이상 경과한 수표 또는 어음상의 채권은 당해 법인이 채무자의 재산에 대하여 저당권을 설정하고 있는 경우를 제외하고는 기업회계기준 제57조의 규정에 의하여 회수할 수 없다고 판단하여 대손금으로 계상한 사업연도에 손금산입할 수 있는 것이나, 이 경우 "부도발생일"이라 함은 소지하고 있는 부도수표나 부도어음의 지급

219) 부가집 45-87-5
220) 심사부가2000-0143, 2000.07.28
221) 부가집 45-87-6
222) 부가집 45-87-7

기일을 말한다. 다만, 지급기일 전에 당해 수표나 어음을 제시하여 금융기관으로부터 부도확인을 받은 경우에는 그 부도확인일을 부도발생일로 한다.[223)]

4. 사업 폐지와 관련된 대손금의 공제 여부[224)]

(1) 둘 이상의 사업을 동일 사업장에서 겸영하는 사업자가 일부사업을 폐지한 경우

부동산임대업과 제조업을 동일 사업장에서 겸영하는 사업자가 제조업을 폐지하고 부동산임대업을 계속하여 영위하면서 제조업을 폐지하기 전에 재화를 공급하고 수취한 어음이 제조업의 폐지일 이후에 부도발생하여 해당 재화의 공급에 대한 대손이 확정된 경우 대손세액공제를 받을 수 있다.

(2) 매출채권을 회수하지 못하고 해당 지점을 폐지한 경우

둘 이상의 사업장이 있는 법인사업자가 지점에서 부가가치세가 과세되는 재화 또는 용역을 공급한 후 매출채권을 회수하지 못하고 해당 지점을 폐지한 후 해당 매출채권에 대한 대손이 확정된 경우에는 본점에서 대손세액공제를 받을 수 있다.

(3) 공급자가 어음부도발생일로부터 6개월이 경과하기 전에 폐업한 경우

사업자가 부가가치세가 과세되는 재화 또는 용역을 공급하고 그 대가를 어음으로 받았으나, 공급받는 자의 부도로 인하여 대금을 회수할 수 없는 경우 공급자가 부도발생일로부터 6개월이 경과하기 전에 폐업한 때에는 대손세액공제를 받을 수 없다.

5. 융통어음의 공제 여부

사업자가 거래처로부터 재화 또는 용역의 공급대가가 아닌 단순히 자금결제 및 융통목적으로 받은 어음이 부도가 발생한 경우 해당 어음의 부도에 대하여는 대손세액공제를 받을 수 없다.[225)]

6. 업무대행에 따른 대손금의 대손세액공제 범위

광고대행용역만을 제공하는 사업자가 광고주로부터 광고비를 대신 징수하여 광고회사에 지급하기로 하였으나 광고주의 부도로 광고비를 받지 못하여 해당 광고대행사업자가 대신 변제한 경우 대신 변제한 해당 광고비 상당액에 대하여는 대손세액공제를 받을 수 없다.[226)]

---

223) 법인46012-2045, 1999.06.01
224) 부가집 45-87-9 ①
225) 부가집 45-87-9 ③
226) 부가집 45-87-9 ④

7. 파산선고에 따른 대손세액공제

(1) 개요

재화 또는 용역을 공급받은 자에 대해 「채무자 회생 및 파산에 관한 법률」에 따른 파산폐지 또는 파산종결 공고일 이전에 파산절차 진행과정에서 관계서류 등에 의해 재화 또는 용역을 공급한 자가 배당받을 금액이 매출채권 금액에 미달하는 사실이 객관적으로 확인되는 경우 그 미달금액에 대하여는 회수할 수 없는 채권으로 보아 대손세액공제를 할 수 있다.[227)]

(2) 법원이 파산선고와 동시에 파산폐지를 결정하고 공고하는 경우 대손세액공제 시기

대손세액공제를 적용함에 있어 법원이 파산선고와 동시에 파산폐지를 결정하고 공고하는 경우에는 그 공고일이 대손의 확정이 된 날에 해당한다.[228)]

(3) 파산선고 후 파산배당 미확정 시 대손공제 여부

재화 또는 용역을 공급받은 자의 「파산법」에 의한 파산으로 회수불능된 매출채권에 대하여는 파산선고 후 배당액이 확정되는 날이 속하는 과세기간의 확정신고 시 대손세액을 공제받을 수 있다.[229)]

8. 약정에 따른 채권포기액의 대손세액공제[230)]

(1) 매출채권의 일부를 포기한 경우

사업자가 과세재화 또는 용역을 공급하고 공급받는 자로부터 외상매출금 그 밖에 매출채권의 일부만 회수하고 나머지 채권은 포기한 경우 해당 채권을 포기한 금액에 대하여는 대손세액공제를 할 수 없다. 다만, 특수관계인 외의 자와의 거래에서 발생한 외상매출금 그 밖에 매출채권으로서 공급받는 자의 부도발생 등으로 장래에 회수가 불확실한 어음·수표상의 채권 등을 조기에 회수하기 위하여 해당 매출채권의 일부를 불가피하게 포기한 경우 동 매출채권의 일부를 포기하거나 면제한 행위에 객관적으로 정당한 사유가 있는 때에는 동 매출채권포기액에 대하여 대손세액공제를 할 수 있다.

(2) 대손세액공제 후 매출채권의 일부를 회수하고 잔액은 포기한 경우

정당하게 대손세액공제를 받은 이후 해당 매출채권 중 일부만 회수하고 잔액은 회수할 수 없어 포기하기로 한 경우 해당 회수한 채권금액에 대한 대손세액만을 회수한 날이 속하는 과세기간의 매출세액에 가산한다.

227) 부가집 45-87-9 ⑤
228) 서면상담3팀-2541, 2007.09.10
229) 서면3팀-2868, 2006.11.21
230) 부가집 45-87-10

9. 경정청구에 따른 대손세액공제

사업자가 착오 등의 사유로 대손이 확정된 날이 속하는 과세기간에 대한 부가가치세 확정신고 시 대손세액공제를 받지 못하여 경정청구하는 경우에는 대손세액공제가 가능하다.[231]

10. 회생절차개시 결정일 이후 부도발생일부터 6개월 이상 되는 어음상 채권의 대손세액공제[232]

(1) 대손 기산일

사업자가 재화 또는 용역을 공급하고 그 대가로 어음을 받은 경우로서 「채무자 회생 및 파산에 관한 법률」 제43조 제1항에 따른 법원의 재산보전처분 명령일 이후 금융회사로부터 해당 어음에 부도확인을 받은 경우 부도발생일은 부도어음의 지급기일 또는 금융회사로부터 부도확인을 받은 날 중 빠른 날을 말한다.

(2) 부도발생일로부터 6개월 이상 지난 어음상 채권

사업자가 부가가치세가 과세되는 재화 또는 용역을 공급하고 그 대가로 받은 어음이 부도가 발생한 경우로서 부도발생일로부터 6개월 이상 지난 어음상 채권은 해당 채무자에 대한 「채무자 회생 및 파산에 관한 법률」에 따른 회생절차개시 결정이나 회생계획인가 결정에 관계없이 부도발생일로부터 6개월 이상 지난날이 속하는 과세기간에 「부가가치세법」 제45조 제1항에 따라 부가가치세 대손세액공제를 할 수 있다. 다만, 회생계획인가 결정일이 속하는 과세기간에 현금으로 받는 부도어음상의 채권에 대하여는 그러하지 아니한다.

(3) 매출채권의 전부 또는 일부가 회생계획인가의 결정에 따라 채무자의 주식으로 전환됨과 동시에 주식병합으로 감자된 경우

사업자가 부가가치세가 과세되는 재화 또는 용역을 공급하고 그 매출채권의 전부 또는 일부가 「채무자 회생 및 파산에 관한 법률」에 따른 회생계획인가의 결정에 따라 채무자의 주식으로 전환됨과 동시에 주식병합으로 감자된 경우에는 「채무자 회생 및 파산에 관한 법률」에 의한 법원의 회생계획인가결정에 따라 채권을 출자전환 시 채권의 장부가액과 주식의 시가와의 차액은 대손세액공제대상에 해당한다.

231) 부가집 45-87-11

232) 부가집 45-87-12

11. 대손세액을 공제받지 못하는 경우

① 재화·용역의 공급일로부터 10년이 경과한 날이 속하는 과세기간에 대한 확정신고기한까지 대손이 확정되지 아니한 경우(영 87 ②)

② 대손이 확정되는 날 이전에 폐업한 경우[233)]

(폐업한 경우의 사례) 어음부도발생(은행제시 지급거절) 2013.1.10, 대손확정일 2013.7.11.인 경우 – 2013.7.9. 폐업 시: 대손세액공제나 경정청구 불가능 – 2013.7.12. 폐업 시: 대손세액공제 가능하며 경정청구 또한 가능

③ 법원의 회사정리계획인가 결정으로 외상매출금을 분할하여 전액 지급받기로 한 경우

Ⅲ 대손사유

1. 개요

대손세액의 공제사유는 다음에 따라 대손금으로 인정되는 사유를 말한다(부령 87 ①).

①「소득세법 시행령」및「법인세법 시행령」에 따라 대손금(貸損金)으로 인정되는 경우

②「채무자 회생 및 파산에 관한 법률」에 따른 법원의 회생계획인가 결정에 따라 채무를 출자전환하는 경우. 이 경우 대손되어 회수할 수 없는 금액은 출자전환하는 시점의 출자전환 된 매출채권 장부가액과 출자전환으로 취득한 주식 또는 출자지분의 시가와의 차액으로 한다.

2.「법인세법」상 대손금으로 인정되지 않은 쟁점채권에 대하여「부가가치세법」상 대손세액공제를 적용할 수 있는지 여부

채무자의 파산·강제집행 등으로 매출채권의 회수가 어려워 대손세액이 발생하였음이 인정되려면「부가가치세법 시행령」제87조 제1항 및 제2항에 따라「법인세법」상 대손금으로도 인정되어야 할 것인 바,「법인세법」상 대손금의 형태는 그에 대응한 청구권이 법적으로 소멸된 경우와 법적으로는 소멸되지 아니하였으나 채무자의 자산상황, 지급능력 등에 비추어 자산성의 유무에 대하여 회수불능이라는 회계적 인식을 한 경우로 구분할 수 있으며 전자는 당연히 회수할 수 없게 된 것이므로 법인이 이를 대손으로 회계상의 처리를 하건 하지 않건 간에 그 소멸된 날이 속하는 사업연도의 손금으로 산입되는 것이고 후자는 채권 자체는 그대로 존재하고 있으므로 법인이 회수불능이 명백하게 되어 대손이 발생했다고 회계상의 처리를 하였을 때에 한하여 세무회계상 당해 사업연도의 손금에 산입할

233) 부가46015-764, 1996.04.23

수 있을 것이다.[234)]

3. 「소득세법 시행령」 및 「법인세법 시행령」에 따라 대손금(貸損金)으로 인정되는 경우

(1) 개요

다음 “「소득세법 시행령」 제55조 제2항 및 「법인세법 시행령」 제19조의 2 제1항에 대손금으로 인정하는 사유”에 해당하면 대손세액공제를 적용한다(부법 45 ①, 부령 87 ① 1).

1) 신고조정사항(해당 사유가 발생한 시기에 강제 제각)

다음에 열거하고 있는 대손금의 손금 귀속시기는 당해 사유가 발생한 날이 속하는 사업연도이다. 즉, 이러한 대손금의 경우에는 신고조정에 의하여 손금에 산입할 수 있다. 한편, 손금의 귀속시기가 도래하기 전에 손금으로 계상하여 손금불산입한 대손금은 그 후 대손확정일이 속하는 사업연도에 세무조정으로 손금에 산입할 수 있다. 이 경우 대손금을 해당 사업연도의 손금에 산입하지 아니한 때에는 경정을 통하여 손금에 산입한다.

① 「상법」에 따른 소멸시효가 완성된 외상매출금 및 미수금

② 「어음법」에 따른 소멸시효가 완성된 어음

③ 「수표법」에 따른 소멸시효가 완성된 수표

④ 「민법」에 따른 소멸시효가 완성된 대여금 및 선급금

⑤ 「채무자 회생 및 파산에 관한 법률」에 따른 회생계획인가의 결정 또는 법원의 면책결정에 따라 회수불능으로 확정된 채권

⑥ 「서민의 금융생활 지원에 관한 법률」에 따른 채무조정을 받아 같은 법 제75조의 신용회복지원협약에 따라 면책으로 확정된 채권

⑦ 「민사집행법」 제102조에 따라 채무자의 재산에 대한 경매가 취소된 압류채권

2) 결산조정사항(해당 사유가 발생하여 결산서에 손금으로 계상한 시기에 제각)

다음에 열거하고 있는 대손금의 손금귀속시기는 당해 사유가 발생하여 법인이 손금으로 계상한 날이 속하는 사업연도이다. 즉 결산조정에 의해서만 손금에 산입할 수 있다. 이 경우 손금의 귀속시기가 도래하기 전에 손금으로 계상하여 손금불산입한 대손금은 그 후 대손금 귀속시기가 속하는 사업연도에 세무조정으로 손금에 산입할 수 있다.

① 채무자의 파산, 강제집행, 형의 집행, 사업의 폐지, 사망, 실종 또는 행방불명으로 회수할 수 없는 채권

② 부도발생일부터 6개월 이상 지난 수표 또는 어음상의 채권 및 외상매출금[중소기업의 외상매

234) 조심2018중4956, 2019.03.20

출금으로서 부도발생일 이전의 것에 한정]. 다만, 해당 법인이 채무자의 재산에 대하여 저당권을 설정하고 있는 경우는 제외한다.

③ 「중소기업창업 지원법」에 따른 중소기업창업투자회사의 창업자에 대한 채권으로서 중소벤처기업부장관이 기획재정부장관과 협의하여 정한 기준에 해당한다고 인정한 것

④ 재판상 화해 등 확정판결과 같은 효력을 가지는 것으로서 기획재정부령으로 정하는 것에 따라 회수불능으로 확정된 채권

⑤ 회수기일이 6개월 이상 지난 채권 중 채권가액이 30만원 이하(채무자별 채권가액의 합계액을 기준으로 한다)인 채권

⑥ 「법인세법」 제61조 제2항 각 호 외의 부분 단서에 따른 금융회사 등의 채권(같은 항 제13호에 따른 여신전문금융회사인 신기술사업금융업자의 경우에는 신기술사업자에 대한 것에 한정한다) 중 다음의 채권

㉠ 금융감독원장이 기획재정부장관과 협의하여 정한 대손처리기준에 따라 금융회사 등이 금융감독원장으로부터 대손금으로 승인받은 것

㉡ 금융감독원장이 ㉠의 기준에 해당한다고 인정하여 대손처리를 요구한 채권으로 금융회사 등이 대손금으로 계상한 것

⑦ 중소기업의 외상매출금 및 미수금(이하 "외상매출금 등"이라 한다)으로서 회수기일이 2년 이상 지난 외상매출금 등. 다만, 특수관계인과의 거래로 인하여 발생한 외상매출금 등은 제외한다.

(2) 소멸시효가 완성된 채권(외상매출금 및 미수금, 어음, 수표, 대여금 및 선급금)

1) 개요

법인의 외상매출채권으로서 소멸시효가 완성되어 회수할 수 없는 채권액은 그 소멸시효가 완성된 날이 속하는 사업연도의 손금으로 산입하는 것이나, 정당한 사유 없이 채권회수를 위한 제반 법적조치를 취하지 아니함에 따라 채권의 소멸시효가 완성된 경우의 동 채권은 소멸시효 완성일이 속하는 사업연도에 접대비 또는 기부금으로 본다.[235] 또한 채무자가 변제능력이 있음에도 매출채권의 소멸시효가 완성되는 시점까지 강제집행 등의 채권회수조치를 강구하지 아니하고 대손처리한 경우에는 채권액을 임의포기한 것으로 보아 손금 부인한다.[236]

2) 소멸시효

"소멸시효"란 일정기간 동안 권리를 행사하지 아니하면 당해 권리에 대한 청구권이 법적으로 소멸하는 것을 말하며, 소멸시효가 완성되면 채권자의 법적 청구권이 소멸되므로 당해 채권을 회

235) 법인-1004, 2009.03.11

236) 법인46012-154, 1997.01.17

수할 수 없게 된다.

채권의 종류	근거법	소멸시효
외상매출금·미수금 등 상행위로 인한 채권	민법	3년, 1년
대여금 및 선급금 등 일반 민사채권	민법	10년
어음·수표법에 의하여 소멸시효 완성된 어음·수표	어음법 수표법	어음 3년 수표 6월

3) 채권의 소멸시효 관련 법률규정

① 「상법」상 소멸시효 규정

제64조(상사시효) 상행위로 인한 채권은 본법에 다른 규정이 없는 때에는 5년간 행사하지 아니하면 소멸시효가 완성한다. 그러나 다른 법령에 이보다 단기의 시효의 규정이 있는 때에는 그 규정에 의한다.

② 「민법」상 소멸시효 규정

- 「민법」 제163조(3년의 단기소멸시효) 다음 각 호의 채권은 3년간 행사하지 아니하면 소멸시효가 완성한다.
  - ㉠ 이자, 부양료, 급료, 사용료 기타 1년 이내의 기간으로 정한 금전 또는 물건의 지급을 목적으로 한 채권
  - ㉡ 의사, 조산사, 간호사 및 약사의 치료, 근로 및 조제에 관한 채권
  - ㉢ 도급받은 자, 기사 기타 공사의 설계 또는 감독에 종사하는 자의 공사에 관한 채권
  - ㉣ 변호사, 변리사, 공증인, 공인회계사 및 법무사에 대한 직무상 보관한 서류의 반환을 청구하는 채권
  - ㉤ 변호사, 변리사, 공증인, 공인회계사 및 법무사의 직무에 관한 채권
  - ㉥ 생산자 및 상인이 판매한 생산물 및 상품의 대가
  - ㉦ 수공업자 및 제조자의 업무에 관한 채권
- 「민법」 제164조(1년의 단기소멸시효) 다음 각 호의 채권은 1년간 행사하지 아니하면 소멸시효가 완성한다.
  - ㉠ 여관, 음식점, 대석, 오락장의 숙박료, 음식료, 대석료, 입장료, 소비물의 대가 및 체당금의 채권
  - ㉡ 의복, 침구, 장구 기타 동산의 사용료의 채권
  - ㉢ 노역인, 연예인의 임금 및 그에 공급한 물건의 대금채권
  - ㉣ 학생 및 수업자의 교육, 의식, 유숙에 관한 교주, 숙주, 교사의 채권
- 「민법」 제165조(판결 등에 의하여 확정된 채권의 소멸시효) ① 판결에 의하여 확정된 채권은 단기의 소멸시효에 해당한 것이라도 그 소멸시효는 10년으로 한다.

4) 소멸시효 기산일

① 개요

소멸시효의 기산일, 중단사유 및 시효진행 등에 대하여는 「민법」 규정을 적용(소멸시효의 기산일 : 채권의 권리를 행사할 수 있는 때로부터 계산)한다.

② 시효중단

시효의 진행 중에 청구(재판상 청구, 파산절차 참가, 지급명령, 화해를 위한 소환 내지 임의출석, 최고 등), 압류·가압류·가처분, 승인 등의 사유가 발생하면 시효가 중단되고, 시효의 중단사유가 발생하면 그때까지 경과한 기간의 효력이 상실된다. 또한 시효중단기간 중에는 대손처리할 수 없다.[237)]

③ 승인

시효이익을 받을 자가 시효의 완성으로 말미암아 권리를 상실하게 될 자 또는 그 대리인에 대하여 그 권리가 존재함을 인식하고 있다는 뜻을 표시하는 행위(관념의 통지)로서 특별한 방식을 요하지 아니한다.

④ 채권 성격에 따른 소멸시효 기산일

㉠ 외상매출금

외상매출의 경우 소멸시효 기산일은 당해 매출거래의 발생사실이 관련 증빙서류 등에 의해 객관적으로 확인되는 날로 한다.[238)]

㉡ 계속적인 거래관계로 인하여 발생한 채권

계속적인 거래관계로 인하여 발생한 채권의 소멸시효는 변제기에 관한 특약이 없는 한 각 외상대금채권이 발생한 때부터 개별적으로 진행한다.[239)]

(3) 회생계획인가의 결정 또는 법원의 면책결정에 따라 회수불능으로 확정된 채권

1) 개요

「채무자회생 및 파산에 관한 법률」에 따른 회생계획인가의 결정 또는 법원의 면책결정에 따라 회수불능으로 확정된 채권은 대손처리할 수 있다.

2) 회생채권

회생채권이란 「채무자 회생 및 파산에 관한 법률」에 따라 채무자에 대하여 회생절차개시 전의 원인으로 생긴 재산상의 청구권, 회생절차개시 후의 이자 및 손해배상금·위약금, 회생절차참가의 비용을 말하며, 회생절차란 「채무자 회생 및 파산에 관한 법률」에 따라 채무자 또는 그 사업의 효율적인 회생을 도모하거나, 회생이 어려운 채무자의 재산을 공정하게 환가·배당하는 것을

237) 서이46012-10779, 2002.04.12
238) 법인46012-523, 1999.02.08
239) 대법원77다2463, 1978.03.28

목적으로 하는 재판상의 절차로서 정리채권자가 회사의 정리절차에 참가하고자 하는 때에는 법원이 정한 기간 내 채권의 내용 및 원인 등에 대해 법원에 신고하여야 하며, 정리절차에 의하지 아니하고는 일반적으로 변제가 금지된다.

3) 정리채권

정리채권이란 「회사정리법」에 의하여 정리 중인 회사에 대하여 정리절차 개시 전에 발생한 원인에 의한 재산상의 청구권으로 “회사정리절차”는 「회사정리법」에 의한 주식회사 사업의 정리재건을 도모함을 목적으로 하는 재판상의 절차로서 관리인은 정리계획안을 작성하여 법원에 제출하여야 한다. 또한 정리채권자가 회사의 정리절차에 참가하고자 하는 때에는 법원이 정한 기간 내 채권의 내용 및 원인 등에 대해 법원에 신고하여야 하며, 정리절차에 의하지 아니하고는 일반적으로 변제가 금지된다. 2006.2.9. 「법인세법 시행령」 개정 전 규정에 따른 「회사정리법」에 의한 정리계획인가 또는 「화의법」에 의한 화의인가의 결정에 따라 회수할 수 없는 채권도 대손처리할 수 있으나, 정리절차폐지의 결정 또는 파산개시결정만을 사유로 대손처리할 수 없고 대손사유로 회수할 수 없는 채권임이 객관적으로 인정되는 경우에 대손처리할 수 있다.[240)]

4) 화의채권

① 의의

화의채권이란 화의조건에 따라 변제를 받게 되어 있는 회의개시 전의 원인에 의하여 생긴 재산상의 청구권을 말하며, “화의”는 기업이 파산위험에 직면할 때 법원의 중재감독하에 채권자들과 채무변제협정(화의조건)을 체결, 파산을 피하는 제도로서 법원이 법정관리인을 선정하고 기업경영까지 책임지는 법정관리와는 달리 기업경영에 전혀 개입하지 않고 기존 경영주가 기업경영을 계속 맡는 제도이다.

② 채권에 대하여 화의인가 결정이 있는 경우 당해 대손세액공제의 가능 여부

사업자가 부가가치세가 과세되는 재화 또는 용역을 공급하고 그 공급을 받는 자에 대하여 「화의법」에 의한 화의개시인가의 결정이 있는 경우 당해 인가결정에 따라 당해 재화 또는 용역의 공급에 대한 외상매출금 등을 분할하여 전액 지급받기로 한 경우에는 대손세액공제를 받을 수 없으나, 재화나 용역의 대가로 지급받은 어음이 부도가 발생하고 당해 부도어음을 소지하고 있는 경우에는 당해 부도어음의 부도발생일부터 6월이 경과한 날이 속하는 과세기간의 확정신고 시 대손세액공제를 받을 수 있다. 그러나 당해 어음을 금융기관에서 할인한 후 어음금액을 변제하지 못하여 부도어음을 소지하고 있지 아니한 때에는 대손세액공제를 받을 수 없다.[241)] 또한 화의인가 과정에서 채권자가 유리한 결과를 얻기 위해 채권액의 일부를 포기한 경우에도 동 가액이 법원의 화의인가 결정으로 회수불능으로 확정된 경우 손금산입할

240) 제도46012-12312, 2001.07.23
241) 부가46015-1322, 1999.05.10

수 있다.[242)]

③ 법인이 정당한 사유 없이 정리채권을 법원에 신고하지 않은 경우

법인이 정당한 사유 없이 정리채권을 법원에 신고하지 아니함으로써 그 권리행사를 포기한 것으로 인정되는 경우 대손금으로 처리할 수 없다.[243)]

④ 채권의 일부를 변제하는 조건으로 잔여채권을 면제하는 것으로 회의인가 결정한 경우

채권의 일부를 변제하는 조건으로 잔여채권을 면제하는 것으로 회의인가 결정한 경우 일부 채권의 변제가 미이행된 때에도 잔여채권은 손금산입할 수 있다.[244)]

⑤ 특수관계자 등에 대한 화의채권

대손제외대상채권에 해당하지 아니하는 채권으로서 특수관계자 등에 대한 화의채권이 「화의법」에 의한 화의인가의 결정에 따라 회수불능으로 확정된 경우에는 회수불능채권액을 대손처리할 수 있는 것이나, 화의채권에 대하여 정당한 사유 없이 다른 화의채권자에 비하여 불리한 화의조건에 동의함으로써 당해 법인의 소득이 부당히 감소되었거나, 채권의 임의포기 행위로 인정되는 경우에는 특수관계 여부에 따라 부당행위가 적용되거나, 접대비 또는 기부금으로 의제된다.[245)]

(4) 채무자의 재산에 대한 경매가 취소된 압류채권

「민사집행법」 제102조의 규정에 의하여 채무자의 재산에 대한 경매가 취소된 압류채권에 대하여는 별도의 재산확인절차 없이 손금산입할 수 있다.

(5) 채무자의 파산, 강제집행, 형의 집행, 사업의 폐지, 사망, 실종 또는 행방불명으로 회수할 수 없는 채권

1) 개요

채무자의 파산 등으로 인하여 회수할 수 없는 채권은 그 사유만으로 대손처리할 수 없으며 채무자의 자산상태·지급능력 등에 비추어 회수할 수 없는 사실(무재산)이 객관적으로 입증되어야 하며, 파산폐지 또는 파산종결 공고일 이전에 파산절차 진행과정에서 관계서류 등에 의해 해당 채권자가 배당받을 금액이 채권금액에 미달하는 사실이 객관적으로 확인되는 경우 대손금으로 손금산입 가능하다.[246)]

2) 채무자의 파산

"채무자의 파산"이란 「채무자회생 및 파산에 관한 법률」에 따라 법원이 파산폐지 결정하거나 파

242) 국심200서1124, 2000.10.20
243) 제도46012-11602, 2001.06.20
244) 국심2000서2194, 2001.03.28
245) 서면2팀-1040, 2004.05.19
246) 법기통 19의 2-19의 2-1 ②

산종결 결정하여 공고한 경우를 말하며, 파산선고의 절차를 거치지 아니한 파산상태(일반적인 사업실패로 인한 파산)는 제외되고, 파산선고가 있으면 파산재단에 속하는 모든 재산을 환가·배당 가능하게 되므로 파산선고 그 자체만으로 대손처리할 수 없고 파산관재인이 배당액을 결정·통지함으로써 채권액에서 배당액을 공제한 잔여채권에 대해 대손처리 가능하다.

3) 강제집행

"강제집행"이란 법이 요구하는 절차를 강제적으로 실현하는 것으로 「민사소송법」상의 강제집행을 말하며, 채무자 명의로 된 재산에 대하여 강제집행이 완결되어 더 이상의 채권회수가 불가능한 때에 회수할 수 없는 채권금액은 대손처리할 수 있다. 외상매출금 등의 회수를 위하여 법원의 강제집행 결과 무재산, 행방불명 등의 원인으로 "강제집행불능조서"가 작성된 경우에는 대손금으로 처리할 수 있다. 다만, 부동산 등 회수 가능한 재산이 있는 것이 확인되는 경우에는 그러하지 아니하다.[247] 또한 채권자가 채무자 소유 저당부동산을 법원 등의 경락절차에 의하여 취득하고 경락금액 분배금으로 채권을 상계한 후의 잔존채권이 다른 재산이 없어 회수할 수 없는 경우 취득부동산의 시가에 관계없이 대손처리한다.[248]

4) 형의 집행

채무자가 형사재판의 결과에 따라 형의 집행 중에 있고 회수 가능한 재산이 없는 경우에는 대손사유에 해당된다.

5) 사업의 폐지

"사업의 폐지"란 사업을 계속하지 않는 상태를 말하는 것으로 법인의 해산등기나 관할세무서의 제적처리와는 관계없이 사실판단에 의하는 것이며, 사업을 폐지함에 따라 무재산 등으로 인하여 당해 채권을 회수할 수 없는 객관적 입증이 필요하다. 만일 사업자가 부가가치세가 과세되는 용역을 공급하고 해당 용역을 공급받은 자가 사실상 사업을 폐지하여 「민사집행법」에 의한 재산관계를 명시한 재산목록을 제출받았으나 무재산으로 사실상 강제집행이 불가능하여 해당 매출채권이 대손된 경우에는 대손세액공제 가능하다.[249]

6) 사망·실종·행방불명

사망·실종·행방불명으로 인하여 채무자에 대한 채권을 회수할 수 없다고 객관적으로 인정되는 경우 대손처리할 수 있으나. 사망으로 인하여 상속이 개시되면 피상속인의 재산에 관한 포괄적 권리·의무가 승계되어 상속인에게 채권이 승계·존속하게 되므로 상속재산으로서 채권을 회수할 수 없다고 인정되어야 한다. 또한종래의 주소나 거소를 떠난 자가 5년(=보통실종임. 특별실종은 1년)간 생사가 분명하지 아니한 경우 법원의 실종선고를 받게 된다.

---

247) 법기통 19의 2-19의 2-3

248) 법기통 19의 2-19의 2-2

249) 서면-2015-법령해석부가-2205[법령해석과-3464], 2015.12.23

(6) 부도발생일부터 6개월 이상 지난 수표 또는 어음상의 채권 및 중소기업의 외상매출금으로서 부도발생일 이전의 것(저당권 설정의 경우 제외)

1) 대상채권

부도발생일로부터 6월 이상 경과한 수표 또는 어음상의 채권과 중소기업이 보유한 외상매출금으로서 부도발생일 이전의 것은 대손처리할 수 있으며, 채무자의 재산에 대한 저당권을 설정하고 있는 경우는 제외한다. 이 경우 중소기업이 보유한 외상매출금은 수표·어음발행인이 최초로 부도가 발생한 날 이전에 확정된 외상매출금을 말한다.[250] 또한 어음상의 채권에는 배서 받은 어음으로서 배서인에 대하여 「어음법」 제43조의 규정에 의한 소구권을 행사할 수 있는 것을 포함하고, 가압류는 저당권으로 보지 아니한다.[251] 그리고 문방구어음, 원본분실로 인한 복사부도어음은 대손처리할 수 없다.[252]

2) 부도발생일

"부도발생일"이란 부도수표·어음의 지급기일 또는 지급기일 전에 금융기관으로부터 부도 확인을 받은 경우 부도확인일을 말하고, 만기가 서로 다른 여러 장의 어음을 보유하고 있는 경우 그 중 한 장만 부도사실 확인을 받은 경우에도 나머지 어음의 부도사실이 사실상 확인되는 경우 대손처리 가능하다.[253]

3) 대손처리시기

6월이 경과한 후 당해 법인이 기업회계기준에 따라 회수할 수 없다고 판단하여 당해 법인이 대손금이 계상한 사업연도에 손금산입할 수 있으며, 채무자의 사업폐지 여부, 재산유무 등과 관계없이 소멸시효완성 전인 경우에도 손금산입할 수 있다. 다만, 소멸시효가 완성된 날이 속하는 사업연도까지 손금에 산입하지 아니한 경우 그 이후 사업연도에는 손금산입할 수 없다.[254]

4) 세금계산서가 부도발생일 이후 발급된 외상매출금에 대한 대손세액공제 여부

중소기업인 사업자(이하 "공급자")가 공급받는 자의 최초 부도발생일 이전에 상품을 공급하고 대금을 회수하지 못하여 외상매출금이 발생하였으나 세금계산서는 공급일이 속하는 달의 다음 달 10일까지 발급함에 따라 작성일자가 부도발생일 이후로 기재된 경우 공급자는 부도발생일로부터 6개월이 지난 과세기간에 대손세액을 공제받을 수 있는 것이며(공급받는 자의 재산에 저당권을 설정한 경우는 제외) 실제 부도발생일 이전에 상품을 공급하여 외상매출금이 발생하였는지 여부는 계약 및 실제 거래내용에 따라 사실판단할 사항이다.[255]

---

250) 법인46012-2463, 1998.09.01
251) 법인46012-2906, 1997.11.01
252) 법인46012-4422, 1995.12.04
253) 법인46012-158, 1998.01.20
254) 법인46012-2749, 1998.09.24
255) 서면-2021-법령해석부가-5497 [법령해석과-3233], 2021.09.15

(7) 회수실익이 없다고 인정되는 소액채권

회수기일이 6개월 이상 지난 채권 중 회수비용이 채권가액을 초과하여 회수실익이 없다고 인정되는 30만원 이하(채무자별 채권가액 합계액을 기준으로 함)의 채권은 별도의 대손요건 구비 없이 대손처리할 수 있다.

(8) 금융감독기관의 대손인정채권 등

금융회사 등의 채권(여신전문금융회사인 신기술사업금융업자의 경우에는 신기술사업자에 대한 것에 한정) 중 다음의 채권은 승인받은 날이 속하는 사업연도에 대손처리하는 것이며, 금융감독원장이 대손처리를 요구한 채권은 금융기관이 대손금으로 계상한 날이 속하는 사업연도에 손금산입한다. 이 경우 감독기관의 대손인정을 받은 채권은 감독기관의 대손처리기준의 충족 여부에 따라 대손요건을 판단하며, 「법인세법」상 대손요건 충족 여부에 관계없이 대손처리할 수 있다.[256)]

① 금융감독원장이 기획재정부장관과 협의하여 정한 대손처리기준에 따라 금융회사 등이 금융감독원장으로부터 대손금으로 승인받은 것

② 금융감독원장이 ①의 기준에 해당한다고 인정하여 대손처리를 요구한 채권으로 금융회사 등이 대손금으로 계상한 것

(9) 중소기업창업투자회사의 창업자에 대한 채권

「중소기업창업 지원법」에 따른 중소기업창업투자회사의 창업자에 대한 채권으로서 중소벤처기업부장관이 기획재정부장관과 협의하여 정한 기준에 해당한다고 인정한 것은 해당 사유가 발생하여 손비로 계상한 날이 속하는 소득금액을 계산할 때 손금에 산입한다.

(10) 화해 및 화해권고결정에 따라 회수불능으로 확정된 채권

재판상 화해 등 확정판결과 같은 효력을 가지는 것으로서 다음의 어느 하나에 해당하는 것에 따라 회수불능으로 확정된 채권

① 「민사소송법」에 따른 화해

② 「민사소송법」에 따른 화해권고결정

③ 「민사조정법」에 따른 조정

(11) 중소기업의 외상매출금 및 미수금

1) 관련 규정

특수관계인과의 거래로 인하여 발생한 외상매출금 등을 제외한 중소기업의 외상매출금 및 미수금(이하 "외상매출금 등"이라 한다)으로서 거래일로부터 2년이 경과한 외상매출금 등. 다만 피

256) 법인22601-1110, 1987.05.01

합병법인 등이 손금으로 계상하지 않은 대손금을 합병법인 등이 장부가액으로 승계하여 대손금으로 손금에 산입함으로써 세 부담을 회피하는 것을 방지하기 위하여 법인이 다른 법인과 합병하거나 분할하는 경우로서 결산조정에 의하여 손금산입할 수 있는 대손금을 합병등기일 또는 분할등기일이 속하는 사업연도까지 손금으로 계상하지 아니한 경우 그 대손금은 해당 법인의 합병등기일 또는 분할등기일이 속하는 사업연도의 손금으로 한다.

2) 회수불능 사실에 대한 입증책임 여부

중소기업인 내국법인의 외상매출금(특수관계인과의 거래로 인하여 발생한 것은 제외)으로서 회수기일이 2년 이상 지난 외상매출금은 채무자의 무재산 등 회수불능 사실에 대한 입증이 없더라도 대손요건을 충족하는 것으로 본다.[257)]

3) 손금 귀속시기

중소기업인 내국법인의 외상매출금(특수관계인과의 거래로 인하여 발생한 것은 제외)으로서 회수기일이 2년 이상 지난 외상매출금은 채무자가 사업을 계속 영위하는지 여부에 상관없이 대손금으로 비용계상한 날이 속하는 사업연도에 손금으로 산입할 수 있다.[258)]

4) 개정규정 시행 전에 발생한 외상매출금에 대한 대손금의 적용시기

중소기업이 「법인세법 시행령」(2020.2.11. 대통령령 제30396호로 개정된 것) 제19조의 2 제1항 제9호의 2(이하 "개정규정")를 적용함에 있어 해당 개정규정 시행 전에 외상매출금 등(특수관계인과의 거래로 인하여 발생한 외상매출금 등은 제외)의 회수기일이 2년을 경과하였다고 하더라도 2020년 1월 1일 이후 개시하는 사업연도에 손비로 계상한 경우 그 계상한 날이 속하는 사업연도의 소득금액 계산 시 손금에 산입한다.[259)]

5) 대손금액 관련 매출을 신고누락하였다가 수정신고하는 경우 대손세액공제 여부

중소기업이 재화를 공급하고 부가세 상당의 대금을 미수취하여 부가세 신고누락하였다가 수정신고한 경우로서 수정신고일 및 2020.1.1. 이후 미수금의 회수기일이 2년을 경과하는 경우 대손세액공제대상에 해당하는 것이나 당초 부가세를 공급자가 부담하기로 한 경우에는 대손세액공제대상에 해당하지 않는다.[260)]

---

257) 기준-2020-법령해석법인-0209 [법령해석과-3362], 2020.10.21
258) 서면-2021-법인-0073 [법인세과-321] , 2021.02.08
259) 서면-2020-법령해석법인-2501 [법령해석과-3424], 2020.10.26
260) 사전-2021-법령해석부가-1660 [법령해석과-4059], 2021.11.22

Ⅳ 대손증빙서류

1. 개요

대손세액을 공제받기 위해서는 부가가치세 확정신고서에 대손세액공제 신고서와 대손사실을 증명하는 서류를 첨부하여 관할세무서장에게 제출하여야 한다.

(1) 「상법」상의 소멸시효 완성

매출·입세금계산서 및 기타 채무자별 거래사실을 확인할 수 있는 서류거래 대금의 청구내역 등

(2) 회생계획인가 또는 면책결정

매출·입세금계산서, 법원의 회생계획인가안 또는 면책결정문

(3) 파산

매출·입세금계산서, 채권배분계산서

(4) 강제집행

매출·입세금계산서, 채권배분계산서 또는 강제집행불능조서

(5) 실종, 사망

매출·입세금계산서, 가정법원판결문, 기타 채권이 회수불능임을 입증할 수 있는 서류

(6) 부도발생일로부터 6월이 경과한 수표·어음

매출·입세금계산서, 부도수표·어음(원본제시), 전자어음의 경우 지급거절 전자문서(전자어음의 발행 및 유통에 관한 법률 제12조 제1항)- www.u-note.kr 사이트에서 부도어음확인서 출력 가능

(7) 기타

매출·입세금계산서 및 기타 채권이 회수불능임을 입증할 수 있는 서류

2. 조사보고서 작성

대손요건의 충족 여부를 입증함에 있어 소정의 법정구비서류가 별도 있는 것은 아니나 객관적인 자료에 의해 그 채권이 회수할 수 없는 것임을 입증하여야 하며, 이러한 사례로서 확인서나 증명서를 교부받을 수 없는 사업의 폐지 여부·무재산 등에 관한 사항은 다음과 같은 내용을 기재한 조사보고서 등을 증빙서류로 인정 가능하다.[261)]

261) 법인46012-1068, 2000.05.01

① 채무자의 본적지, 최종 및 직전주소지(법인의 경우는 등기부상 소재지)와 사업장소재지를 관할하는 관서의 공부상 등록된 소유재산의 유무
② 채무자가 보유하고 있는 동산에 관한 사항
③ 다른 장소에서 사업을 영위하고 있는지 여부
④ 기타 채무자의 거래처, 거래은행 등에 대한 탐문조사내용 등 채권회수를 위한 조치사항
⑤ 보증인이 있는 경우에는 보증인에 대하여도 같은 내용을 조사하여 기재

3. 대손사유 발생사실 이외에 회수할 수 없는 채권의 입증 여부

(1) 입증불필요

소멸시효완성채권, 대손승인채권, 국세결손처분채권, 경매취소압류채권, 부도어음·수표, 중소기업외상매출금 등

(2) 입증필요

채무자의 파산, 강제집행, 형의 집행, 사업의 폐지, 사망, 실종, 행방불명 등

Ⅴ 공제시기 및 공제기한

대손세액공제의 범위는 사업자가 부가가치세가 과세되는 재화 또는 용역을 공급한 후 그 공급일부터 10년이 경과된 날이 속하는 과세기간에 대한 확정신고기한까지 확정되는 대손세액(결정 또는 경정으로 증가된 과세표준에 대하여 부가가치세액을 납부한 경우 해당 대손세액을 포함한다)으로 한다(부령 87 ②).

Ⅵ 대손세액의 공제방법

1. 대손이 확정된 경우

(1) 공급자

대손세액공제액은 과세되는 재화 또는 용역의 공급에 대한 일정요건의 외상매출금·기타 채권 중 대손금액에 대하여 다음과 같이 산식을 적용하여 계산한다.

$$\text{대손세액} = \text{대손금액(부가가치세 포함)} \times \frac{10}{110}$$

(2) 공급받는 자

재화 또는 용역을 공급받은 사업자가 대손세액에 해당하는 금액의 전부 또는 일부를 매입세액으로 공제받은 경우로서 그 사업자가 폐업하기 전에 재화 또는 용역을 공급하는 자가 대손세액공제를 받은 경우에는 그 재화 또는 용역을 공급받은 사업자는 관련 대손세액에 해당하는 금액을 대손이 확정된 날이 속하는 과세기간에 자신의 매입세액에서 뺀다. 다만, 그 공급을 받은 사업자가 대손세액에 해당하는 금액을 빼지 아니한 경우에는 그 사업자의 관할세무서장이 빼야 할 매입세액을 결정 또는 경정(更正)하여야 한다(부법 45 ③). 이 경우 상기에 따라 공급받은 자에 대해 관할세무서장이 결정 또는 경정하는 경우 신고불성실·납부불성실가산세를 부과하지 아니한다(국기법 47의 2 ④, 47의 3 ④ 2, 47의 4 ③).

2. 대손금액의 전부 또는 일부가 회수된 경우

(1) 공급자

사업자가 대손금액의 전부 또는 일부를 회수한 경우에는 그 대손금액에 관련된 대손세액을 회수한 날이 속하는 과세기간의 매출세액에 가산한다.

(2) 공급받는 자

매입세액에서 대손세액에 해당하는 금액을 뺀(관할세무서장이 결정 또는 경정한 경우를 포함한다) 해당 사업자가 대손금액의 전부 또는 일부를 변제한 경우에는 변제한 대손금액에 관련된 대손세액에 해당하는 금액을 변제한 날이 속하는 과세기간의 매입세액에 더한다(부법 45 ④).

구분	대손이 확정된 경우	대손금을 회수·변제한 경우
공급자	대손이 확정된 날이 속하는 과세기간의 매출세액에서 대손세액을 뺀다.[262]	회수한 날이 속하는 과세기간의 매출세액에 회수한 대손세액을 더한다.
공급받는 자	매입세액공제를 받고 동 대손이 폐업 전에 확정되는 경우에는 그 확정된 날이 속하는 과세기간의 매입세액에서 대손세액을 뺀다.[263] ➡ 대손처분 받은 세액	대손세액을 매입세액에서 차감(관할세무서장이 경정한 경우 포함)한 후 대손금을 변제한 경우에는 변제일이 속하는 과세기간의 매입세액에 변제한 대손세액을 더한다. ➡ 변제대손세액

262) 공급자가 대손세액을 매출세액에서 차감한 경우 공급자의 관할세무서장은 해당 대손세액공제사실을 공급받는 자의 관할세무서장에게 통지하여야 한다.

263) 다만, 해당 사업자가 이를 차감하지 아니한 경우에는 공급을 받은 자의 관할세무서장이 결정 또는 경정하여야 한다.

Ⅶ 공제절차

재화 또는 용역의 공급자로서 대손세액공제를 받으려 하거나, 재화 또는 용역을 공급받은 자로서 대손세액을 매입세액에 더하려 하는 경우에는 부가가치세 확정신고서에 대손세액공제(변제)신고서와 대손사실 또는 변제사실을 증명하는 서류를 첨부하여 관할세무서장에게 제출(국세정보통신망에 의한 제출을 포함함)하여야 한다(부령 87 ④).

Ⅷ 관련 사례

1. 기성청구 건별로 개별채권으로 간주하여 소멸시효 기산을 달리할 수 있는지 여부

(1) 과세관청·대법원 입장

대손세액공제를 적용함에 있어 건설업자가 동일한 공사현장에 대한 건설용역을 공급하면서 공급계약에 따라 수차례의 기성청구를 하여 동일인에 대하여 수 개의 금전채권이 있는 경우 채무자가 채무액 전액을 변제하기에 부족한 금액을 채무의 일부로 변제한 때에는 기존의 수 개의 채무 전부에 대하여 승인을 한 것으로 소멸시효중단 사유에 해당한다.[264)]

(2) 심판원 입장

○○○ 신축공사 도급계약서에서 매 3개월간 공사한 실적을 기준으로 청구법인이 시행사에게 기성청구하여 기성금을 확정하고, 확정된 채권(기성금)은 확정일로부터 7일 이내에 지급하도록 함으로써 각 기성고별로 공급일과 변제기일이 개별적으로 약정되어 있는 점, 실제로 청구법인은 시행사들에게 각 기성부분별로 기성금을 청구하고 세금계산서를 교부하여 그 기성금 확정통보를 받았을 뿐 아니라, 각 기성고별로 공사대금을 회수하고 잔액을 관리한 것으로 나타나는 점, 부가가치세 법령상 완성도기준지급조건부 용역의 공급시기는 그 대가의 각 부분을 받기로 한 때로서 건설용역 공급계약에 따라 해당 기성부분에 대한 채권을 지정하여 청구하고 채무를 변제토록 하는 것이므로 각 기성고별로 채권·채무관계의 독립성이 인정된다 할 것인 바, 소멸시효는 공급시기별로 각각의 권리를 행사할 수 있는 때로부터 기산 또는 완성된다고 볼 수 있는 점, 기존 미지급채무에 관하여 채무변제 촉구 또는 채무변제 약속 등 채무승인이라고 볼만한 정황이 없어 소멸시효중단사유에 해당된다고 볼 수 없는 점, 「민법」상 당사자 간 변제에 충당할 채무를 지정하지 아니하는 경우 채무자에게 변제이익이 같으면 이○○○가 먼저 도래한 채무의 변제에 충당하도록 규정하고 있는 점, 공사대금 미수이자 또는 연체이자의 청구나 지급 사실도 없는 것으로 나타나는 점 등

264) 법규과-981, 2013.09.10

에 비추어 이 건 공사 준공 후 그 대금의 일부 변제가 있었다 하더라도 이는 이○○○가 우선적으로 도래한 채무부터 순차적으로 변제에 충당된 것으로 보는 것이 타당하다 할 것이다.[265]

2. 지입차주에게 판매한 차량 매각대금 미회수 시 대손세액공제 가능 여부

지입회사가 지입차주의 위탁으로 차량을 매입하면서 차량의 공급자가 지입회사에 세금계산서를 발급하고 지입회사는 지입차주에게 세금계산서를 발급한 경우로서 차량의 공급자가 지입차주에게 받을 매출채권이 대손사유가 발생한 경우에는 해당 차량의 공급자가 대손세액공제를 받을 수 있다.[266]

3. 파산폐지결정 시 대손세액공제 시기

재화를 공급받은 자에 대한 「채무자 회생 및 파산에 관한 법률」에 따른 파산폐지 또는 파산종결 공고일 이전에 파산절차 진행과정에서 파산관재인 보고서 등 관계서류에 따라 재화를 공급한 자가 배당받을 금액이 채권금액에 미달하는 사실이 객관적으로 확인되는 경우 그 금액에 대하여는 회수할 수 없는 매출채권으로 보아 대손이 확정되는 날이 속하는 과세기간부터 부가가치세가 과세되는 재화 또는 용역을 공급한 후 그 공급일로부터 10년이 지난날이 속하는 과세기간에 대한 확정신고기한까지 「상법」상 소멸시효 완성일이 속하는 과세기간 이내에 「부가가치세법」에 따라 대손세액을 매출세액에서 뺄 수 있다.[267]

4. 부도처리된 전자어음과 함께 발행된 전자채권에 대해서도 대손세액공제 가능

중소기업인 사업자가 동일거래처로부터 재화와 용역의 공급에 대한 대가로 전자어음과 전자채권을 수령한 후, 예금부족 등을 사유로 전자어음은 부도처리되고 전자채권에 대해서도 부도를 사유로 미결제된 경우, 전자채권의 발행자가 발행한 어음의 부도 발생을 전제로 당해 전자채권금액이 외상매출금에 해당하는 때에는 「법인세법」에 따른 대손금에 해당하므로 대손세액공제가 적용된다.[268]

5. 채무자 인적사항을 알 수 없는 경우 대손세액공제

전화정보제공사업과 관련하여 정보제공자인 신청인이 다수의 정보이용자에게 음성정보용역을 제공함에 있어, 정보통신서비스 제공자와 정보이용료에 대한 수납대행계약을 체결하고 해당 정보통신서비스 제공자를 통하여 그 대가를 받음에 따라 「정보통신망 이용촉진 및 정보보호 등에 관한 법률」의

---

265) 조심-2014-중-1370, 2015.10.08
266) 서면법규과-382, 2014.04.18
267) 법규부가2013-276, 2013.09.27
268) 부가가치세과-27, 2013.01.10

규정으로 정보이용자의 성명, 주민등록번호 등 상세한 인적사항을 알 수 없는 경우로서, 신청인이 미회수한 정보이용료 중 전부 또는 일부가 「상법」에 따른 소멸시효가 완성되었거나, 회수기일이 6개월 이상 지나고 정보이용자별 정보이용료 합계액이 20만원 이하인 것으로서 정보통신서비스 제공자로부터 회수하지 못한 사실이 확인되는 경우에는 「부가가치세법」 제17조의 2 제1항에 따라 해당 대손세액을 매출세액에서 뺄 수 있다.[269)]

6. 회생계획인가결정으로 출자전환된 채권이 주식병합으로 감자된 경우 대손세액공제

사업자가 부가가치세가 과세되는 재화 또는 용역을 공급하고 그 매출채권의 전부 또는 일부가 「채무자 회생 및 파산에 관한 법률」에 따른 회생계획인가의 결정에 따라 채무자의 주식으로 전환됨과 동시에 주식병합으로 감자된 경우, 채권의 장부가액과 주식의 시가와의 차액은 「부가가치세법」 제45조의 대손세액공제 특례대상에 해당한다.[270)]

7. 부도발생한 유치권 설정 채권의 대손세액공제 가능

사업자가 부가가치세가 과세되는 재화 또는 용역을 공급하고 그 대가로 교부받은 어음이 부도가 발생하여 부도발생일로부터 6개월 이상 지난 경우에는 그 어음상의 채권자가 해당 공급받는 자의 재산에 유치권을 행사하는지 여부와 관계없이 대손세액공제를 받을 수 있다.[271)]

8. 만기일에 미결제된 전자채권의 대손세액공제 사유 해당 여부

중소기업인 사업자가 재화를 공급하고 그 대가를 「전자금융거래법」에 따른 전자채권[272)]으로 받은 후 공급받은 자의 결제잔액 부족 등의 사유로 만기일에 결제되지 아니하여 대금을 받지 못한 경우, 해당 사업자의 미결제된 전자채권은 대손금(부도발생일부터 6월 이상 경과한 수표 또는 어음상의 채권과 외상매출금)으로 인정되는 사유에 해당하지 아니한다.[273)]

☞ 전자채권과 전자어음의 차이 : 전자어음은 「전자어음의 발행 및 유통에 관한 법률」(이하 「전자어음법」)에 근거하여 만들어진 전자지급결제수단이며 기존에 시행되고 있는 전자채권 역시 전자어음이란 명칭으로 통용되고 있으나 전자채권은 순수한 채권임에 반해 전자어음은 「전자어음법」의 적용을 받는 어음이라는 측면에서 차이가 있다.

---

269) 부가가치세과-1002, 2014.12.24

270) 기획재정부 부가가치세제과-153, 2015.02.16. 사전-2015-법령해석부가-22226, 2015.04.20

271) 부가가치세과-41, 2011.01.13

272) 「전자금융거래법」에 따라 구매기업이 판매기업에 지급할 납품대금을 약속어음·현금으로 결제하지 아니하고 거래은행을 통하여 전자적으로 채권을 발행하고 만기일에 동 대금을 은행을 통해 결제하고, 판매기업은 이를 통해 은행에 양도하고 지급 만기일에 필요한 자금을 지원받을 수 있는 대금채권

273) 부가가치세과-1335, 2010.10.06

9. 매출누락분을 대손확정 후 수정신고하는 경우 대손세액공제 가능 여부

사업자(「조세특례제한법 시행령」 제2조에 따른 중소기업임)가 부가가치세가 과세되는 재화 또는 용역을 공급에 대한 과세표준을 부가가치세 확정신고 시 신고 누락하여 이를 수정신고하였으나, 수정신고일 이전에 거래처의 부도발생 후 6개월이 경과하여 수정신고한 과세표준에 대한 외상매출금(부도발생일 이전의 것임)의 대손이 확정된 경우, 대손이 확정된 날이 속하는 과세기간에 「국세기본법」 제45조의 2에 따른 경정청구에 의하여 대손세액을 공제할 수 없는 것이며, 다만, 당해 외상매출금에 대한 「상법」상의 소멸시효가 완성되는 날이 속하는 과세기간에 대손세액을 공제할 수 있다.[274)]

10. 다수의 공급자 중 한 사업자가 일괄로 어음을 받은 경우 대손세액공제방법

다수의 사업자가 재화 또는 용역을 공급하고 그 대가로 그중 1인이 일괄하여 1매의 어음을 받았으나 부도처리된 경우 당해 어음에 배서하고 최종 소지한 사업자의 매출채권에 대하여는 대손세액공제를 받을 수 있는 것이나 나머지 사업자는 대손세액공제를 받을 수 없다.[275)]

11. 부도어음 중 일부금액을 변제받은 경우 변제받은 채권의 결정방법

사업자가 재화 또는 용역을 공급하고 그 대가를 지급기일이 동일한 수매의 어음으로 분할지급받았으나 동 어음이 부도 발생하여 그중 일부의 어음에 대하여 대손세액공제를 받은 후 부도어음 중 일부금액을 변제받은 경우에 있어, 재화 또는 용역을 공급받은 자가 지정한 채무를 변제받은 것으로 하는 것이며, 재화 또는 용역을 공급받은 자가 채무를 지정하지 않은 때에는 재화 또는 용역을 공급한 자가 지정한 채무를 회수한 것으로 할 수 있다. 그리고 사업자가 재화 또는 용역을 수차례에 걸쳐 공급한 경우 매출채권의 발생순서는 당해 재화 또는 용역의 공급시기를 기준으로 한다.[276)]

12. 미회수채권 중 대손세액공제액의 구분

공급자가 매출채권을 공급받는 자를 보증한 보증기관으로부터 회수하는 경우에는 대손세액공제를 적용할 수 없는 것이며, 공급자가 보증기관으로부터 당해 매출채권에 대한 부가가치세 상당액을 제외하고 공급가액에 상당하는 금액만을 변제받는 경우 변제대상에서 제외되어 회수할 수 없는 매출채권분의 110분의 10을 대손세액으로 하여 공제한다.[277)]

---

274) 부가가치세과-1494, 2009.10.15
275) 서면3팀-220, 2005.02.15
276) 서면상담3팀-2382, 2004.11.25
277) 서면3팀-3210, 2007.11.28

[별지 제19호서식(1)] (2022. 3. 18. 개정)

홈텍스(www.hometax.go.kr)에서도 신청할 수 있습니다.

대손세액 공제(변제)신고서(갑)

접수번호	접수일	처리기간 즉시

1. 신고인 인적사항

① 상호(법인명)	② 사업자등록번호
③ 성명	④ 사업장 소재지

2. 대손세액 계산신고 내용

⑤ 당초 공급 연월일	⑥ 대손확정 연월일	⑦ 대손 금액	⑧ 공제율 (10/110)	⑨ 대손 세액	공급받는 자			⑬ 대손 사유
					⑩ 상호	⑪ 성명	⑫ 사업자등록번호	

3. 변제세액 계산신고 내용

⑭ 당초 대손 확정연월일	⑮ 변제 연월일	⑯ 변제 금액	⑰ 공제율 (10/110)	⑱ 변제 세액	공급자			㉒ 변제 사유
					⑲ 상호	⑳ 성명	㉑ 사업자등록번호	

「부가가치세법 시행령」 제87조제4항에 따라 대손세액을 공제받기(매입세액에 가산하기) 위하여 신고합니다.

년 월 일

신고인 (서명 또는 인)

세무서장 귀하

첨부서류	1. 대손확정사실을 증명하는 서류 및 관련 세금계산서 2. 변제사실을 증명하는 서류	수수료 없음

작성방법

⑤ - ⑬: 재화 또는 용역을 공급한 사업자가 「부가가치세법」 제45조제1항에 따라 대손세액을 공제받으려는 경우에 작성하며, ⑤에는 대손(회수불가능) 채권과 관련된 재화 또는 용역의 당초 공급연월일을 적습니다.

⑭ - ㉒: 재화 또는 용역을 공급받은 사업자가 당초 대손이 확정된 날이 속하는 과세기간에 대손세액을 매입세액에서 차감 후 대손금액의 전부 또는 일부를 변제한 경우 「부가가치세법」 제45조제4항에 따라 변제 관련 대손세액을 매입세액에 가산하려는 경우에 작성하며, ⑭에는 당초 대손확정연월일을 적습니다.

※ 대손(변제)세액 계산신고 내용이 많은 경우에는 별지 제19호서식(2) 또는 별지 제19호서식(3)에 이어서 작성합니다.

210㎜×297㎜[백상지 80g/㎡(재활용품)]

CHAPTER 03

세액공제(경감·공제세액)

제1절 신용카드 등의 사용에 따른 세액공제 등

I 신용카드매출전표 등 발급에 대한 세액공제

1. 개요

일정사업자가 부가가치세가 과세되는 재화 또는 용역을 공급하고 신용카드매출전표 등을 발급하거나 전자적 결제수단에 의하여 대금을 결제받는 경우 연간 500만원을 한도로 발급금액 또는 결제금액의 일정액을 납부세액에서 공제하도록 한다. 다만, 2026년 12월 31일까지는 연간 1천만원을 한도로 한다(부법 46 ①).

2. 세액공제대상 사업자

(1) 개요

신용카드 등의 사용에 따른 세액공제대상 사업자는 다음의 어느 하나에 해당하는 사업자로 한다(부법 46 ① 1).

① 주로 사업자가 아닌 자에게 재화 또는 용역을 공급하는 사업으로서 영수증발급대상 사업자(법인사업자와 직전연도의 재화 또는 용역의 공급가액의 합계액이 10억원을 초과하는 개인사업자는 제외한다)

② 간이과세자 중 다음의 어느 하나에 해당하는 자[278]

㉠ 직전연도의 공급대가의 합계액(직전 과세기간에 신규로 사업을 시작한 개인사업자의 경우 연 환산한 금액)이 4천800만원 미만인 자

㉡ 신규로 사업을 시작하는 개인사업자로서 간이과세자로 하는 최초의 과세기간 중에 있는 자

278) 본 규정은 2021.07.01.부터 시행하며, 2021.07.01. 전에 재화 또는 용역을 공급한 분에 대해서는 종전의 규정에 따른다.

(2) 영수증발급대상 일반과세자

"영수증발급대상 일반과세자"란 다음에 해당하지 않는 사업을 경영하는 사업자로서 영수증발행대상 간이과세자를 말한다(부령 88 ⑤).

규 정	영수증발급대상 사업자
	① 소매업, 음식점업(다과점업 포함), 숙박업, 미용, 욕탕 및 유사 서비스업, 여객운송업, 입장권을 발행하여 경영하는 사업 ② 제109조제2항제7호에 따른 사업(변호사업, 공인회계사업, 세무사업, 의사업, 한의사업 등) 및 행정사업 ③ 제35조제1호 단서의 용역을 공급하는 사업(과세되는 미용목적 성형수술), 과세되는 수의사의 동물 진료용역, 무도학원, 자동차운전학원, 간편사업자등록을 한 사업자가 국내에 전자적 용역을 공급하는 사업
부가가치세법 시행령 제73조	① 임시사업장을 개설한 사업자가 그 임시사업장에서 사업자가 아닌 소비자에게 재화 또는 용역을 공급하는 경우, 전기사업자가 산업용이 아닌 전력을 공급하는 경우 ② 전기통신사업자가 전기통신역무를 제공하는 경우(다만, 부가통신사업자가 통신판매업자에게 부가통신역무를 제공하는 경우 제외) ③ 도시가스사업자가 산업용이 아닌 도시가스를 공급하는 경우 ④ 집단에너지를 공급하는 사업자가 산업용이 아닌 열 또는 산업용이 아닌 전기를 공급하는 경우 ⑤ 방송사업자가 사업자가 아닌 자에게 방송용역을 제공하는 경우 ⑥ 인터넷 멀티미디어 방송 제공사업자가 사업자가 아닌 자에게 방송용역을 제공하는 경우
부가가치세법 시행규칙 제53조	① 도정업과 떡류 제조업 중 떡방앗간, 양복점업, 양장점업 및 양화점업, 주거용 건물 공급업(주거용 건물을 자영건설하는 경우 포함) ② 운수업과 주차장 운영업, 부동산중개업, 사회서비스업과 개인서비스업, 가사서비스업, 도로 및 관련시설 운영업, 자동차 제조업 및 자동차 판매업, 주거용 건물 수리 · 보수 및 개량업 ③ 그 밖에 유사한 사업으로서 세금계산서를 발급할 수 없거나 발급하는 것이 현저히 곤란한 사업

3. 거래증빙서류

세액공제를 받기 위한 거래증빙서류는 다음의 어느 하나에 해당하는 서류로 한다(부법 46 ① 2, 부령 88 ④).

① 「여신전문금융업법」에 따른 신용카드매출전표(「전기통신사업법」에 따른 부가통신사업자로서「전자상거래 등에서의 소비자보호에 관한 법률」 에 따른 통신판매업자의 판매를 대행 또는 중개하는 자가 발급하는 것을 포함)

② 「조세특례제한법」 제126조의 3에 따른 현금영수증(「전기통신사업법」에 따른 부가통신사업자로서 「전자상거래 등에서의 소비자보호에 관한 법률」 에 따른 통신판매업자의 판매를 대행 또는 중개하는 자가 발급하는 것을 포함)

③ 그 밖에 이와 유사한 것으로 다음의 어느 하나에 해당하는 것(「전기통신사업법」에 따른 부가통신사업자로서「전자상거래 등에서의 소비자보호에 관한 법률」 에 따른 통신판매업자의 판매를 대행 또는 중개하는 자가 발급하는 것을 포함)

㉠ 「여신전문금융업법」에 따른 다음의 것

ⓐ 직불카드영수증

ⓑ 결제대행업체를 통한 신용카드매출전표

ⓒ 선불카드영수증(실제 명의가 확인되는 것으로 한정한다)

㉡ 「조세특례제한법」 제126조의 3에 따른 현금영수증(부가통신사업자가 통신판매업자를 대신하여 발급하는 현금영수증을 포함한다)

㉢ 「전자금융거래법」에 따른 다음의 것

ⓐ 직불전자지급수단 영수증

ⓑ 선불전자지급수단 영수증(실제 명의가 확인되는 것으로 한정한다)

ⓒ 전자지급결제대행에 관한 업무를 하는 금융회사 또는 전자금융업자를 통한 신용카드매출전표

4. 공제금액

(1) 2021.6.30. 이전 귀속분

공제금액은 다음의 구분에 따른 금액으로 하고, 연간 500만원을 한도로 하되, 2021년 12월 31일까지는 연간 1천만원을 한도로 한다(부법 46 ① 3). 이 경우 공제받는 금액이 그 금액을 차감하기 전의 납부할 세액[납부세액에서 이 법, 「국세기본법」 및 「조세특례제한법」에 따라 빼거나 더할 세액[279]을 빼거나 더하여 계산한 세액을 말하며, 그 계산한 세액이 “0”보다 작으면 “0”으로 본다]을 초과하면 그 초과하는 부분은 없는 것으로 본다.

① 음식점업 또는 숙박업을 하는 간이과세자의 경우 : 발급금액 또는 결제금액의 2%(2021년 6월 30일까지는 2.6%로 한다)

② ① 외의 경우 : 발급금액 또는 결제금액의 1%(2021년 6월 30일까지는 1.3%로 한다)

(2) 2021.7.1. 이후 귀속분

공제금액은 발급금액 또는 결제금액의 1%(2026년 12월 31일까지는 1.3%)로 하고, 연간 500만

279) 「부가가치세법」 제60조 및 「국세기본법」 제47조의 2부터 제47조의 4까지의 규정에 따른 가산세는 제외한다.

원을 한도로 하되, 2026년 12월 31일까지는 연간 1천만원을 한도로 한다(부법 46 ① 3). 이 경우 공제받는 금액이 그 금액을 차감하기 전의 납부할 세액[납부세액에서 이 법, 「국세기본법」 및 「조세특례제한법」에 따라 빼거나 더할 세액[280]을 빼거나 더하여 계산한 세액을 말하며, 그 계산한 세액이 "0"보다 작으면 "0"으로 본다]을 초과하면 그 초과하는 부분은 없는 것으로 본다.

(3) 신용카드매출전표 등 발행세액 공제율 (부법 46 ① 3)

구분	2013.1.1. ~ 2018.12.31.	2019.1.1. ~ 2021.6.30.	2021.7.1. ~ 2026.12.31.	비고
① 음식점업, 숙박업을 하는 간이과세자	1.3%	1.3%	1.3%	발급금액 또는 결제금액 (공급대가)
② 일반과세자 (①이외 사업자)	2.6%	2.6%		
공제 한도	연 5백만 원	연 1천만 원	연 1천만 원	

5. 현금영수증 자진발급제도

현금영수증 가맹사업자가 거래 시에 구입자가 현금영수증 발급을 요청하지 않는 경우에 국세청장이 지정한 번호(010-000-1234)로 현금영수증을 발급할 수 있으며 자진발급한 사업자는 신용카드 발행세액공제를 받을 수 있고, 상기 현금영수증을 수취한 자는 현금영수증 홈페이지에 등록하여 사업자는 현금영수증 수취에 따른 매입세액공제 및 적격증빙 자료로 사용할 수 있으며, 근로자는 소득공제 혜택을 받을 수 있다.

6. 관련 사례

(1) 신용카드 발행세액공제 적용대상 공급가액 범위

신용카드 발행세액공제 적용대상 공급가액의 범위에는 부가가치세가 면제되는 재화 또는 용역의 공급가액은 제외한다.[281]

(2) 신용카드매출전표 발행세액공제 시 업종별 납부세액으로 공제하는지 여부

다 하나의 사업장에서 음식업과 부동산매매업을 같이 영위하는 경우 부동산매매업종의 고정자산 매입 등으로 인하여 전체 납부세액이 환급일지라도 신용카드매출전표 발행세액공제는 음식점업 납부세액에서 공제한다.[282]

280) 「부가가치세법」 제60조 및 「국세기본법」 제47조의 2부터 제47조의 4까지의 규정에 따른 가산세는 제외한다.
281) 기획재정부 부가가치세제과-61, 2016.07.20
282) 부가가치세과-945, 2013.10.16

(3) 세금계산서 교부시기 이후에 신용카드매출전표를 발행한 경우

신용카드매출전표 등 발행세액공제는 일정사업자가 부가가치세가 과세되는 재화 또는 용역을 공급하고 세금계산서의 교부시기에 신용카드매출전표 등을 발행하는 경우에 적용하는 것이며, 재화의 공급시기에 세금계산서를 교부하고 공급시기 이후 1개월이 되는 날에 공급받는 자의 신용카드 등에 의해 대금을 결제받아 신용카드매출전표 등을 발행한 경우에는 신용카드매출전표 등 발행세액공제를 적용받을 수 없다.[283)]

(4) 휴대폰결제에 의한 현금으로 지급받은 경우 현금영수증

물품 공급 후 휴대폰결제에 의한 현금으로 지급받은 경우 현금영수증 발급시기는 현금영수증가맹점이 당해 대금을 현금으로 받은 때이다.[284)]

(5) 마일리지(적립금, 포인트, 사이버머니, 쿠폰 등)로 결제 시 현금영수증

재화 또는 용역을 공급하고 대가의 전부 또는 일부를 마일리지(적립금, 포인트, 사이버머니, 쿠폰 등)로 결제하는 경우 마일리지 결제금액에 대하여는 현금영수증을 발급할 수 없다.[285)]

(6) 재화를 공급한 사업자와 신용카드매출전표를 발행하는 사업자가 다른 경우 세액공제 여부

재화를 공급한 사업자와 신용카드매출전표를 발행하는 사업자가 다른 경우에는 신용카드 등의 사용에 따른 세액공제를 적용하지 않는다.[286)]

(7) 현금영수증 발급 가능 여부

철도공사가 정기승차권을 판매하는 경우 및 급식업체가 1회 5,000원 미만의 식사를 제공하고 대금은 월합계로 정산하는 경우, 현금으로 그 대가를 지급받는 때에 현금영수증을 발급할 수 있다.[287)]

(8) 수탁판매의 경우 현금영수증 교부

사업자가 상품을 위탁자로부터 수탁받아 판매하는 경우 현금영수증 발급은 실지공급자인 위탁자 명의로 발급하는 것이 원칙이며, 다만, 위탁자와 위·수탁판매에 관한 명시적인 계약내용과 수탁자가 전자적 시스템을 갖추어 위탁자별로 매출액에 대한 현금영수증 발급내역을 구분 관리하는 경우에 한하여 수탁자 명의로 발급 가능하다.[288)]

283) 서면3팀-1915, 2005.11.01
284) 상담3팀-2627, 2007.09.18
285) 상담3팀-1277, 2007.04.30
286) 부가-1033, 2013.10.31
287) 상담3팀-2392, 2006.10.10
288) 상담3팀-1991, 2005.11.10

(9) 의료비 현금영수증을 수진자·납부자 중 누구에게 발행하는지

현금영수증은 재화나 용역을 공급하고 그 대금을 현금으로 받는 때에 공급받는 자에게 발행하는 것으로 의료비의 경우 지급자가 아닌 수진자에게 발행한다.[289)]

(10) 현금영수증은 소급해서 발행할 수 없고 수정발급은 가능

현금영수증 발급시기는 현금영수증가맹점이 재화·용역을 공급하고 그 대금을 현금으로 받는 때에 공급받는 자에게 발행하는 것이며, 기 지급받은 현금에 대하여 소급발급은 안 되며, 발급된 현금영수증에 대한 재화·용역의 거래가 취소·변경 등 수정사항이 발생한 경우에는 수정발급이 가능하다.[290)]

(11) 경정청구 시 신용카드발행세액공제를 신고기간별로 적용하는 것인지 과세기간별로 적용하는 것인지 여부

월별조기환급신고 시 신고 누락한 매입세액에 대한 경정청구 시 신용카드 발행세액공제는 해당 신고기간별 납부세액에서 공제한다.[291)] 즉, "신용카드 등의 사용에 따른 세액공제 등"에서 납부세액의 범위는 신고기간(월별조기, 예정, 확정)별 납부세액으로 각 신고기간에 공제되지 아니한 동 세액은 다른 신고기간의 납부세액에서 공제할 수 없다.[292)]

(12) 신용카드 발행세액공제 시 연간한도액의 계산기준

사업자의 과세유형이 간이과세자에서 일반과세자로 전환된 경우, 세액공제의 연간한도액을 계산함에 있어서 간이과세자로서 동 세액공제를 받은 금액은 납부세액에서 실제로 공제된 금액으로 한다.[293)]

(13) 신용카드 발행세액공제 한도

과세기간 중 신규개업한 경우로서 부가세 확정신고 시 신용카드 발행금액의 100분의 2가 500만원을 초과하는 경우 발행금액의 100분의 2에 상당하는 금액(연간 500만원을 한도로 한다)을 납부세액에서 공제하거나 환급세액에 가산할 수 있다. ☞ 신규개업 또는 중도폐업하는 사업자가 신용카드 발행세액공제를 적용하는 경우에도 공제한도를 별도 환산하는 규정은 없다.[294)]

---

289) 상담3팀-1746, 2005.10.11
290) 상담3팀-1700, 2005.10.06
291) 전자세원과-612, 2010.11.17
292) 서면3팀-1983, 2005.11.08
293) 서삼46015-10411, 2003.03.12
294) 서삼46015-11101, 2003.07.11

Ⅱ 신용카드매출전표 등에 의한 매입세액공제

1. 개요

본래 신용카드매출전표 등은 영수증에 해당한다. 그러나 신용카드매출전표 등을 발행하고 수령하면 세금계산서와 동일한 과세포착 효과를 가져오므로 「부가가치세법」에서는 예외적으로 형식적 요건을 갖춘 분에 대해서는 매입세액공제를 받을 수 있도록 규정하고 있다.

2. 관련 규정

(1) 개요

사업자가 일정요건을 충족한 사업자로부터 재화 또는 용역을 공급받고 부가가치세액이 별도로 구분 가능한 신용카드매출전표 등을 발급받은 경우에는 다음의 요건을 모두 충족하는 경우 그 부가가치세액은 공제할 수 있는 매입세액으로 본다(부법 46 ③).

① 신용카드매출전표 등 수령명세서를 제출할 것

② 신용카드매출전표 등을 그 거래사실이 속하는 과세기간에 대한 확정신고를 한 날부터 5년간 보존할 것. 이 경우 「소득세법」 또는 「법인세법」에 따른 방법으로 증명자료를 보관하는 경우에는 신용카드매출전표 등을 보관하고 있는 것으로 본다.

③ 간이과세자가 영수증을 발급하여야 하는 기간에 발급한 신용카드매출전표 등이 아닐 것[295)]

(2) 일정요건을 충족한 일반과세자

일정요건을 충족한 일반과세자란 다음에 해당하지 아니하는 사업을 경영하는 사업자를 말한다. 즉, 다음에 해당하는 사업을 영위하는 일반과세자로부터 신용카드매출전표 등을 발급받은 경우에는 매입세액공제를 적용받지 못한다(부법 46 ③, 부령 88 ④, 부칙 53).

① 목욕·이발·미용업

② 여객운송업(「여객자동차운수사업법 시행령」 제3조의 규정에 따른 전세버스운송사업을 제외)

③ 입장권을 발행하여 영위하는 사업

④ 「의료법」에 따른 의사·치과의사·한의사·조산사 또는 간호사가 제공하는 용역 중 부가가치세가 과세되는 의료용역을 공급하는 사업

⑤ 부가가치세가 과세되는 수의사가 제공하는 동물의 진료용역

⑥ 무도학원 및 자동차운전학원의 용역을 공급하는 사업

⑦ 간편사업자등록을 한 사업자가 국내에 전자적 용역을 공급하는 사업

295) 본 규정은 2021.07.01.부터 시행하며, 2021.07.01. 전에 재화 또는 용역을 공급한 분에 대해서는 종전의 규정에 따른다.

⑧ 주로 사업자가 아닌 소비자에게 재화 또는 용역을 공급하는 사업으로서 기획재정부령으로 정하는 다음의 사업

㉠ 도정업과 떡류 제조업 중 떡방앗간

㉡ 양복점업, 양장점업 및 양화점업

㉢ 주거용 건물공급업(주거용 건물을 자영건설하는 경우를 포함한다)

㉣ 운수업과 주차장운영업

㉤ 부동산중개업

㉥ 사회서비스업과 개인서비스업

㉦ 가사서비스업

㉧ 도로 및 관련 시설 운영업

㉨ 자동차제조업 및 자동차판매업

㉩ 주거용 건물 수리·보수 및 개량업

㉪ 그 밖에 ㉠부터 ㉩까지와 유사한 사업으로서 세금계산서를 발급할 수 없거나 발급하는 것이 현저히 곤란한 사업

3. 유의사항

① 신용카드매출전표 등의 범위 : 「여신전문금융업법」에 따른 직불카드영수증, 결제대행업체를 통한 신용카드매출전표, 선불카드영수증(실지명의가 확인되는 것에 한정한다) 및 「조세특례제한법」에 따른 현금영수증(부가통신사업자가 통신판매업자를 대신하여 발급하는 현금영수증을 포함한다)을 말한다(부령 88 ②).

② 간이과세자 및 면세사업자로부터 공급받은 경우에는 신용카드매출전표 등을 받은 경우에도 매입세액공제를 받을 수 없다.

③ 2007.1.1. 이후 최초로 신고하는 분부터는 신용카드매출전표 등의 이면에 공급받은 자의 사업자등록번호를 별도로 기재하지 않아도 매입세액공제가 된다.

4. 관련 사례

(1) 타인 명의 신용카드

1) 임직원 명의의 신용카드매출전표의 매입세액공제 여부

법인사업자가 자기의 과세사업과 관련하여 공급받은 재화 또는 용역의 대가를 당해 법인명의의 신용카드 또는 소속임원 및 종업원 명의의 신용카드를 사용하여 지급하고 공급자(일반과세자)로부터 당해 신용카드매출전표에 당해 법인의 사업자등록번호와 부가가치세를 별도 기재하고

당해 공급자 또는 그 사용인이 서명·날인하여 확인한 경우 동 신용카드매출전표에 기재된 부가가치세는 매출세액에서 공제할 수 있는 매입세액으로 본다.[296)]

2) 임직원 및 가족을 제외한 명의의 신용카드

타인(종업원 및 가족 제외)의 신용카드로 그 대금을 결제하는 경우 부가가치세액이 별도로 구분 가능한 신용카드매출전표를 교부받은 때에도 공제할 수 있는 매입세액에 해당하지 아니한다.[297)]

(2) 복리후생비

사업자가 직원들의 사기진작과 복리를 위해 야유회 등으로 개최한 비용은 복리후생비로서 그 매입세액은 공제된다.[298)]

(3) 거래처 접대비

접대비 관련 매입세액은 매입세액불공제에 해당된다(부법 39 ① 6).

(4) 사원의 소형승용차 유지비 지원 시

부가가치세 과세사업자가 사원의 복리후생을 위하여 사원의 소형승용차 유지관리비를 지원하는 경우에는 당해 지원비에 관련된 매입세액은 비영업용 소형승용차의 유지에 관한 매입세액이므로 매출세액에서 공제하지 아니한다.[299)]

(5) 폐업한 사업자로부터 수령한 신용카드매출전표

「부가가치세법」상 사업자가 아닌 자(폐업자 포함)로부터 교부받은 세금계산서의 매입세액은 매출세액에서 공제되지 아니하는 것이므로 가산세가 적용되는 것이나, 사업자의 폐업일은 그 사업을 실질적으로 폐업하는 날로 하는 것이므로, 매출자가 실질적으로 폐업하였는지의 여부는 관련 사실을 종합적으로 고려하여 판단한다.[300)]

(6) 사업자단위과세사업자의 신용카드매출전표 발급세액공제

1) 원칙

둘 이상의 사업장이 있는 사업자가 사업자단위과세사업자로 등록한 경우, 사업자단위과세적용사업장(본점)에서 부가가치세 신고 시 모든 사업장의 신용카드매출전표 등 발급액과 전자적 결제수단으로 결제받은 금액을 합산하여 신용카드 등의 사용에 따른 세액공제 등을 적용한다.[301)]

---

296) 부가46015-1725, 1997.07.25. 전자세원-655, 2010.12.10
297) 서면3팀-1912, 2007.07.05
298) 부가46015-1563, 1997.07.11
299) 부가22601-1326, 1988.07.29
300) 부가46015-413, 2000.02.24
301) 전자세원-381, 2010.06.28

2) 사업자단위과세사업자로 변경 후 종된 사업장의 예전 사업자번호로 발급받은 신용카드매출전표의 매입세액공제

사업자단위과세사업자로 변경된 후 재화 또는 용역을 공급받고 종된 사업장 명의의 신용카드로 그 대금을 결제하면서 부가가치세액이 별도로 구분된 신용카드매출전표를 발급받은 경우로서 「부가가치세법」 제46조 제3항 각 호의 요건을 모두 충족하는 경우 해당 신용카드매출전표에 기재된 부가가치세액은 같은 법 제38조 제1항에 따라 공제할 수 있는 매입세액에 해당한다.[302)]

Ⅲ 신용카드가맹점 가입·발급의무대상 사업자

1. 개요

국세청장은 주로 사업자가 아닌 소비자에게 재화 또는 용역을 공급하는 사업자로서 업종·규모 등을 고려하여 대통령령으로 정하는 요건에 해당하는 사업자에 대해서 납세관리를 위하여 필요하다고 인정되는 경우 「여신전문금융업법」 제2조에 따른 신용카드가맹점으로 가입하도록 지도할 수 있다(소법 162의 2 ①).

2. 대통령령으로 정하는 요건에 해당하는 사업자

"대통령령으로 정하는 요건에 해당하는 사업자"란 소비자에게 재화 또는 용역을 공급하는 별표 3의 2에 따른 소비자상대업종을 영위하는 다음의 어느 하나에 해당하는 사업자로서 업종과 규모 등을 감안하여 국세청장이 정하는 바에 따라 사업장소재지 관할세무서장 또는 지방국세청장으로부터 신용카드가맹점 가입대상자로 지정받은 자를 말한다(소령 162의 2 ①).

① 직전 과세기간의 수입금액(결정 또는 경정에 의하여 증가된 수입금액을 포함)의 합계액이 2천400만원 이상인 사업자

② 제147조의 2에 따른 사업자(「의료법」에 따른 의료업, 「수의사법」에 따른 수의업 및 「약사법」에 따라 약국을 개설하여 약사(藥事)에 관한 업(業)을 행하는 사업자)

③ 「부가가치세법 시행령」 제109조 제2항 제7호에 따른 사업자(변호사업, 심판변론인업, 변리사업, 법무사업, 공인회계사업, 세무사업, 경영지도사업, 기술지도사업, 감정평가사업, 손해사정인업, 통관업, 기술사업, 건축사업, 도선사업, 측량사업, 공인노무사업, 의사업, 한의사업, 약사업, 한약사업, 수의사업과 그 밖에 이와 유사한 사업서비스업으로서 기획재정부령으로 정하는 것)

302) 사전-2015-법령해석부가-0059, 2015.03.23

3. 신용카드매출전표 발급

신용카드가맹점(2에 따른 요건에 해당하여 가맹한 사업자를 말한다)은 사업과 관련하여 재화 또는 용역을 공급하고 그 상대방이 대금을 신용카드로 결제하려는 경우 이를 거부하거나 신용카드매출전표를 사실과 다르게 발급해서는 아니 된다. 다만, 「유통산업발전법」 제2조 제3호에 따른 대규모점포나 「체육시설의 설치·이용에 관한 법률」 제2조 제1호에 따른 체육시설(이하 "대규모점포 등"이라 한다)을 운영하는 자가 해당 대규모점포 등 내의 다른 사업자의 매출액을 합산하여 신용카드매출전표를 발급하는 경우(대규모점포 등을 운영하는 자가 「유통산업발전법」 제2조 제12호에 따른 판매시점정보관리시스템의 설비를 운용하는 경우로서 사업자 간 사전약정을 맺은 경우만 해당한다)에는 신용카드매출전표를 사실과 다르게 발급한 것으로 보지 아니한다(소법 162의 2 ②).

Ⅳ 현금영수증가맹점 가입·발급의무대상 사업자

1. 개요

주로 사업자가 아닌 소비자에게 재화 또는 용역을 공급하는 사업자로서 업종·규모 등을 고려하여 대통령령으로 정하는 요건에 해당하는 사업자는 그 요건에 해당하는 날부터 60일(수입금액 등 대통령령으로 정하는 요건에 해당하는 사업자의 경우 그 요건에 해당하는 날이 속하는 달의 말일부터 3개월) 이내에 신용카드단말기 등에 현금영수증 발급장치를 설치함으로써 현금영수증가맹점으로 가입하여야 한다(소법 162의 3 ①).

2. 대통령령으로 정하는 요건에 해당하는 사업자

(1) 개요

"대통령령으로 정하는 요건에 해당하는 사업자"란 소비자상대업종을 경영하는 다음의 어느 하나에 해당하는 사업자를 말한다. 다만, 현금영수증가맹점으로 가입하기 곤란한 경우로서 기획재정부령으로 정하는 사업자는 제외한다.

① 직전 과세기간의 수입금액(결정 또는 경정에 의하여 증가된 수입금액을 포함)의 합계액이 2천400만원 이상인 사업자

② 제147조의 2에 따른 사업자(「의료법」에 따른 의료업, 「수의사법」에 따른 수의업 및 「약사법」에 따라 약국을 개설하여 약사(藥事)에 관한 업(業)을 행하는 사업자)

③ 「부가가치세법 시행령」 제109조 제2항 제7호(변호사업, 심판변론인업, 변리사업, 법무사업, 공인회계사업, 세무사업, 경영지도사업, 기술지도사업, 감정평가사업, 손해사정인업, 통관업,

기술사업, 건축사업, 도선사업, 측량사업, 공인노무사업, 의사업, 한의사업, 약사업, 한약사업, 수의사업과 그 밖에 이와 유사한 사업서비스업으로서 기획재정부령으로 정하는 것)에 따른 사업자. 다만, 도선사업은 제외한다.

④ 별표 3의 3에 따른 업종을 영위하는 사업자

(2) 적용제외대상 사업자

"기획재정부령으로 정하는 사업자"라 함은 다음의 자를 말한다(소칙 95의 4 ①).

① 택시운송 사업자

② 읍·면 지역에 소재하는 소매업자 중 사업규모·시설·업황 등을 고려하여 국세청장이 지정하는 사업자

③ 「법인세법」 제117조의 2 제3항 단서에 따라 사실과 다르게 발급한 것으로 보지 아니하는 사업자를 통하여 현금영수증을 발급하는 사업자

(3) 현금영수증가맹점 미가입 시 가산세

위 (1)에 해당하는 사업자가 현금영수증가맹점으로 가입하지 아니하거나 가입기한을 경과하여 가입하는 경우 현금영수증가맹점 미가맹가산세가 부과된다. (소법 81의9 ② 1)

현금영수증가맹점 미가맹가산세 = 미가입기간의 수입금액 ×100분의 1

미가입기간의 수입금액 = 해당 과세기간의 수입금액 ×미가입기간 / 365 (윤년 366)

V 신용카드·현금영수증가맹점 가입대상자의 지정

국세청장은 주로 사업자가 아닌 소비자에게 재화 또는 용역을 공급하는 사업자로서 소매업, 음식점업, 숙박업 또는 그 밖에 주로 사업자가 아닌 소비자를 대상으로 하는 사업을 경영하는 자로서 사업규모 및 지역 등을 고려하여 국세청장이 정하는 자에 대하여 납세관리에 필요하다고 인정하면 「여신전문금융업법」에 따른 신용카드가맹점 가입대상자 또는 「조세특례제한법」 제126조의 3에 따른 현금영수증가맹점 가입대상자로 지정하여 신용카드가맹점 또는 현금영수증가맹점으로 가입하도록 지도할 수 있다(부법 46 ④, 부령 88 ⑧).

■ 소득세법 시행령 [별표 3의2] 〈개정 2023. 2. 28.〉

소비자상대업종(제210조의2제1항 및 제210조의3제1항 관련)

구분	업종
1. 소매업	복권소매업 등 기획재정부령으로 정하는 업종을 제외한 소매업 전체 업종
2. 숙박 및 음식점업	숙박 및 음식점업 전체 업종
3. 제조업	양복점업 등 기획재정부령으로 정하는 업종
4. 건설업	실내건축 및 건축마무리 공사업
5. 도매업	자동차중개업
6. 부동산업 및 임대업	가. 부동산 중개 및 대리업 나. 부동산 투자 자문업 다. 부동산 감정평가업(감정평가사업을 포함한다) 라. 의류 임대업
7. 운수업	가. 전세버스 운송업 나. 「화물자동차 운수사업법 시행령」 제9조제1호에 따른 이사화물운송주선사업 다. 특수여객자동차 운송업(장의차량 운영업) 라. 주차장 운영업 마. 여행사업 바. 기타 여행보조 및 예약 서비스업 사. 여객 자동차 터미널 운영업 아. 소화물 전문 운송업 자. 기타 해상 운송업(낚시어선업으로 한정한다)
8. 전문 · 과학 및 기술서비스업	가. 변호사업 나. 변리사업 다. 공증인업 라. 법무사업 마. 행정사업 바. 공인노무사업 사. 공인회계사업(기장대리를 포함한다) 아. 세무사업(기장대리를 포함한다) 자. 건축설계 및 관련 서비스업 차. 기술사업 카. 심판변론인업 타. 경영지도사업 파. 기술지도사업 하. 손해사정인업 거. 통관업 너. 측량사업 더. 인물 사진 및 행사용 영상 촬영업 러. 사진처리업

구분	업종
9. 교육서비스업	가. 컴퓨터학원 나. 속기학원 등 그 외 기타 분류 안 된 교육기관 다. 운전학원 라. 자동차정비학원 등 기타 기술 및 직업훈련학원 마. 일반 교과 학원 바. 외국어학원 사. 방문 교육 학원 아. 온라인 교육 학원 자. 기타 교습학원 차. 예술 학원 카. 태권도 및 무술 교육기관 타. 기타 스포츠 교육기관 파. 청소년 수련시설 운영업(교육목적용으로 한정한다) 하. 기타 교육지원 서비스업
10. 보건업 및 사회복지서비스업	가. 종합병원 나. 일반병원 다. 치과병원 라. 한방병원 마. 요양병원 바. 일반의원(일반과, 내과, 소아청소년과, 일반외과, 정형외과, 신경과, 정신건강의학과, 피부과, 비뇨의학과, 안과, 이비인후과, 산부인과, 방사선과 및 성형외과) 사. 기타의원(마취통증의학과, 결핵과, 가정의학과, 재활의학과 등 달리 분류되지 않은 병과) 아. 치과의원 자. 한의원 차. 수의업 카. 앰뷸런스 서비스업
11. 예술, 스포츠 및 여가 관련 서비스업	가. 영화관 운영업 나. 비디오물 감상실 운영업 다. 독서실 운영업(스터디카페를 포함한다) 라. 박물관 운영업 마. 식물원 및 동물원 운영업 바. 실내 경기장 운영업 사. 실외 경기장 운영업 아. 경주장 운영업(경마장 운영업을 포함한다) 자. 골프장 운영업 차. 스키장 운영업 카. 체력단련시설 운영업 타. 수영장 운영업 파. 볼링장 운영업 하. 당구장 운영업 거. 종합 스포츠시설 운영업

구분	업종
	너. 골프연습장 운영업 더. 스쿼시장 등 그 외 기타 스포츠시설 운영업 러. 컴퓨터 게임방 운영업 머. 노래연습장 운영업 버. 오락사격장 등 기타 오락장 운영업 서. 해수욕장 운영 등 기타 수상오락 서비스업 어. 낚시장 운영업 저. 무도장 운영업 처. 유원지 및 테마파크 운영업 커. 기원 운영업
12. 협회 및 단체, 수리 및 기타 개인서비스업	가. 컴퓨터 및 주변 기기 수리업 나. 통신장비 수리업 다. 자동차 종합 수리업 라. 자동차 전문 수리업 마. 자동차 세차업 바. 모터사이클 수리업 사. 가전제품 수리업 아. 의복 및 기타 가정용 직물제품 수리업 자. 가죽, 가방 및 신발수리업 차. 시계, 귀금속 및 악기 수리업 카. 보일러수리 등 그 외 기타 개인 및 가정용품 수리업 타. 이용업 파. 두발 미용업 하. 피부 미용업 거. 손 · 발톱 관리 등 기타 미용업 너. 욕탕업 더. 마사지업 러. 비만 관리 센터 등 기타 신체 관리 서비스업 머. 가정용 세탁업 버. 세탁물 공급업 서. 장례식장 및 장의 관련 서비스업 어. 화장터 운영, 묘지 분양 및 관리업 저. 예식장업 처. 점술 및 유사 서비스업 커. 산후 조리원 터. 결혼 상담 및 준비 서비스업
13. 가구내 고용활동	놀이방 · 어린이집(「영유아보육법」 제13조에 따라 설치 · 인가된 경우는 제외한다)

비고: 업종의 구분은 한국표준산업분류를 기준으로 한다. 다만, 위 표에서 특별히 규정하는 업종의 경우에는 그렇지 않다.

■ 소득세법 시행령 [별표 3의3] 〈개정 2023. 2. 28.〉

현금영수증 의무발행업종(제210조의3제1항제4호 및 같은 조 제11항 관련)

구분	업종
1. 사업서비스업	가. 변호사업 나. 공인회계사업 다. 세무사업 라. 변리사업 마. 건축사업 바. 법무사업 사. 심판변론인업 아. 경영지도사업 자. 기술지도사 차. 감정평가사업 카. 손해사정인업 타. 통관업 파. 기술사업 하. 측량사업 거. 공인노무사업 너. 행정사업
2. 보건업	가. 종합병원 나. 일반병원 다. 치과병원 라. 한방병원 마. 요양병원 바. 일반의원(일반과, 내과, 소아청소년과, 일반외과, 정형외과, 신경과, 정신건강의학과, 피부과, 비뇨의학과, 안과, 이비인후과, 산부인과, 방사선과 및 성형외과) 사. 기타의원(마취통증의학과, 결핵과, 가정의학과, 재활의학과 등 달리 분류되지 않은 병과) 아. 치과의원 자. 한의원 차. 수의업
3. 숙박 및 음식점업	가. 일반유흥 주점업(「식품위생법 시행령」 제21조제8호다목에 따른 단란주점영업을 포함한다) 나. 무도유흥 주점업 다. 일반 및 생활 숙박시설운영업 라. 출장 음식 서비스업 마. 기숙사 및 고시원 운영업(고시원 운영업으로 한정한다) 바. 숙박공유업

구분	업종
4. 교육 서비스업	가. 일반 교습 학원 나. 예술 학원 다. 외국어학원 및 기타 교습학원 라. 운전학원 마. 태권도 및 무술 교육기관 바. 기타 스포츠 교육기관 사. 기타 교육지원 서비스업 아. 청소년 수련시설 운영업(교육목적용으로 한정한다) 자. 기타 기술 및 직업훈련학원 차. 컴퓨터 학원 카. 그 외 기타 교육기관
5. 그 밖의 업종	가. 골프장 운영업 나. 골프 연습장 운영업 다. 장례식장 및 장의 관련 서비스업 라. 예식장업 마. 부동산 중개 및 대리업 바. 부동산 투자 자문업 사. 산후 조리원 아. 시계 및 귀금속 소매업 자. 피부 미용업 차. 손 · 발톱 관리 미용업 등 기타 미용업 카. 비만 관리 센터 등 기타 신체 관리 서비스업 타. 마사지업(발 마사지업 및 스포츠 마사지업으로 한정한다) 파. 실내건축 및 건축마무리 공사업(도배업만 영위하는 경우는 제외한다) 하. 인물 사진 및 행사용 영상 촬영업 거. 결혼 상담 및 준비 서비스업 너. 의류 임대업 더. 「화물자동차 운수사업법」 제2조제4호에 따른 화물자동차 운송주선사업(이사화물에 관한 운송주선사업으로 한정한다) 러. 자동차 부품 및 내장품 판매업 머. 자동차 종합 수리업 버. 자동차 전문 수리업 서. 전세버스 운송업 어. 가구 소매업 저. 전기용품 및 조명장치 소매업 처. 의료용 기구 소매업 커. 페인트, 창호 및 기타 건설자재 소매업 터. 주방용품 및 가정용 유리, 요업 제품 소매업 퍼. 안경 및 렌즈 소매업 허. 운동 및 경기용품 소매업

구분	업종
	고. 예술품 및 골동품 소매업 노. 중고자동차 소매업 및 중개업 도. 악기 소매업 로. 자전거 및 기타 운송장비 소매업 모. 체력단련시설 운영업 보. 화장터 운영, 묘지 분양 및 관리업(묘지 분양 및 관리업으로 한정한다) 소. 특수여객자동차 운송업 오. 가전제품 소매업 조. 의약품 및 의료용품 소매업 초. 독서실 운영업 코. 두발 미용업 토. 철물 및 난방용구 소매업 포. 신발 소매업 호. 애완용 동물 및 관련용품 소매업 구. 의복 소매업 누. 컴퓨터 및 주변장치, 소프트웨어 소매업 두. 통신기기 소매업 루. 건강보조식품 소매업 무. 자동차 세차업 부. 벽지, 마루덮개 및 장판류 소매업 수. 공구 소매업 우. 가방 및 기타 가죽제품 소매업 주. 중고가구 소매업 추. 사진기 및 사진용품 소매업 쿠. 모터사이클 수리업 투. 가전제품 수리업 푸. 가정용 직물제품 소매업 후. 가죽, 가방 및 신발 수리업 그. 게임용구, 인형 및 장난감 소매업 느. 구두류 제조업 드. 남자용 겉옷 제조업 르. 여자용 겉옷 제조업 므. 모터사이클 및 부품 소매업(부품 판매업으로 한정한다) 브. 시계, 귀금속 및 악기 수리업 스. 운송장비용 주유소 운영업 으. 의복 및 기타 가정용 직물제품 수리업 즈. 중고 가전제품 및 통신장비 소매업 츠. 백화점 크. 대형마트 트. 체인화편의점

구분	업종
	프. 기타 대형 종합소매업 흐. 서적, 신문 및 잡지류 소매업 기. 곡물, 곡분 및 가축사료 소매업 니. 육류 소매업 디. 자동차 중개업 리. 주차장 운영업 미. 여객 자동차 터미널 운영업 비. 통신장비 수리업 시. 보일러수리 등 기타 가정용품 수리업
6. 신판매업(제1호부터 제5호에서 정한 업종에서 사업자가 공급하는 재화 또는 용역을 공급하는 경우로 한정한다)	가. 전자상거래 소매업 나. 전자상거래 소매 중개업 다. 기타 통신 판매업

비고: 업종의 구분은 위 표에서 특별히 규정하는 업종을 제외하고는 한국표준산업분류를 기준으로 한다.

[별지 제16호 서식(1)] (2019. 3. 20. 개정)

홈택스(www.hometax.go.kr)에서도 신청할 수 있습니다.

신용카드매출전표등 수령명세서(갑)

년 제 기 (월 일 ~ 월 일)

(앞쪽)

1. 제출자 인적사항

① 상호(법인명)	② 사업자등록번호
③ 성명(대표자)	

2. 신용카드 등 매입명세 합계

구 분	거래건수	공급가액	세 액
④ 합 계			
⑤ 현금영수증			
⑥ 화물운전자복지카드			
⑦ 사업용 신용카드			
⑧ 그 밖의 신용카드 등			

3. 그 밖의 신용·직불카드, 기명식선불카드, 직불전자지급수단 및 기명식선불전자지급수단 매출전표 수령금액 합계

일련번호	⑨ 카드회원번호	⑩ 공급자(가맹점) 사업자등록번호	⑪ 그 밖의 신용카드 등 거래명세 합계		
			거래건수	공급가액	세액
1					
2					
3					
4					
5					
6					
7					
8					
9					
10					
11					
12					
13					
14					
15					

※ 기재내용이 많은 경우 별지 제16호서식(2)의 신용카드매출전표등 수령명세서(을)에 이어서 작성합니다.

210㎜×297㎜[백상지 80g/㎡(재활용품)]

제2절 전자세금계산서 발급 전송에 대한 세액공제 특례

재화 및 용역의 공급가액 등을 고려하여 직전연도의 사업장별 재화 및 용역의 공급가액(부가가치세 면세공급가액을 포함한다)의 합계액이 3억원 미만인 개인사업자(해당 연도에 신규로 사업을 시작한 개인사업자를 포함)가 전자세금계산서를 2024년 12월 31일까지 발급(전자세금계산서 발급명세를 제32조 제3항에 따른 기한까지 국세청장에게 전송한 경우로 한정한다)하는 경우에는 전자세금계산서 발급건수 등을 고려하여 전자세금계산서 발급건수당 200원을 곱하여 계산한 금액의 합계액을 해당 과세기간의 부가가치세 납부세액에서 공제할 수 있다. 이 경우 공제한도는 연간 100만원으로 한다(부법 47 ①, 부령 89 ①,②).

제3절 조세특례제한법상 세액공제·감면

Ⅰ 전자신고에 대한 세액공제

1. 납세자에 대한 세액공제

(1) 소득세·법인세 신고 시 세액공제

납세자가 직접 「국세기본법」 제5조의 2에 따른 전자신고(이하 "전자신고"라 한다)의 방법으로 「소득세법」 제70조의 규정에 의한 과세표준 확정신고 및 「법인세법」 제60조의 규정에 의한 과세표준 신고를 하는 경우에는 해당 납부세액에서 2만원(「소득세법」에 따라 과세표준 확정신고의 예외에 해당하는 자가 과세표준 확정신고를 한 경우에는 추가로 납부하거나 환급받은 결정세액과 1만원 중 적은 금액)을 공제한다. 이 경우 납부할 세액이 음수인 경우에는 이를 없는 것으로 한다(조특법 104의 8 ①, 조특령 104의 5 ①,②).

(2) 부가가치세 신고 시 세액공제

납세자가 직접 전자신고의 방법으로 확정신고 및 간이과세자의 신고와 납부를 하는 경우에는 해당 납부세액에서 1만원을 공제하거나 환급세액에 가산한다. 다만, 매출가액과 매입가액이 없는 일반과세자에 대하여는 본문을 적용하지 아니하며, 간이과세자에 대하여는 공제세액이 납부세액에 같은 법 제63조 제3항(매입세액공제), 제64조(간이과세자로 변경되는 경우의 재고품 등 매입세액 가산) 및 제65조(의제매입세액공제)에 따른 금액을 가감(加減)한 후의 금액을 초과할 때에는 그 초과하는 금액은 없는 것으로 본다(조특법 104의 8 ②, 조특령 104의 5 ③,④).

2. 세무대리인에 대한 세액공제

(1) 개요

「세무사법」에 따른 세무사(「세무사법」 제20조의 2 제1항에 따라 등록한 공인회계사, 같은 법에 따른 세무법인 및 「공인회계사법」에 따른 회계법인을 포함)가 납세자를 대리하여 전자신고의 방법으로 직전 과세연도 동안 소득세 또는 법인세를 신고한 경우에는 해당 세무사의 소득세(사업소득에 대한 소득세만 해당한다) 또는 법인세의 납부세액에서 2만원을 공제하고, 직전 과세기간 동안 부가가치세를 신고한 경우에는 당해 세무사의 부가가치세 납부세액에서 1만원을 공제한다(조특법 104의 8 ③).

(2) 한도

세무사가 공제받을 수 있는 연간 공제한도액(해당 세무사가 소득세 또는 법인세의 납부세액에서 공제받을 금액 및 부가가치세에서 공제받을 금액을 합한 금액)은 3백만원(「세무사법」에 따른 세무법인 또는 「공인회계사법」에 따른 회계법인인 경우에는 750만원)으로 한다(조특법 104의 8 ④).

3. 세액공제신청서의 제출

전자신고세액공제를 받고자 하는 자는 전자신고를 하는 때(세무사가 세액공제를 받고자 하는 경우에는 세무사 본인의 과세표준신고를 하는 때를 말한다)에 기획재정부령이 정하는 세액공제신청서를 관할세무서장에게 제출하여야 한다(조특령 104의 5 ⑥).

[별지 제1호서식] (2023. 3. 20. 개정)

세 액 공 제 신 청 서

※ 제3쪽의 작성방법 및 유의사항을 읽고 작성하여 주시기 바랍니다. (3쪽 중 제1쪽)

접수번호	접수일	처리기간 즉시

❶ 신청인	① 상호 또는 법인명	② 사업자등록번호
	③ 대표자 성명	④ 생년월일
	⑤ 주소 또는 본점 소재지 (전화번호:)	

❷ 과세연도	년 월 일부터 년 월 일까지

❸ 신청 내용

⑥ 구 분	⑦ 근거법령	⑧ 코드	⑨ 공제율	⑩ 대상세액	⑪ 공제세액
⑩① 중소기업 등 투자세액공제	영 제4조제8항 (2021.2.17. 대통령령 제31444호로 개정되기 전의 것)	131			
⑩② 상생결제 지급금액에 대한 세액공제	영 제6조의4제4항	14Z			
⑩③ 대・중소기업상생협력기금 출연 세액공제	영 제7조의2제4항	14M			
⑩④ 협력중소기업에 대한 유형고정자산 무상임대 세액공제	영 제7조의2제8항	18D			
⑩⑤ 수탁기업에 설치하는 시설에 대한 세액공제	영 제7조의2제12항	18L			
⑩⑥ 교육기관 무상 기증 중고자산에 대한 세액공제	영 제7조의2제16항	18R			
⑩⑦ 신성장・원천기술 연구개발비 세액공제 (최저한세 적용대상)	영 제9조제14항	13L			
⑩⑧ 국가전략기술 연구개발비 세액공제 (최저한세 적용대상)	영 제9조제14항	10E			
⑩⑨ 일반 연구 및 인력개발비 세액공제 (최저한세 적용대상)	영 제9조제14항	13M			
⑪⓪ 신성장・원천기술 연구개발비 세액공제 (최저한세 적용제외)	영 제9조제14항	16A			
⑪① 국가전략기술 연구개발비 세액공제 (최저한세 적용제외)	영 제9조제14항	10D			
⑪② 일반 연구 및 인력개발비 세액공제 (최저한세 적용제외)	영 제9조제14항	16B			
⑪③ 기술취득에 대한 세액공제	영 제11조제6항	176			
⑪④ 기술혁신형 합병에 대한 세액공제	영 제11조의3제14항	14T			
⑪⑤ 기술혁신형 주식취득에 대한 세액공제	영 제11조의4제12항	14U			
⑪⑥ 벤처기업등 출자에 대한 세액공제	영 제12조의2제5항	18E			
⑪⑦ 소재・부품・장비 수요기업 공동출자 세액공제	영 제12조의3제15항	18N			
⑪⑧ 소재・부품・장비 외국법인 등 인수 세액 공제	영 제12조의3제15항	18P			
⑪⑨ 성과공유 중소기업 경영성과급 세액공제	영 제17조제5항	18H			
⑫⓪ 통합투자세액공제(일반)	영 제21조제13항	13W			
⑫① 통합투자세액공제(신성장사업화시설)	영 제21조제13항	13X			
⑫② 통합투자세액공제(국가전략기술사업화시설)	영 제21조제13항	13Y			
⑫③ 초연결 네트워크 투자에 대한 세액공제	영 제22조의11제7항 (2021.2.17. 대통령령 제31444호로 개정되기 전의 것)	18I			
⑫④ 연구 및 인력개발 설비투자 세액공제	영 제22조 (2021.2.17. 대통령령 제31444호로 개정되기 전의 것)	134			
⑫⑤ 에너지 절약시설투자 세액공제	영 제22조의2 (2021.2.17. 대통령령 제31444호로 개정되기 전의 것)	177			
⑫⑥ 환경보전시설투자세액공제	영 제22조의3 (2021.2.17. 대통령령 제31444호로 개정되기 전의 것)	14A			
⑫⑦ 근로자복지증진설비투자 세액공제	영 제22조의4 (2021.2.17. 대통령령 제31444호로 개정되기 전의 것)	142			
⑫⑧ 안전시설투자 세액공제	영 제22조의5 (2021.2.17. 대통령령 제31444호로 개정되기 전의 것)	136			
⑫⑨ 생산성향상시설투자 세액공제	영 제22조의6 (2021.2.17. 대통령령 제31444호로 개정되기 전의 것)	135			

210㎜×297㎜[백상지 80g/㎡ 또는 중질지 80g/㎡]

⑥ 구 분	⑦ 근거법령	⑧ 코드	⑨ 공제율	⑩ 대상세액	⑪ 공제세액
⑬⓪ 의약품품질관리개선시설투자 세액공제	영 제22조의8 (2021.2.17. 대통령령 제31444호로 개정되기 전의 것)	14B			
⑬① 신성장기술 사업화를 위한 시설투자 세액공제	영 제22조의9 (2021.2.17. 대통령령 제31444호로 개정되기 전의 것)	18B			
⑬② 영상콘텐츠 제작비용에 대한 세액공제	영 제22조의10제6항	18C			
⑬③ 고용창출투자 세액공제	영 제23조제15항부터 제17항까지	14N			
⑬④ 산업수요맞춤형고등학교등 졸업자를 병역 이행 후 복직시킨 중소기업에 대한 세액공제	영 제26조의2제3항	14S			
⑬⑤ 경력단절 여성 고용 기업에 대한 인건비 세액공제	영 제26조의3제6항	14X			
⑬⑥ 육아휴직 후 고용유지 기업에 대한 인건비 세액공제	영 제26조의3제6항	18J			
⑬⑦ 근로소득을 증대시킨 기업에 대한 세액공제	영 제26조의4제17항	14Y			
⑬⑧ 청년고용을 증대시킨 기업에 대한 세액공제	영 제26조의5제11항	18A			
⑬⑨ 고용을 증대시킨 기업에 대한 세액공제	영 제26조의7제10항	18F			
⑭⓪ 통합고용세액공제	영 제26조의8제11항	18S			
⑭① 고용유지중소기업에 대한 세액공제	영 제27조의3제3항	18K			
⑭② 정규직근로자 전환 세액공제	법 제30조의2제4항	14H			
⑭③ 중소기업 고용증가 인원 사회보험료 세액공제	법 제30조의4제5항	14Q			
⑭④ 중소기업 사회보험 신규가입에 대한 사회보험료 세액공제	법 제30조의4제5항	18G			
⑭⑤ 상가임대료를 인하한 임대사업자에 대한 세액공제	영 제96조의3제8항	10B			
⑭⑥ 선결제 금액에 대한 세액공제	영 제99조의11제4항	18Q			
⑭⑦ 전자신고에 대한 세액공제(납세의무자)	영 제104조의5제6항	184			
⑭⑧ 전자신고에 대한 세액공제(세무법인)	영 제104조의5제6항	14J			
⑭⑨ 제3자 물류비용에 대한 세액공제	영 제104조의14제2항	14E			
⑮⓪ 기업의 경기부 설치운영 세액공제	영 제104조의20제5항	140			
⑮① 석유제품 전자상거래에 대한 세액공제	영 제104조의22제3항	14P			
⑮② 대학 맞춤형교육비용 세액공제	법 제104조의18제1항 (2020.12.29. 법률 제17759호로 개정되기 전의 것)	14I			
⑮③ 대학등 기부설비에 대한 세액공제	법 제104조의18제2항 (2020.12.29. 법률 제17759호로 개정되기 전의 것)	14K			
⑮④ 산업수요맞춤형고등학교등 재학생에 대한 현장훈련수당등 세액공제	법 제104조의18제4항 (2020.12.29. 법률 제17759호로 개정되기 전의 것)	14R			
⑮⑤ 우수 선화주 인증 국제물류주선업자 세액공제	영 제104조의27제3항	18M			
⑮⑥ 용역제공자에 관한 과세자료의 제출에 대한 세액공제	영 제104조의29제2항	10C			
⑮⑦ 금사업자와 스크랩등사업자의 수입금액의 증가 등에 대한 세액공제	법 제122조의4제3항	14W			
⑮⑧ 금 현물시장에서 거래되는 금지금에 대한 과세특례	법 제126조의7제13항	14V			
⑮⑨ 세액공제 합계		1A3			

「조세특례제한법」 및 같은 법 시행령에 따라 위와 같이 세액공제를 신청합니다.

년 월 일

신청인 (서명 또는 인)

세무서장 귀하

210㎜×297㎜[백상지 80g/㎡ 또는 중질지 80g/㎡]

Ⅱ 일반택시 운송사업자의 부가가치세 납부세액 경감

1. 개요

「여객자동차 운수사업법」에 따른 일반택시 운송사업자에 대해서는 부가가치세 납부세액의 100분의 99를 2026년 12월 31일 이전에 끝나는 과세기간분까지 경감한다(조특법 106의 7 ①). 일반택시 운송사업자의 부가가치세 납부세액에 대해 2017.2기 이전까지는 100분의 95를 경감하였고, 2018. 1기부터 100분의 99를 경감하고 있다.

2. 경감세액의 사용

(1) 일반택시 운수종사자에게 현금으로 지급(100분의 90)

일반택시 운송사업자는 경감세액 중 부가가치세 납부세액의 100분의 90에 해당하는 금액을 국토교통부장관이 정하는 바에 따라 경감된 부가가치세의 확정신고 납부기한 종료일부터 1개월(이하 "지급기간"이라 한다) 이내에 「여객자동차 운수사업법」에 따른 일반택시 운수종사자에게 현금으로 지급하여야 한다. 이 경우 일반택시 운송사업자는 지급하는 현금이 부가가치세 경감세액임을 일반택시 운수종사자에게 알려야 한다(조특법 106의 7 ②).

(2) 택시 감차보상재원 관리기관에 지급(100분의 5)

일반택시 운송사업자는 택시 감차보상의 재원으로 사용하기 위하여 경감세액 중 부가가치세 납부세액의 100분의 5에 해당하는 금액을 국토교통부장관이 정하는 바에 따라 지급기간 이내에 국토교통부장관이 지정하는 기관(이하 "택시 감차보상재원 관리기관"이라 한다)에 지급하여야 한다(조특법 106의 7 ③).

(3) 복지기금 관리기관에 지급(100분의 4)

일반택시 운송사업자는 「택시운송사업의 발전에 관한 법률」에 따른 택시운수종사자 복지기금의 재원 마련을 위하여 경감세액 중 부가가치세 납부세액의 100분의 4에 해당하는 금액을 국토교통부장관이 정하는 바에 따라 지급기간 이내에 「여객자동차 운수사업법」 제53조 또는 제59조에 따른 택시운송사업자단체 중 「택시운송사업의 발전에 관한 법률 시행령」 제20조에 따라 설립된 기금관리기관에 지급하여야 한다(조특법 106의 7 ④, 조특령 106의 12 ①).

3. 경감세액 지급한 명세 제출의무

(1) 경감세액 지급명세 제출

일반택시 운송사업자는 지급기간 종료일부터 10일 이내에 반택시 운송종사자에게 경감세액을 지급한 명세를 국토교통부장관과 일반택시 운송사업자 관할세무서장에게 각각 제출하여야 한다(조특법 106의 7 ⑤).

(2) 미지급 통보

국토교통부장관은 일반택시 운송사업자가 경감된 세액을 지급기간에 지급하였는지를 확인하고 그 결과를 지급기간 종료일부터 3개월 이내에 국세청장 또는 일반택시 운송사업자 관할세무서장에게 미지급통보서(시행규칙 별지 제67호의 2 서식)를 첨부하여 통보(이하 "미지급통보"라 한다)하여야 한다. 이 경우 미지급통보대상이 된 일반택시 운송사업자에게도 그 미지급통보대상이 되었음을 알려야 한다(조특법 106의 7 ⑥).

(3) 경감세액 추징

미지급통보를 받은 국세청장 또는 일반택시 운송사업자 관할세무서장은 다음 각 호의 구분에 따라 계산한 금액을 일반택시 운송사업자로부터 추징한다(조특법 106의 7 ⑦).

① 일반택시 운송사업자가 지급하지 아니한 경감세액(이하 "미지급 경감세액"이라 한다)을 미지급통보한 날까지 지급한 경우 : 다음에 따라 계산한 금액을 합한 금액

㉠ 다음 계산식에 따라 계산한 경감세액 상당액의 이자 상당액

이자 상당액 = 미지급경감세액 상당액 × 경감된 부가가치세의 신고납부기한 종료일의 다음 날부터 지급일까지의 기간(일) × 1일당 10만분의 22의 율

㉡ 미지급경감세액 상당액의 100분의 20에 해당하는 금액의 가산세

② 일반택시 운송사업자가 미지급경감세액을 미지급통보한 날까지 지급하지 아니한 경우 : 다음에 따라 계산한 금액을 합한 금액

㉠ 미지급경감세액 상당액

㉡ 다음 계산식에 따라 계산한 경감세액 상당액의 이자 상당액

이자 상당액 = 미지급경감세액 상당액 × 경감된 부가가치세의 신고납부기한 종료일의 다음 날부터 추징세액의 고지일까지의 기간(일) × 1일당 10만분의 22의 율

㉢ 미지급경감세액 상당액의 100분의 40에 해당하는 금액의 가산세

(4) 미지급경감세액의 지급

국세청장 또는 일반택시 운송사업자 관할세무서장은 추징한 미지급경감세액 상당액을 해당 일반

택시 운송사업자가 지급하여야 할 일반택시 운수종사자에게 지급하는 경우 미지급 사실, 지급절차 등에 대하여 일반택시 운수종사자에게 통보한 후 미지급통보일부터 3개월 이내에 운수종사자에게 지급하여야 한다. 다만, 일반택시 운수종사자에 대한 정보가 분명하지 아니한 경우에는 추징된 미지급경감세액은 국고로 귀속시킬 수 있다(조특법 106의 7 ⑧, 조특령 106의 12 ④).

4. 관련 사례

(1) 일반택시 운송사업자가 운송업과 여러 종류의 사업을 함께 양도하는 경우 부가가치세 납부세액 경감 여부

일반택시 운송사업자가 운송업과 여러 종류의 사업을 함께 양도하는 경우 경감세액은 일반택시 운송사업에 관련된 사업용 고정자산과 영업권 등의 매출세액과 매입세액을 포함하여 계산한다.[303)]

(2) 택시 광고수입분의 부가가치세 납부세액 경감대상 여부

사업자가 「여객자동차 운수사업법」에 따른 일반택시 운송사업과 택시광고사업을 함께 영위하는 경우 택시광고사업은 「조세특례제한법」 제106조의 7에 따른 일반택시 운송사업자 부가가치세 납부세액 경감대상에 해당하지 않는다.[304)]

303) 부가-1325, 2011.10.25

304) 부가-968, 2014.12.08

[별지 제67호의2서식(1)] (2018. 3. 21. 신설)

일반택시 운송사업자 부가가치세 미지급통보(갑)

사업자			과세기간		부가가치세 경감세액 지급 현황					비고
상 호 (대표자)	사업자등록번호	사업장소재지	연도	반기	구 분	신고서 기준 (원)	실지급액 (원)	미지급액 (원)	추가지급 기한일	
					운수종사자(90%)					
					감차재원(5%)					
					복지재단(4%)					
					운수종사자(90%)					
					감차재원(5%)					
					복지재단(4%)					
					운수종사자(90%)					
					감차재원(5%)					
					복지재단(4%)					
					운수종사자(90%)					
					감차재원(5%)					
					복지재단(4%)					
					운수종사자(90%)					
					감차재원(5%)					
					복지재단(4%)					

210㎜×297㎜[백상지 80g/㎡]

[별지 제67호의2서식(2)] (2018. 3. 21. 신설)

일반택시 운송사업자 부가가치세 미지급통보(을)

(앞쪽)

1. 사업자 지급현황

사업자			과세기간		부가가치세 경감세액 지급 현황					비고
상 호 (대표자)	사업자등록번호	사업장소재지	연도	반기	구 분	신고서 기준 (원)	실지급액 (원)	미지급액 (원)	추가지급 기한일	
					운수종사자(90%)					
					감차재원(5%)					
					복지재단(4%)					

2. 운수종사자 수취현황

운수종사자 인적사항 등				부가가치세 경감세액 수취 현황				비고
성 명	주민등록번호	지급계좌		지급해야할 금액 (원)	실지급액 (원)	미지급액 (원)	내 용	
		은행명	계좌번호					

210㎜×297㎜[백상지 80g/㎡]

(뒤쪽)

Ⅲ 현금영수증사업자에 대한 부가가치세 세액공제

1. 현금영수증의 의의

“현금영수증”이란 현금영수증가맹점이 재화 또는 용역을 공급하고 그 대금을 현금으로 받는 경우 해당 재화 또는 용역을 공급받는 자에게 현금영수증발급장치에 의해 발급하는 것으로서 거래일시·금액 등 결제내용이 기재된 영수증을 말한다(조특법 126의 3 ④).

2. 특례내용

(1) 개요

현금영수증 결제를 승인하고 전송할 수 있는 시스템을 갖춘 사업자로서 국세청장으로부터 현금영수증사업의 승인을 받은 현금영수증사업자는 신용카드단말기 등에 현금영수증발급장치를 설치한 사업자(이하 “현금영수증가맹점”이라 한다)의 현금영수증 결제건수 및 「소득세법」 제164조 제3항 후단에 따른 방법으로 제출하는 지급명세서의 건수에 따라 대통령령으로 정하는 금액을 해당 과세기간의 부가가치세 납부세액에서 공제받거나 환급세액에 가산하여 받을 수 있다(조특법 126의 3 ①).

(2) 현금영수증 결제건수

“현금영수증 결제건수”란 현금영수증가맹점이 현금영수증발급장치에 의하여 현금영수증을 발급하고 결제한 건수로서 현금영수증사업자를 통하여 국세청장에게 전송한 건수를 말한다(조특령 121의 3 ⑦).

(3) 공제대상 금액

“대통령령으로 정하는 금액”이란 현금영수증 결제건수당 12원을 기준으로 100분의 30에 해당하는 금액을 가감한 범위에서 원가변동요인 등을 고려하여 국세청장이 정한 금액을 말한다(조특령 121의 3 ⑧).

3. 현금영수증사업자

(1) 승인신청

현금영수증사업자 승인신청을 할 경우에는 국세청장이 정하는 현금영수증사업자 승인신청서에 사업계획서, 현금영수증발급장치 개발계획서, 신용카드단말기 보급계획서 등 국세청장이 고시하는 첨부서류를 국세청장에게 제출하여야 한다(조특령 121의 3 ②).

(2) 승인

사업자가 국세청장에게 현금영수증사업자에 대한 승인을 신청한 경우 국세청장은 현금영수증 결제를 승인하고 전송할 수 있는 시스템의 구비 여부 등을 확인하여 현금영수증 관련 업무에 지장이 없을 경우 현금영수증사업자로 승인하여야 한다(조특령 121의 3 ①).

(3) 승인철회

현금영수증의 발급방법·기재내용·양식 및 현금영수증 결제내역의 보관·제출 등 현금영수증제도의 원활한 운영을 위하여 필요한 사항은 국세청장이 정하며, 해당 사항을 위반하는 경우 국세청장은 현금영수증사업자의 승인을 철회할 수 있다(조특령 121의 3 ③,④).

(4) 거래내역 전송

현금영수증사업자는 거래일시, 금액, 거래자의 인적사항 및 현금영수증가맹점의 인적사항 등 현금결제와 관련한 세부 내용을 대통령령으로 정하는 바에 따라 국세청장에게 전송하여야 한다(조특법 126의 3 ③).

(5) 부가가치세 세액공제 신청

세제지원을 받고자 하는 현금영수증사업자는 기획재정부령이 정하는 현금영수증사업자부가가치세세액공제신청서를 국세청장에게 제출하여야 한다(조특령 121의 3 ⑨).

Ⅳ 소규모 개인사업자에 대한 부가가치세 감면

1. 개요

다음의 요건을 모두 갖춘 사업자가 2020년 12월 31일까지 재화 또는 용역을 공급한 분에 대하여 「부가가치세법」 제49조에 따른 확정신고를 하는 경우에는 부가가치세 납부세액에서 ③에 따른 금액을 감면한다(조특법 108의 4 ①, 조특령 110의 3 ①).

① 일반과세자로서 개인사업자일 것

② 감면받으려는 과세기간의 재화 또는 용역의 공급가액을 합한 금액(사업자가 둘 이상의 사업장을 경영하는 경우에는 그 둘 이상의 사업장의 공급가액을 합한 금액을 말한다)이 4천만원 이하일 것. 다만, 해당 과세기간이 6개월 미만(1개월 미만의 끝수가 있으면 1개월로 한다)인 경우에는 6개월로 환산한 금액을 기준으로 한다.

③ 업종 등을 고려하여 다음에서 정하는 감면배제사업(이하 "감면배제사업"이라 한다)이 아닌 사업을 경영할 것

㉠ 부동산 임대 및 공급업

㉡ 「개별소비세법」 제1조 제4항에 해당하는 과세유흥장소를 경영하는 사업

2. 감면세액의 계산

부가가치세 감면세액은 다음 계산식에 따라 계산한 금액(해당 금액이 음수인 경우에는 영으로 본다)으로 한다. 만일 예정신고를 한 경우에는 예정신고한 과세표준, 납부세액 또는 환급세액 및 공제세액을 포함하여 감면세액을 계산한다(조특법 108의 4 ③, 조특령 110의 3 ②,③,④).

감면세액 = 일반과세방식 세액(A) − 간이과세방식 세액(B)

A : 「부가가치세법」 제37조 제2항에 따른 납부세액에서 신용카드 등의 사용에 따른 세액공제 등 다음에서 정하는 공제세액을 뺀 금액
㉠ 「부가가치세법」 제46조 제1항에 따른 신용카드 등의 사용에 따른 공제세액
㉡ 법 제104조의 8 제2항에 따른 전자신고에 대한 공제세액
㉢ 법 제106조의 7 제1항에 따른 일반택시 운송사업자에 대한 경감세액
㉣ 법 제126조의 3 제1항에 따른 현금영수증사업자 및 현금영수증가맹점에 대한 공제세액

B : 해당 과세기간의 재화와 용역의 공급에 대한 대가(부가가치세가 포함된 대가를 말하며, 이하 "공급대가"라 한다)의 합계액(영세율이 적용되는 재화 또는 용역의 공급분은 제외한다) × 직전 3년간 신고된 업종별 평균 부가가치율 등을 고려하여 다음에서 정하는 업종별 부가가치율 × 10%

구분	부가가치율
전기·가스·증기 및 수도 사업	5%
소매업, 도매업 및 음식점업	10%
농·임업 및 어업, 제조업, 숙박업, 운수업 및 정보통신업	20%
건설업, 광업, 창고업, 금융 및 보험업, 그 밖의 서비스업	30%

3. 둘 이상의 서로 다른 사업을 경영하는 경우

(1) 감면배제사업과 감면대상사업을 함께 경영하는 경우

사업자가 둘 이상의 서로 다른 사업을 경영하는 경우에는 감면배제사업이 아닌 사업에 한정하여 부가가치세를 감면한다. 만일 사업자가 감면배제사업과 감면배제사업 외의 사업(이하 "감면대상사업"이라 한다)을 함께 경영하는 경우 감면세액은 다음 계산식에 따라 안분하여 계산한다(조특법 108의 4 ②, 조특령 110의 3 ⑤).

$$\text{감면세액} = (A \times \frac{B}{C}) - D$$

A : 「부가가치세법」 제37조 제2항에 따른 납부세액에서 2.에 따른 공제세액을 뺀 금액
B : 감면대상사업의 공급가액의 합계액
C : 총공급가액의 합계액
D : 감면대상사업에 대한 간이과세방식 세액

(2) 서로 다른 감면대상사업을 경영하는 경우

사업자가 둘 이상의 서로 다른 감면대상사업을 경영하는 경우 2.에 따른 간이과세방식 세액은 사업 종류별로 구분하여 계산한 금액의 합계액으로 한다(조특령 110의 3 ⑥).

4. 감면신청

감면을 적용받으려는 사업자는 확정신고를 할 때 기획재정부령으로 정하는 바에 따라 부가가치세신고서와 함께 소규모 개인사업자 부가가치세감면신청서를 납세지 관할세무서장에게 제출해야 한다(조특법 108의 4 ④, 조특령 110의 3 ⑦).

V 간이과세자에 대한 부가가치세 납부의무의 면제 특례

1. 개요

다음의 요건을 모두 갖춘 사업자가 2020년 12월 31일까지 재화 또는 용역을 공급한 분에 대하여는 부가가치세 납부의무를 면제한다. 다만, 「부가가치세법」 제64조(간이과세자로 변경되는 경우의 재고품 등 매입세액 가산)에 따라 납부세액에 더하여야 할 세액은 그러하지 아니한다(조특법 108의 5 ①).

① 「부가가치세법」 제2조 제4호에 따른 간이과세자일 것

② 납부의무를 면제받으려는 과세기간의 공급대가의 합계액이 3천만원 이상 4천800만원 미만일 것

③ 감면배제사업이 아닌 사업을 경영할 것

2. 면제세액의 계산

사업자가 감면배제사업을 함께 경영하는 경우 납부의무를 면제하는 세액은 다음 계산식에 따라 안분하여 계산한다(조특령 110의 4).

$$\text{납부의무 면제세액} = A \times \frac{B}{C}$$

A : 「부가가치세법」 제63조 제2항에 따른 납부세액(이하 "납부세액"이라 한다)에서 같은 조 제3항, 같은 법 제65조 및 그 밖에 이 법 및 다른 법률에서 정하는 공제세액을 차감한 금액
B : 감면대상사업에 대한 납부세액의 합계액
C : 총납부세액의 합계액

3. 사업자가 둘 이상의 서로 다른 사업을 경영하는 경우

사업자가 둘 이상의 서로 다른 사업을 경영하는 경우에는 감면배제사업이 아닌 사업에 한정하여 부가가치세 납부의무를 면제한다(조특법 108의 5 ②).

CHAPTER 04

매입자납부 특례

제1절 금 관련 제품에 대한 부가가치세 매입자납부 특례

Ⅰ 도입 취지

형태·순도 등을 갖춘 지금(이하 금지금이라 함)과 금제품, 금 관련 웨이스트와 스크랩 거래의 투명화·정상화를 통한 귀금속산업의 발전을 지원하기 위하여 매출자가 거래징수한 부가세를 무납부하는 것을 방지하기 위하여 현행 매출자에 의한 거래징수제도를 「매입자납부제도」로 전환하였다.

Ⅱ 금거래계좌

1. 개설대상 금 관련 제품

다음의 어느 하나에 해당하는 제품(이하 "금 관련 제품"이라 한다)을 공급하거나 공급받으려는 사업자 또는 수입하려는 사업자(이하 "금사업자"라 한다)는 대통령령으로 정하는 바에 따라 금거래계좌를 개설하여야 한다(조특법 106의 4 ①, 조특령 106의 9 ①).

① 금괴(덩어리)·골드바 등 원재료 상태로서 순도가 1천분의 995 이상인 금(이하 "금지금"이라 한다)
② 소비자가 구입한 사실이 있는 반지 등 제품 상태인 것으로서 순도가 1천분의 585 이상인 금
③ 금 함유량이 10만분의 1 이상인 웨이스트와 스크랩

2. 금거래계좌 개설 요건

금거래계좌는 다음의 요건을 모두 갖춘 것을 말한다(조특령 106의 9 ②). 이 경우 사업자는 1개의 거래계좌를 2개 이상의 사업장에 대한 거래계좌로 사용할 수 있으며, 사업장별로 2개 이상의 금거래계좌를 개설할 수 있으며, 금거래계좌를 이용하여 대금을 결제한 경우에는 「소득세법」 제160조의 5에 따라 사업용계좌를 사용한 것으로 본다(조특령 106의 9 ③,④).

① 「금융실명거래 및 비밀보장에 관한 법률」 제2조 제1호 각 목의 어느 하나에 해당하는 금융기관

중 부가가치세 매입자납부 특례제도를 안정적으로 운영할 수 있다고 인정되어 국세청장이 지정한 금융기관에 개설한 계좌일 것

② 개설되는 계좌의 명의인 표시에 사업자의 상호가 함께 기재될 것(상호가 있는 경우에 한한다)

③ 개설되는 계좌의 표지에 "금거래계좌"라는 문구가 표시될 것

Ⅲ 금거래계좌에 의한 거래

1. 공급자의 부가가치세 거래징수의무 면제

금사업자가 금 관련 제품을 다른 금사업자에게 공급하였을 때에는 「부가가치세법」 제31조에도 불구하고 부가가치세를 그 공급받는 자로부터 징수하지 아니한다(조특법 106의 4 ②).

2. 금거래계좌를 통한 결제(매입자)

(1) 개요

금사업자가 금 관련 제품을 다른 금사업자로부터 공급받았을 때에는 그 공급을 받은 날(금 관련 제품을 공급받은 날이 세금계산서를 발급받은 날보다 빠른 경우에는 세금계산서를 발급받은 날을 말한다)의 다음 날(이하 "부가가치세액 입금기한"이라 한다)까지 금거래계좌를 사용하여 ①의 금액은 공급한 사업자에게, ②의 금액은 대통령령으로 정하는 자에게 입금하여야 한다. 다만, 기업구매자금대출 등 대통령령으로 정하는 방법으로 금 관련 제품의 가액을 결제하는 경우에는 ②의 금액만 입금할 수 있다(조특법 106의 4 ③). 이 경우 공급받은 자가 입금한 부가가치세액 중 잘못 납부하거나 초과하여 납부한 금액은 공급받은 자에게 환급하여야 한다(조특법 106의 4 ⑪).

① 금 관련 제품의 가액

② 「부가가치세법」 제29조에 따른 과세표준에 같은 법 제30조에 따른 세율을 적용하여 계산한 금액(이하 "부가가치세액"이라 한다)

(2) 대통령령으로 정하는 자

"대통령령으로 정하는 자"란 입금된 부가가치세액의 환급 및 국고에의 입금 등 부가가치세 매입자납부 특례제도를 안정적으로 운영할 수 있다고 인정되어 국세청장이 지정한 자를 말한다(조특령 106의 9 ⑤).

(3) 기업구매자금대출 등 대통령령으로 정하는 방법

"기업구매자금대출 등 대통령령으로 정하는 방법"이란 다음의 어느 하나에 해당하는 것을 말한다

(조특령 106의 9 ⑥).

① 법 제7조의 2에 따른 환어음·판매대금추심의뢰서, 기업구매전용카드, 외상매출채권담보대출 제도, 구매론제도 및 네트워크론제도

② 「전자금융거래법」 제2조에 따른 전자채권

③ 외국환은행을 통하여 외화로 대금을 지급하는 거래

④ 「민법」에 따른 공탁

(4) 금 관련 제품 수입에 대한 부가가치세

금 관련 제품 수입에 대한 부가가치세는 「부가가치세법」 제50조에도 불구하고 금거래계좌를 사용하여 수입자가 금지금을 별도로 수입신고하고 그 금지금에 대한 부가가치세를 (1)에 따라 입금하는 방법으로 납부할 수 있다(조특법 106의 4 ④, 조특령 106의 9 ⑦).

3. 지정금융기관에 입금된 부가가치세의 처리

① 금 관련 제품을 공급받은 자가 입금한 부가가치세 매입세액은 해당 사업자가 금 관련 제품을 공급하고 거래상대방이 거래계좌에 입금한 매출세액의 범위에서 지정금융기관이 실시간 정산·환급한다.

② 지정금융기관은 정산·환급하고 남은 부가가치세액을 예정 또는 확정신고기한에 사업자별로 국고에 입금한다.

③ 지정금융기관에 입금한 부가가치세액은 각 사업자별로 납부하여야 할 세액에서 공제하거나 환급받을 세액에 가산한다.

4. 국고입금 부가가치세액 조회방법

① 지정금융기관 기업인터넷뱅킹(공인인증서 로그인 예시: 신한은행의 경우 신한은행 기업인터넷뱅킹[http://bizbank.shinhan.com]) 접속 후 부가서비스 → 금(Gold)거래 → 금거래조회 → 부가세환급내역조회 → 국고입금예정액

② 국세청 홈택스(공인인증서 로그인)- 조회/발급 → 세금 신고 납부 → 부가가치세 매입자납부특례

5. 금 관련 제품 거래 시 매입자납부제도 흐름도 사례

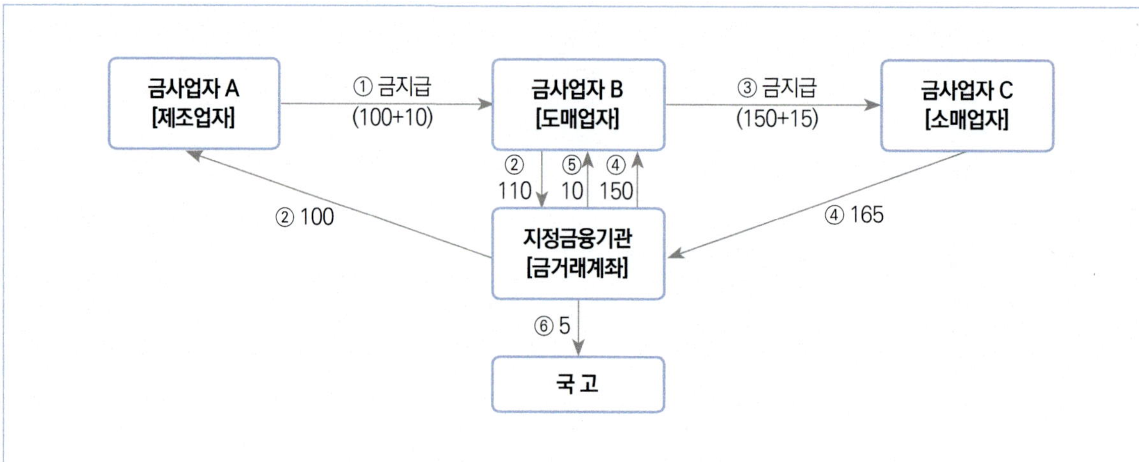

① 금사업자 A가 금사업자 B에게 100억원의 금 관련 제품을 매출하면

② 금사업자 B는 제품가액 100억원 및 부가세액 10억원을 금거래계좌에 입금(결제)하고 이후 지정금융기관은 금지금가액 100억원을 A에게 지급한다.

③ B가 금사업자 C에게 금 관련 제품을 150억원에 매출하고

④ C는 매입세액(B의 매출세액) 15억원을 포함한 165억원을 금거래계좌에 입금(결제)하고, 이때 지정금융기관은 제품가액 150억원을 B에게 지급한다.

⑤ C가 매입세액(B의 매출세액)을 지정금융기관에 입금하는 즉시 지정금융기관은 B에 대하여 매출세액(15억원)의 한도 내에서 매입세액(10억원)을 B에게 환급하고

⑥ 신고기간 도래 시 지정금융기관은 실시간 환급 후의 잔액(5억원)을 국고에 납부한다.

Ⅳ 금거래계좌 미사용 등에 대한 제재

1. 매입세액 불공제(매입자)

금 관련 제품을 공급받은 금사업자가 금거래계좌를 사용하여 지정금융기관에 부가가치세액을 입금하지 아니한 경우에는 금 관련 제품을 공급한 금사업자에게서 발급받은 세금계산서에 적힌 세액은 매출세액에서 공제되는 매입세액으로 보지 아니한다(조특법 106의 4 ⑥).

2. 가산세 및 이자 상당액 징수

(1) 가산세 징수

금거래계좌를 사용하지 아니하고 금 관련 제품의 가액을 결제받은 경우에는 해당 금 관련 제품을

공급한 금사업자 및 공급받은 금사업자에게 제품가액의 100분의 10을 가산세로 징수한다. 다만, 금 함유량이 10만분의 1 이상인 웨이스트와 스크랩 제품과 제106조의 9 제1항 각 호의 물품[305]이 혼합된 제품을 공급하거나 공급받으려는 사업자가 스크랩 등 거래계좌를 사용하는 경우에는 가산세를 징수하지 아니한다(조특법 106의 4 ⑦).

(2) 지연입금가산세 징수

관할세무서장은 금 관련 제품을 공급받은 금사업자가 제3항에 따라 부가가치세액을 입금하지 아니한 경우에는 부가가치세액 입금기한의 다음 날부터 부가가치세액을 입금한 날(「부가가치세법」 제48조, 제49조, 제66조 및 제67조에 따른 과세표준 신고기한을 한도로 한다)까지의 기간에 대하여 1일 10만분의 22의 이자율(2022.2.14. 이전은 1일 10만분의 25의 이자율)을 곱하여 계산한 금액을 입금하여야 할 부가가치세액에 가산하여 징수한다(조특법 106의 4 ⑧).

V 금 관련 제품 수입업자 및 금지금 제련업자의 매입세액 환급

1. 금지금 제련업자의 매입세액 환급

공급받은 자가 입금한 부가가치세액은 금 관련 제품을 공급한 금사업자가 납부하여야 할 세액에서 공제하거나 환급받을 세액에 가산한다(조특법 106의 4 ⑨). 또한 금거래계좌를 통해 금 관련 제품을 공급받은 금사업자는 금 관련 제품의 매출 시 그 매입자가 입금한 부가가치세액(매출세액)의 범위에서 금거래계좌를 통해 입금한 부가가치세액(매입세액)을 지정금융기관으로부터 환급받을 수 있다. 다만, 다음의 어느 하나에 해당하는 금액은 해당 사업자가 입금한 부가가치세액(매입세액)으로 보아 환급받을 수 있다(조특칙 48의 4 ①,②).

① 금 관련 제품 수입 시 세관에 납부한 부가가치세액

② 금지금제련업자는 매입자가 입금한 부가가치세액(매출세액)에서 그 제련업자가 입금한 부가가치세액(매입세액)을 뺀 금액의 100분의 70에 해당하는 금액

305) 제106조의 9【스크랩 등에 대한 부가가치세 매입자납부 특례】
① 다음 각 호의 어느 하나에 해당하는 물품(이하 "스크랩 등"이라 한다)을 공급하거나 공급받으려는 사업자 또는 수입하려는 사업자(이하 "스크랩 등 사업자"라 한다)는 대통령령으로 정하는 바에 따라 스크랩 등 거래계좌(이하 "스크랩 등 거래계좌"라 한다)를 개설하여야 한다. (2015.12.15. 개정)
1. 「관세법」 제84조에 따라 기획재정부장관이 고시한 "관세·통계통합품목분류표" 중 구리의 웨이스트 및 스크랩과 잉곳(ingot) 또는 이와 유사한 재용해(再溶解)구리의 웨이스트와 스크랩으로부터 제조된 괴상의 주조물 (2015.12.15. 개정)
2. 구리가 포함된 합금의 웨이스트 및 스크랩으로서 구리함유량이 100분의 40 이상인 물품(2013.5.10. 신설)
3. 「관세법」 제84조에 따라 기획재정부장관이 고시한 "관세·통계통합품목분류표" 중 철의 웨이스트와 스크랩, 철강의 재용해용 스크랩 잉곳 또는 그 밖에 이와 유사한 것으로서 대통령령으로 정하는 물품(2015.12.15. 신설)

2. 금 관련 제품 수입업자의 매입세액 환급

금 관련 제품 수입업자가 수입 시 납부한 부가가치세액을 환급받으려면 금 관련 제품 수입업자 부가가치세 환급신청서를 관할세무서장에게 제출하여야 하며, 환급신청서를 제출받은 관할세무서장은 부가가치세액의 납부 여부를 확인하여 납부한 경우에는 국세청장으로부터 지정받은 자에게 그 사실을 통보하여야 한다(조특칙 48의 4 ③,④).

VI 환급보류 및 제출명령

1. 환급보류 사유

관할세무서장은 해당 예정신고기간 및 확정신고기간 중 금사업자의 금 관련 제품의 매출액이 금 관련 제품의 매입액에서 차지하는 비율이 100분의 70 이하인 경우에는 환급을 보류할 수 있다. 다만, 다음의 어느 하나에 해당하는 경우에는 그러하지 아니하다(조특법 106의 4 ⑩, 조특령 106의 9 ⑫).

① 환급받을 세액이 500만원 이하인 경우

② 체납이나 포탈 등의 우려가 적다고 인정되는 경우로서 금사업자, 금사업자의 대표자 또는 임원이 다음의 요건을 모두 갖춘 경우

㉠ 해당 신고납부기한 종료일 현재 최근 3년간 조세범으로 처벌받은 사실이 없을 것

㉡ 해당 신고납부기한 종료일 현재 최근 1년간 국세를 체납한 사실이 없을 것

㉢ 해당 신고납부기한 종료일 현재 최근 3년간 결손처분을 받은 사실이 없을 것

㉣ 해당 신고납부기한 종료일 현재 최근 1년간 금거래계좌를 이용하지 아니하고 금 관련 제품의 거래를 한 사실이 없을 것

㉤ 그 밖에 부가가치세 신고·납부 현황 등을 고려할 때 조세포탈의 우려가 없다고 국세청장이 인정하는 경우

2. 환급보류 기간

환급을 보류할 수 있는 기간은 해당 예정신고기한 또는 확정신고기한의 다음 날부터 6개월 이내로 한다(조특령 106의 9 ⑪).

3. 제출명령

국세청장은 부가가치세 보전을 위하여 필요한 경우 금 관련 제품을 공급하거나 공급받는 사업자 또는 수입하는 사업자에게 세금계산서 및 세금계산서합계표의 작성 및 제출에 관한 명령을 할 수 있다(조특령 106의 9 ⑫).

Ⅶ 관련 사례

1. 금지금 매입자납부 특례 기 납부세액 관련 조기환급 가능 여부

「조세특례제한법」 제106조의 4에 따라 금 관련 제품을 공급받은 자가 입금한 부가가치세액은 금 관련 제품을 공급한 금사업자가 납부하여야 할 세액에서 공제하거나 환급받을 세액에 가산하는 것이며, 이 경우 환급세액은 「부가가치세법」 제59조 제2항 각 호의 규정에 해당하지 아니하므로 조기환급이 되지 않는다.[306)]

2. 금 관련 제품에 대한 매입자납부 특례제도대상이 되는지 여부 등[307)]

① 사업자가 「부가가치세법」 제21조 제2항 제3호 및 같은 법 시행령 제31조 제2항 제1호에 따른 내국신용장 또는 구매확인서에 의하여 재화를 공급하는 경우 부가가치세 영세율 적용대상에서 제외되는 금지금이라 함은 「조세특례제한법」 제106조의 3 제1항 및 같은 법 시행령 제106조의 3 제1항에 규정된 것을 말한다.

② 금 관련 제품에 대한 매입자납부 특례제도의 대상이 되는 금 관련 제품은 「조세특례제한법」 제106조의 4 제1항 및 같은 법 시행령 제106조의 9 제1항에 따라 금괴(덩어리)·골드바 등 원재료 상태인 것으로서 순도가 1천분의 995 이상인 금(금지금) 또는 소비자가 구입한 사실이 있는 반지 등 제품 상태인 것으로서 순도가 1천분의 585 이상인 금(고금)을 말하는 것으로서, 금지금에 해당하지 아니하고 소비자가 구입한 사실이 있는 반지 등 고금에도 해당하지 아니하는 캐럿골드 제품은 매입자납부 특례제도의 대상에 해당하지 않으므로 금거래계좌를 사용할 필요가 없다.

3. 금지금제련업자가 반도체제조회사에 금제품 공급

금지금제련업자가 반도체제조회사의 주문을 받아 웨이퍼의 증착박막용 금제품(증착재, 타겟)을 반도체 제조회사에 공급하는 경우 해당 제품은 「조세특례제한법 시행령」 제106조의 3 제1항의 금지금 및 금제품에 해당하므로 「조세특례제한법」 제106조의 4 제3항에 따라 금거래계좌를 사용하여 공급가액 및 부가가치세액을 입금하고 결제받아야 한다.[308)]

306) 부가-116, 2014.02.17
307) 부가-118, 2014.02.17
308) 부가가치세과-119, 2011.02.08

4. 반도체산업용 금의 매입자납부 특례제도 적용 여부

제조회사가 반도체부품용으로 제조·공급하는 금인 본딩와이어(Gold Bonding Wire), 증착재(Gold Evaporation Material) 및 타겟(Gold Sputtering Target)은 「조세특례제한법 시행령」 제106조의 9 제1항 제1호에 따른 금지금이 아니므로, 「조세특례제한법」 제106조의 4 제1항에 따른 금거래계좌 사용대상인 금지금에 해당하지 않는다.[309)]

5. 치과재료 및 도금재료의 금거래제품 해당 여부

금지금에 해당하지 아니하고 소비자가 구입한 사실이 있는 반지 등 고금에도 해당하지 아니하는 치과재료 및 도금재료는 금 관련 제품에 대한 매입자납부 특례제도의 대상에 해당하지 않는다.[310)]

6. 금메달, 금반지 등의 매입자납부제도 대상 여부

금 관련 제품에 대한 매입자납부제도의 대상이 되는 금 관련 제품은 금괴(덩어리)·골드바 등 원재료 상태인 것으로 순도가 995/1,000 이상인 금지금을 말하는 것으로 금메달, 금반지, 행운의 열쇠 등 제품은 매입자납부제도대상에 해당하지 않는다. [311)] ☞ 2009.7.1.부터 순도 585/1,000 이상인 중고금도 매입자납부대상에 추가됨

309) 재부가-0586, 2011.09.22. 부가-254, 2013.03.22. 부가-259, 2013.03.22
310) 부가가치세과-1004, 2009.07.16
311) 부가가치세과-1860, 2008.07.07

제2절 스크랩 등에 대한 부가가치세 매입자납부 특례

Ⅰ 도입 취지

스크랩 등 거래의 투명화·정상화를 통한 스크랩 등 산업의 발전을 지원하고 매출자가 거래징수한 부가세를 무납부하는 것을 방지하기 위하여 매출자에 의한 거래징수제도를 「매입자납부제도」로 전환하였다.

Ⅱ 스크랩 등 거래계좌

1. 개설대상 스크랩 관련 제품

다음의 어느 하나에 해당하는 물품(이하 "스크랩 등"이라 한다)을 공급하거나 공급받으려는 사업자 또는 수입하려는 사업자(이하 "스크랩 등 사업자"라 한다)는 대통령령으로 정하는 바에 따라 스크랩 등 거래계좌(이하 "스크랩 등 거래계좌"라 한다)를 개설하여야 한다(조특법 106의 9 ①).

① 「관세법」 제84조에 따라 기획재정부장관이 고시한 "관세·통계통합품목분류표" 중 비철금속류의 웨이스트 및 스크랩과 잉곳(ingot) 또는 이와 유사한 재용해(再溶解)비철금속류의 웨이스트와 스크랩으로부터 제조된 괴상의 주조물

② 「관세법」 제84조에 따라 기획재정부장관이 고시한 "관세·통계통합품목분류표" 중 철의 웨이스트와 스크랩, 철강의 재용해용 스크랩 잉곳 또는 그 밖에 이와 유사한 것으로서 대통령령으로 정하는 물품

2. 스크랩 등 거래계좌 개설 요건

스크랩 등 거래계좌는 다음의 요건을 모두 갖춘 계좌를 말한다(조특령 106의 13 ①). 이 경우 사업자는 1개의 거래계좌를 2개 이상의 사업장에 대한 거래계좌로 사용할 수 있으며, 사업장별로 2개 이상의 금거래계좌를 개설할 수 있으며, 스크랩 등 거래계좌를 이용하여 대금을 결제한 경우에는 「소득세법」 제160조의 5에 따라 사업용 계좌를 사용한 것으로 본다(조특령 106의 13 ②,③).

① 「금융실명거래 및 비밀보장에 관한 법률」 제2조 제1호 각 목의 어느 하나에 해당하는 금융기관 등 가운데 부가가치세액의 환급 및 국고에의 입금 등 부가가치세 매입자납부 특례제도를 안정적으로 운영할 수 있다고 인정되어 국세청장이 지정한 금융회사 등에 개설한 계좌일 것

② 개설되는 계좌의 명의인 표시에 사업자의 상호가 함께 기재될 것(상호가 있는 경우로 한정한다)

③ 개설되는 계좌의 표지에 "스크랩 등 거래계좌"라는 문구가 표시될 것

Ⅲ 스크랩 등 거래계좌에 의한 거래

1. 공급자의 부가가치세 거래징수의무 면제

스크랩 등 사업자가 스크랩 등을 다른 스크랩 등 사업자에게 공급하였을 때에는 부가가치세를 그 공급받는 자로부터 징수하지 아니한다(조특법 106의 9 ②).

2. 스크랩 등 거래계좌를 통한 결제(매입자)

(1) 개요

스크랩 등 사업자가 스크랩 등을 다른 스크랩 등 사업자로부터 공급받았을 때에는 그 공급을 받은 날(스크랩 등을 공급받은 날이 세금계산서를 발급받은 날보다 빠른 경우에는 세금계산서를 발급받은 날을 말한다)의 다음 날(이하 “부가가치세액 입금기한”이라 한다)까지 스크랩 등 거래계좌를 사용하여 ①의 금액은 스크랩 등을 공급한 사업자에게, ②의 금액은 대통령령으로 정하는 자에게 입금하여야 한다. 다만, 기업구매자금대출 등 대통령령으로 정하는 방법으로 스크랩 등의 가액을 결제하는 경우에는 ②의 금액만 입금할 수 있다(조특법 106의 9 ③). 이 경우 공급받은 자가 입금한 부가가치세액 중 잘못 납부하거나 초과하여 납부한 금액은 공급받은 자에게 환급하여야 한다(조특법 106의 9 ⑪).

① 스크랩 등의 가액

② 「부가가치세법」 제29조에 따른 과세표준에 같은 법 제30조에 따른 세율을 적용하여 계산한 금액(이하 “부가가치세액”이라 한다)

(2) 대통령령으로 정하는 자

“대통령령으로 정하는 자”란 입금된 부가가치세액의 환급 및 국고에의 입금 등 부가가치세 매입자납부 특례제도를 안정적으로 운영할 수 있다고 인정되어 국세청장이 지정한 자를 말한다(조특령 106의 13 ④).

(3) 기업구매자금대출 등 대통령령으로 정하는 방법

“기업구매자금대출 등 대통령령으로 정하는 방법”이란 다음의 어느 하나에 해당하는 것을 말한다(조특령 106의 13 ⑤).

① 법 제7조의 2에 따른 환어음·판매대금추심의뢰서, 기업구매전용카드, 외상매출채권담보대출제도, 구매론제도 및 네트워크론제도

② 「전자금융거래법」 제2조에 따른 전자채권

③ 외국환은행을 통하여 외화로 대금을 지급하는 거래

④ 「민법」에 따른 공탁

(4) 스크랩 관련 제품 수입에 대한 부가가치세

스크랩 관련 제품 수입에 대한 부가가치세는 「부가가치세법」 제50조에도 불구하고 스크랩 등 거래계좌를 사용하여 수입자가 스크랩을 별도로 수입신고하고 그 스크랩에 대한 부가가치세를 (1)에 따라 입금하는 방법으로 납부할 수 있다(조특법 106의 9 ④, 조특령 106의 9 ⑥).

Ⅳ 스크랩 등 거래계좌 미사용 등에 대한 제재

1. 매입세액불공제(매입자)

스크랩 등 관련 제품을 공급받은 스크랩사업자가 스크랩거래계좌를 사용하여 지정금융기관에 부가가치세액을 입금하지 아니한 경우에는 스크랩 관련 제품을 공급한 스크랩사업자에게서 발급받은 세금계산서에 적힌 세액은 매출세액에서 공제되는 매입세액으로 보지 아니한다(조특법 106의 9 ⑤).

2. 가산세 및 이자 상당액 징수

(1) 가산세 징수

스크랩 등 거래계좌를 사용하지 아니하고 스크랩 등의 가액을 결제받은 경우에는 해당 스크랩 등을 공급하거나 공급받은 스크랩 등 사업자에게 제품가액의 100분의 10을 가산세로 징수한다. 다만, 스크랩 등 거래계좌 개설대상 스크랩 관련 물품과 제106조의 4 제1항 제3호의 제품이 혼합된 물품을 공급하거나 공급받으려는 사업자가 금거래계좌를 사용하는 경우에는 가산세를 징수하지 아니한다(조특법 106의 9 ⑥).

(2) 지연입금 가산세 징수

관할세무서장은 스크랩 관련 제품을 공급받은 스크랩사업자가 부가가치세액을 입금하지 아니한 경우에는 부가가치세액 입금기한의 다음 날부터 부가가치세액을 입금한 날(「부가가치세법」 제48조, 제49조, 제66조 및 제67조에 따른 과세표준 신고기한을 한도로 한다)까지의 기간에 대하여 1일 10만분의 22의 이자율(2022.2.14. 이전은 1일 10만분의 25의 이자율)을 곱하여 계산한 금액을 입금하여야 할 부가가치세액에 가산하여 징수한다(조특법 106의 9 ⑦).

3. 스크랩업자의 매입세액 환급

공급받은 자가 입금한 부가가치세액은 스크랩 관련 제품을 공급한 스크랩사업자가 납부하여야 할 세액에서 공제하거나 환급받을 세액에 가산한다(조특법 106의 9 ⑧). 또한 스크랩거래계좌를 통해 스크랩 관련 제품을 공급받은 스크랩사업자는 스크랩 관련 제품의 매출 시 그 매입자가 입금한 부가가치세액(매출세액)의 범위에서 스크랩거래계좌를 통해 입금한 부가가치세액(매입세액)을 지정금융기관으로부터 환급받을 수 있다. 다만, 스크랩 등 수입할 때에 세관에 납부한 부가가치세액은 해당 사업자가 입금한 부가가치세액(매입세액)으로 보아 환급할 수 있다(조특칙 48의 6 ① ②).

4. 스크랩 수입업자의 매입세액 환급

스크랩 등 수입업자가 수입을 할 때에 세관에 납부한 부가가치세액을 환급받으려면 스크랩 등 수입업자 부가가치세 환급신청서를 관할세무서장에게 제출하여야 한다. 다만, 사업자가 스크랩 등 수입에 대한 부가가치세를 납부한 사실이 확인되는 경우에는 환급신청서를 제출하지 아니할 수 있으며, 환급신청서를 제출받은 관할세무서장은 부가가치세액의 납부 여부를 확인하여 납부한 경우에는 국세청장으로부터 지정받은 자에게 그 사실을 통보하여야 한다(조특칙 48의 4 ③,④).

5. 과오납 또는 초과납부금의 귀속자

공급받은 자가 입금한 부가가치세액 중 잘못 납부하거나 초과하여 납부한 금액은 「국세기본법」 제51조 제1항에 불구하고 공급받는 자에게 환급하여야 한다(조특법 106의 4 ⑪).[312)]

V 환급보류 및 제출명령

1. 환급보류 사유

관할세무서장은 해당 예정신고기간 및 확정신고기간 중 금사업자의 스크랩의 매출액이 스크랩 관련 제품의 매입액에서 차지하는 비율이 100분의 70 이하인 경우에는 환급을 보류할 수 있다. 다만, 다음의 어느 하나에 해당하는 경우에는 그러하지 아니하다(조특법 106의 9 ⑨, 조특령 106의 13 ⑪).

① 환급받을 세액이 500만원 이하인 경우

② 체납이나 포탈 등의 우려가 적다고 인정되는 경우로서 금사업자, 스크랩사업자의 대표자 또는 임원이 다음의 요건을 모두 갖춘 경우

312) 대법원 2018두51997, 2018.11.15.

㉠ 해당 신고납부기한 종료일 현재 최근 3년간 조세범으로 처벌받은 사실이 없을 것
㉡ 해당 신고납부기한 종료일 현재 최근 1년간 국세를 체납한 사실이 없을 것
㉢ 해당 신고납부기한 종료일 현재 최근 3년간 결손처분을 받은 사실이 없을 것
㉣ 해당 신고납부기한 종료일 현재 최근 1년간 스크랩거래계좌를 이용하지 아니하고 금 관련 제품의 거래를 한 사실이 없을 것
㉤ 그 밖에 부가가치세 신고·납부 현황 등을 고려할 때 조세포탈의 우려가 없다고 국세청장이 인정하는 경우

2. 환급보류 기간

환급을 보류할 수 있는 기간은 해당 예정신고기한 또는 확정신고기한의 다음 날부터 6개월 이내로 한다(조특령 106의 13 ⑨).

3. 제출명령

국세청장은 부가가치세 보전을 위하여 필요한 경우 스크랩등을 공급하거나 공급받는 사업자 또는 수입하는 사업자에게 세금계산서 및 세금계산서합계표의 작성 및 제출에 관한 명령을 할 수 있다(조특법 106의 9 ⑫).

Ⅵ 관련 사례

1. 구리스크랩의 범위에 구리동선(CCR) 및 전선스크랩이 포함되는지 여부

잉곳 또는 재용해구리 등 반제품을 가공하는 과정에서 발생하는 구리 웨이스트 및 스크랩과 괴상의 주조물이 적용대상이며, 구리와 다른 금속류가 합금된 금속의 웨이스트 및 스크랩은 구리함유량이 40% 이상인 경우 적용대상이며, 구리스크랩 등을 원재료로 매입하여 재용해 및 정제를 통해 생산한 반제품(원재료)은 구리스크랩 매입자납부제도 적용대상 구리스크랩 품목에 해당하지 않으며, 피복스크랩 부분과 전기동스크랩 부분으로 구성된 전선스크랩은 폐전선 등 구리폐기물로 구리스크랩 품목에 해당한다.[313)]

313) 부가-159, 2014.03.07

2. 구리스크랩 등 실물이 국외에서 이동하는 경우 '구리스크랩 등 거래계좌' 사용 여부

「조세특례제한법」 제106조의 9 규정에 따른 '구리스크랩 등 거래계좌' 사용은 국내사업자 간 거래를 대상으로 하는 것으로 같은 법 제106조의 9 제1항 제1호 및 제2호에 해당하는 물품이 국외에서 이동하는 경우 '구리스크랩 등 거래계좌' 사용대상에서 제외된다.[314)]

3. 보세구역에서 스크랩 반출 거래 시 구리스크랩 등 거래계좌 결제 여부

수입·수출 거래는 국내사업자 간 거래가 아니므로 매입자납부대상에 해당하지 않으나, 국외사업자와 직거래가 아닌 내국신용장·구매확인서에 의해 영세율이 적용되는 거래는 제품가액을 구리스크랩 등 거래계좌로 결제하는 것이며, 보세구역에서 구리스크랩 등을 반출하는 업체와의 거래는 국내사업자 간 거래로 구리스크랩 등 거래계좌로 결제해야 한다.[315)]

4. 동합금, 동마스터얼로이, 동플레이크가 구리스크랩 등에 해당하지 아니함

관세·통계통합품목분류표상 동합금, 동마스터 얼로이, 동플레이크는 구리와 다른 금속류와 합금된 반제품(원재료)으로 구리 웨이스트 및 스크랩에 해당하지 않는다.[316)]

5. 채권·채무 상계처리 후 잔액만 구리거래계좌로 결제 가능한지 여부

「조세특례제한법」 제106조의 9에 따라 채권·채무액을 서로 상계처리하지 않고 구리거래계좌를 통해 채권·채무액별로 수수하며, 선수금을 구리거래계좌로 받고 세금계산서를 발급하는 경우에는 세금계산서 발급일을 공급시기로 하여 거래대금을 입금받고 추후 정산을 통해 공급가액 변동 시 변동가액에 대한 추가결제처리 후 수정세금계산서(공급가액 변동사유)를 발급하고, 세금계산서를 발급하지 않은 경우에는 공급시기 도래 시 선수금을 정산하고, 세금계산서는 「부가가치세법」 제34조에 따라 공급시기 또는 월합계방식으로 전체 거래금액을 기재하여 발급한다.[317)]

6. 폐가전제품 거래 시 구리거래계좌 이용 여부

구리가 일부 부속되어 있는 폐제품은 구리가액이 제품가액을 결정함에 있어 영향을 미치지 못하는 경우 구리스크랩 등에 대한 부가가치세 매입자납부 특례대상에서 제외하며, 폐제품 거래 시 구리 부

---

314) 부가-1026, 2014.12.30
315) 부가-214, 2014.03.24
316) 부가-162, 2014.03.07
317) 부가-154, 2014.03.07

분에 대해 별도로 세금계산서를 발급하고 구분관리하는 경우에는 구리가액만 적용한다.[318)]

7. 지점사업장 명의로 개설된 구리스크랩계좌를 본점 거래 시 사용하는 경우 가산세대상 아님

본점과 지점을 가지고 있는 사업자가 본점사업장을 지점사업장으로 이전하고 지점사업자등록을 폐업한 경우로서 기존에 지점사업장 명의로 개설한 구리스크랩 등 거래계좌를 본점사업장에서 구리스크랩 등의 거래계좌로 사용하는 경우에는 「조세특례제한법」 제106조의 9 제6항 및 제7항을 적용하지 않는다.[319)]

8. 산화동(CuO) 거래 시 구리거래계좌를 사용해야 하는지 여부

산화동(CuO)은 구리를 가열하여 만들어진 제품으로 구리거래계좌 사용대상이 아니다.[320)]

9. 폐드럼을 공급하는 경우 부가가치세 매입자납부 특례 적용대상인 철 스크랩에 해당

페인트가 담겨있던 공드럼이 「관세법」 제84조에 따라 기획재정부장관이 고시한 관세·통계통합품목분류표 중 철의 웨이스트와 스크랩(품목번호가 "7204"의 품목을 의미함)에 해당하는 경우에는 「조세특례제한법」 제106조의 9 제1항에서 규정하는 스크랩 등에 해당한다.[321)]

---

318) 부가-160, 2014.03.07
319) 서면-2015-법령해석부가-0689[법령해석과-2749], 2015.10.21.
320) 부가-156, 2014.03.07
321) 사전-2016-법령해석부가-0526[법령해석과-3633], 2016.11.10.

PART Ⅷ

거래징수 및 세금계산서

CHAPTER 01

거래징수

제1절 거래징수의 의의

부가가치세는 간접세(vs. 직접세)·소비세(vs. 수득세)이므로 납세의무자는 사업자이나 담세자는 최종소비자이다. 따라서 부가가치세의 부담을 최종소비자에게 전가시키기 위해서는 거래의 각 단계별로 납세의무자인 사업자가 과세되는 재화 또는 용역을 공급하는 때에 공급받는 자로부터 부가가치세를 징수하여야 하는데, 이를 거래징수라 한다(부법 31). 이 경우 재화·용역을 공급받는 자가 사업과 관련하여 공급받은 사업자인 경우에는 거래징수 당한 매입세액을 납부세액을 계산함에 있어서 매출세액에서 공제받으므로 부가가치세를 부담하지 않게 된다.

제2절 거래징수의 법적 성질(선언적 규정)

「부가가치세법」의 거래징수 규정은 사업자로부터 징수하고 있는 부가가치세 상당액을 공급받는 자에게 차례로 전가시킴으로써 궁극적으로는 최종소비자에게 이를 부담시키겠다는 취지에 불과하고 위 규정이 있다 하여 공급을 받는 자가 거래의 상대방이나 국가에 대하여 부가가치세를 지급하거나 납부할 의무가 있다고는 볼 수 없다.[1] 이는 소비자는 소비세의 담세자의 지위에 있을 뿐 정부에 대하여 조세채무자의 지위에 서는 것은 아니다.

또한 거래당사자 사이에 부가가치세를 부담하기로 하는 약정이 따로 있는 경우에는 사업자는 그 약정에 근거하여 공급을 받는 사람에게 부가가치세의 지급을 직접 청구할 수 있고, 부가가치세의 부담에 관한 약정은 반드시 재화 또는 용역의 공급 당시에 있어야 하는 것은 아니고 공급 후에 한 경우에도 유효하며 또한 반드시 명시적이어야 하는 것은 아니고 묵시적인 형태로 어루어 질 수도 있다.[2]

1) 대법82다카500, 1984.03.27

2) 대법원 2016다20671, 2016.9.28.

제3절 거래징수 요건

I 거래징수 의무자

1. 개요

거래징수를 함에 있어 사업자란 「부가가치세법」상 납세의무자인 사업자, 즉 과세사업자를 의미하므로 면세사업자는 거래징수의무가 없으며, 거래징수는 공급받는 자와는 관련이 없으므로 과세되는 재화 또는 용역을 공급하는 사업자는 해당 공급받는 자가 과세사업자·면세사업자 또는 최종소비자인지를 구분하지 아니하고 거래징수의무를 진다. 또한 수입재화의 경우 세관장이 수입신고 시에 부가가치세를 거래징수한다.

2. 추징세액의 거래징수

사업자가 과세표준 신고 시 영세율적용신고를 하였으나 당해 신고가 영세율적용분이 아님이 확인되어 재화 또는 용역의 공급시기가 속하는 과세기간의 확정신고기한 후에 경정에 의하여 세액을 추징당한 경우, 동 추징세액을 소급하여 공급받는 자로부터 거래징수는 할 수 없으나 추징세액 상당액을 청구하는 것은 거래상대방 간에 해결할 사항이다.[3)]

3. 대가로 받을 금액에 부가가치세가 포함되었는지 불분명한 경우 부가가치세 납세의무자

부가가치세가 과세되는 재화 또는 용역을 공급하는 경우에는 당해 공급에 대한 부가가치세를 그 공급을 받는 자로부터 징수하여야 하는 것이나 그 대가로 받은 금액에 공급가액과 부가가치세액이 별도 표시되어 있지 아니한 경우와 부가가치세가 포함되어 있는지 불분명한 경우에는 거래금액 또는 영수할 금액의 110분의 10에 상당하는 금액을 당해 부가가치세로 보는 것이며, 부가가치세를 별도로 구분하여 거래징수할 것인지 또는 거래금액에 포함하여 거래징수할 것인지 여부는 계약당사자 간에 결정할 사항이다.[4)]

4. 건설용역공급자의 채권자에게 대가 지급 시 거래징수 의무

건설업자로부터 계약에 따라 건설용역을 공급받은 사업자가 건설업자에게 지급할 용역대가를 법원

3) 부가1235-3091, 1978.08.21
4) 부가46015-1797, 2000.07.26

의 채권압류 및 전부명령 결정에 따라 그 건설업자의 채권자에게 지급하는 경우 전부채권 금액의 11분의 1에 상당하는 금액을 공제하고 지급할 수 없는 것이며, 당해 건설용역의 공급과 관련한 세금계산서는 건설업자가 교부하여야 한다.[5)]

Ⅱ 거래징수의 상대방

거래징수의 상대방은 재화 또는 용역을 공급받는 자이다.

Ⅲ 거래징수의 대상

거래징수의 대상은 과세대상인 재화 또는 용역의 공급이다. 이는 세금계산서를 교부하는 거래단위의 공급가액이라고 할 수 있다.

제4절 거래징수 시기

거래징수 시기는 당해 재화 또는 용역을 공급하는 때, 즉 당해 재화 또는 용역의 공급에 대한 「부가가치세법」의 규정에 의한 거래시기이다. 따라서 사업자가 재화 또는 용역을 공급하는 그 거래시기에 실질적으로 부가가치세를 징수하였는지의 여부에 불구하고 그 거래시기가 속하는 예정신고기간 또는 확정신고기간의 매출세액으로 계상하여야 한다.

제5절 부가가치세 거래징수 부담

부가가치세의 담세자는 재화나 용역을 공급받는 자(이하 '거래상대방'이라 한다)이나 납세의무자는 해당 재화나 용역을 공급하는 자(이하 '사업자'라고 한다)이다. 사업자가 납부할 부가가치세액은 매출세액에서 매입세액을 공제한 금액이므로 사업자 측에서는 매입시에 세금계산서를 교부 받아 이를 증빙으로 자신이 부담하는 매입세액을 공제받고, 매출시에는 거래와 동시에 세금계산서를 교부하고 거래상대방으로부터 부가가치세를 거래 징수하는 것을 본질로 하는 조세이다.
그런데 사업상 독립적으로 재화 또는 용역을 공급하는 자(사업자)는 부가가치세를 납부할 의무가 있는

5) 부가22601-564, 1985.03.27

것으로 규정하고 있으므로(법 제2조), 재화 또는 용역을 공급받는 거래상대방은 재정학상 사실상의 담세자로서의 지위를 갖고 있을 뿐 조세법상의 납세의무자로서의 지위에 있는 것은 아니다. 심판대상인 법 제15조의 규정은 부가가치세 상당액을 공급받는 자에게 전가시켜 궁극적으로 최종소비자에게 부담시키겠다는 취지를 규정한 것에 불과한 것이다. 부가가치세를 사실상 누가 부담하며 어떻게 전가할 것인가 하는 문제는 사적 자치가 허용되는 영역이므로 거래당사자의 약정 또는 거래관행 등에 의하여 그 부담이 결정될 사항이지, 국가와 납세의무자와의 권리·의무관계를 규율하는 조세법에 따라 결정되는 사항은 아니다.[6)]

〈거래징수한 부가가치세의 세무처리〉

구분	법인세법, 소득세법상 세무처리
면세사업과 관련된 불공제된 매입세액, 면세전용과 관련하여 납부된 부가가치세	면세사업과 관련된 일반비용은 필요경비 또는 손금에 산입하고, 면세사업용 자산·원재료의 취득(전용)과 관련된 매입세액은 취득가액에 가산
대표자의 개인적 사용소비와 관련되어 불공제된 매입세액	공급가액과 함께 상여 또는 출자금의 인출 처리
종업원의 개인적 사용소비와 관련되어 불공제된 매입세액	공급가액과 함께 종업원의 급여 처리
고객 및 불특정 다수인에게 증여함으로써 기업업무추진비 또는 기부금으로 해당되어 불공제된 매입세액	기업업무추진비 또는 기부금에 합산하여 한도 내에서 필요경비 또는 손금 산입
의제매입세액 또는 재활용폐자원 등에 대한 매입세액 공제 금액	당해 (원)재료의 매입가액에서 차감
직매장반출과 관련하여 세금계산서 발급 후 공제받은 매입세액	필요경비 또는 손금산입대상 아님
일반과세자에서 간이과세자로 변경 시 재고납부세액	해당 재고품의 매입부대비용으로 처리
간이과세자가 매입시 부담한 매입세액	매입 재화 또는 용역의 부대비용으로 처리
간이과세자가 납부한 부가가치세	필요경비에 산입

6) 헌재 98헌바7, 2000.03.30.

CHAPTER 02

세금계산서

제1절 개요

I 의의

세금계산서란 거래징수의무자인 사업자가 재화 또는 용역을 공급하는 때에 그에 대한 부가가치세를 거래상대방으로부터 징수한 사실을 증명하기 위하여 발급하는 계산서를 말하며, 재화의 수입 시 세관장이 수입자로부터 부가가치세를 징수하고 발급하는 수입세금계산서를 포함한다.[7]

II 세금계산서의 기능

구분		구체적인 기능
매입세액공제로 전전기능		세금계산서에 의하여 매입세액으로 공제되며, 이를 위해 거래 시마다 세금계산서의 발행을 통하여 거래징수하도록 의무화
과세자료의 기능	상호대사	세금계산서를 발급하는 자나 발급받는 자는 모두 이를 과세당국에 제출해야 하고 이러한 세금계산서는 EDP에 의하여 집계·분류·분석되어 불성실한 세금계산서 취급자를 상호 대사하는 데 활용된다.
	선행조세	세금계산서는 과세재화용역을 공급하는 사업자 측면에서 보면 자기의 공급가액을 표시하는 증거자료가 되고 동시에 공급받는 자에 대하여는 원가를 구성하는 매입자료로서 매출액 측정기준이 된다.
거래증빙의 기능	세금영수증	사업자가 과세대상 거래에 대한 부가가치세를 징수하였음을 증명
	청구서·영수증	외상거래에 따른 청구서, 현금거래에 따른 영수증 역할
	송 장	사업자가 공급한 구체적인 재화 또는 용역을 표시
	증빙서류	사업자가 공급받은 재화 또는 용역을 확인할 수 있는 증빙자료
	과세자료	과세관청에 제출되어 근거과세 및 공평과세의 기초자료로 활용

7) 부가집 32-0-1

Ⅲ 세금계산서 기재사항

사업자가 재화 또는 용역을 공급(부가가치세가 면제되는 재화 또는 용역의 공급은 제외한다)하는 경우에는 다음의 사항을 적은 계산서(이하 "세금계산서"라 한다)를 그 공급을 받는 자에게 발급하여야 한다(부법 32 ①). 세금계산서에 필요적 기재사항의 일부나 전부가 기재되지 아니한 경우에는 매입세액을 공제받을 수 없는 것이며, 세금계산서를 발급한 사업자는 세금계산서 발급불성실가산세가 부과된다.[8)]

필요적 기재사항	임의적 기재사항
① 공급자의 등록번호, 성명 또는 명칭 ② 공급받는 자의 등록번호. 다만, 공급받는 자가 사업자가 아니거나 등록한 사업자가 아닌 경우에는 고유번호 또는 공급받는 자의 주민등록번호 ③ 공급가액과 부가가치세액 ④ 작성연월일	① 공급자의 주소 ② 공급받는 자의 상호·성명·주소 ③ 공급자 및 공급받는 자의 업태·종목 ④ 거래종류, 공급품목, 단가와 수량 ⑤ 공급연월일, 기타 등 ⑥ 사업자단위과세자의 경우 실제로 거래되는 종사업장의 상호 또는 소재지

Ⅳ 세금계산서의 종류와 보관

현행 「부가가치세법」상 세금계산서의 유형을 요약하면 다음과 같다. 이 경우 면세사업자는 「부가가치세법」상 사업자가 아니므로 세금계산서를 발급할 수 없으므로 「법인세법」 또는 「소득세법」의 규정에 의하여 계산서를 발급하게 하며, 이는 「부가가치세법」상의 세금계산서가 아님에 유의하여야 한다.

구분		종류
일반과세자	일반적인 사업자	세금계산서
	소매업 등 특정업종 영위자	영수증[1)]
간이과세자		
세관장		수입세금계산서[2)]

주1) 영수증의 범위에는 본래의 영수증 이외에 신용카드매출전표·직불카드영수증·기명식 선불카드영수증·현금영수증 및 금전등록기계산서를 포함한다.
주2) 재화를 수입하는 경우 세관장은 관세징수의 예에 의하여 부가가치세를 징수하는 바, 이때 세관장이 수입자에게 발급하는 계산서를 수입세금계산서라 한다.

공급자 보관용 세금계산서를 분실한 경우에는 기장 및 모든 증빙에 의하여 공급자 보관용 세금계산서를 사본으로 작성하여 보관하여야 한다. 또한 공급받는 자 보관용 세금계산서를 분실한 경우에는 공급자가 확인한 사본을 발급받아 보관하여야 한다.[9)]

8) 상담3팀-102, 2004.01.27
9) 부가집 32-67-2

제2절 전자세금계산서

I 개요

전자세금계산서란 재화·용역을 공급한 사업자가 전사적 기업자원관리설비(ERP), 전자세금계산서 발급시스템 등 공인인증을 통하여 전자적 방법(온라인)으로 세금계산서를 발급하고, 그 전자세금계산서 발급명세를 국세청장에게 전송하는 제도를 말하며,[10] 법인사업자와 직전연도의 사업장별 재화 및 용역의 공급가액의 합계액이 8천만원 이상인 개인사업자(이하 "전자세금계산서 의무발급 개인사업자"라 한다)가 법에서 정한 전자적 방법으로 세금계산서의 기재사항을 계산서 작성자의 신원 및 계산서의 변경 여부 등을 확인할 수 있는 공인인증시스템을 거쳐 정보통신망으로 발급하는 것을 말한다(부법 32 ②).

〈연도별 전자세금계산서 의무발급 개인사업자 공급가액 기준금액〉

연간 공급가액	의무발급 대상
2021년 2억 원 이상	2022.7.1. 부터
2022년 1억 원 이상	2023.7.1. 부터
2023년 8천만 원 이상	2024.7.1. 부터

II 전자적 방법

"전자적 방법"이란 다음의 어느 하나에 해당하는 방법으로 필요적 기재사항을 계산서 작성자의 신원 및 계산서의 변경 여부 등을 확인할 수 있는 공인인증시스템을 거쳐 정보통신망으로 발급하는 것을 말한다(부령 68 ⑤).

① 「조세특례제한법」 제5조의 2 제1호에 따른 전사적(全社的) 기업자원 관리설비[「전자거래기본법」에 따른 표준인증을 받은 설비를 이용하는 방법. 규모가 큰 사업자가 이미 구축된 ERP시스템에 전자세금계산서 발행 및 국세청 전송까지 가능하도록 개발한 시스템]를 이용하는 방법

② 재화 또는 용역을 실제 공급하는 사업자를 대신하여 전자세금계산서 발급업무를 대행하는 사업자의 전자세금계산서 발급시스템[전자세금계산서 발행시스템을 개발하여 그 시스템을 제공하는 것을 주업으로 하는 임대사업자(ASP)의 시스템에 접속하여 발행 및 국세청에 전송하는 방법. 일정액의 수수료가 있다]을 이용하는 방법

③ 국세청장이 구축한 전자세금계산서 발급시스템을 이용하는 방법(e-세로)

10) 부가집 32-68-1

④ 별도 시스템 구축 없이 전화 ARS방식(국번 없이 126) 및 세금계산서 발행이 될 수 있도록 구현된 현금영수증, 신용카드단말기를 이용하여 전자세금계산서를 발행하고 국세청에 전송하는 방법

Ⅲ 발급의무자

법인사업자와 직전연도의 사업장별 재화 및 용역의 공급가액(면세공급가액을 포함)의 합계액이 8천만원 이상인 개인사업자(그 이후 직전연도의 사업장별 재화 및 용역의 공급가액이 8천만원 미만이 된 개인사업자를 포함한다)는 전자세금계산서를 발급하여야 한다(부법 32 ②, 부령 68 ①).

☞ 본 규정은 2023.7.1. 이후 재화 및 용역을 공급하는 경우부터 적용함. 이 경우 사업장별 재화 및 용역의 공급가액(면세공급가액을 포함함)의 합계액은 2022년에 공급된 사업장별 재화 및 용역을 기준으로 판단함. (영 부칙(2023. 2. 28.) 3조 1항)

☞ 영 68조 2항 본문의 개정규정에도 불구하고 2023.7.1.부터 2024.6.30.까지는 같은 개정규정 중 "8천만원"을 "1억원"으로 보아 같은 개정규정을 적용함. (영 부칙(2023. 2. 28.) 3조 2항)

☞ 영 68조 2항 단서의 개정규정에도 불구하고 2022.1.1.부터 2022.12.31.까지의 기간 동안 사업장별 재화 및 용역의 공급가액(면세공급가액을 포함함)의 합계액이 수정신고 등으로 변경된 경우에는 같은 개정규정 중 "8천만원"을 "1억원"으로 보아 같은 개정규정을 적용함. (영 부칙(2023. 2. 28.) 3조 3항)

Ⅳ 발급의무 개시 시기

전자세금계산서 의무발급 개인사업자는 사업장별 재화 및 용역의 공급가액의 합계액이 8천만원 이상인 해의 다음 해 제2기 과세기간이 시작하는 날부터 전자세금계산서를 발급해야 한다. 다만, 사업장별 재화와 용역의 공급가액의 합계액이 「국세기본법」 제45조에 따른 수정신고 또는 법 제57조에 따른 결정과 경정(이하 "수정신고 등"이라 한다)으로 8천만원 이상이 된 경우에는 수정신고 등을 한 날이 속하는 과세기간의 다음 과세기간이 시작하는 날부터 전자세금계산서를 발급해야 한다(부령 68 ②).

예) 개인사업자A 2023년 1기 및 2기 합 공급가액 5천만 원 신고, 2024년 1월에 2023년 1기 및 2기 합 공급가액 1억 원으로 5천만 원 증액 수정신고할 경우, 2024.7.1. 부터 전자세금계산서 의무발급

Ⅴ 통지 및 발급

1. 통지

관할세무서장은 개인사업자가 전자세금계산서 의무발급 개인사업자에 해당하는 경우에는 제2항에 따라 전자세금계산서를 발급해야 하는 날이 시작되기 1개월 전까지 그 사실을 해당 개인사업자에게 통지하여야 한다(부령 68 ③).

2. 발급

(1) 발급기한

전자세금계산서를 발급해야 하는 기간이 시작되기 1개월 전까지 해당 개인사업자가 통지를 받지 못한 경우에는 통지서를 수령한 날이 속하는 달의 다음다음 달 1일부터 해당 개인사업자는 전자세금계산서를 발급하여야 한다(부령 68 ④).

(2) 위탁판매의 경우

위탁판매 또는 대리인에 의한 판매 등의 경우에는 해당 재화 또는 용역을 공급하는 자이거나 공급받는 자가 아닌 경우에도 위탁자나 수탁자 또는 본인의 명의로 세금계산서 또는 전자세금계산서를 발급하거나 발급받을 수 있다(부법 32 ⑥).

Ⅵ 발급시기

종이세금계산서와 동일하게 재화 또는 용역을 공급하는 때 「부가가치세법」 제15조부터 제17조에서 정하는 시기에 전자세금계산서를 발급하며, 월합계로 발급하는 세금계산서 등의 경우 예외적으로 「부가가치세법」 제34조(세금계산서 발급시기)에 따른 공급시기가 속하는 다음 달 10일까지 전자세금계산서를 발급할 수 있다. 또한 발급기한(10일)이 토요일 또는 공휴일인 경우에는 바로 다음 영업일까지 발급해야 한다.[11)]

Ⅶ 전송 및 전송기한

1. 개요

공급시기마다 발급된 전자세금계산서, 월합계전자세금계산서와 수정발급된 전자세금계산서는 그 발급일의 다음 날까지 국세청에 전송하여야 한다. 그리고 수정세금계산서의 경우 당초 발급된 전자세금계산서의 전송기한이 적용되는 것이 아니라 수정세금계산서 자체의 작성연월일 또는 전자 서명일을 기준으로 다음 날까지 전송하여야 한다.[12)] 전자세금계산서를 발급한 사업자가 국세청장에게 세금계산서 발급명세를 전송한 경우에는 5년간 세금계산서 보관의무가 면제된다.

---

11) 부가집 32-68-3 ①
12) 부가집 32-68-3 ②

2. 전기사업자가 산업용 전력을 공급하는 경우 전송 특례

사업자의 사업이 다음의 어느 하나에 해당하는 경우 해당 사업자는 해당 사업과 관련하여 필요적 기재사항과 그 밖에 필요하다고 인정되는 사항 및 관할세무서장에게 신고한 전자세금계산서임을 적은 계산서를 관할세무서장에게 신고한 후 발급할 수 있다. 이 경우 사업자는 표준인증을 받고 공급일의 다음 달 11일까지 전자세금계산서 파일을 국세청장에게 전산매체로 제출하여야 한다. 이 경우 해당 사업자는 적절한 전자세금계산서를 발급하고 발급명세를 전송한 것으로 보며, 표준인증을 받고 공급일의 다음 달 11일까지 전자세금계산서 파일을 국세청장에게 전산매체로 제출하여야 한다(부법 32 ④, 부령 68 ⑧).

① 「전기사업법」 제2조 제2호에 따른 전기사업자가 산업용 전력을 공급하는 경우

② 「전기통신사업법」에 따른 전기통신사업자가 사업자에게 같은 법 제2조 제11호에 따른 기간통신역무(이하 "기간통신역무"라 함)를 제공하는 경우와 같은 조 제12호에 따른 부가통신역무 중 월단위 요금형 서비스를 제공하는 경우로서 기간통신역무와 공급시기가 동일하여 통합하여 비용을 청구하는 경우

③ 「도시가스사업법」에 따른 도시가스사업자가 산업용 도시가스를 공급하는 경우

④ 「집단에너지사업법」에 따라 집단에너지를 공급하는 사업자가 산업용 열 또는 산업용 전기를 공급하는 경우

⑤ 「방송법」 제2조 제3호에 따른 방송사업자가 사업자에게 방송용역을 제공하는 경우

⑥ 일반과세자가 농어민에게 「조세특례제한법」 제105조의 2에 따른 농어업용 기자재를 공급하는 경우

⑦ 「인터넷 멀티미디어 방송사업법」 제2조 제5호 가목에 따른 인터넷 멀티미디어 방송 제공사업자가 사업자에게 방송용역을 제공하는 경우

Ⅷ 전자세금계산서 활용방법

1. 부가가치세 신고활용

① 매출자 및 매입자는 홈택스 홈페이지에 국세청으로 전송된 세금계산서를 확인할 수 있으며 부가가치세신고서 작성 시에 합계액을 참고할 수 있다.

② 전자세금계산서 정보는 전송 다음 날부터 홈택스를 통해 조회가 가능하며 전자세금계산서의 국세청 전송과 별도로 부가가치세 신고·납부는 신고기한 내 하여야 한다.

③ 전자세금계산서는 합계금액이 자동생성되어 제공되므로 부가가치세 신고 시 합계표상 총합계는 기재하나 개별명세표는 작성할 필요가 없다.

④ 사업자로부터 수취한 종이 세금계산서는 기존대로 계속 별도의 합계표상 개별명세표를 작성해야 한다.

2. 장부기장 등 회계연계

표준화된 전자세금계산서는 보관 중인 개별화일 자체로 모든 시스템에서 호환이 가능하며, 홈택스에서 매출·매입자료를 엑셀 형식(한 번에 1,000건 미만)으로 내려받아 회사의 회계시스템 등에 연계시킬 수 있으며, 매출·매입이 100% 전자세금계산서 발급·수취인 경우 매입·매출장 기능도 수행한다.

Ⅸ 사업자 유의사항

1. 대용량 연계사업자 사전확인

① 매출자는 국세청 홈택스 이외의 발급·임대시스템(ASP, ERP)을 이용하여 전자세금계산서를 발급하는 경우 반드시 사전에 홈택스에서 "대용량 전송사업자로 등록"된 업체인가를 확인해야 한다(부령 68 ⑥, 부칙 50).

② 대용량 전송사업자로 등록된 업체를 통해 생성된 전자세금계산서만이 표준화된 전자세금계산서로 등록업체만이 국세청에 전자세금계산서를 전송할 수 있다.

2. 발급 완료 시점

① 매출자가 전자세금계산서 발급의무를 완료하는 시기는 발급의 목적물이 되는 전자세금계산서 파일이 수신자가 지정한 수신함(e-mail 함)에 입력되거나 국세청장이 구축한 전자세금계산서 발급시스템(홈택스)에 입력된 때에 공급받는 자가 전자세금계산서를 수신한 것으로 본다.

② 발급이 완료된 후(수신함에 입력된 후) 매입자가 전자세금계산서 기재사항 등을 확인한 결과 잘못 기재된 사항 등이 있으면 매출자는 수정세금계산서를 발급한다.

3. 발급 즉시 국세청 전송

전자세금계산서는 「부가가치세법」에서 정한 발급 시기에 발급하고 국세청에 전송해야 하므로 전자세금계산서 발급시스템 임대서비스(ASP)를 운영하는 사업자 등은 전자세금계산서 발급일의 다음 날(공휴일인 경우 그다음 날)까지는 반드시 국세청에 전송해야 함을 유의해야 한다.

4. E-mail 주소 등록

거래처 E-mail 주소를 확보하여 홈페이지에 등록해야 하며, E-mail 주소는 2개까지 등록 가능하고 회사 메일, 직원 메일, 세무대리인 메일 등이 사용 가능하다. 그리고 E-mail 주소를 확보하지 못한 경우에도 전자세금계산서 발급하여 전송한 경우 발급이 인정되며, 이 경우 발행내역을 출력하여 매입자에게 전달하는 것도 가능하고(출력물은 참고자료임) 매출자·매입자 모두 전자세금계산서로 신고한다.

5. 전자세금계산서 발행 등

홈택스를 통하여 발행한 전자세금계산서는 별도의 전송절차 없이 바로 국세청에 전송되고, 발행된 전자세금계산서는 취소가 불가능하며 수정세금계산서 발행만 가능하다. 또한 위·수탁 세금계산서는 수탁자의 공인인증서로 위탁자 명의로 발행하며, 전송된 전자세금계산서는 별도의 증빙보관의무가 면제된다. 그리고 매입자발행 세금계산서는 전자세금계산서 작성 및 전송대상이 아니다.

6. 기타

홈택스의 회원정보는 국세청에 등록된 사업자 정보를 표시하고 있는 것으로 변경이 필요한 경우 세무서의 사업자등록 정보를 변경하여야 한다.

X 관련 사례

1. 사업자단위 과세사업자로 등록한 개인사업자의 전자세금계산서 의무발급 여부 판정기준

사업자단위 과세사업자로 등록한 개인사업자가 전자세금계산서 의무발급 개인사업자에 해당하는지 여부는 직전연도의 본점 또는 주사무소와 모든 종된 사업장의 공급가액 합계액을 기준으로 판정한다.[13)]

2. 공동매입 등에 대한 전자세금계산서로 발급 여부

「부가가치세법」에 따른 납세의무자에 해당하지 아니하는 집합건물관리단대표회의가 공급받는 자를 자기의 명의로 하여 세금계산서를 발급하고 그 발급받은 세금계산서에 기재된 공급가액의 범위 안에서 실지로 재화 또는 용역을 공급받는 자에게 세금계산서를 발급하는 경우 전자세금계산서를 발급할 수 있는 것이며, 이 경우 관리단대표회의는 가산세 적용대상에 해당하지 않는다.[14)]

13) 법규부가2012-325, 2012.09.28
14) 전자세원과-89, 2010.02.12

3. 전자세금계산서를 교부받은 경우 매입처별세금계산서합계표 제출 여부

사업자가 재화 또는 용역을 공급받아 전자세금계산서를 교부받은 때에는 해당 과세기간의 예정신고 또는 확정신고와 함께 매입처별세금계산서합계표를 제출하여야 한다.[15)]

4. 전자세금계산서 발급분을 전송하고 세금계산서합계표에 기재하지 않은 경우 가산세 적용 여부

사업자가 전자세금계산서 발급분을 전송하고 부가가치세 신고 시 매출처별세금계산서합계표에 기재하지 않은 경우, 매출처별세금계산서합계표 가산세는 적용되지 아니한다. 다만 신고서 금액과 합계표 금액이 서로 달라 전산오류가 발생되어 사업자가 해명해야 하는 불편함이 발생하므로, 전자세금계산서를 발급하여 전송한 분도 매출처별세금계산서합계표 전자세금계산서 발급분으로 기재하여 제출하여야 한다.[16)]

5. 주민등록번호 기재 전자세금계산서 발행분의 현금영수증 의무발급 여부

현금영수증 의무발급사업자가 현금거래에 대하여 비사업자에게 주민등록번호 기재분 전자세금계산서를 발행한 경우 현금영수증 의무발급대상이 아니다.[17)]

15) 전자세원과-860, 2009.12.22
16) 부가-1058, 2010.08.13
17) 재소득신547, 2011.12.21

제3절 세금계산서 발급의무자

I 개요

1. 세금계산서 발급(교부)의 의의

(1) 도달주의 적용

세금계산서의 교부라 함은 세금계산서를 발행하여 거래상대방에게 넘겨주는 것을 말하므로, 세금계산서를 우편에 의하여 발송하였으나 공급받은 자에게 도달되지 아니한 경우에는 정당하게 교부된 세금계산서로 볼 수 없다.[18]

또한 세금계산서의 발급이라 함은 공급자가 재화나 용역을 공급받는 자 또는 공급받을 것으로 예정되는 자에게 세금계산서 정본을 발급하는 경우를 말하고, 그 외의 제3자에게 세금계산서 사본을 발급하는 경우까지를 포함하지 않는다.[19]

(2) e-mail로 발송한 세금계산서의 적법 여부

거래시기에 세금계산서 양식에 필요적 기재사항을 기재하여 이를 e-mail에 의하여 전송하고 공급자와 공급받는 자가 각각 출력하여 보관하는 경우에는 세금계산서를 교부한 것에 해당하는 것이나, 공급자의 문자알림서비스를 이용하여 발송사실을 알리는 것으로 세금계산서 교부의무를 이행한 것이라 볼 수 없다.[20]

(3) 날인 없는 세금계산서의 효력 여부 등

사업자가 전자상거래를 통하여 재화를 판매하고 공급받는 자가 세금계산서를 요구하는 경우, 전자상거래업체 웹사이트에서 공급자와 공급받는 자가 세금계산서를 각각 출력하여 보관하는 것은 공급자가 공급받는 자에게 세금계산서를 교부한 것으로 볼 수 있다. 이 경우 출력된 세금계산서에 인감 날인이 없는 경우에도 세금계산서의 효력에 영향을 미치지 아니하며, 세금계산서에 "공급자 날인 없는 유효한 세금계산서입니다"의 별도 문구를 반드시 기입할 필요는 없다.[21]

(4) 적색과 청색의 구분이 세금계산서로서의 효력에 영향을 미치는지 여부

세금계산서는 「부가가치세법」에 의한 기재사항을 시행규칙 별지 제11호 서식에 공급자용(적색)

---

18) 서삼46015-12247, 2002.12.27

19) 대법원 85누730, 1986.09.23.

20) 서면3팀-1175, 2005.07.25

21) 부가가치세과-1007, 2009.03.12

과 공급받는 자용(청색)을 구분하여 작성 후 공급자가 공급받는 자에게 공급받는 자용(청색)을 교부하는 것이나 적색과 청색의 구분은 필요적 기재사항 또는 임의적 기재사항에 해당하지 아니하는 것으로 세금계산서로서의 효력에는 영향을 미치지 아니한다.[22]

2. 세금계산서 발급의무자의 범위

재화 또는 용역을 공급하고 세금계산서를 공급받는 자에게 발급하여야 하는 자는 납세의무자로 등록한 일반사업자이므로 미등록사업자, 간이과세자, 면세사업자, 폐업자는 세금계산서를 발급할 수 없다. 그러나 공동매입·위탁판매 등 예외적인 경우에는 간이과세자, 면세사업자, 고유번호를 부여받은 자도 거래상대방의 매입세액공제를 위하여 자기가 발급받은 세금계산서의 공급가액 범위 안에서 세금계산서를 발급할 수 있다.[23]

Ⅱ 「부가가치세법 시행령」 제69조에서 규정한 위탁판매 등에 대한 세금계산서 발급

1. 위탁판매 또는 대리인에 의한 판매·매입의 경우

(1) 위탁판매

1) 세금계산서 발급 방법

위탁판매 또는 대리인에 의한 판매의 경우에 수탁자 또는 대리인이 재화를 인도하는 때에는 수탁자 또는 대리인이 위탁자 또는 본인의 명의로 세금계산서를 발급하며, 위탁자 또는 본인이 직접 재화를 인도하는 때에는 위탁자 또는 본인이 세금계산서를 발급할 수 있다. 이 경우에는 수탁자 또는 대리인의 등록번호를 덧붙여 적어야 한다(부령 69 ①).

2) 위탁매매와 일반매매거래가 혼재된 거래에 있어 세금계산서의 수수방법

위탁매매임이 명백히 확인되는 경우 위탁자를 공급자로 하여 세금계산서를 발급하는 것이나, 위탁매매인지 일반매매거래인지가 불분명하지만 거래당사자가 법적거래형식을 매매거래로 약정하고 일반매매형식에 따라 세금계산서가 수수되어 조세탈루나 거래사실이 왜곡되지 않았다면 해당 세금계산서를 사실과 다른 세금계산서로 봄은 부당하다.[24]

3) 인터넷쇼핑몰의 수탁판매 시 신용카드매출전표를 교부한 경우 세금계산서 교부 여부

인터넷쇼핑몰을 운영하는 사업자가 재화를 수탁받아 인터넷쇼핑몰을 통하여 판매하고 그 공급

---

22) 부가46415-3558, 2000.10.17
23) 부가집 32-0-3
24) 서면-2015-법령해석부가-2429[법령해석과-3345], 2015.12.14.

시기에 결제대행업체를 통한 신용카드매출전표를 교부한 경우에도 재화를 공급받은 사업자가 세금계산서 교부를 요구하는 경우에는 세금계산서를 교부하여야 한다.[25]

4) 위탁자가 폐업된 경우 세금계산서 발급방법 등

위탁자가 임의로 폐업신고를 하였으나 신탁계약에 의한 위탁자로서의 지위가 그대로 유지되고 해당 신탁사업이 계속 진행되고 있는 경우에는 사업을 실질적으로 폐업한 것으로 보지 아니하는 것으로, 이 경우 수탁자가 신탁부동산 매각 시 위탁자 명의로 전자세금계산서 외의 세금계산서를 발급하는 것이며 매수자는 발급받은 세금계산서상의 매입세액을 자기의 매출세액에서 공제할 수 있다. 다만, 위탁자는 전자세금계산서 의무발급대상자로서 전자세금계산서 외의 세금계산서 발급에 따른 전자세금계산서 미발급가산세가 적용된다.[26]

(2) 위탁매입의 경우

1) 세금계산서 발급 방법

위탁매입 또는 대리인에 의한 매입의 경우에는 공급자가 위탁자 또는 본인을 공급받는 자로 하여 세금계산서를 발급한다. 이 경우에는 수탁자 또는 대리인의 등록번호를 덧붙여 적어야 한다(부령 69 ②).

2) 위탁자 또는 본인을 알 수 없는 경우로서 위탁매매를 하는 경우

위탁자 또는 본인을 알 수 없는 경우로서 위탁매매 또는 대리인에 의한 매매를 하는 해당 거래 또는 재화의 특성상 또는 보관·관리상 위탁자 또는 본인을 알 수 없는 경우에는 수탁자 또는 대리인으로부터 재화를 공급받은 것으로 보아 세금계산서를 각각 발급하여야 한다(부령 69 ③).

3) 수탁자인 대리점 명의로 신용카드매출전표 등을 발급받은 경우 매입세액공제 가능 여부

위탁매입의 경우에는 공급자가 위탁자 또는 본인을 공급받는 자로 하여 세금계산서를 발급하여야 하는 것으로, 공급받는 자를 위탁자가 아니라 수탁자로 하여 발급받은 매입세금계산서는 사실과 다른 세금계산서로 보아 매입세액이 공제되지 않는다.[27] 즉 위·수탁판매계약에 따라 수탁자가 재화를 인도하고 위탁자가 아닌 수탁자 명의로 부가가치세액이 별도로 구분 가능한 신용카드매출전표 및 현금영수증을 발급하는 경우, 발급받은 사업자는 매입세액으로 공제받을 수 없다.[28]

25) 서면상담3팀-1310, 2004.07.07
26) 서면-2015-법령해석부가-0769, 2015.06.19
27) 부가가치세과-86, 2014.01.28
28) 서면법규과-954, 2013.09.03

2. 용역의 공급에 대한 주선·중개

용역의 공급에 대한 주선·중개의 경우에는 상기 1. 의 경우를 준용한다(부령 69 ⑤). 예를 들면 신용협동조합중앙회(이하 중앙회)가 신용카드회사와의 계약에 따라 신용협동조합(이하 조합)이 신용카드 회원모집 업무를 하도록 주선·중개하고 신용카드회사로부터 회원모집에 대한 대가를 받아 조합에 배분하는 경우 중앙회가 조합의 명의로 신용카드회사를 공급받는 자로 하여 세금계산서를 발급한다. 다만, 중앙회가 조합의 신용카드 회원모집 용역대가 전체에 대하여 신용카드회사를 공급받는 자로 하여 세금계산서를 발급하는 경우에는 조합이 중앙회로부터 배분받은 금액을 한도로 중앙회를 공급받는 자로 하여 세금계산서를 발급한다.[29)]

3. 수용에 의한 재화의 공급

수용으로 인하여 재화가 공급되는 경우에는 위탁판매의 경우를 준용하여 해당 사업시행자가 세금계산서를 발급할 수 있다(부령 69 ④).

4. 「조달사업에 관한 법률」에 의한 물자공급

「조달사업에 관한 법률」에 의하여 물자가 공급되는 경우에는 공급자 또는 세관장이 세금계산서를 조달청에 발급하지 않고 직접 해당 실수요자에게 발급하여야 한다. 다만 물자를 조달할 때에 그 물자의 실수요자를 알 수 없는 경우에는 조달청장에게 세금계산서를 발급하고, 조달청장이 실제로 실수요자에게 그 물자를 인도할 때에 그 실수요자에게 세금계산서를 발급할 수 있다(부령 69 ⑥).

5. 한국가스공사가 천연가스를 직접 수입하는 경우

「한국가스공사법」에 따른 한국가스공사가 기획재정부령으로 정하는 가스도입판매사업자를 위하여 천연가스(액화한 것을 포함한다)를 직접 수입하는 경우에는 세관장이 해당 가스도입판매사업자에게 직접 세금계산서를 발급할 수 있다(부령 69 ⑦).

6. 시설대여업자를 통한 시설의 공급

납세의무가 있는 사업자가 「여신전문금융업법」에 따라 등록한 시설대여업자로부터 시설 등을 임차하고 그 시설 등을 공급자 또는 세관장으로부터 직접 인도받은 경우에는 그 사업자가 공급자로부터 재화를 직접 공급받거나 외국으로부터 재화를 직접 수입한 것으로 보며, 이 경우에는 공급자 또는 세관장이 그 사업자에게 직접 세금계산서를 발급할 수 있다(부령 69 ⑧).

29) 부가-244, 2013.03.19

7. 창고증권의 양도로 인한 임치물의 공급

조달청장이 발행한 창고증권의 양도로서 임치물의 반환이 수반되는 경우의 세금계산서 발급에 관하여는 3. 의 단서를 준용한다. 이 경우 "실수요자"는 "창고증권과의 교환으로 임치물을 반환받는 자"로 본다(부령 69 ⑨).

8. 공탁 등에 의한 재판 시 세금계산서 발급

「감정평가 및 감정평가사에 관한 법률」에 따른 감정평가업자 또는 「신문 등의 진흥에 관한 법률」에 따른 신문발행업자 및 「잡지 등 정기간행물의 진흥에 관한 법률」에 따른 정기간행물발행업자 또는 「뉴스통신 진흥에 관한 법률」에 따른 뉴스통신사업을 경영하는 법인이 법원의 의뢰를 받아 감정평가용역 또는 광고용역을 제공하는 경우로서 그 용역을 실제로 공급받는 자를 알 수 없을 때에는 감정평가업자 또는 신문 발행업자 및 정기간행물 발행업자 또는 뉴스통신사업을 경영하는 법인은 법원에 세금계산서를 발급하고, 그 법원이 감정평가용역 또는 광고용역을 실제로 공급받는 자로부터 그 용역에 대한 대가를 징수할 때에는 법원이 그 자에게 세금계산서를 발급할 수 있다(부령 69 ⑩).

9. 전기통신사업자의 세금계산서 발급

「전기통신사업법」에 따른 전기통신사업자가 다른 전기통신사업자의 이용자(「전기통신사업법」에 따른 이용자를 말한다)에게 전기통신역무를 제공하고 그 대가의 징수를 다른 전기통신사업자에게 대행하게 하는 경우에는 해당 전기통신역무를 제공한 사업자가 다른 전기통신사업자에게 세금계산서를 발급하고, 다른 전기통신사업자가 이용자에게 세금계산서를 발급할 수 있다(부령 69 ⑪).

10. 발전사업자의 세금계산서 발급

「전기사업법」에 따른 발전사업자가 전력시장을 통하여 같은 법에 따른 전기판매사업자 또는 전기사용자에게 전력을 공급하고 그 대가를 같은 법에 따른 한국전력거래소를 통하여 받는 경우에는 그 발전사업자가 한국전력거래소에 세금계산서를 발급하고 한국전력거래소가 그 전기판매사업자 또는 전기사용자에게 세금계산서를 발급할 수 있다(부령 69 ⑫).

11. 재생에너지전기공급사업자의 세금계산서 발급

전기사업법」에 따른 재생에너지전기공급사업자가 전기사용자에게 전력을 공급하고 같은 법에 따른 전기판매사업자 및 한국전력거래소에 관련 대금을 지급하는 경우에는 전기판매사업자 및 한국전력거래소가 재생에너지전기공급사업자에게 세금계산서를 발급하고 재생에너지전기공급사업자가 전기사용자에게 세금계산서를 발급할 수 있다(부령 69 ⑬).

12. 위성이동멀티미디어방송사업자의 세금계산서 발급

「방송법 시행령」에 따른 위성이동멀티미디어방송사업자 및 일반위성방송사업자가 「전기통신사업법」에 따른 전기통신사업자의 이용자에게 각각 위성이동멀티미디어방송용역 또는 일반위성방송용역을 제공하고 그 대가의 징수를 전기통신사업자에게 대행하게 하는 경우에는 위성이동멀티미디어방송사업자 및 일반위성방송사업자는 전기통신사업자에게 세금계산서를 발급하고, 전기통신사업자가 이용자에게 세금계산서를 발급할 수 있다(부령 69 ⑭).

13. 전력공급의 경우 공동매입 등에 관한 발급 특례

(1) 실제 전력소비자에게 발급한 세금계산서 인정 방법

「전기사업법」에 따른 전기사업자가 전력을 공급하는 경우로서 전력을 공급받는 명의자와 전력을 실제로 소비하는 자가 서로 다른 경우에 그 전기사업자가 전력을 공급받는 명의자를 공급받는 자로 하여 세금계산서를 발급하고 그 명의자는 발급받은 세금계산서에 적힌 공급가액의 범위에서 전력을 실제로 소비하는 자를 공급받는 자로 하여 세금계산서를 발급하였을 때(세금계산서의 발급이 면제되는 경우로서 기획재정부령으로 정하는 경우에 그 세금계산서를 발급하였을 때를 포함한다)에는 그 전기사업자가 전력을 실제로 소비하는 자를 공급받는 자로 하여 세금계산서를 발급한 것으로 본다(부령 69 ⑮).

(2) 전기사업자가 전력 실지 소비자에게 세금계산서 교부가능 여부

「전기사업법」에 의한 전기사업자가 전력을 공급받는 명의자에게 세금계산서를 교부함에 있어 전력을 공급받는 명의자의 부도폐업 등 부득이한 사유로 당해 명의자에게 세금계산서를 교부할 수 없는 경우 "전력을 실지로 소비하는 자"에게 세금계산서를 교부한다.[30)]

(3) 전력을 공급받는 명의자의 범위

전력을 공급받는 명의자의 범위에는 「부가가치세법」상 일반과세자가 아닌 자를 포함하며, 일반과세자가 아닌 자가 세금계산서를 발급할 때에는 간이과세자등록번호·면세사업자등록번호 또는 고유번호 등을 기재하여 일반과세자의 세금계산서 발급요령에 따라 발급한다.[31)]

30) 상담3팀-927, 2008.05.09
31) 부기통 32-69-7

(4) 신재생에너지 공급인증서 거래 시 세금계산서 발급 특례 적용 여부

「전기사업법」에 의하여 설립된 한국전력거래소가 전력시장에서 다수의 신재생에너지 공급인증서를 거래하는 사업자(이하 "공급자"라 함)와 다수의 신재생에너지 공급인증서를 구매하는 사업자(이하 "구매자"라 함)의 거래를 중개하는 경우에는 발전사업자가 한국전력거래소에 세금계산서를 발급하고 한국전력거래소가 그 전기판매사업자 또는 전기사용자에게 세금계산서를 발급할 수 있다.[32)]

(5) 정부승인차액계약제도에 의하여 정산되는 금액

발전사업자가 전력시장을 통하여 전기판매사업자 또는 전력사용자에게 전력을 공급하고 「전기사업법」 제34조에 따른 (정부승인)차액계약제도에 따라 한국전력거래소를 통하여 전력시장정산금과 차액정산금을 수수하는 경우, 한국전력거래소는 전력시장정산금에서 차액정산금을 차감하거나 가산한 금액을 공급가액으로 하여 발전사업자로부터 세금계산서를 발급받아 판매사업자에게 세금계산서를 발급할 수 있다. 다만, 발전사업자가 판매사업자에게 공급하는 전력량이 사전계약에 따라 공급하여야 할 전력량에 미달하는 경우, 미달전력량에 해당하는 차액정산금 상당액은 위 전력시장정산금에서 차감하거나 가산하는 차액정산금에 해당하지 않는다.[33)]

14. 조합공급 등의 경우 공동매입 등에 관한 발급 특례

동업자가 조직한 조합 또는 이와 유사한 단체가 그 조합원이나 그 밖의 구성원을 위하여 재화 또는 용역을 공급하거나 공급받는 경우와 「국가를 당사자로 하는 계약에 관한 법률」에 따른 공동도급계약에 의하여 용역을 공급하고 그 공동수급체의 대표자가 그 대가를 지급받는 경우 및 「도시가스사업법」에 따른 도시가스사업자가 도시가스를 공급할 때 도시가스를 공급받는 명의자와 도시가스를 실제로 소비하는 자가 서로 다른 경우에 관하여는 12. 를 준용한다(부령 69 ⑯).

15. 조달청창고 및 런던금속거래소의 지정창고에 보관된 물품 국내반입 시

조달청창고(조달청장이 개설한 것으로서 「관세법」에 따라 세관장의 특허를 받은 보세창고) 및 런던금속거래소의 지정창고에 보관된 물품이 국내로 반입되는 경우에는 세관장이 수입세금계산서를 발급한다(부령 69 ⑰).

32) 기획재정부 부가가치세제과-356, 2014.05.20
33) 사전-2014-법령해석부가-21424, 2015.02.11

16. 국외사업자의 용역 등 공급에 관한 특례 시 세금계산서 발급

다음의 어느 하나에 해당하는 자로부터 사업자등록의 대상인 위탁매매인, 준위탁매매인 또는 대리인을 통하여 국내에서 용역 등을 공급하는 경우에는 위탁매매인, 준위탁매매인 또는 대리인이 해당 용역 등을 공급한 것으로 보고 세금계산서를 발급하며, 세금계산서를 발급할 때에는 다음의 어느 하나에 해당하는 자의 상호 및 주소를 덧붙여 적어야 한다(부령 69 ⑱).

① 「소득세법」 또는 「법인세법」에 따른 국내사업장이 없는 비거주자 또는 외국법인

② 국내사업장이 있는 비거주자 또는 외국법인(비거주자 또는 외국법인의 국내사업장과 관련 없이 용역 등을 공급하는 경우만 해당함)

17. 배출권할당대상업체 간에 배출권거래시장을 통하여 온실가스배출권을 거래한 경우

「온실가스 배출권의 할당 및 거래에 관한 법률」에 따라 배출권거래계정을 등록한 자(이하 "할당대상업체 등"이라 한다)가 같은 법에 따른 배출권거래소가 개설한 배출권거래시장을 통하여 다른 할당대상업체 등에게 온실가스배출권(상쇄배출권을 포함한다)을 공급하고 그 대가를 배출권거래소를 통하여 받는 경우에는 그 할당대상업체 등이 배출권거래소에 세금계산서를 발급하고 배출권거래소가 공급받은 할당대상업체 등에 세금계산서를 발급할 수 있다(부령 69 ⑲).

18. 합병당사자 간 재화·용역을 공급하거나 공급받는 경우

합병에 따라 소멸하는 법인이 합병계약서에 기재된 합병을 할 날부터 합병등기일까지의 기간에 재화 또는 용역을 공급하거나 공급받는 경우 합병 이후 존속하는 법인 또는 합병으로 신설되는 법인이 세금계산서를 발급하거나 발급받을 수 있다(부령 69 ⑳).

Ⅲ 유형별 세금계산서 발급

1. 제조업 세금계산서 발급

(1) 제조업자 영수증교부 여부

제조업을 영위하는 사업자가 자기가 제조하는 재화를 통신판매형태 또는 전자상거래에 의하여 사업자가 아닌 최종소비자에게 직접 판매하는 경우 및 홈쇼핑사업자와 위수탁 판매계약에 의하여 사업자가 아닌 최종소비자에게 판매하는 경우에는 영수증을 교부할 수 있는 것이나, 다만, 제조업을 영위하는 사업자가 자기가 제조하는 재화를 자기의 제조장에서 최종소비자에게 직접 판매하는 경우에는 세금계산서를 교부하여야 하며, 이 경우 공급받는 자가 사업자가 아닌 개인인

경우에는 사업자 등록번호에 갈음하여 공급받는 자의 주소·성명 및 주민등록번호를 정확히 기재하여야 한다.[34]

(2) 세금계산서와 신용카드매출전표 이중발행의 경우

일반과세자인 신청인이 재화 또는 용역을 공급하고 거래처에게 월합계세금계산서를 발급한 후 대금결제수단으로 신용카드매출전표를 발행하는 경우에는 월합계세금계산서를 기준으로 부가가치세를 신고·납부하여야 하며, 재화 또는 용역을 공급하고 「부가가치세법」에 규정된 신용카드매출전표 등을 발급한 경우에는 세금계산서를 발급할 수 없다.[35] 다만, 이 경우 세금계산서와 신용카드매출전표를 중복으로 교부한 경우에는 세금계산서를 기준으로 부가가치세를 신고·납부하여야 하는 것이며, 중복 교부에 따른 가산세는 적용대상에서 제외된다.[36]

2. 사업장이 둘 이상인 경우의 세금계산서 수수[37]

(1) 본점에서 계약을 체결하고 재화·용역은 지점이 공급하는 경우

1) 개요

본점과 지점 등 둘 이상의 사업장이 있는 법인사업자가 본점에서 계약을 체결하고 재화 또는 용역은 지점이 공급하는 경우 세금계산서는 재화나 용역을 실제 공급하는 사업장에서 발급한다.

2) 본점에서 발주자와 계약을 체결(대금수령도 본점에서 함)하고, 본점의 지시에 의해 지점에서 재화를 직접 발주자에게 인도하는 경우

본점과 지점(공장)이 있는 법인사업자가 본점에서 발주자와 계약을 체결(대금수령도 본점에서 함)하고, 본점의 지시에 의해 지점에서 재화를 직접 발주자에게 인도하는 경우에는 지점을 공급자로 하여 세금계산서를 발급하는 것이나, 이미 지점에서 본점 등으로 세금계산서를 발급한 경우에는 본점 등에서 거래처에 세금계산서를 발급한다.[38]

3) 지점에서 용역을 제공하고 본점에서 세금계산서 발급 시 적정 여부 등

본점과 지점사업장을 가진 법인이 본점에서 거래상대방과 수 개의 임가공용역을 제공하는 일괄계약을 체결하여 본점과 지점에서 해당 용역을 제공함에 있어 지점에서 전적으로 수행한 개별 임가공용역의 산출물을 거래처에 인도하면서 거래쌍방·거래일자·재화의 품명·수량 및 금액 등을 확인할 수 있는 내용이 기재된 증표(거래명세서 포함)를 본점에 통보한 경우 본점 명의로 세

34) 서면3팀-303, 2006.02.16
35) 법규부가2010-122, 2010.05.17
36) 서면3팀-1916, 2004.09.17
37) 부가집 32-69-1 ①
38) 부가가치세과-311, 2013.04.08

금계산서를 발급하는 것으로 해당 증표가 전산 또는 수기에 의해 본점에 발급되었는지는 사실 판단할 사항이다. 또한 임가공용역에 대하여 일괄계약한 본점에서 전체 임가공용역에 대한 발주업무, 지점에서 생산하여 인도받은 1차 가공물 중 일부의 추가가공작업, 납품한 임가공물에 대한 검수와 정산업무 및 지점에서 수행할 임가공용역에 관련된 생산계획 수립과 통제 역할을 수행하면서 지점에서 주로 수행한 개별 임가공용역 대가와 본점에서 수행한 임가공용역 대가의 합계액을 공급가액으로 기재하여 본점 명의로 발급한 세금계산서는 정당한 세금계산서에 해당한다.[39)]

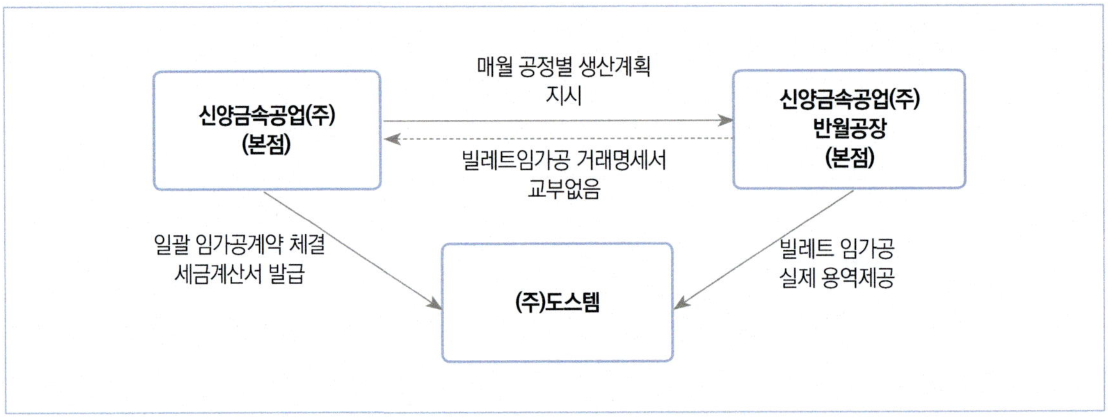

4) 지점 매출과 관련하여 실제 공급자인 지점의 명의가 아닌 본점 명의 세금계산서를 교부한 경우

부가가치세 예정 및 확정신고는 납세의무자, 사업장소, 사업자등록번호와 세액 및 그 산출근거 등을 기재하여 사업장 관할세무서장에게 제출하도록 되어 있다. 이러한 규정들에 의하면, 부가가치세는 사업장마다 부과하고 납부하도록 되어 있어 그 신고도 사업장마다 그 매출액을 구분하여 하여야 하는 것임을 알 수 있고, 따라서 지점의 매출액을 본점의 매출액으로 예정, 확정신고한 경우 그것은 본점의 매출액을 과다신고한 것으로는 볼 수 있을지언정, 지점의 매출액에 대한 신고로서는 볼 수 없는 것이므로, 그에 대한 신고는 없는 것으로 되는 것이다.[40)] 그리고 「부가가치세법」은 사업을 개시하는 자로 하여금 사업장마다 사업자등록을 하도록 규정함으로써 사업장을 실질적인 납세단위로 삼고 있으므로, 동일한 사업자에게 둘 이상의 사업장이 있는 경우 '재화를 공급받는 자'라 함은 계약상 또는 법률상의 원인에 의하여 역무 등을 제공받는 사업장을 의미하므로 세금계산서 수수나 부가가치세의 과세표준 및 세액의 신고 등은 각 사업장별로 하여야 한다.[41)]

따라서 지점 매출과 관련하여 실제 공급자인 지점의 명의가 아닌 본점의 명의로 된 세금계산서

39) 법규과-726, 2014.07.11
40) 대법원84누272, 1984.07.24. 대법원84누502, 1985.06.11
41) 대법원2007두4896, 2009.05.14

를 교부한 것은 세금계산서 미교부가산세에 해당한다.[42)]

5) 사업장 이전으로 인한 사업장 폐지 시 잔존재화인 사업용 건물의 과세 여부[43)]

둘 이상의 사업장이 있는 사업자가 그중 한 사업장(이하 "갑사업장"이라 한다)을 폐지하고 당해 사업장의 재고재화를 모두 다른 사업장(이하 "을사업장"이라 한다)으로 이동시키는 경우에 "갑사업장"의 사업용 건물에 대한 부가가치세는 다음과 같이 과세한다.

① "갑사업장"의 종전 사업용 건물을 "을사업장"의 하치장 등 사업과 관련하여 계속 사용하는 때에는 추후 당해 건물을 실제로 제3자에게 매각하는 시기에 실지 거래가액에 의하여 부가가치세를 과세한다.

② "갑사업장"의 재고재화 이동과 함께 당해 사업용 건물을 자기의 사업에 사용하지 아니하는 때에는 그 시기에 「부가가치세법 시행령」 제49조 제1항의 규정에 의하여 계산한 금액을 과세표준으로 하여 부가가치세를 과세한다.

6) 제조장에서 거래처에 직접 재화를 인도하는 경우

제조장과 직매장 등 둘 이상의 사업장을 가진 사업자가 제조장에서 생산한 재화를 직매장 등에서 전담하여 판매함에 있어, 수송 등의 편의를 위하여 제조장에서 거래처에 직접 재화를 인도하는 경우에는 공급자를 제조장으로 하는 세금계산서를 직접 거래처에 발급하는 것이나, 이미 제조장에서 직매장 등으로 세금계산서(총괄납부사업자의 경우에는 거래명세서)를 발급한 경우에는 직매장 등에서 거래처에 세금계산서를 발급하여야 한다.

(2) 계약·발주·대금지급 등의 거래는 해당 본점에서 이루어지고, 재화·용역은 지점에서 공급받는 경우

1) 개요

본점과 지점 등 둘 이상의 사업장이 있는 법인사업자가 계약·발주·대금지급 등의 거래는 해당 본점에서 이루어지고, 재화 또는 용역은 지점에서 공급받는 경우 세금계산서는 본점 또는 지점 어느 쪽에서도 발급받을 수 있다.

2) 거래당사자가 아닌 제3자가 우선 납부한 매입세액의 공제 가능 여부[44)]

① 사실관계

- 일본법인인 ☆☆☆(이하 "본사"라 함)는 전자지급결제서비스 전문기업으로서 한국 내 활동을 위하여 한국법인인 ☆☆☆코리아(주)(이하 "신청인"이라 함)와 업무위탁계약(①)을 체결하였고, 신청인은 국내결제대행업체(이하 "PG사"라 함)와 가맹점계약을 체결(②)하여 전자

---

42) 서울고등법원2012누29075, 2013.07.26
43) 재소비22601-1080, 1985.10.22
44) 서면법규과-780, 2014.07.22

결제대행서비스를 공급받고 있음

- PG사는 국내카드사로부터 수취한 물품판매대금에서 가맹점수수료 및 가맹점수수료의 부가가치세액을 차감한 금액을 본사에 직접 송금(③)하고 신청인을 공급받는 자로 세금계산서를 발급하고 있으며 신청인은 본사가 우선 지급한 가맹점수수료 및 부가가치세액을 향후 본사와 정산하고 있음

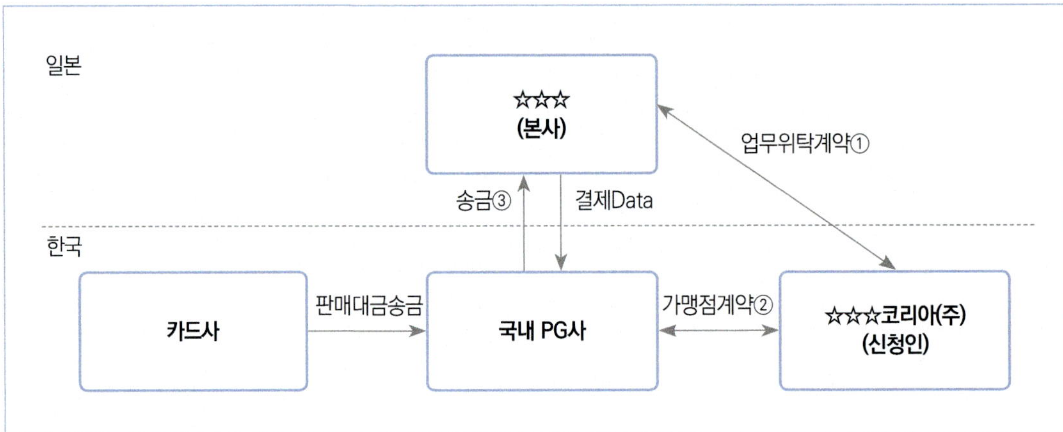

② 질의내용

사업자와 결제대행업체 간 계약에 따라 결제대행업체가 사업자에게 용역을 제공하고 그 수수료를 그 사업자의 본사로부터 받고 사업자가 정산하는 경우 사업자가 「부가가치세법」 제38조 제1항에 따라 수수료에 부과된 부가가치세액을 공제받을 수 있는지 여부

③ 회신

사업자 갑이 전자지급결제업을 영위하면서 결제대행업체와 계약을 체결하여 결제대행용역을 제공받으면서 해당 용역과 관련된 수수료(부가가치세액 포함)를 사업자 갑의 본사가 결제대행업체에게 대납하고 사업자 갑이 본사에게 정산하는 경우, 해당 수수료에 부과된 부가가치세액은 사업자 갑의 매출세액에서 공제 가능한 매입세액에 해당하는 것임

3) 본사에서 내국신용장을 개설하고 재화는 공장에서 인도받아 세금계산서를 수취하는 경우

본사와 공장 등 둘 이상의 사업장이 있는 법인사업자가 재화수출을 위한 원자재 매입거래를 함에 있어서 계약, 발주, 대금결제 등 거래가 본사에서 이루어지고 본사 명의로 내국신용장이 개설된 후 재화는 운송편의를 위해 실질적으로 사용 또는 소비하는 공장으로 인도받은 경우 내국신용장에 의한 영세율 세금계산서는 본사 또는 지점에서 교부받을 수 있다.[45)]

45) 서면3팀-2956, 2006.11.30

4) 미등록지점의 세금계산서를 본점이 수취한 경우

본점과 지점을 둔 사업자가 지점에 대한 사업자등록 신청을 하지 아니하고 해당 지점에서 재화 등을 공급한 데 대한 부가가치세 과세표준과 납부세액을 본점 명의로 신고한 경우로서, 본점에서 해당 거래에 관한 의사결정 및 계약과 대금지급 등을 수행한 경우 본점에서 그 거래와 관련하여 발급받은 세금계산서에 적힌 매입세액은 본점의 매출세액에서 공제할 수 있는 것이며, 이 경우 해당 사업장의 과세표준 및 세액에 대해 가산세와 함께 각각 결정·징수, 환급하여야 한다.[46]

5) 본사에서 계약하고 공장으로 인도된 재화의 세금계산서 수취

본사와 공장 등 둘 이상의 사업장이 있는 법인사업자가 재화 수출을 위한 원자재 매입거래를 함에 있어 계약·발주·대금결제 등 거래가 본사에서 이루어지고 본사 명의로 내국신용장이 개설된 후 재화는 운송편의를 위해 실질적으로 사용·소비되는 공장으로 인도받은 경우 영세율 세금계산서는 본사 또는 지점에서 교부받을 수 있다.[47]

(3) 사업자단위과세사업자의 세금계산서 교부 등

사업자단위과세사업자의 종된 사업장에서 매출이 발생하는 경우 세금계산서는 본점 또는 주사무소의 상호·소재지 등을 기재하고, 「부가가치세법 시행령」 제53조 제7호의 규정에 따라 세금계산서상 "비고"란에 실제 공급하는 종된 사업장의 상호와 소재지를 기재한다. 사업자단위과세 적용에 따라 사업자등록번호가 변경된 경우 종된 사업장의 재고재화 등에 대해 종된 사업장에서 본점 사업장으로 세금계산서를 발급하는 것이 아니며, 다수의 종된 사업장에서 사용할 원재료 등을 본점에서 일괄 매입하여 배분하는 경우, 원재료 등의 매입세액은 부가가치세 신고 시 첨부하는 "별지 제17호의 3 사업자단위과세의 사업장별 부가가치세 과세표준 및 납부세액(환급세액)명세서"의 본점 매입세액에 기재한다.[48]

3. 공동 매입 및 매출[49]

(1) 공동매입

1) 개요

공동매입에 따른 세금계산서를 대표사가 발급받을 수 있으며 그 공동비용을 정산하여 구성원에게 청구하는 때에는 당초 발급받은 세금계산서의 공급받은 날을 발행일자로 하는 세금계산서를 발급하며, 이 경우 월합계세금계산서를 발급할 수 있다.

---

46) 부가가치세과-405, 2013.05.09
47) 상담3팀-2956, 2006.11.30
48) 부가가치세과-170, 2010.02.08
49) 부가집 32-69-1 ①

2) 상가 내 다수 사업자의 세금계산서 수수방법

둘 이상의 사업자가 다른 사업자로부터 재화 또는 용역 등을 공동으로 공급받은 경우로서 당해 재화 등에 대한 세금계산서를 대표사 명의로 발급받은 경우에는 그 대표사가 공동매입의 구성원에게 각각의 지분비율에 따라 세금계산서를 발급할 수 있다.[50)]

3) 지방자치단체가 부과하는 공동구 관리비

공동구 관리자인 지방자치단체가 그 공동구를 점용하는 자에게 「국토의 계획 및 이용에 관한 법률」 제44조의 3 및 지방자치단체의 해당 조례에 따라 점용료 및 사용료 등을 징수하는 경우로서 해당 점용료 및 사용료가 지방자치단체의 공과금에 해당하는 때에는 공동구를 점용하는 자에게 공동매입에 따른 세금계산서 발급 특례 규정에 따른 세금계산서를 발급할 수 없다.[51)]

4) 정비사업조합이 교부받은 공동매입세금계산서에 대하여 조합원들에게 세금계산서를 교부하는 방법

정비사업조합이 조합원을 위하여 시공자, 법무사 등으로부터 용역을 공급받고 정비사업조합 명의로 세금계산서를 교부받은 경우에는, 그 정비사업조합은 교부받은 세금계산서의 공급가액 범위 내에서 실제 비용을 부담한 조합원들에게 세금계산서를 교부할 수 있는 것이며, 이 경우 조합원에게 세금계산서를 발행하는 시기는 정비사업조합이 교부받은 세금계산서상의 발행일자로 한다.[52)]

5) 집합건물관리단의 공동매입에 따른 세금계산서 발급방법 등

집합건물의 구분소유자들이 「집합건물의 소유 및 관리에 관한 법률」 제23조에 규정한 관리단을 구성하여 고유번호를 부여받은 경우에 있어서 자치적으로 건물을 관리하고 그 관리에 소요된 비용만을 각 입주자들에게 분배하여 징수하는 경우에는 부가가치세가 과세되는 재화 또는 용역의 공급에 해당하지 아니하는 것으로 세금계산서를 교부할 수 없으나, 당해 관리단이 입주자들이 실지로 소비하는 재화 또는 용역에 대하여 세금계산서를 교부받은 경우에 당해 명의자인 관리단은 그 교부받은 세금계산서에 기재된 공급가액의 범위 안에서 당해 재화 또는 용역을 실지로 소비하는 입주자들에게 세금계산서를 교부할 수 있다.[53)]

6) 두 개의 법인이 공동조직을 운영하고 경비를 배분하는 경우

두 개의 법인이 비용절감을 위하여 관리업무 중 일부를 공동으로 수행하는 조직을 두고 비용을 공동부담하기로 한 후, 공동비용에 대한 매입세금계산서를 어느 한 법인이 일괄하여 교부받은

50) 부가가치세과-723, 2014.08.28
51) 서면-2015-법령해석부가-1347[법령해석과-46], 2016.01.06
52) 부가가치세과-3167, 2008.09.19
53) 부가-391, 2013.05.08. 부가-292, 2011.03.24

경우, 매입세금계산서를 교부받은 법인은 다른 법인에게 세금계산서를 교부하여야 한다.[54)]

7) 빌딩관리사무소의 자재 및 용역 대금에 대한 세금계산서 교부

빌딩관리사무소가 입주자들이 사용한 전기료 및 건물 관리를 위한 자재구입 또는 수리용역 등에 대하여 세금계산서를 수취한 경우 세금계산서 수취금액의 범위 내에서 실제 비용을 부담한 입주자들에게 세금계산서를 교부받은 날짜로 세금계산서를 교부할 수 있는 것이며, 세금계산서를 교부받은 입주자들은 매입세액공제가 가능하다 ☞ 관리사무소가 고유번호를 받은 경우 및 간이과세자도 교부 가능하다.[55)]

8) 공동매입 등에 대한 세금계산서 발급과 관련한 가산세 적용

조합이 그 조합원을 위하여 수수한 세금계산서에 대해 그 공급가액을 신고하지 아니하거나 매출·매입처별세금계산서합계표를 제출하지 아니한 경우 매입처별세금계산서합계표 규정은 적용하지 아니한다.[56)]

9) 공동 매입 등에 대한 세금계산서 발급과 관련한 신고 및 가산세 적용

동업자가 조직한 조합이 그 조합원을 위하여 재화 또는 용역을 공급하거나 공급받고 세금계산서를 수수한 경우에 당해 세금계산서의 공급가액은 부가가치세 예정·확정신고 시 조합의 사업과 관련된 매출·매입금액과 합하여 신고하는 것이며, 또한, 당해 세금계산서는 조합의 사업과 관련하여 교부하였거나 교부한 세금계산서와 함께 매출·매입처별세금계산서합계표를 작성하여 정부에 제출하여야 하는 것이나, 조합원을 위하여 재화 또는 용역을 공급하고 발행한 세금계산서의 공급가액은 조합의 수입금액에 해당하지 아니하므로 과세표준명세의 수입금액제외란에 기재하여 신고하여야 한다. 다만, 이 경우 조합이 그 조합원을 위하여 수수한 세금계산서의 공급가액을 신고하지 아니하거나 매출·매입처별세금계산서합계표를 제출하지 아니한 경우에도 가산세 규정은 적용하지 않는다.[57)]

10) 공동매입세금계산서를 대표자가 아닌 자가 교부받은 경우

"갑", "을" 두 사업자가 사업에 관련한 공동비용의 분배비율을 약정하고 그 공동비용에 대한 매입세금계산서를 약정에 의하여 공동도급계약서상의 대표자 "갑"이 아닌 "을"이 교부받은 경우에는 "을"이 "갑"에게 매출세금계산서를 교부할 수 있다.[58)]

11) 국세청장에게 신고한 서식을 사용하더라도 공급받는 자 등록번호가 기재되지 아니한 경우

사업자가 필요적기재사항과 기타 필요하다고 인정되는 사항 및 국세청장에게 신고한 계산서임

54) 부가가치세과-749, 2009.06.01
55) 부가가치세과-894, 2009.03.06
56) 부가-689, 2013.07.26. 서면3팀-2020, 2004.10.02
57) 부가가치세과-689, 2013.07.26
58) 부가가치세과-2311, 2008.07.29

을 기재한 계산서를 교부하는 때에는 세금계산서를 교부한 것으로 보는 것이나, 국세청장에게 신고한 서식을 사용하더라도 공급받는 자 등록번호가 기재되지 아니한 경우에는 세금계산서가 아닌 지로영수증을 교부한 것이므로 상가관리사무소가 상가 전체의 전기요금에 대하여 세금계산서가 아닌 영수증을 교부받은 경우에는 전력을 실지로 소비하는 상가입주자들에게 세금계산서를 교부할 수 없는 것이며, 세금계산서를 교부받은 상가 입주자는 동 매입세액을 매출세액에서 공제할 수 없다.[59)]

12) 공동명의 차량구입 시 세금계산서 발급방법

사업자와 비사업자가 실제 공동으로 차량을 취득한 경우에는 세금계산서를 공동명의로 교부받을 수 있다.[60)]

(2) 공동매출

1) 개요

공동수급인들이 공급한 건설용역에 대하여 각자의 사업자등록번호로 그 지분비율에 따라 발주처에 세금계산서를 발급하여야 한다. 다만, 대표사가 발주자에게 공동도급공사와 관련한 세금계산서를 발급한 경우에는 공동수급인들이 대표사에 지분비율만큼 세금계산서를 발급한다.

2) 전자세금계산서 의무발급 공급가액에 임대인이 전력의 실제 사용인에게 발급한 세금계산서 공급가액 포함 여부

직전연도의 사업장별 재화 및 용역의 공급가액의 합계액이 3억원 이상인 개인사업자는 전자세금계산서를 의무적으로 발급하여야 하는 것으로, 부동산임대업자인 개인사업자의 사업장별 재화 또는 용역의 공급가액 합계액에는 「전기사업법」에 따른 전기사업자로부터 공동매입 전기료에 대한 세금계산서를 발급받고, 발급받은 세금계산서에 적힌 공급가액의 범위에서 전력을 실제로 소비하는 자를 공급받는 자로 하여 발급한 세금계산서의 공급가액은 포함하지 않는다.[61)]

(3) 공동사업비를 부담자에게 배분하는 경우

1) 개요

「토양환경보전법」에 따른 오염토양 개선사업을 환경부가 한국환경공단에 위탁하여 시행하면서 한국환경공단이 시공사에 도급을 주어 오염토양 개선공사를 수행하게 하고 세금계산서를 발급받은 경우로서 해당 토양오염 원인자인 국가와 신청인이 해당 오염토양 개선사업비를 각각 부담하기로 사전협약한 경우, 한국환경공단은 사업비부담자에게 사업분담금에 상응하는 세금계

59) 서삼46015-11901, 2003.12.03
60) 부가-845, 2011.07.27
61) 서면-2017-법령해석부가-2812[법령해석과-218], 2018.01.25

산서를 발급할 수 있다.[62)]

2) 훼손원인자에게 사업비를 부담시키는 경우

지방자치단체가 도로복구에 대한 공사를 도급을 주어 시행하고 「도로법」에 따라 그 원인자에게 도로복구비용의 일부 또는 전부를 부담시키는 경우 해당 부담금에 대하여 원인자에게 세금계산서를 발급할 수 없으므로 매입세액을 공제받을 수 없다.[63)]

3) 도로관리청이 맨홀관리기관의 비용부담으로 시공사를 선정하여 맨홀정비 시 세금계산서발급 대상 여부

시공비를 지방자치단체 예산으로 집행하고 관리소유자에게 당해 시공비를 징수하는 경우 지방자치단체가 관리소유자에게 세금계산서를 교부할 수 있다.[64)]

4. 리스 거래의 경우

(1) 금융업 면세 여부(「여신전문금융업법」에 의하여 시설대여업으로 등록한 시설대여업자)

1) 개요

「여신전문금융업법」에 의하여 시설대여업으로 등록한 시설대여업자가 리스이용자에게 제공하는 시설대여용역은 금융업으로 부가가치세가 면세된다(부령 40 ① 9, 부칙 28). 다만, 「여신전문금융업법」에 따른 시설대여업자가 「자동차관리법」 제3조에 따른 자동차를 대여하고 정비용역을 함께 제공하는 경우 2003.1.1. 이후 최초로 시설대여계약을 체결하는 분부터 부가가치세가 과세된다(부령 40 ④ 5, 부칙 28).

2) 리스료 할인과 무료정비쿠폰 중 택일하도록 하는 경우

「여신전문금융업법」에 의한 시설대여업자가 AAA자동차를 리스이용자에게 대여하면서 판매촉진을 위해 리스료 할인과 무료정비쿠폰 중 택일하도록 하여 무료정비쿠폰을 택한 고객에게 AAA자동차로부터 구입한 정비쿠폰을 제공하고, AAA자동차의 판매를 담당하는 딜러 소유의 정비센터에서 소모품 교체 및 정기점검 서비스를 받도록 하며, 고객의 쿠폰 사용 여부 및 쿠폰에서 표시하는 정비용역의 제공 책임에 대하여 관여하지 않는 경우에 대해서는 부칙 28조의 정비용역을 함께 제공하는 경우에 해당하지 아니한다.[65)]

3) 기계장비임대 사업자가 「여신전문금융업법」에 의하여 시설대여업자로 등록하게 된 경우

기계장비 및 설비 등을 임대하는 사업자가 「여신전문금융업법」에 의하여 시설대여업자로 등록

62) 법규부가2014-36, 2014.03.13
63) 사전-2015-법령해석부가-0149, 2015.06.10
64) 부가-335, 2012.03.29
65) 부가-920, 2012.09.07

하게 된 경우, 동 법률에 의한 시설대여업자로 등록하기 이전에 과세사업을 위하여 생산, 취득한 재화는 자가공급(면세전용)으로 부가가치세가 과세되고, 등록일 이후 도래하는 사용료(리스료)는 부가가치세가 면제되는 금융, 보험용역에 해당한다.[66)]

(2) 리스시설 임차 시의 세금계산서 교부 및 수정세금계산서 교부 가능 여부

부가가치세 납세의무가 있는 사업자가 「여신전문금융업법」 제3조에 따라 등록한 시설대여업자(리스사업자)로부터 시설 등을 임차하고, 그 시설 등을 공급자 또는 세관장으로부터 직접 인도받는 경우에는 공급자 또는 세관장이 당해 사업자에게 직접 세금계산서를 교부할 수 있는 것이며, 당초 리스사업자에게 적법하게 교부된 세금계산서에 대하여 리스이용자에게 수정세금계산서를 교부할 수 없다.[67)]

(3) 리스이용자가 변경되는 경우(재리스)

납세의무가 있는 사업자가 「시설대여산업육성법」에 의하여 인가를 받은 시설대여회사로부터 시설 등을 임차하고 당해 시설 등을 공급자 또는 세관장으로부터 직접 인도받아 사용하던 중 시설대여회사의 동의를 얻어 새로운 리스이용자에게 당해 리스자산을 넘겨주는 경우 다음과 같이 처리한다.[68)]

1) 운용리스의 경우

리스이용자가 새로운 리스이용자에게 당해 리스자산을 넘겨주는 것은 재화의 공급에 해당하지 아니하며, 공급자 또는 세관장은 새로운 리스이용자에게 세금계산서를 교부하지 않는다. 다만, 새로운 리스이용자에게 대가를 받고 임차인의 지위를 양도하는 경우 그 대가에 대하여는 부가가치세가 과세된다.

2) 금융리스의 경우

리스이용자가 새로운 리스이용자에게 당해 리스자산을 넘겨주는 것은 자산의 양도로서 부가가치세가 과세되며, 리스이용자는 새로운 리스이용자에게 세금계산서를 교부하여야 한다.

(4) 리스계약이 해지되는 경우

1) 금융리스

사업자가 시설대여업자로부터 금융리스 조건으로 리스자산을 임차하고 공급자(세관장)로부터 직접 인도받아 사용하다가 시설대여계약이 해지되어 당해 시설대여업자에게 당해 리스자산을 반환하는 것은 재화의 공급에 해당하는 것으로 사업자는 리스자산을 반환하는 때에 시설대여업

66) 상담3팀-1926, 2006.08.28
67) 상담3팀-800, 2005.06.10
68) 재부가22601-21, 1991.01.08

자에게 세금계산서를 교부하여야 한다.[69)]

2) 운용리스

사업자가 시설대여업자로부터 운용리스 조건으로 리스자산을 임차하여 사용하다가 시설대여계약이 해지되어 당해 시설대여업자에게 리스자산을 반환하는 것은 임대차용자산을 반환하는 것이므로 세금계산서를 교부하지 아니하며, 계산서교부대상 거래도 해당하지 않는다.[70)]

(5) 판매 후 리스자산의 경우

사업자가 신규로 제조하거나 구입한 시설 또는 사용하여 온 시설을 「시설대여업법」에 의하여 인가를 받은 시설대여회사에 판매한 후 그 시설을 리스하는 경우 당해 사업자는 자기를 공급자 및 공급받는 자로 하여 세금계산서를 교부한다.[71)]

(6) 리스의 회계처리[72)]

1) 금융리스

금융리스의 회계처리는 다음에 의한다.

① 임대인(리스회사)의 회계처리

임대인(리스회사)의 경우에 있어서는 해당 리스물건의 리스실행일 현재의 취득가액 상당액을 임차인에게 금전으로 대여한 것으로 보아 대금결제조건에 따라 영수하기로 한 리스료 수입 중 이자 상당액을 각 사업연도 소득금액 계산상 익금에 산입한다.

② 임차인의 회계처리

임차인의 경우에 있어서는 해당 리스물건의 리스실행일 현재의 취득가액 상당액을 임대인으로부터 차입하여 동 리스물건을 구입(설치비 등 취득부대비용 포함)한 것으로 보아 소유자산과 동일한 방법으로 감가상각한 해당 리스자산의 감가상각비와 대금결제조건에 따라 지급하기로 한 리스료 중 차입금에 대한 이자 상당액을 각 사업연도 소득금액 계산상 손금에 산입한다. 이 경우 동 이자 상당액은 금융보험업자에게 지급하는 이자로 보아 이자소득에 대한 법인세를 원천징수하지 아니한다.

③ 이자 상당액의 계산

①와 ②의 적용에 있어 각 사업연도 소득금액 계산상 익금 또는 손금으로 산입할 이자 상당액은 리스실행일 현재의 계약과 관련하여 최소 리스료 중 「이자율법」에 따라 계산한 이자 상당액과 금액이 확정되지는 않았지만 기간경과 외의 요소의 미래발생분을 기초로 결정되는 리스

---

69) 상담3팀-255, 2004.02.17
70) 상담2팀-1658, 2005.10.17
71) 상담3팀-636, 2006.03.31
72) 법기통 23-24-1, 소기통 27-55-18, 27-55-19

료 부분(이하 "조정리스료"라 한다)으로 한다.

2) 운용리스

금융리스 이외의 리스(이하 "운용리스"라 한다)의 회계처리는 다음에 의한다.

① 임대인의 회계처리

임대인의 경우에 있어서는 대금결제조건에 따라 영수할 최소리스료와 조정리스료를 각 사업연도의 소득금액 계산상 익금에 산입한다.

② 임차인의 회계처리

임차인의 경우에 있어서는 대금결제조건에 따라 지급할 최소리스료와 조정리스료를 각 사업연도의 소득금액 계산상 손금에 산입한다.

③ 임대인의 리스자산에 대한 감가상각비

임대인의 리스자산에 대한 감가상각비는 영 제26조에 따라 계산한 상각범위액을 한도로 손금에 산입한다. 이 경우 리스자산에 대한 내용연수는 규칙 별표 5의 자산별 및 별표 6의 "기계장비 및 소비용품 임대업"의 기준내용연수 및 내용연수 범위를 적용한다.

④ 외화로 표시된 리스계약의 경우

① 및 ②를 적용함에 있어 외화로 표시된 리스계약의 경우 최소리스료는 외화금액을 기준으로 한다.

⑤ 건설자금의 이자

임대인이 리스자산을 취득함에 따라 소요된 건설자금의 이자에 대하여는 자본적 지출로 계상한다.

⑥ 임차인이 리스물건 취득가액의 일부를 부담할 경우

임차인이 리스물건 취득가액의 일부를 부담할 경우 임차인은 동 금액을 선급비용으로 계상하고 리스기간에 안분하여 손금에 산입한다.

3) 리스계약이 중도해지된 경우

리스계약이 중도해지된 경우 임대인(리스회사)의 회계처리는 다음에 의한다.

① 금융리스의 경우

금융리스의 경우 리스계약의 해지로 회수한 해당 리스자산의 가액은 해지일 이후에 회수기일이 도래하는 금융리스 채권액으로 하며, 해당 리스계약의 해지와 관련하여 임차인 및 보증인 등으로부터 회수 가능한 금액은 익금에 산입한다. 다만, 회수된 리스자산의 시가가 그 금융리스 채권액에 미달하는 경우에는 그 차액을 손금에 산입한다.

② 운용리스의 경우

운용리스의 경우 해당 리스계약과 관련하여 임차인 또는 보증인으로부터 회수 가능한 금액을 익금에 산입한다.

4) 리스료 등의 익금과 손금의 귀속사업연도

리스료 등의 익금과 손금의 귀속사업연도는 「주식회사의 외부감사에 관한 법률」 제13조에 따라 제정된 기업회계기준이 정하는 바에 의한다.

5) 대손충당금 설정대상금액

대손충당금 설정대상금액은 다음과 같다.

① 금융리스의 경우 금융리스채권의 미회수잔액과 약정에 의한 지급일이 경과한 이자 상당액의 미수금 합계액

② 운용리스의 경우 약정에 의한 지급일이 경과한 리스료 미회수액

6) 판매 후 리스거래

취득 또는 사용하던 자산을 리스회사에 매각하고 리스거래를 통하여 재사용하는 "판매 후 리스거래"의 경우 회계처리는 다음에 의한다.

① 금융리스에 해당하는 판매 후 리스거래의 경우 매매에 따른 손익을 리스실행일에 인식하지 아니하고 해당 리스자산의 감가상각기간 동안 이연하여 균등하게 상각 또는 환입한다.

② 판매 후 리스거래가 운용리스에 해당하고 리스료 및 판매가격이 시가에 근거하여 결정된 경우 ①의 규정에 관계없이 그 매매와 관련된 손익을 인식할 수 있다.

7) 리스 구분오류

임대인 또는 임차인이 리스의 구분을 1) 및 2)에 따르지 아니한 경우에는 다음과 같이 처리한다.

① 금융리스를 운용리스로 처리한 경우

㉠ 임대인에 있어서는 리스물건의 취득가액 상당액을 금전으로 대여한 것으로 보아 수익으로 계상한 리스료 중 이자에 상당하는 금액만 익금에 산입하고 원금회수액은 이를 익금불산입하며 손비로 계상한 감가상각비는 이를 손금불산입한다.

㉡ 임차인에 있어서는 리스물건의 취득가액 상당액을 자산으로 계상하고 손금에 산입한 리스료 중 이자에 상당하는 금액을 손금에 산입하되, 동 금액을 초과하여 손금에 산입한 금액은 이를 감가상각한 것으로 보아 시부인한다.

② 운용리스를 금융리스로 처리한 경우

㉠ 임대인에 있어서는 리스물건의 취득가액을 자산으로 계상하고 리스료 중 대여금의 회수로 처리한 금액은 이를 리스료 수입으로 보아 익금에 산입한다. 이 경우 손금으로 계상하지 아니한 해당 자산에 대한 감가상각비는 세무조정으로 이를 손금에 산입할 수 없다.

㉡ 임차인에 있어서는 리스료 지급액 전액을 손금에 산입하고 해당 자산에 대하여 손금에 산입한 감가상각비는 이를 손금에 산입하지 아니한다.

8) 리스거래와 임대차거래의 구분

이 기준은 금융리스 및 운용리스거래 이외의 렌탈거래·임대차거래에 대하여는 원칙적으로 이를 적용하지 아니하며, 동 거래에 대하여는 그 거래의 실질내용에 따라 자산의 임대차·판매거래 또는 금전소비대차거래로 구분하여 처리한다. 따라서 렌탈계약 등이 사실상 장기할부조건의 자산취득에 해당하는 경우에는 그 임차료를 자산의 취득가액으로 본다.

9) 종전에 보유하던 감가상각자산에 대한 회계처리방식을 금융리스방식으로 변경하는 경우

K-IFRS를 도입함에 따라 종전에 보유하던 감가상각자산에 대한 회계처리방식을 금융리스방식으로 변경하면서 해당 자산의 장부가액을 이익잉여금의 감소로 계상하였으나, 해당 자산이 감가상각자산인 경우에는 해당 자산의 장부가액을 손금으로 계상한 것으로 보아 감가상각비의 손금산입액을 산정한다.

(7) 시설대여업자의 계산서 작성, 교부의무

「여신전문금융업법」에 의한 시설대여업자가 금융리스 이외의 리스(운용리스)를 실행하고 리스이용자로부터 리스료를 수취하는 경우에는 계산서를 작성하여 리스이용자에게 교부하여야 한다.[73)]

5. 재건축조합 거래의 경우

(1) 사업자등록

「도시 및 주거환경정비법」 제13조의 규정에 해당하는 조합설립추진위원회는 「국세기본법」 제13조의 규정에 의하여 법인으로 보는 단체로 보는 것이나, 「도시 및 주거환경정비법」 제15조 제4항에 의하여 당해 조합설립추진위원회가 행한 업무와 관련된 권리와 의무를 「조세특례제한법」 제104조의 7 제2항의 규정에 의한 정비사업조합이 포괄승계하는 경우에는 그 조직을 변경한 것으로 보는 것이며, 동 조합설립추진위원회가 「도시 및 주거환경정비법」 제2조의 규정에 의한 정비사업을 시행하면서 신규로 부가가치세 과세사업을 개시하고자 하는 경우 「부가가치세법」의 규정에 의하여 사업자등록을 하여야 한다.[74)]

(2) 정비사업조합이 조합원에게 분양하는 경우 재화의 공급에 해당하는지 여부 및 관련 매입세액공제 여부

정비사업조합이 「도시 및 주거환경정비법」에 의하여 당해 정비사업에 관한 공사를 완료한 후에 그 관리처분계획에 따라 조합원에게 공급하는 것으로서 종전의 토지를 대신하여 공급하는 토지 및 건축물은 「조세특례제한법」 제104조의 7 제3항의 규정에 의하여 재화의 공급으로 보지 아니

73) 법기통 121-164-6
74) 서면3팀-1507, 2007.05.16

하는 것이며, 정비사업조합이 시공자 등으로부터 건설용역 대가에 대하여 세금계산서를 교부받은 경우 정비사업조합은 매입세액공제를 받을 수 없다.[75] 또한 정비사업조합이 시공자 등으로부터 건설용역 대가에 대하여 세금계산서를 교부받은 경우 교부받은 세금계산서상의 공급가액의 범위 안에서 실제로 당해 건설용역을 공급받은 조합원(관리처분에 의해 상가를 분양받은 조합원)에게 당해 조합원이 부담한 현금·토지 등의 비용을 기준으로 세금계산서를 교부할 수 있는 것이며, 조합원은 당해 매입세액이 자기의 과세사업과 관련된 경우에는 자기의 매출세액에서 공제받을 수 있다.[76]

(3) 조합이 건설회사와 도급계약을 체결하고 아파트건설용역을 공급받은 경우

「주택건설촉진법」에 의한 재건축조합이 재건축구역 안의 주택을 인도받아서 종전의 낡은 주택을 철거한 후에 주택과 상가를 신축하여 조합원 및 일반인에게 분양함에 있어 국민주택규모를 초과하는 주택을 관리처분계획에 의하여 종전 주택의 소유자인 당해 조합원에게 분양하는 경우에는 부가가치세가 과세되지 아니하는 것이나 건설업자가 공급하는 당해 주택(관리처분계획에 의하여 조합원에게 분양하는 국민주택규모를 초과하는 주택)의 건설용역은 부가가치세가 과세되는 것으로 당해 건설업자는 당해 건설용역의 공급에 대한 부가가치세를 당해 조합으로부터 거래징수하는 것이나 당해 조합이 거래징수 당한 부가가치세를 실제로 누구에게 부담시킬 것인지에 대하여는 「부가가치세법」에 별도 규정하고 있지 않다.[77]

(4) 건설업자가 정비사업조합에게 국민주택규모 초과분의 아파트의 건설용역을 제공하는 경우

「건설산업기본법」 등에 의하여 등록한 건설업자가 정비사업조합에게 계약상의 원인에 의하여 국민주택규모 초과분의 아파트의 건설용역을 제공하는 경우에는 당해 정비사업조합이 당해 아파트를 조합원에게 분양하든지 또는 일반인에게 분양하든지에 관계없이, 그 건설용역의 대가에 대하여는 부가가치세가 과세되며, 건설업자는 당해 건설용역을 공급받는 자로부터 과세표준에 10%의 세율을 적용하여 계산한 부가가치세를 거래징수하여야 하는 것이며, 이 경우 과세표준은 금전으로 대가를 받는 경우 그 대가로 한다.[78]

(5) 국민주택건설 관련 철거용역 및 철거물 공급의 부가가치세 면세 여부 등

「건설산업기본법」에 의하여 등록을 한 자가 국민주택건설을 위한 철거용역을 제공하는 경우에는 부가가치세가 면세되는 것이며, 이 경우 용역대가는 실질적 대가관계에 있는 모든 금전적 가치가 있는 것이므로 철거공사비 총액(지급받은 현금과 고철회수금액)이 된다. 또한, 국민주택건설업자

75) 부가가치세과-2089, 2008.07.18
76) 서면상담3팀-2303, 2005.12.16
77) 부가46015-1652, 1999.06.11
78) 부가가치세과-719, 2009.05.26

가 국민주택을 신축하기 위하여 취득한 토지에 부착된 건물의 철거물을 공급하는 경우 면세사업에 부수되는 재화의 공급에 해당한다.[79] 그리고 전문건설업면허를 받은 건설업자가 다른 건설업자로부터 건축물 철거용역을 하도급받아 용역을 제공하는 경우 철거용역 중 국민주택규모 이하의 주택분은 면세되는 것이나 초과분의 주택분에 대하여는 과세된다.[80]

6. 보험사고자동차 수리비의 세금계산서 발급

(1) 개요

보험사고자동차에 대한 수리용역을 제공하는 사업자는 해당 용역대가의 지급자 또는 해당 차량의 소유자 여부에 관계없이 실제 자기책임하에 자동차수리용역을 제공받는 자에게 세금계산서를 발급한다.[81]

(2) 차량정비사업자가 보험회사로부터 수리용역의 대가를 받는 경우 공급시기

차량정비사업자가 자동차수리용역을 공급하는 경우 그 공급시기는 수리용역의 제공이 완료되는 때로 하는 것이나, 수리용역에 대한 대가가 확정되지 아니한 경우에는 수리용역의 제공이 완료되고, 그 공급가액이 확정되는 때로 한다.[82]

(3) 현물보상

정비사업자와 손해보험사 간 자동차수리용역 계약을 체결하고 손해보험사가 해당 용역에 대한 대가를 지급하는 경우 부가가치세 과세대상 거래이므로 정비사업자는 용역을 공급받는 자(손해보험사)로부터 부가가치세를 거래징수하고 세금계산서를 발급한다.[83]

(4) 원상복구

차량정비사업자가 사고자동차에 대한 보험수리용역을 제공함에 있어서 세금계산서를 교부하는 경우에는 당해 용역대가의 지급자(보험회사 등) 또는 차량소유자 여부를 불문하고 실제 자기 책임하에 자동차수리용역을 제공받는 자에게 세금계산서를 교부하여야 한다.[84]

(5) 자동차부품 공급자의 세금계산서 발행

자동차부품을 판매하는 자가 보험사고차량의 수리에 필요한 부품을 공급하는 경우 대가의 지급

79) 부가가치세과-702, 2010.06.07
80) 부가46015-1611, 1997.07.15
81) 부기통 32-69-2
82) 부가가치세과-592, 2013.06.28
83) 부가가치세과-855, 2014.10.24
84) 서면3팀-3086, 2007.11.12

자에 관계없이 계약상 또는 법률상 실제 자기 책임하에 해당 부품을 공급받는 자에게 세금계산서 또는 현금영수증을 발급하는 것이며, 실제 자기 책임하에 부품을 공급받는 자가 누구인지는 계약관계, 발주관계 등을 종합적으로 고려하여 사실판단할 사항이다.[85)]

7. 수출용 원자재 등에 대한 세금계산서 발급[86)]

(1) 내국신용장에 의하여 수출용 원자재 등을 공급하는 사업자

내국신용장에 의하여 수출용 원자재 등을 공급하는 사업자는 공급받는 사업자가 재화를 인수하는 때에 해당 일자의 「외국환거래법」에 따른 기준환율 또는 재정환율에 의하여 계산한 금액을 공급가액으로 하여 세금계산서를 발급한다.

(2) 수출품생산업자로부터 원신용장을 양도받아 대행수출하는 수출업자

수출품생산업자로부터 원신용장을 양도받아 대행수출하는 수출업자가 수출품생산업자의 수출용 재화에 필요한 원자재 구입을 위하여 내국신용장을 개설하고 수출품생산업자가 원자재생산업자로부터 직접 원자재를 공급받는 경우에는 원자재생산업자는 수출품생산업자를 공급받는 자로 하여 세금계산서를 발급하여야 한다.

8. 휴·폐업에 따른 세금계산서 수수

(1) 원칙

사업자가 사업을 폐지하면서 재고재화로서 과세된 잔존하는 재화를 실제로 처분하는 때에는 세금계산서를 발급할 수 없고 일반영수증을 발급하여야 한다. 다만, 휴업하는 사업자의 경우에는 전력비·난방비·사용하지 아니하는 재산 처분 등 사업장 유지관리 등에 따른 세금계산서는 발급받거나 발급할 수 있다.[87)]

(2) 둘 이상의 사업장이 있는 사업자가 그중 한 사업장을 폐지하고 당해 사업장의 재고재화를 다른 사업장으로 이동시키는 경우

둘 이상의 사업장이 있는 사업자가 그중 한 사업장을 폐지하고 당해 사업장의 재고재화 등을 다른 사업장으로 이동시키는 경우, 당해 재고재화 등을 이동시키는 것은 사업장의 이전으로서 재화의 공급에 해당되지 아니하므로 세금계산서 수수대상이 아니다.[88)]

85) 서면-2015-법령해석부가-1846[법령해석과-3159], 2015.11.26
86) 부가집 32-67-3
87) 부가집 32-67-5
88) 부가46015-2657, 1998.11.28

(3) 폐업 후 다른 업체가 세금계산서 발행 가능 여부

세금계산서 발급의무자는 계약상 또는 법률상의 원인에 의하여 재화 또는 용역을 실제로 공급하는 사업자로서 공급받는 자에게 세금계산서를 발행하는 것이며 사업자가 폐업 전에 공급한 재화 또는 용역의 공급시기가 폐업일 이후에 도래하는 경우에는 폐업일을 공급시기로 본다.[89] 따라서 납세의무자로 등록한 사업자가 폐업한 이후에는 사업자의 지위를 상실한 경우에 해당하여 세금계산서를 교부할 수 없다.[90]

(4) 폐업 후 수정세금계산서 발급 가능 여부

사업자가 부가가치세가 과세되는 재화 또는 용역을 공급하고 세금계산서를 발급한 후 당초의 공급가액에 추가되는 금액이 발생한 경우에는 그 사유가 발생한 때에 세금계산서를 수정하여 발급할 수 있는 것이나, 사업자가 세금계산서를 발급한 후 폐업한 경우로서 당초의 공급가액에 추가되는 금액이 폐업 후에 발생한 경우에는 세금계산서를 수정하여 발급할 수 없다.[91] 이 경우 이미 공제받은 매입세액 또는 납부한 매출세액은 납부세액에서 차가감하여야 한다.[92]

(5) 지점 폐업에 따른 세금계산서 수수

1) 지점 폐업 후 정산대금에 대한 세금계산서 발급방법

폐업일은 사업장별로 그 사업을 실질적으로 폐업한 날로 하는 것이며, 또한, 복수의 사업부문을 영위하는 법인사업자가 일부 사업부문에 대한 자산 등을 다른 사업자에게 사업양도하면서 사업양도의 요건을 충족하지 않는 지점사업장에 대하여는 세금계산서를 발급하였으나 이후 정산과정에서 당해 지점사업장의 사업양도대금의 변동이 있는 경우 당해 본점은 그 증감되는 금액에 대하여 세금계산서를 교부할 수 있다.[93]

2) 지점 폐업 후 본점이 지점사업을 계속 영위하는 경우 지점매출 환입분에 대한 수정세금계산서 교부방법

지점을 폐업하고 본점이 지점사업을 양수하여 계속 영위하던 중 지점에서 공급한 재화가 본점으로 환입되는 경우, 본점은 재화가 환입된 날을 작성일자로 하여 수정세금계산서를 교부할 수 있다.[94]

---

89) 서면-2014-부가-21627, 2015.04.28
90) 부가46015-2029, 2000.08.21
91) 부가가치세과-45, 2014.01.21
92) 부가집 32-70-2
93) 부가가치세과-1106, 2013.11.29
94) 부가가치세과-476, 2009.04.07

9. 세금계산서와 신용카드매출전표 간의 발행요령[95)]

(1) 세금계산서 발행 후 대금지불수단으로 신용카드를 결제한 경우

사업자가 재화 또는 용역을 공급하면서 거래시기에 그 대가를 영수하지 아니하고 세금계산서를 교부한 후 당해 재화 또는 용역의 공급에 대한 외상대금을 신용카드로 지급받는 경우에 당초에 교부한 세금계산서는 사실과 다른 세금계산서에 해당하지 아니하는 것이며, 재화 또는 용역의 공급에 대한 외상대금을 신용카드로 지급받는 때에는 신용카드매출전표의 여백 또는 이면에 "○○년 ○○월 ○○일 세금계산서 발행분"으로 기재하여 교부하여야 하고, 당해 매출전표는 그 거래사실이 속하는 과세기간에 대한 확정신고를 한 날로부터 5년간 보존하여야 한다.

(2) 거래시기 도래 전 신용카드로 선결제가 이루어진 경우

사업자가 재화 또는 용역의 공급계약을 체결하고 거래시기가 도래하기 전에 당해 재화 또는 용역의 공급에 대한 대가를 신용카드로 지급받고 신용카드매출전표를 발행한 경우 당해 재화 또는 용역의 공급에 대하여는 세금계산서를 교부할 수 없다.

(3) 월합계세금계산서 교부 시 대가의 일부를 신용카드로 결제받은 경우

사업자가 동일한 거래처에 1역월 동안 2회 이상의 재화 또는 용역을 공급하고 월합계세금계산서를 교부하는 경우에 있어 재화 또는 용역의 공급 시 그 대가의 일부를 신용카드로 지급받고 신용카드매출전표를 발행한 분에 대하여는 세금계산서를 교부할 수 없다.

(4) 공급시기에 인터넷 결제대행업체를 통한 신용카드매출전표를 발행한 경우

「부가가치세법 시행령」의 규정에 의한 사업자가 인터넷으로 주문받아 부가가치세가 과세되는 재화 또는 용역을 공급하고 그 공급시기에 결제대행업체를 통한 신용카드매출전표를 발행한 경우에는 세금계산서를 교부할 수 없는 것이며, 이 경우 인터넷에 의하여 신용카드매출전표를 발행한 경우에 당해 재화 또는 용역을 공급받은 자가 신용카드매출전표를 출력·보관하고 있는 경우에 신용카드매출전표상에 구분기재된 부가가치세액(구분기재되지 아니한 경우에는 발행금액의 110분의 10에 상당하는 금액)은 매출세액에서 공제할 수 있다.

10. 재화를 공급받는 자가 사업자등록을 하지 아니한 경우 세금계산서 교부

(1) 개요

일반과세자 중 영수증발행대상 사업 이외의 사업을 하는 사업자가 재화 또는 용역을 공급하는 경

95) 서면상담3팀-438, 2004.03.08

우에는 세금계산서를 공급받는 자에게 교부하여야 하는 것이며, 이 경우 공급받는 자가 사업자가 아닌 경우에는 공급받는 자의 주민등록번호를 기재하여 세금계산서를 교부한다. 세금계산서를 교부하여야 할 자가 세금계산서를 교부하지 아니하는 경우에는 세금계산서미발행 가산세가 적용된다.[96)]

(2) 주민등록번호로 발급된 세금계산서의 수정발급 요령

사업자가 세금계산서를 발급한 후 그 기재사항 중 사업자등록번호가 아닌 주민등록번호를 기재하여 착오 또는 정정사유가 발생한 경우에는 수정세금계산서를 수정하여 교부할 수 있다. 다만, 이 경우 공급받는 자가 사업자등록을 하기 전에 공급받는 자의 주민등록번호를 기재하여 교부한 세금계산서에 대하여는 사업자등록번호로 수정한 세금계산서를 교부할 수 없다.[97)]

(3) 주민번호 중 일부를 미기재한 경우

재화 또는 용역을 공급받는 자가 사업자가 아닌 개인인 경우에는 사업자등록번호에 갈음하여 공급받는 자의 주소·성명 및 주민등록번호를 정확히 기재하여야 하는 것으로, 부동산임대업을 영위하는 사업자가 사업자가 아닌 자에게 임대용역을 공급하고 주민등록번호를 기재하여 세금계산서를 교부하고 있으나 공급받는 자의 요구에 따라 주민등록번호의 뒷자리를 *******로 표기하여 교부하는 경우 매입세액을 공제받을 수 없는 것이고 세금계산서를 교부한 사업자에 대하여는 세금계산서 불성실가산세가 적용된다.[98)]

(4) 사업자와 거래 시 주민번호를 기재한 세금계산서를 발행한 경우

청구법인은 거래상대방이 축산업자로서 계속적인 거래관계를 유지해 오고 있으며, 거래의 규모나 횟수 등으로 보아 사업자등록을 한 것을 알면서도 이에 관하여 사업자등록번호를 알아내어 이를 기재하려는 어떤 구체적인 노력을 기울인 바 없이 주민등록번호를 기재하여 세금계산서를 교부한 것에 불과하여 청구법인은 공급자로서의 주의의무를 다하였다고 인정할 수 없고, 청구법인이 사업자등록증을 교부받은 사업자와 거래하고 세금계산서는 사업자등록번호 대신 주민등록번호를 비고란에 기재하여 발행함으로써 거래상대방에게 대한 과세자료 은닉 및 유통질서 문란을 초래하여 세금계산서 발행목적에 위배하였다 할 것이므로, 처분청이 청구법인에게 세금계산서기재 불성실가산세를 적용하여 이 건의 부가가치세를 부과한 당초 처분은 달리 잘못이 없다고 판단된다.[99)]

---

96) 부가46015-19, 2001.01.05

97) 서면-2017-부가-2417[부가가치세과-2855], 2017.12.26

98) 부가46015-938, 1998.05.08. 서면3팀-1378, 2005.08.26

99) 감심99-344. 1999.11.16, 국심97전1145, 1998.12.02. 심사부가2000-0232, 2000.12.22

(5) 면세사업자의 주민등록기재분세금계산서에 대한 가산세 부과처분 부당

「부가가치세법」 제22조 제3항 제2호에 의하면, 사업자가 제출한 매출처별세금계산서합계표의 기재사항 중 '거래처별 등록번호'나 공급가액의 전부 또는 일부가 기재되지 아니하거나 사실과 다르게 기재된 때에는 그 공급가액에 대한 가산세를 부담하도록 규정하고 있는 바, 이와 같은 합계표부실기재 가산세의 주된 목적은 부가가치세 과세권의 행사와 조세채권의 실현을 용이하게 하기 위하여 납세의무를 지는 사업자에게 그 기재사항을 사실대로 정확하게 기재하여 과세관청에 제출할 의무를 부과하는 데에 있음을 감안하면, 여기서의 '거래처별 등록번호'는 특별한 사정이 없는 한 「부가가치세법」상 사업자등록에 의하여 교부받은 등록번호라고 해석하여야 할 것이고, 한편 부가가치세의 납세의무가 없는 면세사업자는 「부가가치세법」상의 사업자등록의무도 없다고 할 것이므로 면세사업자가 사업자등록신청을 하여 등록증을 교부받았다고 하더라도 이는 「소득세법」상의 사업자등록을 한 것이거나 「부가가치세법」상의 고유번호를 받은 것으로 볼 수 있을 뿐 「부가가치세법」 소정의 사업자등록을 한 것이라고는 볼 수 없는 것이어서, 결국 면세사업자의 고유번호 또는 「소득세법」상 등록번호는 위 규정에서 말하는 '거래처별 등록번호'에 해당한다고 할 수 없다. 따라서 부가가치세 면세사업자에 대한 공급분에 관하여 매출처별세금계산서합계표를 제출함에 있어 당해 면세사업자의 고유번호 대신 주민등록번호를 기재하였다고 하더라도 합계표부실기재 가산세의 부과대상에 해당하지 않는다.[100)]

11. 관세환급금에 대한 세금계산서 발급[101)]

① 사업자가 수입원재료를 사용하여 제조 또는 가공한 재화를 내국신용장에 의하여 수출업자에게 공급하고 수출업자로부터 해당 수입원재료에 대한 관세환급금을 받는 경우 해당 관세환급금은 대가의 일부로서 영세율 과세표준에 산입되므로 세금계산서를 발급하여야 한다.

② 내국신용장에 의한 재화의 공급 시 공급대가에 포함된 관세환급금 상당액이 나중에 수출업자가 세관장으로부터 환급받은 관세환급금과 같지 아니하여 그 차액을 정산하는 경우에는 해당 금액이 확정되는 때에 수정세금계산서를 발급한다.

12. 지로영수증 등에 의한 세금계산서 발급(부령 67 ④)

(1) 개요

원칙적으로 세금계산서는 법정서식을 사용하여야 하나 다수의 거래처를 상대로 소액의 반복적 거래를 하는 사업자가 국세청장에게 별도의 세금계산서 서식을 신고하고 이를 사용하는 경우 예

100) 대법원2002두10032, 2003.12.26

101) 부가집 32-67-4

외적으로 세금계산서를 발급한 것으로 인정한다.

(2) 신고방법

① 공문형식에 의해 신고(우편접수 및 방문접수 가능)– 국세청 주소 : 세종특별자치시 국세청로 8-14 국세청(우편번호 30128)

② 수신처 : 국세청장 (참조 : 전자세원과장)

③ 제목 : 세금계산서 서식 신고

④ 첨부할 서류

㉠ 사용할 세금계산서 서식 견본(지로영수증 견본)

㉡ 사업자등록증 사본

㉢ 회사업무 소개서 : 회사연혁, 주요업무, 거래처 현황, 월 세금계산서 발급량, 세금계산서 서식신고 목적 등

(3) 지로영수증에 반드시 기재되어야 할 사항

① 공급하는 사업자의 등록번호와 성명 또는 명칭

② 공급받는 자의 등록번호. 다만, 공급받는 자가 사업자가 아니거나 등록한 사업자가 아닌 경우에는 고유번호 또는 공급받는 자의 주민등록번호

③ 공급가액과 부가가치세액

④ 작성연월일

(4) 효력의 발생

승인사항이 아니므로 신고한 서식의 내용이나 형식이 정확한 경우 신고 이후 사용할 수 있다(신고로서 효력 발생) ☞ 국세청에서는 신고일부터 10일 이내에 정상적 신고 여부를 공문으로 회신하고 있으며, 신고된 지로영수증이 세금계산서로서의 요건을 갖추지 못하였을 경우 보완할 사항을 안내하고 있다.

(5) 유의할 사항

① 기재사항을 모두 기재하여 발행한 경우

국세청장에게 신고한 서식에 공급받는 자, 등록번호 등의 기재사항을 모두 기재하여 발행한 경우 세금계산서를 발급한 것이므로 부가가치세 신고 시 반드시 매출처별세금계산서합계표에 작성하여 제출하여야 하며(무신고 시 가산세 부과됨) 거래상대방에게도 세금계산서라는 사실을 주지시켜 거래상대방이 부가가치세 신고 시 매입처별세금계산서합계표에 기재하여 매입세액 공제를 받을 수 있도록 해야 한다.

② 신고한 서식을 사용하더라도 공급받는 자의 등록번호 등을 기재하지 아니한 경우

신고한 서식을 사용하더라도 공급받는 자의 등록번호 등을 기재하지 아니한 경우에는 세금계산서가 아닌 영수증을 발행한 것이므로 본인은 부가가치세 신고 시 기타 매출로 신고하여야 하는 것이며 거래처는 매입세액공제를 받을 수 없다.

13. 건설공사 보증시공

(1) 부도로 인한 건설공사 보증시공의 경우 세금계산서 교부

건설업자(을)가 재건축조합(갑)과 시공계약을 체결하고 건설공제조합(병)과는 보증시공 이행약정을 체결하여 건설용역을 진행하던 중 "을"의 부도로 공사가 중단되어 "병"이 보증시공이행을 위하여 다른 건설업자(정)을 승계시공자로 선정하여 건설용역을 제공하는 경우 세금계산서 교부는 "정"은 "병"에게 세금계산서를 교부하고 "병"은 "갑"에게 세금계산서를 교부하여야 한다.[102]

(2) 공사보증자가 원도급자를 대신하여 건설용역 제공 시 세금계산서 교부방법

발주자와 도급자 간에 건설공사계약을 체결하고 도급자가 부가가치세가 과세되는 건설용역을 제공하던 중 도급자의 부도로 발주자, 도급자, 당해 공사 보증시공자 3자 합의하여 당해 보증시공자가 미공사된 부분에 대한 건설용역을 공급하는 경우 도급자와 보증시공자는 각각 자기가 공급한 건설용역에 대하여 세금계산서를 교부하여야 한다.[103]

(3) 하수급자의 부도로 하수급 보증인이 미시공 잔여공사를 이행하는 경우 과세표준

하도급공사에 있어서 하수급자의 부도로 하수급보증인이 미시공 잔여공사를 이행하는 경우 하수급보증인은 잔여공사가액 전액을 과세표준으로 하여 「부가가치세법」 제9조의 규정에 의한 공급시기에 세금계산서를 교부하여야 한다. 이 경우 하수급자가 원수급자로부터 받은 선수금에 대하여 세금계산서를 교부한 후 건설용역제공이 이루어지지 아니하여 선수금잔액이 있는 경우 당해 선수금잔액에 대하여는 하수급자가 원수급자에게 감액수정세금계산서를 교부하여야 한다.[104]

(4) 하도급자가 제공한 용역 대가를 발주처로부터 지급받는 경우 세금계산서 교부 여부

원도급자로부터 하도급공사계약에 의하여 건설공사용역을 하도급받은 사업자가 당해 공사용역 제공에 따른 세금계산서를 원도급자에게 교부하였으나, 하도급 공사대금 전부 또는 일부를 지급받지 못하여 발주처로부터 당해 공사대금을 직접 지급받는 경우에도 하도급자는 발주처를 공급

---

102) 부가가치세과-3320, 2008.09.29
103) 부가46015-2426, 1998.10.29
104) 부가46015-2768, 1997.12.09

받는 자로 하여 세금계산서를 교부할 수 없다.[105)]

(5) 3자 간 건설용역에 대한 공급받는 자 지위승계를 합의한 경우 세금계산서 교부방법

건설업을 영위하는 사업자 "갑"이 사업자 "을"에게 건설용역을 공급하던 중 공급시기가 도래하기 전에 사업자 "을"이 다른 사업자인 "병"에게 사업의 양도를 하고, 사업자 "갑", "을", "병" 3자 간에 당해 건설용역에 대한 공급받는 자 지위승계를 합의한 경우로서 당해 건설용역의 공급시기가 사업자 "을"과 사업자 "병" 간의 사업의 양도·양수 후 도래하는 경우에는 그 도래하는 공급시기에 사업자 "갑"은 사업자 "병"에게 세금계산서를 교부한다.[106)]

(6) 원매수인의 매수인지위 승계 시 세금계산서 교부방법

"갑"이 토지·건물을 "을"에게 매도하기로 계약한 후 "을"로부터 계약보증금을 지급받았으나, 공급시기가 도래하지 아니하여 세금계산서를 발급하지 아니한 경우로서, "을"이 "병"에게 동 토지·건물의 구입과 관련된 권리와 의무 일체를 양도하기로 하고 "을"은 "갑"에게 지급한 계약보증금을 "병"으로부터 지급받고 잔금은 "병"이 "갑"에게 지급하기로 한 "갑"·"을"·"병" 간에 매수자 지위 양도·양수에 관한 계약을 체결한 경우, 토지·건물을 공급하는 "갑"은 변경된 계약내용에 따라 "병"에게 세금계산서를 발급해야 하는 것이며, 이 경우 "을"은 "병"으로부터 지급받은 계약보증금에 대해서는 세금계산서를 발급하지 않는다.[107)]

14. 거래형태별 세금계산서 발생

(1) 중간지급조건부 계약

1) 공사의 계약이 중간지급조건부로 변경된 경우

변경도급계약서에는 중단되었던 쟁점공사의 재개, 도급금액 증액, 추가 중도금 및 잔금·부가가치세 지급시기 등 계약의 변경내용과 그 대가의 각 부분을 받기로 한 때가 구체적으로 명시되어 있고, 청구법인이 ○○지방법원 ○○지원에 제출하였던 조정신청서에는 도급인이 그 가족들과 함께 변경계약서를 작성하였다고 기재되어 있는 점, 공사대금 관련하여 2013.4.30. ○○지방법원 ○○지원 민사합의부는 변경도급계약서 계약조건에 따라 도급인은 청구법인에게 공사잔대금 ○○○백만원을 지급하라고 결정한 점, 청구법인은 변경도급계약서에 기재된 변경도급금액을 공급가액으로 하여 매출세금계산서를 발행한 점 등에 비추어 2011.10.24. 작성된 건설공사 변경도급계약서는 쟁점공사 당사자 간에 협의하여 작성한 계약서로서 이에 따라 쟁점공사는 중간지급조건부 공사계약으로 변경되었다 할 것인 바, 변경계약일 2011.10.24. 이전에 이미 지급

105) 부가가치세과-1822, 2008.07.07
106) 부가46015-2285, 1998.10.10
107) 법규부가2014-69, 2014.03.14

한 ○○○백만원은 변경계약일, 변경계약일 이후에는 대가의 각 부분을 받기로 한 때가 각각의 공급시기라 할 것이다.[108]

2) 미분양아파트를 “분양대금 분납제”를 통하여 공급하는 경우[109]

① 사실관계

- 당사는 아파트를 신축분양하는 건설회사로 미분양아파트에 대하여 원활한 공급을 위하여 아래와 같이 “분양대금 분납제”를 실시하고자 함
- 계약금과 입주잔금(1차중도금)이 납부되면, 실입주와 소유권 이전이 이루어지며 2년 후 나머지 금액을 분할하여 납부하는 것임

총매매대금	계약금	입주잔금 (1차중도금)	2차중도금	3차중도금	잔금
	2009.3.12	2009.4.23	2011.4.23	2011.10.22	2012.4.22
280,000	10,000	90,000	60,000	60,000	60,000

② 질의사항

위와 같이 재화를 공급하는 경우 재화의 공급시기를 언제로 보아야 하는지 여부

③ 회신

사업자가 계약금과 1차중도금을 지급받은 후 아파트를 인도하고 나머지 중도금과 잔금을 3년에 걸쳐 분할하여 지급받기로 한 경우, 계약금과 1차중도금의 공급시기는 재화가 이용 가능한 때가 되는 것이며, 나머지 중도금과 잔금의 공급시기는 대가의 각 부분을 받기로 한 때가 된다.

3) 중간지급조건부 기간 중 거래상대방의 폐업으로 당초 계약이 취소된 경우

사업자가 완성도기준지급 또는 중간지급조건부로 재화 또는 용역을 공급받기로 약정하고 계약금에 대한 세금계산서를 교부받아 매입세액으로 공제받았으나, 거래상대방의 폐업으로 당초 계약이 취소되어 재화 또는 용역을 공급받지 못한 경우에는 그 사유가 발생한 때가 속하는 과세기간에 당초에 공제받은 매입세액을 납부세액에 가산하여 정부에 납부하여야 한다.[110]

4) 계약의 변경이 없어도 중간지급조건부 거래로 보아 변경된 공급시기 적용은 부당

부동산을 분양하는 사업자가 중간지급조건부에 해당하지 아니하는 부동산 공급계약을 체결하였으나 계약의 변경 없이 공사지연 등의 이유로 계약금을 받기로 한 날의 다음 날부터 부동산을 이용 가능하게 하는 날(잔금지급일)까지의 기간이 6개월 이상이 되는 경우, 해당 부동산의 공

108) 조심2014광1922, 2014.06.30
109) 부가가치세과-875, 2009.06.25
110) 재소비46015-36, 1995.02.07

급시기는 수분양자가 부동산을 이용 가능하게 되는 때가 된다(중간지급조건부계약 인정하지 않음).[111]

5) 상가를 분양하면서 입주시기에 일괄로 발행한 세금계산서를 공급시기가 사실과 다른 세금계산서로 보아 부가가치세 매입세액을 불공제한 처분 타당

이 건은 쟁점상가의 공급시기를 판단함에 있어 쟁점상가가 완공되기 전에 수분양자들이 납입한 쟁점납입액을 선급금으로 보아야 할 것인지 아니면 중도금으로 보아야 할 것인지에 대한 다툼인 바, 쟁점상가의 상가분양설명서와 청구법인이 ○○○ 제출한 공문(○○○주상복합 대금납부방법 변경')상 대금 지급방법이 모두 수분양자들이 당초 환급청구 시 처분청에 중도금계약서의 내용과 같이 계약금 10%, 중도금(3차) 30%, 잔금 60%로 되어 있고, 일반적인 선급금과는 달리 이 건의 경우에는 쟁점상가의 수분양자 전체가 일률적으로 계약금을 제외한 잔금 중 총공급가액의 30%에 해당하는 금액을 3회에 걸쳐 10%씩 납입한 점, 통상 2년이 넘는 장기 공사의 경우 시행사는 자금상황의 예측가능성을 높이고 시공사에게 공사용역비 지급을 원활히 하기 위하여 현금유입이 확보되는 중도금납입 조건의 계약이 일반적이라는 점, 잔금 지급시점에 선납된 분양대금에 대한 할인료를 잔금에서 차감하고 납입하게 하지 않고 잔금을 전액 통장으로 지급받고 추후에 선납할인료를 현금으로 돌려주었다는 것은 일반적인 상거래 관습에 비추어 쉽게 납득하기 어려울 뿐만 아니라, 수분양자 중 일부는 정산서상의 금액과 다른 금액을 기준으로 정산된 것으로 기재된 점 등에 비추어 잔금의 일부를 선납받은 것에 대하여 할인료를 현금으로 정산하였다는 청구주장을 받아들이기 어렵다 할 것이다. 따라서, 처분청이 쟁점상가 거래를 중간지급조건부 재화의 공급에 해당되는 것으로 판단하고, 청구법인이 각 수분양자별로 잔금 지급시점에 분양대금 전체 금액에 대하여 1매로 발행한 세금계산서를 공급시기가 사실과 다른 것으로 보아, 중간지급조건부 거래에 따른 공급시기별로 구분하여 청구법인에게 이 건 부가가치세를 부과한 처분은 잘못이 없는 것으로 판단된다.[112]

(2) 완성도기준지급조건부

1) 신축건물의 사용승인일 후에도 건설용역을 제공하는 경우[113]

① 공급시기

건설업을 영위하는 사업자가 완성도기준지급조건부로 용역을 제공하면서 건축주와 합의하여 당초 계약을 변경하는 경우, 변경계약 이전에 이미 대가의 각 부분을 받기로 한 때가 도래한 경우 그날이 공급시기가 되는 것이며 변경계약일 이후에는 변경된 계약에 따라 대가의 각 부

111) 법규부가2013-548, 2014.01.02
112) 조심-2014-광-4484, 2015.04.20
113) 법규부가2014-512, 2014.11.17

분을 받기로 한 때가 공급시기가 되는 것이며, 신축건물에 대한 사용승인일 이후에 단순한 하자보수나 추가공사가 아닌 마무리공사가 계속되는 경우 해당 사용승인일은 역무의 제공이 완료되는 날에 해당하지 아니하는 것이고, 실제로 공사가 완성된 때가 역무의 제공이 완료되는 때로 한다.

② 공급가액 산정

계약을 변경하여 공급시기가 도래하지 아니한 대가의 각 부분을 감액하는 경우 감액한 후의 금액을 공급가액으로 세금계산서를 발급하는 것이며, 계약의 변경 없이 받기로 한 대가보다 적게 받는 경우 받기로 한 대가를 공급가액으로 세금계산서를 발급한다.

2) 발주자의 기성확인을 거친 후에 공사대금을 수령하기로 한 경우

'통상적인 공급'의 경우 공급시기가 '역무의 제공이 완료되는 때'이나, '완성도기준지급 또는 중간지급조건부 건설용역'의 공급시기는 공급계약서상 특정내용에 따라 당해 건설용역에 대하여 검사를 거쳐 대가의 각 부분의 지급이 확정되는 경우에는 검사 후 대가의 지급이 확정되는 때라 할 것인 바, 쟁점공사의 업무계약서 등에서 공사대가는 발주자의 기성확인을 거친 후에 지급하는 것으로 되어 있고 청구법인이 19회에 걸쳐 공사기성고에 따라 공사대가의 각 부분을 받은 것으로 나타나므로 쟁점공사는 '완성도기준지급조건부 용역'에 해당한다고 보이며, 지급일이 명시되지 않은 경우 공사기성고가 결정되어 대금을 지급받을 수 있게 된 날이 공급시기이므로, 쟁점세금계산서와 관련하여 계약조건에 따라 발주자가 기성을 확인하고 공사대금 지급 여부가 확정된 날을 공급시기로 봄이 타당하다 할 것이다.[114)]

3) 공급시기 이후에 과세기간을 달리하여 수취한 세금계산서

청구인은 쟁점건축공사가 계약금을 지급하기로 한 날부터 잔금을 지급하기로 한 날까지의 기간이 6월 이내인 중간지급조건부 건설용역에 해당하므로, 쟁점건축공사의 「부가가치세법」상 공급시기를 역무의 제공이 완료된 때인 사용승인일(2012.10.29.)로 보아 세금계산서 발행시기의 당부를 판단하여야 한다고 주장하나, 쟁점건축공사는 용역의 공급이 완료되기 전에 계약금 외의 대가를 분할하여 지급받고, 계약금을 지급받기로 한 날부터 용역의 제공이 완료되는 날까지의 기간이 6개월 이상이므로 중간지급조건부로 용역을 제공받았다고 보거나, 또는 쟁점건축공사 도급계약서상 대금지급은 월1회 기성율에 따라 지급한다고 기재되어 있고, 쟁점거래처가 2011.11.15. 계약금을 지급받은 후 2012년 2월부터 9월까지 총 6회에 걸쳐 기성청구서에 의하여 공사대금의 지급을 요청하고, 그에 따라 기성청구한 금액이 청구 후 14일 이내에 쟁점거래처에 지급된 것으로 확인되므로 완성도지급기준으로 용역을 제공받았다고 볼 수 있으므로, 쟁점건축공사 용역제공에 따른 세금계산서 발급시기는 대가의 각 부분을 받기로 한 때라고 할 것

114) 조심-2013-중-4724, 2015.03.24

이다. 따라서, 쟁점매입세금계산서는 대가를 지급한 날이 속하는 과세기간 이후에 수취한 것으로 나타나므로, 처분청이 쟁점매입세금계산서는 공급시기가 속하는 과세기간 이후에 발급되었다 하여 관련 매입세액을 불공제한 것은 잘못이 없다고 판단된다.[115]

(3) 검수조건부 계약

1) 개요

「부가가치세법」상 재화의 공급시기는 통상적으로 재화가 인도되는 때인 것이며, 검수조건부 재화의 공급일 경우에는 당해 재화의 검수가 완료되는 때로 한다.[116]

2) 검수완료 이전에 대가의 지급 없이 교부받은 세금계산서

쟁점설비는 부가가치세를 포함하여 ○○○백만원에 달하는 고가로서 이러한 고가의 기계설비 장치는 검수 및 시운전 완료 후 공급이 확정되는 것이 일반적으로, 쟁점계약상 ○○○플러스가 쟁점설비를 제작한 후 청구법인의 사업장에 설치 시운전을 마친 후에 잔금의 일부를 지급하고, 검수완료를 기준으로 보증품질 1개월 이상 유지 시 익월 말로 나머지 잔금을 지급하도록 되어 있을 뿐만 아니라(제2조 계약금액 및 지불조건), ○○○플러스는 청구인이 지정하는 장소에 물품을 인도하고 청구인이 지정하는 검수인의 시운전 검사를 받아 합격되어야 하며, 설치 시운전에 이상이 없다는 청구법인의 승인을 득한 후 청구법인의 거래명세서에 의한 입고절차를 마쳐야 납품완료된 것으로 간주되고, 청구법인의 검사에 합격하지 못한 때에는 지체 없이 이를 보수 또는 개조하여 다시 검사를 받아야 하며, 장비의 시운전 완료 후 검수 sheet를 통하여 검수를 진행하여야 하고(제13조 검수 및 납품), 계약물품 납품 후 검수 합격일로부터 12개월간 그 성능을 보장하여야 하며, 보증기간 중 청구법인의 귀책사유가 아닌 제작상 결함으로 인한 모든 하자에 대하여 무상으로 보수 및 대체하여야 하고, 장비검수를 마친 날로부터 계약서에 정한 하자담보책임기간 중 당해 장비에 발생하는 일체의 하자를 보수하여야 하며(제17조 하자보증), 납품된 물품이 설계도 또는 시방서에 적합하지 못하거나 구매사양에 적합하지 못할 때 청구법인은 언제라도 일방적으로 계약의 일부 또는 전부를 해지할 수 있다(제18조 계약의 해제 또는 해지)고 약정한 점 등을 종합하여 볼 때, 쟁점계약은 공급받는 자의 검수를 필수적인 인도조건으로 하는 재화의 공급으로 검수조건부에 해당한다 할 것이어서, 검수완료 이전에 대가의 지급 없이 교부받은 쟁점매입세금계산서는 사실과 다른 세금계산서로 볼 수 있는 것으로 판단된다.[117]

115) 조심2013서3891, 2013.12.18
116) 서삼46015-10635, 2001.11.08
117) 조심2013전4356, 2013.12.30

15. 화물운송 주선의 경우 세금계산서 발급

운송주선용역을 공급하는 사업자가 불특정다수인의 화주와 운송위탁계약을 체결하여 화주로부터 화물·운임 및 주선수수료를 받아 운수업자로 하여금 화물을 운송하게 하고 그 운임을 지불하는 경우 세금계산서의 발급은 다음과 같이 한다.[118]

① 운송주선사업자는 운송주선용역을 공급받는 자(화주 또는 운송업자)에게 운송주선용역의 대가인 수수료에 대하여 세금계산서를 발급하고 화물운송계약이 확정될 때에 운송업자의 명의로 화주에게 화물운송용역에 대한 세금계산서를 발급한다. 이 경우 화물운송주선업자의 등록번호를 비고란에 덧붙여 적는다.

② 화물운송업자는 화물운송주선업자가 화물운송업자의 명의로 세금계산서를 발급하지 아니한 경우에만 화주에게 세금계산서를 발급한다.

16. 재화 또는 용역의 대가로서 금전이 아닌 대물로 변제받은 경우

자기가 공급한 재화 또는 용역의 대가로서 금전이 아닌 대물로 변제받는 것은 재화와 재화, 재화와 용역의 교환거래에 해당되므로 자기가 공급한 재화 또는 용역에 대하여 공급받는 자에게 세금계산서를 발급하고, 공급받는 자는 대물변제하는 재화의 시가를 공급가액으로 공급자에게 세금계산서를 발급하여야 한다.[119]

17. 지방자치단체가 한국전력공사로부터 위탁받아 공사하는 경우

한국전력공사가 자신이 관리하는 전선의 유지보수를 위해 배전선로 부근의 가로수 가지치기 공사를 지방자치단체에 위탁하고 지방자치단체가 사업자에게 재위탁한 경우, 당 지방자치단체는 용역을 제공한 사업자로부터 발급받은 세금계산서에 적힌 공급가액의 범위 안에서 한국전력공사에 세금계산서를 발급할 수 있다.[120]

18. 국내사업장이 없는 외국법인과 공동기술개발 비용

국내에서 과세사업을 영위하는 사업자(갑 법인)가 국내사업장이 없는 외국법인(A법인)과 갑 법인의 사업장에서 공동으로 기술개발을 하면서 비용을 공동(50:50)으로 분담하고 개발결과물을 갑 법인과 A법인이 공동으로 소유하는 계약을 체결하고 이와 관련하여 국내의 다른 사업자(을 법인)로부터 재

118) 부기통 32-69-6
119) 부가집 32-69-1 ④
120) 부가-866, 2013.09.23

화 또는 용역을 공급받고 관련 세금계산서를 전부 갑 법인이 발급받는 경우 갑 법인이 발급받는 매입 세금계산서의 매입세액 중 자기지분(50%)을 초과하는 매입세액은 갑 법인의 매출세액에서 공제할 수 없는 것이며, 갑 법인이 A법인으로부터 공동비용 분담금을 지급받는 경우 A법인에 세금계산서를 발급할 수 없는 것이며 해당 분담금은 갑 법인의 부가가치세 과세표준에도 포함될 수 없다.[121)]

19. 지방자치단체가 인터넷쇼핑몰을 운영하면서 결제대행업체로부터 발급받은 세금계산서처리방법

결제대행업체가 쇼핑몰을 운영하는 지방자치단체와 쇼핑몰에 대한 결제대행계약을 체결하고 지방자치단체에게 결제대행수수료에 대한 세금계산서를 발급한 경우 지방자치단체는 발급받은 세금계산서에 기재된 공급가액의 범위 안에서 실지로 결제대행수수료를 부담하여야 하는 업체에게 세금계산서를 발급할 수 있다.[122)]

20. 부동산 신탁계약에 의한 위탁자와 도급자가 동일한 경우

「신탁법」에 의하여 신탁회사에 토지의 소유권을 이전하고, 신탁회사가 건설업자에게 도급을 주어 건물을 신축하는 경우, 당해 건설업자는 토지소유자에게 세금계산서를 교부(비고란에 신탁회사 명의를 부기함)하는 것이나, 당해 토지소유자와 건설회사가 동일한 경우에는 세금계산서를 교부하지 않는다.[123)]

21. 지입차량에 대한 세금계산서 발급

지입회사가 지입차주의 위탁을 받아 지입차량을 매입하는 경우에 지입회사는 차량공급자로부터 자기의 명의로 세금계산서를 발급받고 자기의 명의로 지입차주에게 세금계산서를 발급하여야 한다.[124)]

22. 하치장에서 인도되는 재화의 세금계산서 발급

사업자가 하치장으로 반출한 재화를 해당 하치장에서 거래상대자에게 인도하는 경우에 세금계산서는 그 재화를 하치장으로 반출한 사업장을 공급하는 자로 하여 발급하여야 한다.[125)]

---

121) 부가-970, 2012.09.24
122) 부가-421, 2013.05.14
123) 상담3팀-130, 2006.01.19
124) 부기통 32-69-1
125) 부기통 32-69-3

23. 임차인이 비용을 부담하여 건물을 증축하고 증축된 부분의 소유권을 임대인 명의로 하는 경우 세금계산서 발급방법 등

임차인이 임차할 예정인 건물을 자기 계산으로 증축한 후 임대인의 명의로 등기한 후 해당 건물(증축된 부분 포함)과 토지를 임대하는 경우, 임차인은 임대인에게 건물 증축비용을 공급가액으로 해당 증축 건물의 공급에 대하여 세금계산서를 발급하는 것이며, 임대인은 임차인에게 건물 증축비용을 임대차계약기간의 개월 수로 나눈 금액에 현금으로 수령하는 월임대료를 공급가액으로 부동산임대용역에 대하여 세금계산서를 발급하는 것이다. 임대인은 임차인으로부터 임대용역 개시 전에 증축된 건물을 이전받는 경우 선세금계산서를 발급할 수 있다.[126)]

24. 부동산매매업자가 영위하는 부동산임대업 건물을 매각하는 경우 세금계산서 발급

상가를 신축하여 분양하는 부동산매매업을 영위하는 사업자가 미분양으로 인하여 일시적으로 상가를 임대하면서 별도로 부동산임대업 사업자등록을 하고 부가가치세를 신고·납부하던 중 당해 상가가 분양된 경우에는 당초 부동산매매업을 영위하는 사업장의 명의로 세금계산서를 발급한다.[127)] 그러나 일시적 임대가 아니라 지점건물을 매각하는 경우에는 지점 명의로 세금계산서를 교부한다.[128)]

25. 복지포인트 결제 시 세금계산서 교부

인터넷쇼핑몰을 운영하는 사업자(갑)가 다른 사업자(을)와 임직원 전용 쇼핑몰 운영계약을 체결한 후, "갑"이 "을"의 임직원에게 재화를 공급하고 복지포인트에 해당하는 대금을 "을"의 신용카드(법인카드)로 지급받은 경우, "갑"은 "을"의 임직원에게 세금계산서 또는 영수증을 교부하여야 한다.[129)]

26. 음식점업자가 이동통신사와 제휴하여 회원에게 제공한 음식용역대가의 에누리액 중 일부를 지급받는 경우 세금계산서 교부 가능

음식점업을 영위하는 사업자가 이동통신사와 제휴하여 이동통신사 회원카드를 소지한 회원에게 음식용역을 제공하는 경우 음식용역의 공급가액에서 사전약정된 일정금액을 에누리하여 주고 그 에누리액 중 일부를 이동통신사로부터 받는 것은 당해 음식점업을 영위하는 사업자가 제공하는 음식용역과는 별개의 용역을 제공하고 받는 대가로 볼 수 있으므로 음식점업을 영위하는 사업자는 이동통신사에 세금계산서를 교부할 수 있다.[130)]

---

126) 서면-2015-법령해석부가-0496, 2015.06.18
127) 부가가치세과-848, 2013.09.17
128) 상담3팀-2885, 2006.11.22
129) 부가가치세과-1493, 2009.10.15
130) 서삼46015-10917, 2002.05.31

27. 국내사업장이 있는 외국법인과의 거래 시 세금계산서 발행 문제

(1) 국내사업장이 있는 외국법인과의 거래 시 국내사업장이 거래의 일부 업무를 수행하는 경우

사업자가 국내사업장이 있는 외국법인의 본사와 계약을 체결하고 당해 외국법인이 지정하는 국내의 다른 사업자에게 부가가치세가 과세되는 재화를 인도함에 있어 외국법인의 국내사업장이 당해 재화의 공급과 관련된 거래처의 알선·계약체결의 대행 등 거래의 일부업무를 수행하는 경우에는, 사업자는 외국법인의 국내사업장을 공급받는 자로 하여 세금계산서를 교부하는 것이며 당해 외국법인의 국내사업장은 국내의 다른 사업자에게 당해 재화의 공급과 관련된 세금계산서를 교부한다.[131)]

(2) 사업자가 외국법인과 거래로 수입세금계산서를 발급받았을 경우 외국법인 국내사업장의 세금계산서 발급 여부

사업자가 국내사업장이 있는 외국법인의 본사와 직접 기계장치(이하 "장비") 구입에 관한 계약을 체결하고 장비대금과 장비설치에 필수적으로 부수되는 용역대금을 합한 금액에 대하여 수입신용장을 개설하여 기자재를 수입하는 경우에 있어서 세관장이 장비대금 및 장비설치 용역대금을 합한 금액에 대하여 수입세금계산서를 교부한 때에는 외국법인의 국내사업장에서 해당 장비 설치 용역 부분에 대하여 세금계산서를 다시 발급하지 아니한다.[132)]

28. 공동지분 사용수익권 매각 시 세금계산서 발급방법

건설업을 영위하는 3개 법인이 지방자치단체로부터 지하공간개발용역을 공동으로 수주하여 완공 후 지방자치단체에 기부체납하고 동 지하시설물에 대하여 20년간 무상사용수익권을 취득한 경우로서 각 건설사별 지분 매각이 불가능하여 공동수급체의 대표사를 선정하여 동 무상사용수익권을 매각하면서 대표사가 매각대금을 일괄 영수하는 경우 세금계산서를 교부할 수 있는 것이며, 이 경우 동 매각대금에 대하여 공동수급체별로 매월 정산키로 한 경우에는 공동수급체의 구성원은 대표사에게 「부가가치세법 시행령」 제54조의 세금계산서 교부 특례 규정을 적용하여 세금계산서를 교부할 수 있다.[133)]

29. 호텔분양사업자가 수분양자에게 확정수익보장금 지급 시 세금계산서 발급방법

호텔을 신축하여 분양하는 사업자(갑)가 분양률 제고 및 분양 촉진을 위하여 위탁운영사(을)와 함께

131) 서삼46015-11237, 2002.07.27
132) 서면-2022-법규부가-0781 [법규과-244], 2023.01.26
133) 서삼46015-11810, 2003.11.20

10년간 분양대금의 8%에 해당하는 확정수익(이하 "확정수익금")을 보장하기로 하는 내용의 확정수익지급보증 계약을 수분양자와 체결하였고, 을은 확정수익금을 월별로 매월 정산하여 수분양자에게 지급하기로 하는 내용(운영수익금이 확정수익금을 초과하는 경우에도 초과운영수익금은 지급하지 아니함)의 호텔 위탁운영계약을 수분양자와 체결한 경우로서, 호텔 운영수익금이 확정수익금에 미달하는 경우 운영수익만큼은 을이 수분양자에게 지급하고, 그 차액은 갑이 수분양자에 지급하는 경우 수분양자는 을에게 확정수익금을 공급가액으로 하여 세금계산서를 발급한다.[134)]

30. 특수관계자 저가 공급 시 차액에 대한 세금계산서 발행 의무 없음

사업자가 그와 특수관계에 있는 자와 영세율 적용을 받는 과세거래를 함에 있어서 부당하게 낮은 대가로 물품을 공급한 것이 부당행위계산의 부인대상에 해당하는 경우, 정상적인 거래시가와 낮은 대가와의 매출차액에 대하여는 영세율이 적용되는 과세표준을 신고하여야 할 과세표준에 미달하게 신고한 셈이 되므로 영세율 과세표준 신고불성실가산세 부과대상이 된다고 할 것이지만, 제13조 제1항 제3호의 규정(부당행위계산부인 규정)은 부당하게 낮은 대가로 물품을 공급하는 자의 과세표준을 재계산하는 효력을 가지고 있을 뿐이고, 특수관계자와 사이에 적법·유효하게 성립된 법률행위의 사법상 효력을 부인하거나 실지 거래를 재구성하는 효력을 가지는 것은 아니라고 할 것이므로, 정상적인 거래시가와 낮은 대가와의 매출차액에 대하여 세금계산서를 교부할 의무가 있다고 보기 어렵고, 당사자 합의에 따라 실제거래금액을 공급가액으로 하여 교부된 세금계산서가 정상적인 거래시가를 공급가액으로 하지 않았다는 이유로 사실과 다른 세금계산서라고 할 수도 없다.[135)]

31. 수입통관 전에 선하증권(BL)을 양도한 경우

수입통관 전에 선하증권(BL)을 양도한 경우에는 부가가치세가 과세되므로 세금계산서를 교부하여야 하는 것이며 선하증권을 양도받은 사업자가 수입통관하는 때에는 세관장으로부터 수입세금계산서를 다시 교부받아야 한다.[136)]

32. 선하증권 재양도 시 세금계산서 발행 의무

사업자 "갑"이 수입물품에 대한 선하증권을 "을"에게 양도(수입물품이 보세구역에 도착하기 전에 양도하는 경우를 포함)하고 "을"이 다시 당해 선하증권을 "병"에게 양도한 후 선하증권의 최종소유자인 "병"이 수입물품을 통관하는 경우, "갑"과 "을"은 「부가가치세법」 규정에 따라 세금계산서를 교부한다.[137)]

134) 사전-2018-법령해석부가-0385, 2018.07.02
135) 대법원2002두1588, 2004.09.23
136) 부가46015-1641, 1998.07.28
137) 부가가치세과-1207, 2010.09.10

33. 제3자 적립마일리지 결제액에 대한 세금계산서 발행 요령

신청인이 이동통신회사와 「○○ 서비스 제휴계약」을 체결하여 「○○ 카드」를 휴대한 고객이 신청인의 편의점에서 재화 또는 용역을 구매하는 경우 구매금액의 15%를 할인하여 주고 할인금액을 신청인과 이동통신회사가 각각 40% : 60%로 분담하는 경우 신청인은 자기의 정상판매가격에서 고객에게 할인하여 준 금액을 뺀 후 이동통신회사로부터 지급받기로 한 금액을 더한 가액을 과세표준으로 하여 해당 고객에게 세금계산서 또는 영수증을 발급하는 것이며, 이 경우 고객에게 현금영수증 발급 시 기재하는 금액은 고객으로부터 '현금영수한 금액'이 된다.[138)]

34. 통신사업자(전자상거래사업자)의 세금계산서 발행

(1) 인터넷쇼핑몰 운영사업자에게 결제대행서비스를 제공하는 경우

대금결제시스템을 갖춘 사업자 갑이 인터넷쇼핑몰을 이용하여 재화 또는 용역을 공급하는 사업자 을과 계약에 의하여 을로부터 당해 재화 또는 용역을 공급받는 자인 쇼핑몰의 이용자로부터 신용카드를 통하여 대금을 결제받아 을이 공급한 재화 또는 용역의 공급에 대한 대가를 정산(갑이 을에게 제공하는 전자지불서비스에 대한 수수료를 차감)하여 을에게 지급하는 경우에 있어서 갑의 부가가치세 과세표준은 을에게 전자지불서비스를 제공하고 받는 대가(정산 시 차감하는 수수료)인 것이다. 이 경우 갑은 을에게 수수료에 대하여 세금계산서를 교부하여야 하며, 을은 재화 또는 용역을 공급받는 자인 당해 쇼핑몰의 이용자에게 세금계산서 또는 영수증을 교부하여야 한다.[139)] 한편, 통신판매업자가 「전기통신사업법」에 따른 부가통신사업을 영위하는 사업자가 운영하는 「전자상거래 등에서의 소비자보호에 관한 법률」에 따른 사이버몰을 이용하여 재화 또는 용역을 공급하고 그 대가를 부가통신사업자를 통하여 받는 경우에는 부가통신사업자가 해당 통신판매업자의 명의로 현금영수증을 발급할 수 있다(조특령 121조의 3 ⑫).

(2) 제조업자가 생산한 재화를 전자상거래에 의하여 직접 판매한 경우 영수증 교부 여부

제조업을 영위하는 사업자가 자기가 제조한 재화를 통신판매 형태 또는 전자상거래에 의하여 사업자가 아닌 최종소비자에게 직접 판매하는 경우 및 홈쇼핑사업자와 위수탁판매계약에 의하여 사업자가 아닌 최종소비자에게 판매하는 경우에는 영수증을 발급할 수 있다.[140)]

(3) 헬스운동기구판매자가 홈쇼핑사업자와 계약에 의하여 위탁판매 시 세금계산서 교부

헬스운동기구를 제조하여 판매하는 사업자(갑)가 홈쇼핑사업자(을)와의 위수탁판매계약에 의하

138) 법규부가 2011-031, 2011.02.11
139) 부가46015-2106, 2000.08.29
140) 서면3팀-303, 2006.02.16., 부가46015-1749, 1999.06.22

여 위탁판매하는 경우로서 최종소비자(병)가 헬스운동기구를 "을"에게 주문하고 대금을 입금하면 "을"은 수수료를 공제 후 대금을 "갑"에게 입금하며 "갑"은 자기가 제조한 당해 헬스운동기구를 "병"에게 직접 택배로 인도하는 경우 위탁판매의 경우에는 수탁자가 재화를 인도하는 때에 수탁자가 위탁자를 공급자로 하여 세금계산서를 교부하는 것이고 위탁자가 직접 재화를 인도하는 때에는 위탁자가 수탁자의 등록번호를 부기하여 세금계산서를 교부할 수 있는 것으로 위탁자가 수탁자에게 위탁판매할 재화를 위탁할 때에는 세금계산서를 교부할 수 없다.[141] 또한, 제조업을 영위하는 사업자가 자기가 제조한 재화를 통신 또는 전자상거래에 의하여 사업자가 아닌 최종소비자에게 직접 판매하는 경우에는 영수증을 교부할 수 있다.[142]

35. 하도급거래에 있어서 세금계산서의 발행 실무

(1) 일반적인 경우

하도급공사대금에 대하여는 하도급자인 을사업자가 원도급자인 갑사업자에게 세금계산서를 교부하고, 원도급자인 갑사업자는 당해 조경공사 전체대금에 대하여 발주자에게 각각 세금계산서를 교부하여야 한다.[143] 가령, 발주자를 "갑", 수급인을 "을", 하수급인을 "병"이라 했을 경우 발주자 갑은 수급인 을에게 80억원을 지급했을 때, 수급인 을은 발주자 갑에게 80억원에 상응하는 세금계산서를 발행하여야 하며, 수급인 을이 하수급인 병에게 40억원을 지급하는 경우 하수급인 병은 수급인 을에게 그에 상응하는 세금계산서를 발행하여야 한다.

(2) 하도급업자가 발주처로부터 공사대금을 직접 수령하는 경우

세금계산서는 계약상 또는 법률상의 모든 원인에 의하여 재화 또는 용역을 공급하는 사업자가 재화 또는 용역을 공급받는 자에게 교부하는 것으로, 원도급자로부터 하도급공사계약에 의하여 건설공사용역을 하도급받은 사업자가 당해 공사용역 제공에 따른 세금계산서를 거래시기에 원도급자에게 교부하였으나, 하도급공사대금 전부 또는 일부를 지급받지 못하여 발주처로부터 당해 공사대금을 직접 지급받는 경우에도 하도급자는 발주처를 공급받는 자로 하여 세금계산서를 교부할 수 없다.[144]

(3) 하도급업자가 도산하여 원도급업자로부터 공사대금을 받는 경우 세금계산서 발급 가능 여부

세금계산서는 계약상 또는 법률상의 모든 원인에 의하여 재화 또는 용역을 공급하는 사업자가 재화 또는 용역을 공급받는 자에게 교부하는 것으로, 원도급자로부터 하도급공사계약에 의하여 건

141) 서삼46015-10365, 2003.03.03., 부가46015-2394, 1998.10.23
142) 부가46015-1749, 1999.06.22
143) 서면3팀-331, 2005.03.09
144) 부가-1822, 2008.07.07

설공사용역을 하도급받은 사업자가 당해 공사용역 제공에 따른 세금계산서를 거래시기에 원도급자에게 교부하였으나, 하도급공사대금 전부 또는 일부를 지급받지 못하여 발주처로부터 당해 공사대금을 직접 지급받는 경우에도 하도급자는 발주처를 공급받는 자로 하여 세금계산서를 교부할 수 없다.[145)]

36. 공동도급공사 관련 세금계산서 발행 실무

(1) 개요

1) 의의

공동도급이란 공사·제조·기타 도급계약에 있어서 발주처와 공동수급체가 체결하는 계약으로서 1개의 사업현장에서 둘 이상의 사업자(공동수급체)가 각각 자기의 지분 또는 공동의 지분에 대하여 사업을 수행하는 형태를 말한다.

2) 사업자등록

원칙적으로 공동수급체는 공동사업자로 보지 아니하므로 사업자등록대상에 해당하지 아니한다.

(2) 매출세금계산서

1) 개요

공동수급체의 구성원 각자가 해당 용역을 공급받는 발주처에게 자기가 공급한 용역에 대하여 세금계산서를 발급하는 것이 원칙이나, 공동수급체의 대표사가 그 대가를 지급받는 경우에는 해당 공동수급체의 구성원은 각자 공급한 용역에 대하여 공동수급체의 대표사에게 세금계산서를 발급하고, 그 대표사는 발주처에게 세금계산서를 일괄하여 발급할 수 있다(부가집 32-0-4).

2) 공동계약 체결 후 실제 거래의 귀속이 한 사업자에게 귀속될 경우

건설업을 영위하는 A, B사업자가 공동으로 발주자와 공동계약을 체결하였으나 당해 거래의 귀속이 B사업자는 명의일 뿐이고 A사업자에게 사실상 귀속되는 때에는 A사업자를 납세의무자로 하여 세법을 적용한다.[146)]

3) 공동수급체 대표자가 구성원에게 재화 및 용역을 공급한 경우

건설업을 영위하는 2인 이상의 사업자(공동수급체)가 발주처로부터 건설공사를 공동으로 수주받아 각자의 책임과 계산하에 건설용역을 제공함에 있어 공동수급체의 대표자가 동 공사에 소

---

145) 부가가치세과-1354, 2011.10.31

146) 부가46015-109, 1995.01.13

요되는 재화 또는 용역을 구성원에게 공급하는 경우에 당해 재화 또는 용역의 공급에 대하여는 공동수급체의 대표자가 구성원에게 세금계산서를 발급하여야 하나, 동 공사에 소요되는 재화 또는 용역을 다른 사업자로부터 공급받고 공동수급체의 대표자가 세금계산서 또는 영수증을 교부받은 경우에는 당해 대표자가 세금계산서를 교부받은 분은 그 교부받은 세금계산서에 기재된 공급가액의 범위 안에서 세금계산서를, 영수증을 교부받은 분은 같은 방법으로 영수증을 각각의 지분비율에 따라 공동수급체의 구성원에게 교부할 수 있으며, 부가가치세가 과세되지 아니하는 공동비용에 대하여는 당해 대표자가 구성원에게 세금계산서를 교부할 수 없다.[147)]

4) 형식적인 공동도급의 경우

① 공동도급공사 이행 여부의 판단기준

법원은 공동도급공사의 공동수급체를 「민법」상의 조합이라고 판시[148)]하고 있어 대표사와 비주관사 사이에는 업무집행자와 조합원의 관계에 있는 바,[149)] 공동수급체는 조합이므로 공동수급체가 공동도급공사를 이행하였는지 여부도 조합의 구성원이 아닌 조합을 기준으로 판단되어야 하고, 조합이 공사를 이행한 것이 된다 할 것이고, 전 조합원이 대외적으로 연대책임을 지므로 대표사만이 공사를 이행한 것으로 볼 것이 아니라 조합의 구성원 전부가 공사를 이행한 것으로 보아야 한다.[150)]

② 공동수급자 간 이면약정의 효력

「국가를 당사자로 하는 계약에 관한 법률」 제25조에 근거하여 국가 등은 필요에 따라서 공동계약을 체결할 수 있고, 공동계약을 체결하는 경우 계약당사자 전원이 계약서에 기명·날인하여야 하므로 공동계약을 체결한 당사자 중 한 업체가 자신의 지분에 해당하는 공사의 시공을 다른 공동계약업체에 원가율약정(이면약정)을 하고 위임하는 것은 당사자 사이에만 효력이 있을 뿐이며, 원가율약정은 낙찰일로부터 약 6개월에서 2년 이후에 체결되고 있어 그 이전까지는 실행률약정에 의하여 집행되고 있으므로 원가율약정 이전의 행위에 대하여 입찰에 참여할 때부터 명의를 대여하기로 하였다고 볼 수 없을 뿐만 아니라, 발주자 및 공동수급체 간의 관계에 있어서 계약서상의 시공, 하자 담보책임 등 본 공동계약상의 용역 제공에 대하여 연대하여 채무를 부담하여야 하므로 공동계약의 당사자로서 지위를 부인하는 것은 어려움이 있다고 보인다.[151)]

③ 조세회피목적 유무의 판단

원가율약정은 공동수급체의 구성원으로서 법률상 의무는 그대로 보유한 채 공동수급체 구

147) 부가46015-4870, 1999.12.11
148) 대법원2004다7019, 2006.06.16, 대법원2000다68924, 2001.02.23
149) 대법원99다49620, 2000.12.12
150) 국심2006서3185, 2007.05.10
151) 심사부가2007-0011, 2007.03.30

성원들 사이에 내부관계를 약정한 것에 불과하며, 실행률약정이든 원가율약정이든 비용지출은 공사기성금에서 지출되므로 참여지분비율대로 지출된 것으로 보아야 하며, 발주처로부터 비주간사가 공사대금을 수령하면 공동도급계약운용요령(회계예규 2200.04-136-10, 2003.12.26.)에 의거 비주간사는 발주처에 세금계산서를 교부하고 주간사로부터는 공동도급계약에 의하여 공동수급체의 주간사가 하도급업자 등으로부터 교부받은 매입세금계산서에 대해 공동수급체 구성원에게 세금계산서를 교부할 수 있게 되어있으며, 또한 공동수급체가 재화 또는 용역을 공급받고 세금계산서를 공동수급체의 주간사가 교부받은 경우 당해 공동수급체의 주간사는 교부받은 세금계산서의 공급가액의 범위 내에서 재화 또는 용역을 실지로 사용·소비하는 공동수급체의 구성원을 공급받는 자로 하여 세금계산서를 교부할 수 있는 것(국세청 부가46015-1956, 1999.7.8.)이므로 각 거래과정에서 세금계산서 수수질서를 저해하거나 조세회피목적이 없다고 보여지므로 이러한 세금계산서를 사실과 다른 세금계산서로 보기도 어렵다고 판단된다.[152)]

④ 형식적인 공동계약에 의한 용역공급 시 세금계산서 발급방법

갑, 을 사업자가 「국가를 당사자로 하는 계약에 관한 법률」에 의한 공동계약을 발주자와 체결한 후에 을사업자가 갑사업자에게 공사지분에 대한 권리를 양도하고 그 대가(도급금액의 일정률의 지분이익금)를 받는 경우로서 실제 공사용역은 갑 사업자의 책임하에 갑사업자가 전부 발주처에 제공하는 경우에 세금계산서는 실질내용에 따라 갑사업자가 발주자에게 전액 교부하고 을사업자는 갑사업자로부터 받기로 한 대가에 대하여 갑사업자에게 교부하여야 하는 것이며, 이 경우 을사업자는 발주자에 대하여는 실지 용역의 제공이 없으므로 세금계산서를 교부할 수 없다.[153)]

5) 공동도급공사 관련 일부 구성원의 지분포기와 신규 참여 시 당해 지분의 공통원가 배분금액에 대한 세금계산서 발급방법

수 개의 건설회사가 공동이행방식으로 도급공사를 수행하던 중에 지분 참여회사 중의 일부가 자기의 지분을 포기하고 당해 지분을 새로운 참여회사에게 양도하는 때에는 당해 지분(당해 공사에 대하여 투입된 원가에 대한 미완성분)을 양도하고 받는 대가에 대하여 당해 지분을 양도하는 회사가 양수받는 회사를 공급받는 자로 하여 세금계산서를 교부하여야 한다.[154)]

6) 공동도급공사의 공사진행 차이분에 대한 세금계산서 발급 가능

「예산회계법」에 의한 공동도급계약에 의하여 건설용역을 공급하고 발주자에게 세금계산서를 교부한 후 실제 공사진행에 따른 각자의 공사진행 차이분을 공동수급인 간에 정산하기로 한 경우

152) 심사부가2007-0011, 2007.03.30
153) 부가46015-1742, 2000.07.22
154) 부가46015-2744, 1997.12.06

당해 공사진행 차이에 따른 정산금액에 대하여는 세금계산서를 교부할 수 있다.[155]

(3) 매입세금계산서

1) 공통매입에 관한 세금계산서

공동비용에 대한 세금계산서는 각각 발급받을 수 있는 경우에는 그 지분금액대로 각각 발급받을 수 있으며, 대표사가 전체를 발급받아 각 공동지분에 따라 나머지 구성원에게 세금계산서를 발급할 수 있다. 이 경우 발급한 세금계산서는 재화 또는 용역을 공급한 것이 아니므로 부가가치세 과세표준에 포함되지 아니하지만 세금계산서합계표는 제출하여야 한다(부가집 32-0-4).

2) 공동도급공사 공통매입세액 안분계산

공동도급계약에 의하여 과세·면세 건설용역을 공급하고 각 사업자들의 지분대로 세금계산서를 교부한 후, 공동수급사 간 실지 공사비율에 의한 차액 정산금액에 대하여 세금계산서를 교부함에 있어 각각 그 과세표준은 당해 공동도급공사의 전체 과·면세 공급비율을 기준으로 안분계산한다.[156]

(4) 수정세금계산서(기성 차이의 정산)

"갑"사와 "을"사 간에 공동이행방식(공동분담방식이 아님)으로 공사를 수주받아 "갑"사가 60%, "을"사가 40%의 지분으로 발주처와 60:40으로 계약체결하고 공사를 진행하여 준공하였고, 준공한 후 정산을 하니 "갑"사와 "을"사 간 공사준공금을 수령한 후 정산키로 합의하고, 공사대금을 각 사 지분비율대로 각 사의 통장으로 수령한 후 정산키로 합의하고, 공사대금을 각 사 지분비율대로 각 사의 통장으로 수령한 후 "갑"사는 "을"사로부터 추가 시공한 10%의 금액을 수령한 경우 하도급업체의 공통매입세액을 안분하여 교부하는 과정에서 원가안분을 계약비율이 아닌 정산비율에 맞추어 발행할 수 있는지 여부에 대하여,[157] 「예산회계법」에 의한 공동계약에 의하여 "갑", "을" 사업자가 건설용역을 제공함에 있어서 동 공사에 소요되는 공동비용에 대한 세금계산서를 대표사인 "갑"사업자가 교부받은 경우에는 당해 "갑"사업자는 "을"사업자에게 세금계산서를 교부하여야 하는 것이며, 「예산회계법」에 의한 공동계약에 의하여 건설용역을 공급하고 발주자에게 공동수급인의 지분대로 세금계산서를 교부한 후 실제 공사진행에 따른 각자의 공사진행 차이분을 공동수급인 간에 정산하기로 한 경우 당해 공사진행 차이에 따른 정산금액에 대하여는 세금계산서를 교부할 수 있다.[158]

---

155) 부가46015-235, 1995.02.04
156) 부가-2084, 2008.07.18
157) 서삼46015-10864, 2001.12.13
158) 서삼46015-235, 1995.02.04

(5) 주간사와 비주간사가 발행한 사실과 다른 세금계산서

공동도급계약 운용요령(회계예규2200.04-136-10, 2003.12.26.)에 따라 비주간사는 발주처에 세금계산서를 교부하고, 주간사가 교부받은 매입세금계산서상의 금액을 공동수급체 구성원들에게 다시 발행한 것은 사실과 다른 세금계산서의 교부로 볼 수 없다.[159]

참 고 **공동도급공사의 공동대표사(갑)의 부가가치세 신고방식**

- 도급금액 200억원
- 공동도급인 : 갑(70%), 을(30%)
- 대표회사 : 갑

① 선수금 수령 시(갑사) : 공동도급대표자가 세금계산서를 발행한 경우
  - 대표사가 선수금 20억원을 수령하고 일괄세금계산서 발행
  - 을로부터 지분 30%에 해당하는 6억원에 대한 매입세금계산서 수취

② 공사재료비에 대하여 공동매입으로 세금계산서 수취
  - 공사재료비 12억원(부가세 별도)을 공동수급체 대표사 갑이 매입세금계산서 수취
  - 을에게 지분 30%에 해당하는 3.6억원에 대한 매출세금계산서 발행

[수입금액 제외 내역]
- 공동수급체 구성원에게 분배하는 6억원
- 공동매입에 대하여 공동수급체 구성원에게 발행한 3.6억원

(6) 공동운영계약 체결 후 생산물을 각자의 지분비율대로 소유하기로 한 경우

「공동운영계약」을 체결하고 약정에 따른 분담업무를 각자의 책임과 계산으로 수행한 후 그 생산물을 각자의 지분비율대로 소유하기로 한 경우 해당 사업은 공동사업에 해당하지 아니하는 것이며, 이 경우 해당 사업과 관련하여 지분율만큼 각자의 기존사업자등록번호로 세금계산서를 수수하거나 「부가가치세법 시행령」 제69조 제15항을 준용하여 세금계산서를 발급받거나 발급받을 수 있다. 다만, 두 법인이 공동사업을 영위하는지 혹은 각각 독립적으로 사업을 영위하는지 여부는 당사자 간의 거래의 실질내용에 따라 사실판단할 사항이다.[160]

37. 공동사업 관련 세금계산서 발행

(1) 공동사업의 의의

"공동사업"이라 함은 그 사업이 당사자 전원의 공동의 것으로서, 공동으로 경영되고 따라서 당사

---

159) 심사부가2006-0134, 2007.03.30

160) 사전-2015-법령해석부가-0101, 2015.07.23

자 전원이 그 사업의 성공 여부에 대하여 이해관계를 가지는 사업을 말한다.[161]

(2) 공동사업자 구성원 중 일부에게 임대하는 경우 세금계산서 발급 여부

부부(夫婦)가 공동사업 약정에 따라 부동산임대업과 의료업을 영위하던 중 해당 사업에 사용하는 부동산의 소유지분 일부를 자녀 2명에게 증여하여 4명(부부 및 자녀 2명)이 부동산임대업 공동사업자(A)를 구성하게 된 경우, 해당 공동사업자(A)는 임대용역의 공급에 대하여 의료업 공동사업자(부부) 및 그 밖의 임차인에게 세금계산서를 발급하여야 한다.[162]

(3) 공동사업자가 그 구성원에게 재화를 공급하는 경우 세금계산서 발급 여부

2인의 공동사업자가 공동사업에 공하던 재화를 공동사업자 중 1인이 별도로 경영하는 사업에 공급하는 경우에는 당해 재화의 가액 전체를 공급가액으로 하여 세금계산서를 교부한다.[163]

(4) 공동소유 부동산 지분을 별도 사업에 사용하는 경우

공동명의로 취득한 사업용 건물의 소유지분 일부를 양도하고 새로 지분을 취득한 자와 공동으로 사업을 영위하는 경우에는 출자지분의 양도로서 재화의 공급에 해당하지 아니하는 것이나, 새로 지분을 취득한 자가 소유지분의 부동산을 공동사업에 공하지 아니하고 독립하여 별도의 사업을 영위하는 경우에는 재화의 공급에 해당되어 지분양도에 대하여는 당해 공동사업자의 명의로 세금계산서를 교부하여야 한다.[164]

38. 해외직송거래 시 선하증권을 단순교부한 경우 「부가가치세법」상 세금계산서 발급 여부

국내사업자(이하 '갑'이라 한다)가 국외사업자(이하 '을'이라 한다)로부터 매수한 물품을 국내사업자(이하 '병'이라 한다)에게 매도하는 계약을 체결하고, 갑은 을로부터 병 명의의 기명식 선하증권을 포함한 운송서류를 송부받아 병에게 교부하고 병이 해당 물품의 수입통관절차를 진행하는 사안에서, 갑의 병에 대한 동 선하증권의 교부는 세금계산서 발급대상이 되며, 이는 본건 회신일 이후 결정·경정하는 분부터 적용된다.[165]

39. 인허가조건 기부채납 시 세금계산서 발급 여부 등

○○경제자유구역의 개발사업 시행사 중 하나인 ◇◇공사(이하 "공사")가 □□택지지구 조성과 관련하여 ○○광역시 경제자유구역청(이하 "경제청")으로부터 인·허가를 받는 과정에서 시티타워 및 복

161) 국기통 25-0-2
162) 사전-2015-법령해석부가-0132, 2015.05.27
163) 부가가치세과-862, 2011.08.02
164) 서삼46015-10984, 2003.06.20
165) 기획재정부 조세법령운용과-418 , 2022.04.26

합용지기반시설(이하 "시티타워 등")을 건설하여 경제청에 기부채납하기로 약정한 경우로서, 공사가 경제청과 위수탁협약을 체결하여 시티타워 등을 건설할 사업자를 공모·선정하고 그 선정된 사업자는 공사가 기부채납하여야 할 시티타워 등을 건설하여 경제청에게 소유권이전등기를 하고 공사로부터 해당 건설비용 상당액을 지급받는 경우 공사는 위수탁협약에 따라 선정된 사업자로부터 교부받은 세금계산서를 근거로 경제청에게 세금계산서를 발급하지 않는 것이며, □□지구 개발사업을 수행하기 위해 시티타워 등을 건설하여 경제청에 기부채납하는 조건으로 인·허가를 득한 경우로서 기부채납에 상응하는 대가를 받지 아니한 경우 해당 기부채납에 대하여는 부가가치세가 면제되어 경제청에 세금계산서를 발급하지 않는 것이고, 시티타워 등을 건설한 사업자로부터 수취한 세금계산서 관련 매입세액은 □□지구 개발사업이 토지의 개발 및 공급 등으로 면세사업에 해당하는 경우 관련 매입세액은 공제하지 않는 것이나 부동산임대업 등 과세사업을 겸영하는 경우 관련 매입세액은 안분계산한다. 다만, 과세사업 관련 매입세액이 토지의 자본적 지출에 해당하는 경우에는 매출세액에서 공제되지 아니한다.[166)]

40. 골프장회원권 매도거래의 세금계산서 발급대상 여부 등

골프장을 운영하는 사업자(이하 "골프장 사업자")가 회원권거래소를 통해 기존 회원인 법인사업자가 보유하던 자사 골프장회원권을 이용목적이 아닌 소각목적으로 매입하여 소각한 경우 해당 골프장회원권의 매매거래에 대해 기존 회원인 법인사업자는 세금계산서를 발급해야 하는 것이며, 골프장 사업자가 발급받은 세금계산서의 매입세액은 골프장 사업자의 사업을 위하여 사용하였거나 사용할 목적인 경우 매출세액에서 공제하는 것이나, 사업과 직접 관련이 없는 지출의 경우 매출세액에서 공제되지 아니하는 것으로 사업과 관련이 있는지 여부는 사실판단할 사항이다.[167)]

41. 국유재산 위탁개발사업의 사업장 및 세금계산서 수수방법 등

「한국토지주택공사법」에 따른 한국토지주택공사(이하 "공사")가 「국유재산법」 제42조 및 제59조에 따라 국가로부터 국유재산의 개발 및 관리·처분사무를 위탁받은 경우 공사가 그 업무를 총괄하는 장소를 사업장으로 볼 수 있는 것이고, 공사가 업무를 총괄하는 장소를 사업장으로 볼 경우 해당 사업장을 기준으로 세금계산서를 수수할 수 있는 것이며, 공사가 해당 사업장을 기준으로 세금계산서를 수취한 경우 국가에 세금계산서를 별도로 발급하지 않는다. 그리고, 공사가 개발사업에 따라 조성된 토지 및 신축된 건물을 국가에 귀속하여 역무의 제공이 완료되고 그 공급가액이 확정되는 때 개발보수에 대한 세금계산서를 발급하는 것이며, 신축 건물의 시설유지 및 관리용역을 공급하고 매년 받기로 한 관리보수에 대하여는 그 대가를 받기로 한 때, 매년 초과수익의 일정률을 받기로 한 성과보수

166) 서면-2020-법령해석부가-4373 [법령해석과-3642], 2021.10.20
167) 서면-2021-법령해석부가-4560 [법령해석과-3279], 2021.09.23

는 그 가액이 확정되는 때 세금계산서를 발급한다.[168)]

42. 자동차제조사와의 업무위탁계약에 따라 충전기 설치 서비스를 제공함에 있어 공급받는 자가 누구인지 등

(1) 사실관계

- 질의법인(또는 "E사")은 전기자동차(이하 "전기차") 충전기 설치 · 판매 및 전기차 충전서비스를 운영하는 사업자로 전기차 제조·판매업체(이하 "제휴사" 또는 "H사")와 업무위탁계약을 맺고 질의법인의 전기차(△△△△) 구매고객에게 제휴사로부터 요청(업무위탁)을 받아 다음 중 하나의 서비스를 제공함 ☞ 서비스 A, B의 선택은 전기차 구매고객이 선택하여 제휴사와 전기차 구매계약 시 약정을 하며, 질의법인은 제휴사로부터 업무를 위탁받아 전기차 구매고객에게 다음 서비스를 제공함
- (A서비스) 질의법인은 제휴사와의 위탁에 따라 '개인용 충전기'를 제휴사의 전기차 구매고객에게 고객이 지정한 장소에 설치함 ☞ 개인용 충전기 판매대가는 제휴사가 지원(부담)(7kw 000,000원)하고, 설치수수료는 전기차 구매고객에게 별도로 청구(7kw 000,000원)하며 충전기 설치를 원하는 전기차 구매고객은 질의법인과 충전기 설치공사에 대한 계약서를 작성함
- (B서비스) 질의법인의 전기충전서비스를 이용할 수 있는 '선불권'(일정기간 내 고정된 금액의 충전서비스를 이용할 수 있음, 이하 "선불권")을 제휴사의 전기차 구매고객이 이용할 수 있도록 제공하고 질의법인은 제휴사로부터 선불권 액면가액(000,000원)보다 할인된 대가(000,000원)를 수취하며, 질의법인과 전기차 구매고객은 별도의 대금수수거래는 없음 ☞ 선불권은 제휴사가 전기차 구매고객에게 무상으로 지급
- 본건 서비스 흐름도는 다음과 같음

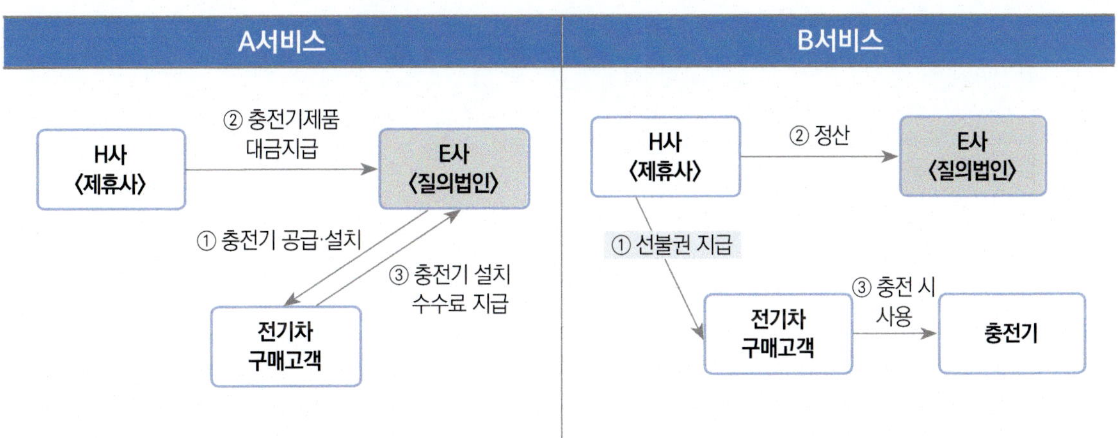

168) 서면-2020-법령해석부가-3750 [법령해석과-2741], 2021.08.09

(2) 질의요지

[질의1] 사업자가 제휴사와 체결한 업무위탁계약에 따라 제휴사의 구매고객에게 제공하는 전기자동차 충전기 설치서비스(이하 "A서비스")와 관련한 공급받는 자 및 공급가액

[질의2] 사업자의 전기차충전서비스를 이용할 수 있는 선불권을 제휴사의 구매고객에게 제공(이하 "B서비스")함에 있어 선불권이 부가가치세 과세대상인지, 선불권 사용 시 공급받는 자 및 공급시기

(3) 회신

[질의1] 전기자동차 충전기기 판매 및 충전서비스를 제공하는 사업자(이하 "사업자")가 전기자동차 제조 및 판매사(이하 "제휴사")와 업무위탁계약을 체결하고 제휴사의 구매고객에게 전기자동차 충전케어서비스를 제공함에 있어 사업자가 제휴사의 구매고객과의 개별계약에 따라 전기자동차 충전기를 공급 및 설치하면서 그 대가를 지급받는 경우 제휴사의 구매고객을 공급받는 자로 하여 지급받는 금액에 대해 세금계산서를 발급한다.

[질의2] 사업자가 전기자동차 충전서비스를 이용할 수 있는 선불권을 제휴사에 판매하고, 제휴사가 자기의 전기자동차 구매고객에게 선불권을 제공하는 경우 해당 선불권의 판매는 부가가치세 과세대상에 해당하지 아니하는 것이며, 사업자가 선불권에 의하여 제휴사의 구매고객에게 전기자동차 충전서비스를 제공하는 경우에 부가가치세가 과세되는 것으로 이 경우 해당 재화의 공급시기는 재화가 이용 가능하게 되는 때가 된다.[169]

169) 서면-2022-법규부가-0618 [법규과-2136], 2022.07.18

제4절 세금계산서 발급시기

I 원칙

세금계산서는 원칙적으로 재화의 공급시기에 발급하여야 한다. 이 경우 세금계산서의 교부라 함은 세금계산서를 발행하여 거래상대방에게 넘겨주는 것을 말하므로, 세금계산서를 우편에 의하여 발송하였으나 공급받은 자에게 도달되지 아니한 경우에는 정당하게 교부된 세금계산서로 볼 수 없다.[170)]

II 공급시기 이전에 발행하는 경우(선발행 특례)

1. 대가의 각 부분을 수령하면서 발급하는 경우

장기할부로 재화 또는 용역을 공급하거나 공급단위를 구획할 수 없는 재화 또는 용역을 계속적으로 공급하는 경우에는 거래시기를 엄격하게 적용하게 되면 대금청구 시에 세금계산서를 발급하지 못하게 되고 이에 따라 대금청구와 세금계산서 발급을 별도로 하게 되는 불편을 초래하게 된다. 따라서 장기할부판매, 장기할부조건부용역이나 공급단위를 구획할 수 없는 재화나 용역을 계속적으로 공급하는 경우에는 대해서는 대가를 받기 전에라도 세금계산서를 발급할 수 있으며 그 발급하는 때를 공급시기로 본다(부법 17 ④). 다만, 완성도기준지급 및 중간지급조건부의 경우 선발급 특례가 적용되지 않는다.

2. 공급시기 전에 발급하는 경우(선발행 세금계산서)

(1) 대가를 지급받고 동일 또는 다음 과세기간이 도래하기전에 선세금계산서를 발급하는 경우

공급대가를 미리 지급한 후 그 공급시기가 도래하기 전에 세금계산서를 교부받은 경우로 대금지급시기와 세금계산서 교부시기가 과세기간이 다르다 하여도 세금계산서 교부가 이루어진 시기를 공급시기로 보아 매입세액을 공제할 수 있다. 또한 재화 또는 용역의 공급시기가 되기 전에 대가의 전부 또는 일부를 받고 그 받은 대가에 대하여 세금계산서 또는 영수증(현금영수증, 신용카드 매출전표 포함)을 발급하는 경우, 세금계산서 발급하는 때를 공급시기로 본다. (부법 17①)[171)] ☞ 예) 대가수령 2024.1.20., 발급일 2024.3.31., 공급일 2024.7.1. ⇒ 발급일인 2024.3.31.을 공급시기로 본다.

---

170) 서삼46015-12247, 2002.12.27
171) 재부가-634, 2007.09.03

(2) 세금계산서 발급일로부터 7일 이내에 대가를 지급받는 경우

사업자가 재화 또는 용역의 공급시기가 도래하기 전에 세금계산서를 발급하고 그 세금계산서 발급일부터 7일 이내에 대가를 받으면 해당 세금계산서를 발급한 때를 재화 또는 용역의 공급시기로 본다(부법 17 ②). 이 경우 사업자가 받는 대가에는 현금 외에 수표, 어음, 신용카드, 전자화폐, 현물의 인도(양도) 등이 포함된다.[172)]

(3) 세금계산서 발급일부터 7일 경과 후 대가를 지급받는 경우

위 (2)에도 불구하고 대가를 지급하는 사업자가 다음 중 어느 하나에 해당하는 경우에는 재화 또는 용역을 공급하는 사업자가 그 재화 또는 용역의 공급시기가 되기 전에 세금계산서를 발급하고 그 세금계산서 발급일부터 7일이 지난 후 대가를 받더라도 해당 세금계산서를 발급한 때를 재화 또는 용역의 공급시기로 본다(부령 17 ③).

① 거래당사자 간의 계약서·약정서 등에 대금청구시기(세금계산서 발급일을 말한다)와 지급시기를 따로 적고, 대금청구시기와 지급시기 사이의 기간이 30일 이내인 경우

☞ 예) 발급일 2024.1.20., 지급시기 2024.2.19., 지급일 2024.2.10. ⇒ 발급일인 2024.1.20.을 공급시기로 본다.

② 재화 또는 용역의 공급시기가 세금계산서 발급일이 속하는 과세기간 내(공급받는 자가 조기환급을 받은 경우에는 세금계산서 발급일부터 30일 이내)에 도래하는 경우

☞ 예) 발급일 2024.3.31., 공급시기 2024.4.29.(조기환급) ⇒ 발급일인 2024.3.31.을 공급시기로 본다.

(4) 선발행세금계산서로 매입세액 불공제 후, 정당한 공급시기에 수취된 세금계산서는 정당함

사업자가 공급시기가 도래하기 전에 대가의 지급 없이 세금계산서를 발급받아 관할세무서장으로부터 경정 등에 의해 사실과 다른 세금계산서로 매입세액이 불공제된 후 정당한 공급시기에 세금계산서를 발급받은 때에는 이를 정당한 세금계산서로 본다.[173)]

(5) 선세금계산서를 수취한 경우 매입세액공제 가능

사업자가 공급시기가 도래하기 전에 대가를 지급하지 아니하고 세금계산서를 교부하여 매입세액이 공제되지 아니한 경우, 그 공급시기가 도래하여 세금계산서를 적법하게 교부받은 경우에는 매입세액공제가 가능하다.[174)]

---

172) 부가집 34-0-1 ④
173) 부가집 34-0-1 ⑤
174) 상담3팀-622, 2007.02.23

(6) 공급대가를 전자채권으로 지급한 경우 지급시기에 선세금계산서 발급 가능

「부가가치세법」 제9조 제3항 규정의 '그 받은 대가'에는 현금 외에 전자채권 등이 포함된다.[175]

참 고 **선발급세금계산서 시점별 매입세액공제 여부 판단 사례**

사업자 (주)윤스는 아래와 같은 방법으로 세금계산서를 발급받았다.

〈각 사례별 매입세액공제 여부 판단 기준〉

번호	대가 지급일	세금계산서 발급일	매입세액공제 여부	부연설명
1	2020.2.28.	2020.2.28.	공제	대가지급일과 세금계산세 발급일 일치
2	2020.2.28.	2020.3.31.	공제	대가지급일 이후 동일 과세기간에 세금 계산서 발급
3	2020.2.28.	2020.8.31.	공제	대가지급일 이후 다른 과세기간에 세금 계산서 발급
4	2020.7.7.	2020.6.30.	공제	발급일부터 7일 내에 대가 지급
5	2020.6.28.	2020.2.28.	공제 가능	발급일이 속한 과세기간에 공급시기가 도래하고 대가 지급

3. 작성연월일을 착오로 잘못 기재하여 발급한 경우

세금계산서를 발급하면서 작성연월일을 착오로 잘못 기재하여 발급한 경우로서 세금계산서의 다른 기재사항으로 보아 거래사실이 확인되는 경우에는 사실과 다른 세금계산서로 보지 아니한다.[176]

Ⅲ 공급시기 이후에 발행하는 경우(후발행 특례–월합계세금계산서)

1. 개요

다음의 경우에는 재화 또는 용역의 공급일이 속하는 달의 다음 달 10일(그날이 공휴일 또는 토요일인 경우에는 바로 다음 영업일을 말한다)까지 세금계산서(월합계세금계산서)를 발급할 수 있다. 월합계세금계산서를 교부하는 때에는 당해 월의 말일이 일요일이거나 공휴일인 경우에도 말일자로 월합계세금계산서를 교부하여야 한다.[177] 이 경우 1역월이란 달력에 의한 1개월을 의미한다. 따라서 2월 16일부터 3월 15일까지의 기간은 1역월이 아니므로 해당 거래분을 합하여 세금계산서를 작성할 수 없다.

175) 부가-1229, 2011.10.10
176) 부가집 34-0-1 ⑧
177) 부가22601-1916, 1986.09.17

① 거래처별로 달의 1일부터 말일까지의 공급가액을 합계하여 해당 월의 말일자를 발행일자로 하여 세금계산서를 발급하는 경우

➡ "1월 1일~1월 31일"의 경우 : "1월 31일"을 작성일자로 하여 2월 10일까지 발급

② 거래처별로 달의 1일부터 말일까지의 기간 이내에서 사업자가 임의로 정한 기간의 공급가액을 합계하여 그 기간의 종료일자를 발행일자로 하여 세금계산서를 발급하는 경우

➡ "1월 1일~1월 15일", "1월 16일~1월 31일"의 경우 : "1월 15일", "1월 31일"을 작성일자로 하여 2월 10일까지 발급

③ 관계증빙서류 등에 의하여 실제 거래사실이 확인되는 경우로서 해당 거래일자를 발행일자로 하여 세금계산서를 발급하는 경우

➡ "1월 7일" 매출분 세금계산서 발급 누락 : "1월 7일"을 작성일자로 하여 2월 10일까지 발급

2. 반품 또는 매출할인이 있는 경우 월합계세금계산서

사업자가 고정거래처에 계속적으로 재화를 공급하고 월합계세금계산서를 교부하는 경우에 당해 월에 매출가액과 반품가액이 있는 때에는 매출가액에서 반품가액을 차감하여 월합계세금계산서를 교부하는 것이며, 이 경우 반품가액 중 당월 이전 출고분이 있는 때에도 당월 매출가액에서 반품가액을 차감하여 월합계세금계산서를 교부한다.[178]

그리고 거래처별로 달의 1일부터 말일까지의 공급가액을 합계하여 그 익월 10일까지 세금계산서를 교부하는 경우 당해 월중 매출할인이 발생한 경우에는 당해 월의 총 공급가액에서 동 매출할인액을 차감한 금액으로 월합계 세금계산서를 발행할 수 있다.[179]

3. 공급받는 자의 사업부서별·회계부문별 월합계세금계산서 교부 여부

사업자가 동일거래처에 대하여 공급받는 자의 사업부서별 또는 회계부문별로 재화 또는 용역을 공급하고 그 세금계산서를 교부함에 있어, 일부의 사업부서 또는 회계부문별로 월합계세금계산서를 교부할 수 있으나, 이 경우 사업부서·회계부문의 판단기준은 회사조직상 업무분야 등이 독립성을 갖춘 부서 또는 부문을 말한다.[180]

4. 품목별 월합계세금계산서 교부 가능

사업자가 거래처별로 달의 1일부터 말일까지의 공급가액을 합계하여 당해 월의 말일자로 세금계산서를 교부함에 있어 동일 거래처에 품목별 또는 담당자별로 구분하여 2매 이상의 세금계산서를 교부

178) 부가22601-2188, 1986.10.31
179) 서면3팀-1284, 2007.04.30.
180) 부가22601-569, 1991.05.07

하는 경우 당해 세금계산서는 사실과 다른 세금계산서에 해당되지 않는다.[181)]

5. 1역월을 초과하여 교부한 월합계세금계산서의 가산세 적용

납세의무자로 등록한 사업자가 재화 또는 용역을 공급하는 때에는 세금계산서 교부 특례규정에 의하여 거래처별로 달의 1일부터 말일까지의 공급가액을 합계하여 당해 월의 말일자를 발행일자로 하여 그다음 달 10일까지 세금계산서를 교부하거나 달의 1일부터 말일까지 이내에서 거래 관행상 정하여진 기간의 공급가액을 합계하여 그 기간의 종료일자를 발행일자로 하여 그다음 달 10일까지 이를 교부할 수 있는 것이나, 월을 달리하여 공급된 부분까지 합계하여 교부할 수는 없는 것으로,[182)] 달의 1일부터 말일까지의 범위를 초과하여 월을 달리하여 교부한 공급가액에 대하여는, 해당 매입세액은 동일과세기간의 지연수취인 경우 공급받은 자의 매출세액에서 공제하는 것이나, 매입처별 합계표 불성실가산세를 공급받은 자의 납부세액에 가산하거나 환급세액에서 공제한다.[183)]

6. 고정거래처가 아닌 경우 월합계세금계산서 교부특례 적용 안 됨

1역월에 2건 이상의 거래가 있으면 고정거래처로 볼 수 있고 월합계세금계산서 발급이 가능하다. 따라서, 고정거래처와의 거래가 아닌 일반적인 거래에 있어서는 공기시기를 발행일자로 세금계산서를 발급해야 하는 것이다.[184)]

7. 세금계산서 사전수취 및 지연발급·미발급·지연수취에 대한 세무처리

(1) 공급시기 전 30일 이내에 사전수취하는 경우

재화 또는 용역의 공급시기 전에 세금계산서를 발급받았더라도 재화 또는 용역의 공급시기가 그 세금계산서의 발급일부터 30일 이내에 도래하고 해당 거래사실이 확인되어 납세지 관할세무서장 등이 결정 또는 경정하는 경우 매입세액공제가 가능하다. 다만 2019.2.12. 이후 거래분에 대해서는 0.5% 가산세를 부과한다.

(2) 지연발급·미발급

사업자가 다음의 어느 하나에 해당하면 다음에 따른 금액을 납부세액에 더하거나 환급세액에서 뺀다.

---

181) 서면상담3팀-2853, 2007.10.19
182) 부가22601-359, 1991.03.25
183) 제도46015-12172, 2001.07.16
184) 국심 88서1330, 1989.02.04., 서면3팀-277, 2004.02.18.

1) 지연발급

세금계산서의 발급시기가 지난 후 해당 재화 또는 용역의 공급시기가 속하는 과세기간에 대한 확정신고기한까지 세금계산서를 발급하는 경우 그 공급가액의 1%

2) 미발급

세금계산서의 발급시기가 지난 후 해당 재화 또는 용역의 공급시기가 속하는 과세기간에 대한 확정신고기한까지 세금계산서를 발급하지 아니한 경우 그 공급가액의 2%. 다만, 다음의 어느 하나에 해당하는 경우에는 그 공급가액의 1%로 한다.

① 전자세금계산서를 발급하여야 할 의무가 있는 자가 전자세금계산서를 발급하지 아니하고 세금계산서의 발급시기에 전자세금계산서 외의 세금계산서를 발급한 경우

② 둘 이상의 사업장을 가진 사업자가 재화 및 용역을 공급한 사업장 명의로 세금계산서를 발급하지 아니하고 세금계산서의 발급시기에 자신의 다른 사업장 명의로 세금계산서를 발급한 경우

(3) 지연수취

1) 공급시기 이후 동일 과세기간 확정신고기간 내에 지연수취한 경우

재화 또는 용역의 공급시기 이후에 발급받은 세금계산서로서 해당 공급시기가 속하는 과세기간에 대한 확정신고기한까지 발급받은 경우 매입세액공제를 적용하고, 0.5% 가산세를 부과한다.

2) 1) 이후의 시점에서 세금계산서를 수취한 경우

재화 또는 용역의 공급시기가 속하는 과세기간에 대한 확정신고기한이 지난 후 세금계산서를 발급받았더라도 그 세금계산서의 발급일이 확정신고기한 다음 날부터 6개월 이내이고 다음의 어느 하나에 해당하는 경우 매입세액공제를 적용하고 0.5%의 가산세를 부과한다.

①「국세기본법」에 따른 과세표준수정신고서와 경정청구서를 세금계산서와 함께 제출하는 경우

② 해당 거래사실이 확인되어 납세지 관할세무서 등이 결정 또는 경정하는 경우

구분		공급자	공급받는 자
공급일이 속하는 과세기간 내에 발급된 경우		가산세	매입세액공제+가산세
공급일이 속하는 과세기간 내에 발급되지 않은 경우	동일 과세기간 확정신고기간 내에 발급된 경우	가산세	매입세액공제+가산세
	동일 과세기간 확정신고기간 경과 후 1년 이내에 수정신고·경정청구·결정·경정에 의하여 발급된 경우	가산세	매입세액공제+가산세
	이외의 경우	–	매입세액불공제

제5절 수정세금계산서

〈수정세금계산서 발급사유 및 방법 요약〉

<table>
<tr><th colspan="3" rowspan="2">구분</th><th colspan="3">작성·발급방법</th><th rowspan="2">수정일 및 발급기한</th></tr>
<tr><th>작성방법</th><th>작성월일</th><th>비고란</th></tr>
<tr><td rowspan="3">작성 일자 소급 안 됨</td><td colspan="2">환입</td><td>환입금액분에 대하여 음(–)의 세금계산서 1장 발급</td><td>환입된 날</td><td>처음 세금계산서 작성일자</td><td>환입된 날 다음 달 10일까지 발급</td></tr>
<tr><td colspan="2">계약의 해제</td><td>음(–)의 세금계산서 1장 발급</td><td>계약해제일</td><td>처음 세금계산서 작성일자</td><td>계약해제일 다음 달 10일까지 발급</td></tr>
<tr><td colspan="2">공급가액 변동</td><td>증감되는 분에 대하여 정(+) 또는 음(–)의 세금계산서 1장 발급</td><td>변동사유 발생일</td><td>처음 세금계산서 작성일자</td><td>변동사유발생일 다음 달 10일까지 발급</td></tr>
<tr><td>작성 일자 소급</td><td colspan="2">내국 신용장 사후개설</td><td>음(–)의 세금계산서 1장과 영세율 세금계산서 1장 발급</td><td rowspan="6">처음 세금계산서 작성일자</td><td>–</td><td>내국신용장 개설일 다음 달 10일까지 발급 (과세기간 종료 후 25일 이내에 개설된 경우 25일까지 발급)</td></tr>
<tr><td rowspan="5"></td><td rowspan="2">필요적 기재사항 등이 잘못 적힌 경우</td><td>착오</td><td rowspan="2">음(–)의 세금계산서 1장과 정확한 세금계산서 1장 발급</td><td>–</td><td>착오사실을 인식한 날</td></tr>
<tr><td>착오 외</td><td>–</td><td>확정신고기한 다음날로부터 1년 이내에 발급</td></tr>
<tr><td colspan="2">착오에 의한 이중발급</td><td>음(–)의 세금계산서 1장 발급</td><td>–</td><td>착오사실을 인식한 날</td></tr>
<tr><td colspan="2">면세 등 발급대상이 아닌 거래</td><td>음(–)의 세금계산서 1장 발급</td><td>–</td><td>착오사실을 인식한 날</td></tr>
<tr><td colspan="2">세율을 잘못 적용한 경우</td><td>음(–)의 세금계산서 1장과 정확한 세금계산서 1장 발급</td><td>–</td><td>착오사실을 인식한 날</td></tr>
</table>

I 개요

1. 의의

재화 및 용역을 공급하는 자는 세금계산서 또는 전자세금계산서의 기재사항을 착오로 잘못 적거나 세금계산서 또는 전자세금계산서를 발급한 후 그 기재사항에 관하여 일정사유가 발생하면 수정한 세금계산서 또는 수정한 전자세금계산서(이하 "수정전자세금계산서"라 한다)를 발급할 수 있다(부령 32 ⑦).

2. 수정세금계산서 발급

(1) 발급 개요

수정세금계산서·수정전자세금계산서는 사업자가 세금계산서를 적법한 절차에 의하여 발행한 후 기재사항의 착오·정정사유가 발생하거나 당초 공급가액이 변경되는 경우 해당 수정세금계산서를 발급할 수 있는 것이나, 계약상 또는 법률상의 원인에 따라 적법하게 발급된 세금계산서에 대해서는 수정세금계산서를 발급할 수 없다.[185] 또한 과세되는 재화 또는 용역을 공급하는 사업자가 공급을 받는 자에게 당초 거래시기에 세금계산서를 교부하지 아니한 경우에는 수정세금계산서를 교부할 수 없으며 이 경우 당초에 세금계산서를 미교부한 거래분에 대하여 가산세가 적용된다.[186]

(2) 폐업 후 당초 공급가액이 차감되는 경우

사업자가 세금계산서를 교부한 후 폐업한 경우로서 당초의 공급가액에 추가 또는 차감되는 금액이 폐업 후에 발생한 경우에는 수정세금계산서를 교부할 수 없다.[187]

(3) 거래상대방의 폐업으로 인한 계약취소

사업자가 계약상 또는 법률상의 원인에 의하여 재화 또는 용역을 공급받기로 약정하고 거래시기에 세금계산서를 교부받아 매입세액을 공제하였으나, 거래상대방의 폐업으로 당초 계약이 취소되어 재화 또는 용역의 공급을 받지 못한 경우에는 그 사유가 발생한 때가 속하는 과세기간에 당초에 공제받은 매입세액을 납부세액에 가산하여야 한다.[188]

(4) 포괄적인 사업양도 후 수정세금계산서 교부방법

사업양도 후 수정세금계산서의 교부의무가 발생한 경우에는 사업양도자가 수정세금계산서를 교

185) 서면-2016-부가-3378[부가가치세과-0892], 2016.05.02. 서면상담3팀-91, 2007.01.10
186) 서면3팀-2379, 2005.12.28
187) 서면3팀-1304, 2004.07.07
188) 서면3팀-305, 2005.03.03

부할 수 있지만, 동 사업양수도계약에 있어서 사업양도자의 공급가액을 추가 또는 차감하여 수정할 수 있는 권리와 의무를 사업양수자가 승계받은 부분에 한하여 사업양수자가 당해 사유가 발생하는 시가에 양수자의 공급가액을 수정하는 세금계산서를 교부할 수 있다.[189)]

(5) 사업의 일부만을 양·수도한 경우

사업양도에 해당하지 아니하는 사업의 일부만을 양·수도하는 경우에 있어서 사업의 일부를 양도하는 법인이 재화를 공급한 후 당해 재화가 사업의 일부를 양수하는 법인에 반품되는 경우에 당해 양수법인은 수정세금계산서를 교부할 수 없다.[190)]

(6) 사업자단위과세 적용 전 종된 사업장이 발급한 세금계산서의 수정사유 발생하는 경우

둘 이상의 사업장이 있는 사업자가 본점에서 사업자단위과세를 적용받는 경우 해당 사업자단위과세를 적용받기 이전 과세기간에 종된 사업장이 발급한 세금계산서에 대하여 수정세금계산서의 발급사유 발생 시 해당 수정세금계산서의 발급은 본점이 할 수 있다.[191)]

(7) 지점 폐업 후 본점이 지점사업을 계속 영위하는 경우 지점매출 환입분에 대한 수정세금계산서

지점을 폐업하고 본점이 지점사업을 양수하여 계속 영위하던 중 지점에서 공급한 재화가 본점으로 환입되는 경우, 본점은 재화가 환입된 날을 작성일자로 하여 수정세금계산서를 교부할 수 있다.[192)]

3. 수정세금계산서의 교부시기

사업자가 세금계산서를 교부한 후 당초의 공급가액에 추가되는 금액 또는 차감되는 금액이 발생한 경우에는 「국세기본법」 제45조 제1항 제1호에 규정하는 수정신고기한에 관계없이 당해 증감사유가 발생한 때에 수정세금계산서를 교부하여야 하는 것으로, 당초 교부한 세금계산서에 기재된 공급가액에 관하여 착오 사유가 발생한 경우에는 수정세금계산서에 당초 세금계산서의 작성일자를 기재하고 계약변경 등에 의하여 당초의 공급가액에 추가 또는 차감되는 금액이 발생한 경우에는 수정세금계산서에 그 증감사유의 발생일을 기재하여야 하는 것이며, 사업자가 세금계산서를 교부한 후 당초의 공급가액에 추가 또는 차감되는 금액이 발생한 경우 수정세금계산서를 교부하지 아니하거나 교부한 분에 대한 수정세금계산서를 정부에 제출하지 아니한 때에는 「부가가치세법」에 의한 세금계산서 미발행·지연발행가산세를 적용한다.[193)]

189) 부가46015-537, 2001.03.21
190) 부가46015-575, 2000.03.16
191) 서면법규과-533, 2013.05.10
192) 부가가치세과-476, 2009.04.07
193) 재소비22601-408, 1988.05.07

4. 수정세금계산서 발급불이행에 대한 제재

(1) 개요

사업자가 세금계산서를 발급한 후 당초의 공급가액에 더하거나 빼는 금액이 발생한 경우 수정세금계산서를 발급하지 아니하거나 발급한 분에 대한 매출처별세금계산서합계표를 제출하지 아니한 때에는 법 제60조 제2항(세금계산서 불성실가산세) 및 제6항에 따른 가산세(매출처별세금계산서합계표 불성실가산세)를 적용하며,[194] 수정·교부한 세금계산서에 의하여 매출처별세금계산서합계표를 작성하여 수정신고하는 경우에는 당초 작성·제출한 매출처별세금계산서합계표에 대하여 「부가가치세법」상 가산세를 적용하지 아니한다.[195] 다만, 수정세금계산서를 교부받은 매입자의 경우 당초 신고한 세액과 수정신고한 세액 간 차액이 발생하고 과다공제·초과환급이 발생한 것으로 확인되는 경우 경우에 따라 「국세기본법」상 가산세를 부담하는 경우가 발생할 수 있다.

(2) 공급하는 자

1) 수정세금계산서를 교부하였으나 누락하여 신고한 경우 가산세 적용 여부

사업자가 계약취소로 인한 반품거래에 대하여 수정세금계산서를 교부하였으나 부가가치세 신고 시 매출처별세금계산서합계표에 기재 누락하여 신고한 경우 당해 기재 누락한 공급가액에 대하여 가산세가 적용된다.[196]

2) 임의적 기재사항의 착오기재로 인한 세금계산서

교부한 세금계산서의 임의적 기재사항 중 일부가 착오로 기재되었더라도 거래사실이 확인되는 경우에는 사실과 다른 세금계산서로 보지 아니하는 것으로, 이에 대하여는 「부가가치세법」 규정에 의한 가산세를 적용하지 아니한다.[197]

(3) 공급받는 자

1) 수정세금계산서의 수정신고 미이행 상태에서 경정 시 가산세 적용 여부

수정세금계산서를 교부받은 사업자가 수정신고를 하지 아니한 상태에서 부가가치세를 경정고지 하는 경우에는 매입처별세금계산서합계표가산세, 초과환급신고가산세 및 납부지연가산세를 적용한다.[198]

---

194) 부기통 60-108-2
195) 서삼46015-10295, 2003.02.18
196) 부가46015-2154, 1999.07.26
197) 부가46015-211, 1996.02.01
198) 기획재정부 부가가치세제과-632, 2010.09.24

2) 거래취소분 매입세금계산서를 신고·누락한 후 6월 이내에 수정신고 시

사업자가 공급자로부터 교부받은 거래취소분 수정세금계산서(매입감액 세금계산서)를 신고누락한 후 수정신고를 한 경우에도 납부하여야 할 세액에 미달하게 신고·납부하였으므로 신고불성실가산세와 납부불성실가산세가 부과된다. 다만, 「국세기본법」 규정에 따라 조기 수정신고하고 납부하는 경우 최초의 과소신고로 인하여 부과하여야 할 신고불성실가산세에 대해서는 법에서 정하는 일정비율에 상당하는 세액을 경감한다.[199)]

Ⅱ 수정세금계산서 발급 사유

수정세금계산서는 다음의 사유 및 절차에 따라 발급할 수 있다(부령 70).

1. 당초 공급한 재화가 환입된 경우

(1) 개요

당초 공급한 재화가 환입된 경우에는 재화가 환입된 날을 작성일자로 기재하고 비고란에 당초 세금계산서 작성일자로 부기한 후 붉은색 글씨로 쓰거나 부(負)의 표시를 하여 감액 수정세금계산서를 교부하여야 한다(부령 70 ① 1).

(2) 세무처리

환입으로 인한 감액 수정세금계산서를 교부하는 경우 재화의 공급가액과 거래징수한 부가가치세액을 반품하는 자에게 되돌려 주어야 하며, 당해 재화의 환입일이 속하는 예정신고 또는 확정신고 시 납부세액에서 차감하거나 환급세액에 가산하고, 재화를 반품하는 사업자는 당해 재화의 반품일이 속하는 예정신고 또는 확정신고 시의 매입세액에서 차감하여 납부세액을 계산한다.[200)]

(3) 반품, 대체품교환, 환불하는 경우 세금계산서 교부방법[201)]

1) 소비자가 당초 판매한 사업자에게 물품을 반품하는 경우

① 소비자가 동일제품으로 교환받는 때
사업자가 소비자에게 동일제품으로 교환하여 주는 것은 재화의 공급으로 보지 아니하며 소비자로부터 반품받는 물품에 대하여 수정세금계산서를 교부하지 아니한다.

② 소비자가 동일제품이 아닌 동종(유사)제품으로 교환받는 때

---

199) 재소비46015-75, 2002.03.21
200) 부가46015-1201, 1994.06.16
201) 부가46074-363, 1994.12.22

사업자가 소비자로부터 물품을 반품받고 동일제품이 아닌 동종(유사)제품을 교환하여 주는 경우 동종(유사)제품에 대하여는 세금계산서를 교부하여야 하며, 소비자로부터 반품받는 물품에 대하여는 사업자가 수정세금계산서를 교부한다. 다만, 사업자가 소비자에게 물품을 공급한 때에 세금계산서를 교부하지 아니하여 수정세금계산서를 교부할 수 없는 경우에는 반품일이 속하는 과세기간의 부가가치세 과세표준에서 반품받는 물품의 당초 공급가액을 차감하여 신고한다.

③ 소비자가 현금으로 환불받는 때

사업자는 수정세금계산서를 교부한다. 다만, 사업자가 소비자에게 물품을 공급한 때에 세금계산서를 교부하지 아니하여 수정세금계산서를 교부할 수 없는 경우에는 환불일이 속하는 과세기간의 부가가치세 과세표준에서 반품받는 물품의 당초 공급가액을 차감하여 신고한다.

2) 소비자가 당초 판매한 사업자가 아닌 제조업자에게 물품을 반품하는 경우

① 소비자가 동일제품으로 교환받는 때

제조업자가 소비자에게 동일제품으로 교환하여 주는 것은 재화의 공급으로 보지 아니하며 소비자로부터 반품받는 물품에 대하여 수정세금계산서를 교부하지 아니한다.

② 소비자가 동일제품이 아닌 동종(유사)제품으로 교환받는 때

제조업자가 소비자로부터 물품을 반품받고 동종(유사)제품을 소비자에게 교환하여 주는 경우 동종(유사)제품에 대하여는 세금계산서를 교부하여야 하며, 소비자로부터 반품받은 물품의 당초 제조장 공급가액에 대하여는 수정세금계산서를 교부하지 아니하고 반품받은 날이 속하는 과세기간의 부가가치세 과세표준에서 차감하여 신고한다.

③ 소비자가 현금으로 환불받는 때

제조업자는 「부가가치세법 시행령」 제59조의 규정에 의한 수정세금계산서를 교부하지 아니하고 환불일이 속하는 과세기간의 부가가치세 과세표준에서 반품받는 물품의 당초 공급가액을 차감하여 신고한다.

3) 소비자가 당초 판매한 사업자가 아닌 제3의 판매업자에게 물품을 반품하는 경우

소비자가 당초 판매한 사업자가 아닌 제3의 판매업자에게 물품을 반품하는 경우로서 당해 물품의 제조업자와 제3의 판매업자 위·수탁계약을 체결하고 제3의 판매업자는 단지 소비자로부터 반품물품을 수취하여 제조업자에게 인도하여 주고 제조업자 명의로 소비자에게 현금 환불, 동일제품 교환, 동종(유사)제품을 교환하여 주고 용역제공 수수료를 제조업자로부터 지급받는 경우 다음과 같이 처리한다.

① 소비자가 동일제품으로 교환받는 때

제3의 판매업자가 제조업자의 명의로 소비자에게 동일제품으로 교환하여 주는 것은 재화의 공급으로 보지 아니하며 소비자로부터 반품받는 물품에 대하여 제조업자 명의로 수정세금계

산서를 교부하지 아니한다.

② 소비자가 동일제품이 아닌 동종(유사)제품으로 교환받는 때

제3의 판매업자가 소비자로부터 물품을 반품받고 제조업자 명의로 동종(유사)제품을 소비자에게 교환하여 주는 경우 동종(유사)제품에 대하여는 제조업자 명의로 세금계산서를 교부하여야 하며 소비자로부터 반품받는 물품의 당초 공급가액에 대하여는 제조업자 명의로 수정세금계산서를 교부하지 아니하고 제조업자는 반품받은 날이 속하는 과세기간의 부가가치세 과세표준에서 반품받는 물품의 당초제조장 공급가액을 차감하여 신고한다.

③ 소비자가 현금으로 환불받는 때

제3의 판매업자는 제조업자 명의로 「부가가치세법 시행령」 제59조의 규정에 의한 수정세금계산서를 교부하지 아니하고 제조업자는 환불일이 속하는 과세기간의 과세표준에서 반품하는 물품의 당초 제조장 공급가액을 차감하여 신고한다.

④ 제3의 판매업자가 제조업자로부터 위·수탁계약에 의한 수수료를 지급받는 경우

제3의 판매업자가 제조업자로부터 위·수탁계약에 의한 수수료를 지급받는 경우에는 부가가치세가 과세되는 것이며 「부가가치세법」 제16조의 규정에 의한 세금계산서를 교부하여야 한다.

4) 월합계세금계산서를 교부함에 있어 반품이 있는 경우

월합계세금계산서를 교부함에 있어 반품이 있는 경우 당해 월의 총공급가액에서 반품가액을 차감한 금액으로 월합계세금계산서를 교부할 수 있다.[202)]

2. 계약의 해제로 인하여 재화 또는 용역이 공급되지 아니한 경우

(1) 계약해제의 의의

계약해제란 두 개의 의사표시가 서로 반대되는 방향으로 합쳐져서 하나의 법률요건을 이루는 계약의 효력을 소급적으로 소멸시키는 일방적 의사표시를 말하며, 일방적 의사표시에 의하여 계약의 효력을 소멸시키는 권리를 해제권이라 한다.

(2) 수정세금계산서 교부

계약의 해제로 재화 또는 용역이 공급되지 아니한 경우에는 계약이 해제된 때에 그 작성일은 계약해제일로 적고 비고란에 처음 세금계산서 작성일을 덧붙여 적은 후 붉은색 글씨로 쓰거나 부(負)의 표시를 하여 감액 수정세금계산서를 교부하고 해당 사유 발생일이 속하는 과세기간의 부가가치세 신고 시 반영한다(2012.7.1. 이후 최초로 수정세금계산서 발급사유가 발생하는 분부터 적용)(부령 70 ① 2).

202) 부가가치세과22601-452, 1991.04.12

(3) 계약해제 전 공급완료용역에 대한 수정세금계산서 발급 가능 여부

사업자가 계약상 또는 법률상의 원인에 따라 광고용역의 공급을 완료하고 세금계산서를 발급한 후 해당 계약의 계약주체를 소급 변경하는 수정계약을 체결한 경우에는 계약의 해제로 볼 수 없으므로 공급이 완료된 용역을 취소하는 수정세금계산서를 발급하거나 공급받는 자를 달리하는 세금계산서를 다시 발급할 수 없다.[203)]

(4) 분양권 전매 시 당초 분양권자에게 부의 수정세금계산서를 발행하고, 후소유자에게 정의 세금계산서를 발행하는 경우

청구법인은 분양권 전매와 관련하여 1차계약자에 대한 부(-)의 수정세금계산서 및 2차계약자에 대한 정(+)의 세금계산서 발행에 대하여 세금계산서기재불성실가산세를 과세하는 것은 부당하다고 주장하나, 분양권 전매의 거래당사자는 분양권의 양도자인 1차계약자와 양수자인 2차계약자로서 청구법인은 전매거래에 관한 세금계산서를 교부할 의무자에 해당하지 않고, 거래당사자가 아닌 자가 발행하는 세금계산서는 「부가가치세법」상의 거래단계별 과세체계에 부합하지 않아 과세관청에게 이해득실이 없다거나 실무상 편의를 도모한다는 이유로 정당화될 수 없으므로 처분청이 쟁점세금계산서를 정상적인 세금계산서에 해당하지 않는 것으로 보아 청구법인에게 세금계산서기재불성실가산세를 과세한 처분은 잘못이 없는 것으로 판단된다.[204)]

3. 계약의 해지 등에 따라 공급가액에 추가·차감되는 금액이 발생한 경우

(1) 계약해지의 의의

당사자 사이에 어느 한쪽의 의사표시에 따라 계약상의 법률관계를 장래에 대하여 소멸시키는 것을 말한다. 해지는 성질상 당사자 간의 법률관계를 소급적으로 소멸시키지 못하고 장래에 대해서만 소멸하는 것으로, 이 점에 있어서 해제와는 다르다. 그리고 당사자 간의 법률관계를 어느 한쪽이 해지할 수 있는 권리, 즉 해지권의 발생원인에는 당사자 간의 계약에 의한 약정해지권과 법률의 규정에 의하여 발생되는 법정해지권이 있다. 소급효를 가지지 않고 장래에 대하여서만 효력을 가진다는 점에서 해제와 다르다.

(2) 수정세금계산서 발급

세금계산서를 발급한 후 공급가액에 추가 또는 차감되는 금액이 발생한 경우에는 증감사유가 발생한 날을 작성일로 기재하고 추가되는 금액은 검은색 글씨로 쓰고, 차감되는 금액은 붉은색 글씨로 쓰거나 부(負)의 표시를 하여 계약해제일이 속하는 달의 다음 달 10일까지 발급하고 계약해제일이 속하는 과세기간의 부가가치세 신고 시 반영한다(부령 70 ① 3).

203) 사전-2015-법령해석부가-0176, 2015.06.29
204) 조심2014부3578, 2014.12.11

(3) 용역을 공급하는 사업자가 세금계산서를 교부한 후 용역계약이 해지된 경우

부가가치세가 과세되는 용역을 공급하는 사업자가 세금계산서를 교부한 후 용역계약이 해지된 경우에는 당초 교부한 세금계산서에 기재된 공급가액과 해지된 때까지의 용역제공대가와의 정산차액에 대하여 해지된 날을 작성일자로 하여 수정세금계산서를 교부한다.[205] 만일 사업자가 세금계산서를 발급한 후 당초의 공급가액에 더하거나 빼는 금액이 발생한 경우 수정세금계산서를 발급하지 아니하거나 발급한 분에 대한 매출처별세금계산서합계표를 제출하지 아니한 때에는 가산세를 적용한다.[206]

(4) 토지임차인이 해당 토지사용권 중 일부를 임대인에게 반환 시 부가가치세 과세 여부

개발사업 진행을 위한 '토지사용권 제공 및 사용에 관한 계약'에 따라 토지소유자로부터 일정기간의 토지사용권을 제공받아 해당 토지를 사용하던 중 개발 인허가 지연 등의 사유로 계약을 변경하여 해당 토지의 일부를 사용하지 않고 토지소유자에게 반환하는 것은 부가가치세 과세대상에 해당하지 아니하는 것이며, 토지사용에 관한 계약의 변경을 통하여 해당 토지의 일부를 반환하였으나, 당초 계약에 따른 토지사용대가를 변경하지 아니한 경우 반환하는 토지와 관련된 미경과분 선급임차료는 수정세금계산서 발급대상에 해당하지 않는다.[207]

(5) 임대차계약이 해지되었으나 임대목적물이 명도되지 않는 경우

임대인의 해지통고로 건물 임대차계약이 해지되어 임차인의 점유가 불법점유가 된다고 하더라도, 임차인이 건물을 명도하지 아니하고 계속 사용하고 있고 임대인 또한, 임차보증금을 반환하지 아니하고 보유하면서 향후 월 임료 상당액을 보증금에서 공제하는 관계에 있다면, 이는 부가가치세의 과세대상인 용역의 공급에 해당하고, 대가를 받기로 하고 타인에게 용역을 공급한 이상 실제로 그 대가를 받았는지의 여부는 부가가치세 납부의무의 성립 여부를 결정하는 데 아무런 영향을 미칠 수 없다.[208]

4. 재화·용역의 공급 후 내국신용장이나 구매확인서가 개설·발급된 경우

(1) 개요

재화 또는 용역을 공급한 후 공급시기가 속하는 과세기간 종료 후 25일(과세기간 종료 후 25일이 되는 날이 공휴일 또는 토요일인 경우에는 바로 다음 영업일을 말한다) 이내에 내국신용장이 개설되었거나 구매확인서가 발급된 경우에는 내국신용장 등이 개설·발급된 때에 그 작성일자는 당초 세금계산서 작성일자를 기재하고 비고란에 내국신용장 등의 개설일·발급일을 부기하여 영세

205) 부가가치세과-87, 2013.01.29
206) 부기통 60-108-2
207) 사전-2014-법령해석부가-21826, 2015.03.10
208) 대법원 2002두8534, 2003.11.28

율 적용분은 검은색 글씨로 세금계산서를 작성하여 발급하고, 추가하여 당초에 발급한 세금계산서의 내용대로 세금계산서를 붉은색 글씨로 또는 부(負)의 표시를 하여 작성하고 발급한다(부령 70 ① 4).

(2) 가산세 부과 여부

사업자가 재화·용역 공급 후 그 공급시기가 속하는 과세기간 내에 내국신용장을 개설한 경우는 세금계산서를 수정교부할 수 있으며, 이 경우 예정신고기간 중 공급한 수출용 원재료 등에 대한 내국신용장이 당해 과세기간 내에만 개설되면 당해 공급받는 자는 가산세를 부담하지 아니한다.[209)]

(3) 내국신용장 사후개설로 인한 영세율 적용 과세표준 신고

사업자가 예정신고기간 중 내국신용장을 개설받지 아니한 상태에서 재화를 공급하고 부가가치세를 거래징수한 세금계산서를 교부하였으나 당해 확정신고 기간 중 내국신용장이 개설되어 영세율 수정세금계산서를 교부한 경우에 그 수정세금계산서는 당초의 예정신고분에 대한 수정신고와 함께 제출하거나 당해 확정신고와 함께 정부에 제출할 수 있으며, 다만 예정신고기간 중에 수출재화를 공급하고 당해 예정신고기한 내에 내국신용장이 개설되어 영세율 수정세금계산서를 교부한 경우에는 당해 예정신고 시 영세율이 적용되는 과세표준으로 신고하여야 한다.[210)]

(4) 구매확인서를 발급받은 후 수정세금계산서를 미발급한 경우

사업자가 보세판매장에 재화를 공급하고 10%의 세율이 기재된 세금계산서를 발급한 후 공급시기가 속하는 과세기간 종료 후 25일 이내에 「대외무역법」 제18조에 따른 구매확인서를 발급받은 경우에는 0% 세율이 기재된 세금계산서로 수정발급할 수 있다. 다만, 사업자가 구매확인서를 발급받았음에도 (영세율)수정세금계산서를 발급하지 아니한 경우로서 당초 발급한 세금계산서에 의해 예정·확정신고·납부를 이행한 경우에는 해당 거래에 대하여 「부가가치세법」 제60조 제2항 및 제6항의 가산세를 적용하지 않는 것이며, 공급시기가 속하는 과세기간 종료 후 25일이 경과한 뒤에는 수정세금계산서를 발급할 수 없다.[211)]

(5) 내국신용장·구매확인서 발급 전 영세율세금계산서를 발행한 경우

1) 국세청 입장

사업자가 예정신고기간에 내국신용장이 개설되지 아니한 상태에서 재화를 공급하고 당해 재화의 공급시기에 영세율로 세금계산서를 교부한 경우에는 가산세(1%)를 적용한다.[212)]

209) 부가22601-72, 1989.01.09
210) 부가22601-1489, 1990.11.14
211) 기획재정부 부가가치세제과-585, 2017.11.16
212) 서면3팀-2258, 2004.11.05

2) 심판원 입장

구매확인서가 발급되지 않은 상태에서 재화를 공급하고 그 거래시기에 영세율세금계산서를 교부한 것은 일부 절차를 생략한 것에 불과하고, 영세율세금계산서가 수정세금계산서의 역할을 한 것으로 볼 수 있으므로 영세율세금계산서를 사실과 다른 세금계산서로 보아 세금계산서불성실가산세를 부과한 처분은 잘못이다.[213)]

(6) 세금계산서를 교부한 후 법인전환하고 과세기간 종료 후 25일 이내에 내국신용장이 개설된 경우

사업자가 다른 개인사업자에게 과세재화를 공급한 대가에 대하여 영세율이 적용되지 않는 세금계산서를 교부하고 당해 공급받는 자가 포괄적인 사업양도방식으로 법인 전환된 후 당해 거래의 공급시기가 속하는 과세기간 종료 후 25일 이내에 법인전환되기 전의 개인사업자 및 법인사업자 명의로 각각 내국신용장이 개설된 경우 영세율이 적용되는 수정세금계산서로 교부 가능하다.[214)]

(7) 구매확인서에 의하여 재화를 공급하는 경우 세금계산서 관련 가산세 적용방법

과세되는 재화 또는 용역을 공급하는 사업자가 공급을 받는 자에게 당초 거래시기에 세금계산서를 교부하지 아니한 경우에는 수정세금계산서를 교부할 수 없으며 이 경우 당초에 세금계산서를 미교부한 거래분에 대하여 가산세가 적용된다.[215)]

(8) 내국신용장을 개설하면서 금액을 변경한 경우 수정세금계산서 교부방법

① 사업자가 내국신용장이 개설되기 전에 재화 또는 용역의 공급하는 경우에는 당해 공급시기에 영세율이 적용되지 아니하는 세금계산서를 교부하여야 하는 것이고, 당해 재화의 공급시기가 속하는 과세기간 내에 당해 내국신용장이 개설되는 경우에는 영세율 수정세금계산서를 교부(비고란에는 내국신용장 개설일자를 부기함)할 수 있다.

② 사업자가 당해 재화를 공급분에 대하여 내국신용장에 의하여 영세율이 적용되는 세금계산서를 수정교부한 후 상호합의에 의하여 단가를 조정함으로써 당해 재화의 공급가액이 변경된 경우 그 변경된 내용에 따라 당해 변경사유 발생 시 재차 수정세금계산서를 교부할 수 있다.[216)]

③ 사업자가 내국신용장에 의하여 재화를 공급하고 영세율세금계산서를 교부한 후 당초 계약단가를 인하하여 수정세금계산서를 발행한 경우에 영세율 첨부서류는 내국신용장 사본이며, 내국신용장상의 제품단가와 수정세금계산서상의 제품단가와의 차이에 대하여는 사업자가 소명하여야 한다.[217)]

---

213) 조심2012서1279, 2012.05.14, 조심2012서26, 2012.04.18., 조심2013중2318, 2013.08.19.

214) 서삼46015-11215, 2002.07.24

215) 서면3팀-2379, 2005.12.28

216) 제도46015-11871, 2001.07.04

217) 부가46015-2352, 1997.10.16

5. 필요적 기재사항 등이 착오로 잘못 적힌 경우

(1) 개요

처음에 발급한 세금계산서의 내용대로 세금계산서를 붉은색 글씨로 쓰거나 음(陰)의 표시를 하여 발급하고, 수정하여 발급하는 세금계산서는 검은색 글씨로 작성하여 발급한다(부령 70 ① 5). 다만 다음 중 어느 하나에 해당하는 경우로서 과세표준 또는 세액을 경정할 것을 미리 알고 있는 경우는 제외한다(부령 70 ① 5).

① 세무조사의 통지를 받은 경우

② 세무공무원이 과세자료의 수집 또는 민원 등을 처리하기 위하여 현지출장이나 확인업무에 착수한 경우

③ 세무서장으로부터 과세자료해명안내 통지를 받은 경우

④ 그 밖에 ①부터 ③까지에 따른 사항과 유사한 경우로서 경정이 있을 것을 미리 안 것으로 인정되는 경우

(2) 작성기한

필요적 기재사항 등이 착오 외의 사유로 잘못 적힌 경우 수정세금계산서 발급기한이 재화나 용역의 공급일이 속하는 과세기간에 대한 확정신고기한까지로 규정되어 있지만 이에 비해 필요적 기재사항 등이 착오로 잘못 적힌 경우 수정세금계산서 발급기한은 법조문에 명시되어 있지 않으므로 작성기한에 제한을 두지 않는다.

(3) 착오의 범위

현행 「부가가치세법」에서는 '기재사항이 착오로 기재된 경우'의 '착오'(이하 '착오'라고 한다)의 개념에 관하여 규정하고 있거나 그 의미에 제한을 가하고 있는 법령이 있는 것으로는 보이지 아니하고, 세금계산서합계표에 기재사항을 기재하는 것은 단순한 사실행위에 불과하여 이 사건 착오의 뜻을 그 법률적 성질이 다른 「민법」상 법률행위의 착오 또는 착오에 의한 의사표시에 있어서의 착오와 같이 해석할 수는 없으며, 또 이 사건 착오의 뜻을 단순히 세금계산서의 기재사항을 세금계산서합계표에 이기하는 과정에서 발생하는 기재착오로 인한 작성오류를 의미하는 것으로 좁게 해석할 합리적인 근거나 이유도 없으므로, 이 사건 착오는 그 본래의 뜻에 따라 널리 의사형성에 있어서의 착각 또는 동기의 착오 등을 포함하는 넓은 의미로 해석하는 것이 타당하다고 보이는 점 등을 보태어 보면, 이 사건 합계표의 기재사항은 재고자산 등의 양도로 인한 공급가액 등을 기재하지 않아야 하는 것으로 착각하거나 혼동함으로써 착오로 기재되었다고 봄이 상당하고, 이 사건 세금계산서에 의하여 그 공급가액이 확인되므로, 이는 매출처별세금계산서합계표 미제

출가산세 또는 불성실가산세의 부과대상이 아니다.[218]

(4) 기재사항의 착오로 보는 경우

1) 착오로 작성일자를 잘못 기재한 경우

재화를 7월 1일 공급하였으나 착오로 세금계산서 작성일자를 6월 2일로 잘못 기재하여 확정신고를 한 경우에는 수정세금계산서를 작성하여 수정신고서와 함께 제출할 수 있는 것이며, 이 경우 「부가가치세법」 상 가산세는 적용되지 않으나, 착오로 작성일자를 잘못 기재한 것인지, 실지로 재화를 6월 2일 공급한 것인지의 여부는 구체적 사실을 종합하여 판단할 사항이다.[219]

2) 세액을 착오로 기재한 경우

사업자가 세금계산서의 세액을 착오로 기재하여 교부하였을 경우에는 수정신고기한 내에 세금계산서를 수정하여 교부하여야 한다.[220]

3) 실제 공급받는 자는 동일하나 사업자등록번호를 착오 발급한 경우

사업자가 재화 또는 용역을 공급하고 세금계산서를 교부한 후 공급받는 자의 필요적 기재사항 등이 착오로 잘못 기재된 경우 세무서장이 경정하여 통지하기 전까지 세금계산서를 작성하되, 당초에 교부한 세금계산서의 내용대로 세금계산서를 붉은색 글씨로 작성하여 교부하고, 수정하여 교부하는 세금계산서는 검은색 글씨로 작성하여 교부한다.[221]

(5) 기재사항의 착오로 보지 않는 경우

1) 가공세금계산서의 수정세금계산서 교부 가능 여부

사업자가 재화 또는 용역의 공급 없이 가공으로 세금계산서를 교부한 경우, 가공으로 교부한 세금계산서에 대하여는 수정세금계산서를 교부할 수 없다.[222]

2) 영세율전자세금계산서를 전자계산서로 발급한 경우

구매확인서에 의한 영세율 공급분을 담당자 착오로 전자계산서로 발급한 후 발급기한을 경과하여 발견한 뒤, 전자계산서 발급을 취소하고 전자세금계산서를 공급시기 이후에 지연·미발급한 것은 「부가가치세법」 제60조 제2항의 가산세가 적용된다.[223]

3) 공급받는 자가 잘못 기재된 경우

사업자가 세금계산서를 교부한 후 그 기재사항에 관하여 착오 또는 정정사유가 발생한 경우에

---

218) 대법원2007두8959, 2007.09.07
219) 부가22601-1898, 1986.09.16
220) 부가가치세과1265.2-1321, 1983.07.05
221) 부가가치세과-418, 2011.04.19
222) 서면3팀-429, 2004.03.08
223) 서면-2017-전자세원-3432[전자세원과-1181(2017.12.22.)], 2017.12.22

는 부가가치세의 과세표준과 납부세액 또는 환급세액을 경정하여 통지하기 전까지 세금계산서를 수정하여 교부할 수 있는 것이나, 공급받는 자의 수정은 기재사항 착오로 볼 수 없으므로 수정세금계산서를 교부할 수 없다.[224)]

4) 공급하는 자가 잘못 적힌 경우

법인의 본점과 지점이 동일 관할세무서 내에서 본점이 지점의 자산(토지·건물·기계장치 등)을 전부 매각하고 그 매각하는 재화에 대하여 지점을 공급자로 하여 세금계산서를 발행해야 될 것을 본점 명의로 세금계산서 발행, 신고·납부한 경우(거래사실이 확인됨) 공급자를 수정하는 수정세금계산서는 교부할 수 없으며, 가산세가 적용된다.[225)]

(6) 주민등록번호로 세금계산서를 발급한 경우 수정세금계산서 수수

1) 공급자

사업자가 세금계산서를 교부한 후 그 기재사항에 관하여 착오 또는 정정사유가 발생한 경우에는 수정세금계산서를 교부할 수 있는 것이며, 수정·교부한 세금계산서에 의하여 매출처별세금계산서합계표를 작성하여 수정신고하는 경우에는 당초 작성·제출한 매출처별세금계산서합계표에 대하여 가산세를 적용하지 아니한다.[226)] 다만, 이 경우 공급받는 자가 사업자등록을 하기 전에 공급받는 자의 주민등록번호를 기재하여 교부한 세금계산서에 대하여는 사업자등록번호로 수정한 세금계산서를 교부할 수 없다.[227)]

2) 공급받은 자

① 사업자로 등록을 한 자가 세금계산서상 공급받는 자의 등록번호를 착오로 대표자 주민등록번호로 발급받은 사실을 확인한 후 과세표준 및 세액이 경정될 것을 미리 알지 못한 상태에서 사업자등록번호로 수정하여 발급받은 경우에는 매입세액공제가 가능하다.[228)]

② 사업자가 부가가치세가 과세되는 재화를 구입하면서 주민등록번호를 기재한 세금계산서를 발급(착오발급 포함)받은 경우 관련 매입세액은 매출세액에서 공제할 수 없는 것이나, 과세표준 및 세액이 경정될 것을 미리 알지 못한 상태에서 주민등록번호를 사업자등록번호로 수정한 세금계산서를 교부받아 매입처별세금계산서를 예정신고 또는 확정신고 시 제출하거나 「국세기본법」 제45조의 2의 규정에 의하여 경정청구한 경우에는 동 매입세액을 공제받을 수 있다.[229)]

---

224) 부가가치세과-87, 2014.01.28
225) 부가가치세과1265.1-1545, 1984.07.24
226) 서삼46015-10295, 2003.02.18
227) 서면3팀-1784, 2007.06.20
228) 사전-2015-법령해석부가-22453, 2015.02.27
229) 부가46015-2135, 1999.07.26

(7) 리스차량에 대한 수정세금계산서

1) 자신을 공급자 및 공급받는 자로 하는 수정세금계산서를 발행할 수 있는지 여부

판매 후 리스거래는 일반납세자들에게 통상적으로 일어나는 거래유형이 아닌 특수한 거래로 수입 시 매입세액을 공제받았기 때문에 판매하는 시점에 공급받는 자를 리스회사로 하여 매출세금계산서를 발행하고 부가가치세를 납부할 개연성이 높으며, 청구인의 경우도 비록 2004.10.1. 개업하였다 하더라도 2004년 및 2005년에는 사업실적이 없으며, 이 건 판매 후 리스거래가 처음이기 때문에 공급받는 자를 리스회사로 하여 착오로 매출세금계산서를 잘못 발행하였다는 청구인의 주장이 일리가 있어 보이며, 청구인이 처분청의 경정통지 이전에 수정세금계산서를 작성·교부한 후에 부가가치세 수정신고를 하였으므로 적법한 경정청구를 한 것으로 보인다. 한편, 판매 후 리스거래의 경제적 실질관계를 보면 재화의 공급이 아닌 담보제공에 의한 금융거래의 성격도 포함하고 있는 점 등에 비추어 볼 때, 이 건 경정청구를 거부한 처분은 부당한 것으로 판단된다.[230)]

2) 발급기한을 경과하여 발급한 수정세금계산서에 대한 가산세 부과 여부

① 사실관계

㉠ ◆◆◆코리아(주)(이하 "질의법인")는 1995.1.28. 설립되어 승용차 및 관련 부품의 수입 및 도매업을 영위하고 있는 기업으로 ◆◆◆ 차량을 수입하여 ㈜☆☆☆모터스 등 다수의 판매회사(이하 "딜러사")에게 판매하고 있음

㉡ 각 딜러사는 ◆◆◆ 차량의 판매 촉진을 위하여 시승용차량을 운용하고 있으며 2017 사업연도 중반 이전까지 이러한 시승용차량은 ◆◆◆파이낸셜서비스코리아(주)(이하 "리스회사")가 질의법인으로부터 매입하여 이를 다시 딜러사에게 운용리스 형태로 공급하되 실제 차량의 인도는 질의법인으로부터 딜러사로 직접 이루어짐(이하 "본건 리스거래")

㉢ 질의법인은 당초 본건 리스거래에 대하여 공급받는 자를 리스회사로 기재한 세금계산서를 발급하였으나(이하 "본건 당초 세금계산서") 「부가가치세법」은 리스거래의 경우 공급하는 자로부터 리스이용자에게 재화가 직접 인도되는 경우에는 본건 당초 세금계산서 발급방식 외에 리스이용자를 공급받는 자로 기재하여 세금계산서를 발급하는 방식 또한 허용하고 있으므로 당초 세금계산서상의 공급받는 자를 착오로 기재한 것으로 보아 공급받는 자를 딜러사로 한 수정세금계산서를 발급함(이하 "본건 수정세금계산서")

230) 조심-2008-서-0606, 2008.11.26

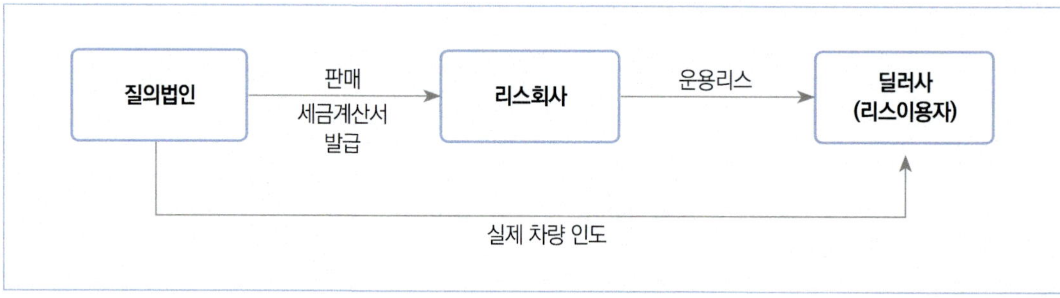

② 질의내용

리스회사가 차량판매회사로부터 시승용차량을 구입하여 리스이용자에게 운용리스 형태로 공급하되 실제 차량의 인도는 차량판매회사로부터 리스이용자에게 직접 이루어진 거래에 대하여 당초 차량판매회사가 공급받는 자를 리스회사로 기재하여 세금계산서를 발급하였으나, 당초 공급시기가 속한 과세기간에 대한 확정신고기한이 경과된 후에 공급받는 자를 리스이용자로 수정하여 세금계산서를 발급한 경우 해당 수정세금계산서에 대한 가산세 부과 여부

③ 회신

「여신전문금융업법」 제3조에 따라 등록한 시설대여업자(이하 "리스회사")가 차량판매회사로부터 시승용차량을 구입하여 리스이용자에게 운용리스 형태로 공급하되 실제 차량의 인도는 차량판매회사로부터 리스이용자에게 직접 이루어진 거래에 대하여 차량판매회사가 당초 리스회사를 공급받는 자로 기재한 세금계산서를 발급하였으나, 해당 거래분에 대한 확정신고기한이 경과된 후에 리스이용자를 공급받는 자로 기재한 수정세금계산서를 발급한 경우 해당 수정세금계산서 발급에 대하여 세금계산서 부실기재가산세 및 세금계산서 미발급가산세가 적용되지 않는다.[231)]

6. 필요적 기재사항 등이 착오 외의 사유로 잘못 적힌 경우(5.의 어느 하나에 해당하는 경우로서 과세표준 또는 세액을 경정할 것을 미리 알고 있는 경우는 제외)

(1) 개요

재화나 용역의 공급일이 속하는 과세기간에 대한 확정신고기한 다음 날부터 1년 이내에 세금계산서를 작성하되, 처음에 발급한 세금계산서의 내용대로 세금계산서를 붉은색 글씨로 쓰거나 음(陰)의 표시를 하여 발급하고, 수정하여 발급하는 세금계산서는 검은색 글씨로 작성하여 발급한다(부령 70 ① 6).

231) 서면-2019-법령해석부가-1759[법령해석과-1860], 2019.07.17

(2) 작성기한

필요적 기재사항 등이 착오로 잘못 적힌 경우 수정세금계산서 발급기한은 법조문에 명시되어 있지 않지만, 필요적 기재사항 등이 착오 외의 사유로 잘못 적힌 경우 수정세금계산서 발급기한이 재화나 용역의 공급일이 속하는 과세기간에 대한 확정신고기한 다음 날부터 1년 이내까지로 명시되어 있으므로 해당 기한 이후에 작성한 수정세금계산서는 인정받지 못한다.

(3) 공급받는 자가 잘못 적힌 경우

공급받는 자를 당초 다르게 기재한 경우에는 착오 외의 사유에 해당하여 확정신고기한 다음 날부터 1년 이내까지 수정세금계산서를 발급할 수 있으나 발급하지 아니한 경우 가산세를 부과한다.[232]

(4) 본지점 사업자가 공급자를 정정하여 세금계산서 재발급 시 지연발급가산세 부과 여부

본점과 지점에 대하여 각각 사업자등록을 한 법인이 지점사업장의 건물을 양도하고 착오 또는 과실로 본점을 공급자로 하는 전자세금계산서를 발급('16.2.26)하였다가 부가가치세 예정신고기한 이전에 지점을 공급자로 하는 전자세금계산서를 재발급('16.4.25)한 경우로서 실제로 공급한 사업자가 해당 과세기간에 대한 부가가치세를 신고·납부한 경우에는 지점에서 발급('16.4.25)한 전자세금계산서에 대하여 지연발급가산세를 적용하지 않는다.[233]

(5) 영수증 발급 후 세금계산서 수정발급 가능 여부

일반과세자 중 자동차제조업 및 자동차판매업을 경영하는 사업자가 영수증을 발급하였으나, 공급을 받는 사업자가 해당 재화를 공급받은 날이 속하는 과세기간의 다음 달 10일까지 사업자등록증을 제시하고 세금계산서 발급을 요구하는 때에는 영수증 발급을 취소하고 세금계산서를 발급할 수 있다.[234]

7. 착오로 전자세금계산서를 이중으로 발급한 경우

당초에 발급한 세금계산서의 내용대로 부(負)의 표시를 하여 발급한다(부령 70 ① 7). 이 경우 신고 전에 착오로 전자세금계산서를 이중으로 발급한 것을 확인하고 수정 전자세금계산서를 발행한 경우 공급자와 공급받는 자 모두 가산세 문제가 발생하지 않은 상태에서 해당 거래가 인정되지만, 신고 후에 해당 사실을 확인하고 수정전자세금계산서를 발행한 경우 공급자는 수정세금계산서를 발행하고 경정청구를 통하여 과납부한 부가가치세를 환급받고, 공급받은 자는 「부가가치세법」상 가산세 문제는 발생하지 않으나, 「국세기본법」 상 신고불성실가산세 및 납부지연가산세가 부과된다.

---

232) 서면-2017-부가-1054[부가가치세과-1074], 2017.04.27

233) 기획재정부 부가가치세제과-228, 2017.04.26

234) 서면-2015-부가-0245, 2015.05.27

8. 면세 등 발급대상이 아닌 거래 등에 대하여 발급한 경우

(1) 세무처리

1) 공급자

면세 등 발급대상이 아닌 거래 등에 대하여 발급한 경우 수정세금계산서는 처음에 발급한 세금계산서의 내용대로 붉은색 글씨로 쓰거나 부(負)의 표시를 하여 발급한다. 다만, 법 제17조 제2항 제2호의2 단서에 따라 매입세액을 공제받은 경우는 제외한다(부령 70 ① 8).

2) 공급받는 자

① 면세거래 후 세금계산서를 교부받은 경우

사업자가 부가가치세가 면제되는 재화를 공급받고 매입세금계산서를 발급받아 매입처별세금계산서합계표에 제출한 후 공급자로부터 이를 수정한 세금계산서를 발급받아 제출하는 경우 매입처별세금계산서합계표 가산세 부과대상에 해당하지 않는다.[235)]

② 면세거래 후 영세율세금계산서를 교부받은 경우

부가가치세가 면제되는 재화를 공급받고 매입세금계산서(영세율)를 교부받아서 매입처별세금계산서합계표에 제출하면 매입처별세금계산서합계표 불성실가산세를 부과할 수 없다.[236)]

(2) 면세계산서 교부 후 세금계산서 교부 가능 여부

사업자가 부가가치세가 과세되는 재화 또는 용역을 공급하고 면세계산서를 교부한 경우에는 당해 재화 또는 용역의 공급시기 후에 세금계산서 또는 수정세금계산서를 교부할 수 없다.[237)]

(3) 재화를 공급받은 면세사업자가 과세사업자로 전환된 후 환입된 경우 수정세금계산서 발급방법

사업자가 면세사업자에게 부가가치세 과세대상인 재화를 공급하였으나, 그 면세사업자가 과세사업자로 전환된 후에 해당 재화에 대한 환입이 발생한 경우, 그 환입된 날을 작성일자로 하고, 공급받는 자의 변경된 등록번호를 기재하여 수정세금계산서를 발급한다.[238)]

9. 세율을 잘못 적용하여 발급한 경우

처음에 발급한 세금계산서의 내용대로 세금계산서를 붉은색 글씨로 쓰거나 음(陰)의 표시를 하여 발급하고, 수정하여 발급하는 세금계산서는 검은색 글씨로 작성하여 발급한다. 다만 필요적 기재사항 등이 착오로 잘못 적힌 경우로서 과세표준 또는 세액을 경정할 것을 미리 알고 있는 경우는 제외한다

235) 부가가치세과-875, 2013.09.26
236) 재정경제부 소비세제과-139, 2005.09.05
237) 부가46015-1099, 1993.07.02
238) 부가가치세과-1429, 2011.11.18

(부령 70 ① 9).

10. 과세유형이 변경된 경우

(1) 일반과세자에서 간이과세자로 과세유형이 변경된 경우

일반과세자에서 간이과세자로 과세유형이 전환된 후 과세유형전환 전에 공급한 재화 또는 용역에 대하여 1. 내지 9. 의 사유가 발생한 경우에는 1. 내지 9. 의 절차에도 불구하고 처음에 발급한 세금계산서 작성일을 수정세금계산서 또는 수정전자세금계산서의 작성일로 적고, 비고란에 사유발생일을 덧붙여 적은 후 추가되는 금액은 검은색 글씨로 쓰고 차감되는 금액은 붉은색 글씨로 쓰거나 음(陰)의 표시를 하여 수정세금계산서나 수정전자세금계산서를 발급할 수 있다(부령 70 ②).

(2) 간이과세자에서 일반과세자로 과세유형이 변경된 경우

간이과세자에서 일반과세자로 과세유형이 전환된 후 과세유형전환 전에 공급한 재화 또는 용역에 수정세금계산서 발급 사유가 발생한 경우에는 처음에 발급한 세금계산서 작성일을 수정세금계산서 또는 수정전자세금계산서의 작성일로 적고, 비고란에 사유발생일을 덧붙여 적은 후 추가되는 금액은 검은색 글씨로 쓰고 차감되는 금액은 붉은색 글씨로 쓰거나 음(陰)의 표시를 하여 수정세금계산서나 수정전자세금계산서를 발급하여야 한다(부령 70 ③).[239]

11. 폐업한 자의 수정세금계산서 발급방법

재화 또는 용역의 공급에 대하여 세금계산서를 발급하였으나 수정세금계산서 발급사유가 발생한 때에 공급받는 자 또는 공급자가 폐업한 경우에는 수정세금계산서를 발급할 수 없다. 이 경우 이미 공제받은 매입세액 또는 납부한 매출세액은 납부세액에서 차가감하여야 한다.[240]

12. 법원의 확정판결에 따라 공급가액에 추가·차감되는 금액이 발생한 경우

(1) 개요

사업자가 부가가치세가 과세되는 용역을 공급하고 세금계산서를 발급한 후 당초의 공급가액에 추가(감액)되는 금액이 발생한 경우에는 그 사유가 발생한 날(법원의 확정 또는 조정판결받은 때)에 세금계산서를 수정발급한다. [241]

239) 본 규정은 2021년 7월 1일 이후 세금계산서를 발급한 분부터 적용한다.
240) 부가집 32-70-2
241) 부가가치세과-950, 2013.10.16

(2) 판결에 의하여 계약의 취소가 확정되는 경우

1) 공급자

사업자가 용역을 공급하기로 약정하고 세금계산서를 교부하여 정부에 신고하였으나 당초 계약이 취소된 경우에는 그 사유가 발생한 때에 수정세금계산서를 교부하여 신고를 하여야 한다.[242)]

2) 공급받는 자

오피스텔 신축·분양 사업자로부터 중간지급조건부로 오피스텔을 분양받은 자가 사업자등록을 하고 계약금에 대한 세금계산서를 교부받아 매입세액을 공제(환급)받은 후, 당해 계약이 취소된 경우에는 오피스텔 신축·분양 사업자로부터 수정세금계산서를 교부받아야 하는 것이며, 당초에 공제(환급)받은 매입세액은 당해 계약 취소사유가 발생한 때가 속하는 과세기간에 대한 부가가치세 신고 시 정부에 납부하여야 한다.[243)]

13. 매출할인에 대한 수정세금계산서 교부방법

(1) 원칙

사업자가 재화 또는 용역을 공급한 후 그 공급가액에 대한 매출할인액이 발생한 경우에는 증감사유가 발생한 날을 작성일자로 기재하고 수정세금계산서를 교부한다.[244)]

(2) 월합계세금계산서의 경우

거래처별로 1역월의 공급가액을 합계하여 그 익월 10일까지 세금계산서를 교부하는 경우(월합계세금계산서를 교부하는 경우)로서 당해 월중 매출할인이 발생한 경우에는 당해 월의 총공급가액에서 동 매출할인액을 차감한 금액으로 월합계세금계산서를 발행할 수 있다.[245)]

(3) 세금계산서 교부 후 할인액(매출할인)이 발생한 경우

세금계산서 교부 후 할인액(매출할인)이 발생한 경우에는 당초 세금계산서상의 공급대가(공급가액과 세액의 합계액)에서 실지 지급받은 공급대가와의 차액을 공급가액과 세액으로 구분기재한 (감액)수정세금계산서를 교부한다.[246)]

(4) 수정세금계산서에 대한 미발급가산세

사업자가 세금계산서를 발급한 후 당초의 공급가액에 추가 또는 차감되는 금액이 발생한 경우 수정

---

242) 부가46015-1567, 1995.08.23
243) 부가46015-139, 1998.01.22
244) 서면3팀-1553, 2007.05.22
245) 서면3팀-1270, 2007.04.30
246) 서면3팀-1587, 2007.05.25

세금계산서를 발급하지 아니하거나 발급한 분에 대한 매출처별세금계산서합계표를 제출하지 아니한 때에는 세금계산서 미발급가산세 또는 매출처별세금계산서합계표 미제출가산세를 적용한다.[247)]

14. 매출에누리에 대한 수정세금계산서 교부방법

매출에누리란 재화나 용역을 공급할 때 그 품질이나 수량, 인도조건 또는 공급대가의 결제방법이나 그 밖의 공급조건에 따라 통상의 대가에서 일정액을 직접 깎아 주는 금액을 말하는 것으로, 사업자가 재화 또는 용역의 공급에 있어서 그 품질, 수량 및 인도, 공급대가의 결제, 기타 공급조건에따라 그 재화 또는 용역의 공급 당시 통상의 공급가액에서 일정액을 직접 공제하는 매출에누리액에 대하여는 과세표준에 포함하지 아니하는 것이며, 사업자가 사전약정에 의하여 판매실적에 따라 당초 공급단가를 조정하는 조건으로 재화를 공급하는 경우 약정내용에 따라 당초 공급단가를 변경시키는 조정사유가 발생한 때에는 수정세금계산서를 교부할 수 있다.[248)]

15. 사업자단위과세를 적용하기 이전에 종된 사업장이 발급한 세금계산서의 수정사유 발생 시

둘 이상의 사업장이 있는 사업자가 본점에서 사업자단위과세를 적용받는 경우 해당 사업자단위과세를 적용받기 이전 과세기간에 종된 사업장이 발급한 세금계산서에 대하여 수정세금계산서의 발급사유 발생 시 해당 수정세금계산서의 발급은 본점이 할 수 있다.[249)]

Ⅲ 수정세금계산서 발급에 따른 부가가치세 수정신고 여부

〈수정세금계산서 발급사유 및 방법 요약〉

구분	사유	부가가치세 수정신고대상 여부		부가가치세법상 가산세
		여부	사유	
작성일자가 소급 안 되는 경우	환입, 계약해제, 공급가액 변동	부	수정세금계산서도 해당 사유가 발생한 과세기간에 포함되므로 별도 수정신고 필요 없음	해당사항 없음
작성일자가 소급되는 경우	신고기한 내 수정사유 발생	부	신고기한 내 당초 및 수정세금계산서가 발급된 경우 합산신고하면 되므로 수정신고 필요 없음	사안에 따라 판단
	신고기한 경과 후 수정사유 발생	여	신고기한 경과 후 수정세금계산서가 발급된 경우 합산신고할 수 없으므로 수정신고해야 함	사안에 따라 판단

247) 부가집 60-0-10
248) 부가22601-1229,1991.09.19
249) 서면법규과-533, 2013.05.10

Ⅳ 수정세금계산서 발행 가능 여부에 관한 판단사례

1. 주민등록번호로 발급받은 세금계산서를 사업자등록번호로 수정발급받은 경우

사업자로 등록을 한 자가 세금계산서상 공급받는 자의 등록번호를 착오로 대표자 주민등록번호로 발급받은 사실을 확인한 후 과세표준 및 세액이 경정될 것을 미리 알지 못한 상태에서 사업자등록번호로 수정하여 발급받은 경우에는 매입세액공제가 가능하다.[250)]

2. 실물거래 없이 발급한 세금계산서에 대한 수정세금계산서는 가산세 적용대상이 아님

실물거래 없이 세금계산서를 발급한 후 당일 또는 수일 후에 동 세금계산서를 수정하는 세금계산서를 발급한 경우 수정세금계산서에 대한 가산세를 적용한 것은 부당하다.[251)]

3. 영수증발급 사업자의 계약해제분에 대한 부가가치세 신고방법

주거용 건물 공급업을 영위하는 사업자가 중간지급조건부로 주거용 건물 공급계약을 체결하고 영수증을 발급한 이후, 계약이 해제되어 해당 주택이 공급되지 아니한 경우에는 계약해제일이 속하는 과세기간의 과세표준에서 계약해제된 주택의 공급가액을 차감하여 부가가치세를 신고한다.[252)]

4. 공정거래위원회 지급명령으로 지급하는 하도급대금 등의 과세표준 포함 여부

용역의 공급이 완료된 이후 사업자가 거래상대방인 하도급업자에게 부당한 하도급대금을 결정·지급하여 공정거래위원회로부터 하도급대금 부당인하에 해당하는 금액을 지급하도록 지급명령을 받거나, 공정거래위원회의 지급명령 전에 하도급업자와의 하도급대금 부당인하에 해당하는 금액을 지급하기로 합의함에 따라 해당 금액을 하도급업자에게 지급하는 경우 수정세금계산서 발급사유에 해당하는 것이며, 이 경우 하도급업자의 폐업일 이후 당초의 공급가액에 추가되는 사유가 발생한 때에는 하도급업자는 (수정)세금계산서를 발급할 수 없다.[253)]

5. 국민주택을 설계변경 등에 의하여 국민주택규모를 초과하는 주택으로 완공하는 경우

사업자가 건축 중에 있는 국민주택을 설계변경 등에 의하여 국민주택규모를 초과하는 주택으로 건축·완공하는 경우에 설계변경 건축허가시점 이전에 공급한 건설용역에 대하여는 수정세금계산서를

---

250) 사전-2015-법령해석부가-22453, 2015.02.27
251) 심사부가2015-5, 2015.04.23
252) 서면법규과-473, 2014.05.09
253) 법규부가2014-9, 2014.03.04

발급할 수 없다.[254)]

6. 법인전환하면서 폐업한 개인사업자등록번호로 매입세금계산서를 수취한 경우

사업자가 전기사업자로부터 전력을 공급받고 세금계산서를 교부받음에 있어 당해 사업자가 법인설립이 완료되기까지 폐업한 개인사업자 등록번호로 세금계산서를 발급받은 경우 전기사업자로부터 수정세금계산서를 교부받은 때에는 당해 수정세금계산서의 매입세액은 공제대상에 해당하지 아니한다.[255)]

7. 특수관계인에게 재화를 부당하게 저가로 공급한 후, 시가를 공급가액으로 수정세금계산서 발급 가능 여부

특수관계인에 해당하는 다른 사업자에게 재화를 부당하게 시가보다 낮은 대가로 공급하여 「부가가치세법」 제29조 제4항에 해당하는 경우 수정세금계산서 발급사유에 해당하지 않는다.[256)]

8. 부가가치세가 적용되는 거래에 대해 영세율 세금계산서를 발급한 경우 수정세금계산서를 발행할 수 없다.[257)]

9. 분양계약상 특약에 따라 공급한 주택을 재매입하는 경우 매입가액을 과세표준에서 차감할 수 있는지 여부

국민주택규모를 초과하는 주택을 분양하는 사업자가 분양계약의 특약에서 입주 후 2년이 경과한 때에 분양주택의 시가가 분양가액에 미달하면 분양받은 자가 분양공급자에게 당초 분양가액으로 분양주택의 재매입을 요구할 수 있도록 하는 조건으로 주택을 분양하고 그 잔금청산과 소유권이전 등기를 마쳐 공급을 완료한 다음, 특약에 따라 입주 2년이 경과한 때에 주택을 재매입하는 경우 수정세금계산서 발급사유에 해당하지 아니하는 것이며 그 재매입가액을 과세표준에서 차감할 수 없다.[258)]

10. 판매상계약 특약조건에 따라 총판업체로부터 차량을 환매받는 경우 세금계산서 발급방법

사업자가 판매상계약 특약조건에 따라 총판업체로부터 전시차량, 재고차량을 환매받는 경우 수정세금계산서 발급사유에 해당하지 아니하는 것이며, 총판업체가 해당차량 환매시 세금계산서를 발급하

254) 부가-994, 2013.10.24
255) 부가-367, 2013.04.30
256) 법규과-1520, 2012.12.24
257) 부가-1161, 2012.11.23
258) 법규부가2012-421, 2012.12.28

여야 한다.[259)]

11. 신용카드 매출전표를 발급한 경우 수정세금계산서를 발급할 수 없다.[260)]

12. 폐기한 재화에 대한 매출환입세금계산서 발급

사업자가 재화를 공급함에 있어 사전약정에 의하여 당초 공급한 재화가 일정기간 내에 품질불량 등으로 하자가 발생하여 자기의 책임과 계산하에 공급받는 자가 직접 폐기처분하는 경우 당해 사업자는 당초 공급한 재화가 환입된 것으로 보아 공급받는 자에게 수정세금계산서를 발급할 수 있는 것이며, 사업자가 재화를 수출한 후 당초 수출한 재화의 하자로 인하여 무환으로 동일한 종류의 재화를 국외로 반출하는 경우에는 재화의 수출에 해당된다.[261)]

13. 재화를 공급받은 면세사업자가 과세사업자로 전환된 후 환입된 경우 수정세금계산서 발급방법

사업자가 면세사업자에게 부가가치세 과세대상인 재화를 공급하였으나, 그 면세사업자가 과세사업자로 전환된 후에 해당 재화에 대한 환입이 발생한 경우, 그 환입된 날을 작성일자로 하고, 공급받는 자의 변경된 등록번호를 기재하여 수정세금계산서를 발급한다.[262)]

14. 지점 폐업 후 본점에서 반품받은 경우 수정세금계산서 교부

지점을 폐업하고 본점이 지점사업을 양수하여 계속 영위하던 중 지점에서 공급한 재화가 본점으로 환입되는 경우, 본점은 재화가 환입된 날을 작성일자로 하여 수정세금계산서를 교부할 수 있다.[263)]

15. 사업양도의 폐업일 기준 및 정산대금에 대한 세금계산서 발급방법

폐업일은 사업장별로 그 사업을 실질적으로 폐업한 날로 하는 것이며, 또한 복수의 사업부문을 영위하는 법인사업자가 일부 사업부문을 사업양도하면서 요건을 충족하지 않는 지점사업장에 대하여는 세금계산서를 발급하였으나 이후 양도대금의 변동이 있는 경우 당해 본점은 그 증감되는 금액에 대하여 세금계산서를 교부할 수 있다.[264)]

---

259) 사전-2015-법령해석부가-0371 [법령해석과-3157]. 2015.11.26.
260) 법규부가2011-0481, 2011.12.29
261) 법규부가2011-0481, 2011.12.29. 부가가치세과-1030, 2013.10.31
262) 부가-1429, 2011.11.18
263) 부가세과-476, 2009.04.07
264) 부가-1106, 2013.11.29

16. 반품받을 제품을 직접 철거하여 폐기한 경우 수정세금계산서 교부

사업자가 건축마감재를 판매한 후 하자로 인하여 당해 제품을 반환받음에 있어, 당해 제품을 자기의 책임과 계산하에 건설현장에서 직접 철거하고 폐기처분하는 경우 반품에 해당되는 경우로 보아 수정세금계산서를 교부할 수 있다.[265)]

17. 중간지급조건부 거래로 영수증 발행분 계약해제 시 수정신고

사업자가 중간지급조건부로 건물을 분양하고 그 공급시기에 영수증을 교부한 후 계약의 해제로 재화가 공급되지 아니한 경우 당초 공급시기가 속하는 과세기간의 과세표준에서 당해 공급가액을 차감하여 경정청구한다.[266)] ☞ 2012.7.1. 이후 발급사유가 생기는 분부터 작성일자를 계약해제일로 기재하도록 개정(영수증발급 사업자도 계약해제일이 속하는 과세기간의 과세표준에서 계약해제된 주택의 공급가액을 차감하여 신고[267)])

18. 분양계약 해제 시 수정세금계산서 교부대상분 부가가치세의 부과제척기간 기산일

사업자가 계약해제사유가 발생하여 분양계약을 해제한 경우, 수정세금계산서 교부대상분 부가가치세의 부과제척기간은 그 수정세금계산서에 기재된 작성일자가 속하는 과세기간의 확정신고기한 다음 날부터 기산한다.[268)]

19. 계약의 해제 또는 해지인 경우 수정세금계산서 발급시기를 언제로 볼 것인지 여부

사업자가 중간지급조건부로 재화를 공급하면서 대가의 각 부분을 받기로 한 때 세금계산서를 교부하다가 계약내용의 변경사유가 발생하여 거래당사자 간 합의에 따라 당초 계약을 취소하고 새로운 계약을 체결함으로써 공급가액을 차감하게 되는 경우 세금계산서를 수정하여 발급할 수 있으며, 증감사유가 발생한 날을 수정세금계산서의 작성일자로 적는다.[269)]

20. 용역공급 완료된 후 계약의 합의해제로는 수정세금계산서 발급이 불가함

사업자가 계약상 또는 법률상의 원인에 따라 광고용역의 공급을 완료하고 세금계산서를 발급한 후에 해당 계약의 계약주체를 소급변경하는 수정계약을 체결한 경우에는 계약의 해제로 볼 수 없으므로

---

265) 부가세과-3251, 2008.09.24
266) 상담3팀-1157, 2008.06.10
267) 서면법규과-473, 2014.05.
268) 서면법규과-63, 2014.01.23
269) 기획재정부 부가가치세제과-173, 2016.03.18

공급이 완료된 용역을 취소하는 수정세금계산서를 발급하거나 공급받는 자를 달리하는 세금계산서를 다시 발급할 수 없다.[270] (당초 적법한 거래에 따라 용역공급이 완료된 후 합의해제를 이유로 해당 용역공급이 없었던 것이 되는 것이 아니므로 공급이 완료된 거래에 대한 수정세금계산서 발급은 불가함)

21. 계약변경으로 과세재화 중 일부를 면세재화로 공급받는 경우 세금계산서 발급방법

지상물에 대한 세금계산서를 발급받았으나 계약을 변경하여 기 발급받은 세금계산서에 해당하는 지상물을 공급자가 철거하여 토지로 양도하는 경우 계약변경일에 기 발급받은 세금계산서에 대해서는 수정세금계산서를 발급한다.[271]

22. 지분제 계약에 따라 당초 공급가액에서 차감된 금액은 수정세금계산서 발급 가능

시공사가 시행사와 지분제 계약을 체결하고 건설용역을 제공한 경우로서 시공사가 시행사의 분양수입금액을 기준으로 공사도급금액을 산정하였으나, 상호 정산 합의를 통하여 당초 공사도급금액의 일부가 차감되는 경우 시공사는 공사도급금액이 최종 확정된 날을 기준으로 그 차감되는 금액에 대하여 수정전자세금계산서를 발급할 수 있다.[272]

23. 리스사업자에게 교부한 세금계산서를 리스이용자에 수정교부 가능 여부

리스사업자로부터 시설 등을 임차하고, 당해 시설 등을 공급자로부터 직접 인도받는 경우 공급자가 리스이용자에게 세금계산서를 교부할 수 있는 것이나, 당초 리스사업자에게 적법하게 교부된 세금계산서에 대하여 리스이용자에게 수정세금계산서를 교부할 수 없다.[273]

24. 법인전환 후 영세율 적용 수정세금계산서 교부 가능 여부

사업자가 다른 개인사업자에게 과세재화를 공급한 대가에 대하여 영세율이 적용되지 않는 세금계산서를 교부하고 당해 공급받는 자가 포괄적인 사업양도방식으로 법인전환된 후 당해 거래의 공급시기가 속하는 과세기간 종료 후 20일 이내에 법인전환되기 전의 개인사업자 및 법인사업자 명의로 각각 내국신용장이 개설된 경우 영세율이 적용되는 수정세금계산서로 교부 가능하다. ☞ 2015.1.1. 이후 내국신용장을 개설하거나 구매확인서를 발급하는 분부터 "과세기간 종료 후 20일 이내"에서 "과세기간 종료 후 25일(과세기간 종료 후 25일이 되는 날이 공휴일 또는 토요일인 경우에는 바로 다음

270) 사전-2015-법령해석부가-0176, 2015.06.29
271) 법규부가2014-530, 2014.11.20
272) 법규부가2013-421, 2013.10.29
273) 상담3팀-800, 2005.06.10

영업일을 말함) 이내"로 개정[274]

25. 사업양도의 경우 수정세금계산서 교부

사업양도 후 수정세금계산서의 교부의무가 발생한 경우에는 사업양도자가 수정세금계산서를 교부할 수 있다. 다만, 동 사업양수도계약에 있어서 사업양도자의 공급가액을 추가 또는 차감하여 수정할 수 있는 권리와 의무를 사업양수자가 승계받은 부분에 한하여 사업양수자가 당해 사유가 발생하는 시기에 양수자의 공급가액을 수정하는 세금계산서를 교부할 수 있다.[275]

26. 폐업한 거래상대방으로부터 반품받는 경우

폐업한 사업자로부터 재화를 반품받는 경우에는 당초 거래자로부터 반품받는 것이 아니므로 수정세금계산서를 교부할 수 없으며, 매출과세표준도 감소되지 아니한다.[276]

27. 폐업일 이후 수정세금계산서를 발급할 수 있는지 여부

사업자가 교부한 세금계산서에 따라 신고납부하고 폐업한 후에 수정사유가 발생한 경우에는 수정세금계산서를 교부할 수 없다.[277]

28. 수정세금계산서를 발급받지 못한 경우 매입세액 추가납부 여부

사업자가 완성도기준지급 또는 중간지급조건부로 재화 또는 용역을 공급받기로 약정하고 계약금에 대한 세금계산서를 교부받아 매입세액으로 공제받았으나, 거래상대방의 폐업으로 당초 계약이 취소되어 재화 또는 용역을 공급받지 못한 경우에는 그 사유가 발생한 때가 속하는 과세기간에 당초에 공제받은 매입세액을 납부세액에 가산하여 정부에 납부하여야 한다.[278] ☞ 공제받지 못할 매입세액으로 기재하는 방법이 있음

29. 폐업으로 재화 또는 용역을 공급받지 못한 경우 매입세액 납부방법

사업자가 계약상 또는 법률상의 원인에 의하여 재화 또는 용역을 공급받기로 약정하고 해당 거래시기에 세금계산서를 교부받아 매입세액을 공제하였으나, 거래상대방의 폐업으로 당초 계약이 취소되어 재화 또는 용역의 공급을 받지 못한 경우에는 그 사유가 발생한 때가 속하는 과세기간에 당초에

274) 서삼46015-11215, 2002.07.24
275) 상담3팀-2068, 2004.10.11
276) 서삼46015-11666, 2003.10.24
277) 부가-993, 2012.09.27
278) 부가-963, 2012.09.19

공제받은 매입세액을 납부세액에 가산하여야 한다.[279)]

30. 세금계산서 필요적 기재사항의 작성에 착오가 있는 경우 수정세금계산서 발급기한 등

사업자가 필요적 기재사항의 작성에 착오가 있어 수정세금계산서를 발급하고자 하는 경우 그 발급기한은 관할세무서장이 부가가치세의 과세표준과 납부세액 또는 환급세액을 경정하고 그 경정한 내용이 납세고지서 등에 의하여 사업자에게 도달되기 전까지를 말한다.[280)]

31. 적법하게 교부한 세금계산서에 대하여 수정발급 여부

세금계산서를 교부한 후 그 기재사항에 관하여 착오 또는 정정사유가 발생한 경우 또는 당초의 공급가액에 차가감되는 금액이 발생한 경우에는 수정세금계산서를 교부할 수 있는 것이나, 적법하게 교부한 세금계산서에 대하여는 수정세금계산서를 교부하거나 부가가치세 수정신고 또는 경정청구는 할 수 없다.[281)]

32. 발급사유 없이 수정세금계산서를 발급한 경우 매입세액공제가 가능한지 여부

당초 정당한 세금계산서를 발급한 후 수정세금계산서를 발급할 수 있는 사유에 해당하지 않는 채 세금계산서를 수정하여 발급한 경우 수정의 효력이 없으며, 당초 발급한 세금계산서가 정당하다면 매입세액공제가 가능하다.[282)]

33. 액화석유가스 공급자의 수정세금계산서 발급의무 여부

가정용부탄을 제조하여 수출 또는 내수 판매하는 액화석유가스 충전사업자가 개별소비세를 직접 환급받는 경우 액화석유가스 공급자로부터 수정세금계산서를 발급받아야 하는지 여부에 관하여, 액화석유가스 공급자는 당초의 공급가액에 변동이 없으므로 수정세금계산서 발급의무가 없다.[283)]

---

279) 상담3팀-957, 2007.03.30
280) 부가-691, 2011.06.30
281) 부가-1156, 2012.11.23
282) 기준법령해석부가2014-21827, 2015.02.27
283) 기획재정부부가가치세제과-46, 2016.01.14

제6절 수입세금계산서

I 개요

세관장은 수입되는 재화에 대하여 부가가치세를 징수할 때(제50조의 2 재화의 수입에 대한 부가가치세 납부의 유예 규정에 따라 부가가치세의 납부가 유예되는 때를 포함)에는 수입된 재화에 대한 세금계산서(이하 "수입세금계산서"라 한다)를 수입하는 자에게 발급하여야 한다(부법 35 ①). 이 경우 수입되는 재화에 대하여 부가가치세의 납부가 유예되는 때에는 수입세금계산서에 납부유예 표시를 하여 발급한다(부령 72 ①).

II 수정수입세금계산서

1. 발급

(1) 원칙

세관장은 다음 중 어느 하나에 해당하는 경우에는 수입하는 자에게 수정한 수입세금계산서(이하 "수정수입세금계산서"라 한다)를 발급하여야 한다(부법 35 ②). 다만, 세관공무원의 관세조사 행위가 발생하여 과세표준 또는 세액을 결정 또는 경정할 것을 미리 알고 「관세법」에 따른 수정신고를 하는 경우에는 ②에 해당할 때에만 수정한 수입세금계산서를 발급한다(부령72 ②). 이는 세관장이 수정수입세금계산서를 발급할 수 있는 경우를 수입자가 ① 자발적으로 세액 등을 수정신고한 경우, ② 세액이 결정·경정될 것을 미리 알고 수정신고한 경우로서 수입자의 귀책사유가 없는 경우 등으로 제한함으로써 납세자의 성실한 신고를 유도하기 위함이다. 또한 수정수입세금계산서를 발급한 세관장은 수정된 매출처별세금계산서합계표를 해당 세관 소재지를 관할하는 세무서장에게 제출하여야 한다(부법 35 ③, 부령 72 ④).

① 「관세법」에 따라 세관장이 과세표준 또는 세액을 결정 또는 경정하기 전에 수입하는 자가 잠정가격신고, 보정신청, 수정신고, 경정청구, 후발적 사유 경정청구, 수입물품의 과세가격 조정에 따른 경정, 관세환급금의 환급, 과다환급관세의 징수, 계약내용과 다른 물품 등에 대한 관세 환급, 수입한 상태 그대로 수출되는 자가사용물품 등에 대한 관세 환급 등의 사유로 수정신고 등을 하는 경우

② 「관세법」에 따라 세관장이 과세표준 또는 세액을 결정 또는 경정하는 경우(수입하는 자가 해당 재화의 수입과 관련하여 다음의 어느 하나에 해당하지 아니하는 경우로 한정)

㉠ 「관세법」 제270조(관세포탈죄)(제271조 제2항에 따른 미수범의 경우를 포함), 제270조의

2(가격조작죄) 또는 제276조(허위신고죄)를 위반하여 고발되거나 같은 법 제311조에 따라 통고처분을 받은 경우

㉡ 「관세법」 제42조 제2항(중가산세)에 따른 부정한 행위 또는 「자유무역협정의 이행을 위한 관세법의 특례에 관한 법률」 제36조 제1항 제1호 단서에 따른 부정한 행위로 관세의 과세표준 또는 세액을 과소신고한 경우

㉢ 수입자가 과세표준 또는 세액을 신고하면서 관세조사 등을 통하여 이미 통지받은 오류를 다음 신고 시에도 반복하는 등 대통령령으로 정하는 중대한 잘못이 있는 경우

㉮ 「관세법」 제37조의 4 제1항 및 제2항에 따라 세관장이 과세가격의 결정과 관계되는 자료 및 증명자료를 제출하도록 요구하였으나 수입자가 같은 조 제3항에 따른 기한까지 제출하지 않거나 거짓의 자료를 제출하는 경우

㉯ 다음의 어느 하나에 해당하는 심사 또는 조사를 통하여 과세표준 또는 세액의 과소신고에 관한 오류를 통지받은 후에도 법 제50조에 따른 부가가치세에 관한 다음 신고 시에도 그 오류를 반복하는 경우

ⓐ 「관세법」 제38조 제2항에 따른 심사

ⓑ 「관세법」 제110조 제2항 제1호 및 제2호에 따른 조사 중 과세표준 또는 세액의 결정·경정을 위한 조사

ⓒ 「관세법」 제255조의 2에 따른 심사(같은 법 시행령 제259조의 2 제1항 제1호의 기준에 따라 과세표준 또는 세액의 결정·경정에 관련하여 심사하는 경우로 한정한다)

ⓓ 「자유무역협정의 이행을 위한 관세법의 특례에 관한 법률」 제17조 제1항에 따른 조사

㉰ 「관세법」 제38조의 2 제2항에 따라 보정신청을 하도록 통지하였으나 정당한 사유 없이 수입자가 같은 조 제1항에 따른 신청 또는 같은 법 제38조의 3 제1항에 따른 수정신고를 하지 않은 경우

㉱ 「관세법 시행령」 제15조 제1항 제1호에 따른 사항을 적은 서류 또는 같은 조 제5항 각 호에 해당하는 과세자료의 내용이 객관적 사실과 명백히 다른 경우 등 해당 서류 또는 과세자료에 중대한 하자가 있는 경우(수입자의 착오 또는 경미한 과실로 인한 경우는 제외한다)

③ 수입하는 자가 세관공무원의 관세조사 등 대통령령으로 정하는 행위가 발생하여 과세표준 또는 세액이 결정 또는 경정될 것을 미리 알고 그 결정·경정 전에 「관세법」에 따라 수정신고하는 경우(해당 재화의 수입과 관련하여 ②의 어느 하나에 해당하지 아니하는 경우로 한정)

(2) 수정세금계산서 발급의 제한

세관장은 (1)–②, ③의 결정·경정 또는 수정신고에 따라 수정수입세금계산서를 발급한 후 수입하

는 자가 (1)-② 의 어느 하나에 해당하는 사실을 알게 된 경우에는 이미 발급한 수정수입세금계산서를 그 수정 전으로 되돌리는 내용의 수정수입세금계산서를 발급하여야 한다(부법 35 ③).

(3) 기속력에 따른 수정세금계산서

세관장은 (1)-②-㉮에 해당하여 ② 또는 ③에 따라 수정수입세금계산서를 발급하지 아니하였거나 (2)에 따라 수정수입세금계산서를 다시 발급한 이후에 수입하는 자가 무죄 취지의 불기소 처분이나 무죄 확정판결을 받은 경우에는 당초 세관장이 결정 또는 경정한 내용이나 수입하는 자가 수정신고한 내용으로 수정수입세금계산서를 발급하여야 한다(부법 35 ④).

2. 발급신청

수입하는 자는 세관장이 수정수입세금계산서를 발급하지 아니하는 경우 「국세기본법」에 따른 제척기간(일반적인 경우 5년, 판결이 확정된 경우 1년) 내에 세관장에게 수정수입세금계산서의 발급을 신청할 수 있다(부법 35 ⑤).

3. 발급 여부 통지

신청을 받은 세관장은 신청을 받은 날부터 2개월 이내에 수정수입세금계산서를 발급하거나 발급할 이유가 없다는 뜻을 신청인에게 통지하여야 한다(부령 72 ⑦).

4. 발급방법

앞 1 ①과 ②의 ㉠,㉡에 따라 수정한 수입세금계산서를 발급하는 경우에는 부가가치세를 납부받거나 징수 또는 환급한 날을 작성일로 적고 비고란에 최초 수입세금계산서 발급일 등을 덧붙여 적은 후 추가되는 금액은 검은색 글씨로 쓰고, 차감되는 금액은 붉은색 글씨로 쓰거나 음(陰)의 표시를 하여 발급한다. (부령 72 ⑤) 이외의 경우세관장이 수정한 수입세금계산서를 발급하는 경우에는 그 작성일은 발급결정일로 적고 비고란에 최초 수입세금계산서 발급일 등을 덧붙여 적은 후 추가되는 금액은 검은색 글씨로 쓰며, 차감되는 금액은 붉은색 글씨로 쓰거나 음(陰)의 표시를 하여 발급한다(부령 72 ⑧).

5. 수정된 매출처별세금계산서합계표 제출

수정수입세금계산서를 발급한 세관장은 작성한 수정된 매출처별세금계산서합계표를 해당 세관 소재지를 관할하는 세무서장에게 제출하여야 한다(부법 35 ④).

6. 수입세금계산서 매입세액 공제

① 수입일이 속하는 과세기간 경과 후 발급받은 세금계산서는 발급받은 날이 속하는 과세기간에 공제된다.[284)]

② 세관장이 경정 결정하여 수입세금계산서를 추가로 발행한 경우 발행일이 속하는 과세기간에 공제된다.[285)]

③ 사업양도자가 사업의 양도 시 발급받지 못한 수입세금계산서는 사업양도 후 사업양수자가 사업양도자의 명의로 발급받은 경우에는 사업양수자가 발급받은 해당 과세기간에 매입세액공제된다.[286)]

7. 관련 사례

(1) 사업자단위과세 적용으로 말소된 종된 사업장의 사업자등록번호로 발급받은 수입세금계산서의 매입세액공제 가능[287)]

(2) 국내사업자가 자기 명의로 직접 국외의 외국법인 본점에서 수입하는 경우 외국법인의 국내지점 세금계산서 교부 의무 없음[288)]

(3) 폐업 후에 받은 수입세금계산서의 공제시기는 폐업일이 속하는 과세기간임[289)]

(4) 수입세금계산서를 교부한 후 수입신고서의 납세의무자를 착오로 잘못 신고하여 변경하는 경우 수입세금계산서의 수정 교부

세관장이 수입세금계산서를 교부한 후 수입신고서의 납세의무자를 착오로 잘못 신고하여 변경하는 경우 당초 교부일자로 과세표준 및 세액 앞에 각각 (–) 표시한 수입세금계산서(상계처리용)를 당초 납세의무자에게 교부하고 정정된 수입세금계산서를 실제 납세자에게 동시에 교부한다.[290)]

---

284) 상담3팀-2290, 2007.08.16
285) 상담3팀-2530, 2004.12.13
286) 집행기준 38-0-2 ③
287) 서면법규과-499, 2013.04.30
288) 서삼46015-10310, 2003.02.20
289) 부가 1265.2-1721, 1982.06.29
290) 부가-3936, 2008.10.30

제7절 세금계산서 발급의무의 면제 등

세금계산서를 발급하기 어렵거나 불필요한 경우 등 다음에 해당하는 경우에는 세금계산서 발행을 하지 아니할 수 있다(부법 33 ①, 부령 71).

Ⅰ 택시운송 사업자, 노점 또는 행상을 하는 자 등

택시운송 사업자, 노점 또는 행상을 하는 자 또는 다음에서 정하는 사업자가 공급하는 재화 또는 용역에 대해서는 세금계산서 발급의무를 면제한다(부령 71 ① 1).

① 무인자동판매기를 이용하여 재화 또는 용역을 공급하는 자

② 전력 또는 도시가스를 실지로 소비하는 자(사업자가 아닌 자에 한한다)를 위하여 「전기사업법」에 의한 전기사업자 또는 「도시가스사업법」에 의한 도시가스사업자로부터 전력 또는 도시가스를 공급받는 명의자

③ 도로 및 관련 시설 운영용역을 공급하는 자. 다만, 공급받는 자로부터 세금계산서의 발급을 요구받은 경우를 제외한다.

Ⅱ 소매업 등의 경우

소매업 또는 미용, 욕탕 및 유사 서비스업을 경영하는 자가 공급하는 재화 또는 용역에 대해서는 세금계산서 발급의무를 면제한다. 다만, 소매업의 경우에는 공급받는 자가 세금계산서 발급을 요구하지 아니하는 경우로 한정한다(부령 71 ① 2).

Ⅲ 간주공급재화

면세전용, 자가 공급, 개인적 공급, 사업상증여, 폐업 시 잔존재화 등 간주공급재화에 대해서는 세금계산서 발급의무를 면제한다(부령 71 ① 3). 다만, 직매장 반출은 세금계산서를 발급하여야 한다.

Ⅳ 영세율이 적용되는 재화 또는 용역 중 열거하는 것

1. 개요

다음에서 열거하는 영세율이 적용되는 재화 및 용역의 경우 세금계산서 발급의무가 면제된다. 영세율이 적용되는 내국신용장 또는 구매확인서에 의하여 공급하는 재화 및 한국국제협력단, 한국국제보

건의료재단 및 대한적십자사에 공급하는 재화의 경우에는 국내사업자들 간의 거래인 점을 감안하여 세금계산서 발행의무는 부과하되, 영세율 세금계산서를 발급하도록 하였다(부령 71 ① 4).

① 수출하는 재화(원료를 대가 없이 국외의 수탁가공사업자에게 반출하여 가공한 재화를 양도하는 경우에 그 원료, 내국신용장·구매확인서에 의하여 공급하거나 한국국제협력단과 한국국제보건의료재단, 대한적십자사에 공급하는 재화는 제외)

② 국외제공용역과 선박, 항공기의 외국항행용역 중 공급받는 자가 국내사업장이 없는 비거주자 또는 외국법인인 경우, 항공기에 의한 외국항행용역, 「항공사업법」에 따른 상업서류송달용역

③ 기타 외화획득사업

㉠ 국내사업장이 없거나 이와 관련이 없는 외국법인 또는 비거주자에게 공급하는 재화 또는 용역

㉡ 외국을 항행하는 선박, 항공기, 원양어선에 공급하는 영세율 적용대상 재화 또는 용역(공급받는 자가 국내사업장이 없는 외국법인 또는 비거주자에 한함)

㉢ 국내 주재 외국정부기관·국제연합군 또는 미국군에게 공급하는 재화 또는 용역

㉣ 일반여행업자가 외국인관광객에게 공급하는 관광알선용역

㉤ 외국인전용 관광기념품 판매업자가 외국인 관광객에게 공급하는 관광기념품

2. 대행수출 시의 세금계산서 발급

수출품생산업자가 수출업자와 수출대행계약을 체결하여 재화를 수출하는 때(수출대행계약과 함께 수출용 완제품 내국신용장을 개설 받은 경우를 포함한다)에는 세금계산서 발급이 면제된다. 다만, 수출업자는 수출대행용역의 대가에 대하여 세금계산서를 발급하여야 한다.[291) 또한 사업자가 재화를 수출하고 수출금액과 신용장상의 금액과의 차액을 별도로 지급받는 경우 그 금액에 대하여도 영의 세율을 적용하는 것이며, 대행수출에 해당하지 아니하는 경우는 세금계산서를 종합무역상사를 공급받는 자로 교부하여야 한다.[292)]

3. 국내업자에게 하도급받은 자가 제공하는 국외용역

국내사업자가 외국의 건설공사를 도급받아 내국법인인 사업자에게 하도급하고 하도급받은 당해 사업자가 국외에서 건설용역을 공급하고 그 대가를 하도급자인 국내사업자로부터 국외에서 외화로 받는 경우에는 외국에서 제공하는 용역에 해당되어 영세율이 적용되는 것이며, 하도급받은 사업자는 하도급자인 국내사업자에게 영세율 세금계산서를 교부하여야 하는 것이며, 영세율 첨부서류는 외화입금증명서 또는 국외에서 제공하는 용역에 관한 계약서로 한다.[293)]

291) 부기통 33-71-2
292) 부가22601-2445, 1986.12.05
293) 부가22601-1014, 1985.06.04

V 외화획득 사업

제33조 제2항 제1호, 제2호, 제5호(공급받는 자가 국내에 사업장이 없는 비거주자 또는 외국법인인 경우로 한정한다), 제6호 및 제7호(일반여행업자인 경우로 한정한다)에 따른 재화 또는 용역과 법 제24조 제1항 제1호에 따른 외교공관 등에 공급하는 재화 또는 용역은 세금계산서 발급의무를 면제한다(부령 71 ① 5).

① 국내에서 국내사업장이 없는 비거주자(국내에 거소를 둔 개인, 외교공관 등의 소속직원, 우리나라에 상주하는 국제연합군 또는 미합중국군대의 군인 또는 군무원은 제외) 또는 외국법인에 공급되는 다음의 어느 하나에 해당하는 재화 또는 사업에 해당하는 용역으로서 그 대금을 외국환은행에서 원화로 받거나 기획재정부령으로 정하는 방법으로 받는 것. 다만, ㉡ 중 전문서비스업과 ㉧ 및 ㉨에 해당하는 용역의 경우에는 해당 국가에서 우리나라의 거주자 또는 내국법인에 대하여 동일하게 면세하는 경우(우리나라의 부가가치세 또는 이와 유사한 성질의 조세가 없거나 면세하는 경우를 말한다)에 한정한다(부령 32 ② 1).

㉠ 비거주자 또는 외국법인이 지정하는 국내사업자에게 인도되는 재화로서 해당 사업자의 과세사업에 사용되는 재화

㉡ 전문, 과학 및 기술 서비스업[수의업(獸醫業), 제조업 회사본부 및 기타 산업 회사본부는 제외한다]

㉢ 사업지원 및 임대 서비스업 중 무형재산권 임대업

㉣ 통신업

㉤ 컨테이너수리업, 보세구역 내의 보관 및 창고업, 「해운법」에 따른 해운대리점업, 해운중개업 및 선박관리업

㉥ 정보통신업 중 뉴스 제공업, 영상·오디오 기록물 제작 및 배급업(영화관 운영업과 비디오물 감상실 운영업은 제외한다), 소프트웨어 개발업, 컴퓨터 프로그래밍, 시스템 통합관리업, 자료처리, 호스팅, 포털 및 기타 인터넷 정보매개 서비스업, 기타 정보 서비스업

㉦ 상품중개업

㉧ 사업시설관리 및 사업지원 서비스업(조경 관리 및 유지 서비스업, 여행사 및 기타 여행보조 서비스업은 제외한다)

㉨ 「자본시장과 금융투자업에 관한 법률」 제6조 제1항 제4호에 따른 투자자문업

㉩ 교육 서비스업(교육지원 서비스업으로 한정한다)

㉪ 보건업(임상시험용역을 공급하는 경우로 한정한다)

㉫ 그 밖에 ㉠부터 ㉩까지의 규정과 유사한 재화 또는 용역으로서 기획재정부령으로 정하는 것

② 비거주자 또는 외국법인의 국내사업장이 있는 경우에 국내에서 국외의 비거주자 또는 외국법인과 직접 계약하여 공급하는 재화 또는 용역 중 ①의 어느 하나에 해당하는 재화 또는 사업(① ㉡ 중 전문서

비스업과 ⓞ 및 ⓩ에 해당하는 용역의 경우에는 해당 국가에서 우리나라의 거주자 또는 내국법인에 대하여 동일하게 면세하는 경우에 한정한다)에 해당하는 용역. 다만, 그 대금을 해당 국외 비거주자 또는 외국법인으로부터 외국환은행에서 원화로 받거나 기획재정부령으로 정하는 방법으로 받는 경우로 한정한다.

③ 외국을 항행하는 선박 및 항공기 또는 원양어선에 공급하는 재화 또는 용역(공급받는 자가 국내에 사업장이 없는 비거주자 또는 외국법인인 경우로 한정한다). 다만, 사업자가 법 제32조에 따라 부가가치세를 별도로 적은 세금계산서를 발급한 경우는 제외한다.

④ 우리나라에 상주(常住)하는 국제연합군 또는 미합중국군대에 공급하는 재화 또는 용역

⑤ 「관광진흥법 시행령」에 따른 일반여행업자가 외국인관광객에게 공급하는 관광알선용역. 다만, 그 대가를 다음의 어느 하나의 방법으로 받는 경우로 한정한다.

㉠ 외국환은행에서 원화로 받는 것

㉡ 외화현금으로 받은 것 중 국세청장이 정하는 관광알선수수료명세표와 외화매입증명서에 의하여 외국인관광객과의 거래임이 확인되는 것(일반여행업자인 경우로 한정한다)

⑥ 우리나라에 상주하는 외교공관, 영사기관(명예영사관원을 장으로 하는 영사기관은 제외한다), 국제연합과 이에 준하는 국제기구(우리나라가 당사국인 조약과 그 밖의 국내법령에 따라 특권과 면제를 부여받을 수 있는 경우만 해당한다) 등(이하 "외교공관 등"이라 한다)에 재화 또는 용역을 공급하는 경우

Ⅵ 간주임대료 등

부동산임대용역 중 전세금 또는 임대보증금에 대한 간주임대료에 대해서는 임대인·임차인 중 어느 편이 부담하는지에 관계없이 세금계산서 발급의무를 면제한다(부령 71 ① 6).[294]

Ⅶ 공인인증서를 발급하는 용역

「전자서명법」 제2조 제10호에 따른 공인인증기관이 공인인증서를 발급하는 용역은 세금계산서 발급의무를 면제한다. 다만, 공급받는 자가 사업자로서 세금계산서 발급을 요구하는 경우는 제외한다(부령 71 ① 7).

Ⅷ 간편사업자등록을 한 사업자가 국내에 공급하는 전자적 용역

「부가가치세법」 제53조의 2 제1항 및 2항에 따라 간편사업자등록을 한 사업자가 국내에 공급하는 전자적 용역은 세금계산서 발급의무를 면제한다(부령 71 ① 8).

294) 부기통 33-71-1

Ⅸ 그 밖에 국내사업장이 없는 비거주자·외국법인에게 공급하는 재화·용역

그 밖에 국내사업장이 없는 비거주자 또는 외국법인에 공급하는 재화 또는 용역은 세금계산서 발급의무를 면제한다. 다만, 그 비거주자 또는 외국법인이 해당 외국의 개인사업자 또는 법인사업자임을 증명하는 서류를 제시하고 세금계산서 발급을 요구하는 경우와 「법인세법」제94조의2에 따른 외국법인연락사무소에 재화 또는 용역을 2023.7.1.이후 공급하는 경우는 제외한다(부령 71 ① 9).

Ⅹ 신용카드매출전표 등을 발급한 경우 세금계산서 발급의무 면제

다음에 해당하지 아니하는 사업자가 신용카드매출전표 등을 발급한 경우에는 세금계산서를 발급하지 아니한다(부법 33 ②, 부령 71 ②, 부령 88 ⑤).

① 목욕·이발·미용업
② 여객운송업(「여객자동차 운수사업법 시행령」 제3조에 따른 전세버스운송사업은 제외한다)
③ 입장권을 발행하여 경영하는 사업
④ 미용목적 성형수술 의료용역을 공급하는 사업
⑤ 수의사가 제공하는 동물의 부가가치세 과세대상 진료용역
⑥ 무도학원 및 자동차운전학원 교습용역을 공급하는 사업

Ⅺ 관련 사례

1. 자동차대여(렌트업) 시 영수증 발급 가능

자동차대여업을 영위하는 사업자는 세금계산서 대신 영수증 교부가 가능하나, 사업자등록증을 제시하고 교부를 요구하는 때에는 세금계산서를 교부하여야 한다.[295)]

2. 타인 신용카드로 결제한 경우 세금계산서 교부

사업자가 매입세액공제대상 물품을 타인(종업원 및 가족 제외) 명의 신용카드로 결제한 경우 신용카드매출전표에 의하여 매입세액이 공제되지 아니하며 세금계산서를 수취하여야 매입세액이 공제된다. 이 경우 공급자는 재화를 공급받는 자가 세금계산서의 교부를 요구하는 경우 신용카드 명의자와 사업자등록증상의 대표자가 다른 것으로 확인되는 때에는 세금계산서를 교부할 수 있다.[296)]

295) 서면2016부가-2652, 2016.04.04
296) 상담3팀-1912, 2007.07.05

3. 현금영수증을 자동발급한 경우 세금계산서 교부의무 면제

현금영수증가맹점이 재화를 공급하고 공급받는 자의 신분인식수단을 확인할 수 없어 국세청장이 지정한 번호(010-000-1234)로 현금영수증을 발급한 경우에는 세금계산서 교부의무가 면제된다.[297)]

4. 제조업자가 전자상거래에 의하여 재화 등을 공급하는 경우

제조업을 영위하는 사업자가 통신 또는 전자상거래를 통하여 재화를 최종소비자에게 직접 공급하는 경우에는 영수증을 교부할 수 있는 것이나, 자기의 제조장에서 최종소비자에게 직접 판매하는 경우에는 세금계산서를 교부하여야 한다. 참고로 2006.2.9. 이후에는 제조업자가 사업자에게 재화를 공급하고 대가를 신용카드로 결제한 경우 세금계산서를 교부하지 아니한다.[298)]

5. 인터넷쇼핑몰 운영사업자의 수탁판매분 세금계산서 교부

인터넷쇼핑몰 운영사업자가 재화를 수탁받아 판매하면서 결제대행업체를 통하여 신용카드매출전표를 발행한 경우 구매자가 세금계산서를 요구하는 경우 위탁세금계산서를 교부하여야 하는 것이며, 사업자가 인터넷사이트에 다른 사업자의 광고를 게재하여 주고 대가를 받는 경우에는 영수증 교부대상에 해당하지 아니하므로 세금계산서를 교부하여야 한다.[299)]

6. 신용카드로 결제한 농·어민에게 세금계산서 교부

「조특법」의 규정에 의하여 환급을 받고자 하는 농·어민이 농·어업용 기자재 구입 시 신용카드로 대금을 결제하고 세금계산서 교부를 요구하는 경우 세금계산서를 교부하여야 한다.[300)]

297) 상담3팀-1893, 2007.07.03
298) 상담3팀-303, 2006.02.16
299) 상담3팀-1310, 2004.07.07
300) 상담3팀-334, 2004.02.17

제8절 매입자발행세금계산서 발행대상 및 절차

I 개요

1. 입법 취지

이는 부가가치세제가 전단계세액공제제도를 채택하면서 매입세액공제의 필요충분조건으로 매입세금계산서 수취를 강제하고 있으나, 독과점시장 형태의 시장에서 상대적으로 우월한 공급자가 세금계산서 발행을 하지 않을 경우 공급받는 자는 경비인정을 받지 못함으로써 발생할 수 있는 법인세 및 소득세의 과도한 세부담 증가를 회피하기 위하여 자료상과의 가공·위장세금계산서 등의 수수 등을 통하여 세금계산서 거래질서가 문란해지는 등 악순환이 발생하는 것을 방지하고자 도입되었다.

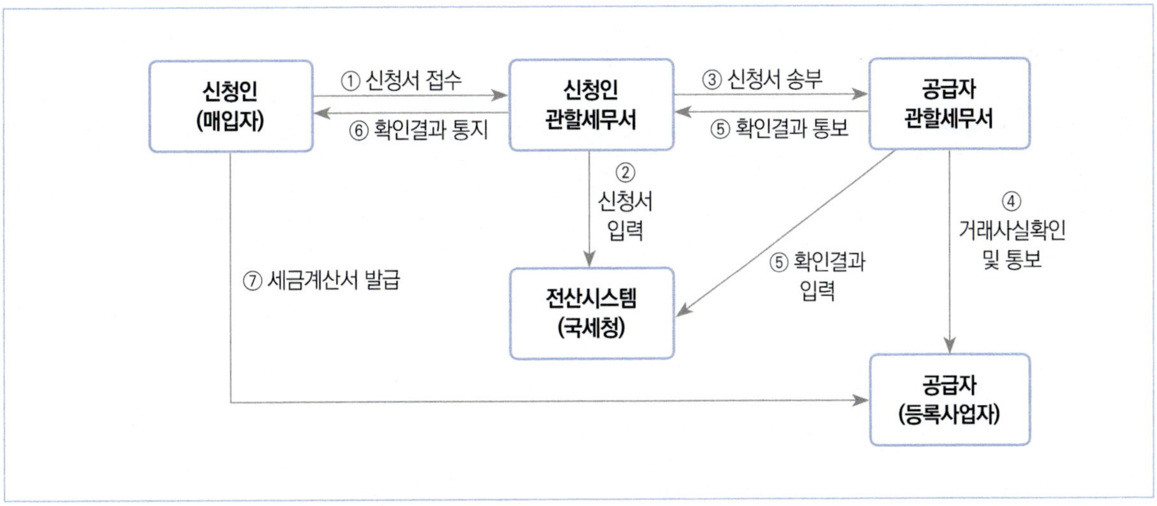

2. 관련 규정

납세의무자로 등록한 사업자로서 대통령령으로 정하는 사업자(이하 "사업자"라 한다)가 재화 또는 용역을 공급하고 세금계산서 발급시기에 세금계산서를 발급하지 아니한 경우(사업자의 부도·폐업, 공급계약의 해제·변경 또는 그 밖에 대통령령으로 정하는 사유가 발생한 경우로서 사업자가 수정세금계산서 또는 수정전자세금계산서를 발급하지 아니한 경우를 포함) 그 재화 또는 용역을 공급받은 자는 대통령령으로 정하는 바에 따라 관할세무서장의 확인을 받아 세금계산서를 발행할 수 있다(부법 34의 2 ①).

Ⅱ 발행요건

1. 공급하는 자

(1) 개요

납세의무자로 등록한 사업자로서 세금계산서 교부의무가 있는 사업자(이하 "사업자"라 하며, 영수증 발행대상 사업자 중 세금계산서 발행의무가 존재하는 사업자를 포함한다)가 재화 또는 용역을 공급하고 세금계산서 발급시기에 세금계산서를 발급하지 아니한 경우(사업자의 부도 · 폐업, 공급계약의 해제 · 변경 또는 그 밖에 대통령령으로 정하는 사유가 발생한 경우로서 사업자가 수정세금계산서 또는 수정전자세금계산서를 발급하지 아니한 경우를 포함) 매입자발행세금계산서 발행승인 신청이 가능하다(부법 34의 2 ①). 이 경우 발행대상 매출자는 납세의무자로 등록하고 세금계산서 발급의무가 있는 사업자이므로 미등록사업자·간이과세자 및 면세사업자는 제외된다.[301)]

(2) 대통령령으로 정하는 사유

"대통령령으로 정하는 사유가 발생한 경우"란 다음 각 호의 경우를 말한다.

① 사업자가 재화 또는 용역을 공급하고 주소 또는 거소를 국외로 이전하거나 행방불명되는 경우

② 그 밖에 ①과 유사한 사유가 발생한 경우로서 국세청장이 정하여 고시하는 경우

2. 공급받는 자

매입자발행세금계산서를 발행할 수 있는 자는 면세사업자를 포함한 모든 사업자를 말한다. 이는 공급받는 자의 부가가치세 매입세액공제 여부와는 무관하게 세금계산서 등이 구비되어야 「법인세법」 및 「소득세법」상 경비인정을 받을 수 있기 때문에 이를 고려한 것이다.

3. 거래사실 확인신청대상 거래

거래사실의 확인신청대상이 되는 거래는 거래건당 공급대가가 5만원 이상인 경우로 한다(부령 71의 2 ③). 다만, 2023.2.27.이전은 공급대가 10만 원 이상으로 한다.

301) 부가집 34의 2-71의 2-1 ②

Ⅲ 발행절차

1. 발행신청(공급받은 자)

매입자발행세금계산서를 발행하려는 자(이하 "신청인"이라 한다)는 해당 재화 또는 용역의 공급시기가 속하는 과세기간의 종료일부터 1년 이내에 기획재정부령이 정하는 거래사실확인신청서에 거래사실을 객관적으로 입증할 수 있는 서류를 첨부하여 신청인의 관할세무서장에게 거래사실의 확인을 신청하여야 한다(부령 71의 2 ②).

2. 보정요구 및 거부결정(공급받은 자 관할세무서장)

(1) 보정요구

신청을 받은 관할세무서장은 신청서에 재화 또는 용역을 공급한 자(이하 "공급자"라 한다)의 인적사항이 부정확하거나 신청서 기재방식에 흠이 있는 경우에는 신청일부터 7일 이내에 일정한 기간을 정하여 보정요구를 할 수 있다(부령 71의 2 ④).

【주요 검토·확인할 사항】(부가사무 88 ①)

- 거래건당 공급대가가 10만원 이상 해당 여부
- 재화 또는 용역의 공급시기가 속하는 과세기간의 종료일부터 6개월 이내 신청 여부
- 필수 구비서류인 거래내역명세서와 공급자가 발행한 영수증, 거래명세서 또는 무통장입금증 등 대금결제 입증자료 등 첨부 여부(거래사실의 존재 및 그 내용에 대한 입증책임은 신청인에게 있음)
- 매출자가 세금계산서 발급의무가 있는 사업자인지 여부
- 거래 당시 미등록자 및 휴·폐업자와 거래한 것인지 여부

(2) 거부결정

신청인이 보정기간 이내에 보정요구에 응하지 아니하거나 다음에 해당하는 경우에는 신청인의 관할세무서장은 거래사실의 확인을 거부하는 결정을 하여야 한다(부령 71의 2 ⑤).

① 신청기간을 넘긴 것이 명백한 경우

② 신청서의 내용으로 보아 거래 당시 미등록사업자 및 휴·폐업자와 거래한 것이 명백한 경우

3. 공급자 관할세무서장에게 송부(공급받은 자 관할세무서장)

신청인 관할세무서장은 확인을 거부하는 결정을 하지 아니한 신청에 대하여는 거래사실확인신청서가 제출된 날(보정을 요구한 때에는 보정이 된 날)부터 7일 이내에 신청서와 제출된 증빙서류를 공급자의 관할세무서장에게 송부하여야 한다(부령 71의 2 ⑥).

4. 거래사실 확인 및 통지(공급자 관할세무서장)

(1) 거래사실 확인

신청서를 송부받은 공급자 관할세무서장은 신청인의 신청내용, 제출된 증빙자료를 검토하여 거래사실 여부를 확인하여야 한다. 이 경우 거래사실의 존재 및 그 내용에 대한 입증책임은 신청인에게 있다(부령 71의 2 ⑦).

(2) 신청인 관할세무서장에게 통지

공급자 관할세무서장은 신청일의 다음 달 말일까지 거래사실 여부를 확인하여 다음의 구분에 따른 통지를 공급자와 신청인 관할세무서장에게 하여야 한다. 다만, 공급자의 부도, 일시부재 등 기획재정부령이 정하는 불가피한 사유가 있는 경우에는 거래사실 확인기간을 20일 이내의 범위에서 연장할 수 있다(부령 71의 2 ⑧).

① 거래사실이 확인되는 경우 : 공급자 및 공급받는 자의 사업자등록번호, 작성연월일, 공급가액 및 부가가치세액 등을 포함한 거래사실 확인 통지

② 거래사실이 확인되지 아니하는 경우 : 거래사실 확인불가 통지

5. 신청인에게 확인결과 통지(신청인 관할세무서장)

신청인 관할세무서장은 공급자 관할세무서장으로부터 통지를 받은 후 즉시 신청인에게 그 확인결과를 통지하여야 한다(부령 71의 2 ⑨).

6. 매입자발행세금계산서 발행

신청인 관할세무서장으로부터 거래사실 확인 통지를 받은 신청인은 공급자 관할세무서장이 확인한 거래일자를 작성일자로 하여 매입자발행세금계산서를 발행하여 공급자에게 교부하여야 한다. 다만, 신청인 및 공급자가 관할세무서장으로부터 거래사실 확인 통지를 받은 경우에는 매입자발행세금계산서를 교부한 것으로 본다(부가령 71의 2 ⑩).

Ⅳ 법적 효과

1. 공급자

(1) 세금계산서 미발행가산세

세금계산서의 발급시기가 지난 후 해당 재화 또는 용역의 공급시기가 속하는 과세기간에 대한 확정신고기한까지 세금계산서를 발급하지 아니한 경우 그 공급가액의 2%를 부과한다(부법 60 ②).

(2) 「조세범처벌법」상 벌금 부과

「부가가치세법」에 따라 세금계산서(전자세금계산서를 포함)를 발급하여야 할 자가 세금계산서를 발급하지 아니하거나 거짓으로 기재하여 발급한 행위를 한 자는 1년 이하의 징역 또는 공급가액에 부가가치세의 세율을 적용하여 계산한 세액의 2배 이하에 상당하는 벌금에 처한다(조처법 10 ① 1).

2. 공급받는 자

(1) 매입세액공제 가능 및 가산세 미적용

매입자발행세금계산서를 공급자에게 교부하였거나 교부한 것으로 보는 경우 신청인은 예정신고, 확정신고 또는 「국세기본법」 제45조의 2 제1항에 따른 경정청구를 할 때 매입자발행세금계산서 합계표를 제출한 경우에는 매입자발행세금계산서에 기재된 매입세액을 해당 재화 또는 용역의 공급시기에 해당하는 과세기간의 매출세액 또는 납부세액에서 매입세액으로 공제받을 수 있다(부령 71의 2 ⑫). 이 경우 당해 매입자발행세금계산서는 공급시기 이후 발급받은 매입세금계산서에 해당하지 않으므로, 매입처별세금계산서합계표 불성실가산세 및 지연수취가산세를 적용하지 않는다.[302]

(2) 적격증빙서류 인정

공급받는 자가 매입자발행세금계산서를 발행한 경우 해당 매입자발행세금계산서는 적격증빙으로 인정되므로 접대비 한도시부인 계산 시 적격증빙 수취분 접대비로 인정하고, 증빙불비가산세를 부과하지 아니한다.

302) 부가가치세과-1131, 2013.12.08

V 관련 사례

1. 매입자발행세금계산서로 매입세액공제 시 가산세 적용 여부

재화 또는 용역을 공급받는 자가 매입자발행세금계산서를 발급하여 매입세액공제를 받는 경우 해당 매입자발행세금계산서에 대해서는 매입처별세금계산서합계표 불성실 및 지연수취 가산세를 적용하지 않는다.[303)]

2. 선발행세금계산서를 경정한 후 해당 공급시기에 발행한 매입자발행세금계산서의 매입세액은 공제 가능

재화의 공급시기가 도래하기 전에 대가의 지급 없이 세금계산서를 발급(선발행세금계산서)받아 부가가치세 환급신청을 한 사업자가 관할세무서장으로부터 매입세액불공제 처분을 받은 후, 해당 재화의 공급시기로부터 3개월 이내에 관할세무서장에게 거래사실 확인신청을 하고 승인을 받아 세금계산서를 발행(이하 "매입자발행세금계산서")한 경우 해당 매입자발행세금계산서의 매입세액은 매출세액에서 공제할 수 있다.[304)]

3. 고속도로이용자의 매입자발행세금계산서 발급 가능 여부

고속도로이용자가 도로운영자에게 세금계산서 발급을 요구하지 아니하는 경우에는 매입자발행세금계산서 발급대상에 해당하지 아니한다.[305)]

4. 공동매입에 관한 규정이 적용되는 경우 매입자발행세금계산서 발급 여부

지방자치단체가 「행정대집행법」 제2조에 따라 신청인을 대신하여 화재로 전소된 창고에 대한 잔재물 및 폐기물처리용역을 제3자에게 이행하게 하고 그 비용을 신청인으로부터 징수함에 있어 제3자가 그 공급시기에 지방자치단체에 세금계산서를 발급하였으나 지방자치단체가 「부가가치세법 시행령」 제69조에 따라 세금계산서를 발급하지 아니한 경우, 신청인은 「조세특례제한법」 제126조의 4에 따른 매입자발행세금계산서에 의한 매입세액공제 특례를 적용받을 수 있다.[306)]

303) 법규과-754, 2011.06.15
304) 법규과-208, 2013.02.26
305) 법규부가2010-181, 2010.06.23
306) 법규부가 2014-58, 2014.03.04

■ 부가가치세법 시행규칙 [별지 제14호의2서식] <개정 2023. 3. 20.>

홈텍스(www.hometax.go.kr)에서도 신청할 수 있습니다.

거래사실 확인신청서(매입자발행세금계산서 발급용)

※ 뒤쪽의 작성방법을 읽고 작성하시기 바랍니다. (앞쪽)

접수번호	접수일	처리기간

1. 신청인 인적사항

① 상호(법인명)			② 사업자등록번호	
③ 성명(대표자명)			④ 전화번호	
⑤ 사업장소재지				
사업의 종류	⑥ 업태		⑦ 종목	

2. 공급자 인적사항

⑧ 상호(법인명)		⑨ 사업자등록번호	
⑩ 성명(대표자명)		⑪ 전 화 번 호	
⑫ 사업장소재지			

3. 신청 내용

⑬ 공급대가		⑭ 공급가액		⑮ 부가가치세	

4. 거래내역 명세서

NO	⑯ 거래일	⑰ 거래품목	⑱ 규격	⑲ 수량	⑳ 공급대가 (부가가치세포함)	㉑ 비고 (대금결제방법)
	합계					

매입자발행세금계산서의 발행을 위하여 「부가가치세법 시행령」 제71조의2제2항에 따라 거래사실의 확인을 신청합니다.

년 월 일

신청인 (서명 또는 인)

세 무 서 장 귀하

첨부서류	1. 공급자가 발행한 영수증 또는 무통장입금증 등 대금결제 증명자료(필수) 2. 그 밖의 거래사실 증명자료

210㎜×297㎜[백상지(80g/㎡) 또는 중질지(80g/㎡)]

제9절 영수증 발급대상 사업자 및 발급

I 개요

영수증은 세금계산서의 필요적 기재사항 중 공급받는 자와 부가가치세액을 따로 기재하지 않은 간이지출증빙을 말하며, 사업자가 최종소비자인 불특정다수인을 상대로 하루에 다수의 고객과 거래하는 경우 증빙발행의 간소화를 통하여 거래의 편의를 도모하기 위하여 도입되었다. 그러나 모든 사업자에 대하여 영수증 발급을 허용하게 된다면 세금계산서 상호대사 기능이 손상될 것이므로 상호대사 기능이 손상될 가능성이 적은 소매업·음식점업·숙박·미용, 욕탕 및 유사 서비스업 등 영수증을 발행할 수 있는 업종을 따로 지정해 두고 있다.

II 영수증 발급의무

1. 원칙적인 영수증 발급의무자

(1) 개요

다음 중 어느 하나에 해당하는 자가 재화 또는 용역을 공급(부가가치세가 면제되는 재화 또는 용역의 공급은 제외한다)하는 경우에는 재화 또는 용역의 공급시기에 그 공급을 받은 자에게 세금계산서를 발급하는 대신 영수증을 발급하여야 한다(부법 36 ①, 부령 73 ①).

① 소매업

② 음식점업(다과점업을 포함한다)

③ 숙박업

④ 미용, 욕탕 및 유사 서비스업

⑤ 여객운송업

⑥ 입장권을 발행하여 경영하는 사업

⑦ 전문자격사업 및 행정사업(사업자에게 공급하는 경우 세금계산서 발급해야 함)

⑧ 「우정사업 운영에 관한 특례법」에 따른 우정사업조직이 「우편법」에 따른 선택적 우편업무 중 소포우편물을 방문접수하여 배달하는 용역을 공급하는 사업

⑨ 부가가치세 과세대상 의료용역을 공급하는 사업

⑩ 부가가치세 면제대상 동물진료용역에 해당하지 아니하는 것으로서 수의사가 제공하는 동물의 진료용역

⑪ 교육용역 중 무도학원 및 자동차운전학원

⑫ 공인인증서를 발급하는 사업

⑬ 전자적 용역을 공급하는 국외사업자의 용역 공급과 사업자등록 등에 관한 특례 규정에 따라 간편사업자등록을 한 사업자가 국내에 공급하는 전자적 용역

⑭ 주로 사업자가 아닌 소비자에게 재화 또는 용역을 공급하는 사업으로서 다음에 해당하는 사업

㉠ 도정업과 떡류 제조업 중 떡방앗간

㉡ 양복점업, 양장점업 및 양화점업

㉢ 주거용 건물공급업(주거용 건물을 자영건설하는 경우를 포함한다)

㉣ 운수업과 주차장 운영업

㉤ 부동산중개업

㉥ 사회서비스업과 개인서비스업

㉦ 가사서비스업

㉧ 도로 및 관련 시설 운영업

㉨ 자동차제조업 및 자동차판매업

㉩ 주거용 건물 수리·보수 및 개량업

㉪ 그 밖에 ㉠부터 ㉩까지와 유사한 사업으로서 세금계산서를 발급할 수 없거나 발급하는 것이 현저히 곤란한 사업

⑮ 간이과세자 중 다음의 어느 하나에 해당하는 자

㉠ 직전연도 공급대가의 합계액(직전 과세기간에 신규로 사업을 시작한 개인사업자의 경우 연 단위로 환산한 금액)이 4천800만원 미만인 자

㉡ 신규로 사업을 시작하는 개인사업자로서 간이과세자로 하는 최초의 과세기간 중에 있는 자

(2) 도소매업 구분에 따른 영수증 발급 가능 여부

1) 도매업을 영위하는 사업자가 재화를 공급하는 경우

도매업을 영위하는 사업자가 재화를 공급하는 때에는 세금계산서를 교부하여야 하며, 재화를 공급받는 자가 사업자가 아닌 경우에는 공급받는 자의 주소·성명 및 주민등록번호를 기재한 세금계산서를 교부하여야 하고, 이를 불이행할 때는 세금계산서 미교부가산세가 적용된다.[307)]

2) 도매업·소매업 겸영사업자가 재화를 공급하는 경우

도매라 함은 구입한 새로운 상품 또는 중고품을 변형하지 않고 소매업자, 산업 및 상업사용자, 단체·기관 및 전문적인 사용자 또는 다른 도매업자에게 재판매하는 것을 말하는 것이며, 소매라 함은 상점·백화점·연쇄점 등에서 개인·가정 또는 소비자용품을 일반대중에게 변형 없이 재판매하는 것을 말하는 것으로, 타이프라이터·문구용품·목재 또는 석유·페인트·유리·벽지·종자·농약

307) 부가가치세과22601-2025, 1988.11.30

등은 산업 및 상업용 상품일지라도 개인이나 가정소비를 위하여 주로 일반대중을 상대로 매장을 개설하고 판매하는 경우는 소매로 보며, 이를 주로 산업사용자에게 판매할 경우만 도매업으로 본다. 만일 도·소매 겸업자가 재화를 판매함에 있어 도매판매분에 대하여는 세금계산서를 교부하여야 하나, 소매판매분에 대하여는 공급받는 자가 사업자등록증을 제시하고 세금계산서의 교부를 요구하지 아니하는 한 간이세금계산서를 교부한다.[308)]

3) 가스레인지, 난로 등 내구소비재 대량판매시 도매업 판정

소매라 함은 통상 중간상이 아닌 최종소비자에게 소량으로 판매하는 거래행위를 말하는 바, 청구법인이 판매한 상품은 주로 가스레인지, 난로, 선풍기 등 내구소비재로서 이러한 내구소비재는 소비자의 경우 통상 1인 1대씩 필요한 것이 상례인데 한 번 거래에 5대 이상 판매하였다는 경우는 최종소비자에게 판매하였다기보다는 오히려 중간상인에게 판매한 것으로 보는 것이 타당하겠고, 처분청조사서에 의하면 청구법인이 한 번에 50개, 250개, 300개씩 판매한 경우도 확인되는 바, 이러한 경우에는 다량소비자에게 판매한 거래이므로 그 거래상대방이 최종소비자라 하더라도 도매거래로 볼 수밖에 없는 점을 종합해 볼 때 처분청이 위 거래를 도매거래로 간주하고 세금계산서 미교부가산세를 부과함과 동시에 금전등록기세액공제를 배제한 당초 처분에 아무런 잘못이 없는 것으로 판단된다.[309)]

4) 자기제조제품 직매장에 반출 소매판매

사업자가 자기의 제조장에게 제조한 물품을 직매장으로 반출하여 소매로 판매하는 경우에는 영수증을 교부할 수 있지만,[310)] 자기가 제조한 제품을 직접 최종소비자 또는 종업원에게 소매로 판매하는 경우에는 영수증을 교부할 수 없고, 세금계산서를 교부해야 한다.[311)]

(3) 해외여행자 휴대소화물 초과료

여객운송항공권의 경우 공급자등록번호, 상호, 공급대가, 작성연월일이 기재된 항공권은 영수증에 갈음되는 계산서의 범주에 해당되는 것이고, 해외여행자에 대한 휴대소화물 초과료는 여객운송수입으로 처리되는 경우 부수용역에 해당되므로 영수증을 교부할 수 있다.[312)]

(4) 주택신축분양에 부수한 상가를 신축분양하는 경우

주택을 신축하여 공급하는 사업만을 영수증 발행의무자로 정하고 있으므로, 주택신축분양에 부수하여 상가를 신축분양하였더라도 상가를 신축하여 공급한 부분에 대하여는 영수증 교부의무자

308) 부가22601-242, 1985.02.04
309) 국심81서1003, 1981.12.21
310) 부가1265-2772, 1982.10.28
311) 부가1265-2440, 1982.09.15
312) 부가가치세과1235-2135, 1977.08.10

에 해당된다고 할 수 없으므로 세금계산서 교부의무자에 해당하여 미교부·미제출가산세를 적용한 것은 적법하다.[313)]

(5) 화물운송업자가 사업자에게 운수용역을 제공하는 경우

화물운송업을 영위하는 사업자가 소비자가 아닌 사업자에게 운송용역을 제공하는 경우에는 영수증을 교부하지 못하므로, 세금계산서를 교부하여야 한다.[314)]

2. 임시사업자 및 전기사업자 등의 영수증 발급 가능 사업자

「전기사업법」에 따른 전기사업자가 산업용이 아닌 전력을 공급하는 경우 등 다음의 경우에는 해당 사업자는 영수증을 발급할 수 있다. 이 경우 해당 사업자가 영수증을 발급하지 아니하면 세금계산서를 발급하여야 한다(부령 73 ②).

① 임시사업장을 개설한 사업자가 그 임시사업장에서 사업자가 아닌 소비자에게 재화 또는 용역을 공급하는 경우

② 「전기사업법」에 따른 전기사업자가 산업용이 아닌 전력을 공급하는 경우

③ 「전기통신사업법」에 따른 전기통신사업자가 전기통신역무를 제공하는 경우(다만, 부가통신사업자가 통신판매업자에게 전기통신사업법에 따른 부가통신역무를 제공하는 경우는 제외함)

④ 「도시가스사업법」에 따른 도시가스사업자가 산업용이 아닌 도시가스를 공급하는 경우

⑤ 「집단에너지사업법」에 따라 집단에너지를 공급하는 사업자가 산업용이 아닌 열 또는 산업용이 아닌 전기를 공급하는 경우

⑥ 「방송법」에 따른 방송사업자가 사업자가 아닌 자에게 방송용역을 제공하는 경우

⑦ 「인터넷 멀티미디어 방송사업법」 제2조 제5호 가목에 따른 인터넷 멀티미디어 방송 제공사업자가 사업자가 아닌 자에게 방송용역을 제공하는 경우

3. 영수증 발급의무자이나 세금계산서 발급 요구 시 발급의무 사업자

다음에 해당하는 사업자의 경우 공급을 받는 사업자가 사업자등록증을 제시하고 세금계산서 발급을 요구할 때에는 세금계산서를 발급해야 한다(부령 73 ③).

① 소매업

② 음식점업(다과점업을 포함한다)

③ 숙박업

313) 국심83구0920, 1983.07.06

314) 부가가치세과1265.1-1189, 1981.05.12

④ 여객운송업(「여객자동차 운수사업법 시행령」에 따른 전세버스운송사업에 한정)

⑤ 전문자격사업 및 행정사업(사업자에게 공급하는 것은 제외)

⑥ 「우정사업 운영에 관한 특례법」에 따른 우정사업조직이 「우편법」에 따른 선택적 우편업무 중 소포우편물을 방문 접수하여 배달하는 용역을 공급하는 사업

⑦ 공인인증서를 발급하는 사업

⑧ 주로 사업자가 아닌 소비자에게 재화 또는 용역을 공급하는 사업

4. 영수증 발급의무자가 감가상각자산 등 매각 시 세금계산서의 발급 요구 시 발급의무사업자

다음의 사업을 하는 사업자가 감가상각자산 또는 본래의 역무 외의 역무를 공급하는 경우에는 공급받는 사업자가 사업자등록증을 제시하고 세금계산서의 발급을 요구할 때에는 세금계산서 발급이 가능하다(부령 73 ④).

① 소매업

② 미용, 욕탕 및 유사 서비스업

③ 여객운송업(「여객자동차 운수사업법 시행령」에 따른 전세버스운송사업은 제외)

④ 입장권을 발행하여 경영하는 사업

⑤ 부가가치세 과세대상 의료용역을 공급하는 사업

⑥ 부가가치세 면제대상 동물진료용역에 해당하지 아니하는 것으로서 수의사가 제공하는 동물의 진료용역

⑦ 교육용역 중 무도학원 및 자동차운전학원

5. 일반과세자 중 자동차제조업 및 자동차판매업에 대한 세금계산서 발급특례

주로 사업자가 아닌 소비자에게 재화 또는 용역을 공급하는 사업을 하는 자 중 자동차제조업 및 자동차판매업을 경영하는 사업자가 재화를 공급하고 영수증을 발급하였으나, 그 이후 공급을 받는 사업자가 해당 재화를 공급받은 날이 속하는 과세기간의 다음 달 10일까지 사업자등록증을 제시하고 세금계산서의 발급을 요구하는 경우에는, 처음에 발급한 영수증은 발급되지 아니한 것으로 보고 세금계산서를 교부할 수 있다(부령 73 ⑤).

6. 영수증 발급의무 면제

법 제36조 제1항 각 호에 따른 사업자(영수증 발급대상 사업자)가 제71조 제1항에 따른 재화 또는 용역(세금계산서 발급의무 면제대상 재화·용역)을 공급하는 경우에는 영수증을 발급하지 아니한다.

다만, 제71조 제1항 제2호에 따른 자가 재화 또는 용역(소매업 또는 미용, 욕탕 및 유사 서비스업을 경영하는 자가 공급하는 재화 또는 용역)을 공급하는 경우에는 공급받는 자가 영수증 발급을 요구하지 아니하는 경우로 한정한다(부령 73 ⑥). 즉, 영수증 발급의무 면제대상 사업자는 세금계산서 발급의무 면제대상 사업자와 범위가 동일하며, 그중 소매업 또는 미용, 욕탕 및 유사 서비스업을 경영하는 자가 공급하는 재화 또는 용역을 공급하는 경우에는 공급받는 자가 영수증 발급을 요구하지 아니하는 경우로 영수증 발급의무 면제사유를 한정한다.

Ⅲ 영수증 발행

1. 기재내용

영수증에는 다음의 사항을 적어야 한다. 이 경우 영수증의 서식과 그 밖에 필요한 사항은 국세청장이 정한다(부령 73 ⑦).

① 공급자의 등록번호·상호·성명(법인의 경우 대표자의 성명)
② 공급대가
③ 작성연월일
④ 그 밖에 필요한 사항

영수증에 공급가액과 부가가치세액을 구분 표시하여야 하는 사업자의 기준
(2024. 2. 1. 국세청고시 제2024-5호)

「부가가치세법」 제36조 제6항 및 같은 법 시행령 제73조 제8항의 위임에 따라 영수증에 공급가액과 부가가치세액을 구분 표시하여야 하는 사업자의 기준을 다음과 같이 개정하여 고시합니다.

2024. 2. 1. 국세청고시 제2024-5호

제1조【목적】
이 고시는 「부가가치세법」 제36조 제6항 및 같은 법 시행령 제73조 제8항에서 국세청장에게 위임한 영수증에 공급가액과 부가가치세액을 구분 표시하여야 하는 사업자의 기준을 정하는 것을 그 목적으로 한다.

제2조【신용카드조회기 등】
「부가가치세법 시행령」 제73조 제1항과 제2항 각 호의 영수증 교부대상 업종을 영위하는 일반과세자(법인사업자 포함) 중 영수증을 신용카드(직불카드 포함)조회기 또는 현금영수증 발급장치에 의하여 교부하는 사업자는 공급가액과 부가가치세액이 구분 표시된 영수증을 발행하여야 한다.

제3조【판매시점정보관리시스템】
「부가가치세법 시행령」 제73조 제1항 각 호의 영수증 교부대상 업종을 영위하는 일반과세자(법인사업자 포함) 중 영수증을 판매시점 정보관리시스템(POS)에 의하여 교부하는 사업자는 공급가액과 부가가치세액이 구분 표시된

영수증을 발행하여야 한다.

제4조【재검토기한】
국세청장은 이 고시에 대하여「훈령 · 예규 등의 발령 및 관리에 관한 규정」에 따라 2024년 2월 1일 기준으로 매 3년이 되는 시점(매 3년째의 1월 31일까지를 말한다)마다 그 타당성을 검토하여 개선 등의 조치를 하여야 한다

부칙 (2024. 2. 1. 국세청고시 제2024-5호)

제1조【시행일】
이 고시는 2024년 2월 1일부터 시행한다.

제2조【종전 고시의 폐지】
종전의 “영수증에 공급가액과 부가가치세액을 구분 표시 하여야 하는 사업자의 기준 고시(국세청고시 제2019-20호)”고시는 이를 폐지한다.

영수증의 서식고시 (국세청고시 제2024-04호, 2024.02.01)

「부가가치세법」 제36조 제6항 및 같은법 시행령 제73조 제7항의 위임에 따라 영수증의 서식에 관한 사항을 다음과 같이 개정하여 고시합니다.

2024. 02. 01. 국세청고시 제2024-04호
2019. 05. 01. 국세청고시 제2019-19호
2014. 12. 15. 국세청고시 제2014-30호
2012. 08. 31. 국세청고시 제2012-64호
2009. 08. 31. 국세청고시 제2009-81호
2001. 05. 21. 국세청고시 제2001-16호
1995. 07. 01. 국세청고시 제95-24호
1984. 10. 17. 국세청고시 제84-22호

제1조【목적】
이 고시는「부가가치세법」제36조 제6항 및 같은법 시행령 제73조 제7항에서 국세청장에게 위임한 영수증의 서식에 관한 사항을 정하는 것을 그 목적으로 한다.

제2조【구분 표시하여야 하는 경우】
국세청고시 제2024- 4호(2024. 2. 1.에 의하여 영수증에 공급가액과 부가가치세액을 구분 표시하여야 하는 경우는 다음과 같다.

① 판매시점정보관리시스템(POS)에 의하여 교부하는 영수증에는 공급자의 등록번호·상호·성명(법인의 경우 대표자의 성명)·작성연월일을 적고 상품명에 부가가치세 과세 또는 면세 여부를 소비자가 구분할 수 있도록 표시하여야 하며, 합계란은 다음 양식과 같이 적어야 한다.

부가세 면세 물품가액	
부가세 과세 물품내역	
부가세	
합계	

② 신용카드가맹점 가입사업자가 교부하는 신용카드매출전표에는 공급자의 등록번호·상호·성명(법인의 경우 대표자의 성명)·작성연월일을 적고 공급 대가란은 다음 양식과 같이 적어야 한다.

금액			백			천			원
	₩								
부가세 V.A.T	₩								
봉사료 S/C	₩								
합계 TOTAL	₩								

제3조【구분 표시하지 아니하는 경우】

① 공급가액과 부가가치세액을 구분 표시하지 아니하는 경우 영수증의 서식은 별지 서식을 사용한다.

② 제1항의 서식에 의하지 아니한 경우에도 공급자의 등록번호·상호·성명(법인은 대표자 성명)·공급대가 및 작성연월일을 적은 다음 각 호의 계산서 등은 영수증으로 본다.

1. 금전등록기에 의한 계산서
2. 여객운송업자가 교부하는 승차권·승선권·항공권
3. 공연장·유기장을 운영하는 사업자가 교부하는 입장권·관람권
4. 전기사업법에 의한 전기사업자 또는 가스사업법에 의한 가스사업자가 가계소비자에게 교부하는 전력 또는 가스요금의 영수증
5. 신용카드가맹사업자가 교부하는 매출전표
6. 기타 전 각 호와 유사한 영수증

제4조【재검토기한】

국세청장은 이 고시에 대하여 「훈령 · 예규 등의 발령 및 관리에 관한 규정」에 따라 2024년 2월 1일 기준으로 매 3년이 되는 시점(매 3년째의 1월 31일까지를 말한다)마다 그 타당성을 검토하여 개선 등의 조치를 하여야 한다

부칙 (2024. 2. 1. 국세청고시 제2024-4호)

제1조【시행일】

이 고시는 2024년 2월 1일부터 시행한다.

제2조【종전 고시의 폐지】

종전의 "영수증의 서식(국세청고시 제2019-19호)"고시는 이를 폐지한다.

2. 세액의 구분기재

영수증 발행대상 사업을 하는 자가 신용카드기 또는 직불카드기 등 기계적 장치(금전등록기는 제외한다)를 사용하여 영수증을 발급할 때에는 영수증에 공급가액과 세액을 별도로 구분하여 적어야 한다(부령 73 ⑧).

3. 영수증 발급방법

영수증은 다음의 어느 하나에 해당하는 방법으로 발급할 수 있다(부령 73 ⑨).

① 신용카드단말기 또는 현금영수증 발급장치 등을 통해 신용카드매출전표 등을 출력하여 공급받는 자에게 발급하는 방법

② 영수증기재사항이 기재된 결제내역을 「전자문서 및 전자거래 기본법」 제2조 제1호에 따른 전자문서의 형태로 공급받는 자에게 송신하는 방법(공급받는 자가 동의한 경우에 한정). 이 경우 전자적 방법으로 생성·저장된 결제내역을 「국세기본법」 제2조 제18호에 따른 정보통신망 등을 통하여 확인할 수 있는 경우에는 공급받는 자에게 송신한 것으로 본다.

구 부가가치세사무처리규정 (국세청 훈령 제1389호, 1999. 8. 20.)제127조

제127조【영수증의 작성·교부 지도】

① 영수증은 공급자용 1매(적색)와 공급받는자용 1매(청색)를 복사 작성하여, 공급자용은 사업장에 비치하고 공급받는 자용은 거래상대방에게 교부하여야 한다.

② 영수증의 「공급자」란은 인쇄하거나 또는 고무인으로 날인하여야 한다.

③ 사업자가 과세재화와 면세재화의 공급대가를 기재(예시: 면세 ○○○원)하여 교부하는 때에는 당해 면세거래분에 대한 영수증을 교부하는 것으로 본다.

④ 의약품 소매업을 운영하는 사업자가 영수증을 교부하는 경우 공급받는 자의 요구가 있을 때에는, 영수증(이면)에 환자명, 질병명, 약품명 등을 기재하고 의사나 약사가 서명날인하여야 한다.

⑤ 재화 또는 용역을 공급하고 그 대가의 일부를 외상으로 하는 경우 영수증의 「비고」란에 「외상 ○○○원」이라 기재하여 교부하여야 한다.

⑥ 음식 · 숙박용역 또는 개인서비스용역의 공급대가와 함께 종업원(자유직업소득자를 포함한다)의 봉사료를 받고 영수증을 교부하는 경우 당해 봉사료를 영 제48조 제8항 본문의 규정에 의하여 과세표준에서 제외하고자 하는 때에는 「비고」란에 「종업원의 봉사료 ○○○원」으로 기재하고 「공급대가」란에는 종업원의 봉사료를 제외한 음식용역 등의 대가만을 기재하여야 한다.

⑦ 영수증을 교부한 후 그 기재사항에 관하여 착오 또는 정정사유가 발생하거나 당초의 공급대가에 추가 또는 차감되는 금액이 발생하는 경우에는 당초에 교부한 영수증을 회수하여 서손하고 수정영수증을 교부하여야 한다. 이 경우, 수정영수증의 「작성연월일」란에는 당초의 영수증 교부일자를 기재하고 「비고」란에 수정영수증의 교부일자와 교부사유를 기재하여야 한다.

⑧ 영수증에 갈음하는 승차권, 승선권, 관람권, 입장권은 절취식으로 작성 · 교부하여야 한다.

4. 영수증에 갈음되는 계산서 등

공급자의 등록번호·상호(법인은 법인명) 또는 성명(법인은 대표자 성명)·공급대가 및 작성연월일이 적혀 있는 다음의 계산서 등은 영수증으로 본다.[315] 이 경우 계산서 등은 영수증으로 보며 공급자의 등록번호·상호 또는 성명·공급대가 및 작성연월일이 기재됨을 요건으로 한다.[316]

① 여객운송사업자가 발급하는 승차권·승선권·항공권

② 공연장·유기장의 사업자가 발급하는 입장권·관람권. 다만, 「개별소비세법」이 적용되는 것은 그 법에서 정하는 바에 따른다.

③ 금전등록기계산서와 신용카드가맹사업자가 발급하는 계산서

④ 「전기사업법」에 따른 전기사업자가 발급하는 비산업용 전력사용료에 대한 영수증

⑤ 그 밖의 위와 유사한 계산서

⑥ 신용카드매출전표, 현금영수증, 직불카드영수증, 선불카드영수증(실제 명의가 확인되는 것으로 한정), 직불전자지급수단 영수증, 결제대행업체를 통한 신용카드매출전표, 선불전자지급수단 영수증(실제 명의가 확인되는 것으로 한정), 전자지급결제대행에 관한 업무를 하는 금융회사 또는 전자금융업자를 통한 신용카드매출전표(부법 36 ⑤)

5. 금전등록기에 의한 영수증 발급

영수증을 발급하는 사업자는 금전등록기를 설치하여 영수증을 대신하여 제61조 제1항에 따른 공급대가를 적은 계산서를 발급할 수 있다. 이 경우 사업자가 계산서를 발급하고 해당 감사테이프를 보관한 경우에는 영수증을 발급하고 장부의 작성을 이행한 것으로 보며, 현금수입을 기준으로 부가가치세를 부과할 수 있다(부법 36 ④).

6. 수정영수증 발급

영수증을 발급한 후에 그 기재사항에 관하여 착오 또는 정정사유가 발생한 경우에는 부가가치세의 과세표준과 납부세액 또는 환급세액을 경정하여 통지하기 전까지 영수증을 회수하여 파기하고 다시 발급할 수 있다. 이 경우에 회수되지 아니하는 때에는 다시 발급할 수 없다.[317]

315) 부기통 36-73-1
316) 부기통 36-73-1
317) 부기통 36-73-2

7. 관련 사례

(1) 식권 판매 시 식대를 매월 정산하여 현금으로 받는 경우

음식업은 인터넷PC 현금영수증가맹점으로 가입이 가능한 업종이며, 식권의 판매 시와 식대를 매월 정산하여 현금으로 지급받는 때에는 현금영수증 교부가 가능하다.[318)]

(2) 홈쇼핑사업자를 통해 실소비자에게 재화 공급 시 영수증 교부 가능 여부

제조업을 영위하는 사업자가 자기가 제조하는 재화를 홈쇼핑사업자와 위·수탁판매계약에 의하여 사업자가 아닌 최종소비자에게 판매하는 경우에는 영수증을 교부할 수 있다.[319)]

Ⅳ 간이과세자 적용배제

부령 제73조 제3항부터 제5항 및 제8항의 경우 간이과세자가 영수증을 발급하여야 하는 기간에 재화 또는 용역을 공급한 경우에는 영수증 발행규정을 적용하지 아니한다(부령 73 ⑩).

Ⅴ 간이과세자의 영수증 발급 적용기간[320)]

1. 개요

(1) 직전연도의 공급대가의 합계액이 4천800만원 미만인 자

영수증 발급에 관한 규정이 적용되거나 적용되지 아니하게 되는 기간은 해의 1월 1일부터 12월 31일까지의 공급대가의 합계액(신규로 사업을 시작한 개인사업자의 경우 연 환산한 금액)이 4천800만원에 미달하거나 그 이상이 되는 해의 다음 해의 7월 1일부터 그다음 해의 6월 30일까지로 한다(부법 36의 2 ①).

(2) 신규로 사업을 시작하는 개인사업자로서 간이과세자로 하는 최초의 과세기간 중에 있는 자

영수증 발급에 관한 규정이 적용되는 기간은 사업개시일부터 사업을 시작한 해의 다음 해의 6월 30일까지로 한다(부법 36의 2 ②).

318) 상담3팀-1137, 2007.04.13
319) 서삼46015-10864, 2003.05.31
320) 본 규정은 2021년 07월 01일부터 시행한다.

2. 간이과세자의 영수증 발급 적용시기 통지

1. 의 (1)의 경우 해당 사업자의 관할세무서장은 영수증 발급에 관한 규정이 적용되거나 적용되지 않게 되는 기간이 시작되기 20일 전까지 그 사실을 해당 간이과세자에게 통지하여야 하며, 사업자등록증을 정정하여 과세기간 개시 당일까지 발급하여야 한다. 그러나 간이과세자에 관한 규정이 적용되지 아니하는 사실을 해당 사업자의 관할세무서장이 통지하는 경우에는 본 규정을 적용하지 아니한다(부령 73의 2 ①,②).

Ⅵ 금전등록기

영수증을 발급하는 사업자는 금전등록기를 설치하여 영수증을 대신하여 공급대가를 적은 계산서를 발급할 수 있다. 이 경우 사업자가 계산서를 발급하고 해당 감사테이프를 보관한 경우에는 영수증을 발급하고 장부의 작성을 이행한 것으로 보며, 현금수입을 기준으로 부가가치세를 부과할 수 있다(부법 36 ④).

PART IX

신고·납부·결정·경정 등

CHAPTER 01

신고·납부

제1절 예정신고·납부

I 개요

사업자는 각 과세기간 중 다음에 따른 기간(이하 "예정신고기간"이라 한다)이 끝난 후 25일 이내에 대통령령으로 정하는 바에 따라 각 예정신고기간에 대한 과세표준과 납부세액 또는 환급세액을 납세지 관할 세무서장에게 신고하여야 한다. 다만, 신규로 사업을 시작하거나 시작하려는 자에 대한 최초의 예정신고기간은 사업개시일(사업개시일 이전에 사업자등록을 신청한 경우에는 그 신청일을 말한다)부터 그날이 속하는 예정신고기간의 종료일까지로 한다(부법 48 ①).

구분		신고기간	신고기한
제1기 예정신고	계속사업자	1.1 ~ 3.31	4.25
	신규자	개시일(등록일) ~ 3.31	
제2기 예정신고	계속사업자	7.1 ~ 9.30	10.25
	신규자	개시일(등록일) ~ 9.30	

II 예정신고대상

1. 법인사업자

직전 과세기간 공급가액 합계액이 1억 5천만 원 이상은 예정신고 대상자이다. 따라서, 직전 과세기간 공급가액 합계액이 1억 5천만원 미만은 예정고지 대상자이다.

2. 개인사업자

개인사업자는 원칙적으로 예정신고의무가 없으며 예정고지가 된다. 다음의 경우 예정신고할 수 있다.

(1) 사업부진자

휴업 또는 사업부진으로 각 예정신고기간의 공급가액 또는 납부세액이 직전 과세기간의 공급가액 또는 「부가가치세법」제48조 제3항에 따른 납부세액의 3분의 1에 미달하는 자는 예정신고가 가능하다.

(2) 조기환급 신고자(부법 59②)

다음 어느 하나에 해당하여 환급을 신고하는 개인사업자는 예정신고가 가능하다.

1) 영세율을 적용받는 경우

2) 사업 설비를 신설, 취득, 확장 또는 증축하는 경우

3) 재무구조개선계획을 이행 중인 경우

Ⅲ 예정신고서 제출

부가가치세의 예정신고를 할 때에는 기획재정부령으로 정하는 다음의 사항을 적은 부가가치세 예정신고서를 각 납세지 관할세무서장에게 제출(국세정보통신망에 의한 제출을 포함한다)하여야 한다. 다만, 제107조 제4항에 따른 신고를 할 때 이미 신고한 내용은 예정신고대상에서 제외한다.

① 사업자의 인적사항

② 납부세액 및 그 계산근거

③ 공제세액 및 그 계산근거

④ 매출·매입처별세금계산서합계표의 제출내용

⑤ 그 밖의 참고사항

Ⅳ 예정신고 시 제출서류

1. 개요

사업자는 부가가치세 예정신고 시 다음의 서류를 제출하여야 한다. 다만, 이미 영세율 등 조기환급신고를 한 경우 신고한 내용은 제외한다(부령 90 ③).

① 부가가치세 예정신고서

② 공제받지 못할 매입세액명세서

③ 매출·매입처별세금계산서합계표

④ 신용카드매출전표 등 발행금액 집계표

⑤ 전자화폐결제명세서

⑥ 신용카드매출전표 등 수령명세서

⑦ 부동산임대공급가액명세서와 임대차계약서 사본(사업장을 임대한 후 임대차계약을 갱신한 경우에만 해당)

⑧ 현금매출명세서

⑨ 건물 등 감가상각자산취득명세서

⑩ 사업자단위과세의 사업장별 부가가치세 과세표준 및 납부세액(환급세액)신고명세서

⑪ 영세율 첨부서류 등

2. 매출명세서 제출

다음의 어느 하나에 해당하는 용역을 공급하는 사업자는 예정신고 또는 확정신고를 할 때(부가가치세가 면제되는 용역만을 공급하는 경우에는 「소득세법」 제78조에 따른 사업장 현황신고를 할 때)에 매출명세서(규칙 별지 제30호 서식)를 첨부하여 제출하여야 한다(부령 90 ⑨, 부령 35 5, 부칙 62 ⑪).

① 「축산물위생관리법」에 따른 가축에 대한 진료용역

② 「수산생물질병관리법」에 따른 수산동물에 대한 진료용역

③ 「장애인복지법」 제40조 제2항에 따른 장애인보조견 표지를 발급받은 장애인보조견에 대한 진료용역

④ 「국민기초생활보장법」 제2조 제2호에 따른 수급자가 기르는 동물의 진료용역

⑤ 상기 ①부터 ④까지의 규정에 따른 진료용역 외에 질병예방을 목적으로 하는 동물의 진료용역으로서 농림축산식품부장관 또는 해양수산부장관이 기획재정부장관과 협의하여 고시하는 용역

3. 영세율 첨부서류

부가가치세를 예정신고하는 경우에 조기환급신고 시 이미 제출한 서류는 제외한 다음 구분에 따른 서류를 해당 신고서에 첨부하지 아니한 부분은 신고로 보지 아니한다(부령 90 ⑧).

① 법 제21조부터 제24조까지의 규정에 따라 영세율이 적용되는 과세표준의 경우 : 시행령 제101조에 따른 서류

② 「조세특례제한법」 제105조 제1항에 따라 영세율이 적용되는 과세표준의 경우 : 「조세특례제한법 시행령」 제106조 제12항 및 「농·축산·임·어업용 기자재 및 석유류에 대한 부가가치세 영세율 및 면세 적용 등에 관한 특례 규정」 제4조에 따른 서류

V 예정고지제도

1. 예정고지 대상자

(1) 개요

납세지 관할세무서장은 개인사업자와 직전 과세기간 공급가액의 합계액이 1억5천만원 미만인 법인사업자에 대하여는 각 예정신고기간마다 직전(直前) 과세기간에 대한 납부세액[1)]의 50%(1천원 미만인 단수가 있을 때에는 그 단수금액은 버린다)로 결정하여 해당 예정신고기간이 끝난 후 25일까지 징수한다. 다만, 다음의 어느 하나에 해당하는 경우에는 징수하지 아니한다(부법 48 ③, 부령 90 ④).

① 징수하여야 할 금액이 50만원 미만인 경우

② 간이과세자에서 해당 과세기간 개시일 현재 일반과세자로 변경된 경우

③ 「국세징수법」 제13조 제1항(재난 등으로 인한 납부기한 등의 연장) 각 호의 어느 하나에 해당하는 사유로 관할세무서장이 징수하여야 할 금액을 사업자가 납부할 수 없다고 인정되는 경우

(2) 예정신고대상자

다음에 해당하는 개인사업자는 자기의 선택에 따라 예정신고기간에 대한 과세표준과 납부세액 또는 환급세액을 신고할 수 있다.[2)]

① 휴업 또는 사업부진으로 인하여 예정신고기간의 공급가액 또는 납부세액이 직전 과세기간의 공급가액 또는 납부세액의 3분의 1에 미달하는 사업자

② 조기환급을 받고자 하는 사업자

(3) 예정고지 대상자가 예정신고시 효력

사업자가 예정고지 대상자로서 예정신고 대상자가 아닌 데도 불구하고, 예정신고 및 납부한 때에는 신고 및 납부 효력이 없으며, 확정신고 시에 예정신고 기간분의 과세표준을 제외한 경우에는 확정신고분을 수정신고하여야 한다.[3)]

---

1) 제46조 제1항(신용카드 등의 사용에 따른 세액공제), 제47조 제1항(전자세금계산서 발급 전송에 대한 세액공제 특례) 또는 「조세특례제한법」 제104조의 8 제2항(전자신고에 대한 세액공제), 제106조의 7 제1항(일반택시 운송사업자의 부가가치세 납부세액 경감)에 따라 납부세액에서 공제하거나 경감한 세액이 있는 경우에는 그 세액을 뺀 금액으로 하고, 제57조에 따른 결정 또는 경정과 「국세기본법」 제45조 및 제45조의 2에 따른 수정신고 및 경정청구에 따른 결정이 있는 경우에는 그 내용이 반영된 금액으로 한다.

2) 부가집 48-90-3

3) 서삼 46015-10513, 2002.03.28.

Ⅵ 예정 납세고지서의 발부 및 징수기한

개인사업자에 대하여는 각 예정신고기간마다 직전 과세기간에 대한 납부세액의 2분의 1에 상당하는 금액을 결정하여 해당 예정신고기한까지 징수하며, 징수하여야 할 금액이 30만원 미만이거나 예정신고기간에 간이과세자에서 일반과세자로 변경된 경우에는 이를 징수하지 아니한다. 또한 예정고지대상자가 조기환급 등으로 예정신고대상에 해당되어 예정신고를 이행한 경우 관할세무서장은 예정고지세액을 취소하여야 한다.[4)]

구분	고지서 발부기간	징수기한
제1기 예정신고기간	4.1 ~ 4.10	4.25
제2기 예정신고기간	10.1 ~ 10.10	10.25

Ⅶ 신고관할

1. 원칙

부가가치세의 예정신고는 납세지 관할세무서장에게 하는 것으로, 각 사업장 관할세무서장에게 신고하는 것이나, 사업자단위로 등록한 사업자단위과세사업자는 본점 또는 주사무소 관할세무서장에게 하여야 한다.

2. 해당 납세지 관할세무서장 외의 세무서장에게 신고서를 제출한 경우

(1) 원칙

사업자가 해당 납세지 관할세무서장 외의 세무서장에게 신고서를 제출한 경우에도 적법한 신고로 본다(국기법 43 ②).

(2) 별도 사업자등록을 한 지점매출액의 본점합산 신고

사업상 독립적으로 재화 또는 용역을 공급하는 사업을 개시하는 자는 사업장마다 사업자등록을 하여야 하고, 부가가치세는 원칙적으로 사업장마다 납부하도록 되어 있으며, 부가가치세 예정 및 확정신고는 사업자의 인적사항·납부세액 및 그 계산근거 등을 기재한 신고서를 각 사업장 소관세무서장에게 제출하여야 하는 것이므로, 회사가 본점과 별도로 사업자등록을 한 지점에서의 매출액에 대하여 본점의 매출액 속에 포함시켜 이를 근거로 한 납부세액 등을 계산한 부가가치세 예

4) 부가집 48-90-2

정 및 확정신고서를 본점 소관세무서에 제출한 것이라면 해당 신고는 본점과 별개의 사업자등록을 한 원고회사의 부산지점의 예정 및 확정신고라고는 볼 수 없다. 「국세기본법」 제43조 제2항의 규정 취지는 신고의무자·과세표준·납부세액 등을 다른 신고의무자의 그것과 구분되도록 작성된 신고요건을 갖춘 적법한 신고서를 소관세무서장이 아닌 세무서장에게 제출한 경우에 그 신고의 효력에는 영향이 없도록 하려는 데 있는 것인 바, 지점의 과세표준 납부세액 등을 전혀 구분할 수 없도록 본점의 그것과 합산하여 한 위 신고가 지점의 "과세표준신고서를 관할세무서장 이외의 세무서장에게 제출"한 것이라고 할 수 없고 따라서 원고의 위 신고에 대하여 위 조항을 적용하여 부산지점의 과세표준과 납부세액에 관한 적법한 신고라고 볼 여지도 없다 할 것이다.[5]

(3) 주사업장 총괄납부사업자의 신고 관할세무서

주사업장 총괄납부사업자가 예정 또는 확정신고를 함에 있어 주사업장 관할세무서장에게 종된 사업장분을 합산신고하고 종된 사업장 관할세무서장에게는 신고하지 아니한 경우에 종된 사업장분은 무신고가 된다. 다만, 각 사업장별로 작성한 신고서를 관할세무서장 외의 세무서장에게 제출한 경우에는 무신고로 보지 아니한다.[6]

(4) 확정신고기한 전 사업자등록 정정 시 확정신고할 납세지

사업자가 과세기간 최종 3월 중에 사업장을 이전하고 당해 과세기간에 대한 확정신고기한 전에 사업자등록 정정신고를 한 후, 동 과세기간에 대한 확정신고를 하는 경우 당해 신고는 등록정정 후의 소관세무서장에게 하여야 한다.[7]

(5) 신고기간 중 본점을 지점으로 이전한 경우

부가가치세 예정 또는 확정신고기간 증에 본점 사업장을 지점 사업장으로 이전하는 경우 당해 과세기간에 대한 부가가치세 과세표준과 세액신고는 세적 이전한 세무서장에게 합산하여 신고하여야 한다.[8]

---

5) 대법원84누0272, 1984.07.24
6) 부기통 48-90-1
7) 부가1265-67, 1985.01.11
8) 부가22601-790, 1987.04.23

제2절 확정신고·납부

I 개요

사업자는 각 과세기간에 대한 과세표준과 납부세액 또는 환급세액을 그 과세기간 종료 후 25일(폐업하는 경우 폐업일이 속한 달의 다음 달 25일) 이내에 사업장 관할세무서장에게 신고·납부하여야 하며, 확정신고서를 작성함에 있어 해당 과세기간의 과세표준과 납부세액 또는 환급세액에서 예정신고 및 영세율 등 조기환급신고 시 이미 신고한 내용을 제외한다(부법 49 ①).

구분		신고기간	신고기한
제1기 확정신고	계속사업자	1.1 ~ 6.30	7.25
	신규자	개시일(등록일) ~ 6.30	
	폐업자	1.1 ~ 폐업일	폐업일이 속한 달의 다음 달 25일
제2기 확정신고	계속사업자	7.1 ~ 12.31	다음해 1.25
	신규자	개시일(등록일) ~ 12.31	
	폐업자	7.1 ~ 폐업일	폐업일이 속한 달의 다음 달 25일

II 확정신고납부

사업자는 확정신고를 할 때 다음의 금액을 확정신고 시의 납부세액에서 빼고 부가가치세 확정신고서와 함께 각 납세지 관할세무서장(주사업장총괄납부의 경우에는 주된 사업장 소재지의 관할세무서장을 말한다)에게 납부하거나 「국세징수법」에 따른 납부서를 작성하여 한국은행 등에 납부하여야 한다(부법 49 ②).

① 제59조 제2항에 따라 조기환급을 받을 환급세액 중 환급되지 아니한 세액

② 제48조 제3항(예정신고)에 따라 징수되는 금액

III 확정신고서 제출

부가가치세의 확정신고를 할 때에는 다음의 사항을 적은 부가가치세 확정신고서를 각 납세지 관할세무서장에게 제출하여야 한다(부령 91 ①).

① 사업자의 인적사항

② 납부세액 및 그 계산근거

③ 가산세액·공제세액 및 그 계산근거

④ 매출·매입처별세금계산서합계표의 제출내용
⑤ 그 밖의 참고사항

Ⅳ 확정신고 시 제출서류

1. 개요

사업자는 부가가치세 확정신고 시 다음의 서류를 제출하여야 한다. 다만, 이미 영세율 등 조기환급신고를 한 경우 해당 신고한 내용은 제외한다(부령 91 ②).

① 부가가치세 확정신고서
② 매출·매입처별세금계산서합계표
③ 사업양도신고서
④ 공제받지 못할 매입세액명세서
⑤ 신용카드매출전표 등 발행금액 집계표
⑥ 전자화폐결제명세서
⑦ 신용카드매출전표 등 수령명세서
⑧ 부동산임대공급가액명세서와 임대차계약서 사본(사업장을 임대한 후 임대차계약을 갱신한 경우에만 제출)
⑨ 건물관리명세서
⑩ 사업장현황명세서
⑪ 현금매출명세서
⑪ 건물 등 감가상각자산취득명세서
⑫ 사업자단위과세사업자인 경우에는 사업자단위과세의 사업장별 부가가치세 과세표준 및 납부세액(환급세액)신고명세서
⑬ 영세율매출명세서

2. 영세율 첨부서류

확정신고를 하는 경우에 다음의 구분에 따른 서류를 해당 신고서에 첨부하지 아니한 부분은 확정신고로 보지 아니한다(부령 91 ③).

① 법 제21조부터 제24조까지의 규정에 따라 영세율이 적용되는 과세표준의 경우 : 제101조에 따른 서류
② 「조세특례제한법」 제105조 제1항에 따라 영세율이 적용되는 과세표준의 경우 : 「조세특례제한법

시행령」 제106조 제12항 및 「농·축산·임·어업용 기자재 및 석유류에 대한 부가가치세 영세율 및 면세 적용 등에 관한 특례 규정」 제4조에 따른 서류

〈신고방법의 요약〉

구분	주요 내용
전자신고 (PC)	• 대상자 : 모든 사업자 ※ 처음 이용하는 경우 국세청 홈택스(www.hometax.go.kr) 회원가입 필요 – (개인) 공인인증서(주민등록번호 발급), 본인 명의 휴대전화, 본인 명의 신용카드 번호 중 하나 – (법인) 공인인증서(사업자등록번호 발급), 전자세금계산서 보안카드 중 하나 선택 • 접근방법 : 국세청 홈택스(www.hometax.go.kr) ※ 회원 로그인 → '신고/납부' → '세금신고–부가가치세' 메뉴 선택 • 이용시간 : 매일 06:00~24:00(작성 연습은 24시간 가능) ※ (전자신고 장점) 전자세금계산서 합계표, 신용카드·현금영수증 매출·매입 등 20가지 항목을 조회할 수 있음 • 전자 신고요령은 국세청 누리집(www.nts.go.kr) 참조 ※ (매뉴얼) 성실신고지원 〉 부가가치세 〉 참고자료실 ※ (동영상) 성실신고지원 〉 부가가치세 〉 전자신고요령(일반·간이)
모바일 신고 (스마트폰)	• 대상자 : 단일업종의 무실적 일반과세자(개인·법인)와 간이과세자 • 접근방법 : 스마트폰에서 '홈택스 앱'을 내려받아 설치 ※ 회원 로그인 후 '세금신고' → '부가가치세 간편신고' 선택 • 전자 신고요령은 국세청 누리집(www.nts.go.kr) 참조 ※ (매뉴얼) 성실신고지원 > 부가가치세 > 참고자료실 ※ (동영상) 성실신고지원 > 부가가치세 > 스마트폰 전자신고요령
우편신고 방문신고	• 이용시간 : 신고기한 18:00까지 • 부가가치세 신고서와 부속서류를 납세지 관할세무서에 우편 또는 직접 접수

〈납부방법의 요약〉

<table>
<tr><th>구분</th><th colspan="2">주요 내용</th></tr>
<tr><td rowspan="3">전자납부
(PC)</td><td colspan="2">• 국세청 홈택스 납부(공인인증서 로그인)
– 전자신고 후 전자납부 ☞ '신고/납부'→'세금납부'→'납부할 세액 조회납부' 선택
– 서면신고 후 전자납부 ☞ '신고/납부'→'세금납부'→'자진납부' 선택
• 이용시간(금융결제원 지로시스템과 동일)</td></tr>
<tr><td>00:30~23:30</td><td>농협은행, 신한, SC제일, 기업, KEB하나, 한국시티, 수협, 대구, 부산, 광주, 제주, 전북, 경남, 농축협, 새마을, 산림조합</td></tr>
<tr><td>07:00~23:30</td><td>산업, 우리, 국민, 우체국, 상호저축, 신협</td></tr>
<tr><td>신용카드
납부</td><td colspan="2">• 접근방법:신용카드 납부전용 누리집(www.cardrotex.kr)
• 카드납부시간:00:30~ 23:30(연중 무휴)
• 공인인증서로 로그인 후 기본정보(납세자정보 세목, 납부금액 등)을 조회 또는 입력한 후 카드 결제
• 신용카드 납부대행 수수료*는 사업자가 부담해야 함
* 납부세액의 0.8%(체크카드는 0.7%)
• 세무서의 경우 09:00~18:00 중에만 이용 가능
• 은행 CD/ATM기 납부 : 고지서(납부서)에 기재된 전자납부번호를 확인하고 이용
* 해당 고지 건의 납부세액은 1개의 신용카드로 전액 결제만 가능</td></tr>
<tr><td rowspan="3">모바일
납부
(스마트폰)</td><td colspan="2">• 국세청 '홈택스 앱' 납부(공인인증서 로그인)
– 전자신고 후 전자납부 ☞ '신고/납부'→'국세납부'→'납부할 세액 조회납부' 선택
– 서면신고 후 전자납부 ☞ '신고/납부'→'국세납부'→'자진납부' 선택
• 이용시간(금융결제원 지로시스템과 동일)</td></tr>
<tr><td>00:30~23:30</td><td>농협은행, 신한, SC제일, 기업, KEB하나, 한국시티, 수협, 대구, 부산, 광주, 제주, 전북, 경남, 농축협, 새마을, 산림조합</td></tr>
<tr><td>07:00~23:30</td><td>산업, 우리, 국민, 우체국, 상호저축, 신협</td></tr>
<tr><td>금융기관·우체국
직접납부</td><td colspan="2">• 금융기관에 직접 방문하여 납부
– 이용시간:금융기관 영업시간까지
– 전자신고 후 출력 또는 직접 작성한 납부서를 가지고 금융기관에 방문·납부
※ 전자신고에 따른 납부서에 표시된 가상계좌로 이체도 가능</td></tr>
</table>

■ 부가가치세법 시행규칙 [별지 제21호서식] <개정 2023. 3. 20.>

홈택스(www.hometax.go.kr)에서도 신청할 수 있습니다.

일반과세자 부가가치세 [ ]예정 [ ]확정 [ ]기한후과세표준 [ ]영세율 등 조기환급 신고서

※ 뒤쪽의 작성방법을 읽고 작성하시기 바랍니다. (4쪽 중 제1쪽)

관리번호				처리기간	즉시
신고기간	년 제 기 (월 일 ~ 월 일)				

사업자						
사업자	상 호 (법인명)		성 명 (대표자명)		사업자등록번호	- -
	생년월일		전화번호	사업장	주소지	휴대전화
	사업장 주소			전자우편 주소		

① 신 고 내 용

구 분				금 액	세율	세 액
과세 표준 및 매출 세액	과세	세금계산서 발급분	(1)		10 / 100	
		매입자발행 세금계산서	(2)		10 / 100	
		신용카드・현금영수증 발행분	(3)		10 / 100	
		기타(정규영수증 외 매출분)	(4)		10 / 100	
	영세율	세금계산서 발급분	(5)		0 / 100	
		기 타	(6)		0 / 100	
	예정 신고 누락분		(7)			
	대손세액 가감		(8)			
	합계		(9)		㉮	
매입 세액	세금계산서 수취분	일 반 매 입	(10)			
		수출기업 수입분 납부유예	(10-1)			
		고정자산 매입	(11)			
	예정 신고 누락분		(12)			
	매입자발행 세금계산서		(13)			
	그 밖의 공제매입세액		(14)			
	합계 (10)-(10-1)+(11)+(12)+(13)+(14)		(15)			
	공제받지 못할 매입세액		(16)			
	차감계 (15)-(16)		(17)		㉯	
납부(환급)세액 (매출세액 ㉮ - 매입세액 ㉯)					㉰	
경감・공제 세액	그 밖의 경감・공제세액		(18)			
	신용카드매출전표등 발행공제 등		(19)			
	합계		(20)		㉱	
소규모 개인사업자 부가가치세 감면세액			(20-1)		㉲	
예정 신고 미환급 세액			(21)		㉳	
예정 고지 세액			(22)		㉴	
사업양수자가 대리납부한 세액			(23)		㉵	
매입자 납부특례에 따라 납부한 세액			(24)		㉶	
신용카드업자가 대리납부한 세액			(25)		㉷	
가산세액 계			(26)		㉸	
차감・가감하여 납부할 세액(환급받을 세액)(㉰-㉱-㉲-㉳-㉴-㉵-㉶-㉷+㉸)					(27)	
총괄 납부 사업자가 납부할 세액(환급받을 세액)						

② 국세환급금 계좌신고	거래은행	은행 지점	계좌번호	
③ 폐업 신고	폐업일		폐업 사유	
④ 영세율 상호주의	여[ ] 부[ ]	적용구분	업종	해당 국가

⑤ 과 세 표 준 명 세

	업 태	종목	생산요소	업종 코드	금 액
(28)					
(29)					
(30)					
(31)수입금액 제외					
(32)합 계					

「부가가치세법」 제48조・제49조 또는 제59조와 「국세기본법」 제45조의3에 따라 위의 내용을 신고하며, 위 내용을 충분히 검토하였고 신고인이 알고 있는 사실 그대로를 정확하게 적었음을 확인합니다.

년 월 일

신고인: (서명 또는 인)

세무대리인은 조세전문자격자로서 위 신고서를 성실하고 공정하게 작성하였음을 확인합니다.

세무대리인: (서명 또는 인)

세무서장 귀하

첨부서류	뒤쪽 참조

세무대리인	성 명		사업자등록번호		전화번호		생년월일	

210㎜×297㎜[백상지 (80g/㎡) 또는 중질지(80g/㎡)]

신고인 제출서류	1. 매출처별 세금계산서합계표　　2. 매입처별 세금계산서합계표 3. 매입자발행 세금계산서합계표　　4. 영세율 첨부서류 5. 대손세액 공제신고서　　6. 매입세액 불공제분 계산근거 7. 매출처별 계산서합계표　　8. 매입처별 계산서합계표 9. 신용카드매출전표등 수령명세서　　10. 전자화폐결제명세서(전산작성분 첨부 가능) 11. 부동산임대공급가액명세서　　12. 건물관리명세서(주거용 건물관리의 경우는 제외합니다) 13. 현금매출명세서 14. 주사업장 총괄 납부를 하는 경우 사업장별 부가가치세 과세표준 및 납부세액(환급세액) 신고명세서 15. 사업자 단위 과세를 적용받는 사업자의 경우에는 사업자 단위 과세의 사업장별 부가가치세 과세표준 및 납부세액(환급세액) 신고명세서 16. 건물 등 감가상각자산 취득명세서　　17. 의제매입세액 공제신고서 18. 그 밖에 필요한 증명서류	수수료 없음
담당 공무원 확인사항	사업자등록증(사업을 폐업하고 확정신고하는 사업자의 경우에는 해당 서류를 제출하게 하고 이를 확인)	

행정정보 공동이용 동의서

본인은 이 건 업무처리와 관련하여 담당 공무원이 「전자정부법」 제36조제1항에 따른 행정정보의 공동이용을 통하여 위의 담당 공무원 확인 사항을 확인하는 것에 동의합니다. 동의하지 않는 경우에는 신고인이 직접 관련 서류를 제출해야 합니다.

신고인　　(서명 또는 인)

작 성 방 법

※ 이 신고서는 한글과 아라비아 숫자로 적고, 금액은 원 단위까지 표시합니다.

▒ 표시란은 사업자가 적지 않습니다.

① 신고내용란

(1) ~ (4): 해당 신고대상기간에 부가가치세가 과세되는 사업실적 중 세금계산서 발급분은 (1)란에, 매입자로부터 받은 매입자발행 세금계산서의 금액과 세액은 (2)란에, 신용카드매출전표등 발행분과 전자화폐수취분은 (3)란에, 세금계산서 발급의무가 없는 부분 등 그 밖의 매출은 (4)란에 적습니다(금액에 세율을 곱하여 세액란에 적습니다).

(5) · (6): 해당 신고대상기간에 영세율이 적용되는 사업실적 중 세금계산서 발급분은 (5)란에, 세금계산서 발급의무가 없는 부분은 (6)란에 적습니다.

(7): 예정신고를 할 때 누락된 금액을 확정신고할 때 신고하는 경우에 적으며, 4쪽 중 제3쪽 (37)합계란의 금액과 세액을 적습니다.

(8): 부가가치세가 과세되는 재화 또는 용역의 공급에 대한 외상매출금 등이 대손되어 대손세액을 공제받는 사업자가 적으며, 대손세액을 공제받는 경우에는 대손세액을 차감표시(△)하여 적고, 대손금액의 전부 또는 일부를 회수하여 회수금액에 관련된 대손세액을 납부하는 경우에는 해당 납부 세액을 적습니다.

(10) · (10-1) · (11): 발급받은 세금계산서상의 공급가액 및 세액을 고정자산 매입분(11)과 그 외의 매입분(10)으로 구분 집계하여 각각의 난에 적고, 「부가가치세법 시행령」 제91조의2제8항에 따라 재화의 수입에 대한 부가가치세 납부유예를 승인받아 납부유예된 세액을 (10-1)란에 적습니다.

(12): 예정신고를 하였을 때 누락된 금액을 확정신고하는 경우에 적으며, 4쪽 중 제3쪽 (40)합계란의 금액과 세액을 적습니다.

(13): 매입자가 관할 세무서장으로부터 거래사실확인 통지를 받고 발행한 매입자발행 세금계산서의 금액과 세액을 적습니다.

(14): 발급받은 신용카드매출전표등의 매입세액, 면세농산물등 의제매입세액, 2019 광주 세계수영선수권대회 관련 사업자에 대한 의제매입세액, 재활용폐자원 등에 대한 매입세액, 재고매입세액, 변제대손세액, 외국인 관광객 숙박용역에 대한 환급세액 또는 외국인 관광객 미용성형 의료용역에 대한 환급세액이 있는 사업자가 적으며, 4쪽 중 제3쪽 (49)합계란의 금액과 세액을 적습니다.

(16): 발급받은 세금계산서의 매입세액 중 공제받지 못할 매입세액, 과세사업과 면세사업등에 공통으로 사용된 공통매입세액 중 면세사업등과 관련된 매입세액 또는 대손처분받은 세액이 있는 사업자가 적으며, 4쪽 중 제3쪽 (53)합계란의 금액 및 세액을 적습니다.

(18): 택시운송사업자 경감세액 등[4쪽 중 제3쪽 (60)합계란의 금액]을 적습니다.

(19): 개인사업자(직전 연도의 과세공급가액이 10억원을 초과하는 사업자는 제외)로서 소매업자, 음식점업자, 숙박업자 등 「부가가치세법 시행령」 제73조제1항 및 제2항에 따른 사업자가 신용카드 및 전자화폐에 의한 매출이 있는 경우에 적으며, 금액란에는 신용카드매출전표 발행금액 등과 전자화폐 수취금액을, 세액란에는 그 금액의 13/1,000에 해당하는 금액(연간 500만원, 2023년까지는 연간 1,000만원을 한도로 합니다)을 적습니다.

(20-1) 「조세특례제한법」 제108조의4에 따른 소규모 개인사업자 부가가치세 감면세액을 적습니다.

(21): 예정신고를 할 때 일반환급세액이 있는 것으로 신고한 경우 그 환급세액을 적습니다.

(22): 해당 과세기간 중에 예정고지된 세액이 있는 경우 그 예정고지세액을 적습니다.

(23): 「부가가치세법 시행령」 제95조제5항에 따라 사업양수자가 국고에 납입한 부가가치세액을 적습니다.

(24): 「조세특례제한법 시행령」 제106조의9제5항 및 제106조의13제4항에 따른 부가가치세 관리기관이 국고에 직접 입금한 부가가치세액을 적습니다.

(25): 「조세특례제한법」 제106조의10제1항에 따라 신용카드업자가 국고에 납입한 부가가치세액을 적습니다.

(26): 신고한 내용에 가산세가 적용되는 경우가 있는 사업자만 적으며, 4쪽 중 제3쪽 (79)합계란의 세액을 적습니다.

② 국세환급금계좌신고란

(27)란에 "환급받을 세액"이 발생한 사업자만 적습니다.

③ 폐업신고란

사업을 폐업하고 확정신고하는 사업자만 적습니다.

④ 영세율 상호주의란

「부가가치세법」 제25조 또는 같은 법 시행령 제33조제2항제1호 단서 및 제2호에 따라 영세율에 대한 상호주의가 적용되어 (5) · (6)란에 영세율 과세표준 금액이 존재하는 사업자가 적습니다. 적용구분란에는 부가가치세법령상 근거조항(예: 법 제21조, 법 제22조, 법 제23조, 법 제24조제1항제1호, 법 제24조제1항제2호, 영 제33조제2항제1호 단서, 영 제33조제2항제2호)을 적고, 업종란에는 부가가치세 영세율이 적용된 재화 · 용역 또는 그 업종을 적습니다.

⑤ 과세표준명세란

(28) ~ (32): 과세표준 합계액(9)을 업태, 종목, 생산요소별로 적되, 생산요소는 임의적 기재사항으로 2015. 1. 1. 이후 신고분부터 적습니다. (31)수입금액 제외란은 고정자산매각[「소득세법」 제19조제1항제20호에 따른 사업용 유형고정자산(같은 법 시행령 제62조제2항제1호가목은 제외합니다)의 매각금액은 (28)~(30) 해당란에 기재], 직매장공급 등 소득세수입금액에서 제외되는 금액을 적고, (32)란의 합계액이 (9)란의 금액과 일치해야 합니다.

210㎜×297㎜[백상지 (80g/㎡) 또는 중질지(80g/㎡)]

※ 이 쪽은 해당 사항이 있는 사업자만 사용합니다.
※ 뒤쪽의 작성방법을 읽고 작성하시기 바랍니다.

사업자등록번호 [ ][ ][ ] - [ ][ ] - [ ][ ][ ][ ][ ] *사업자등록번호는 반드시 적으시기 바랍니다.

	구분				금액	세율	세액
예정신고 누락분 명세	(7)매출	과세	세금계산서	(33)		10 / 100	
			기타	(34)		10 / 100	
		영세율	세금계산서	(35)		0 / 100	
			기타	(36)		0 / 100	
		합계		(37)			
	(12)매입	세금계산서		(38)			
		그 밖의 공제매입세액		(39)			
		합계		(40)			

	구분			금액	세율	세액
(14) 그 밖의 공제 매입세액 명세	신용카드매출전표등 수령명세서 제출분	일반매입	(41)			
		고정자산매입	(42)			
	의제매입세액		(43)		뒤쪽 참조	
	재활용폐자원등 매입세액		(44)		뒤쪽 참조	
	과세사업전환 매입세액		(45)			
	재고매입세액		(46)			
	변제대손세액		(47)			
	외국인 관광객에 대한 환급세액		(48)			
	합계		(49)			

	구분		금액	세율	세액
(16) 공제받지 못할 매입세액 명세	공제받지 못할 매입세액	(50)			
	공통매입세액 중 면세사업등 해당 세액	(51)			
	대손처분받은 세액	(52)			
	합계	(53)			

	구분		금액	세율	세액
(18) 그 밖의 경감·공제 세액 명세	전자신고 세액공제	(54)			
	전자세금계산서 발급세액 공제	(55)			
	택시운송사업자 경감세액	(56)			
	대리납부 세액공제	(57)			
	현금영수증사업자 세액공제	(58)			
	기타	(59)			
	합계	(60)			

	구분			금액	세율	세액
(26) 가산세액 명세	사업자미등록등		(61)		1 / 100	
	세금계산서	지연발급 등	(62)		1 / 100	
		지연수취	(63)		5 / 1,000	
		미발급 등	(64)		뒤쪽 참조	
	전자세금계산서 발급명세 전송	지연전송	(65)		3 / 1,000	
		미전송	(66)		5 / 1,000	
	세금계산서 합계표	제출 불성실	(67)		5 / 1,000	
		지연제출	(68)		3 / 1,000	
	신고 불성실	무신고(일반)	(69)		뒤쪽참조	
		무신고(부당)	(70)		뒤쪽참조	
		과소·초과환급신고(일반)	(71)		뒤쪽참조	
		과소·초과환급신고(부당)	(72)		뒤쪽참조	
	납부지연		(73)		뒤쪽참조	
	영세율 과세표준신고 불성실		(74)		5 / 1,000	
	현금매출명세서 불성실		(75)		1 / 100	
	부동산임대공급가액명세서 불성실		(76)		1 / 100	
	매입자 납부특례	거래계좌 미사용	(77)		뒤쪽참조	
		거래계좌 지연입금	(78)		뒤쪽참조	
	신용카드매출전표 등 수령명세서 미제출·과다기재		(79)		5 / 1,000	
	합계		(80)			

	업태	종목	코드번호	금액
면세사업 수입금액	(81)			
	(82)			
	(83) 수입금액 제외			
			(84) 합계	

계산서 발급 및 수취 명세	(85) 계산서 발급금액	
	(86) 계산서 수취금액	

210㎜×297㎜[백상지 (80g/㎡) 또는 중질지(80g/㎡)]

작 성 방 법

(7), (12) 예정신고 누락분 명세란

(33) ~ (36), (38)·(39): 4쪽 중 제1쪽 (7)란, (12)란의 예정신고 누락분을 합계하여 적은 경우 그 예정신고 누락분의 명세를 적습니다. 다만, 매입자발행 세금계산서는 세금계산서란에 포함하여 적습니다.

(14) 그 밖의 공제매입세액 명세란

(41)·(42): 사업과 관련한 재화나 용역을 공급받고 발급받은 신용카드매출전표 등을 신용카드매출전표등 수령명세서에 작성하여 제출함으로써 매입세액을 공제하는 경우에 일반매입과 고정자산매입을 구분하여 적습니다.
(43): 면세농산물등을 원재료로 제조·창출한 재화 또는 용역이 과세되어 의제매입세액을 공제받는 사업자는 금액란에는 「부가가치세법 시행규칙」 별지 제15호서식의 면세농산물등의 매입가액을, 세액란에는 공제할 세액을 적고, 「조세특례제한법」 제104조의28 제5항에 따라 매입세액을 공제받는 사업자는 금액란에는 「조세특례제한법 시행규칙」 별지 제64호의24서식의 매입가액을, 세액란에는 공제할 세액을 적고, 「조세특례제한법」 제104조의29제1항에 따라 매입세액을 공제받는 사업자는 금액란에는 「조세특례제한법 시행규칙」 별지 제64호의25서식의 매입가액을, 세액란에는 공제할 세액을 적습니다.
(44): 재활용폐자원 등에 대한 매입세액을 공제받는 사업자가 적고, 금액란에는 재활용폐자원 등의 취득가액을, 세액란에는 「조세특례제한법 시행규칙」 별지 제69호서식(1) 재활용폐자원 및 중고자동차 매입세액 공제신고서(갑)의 공제할 세액을 적습니다.
(45): 면세사업등에 사용하는 감가상각자산을 과세사업에 사용하거나 소비하는 경우 취득 시 공제하지 않은 매입세액을 공제받는 경우에 적습니다.
(46): 간이과세자에서 일반과세자로 변경된 사업자가 그 변경되는 날 현재의 재고품등에 대하여 매입세액을 공제받는 경우에 적습니다.
(47): 공급받은 재화나 용역에 대한 외상매입금, 그 밖에 매입채무가 대손확정되어 매입세액을 불공제받은 후 대손금액의 전부 또는 일부를 변제한 경우 변제한 대손금액에 관련된 대손세액을 적습니다.
(48): 「조세특례제한법 시행령」 제109조의2제6항에 따른 특례적용관광호텔 사업자 또는 같은 영 제109조의3제8항에 따른 특례적용의료기관 사업자가 공제받을 부가가치세액을 적습니다.

(16) 공제받지 못할 매입세액 명세란

(50): 발급받은 세금계산서 중 매입세액을 공제받지 못할 세금계산서의 공급가액, 세액의 합계액을 적습니다.
(51): 부가가치세 과세사업과 면세사업등에 공통으로 사용하는 공통매입세액 중 면세사업등에 해당하는 부분을 안분(按分)하여 계산한 공급가액과 세액을 적습니다.
(52): 부가가치세가 과세되는 재화 또는 용역을 공급받고 매입세액을 공제받은 외상매입금 그 밖에 매입채무가 폐업 전에 대손이 확정되어 거래상대방이 대손세액을 공제받은 경우 관련 대손처분을 받은 세액을 적습니다.

(18) 그 밖의 경감·공제세액 명세란

(54): 「조세특례제한법」 제104조의8제2항에 따른 전자신고 세액공제 금액(10,000원)을 확정신고할 때 적습니다.
(55): 직전연도의 사업장별 재화 및 용역의 공급가액(부가가치세 면세공급가액을 포함)의 합계액이 3억원 미만인 개인사업자가 전자세금계산서를 발급하고 발급명세를 국세청에 전송한 경우 공제세액(발급건당 200원씩 연간 100만원 한도)을 적습니다.
(56): 일반택시운송사업자만 적고, 4쪽 중 제1쪽 ㉻란에 적은 납부세액의 99/100에 해당하는 금액을 적습니다.
(57): 「조세특례제한법」 제106조의10제4항에 따른 부가가치세 대리납부세액 공제금액을 적습니다.
(58): 「조세특례제한법」 제126조의3에 따른 현금영수증사업자에 대한 부가가치세 공제액을 적습니다.

(26) 가산세액 명세란

(61): 사업자등록을 하지 않거나 타인의 명의로 등록한 경우 또는 타인 명의의 사업자등록을 이용한 경우 그 공급가액과 세액을 적습니다.
(62): 세금계산서 발급시기를 경과하여 발급하거나 세금계산서의 필요적 기재사항의 전부 또는 일부가 착오 또는 과실로 적혀 있지 않거나 사실과 다른 경우 그 공급가액과 세액을 적습니다.
(63): 재화 또는 용역의 공급시기 이후에 발급받은 세금계산서로서 해당 공급시기가 속하는 과세기간의 확정 신고기한까지 발급받아 매입세액공제를 받은 경우 그 공급가액과 세액을 적습니다.
(64): 세금계산서를 발급하지 않거나 재화 또는 용역의 공급 없이 세금계산서등을 발급 및 수취하거나 실제로 재화 또는 용역을 공급하는 자 및 공급받는 자가 아닌 자의 명의로 세금계산서 등을 발급 및 수취하거나 재화 또는 용역의 공급가액을 과다하게 기재하여 세금계산서 등을 발급 및 수취한 경우 그 공급가액과 세액을 적습니다.
- 세금계산서를 발급하지 않은 경우 : 공급가액의 2%,
- 재화 또는 용역의 공급 없이 세금계산서등을 발급 및 수취한 경우 : 세금계산서등에 적힌 금액의 3%,
- 실제로 재화 또는 용역을 공급하는 자 및 공급받는 자가 아닌 자의 명의로 세금계산서 등을 발급 및 수취하거나 재화 또는 용역의 공급가액을 과다하게 기재하여 세금계산서 등을 발급 및 수취한 경우 : 공급가액의 2%

(65): 전자세금계산서 발급 의무 사업자가 전자세금계산서 발급일의 다음 날이 경과한 후 재화 또는 용역의 공급시기가 속하는 과세기간에 대한 확정신고기한까지 세금계산서 발급명세를 전송한 경우 그 공급가액과 세액을 적습니다.
(66): 전자세금계산서 발급 의무 사업자가 전자세금계산서 발급일의 다음 날이 경과한 후 재화 또는 용역의 공급시기가 속하는 과세기간에 대한 확정신고기한까지 세금계산서 발급명세를 전송하지 않은 경우 그 공급가액과 세액을 적습니다.
(67): 「부가가치세법」 제60조제6항 및 제7항에 해당하는 경우(매출·매입처별 세금계산서합계표를 미제출·부실기재 등) 그 공급가액과 세액을 적습니다. 다만, 「부가가치세법」 제60조제6항제3호에 해당하는 경우는 (68)번에 적습니다.
(68): 매출처별 세금계산서합계표를 각 예정신고와 함께 제출하지 않고 해당 예정신고기간이 속하는 과세기간의 확정신고와 함께 제출하는 경우 그 공급가액과 세액을 적습니다.
(69)·(70): 「국세기본법」 제47조의2에 따라 법정신고기한까지 신고하지 않은 납부세액과 그 가산세액을 적습니다.
- 부정행위에 따른 부당 무신고가산세: 납부세액의 40%, - 그 외 일반 무신고가산세: 납부세액의 20%

※ 법정신고기한이 지난 후 1개월 이내에 기한 후 신고한 경우 가산세액의 50%, 1개월 초과 3개월 이내 30%, 3개월 초과 6개월 이내 20% 감면

(71)·(72): 「국세기본법」 제47조의3에 따라 과소신고한 납부세액 또는 초과신고한 환급세액과 그 가산세액을 적습니다.
- 부정행위에 따른 부당 과소·초과환급신고 가산세: 납부세액의 40%, - 그 외 일반 과소·초과환급신고 가산세 납부세액의 10%

※ 법정신고기한이 지난 후 1개월 이내에 수정신고한 경우 가산세액의 90%, 1개월 초과 3개월 이내 75%, 3개월 초과 6개월 이내 50%, 6개월 초과 1년이내 30%, 1년 초과 1년 6개월 이내 20%, 1년 6개월 초과 2년 이내 10% 감면

(73): 「국세기본법」 제47조의4에 따라 납부하지 않거나 미달하게 납부한 세액 및 환급신고해야 할 환급세액을 초과한 환급세액과 그 가산세액을 적으며, 가산세율은 $\frac{22 \times (\text{경과일수})}{100,000}$ 입니다.

※ 경과일수는 당초 납부기한의 다음 날부터 납부일까지 또는 환급받은 날의 다음 날부터 납부일까지의 기간의 일수를 말합니다.

(74): 영세율이 적용되는 과세표준을 신고하지 않거나 미달하게 신고한 경우 그 공급가액과 세액을 적습니다.
(75): 현금매출명세서를 제출해야 할 사업자가 그 명세서를 제출하지 않거나 사실과 다르게 적은 경우 그 공급가액과 세액을 적습니다.
(76): 부동산임대공급가액명세서를 제출해야 할 사업자가 그 명세서를 제출하지 않거나 사실과 다르게 적은 경우 그 공급가액과 세액을 적습니다.
(77): 「조세특례제한법」 제106조의4제7항 및 제106조의9제6항에 따라 금거래계좌 및 스크랩등거래계좌를 사용하지 않고 결제받은 경우 그 가산세액을 적으며, 가산세율은 제품가액의 100분의 10에 해당하는 금액입니다.
(78): 「조세특례제한법」 제106조의4제8항 및 제106조의9제7항에 따라 거래시기에 부가가치세액을 거래계좌에 입금하지 않은 경우 공급일(공급일이 세금계산서 발급일보다 빠른 경우 세금계산서 발급일)의 다음 날부터 부가가치세 입금일까지 기간에 대한 가산세액을 적으며, 가산세액은 지연입금액$\times\frac{22 \times (\text{경과일수})}{100,000}$ 입니다.
(79) 「부가가치세법」 제60조제5항에 따라 신용카드매출전표등 수령명세서를 제출하지 않았거나 금액을 과다하게 기재한 경우 그 공급가액과 세액을 적습니다.

면세사업 수입금액란, 계산서 발급 및 수취 명세란

(81)·(82): 부가가치세가 면제되는 사업의 수입금액을 업태, 종목별로 구분하여 적습니다.
(83): 수입금액 제외란은 고정자산 매각 등 종합소득세 수입금액에서 제외되는 금액[「소득세법」 제19조제1항제20호에 따른 사업용 유형고정자산(같은 법 시행령 제62조제2항제1호가목은 제외합니다)의 매각금액은 (79)~(80) 해당란에 기재]을 적습니다.
(84): 수입금액 합계액을 적습니다.
(85): 부가가치세가 과세되지 않은 재화 또는 용역을 공급하고 발급한 계산서의 합계액을 적습니다.
(86): 거래상대방으로부터 발급받은 계산서의 합계액을 적습니다.

210㎜×297㎜[백상지 (80g/㎡) 또는 중질지(80g/㎡)]

[별지 제22호서식] (2014. 3. 14. 개정)

홈택스(www.hometax.go.kr)에서도 신청할 수 있습니다.

공제받지 못할 매입세액 명세서

년 제 기 (월 일 ~ 월 일)

※ 뒤쪽의 작성방법을 읽고 작성하시기 바랍니다. (앞쪽)

1. 제출자 인적사항

상호(법인명)	성명(대표자)	사업자등록번호

2. 공제받지 못할 매입세액 명세

매입세액 불공제 사유	세금계산서			비고
	매수	공급가액	매입세액	
① 필요적 기재사항 누락 등				
② 사업과 직접 관련 없는 지출				
③ 비영업용 소형승용자동차 구입ㆍ유지 및 임차				
④ 접대비 및 이와 유사한 비용 관련				
⑤ 면세사업등 관련				
⑥ 토지의 자본적 지출 관련				
⑦ 사업자등록 전 매입세액				
⑧ 금·구리 스크랩 거래계좌 미사용 관련 매입세액				
⑨ 합계				

3. 공통매입세액 안분 계산 명세

일련번호	과세ㆍ면세사업등 공통매입		⑫ 총공급가액 등	⑬ 면세공급가액 등	⑭ 불공제 매입세액 [⑪×(⑬÷⑫)]
	⑩ 공급가액	⑪ 세액			
1					
2					
3					
4					
5					
합계					

4. 공통매입세액의 정산 명세

일련번호	⑮ 총공통매입세액	⑯ 면세사업등 확정비율	⑰ 불공제 매입세액 총액(⑮×⑯)	⑱ 기 불공제 매입세액	⑲ 가산 또는 공제되는 매입세액(⑰-⑱)
1					
2					
합계					

5. 납부세액 또는 환급세액 재계산 명세

일련번호	⑳ 해당 재화의 매입세액	㉑ 경감률[1-(5/100 또는 25/100×경과된 과세기간의 수)]	㉒ 증가 또는 감소된 면세공급가액(사용 면적) 비율	㉓ 가산 또는 공제되는 매입세액 (⑳×㉑×㉒)
1				
2				
합계				

210㎜×297㎜[백상지 80g/㎡(재활용품)]

[별지 제23호서식] (2019. 3. 20. 개정)

홈택스(www.hometax.go.kr)에서도 신청할 수 있습니다.

신용카드매출전표등 발행금액 집계표

년 제 기 (월 일 ~ 월 일)

※ 아래의 작성방법을 읽고 작성하시기 바랍니다.

1. 제출자 인적사항

① 상호(법인명)	② 성명(대표자)
③ 사업장 소재지	④ 사업자등록번호

2. 신용카드매출전표등 발행금액 현황

구분	⑤ 합계	⑥ 신용·직불·기명식 선불카드	⑦ 현금영수증	⑧ 직불전자지급 수단 및 기명식선불 전자지급수단
합계				
과세 매출분				
면세 매출분				
봉사료				

3. 신용카드매출전표등 발행금액(⑤ 합계) 중 세금계산서(계산서) 발급명세

⑨ 세금계산서 발급금액		⑩ 계산서 발급금액	

작 성 방 법

1. 신용카드매출전표등 발행금액 현황(⑤~⑧): 부가가치세 과세 매출분, 면세 매출분 및 봉사료로 각각 구분하여 적고, 과세 매출분란에는 공급대가(부가가치세 포함)를 적습니다.
2. 신용카드매출전표등 발행금액(⑤ 합계) 중 세금계산서(계산서) 발급명세(⑨·⑩): ⑨ 세금계산서 발급금액란에는 ⑤ 합계란의 과세 매출분 합계금액 중 세금계산서를 발급한 금액을 적고, ⑩ 계산서 발급금액란에는 ⑤ 합계란의 면세 매출분 합계금액 중 계산서를 발급한 금액을 각각 적습니다.

210㎜×297㎜[백상지 80g/㎡(재활용품)]

[별지 제24호서식] (2013. 6. 28. 개정)

홈택스(www.hometax.go.kr)에서도 신청할 수 있습니다.

전자화폐결제명세서

년 제 기 (월 일 ~ 월 일)

※ 아래의 작성방법을 읽고 작성하시기 바랍니다.

1. 제출자 인적사항

① 상호	② 성명	③ 사업자등록번호
④ 사업장 소재지	⑤ 업태 종목	⑥ 가맹점번호

2. 전자화폐결제명세

⑦ 일련번호	⑧ 전자화폐 발행회사	⑨ 구매자	⑩ 결제일	⑪ 전자결제 금액	⑫ 결제처리 번호	⑬ 기타 (구매자의 전자우편)
	합계					

작 성 방 법

이 명세서는 아래 작성요령에 따라 한글과 아라비아 숫자로 적습니다.
①~⑥: 전자화폐결제명세서를 제출하는 사업자의 인적사항을 적습니다.
⑦: 일련번호를 적습니다.
⑧: 전자화폐를 발행한 회사의 이름을 적습니다.
⑨: 재화나 용역을 구매한 구매자의 이름을 적습니다.
⑩: 구매자가 결제한 날짜를 적습니다.
⑪: 구매자가 결제한 전자화폐의 결제금액을 적습니다.
⑫: 결제처리번호를 적습니다.
⑬: 구매자의 전자우편주소 등 그 밖의 사항을 적습니다.

210㎜×297㎜[백상지 80g/㎡(재활용품)]

[별지 제16호 서식(1)] (2019. 3. 20. 개정)

홈택스(www.hometax.go.kr)에서도 신청할 수 있습니다.

신용카드매출전표등 수령명세서(갑)

년 제 기 (월 일 ~ 월 일)

(앞쪽)

1. 제출자 인적사항

① 상호(법인명)	② 사업자등록번호
③ 성명(대표자)	

2. 신용카드 등 매입명세 합계

구 분	거래건수	공급가액	세 액
④ 합 계			
⑤ 현금영수증			
⑥ 화물운전자복지카드			
⑦ 사업용 신용카드			
⑧ 그 밖의 신용카드 등			

3. 그 밖의 신용·직불카드, 기명식선불카드, 직불전자지급수단 및 기명식선불전자지급수단 매출전표 수령금액 합계

일련번호	⑨ 카드회원번호	⑩ 공급자(가맹점) 사업자등록번호	⑪ 그 밖의 신용카드 등 거래명세 합계		
			거래건수	공급가액	세액
1					
2					
3					
4					
5					
6					
7					
8					
9					
10					
11					
12					
13					
14					
15					

※ 기재내용이 많은 경우 별지 제16호서식(2)의 신용카드매출전표등 수령명세서(을)에 이어서 작성합니다.

210㎜×297㎜[백상지 80g/㎡(재활용품)]

[별지 제28호서식] (2013. 6. 28. 개정)

홈택스(www.hometax.go.kr)에서도 신청할 수 있습니다.

사업자 단위 과세의 사업장별 부가가치세 과세표준 및 납부세액(환급세액) 신고명세서

신고기간 : 년 제 기 (월 일 ~ 월 일) 사업자 단위 과세 적용사업장 사업자등록번호 : □□□-□□-□□□□□

사업장(본점 및 주사무소 포함)			매출세액				매입세액			가산세	공제세액	납부세액(환급세액)	비 고
사업장 일련번호	상 호	소 재 지	구 분		과세표준	세액	구분	과세표준	세액				
본점 0000			과 세	세금계산서 발급분			과 세						
				기 타 분									
			영세율	세금계산서 발급분			의제 등						
				기 타 분									
0001			과 세	세금계산서 발급분			과 세						
				기 타 분									
			영세율	세금계산서 발급분			의제 등						
				기 타 분									
0002			과 세	세금계산서 발급분			과 세						
				기 타 분									
			영세율	세금계산서 발급분			의제 등						
				기 타 분									
0003			과 세	세금계산서 발급분			과 세						
				기 타 분									
			영세율	세금계산서 발급분			의제 등						
				기 타 분									
0004			과 세	세금계산서 발급분			과 세						
				기 타 분									
			영세율	세금계산서 발급분			의제 등						
				기 타 분									
합 계			과 세	세금계산서 발급분			과 세						
				기 타 분									
			영세율	세금계산서 발급분			의제 등						
				기 타 분									

297㎜×210㎜[백상지 80g/㎡(재활용품)]

■ 부가가치세법 시행규칙 [별지 제29호서식] <개정 2023. 3. 20.>

홈텍스(www.hometax.go.kr)에서도 신청할 수 있습니다.

영세율 매출명세서

년 제 기(월 일~ 월 일)

※ 뒤쪽의 작성방법을 읽고 작성하시기 바랍니다.

(앞쪽)

1. 제출자 인적사항

① 상호(법인명)	② 사업자등록번호
③ 성명(대표자)	④ 사업장 소재지
⑤ 업태	⑥ 종목

2. 영세율 적용 공급실적 합계

⑦ 구분	⑧ 조문	⑨ 내 용	⑩ 금액(원)
부가가치세법	제21조	직접수출(대행수출 포함)	
		중계무역・위탁판매・외국인도 또는 위탁가공무역 방식의 수출	
		내국신용장・구매확인서에 의하여 공급하는 재화	
		한국국제협력단, 한국국제보건의료재단 및 대한적십자사에 공급하는 해외반출용 재화	
		수탁가공무역 수출용으로 공급하는 재화	
	제22조	국외에서 공급하는 용역	
	제23조	선박・항공기에 의한 외국항행용역	
		국제복합운송계약에 의한 외국항행용역	
	제24조	국내에서 비거주자・외국법인에 공급되는 재화 또는 용역	
		수출재화임가공용역	
		외국항행 선박・항공기 등에 공급하는 재화 또는 용역	
		국내 주재 외교공관, 영사기관, 국제연합과 이에 준하는 국제기구, 국제연합군 또는 미합중국군대에 공급하는 재화 또는 용역	
		「관광진흥법 시행령」에 따른 일반여행업자가 외국인 관광객에게 공급하는 관광알선용역	
		외국인전용판매장 또는 주한외국군인 등의 전용 유흥음식점에서 공급하는 재화 또는 용역	
		외교관 등에게 공급하는 재화 또는 용역	
		외국인환자 유치용역	
⑪ 「부가가치세법」에 따른 영세율 적용 공급실적 합계			
조세특례제한법	제105조제1항 제1호	방위산업물자 또는 「비상대비에 관한 법률」에 따라 지정된 자가 생산 공급하는 시제품 및 자원동원으로 공급하는 용역	
	제105조제1항 제2호	「국군조직법」에 따라 설치된 부대 또는 기관에 공급하는 석유류	
	제105조제1항 제3호	도시철도건설용역	
	제105조제1항 제3호의2	국가・지방자치단체에 공급하는 사회기반시설 등	
	제105조제1항 제4호	장애인용 보장구 및 장애인용 특수 정보통신기기 등	
	제105조제1항 제5호	농민 또는 임업에 종사하는 자에게 공급하는 농업용・축산업용・임업용 기자재	
	제105조제1항 제6호	어민에게 공급하는 어업용 기자재	
	제107조	외국인 관광객 등에게 공급하는 재화	
	제121조의13	제주특별자치도 면세품판매장에서 판매하거나 제주특별자치도 면세품 판매장에 공급하는 물품	
⑫ 「조세특례제한법」 및 그 밖의 법률에 따른 영세율 적용 공급실적 합계			
⑬ 영세율 적용 공급실적 총 합계 ⑪+⑫			

210mm×297mm[백상지 80g/㎡ 또는 중질지 80g/㎡]

[별지 제30호서식]

홈택스(www.hometax.go.kr)에서 도 신청할 수 있습니다.

동물 진료용역 매출명세서

년 제 기(월 일~ 월 일)

※ 아래의 작성방법을 읽고 작성하시기 바랍니다.

제출자 인적사항	① 상호(법인명)	② 사업자등록번호
	③ 성명(대표자)	④ 거래기간

매출 명세	⑤ 면세 사유	⑥ 공급 건수	⑦ 공급가액	비 고
	가축 진료			
	수산동물 진료			
	장애인 보조견 진료			
	기초수급자가 기르는 동물 진료			
	질병 예방 목적 진료			
	⑧ 합 계			

작 성 방 법

이 명세서는 아래의 작성방법에 따라 한글과 아라비아 숫자로 정확하게 적어야 하며, 거래금액은 원 단위까지 표시하여야 합니다.

① ~ ④: 제출자 인적사항을 적습니다.

⑤: 「부가가치세법 시행령」 제35조제5호 각 목에 따른 면세 사유를 말합니다.

⑥: 각 면세 사유별로 해당하는 총 공급 건수를 적습니다.

⑦: 각 면세 사유별로 해당하는 공급의 총 공급가액을 적습니다.

⑧: 부가가치세 면세대상 동물 진료용역 공급의 총 공급 건수, 총 공급가액의 합계를 적습니다.

210㎜×297㎜[백상지 80g/㎡(재활용품)]

[별지 제31호 서식] (2020. 3. 13. 개정)

사업양도신고서

접수번호	접수일	처리기간 즉시

1. 양도자 인적사항

법인명(상호)	사업자등록번호
대표자명(성명)	전화번호
사업장 소재지	
업태	종목

2. 양수자 인적사항

상호	사업자등록번호
대표자명(성명)	
사업장 소재지	
업태	종목
사업양도 연월일	

3. 사업양도내용

양도되는 권리		양도되는 의무	
명세	금액	명세	금액
양도에서 제외되는 권리		양도에서 제외되는 의무	

「부가가치세법」 제10조제9항제2호 및 같은 법 시행령 제91조제2항의 표 제1호에 따라 사업을 양도하였음을 신고합니다.

년 월 일

신고인 (서명 또는 인)

세 무 서 장 귀하

첨부서류	계약서 사본	수수료 없 음

210㎜×297㎜[백상지(80g/㎡) 또는 중질지(80g/㎡)]

[별지 제32호서식]

홈텍스(www.hometax.go.kr)에서도 신청할 수 있습니다.

건물관리명세서

년 제 기 (월 일 ~ 월 일)

※ 아래의 작성방법을 읽고 작성하시기 바랍니다.

제출자	① 부동산 소재지	② 건물명
	③ 상호(관리업자)	④ 사업자등록번호

건물관리명세

⑤ 일련번호	⑥ 층별	⑦ 호실명·번호	⑧ 면 적 (㎡)	⑨ 상 호 (성명)	⑩ 사업자등록번호 (주민등록번호)	⑪ 입주일	⑫ 퇴거일	⑬ 관리비(원)
합계								

작 성 방 법

이 명세서는 상가 또는 사무실로 사용되는 건물별로 아래 작성방법에 따라 한글과 아라비아 숫자로 적어야 합니다.

① ~ ④: 관리건물의 소재지, 건물명, 건물관리업자의 상호, 사업자등록번호를 적습니다.

⑥ ~ ⑧: 관리대상 상가(사무실)의 층·호실명 또는 호실번호 및 호실별 면적을 적습니다.
한 호실에 여러 사업자가 있는 경우 모두 적어야 합니다.

⑨·⑩: 관리비 납부사업자의 상호와 사업자등록번호를 적어야 하며, 미등록사업자인 경우에는 성명과 주민등록번호를 적습니다.

⑪·⑫: 입주일·퇴거일은 해당 과세기간 중에 관리비 납부자가 변경된 경우에만 적습니다.

⑬: 해당 과세기간의 관리비를 적습니다.

210㎜×297㎜[백상지 80g/㎡(재활용품)]

[별지 제33호서식]

홈택스(www.hometax.go.kr)에서도 신청할 수 있습니다.

사업장현황명세서

년 제 기 (월 일 ~ 월 일)

※ 아래의 작성방법을 읽고 작성하시기 바랍니다.

접수번호	접수일	처리기간 즉시

1. 인적사항

상호(법인명)	성명(대표자명)	사업자등록번호

2. 기본사항(자가 · 타가) ②~⑤란은 음식점업자 및 숙박업자만 적습니다.

① 사업장			② 객실 수	③ 탁자 수	④ 의자 수	⑤ 주차장	⑥ 종업원 수	⑦ 차량	
대지	건물(지하 층, 지상 층) 바닥면적	연면적						승용차	화물차
㎡	㎡	㎡	개	개	개	유 · 무	명	대	대

3. 기본경비(6월, 12월 기준)

(단위 : 천원)

⑧ 임차료		⑨ 전기 · 가스료	⑩ 수도료	⑪ 인건비	⑫ 기타	⑬ 월 기본경비 합계
보증금	월세					

「부가가치세법 시행령」 제91조제2항의 표 제8호에 따라 사업장현황명세서를 제출합니다.

년 월 일

신고인 (서명 또는 인)

세 무 서 장 귀하

작 성 방 법(3. 기본경비란)

⑧ 임차료 중 보증금란: 확정신고 최종월(6월 또는 12월) 현재 임차건물의 임차보증금을 적습니다.
⑧ 임차료 중 월세란: 확정신고 최종월(6월 또는 12월)의 임차료를 적습니다.
⑨~⑫: 확정신고 최종월(6월 또는 12월)의 경비를 각각 적습니다.
⑬: ⑧ 임차료 중 월세란부터 ⑫ 기타란까지의 경비를 더한 금액을 적습니다.

210㎜×297㎜[백상지 80g/㎡(재활용품)]

제3절 수정신고·경정청구·기한 후 신고

I 수정신고

1. 개요

과세표준신고서를 법정신고기한까지 제출한 자 및 기한 후 과세표준신고서를 제출한 자가 제출한 신고서에 기재된 과세표준 및 세액이 세법에 따라 신고하여야 할 과세표준 및 세액에 미치지 못하거나, 제출한 신고서에 기재된 결손금액 또는 환급세액이 세법에 따라 신고하여야 할 결손금액이나 환급세액을 초과할 때 관할세무서장이 결정 또는 경정하여 통지하기 전으로서 「국세기본법」 제26조의2(국세부과의 제척기간) 제1항에 따른 기간이 끝나기 전까지 과세표준수정신고서를 제출할 수 있으며, 2012.1.1.부터 국세부과의 제척기간이 지난 후에는 수정신고를 할 수 없도록 제한하였다. 이 경우 "당해 국세의 과세표준과 세액을 결정(경정)하여 통지하기 전까지"라 함은 당해 국세의 고지서가 납세자에게 도달하기 전까지 수정신고서를 제출할 수 있다는 것을 말한다.

2. 수정신고방법

(1) 수정신고 절차

부가가치세 신고서 상단에 수정신고서임을 표기하고 당초 신고내용을 주서로 기재하고, 수정된 내용을 흑서로 병기하며, 가산세를 스스로 계산하여 기재하고, 납부세액란 옆에 추가 자진납부세액을 부기하여 신고서를 작성한다. 또한 세금계산서합계표 등 첨부서류가 있는 경우 함께 제출하며, 수정된 사항을 확인할 수 있도록 기재하여 작성한 후 추가 자진납부세액은 납부서를 작성하여 은행에 납부한다.

(2) 수정신고 요건

과세표준신고서를 법정신고기간까지 제출한 자와 기한 후 과세표준신고서를 제출한 자만이 수정신고를 할 수 있다.

(3) 수정신고 기한

과세표준 수정신고는 관할 세무서장이 해당 국세에 대한 과세표준과 세액의 결정 또는 경정하여 통지를 하기 전까지 할 수 있다.

(4) 수정신고 효력

1) 확정적 효력

국세의 수정신고는 당초 신고에 따라 확정된 과세표준과 세액을 증액하여 확정하는 효력을 가진다는 규정을 2018년에 신설하였다.

2) 가산세 감면

법정신고 기한 경과 후 2년이내에 수정신고를 한 경우 과소신고 또는 초과환급신고 불성실가산세를 경감한다.

3) 벌과금 경감 및 면제

법정신고 기한 경과 후 6개월내 수정신고 후 납부 시 벌과금을 면제하고, 법정신고 기한 경과 후 6개월 초과 2년이내에 수정신고 후 납부 시 벌과금을 경감한다.

II 경정청구

1. 개요

과세표준신고서를 법정신고기한까지 제출한 자 및 기한 후 과세표준신고서를 제출한 자가 제출한 신고서에 기재된 과세표준 및 세액이 세법에 따라 신고하여야 할 과세표준 및 세액을 초과하거나, 제출한 신고서에 기재된 결손금액 또는 환급세액이 세법에 따라 신고하여야 할 결손금액이나 환급세액에 미치지 못할 때 최초신고 및 수정신고한 국세의 과세표준 및 세액의 결정(경정)을 법정신고기한이 지난 후 5년 이내에 관할세무서장에게 청구할 수 있다.

2. 경정청구방법

"과세표준 및 세액의 결정(경정)청구서"를 작성하여 당초 신고서 사본 및 경정(결정)청구사유를 입증할 수 있는 자료를 첨부하여 제출하며, "과세표준 및 세액의 결정(경정)청구서" 작성요령은 다음과 같다.[9)]

① 과세표준금액 : 매출 과세표준의 합계액을 기재

② 산출세액 : 매출세액의 합계액을 기재

③ 가산세액 : 경정청구에 따른 가산세가 해당되는 경우 가산세의 합계액을 기재

④ 공제·감면세액 : 매입세액 및 각종 공제·감면세액의 합계액을 기재

9) 국기법시행규칙 별지 제16호의2 서식

⑤ 납부할 세액 : 산출세액(②) + 가산세액(③) − 공제·감면세액(④)

3. 결정기한

세무서장은 그 청구를 받은 날부터 2개월 이내에 과세표준 및 세액을 결정 또는 경정하거나 결정 또는 경정할 이유가 없다는 뜻을 통지하여야 하며, 청구를 한 자가 2개월 이내에 아무런 통지를 받지 못한 경우에는 통지를 받기 전이라도 그 2개월이 되는 날의 다음 날부터 이의신청 등 불복청구가 가능하다(국기법 45의 2 ③).

Ⅲ 기한 후 신고

1. 기한 후 신고대상

법정신고기한까지 과세표준신고서를 제출하지 아니한 자는 관할세무서장이 결정하여 통지하기 전까지 기한 후 과세표준신고서를 제출할 수 있다(2007.1.1. 이후 법정신고기한 도래분부터 환급세액이 발생한 자도 기한 후 신고 가능함). 이 경우 사업실적이 없는 경우에도 반드시 부가가치세 신고를 하여야 하며, 간이과세자 납부의무 면제자(매출액 4,800만 원 미만)은 무신고 가산세, 납부지연가산세를 신고하나, 납부의무가 면제된다.

2. 결정기한

세무서장은 신고일부터 3개월 이내에 과세표준과 세액을 결정하여야 하며, 부득이한 사유로 신고일부터 3개월 이내에 결정할 수 없는 경우에는 그 사유를 신고인에게 통지하여야 한다(국기법 45의 3 ③).

제4절 재화의 수입에 대한 신고·납부·징수

Ⅰ 신고·납부

납세의무자가 재화의 수입에 대하여 「관세법」에 따라 관세를 세관장에게 신고하고 납부하는 경우에는 재화의 수입에 대한 부가가치세를 함께 신고하고 납부하여야 한다(부법 50).

Ⅱ 징수

재화의 수입에 대한 부가가치세는 세관장이 「관세법」에 따라 징수한다(부법 58 ②). 세관장이 법 제58조 제2항에 따라 부가가치세를 징수할 때(납부받거나 환급할 때를 포함한다)에는 「관세법」 제11조, 제16조부터 제19조까지, 제38조, 제38조의 2부터 제38조의 4까지, 제39조, 제41조, 제43조, 제46조, 제47조 및 제106조에 따른다. 세관장이 부가가치세를 징수함에 있어서 부가가치세를 징수한 수입재화가 「관세법」 제106조에 규정하는 위약물품에 해당하는 경우에는 관할세관장은 부가가치세를 지체 없이 환급하여야 하며, 이 경우 세관장은 수정수입세금계산서를 수입자에게 발급하고 「부가가치세법」 제20조의 규정에 의하여 이를 관할세무서장에게 제출하여야 한다. 한편 부가가치세를 징수한 수입재화가 「관세법」 제38조 제5항 및 동법 제46조의 규정에 의하여 과오납부한 수입재화에 해당하는 경우에는 관할세관장은 부가가치세를 지체 없이 징수 또는 환급하며, 이 경우 세관장은 수정수입세금계산서를 수입자에게 발급하고, 「부가가치세법」 제20조의 규정에 의하여 이를 관할세무서장에게 제출하여야 한다(부령 71).

제5절 재화의 수입에 대한 부가가치세 납부의 유예

Ⅰ 취지

현행 부가가치세제도에서는 사업자가 재화를 수입할 때 세관장에게 수입 부가가치세를 납부하고, 이후 세무서장에게 해당 과세기간에 대한 납부세액 또는 환급세액을 신고할 때 매입세액공제를 통해 세관장에게 납부한 부가가치세를 환급받고 있다. 이 경우 납부시점과 환급시점 간의 시차에 의해 발생할 수 있는 수출 중소기업의 자금 부담 완화를 위하여 일정요건을 갖춘 중소사업자에 대해서는 재화를 수입할 때 세관장에게 납부하던 부가가치세의 납부를 유예하고, 이후 세무서장에게 납부세액 등을 신고할 때 납부가 유예된 부가가치세를 납부할 수 있도록 본 규정을 도입하였다.

Ⅱ 개요

세관장은 매출액에서 일정요건을 충족하는 중소·중견사업자(이하 "중소·중견사업자"라 한다)가 물품을 제조·가공하기 위한 원재료 등으로서 해당 중소사업자가 자기의 과세사업에 사용하기 위한 재화(매출세액에서 공제되지 아니하는 매입세액과 관련된 재화는 제외)의 수입에 대하여 부가가치세의 납부유예를 미리 신청하는 경우에는 제50조 재화의 수입에 대한 부가가치세 납부유예 규정에도 불구하고 해당 재화를 수입할 때 부가가치세의 납부를 유예할 수 있다(부법 50의 2 ①, 부령 91의 2 ①,②). 또한 중소·중견사업자는 요건의 충족 여부에 대해 관할세무서장에게 확인을 요청할 수 있다. 이 경우 관할세무서장은 「법인세법」에 따른 신고서 등을 기준으로 해당 중소·중견사업자에게 확인서를 발급하여야 한다(부령 91의 2 ③,④).

Ⅲ 요건

1. 중소·중견사업자

"중소·중견사업자"란 다음의 요건을 모두 충족하는 중소·중견사업자를 말한다(부령 91의 2 ①).

(1) 법인요건

직전 사업연도에 「조세특례제한법 시행령」제2조 및 제6조의4에 따른 중소기업 또는 중견기업에 해당하는 법인(제조업을 주된 사업으로 경영하는 기업에 한정)일 것

(2) 수출액 요건

직전 사업연도에 영세율을 적용받은 재화의 공급가액의 합계액(이하 "수출액"이라 한다)이 다음에 해당할 것

① 직전 사업연도에 「조세특례제한법 시행령」제2조에 따른 중소기업인 경우
직전 사업연도에 공급한 재화 또는 용역의 공급가액의 합계액 중 수출액이 차지하는 비율이 30% 이상이거나 수출액이 50억원 이상일 것

② 직전 사업연도에 「조세특례제한법 시행령」제6조의4에 따른 중견기업인 경우
직전 사업연도에 공급한 재화 또는 용역의 공급가액의 합계액 중 수출액이 차지하는 비율이 30% 이상일 것

(3) 사업성실도 요건

확인요청일 현재 다음의 요건에 모두 해당할 것

① 최근 3년간 계속하여 사업을 경영하였을 것

② 최근 2년간 국세(관세를 포함)를 체납(납부고지서에 따른 납부기한의 다음 날부터 15일 이내에 체납된 국세를 모두 납부한 경우는 제외한다)한 사실이 없을 것

③ 최근 2년간 「조세범처벌법」 또는 「관세법」 위반으로 처벌받은 사실이 없을 것

④ 최근 2년간 납부유예가 취소된 사실이 없을 것

2. 자기의 과세사업에 사용하기 위한 재화

자기의 과세사업에 사용하기 위한 재화란 중소·중견사업자가 자기의 과세사업에 사용하기 위한 재화를 말한다. 다만, 매출세액에서 공제되지 아니하는 매입세액과 관련된 재화는 제외한다(부령 91의 2 ③).

3. 관련사례

(1) 재화의 수입에 대한 부가가치세 납부유예 적용 여부

1) 사실관계

- (주)○○테크(이하 "질의법인")는 '00.7월부터 엔지니어링 플라스틱 소재를 제조하는 사업자로 2개의 지점을 운영하면서 A지점이 폐기물 관련 허가사업장인 B지점으로부터 폐기물허가증을 위탁받아 원재료를 수입하고 그 원재료를 제조 · 가공하여 A지점 명의로 제품수출을 하면서 수입부가세를 납부유예받았는데 '21년 폐기물허가증 위탁이 불가함에 따라 B지점 명의로 폐기물 관련 원재료 수입 및 통관이 발생하고 있으나 수출액은 소액이며 A지점에서는 폐기물을 제외한 원재료 등 수입 및 제품수출이 발생하고 있음 ☞ B지점 명의의 원재료 수입부가세 납부유예 가능 여부를 질의
- 질의법인은 ① 직전 사업연도에 중소기업에 해당하는 법인으로 ② 직전 사업연도에 공급한 재화 또는 용역의 공급가액의 합계액 중 수출액이 차지하는 비율이 30% 이상이면서 수출액이 50억원 이상임 ☞ 질의법인의 전체 수출액 비중은 72.8%이고, 그중 A지점이 99.8% 차지

2) 질의요지

직전 사업연도에 수출액이 차지하는 비율이 30% 이상인 중소기업에 해당하는 법인의 A지점에서 재화를 수출하고, B지점이 재화를 수입하는 경우 재화의 수입에 대한 부가가치세 납부유예를 적용받을 수 있는지

3) 회신

직전 사업연도 매출액 대비 수출액이 차지하는 비율이 30% 이상이며, 중소기업에 해당하는 법인의 A지점에서 재화를 수출하고, B지점이 재화를 수입하면서 납부유예 요건을 모두 충족하는 경우 해당 재화를 수입할 때 부가가치세의 납부를 유예할 수 있다.[10)]

(2) 물적분할한 신설법인의 수입부가세 납부유예 적용 시 분할 전의 사업기간을 포함하여야 하는지 여부

재화의 수입에 대한 부가가치세 납부유예는 해당 요건을 모두 충족하는 경우에 적용되는 것으로

10) 서면-2021-법규부가-4332 [법규과-2310], 2022.08.11

서 물적분할에 의해 설립된 신설법인이 납부유예의 확인요청일 현재 최근 3년간 계속하여 사업을 경영한 경우 적용한다.[11]

Ⅳ 납부유예 신청 절차

1. 확인요청

중소·중견사업자는 다음의 신고기한의 만료일 중 늦은 날부터 3개월 이내에 관할세무서장에게 납부유예 충족 여부의 확인을 요청할 수 있다(부령 91의 2 ③).

① 직전 사업연도에 대한 「법인세법」에 따른 신고기한

② 직전 사업연도에 대한 확정신고기한

2. 확인서 발급

관할세무서장은 중소·중견사업자가 확인을 요청한 경우에는 해당 중소·중견사업자가 요건에 해당하는지 여부를 확인한 후 요청일부터 1개월 이내에 기획재정부령으로 정하는 확인서를 해당 중소·중견사업자에게 발급하여야 한다(부령 91의 2 ④).

3. 납부유예신청서 제출 및 통지

(1) 신청서 제출

부가가치세의 납부를 유예받으려는 중소·중견사업자는 발급받은 확인서를 첨부하여 부가가치세 납부유예 적용신청서를 관할세관장에게 제출하여야 한다(부령 91의 2 ⑤).

(2) 통지

신청을 받은 관할세관장은 신청일부터 1개월 이내에 납부유예의 승인 여부를 결정하여 해당 중소·중견사업자에게 통지하여야 한다(부령 91의 2 ⑦).

(3) 납부유예 승인기간

납부유예를 승인하는 경우 그 유예기간은 1년으로 한다(부령 91의 2 ⑧).

11) 서면-2021-법령해석부가-2017 [법령해석과-1870], 2021.05.27

4. 정산 및 납부

요건을 충족하여 납부를 유예받은 중소·중견사업자는 납세지 관할세무서장에게 예정신고 또는 확정신고 등을 할 때 해당 재화에 대한 사업자가 자기의 사업을 위하여 사용하였거나 사용할 목적으로 수입하는 재화의 수입에 대한 부가가치세액 매입세액에서 차감하는 방법으로 그 납부가 유예된 세액을 정산하거나 납부하여야 한다. 이 경우 납세지 관할세무서장에게 납부한 세액은 세관장에게 납부한 것으로 본다(부법 50 ②, 부령 91의 2 ⑨).

5. 납부유예의 취소

(1) 취소사유

세관장은 부가가치세의 납부가 유예된 중소·중견사업자가 국세를 체납하는 등 다음에 해당하는 경우에는 그 납부의 유예를 취소할 수 있다. 이 경우 세관장은 해당 중소·중견사업자에게 그 취소 사실을 통지하여야 한다(부법 60의 2 ③). 또한 국세청장, 지방국세청장, 관할세무서장은 해당 중소·중견사업자가 납부유예 취소사유에 해당하는 것을 알게 되었을 때에는 지체 없이 그 사실을 관세청장에게 통보하여야 한다(부령 91의 2 ⑪).

① 해당 중소·중견사업자가 국세를 체납한 경우

② 해당 중소·중견사업자가 「조세범처벌법」 또는 「관세법」 위반으로 국세청장, 지방국세청장, 관할세무서장 또는 관세청장, 관할세관장으로부터 고발된 경우

③ 요건을 충족하지 아니한 중소·중견사업자에게 납부유예를 승인한 사실을 세관장이 알게 된 경우

(2) 취소의 효과

납부유예 취소는 중소·중견사업자가 부가가치세 납부를 유예받고 수입한 재화에 대해서는 영향을 미치지 아니한다(부령 91의 2 ⑫).

[별지 제33호의2서식] (2021. 3. 16. 개정)

재화의 수입에 대한 부가가치세 납부유예 요건 확인(요청)서

관리번호		처리기간 1개월 이내

1. 수출 사업자	① 법인명	② 사업자등록번호
	③ 대표자명	④ 생년월일
	⑤ 사업장주소	
	⑥ 전화번호	⑦ 전자우편 주소

2. 납부유예 적용요건 충족 여부

적용 요건	충족여부
⑧ 직전 사업연도에 「조세특례제한법 시행령」 제2조에 따른 중소기업 또는 같은 영 제6조의4제1항에 따른 중견기업에 해당하는 법인(「조세특례제한법」 제6조제3항제2호에 따른 제조업을 주된 사업으로 경영하는 기업에 한정한다)일 것	[ ]충족, [ ]미충족
⑨ 직전 사업연도에 「부가가치세법」 제21조에 따라 영세율을 적용받은 재화의 공급가액의 합계액(수출액)이 다음의 어느 하나에 해당할 것 가. 중소기업인 경우 : 직전 사업연도에 공급한 재화 또는 용역의 공급가액의 합계액 중 수출액이 차지하는 비율이 30퍼센트 이상이거나 수출액이 50억원 이상일 것 나. 중견기업인 경우 : 직전 사업연도에 공급한 재화 또는 용역의 공급가액의 합계액 중 수출액이 차지하는 비율이 30퍼센트 이상일 것	[ ]충족, [ ]미충족
⑩ 확인 요청일 현재 최근 3년간 계속하여 사업을 경영하였을 것	[ ]충족, [ ]미충족
⑪ 확인 요청일 현재 최근 2년간 국세를 체납(납부고지서에 따른 납부기한의 다음날부터 15일 이내에 체납된 국세를 모두 납부한 경우는 제외한다)한 사실이 없을 것	[ ]충족, [ ]미충족
⑫ 확인 요청일 현재 최근 3년간 「조세범처벌법」 위반으로 처벌받은 사실이 없을 것	[ ]충족, [ ]미충족

「부가가치세법 시행령」 제91조의2제3항 및 제4항에 따라 위의 재화의 수입에 대한 부가가치세 납부유예 요건을 충족함을 확인(요청)합니다.

년 월 일

신청인 (서명 또는 인)

세무서장 귀하

첨부서류	없 음	수수료 없음

210mm×297mm[백상지(80g/㎡) 또는 중질지(80g/㎡)]

[별지 제33호의 3 서식] (2020. 3. 13. 개정)

재화의 수입에 대한 부가가치세 납부유예 적용 신청서

접수번호	접수일자	처리기간 1개월 이내

1. 신청인	① 법인명	② 사업자등록번호
	③ 대표자명	④ 생년월일
	⑤ 사업장주소	
	⑥ 전화번호	⑦ 전자우편 주소

2. 납부유예 적용요건 충족 여부

적용 요건	충족여부
⑧ 확인 요청일 현재 최근 2년간 관세를 체납(「관세법」 제9조에 따른 납부기한의 다음날부터 15일 이내에 체납된 국세를 모두 납부한 경우는 제외한다)한 사실이 없을 것	[ ]충족, [ ]미충족
⑨ 확인 요청일 현재 최근 3년간 「관세법」 위반으로 처벌받은 사실이 없을 것	[ ]충족, [ ]미충족
⑩ 중소기업 또는 중견기업 해당 여부 등 그 밖의 요건 충족 여부	[ ]충족, [ ]미충족

3. 납부유예를 받으려는 기간(1년)	년 월 일부터 년 월 일까지

「부가가치세법 시행령」 제91조의2제5항에 따라 재화의 수입에 대한 부가가치세 납부의 유예를 받기 위하여 위와 같이 신청합니다.

년 월 일

신청인 (서명 또는 인)

세관장 귀하

첨부서류	재화의 수입에 대한 부가가치세 납부유예 요건 확인(요청)서(부가가치세법 시행규칙 별지 제33호의2서식)	수수료 없음

210㎜×297㎜[백상지(80g/㎡) 또는 중질지(80g/㎡)]

제6절 대리납부

I 개요

1. 의의

대리납부란 국내에 사업장이 없는 비거주자 또는 외국법인과 국내사업장이 있는 비거주자 또는 외국법인으로부터 용역 또는 권리(이하 "용역 등"이라 한다)(국내사업장과 관련 없는 용역을 제공하는 경우에 한함)를 공급받는 경우 해당 용역 등을 공급받은 자가 그 대가를 지급하는 시점에 국외의 공급자를 대리하여 부가가치세를 징수·납부하는 것을 말한다.[12)]

2. 도입 취지 및 적용범위

대리납부제도는 조세의 중립성을 유지하고 과세의 형평을 기하기 위한 목적에서 그 용역을 공급받는 자가 그 대가를 지급하는 시점에서 당해 용역을 공급하는 비거주자 또는 외국법인을 대신하여 부가가치세를 징수·납부하도록 하는 것이다. 한편 거래장소, 즉 용역이 공급되는 장소가 대한민국의 과세권이 미치는 지역 안에 있을 때에만 용역의 공급에 대하여 부가가치세를 과세하며 또한 대리납부의 대상이 되므로 용역을 공급하는 외국법인이 부가가치세의 납부의무를 가지지 아니하는 경우에는 대리납부의 대상이 되지 아니하고, 따라서 우리 영토 밖의 외국법인으로부터 용역을 공급받는 자는 부가가치세의 징수나 납부의무를 부담하게 될 여지가 없다.[13)]

II 대리납부 적용요건

대리납부를 적용하기 위해서는 다음의 요건을 충족해야 한다.[14)]

① 용역 등의 제공자가 국내사업장이 없는 비거주자 또는 외국법인이거나, 국내사업장이 있더라도 국내사업장과 관련 없는 용역 등을 공급하는 비거주자 또는 외국법인이어야 한다.

② 해당 용역 등이 부가가치세가 과세되는 것이어야 한다.

③ 해당 용역 등이 국내에서 사용 또는 소비되어야 한다.

④ 제공받은 용역 등이 부가가치세가 과세되지 아니하는 사업에 사용 또는 소비되어야 한다(「부가법」 제39조에 따라 매입세액이 공제되지 아니하는 용역 등을 공급받는 경우 포함).

12) 부가집 52-95-1 ①
13) 대법원82누483, 1983.01.18, 서울고등법원2015누62363, 2016.07.15
14) 부가집 52-95-3

Ⅲ 대리납부할 세액의 징수시기

대리납부할 부가가치세액은 제공받는 용역 등의 공급시기에 관계없이 그 대가를 지급하는 때에 징수하며, 대리납부대상용역 등을 공급받기 전에 그 대가의 일부를 수회에 걸쳐 지급하는 경우에는 그 지급을 하는 때마다 대리납부세액을 징수한다.[15)]

Ⅳ 대리납부대상

1. 대리납부의무자

(1) 국내에서 용역 또는 권리를 제공받는 자의 대리납부의무

다음의 어느 하나에 해당하는 자(이하 "국외사업자"라 한다)로부터 국내에서 용역 또는 권리(이하 "용역등"이라 한다)를 공급받는 자는 그 대가를 지급하는 때에 그 대가를 받은 자로부터 부가가치세를 징수하여야 한다.(부법 52 ①). 이 경우 공급에는 국내에 반입하는 것으로서 관세와 함께 부가가치세를 신고 · 납부하여야 하는 재화의 수입에 해당하지 아니하는 경우를 포함하며, 공급받는자에는 공급받은 그 용역등을 과세사업에 제공하는 경우는 제외하되, 매입세액이 공제되지 아니하는 용역등을 공급받는 경우는 포함한다.

① 「소득세법」 제120조, 「법인세법」 제94조에 따른 국내사업장이 없는 비거주자 또는 외국법인

② 국내사업장이 있는 비거주자 또는 외국법인(비거주자 또는 외국법인의 국내사업장과 관련 없이 용역 등을 공급하는 경우로서 다음으로 정하는 경우만 해당한다)

㉠ 「소득세법」 제156조 제1항 각 호 외의 부분 또는 「법인세법」 제98조 제1항 각 호 외의 부분에 해당하는 경우(과세대상 국내원천소득)

㉡ ㉠ 외의 경우로서 해당 용역 등의 제공이 국내사업장에 귀속되지 아니하는 경우

(2) 비거주자의 국내체재경비 등에 대한 대리납부의무[16)]

국내에 사업장이 없는 외국법인과 기술도입계약을 체결하여 그 법인소속의 기술자로부터 계약에 정하는 기술용역을 공급받고 기술자의 체재경비를 지급하는 경우 해당 체재경비가 용역의 대가에 포함되는 때에는 그 대가를 지급하는 때에 부가가치세를 징수하여 대리납부하여야 한다.

15) 부가집 52-95-2
16) 부가집 52-95-6

(3) 관련 사례

1) 외국 선박·항공기 등의 이용대가에 대한 대리납부

비거주자 또는 외국법인이 우리나라에서 공급하는 외국항행용역(선원부용선계약에 의한 외국항행용역을 포함한다)은 대리납부대상이 되지 아니하나, 선박 및 항공기를 나용선(기)계약에 의하여 사용하고 용선(기)료를 지급하는 때에는 대리납부를 하여야 한다.

2) 국내지점이 국외소재 본·지점으로부터 용역을 제공받고 그 대가를 지급하는 경우

해외에 본점을 두고 있는 국내지점이 국외소재 본·지점으로부터 용역을 제공받고 그 대가를 지급하는 경우에는 대리납부대상에 해당하지 아니한다.

3) 국제소송에 따른 용역을 공급받는 경우 대리납부 적용 여부

면세사업을 영위하는 내국법인이 자신의 사업과 연관된 국제소송과 관련하여 국내사업장이 없는 외국법무법인으로부터 법률자문용역을 공급받고 그 대가를 지급하는 경우 해당 내국법인은 「부가가치세법」 제52조(대리납부)에 따라 부가가치세를 징수하여 납부하여야 한다.[17]

4) 부가가치세가 면제되는 용역을 제공받은 경우

비거주자 또는 외국법인의 재화·시설물 또는 권리를 우리나라에서 사용하고 그 대가를 지급하는 자는 공급받은 해당 용역을 과세사업에 사용하는 경우를 제외하고는 대리납부를 하여야 하나, 부가가치세가 면제되는 용역을 제공받은 경우에는 대리납부의무가 없다.[18]

5) 국외사업자로부터 골프장 조성 용역을 면세사업에 제공받으면 대리납부 의무 있음

국내사업장이 없는 비거주자 또는 외국법인으로부터 골프장 조성을 위한 용역을 공급받는 경우로서 해당 용역의 매입이 토지의 조성 등을 위한 자본적 지출에 해당하는 경우에 용역을 공급받는 자는 대리납부의무가 있다.[19]

V 과세표준

1. 용역 등의 공급가액의 범위

대리납부 부가가치세액은 용역 등의 공급가액에 100분의 10을 곱하여 계산한다. 국내에 사업장이 없는 외국법인과 기술도입계약을 체결하여 동 법인소속의 기술자로부터 계약에 정하는 기술용역을 공급받고 기술자의 체재경비를 지급하는 경우에 해당 체재경비가 용역의 대가에 포함되는 때에는 그

17) 기획재정부 부가가치세제과-366, 2021.08.13
18) 부가집 52-95-4 ①
19) 부가집 52-95-4 ③

대가를 지급하는 때에 부가가치세를 징수하여 대리납부하여야 한다.[20]

2. 공급대가의 계산

용역 등의 공급대가는 다음과 같이 계산한다.[21]

<table>
<tr><th colspan="2">구분</th><th>공급대가의 계산</th></tr>
<tr><td colspan="2">거래당사자 간에 부가가치세액의 징수 및 부담에 대하여 별도의 계약이 있는 경우</td><td>해당 계약에 따름. 이 경우 계약 내용에 의하여 용역 등 대가에서 부가가치세를 차감하지 않을 경우에는 그 용역 등의 대가가 공급가액이 되므로 동 용역 등 대가의 10/100이 대리납부세액이 되며, 계약금액에서 부가가치세를 차감하고 지급하기로 한 경우에는 동 계약금액의 10/110이 대리납부하여야 함</td></tr>
<tr><td rowspan="2">거래당사자 간에 부가가치세액의 징수 및 부담에 대하여 별도의 계약이 없는 경우</td><td>대가의 전액을 지급하는 경우</td><td>용역 등 가액의 10/100에 상당하는 부가가치세액을 용역 등의 공급을 받는 자가 부담하며 대리납부하여야 함</td></tr>
<tr><td>대가에서 부가가치세액을 공제하여 지급하는 경우</td><td>용역 등의 대가에 부가가치세가 포함되어 있으므로 동용역 등 대가의 10/110을 대리납부하여야 함</td></tr>
</table>

3. 과세면세 겸영사업자의 경우(과세표준의 안분계산)

(1) 과세 또는 면세 공급가액이 모두 있는 경우

대리납부 규정을 적용함에 있어서 비거주자 또는 외국법인으로부터 공급받은 용역 등이 과세사업과 면세사업에 공통으로 사용되어 그 실지귀속을 구분할 수 없는 경우의 면세사업에 사용된 용역 등의 과세표준은 다음 산식에 의하여 계산한 금액으로 한다(부령 95 ②).

$$\text{해당 용역 등의 총공급가액} \times \frac{\text{대가의 지급일이 속하는 과세기간의 면세공급가액}}{\text{대가의 지급일이 속하는 과세기간의 총공급가액}}$$

(2) 과세 또는 면세 공급가액이 없는 경우

비거주자 등으로부터 용역을 공급받은 과세기간 중 과세사업과 면세사업의 공급가액이 모두 없거나 어느 하나의 공급가액이 없으면 그 과세기간에 있어서의 안분계산은 「부가가치세법 시행령」 제81조 제4항과 제82조를 준용하여 계산한다.

20) 간세1235-2520, 1978.08.18., 부가1265.2-2743, 1980.12.19., 부가1265-2116, 1984.10.08., 부기통 52-95-4
21) 부가집 52-95-5

4. 대가를 외화로 지급한 경우

대리납부 규정을 적용함에 있어서 대가를 외화로 지급하는 때에는 다음에 규정하는 금액을 그 대가로 한다(부령 95 ③).

① 원화로 외화를 매입하여 지급하는 경우에는 지급일 현재의 대고객외국환매도율에 의하여 계산한 금액

② 보유 중인 외화로 지급하는 경우에는 지급일 현재의 기준환율 또는 재정환율에 의하여 계산한 금액

VI 신고·납부

1. 신고·납부시기

대리납부 부가가치세의 신고납부시기는 용역대가를 실지지급하는 때가 속하는 예정(확정)신고 시점으로 한다.[22]

2. 수정신고·경정청구 가능 여부

(1) 수정신고

부가가치세 대리납부의 절차는 단순히 예정신고, 납부 및 확정신고, 납부 절차만을 준용하고 있으므로 대리납부의 불이행은 「국세기본법」제45조에서 규정하는 과세표준 수정신고 대상이 되지 아니한다.[23]

(2) 경정청구

부가가치세 대리납부 신고서는 과세표준 신고서로 볼 수 없으므로 경정청구 대상에 해당되지 않으나 납세의무자가 국세로서 납부한 금액 중 착오납부 또는 이중납부한 대리납부세액에 대하여는 환급청구할 수 있다는 해석 사례와 부가가치세 대리납부 신고서가 단순히 과세표준신고서가 아니라 하여 「국세기본법」제45조의2의 규정에 의한 경정청구 대상이 아니라고 본 것은 잘못이 있다고 판단한 심판례가 있다.[24]

---

22) 간세1235-333, 1978.02.01
23) 재무부 조세 22601-377, 1985.03.27., 부가 22601-32, 1990.01.09.
24) 서면3팀-787, 2006.04.28., 국심 2004서0146, 2004.05.31.

3. 대리납부세액의 납부와 과다납부에 따른 환급[25)]

(1) 납부

징수한 대리납부세액은 부가가치세대리납부신고서와 함께 사업장 또는 주소지 관할세무서장에게 납부하거나 「국세징수법」에 따른 납부서에 부가가치세대리납부신고서를 첨부하여 한국은행 또는 체신관서에 납부한다.

(2) 과다납부에 따른 환급

부가가치세 대리납부 시 과다하게 납부한 대리납부세액에 대하여 사업자가 「국세기본법」에 따른 환급청구나 경정청구를 한 경우 관할세무서장은 이를 확인하여 과다납부한 세액을 환급하여야 한다.

Ⅶ 대리납부 불성실가산세

대리납부의무대상이 되는 용역의 공급을 받은 자가 용역의 대가를 지급한 경우에는 지급한 날이 속하는 예정신고기한 또는 확정신고기한까지 부가가치세를 대리납부하지 아니하는 경우에는 그 납부세액에 납부하지 아니한 세액 또는 과소납부분 세액의 10%에 상당하는 금액을 한도로 하여 다음의 금액을 합한 금액을 가산세로 한다(국기법 47의 5).

① 미납세액 또는 과소납부세액 × 3%

② 미납세액 또는 과소납부세액 × 미납일수*1 × 이자율*2

*1 미납일수 : 납부기한의 다음 날부터 자진납부일 또는 납세고지일까지의 기간

*2 이자율 : 금융기관이 연체대출금에 대하여 적용하는 이자율 등을 고려하여 대통령령이 정하는 이자율로서 1일 10,000분의 2.2로 한다.

Ⅷ 사업양도의 경우 사업을 양수받은 자의 대리납부

사업의 양도(이에 해당하는지 여부가 분명하지 아니한 경우를 포함한다)에 따라 그 사업을 양수받는 자는 그 대가를 지급하는 때에 2019.1.1. 이후 양도분부터 그 대가를 받은 자로부터 부가가치세를 징수하여 그 대가를 지급하는 날이 속하는 달의 다음 달 25일까지 다음의 사항을 적은 부가가치세대리납부신고서와 함께 사업장 관할세무서장에게 납부할 수 있다(부령 95 ⑤).

25) 부가집 52-95-8

[별지 제37호서식]

부가가치세 대리납부신고서

※ 아래의 작성방법을 읽고 작성하시기 바랍니다.

접수번호	접수일	처리기간 즉시

1. 신고인 인적사항

① 상호(법인명)	② 사업자등록번호
③ 성명(대표자)	④ 사업장 소재지
⑤ 업태	⑥ 종목

2. 대리납부 신고 내용

용역 등 공급자		⑨ 대가지급 연월일	⑩ 공급 받은 금액	⑪ 부가 가치세	⑫ 가산세	⑬ 납부할 세 액
⑦ 성명(법인명)	⑧ 주소					

「부가가치세법 시행령」 제95조제1항에 따라 위와 같이 부가가치세 대리납부를 신고합니다.

년 월 일

신고인 (서명 또는 인)

세 무 서 장 귀하

첨부서류	없음	수수료 없 음

작 성 방 법

이 신고서는 아래의 작성방법에 따라 한글과 영문, 아라비아 숫자로 정확하게 적고, 거래금액은 원단위까지 표시합니다.

1. 사업자기본사항

① ~ ⑥: 대리납부신고서를 제출하는 사업자의 인적사항을 적습니다.

2. 대리납부 신고 내용

⑦: 용역 등 공급자의 성명 또는 법인명을 적습니다.

⑧: 용역 등 공급자의 정확한 주소를 적습니다.

⑨: 용역 등 대가 지급일(외화송금일)을 적습니다.

⑩: 용역 등 대가 지급액을 원화로 적습니다. 다만, 원화를 외화로 매입하여 지급하는 경우에는 지급일 현재의 대고객 외국환매도율에 의하여 계산한 금액으로 하고, 보유 중인 외화로 지급하는 경우에는 지급일 현재의 기준환율 또는 재정환율에 의하여 계산한 금액으로 적습니다.

⑪: 대리납부하는 부가가치세액을 적습니다.

⑫: 「국세기본법」 제47조의5에 따른 가산세가 적용되는 경우 가산세를 적습니다.

⑬: 대리납부하는 부가가치세액과 가산세를 더한 금액을 적습니다.

210㎜×297㎜[백상지 80g/㎡(재활용품)]

[별지 제37호의2서식] (2014. 3. 14. 신설)

부가가치세 대리납부신고서(사업양수자용)

※ 아래의 작성방법을 읽고 작성하시기 바랍니다.

접수번호	접수일	처리기간 즉시

1. 사업양수자 인적사항

① 상호(법인명)	② 사업자등록번호
③ 성명(대표자)	④ 사업장 소재지
⑤ 업태	⑥ 종목

2. 사업양도자 인적사항

⑦ 상호(법인명)	⑧ 사업자등록번호
⑨ 성명(대표자)	⑩ 사업장 소재지
⑪ 업태	⑫ 종목

3. 대리납부 신고 내용

⑬ 공급일	⑭ 공급가액	⑮ 부가가치세액

「부가가치세법 시행령」 제95조제5항에 따라 위와 같이 부가가치세 대리납부를 신고합니다.

년 월 일

신고인 (서명 또는 인)

세 무 서 장 귀하

첨부서류	없음	수수료 없 음

작 성 방 법

이 신고서는 아래의 작성방법에 따라 한글과 아라비아 숫자로 정확하게 적고, 거래금액은 원단위까지 표시합니다.

1. 사업양수자 인적사항

① ~ ⑥: 대리납부신고서를 제출하는 사업자의 인적사항을 적습니다.

2. 사업양도자 인적사항

⑦ ~ ⑫: 사업의 양도에 따른 대가를 받은 사업자의 인적사항을 적습니다.

3. 대리납부 신고 내용

⑬: 사업의 양수에 따른 대가의 지급일을 적습니다.

⑭: 사업의 양수에 따른 대가의 가액을 적습니다.

⑮: 대리납부하는 부가가치세액을 적습니다.

210㎜×297㎜[백상지 80g/㎡(재활용품)]

제7절 신탁 관련 물적납세의무 등에 대한 납부 특례

I 개요

1. 신탁계약의 성격

「신탁법」 제1조 제2항은 '신탁이라 함은 위탁자가 특정의 재산권을 수탁자에게 이전하거나 기타의 처분을 하고 수탁자로 하여 수익자의 이익을 위하여 또는 특정의 목적을 위하여 그 재산권을 관리, 처분하게 하는 법률관계를 말한다'라고 규정하고, 제21조 제1항은 '신탁재산에 대하여는 강제집행 또는 경매를 할 수 없다. 단, 신탁 전의 원인으로 발생한 권리 또는 신탁사무의 처리상 발생한 권리에 기한 경우에는 예외로 한다'라고 규정하고 있다. 「신탁법」 제1조 제2항의 취지에 의하면 「신탁법」에 의한 신탁재산은 대내외적으로 소유권이 수탁자에게 완전히 귀속되고 위탁자와의 내부관계에서 그 소유권이 위탁자에게 유보되어 있는 것이 아니다.[26]

2. 도입 취지

「국세징수법」에 의하면 납세자의 재산만을 압류하도록 규정되어 있어(제24조 제1항, 제53조 제1항 제2호, 제3호), 과세관청이 납세자에 대한 체납처분으로서 제3자의 소유 물건을 압류하고 공매하더라도 그 처분으로 인하여 제3자가 그 물건에 대한 소유권을 상실하는 것은 아니므로, 체납자가 아닌 제3자의 소유 물건을 대상으로 한 압류처분은 그 하자가 객관적으로 명백한 것인지의 여부와는 관계없이 그 처분의 내용이 법률상 실현될 수 없는 것이어서 당연무효라고 판단한다.[27] 따라서 과세관청이 위탁자가 부가가치세를 체납했다는 이유로 체납자의 재산을 수탁받은 수탁자 소유의 신탁재산을 압류할 수 없는 바, 조세채무 면탈을 목적으로 한 신탁행위를 통하여 신탁재산 관련 조세채권이 일실되는 것을 방지하기 위하여 위탁자가 부가가치세 등을 체납하고 위탁자의 다른 재산으로 체납처분을 할 수 없는 경우 수탁자로 하여금 위탁자의 신탁재산으로 위탁자의 체납부가가치세 등을 납부할 의무를 신설하였다.

II 물적납세의무의 통지

1. 수탁자의 관할세무서장

부가가치세를 납부하여야 하는 수탁자의 관할세무서장은 제3조의 2 제1항에 따른 제2차 납세의무

---

26) 대법원2010두4612, 2012.04.12

27) 대법원92누12117, 1993.04.27

자로부터 수탁자의 부가가치세 등을 징수하려면 다음의 사항을 적은 납부고지서를 제2차 납세의무자에게 발급하여야 한다. 이 경우 수탁자의 관할세무서장은 제2차 납세의무자의 관할세무서장과 수탁자에게 그 사실을 통지하여야 한다(부법 52의 2 ①).

① 징수하려는 부가가치세 등의 과세기간, 세액 및 그 산출근거
② 납부하여야 할 기한 및 납부장소
③ 제2차 납세의무자로부터 징수할 금액 및 그 산출근거
④ 그 밖에 부가가치세 등의 징수를 위하여 필요한 사항

2. 위탁자의 관할세무서장

부가가치세를 납부하여야 하는 위탁자의 관할세무서장은 수탁자로부터 위탁자의 부가가치세 등을 징수하려면 다음의 사항을 적은 납부고지서를 수탁자에게 발급하여야 한다. 이 경우 수탁자의 관할세무서장과 위탁자에게 그 사실을 통지하여야 한다(부법 52의 2 ②). 이 경우 납세의무자인 위탁자의 관할세무서장은 최초의 수탁자에 대한 신탁설정일을 기준으로 그 신탁재산에 대한 현재 수탁자에게 위탁자의 부가가치세 등을 징수할 수 있다(부법 52의 2 ⑤).

① 부가가치세 등의 과세기간, 세액 및 그 산출근거
② 납부하여야 할 기한 및 납부장소
③ 그 밖에 부가가치세 등의 징수를 위하여 필요한 사항

Ⅲ 고지의 효력

1. 고지 후 권리변동에 대한 효력

고지가 있은 후 납세의무자인 위탁자가 신탁의 이익을 받을 권리를 포기 또는 이전하거나 신탁재산을 양도하는 등의 경우에도 고지된 부분에 대한 납세의무에는 영향을 미치지 아니한다(부법 52의 2 ③).

2. 수탁자 변경 시 효력

신탁재산의 수탁자가 변경되는 경우에 새로운 수탁자는 이전의 수탁자에게 고지된 납세의무를 승계한다(부법 52의 2 ④).

3. 체납처분 시 수탁자의 우선변제권

신탁재산에 대하여 「국세징수법」에 따라 강제징수를 하는 경우 「국세기본법」상 국세우선원칙에도

불구하고 수탁자는 「신탁법」에 따른 신탁재산의 보존 및 개량을 위하여 지출한 필요비 또는 유익비의 우선변제를 받을 권리가 있다(부법 52의 2 ⑥).

Ⅳ 징수기준일

납세의무자의 관할세무서장은 최초의 수탁자에 대한 신탁설정일을 기준으로 그 신탁재산에 대한 현재 수탁자에게 납세의무자의 부가가치세 등을 징수할 수 있다(부법 52의 2 ④).

제8절 국외사업자의 용역 등 공급에 관한 특례

국외사업자가 사업자등록의 대상으로서 다음의 어느 하나에 해당하는 자(이하 "위탁매매인 등"이라 한다)를 통하여 국내에서 용역 등을 공급하는 경우에는 해당 위탁매매인 등이 해당 용역 등을 공급한 것으로 본다. 이 경우 국외사업자로부터 권리를 공급받는 경우에는 공급받는 자의 국내에 있는 사업장의 소재지 또는 주소지를 해당 권리가 공급되는 장소로 본다(부법 53 ①,②).

① 위탁매매인

② 준위탁매매인

③ 대리인

④ 중개인(구매자로부터 거래대금을 수취하여 판매자에게 지급하는 경우에 한정한다)

제9절 전자적 용역을 공급하는 국외사업자의 용역 공급과 사업자등록 등에 관한 특례

Ⅰ 도입 취지

전자적 용역에 대하여 국내개발자와 해외개발자 간 과세형평을 높이고자 국내소비자가 해외오픈마켓 등에서 구매하는 게임·음성·동영상 파일 또는 소프트웨어 등 전자적 용역에 대해서는 해외오픈마켓 사업자가 간편하게 사업자등록을 하여 부가가치세를 2015.7.1.부터 납부할 수 있도록 하는 제도를 신설하였다.

Ⅱ 적용대상

1. 원칙

(1) 국내소비자에게 전자적 용역을 직접 공급하는 비거주자 또는 외국법인

국외사업자가 정보통신망(「정보통신망 이용촉진 및 정보보호 등에 관한 법률」 제2조 제1항 제1호에 따른 정보통신망을 말한다)을 통하여 이동통신단말장치 또는 컴퓨터 등으로 공급하는 용역으로서 다음의 어느 하나에 해당하는 용역(이하 "전자적 용역"이라 한다)을 국내에 제공하는 경우[「소득세법」 또는 「법인세법」에 따라 사업자등록을 한 자(이하 "등록사업자"라 한다)의 과세사업 또는 면세사업에 대하여 용역을 공급하는 경우는 제외한다]에는 사업의 개시일부터 20일 이내에 대통령령으로 정하는 간편한 방법으로 사업자등록(이하 "간편사업자등록"이라 한다)을 하여야 한다(부법 53의 2 ①, 부령 96의 2 ①,②).

① 게임·음성·동영상 파일 또는 소프트웨어 등 이동통신단말장치 또는 컴퓨터 등에 저장되어 구동되거나, 저장되지 아니하고 실시간으로 사용할 수 있는 것으로서 다음의 어느 하나에 해당하는 것
 ㉠ 게임·음성·동영상 파일, 전자 문서 또는 소프트웨어와 같은 저작물 등으로서 광(光) 또는 전자적 방식으로 처리하여 부호·문자·음성·음향 및 영상 등의 형태로 제작 또는 가공된 것
 ㉡ ㉠에 따른 전자적 용역을 개선시키는 것
② 광고를 게재하는 용역
③ 「클라우드컴퓨팅 발전 및 이용자 보호에 관한 법률」 제2조 제3호에 따른 클라우드컴퓨팅서비스
④ 재화 또는 용역을 중개하는 용역으로서 다음의 어느 하나에 해당하는 것. 다만, 재화 또는 용역의 공급에 대한 대가에 중개 용역의 대가가 포함되어 납세의무자가 부가가치세를 신고하고 납부하는 경우는 제외한다.
 ㉠ 국내에서 물품 또는 장소 등을 대여하거나 사용·소비할 수 있도록 중개하는 것
 ㉡ 국내에서 재화 또는 용역을 공급하거나 공급받을 수 있도록 중개하는 것
⑤ 그 밖에 ①부터 ④까지와 유사한 용역으로서 대통령령으로 정하는 용역

(2) 국내소비자에게 전자적 용역을 오픈마켓을 통하여 공급하는 비거주자 또는 외국법인

국외사업자가 다음의 어느 하나에 해당하는 제3자(대리납부대상에 해당하는 비거주자 또는 외국법인을 포함)를 통하여 국내에 전자적 용역을 공급하는 경우(등록사업자의 과세사업 또는 면세사업에 대하여 용역을 공급하는 경우나 국외사업자의 용역 등 공급 특례가 적용되는 경우는 제외)에는 그 제3자가 해당 전자적 용역을 공급한 것으로 보며, 그 제3자는 사업의 개시일부터 20일

이내에 간편사업자등록을 하여야 한다(부법 53의 2 ②).

① 정보통신망 등을 이용하여 전자적 용역의 거래가 가능하도록 오픈마켓이나 그와 유사한 것을 운영하고 관련 서비스를 제공하는 자

② 전자적 용역의 거래에서 중개에 관한 행위 등을 하는 자로서 구매자로부터 거래대금을 수취하여 판매자에게 지급하는 자

③ 그 밖에 ① 및 ②와 유사하게 전자적 용역의 거래에 관여하는 자로서 대통령령으로 정하는 자

(3) 외국법인이 국외앱개발자와 국내사업자 간 앱 공급을 중개하는 경우

정보통신망 등을 이용하여 전자적 용역의 거래가 가능하도록 오픈마켓이나 그와 유사한 것을 운영하면서 관련 서비스를 제공하는 자(이하 "국외오픈마켓")를 통하여 국외앱개발자가 국내에 전자적 용역을 공급하는 경우에는 국외오픈마켓이 해당 전자적 용역을 국내에서 공급하는 것으로 보아 간편사업자등록 후 부가가치세 신고 · 납부를 하여야 한다.[28]

III 사업자등록

1. 간편사업자등록

간편사업자등록을 하려는 사업자는 국세정보통신망에 접속하여 다음의 사항을 입력하는 방식으로 국세청장에게 간편사업자등록을 하여야 한다(부령 96의 2 ③, 부칙 66의 2).

① 사업자 및 대표자의 이름과 전화번호, 우편주소, 이메일 주소 및 웹사이트 주소 등의 연락처. 이 경우 법인인 사업자가 법인이름과 다른 이름으로 거래하는 경우 거래이름을 포함한다.

② 등록국가·주소 및 등록번호 등 용역을 제공하는 사업장이 소재하는 국외사업자등록 관련 정보

③ 제공하는 전자적 용역의 종류, 국내에 전자적 용역을 공급하는 사업개시일 및 그 밖에 간편사업자등록을 위하여 필요한 사항으로서 다음에 해당하는 것

㉠ 납세관리인이 있는 경우 납세관리인의 성명, 주민등록번호 또는 사업자등록번호, 주소 또는 거소 및 전화번호

㉡ 부가가치세 환급금을 지급받기 위하여 금융회사 또는 체신관서에 계좌를 개설한 경우 그 계좌번호

2. 통지

국세청장은 간편사업자등록을 한 자에 대하여 간편사업자등록번호를 부여하고, 사업자(납세관리인

28) 서면-2020-법령해석부가-4374 [법령해석과-171], 2021.01.18

이 있는 경우 납세관리인을 포함한다)에게 통지(정보통신망을 이용한 통지를 포함한다)하여야 한다(부령 96의 2 ④).

Ⅳ 공급시기·과세표준·납세지

1. 공급시기

국내로 공급되는 전자적 용역의 공급시기는 다음의 시기 중 빠른 때로 한다(부령 96의 2 ⑪).

① 구매자가 공급하는 자로부터 전자적 용역을 제공받은 때

② 구매자가 전자적 용역을 구매하기 위하여 대금의 결제를 완료한 때

2. 과세표준

간편사업자등록자가 국내에 공급한 전자적 용역의 대가를 외국통화나 그 밖의 외국환으로 받은 경우에는 과세기간 종료일(예정신고 및 납부에 대해서는 예정신고기간 종료일을 말한다)의 기준환율을 적용하여 환가한 금액을 과세표준으로 할 수 있다. 이 경우 국세청장은 정보통신망을 이용하여 통지하거나 국세정보통신망에 고시하는 방법 등으로 사업자(납세관리인이 있는 경우 납세관리인을 포함한다)에게 기준환율을 알려야 한다(부령 96의2 ⑦).

3. 납세지

「부가가치세법」 제53조의2제10항에 따라 간편사업자등록을 한 사업자의 납세지는 사업자의 신고·납부의 효율과 편의를 고려하여 국세청장이 지정한다(부령 96의2 ⑫).

4. 매입세액 공제

간편사업자등록을 한 자는 해당 전자적 용역의 공급과 관련하여 「부가가치세법」 제38조 및 제39조에 따라 공제되는 매입세액 외에는 매출세액 또는 납부세액에서 공제하지 아니한다(부법 53의2 ⑤).

Ⅴ 신고·납부

1. 신고

「부가가치세법」 제53조의2에 따라 부가가치세를 신고하려는 사업자는 국세정보통신망에 접속하여

다음의 사항을 입력하는 방식으로 부가가치세 예정 및 확정신고를 하여야 한다(부령 96의2 ⑤).

① 사업자이름 및 간편사업자등록번호

② 신고기간 동안 국내에 공급한 전자적 용역의 총 공급가액, 공제받을 매입세액 및 납부할 세액

③ 그 밖에 필요한 사항으로서 기획재정부령으로 정하는 것

2. 납부

「부가가치세법」 제53조의2제4항에 따른 납부는 국세청장이 정하는 바에 따라 외국환은행의 계좌에 납입하는 방식으로 한다(부령 96의2 ⑥).

Ⅵ 외화환산 특례

간편사업자등록자가 국내에 공급한 전자적 용역의 대가를 외국통화나 그 밖의 외국환으로 받은 경우에는 과세기간 종료일(예정신고 및 납부에 대해서는 예정신고기간 종료일을 말한다)의 기준환율을 적용하여 환가한 금액을 과세표준으로 할 수 있다. 이 경우 국세청장은 정보통신망을 이용하여 통지하거나 국세정보통신망에 고시하는 방법 등으로 사업자(납세관리인이 있는 경우 납세관리인을 포함한다)에게 기준환율을 알려야 한다(부령 96의 2 ⑥).

Ⅶ 거래명세서 보관과 제출 의무

1. 자료보관의무

간편사업자등록을 한 자는 전자적 용역의 공급에 대한 거래명세(등록사업자의 과세사업 또는 면세사업에 대하여 용역을 공급하는 경우의 거래명세를 포함한다)를 그 거래사실이 속하는 과세기간에 대한 확정신고기한이 지난 후 5년간 보관하여야 한다. 이 경우 간편사업자등록자가 보관해야 할 전자적 용역의 공급에 대한 거래명세는 다음의 것으로 한다. 이 경우 거래명세는 정보처리장치, 전산테이프 또는 디스켓 등의 전자적 형태로 보관할 수 있다(부법 53의 2 ⑥, 부령 96의 2 ⑧).

① 공급한 전자적 용역의 종류

② 공급가액과 부가가치세액

③ 공급한 시기

④ 공급받는 자의 성명·상호, 공급받는 자가 사업자인 경우 등록번호

⑤ 그 밖에 기획재정부령으로 정하는 사항

2. 자료제출

국세청장은 부가가치세 신고의 적정성을 확인하기 위하여 간편사업자등록을 한 자에게 기획재정부령으로 정하는 전자적 용역 거래명세서를 제출할 것을 요구할 수 있다. 그리고 간편사업자등록을 한 자는 요구를 받은 날부터 60일 이내에 전자적 용역 거래명세서를 국세청장에게 제출하여야 한다(부법 53의 2 ⑦,⑧).

3. 등록말소

국세청장은 간편사업자등록을 한 자가 국내에서 폐업한 경우 간편사업자등록을 말소할 수 있다. 이 경우 사실상 폐업한 경우로서 다음에서 정하는 경우를 포함한다(부법 53의 2 ⑨, 부령 96의 2 ⑩).

① 간편사업자등록자가 부도발생, 고액체납 등으로 도산하여 소재 불명인 경우

② 간편사업자등록자가 사업의 영위에 필요한 인허가 등이 취소되는 등의 사유로 대한민국 또는 제3항제2호에 따른 등록국가에서 사업을 수행할 수 없는 경우

③ 간편사업자등록자가 전자적 용역을 공급하기 위한 인터넷 홈페이지[이동통신단말장치에서 사용되는 애플리케이션(Application), 그 밖에 이와 비슷한 응용프로그램을 통하여 가상의 공간에 개설한 장소를 포함한다]를 폐쇄한 경우

④ 간편사업자등록자가 정당한 사유 없이 계속하여 둘 이상의 과세기간에 걸쳐 부가가치세를 신고하지 않은 경우

⑤ 그 밖에 ①부터 ④까지의 경우와 유사한 경우로서 국세청장이 간편사업자등록자가 사실상 폐업상태에 있다고 인정하는 경우

4. 가산세 부과

전자적 용역을 공급하는 자가 부가가치세를 납부하는 경우, 부가가치세 무신고가산세, 납부지연가산세를 2021.1.1.부터 적용한다.

제10절 운송사업용 자동차에 대한 부가가치세의 환급에 관한 특례

1. 개요

다음에 해당하는 세무서장(이하 "관할 세무서장"이라 한다)은 「여객자동차 운수사업법」에 따른 여객자동차운송사업자로서 대통령령으로 정하는 사업자(「부가가치세법」 제61조 제1항에 따른 간이과세자로 한정하며, 이하 "운송사업간이과세자")가 해당 운송사업용으로 2025년 1월 1일부터 2027년 12월 31일까지 구입하는 자동차에 대하여 부담한 부가가치세액을 해당 운송사업간이과세자에게 환급할 수 있다(조특법 105의3 ①). 다만, 운송사업간이과세자가 일반과세자로 변경되는 경우에는 환급을 받은 자동차에 대하여 「부가가치세법」 제38조(매입세액공제) 및 제44조(재고매입세액공제)를 적용하지 아니한다.

① 환급대행자를 통하여 환급을 신청하는 경우에는 환급대행자의 사업장 관할 세무서장

② ① 외의 경우에는 운송사업간이과세자의 사업장 관할 세무서장

2. 절차

(1) 자동차를 공급하는 사업자의 세금계산서 발급

자동차를 공급하는 사업자는 그 자동차를 구입하는 운송사업간이과세자가 세금계산서의 발급을 요구하면 「부가가치세법」 제36조에도 불구하고 세금계산서를 발급하여야 한다(조특법 105의3 ②).

(2) 운송사업간이과세자의 환급신청

환급을 받으려는 운송사업간이과세자는 사업장 관할 세무서장에게 직접 환급을 신청하거나 자동차를 제작 · 조립 또는 수입하는 자(이들로부터 자동차의 판매위탁을 받은 자를 포함한다) 및 그 밖에 대통령령으로 정하는 자(이하 "환급대행자"라 한다)를 통하여 환급을 신청할 수 있다(조특법 105의3 ③).

3. 사후관리

(1) 환급대행자의 통보

환급대행자는 환급을 신청한 자가 다음의 어느 하나에 해당하는 경우에는 관할 세무서장에게 이를 알려야 한다(조특법 105의3 ④).

① 운송사업간이과세자가 아닌 것으로 판단되는 경우

② 거짓이나 그 밖의 부정한 방법으로 환급을 신청한 것으로 판단되는 경우

(2) 추징

관할 세무서장은 부가가치세액을 환급받은 운송사업간이과세자가 다음의 어느 하나에 해당하는 경우 또는 운송사업간이과세자에 해당하지 아니하는 자가 부가가치세액을 환급받은 경우에는 그 환급받은 부가가치세액과 이자상당액을 부가가치세로 추징한다(조특법 105의3 ⑤).

① 부가가치세액을 환급받은 자동차를 본래의 용도에 사용하지 아니하거나 운송사업간이과세자 외의 자에게 양도한 경우. 다만, 「여객자동차 운수사업법」 제84조에 따른 연한을 넘은 자동차를 양도한 경우 및 그 밖에 대통령령으로 정하는 경우는 제외한다.

② 다음의 어느 하나에 해당하는 세금계산서에 따라 부가가치세를 환급받은 경우

㉠ 재화의 공급 없이 발급된 세금계산서

㉡ 재화를 공급한 사업장 외의 사업장 명의로 발급된 세금계산서

㉢ 재화의 공급 시기가 속하는 과세기간에 대한 확정신고 기한 후에 발급된 세금계산서

㉣ 정당하게 발급된 세금계산서를 해당 운송사업간이과세자가 임의로 수정한 세금계산서

㉤ 그 밖에 사실과 다르게 적힌 세금계산서로서 대통령령으로 정하는 세금계산서

(3) 환급배제

운송사업간이과세자가 부가가치세를 추징당한 경우에는 추징세액의 고지일부터 5년간 환급을 받을 수 없다(조특법 105의3 ⑥).

제11절 신용카드 등 결제금액에 대한 부가가치세 대리납부 등[29)]

I 총설

1. 개요

2019.1.1.부터 유흥 · 단란주점업을 영위하는 사업자(간이과세자 제외)에 대하여 신용카드사를 통한 부가가치세 대리납부제도가 시행되었다. 유흥 · 단란주점업에서 소비자가 신용카드(직불·선불카드 포함)로 결제하는 경우 신용카드사가 신용카드결제금액의 6/110에 해당하는 금액을 원천징수하여 사업자 대신 납부하게 되며, 주점사업자는 부가가치세 신고 시 신용카드사가 납부한 세액을 이미 납부한 세액으로 보아 공제하여 정산하며, 신용카드사가 대리납부한 세액의 1%를 추가로 세액공제할 수 있다. 현행 「조세특례제한법」에서는 신용카드업자는 부가가치세 체납률 등을 고려하여 특례사업자가 부가가치세가 과세되는 재화 또는 용역을 공급(신용카드·직불카드 또는 선불카드를 사용한 거

29) 신용카드사를 통한 부가가치세 대리납부제도 시행, 2018.12.26., 국세청 보도 참고자료

래로 한정)하고 그 신용카드업자로부터 공급대가를 받는 경우에는 해당 공급대가를 특례사업자에게 지급하는 때에 공급대가의 110분의 4에 해당하는 금액을 부가가치세로 징수하여 매 분기가 끝나는 날의 다음 달 25일까지 대리납부신고서와 함께 신용카드업자의 관할세무서장에게 납부하여야 한다(조특법 106의 10 ①).

2. 도입 배경

B2C(Business to Customer)거래에서 부가가치세 체납 발생을 사전에 차단하기 위해신용카드사가 결제금액의 일정부분을 원천징수하여 사업자 대신 납부하는 제도를 시행하게 되었다.

3. 제도 시행 후 거래주체별 변화 내용

(1) 소비자

신용카드 이용, 카드대금 납부 등은 기존 방식과 아무런 차이가 없다.

(2) 사업자

판매대금 중 부가가치세 상당액(4/110)을 차감한 금액만 입금되고, 부가가치세 신고 시 신용카드사가 납부한 세액을 이미 납부한 세액으로 보아 공제하여 정산하며, 신용카드사가 대리납부한 세액의 1%를 추가로 세액공제할 수 있다.

(3) 신용카드사

원천징수한 부가가치세를 분기별로 신고 · 납부하여야 한다.

4. 특례사업자

특례사업자란 부가가치세가 과세되는 재화와 용역을 공급하는 사업자로서 다음의 업종을 영위하는 사업자를 말한다. 다만, 간이과세자는 제외한다(조특령 106의 14 ②).

① 일반유흥 주점업(「식품위생법 시행령」 제21조 제8호 다목에 따른 단란주점영업을 포함한다)

② 무도유흥 주점업

II 대리납부 절차

1. 개요

신용카드업자가 납부한 부가가치세액은 특례사업자가 부가가치세 예정신고·확정신고 시 이미 납부한 세액으로 본다(조특법 106의 10 ②).

부가가치세 대리납부제도 흐름도

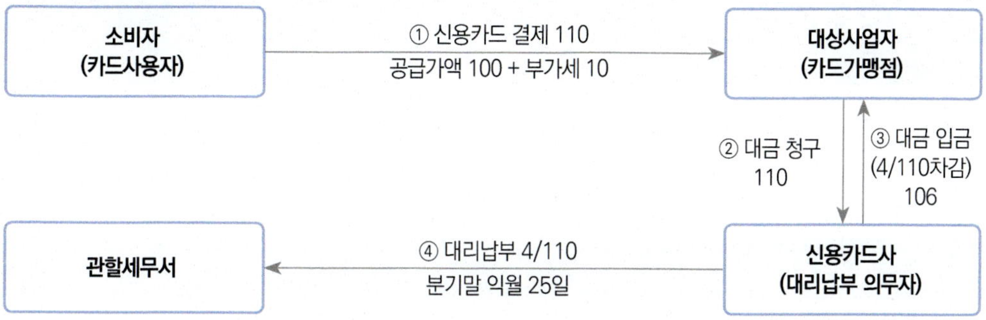

〈 신용카드사를 통한 부가가치세 대리납부제도 흐름에 대한 설명 〉

① 대리납부대상 사업자가 부가가치세 과세대상 재화 또는 용역을 공급하고 소비자가 공급가액 100만원 및 부가가치세 10만원을 신용카드로 결제

② 대리납부대상 사업자는 신용카드사에게 110만원 대금 청구

③ 신용카드사는 신용카드결제금액(110만원)의 4/110에 해당하는 4만원을 부가가치세로 징수하고, 나머지 106만원을 대리납부대상 사업자에게 입금

④ 신용카드사는 징수한 부가가치세 4만원을 매 분기가 끝나는 날의 다음 달 25일까지 관할세무서장에게 납부

2. 대리납부세액 징수

특례사업자에 대하여 부가가치세를 결정하여 징수하는 경우에는 그 결정세액에서 해당 예정신고기간 또는 예정부과기간 종료일 현재 신용카드업자가 신용카드업자의 관할세무서장에게 납부할 부가가치세를 뺀 금액을 각각 징수한다. 다만, 그 산정한 세액이 음수인 경우에는 영으로 본다(조특법 106의 10 ③).

3. 이자 상당액 공제

특례사업자는 신용카드업자가 납부한 부가가치세액에서 100분의 1을 곱한 금액을 부가가치세 신고 시 납부세액에서 공제할 수 있다. 이 경우 해당 공제금액을 차감한 후 납부할 세액[30]이 음수인 경우에는 영으로 본다(조특법 106의 10 ④).

30) 「부가가치세법」 제37조 제2항에 따른 납부세액에서 이 법, 「부가가치세법」 및 「국세기본법」에 따라 빼거나 더할 세액(「부가가치세법」 제60조 및 「국세기본법」 제47조의 2부터 제47조의 4까지의 규정에 따른 가산세는 제외한다)을 빼거나 더하여 계산한 세액을 말한다.

CHAPTER 02
제출서류 등

제1절 세금계산서합계표의 제출

I 개요

부가가치세 운용의 근간이 되는 세금계산서는 2매를 작성하여 1매는 공급자가 보관하고 1매는 공급받는 자에게 발급함으로써 거래내역의 상호검증(cross-check)을 보장하고 있는 바, 국세청에서는 양쪽의 세금계산서를 대조하여 상호검증을 완료하게 된다. 그러나 실무상 국세청에 자동전송되는 전자세금계산서 이외에 종이세금계산서는 부가가치세 신고 시 제출하지 않으므로 상호검증을 위하여 세금계산서를 수수한 사업자들은 예정신고 또는 확정신고 시 매출·매입처별세금계산서합계표를 제출하도록 하고 있다. 또한 상호검증기능과 근거과세기능을 강화하기 위하여 세금계산서를 발급받은 국가·지방자치단체 등 부가가치세 납세의무가 없는 자도 매입처별세금계산서합계표를 제출하도록 하고 있다.

II 세금계산서합계표의 제출의무자

1. 사업자

(1) 개요

사업자는 세금계산서 또는 수입세금계산서를 발급하였거나 발급받은 경우에는 다음의 사항을 적은 매출처별세금계산서합계표와 매입처별세금계산서합계표(이하 “매출·매입처별세금계산서합계표”라 한다)를 해당 예정신고 또는 확정신고를 할 때 함께 제출하여야 한다(부법 54 ①).

(2) 예정신고 시 합계표를 제출하지 못한 경우

예정신고를 하는 사업자가 각 예정신고와 함께 매출·매입처별세금계산서합계표를 제출하지 못하는 경우에는 해당 예정신고기간이 속하는 과세기간의 확정신고를 할 때 함께 제출할 수 있다(부법 54 ③).

(3) 전자세금계산서 발급명세를 전송한 경우

전자세금계산서를 발급하거나 발급받고 전자세금계산서 발급명세를 해당 재화 또는 용역의 공급시기가 속하는 과세기간(예정신고의 경우에는 예정신고기간) 마지막 날의 다음 달 11일까지 국세청장에게 전송한 경우에는 위 규정에도 불구하고 해당 예정신고 또는 확정신고 시 매출·매입처별 세금계산서합계표를 제출하지 아니할 수 있다(부법 54 ②). 이 경우 매출처별세금계산서합계표가 산세는 적용되지 아니하는 것이나, 신고서 금액과 합계표 금액이 서로 달라 전산오류가 발생되어 사업자가 해명해야 하는 불편함이 발생하므로, 전자세금계산서를 발급하여 전송한 분도 매출처별세금계산서합계표 전자세금계산서 발급분으로 기재하여 제출하여야 한다.[31)]

(4) 조기환급 시 제출한 경우

조기환급을 신고할 때에는 영세율 등 조기환급신고서에 해당 과세표준에 서류와 매출·매입처별 세금계산서합계표를 첨부하여 제출하여야 한다(부령 107 ⑤).

2. 세관장

수입세금계산서를 발급한 세관장은 사업자를 준용하여 매출처별세금계산서합계표를 해당 세관 소재지를 관할하는 세무서장에게 제출하여야 한다(부법 54 ④).

3. 국가 등

세금계산서를 발급받은 국가, 지방자치단체, 지방자치단체조합, 그 밖에 대통령령으로 정하는 자는 매입처별세금계산서합계표를 해당 과세기간이 끝난 후 25일 이내에 납세지 관할세무서장에게 제출하여야 한다(부법 54 ⑤, 부령 99).

① 부가가치세가 면제되는 사업자 중 소득세 또는 법인세의 납세의무가 있는 자
② 「민법」 제32조의 규정에 의하여 설립된 법인
③ 「특별법」에 의하여 설립된 법인 등
④ 각급학교 기성회, 후원회 또는 이와 유사한 단체
⑤ 「법인세법」 제94조의2에 따른 외국법인의 연락사무소

4. 「조달사업에 관한 법률」에 따라 물자가 공급되는 경우 세금계산서를 발급하여야 하는 자

「조달사업에 관한 법률」에 따라 물자가 공급되는 경우 세금계산서를 발급하여야 하는 자는 매출·매입처별세금계산서합계표를 매출·매입처별세금계산서합계표 제출과 관련된 규정을 준용하여 납세지

31) 부가가치세과-1058, 2010.08.13

관할세무서장에게 제출할 수 있다(부칙 67 ①, 부령 69 ⑥).

5. 감정평가업자·신문발행업자·정기간행물발행업자·뉴스통신사업을 경영하는 법인

법원의 의뢰를 받아 용역을 제공하는 「감정평가 및 감정평가사에 관한 법률」에 따른 감정평가업자 또는 「신문 등의 진흥에 관한 법률」에 따른 신문발행업자 및 「잡지 등 정기간행물의 진흥에 관한 법률」에 따른 정기간행물발행업자 또는 「뉴스통신 진흥에 관한 법률」에 따른 뉴스통신사업을 경영하는 법인은 매출·매입처별 세금계산서합계표를 매출·매입처별세금계산서합계표 제출과 관련된 규정을 준용하여 납세지 관할세무서장에게 제출할 수 있다(부칙 67 ①, 부령 69 ⑩).

6. 위·수탁매매하는 경우 수탁자 또는 대리인

다음에 따라 실제로 재화를 공급하거나 공급받는 자를 위하여 세금계산서를 발급받고 발급한 자는 매출·매입처별세금계산서합계표를 납세지 관할세무서장에게 제출하여야 한다(부칙 67 ②, 부령 69 ⑭,⑮).

① 「전기사업법」에 따른 전기사업자가 전력을 공급하는 경우로서 전력을 공급받는 명의자와 전력을 실제로 소비하는 자가 서로 다른 경우에 그 전기사업자가 전력을 공급받는 명의자를 공급받는 자로 하여 세금계산서를 발급하고 그 명의자는 발급받은 세금계산서에 적힌 공급가액의 범위에서 전력을 실제로 소비하는 자를 공급받는 자로 하여 세금계산서를 발급하였을 때(세금계산서의 발급이 면제되는 경우로서 기획재정부령으로 정하는 경우에 그 세금계산서를 발급하였을 때를 포함한다)에는 그 전기사업자가 전력을 실제로 소비하는 자를 공급받는 자로 하여 세금계산서를 발급한 것으로 본다.

② 동업자가 조직한 조합 또는 이와 유사한 단체가 그 조합원이나 그 밖의 구성원을 위하여 재화 또는 용역을 공급하거나 공급받는 경우와 「국가를 당사자로 하는 계약에 관한 법률」에 따른 공동도급계약에 의하여 용역을 공급하고 그 공동수급체의 대표자가 그 대가를 지급받는 경우 및 「도시가스사업법」에 따른 도시가스사업자가 도시가스를 공급할 때 도시가스를 공급받는 명의자와 도시가스를 실제로 소비하는 자가 서로 다른 경우에 관하여는 ①을 준용한다.

Ⅲ 세금계산서합계표의 기재사항

매출처별세금계산서합계표와 매입처별세금계산서합계표에는 다음의 내용을 기재하여야 한다(부법 54 ①).

① 공급하는 사업자 및 공급받는 사업자의 등록번호와 성명 또는 명칭

② 거래기간

③ 작성일자

④ 거래기간 동안의 공급가액의 합계액 및 세액의 합계액

⑤ ①부터 ④까지의 사항 외에 대통령령으로 정하는 사항

Ⅳ 세금계산서합계표의 제출방법

사업자가 국세청장이 정하는 바에 따라 매출·매입처별세금계산서합계표의 기재사항을 모두 적은 것으로서 전자계산조직을 이용하여 처리된 테이프 또는 디스켓을 제출하는 경우에는 법 제54조에 따른 매출·매입처별세금계산서합계표를 제출한 것으로 본다(부령 97 ①).

[별지 제38호서식(1)] (2013. 06. 28. 개정)

홈택스(www.hometax.go.kr)에서도 신청할 수 있습니다.

매출처별 세금계산서합계표(갑)

년 제 기 (월 일 ~ 월 일)

※ 뒤쪽의 작성방법을 읽고 작성하시기 바랍니다.

(앞쪽)

1. 제출자 인적사항

① 사업자등록번호	② 상호(법인명)
③ 성명(대표자)	④ 사업장 소재지
⑤ 거래기간 년 월 일 ~ 년 월 일	⑥ 작성일 년 월 일

2. 매출세금계산서 총합계

구 분		⑦ 매출처수	⑧ 매수	⑨ 공급가액					⑩ 세 액				
				조	십억	백만	천	일	조	십억	백만	천	일
합 계													
과세기간 종료일 다음 달 11일 까지 전송된 전자 세금계산서 발급분	사업자등록 번호 발급분												
	주민등록번호 발급분												
	소 계												
위 전자 세금계산서 외의 발급분	사업자등록 번호 발급분												
	주민등록번호 발급분												
	소 계												

3. 과세기간 종료일 다음 달 11일까지 전송된 전자세금계산서 외 발급분 매출처별 명세

(합계금액으로 적음)

⑪ 번호	⑫ 사업자 등록번호	⑬ 상호 (법인명)	⑭ 매수	⑮ 공급가액					⑯ 세액					비고
				조	십억	백만	천	일	조	십억	백만	천	일	
1														
2														
3														
4														
5														

⑰ 관리번호(매출)	-

210mm×297mm[백상지 80g/㎡ 또는 중질지 80g/㎡]

[별지 제39호 서식(1)]

홈택스(www.hometax.go.kr)에서도 신청할 수 있습니다.

매입처별 세금계산서합계표(갑)

년 제 기 (월 일 ~ 월 일)

※ 아래의 작성방법을 읽고 작성하시기 바랍니다. (앞쪽)

1. 제출자 인적사항

① 사업자등록번호	② 상호(법인명)
③ 성명(대표자)	④ 사업장 소재지
⑤ 거래기간 년 월 일 ~ 년 월 일	⑥ 작성일 년 월 일

2. 매입세금계산서 총합계

구 분		⑦ 매입처수	⑧ 매수	⑨ 공급가액					⑩ 세 액				
				조	십억	백만	천	일	조	십억	백만	천	일
합 계													
과세기간 종료일 다음 달 11일까지 전송된 전자세금계산서 발급받은 분	사업자등록번호 발급받은 분												
	주민등록번호 발급받은 분												
	소 계												
위 전자세금계산서 외의 발급받은 분	사업자등록번호 발급받은 분												
	주민등록번호 발급받은 분												
	소 계												

* 주민등록번호로 발급받은 세금계산서는 사업자등록 전 매입세액 공제를 받을 수 있는 세금계산서만 적습니다.

3. 과세기간 종료일 다음 달 11일까지 전송된 전자세금계산서 외 발급받은 매입처별 명세 (합계금액으로 적음)

⑪ 번호	⑫ 사업자 등록번호	⑬ 상 호 (법인명)	⑭ 매수	⑮ 공급가액					⑯ 세액					비고
				조	십억	백만	천	일	조	십억	백만	천	일	
1														
2														
3														
4														
5														

⑰ 관리번호(매입)	-

210mm×297mm[백상지 80g/㎡ 또는 중질지 80g/㎡]

제2절 현금매출명세서 등의 제출

I 현금매출명세서 제출

다음의 사업 중 해당 업종의 특성 및 세원관리(稅源管理)를 고려하여 예식장업, 부동산중개업, 보건업(병원과 의원으로 한정한다)과 세무사업, 공인회계사업 등 전문자격사업을 하는 사업자는 예정신고 또는 확정신고를 할 때 현금매출명세서를 함께 제출하여야 한다(부법 55 ①).

① 부동산업

② 전문서비스업, 과학서비스업 및 기술서비스업

③ 보건업

④ 그 밖의 개인서비스업

II 부동산임대공급가액명세서 제출

부동산임대업자는 기획재정부령으로 정하는 부동산임대공급가액명세서를 예정신고 또는 확정신고를 할 때 함께 제출하여야 한다(부법 55 ②).

[별지 제26호서식]

홈텍스(www.hometax.go.kr)에서도
신청할 수 있습니다.

현금매출명세서

년 제 기 (월 일 ~ 월 일)

※ 아래의 작성방법을 읽고 작성하시기 바랍니다.

① 상호(법인명)	② 성명(대표자)	③ 사업자등록번호

공급가액	④ 합계		⑤ 현금매출		법정영수증 매출					
					⑥ 세금계산서		⑦ 신용카드		⑧ 현금영수증	
	건수	금액	건수	금액	건수	금액	건수	금액	건수	금액

현금매출 명세

⑨ 일련번호	⑩ 의뢰인		⑪ 거래일	⑫ 거 래 금 액		
	주민등록번호 (또는 사업자등록번호)	성명 (또는 상호)		공급대가	공급가액	부가가치세
합계						

작 성 방 법

① ~ ④는 제출자의 상호 또는 법인명과 대표자, 사업자등록번호를 적습니다.

⑤: 세금계산서 발급분 중 「부가가치세법」 제32조제1항제2호 단서에 따라 주민등록번호를 적은 부분은 ⑤ 현금매출란에 포함하여 적습니다.

⑥: 세금계산서를 발급한 후 신용카드매출전표를 발행한 경우에는 ⑥ 세금계산서란에만 적습니다.

⑨ ~ ⑫는 현금매출 내용을 적습니다.

210㎜×297㎜[백상지 80g/㎡(재활용품)]

[별지 제25호서식] (2021. 10. 28. 개정)

홈택스(www.hometax.go.kr)에서도 신청할 수 있습니다.

부동산임대공급가액명세서

년 제 기 (월 일 ~ 월 일)

(앞쪽)

① 부동산 소재지	② 상호(소유자 성명)
③ 사업자등록번호	④ 사업자 단위 과세자의 종된 사업장 일련번호

수입금액 내용 (기간 월 ~ 월) (단위: 원)

임대사항			⑧ 임대면적 (㎡)	임차인 인적사항 및 임대차 계약내용							임대수입금액 (과세표준)		
⑤ 동	⑥ 층	⑦ 호		⑨ 상 호 (성명)	⑩ 사업자등록번호 (주민등록번호)	⑪ 입주일	⑫ 갱신일	⑬ 퇴거일	⑭ 보증금	⑮ 월 임대료	⑯ 합 계	⑰ 보 증 금 이자(계)	⑱ 월 임대료(계)
합 계													

290㎜×210㎜[백상지 80g/㎡(재활용품)]

CHAPTER 03
결정·경정·징수와 환급

제1절 결정과 경정

I 총설

1. 개요

「부가가치세법」은 「국세기본법」 제22조 제1항 및 동 시행령 제10조의 2 제1호에서 규정한 바와 같이 과세표준과 세액을 납세의무자가 신고한 때에 1차적으로 확정하도록 하는 자진신고납세제도를 채택하고 있으므로 부가가치세의 과세표준과 세액은 1차적으로 납세의무자의 신고에 의하여 확정되는 것이나 납세의무자의 신고확정은 어디까지나 1차적인 것일 뿐 종국적인 확정의 권한은 정부에 유보되어 있으므로 신고가 없거나 신고내용에 오류나 탈루 등 소정의 사유가 있을 때에는 정부가 정확한 과세표준과 세액을 결정하거나 경정결정할 수 있을 뿐 아니라 과세권자는 종국적 확정 권한자이므로 당초 결정 또는 경정한 과세표준과 납부세액 또는 환급세액에 오류 또는 탈루가 있는 것이 발견된 때에는 즉시 이를 경정 또는 재경정을 할 수 있다.[32] 즉 부가가치세는 신고납세제도세목이므로, 부가가치세의 과세표준과 세액은 납세의무자인 사업자의 신고에 의하여 확정되지만, 일정한 법정사유(=결정·경정사유를 말함)가 발생한 때에는 정부가 직접 과세표준과 세액을 확정한다.

2. 적용요건

추계조사에 의한 결정 또는 경정은 사업자가 신고, 장부의 비치·기장, 세금계산서의 수수와 보관 등 「조세법」상 각종의 협력의무를 불이행하거나 허위로 이행하여 과세관청이 장부·세금계산서 등의 직접적인 자료에 근거한 근거과세의 원칙을 준수할 수 없는 부득이한 경우에 합리성 있는 추정방법으로 조세채무를 확정시키는 예외적 확정수단을 의미한다. 즉, 추계경정은 원칙적인 실지조사방법에 의한 조세확정에 대하여 예외적 방법이 되며, 추계에 의한 조세채무의 확정은 법적 요건이 충족된 경우에 한하여야 하고 그 추정의 방법에는 고도의 합리성과 객관성이 보장되어야 한다.

32) 대법원87누1095, 1988.04.12

3. 확인된 비용에 업종별 부가가치율을 적용하는 방법으로 매출액을 추계결정 여부

부가가치율이란 부가가치세 과세표준과 세액을 추계경정할 때 매입누락금액을 기준으로 매출누락금액을 추계하기 위해 국세청장이 제정한 것으로, 이는 1년간(2개 과세기간) 도·소매업을 제외한 전체 법인·개인 일반사업자의 부가가치세 신고상황을 매입과표와 매출과표에 의하여 아래 산식과 같이 산출하여 평균율로 제정한 것이므로, 동 매입과표에는 부가가치세의 과세대상이 아닌 인건비나 간주임대료 등 일반경비는 포함되지 않는다고 할 것이다.

부가가치율 = (매출과표 − 매입과표) ÷ 매출과표 × 100

따라서 처분청에서 「부가가치세법」상 매입과표가 아닌 인건비, 간주임대료 등 일반경비를 포함한 매입액에 부가가치율을 적용하여 청구인의 매출액을 추계경정한 것은 전시한 부가가치율에 대한 법리를 오해한 잘못이 있으므로, 처분청이 적법한 추계방법을 적용하여 과세하는 것은 별론으로 하고, 이건 과세처분은 부당한 것으로 판단된다.[33]

II 결정·경정사유

1. 결정과 경정 사유의 범위

정부는 사업자가 다음에 해당하는 경우에 한하여 그 과세기간에 대한 부가가치세의 과세표준과 세액을 조사에 의하여 결정 또는 경정한다(부법 57 ①, 부령 103 ①).

① 예정신고 또는 확정신고를 하지 아니한 경우

② 예정신고 또는 확정신고를 한 내용에 오류가 있거나 내용이 누락된 경우

③ 확정신고를 할 때 매출처별세금계산서합계표 또는 매입처별세금계산서합계표를 제출하지 아니하거나 제출한 매출처별세금계산서합계표 또는 매입처별세금계산서합계표에 기재사항의 전부 또는 일부가 적혀 있지 아니하거나 사실과 다르게 적혀 있는 경우

④ ① 내지 ③ 외에 다음 사유로 인하여 부가가치세를 포탈할 우려가 있는 경우

㉠ 사업장의 이동이 빈번한 경우

㉡ 사업장의 이동이 빈번하다고 인정되는 지역에 사업장이 있는 경우

㉢ 휴업 또는 폐업상태에 있는 경우

㉣ 신용카드가맹점 또는 현금영수증가맹점 가입대상으로 지정받은 사업자가 정당한 사유 없이 신용카드가맹점 또는 현금영수증가맹점으로 가입하지 아니한 경우로서 사업규모와 영업상황으

33) 국심2002서0237, 2002.06.14

로 보아 신고내용이 불성실하다고 판단되는 경우

ⓜ 영세율 등 조기환급신고의 내용에 오류가 있거나 내용이 누락된 경우

⑤ 영수증발급대상사업 중 국세청장이 정하는 업종을 경영하는 사업자로서 같은 장소에서 계속하여 5년 이상 사업을 경영한 자에 대해서는 객관적인 증명자료로 보아 과소하게 신고한 것이 분명한 경우에만 경정할 수 있다(부령 103 ②).

Ⅲ 결정·경정기관

1. 개요

부가가치세의 과세표준과 납부세액 또는 환급세액의 결정·경정은 각 납세지 관할세무서장이 한다. 다만, 국세청장이 특히 중요하다고 인정하는 경우에는 납세지 관할지방국세청장 또는 국세청장이 결정하거나 경정할 수 있다(부령 102 ①).

2. 사업장 이전 후 경정 관할기관

부가가치세의 과세표준과 세액의 결정 또는 경정은 그 처분 당시 해당 부가가치세의 납세지를 관할하는 세무서장이 행하는 것이므로 사업장 이전일 전의 과세기간에 대한 과세표준과 세액을 결정 또는 경정은 이전 후 사업장 관할세무서장이 하여야 한다.[34)]

Ⅳ 추계결정·경정의 적용방식

1. 개요

(1) 적용원칙

부가가치세의 과세표준과 납부세액 또는 환급세액을 조사결정하는 경우 경정하는 방법은 실질과세의 원칙(「국세기본법」 제14조 제2항)에 의하여 먼저 사업자가 비치하고 있는 세금계산서·장부 기타의 증빙을 근거로 경정하여야 하고 다만, 과세표준 등을 계산함에 있어서 필요한 세금계산서·장부 기타의 증빙이 없거나 그 중요한 부분이 미비함으로써 실지조사가 여의치 못한 경우에 한하여 「부가가치세법」에서 규정하고 있는 방법에 따라 추계경정할 수 있다.[35)]

34) 부가집 57-0-2
35) 대법원79누0327, 1980.12.09

(2) 관련 규정

사업자의 과세표준 등 예정신고 및 확정신고 내용에 오류 또는 탈루가 있는 경우 세금계산서, 수입세금계산서, 장부 또는 그 밖의 증명자료를 근거로 조사하여 경정하여야 하나 다음에 해당되는 경우, 같은 법 시행령 제104조에 정하는 방법에 따라 추계의 방법으로 경정할 수 있으며, 이 경우 추계요건이 있었다는 점과 추계방법의 합리성에 관하여도 일반적으로 과세관청이 이를 입증하여야 한다(부법 57 ②).[36]

① 과세표준을 계산할 때 필요한 세금계산서, 수입세금계산서, 장부 또는 그 밖의 증명자료가 없거나 그 중요한 부분이 갖추어지지 아니한 경우

② 세금계산서, 수입세금계산서, 장부 또는 그 밖의 증명자료의 내용이 시설규모, 종업원 수와 원자재·상품·제품 또는 각종 요금의 시가에 비추어 거짓임이 명백한 경우

③ 세금계산서, 수입세금계산서, 장부 또는 그 밖의 증명자료의 내용이 원자재 사용량, 동력(動力) 사용량이나 그 밖의 조업 상황에 비추어 거짓임이 명백한 경우

2. 추계조사방법

(1) 추계방법 선택기준

추계과세를 함에 있어서는 그 추계의 방법과 내용에 있어 가장 진실에 가까운 실액을 반영할 수 있도록 합리적이고 타당성이 있어야 하며 납세자에게 특수한 사정이 있는 경우에는 그러한 사정까지 고려되어야 할 것이며,[37] 추계조사방법은 가장 합리적이고 타당성 있는 법령이 정하는 바에 의하여야 하고 자의적인 방법은 허용되지 아니한다.[38]

(2) 추계 결정·경정방법

추계 결정·경정방법은 다음의 방법에 따른다(부령 102 ②).

1) 동업자권형에 의한 방법

장부의 기록이 정당하다고 인정되고 신고가 성실하여 경정을 받지 아니한 같은 업종과 같은 현황의 다른 사업자와 권형(權衡)에 따라 계산하는 방법

2) 업종별 생산수율에 의한 방법

국세청장이 업종별로 투입원재료에 대하여 조사한 생산수율(生産收率)이 있을 때에는 생산수율을 적용하여 계산한 생산량에 그 과세기간 중에 공급한 수량의 시가를 적용하여 계산하는 방법

---

36) 부가집 57-0-3
37) 대법원86누0328, 1987.03.10
38) 대법원81누0052, 1981.12.22

3) 영업효율에 의한 방법

국세청장이 사업의 종류·지역 등을 감안하여 사업과 관련된 종업원, 객실, 사업장, 차량, 수도, 전기 등 인적·물적 시설의 수량 또는 가액과 매출액의 관계를 정한 영업효율이 있을 때에는 영업효율을 적용하여 계산하는 방법

4) 기타 합리적 방법에 의한 방법

국세청장이 사업의 종류별·지역별로 정한 다음 중 어느 하나에 해당하는 기준에 따라 계산하는 방법

① 생산에 투입되는 원재료, 부재료 중에서 일부 또는 전체의 수량과 생산량의 관계를 정한 원단위 투입량

② 인건비, 임차료, 재료비, 수도광열비, 그 밖의 영업비용 중에서 일부 또는 전체의 비용과 매출액의 관계를 정한 비용관계비율

③ 일정기간 동안의 평균재고금액과 매출액 또는 매출원가의 관계를 정한 상품회전율

④ 일정기간 동안의 매출액과 매출총이익의 비율을 정한 매매총이익률

⑤ 일정기간 동안의 매출액과 부가가치액의 비율을 정한 부가가치율

5) 추계 경정·결정 대상 사업자에 대하여 2)부터 4)까지의 비율을 계산할 수 있는 경우에는 그 비율을 적용하여 계산하는 방법

6) 입회조사기준에 따른 방법

주로 최종소비자를 대상으로 거래하는 음식 및 숙박업과 서비스업에 대해서는 국세청장이 정하는 입회조사기준에 따라 계산하는 방법

3. 추계조사 시 매입세액공제

추계조사 시 납부세액을 계산할 때 공제하는 매입세액은 적법하게 발급받은 세금계산서를 관할세무서장에게 제출하고 그 기재내용이 분명한 부분으로 한정한다. 다만, 재해 또는 그 밖의 불가항력으로 인하여 발급받은 세금계산서가 소멸되어 세금계산서를 제출하지 못하게 되었을 때에는 해당 사업자에게 공급한 거래상대방이 제출한 세금계산서에 의하여 확인되는 것을 납부세액에서 공제하는 매입세액으로 한다(부령 104 ②).

V 재경정

납세지 관할세무서장 등은 결정하거나 경정한 과세표준과 납부세액 또는 환급세액에 오류가 있거나 누락된 내용이 발견되면 즉시 다시 경정한다(부법 57 ③).

VI 관련 사례

1. 기장 후 추계소득금액계산서를 첨부하여 수정신고 가능 여부

거주자가 비치·기장된 장부와 증빙서류에 의하여 사업소득금액 등을 계산하여 종합소득과세표준 확정신고를 한 경우에 추계소득금액계산서를 첨부하여 과세표준수정신고서를 제출할 수 없다.[39)]

2. 수입금액 허위기장율을 근거로 한 추계결정의 적법성 여부

종합소득세의 과세표준과 세액은 실지조사방법에 의하여 결정하는 것이 원칙이며, 추계조사방법에 의한 결정은 증빙서류가 구비되어 있지 아니하여 필요경비를 산출할 수 없는 사정이 있는 때에 한하여 예외적으로 허용되는 것이고, 장부를 비치하지 아니하였다 할지라도 다른 증빙에 의하여 소득금액 계산이 가능한 경우에는 실지조사방법으로 소득금액을 결정하는 것이 타당하다.[40)]
예를 들어 납세자가 간편장부기장대상자이고, 동 장부에 기장된 주요 재료비의 가공매입률이 62.98%에 이르고 있어서 매입원가의 대부분이 가공매입으로 부인된 점 등에 비추어 볼 때, 청구인이 비치·기장한 장부는 중요한 부분이 미비 또는 허위인 것으로 보이므로 납세자의 소득금액을 표준소득률에 의한 추계조사방법으로 소득금액을 결정하는 것이 타당하다.[41)] 그리고, 매출원가의 50% 이상이 가공매입으로 밝혀진 경우 과세표준을 계산함에 있어 필요한 장부와 증빙서류가 없거나 중요한 부분이 미비 또는 허위인 경우[42)]나 수입금액허위기장률이 각각 27.8% 및 49.9%이나 전체적으로 보면 39.6%에 달하고 있는 점에 비추어 청구인이 당초 신고한 복식장부가 쟁점수입금액누락액을 제외하고는 모두 정상적인 기장이었다고 보기도 어려우므로, 이 건의 경우 청구인의 1999년 및 2000년 귀속 종합소득세 과세표준을 계산함에 있어서 필요한 장부와 증빙서류가 없거나 중요한 부분이 미비 또는 허위인 경우에 해당하는 것으로 보아 각 귀속연도별 청구인의 소득금액을 추계조사 결정함이 타당한 것으로 판단된다.[43)] 종전에는 통상적으로 허위기장률이 50%를 상회하는 경우 추계경정을 하였으나, 최근 생산된 심판례를 살펴보면 허위기장률이 40%를 상회하는 경우라도 중요한 부분이 누락되었거나 의도적으로 장부 등 증빙자료를 비치하지 아니한 경우 추계경정의 대상으로 보고 있으므로 주의를 요한다.

39) 소득46011-31, 2000.01.10
40) 조심2008서3985, 2009.02.09
41) 국심2004서2708, 2004.10.25
42) 국심2004서3738, 2005.05.16
43) 허위기장률 = 매출누락금액 / 경정수입금액 (조심2016서1176, 2016.06.14.)

3. 식당의 매입누락액을 매출로 환산하여 과세한 처분의 당부

매입금액에 관하여 세금계산서를 수수하지 않고 음식재료 등을 공급받았음이 추인되므로 매입금액에 관하여 무자료 거래라고 보아 매입액을 매출로 환산하여 과세함은 정당하다.[44)]

4. 주류매입수량에 주류판매단가를 곱하여 과세표준을 추계결정한 처분의 당부

청구인은 조사 당시 쟁점사업자의 판매일보, 제품수불장 등을 제시하지 못하여 2004년 매출과세표준의 적정성을 객관적으로 판단할 수 없어 당해 연도 주류매입수량 및 조사 시 청구인으로부터 제출받은 메뉴판의 주류별 판매가격에 의거 주류매출액을 환산하여 매출과세표준을 산정한 것이므로 이는 비용관계비율에 의한 수입금액 추계방법으로 정당한 것이며, 당초 청구인으로부터 제출받은 메뉴판의 주류별 판매가격과 2004년 주류구입수량을 곱하여 쟁점사업장의 부가가치세 매출과세표준을 추계결정하고 이에 따라 과세한 이 건 처분은 잘못이 없다고 판단된다.[45)]

5. 재조사 결정 사례

○○○유흥주점을 경영하는 청구인은 주류매입세금계산서, 신용카드매출전표 등 관련 증빙을 갖추고, 신용카드매출전표상에 22% 상당액을 수입금액으로, 78% 상당액을 봉사료로 구분기재하여 장부를 비치·기장하였으며, 신용카드발행액 중 봉사료 부분에 대하여 5%의 소득세를 원천징수하여 납부하였고, 잔액은 수입금액으로 신고하여 부가가치세 및 특별소비세를 납부하였으나, 처분청이 청구인의 신용카드발행액을 실지조사하여 확정하고, 청구인사업장의 인근지역에서 유흥음식점을 운영하는 청구외 ○○○와 ○○○가요주점을 특별조사한 결과 봉사료비율이 각각 38%와 40%임이 확인되었으므로 이를 근거로 청구인의 신용카드발행액의 40%를 봉사료로 보고, 그 60%를 수입금액으로 계산하여 추계 결정한 처분은 청구인이 신용카드매출전표상에 수입금액과 봉사료를 구분기재하고 장부를 비치기장하고 있음에도 처분청이 이러한 기장사실이 명백히 허위임을 입증하지 아니하고 동업자의 봉사료비율을 근거로 청구인의 수입금액을 추계한 것은 추계과세요건을 확대해석한 점이 있었다고 보이며, 동업자권형에 의해 수입금액을 추계하는 경우 "기장이 정당하다고 인정되고 신고가 성실하여 경정을 받지 아니한 동일업황의 다른 동업자"의 사례를 기준으로 하여야 하는 점을 고려할 때, 그 내용면에서도 객관성과 합리성이 있다고 보여지지 않아 재조사 경정하도록 하여야 한다.[46)]

44) 서울고등법원2009누22333, 2010.07.15
45) 국심2007서3599, 2007.12.07
46) 국심2001전0280, 2001.06.08

6. 사업용계좌상 거래금액이 추계결정근거가 될 수 있는지 여부

과세관청이 실제의 수입금액을 포착하는 방법으로서 객관적이라고 할 수 있는 한 특별한 방법상의 제한은 없다 할 것이므로, 청구인의 사업용계좌에 입금된 금액을 조사하는 방법으로 총수입금액을 결정하는 것은 객관성이 있는 방법으로서 적법한 실지조사방법에 속한다 할 것이고,[47] ○○○주점 이외에 다른 사업을 영위한 사실이 없는 청구인의 사업용계좌에 입금된 금액은 당해 사업장에서 발생한 수입금액으로 추정된다 할 것으로서 당해 입금액이 수입금액이 아니라는 점은 이를 주장하는 사람이 입증하여야 한다.[48]

제2절 징수

I 개요

납세지 관할세무서장은 사업자가 예정신고 또는 확정신고를 할 때에 신고한 납부세액을 납부하지 아니하거나 납부하여야 할 세액보다 적게 납부한 경우에는 그 세액을 「국세징수법」에 따라 징수하고, 결정 또는 경정을 한 경우에는 추가로 납부하여야 할 세액을 「국세징수법」에 따라 징수한다(부법 58 ①). 다만, 재화의 수입에 대한 부가가치세는 세관장이 「관세법」에 따라 징수한다(부법 58 ②).

II 신탁재산에 대한 강제징수의 특례

수탁자가 납부하여야 하는 부가가치세가 체납된 경우에는 「국세징수법」 제31조에도 불구하고 해당 신탁재산에 대해서만 강제징수를 할 수 있다(부법 58의 2).

제3절 환급

I 개요

부가가치세의 환급이란 납부세액을 계산함에 있어 매출세액을 초과하는 매입세액이 발생하게 되면 그

47) 대법원2003두14284, 2004.04.27
48) 조심2011중0114, 2011.02.11., 조심2010서1531, 2010.09.10. 참고

초과하는 금액을 납세자에게 돌려주는 것을 말한다. 이 경우 일반환급은 각 과세기간별로 그 확정신고기한 경과 후 30일 내에 사업자에게 환급하여야 하며, 영세율이 적용되거나 사업설비의 신설·취득 등 조기환급대상에 해당하는 경우에는 예정신고기한, 확정신고기한, 영세율 등 조기환급신고기한 경과 후 15일 이내에 환급하여야 한다.[49]

Ⅱ 일반환급

1. 환급기간의 단위

부가가치세는 각 과세기간별로 환급한다(부법 59 ①). 따라서 예정신고기간의 환급세액은 환급이 되는 것이 아니라 확정신고 시 납부할 세액의 계산 시 차감된다.

2. 환급기한

확정신고기한 경과 후 30일 이내에 환급한다(부령 59 ①). 다만, 결정·경정에 의하여 추가로 발생한 환급세액은 지체 없이 사업자에게 환급하여야 한다(부령 106 ②).

Ⅲ 조기환급

1. 조기환급대상

납세지 관할세무서장은 다음의 어느 하나에 해당하여 환급을 신고한 사업자에게 대통령령으로 정하는 바에 따라 환급세액을 조기에 환급할 수 있다(부법 59 ②).

① 영세율 규정이 적용되는 때

② 사업설비(감가상각자산)를 신설·취득·확장 또는 증축하는 때

③ 조기환급기간, 예정신고기간 또는 과세기간의 종료일 현재 「조세특례제한법 시행령」 제34조 제7항에 따른 재무구조개선계획승인권자가 승인한 같은 조 제6항 제1호, 제2호 또는 제4호에 따른 계획을 이행 중인 경우

2. 조기환급기간

(1) 개요

사업자가 예정신고기간 중 또는 과세기간 최종 3개월 중 매월 또는 매2월(이하 "조기환급기간"이

49) 부가집 59-0-1

라 한다)에 조기환급기간이 끝난 날부터 25일 이내(이하 "조기환급신고기한"이라 한다)에 조기환급기간에 대한 과세표준과 환급세액을 관할세무서장에게 신고하는 경우에는 조기환급기간에 대한 환급세액을 각 조기환급기간별로 해당 조기환급신고기한이 지난 후 15일 이내에 사업자에게 환급하여야 한다(부령 107 ④). 즉, 조기환급기간의 경우 사업자가 매월 신고할 수도 있고, 1월~2월분을 합한 후 3월분은 별도로 신고해도 무방하고, 1월분을 별도로 신고하고 2~3월분을 합하여 신고할 수 있다.

(2) 매월 또는 매2월의 의미

① '매월'의 경우 조기환급기간은 1월, 2월, 4월, 5월(제1기과세기간) 또는 7월, 8월, 10월, 11월(제2기 과세기간)이다.

② '매2월'의 경우 조기환급기간은 1~2월, 4~5월(제1기 과세기간) 또는 7~8월, 10~11월(제2기 과세기간)이다.

3. 조기환급신고의 간주

조기환급을 받으려는 사업자가 예정신고 또는 확정신고에 따른 신고서를 제출한 경우에는 조기환급을 신고한 것으로 본다. 다만, 사업설비를 신설·취득·확장 또는 증축하는 경우에는 다음의 사항을 적은 건물 등 감가상각자산 취득명세서를, 재무구조개선계획을 이행 중인 경우에는 기획재정부령으로 정하는 재무구조개선계획서를 각각 그 신고서에 첨부하여야 한다(부령 107 ③).

① 사업설비의 종류, 용도, 설비예정일자 및 설비일자

② 공급받은 재화 또는 용역과 그 매입세액

③ 그 밖의 참고 사항

4. 제출서류

영세율 등 조기환급을 신고할 때에는 다음의 사항을 적은 영세율 등 조기환급신고서에 해당 과세표준에 대한 영세율 첨부서류의 제출 규정에 따른 서류와 매출·매입처별세금계산서합계표를 첨부하여 제출하여야 한다. 다만, 사업설비를 신설·취득·확장 또는 증축하는 경우 및 재무구조개선계획을 이행 중인 경우에는 건물 등 감가상각자산 취득명세서 또는 재무구조개선계획서를 그 신고서에 첨부하여야 한다(부령 106 ④,⑤).

① 사업자의 인적사항

② 과세표준과 환급세액 및 그 계산근거

③ 매출·매입처별세금계산서합계표 제출내용

④ 기타 참고사항

5. 조기환급신고방법

조기환급신고를 하는 경우 해당 조기환급신고기간의 모든 매입·매출에 대하여 신고하여야 한다.

(1) 예정신고기간에 조기환급 신청을 하는 경우

- 1월(2월)분만을 신고하는 경우 : 조기환급신고기한 2월 25일(3월 25일)까지
- 1월~2월분을 같이 신고하는 경우 : 조기환급신고기한 3월 25일까지

＊ 2월에 사업설비투자로 조기환급이 발생하는 사업자는 1월~2월분을 함께 신고하여야 함

(2) 확정신고기간에 조기환급 신청을 하는 경우

예정고지(1월~3월)자가 5월에 시설투자로 4월~5월분을 조기환급신고하는 경우

① 조기환급대상 : 반드시 4월~5월분 매출·매입을 함께 신고해야 함

② 조기환급신고기한 : 06월 25일

③ 7월 확정신고 : 1월~3월, 6월분을 확정신고함

④ 예정고지분에 대해서는 기납부세액으로 확정신고 시 공제함

(3) 월별 조기환급신고 시 매출 등이 누락된 경우

월별 조기환급신고 시 매출 등이 누락된 경우 예정·확정신고기한이 경과하기 전에는 세금계산서 합계표 미제출·신고불성실가산세 및 영세율 과세표준 신고불성실가산세는 부과되지 아니하며, 초과환급받은 경우에 한하여 환급불성실가산세가 부과된다.[50]

6. 신고기간별·사업장별 조기환급 범위

(1) 신고기간별 영세율 적용 시의 조기환급

조기환급을 받을 수 있는 사업자는 해당 영세율 등 조기환급신고기간 예정신고기간 또는 과세기간 중에 각 신고기간 단위별로 영세율의 적용대상이 되는 과세표준이 있는 경우에 한한다.[51]

(2) 사업장별 조기환급

1) 개요

사업자가 어느 한 사업장에서 조기환급사유가 발생한 경우 해당 사업장의 거래분만을 조기환급

50) 징세과-186, 2014.02.12

51) 부기통 9-107-1

신고할 수 있다. 다만, 주사업장 총괄납부사업자의 경우에는 그러하지 아니하다.[52)]

2) 주사업장 총괄납부의 경우

총괄납부사업자는 영세율 등 조기환급신고기간에 각 사업장의 납부세액과 환급세액을 차가감하여 계산한 환급세액에 대하여 신고할 수 있다.[53)] 즉, 총괄납부사업자는 모든 사업장의 납부세액과 환급세액을 차가감하여 계산하며, 주된 사업장은 환급세액이 있고 종된 사업장은 납부할 세액이 발생한 경우 조기환급세액은 주된 사업장의 환급세액에서 종된 사업장의 납부세액을 차감하고 계산한다.

(3) 리스시설에 대한 조기환급

납세의무가 있는 사업자가 사업설비를 신설·취득·확장 등의 목적으로 해당 시설 등을 「여신전문금융업법」 제3조에 따라 등록한 시설대여업자로부터 임차하고 공급자 또는 세관장으로부터 세금계산서를 발급받은 경우에는 조기환급을 받을 수 있다.[54)]

7. 관련 예규

(1) 「민간투자법」에 의한 사회기반시설 관련 매입 조기환급 여부

「민간투자법」에 의한 사회기반시설을 기부채납하고 사용권을 얻는 경우 동 사회기반시설과 관련된 매입세액은 조기환급되지 아니한다(부동산신축판매업자 건설비용도 같음).[55)]

(2) 월별 조기환급신고분 경정 시 가산세

월별 조기환급신고가 잘못된 경우 경정 등을 하는 경우 신고불성실·합계표불성실 및 영세율 과세표준 신고불성실가산세는 예정 또는 확정신고기한이 경과하기 전에는 부과대상이 아니며, 예정·확정신고기한까지 신고하지 아니한 경우에 부과된다.[56)] 이 경우 초과환급을 받은 경우 및 가공세금계산서 수취한 경우에는 가산세가 부과된다.

(3) 가공세금계산서 수취분 월별 조기환급신고분 경정 시 가산세

조기환급신고분에 대하여 예정·확정신고기한 전에 경정하는 경우, 법 제22조 제3항 제3의 2호의 규정(위장·가공세금계산서 수취)에 의한 세금계산서 불성실가산세를 부과한다.[57)]

---

52) 부기통 59-107-3
53) 부가집 59-107-1 ②
54) 부기통 59-107-4
55) 부가가치세과-382, 2009.01.29
56) 상담3팀-1739, 2007.6.15. 재소비46015-143, 2002.05.22
57) 재부가-404, 2008.10.15

CHAPTER 04
가산세

제1절 개요

I 가산세 의의 및 적용범위

가산세란 세법에 규정하는 의무의 성실한 이행을 확보하기 위하여 세법에 따라 산출한 세액에 가산하여 징수하는 금액으로 과세권의 행사 및 조세채권의 실현을 용이하게 하기 위하여 납세자가 정당한 이유 없이 세법에 규정된 신고, 납세 등 각종 의무를 위반한 경우 「국세기본법」 및 각 세법이 정하는 바에 따라 부과되는 행정상의 제재로서 납세자의 고의 또는 과실은 고려되지 아니한다. 그러나 납세의무자가 그 의무를 알지 못한 것이 무리가 아니었다고 할 수 있어서 그를 정당화할 수 있는 사정이 있거나 그 의무의 이행을 당사자에게 기대하는 것이 무리라고 하는 사정이 있을 때 등 그 의무해태를 탓할 수 없는 정당한 사유가 있는 경우에는 해당 가산세를 부과할 수 없다.[58)]

II 가산세 부과처분의 처분성

가산세는 과세권의 행사와 조세채권의 실현을 용이하게 하기 위하여 세법에 규정된 의무를 정당한 이유 없이 위반한 납세자에게 부과하는 일종의 행정상 제재이므로, 징수절차의 편의상 당해 세법이 정하는 국세의 세목으로 하여 그 세법에 의하여 산출한 본세의 세액에 가산하여 함께 징수하는 것일 뿐, 세법이 정하는 바에 의하여 성립 확정되는 국세와 본질적으로 그 성질이 다른 것이므로, 가산세 부과처분은 본세의 부과처분과 별개의 과세처분이다.[59)] 또한 본세의 부과처분과 가산세의 부과처분은 각각 별개의 과세처분인 것처럼, 같은 세목에 관하여 여러 종류의 가산세가 부과되면 그 각 가산세 부과처분도 종류별로 각각 별개의 과세처분이라고 보아야 한다. 따라서 하나의 납세고지서에 의하여 본세와 가산세를 함께 부과할 때에는 납세고지서에 본세와 가산세 각각의 세액과 산출근거 등을 구분하여 기재해야 하는 것이고, 또 여러 종류의 가산세를 함께 부과하는 경우에는 그 가산세 상호 간에도 종류별로 세액과 산출

58) 부가집 60-0-1
59) 대법원2004두2356, 2005.09.30

근거 등을 구분하여 기재함으로써 납세의무자가 납세고지서 자체로 각 과세처분의 내용을 알 수 있도록 하는 것이 당연한 원칙이다.[60)]

Ⅲ 「부가가치세법」 운용 시 적용하는 가산세 요약

<table>
<tr><th>종류</th><th colspan="2">사유</th><th>가산세액 계산</th></tr>
<tr><td>(1) 미등록 및 타인명의등록 가산세</td><td colspan="2">사업개시일부터 20일 이내에 사업자등록을 하지 않은 경우나 타인 명의로 등록한 경우</td><td>공급가액×1%</td></tr>
<tr><td colspan="3">(2) 세금계산서(전자세금계산서 포함) 지연발급*
* 공급시기가 속하는 과세기간에 대한 확정신고기한까지 발급</td><td>공급가액×1%</td></tr>
<tr><td colspan="3">(3) 세금계산서의 필요적 기재사항 부실기재 가산세</td><td>공급가액×1%</td></tr>
<tr><td colspan="3">(4) 세금계산서(전자세금계산서 포함) 미발급 가산세
* 전자세금계산서 의무발급자가 전자 외로 발급한 경우 공급가액의 1%</td><td>공급가액×2%</td></tr>
<tr><td colspan="3">(5) 가공세금계산서 발급(수취) 가산세, 자료상에 대한 가산세</td><td>공급가액×3%</td></tr>
<tr><td colspan="3">(6) 위장세금계산서 발급(수취) 가산세</td><td>공급가액×2%</td></tr>
<tr><td colspan="3">(7) 세금계산서 등의 공급가액 과다기재 발급(수취) 가산세</td><td>공급가액×2%</td></tr>
<tr><td>(8) 경정기관 확인 신용카드 매출전표 등 가산세</td><td colspan="2">경정기관의 확인을 거쳐 신용카드 등의 매입세액을 공제받는 경우</td><td>공급가액×0.5%</td></tr>
<tr><td rowspan="2">(9) 매출처별세금계산서합계표 불성실가산세</td><td colspan="2">① 미제출·부실기재</td><td>공급가액×0.5%</td></tr>
<tr><td colspan="2">② 지연제출</td><td>공급가액×0.3%</td></tr>
<tr><td rowspan="3">(10) 매입처별세금계산서합계표 불성실가산세</td><td colspan="2">① 매입세금계산서 지연수취</td><td rowspan="3">공급가액×0.5%</td></tr>
<tr><td colspan="2">② 합계표의 미제출·부실기재로 경정 시 세금계산서 등에 의하여 매입세액공제 받는 경우</td></tr>
<tr><td colspan="2">③ 합계표의 공급가액을 과다기재하여 매입세액공제 받은 경우</td></tr>
<tr><td rowspan="6">(11) 신고불성실가산세</td><td rowspan="2">① 무신고</td><td>부당 무신고</td><td>해당세액×40%</td></tr>
<tr><td>일반 무신고</td><td>해당세액×20%</td></tr>
<tr><td rowspan="2">② 과소신고</td><td>부당 과소신고</td><td>해당세액×40%</td></tr>
<tr><td>일반 과소신고</td><td>해당세액×10%</td></tr>
<tr><td rowspan="2">③ 초과환급신고</td><td>부당 초과환급</td><td>해당세액×40%</td></tr>
<tr><td>일반 초과환급</td><td>해당세액×10%</td></tr>
</table>

60) 대법원2010두12347, 2012.10.18

종류	사유	가산세액 계산
(12) 납부지연가산세	① 미달납부(초과환급받은) 세액	미달납부(초과환급)세액×(2.2/10,000)×일수
(13)현금매출명세서가산세	① 현금매출명세서 미제출가산세	미제출 또는 부실기재 금액×1%
	② 부동산임대공급가액명세서 미제출가산세	
(14) 영세율 과세표준 신고불성실가산세	① 과세표준의 무신고·과소신고	공급가액×0.5%
	② 영세율첨부서류 미제출	
(15) 매입자납부 특례 거래계좌 미사용에 대한 가산세	① 거래계좌 미사용	제품가액×10%
	② 거래계좌 지연입금	지연입금 세액×(2.2/10,000)×일수
(16)대리납부 불성실가산세	대리납부의 불이행	미납세액×3%+미납세액×(2.2/10,000)×일수 [한도:10%]

※ 가산세 중복 적용 배제(제2절 Ⅸ단원에서 자세히 설명)
(1) 적용분 : (2),(3),(8),(9),(17),(18) 배제
(2),(3),(8),(17),(18) 적용분 : (9) 배제
(4),(5),(6),(7) 적용분 : (1),(9),(10) 배제
(2),(4) 적용분 : (3),(17),(18) 배제
(3) 적용분 : (17),(18) 배제
(6)(위장발급) 적용분 : (4)(미발급) 배제

Ⅳ 주요 적용사례

① 2007.1.1. 이후 사업의 포괄양도에 해당하는 거래에 대하여 세금계산서를 발급하여 부가가치세를 신고한 경우 매출(매입)처별세금계산서합계표 제출불성실가산세는 적용되지 아니하는 것이나, 과소(초과환급)신고가산세 및 납부·환급불성실가산세는 적용된다.[61)]

② 매입세금계산서 누락분에 대한 수정신고·경정청구·기한 후 신고 시 매입처별세금계산서합계표 미제출가산세는 부과되지 않는다(예정신고누락분 확정신고 시 제출하는 경우 포함).

③ 과세대상을 착오로 면세로 판매한 경우에는 세금계산서 미발급 및 신고·납부(환급)불성실가산세가 각각 적용된다.[62)]

④ 영세율 과세표준을 과다신고한 경우, 영세율 신고불성실가산세는 적용되지 아니하나, 세금계산서를 과다하게 발급한 경우에는 세금계산서합계표 불성실가산세가 부과된다.

⑤ 영세율 매출을 착오로 일반 매출로 신고한 후, 수정세금계산서 발행하여 경정청구 시 세금계산서합

61) 상담3팀-2467, 2007.09.03
62) 부가가치세과-3082, 2008.09.16

계표 관련 가산세는 적용되지 않으나 영세율 신고불성실가산세는 적용된다.

⑥ 세관장이 수입세금계산서의 납세의무자를 착오로 잘못 기재하여 발급한 후, 이를 정정하여 세금계산서를 발급한 경우에는 당초 수취자 및 정정분 수취자 모두 가산세를 적용하지 아니한다.[63)]

제2절 「부가가치세법」 상 가산세

I 미등록 및 타인명의등록 가산세

1. 개요

사업자가 다음의 어느 하나에 해당하면 다음에 따른 금액을 납부세액에 더하거나 환급세액에서 뺀다(부법 60 ①).

① 사업개시일부터 20일 이내에 등록을 신청하지 아니한 경우에는 사업개시일부터 등록을 신청한 날의 직전일까지의 공급가액 합계액의 1%(미등록가산세)

② 대통령령으로 정하는 타인의 명의로 사업자등록을 하거나 그 타인 명의의 사업자등록을 이용하여 사업을 하는 것으로 확인되는 경우 그 타인 명의의 사업개시일부터 실제 사업을 하는 것으로 확인되는 날의 직전일까지의 공급가액 합계액의 1%(타인명의등록가산세)

③ 전자적 용역을 공급하는 국외사업자의 사업자등록 및 납부 등에 관한 특례에 따른 사업자등록기한까지 등록을 하지 아니한 경우에는 사업 개시일부터 등록한 날의 직전일까지의 공급가액 합계액의 1퍼센트

2. 타인의 범위

"타인"이란 자기의 계산과 책임으로 사업을 경영하지 아니하는 자를 말한다. 다만, 다음의 어느 하나에 해당하는 자와 기획재정부령으로 정하는 자는 제외한다.

① 사업자의 배우자

② 「상속세 및 증여세법」 제2조 제1호에 따른 상속으로 인하여 피상속인이 경영하던 사업이 승계되는 경우 그 피상속인(같은 조 제2호에 따른 상속개시일부터 같은 법 제67조에 따른 상속세 과세표준 신고기한까지의 기간 동안 상속인이 피상속인 명의의 사업자등록을 활용하여 사업을 하는 경우로 한정한다)

---

63) 부가가치세과-4452, 2008.11.27

3. 미등록 및 타인명의등록 가산세의 감면

세법에 따른 제출, 신고, 가입, 등록, 개설(이하 "제출 등"이라 한다)의 기한이 지난 후 1개월 이내에 해당 세법에 따른 제출 등의 의무를 이행하는 경우(제출 등의 의무위반에 대하여 세법에 따라 부과되는 가산세만 해당한다) 해당 가산세의 100분의 50에 해당하는 세액을 감면한다.

미등록가산세 계산 사례

【거래 사례】

사업자 갑은 2015.2.4. 도매업을 개시하여 부가가치세 과세표준이 아래와 같을 때 각 사례별 미등록가산세 계산방법

기간	과세표준	매입금액
2015.2.4. ~ 3.31	100,000,000원	–
2015.4.1. ~ 6.30	400,000,000원	1,000,000,000원

【계산방법】

1. 2015.2.24. 이전 사업자등록을 신청한 경우 ☞ 가산세 없음
2. 2015.4.1. 사업자등록을 신청한 경우 ☞ 사업개시일부터 등록을 신청한 날의 직전일까지의 공급가액에 1%를 곱한다.
   100,000,000원 × 1% = 1,000,000원
3. 2015.7.1. 사업자등록을 신청한 경우 500,000,000원 × 1% = 5,000,000원

타인명의등록가산세 계산 사례

【거래 사례】

사업자 "갑"은 2014.1.1. 도매업을 개시하면서 사업자등록을 "을"로 하여 아래와 같이 부가가치세 신고·납부의무를 이행하여 오다가 2015.7.1. 관할세무서장의 세무조사 시 실사업자가 "갑"으로 확인되어 부가가치세를 경정하는 경우 타인명의등록가산세 계산방법

과세기간	과세표준	매입금액
2014년 제1기	100,000,000원	40,000,000원
2014년 제2기	200,000,000원	100,000,000원
2015년 제1기	400,000,000원	200,000,000원

【계산방법】

타인 명의로 등록한 사업개시일부터 실제 사업을 하는 것으로 확인되는 날의 직전일까지의 공급가액에 가산세율을 적용한다.

과세기간	계산산식	허위등록가산세액
2014년 제1기	100,000,000원 × 1%	1,000,000원
2014년 제2기	200,000,000원 × 1%	2,000,000원
2015년 제1기	400,000,000원 × 1%	4,000,000원

4. 관련 사례

(1) 미등록가산세

1) 미등록 지점사업장의 과세표준을 본점에서 신고·납부한 경우

법인사업자가 미등록 지점사업장에서 재화 또는 용역을 공급하고 그에 대한 세금계산서의 발급 및 부가가치세의 신고·납부를 본점에서 한 경우 해당 지점사업장에 대하여는 세금계산서 미발급가산세 및 「국세기본법」에 따른 무신고가산세를 적용하는 것이나, 미등록 지점사업장을 본점 건물로 이전한 기간 동안에는 해당 가산세를 적용하지 않는다.[64)]

2) 사업자등록한 자가 타인 명의로 등록하여 발급받은 세금계산서의 실질사업자 경정 시 공제 여부

사업자등록을 한 사업자가 타인의 명의를 이용하여 일반과세자로 등록한 후 실제 사업을 영위하면서 명의를 대여한 타인 명의로 교부받은 세금계산서의 매입세액은 실질사업자의 매출세액에서 공제하지 아니하는 것이며, 타인 명의로 교부받은 세금계산서의 매입세액은 「국세기본법」 제14조의 규정에 의하여 명의위장사업자의 매출세액에서 공제하며 미등록가산세를 적용하지 아니한다는 「부가가치세법 기본통칙」60-108-1 은 명의위장사업자가 미등록 상태에서 타인 명의로 사업자등록을 하고 부가가치세 신고납부를 한 경우에 적용한다.[65)]

3) 실질적으로 과세사업을 영위하는 사업자의 사업자등록 및 세금계산서 교부의무

과세사업자로 등록하지 아니한 사업자(부가가치세 면세사업자로 「소득세법」에 의하여 등록한 자 포함)가 부가가치세 과세사업을 영위하는 경우에는 미등록가산세가 적용되는 것이며, 또한 부가가치세가 과세되는 재화 또는 용역을 공급하는 경우에도 세금계산서를 교부하여서는 안 된다. 그리고, 사업자가 「부가가치세법」에 의한 사업자등록을 하지 아니한 사업자로부터 부가가치세가 과세되는 재화 또는 용역을 공급받는 경우 이때 교부받은 매입세금계산서(법에 의한 세금계산서가 아님)상의 부가가치세는 매출세액에서 공제되지 아니한다.[66)]

4) 기존사업장에서 신고한 미등록사업장의 과세표준에 대한 가산세

사업자가 사업자등록을 한 사업장 외에 등록을 하지 않은 미등록사업장에서 별도의 사업을 영위하면서 미등록사업장의 과세표준 및 세액을 이미 등록한 사업장의 과세표준 및 세액신고 시 합하여 신고·납부한 경우 미등록사업장에 대한 과세표준 및 세액을 결정·징수하여야 한다. 이 경우 세금계산서 미발급가산세(2007.12.31. 이전 공급분은 미등록가산세), 무신고가산세가 적용되나, 납부불성실가산세는 적용되지 아니한다.[67)]

---

64) 법규과-1717, 2010.11.19
65) 재부가-646, 2010.10.01., 기준법령해석부가2015-171, 2015.09.14
66) 부가46015-1240, 1994.06.22
67) 부가집 60-0-8

5) 면세사업자가 과세사업을 영위하는 경우

「소득세법」 규정에 의하여 등록을 한 사업자가 부가가치세가 과세되는 사업을 영위하는 경우에는 「부가가치세법」 규정에 의하여 사업자등록을 하여야만 미등록으로 인한 매입세액불공제 및 미등록가산세가 적용되지 아니하는 것이므로 해당 사업자에게는 매입세액불공제 및 미등록가산세를 적용한다.[68]

6) 사업자의 임시사업장개설신고를 하지 아니한 경우

기존 사업장이 있는 사업자가 임시사업장을 개설하고자 하는 때에는 임시사업장개설신고서를 당해 임시사업장의 사업개시일 20일 전에 임시사업장의 관할세무서장에게 제출하여야 하는 것이며, 사업자가 임시사업장개설신고서를 제출하지 아니하는 때에는 당해 임시사업장으로 보지 아니하는 것이므로, 사업장에 관한 일반규정을 따른다. 따라서, 독립된 사업장으로 보아 미등록가산세와 신고·납부불성실가산세를 적용한다.[69]

7) 사업자등록신청의 거부 사유 및 사업자등록 없이 사업을 영위하는 경우 납세의무

신규로 사업을 개시하고자 하는 자가 사업개시일 전에 사업자등록신청을 하는 경우 수관세무서장은 동 신청자가 사업을 사실상 개시하지 아니할 것이라고 인정되는 때에는 등록을 거부할 수 있는 것이며, 사업자가 사업자등록을 하지 아니하고 영업을 한 때에는 당해 사업자가 신고하지 아니한 부가가치세의 과세표준과 납부세액 또는 환급세액을 경정조사하고 미등록가산세를 적용하여 결정된 세액을 국세징수의 예에 의하여 징수한다.[70]

8) 피합병법인의 지점을 지점사업장으로 설치운영하는 경우

흡수합병방식에 의한 합병법인이 피합병법인의 지점을 자기의 지점사업장으로 설치운영하는 경우에는 별도의 신규사업자 등록을 하여야 하는 것이며, 사업자등록 신청을 하지 아니한 때에는 미등록가산세를 적용한다.[71]

9) 법인의 본점 이전 후 사업자등록정정 미신고 시 미등록가산세 적용 여부 등

사업장을 이전하는 경우 사업자등록정정신고를 해야 하며, 사업자가 사업장을 이전하고 사업자등록정정신고를 하지 않은 경우에는 미등록가산세는 적용하지 않으나 「조세범처벌법」에 의한 처벌대상이 된다.[72]

10) 부동산임대업자의 미등록가산세 적용

부동산임대업(부동산상의 권리만을 대여하는 경우와 「전기사업법」에 의한 전기사업자가 부동산

68) 부가46015−113, 1995.01.13
69) 부가46015−4986, 1999.12.21
70) 부가22601−1910, 1989.12.29
71) 부가22601−1953, 1992.12.30
72) 부가22601−1553, 1989.10.25

을 임대하는 경우 제외)자가 당해 부동산의 등기부상의 소재지를 사업장으로 하는 사업자등록을 신청하지 아니한 경우에는 미등록가산세를 적용한다.[73)]

11) 조합이 고유번호를 부여받은 경우 미등록가산세 적용 여부

세금계산서 제출의무자가 조합원을 위하여 재화를 공동구입하여 공급하는 경우 고유번호를 기재한 세금계산서를 교부한 때에는 미등록가산세가 적용되지 아니한다.[74)]

(2) 타인명의등록가산세

1) 동일한 사업장에서 타인의 명의로 사업자등록을 한 경우 가산세 적용 여부

동일한 사업장에서 타인의 명의로 사업자등록을 하고 부가가치세 신고·납부를 한 경우에는 실질사업자 명의로 사업자등록을 정정하여야 하는 것이며, 타인명의등록가산세를 적용하는 것이나, 이미 신고·납부한 부분에 대하여는 가산세는 적용하지 않는다. 이 경우, 조세포탈한 부분이나 허위기재의 세금계산서를 교부 또는 수취한 부분과 명령사항 위반에 대하여는「조세범처벌법」에 의하여 처벌받을 수 있다.[75)]

2) 사업장을 보유한 사업자가 다른 사업장을 타인 명의로 등록한 경우 매입세액공제 여부

타인 명의로 사업자등록을 하여 사업을 하는 것으로 확인되는 경우로서 그 타인 명의로 등록된 사업장의 사업자등록번호가 기재된 세금계산서를 발급받은 경우 사실과 다른 세금계산서로 보지 아니하는 것이며, 회신일 이후 경정·결정하는 분부터 적용한다.[76)]

3) 타인 명의 등록사업자에 대한「부가가치세법」적용

사업자가 타인의 명의로 사업자등록을 하고 부가가치세를 신고·납부하여 관할세무서장 등이 경정하는 경우 그 타인 명의로 발급받은 세금계산서의 매입세액은「국세기본법」제14조(실질과세원칙)에 따라 해당 사업자의 매출세액에서 공제하며, 이 경우 가산세(타인명의등록가산세)는 적용한다.[77)]

4) 여관건물소유자(갑)가 임대하고 을이 숙박업을 영위하나 갑이 숙박업으로 신고한 경우

여관건물을 소유하고 있는 갑이 당해 건물을 을에게 임대하여 갑은 부동산임대업을 영위하고 을은 숙박업을 영위하면서 숙박업에 대하여만 갑의 명의로 사업자등록을 한 후 을이 부가가치세를 신고·납부한 경우에 있어 갑은 부동산임대업에 대하여 사업자등록을 하지 아니하고 부가가치세를 신고·납부하지 아니하였으므로 미등록가산세와 신고불성실가산세 및 납부불성실가

73) 부가22601-1668, 1985.08.30
74) 부가1235-791, 1979.03.22
75) 부가46015-1850, 1995.10.07
76) 기획재정부 부가가치세제과-519, 2017.10.12
77) 부가집 60-108-1

산세를 적용하여 사업장 관할세무서장이 당해 부동산임대업에 대한 부가가치세의 과세표준과 납부세액을 경정하며, 을이 영위하는 숙박업에 대하여 부가가치세 확정신고의 내용에 오류 또는 탈루가 없는 때에는 당해 숙박업에 대하여는 「부가가치세법」상의 가산세는 적용되지 아니한다.[78]

5) 명의대여자 자신의 재산으로 납부한 부가가치세를 명의대여자에게 환급이 가능한지 여부

명의대여자에 대한 부가가치세 결정취소로 발생한 환급세액은 실질소득자의 기 납부세액으로 공제하고 잔여환급액이 있는 경우 실질소득자에게 환급하는 것이 원칙이나, 명의대여자의 재산으로 납부된 것이 확인되는 경우에는 명의대여자에게 환급하여야 한다.[79]

6) 명의대여 공동사업자 중 배우자가 포함된 경우 허위등록가산세 적용방법

다수의 공동사업자가 다수의 타인 명의를 이용하여 공동사업자등록을 하고 사업을 영위한 경우로서 명의대여자 중 실사업자의 배우자가 포함되어 있는 경우에도 허위등록가산세는 사업장 전체 공급가액의 합계액을 기준으로 산정한다.[80]

7) 명의위장사업자로부터 수취한 매입세금계산서공제 여부

선의의 거래당사자로 볼 수 있는 때라 함은 거래상대방의 사업자등록증 확인 여부 및 그에 따른 세금계산서 수수 여부, 대금의 지급관계, 기타 관련 증빙 등에 의하여 거래 당시에 거래상대자가 위장사업자임을 알지 못한 경우를 말하는 것으로 이에 대하여는 구체적인 거래내용에 따라 사실판단할 사항이다.[81] 사업자가 거래상대방의 사업자등록증을 확인하고 거래에 따른 세금계산서를 교부받은 경우 거래상대방이 명의위장사업자로 판명되었다 하더라도 당해 사업자를 선의의 거래당사자로 볼 수 있을 때에는 경정을 받지 아니하고, 매입세액공제를 적용한다.[82]

Ⅱ 세금계산서 불성실가산세

사업자가 다음의 어느 하나에 해당하면 각 호에 따른 금액을 납부세액에 더하거나 환급세액에서 뺀다. 이 경우 1. 또는 2. 가 적용되는 부분은 3. 부터 5. 까지를 적용하지 아니하고, 5. 가 적용되는 부분은 3. 및 4. 를 적용하지 아니한다(부법 60 ②).

1. 지연발급가산세

78) 부가46015-313, 2000.02.15
79) 서면-2016-법령해석기본-5051[법령해석과-3460], 2016.10.31
80) 기준-2016-법령해석부가-0059[법령해석과-1203], 2016.04.11
81) 부가46015-2073, 1995.11.08
82) 서면3팀-277, 2008.02.05

(1) 개요

세금계산서의 발급시기가 지난 후 해당 재화 또는 용역의 공급시기가 속하는 과세기간에 대한 확정신고기한까지 세금계산서를 발급하는 경우 그 공급가액의 1%에 해당하는 금액을 납부세액에 더하거나 환급세액에서 뺀다.

(2) 전자세금계산서 발급시기에 이메일 전송하였으나 전송시기 경과 후 전송한 경우

전자세금계산서는 「전자거래기본법」 제24조 제1항에 따라 제정된 전자세금계산서의 표준에 따라 생성·발급·전송된 파일을 말하는 것이며, 전자세금계산서는 반드시 전자서명을 하게 되어 있고, 전자서명이 되지 않은 상태에서 전달된 세금계산서는 전자세금계산서가 아니다. ASP사업자의 전자세금계산서 발급시스템이 종전에는 거래처에 이메일을 전송하는 시점에 전자서명을 포함하여 발급되었으나 2011.8.17.부터 국세청에 전송하는 시점에 전자서명을 포함하여 발급되는 것으로 변경되었음에도 청구법인은 이를 전혀 인지하지 못하고 이메일 전송시점을 발급시기로 잘못 판단하여 공급시기의 다음 달 10일 이후에 쟁점전자세금계산서를 발급한 것으로 보여진다. 청구법인은 쟁점전자세금계산서 발급시기가 거래처 이메일 발송일이라고 주장하나, 이는 전자세금계산서를 발급하기 전에 거래처가 확인하여 착오발급을 줄이기 위한 것으로 ASP사업자가 시스템이용자의 편의를 위해 제공하는 절차에 불과하다. 쟁점전자세금계산서에 전자서명이 이루어져 국세청에 전송된 시점이 2011.10.13.로 확인되므로 세금계산서 발급시기를 경과하여 지연발급한 쟁점전자세금계산서에 대해 지연발급가산세를 적용하여 청구법인에게 부가가치세를 과세한 처분은 잘못이 없는 것으로 판단된다.[83)]

(3) 당초 공급가액 착오기재로 수정세금계산서 발급 시 세금계산서 지연발급가산세 적용 여부

당초 발급한 세금계산서의 공급가액이 착오로 과다하게 기재되어 수정세금계산서를 발급한 경우, 세금계산서 지연발급가산세를 적용하지 않는다.[84)]

2. 미발급가산세

(1) 개요

세금계산서의 발급시기가 지난 후 해당 재화 또는 용역의 공급시기가 속하는 과세기간에 대한 확정신고기한까지 세금계산서를 발급하지 아니한 경우 그 공급가액의 2%에 해당하는 금액을 납부세액에 더하거나 환급세액에서 뺀다. 다만, 다음의 어느 하나에 해당하는 경우에는 그 공급가액의 1%로 한다.

---

83) 심사부가2012-0175, 2013.02.26
84) 사전-2023-법규부가-0236, 2023.05.02

1) 전자세금계산서 의무발급자가 전자 외로 발급한 경우

전자세금계산서를 발급하여야 할 의무가 있는 자가 전자세금계산서를 발급하지 아니하고 세금계산서의 발급시기에 전자세금계산서 외의 세금계산서를 발급한 경우

2) 타인 명의로 발급한 경우

둘 이상의 사업장을 가진 사업자가 재화 또는 용역을 공급한 사업장 명의로 세금계산서를 발급하지 아니하고 세금계산서의 발급시기에 자신의 다른 사업장 명의로 세금계산서를 발급한 경우

3) 수정세금계산서에 대한 미발급가산세

사업자가 세금계산서를 발급한 후 당초의 공급가액에 추가 또는 차감되는 금액이 발생한 경우 수정세금계산서를 발급하지 아니하거나 발급한 분에 대한 매출처별세금계산서합계표를 제출하지 아니한 때에는 세금계산서 미발급가산세 또는 매출처별세금계산서합계표 미제출가산세를 적용한다.[85]

(2) 장기 국세부과제척기간 적용 특례

납세자가 부정행위를 하여 다음에 따른 가산세 부과대상이 되는 경우 해당 가산세를 부과할 수 있는 날부터 10년을 국세부과제척기간으로 한다.

① 세금계산서의 발급시기가 지난 후 해당 재화 또는 용역의 공급시기가 속하는 과세기간에 대한 확정신고기한까지 세금계산서를 발급하지 아니한 경우

② 재화 또는 용역을 공급하지 아니하고 세금계산서 또는 신용카드매출전표 등(이하 "세금계산서 등"이라 한다)을 발급한 경우

③ 재화 또는 용역을 공급받지 아니하고 세금계산서 등을 발급받은 경우

④ 재화 또는 용역을 공급하고 실제로 재화 또는 용역을 공급하는 자가 아닌 자 또는 실제로 재화 또는 용역을 공급받는 자가 아닌 자의 명의로 세금계산서 등을 발급한 경우

⑤ 재화 또는 용역을 공급받고 실제로 재화 또는 용역을 공급하는 자가 아닌 자의 명의로 세금계산서 등을 발급받은 경우

⑥ 재화 또는 용역을 공급하고 세금계산서 등의 공급가액을 과다하게 기재한 경우

⑦ 재화 또는 용역을 공급받고 ⑤가 적용되는 세금계산서 등을 발급받은 경우

⑧ 사업자가 아닌 자가 재화 또는 용역을 공급하지 아니하고 세금계산서를 발급하거나 재화 또는 용역을 공급받지 아니하고 세금계산서를 발급받은 경우

(3) 전자세금계산서를 발급하지 않고 종이세금계산서를 발급하는 경우

전자세금계산서 의무발급대상자가 공급일이 속하는 달의 다음 달 10일까지 전자세금계산서를 발

85) 부가집 60-0-10

급하여야 하며, 전자세금계산서를 발급하지 아니한 경우 공급가액의 1%를 가산세로 부과하며, 공급받은 자는 매입세액공제를 적용하고 가산세는 부과하지 않는다.[86)]

(4) 전자세금계산서 대신 발행한 종이세금계산서의 발행시기가 불분명한 경우

일반적으로 세금 부과처분 취소소송에서 과세요건 사실에 관한 증명책임은 과세권자에게 있으나, 구체적인 소송과정에서 경험칙에 비추어 과세요건 사실을 추단할 수 있는 사실이 밝혀진 경우에는 상대방이 문제로 된 당해 사실이 경험칙을 적용하기에 적절하지 아니하다는 등의 반대사정을 입증하지 못하는 한 당해 과세처분을 과세요건이 흠결된 위법한 처분이라고 단정할 수 없다.[87)] 따라서 청구인은 정기신고 시 제출되지 아니하였다가 경정청구 시 제출된 쟁점세금계산서상 매입세액을 불공제하는 것은 부당하다고 주장하나, 공급자들은 전자세금계산서 발급의무가 있는 법인사업자임에도 쟁점거래와 관련된 세금계산서를 종이세금계산서 형태로 제시하고 있고, 부가가치세 정기신고 시 청구인 및 공급자들 모두 쟁점금액 및 쟁점세금계산서를 신고·제출하지 아니하였다가 경정청구 시에야 각 신고·제출된 점에 비추어 종이세금계산서가 「부가가치세법」에 따라 정상적인 발급시기에 발급되었는지 여부가 불분명한 점, 개인사업자인 청구인이 쟁점거래와 관련하여 수입대행업자들에게 직접 상품대금을 지급한 뒤 상품도 직접 수령하였고 공급자들 명의의 매입세금계산서가 발행된 날에 매입가액 그대로 청구인이 공급자들로부터 쟁점세금계산서를 수취한 것으로 나타나, 쟁점거래에 있어 공급자들의 역할이 객관적으로 확인되지 아니하여 쟁점세금계산서가 정상적인 거래에 따라 수수된 것인지 불분명한 점 등에 비추어 처분청이 쟁점세금계산서상 매입세액을 공제하지 아니하는 매입세액으로 보아 청구인의 경정청구를 거부한 이건 처분은 달리 잘못이 없는 것으로 판단된다.[88)]

(5) 특수관계자 저가 공급 시 사실과 다른 세금계산서 및 합계표 불성실가산세 해당 여부

사업자가 그와 특수관계에 있는 자와 영세율 적용을 받는 과세거래를 함에 있어서 부당하게 낮은 대가로 물품을 공급한 것이 부당행위계산의 부인 대상에 해당하는 경우, 정상적인 거래시가와 낮은 대가와의 매출차액에 대하여는 영세율이 적용되는 과세표준을 신고하여야 할 과세표준에 미달하게 신고한 셈이 되므로 영세율 과세표준 신고불성실가산세 부과대상이 된다고 할 것이지만, 부당하게 낮은 대가로 물품을 공급하는 자의 과세표준을 재계산하는 효력을 가지고 있을 뿐이고, 특수관계자와 사이에 적법·유효하게 성립된 법률행위의 사법상 효력을 부인하거나 실지거래를 재구성하는 효력을 가지는 것은 아니라고 할 것이므로, 정상적인 거래시가와 낮은 대가와의 매출차액에 대하여 세금계산서를 교부할 의무가 있다고 보기 어렵고, 당사자 합의에 따라 실제거래금

---

86) 심사부가2014–0017, 2014.04.08
87) 대법원2010두23378, 2012.08.17
88) 심사–부가–2018–0071, 2019.07.17

액을 공급가액으로 하여 교부된 세금계산서가 정상적인 거래시가를 공급가액으로 하지 않았다는 이유로 사실과 다른 세금계산서라고 할 수도 없다.[89)]

(6) 대손세액공제를 통하여 부가가치세 본세 납부의무가 면제된 사실이 가산세 납부의무 면제 사유가 될 수 있는지 여부

사업상 독립적으로 재화 또는 용역을 공급하는 자는 부가가치세를 납부할 의무가 있고, 용역이 공급되는 시기는 역무가 제공되거나 재화, 시설물 또는 권리가 사용되는 때이므로, 사업자가 대가를 받기로 하고 타인에게 용역을 공급한 이상 실제로 그 대가를 받았는지의 여부는 부가가치세 납부의무의 성립 여부를 결정하는 데 아무런 영향도 미칠 수 없다.[90)] 따라서 원고가 이후 위 공사대금을 지급받지 못하였고 이를 이유로 대손세액공제를 통하여 이 사건 공사에 관한 부가가치세 중 본세의 납부의무를 면제받게 되었다 하더라도, 위 공사로 인한 매출 자체가 없어지는 것은 아니므로 달리 볼 수 없다. 따라서 원고가 주장하는 바와 같은 사정만으로는 이 사건 공사에 관한 원고의 세금계산서 교부 의무 및 부가가치세 신고·납부의무가 소멸되었다고 볼 수 없고, 원고가 위 각 의무의 이행을 해태한 것에 정당한 사유가 있다고 볼 수도 없다.[91)]

(7) 개인사업자의 사업장별 공급가액 합계액이 경정을 통하여 3억원에 미달하게 된 경우

전자세금계산서 의무발급 통지를 받은 개인사업자가 경정으로 개인사업자의 사업장별 재화 또는 용역의 공급가액 합계액이 3억원에 미달하게 된 경우에는 전자세금계산서 발급의무가 없는 것이므로 전자세금계산서 미발급가산세는 적용되지 아니한다.[92)]

3. 전자세금계산서 지연전송가산세

전자세금계산서 발급명세 전송기한이 지난 후 재화 또는 용역의 공급시기가 속하는 과세기간에 대한 확정신고기한까지 국세청장에게 전자세금계산서 발급명세를 전송하는 경우 그 공급가액의 0.3%에 해당하는 금액을 납부세액에 더하거나 환급세액에서 뺀다.

4. 전자세금계산서 미전송가산세

(1) 개요

전자세금계산서 발급명세 전송기한이 지난 후 재화 또는 용역의 공급시기가 속하는 과세기간에

89) 대법원2002두1588, 2004.09.23
90) 대법원94누 11446, 1995.11.28
91) 수원지방법원2012구합10551, 2012.11.16
92) 서면-2018-법령해석부가-2187[법령해석과-2607], 2018.10.01

대한 확정신고기한까지 국세청장에게 전자세금계산서 발급명세를 전송하지 아니한 경우 그 공급가액의 0.5%에 해당하는 금액을 납부세액에 더하거나 환급세액에서 뺀다.

(2) 전자세금계산서 발급분을 전송하고 부가가치세 신고 시 매출처별세금계산서합계표에 기재하지 않은 경우

사업자가 전자세금계산서 발급분을 전송하고 부가가치세 신고 시 매출처별세금계산서합계표에 기재하지 않은 경우, 매출처별세금계산서합계표가산세는 적용되지 아니하는 것이나, 신고서 금액과 합계표 금액이 서로 달라 전산 오류가 발생되어 사업자가 해명해야 하는 불편함이 발생하므로, 전자세금계산서를 발급하여 전송한 분도 매출처별세금계산서합계표 전자세금계산서 발급분으로 기재하여 제출하여야 한다.[93]

(3) 전자세금계산서 발급 후 발급명세 미전송 시

재화 또는 용역을 공급하는 사업자가 전자세금계산서를 발급하였으나 발급명세를 전송하지 아니한 경우에는 일반세금계산서를 발급한 사업자와 동일하게 매출처별세금계산서합계표를 작성하여 제출하여야 하고, 이를 이행하지 아니한 경우에 미전송가산세를 적용한다.[94]

5. 세금계산서 부실기재가산세

(1) 개요

세금계산서의 필요적 기재사항의 전부 또는 일부가 착오 또는 과실로 적혀 있지 아니하거나 사실과 다른 경우 그 공급가액의 1%에 해당하는 금액을 납부세액에 더하거나 환급세액에서 뺀다(부법 60②5). 다만, 발급한 세금계산서의 필요적 기재사항 중 일부가 착오나 과실로 사실과 다르게 적혔으나 해당 세금계산서에 적힌 나머지 필요적 기재사항 또는 임의적 기재사항으로 보아 거래사실이 확인되는 경우에는 사실과 다른 세금계산서로 보지 아니한다(부령 108 ③).

93) 부가가치세과-1058, 2010.08.13
94) 조심2014서0599, 2014.04.22

세금계산서발급 불성실가산세 계산 사례

【거래 사례】
2015년 10월 도매업을 운영하는 사업자 "갑"에 대한 관할세무서장의 세무조사 시 2015년 제1기 과세기간 중에 수수한 세금계산서 중 아래와 같은 사실이 적출된 경우 가산세 계산방법

【계산방법】
1. 공급받는 자의 필요적 기재사항이 누락되어 거래사실이 확인되지 않는 세금계산서 2매, 공급가액 5억원 적출
   ☛ 500,000,000원 × 1% = 5,000,000원(세금계산서부실기재에 따른 가산세 적용)
2. 공급받는 자의 사업자등록번호가 기재누락되었으나, 나머지 기재사항(대표자, 사업장, 업태, 종목 등)으로 거래사실이 확인되는 세금계산서 1매, 공급가액 1억원 적출
   ☛ 세금계산서의 그 밖의 기재사항으로 보아 거래사실이 확인되는 경우 세금계산서 부실기재가산세 적용대상이 아니다.
3. 2015년 제1기 확정신고 시 공제받지 못한 매입세금계산서 1매, 공급가액 1천만원과 신용카드매출전표 수취분 10매, 공급가액 5백만원이 확인되어 경정 시 매입세액을 공제하였다.
   ☛ 15,000,000원 × 1% = 150,000원(경정기관의 확인을 거쳐 매입세금계산서를 제출하고 공제받는 경우에는 세금계산서 불성실가산세가 적용)

(2) 수정세금계산서 발급대상 여부 및 가산세 적용

사업자가 세금계산서의 필요적 기재사항 등을 착오로 잘못 적은 경우 수정세금계산서를 발급할 수 있는 것이나, 계약상 또는 법률상의 원인에 따라 적법하게 발급된 세금계산서에 대해서는 수정세금계산서를 발급할 수 없다.[95)]

구분	사유	부가가치세 수정신고대상 여부		부가가치세법상 가산세
		여부	사유	
작성일자가 소급 안 되는 경우	환입, 계약해제, 공급가액 변동	부	수정세금계산서도 해당 사유가 발생한 과세기간에 포함되므로 별도 수정신고 필요 없음	해당사항 없음
작성일자가 소급되는 경우	신고기한 내 수정사유 발생	부	신고기한 내 당초 및 수정세금계산서가 발급된 경우 합산신고하면 되므로 수정신고 필요 없음	사안에 따라 판단
	신고기한 경과 후 수정사유 발생	여	신고기한 경과 후 수정세금계산서가 발급된 경우 합산신고할 수 없으므로 수정신고해야 함	사안에 따라 판단

95) 서면-2016-부가-3378[부가가치세과-0892], 2016.05.02

(3) 공급받는 자를 정정하여 수정세금계산서 발급 시 지연발급(수취)가산세 부과 여부

사업자가 세금계산서를 발급한 후 공급받는 자가 잘못 적힌 경우에는 재화나 용역의 공급일이 속하는 과세기간에 대한 확정신고기한으로부터 1년 이내에 수정세금계산서를 발급할 수 있는 것이며, 이 경우 세금계산서 지연발급(수취)가산세를 적용하지 않는다.[96)]

(4) 본지점 사업자가 공급자를 정정하여 세금계산서 재발급 시 지연발급가산세 부과 여부

본점과 지점에 대하여 각각 사업자등록을 한 법인이 지점사업장의 건물을 양도하고 착오 또는 과실로 본점을 공급자로 하는 전자세금계산서를 발급('16.2.26)하였다가 부가가치세 예정신고기한 이전에 지점을 공급자로 하는 전자세금계산서를 재발급('16.4.25)한 경우로서 실제로 공급한 사업자가 해당 과세기간에 대한 부가가치세를 신고·납부한 경우에는 지점에서 발급('16.4.25)한 전자세금계산서에 대하여 지연발급가산세를 적용하지 않는다.[97)]

(5) 주민등록번호를 사업자등록번호로 수정한 세금계산서를 발급받은 경우

사업자가 부가가치세가 과세되는 재화를 구입하면서 주민등록번호를 기재한 세금계산서를 교부받은 경우 관련 매입세액은 매출세액에서 공제할 수 없는 것이나, 주민등록번호를 사업자등록번호로 수정한 세금계산서를 교부받아 매입처별세금계산서를 예정신고 또는 확정신고 시 제출하거나 「국세기본법」 제45조의 2의 규정에 의하여 경정청구한 경우에는 동 매입세액을 공제받을 수 있다.[98)] 만일 영수증을 교부할 수 있는 사업자가 세금계산서 서식을 이용하여 공급받는 자의 주민번호 뒤 7자리를 *******로 표시하여 교부하는 경우에는 세금계산서가 아닌 영수증을 교부한 것으로 보는 것이므로 매입세액을 공제받을 수 없다.[99)] 또한 공급받는 자가 사업자등록을 하기 전에 공급받는 자의 주민등록번호를 기재하여 교부한 세금계산서에 대하여는 사업자등록번호로 수정한 세금계산서를 교부할 수 없다.[100)]

(6) 필요적 기재사항 착오에 대한 수정세금계산서 발급기한

사업자가 세금계산서를 교부한 후 그 기재사항에 관하여 착오 또는 정정사유가 발생한 경우에는 부가가치세의 과세표준과 납부세액 또는 환급세액을 경정하여 통지하기 전까지 세금계산서를 수정하여 교부할 수 있는 것이며, 당초의 공급가액에 추가되는 금액 또는 차감되는 금액이 발생한 경우에는 그 발생한 때에 세금계산서를 수정하여 교부할 수 있는 것이나,[101)] 공급받는 자의 수정

96) 기획재정부 부가가치세제과-538, 2014.09.05
97) 기획재정부 부가가치세제과-228, 2017.04.26
98) 부가46015-2135, 1999.07.26
99) 부가가치세과-877, 2009.06.25
100) 서면3팀-1784, 2007.06.20
101) 부가46015-3833, 2000.11.27

은 기재사항 착오로 볼 수 없으므로 과세기간에 대한 확정신고기한으로부터 1년 이내에 수정세금계산서 발급이 가능하며, 지연발급(수취)가산세를 적용하지 않는다.[102)]

(7) 주민번호를 기재하여 교부한 세금계산서에 대한 가산세

1) 가산세를 적용하는 경우

세금계산서는 부가가치세제도의 근간을 이루는 것으로서 부가가치세가 추구하는 이념을 달성하고 유통거래질서를 확립하기 위하여는 거래상대방의 인적사항 등이 정확하게 작성된 세금계산서가 수수되어야 하므로, 「부가가치세법」에서는 제출한 매출처별세금계산서합계표의 기재사항이 기재되지 아니하거나 사실과 다르게 기재된 분의 공급가액에 대하여 가산세를 부과하도록 규정하고 있고, 사업자등록번호를 기재하지 아니하고 주민등록번호를 기재한 경우 가산세를 면제하여 주는 예외적 규정은 마련되어 있지 아니함을 알 수 있다. 따라서 사업자로서 주의의무를 다하지 않고 주민번호를 기재하여 교부한 세금계산서는 필요적 기재사항이 누락된 세금계산서이므로 세금계산서 불성실가산세(1%)를 부과한 처분은 정당하다.[103)]

2) 가산세를 적용하지 않는 경우

사업자가 교부한 세금계산서의 필요적 기재사항 중 일부가 단순한 기재상의 착오로 사실과 다르게 기재된 경우에도 당해 세금계산서의 필요적 기재사항 또는 임의적 기재사항으로 보아 거래사실이 확인되는 때에는 사실과 다른 세금계산서 교부에 따른 가산세를 적용하지 않는다.[104)]

(8) 당초 공급가액 착오기재로 수정세금계산서 발급 시 적용되는 가산세

처음에 발급한 세금계산서의 공급가액이 착오로 과소기재되어 수정세금계산서를 발급하여 수정신고하는 경우 해당 수정세금계산서에 대해서는 「부가법」상 가산세가 적용되지 않는다.[105)]

(9) 세금계산서의 작성일자를 실제 공급시기로 소급하여 작성한 경우

매입세액의 공제가 부인되는 세금계산서의 필요적 기재사항의 일부인 '작성연월일'이 사실과 다르게 기재된 경우라 함은 세금계산서의 실제작성일이 거래사실과 다른 경우를 의미하고, 그러한 경우에도 그 세금계산서의 나머지 기재대로 거래사실이 확인된다면 위 거래사실에 대한 매입세액은 공제되어야 하지만, 이는 어디까지나 세금계산서의 실제작성일이 속하는 과세기간과 사실상의 거래시기가 속하는 과세기간이 동일한 경우(이러한 경우이면 세금계산서상의 '작성연월일'이 실제작성일로 기재되든, 사실상의 거래시기 또는 어느 특정시기로 소급하여 기재되든 묻지 아

---

102) 기획재정부 부가가치세제과-538, 2014.09.05
103) 국심2000구0637, 2000.10.02
104) 부가46015-662, 1993.05.13
105) 사전-2015-법령해석부가-0060, 2017.06.20

니한다)에 한한다고 보아야 할 것인 바,[106] 그 이유는, 세금계산서가 부가가치세액을 정하기 위한 증빙서류로서 그것을 거래시기에 발행·교부하게 하는 것은 그 증빙서류의 진실을 담보하기 위한 것이기도 하지만, 나아가 전단계세액공제법을 채택하고 있는 현행 「부가가치세법」 체계에서 세금계산서제도는 당사자 간의 거래를 노출시킴으로써 부가가치세뿐 아니라 소득세와 법인세의 세원포착을 용이하게 하는 납세자 간 상호검증의 기능을 갖고 있으며, 세액의 산정 및 상호검증이 과세기간별로 행하여지는 부가가치세의 특성상 위와 같은 상호검증 기능이 제대로 작동하기 위해서는 세금계산서의 작성 및 교부가 그 거래시기가 속하는 과세기간 내에 정상적으로 이루어지는 것이 필수적이기 때문이다. 따라서 과세기간이 경과한 후에 작성한 세금계산서는 작성일자를 공급시기로 소급하여 작성하였다 하더라도 '필요적 기재사항의 일부가 사실과 다르게 기재된' 세금계산서에 해당하므로 이 경우의 매입세액은 매출세액에서 공제되어서는 아니된다 할 것이다.[107]

(10) 영세율 수정세금계산서의 착오기재 시 가산세의 적용 여부

사업자가 내국신용장이 개설되기 전에 재화를 공급하고 부가가치세를 거래징수하는 세금계산서를 교부한 후 당해 재화의 공급시기가 속하는 과세기간 내에 구신용장이 개설되는 경우에는 당초 세금계산서 작성일자로 영세율 수정세금계산서를 교부하고 당해 예정 또는 확정신고서와 함께 정부에 제출하여야 하는 것이며, 이 경우 영세율 수정세금계산서를 당초 세금계산서 작성일자로 작성하지 아니하고 내국신용장 개설일자로 작성한 경우에도 착오로 잘못 기재한 사실이 확인되는 때에는 가산세가 적용되지 않는다.[108]

(11) 과세거래분에 대하여 영세율 세금계산서를 교부한 경우

사업자가 일반세율이 적용되는 거래분에 대하여 영세율 세금계산서로 착오 발급한 경우 수정세금계산서는 2012년 7월 1일 이후 최초로 수정세금계산서 발급사유가 발생한 분부터 발급 가능하며, 부가가치세 수정신고 시 「국세기본법」상 신고불성실, 납부불성실가산세를 적용한다.[109]

(12) 계산서 착오 발행 후 공급시기 이후에 발급받은 세금계산서의 매입세액공제 여부 등

사업자가 부가가치세가 과세되는 재화를 공급하면서 공급시기에 계산서를 교부한 후 공급시기 이후 당해 공급시기가 속하는 과세기간 내에 세금계산서를 교부한 경우, 당해 재화의 공급자에게는 세금계산서 지연발급가산세 및 「국세기본법」상 신고불성실, 납부지연의 규정에 의한 가산세가 각각 적용되는 것이며, 공급받는 자는 확정신고기한 다음 날로부터 6개월 이내에 세금계산서

106) 대법원89누7528, 1990.02.27, 90누9933, 1991.04.26, 91누6610, 1991.10.08, 92누4574, 1993.02.09, 95누634, 1995.08.11
107) 대법원2002두5771, 2004.11.18
108) 부가22601-2163, 1987.10.17
109) 서면-2015-부가-1539[부가가치세과-1553], 2015.09.22

를 수령하는 경우 당해 세금계산서의 매입세액을 매출세액에서 공제할 수 있는 것이나, 매입세금계산서 지연수취가산세가 적용된다.[110)]

(13) 면세거래를 세금계산서로 발급받은 후 다시 수정세금계산서를 발급받는 경우 세금계산서 관련 가산세

사업자가 부가가치세가 면제되는 재화를 공급받고 매입세금계산서를 발급받아 매입처별세금계산서합계표에 제출한 후 공급자로부터 이를 수정한 세금계산서를 발급받아 제출하는 경우 매입처별세금계산서합계표가산세 부과대상에 해당하지 않는다.[111)]

(14) 영세율 거래에 대해 10% 세금계산서를 발급한 경우 사실과 다른 세금계산서 해당 여부 기획재정부[112)]

1) 사실관계

(주)○○메탈(이하 '쟁점법인')은 구매확인서로 ⊙⊙중공업(주)(이하 '매입처')에 수출용 선박엔진부품을 공급하고 10% 세율 세금계산서를 발급하여 부가가치세를 신고·납부하였고 매입처는 관련 부가가치세액을 매입세액으로 공제함

① 거래유형 Ⅰ

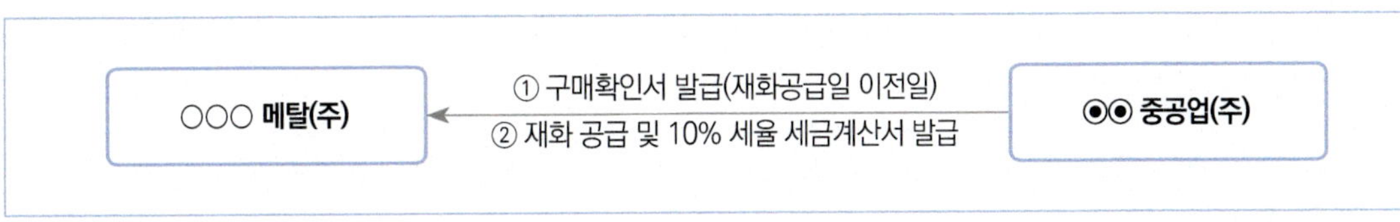

쟁점법인은 재화공급일 이전에 매입처로부터 구매확인서를 발급받아 재화를 공급하였으나, 영세율이 아닌 10%세율 세금계산서를 발급함

② 거래유형 Ⅱ

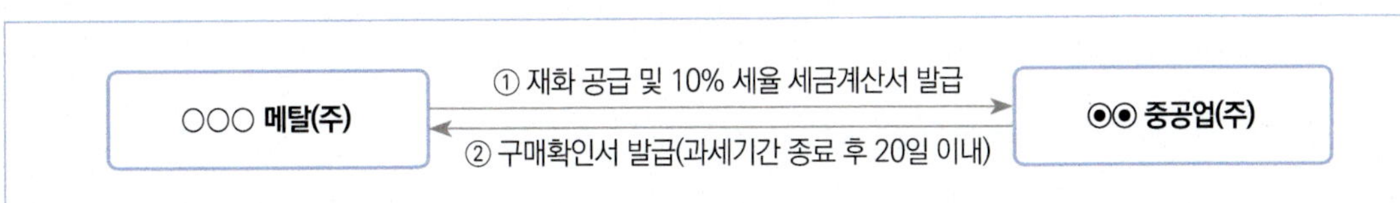

쟁점법인은 재화를 공급하면서 10%세율 세금계산서를 발급하고 매입처로부터 공급일이 속하는 과세기간 종료 후 20일 이내에 구매확인서를 발급받았으나, 영세율 수정세금계산서를 발급하지 아니함

110) 부가가치세과-723, 2010.06.10
111) 부가가치세과-875, 2013.09.26
112) 부가가치세제과-747, 2011.11.28

2) 질의내용

부가가치세액이 없음에도 이를 적어 발급한 세금계산서가 사실과 다른 세금계산서 해당하는지와 공급자 및 공급받은 자 모두에게 관련 가산세를 부과하여야 하는지 여부

3) 회신

사업자가 영세율을 적용할 수 있는 거래에 대해 부가가치세액(세율 10%)을 별도로 적은 세금계산서를 발급하고 이에 따라 과세표준 등을 신고·납부하는 등 조세탈루 사실이 없는 경우에는 가산세 부과대상인 사실과 다른 경우에 해당하지 아니한다.

(15) 구매확인서를 발급받은 후 수정세금계산서 미발급 시 가산세 적용 여부

사업자가 보세판매장에 재화를 공급하고 10%의 세율이 기재된 세금계산서를 발급한 후 공급시기가 속하는 과세기간 종료 후 25일 이내에 「대외무역법」 제18조에 따른 구매확인서를 발급받은 경우에는 0%세율이 기재된 세금계산서로 수정발급할 수 있는 것이나, 사업자가 구매확인서를 발급받았음에도 (영세율)수정세금계산서를 발급하지 아니한 경우로서 당초 발급한 세금계산서에 의해 신고·납부를 이행한 경우에는 해당 거래에 대하여 가산세를 적용하지 않는 것이며, 공급시기가 속하는 과세기간 종료 후 25일이 경과한 뒤에는 수정세금계산서를 발급할 수 없다.[113)]

(16) 부가가치세 과세거래에 해당하지 아니하는 거래에 대하여 세금계산서를 교부한 경우 적용되는 가산세 등

1) 재화의 이동이 국외에서 이루어진 거래에 대하여 세금계산서를 발행한 경우

사업자가 재화의 이동이 국외에서 이루어져 부가가치세 과세거래에 해당하지 아니하는 거래에 대하여 거래상대방에게 10%의 세율을 적용한 세금계산서를 교부하여 사업자와 거래상대방이 부가가치세 신고 시 매출(매입)처별세금계산서합계표를 제출한 경우에는 매출(매입)처별세금계산서합계표 관련 가산세가 적용되지 않는다. 다만 과소신고가산세, 초과환급신고가산세 및 지연납부가산세는 적용한다.[114)]

2) 상품권 매매 시 교부한 세금계산서 관련 매입처별세금계산서합계표 불성실가산세 적용 여부

"매입처별세금계산서합계표의 기재사항 중 사실과 다르게 과다하게 기재하여 신고한"의 의미는 정상적으로 교부받은 세금계산서상의 공급가액을 매입처별세금계산서합계표에 과다하게 기재하거나 사업과 관련 없는 세금계산서를 교부받아 매입처별세금계산서합계표에 기재하여 매입세액을 공제받는 경우를 말하는 것으로, 상품권의 경우 세금계산서 교부의무와 매입처별세금계산서합계표 제출에 대한 의무가 없는 거래로 매입처별세금계산서합계표에 포함하여 부가가치

113) 기획재정부 부가가치세제과-585, 2017.11.16

114) 부가가치세과-1585, 2009.11.03

세를 신고·납부하였다 하여도 매입처별세금계산서합계표의 기재사항 중 사실과 다르게 과다하게 기재하여 신고한 것으로 볼 수 없으므로 매입처별세금계산서합계표가산세 부과대상에 해당하지 않는다.[115)]

Ⅲ 가공·위장세금계산서 등에 관한 가산세

1. 가공거래 관련 가산세

(1) 개요

사업자가 다음의 어느 하나에 해당하는 경우에는 그 세금계산서 등에 적힌 공급가액의 3%에 해당 금액을 납부세액에 더하거나 환급세액에서 뺀다(부법 60 ③).

1) 가공세금계산서 발급가산세

재화 또는 용역을 공급하지 아니하고 세금계산서 또는 신용카드매출전표 등(이하 "세금계산서 등"이라 한다)을 발급한 경우

2) 가공세금계산서 수취가산세

재화 또는 용역을 공급받지 아니하고 세금계산서 등을 발급받은 경우

(2) 부가가치세 과세대상거래에 해당하지 아니함에도 착오로 인하여 세금계산서를 교부한 경우

부가가치세 과세대상거래에 해당하지 아니함에도 착오로 세금계산서를 교부한 경우 가공세금계산서 발급가산세를 적용하지 아니하는 것이나, 이에 해당하는지 여부는 거래의 실질에 따라서 판단하여야 한다.[116)]

(3) 해외여행알선업자가 수탁경비를 신용카드로 결제받은 후 신용카드매출전표를 발행한 경우

해외여행알선업을 영위하는 사업자가 자기의 수입으로 귀속되는 알선수수료와 음식비·숙박비·운송비 등의 수탁여행경비 전체 금액을 신용카드로 결제받고 신용카드매출전표를 발급하는 것이 「여신전문금융업법」 제19조 제4항 각 호에 따른 신용카드가맹점의 금지 행위에 해당하지 아니하는 경우에는 가공세금계산서 발급가산세를 적용하지 않는다.[117)] ☞ 신용카드매출전표 가공발급에 대한 가산세 규정은 신용카드위장가맹점 등 세법질서 문란행위자에 대한 제재 목적이며, 용역의 주선, 중개의 경우 주선, 중개인은 공급대가의 영수 용도로 신용카드매출전표를 발급할 수 있다.[118)]

115) 재정경제부 부가가치세제과-546, 2007.07.18
116) 부가가치세과-698, 2014.08.12
117) 법규부가2013-5, 2013.03.26
118) 서면3팀-2338, 2005.12.21

(4) 신용카드매출전표 등의 수취를 통한 매입세액의 공제범위

위·수탁판매의 경우에 있어서 해당 재화의 판매 대가를 신용카드로 결제받는 경우 위탁자와의 위·수탁판매에 관한 명시적인 계약내용과 세금계산서 교부 등이 관련 장부의 기장내용과 증빙서류 등에 의해 위·수탁판매 대가임이 확인 가능할 때에는 판매대금영수 용도에 한해 수탁자의 명의로 매출전표를 상대방에게 교부할 수 있는 것이고, 이 경우 수탁자의 부가가치세 과세표준은 위탁자로부터 받기로 한 수수료로 하며, 위탁자의 부가가치세 과세표준은 당해 수수료를 포함한 재화의 공급에 대한 대가(다만, 부가가치세는 제외함) 전체금액으로 한다.[119]

(5) 시공사의 부도로 하도급업체로부터 수령한 세금계산서

청구인은 쟁점거래처들과 새로운 도급계약 등을 체결하고 쟁점세금계산서를 정당하게 수취하였다고 주장하나, 금융거래내역상 청구인과 쟁점거래처들 간의 거래내용(2017년 4월~7월, 총 ○○○원)과 쟁점세금계산서상 금액(공급대가 ○○○원, 부가가치세액 ○○○원) 및 쟁점공사기간(2015년 9월~11월)이 서로 달라 실제 쟁점공사와 관련한 대금인지 여부가 불분명한 점, 청구인이 거래증빙으로 제출한 도급/매매/주문계약서 등의 작성일(2016.4.20.)이 조사 당시 작성한 청구인의 확인서 내용[쟁점거래처 ○○○의 납품계약서는 2017년 2월경 작성]과 서로 상반되고, 첨부한 법인인감증명서 발급일이 당해 계약서 작성일보다 훨씬 늦은 것으로 나타나 동 계약서 등이 진정계약서인지 여부가 불명확한 점, 조사 당시 청구인은 시공사의 부도로 그 하도급업체인 쟁점거래처들에게 지급하여야 할 공사(납품)대금에 대한 증빙 목적으로 쟁점세금계산서를 수취한 것이라는 내용의 확인서를 작성하여 제출한 점 등에 비추어 처분청이 쟁점세금계산서를 실제 거래 없는 가공세금계산서로 보아 부가가치세를 과세한 이 건 처분은 잘못이 없는 것으로 판단된다.[120]

(6) 과세대상이 아닌 거래에 대해 세금계산서를 교부받은 경우 가공수취가산세 적용 여부 등[121]

배터리 사업 등을 영위하는 내국법인(이하 "C법인")과 동일한 사업을 영위하는 다른 내국법인(이하 "B법인") 간에 미국에서 영업비밀 침해 등의 사유로 분쟁이 발생하여 민사소송 등이 진행되던 중 상호 합의에 따라 모든 법적 분쟁을 취하하고 C법인의 분할신설법인(이하 "A법인")이 B법인에게 합의금(이하 "쟁점합의금")을 지급하는 경우로서

① 쟁점합의금이 「부가가치세법」에 따른 용역의 공급에 대한 대가에 해당하지 않는 경우

B법인이 쟁점합의금을 A법인의 이견에도 불구하고 과세대상거래에 대한 대가로 판단하여 세금계산서를 발급 시 A법인에게 가공세금계산서가산세를 적용하지 아니하는 것이나 이에 해당

119) 서면3팀-2338, 2005.12.21

120) 조심-2017-중-5233, 2018.02.14

121) 사전-2022-법규부가-0110, 2022.03.21

하는지 여부는 거래의 실질에 따라 판단한다.

② 쟁점합의금이 「부가가치세법」에 따른 용역의 공급에 대한 대가에 해당하는 경우
쟁점합의금에 대한 공급시기가 분할등기일 이후 도래하는 경우 세금계산서는 C법인에게 권리·의무를 포괄적으로 승계받은 A법인이 수취한다.

2. 위장거래 관련 가산세

(1) 개요

사업자가 재화 또는 용역을 공급하고 세금계산서는 실제 공급받는 자가 아닌 자에게 발급하는 경우로서 거래의 형태·금액이 상관관계를 갖는 다음과 같은 하나의 거래에 해당하는 경우에는 그 공급가액의 2%에 해당하는 금액을 납부세액에 더하거나 환급세액에서 뺀다(부법 60 ③).

1) 위장세금계산서 발급가산세

재화 또는 용역을 공급하고 실제로 재화 또는 용역을 공급하는 자가 아닌 자 또는 실제로 재화 또는 용역을 공급받는 자가 아닌 자의 명의로 세금계산서 등을 발급한 경우

2) 위장세금계산서 수취가산세

재화 또는 용역을 공급받고 실제로 재화 또는 용역을 공급하는 자가 아닌 자의 명의로 세금계산서 등을 발급받은 경우

(2) 위장거래에 대한 가산세 적용방법

주류도매업을 영위하는 사업자 갑이 재화를 을에게 공급하고 세금계산서를 병에게 교부한 경우, 재화를 공급한 사실과 세금계산서를 교부한 사실이 거래의 형태·금액 등에 비추어 서로 상관관계를 갖는 하나의 거래에 해당되는 경우로서 단지 재화의 공급과 세금계산서의 교부가 사실과 다른 경우에 해당되는 때에는 세금계산서 위장발급가산세(2%)가 적용되나, 하나의 거래로 볼 수 없는 경우로서 재화의 공급과는 전혀 무관하게 세금계산서만 교부된 경우에는 세금계산서 미교부가산세(2%) 및 세금계산서 가공발급가산세(3%)가 각각 적용된다.[122]

(3) 가산세 중복적용 배제

사업자가 재화 또는 용역의 공급시기가 도래하기 전에 세금계산서를 선발행하고 그다음 과세기간에 재화 또는 용역을 공급하면서 당해 공급시기 이후 동일한 과세기간 내에 세금계산서를 교부하는 경우 재화 또는 용역을 공급한 사실과 세금계산서를 교부한 사실이 서로 상관관계가 있는 하나의 거래에 해당하는 경우에는 중복하여 가산세를 적용하지 아니한다.[123]

---

122) 부가46015-305, 2000.02.03
123) 서면3팀-1239, 2007.04.26

(4) 명의위장사업자와 거래한 선의의 사업자에 대한 경정

사업자가 거래상대방의 사업자등록증을 확인하고 거래에 따른 세금계산서를 발급하거나 발급받은 경우, 거래상대방이 관계기관의 조사로 인하여 명의위장사업자로 판정되었다 하더라도 해당 사업자를 선의의 거래당사자로 볼 수 있는 때에는 경정 또는 「조세범처벌법」에 따른 처벌 등 불이익한 처분을 받지 아니한다.[124)]

(5) 실거래처가 아닌 다른 사업자에게 세금계산서를 교부한 경우

사업자가 부가가치세가 과세되는 재화를 공급하고 월합계세금계산서를 교부함에 있어, 일부 업체에 대하여 공급가액을 과다하게 기재하고, 거래가 없는 일부 업체에 대하여 세금계산서를 교부한 경우(이하 "사실과 다르게 과다하게 교부한 금액"이라 한다), 재화를 공급한 사실과 세금계산서를 교부한 사실이 서로 상관관계가 있어 실지거래처에 교부하지 아니한 금액과 사실과 다르게 과다하게 교부한 금액이 월별로 일치하는 경우에는 세금계산서 미발급가산세와 과다기재가산세의 규정을 적용함에 있어서 그 교부하지 아니한 금액과 사실과 다르게 과다하게 교부한 금액에 대하여 중복하여 위장거래가산세를 적용한다.[125)]

(6) 가공매입으로 확인된 매입비용의 필요경비 산입 여부

사업자의 소득금액계산에 있어서 필요경비에 산입할 금액은 당해연도의 총수입금액에 대응하는 비용으로서 일반적으로 용인되는 통상적인 것의 합계액인 것이며, 사업자가 수취·보관한 서류나 비치·기장하고 있는 장부 등에 의하여 지급 또는 거래된 사실이 실제로 확인되는 때에는 필요경비로서 인정받을 수 있는 것으로,[126)] 소득세의 과세표준과 세액을 서면조사 결정 후 위장가공 매입자료가 발견된 때에 상품 등을 매입하지 아니하고 허위로 세금계산서 등을 수취하여 필요경비에 산입한 경우에는 소득금액계산에 있어서 전액 필요경비에 산입할 수 없다. 다만, 상품 등을 매입하고 실거래처와 다른 거래처로부터 세금계산서 등을 수취한 경우에는 당해 사업자가 비치·기장한 장부와 증빙서류에 의하여 실제 지출된 것이 확인되는 것으로서 상품 등의 원가에 한하여 필요경비에 산입하고 증빙불비가산세를 적용한다.[127)]

3. 공급가액 부실기재 관련 가산세

(1) 개요

사업자가 다음의 어느 하나에 해당하는 경우에는 부실기재(과다기재) 부분에 대한 공급가액의

124) 부기통 57-103-2
125) 서면3팀-2805, 2006.11.14
126) 서면1팀-886, 2007.06.27
127) 소득46011-4705, 1995.12.27

2%에 해당하는 금액을 납부세액에 더하거나 환급세액에서 뺀다(부법 60 ③).

1) 공급가액 과다기재 발급

재화 또는 용역을 공급하고 세금계산서 등의 공급가액을 과다하게 기재한 경우

2) 공급가액 과다기재 수취

재화 또는 용역을 공급받고 1)이 적용되는 세금계산서 등을 발급받은 경우

(2) 부실기재 공급가액 산정 기준

세금계산서의 필요적 기재사항의 일부가 "사실과 다른 때"라 함은 실거래금액과 사실과 다른 거래금액의 합계액을 기재한 공급가액을 의미하는 것이 아니라, 실거래금액은 정상적으로 부가가치세를 신고·납부하였으므로 사실과 다른 거래금액만을 의미하는 것으로 보아야 한다.[128)]

Ⅳ 비사업자의 허위세금계산서(자료상 세금계산서)에 대한 가산세

1. 개요

사업자가 아닌 자가 재화 또는 용역을 공급하지 아니하고 세금계산서를 발급하거나 재화 또는 용역을 공급받지 아니하고 세금계산서를 발급받으면 사업자로 보고 그 세금계산서에 적힌 공급가액의 3%를 그 세금계산서를 발급하거나 발급받은 자에게 사업자등록증을 발급한 세무서장이 가산세로 징수한다. 이 경우 납부세액은 0으로 본다(부법 60 ④).

2. 관련 사례

(1) 부분자료상의 가공세금계산서 발급에 대한 환급 여부

사업자가 가공매출에 대한 수정세금계산서를 발행하여 경정청구한 이후 과세관청의 자료상 조사를 받고 일부 가공세금계산서에 대하여 부분자료상으로 확정된 경우 매출감액으로 발생하는 환급세액은 환급 가능하다.[129)]

(2) 사업자가 아닌 자(전부자료상)가 기 신고·납부한 부가가치세를 환급할 수 있는지 여부

사업자가 아닌 자가 부가가치세를 신고·납부한 경우로서 납세지 관할세무서장 등의 경정·결정으로 환급세액이 발생한 경우에는 환급한다.[130)]

---

128) 국심2003중2367, 2003.12.17
129) 부가-783, 2013.08.30
130) 기획재정부-378, 2017.07.26

(3) 대출목적 회전거래의 경우

청구법인은 쟁점세금계산서가 재화나 용역을 공급하고 수수한 정상적인 세금계산서라고 주장하나,

첫째, 통상 외형을 부풀리기 위하여 회전거래를 하거나 가공자료를 수수하기 위해서는 거래당사자 사이에 상당한 유대관계가 있어야 하는 바, 청구법인, (주)○○테크, 주식회사 ○○○웨어벤처타워, (주)○○○○, ○○○○○웨어개발업협동조합, ○○○디테는 김××가 대표이사로 있거나 남편(도××), 친동생(김××) 등 관련인이 대표이사로 있는 회사로 실제로 김××가 대내외적으로 사실상 지배하고 있는 회사라는 점,

둘째, 주)넷○○ 대표 ××병, (주)○○로봇 대표 ××호, (주)○○쿼터스○○○○ 테크놀러지 대표 강××의 문답서에 의하면, 청구법인, (주)○○테크, 주식회사 ○○○웨어벤처타워, (주)○○○○, ○○○○○웨어개발업협동조합, ○○○디테과의 쟁점세금계산서 수수거래에 대하여 모두 청구법인 대표 김××의 요청에 의하여 이루어진 가공거래라는 사실을 시인하고 있고, HS○○○웨어는 본건 조사과정에서 종사직원이 없는 유령회사로 김××가 가공세금계산서를 수수하기 위하여 설립한 회사로 확인되어 현재 세무조사가 진행 중인 점,

셋째, 청구법인 대표 김××의 전말서에 의하면, 경쟁입찰, 수의계약 및 은행대출 유지를 위해 자금수수나 실물거래를 동반하지 않는 가공의 세금계산서수수 행위가 있었다고 시인하고 있는 점,

넷째, 청구법인이 제시한 쟁점세금계산서와 연계된 프로젝트, 연구개발 또는 특허출원 내용은 각 거래단계별 자금출처 자료, 연구인력, 쟁점세금계산서와 R&D 프로젝트 및 특허출원과의 구체적 연관성 등이 확인되지 아니하는 바, 실제거래 증빙자료로 신빙성을 인정하기 어려운 점,

다섯째, 처분청의 조사기록에 의하면, (주)○○테크는 관계사 간 회전거래가 전체의 98%를 점유하고, 2008.12.31일 전원 퇴사하여 2009년 이후 종사직원이 없으며, ○○○디테는 도소매의류를 주업종으로 설립된 사업체이나 의류 매입·판매실적이 전무하고, 2008년 이후 종사직원이 없으며, (주)○○○웨어벤처타워는 상가분양을 위해 2008.10.27. 설립한 회사로 R&D 종사직원이 없는 것으로 나타나는 점 등을 종합하면, 쟁점세금계산서를 실물거래에 따른 정상적인 세금계산서라고 인정하기는 어려운 것으로 판단된다. 따라서, 처분청이 쟁점세금계산서를 실물거래 없이 세금계산서만 수수한 것으로 보아, 이 건 부가가치세 등을 처분한 것은 달리 잘못이 없는 것으로 판단된다.[131)]

V 신용카드매출전표 등 미제출가산세

사업자가 다음의 어느 하나에 해당하는 경우에는 다음의 구분에 따른 금액을 납부세액에 더하거나 환급

131) 심사부가2012-0131, 2012.12.18

세액에서 뺀다(부법 60 ⑤, 부령 108 ⑤).

① 발급받은 신용카드매출전표 등을 예정신고 또는 확정신고를 할 때 제출하여 매입세액을 공제받지 아니하고 대통령령으로 정하는 사유로 매입세액을 공제받은 경우 : 그 공급가액의 0.5%

② 매입세액을 공제받기 위하여 제출한 신용카드매출전표 등 수령명세서에 공급가액을 과다하게 적은 경우 : 실제보다 과다하게 적은 공급가액(착오로 기재된 경우로서 신용카드매출전표 등에 따라 거래사실이 확인되는 부분의 공급가액은 제외한다)의 0.5%

Ⅵ 매출처별세금계산서합계표 불성실가산세

사업자가 다음의 어느 하나에 해당하면 다음에 따른 금액을 납부세액에 더하거나 환급세액에서 뺀다. 다만, 제출한 매출처별세금계산서합계표의 기재사항이 착오로 적힌 경우로서 사업자가 발급한 세금계산서에 따라 거래사실이 확인되는 부분의 공급가액에 대하여는 그러하지 아니한다.

1. 미제출

(1) 개요

매출처별세금계산서합계표를 제출하지 아니한 경우에는 매출처별세금계산서합계표를 제출하지 아니한 부분에 대한 공급가액의 0.5%(미제출)를 납부세액에 더하거나 환급세액에서 뺀다.

(2) 전자세금계산서 발급명세 미전송분에 대하여 매출처별세금계산서합계표에 매출처별 명세를 작성하지 아니한 경우

재화 또는 용역을 공급하는 사업자가 공급받는 자에게 전자세금계산서를 발급하였으나, 그 발급명세를 국세청장에게 전송하지 아니한 경우로서 부가가치세 신고 시 매출처별세금계산서합계표에 매출처별 명세를 작성하지 아니한 경우에는 2017.1.1. 이후 공급분부터 미전송가산세를 적용한다.[132)]

(3) 종이세금계산서를 전자세금계산서 발급분으로 신고한 경우 가산세 적용

매출처별세금계산서합계표를 제출하지 아니하였거나, 제출한 매출처별세금계산서합계표의 기재사항이 적혀 있지 아니하거나 사실과 다르게 적혀 있는 경우 공급가액의 0.5%에 해당하는 금액을 납부세액에 더하거나 환급세액에서 차감한다.[133)]

132) 법규과-846, 2011.06.29

133) 부가-900, 2011.08.12

(4) 법정신고기한 후 제출한 매출처별세금계산서합계표에 대한 가산세

사업자가 매출처별세금계산서합계표를 예정·확정신고기한까지 제출하지 아니하고 「국세기본법」 제45조부터 제45조의 3까지의 규정에 따른 수정신고·경정 등의 청구·기한 후 신고기한 내에 제출한 경우에는 매출처별세금계산서합계표 지연제출가산세를 적용한다. 다만 신고기한 경과 후 1개월 이내에 제출하는 경우 매출처별세금계산서합계표 지연제출가산세의 50%를 감면한다.[134)]

(5) 수정신고 등에 따른 매출처별세금계산서합계표에 대한 가산세

사업자가 매출처별세금계산서합계표를 예정신고 또는 확정신고와 함께 제출하지 아니하고 수정신고·경정 등의 청구·기한 후 신고기한 내에 제출한 경우에는 매출처별세금계산서합계표 미제출가산세를 적용한다.[135)]

2. 부실기재

(1) 개요

제출한 매출처별세금계산서합계표의 기재사항 중 거래처별 등록번호 또는 공급가액의 전부 또는 일부가 적혀 있지 아니하거나 사실과 다르게 적혀 있는 경우에는 매출처별세금계산서합계표의 기재사항이 적혀 있지 아니하거나 사실과 다르게 적혀 있는 부분에 대한 공급가액의 0.5%(부실기재)를 납부세액에 더하거나 환급세액에서 뺀다. 다만, 제출한 매출처별세금계산서합계표의 기재사항이 착오로 적힌 경우로서 사업자가 발급한 세금계산서에 따라 거래사실이 확인되는 부분의 공급가액에 대하여는 그러하지 아니하다.

(2) 공급시기를 달리하여 사실과 다르게 교부한 세금계산서의 합계표 관련 가산세

공급시기가 도래하기 전에 대가를 지급하지 아니하고 세금계산서를 교부받아 매출처별세금계산서합계표에 공급시기를 달리하여 사실과 다르게 교부한 세금계산서의 내용을 기재하여 신고한 후 경정 등의 청구를 하는 경우에는 매출처별세금계산서합계표 부실기재가산세가 적용된다.[136)]

(3) 중복발행 세금계산서에 대한 세금계산서합계표 불성실가산세

사업자가 보세구역 내에서 보세구역 이외의 국내에 재화를 공급하고 그 공급을 받은 자가 이를 수입함으로써 세관장이 부가가치세를 징수한 경우, 당해 재화의 수입에 대한 부가가치세의 과세표준에 해당하는 금액을 공제하지 아니한 금액을 매출처별세금계산서합계표의 공급가액으로 기

---

134) 부기통 60-108-3

135) 부가집 60-0-9

136) 서면3팀-2285, 2005.12.14., 재소비-315, 2005.10.13

재하였다면 매출처별세금계산서합계표 부실기재가산세대상이다.[137]

(4) 매출처별세금계산서합계표의 착오기재가 발생한 경우

1) 당초 교부한 세금계산서에 기재된 공급가액에 관하여 착오사유가 발생한 경우

사업자가 당초 교부한 세금계산서에 기재된 공급가액에 관하여 착오사유가 발생한 경우에는 수정세금계산서에 당초 세금계산서의 작성일자를 기재하여 부가가치세의 과세표준과 납부세액 또는 환급세액을 경정하여 통지하기 전까지 교부하고, 수정·교부한 세금계산서에 의해 매출처별세금계산서합계표를 작성하여 경정청구할 수 있는 것이며, 이 경우 당초 작성·제출한 매출처별세금계산서합계표에 대하여는 매출처별세금계산서합계표 부실기재가산세 규정은 적용하지 않는다.[138]

2) 신고서에는 정당하게 기재했으나 합계표상 착오기재한 경우

부가가치세신고서상 매출세금계산서란에는 정당하게 기입됐으나 매출처별세금계산서 합계표상 기재착오가 발생한 경우 교부한 세금계산서에 의하여 거래사실이 확인되는 분의 공급가액에 대하여는 매출세금계산서합계표 불성실가산세가 적용되지 아니한다.[139]

3) 매출을 과다하게 신고납부한 경우 경정청구 여부 및 가산세 적용 여부

사업자가 전산조직에 의하여 매출세금계산서합계표를 제출함에 있어서 매출세금계산서를 교부한 사실이 없는 거래내용이 착오로 입력되어 매출을 과다하게 신고납부한 경우 과다납부한 세액은 경정청구에 의하여 이를 환급받아야 하는 것이며 이 경우 세금계산서합계표가산세를 적용하지 아니한다.[140]

4) 국내외 다자간 거래 시 영의 세율 적용 및 가산세 적용 여부 등

"을"이 부가가치세 과세거래에 해당하지 아니하는 거래에 대하여 "갑"에게 영세율 세금계산서를 교부하여 "갑"과 "을"이 각각 부가가치세 신고 시 매출(매입)처별세금계산서합계표를 제출한 경우 매출(매입)처별세금계산서합계표의 기재사항 중 사실과 다르게 과다하게 기재하여 신고한 것으로 볼 수 없으므로 매출·매입세금계산서합계표 불성실가산세가 적용되지 아니한다.[141]

5) 영수증발행사업자가 수정세금계산서를 잘못 발행한 경우 세금계산서합계표 불성실가산세를 적용하는지 여부

영수증발행사업자가 사업자가 아닌 수요자에게 세금계산서를 발급하고 이를 2012.2.2. 이전에

137) 대법원2009두10901, 2011.08.25
138) 부가46015-1821, 1996.09.04
139) 부가46015-1504, 1996.07.24
140) 부가46015-2378, 1997.10.18
141) 부가가치세과-4449, 2008.11.27

수정발급하면서 당초 세금계산서 작성일이 아닌 계약해제일을 발급일로 하여 수정세금계산서를 발행한 경우 세금계산서합계표 불성실가산세는 적용하지 아니한다.[142]

3. 지연제출

예정신고를 할 때 제출하지 못하여 해당 예정신고기간이 속하는 과세기간에 확정신고를 할 때 매출처별세금계산서합계표를 제출하는 경우로서 미제출에 해당하지 아니하는 경우에는 그 공급가액의 0.3%(지연제출)를 납부세액에 더하거나 환급세액에서 뺀다.

Ⅶ 매입세금계산서합계표 불성실가산세

1. 매입세금계산서 지연수취·오류기재 가산세

(1) 개요

사업자가 다음의 어느 하나에 해당하면 매입처별세금계산서합계표에 따르지 아니하고 세금계산서 또는 수입세금계산서에 따라 공제받은 매입세액에 해당하는 공급가액의 0.5%를 납부세액에 더하거나 환급세액에서 뺀다. 다만, 매입처별세금계산서합계표의 기재사항이 착오로 적힌 경우로서 사업자가 수령한 세금계산서 또는 수입세금계산서에 따라 거래사실이 확인되는 부분의 공급가액에 대하여는 가산세를 적용하지 아니한다(부법 60 ⑦ 1, 부령 108 ⑤).

① 재화 또는 용역의 공급시기 이후에 발급받은 세금계산서로서 해당 공급시기가 속하는 과세기간에 대한 확정신고기한까지 발급받은 경우

② 재화 또는 용역의 공급시기가 속하는 과세기간에 대한 확정신고기한이 지난 후 세금계산서를 발급받았더라도 그 세금계산서의 발급일이 확정신고기한 다음 날부터 6개월 이내이고 다음의 어느 하나에 해당하는 경우

㉠ 「국세기본법 시행령」 제25조 제1항에 따른 과세표준수정신고서와 같은 영 제25조의 3에 따른 경정청구서를 세금계산서와 함께 제출하는 경우

㉡ 해당 거래사실이 확인되어 납세지 관할세무서장, 납세지 관할지방국세청장 또는 국세청장(이하 "납세지 관할세무서장 등"이라 한다)이 결정 또는 경정하는 경우

③ 재화 또는 용역의 공급시기 전에 세금계산서를 발급받았더라도 재화 또는 용역의 공급시기가 그 세금계산서의 발급일부터 30일 이내에 도래하고 해당 거래사실이 확인되어 납세지 관할세무서장 등이 결정 또는 경정하는 경우

142) 부가가치세과-392, 2013.05.08

(2) 공급받은 자의 의사와 관계없이 공급자의 의사에 의하여 세금계산서를 지연수취한 경우

청구인은 2013.7.31.자 내용증명서를 제출하며 부동산 매매대금의 잔금지급일에 매입세금계산서를 발급해 줄 것을 수차례 요구하였으나 쟁점거래처가 아무런 이유 없이 쟁점세금계산서를 지연발급한 바, 「국세기본법」 제48조에서 정하는 정당한 사유에 해당하므로 가산세 부과처분은 취소되어야 한다고 주장하나, 쟁점세금계산서는 공급시기(2012.5.4.) 이후인 2012.6.19. 작성일자를 공급시기로 소급하여 발급된 세금계산서이므로, 「부가가치세법」 제32조 제1항 제4호, 제60조 제7항 제1호에 따라 작성일자가 사실과 다르게 적힌 세금계산서로서 가산세 적용대상에 해당하고, 청구인이 유선상으로 세금계산서를 발급해 줄 것을 수차례 요구하였다는 점만으로는 「국세기본법」 제48조 제1항에 따라 가산세를 면제할 만한 정당한 사유가 있는 것으로 보기 어렵다 하겠다. 따라서 처분청이 청구인에게 쟁점세금계산서 지연수취에 따른 가산세를 부과한 처분은 달리 잘못이 없다고 판단된다.[143)]

(3) 공급시기가 경과한 후에 작성한 세금계산서의 가산세 감면 여부

공급시기가 경과한 후에 작성한 세금계산서는 필요적 기재사항의 일부가 사실과 다르게 기재된 세금계산서로 보아야 하는 점, ○○○는 공급시기 후 쟁점세금계산서를 발급하여 세금계산서 지연발급가산세를 납부하였음에도 청구법인에게 세금계산서 지연발급가산세 납부사실을 통보하지 않았다거나 청구법인이 전력공급자로부터 매월 수취하는 세금계산서가 평균 2,600장을 초과하여 지연수취 여부를 일일이 확인하는 것이 사실상 불가능하다고 하더라도 그와 같은 사유가 「국세기본법 시행령」 제2조 제1항 각 호의 규정에 따른 가산세를 면제할 만한 정당한 사유에 해당된다고 보기 어려운 점 등을 종합하여 볼 때, 처분청이 청구법인에게 세금계산서 지연수취 따른 가산세를 부과한 처분은 달리 잘못이 없다고 판단된다.[144)]

(4) 전자세금계산서를 교부받은 경우 매입처별세금계산서합계표 제출 여부

사업자가 재화 또는 용역을 공급받아 전자세금계산서를 교부받은 때에는 해당 과세기간의 예정신고 또는 확정신고와 함께 매입처별세금계산서합계표를 제출하여야 한다.[145)]

(5) 매입처를 다른 매입처와 착오로 합계하여 기재한 경우 가산세 적용 여부

사업자가 예정신고를 하면서 제출한 매입처별세금계산서합계표상 거래처 "A"로부터 교부받은 세금계산서 중 일부를 착오로 거래처 "B"로부터 교부받은 세금계산서에 포함하여 매입처별세금계산서합계표를 작성하여 신고한 경우 이를 바로잡아 수정신고와 함께 제출하는 때에는 가산세

143) 조심2014전1055, 2014.05.16
144) 조심2013서1315, 2013.06.11
145) 전자세원과-860, 2009.12.22

를 적용하지 않는다.[146)]

2. 매입세금계산서합계표 미제출·부실기재 경정가산세

(1) 개요

매입처별세금계산서합계표를 제출하지 아니한 경우 또는 제출한 매입처별세금계산서합계표의 기재사항 중 거래처별 등록번호 또는 공급가액의 전부 또는 일부가 적혀 있지 아니하거나 사실과 다르게 적혀 있는 경우에는 매입처별세금계산서합계표에 따르지 아니하고 세금계산서 또는 수입세금계산서에 따라 공제받은 매입세액에 해당하는 공급가액의 0.5%에 해당하는 금액을 납부세액에 더하거나 환급세액에서 뺀다(부법 60 ⑦ 2). 다만, 매입처별세금계산서합계표의 기재사항이 착오로 적힌 경우로서 사업자가 수령한 세금계산서 또는 수입세금계산서에 따라 거래사실이 확인되는 부분의 공급가액에 대하여는 그러하지 아니하다.

(2) 적용배제

다음에 해당하는 경우는 매입세액공제를 적용하면서 가산세 적용을 제외한다(부법 60 ⑦ 2 단서, 부령 108 ⑥).

① 발급받은 세금계산서에 대한 매입처별세금계산서합계표 또는 신용카드매출전표 등의 수령명세서(정보처리시스템으로 처리된 전산매체를 포함하며, 이하 “신용카드매출전표 등 수령명세서”라 한다)를 「국세기본법 시행령」 제25조 제1항에 따라 과세표준수정신고서와 함께 제출하는 경우

② 발급받은 세금계산서에 대한 매입처별세금계산서합계표 또는 신용카드매출전표 등 수령명세서를 「국세기본법 시행령」 제25조의 3에 따라 경정청구서와 함께 제출하여 제102조에 따른 경정기관이 경정하는 경우

③ 발급받은 세금계산서에 대한 매입처별세금계산서합계표 또는 신용카드매출전표 등 수령명세서를 「국세기본법 시행령」 제25조의 4에 따른 기한후과세표준신고서와 함께 제출하여 관할세무서장이 결정하는 경우

④ 발급받은 세금계산서에 대한 매입처별세금계산서합계표의 거래처별 등록번호 또는 공급가액이 착오로 사실과 다르게 적힌 경우로서 발급받은 세금계산서에 의하여 거래사실이 확인되는 경우

(3) 수입계산서를 매입처별세금계산합계표에 기재하여 제출한 경우 가산세

부가가치세가 면제되는 재화의 수입에 대하여 수입계산서 교부의무가 없는 세관장이 수입계산서

146) 부가46015-112, 1996.01.19

를 발행하고 사업자가 교부받은 수입계산서를 매입처별세금계산합계표에 기재하여 제출한 경우에는 합계표 불성실가산세를 적용할 수 없다.[147)]

(4) 수정세금계산서를 받지 못한 경우 매입처별세금계산서합계표 불성실가산세 적용 여부[148)]

1) 사실관계

① 질의자는 공장신축을 시공업체인 건설회사와 공사도급계약을 체결하여 공사진행 중 시공업체의 부도와 기업회생개시 신청으로 인하여 공사도급계약을 해지하고 2013년 4월 공사에 대한 정산합의서를 작성하여 기 공사분에 대하여 정산 합의함

② 시공업체로부터 발급받은 세금계산서의 금액이 공사도급계약의 정산 합의금액을 초과하여 시공업체로부터 (−)수정세금계산서를 교부받아야 하나 시공업체의 사정에 의하여 수정세금계산서를 받지 못하였음

③ 질의자는 시공업체가 발행한 세금계산서는 부가가치세를 정상 신고하였으나 정산합의서상 정산차액에 대하여 시공업체로부터 세금계산서를 발급받지 못하여 이에 대하여 2014년 6월 중 정산차액에 대한 부가가치세와 과소신고가산세 및 납부불성실가산세를 수정신고하고 납부함

2) 질의내용

용역을 공급한 업체로부터 수정세금계산서를 교부받지 못하고 공급받는 업체에서 부가가치세를 수정신고하는 경우 매입처별세금계산서합계표 불성실가산세를 적용하여야 하는지 여부

3) 회신

공급받는 자가 수정세금계산서를 발급받은 경우에는 이를 매입처별세금계산서합계표에 기재하여 부가가치세를 신고납부하여야 하며, 공급받는 자에게 수정분 매입처별세금계산서합계표 제출의무 해태에 따른 책임이 없는 경우 매입처별세금계산서합계표 불성실가산세를 적용하지 아니하는 것임

(5) 상품권 매매 시 교부한 세금계산서 관련 매입처별세금계산서합계표 불성실가산세 적용 여부

"매입처별세금계산서합계표의 기재사항 중 사실과 다르게 과다하게 기재하여 신고한"의 의미는 정상적으로 교부받은 세금계산서상의 공급가액을 매입처별세금계산서합계표에 과다하게 기재하거나 사업과 관련 없는 세금계산서를 교부받아 매입처별세금계산서합계표에 기재하여 매입세액을 공제받는 경우를 말하는 것으로, 상품권의 경우 세금계산서 교부의무와 매입처별세금계산서합계표 제출에 대한 의무가 없는 거래로 매입처별세금계산서합계표에 포함하여 부가가치세를 신고·납

147) 재소비46015−90, 2002.04.04
148) 부가가치세과−930, 2014.11.24

부하였다 하여도 매입처별세금계산서합계표의 기재사항 중 사실과 다르게 과다하게 기재하여 신고한 것으로 볼 수 없으므로 매입처별세금계산서합계표 가산세 부과대상에 해당하지 않는다.[149)]

(6) 부가가치세 과세거래에 해당하지 아니하는 거래에 대하여 세금계산서를 교부한 경우

사업자가 계약에 의하여 고용자와 구직자를 대리하여 인력고용에 관련된 인력조사, 선발, 조회, 알선 등의 서비스를 제공하는 것은 직업소개소에 해당하여 부가가치세가 면제되는 용역에 해당하는 것이나, 노동력을 확보하고 계약에 의하여 타사업체에 임시로 수요인력을 수시로 제공하는 사업은 인력공급업에 해당하므로 부가가치세가 과세되는 것으로 인력을 공급하는 사업에 해당하는지 또는 단순히 인력고용에 관련하여 알선하는 직업소개업에 해당하는지는 계약내용 및 실제 사업내용 등 관련 사실을 종합하여 판단하여야 할 것이다. 또한, 거래당사자가 부가가치세 과세대상이 아닌 거래를 과세대상으로 부가가치세를 거래징수하고 세금계산서를 발급 및 수취하여 매출(매입)처별세금계산서합계표를 제출한 경우 매출(매입)처별세금계산서합계표의 기재사항 중 사실과 다르게 과다하게 기재하여 신고한 것으로 볼 수 없으므로 매출(매입)처별세금계산서합계표 불성실가산세가 적용되지 아니하는 것이나, 「국세기본법」 제47조의 3(과소신고가산세) 내지 제47조의 4(납부불성실가산세)에 규정하는 가산세는 적용된다.[150)] (다만, 사업자가 2014.1.1. 개정 전 구 「부가가치세법」 제39조 제1항 제3호 및 같은 법 시행령 제76조에 따라 면세되는 재화 또는 용역[부가가치세가 과세되지 아니하는 재화 또는 용역을 포함한다]을 공급받으면서 세금계산서를 발급받은 경우의 매입세액을 매출세액에서 공제하는 경우는 2013.2.15. 이후부터 2013.12.31.까지 재화 또는 용역을 공급받는 분에 대하여만 적용하는 것임)

(7) 면세거래를 세금계산서로 발급받은 후 다시 수정세금계산서를 발급받는 경우

사업자가 부가가치세가 면제되는 재화를 공급받고 매입세금계산서를 발급받아 매입처별세금계산서합계표에 제출한 후 공급자로부터 이를 수정한 세금계산서를 발급받아 제출하는 경우 매입처별세금계산서합계표 가산세 부과대상에 해당하지 않는다.[151)]

(8) 사업자가 공급자로부터 교부받은 거래취소분 수정세금계산서를 신고누락한 경우

사업자가 공급자로부터 받은 거래 취소 분 수정세금계산서(매입감액 세금계산서)를 신고누락한 후 수정신고를 한 경우에도 납부하여야 할 세액에 미달하게 신고·납부하였으므로 신고불성실가산세와 납부불성실가산세가 부과되는 것이며, 사업자가 매입처별세금계산서합계표를 제출함에 있어 공급자로부터 교부받은 거래취소분 수정세금계산서(매입감액 세금계산서)를 예정신고 시 신고누락한 경우 확정신고 시에 제출하였다 하더라도 매입처별세금계산서합계표를 불성실하게

149) 재정경제부 부가가치세제과-546, 2007.07.18
150) 부가가치세과-113, 2014.02.17
151) 부가가치세과-875, 2013.09.26

기재하여 납부할 부가가치세액에 미달하게 납부하였으므로 매입처별세금계산서합계표 불성실가산세가 부과된다.[152)]

(9) 수입계산서 교부의무가 없는 세관장이 수입계산서를 발행하고, 사업자가 교부받은 수입계산서를 매입처별세금계산서합계표에 기재하여 제출한 경우

부가가치세가 면제되는 재화의 수입에 대하여 수입계산서 교부의무가 없는 세관장이 수입계산서를 발행하고, 사업자가 교부받은 수입계산서를 매입처별세금계산서합계표에 기재하여 제출한 경우에는 가산세를 적용하지 않는다.[153)]

(10) 매출세금계산서를 매입세금계산서합계표에 착오기재한 경우 가산세 적용 여부

사업자가 재화 또는 용역을 공급하고 교부한 세금계산서를 부가가치세 신고 시 매입처별세금계산서합계표에 잘못 기재하여 제출한 경우의 가산세는 매출처별세금계산서합계표 미제출가산세를 적용하고, 매입처별세금계산서합계표 기재불성실가산세를 적용하며, 신고불성실가산세, 납부지연가산세를 적용한다.[154)]

(11) 가사용 재화를 취득하고 매입세액을 공제·신고한 경우 가산세 적용

사업과 관련 없는 세금계산서를 교부받아 매입세액공제대상으로 신고한 후 수정신고하더라도 매입처별세금계산서합계표의 기재사항 중 공급가액을 사실과 다르게 과다하게 기재하여 신고한 것이므로 매입처별세금계산서합계표 불성실가산세 규정이 적용된다.[155)]

(12) 사실과 다르게 과다기재하여 신고한 매입처별세금계산서합계표에 대한 가산세 적용

사업자가 제출한 매입처별세금계산서 합계표의 기재사항 중 공급가액을 사실과 다르게 과다하게 기재하여 신고한 때에는 과다하게 기재하여 신고한 공급가액에 대하여 매입처별세금계산서합계표 기재불성실가산세를 적용하는 것이며, 이 경우 "사실과 다르게 과다하게 기재한 때"에는 재화 또는 용역의 공급받은 사실이 없이 세금계산서만을 교부받고 매입처별세금계산서합계표에 동 세금계산서상의 공급가액을 기재한 경우도 포함한다.[156)]

(13) 사업과 직접 관련 없는 지출에 대한 매입세액공제와 가산세 부과 여부[157)]

1) 신고불성실·납부지연가산세 적용 여부

사업자가 부가가치세가 과세되는 재화 또는 용역을 공급받는 때 당해 재화나 용역을 공급받는

152) 재소비46015-75, 2002.03.21
153) 서삼46015-10657, 2002.04.23
154) 부가46015-2020, 1998.09.09
155) 재소비46016-83, 2002.03.27
156) 서면3팀-3389, 2007.12.21
157) 국심2005중1322, 2005.11.29

사업장 명의로 세금계산서를 교부받아야 하는 것이나, 사업장을 확장·이전하기 위하여 기존사업장 외의 장소에 건물을 신축하는 경우 신설사업장의 사업자등록 이후에도 기존사업장 명의로 교부받은 건물신축 관련 세금계산서상 매입세액은 기존사업장에서 공제하는 것인데, 청구인이 상가건물로 기존사업장을 확장·이전하거나 당해 상가건물에 신규로 사업자등록을 한 사실이 없으며 사업과 직접 관련하여 사용한 내역이 나타나지 아니하는 만큼, 당해 상가건물의 취득과 관련한 쟁점매입세액을 사업과 직접 관련이 없는 지출에 대한 매입세액으로 보아 매입세액불공제하고 신고한 환급세액이 신고하여야 할 환급세액을 초과하는 경우에 해당하는 이 건에 대하여 신고불성실가산세 및 납부지연가산세를 적용하여 부가가치세를 부과한 처분은 정당하다고 판단된다.

2) 매입처별세금계산서합계표 기재불성실가산세 적용 여부

사업과 직접 관련이 없는 지출에 대한 매입세액인 쟁점매입세액 해당 세금계산서는 공급자와 공급받는 자의 사업자등록번호, 공급가액, 작성일자 등 필요적 기재사항에 기재한 내용에 대하여는 하자가 없는 만큼 당해 세금계산서는 사실과 다른 세금계산서가 아니라 정당하게 교부받은 세금계산서이고 단지 쟁점매입세액은 매출세액에서 공제하지 아니하는 사업과 직접 관련이 없는 지출에 대한 매입세액에 해당되는 것에 불과하며, 가산세는 과세권의 적정한 행사를 위하여 납세의무자에게 성실한 신고의무를 부과하고 이를 확보하기 위하여 의무이행을 해태한 경우에 가해지는 행정상 제재인데, 그러므로 매입처별세금계산서합계표상에 기재하여 제출하여야 하는 신고의무 그 자체가 없음에도 청구인이 이를 오인하여 착오로 매입처별세금계산서합계표에 기재하여 제출한 것으로 보이고 교부받은 세금계산서에 따라 실제 거래한 사실이 확인되는 이 건의 경우 매입처별세금계산서합계표 기재불성실가산세를 적용하여 부가가치세를 부과한 처분은 부당하다고 판단된다.

(14) 매입세금계산서 복사본과 원본을 이중으로 신고하여 매입세액공제받은 경우

2007년 2기 예정신고분에 대하여 회사직원이 보다 정확하게 신고하고 보관하기 위한 방법으로 매입세금계산서를 복사하여 보관한 것을 부가가치세 신고 시 동시에 복사본과 원본을 이중으로 신고하여 매입세액공제를 받은 경우 교부받은 세금계산서에 의하여 거래사실이 확인되는 분의 공급가액에 대하여는 매입처별세금계산서합계표 기재불성실가산세가 부과되지 아니하는 것이나, 신고불성실가산세 및 납부지연가산세는 적용한다.[158)]

(15) 예정신고 시 매입세액불공제 거래분을 확정신고 시에도 기재하고 제출한 경우

부가가치세 과세사업과 면세사업을 겸영하는 사업자가 예정신고기간에 면세사업에 관련된 재화

158) 서면3팀-3113, 2007.11.15

나 용역을 공급받고 교부받은 세금계산서에 대하여 예정신고 시 신고서에 매입세액불공제분으로 기재하고 매입처별세금계산서합계표를 작성하여 제출하였으나 동 거래분에 대한 매입세액을 확정신고 시에도 신고서에 매입세액 불공제분으로 기재하고 매입처별세금계산서합계표를 작성하여 제출함으로써 예정신고를 한 거래분이 확정신고에 중복신고된 경우 매입처별세금계산서합계표 기재불성실가산세가 적용되지 아니한다.[159]

(16) 공동매입 등에 대한 세금계산서 발급과 관련한 가산세 적용

동업자가 조직한 조합이 그 조합원을 위하여 재화 또는 용역을 공급하거나 공급받고 세금계산서를 수수한 경우에 당해 세금계산서의 공급가액은 부가가치세 신고 시 조합의 사업과 관련된 매출·매입 금액과 합하여 신고하는 것이며, 당해 세금계산서는 조합의 사업과 관련하여 교부하였거나 교부한 세금계산서와 함께 매출·매입처별세금계산서합계표를 작성하여 정부에 제출하여야 하는 것이나, 조합원을 위하여 재화 또는 용역을 공급하고 발행한 세금계산서의 공급가액은 조합의 수입금액에 해당하지 아니하므로 과세표준명세의 수입금액제외란에 기재하여 신고하여야 한다. 다만, 이 경우 조합이 그 조합원을 위하여 수수한 세금계산서의 공급가액을 신고하지 아니하거나 매출·매입처별세금계산서합계표를 제출하지 아니한 경우에도 매입처별세금계산서합계표 기재불성실가산세 규정은 적용하지 아니한다.[160]

(17) 납세의무자를 정정하여 교부한 수입세금계산서로 수정신고 등을 하는 경우 가산세 적용방법

세관장이 수입세금계산서를 교부한 후에 수입세금계산서상의 납세의무자를 착오로 잘못 기재한 것이 확인되어 수입세금계산서 교부에 관한 고시(2006.02.09. 관세청고시 제 2006-13호)에 의하여 당초 교부일자로 (-) 표시한 수입세금계산서를 당초 납세의무자에게 교부함과 동시에 정정된 수입세금계산서를 실제 납세의무자에게 교부하고, 이에 따라 당초 납세의무자와 실제 납세의무자가 각각의 수입세금계산서에 의하여 수정신고 또는 경정청구를 하는 경우 당초 수취자와 경정분 수취자 모두 매입처별세금계산서합계표 기재불성실가산세 및 신고불성실가산세 내지 납부지연가산세는 적용하지 아니한다.[161]

(18) 신고 시 누락한 매입세금계산서를 경정기관의 확인을 거친 경우

사업자가 자기의 사업과 관련하여 교부받은 세금계산서를 부가가치세 신고 시 신고누락하였을 경우 신고누락한 세금계산서의 매입세액은 경정청구 시에 매입처별세금계산서합계표를 제출하여 공제받을 수 있으며 이 경우 가산세는 적용되지 아니하는 것이나, 매입세금계산서를 경정기관

159) 서삼46015-11403, 2003.09.01
160) 부가가치세과-689, 2013.07.26
161) 부가가치세과-4452, 2008.11.27

의 확인을 거쳐 정부에 제출함으로써 매입세금계산서 합계표에 의하지 아니하고 세금계산서에 의하여 매입세액공제받는 경우에는 매입처별세금계산서합계표 기재불성실가산세는 적용된다.[162)]

3. 매입세금계산서합계표 과다기재가산세

제출한 매입처별세금계산서합계표의 기재사항 중 공급가액을 사실과 다르게 과다하게 적어 신고한 경우에는 제출한 매입처별세금계산서합계표의 기재사항 중 사실과 다르게 과다하게 적어 신고한 공급가액의 0.5%에 해당하는 금액을 납부세액에 더하거나 환급세액에서 뺀다. 다만, 매입처별세금계산서합계표의 기재사항이 착오로 적힌 경우로서 사업자가 수령한 세금계산서 또는 수입세금계산서에 따라 거래사실이 확인되는 부분의 공급가액에 대하여는 그러하지 아니하다(부법 60 ⑦ 3).

Ⅷ 현금매출명세서 및 부동산임대공급가액명세서 제출 불성실가산세

1. 개요

사업자가 현금매출명세서 또는 부동산임대공급가액명세서를 제출하지 아니하거나 제출한 수입금액(현금매출명세서의 경우에는 현금매출을 말한다)이 사실과 다르게 적혀 있으면 제출하지 아니한 부분의 수입금액 또는 제출한 수입금액과 실제 수입금액과의 차액의 1%를 납부세액에 더하거나 환급세액에서 뺀다(부법 60 ⑧).

2. 적용대상 사업자

제출대상 업태 (법55)	제출대상 업종 (영 100)	적용시기	비고
제출대상 업종이 제출대상 업태에 포함되어 있어야 현금매출명세서 제출대상임			
부동산업	부동산중개업	2009.2.4.이 속하는 과세기간부터	–
	부동산임대업	2013.7.1. 이후 개시하는 과세기간부터 2013.12.31. 신고하는 분까지	2014.1.1. 이후 신고하거나 결정·경정하는 분부터 제출의무 없음으로 재개정(법55 ②)
전문서비스업 과학서비스업 기술서비스업	간이과세배제업종[주1] (영109 ② 7)	2007.1.1. 이후 개시하는 과세기간부터	공인노무사업은 2010.7.1 이후 과세기간부터, 수의사업은 2012.7.1. 이후 과세기간부터

162) 부가46015-3304, 2000.09.23

제출대상 업태 (법55)	제출대상 업종 (영 100)	적용시기	비고
보건업 (병원, 의원만 해당)	병원, 의원	2012.7.1. 이후 개시하는 과세기간부터	-
그 밖의 개인서비스업	예식장업	2009.2.4.이 속한 과세기간부터	-
	산후조리업	2009.2.4.이 속한 과세기간부터 2012.2.1. 공급분까지	2012.2.2. 이후 공급분부터 면세전환으로 제출의무 없음

① 간이과세배제 업종 중 변호사업, 심판변론인업, 변리사업, 법무사업, 공인회계사업, 세무사업, 경영지도사업, 기술지도사업, 감정평가사업, 기술사업, 건축사업, 측량사업, 공인노무사업, 의사업, 한의사업, 수의사업만 해당

② 손해사정인업(금융보험업), 통관업(운수업), 도선사업(운수업), 약사업(도소매업), 한약사업(도소매업)은 현금매출명세서 제출의무자에서 제외

③ 종전 수입금액명세서 제출불성실가산세를 2010년 2기분부터 현금매출명세서 제출불성실가산세로 적용(미제출 또는 부실기재 수입금액의 1%)

④ 산후조리업은 2009.2.4.이 속하는 과세기간 공급분부터 2012.2.1. 공급분까지 현금매출명세서 제출의무가 있고 2012.2.2. 이후 공급분부터 면세전환으로 제출의무 없음(구법 영67의 2, 2012.2.2. 개정)

⑤ 수의사업(전문, 과학 및 기술서비스업에 해당), 보건업(병원, 의원으로 한정)은 2012년 2기공급분부터 적용(구법 20의 2, 구법 영67의 2, 구법 영74 ② 7 개정)

⑥ 현금매출명세서 제출대상 사업은 구 「부가세법 시행령」 제74조 제2항 제7호에 규정한 사업 중 사업서비스업, 그 밖의 개인서비스업 및 부동산업에 해당하는 것이 그 대상이 되는 것임[163] ☞ 2012.7.1. 공급분부터 전문, 과학 및 기술서비스업, 보건업, 기타 개인서비스업 및 부동산업으로 개정(법 20의 2 ①)

3. 관련 사례

(1) 영세율적용대상 거래인 국외제공용역에 대하여 현금매출명세서를 제출하여야 하는지 여부

「부가가치세법 시행령」 제109조 제2항 제7호에 해당하는 사업자는 같은 법 제55조에 따라 부가가치세 예정신고 또는 확정신고 시 현금매출명세서를 제출하여야 한다.[164]

163) 재부가-586, 2010.09.01

164) 서면부가2015-22266, 2015.02.17

(2) 부동산임대공급가액명세서의 내용을 사실과 다르게 기재한 경우

부동산임대공급가액명세서의 임대사항, 임대면적, 임차인 인적사항 및 임대차계약내용을 사실과 다르게 기재한 경우에도 그에 해당하는 수입금액에 대하여 가산세를 부과한다.[165]

Ⅸ 가산세의 중복적용 배제[166]

서로 다른 가산세가 중복되는 경우 다음과 같이 중복적용을 배제한다.

구분	중복적용 배제되는 가산세
① 세금계산서 지연발급·미발급가산세 (1%, 2%)	㉠ 전자세금계산서발급명세 지연(미)전송가산세(0.5%, 1%) ㉡ 세금계산서 기재불성실가산세(1%)
② 세금계산서 기재불성실가산세(1%)	전자세금계산서발급명세 지연(미)전송가산세(0.5%, 1%)
③ 미등록·타인명의등록가산세(1%)	㉠ 세금계산서 불성실가산세 중 지연발급·기재불성실가산세, 전자세금계산서발급명세서 지연(미)전송가산세 ㉡ 신용카드매출전표 등 수령명세서 미제출가산세(1%) ㉢ 매출처별세금계산서합계표 불성실가산세(0.5%, 0.3%)
④ 세금계산서지연발급, 전자세금계산서 (지연) 미전송, 세금계산서부실기재, 신용카드매출전표 등 수령명세서 미제출가산세(1%, 0.5%)	매출처별세금계산서합계표 불성실가산세(0.5%, 0.3%)
⑤ 세금계산서미발급(2%) 및 부정수수가산세 (2%, 3%)	㉠ 미등록·허위등록가산세(1%) ㉡ 매출처별세금계산서합계표 불성실가산세(0.5%, 0.3%) ㉢ 매입처별세금계산서합계표 불성실가산세(0.5%)
⑥ 세금계산서 등 위장발급가산세(2%)	세금계산서 미발급가산세(2%)
⑦ 세금계산서 등 과다기재가산세(2%)	세금계산서 부실기재가산세(1%)
⑧ 법인·소득세법상 현금영수증 미발급가산세 (20%)	㉠ 세금계산서 미발급가산세(2%) ㉡ 매출처별세금계산서합계표 불성실가산세(0.5%, 0.3%)

Ⅹ 가산세 한도

1. 개요

다음의 어느 하나에 해당하는 가산세에 대해서는 그 의무위반의 종류별로 각각 5천만원(「중소기업기본법」 제2조 제1항에 따른 중소기업이 아닌 기업은 1억원)을 한도로 한다. 다만, 해당 의무를 고의

165) 재부가-411, 2010.06.24
166) 부가집 60-0-5

적으로 위반한 경우에는 그러하지 아니하다(국기법 49 ① 3).

① 미등록·타인명의등록가산세(간이과세자 포함)

② 세금계산서 불성실가산세(2%적용분 제외)

③ 매출처별세금계산서합계표 불성실가산세

④ 매입처별세금계산서합계표 불성실가산세

⑤ 현금매출명세서 및 부동산임대공급가액명세서 제출불성실가산세

2. "고의"의 의미와 그 입증책임의 소재

"고의적으로 위반"한 것인지 여부의 증명책임은 과세관청에게 있는 것이고, 이때의 "고의"는 일정한 결과가 발생하리라는 것을 알면서 감히 이를 행하는 심리상태로서, 객관적으로 위법이라고 평가되는 일정한 결과의 발생이라는 사실의 인식만 있으면 되고 그 외에 그것이 위법한 것으로 평가된다는 것까지 인식하는 것을 필요로 하는 것은 아니며, 고의가 있는지 여부는 관련 사실관계를 종합적으로 고려하여 사실판단할 사항이다.[167]

XI 기타 사례별 가산세 판단 사례

1. 위·수탁판매에 따른 가산세

수탁자 또는 대리인이 위탁자 또는 본인을 대리하여 세금계산서를 발급한 후 「부가가치세법」 제60조 제2항, 제3항, 제5항, 제6항의 규정에 따른 가산세가 적용되는 경우 해당 가산세는 위탁자 또는 본인에게 부과한다.[168]

① 세금계산서 불성실가산세

② 가공·위장세금계산서 등에 관한 가산세

③ 신용카드매출전표 등 미제출가산세

④ 매출처별세금계산서합계표 불성실가산세

2. 상품권 거래에 따른 세금계산서 수수 시 가산세

사업자가 상품권을 판매(구입)하면서 세금계산서를 발급(수취)하고 매출(매입)처별세금계산서합계표를 제출한 경우 매출(매입)처별세금계산서합계표에 대한 가산세를 적용하지 아니한다.[169]

167) 서면-2017-법령해석기본-1200[법령해석과-1291], 2017.05.18., 대법원2001다46440, 2002.07.12

168) 부가집 60-0-7

169) 부가집 60-0-12

3. 사업양도 시 수수한 세금계산서에 대한 가산세

재화의 공급으로 보지 아니하는 사업양도에 해당하는 거래에 대하여 양수자가 대리납부하지 아니하고 양도자가 세금계산서를 발급하고 부가가치세 신고와 함께 매출(매입)처별세금계산서합계표에 기재하여 제출한 경우 매출(매입)처별세금계산서합계표가산세를 적용하지 아니하나, 과소신고가산세, 초과환급신고가산세 및 납부·환급불성실가산세는 적용한다.[170]

4. 공급시기와 달리하여 발행한 세금계산서에 대한 가산세 적용

(1) 선발행세금계산서

1) 선발행 특례가 인정되지 않는 경우

① 공급자

사업자가 완성도기준지급조건부 계약에 따라 재화를 공급하면서 공급시기가 도래하기 전에 대가를 지급받지 아니한 부분에 대하여 세금계산서를 선발급하고 공급시기인 그다음 과세기간에는 세금계산서를 발급하지 아니한 경우 세금계산서를 발급하지 아니한 과세기간에는 세금계산서 미발행가산세 및 신고불성실가산세가 적용되는 것이며, 세금계산서를 선발급하고 신고·납부한 과세기간에는 세금계산서 관련 가산세가 적용되지 않는다.[171]

② 공급받은 자

사업자가 공급시기가 도래하기 전에 재화에 대한 대가를 지급하지 아니하고 세금계산서를 교부받은 경우 매입세액은 매출세액에서 공제되지 아니하고 세금계산서 불성실가산세, 신고불성실가산세, 납부지연가산세가 적용되는 것이나 그 공급시기가 도래하여 세금계산서를 적법하게 교부받은 경우에는 매입세액공제가 가능하며, 이 경우 공급시기 이후에 교부받은 세금계산서로서 당해 공급시기가 속하는 과세기간 내에 교부받은 경우에도 당해 세금계산서의 매입세액은 매출세액에서 공제할 수 있는 것이나 가산세를 적용한다.[172] 또한 재화 또는 용역의 공급시기 전에 세금계산서를 발급받았더라도 재화 또는 용역의 공급시기가 그 세금계산서의 발급일부터 30일 이내에 도래하고 해당 거래사실이 확인되어 납세지 관할세무서장 등이 결정 또는 경정하는 경우 매입세액공제가 가능하다(부령 75 8).

2) 선발행 특례가 인정된 경우

재화·용역의 공급시기 이전에 계약 등을 통하여 대가의 전부 또는 일부를 수령하고 영수기능으로 세금계산서를 발행하는 경우 적법한 세금계산서로 안정하여 공급자에게는 가산세를 적용하

---

170) 부가집 60-0-17
171) 서면-2016-법령해석부가-5066[법령해석과-1076], 2017.04.20
172) 서면3팀-1361, 2006.07.06

지 않고 공급받는 자는 매입세액공제를 적용받도록 하고 있다(공급시기 특례규정 참고).

3) 가산세 중복적용 배제

사업자가 재화 또는 용역의 공급시기가 도래하기 전에 세금계산서를 선발행하고 그다음 과세기간에 재화 또는 용역을 공급하면서 당해 공급시기 이후 동일한 과세기간 내에 세금계산서를 교부하는 경우 재화 또는 용역을 공급한 사실과 세금계산서를 교부한 사실이 서로 상관관계가 있는 하나의 거래에 해당하는 경우에는 중복하여 가산세를 적용하지 않는다.[173)]

4) 대가를 미수령한 상태에서 선발행세금계산서를 발행한 경우

청구법인이 쟁점공사의 공사비를 지급하지 아니한 상태에서 2006년 제2기에 쟁점세금계산서를 교부하였다가 쟁점공사의 용역공급시기가 도래하지 아니한 것으로 보아 수정세금계산서를 발행하여 당초 발행한 쟁점세금계산서를 취소하는 내용의 경정청구를 한 것으로, 공급시기 도래 전 세금계산서는 그 받은 대가에 대하여만 정상적인 세금계산서로 인정하고 있고, 청구법인은 쟁점공사로 인한 공사대금을 수령하지 아니하여 쟁점공사로 인한 용역의 공급시기가 도래하지 아니하였음에도 거래상대방이 매입세액을 공제받을 수 있도록 사실과 다른 세금계산서를 교부한 것으로 보이므로 쟁점세금계산서에 대하여는 매출처별세금계산서합계표 제출불성실가산세가 적용된다고 판단된다.[174)]

(2) 후발행세금계산서

1) 지연발급

세금계산서의 발급시기(공급시기 경과 후 다음 달 10일까지)가 지난 후 해당 재화 또는 용역의 공급시기가 속하는 과세기간에 대한 확정신고기한까지 세금계산서를 발급하는 경우 공급자에게는 그 공급가액의 1%에 해당하는 가산세를 부과하고, 공급받는 자에게는 매입세액공제를 인정하되 세금계산서 지연수취가산세 0.5%를 적용한다.

2) 미발급

① 공급자

세금계산서의 발급시기가 지난 후 해당 재화 또는 용역의 공급시기가 속하는 과세기간에 대한 확정신고기한까지 세금계산서를 발급하지 아니한 경우 그 공급가액의 2%에 해당하는 가산세를 부과한다.

② 공급받는 자

재화 또는 용역의 공급시기가 속하는 과세기간에 대한 확정신고기한이 지난 후 세금계산서를

173) 서면3팀-1239, 2007.04.26
174) 국심2007중1605, 2007.08.21

발급받았더라도 그 세금계산서의 발급일이 확정신고기한 다음 날부터 6개월 이내이고 경정 청구, 수정신고를 하거나 경정을 통하여 매입세액공제를 받는 경우 0.5% 가산세를 적용하나, 확정신고기한 다음 날부터 6개월까지 세금계산서를 발급받지 못한 경우 매입세액불공제하고 가산세는 적용하지 않는다.

3) 공급시기 이후 정상적으로 발급된 다른 세금계산서에 쟁점세금계산서 금액을 합산하여 수정 세금계산서처럼 발급한 경우

수정세금계산서는 공급시기에 정상적으로 발급된 세금계산서가 그 이후 그 기재사항에 관하여 착오나 정정(訂正) 등 대통령령으로 정하는 사유가 발생한 경우에는 대통령령으로 정하는 바에 따라 세금계산서를 수정하여 발급할 수 있는 것인 바, 쟁점세금계산서의 경우 공급시기에 발급 받지 않았으며, 부가가치세 신고기간에 이 사실을 뒤늦게 알고 정상적으로 발급된 전기료 세금 계산서에 쟁점세금계산서 금액을 합산하여 수정세금계산서처럼 발급받은 것으로 보이므로 이를 정상적인 수정세금계산서로 보기는 어렵다 할 것이다. 따라서, 쟁점세금계산서는 공급시기에 발급되지 않았고, 신고기간에 인지하여 정상적으로 발급된 다른 세금계산서에 쟁점세금계산서 금액을 합산하여 수정세금계산서처럼 발급한 것으로 보이므로, 세금계산서 불성실가산세를 부과한 처분은 잘못이 없는 것으로 판단된다.[175)]

5. 본점·지점 간 세금계산서 착오발급에 대한 가산세 실무

(1) 지점(미등록사업장 포함) 매출세금계산서를 본점에서 수수하고 신고한 경우

1) 본점 세무처리

지점 세금계산서를 본점에서 수수하고 신고한 경우 매출과다분은 매출감 결정을 적용하고, 둘 이상의 사업장이 있는 법인사업자가 지점에서 재화를 공급하고 본점에서 세금계산서 발급 및 부가가치세 신고·납부한 경우로서 지점에 대하여 세금계산서 미발급가산세가 적용되는 경우 본점에 대하여 세금계산서 기재불성실가산세를 적용하지 않는다.[176)]

2) 지점 세무처리

① 미등록지점

사업자가 사업자등록을 한 사업장 외에 등록을 하지 않은 미등록사업장에서 별도의 사업을 영위하면서 미등록사업장의 과세표준 및 세액을 이미 등록한 사업장의 과세표준 및 세액 신고 시 합하여 신고·납부한 경우 미등록사업장에 대한 과세표준 및 세액을 결정·징수하여야 한다. 이 경우 세금계산서 미발급가산세(2007.12.31. 이전 공급분은 미등록가산세), 무신고가

175) 조심2013중4685, 2014.04.29
176) 기준-2019-법령해석부가-0027[법령해석과-610], 2019.03.12

산세가 적용되나, 납부불성실가산세는 적용되지 아니한다.[177)]

② 등록지점

둘 이상의 사업장이 있는 법인사업자가 지점에서 재화를 공급하고 본점에서 세금계산서 교부 및 신고·납부를 한 경우 당해 지점은 세금계산서 미교부가산세, 「국세기본법」에 따른 초과환급신고가산세 및 납부·환급불성실가산세가 적용된다.[178)]

3) 가산세 중복적용 배제

지점 매출을 본점 매출로 세금계산서를 교부한 경우, 지점에 대하여 사업자미등록가산세가 부과되었다면 같은 거래를 대상으로 본점에 세금계산서 등 불성실가산세를 부과할 수 없으며, 지점에 대하여 세금계산서 미교부가산세를 부과하였다면 다시 그 거래에 대하여 본점에 세금계산서 등 불성실가산세를 부과할 수 없다.[179)]

4) 본지점 사업자가 공급자를 정정하여 세금계산서 재발급 시 지연발급가산세 부과 여부

본점과 지점에 대하여 각각 사업자등록을 한 법인이 지점 사업장의 건물을 양도하고 착오 또는 과실로 본점을 공급자로 하는 전자세금계산서를 발급('16.2.26)하였다가 부가가치세 예정신고기한 이전에 지점을 공급자로 하는 전자세금계산서를 재발급('16.4.25)한 경우로서 실제로 공급한 사업자가 해당 과세기간에 대한 부가가치세를 신고·납부한 경우에는 지점에서 발급('16.4.25)한 전자세금계산서에 대하여 지연발급가산세를 적용하지 않는다.[180)]

(2) 지점(미등록사업장 포함) 매입세금계산서를 본점에서 수수하고 신고한 경우

1) 개요

본점과 지점 등 둘 이상의 사업장이 있는 사업자가 계약·발주·대금지급 등의 거래는 당해 본점에서 이루어지고 용역은 지점에서 공급받는 경우 세금계산서는 본점 또는 지점 어느 쪽에서도 교부받을 수 있다.[181)] 그러나 음식점 등을 영위하는 2개 이상의 사업장이 있는 사업자의 의제매입세액공제는 의제매입세액공제대상 원재료를 공급받는 당해 사업장에서 하여야 하는 것이며, 이 경우 의제매입세액공제대상 원재료를 공급받는 사업장과 과세되는 용역을 공급하는 사업장이 따로 있는 경우에는 과세되는 용역을 공급하는 사업장에서도 공제할 수 있다.[182)]

2) 사업확장 목적으로 신규사업장을 건설하는 경우

법인이 사업확장목적으로 부동산을 취득하고 부동산에 대한 수리 등을 하는 경우에는 신설사업

177) 부가집 60-0-8
178) 법규과-173, 2009.09.22
179) 대법원2013두17800, 2013.12.26., 서울행정법원2012구합1761, 2012.08.24
180) 기획재정부 부가가치세제과-228, 2017.04.26
181) 부가46015-2480, 1995.12.30
182) 서면3팀-509, 2008.03.07

장 취득 및 수리와 관련된 매입세금계산서를 본점 명의로 교부받아 당해 매입세액을 본점의 매출세액에서 공제받을 수 있는 것이나, 당해 신설사업장에서 재화 또는 용역을 공급하는 경우에는 신설사업장 명의로 사업자등록을 하고 신설사업장 명의의 세금계산서를 교부하여야 한다.[183)]

(3) 본점 매출·매입세금계산서를 지점이 수수하여 신고한 경우

1) 본점 매출세금계산서를 지점이 수수하여 신고한 경우

① 본점 세무처리

부가가치세는 사업장마다 신고·납부하도록 규정하고 있으므로 본점의 공급가액을 지점의 매출에 포함하여 신고한 것은 본점의 부가가치세 신고로서는 효력이 없는 것으로 본점에 매출증 결정을 하고 세금계산서 미발급가산세, 과소신고가산세를 과세한다.[184)]

② 지점 세무처리

본점 세금계산서를 지점에서 수수하고 신고한 경우 매출과다분은 매출감 결정을 적용하고, 둘 이상의 사업장이 있는 법인사업자가 본점에서 재화를 공급하고 지점에서 세금계산서 발급 및 부가가치세 신고·납부한 경우로서 본점에 대하여 세금계산서 미발급가산세가 적용되는 경우 지점에 대하여 세금계산서 기재불성실가산세를 적용하지 않는다.[185)]

2) 본점 매입세금계산서를 지점이 수수하여 신고한 경우

본점과 지점 등 둘 이상의 사업장이 있는 사업자가 계약·발주·대금지급 등의 거래는 당해 본점에서 이루어지고 용역은 지점에서 공급받는 경우 세금계산서는 본점 또는 지점 어느 쪽에서도 교부받을 수 있다.[186)]

(4) 지점이 수수한 세금계산서를 본점에서 신고한 경우

1) 매출·매입을 착오로 본·지점 교차신고한 경우

납부사업자가 지점 매입분을 본점 매입분으로 또는 지점 매출분을 본점 매출분으로 잘못 신고한 것이 확인되어 경정하는 경우 매출분에 대해서는 본점은 환급 없이 매출감 결정을 하고, 지점에는 매출 납부 없이 매출증 결정을 하며 신고불성실가산세를 부과한다. 매입의 경우 본점은 해당 매입분에 대하여 매입세액불공제를 적용하고 신고불성실가산세를 적용하며, 지점의 경우 경정청구를 통하여 오류를 수정한다(환급은 없음). 이 경우 납부지연가산세는 적용하지 아니한다.

2) 매출처별세금계산서합계표 불성실가산세 등의 부과대상에 해당하는지 여부

지점에서 발급한 세금계산서를 청구법인 본점의 매출처별세금계산서합계표에 포함하여 신고한

---

183) 부가가치세과-1228, 2011.10.10
184) 조심2011서1450, 2011.10.18
185) 기준-2019-법령해석부가-0027[법령해석과-610], 2019.03.12
186) 부가46015-2480, 1995.12.30

오류는 "기재사항이 착오로 적힌 경우로서 발급한 세금계산서에 의하여 거래사실이 확인된 경우"에 해당하는 것으로 보이는 점 등에 비추어 청구법인은 매출처별세금계산서합계표 불성실가산세 등의 부과대상에 해당하는 것으로 보기 어렵다 할 것이므로 처분청이 이 건 가산세 등을 부과한 처분은 잘못이 있다고 판단된다.[187]

3) 매입처별세금계산서합계표 불성실가산세 과세 적정 여부

회계담당직원의 전산 착오로 지점 거래분을 본점 거래분으로 매입세금계산서합계표를 잘못 기재한 쟁점세금계산서 관련 공급가액은 매입처별세금계산서합계표 불성실가산세를 부과하지 아니하도록 규정하고 있는 "교부받은 세금계산서에 대한 매입처별세금계산서합계표의 거래처별 등록번호 또는 공급가액이 착오로 사실과 다르게 기재된 경우로서 교부받은 세금계산서에 의하여 거래사실이 확인되는 분의 공급가액"에 해당한다 할 것임에도 처분청이 청구법인에 이에 대하여 매입처별세금계산서합계표 불성실가산세를 과세한 이 건 처분은 부당하다고 판단된다.[188]

4) 매입누락분 경정청구 시 가산세 적용 여부

신고누락한 세금계산서의 매입세액은 경정청구 시에 매입처별세금계산서합계표를 제출하여 공제받을 수 있으며, 합계표불성실가산세는 적용되지 않는다.[189]

(5) 본점이 귀속 세금계산서를 본점에서 수수한 후 지점에서 신고한 경우

납부사업자가 본점 매입분을 지점 매입분으로 또는 본점 매출분을 지점 매출분으로 잘못 신고한 것이 확인되어 경정하는 경우 매출분에 대해서는 본점에는 매출 납부 없이 매출증 결정을 하며 신고불성실가산세를 부과하고, 지점은 환급 없이 매출감 결정을 한다. 매입의 경우 본점의 경우 경정청구를 통하여 오류를 수정하고(환급은 없음), 본점은 해당 매입분에 대하여 매입세액불공제를 적용하고 신고불성실가산세를 적용한다. 이 경우 납부지연가산세는 적용하지 아니한다.

(6) 본점 귀속 세금계산서를 지점이 수수하고 본점에서 신고에 반영한 경우(반대의 경우도 동일)

1) 매출세금계산서의 경우

본점귀속 매출세금계산서를 지점이 발행하고 본점에서 신고에 반영한 경우 본점에서는 매출증 처분을 하고 세금계산서 미발생가산세(1%)를 적용하며, 지점은 매출감 처분을 한다. 매출 증·감 처분 시 납부세액과 환급세액은 발생하지 않는다.

2) 매입세금계산서의 경우

본점 귀속 매입세금계산서를 지점이 발행하고 본점에서 신고에 반영한 경우 본점은 매입세액불

187) 조심-2015-중-4524, 2015.11.12
188) 국심2005서225, 2006.02.07
189) 서삼46015-11168, 2003.07.24

공제 처분(납부세액 없음)을 하고 신고불성실가산세 및 매입처별세금계산서합계표 불성실가산세를 적용하고, 지점에서는 경정청구(환급세액 없음)를 통하여 오류를 수정한다.

(7) 본·지점 착오신고에 대한 가산세 적용(주사업장 총괄납부 포함)[190)]

1) 지점이 재화를 공급하고 본점 명의로 세금계산서를 발급한 경우

납부사업자의 지점이 재화를 공급하고 본점 명의로 세금계산서를 발급한 경우에는 세금계산서 미발급가산세를 적용한다.

2) 지점의 매출 및 매입을 본점에 신고·납부한 경우

사업자가 지점의 매출 및 매입을 본점에 신고·납부한 경우 무신고가산세 또는 과소신고가산세를 적용한다.

3) 매출·매입을 착오로 본·지점 교차신고한 경우

납부사업자가 지점 매입분을 본점 매입분으로 또는 본점 매출분을 지점 매출분으로 잘못 신고한 것이 확인되어 경정하는 경우 과소신고에 따른 가산세를 적용하나, 납부·환급불성실가산세를 적용하지 아니한다.

4) 본·지점 합산 신고·납부한 경우

총괄납부신청을 하지 아니한 사업자가 부가가치세 납부기한까지 어느 사업장에 대한 부가가치세를 다른 사업장에 대한 부가가치세에 더하여 신고·납부한 경우에는 납부불성실·환급불성실가산세를 적용하지 아니한다.

6. 세금계산서 발행시기 및 신고시기 오류에 대한 가산세

(1) 예정신고 시 누락한 세금계산서를 확정신고 시 반영하는 경우

1) 매출세금계산서

예정신고 시 누락한 매출세금계산서를 확정신고 시 반영하는 경우 매출처별세금계산서합계표 지연제출가산세 및 관소신고가산세, 납부지연가산세를 적용하는 것이나, 납부세액이 존재하지 않는 경우 납부지연가산세는 적용하지 않는다.

2) 매입세금계산서

예정신고 시 누락한 매입세금계산서를 확정신고 시 반영하는 경우 매입세액공제를 적용하되, 매출처별세금계산서합계표 지연제출가산세는 적용하지 않는다. 그러나 예정신고 시 매입처별 세금계산서합계표에 착오로 확정신고기간에 관련된 매입세금계산서를 포함하여 신고하고 이에

190) 부가집 60-0-18

대한 수정신고를 하는 경우 신고불성실가산세 및 납부지연가산세는 적용되나 매입처별세금계산서합계표 불성실가산세는 적용되지 않는다.[191)]

(2) 공급시기에 미교부한 세금계산서를 다음 과세기간에 교부하고 신고·납부한 경우

1) 공급자의 세무처리

사업자가 재화 또는 용역을 공급하고 공급시기에 세금계산서를 교부하지 아니하고 그다음 과세기간에 세금계산서를 교부하고 신고·납부한 경우 세금계산서를 교부하지 아니한 과세기간에는 수정신고(무납부)를 하고 세금계산서 미발행가산세, 신고불성실가산세, 납부지연가산세가 적용되는 것이며, 세금계산서를 교부하고 신고·납부한 과세기간에는 경정청구(무환급)를 통하여 오류를 수정하되 가산세가 적용되지 않는다.[192)]

2) 공급받는자의 세무처리

사업자가 재화 또는 용역을 공급하고 공급시기에 세금계산서를 교부하지 아니하고 그다음 과세기간에 세금계산서를 교부하고 신고·납부한 경우 당해 세금계산서의 매입세액은 공급받는 자의 매출세액에서 공제하지 아니하는 것이나, 공급받는 자가 재화 및 용역의 공급시기 이후에 교부받은 세금계산서로서 당해 공급시기가 속하는 과세기간 내에 교부받은 경우 당해 세금계산서의 매입세액은 매출세액에서 공제할 수 있는 것으로, 세금계산서 지연수취가산세를 납부세액에 가산하거나 환급세액에서 공제한다.[193)] 또한 사업자가 제출한 매입처별세금계산서합계표의 기재사항이 사실과 다르게 기재된 때에는 그 사실과 다르게 기재된 분의 공급가액에 대하여는 가산세를 부과하도록 명확하게 규정하고 있는 이상 제출한 매입처별세금계산서합계표상의 기재사항이 사실과 다른 경우에 해당된다면 세금계산서합계표 불성실가산세를 부과한다.[194)]

(3) 적법하게 발행된 세금계산서를 다음 과세기간에 신고하는 경우

1) 매출세금계산서의 경우

사업자가 재화 또는 용역을 공급하고 공급시기에 세금계산서를 신고하지 아니하고 그다음 과세기간에 세금계산서를 신고·납부한 경우 세금계산서를 신고하지 아니한 과세기간에는 매출처별세금계산서합계표 미제출가산세, 신고불성실가산세, 납부불성실가산세가 적용되는 것이며, 세금계산서를 교부하고 신고·납부한 과세기간에는 매출감 결정(무환급)을 하고 가산세가 적용되지 않는다.[195)] 이 경우 부가가치세의 과세표준과 납부세액 또는 환급세액을 경정할 때 세금계산

191) 부가46015-1504, 1997.07.03
192) 서면3팀-1982, 2004.09.24
193) 서면3팀-2374, 2004.11.24
194) 국심2003전331, 2003.06.03
195) 서면3팀-1982, 2004.09.24

서 불성실가산세는 공급가액에 대하여 적용하며,[196] 매출누락분이 확인되어 수정신고납부를 함에 있어서 당해 신고납부분에 대하여 신고불성실가산세 및 납부지연가산세를 적용하는 경우 납부세액 경감규정 적용대상 신고불성실가산세 적용대상 금액은 당해 경감규정을 적용한 후의 신고납부세액을 기준으로 한다.[197]

2) 매입세금계산서의 경우

사업자가 당기의 부가가치세 신고 시에 전기의 매입세금계산서를 매입처별세금계산서합계표에 기재하여 신고한 경우 매입처별세금계산서합계표 불성실가산세에 대하여는 그 신고 시 제출한 매입처별세금계산서합계표의 기재사항 중 사실과 다르게 과다하게 기재하여 신고한 당기의 공급가액에 대하여 100분의 1에 상당하는 금액을 납부세액에 가산하거나 환급세액에서 공제하는 것이나, 과소하게 기재하여 신고한 전기의 공급가액에 대하여는 매입처별세금계산서합계표 불성실가산세가 적용되지 않는다.[198]

(4) 적법하게 발행된 세금계산서를 정상적인 과세기간보다 빨리 신고하는 경우

1) 확정신고 관련 세금계산서를 예정신고 시 포함한 경우 가산세 적용 여부

사업자가 부가가치세 예정신고 시 매입·매출처별세금계산서합계표에 착오로 동일 과세기간의 확정신고기간에 관련된 매입·매출세금계산서를 포함하여 신고하고 수정신고를 하는 경우에는 신고불성실가산세는 적용되는 것이나, 매출·매입세금계산서합계표 불성실가산세가산세는 적용되지 않는다.[199]

2) 당해 확정신고 시 신고누락한 영세율 과세표준에 대한 가산세 적용 여부

사업자가 과세기간 최종 3월 중 수출분을 예정신고 시 먼저 신고하고 확정 시 이를 신고누락하거나 2기 과세기간 중 수출분을 1기 확정신고 시 먼저 신고하고 2기 확정신고 시 이를 신고누락한 경우 당해 확정신고 시 신고누락한 영세율 과세표준에 대하여는 영세율 과세표준 신고불성실가산세가 적용된다.[200]

3) 2기분 수입세금계산서를 1기분 확정신고 시 제출하는 경우 가산세

제1기분 부가가치세 확정신고시에 제2기분 매입세금계산서를 매입처별세금계산서합계표에 기재하여 신고한 경우 매입처별세금계산서합계표 불성실가산세와 신고·납부불성실가산세를 납부세액에 가산하거나 환급세액에서 공제한다.[201]

---

196) 서면3팀-546, 2004.03.18
197) 부가46015-1097, 1998.05.22
198) 서면3팀-1914, 2005.11.01
199) 서면3팀-2682, 2004.12.30
200) 부가46015-2474, 1998.11.02
201) 부가46015-2276, 1997.10.02

4) 2기 예정매입분을 1기 확정분으로 신고하여 환급세액이 발생한 경우 납부불성실가산세 적용 여부

총괄납부 법인사업자로서 종사업장에서 2001년 2기 확정매입분을 착오로 2002년 1기 예정분으로 신고(2002년 1월분 조기환급신고)하고, 또한 2002년 2기 예정매입분을 착오로 2002년 1기 확정분으로 하여 신고하였으나 오류대상 신고기간 중 총괄납부사업장에서는 전체적으로 환급세액이 발생한 경우 당해 오류분에 대하여 과세관청이 경정 시(경정 후에도 환급세액이 발생함) 납부불성실가산세는 적용하지 않는다.[202)]

5) 매출세금계산서를 매입처별세금계산서합계표에 잘못 기재하여 제출한 경우

사업자가 재화 또는 용역을 공급하고 교부한 매출세금계산서를 부가가치세 신고 시 매입처별세금계산서합계표에 잘못 기재하여 제출한 경우 세금계산서합계표 관련 가산세는 매출처별세금계산서합계표 미제출가산세와 매입처별세금계산서합계표 기재불성실가산세가 적용된다.[203)]

7. 매출환입(반품) 관련 가산세

(1) 수정세금계산서에 대한 미발급 가산세

1) 원칙

사업자가 세금계산서를 발급한 후 당초의 공급가액에 더하거나 빼는 금액이 발생한 경우 수정세금계산서를 발급하지 아니한 경우 세금계산서 미발행가산세가 적용되며, 발급한 분에 대한 매출처별세금계산서합계표를 제출하지 아니한 때에는 매출처별세금계산서합계표 미제출가산세를 적용한다.[204)]

2) 허위로 공급가액을 감액하는 수정세금계산서 교부 시의 가산세

사업자가 재화를 공급하고 그 거래시기에 세금계산서를 교부한 후 공급받는 자로부터 당해 재화를 반품받은 사실이 없음에도 불구하고 공급가액을 감액하는 수정세금계산서를 허위로 교부한 경우, 그 감액된 공급가액에 대하여는 세금계산서를 교부하지 아니한 것으로 보아 세금계산서 미교부가산세를 적용한다.[205)]

3) 일부 반품한 재화에 대하여 수정세금계산서를 교부받지 못한 경우 가산세

사업자가 재화를 공급받고 세금계산서를 교부받은 후 당해 재화의 일부를 반품하였으나 당초 재화의 공급자로부터 수정세금계산서를 교부받지 못한 경우에는 매입처별세금계산서합계표 기

---

202) 서면3팀-361, 2004.02.27
203) 서면3팀-2221, 2004.11.01
204) 부기통 60-108-2
205) 부가22601-298, 1985.02.13

재불성실가산세가 부과되지 않는다.[206)]

(2) 매출거래 및 반품거래 세금계산서를 동시 누락하는 경우

1) 반품 매출세금계산서(매출감세금계산서)의 신고누락에 따른 가산세

사업자가 매출거래와 반품거래에 대하여 각각 세금계산서를 발급하였으나 부가가치세 신고 시 제출하는 매출처별세금계산서합계표에 모두 기재하지 아니한 경우에는 각각의 세금계산서 공급가액 합계액(절댓값의 합계액)에 대하여 매출처별세금계산서합계표 불성실가산세를 적용한다.[207)]

2) 반품 매입세금계산서(매입감세금계산서)의 신고누락에 따른 가산세

사업자가 공급자에게 재화를 반품하고 발급받은 수정세금계산서를 신고누락한 후 수정신고와 함께 매입처별세금계산서합계표를 수정하여 제출하는 경우 매입처별세금계산서합계표 불성실가산세, 신고불성실가산세, 납부지연가산세를 적용한다.[208)]

(3) 반품수정세금계산서를 미신고하는 경우

1) 공급자에 대한 처분

사업자가 반품 등으로 인한 부의 매출세금계산서를 부가가치세 신고 시 제출하는 매출처별세금계산서합계표에 기재하지 아니하고 무신고한 경우 매출처별세금계산서합계표 미제출가산세를 적용한다.[209)]

2) 공급받는 자에 대한 처분

거래상대방이 부가가치세 신고 시 부의 매입세금계산서를 매입처별세금계산서합계표에 기재하지 아니하고 신고도 아니한 경우에는 매입처별세금계산서합계표 미제출가산세를 적용한다.[210)] 또한 사업자가 수정신고를 하지 아니한 상태에서 부가가치세를 경정고지하는 경우에는 매입처별세금계산서합계표가산세, 초과환급신고가산세 및 납부·환급불성실가산세를 적용한다.[211)]

(4) 반품수정세금계산서를 지연신고하는 경우

사업자가 공급자로부터 교부받은 거래취소분 수정세금계산서(매입감액 세금계산서)를 신고누락한 후 수정신고를 한 경우에도 납부하여야 할 세액에 미달하게 신고·납부하였으므로 신고불성실가산세와 납부불성실가산세가 부과된다. 다만, 일정기간 이내에 수정신고하고 납부하는 경우 「국

206) 부가46015-4021, 1999.09.30
207) 부가집 60-0-14
208) 부가집 60-0-15
209) 부가46015-1433, 1998.06.29
210) 부가46015-1433, 1998.06.29
211) 기획재정부 부가가치세제과-632, 2010.09.24

세기본법」 제49조의 규정에 의하여 최초의 과소신고로 인하여 부과하여야 할 신고불성실가산세에 대해서는 일정비율에 상당하는 세액을 경감한다. 또한, 사업자가 매입처별세금계산서합계표를 제출함에 있어 공급자로부터 교부받은 거래취소분 수정세금계산서(매입감액 세금계산서)를 예정신고 시 신고누락한 경우 확정신고 시에 제출하였다 하더라도 매입처별세금계산서합계표를 불성실하게 기재하여 납부할 부가가치세액에 미달하게 납부하였으므로 매입처별세금계산서합계표 불성실가산세가 부과된다.[212)]

(5) 사실과 다른 세금계산서로 신고하고 수정신고 등을 하는 경우 가산세 적용 여부

사업자가 사실과 다른 세금계산서를 교부받아 부가가치세 예정 또는 확정신고 시 이를 근거로 매입처별세금계산서합계표상의 공급가액을 사실과 다르게 과다하게 기재하여 제출한 경우에는 사업자가 수정신고 또는 경정청구하는 경우에도 매입세금계산서 불성실가산세가 부과된다.[213)]

8. 환급신고 관련 가산세

(1) 월별조기환급신고 시 사실과 다르게 제출한 세금계산서합계표의 가산세

월별조기환급신고한 사업자의 영세율 등 조기환급신고서에 첨부된 매입처별세금계산서합계표의 기재사항이 사실과 다르게 기재된 경우에는 해당 예정신고 또는 확정신고기한이 지난 후에 매입처별세금계산서합계표 불성실가산세, 초과환급 신고불성실가산세를 부과할 수 있다.[214)] 그러나 사업자가 영세율 등 조기환급신고기간에 재화 또는 용역을 공급하고 교부한 세금계산서에 대하여 매출처별세금계산서합계표를 제출하지 아니하고, 확정신고기간에 매출처별세금계산서합계표를 제출한 경우에는 가산세를 적용할 수 없다.[215)]

(2) 4월 월별조기환급신고 시 누락된 매입세액에 대해 5월분 조기환급신고 시 신고한 경우

사업자가 4월분 과세표준과 환급세액에 대하여 영세율 등 조기환급신고서를 제출한 후 당해 영세율 등 조기환급신고 시 누락한 4월분 매입세금계산서는 확정신고 시 제출하는 것이며, 당해 매입세금계산서를 5월분 과세표준과 환급세액에 대하여 영세율 등 조기환급신고서를 제출하면서 포함하여 제출한 경우 초과환급신고가산세는 적용되지 아니하나 세금계산서 불성실가산세 및 환급불성실가산세는 적용한다.[216)]

---

212) 재소비46015-75, 2002.03.21
213) 부가46015-2854, 1998.12.26
214) 부가집 60-0-11
215) 서삼46015-11363, 2002.08.20
216) 기획재정부 조세정책과-170, 2008.02.15

(3) 조기환급 시 매출누락 후 경정하는 경우

사업자가 영세율 등 조기환급신고기간에 대한 환급세액을 신고함에 있어서 신고하여야 할 과세표준 중 일부분을 누락하여 신고한 경우 매출누락분 부가가치세는 환급세액에서 공제하고, 신고·납부불성실가산세는 적용하지 아니하는 것이나, 예정신고 및 확정신고를 하지 아니하거나 납부를 하지 아니한 경우에는 신고·납부불성실가산세를 적용한다.[217)]

(4) 영세율 등 조기환급신고 시 누락한 매입세금계산서를 확정신고 시 제출하는 경우

사업자가 4월분 과세표준과 환급세액에 대하여 영세율 등 조기환급신고서를 제출한 후 당해 영세율 등 조기환급신고 시 누락한 4월분 매입세금계산서는 확정신고 시 제출하는 것이며, 당해 매입세금계산서를 5월분 과세표준과 환급세액에 대하여 영세율 등 조기환급신고서를 제출하면서 포함하여 제출한 경우 가산세는 적용하지 아니한다.[218)]

(5) 조기환급신고와 예정신고 당시 이중으로 매입세액공제신고한 경우 가산세 적용 여부

월별조기환급신고한 것을 예정신고 시 다시 매입처별세금계산서합계표에 기재하여 이중으로 신고하는 착오 등에 의한 경우 매입처별세금계산서합계표 불성실가산세는 적용하지 아니하나 신고불성실가산세를 적용하며, 해당 부가가치세를 환급받은 경우 납부지연가산세도 적용한다.[219)]

9. 경정·경정청구 관련 가산세

(1) 신고 후 부당환급으로 매입감처분을 받고 경정하는 경우

1) 사업양도 시 수수한 세금계산서에 대한 가산세

재화의 공급으로 보지 아니하는 사업양도에 해당하는 거래에 대하여 양수자가 대리납부하지 아니하고 양도자가 세금계산서를 발급하고 부가가치세 신고와 함께 매출(매입)처별세금계산서합계표에 기재하여 제출한 경우 매출(매입)처별세금계산서합계표가산세를 적용하지 아니하나, 매입세액불공제 처분을 하고, 과소신고가산세, 초과환급신고가산세 및 납부·환급불성실가산세는 적용한다.[220)]

2) 사실과 다른 세금계산서로 신고하고 수정신고 등을 하는 경우 가산세 적용 여부

사업자가 사실과 다른 세금계산서를 교부받아 부가가치세 예정 또는 확정신고 시 이를 근거로 매입처별세금계산서합계표상의 공급가액을 사실과 다르게 과다하게 기재하여 제출한 경우에

---

217) 부가46015-2530, 1994.11.19
218) 서면3팀-1904, 2007.07.05
219) 국심2005서1441, 2005.11.24
220) 부가집 60-0-17

는 사업자가 수정신고 또는 경정청구하는 경우에도 매입처별세금계산서합계표가산세가 부과된다.[221]

3) 예정신고누락분을 확정신고 전이나 확정신고기간 경과 후 일정기간 이내에 수정신고하는 경우

사업자가 부가가치세 예정신고기간에 재화나 용역을 공급하고 세금계산서를 교부하였으나 예정신고 시 당해 세금계산서를 신고누락하여 당해 예정신고기간이 속하는 과세기간의 확정신고 전이나 확정신고기간 경과 후 일정기간 이내에 수정신고하는 경우에는 매출처별세금계산서합계표 미제출가산세와 신고불성실가산세 및 납부불성실가산세가 적용되는 것이나, 수정신고와 동시에 세액을 추가납부하는 경우에는 신고불성실가산세는 「국세기본법」 제49조의 규정에 의하여 일정비율에 상당하는 세액을 경감한다.[222]

(2) 매입누락분에 대하여 신고기한 종료 후 경정청구하는 경우

1) 교부받은 세금계산서를 신고누락하여 이를 경정청구 시 매입세액공제 여부

사업자가 자기의 사업과 관련하여 교부받은 세금계산서를 부가가치세 신고 시 신고누락하였을 경우 신고누락한 세금계산서의 매입세액은 경정청구 시에 매입처별세금계산서합계표를 제출하여 공제받을 수 있으며 이 경우 매출처별세금계산서합계표 불성실가산세는 적용되지 않는다. 다만, 매입세금계산서를 경정기관의 확인을 거쳐 정부에 제출함으로써 매입세금계산서합계표에 의하지 아니하고 세금계산서에 의하여 매입세액을 공제받는 경우에는 가산세가 적용된다.[223] 매입처별세금계산서합계표 기재불성실가산세는 경정조사 시에만 부과하는 것이 아니고 기재사항 중 거래처별등록번호 또는 공급가액의 전부 또는 일부가 적혀 있지 아니하거나 사실과 다르게 적혀 있는 경우에도 부과한다.[224]

2) 재경정 시 세금계산서를 제출하는 경우 매입세액의 공제 여부

경정 시 사업자가 교부받은 세금계산서를 경정기관의 확인을 거쳐 정부에 제출하지 아니하고, 재경정 시 정부에 제출하는 경우에는 당해 세금계산서의 매입세액은 매출세액에서 공제되지 않는다.[225]

10. 폐업 등을 사유로 한 세금계산서 관련 가산세

(1) 거래상대방의 부도·도산·폐업으로 수정세금계산서를 교부받지 못한 경우 신고납부

221) 부가46015-2854, 1998.12.26
222) 부가46015-62, 2000.01.06
223) 부가46015-3304, 2000.09.23
224) 부가46015-2353, 1998.10.16
225) 부가22601-1134, 1985.06.20

1) 세무처리

사업자가 중간지급조건부로 재화를 공급받기로 약정하고 계약금 및 중도금에 대한 세금계산서를 교부받아 매입세액으로 공제받았으나, 거래상대방의 폐업으로 당초 계약이 취소되어 재화를 공급받지 못한 경우에는 매입감수정세금계산서를 수수하지 아니하고, 그 사유가 발생한 때가 속하는 과세기간에 당초에 공제받은 매입세액을 납부세액에 가산하여 정부에 납입하여야 한다.[226]

2) 가산세 적용

공급받는 자가 수정세금계산서를 발급받은 경우에는 이를 매입처별세금계산서합계표에 기재하여 부가가치세를 신고납부하여야 하며, 공급받는 자에게 수정분 매입처별세금계산서합계표 제출의무 해태에 따른 책임이 없는 경우 매입처별세금계산서합계표 불성실가산세를 적용하지 않는다. 다만 수정신고 시 「국세기본법」에 따른 과소신고가산세 및 납부지연가산세는 적용한다.[227]

3) 폐업신고 후 계속사업을 영위하는 경우

사업자의 폐업일은 사업장별로 그 사업을 실질적으로 폐업한 날로 하는 것이며, 폐업한 때가 명백하지 아니한 경우에는 폐업신고서의 접수일을 폐업일로 보는 것으로, 사업자가 폐업신고를 한 경우에도 관할세무서장은 폐업사유, 사업장 상태, 사업의 계속 여부 등을 확인하여 실질적으로 사업을 계속 영위하는 때에는 폐업한 것으로 보지 않는다. 이 경우 폐업한 사업자에게는 미등록가산세를 적용하지 않는다.[228]

4) 간이과세자·폐업자 등으로부터 수령한 매입세금계산서

부가가치세는 납세의무자가 과세표준과 세액을 정부에 신고하는 때에 확정되는 세목으로 청구법인은 간이과세자로부터 교부받아 적법한 세금계산서가 아닌 이 건 세금계산서의 매입세액을 공제하여 신고함으로써 신고한 환급세액이 신고하여야 할 환급세액을 초과하여 신고하였고, 공급가액 전부가 사실과 다르게 과다하게 기재된 매입처별세금계산서합계표를 제출하였으므로 신고불성실가산세 및 매입처별세금계산서합계표 불성실가산세 적용대상이다.[229]

(2) 위탁자가 자진폐업신고한 경우 세금계산서 발급방법 등

위탁자가 임의로 폐업신고를 하였으나 신탁계약에 의한 위탁자로서의 지위가 그대로 유지되고 해당 신탁사업이 계속 진행되고 있는 경우에는 사업을 실질적으로 폐업한 것으로 보지 아니하는

226) 서면3팀-845, 2007.03.20
227) 부가가치세과-930, 2014.11.24
228) 서면3팀-2335, 2007.08.21
229) 국심2000중2583, 2001.03.19

것으로, 수탁자가 신탁부동산 매각 시 위탁자 명의로 전자세금계산서 외의 세금계산서를 발급하는 것이며 매수자는 발급받은 세금계산서상의 매입세액을 자기의 매출세액에서 공제할 수 있다. 다만, 위탁자가 전자세금계산서 의무발급대상자인 경우 전자세금계산서 외의 세금계산서 발급에 따른 전자세금계산서 미발급가산세가 적용된다.[230)]

(3) 사업자등록 직권말소 후 미등록사업자로 과세한 처분의 당부

사업자등록의 직권말소사유는 법률상 폐업 또는 사실상 사업미개시로 한정되어 있으며 또한 「부가가치세법」상의 사업자등록은 과세관청으로 하여금 부가가치세의 납세의무자를 파악하고 그 과세자료를 확보케 하려는 데 그 목적이 있는 것으로 이는 단순한 사업사실의 신고로서 사업자가 소관세무서에 소정의 사업자등록신청서를 제출함으로써 성립되는 것이고 사업자등록증의 교부는 이와 같은 등록사실을 증명하는 증서의 교부행위에 불과한 것인 점을 고려하면 위 세적관리요령은 법령상 아무런 근거가 없는 것이라 할 것이고 따라서 이에 기초하여 원고의 사업자등록을 직권말소한 조치도 법령상의 근거 없이 한 무효의 처분이라 할 것이며, 한편 증인 유○○의 증언에 의하면 원고는 1989.12.1. 위 장소에서 사업개시 후 현재까지 계속하여 영업하고 있는 사실이 인정되므로 위와 같이 무효인 사업자등록 직권말소에 터잡아 원고를 미등록사업자로 보아 매입세액을 공제하지 아니하고 미등록가산세를 부과하여 한 이 사건 처분은 위법하므로 취소되어야 할 것이다.[231)]

11. 내국신용장·구매확인서 사후개설 관련 가산세

(1) 사후개설 내국신용장에 따른 수정세금계산서의 제출시기

사업자가 예정신고기간 중 내국신용장을 개설받지 아니한 상태에서 재화를 공급하고 부가가치세를 거래징수한 세금계산서를 교부하였으나 당해 확정신고기간 중 내국신용장이 개설되어 영세율 수정세금계산서를 교부한 경우 수정세금계산서 제출시기는 당초의 예정신고분에 대한 수정신고와 함께 제출하거나 당해 확정신고와 함께 정부에 제출할 수 있다.[232)]

(2) 과세기간 종료 후 25일 이내 구매확인서를 발급받았으나 수정세금계산서를 발급하지 아니한 경우

사업자가 「관세법」 제196조에 따른 보세판매장에 재화를 공급하고 10%의 세율이 기재된 세금계산서를 발급한 후 공급시기가 속하는 과세기간 종료 후 25일 이내에 구매확인서를 발급받은 경우

---

230) 사전-2015-법령해석부가-0032, 2015.06.01
231) 서울고법92구32274, 1993.07.01
232) 부가1265-977, 1983.05.26

에는 0%세율이 기재된 세금계산서를 수정발급할 수 있으나, 사업자가 구매확인서를 발급받았음에도 (영세율)수정세금계산서를 발급하지 아니한 경우로서 당초 발급한 세금계산서에 의해 예정·확정신고·납부를 이행한 경우에는 해당 거래에 대하여 세금계산서 부실기재가산세를 적용하지 않는 것이며, 공급시기가 속하는 과세기간 종료 후 25일이 경과한 뒤에는 수정세금계산서를 발급할 수 없다.[233)]

(3) 구매확인서 발급 전에 영세율세금계산서를 발행한 경우

구매확인서가 발급되지 않은 상태에서 재화를 공급하고 그 거래시기에 영세율세금계산서를 교부한 것은 일부 절차를 생략한 것에 불과하고, 영세율세금계산서가 수정세금계산서의 역할을 한 것으로 볼 수 있으므로 영세율세금계산서를 사실과 다른 세금계산서로 보아 세금계산서 불성실가산세를 부과한 처분은 잘못이다.[234)]

(4) 재화 공급시기 이후 내국신용장이 사후개설된 후 영세율세금계산서만 발행한 경우

사업자가 재화를 공급한 후 재화의 공급시기가 속하는 과세기간 종료 후 25일 이내에 개설된 것으로서 당해 재화의 공급일이 속하는 달의 다음 달 15일에 구매확인서가 개설된 경우에 당해 사업자가 영세율세금계산서만을 교부하여 신고한 경우 과세되는 재화 또는 용역을 공급하는 사업자가 공급을 받는 자에게 당초 거래시기에 세금계산서를 교부하지 아니한 경우에는 수정세금계산서를 교부할 수 없으며 이 경우 당초에 세금계산서를 미교부한 거래분에 대하여 세금계산서 지연발급가산세가 적용된다.[235)]

(5) 내국신용장 사후개설 후 일반세금계산서만 신고하고 영세율세금계산서는 경정청구한 경우

1) 공급자에 대한 세무처리

사업자가 내국신용장이 개설되기 전에 재화를 공급하면서 재화의 공급시기에 일반세율(10%)을 적용한 세금계산서를 교부하고 당해 재화의 공급시기가 속하는 과세기간 종료 후 25일 이내에 내국신용장이 개설됨에 따라 수정세금계산서를 교부(당초 세금계산서는 감액처리하고 영세율세금계산서를 교부)한 경우에 있어, 부가가치세 확정신고 시 당초 재화의 공급시기에 교부한 과세분 세금계산서에 대하여만 매출처별세금계산서합계표를 작성하여 신고·납부한 후 수정세금계산서 교부분에 대하여는 경정 등의 청구를 하는 경우에는 매출처별세금계산서합계표 관련 가산세와 영세율 과세표준 신고불성실가산세는 적용되지 않는다.[236)]

233) 사전-2017-법령해석부가-0677, 2017.11.17
234) 조심2012서1279, 2012.05.14
235) 서면3팀-2379, 2005.12.28
236) 서삼46015-10401,2003.03.08

2) 공급받는 자에 대한 세무처리

예정신고 시 매입세액을 공제받은 후 동 과세기간 내에 재화·용역의 공급에 대한 내국신용장이 개설되어 수정세금계산서를 교부받았으나 부가가치세 확정신고 시 수정세금계산서를 제출누락하여 수정신고하는 경우 신고납부불성실가산세가 적용된다.[237)]

(6) 영세율세금계산서는 적법하게 발행되었으나, 구매확인서가 사후발급되지 않은 경우

재화의 공급시기가 속하는 과세기간 종료 후 20일 이내에 구매확인서가 발급된 경우 그 작성일자는 당초 세금계산서 작성일자를 기재하고 비고란에 내국신용장 개설일 등을 부기하여 영세율 적용분은 검은색 글씨로 세금계산서를 작성하여 교부하고, 추가하여 당초에 교부한 세금계산서의 내용대로 세금계산서를 붉은색 글씨로 또는 부(負)의 표시를 하여 작성하고 교부한다고 규정하고 있는 바, 원칙적으로는 당초 교부한 일반세금계산서에 대하여는 이를 없었던 것으로 하는 부의 세금계산서를 교부하고 다시 영세율세금계산서를 교부하여 부가가치세를 신고하여야 하나, 영세율세금계산서만을 교부하고 이에 근거하여 부가가치세를 신고한 것은 일부 절차를 생략한 것에 불과하고, 또한 동 영세율세금계산서는 수정세금계산서의 역할을 한 것으로 볼 수 있으므로 세금계산서의 필요적 기재사항의 전부 또는 일부가 착오 또는 과실로 기재되지 아니하거나 사실과 다른 때에 해당하지 아니하고, 더불어 세금계산서의 필요적 기재사항 중 일부가 착오로 기재되었으나 당해 세금계산서의 그 밖의 필요적 기재사항 또는 임의적 기재사항으로 보아 거래사실이 확인되는 경우에 해당한다 할 것이므로, 처분청에서 청구법인이 교부한 영세율세금계산서를 사실과 다른 세금계산서로 보아 세금계산서 불성실가산세를 부과한 처분은 잘못이라고 하겠다.[238)]

12. 세금계산서 기재불성실가산세 및 현금영수증 미발급과태료 복합사례

인테리어공사업을 영위하는 사업자가 다른 사업자에게 공사용역을 공급하고 용역의 공급시기에 대금 수취분에 대해서만 세금계산서를 발급한 경우 세금계산서 기재불성실가산세가 부과되며, 이후 10만원 이상인 공사잔금을 지급받으며 현금영수증을 미발급한 경우 현금영수증 미발급가산세가 부과된다.[239)]

---

237) 부가46015-290,1996.02.13

238) 조심2011중138, 2011.02.15, 조심2009중4136, 2010.06.29., 조심2011중0438, 2011.10.31

239) 서면-2020-법령해석부가-0812 [법령해석과-1696] , 2021.05.13

제3절 「국세기본법」상 가산세

I 무신고가산세

1. 원칙

납세의무자가 법정신고기한까지 세법에 따른 국세의 과세표준 신고(예정신고 및 중간신고를 포함하며, 「교육세법」, 「농어촌특별세법」 및 「종합부동산세법」에 따른 신고는 제외한다)를 하지 아니한 경우에는 그 신고로 납부하여야 할 세액(이 법 및 세법에 따른 가산세와 세법에 따라 가산하여 납부하여야 할 이자 상당 가산액이 있는 경우 그 금액은 제외하며, 이하 "무신고납부세액"이라 한다)의 다음의 구분에 따른 비율을 곱한 금액을 가산세로 한다(국기법 47의 2 ①).

① 부정행위로 법정신고기한까지 세법에 따른 국세의 과세표준 신고를 하지 아니한 경우: 40%(거래에서 발생한 부정행위인 경우에는 60%)

② ① 외의 경우: 20%

가산세 : 산출세액 × 20% (40%, 60%)

2. 예외

(1) 복식부기의무자 또는 법인인 경우

과세표준 신고(「소득세법」 또는 「법인세법」에 따른 신고만 해당한다)를 하지 아니한 자가 「소득세법」에 따른 복식부기의무자 또는 법인인 경우에는 다음에 따른 금액과 무신고가산세의 원칙적인 적용세율(20%, 40%, 60%)을 적용한 금액 중 큰 금액을 가산세로 한다(국기법 47의 2 ② 1)

① 부정행위로 법정신고기한까지 세법에 따른 국세의 과세표준 신고를 하지 아니한 경우 : 수입금액*에 1만분의 14를 곱한 금액

② ① 외의 경우: 수입금액*에 1만분의 7을 곱한 금액

법인세·복식부기의무자의 가산세 Max ┌ 납부세액 × 20% (40%, 60%) └ 수입금액 × 7 (14)/10,000

* 개인: 「소득세법」에 따라 계산한 사업소득에 대한 해당 개인의 총수입금액
법인: 「법인세법」에 따라 법인세 과세표준 및 세액신고서에 적어야 할 해당 법인의 수입금액

(2) 「부가가치세법」 또는 「조세특례제한법」에 따른 영세율이 적용되는 과세표준이 있는 경우

「부가가치세법」에 따른 사업자가 부동산임대를 포함한 사업소득에 대한 신고를 하지 아니한 경우로서 「부가가치세법」 또는 「조세특례제한법」에 따른 영세율이 적용되는 과세표준이 있는 경우에는 무신고납부세액의 20%(40%, 60%)에 상당하는 금액과 영세율 과세표준의 0.5%에 상당하는 금액을 합한 금액을 가산세로 한다(국기법 47의 2 ② 2).

가산세 : 납부세액 × 20%(40%, 60%) + 영세율 과세표준 × $\frac{5}{1,000}$

(3) 기 납부 관련 세액 등

예정신고 및 중간신고와 관련하여 무신고가산세 또는 과소신고가산세가 부과되는 부분에 대해서는 확정신고와 관련하여 무신고가산세를 적용하지 아니한다(국기법 47의 2 ⑤).

3. 부정한 방법

(1) 개요

부정한 방법이란 조세의 부과·징수를 불가능하게 하거나 현저히 곤란하게 하는 위계(행위자의 행위목적을 이루기 위해 상대방에게 오인·착각·부지를 일으키게 하여 그 오인·착각·부지를 이용하는 것) 기타 부정한 적극적 행위[240]로서 다음 중 어느 하나에 해당하는 방법을 말한다.

① 이중장부의 작성 등 장부의 거짓 기장
② 거짓 증빙 또는 거짓 문서의 작성 및 수취
③ 장부와 기록의 파기
④ 재산의 은닉, 소득·수익·행위·거래의 조작 또는 은폐
⑤ 고의적으로 장부를 작성하지 아니하거나 비치하지 아니하는 행위 또는 계산서, 세금계산서 또는 계산서합계표, 세금계산서합계표의 조작
⑥ 「조세특례제한법」에 따른 전사적 기업자원관리설비의 조작 또는 전자세금계산서의 조작
⑦ 그 밖에 위계(僞計)에 의한 행위 또는 부정한 행위

(2) 「부가가치세법」 상 가산세가 중과되는 부당한 방법의 유형[241]

① 실질거래에 따라 작성된 장부 외에 과세표준을 과소계상하거나 매입세액을 과다계상한 장부를 별도로 작성
② 과세표준을 축소하거나 매입세액을 과다계상하기 위하여 이중계약서 작성, 거래사실과 다른

240) 재조세46019-137, 2003.04.07
241) 부가집 60-0-3

문서 작성, 거래금액과 서로 다른 가액을 기재한 증빙 등을 작성

③ 재화 또는 용역을 공급받지 않고 세금계산서 등을 수취하거나 실제 재화 또는 용역을 공급한 자가 아닌 자의 명의로 작성된 세금계산서 등을 수취(허위임을 알고 수취한 경우에 한함)

④ 매출·매입장부 및 기록(전산기록 포함)·증빙 등을 고의로 파기·삭제·소각하여 거래사실을 확인할 수 없는 경우

⑤ 조세탈루 및 증거인멸 등의 목적으로 거래행위를 은폐하거나 통정에 의하여 과세표준을 임의 조정하는 등의 방법으로 거래사실이나 계산의 근거를 숨기는 경우

⑥ 위와 유사한 사기 그 밖의 부정한 방법으로 부가가치세를 포탈하거나 환급·공제받은 경우

4. 무신고가산세 적용 배제

위 규정에도 불구하고 다음 중 어느 하나에 해당하는 경우에는 가산세 규정을 적용하지 아니한다(국기법 47의 2 ③).

① 「부가가치세법」 제53조의 2에 따라 전자적 용역을 공급하는 자가 부가가치세를 납부하여야 하는 경우

② 「부가가치세법」에 따라 납부의무가 면제되는 경우

③ 대손세액에 상당하는 부분(국기법 47의 2 ④)

5. 가산세의 중복적용 배제(국기법 47의 2 ⑤,⑥)

① 무신고가산세와 「법인세법」 또는 「소득세법」에 의한 무기장가산세(양도소득의 기장불성실가산세, 주식 등에 대한 장부의 비치·기록의무 및 기장불성실가산세 포함)가 동시에 적용되는 경우에는 그중 가산세액이 큰 가산세만 적용하고, 가산세액이 같은 경우에는 무신고가산세만 적용한다.

② 무신고가산세를 적용할 때 예정신고 및 중간신고와 관련하여 무신고가산세 또는 과소신고가산세가 부과되는 부분에 대해서는 확정신고와 관련하여 무신고가산세를 적용하지 아니한다.

6. 관련 사례

(1) 둘 이상의 다른 사업장을 가지고 있는 사업자가 착오로 한 사업장으로 신고납부한 경우

「부가가치세법」에 따른 사업자가 납부기한까지 어느 사업장에 대한 부가가치세를 다른 사업장에 대한 부가가치세에 더하여 신고납부한 경우 매출·매입처별세금계산서합계표 미제출가산세, 무신고가산세를 적용하는 것이며, 납부지연가산세는 적용하지 않는다.[242)]

242) 부가가치세과-118, 2013.02.04

(2) 본·지점 매출, 매입 잘못 신고 시 납부불성실가산세 적용 여부

둘 이상의 사업장이 있는 사업자가 총괄납부승인을 얻지 아니하고 지점 매입액을 본점 매입액으로 또는 본점 매출액을 지점 매출액으로 잘못 신고·납부한 경우 과소신고·납부사업장 또는 과다공제받은 사업장 관할세무서장은 경정결정을 함에 있어 신고불성실가산세는 적용 배제하되, 납부불성실가산세는 적용한다.[243)]

Ⅱ 과소신고·초과환급신고가산세

1. 원칙

납세의무자가 법정신고기한까지 세법에 따른 국세의 과세표준 신고(예정신고 및 중간신고를 포함하며, 「교육세법」에 따른 신고 중 금융·보험업자가 아닌 자의 신고와 「농어촌특별세법」 및 「종합부동산세법」에 따른 신고는 제외)를 한 경우로서 과세표준 또는 납부세액을 신고하여야 할 금액보다 적게 신고(이하 "과소신고"라 한다)하거나 환급세액을 신고하여야 할 금액보다 많이 신고(이하 "초과신고"라 한다)한 경우에는 과소신고한 납부세액과 초과신고한 환급세액을 합한 금액(이 법 및 세법에 따른 가산세와 세법에 따라 가산하여 납부하여야 할 이자 상당 가산액이 있는 경우 그 금액은 제외하며, 이하 "과소신고납부세액 등"이라 한다)에 다음 각 호의 구분에 따른 산출방법을 적용한 금액을 가산세로 한다(국기법 47의 3 ①).

① 부정행위로 과소신고하거나 초과신고한 경우 : 다음의 금액을 합한 금액

㉠ 부정행위로 인한 과소신고납부세액 등의 40%(역외거래에서 발생한 부정행위로 인한 경우에는 60%)에 상당하는 금액

㉡ 과소신고납부세액 등에서 부정행위로 인한 과소신고납부세액 등을 뺀 금액의 10%에 상당하는 금액

② ① 외의 경우 : 과소신고납부세액 등의 10%에 상당하는 금액

2. 예외

1. 에도 불구하고 다음 중 어느 하나에 해당하는 경우에는 다음에 따른 금액을 가산세로 한다(국기법 47의 3 ②).

(1) 부정행위로 「소득세법」 또는 「법인세법」에 따른 신고를 과소신고한 자가 복식부기의무자 또는 법인인 경우 : 다음의 금액 중 큰 금액에 과소신고납부세액 등에서 부정행위로 인한 과소신

---

243) 서면3팀-2241, 2006.09.25

고납부세액 등을 뺀 금액의 10%에 상당하는 금액을 더한 금액

① 부정행위로 인한 과소신고납부세액 등의 40%(국제거래에서 발생한 부정행위로 인한 경우에는 60%)에 상당하는 금액

② 부정행위로 과소신고된 과세표준 관련 수입금액에 1만분의 14를 곱하여 계산한 금액

(2) 「부가가치세법」에 따른 사업자가 예정신고납부 및 확정신고납부와 예정부과납부, 간이과세자의 신고와 납부를 한 경우로서 영세율 과세표준을 과소신고하거나 신고하지 아니한 경우

: 과소신고납부세액 등의 10%(40%, 60%)에 상당하는 금액에 그 과소신고되거나 무신고된 영세율 과세표준의 1천분의 5에 상당하는 금액을 더한 금액

3. 과소신고·초과환급신고가산세 적용 배제

과소신고·초과환급신고가산세를 적용할 때 다음 중 어느 하나에 해당하는 경우에는 이와 관련하여 과소신고하거나 초과신고한 부분에 대해서는 과소신고·초과환급신고가산세를 적용하지 아니한다(국기법 47의 3 ④). 단, 「부가가치세법」에 따른 사업자가 아닌 자가 환급세액을 신고한 경우에는 과소신고·초과환급신고가산세 규정을 적용한다.

① 다음 중 어느 하나에 해당하는 사유로 상속세·증여세 과세표준을 과소신고한 경우

㉠ 신고 당시 소유권에 대한 소송 등의 사유로 상속재산 또는 증여재산으로 확정되지 아니하였던 경우

㉡ 「상속세 및 증여세법」에 따른 공제의 적용에 착오가 있었던 경우

㉢ 「상속세 및 증여세법」에서 규정한 감정가액 및 기준시가에 따라 평가한 가액으로 과세표준을 결정한 경우

㉣ 「법인세법」에 따라 법인세 과세표준 및 세액의 결정·경정으로 「상속세 및 증여세법」에 따른 증여의제이익이 변경되는 경우(부정행위로 인하여 법인세의 과세표준 및 세액을 결정·경정하는 경우는 제외한다)

② 「부가가치세법」상 대손세액공제가 적용되는 경우

③ ①의 ㉣에 해당하는 사유로 「소득세법」에 따른 주식 등의 취득가액이 감소된 경우

4. 영세율 관련 가산세

(1) 과다기재한 영세율 과세표준에 대한 가산세

영세율이 적용되는 사업자가 영세율 붙임서류를 정상적으로 제출하였으나 그 신고한 과세표준이 신고하여야 할 과세표준보다 과다하게 신고한 경우에는 영세율 과세표준 신고불성실가산세를 적

용하지 아니한다.[244] 만일 해외현지법인에 대한 무환반출, 중계무역 등 영세율 과세표준 해당 여부 판단이 곤란한 경우 일단 부가가치세영세율로 신고 후 수입금액제외 금액으로 기재하는 것이 좋을 것이다. 영세율의 경우 무신고, 과소신고에 대해서는 영세율 과세표준 신고불성실가산세가 해당되지만 과다신고한 경우 가산세대상이 되지 않는다.

(2) 영세율 붙임서류 미제출에 따른 가산세

영세율 적용대상 과세표준을 예정신고 또는 확정신고 시에 신고를 하지 아니한 경우, 신고한 과세표준이 신고하여야 할 과세표준에 미달한 경우 또는 영세율 첨부서류를 제출하지 아니한 경우(제출하여야 할 2가지 서류 중 1가지 서류를 제출하지 아니한 경우를 포함한다)에도 해당 과세표준이 영세율 적용대상임이 확인되는 때에는 영의 세율을 적용한다. 이 경우 영세율 과세표준 무신고가산세 또는 영세율 과세표준 과소신고가산세는 적용한다(부기통 24-101-6). 즉, 수출업자가 재화를 수출한 경우 영세율의 적용을 받기 위해서는 원칙적으로 수출신고필증 등을 영세율 첨부서류로 제출하여야 하나 이러한 서류제출이 반드시 요구되는 것은 아니고 실질적으로 수출되었음이 확인되는 경우에는 영의 세율을 적용하는 것으로 관련 규정을 해석하는 것이 타당하다고 판단된다.[245] 다만 영세율 붙임서류 없이 영세율 과세표준을 신고한 경우 해당 과세표준이 영세율 적용대상임이 확인되는 때에는 영세율을 적용하나, 영세율 과세표준 신고불성실가산세를 적용한다.[246]

(3) 영세율 과세표준 과소신고에 따른 가산세 적용 여부

영세율이 적용되는 과세표준을 예정신고 또는 확정신고하지 아니하거나 그 신고한 과세표준이 신고하여야 할 과세표준에 미달하는 때에는 그 신고하지 아니한 과세표준(미달하게 신고한 경우에는 그 미달한 과세표준)의 0.5%를 납부세액에 가산하거나 환급세액에서 공제한다.[247] 또한 영세율세금계산서 등을 포함한 매출처별세금계산서합계표 기재사항이 착오로 기재된 경우로서 교부하였거나 교부받은 세금계산서에 의하여 거래사실이 확인되는 경우에는 가산세를 부과하지 아니할 수 있다.[248]

(4) 영세을 과세표준 신고누락, 영세율 첨부서류 제출한 경우

부가가치세 예정신고서 또는 부가가치세 확정신고서를 작성할 때 영세율이 적용되는 과세표준을 과세표준란에 기재하지 않았으나 영세율 첨부서류를 제출한 경우에는 영세율 신고불성실가산세

244) 부가집 60-0-13
245) 국심2005서2025, 2005.10.25
246) 부가집 60-0-16
247) 서면3팀-88, 2005.01.18
248) 국심2005서0452, 2005.07.20

를 적용하지 않는다.[249)]

(5) 조기환급신고 시 누락된 영세율 과세표준에 대한 가산세 적용

사업자가 영세율 등 조기환급기간에 대한 환급세액을 신고함에 있어 신고하여야 할 과세표준 중 일부분을 누락하여 신고한 경우 영세율 과세표준 신고불성실가산세는 적용하지 아니하나, 영세율이 적용되는 과세표준을 예정신고 또는 확정신고를 하지 아니하거나 신고한 과세표준이 신고하여야 할 과세표준에 미달하는 때에는 그 신고하지 아니한 과세표준(미달하게 신고한 경우에는 그 미달된 과세표준)의 0.5%에 상당하는 금액을 납부세액에 가산하거나 환급세액에서 공제한다.[250)]

(6) 가공영세율세금계산서만 교부받은 경우 가산세 적용 여부

사업자가 제출한 매입처별세금계산서합계표의 기재사항 중 재화 또는 용역을 공급받은 사실이 없이 세금계산서만을 교부받고 매입처별세금계산서합계표에 동 세금계산서상의 공급가액을 기재한 경우에는 세금계산서 가공수취가산세를 적용하는 것이며 이 경우 세액이 없는 영세율세금계산서도 해당한다.[251)]

(7) 기타 영세율 과세표준 신고불성실가산세 관련 사례

1) 위탁가공무역방식의 수출에 대한 부가가치세 영세율 과세표준 신고불성실가산세 적용 여부

사업자가 위탁가공을 위하여 원자재를 국외의 수탁가공업자에 무환반출하여 현지에서 가공 후 가공품을 현지에서 제3국으로 수출하는 경우에는 부가가치세영세율을 적용하는 것이며, 영세율이 적용되는 과세표준을 예정신고 또는 확정신고 시 신고하지 아니한 경우에는 영세율 과세표준 신고불성실가산세가 적용된다.[252)]

2) 국외위탁가공 재화를 국내사업자가 지정한 외국사업자에게 인도하는 경우 영세율 적용 여부

외국임가공업자에게 원·부자재를 무환반출하여 가공한 제품을 국내로 반입하지 아니하고 국외에서 국내의 수출업자가 지정하는 외국사업자에게 인도한 후 국내에서 해당 수출업자로부터 대가를 받는 경우에는 「대외무역법」에 의한 수출에 해당하지 아니하므로, 영세율 적용대상이 되는 수출의 범위에 포함되지 아니한다. 이 해석은 2010.6.4. 이후 공급분부터 적용한다.[253)]

3) 반품한 수입재화를 영세율로 신고하지 않은 경우

영세율 적용대상거래를 과세거래로 하여 세금계산서를 교부하고 부가가치세를 신고납부한 후

249) 부가-1352, 2011.10.31
250) 부가1265.1-1200, 1984.06.18
251) 부가46015-1385, 1998.06.24
252) 부가46015-2173, 1998.09.24
253) 법규부가2009-460, 2010.06.11., 기획재정부 부가가치세제과-366, 2010.06.04. 참조

동 거래에 대하여 영세율을 적용하는 수정세금계산서를 교부하고 경정청구하는 경우에는 영세율 신고불성실가산세가 적용되지 아니한다.[254)]

4) 수정신고 시 영세율 과세표준 신고불성실가산세 감면 여부

법정신고기한 내에 영세율 과세표준을 기재하여 「부가가치세법」에 따른 신고를 하면서 영세율 첨부서류를 제출하지 않은 사업자가 2009.1.1 이후 영세율 첨부서류를 제출하여 수정신고하는 경우 영세율 과세표준 신고불성실가산세가 감면되는 것이나,[255)] 당초 신고한 과세표준과 세액의 과소신고로 인하여 부과되는 가산세가 아니고 과세표준신고에 있어서 필수적인 첨부서류 등을 제출하지 아니하여 신고된 것으로 보지 않음으로써 부과되는 가산세는 수정신고서를 제출하더라도 면제되지 아니한다(국기집 48-0-5).

5) 영세율 법정서류를 제출하지 않았으나 외화가 입금된 시점의 외화입금증명서를 제출한 경우

영세율의 법정첨부서류에 대한 유효적절한 행정지도를 하지 아니한 채 기왕에 별다른 이의 제기 없이 장기간 영세율 적용대상임을 승인해왔다면 그 귀책사유가 청구법인에게 있다고 보기 어렵다 할 것인 바,[256)] 청구법인은 쟁점용역거래가 영세율거래라는 사실을 부가가치세 과세표준신고서에 기재하였고 당초 신고 시 외화가 입금되지 않은 금액에 대하여는 "영세율 첨부서류목록"상 "당기신고미도래금액"으로 기재하여 신고하고 쟁점용역거래가 영세율 적용대상임을 알 수 있는 청구서(Invoice) 등을 제출하였으며 사후 외화가 입금된 시점의 부가가치세 신고 시 외화입금증명서를 제출하였으므로 처분청에서는 「부가가치세 영세율 적용에 관한 규정」상 영세율 적용사업자의 경우 사후관리대장과 영세율 첨부서류 검토조사서 등을 비치 등재하여 사후관리하도록 규정하고 있어 쟁점용역거래가 영세율거래임을 알 수 있었고, 청구법인은 영세율 과세표준이나 세액을 불성실하게 신고함이 없이 신고 시 첨부한 영세율 첨부서류목록상의 영세율거래와 동일하게 외화 및 환산된 원화가 입금되었음이 확인될 뿐만 아니라 처분청은 청구법인 설립 이래 10여 년간 별다른 이의제기 없이 청구법인의 영세율 과세표준 신고내용을 충분히 확인하고 용인하여 왔던 점 등을 종합하여 볼 때, 처분청이 법정첨부서류를 제출하지 아니하였다 하여 청구법인에게 영세율 과세표준 신고불성실가산세를 과세한 이 건 부과처분은 부당하다고 판단된다.[257)]

---

254) 부가46015-1312, 1998.06.18
255) 조세정책과-121, 2011.02.01
256) 국심98전2715, 1999.02.08., 국심99서715, 1999.10.12
257) 국심2000서436, 2000.07.26

영세율 과세표준 신고불성실가산세 계산 사례

【거래 사례】
의류를 제조하여 수출 및 국내에 판매하는 개인사업자 "갑"이 2014년 제1기 과세표준이 아래와 같을 때 각 사례별 가산세 계산방법

기간	영세율 과세표준			과세표준 (국내판매분)
	㉠ 직수출	㉡ 내국신용장	㉢ 수출재화임가공	
2015.4.1. ~ 6.30	3억원	2억원	1억원	4억원

【계산방법】
1. 2015년 제1기 확정신고 시 위 ㉠,㉡,㉢의 영세율 과세표준을 신고누락하여 2016.1.25.까지 수정신고하는 경우(세금계산서합계표는 제출한 것으로 가정한다)
   ☞ 6억원 × 0.5% × (1 − 50%) = 1,500,000원(법정신고기한 경과 후 6개월 이내 수정신고하는 경우에는 가산세 50% 감면)
2. 2015년 제1기 확정신고 시 위 ㉠,㉡,㉢의 영세율 과세표준을 신고누락하여 2016.1.26. 이후 2016.7.25.까지 수정신고하는 경우(세금계산서합계표는 제출한 것으로 가정한다)
   ☞ 6억원 × 0.5% × (1 − 20%) = 2,400,000원(법정신고기한 경과 후 6개월 초과 1년 이내 수정신고하는 경우로 가산세 30% 감면)
3. 2015년 제1기 확정신고 시 영세율 과세표준은 정상적으로 신고하였으나, 경리담당자의 착오로 수출실적명세서 및 수출재화임가공에 따른 계약서를 제출하지 않은 사실이 확인되어 2016.1.25.까지 수정신고하면서 첨부서류를 제출하는 경우(다른 영세율 첨부서류는 정상 제출)
   ☞ (3억원 + 1억원) × 0.5% × (1 − 50%) = 1,000,000원(영세율 첨부서류를 제출하지 아니한 경우 영세율 과세표준 신고불성실가산세가 적용되며, 수정신고 시 가산세 감면규정이 적용)
4. 경리담당자의 착오로 부가가치세신고서상에 ㉠의 직수출금액을 5억원으로 기재하여 신고한 경우
   ☞ 영세율 과세표준을 과다기재하여 신고한 경우 영세율 과세표준 신고불성실가산세를 적용하지 아니한다.
5. ㉠의 직수출 과세표준을 신고누락하여 2017.7.26. 이후 수정신고하는 경우
   ☞ 3억원 × 0.5% = 1,500,000원(법정신고기한으로부터 2년이 경과되어 수정신고하는 경우 가산세 감면규정이 적용되지 아니한다)

5. 관련 사례

(1) 면세사업자가 환급신고한 경우 초과환급신고가산세 적용 여부

주택신축판매업을 시작하면서 건축물 신축에 대한 매입세금계산서에 대해 부가가치세 확정신고 시 환급신청하였으나 관할세무서의 환급조사 시 면세사업자로 확인되어 환급보류된 경우 2012.1.1. 이후 최초로 개시하는 과세기간분부터는 「국세기본법」 제47조의 3 제3항에 따라 초과환급신고가산세가 적용된다.[258)]

258) 징세과-1117, 2012.10.19

(2) 과소신고가산세 및 초과환급신고가산세 적용 여부

납세자가 부가가치세 확정신고 시 납부세액은 정상적으로 신고하였으나, 예정신고 시 환급받은 세액을 예정신고 미환급세액으로 공제함으로써 환급받을 세액을 신고한 경우, 과소신고가산세는 적용하지 아니하나 초과환급신고가산세는 적용한다.[259]

(3) 과소신고가산세 적용 시 경감세액 반영 여부

일반택시 운송사업자가 부가가치세 과세표준을 과소신고하여, 과소신고가산세를 계산하는 경우 「국세기본법」 제47조의 3에 의한 과세표준 또는 산출세액은 「부가가치세법」 제17조 및 제26조 제2항에 따른 납부세액을 말하는 것으로 경감세액을 차감하지 아니한 세액이다.[260]

(4) 환급되지 아니한 환급신고의 신고불성실가산세 적용 여부

사업자가 확정신고 시 환급신고를 하였으나 과세관청의 경정조사 시 환급신고한 세액이 전액 부인되어 실제 환급세액이 없는 경우에도 신고불성실가산세는 적용된다.[261]

(5) 부가가치세 확정신고 시 대손세액공제를 받은 부도어음에 대하여 착오로 중복공제받은 경우

사업자가 부가가치세 확정신고 시 기 대손세액공제를 받은 부도어음에 대하여 착오로 경정청구하여 대손세액을 공제받은 후 중복공제된 당해 세액에 대하여 수정신고·납부하는 경우 납부지연가산세는 적용하나 신고불성실가산세는 적용되지 않는다.[262]

(6) 기납부세액의 착오환급 시 신고불성실가산세 계산방법에 대한 회신

납세의무자가 과세표준 확정신고 시 해당 사업연도에 결손이 발생하여 이미 납부한 중간예납세액 등 기납부세액을 환급받은 후 익금에 산입하여야 할 사항이 누락된 사실을 확인하여 수정신고를 하는 경우, 과소신고·초과환급신고가산세 계산 시 환급받은 중간예납세액 등 기납부세액은 과소신고분 산출세액에서 차감할 수 없다.[263]

---

259) 기획재정부 조세정책과-8, 2011.01.03
260) 법규과-700, 2011.06.01
261) 서면3팀-344, 2004.02.26
262) 서면3팀-1620, 2006.07.27
263) 서면-2015-법령해석기본-22515, 2015.04.20

Ⅲ 납부지연가산세

1. 개요

(1) 원칙

납세의무자*가 법정납부기한까지 국세(인지세는 제외)의 납부(중간예납·예정신고납부·중간신고납부를 포함)를 하지 아니하거나 납부하여야 할 세액보다 적게 납부(이하 "과소납부"라 한다)하거나 환급받아야 할 세액보다 많이 환급(이하 "초과환급"이라 한다)받은 경우에는 다음의 금액을 합한 금액을 가산세로 한다(국기법 47의 4 ①).

① 납부하지 아니한 세액 또는 과소납부분 세액(세법에 따라 가산하여 납부하여야 할 이자 상당 가산액이 있는 경우에는 그 금액을 더한다) × 법정납부기한의 다음 날부터 납부일까지의 기간(납세고지일부터 납세고지서에 따른 납부기한까지의 기간은 제외한다) × 1일 10만분의 22의 율

② 초과환급받은 세액(세법에 따라 가산하여 납부하여야 할 이자 상당 가산액이 있는 경우에는 그 금액을 더한다) × 환급받은 날의 다음 날부터 납부일까지의 기간(납세고지일부터 납세고지서에 따른 납부기한까지의 기간은 제외한다) × 1일 10만분의 22의 율

③ 법정납부기한까지 납부하여야 할 세액(세법에 따라 가산하여 납부하여야 할 이자 상당 가산액이 있는 경우에는 그 금액을 더한다) 중 납세고지서에 따른 납부기한까지 납부하지 아니한 세액 또는 과소납부분 세액 × 100분의 3(국세를 납세고지서에 따른 납부기한까지 완납하지 아니한 경우에 한정한다)

* 연대납세의무자, 납세자를 갈음하여 납부할 의무가 생긴 제2차 납세의무자 및 보증인을 포함한다.

(2) 예외

「인지세법」에 따른 인지세의 납부를 하지 아니하거나 과소납부한 경우에는 납부하지 아니한 세액 또는 과소납부분(납부하여야 할 금액에 미달한 금액을 말한다) 세액의 100분의 300에 상당하는 금액을 가산세로 한다(국기법 47의 4 ⑨).

2. 적용 배제

다음 중 어느 하나에 해당하는 경우에는 (1)의 ①, ② 가산세를 적용하지 아니한다(국기법 47의 4 ③).

① 「부가가치세법」에 따른 사업자가 같은 법에 따른 납부기한까지 어느 사업장에 대한 부가가치세를 다른 사업장에 대한 부가가치세에 더하여 신고납부한 경우

② 「부가가치세법」에 따른 대손세액에 상당하는 부분

③ 「부가가치세법」에 따라 전자적 용역을 공급하는 자가 부가가치세를 납부하여야 하는 경우
④ 중간예납, 예정신고납부 및 중간신고납부와 관련하여 납부불성실·환급불성실가산세가 부과되는 부분에 대해서는 확정신고납부와 관련하여 납부불성실·환급불성실가산세를 부과하지 아니한다(국기법 47의 4 ⑤).

3. 적용 상한

납세고지서에 따른 납부기한의 다음 날부터 납부일까지의 기간(「국세징수법」에 따라 체납액의 징수를 유예한 경우에는 그 징수유예기간은 제외한다)이 5년을 초과하는 경우에는 그 기간은 5년으로 한다(국기법 47의 4 ⑦).

4. 소액적용 제외

체납된 국세의 납세고지서별·세목별 세액이 100만원 미만인 경우에는 납세고지서에 따른 납부기한의 다음 날부터 (1)의 ①, ②의 가산세를 적용하지 아니한다(국기법 47의 4 ⑧).

5. 기타 사항

국세(소득세, 법인세 및 부가가치세만 해당한다)를 과세기간을 잘못 적용하여 신고납부한 경우에는 납부불성실·환급불성실가산세를 적용할 때 실제 신고납부한 날에 실제 신고납부한 금액의 범위에서 당초 신고납부하였어야 할 과세기간에 대한 국세를 자진납부한 것으로 본다. 다만, 해당 국세의 신고가 부정무신고 또는 부정과소신고, 초과환급신고에 해당하는 경우에는 그러하지 아니한다(국기법 47의 4 ⑥).

6. 관련 사례

(1) 둘 이상의 다른 사업장을 가지고 있는 사업자가 착오로 한 사업장으로 신고·납부한 경우

「부가가치세법」에 따른 사업자가 같은 법에 따른 납부기한까지 어느 사업장에 대한 부가가치세를 다른 사업장에 대한 부가가치세에 더하여 신고납부한 경우 매출·매입처별세금계산서합계표불성실가산세, 「국세기본법」 제47조의 2(신고불성실가산세)를 적용한다.[264)]

(2) 총괄납부 승인 없이 지점 매입을 본점으로 신고한 경우

둘 이상의 사업장이 있는 사업자가 총괄납부 승인을 얻지 아니하고 지점 매입액을 본점 매입액

264) 부가가치세과-118, 2013.02.04

으로 본점 매출액을 지점 매출액으로 잘못 신고·납부한 경우 2012.1.1. 이후 과세기간부터 어느 사업장이 다른 사업자에 대한 부가가치세를 더하여 신고납부한 경우 납부한 것으로 보며, 2015.1.1.이후부터 납부 및 환급 불성실가산세를 적용하지 아니한다.

(3) 총괄납부 승인 없이 총괄납부한 경우 가산세

둘 이상의 사업장이 있는 사업자는 사업장마다 납부해야 하며, 총괄납부 승인 없이 총괄납부한 경우 2012.1.1. 이후 과세기간부터 어느 사업장이 다른 사업자에 대한 부가가치세를 더하여 신고납부한 경우 납부한 것으로 보며, 2015.1.1.이후부터 이에 대한 납부 및 환급 불성실가산세를 적용하지 아니한다.

Ⅳ 가산세의 감면 등

1. 가산세의 부과 제외

(1) 개요

「국세기본법」 또는 세법에 따라 가산세를 부과하는 경우 그 부과의 원인이 되는 사유가 다음의 어느 하나에 해당하는 경우에는 해당 가산세를 부과하지 아니한다(국기법 48 ①).

① 기한연장사유에 해당하는 경우
② 납세자가 의무를 이행하지 아니한 데에 대한 정당한 사유가 있는 경우
③ 그 밖에 ① 및 ②와 유사한 경우로서 다음에 해당하는 경우
  ㉠ 세법해석에 관한 질의·회신에 따라 신고·납부하였으나, 이후 번복된 과세처분을 하는 경우
  ㉡ 수용, 도시계획 결정, 기타 법률규정 등으로 인해 세법상 의무이행을 할 수 없게 된 경우
  ㉢ 행위 당시에는 세법상 적법한 의무이행이었으나, 사정변경으로 소급하여 부적법하게 된 경우

(2) 판례 경향

「국세기본법」에서는 2006년 12월 30일 법 개정 시 그동안 대법원판례로 운영되던 가산세가 부과되지 아니하는 정당한 사유를 법제화함으로써 가산세 감면의 법적근거를 마련하고 납세자의 권리보호를 강화하였다. 단, 정당한 사유에 대한 주장 또는 입증책임은 납세자가 부담하는 것으로 하였으며 정당한 사유에 대한 그동안의 대법원판례의 입장을 살펴보면 다음과 같다.

① 고의나 과실 및 납세자의 세법에 대한 부지·착오는 정당한 사유에 해당하지 아니함
② 납세자에 있어서 진정으로 어쩔 수 없는 사정이 있고 가산세를 부과하는 것이 부당 또는 가혹한 경우에만 정당한 사유를 인정하는 것으로 신고할 과세표준이나 세액 등의 단순 계산상의 오류나 착오는 정당한 사유에 해당하지 아니함
③ 납세자에 대한 과세관청의 회신이나 납세지도가 잘못된 경우, 과세관청의 태도변경에 대해서

는 정당한 사유로 인정함

2. 가산세의 감면

정부는 다음 중 어느 하나에 해당하는 경우에는 이 법 또는 세법에 따른 해당 가산세액에서 다음에서 정하는 금액을 감면한다(국기법 48 ②).

(1) 조기수정신고 시 가산세 감면

과세표준신고서를 법정신고기한까지 제출한 자가 법정신고기한이 지난 후 수정신고한 경우(과소신고가산세, 초과환급신고가산세, 영세율 과세표준신고 불성실가산세만 해당하며, 과세표준수정신고서를 제출한 과세표준과 세액을 경정할 것을 미리 알고 제출한 경우*는 제외한다)에는 다음의 구분에 따른 금액

① 법정신고기한이 지난 후 1개월 이내에 수정신고한 경우 : 해당 가산세액의 100분의 90에 상당하는 금액

② 법정신고기한이 지난 후 1개월 초과 3개월 이내에 수정신고한 경우 : 해당 가산세액의 100분의 75에 상당하는 금액

③ 법정신고기한이 지난 후 3개월 초과 6개월 이내에 수정신고한 경우 : 해당 가산세액의 100분의 50에 상당하는 금액

④ 법정신고기한이 지난 후 6개월 초과 1년 이내에 수정신고한 경우 : 해당 가산세액의 100분의 30에 상당하는 금액

⑤ 법정신고기한이 지난 후 1년 초과 1년 6개월 이내에 수정신고한 경우 : 해당 가산세액의 100분의 20에 상당하는 금액

⑥ 법정신고기한이 지난 후 1년 6개월 초과 2년 이내에 수정신고한 경우 : 해당 가산세액의 100분의 10에 상당하는 금액

* 경정할 것을 미리 알고 제출한 경우는 다음의 경우로 한다. ① 해당 국세에 관하여 세무공무원이 조사에 착수한 것을 알고 과세표준수정신고서를 제출하는 경우, ② 관할세무서장의 과세자료해명 통지를 받은 경우

(2) 조기 기한 후 신고 시 가산세 감면

과세표준신고서를 법정신고기한까지 제출하지 아니한 자가 법정신고기한이 지난 후 기한 후 신고를 한 경우(무신고가산세만 해당한다)에는 다음의 구분에 따른 금액

① 법정신고기한이 지난 후 1개월 이내에 기한 후 신고를 한 경우 : 해당 가산세액의 100분의 50에 상당하는 금액

② 법정신고기한이 지난 후 1개월 초과 3개월 이내에 기한 후 신고를 한 경우 : 해당 가산세액의 100분의 30에 상당하는 금액

③ 법정신고기한이 지난 후 3개월 초과 6개월 이내에 기한 후 신고를 한 경우 : 해당 가산세액의 100분의 20에 상당하는 금액

(3) 기타 가산세 감면

다음 중 어느 하나에 해당하는 경우에는 해당 가산세액의 100분의 50에 상당하는 금액

① 과세전적부심사 결정·통지기간에 그 결과를 통지하지 아니한 경우(결정·통지가 지연됨으로써 해당 기간에 부과되는 납부, 환급불성실가산세만 해당한다)

② 세법에 따른 제출, 신고, 가입, 등록, 개설(이하 "제출 등"이라 한다)의 기한이 지난 후 1개월 이내에 해당 세법에 따른 제출 등의 의무를 이행하는 경우(제출 등의 의무 위반에 대하여 세법에 따라 부과되는 가산세만 해당한다)

③ (1)의 ④부터 ⑥까지의 규정에도 불구하고 세법에 따른 예정신고기한 및 중간신고기한까지 예정신고 및 중간신고를 하였으나 과소신고하거나 초과신고한 경우로서 확정신고기한까지 과세표준을 수정하여 신고한 경우(해당 기간에 부과되는 과소신고·초과환급신고가산세만 해당하며, 과세표준과 세액을 경정할 것을 미리 알고 과세표준 신고를 하는 경우는 제외한다)

④ ②에도 불구하고 세법에 따른 예정신고기한 및 중간신고기한까지 예정신고 및 중간신고를 하지 아니하였으나 확정신고기한까지 과세표준신고를 한 경우(해당 기간에 부과되는 무신고가산세만 해당하며, 과세표준과 세액을 경정할 것을 미리 알고 과세표준 신고를 하는 경우는 제외한다)

3. 관련 사례

(1) 예정누락분 확정신고 시 영세율 신고불성실가산세 감면

예정신고누락한 영세율 과세표준을 예정신고누락분으로 확정신고하면서 첨부서류를 제출하는 경우에 영세율 과세표준 신고불성실가산세의 75%를 감면받을 수 있다.[265] 본 규정은 2020.1.1. 이후 수정신고분부터 적용한다.

(2) 변경 전 해석사례에 근거하여 무신고한 경우 가산세 감면의 정당한 사유인지 여부

가산세의 감면은 납세자가 의무를 불이행한 것에 대하여 정당한 사유가 있는 때에는 해당 가산세를 부과하지 아니하나 과세관청의 변경 전 해석사례를 근거로 하여 의무불이행을 한 경우 가산세 감면의 정당한 사유에 해당하지 않는다.[266]

---

265) 징세과-12, 2009.08.27
266) 서면법규-1321, 2014.12.16

PART X

간이과세자

CHAPTER 01

총설

제1절 간이과세제도의 의의

간이과세란 직전연도의 재화 또는 용역의 공급대가(부가가치세 포함)의 합계가 8,000만원에 미달하는 사업규모가 영세한 사업자에 대하여 세법지식이나 기장능력이 부족한 점 등을 감안하여 납세의무 이행에 편의를 도모하고 세부담 등을 덜어주기 위하여 공급대가에 업종별 부가가치율 및 세율을 적용하여 간편하게 납부세액을 계산하는 제도를 말한다.

제2절 일반과세와 간이과세의 비교

구분	일반과세자	간이과세자
적용대상자	사업상 독립적으로 재화, 용역을 공급하는 자 중 간이과세 이외의 자	광업, 제조업, 도소매업, 부동산임대업, 전문사업서비스업 기타 국세청장이 정하는 사업 외의 사업을 영위하는 자로서 직전 1역년의 재화, 용역의 공급대가가 8,000만원에 미달하는 개인사업자
과세표준과 세액의 계산구조	과세표준＝공급가액(VAT 제외)	과세표준＝공급대가(VAT포함)
	납부(환급)세액 ＝매출세액합계－매입세액합계	납부세액 ＝공급대가×부가가치율×10%+재고납부세액
예정신고의무자	법인 : 모두 신고납부 개인 : 법에서 정한 경우에만 신고납부	없음
의제매입세액공제	업종 제한 없이 모두 적용	음식점업에 한정하여 적용
대손세액공제	적용	적용하지 않음
신용카드매출전표 발행공제	1.3%	1.3% (단 음식점업, 숙박업의 경우에는 2.6%)
납부의무면제	적용 안 함	공급대가가 8,000만원 미만인 경우 적용
거래징수	세액을 별도 징수	공급대가에 포함하여 수령
기장	장부의 기록, 비치의무	세금계산서 및 영수증을 보관한 경우 기장의무를 이행한 것으로 간주

CHAPTER 02

간이과세의 범위 및 적용시기와 과세유형 변경

제1절 간이과세의 범위

I 간이과세 기준금액

직전연도 공급대가의 합계액이 8,000만원(이하 간이과세 기준금액이라 한다)에 미달하는 개인사업자는 이 법에서 달리 정하고 있는 경우를 제외하고는 제4장(과세표준과 세액의 계산), 제5장(신고와 납부 등), 제6장(결정·경정·징수와 환급)까지의 규정에도 불구하고 이 장의 규정을 적용받는다(부법 61 ①, 부령 109 ①).

II 간이과세 배제사업자

다음 중 어느 하나에 해당하는 사업자의 경우에는 간이과세 규정을 적용하지 아니한다(부법 61 ① 단서, 부령 109 ②).

① 간이과세가 적용되지 아니하는 다른 사업장을 보유하고 있는 사업자. 다만, 부가가치세 간이과세가 적용되는 개인택시운송업, 용달 및 개별화물자동차운송업, 기타 도로화물운송업, 이용업, 미용업 그 밖에 이와 유사한 것으로서 「조세특례제한법 시행령」에서 정하는 사업에 대해서는 일반과세가 적용되는 사업장을 보유하는 경우에도 다른 요건을 충족하면 간이과세를 적용받을 수 있다(조특법 106 ⑤).

② 광업

③ 제조업. 다만, 주로 최종소비자에게 직접 재화를 공급하는 사업으로서 과자점업, 도정업, 제분업 및 떡류 제조업 중 떡방앗간, 양복점업, 양장점업, 양화점업, 그 밖에 최종소비자에 대한 매출비중, 거래유형 등을 고려하여 주로 최종소비자에게 직접 재화를 공급하는 사업에 해당한다고 국세청장이 인정하여 고시하는 사업으로서 국세청장이 정하는 것을 제외한다(부칙 71 ①).

④ 도매업(소매업을 겸영하는 경우를 포함하되, 재생용 재료수집 및 판매업을 제외한다) 및 상품중개업

⑤ 부동산매매업

⑥ 특별시, 광역시, 특별자치시, 「제주특별자치도 설치 및 국제자유도시 조성을 위한 특별법」에 따라 설

치된 행정시(이하 “행정시”라 한다) 및 시 지역(광역시, 특별자치시, 행정시 및 도농복합 형태의 시 지역의 읍·면 지역은 제외)과 국세청장이 업황·사업규모 등을 고려하여 간이과세 적용대상에서 제외하는 것이 필요하다고 인정하여 고시하는 지역에서 과세유흥장소를 영위하는 사업

⑦ 특별시·광역시 및 시(행정시를 포함한다)의 지역에 소재하는 부동산임대사업장을 영위하는 사업으로서 국세청장이 정하는 규모 이상의 사업

⑧ 변호사업, 심판변론인업, 변리사업, 법무사업, 공인회계사업, 세무사업, 경영지도사업, 기술지도사업, 감정평가사업, 손해사정인업, 통관업, 기술사업, 건축사업, 도선사업, 측량사업, 공인노무사업, 의사업, 한의사업, 약사업, 한약사업, 수의사업, 그 밖에 이와 유사한 사업서비스업으로서 기획재정부령으로 정하는 것

⑨ 일반과세자로부터 양수한 사업. 다만, ②부터 ⑧까지와 ⑩부터 ⑫까지에 해당하지 아니하는 경우로서 사업을 양수한 이후 공급대가의 합계액이 8,000만원에 미달하는 경우는 제외한다.

⑩ 사업장의 소재지역, 사업의 종류·규모 등을 감안하여 국세청장이 정하는 기준에 해당하는 것

⑪ 전전연도 기준 복식부기의무자가 경영하는 사업

⑫ 전기·가스·증기 및 수도 사업

⑬ 건설업. 다만, 주로 최종소비자에게 직접 재화 또는 용역을 공급하는 사업으로서 다음으로 정하는 것은 제외(부칙 71 ④)

㉠ 도배, 실내 장식 및 내장 목공사업

㉡ 배관 및 냉·난방 공사업

㉢ 그 밖에 최종소비자에 대한 매출비중, 거래유형 등을 고려하여 주로 최종소비자에게 직접 재화 또는 용역을 공급하는 사업에 해당한다고 국세청장이 인정하여 고시하는 사업

⑭ 전문, 과학 및 기술서비스업과 사업시설 관리, 사업지원 및 임대 서비스업. 다만, 주로 최종소비자에게 직접 용역을 공급하는 사업으로서 기획재정부령으로 정하는 것은 제외(부칙 71 ⑤)

㉠ 개인 및 가정용품 임대업

㉡ 인물사진 및 행사용 영상 촬영업

㉢ 복사업

㉣ 그 밖에 최종소비자에 대한 매출비중, 거래유형 등을 고려하여 주로 최종소비자에게 직접 용역을 공급하는 사업에 해당한다고 국세청장이 인정하여 고시하는 사업

⑮ 부동산임대업 또는 「개별소비세법」에 따른 과세유흥장소(이하 “과세유흥장소”라 한다)를 경영하는 사업자로서 해당 업종의 직전연도의 공급대가의 합계액이 8,000만원 이상인 사업자

⑯ 둘 이상의 사업장이 있는 사업자로서 그 둘 이상의 사업장의 직전연도의 공급대가의 합계액이 간이과세 기준금액 이상인 사업자. 다만, 부동산임대업 또는 과세유흥장소에 해당하는 사업장을 둘 이상 경영하고 있는 사업자의 경우 그 둘 이상의 사업장의 직전연도의 공급대가(하나의 사업장에서 둘 이

상의 사업을 겸영하는 사업자의 경우 부동산임대업 또는 과세유흥장소의 공급대가만을 말한다)의 합계액이 8,000만원 이상인 사업자로 한다.

Ⅲ 특수한 경우

1. 신규사업자의 간이과세 적용

직전 과세기간에 신규로 사업을 시작한 개인사업자에 대하여는 그 사업 개시일부터 그 과세기간 종료일까지의 공급대가를 합한 금액을 12개월로 환산한 금액을 기준으로 하여 간이과세를 적용한다. 이 경우 1개월 미만의 끝수가 있을 때에는 이를 1개월로 한다(부법 61 ②). 또한 신규로 사업을 시작하는 개인사업자는 사업을 시작한 날이 속하는 연도의 공급대가의 합계액이 간이과세 기준금액에 미달될 것으로 예상되면 사업자등록을 신청할 때 납세지 관할세무서장에게 간이과세의 적용 여부를 함께 신고하여야 한다(부법 61 ③). 이 경우 신고를 한 개인사업자는 최초의 과세기간에는 간이과세자로 한다. 다만, 간이과세 기준금액에 해당하는 사업자의 경우에는 그러하지 아니하다(부법 61 ④).

2. 미등록사업자의 간이과세

등록을 하지 아니한 개인사업자로서 사업을 시작한 날이 속하는 연도의 공급대가의 합계액이 간이과세 기준금액에 미달하는 경우에는 최초의 과세기간에 있어서는 간이과세자로 한다. 다만, 간이과세 배제기준에 해당하는 사업자의 경우에는 그러하지 아니하다(부법 61 ⑤).

3. 간이과세자 일부 사업의 폐지 시 간이과세 적용방법

동일한 사업장에서 둘 이상의 사업을 겸영하는 사업자가 그중 일부 사업을 폐지하는 경우의 간이과세 적용은 직전 1역년의 공급대가에 폐지한 사업(광업·제조업 및 도매업 등을 포함)의 공급대가를 포함하여 계산한다.[1)]

1) 부가집 61 - 109 - 2

제2절 적용시기와 과세유형 변경

Ⅰ 직전연도의 공급대가에 의하는 경우

간이과세자에 관한 규정이 적용되거나 적용되지 아니하게 되는 기간은 1역년의 공급대가가 8,000만원에 미달되거나 그 이상이 되는 해의 다음 해의 7월 1일부터 그다음 해의 6월 30일까지로 한다(부법 62 ①).

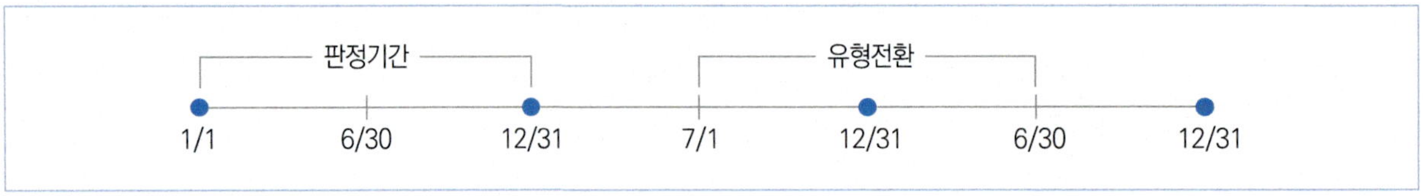

Ⅱ 최초의 과세기간의 공급대가에 의하는 경우

신규로 사업을 개시한 사업자의 경우 간이과세자에 관한 규정이 적용되거나 적용되지 아니하게 되는 기간은 최초로 사업을 개시한 해의 다음 해의 7월 1일부터 그다음 해의 6월 30일까지로 한다(부법 62 ②).

Ⅲ 간이과세 배제사업을 신규로 겸영하거나 폐업하는 경우

간이과세자가 간이과세 배제기준에 규정하는 사업을 신규로 겸영하는 경우에는 당해 사업의 개시일이 속하는 과세기간의 다음 과세기간부터 간이과세자에 관한 규정을 적용하지 아니한다. 이 경우 일반과세자로 전환된 사업자로서 해당 연도 공급대가의 합계액이 8,000만원 미만인 사업자가 사업을 폐지하는 경우에는 해당 사업의 폐지일이 속하는 연도의 다음연도 7월 1일부터 간이과세자에 관한 규정을 적용한다(부령 110 ④,⑤).

Ⅳ 기준사업장의 공급대가가 간이과세 기준금액에 미달하는 경우

간이과세가 적용되지 아니하는 다른 사업장(이하 기준사업장이라 한다)의 해의 1월 1일부터 12월 31일까지의 공급대가가 8,000만원에 미달하는 경우에는 그 미달하는 해의 다음 해의 제2과세기간부터 그 다음 해의 제1과세기간까지 기준사업장과 일반과세로 전환된 사업장 모두에 대하여 간이과세에 관한 규정을 적용한다. 다만, 일반과세로 전환된 사업장의 해의 1월 1일부터 12월 31일까지의 공급대가가 8,000만원 이상이거나 간이과세 배제기준에 해당하는 경우에는 그러하지 아니하다(부령 110 ⑥).

Ⅴ 간이과세포기신고를 하는 경우

간이과세자가 간이과세포기신고를 하는 경우에는 일반과세를 적용받고자 하는 달이 속하는 과세기간의 다음 과세기간부터 당해 사업장 외의 사업장에 대하여 간이과세자에 관한 규정을 적용하지 아니한다(부령 110 ⑥). 간이과세 포기를 신고한 개인사업자는 그 적용받으려는 달의 1일부터 3년이 되는 날이 속하는 과세기간까지는 일반과세자에 관한 규정을 적용받아야 한다(부법 70 ③, 부령 110 ⑦).

Ⅵ 일반과세가 적용되는 사업장을 신설하는 경우

간이과세자가 일반과세자에 관한 규정을 적용받는 사업장을 신규로 개설하는 경우에는 당해 사업개시일이 속하는 과세기간의 다음 과세기간부터 간이과세자에 관한 규정을 적용하지 아니한다(부령 110 ⑧).

Ⅶ 기준사업장이 폐업된 경우

기준사업장이 폐업되는 경우에는 일반과세로 전환된 사업장에 대하여 기준사업장의 폐업일이 속하는 연도의 다음연도 7월 1일부터 간이과세자에 관한 규정을 적용한다. 다만, 일반과세로 전환된 사업장의 해의 1월 1일부터 12월 31일까지의 공급대가의 합계액이 8,000만원 이상이거나 업종, 규모, 지역 등을 고려하여 간이과세에서 배제하는 사업자에 해당하는 경우에는 그러하지 아니하다(부령 110 ⑨).

Ⅷ 결정·경정에 의하여 기준금액을 초과하는 경우

결정 또는 경정한 공급대가가 8,000만원 이상인 개인사업자는 그 결정 또는 경정한 날이 속하는 과세기간까지 간이과세자로 본다(부법 61 ⑥).

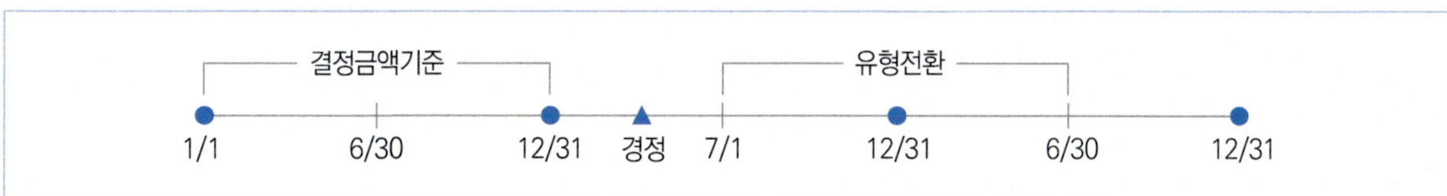

제3절 과세유형의 전환통지

I 관할세무서장의 통지

과세유형이 전환되는 경우에 해당 사업자의 관할세무서장은 간이과세자에 관한 규정이 적용되거나 적용되지 아니하게 되는 과세기간 개시 20일 전까지 그 사실을 통지하여야 하며, 사업자등록증을 정정하여 과세기간 개시 당일까지 발급하여야 한다(부령 110 ①).

II 과세전환의 적용

간이과세자에 관한 규정이 적용되는 사업자에 대하여는 과세유형변경에 의한 통지에 관계없이 그 변경시기에 간이과세자에 관한 규정을 적용한다. 다만, 부동산임대업을 영위하는 사업자의 경우에는 과세유형변경에 의한 통지를 받은 날이 속하는 과세기간까지는 일반과세자에 관한 규정을 적용한다(부령 110 ②). 그러나 간이과세 규정이 적용되지 아니하는 사업자에 대하여는 과세유형변경에 의한 통지를 받은 날이 속하는 과세기간까지는 간이과세자에 관한 규정을 적용한다(부령 110 ③).

제4절 간이과세의 포기

I 개요

간이과세자가 자기의 의사에 따라 일반과세자로 전환하고자 하는 경우에는 그 적용을 받고자 하는 달의 전 달 마지막 날까지 관할세무서장에게 간이과세포기신고를 하여야 하며, 간이과세포기신고를 한 사업자는 일반과세자로 전환되는 달의 1일부터 3년이 되는 날이 속하는 과세기간까지 일반과세자에 관한 규정을 적용받아야 한다.[2)]

II 절차

1. 원칙

간이과세자 또는 간이과세자에 관한 규정을 적용받게 되는 일반과세자가 간이과세자에 관한 규정의

2) 부가집 70 - 116 - 1

적용을 포기하고 일반과세자에 관한 규정을 적용받으려는 경우에는 일반과세자에 관한 규정을 적용받을 수 있다. 이 경우 적용받으려는 달의 이전 달의 마지막 날까지 납세지 관할세무서장에게 신고하여야 한다(부법 70 ①).

2. 신규사업자의 경우

신규로 사업을 시작하는 개인사업자가 사업자등록을 신청할 때 납세지 관할세무서장에게 간이과세자에 관한 규정의 적용을 포기하고 일반과세자에 관한 규정을 적용받으려고 신고한 경우에는 일반과세자에 관한 규정을 적용받을 수 있다(부법 70 ②).

Ⅲ 효과

1. 원칙

간이과세 포기를 신고한 개인사업자는 다음의 구분에 따른 날부터 3년이 되는 날이 속하는 과세기간까지는 간이과세자에 관한 규정을 적용받지 못한다(부법 70 ③).

① 신규사업자의 경우 : 사업 개시일이 속하는 달의 1일

② 이외의 경우 : 일반과세자에 관한 규정을 적용받으려는 달의 1일

2. 적용특례

원칙에도 불구하고 신고한 개인사업자 중 직전 연도의 공급대가의 합계액이 4천8백만원 이상 간이과세적요 배제기준 금액 미만인 개인사업자 등 대통령령으로 정하는 개인사업자는 3년이 되는 날이 속하는 과세기간 이전이라도 간이과세자에 관한 규정을 적용받을 수 있다(부법 61 ④). 또한 간이과세자에 관한 규정을 적용받으려는 개인사업자는 적용받으려는 과세기간 개시 10일 전까지 대통령령으로 정하는 바에 따라 납세지 관할 세무서장에게 신고하여야 한다(부법 61 ⑤).

Ⅳ 재적용

간이과세포기신고서를 제출한 사업자가 기간이 경과한 후 간이과세를 적용받고자 할 때에는 이를 적용받고자 하는 과세기간 개시 10일 전까지 간이과세적용신고서를 관할세무서장에게 제출하여야 한다. 이 경우에 그 적용을 받을 수 있는 자는 해당 과세기간 직전 해의 1월 1일부터 12월 31일까지의 재화 또는 용역의 공급대가의 합계액이 8,000만원에 미달하는 사업자에 한한다(부령 116 ②).

CHAPTER 03

과세표준·세액 계산 및 납세절차

제1절 과세표준과 세액

I 계산구조

	공급대가	
×	업종별 부가가치율	5%, 10%, 20%, 30%
×	세율	0%, 10%
=	납부세액	
−	세금계산서수취 매입세액공제	매입세액×업종별 부가가치율
−	의제매입세액공제	매입가액×8/108(4/104, 9/109)
−	신용카드발행세액공제	발급금액×1.3%(2.6%)
=	가산세	
=	차감납부세액	

II 납부세액

1. 과세표준

간이과세자의 과세표준은 해당 과세기간(예정부과 및 납부 규정에 따라 신고하고 납부하는 경우에는 예정부과기간을 말한다)의 공급대가의 합계액으로 한다(부법 63 ①).

2. 납부세액

(1) 계산방법

간이과세자에 대하여는 다음의 계산식에 따라 계산한 금액을 납부세액으로 한다. 이 경우 둘 이상의 업종을 겸영(兼營)하는 간이과세자의 경우에는 각각의 업종별로 계산한 금액의 합계액을 납부세액으로 한다(부법 63 ②).

납부세액 = 해당 과세기간의 공급대가 × 해당 업종의 부가가치율 ×10%

(2) 업종별 부가가치율

1) 원칙

"해당 업종의 부가가치율"이란 다음 표의 구분에 따른 부가가치율을 말한다(부령 111 ②).

① 2021.6.30. 이전 재화·용역 공급분

구분	부가가치율
전기·가스·증기 및 수도 사업	5%
소매업, 재생용 재료수집 및 판매업, 음식점업	10%
제조업, 농업·임업 및 어업, 숙박업, 운수 및 통신업	20%
건설업, 부동산임대업 및 그 밖의 서비스업	30%

② 2021.7.1. 이후 재화·용역 공급분

구분	부가가치율
소매업, 재생용 재료수집 및 판매업, 음식점업	15%
제조업, 농업·임업 및 어업, 소화물 전문 운송업	20%
숙박업	25%
건설업, 그 밖의 운수업, 창고업, 정보통신업, 그 밖의 서비스	30%
금융 및 보험 관련 서비스업, 전문·과학 및 기술서비스업(인물사진 및 행사용 영상 촬영업 제외), 사업시설관리·사업지원 및 임대서비스업, 부동산 관련 서비스업, 부동산임대업	40%

2) 둘 이상의 업종에 공통으로 사용하던 재화를 공급하여 업종별 실지귀속을 구분할 수 없는 경우

간이과세자가 둘 이상의 업종에 공통으로 사용하던 재화를 공급하여 업종별 실지귀속을 구분할 수 없는 경우에 적용할 부가가치율은 다음 계산식에 따라 계산한 율의 합계로 한다. 이 경우 휴업 등으로 인하여 해당 과세기간의 공급대가가 없을 때에는 그 재화를 공급한 날에 가장 가까운 과세기간의 공급대가에 따라 계산한다(부령 111 ⑤).

$$\text{해당 재화와 관련된 각 업종별 부가가치율} \times \frac{\text{해당 재화의 공급일이 속하는 과세기간의 해당 재화와 관련된 각 업종의 공급대가}}{\text{해당 재화의 공급일이 속하는 과세기간의 해당 재화와 관련된 각 업종의 총공급대가}}$$

Ⅲ 공제세액

1. 세금계산서 등 매입세액공제

간이과세자가 다른 사업자로부터 세금계산서 등을 발급받아 매입처별세금계산서합계표 또는 신용카드매출전표 등 수령명세서를 사업장 관할세무서장에게 제출하는 경우에는 다음에 따라 계산한 금액을 과세기간에 대한 납부세액에서 공제한다. 다만, 매입세액불공제대상의 경우에는 그러하지 아니하다(부법 63 ③).

① 해당 과세기간에 세금계산서 등을 발급받은 재화와 용역의 공급대가에 0.5%(2021.6.30. 이전 재화·용역 공급분은 해당 업종의 부가가치율)를 곱한 금액

② 간이과세자가 과세사업과 면세사업을 겸영하는 경우에는 대통령령으로 정하는 바*에 따라 계산한 금액

* 간이과세자가 둘 이상의 업종에 공통으로 사용하던 재화를 공급하여 업종별 실지귀속을 구분할 수없는 경우에 적용할 부가가치율은 다음 계산식에 따라 계산한 율의 합계로 한다. 이 경우 휴업 등으로 인하여 해당 과세기간의 공급대가가 없을 때에는 그 재화를 공급한 날에 가장 가까운 과세기간의 공급대가에 따라 계산한다(부령 111 ⑤).

1) 2021.6.30. 이전 재화·용역 공급분

$$\text{납부세액에서 공제할 세액} = \text{해당 과세기간에 발급받은 세금계산서 등에 기재된 매입세액} \times \frac{\text{해당 과세기간의 과세공급대가}}{\text{해당 과세기간의 총공급대가}} \times \text{해당 업종의 부가가치율}$$

2) 2021.7.1. 이후 재화·용역 공급분

$$\text{납부세액에서 공제할 세액} = \text{해당 과세기간에 세금계산서 등을 발급받은 재화와 용역의 공급대가 합계액} \times \frac{\text{해당 과세기간의 과세공급대가}}{\text{해당 과세기간의 총공급대가}} \times 0.5\%$$

2. 전자세금계산서 발급에 대한 세액공제

간이과세자(세금계산서 발행의무 면제대상에 해당하는 간이과세자는 제외)가 전자세금계산서를 2024년 12월 31일까지 발급(전자세금계산서 발급명세를 발급기한까지 국세청장에게 전송한 경우로 한정)하고 기획재정부령으로 정하는 전자세금계산서 발급세액공제신고서를 납세지 관할세무서장에게 제출한 경우 전자세금계산서 발급건수당 200원을 곱하여 계산한 금액을 해당 과세기간의 부가가치세 납부세액에서 공제할 수 있다. 이 경우 공제한도는 연간 100만원으로 한다(부법 63 ④).

3. 신용카드 등의 사용에 따른 세액공제 등

일반과세자 중 주로 사업자가 아닌 자에게 재화 또는 용역을 공급하는 사업자(법인은 제외한다)와 간이과세자가 부가가치세가 과세되는 재화 또는 용역을 공급하고 세금계산서의 발급시기에 「여신전문금융업법」에 따른 신용카드매출전표, 「조세특례제한법」에 따른 현금영수증 또는 그 밖에 이와 유사한 것(이하 "신용카드매출전표 등"이라 한다)을 발급하거나 전자적 결제수단에 의하여 대금을 결제받는 경우에는 다음의 구분에 따른 금액(연간 500만원을 한도로 하되, 2021년 12월 31일까지는 연간 1천만원을 한도로 한다)을 납부세액에서 공제한다(부법 46 ①).

① 그 발급금액 또는 결제금액의 1%(2021년 12월 31일까지는 1.3%)에 해당하는 금액

② 음식점업 또는 숙박업을 하는 간이과세자의 경우에는 발급금액 또는 결제금액의 2%(2021년 12월 31일까지는 2.6%)에 해당하는 금액

Ⅳ 결정·경정·수정신고 시 납부세액 계산 특례

간이과세자에 대하여 결정 또는 경정하거나 「국세기본법」에 따라 수정신고한 간이과세자의 해당 연도의 공급대가의 합계액이 8,000만원 이상인 경우 납부세액은 일반과세자의 산출세액 규정을 준용하여 계산한 금액으로 한다. 이 경우 공급가액은 공급대가에 110분의 100을 곱한 금액으로 하고, 매입세액을 계산할 때에는 세금계산서 등을 받은 부분에 대하여 공제받은 세액은 매입세액으로 공제하지 아니한다. 즉, 일반과세자에 관한 규정이 적용되기 때문에 과세표준에 세율을 곱하여 매출세액을 계산하고, 교부받은 세금계산서 및 신용카드매출전표 등에 대한 매입세액은 전액 공제한다. 이 경우 공급가액은 공급대가에 110분의 100을 곱한 금액으로 하고, 매입세액을 계산할 때에는 세금계산서 등을 받은 부분에 대하여 공제받은 세액은 매입세액으로 공제하지 아니한다(부법 63 ⑥).

제2절 재고매입세액과 재고납부세액

Ⅰ 개요

일반적으로 일반과세자는 매입세액 전액을 공제받지만 간이과세자는 매입세액에 업종별 부가가치율을 적용하여 계산된 금액만을 공제받는다. 그런데 만일 간이과세자가 매입한 재고재화를 과세유형이 변경되어 일반과세자로서 공급이 이루어진 경우 이에 대해 아무런 조치를 취하지 않는다면 불합리한 결과가 초래된다. 왜냐하면 이 경우 해당 사업자가 처음부터 일반과세자인 경우에는 거래징수 당한 매입세액 전액을 공제받을 수 있으나, 동 사업자는 재화의 매입 시 간이과세자였으므로 매입세액에 업종별 부가가치율을 적용한 금액만큼만 공제를 받았기 때문이다. 따라서 「부가가치세법」에서는 해당 차액만큼을 사업자에게 되돌려 주는 제도를 운용하고 있으며, 이와 반대의 경우에는 해당 차액만큼을 사업자로부터 징수하는 제도를 운용하고 있다. 재고매입세액 또는 재고납부세액의 적용대상은 다음과 같다.

> ① 재고매입세액 : 간이과세자에서 일반과세자로 전환 시
> ② 재고납부세액 : 일반과세자에서 간이과세자로 전환 시

Ⅱ 적용대상

재고매입세액 또는 재고납부세액의 적용대상은 과세유형이 변경되는 날 현재 다음의 재고품과 감가상각자산(매입세액공제대상 자산)에 한한다.

구분	내용
재고품	① 상품
	② 제품(반제품·재공품 포함)
	③ 재료(부재료 포함)
건설 중인 자산	2011.1.1 이후 과세유형 전환분부터 적용
감가상각자산	① 건물·구축물 : 취득·건설·신축 후 10년(2001.12.31 이전 취득분은 5년) 이내의 것
	② 기타의 감가상각자산 : 취득·제작 후 2년 이내의 것

Ⅲ 재고매입세액과 재고납부세액의 계산(2021.7.1. 이후 재화·용역 공급분)

1. 재고매입세액(간이과세자 ➡ 일반과세자)

(1) 재고품

$$\text{재고매입세액} = \text{재고금액} \times \frac{10}{110} \times \left(1 - 0.5\% \times \frac{110}{10}\right)$$

(2) 건설 중인 자산

$$\text{재고매입세액} = \begin{matrix}\text{해당 건설 중인} \\ \text{자산과 관련된} \\ \text{공제대상 매입세액}\end{matrix} \times \left(1 - 0.5\% \times \frac{110}{10}\right)$$

(3) 타인으로부터 매입한 감가상각자산

1) 건물·구축물

$$\text{재고매입세액} = \text{취득가액} \times \left(1 - \frac{10}{100} \times \begin{matrix}\text{경과된} \\ \text{과세기간 수}\end{matrix}\right) \times \frac{10}{110} \times \left(1 - 0.5\% \times \frac{110}{10}\right)$$

2) 그 밖의 감가상각자산

$$\text{재고매입세액} = \begin{matrix}\text{취득} \\ \text{가액}\end{matrix} \times \left(1 - \frac{50}{100} \times \begin{matrix}\text{경과된} \\ \text{과세기간 수}\end{matrix}\right) \times \frac{10}{110} \times \left(1 - 0.5\% \times \frac{110}{10}\right)$$

(4) 사업자가 직접 제작, 건설 또는 신축한 자산

1) 건물·구축물

$$\text{재고매입세액} = \begin{matrix}\text{해당 자산의} \\ \text{건설 또는} \\ \text{신축과 관련된} \\ \text{공제대상 매입세액}\end{matrix} \times \left(1 - \frac{10}{100} \times \begin{matrix}\text{경과된} \\ \text{과세기간 수}\end{matrix}\right) \times \left(1 - 0.5\% \times \frac{110}{10}\right)$$

2) 그 밖의 감가상각자산

$$\text{재고매입세액} = \begin{matrix}\text{해당 자산의} \\ \text{제작과 관련된} \\ \text{공제대상 매입세액}\end{matrix} \times \left(1 - \frac{50}{100} \times \begin{matrix}\text{경과된} \\ \text{과세기간 수}\end{matrix}\right) \times \left(1 - 0.5\% \times \frac{110}{10}\right)$$

2. 재고납부세액(일반과세자 ➡ 간이과세자)

(1) 재고품

$$\text{재고납부세액} = \text{재고금액} \times \frac{10}{100} \times \left(1 - 0.5\% \times \frac{110}{10}\right)$$

(2) 건설 중인 자산

$$\text{재고납부세액} = \begin{matrix}\text{해당 건설 중인} \\ \text{자산과 관련된} \\ \text{공제대상 매입세액}\end{matrix} \times \left(1 - 0.5\% \times \frac{110}{10}\right)$$

(3) 타인으로부터 매입한 감가상각자산

1) 건물·구축물

$$\text{재고납부세액} = \begin{matrix}\text{취득} \\ \text{가액}\end{matrix} \times \left(1 - \frac{5}{100} \times \begin{matrix}\text{경과된} \\ \text{과세기간 수}\end{matrix}\right) \times \frac{10}{100} \times \left(1 - 0.5\% \times \frac{110}{10}\right)$$

2) 그 밖의 감가상각자산

$$\text{재고납부세액} = \begin{matrix}\text{취득} \\ \text{가액}\end{matrix} \times \left(1 - \frac{25}{100} \times \begin{matrix}\text{경과된} \\ \text{과세기간 수}\end{matrix}\right) \times \frac{10}{100} \times \left(1 - 0.5\% \times \frac{110}{10}\right)$$

(4) 사업자가 직접 제작, 건설 또는 신축한 자산

1) 건물·구축물

$$\text{재고납부세액} = \begin{matrix}\text{해당 자산의} \\ \text{건설 또는} \\ \text{신축과 관련된} \\ \text{공제대상 매입세액}\end{matrix} \times \left(1 - \frac{5}{100} \times \begin{matrix}\text{경과된} \\ \text{과세기간 수}\end{matrix}\right) \times \left(1 - 0.5\% \times \frac{110}{10}\right)$$

2) 그 밖의 감가상각자산

$$\text{재고납부세액} = \begin{matrix}\text{해당 자산의} \\ \text{제작과 관련된} \\ \text{공제대상 매입세액}\end{matrix} \times \left(1 - \frac{25}{100} \times \begin{matrix}\text{경과된} \\ \text{과세기간 수}\end{matrix}\right) \times \left(1 - 0.5\% \times \frac{110}{10}\right)$$

참고 2021.6.30. 이전 재화·용역 공급분에 대한 재고매입세액과 재고납부세액의 계산

구분		재고매입세액	재고납부세액
전환유형		간이과세자 ➡ 일반과세자	일반과세자 ➡ 간이과세자
산식	재고품	재고금액 $\times \frac{10}{110} \times$ (1 − 부가가치율)	재고금액 $\times \frac{10}{100} \times$ (1 − 부가가치율)
	건설 중인 자산	해당 건설 중인 자산과 관련된 공제대상 매입세액 × (1 − 부가가치율)	해당 건설 중인 자산과 관련하여 공제받은 매입세액 × (1 − 부가가치율)
	감가상각자산	① 외부매입의 경우 취득가액 $\times \frac{10}{110} \times$ 잔존율 × (1 − 부가가치율)	① 외부매입의 경우 취득가액 $\times \frac{10}{100} \times$ 잔존율 × (1 − 부가가치율)
		② 제작·건설·신축한 경우 공제대상 매입세액 × 잔존율 × (1 − 부가가치율)	② 제작·건설·신축의 경우 공제대상 매입세액 × 잔존율 × (1 − 부가가치율)

3. 재고금액·취득가액

(1) 재고매입세액의 경우

재고품 및 감가상각자산의 금액은 장부 또는 세금계산서에 의해 확인되는 취득가액으로 한다(부령 112 ①). 물론 동 금액에는 VAT가 포함되어 있을 것이다.

(2) 재고납부세액의 경우

재고품 및 감가상각자산의 금액은 장부 또는 세금계산서에 의해 확인되는 취득가액으로 한다. 다만, 장부 또는 세금계산서가 없거나 기장이 누락된 경우에는 시가에 의한다(부령 112 ②). 물론 동 금액은 VAT가 제외된 금액이다.

(3) 유의점

위의 규정을 살펴보면 재고매입세액에는 재고납부세액의 경우와 달리 장부 또는 세금계산서가 없거나 기장이 누락된 경우에는 시가에 의한다는 규정이 없다. 따라서 재고매입세액의 경우에 취득가액이 불분명하면 재고매입세액공제는 적용받을 수 없음에 유의하여야 한다.

4. 부가가치율

구분	재고매입세액	재고납부세액
재고품	과세유형변경 직전일이 속하는 과세기간의 부가가치율	과세유형이 변경되는 날이 속하는 과세기간에 적용되는 부가가치율
감가상각자산	해당 자산의 취득일이 속하는 과세기간의 부가가치율	

5. 잔존율

구분	내용
개념	잔존율이란 (1－감가율×경과된 과세기간의 수)로 계산된 비율을 말한다.
감가율	감가율은 1과세기간당 건물 또는 구축물은 5%(간이과세자 10%), 기타의 감가상각자산은 25%(간이과세자 50%)로 한다.

Ⅳ 절차규정

1. 재고매입세액의 공제방법과 재고납부세액의 납부방법

(1) 재고매입세액의 공제방법

위의 신고와 승인에 의하여 결정된 재고매입세액은 그 승인을 받은 날이 속하는 예정신고기간 또는 과세기간의 매출세액에서 공제한다(부령 86 ⑦). 만일 재고매입세액이 매출세액을 초과하게 되면 동 초과금액은 환급된다.

(2) 재고납부세액의 납부방법

위의 신고와 승인에 의하여 결정된 재고납부세액은 간이과세자로 변경된 날이 속하는 과세기간에 대한 확정신고를 할 때 납부할 세액에 더하여 납부한다.

2. 신고·승인

(1) 재고매입세액

1) 신고

간이과세자가 일반과세자로 변경되는 경우에는 그 변경되는 날 현재에 있는 재고품, 건설 중인 자산 및 감가상각자산(매입세액공제대상인 것만 해당하며, 이하 "재고품 등"이라 한다)에 대하여 일반과세 전환 시의 재고품 등 신고서를 작성하여 그 변경되는 날의 직전과세기간에 대한 신고와 함께 각 납세지 관할세무서장에게 신고(국세정보통신망에 의한 신고를 포함한다)하여야 한다(부령 86 ①).

2) 승인

신고를 받은 관할세무서장은 재고매입세액으로서 공제할 수 있는 재고금액을 조사·승인하고 신고기한 경과 후 1개월 이내에 당해 사업자에게 공제될 재고매입세액을 통지하여야 한다. 이 경우 그 기한 이내에 통지하지 아니하면 해당 사업자가 신고한 재고금액을 승인한 것으로 본다(부령 86 ⑥).

(2) 재고납부세액

1) 신고

일반과세자가 간이과세자로 변경되는 경우 간이과세자로 변경된 자는 그 변경되는 날 현재 있는 재고품, 건설 중인 자산 및 감가상각자산(공제받은 경우만 해당하되, 사업양도에 의하여 사업양수자가 양수한 자산으로서 사업양도자가 매입세액을 공제받은 재화를 포함한다. 이하 "재고품 등"이라 한다)을 그 변경되는 날의 직전 과세기간에 대한 확정신고와 함께 간이과세 전환 시의 재고품 등 신고서를 작성하여 각 납세지 관할세무서장에게 신고(국세정보통신망에 의한 신고를 포함한다)하여야 한다(부령 112 ①).

2) 승인

신고를 받은 관할세무서장은 재고금액을 조사·승인하고 간이과세자로 변경된 날부터 90일 이내에 당해 사업자에게 재고납부세액을 통지하여야 한다. 이 경우 그 기한 내에 통지하지 아니하는 때에는 당해 사업자가 신고한 재고금액을 승인한 것으로 본다(부령 112 ⑤).

3. 유의점

일반과세자가 간이과세자로 변경된 후에 다시 일반과세자로 변경되는 경우로서 간이과세자로 변경된 때에 재고납부세액을 납부하지 않은 재고품 및 감가상각자산에 대하여는 재고매입세액공제를 받을 수 없다(부령 86 ⑤).

제3절 납세절차

Ⅰ 신고와 납부

간이과세자는 과세기간의 과세표준과 납부세액을 그 과세기간이 끝난 후 25일(폐업하는 경우에는 폐업일이 속한 달의 다음 달 25일) 이내에 사업장 관할세무서장에게 확정신고를 하고 납세지 관할세무서장 또는 한국은행 등에 납부하여야 한다(부법 67 ①). 또한 간이과세자는 매입처별세금계산서합계표를 확정신고와 함께 제출하여야 하며, 관할세무서장에 제출하는 매입처별세금계산서합계표의 기재사항 중 거래처별 등록번호, 공급가액의 전부 또는 일부가 적히지 아니하였거나 사실과 다르게 적힌 경우에는 세금계산서 등 매입세액공제를 적용하지 아니한다(부법 67 ③, 부령 114 ⑤).

Ⅱ 예정부과와 납부

1. 원칙

사업장 관할세무서장은 간이과세자에 대하여 직전 과세기간에 대한 납부세액*의 50%에 해당하는 금액(직전과세기간이 일반과세자가 간이과세자로 변경된 과세기간에 해당하는 경우에는 직전과세기간에 대한 납부세액의 전액을 말하며, 1천원 미만의 단수가 있을 때에는 그 단수금액은 버린다)을 1월 1일부터 6월 30일(이하 "예정부과기간"이라 한다)까지의 납부세액으로 결정하여 7월 1일부터 7월 10일까지 납세고지서를 발부하여야 하고 예정부과기간이 끝난 후 25일 이내(이하 "예정부과기한"이라 한다)까지 징수한다. 다만, 다음 각 호의 어느 하나에 해당하는 경우에는 징수하지 아니한다(부법 66 ①).

① 징수하여야 할 금액이 50만원 미만인 경우

② 제5조 제4항 제2호(간이과세자가 일반과세자로 변경되는 경우: 그 변경 이전 1월 1일부터 6월 30일까지)의 과세기간이 적용되는 간이과세자의 경우

③ 「국세징수법」 제13조(재난 등으로 인한 납부기한 등의 연장) 제1항 각 호의 어느 하나에 해당하는 사유로 관할세무서장이 징수하여야 할 금액을 간이과세자가 납부할 수 없다고 인정되는 경우

* 다음에 해당하는 공제세액이 있는 경우에는 그 세액을 뺀 금액으로 하고, 결정 또는 경정과 「국세기본법」에 따른 수정신고 및 경정청구에 따른 결정이 있는 경우에는 그 내용이 반영된 금액으로 한다.① 신용카드매출전표 등 발행세액공제② 전자신고에 대한 세액공제액③ 세금계산서 수취분에 대한 매입세액공제액

2. 특례(예정신고)

(1) 의의

원칙에도 불구하고 휴업 또는 사업부진 등으로 인하여 예정부과기간의 공급가액 또는 납부세액이 직전과세기간의 공급대가 또는 납부세액의 3분의 1에 미달하는 간이과세자는 예정부과기간의 과세표준과 납부세액을 예정부과기한까지 사업장 관할세무서장에게 신고할 수 있다(부법 66 ②, 부령 114 ②). 또한 예정부과기간에 세금계산서를 발급한 간이과세자는 예정부과기간의 과세표준과 납부세액을 예정부과기한까지 사업장 관할세무서장에게 신고하여야 한다(부법 66 ③). 이 경우에는 예정부과에 따른 결정이 있더라도 그 결정이 없었던 것으로 본다(부법 66 ④).

(2) 신고절차

예정신고하는 간이과세자는 예정부과기간의 납부세액에서 가산세를 더하고 다음의 세액을 차감한 금액을 간이과세자 부가가치세 신고서와 함께 관할세무서장에게 납부하거나 「국세징수법」에 따른 납부서를 작성하여 한국은행 또는 체신관서에 납부하여야 한다(부법 66 ⑤, 부령 114 ④).

① 신용카드매출전표 등 발행세액공제
② 세금계산서 등 수취세액공제
③ 의제매입세액공제

3. 매입처별세금계산서합계표 제출

예정신고하는 간이과세자는 매출·매입처별세금계산서합계표를 예정신고를 할 때 제출하여야 한다. 다만, 매출·매입처별세금계산서합계표를 예정신고를 할 때 제출하지 못하는 경우에는 확정신고를 할 때 이를 제출할 수 있다(부법 66 ⑤).

Ⅲ 납부의무의 면제 등

1. 납부의무의 면제

(1) 일반적인 경우

간이과세자의 해당 과세기간에 대한 공급대가가 4,800만원 미만인 경우에는 납부세액은 납부할 의무를 면제한다. 다만, 해당 공급대가에 대한 납부세액은 면제하더라도 일반과세자가 간이과세자로 전환 시 부담하여야 하는 재고납부세액은 납부하여야 한다(부법 69 ①).

(2) 신규사업자 등의 적용특례

납부의무면제 규정을 적용할 때 다음의 경우에는 각각의 경우의 공급대가의 합계액을 12개월로 환산한 금액을 기준으로 한다. 이 경우 1개월 미만의 끝수가 있으면 1개월로 한다(부법 69 ③).

① 해당 과세기간에 신규로 사업을 시작한 간이과세자는 그 사업 개시일부터 그 과세기간 종료일까지의 공급대가의 합계액

② 휴업자·폐업자 및 과세기간 중 과세유형을 전환한 간이과세자는 그 과세기간 개시일부터 휴업일·폐업일 및 과세유형 전환일까지의 공급대가의 합계액

③ 간이과세자에 관한 규정이 적용되거나 적용되지 아니하게 되어 일반과세자가 간이과세자로 변경되거나 간이과세자가 일반과세자로 변경되는 경우 그 변경되는 해에 간이과세자에 관한 규정이 적용되는 기간의 부가가치세의 적용을 받는 간이과세자는 해당 과세기간의 공급대가의 합계액

2. 가산세의 적용특례

위 규정에 따라 납부할 의무를 면제하는 경우에는 가산세 규정을 적용하지 아니한다. 다만, 기한 내에 사업자등록을 하지 아니한 경우(고정된 물적시설을 갖추지 않고 공부에 등록된 사업장 소재지가 없는 경우는 제외함)에는 등록신청일이 속하는 예정신고기간(예정신고기간이 지난 경우에는 그 과세기간)의 공급대가의 0.5%에 해당하는 금액과 5만원 중 큰 금액을 납부세액에서 더하거나 환급세액에서 빼도록 한다(부법 69 ②).

3. 납부의무면제자의 자진납부세액 환급

납부의무가 면제되는 사업자가 자진납부한 사실이 확인된 경우에는 관할세무서장은 납부한 금액을 환급하여야 한다(부법 69 ④).

Ⅳ 결정·경정과 징수

간이과세자에 대한 과세표준과 납부세액은 일반과세자의 경우를 준용하여 결정 또는 경정할 수 있다(부법 68 ①).

V 가산세[3]

1. 개요

간이과세자에 대한 가산세 부과에 관하여는 제60조 제1항(사업자등록 불성실가산세)·제2항(세금계산서 지연발행·미발행·부실기재가산세) 및 같은 조 제3항 제1호·제3호·제5호(세금계산서 등 위장거래·가공거래·공급대가 과다기재가산세)를 준용한다. 이 경우 제60조 제1항 각 호 중 "공급가액"은 "공급대가"로, "1%"는 "0.5%"로 본다(부법 68의 2 ①).

2. 세금계산서 미수취·지연공제가산세

간이과세자가 다음의 어느 하나에 해당하는 경우 다음의 구분에 따른 금액을 납부세액에 더하거나 환급세액에서 뺀다(부법 68의 2 ②).

① 세금계산서를 발급하여야 하는 사업자로부터 재화 또는 용역을 공급받고 세금계산서를 발급받지 아니한 경우(영수증을 발급하여야 하는 기간에 세금계산서를 발급받지 아니한 경우는 제외) : 그 공급대가의 0.5%(미수취)

② 세금계산서 등을 발급받고 공제받지 아니한 경우로서 해당 결정 또는 경정 기관의 확인을 거쳐 납부세액을 계산할 때 매입세액으로 공제받는 경우 : 그 공급가액의 0.5%(지연공제)

3. 매출처별세금계산서합계표 불성실가산세

간이과세자가 다음의 어느 하나에 해당하는 경우 다음의 구분에 따른 금액을 납부세액에 더하거나 환급세액에서 뺀다. 다만, 제출한 매출처별세금계산서합계표의 기재사항이 착오로 적힌 경우로서 사업자가 발급한 세금계산서에 따라 거래사실이 확인되는 부분의 공급가액에 대해서는 그러하지 아니하다(부법 68의 2 ③).

① 예정·확정신고 시 매출처별세금계산서합계표를 제출하지 아니한 경우 : 매출처별세금계산서합계표를 제출하지 아니한 부분에 대한 공급가액의 0.5%

② 예정·확정신고 시 제출한 매출처별세금계산서합계표의 기재사항 중 거래처별 등록번호 또는 공급가액의 전부 또는 일부가 적혀 있지 아니하거나 사실과 다르게 적혀 있는 경우 : 매출처별세금계산서합계표의 기재사항이 적혀 있지 아니하거나 사실과 다르게 적혀 있는 부분에 대한 공급가액의 0.5%

③ 신고를 할 때 제출하지 못하여 해당 예정부과기간이 속하는 과세기간에 확정신고를 할 때 매출처별세금계산서합계표를 제출하는 경우로서 ②에 해당하지 아니하는 경우 : 그 공급가액의 0.3%

---

3) 본 규정은 2021.07.01.부터 시행한다. 다만, 2021.07.01.전에 재화나 용역을 공급하거나 공급받은 분에 대해서는 법 68조의 2(같은 조 2항 2호는 제외함)의 개정규정에도 불구하고 종전의 규정에 따른다.

4. 적용배제

(1) 개요

본 규정을 적용할 때에 1. 에 따라 준용을 하는 부분에 대해서는 다음의 구분에 따른 규정을 각각 적용하지 아니한다(부법 68의 2 ④).

① 제60조 제1항(사업자등록 불성실가산세)이 준용되는 부분 : 제60조 제2항(세금계산서 지연발행·부실기재가산세 ☞ 미발행은 제외), 이 조 제2항 제2호(세금계산서 지연공제가산세) 및 제3항(매출처별세금계산서합계표가산세)

② 제60조 제2항(세금계산서 지연발행·부실기재가산세 ☞ 미발행은 제외)이 준용되는 부분 : 이 조 제3항(매출처별세금계산서합계표가산세)

③ 제60조 제2항 제2호(세금계산서 미발행가산세) 또는 제3항 제1호·제3호·제5호(세금계산서 등 위장거래·가공거래·공급대가 과다기재가산세)가 준용되는 부분 : 제60조 제1항(사업자등록 불성실가산세) 및 이 조 제3항(매출처별세금계산서합계표가산세)

④ 제60조 제3항 제3호(세금계산서 등 가공거래가산세)가 준용되는 부분 : 제60조 제2항 제2호(세금계산서 미발행가산세) 본문

⑤ 제60조 제3항 제5호(세금계산서 등 공급대가 과다기재가산세)가 준용되는 부분 : 제60조 제2항 제5호(세금계산서 부실기재가산세) 본문

(2) 현금영수증 미발행가산세를 적용하는 경우

「소득세법」 제81조의 9 제2항 제3호의 가산세(현금영수증 미발행가산세)를 적용받는 부분에 대해서는 제60조 제2항 제2(세금계산서 미발행가산세)호 및 이 조 제3항 제2호의 가산세(매출처별세금계산서합계표 부실기재가산세)를 적용하지 아니한다(부법 68의 2 ⑤).

참 고 2021.6.30. 이전에 공급한 재화·용역 공급분에 대한 가산세 규정

간이과세자에 적용되는 가산세를 정리하면 다음과 같다. 간이과세자는 환급세액이 나올 수 없으므로 일반과세자와는 달리 초과환급세액에 대한 신고불성실가산세와 납부불성실가산세를 적용할 수 없다.

구분	가산세액
(1) 미등록 및 허위등록가산세	공급대가×0.5%
(2) 신고불성실가산세	미달신고세액×10%
(3) 납부불성실가산세	미납부·미달납부세액×미납일수×0.03%
(4) 영세율 과세표준 신고불성실가산세	과세표준×1%

[별지 제18호서식]

홈택스(www.hometax.go.kr)에서도 신청할 수 있습니다.

[ ]일반 [ ]간이 과세전환 시의 재고품등 신고서

※ 아래의 작성방법을 읽고 작성하시기 바랍니다.

접수번호	접수일	처리기간 즉시

1. 신고인 인적사항

① 상호(법인명)	② 사업자등록번호
③ 성명(대표자명)	④ 전화번호
⑤ 사업장(주된 사업장) 소재지	
⑥ 업태	⑦ 종목

2. 과세유형 전환 내용

※ 일반과세자로 유형전환 시 작성합니다.				※ 간이과세자로 유형전환 시 작성합니다.	
⑧ 일반과세 적용시기	년 월 일부터			⑩ 간이과세 적용기간	년 월 일부터 년 월 일까지
⑨ 일반과세 적용사유	일반과세 전환통지	간이과세 포기신고	기타	⑪ 간이과세 전환통지일	년 월 일

3. 재고품, 건설 중인 자산 및 감가상각자산 명세

⑫ 품명	⑬ 규격	⑭ 수량	⑮ 단가	⑯ 재고품 등의 금액	⑰ 재고매입세액 또는 재고납부세액	⑱ 보관장소	⑲ 취득일 (감가상각자산만 해당함)

「부가가치세법 시행령」 [[ ]제86조제1항에 따라 일반 / [ ]제112제1항에 따라 간이] 과세전환 시의 재고품 등을 신고합니다.

년 월 일

신고인 (서명 또는 인)

세무서장 귀하

첨부서류	없음	수수료 없음

작성방법

1. ① ~ ⑦은 사업자의 기본사항을 작성합니다.
2. ⑧, ⑨는 간이과세자에서 일반과세자로 유형전환된 사업자가 적습니다.
3. ⑩, ⑪은 일반과세자에서 간이과세자로 유형전환된 사업자가 적습니다.
4. ⑫ ~ ⑲는 과세유형전환 시의 재고품 및 감가상각자산 명세를 적습니다.
5. ⑯: 간이과세자에서 일반과세자로 유형전환된 사업자가 재고매입세액 신고 시에는 부가가치세를 포함한 금액을 적고, 일반과세자에서 간이과세자로 유형전환된 사업자가 재고납부세액 신고 시에는 부가가치세를 제외한 금액을 적습니다.
6. ⑰: 재고매입세액 신고 시에는 「부가가치세법 시행령」 제86조제3항에 따라 계산한 금액을 적고, 재고납부세액 신고 시에는 「부가가치세법 시행령」 제112조제3항에 따라 계산한 금액을 적습니다.
7. 해당하는 신고사항에 [√]표시하고 작성일을 적은 후 신고인 란에 서명 또는 날인하여 제출합니다.

210mm×297mm[백상지 80g/㎡(재활용품)]

[별지 제44호서식] (2023. 6. 30. 개정)　　　　　　홈택스(www.hometax.go.kr)에서도 신청할 수 있습니다.

간이과세자 부가가치세 [ ]예정신고서 [ ]신고서 [ ]기한후과세표준신고서

(4쪽 중 1쪽)

관리번호				처리기간	즉시
신고기간	년 (월 일 ~ 월 일)				

사업자	상 호		성명(대표자명)		사업자등록번호	- -	
	생년월일		전화번호		사업장	주소지	휴대전화
	사업장 소재지				전자우편주소		

① 신고내용

구 분				금 액	부가가치율	세율	세 액
과세표준 및 매출세액	21.6.30. 이전 과세분	전기·가스·증기 및 수도사업	(1)		5/100	10/100	
		소매업, 재생용 재료수집 및 판매업, 음식점업	(2)		10/100	10/100	
		제조업, 농·임·어업, 숙박업, 운수 및 통신업	(3)		20/100	10/100	
		건설업, 부동산임대업, 그 밖의 서비스업	(4)		30/100	10/100	
	21.7.1. 이후 과세분	소매업, 재생용 재료수집 및 판매업, 음식점업	(5)		15/100	10/100	
		제조업, 농·임·어업, 소화물 전문 운송업	(6)		20/100	10/100	
		숙박업	(7)		25/100	10/100	
		건설업, 운수 및 창고업(소화물 전문 운송업 제외), 정보통신업, 그 밖의 서비스업	(8)		30/100	10/100	
		금융 및 보험 관련 서비스업, 전문·과학 및 기술서비스업(인물사진 및 행사용 영상 촬영업 제외), 사업시설관리·사업지원 및 임대서비스업, 부동산 관련 서비스업, 부동산임대업	(9)		40/100	10/100	
	영 세 율 적 용 분	세금계산서 발급분	(10)			0/100	
		기타	(11)			0/100	
	재고 납부세액		(12)				
	합계		(13)			㉮	
공제세액	매입세금계산서등 수취세액공제	21.6.30. 이전 공급받은 분	(14)			2쪽 참조	
		21.7.1. 이후 공급받은 분	(15)				
	의 제 매 입 세 액 공 제		(16)				
	매입자발행 세금계산서 세액공제	21.6.30. 이전 공급받은 분	(17)				
		21.7.1. 이후 공급받은 분	(18)				
	전 자 신 고 세 액 공 제		(19)				
	전자세금계산서 발급세액 공제		(20)				
	신용카드매출전표등 발행세액공제	21.6.30. 이전 공급한 분	(21)				
		21.7.1. 이후 공급한 분	(22)				
	기타		(23)				
	합계		(24)			㉯	
매 입 자 납 부 특 례 기 납 부 세 액			(25)			㉰	
예정 부과(신고) 세액			(26)			㉱	
가산세액계			(27)			㉲	
차감 납부할 세액(환급받을 세액) (㉮-㉯-㉰-㉱+㉲)						(28)	

② 과세표준 명세

	업 태	종 목	업 종 코 드	금 액
(29)				
(30)				
(31)	기타(수입금액 제외분)			
(32)	합 계			

③ 면세수입금액

	업 태	종 목	업 종 코 드	금 액
(33)				
(34)				
(35)	수입금액 제외분			
(36)	합 계			

④ 국세환급금계좌신고	거래은행	은행 지점	계좌번호	
⑤ 폐 업 신 고	폐업연월일	. .	폐업사유	
⑥ 영 세 율 상 호 주 의	여[ ] 부[ ]	적용구분	업종	해당 국가

「부가가치세법 시행령」 제114조제3항 및 「국세기본법」 제45조의3에 따라 위의 내용을 신고하며, 위 내용을 충분히 검토하였고 신고인이 알고 있는 사실 그대로를 정확하게 작성하였음을 확인합니다.

년 월 일

신고인: (서명 또는 인)

세무대리인은 조세전문자격자로서 위 신고서를 성실하고 공정하게 작성하였음을 확인합니다.

세무대리인: (서명 또는 인)

세무서장 귀하

세무대리인	성 명		사업자등록번호		전화번호	

210㎜×297㎜[백상지(80g/㎡) 또는 중질지(80g/㎡)]

첨부서류	1. 매입처별 세금계산서합계표 2. 매출처별 세금계산서합계표(세금계산서를 발급한 자만 제출합니다) 3. 매입자발행 세금계산서합계표 4. 영세율 첨부서류(영세율 적용을 받는 자만 제출합니다) 5. 부동산임대공급가액명세서(부동산임대업자만 제출합니다) 6. 사업장현황명세서(음식, 숙박 및 그 밖의 서비스업자가 확정신고를 하는 경우만 제출합니다) 7. 의제매입세액 공제신고서 8. 그 밖에 「부가가치세법 시행규칙」 제74조제2항에 따른 해당 서류	수수료 없음

작 성 방 법

이 신고서는 한글과 아라비아 숫자로 작성하며, 금액은 원 단위까지 표시합니다.

▩ 란은 사업자가 적지 않습니다.

① 신고내용란

(1) ~ (4): 해당 업종의 금액란에는 2021년 6월 30일 이전 매출액(과세분으로 공급한 재화 또는 용역의 공급대가)을 적습니다.

(5) ~ (9): 해당 업종의 금액란에는 4쪽 중 3쪽 (41),(46),(51),(56),(61)합계란의 금액을 적습니다. 세액란에는 (금액×해당 업종의 부가가치율×10/100)에 따라 계산된 세액을 적습니다.

(10)·(11): 해당 신고대상기간에 영세율이 적용되는 사업실적 중 세금계산서 발급분은 (10)란에, 세금계산서 발급의무가 없는 부분은 (11)란에 적습니다.

(12): 일반과세자에서 간이과세자로 변경된 사업자가 변경된 날 현재의 재고품 및 감가상각자산에 대한 재고납부세액을 납부하는 경우에 적습니다.

(14): 일반과세자로부터 받은 세금계산서 또는 신용카드매출전표 등에 적은 매입세액을 공제받는 경우에 적으며, 금액란에는 해당 매입세금계산서 또는 신용카드매출전표 등에 적은 부가가치세 합계액을, 세액란에는 (금액× 해당 업종의 부가가치율)에 따라 계산된 세액을 적습니다.

(15): 사업자로부터 세금계산서 또는 신용카드매출전표 등을 발급받아 납부세액에서 공제받는 경우에 적으며, 금액란에는 해당 매입세금계산서 또는 신용카드매출전표 등에 적은 공급대가 합계액을, 세액란에는 (금액× 0.5퍼센트)에 따라 계산된 세액을 적습니다.

(16): 음식점업, 제조업 사업자가 2021년 6월 30일 이전에 공급받아 음식점업, 제조업에 사용된 면세농산물등에 대한 의제매입세액을 공제받는 경우에 적고, 금액란에는 의제매입세액 공제신고서의 면세농산물등의 매입가액을, 세액란에는 [음식점업 사업자 중 과세유흥장소 사업자는 면세농산물등의 가액 × 2/102, 과세유흥장소 외 음식점업 사업자는 면세농산물등의 가액 × 8/108(과세표준 4억원 이하인 경우 9/109), 제조업 사업자는 면세농산물등의 가액 × 6/106]에 따라 계산한 금액을 적습니다.

(17): 매입자가 관할 세무서장으로부터 거래사실확인 통지를 받고 발행한 매입자발행 세금계산서에 적은 매입세액을 공제받는 경우에 적으며, 금액란에는 해당 매입세금계산서 또는 신용카드매출전표 등에 적은 부가가치세 합계액을, 세액란에는 (금액× 해당 업종의 부가가치율)에 따라 계산된 세액을 적습니다.

(18): 매입자가 관할 세무서장으로부터 거래사실확인 통지를 받고 발행한 매입자발행 세금계산서에 적은 매입세액을 공제받는 경우에 적으며, 금액란에는 해당 매입세금계산서 또는 신용카드매출전표 등에 적은 공급대가 합계액을, 세액란에는 (금액× 0.5퍼센트)에 따라 계산된 세액을 적습니다.

(19): 「조세특례제한법」 제104조의8제2항에 따른 전자신고 세액공제 금액(10,000원)을 적되, 공제세액이 (13)란의 세액에서 (14)란부터 (18)란까지의 세액을 뺀 후의 세액을 초과할 때에는 그 초과하는 세액은 공제되지 않습니다.

(20): 2023년 7월 1일 이후 공급한 재화 또는 용역에 대하여 전자세금계산서를 발급하고 발급명세를 국세청에 전송한 경우 발급 건수당 200원을 곱하여 계산한 금액(연간 100만원 한도)을 적습니다.

(21): 2021년 6월 30일 이전에 신용카드 등이나 전자화폐에 의한 매출액이 있는 사업자가 적으며, 금액란에는 신용카드 등 및 전자화폐에 의한 매출액을, 세액란에는 (신용카드 등이나 전자화폐 매출액 × 13/1,000, 음식점업 또는 숙박업은 26/1,000)에 따라 계산한 금액을 적습니다.

(22): 2021년 7월 1일 이후에 신용카드 등이나 전자화폐에 의한 매출액이 있는 사업자가 적으며, 금액란에는 신용카드 등 및 전자화폐에 의한 매출액을, 세액란에는 (신용카드 등이나 전자화폐 매출액 × 10/1,000, 2023년 12월 31일까지는 13/1,000)에 따라 계산한 금액을 적습니다.

※ (21)의 세액과 (22)의 세액을 더한 금액은 연간 500만원을 한도로 하되, 2023년 12월 31일까지는 1,000만원을 한도로 적습니다.

(24): 세액의 합계액은 (13)란을 한도로 하여 공제합니다.

(25): 「조세특례제한법 시행령」 제106조의9제5항 및 제106조의13제4항에 따른 부가가치세 관리기관이 국고에 직접 입금한 부가가치세액을 세액란에 적습니다.

(26): 해당 과세기간 중에 예정부과(신고)된 세액이 있는 경우 그 예정부과(신고)세액을 적습니다.

(27): 신고한 내용에 가산세가 적용되는 경우가 있는 사업자만 적으며, 4쪽 중 3쪽 (77)합계란의 세액을 적습니다.

② 과세표준 명세란

(29)·(30): (13)의 과세표준 합계액을 업태, 종목별로 구분하여 적습니다.

(31): 부가가치세는 과세되나 소득세 과세 시 수입금액에서 제외되는 금액(고정자산매각, 직매장공급 등)을 적고, (32)란의 합계액이 (13)란의 금액과 일치해야 합니다.

③ 면세수입금액란

(33)·(34): 부가가치세가 면세되는 매출액이 있는 경우 업태, 종목별로 구분하여 적습니다.

(35): 면세수입금액 중 종합소득세 과세 시 수입금액에서 제외되는 금액(고정자산매각 등)을 적습니다.

④ 국세환급금계좌신고란

국세환급금을 송금받으려는 거래은행과 계좌번호를 적습니다.

⑤ 폐업신고란

폐업을 하고 확정신고하는 사업자만 적습니다.

⑥ 영세율 상호주의란

「부가가치세법」 제25조 또는 같은 법 시행령 제33조제2항제1호 단서 및 제2호에 따라 영세율에 대한 상호주의가 적용되어 (10)·(11)란에 영세율 과세표준 금액이 존재하는 사업자가 적습니다. 적용 구분란에는 부가가치세법령상 근거조항(예: 법 제21조, 법 제22조, 법 제23조, 법 제24조제1항제1호, 법 제24조제1항제2호, 영 제33조제2항제1호 단서, 영 제33조제2항제2호)을 적고, 업종란에는 부가가치세 영세율이 적용된 재화·용역 또는 그 업종을 적습니다.

210mm×297mm[백상지(80g/㎡) 또는 중질지(80g/㎡)]

※ 이 쪽은 해당 사항이 있는 사업자만 사용합니다.
※ 아래의 작성방법을 읽고 작성하시기 바랍니다.

사업자등록번호 □□□-□□-□□□□□ *사업자등록번호는 반드시 적으시기 바랍니다.

	구분			금액(공급대가)
(5)~(9) 21.7.1. 이후 과세분 명세	(5) 소매업, 재생용 재료수집 및 판매업, 음식점업	세금계산서 발급분	(37)	
		매입자발행 세금계산서	(38)	
		신용카드·현금영수증 발행분	(39)	
		기타(정규영수증 외 매출분)	(40)	
		합계	(41)	
	(6) 제조업, 농·임·어업, 소화물 전문 운송업	세금계산서 발급분	(42)	
		매입자발행 세금계산서	(43)	
		신용카드·현금영수증 발행분	(44)	
		기타(정규영수증 외 매출분)	(45)	
		합계	(46)	
	(7) 숙박업	세금계산서 발급분	(47)	
		매입자발행 세금계산서	(48)	
		신용카드·현금영수증 발행분	(49)	
		기타(정규영수증 외 매출분)	(50)	
		합계	(51)	
	(8) 건설업, 운수 및 창고업(소화물 전문 운송업 제외), 정보통신업, 그 밖의 서비스업	세금계산서 발급분	(52)	
		매입자발행 세금계산서	(53)	
		신용카드·현금영수증 발행분	(54)	
		기타(정규영수증 외 매출분)	(55)	
		합계	(56)	
	(9) 금융 및 보험 관련 서비스업, 전문·과학 및 기술서비스업(인물사진 및 행사용 영상 촬영업 제외), 사업시설관리·사업지원 및 임대서비스업, 부동산 관련 서비스업, 부동산임대업	세금계산서 발급분	(57)	
		매입자발행 세금계산서	(58)	
		신용카드·현금영수증 발행분	(59)	
		기타(정규영수증 외 매출분)	(60)	
		합계	(61)	

	구분			금액	세율	세액
(27) 가산세액 명세	사업자 미등록 등		(62)		5 / 1,000	
	세금계산서	지연발급 등	(63)		1 / 100	
		미발급 등	(64)		4쪽 참조	
		미수취	(65)		5 / 1,000	
	세금계산서 합계표	제출 불성실	(66)		5 / 1,000	
		지연제출	(67)		3 / 1,000	
	신고 불성실	무신고(일반)	(68)		4쪽 참조	
		무신고(부당)	(69)		4쪽 참조	
		과소신고(일반)	(70)		4쪽 참조	
		과소신고(부당)	(71)		4쪽 참조	
	납부지연		(72)		4쪽 참조	
	결정·경정기관 확인 매입세액 공제		(73)		5 / 1,000	
	영세율 과세표준신고 불성실		(74)		5 / 1,000	
	매입자 납부특례	거래계좌 미사용	(75)		4쪽 참조	
		거래계좌 지연입금	(76)		4쪽 참조	
	합계		(77)			

210mm×297mm[백상지(80g/㎡) 또는 중질지(80g/㎡)]

작 성 방 법

(37) ~ (61): 해당 신고대상기간에 부가가치세가 과세되는 사업실적 중 세금계산서 발급분은 (37),(42),(47),(52),(57)란에, 매입자로부터 받은 매입자발행 세금계산서의 발급분은 (38),(43),(48),(53),(58)란에, 신용카드매출전표등 발행분과 전자화폐수취분은 (39),(44),(49),(54),(59)란에, 세금계산서 발급의무가 없는 부분 등 그 밖의 매출은 (40),(45),(50),(55),(60)란에 적습니다.

※ 이 때 금액은 공급대가를 적습니다.

(62) ~ (77): 아래의 각 가산세 부과 사유를 참고해서 해당 란에 적습니다.

가산세 부과 사유		가산세 적용대상 금액	가산세율
(62)	사업자등록을 하지 않은 경우	미등록 신고기간 동안의 공급대가(매출액)	5/1,000*
	사업자등록을 타인 명의로 한 경우 또는 타인 명의의 사업자등록을 이용한 경우	공급대가(매출액)	5/1,000
(63): 세금계산서 발급시기를 경과하여 발급하거나 세금계산서의 필요적 기재사항의 전부 또는 일부가 착오 또는 과실로 적혀 있지 않거나 사실과 다른 경우		공급가액	1/100
(64)	세금계산서를 발급하지 않은 경우	공급가액	2/100
	재화 또는 용역의 공급 없이 세금계산서 등을 발급한 경우	세금계산서 등에 적힌 금액	3/100
	실제로 재화 또는 용역을 공급하는 자가 아닌 자의 명의로 세금계산서 등을 발급하거나 재화 또는 용역의 공급가액을 과다하게 기재하여 세금계산서 등을 발급한 경우	공급가액	2/100
(65): 세금계산서를 발급하여야 하는 사업자로부터 재화 또는 용역을 공급받고 세금계산서를 발급받지 아니한 경우		공급대가	5/1,000
(66): 매출처별 세금계산서합계표를 제출하지 아니한 경우, 거래처별 등록번호 또는 공급가액의 전부 또는 일부가 적혀 있지 않거나 사실과 다르게 적혀 있는 경우		제출하지 아니한 부분에 대한 공급가액 기재사항이 적혀 있지 않거나 사실과 다르게 적혀 있는 부분에 대한 공급가액	5/1,000
(67): 매출처별 세금계산서합계표를 법 제66조제6항 단서에 따라 신고를 할 때 제출하지 못하여 해당 예정부과기간이 속하는 과세기간에 확정신고를 할 때 제출하는 경우		공급가액	3/1,000
(68)・(69): 법정기한까지 신고하지 않은 경우		무신고 납부세액	20/100(부당 40/100)
(70)・(71): 법정기한까지 과소신고한 경우		과소신고 납부세액	10/100(부당 40/100)
(72): 법정기한까지 납부세액을 납부하지 않은(과소납부한) 경우		미납부(과소납부)한 납부세액	지연납부일수 1일당 22/100,000
(73): 결정・경정기관의 확인을 거쳐 매입세액 공제받는 경우		공급가액	5/1,000
(74): 영세율 적용분을 신고하지 않은(과소신고한) 경우		무신고(과소신고)한 공급대가(매출액)	5/1,000
(75): 「조세특례제한법」 제106조의4제7항 및 제106조의9제6항에 따라 금거래계좌, 스크랩등거래계좌를 사용하지 않고 결제받은 경우		제품가액	10/100
(76): 「조세특례제한법」 제106조의4제8항 및 제106조의9제7항에 따라 입금기한 내에 금거래계좌, 스크랩등거래계좌에 입금하지 않은 경우		지연 입금한 부가가치세액	지연입금일수 1일당 22/100,000

* 납부의무면제자의 경우 5/1,000와 5만원 중 큰 금액

210㎜×297㎜[백상지(80g/㎡) 또는 중질지(80g/㎡)]

[별지 제46호서식] (2021. 3. 16. 개정) 　　　　　　　　　　　　　홈택스(www.hometax.go.kr)에서도 신청할 수 있습니다.

(2쪽 중 제1쪽)

<부동산임대업종 외 사업자용>

보내는 사람

○○세무서장

○○시 ○○구 ○○동 ○○○번지

㊐ ○○○-○○○

요금후납

부가가치세 신고서 재중

받는 사람

님 귀하

㊐ ○○○-○○○

※ 이 신고서는 간이과세사업자(부동산임대업자 제외)를 위한 간편 신고서입니다.

⇒ 2개 이상 업종의 사업을 하는 경우, 영세율·재고납부세액·가산세·신용카드매출전표에 의한 매입세액에 대한 신고사항이 있는 경우 또는 해당 신고기간에 세금계산서를 발급한 경우에는 정식 신고서(「부가가치세법 시행규칙」 별지 제44호서식)를 작성해야 하고, 정식 신고서는 국세청 인터넷 홈페이지(www.nts.go.kr)에서 내려받을 수 있습니다.

간이과세자 부가가치세 간편 신고서(부동산임대업종 외 사업자용)

관리번호	처리기간	즉시

신고기간 　년 (　월 　일 ~ 　월 　일)

사업자	상호		성명(대표자명)		사업자등록번호			
	주민등록번호		전자우편주소		전화번호	사업장	주소지	휴대전화
	사업장 소재지							

신 고 내 용

구 분			금 액		부가가치율		세 율	세 액
매출	21.6.30. 이전 공급한 분	(1)		×		×	10/100	㉮
	21.7.1. 이후 공급한 분	(2)		×		×	10/100	㉯
공제세액 / 매입세금계산서상 세액 합계	21.6.30. 이전 공급받은 분	(3)		×				㉰
	21.7.1. 이후 공급받은 분	(4)		×				㉱
신용카드매출금액 합계	21.6.30. 이전 공급한 분	(5)		×				㉲
	21.7.1. 이후 공급한 분	(6)		×				㉳
의제매입세액 공제(면세농산물등 구입금액)		(7)		×				㉴
납부할 세액(㉮+㉯-㉰-㉱-㉲-㉳-㉴)							(8)	
예정고지세액							(9)	
차감납부할 세액{(8)-(9)}							(10)	

(3): 일반과세자로부터 받은 세금계산서에 적은 매입세액을 공제받는 경우에 적으며, 금액란에는 해당 매입세금계산서에 적은 부가가치세 합계액을, 세액란에는 (금액× 해당 업종의 부가가치율)에 따라 계산된 세액을 적습니다.

(4): 사업자로부터 세금계산서 또는 신용카드매출전표 등을 발급받아 납부세액에서 공제받는 경우에 적으며, 금액란에는 해당 매입세금계산서에 적은 공급대가 합계액을, 세액란에는 (금액× 0.5퍼센트)에 따라 계산된 세액을 적습니다.

(5): 2021년 6월 30일 이전에 신용카드 등이나 전자화폐에 의한 매출액이 있는 사업자가 적으며, 금액란에는 신용카드 등 및 전자화폐에 의한 매출액을, 세액란에는(신용카드 등이나 전자화폐 매출액 × 13/1,000, 음식점업 또는 숙박업은 26/1,000)에 따라 계산한 금액을 적습니다.

(6): 2021년 7월 1일 이후에 신용카드 등이나 전자화폐에 의한 매출액이 있는 사업자가 적으며, 금액란에는 신용카드 등 및 전자화폐에 의한 매출액을, 세액란에는 (신용카드 등이나 전자화폐 매출액 × 10/1,000, 2021년 12월 31일까지는 13/1,000)에 따라 계산한 금액을 적습니다.

※ (5)와 (6)의 세액을 더한 금액은 연간 500만원을 한도로 하되, 2021년 12월 31일까지는 1,000만원을 한도로 적습니다.

(7): 음식점업, 제조업 사업자가 2021년 6월 30일 이전에 공급받아 음식점업, 제조업에 사용된 면세농산물등에 대한 의제매입세액을 공제받는 경우에 적고, 의제매입세액 공제율은 음식점업 중 과세유흥장소는 2/102, 과세유흥장소 외 음식점업은 8/108(과세표준 4억원 이하는 9/109), 제조업은 6/106을 적용합니다.

면 세 수 입 금 액

	업 태	종 목	업종코드	금 액
(11)				
(12)				

「부가가치세법 시행령」 제114조제3항 및 「국세기본법」 제45조의3에 따라 위의 내용을 신고하며, 위 내용을 충분히 검토하였고 신고인이 알고 있는 사실 그대로를 정확하게 적었음을 확인합니다.

년 　월 　일

신고인 　(서명 또는 인)

세무서장 귀하

210mm×297mm[백상지(80g/㎡) 또는 중질지(80g/㎡)]

매입처별 세금계산서합계표

(2쪽 중 제2쪽)

매입세금계산서 총 합계

구분	매입처수	매수	공급가액 십억 백만 천 일	세 액 백만 천 일	비고
총합계					
과세기간 종료일 다음 달 11일까지 전송된 전자세금계산서를 발급받은 분					
위 전자세금계산서 외의 세금계산서를 발급받은 분					

과세기간 종료일 다음 달 11일까지 전송된 전자세금계산서 외의 세금계산서를 발급받은 분 명세

번호	거래처(상대방) 사업자등록번호	거래처(상대방) 상호(법인명)	매수	공급가액 십억 백만 천 일	세 액 백만 천 일	비고
1						
2						
3						
4						
5						
6						
7						
8						
9						
10						

※ 첨부서류: 의제매입세액 공제신고서(의제매입세액 공제를 받으려는 음식점업자의 경우에만 첨부합니다)

210mm×297mm[백상지(80g/㎡) 또는 중질지(80g/㎡)]

<회송용>　　부가가치세 신고서 재중　　우표

보내는 사람
○○시 ○○구 ○○동 ○○○번지
○○○
㊐○○○-○○○

받는 사람
○○시 ○○구 ○○동 ○○○번지
○○ 세무서장

㊐○○○-○○○

[별지 제43호서식]

홈택스(www.hometax.go.kr)에서도 신청할 수 있습니다.

간이과세 [ ] 포기 [ ] 적용 신고서

※ [ ]에는 해당하는 곳에 √ 표시를 합니다.

접수번호	접수일	처리기간 즉시

신고인 인적사항	상호(법인명)	등록번호
	성명(대표자명)	전화번호
	사업장(주된 사업장) 소재지	
	업태	종목

신고내용

[ ]간이과세 적용신고	「부가가치세법」 제61조제3항 및 같은 법 시행령 제109조제4항 또는 제116조제2항에 따라 간이과세의 적용을 받기 위하여 신고합니다.			
	신규 사업자	사업시설착수 연월일 또는 사업 개시 연월일	간이과세를 적용받으려는 과세기간	연간공급대가 예상액
	기존 사업자	간이과세를 포기한 과세기간 개시연월일	간이과세를 적용받으려는 과세기간	간이과세를 포기한 날부터 적용받으려는 과세기간 개시일까지의 경과연수
[ ]간이과세 포기신고	「부가가치세법」 제70조제1항·제2항 및 같은 법 시행령 제116조제1항에 따라 아래 과세기간부터 일반과세를 적용받기 위하여 간이과세의 포기를 신고합니다.			
	간이과세를 포기하려는 과세기간	년 제 기(. . .부터)		

년 월 일

신고인 (서명 또는 인)

세무서장 귀하

첨부서류	없음	수수료 없음

작 성 방 법

※ 해당되는 신고사항에 [√]표시하고 해당 사항을 적은 후 작성일과 신고인란에 서명 또는 날인하여 제출합니다.

210mm×297mm[백상지 80g/㎡(재활용품)]

2024
부가가치세
실무

PART XI

보칙

CHAPTER 01

장부의 작성·보관

제1절 개요

사업자는 자기의 납부세액 또는 환급세액과 관계되는 모든 거래사실을 장부에 기록하여 사업장에 갖추어두어야 하며, 간이과세자가 세금계산서 또는 영수증을 보관하는 때에는 기장의무를 이행한 것으로 본다. 또한 사업자는 기록한 장부와 세금계산서 또는 영수증을 그 거래사실이 속하는 과세기간에 대한 확정신고기한 후 5년간 보존하여야 한다. 다만, 전자세금계산서를 발급한 사업자가 국세청장에게 전자세금계산서 발급명세를 전송한 경우에는 그러하지 아니한다.[1)]

제2절 관련 규정

I 매입매출장의 기장·비치

사업자는 자기의 납부세액 또는 환급세액과 관계되는 모든 거래 사실을 장부에 기록하고 사업장에 갖춰두어야 한다(부법 71 ①). 이 경우 장부에 기록하여야 할 거래사실은 다음의 것으로 한다(부령 117 ①).

① 공급한 자와 공급받은 자
② 공급한 품목과 공급받은 품목
③ 공급가액과 공급받은 가액
④ 매출세액과 매입세액
⑤ 공급한 시기와 공급받은 시기
⑥ 그 밖의 참고 사항

1) 부가집 71-117-1

Ⅱ 면세사업의 구분기장

사업자가 부가가치세가 부과되는 재화 또는 용역의 공급과 함께 부가가치세가 면제되는 재화 또는 용역을 공급하거나 의제매입세액공제 규정을 적용받는 경우에는 과세되는 공급과 면세되는 공급 및 면세농산물 등을 공급받은 사실을 각각 구분하여 장부에 기록하여야 한다(부법 71 ②).

Ⅲ 장부 등의 보존

1. 개요

사업자는 기록한 장부와 제32조, 발급하거나 발급받은 세금계산서, 수입세금계산서 또는 영수증을 그 거래사실이 속하는 과세기간에 대한 확정신고기한 후 5년간 보존하여야 한다. 다만, 전자세금계산서를 발급한 사업자가 국세청장에게 전자세금계산서 발급명세를 전송한 경우에는 그러하지 아니하다(부법 71 ③).

2. 전자적 형태 보전

사업자는 장부, 세금계산서 또는 영수증을 정보처리장치, 전산테이프 또는 디스켓 등의 전자적 형태로 보존할 수 있다(부령 117 ④).

Ⅳ 장부기록의 간주

사업자가 「법인세법」 제112조(장부의 비치·기장) 및 「소득세법」 제160조(장부의 비치·기장)에 따라 장부기록의무를 이행한 경우에는 「부가가치세법」에 의한 장부기록의무를 이행한 것으로 본다(부법 71 ④).

Ⅴ 간이과세자의 장부기록 특례

간이과세자는 공급가액과 부가가치세액을 합계한 공급대가를 장부에 기록할 수 있으며, 세금계산서 또는 영수증을 보관하였을 때에는 법 제71조에 따른 장부기록의무를 이행한 것으로 본다(부령 117 ②, ③).

CHAPTER 02

납세관리인

Ⅰ 납세관리인 의무선정대상

1. 사업자가 사업장을 관리하지 않을 것으로 인정하는 경우

개인사업자가 다음의 어느 하나에 해당하는 경우에는 부가가치세에 관한 신고·납부·환급, 그 밖에 필요한 사항을 처리하는 납세관리인을 정하여야 한다(부법 73 ①).

① 사업자가 사업장에 통상적으로 머무르지 아니하는 경우

② 사업자가 6개월 이상 국외에 체류하려는 경우

2. 기타 의무선정 사유

사업자는 부가가치세에 관한 신고·납부·환급, 그 밖에 필요한 사항을 처리하게 하기 위하여 다음에 해당하는 자를 납세관리인으로 정할 수 있다(부법 73 ②, 부령 118 ①).

① 「세무사법」 제6조에 따라 등록한 자

② 다단계판매업자(해당 다단계판매업자에게 등록을 한 다단계판매원 중 제11조 제8항 단서에 따른 다단계판매원 외의 다단계판매원이 다단계판매업자를 납세관리인으로 선정하는 경우로 한정한다)

③ 「자본시장과 금융투자업에 관한 법률」에 따른 신탁업자(같은 법에 따른 신탁업 중 부동산에 관한 신탁업으로 한정한다)

Ⅱ 선정 및 변경 신고

납세관리인을 선정하거나 변경한 사업자(다단계판매업자를 포함)는 다음의 사항을 적은 납세관리인 선정(변경)신고서를 지체 없이 관할세무서장에게 제출하여야 한다. 납세관리인의 주소나 거소가 변경되었을 때에도 또한 같다.

① 사업자의 인적사항

② 납세관리인의 주소, 성명 및 주민등록번호

③ 그 밖의 참고사항

[별지 제43호서식] (2019. 3. 20. 개정)

[ ] 설정
납세관리인 [ ] 변경 신고서
[ ] 해임

접수번호	접수일	처리기간

납세자	상호(법인명)		사업자등록번호	
	성명(대표자)		주민등록번호	
	사업장소재지		전화번호	
	주소(본점)		전화번호	
납세관리인	상호(법인명)		사업자등록번호	
	성명(대표자)		주민등록번호	
	사업장소재지		전화번호	
	주소(본점)		전화번호	
변경 전 납세관리인	성명(법인명)		주민등록번호(사업자등록번호)	
	주소(본점)			
설정(변경·해임)이유				
납세관리 세목	[ ]모든 세목 [ ] 소득세 [ ] 법인세 [ ] 부가가치세 [ ] 상속세·증여세 [ ] 그 밖의 세목 (세)			

위와 같이 납세관리인을 설정(변경·해임)하였으므로 「국세기본법」 제82조 및 각 세법에 따라 신고합니다.

년 월 일

납세자 (서명 또는 인)

납세관리인 (서명 또는 인)

세무서장 귀하

첨부서류	납세자의 인감증명서 또는 본인서명사실확인서 1부 (설정·변경 시에 한정하며, 외국인의 경우에는 첨부하지 않습니다)	수수료 없음

210㎜×297㎜[백상지 80g/㎡(재활용품)]

CHAPTER 03

질문·조사

제1절 질문조사

부가가치세에 관한 사무에 종사하는 공무원은 부가가치세에 관한 업무를 위하여 필요하면 납세의무자, 납세의무자와 거래가 있는 자, 납세의무자가 가입한 동업조합(同業組合) 또는 이에 준하는 단체에 대하여 부가가치세와 관계되는 사항을 질문하거나 그 장부·서류나 그 밖의 물건을 조사할 수 있다(부법 74 ①). 부가가치세에 관한 사무에 종사하는 공무원이 질문 또는 조사를 할 때에는 그 권한을 표시하는 조사원증을 휴대하여 이를 관계인에게 제시하여야 한다(부법 74 ③). 본 규정을 적용함에 있어서 부가가치세에 관한 사무에 종사하는 공무원은 직무상 필요한 범위 외에 다른 목적 등을 위하여 그 권한을 남용해서는 아니 된다(부법 74 ④).

제2절 명령

Ⅰ 개요

사업장 관할세무서장은 부가가치세의 납세보전(納稅保全) 또는 조사를 위하여 납세의무자에게 장부·서류 또는 그 밖의 물건을 제출하게 하거나 그 밖에 필요한 사항을 명할 수 있다(부법 74 ②).

Ⅱ 질문·조사 및 명령사항

국세청장, 관할지방국세청장 또는 관할세무서장은 법 제74조 제2항에 따라 납세의무자에게 다음 각 호의 사항을 명할 수 있다(부령 119 ①).

① 세금계산서의 발급, ② 금전등록기의 설치·사용, ③ 신용카드조회기의 설치·사용
④ 현금영수증 발급장치의 설치·사용, ⑤ 표찰(標札)의 게시(揭示), ⑥ 업종별 표시
⑦ 그 밖에 납세보전을 위한 단속에 필요한 사항

CHAPTER 04

자료제출

1. 개요

다음의 어느 하나에 해당하는 자는 재화 또는 용역의 공급과 관련하여 국내에서 판매 또는 결제를 대행하거나 중개하는 경우 기획재정부령으로 정하는 월별거래명세 매 분기 말일의 다음 달 말 15일까지 국세청장에게 제출하여야 한다(부법 75 ①, 부령 121 ①,②).

① 「전기통신사업법」 제5조에 따른 부가통신사업자로서 「전자상거래 등에서 소비자보호에 관한 법률」 제2조 제3호에 따른 통신판매업자의 판매를 대행 또는 중개하는 자

② 「여신전문금융업법」 제2조 제5호 나목에 따른 결제대행업체

③ 「전자금융거래법」 제2조 제4호에 따른 전자금융업자

④ 「외국환거래법」 제8조 제4항에 따른 전문외국환업무취급업자

⑤ 그 밖에 제1호부터 제4호까지의 사업자와 유사한 사업을 수행하는 자로서 「정보통신망 이용촉진 및 정보보호 등에 관한 법률」 제2조 제1항 제9호의 게시판을 운영하여 재화 또는 용역의 공급을 중개하는 자로서 국세청장이 고시하는 자

2. 제출명령

국세청장, 납세지 관할지방국세청장 또는 납세지 관할세무서장은 제1항에 따라 관련 명세를 제출하여야 하는 자가 관련 명세를 제출하지 아니하거나 사실과 다르게 제출한 경우 그 시정에 필요한 사항을 명할 수 있다(부법 75 ②).

■ 부가가치세법 시행규칙 [별지 제48호서식] <신설 2018. 3. 19.>

홈택스(www.hometax.go.kr)에서 전산파일로 제출하여야 합니다.

월별 거래 명세(판매대행자료)(갑)

년 제 분기 (월 일 ~ 월 일)

① 상호(법인명)	② 사업자등록번호
③ 성명(대표자)	④ 거래기간

⑤ 일련번호	⑥ 판매대행 연월	⑦ 결제구분 코드	⑧ 판매대행 건수	⑨ 판매대행 금액	판매대행 또는 중개 의뢰업체							
					⑩ 사업자등록번호	⑪ 대표자 생년월일	⑫ 대표자 성명	⑬ 관리 번호	⑭ 아이디	⑮ 전화번호	⑯ 휴대전화 번호	⑰ 전자우편 주소

작성방법

이 거래명세는 아래의 작성방법에 따라 한글과 아라비아 숫자로 정확하게 적어야 하며, 거래금액은 원단위까지 표시하여야 합니다.

① ~ ④: 제출자의 인적사항을 적습니다.

⑤: 판매대행 또는 중개 의뢰자별로 일련번호를 부여합니다.

⑥: 판매를 대행 또는 중개한 날이 속하는 달의 연월 6자리를 적습니다. (예) YYYYMM

⑦: 고객이 거래대금을 결제하는데 사용한 결제수단의 구분코드를 적습니다.(C. 신용카드 결제를 통한 판매대행, A. 현금영수증 발급을 통한 판매대행, I. 세금계산서를 발급한 경우, N. 휴대폰 소액결제를 통한 판매대행, T. 선불전자지급수단, D. 직불전자지급수단, R. 기타 판매대행)

⑧: 해당월에 의뢰자별 판매를 대행 또는 중개한 건수를 적습니다.

⑨: 해당월에 의뢰자별 판매를 대행 또는 중개한 금액을 적습니다. 부가가치세를 포함합니다.

⑩: 판매대행 또는 중개를 의뢰한 자의 사업자등록번호를 적습니다. 개인이면 적지 않습니다.

⑪ ~ ⑰: 의뢰자의 대표자 생년월일, 대표자 성명, 제출자가 내부적으로 관리하는 의뢰자의 고유번호, 아이디, 사무실 전화번호, 휴대전화번호, 전자우편 주소를 적습니다. 알지 못하는 항목은 적지 않습니다.

※ 월별거래명세(판매대행자료)(갑)을 초과하는 거래내역은 월별거래명세(판매대행자료)(을)에 이어서 작성합니다.

297㎜×210㎜[백상지 80g/㎡(재활용품)]

CHAPTER 05

과태료

1. 개요

국세청장, 납세지 관할지방국세청장 또는 납세지 관할세무서장은 다음의 어느 하나에 해당하는 자에게 2천만원 이하의 과태료를 부과한다(부법 76 ①).

1. 제74조 제2항에 따른 납세보전 또는 조사를 위한 명령을 위반한 자
2. 제75조 제2항에 따른 시정 명령을 위반한 자

2. 과태료 부과기준

과태료의 부과기준에 대해서는 대통령령으로 정한다(부법 76 ②).

(1) 일반기준

1) 감액부과

관할세무서장은 다음의 어느 하나에 해당하는 경우 ② 및 ③의 개별기준에 따른 과태료 금액의 2분의 1 범위에서 그 금액을 줄여 부과할 수 있다. 다만, 과태료를 체납하고 있는 위반행위자의 경우에는 그렇지 않다.

① 위반행위가 사소한 부주의나 오류로 인한 것으로 인정되는 경우

② 위반행위자가 법 위반상태를 시정하거나 해소하기 위해 노력한 사실이 인정되는 경우

③ 그 밖에 위반행위의 정도·동기·결과 등을 고려하여 과태료 금액을 줄일 필요가 있다고 인정되는 경우

2) 증액부과

관할세무서장은 다음의 어느 하나에 해당하는 경우 ② 및 ③의 개별기준에 따른 과태료 금액의 2분의 1 범위에서 그 금액을 늘려 부과할 수 있다. 다만, 늘리는 경우에도 과태료 금액의 상한을 넘을 수 없다.

① 위반행위가 고의나 중대한 과실에 따른 것으로 인정되는 경우

② 그 밖에 위반행위의 정도·동기·결과 등을 고려하여 과태료 금액을 늘릴 필요가 있다고 인정되는 경우

(2) 개별기준

1) 원칙

위반행위	근거 법조문	수입금액별 과태료금액			
		1,000억원 초과	500억원 초과 1,000억원 이하	100억원 초과 500억원 이하	100억원 이하
가. 법 제74조 제2항에 따른 납세보전 또는 조사를 위한 명령을 위반한 경우	법 제76조 제1항 제1호	2,000만원	1,500만원	1,000만원	500만원
나. 법 제75조 제2항에 따른 시정 명령을 위반한 경우	법 제76조 제1항 제2호				

※ 비고

① 위 표에서 "수입금액"이란 위반행위를 한 날이 속한 연도의 직전연도 연간 부가가치세 과세표준(면세사업 수입금액을 포함한다)을 말한다.

② 수입금액은 신고금액을 기준으로 하되, 결정·경정된 금액이 있는 경우 결정·경정된 금액을 기준으로 한다.

③ 위반행위를 한 날이 속한 연도의 직전연도 중에 사업을 시작한 경우에는 해당 연도의 수입금액을 연간 금액으로 환산한 금액을 수입금액으로 한다.

④ 수입금액이 확인되지 않는 경우에는 연간 수입금액이 100억원 이하인 것으로 본다.

2) 부과기준 적용 특례

다음의 위반행위에 대해서는 해당 항목에 따른 부과기준을 적용한다.

위반행위	과태료 금액		
	1차 위반	2차 위반	3차 이상 위반
가. 신용카드거래승인 대행사업자 또는 신용카드조회기 판매사업자가 신용카드거래승인 또는 신용카드조회기의 설치 등에 관한 명령을 위반한 경우	100만원	200만원	500만원
나. 전자세금계산서 발급시스템을 구축·운영하는 사업자가 전자세금계산서 발급방법 등 전자세금계산서 발급시스템의 구축·운영에 관한 명령을 위반한 경우	100만원	200만원	500만원

위반행위	과태료 금액		
	1차 위반	2차 위반	3차 이상 위반
다. 제61조 제4항에 따라 봉사료를 공급가액에서 제외하려는 사업자가 봉사료 지급대장 작성에 관한 명령을 위반하여 이를 작성하지 않거나 거짓으로 작성한 경우	미작성 또는 거짓작성 금액의 8/100에 해당하는 금액(2,000만원을 한도로 한다)	미작성 또는 거짓작성금액의 16/100에 해당하는 금액(2,000만원을 한도로 한다)	미작성 또는 거짓작성 금액의 24/100에 해당하는 금액(2,000만원을 한도로 한다)

※ 비고

① 위반행위의 횟수에 따른 과태료의 가중된 부과기준은 최근 3년간 같은 위반행위로 과태료 부과처분을 받은 경우에 적용한다. 이 경우 기간의 계산은 위반행위에 대하여 과태료 부과처분을 받은 날과 그 처분 후에 다시 같은 위반행위를 하여 적발한 날을 기준으로 한다.

② 가중된 부과처분을 하는 경우 가중처분의 적용 차수는 그 위반행위 전 부과처분 차수(비고 제1호에 따른 기간에 과태료 부과처분이 둘 이상 있었던 경우에는 높은 차수를 말한다)의 다음 차수로 한다.

2 0 2 4
부가가치세
실 무

PART XII

부록

CHAPTER 01

부가가치세 신고 시 유의할 사항[1)]

Ⅰ 신용카드와 현금영수증 발행금액 누락 여부 확인

해당 과세기간 신용카드와 현금영수증 발행금액을 신고매출액에 정확히 반영하였는지 확인한다. 음식점, 소매업 등 주로 소비자를 상대하는 사업자들이 정확한 판매현황을 집계하지 않고 종전의 신고수준을 기준으로 과세기간의 신용카드 및 현금영수증 발행금액보다도 적게 신고하여, 추후 점검과정에서 확인되어 추징되는 사례가 있으며, 소비자에게 인테리어 공사대금을 현금으로 결제하면 할인해 주겠다고 유도하고 현금매출액을 신고누락한 사례에 대해 현금매출 비율이 동종업체보다 낮고, 현금결제를 유도한다는 현장정보도 수집되어 점검한 결과 추징한 사례가 종종 발생한다.

Ⅱ 과세·면세 안분계산 내역 검토

과·면세 겸업자의 과세매출분을 면세매출분으로 신고하였는지 확인한다. 과세사업과 면세사업을 겸영하는 사업자가 부가가치세가 과세되는 재화 또는 용역의 제공과 관련한 매출액을 면세사업 매출로 신고하여 부가가치세를 신고누락하는 사례가 적출되고 있으므로 주의해야 한다.

Ⅲ 공제받지 못할 세금계산서 부당공제 확인

폐업자, 간이과세자, 면세사업자 등으로부터 수취한 세금계산서 및 신용카드매출전표 등의 매입세액공제 여부를 확인한다. 기 폐업자, 간이과세자, 면세사업자 등 세금계산서를 발행할 수 없는 사업자로부터 세금계산서 또는 신용카드매출전표 등을 교부받아 매입세액을 공제받아 추징되는 사례가 자주 발생한다. 부가가치세 납부세액을 줄이기 위해 가공세금계산서를 받는 경우도 있는데, 가짜 세금계산서 수취자에 대하여는 70% 이상의 무거운 가산세(과소신고가산세 40%, 세금계산불성실가산세 30%)가 부과될 뿐만 아니라 형사처벌대상이 됨에 유의해야 한다(가짜 세금계산서 수취에 따른 가산세 – 부당과소신고가산세[징벌적 가산세] : 과소신고세액의 40%).

1) 국세청, 2019년 제2기 부가가치세 신고안내 매뉴얼, pp. 24-28.

Ⅳ 매입세액불공제 항목의 부당공제 확인

비영업용 소형자동차의 구입, 임차(렌트), 유지와 관련한 매입세액을 불공제로 분류하여 신고하였는지 확인한다. 비영업용 소형승용자동차(수입자동차 포함)의 구입, 임차, 유지와 관련한 매입세액은 「부가가치세법」에 따라 공제받을 수 없는 세액이나 이를 잘 모르고 공제받아 추징되는 사례가 있는데, 여기서 비영업용 소형승용자동차의 "구입, 임차, 유지에 관한 매입세액"에는 해당 자동차의 취득비, 수선비, 소모품비, 유류비 등 차량의 운행과 관련하여 발생하는 직접비용뿐 아니라, 주차장 임차료, 주차장 관리비와 같은 간접비용, 비영업용 소형 승용자동차 렌트비용 및 유지비용도 포함(불공제대상)된다.

Ⅴ 간주공급 관련 매입세액 부당공제 확인

개인적 용도나 접대비로 사용하고 교부받은 신용카드매출전표 및 현금영수증의 매입세액을 불공제로 분류하여 신고하였는지 확인한다. 사업과 직접 관련이 없이 개인적 용도로 식료품 등을 구입하거나, 거래처 접대를 위해 지출한 금액은 「부가가치세법」에 따라 매입세액공제를 받을 수 없으나 이렇게 지출하고 받은 신용카드 수취자료나 현금영수증으로 매입세액을 부당하게 공제받는 사례가 있다.

Ⅵ 과·면세 겸업자의 면세사업 관련 매입세액의 공제 여부 확인

과·면세 겸업자의 면세사업 관련 매입세액의 공제 여부를 확인한다. 과·면세사업을 겸영하는 사업자가 과·면세사업에 공통으로 사용되는 재화에 대한 매입세액 중 면세사업 관련 부분은 공제할 수 없음에도 불구하고 전액 공제 신청하여 추징되는 사례가 있다.

Ⅶ 신용카드매출전표 등 수령명세서 제출분 매입세액 과다공제 여부 확인

신용카드매출전표 등 수령명세서 제출분 매입세액 과다공제 여부를 확인한다. 사업자가 홈택스에 "사업용 신용카드"를 등록할 경우 신용카드 수취내역을 조회할 수 있고 수령명세서를 서면 작성할 필요가 없어 편리함에도 불구하고, "사업용 신용카드"를 등록하지 않고 수령명세서에 공제대상금액을 고액으로 서면 작성하여 제출한 내역이 있어 점검한 결과 신용카드 수취금액을 허위로 작성하거나 부풀리는 방법으로 매입세액을 과다공제받은 사실이 확인되어 추징한 사례가 적발되고 있다.

Ⅷ 신용카드 발행세액공제 한도초과 여부 확인

개인사업자가 재화 또는 용역을 공급하고 신용카드매출전표 및 현금영수증을 발급한 경우 발급금액의

1.3%(음식업 또는 숙박업을 영위하는 간이과세자는 2.6%)를 납부세액에서 공제할 수 있으나, 연간 공제한도액 (1,000만원)을 초과하여 공제받아 추징되는 사례가 있다. 또한, 직전연도 과세매출액 10억원 초과 개인사업자는 2016.1.1. 이후 신용카드 매출분부터 신용카드 발행세액공제가 적용되지 않음을 유의해야 한다.

Ⅸ 면세농산물 등의 의제매입세액공제 한도초과 여부 확인

의제매입세액으로서 공제할 수 있는 금액의 한도는 해당 과세기간에 해당 사업자가 면세농산물 등과 관련하여 공급한 과세표준에 아래의 율을 곱하여 공제율을 곱한 금액이나, 과세분 매입과 관련하여 공급한 과세표준을 포함한 금액으로 한도 계산을 잘못하여 추징되는 사례가 있다.

Ⅹ 재활용폐자원 수집업체의 사실과 다른 영수증 수취 및 공제대상 한도초과 여부 확인

재활용폐자원 또는 중고자동차를 수집하는 사업자가 고철 등을 매입하고 그에 대한 사실과 다른 영수증을 만들어 공제 신청하는 경우와, 폐자원을 매입하지도 않고 타인 명의를 도용하여 사실과 다르게 공제 신청하여 재활용폐자원 매입세액을 공제받아 추징되는 사례가 있다. 또한 재활용폐자원 수집업자의 경우 2007년부터 폐자원 매입금액에 대한 공제한도가 도입되었으나, 공제가능금액을 계산하지 않고 이전과 동일하게 전체 매입금액에 공제율을 곱한 금액을 공제 신청하여 추징되는 사례가 있다.

Ⅺ 금·구리·철스크랩 사업자의 매입자납부 특례 기납부세액 일치 여부 확인

금·구리·철 스크랩 사업자는 거래처로부터 부가가치세를 거래징수하지 않고, 지정 금융기관이 거래처에서 부가가치세를 입금받아 전용계좌에 보관하다가 국고에 납부하며 사업자는 국고입금세액을 매입자납부 특례 기납부세액으로 공제받게 되는데, 지정 금융기관이 사업자별로 국고로 입금한 금액과 다르게 공제하여 추징되는 사례가 있다. 국고입금세액은 계좌개설은행 또는 국세청 홈택스에서 조회할 수 있다.

Ⅻ 오피스텔을 주거용으로 임대(면세전용)할 경우 부가가치세 신고 여부

오피스텔(도시형 생활주택 포함)을 분양받은 후 상가건물로 신고하여 부가가치세를 환급받은 후 주거에 필요한 주방, 세탁기, 옷장, 침대, 화장실 등을 구비하여 모두 주거용으로 임대한 후 임차인이 전입신고를 하지 못하게 하는 방법으로 사업용으로 임대한 것처럼 위장하고 면세전용에 따른 기타매출을 신고누락하여 부가가치세를 추징한 사례가 있다.

CHAPTER 02

부가가치세 성실신고 체크리스트

■ 부가가치세 성실신고 체크리스트[2)]

적합 여부가 '아니오'인 항목은 재검토하여 주시기 바랍니다.

확인할 내용		적합 여부
매출	국세청 홈택스 전자세금계산서 공급가액과 일치 여부	예 / 아니오
	신용카드 발행내역과 일치 여부	예 / 아니오
	국세청 홈택스 현금영수증 발행내역과 일치 여부	예 / 아니오
	현금매출, 계좌이체, 핀테크결제 등을 통해 비사업자로부터 받은 현금매출분 신고 여부	예 / 아니오
	영세율 매출이 있는 경우 수출통관내역, 내국신용장·구매확인서 전자발급내역 등과 일치 여부	예 / 아니오
	영세율 매출이 있는 경우 부가가치세, 조세특례제한법에 따른 영세율 제출서류 첨부 여부	예 / 아니오
매입	면세·간이·폐업한 사업자로부터 세금계산서 등 관련 매입세액을 매입세액공제대상에서 제외하였는지 여부	예 / 아니오
	사업과 관련 없이 개인적으로 사용한 신용카드수취자료를 매입세액공제대상에서 제외하였는지 여부	예 / 아니오
	거래처를 접대하고 지출한 신용카드결제분 매입세액을 공제대상에서 제외하였는지 여부	예 / 아니오
	과세사업과 면세사업을 겸업하는 경우 공통매입세액을 안분하였는지 여부	예 / 아니오
	비영업용 소형승용차 구입·유지·임차비용 관련 매입세액을 공제대상에서 제외하였는지 여부	예 / 아니오
	사실과 다른 세금계산서 관련 매입세액을 공제대상에서 제외하였는지 여부	예 / 아니오
	농·축·임·수산물 의제매입세액공제 적용 시 공제한도액을 초과하지 않았는지 여부	예 / 아니오
	폐자원·폐자원 매입세액공제 적용 시 일반과세자로부터 구입한 폐자원을 공제대상에서 제외하였는지 여부	예 / 아니오
세액공제 등	직전연도 매출액 10억 초과 개인사업자가 신용카드매출전표 발행세액공제를 배제하였는지 여부	예 / 아니오
	확정신고 시 미환급세액란에 예정신고 시 실제 환급받은 세액을 중복 기재하지 않았는지 여부	예 / 아니오

2) 국세청, 2019년 제2기 부가가치세 신고안내 매뉴얼, p. 29~38

■ 사업용 고정자산 매입세액 체크리스트

적합 여부가 '아니오'인 항목은 재검토하여 주시기 바랍니다.

<table>
<tr><th colspan="2">확인할 내용</th><th>적합 여부</th></tr>
<tr><td rowspan="2">공제
요건</td><td>사업자등록을 신청 후 고정자산을 매입하였는지 여부
* (예외) 고정자산의 공급시기가 속하는 과세기간이 끝난 후 20일 이내에 등록을 신청한 경우, 등록신청일부터 공급시기가 속하는 과세기간 기산일까지 역산한 기간 내의 것은 매입세액공제 가능함</td><td>예 아니오</td></tr>
<tr><td>사업과 직접 관련성이 있는 고정자산의 매입인지 여부
* 구입목적, 사업의 연관성, 사용실태 등 확인</td><td>예 아니오</td></tr>
<tr><td>공제
시기</td><td>고정자산을 공급받은 날이 속하는 과세기간의 예정·확정신고 시 공제하였는지 여부</td><td>예 아니오</td></tr>
<tr><td>비영업용
소형승용차
검토</td><td>비영업용 소형승용차(개별소비세 과세대상) 구입·임차·유지 관련 매입세액을 불공제하였는지 여부
<table>
<tr><th colspan="2">구분</th><th>개별소비세</th><th>부가가치세 공제 여부</th></tr>
<tr><td rowspan="4">사업용</td><td rowspan="2">영업용</td><td>비과세</td><td>여</td></tr>
<tr><td>과 세</td><td>여</td></tr>
<tr><td rowspan="2">비영업용</td><td>비과세</td><td>여</td></tr>
<tr><td>과 세</td><td>부</td></tr>
<tr><td colspan="2">비사업용</td><td>–</td><td>부</td></tr>
</table>
☞ 영업용이란?
운수업, 자동차판매업, 자동차임대업, 운전학원업, 경비업(기계경비업무)의 출동차량 및 이와 유사한 업종에 직접 영업으로 사용되는 것
<table>
<tr><th>개별소비세 과세대상 차량</th></tr>
<tr><td>① 배기량이 2천cc를 초과하는 승용자동차와 캠핑용 자동차
② 배기량이 2천cc 이하인 승용자동차와 이륜자동차(배기량이 1천cc 이하의 것으로 대통령령으로 정하는 것은 제외)
③전기승용자동차 (대통령령으로 정하는 것은 제외)</td></tr>
</table>
</td><td>예 아니오</td></tr>
<tr><td>토지 관련
매입검토</td><td>토지의 조성 등과 관련된 매입세액은 제외하였는지 여부
* (토지의 조성 등) 토지원가, 토지의 취득을 위해 지급한 중개수수료·감정평가비·컨설팅비용, 건물신축을 위한 부지 및 택지조성 공사비용 등</td><td>예 아니오</td></tr>
<tr><td>면세사업
관련
매입검토</td><td>과세사업과 관련하여 취득한 고정자산인지 여부
* 면세사업에 관련된 매입세액은 불공제</td><td>예 아니오</td></tr>
<tr><td>공통
매입세액
안분</td><td>과세·면세사업에 공통으로 사용되는 고정자산인 경우 공통매입세액 안분계산을 하였는지 여부
* 실지귀속이 분명한 경우:실지귀속에 따라 매입세액 처리
* 실지귀속이 불분명한 경우:과·면세 공급가액에 따라 매입세액 안분계산</td><td>예 아니오</td></tr>
<tr><td>제출
서류</td><td>'건물 등 감가상각자산 취득명세서'와 '매입처별세금계산서합계표' 또는 '신용카드매출전표 등 수취명세서'를 제출하였는지 여부</td><td>예 아니오</td></tr>
</table>

■ ''신용카드매출전표 등 수령명세서' 제출분 체크리스트

적합 여부가 '아니오'인 항목은 재검토하여 주시기 바랍니다.

확인할 내용		적합 여부
공제 요건 해당 여부	자기의 과세사업과 관련되었는지 여부 * 사업과 직접 관련이 없거나 접대비 지출과 관련된 매입세액불공제	예 / 아니오
	일반과세자로부터 수취하였는지 여부 * 기 폐업자, 간이과세자, 면세사업자로부터 교부받은 경우 매입세액불공제	예 / 아니오
	다음 (①~⑥) 업종 사업자와의 거래분에 대하여 제외하였는지 여부 ① 목욕·이발·미용업 ② 여객운송업(전세버스 제외) ③ 입장권 발행 경영사업 ④ 미용목적 성형수술, 안악면교정술, 피부 관련 시술 ⑤ 수의사가 제공하는 동물의 진료용역 ⑥ 무도학원, 자동차운전학원	예 / 아니오
	부가가치세액이 별도로 구분되었는지 여부	예 / 아니오
	사업자 본인 카드(타인 명의 제외)로 사용하고 매출전표를 수취하였는지 여부 * 종업원, 가족 명의, 법인 명의 또는 소속 임원 명의 가능	예 / 아니오
	매입세금계산서를 중복 교부받은 경우 신용카드 등 수취공제를 제외하였는지 여부	예 / 아니오
	신용카드 등 결제 승인된 후 취소건을 제외하였는지 여부	예 / 아니오
공제 시기	공급시기가 속하는 과세기간에 수취하였는지 여부	예 / 아니오
제출 서류	신용카드매출전표 등 수령명세서를 제출하였는지 여부	예 / 아니오

■ 의제매입세액공제 체크리스트(일반과세자)

적합 여부가 '아니오'인 항목은 재검토하여 주시기 바랍니다.

<table>
<tr><th colspan="2">확인할 내용</th><th>적합 여부</th></tr>
<tr><td rowspan="3">공제요건
해당 여부</td><td>부가가치세 과세사업자에 해당하는지 여부
* 간이과세자(음식업 · 제조업 제외)는 공제 불가</td><td>예 / 아니오</td></tr>
<tr><td>면세로 공급받은 농 · 축 · 수 · 임산물에 해당하는지 여부</td><td>예 / 아니오</td></tr>
<tr><td>농산물 등을 원재료로 하여 창출된 재화 · 용역의 공급이 과세되는지 여부</td><td>예 / 아니오</td></tr>
<tr><td>공제시기</td><td>농산물 등을 공급받은 날이 속하는 예정 · 확정신고 시 공제하였는지 여부</td><td>예 / 아니오</td></tr>
<tr><td rowspan="4">매입가액
적정 여부</td><td>매입가액 계산 시 운임 등 부수비용을 제외하였는지 여부</td><td>예 / 아니오</td></tr>
<tr><td>농산물 등을 수입한 경우 관세의 과세가격을 수입가격으로 적용하였는지 여부</td><td>예 / 아니오</td></tr>
<tr><td>과 · 면세 겸영하는 경우 실지귀속에 따라 공제대상 여부를 구분하되 불분명한 경우 안분계산하였는지 여부</td><td>예 / 아니오</td></tr>
<tr><td>제조업 외의 업종을 영위하는 사업자가 계산서 등을 발급할 수 없는 농어민과 직접 거래분에 대한 매입가액을 제외하였는지 여부</td><td>예 / 아니오</td></tr>
<tr><td>공제율
·
한도율
검토</td><td>업종별 공제율과 한도를 올바르게 적용하였는지 여부
* (공제율)
<table>
<tr><th colspan="3">구분</th><th>공제율</th></tr>
<tr><td rowspan="3">음식점업</td><td colspan="2">과세유흥장소</td><td>4/104</td></tr>
<tr><td rowspan="2">기타</td><td>개인사업자</td><td>8/108
(과세표준 2억 이하인 경우
9/109)</td></tr>
<tr><td>법인사업자</td><td>6/106</td></tr>
<tr><td rowspan="2">제조업</td><td colspan="2">중소기업 및 개인사업자</td><td>4/104</td></tr>
<tr><td colspan="2">법인사업자</td><td>2/102</td></tr>
<tr><td colspan="3">기타</td><td>2/102</td></tr>
</table>
* (한도율)
<table>
<tr><th rowspan="2">구분</th><th rowspan="2">과세표준
(6개월)</th><th colspan="2">기본</th></tr>
<tr><th></th><th>음식점업</th></tr>
<tr><td rowspan="3">개인
사업자</td><td>1억원 이하</td><td rowspan="2">55%</td><td>65%</td></tr>
<tr><td>1억원 초과 2억원 이하</td><td>60%</td></tr>
<tr><td>2억원 초과</td><td>45%</td><td>50%</td></tr>
<tr><td colspan="2">법인사업자</td><td colspan="2">40%</td></tr>
</table>
</td><td>예 / 아니오</td></tr>
</table>

확인할 내용		적합 여부
재계산 여부	매입세액으로 공제한 면세농산물 등을 그대로 양도, 면세사업 사용 또는 보관 중 불량·부패 등으로 그대로 처분한 경우 그 공제한 금액을 납부세액에 가산하였는지 여부	예 아니오
제출서류	의제매입세액공제신고서와 매입처별계산서합계표 또는 신용카드매출전표 등 수취명세서를 제출하였는지 여부	예 아니오

■ 재활용폐자원 매입세액공제 체크리스트

적합 여부가 '아니오'인 항목은 재검토하여 주시기 바랍니다.

확인할 내용		적합 여부
적용대상 해당 여부	재활용폐자원 및 중고자동차를 수집하는 사업자에 해당하는지 여부(조특령 § 110 ③) ① 「폐기물관리법」에 의하여 폐기물중간처리업허가를 받은 자(폐기물을 재활용하는 경우에 한한다) 또는 폐기물재활용 신고를 한 자 ② 「자동차관리법」에 따라 자동차매매업등록을 한 자 ③ 「한국환경공단법」에 따른 한국환경공단 ④ 「자동차관리법」에 따른 중고자동차를 수출하는 자 ⑤ 재생재료 수집 및 판매를 주된 사업으로 하는 자	예 아니오
	세금계산서를 발급할 수 없는 자로부터 재활용 폐자원을 매입하였는지 여부 ① 부가가치세 과세사업을 영위하지 아니하는 자(면세사업과 과세사업을 겸영하는 경우를 포함) ② 간이과세자 세금계산서를 발급할 수 없는 자로부터 재활용 폐자원을 매입하였는지 여부 * 일반과세자로부터 중고자동차를 매입하는 경우 매입세액을 공제받을 수 없으나, 사업용으로 사용하지 않은 중고자동차는 공제 가능	예 아니오
적용품목 해당 여부	취득 시 적용대상 재활용폐자원 등에 해당하는지 여부 * (재활용폐자원) 원래의 용도로 사용할 수 없는 것 고철, 폐지, 폐유리, 폐합성수지, 폐합성고무, 폐금속캔, 폐건전지, 폐비철금속류, 폐타이어, 폐섬유, 폐유	예 아니오

<table>
<tr><th></th><th>확인할 내용</th><th>적합 여부</th></tr>
<tr><td></td><td>* (중고자동차)
「자동차관리법」에 따른 중고자동차로 하되 다음의 경우 제외
① 수출되는 중고자동차로서 「자동차등록령」 제8조 부칙에 따른 자동차등록원부에 기재된 제작연월일부터 같은 영 제32조에 따른 수출이행여부 신고서에 기재된 수출신고수리일까지의 기간이 1년 미만인 자동차
② 조특령 §110 ①에 따른 자가 해당 자동차 구입과 관련하여 「부가가치세법」 제38조에 따라 매입세액공제를 받은 후 중고자동차를 수집하는 사업자에게 매각한 자동차*, 다만 「부가가치세법」 제63조 제3항에 따라 간이과세자가 매입세액을 공제받은 경우는 제외
* 조특령 §110 ①에 따른 자를 대신하여 그 밖의 다른 관계인이 해당 자동차 구입과 관련하여 매입세액공제를 받은 경우를 포함
* 자동차수출업자가 개인으로부터 출고된 이후 운행한 사실이 없는 신차를 구입한 경우에는 중고자동차에 해당하지 않음</td><td></td></tr>
<tr><td>공제율
·
한도율
검토</td><td>공제율과 한도를 올바르게 적용하였는지 여부
(재활용폐자원)
<table><tr><th>구분</th><th>내용</th></tr><tr><td>공제율</td><td>3/103</td></tr><tr><td>공제한도
(①-②)</td><td>① 해당 과세기간에 공급한 재활용폐자원 관련 과세표준×80%
② 세금계산서를 발급받고 매입한 재활용폐자원 매입가액(사업용 고정자산 매입가액 제외)</td></tr></table>(중고자동차)
<table><tr><th>구분</th><th>내용</th></tr><tr><td>공제율</td><td>10/110</td></tr></table></td><td>예 아니오</td></tr>
<tr><td>정산 여부</td><td>예정신고 또는 환급신고 시 이미 재활용폐자원 매입세액공제를 받은 경우 확정신고를 할 때 정산하였는지 여부</td><td>예 아니오</td></tr>
<tr><td rowspan="2">제출
서류</td><td>재활용폐자원 등의 매입세액공제신고서에 매입처별계산서합계표 또는 영수증을 첨부하여 제출하였는지 여부</td><td>예 아니오</td></tr>
<tr><td>재활용폐자원 등의 매입세액공제신고서에 공급자의 등록번호(주민등록번호)와 명칭 및 대표자의 성명과 취득가액이 올바르게 기재되어 있는지 여부</td><td>예 아니오</td></tr>
</table>

■ 재고매입세액 체크리스트

적합 여부가 '아니오'인 항목은 재검토하여 주시기 바랍니다.

<table>
<tr><th colspan="2">확인할 내용</th><th>적합 여부</th></tr>
<tr><td rowspan="3">공제
요건</td><td>간이과세자에서 일반과세자로 유형이 전환되었는지 여부</td><td>예 아니오</td></tr>
<tr><td>사업과 관련된 매입세액인지 여부</td><td>예 아니오</td></tr>
<tr><td>면세 관련 매입세액은 아닌지 여부</td><td>예 아니오</td></tr>
<tr><td>공제
시기</td><td>승인을 받은 날이 속하는 예정신고기간 또는 확정신고기간의 매출세액에서 공제하였는지 여부</td><td>예 아니오</td></tr>
<tr><td rowspan="3">공제
대상</td><td>다음의 재고매입세액 공제대상에 해당하는지 여부
• 재고품(상품, 제품(반제품 및 재공품 포함), 재료(부재료 포함))
• 건설 중인 자산
• 감가상각자산(건물 또는 구축물은 취득·건설·신축 후 10년 이내의 것, 그 밖의 감가상각자산은 취득·제작 후 2년 이내의 것)</td><td>예 아니오</td></tr>
<tr><td>계산대상에서 저장품을 제외하였는지 여부</td><td>예 아니오</td></tr>
<tr><td>일반과세자가 간이과세자로 변경된 후 다시 일반과세자로 변경된 경우 간이과세자로 변경된 때에 재고납부세액 규정을 적용받은 공제대상 자산에 해당하는지 여부</td><td>예 아니오</td></tr>
<tr><td>공제
세액</td><td>공제대상별로 다음과 같이 올바르게 공제세액을 계산하였는지 여부
<table>
<tr><th>구분</th><th>재고매입세액</th></tr>
<tr><td>재고품</td><td>재고금액*×(10/110)×(1－부가가치율)</td></tr>
<tr><td>건설 중인 자산</td><td>건설 중인 자산 관련 매입세액×(1－부가가치율)</td></tr>
<tr><td>매입한 감가상각자산</td><td>취득가액×(1－감가율**×경과된 과세기간 수)×(10/110)×(1－부가가치율)</td></tr>
<tr><td>직접 제작·건설·신축한 감가상각자산</td><td>자산의 제작 등과 관련된 매입세액×(1－감가율×경과된 과세기간 수)×(1－부가가치율)</td></tr>
</table>
* 장부 또는 세금계산서에 의하여 확인되는 취득가액(부가가치세 포함)
** 건물·구축물은 10%, 그 밖의 감가상각자산은 50%</td><td>예 아니오</td></tr>
<tr><td>신고
여부</td><td>변경되는 날의 직전 과세기간에 대한 확정신고와 함께 재고품 등 신고서를 제출했는지 여부</td><td>예 아니오</td></tr>
<tr><td>승인
여부</td><td>관할세무서장이 재고금액을 조사·승인하고 신고기한이 지난 후 1개월 이내에 사업자에게 공제될 재고매입세액을 통지하였는지 여부
(기한 내에 통지하지 아니하는 때에는 사업자가 신고한 재고금액을 승인한 것으로 봄)</td><td>예 아니오</td></tr>
</table>

■ 대손세액공제 체크리스트

적합 여부가 '아니오'인 항목은 재검토하여 주시기 바랍니다.

구분	확인할 내용	적합 여부
공제 요건 해당 여부	부가가치세가 과세되는 재화 또는 용역을 공급하고 다음 중 어느 하나에 해당하는 외상매출금이나 그 밖의 매출채권(부가가치세 포함)의 전부 또는 일부가 대손되어 회수할 수 없는 경우에 해당하는지 여부 1. 「상법」에 따른 소멸시효가 완성된 외상매출금 및 미수금 2. 「어음법」에 따른 소멸시효가 완성된 어음 3. 「수표법」에 따른 소멸시효가 완성된 수표 4. 「민법」에 따른 소멸시효가 완성된 대여금 및 선급금 5. 「채무자 회생 및 파산에 관한 법률」에 따른 회생계획인가의 결정 또는 법원의 면책결정에 따라 회수불능으로 확정된 채권 6. 「민사집행법」 제102조에 따라 채무자의 재산에 대한 경매가 취소된 압류채권 7. 물품의 수출 또는 외국에서의 용역제공으로 발생한 채권으로서 외국환거래에 관한 법령에 따라 한국은행총재 또는 외국환은행의 장으로부터 채권회수의 의무를 면제받은 것 8. 채무자의 파산, 강제집행, 사업의 폐지, 사망, 실종 또는 행방불명으로 회수할 수 없는 채권 9. 부도발생일로부터 6개월 이상 지난 수표 또는 어음상의 채권 및 외상매출금(중소기업의 외상매출금으로서 부도발생일 이전의 것에 한정한다) 다만, 해당 법인이 채무자의 재산에 대하여 저당권을 설정하고 있는 경우는 제외한다. 10. 회수기일이 6개월 이상 지난 채권 중 채권가액이 20만원 이하(채무자별 채권가액의 합계액을 기준으로 한다)인 채권	예 / 아니오
공제 시기 검토	대손이 확정된 날이 속하는 과세기간의 확정신고 매출세액에서 공제하였는지 여부 * 확정신고 시에만 대손세액공제 신청 가능	예 / 아니오
금액 검토	대손세액을 다음 산식에 따라 올바르게 계산하였는지 여부 대손세액 = 대손금액(부가가치세 포함) × 10/110	예 / 아니오
기한 검토	재화 또는 용역의 공급일로부터 5년이 지난 날이 속하는 과세기간에 대한 확정신고 기한까지 확정된 대손세액에 해당하는지 여부	예 / 아니오
제출 서류	제출서류가 적정하게 구비되었는지 여부 1. 파산 : 매출(입)세금계산서, 채권배분계산서 2. 강제집행 : 매출(입)세금계산서, 채권배분계산서, 배당표 3. 사망·실종 : 매출(입)세금계산서, 법원 판결문, 채권배분계산서 4. 회생계획인가의 결정 : 매출(입)세금계산서, 법원이 인가한 회생계획인가 결정문 등 5. 부도발생일로부터 6개월 경과 어음 : 매출·매입세금계산서, 부도어음 6. 「상법」상의 소멸시효 : 매출(입)세금계산서, 인적사항, 거래품목, 거래금액, 거래대금의 청구내역 등 거래사실을 확인할 수 있는 서류	예 / 아니오

■ 공통매입세액 안분계산 체크리스트

적합 여부가 '아니오'인 항목은 재검토하여 주시기 바랍니다.

<table>
<tr><th colspan="2">검토사항</th><th>적합 여부</th></tr>
<tr><td rowspan="4">안분요건
해당 여부</td><td>과세·면세사업 등을 겸영하는 사업자인지 여부</td><td>예 / 아니오</td></tr>
<tr><td>과세·면세사업에 공통으로 사용·소비되었는지 여부</td><td>예 / 아니오</td></tr>
<tr><td>공통으로 사용·소비되었으나 실지귀속을 구분할 수 없는지 여부</td><td>예 / 아니오</td></tr>
<tr><td>공제요건을 갖춘 매입세액인지 여부
(부가가치세법 제39조에 따라 불공제매입세액에 해당되지 않은 경우)</td><td>예 / 아니오</td></tr>
<tr><td rowspan="5">안분계산
적정 여부</td><td>해당 과세기간 중 과세·면세 공급가액이 모두 있는 경우 총공급가액에 대한 면세공급가액의 비율로 안분계산하였는지 여부</td><td rowspan="2">예 / 아니오</td></tr>
<tr><td>해당 과세기간 중 과세·면세 공급가액이 없거나, 과세·면세 어느 한 사업의 공급가액이 없는 경우, 안분계산 순위를 올바르게 적용하였는지 여부
(다음 각 호의 순에 의함)
<table>
<tr><th>구분</th><th>안분계산방법</th></tr>
<tr><td>1호</td><td>총매입가액에 대한 면세사업 등에 관련된 매입가액의 비율</td></tr>
<tr><td>2호</td><td>총예정공급가액에 대한 면세사업 등에 관련된 예정공급가액의 비율</td></tr>
<tr><td>3호*</td><td>총예정사용면적에 대한 면세사업 등에 관련된 예정사용면적의 비율</td></tr>
</table>
* 건물 또는 구축물을 신축, 취득하여 과세·면세사업에 제공할 예정면적을 구분할 수 있는 경우 우선 적용</td></tr>
<tr><td>해당 과세기간의 총공급가액 중 면세공급가액이 5/100 미만에 해당되지 않는지 여부(공통매입세액이 5백만원 이상인지 여부)</td><td>예 / 아니오</td></tr>
<tr><td>해당 과세기간 중의 공통매입세액이 5만원 미만에 해당되지 않는지 여부</td><td>예 / 아니오</td></tr>
<tr><td>재화를 공급하는 날이 속하는 과세기간에 신규로 사업을 개시한 자가 해당 과세기간에 공급받은 재화를 해당 과세기간에 공급하지 않았는지 여부</td><td>예 / 아니오</td></tr>
<tr><td>공제시기</td><td>해당 재화 또는 용역의 취득한 날이 속하는 예정·확정신고에 공제하였는지 여부</td><td>예 / 아니오</td></tr>
<tr><td>정산시기</td><td>해당 재화 또는 용역의 취득과 관련된 과세·면세사업의 공급가액 또는 사용면적이 확정되는 과세기간의 확정신고하는 때 정산하였는지 여부</td><td>예 / 아니오</td></tr>
</table>

■ 토지·건물 공급 시 과세표준 안분계산 체크리스트

적합 여부가 '아니오'인 항목은 재검토하여 주시기 바랍니다.

검토사항			적합 여부[※]
안분 계산 대상 여부	사업용 부동산(건물·토지) 양도 시 거래계약서상 토지와 건물의 가액이 명확하게 구분되어 있는지 여부 【부가가치세법 제29조 제9항】 사업자가 토지와 그 토지에 정착된 건물 또는 구축물 등을 함께 공급하는 경우에는 건물 또는 구축물 등의 실지거래가액을 공급가액으로 한다.		예 / 아니오
안분 계산 방법	구분	《건물 공급가액 계산방법》 * 실지거래가액 중 토지의 가액과 건물 등의 가액의 구분이 불분명한 경우 다음 기준에 따라 순차로 적용하였는지 여부	예 / 아니오
	〈1단계〉 감정가액 유무여부	「감정평가 및 감정평가사에 관한 법률」에 따른 감정평가업자가 평가한 감정평가가액이 있는 경우, 감정평가가액에 비례하여 안분계산 ◈ 안분계산방법 총거래가액×{(건물 등 감정평가액÷(토지감정평가액+건물 등 감정평가액)}	예 / 아니오
	〈2단계〉 기준시가 유무 여부	토지·건물 모두 「소득세법」 제99조에 의한 기준시가가 모두 있는 경우, 공급계약일 현재 기준시가 비율로 안분계산 ◈ 안분계산방법 총거래가액×{(건물기준시가÷(토지기준시가+건물 등 기준시가)}	예 / 아니오
	〈3단계〉 기준시가가 없거나 일부	토지·건물 중 일부 감정평가가액이 있는지 여부 ◈ 안분계산방법 〈가〉 총거래가액×{(건물또는토지장부가액÷(토지기준시가+건물 등 장부가액기준시가)} 〈나〉'가'의가액×{(건물기준시가÷(토지기준시가+건물 등 기준시가)}	예 / 아니오
	〈4단계〉 국세청 고시방법	오피스텔·상가(기준시가 일괄고시) 공급하였는지 여부 ◈ 안분계산방법 실지거래가액×{소득세법 제99조 제1항 제1호 나목에 따른 건물 등의 기준가액÷{(제99조 제1항 제1호 가목에 따른 토지기준시가+소득세법 제99조 제1항 제1호 나목에 따른 건물 등의 기준가액)} 건축 중인 건물·토지 일괄 공급하였는지 여부 ◈ 안분계산방법 실지거래가액×{(제99조 제1항 나목에 따른 건물 등의 기준가액÷(소득세법 제99조 제1항 가목에 따른 토지 기준시가+건물 등의 기준시가)}	예 / 아니오

CHAPTER 03

세법해석정비사례(2019년 이후)

■ 정비사유

1 ☞ 상충되거나 잘못된 해석 정비(상충되는 2개의 해석사례 중 잘못된 해석사례를 정비하는 경우)
2 ☞ 상충되거나 잘못된 해석 정비(당초 사실관계를 잘못 판단하거나 법령해석에 오류가 있는 경우)
3 ☞ 국세청에서 자체 해석 변경(「국세법령해석심의위원회」의 심의를 거쳐 기존 해석사례를 변경하는 경우)
4 ☞ 국세청에서 자체 해석 변경(기존 해석사례를 새로운 해석사례로 변경하는 경우)
5 ☞ 기획재정부에서 해석·변경(국세청의 기존 해석을 변경하는 경우)
6 ☞ 국세청에서 자체 해석 변경(대법원 판례나 심판례를 수용하여 기존 해석사례를 변경하는 경우)
7 ☞ 기획재정부에서 해석 변경(기획재정부의 종전 해석을 변경하는 경우)
8 ☞ 기획재정부에서 해석 변경

번호	요지	유지사례	삭제사례	정비사유	등록일자
1	국내 사업자간의 임가공계약에 의하여 외국에서 임가공용역이 공급되는 경우 부가가치세 과세대상에 해당하지 아니함	◆ 부가가치세과-1070.(2012.10.19.) ◆ 서면3팀-1325.(2018.06.26.) ◆ 재소비-1(2006.01.02.)	◆ 서면-2017-부가-2411.(2018.05.14.)	1	2019.01.09.
2	해외 조선해양 기자재 수출 및 A/S 거점기지 구축사업"을 영위하는 경우, 산업통상자원부로부터 지급받은 국고보조금은 부가가치세 과세대상임	◆ 기획재정부부가가치세제과-757.(2018.12.13.)	◆ 기준-2018-법령해석부가-0122.(2018.07.11.)	5	2019.01.09.
3	토지,건물을 제외하고 사업을 양도하는 경우 사업의 양도에 해당하지 아니함	◆ 법규부가 2013-20.(2013.02.07.) ◆ 소비46015-51(1997.02.12.)	◆ 부가22601-1510.(1992.10.05.)	1	2019.03.29.
4	정육매장과 식당간 구획 및 계산대가 별도로 분리된 경우 정육매출은 면세대상임	◆ 대법원-2012-두-28636(2015.01.29.)	◆ 부가가치세과-489(2012.04.30.)	1	2019.06.11.

번호	요지	유지사례	삭제사례	정비 사유	등록 일자
5	임차인의 승계없이 공실상태인 부동산을 양도하는 경우 사업의 포괄양도에 해당하지 아니함	◆ 법규부가 2011-0450 (2011.11.15.)	◆ 부가가치세과-395 (2011.04.14.) ◆ 서면3팀-1868 (2007.07.02.) ◆ 서면3팀-2336 (2007.08.21.)	1	2019. 06.11.
6	금융보험업 외의 사업을 하는 사업자가 주된 사업에 부수하여 금융보험 용역과 유사한 요역을 제공하는 경우 부가가치세가 면제됨	◆ 기획재정부부가가치세제과 -188(2012.04.12.)	◆ 서면-2018-부가-0263 (2018.04.30.)	1	2019. 06.20.
7	에어로빅 강습용역은 부가가치세 과세대상임	◆ 서면3팀-3079 (2007.11.12.)	◆ 서면3팀-848 (2007.03.21.)	1	2019. 08.05.
8	국외이동 재화에 대한 선하증권을 국내에서 양도시 과세대상에 해당하지 아니함	◆ 기준-2019-법령해석부가 -0445.(2019.05.31.)	◆ 법규부가2013-132-2 (2013.05.14.) ◆ 부가가치세과-1035 (2012.10.15.) ◆ 부가가치세과-153 (2012.02.13.) ◆ 서면-2017-법령해석부가-1588 (2018.06.15.) ◆ 기준-2015-법령해석부가 -0180(2015.10.02.)	3	2019. 09.03.
9	지점에서 재화를 공급하고 본점에서 세금계산서 발급시 본점에 대하여 세금계산서 기재불성실가산세 적용하지 아니함	◆ 기준-2019-법령해석부가 -0027(2019.03.12.)	◆ 서면인터넷방문상담3팀 -1818(2007.06.26.) ◆ 법규과-1791 (2010.12.01.)	3	2019. 09.03.
10	여행사가 외국인관광객 여행경비를 부담한 경우 관련 매입세액은 공제대상임	◆ 기획재정부부가가치세제과 -390(2019.06.24.)	◆ 서면-2016-법령해석부가 -2670(2016.11.16.) ◆ 기준-2018-법령해석부가 -0004(2018.05.17.)	5	2019. 09.06.
11	입주자대표회의가 단지 내 주차장 등 부대시설이용료를 입주자들로부터 받는 경우 납세의무가 없는 것임	◆ 기획재정부부가가치세제과 -631(2017.12.04.) ◆ 서면-2017-법령해석부가 -0917(2017.12.07.)	◆ 서면-2017-법령해석부가 -0358(2017.03.09.)	1	2019. 09.30.

번호	요지	유지사례	삭제사례	정비 사유	등록 일자
12	사업자가 과세사업 확정목적으로 타법인 주식취득과 관련된 금융자문용역을 제공받고 지출한 수수료 관련 매입세액은 공제가능한 것임	◆ 기준-2019-법령해석부가-0479(2019.07.11.)	◆ 법규과-726 (2006.02.27.)	4	2019. 09.30.
13	사업자가 아닌 자가 신고, 납부한 부가가치세의 환급 가능 여부	◆ 기획재정부 부가가치세제과-378(2017.07.26.)	◆ 법규과-180 (2007.01.11.)	1	2019. 10.28.
14	도시정비법상 매도청구에 따른 사업용 부동산의 양도는 재화의 공급으로 부가가치세가 과세됨	◆ 기준-2020-법령해석부가-0001(2020.02.06.)	◆ 서면-2015-부가-22436 (2015.02.17.) ◆ 서면-2016-부가-2667 (2016.05.12.)	1	2020. 02.17.
15	외항항공기 운행하는 항공사에 공급하는 수하물처리시설 사용용역(보안검색대 포함)은 영세율이 적용됨	◆ 기준-2019-법령해석부가-0539(2019.11.21.)	◆ 제도46015-11092 (2001.05.14)	3	2020. 05.12.
16	가맹점에 마일리지를 적립하여 주고 해당 마일리지로 결제받는 경우 공급가액에서 제외됨	◆ 기획재정부부가가치세제과-110(2020.02.17.)	◆ 서면-2018-법령해석부가-1459(2018.10.17.)	5	2020. 05.12.
17	서비스운영사업자가 해당 서비스에 가입한 고객사 또는 이용회원을 대상으로 제휴식당을 통해 음식용역을 제공하는 경우 각각의 거래에서 용역을 제공받는 자는 지급받은 금액을 공급가액으로 용역을 제공받은 자를 공급받는 자로 하여 세금계산서를 발급하는 것임	◆ 기획재정부부가가치세제과-636(2017.12.06.)	◆ 사전-2015-법령해석부가-0117(2015.06.29.)	5	2020. 05.21.
18	그룹 내 계열사 간 직원 파견은 용역의 공급에 해당하지 아니함	◆ 기준-2020-법령해석부가-0044(2020.05.26.) ◆ 조심-2014-서-4772 (2015.01.23.) ◆ 조심-2016-중-2517 (2016.12.12.)	◆ 부가가치세과-682 (2010.06.01.) ◆ 제도46015-10279 (2001.03.27) ◆ 제도46015-11304 (2001.06.01)	3	2020. 05.26.

번호	요지	유지사례	삭제사례	정비 사유	등록 일자
19	국외이동 재화에 대한 선하증권 양도시 과세 여부	◆ 기준-2019-법령해석부가-0445(2019.05.31.)	◆ 부가가치세과-907 (2012.09.04.)	3	2020. 06.29.
20	면세되는 금융용역 해당 여부	◆ 재소비46015-152 (1998.06.27.)	◆ 부가46015-888 (1998.05.01.)	5	2020. 06.29.
21	사업자단위과세 개인사업자의 신용카드 등의 사용에 따른 세액공제 적용 제외 대상 판정기준	◆ 기획재정부부가가치세제과-352(2020.08.12.)	◆ 서면-2019-법령해석부가-2832(2019.11.29.)	1	2020. 08.13.
22	전기발전사업자가 받는 정산금이 비과세공급가액에 해당하는지 여부	◆ 서면-2018-법령해석부가-1888(2018.10.05.) ◆ 기준-2016-법령해석부가-0272(2017.06.02.)	◆ 기준-2015-법령해석부가-0210(2015.10.15.)	2	2020. 11.30.
23	부동산임대업자가 임차인에게 임대용건물을 양도하고 양수인이 계속해서 기존에 영위하던 사업에 사용하는 경우 사업의 포괄양수도에 해당하지 아니하는 것임	◆ 부가가치세과-762 (2011.07.12.) ◆ 법규부가2010-290 (2010.10.21.) ◆ 법규부가2010-371 (2010.12.31.) ◆ 법규부가2014-259 (2014.08.12.)	◆ 기준-2015-법령해석부가-0210(2015.10.15.)	2	2020. 12.15.
24	보험사고 자동차 수리와 관련하여 부품공급업체의 세금계산서 발급방법	◆ 기획재정부부가가치세제과-267(2010.04.22.)	◆ 법규과-714 (2013.06.21.)	6	2020. 12.15.
25	교과용 도서 지역별 공급인이 교과용 도서를 시·도·교육청 및 학교 등에 공급하는 경우 부가가치세가 면제됨	◆ 기획재정부부가가치세제과-627(2012.12.11.)	◆ 부가가치세과-1110 (2011.09.19.)	5	2020. 12.16.
26	가상자산의 공급이 부가가치세 과세대상인지 여부	◆ 기획재정부부가가치세제과-145(2021.03.02.)	◆ 서면-2014-부가-21616 (2015.12.29.) ◆ 서면-2016-부가-5583 (2016.12.12.) ◆ 서면법규과-920 (2014.08.25.)	5	2021. 03.08.
27	재개발사업의 일반관리비 공통매입세액 안분계산 방법	◆ 기획재정부부가가치세제과-223(2021.04.15.)	◆ 사전-2019-법령해석부가-0655(2019.12.20.)	5	2021. 04.29.

번호	요지	유지사례	삭제사례	정비사유	등록일자
28	분말형태로 공급하는 더덕의 면세여부	◆ 부가가치세법 시행규칙 제 24조	◆ 서면인터넷방문상담3팀 -2041(2005.11.15.)	2	2021. 05.11.
29	사업자가 타인명의로 사업자등록한 경우 매입세액 공제 여부	◆ 기획재정부부가가치세제과 -519(2017.10.12.)	◆ 기준-2016-법령해석부가 -0014(2016.02.17.)	5	2021. 06.08.
30	기부채납으로 부여받은 시설관리운영권의 면세전용 간주공급 적용 여부	◆ 기획재정부조세법령운용과 -496(2021.06.03.)	◆ 제도46015-10129 (2001.03.20)	5	2021. 06.24.
31	공급자 또는 공급받는 자를 정정하여 수정세금계산서를 발급하는 경우 지연발급(수취)가산세 부과여부	◆ 기획재정부부가가치세제과 -538(2014.09.05.)	◆ 서면-2016-부가-4889 (2016.08.19.)	5	2021. 06.29.
32	휴대폰 판매점에서 고객에게 지급하는 추가지원금이 매출에누리에 해당하는지	◆ 기준-2018-법령해석부가 -0123(2018.06.15.)	◆ 서면-2021-전자세원 -0176(2021.02.01.)	1	2021. 07.02.
33	과면세 겸영사업자가 사업개시 전 사업권 양도시 과세표준	◆ 부가46015-180 (1998.01.30.) ◆ 부가46015-4048 (2000.12.16.) ◆ 부가가치세과-167 (2011.02.23.) ◆ 서면-2021-법령해석부가 -1717(2021.08.17.)	◆ 서면-2016-부가-4405 (2017.03.30.)	1	2021. 09.14.
34	오피스텔 면세전용 시 과세시점 및 가산세 부과 여부	◆ 서면3팀-85 (2005.01.18.)	◆ 서면-2017-부가-3617 (2018.05.14.)	2	2021. 09.28.
35	신용카드 등의 사용에 따른 세액공제 시 납부세액 한도 적용 범위	◆ 기획재정부부가가치세제과 -428(2021.09.23.) ◆ 부가-1712 (2005.05.18.) ◆ 서면3팀-1983 (2005.11.08.) ◆ 서면3팀-823 (2005.06.15.) ◆ 전자세원과-390 (2012.11.20.) ◆ 전자세원과-612 (2010.11.17.)	◆ 서면-2014-법령해석부가 -20980(2015.07.16.)	5	2021. 09.30.

번호	요지	유지사례	삭제사례	정비 사유	등록 일자
36	공급자에게 소유권이 유보된 물품을 판매점에 인도하는 경우 재화의 공급시기	◆ 사전-2021-법령해석부가-0779(2021.08.31.) ◆ 기준-2021-법령해석부가-0164(2021.08.31.)	◆ 부가46015-918 (2000.04.26.) ◆ 서면3팀 -2882.2007.10.24.	3	2021. 12.21.
37	출장강의가 면세대상 교육용역에 포함되는지 여부	◆ 사전-2015-법령해석부가-0111(2015.05.07.) ◆ 기획재정부부가가치세제과-25(2012.01.17.)	◆ 부가가치세과-1087 (2011.09.09.)	5	2022. 02.22.
38	부동산 임대업의 포괄 양도를 위해 지급한 중개수수료 관련 매입세액의 공제 여부	◆ 기획재정부부가가치세제과-10(2022.01.07.)	◆ 서면3팀-2950 (2007.10.30.)	5	2022. 02.23.
39	사업양수도 대가를 분할 지급하며 일부만 대리납부하는 경우 세금계산서 관련 가산세 적용여부	◆ 기획재정부부가가치세제과-15(2022.01.07.)	◆ 기준-2020-법령해석부가-0067(2020.09.28.)	5	2022. 02.23.
40	고객 할인액 중 제휴사로부터 보전 받은 금액의 부가가치세 공급가액 포함 여부	◆ 기획재정부부가가치세제과-51(2022.01.25.)	◆ 기준-2017-법령해석부가-0058(2017.11.15.) ◆ 기획재정부부가가치세제과-568(2017.11.13.) ◆ 법규과-5311 (2008.12.18.) ◆ 기획재정부부가가치세제과-800(2018.12.20.)	7	2022. 02.23.
41	후발적 사유에 따라 개별소비세 등을 환급하는 경우 환급세액에 해당하는 부가가치세액 환급 여부	◆ 기획재정부부가가치세제과-49(2022.01.25.)	◆ 부가가치세과-326 (2012.03.27.) ◆ 서면-2015-법령해석부가-22620(2015.06.10.) ◆ 서면-2018-부가-1760 (2018.06.08.)	7	2022. 02.23.
42	보청기 배터리 및 적합관리 용역 공급 시 부가가치세 영세율 적용 여부	◆ 기획재정부부가가치세제과-126(2022.03.04.)	◆ 서면-2021-부가-5702 (2021.09.30.)	8	2022. 04.26.
43	도시철도를 건설하여 기부채납하고 관리운영권을 얻어 면세사업에 사용하는 경우 영세율 적용	◆ 기획재정부부가가치세제과-152(2022.03.16.) ◆ 기획재정부부가가치세제과-152(2022.03.16.)	◆ 서면-2015-부가-2619 (2015.12.31.) ◆ 기획재정부부가가치세제과-4319(2016.09.07.) ◆ 재소비-5509 (2004.05.19.)	8	2022. 05.10.

번호	요지	유지사례	삭제사례	정비 사유	등록 일자
44	해외직송거래 시 선하증권을 단순교부한 경우 부가가치세법상 세금계산서 발급 여부	◆ 기획재정부조세법령운용과-418(2022.04.26.)	◆ 법규부가 2010-39 (2010.03.18.) ◆ 법인세과-1012 (2010.10.29.) ◆ 법인세과-445 (2011.07.06.) ◆ 법인세과-648 (2010.07.09.) ◆ 법인세과-791 (2010.08.25.) ◆ 부가가치세과-801 (2014.09.30.) ◆ 서면-2016-법령해석부가-3288(2016.05.10.) ◆ 서면-2016-부가-4844 (2016.09.20.) ◆ 서면-2017-부가-0221 (2017.03.27.) ◆ 서면-2017-부가-0811 (2017.04.25.) ◆ 서삼46015-10310 (2003.02.20)	5	2022. 11.30.
45	국내지점이 제공한 용역이 외국본점의 일괄공급계약에 대한 부수용역으로 자가공급에 해당하는지	◆ 기획재정부조세법령운용과-419(2022.04.26.)	◆ 법규부가 2012-12 (2012.01.17.) ◆ 법규부가2011-0350 (2011.09.01.) ◆ 사전-2017-법령해석부가-0653(2017.11.09.) ◆ 사전-2020-법령해석부가-0502(2020.06.26.) ◆ 사전-2020-법령해석부가-0974(2020.11.30.) ◆ 부가46015-2224 (1998.10.01.) ◆ 부가가치세과-746 (2014.08.28.) ◆ 부가가치세과-837 (2009.03.02.)	5	2022. 12.02.

번호	요지	유지사례	삭제사례	정비 사유	등록 일자
			◆ 서면-2015-부가-0933 (2015.08.18.) ◆ 서면-2015-부가-22549 (2015.06.30.) ◆ 서면-2016-부가-5008 (2016.10.23.0 ◆ 서면-2017-부가-0717 (2017.04.25.) ◆ 서면-2019-법령해석부가-2939(2020.01.10.) ◆ 서면2팀-2109 (2004.10.18.) ◆ 서면3팀-2558 (2006.10.26.) ◆ 서면3팀-326 (2007.01.30.)		
46	해외지점은 인적 · 물적시설을 갖추고 독립적으로 사업을 영위하는 고정사업장으로 볼 수 있으므로 별도 사업장인 해외지점이 해외에서 공급한 용역이므로 과세대상 아님	◆ 서면-2022-법규부가-0736(2022.02.23.)	◆ 서면-2017-법령해석부가-1880(2018.06.11.) ◆ 기준-2018-법령해석부가-0245(2018.10.19.)	3	2023. 03.27.
47	루핀종자를 정선 과정을 거쳐 껍질과 알곡으로 분리하여 판매하는 경우 부가가치세 면제 여부	◆ 사전-2023-법규부가-0456(2023.07.24.)	◆ 부가가치세과-567 (2014.06.17.)	3	2023. 09.18.

저자소개

원 용 대

▶ 학력 및 약력

성균관대학교 경영학부 졸업
고려대학교 법무대학원 조세법학 전공(법학석사)
前) 교보생명 Specialist Financial Adviser
ING생명 상속설계 강의
Dr.Tax 세무회계컨설팅 대표세무사
세무법인 위더스 논현지점 대표세무사
성균관대학교 산학협력단 자문세무사
한국기술진흥원주최 : 세법강의
소상공인진흥원 자영업 컨설턴트
스마트경영아카데미 세법학강사
現) 세무사
에듀윌경영아카데미 세법강사
상공회의소 세법강사
이나우스아카데미 세법강사
한국세무사회 세무연수원 교수
세무법인 해안 대표세무사

▶ 주요저서

세법개론(도서출판 미래가치)
포인트 세법(도서출판 미래가치)
객관식 세법(도서출판 미래가치)
원세법학(도서출판 미래가치)
원포인트 세법학(도서출판 미래가치)
응용논제 120선(도서출판 미래가치)
2024 부가가치세 실무(도서출판 비앤엠북스)
최신 양도소득세 실무(주식회사 좋은책)
최신 업종별 세무실무(조세통람)

이 성 복

▶ 학력

성일고등학교 졸업
국립세무대학 내국세학과 졸업
고려대학교 법무대학원 조세법학 전공 수료

▶ 약력

미국 세무사
국세청, 서울지방국세청, 세무서 25년 근무
행정사무관 임관
전 김포세무서 조사과
현 동대문세무서 징세과 근무

▶ 주요저서

2024 부가가치세 실무 (도서출판 비앤엠북스)

저자와의
협의하에
인지생략

2024 부가가치세 실무

2024년 03월 08일 초판 인쇄
2024년 03월 15일 초판 1쇄 발행

편저자 : 원용대 · 이성복
발행인 : 정광식
발행처 : **비앤엠북스**
서울시 금천구 가산디지털1로 70, B1-103(호서대벤처타워)
등　　록 2004. 12. 29. / 제313-2004-00298호
전　　화 02-2627-5710~13, 팩스 02-2627-5720
홈페이지 www.대학교재.net
이 메 일 bnmbook@daum.net

정가 71,000원 ISBN 978-89-6821-199-7